[제2판]

민사소송실무

변호사 임 대 윤

진 원 사

Si in ius vocat, ito.

((원고가) 법정으로 소환하거든, (피고는) 출석할지어다.)

—『12표법』, 제1표 제1조 제1문—

…τέχνην δὲ αὐτὴν οὔ φημι εἶναι ἀλλ᾽ ἐμπειρίαν,

ὅτι οὐκ ἔχει λόγον οὐδένα

ᾧ προσφέρει ἃ προσφέρει ὁποῖ᾽ ἄττα τὴν φύσιν ἐστίν,

ὥστε τὴν αἰτίαν ἑκάστου μὴ ἔχειν εἰπεῖν.

ἐγὼ δὲ τέχνην οὐ καλῶ ὃ ἂν ᾖ ἄλογον πρᾶγμα …

(… 그러나 그것을 나는, 기술이 아니라 (고작) 경험(일 뿐)이라고 하는데,

왜냐하면 그것은, 다루는 대상, 다루는 수단이

어떤 성질의 것인지 전혀 설명이 없고,

따라서 그 각각의 이유를 말해 줄 수 없기 때문이지.

그러나 나는, 설명이 없는 일이라면 기술이라고 부르지 않네 …)

—플라톤, 『고르기아스』, 465a—

제2판 서문

먼저, 개정판의 집필이 늦어진 데 대하여 독자 여러분께 심심한 사과의 말씀을 올린다. 구차한 변명을 하자면, 이 책 초판의 출간 이후 민사소송 분야에서 여러 법령 개정이 하필 '잊을 만하면 한 번씩' 지속적으로 이루어졌고, 저자의 신상에도 공사(公私) 간에 소소한 우환이 있었으며, 저자가 민사소송법 공부를 일단락 짓고서는 다른 법분야의 공부에도 힘을 쏟아야 하였고, 역설적이게도 그 동안 저자의 민사소송에 관한 앎이 더욱 늘었기 때문에(이른바 '아는 게 병') 더더욱, 제때 개정작업을 마무리하기 어려웠다.

이번 판에서는 그 동안의(정확하게는, 2012. 6. 22. 이후의) 법령 개정 및 새로운 판례들과 저자의 실무경험의 축적 및 학문적 인식의 진보를 반영하였다. 그간의 법령 개정의 주요 내용을 시행순서대로 열거하여 보면, 외국재판 승인제도의 정비, 공시송달에 의한 지급명령의 특칙 도입, 전자독촉의 전자소송으로의 통합, 민사확정판결서의 열람복사 제도의 도입, 민사전자소송 제도의 전면 실시, 재판장의 권한 일부의 재판참여관 내지 사법보좌관에의 위임, 산업재산권 침해소송의 관할집중, 손해배상 액수 산정의 특칙 신설, 원격영상재판 도입, 제한능력자 제도의 개혁에 따른 소송능력·법정대리인·특별대리인 제도 정비, 진술보조인 제도 도입, 국제사건에서의 외국어 변론의 허가 등을 꼽을 수 있다.

한편 그간의 이 분야의 변화 중 문헌상으로 특기할 점은, 법원행정처에서 간행한 **민사전자소송 실무편람**을 입수할 수 있게 되었다는 것인바, 이로써 변호사들이 전자소송의 실체에 관하여 좀 더 구체적인 인식을 가질 수 있게 되었으며, 이번 판에서도 그러한 인식을 반영하였다.

소송능력 제도 등의 정비와 관련하여서는, 2017 **개정 민사소송법 해설서**가 입법자의 의사와 해석론을 밝히고 있으나, 그 내용에 매우 수긍하기 어려운 부분이 많아, 그러한 사항에 관하여서는 부득이 상세한 비판을 하였다.

또한, 초판이 별도의 부로서 다루었던 '공시최고절차'를 서술체계의 균형에 맞게 '소송으로 이행될 수 있는 절차' 중 일장(一章)으로 하였으며, 초판에서는 보론에서 다루었던 사항의 상당수(구체적으로는, '전자소송의 개념', '외국에서 하는 송달', '각종의 소송물과 소가산정', '성립인부의 구체적 방법', '특수한 사실조회 등', '민사소송법상 그 밖의 증거', '예비적·선택적 공동소송인의 추가', '담보권 실행방법')를 아예 본문으로 돌렸고, 보론에 '부수사건의 신청서 일람', '신체/진료기록감정의 감정과목', '공유물분할소송의 제문제', '국가소송에서의 집행권원의 이첩 및 임의변제', '항소취지 기재례', '상고취지 기재례'를 추가하였다.

그 밖에, 초판의 몇몇 오류를 바로잡았으며, 서술체계를 더 깔끔하게 가다듬었다.

이 책 초판 서문에서 지적한 우리나라 민사소송법 학계의 '직무유기'가, 이 개정판이 출간되기까지 지난 9년 동안 아무것도 개선된 것이 없는 듯하여 매우 유감스럽다.

이 책은 우리나라에서 간행된 민사소송에 관한 문헌 중 법령과 판례를 단연 가장 충실하고도 체계적으로 정리·수록한 문헌이므로, 소송업무를 수행하면서 때때로 이 책을 참조한다면 많은 유익을 얻을 수 있을 것이며, 민사소송법을 연구하고자 하는 모든 이들에게 - 그가 수행하려는 것이 한낱 연구를 위한 연구가 아니라 핍진(逼眞)한 무엇이라면 - 큰 도움이 될 것이다.

개정판을 오랫동안 기다리면서 출간을 격려하여 주신 여러 초판 독자들께 새삼 경의를 표하며, 법학전문대학원의 도입과 변호사 수의 폭증에 불구하고 도리어 어려워진 법률서적 출판 여건에 불구하고 변함없이 양서들을 출간하고 있는 진원사에 다시 한 번 감사의 말씀을 전한다.

2021. 6. 11.

玉岩洞 寓居에서

著者 識

초판 서문

이 책은, 민사소송에 관한 법령과 판례를, 실제 소송진행 순서 및 양상에 따라, 상세하고도 일목요연하게 제시하면서, 필요최소한의 이론적·실무적 설명을 덧붙인 것이다.

민사소송에 관하여서는 이미 훌륭한 교과서들과 실무서들이 여럿 간행되어 있으며, 저자 역시 그러한 문헌들을 사숙(私淑)하고 이를 업무에 적용하면서 소송실무의 지식과 감각을 함양하여 온 터이다. 그럼에도 불구하고 민사소송법학 전공자도 아닌 저자가 감히 이 책을 집필하게 된 까닭은, 민사소송절차의 전모를 지실(知悉)하는 것이야말로 변호사의 가장 중요한 의무 중 하나이기 때문이고(적어도 한국 변호사라면 그것이 분명히 그러하다. 민사소송법 제87조), 기존의 문헌들에 의존하는 것만으로는 바로 그 의무를 다할 수 없었기 때문이다. 그 이유는 구체적으로 다음과 같다.

첫째, 소송실무에서 법조문의 중요성은 아무리 강조하여도 지나치지 않는다. 법조문이야말로 소송절차에서 발생하는 가장 중요한 실무적 의문들에 대한 가장 기본적인 해답에 다름 아니기 때문이다. 특히, 소송실무상 정작 비근한 내용들은 하위법령에 규정되어 있으므로, 민사소송에 관한 대법원규칙과 예규의 주요내용을 모른다는 말은 소송실무를 모른다는 말과 거의 동의어이다(대한민국헌법 제108조 참조). 그러나 저자가 과문한 탓이 아니라면, 종래의 민사소송법 체계서나 실무서 중에서, 하다못해 기본법령인 「민사소송법」이나 「민사소송규칙」의 조문조차 이를 '빠짐없이' 다룬 책은 찾아볼 수 없었다.

둘째, 민사소송법과 같이 판례가 많이 축적된 분야에서는, 실무적으로나 학문적으로나, 판례 자체의 체계적 정리와 인식이 불가결한 과제이다. 그러나, 종래의 체계서들은 -아마도 학설과 판례를 균형 있게 다루어야 한다는 고유의 과제 때문에- 판례의 충분한 소개라는 견지에서는 아쉬운 면이 다분하였고, 시중의 실무서들 역시 여러 판례를 아무 체계 없이 마구잡이로 나열하고 있을 뿐이었다.

셋째, 전통적인 체계서의 이른바 논리적 서술체계는, 실제 소송의 진행양상과는 괴리가 있었다. 소제기에 대하여 서술하기도 전에 생뚱맞게도 이송부터 먼저 다루는 것 등이 그 대표적인 예이다.

넷째, 민사소송실무를 하다 보면 민사조정절차에 반드시 직면하게 된다. 또한 오늘날의 실무가들은 전자소송이라는 또 다른 엄연한 현실에도 맞닥뜨리게 되었다. 따라서, 이 제도들을 외면하고 그 설명을 회피하는 행위는 그 어떤 핑계를 대더라도 결국 현실도피에 불과하다. 그러나, 기존 교과서에서는 이 제도들에 관하여 –영 내키지 않는 일을 마지못해 하기라도 하는 투로– 극히 소략하게 언급하는 것으로 그치고 있다.

그리하여, 마치 목마른 자가 스스로 우물을 파듯이, 저자는 위와 같은 난점들을 해결하기 위하여 나름대로의 노력을 경주하지 않을 수 없었으며, 바로 그 노력의 결과물이 이 책이다. 따라서, 이 책의 집필원칙 역시 다음과 같은 것이 될 수밖에 없었다.

첫째, 민사소송의 법령(주요 대법원예규 포함) 조문들을 낱낱이 다루고자 하였다. 다만, 순수하게 법원실무에만 관계되는 조문들, 지나치게 실무적·기술적인 사항들에 관한 조문들, 사문화된 조문들은 서술범위에서 제외하였다.

둘째, 민사소송법에 관한 판례요지들 역시 가능한 한 빠짐없이 그리고 체계적으로 제시하고자 하였다.

셋째, 일반적·총론적인 사항을 구체적·각론적인 사항보다 먼저 서술함과 아울러, 민사소송법의 제반사항을 가급적 실제 소송순서에 맞게 설명하고자 하였다. 물론, 그 어떤 법분야라도, 앞내용의 서술을 위하여 뒷내용을 먼저 언급하여야 하는 낭패를 완전히 모면할 길은 없다. 또한, 소송순서라는 것 자체도 사건에 따라 달라질 수 있다(가령 당사자표시정정신청은 소송계속 발생 전에 하여야 할 경우도 있고 소송계속 후에 하여야 할 경우도 있다). 그럼에도 불구하고 저자는 서술순서의 선후전도를 최소화하기 위하여 노력하였다.

넷째, 전통적인 민사소송법 문헌과 달리, 민사조정절차와 전자소송도 전면적으로 다루었다. 사실, 이 책을 집필하면서 작업내적으로 저자에게 가장 큰 두통거리가 전자소송이었음을 고백하지 않을 수 없다. 아직까지는 전자소송에 관한 해석론적 연구가 법원행정처 관계자가 아닌 사람들에게는 '장님 문고리 잡기'에 그칠 수밖에 없을 뿐 아니라(최근 「민사소송 등에서의 전자문서 이용 등에 관한 업무처리지침(재일 2012-1)」이 제정되었으므로, 기존의 실무적 의문이 많이 해소되기는 하였으나, 실무적·해석론적 쟁점이 아직도 많이 남아 있다), 현 단계에서 전자소송을 진지하게 천착하고자 하는 자는 그 누구라도 ①전자소송 법령 자체의 모순과 흠결(특히 위임입법의 한계를 벗어난 하위법령) ②전자소송 법령과 전자소송 실무의 상충(해석론의 한계를 초월한 실무운용) ③학계의 무관심, 이 삼중고를 면할 수 없기 때문이다. 그러나, 고심 끝에 저자가 내린 결론은, 그럼에도 불구하고 전자소송과 대결하는 것이 역시 옳다는 것이었다.

한편, 저자가 이 책을 집필함에는, 법령과 판례에 근거가 있는 내용 외에는, 통설 위주의 '술이부작(述而不作)'을 원칙으로 하면서, 관련 실무관행에 논급하되, 학설에 관한 언급은 꼭 필요한 경우에만 하였다. 이 때문에 이 책 본문의 각주에서는 참고문헌의 표시는 따로 하지 아니하였으니, 이 점 독자제현의 양해를 바란다.

사실 사법시험 합격자치고 기존 법학교과서들의 '학설 놀음'에 치를 떨어 보지 않은 사람은 별로 없었을 것이며, 전설에 의하면 일찍이 모 '대법관'께서도 대학교수 시절에 학사과정 수강생들에게 "학문은 대학원에 와서나 하는 것이고, 나는 여러분에게 기술을 가르칠 뿐이다"라고 하셨다는 것이다. 그런데, 정작 실무가 출신 중에서도 무슨 설, 무슨 설 하는 언급을 배제한 채 판례·통설 위주의 서술을 시도하여 본 사람은 찾아보기 어려우며, 위와 같이 호언하였다는 그 분은 말씀은 그렇게 하시면서도 실제로는 학생들에게 기술이 아니라 학문을 가르치신 것으로 알려져 있다. 참으로, 시집살이에 시달려 본 며느리가 정작 자기도 시어머니가 되면 역시 시집살이를 시키는 것은 인지상정 아닌 인지상정이라고 하지 않을 수 없고, 총론은 거창하되 각론에서는 이를 실천하지 않는 것은 우리나라 먹물들의 고질이라고 하지 않을 수 없다. 그러나, 독자 여러분은 이른바 '학문을 하고자 하지만, 조금만'이라는 것(philosophari se velle, sed paucis)이 과연 어떤 것인지, 이 책에서 그 한 가지 실례를 목도하게 될 것이다.

다만, 권위서의 서술이라 하더라도 명백한 오류라고 생각되는 부분들이나, 기존의 논의가 희소하여 '비빌 언덕'이 없는 부분들에 대하여서는, 나름대로 관견을 밝혔다. 저자는 이 책의 집필작업을 수행하면서, 진작 이론적·실무적으로 논의되었어야 하는데도 아직까지 마치 황무지처럼 방치된 쟁점들이 한둘이 아니라는 점에 적잖은 충격을 받았다. 그러나 어쨌거나 저자는 서술의 일관성을 유지하기 위하여 그러한 쟁점들을 어떤 식으로든 짚고 넘어가지 않을 수 없었다.

특히, 여러 쟁점이 두루 문제되어 본문의 어느 한 부분에서만 다루기 곤란한 사항, 지나치게 실무적인 사항, 학계나 실무계에서 논의가 거의 없어 저자가 나름대로 관견을 밝히고자 한 사항은, 본문에서 다루지 아니하고 보론에서 다루었다. 그리고, 이러한 보론의 각 장은 그 자체로서 일종의 소논문에 해당하므로, 본문과 달리 각주에 일일이 참고문헌 표시를 하였다.

물론, 저자가 천학비재로서 독자적인 견해들을 개진한 것은 아무래도 만용일 것이다. 다만, 그러한 만용이 도리어 전공자들과 경험 많은 실무가들을 발분케 한다면, 저자로서는 참으로 다행이겠다. 그도 그럴 것이, 법적 논의(disputatio fori)가 활발히 이루어지면 해석론은 그만큼 진보하는 것이고, 해석론이 진보하면 그만큼 그 법분야는 정의에 가까워지는 것이며, 대저 세상의 많은 원숙한 일들은 단박에 이루어진 것이 아니라 그것에 선행한 졸렬한 시도들을 타파 내지 극복하는 과정에서 이룩된 것이기 때문이다.

위와 같은 원칙에 따라 집필작업을 수행한 결과, 일부러 의도한 바는 아니었지만, 이 책은 기존의 문헌들을 능가하는 몇 가지 가외(加外)의 장점을 지니게 되었다. 즉, 민사실무의 가장 기초적이고도 일반적인 내용, 소장 제출시부터 제1차 변론기일에 이르기까지에 일어날 수 있는 다양한 절차진행양상, 각종의 증거조사방법, 상소심 절차 등에 관하여서는, 이 책의 서술이 기간(旣刊)의 그 어떤 서적보다도 곡진(曲盡)하다고 자부한다. 특히, 이 책 본문 중 '신청' 부분과 보론 중 '소송서류 작성의 기초' 부분은, 사법연수원을 수료하였거나 변호사시험에 합격한 새내기 변호사라면 누구라도 이를 필히 숙독할 것을 감히 권하고 싶다.

이 책은, 저자의 실무가로서의 근사(近思)의 소산이자, 저자의 강학적 깨달음의 재진술이기도 하다. 이 책의 많은 부분은, 소송업무를 수행하면서 스스로 또는 저자의 동료들과 함께 적절한 실무례를 궁리하여 얻어낸 결과물이자, 국가소송수행자들을 지휘하고 그들을 위한 소송실무 교육교재를 집필하여 본 경험과 법학전문대학원생들에게 실무수습을 실시하면서 얻은 교훈을 갈무리한 것이기 때문이다.

따라서, 독자 여러분 역시 민사소송 업무를 수행하면서 때때로 이 책을 참조한다면, 마치 격의 없는 동료와 상의를 하는 듯한 유쾌함을 맛볼 수 있을 것이며, 저자 자신이 업무를 수행하면서 이 책의 원고를 스스로 참조함으로써 얻었던 여러 실무상의 유익을 독자 여러분 역시 분유(分有)할 수 있을 것이다.

끝으로, 이 책의 출간을 독려하여 주신 부모님, 그 밖의 여러 친지, 이웃들께 감사의 말씀을 전하며, 우리나라 법률문화 창달에 이바지하고 있는 진원사의 번창을 기원하는 바이다.

2012. 8. 5.

龍山洞 寓居에서

著者 識

이 책의 서술순서에 관하여

이 책의 서술순서는 종래의 교과서들과 큰 차이가 있어서, 전통적인 민사소송법 교과서 서술체계를 아는 독자들이 이 책을 처음 접하면 상당히 어리둥절할 것이다. 이에, 이 책 서술순서의 특징 및 그 이유에 대하여 대략적으로 설명하고자 한다.

우선 민사소송절차 자체를 다루기 전에 민사소송의 가장 기초적인 개념들을 짚고 넘어가야 하므로 이를 "민사소송의 기초"로서 제1부에서, 그 다음에 입법체계상으로나 실제적으로나 민사소송절차의 핵심에 해당하는 "제1심의 소송절차"를 제2부에서, 그 다음 단계로서 문제되는 "상소심절차"를 제3부에서, 심급을 막론하고 문제되는 사항인 "소송비용의 담보 등 재판상 담보와 소송구조"를 제4부에서, 판결과 같거나 유사한 효력을 가지는 재판 등에 이르는 법원의 민사절차를 "소송으로 이행될 수 있는 절차"로서 제5부에서, 판결절차와 소송으로 이행될 수 있는 절차의 귀결인 "판결의 확정 기타 사건의 완결과 관련된 제문제"를 제6부에서, 확정판결 등을 다투는 절차인 재심 등 "소송법상 형성의 소"를 제7부에서 다루었다.

'민사소송의 기초'로서는, 민사소송 역시 민사절차 중 하나이므로 "민사절차 개관"(제1부 제1장)를 가장 먼저 다루었으며,[1] 곧 이어 "민사절차 일반의 공통문제"(제1부 제2장)인 재판기록과 개인정보 처리 문제를 다루었다. 특정 법분야에 관한 법령의 내용을 살펴봄에는 먼저 그 법분야의 법원(法源)과 이념을 살펴보아야 하므로, "민사소송의 법원과 이념 등"(제1부 제3장)을 다룬 다음, 민사소송법의 총론 중의 총론에 해당하는 "소와 소송요건"(제1부 제4장)을 다루었으며,[2][3] 민사소송 절차가 결국 소송주체의 소송행위로써 진행

1) 일반적인 교과서에서는 독촉절차와 아울러 소액사건 역시 간이소송절차 등의 범주로 유형화하여 별도의 장으로 있다.
그러나, 이러한 서술태도는 타당하지 못하다. 소액사건 역시 단지 몇 가지 특칙이 있을 뿐 엄연한 민사소송사건이며 별도의 절차에 의하는 사건이 아니기 때문이다. 따라서, 이 책에서는 그러한 소액사건의 특색에 착안, 민사소송법상의 소송절차에 관하여 설명하면서 해당 부분에 관한 소액사건의 특칙을 아울러 설명하였다.

2) 일반적인 교과서에서는 "소와 소송요건"(이 책 제1부 제4장)을 소송의 개시에 관한 부분에서 다룬다. 그러나 소송절차를 이해하려면 이 개념들부터 먼저 이해하여야 하므로, 이 책에서는 이를 오히려 소송주체에 관한 부분보다 먼저 다루었다.

되므로 "소송주체와 소송행위"(제1부 제5장)를 다루었다.[4)5)6)7)]

'제1심의 소송절차'로서는, 먼저 "소송절차 총론"(제2부 제1장)을 다루었는데 이를 이곳에서 다룬 것은 제1심 중심주의를 염두에 둔 것이다.[8)] 그 다음에 본격적인 내용으로서, 소송절차 전반의 문제, 즉, "제소와 변론"(제2부 제2장)을,[9)10)11)12)13)] 그리고 "증거"(제2부

---

3) 일반적인 교과서에서는 민사재판권 문제를 법원(法院)에 관한 부분에서 다룬다.
그러나, 민사재판권의 문제는 소송요건의 문제이므로, 이 책에서는 이를 "소와 소송요건" 부분에서 먼저 다루었다.

4) 일반적인 교과서에서는 "법관 등의 제척·기피·회피"(이 책 제1부 제5장 제6절), 관할 내지 이송의 문제를 모두 법원(法院)에 관한 부분에서 다룬다.
"법관 등의 제척·기피·회피"는 법원과 당사자의 관계 문제일 뿐만 아니라, 소송행위에 관한 기본지식이 있어야 이해할 수 있는 내용이므로, 이 책에서는 그와 같은 사항들을 다루고 난 후에 비로소 다루었다. 관할의 기본개념을 법원에 관한 부분에서 다룸은 당연하므로 이 책도 그렇게 하였지만, 관할이나 이송은 결국 소제기 내지 응소의 국면에서 문제되는 쟁점이므로, 이 책에서는 토지관할, 합의관할, 지정관할, 이송을 "제소와 변론" 부분에서 다루었다.

5) 일반적인 교과서에서는 당사자의 확정, 당사자적격, 변론능력의 문제를 모두 당사자에 관한 부분에서 다룬다.
그러나 당사자의 확정과 당사자능력은 소제기의 국면에서, 변론능력은 변론기일에 비로소, 각각 문제되는 쟁점이므로, 이 책에서는 이를 "제소와 변론" 부분에서 다루었다.

6) 일반적인 교과서에서는 선정당사자를 복합소송형태로서 별도의 장으로 다룬다.
그러나 선정당사자는 문자 그대로 당사자일 뿐만 아니라 기술적으로 대리인과 유사하므로, 이 책에서는 이를 "소송주체와 소송행위" 부분에서 다루었다.

7) 일반적인 교과서에서는 "기간과 기일"(이 책 제1부 제5장 제4절), "송달"(같은 장 제5절)의 문제를 변론에 관한 부분에서 다룬다.
그러나 위 사항들은, 변론 전에나 변론 외의 민사절차에서도 문제되는 기본개념들이므로, 이 책에서는 오히려 제1심의 소송절차보다도 먼저 다루었다.

8) 일반적인 교과서에서는 심리의 제원칙을 변론에 관한 부분에서 비로소 다룬다.
그러나 이는 소제기 단계에서 이미 적용되는 원칙이므로, 이 책에서는 이를 "제소와 변론" 부분보다도 앞서 다루었다.

9) 일반적인 교과서에서는 소의 객관적 병합을 복합소송형태로서 별도의 장으로 다룬다.
그러나 청구의 병합은 소의 제기 단계에서부터 이미 문제됨이 일반이므로, 이 책에서는 청구의 병합에 관한 내용을 "제소와 변론" 부분에서부터 다루었다.

10) 일반적인 교과서에서는 공동소송을 복합소송형태로서 별도의 장으로 다룬다.
그러나 공동소송은 소의 제기 단계에서부터 이미 문제됨이 일반일 뿐 아니라, 제3자의 소송인입이 공동소송과 관련하여 문제되고, 보조참가와 소송행위 및 소송진행에 관하여 공통점이 있으므로, 이 책에서는 공동소송에 관한 내용을 "제소와 변론", "제3자의 소송인입", "공동소송인과 참가인의 소송행위 및 소송진행" 부분에 나누어 다루었다.

11) 일반적인 교과서에서는 임의적 당사자변경을 복합소송형태로서 다룬다.
그러나 피고의 경정은 실제로는 소송계속 후 제1차 변론기일 전 단계에서 문제될 뿐 아니라 복합소송형태와는 별 관련이 없으므로, 이 책에서는 이를 "제소와 변론" 부분에서 다루었으며, 성질상 유사하고 실무상 훨씬 중요한 당사자표시정정 문제를 아울러 다루었다.

12) 변론준비절차는 변론기일에 앞서 실시됨이 일반이기는 하나, 현행법은 변론준비절차를 거치지 아니하는 것을 오히려 원칙으로 하고 있을뿐더러, 규정체계 자체가 변론준비절차에 변론기일의 규정을 준용하고

제3장)를 다루었다.[14] 소송절차상의 여느 단계에서라도 일어날 수 있는 문제인 "소송절차의 정지"(제2부 제4장)를 다룬 다음,[15] 광의의 소송참가를 "소송참가"(제2부 제5장),[16] "제3자의 소송인입"(제2부 제6장)으로 나누어 다루었는데, 참가인의 소송행위 및 소송진행은 공동소송인의 경우와 공통점이 있으므로 "공동소송인과 참가인의 소송행위 및 소송진행"(제2부 제7장)을 그 다음에 다루었다. "당사자 사이의의 소송 중의 소"(제2부 제8장)는[17] 소송참가의 법리를 먼저 살펴보고 난 후에 논하는 것이 자연스러우므로 이를 곧 이어 다루었으며, 끝으로 "판결과 그 밖의 소송종료사유 등"(제2부 제9장)을 다루었다.[18][19][20]

있으므로, 이 책에서도 변론기일의 문제를 변론준비절차의 문제보다 먼저 다루었다.

13) 일반적인 교과서에서는 소의 취하를 소송종료사유로서만 다룬다.
하지만, 그렇게만 취급할 경우 서술체계가 순환적인 양도논법에 봉착하게 된다. 즉, 복합소송형태의 이해를 위하여서는 소의 취하에 대한 이해가 어느 정도 선행되어야 하지만(예 : 참가신청의 취하 문제), 역으로 소의 취하를 위시한 소송종료사유의 이해를 위하여서는 복합소송형태에 대한 이해가 도리어 선행되어야 한다는 것이다(소송종료사유가 발생하였을 때 복합소송형태에는 어떤 효과가 미치는지 등).
저자는 이 난점을 극복하기 위하여, 소취하의 요건과 방식은 "제소와 변론" 부분에서, 소취하의 효과는 "판결과 그 밖의 소송종료사유 등" 부분에서 다루었으며, 그 사이에 복합소송형태의 서술부분을 두었다.

14) "증거" 부분은 비록 증거의 문제가 민사절차 일반의 문제일뿐더러 소제기 단계에서도 서증제출이 문제되기는 하지만, 증거조사가 원칙적으로 기일에 이루어진다는 점에 착안, 부득불, 종래의 교과서와 유사하게도 소송절차 다음 부분에서 이를 서술하였다.
개별 증거조사방법에 관한 서술순서는, 「민사소송법」 자체의 규정순서를 따르는 것이 서술하기에나 이해하기에 자연스럽고도 편리하므로 이를 좇았다.
다만, 소명방법의 문제는 증거 일반에 관하여 살펴보고 난 후에 다루는 것이 오히려 이해에 편리하다고 보아, 일반적인 교과서가 이를 증거에 관한 부분의 전반부에서 다루는 것과는 상반되게도, 이를 후반부에 배치하였다.

15) 일반적인 교과서에서는 "소송절차의 정지"를 변론에 관한 부분에서 다룬다.
그러나 이는 변론에서 일상적으로 일어나는 사태가 아니므로, 이 책에서는 "증거" 부분을 먼저 다루고 나서 비로소, 별도의 장으로 다루었다.

16) 일반적인 교과서에서는 승계참가와 인수참가를 소송승계의 문제로 함께 다룬다.
그러나 양자는 공통점도 있기는 하지만 차이점이 더 많으므로, 이 책에서는 그러한 차이점에 착안, 양자를 "소송참가" 부분과 "제3자의 소송인입" 부분에서 각각 다루었다.

17) 일반적인 교과서에서는 청구의 변경, 반소, 중간확인의 소를 복합소송형태로서 별도의 장으로 다룬다.
그러나 이 책에서는 이 삼자의 공통점과 관련성에 착안 이를 "당사자 사이의의 소송 중의 소"라는 하나의 장으로서 다루었다.

18) 소송종료선언은 소송의 여러 국면에서 문제되는 제도이므로, 이 책에서는 그러한 각 국면마다 개별적으로 소송종료선언에 논급하였다.

19) 일반적인 교과서에서는 소송비용의 문제를 판결에 관한 부분에서 모두 다룬다.
패소자부담주의의 문제는 종국판결과 관련하여 논하지 않을 수 없기는 하다. 그러나 소송비용담보제공신청은 피고의 응소 단계에서 문제되고, 상소심의 소송비용재판에는 그 나름의 특수한 문제가 있다. 그러므로, 이 책에서는 소송비용에 관한 내용을 "제소와 변론", "상소심절차", "판결의 확정 기타 사건의 완결과 관련한 제문제"의 각 해당 부분에서 나누어서 서술하는 것으로 하였다.

'상소심절차'는 대체로 「민사소송법」의 규정체계에 상응하게 배열하였다. 즉, "상소일반"(제3부 제1장), "항소"(제3부 제2장), "항고 : 최초의 항고를 중심으로"(제3부 제3장), "상고, 재항고 및 특별항고"(제3부 제4장)의 순서이다.[21]

"소송비용의 담보 등 재판상 담보"(제4부 제1장)와 "소송구조"(제4부 제2장)는,[22] 소송절차상의 특정 단계에서 논하기가 부적절한 주제이어서 아예 별도의 부로 다루었다.

'소송으로 이행될 수 있는 절차'는, 소송으로 이행되지 않고 확정된 경우에 그 효과가 확정판결과 다를 바 없으므로, 판결 확정의 문제를 다루기 전에 다루는 것으로 하였다. 간이하게 집행권원을 만들게 되는 절차라는 공통점이 있는 절차들을, 먼저 「민사소송법」이 규정한 순서대로 "제소전화해의 절차"(제5부 제1장),[23] "독촉절차"(제5부 제2장)를 다룬 후에, 별도의 법률이 정한 "민사조정절차"(제5부 제3장)를 다루었고,[24] 이들과는 성질이 다른 절차인 "공시최고절차"(제5부 제4장)를 그 다음으로 다루었다.

'판결의 확정 기타 사건의 완결과 관련한 제문제'로서는, "판결의 확정과 그 효력"(제6부 제1장)이 가장 중요한 문제임은 물론이나, 기술적으로 판결 확정의 후속절차로서 "사건기록의 보존 등"(제6부 제2장)이 문제되므로 이를 살펴보았으며, 당사자에게는 "인지액 중 일정액의 환급"(제6부 제3장), "소송비용 및 소송비용액확정 절차"(제6부 제4장)가 문제되고,[25][26] 제3자에 관하여서도 "제3자의 비용상환"(제6부 제5장), "확정된 판결서 내지 소

---

20) 일반적인 교과서에서는 판결의 효력을 판결에 관한 부분에서 곧바로 다룬다.
그러나, 판결의 효력은 판결의 확정시에 비로소 문제되는데 판결의 확정이란 상소심절차와 떼어 놓고서 생각할 수 없는 개념일뿐더러, 민사 판결과 같은 효력을 갖는 다른 민사절차들도 있으므로, 이 책에서는 "판결의 확정과 그 효력"을 다루기에 앞서 상소심절차와 소송으로 이행될 수 있는 절차부터 다루었다.

21) 일반적인 교과서에서는 재항고와 특별항고 역시 항고에 관한 장에서 다룬다.
그러나 이들은 성질상 오히려 상고와 공통점이 많으므로, 이 책에서는 이들을 상고와 같은 장에서 함께 다루었다.

22) 일반적인 교과서에서는 소송구조의 문제를 소송의 개시에 관한 부분에서 다룬다.
그러나 소송구조는 심급을 불문하고(실제로 제1심에서도 소제기 후에야 비로소) 문제되는 경우가 대부분이므로, 이 책에서는 상소심절차까지 다 다루고 나서야 비로소 다루었다.
다만, 소송구조의 대상이 된 비용의 사후처리는 판결확정 후에 문제됨이 일반이므로, "판결의 확정 기타 사건의 완결과 관련한 제문제" 부분에서 다루었다.

23) 일반적인 교과서에서는 제소전화해도 소송상화해와 함께 다룬다.
물론 양자가 성질상 공통점이 많기는 하지만, 제소전화해절차는 엄연히 소송절차와는 별개의 절차이므로, 이 책에서는 "제소전화해의 절차"의 절차를 별도의 장으로 다루었다.

24) 법은 독촉절차에서 민사조정절차로 이행되는 경우를 예정하고 있으므로, 의당 전자를 후자보다 먼저 다루어야 한다.

25) 소송비용에 관한 상세는 소송비용액확정절차의 국면에서 문제되므로, 편의상 양자를 한 장에서 다루었다.

26) 일반적인 교과서에서는 소송비용액확정 절차 및 가지급물반환신청도, 판결을 논한 직후에 논한다.

송기록의 열람 등"(제6부 제6장)이 문제되므로, 이 또한 살펴보았다.

'소송법상 형성의 소'로는, 민사소송법 외의 법률이 규정한 것도 있으므로, 먼저 "소송법상 형성의 소 개관"(제7조 제1장)을 하였으며, 가장 대표적인 절차인 "재심 및 준재심 절차"(제7부 제2장)를 살펴본 후에, 이와 성질상 유사한 절차인 "제권판결에 대한 불복의 소"(제7부 제3장), "정기금판결에 대한 변경의 소"(제7부 제4장)를 다루었다.[27]

보론에서는, 민사소송의 특정 국면에서 다루기 곤란하거나 특정 쟁점으로서만 다루기 곤란한 특수한 문제들을, 본문에서 해당 문제가 언급된 순서대로 다루었다.

그러나, 소송비용액확정절차는 판결 확정 후에 문제되므로 이 책에서는 이를 판결의 확정 기타 사건의 완결과 관련한 제문제로서 뒤에서 따로 다루었고, 가지급물반환신청은 항소심 이후에 비로소 문제되므로 이 책에서는 이를 "항소" 부분에서 비로소 다루었다.

27) 일반적인 교과서에서는 "정기금판결에 대한 변경의 소"를 판결의 효력과 관련하여 논한다. 그러나, 이는 성질상 재심과 유사한 특수한 소송이므로, 이 책에서는 이를 별도의 장으로 다루었다.

주요 참고문헌

2017 개정 민사소송법 해설서. 과천 : 법무부 법무심의관실, 2017 (2017 해설서)

민사전자소송 실무편람. 개정판. 서울 : 법원행정처, 2014 (민사전자소송실무편람)

법원실무제요 민사소송[Ⅰ]. 2017년 개정판. 서울 : 법원행정처, 2017 (제요[민소Ⅰ])[28]

법원실무제요 민사소송[Ⅱ]. 2017년 개정판. 서울 : 법원행정처, 2017 (제요[민소Ⅱ])

법원실무제요 민사소송[Ⅲ]. 2017년 개정판. 서울 : 법원행정처, 2017 (제요[민소Ⅲ])

강현중. **민사소송법**. 제7판. 서울 : 박영사, 2018 (강현중)

김홍엽. **민사소송법**. 제9판. 서울 : 박영사, 2020 (김홍엽)

민일영 (편). **주석 민사소송법(1)**. 제8판. 서울 : 한국사법행정학회, 2018 (주석(민소1))

민일영 (편). **주석 민사소송법(2)**. 제8판. 서울 : 한국사법행정학회, 2018 (주석(민소2))

민일영 (편). **주석 민사소송법(3)**. 제8판. 서울 : 한국사법행정학회, 2018 (주석(민소3))

민일영 (편). **주석 민사소송법(4)**. 제8판. 서울 : 한국사법행정학회, 2018 (주석(민소4))

민일영 (편). **주석 민사소송법(7)**. 제8판. 서울 : 한국사법행정학회, 2018 (주석(민소7))

서울고등법원 재판실무개선위원회 (편). **민사 항소심 판결작성실무(2017)**. 서울 : 사법발전재단, 2017. (민사항소심)

서울중앙지방법원. **새로 쓰는 민사참여관 업무편람**. 서울 : 사법발전재단, 2016 (민사참여관 업무편람)

소송비용실무연구회. **소송비용실무**. 서울 : 법원행정처, 2015 (소송비용실무)

이시윤. **신민사소송법**. 제15판. 서울 : 박영사, 2021 (이시윤)

인지실무연구회. **인지실무**. 서울 : 사법발전재단, 2015 (인지실무)

호문혁. **민사소송법**. 제14판. 파주 : 법문사, 2020 (호문혁)

---

28) 2014년부터 법원실무제요가 원본(양장판)과 보급판을 제본은 물론이고 판형까지 서로 달리하여 간행되고 있어 쪽수(pagination)에 큰 혼란이 있다. 이 책에서는 보급판의 쪽수(용지의 머리말 부분에 표시된 숫자)에 따랐다.

일 러 두 기

○ 이 책에서 단순히 "법 제○조"라고 하면 「민사소송법」 조문을, "규칙 제○조"라고 하면 「민사소송규칙」 조문을 각각 지칭한다.

○ 이 책에 수록한 법령은, 2021. 6. 10. 현재 시행중인 것들이다.

○ 이 책에서 법률 제명의 약칭을 사용함에는, 법제처에서 발표한 약칭을 좇았으며, 명령·규칙 제명의 약칭 또한 이에 준하여 사용하였다.

○ 이 책에서 대법원예규의 약칭을 사용함에는, 법원실무제요 민사소송에서 사용하는 약칭을 좇았다.

○ 독자의 이용 편의를 위하여, 법률 조문(다만, 간접인용의 대상에 불과한 조문, 민사소송법 외의 법분야(민사집행법 포함)의 법률조문은 원칙적으로 제외)은 굵은 글자로 표시하되, 단일한 조문은 설령 이를 여러 군데에서 인용하더라도 책 전체를 통틀어 단 한 번만 굵은 글자로 표시함을 원칙으로 하였다.

○ 법령이나 판례의 원문 중 우리말 어법에 맞지 아니하는 표현(예: "…에 있어서", "당해") 등은 윤문하여 인용하였는바, 이 점, 독자 제현께 양해를 구한다.

○ 이 책에 수록한 대법원 판례는, 「민사소송법」의 제정(1960. 4. 4.) 이후 2021. 4. 22.까지 선고된 것들 중 대법원 종합법률정보 사이트(http://glaw.scourt.go.kr)에서 검색 가능한 것들이다.

○ 이 책에 수록한 헌법재판소 판례도, 2021. 4. 20.까지 선고된 것들이다.

차 례

제1부 민사소송의 기초

제1장 민사절차 개관 / 3

제2장 민사절차 일반의 공통문제 / 30

제3장 민사소송의 법원과 이념 등 / 54

제4장 소와 소송요건 / 73

제5장 소송주체와 소송행위 / 92

제1절 소송주체 일반 / 92

제2부 제1심의 소송절차

제5장 소송참가 / 897

제3부 상소심절차

제1장 상소 일반 / 1045

제2장 항 소 / 1067

제3장 항고: 최초의 항고를 중심으로 / 1139

제4장 상고, 재항고 및 특별항고 / 1155

제4부 소송비용의 담보 등 재판상 담보와 소송구조

제5부 소송으로 이행될 수 있는 절차

제 2 장 독촉절차 / 1269

제 3 장 민사조정절차 / 1290

제 5 장 제3자의 비용상환 / 1434

제 6 장 확정된 판결서 내지 소송기록의 열람 등 / 1435

제 7 부 소송법상 형성의 소

제 1 장 소송법상 형성의 소 개관 / 1445

제 2 장 재심 및 준재심 절차 / 1446

제 3 장 제권판결에 대한 불복의 소 / 1501

【보 론】

❖ 상고취지 기재례 / 1656

제1부
민사소송의 기초

제1장 민사절차 개관

Ⅰ. 민사절차의 의의

모든 국민은 헌법과 법률이 정한 법관에 의하여 법률에 의한 재판을 받을 권리를 가지며(대한민국헌법 제27조 제1항), **사법권은 법관으로 구성된 법원에 속한다**(대한민국헌법 제101조 제1항).

즉, 법치국가는 원칙적으로 사인(私人)의 자력구제를 금지하는 한편 사법부인 법원(法院)에 사인의 권리보호와 사법질서(私法秩序)를 유지하는 기능의 수행을 맡기고 있다.[1] 따라서, 법적 분쟁의 당사자가 법원에 대하여 해당 분쟁의 종국적인 해결을 구하는 것은 법치국가의 근간에 관계되는 중요한 일이다.[2]

재판이라 함은 구체적 사건에 관하여 사실의 확정과 그에 대한 법률의 해석적용을 그 본질적인 내용으로 하는 일련의 과정이고,[3] "법률에 의한" 재판을 받을 권리라 함은 (합헌적인)[4] 절차법이 정한 절차에 따라 (합헌적인) 실체법이 정한 내용대로 재판을 받을 권리로서,[5][6] 재

1) 헌재 2011. 8. 30. 선고 2010헌바427 결정.

2) 대법원 1999. 4. 13. 선고 98다52513 판결. 동지 : 대법원 2010. 6. 10. 선고 2010다15363,15370 판결 ; 대법원 2013. 3. 14. 선고 2011다91876 판결.

3) 헌재 2008. 9. 25. 선고 2007헌바23 결정. 동지 : 헌재 2009. 2. 26. 선고 2007헌바8 결정 ; 헌재 2009. 4. 30. 선고 2007헌바12 결정 ; 헌재 2009. 10. 29. 선고 2008헌바101 결정.

4) 헌재 1993. 7. 29. 선고 90헌바3 결정.

5) 헌재 1992. 6. 26. 선고 90헌바25 결정. 동지 : 헌재 2009. 4. 30. 선고 2006헌마1322 결정.

6) 이때, 법률이 헌법이 위반되는 여부가 재판의 전제가 된 때에는 위헌법률심판제청을 거쳐야 하는 반면(대한민국헌법 제107조 제1항), **명령·규칙 또는 처분이 헌법이나 법률에 위반되는 여부가 재판의 전제가 된 경우에는**, 법원이 이를 심사할 수 있으되, **이를 최종적으로 심사할 권한을 대법원이 가진다**(같은 조 제2항).
법원이 법률 하위의 법규명령, 규칙, 조례, 행정규칙 등(이하 '규정'이라 한다)이 위헌·위법인지를 심사하려면 그것이 '재판의 전제'가 되어야 한다. 여기에서 '재판의 전제'란 구체적 사건이 법원에 계속 중이어야 하고, 위헌·위법인지가 문제 된 경우에는 규정의 특정 조항이 해당 소송사건의 재판에 적용되는 것이어야 하며, 그 조항이 위헌·위법인지에 따라 그 사건을 담당하는 법원이 다른 판단을 하게 되는 경우를 말한다. 대법원 2019. 6. 13. 선고 2017두33985 판결.
따라서 법원이 구체적 규범통제를 통해 위헌·위법으로 선언할 심판대상은, 해당 규정의 전부가 불가분적으로 결합되어 있어 그 일부를 무효로 하는 경우 나머지 부분이 유지될 수 없는 결과를 가져오는 특별한 사정이 없는 한, 원칙적으로 해당 규정 중 재판의 전제성이 인정되는 조항에 한정된다. 같은 판결.

판청구권은 권리보호절차의 개설과 개설된 절차에의 접근의 효율성에 관한 절차법적 요청이므로 재판청구권은 절차법에 의하여 구체적으로 형성되고 실현된다.[7)]

위와 같이, 대한민국헌법 제27조 제1항은, 원칙적으로 입법자에 의하여 형성된 현행 소송법의 범주 안에서 권리구제절차를 보장한다는 것을 밝히고 있으므로,[8)9)10)] 권리는 법이 정한 절차에 의하여 보호되어야 하고(민법 제209조, 형법 제23조 제1항 참조), 민사(民事)에 관한 다툼 역시 그러한 법정절차(法定節次)에 의하여 해결되어야 한다.

이와 같이 민사에 관한 권리를 보호하고 다툼을 해결하기 위한 법정절차를 널리 민사절차라고 할 수 있다.[11)]

이러한 민사절차 중 가장 대표적인 것은 민사소송절차이지만, 그 밖에도 제소전화해절차, 독촉절차, 공시최고절차, 민사집행절차, 도산절차, 비송사건절차, 민사조정절차, 선박·유류 등 책임제한절차, 민사사법공조절차가 있다.

한편, 민사 중에서도 가사(家事)에 관하여서는 가사소송절차가 따로 마련되어 있고, 민사문제가 아닌 공법상의 문제에 관하여서는 행정소송절차, 과태료사건절차 및 인신보호절차가 마련되어 있다.

그 밖에 법원 외에서의 분쟁해결절차들도 있고, 형사절차에 부수하는 민사분쟁해결제도도

---

7) 헌재 2009. 2. 26. 선고 2007헌바82 결정. 동지 : 헌재 2002. 10. 31. 선고 2001헌바4 결정

8) 헌재 2009. 4. 30. 선고 2006헌마1322 결정. 동지 : 헌재 2011. 5. 26. 선고 2010헌마499 결정.

9) cf. 재판청구권의 실현이 법원의 조직과 절차에 관한 입법에 의존하고 있기 때문에 입법자에 의한 재판청구권의 구체적 형성은 불가피하며, 따라서 입법자는 청구기간이나 제소기간과 같은 일정한 기간의 준수, 소송대리, 변호사 강제제도, 소송수수료규정 등을 통하여 원칙적으로 소송법에 규정된 형식적 요건을 충족시켜야 비로소 법원에 제소할 수 있도록, 소송의 주체, 방식, 절차, 시기, 비용 등에 관하여 규율할 수 있다. 헌재 2002. 10. 31. 선고 2001헌바40 결정. 동지 : 헌재 2009. 4. 30. 선고 2006헌마1322 결정 ; 헌재 2018. 8. 30. 선고 2014헌바180 등 결정.

10) cf. 그러나 헌법 제27조 제1항은 권리구제절차에 관한 구체적 형성을 완전히 입법자의 형성권에 맡기지는 아니한다. 입법자가 단지 법원에 제소할 수 있는 형식적인 권리나 이론적인 가능성만을 제공할 뿐 권리구제의 실효성이 보장되지 않는다면 권리구제절차의 개설은 사실상 무의미할 수 있다. 그러므로 재판청구권은 법적 분쟁의 해결을 가능하게 하는 적어도 한번의 권리구제절차가 개설될 것을 요청할 뿐 아니라 그를 넘어서 소송절차의 형성에 있어서 실효성 있는 권리보호를 제공하기 위하여 그에 필요한 절차적 요건을 갖출 것을 요청한다. 비록 재판절차가 국민에게 개설되어 있다 하더라도, 절차적 규정들에 의하여 법원에의 접근이 합리적인 이유로 정당화될 수 없는 방법으로 어렵게 된다면, 재판청구권은 사실상 형해화될 수 있으므로, 바로 여기에 입법형성권의 한계가 있다. 헌재 2002. 10. 31. 선고 2001헌바40 결정. 동지 : 헌재 2009. 4. 30. 선고 2006헌마1322 결정 ; 헌재 2018. 8. 30. 선고 2014헌바180 등 결정.

11) 비송사건(非訟事件)에서는 '다툼'은 특별히 문제되지 아니할지 몰라도 '권리보호'의 문제는 여전히 남는다. 또한, 비단 다툼이 없더라도, 법원에 대하여 하는 각종의 신청 또는 청구는, 그 자체로서 매우 중요한 권리행사수단이기도 하다. 소멸시효나 제척기간에 걸리는 권리는 그 기간 내에 재판상의 청구를 하여야 한다는 것이 그 대표적인 예이다.

있으며, 개별 법률에 따라서는 국가가 어떠한 보상을 행함으로써 해당 분쟁이 종국적으로 해결된 것처럼 간주하는 예도 있다.

Ⅱ. 민사절차의 종류

1. 협의의 민사소송절차(판결절차)

가. 개 관

넓은 의미의 민사소송이란 법원의 재판을 통하여 권리관계를 확정·보전·실현함으로써 사권(私權)을 보호하고 사법질서(私法秩序)를 유지하는 절차를 말한다.[12] 법치국가는 (광의의) 민사소송제도를 설치하여 사인간(私人間)에서는 사권을 확정함으로써 개인의 권리보호와 의무준수를 보장하고 국가적 측면에서는 사법질서를 유지할 수 있도록 하고 있다.[13]

광의의 민사소송은 판결, 보전처분, 민사집행의 각 절차를 총칭하는 개념으로서, 구 「민사소송법」(2002. 1. 26. 법률 제6626호로 전부개정되기 전의 것)은 이러한 넓은 의미의 민사소송을 모두 규율하고 있었다.[14]

그러나, 현행 「민사소송법」은 이 중 판결절차(즉, 권리관계의 확정을 위한 절차)만을 규정하고

---

12) 무엇이 법인지를 선언함으로써 사법질서를 유지하는 데에 민사소송절차의 —이른바 '대체적 분쟁해결제도'와 대비되는— 특색 내지 중요성이 있다고 하겠다.
그런데, 논자에 따라서는 한편으로 대체적 분쟁해결제도에의 과도한 의존이 법치주의를 훼손할 우려가 있다고 하면서도 다른 한편으로는 민사소송절차의 목적은 사권보호일 뿐이지 사법질서유지가 아니라고 설명하기도 하나, 관견으로는 그러한 견해는 전후모순이 아닌가 한다.
한편, 예의 논자 중에는 대체적 분쟁해결제도는 분쟁을 해결할 뿐이고 권리를 보호하지는 못한다는 취지로도 주장하는 이도 있으나, 관견으로는 그러한 주장은 궤변에 가까워 보인다. 즉, 위 주장은 귀류법 논증을 배겨낼 수 없는바, 위 주장대로라면 대체적 분쟁해결제도의 결과가 실제 권리관계에 부합한다 하더라도 권리는 보호되지 못하였다고 하여야 하기 때문이다.
또한, 민사소송절차의 목적을 분쟁해결에서 찾는 견해도 있으나, 이 또한 타당하다고 할 수 없다. 왜냐하면, 그러한 논리대로라면 법과 권리를 무시한 채 그저 권력적·강제적으로 민사분쟁을 종식시키더라도 무방할 것이기 때문이다.
다만, 현실적으로는, 민사소송절차가, 실제 권리관계와 크게 어긋나지 아니하고 사법질서를 위태롭게 하지 아니하는 선에서 해당 분쟁이 사실상 종식되는 것에 그치는 것으로 만족할 수밖에 없는 경우가 많다. 당사자의 시간과 경제력, 인간의 인식능력, 사법자원(司法資源) 등의 한계 때문에, 이는 어느 정도는 불가피한 일이기도 하다.

13) 헌재 2011. 8. 30. 선고 2010헌바427 결정.

14) cf. 독일법도 그와 같은 입법태도를 취하고 있다.

있으며, 민사집행 및 보전처분 절차(즉, 권리관계의 실현 및 보전을 위한 절차)에 관하여서는 「민사집행법」이라는 별도의 단행법률이 제정되어 있다.[15]

나. 판결절차의 일반적 진행양상

소송은 대립되는 당사자 사이의 법적 분쟁에 대하여 법원이 주로 실체법상의 판단기준을 적용하여 당사자 주장의 당부를 판단하는 절차이다.[16]

원고가 피고를 상대로 소(訴)를 제기하면 법원이 변론을 열어 (당사자가 제출한 주장과 증거를 토대로) 소송의 심리를 하고 변론을 종결한 다음 종국판결(終局判決)을 하는 것이 소송절차의 전형적인 진행양상이다.

제1심 판결에 불복이 있으면 항소할 수 있고, 항소법원의 판결에 불복이 있으면(더 정확하게는, 법이 정한 상고이유가 있으면) 대법원에 상고할 수 있다.[17]

또한, 제1심과 항소심은 사실심이고, 상고심은 법률심이므로, 항소심에서는 제1심과 마찬가지로 변론을 열어 심리를 하게 되나, 상고심에서는 사실의 주장·입증을 할 수 없으며 상고이유서에서 개진한 법률적 사항 및 직권조사사항에 관하여서만 심리하게 된다.

다만, 판례 생성의 필요성 등 특별한 사정이 있는 경우가 아니라면, 일반적으로 제1심의 소송절차만으로써 사건이 완결에 이르는 것이 바람직하다. 「민사소송법」 역시 그 제2편을 '제1심의 소송절차'로, 제3편을 '상소'로 편성함으로써 이미 그 기본구조에서부터 제1심중심주의를 예정하고 있다.

상소기간의 도과 등으로 인하여 판결이 확정되면, 법원은 그러한 판결에 배치되는 재판을

15) cf. 입법례에 따라서는 위 세 절차를 각각 별도의 단행법률로써 규율하는 예도 있는바, 일본법이 그러하다.

16) 헌재 2013. 11. 28. 선고 2011헌바270 결정.

17) 심급제도는 하급심의 잘못된 재판을 상소심으로 하여금 바로잡게 함으로써 재판청구권을 실질적으로 보장하기 위한 하나의 수단이라고 할 수 있고, 우리 헌법도 제101조 제2항에서 "법원은 최고법원인 대법원과 각급법원으로 조직된다"라고 규정하고 있는 등 대법원과 하급법원으로 구성되는 심급제도를 제도적으로 보장하고 있다. 헌재 2004. 12. 16. 선고 2003헌바105 결정. 동지 : 헌재 2002. 6. 27. 선고 2002헌마18 결정 ; 헌재 2002. 11. 28. 선고 2002헌마459 결정.
그러나, 심급제도는 사법(司法)에 의한 권리보호에 관하여 한정된 사법자원(법발견자원)의 합리적인 분배의 문제인 동시에 재판의 적정과 신속이라는 서로 상반되는 두 가지의 요청을 어떻게 조화시키느냐의 문제로 돌아가므로 기본적으로 입법자의 형성의 자유에 속하는 사항이다. 헌재 2004. 12. 16. 선고 2003헌바105 결정. 동지 : 헌재 1995. 1. 20. 선고 90헌바1 결정 ; 헌재 2002. 5. 30. 선고 2001헌마781 결정 ; 헌재 2002. 6. 27. 선고 2002헌마18 결정 ; 헌재 2002. 11. 28. 선고 2002헌마459 결정 ; 헌재 2005. 9. 29. 선고 2005헌마567 결정 ; 헌재 2006. 3. 30. 선고 2005헌마462, 2005헌마691(병합) 결정 ; 헌재 2006. 4. 27. 선고 2004헌마441 결정 ; 헌재 2006. 7. 27. 선고 2006헌마466 결정 ; 헌재 2007. 7. 26. 선고 2006헌마551 결정 ; 헌재 2008. 5. 29. 선고 2007헌마1408 결정 ; 헌재 2009. 3. 26. 선고 2006헌마1133 결정 ; 헌재 2011. 12. 29. 선고 2010헌마344 결정 ; 헌재 2012. 3. 29. 선고 2010헌마693 결정.

할 수 없게 되고(기판력(旣判力)),[18] 원고 승소의 확정판결이라면, 판결의 종류에 따라서는, 이에 기하여 강제집행을 할 수 있게 되거나(집행력. 이행판결의 경우), 판결에 따른 법률관계 변동의 효력이 발생하게 된다(형성력. 형성판결의 경우).[19][20]

다만, 가집행선고가 있는 판결은 확정되지 아니하였더라도 집행력을 갖는다.

민사소송에서 판결이 확정되면 그 대상이 된 청구권의 존재 혹은 부존재를 더 이상 다툴 수 없게 되는 기판력이 발생하여 당사자의 법적 안정을 도모하고 있고, 때문에 위 확정판결의 효력을 배제하기 위해서는 재심 사유가 존재하는 경우에 한하여 재심의 소에 의하여 그 취소를 구하는 것이 원칙적인 방법이다.[21]

한편, 판결절차에 부수하는 민사소송절차들도 있는바, 소제기 전의 증거보전절차, 판결확정 후의 소송비용액확정절차 등이 그 예이다.

다. 민사소송의 대상

1) 법률상의 쟁송(爭訟)

법원은 헌법에 특별한 경우를 제외한 모든 법률상의 쟁송을 심판하고, 「법원조직법」과 다른 법률에 따라 법원에 속하는 권한을 가진다(법원조직법 제2조 제1항).

즉, 법원은 법률에 의하여 그 권한에 속하는 사항이 아닌 한, 법률상의 쟁송을 심판할 수 있을 따름이므로, 소송상 청구는 구체적인 권리 또는 법률관계만을 대상으로 함이 원칙이다.[22]

다시 말해, 단순한 '사실'의 존부의 다툼, 구체적 사건을 전제로 하지 아니한 추상적인 법률해석 따위는, 원칙적으로 민사소송의 대상이 될 수 없다.

---

18) 대법원 1983. 12. 28.자 83사14 결정.

19) 그 밖에 실체법의 규정에 따른 효력, 즉 (확정)판결을 법률요건으로 하여 발생하는, 이른바 법률요건적 효력도 발생한다.
판결에 의하여 확정된 채권은 단기의 소멸시효에 해당한 것이라도 그 소멸시효는 10년으로 하는 것(민법 제165조 제1항)은, 이러한 법률요건적 효력의 대표적인 예이다.

20) 그런데, 어떠한 재판 등이 확정판결과 같은 효력을 갖는 것으로 법률에 규정되어 있다 하더라도, 그 의미는 반드시 기판력까지 갖는다는 것은 아니고 단지 집행력과 법률요건적 효력 및 불가쟁의 효력만을 갖는다는 것일 수도 있다. 그리고 기판력까지 인정되는 경우에는 재심사유가 있으면 준재심으로 다툴 수 있으나, 기판력은 없는 경우에는 준재심의 대상은 될 수 없다.
"확정판결과 같은 효력"의 의미는 결국 체계해석에 따라 판단되어야 하는데, 특히 일반적으로 청구이의의 소(민사집행법 제44조)의 대상인지 여부가 중요한 기준 중 하나이다.

21) 대법원 2010. 2. 11. 선고 2009다82046 판결. 동지 : 대법원 2013. 4. 25. 선고 2012다110286 판결.

22) 대법원 1994. 11. 22. 선고 93다40089 판결.

그런데, 법률상 쟁송인지 여부가 문제가 되는 대표적인 사안으로는, 종교단체의 징계결의나 내부관계에 관한 소송을 들 수 있다.

2) 법률상 쟁송인지 여부가 문제되는 소송

가) 종교단체의 징계결의에 관한 소송

종교단체의 징계결의는 종교단체의 교리를 확립하고 종교단체 및 신앙의 질서를 유지하기 위하여 교인으로서 비위가 있는 자를 종교적인 방법으로 제재하는 종교단체 내부의 규제로서, 헌법이 보장하고 있는 종교자유의 영역에 속할 뿐더러, 교인 개인의 특정한 권리의무에 관계되는 법률관계를 규율하는 것이 아니므로, 법원으로서는 그 효력의 유무를 판단할 수 없다.23)

다만, 그 효력의 유무와 관련하여 구체적인 권리 또는 법률관계를 둘러싼 분쟁이 존재하고 또한 그 청구의 당부를 판단하기에 앞서 위 징계의 당부를 판단할 필요가 있는 경우에는, 그 판단의 내용이 종교 교리의 해석에 미치지 아니하는 한 법원으로서는 위 징계의 당부를 판단하여야 한다.24)

따라서, 법원은 예컨대 다음과 같은 경우에는 종교단체의 징계의 당부를 판단하여야 한다.

일반적으로 사설 사찰이 아닌 종단에 등록을 마친 사찰은 독자적인 권리능력과 당사자능력을 가진 법인격 없는 사단이나 재단이라 할 것이고, 그러한 사찰의 주지는 종교상의 지위와 아울러 비법인 사단 또는 단체인 해당 사찰의 대표자로서의 지위를 겸유하면서 사찰 재산의 관리처분권 등을 갖게 되는 것이어서, 그 주지 지위의 확인이나 주지해임무효확인 등을 구하는 것이 구체적인 권리 또는 법률관계와는 무관한 단순한 종교상의 자격에 관한 시비에 불과하다고 볼 수는 없다.25)

또한, 종단으로부터 치탈도첩 또는 승적의 제적이라는 징계를 받았으므로 사찰을 점유·관리할 권원을 상실하였다 하여 그 명도를 청구한 경우에는, 법원으로서는 그 판단의 내용이 종교 교리의 해석에 미치지 아니하는 한 위 징계의 당부를 판단하여야 한다.26)

---

23) 대법원 1992. 5. 22. 선고 91다41026 판결. 동지 : 대법원 1983. 10. 11. 선고 83다233 판결(교인에 대한 장로면직 및 출교처분) ; 대법원 2012. 8. 30. 선고 2010다52072 판결.

24) 대법원 2005. 6. 24. 선고 2005다10388 판결. 동지 : 대법원 1983. 10. 11. 선고 83다233 판결 ; 대법원 2012. 8. 30. 선고 2010다52072 판결(A 교단이 B 교회 담임목사 C를 교단에서 제명·출교한다는 내용의 처분을 하여, C가 B 교회의 대표자로서 제기한 소송이 대표권이 없는 자에 의하여 제기된 것으로 부적법한지가 문제된 사안).

25) 대법원 2005. 6. 24. 선고 2005다10388 판결.

26) 대법원 1992. 5. 22. 선고 91다41026 판결.

나) 교단의 내부관계에 관한 소송[27)]

법인 아닌 사단으로서의 실체를 갖춘 개신교 교회는 단독으로 종교활동을 할 수도 있지만, 교리의 내용, 예배의 양식, 신앙공동체로서의 정체성, 선교와 교회행정에 관한 노선과 방향 등에 따라 특정 교단의 지교회로 가입하거나 새로운 교단을 구성하여 다른 지교회의 가입을 유도할 수도 있다. 이때 각 지교회가 소속된 특정 교단은 교리의 내용 등 해당 교단의 고유한 특성과 교단 내에서의 종교적 질서를 유지하는 것을 존립 목적으로 하게 된다. 교단은 존립 목적을 위하여 필요한 경우 교단 헌법을 제정·개정·해석하고, 행정쟁송 등 교단 내의 각종 분쟁을 처리하며, 목사 등 교역자의 자격 요건을 정하며, 소속 지교회를 지휘·감독하는 등의 기능을 수행한다.

종교단체의 자율권 보장의 필요성은 지교회뿐만 아니라 지교회의 상급단체인 교단에도 동일하게 적용되므로, 양 종교단체의 종교적 자율권은 모두 보장되어야 한다.

그런데 경우에 따라서는 지교회와 교단 사이에 종교적 자율권이 상호 충돌할 수 있는데, 이 경우 교단의 존립 목적에 비추어 지교회의 자율권은 일정한 제한을 받을 수밖에 없다. 즉, 교단이 각 지교회의 자율권을 제한 없이 인정하면 해당 교단의 고유한 특성과 교단 내에서의 종교적 질서 유지라는 교단의 존립 목적을 달성하는 것이 곤란하게 된다.

나아가, 지교회가 특정 교단 소속을 유지하는 것은 해당 교단의 지휘·감독을 수용하겠다는 지교회 교인의 집합적 의사의 표현으로 볼 수 있으므로, 소속 교단에 의하여 지교회의 종교적 자율권이 제한되는 경우 지교회로서는 교단 내부의 관련 절차에 따라 문제를 해결하여야 하고, 관련 내부 절차가 없거나 그 절차에 의하여도 문제가 해결되지 않는 경우 지교회로서는 그 제한을 수인할 수밖에 없다.

따라서 지교회의 일반 국민으로서의 권리의무나 법률관계와 관련된 분쟁에 관한 것이 아

---

27) 대법원 2014. 12. 11. 선고 2013다78990 판결(A 교단 소속의 B 교회가 C를 위임목사로 청빙하는 것을 승인해 달라는 요청을 하여 A 교단의 하급 치리회인 노회에서 청빙승인결의를 하였는데, A 교단의 최고 치리회인 총회에서 위임목사 청빙승인결의 무효확인 및 C에 대한 목사안수결의 무효확인 총회판결을 하자 B 교회가 총회판결의 무효확인과 C의 대표자 지위 확인을 구하는 소를 제기한 사안에서, B 교회는 목사나 위임목사로서의 지위가 부인된 직접적인 당사자가 아니므로 목사나 위임목사로서의 지위가 부인됨으로써 C의 권리의무나 법률관계가 영향을 받는다는 점은 B 교회가 총회판결의 무효확인을 구할 법률상 이익의 근거가 될 수 없고, 총회판결에 의하여 침해된 B 교회의 이익은 설교와 예배 인도 등을 담당할 위임목사를 자율적으로 청빙할 수 있는 이익인데 그것 자체는 B 교회의 종교적 자율권과 관계된 사항일 뿐, 일반 국민으로서의 권리의무나 법률관계와 관련이 있는 사항이라고 보기 어려우므로, 총회판결로 인하여 위임목사 청빙과 관련한 을 교회의 종교적 자율권이 제한받게 되었다고 하더라도 A 교단의 종교적 자율권 보장을 위하여 위 총회판결은 사법심사의 대상이 되지 않는다고 한 사례).

닌 이상, 교단의 종교적 자율권 보장을 위하여 교단의 내부관계에 관한 사항은 원칙적으로 법원에 의한 사법심사의 대상이 되지 않는다.

2. 법원의 그 밖의 민사절차

가. 제소전화해절차

1) 개 관

제소전화해절차란, 민사상 다툼에 관하여 화해를 하는 절차를 말하며(법 제385조 제1항), 화해가 성립되면 확정판결과 같은 효력을 가진다(법 제220조).

그러나, 이 절차는 실제로는 분쟁해결보다는 집행권원을 만들기 위한 목적으로 흔히 이용되고 있다.[28] 채무자가 강제집행을 승낙한 취지가 적힌 공정증서는[29] 집행권원이 되는 것이기는 하지만, 이는 일정한 금액의 지급이나 대체물 또는 유가증권의 일정한 수량의 급여를 목적으로 하는 청구 또는 건물이나 토지 또는 특정동산의 인도 또는 반환을 목적으로 하는 청구에 관한 것에 국한되는 반면(민사집행법 제56조 제4호, 공증인법 제56조의3 제3항), 제소전화해에 의하여서는 채권자와 채무자의 합의에 따라 그 밖의 종류의 청구에 관한 집행권원도 만들 수 있기 때문이다.

화해가 성립되지 아니한 경우에는, 당사자의 소제기신청이 있으면 소송으로 이행하게 된다(법 제388조 제1항, 제2항).

이러한 제소전화해의 절차는, 법 제2편 제4장이 이를 규정하고 있는바, 상세한 내용은 이 책 제5부 제1장에서 보기로 한다.

2) 구별개념

한편, 소송절차에서 화해를 할 수도 있는바, 이를 소송상 화해라 한다.

그리고, 제소전화해와 소송상 화해를 아울러 재판상 화해라 하는바, 이는 재판외 화해, 즉 민법상의 화해와 대비되는 개념이다.

---

28) cf. 국가채권과 관련하여, 각 중앙관서의 장은 이행연기특약을 갈음하여 제소전화해(법 제385조)를 하는 것이 적당하다고 인정할 때에는 법무부장관에게 그 절차를 밟을 것을 요청하여야 한다(국가채권 관리법 제30조).

29) 공정증서란 공증인이 청취한 진술, 그 목도한 사실 기타 실험한 사실을 기록하고 또한 그 실험의 방법을 기재한 증서를 말한다(공증인법 제34조).

나. 독촉절차

독촉절차란, 금전, 그 밖에 대체물이나 유가증권의 일정한 수량의 지급을 목적으로 하는 청구에 대하여 법원이 채권자의 신청에 따라 지급명령을 하는 절차를 말한다(법 제462조 본문).[30)]

지급명령 신청이 있으면, 원칙적으로, 신청이 부적법하거나, 신청의 취지로 보아 청구에 정당한 이유가 없는 것이 명백한 때가 아닌 한(법 제465조 제1항 전문 참조), 그대로 지급명령을 한다(법 제467조).

위와 같이, 신청이 적법하고 주장 자체로서 이유 없는 것이 아니기만 하면(즉, 원고승소판결의 경우와 달리 주장 사실의 입증을 요하지 아니한다)[31)] 법원이 지급명령을 하고, 지급명령신청은 소제기보다 인지대도 저렴하므로(민사소송 등 인지법 제7조 제2항), 금전 등 대체물 또는 유가증권의 지급 청구 사건에서 저렴한 비용으로 간이·신속하게 집행권원을 얻기 위하여 독촉절차를 이용할 수 있다.[32)]

지급명령에 대하여, 적법한 이의신청이 없는 때에는 지급명령은 그대로 확정되나, 적법한 이의신청이 있으면 소송이나 조정으로 이행하게 된다(법 제472조, 제473조, 민사조정법 제5조의2, 제5조의3).

확정된 지급명령은 확정판결과 같은 효력을 가지며(법 제474조), 집행권원이 되나(민사집행법 제56조 제3호), 확정판결과 달리 기판력은 없다(같은 법 제58조 제3항 참조).

따라서, 예컨대, A가 B에 대하여 제기한 대여금 청구소송에서 B가 이미 차용금을 갚았다는 항변을 하지 아니한 채로 원고승소판결이 확정되어 버렸다면 B는 (확정판결의 기판력 때문에) 나중에 위 변제항변을 제출할 수 없는 반면, A가 B에 대하여 신청한 대여금 청구의 독촉에서 B가 이의신청을 하지 아니하여 지급명령이 확정되었더라도 B는 이미 차용금을 갚았음을 이유로 A를 상대로 청구이의의 소(민사집행법 제44조)를 제기하여 해당 청구의 당부를 나중에라도 다툴 수 있는 것이다.

요컨대, 지급명령이란 금전 그 밖에 대체물이나 유가증권의 일정한 수량의 지급을 목적으로 하는 청구에 대하여 법원이 보통의 소송절차에 의함이 없이 채권자의 신청에 의하여 간

---

30) 독촉절차의 대상은 소액사건과 같지만, 소액사건이 개념필연적으로 일정 금액 내의 사건에 한하는 것과 달리 지급명령을 신청할 수 있는 금액에는 제한이 없다. 소액사건이 될 수 있는 범위에 관하여서는 '법원(法院)' 부분에서 후술한다.

31) 다만, 금융기관이 대여금 등에 관하여 지급명령을 신청하였는데 공시송달을 할 경우는 청구원인의 소명을 요하나(소송촉진 등에 관한 특례법 제20조의2), 상세한 것은 '독촉절차' 부분에서 보기로 한다.

32) 독촉절차관련 재판업무처리에 관한 지침(재민 2002-4) 제2조 참조.

이, 신속하게 발하는 이행에 관한 명령이다.[33]

그런데, 독촉절차는 채권자로 하여금 간이, 신속하게 집행권원을 취득하도록 하기 위하여 이행의 소를 대신하여 법이 마련한 특별소송절차로 볼 수 있으므로,[34] 그 성질에 반하지 아니하면 소송에 관한 규정이 준용된다.[35]

이러한 독촉절차는 민사소송법 제5편이 이를 규정하고 있는바, 상세한 내용은 이 책 제5부 제2장에서 보기로 한다.

다. 공시최고절차(公示催告節次)

공시최고절차는 권리 또는 청구의 신고를 하지 아니하면 그 권리를 잃게 될 것을 법률로 정한 경우에(법 제475조), 공시최고를 거쳐 제권판결을 선고하는 절차를 말한다(법 제477조 제1항, 제487조 제1항 후단 참조).

이러한 공시최고절차는 법 제6편이 이를 규정하고 있는바, 상세한 내용은 이 책 제5부 제4장에서 보기로 한다.

라. 민사집행절차

강제집행, 담보권 실행을 위한 경매, 민법·상법, 그 밖의 법률의 규정에 의한 경매를 "민사집행"이라 하며(민사집행법 제1조), 더 넓은 의미의 민사집행은 보전처분(가압류, 가처분)까지도 포함한다(같은 조).

이와 같은 광의의 민사집행은 「민사집행법」이 이를 규율하고 있다.

그런데, 「민사집행법」에 특별한 규정이 있는 경우를 제외하고는 민사집행 및 보전처분의 절차에 관하여는 「민사소송법」의 규정을 준용한다(민사집행법 제23조 제1항).

마. 도산절차

도산절차란, 재정적 어려움으로 인하여 파탄에 직면해 있는 채무자에 대하여 채권자 등 이해관계인의 법률관계를 조정하여 채무자 또는 그 사업의 효율적인 회생을 도모하거나, 회생이 어려운 채무자의 재산을 공정하게 환가·배당하는 것을 목적으로 하는 절차를[36] 말한다

---

33) 대법원 2011. 11. 10. 선고 2011다54686 판결.

34) 대법원 2011. 11. 10. 선고 2011다54686 판결.

35) 대법원 1986. 5. 2.자 86그10 결정.

36) 이를테면, 파산절차는 모든 채권자들을 위한 포괄적인 강제집행절차인 셈이다. 대법원 2019. 3. 6.자 2017마5292 결정.

(채무자 회생 및 파산에 관한 법률 제1조).

이러한 도산절차는 「채무자 회생 및 파산에 관한 법률」(약칭 : 채무자회생법)이 이를 규율하고 있다.

도산절차에는, 회생절차(같은 법 제2편), 파산절차(같은 법 제3편), 개인회생절차(같은 법 제4편), 국제도산절차(같은 법 제5편)가 있다.

이러한 회생절차·파산절차·개인회생절차 및 국제도산절차에 관하여 '채무자회생법'에 규정이 없는 때에는 「민사소송법」 및 「민사집행법」을 준용한다(채무자회생법 제33조).

바. 비송사건절차(非訟事件節次)

비송사건은 정의하기 곤란한 개념이나, 법적 분쟁을 대상으로 하는 것과 소송사건과 달리 국가의 후견적 개입을 대상으로 하는 것이 비송사건이라는 견해가 다수설이다(대상설(對象說)).

소송절차에서 법원의 재량의 여지가 희소한 것과는 달리, 비송사건절차는 법원의 합목적적 재량을 필요로 하는 절차이다.[37] 또한, 소송은 당사자의 대립을 그 본질적인 형태로 하는(당사자대립주의, 대석적(對席的) 구조, 대립당사자 구조)[38] 반면, 비송은 편면적 구조임이 일반이다.

비송사건의 구체적 예로는, 비송사건에 관한 일반법인 「비송사건절차법」이 직접 규정하고 있는 민사비송사건 및 상사비송사건, 가사사건의 일종인 가사비송사건,[39] 가사사건은 아니지만 이와 밀접한 관계가 있는 가족관계등록비송사건(가족관계의 등록 등에 관한 규칙 제10장 참조)이[40] 있다.

사. 민사조정절차(民事調停節次)

민사조정절차란, 민사에 관한 분쟁을 간이한 절차에 따라 당사자 사이의 상호 양해를 통하여 조리(條理)를 바탕으로 실정(實情)에 맞게 해결함을 목적으로 하는 절차로서(민사조정법 제1조), 그 성질은 비송사건절차에 가깝다(같은 법 제39조 참조).

이러한 민사조정절차는, 당사자의 신청(민사조정신청)에 의하여 개시될 수도 있지만(같은 법 제2조), 독촉절차로부터 이행되어 오거나(같은 법 제5조의2), 수소법원(受訴法院)의 조정회부결정

---

37) 대법원 1984. 10. 5.자 84마카42 결정 참조.

38) 대법원 2000. 10. 27. 선고 2000다33775 판결. 동지 : 대법원 2002. 8. 23. 선고 2001다69122 판결.

39) 다만, 특히 마류 가사비송사건은, 대립당사자구조에 의하는 등, 일반적인 비송사건에 비해 그 성질상 소송사건과 유사한 측면이 많다.

40) 이에는 출생확인, 친생자 출생신고를 위한 확인, 국적취득자의 성본창설 허가, 개명허가, 가족관계등록부 창설허가, 가족관계등록부정정허가가 있고, 더 넓은 의미에서는 협의이혼의사확인까지 포함된다.

에 의하여 개시될 수도(즉, 소송절차로부터 이행되어 올 수도) 있다(같은 법 제6조).

이러한 민사조정절차는 「민사조정법」이 이를 규정하고 있는바, 상세한 내용은 이 책 제5부 제3장에서 보기로 한다.

아. 선박·유류 등 책임제한절차

선박소유자는 청구원인의 여하에 불구하고, 선박에서 또는 선박의 운항에 직접 관련하여 발생한 사람의 사망, 신체의 상해 또는 그 선박 외의 물건의 멸실 또는 훼손으로 인하여 생긴 손해에 관한 채권 등에 대하여 법정금액(法定金額)의 한도로 그 책임을 제한할 수 있으며(상법 제775조), 그와 같이 책임을 제한하고자 하는 자는 법원에 책임제한절차개시의 신청을 하여야 한다(상법 제776조 제1항).[41]

이러한 책임제한절차 개시의 신청, 책임제한의 기금의 형성·공고·참가·배당, 그 밖에 필요한 사항은 별도로 법률로 정하는바(같은 조 제2항), 이에 따라 「선박소유자 등의 책임제한절차에 관한 법률」(약칭 : 선박소유자책임법)이 제정되어 있다.

또한, 선박소유자 또는 보험자등은 유류오염손해에 대한 책임을 제한하기 위하여 법원에 「선박소유자 등의 책임제한절차에 관한 법률」에 따른 책임제한절차 개시를 신청할 수 있다(유류오염손해배상 보장법(약칭 : 유류오염배상법) 제32조 제1항).

이러한 책임제한사건에도 「민사소송법」 및 「민사집행법」이 준용된다(선박소유자 등의 책임제한절차에 관한 법률 제4조, 유류오염손해배상 보장법 제41조).

자. 민사사법공조절차(民事司法共助節次)

민사사건에서, **재판상 서류의 송달 또는 증거조사에 관한 국내절차의 외국에서의 수행 또는 외국절차의 국내에서의 수행을 위하여 행하는 법원 기타 공공기관등의[42] 협조를** "(민사)**사법공조"라 한다**(국제민사사법공조법 제2조 제1호).[43]

이 중 대한민국 법원이 외국법원으로부터 민사사법공조촉탁을 받아 송달 또는 증거조사를 실시하는 절차가 민사사법공조절차이다.[44]

---

41) cf. 이 사건은 어느 심급에서건 재산권상의 신청으로서 그 신청목적의 가액을 산출할 수 없는 경우(민사소송 등 인지법 제2조 제4항 전단)에 해당한다. 대법원 1998. 4. 9.자 97마832 결정.

42) 법문에서는 "… 공무소등의 …"로 되어 있으나, 「민사소송법」이 종래의 "공무소"를 "공공기관"으로 개칭하였으므로, 「국제민사사법공조법」의 해당용어도 그와 같이 개정하여야 할 것이다.

43) cf. 형사사건에 관하여서는 '형사사법공조'도 있는바, 이는 대한민국과 외국 간에 형사사건의 수사 또는 재판에 필요한 협조를 제공하거나 제공받는 것을 말한다(국제형사사법 공조법 제2조 제1호).

그런데, 「국제민사사법공조법」은 민사사건 외에 가사사건 그 밖에 그 절차에 관하여 「민사소송법」이 준용되는 사건에도 준용하므로,[45] 민사사법공조에서 말하는 민사사건이란 바로 후술하는 특별민사소송절차의 사건도 포함하는 것이다.[46]

3. 특별민사소송절차[47]

가. 개 관

원칙적으로, 가사소송 절차에 관하여는 「가사소송법」에 특별한 규정이 있는 경우를 제외하고는 「민사소송법」에 따르므로(가사소송법 제12조 본문), 가사소송절차 역시 민사소송절차의 일종이라고 볼 수 있다.[48]

또한, 행정소송에 관하여 「행정소송법」에 특별한 규정이 없는 사항에 대하여는 「법원조직법」과 「민사소송법」 및 「민사집행법」의 규정을 준용하므로(행정소송법 제8조 제2항), 행정소송절차 역시 기술적으로는 민사소송절차의 일종이라고 이해하여도 대과가 없다.

질서위반행위에 관하여서는 과태료 재판이 문제되는바, 그 절차 역시 기술적으로는 비송사건절차로 되어 있다(질서위반행위규제법 제28조 참조).

그 밖에, 인신보호절차 역시, 그 성질에 반하지 아니하는 범위 내에서 민사소송의 예에 따르므로(인신보호법 제17조, 인신보호규칙 제18조), 이 절차 또한 기술적으로 민사소송절차의 일종으로 볼 수밖에 없다.

이 책에서는 가사소송 및 행정소송과 인신보호사건에 대한 서술은 특별한 사정이 없는 한 생략하겠으되, 여기서는 우선 삼자의 개념에 관하여서만 간단히 살펴보기로 한다.

나. 가사소송절차

민사 중에서도 가사에 관한 소송을 가사소송이라 하는바, 가사에 관한 소송과 비송 및 조정에 대한 절차의 특례를 규정함을 목적으로 「가사소송법」이 제정되어 있다(가사소송법 제

44) 국제민사사법공조 등에 관한 예규(재일 2003-15) 제14조 참조.

45) 국제민사사법공조 등에 관한 예규(재일 2003-15) 제2조.

46) 다만, 실무상, 광의의 민사사법공조는 협의의 민사사법공조와 가사사법공조로 구분된다.

47) 특별민사소송절차까지 포함한 광의의 민사절차란, 이를테면 형사절차 및 헌법재판절차와 대비되는 개념이라 하겠다.

48) 다만, 후술하듯이 「가사소송법」은 「민사소송법」의 특별법일 뿐 아니라(가사소송사건) 「비송사건절차법」과 「민사조정법」의 특별법이기도 하다(가사비송사건과 가사조정사건).
가사비송사건의 예로는, 성년후견개시심판, 친권자변경심판 등이 있다.

1조).

무엇이 가사사건인지는 가사소송법 제2조에 열거되어 있으며, 그 밖의 사건은 「민법」 친족편이나 상속편과 관련된 사건일지라도 통상의 민사사건이다. 예컨대, 유류분반환청구권(민법 제1115조)은 민법 상속편에 규정된 제도이지만, 이를 행사하는 소송은 가사소송이 아니라 통상의 민사소송이다.

다. 행정소송절차

행정소송절차란, 행정청의 위법한 처분 그 밖에 공권력의 행사·부행사등으로 인한 국민의 권리 또는 이익의 침해를 구제하고, 공법상의 권리관계 또는 법적용에 관한 다툼을 적정하게 해결함을 목적으로 하는 소송절차를 말한다(행정소송법 제1조).

행정소송절차는 공법상의 법률관계에 관한 것이라는 점에서, 사법상의 법률관계에 관한 것인 민사소송절차와 구별된다.

행정소송은 사인에 대한 권리구제기능 외에도 행정작용이 적법하게 이루어지도록 통제하는 등 객관적 기능을 가지고 있다. 또한 행정소송은 공법상 법률관계를 대상으로 한다는 점에서 사법상 법률관계를 대상으로 하는 민사소송과 차이가 있다. 그렇지만 대립 당사자 간에 발생한 법률적 분쟁에 관하여 사실관계를 확정한 후 법을 해석·적용함으로써 해당 분쟁을 해결하는 법 판단작용이라는 점에서, 행정소송도 절차적 측면에서 민사소송과 크게 다르지 않다. 따라서 행정소송법 제8조 제2항은 행정소송에 관하여 행정소송법에 특별한 규정이 없는 사항에 대해서는 민사소송법 등을 준용하도록 정하고 있는 것이다.[49]

라. 과태료사건절차

널리 과태료의 부과대상이 되는 행위는, 다음과 같이 네 가지로 구분하여 볼 수 있다.

① 사법상 의무를 위반하여 과태료를 부과하는 행위(질서위반행위규제법 제2조 제1호 가목, 같은 영 제2조 제1항 전단).

② 질서위반행위, 즉, 공법상의 의무를 위반하여 과태료를 부과하는 행위(다만, 후술하는 징계로서의 과태료 제외)(같은 법 제2조 제1호 본문).

③ 절차법상 의무를 위반하여 과태료를 부과하는 행위(질서위반행위규제법 제2조 제1호 가목, 같은 법 시행령 제2조 제1항 후단).

---

49) 헌재 2019. 9. 26. 선고 2019헌바219 결정.

④ 징계사유에 해당하여 과태료를 부과하는 행위(같은 법 제2조 제2호).

이 중 ①, ②에 관하여서는 법원이 과태료 재판을 할 수 있는바, 이는 공법상의 법률관계에 관한 것이지만, 기술적으로는 특수한 비송사건절차로 볼 수 있다. 즉, ①은 비송사건절차법 제247조 내지 제250조가 이를 규율하고 있고, ②는 「질서위반행위규제법」이 이를 규정하고 있는데, 「질서위반행위규제법」 역시 「비송사건절차법」의 일부 규정을 준용하거나 「비송사건절차법」과 유사한 규정을 두고 있다.[50)]

한편, 검사가 하는 과태료의 납부명령은 집행력 있는 집행권원과 같은 효력을 가진다(민사집행법 제60조 제2항).

마. 인신보호절차

인신보호절차란, 위법한 행정처분 또는 사인(私人)에 의한 시설에의 수용으로 인하여 부당하게 인신의 자유를 제한당하고 있는 개인의 구제절차를 말한다(인신보호법 제1조).

인신보호절차는, 신체의 자유에 관한 것이므로 공법상의 법률관계에 관한 것이로되, 변호인도 선임할 수 있다는 점(인신보호법 제12조 제2항)에서 형사절차적 성질도 있으나,[51)] 기술한 바와 같이, 기술적으로는 특수한 민사소송절차로 볼 수박에 없다.

Ⅲ. 민사절차 아닌 분쟁해결제도

1. 법원 외의 분쟁해결절차

가. 중재(仲裁)

「중재법」(1966. 3. 16. 제정, 1999. 12. 31. 전부개정, 2013. 3. 23. 전부개정. 현행법은 2020. 2. 4. 법률 제16918호로 개정된 것)**은 중재(仲裁)에 의하여 사법(私法)상의 분쟁을 적정·공평·신속하게 해결함을 목적으로 한다**(중재법 제1조).

"중재"란, 당사자 간의 합의로 재산권상의 분쟁 및 당사자가 화해에 의하여 해결할 수 있

50) 한편, 이 중 ③ 역시 법원이 과태료 재판을 하기는 하지만, 이는 해당 절차의 일환으로서 하는 재판이며 별도의 과태료 '사건'을 구성하지는 아니하며, ④ 는 해당 과태료 부과 자체가 행정처분으로서 행정소송 절차의 대상이 될 따름이다(변호사법 제100조 제4항 참조).

51) 그래서 법원사무분담상으로도 형사 재판부와 형사과에서 담당한다.

는 비재산권상의 분쟁을[52] **법원의 재판에 의하지 아니하고 중재인**(仲裁人)**의 판정에 의하여 해결하는 절차를 말한다**(중재법 제3조 제1호).[53]

당사자 간에 다른 합의가 없는 경우 중재절차는 피신청인이 중재요청서를 받은 날부터 시작된다(중재법 제22조 제1항).

한편, **법원은 「중재법」에서 정한 경우를 제외하고는 「중재법」에 관한 사항에 관여할 수 없다**(중재법 제6조).

중재 절차가 법원이 진행하는 민사절차와 현저히 다른 점은, **「중재법」의 강행규정**(强行規定)**에 반하는 경우를 제외하고는 당사자들은 중재절차에 관하여 합의할 수 있으며**(중재법 제20조 제1항), **이러한 합의가 없는 경우에는 중재판정부가 「중재법」에 따라 적절한 방식으로 중재절차를 진행할 수 있다**(같은 조 제2항 전문).

중재판정은 양쪽 당사자 간에 법원의 확정판결과 동일한 효력을 가지나(중재법 제35조 본문), **그 승인 또는 집행이 거절되는 경우에는 그러하지 아니하다**(같은 조 단서).[54]

한편, 특수한 중재 제도로 다음과 같은 것들이 있다(이하, 해당 제도가 제정된 순서대로 열거).

- ○ **언론 중재**(언론중재 및 피해구제 등에 관한 법률 제3장 제3절. 언론중재위원회) : 이는 「언론중재 및 피해구제 등에 관한 법률」의 제정·시행에 따라 2005. 7. 28.부터 실시되어 오고 있다.
- ○ **의료분쟁 중재**(의료사고 피해구제 및 의료분쟁 조정 등에 관한 법률 제3장 제2절. 한국의료분쟁조정중재원) : 이는 「의료사고 피해구제 및 의료분쟁 조정 등에 관한 법률」의 제정·시행에 따라 2012. 4. 8.부터 실시되어 오고 있다.
- ○ **중소기업기술분쟁중재**(중소기업기술 보호 지원에 관한 법률 제5장. 중소기업기술분쟁조정·중재위원회) : 이는 「중소기업기술 보호 지원에 관한 법률」의 제정·시행에 따라 2014. 11. 29.부터 실시되어 오고 있다.
- ○ **환경분쟁 중재**(환경분쟁 조정법 제3장 제5절. 환경부의 중앙환경분쟁조정위원회 및 시·도의 지방환경분쟁조정위원회) : 이는 「환경분쟁 조정법」의 개정·시행에 따라 2016. 12. 23.부터 실시되어 오고 있다.
- ○ **자동차 교환·환불중재**(자동차관리법 제47조의4, 제47조의5. 국토교통부의 자동차안전·하자심의위원회) : 이는 「자동차관리법」의 개정·시행에 따라 2019. 1. 1.부터 실시되어 오고

---

52) cf. 구 중재법(2016. 5. 29. 법률 제14176호로 개정되기 전의 것) 제3조 제1호는 "당사자간의 합의로 사법상의 분쟁을 …"이라고 표현하였다.

53) cf. 중재와 관련하여서는, 「중재산업 진흥에 관한 법률」도 제정되어 있다.

54) cf. 중재법 제35조 단서 규정은, 2016. 5. 29. 법률 제14176호로 신설된 것이다.

있다.

나. 이른바 행정조정 및 알선

1) 행정조정

개별법률에서 법원 아닌 분쟁조정기관이 재판상 화해 또는 재판외 화해와 동일한 효력이 있는 조정을 행할 수 있도록 하고 있는 예들이 매우 많이 있다.

이 중 '재판상' 화해와 동일한 효력이 있는 조정의 예로는 다음과 같은 것들이 있다(이하, 해당 제도(그 전신 포함)가 제정된 순서대로 열거).

○ **언론중재위원회의 조정**(언론중재 및 피해구제 등에 관한 법률 제3장 제2절. 언론중재위원회): 그 전신은, 구 「언론기본법」에 기하여 1980. 12. 31.부터 실시된 언론중재 제도이다.

○ **의료분쟁조정**(「의료사고 피해구제 및 의료분쟁 조정 등에 관한 법률」. 한국 의료분쟁조정중재원): 그 전신은, 구 「의료법」에 기하여 1982. 4. 1.부터 실시된 의료분쟁심사 제도이다.

○ **소비자분쟁조정**(소비자기본법 제8장 제2절, 제3절. 한국소비자원): 소비자분쟁조정제도는 1987. 4. 1.부터 – 한국소비자원의 전신인 한국소비자보호원의 설립과 동시에 – 실시되어 오고 있다.

○ **저작권분쟁조정**(저작권법 제8장. 한국저작권위원회): 저작권에 관한 분쟁조정 제도는 1987. 7. 1.부터 실시되어 오고 있다.

○ **금융분쟁조정**(금융소비자 보호에 관한 법률 제5장 제2절. 금융감독원의 금융분쟁조정위원회): 구 「금융위원회의 설치 등에 관한 법률」이 제정·시행되기 전에는, 구 「은행법」에 기하여서는 한국은행은행감독원의 금융분쟁조정위원회가 1991. 12. 31.부터, 구 「증권거래법」에 기하여서는 증권감독원의 증권분쟁조정위원회가 1994. 4. 1.부터, 구 「보험업법」에 기하여서는 보험감독원의 보험분쟁조정위원회가 1989. 4. 1.부터, 각각 조정을 실시하여 오다가, 구 「금융감독기구의설치등에관한법률」이 제정되어 시행 1998. 4. 1. 시행됨에 따라 금융감독원에 금융분쟁조정위원회를 두게 되었으며, 「금융소비자 보호에 관한 법률」이 제정되어 2021. 3. 25. 시행됨에 따라 설치 근거가 해당 법률로 이관되었다.

○ **배치설계권 등 분쟁조정**(반도체집적회로의 배치설계에 관한 법률 제4장. 배치설계심의조정위원회): 이는 「반도체집적회로의 배치설계에 관한 법률」의 제정·시행에 따라 1993. 9. 1.부터 실시되어 오고 있다.

○ **환경분쟁조정**(환경분쟁 조정법 제3장 제3절. 환경부의 중앙환경분쟁조정위원회 및 시·도의 지방환경분쟁조정위원회)[55]: 그 전신은, 구 「환경오염피해분쟁조정법」에 기하여 1996. 6. 30.

부터 실시된 환경분쟁조정제도이다.[56)]

○ **국제계약분쟁조정**(「국가를 당사자로 하는 계약에 관한 법률」, 「지방자치단체를 당사자로 하는 계약에 관한 법률」. 기획재정부의 국제계약분쟁조정위원회, 행정안전부의 지방자치단체 계약분쟁조정위원회) : 국가계약의 국제계약분쟁조정은 「국가를 당사자로 하는 계약에 관한 법률」의 제정·시행에 따라 1997. 1. 1.부터 실시되어 오고 있고, 지방계약의 국제계약분쟁조정은 「국가를 당사자로 하는 계약에 관한 법률」의 개정에 따라 2014. 2. 7.부터 실시되어 오고 있다.[57)]

○ **노동위원회의 화해권고등 내지 조정**(노동위원회법 제16조의3, 기간제 및 단시간근로자 보호 등에 관한 법률 제4장) : 노동위원회의 화해권고등은 「노동위원회법」의 개정에 따라 2007. 4. 1.부터 실시되어 오고 있고, 기간제 및 단시간근로자 보호에 관한 조정은 「기간제 및 단시간근로자 보호 등에 관한 법률」의 제정·시행에 따라 2007. 7. 1.부터 실시되어 오고 있다.

○ **농어업재해보험분쟁조정**(농어업재해보험법 제17조. 금융감독원의 금융분쟁조정위원회) : 그 전신은, 구 「농작물재해보험법」의 제정·시행에 따라 2001. 3. 1.부터 시행된 분쟁조정 제도 및 구 「양식수산물재해보험법」의 제정·시행에 따라 2008. 7. 1.부터 실시된 분쟁조정 제도이다.

○ **인권침해·차별행위의 조정**(국가인권위원회법 제4장. 국가인권위원회의 분야별 조정위원회) : 이는 「국가인권위원회법」의 제정·시행에 따라 2001. 11. 25.부터 실시되어 오고 있다.

○ **산업재산권 분쟁조정**(발명진흥법 제5장. 산업재산권분쟁조정위원회) : 이는 「발명진흥법」의 개정에 따라 2006. 9. 4.부터 실시되어 오고 있다.[58)]

○ **방송분쟁조정**(방송법 제35조의3. 방송통신위원회의 방송분쟁조정위원회) : 이는 「방송법」의 개정에 따라 2006. 10. 27.부터 실시되어 오고 있다.

○ **산업기술분쟁조정**(산업기술의 유출방지 및 보호에 관한 법률 제5장. 산업기술분쟁조정위원회) : 이는 「산업기술의 유출방지 및 보호에 관한 법률」의 제정·시행에 따라 2007. 4. 28.부

---

55) cf. 여기서 말하는 조정은 "調停"이 아니라 "調整"이다.

56) cf. 그 전에는, 환경분쟁조정이 성립하더라도 그 효력은 당사자 간에 합의가 성립된 것으로 보는 데에 그쳤다(구 「환경오염피해분쟁조정법」(1995. 12. 29. 법률 제5097호로 개정되기 전의 것)).

57) cf. 그 전에는, 지방자치단체의 경우 국제계약분쟁조정이 성립하더라도 그 효력은 당사자 간에 합의가 성립된 것으로 보는 데에 그쳤다(구 지방자치단체를 당사자로 하는 계약에 관한 법률(2013. 8. 6. 법률 제12000호로 개정되기 전의 것) 제37조 제3항).

58) cf. 그 전에는, 산업재산권 분쟁조정이 성립하더라도 그 효력은 당사자 간에 합의가 성립된 것으로 보는 데에 그쳤다(구 발명진흥법(2006. 3. 3. 법률 제7869호로 개정되기 전의 것) 제29조의6 제2항).

터 실시되어 오고 있다.

○ **콘텐츠분쟁조정**(콘텐츠산업 진흥법 제6장. 콘텐츠분쟁조정위원회) : 이는 구 「온라인 디지털 콘텐츠산업 발전법」을 「콘텐츠산업 진흥법」으로 전부개정하여 시행함에 따라 2010. 6. 10.부터 실시되어 오고 있다.

○ **개인정보분쟁조정**(개인정보 보호법 제7장. 개인정보 분쟁조정위원회) : 이는 「개인정보 보호법」의 제정·시행에 따라 2011. 9. 30.부터 실시되어 오고 있다.[59)]

○ **공익신고 보호조치관련 화해**(공익신고자 보호법 제24조. 국민권익위원회), 이는 「공익신고자 보호법」의 제정·시행에 따라 2011. 9. 30.부터 실시되어 오고 있다.

○ **전자문서·전자거래분쟁조정**(전자문서 및 전자거래 기본법 제6장, 전자문서·전자거래분쟁조정위원회) : 이는 「전자거래기본법」을 「전자문서 및 전자거래 기본법」으로 개정하여 시행함에 따라 2012. 6. 1.부터 실시되어 오고 있다.[60)]

○ **하자분쟁조정**(주택법 제46조의4. 국토교통부의 하자심사·분쟁조정위원회) : 이는 「주택법」의 개정에 따라 2012. 12. 18.부터 실시되어 오고 있다.[61)]

○ **축산계열화사업분쟁조정**(축산계열화사업에 관한 법률 제4장. 농림축산식품부의 축산계열화사업분쟁조정위원회) : 이는 「축산계열화사업에 관한 법률」의 제정·시행에 따라 2013. 2. 23.부터 실시되어 오고 있다.

○ **공공데이터제공분쟁조정**(공공데이터의 제공 및 이용 활성화에 관한 법률 제4장. 공공데이터제공분쟁조정위원회) : 이는 「공공데이터의 제공 및 이용 활성화에 관한 법률」의 제정·시행에 따라 2013. 7. 30.부터 실시되어 오고 있다.

○ **건설분쟁조정**(건설산업기본법 제8장. 건설분쟁 조정위원회) : 이는 「건설산업기본법」의 개정에 따라 2014. 2. 7.부터 실시되어 오고 있다.[62)]

○ **중소기업기술분쟁조정**(중소기업기술 보호 지원에 관한 법률 제5장. 중소기업기술분쟁조정·중재위원회) : 이는 「중소기업기술 보호 지원에 관한 법률」의 제정·시행에 따라 2014. 11.

---

59) cf. 그 전에는, 개인정보분쟁조정이 성립하더라도 그 효력은 당사자 간에 합의가 성립된 것으로 보는 데에 그쳤다(구 정보통신망 이용촉진 및 정보보호 등에 관한 법률(2011. 3. 29. 법률 제10465호로 개정되기 전의 것) 제38조 제4항).

60) cf. 그 전에는, 전자거래분쟁조정이 성립하더라도 그 효력은 당사자 간에 합의가 성립된 것으로 보는 데에 그쳤다(구 전자거래기본법(2012. 6. 1. 법률 제11461호로 개정되기 전의 것) 제35조 제3항).

61) cf. 그 전에는, 하자분쟁조정이 성립하더라도 그 효력은 당사자 간에 합의가 성립된 것으로 보는 것에 그쳤다(구 주택법(2012. 12. 18. 법률 제11590호로 개정되기 전의 것) 제46조의4 제8항).

62) cf. 그 전에는, 건설분쟁조정이 성립하더라도 그 효력은 당사자 간에 합의가 성립된 것으로 보는 것에 그쳤다(구 건설산업기본법(2013. 8. 6. 법률 제12012호로 개정되기 전의 것) 제78조 제4항).

29.부터 실시되어 오고 있다.

○ **대리점 분쟁조정**(대리점거래의 공정화에 관한 법률 제3장. 대리점 분쟁조정협의회) : 이는「대리점거래의 공정화에 관한 법률」의 제정·시행에 따라 2016. 12. 23.부터 실시되어 오고 있다.

그 밖에, **주택임대차분쟁조정**(「주택임대차보호법」. 주택임대차분쟁조정위원회)이 2017. 5. 30부터, **상가건물임대차분쟁조정**(「상가건물 임대차보호법」. 상가건물분쟁조정위원회)이 2019. 4. 17.부터 각 실시되어 오고 있는바, 특이하게도 여기서 성립된 조정은 집행력 있는 집행증서와 같은 효력을 가진다(주택임대차보호법 제27조, 상가건물 임대차보호법 제21조). 즉, 집행력이 있으되 기판력은 없는바, 이 점, 후술하는 배상명령과 다소 유사하다.

2) 알 선

한편, 제3자가 관여하여 당사자를 합의에 이르게 함으로써 분쟁의 해결을 도모하는 것을 흔히 "알선"이라 한다. 개별 법률에서 이를 전술한 '재판상 화해와 동일한 효력이 있는' 조정제도와 함께 규정하고 있는 경우가 많으나, 단순히 알선제도만을 규정한 경우도 많다.

소비자단체의 업무 중 하나인 당사자(즉, 소비자와 사업자) 사이의 합의의 권고(소비자기본법 제28조 제1항 제5호)나, 바로 후술하는 형사조정 제도도, 일종의 알선이라고 볼 수 있다.

다. 배상심의회의 배상결정

「국가배상법」에 따라 배상금을 지급받으려는 자는 관할 지구심의회에 배상신청을 할 수 있다(국가배상법 제12조 제1항).

다만, **「국가배상법」에 따른 손해배상의 소송은 배상심의회에 배상신청을 하지 아니하고도 제기할 수 있다**(같은 법 제9조).

이러한 사항은, 소위 협정배상의 경우에도 마찬가지이다(대한민국과 아메리카합중국 간의 상호방위조약 제4조에 의한 시설과 구역 및 대한민국에서의 합중국 군대의 지위에 관한 협정의 시행에 관한 민사특별법 제2조).

2. 형사절차에 부수하는 민사분쟁해결제도

가. 형사조정

검사는, 일정한 형사사건에서는, 피의자와 범죄피해자 사이에 형사분쟁을 공정하고 원만

하게 해결하여 범죄피해자가 입은 피해를 실질적으로 회복하는 데 필요하다고 인정하면, 당사자의 신청 또는 직권으로 수사 중인 형사사건을 형사조정에 회부할 수 있다(범죄피해자 보호법 제41조 제1항, 제2항).

형사조정이 회부되면 해당 지방검찰청 또는 지청의 형사조정위원회가 형사조정 절차를 진행하며(같은 법 제43조 제2항), 형사조정이 성립되면 그 결과를 서면으로 작성한다(같은 법 제45조 제1항 후단).

그러나, '조정'이라는 명칭에 불구하고, 이는 민사법적으로는 당사자간의 합의 이상의 의미가 없다.

나. 배상명령

1) 개 관

배상명령은 범죄행위로 피해자가 입은 손해에 대하여 배상책임 범위가 명백한 경우에 피고인에게 배상을 명함으로써 간편하고 신속하게 피해자의 피해회복을 도모하고자 하는 제도이다.[63]

그런데, 이 제도는 취지는 그럴싸하지만 사실은 그 자체가 앞뒤가 맞지 않는 제도이어서 실효성이 적다. 왜냐하면, 손해가 '직접적인 물적 피해에 국한되는' 경우가 아닌 한, 배상책임 범위가 명백할 리가 없고, 따라서 대부분의 경우 신청이 각하될 수밖에 없기 때문이다(소송촉진 등에 관한 특례법 제25조 제3항 제3호, 제32조 제1항 제3호, 가정폭력범죄의 처벌 등에 관한 특례법 제57조 제3항, 아동학대범죄의 처벌 등에 관한 특례법 제44조).[64]

2) 형사공판사건에서의 배상명령

제1심 또는 제2심의 형사공판 절차에서 다음 각 호의 죄 중 어느 하나에 관하여 유죄판결을 선고할 경우, 법원은 직권에 의하여 또는 피해자의 신청에 의하여 피고사건의 범죄행위로 인하여 발생한 직접적인 물적 피해, 치료비 손해 및 위자료의[65] 배상을 명할 수 있고(소송촉

---

63) 대법원 2013. 10. 11. 선고 2013도9616 판결. 동지 : 대법원 1985. 11. 12. 선고 85도1765 판결 ; 대법원 1996. 6. 11. 선고 96도945 판결 ; 대법원 2012. 8. 30. 선고 2012도7144 판결.
위 판례들의 사안은 형사공판시건에서의 배상명령에 대한 것이다.
cf. 대법원 2012. 8. 30. 선고 2012도7144 판결 ; 대법원 2013. 10. 11. 선고 2013도9616 판결은 형사공판사건에서의 배상이 "직접적인 재산상의 손해에" 대한 제도라고 하고 있으나, 이는 부정확한 설시이다. 2006. 6. 15. 이후에는 위자료도 배상명령의 대상이 되어 있기 때문이다.

64) 대법원 1985. 11. 12. 선고 85도1765 판결 ; 대법원 1996. 6. 11. 선고 96도945 판결 ; 대법원 2012. 8. 30. 선고 2012도7144 판결 ; 대법원 2013. 10. 11. 선고 2013도9616 판결 참조.

65) cf. 2006. 6. 14. 이전에는 위자료는 배상명령 대상이 아니었다(2005. 12. 14. 법률 제7728호로 개정되기

진 등에 관한 특례법 제25조 제1항), 위 죄 및 그 외의 죄에 대한 피고사건에서 피고인과 피해자 사이에 합의된 손해배상액에 관하여도 배상을 명할 수 있다(같은 조 제2항).

① 상해죄(형법 제257조 제1항), 중상해죄(형법 제258조 제1항 및 제2항), 특수상해죄(형법 제258조의2),[66] 상해치사죄(형법 제259조 제1항), 폭행치사상죄(형법 제262조)(존속폭행치사상의 죄는 제외), 과실치사상의 죄(형법 제26장), 강간과 추행의 죄(형법 제32장),[67] 절도와 강도의 죄(형법 제38장), 사기와 공갈의 죄(형법 제39장), 횡령과 배임의 죄(형법 제40장), 장물에 관한 죄(형법 제41장), 손괴의 죄(형법 제42장)

② 성폭력범죄의처벌등에관한특례법위반(업무상위력등에의한추행)죄(성폭력범죄의 처벌 등에 관한 특례법 제10조), 성폭력범죄의처벌등에관한특례법위반(공중밀집장소에서의추행)죄(같은 법 제11조), 성폭력범죄의처벌등에관한특례법위반(성적목적다중이용장소침입)죄(같은 법 제12조), 성폭력범죄의처벌등에관한특례법위반(통신매체이용음란)죄(같은 법 제13조), 성폭력범죄의처벌등에관한특례법위반(카메라등이용촬영·반포등)죄(같은 법 제14조 제1항 내지 제3항), 성폭력범죄의처벌등에관한특례법위반(카메라등이용촬영물소지등)죄(같은 조 제4항), 성폭력범죄의처벌등에관한특례법위반(상습카메라등이용촬영·반포등)죄(같은 조 제5항), 위 죄들의 미수죄(같은 법 제15조),[68] 아동·청소년의성보호에관한법률위반(매매)죄(아동·청소년의 성보호에 관한 법률 제12조), 아동·청소년의성보호에관한법률위반(강요행위등)죄(같은 법 제14조)

③ ①의 죄를 가중처벌하는 죄 및 그 죄의 미수범을 처벌하는 경우 미수의 죄

배상명령이 확정된 경우 피해자는 그 인용된 금액의 범위에서 다른 절차에 따른 손해배상을 청구할 수 없다(소송촉진 등에 관한 특례법 제34조 제2항).

확정된 배상명령 또는 가집행선고가 있는 배상명령이 기재된 유죄판결서 또는 보호처분 결정서의 정본은 「민사집행법」에 따른 강제집행에 관하여는 집행력 있는 민사판결 정본과 동일한 효력이 있으나(소송촉진법 제34조 제1항),[69] 판결과 달리 기판력은 없다(같은 조 제4항

전의 것) 제25조 제1항.

66) 법문에는 "… 제258조의2제1항(제257조제1항의 죄로 한정한다)·제2항(제258조제1항·제2항의 죄로 한정한다) …"로 되어 있으나, 굳이 그런 식으로 규정할 필요가 있는지 입법기술상 의문이다.

67) 법문에는 "…(제304조의 죄는 제외한다), …"라고 되어 있으나, 형법 제304조는 2012. 12. 28. 삭제되었으므로, 위 문언은 무의미한 것이 되었다.

68) 그런데, 「성폭력범죄의 처벌 등에 관한 특례법」이 개정되어 제14조의2(허위영상물 등의 반포등), 제14조의3(촬영물 등을 이용한 협박·강요)가 신설되었는데도, 소송촉진 등에 관한 특례법 제25조 제1항 제2호는 이에 상응한 개정이 되지 아니하였는바, 이는 입법론적으로 재고를 요한다.

69) 정본의 개념에 관하여서는 '재판기록 : 종이소송과 전자소송' 부분에서, 가집행선고에 관하여서는 '판결의

참조).[70]

3) 가정보호사건 또는 아동보호사건에서의 배상명령[71]

법원은, 제1심의 가정보호사건 또는 아동보호사건의 심리 절차에서 보호처분을 선고할 경우 직권으로 또는 피해자의 신청에 의하여 다음 각 호의 금전 지급이나 배상을 명할 수 있다(가정폭력범죄의 처벌 등에 관한 특례법 제57조 제1항, 아동학대범죄의 처벌 등에 관한 특례법 제44조).

① 가정보호사건은 피해자 또는 가정구성원의, 아동보호사건은 피해아동의, 각 부양에 필요한 금전의 지급

② 가정보호사건 또는 아동보호사건으로 인하여 발생한 직접적인 물적 피해 및 치료비 손해의 배상

가정보호사건에서는 가정폭력행위자와 피해자 사이에, 아동보호사건에서는 아동학대행위자와 피해아동 사이에, 각 합의된 지급액 또는 배상액에 관하여도 금전 지급이나 배상을 명할 수 있다(가정폭력범죄의 처벌 등에 관한 특례법 제57조 제2항, 아동학대범죄의 처벌 등에 관한 특례법 제44조).[72]

배상명령이 확정된 경우에는 그 인용금액의 범위에서 피해자는 다른 절차에 따른 손해배상을 청구할 수 없다(가정폭력범죄의 처벌 등에 관한 특례법 제61조 제2항, 아동학대범죄의 처벌 등에 관한 특례법 제44조).

확정된 배상명령 또는 가집행선고가 있는 배상명령이 적혀 있는 보호처분 결정서의 정본은 「민사집행법」에 따른 강제집행에 관하여는 집행력 있는 민사판결 정본과 동일한 효력이 있으나(가정폭력범죄의 처벌 등에 관한 특례법 제1항, 아동학대범죄의 처벌 등에 관한 특례법 제44조), 판결과 달리 기판력은 없다(가정폭력범죄의 처벌 등에 관한 특례법 제62조, 소송촉진 등에 관한 특례법 제34조 제4항. 아동학대범죄의 처벌 등에 관한 특례법 제44조, 가정폭력범죄의 처벌 등에 관한 특례법 제62조).

다. 민사상 다툼에 관한 형사소송 절차에서의 화해

형사피고사건의 피고인과 피해자 사이에 민사상 다툼(해당 피고사건과 관련된 피해에 관한 다

선고' 부분에서 각각 설명하겠다.

70) 대법원 1982. 7. 27. 선고 82도1217 판결.

71) 이 책 초판에서는 가정보호사건에서의 배상명령에 관한 서술을 누락하였다. 이 점, 독자 여러분께 사과드린다.

72) cf. 아동보호사건에서의 배상명령은, 「아동학대범죄의 처벌 등에 관한 특례법」의 시행에 따라, 아동보호사건 제도와 아울러 2014. 9. 29.부터 실시되고 있는 제도이다.

툼을 포함하는 경우로 한정한다)에 관하여 합의한 경우, 피고인과 피해자는 그 피고사건이 계속 중인 제1심 또는 제2심 법원에 합의 사실을 공판조서에 기재하여 줄 것을 공동으로 신청할 수 있다(소송촉진 등에 관한 특례법 제36조 제1항).

더 나아가, 이러한 합의가 피고인의 피해자에 대한 금전 지불을 내용으로 하는 경우에 피고인 외의 자가 피해자에 대하여 그 지불을 보증하거나 연대하여 의무를 부담하기로 합의하였을 때에는 위 신청과 동시에 그 피고인 외의 자는 피고인 및 피해자와 공동으로 그 취지를 공판조서에 기재하여 줄 것을 신청할 수 있다(같은 조 제2항).

화해조서와 마찬가지로, 이러한 합의가 기재된 공판조서는 확정판결과 같은 효력을 가진다(같은 법 제36조 제5항, 법 제220조).

3. 화해간주 제도

가. 개 관

일정한 경우에는 입법자가 보상금 지급으로써 재판상 화해가 성립된 것으로 보는 것으로 규정하고 있는바, 구체적으로는 다음과 같은 것들이 있다.

나. 징발보상금 지급에 따른 화해간주

동산, 부동산이나 권리를 징발하였을 때에는 그 종류에 따라 대가, 사용료를 지급하거나 손실을 보상한다(징발법 제19조).

다음 각 호의 어느 하나에 해당하는 경우에는 징발대상자와 국가 사이에 재판상의 화해가 성립된 것으로 본다(같은 법 제24조의4).[73]

① 징발보상금지급통지서를 제출하고 현금을 지급받거나 증권을 교부받은 때(징발법 제22조의3 제1항)

② 통지서를 제출하지 아니하여 공탁된 현금이나 증권을 공탁관으로부터 받은 때(같은 법 제22조의4 제1항)

다. 군용비행장·군사격장 소음피해 보상에 따른 화해간주

「군용비행장·군사격장 소음 방지 및 피해 보상에 관한 법률」에 따른 보상금의 지급 결정에 보상금 신청인이 동의한 경우에는 군용비행장 및 군사격장과 관련하여 입은 소음피해에

73) cf. 이 간주규정은 1972. 12. 26.부터 시행되고 있다.

대하여 재판상 화해가 성립된 것으로 본다(군용비행장·군사격장 소음 방지 및 피해 보상에 관한 법률 제18조 제2항).

라. 명예회복 등 보상 특례들에 따른 화해간주

1) 개 관

특정 사건들과 관련하여 그 피해자 내지 희생자에 대한 명예회복 및 보상을 함을 목적으로 제정된 법률들이 있는바, 그 법률들에서는 보상금 지급결정에 대한 동의가 있으면 재판상 화해가 성립된 것으로 보는 규정들을 두는 경우가 많다.[74]

그 경우에 그 효력이 미치는 범위가 문제되나, 이에 관한 사항은 '판결의 확정과 그 효력' 부분에서 재론하기로 하고, 여기서는 위와 같은 화해간주 규정으로 어떤 것들이 있는지만 해당 법률의 제정순서별로 살펴본다.

2) 5·18민주화운동 관련자 및 유족

「5·18민주화운동 관련자 보상 등에 관한 법률」은, 1980. 5. 18.을 전후한 5·18민주화운동과 관련하여 사망하거나 행방불명된 사람 또는 상이(傷痍)를 입은 사람과 그 유족에게 보상금, 의료지원금, 생활지원금을 지급할 수 있도록 규정하고 있다.

위 법에 따른 보상금등의 지급 결정은 신청인이 동의한 경우에는 5·18민주화운동과 관련하여 입은 피해에 대하여 재판상 화해가 성립된 것으로 본다(5·18민주화운동 관련자 보상 등에 관한 법률 제16조 제2항).

3) 민주화운동관련자 및 유족

"민주화운동"이란 1964. 3. 24. 이후 자유민주적 기본질서를 문란하게 하고 헌법에 보장된 국민의 기본권을 침해한 권위주의적 통치에 항거하여 헌법이 지향하는 이념 및 가치의 실현과 민주헌정질서의 확립에 기여하고 국민의 자유와 권리를 회복·신장시킨 활동을 말한다(민주화운동 관련자 명예회복 및 보상 등에 관한 법률 제2조 제1호).

위 법 역시 민주화운동 관련자 및 유족에게 보상금, 의료지원금, 생활지원금을 지급할 수 있도록 규정하고 있다.

---

74) 특기할 것은, 「제주4·3사건 진상규명 및 희생자 명예회복에 관한 특별법」, 「군사정전에 관한 협정 체결 이후 납북피해자의 보상 및 지원에 관한 법률」, 「10·27법난 피해자의 명예회복 등에 관한 법률」, 「대일항쟁기 강제동원 피해조사 및 국외강제동원 희생자 등 지원에 관한 특별법」, 「재일교포 북송저지 특수임무수행자 보상에 관한 법률」, 「동의대 사건 희생자의 명예회복 및 보상에 관한 법률」, 「한국인 원자폭탄 피해자 지원을 위한 특별법」에는 보상금등 지급결정 동의에 따른 화해간주규정이 없다.

위 법에 따른 보상금등의 지급 결정은 신청인이 동의한 경우에는 민주화운동과 관련하여 입은 피해에 대하여 – 불법행위로 인한 정신적 손해에 관한 부분 외에는 –[75] 재판상 화해가 성립된 것으로 본다(같은 법 제18조 제2항).[76][77]

4) 특수임무수행자

“특수임무”라 함은 특별한 내용·형태의 정보수집 등을 목적으로 하는 국가를 위한 특별한 희생이 요구되는 활동을 말하며(특수임무수행자 보상에 관한 법률 제2조 제1항 제1호), “특수임무수행자”라 함은 1948. 8. 15.부터 2002. 12. 31. 사이에 대통령령이 정하는 기간 중[78] 군 첩보부대에 소속되어 특수임무를 하였거나 이와 관련한 교육훈련을 받은 자로서 특수임무수행자로 인정된 자를 말한다(제2호).

위 법은 특수임무수행자 및 유족에게 보상금, 특별공로금(또는 공로금), 특별위로금을 지급할 수 있도록 규정하고 있다.

위 법에 따른 보상금등의 지급결정은 신청인이 동의한 때에는 특수임무수행 또는 이와 관련한 교육훈련으로 입은 피해에 대하여 재판상 화해가 성립된 것으로 본다(같은 법 제17조의2).[79]

5) 부마민주항쟁 관련자 및 유족

“부마민주항쟁”이란 1979. 10. 16.부터 10. 20.까지 부산·마산 및 창원 등 경남일원에서 유신체제에 대항하여 발생한 민주화운동을 말한다(부마민주항쟁 관련자의 명예회복 및 보상 등에 관한 법률 제2조 제1호).

---

75) 헌재 2018. 8. 30. 선고 2014헌바180 등 결정은, 민주화운동 관련자 명예회복 및 보상 등에 관한 법률 제18조 제2항의 ‘민주화운동과 관련하여 입은 피해’ 중 불법행위로 인한 정신적 손해에 관한 부분은 국가배상청구권을 침해하여 헌법에 위반된다고 결정하였다.
위 결정은 구 민주화운동 관련자 명예회복 및 보상 등에 관한 법률(2015. 5. 18. 법률 제13289호로 개정되기 전의 것) 제18조 제2항에 관한 것이기는 하지만, 현행법은 구법의 문언을 표현만 가다듬었을 뿐이므로(“의한”을 “따른”으로, “민사소송법의 규정에 의한”을 “「민사소송법」에 따른”으로 각각 개정), 현행법에서도 해당 부분은 헌법에 위반된다고 보아야 한다.

76) 헌재 2018. 8. 30. 선고 2014헌바180 등 결정은, 민주화운동 관련자 명예회복 및 보상 등에 관한 법률 제18조 제2항이 명확성의 원칙을 침해하지 아니한다고 보았다.

77) 따라서, 환언하면, 보상금 등 지급결정에 동의하고 보상금 등을 수령하였더라도 위자료에 대해서까지 재판상 화해가 성립된 것으로 볼 수 없다. 대법원 2020. 11. 26. 선고 2019다276307 판결.

78) 이에 따라, 같은 법 시행령은 육군, 해군, 공군별로 각각 기간을 규정하고 있다(특수임무수행자 보상에 관한 법률 시행령 제3조).

79) cf. 이 간주규정은 2006. 11. 1.부터 적용되고 있다(특수임무수행자 보상에 관한 법률 부칙(제9798호) 제2항).

위 법 역시 부마민주항쟁 관련자 및 유족에게 보상금, 생활지원금, 의료지원금을 지급할 수 있도록 규정하고 있다.

신청인이 위 법에 따른 보상금등의 지급결정에 동의한 때에는 부마민주항쟁과 관련하여 입은 피해에 대하여 재판상 화해가 성립된 것으로 본다(같은 법 제32조 제2항).

6) 4·16세월호참사 희생자 및 피해자

"4·16세월호참사"란 2014. 4. 16. 전남 진도군 조도면 부근 해상에서 여객선 세월호가 침몰하여 다수의 희생자와 피해자가 발생한 사건을 말한다(4·16세월호참사 피해구제 및 지원 등을 위한 특별법 제2조 제1호).

위 법은 4·16세월호참사와 관련하여 배상금, 위로지원금, 보상금을 지급할 수 있도록 규정하고 있다.

4·16세월호참사 배상 및 보상 심의위원회의 배상금·위로지원금 및 보상금 지급결정에 대하여 신청인이 동의한 때에는 국가와 신청인 사이에 재판상 화해가 성립된 것으로 본다(같은 법 제16조).[80)]

80) 헌재 2017. 6. 29. 선고 2015헌마654 결정은, 4·16세월호참사 피해구제 및 지원 등을 위한 특별법 제16조가 재판청구권을 침해하지 아니한다고 보았다.

제2장 민사절차 일반의 공통문제

Ⅰ. 재판기록 : 종이소송과 전자소송

1. 서론(緖論) : 재판기록과 서류 일반

가. 재판기록 개관

재판에서는 이를 진행함과 아울러 그러한 진행을 증명하기 위하여 재판과 관계된 서류를 접수하거나 작성하게 되며, 이를 편철하여(법원재판사무 처리규칙 제23조 제1항),[81] 사건기록을 편성(조제)하게 된다.[82]

결국, 재판절차는 (그리고 그 과정에서 제출된 주장과 증거는) 재판기록이라는 형태로 실체화된다고 보아도 대과가 없다.

"재판기록"이라 함은 재판사무 등에 관한 문서와 기록, 증거물, 그 밖의 관계 서류(도면, 사진, 슬라이드, 필름, 테이프, 디스크, 전자파일 등의 특수매체기록을 포함한다)를 말한다(재판기록 열람·복사 규칙 제2조 제2호).

대법원이 사건기록에 의하여서만 재판할 수 있는 것(법 제430조 제1항, 제443조 제2항, 제450조, 법원조직법 제14조 제1호, 제2호)도 재판기록의 편성을 전제로 하는 것이다.

이러한 재판기록은 당사자가 열람·복사를 할 수 있는바, 이에 관하여서는 '재판기록의 열람·복사와 소송에 관한 증명서의 교부 등' 부분에서 살펴보기로 한다.

나. 서류의 종류 : 원본, 등본, 초본, 정본

재판절차에서는 서류의 작성·제출·접수·송달이 필연적으로 수반된다. 그런데, 이러한 서류 중 원본 외의 것은, 법원이 작성하는 서류건, 당사자가 제출하는 서류건, 이들 모두를 통틀어 몇 가지로 구분할 수 있으므로, 이에 관하여 먼저 알아둘 필요가 있다.

---

81) 기록을 작성하는 때에, 원본을 편철할 경우도 있고, 부본이나 사본을 편철할 경우도 있는바(법원재판사무 처리규칙 제10조 제1항), 상세한 것은 '송달' 부분에서 언급하겠다.

82) 「민사소송 등에서의 전자문서 이용 등에 관한 업무처리지침(재일 2012-1)」(이하 '민전예규'로 약칭한다) 제2조 제2호 참조.

원본 전부의 사본을 "등본"이라 하며, 원본 일부의 사본은 "초본"이라 한다.

한편, 판결서 등은 정본을 작성하여 이를 당사자에게 송달하게 되는바(법 제68조 제2항 전단, 제201조 제2항, 제211조 제2항 단서, 제225조 제2항 본문, 제261조 제2항, 규칙 제8조 제2항, 제56조, 민사조정법 제33조 제2항 후단, 민사조정규칙 제15조의2 제2항), "정본"(正本)이란 정본이라고 표시한 등본으로서 원본과 같은 효력을 갖는 것을 말한다.

다. 종이소송과 전자소송

전통적인 재판절차는, 종이로 된 문서에 의하여 진행되고 이에 따라 종이로 소송기록이 조제되어 왔다.

그런데, 「민사소송 등에서의 전자문서 이용 등에 관한 법률」(약칭 : 민소전자문서법)이 시행됨에 따라, 재판절차가 전자문서에 의하여 진행되고 이에 따라 전자문서로써 소송기록이 조제될 수도 있게 되었다.

후자의 소송을 '전자소송'이라 하고,[83] 이에 대비하는 의미에서 전자의 소송을 '종이소송'이라 하는바, 전자소송의 정확한 개념에 관하여서는 전자소송의 내용과 관련하여 후술한다.

2. 전자소송의 구성요소

가. 전자문서

전자소송이란 전자문서를 이용하여 진행되는 민사절차인바, **"전자문서"란, 컴퓨터 등 정보처리능력을 가진 장치에 의하여 전자적인 형태로 작성되거나 변환되어 송신·수신 또는 저장되는 정보를 말한다**(민소전자문서법 제2조 제1호).[84]

한편, 전자장비를 이용하여 종이서류를 전자문서로 변환하는 것을 "전자화"라 한다.[85]

나. 전산정보처리시스템 : 전자소송시스템

1) 개 관

그런데, 종이서류의 경우와 달리, 전자문서는 이를 이용하는 데에 정보처리능력을 가진 전

---

83) 엄밀히 말하면 '민사전자절차' 정도로 명명하여야 하겠으나, '전자소송'이라는 용어를 사용하더라도 혼동의 여지가 적고, 현행법 자체가 이미 '전자소송'이라는 용어를 사용하고 있으므로('전자소송시스템', '전자소송홈페이지', '전자소송 동의'), 그냥 '전자소송'이라고 지칭하더라도 별 문제는 없다.

84) cf. 이는 「전자문서 및 전자거래 기본법」이나 「전자정부법」이 규정한 '전자문서' 개념과 대체로 같다.

85) 민전예규 제2조 제1호.

자적 장치 내지 체계가 필요하다.

이에 따라, **법원행정처장은 전산정보처리시스템을 설치·운영하는바**(민소전자문서법 제4조), **이러한 "전산정보처리시스템"이란 민사소송등에 필요한 전자문서를 작성·제출·송달하거나 관리하는 데에 이용되는 정보처리능력을 가진 전자적 장치 또는 체계로서 법원행정처장이 지정하는 것을 말한다**(같은 법 제2조 제2호).

이에 따라 법원행정처는 하드웨어·소프트웨어·데이터베이스·네트워크·보안요소 등을 결합시킨 '전자소송시스템'을 구축·운영하고 있다(민소전자문서규칙 제2조 제1호).

따라서, 이하에서는 '민소전자문서법' 조문을 언급할 때에는, 법문상 "전산정보처리스템"이라고 되어 있는 부분은 모두 "전자소송시스템"으로 지칭하겠다.

2) 전자소송홈페이지

전자소송시스템에 의하여 '전자소송홈페이지'(http://ecfs.scourt.go.kr)가 구축되어 있는바, "전자소송홈페이지"란 '민소전자문서규칙'에서 정한 바에 따라 전자문서를 이용하여 소송을 진행할 수 있도록 전자소송시스템에 의하여 구축된 인터넷 활용공간을 말한다(민소전자문서규칙 제2조 제2호).

3) 전자소송시스템의 이용시간

법원행정처장은 소송비용 등의 전자적 납부(민소전자문서법 제41조 제1항)를 위하여 필요한 범위 안에서 전자소송시스템의 이용시간을 지정할 수 있다(민소전자문서규칙 제43조 제1항).[86]

또한, 법원행정처장은 전자소송시스템의 점검을 위하여 필요한 시간 동안 전자소송시스템의 이용시간을 일시 제한할 수 있다(같은 조 제2항).

4) 전자소송시스템의 장애 등

법원행정처장은 전자소송시스템에 장애가 발생하거나 그 밖에 부득이한 사정이 있을 때에는 장애발생사실 및 그 복구사실을 대법원 홈페이지 및 전자소송홈페이지에 게시하여야 한다(민소전자문서규칙 제43조 제3항).

"부득이한 사정"의 예로는, 비정기 점검을 들 수 있다.

한편, 법원행정처장은 전자기록사건에 관하여 담당 재판장등이[87] 전자소송시스템의 장애 또는 그 밖의 사유로 기술적 지원을 요청한 경우 필요한 범위 내에서 사건 정보 또는 기록

---

86) 이에 따라 현재, 소송서류의 제출과 송달 등과는 달리, 전자결제는 그 이용시간에 제한이 있다.

87) "재판장등"의 개념에 관하여서는 '법원(法院)' 부분에서 후술한다.

등을 열람하거나 그 밖의 조치를 취할 수 있다(같은 조 제4항).

다. 전자기록

"전자기록"이란 서류가 전자문서로서 전자소송시스템에 등재되는[88] 사건의 기록을 말한다(민소전자문서규칙 제2조 제3호 전단).

법문에는 "… 법 제10조 및 이 규칙 제19조에서 정한 기준에 따라 전자문서화 되는 사건의 기록…"이라고 되어 있으나, 이는 입법의 착오이다. 왜냐하면, 민소전자문서법 제10조 및 민소전자문서규칙 제19조는 종이문서가 제출된 경우에 이를 전자문서화하는 것만을 규정하고 있을 따름이지만, 전자소송에서는 서류의 제출 자체가 아예 전자문서로써 이루어지는 경우가 엄연히 예정되어 있기 때문이다(민소전자문서법 제9조 제1항 참조).

그리고, 사건기록이 전자기록으로 관리되는 사건을 "전자기록사건"이라 하며(민소전자문서규칙 제2조 제3호 후단), 전자기록을 조제하는 작업을 "전자기록화"라 한다.[89]

3. '민소전자문서법'의 적용범위

가. 일반적 적용범위

1) 개 관 : "민사소송등"의 의의

'민소전자문서법'은 다음 각 호의 법률에 따른 절차에 적용하며(민소전자문서법 제3조), **이 중 어느 어느 하나에 해당하는 법률에 따른 절차를 '민소전자문서법'에서는 "민사소송등"이라 한다**(같은 법 제2조 제2호).

① 「**민사소송법**」

② 「**가사소송법**」

③ 「**행정소송법**」

④ **특허법 제9장**

⑤ 「**민사집행법**」

⑥ '**채무자회생법**'

---

88) 재판사무시스템 또는 전자소송시스템에 정보를 전자적으로 등재하는 것을 "전산등재"라 한다. 민전예규 제2조 제3호.
주의할 것은, 종이소송에서도 재판사무시스템은 이용하므로 그 한도에서 전산등재가 역시 문제된다는 점이다.

89) 민전예규 제2조 제2호.

⑦ 「**비송사건절차법**」

⑧ **이상의 법률을 적용하거나 준용하는 법률**

따라서, 이론적으로는 '민소전자문서법'은 민사사법공조절차 외의 모든 (광의의) 민사절차에 적용되어야 한다.

2) 실제 적용범위

그러나, 전자소송실무상 위 법이 적용되는 절차는 실제로는 각각 다음과 같이 되어 있다.

① 민사소송·제소전화해·독촉·공시최고

② 가사소송·가사비송·가사조정

③ 행정소송

④ 특허소송

⑤ 민사집행

⑥ 도산

⑦ (민사·상사)비송

⑧ 민사조정, 협의의(즉, 협의이혼의사확인을 제외한) 가족관계등록비송, (질서위반행위에 관한) 과태료 사건

즉, '민소전자문서법'의 규정에 불구하고, 실무상, 협의이혼의사확인사건, 선박·유류 등 책임제한사건, 인신보호사건에서는 전자소송이 실시되고 있지 아니하다.

3) '민소전자문서법'의 적용범위와 전자소송의 관계

다만, 매우 주의할 것은, 위 법이 적용되는 절차가 모두 전자소송이 되는 것은 아니라는 점인바, 그 까닭은 후술하는 바와 같다.

나. 개별 사건에의 적용범위

1) 원칙 : 법 시행 후에 제1심에 소장등이 접수된 사건

'민소전자문서법'은 공포한 날(2010. 3. 24.)**부터 시행하나**(민소전자문서법 부칙(제10183호) 제1항 본문), **공포한 날부터 5년을 넘지 아니하는 범위에서 위 각 호의 법률에 따른 절차별 또는 법원별로 대법원규칙으로 적용시기를 달리 정할 수 있다**(같은 항 단서).

이에 따라 '민소전자문서규칙'은 2015. 3. 23.에 이르기까지 전자소송을 단계적으로 실시하고, 같은 날부터 '민소전자문서법'을 전면 실시하는 것으로 규정하고 있다(민소전자문서규칙 부

칙(제2332호) 제2조, 별표 2).

그리고 원칙적으로, '민소전자문서법'은 - 그러한 각 절차별 또는 법원별로 - 제1심에 최초로 접수되는 사건부터 적용한다(민소전자문서규칙 부칙(제2332호) 제3조 제1항 본문, 부칙(제2444호) 제2조 제1항 본문, 부칙(제2478호) 제3조 제1항 본문, 부칙(제2527호) 제3조 제1항 본문, 부칙(제2568호) 제3조 제1항 본문).

즉, '제1심에' '소장등을' 제출할 당시 같은 법이 적용되고 있던 절차에 한하여 같은 법이 적용된다.

"소장등"이란 소장, 상소장, 심판청구서, 그 밖에 절차의 개시를 구하는 신청서,[90] 즉, 널리 각종 사건부에 등재할 신청을 위한 신청서(민사소송 등 인지법 제9조 제5항 제4호 참조), 요컨대, '기본적 신청'의 신청서를 의미한다.[91]

다만, 해당 절차 및 법원 자체에 '민소전자문서법'이 시행되기 이전에 접수된 사건에 대한 재심 또는 준재심(이하 "재심등"이라 한다)[92] 사건에는 '민소전자문서법'이 적용되지 아니한다(민소전자문서규칙 부칙(제2332호) 제3조 제1항 단서, 부칙(제2444호) 제2조 제1항 단서, 부칙(제2478호) 제3조 제1항 단서, 부칙(제2527호) 제3조 제1항 단서, 부칙(제2568호) 제3조 제1항 단서).

또한, 민사집행사건이나 비송사건의 경우, 그 사건이 법 적용 당시 법원에 계속 중인 사건에 병합되거나 이미 경매개시결정을 한 절차에 따라 경매하여야 하는 경우에도 역시 '민소전자문서법'은 적용되지 아니한다(민소전자문서규칙 부칙(제2568호) 제3조 제1항 단서).

2) 적용범위의 확장 : 전자기록화 명령이 있은 사건

그러나, 제1심에 최초로 접수된 사건이 아니더라도 - 해당 절차 및 법원 자체에 '민소전자문서법'이 적용되고 있다면 - 재판장등이 전자기록화를 명한 경우에도 '민소전자문서법'이 적용된다(민소전자문서규칙 부칙(제2332호) 제3조 제2항, 부칙(제2444호) 제2조 제2항, 부칙(제2478호) 제3조 제3항, 부칙(제2527호) 제3조 제2항, 부칙(제2568호) 제3조 제2항).

위 부칙들의 법문은 "재판장등은 제1항에 해당하지 아니하는 사건의 경우에도 제19조 제1항에 의한 전자기록화를 명할 수 있다."라고만 되어 있다. 그러나, 전자기록화는 '민소전자문서법'을 근거로 시행되는 것으로서 논리필연적으로 '민소전자문서법'의 적용을 전제하므로, 해당 규정은 위와 같이 확장해석할 수밖에 없다.

---

90) 민전예규 제17조 제1항.

91) '기본적 신청'의 개념에 관하여서는 '당사자의 소송행위' 부분에서 재론할 것이다.

92) 민전예규 제14조 제3항.

4. 전자소송의 내용

가. 서론(緖論) : 전자소송의 기본적 진행양상

1) 개 관

전자소송의 진행양상은, 문서제출방법(민소전자문서법 제8조), 문서의 접수(같은 법 제9조), 사건기록의 조제(같은 법 제10조), 송달(같은 법 제11조, 제12조), 증거조사방법(같은 법 제13조), 소송비용 등의 납부(같은 법 제15조) 등에서 종이소송과 차이가 있다.

그런데, 개중에서도 가장 중요한 차이점은, 사건기록의 조제와 문서제출방법에 있다. 즉, 법원이 사건기록을 전자문서화하고 사건관계인이 서류의 전자적 제출로써 해당 절차를 수행하는 것이야말로 전자소송의 기본적 진행양상이라고 할 수 있다.

다만, 후술하듯이, 우리 법에서는 사건기록을 전자문서화하되 사건관계인으로부터 서류를 종이로 제출받는 경우도 인정되고 있다.

2) 사건기록의 전자문서화

가) 개 관

민사소송등(중 '민소전자문서법'이 적용되는 사건)에서는 다음과 같이 사건기록을 전자문서화함이 원칙이다.

첫째, **법관·사법보좌관 또는 법원사무관등은[93] 민사소송등**(으로서 '민소전자문서법'이 적용되는 사건)**에서 재판서,[94] 조서[95] 등을 전자문서로 작성하거나 그** (종이로 작성한) **서류를 전자문서로 변환하여 전자소송시스템에 등재하여야 한다**(민소전자문서법 제10조 제1항).

둘째, '민소전자문서법'이 적용되는 사건에서는, **법원사무관등은 '대법원규칙으로 정하는 사유**(전자기록화 예외사유)**가 없으면'**(즉, 전자기록화 예외사유에 해당하지 아니하는 사건에서는) **전자문서가 아닌 형태로**(즉, 종이로) **제출된 서류를 전자문서로 변환하고 전자소송시스템에 등재하여야 한다**(민소전자문서법 제10조 제2항).

즉, 전자기록화 예외사유에 해당하지 아니하는 사건은, 전자기록화를 하여야 하고, 이로써 전자기록사건이 된다.

셋째, **위와 같이 변환되어 등재된 전자문서**(재판서, 조서등 및 소송관계인이 제출한 서류)**는 원**

---

93) 이들에 관하여서는 '법원(法院)' 부분에서 후술한다.

94) 재판서에 관하여서는 '법원의 소송행위 : 재판 및 재판사무' 부분에서 후술한다.

95) 특히 변론조서 등 기일조서에 관하여서는 '변론의 실시방법' 부분에서 후술한다.

래의 서류와 동일한 것으로 본다(같은 조 제3항).

넷째, 그러나, '민사전자문서법'이 적용되는 사건에서, 전자문서로 제출된 서류는 그대로 전자소송시스템에 등재하여야 한다(같은 조 제2항의 물론해석. 같은 조 제1항 참조).

이는 당사자 등 사건관계인이 서류를 전자문서로서 제출할 수 있음을 의미한다.

나) 전자기록화의 범위 : 전자기록화 예외사유의 문제

따라서, 다음과 같은 결과가 된다.

첫째, '민소전자문서법'이 적용되는 사건에서는 재판서, 조서 등을 전자문서화한다.

둘째, 그러나 개중에서 전자기록화 예외사유에 해당하는 사건은 종이기록사건일 따름이며, 전자기록화 예외사유에 해당하지 아니하는 사건만 전자기록사건이 된다.

결국, '민사전자문서법'의 적용 문제는, 전자기록화 예외사유가 관건인바, 전자기록화 예외사유가 구체적으로 어떠한 것인지는 별항으로 후술한다.

다) 전자기록의 이용

전자기록사건의 경우 법관 또는 법원사무관등은 현장검증이나 서증조사 등 법원 밖에서의 증거조사 또는 재택근무 그 밖에 업무상 필요하다고 인정되는 때에는 법원청사 이외의 곳에서 전자기록을 이용할 수 있다(민소전자문서규칙 제42조 제3항 본문).

이 때 전자기록이 정당한 이유 없이 공개되지 않도록 조치하여야 한다(같은 항 단서).

그러나 사법보좌관도 위와 같이 전자기록을 이용할 수 있다고 할 것이다(같은 항의 확장해석). 즉, 법문에 사법보좌관이 열거되어 있지 아니한 것은 명백한 입법의 착오로 보인다.

3) 전자문서에 의한 민사소송등의 수행 : 서류의 전자적 제출

가) 개 관

당사자, 소송대리인, 그 밖에 대법원규칙으로 정하는 자는 민사소송등(으로서 '민소전자문서법'이 적용되는 사건)**에서 법원에 제출할 서류를 전자소송시스템을 이용하여 '민소전자문서법'에서 정하는 바에 따라 전자문서로 제출할 수 있다**(민소전자문서법 제5조 제1항). 이를 '전자적 제출'이라 한다.

그런데, 비교법적으로 전자소송에서는 소송관계인이 반드시 전자적 제출을 하도록 하는 입법례도 있으나, 우리 입법자는 그러한 입법정책은 지나친 것이라는 고려에서 후술하듯이 일정한 자에게만 전자적 제출의 권리·의무를 부여하는 것으로 하였다. 다만, 이에는 후술하

는 바와 같이 '전자소송의무자'라는 예외가 있다.

그리고, **'민소전자문서법'에 따라 작성·제출하는 전자문서는 다른 법률에 특별한 규정이 있는 경우를 제외하고 「민사소송법」 등에서 정한 요건과 절차에 따른 문서로 본다**(같은 조 제2항).

나) 전자적 제출을 할 수 있는 자 : 전자기록사건의 전자소송 동의자

주의할 것은, '민소전자문서법'이 적용되는 사건에서 "당사자, 소송대리인, 그 밖에 대법원규칙으로 정하는 자"이기만 하면 모두 전자적 제출을 할 수 있는 것은 아니며, 같은 법에서 정하는 요건에 해당하는 자라야만 전자적 제출을 할 수 있다.

첫째, 전자적 제출을 하려면 전자소송시스템을 이용하여야 하는바, **전자소송시스템을 이용하려는 자는 대법원규칙으로 정하는 바에 따라 사용자등록을 하여야 한다**(민소전자문서법 제6조 제1항).

둘째, **사용자등록을 한 자를 "등록사용자"라 하는바**(같은 조 제2항), 원칙적으로, **등록사용자로서 전자소송시스템을 이용한 민사소송등의 진행에 동의한 자는 법원에 제출할 서류를 전자소송시스템을 이용하여 대법원규칙이 정하는 바에 따라 전자문서로** – 제출할 수 있을 뿐 아니라 – **제출하여야 한다**(민소전자문서법 제8조 본문).

이러한, 전자소송시스템을 이용한 민사소송등의 진행에 대한 등록사용자의 동의를 "전자소송 동의"라 한다(민소전자문서규칙 제4조 제3항).[96)]

이에 따라, 전자소송실무는, '전자소송 동의를 한 등록사용자'는 '전자소송 동의자'로 약칭하며, 전자소송 동의자가 아닌 소송관계인은 '전자소송 비동의자'로 지칭하고 있다.

그런데 일견, 민소전자문서법 제5조 제1항 및 제8조 본문을 문리해석하면, 마치 등록사용자이기만 하면 종이서류의 제출과 전자적 제출을 택일할 수 있으되, 전자소송 동의자는 전자적 제출만을 할 수 있는 것처럼 보이나, 그러한 해석은 부당하다.

왜냐하면, 그렇게 해석할 경우 같은 조 본문의 규정은 무의미한 것이 되고, 전자소송 동의자가 비동의자보다 불리한 취급을 받게 되어 형평에 어긋나며, 종이서류의 제출과 전자적 제출을 임의로 택일할 수 있다면 이는 절차의 명확성을 해할뿐더러, 그러한 택일이 가능하다고 볼 명문의 근거도 전혀 없기 때문이다.

따라서, 같은 조 본문은 "등록사용자로서 법원에 제출할 서류를 전산정보처리스스템(즉, 전

---

96) 엄밀히 말하면, 전자적 제출의무 및 전자적 송달영수의무의 부담에 대한 동의라고 할 수 있지만, 이에 관하여서는 '서류의 전자적 제출' 부분에서 상론할 것이다.

자소송시스템)을 이용하여 제출하고자 하는 자는 전산정보처리시스템(즉, 전자소송시스템)을 이용한 민사소송등의 진행에 동의하여야 한다."로 한정해석하지 아니할 수 없다. 전자소송실무도 결과적으로 같은 입장이다.[97]

셋째, 그렇다면, '민소전자문서법'이 적용되는 사건이기만 하면 – 위와 같이 전자소송 동의를 하고서 – 전자적 제출을 할 수 있는가. 긍정적으로 새기는 것이 법원실무이다.[98]

그러나, 전자적 제출을 하려면 해당 사건이 전자기록사건이어야 한다고(해당 전자적 제출로써 후발적으로 전자기록사건이 되는 경우 포함) 새겨야 옳다. 그 까닭은 전자소송의 개념과 관련하여 후술한다.

다) 전자소송의무자

(1) 개 관

국가, 지방자치단체, 그 밖에 그에 준하는 자(민소전자문서법 제11조 제1항 제3호)가 서류를 제출할 때에는 전자적 제출(같은 법 제8조)을 하여야 한다(민소전자문서규칙 제9조).

즉, 이러한 자는 전자소송 동의를 한 것을 보므로,[99] 별도의 전자소송 동의를 요하지 아니하며, 이러한 자들을 "전자소송의무자"라 한다.[100]

이러한 해석은 논리필연적인바, 만일 이들의 전자소송 동의를 의제하지 아니한다면, 민소전자문서규칙 제9조는 위임입법의 한계를 벗어난 규정이 될 수밖에 없기 때문이다.

법원사무관등은 송달이나 통지를 받을 자가, 전자소송 동의자인 경우에는 전자소송시스템에 의하여 전자적으로 송달하거나 통지할 수 있고(민소전자문서법 제11조 제1항 제1호, 제2호), **등록사용자가 국가, 지방자치단체, 그 밖에 그에 준하는 자로서 대법원규칙으로 정하는 자인 경우에는 전자소송시스템에 의하여 전자적으로 송달하거나 통지할 수 있는바**(같은 항 제3호), 국가 등도 전자소송 동의자이기 때문에 전자적 송달 또는 통지가 가능하다고 해석함으로써 위 규정들을 일관되게 이해할 수 있다.

따라서, 입법론적으로는, 민소전자문서법 제11조 제1항 제3호와 같이 규정할 것이 아니라, 오히려 "국가, 지방자치단체, 그 밖에 그에 준하는 자로서 대법원규칙으로 정하는 자는 전산정보처리시스템을 이용한 민사소송등의 진행에 동의한 것으로 본다."라는 규정을 두었어야

97) 결과동지 : 민사전자소송실무편람, 54~55면.
98) 위의 책, 10면.
99) 민전예규 제27조 제1항 제1호.
100) 민전예규 제17조 제2항.

옳다.

(2) 구체적 범위

전자소송의무자는 다음 각 호와 같다(민소전자문서규칙 제25조 제1항).

① 국가

② 지방자치단체

③ 행정사건, 특허사건과 관련된 행정청

〈3의2〉 가사사건, 비송(과태료 포함)사건과 관련된 검사

〈3의3〉 가사사건과 관련된 지방자치단체의 장

〈3의4.〉 회생사건·파산사건·개인회생사건 및 국제도산사건(다음부터 "회생·파산사건"이라 한다)의 관리인·보전관리인·조사위원·감사·파산관재인·감사위원·국제도산관리인(이하 "회생·파산사건의 절차관계인"이라 한다)(같은 규칙 제3조 제10호의4)

④ 공공기관 및 지방공사 중 법원행정처장이 지정하여 전자소송홈페이지에 공고하는 기관[101]

나. 전자소송의 개념 : 전자기록사건

기술한 바와 같이, '전자소송'은 실정법상의 개념이다. 따라서, '민소전자문서법'의 올바른 해석·적용을 위하여서는 전자소송의 개념 자체를 올바로 정립할 필요가 있다.

생각건대, 전자소송이란 전자기록화를 하는 민사절차로 정의할 수밖에 없으며, 전자소송의 여타 진행양상(전자적 제출, 전자적 송달 등) 역시 전자기록화의 파생효과로서 이해할 수 있다.

이에 반하여 법원실무는, 전자소송이란 광의로는 '민소전자문서법'이 적용되는 사건이고, 협의로는, 당사자의 입장에서는 전자적 제출을 하는 사건으로('전자적 제출·송달을 기준으로 본 전자소송'), 법원의 입장에서는 전자기록화를 하는 사건으로('기록전자화를 기준으로 본 전자소송'), 각각 정의할 수 있다고 한다.[102]

그러나, 이는 기독교 신학사의 사벨리우스주의(단일한 신이 창조에서는 성부로, 구속에서는 성자로, 성화에서는 성령으로 현현한다는 견해)에 비견할 만한 기이한 견해로서,[103] 이론적·실제적으

101) 구체적으로 어느 곳이 전자소송 동의를 한 것으로 보는 공공기관 및 지방공사(민소전자문서규칙 제25조 제1항 제4호)인지는, 전자시스템 이용에 관한 공고(법원행정처 공고 제2021-168호) ; 민전예규 제58조, 별표 2 참조.

102) 민사전자소송 실무편람, 7~10면.

로 부당한바, 그 까닭은 다음과 같다.

첫째, 소위 광의의 전자소송에서는 '민소전자문서법' 중 제10조 제1항만이 적용될 뿐, 나머지 규정의 적용이 없다. 이는 '민소전자문서법'이 적용되는 것 자체만으로는 재판서를 전자문서화하는 것 외에 종래의 종이소송과 아무런 차이가 없음을 의미한다. 그런데도 이를 종이소송과 다른 무엇으로 지칭하는 것은 – 논자들은 이것이 대국민 홍보 차원에서 효용이 있는 개념이라고 주장하지만 도리어 – 오도적(誤導的)인 용어법(일종의 양두구육(羊頭狗肉))일 따름이다.

둘째, 법원실무의 견해에 의하면, 당사자가 전자적 제출을 한다고 하여 반드시 전자기록화를 할 논리적 필연성은 없기는 하지만 (따라서 그 전자문서를 출력하여 종이기록을 조제할 수도 있기야 하지만 그렇게 하느니) 전자기록화를 하는 것이 합리적이라고 한다. 그라나, 이는 이른바 '엎어 놓은 옹기를 보고서 "무슨 놈의 옹기가 아가리는 막히고 밑은 빠졌네?"라고 하는 격'이다.

위와 같은 난점이 발생하는 근본적 이유는, 전자기록화는 전자적 제출과 무관한 것이 아니라 전자적 제출의 논리적 전제이기 때문이다. 즉, 전자기록화를 하기 위하여 전자적 제출을 받는 것이지(전자소송의 여타 특칙 역시 전자기록화를 전제로 한다), 단지 당사자의 편의만을 위하여 전자적 제출을 허용하는 것이 아니다. 전자소송에서 접수된 종이문서를 전자문서로 변환하는 이유도 전자기록화 때문임을 상기할 것이다(민소전자문서법 제10조 제2항).

요컨대, 법원실무의 견해는, 서류 접수의 목적이 재판기록의 조제에 있음(이는 종이소송이건 전자소송이건 다를 바 없다)을 망각한 단견(短見)인 것이다. 따라서, 전자기록화를 할 것이 아니라면 전자문서를 접수할 이유가 없으며, 따라서 그 경우에는 전자적 제출 역시 허용되어서는 아니 된다.[104]

다. 전자기록사건과 전자소송 동의의 관계

한편, 전자기록사건에서 '(광의의) 당사자가' 전자적으로 절차를 진행하기 위하여서는 전자소송 동의가 필요함은 기술한 바와 같다.

이에 관하여, 법원실무는 '민소전자문서법'이 적용되는 사건이기만 하면 전자소송 동의가

103) 물론 법개념이라는 것이 상대성이 있기는 하지만, 법원실무의 견해는 법개념의 상대성으로써 정당화될 성질의 것이 아니다. 왜냐하면, 법개념의 상대성이란 법교의학에 기초하여 정립되는 것이고, 법원실무의 위 견해는 법교의학적으로 정당화될 수가 없기 때문이다.

104) 그러나 이러한 관견(이 책 초판, 1062~3면)에 불구하고, 개정 '민전예규'(재판예규 제1681호)는 도리어, 전자기록의 활용도를 높인다는 미명하에 종이소송에서도 임의로 문건을 전자소송시스템에 등재할 수 있도록 하였다.

가능하다는 입장이다.

그러나, 전자소송 동의는 전자기록사건에서만 허용된다고 풀이함이 옳다. 전자소송의 개념과 관련하여 기술한 바와 같이, 전자적 제출은 전자기록사건에서만 허용된다고 보아야 하기 때문이다.

이와 관련하여 주의할 것은, 전자소송 동의로 말미암아 그 사건기록이 전자기록화되는 사건(후발적 전자기록사건)의 경우에도 전자소송 동의를 할 수 있다.

관견과 법원실무의 견해가 실제적으로 어떤 차이가 있는지에 관하여서는, 후발적 전자기록화와 관련하여 뒤에서 다시 설명하겠다.

5. 전자기록사건과 종이기록사건의 구분

가. 전자기록화 원칙과 전자기록화 예외사유

'민소전자문서법'이 적용되는 사건은 전자기록사건이 됨이 원칙이다(민소전자문서법 제10조 제2항).

그러나, 전자기록화 예외사유(민소전자문서법 제10조 제2항)에 해당하는 경우에는 종이기록사건이 되며, 이러한 전자기록화 예외사유 중에서도 핵심사유는 법원행정처장이 전자기록화의 대상이 아닌 사건으로 정하여 전자소송홈페이지에 공고한 사건에 해당하는 경우(민소전자문서규칙 제19조 제1항 제4호)이고,[105] 후술하듯이, 개중에서도 가장 중요한 사유는 '전자기록화 시한 내의 전자소송 동의'이다.

그런데, 전자기록화 예외사유에는 다시금 예외사유(원칙으로의 회귀사유)가 있다(민소전자문서규칙 제19조 제1항 단서).

이러한 각 경우의 수를 체계적으로 정리하여 보면, ① 해당 사건의 개시 단계에서 전자기록사건인 경우(원시적 전자기록사건)와 ② 해당 사건의 개시 단계에서 종이기록사건인 경우(원시적 종이기록사건)가 있으며, 또한, ③ 종이기록사건이 나중에 전자기록사건으로 바뀌는 경우(후발적 전자기록사건)와, ④ 전자기록사건이 나중에 종이기록사건으로 바뀌는 경우(후발적 종이기록사건)로 나누어 볼 수 있는바,[106] 이를 다시 도시하여 보면 아래 표와 같다.

---

105) 법원행정처 공고 제2016-201호.
다만, '민전예규'도 전자기록화의 대상이 아닌 사건에 관하여 위 공고와 같은 내용의 규정을 두고 있으므로, 이하에서는 '민전예규'의 해당 규정을 살펴보기로 하겠다.

106) cf. 구 민전예규(2013. 1. 18. 재판예규 제1424호로 개정되기 전의 것) 제32조는 전자기록화 명령과 종이기록화 명령을 '전환명령'으로 총칭하였으나, 현행 '민전예규'는 그러한 용어법을 폐기하였다.

<table>
<tr><th colspan="2">사건 개시시의 종류</th><th>전환 사유</th><th>전환 후의 종류</th></tr>
<tr><td colspan="2" rowspan="2">① 전자기록사건</td><td>-</td><td>-</td></tr>
<tr><td>종이기록화 명령</td><td>④ 종이기록사건</td></tr>
<tr><td rowspan="5">② 종이기록사건</td><td rowspan="3">전자소송 동의 가능</td><td>-</td><td>-</td></tr>
<tr><td>전자소송 동의</td><td rowspan="3">③ 전자기록사건</td></tr>
<tr><td>전자기록화 명령</td></tr>
<tr><td rowspan="2">전자소송 동의 불가</td><td>전자기록화 명령</td></tr>
<tr><td>-</td><td>-</td></tr>
</table>

이러한 각 경우의 수의 구체적 내용은 다음과 같다.

나. 원시적 전자기록사건과 원시적 종이기록사건

1) 원시적 전자기록사건

가) 개 관

원시적 전자기록사건은, 법률상 당연히 전자기록사건이 되는 경우와 당사자가[107] 사전에 전자소송 동의를 한 경우로 나누어 볼 수 있다.

그리고 전자는 다시, 무조건 전자기록사건이 되는 경우와 관련사건이 전자기록사건이기 때문에 전자기록사건이 되는 경우로 구분된다.

나) 법률상 당연한 전자기록사건

(1) 무조건 전자기록사건이 되는 종류의 사건

첫째, 전자소송 동의 여부와 관계없이 전자기록사건으로 하는 경우는 다음 각호와 같다.[108]

○ 민사조정신청 사건(조정신청 사건이 소송으로 이행된 경우 포함)[109]

○ 라류 가사비송사건 중 미성년후견·성년후견·한정후견·특정후견·임의후견에 관한 사건.[110] 일언이폐지하면, 후견에 관한 가사사건.

○ 친권의 상실, 일시정지, 일부제한, 법률행위대리권·재산관리권의 상실, 법률행위대리권·재산관리권의 사퇴 사건.[111] 일언이폐지하면, 친권의 득상에 관한 가사사건.

---

107) '당사자'의 개념에 관하여서는 '당사자 : 의의, 당사자능력' 부분에서 후술한다.

108) 민전예규 제27조 제2항

109) 민전예규 제27조 제2항 제2호.

110) 민전예규 제27조 제2항 제3호.

○ 가사조정신청 사건(조정신청 사건이 소송으로 이행된 경우 포함)[112]

○ 가사소송법 제67조, 제68조에 따른 감치사건[113]

○ 재산조회 사건[114]

○ 채무불이행자명부등재 사건[115]

○ 기타 집행사건('타기' 사건) 중 별도기록 편철 사건.[116] 예컨대, 집행에 관한 이의(민사집행법 제16조 제1항), 집행비용액확정(같은 법 제53조, 민사집행규칙 제24조 제1항), 부동산강제관리(같은 법 제2편 제2장 제2절 제3관), 대체집행(같은 법 제260조 제1항), 간접강제(같은 법 제261조) 등.[117]

○ 특허소송 사건[118]

○ 회생사건[119]

○ 파산사건[120]

○ 개인회생사건[121]

○ 비송사건·과태료사건(다만, 가사사건 및 가족관계등록비송사건의 경우 가사소송법 제67조에 따른 과태료 사건에 한한다).[122] 즉, (민사·상사)비송사건 및 과태료사건.

둘째, 행정소송 중 항고소송 사건은, 소극적 당사자(피고)가 전자소송의무자(행정청)이므로,

---

111) 민전예규 제27조 제2항 제3호.

112) 민전예규 제27조 제2항 제2호.

113) 민전예규 제27조 제2항 제3호.

114) 민전예규 제27조 제2항 제8호.
이에 반하여, 재산명시 사건은 원시적 전자기록사건이 아니다.

115) 민전예규 제27조 제2항 제8호.
이에 따라, 전자기록사건에서 채무불이행자명부는 전자문서로만 생성·관리하고 종이기록으로 편철·비치하지 아니한다. 민전예규 제113조.

116) 민전예규 제27조 제2항 제6호.
cf. 예컨대, 경매개시결정에 대한 이의신청서는, 주기록에 합철하는 서류이므로, 주기록의 전자기록화 여부에 따를 뿐이다.

117) 이에 반하여, 부동산인도명령사건('타인')이나 채권배당사건('타배')은 원시적 전자기록사건은 아니다.

118) 민전예규 제27조 제2항 제1호.
"특허소송"의 개념에 관하여서는, '법원(法院)' 부분에서 후술한다.

119) 민전예규 제27조 제2항 제4호.

120) 민전예규 제27조 제2항 제7호.
cf. 종래에는 법인파산사건만 법률상 당연한 전자기록사건이었으나, 2018. 1. 1.부터 개인파산사건도 법률상 당연한 전자기록사건이 되었다.

121) 민전예규 제27조 제2항 제6호.
cf. 개인회생사건은 2020. 3. 1.부터 법률상 당연한 전자기록사건이 되었다.

122) 민전예규 제27조 제2항 제9호.

역시 전자기록사건이 된다.

셋째, 전자소송시스템에 의한 독촉사건을 "전자독촉사건"이라 하는바,[123] 전자독촉사건이 소송절차 또는 조정절차로 이행한 경우에도 여전히 전자기록사건이 된다.[124]

(2) 주된 관련사건이 전자기록사건이어서 전자기록화하는 사건

주된 관련사건이 전자기록사건이기 때문에 전자기록화를 하는 경우도 있다.

첫째, 부수사건은 기본사건의 기록이 전자기록이면 전자기록화한다.[125]

"기본이 되는 본안사건 또는 신청사건"은 "기본사건"이란 "기본이 되는 본안사건 또는 신청사건"을 말하고, 이에 부수하는 신청사건을 "부수사건"이라 하는바,[126] 부수사건이란 기본적 신청 중에서 소송상의 신청에 해당하는 것들을 지칭한다고 보아야 할 것이다.[127]

둘째, 파산사건에 관련된 면책사건은 파산사건의 기록이 전자기록이면 전자기록화한다.[128]

셋째, 회생절차폐지 등에 따른 파산선고사건(채무자회생법 제6조 제1항, 제2항)은회생사건의 기록이 전자기록이면 전자기록화한다.[129]

다) 당사자가 사전에 전자소송 동의를 한 사건(다만, 독촉사건은 '채권자가' 전자소송 동의자인 경우에 한함)

기본적 신청(소송중의 소 제외)의[130] 적극적 당사자(원고, 청구인, 신청인, 채권자 등)나 소극적 당사자(피고, 상대방, 피신청인, 채무자 등)가 전자소송 동의자인 사건은 원시적으로 전자기록사건이 된다.[131]

그런데, 이 법리에 관하여서는 몇 가지 주의할 점이 있다.

첫째, 소극적 당사자만 전자소송 동의자인 때에는, 법률상 당연한 전자기록사건의 경우와 마찬가지로, 적극적 당사자(신청인)는 종이로 해당 기본적 신청서를 제출할 수도 있다.

그러나, 적극적 당사자(신청인)가 전자소송 동의자인 때에는, 해당 소장등 자체를 전자적으

---

123) 민전예규 제5조의2.
124) 민전예규 제26조 제1항 참조.
125) 민전예규 제21조 제1항 본문 전단.
126) 민전예규 제21조 제1항 본문.
127) '소송상의 신청'의 개념에 관하여서는 '당사자의 소송행위' 부분에서 상론한다.
128) 민전예규 제21조의2 제1항 전단.
129) 민전예규 제21조의3 전단.
130) '소송중의 소'에 관하여서는 '소(訴)' 부분에서 후술한다.
131) 민전예규 제27조 제1조 제1항 사목 참조.

로 제출하여야 한다(민소전자문서법 제8조 본문).

둘째, 전자소송의무자가 적극적·소극적 당사자인 사건은 원시적으로 전자기록사건이 된다. 전자소송의무자는 개념필연적으로 전자소송 동의자이기 때문이다.

셋째, 당사자 본인이 전자소송 동의자인 때뿐만 아니라 그 법정대리인 또는 특별대리인이 전자소송 동의자인 때에도 원시적 전자기록사건이 된다.[132]

넷째, 다만, 사건별 부호문자가 "차"인 독촉사건은 전자기록화의 대상이 아니다.[133] 즉, 전자소송 동의를 하지 아니한 채권자가 종이로 지급명령신청을 한 경우에는 채무자가 전자소송 동의자(즉, 사전포괄동의자[134] 또는 전자소송의무자)이더라도 전자기록화는 하지 아니한다.

다섯째, (가사사건이나 가족관계등록비송사건에서) 사건본인이 전자소송 동의자인 때에도 원시적 전자기록사건이 된다.[135]

여섯째, 기본사건이 접수되기 전에 또는 기본사건의 기록이 폐기된 이후, 부수사건의 신청서가 전자적으로 제출된 경우에는(즉, 그 당사자가 전자소송 동의자인 경우에는) 그 부수사건은 전자기록화한다.[136]

2) 원시적 종이기록사건

가) 개 관

원시적 종이기록사건은, 전자소송 동의를 할 수 없는 사건과 할 수 있는 사건으로 나누어 볼 수 있다.[137]

전자소송 동의를 할 수 없는 사건은 다시, 이를 처음부터 할 수 없는 사건과 사후에 할 수 없는 사건으로 구분된다.

나) 전자소송 동의를 할 수 없는 사건

(1) 처음부터 전자소송 동의를 할 수 없는 사건

(가) 상소심 사건의 원심사건이('민소전자문서법' 시행 후에 접수된 사건이기는 하지만) 전자기록사

---

132) 민전예규 제17조 제3항 전문 참조.

133) 민전예규 제27조 제1항 제4호.

134) '사전포괄동의자'의 개념에 관하여서는 '서류의 전자적 제출' 부분에서 상론할 것이다.

135) 민전예규 제17조 제1항, 제3항 후문.

136) 민전예규 제21조 제4항 본문.
같은 항 단서는 "다만, 당사자 중 일방이 전자소송의무자 또는 사전포괄동의자이면 전자기록화 한다."라고 규정하나, 이는 사족(蛇足)으로 사료된다.

137) 다만, 전자의 경우에도 재판장이 전자기록화 명령을 한 경우에는 그때부터는 전자소송 동의를 할 수 있게 된다.

건이 아닌 경우(민소전자문서규칙 제19조 제1항 제1호)

그러나, 전자기록화 시한의 존재 때문에, 실제로 이 사유에 해당하는 경우는 극히 제한적이다. 상세한 것은 '항소' 부분에서 후술한다.

(나) 재심 또는 준재심 사건의 대상사건이('민소전자문서법' 시행 후에 접수된 사건이기는 하지만) 전자기록사건이 아닌 경우(민소전자문서규칙 제19조 제1항 제2호)

관견으로는, 정기금판결에 대한 변경 사건의 대상사건이 ('민소전자문서법' 시행 전에 접수된 사건이기는 하지만) 전자기록사건이 아닌 경우에도, 전자기록화 예외사유에 해당한다고 본다(민소전자문서규칙 제19조 제1항 제2호의 유추해석).

(다) 기본사건이 전자기록사건이 아닌 경우 그 부수사건. 단, 보전처분 신청사건은 본안사건의 전자기록화 여부에 따르지 아니한다(민소전자문서규칙 제19조 제1항 제3호).

예컨대, 종이기록사건인 본안소송에 관하여 특별대리인선임 신청서(법 제62조)를 전자적으로 제출할 수는 없고, 종이기록사건인 청구이의소송에 관하여 잠정처분신청서(민사집행법 제46조 제2항)을 전자적으로 제출할 수는 없다.

그러나, 예컨대, 종이기록사건인 본안소송에 관하여 그 집행보전을 위한 가처분신청서를 전자적으로 제출하는 것은 가능하다. 후자의 사건이 전자의 사건의 부수사건이 아니기 때문에 이는 이치상 당연한 것이나, 입법자는 주의적으로 명문의 규정을 두었다.

(2) 사후에 전자소송 동의를 할 수 없는 사건

당사자가 전자소송 동의자가 아닌 경우, 기본사건의 기본적 신청을 하기에 앞서 그 부수사건(기본적 신청에 도리어 선행할 수 있는 신청의 경우)을 종이로 신청서를 제출할 수도 있음은 물론이나, 이 때에는 사후에 해당 부수사건에 관한 전자소송 동의를 할 수는 없다.[138]

예컨대, 본안소송 제기 전에 증거보전신청서를 종이로 제출한 경우, 그 증거보전 사건에서 새삼 전자소송 동의를 하지는 못한다.

나) 당사자가 전자소송 동의를 할 수 있는 종이기록사건

통상의 민사소송사건, 제소전화해사건, 독촉사건, 공시최고사건, 민사집행사건, 가사소송사건, 라류 가사비송사건(후견에 관한 사건 제외), 마류 가사비송사건, 행정소송 중 당사자소송사건은, 당사자가 전자소송 동의자가 아닌 이상, 종이기록사건이다.

---

138) 민전예규 제27조 제1항 제1호 사목 참조.
물론 그 후에 기본사건의 기본적 신청을 전자적 제출로 하는 것은 무방하다.

다만, 이러한 사건에서는, 후술하는 바와 같이, 전자기록화 시한까지는 전자소송 동의를 할 수 있다.

다. 후발적 전자기록사건과 후발적 종이기록사건

1) (종이기록사건의) 후발적 전자기록화

가) 개 관

후발적 전자기록화 사유로는, (전자기록화 시한 이전의) 당사자의 전자소송 동의와 재판장등의 전자기록화 명령이 있다.[139)]

그리고, 이와 같이 후발적으로 전자기록사건이 된 경우, 그 당시까지 제출된 모든 서류를 전자화 작업을 한 다음 전자소송시스템에 전산등재한다(이른바 "소급적 전자화").[140)]

나) 전자기록화 시한 내의 전자소송 동의

(1) 개 관

당사자, 소송대리인, 참가인, 회생·파산사건의 채무자 중 신청인이 아닌 자, 법정대리인, 특별대리인, (가사사건 또는 가족관계등록비송사건의) 사건본인 및 제출대행권이 있는 법무사 중 어느 누구라도, 전자기록화 시한까지 전자소송 동의를 한 사건은, 전자기록화 예외사유에서 제외되므로,[141)] 전자기록화를 하게 된다.

그러나 이 경우, 오히려 법원의 직권발동을 촉구하는 의미에서 해당 전자소송 동의를 하는 당사자가 전자기록화 신청까지 명시적으로 함이 실무이다.

(2) 절차별 전자기록화 시한

전자기록화 시한은 절차별로 다음과 같다.

○ 제1심 소송사건 : 제1차 변론기일 또는 변론준비기일이 진행된 다음날(소송 도중 반소나 중간확인의 소가 제기된 경우에는 본소나 본래의 소에서의 제1회 변론기일 또는 변론준비기일을 기준으로 한다)[142)]

---

139) 민전예규 제28조 제1항 제4호.
법문에는 "전자기록화 명령' 대신 "전환명령"으로 되어 있으나, 이는 입법의 착오이다.
모두에 기술한 바와 같이, 현행 '민전예규'(2013. 1. 18. 재판예규 제1424호로 개정된 것)는 '전환명령'이라는 개념을 폐기하였기 때문이다.

140) 민전예규 제28조 제1항 제4호, 제56조.

141) 민전예규 제27조 제1항 제1호의 반대해석.

142) 민전예규 제27조 제1항 제1호 가목.

○ 제1심 마류 가사비송사건 : 제1차 심문기일이 진행된 다음날(제1심의 절차 종료시까지 반대 청구를 한 경우에는 본래의 청구에서의 제1차 심문기일을 기준으로 한다)[143)]

○ 제1심 임시의 지위를 정하기 위한 가처분 신청사건 : 제1차 심문기일 또는 변론기일이 진행된 다음날[144)]

위와 같은 사건들에서 "다음날"을 시한으로 정한 까닭은, 기일에 재판장등이 당사자에게 전자소송 동의에 관하여 안내할 수도 있음을 감안한 것이다.[145)]

특기할 것은, 그 밖의 기본적 신청(라류 가사비송사건의 심판청구 등)은 신청서 제출 시가 전자기록화 시한이므로,[146)] 전자소송 동의에 의한 후발적 전자기록화라는 것이 발생할 수 없다.

이와 관련하여 주의할 것은, 부동산경매사건도 신청채권자의 신청서 제출시가 전자기록화 시한이기는 하지만, 압류의 경합(민사집행법 제87조)이 있는 경우 먼저 경매개시결정을 한 사건의 신청서 제출 시를 기준으로 한다.[147)]

(3) 전자소송 동의의 시한으로서의 전자기록화 시한

그런데, 전자기록화 시한은 전자소송 동의의 시한이기도 하다고 해석하여야 한다. 기술한 바와 같이, 전자기록화를 할 수 없다면 전자소송 동의도 할 수 없다고 보아야 하기 때문이다.

이에 반하여, 법원실무는, 전자기록화 시한 도과 후에도(즉, 종이기록사건인데도) 전자소송 동의를 허용하고 있고,[148)] 그 결과 종이기록사건에서도 전자적 제출을 받아 이를 출력하여 기록에 편철하는 일이 발생하고 있다.[149)]

그러나, 전자기록화 시한 경과 후에 전자소송 동의가 있은 때에는, 작금의 법원실무처럼 전자적 제출·접수를 한 다음 이를 출력하여 종이기록에 편철할 것이 아니라, 전자기록화 명령이 있지 아니한 한 해당 전자소송 동의 자체가 효력이 없는 것으로 보아 전자적 제출·접수를 불허하고 종이로 서류를 제출하도록 보정명령을 하여야 옳다.

---

143) 민전예규 제27조 제1항 제1호 다목.
144) 민전예규 제27조 제1항 제1호 라목.
145) 민사전자소송실무편람, 33면.
146) 민전예규 제27조 제1항 제1호 나목, 아목.
147) 민전예규 제27조 제1항 제1호 사목.
148) 민전예규 제32조 제1항.
149) 민사전자소송실무편람, 34, 103면.

다) 전자기록화 명령

(1) 개 관

기술한 전자기록화 예외사유에 해당하는 경우에도(즉, 원시적 종이기록사건이라 하더라도) 재판장등은 사건기록의 전자문서화를 명할 수 있다(민소전자문서규칙 제19조 제1항 단서).

이와 관련하여 주의할 것은, '재판기록 : 종이소송과 전자소송' 부분에서 기술한 바와 같이, 제1심에 최초로 접수된 사건이 아니더라도 해당 절차 및 법원 자체에 '민소전자문서법'이 적용되고 있기만 하면 전자기록화 명령을 할 수 있다는 것이다.[150)]

그리고, 상소심 사건에서 전자기록화 명령이 있으면 원심사건 기록까지도, 재심등 사건에서 전자기록화 명령이 있으면, 재심등 대상사건 기록까지도, 기본사건에서 전자기록화 명령이 있으면 부수사건 기록까지도 모두 전자기록화한다.

무엇보다 주의할 것은, 전자기록화 명령이 있은 이상, 그 때부터 해당 사건에서도 전자소송 동의를 할 수 있게 된다고, 따라서 당사자 등이 전자적 제출 등을 할 수 있게 된다고 새겨야 한다는 것이다.

이와 관련하여 전자소송실무는, 전자기록화 시한 경과 후에 전자소송 동의가 있은 경우에도 전자기록화 명령을 할 수 있다고 하나,[151)] 그러한 해석은 타당하지 아니하다. 전자기록화 시한 경과 후에는 전자소송 동의는 할 수 없다고 보아야 하기 때문이다. 다만, 전자기록화 시한 경과 후에는 법원의 직권발동을 촉구하는 의미에서 (종이로써)[152)] 전자기록화명령 신청을 할 수 있을 따름이라고 할 것이다.

(2) 전자기록화 명령이 사실상 필요적인 경우

그런데 관견으로는 다음 경우에는 일반적으로 전자기록화 명령을 함이 바람직하다고 보며, 이 점, 입법론적으로도 재고를 요한다.

첫째, 기본사건에 앞서 접수된 부수사건이 전자기록사건인데도 기본사건의 신청서가 종이로 접수되었다면, 전자기록화 명령을 하는 것이 적절하다.

둘째, 재심등 대상사건이 전자기록사건인데도 재심등 사건의 신청서가 종이로 접수되었다면, 역시 전자기록화 명령을 하는 것이 적절하다.

---

150) cf. 2011. 5. 30. 우리나라에서 통상의 민사사건으로서는 최초로 전자소송으로서 변론기일이 열린 사건인 서울남부지법 2010가합17070호 사건도, 전자기록화 명령에 따라 전자기록사건으로 전환된 경우였다.

151) 민전예규 제32조 제1항.
위 규정은 "이후"라는 표현을 쓰고 있으나, 이는 입법의 착오로 보인다.

152) 반대 : 민사전자소송실무편람, 183면.

전자소송실무는 이에 관하여, 종이로 된 재심소장등이 제출된 경우, 재심등 대상사건이 전자기록사건이면 접수사무관등은[153] – 전자기록화 명령 없이도 – 재심소장등의 사건입력을 하면서 재심등 대상사건을 관련사건으로 등록하고 재심소장등의 전자화 업무를 수행하는 것으로 하고 있으나,[154] 이는 – 입법론으로서는 타당하지만 – 해석론의 한계를 넘는다.

(3) 전자기록화 명령이 바람직하지 못한 경우

현행법의 해석상으로는, 전자기록화를 하지 아니하기로 한 사건(즉, 후술하듯이 종이기록화 명령에 따라 종이기록사건이 된 사건)에 대하여서도 전자기록화 명령을 하는 것도 불가능한 것은 아니나, 그런 식의 재판진행이 바람직하지 못함은 물론이다.

2) (전자기록사건의) 후발적 종이기록화 : 종이기록화 명령

가) 개 관

전자기록사건에 관하여, 전자기록화를 하지 아니하기로 하는 재판장등의 명령을 '종이기록화 명령'이라 한다.

이 경우에는, 기존의 전자기록까지 모두 종이기록화하여야 한다.

또한, 관견으로는, 일단 종이기록화 명령이 있으면 사건관계인은 – 설령 전자소송 동의 시한 경과 전이라 하더라도 – 더 이상 전자소송 동의를 할 수 없다고 본다. 기술한 바와 같이, 전자기록화가 전자소송 동의의 요건이기 때문이다.

다만, 전자기록화 명령과 달리, 종이기록화 명령은 이를 할 수 있는 사유가 다음과 같이 한정적이다(전자기록화 원칙의 귀결). 즉, 아래 사유로 전자기록화 하지 아니하는 경우 재판장등은 전자기록화 하지 않을 것을 명할 수 있다.[155]

종이기록화의 구체적 방법에 관하여서는 '법원의 소송행위 : 재판 및 재판사무' 부분에서 후술한다.

나) 종이기록화 명령을 할 수 있는 사유

(1) 사건의 병합을 위한 종이기록화

변론의 병합 또는 사건의 병합을 위하여 재판장등이 전자기록화를 하지 않기로 명할 수 있다.[156]

153) "접수사무관등"에 관하여서는 '법원의 소송행위 : 재판 및 재판사무' 부분에서 재론한다.
154) 민전예규 제36조 제2항 전문.
155) 민전예규 제32조 제2항.

이에 관한 상세는, '변론의 진행' 부분에서 후술하겠다.

(2) 부득이한 사유로 인한 종이기록화

제척·기피·회피사유, 소 또는 심판청구의 일부취하, 전자소송 동의의 철회, 기타 부득이한 사유가 있으면, 재판장등이 전자기록화를 하지 않기로 명할 수 있다.[157]

l예컨대, 전자소송 동의자가, 소의 일부취하에 의하여 소외인(訴外人)이 되었거나, 전자소송 동의를 적법하게 철회한 때에는, 더 이상 전자적 제출을 하고 전자적 송달을 받을 당사자가 없으므로, 종이기록화 명령을 할 실익이 있다.

그러나, 전자소송의무자가 아닌 전자소송 동의자가 있는 때에는 종이기록화 명령을 삼가는 것이 온당할 것이다.

Ⅱ. 민사절차와 정보 보호

1. 민사절차와 개인정보의 처리 및 보호

민사절차에서는 법원에 의한 개인정보의 처리(개인정보 보호법 제2조 제2호)가 이루어지게 된다.

따라서, 법원의 개인정보의 관리가 문제되는바, 이에 관하여서는 '법원의 소송행위 : 재판 및 재판사무' 부분에서 재론하겠다.

다른 한편으로는, 준비서면 등 주장서면의 수령·열람, 증거조사, 재판기록의 열람·복사의 과정에서 개인정보의 제공이 일어나게 된다.

이에 따라 민사절차의 관계인은, 정보주체로부터 별도의 동의를 받거나 다른 법률에 특별한 규정이 있는 경우가 아닌 한, 재판기록상의 개인정보를 제공받은 목적 외의 용도로 이용하거나 이를 제3자에게 제공하여서는 아니 된다고 할 것이다(개인정보 보호법 제19조).[158][159]

---

156) 민전예규 제27조 제1항 제2호

157) 민전예규 제27조 제1항 제3호.

158) 이에 따라, 「재판기록 열람·복사/출력·복제 신청서」 서식에는 부동문자로 해당 규정이 주의적으로 기재되어 있다.

159) 이를 위반하여 개인정보를 이용하거나 제3자에게 제공한 자 및 그 사정을 알면서도 영리 또는 부정한 목적으로 개인정보를 제공받은 자는 처벌을 받는다(개인정보 보호법 제71조 제2호. 양벌규정 있음).

또한, 법원이나 소송관계인 공히, 위와 같은 개인정보를 누설하거나 권한 없이 다른 사람이 이용하도록 제공하는 행위를 하여서는 아니 된다고 하겠다(같은 법 제59조 제2호).[160]

2. 민사소송과 산업기술의 보호

가. 개 관

산업기술 관련 소송 등 대통령령으로 정하는 적법한 경로를 통하여 산업기술이 포함된 정보를 제공받은 자는 정보를 제공받은 목적 외의 다른 용도로 그 정보를 사용하거나 공개하는 행위를 하여서는 아니 된다(산업기술의 유출방지 및 보호에 관한 법률 제14조 제8호).

여기서 "산업기술 관련 소송 등 대통령령으로 정하는 적법한 경로"란 산업기술의 유출 및 침해에 관한 소송을 말한다(같은 법 시행령 제19조의2).

나. 벌 칙

위와 같은 행위를 한 자는 3년 이하의 징역 또는 3억원 이하의 벌금에 처한다(산업기술의 유출방지 및 보호에 관한 법률 제36조 제4항. 양벌규정 있음).

더 나아가, **산업기술을 외국에서 사용하거나 사용되게 할 목적으로 위와 같은 행위를 한 자는 15년 이하의 징역 또는 15억원 이하의 벌금에 처하며**(같은 조 제2항. 양벌규정 있음), **미수범도 처벌한다**(같은 조 제7항).

이상의 징역형과 벌금형은 이를 병과할 수 있다(같은 조 제8항).

산업기술을 외국에서 사용하거나 사용되게 할 목적으로 위와 같은 행위의 예비 또는 음모한 자도 3년 이하의 징역 또는 3천만원 이하의 벌금에 처한다(같은 법 제37조 제1항).

---

160) 이를 위반하여 업무상 알게 된 개인정보를 누설하거나 권한 없이 다른 사람이 이용하도록 제공한 자 및 그 사정을 알면서도 영리 또는 부정한 목적으로 개인정보를 제공받은 자는 처벌을 받는다(개인정보 보호법 제71조 제5호. 양벌규정 있음).

제3장 민사소송의 법원과 이념 등

Ⅰ. 민사소송법의 법원(法源)

1. 민사소송절차 일반의 법원

가. 민사소송의 기본법령

1) 「민사소송법」 및 그 하위규칙

민사소송절차 일반에 관한 단행법률로는, 기본법인 「민사소송법」(1960. 4. 4. 제정, 2002. 1. 26. 전부개정, 현행법은 2020. 12. 22. 법률 제17689호로 개정된 것)이 있다.[161)162)]

그리고, 「민사소송법」이 대법원규칙에 위임한 사항, 그 밖에 민사소송절차에 관하여 필요한 사항을 규정함을 목적으로, 「빈사소송규칙」(현행법은 2020. 6. 26. 대법원규칙 제2905호로 개정된 것)이 제정되어 있다(규칙 제1조).

그 밖에도 「민사소송법」의 위임에 따라 또는 「민사소송법」의 집행을 위하여 제정된 대법원규칙으로서, 「송달료규칙」(현행법은 2020. 11. 26. 대법원규칙 제2921호로 개정된 것),[163)] 「재판기록 열람·복사 규칙」(현행법은 2018. 12. 4.. 대법원규칙 제2810호로 개정된 것),[164)] 「민사판결서 열람 및 복사에 관한 규칙」(현행법은 2014. 10. 2. 대법원규칙 제2558호로 제정된 것), 「전문심리위원규칙」(현행법은 2020. 10. 29. 대법원규칙 제2918호로 개정된 것), 「대법원에서의변론에관한규칙」(현행법은 2019. 4. 4. 대법원규칙 제2841호로 개정된 것),[165)] 「변호사보수의 소송비용 산입에 관한 규칙」(현행법은 2020. 12. 28. 대법원규칙 제2936호로 개정된 것)이 있다.

---

161) 다만, 기술한 바와 같이, 「민사소송법」은 민사소송절차 외에도, 제소전화해절차, 독촉절차, 공시최고절차도 규율한다.

162) 한편, 민사소송법 일부개정법률(법률 제17568호)이 2023. 1. 1. 시행된다.

163) cf. 1998. 4. 20. 대법원규칙 제1535호로 개정되기 전의 제명은 「송달료처리의특례에관한규칙」이었다.

164) 다만, 이 규칙은 「가사소송법」 등 다른 법률의 위임에 따른 것이기도 하며, 형사절차의 재판기록도 규율한다.

165) cf. 그런데, 이 규칙은 민사소송절차에 관한 것이기는 하지만 형사소송절차에도 준용된다(대법원에서의변론에관한규칙 제9조).

2) 하위법령 : 「민사소송비용법」 및 그 하위규칙

「민사소송법」의 하위법률로서 「민사소송비용법」(1954. 9. 9. 제정, 현행법은 2012. 12. 18. 법률 제11551호로 개정된 것)이 있다.

그리고, 「민사소송비용법」에서 대법원규칙으로 정하도록 위임한 사항에 관하여 규정함을 목적으로, 「민사소송비용규칙」(현행법은 2017. 2. 2. 대법원규칙 제2712호로 개정된 것)이 제정되어 있다.

3) 특별법 : 「상고심절차에 관한 특례법」(약칭 : 상고심법)

한편, 「**상고심절차에 관한 특례법**」(1994. 7. 27. 제정, 현행법은 2009. 11. 2. 법률 제9816호로 개정된 것)**은 상고심절차**(上告審節次)**에 관한 특례를 규정함으로써 대법원이 법률심**(法律審)**으로서의 기능을 효율적으로 수행하고, 법률관계를 신속하게 확정함을 목적으로 한다**(상고심법 제1조).

이 법률은, 통상의 민사소송뿐만 아니라 가사소송과 행정소송의 상고사건에 관하여 「민사소송법」에 우선하여 적용되고 있다(상고심법 제2조, 제3조).

나. 소액사건에 관한 법령 : 「소액사건심판법」 및 그 하위규칙

「**소액사건심판법**」(1973. 2. 24. 제정, 현행법은 2005. 3. 31. 법률 제7427호로 개정된 것)**은 지방법원**(본원) **또는 지방법원지원에서 소액의 민사사건**(소액사건)**을 간이한 절차에 따라 신속히 처리하기 위하여 민사소송법에 대한 특례를 목적으로 한다**(소액사건심판법 제1조).[166)]

「소액사건심판법」 시행에 관하여 필요한 사항은 대법원규칙으로 정하는바(같은 법 제16조), 이에 따라 「소액사건심판규칙」(현행법은 2016. 11. 29. 대법원규칙 제2694호로 개정된 것)이 제정되어 있다.

소액사건에 대하여는 「소액사건심판법」에 특별한 규정이 있는 경우를 제외하고는 「민사소송법」의 규정을 적용하고(소액사건심판법 제2조 제2항), 소액사건의 심판에 관하여 이 규칙에 특별한 규정이 있는 경우를 제외하고는 「민사소송규칙」의 규정을 적용한다(소액사건심판규칙 제8조).[167)]

---

166) cf. 「소액사건심판법」의 일부 규정은 주택임대차나 상가건물 임대차의 임차인이 임대인에 대하여 제기하는 보증금반환청구소송에도 준용되나(주택임대차보호법 제13조, 상가건물 임대차보호법 제18조, 상세한 것은 각각 해당되는 부분에서 언급한다), 이러한 준용규정은 실무상 사문화되어 있으며, 입법론적으로도 재고를 요한다.

167) 따라서, 외국의 입법례는 우리의 소액사건에 해당하는 간이소송을 별도의 단행법률로서가 아니라 「민사소송법」 내에 특칙을 두어 규정하고 있는 예가 많고, 입법론적으로도 그런 식으로 규정하는 것이 옳다.

소액사건의 구체적 범위에 관하여서는, '법원(法院)' 부분에서 설명하겠다.

다. 「민사조정법」

「민사조정법」(1990. 1. 13. 제정. 현행법은 2020. 2. 4. 법률 제16910호로 개정된 것)**은 민사**(民事)**에 관한 분쟁을 조정**(調停) **절차에 따라 당사자의 자주적·자율적 분쟁 해결 노력을 존중하면서 적정·공정·신속하고 효율적으로 해결함을 목적으로 한다**(민사조정법 제1조).[168]

2. 광의의 민사절차(본래의 민사절차 및 특별민사소송절차)[169] 일반의 법원

가. 인지(印紙)의 부착에 관한 법령

1) 「민사소송 등 인지법」 및 그 하위규칙

광의의 민사절차에서는 인지의 부착이 문제되는바, 이에 관한 단행법률로 「민사소송 등 인지법」(1954. 9. 9. 제정. 1990. 12. 31. 전부개정. 현행법은 2014. 12. 30. 법률 제12892호로 개정된 것)이 있다.

그리고, 「민사소송 등 인지법」에서 대법원규칙으로 정하도록 위임한 사항 기타 필요한 사항에 관하여 규정함을 목적으로, 「민사소송 등 인지규칙」(현행법은 2019. 1. 29. 대법원규칙 제2827호로 개정된 것)이 제정되어 있다(민사소송 등 인지규칙 제1조).

한편, 가사소송법 제5조의 위임에 따라 가사사건에서 당사자가 납부하여야 할 수수료의 범위와 액을 정함을 목적으로, 「가사소송수수료규칙」이 제정되어 있는바(가사소송수수료규칙 제1조), 이 또한 「민사소송 등 인지법」 및 「민사소송 등 인지규칙」의 특별법에 해당한다. 다만, 가사사건에도 「민사소송 등 인지법」 및 「민사소송 등 인지규칙」이 보충적으로 적용된다.

2) 특별법 : 「인지 첩부 및 공탁 제공에 관한 특례법」(약칭 : 인지첩부법)

「인지 첩부 및 공탁 제공에 관한 특례법」(1961. 12. 13. 제정. 현행법은 2012. 12. 18. 법률 제11551호로 개정된 것)**은 국가를 당사자로 하는 소송 및 행정소송에서 「민사소송법」 및 「민사소송 등 인지법」에도 불구하고 인지**(印紙) **첩부**(貼付)**·첨부**(添附) **및 공탁**(供託) **제공에 관한 특례를 정함을 목적으로 한다**(인지첩부법 제1조).

---

168) cf. 구 「민사조정법」(2020. 2. 4. 법률 제16910호로 개정되기 전의 것)은 "… 분쟁을 간이한 절차에 따라 당사자 사이의 상호 양해를 통하여 조리(條理)를 바탕으로 실정(實情)에 맞게 해결함을 …"라고 표현하였다.

169) 이는 형사절차에 대비되는 개념이라고 할 수 있다.

나. 민사사법공조에 관한 법령 : 「국제민사사법공조법」 및 그 하위규칙과 조약들

「국제민사사법공조법」(1991. 3. 8. 제정. 현행법은 2013. 3. 23. 법률 제11690호로 개정된 것)**은 민사사건에서 외국으로의 사법공조촉탁절차와 외국으로부터의 사법공조촉탁에 대한 처리절차를 규정함을 목적으로 한다**(국제민사사법공조법 제1조).

「국제민사사법공조법」의 집행에 관하여 필요한 사항은 대법원규칙으로 정하는바(같은 법 제17조), 이에 따라 「국제민사사법공조규칙」(현행법은 2002. 6. 2. 대법원규칙 제1770호로 개정된 것)이 제정되어 있다.

이와 관련하여 주의할 것은, **「국제민사사법공조법」에 정한 사법공조절차에 관하여 조약 기타 이에 준하는 국제법규에 다른 규정이 있는 경우에는 그 규정에 따른다**(같은 법 제3조).

이와 관련하여 다자조약인 「민사 또는 상사의 재판상 및 재판외 문서의 해외송달에 관한 협약」(Convention on the Service Abroad of Judicial and Extrajudicial Documents in Civil or Commercial Matters. 약칭 '헤이그 송달협약'. 2000. 8. 1. 발효), 「민사 또는 상사에 있어서 해외에서의 증거조사에 관한 협약」(Convention on the Taking of Evidence Abroad in Civil or Commercial Matters. 약칭 '헤이그 증거조사협약', 2010. 2. 12. 발효)과 양자조약인 「대한민국과 호주 간의 민사사법공조조약」(Treaty on Judicial Assistance in Civil and Commercial Matters between the Republic of Korea and Australia. 2000. 1. 16. 발효), 「대한민국과 중화인민공화국간의 민사 및 상사사법공조조약」(Treaty between the Republic of Korea and the People's Republic of China on Judicial Assistance in Civil and Commercial Matters. 2005. 4. 27. 발효), 「대한민국과 몽골 간의 민사 및 상사사법공조조약」(Treaty on Judicial Assistance in Civil and Commercial Matters between the Republic of Korea and Mongolia. 2010. 5. 8. 발효), 「대한민국과 우즈베키스탄공화국 간의 민사 및 상사 사법공조조약」(Treaty on Judicial Assistance in Civil and Commercial Matters between the Republic of Korea and the Republic of Uzbekistan. 2013. 8. 11. 발효), 「대한민국과 태국 간의 민사 및 상사 사법공조 조약」(Treaty on Judicial Assistance in Civial and Commercial Matters between the Republic of Korea and the Kingdom of Thailand. 2015. 4. 16. 발효)이 체결되어 있어, 위와 같은 조약들이 「국제민사사법공조법」에 우선하여 적용되고 있으며, 「국제민사사법공조법」은 보충적으로만 적용된다.

이하에서는 위 조약들 중 양자조약들을 지칭함에는 '한호조약', '한중조약', '한몽조약', '한우즈벡조약', '한태조약'으로 각각 약칭하겠다.[170]

---

170) 국제민사사법공조 등에 관한 예규(재일 2003-15)(이하 '민사공조예규'로 약칭한다) 제1조.

다. 전자소송에 관한 법령 : 「민사소송 등에서의 전자문서 이용 등에 관한 법률」(약칭 : 민소전자문서법) 및 그 하위규칙

「민사소송 등에서의 전자문서 이용 등에 관한 법률」(2010. 3. 24. 제정. 현행법은 2020. 6. 9. 법률 제17354호로 개정된 것)**은, 민사소송 등에서 전자문서 이용에 대한 기본 원칙과 절차를 규정함으로써 민사소송 등의 정보화를 촉진하고 신속성, 투명성을 높여 국민의 권리 실현에 이바지함을 목적으로 한다**(민소전자문서법 제1조).[171)]

'민소전자문서법'에서 규정하는 사항 외에 민사소송등에서의 전자문서 이용·관리 및 전산정보처리시스템의 운영에 필요한 사항은 대법원규칙으로 정하는바(민소전자문서법 제16조), 이에 따라 「민사소송 등에서의 전자문서 이용 등에 관한 규칙」(이하 '민소전자문서규칙'으로 약칭한다)(현행법은 2020. 11. 26. 대법원규칙 제2920호로 개정된 것)이 제정되어 있다.

더 나아가, '민소전자문서법'과 '민소전자문서규칙'에 따른 전자문서의 제출·접수, 전자기록의 관리 등 전자소송시스템을 이용한 소송사건의 업무처리에 필요한 사항 및 규칙 중 법원행정처장이 정하는 사항을 규정함을 목적으로, '민전예규'가 제정되어 있다.

라. 국가소송 및 행정소송의 대표 및 대리 등에 관한 법률 : 「국가를 당사자로 하는 소송에 관한 법률」(약칭 : 국가소송법) 및 그 하위규칙

「국가를 당사자로 하는 소송에 관한 법률」(1951. 10. 26. 제정, 1981. 12. 17. 전부개정. 현행법은 2009. 1. 30. 법률 제9359호로 개정된 것)**은 국가를 당사자 또는 참가인으로 하는 소송 및 행정소송**(행정청을 참가인으로 하는 경우를 포함한다. 이하 같다)**에 필요한 사항을 규정함으로써 소송의 효율적인 수행과 소송사무의 적정한 관리를 도모함을 목적으로 한다**(국가소송법 제1조).

이에 따라, '국가소송법'에서 위임된 사항과 그 시행에 관하여 필요한 사항을 규정함을 목적으로 「국가를당사자로하는소송에관한법률시행령」이 제정되어 있고(같은 법 시행령 제1조), 같은 법 및 같은 법 시행령에서 위임된 사항과 그 시행에 관하여 필요한 사항을 규정함을 목적으로 「국가를 당사자로 하는 소송에 관한 법률 시행규칙」이 제정되어 있다(같은 법 시행규칙 제1조).

---

171) 종래 독촉절차에 관하여서는 「독촉절차에서의 전자문서 이용 등에 관한 법률」이 '민소전자문서법'보다 먼저(2006. 10. 27.) 제정되어 전자독촉에 관한 별도의 규율을 하고 있었다.
그러나, '민소전자문서법'이 2014. 5. 20. 법률 제12586호로 개정됨에 따라, 독촉절차 역시 2014. 12. 1.부터는 같은 법의 규율을 받게 되었으며,「독촉절차에서의 전자문서 이용 등에 관한 법률」은 폐지되었다.
다만, 2014. 12. 1. **당시 종전의 「독촉절차에서의 전자문서 이용 등에 관한 법률」에 따라** (기존에) **신청한 지급명령에 관하여는 종전의 「독촉절차에서의 전자문서 이용 등에 관한 법률」에 따른다**(민소전자문서법 부칙(제12586호) 제3조).

3. 민·형사절차 일반에 관한 법원

가.「법원조직법」 및 그 하위규칙

대법원과 각급법원의 조직은 법률로 정하는바(대한민국헌법 제102조 제3항), **「법원조직법」**(1949. 8. 15. 제정, 1987. 12. 4. 전부개정, 현행법은 2020. 3. 24. 법률 제17125호로 개정된 것)**은 헌법에 따라 사법권을 행하는 법원의 조직을 정함을 목적으로 한다**(법원조직법 제1조).[172]

한편, 「법원조직법」의 위임에 따라 제정된 대법원규칙으로서, 「민사 및 가사소송의 사물관할에 관한 규칙」, 「각급 법원에 배치할 판사의 수에 관한 규칙」, 「법원공무원 정원에 관한 규칙」, 「재판연구원규칙」, 「사법보좌관규칙」, 「기술심리관규칙」, 「법원조사관 등 규칙」, 「법원보안관리대의 설치, 조직 및 분장사무 등에 관한 규칙」, 「법정등의질서유지를위한재판에관한규칙」, 「국제재판부의 설치 및 운영에 관한 규칙」이 있다.

또한, 법원의 재판사무, 조정사무 기타 이와 관련된 사무(이하 "재판사무등"이라 한다)의 처리에 관한 사항을 정함을 목적으로, 「법원재판사무 처리규칙」(현행법은 2021. 1. 29. 대법원규칙 제2949호로 개정된 것)이 제정되어 있다.

나. 하위법령 : 「각급 법원의 설치와 관할구역에 관한 법률」(약칭 : 법원설치법)

「법원조직법」의 하위법률로서 「각급 법원의 설치와 관할구역에 관한 법률」(1963. 12. 13. 제정, 현행법은 2017. 12. 27. 법률 제14469호로 개정된 것)이 있다.[173][174]

'법원설치법'은 각급 법원의 설치와 관할구역을 정함을 목적으로 한다(법원설치법 제1조).

다. 재판절차에 관한 특별법들

1) 「법원재난에 기인한 민형사사건 임시조치법」(약칭 : 법원재난법)

「법원재난에 기인한 민형사사건 임시조치법」(1950. 3. 22. 제정, 현행법은 2010. 3. 24. 법률 제10180호로 개정된 것)**은 화재, 사변 또는 그 밖의 재난으로 소송기록이 멸실된 경우 법원이 민사·형사소송사건을 신속하게 처리할 수 있는 임시조치를 정하는 것을 목적으로 한다**(법원재난법 제1조).

---

172) 법관의 자격, 법관의 연임, 정년 및 퇴직에 관하여서도 법률로 정하는바(대한민국헌법 제101조 제3항, 제105조 제2항 내지 제4항, 제106조 제2항), 이 또한 「법원조직법」이 규정하고 있다.

173) cf. 그 전신은 「하급법원의설치와관할구역에관한법률」(1962. 1. 10. 법률 제959호로 제정)이었다.

174) 한편, 각급 법원의 설치와 관할구역에 관한 법률 일부개정법률(법률 제17124호)이 2025. 3. 1. 시행된다.

2) 「소송촉진 등에 관한 특례법」(약칭 : 소송촉진법)

「**소송촉진 등에 관한 특례법**」(1981. 1. 29. 제정, 현행법은 2019. 11. 26. 법률 제16652호로 개정된 것)**은 소송의 지연**(遲延)**을 방지하고, 국민의 권리·의무의 신속한 실현과 분쟁처리의 촉진을 도모함을 목적으로 한다**(소송촉진법 제1조).[175]

'소송촉진법'은 위 목적을 달성하기 위하여 법정이율(法定利率)**과 독촉절차 및 형사소송에 관한 특례를 규정한다**(같은 법 제2조).

라. 「원격영상재판에 관한 특례법」(약칭 : 원격재판법)

널리 원격영상재판, 줄여서 "영상재판"이라 함은 재판관계인의 전부 또는 일부가 법정에 직접 출석하지 않고 영상과 음성을 동시에 송수신하는 장치가 갖추어진 다른 원격지에 출석하여 진행하는 재판을 말한다.[176]

「**원격영상재판에 관한 특례법**」(1995. 12. 6. 제정, 현행법은 2010. 3. 24. 법률 제10177호로 개정된 것)**은 원격영상재판**(遠隔映像裁判)**의 실시에 필요한 사항과 원격영상재판에 관한 절차상의 특례를 규정함을 목적으로 한다**(원격재판법 제1조).

위 법 시행에 필요한 사항은 대법원규칙으로 정하는바(같은 법 제8조), 이에 따라 「원격영상재판에관한규칙」(현행법은 1995. 12. 26. 대법원규칙 제1409호로 제정된 것)이 제정되어 있다.

다만, 위 법률은 시·군법원만이 적용대상이고(같은 법 제3조), 다른 한편, 「민사소송법」은 변론준비기일, 증인신문이나 감정인신문은 영상재판으로써 할 수 있도록 규정하고 있는바, 후자에 관하여 상세한 것은 해당되는 곳에서 후술한다.

4. 집단소송 및 단체소송에 관한 법원

현재, 집단소송으로서 '증권관련집단소송'이 있고, 단체소송으로서 '소비자단체소송'과 '개인정보 단체소송'이 있는바, 이러한 집단소송이나 단체소송에도 「민사소송법」이 보충적으로 적용된다(증권관련 집단소송법 제6조, 소비자기본법 제76조 제1항, 개인정보 보호법 제57조 제1항).

그러나, 이러한 집단소송 및 단체소송에 관한 사항은 이 책이 다룰 범위를 넘으므로 특별한 사정이 없는 한 이에 대한 설명은 생략하겠다.

---

175) cf. 그 전신은 「민사소송에관한임시조치법」(1961. 6. 21. 법률 제628호로 제정) 및 「형사소송에관한특별조치법」(1973. 2. 24. 법률 제2549호로 제정)이었다.

176) 원격영상재판의 실시에 관한 업무처리지침(재일 2020-1) 제2조 제1호.

Ⅱ. 민사소송법의 적용 및 이념 등

1. 민사소송법의 적용

가. 민사소송법의 적용범위

우리나라의 법원에서 심리되는 사건은, 당사자가 누구이건, 또 준거법이 무엇이건 간에,[177] 우리나라 민사소송법에 의한다.

나. 소송법규의 종류

소송법규는 그 효력 여하에 따라 효력규정과 훈시규정으로 구분된다. 후자는 이에 위반하여도 소송법상 효력에 영향이 없는 규정이다.

또한, 효력규정은 다시 강행규정과 임의규정으로 구분된다.

소송법규를 위와 같이 구별하는 실익은 소송절차에 관한 이의권의 발생·소멸에 있다. 즉, 효력규정 위반은 소송절차에 관한 이의권을 발생시키며, 그중에서도 강행규정 위반의 경우에는 이의권이 포기·상실될 수 없다(법 제151조). 그 상세한 내용은 '변론의 실시방법' 부분에서 살펴볼 것이나, 그 개요를 도시하면 아래 표와 같다.

소송법규의 종류		소송절차에 관한 이의권	
		발생	포기·상실
효력규정	강행규정	○	×
	임의규정	○	○
훈시규정		×	-

강행규정 중에서도 특히 중요한 규정의 위반은 상고이유나 재심사유가 될 수 있는바, 구체적인 것은 각각 해당되는 곳에서 논급하겠다.

177) 외국적 요소가 있는 법률관계에 관하여 어느 나라 법이 적용되어야 할 것인가 하는 문제가 바로 준거법의 문제이며, 이는 「국제사법」이 규율하고 있다.

2. 민사소송의 이상과 신의성실의 원칙

가. 민사소송의 이상

1) 개 관

헌법은 제27조에서 국민의 권리구제 및 분쟁해결 수단으로 재판청구권을 보장하고 있는바, 실효적인 권리구제를 위해서는 우선 재판의 공정성과 적법절차가 확보되어야 하고, 아울러 적절한 기간 내에 권리구제절차가 이루어지도록 재판의 신속성도 요청된다.[178]

따라서, **법원은 소송절차가 공정하고 신속하며 경제적으로 진행되도록 노력하여야 한다**(법 제1조 제1항).[179]

이들 이상은 반드시 모순되는 것은 아니지만, 적정·공평의 이상에 충실하다 보면 소송의 지연이 초래되어 신속·경제의 이상이 실현될 수 없게 되고, 지나치게 신속·경제의 이상만을 강조하다 보면 적정·공평의 이상을 달성할 수 없게 된다. 그러므로 민사소송의 이상은 적정·공평의 이상을 전제로 하여 이를 훼손하지 않으면서 신속·경제의 이상을 달성하는 것이다.[180]

2) 소송절차의 공정

소송절차의 공정이라 함은 공평과 적정을 말하는 것으로서, 이와 같은 공평과 적정의 요청은 소송절차의 본령에 속한다.

헌법에 '공정한 재판'에 관한 명문의 규정이 없지만 재판청구권이 국민에게 효율 적인 권리보호를 제공하기 위해서는 법원에 의한 재판이 공정하여야만 할 것임은 당연하므로, '공정한 재판을 받을 권리'는 헌법 제27조의 재판청구권에 의하여 함께 보장된다고 보아야 하는바,[181] 이는 소송의 당사자에게 공격·방어권을 충분히 행사할 기회를 부여하는 것을 주된 내용으로 하며, 변론 과정에서뿐만 아니라, 증거의 판단, 법률의 적용 등 소송 전 과정에서 적용된다.[182]

또한, '법률에 의한' 재판을 받을 권리라 함은, 법대로의 재판 즉 절차법이 정한 절차에 따라 실체법이 정한 내용대로 재판을 받을 권리를 보장하자는 취지라고 할 것으로, 이는 재판

178) 헌재 2009. 7. 30. 선고 2007헌마732 결정.

179) cf. 제정 당시의 「민사소송법」은 민사소송의 이상에 관하여 명문의 규정을 두고 있지 아니하였으나, 1990. 1. 13. 법률 제4201호로 「민사소송법」을 개정하면서 명문의 규정을 두기에 이르렀다.

180) 헌재 2015. 7. 30. 선고 2013헌바120 결정.

181) 헌재 2002. 7. 18. 선고 2001헌바53 결정. 동지 : 헌재 2013. 9. 26. 선고 2012헌바23 결정.

182) 헌재 2013. 9. 26. 선고 2012헌바23 결정.

에서 법(法)대로가 아닌 전단(專斷)에 의하는 것을 배제한다는 것이다.[183)]

법원은 소송사건을 신중하고 충실하게 심리하여 재판의 적정이 보장되도록 하여야 하고, 이는 올바른 사실의 확정이 전제되어야 가능하며,[184)] 또한 법원이 법을 올바로 해석·적용하도록 노력하여야 함은 물론이다.

그러나, 사법(私法)이 사적 자치의 원칙에 따르는 이상, 민사소송법의 적정성의 원칙 역시 원칙적으로 당사자(엄밀하게는, 판결의 효력이 미치는 자들) 사이의 상대적인 문제에 그치는 것이다.[185)]

3) 소송절차의 신속

아무리 공정하고 적정한 재판이라 하더라도 그 재판의 종결이 지나치게 지연되는 경우에는 당사자가 재판에서 종국적으로 승소하더라도 권리구제의 실효를 거둘 수 없게 되거나 또는 그 의미가 반감될 수 있다. 나아가 상당한 정도를 넘는 재판의 지연은, 당사자의 법적 지위를 불안정한 상태에 놓이게 하여 미래의 삶을 예측하기 어려운 상태에 처하게 하고 일상적인 생활에서 정신적·신체적 활동을 제약하며 경우에 따라서는 소송비용의 증가 등 재산적 손해도 발생하게 할 수 있다.[186)]

따라서, **모든 국민은 신속한 재판을 받을 권리를 가지며**(대한민국헌법 제27조 제3항 전문), 이는 민사소송에서도 예외가 아님은 물론이다.[187)][188)]

그런데 국민에게 보장된 재판청구권에는 법치주의의 이념상 본질적 요소인 동시에 효과적 권리구제를 위한 필수적 요소인 재판의 공정 및 적법절차의 요청이 내재되어 있으므로, 재판의 신속 내지 효율성만을 강조하여 재판의 공정 내지 적정을 훼손하는 일이 있어서는 아니 될 것이다.[189)]

---

183) 헌재 1992. 6. 26. 선고 90헌바25 결정. 동지: 헌재 1993. 11. 25. 선고 91헌바8 결정.

184) 대법원 2017. 1. 12. 선고 2016다39422 판결.

185) 이 점, 형사소송의 실체적 진실주의와 대비된다.
가령, 민사소송에서는 다른 증거가 없어도 당사자 사이의 진술이 일치하면 그것만으로써 요건사실을 인정할 수 있는 반면, 형사소송에서는 다른 증거 없이 자백만으로 범죄사실을 인정할 수 없다.

186) 헌재 2009. 7. 30. 선고 2007헌마732 결정. 동지: 헌재 2015. 7. 30. 선고 2013헌바120 결정.

187) 다만, 신속한 재판을 받을 권리의 실현을 위해서는 구체적인 입법형성이 필요하며, 다른 사법절차적 기본권에 비하여 폭넓은 입법재량이 허용된다고 할 것이다. 헌재 2007. 3. 29. 선고 2004헌바93 결정. 동지: 헌재 2015. 7. 30. 선고 2013헌바120 결정.

188) cf. 신속한 재판을 받을 권리의 적용범위에는 판결절차 외에 집행절차도 포함되고, 오히려 강제집행절차에서는 판결절차보다 신속성의 요청이 더욱 강하다. 헌재 2007. 3. 29. 선고 2004헌바93 결정.

189) 헌재 2009. 7. 30. 선고 2007헌마732 결정. 동지: 헌재 2015. 7. 30. 선고 2013헌바120 결정.

따라서 여기에서 "신속한 재판"이라 함은 공정하고 적정한 재판을 하는 데 필요한 기간을 넘어 부당하게 지연됨이 없는 재판을 말한다고 할 것이다.[190]

그리고, 사법행위는 권리보호 또는 분쟁해결에 적합한 수단이어야 하므로, 신속한 재판을 받을 권리의 "신속"의 개념에는 분쟁 해결의 시간적 단축뿐만 아니라 효율적인 절차의 운영이라는 요소도 포함된다고 보아야 한다.[191]

4) 소송경제

소송절차의 경제적 진행의 요청을 '소송경제'라고도 하는바, 소송경제가 중요한 까닭은, 소송에 드는 비용이 소송을 통하여 얻는 이익보다 도리어 크다면 국민의 재판을 받을 권리의 침해가 되고 말 것이기 때문이다.

나. 대한민국 민사소송의 현실

1) 문제의 제기

우리나라 민사소송의 현실에 관한 상세한 논의는 이 책이 다룰 범위를 벗어나지만, 그럼에도 불구하고 몇 가지 사항은 지적하여야겠다. 아래 열거하는 문제점이야말로 - 저자가 보기에는 - 우리나라 민사사법의 가장 큰 문제점이건만, 이상하게도 - 저자가 과문하여 미처 모르는 것이 아니라면 - 여느 문헌에서도 같은 지적을 한 예를 찾아보기 어렵다.

2) 민사소송 전반의 문제점

가) 전자소송시스템에 의한, 소송법의 추구화(芻狗化)[192] 및 소송실무의 주술화(呪術化)

오늘날, 그 자체로서는 과연 혁신적이고 실제로도 많은 장점을 지녔지만 잘못된 운용으로 말미암아 한국법을 보이지 않는 곳부터 서서히 괴사시키고 있는 제도가 두 개 있다. 그 중 하나는 법학전문대학원-변호사시험 체제이고,[193] 나머지 하나는 전자소송이다.

---

190) 헌재 2009. 7. 30. 선고 2007헌마732 결정. 동지 : 헌재 2015. 7. 30. 선고 2013헌바120 결정.

191) 헌재 2007. 3. 29. 선고 2004헌바93 결정.

192) "추구"란 고대 중국에서 제사에 사용되던 풀이나 짚으로 만든 개를 말한다. 제사에서 정중하게 쓰지만 제사가 끝나면 버리므로 '필요할 때 찾고 쓸 일이 없으면 버리는 물건'의 대명사가 되었다.

193) 법학전문대학원-변호사시험 체제의 문제점에 관하여 논하는 것은 이 책이 다룰 범위를 벗어남은 물론이다. 그럼에도 불구하고 그 요점을 언급하고 넘어가자면, 이러하다.
이 체제는, 우선 그 자체가 사법시험-사법연수원 체제, 일본 신사법시험, 미국 법학교(law school) 체제의 장점은 망각하고 단점들과 이상한 점들만은 고스란히 다 모은 (젊은이들의 유행어를 빌리자면) '끔찍한 혼종(混種)'이다. 그리고 이 체제 하의 한국법은 법학(특히 교과서법학)의 몰락이라는 현상으로 특징지워지고 있다.

후술하는 '임의규정의 훈시규정화'의 경우, 그나마 이는 대부분의 경우 - 해석론적 또는 법정책적 당부는 차치하더라도 - 그럴 만한 이유(ratio legis)만큼은 변호사라면 (설령 동의는 못하더라도) 알 수는 있는 것들이다.

그러나 전자소송에서는, 대체 그것이 왜 그렇게 되어 있는지 변호사조차 짐작도 하기 어려운 사항들(개중에는 재판서 양식 등 법원 자신의 방침과도 맞지 않는 것들마저 있다), 소송법규와 맞지 않거나 대놓고 이를 위반하고 있는 사항들, 종이소송에서는 그렇지 않은데도 전자소송에서는 까닭 없이 굳이 다르게 해 놓은 것들이, 한두 가지가 아니다.

이런 예는 수도 없이 많아서 일일이 열거하려고 들면 그 자체로써 족히 논문 한 편이 나올 지경이다. 게다가, 사법부가 전자소송의 장점으로 절차의 투명화를 자랑하는 점에 비추어 반어적이게도, 누가 이런 것들을 무슨 이유로 이런 식으로 해 놓았는지는 대외적으로 아무것도 알려져 있지 않다. 그러나 그것이 소송법을 잘 모르는 전산전문가에게 일임하였기 때문이라면 이는 무책임한 일이고, 소송법을 어느 정도 아는 법원직원에게 맡겼기 때문이라면 이는 안일한 일이며(정말 그랬다면 이는, 사법행정은 의당 법관이 통할하여야 한다던 우리 사법부의 고집과는 상충된다는 점에서 몹시 이상한 일이기도 하다), 소송법을 잘 아는 판사가 담당하였는데도 그리 된 것이라면 이는 서수획린(西狩獲麟)이라고 통탄할 일이다. 입력사항(그것도 필수입력사항), 필수첨부서류의 세세한 부분을 짚어 보면, 소송법에 정통한 사람이 구축한 시스템이라고는 도저히 볼 수 없는 부분, 정상적인 사고방식을 가진 사람이 손을 댄 결과라고는 도무지 믿기지 않는 부분이, 너무나 많이 눈에 띄기 때문이다.

이것은 한낱 불편사항의 문제나 시스템의 오류 문제가 아니다. 종이소송이라면 문건의 작성, 제출, 접수를 융통성 있게 할 수 있으며, 유사시에는 이 점에 대하여 직간접적으로 이의를 제기할 수가 있다. 그러나 이에 반하여, 전자소송에서는 문건의 제출, 접수는 물론이고 작성조차도 무조건 전자소송시스템이 정해 놓은 대로만 할 수밖에 없고, 이 점에 대하여 이의를 제기할 길도 없다. 이는 전자소송시스템이 그 어떠한 불합리한 요구, 심지어 명백히 위법한 요구를 하더라도 이용자는 이를 감수하여야만 한다는 것을 의미한다. 그리고, 놀랍고도 유감스럽게도, 이러한 위험성은 가상의 것이 결코 아니다.

그렇다면 위와 같은 위험의 현실화는 어떤 식으로 우리 법질서를 망가뜨리는가. 법치주의

대학교에서 정상적으로 법학을 배운 사람만이 법조인이 될 수 있어야 한다는 제도의 취지대로라면, 그리고 이 체제를 통하여 법조인이 무더기로 배출되고 있으니만큼, 만일 체제가 정상적으로 작동하였다면, 법학은 도리어 융성하였어야 정상이다. 법학의 수요가 엄청나게 늘었을 것이기 때문이다. 그러나 실제 결과가 거의 그 정반대라는 것은, 체제가 전혀 정상적으로 작동하지 못하고 있다는 사실의 부정할 수 없는 증좌이다.

의 본령 중 하나는 법의 탈주술화(脫呪術化), 즉, 원한다면 배워서 알 수 있는 법논리에 따른 통치가 이루어지는 데에 있다. 환언하면, 반대로, 만일 법질서가 국민에게 법논리상 이해될 수 없는(심하게는 위정자 자신도 이해하지 못하는) 무언가를 강요함으로써 유지된다면 그것은 법의 주술화(呪術化)에 다름 아니다. 또한, 만일 사법부가 국민으로 하여금 법에 어긋나는 무언가를 지속적으로 강제한다면, 특히 스스로 대법원규칙이나 예규에서는 좌로 가라고 정하여 놓고서 정작 실제에서는 자신은 우로 가고 국민들더러도 그리 하라고 하기를 거듭한다면, 이는 먼저 스스로의 법의식을, 그 다음으로는 국민의 법의식까지도 점진적으로 타락시키는 것이다. 이러한 것들은, 법치주의의 완만한 그러나 확실한 퇴보 내지 자멸을 의미한다.[194)]

나) 소송법규의 훈시규정화[195)196)]

소송법규에 관하여, 법률로 규정할 사항을 대법원규칙으로 정하고, 대법원규칙으로 규정할 사항을 대법원예규로 정하며, 대법원예규로 규정할 사항을 법원장 내지 재판장이 임의로 정하는 현상이 있고, 그것이 점점 더 심하여져 가고 있다.

심지어, 대법원규칙에는 A를 하라고 명문으로 규정되어 있는데도 정작 재판부는 당사자나 대리인에게 A'를, 때로는 아예 B를 하라고 요구하는 등, 법사회학적으로 '임의규정의 훈시규정화'라고 할 만한 예가 늘어나는 추세이다.

이는 아주 나쁘게 말하면, 한편으로는 사법부의 월권이 있다는 것을,[197)] 다른 한편으로는

---

194) 이러한 위험성 때문에, 전자소송시스템은 세세한 부분까지도 소송법적으로 – 대한민국법원 전자민원센터 문서양식 정도의 수준이 아니라 – 정말 엄밀하게 구축, 운용되지 않으면 아니 된다.
그러나, 당국의 전자소송에 대한 관심사는 오직 기술적으로 종이소송보다 훨씬 (우선은 법원 자신의 업무처리에, 부수적으로는 이용자에게) 편리한 체계를 구현하는 데에만 경도되어 있으며, 학계 또한 소송법이 전자소송에서도 제대로 구현되고 있는지 여부에 관하여서는 오불관언이다.

195) 이 현상은, 그나마 통상의 민사소송에서는 두드러지지 아니하는 편이나, 가사사건과 가족관계등록비송사건에서는 두드러지게 나타나고 있다. 그러나 이 문제에 관한 상론은 이 책이 다룰 범위를 넘는다.

196) cf. 기괴하게도, 이 현상은 하필 우리나라의 전통적 법사고를 연상시킨다.
"(조선시대에는) 과거의 법도, 현재의 법도 사실상 엄격하게 지켜야 하는 규범이라기보다는 토포스로서 구사될 수 있는 전범(典範) 내지 격례(格例)(exemplum)로서 이해된다. … 또한 대전(大典)의 세계에서는 법의 운용에서 결과적으로 사안법적이지만 법정책적 사고(policy)가 늘 저변에서 작동한다. 이로 인하여 요건을 엄밀히 따지는 법"학"(scientia)의 측면이 약화되고, 동시에 "학적(學的)" 측면과 "정책" 차원을 동시에 만족시키는 법학 고유의 실천이성적 "기술"(ars)로서의 성질도 약화되게 마련이다."(최병조, "Corpus Iuris의 비밀 : 왜 동양에서는 사법이 발달하지 않았을까?", **비교법문화론** (서울 : 민속원, 2018), 577면)

197) 절차법이 아니라 실체법이 문제된 사건이기는 하지만, 이와 궤를 같이 하는 예로, 형사 성공보수 무효 판결(대법원 2015. 7. 23. 선고 2015다200111 전원합의체 판결)을 들 수 있다. 위 판결에 관해 학설은 일치하여, 입법부의 권한에 속하는 일을 사법부가 하려고 든 판결이라고 맹비난하였다. 위 판결 선고 후에 대법원은 이례적이게도 보도자료로서 장문의 해명자료를 내기까지 하였으나, 이는 애초에 해당

법원이 만든 법규를 정작 법원 자신부터 지키지 않는다는 것을 의미한다. 하지만 이러한 소위는, 비근하게는 소송절차의 법적 안정성을 무너뜨리는 것이요, 멀게는 한국의 법치주의를 근저부터 잠식하는 것으로서, 실로 우려하지 않을 수 없는 일이다.

다) 이른바 '염가사법'(廉價司法)

대체로, 우리나라에서 소송(비단 민사소송에 국한된 문제는 아니다)의 제도와 그 운용은, 적정성을 희생하여 신속·경제를 극단적으로 추구하는 쪽으로 되어 있다.

그 결과, 재판의 신속성·경제성은 단연 세계 최고 수준을 구가하고 있으나, 적정성에 관하여서는 - 절대다수의 재판이 적정하게 이루어지고 있다는 사실을 감안하더라도 - 다소 고개를 갸웃할 수밖에 없는 실정이다.

다만 이는 근본적으로, 사법부의 문제라기보다는, 위정자와 국민 일반의 인식의 문제라고 하겠는바, 대한국민은 대체로 정의에 인색하기 때문이다(대저, 아낄 것을 아끼는 것을 절약이라고 하고, 아끼지 말 것까지 아끼는 것을 인색이라 한다). 그러나, 정의는 공짜가 아니고, 공짜가 아닌 일에 공짜를 바라면 결국에는 어떤 식으로든 그 대가를 치를 수밖에 없다.

3) 민사소송 이념과 현실의 괴리

가) 소송절차의 적정 : 처분문서 물신주의[198]

재판실무에서, 처분문서, 더 정확하게는 처분문서의 탈을 쓴 문서가 있기만 하면, 그리고 그것이 아예 위조된 것이거나 '목에 칼을 들이대고' 쓰라고 강요한 것이 아닌 한, 그 기재내용에 부합하는 실체(거래의 이유, 금전의 수수 등)가 전혀 존재하지 아니하더라도, 덮어놓고 처분문서의 기재대로 사실인정을 하는 경향이 있다.

혹은 이와는 정반대로, 당사자가 주장하는 법률관계의 실체가 엄존하는데도, 처분문서가 없으면 덮어놓고 주요사실의 존재 주장을 일소에 부치는 예도 있다.

원론적으로야, 분명하고도 수긍할 만한 반증이 있거나 기재내용이 객관적인 진실에 반하는 것으로 볼 만한 합리적인 이유가 있으면 처분문서의 증명력이 배척되어야 한다. 그러나 그것은 대한민국 재판실무상 그야말로 원론적인 이야기에 불구하며, 그러한 항변이 받아들여지는 예는 의외로 드물다.

우리 대한국민의 법의식이 워낙 저열하여서, 형식보다는 실질이 중요하다는 미명하에 처

판결이유의 논리가 궁색하였다는 사실의 방증이다.

198) 학계에서 이 현상을 지칭하는 용어가 없는 듯하여, 저자가 임의로 용어를 안출하여 보았다. 한편, 처분문서의 개념에 관하여서는 '서증' 부분에서 살펴볼 것이다.

분문서의 작성을 한낱 요식행위로 여기기는 한다. 참말을 하더라도 딱히 손해를 볼 것이 없으면 참말을 하여야 한다고 생각하여야 정상인데, 그 경우에는 오히려 참말을 하지 아니하여도 된다고 생각하는 것이 우리 한국인들의 돼먹지 않은 사고방식이다. 명의신탁이라는 기괴한 법리가 등장한 것, 사회 전반에 명의대여/명의차용 행위가 성행하는 것, 위장전입이나 다운계약서 작성이 고위공직자의 '기본소양'이 된 것은 우연이 아니다.

그렇지만, 위와 같은 판례의 태도가, 그러한 법의식을 교정하기 위한 법정책으로서는 아무런 효과도 없었음은 공지의 사실이다. 그리고 그 결과는, 수월하게 결론을 내린 그러나 결론이 적정하지 못한 재판 외에는 아무것도 아니다.

나) 소송절차의 신속: 민사항고심 등의 고질적인 재판지연

우리나라에서 신속한 재판의 이념은 대체로 잘 구현되고 있는 편이기는 하지만, 이에는 세 가지 중대한 예외가 있다.

하나는 상고심(재항고심 포함) 재판이고, 다른 하나는 민사항고심 재판이며, 나머지 하나는 전자소송에서의 재판서 정본 재발급 승인이다.[199)]

첫 번째 것은 상고사건의 수가 너무나 많기 때문에 특별한 입법적 대책이 마련되지 아니하는 한 물리적으로 어쩔 수 없는 문제라고 생각된다. 문제는 나머지 두 개다.

두 번째 것은, 그 정도의 심각성에 불구하고, 항고사건 자체가 많지 아니하기 때문인지는 몰라도 지적을 하는 식자가 거의 없지만, 그렇기 때문에 오히려 더욱 문제이다.

항고사건의 심리는 항소법원이 그야말로 본안사건 재판을 하면서 짬짬이 하게 되는데, 상대방 있는 사건(마류 가사비송사건의 항고심 등)이 아닌 한 배당받은 사건을 문자 그대로 뭉개두고서 전혀 처리를 하지 아니하다가 당사자가 몇 번은 독촉을 하여야 비로소 마지못하여 결정을 하여 줌이 일반이다.[200)] 더욱 충격적인 것은, 이러한 인습에 관하여서는 판사들이 아무런 문제의식도 갖고 있지 아니한 것으로 보인다는 사실이다.

세 번째 것 역시, 그 성질상(불변기간 문제)[201)] 승인 요청이 있으면 지체 없이 인부를 하여

---

199) 전자소송에서의 재판서 재발급 승인에 관하여서는 '송달' 부분에서 설명한다.

200) 항고심이 아니라 가족관계등록공무원의 처분에 대한 불복신청 사건이기는 하지만, "자녀 이름에 한자·한글 같이 쓸 수 있다"라는 기사로 화제가 되었던, 서울동부지법 2015. 6. 2.자 2013브17 결정 역시, 신청인(그것도 현직 변호사)이 2013. 11. 21. 신청을 한 사건인데도, 아무런 절차진행을 하지 아니하다가 신청인이 두 차례나 탄원서를 제출하자 무려 1년 반만에야 결정을 하여 주었다.
위 사례는 다소 극단적인 예이겠지만, 종류와 재판부를 불문하고 민사 항고사건에서 아무런 기일외 절차진행이나 기일진행도 없이 달랑 "원결정이 정당하므로 항고를 기각한다."라는 이유만 기재된 결정을 받기까지 반 년도 넘게 걸리는 일은 그야말로 비일비재하다.

201) 불변기간에 관하여서는 '기간' 부분에서 설명한다.

주어야 할 것임에도 불구하고, 극단적인 경우에는 법원행정처에 민원까지 넣어야만 비로소 승인을 하여 주는 예마저 있다.

다) 소송경제 이념을 몰각한 재판진행

전술한 사법체계 전반의 소위 염가사법에 비추어 반어적이게도, 개별 재판에서는 소송경제를 무시한 재판진행이 흔히 일어난다. 대표적인 예를 들면 아래와 같다.

첫째, 원론적으로는, 소가 부적법하면 실체판단에는 나아가지 아니하여야 정상이지만,[202] 실제로는 소송요건의 결여가 명약관화한 사건이 아닌 한 실체심리까지 다 마친 후에야 비로소 소를 각하하는 것이 일반적이다.

소위 '황금박쥐 사건'은 그 극단적인 예이다.[203] 이 사건에서는, 결과적으로 단지 원고들의 당사자능력 및 당사자적격만을 문제 삼아 소각하판결을 할 것이었으면서도, 그 과정에서 검증·감정까지 실시하고 전문심리위원까지 참여시켰다.

둘째, 역시 원론적으로는, 손해배상 소송에서 손해책임의 발생(특히, 과실, 상당인과관계)이 인정되지 아니하면 손해의 범위에 관하여서는 심리할 필요가 없지만, 이를 위하여 변론의 분리 등을 할 수도 있건만, 실제로는 어차피 손해책임의 발생이 인정되지 아니한다고 보아 청구를 기각할 것이더라도 이에 아랑곳 아니 하고 손해의 범위까지 심리하는 것이 일반적이다.

아마 기왕 심리할 것 한꺼번에 다 심리를 하는 편이 간명하다는 발상해서 저러한 재판실무 관행이 생긴 것으로 보이나, 이는 왕왕 국민을 우롱하는 결과로 귀착된다.

다. 신의성실의 원칙[204]

1) 개 관

당사자와 소송관계인은 신의에 따라 성실하게 소송을 수행하여야 한다(법 제1조 제2항).

---

202) 소송요건에 관하여서는 '소송요건 등 일반' 부분에서 설명한다.

203) 청주지법 2008. 11. 13. 선고 2007구합1212 판결(대법원 종합법률정보 사이트나 '로앤비'에서는 검색 불가).

204) cf. 부당제소 또는 부당응소로서 불법행위가 성립하려면 (1) 실체상 권리보호의 청구권 또는 응소권이 없고, (2) 권리보호청구권 또는 응소권이 없음에 관하여 고의가 있거나 과실로 인하여 그 권리 없음을 알지 못하였으며, (3) 해당 제소 또는 응소에 의하여 상대방 또는 제3자의 법익을 침해하고, (4) 그 법익 침해에 관하여 고의 또는 과실이 있어야 한다. 대법원 1996. 5. 10. 선고 95다45897 판결.
즉, 일반적으로 소를 제기하거나 제기되어진 소송에 응소하는 것 자체는 헌법에 의하여 보장된 국민의 권리실현이나 권리보호를 위한 수단으로서 원칙적으로 적법하다고 할 것이나, 그와 같은 소제기나 응소행위가 권리실현이나 권리보호를 빙자하여 상대방의 권리나 이익을 침해하는 것이거나 상당한 이유 없이 상대방에게 고통을 주려는 의사로 행하여지는 등 고의 또는 과실이 인정되고, 이것이 공서양속에 반하는 정도에 이른 것인 경우에는 위법성을 띠고 불법행위를 구성한다. 대법원 1994. 9. 9. 선고 93다신의성실의 원칙이란 사람이 사회공동생활의 일원으로서 서로 상대방의 신뢰를 헛되이 하지 않도록 성의 있게 행동하여야 한다는 원칙을 말한다.[205)]

권리의 행사와 의무의 이행은 신의에 좇아 성실히 하여야 한다는 신의성실의 원칙은 계약법뿐 아니라 모든 법률관계를 규제, 지배하는 법의 일반원칙으로서 민사소송에서도 당연히 요청되는 것인바, 법 제1조 제2항은 이를 명백히 규정하고 있다.[206)]

2) 신의칙에 위반되는 행위의 유형

가) 소송상태의 부당형성

당사자 일방이 과거에 일정방향의 태도를 취하여 상대방이 이를 신뢰하고 자기의 소송상의 지위를 구축하였는데, 그 신뢰를 저버리고 종전의 태도와 지극히 모순되는 소송행위를 하는 것은 신의칙상 허용되지 않는다.[207)]

나) 소권(訴權) 등의 실효

실체법상의 권리가 실효되면 이에 기한 소권 역시 실효됨은 물론이나, 그 밖에도 소권만의

50116 판결. 동지 : 대법원 1997. 2. 28. 선고 96다32126 판결 ; 대법원 2013. 3. 14. 선고 2011다91876 판결.

그런데, 제소행위나 응소행위가 불법행위가 되는가를 판단함에는 적어도 재판제도의 이용을 부당하게 제한하는 결과가 되지 아니하도록 신중하게 배려하여야 할 것이므로, 단지 제소자가 패소의 판결을 받아 확정되었다는 것만으로 바로 그 소의 제기가 불법행위였다고 단정할 수는 없다. 대법원 1999. 4. 13. 선고 98다52513 판결. 동지 : 대법원 1972. 5. 9. 선고 72다333 판결 ; 대법원 1977. 5. 10. 선고 76다2940 판결.

따라서, 민사소송을 제기한 사람이 패소판결을 받아 확정된 경우에 그와 같은 소의 제기가 상대방에 대하여 위법한 행위가 되는 것은 해당 소송에서 제소자가 주장한 권리 또는 법률관계가 사실적·법률적 근거가 없고, 제소자가 그와 같은 점을 알면서, 혹은 통상인이라면 그 점을 용이하게 알 수 있음에도 불구하고 소를 제기하는 등 소의 제기가 재판제도의 취지와 목적에 비추어 현저하게 상당성을 잃었다고 인정되는 경우에 한한다. 대법원 1999. 4. 13. 선고 98다52513 판결.

그리고, 부당소송을 당한 상대방이 입게 되는 정신상의 고통은 통상 해당 소송에서 승소하는 것에 의하여 회복되고, 승소하여도 회복할 수 없는 정신적 고통은 특별사정으로 인한 손해라고 볼 것이므로, 부당소송으로 인한 위자료청구가 인용되기 위해서는 승소나 재산적 손해의 배상만으로는 회복될 수 없는 정신적 고통을 입었다고 인정될 만한 특별사정의 존재와 그러한 특별사정에 대한 예견가능성이 전제되어야 한다. 대법원 1994. 9. 9. 선고 93다50116 판결. 동지 : 대법원 1978. 12. 13. 선고 78다1542 판결.

205) 헌재 2015. 7. 30. 선고 2013헌바120 결정.

206) 대법원 1993. 5. 14. 선고 92다21760 판결(사안은 구 민사소송법(2002. 1. 26. 법률 제6626호로 개정되기 전의 것)).

cf. 제정 당시의 「민사소송법」은 신의칙에 관하여 명문의 규정을 두고 있지 아니하였으나, 1990. 1. 13. 법률 제4201호로 「민사소송법」을 개정하면서 명문의 규정을 두기에 이르렀다.

207) 대법원 1995. 1. 24. 선고 93다25875 판결(원심에서 피고의 추후보완항소를 받아들여 심리 결과 본안판단에서 피고의 항소가 이유 없다고 기각하자 추후보완항소를 제기했던 피고 자신이 상고이유에서 그 부적법을 스스로 주장하는 것은 허용될 수 없다고 본 사안).

실효가 문제되는 경우가 있을 수 있다.

실효의 원칙이라 함은, 권리자가 장기간에 걸쳐 그 권리를 행사하지 아니함에 따라 그 의무자인 상대방이 더 이상 권리자가 권리를 행사하지 아니할 것으로 신뢰할 만한 정당한 기대를 가지게 된 경우에 새삼스럽게 권리자가 그 권리를 행사하는 것은 법질서 전체를 지배하는 신의성실의 원칙에 위반되어 허용되지 아니한다는 것을 의미하고, 항소권과 같은 소송법상의 권리에 대하여도 이러한 원칙은 적용될 수 있다.[208]

이 문제는 '항고 : 최초의 항고를 중심으로' 부분에서 항고권과 관련하여 다시 언급하겠다.

다) 소권의 남용

가령, 법원에서 수회에 걸쳐 같은 이유로 청구가 기각당하여 확정되었음에도 불구하고 법률상 받아들여질 수 없음이 명백한 이유를 들어 같은 내용의 청구를 거듭하는 경우, 그 제소가 소권의 남용에 해당한다.[209][210]

다만, 신의칙에 기하여 소송의 반복을 금지하기 위하여서는, 적어도 그 판단이 전소(前訴)에서 주요한 쟁점으로 되어 양당사자가 공격방어를 다한 사항에 대하여 내려졌고 따라서 상대방에게 그 사항에 대한 다툼은 이미 결말이 났다고 하는 정당한 신뢰가 생겼을 것이 요구된다고 할 것이다.[211]

라) 진실의무와 증명방해의 문제

통설은 소송의 당사자와 대리인에게는 진실의무가 있다고 본다(법 제363조, 제370조 참조). 즉, 진실이 아닌 것으로 알고 있는 사실은 주장하지 말아야 하고, 진실인 것으로 알고 있는 상대방의 주장은 다투지 말아야 한다.

그러나, 진실의무의 내용은, 어떤 사실이 진실임을 확신할 때에만 주장할 수 있고 상대방의 주장이 거짓임을 확신할 때에만 다툴 수 있다는 것은 아니다. 즉, 오히려, 진실일 수도 있는 사실은 이를 주장할 수 있고 거짓일 수도 있는 사실은 이를 다툴 수 있다.[212]

---

208) 대법원 1996. 7. 30. 선고 94다51840 판결(다만 이 판례는 항소권이 실효되었다고 본 원심의 판단이 부당하다고 본 사안이다).

209) 대법원 1999. 5. 28. 선고 98재다275 판결. 동지 : 대법원 1997. 12. 23. 선고 96재다226 판결 ; 대법원 2005. 11. 10. 선고 2005재다303 판결(사안은 재심청구).
따라서, 이러한 소는 부적법한 것이 되는바(위 판결들 참조), 소의 적법 문제에 관하여서는 '소송요건 등 일반' 부분에서 후술한다.

210) 그 밖에 소권의 남용에 해당한다고 본 사안으로는, 대법원 1988. 10. 11. 선고 87다카113 판결.

211) 대법원 2002. 9. 24. 선고 2002다11847 판결.

212) 호문혁, 431~2면.

한편, 신의칙이 민사소송절차에서 일방 당사자에게 소송의 승패와 직결되는 상대방의 증명활동에 협력하여야 할 의무까지 부여하는 것은 아니다.[213] 물론, 그렇다고 하여 상대방의 증명활동을 방해하여서는 아니 됨은 물론이다.

더 나아가, 사실과 다름이 객관적으로 명백한 주장을 그것이 명백히 거짓인 것을 인식하면서도 이를 하거나, 객관적·제3자적 증거(처분문서(예: 계약서)나 제3자의 증언 등)를 조작함으로써, 법원을 기망하여 상대방의 재물 또는 재산상 이익을 취득하려 하였다면, 소송사기로 처벌까지 받을 수 있다.[214]

그러나, 당사자가 단순히 실체적 권리관계에 반하는 허위주장을 하거나, 자신에게 유리한 증거를 제출하고 불리한 증거는 제출하지 아니하거나, 제출된 증거의 내용을 자기에게 유리하게 해석하는 등의 행위만으로는, 확정판결의 위법한 편취에 해당하는 불법행위가 성립한다고 단정할 수 없다.[215]

확정판결의 취득 혹은 그에 기한 집행을 불법행위라고 하기 위해서는, 소송당사자가 상대방의 권리를 해할 의사로 상대방의 소송관여를 방해하거나 허위의 주장으로 법원을 기망하는 등 부정한 방법으로 실제의 권리관계와 다른 내용의 확정판결을 취득하고 그로 인하여 상대방의 절차적 기본권을 근본적으로 침해함으로써 확정판결의 효력을 존중하는 것이 정의관념에 반하여 이를 도저히 묵과할 수 없는 사정이 있어야 하기 때문이다.[216]

---

213) 설령 그가 요증사실의 증거자료에 훨씬 용이하게 접근할 수 있다고 하더라도 그러하다. 대법원 1996. 4. 23. 선고 95다23835 판결.

214) 대법원 2007. 9. 6. 선고 2006도3591 판결.

215) 대법원 2010. 2. 11. 선고 2009다82046 판결. 동지: 대법원 2013. 4. 25. 선고 2012다110286 판결.

216) 대법원 2010. 2. 11. 선고 2009다82046 판결. 동지: 대법원 2013. 4. 25. 선고 2012다110286 판결.

제4장 소와 소송요건

Ⅰ. 소(訴)

1. 소 개관

법원에 대하여 일정한 내용의 판결을 하여 달라는 신청을 소라 한다.

국민에게는 재판청구권이 있으므로(대한민국헌법 제27조 제1항), 소가 제기되면 법원은 이에 대하여 재판으로써 응답할 의무를 지게 된다.

2. 소의 구성요소

가. 개 관

소는, ① 판결을 구하는 사람 및 그 상대방과 ② 이로써 법원의 심판을 구하는 권리관계 내지 법률관계(민사집행법 제309조 제1항 참조)를 그 내용으로 한다.

즉, 소는 당사자와 소송물(訴訟物)을 구성요소로 한다. 이를테면, 이를 각각 소의 주관적 요소와 객관적 요소라고 할 수 있다.

나. 당 사 자

민사소송에서 '당사자'란 법원에 자기 이름으로 권리보호를 요청한 사람과 그 상대방으로 지정된 사람을 뜻한다.[217)]

주의할 것은, 누가 당사자인가 하는 것은 누가 소송수행권을 갖는가 하는 문제로서, 이는 실체법상 누가 권리·의무의 주체인가 하는 문제와는 개념상 별개라는 점이다.

그리고, 이러한 소송수행권에 관하여서는 '소의 제기' 부분에서 당사자적격의 문제로서 상론할 것이다.

---

217) 헌재 2016. 6. 30. 선고 2013헌바370·392·421, 2014헌바7·296, 2015헌바74(병합) 결정.

다. 소 송 물

소송물이란, 다른 말로 표현하자면, '소송의 객체', '소송상의 청구'(이는 법원에 대하여 하는 청구라는 점에서, 당사자에 대하여 하는 것인 실체법상의 청구와 확연히 다르다), '심판의 대상'이라 할 수 있다.

한편, 소송물의 본질이 무엇인지에 관하여서는 학설이 대립하나, 판례는, 민사소송에서 소송물이란 일반적으로 소송의 객체가 되는 심판의 대상으로서 '실체법상의 권리나 법률관계'를 의미한다고 본다(구실체법설(舊實體法說)).[218]

따라서, 예컨대, 공유물의 보존행위 내지 관리행위로서 하는 청구(민법 제265조)는 공유지분의 처분행위로서 하는 청구(민법 제263조)와는 독립된 소송물이고,[219] 부당이득반환청구권과 불법행위로 인한 손해배상청구권에 기초하여 이행을 구하는 소는 소송물을 달리한다.[220]

그리고, 소송물이 무엇인지에 따라 해당 소송절차가 통상의 민사소송인지, 가사소송인지, 행정소송인지의 여부도 달라진다.

또한, 소송물의 특정기준 내지 범위는, 처분권주의(법 제203조), 중복제소금지(법 제259조), 청구의 변경(법 제262조), 종국판결후 소취하의 효력인 재소금지(再訴禁止)(법 제267조 제2항), 기판력의 객관적 범위(법 제216조 제1항), 상소에 관한 불이익변경금지(법 제415조 본문) 등에서 문제되는바, 상세한 내용은 각각 해당되는 부분에서 살펴볼 것이다.

3. 소의 종류

가. 청구의 종류에 따른 분류

1) 이행의 소

이행의 소는 실체법상 청구권에 기하여 상대방에 대한 이행명령을 청구하는 소로서, 대부분의 소는 이에 속한다.

이행의 소에서는 청구권이 소송물이 된다.[221]

---

218) 대법원 2002. 2. 8. 선고 2001다17633 판결. 동지 : 대법원 1994. 11. 22. 선고 93다40089 판결 ; 대법원 2013. 9. 13. 선고 2013다45457 판결.
cf. 이에 반하여 학설상으로는 소송법적인 요소만으로써 소송물이 특정된다는 견해(소송법설)이 다수설이다.

219) 대법원 2002. 2. 8. 선고 2001다17633 판결.

220) 대법원 2013. 9. 13. 선고 2013다45457 판결.

221) 대법원 2005. 10. 7. 선고 2003다44387,44394 판결 참조.

그런데, 청구권이란 상대방에게 작위 또는 부작위를 요구하는 권리이므로, 이행의 소의 인용판결의 주문은 "…하라"(작위 청구의 경우) 또는 "…하여서는 아니 된다"(부작위 청구의 경우)라는 형태가 된다.[222)]

강제집행 역시 이행의 소에서 문제되는 것이다. 다시 말해, (확정되었거나 가집행선고가 붙은) 이행판결은 집행력을 갖는다.[223)]

2) 확인의 소

확인의 소는 다툼이 있는 권리 또는 법률관계에 관하여 그 존재 또는 부존재의 확정을 목적으로 하는 소로서, 그 인용판결의 주문은 "…임을 확인한다"라는 형태가 된다.

이 중, 권리관계의 존재의 확정을 목적으로 하는 소를 적극적 확인의 소라 하고, 부존재의 확정을 목적으로 하는 소를 소극적 확인의 소라 한다.

개별적인 청구권은 전술한 이행의 소에 의하여 행사하면 되는 경우가 대부분이나, 그 근거가 되는 또는 권리 또는 법률관계(예 : 물권적 청구권의 근거가 되는 소유권)라든가, 계속적·포괄적 채권관계(예 : 임대차, 고용 등) 등에 관한 다툼을 해결하기 위하여서는 확인의 소에 의할 필요가 있다.

위와 같이 확인의 소는 원칙적으로 (현재의 구체적)[224)] 법률관계를 그 대상으로 하는 것이며, 사실관계는 그 대상이 아니다.[225)] 다만, 예외적으로 증서진부확인의 소(법 제250조)는 사실관계를 대상으로 하며, 과거의 법률관계라 하더라도 확인의 소의 대상이 될 수 있는 경우가 있다.

따라서, 확인의 소로써 일반적, 추상적인 법령 또는 법규 자체의 효력 유무의 확인을 구할 수는 없음은 물론이다.[226)]

요컨대, 확인의 소에서는 구체적인 권리 또는 법률관계의 존부(다만, 증서진부확인의 소에서는 증서의 진부)가 소송물이 된다.[227)]

---

222) 다만, 조정조항에서는 그 성질상 이행조항도 "…한다"라는 형태가 된다.

223) 다만, 후술하는 확인판결이나 형성판결에서도 이른바 광의의 집행이 문제될 수는 있다. 예컨대, 혼인무효의 확정판결을 받았거나 재판상 이혼의 확정판결을 받았더라도, 가족관계등록부의 기록(특정등록사항란 중 배우자의 말소 등)까지 이루어져야 할 필요가 있는 것이다.

224) 대법원 1987. 3. 10. 선고 86다152 판결.

225) 대법원 1987. 6. 23. 선고 87다166 판결. 동지 : 대법원 1992. 12. 8. 선고 92다23872 판결 참조(이 판례의 판결요지에서는 확인의 이익 운운하고 있으나, 판결이유를 보면 알 수 있듯이, 이는 확인의 이익의 문제가 아니라 대상적격의 문제이다).

226) 대법원 1992. 8. 18. 선고 92다13875,13882(병합),13899(병합) 판결.

227) 대법원 1994. 11. 22. 선고 93다40089 판결 ; 대법원 2004. 3. 12. 선고 2003다49092 판결 참조.

그런데, 확인의 소를 제기하려면 확인의 이익이 있어야 하며, 확인의 소의 대상적격 문제 역시 확인의 이익 문제와 밀접한 관련이 있는바, 이에 관하여서는 '각종의 소의 종류별 유의 사항 및 소가산정' 부분에서 후술하겠다.

3) 형성의 소

가) 개 관

형성의 소는 기존 법률관계의 변동의 효과를 발생함을 목적으로 하는 소로서,[228] 그 인용판결의 주문은 "…한다"라는 형태가 된다.

이는 형성소권, 즉 소로써만 행사할 수 있는 형성권을 행사하기 위한 소이다. 예컨대, 채권자취소권의 행사방법은 사해행위의 취소 및 원상회복을 법원에 청구하는 것이므로(민법 제406조 제1항 본문), 채권자취소권은 소로써만 행사할 수 있다.

이러한 형성의 소는 법률에 명문의 규정이 있는 경우에 한하여 인정되는 것이고 법률상의 근거가 없는 경우에는 허용될 수 없다.[229]

형성판결은 개념필연적으로 해당 법률관계를 변동시키는 효력, 즉 형성력을 갖는다.

나) 종 류

형성의 소는, 해당 형성소권의 근거가 실체법인지 아니면 소송법인지에 따라, 실체법상의 형성의 소와 소송법상의 형성의 소로 나누어 볼 수 있다.

실체법상의 형성의 소의 대표적인 예로는 사해행위취소 청구의 소, 주주총회결의취소 청구의 소, (재판상) 이혼 청구의 소를 들 수 있다.

소송법상의 형성의 소의 대표적인 예로는 정기금판결에 대한 변경의 소(법 제252조 제1항), 재심의 소 등을 들 수 있다. 이러한 소송법상 형성의 소 중 주요한 것에 관하여서는 이 책 제7부에서 살펴볼 것이다.

한편, 형식적 형성의 소라는 것이 있는데, 이는 형식은 소송사건이지만 실질은 비송사건인 경우이다. 형식적 형성의 소의 특질은 특히 처분권주의에서 나타나는바, 이에 관하여서는 '심리의 제원칙' 부분에서 후술할 것이다.

나. 소제기의 시기에 따른 분류

소는, 그 제기의 시기에 따라 독립의 소와 소송중의 소로 나누어 볼 수 있다(규칙 제64조

---

228) 대법원 1993. 9. 14. 선고 92다35462 판결.

229) 대법원 1993. 9. 14. 선고 92다35462 판결. 동지 : 대법원 2001. 1. 16. 선고 2000다45020 판결.

제1항 및 제2항 참조).

일반적으로 단순히 소라고 하면 독립의 소를 지칭한다.

소송중의 소는 다시, 당사자가 제기하는 것과, 제3자가 제기하는 것으로 나누어 볼 수 있는바, 전자의 예로는 청구의 변경, 반소, 중간확인의 소 및 제3자의 소송인입(필수적 공동소송인의 추가, 예비적·선택적 공동소송인의 추가, 소송인수참가), 가지급물반환신청이 있고,[230] 후자에는 각종의 소송참가(다만, 보조참가, 의무승계인의 소송승계참가, 피고측 공동소송참가는 제외)가 있다.

소송중의 소에 관한 상세한 것은, '소송참가', '제3자의 소송인입', '공동소송인과 참가인의 소송행위 및 소송진행', '당사자 사이의 소송중의 소'의 각 장에서 살펴볼 것이다.

Ⅱ. 소송요건 등 일반

1. 원고승소판결의 요건[231]

원고가 소를 제기하여 승소판결을 받기 위하여서는, ①소장이 방식에 맞아야 하고(필요적 기재사항의 기재, 인지의 첩부), ②소가 적법하여야 하며, ③그의 주장이 그 자체로서 이유 없는 것이 아니어야 하고, ④그 주장사실이 증명되어야 한다.

위 요건 중 ①의 심사는 ②, ③, ④보다 선행되어야 하는바(소장심사의 선순위성),[232] ①이 흠결된 때에는 재판장이 소장각하명령을 하게 되며(법 제254조 제2항), ③, ④가 흠결된 때에는(즉, 청구가 이유 없는 때에는) 법원이 청구기각 판결을 하게 된다(소액사건심판법 제9조 제1항 참조).

한편, 위 요건 중 ②의 문제가 바로 소송요건의 문제이다. 즉, 소송요건이 흠결된 소는 부적법한 소이며, 법원은 이에 대하여 소각하 판결을 하게 된다(법 제219조 참조).

---

230) 그리고, 다수설에 의하면 피고의 경정 역시 그 성질이 신소제기·구소취하라고 본다.

231) 입법자는 청구기간이나 제소기간과 같은 일정한 기간의 준수, 소송대리, 변호사 강제제도, 소송수수료규정 등을 통하여 소송법에 규정된 형식적 요건을 충족시켜야 비로소 법원에 제소할 수 있도록, 소송의 주체, 방식, 절차, 시기, 비용 등에 관하여 규율할 수 있다. 헌재 2011. 5. 26. 선고 2010헌마499 결정.

232) 대법원 1969. 8. 28.자 69마375 결정.

2. 소송요건 일반

가. 개 관

1) 소송요건의 의의

소가 적법한 것이 되기 위한 요건(소의 적법요건)이 소송요건이다.

이에는, 수소법원에 재판권 및 관할이 있을 것, 당사자가 실재하고 당사자능력과 당사자적격이 있을 것, 원고 본인이 소를 제기하였다면 그에게 소송능력이 있을 것, 대리인(법정대리인 또는 소송대리인)이 소를 제기하였다면 그에게 대리권(또는 대표권)이 존재할 것,[233] 소송물을 특정할 것,[234] 권리보호의 이익이 있을 것, 중복제소에 해당하거나(법 제259조), 종국판결후 소취하 뒤의 재소에 해당하지 않을 것(법 제267조 제2항), 제소기간이 있는 소송물에서는 이를 준수할 것, 해당 소송에 법원의 허가 등을 요하는 제소에서는 이를 얻을 것[235] 등이 있다.

그 밖에, 소권이 실효되었거나 소권의 남용에 해당하는 경우에도, 해당 소는 부적법하다고 하겠다.

개개의 소송요건에 관하여서는 각각 해당되는 곳에서 살펴보기로 하고, 여기서는 우선, 소송요건 판단의 기준시점과 종류를 살펴본 다음, 권리보호의 이익 일반 및 제소기간에 관하여서만 보되, 재판권에 관하여서는 별항으로 보기로 한다.

2) 소송요건 판단의 기준시점

원칙적으로 소송요건은 사실심의 변론종결시에 갖추어져 있으면 되는 것이다.[236]

다만, 사실심 변론종결 이후에 당사자적격 등 소송요건이 흠결되거나 그 흠결이 치유된 경우 상고심에서도 이를 참작하여야 한다.[237] 따라서, 예컨대, 상고심 계속중에 소의 이익이 없게 되면 해당 소는 역시 부적법하게 된다.[238]

---

233) 대법원 1997. 9. 22.자 97마1574 결정 참조.

234) 대법원 2011. 3. 10. 선고 2010다87641 판결.

235) 소제기의 허가나 소송허가에 관하여서는 '소의 제기' 부분에서 재론한다.

236) 대법원 1991. 11. 26. 선고 91다31661 판결. 동지 : 대법원 1963. 9. 12. 선고 63누115 판결(소의 이익) ; 대법원 1994. 9. 30. 선고 93다27703 판결(당사자능력) ; 대법원 1997. 12. 9. 선고 97다18547 판결(당사자능력) ; 대법원 2003. 11. 14. 선고 2001다64127 판결(당사자능력) ; 대법원 2008. 5. 29. 선고 2007다63683 판결 ; 대법원 2008. 9. 25. 선고 2007다60417 판결 ; 대법원 2013. 1. 10. 선고 2011다64607 판결(당사자능력).

237) 대법원 2010. 11. 25. 선고 2010다64877 판결. 동지 : 대법원 2007. 11. 29. 선고 2007다63362 판결 ; 대법원 2020. 1. 16. 선고 2019다247385 판결(사안은, 확인의 이익)

238) 대법원 2003. 1. 10. 선고 2002다57904 판결. 동지 : 대법원 1989. 1. 17. 선고 87누1045 판결.

3) 소송요건의 종류

가) 직권조사사항인 소송요건

소송요건은 대부분 법원의 직권조사사항이다.

따라서, 이미 제출된 자료(법원에 현출된 모든 소송자료)들에 의하여 그 존부에 의심이 갈 만한 사정이 엿보인다면 법원은 – 상대방이 이를 구체적으로 지적하여 다투지 않거나 본안전 항변으로 다투다가 철회한 경우에도[239] – 추가적인 심리·조사를 통하여 그 존재 여부를 확인할 의무가 있다.[240]

물론, 법원이 소송요건의 존부에 의문을 갖지 아니하는 경우에는 달리 석명을 구하거나[241] 기타 조사를 할 필요는 없다.[242]

나) 항변사항에 불과한 소송요건

그러나, 직권조사사항이 아닌 소송요건, 즉 항변사항에 불과한 소송요건도 있다. 그러한 소송요건에 관하여서는 '답변서' 부분에서 살펴보기로 한다.

나. 권리보호의 이익

1) 일반적인 권리보호이익

가) 특별구제절차가 없을 것

어느 분쟁해결을 위하여 적정한 판단을 받을 수 있도록 마련된 보다 더 간편한 절차를 이용할 수 있었는데도 그 절차를 이용하지 않았다는 사정은 소극적 권리보호요건으로서,[243] 그러한 절차를 이용하는 대신에 제기한 소는 권리보호의 자격이 없어 부적법하다.

따라서, 예컨대, 공탁관의 처분에 대하여 불복이 있는 때에는 「공탁법」이 정한 바에 따라 이의신청과 항고를 할 수 있고, 공탁관에 대하여 「공탁법」이 정한 절차에 의하여 공탁금지급

---

239) 대법원 2007. 3. 29. 선고 2006다74273 판결. 동지 : 대법원 1971. 3. 23. 선고 70다2639 판결.

240) 대법원 1991. 10. 11. 선고 91다21039 판결 ; 대법원 1997. 10. 10. 선고 96다40578 판결 ; 대법원 2007. 6. 28. 선고 2007다16113 판결 ; 대법원 2008. 4. 10. 선고 2007다28598 판결 ; 대법원 2008. 5. 15. 선고 2007다71318 판결 ; 대법원 2009. 1. 30. 선고 2006다60908 판결 ; 대법원 2009. 2. 26. 선고 2008다8898 판결 ; 대법원 2009. 4. 23. 선고 2009다3234 판결 ; 대법원 2009. 12. 10. 선고 2009다22846 판결 등 참조. 판례의 대부분은 대표권의 존부가 문제된 사안들이나, 위 법리는 여타 소송요건의 심리에 관하여서도 달리 볼 이유가 없다.

241) 석명의무에 관하여서는 '변론의 실시방법' 부분에서 후술한다.

242) 대법원 1970. 6. 30. 선고 70다553 판결(사안은 소송대리권) ; 대법원 1970. 12. 22. 선고 70다860,861 판결(사안은 소송대리권) 참조.

243) 대법원 2002. 9. 4. 선고 98다17145 판결.

청구를 하지 아니하고 직접 민사소송으로써 국가를 상대로 공탁금지급청구를 할 수는 없다.[244)]

나) 원고가 이미 승소확정판결 등을 받은 경우가 아닐 것

(1) 원 칙

이미 승소확정판결을 받은 때에는 그 확정판결의 원본이 멸실되어 강제집행에 필요한 집행문을 받을 수 없는 등 특별한 사정이 없는 한 그와 동일한 소를 제기할 소의 이익이 없다.[245)][246)]

따라서, 예컨대, 등기권리자가 판결에 의하여 단독으로 소유권이전등기를 신청하는 때에 판결에 기재된 피고의 주소가 등기기록에 기록된 등기의무자의 주소와 다르고 주민등록표 등·초본에 의하여 피고와 등기의무자가 동일인임을 증명할 수 없는 경우, 승소 확정판결을 받은 피고의 주소가 등기기록상 주소로 기재된 판결을 받기 위하여 전소(前訴)의 상대방이나 그 포괄승계인을 상대로 동일한 소유권이전등기청구의 소를 다시 제기하는 경우 그 소는 권리보호의 이익이 없어 부적법하다.[247)]

이러한 권리보호요건의 존부는 법원의 직권조사사항이다.[248)]

이와 관련하여서는 다음과 같은 점에 주의할 필요가 있다.

---

244) 대법원 2013. 7. 25. 선고 2012다204815 판결. 동지 : 대법원 1991. 7. 12. 선고 91다15447 판결.

245) cf. 원칙적으로, 강제집행은 집행문이 있는 판결정본이 있어야 할 수 있으므로(민사집행법 제28조 제1항), 판결정본으로써 강제집행을 신청하려면 먼저 집행문을 부여받아야 한다(같은 조 제2항).

246) 대법원 1981. 3. 24. 선고 80다1888,1889 판결. 동지 대법원 2018. 7. 19. 선고 2018다22008 전원합의체 판결 ; 대법원 2019. 1. 17. 선고 2018다24349 판결.
그런데, 전소(前訴)에서 상계항변이 받아들여진 경우에는 후소(後訴)의 소의 이익 문제가 발생하는바, 이에 관하여서는 '판결의 확정과 그 효력' 부분에서 논급하겠다.

247) 대법원 2017. 12. 22. 선고 2015다73753 판결.
이와 같이 판결에 기재된 피고가 등기의무자와 동일인이라면 등기권리자는 등기절차에서 등기의무자의 주소에 관한 자료를 첨부정보로 제공하여 등기신청을 할 수 있고, 등기관이 등기신청을 각하하면 등기관의 처분에 대한 이의신청의 방법으로 불복할 수 있다. 등기신청에 대한 각하결정이나 이의신청에 대한 기각결정에는 기판력이 발생하지 않으므로 각하결정 등을 받더라도 추가 자료를 확보하여 다시 등기신청을 할 수 있다. 같은 판결.
등기신청인은 피고와 등기의무자가 동일인임을 증명할 수 있는 자료의 하나로 그 동일인임을 확인하는데 상당하다고 인정되는 자의 보증서면과 그 인감증명, 기타 보증인의 자격을 인정할 만한 서면(예컨대 공무원재직증명서, 변호사등록증서사본, 법무사자격증사본 등)을 제출할 수 있다. 다만 구체적인 사안에서 판결에 기재된 피고와 등기기록에 있는 등기의무자가 동일인임이 인정된다고 보아 그 등기신청을 수리할 것인지 여부는 등기신청을 심사하는 등기관이 판단할 사항이다. 같은 판결.
참고로, 위 사건은 후소(後訴)를 제기하기 전에 전소의 제1심 법원에 판결경정신청을 했으나 받아들여지지 않은 사안이다.

248) 대법원 1981. 6. 23. 선고 81다124 판결. 동지 : 대법원 1966. 9. 6. 선고 66다1190 판결.

첫째, 공정증서는 집행력이 있을 뿐이고 기판력이 없기 때문에 (강제집행수락 문언 있는 공정증서가 있다 하더라도) 기판력 있는 판결을 받기 위하여 공정증서의 내용과 동일한 청구를 소로 제기할 이익이 있다.[249)]

둘째, 회생절차에서, **확정된 회생채권 및 회생담보권을 회생채권자표 및 회생담보권자표에 기재한 때에는 그 기재는 확정판결과 동일한 효력이 있으므로**(채무자회생법 제168조), 그 경우에는 회생채권이나 회생담보권에 관한 소송은 소의 이익이 없다.[250)]

이와 마찬가지로, **확정채권에 관하여 파산채권자표에 기재한 때에는 그 기재는 확정판결과 동일한 효력이 있으므로**(같은 법 제460조), 그 경우에는 파산채권에 관한 소송은 소의 이익이 없다.[251)]

또한, **확정된 개인회생채권을 개인회생채권자표에 기재한 경우 그 기재는 개인회생채권자 전원에 대하여 확정판결과 동일한 효력이 있으므로**(같은 법 제603조 제3항), 그 경우 역시 개인회생채권에 관한 소송은 소의 이익이 없다고 할 것이다.

다만, 주의할 것은, 회생채권자표, 회생담보권자표, 파산채권자표, 개인회생채권자표채무자가 갖는 "확정판결과 동일한 효력"은 기판력이 아닌 확인적 효력을 가지고 해당 절차 내부에서 불가쟁의 효력이 있다는 의미에 지나지 않는다.[252)]

(2) 예 외

(가) 유 형

① 확정판결 원본의 멸실

확정판결 원본이 멸실된 때에는 승소판결이 있더라도 소의 이익이 인정됨은 전술한 바와 같다.

---

249) 대법원 1996. 3. 8. 선고 95다22795,22801 판결.

250) 대법원 2014. 6. 26. 선고 2013다17971 판결(사안은 회생담보권에 관한 것으로서, 원심판결 선고 후 회생절차가 개시되고 청구 중 일부에 관하여 회생채권자표의 기재가 확정되어 대법원이 그 부분 소를 각하한 사안).

251) 대법원 2013. 9. 12. 선고 2012다95486 판결. 동지 : 대법원 1999. 7. 23. 선고 99다22267 판결(사안은 구 파산법(2005. 3. 3 법률 제7428호로 폐지) ; 대법원 2005. 10. 27. 선고 2003다66691 판결(사안은 구 파산법(2005. 3. 3 법률 제7428호로 폐지) ; 대법원 2010. 8. 26. 선고 2010다31792 판결.

252) 대법원 2017. 6. 19. 선고 2017다204131 판결.
따라서, 이에 청구이의의 소가 가능하며, 기판력의 시간적 한계에 따른 제한이 적용되지 않는다. 같은 판결.
위 판결은 개인회생채권자표에 관한 것이지만, 회생채권자표 등에 관하여서도 이치는 다를 바 없다.

② 소멸시효 중단의 필요

확정판결에 의한 채권의 소멸시효기간인 10년의 경과가 임박한 경우에는 그 시효중단을 위한 소는 소의 이익이 있다.[253] 이는, 인낙조서의 경우에도 마찬가지이다.[254][255][256]

그러나, 이러한 법리는 어디까지나 그 시효를 중단하여 청구권을 그대로 유지시킬 실익이 있는 경우에 한하여 타당한 것이고, 그것을 그대로 유지하는 것이 아무런 실익이 없는 경우에는 그 시효중단을 위한 재소는 소의 이익이 없어 허용되지 아니한다 할 것이다.[257]

주의할 것은, 시효중단을 위한 후소를 심리하는 법원으로서는 전소 판결이 확정된 후 소멸시효가 중단된 적이 있어 그 중단사유가 종료한 때로부터 새로이 진행된 소멸시효기간의 경과가 임박하지 않아 시효중단을 위한 재소(재소)의 이익을 인정할 수 없다는 등의 특별한 사정이 없는 한, 후소가 전소 판결이 확정된 후 10년이 지나 제기되었다 하더라도 곧바로 소의

---

253) 대법원 2018. 7. 19. 선고 2018다22008 전원합의체 판결. 동지 : 대법원 1987. 11. 10. 선고 87다카1761 판결 ; 대법원 2019. 1. 17. 선고 2018다24349 판결.

254) 대법원 2001. 2. 9. 선고 99다26979 판결.

255) 그런데, 대법원 2018. 10. 18. 선고 2015다232316 전원합의체 판결의 방론은, 시효중단을 위한 후소로서 이행소송 외에 전소 판결로 확정된 채권의 시효를 중단시키기 위한 조치, 즉 '재판상의 청구'가 있다는 점에 대하여만 확인을 구하는 형태의 '새로운 방식의 확인소송'이 허용되고, 채권자는 두 가지 형태의 소송 중 자신의 상황과 필요에 보다 적합한 것을 선택하여 제기할 수 있다고 하였다.
한편, 위 방론은, 그러한 새로운 방식의 확인소송의 소송물은 청구권의 실체적 존부 및 범위는 배제된 채 판결이 확정된 구체적 청구권에 관하여 시효중단을 위한 재판상의 청구를 통한 시효중단의 법률관계에 한정된다고 하였다.
그러나 관견으로는, 위 판결의 소수의견도 지적하였듯이, 그러한 기이한 형태의 소송을 인정할 실익이나 그러한 소의 확인의 이익이 과연 있는지 의문이다.
더 근본적인 문제점은, 위 '전원합의체' 판결이 설시한 법리가 한낱 방론에 불과하다는 것이다. 한낱 추상적인 학설을 개진하기 위하여 사건을 전원합의체에까지 회부한 처사는, 사법부의 본분을 망각한 '휘브리스'(ὕβ ρ ι ς)라는 비난을 면하기 어렵다.
유사취지 : "아무리 법령해석의 통일을 책무로 하는 대법원이라도 그 사건에서 문제되지 않은 논점에 관하여 판시할 권한은 없다. 문제가 된 이 사건에서 이러한 신종 확인소송을 허용할 것인지에 관하여 당사자가 주장한 것도, 당사자 사이에서 다투어진 적도 없는데, 대법원이 직권으로 스스로 이런 확인소송을 허용해야 한다고 판단하였다. 당사자들이 주장하거나 다툰 것이 아니고 직권조사사항도 아닌데, 대법관들끼리 주장하고 다툰 것에 관해서 다수결로 판단한 것이다. 이러한 판단을 '판례'라고 할 수는 없다."(호문혁, "셀카 소송과 셀카봉 판결", **법률신문**, 2019. 3. 21., 11면).

256) 대법원 2018. 10. 18. 선고 2015다232316 전원합의체 판결의 방론은, 시효중단을 위한 후소로 이행소송을 제기한 경우 그 청구원인은 전소 청구원인과 같고 통상의 이행의 소와 다르지 않으므로, 후소 판결 이유에도 전소 청구원인과 같은 정도의 요건사실을 기재해 주어야 한다고 (만일 전소 판결의 확정사실과 소멸시효 연장을 위해 이 사건 소를 제기한 사실을 요건사실로 기재하고자 한다면 오히려 대법원이 안출한 '시효중단을 위한 재판상 청구 확인소송'을 하여야 할 것이라고) 한다.

257) 대법원 2001. 2. 9. 선고 99다26979 판결(사찰재산의 양도계약에 기한 소유권등기이전청구권이 인낙조서에 의해 확정되었으나 양도계약이 관할청의 허가를 받지 못해 무효가 되어 유효한 소유권이전등기를 경료할 수 없게 되었다면, 위 인낙조서에 의해 확정된 소유권이전등기청구권의 시효중단을 위한 재소는 소의 이익이 없어 부적법하다고 한 사례).

이익이 없다고 하여 소를 각하해서는 아니 되고, 채무자인 피고의 항변에 따라 원고의 채권이 소멸시효 완성으로 소멸하였는지에 관한 본안판단을 하여야 한다.[258)]

③ 전소 판결 내용의 불특정

또한, 소송물이 동일한 경우라도 판결 내용이 특정되지 아니하여 집행을 할 수 없는 경우에는 다시 소송을 제기할 권리보호의 이익이 있다.[259)]

그 밖에도 가령, 화해조서의 화해조항에 "….본건 건물의 소유권지분 10분의 3을 양도한다"고 되어 있지 소유권이전등기절차를 이행한다고 되어 있지 아니하다면, 위 화해조서가 소유권(지분)이전등기의 의사진술을 한 것이라고 보기는 어렵고, 그렇다면 이 화해조서를 가지고 소유권(지분)이전등기의 집행을 할 수는 없으므로 위 화해조서의 존재에도 불구하고 위 소유권(지분)이전등기의 소를 제기할 이익이 있다.[260)]

(나) 심리상 주의사항

다만, 위와 같이 신소(新訴)를 제기할 이익이 있는 경우라도, 신소의 판결이 전소(前訴)의 승소확정판결의 내용에 저촉되어서는 아니 되므로, 후소(後訴) 법원으로서는 그 확정된 권리를 주장할 수 있는 모든 요건이 구비되어 있는지 여부에 관하여 다시 심리할 수 없다.[261)]

예컨대, 전소인 약속어음금 청구소송에서 원고의 피고에 대한 약속어음채권이 확정된 이상 그 확정된 채권의 소멸시효의 중단을 위하여 제기한 소송에서 원고의 약속어음의 소지 여부를 다시 심리할 수는 없다.[262)]

이 문제에 관한 상세는 '판결의 확정과 그 효력' 부분에서 다시 살펴보기로 한다.

---

258) 대법원 2019. 1. 17. 선고 2018다24349 판결.

259) 대법원 1998. 5. 15. 선고 97다57658 판결. 동지 : 대법원 1995. 5. 12. 선고 94다25216 판결(화해조서).

260) 대법원 1991. 6. 25. 선고 91다11476 판결(다만 이 판결에서는 "소송을 제기할 이익"이라는 표현을 쓰고 있다).

261) 대법원 1998. 6. 12. 선고 98다1645 판결. 동지 : 대법원 2010. 10. 28. 선고 2010다61557 판결 ; 대법원 2013. 4. 11. 선고 2012다111340 판결 ; 대법원 2018. 4. 24. 선고 2017다293858 판결(A 유한회사가 B 은행으로부터 채권을 양도받은 다음 채무자인 C를 상대로 양수금 청구소송을 제기하여 승소판결을 받고 그 무렵 판결이 확정되었는데, 그 후 채권을 전전 양도받은 D 주식회사가 소멸시효 완성을 차단하기 위해 E을 상대로 양수금 청구소송을 제기한 사안에서, 전소에서 A 회사의 C에 대한 채권이 확정된 이상 확정된 채권의 소멸시효 중단을 위하여 제기된 후소에서는 B 은행이 C에 대하여 A 회사에 채권을 양도한 사실을 통지하였는지 등 채권양도 대항요건의 구비 여부에 관하여 다시 심리할 수 없다고 한 사례) ; 대법원 2018. 7. 19. 선고 2018다22008 전원합의체 판결 ; 대법원 2019. 1. 17. 선고 2018다24349 판결 ; 대법원 2019. 8. 29. 선고 2019다215272 판결.

262) 대법원 1998. 6. 12. 선고 98다1645 판결.

2) 이행청구 일반의 권리보호이익[263)]

가) 집행가능성과의 관계

판결절차는 분쟁의 관념적 해결절차로서 강제집행절차와는 별도로 독자적인 존재 의의를 갖는 것이므로 집행이 가능한지 여부는 이행의 소의 이익을 부정하는 절대적인 사유가 될 수 없다.[264)]

그렇지만, 이행을 구하는 아무런 실익이 없어 법률상 이익이 부정되는 경우까지 소의 이익이 인정된다고 볼 수는 없다.[265)]

나) 도산절차가 개시된 도산채권에 기한 청구가 아닐 것

(1) 회생절차가 개시된 회생채권에 기한 청구가 아닐 것

회생절차가 개시된 후 회생채권자가 회생채권의 이의자를 상대로 – 채권조사확정재판(채무자회생법 제170조 제1항) 내지 채권조사확정재판에 대한 이의의 소를 제기하거나(같은 법 제171조 제1항) 기존에 계속 중이던 소송절차의 수계를 신청하는(같은 법 제172조 제1항) 대신 – 회생채권의 이행을 구하는 소를 제기하는 것은 부적법하다.[266)][267)]

(2) 파산절차가 개시된 파산채권에 기한 청구가 아닐 것

파산절차에서 신고된 파산채권에 관하여 파산관재인 등으로부터 이의가 있었으나, 파산선고 당시에 그 파산채권에 대하여 이미 소송이 계속 중이라면 – 이의채권에 관하여 이의자 전원을 그 소송의 상대방으로 하여 소송을 수계하여야 하므로(채무자회생법 제464조) – 이 경우에 파산채권확정의 소(채무자회생법 제462조 제1항)를 제기하는 것은 권리보호의 이익이 없어 부적법하다.[268)]

---

263) 이행청구의 종류별로 고유한 소의 이익 문제에 관하여서는, '각종의 소의 종류별 유의사항 및 소가산정' 부분에서 후술하겠다.

264) 대법원 2016. 9. 30. 선고 2016다200552 판결.

265) 대법원 2016. 9. 30. 선고 2016다200552 판결(사안은 의사의 진술을 구하는 소).

266) 대법원 2011. 5. 26. 선고 2011다10310 판결. 동지 : 대법원 2017. 6. 29. 선고 2016다221887 판결. 위 판례들의 사안은 모두, 회생채무자가 이의를 제기한 경우이다.

267) 회생절차개시 당시 회생채권에 관한 소송이 계속 중이지 아니하던 회생채권자가 채권조사확정재판(채무자회생법 제170조)을 신청하거나 더 나아가 채권조사확정재판에 대한 이의의 소(같은 법 제171조)를 제기하는 대신에 회생채권확정을 구하는 소를 제기하는 것 역시 부적법하다. 대법원 2011. 5. 26. 선고 2011다10310 판결.

268) 대법원 2020. 12. 10. 선고 2016다254467, 254474 판결.

(3) 개인회생절차가 개시된 개인회생채권에 기한 청구가 아닐 것

개인회생절차개시의 결정이 내려진 후에 새로이 개인회생채권자목록에 기재된 개인회생채권에 기하여 이행의 소를 제기하는 것은 허용되지 아니한다(채무자회생법 제600조 제1항 제3호 본문, 제603조, 제604조).[269)]

이와 관련하여 특기할 것은, 개인회생채권자목록의 제출은 시효중단의 효력이 있고(같은 법 제32조 제3호), 그에 따른 시효중단의 효력은 특별한 사정이 없는 한 개인회생절차가 진행되는 동안에는 그대로 유지되므로, 개인회생채권자목록에 기재된 개인회생채권에 대하여는 그 소멸시효의 중단을 위한 소송행위를 허용하는 예외를 인정할 필요가 있다고 할 수도 없다. 이러한 법리는 개인회생채권자목록에 기재된 개인회생채권에 관하여 개인회생절차개시의 결정 전에 이미 확정판결이 있는 경우에도 마찬가지로 적용된다.[270)]

다) 면책된 청구권에 기한 청구가 아닐 것

도산절차에서 면책이라 함은 채무 자체는 존속하지만 채무자에 대하여 이행을 강제할 수 없다는 의미이다. 따라서 면책된 채권은 통상의 채권이 가지는 소 제기 권능을 상실하게 된다.[271)]

따라서, 면책된 청구권에 기초한 소는 부적법하다.[272)]

라) 장래이행의 소의 문제

이행의 소는 이미(정확하게는 변론종결시까지) 청구권이 발생되어 있는 경우에만 제기할 수 있음이, 즉, 현재이행의 소가 원칙이다.

다만, 미리 청구할 필요가 있으면 장래이행의 소를 제기할 수 있는바(법 제251조), 이에 관하여서는 '각종의 소의 종류별 유의사항 및 소가산정' 부분에서 재론하겠다.

---

269) 대법원 2013. 9. 12. 선고 2013다42878 판결.
cf. **개인회생절차개시의 결정이 있는 때에도 개인회생채권에 관한 소송행위는 금지되지 아니하나**(채무자회생법 제600조 제1항 제3호 단서), 이는 개인회생절차개시의 결정 당시 개인회생채권자목록에 기재된 개인회생채권에 관한 소가 이미 제기되어 있는 경우에는 그에 관한 소송행위를 할 수 있다는 취지로 보아야 한다. 같은 판결.

270) 대법원 2013. 9. 12. 선고 2013다42878 판결.

271) 대법원 2015. 9. 10. 선고 2015다28173 판결(사안은 파산) ; 대법원 2019. 3. 14. 선고 2018다281159 판결(사안은 회생) ; 대법원 2019. 7. 25.자 2018마6313 결정(사안은 개인회생).

272) 그 실례로는, 서울중앙지법 2017. 1. 19. 선고 2016가합536027 판결(사안은 회생) ; 대법원 2015. 9. 10. 선고 2015다28173 판결 ; 대법원 2015. 9. 10. 선고 2015다28173 판결(사안은 파산).

3) 확인청구 일반의 권리보호이익 : 확인의 이익

확인의 소를 제기하려면 확인의 이익이 있어야 하는바, 이에 관하여서는 '각종의 소의 종류별 유의사항 및 소가산정' 부분에서 상론하겠다.

다. 제소기간{출소기간(出訴期間)}

제소기간이 경과하였는지 여부는 소송요건으로서 법원의 직권조사사항이다.[273)]

제소기간에 관하여서는 대개 실체법에서 규정을 두고 있다. 예컨대, 사해행위취소 청구의 소는 채권자가 취소원인을 안 날로부터 1년, 법률행위 있은 날로부터 5년 내에 제기하여야 한다(민법 제406조 제2항).

다만, 가령, 행정소송은 소송법에서도 제소기간을 규정하고 있다.

Ⅲ. 민사재판권

1. 민사재판권 개관

인적·물적 재판권의 존재는 소송요건이다. 그리고, 이를 간과하고 한 판결은 확정되더라도 무효이다.

한편, 대한민국 법원은 개성공업지구 현지기업 사이의 민사분쟁에 대하여 당연히 재판관할권을 가진다고 할 것이고, 이는 소송의 목적물이 개성공업지구 내에 있는 건물 등이라고 하여 달리 볼 것이 아니다.[274)]

2. 민사재판권의 인적 범위

민사재판권은 국가의 영토고권에 따라 국내에 있는 모든 사람에게 미침이 원칙이다.

이와 관련하여 주의할 것은, 우리나라의 영토 내에서 행하여진 외국의 사법적(私法的) 행위가 주권적 활동에 속하는 것이거나 이와 밀접한 관련이 있어서 이에 대한 재판권의 행사가

---

273) 대법원 1988. 5. 24. 선고 87누990 판결(사안은 행정소송). 동지 : 대법원 1993. 2. 26. 선고 92다3083 판결(사안은 상속회복청구소송) ; 대법원 2010. 1. 14. 선고 2009다41199 판결(사안은 상속회복청구소송) ; 대법원 2021. 1. 14. 선고 2018다273981 판결(사안은 관리단집회 결의 취소의 소).

274) 대법원 2016. 8. 30. 선고 2015다255265 판결(사안은 임대차종료를 원인으로 한 건물인도 소송).

외국의 주권적 활동에 대한 부당한 간섭이 될 우려가 있다는 등의 특별한 사정이 없는 한, 외국의 사법적 행위에 대하여는 해당 국가를 피고로 하여 우리나라의 법원이 재판권을 행사할 수 있다는 점이다(상대적 면제주의).[275]

다만, 외교관, 영사기관원, 국제기구 직원, 주한미군 등에 대하여는 민사재판권이 제한되며, 그러한 자에 대한 판결(특권 및 면제를 포기한 경우는 별론)은 무효인바, 더 상세한 것은 **법원실무제요 민사소송**[Ⅰ], 민사소송법 교과서, 국제법 교과서 등을 참고하기 바란다.

3. 민사재판권의 물적 범위: 국제재판관할권

가. 개 관

외국적 요소가 있는 민사사건에 관하여는 우리나라 법원에 재판권이 있는지, 아니면 외국법원에 재판권이 있는지가 문제된다. 이것이 바로 국제재판관할권의 문제이다. 이는 다시 말해, 우리나라 민사재판권과 외국 민사재판권의 한계의 문제라고 할 수 있다.[276]

그런데, 국제재판관할권은 배타적인 것이 아니라 병존할 수 있다.[277] 즉, 우리나라 법원과 외국법원이 모두 재판권을 가지는 경우도 있을 수 있다.

그러나 위 경우에, 지리, 언어, 통신의 편의 측면에서 다른 나라 법원이 대한민국 법원보다 더 편리하다는 것만으로 대한민국 법원의 재판관할권을 쉽게 부정할 수는 없다.[278]

과거에는 국제재판관할권에 관하여 법률이 규정한 바가 없었으나, 2001. 4. 7. 법률 제6465호로 「국제사법」을 전부개정하면서 아래에서 살펴보는 바와 같이 해당 규정을 신설하였다.

나. 국제재판관할권의 일반적 기준: 실질적 관련성

법원은 당사자 또는 분쟁이 된 사안이 대한민국과 실질적 관련이 있는 경우에 국제재판관할권을 가진다(국제사법 제2조 제1항 전문).[279]

---

275) 대법원 1998. 12. 17. 선고 97다39216 전원합의체 판결(사안은 미합중국 산하기관에서 근무하다 해고당한 원고가 미합중국을 상대로 해고무효확인 등을 청구한 것).

276) 외국법원의 확정판결 역시 국제재판관할권이 인정되는 법원의 것이어야 우리나라에서 승인될 수 있다(법 제217조 제1호).

277) 대법원 2010. 7. 15. 선고 2010다18355 판결. 동지: 대법원 2019. 6. 13. 선고 2016다33752 판결; 대법원 2021. 2. 4. 선고 2017므12552 판결; 대법원 2021. 3. 25. 선고 2018다230588 판결.

278) 대법원 2019. 6. 13. 선고 2016다33752 판결. 동지: 대법원 2021. 2. 4. 선고 2017므12552 판결; 대법원 2021. 3. 25. 선고 2018다230588 판결.

279) 이는 가사사건의 경우에도 마찬가지로 적용됨은 물론이다. 대법원 2021. 2. 4. 선고 2017므12552 판결(사안은 이혼).

이 경우 법원은 실질적 관련의 유무를 판단함에는 국제재판관할 배분의 이념에 부합하는 합리적인 원칙에 따라야 한다(같은 항 후문).

여기서 "실질적 관련"은 대한민국 법원이 재판관할권을 행사하는 것을 정당화할 정도로 당사자 또는 분쟁이 된 사안과 관련성이 있는 것을 뜻한다.[280]

국제재판관할을 결정함에는 당사자 간의 공평, 재판의 적정, 신속 및 경제를 기한다는 기본이념에 따라야 할 것이고, 구체적으로는 소송당사자들의 공평, 편의 그리고 예측가능성과 같은 개인적인 이익뿐만 아니라 재판의 적정, 신속, 효율 및 판결의 실효성 등과 같은 법원 내지 국가의 이익도 함께 고려하여야 할 것이며, 이러한 다양한 이익 중 어떠한 이익을 보호할 필요가 있을지 여부는 개별 사건에서 법정지(法廷地)와 당사자의 실질적 관련성 및 법정지와 분쟁이 된 사안의 실질적 관련성을 객관적인 기준으로 삼아 합리적으로 판단하여야 할 것이다.[281]

여기서, 예측가능성은 피고와 법정지 사이에 상당한 관련이 있어서 법정지 법원에 소가 제기되는 것에 대하여 합리적으로 예견할 수 있었는지를 기준으로 판단하여야 한다.[282] 가령, 피고가 대한민국에서 생활 기반을 가지고 있거나 재산을 취득하여 경제활동을 할 때에는 대한민국 법원에 피고를 상대로 재산에 관한 소가 제기되리라는 점을 쉽게 예측할 수 있으며,[283] 법인인 피고가 대한민국에 주된 사무소나 영업소를 두고 영업활동을 할 때에는 대한

위 판결은 재판상 이혼에서 실질적 관련성 유무의 판단기준에 관하여 상론하고 있으나, 이에 관한 언급은 이 책이 다룰 범위를 벗어나므로 생략하겠다.

280) 대법원 2019. 6. 13. 선고 2016다33752 판결. 동지 : 대법원 2021. 2. 4. 선고 2017므12552 판결 ; 대법원 2021. 3. 25. 선고 2018다230588 판결.

281) 대법원 2005. 1. 27. 선고 2002다59788 판결. 동지 : 대법원 2008. 5. 29. 선고 2006다71908,71915 판결 ; 대법원 2010. 7. 15. 선고 2010다18355 판결 ; 대법원 2012. 5. 24. 선고 2009다22549 판결 ; 대법원 2012. 10. 25. 선고 2009다77754 판결 ; 대법원 2013. 7. 12. 선고 2006다17553 판결 ; 대법원 2013. 7. 12. 선고 2006다17539 판결 ; 대법원 2014. 4. 10. 선고 2012다7571 판결 ; 대법원 2019. 6. 13. 선고 2016다33752 판결 ; 대법원 2021. 2. 4. 선고 2017므12552 판결 ; 대법원 2021. 3. 25. 선고 2018다230588 판결.

282) 대법원 2005. 1. 27. 선고 2002다59788 판결. 동지 : 대법원 2008. 5. 29. 선고 2006다71908,71915 판결(대한민국 회사가 일본 회사에게 러시아에서 선적한 냉동청어를 중국에서 인도하기로 하고 그 대금은 선적 당시의 임시 검품 결과에 따라 임시로 정하여 지급하되 인도지에서 최종 검품을 하여 최종가격을 정한 후 위 임시가격과의 차액을 정산하기로 한 매매계약에서, 그 차액 정산에 관한 분쟁은 최종 검품 여부 및 그 결과가 주로 문제되므로 인도지인 중국 법원이 분쟁이 된 사안과 가장 실질적 관련이 있는 법원이나, 대한민국 법원에도 당사자 또는 분쟁이 된 사안과 실질적 관련이 있어 국제재판관할권을 인정할 수 있다고 한 사례) ; 대법원 2010. 7. 15. 선고 2010다18355 판결 ; 대법원 2012. 5. 24. 선고 2009다22549 판결 ; 대법원 2012. 10. 25. 선고 2009다77754 판결 ; 대법원 2013. 7. 12. 선고 2006다17553 판결 ; 대법원 2013. 7. 12. 선고 2006다17539 판결 ; 대법원 2014. 4. 10. 선고 2012다7571 판결 ; 대법원 2019. 6. 13. 선고 2016다33752 판결 ; 대법원 2021. 3. 25. 선고 2018다230588 판결.

283) 대법원 2005. 1. 27. 선고 2002다59788 판결. 동지 : 대법원 2008. 5. 29. 선고 2006다71908,71915 판결 ;

민국 법원에 피고를 상대로 재산에 관한 소가 제기되리라는 점을 쉽게 예측할 수 있다.[284)]

주의할 것은, 준거법은 어느 국가의 실질법 질서에 따라 분쟁을 해결하는 것이 적절한지의 문제인 반면, 국제재판관할권은 분쟁이 된 사안에 대하여 당사자의 공평, 재판의 적정, 신속과 경제 등에 비추어 어느 국가의 법원에 재판관할을 인정할 것인지의 문제로서, 이 둘은 서로 다른 이념에 따라 지배되므로, 국제재판관할권은 준거법에 따라서만 결정할 수 없다.[285)]

다. 국제재판관할권의 구체적 기준

1) 원 칙

법원은 국내법의 관할 규정을 참작하여 국제재판관할권의 유무를 판단하되(국제사법 제2조 제2항 전단. 역추지설(逆推知說)), **전술한 실질적 관련성의 원칙**(국제사법 제2조 제1항)**에 비추어 국제재판관할의 특수성을 충분히 고려하여야 한다**(국제사법 제2조 제2항 후단. 조리설(條理說)).

따라서 민사소송법 관할 규정은 국제재판관할권을 판단하는 데 가장 중요한 판단 기준으로 작용한다.[286)] 다만 이러한 관할 규정은 국내적 관점에서 마련된 재판적에 관한 규정이므로 국제재판관할권을 판단할 때에는 - 해당 사건의 법적 성격이나 그 밖의 개별적·구체적 사정을 고려하여 -[287)] 국제재판관할의 특수성을 고려하여 국제재판관할 배분의 이념에 부합하도록 수정하여 적용해야 하는 경우도 있다.[288)]

국내법 규정을 참작하여야 하는 이유는, 우리나라 「민사소송법」의 토지관할에 관한 규정 또한 당사자 간의 공평, 재판의 적정, 신속 및 경제를 기한다는 기본이념에 따라 제정된 것이기 때문이다.[289)]

대법원 2010. 7. 15. 선고 2010다18355 판결 ; 대법원 2012. 5. 24. 선고 2009다22549 판결 ; 대법원 2012. 10. 25. 선고 2009다77754 판결 ; 대법원 2013. 7. 12. 선고 2006다17553 판결 ; 대법원 2013. 7. 12. 선고 2006다17539 판결 ; 대법원 2014. 4. 10. 선고 2012다7571 판결 ; 대법원 2019. 6. 13. 선고 2016다33752 판결.

284) 대법원 2021. 3. 25. 선고 2018다230588 판결.

285) 대법원 2021. 3. 25. 선고 2018다230588 판결. 동지 : 대법원 2021. 2. 4. 선고 2017므12552 판결.

286) 대법원 2019. 6. 13. 선고 2016다33752 판결. 동지 : 대법원 2021. 2. 4. 선고 2017므12552 판결 ; 대법원 2021. 3. 25. 선고 2018다230588 판결.

287) 대법원 2021. 2. 4. 선고 2017므12552 판결.

288) 대법원 2019. 6. 13. 선고 2016다33752 판결. 동지 : 대법원 2021. 2. 4. 선고 2017므12552 판결 ; 대법원 2021. 3. 25. 선고 2018다230588 판결.

289) 대법원 1995. 11. 21. 선고 93다39607 판결 참조. 동지 : 대법원 1992. 7. 28. 선고 91다41897 판결 ; 대법원 2000. 6. 9. 선고 98다35037 판결 ; 대법원 2003. 9. 26. 선고 2003다29555 판결.

예컨대, 국제재판관할에서도, (사람인) 피고의 주소지는 생활관계의 중심적 장소로서 중요한 고려요소이며(법 제2조 참조),[290] (법인인) 피고의 주된 사무소가 있는 곳은 영업관계의 중심적 장소로서 중요한 고려요소가 된다(법 제5조 제1항 전단 참조).[291]

다른 한편, 국제재판관할에서 – 국내법의 특별재판적과 마찬가지로 – 특별관할을 고려하는 것은 분쟁이 된 사안과 실질적 관련이 있는 국가의 관할권을 인정하기 위한 것이다.[292]

예컨대, 원고가 소를 제기할 당시 피고의 재산이 대한민국에 있는 경우 대한민국 법원에 피고를 상대로 소를 제기하여 승소판결을 얻으면 바로 집행하여 재판의 실효를 거둘 수 있다. 이와 같이 피고의 재산이 대한민국에 있다면 당사자의 권리구제나 판결의 실효성 측면에서 대한민국 법원의 국제재판관할권을 인정할 수 있다(법 제11조 참조).[293]

그러나 그 재산이 우연히 대한민국에 있는 경우까지 무조건 국제재판관할권을 인정하는 것은 피고에게 현저한 불이익이 발생할 수 있다. 따라서 원고의 청구가 피고의 재산과 직접적인 관련이 없는 경우에는 그 재산이 대한민국에 있게 된 경위, 재산의 가액, 원고의 권리구제 필요성과 판결의 실효성 등을 고려하여 국제재판관할권을 판단해야 한다.[294]

---

290) 대법원 2019. 6. 13. 선고 2016다33752 판결.

291) 대법원 2021. 3. 25. 선고 2018다230588 판결.

292) 대법원 2019. 6. 13. 선고 2016다33752 판결. 동지 : 대법원 2021. 3. 25. 선고 2018다230588 판결.

293) 대법원 2019. 6. 13. 선고 2016다33752 판결. 동지 : 대법원 2021. 3. 25. 선고 2018다230588 판결.

294) 대법원 2019. 6. 13. 선고 2016다33752 판결(A는 중국 국적으로 중국에서 사채업에 종사하다가 대한민국에서 영업을 하려고 입국한 사람이고, B 등은 중국 국적의 부부로 중국에서 부동산개발사업을 영위하다가 대한민국에 거주지를 마련한 사람들인데, A가 과거 중국에서 B 등에게 빌려준 대여금의 반환을 구하는 소를 대한민국 법원에 제기한 사안에서, B 등이 대한민국에 있는 부동산과 차량을 구입하여 소유·사용하고, 위 소 제기 당시 대한민국에 생활의 근거를 두고 자녀를 양육하면서 취득한 부동산에서 실제로 거주해 온 사실 등과 A도 위 소 제기 무렵 대한민국에 입국하여 변론 당시까지 상당한 기간을 대한민국에서 거주하면서 향후 대한민국에서 영업활동을 수행할 계획을 가지고 있는 사실 등을 종합하면 A와 B 등이 모두 위 소 제기 당시 대한민국에 실질적인 생활 기반을 형성하였다고 볼 수 있는 점, B 등은 중국을 떠난 뒤 대한민국에 생활 기반을 마련하고 재산을 취득하였으므로 A가 자신들을 상대로 대한민국 법원에 위 소를 제기할 것을 예상하지 못했다고 보기 어렵고, B 등이 대한민국에 부동산과 차량 등 재산을 소유하고 있어 A가 이를 가압류한 상황에서 청구의 실효성 있는 집행을 위해서 대한민국 법원에 소를 제기할 실익이 있는 점, 중국 국적인 A가 중국 국적인 B 등을 상대로 스스로 대한민국 법원에 재판을 받겠다는 의사를 명백히 표시하여 재판을 청구하고 있고, B 등도 대한민국에서 소송대리인을 선임하여 응소하였으며, 상당한 기간 대한민국 법원에서 본안에 관한 실질적인 변론과 심리가 이루어졌는데, 위 사건의 요증사실은 대부분 계약서나 계좌이체 내역 등의 서증을 통해 증명이 가능하고 반드시 중국 현지에 대한 조사가 필요하다고 보기 어렵고, 대한민국에서 소송을 하는 것이 을 등에게 현저히 불리하다고 볼 수 없는 반면, 위 사건에 관하여 대한민국 법원의 국제재판관할을 부인하여 중국 법원에서 다시 심리해야 한다면 소송경제에 심각하게 반하는 결과가 초래되는 점, 위 사건에 관한 법률관계의 준거법이 중국법이라 하더라도 국제재판관할과 준거법은 서로 다른 이념에 의해 지배되는 것이므로 그러한 사정만으로 위 소와 대한민국 법원의 실질적 관련성을 부정할 수는 없는 점 등에 비추어 위 소는 대한민국과 실질적 관련성이 있으므로 대한민국 법원이 국제재판관할권을 가진다고 본 원심판단이 정당하다

다른 한편 가령, 외국에 주소를 둔 당사자 사이의 채권에 관한 소라 하더라도, 그 채권의 발생 자체가 대한민국 내에서 이루어지는 사업이나 대한민국 내의 재산에 관한 것이라든가, 재산의 이전 및 사용의 장소가 대한민국이라든가 하는 경우에는, 그 분쟁이 된 사안이 대한민국과 실질적 관련이 있다고 할 수 있을 것이다.[295)]

2) 특칙 : 소비자계약과 근로계약

소비자계약과 근로계약의 국제재판관할권에 관하여서는 국제사법 제27조 제4항, 제5항, 제28조 제3항, 제4항에 특칙이 있으나, 이에 관한 설명은 생략하겠다.

라. 긴급관할(보충관할)

국제사법 제2조에 따라 국제재판관할권을 가지는 법원에(즉, 외국법원에 국제재판관할권이 있는 경우라 하더라도 그 법원에) 사실상의 장애로 인하여 제소할 수 없는 경우에는 우리나라 법원에 소를 제기할 수 있다고 할 것이다(남북 주민 사이의 가족관계와 상속 등에 관한 특례법 제4조 제3항의 유추해석).

마. 국제재판관할의 합의 및 변론관할

국제재판관할의 합의에 관한 문제는 합의관할과 관련 있는 문제이므로, '소의 제기' 부분에서 후술하겠다.

국제재판관할의 변론관할 문제 역시, 답변서와 관련된 문제이므로, '피고의 응소' 부분에서 후술하겠다.

고 한 사례).

295) 대법원 2014. 4. 10. 선고 2012다7571 판결 참조.

제5장 소송주체와 소송행위

제1절 소송주체 일반

Ⅰ. 법원(法院)

1. 법원 개관

재판, 기타 사법작용을 이해하기 위해서는 우선 사법부 조직에 대한 이해가 선행되어야 한다.

법원(法院)이라고 하면, 헌법상 의미의 법원을 지칭하는 경우도 있고, 소송법상 의미의 법원을 지칭하는 경우도 있다. 전자는 최고법원(最高法院)인 대법원과 각급법원("서울고등법원", "서울중앙지방법원" 등)으로 조직되는 국가기관을 말하며(대한민국 헌법 제101조 제2항), 후자는 1인 또는 수인의 법관으로 구성된 재판부("민사○○단독", "제○민사부" 따위)를 말한다. 그리고, 소송법에서 "법원"이라고 하면 대개 소송법상 의미의 법원(합의부, 단독판사)을 지칭하는 것이다.

이하에서는 "헌법상 의미의 법원"을 먼저 살펴본 후에, "법관"을 살펴본 후, "소송법상 의미의 법원"에 관하여 살펴본다.

2. 헌법상 의미의 법원

가. 법원의 종류와 관할구역 일반

1) 법원의 종류

법원은 최고법원인 대법원과 각급법원으로 조직되며(대한민국헌법 제101조 제2항, 법원조직법 제11조), **대법원과 각급법원의 조직은 법률로 정하므로**(대한민국헌법 제102조 제3항), 어떠한 각급법원을 둘 것인지는 법률에 위임되어 있는바, 법률이 정한 법원의 종류는 다음과 같다.

법원은 다음의 7종류로 한다(법원조직법 제3조 제1항).

① **대법원**

② **고등법원**

③ **특허법원**

④ **지방법원**

⑤ **가정법원**

⑥ **행정법원**

⑦ **회생법원**

그리고, **지방법원 및 가정법원의 사무의 일부를 처리하게 하기 위하여 그 관할구역에 지원**(支院)**과 가정지원, 시법원**(市法院) **또는 군법원**(郡法院)(“시·군법원”)**을 둘 수 있다**(같은 조 제2항 본문).

한편, 여기서 지원과 대비되는 의미의 지방법원 및 가정법원을 각각 ‘지방법원 본원’, ‘가정법원 본원’이라 한다(법원조직법 제32조 제2항, 제40조 제2항 참조).[296)]

따라서, 법원조직법상 지방법원 및 가정법원과 관련하여서는, ㅇㅇ지방법원, ㅇㅇ지방법원 △△지원, ㅇㅇ지방법원 가정지원, ㅇㅇ지방법원(△△지원) ◇시법원, ㅇㅇ지방법원(△△지원) ◇군법원,[297)] ㅁㅁ가정법원, ㅁㅁ가정법원 △△지원이 있을 수 있다.

그러나, 위와 같은 각급법원 중에서 ‘ㅇㅇ지방법원 가정지원’이 현재는 존재하지 아니함은, 가정법원과 관련하여 후술하는 바와 같다.

2) 각급법원의 설치와 관할구역

고등법원·특허법원·지방법원·가정법원·행정법원·회생법원과 지방법원 및 가정법원의 지원, 가정지원, 시·군법원의 설치·폐지 및 관할구역은 따로 법률로 정한다(법원조직법 제3조 제3항 전단).

이에 따라, **‘법원설치법’은 각급 법원의 설치와 관할구역을 정함을 목적으로 한다**(법원설치법 제1조).[298)]

---

296) cf. 현행법상, 서울중앙지방법원, 서울동부지방법원, 서울남부지방법원, 서울북부지방법원, 서울서부지방법원, 그리고 제주지방법원은 지원이 따로 없다. 따라서, 이들 지방법원도 본원의 일종이기는 하지만, 이들에 관하여서는 ‘본원’이라는 표현을 별도로 쓰지는 아니한다.
또한, 서울가정법원, 부산가정법원도 지원이 따로 없다(cf. 부산지방법원은 동부지원, 서부지원이 있다). 이 책 초판에서는 대구가정법원도 그러하다고 잘못 서술하였다. 이 점, 독자 여러분께 사과드린다.

297) 바로 후술하는 바와 같이, 본원과 지원은 제1심 관할구역을 달리하므로, 시법원이나 군법원 중에는 본원의 관할구역 내에 있는 것도 있고(예 : 대구지방법원 칠곡군법원), 지원의 관할구역 내에 있는 것도 있다(예 : 대구지방법원 서부지원 성주군법원).

298) 그런데, **법원의 관할구역의 기준이 되는 행정구역의 변경이 있는 경우에는 ‘법원설치법’에 의하여 법원의 관할구역이 정하여질 때까지 정부와 협의하여 그 변경으로 인한 관할구역을 대법원규칙으로 정할 수 있다**(법원설치법 제5조 제1항).

주의할 것은, 위 법률에 의하면, 본원과 지원은 독립된 토지관할권을 가지며, 따라서 지원은 본원의 일부가 아니다.[299)][300)]

한편, **법원의 관할구역의 기준이 되는 행정구역의 변경이 있는 경우에는, 「법원설치법」에 의하여 법원의 관할구역이 정하여질 때까지**(즉, 한시법으로서) **정부와 협의하여 그 변경으로 인한 관할구역을 대법원규칙으로 정할 수 있다**(법원설치법 제5조 제1항).[301)]

또한, **인구 및 사건수등의 변동으로 인하여 시·군법원의 관할구역을 조정할 필요가 있다고 인정되는 경우에는, 같은 법에 의하여 관할구역이 정하여질 때까지**(즉, 역시 한시법으로서) **그 관할구역의 변경을 대법원규칙으로 정할 수 있다**(같은 조 제2항).

3) 합의부의 설치

고등법원, 특허법원, 지방법원(본원), **지방법원의 지원과 가정지원,[302)] 가정법원**(본원), **가정법원 지원, 행정법원, 회생법원에 각각 부**(部)**를 둔다**(법원조직법 제27조 제1항, 제28조의3, 제30조 제1항, 제31조 제5항, 제38조 제1항, 제39조 제3항, 제40조의3 제1항, 제40조의6 제1항). 즉, 시·군법원 외의 각급 법원에는 모두 합의부가 설치되어 있다.

나. 대 법 원

1) 대법원의 심판권

가) 상고사건 및 재항고사건

대법원은 다음 각 호의 사건을 종심(終審)**으로 심판한다**(법원조직법 제14조 제1호, 제2호).

① 고등법원 또는 항소법원·특허법원의 판결에 대한 상고사건

② 항고법원·고등법원 또는 항소법원·특허법원의 결정·명령에 대한 재항고사건

또한, **인구 및 사건수등의 변동으로 인하여 시·군법원의 관할구역을 조정할 필요가 있다고 인정되는 경우에는 같은 법에 의하여 관할구역이 정하여질 때까지 그 관할구역의 변경을 대법원 규칙으로 정할 수 있다**(같은 조 제2항).

299) 대법원 1992. 4. 15.자 92마146 결정 참조.

300) 대구지방법원 본원, 부산지방법원 본원의 관할구역이 각각 해당 광역시 일부인 것과 달리 대구가정법원 본원, 부산가정법원의 관할구역은 해당 광역시 전역이므로, 주의를 요한다.

301) 최근의 예를 들자면, 「세종특별자치시 및 당진시 설치에 따른 법원 관할구역 변경에 관한 규칙」이 2012. 7. 1. 제정되어 2013. 7. 30. 법률 제11951호로 '법원설치법'이 개정·시행되기 전까지 시행되고 있었다.

302) **지방법원의 지원과 가정지원에는 부를 두지 않을 수도 있으나**(법원설치법 제3조 단서), 현재 부를 두지 아니한 지원은 존재하지 아니한다.

나) 대법원 관할 선거소송 및 특수소송

또한, **대법원은 다른 법률에 따라 그 권한에 속하는 사건을 종심으로 심판하한다**(법원조직법 제14조 제3호).

그 대표적 예로는, (최광의의) 선거소송 중 대법원이 관할법원인 것들과, 특수소송(민사소송 등 인지법 제3조 후단 참조)[303)]을 들 수 있다.

대법원이 관할하는 (최광의의) 선거소송으로는,[304)] '대통령 및 국회의원'에 관한 선거소송 및 당선소송(공직선거법 제222조 제1항, 제223조 제1항),[305)] 국민투표무효의 소송(국민투표법 제10장),[306)] '시·도지사'에 관한 주민소환투표소송(주민소환에 관한 법률 제24조, 제주특별자치도 설치 및 국제자유도시 조성을 위한 특별법 제29조), '시·도'의 주민투표소송(주민투표법 제25조, 제주특별자치도 설치 및 국제자유도시 조성을 위한 특별법 제8조 제3항)을[307)] 들 수 있다.

특수소송으로는, 공유수면매립지 등의 관할구역 결정에 관한 이의소송(지방자치법 제4조 제8항), 지방자치법상의 기관소송(지방자치법 제169조 제2항, 제170조 제3항, 지방교육자치에 관한 법률 제28조 제3항), 법관징계처분에 대한 불복소송(법관징계법 제27조)[308)] 등을 둘 수 있다.

2) 대법원의 심판권의 행사

대법원의 심판권의 행사는 원론적으로 다음과 같이 되어 있다.

첫째, 원칙적으로, **대법원의 심판권은 대법관[309)] 전원의 2/3 이상의 합의체에서[310)] 행사한**

---

303) '특별소송'이라고 지칭하는 경우(가령, 송달료규칙 제1조)도 있다.

304) 최광의의 선거소송이라는 범주를 상정할 수 있는 까닭은, 이들이 모두 소송절차상 「공직선거법」의 해당 규정(「민사소송법」에 대한 특칙)이 적용 또는 준용된다는 공통점이 있기 때문이다.

305) 이러한 선거소송 및 당선소송을 통틀어 광의의 선거소송이라 할 수 있겠다.

306) 제요[민소 I], 142면은, 국민투표무효의 소송이 (선거소송이 아니라) 특수소송이라고 하나, 관견으로는 의문이다.

307) 이 책 초판에서는 제주특별자치도의 주민투표소송에 관한 서술을 누락하였다. 이 점, 독자 여러분께 사과드린다.

308) cf. 법관에 대한 징계처분 취소소송을 대법원의 단심재판에 의하도록 한 취지는, 법관에 대한 징계절차는 일반 국민에게 미치는 영향이 크기 때문에 신속히 종결할 필요가 있고, 법관의 연임거부처분이나 임명신청 거부처분 등은 그 처분에 의하여 법관의 신분 상실 여부가 결정되는데 비하여 징계처분은 처분을 받더라도 법관의 신분이 계속 유지되므로 이의절차를 조속히 해소하여야 할 필요성이 훨씬 강하고, 현실적으로 대법원장의 처분에 대하여 하급법원인 1심부터 재판을 하기가 어렵다는 점을 고려한 것이다. 즉, 이는 입법자가 독립적으로 사법권을 행사하는 법관이라는 지위의 특수성과 법관에 대한 징계절차의 특수성을 감안하여 재판의 신속을 도모한 것이다. 헌재 2012. 2. 23. 선고 2009헌바34 결정.

309) cf. 제1공화국 및 제2공화국 헌법에서는 현행헌법과 마찬가지로 "대법관"이라 하였으나, 제3공화국 헌법부터 제5공화국 헌법까지는 "대법원판사"라 하였다.

310) 즉, '전원합의체'는 그 명칭과는 달리 개념상 '전원'의 합의체는 아니다. 다만, 실제로는 문자 그대로 전원으로 구성하는 것이 일반이로되, 법원행정처장은 관여하지 아니함이 관례이다.

다(법원조직법 제7조 제1항 본문 전단).

둘째, 다만, **대법관 3명 이상으로 구성된 부**(部)**에서 먼저 사건을 심리**(審理)**하여 의견이 일치한 경우에 한하여 다음 각 호의 경우를 제외하고 그 부에서 재판할 수 있다**(같은 항 후단).

그런데 실제로는 부에서 재판하는 것이 오히려 원칙처럼 되어 있다.

그러나 다음 각 호의 경우에는 반드시 전원합의체에서 심판한다.[311)]

① 명령 또는 규칙이 헌법에 위반된다고 인정하는 경우

② 명령 또는 규칙이 법률에 위반된다고 인정하는 경우

③ 종전에 대법원에서 판시(判示)**한 헌법·법률·명령 또는 규칙의 해석 적용에 관한 의견을 변경할 필요가 있다고 인정하는 경우**

④ 부에서 재판함이 적당하지 아니하다고 인정하는 경우

전원합의체가 재판할 사항을 부에서 재판한 때에는 재심사유가 되는바(법 제451조 제1항 제1호). 상세한 것은 '재심 및 준재심 절차' 부분에서 다시 살펴볼 것이다.

그러나, 법원조직법 제7조 제1항 제4호에서 "부에서 재판함이 적당하지 아니하다고 인정하는 경우"라 함은 해당 부에서 재판함이 적당하지 아니하다고 (해당)부를 구성하는 대법관 전원의 일치된 의견으로 인정하는 경우를 의미하고, 종전의 판례가 없는 법령의 해석적용에 관하여 최초의 의견을 표명할 때에는 반드시 대법관 전원합의체의 심판을 거쳐야 한다는 취지는 아니다.[312)]

한편, **이러한 과반수 결정사항**(법원조직법 제7조 제1항)**에 관하여**(즉, 전원합의체에서) **의견이 2개의 설로 나뉘어 각 설이 과반수에 이르지 못할 때에는 원심재판을 변경할 수 없다**(법원조직법 제66조 제3항).

다. 고등법원

1) 고등법원의 심판권 일반

가) 합의사건의 항소·항고사건(다만, 특허권등에 관한 민사소송의 항소사건 제외)

(1) 원 칙

고등법원은 다음의 사건을 심판한다(법원조직법 제28조 제1호, 제2호).

① 지방법원 합의부, 가정법원 합의부, 회생법원 합의부 또는 행정법원의 제1심 판결·심판·결

---

311) cf. 이와 관련하여, 「대법원 전원합의체의 심리절차에 관한 내규」가 제정되어 있다.

312) 대법원 1985. 4. 26. 선고 85사12 판결.

정·명령에 대한 항소 또는 항고사건

여기서 주의할 것은, 행정1심재정단독사건에 관한 항소법원 역시 고등법원이다. 이 점, 민사 또는 가사 단독사건의 항소법원이 고등법원이 아닌 것과 다르다.

② 지방법원단독판사, 가정법원단독판사의 제1심 판결·심판·결정·명령에 대한 항소 또는 항고사건으로서 형사사건을 제외한 사건 중 대법원규칙으로 정하는 사건

여기에서 "지방법원" 또는 "가정법원"이라 함은 본원과 지원을 총칭한다.

다만, '법원조직법 제28조 제2항에 해당하는' 고액단독사건은 현재 존재하지 아니하는바, 이에 관하여서는 별항으로 재론하겠다.

(2) 특 칙

다만, **특허권등에 관한** (제1심) **민사소송 사건**(법 제24조 제2항 및 제3항)**의 항소사건은**, 2016. 1. 1. 이후에 제1심 판결이 선고되었다면(법원조직법 부칙(2015. 12. 1.), **특허법원의 권한에 속하므로**(같은 법 제28조의4 제2호), **고등법원의 심판권에서 제외한다**(같은 법 제28조 단서).[313)]

여기서 "특허권등"이란, 속칭 산업재산권, 즉, **특허권, 실용신안권, 디자인권, 상표권, 품종보호권을 말한다**(법 제24조 제1항 본문).

이에 관하여서는 다음 사항에 주의하여야 한다.

첫째, 특허권등에 관한 민사소송이라 하더라도 그 '항고' 사건은, 일반원칙에 따라, 고등법원 또는 (후술하듯이) 지방법원(또는 강릉지원) 합의부가 심판한다(법원조직법 제28조 단서의 반대해석).

둘째, '특허권등 외의' 지식재산권에 관한 민사소송의 항소·항고사건 역시 종전과 마찬가지로, 일반원칙에 따라, 고등법원 또는 지방법원(또는 강릉지원) 합의부가 심판한다.

나) 고등법원 관할 선거소송 등

또한, **고등법원은 다른 법률에 따라 고등법원의 권한에 속하는 사건을 심판한다**(법원조직법 제28조 제3호).

그 예로는, '지방의회의원 및 지방자치단체의 장'의 선거소송 및 당선소송(공직선거법 제222조 제2항, 제223조 제2항), '지방자치단체 의원 또는 시장·군수·구청장'에 관한 주민소환투표소송(주민소환에 관한 법률 제24조, 제주특별자치도 설치 및 국제자유도시 조성을 위한 특별법 제29조),

313) 대법원 2017. 12. 22. 선고 2017다259988 판결은, 특허권 침해를 청구원인으로 하는 손해배상청구 사건이 2015. 11. 5. 소가 제기되어 2016. 11. 25. 제1심판결이 선고된 사안에서, 이에 대한 항소사건은 고등법원이 아니라 특허법원의 전속관할에 속한다고 하였다.

'시·군·자치구'의 주민투표소송(주민투표법 제25조)을 들 수 있다.[314]

특히, 공정거래위원회의 처분에 대한 불복의 소는 서울고등법원의 전속관할로 되어 있다(독점규제 및 공정거래에 관한 법률 제55조, 하도급거래 공정화에 관한 법률 제27조 제1항 후단, 약관의 규제에 관한 법률 제30조의2 제2항, 표시·광고의 공정화에 관한 법률 제16조 제1항 후단, 가맹사업거래의 공정화에 관한 법률 제37조 제3항, 방문판매 등에 관한 법률 제50조 제3항, 대규모유통업에서의 거래 공정화에 관한 법률 제38조 제2항, 대리점거래의 공정화에 관한 법률 제27조 제3항).[315]

또한, 중앙해양안전심판원의 재결에 대한 소송은 중앙해양안전심판원의 소재지를 관할하는 고등법원(즉, 대전고등법원)에[316] 전속(專屬)한다(해양사고의 조사 및 심판에 관한 법률 제74조 제1항).[317]

2) 고액단독사건의 항소 또는 항고사건

구「민사 및 가사소송의 사물관할에 관한 규칙」(2016. 9. 6. 대법원규칙 제2674호로 개정되기 전의 것)은 제4조에서(제1심 단독사건에 대한 항소·항고사건 중) 고등법원이 심판할 사건(법원조직법 제28조 제2호)의 범위를 정하고 있었으나, 현행「민사 및 가사소송의 사물관할에 관한 규칙」은 2016. 10. 1.부터 위 규정을 삭제하여 그와 같은 정함을 폐지하였다.[318]

즉, 현재는 '민사 또는 가사 단독사건의' 항소 또는 항고사건을 고등법원이 관할하는 예가 없다.

---

314) cf. 구 행정소송법(1994. 7. 27. 법률 제4770호로 개정되기 전의 것) 제9조, 제38조, 제40조에서는 행정소송(정확하게는, 항고소송 및 당사자소송)의 제1심관할법원도 고등법원으로 하는 등 행정소송에 관하여 2심제를 채택하고 있었으나, 1998. 3. 1.부터 시행된 현행법은 후술하는 바와 같이 행정소송을 행정법원이 관할하도록 하는 등 행정소송도 원칙적으로 3심제에 의하도록 하고 있다.

315) 이는 공정거래위원회에 강학상 '준사법기관'으로서의 성격이 부여되어 있음을 전제로 한 것이다. 대법원 2018. 12. 27. 선고 2015두44028 판결.

316) cf. 종래, 중앙해양안전심판원의 위치는 서울특별시로 하였으나(해양사고의 조사 및 심판에 관한 법률 제8조 제3항, 구 해양사고의 조사 및 심판에 관한 법률 시행령(2014. 9. 18. 대통령령 제25618호로 개정되기 전의 것) 제2조 제1항), 중앙행정기관 등의 행정중심복합도시로의 이전계획에 따라(신행정수도 후속대책을 위한 연기·공주지역 행정중심복합도시 건설을 위한 특별법 제16조 제5항, 행정자치부고시 제2005-9호), 중앙해양안전심판원도 세종특별자치시로 이전하였다.

317) 중앙해양안전심판원의 재결에 대한 소송은 종래 특수소송이었으나, 해외 주요국가의 사례에서도 해양사고를 최고법원이 단심으로 처리하는 입법례가 없고, 사실관계에 대한 법원의 판단이 1회에 그침으로서 국민의 법원으로부터 재판을 받을 권리를 침해할 우려가 있다는 점과 법령의 최종적 해석을 통하여 사회의 법적가치와 기준을 제시하는 역할을 하는 대법원의 성격에도 부합하지 않는 측면이 있다는 반성적 고려에서, 2014. 5. 21.부터 위와 같이 2심제로 바뀌었다.

318) 2011. 11. 1.부터 2015. 2. 12.까지는 법원에 접수된 사건에 관하여서는 고액단독사건이 없었으나, 같은 달 13.부터는 고액단독사건이 부활하였는데, 부활 당시에는 고액단독사건의 제2심이 고등법원 관할이었으나, 그것이 다시 지방법원본원합의부 관할로 변경된 것이다.

다만, 고액단독사건이라는 범주 자체가 사라진 것은 아닌바, 종전의 고액단독사건은 제1심에서 변호사 아닌 자의 소송대리가 허용되지 아니할뿐더러 항소심은 고등법원이 관할하였으나, 지금의 고액단독사건은 여전히 제1심에서 변호사 아닌 자의 소송대리를 허용하지 아니하되 항소심은 지방법원 합의부가 관할한다. 이에 관하여서는 '소송대리인' 부분에서 재론할 것이다.

라. 특허법원

1) 특허법원의 관할구역

각급법원 중 특허법원은 대전광역시에 1개소만 설치되어 있으며,[319] **특허법원의 관할구역은 전국이다**(법원설치법 제4조 제2호, 별표 4).

2) 특허법원의 심판권

가) 특허소송 사건

특허법원은 특허법 제186조 제1항, 실용신안법 제33조, 디자인보호법 제166조 제1항 및 상표법 제162조에서 정하는 제1심사건을 심판한다(법원조직법 제28조의4 제1호).[320]

또한, 다른 법률에 따라 특허법원의 권한에 속하는 사건을 심판하는바(같은 조 제3호), 그 예로는, 농수산물 품질관리법 제54조 제1항이 정하는 제1심사건, 식물신품종 보호법 제103조 제1항이 정하는 제1심사건이 있다.

한편, **특허법원의 전속관할에 속하는** (제1심) **소송**(민사소송 등 인지규칙 제17조의2), 다시 말해, 특허법 제9장의 규정과 이를 준용하는 규정에 의한 소송(상고심법 제2조, 민소전자문서법 제3조 제4호, 제8호)**을 '특허소송'이라 하며,** 현재 특허법원의 권한에 속하는 제1심 소송사건은 모두 특허소송 사건인 것으로 보인다.[321]

특허소송은 행정소송의 일종이지만, 일반 행정소송과 달리 2심제에 의하는 등 법령상으로나 실무상으로 특별한 취급을 받고 있다.

---

319) cf. 1998. 3. 1. 설치 당시에는 서울특별시에 설치하였으나(구 법원설치법(1994. 7. 27. 법률 제4766호로 개정된 것) 제2조 제1항, 별표 1), '법원설치법'을 1997. 12. 13. 법률 제5432호로 개정함에 따라 2000. 3. 1. 특허심판원 소재지인 대전광역시로 이전하여 지금까지 이르고 있다.

320) cf. 특허법원 사건의 제2심은 상고사건이다(특허법 제186조 제8항, 실용신안법 제33조, 종자산업법 제105조 제7항, 디자인보호법 제75조 제8항, 상표법 제86조 제2항, 농산물품질관리법 제8조의20 제8항).

321) cf. 구 농산물품질관리법(2011. 7. 21. 법률 제10885호로 개정되기 전의 것) 제8조의20 제8항은 특허법 제186조 제1항을 준용하지 아니하였다.

나) 특허권등에 관한 민사소송[322] 사건의 항소·항고사건

또한, 2016. 1. 1.**부터는**(법원조직법 부칙(2015. 12. 1.) 제1조), **특허법원은 특허권·실용신안권·디자인권·상표권·품종보호권**("특허권등")**에 관한** (제1심) **민사소송 사건**(법 제24조 제2항 및 제3항)**의 항소사건을 심판한다**(법원조직법 제28조의4 제2호).

이는 전술한 바와 같이 특허소송을 특허법원이 관할하는 데에 대응하여 그렇게 정한 것이다.

이에 관하여서는 다음 사항에 주의하여야 한다.

첫째, **위 관할규정은** 2015. 12. 31. **이전에 소가 제기된**[323] **위와 같은 사건에 대하여** 2016. 1. 1. **이후에 제1심 판결이 선고된 경우에 대해서도 적용한다**(같은 부칙 제2조).

둘째, 고등법원에 관한 부분에서 기술한 바와 같이, 위 관할규정은 항고사건에는 적용이 없다(같은 법 제28조의4 제2호의 반대해석).

3) 국제재판부

가) 개 관

특허법원장은 외국어 변론 허가(법원조직법 제62조의2 제1항)**가 있는 사건을 특정한 재판부로 하여금 전담하게 할 수 있다**(법원조직법 제62조의2 제2항).

그러한 사건을 "국제사건"이라 하며, 국제사건을 전담하는 재판부를 "국제재판부"라 한다(같은 항).

외국어 변론 허가의 절차, 국제사건에서 허용되는 외국어의 범위, 그 밖에 국제사건의 재판 및 국제재판부의 운영에 필요한 사항은 대법원규칙으로 정하는바(같은 조 제3항), 이에 따라, 「국제재판부의 설치 및 운영에 관한 규칙」이 제정되어 있다.[324]

즉, 당사자가 법정에서 외국어로 변론하는 것을 법원이 허가한 사건(법원조직법 제62조의2 제1항)을 "국제사건"이라 하며, 국제사건을 전담하는 재판부(같은 조 제2항)를 "국제재판부"라 한다(국제재판부의 설치 및 운영에 관한 규칙 제2조 제1호, 제2호).

이에 따라, 2018. 6. 13. 특허법원에 국제재판부를 설치하였다(국제재판부의 설치 및 운영에 관한 규칙 제3조 제1항 제1호).

---

322) 실무상 흔히, 특허권에 관한 민사소송(침해금지청구소송, 손해배상소송 등)은 '특허권 침해소송'이라고도 지칭한다. 헌재 2012. 8. 23. 선고 2010헌마740 결정 참조.

323) 법문에는 "… 소송 계속 중인 …"으로 되어 있으나, 의당 위와 같이 새겨야 할 것이다.

324) 외국어 변론에 관한 상세는, '심리의 제원칙' 부분에서 후술한다.

나) 국제재판부의 운영

국제재판부를 설치한 법원은 국제사건의 재판에 필요한 통번역 업무를 수행하기 위해 통번역센터를 설치·운영할 수 있다(국제재판부의 설치 및 운영에 관한 규칙 제4조 제1항).

또한, 국제재판부에는 외국어 능력과 국제사건에 전문성을 갖춘 재판연구원(법원조직법 제53조의2)을 배치할 수 있다(같은 규칙 제4조 제2항).

마. 지방법원, 지방법원 지원과 시·군법원 및 가정지원[325]

1) 지방법원 본원과 지원과 시·군법원 및 가정지원의 관할구역

널리 지방법원의 관할구역에 관하여서는 다음 사항에 주의하여야 한다.

첫째, 법원조직법 제3조 제2항은 지원을 본원의 관할구역 내에 둔다고 표현하고 있지만, 기술한 바와 같이, 현행법에 의하면 실제로는 지원의 관할구역과 본원의 '제1심' 관할구역은 중복되지 아니함에 주의를 요한다(법원설치법 제4조 제1호, 별표 3 참조).

둘째, **지방법원**(본원) **또는 그 지원의 관할구역에 시·군법원을 둔 경우, 그 지역의** '(제1심) **소액사건**(법원조직법 제34조 제1항 제1호) **및 화해·독촉 및 조정에 관한 사건**(같은 항 제2호)**에 관하여는' 지방법원**(본원) **또는 그 지원의 관할구역에서 해당 시·군법원의 관할구역을 제외한다**(법원설치법 제4조 단서).

즉, 시·군 지역의 제1심 소액사건이나 제소전화해사건, 독촉사건, 민사조정사건에 관하여서는 해당 지방법원 본원이나 지원에는 관할이 없다.[326]

셋째, 「법원조직법」은 지방법원 가정지원도 예정하고 있으나, 2012. 3. 1.부터 더 이상 가정지원은 존재하지 아니하는바, 이에 관하여서는 해당 부분에서 상술하겠다.

2) 지방법원의 심판권

가) 개 관

원칙적으로, 지방법원 본원과 지원은 그 관할구역 내의 제1심 민사사건을 심판한다.

다만, 시·군법원의 관할구역 내의 (후술하듯이) 시·군법원에만 심판권이 있는 사건은 그러하지 아니하다.

---

325) 이 책의 주제상, 원칙적으로 형사사건의 관할 문제는 논외로 하겠다.

326) 이에 반하여, 협의상 이혼의 확인은 관할 가정법원도 이를 관할한다(즉, 중복관할)(법원설치법 제4조 단서의 반대해석).
실제로도 해당 시·군법원보다는 오히려 관할 가정법원에 이를 신청하는 예가 더 많다.

또한 주의할 것은, **가정법원 및 가정법원지원이나 가정지원이 설치되지 아니한 지역에서의 가정법원의 권한에 속하는 사항은, 해당 지방법원**(본원) **및 지방법원지원이 이를 관할한다**(가사소송법 부칙(법률 제4300호) 제5조 제1항).[327]

원칙적으로, **지방법원**(본원) **및 지방법원의 지원의 심판권은 단독판사가 행사한다**(법원조직법 제7조 제4항).

나) 지방법원 '본원' 합의부 및 춘천지방법원 강릉지원 합의부 특유의 심판권

(1) 단독사건의 '제2심'

(가) 원 칙

지방법원 본원과 관련하여 특기할 것은, **지방법원 '본원' 합의부는 '지방법원단독판사의' 판결·결정·명령에 대한 항소 또는 항고사건 중 고등법원이 심판하는 사건**(법원조직법 제28조 제2호)**에 해당하지 아니하는 사건을 제2심으로 심판한다**(법원조직법 제32조 제2항 제1호).

이에 따라 지방법원 본원의 '제2심' 관할구역은 지원의 관할구역까지 포함하고 있다.[328]

다만, '춘천지방법원 강릉지원' 합의부도 - 본원 합의부가 아닌데도 - **지방법원**(구체적으로는, 강릉지원·속초지원) **단독판사의 판결·결정·명령에 대한 항소 또는 항고사건 중 고등법원이 심판하는 사건**(법원조직법 제28조 제2호)**에 해당하지 아니하는 사건을 제2심으로 심판한다**(같은 조 제2항).[329]

요컨대, 지방법원 본원 합의부 및 춘천지방법원 강릉지원 합의부는 단독사건에 대한 항소 또는 항고사건을 제2심으로 심판한다.

(나) 특 칙

다만, **특허권등에 관한** (제1심) **민사소송 사건의 항소사건은**, 2016. 1. 1. 이후에 제1심 판결이 선고되었다면(법원조직법 부칙(2015. 12. 1.)), **특허법원의 권한에 속하므로**(같은 법 제28조의4

---

327) cf. 법문에는 가정지원이 열거되어 있지 아니하나, 이는 1991. 해당 조항이 실시될 당시에는 가정지원이라는 것이 없었기 때문이다. 그러나, 위 부칙 제정후에 법률 제6408호로 「법원조직법」이 개정되어 2001. 3. 1.부터는 가정지원을 둘 수 있게 되었다.

328) cf. 한편, 도산사건도 지방법원본원의 관할에 전속한다(채무자회생법 제3조 제1항 내지 제7항). 다만, 서울동부지방법원·서울남부지방법원·서울북부지방법원 또는 서울서부지방법원의 관할에 속할 도산사건은 서울중앙지방법원의 관할에 전속한다(같은 조 제8항).

329) 법원조직법 제40조 제2항은 "춘천가정법원 강릉지원"을 운위하고 있으나, 이는 입법의 착오이다. 춘천가정법원 강릉지원이라는 것은 존재하지 않는 법원이기 때문이다.
이러한 입법의 착오가 생기게 된 까닭은, 같은 법 제32조 제2항에서 춘천지방법원 강릉지원이 합의사건을 관할하도록 하는 규정을 두면서 그에 상응하여 만연히 가정법원에 관하여서도(즉, 같은 법 제40조 제2항에서) 동일한 규정을 두었기 때문이다.

제2호), **지방법원 본원 합의부 및 춘천지방법원 강릉지원 합의부의 심판권에서 제외한다**(같은 법 제32조 제2항 단서).

주의할 것은, 고등법원에 관한 부분에서 기술한 바와 같이, 특허권등에 관한 (제1심) 민사소송 사건의 '항고사건' 및 '특허권등 외의' 지식재산권에 관한 민사소송의 경우에는, 그 항소·항고사건은 종전과 마찬가지로, 일반원칙에 따라, (기술한) 고등법원 또는 지방법원(또는 강릉지원) 합의부가 심판한다.

(2) 행정사건(행정법원이 설치되지 아니한 지역의 경우)

행정법원이 설치되지 않은 지역의 행정법원의 권한에 속하는 사건은 행정법원이 설치될 때까지 해당 지방법원'본원' 및 춘천지방법원 강릉지원이 관할한다(법원조직법 부칙(법률 제4765호) 제2조).[330]

현재 서울특별시를 제외한 나머지 지역은 모두 이에 해당한다. 행정법원의 심판권에 관해서는 해당 부분에서 후술한다. 그런데, 일반적으로 지방법원 '지원'은 행정사건의 심판권이 없으나,[331] 춘천지방법원 강릉지원만은 예외라는 점에 유의하여야 한다.

(3) 도산사건(회생법원이 설치되지 아니한 지역의 경우)

회생법원이 설치되지 아니한 지역의 회생법원의 권한에 속하는 사건은 회생법원이 설치될 때까지 해당 지방법원 본원이 관할한다(법원조직법 부칙(제14470호) 제2조 본문).

현재 서울특별시를 제외한 나머지 지역은 모두 이에 해당한다.

회생법원의 심판권에 관해서는 해당 부분에서 후술한다.

다만, **개인채무자의 보통재판적[332] 소재지가 강릉시·동해시·삼척시**(이상 춘천지방법원 강릉지원 관할구역)**·속초시·양양군·고성군**(이상 춘천지방법원 속초지원 관할구역)**인 경우에 그 개인채무자에 대한 파산선고 또는 개인회생절차개시의 신청은 춘천지방법원 강릉지원에도 할 수 있다**(채무자회생법 제3조 제10항, 법원조직법 부칙(제14470호) 제2조 단서).

3) 지식재산권 전담재판부가 있는 지방법원 본원의 국제재판부

서울중앙지방법원, 대전지방법원 본원, 대구지방법원 본원, 부산지방법원 본원, 광주지방법원 본원(법 제24조 제1항 본문)**의 장은 외국어 변론 허가**(법원조직법 제62조의2 제2항)**가 있는**

330) 현재 행정법원으로는, 서울특별시에 서울행정법원이 설치되어 있을 뿐이다.
331) cf. 지방법원이나 가정법원과 달리 행정법원은 지원을 둘 수 없다.
332) 보통재판적의 개념에 관하여서는 '소의 제기' 부분에서 설명하겠다.

사건을 특정한 재판부로 하여금 전담하게 할 수 있다(법원조직법 제62조의2 제2항).[333]

이에 따라, 2018. 6. 13. 서울중앙지방법원에 국제재판부를 설치하였고(국제재판부의 설치 및 운영에 관한 규칙 제3조 제1항 제2호), 대전지방법원, 대구지방법원, 부산지방법원, 광주지방법원(각 본원)의 장은 국제사건의 수 등을 고려하여 필요한 경우 국제재판부를 설치할 수 있다(같은 조 제2항).

국제재판부의 운영에 관한 상세는, 특허법원의 국제재판부에 관하여 기술한 바와 같다.

4) 시·군법원의 심판권[334]

시·군법원은－해당 시·군 지역의－**다음 각 호의 사건을 관할한다**(법원조직법 제34조 제1항 제1호, 제2호, 제4호).[335]

○ (제1심)**소액사건**[336]

○ **화해·독촉 및 조정**(調停)**에 관한 사건**

○ **협의상 이혼의 확인**

그 밖에, 임차권등기명령 사건 또한－지방법원 본원 및 지원과 중복하여－관할한다(주택임대차보호법 제3조의3 제1항, 상가건물 임대차보호법 제6조 제1항).

시·군법원의 관할에 관하여서는 몇 가지 주의할 점이 있다.

첫째, 소액사건의 범위에 속하지 아니하는 사안이더라도, 제소전화해신청, 지급명령신청, 민사조정신청은 시·군법원에도 할 수 있다.

둘째, 제1심 판결법원이 시·군법원이었다면, 해당 '확정판결'에 대한 집행문부여의 소, 청구이의의 소 또는 집행문부여에 대한 이의의 소 역시 해당 시·군법원에 제기하여야 한다(민사집행법 제33조, 제44조 제1항, 제45조 본문).

셋째, 같은 이치에서, 반대로, 시·군법원에서 '화해' 또는 '조정'을 하였거나 시·군법원이 한 지급명령이 확정된 경우에는, 그러한 집행권원에서 인정된 권리가 「소액사건심판법」의 적용대상인 경우에만 시·군법원이 집행법상의 소의 관할법원이 된다(민사집행법 제22조 제1호의 반대해석).

---

333) 외국어 변론에 관한 상세는, '심리의 제원칙' 부분에서 후술한다.

334) cf. 시·군법원 중에는 법관이 상주하는 '상주법원'도 있고, 그러하지 아니한 '비상주 법원'도 있다. 시·군법원의 운영에 관한 예규 제2조.

335) 그밖에, **20만원 이하의 벌금 또는 구류나 과료에 처할 범죄사건도 관할하는바**(법원조직법 제34조 제1항 제3호), **이러한 범죄사건에 대하여는 이를 즉결심판한다**(같은 조 제3항).

336) 소액사건의 범위에 관해서는, 관할 일반과 관련하여 후술한다.

넷째, 본안이 소액사건인 경우에는, 그 집행보전을 위한 가압류 역시 해당 시·군법원에(도) 신청할 수 있다(민사집행법 제278조).

시·군법원의 심판권은 단독판사가 행사한다(법원조직법 제7조 제4항).

5) (지방법원) 가정지원의 심판권

가정지원은 가정법원이 설치되지 아니한 지역에서 가정법원의 권한에 속하는 사항을 관할한다(법원조직법 제31조의2 본문).

그러나, **가정지원 역시 가정법원단독판사의 판결·심판·결정·명령에 대한 항소 또는 항고사건에 관한 심판에 해당하는 사항은** – 해당 지방법원 본원 합의부가 관할하므로 – **관할하지 아니한다**(같은 조 단서).

원칙적으로, **가정지원의 심판권은 단독판사가 행사한다**(같은 법 제7조 제4항).

그런데 종래, 가정법원으로는 서울특별시에만 서울가정법원이 있었고, 서울특별시를 제외한 고등법원 소재지(대전광역시, 대구광역시, 부산광역시, 광주광역시)마다 하나씩 (지방법원) 가정지원이 있었으나, 2011. 4. 11.자로 부산지방법원 가정지원이 부산가정법원으로 승격되었고, 나머지 가정지원들도 2012. 3. 1. 가정법원으로 승격되었으므로, 이에 따라 2012. 3. 1.부터 (지방법원) 가정지원은 더 이상 존재하지 아니하게 되었다.

바. 가정법원과 가정법원 지원

1) 가정법원 본원과 지원의 관할구역

「법원조직법」은 1963. 7. 31. 법률 제1373호로 개정된 이래 같은 해 10. 1.부터 가정법원 지원의 존재도 예정하고 있었으나, 실제로는, 종래의 가정지원이 가정법원으로 승격됨에 따라, 2012. 3. 1.에야 비로소 가정법원 지원이 설치되기에 이르렀다.[337)]

지방법원 지원의 경우와 마찬가지로, 현행법상, 가정법원 지원 역시 가정법원 본원과 '제1심' 관할구역이 중복되지 아니한다.

2) 가정법원의 심판권

가) 개 관

가정법원은 그 관할구역 내의 가정법원의 권한에 속하는 사건을 심판한다.[338)]

---

337) cf. 서울가정법원은 설치 이래 지원이 없었고, (2011. 4. 11. 가정지원에서 가장 먼저 승격된) 부산가정법원 역시 지원이 없다.

338) 가정법원(본원 또는 지원)이 관할하지 아니하는 구역에서는 지방법원(본원 또는 지원)이 이를 관할함은

가정법원의 권한에 속하는 사건으로는 가사사건(가사소송법 제2조 제1항)이 대표적이지만, 그 밖에, 협의이혼의사확인사건(가족관계의 등록 등에 관한 법률 제75조 제1항), (광의의) 가족관계등록비송사건(같은 법 제96조 제1항, 제99조 제1항, 제101조 제1항, 제104조, 제105조, 제6장)도 있다.[339]

원칙적으로, **가정법원과 가정법원의 지원의 심판권은 단독판사가 행사한다**(법원조직법 제7조 제4항).

나) 가정법원 본원 합의부 특유의 심판권 : 가사단독사건의 '제2심'

지방법원 본원의 경우와 마찬가지로, **가정법원 본원 합의부는 가정법원**(본원 및 지원)**단독판사의 판결·심판·결정·명령에 대한 항소 또는 항고사건을 제2심으로 심판한다**(법원조직법 제32조 제2항 제1호).

사. 행정법원

1) 행정법원의 관할구역

각급법원 중 행정법원은 서울특별시에 서울행정법원 1개소만 설치되어 있으며,[340] **서울행정법원의 관할구역은 서울특별시이다**(법원설치법 제4조 제4호, 별표 6).

2) 행정법원의 심판권

행정법원은 「행정소송법」에서 정한 행정사건과 다른 법률에 따라 행정법원의 권한에 속하는 사건을 제1심으로 심판한다(법원조직법 제40조의4).

다만, 위와 같은 규정에 불구하고, 행정소송 중에서도 (특허소송을 제외한) 항고소송과 당사자소송 및 (민중소송 중) 주민소송(지방자치법 제17조)만이 행정법원의 관할에 속한다.

즉, 특허소송, 주민소송을 제외한 나머지 민중소송(예 : 선거소송)과 기관소송은 행정법원에는 심판권이 없다(전술한 대법원, 고등법원, 고등법원의 심판권 참조).

그 밖에, 행정심판위원회의 간접강제 결정에 관한 집행법상의 소도 – 지방법원이 아니라 – 행정법원의 권한에 속한다(행정심판법 제50조의2 제6항 단서).[341]

기술하였다.

339) cf. 그 뿐만 아니라, 소년보호사건(소년법 제3조 제2항), 가정보호사건(가정폭력범죄의 처벌 등에 관한 특례법 제10조 제1항), 피해자보호명령사건(같은 법 제55조 제1항), 성매매관련보호사건(성매매알선 등 행위의 처벌에 관한 법률 제13조 제1항), 아동·청소년보호사건(아동·청소년의 성보호에 관한 법률 제26조 제2항), 아동보호사건(아동학대범죄의 처벌 등에 관한 특례법 제18조 제1항), 피해아동보호명령사건(같은 법 제46조 제1항)도 가정법원의 관할에 속한다.

340) 특허법원과 마찬가지로, 1998. 3. 1. 설치되었다.

아. 회생법원[342]

1) 회생법원의 관할구역

각급법원 중 회생법원도 서울특별시에 서울회생법원 1개소만 설치되어 있으며,[343] **서울행정법원의 관할구역은 서울특별시이다**(법원설치법 제4조 제8호, 별표 10).

2) 회생법원의 심판권

원칙적으로, **회생법원의 심판권은 단독판사가 행사하나**(법원조직법 제7조 제4항), **회생법원의 합의부는 '채무자회생법'에 따라 회생법원 합의부의 권한에 속하는 사건을[344] 제1심으로 심판한다**(같은 법 제40조의7 제1항 제1호).

그 밖에, **다른 법률에 따라 회생법원 합의부의 권한에 속하는 사건도 제1심으로 심판하나**(같은 항 제7호), 현행법상 이에 해당하는 사건은 없는 것으로 보인다.

또한, **회생법원 합의부는 회생법원단독판사의 판결·결정·명령에 대한 항소 또는 항고사건을 제2심으로 심판한다**(같은 조 제2항).

3. 법 관

가. 개 관

법원은 법관으로 구성되며(대한민국헌법 제101조 제1항), **법관의 자격은 법률로 정하는바**(같은 조 제3항), 구체적으로는 다음과 같다.

대한민국헌법은 대법원장과 대법관만을 규정하고 있으나, **대법원장과 대법관이 아닌 법관은 판사로 한다**(법원조직법 제5조 제1항).

나. 대법원과 각급 법원의 법관

1) 대법원의 법관 : 대법관 및 재판연구관

대법원에 대법관을 둔다(대한민국헌법 제102조 제2항 본문, 법원조직법 제4조 제1항).

---

341) cf. 행정심판위원회의 간접강제 제도는 2017. 10. 19.부터 시행되었다.

342) 회생법원은「법원조직법」이 2016. 12. 27. 법률 제14470호로 개정됨에 따라 2017. 3. 1. 신설되었다.

343) 2017. 3. 1. 설치되었다. 실질적으로는 종래의 서울중앙지방법원 파산부가 독립한 법원으로 승격된 셈이다.

344) 개인이 아닌 채무자에 대한 회생사건 또는 파산사건(채무자회생법 제3조 제5항), 외국도산절차의 승인 및 지원에 관한 사건(특히 이는 서울회생법원의 관할에 전속한다. 같은 법 제630조)이 이에 해당한다.

또한, **법률이 정하는 바에 의하여 대법관이 아닌 법관을 둘 수 있으며**(대한민국헌법 제102조 제2항 단서), 이에 따라, **대법원에** (판사인) **재판연구관을 두고 있고**(법원조직법 제24조 제1항, 제3항 전단),[345)] **재판연구관은 대법원장의 명을 받아 대법원에서 사건의 심리 및 재판에 관한 조사·연구업무를 담당한다**(같은 조 제2항).

2) 각급 법원의 법관

고등법원·특허법원·지방법원·가정법원·행정법원 및 회생법원에 판사를 둔다(법원조직법 제5조 제2항).

다. 판사의 수

판사의 수는 따로 법률로 정하는바(법원조직법 제5조 제3항 본문), 이에 따라 「각급 법원 판사 정원법」이 제정되어 이를 규정하고 있다.

또한, 각급 법원에 배치할 판사의 수는 대법원규칙으로 정하는바(같은 항 단서), 이에 따라, 「각급 법원에 배치할 판사의 수에 관한 규칙」은 각급 법원에 배치할 판사의 수를 정함을 목적으로 한다(각급 법원에 배치할 판사의 수에 관한 규칙 제1조).

라. 판사의 임용자격

판사는 아래 표에서 정한 기간 이상 아래 각 호의 직에 있던 사람 중에서 임용한다(법원조직법 제42조 제2항, 부칙(제10861호) 제2조).

임용 시점	필요 최소경력기간
2018. 1. 1. ~ 2021. 12. 31.	5년
2022. 1. 1. ~ 2025. 12. 31.	7년
2026. 1. 1. ~	10년

① **판사·검사·변호사**

② **변호사 자격이 있는 사람으로서 국가기관, 지방자치단체, 공공기관**(공공기관의 운영에 관

---

345) 다만 그 밖에, **3년 이내의 기간을 정하여 판사가 아닌 사람 중에서 재판연구관을 임명할 수도 있다**(법원조직법 제24조 제3항 후단).
한편, **판사가 아닌 재판연구관의 직제(職制) 및 자격 등에 관하여는 대법원규칙으로 정하는바**(같은 조 제4항 후단), 이에 따라, 「판사가 아닌 재판연구관에 관한 규칙」은 「법원조직법」 제24조제4항의 규정에 의하여 위임된 사항과 그 시행에 필요한 사항을 규정함을 목적으로 한다(판사가 아닌 재판연구관에 관한 규칙 제1조).

한 법률 제4조), **그 밖의 법인에서 법률에 관한 사무에 종사한 사람**

③ 변호사 자격이 있는 사람으로서 공인된 대학의 법률학 조교수 이상으로 재직한 사람

4. 소송법상 의미의 법원

가. 개 관

소송법상 의미의 법원에는, 즉 재판부에는, 합의부와 단독판사가 있으며, 합의부의 심판범위에 해당하는 사건을 "합의사건",[346] 단독판사의 심판범위에 해당하는 사건을 "단독사건"이라 한다.

재판부의 종류(합의부 및 단독판사)와 수, 명칭 등은 법관 등의 사무분담의 문제로서,[347] 각급법원의 사무분담은 각급 법원장 및 지원장이 이를 정하고 있다(법원재판사무 처리규칙 제4조 제1항).

그러나, 합의사건과 단독사건의 구분의 문제는 사무분담의 문제가 아닌바, 이를 분설하면 다음과 같다.

첫째, 어떠한 민사 또는 가사 제1심사건이 합의사건이냐 아니면 단독사건이냐의 문제는 직분관할 또는 사물관할의 문제이다.[348]

둘째, 특허법원 및 행정법원이 제1심 사건을 심판함은 기술하였거니와(법원조직법 제28조의4, 제40조의4), **특허법원 및 행정법원의 심판권은 합의부에서 행사한다**(같은 법 제7조 제3항 본문).

다만, 행정법원의 경우 단독판사가 심판할 것으로 행정법원 합의부가 결정한(즉, 재정단독결정을 한) **사건의 심판권은 단독판사가 행사한다**(같은 항 단서).[349]

셋째, 제2심 사건을 고등법원이나 지방법원 본원(또는 강릉지원) 합의부가 심판함은 기술하였거니와(같은 법 제28조 제1호, 제2호, 제32조 제2항), **고등법원의 심판권도 합의부에서 행사한다**(같은 법 제7조 제3항). 요컨대, 제2심 사건은 모두 합의사건이다.

넷째, 대법원의 심판권을 전원합의체나 부가 행사함도 기술하였다(같은 법 제7조 제1항).

---

346) 법관등의 사무분담 및 사건배당에 관한 예규(이하 '사무분담·사건배당예규'로 약칭한다) 제3조 제2항.

347) 이에 관한 실무적·기술적인 사항에 관하여서는, '사무분담·사건배당예규' 참조.

348) 직분관할 및 사물관할에 관하여서는 후술한다.

349) 실무상, 국가유공자 관련 사건, 산업재해보상보험법 관련 사건, 도로교통법상의 처분에 관한 사건 등을 재정단독사건으로 하는 예가 많다.

나. 합 의 부

1) 개 관

합의부는 판사 3명으로 구성되나(법원조직법 제7조 제3항 본문, 제5항), 실무상, 지방법원·가정법원 및 그 지원, 행정법원, 회생법원의 합의부는 3인 이상의 판사로 구성한다.[350] 즉, 예외적으로 4인 이상으로 구성하는 합의부(이른바 '통합재판부')도 있다.[351]

한편, 합의부의 주심판사의 표시는 재판장을 "가", 배석판사를 판사별로 "나", "다" 등의 순서로 구분하여 기재함이 실무이다.[352]

한편, 법원의 규모에 따라서는, 법원장 및 지원장도 사법행정업무를 담당하는 외에 재판업무도 담당하고 있다.[353]

2) 고등법원 원외재판부

대법원장은 재판업무 수행상의 필요에 따라 고등법원의 부로 하여금 그 관할구역의 지방법원 소재지에서 사무를 처리하게 할 수 있는바(법원조직법 제27조 제4항), 이를 "고등법원 원외재판부"라 한다(고등법원 부의 지방법원 소재지에서의 사무처리에 관한 규칙 제1조).[354]

이는 원거리 당사자의 재판 접근성을 용이하게 하여 국민의 재판받을 권리를 실질적으로 보장하기 위해서뿐만 아니라, 법원 조직을 지역적으로 적절하게 분산시켜 재판사무를 효율적으로 분담하고 지역간 균형발전을 도모하기 위해서 도입되었다.[355]

이에 따라 현재, 제주지방법원 소재지와 전주지방법원 소재지에 각각 광주고등법원 제주부와 광주고등법원 전주부가, 청주지방법원 소재지에 대전고등법원 청주부가, 인천지방법원 소재지와 춘천지방법원 소재지에 각 서울고등법원 인천부, 춘천부가, 창원지방법원 소재지에 부산고등법원 창원부가, 울산지방법원 소재지에 부산고등법원 울산부가 각각 설치되어 있다(같은 규칙 제2조).

---

350) 사무분담·사건배당예규 제3조 제1항.

351) 「법원조직법」을 개정하지 아니한 채 대법원예규로 그와 같은 예외를 두는 것이 적절한지는 입법론적으로 의문이다.

352) 사무분담·사건배당예규 제8조 제1항.

353) 상세는, 「법원장 및 지원장의 재판업무 담당에 관한 지침」 참조.

354) 헌재 2013. 6. 27. 선고 2012헌마1015 결정은, 고등법원 원외재판부 제도가 국민의 재판을 받을 권리나 평등권을 침해하는 것이 아니라고 보았다.

355) 헌재 2013. 6. 27. 선고 2012헌마1015 결정.
그런데, 하나의 법원에 재판권이 부여되어 있다 하더라도 그 법원의 소재지를 벗어나 관할구역 안의 다른 곳에 재판부를 두어 재판사무를 수행하도록 할 것인지 등에 관한 문제는 기본적으로 입법형성권을 가진 입법자가 사법정책을 고려하여 결정할 사항이다. 같은 결정.

고등법원 원외재판부는, 고등법원이 심판하는 사건 중, 해당 지방법원 또는 지원의 제1심 판결에 대한 항소·항고사건 외에(고등법원 부의 지방법원 소재지에서의 사무처리에 관한 규칙 제4조 제1항 제1호, 제2호), 다른 법률에 의하여 고등법원의 권한에 속하는 사건으로서 피고, 피신청인 또는 상대방의 보통재판적 소재지가 해당 지방법원 또는 지원의 관할구역내인 사건을 재판한다(같은 항 제3호).

3) 합의의 방법 등

합의심판은 헌법 및 법률에 다른 규정이 없으면 과반수로 결정한다(법원조직법 제66조 제1항).

다만, **합의에 관한 의견이 3개 이상의 설(說)로 나뉘어 각각 과반수에 이르지 못할 때에는, 액수의 경우, 과반수에 이르기까지 최다액(最多額)의 의견의 수에 차례로 소액의 의견의 수를 더하여 그 중 최소액의 의견에 따른다**(같은 조 제2항 제1호).

한편, **심판의 합의는 공개하지 아니한다**(같은 법 제65조).[356]

다. 단독판사[357]

소송법상의 단독판사는, 부장판사를 포함한 합의부의 구성원 또는 합의부에 소속되지 아니한 단독판사일 수도 있다.[358]

라. 재판장과 수명법관 및 수탁판사

1) 재 판 장

가) 개 관

소송법에서는, 합의부의 재판장 또는 단독판사를 재판장이라 한다(법 제135조 제1항).

즉, '단독사건'의 단독판사도 재판장이라 하므로 용어에 주의하여야 한다.[359]

---

356) cf. 그러나, 대법원의 경우에는 그러하지 아니하다(법원조직법 제15조).

357) cf. 법조일원화가 실시됨에 따라, 실무상, 법관 임용 전 법무관·변호사 기타 법률사무에 종사하였던 법관은 임용 이후 최소한 4년 이상 배석판사로 근무한 이후 단독판사에 보임함을 원칙으로 하고 있다. 사무분담·사건배당예규 제4조의2 제2항.

358) 사무분담·사건배당예규 제3조 제3항.
따라서, 부장판사가 소송법상의 단독판사가 될 수도 있다.

359) 다만, 「소액사건심판법」은 "판사"라고 지칭하고 있으나, 이는 입법론적으로 의문이다.

나) 합의부의 재판장

(1) 고등법원, 특허법원의 경우

고등법원, 특허법원의 부의 구성원 중 1인은 그 부의 재판에서 재판장이 된다(법원조직법 제27조 제3항 전단, 제28조의3 제2항).[360)]

(2) 지방법원

지방법원(본원)**, 지방법원의 지원과 가정지원, 가정법원**(본원)**, 가정법원 지원, 행정법원, 회생법원의 부에 부장판사를 둘 수 있으며**(법원조직법 제30조 제2항, 제31조 제6항, 제38조 제2항, 제39조 제3항, 제40조의3 제2항, 제40조의6 제2항)**, 부장판사는 그 부의 재판에서 재판장이 된다**(같은 법 제30조 제3항. 같은 법 제31조 제6항. 같은 법 제38조 제2항. 같은 법 제39조 제3항. 같은 법 제40조의3 제2항. 같은 법 제40조의6 제2항).[361)]

그러나, 환언하면, 특별한 사정이 있는 경우에는 부장판사가 아닌 판사 3인으로 합의체를 구성하고 그중 1인의 판사를 재판장으로 하여 합의사건을 심판할 수 있다.[362)]

2) 수명법관(受命法官)

합의부원 중 특정한 직무를 수행하도록 해당 합의부의 재판장에 의하여 지정된 법관을 수명법관이라 한다(법 제139조 제1항, 제297조 제1항 후문 참조). 이때, 재판장 자신을 수명법관으로 지정할 수도 있다.

수명법관을 지정할 수 있는 경우로는, 변론준비절차(법 제280조 제3항), 증거조사(법 제297조 제1항 후문, 제313조, 제354조 제1항, 제365조, 제366조 제1항, 제373조), 수소법원 조정(민사조정법 제7조 제5항 전문)이 있다.

한편, 수명법관지정명령은 별도의 재판서를 생성하지 않고 결재정보값(데이터)만 생성·관리하는 방식으로 할 수 있다.[363)]

---

360) 2021. 2. 8. 이전에는 고등법원, 특허법원의 부에도 부장판사를 두고, 부장판사가 그 부의 재판에서 재판장이 되었으나(구 법원조직법(2020. 3. 24. 법률 제17125호로 개정된 것) 제27조 제2항, 제3항 전단, 제28조의3 제2항), 고등법원 부장판사 직위가 사실상 승진 개념으로 운용되어 법관의 관료화를 심화시켰다는 반성적 고려에서 현행법은 이를 폐지하였다.

361) 법원조직법 제30조 제3항 등의 각 법문에는 '제27조제3항을 준용한다.'로 되어 있으나, 이는 입법의 착오로 보이며, 이 규정들의 취지는 오히려 구 법원조직법(2020. 3. 24. 법률 제17125호로 개정된 것) 제27조 제3항과 같다고 새겨야 할 것이다. 동지 : 사무분담·사건배당예규 제3조 제2항 본문.

362) 사무분담·사건배당예규 제3조 제2항 단서.

363) 민전예규 제87조 제1항.
명령 일반에 관하여서는 '법원의 소송행위 : 재판 및 재판사무' 부분에서 후술하겠다.

3) 수탁판사(受託判事)

다른 재판부에 계속중인 사건에 관하여 특정 직무를 수행하도록 해당 재판부의 재판장으로부터 촉탁을 받은 판사를 수탁판사라 한다(법 제139조 제2항, 제297조 제4항 참조).

다른 재판부로부터 촉탁을 받을 수 있는 직무로는, 변론준비절차(법 제280조 제4항), 증거조사(법 제297조 제1항 후문, 제2항 전문, 제313조, 제354조 제1항, 제365조, 제366조 제1항, 제373조), 수소법원 조정(민사조정법 제7조 제5항 전문)이 있다.

4) 재판장등

소송절차에서는, 재판장, 수명법관, 수탁판사를(총칭하여) **"재판장등"이라 한다**(법 제281조 제1항, 규칙 제69조의4 제2항).

그러나, 전자소송에서는, 재판장, 수명법관, 수탁판사뿐만 아니라, 조정담당판사, 조정장 또는 사법보좌관까지도 "재판장등"이라 한다(민소전자문서규칙 제4조 제4항 본문).[364]

즉, 재판장등의 개념범위는 그 문맥에 따라 다소 차이가 있으므로 주의를 요한다.

5. 법관 외의 사법기관

가. 법원직원

법관 이외의 법원공무원은 대법원장이 임명하는바(법원조직법 제53조 전단), **이를 법원직원이라 한다**(같은 조). 한편, 법원직원만을 법원공무원으로 지칭하기도 하며(예: 「법원공무원규칙」), 오히려 그런 용례가 더 많다.

법원직원의 수는 대법원규칙으로 정하는바(법원조직법 제53조 후단), 이에 따라, 「법원공무원 정원에 관한 규칙」은 법관 이외의 법원공무원의 정원과 정원의 운영에 관한 사항을 규정함을 목적으로 한다(법원공무원 정원에 관한 규칙 제1조).

법원직원 중 법원서기관·법원사무관·법원주사 또는 법원주사보는, 법령에서 "법원사무관등"으로 총칭하고 있다(법 제40조 제2항, 규칙 제3조 제2항, 민소전자문서법 제2조 제4호, 민사조정법 제5조 제2항, 민사소송 등 인지규칙 제2조 제1항, 재판기록 열람·복사 규칙 제2조 제3호, 민사 판결서 열람 및 복사에 관한 규칙 제3조 제1호).[365]

---

364) 조정담당판사, 조정장에 관하여서는 '민사조정절차' 부분에서 후술하고, 사법보좌관에 관하여서는 '법관 외의 사법기관' 부분에서 후술한다.

365) 이 중 법원주사(6급) 또는 법원주사보(7급)에 대해서는 '재판참여관'이라는 대외직명이 사용되고 있다. 그밖에, 법원서기(8급)나 법원서기보(9급)에 대해서는 '재판실무관'이라는 대외직명이 사용되고 있다. 속칭 '참여보조'라고도 한다.

법원사무관등은 단독제 관청으로서 조서작성(법 제152조, 제160조), 송달사무(법 제175조 제1항), 소송기록의 열람·복사와 재판서·조서의 정본·등본·초본의 교부 및 각종 증명서의 작성·교부(법 제162조) 등의 사무를 관장한다.

재판부에서 참여관과 실무관의 업무는 원칙적으로 사건관리방식에 관한 예규(재일 2001-2)(이하 '사건관리예규'로 약칭한다) 별표 1 기재와 같이 구분되나, 재판부 구성원의 협의로 변경할 수 있다.[366)]

나. 재판연구원[367)]

각급 법원에 재판연구원을 둘 수 있다(법원조직법 제53조의2 제1항).

재판연구원은 변호사 자격이 있는 사람 중에서 대법원장이 임용하는 계약직공무원으로(같은 조 제3항, 제4항), **소속 법원장의 명을 받아 사건의 심리 및 재판에 관한 조사·연구, 그 밖에 필요한 업무를 수행한다**(같은 조 제2항).[368)]

재판연구원의 정원 및 직제와 그 밖에 필요한 사항은 대법원규칙으로 정하는바(같은 조 제6항), 이에 따라, 「재판연구원규칙」은,[369)] 「법원조직법」 제53조의2제6항에 의하여 위임된 사항과 그 시행에 필요한 사항을 규정함을 목적으로 한다(재판연구원규칙 제1조).

다. 사법보좌관[370)]

대법원과 각급 법원에 사법보좌관을 둘 수 있다(법원조직법 제54조 제1항).

사법보좌관은 법관의 감독을 받아 업무를 수행하며(같은 조 제3항 전단), **다음 각 호의 업무 중 대법원규칙이 정하는 업무를 할 수 있다**(같은 조 제2항).

위와 같은 대외직명들은 「실무공무원 대외직명제 운영지침」의 실시에 따라 2005. 12. 8.부터 사용되고 있는 것인바, 그 전에는 각각 '계장', '주임'이라 하였다.

366) '사건관리예규'.

367) cf. 이는 미국의 'law clerk' 제도를 계수한 제도이다.

368) cf. 구법상의 예비판사 역시 – 원론적으로는 – 각급법원에서 사건의 심리 및 재판에 관한 조사·연구업무를 담당하는 것으로 되어 있었다(법원조직법(2007. 5. 1. 법률 제8411호로 개정되기 전의 것) 제42조의2 제3항).
예비판사와 재판연구원의 실질적 차이는 전자는 나중에 판사로 임용할 것을 전제로 하는 반면(같은 조 제1항), 후자는 그러한 전제가 – 원론적으로는 – 없다는 것이다.

369) cf. 2013. 2. 18. 대법원규칙 제2455호로 전부개정되기 전에는, 제명이 「재판연구원의 정원 및 직제 등에 관한 규칙」이었다.

370) cf. 이는 독일, 오스트리아 등지의 법제를 계수한 제도이다.
헌재 2009. 2. 26. 선고 2007헌바8 결정은, 사법보좌관 제도가 헌법에 위반되지 아니한다고 보았다.
동지: 헌재 2013. 7. 25. 선고 2012헌바68 결정.

① **소송비용액·집행비용액 확정결정절차, 독촉절차, 공시최고절차, 이행권고결정절차에서의 법원의 사무**[371)]

② **집행문 부여명령절차, 채무불이행자명부 등재절차, 재산조회절차, 부동산에 대한 강제경매절차, 자동차·건설기계에 대한 강제경매절차, 동산에 대한 강제경매절차, 금전채권 외의 채권에 기초한 강제집행절차, 담보권 실행 등을 위한 경매절차, 제소명령절차, 가압류·가처분의 집행취소신청절차에서의 법원의 사무**

③ **임차권등기명령절차에서의 법원의 사무**

④ **상속의 한정승인·포기 신고의 수리와 한정승인취소·포기취소 신고의 수리절차에서의 가정법원의 사무**[372)]

⑤ **'미성년 자녀가 없는 당사자 사이의' 협의이혼절차에서의 가정법원의 사무**[373)]

사법보좌관제도는 법관으로 하여금 실질적 쟁송에 관한 업무에 집중하도록 하고 종전에 법관이 담당하던 업무 중 실질적 쟁송에 해당하지 아니하는 부수적인 업무와 공증적·비송적 성격의 사무는 법원일반직 공무원 중에서 선발된 사법보좌관이 담당하게 함으로써 사법 인력을 효율적으로 배분하고 신속한 사법서비스를 제공하는 데에 그 입법취지가 있다.[374)]

사법보좌관의 직제 및 인원과 그 밖에 필요한 사항은 대법원규칙으로 정하는바(법원조직법 제54조 제5항), 이에 따라, 「사법보좌관규칙」은, 사법보좌관이 할 수 있는 업무의 범위, 사법보좌관의 처분에 대한 이의신청, 업무의 감독, 사법보좌관의 자격 및 선발, 직제, 교육 그 밖에 필요한 사항을 정하는 것을 목적으로 한다(사법보좌관규칙 제1조).

라. 기술심리관

특허법원에 기술심리관을 둔다(법원조직법 제54조의2 제1항).

법원은 필요하다고 인정하는 경우 결정으로 기술심리관을 특허법 제186조 제1항, 실용신안법 제33조 및 디자인보호법 제166조에 따른 소송의 심리에 참여하게 할 수 있다(법원조직법

---

371) 헌재 2020. 12. 23. 선고 2019헌바353 결정은, 사법보좌관이 독촉절차에서 법원의 사무를 처리할 수 있도록 규정한 것이 법관에 의한 재판받을 권리를 침해하지 아니한다고 보았다.

372) cf. 상속한정승인, 상속포기 및 그 취소의 심판은, 2018. 7. 1.부터 사법보좌관이 할 수 있는 업무가 되었다.

373) cf. 미성년자녀가 없는 부부의 협의이혼의사확인은, 2018. 7. 1.부터 사법보좌관이 할 수 있는 업무가 되었다.

374) 헌재 2020. 12. 23. 선고 2019헌바353 결정. 동지 : 헌재 2009. 2. 26. 선고 2007헌바8 결정 ; 헌재 2013. 7. 25. 선고 2012헌바68 결정.

제54조의2 제2항).[375)]

이에 따라 소송의 심리에 참여하는 기술심리관은 재판장의 허가를 받아 기술적인 사항에 관하여 소송관계인에게 질문을 할 수 있고, 재판의 합의에서 의견을 진술할 수 있다(같은 조 제3항).

기술심리관의 자격, 직제 및 인원과 그 밖에 필요한 사항은 대법원규칙으로 정하며(같은 조 제5항), 이에 따라, 「기술심리관규칙」은, 법원조직법 제54조의2의 규정에 의하여 위임된 사항과 그 시행에 관하여 필요한 사항을 규정함을 목적으로 한다(기술심리관규칙 제1조).

마. 조 사 관

대법원과 각급 법원에 조사관을 둘 수 있다(법원조직법 제54조의3 제1항).[376)]

조사관은 법관의 명을 받아 법률 또는 대법원규칙이 정하는 사건에 관한 심판에 필요한 자료의 수집·조사 그 밖에 필요한 업무를 담당한다(같은 조 제2항).

조사관의 자격, 직제 및 인원, 그 밖에 필요한 사항은 대법원규칙으로 정하며(같은 조 제4항, 가정폭력범죄의 처벌 등에 관한 특례법 제20조 제2항), 이에 따라, 「법원조사관 등 규칙」은 조사관에 관한 사항을 정함을 목적으로 한다(법원조사관 등 규칙 제1조).[377)]

바. 집 행 관[378)]

지방법원 및 그 지원에 집행관을 두며, 집행관은 법률이 정하는 바에 따라 소속지방법원장이 임면한다(법원조직법 제55조 제1항).

집행관은 지방법원에 소속되어 법률이 정하는 바에 의하여 재판의 집행과 서류의 송달 기타 법령에 의한 사무에 종사한다(같은 조 제2항, 집행관법 제2조).

「집행관법」은 집행관에 관한 사항을 규정함을 목적으로 한다(같은 법 제1조).

그러나, 집행관은 독립 단독제의 사법기관이며, 법원이나 법관의 보조기관은 아니다.[379)]

---

375) 즉, 특허소송이라 하더라도 상표권, 지리적표시권, 품종보호권 소송의 경우에는 기술심리관이 참여할 수 없다.

376) cf. 특히, 가사사건의 경우에는 가사조사관을(가사소송법 제6조 제1항), 가정보호사건의 경우에는 각각 법원에 가정보호사건조사관을(가정폭력범죄의 처벌 등에 관한 특례법 제20조 제1항), 각각 두고 있으며, 소년조사업무(소년법 제11조 제1항)에 종사하는 조사관은 소년조사관이라 한다. 「실무공무원 대외 직명제 운영지침」.

377) cf. 「아동학대범죄의 처벌 등에 관한 특례법」은 가정보호사건조사관을 언급하고 있을 뿐이나, 「법원조사관 등 규칙」은 아동보호사건조사관을 예정하고 있다.

378) cf. 구 「법원조직법」(1995. 12. 6. 법률 제5002호로 개정되기 전의 것)에서는 '집달리'라 하였다.

사. 법원경위(法院警衛)[380]

대법원 및 각급법원에 법원경위를 둔다(법원조직법 제64조 제1항).[381]

법원경위는 법정에서 법관이 명하는 사무 기타 대법원장이 정하는 사무를 집행한다(같은 조 제2항).

아. 법원보안관리대[382]

1) 개 관

법정의 존엄과 질서유지 및 법원청사의 방호를 위하여 대법원과 각급 법원에 법원보안관리대를 둔다(법원조직법 제55조의2 제1항 전단),

"법원청사"라 함은 법원이 사용하는 건물과 그 대지 및 이에 부착된 공작물을 말한다.[383]

법원보안관리대의 설치와 조직 및 분장사무에 관한 사항은 대법원규칙으로 정하는바(같은 항 후단), 이에 따라, 「법원보안관리대의 설치, 조직 및 분장사무 등에 관한 규칙」은 법원보안관리대의 조직, 분장사무, 그 밖에 필요한 사항을 규정함을 목적으로 한다(법원보안관리대의 설치, 조직 및 분장사무 등에 관한 규칙 제1조).[384]

더 나아가, 위 규칙은, 법원보안관리대의 조직, 분장사무 및 법원청사 안에서의 임무수행에 관하여 기타 필요한 사항은 대법원 예규 또는 각급 기관의 내규로 정하도록 하고 있는바(법원보안관리대의 설치, 조직 및 분장사무 등에 관한 규칙 제10조), 이에 따라 「법원보안관리대 운영에 관한 예규」, 「대법원 법원보안관리대 운영 및 근무내규」가 제정되어 있다.

2) 구 성

법원보안관리대의 대원은 각급 기관의 장이 지정하는 법원직원, 법원경위, 별정직 법원보안관리대원, 청원경찰, 보안경비직 공무원, 보안직 공무원, 사회복무요원 등으로 구성한다(법원보안관리대의 설치, 조직 및 분장사무 등에 관한 규칙 제3조).

---

379) 「집행관의 신분」.

380) cf. 구 「법원조직법」(1994. 7. 27. 법률 제4765호로 개정된 후 2005. 12. 14. 법률 제7725호로 개정되기 전의 것)에서는 '법정경위(法廷警衛)'라 하였고, 그 전의 구 「법원조직법」(1994. 7. 27. 법률 제4765호로 개정되기 전의 것)에서는 '정리(廷吏)'라 하였다.

381) 다만, 실무상, 시·군법원에는 법원경위를 배치하지 아니할 수 있는 것으로 되어 있다. 시·군법원의 운영에 관한 예규 제9조.

382) cf. 2014. 1. 6. 이전에는 "법원경비관리대"라 하였다.

383) 법원보안관리대 운영에 관한 예규 제2조 제1호.

384) cf. 2014. 2. 6. 이전에는 그 제명이 「법원경비관리대의 설치, 조직 및 분장사무 등에 관한 규칙」이었다.

3) 임 무

가) 출입자에 대한 검색 등

법원보안관리대의 대원은 흉기나 그 밖의 위험한 물건 또는 법원청사 내의 질서유지에 방해되는 물건을 지니고 있는지 확인하기 위하여 법원청사 출입자를 검색할 수 있다(법원조직법 제55조의2 제3항).

"청사출입자"라 함은 당사자, 증인, 기타 사건관계인 등 법원청사에 출입하는 모든 사람을 말하고, 그 출입의 장소나 목적, 출입자의 직업이나 그 밖의 사유에 따라 구별되지 아니한다.[385]

나) 질서문란행위 등에 대한 조치

법원보안관리대의 대원은 법원청사 내에 있는 사람이 다음 각 호의 어느 하나에 해당하는 경우 이를 제지하기 위하여 신체적인 유형력(有形力)**을 행사하거나 경비봉, 가스분사기 등 보안장비를 사용할 수 있다**(법원조직법 제55조의2 제2항 전단).

① 다른 사람의 생명, 신체, 재산 등에 위해(危害)**를 주거나 주려고 하는 경우**

② 법정의 존엄과 질서를 해치는 행위를 하거나 하려고 하는 경우

③ 법관 또는 법원직원의 정당한 업무를 방해하거나 방해하려고 하는 경우

④ 그 밖에 법원청사 내에서 질서를 문란하게 하는 행위를 하거나 하려고 하는 경우

이러한 조치를 할 때에는 미리 그 행위자에게 이를 경고하여야 한다. 다만, 긴급한 상황으로서 경고를 할 만한 시간적 여유가 없는 경우에는 그러하지 아니하다(같은 조 제4항).

또한, **이 경우 유형력의 행사 등은 필요한 최소한도에 그쳐야 함은 물론이다**(같은 조 제2항 후문).

6. 관할 일반

가. 개 관

여러 법원 사이의 재판권의 분담관계, 즉 어떤 법원이 어떤 사건을 심판할 것인지의 문제를 관할이라 한다.[386]

관할을 배분하는 문제, 즉 여러 법원 사이에 재판권을 어떻게 나누어 행사시킬 것인지는

---

385) 법원보안관리대 운영에 관한 예규 제2조 제2호.

386) cf. 영미법에서 'jurisdiction'이라고 하면, 관할을 지칭할 경우도 있고 재판권을 지칭할 경우도 있다.

기본적으로 입법형성권을 가진 입법자가 사법정책을 고려하여 결정할 사항이다. 다만 정해진 관할에 따라 당사자의 재판수행의 용이성이나 재판의 효율 등이 달라질 수 있으므로 입법자는 국민의 권리를 효율적으로 보호하고 재판제도를 적정하고 합리적으로 운영할 수 있도록 관할을 배분·확정하여야 한다.[387]

이러한 관할은 그 효과에 따라 전속관할과 임의관할로 구분된다.

사물관할과 토지관할은 원칙적으로(즉, 법이 전속관할로 정한 경우가 아니라면) 임의관할인 바,[388] 이에 관하여서는 전속관할에 관하여 먼저 살펴본 연후에 각각 별항으로 살펴보기로 한다.

나. 전속관할(專屬管轄)

1) 개 관

전속관할에 속하는 사건은 해당 법원만이 그 사건을 관할한다. 따라서, 다음과 같은 결과가 된다.

첫째, 보통재판적이나(법 제31조에서 제2조의 부적용), 특별재판적이 적용되지 아니한다(법 제31조에서 제7조 내지 제24조의 부적용).[389]

둘째, 원칙적으로, 관련재판적이 발생하지 아니한다(법 제31조에서 제25조의 부적용).[390]

셋째, 합의관할이 발생할 수 없다(법 제31조에서 제29조의 부적용). 즉, 관할의 합의를 할 수 없다.[391]

넷째, 변론관할이 발생할 수 없다(법 제31조에서 제30조의 부적용).[392]

다섯째, 전속관할에 위반한 신청은 반드시 관할법원에 이송하여야 한다(법 제34조 제1항).[393]

여섯째, 원칙적으로, 관할법원이 다른 법원으로 재량이송을 할 수 없다(법 제34조 제4항, 제35조 단서, 제36조 제2항).[394]

---

387) 헌재 2007. 10. 25. 선고 2006헌바39 결정. 동지 : 헌재 2013. 6. 27. 선고 2012헌마1015 결정.

388) 대법원 1987. 11. 24. 선고 87다카257,258 판결(사안은 사물관할) 참조.

389) 보통재판적과 특별재판적에 관하여서는, '소의 제기' 부분에서 후술한다.

390) 다만, 예컨대, 일괄매각사건의 경우에는 관련재판적이 인정되고(민사집행법 제100조 본문), 가사소송사건의 경우에도 예외규정이 있다(가사소송법 제14조 제2항).

391) 관할의 합의에 관하여서는, '소의 제기' 부분에서 후술한다.

392) 변론관할에 관하여서는 '피고의 응소' 부분에서 후술한다.

393) 다만, 독촉절차도 전속관할이 정하여져 있으되(법 제462조), 그 위반은 이송사유가 아니라 신청각하사유이므로(법 제465조 제1항), 이 점 주의를 요한다.

전속관할의 위반은, 항소심의 취소·이송사유(법 제419조, 제411조)이자, 절대적 상고이유(법 제424조 제1항 제3호)가 되나, 재심사유는 되지 아니한다.[395)]

2) 전속관할의 종류

가) 개 관

전속관할에 속하는 사건은 법이 이를 명문으로 규정하고 있으나, 직분관할, 심급관할(비약상고 제외. 법 제390조 제1항)은 명문의 규정이 없어도 전속관할인 것으로 해석된다(법 제29조 제1항 참조).[396)]

나) 각급법원의 심판권에 따른 전속관할

가령, 광의의 민사절차의 제1심사건이라 하더라도, 법이 고등법원, 특허법원, 가정법원(본원 및 지원), 행정법원의 권한에 속하는 것으로 정하는 것은 각각 해당 법원이 심판하고, 나머지 제1심사건을 지방법원(본원 및 지원과 시·군법원)이 심판한다.

이러한 각급법원의 심판권에 따른 재판권의 분배에 관하여서는－특히 그 법적 성질 등에 관하여－학설상 명확한 설명이 없는 듯하나, 이 또한 전속관할의 일종으로 보아야 할 것이다.

법은 특허소송 사건과 가사사건에 관하여 그것이 각각 특허법원과 가정법원의 전속관할에 속함을 명문으로 규정하고 있으나(특허법 제186조 제1항, 실용신안법 제33조, 디자인보호법 제166조, 상표법 제85조의3 제1항, 가사소송법 제2조 제1항), 여타 사건에 관하여서도 이치는 같다고 할 것이다.

따라서, 다음과 같은 결과가 된다.

첫째, (서울)행정법원이 심판하였어야 할 행정소송사건을 다른 지방법원이 심판하였다면 이는 전속관할에 관한 규정에 어긋난 때에 해당한다.[397)]

---

394) 다만, 예컨대, 특허권등의 지식재산권에 관한 소는 예외이며(법 제36조 제3항), 일괄매각사건의 병합을 위한 이송이 가능하다(민사집행법 제99조 제2항).
또한, 전속관할을 위배한 이송결정이라도－그것이 확정된 이상－원칙적으로 기속력이 있는바, 상세한 것은 '소송의 이송' 부분에서 살펴볼 것이다.

395) 제요[민소 I], 49면.
이 책 초판, 104면에서는 전속관할의 위반이 재심사유(법 제451조 제1항 제2호)도 된다고 서술하였으나, 이는 오류이다. 이 점, 독자 여러분께 사과드린다.

396) 대법원 2011. 6. 30.자 2010마1001 결정(직분관할); 대법원 1992. 5. 12. 선고 92다2066 판결; 대법원 2011. 7. 14.자 2011그65 결정(이상, 심급관할) 참조.

397) 대법원 2008. 7. 24. 선고 2007다25261 판결; 대법원 2009. 9. 17. 선고 2007다2428 전원합의체 판결; 대법원 2009. 9. 24. 선고 2008다60568 판결; 대법원 2009. 10. 15. 선고 2009다10638 판결; 대법원 2009.

둘째, 이에 반하여, 판례는, 통상의 민사소송 제1심 사건이 지방법원의 전속관할에 속하는 것은 아니라고 보는 듯하다.[398)399)400)]

그러나, 이러한 견해는 귀류법 논증을 배겨낼 수 없는바 그 까닭은 다음과 같다. 행정법원의 관할이 전속관할이라는 실정법상의 근거는, 행정법원의 심판권(법원조직법 제40조의4) 및 행정소송의 재판관할(행정소송법 제9조, 제38조, 제40조, 제46조)에 다름 아니다. 그런데, 비록 「법원조직법」이 (시·군법원 외에는) 지방법원의 심판권을 적극적으로 규정하고 있지는 아니하지만, 「민사소송법」은 통상의 민사소송의 재판관할이 지방법원에 있음을 전제로 한 규정을 다수 두고 있다(법 제34조 제2항, 제3항, 제175조 제2항, 제197조, 제297조, 제376조, 제463조).[401)] 따라서, 행정소송 사건이 소송법의 재판관할 규정을 근거로 행정법원의 전속관할에 속한다면, 통상의 민사소송 사건 역시 소송법에 재판관할 규정이 엄존하는 이상 지방법원의 전속관할에 속한다고 보아야 논리가 일관된다.

다만 이와 관련하여 주의할 것은, 가사사건이라 하더라도 가정법원이 설치되지 아니한 지역에서는, 그리고 행정소송사건이라 하더라도 행정법원이 설치되지 아니한 지역(즉, 서울특별시 외의 지역)에서는, 각각 해당 지방법원이 심판권을 갖는다는 것이다.

따라서, 그 경우에는, 가령 해당 지방법원 가사부에 배당될 사건이 같은 법원 민사부에 배당되었다 하더라도, 이는 사건배당의 잘못(즉, 이부(移部)의 문제)일 뿐 관할위반의 문제(즉, 이송의 문제)는 아니다.[402)]

---

10. 15. 선고 2008다93001 판결; 대법원 2010. 2. 25. 선고 2007다73598 판결; 대법원 2010. 4. 8. 선고 2009다27636 판결; 대법원 2010. 7. 29. 선고 2008다6328 판결.

398) 대법원 2018. 2. 13. 선고 2014두11328 판결의 방론은, 행정사건이 아닌 민사사건은 지방법원의 전속관할에 속하지 않는다고 보았다.
그러나 위 방론의 설시는 - 그 당부를 떠나서 - 사족으로 보인다. 사안은, 제1심법원(창원지방법원) 및 원심법원(부산고등법원 창원부)이 진주시가 피고인 민사소송 사건을 공법상 당사자소송으로 본 법리오해를 범한 것이다. 그러나, 진주시는 행정법원이 설치되지 아니한 지역이므로, 해당 사건이 민사소송이건 행정소송이건 관할 위반은 당최 없었다.

399) 대법원 1987. 11. 10. 선고 84므31 판결은, 통상의 민사소송을 가정법원이 심판하였더라도 - 관할위반인 것은 맞지만 - 전속관할 위반은 아니라는 취지이다.

400) 동지: **법원실무제요 행정** ([서울] 법원행정처, 2016), 25면.
대법원 2013. 2. 28. 선고 2010두22368 판결도, 통상의 민사소송이 서울행정법원에 제기되었더라도 피고가 관할위반의 항변을 하지 아니한 이상 변론관할이 발생하였다고 보았다.

401) cf. 그 밖에 재판관할에 관하여서는, 비록 전속관할이라는 표현은 없으나, 민사·상사 비송사건(비송사건절차법 제2조), 제소전화해 사건(법 제385조 제1항)이나 공시최고 사건(법 제476조)도 지방법원의 관할에 속함이 해당 각 절차법의 문언상 명백하다.

402) 대법원 1997. 5. 30. 선고 95다28960 판결; 대법원 1999. 11. 26. 선고 97다42250 판결; 대법원 1999. 11. 26. 선고 97다42250 판결(위 판례들은 행정소송으로 제기하여야 할 사건을 민사소송으로 잘못 제기하였으나 수소법원이 그 행정소송에 대한 관할도 동시에 가지고 있는 경우의 수소법원의 처리에 관한

다) 특정 법원에만 심판권이 있는 사건의 경우

'법원' 부분에서 헌법상 의미의 법원에 관하여 기술한 바와 같이, 행정소송 중에서는 서울고등법원, 대전고등법원 등 특정 법원의 전속관할에 속하는 것으로 정하여진 사건들이 있다.

라) 사건의 종류에 따라(특정 지역을 관할하는 법원으로) 전속관할이 정하여진 경우

통상의 민사소송 중에서도 (특정 지역을 관할하는 법원으로) 전속관할이 정하여진 소송들이 있는바, 그 구체적 예에 관하여서는 '소의 제기' 부분에서 다시 거론하겠다.

마) 직분관할(직무관할)

(1) 개 관

법원의 직무에 따라 재판권이 분담되어 있는 것을 직분관할 또는 직무관할이라 한다. 그 예로는 다음과 같은 것이 있다.

(2) 수소법원과 집행법원

법은, 수소법원과 집행법원을 개념상 구분하여, 판결절차는 수소법원의 직분으로, 집행행위에 관한 법원의 처분이나 그 행위에 관한 법원의 협력사항은 집행법원의 직분으로(민사집행법 제3조 제1항) 각각 규정하고 있다.

(3) 합의부의 직무와 단독판사의 직무

법에는 합의부의 직분 또는 단독판사의 직분으로 '각각' 규정되어 있는 사항들이 있다.[403)]

그런데, 법이 지방법원 또는 가정법원이나 회생법원의 직무로 규정한 사항은 다른 정함이 없는 한 단독판사의 직분관할에 속한다(법원조직법 제7조 제4항).

직분관할의 예로는 다음과 같은 것들이 있다.

첫째, **지방법원**(본원)**이나 그 지원, 가정법원**(본원) **및 가정법원 지원, 회생법원 판사에 대한 제척·기피사건은 지방법원과 그 지원의 합의부가 제1심으로 심판한다**(법원조직법 제32조 제1항 제5호, 제40조 제1항 제2호, 제40조의7 제1항 제3호).

둘째, 제소전화해절차(법 제385조 제1항)나 독촉절차(법 제463조), 또는 공시최고절차(법 제476조)는 그 소송목적의 값에 상관없이 단독판사가 심판한다.

것들이다) 참조.

403) 이는 후술하는 사물관할과는 개념상 구분되므로 주의를 요한다. 사물관할은 개념필연적으로 합의부와 단독판사 사이의 분장을 전제로 하므로, '합의부 관할로만 아니면 단독판사 관할로만 정하여진' 사항은 직분관할의 문제이지 사물관할의 문제가 아니다. 반대 : 제요[민소 I], 36면.

셋째, 집행법원의 직분에 속하는 사건 역시, 단독판사가 심판한다.

넷째, 이행명령 사건, 양육비 직접지급명령 사건, 양육비 일시금지급명령 사건 같은 것의 제1심도 단독판사가 심판한다.[404)]

다섯째, 과태료 사건의 제1심 역시 단독판사가 심판한다.

여섯째, 가족관계등록비송사건의 제1심도 단독판사가 심판한다.

(4) 제1심 판결법원의 직무

더 나아가, 대법원은 집행에 관한 소가 '제1심 판결법원의 전속관할'인 경우에는 이 또한 직분관할이라고 보며, 그 결과, 제1심법원이 합의부이었는데도 해당 집행에 관한 소를 단독판사가 재판하였다면 이는 관할위반이라고 한다.[405)]

그러나 관견으로는, 이는 '사건의 종류에 따라 (특정 지역을 관할하는 법원으로) 전속관할이 정하여진 경우'에 불과하며 직분관할의 문제가 아니라고 본다. 도리어 대법원의 논리대로라면, 일반원칙(법원조직법 제7조 제4항)에 따라 그러한 사건은 단독판사의 직분관할에 속한다고 보아야 앞뒤가 맞는다. 따라서, 제1심 판결법원이 심판한 이상 '해당 집행에 관한 소의 소가에 따라' 후술하는 사물관할 위반의 문제만이 생길 수 있을 뿐이라고 할 것이다.[406)]

바) 심급관할

헌법상 의미의 법원에 관하여 기술한 바와 같이, 우리나라의 소송제도는 3심제도로 되어 있는바, 제1심, 항소심(또는 항고심), 상고심(또는 재항고심)을 어느 법원이 관할하는가 하는 문제가 바로 심급관할의 문제이다.

그 내용은, 헌법상 의미의 법원의 종류와 관련하여 기술한 바와 같다.

제1심은 소의 제기로써, 상소심은 상소의 제기로써 개시되며, 소취하 등으로써 종료되는 경우를 별론으로 하면, 각각 그 종국판결 정본의 송달로써 종료된다.

---

404) 이를 사물관할의 문제로 보는 견해도 있으나, 관견으로는 의문이다.

405) 대법원 2017. 4. 7. 선고 2013다80627 판결 ; 대법원 2017. 6. 29. 선고 2015다208344 판결 ; 대법원 2020. 10. 29. 선고 2020다205806 판결.
판례사안은 모두 집행문부여에 대한 이의 사건이나, 대법원 2017. 4. 7. 선고 2013다80627 판결의 방론은 청구이의도 마찬가지라고 본다.

406) 참고로, 판례사안들은 모두 그 소가를 보면 단독판사의 사물관할에 속하여야 할 사건들이었다.

다. 사물관할

1) 개 관

사물관할이란 사건의 경중에 따라 정하여지는(즉, 사건의 경중에 따라 합의사건 아니면 단독사건으로 '나누어지는') 관할을 말한다.

민사사건 및 가사사건은 단독판사가 심판함이 원칙이지만(법원조직법 제7조 제4항), **대법원 규칙으로 정하는 민사사건 및 가사사건은 지방법원**(본원)**과 그 지원 , 가정법원**(본원) **및 가정법원 지원의 합의부가 심판한다**(같은 법 제32조 제1항 제2호, 제40조 제1항 제1호).[407)]

이에 따라, 「민사 및 가사소송의 사물관할에 관한 규칙」은 지방법원(본원) 및 지방법원지원의 합의부가 심판할 민사사건, 가정법원(본원) 및 가정법원지원의 합의부가 심판할 가사사건의 범위를 정함을 목적으로 한다(민사 및 가사소송의 사물관할에 관한 규칙 제1조).[408)]

그 밖에, 집행법상의 소(민사집행법 제48조 제2항, 제58조 제5항, 제156조 제1항), 도산사건(채무자회생법 제3조 제5항), 민사·상사 비송사건에서도 사물관할이 문제된다.[409)]

특히 민사소송의 사물관할은 원칙적으로 소가(訴價)에 따라 정하여지는 관할(법 제26조 제1항)이다. 이하에서는 민사소송의 사물관할에 관하여서만 본다.

그런데, 소송목적의 값은 인지액 계산의 기준도 되므로, 소송목적의 값의 산정기준에 관한 상세한 내용은 '소의 제기' 부분에서 후술하겠다.

2) 합의부의 심판범위 : 소가가 2억 원을[410)] 초과하는 민사사건(원칙), 소가를 계산할 수 없는 민사사건[411)]

① 소송목적의 값이 2억 원을 초과하는 민사사건 및 ② 재산권에 관한 소로서 그 소송목적의 값을 계산할 수 없는 것과 ③ 비재산권을 목적으로 하는 민사사건은 합의부가 심판한다(민사 및 가사소송의 사물관할에 관한 규칙 제2조 본문).

다만, 소가가 2억 원을 초과하는데도 단독판사의 사물관할에 속하는 예가 있는바, 이에 관하여서는 바로 후술한다.

---

407) cf. 이와 관련하여 주의할 것은, 기술한 바와 같이, 행정소송이나 특허소송은, 모두 합의부가 심판하고(다만, 행정소송의 재정단독사건은 별론), 사물관할이라는 문제가 발생하지 아니한다.

408) 다만, 민사비송사건 및 상사비송사건의 사물관할은 「비송사건절차법」이 규정하고 있으며, 집행법상의 소의 사물관할은 「민사집행법」이 규정하고 있다.

409) 동지 : 제요[민소 Ⅰ], 34~35면.

410) cf. 2015. 2. 12. 이전에는 "1억 원을"이었다(구 민사 및 가사소송의 사물관할에 관한 규칙(2015. 1. 28. 대법원규칙 제2584호로 개정되기 전의 것) 제2조 제1호).

411) cf. 법 제26조 제2항.

3) 단독판사의 심판범위

가) 단독사건 일반

(1) 소가가 2억원 이하인 민사사건

소가가 2억원 이하인 민사사건(소송목적의 값을 계산할 수 없는 사건 제외)이 원칙적으로 단독판사의 사물관할에 속함은 물론이다.

(2) 소가에 무관하게 단독사건인 경우

더 나아가, 다음 각호의 1에 해당하는 사건은, 소가가 2억원을 초과하더라도(즉, 소가와 무관하게), 단독판사가 심판한다(민사 및 가사소송의 사물관할에 관한 규칙 제2조 제1호 내지 제3호).

① 수표금·약속어음금 청구사건

② 은행·농업협동조합·수산업협동조합·축산업협동조합·산림조합·신용협동조합·신용보증기금·기술보증기금[412]·지역신용보증재단·새마을금고·상호저축은행·종합금융회사·시설대여회사·보험회사·신탁회사·증권회사·신용카드회사·할부금융회사 또는 신기술사업금융회사가 원고인 대여금·구상금·보증금 청구사건

③ 「자동차손해배상 보장법」에서 정한 자동차·원동기장치자전거·철도차량의 운행 및 근로자의 업무상재해로 인한 손해배상 청구사건(즉, 손해배상(자) 사건 및 손해배상(산) 사건)과 이에 관한 채무부존재확인사건

나) 소액사건

'제소한 때의' 소송목적의 값이 '3,000만원을 초과하지 아니하는'[413] **'금전 기타 대체물이나 유가증권의 일정한 수량의 지급을' 목적으로 하는 제1심의 민사사건을 소액사건이라 한다**(소액사건심판법 제2조, 소액사건심판규칙 제1조의2 본문).[414][415]

---

412) 법문에는 "기술신용보증기금"으로 되어 있으나, 2016. 9. 30.부터 "기술보증기금"으로 명칭이 바뀌었다(기술보증기금법 부칙(제14122호) 제5조).

413) 2016. 12. 30. 이전에는 "2,000만원을 초과하지 아니하는"이었다(구 소액사건심판규칙(2016. 11. 29. 대법원규칙 제2694호로 개정되기 전의 것) 제1조의2 본문).

414) cf. 1980. 1. 31. 이전에는 금전 기타 대체물이나 유가증권의 일정한 수량의 지급 외의 청구도 그 소가에 따라 소액사건이 될 수 있었으나, 1980. 1. 4. 법률 제3246호로 「소액사건심판법」을, 같은 달 14. 대법원규칙 제707호로 「소액사건심판규칙」을 개정하면서부터는, 금전 기타 대체물이나 유가증권의 일정한 수량의 지급 청구만 소액사건이 될 수 있도록 하였다.

415) cf. 소액사건은 그 접수 건수가 전체 민사 본안 제1심 접수 건수 중 약 7할이나 차지한다(가사소송사건과 행정소송사건까지 포괄하여 따져 보더라도 제1심 접수 건수의 약 6할이나 된다).
따라서, 순전히 양적으로 보면 우리나라 민사소송절차는 특례와 원칙이 전도되어 있다고 평하여도 지나친 말은 아닐 것이다.

그런데, 소액사건과 그 밖의 민사1심사건은, 「소액사건심판법」의 적용 여부에서 차이가 있을 뿐 아니라, 실무상 송달료납부기준에도 차이가 있다.[416]

4) 재정합의사건과 재정단독사건

지방법원(본원)**과 그 지원의 합의부는,** 단독판사의 사물관할에 속하는 사건이라도, **합의부에서 심판할 것으로 합의부가 결정한 사건**(재정합의사건(裁定合意事件))**을 심판한다**(법원조직법 제32조 제1항 제1호).[417]

실무상, 다음과 같은 사건을 재정합의 대상사건으로 하고 있다.[418]

① 선례나 판례가 없는 사건 또는 선례나 판례가 서로 엇갈리는 사건

② 사실관계나 쟁점이 복잡한 사건

③ 사회에 미치는 영향이 중대한 사건

④ 동일 유형의 사건이 여러 재판부에 흩어져 통일적이고 시범적인 처리가 필요한 사건

⑤ 전문지식이 필요한 사건

⑥ 그 밖에 사건의 성격상 합의체로 심판하는 것이 적절한 사건

역으로, 합의부의 사물관할에 속하는 사건이라도, 단독판사가 심판할 것으로 합의부가 결정한 사건(재정단독사건(裁定單獨事件))은 단독판사가 심판한다(민사 및 가사소송의 사물관할에 관한 규칙 제2조 제4호).[419]

실무상 재정단독결정의 대상이 되는 것은, 합의사건 중 사안이 단순하고 정형적인 사건이다.[420]

5) 사물관할 내지 단독사건의 종류 및 차이의 정리

사물관할 내지 단독사건의 종류를 정리하여 보면 통상의 민사소송사건은 합의사건, (소액

비교법적으로도 우리나라만큼 소액사건의 범위가 넓은 나라는 없는 것으로 알려져 있다.

416) 송달료납부기준에 관하여서는 '당사자의 소송행위' 부분에서 후술한다.

417) cf. 가정법원(본원)과 가정법원 지원의 재정단독사건, 재정합의사건에 관하여서는 「법원조직법」에는 명문의 규정이 없으나, 민사 및 가사소송의 사물관할에 관한 규칙 제3조가 이를 예정하고 있다.
회생법원의 합의부 역시 합의부에서 심판할 것으로 합의부가 결정한 사건을 제1심으로 심판한다(법원조직법 제40조의7 제1항 제2호).
그리고, 형사소송에서도 재정합의사건이 있다(같은 법 제32조 제1항 제1호).

418) 사무분담·사건배당예규 제12조 제1항.

419) cf. 기술한 바와 같이 행정소송에도 재정단독사건이 있다(법원조직법 제7조 제3항 단서).
그러나, 회생법원에는 재정단독사건이라는 것이 없으며, 형사소송 역시 그러하다.

420) 사무분담·사건배당예규 제12조 제2항.

사건 아닌) 단독사건, 소액사건으로 구분할 수 있는바, 이들은 변호사 아닌 자도 소송대리 허가를 받을 수 있는지 여부 및 항소법원이 어딘지에 관하여 차이가 있다.[421)]

이를 요약하여 보면 아래 표와 같다.

<table>
<tr><th colspan="3">민사사건의 종류</th><th>변호사 아닌 자의 소송대리 허가</th><th>항소법원</th></tr>
<tr><td colspan="2" rowspan="3">합의사건</td><td>소가 2억원 초과(원칙)</td><td rowspan="4">不可</td><td rowspan="3">고등법원</td></tr>
<tr><td>소가 무관 합의사건</td></tr>
<tr><td>재정합의사건</td></tr>
<tr><td rowspan="4">단독사건</td><td>고액단독</td><td>소가 1억원 초과
2억원 이하
(합의사건 제외)</td><td rowspan="4">지방법원
본원 합의부
(+강릉지원
합의부)</td></tr>
<tr><td rowspan="2">중액단독</td><td>소가 1억원 이하
(합의사건, 소액사건 제외)</td><td rowspan="3">可</td></tr>
<tr><td>소가 무관 단독사건
(소액사건 제외)</td></tr>
<tr><td>소액</td><td></td></tr>
</table>

○ 소가 무관 합의사건 : 재산권에 관한 소로서 그 소송목적의 값을 계산할 수 없는 것, 비재산권을 목적으로 하는 민사사건

○ 소가 무관 단독사건 : 수표금·약속어음금 사건, 금융기관 대여금·구상금·보증금 사건, 손해배상(자) 또는 손해배상(산) 및 이에 관한 채무부존재확인 사건, 재정단독사건

라. 토지관할

토지관할이란 소재지를 달리하는 같은 종류의 법원 사이에 재판권의 분담관계를 정하여 놓은 것을 말한다.

사건이 법원 관할구역 내의 일정한 지점(地點)과 관련을 갖고 있으면 해당 법원에 토지관할이 있는바, 이와 같이 토지관할의 발생원인이 되는 관련지점을 재판적(裁判籍)이라 한다.

토지관할은 주로 제1심에 관하여 문제되므로, 그 상세한 내용은 '소의 제기' 부분에서 살펴보기로 한다.

---

421) 소송대리 허가에 관하여서는 '소송대리인' 부분에서, 항소법원에 관하여서는 '항소' 부분에서 각각 후술한다.

7. 법원의 민사사건 관련 조직 및 시설

가. 민사사건 관련 조직[422)]

1) 영상재판담당자

영상재판 사건의 지원과 관련 설비의 관리 업무 등을 담당할 직원을 "영상재판담당자"라고 하는바, 각급 법원은 영상재판담당자을 지정하여 사무분담표에 기재하여야 한다.[423)]

2) 독촉사건 전담법관 또는 사법보좌관

독촉절차에서의 법원의 사무는 사법보좌관이 행할 수 있는 업무이다(법원조직법 제54조 제2항, 사법보좌관규칙 제2조 제1항 제2호).

따라서, 지방법원 또는 지원의 장은 소속법관 또는 사법보좌관 중에서 독촉사건을 전담하여 처리하는 독촉사건 전담법관 또는 사법보좌관을 지정하여야 한다. 다만, 사건의 수, 소속법관 또는 사법보좌관의 수, 기타 독촉사건 전담법관 또는 사법보좌관을 지정할 수 없는 특별한 사정이 있는 경우에는 그러하지 아니하다.[424)]

그런데, 전자독촉사건의 처리업무를 담당하는 사법보좌관을 "전자독촉 담당 사법보좌관"이라 하는바, 전자독촉사건은 전자독촉 담당 사법보좌관이 처리함을 원칙으로 한다.[425)]

이하 독촉절차에 관한 서술에서 "(담당) 판사"라고 하면 사법보좌관도 포함하는 의미로 이해하기 바란다.

나. 민사사건 관련 시설 : 비디오 등 중계장치에 의한 중계시설

1) 영상재판 활용을 위한 시설

가) 개 관

각급 법원은 영상재판이 가능한 법정, 신문실, 증언실을 확충하여야 한다.[426)]

이와 관련하여, 수소법원에 출석하지 않는 재판관계인이 실제로 출석하는 장소를 "출석장소"라 하고,[427)] 출석장소를 관할하는 법원을 "출석법원"이라 한다.[428)]

---

422) 각종의 전담재판부에 관하여서는 해당 부분에서 기술하였거나 후술하므로, 여기서는 그 밖의 민사사건 관련 조직에 관하여서만 보기로 한다.

423) 원격영상재판의 실시에 관한 업무처리지침(재일 2020-1) 제4조.

424) 독촉절차관련 재판업무처리에 관한 지침(재민 2002-4)(이하 '독촉예규'로 약칭한다) 제3조.

425) 민전예규 제5조의2.

426) 원격영상재판의 실시에 관한 업무처리지침(재일 2020-1) 제3조 제1항.

427) 원격영상재판의 실시에 관한 업무처리지침(재일 2020-1) 제2조 제6호.

한편, 영상재판 방식으로 이루어지는 신문절차를 “영상신문”이라 총칭하는바,[429] 2016. 9. 30. 이후로 증인신문 및 감정인신문에서 영상신문이 허용되고 있다(법 제327조의2, 제339조의3).

나) 비디오 등 중계장치에 의한 중계시설

영상재판은 비디오 등 중계장치에 의한 중계시설(약칭 “중계시설”) 또는 인터넷 화상장치(약칭 “화상장치”)를 통하여 이루어진다. 다만, 이 두 가지를 모두 이용할 수 있는 것은 감정인신문과 감정증인신문에 한하고, 증인신문은 중계시설만을, 변론준비기일은 화상장치만을 이용할 수 있다.

“중계시설”이라 함은 비디오 등 중계장치에 의한 중계시설로서 통신망을 통해 영상과 음성을 동시에 송수신할 수 있는 장치와 함께 이를 관리하는 사람이 있는 시설을 말한다.[430]

이러한 비디오 등 중계장치에 의한 중계시설은 법원 안에 설치하되, 필요한 경우 법원 밖의 적당한 곳에도 설치할 수 있다(규칙 제95조의2 제2항, 제103조의2 제1항 후문).

Ⅱ. 당사자 : 의의, 당사자능력

1. 당사자 개관

가. 당사자의 의의

당사자란 자기의 이름으로 재판을 요구하는 사람(적극적 당사자)과 그 상대방(소극적 당사자)을 말한다.

일반적으로, 소극적 당사자의 지위는 적극적 당사자의 신청에 의하여 특정되는 것이며, 이는 소극적 당사자의 의사 내지 태도와는 아무런 관계가 없는 것이다.[431]

따라서, 가령, 제3자가 피고를 참칭한 경우, 법원이 심리중에 이를 발견하였을 때에는 그 소송관여를 배척할 것이나, 만일 이것을 간과하여 판결을 하였을 때에는 판결의 효력은 - 모용자가 아니라 - 피모용자에게 미치되, 다만 이 경우에는 피모용자의 상소나 재심의 문제가

---

428) 원격영상재판의 실시에 관한 업무처리지침(재일 2020-1) 제2조 제7호.

429) 원격영상재판의 실시에 관한 업무처리지침(재일 2020-1) 제2조 제1호.

430) 원격영상재판의 실시에 관한 업무처리지침(재일 2020-1) 제2조 제3호.

431) 대법원 1964. 3. 31. 선고 63다656 판결 ; 대법원 1964. 11. 17. 선고 64다328 판결.
위 판례들은 소송에서 피고의 지위에 관한 것이나, 민사상 신청 일반에 관하여서도 이치는 같다.

발생한다.[432)]

나. 당사자의 종류

당사자의 호칭은 각 절차에 따라 다른바, 일반적으로 신청의 당사자는 "신청인"과 "상대방" 또는 "피신청인"(다만, 상대방이 없는 신청도 있다)이나(법 제111조 제2항, 제242조, 제381조, 민사조정법 제3조 제1항 등 참조), 소송절차의 기본당사자는 "원고"와 "피고"이다(법 제256조 제1항 참조).

한편, 본래의 당사자 외에도, 현재 계속중인 타인간의 소송에 자기의 이익을 옹호하기 위하여 관여하는 참가인이 있다(법 제90조 제1항, 제103조 참조). 이에는 일반적으로 보조참가인(법 제71조, 제76조, 제78조), 독립당사자참가인(법 제79조), 승계참가인(법 제81조), 인수참가인(법 제82조), 공동소송참가인(법 제83조)이 있다.[433)]

이 중 보조참가인을 제외한 나머지 참가인은 스스로 소송당사자가 되고자 하는 자이므로 개념필연적으로 당사자의 일종이다. 민소전자문서규칙 제3조가 "… 당사자(독립당사자참가인, 승계참가인, 인수참가인, 공동소송참가인을 포함한다. 이하 같다) …"라고 주의적으로 규정하고 있는 것도 그 때문이다.

2. 당사자능력

가. 개　관

당사자가 되기 위하여서는 우선, 소송주체가 될 수 있는 일반적인 능력, 즉 당사자능력(當事者能力)이 있어야 한다.

당사자능력 역시 소송요건이며,[434)] 직권조사사항이다.[435)]

나. 당사자능력에 대한 원칙

당사자능력은 「민사소송법」에 특별한 규정이 없으면 「민법」, 그 밖의 법률에 따른다(법 제51조).

---

432) 대법원 1964. 3. 31. 선고 63다656 판결.

433) 이들에 관한 상세한 내용은 '소송참가' 및 '제3자의 소송인입' 부분에서 후술한다.

434) 대법원 1991. 11. 26. 선고 91다31661 판결. 동지 : 대법원 2012. 6. 14. 선고 2010다105310 판결.

435) 대법원 1982. 10. 12. 선고 80누495 판결(당사자가 외국법인인지 아니면 외국법인의 국내지점인지 문제된 사안) ; 대법원 1983. 7. 12. 선고 82다257,82다카590 판결(사안은 사찰) ; 대법원 1989. 6. 27. 선고 87다카1915,1916 판결(사안은 종중) ; 대법원 1994. 5. 10. 선고 93다53955 판결(사안은 종중) ; 대법원 2020. 12. 24. 선고 2015다222920 판결(사안은 사찰).

즉, 당사자능력의 존부는 원칙적으로 권리능력의 존부에 따라 판가름된다.

따라서, 권리능력이 있는 자연인과 법인은 원칙적으로 민사소송의 주체가 될 수 있는 당사자능력이 있다.[436)]

그리고, 국가(대한민국)도 법인이므로(법인세법 제2조 제3항 참조) 당사자능력이 있다. 이와 같이, **국가를 당사자 또는 참가인으로 하는 소송을 "국가소송"이라 한다**(국가소송법 제2조).

소송계속 중 당사자능력이 상실된 경우, 즉 자연인의 사망, 법인의 합병 등의 경우에는 소송중단 및 수계의 문제가 발생하는바(법 제233조, 제234조), 이에 관한 내용은 '소송절차의 정지' 부분에서 살펴보기로 한다.

한편, 예외적으로 법인 아닌 사단 등이 당사자가 될 수 있는 경우가 있는데, 구체적인 것은 다음과 같다.

다. 법인이 아닌 사단 등

법인이 아닌 사단이나 재단은 대표자 또는 관리인이 있는 경우에는 그 사단이나 재단의 이름으로 당사자가 될 수 있다(법 제52조).

즉, 법인이 아닌 사단과 재단은 대표자 또는 관리인이 있는 경우에 한하여 당사자능력이 인정된다.[437)]

법 제52조가 비법인의 당사자능력을 인정하는 것은, 법인이 아닌 사단이나 재단이라도 사단 또는 재단으로서의 실체를 갖추고 대표자 또는 관리인을 통하여 사회적 활동이나 거래를 하는 경우에는 그로 인하여 발생하는 분쟁은 그 단체의 이름으로 당사자가 되어 소송을 통하여 해결하게 하고자 함에 있다.[438)]

그 당사자능력 판단의 전제가 되는 사실에 기하여 당사자의 능력 유무를 판단함에는, 당사자가 내세우는 단체의 목적, 조직, 구성원 등 단체를 사회적 실체로서 규정짓는 요소를 갖춘 단체가 실재하는지의 여부만을 가려 그와 같은 의미의 단체가 실재한다면 그로써 소송상 당사자능력은 충족되는 것이고, 그렇지 아니하다면 소를 부적법한 것으로서 각하하면 족한 것

---

436) 대법원 2018. 8. 1. 선고 2018다227865 판결.

437) 대법원 2018. 8. 1. 선고 2018다227865 판결.

438) 대법원 1991. 11. 26. 선고 91다30675 판결. 동지 : 대법원 1997. 9. 12. 선고 97다20908 판결 ; 대법원 1997. 12. 9. 선고 97다18547 판결 ; 대법원 1999. 4. 23. 선고 99다4504 판결 ; 대법원 2003. 11. 14. 선고 2001다64127 판결 ; 대법원 2009. 1. 30. 선고 2006다60908 판결 ; 대법원 2015. 7. 23. 선고 2012두19496 판결(이 판결에는 "법 제48조"라고 되어 있으나 이는 착오이다. 위 조문은 구 「민사소송법」(2002. 1. 26. 법률 제6626호로 전부개정되기 전의 것) 조문이다.)

이며, 당사자의 주장과는 전혀 다른 단체의 실체를 인정하여 당사자능력을 인정하는 것은 소송상 무의미할 뿐 아니라 당사자를 변경하는 결과로 되어 허용될 수 없다.[439)]

종중이 소송당사자가 되는 것은 법인 아닌 사단이 당사자가 되는 경우의 대표적인 예이다.

이에 따라, 법원은 법인이 아닌 사단 또는 재단이 당사자가 되어 있는 때에는 정관·규약, 그 밖에 그 당사자의 당사자능력을 판단하기 위하여 필요한 자료를 제출하게 할 수 있다(규칙 제12조).

그러나, 가령, 비법인사단의 구성원 전원이 당사자로 되어 총유재산에 관한 소송을 하는 것도 가능함은 물론이다.[440)]

주의할 것은, 사단법인의 하부조직의 하나라 하더라도 스스로 단체로서의 실체를 갖추고 독자적인 활동을 하고 있다면 사단법인과는 별개의 독립된 비법인사단으로 볼 수 있다.[441)]

라. 조합이 당사자능력이 있는 경우[442)]

법무조합은, 조합의 일종이기는 하지만(변호사법 제58조의31 제1항), **소송의 당사자가 될 수 있다**(같은 법 제58조의26).[443)]

마. 시설에 불과하여 당사자능력이 없는 것들

학교는 일반적으로 법인도 아니고 대표자 있는 법인격 없는 사단 또는 재단도 아닌 교육시설의 명칭일 뿐이기 때문에, 원칙적으로 민사소송에서 당사자능력이 인정되지 아니한다.[444)][445)]

---

439) 대법원 1997. 12. 9. 선고 94다41249 판결.

440) 대법원 2007. 7. 26. 선고 2006다64573 판결. 동지 : 대법원 1994. 5. 24. 선고 92다50232 판결.

441) 대법원 2009. 1. 30. 선고 2006다60908 판결.

442) cf. 가령, 영농조합법인이나 영어조합법인은, 비록 조합의 성질이 있기는 하지만(농어업경영체 육성 및 지원에 관한 법률 제16조 제7항), 명칭 그대로 법인이므로(같은 조 제3조 전단), 당연히 당사자능력이 있다.
협동조합이나 소비자생활협동조합도, '조합'이라는 명칭을 쓰고는 있지만, 그 법적 성질은 조합이 아니라 법인이다(협동조합 기본법 제4조 제1항, 소비자생활협동조합법 제12조).

443) cf. 법무법인이나 법무법인(유한)이 설립등기를 함으로써 성립하는 것과 달리(변호사법 제43조 제3항, 제58조의5 제3항), 법무조합은 법무부장관의 설립인가고시가 있을 때 성립한다(같은 법 제58조의19 제3항). 다만, 아직까지 우리나라에 법무조합은 설립된 예가 없다.

444) 대법원 2017. 3. 15. 선고 2014다208255 판결의 방론. 동지 : 대법원 2001. 6. 29. 선고 2001다21991 판결. cf. 학교 자체가 법인인 예로는, 국립대학법인 서울대학교, 국립대학법인 인천대학교가 있다.

445) 이러한 법리는 비송사건에서도 마찬가지이다. 대법원 2019. 3. 25.자 2016마5908 결정(A외국인학교의 이사인 B가 A학교의 임시이사를 선임해달라는 신청을 한 사안에서, A학교가 외국인인 C 개인이 설립한 학교로 인가를 받았고, A학교가 설립·운영자와 독립하여 독자적인 존재와 활동을 할 수 있는 법인격 없는 사단 또는 재단에 해당한다고 볼 수 없으므로, 위 신청은 A 학교의 당사자능력이 인정되지 않아

노인요양원이나 노인요양센터도 법인이 아님이 분명하고 대표자 있는 비법인 사단 또는 재단도 아니므로(노인복지법 제34조 제1항 제1호, 제35조 참조), 원칙적으로 민사소송에서 당사자능력이 인정되지 아니한다.[446]

3. 당사자의 부존재

소송당사자의 존재는 소송요건에 해당하므로,[447] 사망자를 당사자로 한 소 제기는 부적법하다.[448]

그러한 소 제기는 원고와 피고의 대립당사자 구조를 요구하는 민사소송법의 기본원칙에 반하는 것으로서 실질적 소송관계가 성립할 수 없기 때문이다.[449]

구체적인 예를 들면 다음과 같다.

첫째, 사망한 사람을 피고로 하여 소를 제기하는 것은 부적법하다.[450]

소 제기 당시에는 피고가 생존하였으나 소장 부본이 송달되기 전에 사망한 경우에도 마찬가지이다.[451]

둘째, 사망한 사람을 원고로 표시하여 소를 제기하는 것 역시 특별한 경우를 제외하고는 적법하지 않다.[452]

같은 이치에서, 소장이 제1심법원에 접수되기 전에 공동원고의 한사람이 사망한 경우에는 그 원고 명의의 제소는 부적법한 것으로서 그 부분은 각하할 수밖에 없다.[453]

부적법하므로 각하하여야 하는데도, 이를 간과하고 본안에 대하여 판단한 원심판단에 법리오해의 잘못이 있다고 한 사례).

446) 대법원 2018. 8. 1. 선고 2018다227865 판결(원고인 노인요양센터의 당사자능력 존부를 간과한 원심판결에 당사자능력에 관한 법리오해가 있다고 본 사안).

447) 대법원 2012. 6. 14. 선고 2010다105310 판결(공유물분할소송의 피고 중 1인이 소제기 전에 사망하였는데도 이를 간과하고서 한 판결은 부적법하다고 본 사안).

448) 대법원 1970. 3. 24. 선고 69다929 판결(사안은 이미 사망한 당사자를 상대로 소를 제기한 것). 동지 : 대법원 1979. 7. 24.자 79마173 결정(사안은 원고의 명의를 이미 사망한 당사자로 하여 소를 제기한 것).

449) 대법원 2017. 5. 17. 선고 2016다274188 판결. 동지 : 대법원 2018. 6. 15. 선고 2017다289828 판결.

450) 대법원 2018. 6. 15. 선고 2017다289828 판결.

451) 대법원 2018. 6. 15. 선고 2017다289828 판결.

452) 대법원 2018. 6. 15. 선고 2017다289828 판결.

453) 대법원 1990. 10. 26. 선고 90다카21695 판결. 동지 : 법원 1983. 2. 8. 선고 81누420 판결.
또한, 소 제기 당시 이미 사망한 당사자와 상속인이 공동원고로 표시된 손해배상청구의 소가 제기된 경우, 소의 제기로써 상속인이 자기 고유의 손해배상청구권뿐만 아니라 이미 사망한 당사자의 손해배상청구권에 대한 자신의 상속분에 대해서까지 함께 권리를 행사한 것으로 볼 수도 없다. 대법원 2015. 8. 13. 선고 2015다209002 판결.

셋째, 그러나 주의할 것은, 실종선고의 효력이 발생하기 전에는 실종기간이 만료된 실종자라 하여도 소송상 당사자능력을 상실하는 것은 아니므로, 실종선고 확정 전에는 실종기간이 만료된 실종자를 상대로 하여 제기된 소도 적법하다.[454)]

제 2 절 소송행위 일반

Ⅰ. 법원의 소송행위 : 재판 및 재판사무

1. 법원의 소송행위 개관

가. 법원의 소송행위의 종류

법원의 소송행위는 재판과 그 밖의 행위로 나누어진다.

그런데, 실무적 견지에서는 편의상 '재판 외의 법원의 소송행위'라는 것을 각종의 재판사무로 이해하여도 무방할 것이다. 즉, 소송기록을 편성하며, 당사자 등으로부터 소송서류를 접수하고, 새로운 사건은 사건번호를 부여하여 배당하며, 소송비용을 지급하고, 소송서류를 송달하며, 최고와 통지를 행하고, 재판기록을 당사자 등의 열람·등사에 제공하며 소송에 관한 증명서를 교부하고, 민사보관물을 관리하며, 사건이 완결되면 재판원본을 발췌하여 편찬·제본하고 기록 등을 보존하는 등의 사무가 그것이다.

따라서, 이 장에서는 우선 재판 일반에 관하여 살펴 본 후에 그 밖의 재판사무들 각각에 관하여 살펴본다.

다만, 재판기록의 열람·복사와 소송에 관한 증명서의 교부는 당사자의 소송행위와도 관련되므로, 별도의 항목으로 후술하겠고, 송달 역시 그 내용이 복잡할 뿐더러 이론적·실무적으로 매우 중요하므로 별항으로 나중에 검토할 것이다.

나. 관련 문제 : 개인정보의 처리

1) 개 관

법원은 다음 각호의 사무를 수행하기 위하여 필요한 범위 내에서 민감정보, 고유식별정보,

---

454) 대법원 1992. 7. 14. 선고 92다2455 판결.

주민등록번호 및 그 밖의 개인정보를 처리할 수 있다(개인정보 보호법 제24조 제1항 제2호, 제24조의2 제1항 제1호, 법원재판사무 처리규칙 제5조의2).

① 일체의 법률상의 쟁송 심판사무

② 조정사무

③ 사건의 접수, 관련 증명서 발급, 기록 열람, 정보제공, 인터넷 홈페이지 이용 및 운영 등 위 ① 및 ②의 사무와 관련되거나 이를 수행하기 위하여 부수적으로 필요한 사무

따라서, 법원은 (민사절차의) 재판업무 수행을 위하여 필요한 범위 내에서 민감정보, 고유식별정보, 주민등록번호 및 그 밖의 개인정보를 처리할 수 있다(규칙 제76조의2 제1항).

2) 소송관계인의 특정을 위한 개인정보의 관리

가) 개 관

법원사무관등은 소송관계인의 특정을 위한 개인정보를 재판사무시스템을 이용한 전자적인 방법으로 관리한다(규칙 제76조의2 제3항).[455]

법원은 재판서가 보존되어 있는 동안 소송관계인의 특정을 위한 개인정보(규칙 제76조의2 제3항)를 보관하여야 한다(같은 조 제5항).[456]

나) 관리 대상

"소송관계인의 특정을 위한 개인정보"란 성명 및 고유식별정보(고유식별정보를 알 수 없는 경우에는 주소)를 말한다.[457]

다) 개인정보 관리담당자

이러한 개인정보 관리사무는 각 법원의 사무분담에 따라 사건담당부서의 재판참여관으로 지정을 받은 법원사무관등(재판서 및 사건기록의 보존이 마쳐진 후에는 보존담당부서의 법원사무관등)이 담당한다.[458]

다만, 예외적으로, 종합민원실(종합접수실)의 법원사무관등도, '재판기록의 열람·복사와 소송에 관한 증명서의 교부 등' 부분에서 후술하는 바와 같이, 개인정보 관리사무를 처리할 수

---

455) 이와 같이 관리되는 개인정보가 잘못된 경우에는 그 정정을 신청할 수 있는바(규칙 제76조의2 제4항), 이에 관하여서는 '당사자의 소송행위' 부분에서 재론한다.

456) 재판서의 보존기록에 관하여서는, '사건기록의 보존 내지 폐기' 부분에서 재론한다.

457) 재판사무시스템을 이용한 개인정보 관리사무 처리지침(재민 2018-1) 제3조.

458) 재판사무시스템을 이용한 개인정보 관리사무 처리지침(재민 2018-1) 제2조 제1항.

있는 경우가 있다.[459]

이러한 개인정보의 구체적인 관리 방법 등에 관하여서는 후술한다.

라) 고유식별정보의 확인

법원사무관등은 소장 접수 이후 고유식별정보를 신규입력하거나 수정하는 경우 다음 각 호의 사항들을 검토하여 고유식별정보의 정확성을 확인한다.[460]

① 당사자의 주소(송달장소)가 현재 또는 과거의 주민등록지와 일치하는지 여부

② 개인사업자인 당사자의 송달장소가 등록된 사업장 소재지와 일치하는지 여부

③ 재직 중인 당사자의 송달장소가 법인등기사항증명서, 사업자등록증 등을 통해 확인된 직장 소재지와 일치하는지 여부

④ 위 각 호에 준하여 당사자의 주소(송달장소)와 고유식별정보 사이의 연결 내역을 확인할 수 있는 자료가 있는지 여부

2. 재판 일반[461]

가. 판결, 결정, 명령

1) 개 관

재판은 소송절차에서 재판기관이 하는 판단 또는 의사표시로서,[462] 재판은 그 주체와 형식, 성립절차, 효력 등에 따라 판결, 결정, 명령으로 구별된다.[463] 이 중 판결이 가장 중요하고 대표적인 것으로, **성질에 어긋나지 아니하는 한, 결정과 명령에는 판결에 관한 규정을 준용한다**(법 제224조 제1항 본문).

2) 재판의 주체

판결과 결정은 법원의 재판이고,[464] 명령은 법관의 재판이다.[465][466]

---

459) 재판사무시스템을 이용한 개인정보 관리사무 처리지침(재민 2018-1) 제2조 제2항.

460) 재판사무시스템을 이용한 개인정보 관리사무 처리지침(재민 2018-1) 제5조 제1항.

461) cf. 법관 이외의 사법기관이 법관처럼 법률판단을 하는 경우에는 '처분'이라고 함이 일반이다. 법원사무관등의 처분(법 제223조), 사법보좌관의 처분(법원조직법 제54조 제3항 후단) 등이 그 예이다.

462) 헌재 2013. 11. 28. 선고 2011헌바270 결정.

463) cf. 가사비송사건에서는 결정과 유사한 재판인 '심판'도 있다.

464) cf. 비송사건에서는, 재판은 결정으로써 한다(비송사건절차법 제17조 제1항).

465) 다만, 법원의 결정으로 할 재판을 재판장의 명령으로 하였다고 하더라도, 그 자체로서 재판의 결과에 영향을 미친 위법(법 제442조)이 있다고 볼 수는 없다. 대법원 1971. 2. 24.자 71마13 결정 참조.

3) 재판서의 작성 요부

판결을 하려면 반드시 판결서를 작성하여야 하고, 판결서에는 판결한 법관이 서명날인하여야 하며(법 제208조 제1항 후단), {소액사건(소액사건심판법 제11조의2 제3항)이 아닌 한} 이유를 기재하여야 한다(법 제208조 제1항 제4호).

국제사건에서도 판결은 국어로 작성하며(국제재판부의 설치 및 운영에 관한 규칙 제15조), 결정서, 명령서도 국어로 작성한다(같은 규칙 제13조 제1항 전단).

그러나, **결정서나 명령서에서는, 법관의 서명은 기명으로 갈음할 수 있으므로**(법 제224조 제1항 단서 전단),[467][468] 결정서나 명령서에서는 서명 대신 기명을 함이 실무이다.

또한, **결정서나 명령서에서는 이유를 적는 것을 생략할 수 있다**(같은 항 단서 후단).

그리고, 결정이나 명령은 재판서를 작성하지 않고 (말로) 할 수도 있다. 다만, 그 경우에는 해당 결정·명령을 조서에 기재하게 된다(법 제154조 제5호).

국제사건에서의 결정, 명령도 국어로 한다(국제재판부의 설치 및 운영에 관한 규칙 제13조 제1항).

더 나아가, 실무는, 성질상 당사자에게 고지할 필요가 없는 명령(공시송달명령, 준비절차회부명령 등)은, 별도의 재판서를 생성하지 않고 결재정보값(데이터)만 생성·관리하는 방식으로 할 수 있다고 보나,[469] 이러한 태도가 현행법상 허용되는 것인지 의문이 없지 아니하다(민소전자문서법 제7조 제2항 참조).

그런데, 법관의 서명은 가족관계등록부에 기록된 한문자(漢文字)가 아니라 한글로 해도 위법이 아니다.[470]

---

466) cf. 재판장이 하는 각종의 보정명령도 여기서 말하는 '명령'인가? 통설, 판례(헌재 1994. 2. 24. 선고 91헌가3 결정)는 그렇게 새기지만, 이에 관해서는, 보정명령은 재판이 아님이 개념필연적이라는 - 오히려 '지시'라는 별도의 개념으로 이해하여야 한다는 - 유력한 반대설이 있다(오정후, "항고의 대상", **법학 (서울대학교)**, 제53권 제4호(2012), 100~3면). 각종의 준비명령에 대해서도 같은 논리가 적용될 수 있을 것이다.
그러나, 이러한 학설대립의 실천적 의미는 적다. 어느 견해에 의하더라도, 독립한 불복이 허용되지 아니한다는 결론은 동일하기 때문이다.
다만, 해당 보정명령(또는 준비명령)의 근거가 된 법률에 관하여서도 위헌법률심판제청이 가능한가라는 차이는 생길 수 있다.

467) cf. 이 제도는 1990. 1. 13. 법률 제4201호로 「민사소송법」에 편입되기 전에는, 구 소송촉진등에관한특례법(1981. 1. 29. 법률 제3361호로 제정되어, 1990. 1. 13. 법률 제4203호로 개정되기 전의 것) 제7조 제1항에 규정되어 있었다.

468) 비송사건절차에서도 마찬가지이다(비송사건절차법 제17조 제4항).

469) 민전예규 제87조 제1항.

470) 대법원 1969. 6. 24. 선고 69다561 판결.

4) 성립절차

원칙적으로, **판결은,** 변론을 거쳐야 하고(법 제134조 제1항 본문), 선고기일을 열어 재판장이 판결원본에 따라 주문을 읽어 선고하며(법 제206조 전단), **선고로 효력이 생긴다**(법 제205조).

국제사건의 판결도 국어로 선고한다(국제재판부의 설치 및 운영에 관한 규칙 제15조).

그러나, **결정과 명령은,** 변론을 거치지 아니할 수 있고(법 제134조 제1항 단서), 재판서를 작성한 때에는, 그 재판의 원본이 법원사무관등에게 교부되었을 때에 (대외적으로) 성립되는 것으로서,[471] 특별한 사정이 없는 한 결정일(또는 명령일)에 이것이 법원서기관 등에게 교부된 것이라고 추정할 것이고,[472] **고지하면 효력을 가진다**(법 제221조 제1항).[473]

5) 효 력

판결은 일단 선고되어 성립되면 기속력(자기구속력)이 있어 이를 스스로 철회하거나 변경할 수 없다.

그러나, 결정과 명령은 그 내용에 따라 순수하게 소송절차의 수행을 꾀하는 소송지휘적인 것과 권리의 확정 내지 소송절차상의 다툼을 판단하는 것으로 나누어 볼 수 있는데,[474] 전자의 결정과 명령은 언제든지 취소할 수 있으며(법 제222조),[475] 후자의 결정과 명령은 항고가 제기되었을 때 원심법원이 재도(再度)의 고안(考案)을 할 수 있다(법 제446조).[476]

6) 재판의 송달 내지 고지

가) 원 칙

판결의 경우 반드시 판결서 정본을 송달하여야 한다(법 제210조 제2항).

결정, 명령의 고지는, 원칙적으로, **상당한 방법으로 할 수 있으나**(법 제221조 제1항, 비송사건절차법 제18조 제2항 본문),[477] 기일에서는 말로써 하고(출석하지 아니한 당사자에게도 그 고지의 효

---

471) 대법원 1969. 12. 8.자 69마703 결정. 동지 : 대법원 1974. 3. 30.자 73마894 결정 ; 대법원 2013. 7. 31.자 2013마670 결정(사안은 명령) ; 대법원 2014. 10. 8.자 2014마667 전원합의체 결정(사안은 결정).

472) 대법원 1974. 3. 30.자 73마894 결정(사안은 결정).

473) 비송사건절차에서도 마찬가지이다(비송사건절차법 제18조 제1항).

474) 주석(민소3), 543면(김현석 집필부분).

475) 소송지휘에 관하여서는, '심리의 제원칙' 부분에서 살펴본다.

476) 재도의 고안에 관한 상세는 '항고 : 최초의 항고를 중심으로' 부분에서 후술한다.

477) 다만, 예외적으로, 법이 반드시 송달하도록 하고 있는 결정들도 있다. 특별대리인의 선임 또는 개임의 결정(법 제62조 제5항), 필수적 공동소송인의 추가 허가결정(법 제68조 제2항), 예비적·선택적 공동소송인의 추가 허가결정(법 제70조 제1항 본문, 제68조 제2항), 판결경정결정(법 제211조 제2항), 피고경정신청에 대한 결정(법 제261조 제1항, 제2항) 등이 그 예이다.

력이 있다), 기일외에서는 재판서의 송달로써 함이 일반이다.

그리고, **재판서를 작성하여 고지한 때에는, 법원사무관등은 고지의 방법·장소와 날짜를 재판**(결정서, 명령서)**의 원본에 덧붙여 적고 날인하여야 하나**(법 제221조 제2항),[478] 오늘날에는 재판서를 전자화하게 됨에 발맞추어(민소전자문서법 제10조 제1항), 법 제221조 제2항, 비송사건절차법 제18조 제3항에 따른 절차 및 이를 준용하는 절차는 그 취지를 전자소송시스템에 전자적 방법으로 입력하는 것으로 갈음한다.[479]

그런데, 결정서나 명령서는 결정·명령이 집행권원이 되는 등 그 성질상 정본의 송달을 필요로 하거나 또는 특별한 규정이 있는 경우를 제외하고는 그 등본을 송달하는 방법에 의하더라도 무방하고(법 제178조 제1항), 반드시 정본으로 송달하여야 하는 것은 아니다.[480]

나) 특칙 : 국제사건의 외국어 번역문 송부

법원사무관등은 판결서 정본 송달 후 당사자에게 판결서에 대한 허가된 외국어 번역문을 송부한다(국제재판부의 설치 및 운영에 관한 규칙 제17조).

결정서, 명령서도, 당사자에게 허가된 외국어 번역문을 송부할 수 있다(같은 규칙 제13조 제2항 후단).

7) 불복방법

법원의 판결에 대한 불복절차와 판결이외의 결정·명령에 대한 불복절차를 동일한 불복절차 안에서 규율할 것인가 또는 각각 분리하여 취급할 것인가, 나아가 그 불복기간을 둘 것인가 아니 둘 것인가, 둔다면 얼마간의 기간으로 할 것인가 등은 그 나라가 취하고 있는 소송법체계에 따라 입법권에 의해서 비로소 형성될 성질의 것이다.[481]

판결에 대한 (통상의) 불복방법은 항소, 상고이고(법 제390조 제1항 본문, 제422조), 결정 또는 명령에 대한 (통상의) 불복방법은 항고(재항고 포함)이다(법 제439조, 제440조, 제442조).

그런데, 재판에 대한 불복에 관한 상세는, 종국적 재판과 중간적 재판의 구별 문제와 함께 살펴볼 필요가 있다.

---

478) 비송사건절차에서도 마찬가지이다(비송사건절차법 제18조 제3항).

479) 민전예규 제87조 제2항.

480) 대법원 2003. 10. 14.자 2003마1144 결정.

481) 헌재 1998. 8. 27. 선고 97헌바17 결정.

나. 종국적 재판과 중간적 재판

1) 개 관

종국적 재판이란 해당 사건에 대하여 심판을 마치고 그 심급을 이탈시키는 재판을 말한다.[482)]

종국판결이 종국적 재판의 대표적인 예이지만, 그 밖에 소각하결정 또는 상소각하결정(법 제144조 제4항), 소장각하명령(법 제254조 제2항, 제255조 제2항), 상소장각하명령(법 제399조 제2항, 제402조 제2항, 제425조, 제443조) 등 결정이나 명령 중에도 종국적 재판에 해당하는 것들이 있다.

중간적 재판이란 심리중에 문제가 된 사항에 관하여 판단하여 종국적 재판을 준비하는 재판을 말한다.

중간판결(법 제201조)이나 실기한 공격방어방법의 각하결정(법 제149조 제1항, 제286조), 소송인수결정(법 제82조 제1항), 청구취지(또는 청구원인) 변경불허결정(법 제263조) 등이 중간적 재판의 예이다.

종국적 재판과 중간적 재판의 구별실익은 소송비용재판의 요부 및 독립적 불복의 가부에 있는바, 상세한 내용은 다음과 같다.

2) 각 심급의 소송비용의 재판 여부

가) 원칙 : 종국적 재판에서의 소송비용의 재판

법원은 사건을 완결하는 재판에서 직권으로 그 심급의 소송비용 전부에 대하여 재판하여야 한다(법 제104조 본문, 소송비용불가분의 원칙).

민사소송에서 소송비용의 재판은 서로 대립하는 민사소송의 당사자가 그 소송수행에 필요한 한도내에서 지출한 비용을 상대방, 당사자 또는 그 소송에 관여한 제3자로부터 상환 받을 수 있도록 그 사건을 완결하는 재판에서 직권으로 그 부담자 또는 부담비율을 정하는 것이다.[483)]

따라서, 종국적 재판에서는 소송비용의 재판이 문제된다. 다만, 종국적 재판이라도 성질상 소송비용의 재판을 하지 아니하는 경우가 있는바, 상세한 것은 후술하는 바와 같다.

주의할 것은, 소송비용부담의 재판은 소송비용상환의무의 존재를 확정하고 그 지급을 명하는 데 그치고 그 액수는 당사자의 신청에 의하여 소송비용액확정결정(법 제110조)을 받아야 하므로, 소송비용부담의 재판만으로 소송비용상환청구채권의 집행권원이 될 수 없다.[484)][485)]

---

482) 대법원 1995. 2. 14. 선고 93재다27,34 전원합의체 판결 참조.

483) 대법원 2010. 5. 25.자 2010마181 결정. 동지 : 대법원 2019. 11. 29.자 2019카확564 결정.

소송비용의 재판을 구체적으로 어떤 기준으로 하게 되는지는, '판결의 선고' 부분에서 후술하겠다.

나) 예외 : 종국적 재판이라도 소송비용의 재판을 하지 아니하는 경우

(1) 대심적 소송구조가 아닌 경우, 그 밖에 상대방의 비용지출이 없는 경우

민사소송에서, 서로 대립되는 상대방이 없거나, 형식상 상대방이 있다 하더라도 그 상대방이 그 소송에서 자기의 권리신장을 위하여 공격 또는 방어할 수 있는 기회가 보장된 대심적 소송구조가 아닌 경우(주로 결정, 명령으로 완결되는 재판)에는, 그 소송비용은 그 재판을 신청한 당사자의 자기부담이 될 것이고 상대방에게 그 비용을 부담시킬 이유가 없고 상대방도 그 소송에 관하여 비용지출이 있었다고는 볼 수 없는 것이므로, 구태여 그 비용부담자를 정할 필요가 없다.[486)]

(2) 사건의 일부에 관한 재판(원칙)

소송비용불가분의 원칙상, 종국적 재판이라 하여도 사건의 일부에 관한 재판에서는 소송비용의 재판을 하지 아니함이 원칙이다.

다만, 사정에 따라 사건의 일부에 관한 재판에서 그 비용에 대한 재판을 할 수 있다(법 제104조 단서).

(3) 상급법원의 환송·이송의 재판

이에 관하여서는 '상소 일반' 부분에서 후술한다.

3) 불복의 가부

종국적 재판에 대하여서는 독립하여 불복할 수 있는 반면, 중간적 재판에 대하여서는 독립하여 불복할 수 없음이 원칙이다.

---

484) 대법원 2006. 10. 12. 선고 2004재다818 판결.

485) 그러나, 비송사건의 경우에는, 절차비용 부담의 재판을 하는 경우는 오히려 예외적이고(비송사건절차법 제26조), 절차비용의 재판을 할 때에는 그 금액까지도 확정하나(같은 법 제25조), 마류 가사비송사건의 경우에는 소송처럼 액수를 정하지 아니하고 절차비용 부담의 재판만을 함이 일반이다(가사소송규칙 제95조 제1항 참조).

486) 대법원 1985. 7. 9. 선고 84카55 판결. 동지 : 대법원 2019. 11. 29.자 2019카확564 결정(A가 본안사건 항소심에서 패소하자 상고장을 제출하였고 이후 상고사건은 상고장각하명령으로 종결되었는데, A의 상고장 부본이 B에게 송달되지 아니하였으나 B는 본안사건 기록이 대법원에 송부된 후 상고심 소송대리인 선임비용을 지출하였고, 그 후 B가 A를 상대로 소송비용부담 및 확정을 신청한 사안에서, B가 지출한 소송대리인 선임비용은 대심적 소송구조에서 지출된 비용이 아니어서 상대방에게 부담시킬 수 없고 그 비용부담자 등을 정할 필요도 없다는 이유로 B의 소송비용부담 및 확정 신청을 기각한 사례).

그러나, 이러한 원칙에는 몇 가지 예외가 있다(법 제392조 참조).

첫째, 법이 명문으로 불복할 수 없는 재판으로 규정한 경우에는 불복할 수 없음은 물론이다. 다만, 결정·명령의 경우 헌법위반 등을 이유로 예외적으로 특별항고를 제기할 수 있는 경우가 있으나(법 제449조 제1항), 이는 통상의 불복방법이 아니라 일종의 비상구제수단이다.

둘째, 중간적 재판이라 하여도, 법이 명문으로 즉시항고할 수 있다고 규정한 재판(결정·명령)은 즉시항고로써 불복할 수 있다.

셋째, 일반적으로, **소송절차에 관한 신청을 기각한 결정이나 명령에 대하여 불복하면** (통상)**항고할 수 있다**(법 제439조).

구체적으로 어떤 결정 또는 명령이 불복할 수 없는지, 또는 즉시항고로써 불복할 수 있는지, 또는 통상항고로써 불복할 수 있는지 등은 각각 해당되는 곳에서 살펴보기로 하며, 즉시항고와 통상항고에 관한 상세는 '항고 : 최초의 항고를 중심으로' 부분에서 살펴볼 것이다.

다. 민사소송법상의 과태료재판 일반

민사소송법상의 의무위반에 대한 제재로서 법원의 결정으로 과태료재판을 하는 경우가 있다(법 제301조(소명의 대용으로 한 선서진술이 거짓인 때), 제311조 제1항, 제318조, 제326조(증인의 출석의무·선서의무·증언의무 위반), 제333조 본문(감정인의 출석의무 위반), 제351조(제3자의 문서제출명령 위반), 제363조 제1항(문서에 대한 허위의 성립부인), 제366조 제2항 전문(제3자의 검증목적물제출명령 위반), 제370조 제1항(당사자신문에서의 거짓 진술)).

그런데, **「민사소송법」에 따른 과태료재판에는 비송사건절차법 제248조 및 제250조 가운데 검사에 관한 규정을 적용하지 아니한다**(법 제224조 제2항). 즉, 민사소송법상의 과태료 결정 시에는, 재판을 하기 전에 검사의 의견을 구하지 아니하며(비송사건절차법 제248조 제2항 참조), 검사가 재판에 대하여 즉시항고 또는 이의신청을 할 수 없다(같은 조 제3항, 같은 법 제250조 제2항 참조).

그러나, 「민사소송법」에 따른 과태료재판에도 검사에 관한 규정을 제외하고 비송사건절차법 제248조 및 제250조가 적용되는 것이므로(법 제224조 제2항의 반대해석(규칙 제85조 제2항 참조), 법원은 과태료재판을 하기 전에 당사자의 진술을 들어야 하고(비송사건절차법 제248조 제2항), 상당하다고 인정할 때에는 당사자의 진술을 듣지 아니하고 과태료재판(약식재판)을 할 수 있으나(같은 법 제250조 제1항), 이러한 약식재판은 당사자의 이의신청에 의하여 그 효력을 잃고 법원은 당사자의 진술을 듣고 다시 재판을 하여야 한다(같은 조 제4항).[487]

---

487) 대법원 2010. 1. 29.자 2009마2050 결정(사안은, 당사자 또는 그 대리인이 고의나 중대한 과실로 진실에

3. 기록의 편성

가. 기록의 편성 일반

1) 사건번호의 부여

사건기록에는 사건번호를 붙여야 하는바(법원재판사무 처리규칙 제19조 제1항), 사건번호는 매 사건마다 1개씩 부여된다(같은 규칙 제18조 참조).

사건번호는 서기 연수에 네 자리 아라비아 숫자, 사건별 부호문자와 진행번호인 아라비아 숫자로 표시한다(법원재판사무 처리규칙 제19조 제2항).

사건별 부호문자는 사건의 성격, 사건수 등을 고려하여 대법원예규로 정하는바(같은 규칙 제20조), 이에 따라 「사건별 부호문자의 부여에 관한 예규(재일 2003-1)」가 제정되어 있다.[488]

진행번호와 관련하여 주의할 것은, 그것이 - 같은 심급의 모든 법원을 통틀어 부여되는 것이 아니라 - 각 법원별로 부여된다는 것이다.

또한, 고등법원 원외재판부에서 사건을 접수하는 경우(고등법원 부의 지방법원 소재지에서의 사무처리에 관한 규칙 제8조 제1항)에는 사건번호(법원재판사무 처리규칙 제19조 제2항)의 앞에 괄호를 하여 그 안에 소재지 지방법원 명칭중 지명부분을 기재하고, 진행번호는 소속고등법원에 접수되는 사건의 진행번호와 독립하여 부여한다(고등법원 부의 지방법원 소재지에서의 사무처리에 관한 규칙 제9조).

실무상, 사건번호는 재판사무시스템에 소장등의 접수사실이 입력됨으로써 정하여진다.[489]

2) 기록의 편철방법 일반

가) 개 관

원칙적으로, 기록을 편철할 때에는 접수 또는 작성한 순서에 따라 이를 가철(加綴)하지만(법원재판사무 처리규칙 제23조 제1항 본문),[490] 대법원예규가 정하는 바에 따라 합철(合綴) 또는 첨철(添綴)할 수 있다(같은 규칙 제18조 단서, 제23조 제1항 단서).

어긋나게 문서의 진정을 다투었음을 이유로 하여 법 제363조에 정한 과태료재판을 한 경우). 동지 : 대법원 2001. 5. 2.자 2001마1733 결정(사안은, 불출석 증인에 대하여 법 제311조에 정한 과태료재판을 한 경우).

488) 이 예규는 비단 민사사건뿐만 아니라 법원이 관장하는 모든 사건을 망라하고 있다.
cf. 「법원재판사무처리규칙」은, 2003. 6. 9. 대법원규칙 제1828호로 개정되기 전까지는, 사건별 부호문자를 직접 규정하고 있었다.

489) 민전예규 제17조 제1항 전문 참조.

490) 전자기록의 경우에도, 각종 서류는 제출된 시간 순으로 편철한다. 민전예규 제43조 제1항.

이에 따라, 「민사접수서류에 붙일 인지액 및 그 편철방법 등에 관한 예규(재민 91-1)」(이하 '인지액·편철방법예규'로 약칭한다), 「행정사건의 접수서류에 첨부할 인지액과 그 편철방법 등에 관한 예규(재특 91-4)」와 「가사접수서류에 붙일 인지액 및 그 편철방법 등에 관한 예규」가 제정되어 있다.[491]

요컨대, 서류의 편철방법에는 가철, 합철, 첨철의 세 가지가 있다. 구체적으로 어떤 서류가 합철이나 첨철의 대상이 되는지는 해당되는 곳에서 언급하겠다.

나) 종 류

(1) 가 철

"가철"이라 함은, 본안사건기록, 주된 절차사건기록 또는 선행사건기록("주기록")에 시간적 접수순서에 따라 편철하는 것을 말한다.[492] 전술한 바와 같이 이것이 원칙적인 편철방법이다.

(2) 합 철

"합철"이라 함은, 주기록에 시간적 접수순서에 따라 편철하고 주기록표지에 사건번호와 사건명을 병기하는 것을 말한다.[493]

즉, 합철은 사건번호와 사건명이 추가로 기재되게 된다는 점에서 가철과 다르다.

「반소장」이나 「가압류이의신청서」는, 주기록에 합철하는 서류의 대표적인 예이다.

이와 같이 사건번호가 추가 부여된 경우와 관련하여, 원래 계속중인 사건의 사건번호를 "기본사건번호"라 한다.[494]

(3) 첨 철

"첨철"이라 함은, 사건입력 프로그램에 전산입력한 민사접수서류를 별책으로 편철하되 주기록과 끈으로 연결하고 보존도 주기록과 함께 하도록 하는 것을 말한다.[495]

「판결경정신청서」나 「재심소장」은, 주기록에 첨철하는 서류의 대표적인 예이다.

다만, 전자기록사건에서 전자기록의 첨철은, 주된 전자기록과 첨철되는 전자기록을 연계

---

491) cf. 형사사건에 관하여서는, 「형사소송서류의 전산입력 및 편철방법에 대한 예규(재형 2003-11)」가 제정되어 있다.

492) 인지액·편철방법예규 제2조 제1호.

493) 인지액·편철방법예규 제2조 제2호.

494) 송달료규칙의 시행에 따른 업무처리요령(재일 87-4) 제19조 제2항.

495) 인지액·편철방법예규 제2조 제3호.

하여 열람할 수 있도록 하는 방법에 의한다.[496)]

다) 특 례

재판장은 다음 각 호의 어느 하나에 해당하고 적정한 기록관리를 위해 필요한 경우에는 해당사건들을 합철하도록 명할 수 있다.[497)]

① 같은 당사자가 소권을 남용하여 다수의 사건을 제기한 경우

② 다수 사건들이 병합되거나 그 밖의 사유로 매 사건마다 별책으로 사건기록을 편성하는 것이 현저히 곤란한 경우

나. 재판서, 조서 등의 전자문서화

1) 개 관

'민소전자문서법'이 적용되는 이상 원칙적으로, 설령 종이기록사건이라 하더라도, 법원에서 작성하는 재판서·조서 등은 전자문서로 작성하여(민소전자문서법 제10조 제1항),[498)] 이를 전산등재한다.[499)]

다만, 종이기록사건의 경우, 다음 각 호의 어느 하나에 해당되는 재판서·조서 등은 전자문서로 작성하지 않을 수 있다.[500)][501)]

① 종이신청서에 대한 허부 또는 채부 결정서

② 변론준비절차 회부명령서

③ 지급명령서

④ 이행권고결정서

⑤ 부동산경매사건 및 이를 준용하는 사건의 납부명령서, 출급명령서

---

496) 민전예규 제50조.

497) 인지액·편철방법예규 제3조의2. 이 제도는 2016. 11. 9.부터 시행되고 있다.

498) 민전예규 제4조 제2항 본문.

499) 민전예규 제4조 제3항.

500) 민전예규 제4조 제2항 단서.

501) 민전예규 제4조 제4항은 "재판장, 수명법관, 수탁판사, 조정담당판사, 조정장 또는 사법보좌관(다음부터 "재판장등"이라 한다)은 필요한 경우 제2항 각 호 외의 재판서·조서 등도 전자문서로 작성할 수 있다." 라고 규정하고 있다.
그러나 이는, 구 민전예규(2018. 1. 4. 재판예규 제1680호로 개정되기 전의 것)이 —현행법이 '전자문서로 작성하지 아니할' 재판서·조서 등을 열거하고 있는 것과는 반대로— '전자문서로 작성할' 재판서·조서 등을 열거하고 있는 데에 따른 규정이다.
따라서, 민전예규 제4조 제4항은, 현행법상 무의미한 규정이며, 이를 삭제하지 아니한 것은 입법의 착오이다.

⑥ 사건기록이 보존된 이후의 주소보정명령

⑦ 민사공조("러"), 재심 독촉("재차"), 재심 파산단독("재하단"), 재심 면책("재하면"), 증인감치("정가"), 재심 증인감치("재정가"), 선박, 유류등책임제한("책"), 확정된 소송기록에 대한 열람신청("카열"), 행정신청("아"), 재심 행정신청("재아"), 재심 선거신청("재주"), 재심 기타 민사신청("재카기"), 재심 소송비용액확정신청("재카확"), 특허신청("카허"), 재심 특허신청("재카허"), 과태료체납자감치("정과"), 가사공조("츠"), 협의이혼의사확인 신청("호협"), 화해("자"), 재심 화해("재자"), 재심 소송구조등("재카구"),[502] 재심 담보취소등("재카담"),[503] 선거신청("주"), 특수신청("쿠") 사건에서 작성하는 재판서·조서 등

⑧ 그 밖에 전자소송시스템 미비 등의 사유로 전자문서로 작성하는 것이 현저히 곤란한 재판서·조서 등

특기할 것은, '민소전자문서법'은 위 재판서·조서 등을 종이로 작성한 다음 전자화하여 등재할 수도 있는 것으로 규정하나, '민소전자문서규칙'은 오히려 작성 자체를 전자문서로 작성할 것을 원칙으로 하고 있다(민소전자문서규칙 제19조의2).

다만, 종이기록사건에서 위와 같은 재판서, 조서 등의 전자문서 작성에 필요한 별지 등으로 사용될 서류가 종이 형태로 제출된 때에는 전자화 작업을 한 다음 전자소송시스템에 전산등재한다.[504]

특기할 것은, 제3채무자 진술서(민사집행법 제237조 제1항) 역시 종이 형태로 제출된 때에는 전자화 작업을 한 다음 전자소송시스템에 전산등재한다.[505]

한편, 전자기록사건에서는 모든 재판서·조서 등을 전자소송시스템에 등재하여야 함은 물론이다.

2) 전자화 담당자

종이 형태의 별지나, 제3채무자 진술서는, 접수사무관등(전자화담당자가 있는 법원은 전자화담당자)이 전자화작업을 하되,[506] 접수단계에서 처리하기가 어려운 경우에는 담당재판부 법원사무관등이 전자화작업을 한다.[507]

---

502) 민전예규 별표 3에는 "소송구조등(재카구)"으로 되어 있으나, 이는 착오로 보인다.
503) 민전예규 별표 3에는 "담보취소등(재카담)"으로 되어 있으나, 이는 착오로 보인다.
504) 민전예규 제28조 제1항 제5호.
505) 민전예규 제28조 제1항 제6호.
506) 민전예규 제28조 제4항 본문.
507) 민전예규 제28조 제4항 단서.

종이기록사건에서 재판서, 조서 등을 전자문서로 변환하여 등재하는 경우 그 재판서, 조서 등은 담당재판부 법원사무관등이 전자화작업을 한다.[508]

3) 등재방법

재판서, 조서 등을 전자문서로 변환하는 경우에는, 원래의 서류와 동일성이 확보되도록 기술적 조치를 하여야 한다(민소전자문서법 제10조 제4항 후단의 확장해석).

또한, **법관·사법보좌관 또는 법원사무관등은 재판서, 조서 등을 전자문서로 작성 또는 변환하는 경우에 대법원규칙으로 정하는 바에 따라 사법전자서명을 하여**(전자소송시스템에 등재하여)**야 한다**(민소전자문서법 제7조 제2항. 같은 법 제10조 제2항 참조).

"사법전자서명"이란 행정전자서명(전자정부법 제2조 제9호)**으로서 법관·사법보좌관 또는 법원사무관등이 민사소송등에서 사용하는 것을 말하며**(같은 법 제2조 제4호), 사법전자서명은 '법원 행정전자서명 인증관리센터'에서 발급받은 행정전자서명 인증서에 의하여 하고(민소전자문서규칙 제7조 제2항), **이러한 사법전자서명은 민사소송등에 적용되거나 준용되는 법령에서 정한 서명, 서명날인 또는 기명날인으로 본다**(민소전자문서법 제7조 제3항).

4) 특칙 : 사후적 전자화

다만, 재판서, 조서 등을 전자문서화함에 전자소송시스템의 장애 그밖에 현저히 곤란하거나 부적합한 사유가 발생한 경우에는 전자문서가 아닌 형태로 작성할 수 있다(민소전자문서규칙 제19조의2 제1항).[509]

그러나, 위와 같이 재판서·조서 등을 전자문서로 작성하지 아니한 경우 법원사무관등은 그 사유가 해소된 뒤에 지체 없이 재판서·조서 등을 전자화하여 전자소송시스템에 등재한다.[510]

이때, 법원사무관등은 전자화절차가 완료되면 제출된 서류와 이를 변환한 전자문서의 표목과 장수를 대조·확인하는 등의 방법으로 그 동일성을 확인하고 제출된 서류를 특별한 사정이 없는 한 전자화 일자별로 분류하여 지체 없이 보존담당자(고등법원의 경우에는 담당재판부)

그러나, 관견으로는 이러한 규정들은 별지의 전자화의 경우에는 입법론적으로 의문인바, 이러한 별지 등은 성질상 일반적으로 '접수단계에서 처리하기가 어려운' 서류에 해당하기 때문이다.

508) 민전예규 제28조 제5항 전문.

509) cf. 이는 종래 민전예규 제4조의2 제1항이 규정하고 있던 것을 대법원규칙으로 규정하기에 이른 것이다.

510) 민전예규 제4조의2 제2항 전문.
cf. 종이기록사건에서 재판서, 조서 등을 전자문서로 변환하여 등재하는 경우 그 재판서, 조서 등은 담당재판부 법원사무관등이 전자화작업을 한다. 민전예규 제28조 제5항.

에게 인계(가보존)한다.[511]

위와 같이 가보존된 서류는 전자화 일자가 속한 월의 말일로부터 12월이 경과하면 이를 폐기할 수 있으되, 법원 사정에 따라 전자화 일자가 속한 년도의 말일로부터 12월이 경과한 후 15월이 경과하기 전까지 이를 일괄 폐기할 수 있다.[512]

위와 같이 전자문서가 아닌 형태로 작성된 재판서, 조서 등은 이후 장애 등 사유가 해소되어 전자소송시스템에 등재되기 전에는 이를 원본으로 본다(같은 조 제2항).

5) 재판서·조서 등의 전자적 정정

가) 개 관

법원사무관등은 전자문서로 작성한 조서(화해·조정 조서, 청구의 포기·인낙 조서는 제외한다)에 잘못이 있는 때에는 전자소송시스템을 이용하여 다음 각 호의 예에 따라 바로잡을 수 있다(민소전자문서규칙 제21조 제1항).

① 전산등재 과정에서의 잘못 등으로 효력이 없음이 분명한 경우: 폐기

② 잘못된 계산이나 기재 등이 있음이 분명한 때: 정정

전자문서로 작성한 재판서와 화해·조정 조서, 청구의 포기·인낙 조서는, 전산등재 과정에서의 잘못 등으로 효력이 없음이 분명한 경우 폐기할 수 있다(같은 조 제3항).[513]

그런데, '재판서·조서등이 효력이 없음이 명백한 경우'란 구체적으로, ① 전자소송시스템 또는 정보통신망에 장애가 발생하여 재판서·조서가 잘못 전산등재된 경우 ② 재판서·조서의 기재에 해당하는 재판, 소송행위 또는 기일이 전혀 존재하지 아니하는 경우 ③ 그 밖에 위 각 호에 준하는 사유가 있는 경우를 말한다.[514]

나) 절차와 방법

이러한 폐기 또는 정정의 절차와 방법은 법원행정처장이 정하는바(민소전자문서규칙 제21조 제2항),[515] 이는 구체적으로 다음과 같이 정하여져 있다.

---

511) 민전예규 제4조의2 제2항 후문, 제31조 제1항 본문.

512) 민전예규 제4조의2 제2항 후문, 제31조 제6항.

513) cf. 이러한 재판서 등에 잘못된 계산이나 기재 등이 있음이 분명한 때에는 법원의 경정결정(법 제221조 제1항)에 따라 바로잡아야 하며, 법원사무관등이 전자적으로 정정할 수 없다.

514) 민전예규 제48조의2 제1항.
cf. 법문에는 "규칙 제21조 제1항 제1호와 제3호에서 정한 재판서·조서의 폐기 사유는 …"으로 되어 있으나, '제3호'는 '제3항'의 오기이다.

515) 법문에는 "제1항의 폐기 또는 정정의 …"로 되어 있으나, 이는 입법의 착오라고 할 것이며, 오히려 "제1

재판서·조서를 폐기하는 경우에는, 법원은 재판서·조서에 관계되는 자의 의견을 들어야 한다.[516]

그리고, 조서의 정정은 다음 각 호 중 어느 하나의 방법에 따라 할 수 있다.[517]

① 조서 말미에 정정의 취지를 부기하는 방식

② 이미 작성한 조서의 결재를 취소하고 새로운 조서를 작성·결재하는 방식(다만, 관계인이 조서를 열람, 출력 또는 복제하거나 조서의 정본·등본·초본을 교부 또는 송달받은 경우에는 관계인이 정정 전 조서를 열람할 수 있도록 하여야 한다)

한편, 법원은 이러한 폐기 또는 정정에 대하여 당사자의 이의가 있는 때에는 폐기 또는 정정 전의 조서 또는 재판서를 확인할 수 있도록 하여야 한다(같은 조 제4항).

6) 전자화한 재판서·조서의 종이기록상 처리

전자소송실무상, 전자문서화하여 전자소송시스템에 등재한 재판서·조서 등은 이를 (종이) 기록에 별도로 편철하지 아니한다.[518] 이에 따라, 전자기록사건의 상소기록 송부 시에도 원심판결서 또는 결정서 부본 등을 송부하지 아니하며, 상소심에서도 제1심 보존용 재판정본을 송부하지 아니한다.[519]

다만, 다음 각 호의 경우에는 그 재판서·조서 등 등본을 출력하여 기록에 편철한다.[520]

① 화해권고결정이나 조정을 갈음하는 결정에 대하여 이의신청이 있는 때

② 소장각하명령, 심판청구서각하명령, 상소장각하명령 및 그 명령에 대한 상소심의 결정이 있는 때[521]

그러나, 관견으로는 이러한 실무의 태도는 의문이다. 상술한 바와 같이 예외적으로 결정등본을 출력하여 종이기록에 편철하는 이유는 심리의 편의를 위해서라고 할 것인바, 그러한 심리의 편의를 도모할 필요성은 여타의 재판서·조서의 경우에도 근본적으로 다를 바 없기 때문이다.

예컨대, 현행 실무대로라면, 종이기록사건의 경우에, 상소법원이 심리를 위하여 기록을 검

항 및 제2항의 폐기 또는 정정의 …"로 되어야 옳다(민전예규 제21조 제4항 참조).

516) 민전예규 제48조의2 제2항 후문.

517) 민전예규 제48조의2 제3항.

518) 민전예규 제4조 제3항 본문.

519) 민전예규 제97조 제4항.

520) 민전예규 제4조 제3항 단서.

521) 민전예규 제4조 제3항 제2호의 법문에는 "제2항제4호의 명령이 있는 때"라고만 되어 있으나, 위와 같이 확장해석하여야 할 것이다.

토할 때에 원심 재판서는 별도로 전산으로 열람하여야 한다는 것이 되는데, 이것이 얼마나 불편한 일일지는 두말할 나위 없다.

다. 종이기록의 편철방법[522)]

1) 편철의 단위

원칙적으로, 사건기록은 매 사건마다 별책으로 편성한다(법원재판사무 처리규칙 제18조 본문).

다만, 기록의 장수가 많은 것은 500매 내외를 기준으로 하여 분책한다(같은 규칙 제23조 제1항 본문).

2) 편철의 순서

구체적으로는, 기록을 접수하거나 작성하는 때에는 표지를 붙여 편철하는바(법원재판사무 처리규칙 제23조 제1항 본문), 기록표지 다음에는 기록목록,[523)] 증거목록이 편철되고,[524)] 그 뒤에 다른 서류들이 - 작성되거나 접수된 시간적 순서대로 - 편철된다(같은 본문).

다만, 소송비용을 국고에서 대납한 경우, 송달료가 대납된 경우에는 「국고대납송달료계산서」와 「송달료입출명세서」가 사건기록 표지 다음에[525)] 그 밖의 소송비용이 대납된 경우에는 「국고대납소송비용계산서」가 「국고대납송달료계산서」 다음에,[526)] - 따라서 기록목록 앞에 - 각각 편철된다.

상소제기 후 상소심의 기록에도 독립한 사건번호와 표지를 부여하나, 표지는 종전절차의 기록표지 앞에 철하며, 이는 독촉절차나 제소전화해절차에서 소송으로 이행된 경우, 다른 법원에서 이송 또는 환송되어 온 사건기록의 경우도 마찬가지이다. 상소심의 기록도 제1심 기

---

522) cf. 법원실무에서는, 기록편철용 철끈은 기록표지 좌측 한계선으로부터 7㎝, 상부한계선으로부터 2.5㎝의 점과 좌측 한계선으로부터 14㎝, 상부 한계선으로부터 2.5㎝의 점(전산출력되는 기록표지 양식의 "○"로 표시된 부분)을 기준으로 맨다. 기록표지의 관련사건 표시 및 비닐커버 사용 등에 관한 업무처리요령(재일 2003-11) 제3조 전문.

523) 다만, 기록목록은 (해당 심급에서) 심리가 종결된 때에(재판에 의하지 아니하고 사건이 종국된 때에는 그 종국후에) 작성하고, 이에 따라 기록의 매장 표면 하단 중앙에 장수를 표시한다(법원재판사무 처리규칙 제23조 제2항 본문 참조).

524) 민사 등 증거목록에 관한 예규(재민 2004-6)(이하 '민사증거목록예규'로 약칭한다) 제3조 제1항 전단. 증거목록에 관한 실무적·기술적인 사항에 관하여서는 위 예규 참조.

525) 소송비용 국고대납에 관한 예규(재민 2006-2) 제9조.
다만 이는, 원칙적으로는 해당 심급에서 사건이 종결된 때에(그러나, 대법원에서 사건이 종결된 경우에는 제1심 법원에 사건기록이 반환되어 온 때에) 재판사무시스템에서 출력하여 편철한다. 같은 조 제1항. 더 나아가, 병합·분리·이송에 의한 국고반납이 이루어진 때에도 같다. 같은 조 제2항.

526) 소송비용 국고대납에 관한 예규(재민 2006-2) 제11조 제3항, 제5항.

록과 일체를 이루므로 제1심 기록에 연속하여 편철하며, 장수 표시도 연속하여 한다.

라. 전자기록의 편철방법

1) 전자기록사건에서 제출되는 서류의 구분

전자기록사건에서 제출되는 서류는, 기록 편철 방법에 따라, 전자문서, 전자화하는 종이서류, 전자화 불가문서로 나누어 볼 수 있다.

2) 전자문서의 편철 : 전자소송시스템 등재

가) 개 관

전자적으로 제출된(즉, 전자문서로서 전자서명을 하여 전자소송시스템을 통하여 제출한) 서류는 그대로 전자소송시스템에 등재됨은 물론이다.

그러나, 전자적으로 제출된 서류라 하더라도, 위법하게 제출된 경우에는 제출되지 아니한 것으로 볼 것이므로(민소전자문서규칙 제18조의3의 유추해석), 이 경우에는 종이서류로 다시 제출하도록 보정명령을 하여야 할 것이다.

문제는, 전자소송실무가 전자기록화 시한 도과 후에도 종이기록사건의 전자적 제출을 허용하면서 이를 출력하여 기록에 편철하고 있다는 것이다. 그러나 이 문제에 관하여서는 서류의 접수와 관련하여 후술하겠다.

나) 서류의 종류에 따른 편철절차상의 차이

한편, 전자적으로 제출된 서류도 그 성격에 따라 편철절차에 차이가 있다.

우선, 소장등(즉, 기본적 신청의 신청서)은, 접수사무관등이 '소장심사체크리스트'에 따라 심사한 후 - 배당담당자를 거쳐 - [527] 담당재판부에 인계한다.[528]

그러나 그 밖의 서류들은, 해당 재판부의 전자캐비닛으로 곧바로 진입하므로, 접수담당자가 관여하지 아니하게 된다.[529]

3) 전자화하는 종이서류의 편철 : 전자화한 전자문서의 전자소송시스템 등재 및 종이서류의 가보존

가) **전자화 대상인 종이서류**: 전자소송 비동의자가 제출한 것(원칙), 전자소송 동의자

527) 민사전자소송실무편람, 91면.

528) 민전예규 제18조 제1항. 이는 종이기록사건의 접수절차와 유사하다.

529) 앞의 책, 92, 103면. 이는 종이기록사건의 접수절차와는 판이하다.

가 재판장이 허가를 받아 제출한 것(특칙)

원칙적으로, 전자기록사건에서 전자소송 비동의자가 제출하는 서류는 전자화 작업을 한 다음 전자소송시스템에 전산등재한다.[530)]

다만, 별항으로 후술하듯이, 그 서류가 전자화 불가문서에 해당하는 경우에는 전자화를 하지 아니한다.

이에 반하여, 전자소송 동의자가 전자문서가 아닌 형태로 제출한 서류는 법원사무관등이 전자화할 수 없음이 원칙이다(민소전자문서법 제8조, 민소전자문서규칙 제12조 제2항 참조).

다만, 전자소송 동의자가 예외적으로 전자문서 아닌 형태의 서류를 제출할 수 있는 경우로서,[531)] 재판장등이 (사생활 보호 외의 사유로) 이를 허가하였을 뿐 아니라(민소전자문서규칙 제15조 제1항 제4호 후단), 전자문서화를 지시한 서류는 이를 전자화한다.[532)]

나) 종이서류의 전자화 및 전자소송시스템 등재

재판서, 조서 등의 전자화에 관하여서는 기술하였으므로, 여기서는 당사자 등이 제출한 종이서류의 전자화에 관하여서만 본다.

(전자기록사건에서) **전자문서가 아닌 형태로 제출된 서류를 전자문서로 변환할 때에는, 원래의 서류와 동일성이 확보되도록 기술적 조치를 하여야 한다**(민소전자문서법 제10조 제4항 후단).

또한, 법원사무관등은 위와 같이 변환한 서류를 등재할 때에 사법전자서명을 하여 전자소송시스템에 등재하여야 한다(같은 조 제2항).

한편, 서증 이외의 증거방법에 관한 증거신청서가 제출된 경우에는, 증거신청서를 전자기록화할 뿐만 아니라, 전자소송시스템에 해당 사항을 전산입력하도록 하고 있다.[533)]

전자문서가 아닌 형태로 제출된 서류를 전자문서로 변환·등재하는 절차와 방법은 대법원규칙으로 정하나(같은 조 제4항 전단), '민소전자문서규칙' 대신 '민전예규'가 다음과 같이 가보존에 관한 사항만을 규정하고 있다.[534)]

---

530) 민전예규 제28조 제1항 제1호.
cf. 이러한 서류 기타 소제기와 동시에 제출하는 소제기증명원 등은 '접수사무관등(전자화담당자가 별도로 있는 법원은 전자화담당자)이' 전자화작업을 한다. 민전예규 제28조 제2항.

531) 그러한 사유 전반에 관하여서는 '전자적 제출의 예외사유' 부분에서 다룬다.

532) 민전예규 제28조 제1항 제3호.
cf. 이러한 서류 기타 기일접수 문건 및 교부영수증, 신청사건결정문(본안기록 등본 편철시), 소송계속 중에 제출하는 소송계속증명원 등도 '담당재판부 법원사무관등이' 전자화작업을 한다. 민전예규 제28조 제3항.

533) 민전예규 제72조 제2항.

534) 그러나, 그러한 사항은 의당 '민소전자문서규칙'에 규정되어야 체계정당성 있는 입법이 될 것이다.

다) 종이서류의 가보존

(1) 개 관

법원사무관등이 전자화하여 전자소송시스템에 등재하고 난 후의 종이서류는 가보존하게 된다.[535]

(2) 절차와 방법

접수사무관등(전자화담당자가 별도로 있는 경우에는 전자화담당자)은, 전자화절차가 완료되면, 제출된 서류와 이를 변환한 전자문서의 표목과 장수를 대조·확인하는 등의 방법으로 그 동일성을 확인하고 제출된 서류를 특별한 사정이 없는 한 전자화 일자별로 분류하여 지체 없이 보존담당자(고등법원의 경우에는 담당재판부)에게 인계(가보존)한다.[536]

동일성 확인 절차에 관하여서는 '(최광의의) 진술 일반' 부분에서 후술하겠다.

(3) 가보존된 서류의 관리·이용

가보존된 서류는 상소법원 또는 환송법원이나 이송 받은 법원으로 송부하지 아니하되,[537] 담당재판부가 전자화문서와의 대조 등을 위하여 해당 서류의 인계를 요청한 때에는 보존담당자는 신속히 이를 담당재판부에 인계하여야 한다.[538]

한편, 전자기록사건이 종이기록사건으로 전환된 경우에, 가보존된 서류로써 종이기록을 조제하여야 하는 것은 아닌가 하는 의문이 있을 수 있으나, 오히려 전자기록을 출력하여 종이기록을 조제함이 간명하다고 할 것이고, 전자소송실무 역시 그와 같은 입장인 것으로 보인다.

(4) 가보존된 서류의 일괄폐기

전자소송실무는, 가보존된 서류는 전자화 일자가 속한 월의 말일로부터 12월이 경과하면 이를 폐기할 수 있으되, 법원 사정에 따라 전자화 일자가 속한 년도의 말일로부터 12월이 경과한 후 15월이 경과하기 전까지 이를 일괄 폐기할 수 있다고 하고 있다.[539]

그러나, 위와 같은 실무가 해석론의 한계 내의 것인지는 의문이 없지 아니하다(민소전자문서규칙 제20조 제2항 후문 참조).

---

535) 민전예규 제105조 제1항.
536) 민전예규 제31조 제1항 본문.
537) 민전예규 제31조 제5항.
538) 민전예규 제31조 제4항.
539) 민전예규 제31조 제6항.

4) 전자화 불가문서의 편철 : 별도기록으로 보존

가) 개 관

전자문서화가 곤란하거나 전자문서로 제출하는 것이 적합하지 아니한 서류를 "전자화 불가문서"라 한다.[540)]

그런데, 구체적으로 어떤 경우가 전자문서화가 곤란한 경우 또는 전자문서로 제출하는 것이 적합하지 아니한 경우인지는 '전자적 제출의 예외사유'로서 민소전자문서규칙 제15조 제1항이 이를 규정하고 있으므로, 그 상세한 내용은 해당 부분에서 후술하는 내용을 참조하기 바란다.

한편, 전자소송실무는 "민소전자문서규칙 제15조 제1항에 따라 전자문서가 아닌 형태로 제출된 서류"를 "전자화 불가문서"로 지칭하고 있으나,[541)] 이는 엄밀한 정의라고 할 수 없다. 왜냐하면, 같은 규칙 제15조 제1항은 '전자소송 동의자가' 그러한 서류를 제출한 경우에 관한 규정이지만, '전자소송 비동의자가' 그러한 서류를 제출할 때에도 마찬가지 문제가 발생하기 때문이다(같은 규칙 제20조 제1항 참조).

나) 전자화 불가문서의 비전자화

전자기록사건에서 전자문서로 제출하지 아니한 서류가 전자화 불가문서(민소전자문서법 제15조 제1항)에 해당하는 때에는 전자문서로의 변환 및 전자소송시스템에의 등재(같은 법 제10조 제2항)를 하지 아니한다(민소전자문서규칙 제20조 제1항 전문).[542)]

따라서, 접수사무관등은 전자화 불가문서가 접수된 경우, 해당 서류의 표지를 전자화하여 전자기록에 전자화 불가문서가 있음을 현출시키고 나머지는 전자화불가로 처리한다.[543)]

다만, 재판장등이 허가하여 전자화 불가문서로서 접수된 경우에, 전자소송 동의자가 재판장등의 허가를 받아 전자문서 아닌 형태로 제출한 서류(민소전자문서규칙 제15조 제1항 제4호)로서, 사생활 보호가 필요하다고 인정하여 재판장등이 허가한 서류(같은 호 전단) 또는 재판장등이 전자문서화를 지시하지 아니한 서류는,[544)] '담당재판부 법원사무관등이' 위와 같이 처리한다.[545)]

540) 민전예규 제29조 제1항 참조.

541) 민전예규 제29조 제1항.

542) 법문은 "… 아니할 수 있다"로 되어 있으나, 의당 위와 같이 새겨야 한다.

543) 민전예규 제29조 제1항 본문.

544) 민전예규 제28조 제1항 제3호.

545) 민전예규 제29조 제1항 단서.

다) 전자화 불가문서의 별도기록 편성

전자화 불가문서(민소전자문서규칙 제20조 제1항 전문)의 경우 법원사무관등은 전자문서로 변환하지 않은 서류를 별도의 기록으로 관리·보존하고 전자소송시스템에 그 사실을 입력하여야 한다(민소전자문서규칙 제20조 제1항 후문).[546)]

그 편철의 단위 등은 종이소송의 경우와 다르지 아니하다.[547)]

다만, 전자화 불가문서가 담당재판부에 인계되면, 담당재판부 법원사무관등은 기록표지를 출력하여 해당 문서를 편철하는 방법으로 관리하여야 한다.[548)]

어떤 서류가 전자화 불가문서에 해당하는지에 관하여서는 별항으로 후술하겠다.

마. 전자기록의 관리에 관한 특칙 일반

그런데, 재판기록의 편성에 관한 제반 사항은 원래 종이기록사건을 전제로 하여 규정된 것들이며, 따라서 전자기록사건에 관한 특칙들이 입법론적으로 요망된다.

이에, 전자기록사건의 경우 법원행정처장은 법원재판사무 처리규칙 제4장(기록) 각 조의 사항에 관하여 전자기록의 특성을 고려하여 달리 정할 수 있으며(민소전자문서규칙 제4조 제2항), 이에 따라 '민전예규'가 그러한 특칙들을 규정하고 있는바,[549)] 그 구체적인 내용은 각각 해당되는 곳에서 살펴볼 것이다.

바. 전자기록의 종이기록화 : 종이기록화 명령에 따른 절차

재판장이 전자기록화를 하지 아니하기로 명한 경우, 법원사무관등은 전자소송시스템의 기록원본출력 기능을 이용하여 종이기록을 조제한다.[550)]

다만, 전자소송시스템에 결재데이터만 저장되고 기록뷰어에 현출되지 않는 명령·결정은 전자사건부를 출력하여 기록표지 다음 장에 편철하는 것으로 갈음한다.[551)]

---

546) cf. 다만, 서적의 경우에는 중요한 부분은 전자화된다(민소전자문서규칙 제15조 제1항 제1호).

547) 민전예규 제44조 제1항.

548) 민전예규 제29조 제2항.
이때, 기록표지에도 '전자화불가문서'라고 주서함이 실무이다. 민사전자소송실무편람, 188면.

549) '민전예규'는 민사소송 등에서 전자문서를 이용한 업무처리에 관하여 다른 재판예규에 우선하여 적용한다. 민전예규 제5조.

550) 민전예규 제32조 제3항.

551) 민전예규 제32조 제4항.

사. 분실·멸실된 기록의 복구

재판계속 중 사건기록이나 확정사건의 재판서, 그 밖에 이에 준하는 문서가 분실 또는 멸실된 경우 그 복구에 관하여서는 「소송기록 등 분실시의 업무처리지침(재일 2001-5)」이 규정하고 있다.[552)]

4. 사건배당

가. 개 관

사건배당이란, 사무분담에서 정한 바를 기초로 하여 담당재판부와 주심판사(主審判事)를 정하는 것을 말한다.[553)]

그리고, 사건번호의 부여와 사건배당절차가 완료되면, 사건담임자는 지체 없이 사건번호와 (송달료납부서에 기재되어 있는)[554)] 은행번호를 전산등록하게 된다.[555)]

나. 배당실시의 시기

원칙적으로, 사건배당은 매일 접수를 마감한 즉시 또는 다음날 업무시작 즉시 실시한다.[556)]

다만, 사건접수가 많은 법원에서는 오전·오후로 나누어 2차례 배당을 실시할 수 있다.[557)]

또한, 관계되는 재판장들과의 협의를 거치는 경우에는 협의가 종료된 후 즉시 실시한다.[558)]

다. 재 배 당

1) 일반적인 재배당

원칙적으로, 사건배당이 확정되어 사건배당부에 등록한 이후에는 이를 변경할 수 없음이 원칙이나,[559)] 다음 경우에는 재배당을 실시한다.[560)]

---

552) cf. 이 예규는 형사사건에 관하여서도 규율하고 있다.
553) 사무분담·사건배당예규 제10조 제2항.
554) 송달료납부서에 관하여서는 '당사자의 소송행위' 부분에서 후술할 것이다.
555) 송달료규칙의 시행에 따른 업무처리요령(재일 87-4) 제18조.
556) 사무분담·사건배당예규 제10조 제1항 본문.
557) 사무분담·사건배당예규 제10조 제1항 단서 전문.
558) 사무분담·사건배당예규 제10조 제1항 단서 후문.

○ 사무분담의 변경이 있는 때[561]

○ 사건배당 확정후에 재정합의결정 또는 재정단독결정이 있는 때[562]

○ 배당된 사건을 처리함에 현저히 곤란한 사유가 있어서 재판장이 그 사유를 기재한 서면으로 재배당 요구를 한 때[563]

○ 합의부의 구성원인 단독판사에게 배당된 단독사건의 담당판사가 변경된 때[564]

○ 착오에 의하여 잘못 접수·배당된 때(즉, 소액사건이 민사단독사건으로 또는 민사단독사건이 소액사건으로,[565] 합의사건이 단독사건으로 또는 단독사건이 합의사건으로,[566] 가사사건·행정사건이 민사사건으로 또는 민사사건이 가사사건·행정사건으로[567] 잘못 접수·배당되어 있는 때)[568]

그 밖의 재배당 사유는 소송절차와 직접 관련된 사유이므로 각각 해당되는 부분에서 언급하겠다.

2) 전자소송 담당재판부로의 재배당[569]

종이기록사건에서 다음 각 호의 어느 하나에 해당하는 경우에는 전자소송 담당재판부로 재배당한다.[570]

① 전자기록사건임이 사후적으로 밝혀진 경우

② 전자기록화시한까지 전자소송 동의가 있는 경우

③ 재판장등의 전자기록화 명령으로[571] 전자기록사건이 되는 경우

---

559) 사무분담·사건배당예규 제14조 본문.

560) 사무분담·사건배당예규 제26조 제1항.

561) 사무분담·사건배당예규 제14조 제1호.

562) 사무분담·사건배당예규 제14조 제2호.

563) 사무분담·사건배당예규 제14조 제4호.

564) 사무분담·사건배당예규 제14조 제5호.

565) 사무분담·사건배당예규 제14조 제7호. 다만, 이는 소액사건 전담법관을 두고 있는 경우에 한한다. 같은 호.

566) 사무분담·사건배당예규 제14조 제8호.

567) 사무분담·사건배당예규 제14조 제9호.

568) 저자가 실제로 겪었던 사례로, 민사소송에서 피고의 특별대리인의 선임신청을 하였는데, 해당 사건이 '기타민사신청사건'이 아닌 '비송합의사건'으로 잘못 배당되는 바람에 법원이 재배당을 실시한 예가 있었다.

569) cf. 전자소송 실시 당시에는 "전자소송 전담재판부"를 두었으나, 전자소송 저변 확산으로 전자소송과 종이소송을 병행처리하는 재판부가 다수를 차지하게 되었고, 이에 따라 2014. 12. 1.부터는 '민전예규'에서 "전자소송 전담재판부" 대신 "전자소송 담당재판부"라는 용어를 사용하기에 이르렀다.

570) 민전예규 제35조 제1항 본문.

571) 법문에는 "… 전환명령으로 …"로 되어 있으나, 이는 입법의 착오이다.

다만, (당초 배당받은 재판부에서) 종이기록사건과 전자기록사건을 병행하여 처리하는 경우에는 그러하지 아니하다.[572]

5. 서류의 접수[573]

가. 종이서류나 물건의 접수처

서류는 원칙적으로 각급법원의 종합접수실 등 민원창구에서 접수한다(그 담당자를 "접수사무관등"이라 한다).[574]

그러나, 법정 등에서 제출된 서류는 담임법원사무관등(즉, 해당 사건의 법원사무관등. 법원보관금취급규칙 제8조 참조)이 접수한다.

나. 접수절차

1) 종이서류나 물건의 접수절차[575]

가) 접수전에 확인할 사항

(1) 개 관

'전자기록사건에서는' '전자소송 동의자는' 종이서류를 제출하지 못하므로, 종이서류의 접수시에는 다음 사항을 먼저 확인하게 된다.

(2) 전자기록사건 여부

'민소전자문서법'이 시행되고 있는 절차에서는, 종이서류가 제출되면 우선 해당 사건이 종이기록사건인지 아니면 전자기록사건인지 여부부터 확인하여야 한다.[576]

'전자기록사건과 종이기록사건의 구분' 부분에서 기술한 바와 같이, 현행 '민전예규'(2013. 1. 18. 재판예규 제1424호로 개정된 것)는 '전환명령'이라는 개념을 폐기하였기 때문이다.

572) 민전예규 제35조 제1항 단서.

573) 이에 관한 실무적·기술적인 사항에 관하여서는, 「소송서류 기타 사건관계서류의 접수사무에 관한 처리지침(재일 2003-8)」(이하 '접수예규'로 약칭한다) 참조.

574) 민전예규 제17조 제1항.
특기할 것은, 법원서기관은 접수사무관등이 아니다. 같은 항의 반대해석.

575) 접수담당자가 제출자의 신분확인도 하게 되나, 이에 관하여서는 '당사자의 소송행위' 부분에서 후술한다.

576) 민사전자소송실무, 114면.

(3) 제출자 등이 전자소송 동의자인지 여부

(가) 소장등의 경우

한편, 전자기록사건 여부를 불문하고, 접수사무관등은 종이로 된 소장등이 제출된 경우 (그) 소장등을 제출하는 자(당사자, 대리인, 제출대행권 있는 법무사)가 전자소송의무자 또는 사전포괄동의자(즉, 전자소송 동의자)에 해당하는지 여부를 반드시 확인하여야 한다.[577]

주의할 것은, 가사사건이나 가족관계등록비송사건은 사건본인이 전자소송 동의자인지 여부까지도 확인하여야 하고, 회생·파산사건은 채무자 중 신청인이 아닌 자가 전자소송 동의자인지 여부까지도 확인하여야 한다.[578]

더 나아가, 접수사무관등은 부수사건이 접수된 경우, 기본사건의 전자기록화 여부까지도 반드시 확인하여야 한다.[579]

위와 같은 사항들을 확인하는 까닭은 원시적 전자기록화 문제 때문이다.

(나) 소장등 외의 문건이 제출된 경우

전자기록사건에서 종이서류가 제출된 경우, 접수사무관등은 즉시 주민등록번호 또는 사건번호 등을 이용하여 제출자가 전자소송 동의자인지 여부를 확인한다.[580]

그런데, 대리인이 제출하는 때에는 본인의 전자소송 동의 여부까지도 확인하여야 할 것이다.

나) 전자소송 동의자의 소송대리인이 전자소송 동의를 하지 아니하고 제출하는 경우의 처리

그런데, 전자소송실무는, 전자소송의무자 또는 사전포괄동의자의 (전자소송 동의를 하지 아니한) 소송대리인이 종이로 된 소장을 제출하고자 할 때에는 전자적 제출을 권고하고 이에 응하지 않으면 일단 접수하는 것으로, 그 후 재판장등이 해당 소송대리인에게 사용자등록과 전자소송 동의를 명하는 것으로 하고 있다(민소전자문서규칙 제4조 제3항 제2호).[581]

그러나 관견으로는, 오히려 위 경우에는, 접수사무관등이 전자적 제출을 권고하되(제출자가

---

577) 민전예규 제17조 제1항.
　'사전포괄동의자'의 개념에 관하여서는 '서류의 전자적 제출' 부분에서 상론할 것이다.
다만, 소송대리인이나 법무사의 경우에는 성질상 사전포괄동의가 문제되지 아니하기는 한다.

578) 민전예규 제17조 제1항.

579) 민전예규 제21조 제2항 전단.

580) 민전예규 제19조 제1항.

581) 민전예규 제17조 제4항.
　사용자등록명령 및 전자소송동의명령에 관하여서는, '서류의 전자적 제출' 부분에서 후술한다.

사용자등록이나 전자소송 동의를 하지 아니한 경우에는 이를 할 것까지도 권고할 수 있다고 할 것이다), 제출자가 이에 불응한 경우에는 전자소송 동의자가 종이서류를 제출한 경우에 준하여 처리하여야 한다고 본다. 상세한 것은 후술하는 내용을 참조하기 바란다.

다) 종이서류나 물건의 접수방법

(1) 종이기록사건의 경우

(가) 접수사무관등이 접수한 경우

재판사무 등에 관하여 접수한 문서에는 문서접수인(文書接受印)을 찍어 접수연월일과 번호를 기입하고, 물건에는 종이조각 기타 표찰을 붙여, 그 종류에 따라 재판사무시스템에 등록 또는 입력한 후 담임법원사무관등에게 교부한다(법원재판사무 처리규칙 제7조 제1항 본문).[582]

(나) 담임법원사무관등이 접수한 경우

다만, 대법원예규가 정하는 경우에는 문서접수인의 날인을 생략할 수 있는바(법원재판사무 처리규칙 제7조 제1항 단서), 이는 다음과 같이 정하여져 있다.

재판사건의 진행과 관련하여 법정 등에서 접수된 서류에는 해당 재판부의 법원사무관등(즉, 담임법원사무관등)이 "기일접수"라고 표시하고 접수일시를 기재한 후 기명날인함으로써 문서 접수인의 날인을 생략할 수 있다.[583]

이 경우에는 기일이 끝난 후 해당 서류를 접수담당직원에게 회부하여 문건으로 전산입력하게 한 후 사건기록에 이를 정리한다.[584]

(2) 전자기록사건의 경우

(가) 제출자가 전자소송 비동의자인 경우

전자기록사건이라 하더라도, 전자소송 비동의자가 제출하는 종이서류나 물건의 접수방법은 종이기록사건의 경우와 다를 것이 없다. 다만, 다음과 같은 점에 주의하여야 한다.

접수사무관등이 전자소송 비동의자로부터 전자문서로 변환하여야 하는 서류를 접수한 경우, 제출된 종이서류가 계약서 등 서증의 원본에 해당하는지를 살펴보아 원본인 때에는 사본을 제출하도록 권고하여야 한다.[585]

---

582) 즉, 접수사무관등이 재판사무시스템에 제출된 서류의 제출자, 접수일시, 문건명 등을 입력한다. 민전예규 제22조 제1항.

583) 접수예규 제3조 제1항 전문.

584) 접수예규 제3조 제1항 후문.

585) 민전예규 제19조 제4항 전문.

부득이하게 원본을 접수한 경우에는 이를 전자화한 이후에 당사자로 하여금 반환받도록 안내하여야 하며, 전자화담당자에게 인계하기 전에 원본이라는 취지의 부전지를 해당 원본 문서에 별도로 붙여 전자화 후 당사자에게 반환할 수 있도록 조치를 취하여야 한다.[586]

이에 따라, 전자화담당자는 전자화 과정에서 계약서 등 서증의 원본이 있는지 여부를 주의하여, 해당 문서가 있는 경우에는 전자화 후 담당재판부에 인계하여 당사자에게 반환할 수 있도록 조치를 취하여야 한다.[587]

(나) 제출자가 전자소송 동의자인 경우

이 책 보론의 '전자소송에서 소송서류 제출·접수, 편철 및 송달의 특칙들' 부분에서 상론하듯이, 전자소송 동의자라도 종이서류(여기서는 전자문서의 출력서면을 포함한다)를 제출할 수 있는 정당한 사유(민소전자문서법 제8조 단서)(전자소송시스템을 이용할 수 없는 경우, 전자문서화가 곤란하거나 전자문서로 제출하는 것이 부적합한 경우)가 있다.

따라서, 종이서류 제출자(대리인이 제출할 경우에는 본인 포함)가 전자소송 동의자라면, 접수사무관등은, 그러한 정당한 사유(민소전자문서법 제8조 단서)에 해당한다고 인정할 만한 소명자료가 없거나 불충분한 경우, 전자문서로 제출하도록 하거나 정당한 사유를 소명할 자료를 추가 제출하도록 권고한다.[588][589]

제출자가 이에 따르지 아니하고 그대로 접수할 것을 요구하는 경우에는 이를 수령하여 재판사무시스템에 문건입력을 한 후 그와 같은 경위를 기재한 종이부전지를 붙이고 재판장등에게 제출의 효력에 관한 판단을 요청한다.[590]

재판장등이 정당한 사유가 있다고 인정하지 아니한 경우는 (전자문서로) 다시 제출하도록 보정을 명한다.[591] 이에 불응한 때에는 해당 서류가 제출되지 아니한 것으로 처리할 수밖에 없다(민소전자문서규칙 제12조 제2항 본문).

---

586) 민전예규 제19조 제4항 후문.

587) 민전예규 제19조 제5항.

588) 민전예규 제19조 제2항 제2호 제1문.
민소전자문서법 제8조 단서 소정의 사유에 관하여서는, 상세는 '전자적 제출의 예외사유' 부분 및 이 책 보론의 '전자소송에서 소송서류 제출·접수, 편철 및 송달의 특칙들' 부분에서 상론한다.

589) 민전예규 제17조 제2항 제2호는, 소장등에 관하여, "… 정당한 사유가 없는 경우에는 바로 소장등을 전자적으로 제출할 것을 촉구한다."라고 별도의 규정을 두고 있으나, 이는 사족으로 보인다.

590) 민전예규 제19조 제2항 제2호 제2문.
한편, 같은 예규 제17조 제2항 제3호는, 소장등에 관하여, "제출자가 (전자적 제출을) 거절하는 등의 경우에는 소장등에 그러한 취지를 간명하게 적은 부전지를 첨부하여 접수 처리하고, 이를 전자소송 담당 재판부에 인계한다."라고 규정하나, 이는 사족으로 보인다.

591) 민전예규 제19조 제2항 제2호 제3문.

위와 같은 사항은, 전자소송 동의자가 전자문서를 자기디스크 등에 담아 제출하는 경우(민소전자문서규칙 제14조 제1항)에도 같다고 본다. 다만, 이 경우는 제출의 정당한 사유가 '전자소송시스템을 이용할 수 없는 경우'에 국한됨에 주의하여야 한다.

한편, 전자소송 동의자가 법정에서 전자문서를 제출한 때에 관하여서는 가외로 주의할 점이 있는바, 이에 대하여서는, 이 책 보론의 '전자소송에서 소송서류 제출·접수, 편철 및 송달의 특칙들' 부분에서 논하겠다.

라) 소송관계인의 특정을 위한 개인정보의 관리

접수담당자는 소장 등 문서에 소송관계인의 특정을 위한 개인정보가 있는지 확인하여 이를 재판사무시스템에 정확하게 입력하여야 한다.[592]

사건담당부서의 법원사무관등은 접수담당자가 입력한 사항을 재점검하여야 하며,[593] 직권으로 사건기록을 확인하거나, 당사자가 제출한 개인정보정정신청서 및 소명자료를 확인하여 재판사무시스템에 개인정보를 추가로 입력하거나 이미 입력된 개인정보를 수정할 수 있다.[594]

마) 종이기록사건에서의 임의적·선택적 전자기록화[595]

종이기록사건에서(도) 필요한 경우 전자문서가 아닌 형태로 제출된 서류를 전자문서로 변환하여 전자소송시스템에 등재할 수 있다.[596]

다만, 이 경우 종이기록에도 해당 서류를 편철하여야 한다.[597]

특히, 종이기록사건에서 당사자 또는 사건관계인이 서면과 동일한 내용의 전자문서를 참고용으로 제출한 경우 그러한 취지를 표시하여 전자소송시스템에 등재할 수 있다.[598]

주의할 것은, 이러한 경우에는 담당재판부 법원사무관등이 전자화작업을 한다.[599]

---

592) 재판사무시스템을 이용한 개인정보 관리사무 처리지침(재민 2018-1) 제4조 제1항 전단.

593) 재판사무시스템을 이용한 개인정보 관리사무 처리지침(재민 2018-1) 제4조 제1항 후단.

594) 재판사무시스템을 이용한 개인정보 관리사무 처리지침(재민 2018-1) 제4조 제2항.

595) 이 제도는 2018. 2. 5.부터 시행되었다.

596) 민전예규 제27조 제3항 전문.

597) 민전예규 제27조 제3항 후문.

598) 민전예규 제27조 제4항.
법문에는 "… 출력서면과 동일한 내용의 전자문서를 …"로 되어 있으나, 이는 입법의 착오이다. 출력서면은 개념필연적으로 해당 사건이 전자기록사건임을 전제로 하기 때문이다(민소전자문서법 제12조 제2항 참조).

599) 민전예규 제28조 제5항 후문.

이러한 전자기록화의 경우에 성질상, 후술하는 종이서류의 가보존이 문제되지 아니함은 물론이다.[600]

그러나 이와 같이 종이기록사건에서 선별적으로 전자기록화를 행하는 실무가 전자소송의 개념상 부당함은, '재판기록 : 종이소송과 전자소송' 부분에서 언급하였다.

2) 전자문서의 접수절차

가) 접수간주

전자소송시스템을 이용하여 제출된 전자문서는 전자소송시스템에 전자적으로 기록된 때에 접수된 것으로 본다(민소전자문서법 제9조 제1항).

전자기록사건에서 위 규정에 따라 접수간주가 이루어짐은 의문이 없다. 그러나, 해당 사건이 종이기록사건인 경우에도 위 규정이 적용되는지가 문제인바, 이에 관하여서는 별항으로 후술한다.

그런데, 전자적 접수 및 접수간주는 어디까지나 해당 절차에 '민소전자문서법'이 적용됨을 전제로 함은 물론이다.

따라서, 민사소송 등 절차(민소전자문서법 제3조 각 호) 중 법 적용시기가 도래하지 아니한 절차에 관하여 전자소송시스템을 통하여 제출된 전자문서는 제출되지 아니한 것으로 본다(민소전자문서규칙 제18조의3).

나) 접수인의 생략

전자소송시스템을 통하여 전자적으로 제출된 서류에는 접수인(接受印)의 표시를 생략할 수 있다.[601]

다) 접수통지

법원사무관등은 전자소송시스템에 전자문서가 접수된 경우에는 대법원규칙으로 정하는 바에 따라 즉시 그 문서를 제출한 등록사용자에게 접수사실을 전자적으로 통지하여야 한다(민소전자문서법 제9조 제2항).

이러한 전자문서 접수사실의 전자적 통지는 전자우편, 그 밖에 이에 준하는 것으로서 법원행정처장이 정하는 방법에 따르며(민소전자문서규칙 제18조의2), 구체적으로는 다음과 같이 정

---

600) 민전예규 제31조 제7항.

601) 민전예규 제20조 제4항.
같은 예규 제18조 제6항은 소장등에 관하여 같은 취지의 규정을 두고 있으나, 이는 사족으로 사료된다.

하여져 있다.

전자문서의 접수통지는, 전자소송시스템에 의하여 사건번호, 사건명, 당사자, 법원명, 접수일시, 접수한 전자문서의 종류 등이 기재된 접수확인서를 전자문서를 제출한 등록사용자가 전자소송시스템에 입력한 전자우편주소로 보내고, 같은 취지의 문자메시지를 전자소송시스템에 입력한 등록사용자의 휴대전화번호로 전송하는 방법으로 한다.[602]

다만 ① 등록사용자의 요청이 있거나 ② 송달료 납부를 필요로 하지 않는 절차의 경우, 문자메시지를 전송하지 아니할 수 있다.[603]

3) 종이기록사건에서 전자문서의 접수

전자소송실무는, 가령 전자기록화 시한이 도과된 후에도 (전자소송 동의가 여전히 가능함을 전제로) 전자적 제출·접수가 가능한 것으로 보고 있다.

이에 따라 전자소송실무는, 종이기록사건에서(전자기록화 시한 도과 후에 전자소송 동의를 한 제출자로부터) 전자적으로 제출된 서류가 있는 경우, 접수사무관등이 이를 출력하여 담당재판부에 인계하는 것으로 하고 있다.[604]

같은 논리에서, 재심소장등이 전자적으로 제출된 경우, 재심등 대상사건이 종이기록사건이면 접수사무관등은 이를 확인하여 재심소장등을 출력한 후 배당담당자에게 인계하여 사건배당을 실시하는 것으로 하고 있고,[605] 파산사건이 전자기록사건이 아님에도 불구하고 전자적으로 제출된 면책신청서도 이를 출력하여 종이기록으로 조제한 후 담당재판부에 인계하는 것으로 하고 있다.[606]

또한, 본안사건이 전자기록사건이 아닌데도 전자적으로 제출된 (본안에 부수하는 신청사건의) 신청서 역시 이를 출력하여 종이기록으로 조제한 후 담당재판부에 인계하는 것으로 하고 있다.[607]

'민전예규'의 법문은 '인계'만을 운위하고 있으나, 이는 결국 해당 출력서면을 종이기록에

---

602) 민전예규 제24조 본문.

603) 민전예규 제24조 단서.

604) 민전예규 제20조 제2항, 제36조 제1항.
다만, 제3채무자 진술서는 종이기록사건에서 전자적으로 제출되었다 하더라도, 이를 출력하여 담당재판부에 인계하지도 아니하고, 종이기록에도 편철하지 아니한다. 민전예규 제28조 제6항.

605) 민전예규 제36조 제1항.

606) 민전예규 제21조의2 제2항.
cf. 법문에는 "… 전자기록사건이 아님에도 전자적으로 …"라고 되어 있으나, 이는 우리말 어법에 맞지 않는 표현이다.

607) 민전예규 제21조 제2항.

편철하고 수송달자에게도 송달하여야 한다는 취지로 풀이된다.[608)]

그러나, 이러한 실무의 태도가 이론적·실제적으로 부당함은, '전자소송의 내용' 부분에서 상론한 바와 같다.

따라서, 근본적으로는 종이기록사건에서는 전자적 제출·접수 자체가 이루어지지 아니하도록 (전자소송시스템을 아예 그와 같이 구축·운용)할 필요가 있다. 그러한 제출은 부적법한 것이기 때문이다.

4) 전산입력

서류를 접수하면, 과거에는 이를 장부(각종의 사건부 또는 문서건명부)에 기재하였으나, 오늘날에는 전산입력을 하고 있다(민사사건입력, 화해사건입력, 독촉사건입력, 공시최고사건입력, 민사조정사건입력, 재심사건입력, 집행사건입력, 도산사건입력, 가사사건입력, 가사재심사건입력, 행정사건입력, 행정재심사건입력, 신청사건입력, 가사신청사건입력, 행정신청사건입력, 과태료사건입력, 감치사건입력, 문건입력).[609)]

다. 소장등의 심사와 보정권고

1) 소장등의 심사

접수사무관등은 소장 접수 시, 소송목적의 값 산정과 인지액의 적정 여부, 송달료, 관할 및 필수적 기재사항과 연락처(전화번호·휴대전화번호·팩시밀리번호·전자우편주소 등)의 기재, 기본적 서증 및 그 사본의 첨부 여부에 유의하여 소장을 심사하여야 한다.[610)]

또한, 당사자가 입력한 사건명이 청구원인에 부합하는지도 확인한다.[611)]

2) 보정권고

당사자, 그 밖의 소송관계인이 제출하는 소송서류는 정당한 이유 없이 접수를 거부하여서는 아니 되나(규칙 제5조 제1항), 법원사무관등은 접수된 소송서류의 보완을 위하여 필요한 사항을 지적하고 보정을 권고할 수 있다(같은 조 제3항).

접수사무관등은 소장 접수 시, 전술한 심사 결과 흠결사항이 있을 때에는 제출자에게 보정을 촉구하여야 한다.[612)]

---

608) 민전예규 제21조 제2항 참조.

609) 제요[민소 I], 135면.

610) '사건관리예규'.

611) 민전예규 제18조 제3항.

612) '사건관리예규'; 민전예규 제18조 제1호 내지 제5호.

특히, '신청' 부분에서 후술하듯이, 소장등에는 인지를 붙여야 하는바, 그 인지확인 역시 접수사무를 담당하는 법원사무관등이 하며(민사소송 등 인지규칙 제2조 제1항),[613] 법원사무관등은 신청인등이 산정, 신고한 소가 또는 첩부인지액이나 납부액이 상당하지 아니하다고 인정한 때에는 신청인 등에게 보정을 권고하거나 재판장의 명을 받아 직접 보정명령을 한다(같은 조 제5항 전문 전단). 소가의 산정을 위한 자료의 미비 그 밖의 사유로 소가를 산정하기 어려운 경우에도 같다(같은 항 후문).

라. 과첩인지의 반환 등

1) 원칙 : 종이기록사건의 경우

'당사자의 소송행위' 부분에서 후술하듯이, 소장등을 제출할 때에는 인지를 붙이거나(민사소송 등 인지법 제1조 본문), 인지대 상당액을 현금이나 신용카드·직불카드로 납부하고서 「영수필확인서」를 붙여야 하는바(같은 조 단서, 민사소송 등 인지규칙 제29조 제1항, 제2항), 이때 인지를 과첩하였을 경우, 그 처리가 문제된다.

소장등에 상당액수를 초과하여 첩부된 인지가 있는 때에는 접수담당 법원사무관등은 이를 떼어내어 신청인등에게 반환하여야 한다(같은 규칙 제5조 제1항 전문).

그러나, 이미 인지를 소인한 때에는 신청인등이 과오납금 반환청구를 할 수밖에 없다(같은 규칙 제32조 제1항 참조).

이와 마찬가지로, 소장등에 상당액수를 초과하여 인지의 첩부에 갈음한 영수필확인서가 첩부되어 있는 때에도 접수담당 법원사무관등은 신청인등에게 과오납금의 반환을 청구(민사소송 등 인지규칙 제32조)할 수 있음을 고지하여야 한다(같은 규칙 제5조 제2항 전단).

과오납금의 반환에 관하여서는 '당사자의 소송행위' 부분에서 후술한다.

2) 전자기록사건의 경우

전자소송에서 인지가 과첩된 경우에도 성질상 결국 과오납금 반환청구의 문제로 돌아갈 수밖에 없다고 하겠다.

---

613) cf. 과거에는 인지검열을 재판장이 하였으나, 2001. 4. 26. 대법원규칙 제1702호로 「민사소송 등 인지규칙」을 개정하면서, 같은 해 5. 1.부터 현재와 같이 바꾸었다.

마. 접 수 증

1) 원칙 : 종이서류 접수의 경우

소송서류를 접수한 공무원은, 소송서류를 제출한 사람이 요청한 때에는 바로 「접수증」을 교부하여야 한다(규칙 제5조 제2항).

2) 전자기록사건에서 전자적 접수간주의 경우

전자소송시스템은 서류를 제출한 후 접수증을 출력할 수 있도록 하고 있다.

바. 전자기록사건에서 전자문서 접수에 관한 그 밖의 특칙

1) 법원사무관등에 의한 전자기록 관리

가) 전자기록 관리에 관한 원칙

법원사무관등은 전자문서의 형태, 제출방식, 전자소송시스템 이용 방식 등에 관하여 필요한 사항을 지적하고 보정을 권고할 수 있다(민소전자문서규칙 제23조 제1항).

또한, 법원사무관등은 전자적으로 제출된 서류가 전자소송홈페이지에서 요구하는 방식과 달리 등재되거나 서류에 관한 정보 입력이 잘못된 때에는 재판장등의 허가를 얻어 이를 정정·변경할 수 있다(같은 조 제2항).

나) 제출사항(서류의 구분, 서류의 명칭 등)의 수정

이에 따라, 법원사무관등은 제출자가 주장·신청서면, 증거서류, 첨부서류 등 서류의 구분을 잘못 선택하여 제출한 경우(예 : 준비서면을 증거서류로 제출한 경우), 혹은 서류의 명칭을 잘못 선택한 경우(예 : 답변서를 준비서면으로 제출한 경우), 또는 서증 부호·번호를 잘못 부여하여 제출한 경우에는 제출자에게 다시 제출하도록 보정을 권고하거나, 전자소송시스템을 이용하여 직접 수정한다.[614]

또한, 기본적 신청의 신청서를 제출자가 전자소송시스템에서 서류의 명칭을 잘못 선택하여 전자적으로 제출한 경우(예 : 반소장을 준비서면 제출메뉴를 선택하여 제출), 법원사무관등은 상술한 보정권고를 하고, 이에 응하지 아니할 경우, 전자문서를 출력하여 접수사무관에게 인계한 후 접수절차를 거치도록 한다.[615]

---

614) 민전예규 제22조 제2항 전문.

615) 민전예규 제40조. 이 예규의 적용범위가 반드시 명확한 것은 아니나, 기본적 신청을 중간적·부수적 신청의 형태로 잘못 신청한 경우를 규율하고자 하는 것이 입법자의 의도인 것으로 보인다.
한편, '기본적 신청' 및 '중간적·부수적 신청'의 개념에 관하여서는 '당사자의 소송행위' 부분에서 설명한다.

다) 서증수정(서증명과 서증번호의 수정)

그 밖에, 법원사무관등은 서증명과 그에 대한 서증이 제대로 연결되어 있는지, 서증번호가 적절하게 기재되었는지, 중복된 서증이 제출되었는지 등을 점검하고 오류가 있으면 서증수정 작업을 실시한다.[616]

다만 사건의 특성 및 수정대상인 서증의 분량 등 여러 가지 사정으로 인하여 서증수정 작업에 상당한 노력이 필요한 경우에는 제출자에게 다시 방식에 맞게 제출하도록 보정을 권고할 수 있다.[617]

라) 전자문서의 분할·병합

여러 종류의 서류가 하나의 파일로 작성되어 전자적으로 제출된 경우, 법원사무관등은 이를 분할하여 전자소송시스템에 등재하는 방식으로 제출사항을 수정할 수 있다.[618]

역으로, 하나의 서류가 여러 개의 파일로 작성되어 전자적으로 제출된 경우, 법원사무관등은 이를 병합하여 전자소송시스템에 등재하는 방식으로 제출사항을 수정할 수 있다.[619]

2) 제출한 문서의 삭제·수정

가) 임의적 수정의 금지

등록사용자가 전자소송시스템을 이용하여 서류를 제출한 후에는 전자소송시스템에서 이를 삭제하거나 수정된 내용으로 다시 등재할 수 없다(민소전자문서규칙 제18조 제3항 전문).

즉, 등록사용자가 전자소송시스템을 이용하여 전자적으로 서류를 제출한 이후에는 임의로 철회하거나 전자소송시스템에 잘못 전산등재 하였음을 이유로 수정등재 할 수 없다.[620]

나) 삭제 또는 수정의 요청

그 대신, 이때 등록사용자는 법원사무관등에게 해당 서류의 삭제나 등재사항의 수정을 요청할 수 있다(민소전자문서규칙 제18조 제3항 후문).

그러나, '민전예규'는, 위와 같이 제출사항의 임의적 수정금지만을 규정할 뿐, 삭제·수정요청에 관하여서는 규정하고 있지 아니한바, 이는 입법의 불비로 사료되며, 전자소송시스템이 그러한 삭제·수정요청 기능을 따로 마련하고 있지도 아니하다.[621]

---

616) 민전예규 제18조 제5항 본문.
617) 민전예규 제18조 제5항 단서.
618) 민전예규 제45조 제1항.
619) 민전예규 제45조 제2항.
620) 민전예규 제22조 제1항.

3) 제출·접수된 전자문서의 보완명령

재판장등은 전자문서로 변환·제출된 서류의 판독이 곤란하거나 그 밖에 원본을 확인할 필요가 있을 때에는 이를 제출한 자에게 상당한 기간을 정하여 판독이 가능한 전자문서를 다시 제출하거나 원본을 제출할 것을 명할 수 있다(전자문서 제출명령 또는 원본 제출명령)(민소전자문서규칙 제18조 제1항).[622]

위 명령에 따른 경우 최초에 제출한 때에 제출한 것으로 보고, 위 명령에 따르지 아니하는 경우 해당 서류를 제출하지 아니한 것으로 본다(같은 조 제2항).

이때, 원본을 제출받은 경우에는, 법원사무관등이 전자문서로 변환하고 제출자에게 그 동일성을 확인할 기회를 부여하여(같은 규칙 제17조 제2항의 유추해석), 「전자문서 동일성 확인서」를 징구한 다음,[623] 그 원본을 제출자에게 반환할 것이다(같은 규칙 제20조 제2항 후문의 유추해석).

6. 비용의 지급 등

가. 서론(緖論) : 법원보관금 일반

"법원보관금"이라 함은 법령에 의하여 법원이 보관하는 세입세출외현금등을 말하는바(법원보관금취급규칙 제2조 제1호), 법원보관금의 출납·예탁·보관·환급·국고귀속 및 이자지급은 다른 법령에 규정한 것을 제외하고는 「법원보관금취급규칙」이 정하는 바에 의한다(같은 규칙 제3조).

법원보관금의 취급점은 대법원장이 지정하는바(같은 규칙 제4조), 이에 따라 「법원보관금취급규칙의 시행에 따른 업무처리지침(재일 97-2)」(이하 '보관금예규'로 약칭한다)이 해당내용을 규정하고 있다.[624]

법원보관금은 사건별, 납부자별로 전산화하여 출납·예탁·보관·환급·국고귀속 및 이자지급을 전산처리한다(같은 규칙 제6조).

원칙적으로, 법원보관금은 대법원장이 정하는 예금으로 예탁하고 그 예금에서 생긴 이자는 납부자 또는 환급을 받을 권리가 있는 자에게 지급하여야 한다(같은 규칙 제7조 본문).[625]

---

621) 민사전자소송실무편람, 207면.

622) 전자문서 제출명령에 따라 전자문서가 제출된 경우의 처리에 관하여서는, 민사소송실무편람, 206면 참조.

623) 민전예규 제31조의2, 제31조 제2항, 제3항.

624) 그런데, 법원보관금 취급점으로 지정된 은행의 범위가 (인지대와 송달료를 납부할) 송달료수납은행의 범위보다 협소하므로, 이 점 실무상 주의를 요한다.

나. 비용의 지급 일반

증인, 감정인, 통역인과 번역인의 일당, 여비와 숙박료 기타 필요한 비용은 청구에 의하여 법원이 지급한다(민사소송비용법 제11조).

다. 비용의 납부명령 등

1) 비용의 예납명령

비용을 필요로 하는 소송행위에 대하여 법원은 당사자에게 그 비용을 미리 내게 할 수 있다(법 제116조 제1항).

이러한 비용예납금은 법원보관금 중 민사예납금의 일종이다(법원보관금취급규칙 제2조 제1호).

그러나, 예납을 요하는 소송비용 중 송달료는 여타 민사예납금과 별도로 취급되고 있으므로 주의를 요한다. 즉, 송달료는 그 납부방법이나 납부기관 등에서 인지대와 유사하게 취급되고 있는바, 상세한 것은 '당사자의 소송행위' 부분에서 후술하는 바와 같다.[626]

다만, 송달료도 불예납의 효과 및 국고대납에 관한 사항은 여느 소송비용과 다를 바 없다.[627]

비용의 예납방법에 관하여서도 당사자의 소송행위와 관련하여 후술한다.

2) 납부할 비용의 고지

법원보관금을 납부시킬 사유가 발생한 때에는 사건담임자는 담임법관으로부터 납부할 금액을 확인받은 후 이를 납부할 당사자에게 적당한 방법으로 고지한다(법원보관금취급규칙 제9조 제1항).

법원보관금의 납부당사자가 법원보관금을 납부하지 아니하는 때에는 사건담임자는 담임법관으로부터 「법원보관금 납부명령서」(법원보관금취급규칙 별지 제2호서식)를 발부받아 이를 당사자에게 교부하여 법원보관금을 취급점에 납부하게 하여야 한다(같은 규칙 제9조 제3항).

---

625) 이에 따라, 별단예금으로 보관금을 예탁하고, 원칙적으로, 연 1%의 이자를 지급하는 것으로 되어 있다. 보관금예규 제3조 제1항 후단, 제2항 본문.

626) 다만, 외국에서 하는 송달의 경우, 송달료를 사용하는 것이 아니라, 별도로 법원보관금을 예납받아 사용한다.

627) 송달료예납의무자가 송달료를 납부하여야 하는데 송달료추가납부통지 등 각종 방법에 의한 송달료납부 촉구를 받고서도 이를 납부하지 않아 소송절차의 진행 또는 종료 후의 사무처리가 현저히 곤란하다고 법원사무관등이 판단한 때에는 예산의 범위 안에서 국고대납절차로 송달료를 처리할 수 있다. 소송비용 국고대납에 관한 예규(재민 2006-2) 제2조.

라. 소송비용 불예납의 효과 및 국고대납

1) 소송비용 불예납의 효과

비용을 미리 내지 아니하는 때에는 법원은 그 소송행위를 하지 아니할 수 있다(법 제116조 제2항).

2) 소송비용 미납의 국고대납

가) 개 관

다만, 법원은 소송비용을 미리 내야 할 사람이 내지 아니하여 소송절차의 진행 또는 종료 후의 사무처리가 현저히 곤란한 때에는 그 소송비용을 국고에서 대납 받아 지출할 수 있다(규칙 제20조).

이는 부족액을 추가로 내지 아니하는 경우에도 같다(같은 조).

위와 같이 소송비용을 국고에서 대납받아 지출한 경우에는 사건이 완결된 후에 그 비용을 당사자로부터 수봉(收捧)하게 되는데, 이에 관하여서는 '기록인계 전의 조치 : 국고대납이나 소송구조의 대상이 된 소송비용의 수봉' 부분에서 살펴볼 것이다.

나) 소송비용의 대납지급 요청

소송비용의 대납지급 요청은 재판장이 법원의 경비출납공무원에게 서면이나 재판사무시스템을 이용한 전자적인 방법으로 하여야 하며(규칙 제21조 제1항 본문), 위 요청은 소송비용을 지출할 사유가 발생할 때마다 하여야 한다(같은 조 제2항 본문).

다만, 서류 송달료의 대납지급 요청은 법원사무관등이 하며(같은 조 제1항 단서), 서류의 송달료에 관하여는 필요한 범위 안에서 여러 번 실시할 비용의 일괄 지급을 요청할 수 있다(같은 조 제2항 단서).

7. 최고·통지

가. 일반적인 최고와 통지

1) 최고와 통지의 원칙

민사소송절차에서 최고와 통지는 특별한 규정이 없으면 상당하다고 인정되는 방법으로 할 수 있으며(규칙 제3조 제1항),[628] 당사자, 그 밖의 소송관계인에 대한 통지는 법원사무관등으로

628) 이 점, 송달이 그 방법상 엄격한 제한이 있는 것과 다르다.

하여금 그 이름으로 하게 할 수 있다(같은 조 제4항).

이러한 최고나 통지의 방법으로는, 전화나 전자우편(e-mail) 등이 활용될 수 있으며(규칙 제45조 제1항 참조),[629] (반대의 의사표시가 없다면) 예납의무자가 납부한 송달료 잔액 범위 안에서 인터넷을 이용한 팩스로 전송할 수 있으나,[630] 대개는 최고나 통지도 해당 소송서류 원본을 송부하는 방식으로 하고 있다.

최고나 통지를 한 때에는 법원사무관등은 그 취지와 최고 또는 통지의 방법을 소송기록에 표시하여야 한다(규칙 제3조 제2항).

2) 통지의 생략

「민사소송규칙」에 규정된 통지(다만, 「민사소송법」에 규정된 통지를 제외한다)를 받을 사람이 외국에 있거나 있는 곳이 분명하지 아니한 때에는 통지를 하지 아니하여도 된다(규칙 제3조 제3항 전문).

이 경우에도 법원사무관등은 그 사유를 소송기록에 표시하여야 한다(같은 항 후문).

구체적으로 어떤 통지가 이러한 생략가능한 통지에 해당하는지는 각각 해당되는 곳에서 언급하겠다.

나. 휴대전화를 이용한 기일통지 안내

특기할 것은, 법원은 당사자 또는 대리인이 제출하는 소장 또는 각종 소송서류 등에 휴대전화를 통한 정보수신을 신청하는 취지가 기재되어 있거나 소송 또는 사건진행 중 「휴대전화를 통한 정보수신 신청서」를[631] 제출한 경우, 예납의무자가 납부한 송달료 잔액 범위 안에서 해당 사건의 기일 정보 등을 휴대전화를 통하여 문자메시지 형태로 제공할 수 있다.[632]

다. 전자적 통지

전자소송에서는, 법원사무관등은 통지를 받을 자가 전자소송 동의를 한 등록사용자인 경우에는 전자소송시스템에 의하여 전자적으로 통지할 수 있다(민소전자문서법 제11조 제1항).

구체적으로 누가 이러한 통지를 받을 자인지는, '송달' 부분에서 전자적 송달의 경우와 함

629) 송달사무처리의 효율화와 업무상 유의사항에 관한 예규(재일 2003-9)(이하 '송달예규'로 약칭한다) 제3조 제1항 후단 참조.

630) 송달료규칙의 시행에 따른 업무처리요령(재일 87-4) 제29조의3 제1항.

631) 해당 서식은 법원 전산양식으로 마련되어 있다.

632) 송달료규칙의 시행에 따른 업무처리요령(재일 87-4) 제29조의2 제1항.

께 살펴보기로 한다.

그런데 문제는, 전자적 통지라는 것을 구체적으로 어떤 방법으로 하느냐에 관하여 현행법상 '민소전자문서법'이나 '민소전자문서규칙'에 아무 규정이 없다는 것이다.

다만, 관견으로는, 통지할 사항을 등록사용자가 전자소송시스템에 입력한 전자우편주소로 보내거나(and/or), 같은 취지의 문자메시지를 전자소송시스템에 입력한 등록사용자의 휴대전화번호로 전송함으로써 통지할 수 있을 뿐 아니라,[633] 전자적 송달과 동일한 방식으로 통지할 수도 있다고 본다.

또한, 전자기록사건이라 하더라도 종이기록사건의 일반원칙상의 방법(예 : 전화)으로 통지하는 것도 무방하다고 하겠다.

한편, 전자기록사건에서 최고·통지의 취지 등을 소송기록에 표시함에는, 공용부전지에 그 요지, 일자 및 방법을 입력하는 것으로 하고 있다.[634]

8. 기록과 민사보관물의 관리

가. 기록의 관리

1) 종이기록의 관리

재판사무등에 관한 문서와 기록 또는 물건은 소속법원의 장 또는 담임법관의 허가를 얻지 아니하고는 이를 청외에 반출하지 못한다(법원재판사무 처리규칙 제11조).

2) 전자기록의 관리

가) 등재된 전자문서의 관리

전자소송시스템에 기록된 전자문서는 전자파일로 보존하되, 위조·변조·훼손·유출 등을 방지하기 위한 보안조치를 하여야 한다(민소전자문서규칙 제42조 제1항).

나) 기록의 이관(전자적 송부)

종이기록사건에서는 상소나 이송 또는 환송과 관련하여 기록의 '송부'가 문제되지만, 전자기록사건에서는 기록의 '이관'이 문제된다(민소전자문서법 제14조 제2항 참조). 다만, 전자소송실무상, '전자적 송부'라고 표현하기도 한다.[635]

---

633) 민전예규 제24조의 유추해석.

634) 민전예규 제57조 제1항 제2호.

635) 민전예규 제44조 제3항 전단, 제97조 제3항 전단 참조.

즉, 전자기록사건에서, 심급사이 또는 이송결정에 따른 전자기록 송부는 전자적인 방법으로 하는바(민소전자문서규칙 제40조 제1항 본문), 전자소송실무상으로는, 전자소송시스템의 기록 송부 화면에 송부일자를 입력함으로써 이를 한다.[636]

다만, 전자문서가 아닌 형태로 제출되어 별도로 보관하는 기록 또는 문서는 그 자체를 송부하는 방법으로 함은 물론이다(같은 항 단서).[637]

나. 민사보관물의 관리[638]

민사보관물이라 함은, 법원이 민사사건에 관하여 법령의 규정에 의하여 보관하는 문서 기타의 물건으로서 제출한 당사자 또는 송부한 제3자에게 소유권 등 권리가 유보되는 것을 말한다.[639]

이러한 민사보관물은, 기록에 가철하지 아니하고, 민사보관물 봉투에 넣어 다른 물품과 구분하여 특별히 보관하는바,[640] 문서인 민사보관물은 해당 사건기록에 편철용 끈으로 결부시켜 보관함을 원칙으로 하고 있으며,[641] 민사보관물이 물건인 경우, 기록에 첨철하기 곤란한 문서인 경우 또는 공탁서, 유가증권 등 특별한 이유가 있는 경우에는 따로 민사보관물함에 보관하고 있다.[642]

9. 완결된 사건기록의 보존

가. 사건의 완결

'사건(소송)의 완결(종결)'은 실정법상의 개념이기는 하지만, 그 개념 및 용례가 이중적이므로 주의를 요한다.

첫째, 해당 사건 자체가 완전히 끝난 것, 즉 소송계속의 소멸을 사건의 완결이라고 지칭하는 경우가 있다. 절차의 종료라고도 한다(규칙 제27조 제1항 참조). 가령, 바로 후술하는 기록보존의 요건으로서의 사건의 완결은 이를 지칭한다.

---

636) 민전예규 제44조 제3항 전단.

637) 민전예규 제44조 제3항 후단, 제96조, 제97조 제3항 후문.

638) 전자기록사건에서도 민사보관물의 보관에 관한 사항은 종이기록사건과 대체로 같다. 민전예규 제49조 참조.

639) 민사보관물관리에 관한 예규(재민 79-7) 제1조, 제2조.

640) 민사보관물관리에 관한 예규(재민 79-7) 제5조 제1항.

641) 민사보관물관리에 관한 예규(재민 79-7) 제5조 제2항.

642) 민사보관물관리에 관한 예규(재민 79-7) 제5조 제3항 전문.

상고기간 도과로 인한 판결의 확정은 위와 같은 의미의 사건의 완결의 그 대표적인 예이다. 그러나 판결의 확정시기와 사건의 완결시기는 반드시 일치하는 것이 아니므로 주의를 요한다. 가령, 상소취하로 판결이 확정된 경우에는 판결의 확정시기가 사건의 완결시기보다 앞서게 된다.[643]

둘째, 해당 심급의 이탈을 사건의 완결이라고 지칭하는 경우가 있다. 가령, 소송비용재판(법 제104조, 제105조)의 요건으로서의 사건을 완결하는 재판은 바로 이를 하는 재판을 지칭하며, 송달료잔액의 환급과 관련하여 문제되는 '사건의 종결'(송달료규칙 제9조 내지 제11조)도 이를 의미한다.

나. 기록 보존 개관

사건이 완결된 때에는 기록을 보존담당부서에 인계하여 보존절차를 밟게 되는바(법원재판사무 처리규칙 제25조), 이에 관하여서는 '사건기록의 보존 내지 폐기' 부분에서 후술한다.

종국판결이 확정된 경우가 사건이 완결되는 대표적인 경우이며, 그 밖에 어떤 경우가 "사건의 완결"인지는 각각 해당되는 부분에서 보기로 한다.

한편, 사건기록 및 장부의 종류별 보존기간과 재판서, 사건기록 및 장부등의 보존절차와 방법등에 관한 사항은 법원재판사무 처리규칙 제6장에서 특별히 정한 경우를 제외하고는 대법원예규로 정하는바(같은 규칙 제29조 후문), 이에 따라 「재판서·사건기록 등의 보존에 관한 예규(재일 2005-2)」(이하 '보존예규'로 약칭한다)가 제정되어 있다.[644]

전자기록사건에서도, 별도의 기록(전자문서화하지 않은 서류를 편철한 종이기록)의 보존에 관한 사항은 종이기록사건의 경우와 대체로 같다.[645] 따라서, 그러한 기록은 종이사건에 준하여 보존, 이관, 폐기한다.[646]

---

643) 상세한 것은 '판결의 확정과 그 효력' 부분에서 재론한다.

644) 어떤 경우가 사건의 완결에 해당하는지는, 보존예규 제2조 제3호가 규정하고 있다.
그런데, 민전예규 제100조는 위 '보존예규'와 동일한 규정을 두고 있으나, 이러한 입법태도는 사족의 의심이 있다.

645) 민전예규 제44조 제2항.

646) 민전예규 제106조 제3항.

Ⅱ. 당사자의 소송행위

1. 당사자의 소송행위 개관

가. 당사자의 소송행위의 종류

당사자의 소송행위로는, ① 법원에게 일정한 소송행위를 요구하는 행위인 신청, ② 신청을 뒷받침하기 위한 법률상·사실상의 주장, 입증, 그리고 상대방의 사실상의 주장에 대한 인부(認否), ③ 그 밖에 소송법상의 법률효과의 발생을 목적으로 하는 의사표시인 소송법률행위(소송대리권의 수여, 선정당사자의 선정 등 단독행위와 관할합의, 불상소합의 등 소송계약)가 있다.

나. 소송행위에 필요한 권한의 수여

소송행위에 필요한 권한의 수여는 민사소송법에 특별한 규정이 없으면 「민법」, 그 밖의 법률에 따른다(법 제51조).

이러한 수권의 예로는, 소송위임, 허가(또는 동의)를 요하는 소송행위의 허가(또는 동의)를 들 수 있는바, 소송위임에 관하여서는 '소송대리인' 부분에서 살펴볼 것이고, 소송행위에 허가나 동의를 요하는 경우에 관하여서는 각각 해당되는 부분에서 살펴볼 것이다.

다. 민법상 법률행위와의 차이

1) 민법상 법률행위 규정의 적용 여부

민사소송법상의 소송행위에는 특별한 규정이나 특별한 사정이 없는 한 민법상의 법률행위에 관한 규정이 적용될 수 없다.[647]

소송행위와 민법상의 법률행위의 구체적 차이는 다음과 같다.

2) 조건을 붙일 수 있는지 여부

소송행위에 조건을 붙일 수 없다.[648]

다만, 소송행위에 소송내적 조건은 붙일 수 있으므로, 예비적 신청이나 예비적 주장을 하는 것은 가능하다.

---

647) 대법원 1980. 8. 26. 선고 80다76 판결. 동지 : 대법원 2007. 6. 15. 선고 2007다2848, 2855 판결.
648) 대법원 2007. 6. 15. 선고 2007다2848, 2855 판결.

3) 사기, 강박 또는 착오를 이유로 취소할 수 있는지 여부

소송행위는 사기, 강박 또는 착오 등 의사표시의 하자를 이유로 그 무효나 취소를 주장할 수 없다.[649]

다만, 소송행위가 사기, 강박 등 형사상 처벌을 받을 타인의 행위로 인하여 이루어졌다고 하여도 그 타인의 행위에 대하여 유죄판결이 확정되고, 또 그 소송행위가 그에 부합되는 의사 없이 외형적으로만 존재할 때에는, 그 효력을 부인할 수 있다(민사소송법 제451조 제1항 제5호, 제2항의 유추해석).[650]

그러나, 타인의 범죄행위가 소송행위를 하는데 착오를 일으키게 한 정도에 불과할 뿐 소송행위에 부합되는 의사가 존재할 때에는 그 소송행위의 효력을 다툴 수 없다.[651]

그런데, 같은 논리(같은 항의 유추해석)에 의하면, 유죄판결이 확정된 때뿐만 아니라 증거부족 외의 이유로 유죄의 확정판결을 할 수 없을 때에도 역시 해당 소송행위의 효력을 부인할 수 있다고 하여야 할 것이다.[652]

라. 소송행위의 해석

소송행위의 해석은 일반 실체법상의 법률행위와는 달리 내심의 의사가 아닌 철저한 표시주의와 외관주의에 따라 그 표시를 기준으로 하여야 하고 표시된 내용과 저촉되거나 모순되어서는 아니 될 것이며, 다만 해당 소송제도의 목적과 당사자의 권리구제의 필요성 등을 고려할 때 그 소송행위에 관한 당사자의 주장 전체를 고찰하고 그 소송행위를 하는 당사자의 의사를 참작하여 객관적이고 합리적으로 소송행위를 해석할 필요는 있다.[653]

---

649) 대법원 1980. 8. 26. 선고 80다76 판결. 동지 : 대법원 1963. 11. 21. 선고 63다441 판결(항소취하를 사기 또는 착오를 이유로 취소할 수 없다고 한 사안) ; 대법원 1967. 10. 31. 선고 67다204 판결 ; 대법원 1970. 6. 30. 선고 70후7 판결 ; 대법원 1979. 5. 15. 선고 78다1094 판결(소송상 화해를 사기나 강박을 이유로 취소할 수 없다고 한 사안) ; 대법원 1979. 12. 11. 선고 76다1829 판결(소취하를 기망을 이유로 취소할 수 없다고 한 사안) ; 대법원 1997. 10. 10. 선고 96다35484 판결(소송위임을 강박을 이유로 취소할 수 없다고 한 사안) ; 대법원 2007. 6. 15. 선고 2007다2848, 2855 판결(상고 취하행위를 기망을 이유로 취소할 수 없다고 한 사안).

650) 대법원 1984. 5. 29. 선고 82다카963 판결. 동지 : 대법원 1963. 11. 21. 선고 63다441 판결 ; 대법원 1967. 10. 31. 선고 67다204 판결.

651) 대법원 1984. 5. 29. 선고 82다카963 판결.

652) cf. 대법원 1985. 9. 24. 선고 82다카312,313,314 판결은, 형사책임이 수반되는 타인의 강요와 폭행에 의하여 이루어진 소취하의 약정과 소취하서의 제출은 무효라고 하였다.

653) 대법원 2002. 10. 11. 선고 2000다17803 판결. 동지 : 대법원 1983. 4. 12. 선고 80다3251 판결 ; 대법원 1984. 2. 28. 선고 83다카1981 전원합의체 판결 ; 대법원 2002. 4. 22.자 2002그26 결정 ; 대법원 2008. 3. 27. 선고 2007다80183 판결.

마. 소송서류의 송달을 통한 실체법상의 의사표시 등[654)]

한편, 소송서류의 송달을 통하여 실체법상의 의사표시나 의사의 통지, 관념의 통지 등을 행할 수도 있다.

예컨대, 반환시기의 정함이 없는 소비대차에서 그 반환의 최고(민법 제603조 제2항 본문)를 - 해당 대여금을 청구하는 - 소장(부본)의 송달로써 할 수도 있다.[655)]

그런데, 가령 소제기로써 계약해제권을 행사한 후 그 뒤 그 소를 취하하였다 하여도 해제권은 형성권이므로 그 행사의 효력에는 아무런 영향을 미치지 아니한다.[656)]

2. (최광의의) 진술 일반

가. 신청 및 진술의 개념 및 종류

신청(申請)이란 법원에 대하여 일정한 소송행위를 구하는 당사자의 진술을 말한다.[657)]

그러나, 신청이 아닌 진술은 법원에 대하여 어떤 행위를 요구하는 것이 아니라 단지 특정사실의 보고 또는 의사의 신고를 하는 데 불과하다.[658)]

신청이 아닌 진술은 다시, 당사자의 주장(법 제147조, 제150조, 제208조 제2항, 제279조 제1항, 제282조 제1항, 제285조 참조)과, 특정사실의 보고 또는 의사의 신고로 나누어 볼 수 있다. 그런데, 신청이 아닌 진술로서는 전자가 중요하고 대표적인 것이므로, '주장'과 '진술' 양자는 동의어처럼 사용되는 예가 많다.

이와 같이 소송법상 '진술'의 개념은 그 범위가 여럿이므로, 이 책에서는 신청을 포함하는 의미의 진술(= 신청 + 주장 + 주장 아닌 진술)을 최광의의 진술, 신청이 아닌 진술을 광의의 진술(= 주장 + 주장 아닌 진술), 당사자의 주장을 협의의 진술이라고 편의상 지칭하고자 한다.

그런데, 최광의의 진술은 그 방법이 공통되므로, 먼저 그러한 공통적인 사항에 대하여 살펴볼 필요가 있다. 그리고 나서, 신청을 살펴보고, 주장(협의의 진술), 입증에 관하여 차례로 살펴보기로 한다.[659)]

654) 이는 학설·실무상 특히 '소송에서의 형성권의 행사'라는 논점으로서 거론되고 있다.

655) 대법원 1963. 5. 9. 선고 63다131 판결. 동지 : 대법원 1969. 1. 28. 선고 68다2313 판결.

656) 대법원 1982. 5. 11. 선고 80다916 판결.

657) cf. 일본법에서는 이 경우 '申立(て)'이라는 용어를 사용하여 행정청에 대한 신청 등과 표현상 구분하고 있다.

658) 인지실무, 52면.

659) 소송법률행위의 방식과 관련하여서는 일반적으로 다룸 직한 내용이 없으므로, 소송법률행위와 관련한 내용은 각각 해당되는 부분에서 보기로 한다.

나. 진술의 방식

신청, 그 밖의 진술은 특별한 규정이 없는 한 서면 또는 말로 할 수 있다(법 제161조 제1항). **말로 하는 경우에는 법원사무관등의 앞에서 하여야 하며**(같은 조 제2항), **이 경우에 법원사무관등은 신청 또는 진술의 취지에 따라 조서 또는 그 밖의 서면을 작성한 뒤 기명날인 또는 서명하여야 한다**(같은 조 제3항).[660]

이 중 신청의 취지를 기재한 조서를 "신청조서"라 하는바(민사소송 등 인지법 제1조 본문, 민사조정법 제5조 제3항 참조), 이는 신청권의 행사로서 하는 신청을[661] 말로 한 경우에 작성하게 된다(민사소송 등 인지법 제1조 본문 참조).

일반적으로, 신청을 하는 서면을 신청서, (광의의) 진술을 하는 서면을 주장서면이라고 할 수 있겠는데,[662] 경우에 따라서는 한 서면이 신청서와 주장서면의 성질을 겸유할 수도 있으며, 소장이 바로 그 대표적인 예이다.

그러나, 소송법상 중요한 신청·진술은 서면에 의하도록 하고 있음을 주의하여야 하며,[663] 서면으로 한 진술은 구술주의의 원칙상 변론(준비)기일에 현실적으로 진술되지 않으면 소송자료가 되지 아니함에 또한 주의하여야 한다. 전자에 관하여 상세한 것은 각각 해당되는 부분에서 살펴볼 것이다.[664]

서면은 국어로 작성하여야 한다(법 제277조 참조). 다만, 국제사건의 항소장, 상고장에 관하여 특례가 있음은, '항소', '상고, 재항고 및 특별항고' 부분에서 각각 후술하는 바와 같다.

다. 서면의 작성요령

이에 관하여서는 이 책 보론 '민사 서면 작성법' 부분에서 상론하겠다.

라. 서류의 제출·접수방법

1) 직접제출

서류는 그 작성명의인 본인이 - 법정에서 제출하는 경우가 아니라면 종합접수실 등 민원창

---

660) cf. 2017. 10. 30. 이전에는 기명날인하는 것으로만 규정되어 있었다.

661) 신청권의 행사로서 하는 신청에 관하여서는 후술한다.

662) 소송절차에서는, 변론이 필요적이므로, 변론을 준비하기 위한 서면인 「준비서면」이 주장서면 중에서도 가장 대표적인 것이다.
한편, 임의적 변론에 의하는 절차에서는, 진술을 하는 데 쓰는 서면의 명칭 자체를 아예 「주장서면」이라고 지칭하기도 한다.

663) 서면주의는 법률에서 규정하고 있는 경우와 대법원규칙에서 규정하고 있는 경우가 있다.

664) 구술주의에 관하여서는, '심리의 제원칙' 부분에서 상론한다.

구에서 - 제출함이 원칙이고,[665] 이때에는 본인확인을 위하여 주민등록증 등을 지참할 필요가 있다.[666]

작성명의인이 아닌 사람이 제출할 때에는 위임장 등 제출에 관한 권한을 수여하였음을 소명할 수 있는 서류를 첨부하여 (그 제출대리인으로 하여금) 제출하도록 하여야 한다.[667]

특히, 사건을 종결시키는 서류(소·신청·상소의 취하서, 상소포기서, 담보취소동의서 등), 법원보관금계좌입금신청서 등의 서류에 관하여서는 그러한 소명서류로서 작성명의인의 인감증명서가 첨부되어야 한다.[668] 다만, 변호인, 소송대리인, 국가소송수행자, 제출대행권이 있는 법무사,[669] 사건관계 직무담당 공무원은 그러하지 아니하다.[670][671]

접수담당자가 사건을 종결시키는 서류를 접수함에는 '제출자의 신분확인' 고무인을 날인하고 해당란을 기재한 후 확인인을 날인하여야 하므로,[672] 실무상 위와 같은 서류를 작성할 때에 아예 제출자의 신분확인란까지 넣는 것이 일반이다.

2) 우편제출

서류는 우편이나 택배서비스를 이용하여 제출할 수도 있다.[673] 그러나, 팩스나 전자우편으로 제출할 수는 없다.

3) 전자적 제출(전자소송의 특칙)

다만, 전자소송에서는 소송서류를 전자소송홈페이지를 이용하여 전자문서로 제출할 수 있

---

665) 부득이 근무시간 외나 휴일에 제출하는 경우에는 당직실이나 야간문서투입함을 이용하게 된다.

666) 접수예규 제2조 제1항 참조.

667) 접수예규 제2조 제2항 참조.

668) 접수예규 제2조 제3항 본문.
형사사건의 고소취소장이나 합의서, 민사집행사건의 집행해제(취소)신청서, 경매배당금계좌입금신청서 등도 마찬가지이다. 같은 항 본문.

669) 법원에 제출하는 서류나 법원의 업무에 관련된 서류의 제출 대행은 법무사의 업무 중 하나이다(법무사법 제2조 제1항 제6호).

670) 접수예규 제2조 제3항 단서.

671) cf. 변호사 또는 법무사 아닌 자가 소송서류등에 대한 접수사무의 대리(대행)를 업으로 한다는 의심이 있을 경우, 접수공무원은 대리인으로 하여금 본인과 그 대리인과의 관계를 가족관계증명서, 주민등록표등본, 재직증명서 등에 의하여 소명할 것을 요청할 수 있다. 접수예규 제2조 제6항.
위 소명자료를 대리인이 제출하지 않거나 대리인이 제출한 소명자료에도 불구하고 접수의 대리(대행)를 업으로 한다고 판단될 경우, 접수공무원은 그 대리인에게 변호사법 및 법무사법 위반의 사유로 고발조치될 수 있음을 알리고 소송서류등 접수의 취하 또는 자제를 권고할 수 있다. 같은 조 제7항.

672) 접수예규 제2조 제5항 본문. 제출자 이름, 사건과 제출자의 관계, 생년월일을 기재하게 된다.
다만, 변호사인 변호인, 소송대리인, 국가소송수행자 또는 제출대행권이 있는 법무사가 이를 제출하는 경우에는 제출자의 생년월일의 기재를 생략한다. 같은 항 단서.

673) 접수예규 제4조 참조.

는바, 이에 관한 상세한 내용은 '서류의 전자적 제출' 부분에서 상론하겠다.

마. 전자소송에서 전자문서로 변환된 서류의 동일성 확인

1) 개 관

전자기록사건에서 전자소송 동의를 하지 아니한 당사자가 전자문서가 아닌 형태로 제출한 서류를 법원사무관등이 전자문서로 변환하고 제출자에게 그 동일성을 확인할 기회를 부여한 때에는, (그 당사자는) 제출하고자 한 문서와 전자소송시스템에 등재된 전자문서 사이의 동일성에 관하여 이의를 신청할 권리를 잃는다(민소전자문서규칙 제17조 제2항).[674]

그리고 위와 같이 확인의 기회를 부여한 경우에는, 전자문서가 아닌 형태로 제출된 서류는 그 제출자에게 반환하거나 폐기한다(같은 규칙 제20조 제2항 후문).

구체적인 절차는 바로 후술하는 바와 같다.

2) 동일성 확인의 절차

가) 원 칙

접수사무관등이나 전자화담당자가 동일성 확인의 기회를 부여한 때에는, 제출된 소송서류를 보존담당자에게 인계하지 아니하고 반환하거나 폐기한다(민소전자문서규칙 제20조 제2항 후문).

이 경우 「전자기록에 대한 동일성 확인서」를 보존담당자에게 인계(가보존)한다.[675]

나) 특칙 : 가보존된 소송서류를 반환하는 경우

위 경우와 달리, 제출된 소송서류가 이미 가보존된 경우에는, 당사자의 반환요청이 있으면 보존담당자가 「전자기록에 대한 동일성 확인서」를 제출받고 가보존된 소송서류를 반환하거나 폐기한다.[676]

이 경우 그 제출받은 확인서를 원래의 소송서류에 갈음하여 보관한다.[677]

---

674) cf. 신청된 이의가 이유 있을 때의 처리에 관하여서는, 민사전자소송실무편람, 205면 참조.
675) 민전예규 제31조 제2항.
676) 민전예규 제31조 제3항 전문.
677) 민전예규 제31조 제3항 후문.

3. 신 청

가. 개 관

신청 중에는 인지대를 예납하여야 하는 것이 있다.

또한, 비용을 필요로 하는 신청의 경우에는 비용예납의 문제가 발생한다. 증거조사비용(증인여비 등)의 예납(규칙 제77조 참조)이 그 대표적인 예이다.

그런데, 송달료는 신청에 필요한 비용이기는 하지만 그 성질이 오히려 인지대에 가까우므로, 별항으로 살펴볼 필요가 있다.

또한, 인지대·송달료의 납부와 관련하여서는 과오납시의 처리도 문제된다.

위와 같이, 신청에서는 – 광의의 진술과 달리 – 인지의 첩부 등의 문제가 수반될 수 있으므로, 그러한 문제를 함께 살펴볼 필요가 있다.

나. 신청의 종류

1) 신청권의 존부 등에 따른 구분

가) 개 관

신청은, 신청권의 존부에 따라, 신청권의 행사로서 하는 것과 (당사자에게는 신청권이 없지만) 법원의 직권발동을 촉구하는 의미에서 하는 것으로 구분된다(민사소송 등 인지법 제10조 참조).

전자의 신청에 대하여서는 법원이 재판으로써 응답할 의무가 있으나, 후자의 신청에 대하여서는 그러하지 아니하다.

한편, 당사자가 신청권의 행사로서 하는 신청 중에서도, 사건부에 등재되는(즉, 별도의 사건번호가 부여되는) 신청이 있다(같은 법 제9조 제5항 제4호 참조).[678] 이는 해당심급절차의 개시를 구하는 신청이라는 점에서 '기본적 신청'이라고 하며,[679] 그 밖의 신청은 이에 대비하는 의미에서 '중간적·부수적 신청'이라고도 한다.

결국 이상의 기준에 의하면 신청은 세 가지로 구분되는바(기본적 신청, 신청권 행사로서의 중간적·부수적 신청, 직권발동 촉구 의미의 중간적·부수적 신청), 이러한 구분이 필요한 까닭은 이 세 가지 신청이 실무상으로, 즉, 신청서 기재방식과 인지대·송달료 예납 여부에서 큰 차이가 있기 때문이다.

후술하듯이, 기본적 신청의 신청서는 "소장등"으로도 지칭한다.

---

678) 민전예규 제40조 참조.

679) 송달료규칙의 시행에 따른 업무처리요령(재일 87-4) 제4조 제1항.

나) 실무상 구별실익

기본적 신청은, 별도의 규정이 없으면 신청서에 1,000원의 인지를 붙여야 하고(민사소송 등 인지법 제9조 제5항 제4호)(다만, 후술하듯이, 인지첩부의무가 면제되는 예외가 있다),[680] 송달료를 예납하여야 하며(규칙 제19조 제1항 제1호, 송달료규칙 제2조), 그 신청서는 별도기록을 편성하거나 주기록에 합철 또는 첨철된다.

이에 반하여, 중간적·부수적 신청은 일반적으로는 인지대의 예납이 문제되지 아니하며, 송달료의 예납 또한 문제되지 아니하며(송달료규칙 제2조의 반대해석),[681] 그 신청서는 주기록에 가철된다.

환언하면, 신청서의 편철방법이 '별도기록', '합철', '첨철'인 신청은 기본적 신청이고(따라서, 인지대·송달료도 예납하여야 하고), '가철'인 신청서는 원칙적으로 중간적·부수적 신청이다.

다만, 상소장은 기본적 신청이기는 하지만 그 신청서를 주기록에 가철하며, 중간적·부수적 신청 중에서도 후술하는 본안의 신청에 해당하는 것은 - 송달료 납부는 문제되지 아니하지만 - 인지대의 납부가 문제된다(민사소송 등 인지법 제5조, 제7조 제3항 참조).[682]

중간적·부수적 신청의 인지대 예납의무 문제를 엄밀하게 살펴보면 다음과 같다.

우선, **직권발동을 촉구하는 의미의 신청서에는 인지를 붙이지 아니한다**(민사소송 등 인지법 제10조 단서).

민사소송 등 인지법 제2조부터 제9조까지에 규정되지 아니한 신청서로서 법원의 직권 발동을 촉구하는 의미의 것이 아닌 것, 즉, 신청권의 행사로서 하는 중간적·부수적 신청의 신청서(답변서와 증거신청서 제외)**에는 500원의 인지를 붙여야 하나**(민사소송 등 인지법 제10조 본문),[683] **대법원규칙으로 정하는 신청서에는 인지를 붙이지 아니하는바**(같은 조 단서), 민사소송절차와 「민사소송법」이 준용되는 소송절차(즉, 가사소송절차와 행정소송절차), 집행절차 및 비송절차에서는 - 재판기록의 열람·복사나 소송에 관한 증명서의 교부 신청(법 제162조) 외에는 - 일반적으로 인지를 붙이지 아니한다(민사소송 등 인지규칙 제2조의2).[684][685]

---

680) **이 인지액은 경제사정이 변동된 경우에는 「민사소송 등 인지법」이 개정될 때까지 대법원규칙으로 올리거나 내릴 수 있다**(민사소송 등 인지법 제15조).

681) 다만, 소취하의 효력을 다투는 기일지정신청(규칙 제67조 제1항, 제68조), 제3채무자에 대한 진술최고신청(민사집행법 제237조) 등은 성질상 송달료를 예납함이 실무이다.

682) 이 책 초판, 147면에서는 이 부분 설명이 누락되었다. 이 점, 독자 여러분께 사과드린다.

683) **이 인지액도 경제사정이 변동된 경우에는 「민사소송 등 인지법」이 개정될 때까지 대법원규칙으로 올리거나 내릴 수 있다**(민사소송 등 인지법 제15조).

684) cf. 구 「민사소송 등 인지법」(2011. 7. 18. 법률 제10860호로 개정되기 전의 것)하에서는, 당사자의 신청권의 행사로서 하는 신청 중 중간적·부수적 신청은, 답변서와 증거신청서 외에는, 다른 규정이 없으면

이상의 내용을 도표로 요약하여 보면 아래와 같다.

	신청권의 행사로서의 신청		직권발동 촉구 의미의 신청
	기본적 신청	중간적·부수적 신청	
법원의 응답의무	○	○	×
인지대 납부의무	○	△	×
송달료 예납의무	○	×	×

2) 본안의 신청과 소송상의 신청

법원이 종국재판으로써 응답하여야 하는 신청을 본안의 신청이라 하고, 그 밖의 신청을 소송상의 신청이라 한다.

본안의 신청은 개념필연적으로 신청권의 행사로서 하는 신청에 속한다. 그런데, 본안의 신청은 기본적 신청에 해당하는 경우가 많으나 반드시 그러한 것은 아니다. 예컨대, 가지급물반환신청(법 제215조 제2항, 제3항)은 본안의 신청이기는 하지만 기본적 신청은 아니다.

역으로, 소송상의 신청 중에도 기본적 신청에 해당하는 것들이 있는바, 재량이송의 신청(법 제35항 등)이 그 예이다. 그리고, 이러한 신청에 따른 사건을 "부수사건"이라 한다고 함은 '재판기록 : 종이소송과 전자소송' 부분에서 기술하였다.

다. 인지의 첩부

1) 인지첩부의무

민사소송절차, 행정소송절차, 그 밖에 법원에서의 소송절차 또는 비송사건절차(즉, 광의의 민사절차)**에서 소장**(訴狀)**이나 신청서 또는 신청조서**(이하 "소장등"이라 한다)**에는 다른 법률에 특별한 규정이 있는 경우를 제외하고는 「민사소송 등 인지법」 소정의 인지**(印紙)**를 붙여야 한다**(민사소송 등 인지법 제1조 본문).[686]

다만, 대법원규칙으로 정하는 바에 따라 인지를 붙이는 대신 그 인지액에 해당하는 금액을

일률적으로 500원의 인지를 붙여야 하였다.

685) cf. 구 「민사소송 등 인지규칙」(2012. 2. 24. 대법원규칙 제2384호) 제2조의2는 "민사소송절차와 민사소송법이 준용되는 소송절차"라고만 규정하여, 이에 따라 민사집행절차나 비송사건절차에서는 중간적·부수적 신청을 할 때 여전히 500원의 인지를 붙여야 하는 것으로 해석되었으나, 현행법은 "민사소송절차와 민사소송법이 준용되는 소송절차, 집행절차 및 비송절차"라고 규정하여, 민사집행절차나 비송사건절차에서도 위 인지를 붙일 필요가 없도록 하였다.

686) 다만, 가사사건에 관하여서는 그 특별법으로서 「가사소송수수료규칙」이 있으므로, 주의하여야 한다.

현금이나 신용카드·직불카드 등으로 납부하게 할 수 있다(같은 조 단서 전단).[687][688]

한편, **인지액에 해당하는 금액을 신용카드·직불카드 등으로 납부하는 경우 인지납부일, 인지납부대행기관의 지정 및 운영과 납부대행 수수료 등에 필요한 사항은 대법원규칙으로 정한다**(같은 조 단서 후단).

법원의 물적 시설·인건비는 되도록 국가가 부담하는 것이 당연하지만, 그렇다고 하여 개개의 소송수행을 위하여 필요한 비용까지 모두 국가가 부담하여야만 한다면, 결국 개별적인 소송비용까지 납세자 일반의 부담으로 돌아가는 것을 뜻하는 것으로서 개인이 소송제도를 이용함으로써만 소송제도와 관계를 맺게 되는 민사소송의 본질에서나 국가재정의 견지에서도 적당하지 않다. 따라서 개개의 소송수행을 위하여 지출되는 비용은 원칙적으로 법원에 권리구제를 구하는 당사자의 부담으로 하는 것이 법원의 재정조달을 위한 적정한 해결책이 될 수 있다.[689]

또한, 물론, 국가가 재판제도의 이용을 용이하게 하여 국민의 기본권을 보장하는 것이 바람직하겠으나, 이른바 '재판유상주의'를 취하면서도 지나치게 적은 재판비용만을 당사자에게 부담시킬 경우 소송 제기 및 상소가 남발되어 국민의 권리구제가 지연되고 국가가 그에 따른 비용을 추가로 부담하게 될 것인바, 그 경우 종국적으로는 재판자원의 공평하고 공정한 이용을 저해하거나 국민의 부담을 그만큼 가중시키게 되는 역기능적 측면이 있다는 점을 고려할 필요가 있다.[690]

따라서, 이러한 민사소송 등의 인지대는 국가의 소송제도를 이용하고자 법원에 소송을 제기하는 자가 법원에 대하여 일정한 역무를 요구하면서 수익자부담으로서 국고에 납부하는 수수료의 성격을 가지는 한편,[691] 남소(濫訴)를 억지함으로써 법원기능의 효율성을 높이는 역할을 하는 것이다.[692]

---

687) 법문에는 "… 납부하게 할 수 있도록 하되, …"로 되어 있으나, 그냥 "… 납부할 수 있으되 …"라고 규정하였어도 되었을 것이다.

688) cf. 종래에는 신용카드 등에 의한 인지대 납부제도가 없었고 현금납부 제도만 있었으나, 2011. 3. 7. 법률 제10430호로 「민사소송 등 인지법」이 개정되고, 같은 해 7. 28. 대법원규칙 제2343호로 「민사소송 등 인지규칙」이 개정되면서, 이제는 신용카드 등에 의한 인지대 납부도 가능하게 되었다.

689) 헌재 2011. 8. 30. 선고 2010헌바427 결정.

690) 헌재 2015. 6. 25. 선고 2014헌바61 결정.

691) 헌재 1994. 2. 24. 선고 93헌바10 결정. 동지: 헌재 2006. 5. 25. 선고 2004헌바22 결정; 헌재 2006. 7. 27. 선고 2006헌마466 결정; 헌재 2007. 7. 26. 선고 2006헌마1447, 2007헌마534(병합) 결정; 대법원 2011. 1. 27.자 2010마1491 결정; 헌재 2012. 7. 26. 선고 2009헌바297 결정.

692) 헌재 1994. 2. 24. 선고 93헌바10 결정. 동지: 헌재 2006. 5. 25. 선고 2004헌바22 결정; 헌재 2006. 7. 27. 선고 2006헌마466 결정; 헌재 2007. 7. 26. 선고 2006헌마1447, 2007헌마534(병합) 결정; 헌재 2015.

즉, 납세자 일반의 조세부담에 의하여 불필요하고 성공가능성이 없는 소송을 제기하는 것을 막을 수 있고, 나아가 남소에 따른 법원의 과중한 업무부담으로 인하여 법원에 의한 권리구제의 양질성과 효율성이 저하되는 것도 방지할 수 있을 뿐만 아니라 법적 안정성도 보증함으로써 넓은 의미에서는 국민의 권리보호와 법적 생활의 안정에 기여하는 것이다.[693)]

또한, 인지대를 어떠한 형태로 어느 정도로 정할 것인가는 그 나라의 재판제도의 구조와 완비 정도, 인지제도의 연혁, 재판제도를 이용하는 국민의 법의식, 국가의 경제여건, 외국의 입법례 등 여러 가지 요소를 종합하여 고려하여,[694)] 국민의 권리보호와 소송제도의 적정하고 합리적인 운영이 가능하도록 입법자가 법률로 정할 성질의 것이므로,[695)] 그 규정방식이 지극히 불합리하거나 인지액이 소송물가액 등에 비추어 지극히 다액이어서 국민의 재판청구권을 침해할 정도에 이르지 아니하는 한, 입법자의 광범위한 재량영역에 속하는 것이다.[696)]

다만, 국가가 국민의 권리구제를 위한 민사소송제도를 운영하면서 소송제도를 이용하는 당사자에게 개개의 소송수행에 필요한 경비를 부담시키고, 그 비용을 지출할 자력이 부족한 자에 대하여도 소송 제기를 위하여 지나치게 많은 인지를 첩부하도록 하고 인지를 첩부하지 아니하는 경우 소장을 각하하도록 한다면, 자력이 부족한 자에 대하여는 제소의 기회를 형식상 보장할 뿐 실질적으로는 소송에 의한 권리구제의 기회를 이용하기 심히 어렵게 만들어 결국 재판청구권을 침해할 가능성이 있다.[697)]

인지액은 이른바 역진제(逆進制)에 의하는 경우와 정액제(定額制)에 의하는 경우가 있다.

역진제라 함은, 소가가 커짐에 따라 인지액의 산정비율이 낮아지는 것을 말하는바(민사소송 등 인지법 제2조 제1항 참조),[698)] 소가가 커지면 일반적으로 소송도 장기간에 걸쳐 신중하게 진행되는 등 소송수행에 따르는 법원의 비용도 증가하게 되고 소를 통하여 잠재적으로 확보하게 될 사익도 그만큼 비례하여 커지는 것이므로, 소가가 증가할수록 인지액이 커지는 것에는 그 타당성이 있으며, 소가가 증가할수록 첩부하여야 하는 인지의 비율이 줄어들도록 규정한

---

6. 25. 선고 2014헌바61 결정.

693) 헌재 2011. 8. 30. 선고 2010헌바427 결정. 동지: 헌재 2015. 6. 25. 선고 2014헌바61 결정.

694) 헌재 2011. 8. 30. 선고 2010헌바427 결정. 헌재 2015. 6. 25. 선고 2014헌바61 결정.
한편, 헌재 1996. 8. 29. 선고 93헌바57 결정은 그러한 고려요소 중 하나로 '외국의 입법례'도 예시하였으나, 이는 의문이다.

695) 헌재 2011. 8. 30. 선고 2010헌바427 결정. 동지: 헌재 2015. 6. 25. 선고 2014헌바61 결정; 헌재 2017. 8. 31. 선고 2016헌바447 결정.

696) 헌재 1996. 8. 29. 선고 93헌바57 결정.

697) 헌재 2015. 6. 25. 선고 2014헌바61 결정.

698) 대법원 2000. 11. 30.자 2000마5563 전원합의체 결정; 대법원 2001. 8. 13.자 2000마7028 결정 참조.

것은 소가가 고액인 경우 소송당사자가 지나치게 많은 인지액을 부담하는 것을 방지하기 위하여서이다.[699]

2) 인지첩부의무에 관한 특례

가) 국가소송 : 인지첩부의무의 면제

국가는 국가를 '당사자로' 하는 소송 절차에서 「민사소송 등 인지법」 규정의 인지를 붙이지 아니한다(인지첩부법 제2조).[700][701]

주의할 것은, 국가가 보조참가인인 경우에는 인지첩부의무가 면제되지 아니한다.[702] 보조참가인은 당사자가 아님이 개념필연적이기 때문으로 풀이된다.

나) (최광의의) 선거소송 : 10배액의 특례

국민투표무효소송을 제외한 (최광의의) 선거소송에서는,「민사소송 등 인지법」의 규정에 불구하고 소송서류에 첨부하여야 할 인지는 「민사소송 등 인지법」에 규정된 금액의 10배로 한다(공직선거법 제229조, 주민소환에 관한 법률 제24조 제3항, 제주특별자치도 설치 및 국제자유도시 조성을 위한 특별법 제29조, 주민투표법 제25조 제3항).

따라서, 예컨대, 대통령선거소송의 경우, 4,600,000원{=(5,000만원×45/10000+5천원)×2×10}의 인지를 첩부하여야 한다.[703]

다만, 국민투표무효소송은 인지대에 관하여 일반원칙에 의한다(국민투표법 제95조에서 공직선거법 제229조의 부준용).

다) 전자적 신청 : 10% 할인 특례

전자소송의 활성화를 위하여, 전자소송에서는 인지액의 10% 할인 특례가 있는바(민사소송

---

699) 헌재 2011. 8. 30. 선고 2010헌바427 결정. 동지 : 헌재 2015. 6. 25. 선고 2014헌바61 결정 ; 헌재 2017. 8. 31. 선고 2016헌바447 결정.
cf. 구 민사소송등인지법(1997. 12. 13. 법률 제5428호로 개정되기 전의 것) 제2조 제1항은 역진제가 아니라 비례제에 의하고 있었으나, 현행법은 비례제의 경우 인지액 부담이 지나치게 무겁게 된다는 반성적 고려에서 역진제를 채택하고 있다.

700) 이는 행정소송 절차에서도 같다(인지첩부법 제2조).

701) 헌재 1994. 2. 24. 선고 91헌가3 결정은, 이 규정이 평등원칙에 위배되는 것이 아니라고 보았다. 동지 : 헌재 2017. 6. 29. 선고 2017헌가14 결정.
cf. 외국에도 국가의 인지첩부의무를 일부 면제하는 입법례들은 있으나, 우리 법은 이와 같이 더욱 급진적인 입법태도를 취하고 있다.

702) 대법원 1969. 10. 18.자 69마683 결정(사안은 보조참가) ; 대법원 2008. 7. 11.자 2008마600 결정(사안은 보조참가) 참조.

703) 인지실무, 30~31면.

등 인지법 제16조), 상세한 것은 '서류의 전자적 제출' 부분에서 살펴보기로 한다.

3) 인지의 납부 및 첩부의 방법

가) 원 칙

(1) 인지대의 납부방법

(가) 현금납부를 하여야 하는 경우: 인지액(합산액 기준)이 1만원 이상인 때(시·군법원 제외), 시·군법원의 화해·독촉·민사조정 사건에서 보정할 인지액(합산액 기준)이 10만 원을 초과하는 때

첫째, 소장등에 첩부하거나 보정하여야 할 인지액(이미 납부한 인지액이 있는 경우에는 그 합산액)이 1만원 이상인 때에는 그 인지의 첩부 또는 보정에 갈음하여 인지액 상당의 금액 전액을 현금으로 납부하여야 한다(민사소송 등 인지규칙 제27조 제1항).

다만, 시·군법원 사건의 경우에는 후술하는 바와 같은 예외가 있다.

둘째, 그러나, 시·군법원에 소를 제기하는 경우에 소장에 붙여야 할 인지액이 10만원을 초과하는 화해, 지급명령 또는 조정신청 사건에 대하여 소송절차로 이행됨에 따라 인지를 보정하는 경우에는 현금으로 납부하여야 한다(민사소송 등 인지규칙 제27조 제4항 단서).[704)]

주의할 것은, 현금납부를 할 수 있는 범위는 신용카드등에 의하여 납부할 수 있는 범위와 동일하다(민사소송 등 인지규칙 제28조의2 제1항). 따라서, 이하에서 '현금납부'라고만 하더라도 특별한 사정이 없는 한 이는 신용카드등에 의한 납부도 포함하는 의미로 이해하기 바란다..

(나) 실물인지첩부 또는 현금납부를 할 수 있는 경우: 시·군법원 사건, 인지액이 1만원 미만인 때(원칙)

첫째, 시·군법원에 제출하는 소장등에는, 인지를 첩부하거나 인지액 상당의 금액을 현금으로 납부할 수 있다(민사소송 등 인지규칙 제27조 제4항 본문).[705)]

둘째, 소장등에 첩부할 인지액이 1만원 미만인 경우에도, 신청인등은 인지의 첩부에 갈음하여 인지액 상당의 금액을 현금으로 납부할 수 있다(민사소송 등 인지규칙 제27조 제2항). 물론, 이 경우에 인지를 첩부하여도 된다(같은 항의 물론해석).

다만, 이에는 다시 바로 후술하는 바와 같은 예외가 있다.

---

704) 민사소송 등 인지규칙 제27조 제4항 단서는 "… 현금 또는 신용카드 등으로 …"라고 규정하고 있으나, 신용카드 운운하는 표현은 사족이라 할 것이다(민사소송 등 인지규칙 제27조 제2항, 제28조의2 제1항 참조).

705) 민사소송 등 인지규칙 제27조 제4항 본문이 "… 현금 또는 신용카드 등으로 …"라고 규정하고 있는 것 역시, 신용카드 운운하는 표현은 사족이라고 하겠다.
cf. 구 민사소송 등 인지규칙(2012. 11. 30. 대법원규칙 제2431호로 개정되기 전의 것) 제27조 제3항 본문은, 시·군법원에 제출하는 소장등도 현금납부를 할 수 없다고 규정하고 있었다.

(다) 실물인지첩부를 하여야 하는 경우: 열람·복사 등의 신청서

재판기록의 열람·복사나 소송에 관한 증명서의 교부의 신청서(민사소송 등 인지법 제10조, 민사소송 등 인지규칙 제2조의2), 재판서 등의 등본·초본의 발급신청서(같은 법 제12조)의 경우에는 현금납부를 할 수 없다(민사소송 등 인지규칙 제27조 제3항).[706]

(2) 현금납부의 절차[707]

현금납부를 할 때에는, 송달료수납은행이나 인지납부대행기관에 직접 납부하고서 「영수증」, 「영수필확인서」를 교부받거나(민사소송 등 인지규칙 제29조 제1항 본문),[708] 인터넷을 이용하여 납부하고서 위 서류들을 출력한다(같은 항 단서).

특기할 것은, 납부서에 환급계좌를 기재한 경우에는 과오납금이나 일부 환급금이 있더라도 별도의 반환청구 없이 해당 금액을 반환받을 수 있게 된다는 것이다(민사소송 등 인지규칙 제32조 제1항 단서, 제33조 제1항 단서). 상세한 것은 후술한다.

송달료수납은행에 관하여서는 송달료에 관한 부분에서 후술하겠으며, 인지납부대행기관으로는 현재 사단법인 금융결제원이 지정되어 있다.[709]

그런데, 바로 후술하듯이, 현금납부에서는 인지 대신 「영수필확인서」를 첨부·제출한다.

(3) 인지의 첩부방법: 직접 첩부 또는 영수필확인서 첨부

인지는 이를 소장등에 직접 첩부하거나(현금납부가 아닌 경우), 「영수필확인서」를 소장등에 첨부하여 법원에 제출하여야 한다(현금납부의 경우)(민사소송 등 인지규칙 제29조 제2항).

다만, 소장등에 은행납부번호를 기재하거나 현금자동입출금기를 통해 납부하고 그 이용명세표를 첨부한 경우 위 납부번호기재나 이용명세표도 영수필확인서로 본다(같은 규칙 제2조 제2항 본문).

---

706) cf. 구 민사소송 등 인지규칙 제27조 제3항(2014. 7. 1. 대법원규칙 제2541호로 개정되기 전의 것)은, 정액제에 의하는 신청서(가사소송의 소장 및 심판청구서는 제외)는 현금납부를 할 수 없다는 취지로 규정하고 있었으나, 현행법은 위와 같이 실물인지를 첩부하여야만 하는 경우의 범위를 대폭 축소하였다.

707) cf. 1992.「민사소송등인지규칙」이 시행되기 전에는, 법원의 수출입출납공무원에게 납부하여야 하였다(구 민사소송인지의현금납부에관한규칙(1991. 11. 23. 대법원규칙 제1179호로 폐지되기 전의 것) 제3조).

708) 실제로는 '소송등 인지의 현금납부서'(은행보관용), '소송등 인지의 현금영수증'(고객용), '소송등 인지의 현금영수필확인서'(법원제출용)가 한 조(set)의 먹지 용지로 되어 있어, 납부자가 「납부서」에 해당내용을 기입하기만 하면 「영수증」, 「영수필확인서」에도 동시에 기입이 이루어지게 되어 있다.

709) 소송등 인지에 관한 예규(재일 2004-1)(이하 '인지예규'로 약칭한다) 제3조 제1항 제1호. 인지대를 납부하는 사이트는, http://www.cardrotax.or.kr이다.

나) 특칙 : 전자소송에서의 인지대의 전자적 납부

이에 관하여 상세한 것은 '서류의 전자적 제출' 부분에서 살펴보기로 한다.

4) 특례과오납금 반환청구 등의 대표청구인의 지정·신고[710)]

소송등 인지를 공동으로 납부한 여럿의 신청인등은 그 가운데에서 모두를 위하여 과오납금 반환청구(민사소송 등 인지규칙 제32조) 또는 환급청구(같은 규칙 제33조)를 할 한 사람('대표청구인')을 지정하여 신고할 수 있다(민사소송 등 인지규칙 제34조 제2항).

이러한 대표청구인의 신고는 서면으로 하여야 하나,[711)] 소장에 첨부된 영수필확인서의 납부인 란에 소송등 인지를 공동으로 납부한 여럿의 신청인등 가운데 한 사람의 인적사항이 기재되어 있고 환급계좌 란에 그 사람의 계좌번호가 기재되어 있는 때에는, 신청인등이 그 사람을 대표청구인으로 지정하여 신고한 것으로 본다(같은 규칙 제32조 제1항 단서, 제33조 제1항 단서 참조).[712)]

주의할 것은, 이러한 대표청구인은 해당 신청인등 중 일부에게만 소송등 인지의 과오납금 반환사유 또는 환급사유가 있는 경우에도 과오납금 반환청구 또는 환급청구를 할 수 있다(같은 조 제4항).

이에 따라, 법원은 필요하다고 인정하면 소송등 인지를 공동으로 납부한 여럿의 신청인등에 대하여 소장등을 제출할 때 대표청구인을 지정하여 신고할 것을 권고할 수 있다(같은 조 제3항, 제4항).

다만, 신청인등은 해당 소송이 종료되기 전까지 이러한 대표청구인의 신고를 철회 또는 변경할 수 있으며,[713)] 이 철회 또는 변경 역시 서면으로 하여야 한다.[714)]

5) 인지를 붙이지 아니한 신청의 효력 및 인지의 보정

가) 인지를 붙이지 아니한 신청의 효력

「민사소송 등 인지법」에 따른 인지를 붙이지 아니하거나 인지액에 해당하는 금액을 현금이나 신용카드·직불카드 등으로 납부하지 아니하고 한 신청은 부적법하다(민사소송 등 인지법 제13조 본문).

---

710) 이 제도는 2015. 12. 1.부터 시행되고 있다.

711) 인지예규 제12조 제4항.

712) 인지예규 제12조 제5항.

713) 인지예규 제12조 제3항.

714) 인지예규 제12조 제4항.

나) 인지의 보정명령

다만, 위 경우에 법원은 신청인에게 보정을 명할 수 있으므로(민사소송 등 인지법 제13조 단서 전단), 비단 소장의 경우(법 제254조 제1항)뿐만 아니라, 일반적으로, 재판장은 소장등에 첨부된 인지액 또는 그에 갈음한 납부액이 상당하지 아니하다고 인정한 때에는 지체 없이 신청인등에게 인지 또는 납부액의 보정을 명하여야 하나(민사소송 등 인지규칙 제4조 전문), 이 경우 재판장은 법원사무관등으로 하여금 위 보정명령을 하게 할 수 있다(같은 조 후문).

그런데, 이 경우에 재판장이나 법원사무관등은 첨부할 인지액을 명시하여 보정을 명하여야 하고, 보정할 흠결사항으로 인지액을 전혀 표시함이 없이 막연히 "항소장의 인지첩부액" 식으로 기재한 명령은 적법한 보정명령이라고 볼 수 없다.[715)]

그러나, 실제로 보정해야 할 금액보다 적은 금액의 인지의 보정을 명하였더라도 해당 보정명령이 위법한 것이 되는 것은 아니다.[716)]

다) 인지의 보정

신청인이 법원(재판장이나 법원사무관등)**의 보정명령에 따라 인지를 붙이거나 인지액에 해당하는 금액을 현금이나 신용카드·직불카드 등으로 납부한 경우에는 신청이 적법한 것이 된다**(민사소송 등 인지법 제13조 단서 후단).

그러나, 현금납부의 경우에, 인지 납부에 따라 발부받은 영수필확인서 등을 소송서류에 첨부하여 제출하는 등의 절차는 소송기록상 그 납부 사실을 확인케 하기 위한 절차에 불과하며, 인지 등 보정의 효과는 송달료수납은행 등에 현금을 납부한 때에 발생되는 것이다.[717)]

라. 비용의 납부

1) 개 관

비용의 납부에는 예납과 추납이 있으나(규칙 제20조 참조), 송달료 외의 비용에서는 예납이 주로 문제된다.

비용의 예납명령에 대하여는, 불예납을 이유로 하여 해당 당사자에게 불이익한 재판이 이루어질 경우 그에 대한 불복절차에서 그 당부를 다툴 수 있을 뿐, 독립하여 불복할 수 없

715) 대법원 1991. 11. 20.자 91마616 결정.

716) 대법원 1978. 7. 29. 선고 78마134 판결.

717) 대법원 2000. 5. 22.자 2000마2434 결정. 동지 : 대법원 1984. 6. 23.자 84마카36 결정 ; 대법원 1997. 9. 22.자 97마1731 결정 ; 대법원 2003. 12. 2. 선고 2003마1161 판결 ; 대법원 2007. 3. 30.자 2007마80 결정 ; 대법원 2008. 8. 28.자 2008마1073 결정.

다.[718)]

소송비용 불예납의 효과에 관하여서는 법원의 소송행위와 관련하여 기술하였다.

2) 비용의 납부방법

가) 원 칙

법원보관금을 납부하고자 하는 자는 「법원보관금납부서」(법원보관금취급규칙 별지 제1호서식 내지 제1-5호서식)를 작성하여[719)] 현금(금융기관 발행의 자기앞수표 포함)으로 법원보관금의 취급점에 납부하여야 한다(법원보관금취급규칙 제9조 제2항).

즉, 인지대와 달리 신용카드등에 의한 납부는 할 수 없다.

나) 특 칙

(1) 비용의 선납[720)]

사건을 법원에 접수하기 전에 미리 법원보관금을 납부한 당사자는 취급점으로부터 교부받은 「법원보관금 영수필통지서」(법원보관금취급규칙 별지 제3호서식)를 접수서류에 첨부하여 법원에 제출하여야 한다(법원보관금취급규칙 제9조 제4항).

(2) 특칙 : 전자소송에서의 비용예납

이에 관한 내용은 인지액의 그것과 같으므로, 상세한 것은 별항으로 살펴보기로 한다.

마. 송 달 료

1) 송달료의 예납기준

가) 송달료 예납기준의 원칙

송달료의 예납은 대법원예규에서 정한 기준에 따라 하여야 한다(송달료규칙 제3조 제1항 본문).

이에 따라 대법원예규인 「송달료규칙의 시행에 따른 업무처리요령(재일 87-4)」(이하 '송달료

---

718) 대법원 2001. 8. 22.자 2000으2 결정(사안은, 가사소송규칙 제4조 제1항이 법 제116조 제1항을 준용함에 따라, 상속재산관리인의 선임 청구인에게 상속재산관리인의 보수의 예납을 명한 경우).

719) 납부자가 법원보관금을 납부할 때에는 납부서에 보관금의 종류를 구분하여 기재하여야 한다. 보관금예규 제5조 제1항.
비용의 지급 등에 관한 부분에서 기술하였듯이, 통상의 민사소송에서 납부하는 보관금은 "민사예납금"이다.

720) 통상의 민사소송에서 비용을 선납하는 경우는 상정하기 어려우나, 제도 자체가 마련되어 있으므로, 편의상 소개한다.

예규'로 약칭한다)이 사건의 종류별로 '당사자 1인당 송달료납부기준'을 규정하고 있다.[721]

이에 의하면, 예컨대, 민사제1심단독사건이나 민사제1심합의사건은 원고, 피고 등 1인당 15회분의 송달료를, 민사소액사건은 10회분의 송달료를 예납하여야 한다.

여기서 주의할 것은 여기서 '당사자 1인'의 의미이다. 이는 실제 당사자의 수를 말하는 것이 아니라 수송달자(受送達者)(이에 관하여서는 '송달받을 사람' 부분에서 상론할 것이다)의 수를 말한다. 가령, 5인의 원고가 공동으로 변호사를 소송대리인으로 선임하여 1인의 피고를 상대로 소액사건에 해당하는 소를 제기할 경우에는, 예납할 송달료는 288,000원{= (5인 + 1인) × 10회 × 4,800원/회}이 아니라 96,000원{= (1인 + 1인) × 10회 × 4,800원/회}이다.[722]

이와 관련하여 또한 주의할 것은, (상대방이 없는) 편면적 절차라 하더라도, 반드시 신청인만 수송달자가 되는 것은 아니라는 점이다.

예컨대, 판결경정 신청은 상대방이 없지만, 이를 인용한 결정은 본안사건의 상대방에게도 고지하게 되므로, 이에 상응한 송달료도 예납하여야 하는 것이다.

나) 송달료 예납기준의 특칙 : 전자소송 동의자가 예납하는 경우

전자소송 동의자가 송달료 납부의무자(송달료규칙 제2조)인 경우, 사건별 당사자 1인당 송달료(「송달료규칙의 시행에 따른 업무처리요령(재일 87-4)」)가 6회분을 초과하는 때에는 자신에 대한 송달료에 해당하는 금액을 납부하지 아니한다.[723]

다만, 상대방이 없는 사건의 경우에는 그러하지 아니하다.[724]

따라서, 예컨대 다음과 같은 결과가 된다.

첫째, 전자소송 동의를 한 원고 1인이 피고 2인을 상대로 민사합의사건에 해당하는 소를 제기할 때에는 송달료를 - 종이소송처럼 216,000원{= (1인 + 2인) × 15회 × 4,800원/회}을 예납하는 것이 아니라 - 144,000원{= 2인 × 15회 × 4,800원/회}만 예납하면 된다.

---

721) cf. 1회당 송달료는 2011. 10. 1. 3,060원이었다가, 2012. 10. 1. 3,190원으로, 2013. 8. 1. 3,250원으로, 2014. 2. 1. 3,550원으로, 2016. 2. 26. 3,700원으로, 2017. 11. 1. 4,500원, 2018. 8. 1. 4,700원, 2019. 5. 1. 4,800원, 2020. 7. 1. 5,100원으로 인상되었다.

722) 동지 : 서울중앙지법 2011. 11. 14.자 2010라936 결정('로앤비'에서 검색가능).
위 판례의 사안은 이러하다. 100명의 원고들이 공동으로 변호사를 소송대리인으로 선임하여 피고 2명을 상대로 소를 제기하면서 3인(=원고 소송대리인 1인+피고 2인)분의 송달료를 예납한 데 대하여, 원심재판장은 99인(=원고 100인+피고 2인-3인)분의 송달료를 추납하라는 보정명령을 하였고, 이에 원고 소송대리인이 불응하자 원심재판장은 소장각하명령을 하였으나, 항고법원은 이러한 원심재판장의 조처가 부당하다고 본 것이다.

723) 민전예규 제89조 제1항 본문.

724) 민전예규 제89조 제1항 단서.

둘째, 전자소송 동의를 한 청구인이 성년후견개시 심판청구를 할 때에는 송달료를 - 종이소송과 마찬가지로 - 48,000원{= 1인 × 10회 × 4,800원/회}을 예납하여야 한다.

이 특칙의 취지는, 그에게는 어차피 전자적 송달을 하게 되므로 송달료도 소요되지 아니한다는 것일 터이다. 그러나, 굳이 이러한 특칙을 둘 실익이 있는지는 의문이다. 어차피 송달료를 사용하고 남은 잔액을 환급하는 것은 종이소송이나 전자소송이나 매한가지이므로, 위와 같은 특칙은 전자소송에의 유인이 되기보다는 절차만 복잡하게 하는 셈이 되기 때문이다. 후술하는 출력서면 출력비용 문제를 염두에 둔다면 더욱 그러하다.

2) 송달료의 예납의무자

송달료는 원고·상소인등 해당심급절차의 개시를 구하는 당사자(즉, 기본적 신청의 신청인)(적극적 당사자)가[725] 이를 예납하여야 한다(규칙 제19조 제1항 제1호, 송달료규칙 제2조).

다만, 적극적 당사자가 송달료를 예납하지 아니하는 경우에는 그 대립당사자도 이를 예납할 수 있다.[726] 그리고, 이 경우에는 사건이 계속중인 법원의 해당 수납은행에 그 송달료를 납부하여야 한다.[727]

3) 송달료의 납부방법 등

가) 원 칙

(1) 송달료의 납부방법

(가) 은행창구에서의 현금납부

납부인이 송달료를 납부하고자 할 때에는 대법원장이 지정하는 송달료수납은행에 현금을 납부하고, 수납은행으로부터 「송달료납부서」, 「송달료 영수증」 각 1통을 교부받아야 한다(송달료규칙 제3조 제1항 본문).[728][729]

---

725) 송달료예규 제4조 제1항.

726) 송달료예규 제4조 제2항.

727) 송달료예규 제9조 제3항.

728) 실제로는 '송달료(예납·추납)납부서'(법원제출용), '송달료(예납·추납)영수증', '송달료(예납·추납)납부서'(은행보관용)가 한 조(set)의 먹지 용지로 되어 있어, 납부자가 법원제출용「송달료납부서」에 해당내용을 기입하기만 하면 「송달료영수증」에도 동시에 기입이 이루어지게 되어 있다.

729) 한편, 송달료를 우표로써 납부할 수 있는 특례를 대법원예규로써 정할 수 있으나(송달료규칙 제14조), 현행 대법원예규(「시·군법원등의 사건에 대한 송달료처리지침(재민 98-7)」)는 우표 납부의 특례를 인정하지 아니하고 있다(울릉등기소 사건에 한하여 예외적으로 인정).

(나) 인터넷뱅킹을 이용한 납부

다만, 인터넷뱅킹을 이용하여 현금으로 납부하는 때에는 수납은행은 송달료납부서, 송달료 영수증의 해당사항을 기재한 정보를 인터넷으로 제공하여 납부인이 출력할 수 있도록 하여야 한다(송달료규칙 제3조 제1항 단서 전단).

(다) 현금자동입출금기를 이용한 납부

또한, 현금자동입출금기를 이용하여 송달료를 납부하는 때에는 그 이용명세표로 송달료납부서에 갈음할 수 있다(송달료규칙 제3조 제1항 단서 후단).

(라) 신용카드등에 의한 납부

그러나, 납부인이 송달료를 현금으로 납부하는 경우 이를 수납은행 또는 송달료납부대행기관의 인터넷 홈페이지 등에서 송달료납부대행기관을 통하여 신용카드·직불카드 등(이하 "신용카드등"이라 한다)으로도 납부할 수 있으며(송달료규칙 제3조의2 제1항 전문), 이 경우에는 송달료납부대행기관의 승인일을 납부일로 본다(같은 조 제3항).

"송달료납부대행기관"이란 정보통신망을 이용하여 신용카드등에 의한 결제를 수행하는 기관으로서 송달료납부대행기관으로 지정받은 자를 말하는바(같은 조 제2항), 송달료납부대행기관은 납부인으로부터 송달료납부 대행용역의 대가로 납부대행수수료를 받을 수 있으며(같은 조 제4항 전문), 납부대행수수료는 법원행정처장이 송달료납부대행기관의 운영경비 등을 종합적으로 고려하여 승인한다(같은 항 후문).

신용카드등으로 납부하는 경우에는 「송달료 신용카드등 납부서」, 「송달료 신용카드등 납부 영수증」 각 1통을 출력물로 제공받을 수 있다(같은 조 제1항 후문).

(2) 송달료납부서의 제출

납부인은 송달료납부서 1통을 소장등 서면에 첨부하여 관할법원에 제출하여야 한다(송달료규칙 제3조 제2항).

나) 특칙 : 전자소송에서의 송달료의 전자적 납부

이에 관한 내용도 인지액의 그것과 같으므로, 상세한 것은 역시 '서류의 전자적 제출' 부분에서 살펴보기로 한다.

4) 송달료의 공동사용

소극적 당사자가 송달료를 예납한 경우 또는 공동소송, 쌍방상소 등의 경우와 같이 사건번호가 1개 부여되는 사건에 관하여 송달료를 납부하는 당사자가 2인 이상이 되는 경우에는 그 송달료를 납부인별로 구별하지 아니하고 이를 모두 공동하여 사용한다.[730)]

그러나, 사건의 계속중 반소, 당사자참가, 부대상소, 추후보완상소 등으로 인하여 사건번호가 추가 부여되는 경우에도 같다.[731)]

5) 송달료의 추가납부

예납한 송달료가 부족하게 된 때에는 송달료의 추납(追納)이 필요한다. 따라서, 그 경우에는 법원사무관등이 납부인에게 송달료의 추가납부통지를 함이 실무이다.

납부인이 송달료를 추가로 납부하고자 할 때에는 수납은행에 비치되어 있는 송달료납부서에 법원의 사건번호를 기재한 후 수납은행에 현금을 납부하여야 한다(송달료규칙 제6조 제1항).[732)] 그리고, 이 경우에는 사건이 계속중인 법원의 해당 수납은행(송달료 추가납부통지서에 기재된 법원)에 그 송달료를 납부하여야 한다.[733)]

6) 전자소송에서의 송달료 사용에 관한 특수문제 : 출력서면의 출력비용

'송달' 부분에서 후술하듯이, 전자기록사건이라 하더라도 전자소송 동의를 하지 아니한 수송달자 등에게는 출력서면을 송달하게 된다.

그런데, 이러한 서면 출력의 비용에 관하여서는 현행법상 아무런 규정이 없고, 실무상으로 출력비용을 국고가 부담하는 것으로 보인다.

그러나, 이론적으로, 출력서면의 출력에 소요되는 비용 역시 성질상 송달료의 일종으로 보아야 하므로, 위와 같은 태도는 입법론적으로 재고를 요한다. 즉, 출력서면 송달시에 장당 몇 원씩 송달료에서 지출하는 것으로 한다는 규정을 의당 두어야 할 것이다.

바. 인지대 납부와 송달료 납부의 차이

인지와 송달료는 납부절차, 관리주체, 납부금액의 처리방법 등에 차이가 있는 점 등을 고려하면, 신청인이 인지의 보정명령에 따라 인지액 상당의 현금을 수납은행에 납부하면서 잘못하여 인지로 납부하지 아니하고 송달료납부서에 의하여 송달료로 납부한 경우에는 인지가 납부되었다고 할 수 없다. 따라서, 인지의 보정명령에 불구하고 송달료로서 납부한 경우에는

---

730) 송달료예규 제5조 제1항.

731) 송달료예규 제5조 제2항.

732) cf. 송달료의 추납시에는 사건번호의 기재를 하여야 한다는 점에서 예납의 경우와 차이가 있다.

733) 송달료예규 제9조 제3항.

인지 보정의 효과가 발생되지 아니한다.[734]

그러나 이 경우에 법원에 석명의무가 있는바, 이에 관하여서는 '변론의 실시방법' 부분에서 후술한다.

사. 과오납금의 반환[735]

1) 개 관

비용예납금이나 송달료는, 사건 종결후 잔액이 있으면 환급하므로[736] 그 성질상 과오납금의 반환이 원칙적으로 문제되지 아니한다. 그러나, 이와 달리, 인지의 경우에는 과오납금의 반환 문제가 생길 수 있다.

그런데, 이러한 과오납금은, 계산의 착오 때문에 발생할 수도 있지만, 현금 또는 신용카드 등에 의한 납부는 하였으나 소장등의 제출 자체를 하지 아니하게 됨으로 인하여 발생할 수도 있다.

이러한 과오납인지액반환청구권은 소장등 접수일부터 5년 이내에 행사하지 아니하면 시효로 인하여 소멸하는 것으로 해석된다(국가재정법 제96조 제2항).

다만, 송달료나 법원보관금에 관하여서도 예외적으로 과오납금의 반환이 문제되는 경우가 있는데, 이에 관하여서는 후술한다.

2) 소장등 미제출의 경우

가) 인지대의 반환청구

첫째, 신청인등은 인지액 상당을 현금으로 납부한 후 소장등을 법원에 제출하기 전에 과오납한 것을 발견한 경우에는 그 수납은행의 해당 영업일의 수납마감시간이전(수납한 현금을 국고대리점계정에 입금하기 이전)에 한하여, 수납은행으로부터 교부받거나 인터넷으로 출력한 서류의 원본을 첨부하여 수납은행에 과오납금의 반환을 청구할 수 있다.[737]

이 경우 수납은행은 신청인등으로부터 위 서류의 원본을 회수하고 과오납금을 반환하여야 한다.[738]

---

734) 대법원 2014. 4. 30.자 2014마76 결정. 동지: 대법원 2021. 3. 11.자 2020마7755 결정.

735) 이에 관한 실무적·기술적인 사항에 관하여서는, '인지예규' 참조.

736) 비용예납금의 환급에 관하여서는 이 장에서 후술할 것이나, 송달료의 환급에 관하여서는 '판결과 그 밖의 소송종료사유 등', '항소', '상고, 재항고 및 특별항고' 부분에서 각각 후술할 것이다.

737) 인지예규 제10조 제2항 전문.

738) 인지예규 제10조 제2항 후문.

둘째, 신청인등은 인지액 상당의 금액을 수납은행에서 인지납부대행기관을 통하여 신용카드등으로 납부한 후 소장등을 법원에 제출하기 전에 과오납한 것을 발견한 경우에는 그 수납은행의 해당 영업일의 수납마감시간이전에 한하여, 수납은행으로부터 교부받은 서류의 원본을 첨부하여 수납은행을 통하여 인지납부대행기관에 결제취소를 청구할 수 있다.[739)]

이 경우 수납은행은 신청인등으로부터 위 서류의 원본을 회수하여야 한다.[740)]

셋째, 그러나, 다음 각호의 어느 하나에 해당하는 경우에는 후술하는 바와 같이 관할법원의 수입징수관에 대하여서만 과오납금의 반환을 청구할 수 있다.[741)]

(가) 수납은행이 인지액 상당의 현금수납액을 이미 관할법원의 수입징수관계정에 입금처리한 때

(나) 소장등에 인지를 첩부한 때

(다) 신용카드등으로 인지액 상당의 금액을 납부한 때(상술한 바와 같이 결제가 취소된 경우는 제외)

나) 송달료의 반환청구

송달료를 납부하였으나 소장 또는 상소장등을 접수하지 아니한 납부인이 송달료납부서를 반환하고 송달료의 환급을 요구할 때에는 송달료를 수납한 해당 수납은행 또는 관리은행 전국점포는 사건이 등록되지 아니한 경우에[742)] 주민등록증 기타 신분을 확인할 수 있는 증명서(예 : 공무원증, 운전면허증등)등에 의하여 납부인의 신분이 확인되면 송달료를 환급하여야 한다.[743)]

다) 법원보관금의 환급통지

사건을 법원에 접수하기 전에 법원보관금을 납부하였으나(법원보관금취급규칙 제9조 제4항) 납부일로부터 6개월이 지나도록 사건이 접수되지 아니한 경우에 취급점은 납부자에게 환급통지를 하여야 한다(법원보관금취급규칙 제21조 제4항).

위 통지에 소요되는 우편요금과 계좌입금신청에 따른 계좌입금수수료는 환급수령권자의 부담으로 한다(같은 조 제5항).

---

739) 인지예규 제10조 제3항 전문.

740) 인지예규 제10조 제3항 후문.

741) 인지예규 제10조 제4항 전문.
해당 양식은 같은 항 후문이 규정하고 있다.

742) 사건등록에 관하여서는 '사건배당' 부분에서 기술하였다.

743) 송달료예규 제44조 제3항.

3) 소송등인지의 현금과오납금 반환청구

가) 개 관

신청인등이 소장등에 첩부한 인지가 소인(消印)되거나 인지액 상당의 금액을 현금이나 신용카드등으로 납부한 후 과오납금이 있음을 발견한 때에는 해당 법원의 수입징수관에게 그 반환을 청구할 수 있다(민사소송 등 인지규칙 제32조 제1항 본문).

이 청구는 서면(「소송등인지의 현금과오납금 반환청구서」)으로 하여야 하고, 해당사건의 법원사무관등이 과오납을 확인한 서면(「소송등인지의 과오납 확인서」)을 첨부하여야 한다(같은 조 제2항).

나) 여럿의 신청인등이 소송등 인지를 공동으로 납부한 경우의 특례[744]

여럿의 신청인등이 소송등 인지를 공동으로 납부한 경우에는 그 과오납금 반환 도 공동으로 청구하여야 한다(민사소송 등 인지규칙 제34조 제1항).

주의할 것은, 이는 여럿의 신청인등 중 일부에게만 소송등 인지의 과오납금 반환사유가 있는 경우에도 마찬가지이다(같은 조 제4항).

다만, 대표청구인이 있는 경우에는 그가 청구할 수 있다(같은 조 제2항, 제4항).

소송등 인지를 공동으로 납부한 여럿의 신청인등 가운데 한 사람으로서 대표청구인이 아닌 사람이 모두를 위하여 소송등 인지의 과오납금 반환청구를 하는 때에는 나머지 신청인등으로부터 그에 관한 위임을 받았음을 증명하는 서면을 제출하여야 한다.[745]

4) 과오납금 반환청구의 의제

다만, 신청인등이 소송등 인지의 납부서에 환급계좌를 기재한 경우에는 반환청구가 있는 것으로 보아 해당 사건의 법원사무관등이 수입징수관에게 반환을 의뢰하여야 한다(민사소송 등 인지규칙 제32조 제1항 단서).

5) 보정권고

수입징수관은 접수된 소송등 인지의 과오납금 반환청구서의 보완을 위하여 필요한 사항을 지적하고 보정을 권고할 수 있다.[746]

---

744) 이 제도는 2015. 12. 1.부터 시행되고 있다.
745) 인지예규 제12조 제2항.
746) 인지예규 제11조의3 제1항.

6) 과오납금 반환청구에 대한 결정

가) 기각결정

수입징수관은 과오납금 반환청구가 이유 없을 때에는 청구를 기각하는 결정을 하여야 한다(민사소송 등 인지규칙 제32조 제3항 후단).

나) 과오납금 반환결정

수입징수관은 과오납금 반환청구가 이유 있을 때에는 해당 법원의 수입징수금에서 과오납금을 반환하는 결정을 하여야 한다(민사소송 등 인지규칙 제32조 제3항 전단).

과오납금의 반환결정은 반환을 신청하거나 소송등 인지의 납부서에 환급계좌의 명의인으로 기재된 신청인등에게 서면이나 기타 적당한 방법으로 통지하여야 한다(같은 조 제4항).

4. 협의의 진술 : 주장

가. 개 관

주장(진술)에는 그 내용에 따라 법률상 주장과 사실상 주장이 있다(법 제94조, 제136조 제1항, 제274조 제2항, 규칙 제28조, 제55조, 제127조의2 참조).

나. 법률상 주장

널리 법규의 존부·내용 또는 그 해석·적용에 관한 의견의 진술을 법률상 주장이라 한다.

다. 사실상 주장

1) 개 관

사실상 주장이란 구체적 사실의 존부에 관한 당사자의 지식 내지 인식의 진술을 말한다.

사실상 주장은, 재판상 자백이 성립한 경우가 아니라면, 사실심의 변론종결시까지 이를 임의로 철회·정정할 수 있다. 그리고, 상호 모순되는 전후의 진술이 있을 때에는 종전의 진술은 나중의 진술에 의하여 정정되었다고 볼 수 있다.[747)]

2) 사실의 종류

사실에는 주요사실, 간접사실 등이 있다.

---

747) 대법원 1993. 6. 25. 선고 92다20330 판결. 동지 : 대법원 1960. 12. 12. 선고 4291행상109 판결.

주요사실이라 함은, 법률효과(권리의 발생·변경·소멸)를 발생시키는 실체법상의 구성요건 해당사실,[748] 즉, 그러한 판단에 직접 필요한 사실을 말한다.[749]

간접사실이라 함은, 주요사실의 존부를 확인하는 데 도움이 됨에 그치는 사실,[750] 즉, 주요사실의 존부를 추인케 하는 사실을 말한다.[751] 간접사실의 예로는 주요사실의 경위, 내력 등을 들 수 있다.[752]

주요사실과 그 밖의 사실의 구별실익은, 변론주의 및 재판상 자백은 전자에서 문제된다는 점에 있다. 변론주의에 관한 상세는 '심리의 제원칙' 부분에서, 재판상 자백에 관하여서는 '증거 총설' 부분에서 각각 후술할 것이다.

5. 입증(증명)

가. 개 관

입증(증명)이란 법관으로 하여금 사실상의 주장이 진실이라는 심증을 얻게 하기 위한 행위를 말하며, 달리 표현하면 재판의 기초가 될 증거자료의 제공행위(증거신청)라고 할 수도 있다.

또한, 법관이 그와 같은 심증을 얻은 상태 역시 입증(증명)이라고 한다. 증명의 정도(심증의 정도)에 관한 상세는 '증거 총설' 부분에서 살펴볼 것이다.

나. 증거방법

증거방법이란 증거조사의 대상이 되는 유형물을 말한다. 이는 크게 인증(人證)과 물증(物證)으로 분류된다.

인증의 대표적인 예는 증인이며, 그 밖에 감정인, 당사자신문에서의 당사자도 인증이므로, 감정과 당사자신문에는 증인신문에 관한 여러 규정이 준용되고 있다(법 제333조, 제373조).

물증의 대표적인 예는 서증이며, 그 밖에 검증목적물도 물증이므로, 검증에는 서증에 관한 여러 규정이 준용되고 있다(법 제366조 제1항).

---

748) 대법원 1983. 12. 13. 선고 83다카1489 전원합의체 판결; 대법원 2009. 10. 29. 선고 2008다51359 판결; 대법원 2017. 3. 22. 선고 2016다258124 판결; 대법원 2021. 1. 14. 선고 2020다261776 판결.

749) 대법원 1987. 2. 24. 선고 86다카1625 판결. 동지: 대법원 1994. 11. 4. 선고 94다37868 판결.

750) 대법원 1987. 2. 24. 선고 86다카1625 판결. 동지: 대법원 1994. 11. 4. 선고 94다37868 판결.

751) 대법원 1993. 4. 13. 선고 92다23315,23322(반소) 판결. 동지: 대법원 2002. 6. 28. 선고 2000다62254 판결.

752) 대법원 1982. 12. 14. 선고 81다38 판결; 대법원 1993. 9. 14. 선고 93다28379 판결 참조.

다. 입증책임(증명책임)[753]

1) 개 관

어떠한 요증사실의 존부가 확정되지 않았을 때 그 사실이 존재하지 않는 것으로 취급되어 법률판단을 받게 되는 불이익을 (객관적) 입증책임이라고 한다.[754]

예컨대, 대여금 청구에서 금전 대여 사실이 입증되지 아니하면 원고가 패소판결을 받게 된다. 역으로, 대여금 청구에서 피고가 변제 주장을 하였으나 변제 사실이 입증되지 아니하면 피고가 패소판결을 받게 된다.

주의할 것은, 직권조사사항에 관하여도 그 사실의 존부가 불명한 경우에는 입증책임의 원칙이 적용된다는 점이다.[755] 소송요건의 경우가 그 대표적인 예이다.

결국, (객관적) 입증책임을 지는 자는 승소하기 위하여서는 필요한 입증을 하여야 한다는 것이 된다. 이러한 증거제출책임을 강학상 '입증의 필요'(주관적 입증책임)라 한다.

2) 입증책임의 분배

가) 개 관

입증책임의 분배 문제도 공정한 재판을 받을 권리의 보호범위에 해당한다.[756]

나) 기 준

(1) 명문의 규정이 있는 경우

법이 명문으로 (객관적) 입증책임을 분배하고 있는 경우도 있는바, 그 예는 다음과 같다.

○ 「남녀고용평등과 일·가정 양립 지원에 관한 법률」과 관련한 분쟁해결에서 입증책임은 사업주가 부담한다(남녀고용평등과 일·가정 양립 지원에 관한 법률 제30조).

○ 「장애인차별금지 및 권리구제 등에 관한 법률」과 관련한 분쟁해결에서 차별행위가 있었다는 사실은 차별행위를 당하였다고 주장하는 자가 입증하여야 한다(장애인차별금지 및 권리구제 등에 관한 법률 제47조 제1항).

이에 반하여, 이러한 차별행위가 장애를 이유로 한 차별이 아니라거나 정당한 사유가 있었다는 점은 차별행위를 당하였다고 주장하는 자의 상대방이 입증하여야 한다(같은 조 제2항).

---

753) cf. 판례나 학설에서 "증명책임"이라는 표현이 점점 더 많이 사용되는 경향이기는 하나, 후술하듯이, 현행법령에서는 오히려 "입증책임"이라는 종래의 표현을 사용함이 일반이다.

754) 헌재 2013. 9. 26. 선고 2012헌바23 결정.

755) 대법원 1997. 7. 25. 선고 96다39301 판결.

756) 헌재 2013. 9. 26. 선고 2012헌바23 결정.

○ 개인정보 수집이 최소한의 것이라는 입증책임이나(개인정보 보호법 제16조 제1항 후문), 처리하는 개인정보가 동의 없이 처리할 수 있는 개인정보라는 입증책임은(같은 법 제22조 제3항 후문), 개인정보처리자가 부담한다.

○ 특수판매에서 소정의 거래사실에 관하여 계약 상대방과 다툼이 있는 경우에는 특수판매업자가 이를 증명하여야 한다(방문판매 등에 관한 법률 제36조 제1항).

(2) 명문의 규정이 없는 경우

(가) 개 관

그러나 법이 명문으로 입증책임의 분배에 관한 규정을 두고 있지 아니한 경우가 오히려 일반적이다.

그런데, 이러한 (객관적) 입증책임의 분배에 관하여서는 법률요건분류설이 통설로 되어 있다.

예컨대, 권리장애규정의 요건사실에 관하여는 그 효과를 다투는 당사자에게 입증책임이 돌아간다.[757)]

결국, 입증책임의 문제는 대체로 실체법규의 문제라고 보아도 무방하며, 실체법을 연구할 때에는 이러한 입증책임의 문제에도 유념하여야 한다.

(나) 권리근거규정의 요건사실의 입증책임

예컨대, 민법 제406조 제1항은, 본문에서 "채무자가 채권자를 해함을 알고 재산권을 목적으로 한 법률행위를 한 때에는 채권자는 그 취소 및 원상회복을 법원에 청구할 수 있다."라고 규정하고 있고, 단서에서 "그러나 그 행위로 인하여 이익을 받은 자나 전득한 자가 그 행위 또는 전득당시에 채권자를 해함을 알지 못한 경우에는 그러하지 아니하다."라고 규정하고 있다.

따라서, 사해행위취소소송에서 채무자의 악의의 점에 대하여는 그 취소를 주장하는 채권자에게 입증책임이 있다.[758)]

(다) 권리장애규정의 요건사실의 입증책임

반면에 위의 예에서, 수익자 또는 전득자가 악의라는 점에 관하여는 입증책임이 채권자에게 있는 것이 아니고 수익자 또는 전득자 자신에게 선의라는 사실을 입증할 책임이 있다.[759)]

---

757) 대법원 1985. 5. 14. 선고 84누786 판결(권리장애규정의 입증책임에 관하여).
758) 대법원 1997. 5. 23. 선고 95다51908 판결.

또한, 예컨대, 매도인측에서 매매계약이 불공정한 법률행위로서 무효라고 하려면, 객관적으로 매매가격이 실제가격에 비하여 현저하게 헐값이고 주관적으로 매도인이 궁박, 경솔, 무경험 등의 상태에 있었으며, 매수인측에서 위와 같은 사실을 인식하고 있었다는 점(불공정한 법률행위(민법 제104조)의 요건사실)의 입증책임을 진다.[760]

(라) 권리멸각규정의 요건사실의 입증책임

예컨대, 대여금청구소송에서, 변제 사실은, 이를 주장하는 피고가 입증책임을 진다.

(마) 권리저지규정의 요건사실의 입증책임

예컨대, 어떠한 법률행위가 조건의 성취시 법률행위의 효력이 발생하는 소위 정지조건부 법률행위에 해당한다는 사실은, 그 법률행위로 인한 법률효과의 발생을 저지하는 사유로서, 그 법률효과의 발생을 다투려는 자에게 입증책임이 있다.[761]

(바) 소송요건의 입증책임

한편, 소송요건의 입증책임은 원고에게 있다.[762]

3) 입증책임의 완화

가) 법률상 추정

어떤 사실에서 다른 사실을 추인해 내는 것을 추정(推定)이라 하는바, 추정규정을 적용하여 행하는 추정을 법률상 추정이라 한다.[763]

예컨대, 민법 제30조가 2인 이상이 동일한 위난으로 사망한 경우에는 동시에 사망한 것으로 추정하는 것이 그 예인바,[764] 요증사실이 2인 이상이 '동시에' 사망한 사실인 경우에, 이를 직접 입증하는 대신, 2인 이상이 '동일한 위난으로' 사망한 사실만 입증하여도 되므로, 결과적으로 입증책임이 그만큼 완화되는 것이다.

나) 유사추정(類似推定)

법이 "추정한다"라는 표현을 쓰고 있지만 법률상 추정은 아닌 것을 유사추정이라 한다. 이

759) 대법원 1997. 5. 23. 선고 95다51908 판결.
760) 대법원 1991. 5. 28. 선고 90다19770 판결.
761) 대법원 1993. 9. 28. 선고 93다20832 판결.
762) 대법원 1997. 7. 25. 선고 96다39301 판결.
763) cf. 법률상 추정은 바로 후술하는 바와 같이 번복될 수 있으나, 간주(의제)는 번복될 수 없다.
764) 대법원 1998. 8. 21. 선고 98다8974 판결.

에는 잠정적 진실, 의사추정(意思推定), 증거법칙적 추정이 있다.

잠정적 진실이란, 전제 없이 하는 추정을 말하며, 민법 제197조가 "점유자는 소유의 의사로 선의, 평온 및 공연하게 점유한 것으로 추정한다."라고 규정하고 있는 것이 그 예이다. 이러한 잠정적 진실의 규정은, 반대사실의 증명책임을 상대방에게 전환시키는 증명책임규정이다.

의사추정이란, 법이 의사의 내용을 추정하는 것으로서, 민법 제153조 제1항이 "기한은 채무자의 이익을 위한 것으로 추정한다."라고 규정하고 있는 것이 그 예이다. 이러한 의사추정의 규정은, 법률행위의 해석규정이다.

증거법칙적 추정이란, 일종의 법정증거법칙(法定證據法則)으로서, 법 제358조가 "사문서는 본인 또는 대리인의 서명이나 날인 또는 무인(拇印)이 있는 때에는 진정한 것으로 추정한다."라고 규정하고 있는 것이 그 예이다.

다) 사실상 추정

경험법칙에 기한 추정을 사실상 추정이라 한다.[765]

4) 입증책임계약(증명책임계약)

입증책임의 소재에 관하여 당사자 간에 특약이 있으면 특별한 사정이 없는 한 그에 따라야 하나,[766] **상당한 이유 없이 고객에게 입증책임을 부담시키는 약관조항은 무효로 한다**(약관의 규제에 관한 법률 제14조 제2호).

5) 본증과 반증

가) 개 관

자신에게 입증책임이 있는 사실을 입증하기 위하여 제출하는 증거를 본증이라 하고, 상대방에게 입증책임이 있는 사실을 부정하기 위하여 제출하는 증거를 반증이라 한다.

본증은 해당 사실의 존재에 대하여 법원에 확신을 줄 수 있는 것이어야 하지만, 반증은 해당 사실의 존재에 대하여 법원의 확신을 흔들리게 하는 것으로 족하다.[767]

나) 본증과 반증의 구별실익

법률상 추정을 번복하기 위하여서는 반대사실의 증거, 즉 본증이 필요하지만, 사실상 추정

---

765) 경험법칙에 관한 상세는 '증거 총설' 부분에서 후술한다.

766) 대법원 1997. 10. 28. 선고 97다33089 판결.

767) 대법원 1998. 8. 21. 선고 98다8974 판결 참조.

을 번복하기 위하여서는 반증으로 족하다.

그러나, 법률상 추정의 전제사실에 대한 반증이 있다면 해당 법률상 추정이 복멸됨은 물론이다.

예컨대, 동시사망의 추정(민법 제30조)을 번복하기 위하여서는, ① 동일한 위난으로 사망하였다는 전제사실에 대하여 법원의 확신을 흔들리게 하는 반증을 제출하거나 또는 ② 각자 다른 시각에 사망하였다는 점에 대하여 법원에 확신을 줄 수 있는 본증을 제출하여야 한다.[768)]

또한, 친일반민족행위자 재산의 국가귀속에 관한 특별법 제2조 제2호는 "친일재산이라 함은 친일반민족행위자가 국권침탈이 시작된 러·일전쟁 개전 시부터 1945년 8월 15일까지 일본제국주의에 협력한 대가로 취득하거나 이를 상속받은 재산 또는 친일재산임을 알면서 유증·증여를 받은 재산을 말한다. 이 경우 러·일전쟁 개전 시부터 1945년 8월 15일까지 친일반민족행위자가 취득한 재산은 친일행위의 대가로 취득한 재산으로 추정한다."라고 규정하고 있는바, 이러한 추정조항에 의한 추정력을 번복하기 위해서는, ① 재산의 취득시기가 러·일전쟁 개전 시부터 1945년 8월 15일까지 사이라는 전제사실에 대하여 법원의 확신을 흔들리게 하는 반증을 제출하거나 또는 ② '그 기간 동안에 취득한 재산은 친일행위의 대가'라고 하는 추정에 반대되는 사실의 존재를 증명하여야 한다.[769)]

그 밖에 본증과 반증의 구별은 유일한 증거(법 제290조)과 관련하여서도 문제되는바, 상세한 내용은 '증거 총설' 부분에서 후술하는 바와 같다.

라. 소명(疏明)

소명이란, 증명에 비하여 낮은 개연성, 즉 법관이 일견 확실할 것이라는 추측을 얻은 상태 또는 그와 같은 상태에 이르도록 증거를 제출하는 당사자의 노력을 말한다.[770)]

즉, 소명에서 요구되는 심증의 정도라 결국, 어떠한 사실이 있었을 개연성이라고 하겠으며,[771)] 환언하면, 소명이란 법관으로 하여금 사실상의 주장이 아마 맞을 것이라고 짐작하게 하기 위한 행위라고 할 수 있겠다.

---

768) 대법원 1998. 8. 21. 선고 98다8974 판결.

769) 대법원 2016. 12. 29. 선고 2014다22789 판결.

770) 헌재 2006. 6. 29. 선고 2005헌마165·314·555·807, 2006헌가3(병합) 결정 참조.

771) 대법원 1987. 12. 22. 선고 87다카707 판결 ; 대법원 1992. 8. 31.자 92마102 결정 ; 대법원 1994. 12. 10.자 94마2159 결정 ; 대법원 1995. 11. 22.자 95마1180 결정 ; 대법원 2001. 3. 8.자 2001카기38 결정 ; 대법원 2004. 5. 12.자 2003무41 결정 ; 대법원 2004. 5. 17.자 2004무6 결정 ; 대법원 2006. 6. 2.자 2004마1148,1149 결정 ; 대법원 2008. 5. 6.자 2007무147 결정 참조.

법은 소명으로 족한 경우를 명문으로 규정하고 있는바, 이는 성질상 신속한 처리를 요하는 사항들이므로, 소명방법은 일반적인 증거방법보다는 그 범위가 제한적이다. 이러한 소명방법에 관한 상세는 '소명방법' 부분에서 후술한다.

6. 법원사무관등의 처분에 대한 이의신청

가. 개 관

소송법상 법원사무관등의 직무로 규정되어 있는 사항에 관한 적극적·소극적 처분에 대하여서는, 법률이 따로 불복절차를 규정하고 있지 않는 한, 이의를 신청할 수 있다.[772)]

적극적 처분에 대한 이의신청의 예를 들자면, 송달이 잘못되었다는 이유로 이를 다투고자 할 때에는, 법원사무관등의 처분에 대한 이의신청을 하여야 한다.[773)]

또한 소극적 처분의 경우를 보자면, 당사자 또는 이해관계인이 관련 법령 등에 따라 법원사무관 등의 처분을 구하는 신청을 하였는데, 법원사무관 등이 그에 응하지 아니하고 형식적 요건이 불비되었거나 이유가 없다고 하여 신청된 내용의 행위를 하지 않을 뜻을 표시하였다면, 신청인으로서는 법원사무관 등이 신청을 거부한 것으로 보아 법 제223조에서 정한 '법원사무관 등의 처분에 대한 이의'로 다툴 수 있다.[774)]

나. 방 식

법원사무관등의 처분에 대한 이의신청은 기본적 신청이므로, 신청서에 1,000원의 인지를 붙이고(민사소송 등 인지법 제9조 제5항 제4호),[775)] 송달료를 예납하여야 하며, 별도기록이 편성된다.[776)]

주의할 것은, 법원사무관등의 처분에 대한 이의 사건은 기본사건에 해당한다.

---

772) 대법원 1979. 9. 27.자 79마259 결정(사안은 판결확정서 부여처분에 대한 이의) 참조.

773) 대법원 1966. 3. 22.자 66마71 결정의 방론.

774) 대법원 2012. 4. 13.자 2012마249 결정(A가 제1심에서 감축한 청구금액에 해당하는 인지환급을 위하여 항소심 재판부 법원사무관에게 민사소송 등 인지규칙 제33조 제2항에서 정한 환급사유 및 관련 환급금액에 관한 확인서 발급을 신청하였으나, 법원사무관이 인지환급사유가 아닌 것으로 판단된다는 이유로 수입징수관의 판단을 받고자 한다는 내용의 의견서를 작성하여 A에게 교부한 사안에서, A는 법원사무관의 확인서 발급거부에 대하여 법 제223조에서 정한 '법원사무관 등의 처분에 대한 이의'로 다툴 수 있다고 한 사례).

775) '인지액·편철방법예규'.

776) '인지액·편철방법예규'.

다. 심 리

법원사무관등의 처분에 대한 이의신청이 있는 경우 법원은 고유식별정보의 정확성을 확인하기 위한 추가 증거조사를 실시할 수 있다.[777]

라. 재 판

법원사무관등의 처분에 관한 이의신청에 대하여는 그 법원사무관등이 속한 법원이 결정으로 재판한다(법 제223조).

마. 불 복

법원사무관등의 처분에 관한 이의신청을 기각한 결정에 대하여서는 통상항고(법 제439조)로써 불복할 수 있다.[778]

7. 개인정보정정신청

가. 개 관

당사자는 법원사무관등에게 서면으로 소송관계인의 특정을 위한 개인정보(규칙 제76조의2 제3항)에 대한 정정을 신청할 수 있다(규칙 제76조의2 제4항 전문).

여기서 말하는 "당사자"란, 개념필연적으로, 널리 법원에 해당 사건의 개인정보가 보관된 소송관계인을 지칭한다고 할 것이다.

나. 방 식

개인정보정정신청서에는 정정 사유를 소명하는 자료를 붙여야 하며(규칙 제76조의2 제4항 후문), 신청서는 해당 사건의 기록에 가철한다.[779]

따라서, 이 신청은 소송기록이 있는 법원에 하여야 하는 것으로 풀이된다.

다. 신청서의 접수 및 처리

개인정보정정신청서가 제출되면 접수담당자는 이를 재판사무시스템에 문건으로 입력한

---

777) 재판사무시스템을 이용한 개인정보 관리사무 처리지침(재민 2018-1) 제5조 제2항.

778) 제요[민소 I], 22면. 대법원 1979. 9. 27.자 79마259 결정 참조.

779) '인지액·편철방법예규'; 재판사무시스템을 이용한 개인정보 관리사무 처리지침(재민 2018-1) 제7조.

후 사건담당부서로 인계한다.[780)]

접수담당자는 해당 사건이 상소심으로 이심되는 등의 사유로 개인정보 정정 사무를 처리할 수 없는 경우에는 신청인에게 이를 안내하여야 한다.[781)]

법원사무관등은, 개인정보정정신청서에 따라 ① 개인정보를 정정하는 경우에는 양쪽 당사자에게 그 취지를 통지하지만, ② 해당 신청을 거부하는 경우에는 신청서를 제출한 당사자에게 그 취지를 통지한다.[782)]

이 통지는 전화·팩시밀리·보통우편 또는 전자우편으로 하거나, 그 밖에 상당하다고 인정되는 방법으로 할 수 있다고 할 것이다(규칙 제45조 제1항의 유추해석).[783)]

그러나, 실무상 개인정보를 정정하고서도 통지를 하여 주지 아니하는 경우가 있으므로, 신청인으로서는 사후에 정정 여부를 확인하여 볼 필요가 있다.

Ⅲ. 서류의 전자적 제출

1. 전자적 제출 개관

가. 원 칙

'재판기록 : 종이소송과 전자소송' 부분에서 기술한 바와 같이, 서류의 전자적 제출이란, 전자기록사건에서 전자소송 동의자가 '민소전자문서법'이 정하는 바에 의하여 이를 전자문서로 제출하는 것을 말한다(민소전자문서규칙 제3조 참조).

구체적으로 말하면, ① 전자기록사건에서, ② 당사자, 소송대리인, 그 밖에 대법원규칙으로 정하는 자(민소전자문서법 제5조 제1항)로서 ③ 사용자등록을 하고서 ④ 전자소송 동의를 한 자(같은 법 제8조 본문)만이 전자적 제출을 할 수 있다.

법원실무는 '민소전자문서법'이 적용되기만 하면 전자기록사건이 아니더라도 - 사용자등록 및 전자소송 동의를 하고서 - 전자적 제출을 할 수 있다고 보고 있으나, 그러한 해석이 타당하지 아니함은 역시 '재판기록 : 종이소송과 전자소송' 부분에서 기술하였다.

---

780) 재판사무시스템을 이용한 개인정보 관리사무 처리지침(재민 2018-1) 제6조 제1항.

781) 재판사무시스템을 이용한 개인정보 관리사무 처리지침(재민 2018-1) 제6조 제2항.

782) 재판사무시스템을 이용한 개인정보 관리사무 처리지침(재민 2018-1) 제6조 제3항.

783) 특히 사건의 종결등록이 된 후에는 송달을 실시할 수 없으므로 이러한 간이통지가 불가피하다. 사건종결등록에 관하여서는 '송달료잔액 내지 법원보관금 잔액의 환급' 부분에서 본다.

나. 예외 : 사실조회기관

전자소송실무상, 사실조회기관은 사용자등록을 하지 아니하고도 사실조회 회신서를 전자적으로 제출할 수 있도록 하고 있다. 전자소송에서의 사실조회 회신 문제에 관하여서는 '조사의 촉탁(사실조회)' 부분에서 다시 언급할 것이다.

그러나, 관견으로는 위와 같은 실무가 과연 현행법 해석론의 한계 내의 것인지 의문이다.

2. 전자적 제출을 할 수 있는 소송관계인

가. 개 관

당사자와 소송대리인 이외에 서류의 전자적 제출을 할 수 있는 자는, 민소전자문서규칙 제3조가 정하고 있다.

구체적으로 어느 관계인이 (전자기록사건인) 민사소송에서 (사용자등록 및 전자소송 동의를 하고서) 전자적 제출을 할 수 있는 소송관계인인지는, 각각 해당되는 부분에서 언급할 것이다.[784]

그 외에도, 이해관계를 소명하거나 민사절차(법 제3조 각 호)에 관하여 서면을 제출할 정당한 권한이 있는 제3자 또는 기관은 전자적 제출을 할 수 있다(민소전자문서규칙 제3조 제11호).[785]

일언이폐지하면, 당사자, 대리인, 그 밖에 민사절차법상 법원에 서류 제출을 할 수 있는 관계인들은 모두 전자적 제출을 할 수 있는 것으로 되어 있다.

---

784) 그 밖에, 이 책에서 다루지 아니하는 민사절차에서 전자적 제출을 할 수 있는 자들을 꼽아 보면 다음과 같다.

- ○ 회생·파산사건의 채무자 중 신청인이 아닌 자(민소전자문서규칙 제3조 제1호의2)
- ○ 법원 경매사건의 이해관계인(법 제90조)(같은 조 제1호의3)
- ○ 과태료사건의 검사(같은 조 제1호의4)
- ○ (가사사건의) 사건본인(같은 조 제4호)
- ○ 상담위원, 법원으로부터 상담을 촉탁받은 기관(같은 조 제10호의2)
- ○ 성년후견·한정후견·특정후견·임의후견·미성년후견의 후견인, 후견감독인(같은 조 제10호의3)
- ○ 회생·파산사건의 채권자·주주·지분권자 중 신청인이 아닌 자, 회생·파산사건의 절차관계인(같은 조 제10호의4)
- ○ 법원이 「민사집행법」에 따라 진행하는 사건과 관련된 집행관, 관리인, 감수·보존인(같은 조 제10호의5)

특기할 것은, '재판기록 : 종이소송과 전자소송' 부분에서 기술하였듯이, 회생·파산사건의 절차관계인은 아예 전자소송의무자이다(민소전자문서규칙 제25조 제1항 제3호의4).

785) 전자소송실무에서는, 전자를 '참가인 등 준당사자 유형'으로, 후자를 '사건·절차관계인 유형'으로 지칭하기도 한다. 민사전자소송실무편람, 66~68면.

나. 구 분

그런데, 전자적 제출을 할 수 있는 관계인은, 민소전자문서규칙 제3조 제1호 내지 제4호의 자와, 제5호 내지 제11호의 자로 구분하여 볼 수 있는바, 이와 같이 구분하여 보는 실익은 다음과 같다.

첫째, 전자가 전자기록화 시한 내에 전자소송 동의를 한 때에는[786] 후발적 전자기록화 사유가 되나, 후자의 경우에는 그러하지 아니하다.

둘째, 송달영수인 신고도 전자만이 할 수 있다(민소전자문서규칙 제24조 제1항 제3호).

셋째, 전자기록의 열람등을 '전자소송홈페이지에서' 할 수 있는 자도 전자만이다(같은 규칙 제38조 제1항, 제3항).

3. 사용자등록 : (전자소송홈페이지) 회원 가입

가. 개 관

전자소송실무에서는, 사용자등록을 '회원 가입'이라 한다.

원칙적으로 민사절차의 관계인에게는 전자적 제출의무가 없으므로, 사용자등록 역시 일반적으로는 관계인의 의무가 아님은 물론이다.

그러나, 전자소송 동의를 한 것으로 간주되는 자(전자소송의무자)는 전자적 제출의무가 있으므로, 논리필연적으로 사용자등록 의무도 있다고 할 것이다. 이에 관하여 상세한 것은 전자소송 동의와 관련하여 함께 살펴보겠다.

그런데, 전자적 제출 역시 소송행위의 일종이고, 사용자등록은 전자적 제출방법의 일환이므로, 사용자등록을 하려는 자는 논리필연적으로 당사자능력과 소송능력이 있어야 함이 원칙이다(민소전자문서규칙 제6조 제1항 제2호).[787]

나. 등록사용자의 회원 유형

등록사용자에는 다음과 같은 회원 유형이 있다(민소전자문서규칙 제4조 제1항).

① 개인회원

② 법인회원

786) 다만, 이는 실제로는 가류 및 나류 가사소송사건과 마류 가사비송사건에서만 가능하다.

787) 다만, 가사사건이나 가족관계등록비송사건의 사건본인은 소송능력이 없더라도 전자소송 동의는 할 수 있다고 보아야 한다.

③ 변호사회원[788)]

④ 법무사회원

⑤ 회생·파산사건의 절차관계인회원

⑥ 집행관등(즉, 법원이 「민사집행법」에 따라 진행하는 사건과 관련된 집행관, 관리인, 감수·보존인(민소전자문서규칙 제3조 제10호의5))

전자소송실무상, ①, ②는 '일반 회원'이라 하고, ③, ④는 '자격사 회원'이라 한다.

그런데, 전자소송실무는, 사실조회기관을 또 다른 회원유형으로서 가외로 인정하고 있으나, 그러한 구분이 과연 법적 근거가 있는 것인지 의문이다.

한편, 이러한 회원구분에 관하여서는 주의할 점이 있다.[789)]

첫째, 법인 아닌 사단 또는 재단, 국가·지방자치단체·행정청·검사도 법인회원이다(같은 규칙 제11조 제6항 참조).

둘째, 변리사·특허법인, 소송수행자, 공익법무관, 법무법인·법무법인(유한)·법무조합도 변호사회원이다.

셋째, 법무사법인, 법무사법인(유한)은 법무사회원이다.

다. 사용자등록의 신청

전자소송시스템을 이용하려는 자는 전자소송시스템에 접속하여 전술한 회원 유형별로 전자소송홈페이지에서 요구하는 정보를 해당란에 입력한 후 전자서명을 위한 인증서를 사용하여 사용자등록을 신청하여야 하며(민소전자문서규칙 제4조 제1항 전문), 등록한 사용자 정보는 인증서의 내용과 일치하여야 한다(같은 항 후문).[790)]

그리고, 전자소송시스템을 이용하려는 자가 사용자등록을 신청할 때 입력하여야 하는 정보는 민전예규 별표 1에 규정된 바와 같다.[791)]

그러한 입력할 정보 중에는 '아이디'가 있는바, "아이디"라 함은 전자소송시스템에 사용자등록 시 본인 식별의 부호로서 사용자가 스스로 설정하고 법원행정처가 승인한 문자와 숫자의 조합을 말한다.[792)]

---

788) 전자소송실무상 '대리인회원'이라고도 한다.

789) 민전예규 별표 1 참조.

790) 전자서명에 관하여서는 '전자적 제출의 구체적 방법' 부분에서 후술한다.

791) 민전예규 제7조.

792) 민전예규 제2조 제4호.

그런데, 다른 사용자가 이미 사용자등록을 마친 아이디는 그 사용자등록이 철회된 후라도 다시 사용할 수 없다. 다만 해당 사용자등록을 철회한 사용자 본인이 동일한 아이디로 재등록하고자 하는 경우에는 그러하지 아니하다.[793]

더 나아가, 전자소송시스템을 이용하여 전자문서를 제출할 필요성이 있다고 인정되고 그 신원이 확인되어 재판장의 허가를 받은 자는, 서명자의 실지명의를 확인할 수 없는 전자서명을 하거나 전자서명을 하지 아니하고 사용자등록을 할 수도 있으나(민소전자문서규칙 제7조 제3항),[794] 전자소송실무는 그와 같은 방식의 사용자등록은 예정하고 있지 아니한 것으로 보인다.

라. 소속사용자의 지정

등록사용자 중 법인회원, 변호사회원, 법무사회원, 회생·파산사건의 절차관계인회원, 집행관등(민소전자문서규칙 제4조 제1항 제2호부터 제6호까지)은 이용권한의 범위를 정하여 소속사용자를 지정할 수 있고, 그에 따라 지정된 자는 전자소송시스템에 소속사용자로 등록할 수 있다(민소전자문서규칙 제4조 제2항).

실제로는, 대표사용자가 로그인한 후 해당 메뉴에서 소속사용자로 지정하고자 하는 회원의 아이디 및 인적 사항을 입력하여 등록을 하는 식으로 되어 있다.

이러한 소속사용자의 범위와 그 권한범위는 아래 표와 같다.[795]

회원의 종류	소속사용자의 범위	권한범위
법인회원	지배인, 법률상 대리인, 전무, 상무	등록사용자와 동일
	소속 직원	등록사용자가 정한 범위
변호사회원	소속 변호사 및 변리사	등록사용자와 동일
	직원	등록사용자가 정한 범위
법무사회원	법무사법인, 법무사법인(유한) 소속 법무사	등록사용자와 동일
	법무사법인, 법무사법인(유한) 소속 직원	등록사용자가 정한 범위
회생·파산사건의	관리인·보전관리인·조사위원·감사·	등록사용자가 정한 범위

793) 민전예규 제11조 제1항.
사용자등록의 철회에 관하여서는 후술한다.

794) 전자서명에 관하여서는 후술한다.

795) 민전예규 제10조 제1항, 제2항 제3항 본문.

절차관계인회원	파산관재인·감사위원·국제도산관리인의 직원	
집행관등	직원	등록사용자가 정한 범위

그리고, 소속사용자는 전자소송시스템 이용권한을 갖는 범위에서 등록사용자로 보나,[796] 소속사용자의 권한범위에 관하여서는 주의할 점들이 있다.

첫째, 소속사용자가 전자소송시스템 이용권한을 갖는 범위에서 한 행위는 등록사용자가 한 것으로 본다.[797]

둘째, 전자소송실무상, 등록사용자가 정한 범위에서 전자소송시스템 이용권한을 갖는 소속사용자(법인회원, 변호사회원, 법무사회원, 회생·파산사건의 절차관계인회원, 집행관등의 각 직원)에게 부여될 수 있는 권한에는, 전자제출, 송달확인, 사건정보조회, 전자납부의 네 가지가 있다.

셋째, 등록사용자가 정한 범위에서 전자소송시스템 이용권한을 갖는 소속사용자(법인회원, 변호사회원, 법무사회원, 회생·파산사건의 절차관계인회원, 집행관등의 각 직원)에게 서류의 제출권한을 부여한 경우에는, 제출 시 전자서명을 등록사용자가 하거나, 소속사용자가 등록사용자의 위임장과 확인서를 전자문서로 변환하여 함께 제출하여야 한다(같은 규칙 제11조 제6항 및 그 확장해석).[798]

그러나 이러한 소속사용자 제도에 불구하고, 실무상으로는 전자소송용 공동인증서를 소속사용자와 공유하여 소속사용자로 하여금 전자제출, 송달확인, 전자납부 등을 하도록 함이 일반이다.

마. 사용자정보의 변경

등록사용자가 전자우편주소·휴대전화번호 등 사용자정보를 변경하고자 하는 경우, 전자소송시스템에 접속하여 해당 항목에 관한 정보를 수정하여 입력하여야 한다.[799]

---

796) 민전예규 제10조 제4항.

797) 민전예규 제10조 제2항, 제3항 본문.

798) 민전예규 제10조 제3항 단서.
민소전자문서규칙 제11조 제6항은 '법인회원으로부터' 전자문서 제출권한을 지정받은 소속사용자에 관하여 같은 규정을 두면서 이를 2015. 3. 23.부터 시행하는 것으로 하고 있으나, '민전예규'는 아예 변호사회원, 법무사회원, 회생·파산사건의 절차관계인회원에 관하여서도 같은 규정을 두면서, 2014. 12. 1.부터 바로 이를 시행하는 것으로 하였다.

799) 민전예규 제8조.

바. 사용자등록의 철회

등록사용자는 대법원규칙으로 정하는 절차 및 방법에 따라 사용자등록을 철회할 수 있다(민소전자문서법 제6조 제2항).

이에 따라, 등록사용자는 전자소송시스템에 접속하여 사용자등록 철회의 취지를 입력함으로써 사용자등록을 철회할 수 있다(민소전자문서규칙 제5조 제1항).

그러나, 계속 중인 사건에 관하여서는 그 철회가 제한되는바, 상세한 것은 전자소송 동의의 철회와 관련하여 후술한다.

사. 등록사용자의 사용 정지 또는 사용자등록의 말소

1) 개 관

법원행정처장은 다음 각 호의 어느 하나에 해당하는 사유가 있는 경우에는 등록사용자의 사용을 정지하거나 사용자등록을 말소할 수 있다(민소전자문서법 제6조 제3항).

① 등록사용자의 동일성이 인정되지 아니하는 경우

② 사용자등록을 신청하거나 사용자정보를 변경할 때 거짓의 내용을 입력한 경우

③ 다른 등록사용자의 사용을 방해하거나 그 정보를 도용하는 등 전자소송시스템을 이용한 민사소송등의 진행에 지장을 준 경우

④ 고의 또는 중대한 과실로 전산정보처리시스템에 장애를 일으킨 경우

⑤ 그 밖에 대법원규칙으로 정하는 사유가 있는 경우

이에 따라, 다음 각 호 가운데 어느 하나에 해당하여도 등록사용자의 사용을 정지하거나 사용자등록을 말소할 수 있다(민소전자문서규칙 제6조 제1항).

① 사용자등록이 소송 지연 등 본래의 용도와 다른 목적으로 이용되는 경우

② 등록사용자에게 소송능력이 없는 경우

③ 그 밖에 위 각 호의 사유에 준하는 경우를 말한다.

그리고, 소속사용자의 경우에도 사용 정지 및 등록의 말소가 문제된다(같은 항).

2) 등록사용자의 사용 정지 등의 절차와 방법

등록사용자의 사용 정지 및 사용자등록 말소의 구체적인 절차와 방법은 대법원규칙으로 정하는바(민소전자문서법 제6조 제4항), 그 내용은 아래와 같다.

법원행정처장은 사용정지 또는 사용자등록말소의 사유 가운데 어느 하나에 해당하는지 여

부를 결정하기 위하여 필요하다고 인정하는 때에는 당사자·이해관계인의 신청에 따라 또는 직권으로 해당 등록사용자의 사용을 일시적으로 정지할 수 있다. 이때 법원행정처장은 등록사용자에게 적당한 방법으로 그 사실을 통지하여야 한다(민소전자문서규칙 제6조 제2항).

소송대리인의 사용자등록이 정지된 경우, 담당재판부는 당사자 본인에게 그 정지 사실과 이후 당사자 본인에게 송달할 것임을 우편 기타 적절한 방법으로 고지한다.[800]

또한, 법원행정처장은 사용자등록을 말소하기 전에 해당 등록사용자에게 미리 그 사유를 통지하고 소명할 기회를 부여하여야 한다(같은 조 제3항).

아. 사용자등록의 실효

등록사용자가 전자소송시스템을 마지막으로 이용한 날부터 5년이 지나면 사용자등록은 효력을 상실한다(민소전자문서규칙 제6조 제4항).

사용자등록의 효력이 상실된 경우에는 사용자등록을 다시 하여야 한다.[801]

4. 전자소송 동의 : 전자소송사건등록

가. 개 관

전자소송실무에서는, 전자소송 동의를 '전자소송사건등록'이라 한다.

다만, 전자소송의무자는 전자소송 동의를 한 것으로 간주됨은 재판기록 : 종이소송과 전자소송' 부분에서 기술하였다.

나. 요 건

전자소송 동의와 관련하여서는 개념상 주의할 요건들이 있다.

첫째, 전자소송 동의는, 이를 하는 자의 사용자등록(즉, 회원 가입)을 전제로 한다.

따라서, 전자소송의무자는 미리 전자적 송달 또는 통지를 받을 수 있도록 사용자등록을 하여야 한다(민소전자문서규칙 제25조 제2항).

둘째, 전자소송 동의는, 해당 사건이 전자소송일 것을, 즉 해당 사건의 전자기록화를 전제로 한다고 봄이 이론적으로 타당하다. 따라서, '전자기록사건과 종이기록사건의 구분'에서 기술하였듯이, 해당 사건이 전자기록사건이거나 전자기록화 시한이 도과하지 아니한 종이기록

800) 민전예규 제11조 제3항.

801) 민전예규 제12조.

사건인 때(이때에는 전자소송 동의로써 해당 사건이 후발적으로 전자기록사건이 된다)에만 전자소송 동의가 가능하다고 새겨야 한다. 역으로, 가령 전자기록화 시한이 도과한 후에 전자기록화 명령이 있었더라도 그 후에는 전자소송 동의가 가능하다는 것이 관견이다.

그러나 전자소송실무는, 전자기록화 시한이 도과한 종이기록사건에서도 전자소송 동의가 가능하다고 보고 있으며, 전자기록화 시한이 도과한 후에는 전자소송 동의를 할 수 없다는 입장인 듯하다.

셋째, 전자소송 동의와 그 철회는 등록사용자별로 하여야 한다.[802)]

다. 종 류

전자소송의무자를 별론으로 하면, 전자소송 동의에는 사전동의와 사후동의가 있다(민소전자문서법 제11조 제1항 참조).

사전동의란, 등록사용자가 미리 전자소송 동의를 한 경우로서 대법원규칙으로 정하는 경우를 말하는바(같은 항 제1호), 이에는 ① 개별 사건에 관하여 동의하는 경우(민소전자문서규칙 제24조 제1항 제1호)와, ② 1년의 범위에서 일정한 기간을 정하여 그 기간 안에 민사소송 등의 당사자 또는 그 밖에 전자문서를 제출할 수 있는 자(민소전자문서규칙 제3조)가 될 것을 예정하여 전자소송시스템을 이용한 진행에 동의하는 경우(같은 조 제2호)가 있다.

이 중 ②의 경우를 실무상 '사전포괄동의'라 하는바, 사전포괄동의는 그 성질상 일반 회원(개인회원, 법인회원)만 할 수 있는 것으로 해석되고 있다. 그리고, 사전포괄동의를 한 자를 "사전포괄동의자"라 한다.[803)]

사후동의란, 전자문서를 출력한 서면이나 그 밖의 서류를 송달받은 후 전자소송 동의를 한 경우를 말한다(같은 법 제11조 제1항 제2호).

이에 따라, 전자소송실무는, 법원사무관등은 송달을 받을 당사자 또는 대리인이(즉, 수송달자가) 전자소송의무자가 아니고 전자소송 동의도 하지 않은 경우, 소장 등 소송서류를 최초로 송달할 때에는 전자소송 동의의 방식과 전자소송인증번호 등이 기재된 전자소송 안내서를 함께 보내도록 하고 있다.[804)]

---

802) 민전예규 제13조 제1항.

803) 민전예규 제17조 제2항.

804) 민전예규 제60조 본문.
전자소송인증번호에 관하여서는 같은 예규 제16조가 이를 규정하고 있다.

라. 효 과

1) 개 관

전자소송 동의자는, 전자적 제출, 전자적 송달영수, 전자소송홈페이지를 이용한 소송기록 열람·출력·복제를 할 수 있다.

그런데, 전자소송실무는 전자기록화 시한을 도과하더라도 전자소송 동의가 가능하다는 입장이므로, 실무상으로는, 전자기록화 시한을 도과하여 전자소송 동의를 한 소송관계인은 전자적 제출은 할 수 있으되 전자적 송달영수나 전자소송홈페이지에서의 소송기록 열람 등은 할 수 없다는 기이한 지위에 있다.

2) 전자적 제출의 권리 및 의무

가) 개 관

'전자소송의 내용' 부분에서 기술한 바와 같이, 전자소송 동의자는 – 해당 사건에서(원칙) 또는 전자소송 동의를 한 기간 중에(사전포괄동의의 경우) – 서류를 전자적 제출으로 제출할 권리·의무가 있다(민소전자문서법 제8조 본문).

다만, 다음 각 호의 어느 하나에 해당하는 경우로서 대법원규칙으로 정하는 사유가 있는 경우에는 전자적 제출의무가 없는바(같은 조 단서), 이러한 예외사유의 구체적 의미에 관하여서는 별항으로 상론하겠다.

① 전자소송시스템에 장애가 있는 경우

② 전자문서로 제출하는 것이 현저히 곤란하거나 적합하지 아니한 경우

전자적 제출의무의 예외에 해당하지 아니하는데도, 전자소송 동의를 한 등록사용자가 전자문서가 아닌 서류를 전자문서로 변환하지 아니한 채(즉, 전자소송시스템을 이용하지 아니하고 종이문서로서) 법원에 제출한 경우 그 서류는 제출되지 아니한 것으로 본다(민소전자문서규칙 제12조 제2항 본문).

그런데, 민소전자문서규칙 제12조 제2항 단서는 "다만, 제19조 제1항에 따라 전자문서화되지 아니한 사건에 대해서는 그러하지 아니하다."라고 규정하고 있으나, 이는 이론적으로 부당하다. 전자기록화 예외사유(민소전자문서규칙 제19조 제1항)에 해당하는 사건에서는 전자소송 동의 자체가 불가능하다고 새겨야 하기 때문이다.

나) 전자적 제출의무에서 파생되는 권리와 의무

전자소송 동의에 따른 전자적 제출의무로부터, 전자문서 아닌 서류를 전자문서로 변환할

의무(전자화 의무)(민소전자문서규칙 제12조 제1항)가 파생된다.

또한, 전자소송 동의자는 인지액 등 소송비용도 전자적으로 납부할 수 있다(민소전자문서법 제15조 제1항).

한편, 전자소송 동의자는 이른바 '멀티미디어 주장자료'도 제출할 수 있다는 것이 현행법의 입장이나(민소전자문서규칙 제13조), 오히려 전자소송 비동의자도 멀티미디어 주장자료를 제출할 수 있다고 새겨야 함은 '준비서면' 부분에서 후술하는 바와 같다.

3) 전자적 송달·통지를 수령할 권리·의무

전자소송 동의를 한 자는 전자적 송달·통지를 수령할 권리와 의무가 있다(민소전자문서법 제11조 제1항, 제3항).

4) 전자소송홈페이지에서 소송기록을 열람·출력·복제할 권한

전자소송기록을 열람·출력·복제하려면, 전자소송 동의를 하지 아니한 소송관계인은 법원에 비치된 컴퓨터 단말기를 이용하여야 하나(민소전자문서규칙 제38조 제2항), 전자소송 동의를 한 소송관계인은 - 굳이 법원에 찾아가지 아니하고도 - 전자소송홈페이지를 이용하여 이를 할 수 있다(같은 조 제1항, 제3항).

다만, 이는 전자소송 동의의 논리필연적 효과라기보다는, 법 제162조 제1항의 위임에 따라 '민소전자문서규칙'이 소송정책적으로(즉, 전자소송 동의를 한 소송관계인에 대한 일종의 시혜로서) 위와 같이 정한 것으로 풀이된다.

5) 당사자·참가인이 기한 내에 한 전자소송 동의의 효과 : 후발적 전자기록화

원시적 전자기록화 사유가 없는 사건의 경우에, 당사자 또는 참가인이 첫 기일까지 한 전자소송 동의가 후발적 전자기록화 사유가 됨은, '전자기록사건과 종이기록사건의 구분' 부분에서 기술하였다.

마. 전자소송 동의의 효력범위 및 효력기간

1) 전자소송 동의의 효력범위

가) 인적 범위

전자소송 동의의 효력은 전자소송 동의를 한 등록사용자에게만 있다.[805]

805) 민전예규 제14조 제1항.

다만, 본인이나 법정대리인(또는 특별대리인)이 전자소송 동의를 한 경우, 그 소송대리인도 전자적 제출의무 및 송달영수의무를 부담한다고 할 것이다(민소전자문서규칙 제4조 제3항 제1호 참조).

나) 물적 범위

본안사건에 관한 전자소송 동의의 효력은 그에 부수하는 신청사건에도 미친다(민소전자문서규칙 제10조 제3항).

여기서 말하는 '본안사건에 부수하는 신청사건'의 의미에 관하여서는 '기록의 편성' 부분에서 기술하였다.

예컨대, 소송계속 중에 전자소송 동의를 한 당사자가 증거보전신청을 할 경우에도 그 신청서는 전자적으로 제출하여야 하며, 또한 그 전자적 제출에 별도의 전자소송 동의를 요하지 아니한다고 보아야 한다.

그런데, 입법론적으로는, 본안사건에 부수하는 신청사건에 관한 전자소송 동의의 효력도 본안사건에 미친다고 규정함이 상당할 것이다.

2) 전자소송 동의의 효력기간

전자소송 동의는 해당 사건이 확정될 때까지 효력이 있다(민소전자문서규칙 제10조 제1항 본문).

그런데, 법문은 '사건의 확정'만을 거론하고 있으나, 이는 널리 '사건의 완결'을 의미하는 것으로 확장해석하여야 할 것이다.[806]

따라서, 추후보완상소(법 제173조)가 제기된 경우 또는 재심의 소(법 제451조)가 제기된 경우, 준재심의 소 또는 신청(법 제461조)이 제기된 경우, 그 상소나 재심 또는 준재심의 소(또는 신청)의 적법 여부와 관계없이 종전의 전자소송 동의(즉, 원심사건에서의 전자소송 동의 또는 재심대상사건에서의 전자소송 동의)는 상소심이나 재심 또는 준재심에 그 효력이 없다.[807]

또한, 배당액을 공탁한 뒤 공탁의 사유가 소멸하여 공탁금에 대한 배당을 실시하는 경우(민사집행법 제161조), 종전의 전자소송 동의는 재배당 및 추가배당 절차에 그 효력이 없다.[808]

그러나, 원칙적으로, 소송대리인의 전자소송 동의는 해당 심급에만 효력이 있다(같은 항 단서 전단). 그런데, 이 규정은 상소제기의 특별수권 문제(법 제90조 제2항 제3호)와 관련하여 확장

---

806) 민전예규 제100조 제1호 ; 보존예규 제2조 제3호 가목 참조.

807) 민전예규 제14조 제4항.

808) 민전예규 제14조 제3항.

해석할 수밖에 없다.[809] 왜냐하면, 위 규정을 문언 그대로 해석할 경우, 상소제기의 특별수권을 받은 소송대리인이라도 상소장은 전자적으로 제출하지 못한다는 불합리가 발생하기 때문이다.

이에 따라 전자소송실무는, 소송대리인의 전자소송 동의는 상소가 제기되지 않은 경우에는 상소기간 만료일까지, 상소가 제기된 경우에는 상소기록 송부일까지 그 효력이 있다고 본다.[810]

다만, 원심과 상소심의 소송대리인이 동일인일 때에는 – 소송대리인이 원심에서 한 전자소송 동의는 – 상소심에도 효력이 있다(같은 단서 후단).

바. 사용자등록 및 전자소송동의의 명령과 권고

1) 사용자등록명령 및 전자소송동의명령

가) 전자소송의무자에 대한 사용자등록명령

사용자등록을 하지 않은 전자소송의무자를 상대로 소가 제기된 경우 재판장등은 (전자소송의무자인 피고에게) 사용자등록을 할 것을 명할 수 있다(민소전자문서규칙 제25조 제3항).

더 나아가 일반적으로, 전자기록사건에서 전자소송의무자가 사용자등록을 하지 않은 경우에 재판장등은 사용자등록을 할 것을 명할 수 있다.[811]

나) 전자소송 동의자 대신에 소송을 수행할 자에 대한 사용자등록명령 및 전자소송 동의명령

소송을 수행할 자가 전자소송 동의를 하였던 사건에서 소송을 수행할 자가 변경된 때에는, 법원은 그 소송을 수행할 자에게 사용자등록과 전자소송 동의를 할 것을 명할 수 있다(민소전자문서규칙 제4조 제3항 제1호).

위 규정의 법문은 "전자기록사건에서 … 소송을 수행할 자가 변경된 때에는 …"으로 되어 있다. 그러나, "전자기록사건에서"라는 문언은, 입법의 착오로 볼 수밖에 없으며, "민소전자문서규칙 제3조 제1호부터 제4호까지의 자가 사용자등록과 전자소송 동의를 한 사건에서"로 새겨야 한다. 전자소송 동의를 하지 아니한 당사자 등이 변경되었다는 이유로 전자소송을 강제할 수는 없는 이치이며, 그 경우에는 후술하는 바와 같이 사용자등록과 전자소송 동의를

809) 상소제기의 특별수권에 관하여서는 '소송대리인' 부분에서 후술한다.
810) 민전예규 제14조 제2항.
811) 민전예규 제13조 제2항.

단지 '권고'할 수 있을 뿐이기 때문이다.

주의할 것은, 여기서 '소송을 수행할 자의 변경'이란, 소송대리인의 선임 등도 포함한다(같은 호).

그렇다면, 같은 항 제2호의 규정("제24조 제1항 제2호 또는 제25조 제1항 각 호의 자가 소송대리인을 선임한 때") 역시 사족이라고 하겠다. 왜냐하면, 사전포괄동의자(민소전자문서규칙 제24조 제1항 제2호)나, 전자소송의무자(같은 규칙 제25조 제1항 각 호)가 소송대리인을 선임한 때는, 오히려 같은 규칙 제4조 제3항 제1호의 적용범위에 속하기 때문이다.

한편, 같은 항 제1호는 소송을 수행할 자가 변경되는 구체적인 경우를 예시하고 있으나, 상세한 것은 각각 해당 부분에서 언급하겠다.

다) 법무사회원에의 위임인에 대한 사용자등록명령 및 전자소송동의명령

후술하듯이, 법무사회원이 전자적 제출을 할 때에 그 위임인이 소송을 수행할 자로서 전자소송 비동의자인 경우에는 「전자소송 동의 확약서」를 첨부하여야 하는바(민소전자문서규칙 제11조 제3항 단서), 법원은 이와 같이 전자소송 동의를 할 것임을 확약하는 취지의 서면을 작성한 위임인이 전자소송 동의 없이 직접 소송서류를 제출하거나 송달받으려 할 때에는 소송을 수행할 자(즉, 그 위임인)에게 사용자등록과 전자소송 동의를 할 것을 명할 수 있다(같은 규칙 제4조 제3항 제3호).

2) 사용자등록권고 및 전자소송동의권고

전자기록사건에서 사용자등록 또는 전자소송 동의를 하지 않은 당사자, 소송대리인 및 참가인, 법정대리인, 특별대리인, 사건본인에 대하여 재판장등은 사용자등록과 전자소송 동의를 할 것을 권고할 수 있다. 다만, 당사자 등의 권리 행사에 현저한 지장을 초래할 것으로 예상되는 경우에는 그러하지 아니하다(민소전자문서규칙 제4조 제4항).

구체적으로는, 전자기록사건의 재판장등은 사용자등록 또는 전자소송 동의를 하지 않은 당사자, 참가인, 대리인에 대하여 기일에서의 구두 권유, 소장 부본 등 서류 송달과 함께 하는 권고문 송부 등 적정한 방법으로 사용자등록과 전자소송 동의를 할 것을 권고한다. 다만, 당사자의 권리 행사에 현저한 지장을 초래할 것으로 예상되는 등의 사유로 재판장등이 적절하지 않다고 판단한 경우에는 그러하지 아니하다.[812]

---

812) 민전예규 제13조 제4항.

사. 전자소송 동의의 철회 등

1) 전자소송 동의의 철회

가) 개 관

전자소송 동의를 한 등록사용자는 재판장등의 허가를 받아 전자소송 동의를 철회할 수 있다(민소전자문서규칙 제10조 제2항).

그러나, 전자소송의무자가 전자소송 동의의 철회를 할 수 없음은 물론이다.

나) 효 과

전자기록사건은 쌍방 또는 어느 일방이 전자소송 동의를 철회하여 전자소송 동의자가 전혀 없게 된 경우에도 이후에 제출되는 종이서류를 전자기록화하여 사건기록을 관리한다.[813)] 즉, 전자소송 동의가 모두 철회되었더라도 여전히 전자기록사건이다.[814)]

다만, 종이기록화 명령이 있는 경우에는 그러하지 아니함은 당연한바,[815)] 재판장등이 전자소송 동의가 모두 철회된 경우에 이를 이유로 종이기록화 명령을 할 수도 있다.[816)]

2) 전자소송 동의의 철회의 취소

전자소송 동의를 한 등록사용자는 재판장등의 허가를 받아 전자소송 동의의 철회를 취소할 수 있다(민소전자문서규칙 제10조 제2항).[817)]

3) 사용자등록의 철회

한편, (전자소송 동의를 한 등록사용자에 관하여) 계속 중인 사건이 있으면 그 전부에 관하여 (재판장등의 허가를 받아) 전자소송 동의를 철회한 때에만 사용자등록을 철회할 수 있다(민소전자문서규칙 제5조 제2항).

---

813) 민전예규 제15조 제1항 본문.
한편, 같은 조 제3항은 "제1항의 경우, 종이서류를 제출하는 당사자는 상대방용 부본도 함께 제출하여야 한다."라고 규정하나, 이는 사족이라고 하겠다. 전자소송 동의가 철회된 이상 종이소송의 일반원칙으로 돌아가 부본 제출의무(규칙 제48조 제1항)를 부담함은 당연한 이치이기 때문이다.

814) 이 책 초판, 179면에서는, 위 경우 당연히 종이기록화를 하게 된다고 보았으나, 위와 같이 개설(改說)한다.

815) 민전예규 제15조 제1항 단서.

816) 민전예규 제27조 제3호.

817) 이 책 초판, 180면에서는, 종이기록화 이후에만 전자소송 동의의 철회의 취소가 가능하다고 보았으나, 위와 같이 개설(改說)한다.

5. 전자적 제출의 구체적 방법 등

가. 원칙 : 전자소송시스템을 이용한 전자문서 제출

1) 개 관

(전자소송 동의를 한) 등록사용자는, 전자소송홈페이지에서 요구하는 사항을 빈칸 채우기 방식으로 입력한 후, 나머지 사항을 해당란에 직접 입력하거나(and/or) 전자문서를 등재하는 방식으로, 소송서류를 작성·제출할 수 있다(민소전자문서규칙 제11조 제1항).

따라서, 전자소송 동의를 한 등록사용자가 전자문서가 아닌 서류를 법원에 제출하고자 할 때에는 그 서류를 전자문서로 변환하여 제출하여야 한다(같은 규칙 제12조 제1항).

그리고, 이 경우 제출자는 그 원본을 해당 소송절차가 확정될 때까지 보관하여야 한다(같은 조 제3항). 재판장이 원본을 제출할 것을 명할 수 있기 때문이다(같은 규칙 제18조 제1항).

2) 주장과 증거의 구분 제출

주장, 증거, 그 밖의 사항을 담은 전자문서는 전자소송홈페이지에서 요구하는 방식에 따라 각 별도의 파일로 구분하여 제출하여야 하고 이를 합하여 하나의 파일로 제출하여서는 아니 된다(민소전자문서규칙 제8조 제3항).

한편, 서증간의 구분은 어떻게 할 것인지가 추가로 문제되나, 이에 관하여서는 '서증' 부분에서 후술하겠다.

3) 전자문서의 파일 형식 및 용량

법원행정처장은 전자소송시스템을 이용하여 제출할 수 있는 전자문서의 파일 형식, 구성 방식 그 밖의 사항을 지정하여 전자소송홈페이지에 공고하여야 한다(민소전자문서규칙 제8조 제1항).

이에 따라, 전자문서의 파일 형식은, 문서는 PDF, HWP, DOC, DOCX, XLS, XLSX, TXT, BMP, JPG, JPEG, GIF, TIF, TIFF, PNG(단, XLS, XLSX는 첨부파일로만 제출할 수 있다),[818] 멀티미디어 자료는 AVI, WMV, MPG, MPEG, MP4, ASF, MOV, WMA, MP3, PPT, PPTX로 지정되어 있다.[819]

---

818) 민전예규 제3조 제1호 가목.
cf. 이 형식들 중 PDF 외의 형식으로 제출된 문서는 전자소송시스템이 이를 PDF 형식으로 변환하여 등재한다.

819) 민전예규 제3조 제1호 나목.

위 파일 형식을 사용하지 아니한 전자문서는 부득이한 사정을 소명하지 아니하는 한 전자소송시스템을 이용하여 제출할 수 없다(같은 조 제2항).

한편, 파일의 용량이 지정되어 있는바, 구체적으로는 다음과 같이 되어 있다.[820)]

○ 1파일 당 용량은 10MB를 초과하여서는 아니 되고, 이를 초과할 경우 10MB 이하 크기의 파일로 나누어서 제출하여야 한다.[821)]

다만, 멀티미디어 자료는 1파일 당 50MB까지 제출할 수 있고,[822)] 민사집행사건의 감정평가서 역시 그러하다.[823)]

○ 전자문서 1건에 첨부하여 제출하는 전체 파일의 용량 합계가 50MB를 초과하여서는 아니 된다.[824)]

4) 변환방식의 제한

등록사용자가 작성한 전자문서(서증 제외)의 경우 부득이한 사정이 없는 한 문자정보의 검색 및 추출이 가능한 파일로 제출하여야 한다(민소전자문서규칙 제8조 제5항).

5) 인증된 전자문서에 관한 특칙

지정공증인에 의하여 인증된 전자문서(전자화문서 포함, 공증인법 제5장의2)를 제출할 때에는 그 취지와 인증의 증명에 관한 사항을 밝혀야 한다(민소전자문서규칙 제11조 제5항).[825)]

---

820) 전자소송시스템 이용에 관한 공고(법원행정처 공고 제2016-201호).

821) 민전예규 제3조 제3호 가목 본문.
그런데, 기술적으로 트래픽 문제 때문에 용량을 위와 같이 제한하는 것인지는 모르겠으나, 입법론으로는 용량을 더 늘려야 한다고 본다.
사실, 소송관계인이 제출하는 문건과 달리, 법원 자신이 등재하는 문건은 10MB를 초과하는 것도 버젓이 등재하고 있는 것을 볼 수 있다.

822) 민전예규 제3조 제3호 가목 단서.

823) 민전예규 제3조 제3호 다목.

824) 민전예규 제3조 제3호 나목.

825) cf. 전자문서에 대한 인증은, ① 촉탁인으로 하여금 지정공증인 앞에서 전자문서에 전자서명을 하게 하거나 ② 전자문서의 전자서명을 촉탁인이나 그 대리인으로 하여금 확인하게 한 후 그 사실을 적은 정보를 전자문서에 첨부하는 방법으로 한다(공증인법 제65조의5 제1항, 같은 법 시행령 제38조의3).
또한, 지정공증인은 전자화문서와 전자화대상문서를 대조하여 서로 일치하는 경우에는 전자화문서에 대하여 인증을 부여할 수 있다(같은 법 제66조의6 제1항).
그리고, 지정공증인은 위와 같이 전자문서등에 인증을 부여하는 경우에는 해당 전자문서등에 수록된 정보 및 이에 첨부한 정보에 대하여 전자서명을 하고, 이를 확인할 수 있는 정보를 해당 전자문서등에 전자적 방식으로 첨부하여야 한다(같은 법 제66조의7).

6) 전자서명

가) 원칙 : 광의의 전자서명

(1) 개 관

원칙적으로, **전자소송시스템을 이용하여 전자문서를 제출하려는 자는 제출하는 전자문서에 전자서명을 하여야 한다**(민소전자문서법 제7조 제1항 본문). 이에 따라 전자소송시스템 자체가, 전자서명을 하여야 비로소 소송서류가 제출되도록 하고 있다.

이러한 전자서명은 민사소송등에 적용되거나 준용되는 법령에서 정한 서명, 서명날인 또는 기명날인으로 본다(같은 조 제3항).

그런데, **여기서 "**(광의의) **전자서명"이란** (협의의) **전자서명**(전자서명법 제2조 제2호)**으로서 서명자의 실지명의를 확인할 수 있는 것과**[826)827)] **행정전자서명**(전자정부법 제2조 제9호)**을 말하는 바**(민소전자문서법 제2조 제3호), 전자소송시스템을 이용하여 법원에 전자문서를 제출하는 자는 '민소전자문서규칙'에서 달리 정하는 경우를 제외하고는 전자문서에 이러한 광의의 전자서명을 하여야 한다(민소전자문서규칙 제7조 제1항).[828)]

위와 같이 (광의의) 전자서명을 하여 전자문서를 제출하는 경우에는 민사소송 등 절차(전자소송법 제3조 각 호)에서 인감의 날인 또는 인감증명서 첨부를 하지 아니할 수 있다(민소전자문서규칙 제7조 제4항).

한편, 법인회원·변호사회원·법무사회원의 직원에게는 제출 권한은 있지만 전자서명 권한은 없음은 기술하였다. 이에 따라 전자소송시스템은 '전자서명 요청'이라는 기능을 마련하고 있다.

그런데, 예외적으로, 전술한 광의의 전자서명(즉, 서명자의 실지명의를 확인할 수 있는 것)이 아

---

826) cf. 2020. 12. 9. 이전에는 공인전자서명이어야 하였으나, 같은 달 10. 공인인증서 제도가 폐지됨에 따라, 서명자의 실지명의를 확인할 수 있는 전자서명이면 전자소송의 전자서명에 사용할 수 있게 된 것이다.

827) 이는 서명자의 실지명의를 확인할 수 있는 것으로서 법원행정처장이 지정·공고하는 인증서를 말하는바(민소전자문서규칙 제7조 제1항, 제11조 제2항 제1호, 제6항 제1호), 이러한 공고는 전자소송홈페이지에 하여야 한다(같은 조 제6항).
이 또한, 2021. 6. 10. 현재, 전자시스템 이용에 관한 공고(법원행정처 공고 제2021-168호)로 공고되어 있다.

828) cf. 구 민소전자문서규칙(2013. 1. 8. 대법원규칙 제2444호로 개정되기 전의 것) 제7조 제1항은, 국가, 행정청, 지방자치단체는 행정전자서명을, 그 밖의 등록사용자는 공인전자서명을 각각 하도록 하고 있었다. 그러나 현행법은, 등록사용자에 따라 전자문서에 하는 전자서명의 종류를 특정할 경우, 인증서 발급기관의 사정으로 전자서명에 필요한 특정 인증서 발급이 불가능한 때에는 해당 등록사용자의 전자소송 이용이 허용되지 아니하는 불합리가 있다는 반성적 고려에서, 등록사용자별 전자서명의 종류 지정을 폐지하였다.

닌 전자서명(즉, 서명자의 실지명의를 확인할 수 없는 것)을 할 수 있는 경우가 있을 수 있는바(같은 조 제1항의 반대해석), 이에 해당하는 경우(민소전자문서규칙 제7조 제3항, 제5항, 제11조 제2항 제2호)에 관하여서는 해당 부분에서 각각 후술한다.

(2) 전자문서를 공동 명의로 제출할 경우의 전자서명 방법

공동의 이해관계를 가진 여러 당사자나 (법정)대리인은 다음 각 호 가운데 어느 하나의 방법에 따라 공동 명의로 하나의 전자문서를 제출할 수 있다(민소전자문서규칙 제11조 제2항).

① 해당 전자문서에 공동명의자 전원이 전자서명(서명자의 실지명의를 확인할 수 있는 것)을 하여 제출하는 방법

② 해당 전자문서를 최초로 제출하는 등록사용자가 그 전자문서 속에 다른 공동명의자 전원의 전자서명(서명자의 실지명의를 확인할 수 있는 것 제외)을 포함시켜 제출하는 방법

③ 해당 전자문서를 최초로 제출하는 등록사용자가 다른 공동명의자 전원의 서명 또는 날인이 이루어진 확인서를 전자문서로 변환하여 함께 제출하는 방법.[829]

특기할 것은, 공동 명의로 된 하나의 전자문서에서, 해당 전자문서에 공동명의자 전원이 (광의의) 전자서명을 하여야 하는 경우(민소전자문서규칙 제11조 제2항 제1호 참조)를 위하여, 전자소송시스템은 '전자서명 요청'이라는 기능을 마련하고 있다.

주의할 점은, 여러 소송대리인이 있는 때에는 굳이 위와 같은 방식으로 제출할 필요가 없다(법 제93조 제1항).[830]

(3) 법무사회원의 전자서명 방법

법무사회원은 다음 각 호 가운데 어느 하나의 방법에 따라 전자문서를 작성·제출할 수 있다(민소전자문서규칙 제11조 제3항 본문).

① 위임인 본인의 전자서명 정보를 함께 전송하는 방법

② 그 전자문서 속에 위임인 본인의 전자서명(서명자의 실지명의를 확인할 수 있는 것 제외)을 포함시켜 제출하는 방법(민소전자문서규칙 제11조 제2항 제2호) 또는 위임인 본인의 서명 또는 날인이 이루어진 확인서를[831] 전자문서로 변환하여 함께 제출하는 방법(같은 항 제3호).

다만, 민사소송 등의 당사자, 소송대리인 또는 참가인, 법정대리인, 특별대리인, 사건본인

829) 이 경우에는,'대한민국법원 전자민원센터'의 「확인서 및 위임장」 양식에 의함이 실무이다.
830) 민사전자소송실무편람, 70면.
831) 실무상 「제출위임인 확인서 및 제출위임장」에 의하고 있다.

에 해당하는 위임인이 전자소송 동의를 하지 않은 경우에는, 등록사용자를 송달영수인으로 신고하는 취지(같은 규칙 제24조 제1항 제3호)의 서면(「송달영수인 신고서」) 및 추후 위임인이 직접 소송서류를 제출하거나 송달받을 때에 전자소송 동의를 할 것임을 확약하는 취지의 서면(「전자소송 동의 확약서」)을 첨부하여야 한다(같은 조 제3항 단서).

(4) 법인회원의 소속사용자의 전자서명 방법

법인회원으로부터 전자문서 제출권한을 지정받은 소속사용자는 다음 각 호 가운데 어느 하나의 방법으로 전자문서를 제출할 수 있다(민소전자문서규칙 제11조 제6항).

① 해당 전자문서에 등록사용자의 전자서명(서명자의 실지명의를 확인할 수 있는 것)을 하여 제출하는 방법

② 등록사용자의 위임장과 등록사용자의 서명 또는 날인이 이루어진 확인서(민소전자문서규칙 제11조 제2항 제3호)를[832] 전자문서로 변환하여 함께 제출하는 방법

여기서 ②의 취지는, 다수 사건을 처리하는 법인, 지방자치단체, 행정청 등의 전자소송사건 수행 편의를 지원하기 위하여 소속사용자의 전자서명만으로 전자적 제출이 가능하도록 함에 있다.

(5) 변호사회원, 법무사회원, 회생·파산사건의 절차관계인회원, 집행관등의 소속사용자의 전자서명 방법

기술한 바와 같이, 전자소송실무는, 변호사회원, 법무사회원 회생·파산사건의 절차관계인회원, 또는 집행관등으로부터 전자문서 제출권한을 지정받은 소속사용자 역시, 법인회원의 소속사용자의 경우와 동일한 방법으로(즉, 상술한 방법으로) 전자문서를 제출할 수 있도록 하고 있다(민소전자문서규칙 제11조 제6항의 확장해석).[833]

나) 예외 : 전자서명의 생략 내지 대체

다만, 대법원규칙으로 정하는 경우에는, 제출하는 전자문서에 (광의의) **전자서명을 할 필요가 없다**(민소전자문서법 제7조 제1항 단서).

즉, 전자소송시스템을 이용하여 전자문서를 제출할 필요성이 있다고 인정되고 그 신원이 확인되어 재판장등의 허가를 받은 자는, 서명자의 실지명의를 확인할 수 없는 전자서명을

832) cf. 법문에는 "… 제2항제3호에 따른 확인서(전산양식 A6105)를 …"이라고 되어 있으나, 대법원예규가 아닌 대법원규칙에서 전산양식을 운위함은 체계에 맞지 아니하는 입법이다.

833) 민전예규 제10조 제3항 단서.

하거나 (아예) 전자서명을 하지 아니하고 전자문서 제출을 할 수 있다(민소전자문서규칙 제7조 제3항).

이에 따라, 법정에서 사건관계인이 서류에 서명하여야 할 때에는 재판장등의 허가를 얻어 서명하여야 할 자가 전자패드에 서명하는 방식으로 할 수 있다.834)

위와 같이 전자서명을 하여 전자문서를 제출하는 경우에는 민사소송 등 절차(전자소송법 제3조 각 호)에서 인감의 날인 또는 인감증명서 첨부를 하지 아니할 수 있다(민소전자문서규칙 제7조 제4항).

한편, 재판장등의 허가에 따라 전자서명을 하지 아니하고 전자문서 제출을 할 수 있는 대표적인 경우는, 바로 후술하는 바와 같이, 법정에서 전자문서를 자기디스크 등을 이용하여 제출하는 경우를 들 수 있다. 이는 직접적으로 전자소송시스템을 이용하여 전자문서를 제출하는 것은 아니지만, 법원사무관등이 이를 전자소송시스템에 등재하여야 하므로 결과적으로 넓은 의미에서 전자소송시스템을 이용한 제출에 해당한다.

다) 소송서류를 제출하는 경우 외의 전자서명 : 전자패드에의 서명

'민소전자문서규칙'에서 달리 정한 경우 이외에는 재판장등의 허가가 있으면 민사소송 등에 적용되거나 준용되는 법령에서 정한 서명, 서명날인 또는 기명날인은 서명자의 실지명의를 확인할 수 없는 전자서명으로 대신할 수 있다(민소전자문서규칙 제7조 제5항).

그런데, 소송서류 제출시에 하는 서명자의 실지명의를 확인 할 수 없는 전자서명에 관하여서는 민소전자문서규칙 제7조 제3항이 이를 규정하고 있으므로, 같은 조 제5항에서 말하는 서명자의 실지명의를 확인할 수 없는 전자서명이란 그 밖의 경우를 지칭한다고 할 것이다.

그리고, 통상의 민사소송절차에서 소송서류 제출의 경우 외에 서명 또는 기명날인을 요하는 것으로는, 선서서(증인, 감정인, 당사자본인)(법 제321조 제3항, 제333조 본문, 제373조, 제299조), 영수증(법 제177조 제2항)이 있다.835)

다만, 현행법상 통상의 민사소송절차에서 (서명 또는 기명날인이 아닌) 서명날인을 요구하는 경우는 없는 것으로 보인다.

나. 특칙 : 기일에서의 전자문서 제출

부득이하게도 기일에 전자문서를 제출하여야 할 때가 있는바, 이때에는 제출시에 전자소

834) 민전예규 제82조 본문.

835) 민전예규 제82조 본문.

송시스템을 이용하기가 곤란하다.

이에 관하여 현행법상 제출방법의 특칙으로, 자기디스크 등을 이용한 제출(민소전자문서규칙 제16조 전문), 종이서류의 제출(같은 규칙 제15조 제4호 후단), 이 두 가지 방법이 예정되어 있으며, 두 방법 모두 재판장의 허가가 필요하다.

양자 중 어느 방법에 의할지는 결국 제출자가 어떤 제출방법을 준비하여 왔는지에 따라 달라질 것인바, 일견 후자가 편리할 것처럼 보이지만, 송달 문제를 고려하면 전자가 도리어 합리적이다.

위 두 방법에 관한 상세는 이 책 보론의 '전자소송에서 소송서류 제출·접수, 편철 및 송달의 특칙들' 부분에서 상론하는 내용을 참조하기 바란다.

다. 제출한 전자문서에 대한 확인의무

전자소송 동의를 한 등록사용자가 전자문서를 제출한 날부터 1주일이 경과하거나 기일이 끝날 때까지 이의를 제기하지 아니한 때에는, 제출하고자 한 문서와 전자소송시스템에 등재된 전자문서 사이의 동일성에 관하여 이의를 신청할 권리를 잃는다(민소전자문서규칙 제17조 제1항).

6. 전자소송에서의 소송비용 등의 납부

가. 전자적 신청의 인지액 특례

등록사용자로서 전자소송 동의를 한 자가(즉, '전자소송 동의자가') **'전자문서로 제출하는'**(민소전자문서법 제8조) **소장등에는 일반원칙에 따른 인지액**(민사소송 등 인지법 제2조 내지 제10조)**의 9/10에 해당하는 인지를 붙여야 한다**(민사소송 등 인지법 제16조).

특기할 것은, 위와 같이 계산한 인지액이 1,000원 이상이면 100원 미만은 계산하지 아니하나(같은 법 제2조 제2항 후단의 유추해석), 1,000원 미만인 때에는 이를 900원(=종이소송 소장의 인지대 하한액 1,000원×9/10)으로 한다(같은 항 전단의 유추해석).[836)]

---

836) 인지실무, 51면.

나. 전자소송에서의 소송비용 등 납부방법

1) 전자적 납부

가) 원칙 : 전자적 납부 가능

(전자소송 동의를 한) **등록사용자는 인지액 등 민사소송등에 필요한 비용과 전자소송시스템 이용수수료를 대법원규칙으로 정하는 방식에 따라 전자적인 방법으로 낼 수 있다**(민소전자문서법 제15조 제1항).[837)]

같은 항의 법문에는 "등록사용자는 …"이라고만 되어 있지만, 전자적 납부 자체가 전자적 제출의 일종(납부서 제출의 의제)이므로, 전자적 납부를 위하여서는 의당 전자소송 동의까지도 요구된다.

"인지액 등 민사소송등에 필요한 비용"이란, 인지액, 송달료, 그 밖에 소송행위에 필요한 비용을 말한다(민소전자문서규칙 제41조 제2항 참조). 이에 따라, 전자소송시스템도 인지대, 송달료, 법원보관금을 전자적으로 납부할 수 있도록 메뉴를 마련하고 있다.

나) 특칙 : 전자적 납부의무

다만, 전자독촉사건에서는 인지액 등을 전자적으로 납부하여야 한다(민소전자문서규칙 제41조 제1항 단서).[838)]

그런데, 이는 의당 법률에(즉, 민소전자문서법 제15조 제1항 단서로서) 규정되어야 할 사항인바, 그럼에도 불구하고 이를 대법원규칙에 규정한 것은 입법론적으로 매우 의문이다.

다) 전자소송시스템 이용수수료

전자소송시스템 이용수수료의 범위와 액수는 대법원규칙으로 정하는바(민소전자문서법 제15조 제2항), 구체적으로는 다음과 같다.

법원행정처장은 이용수수료를 당사자가 납부할 인지액, 송달료 그 밖에 소송행위에 필요한 비용 상당액에 다음 각 호의 구분에 따른 비율을 곱하여 산정한 금액의 범위 안에서 전자소송홈페이지에 공고한다(민소전자문서규칙 제41조 제3항).

---

837) 이 책 초판, 186면에서는, 전자소송 동의자에게는 전자적 제출의무가 있으므로 전자적 납부의무까지 있다고 보았으나, 이는 부당한 해석이므로 개설(改說)한다. 납부서를 전자적으로 제출하더라도(이에 관하여서는 후술한다) 전자적 제출의무에 반하지 아니하기 때문이다.

838) cf. 이는 과거 전자독촉제도에서도 그렇게 하고 있었다(구 독촉절차에서의 전자문서 이용 등에 관한 법률(2014. 5. 20. 법률 제12586호로 폐지) 제9조 제1항, 구 독촉절차에서의 전자문서 이용 등에 관한 규칙(2014. 11. 27. 대법원규칙 제2568호로 폐지) 제12조 제1항).

① 신용카드·직불카드 또는 금융기관 계좌이체를 이용하여 납부하는 경우 : 3.5%

② 그 외 결제수단을 이용하는 경우 : 8%

2018. 1. 1. 현재 그 비율은, 신용카드·직불카드 또는 금융기관 계좌이체를 이용하는 경우 2.43%,[839] 휴대폰결제방식을 이용하는 경우 7%로 공고되어 있다.

그러나, 위와 같이 산정한 값이 200원 미만인 경우에 이용수수료 금액은 200원으로 한다(같은 규칙 제3항).

라) 전자적 납부방식의 종류

전자적 납부는, ① 신용카드에 의한 결제 방식 또는 ② 계좌이체에 의한 결제방식 ③ 그 밖에 법원행정처장이 정하여 전자소송홈페이지에 공고하는 방식에 의한다(민소전자문서규칙 제41조 제1항).

이에 따라 ③ 가상계좌 결제방식(이용자가 현금결제를 하는 경우 무통장입금이 가능한 은행을 선택하면 자동으로 결제자만의 고유한 일회용 계좌가 형성되는 방식)에 의해서도 납부할 수 있는 것으로 공고되어 있다.[840]

그런데, ①, ②의 방식에서는 전자소송시스템 이용수수료도 함께 내어야 하나(민소전자문서법 제15조 제1항), ③의 경우에는 그러하지 아니하다. 따라서, 실무상 ③의 방식을 이용함이 일반이다.

2) 납부서의 전자적 제출

그런데 특기할 것은, 전자기록사건이라 하더라도, 전자소송 동의를 한 당사자가 인지대 등 소송비용을 전자적으로 납부하는 대신, 종이소송과 같은 방식으로 납부하고서 납부서만 전자적으로 제출할 수도 있다.

즉, 전자기록사건의 인지를 당사자가 수입인지 또는 현금으로 납부하고, 그 수입인지 또는 현금영수필확인서를 전자화하여 소장과 함께 전자제출한 경우, 담당재판부의 법원사무관등은 수입인지 또는 현금영수필확인서의 원본을 제출하도록 보정권고를 하거나 보정명령을 생성하고(다만 인터넷뱅킹으로 인지를 납부하여 인터넷에서 현금영수필 확인서 출력 후 이를 전자화하여

---

839) 전자소송 시스템 이용에 관한 공고(법원행정처 공고 제2016-201호).

cf. 수수료율이 2011. 5. 17.에는 2.75%였으나(법원행정처 공고 제2011-39호), 2014. 4. 29. 2.6%로(법원행정처 공고 제2014-81호), 2015. 1. 1. 2.55%(법원행정처 공고 제2014-205호), 그 후 2.48%로 인하되었다가, 2017. 1. 1. 다시 2.43%로 인하된 바 있다.

840) 전자소송 시스템 이용에 관한 공고(법원행정처 공고 제2016-201호) ; 민전예규 제88조.

제출한 경우에는 원본을 확인할 수 없으므로 보정권고나 보정명령을 하지 아니한다), 그에 따라 당사자의 원본제출의 보정서가 접수되면, 접수사무관등은 소인 등 조치를 취하고 원본을 확인하였다는 취지의 '원본확인필' 고무인을 날인(인터넷뱅킹에 의한 소송등인지의 현금영수필확인서를 제출한 경우는 제외)하여 서명한 후 해당 서류를 전자화하되,[841] 현금영수필확인서나 신용카드 등 납부 영수필확인서의 일련번호 등을 통하여 인지의 정상적인 납부 여부가 전산적으로 확인되는 경우, 그 원본의 제출을 요구하지 않을 수 있는 것으로 하고 있다.[842] 그리고, 이때 수입인지 또는 현금영수필확인서 원본은 가보존하지 아니하는 것으로 하고 있다.[843]

또한, 소송비용을 전자소송시스템을 이용하여 납부하지 아니하고, 송달료 수납은행 창구 등에서 현금납부하거나 신용카드로 납부할 수 있는 것으로 하고 있다.[844]

다만, 기술한 바와 같이, 독촉사건에서는 실무상 납부서의 전자적 제출방식에 의한 납부가 허용되지 아니한다.

7. 전자적 제출의 예외사유

가. 개 관

전자소송에서 전자적 제출의 예외사유로는 다음 세 가지가 있다.

① 전자소송시스템에 (광의의) 장애가 있는 경우(민소전자문서법 제8조 제1호), 즉 전자소송시스템을 이용할 수 없는 경우(민소전자문서규칙 제14조)

② 전자문서로 제출하는 것이 현저히 곤란한 경우(민소전자문서법 제8조 제2호 전단), 즉 전자화가 곤란한 경우(민소전자문서규칙 제15조 제1항)

③ 전자문서로 제출하는 것이 적합하지 아니한 경우(민소전자문서법 제8조 제2호 후단),

이 세 경우는, 소송서류의 제출방법, 전자기록화 여부, 송달방법 등에 차이가 있는바, 상세한 것은 이 책 보론의 '전자소송에서 소송서류 제출·접수, 편철 및 송달의 특칙들' 부분에서 살펴볼 것이다.

위와 같은 예외사유의 존재는 제출자가 소명하여야 할 것이다.[845]

---

841) 민전예규 제25조 제2항.
842) 민전예규 제25조 제4항.
843) 민전예규 제25조 제3항.
844) 민전예규 제89조 제4항
845) 민전예규 제19조 제2항 제2호 참조.

나. 전자소송시스템을 이용할 수 없는 경우

전자소송시스템을 이용할 수 없는 경우라 함은, 전자소송시스템 또는 정보통신망에 장애가 발생한 경우로서 다음 각 호 가운데 어느 하나에 해당하는 것을 말한다(민소전자문서규칙 제14조 제1항).[846)]

① 전자소송시스템의 장애가 언제 제거될 수 있는지 알 수 없는 경우
② 전자소송시스템의 장애가 제거될 시점에 서류를 제출하면 소송이 지연되거나 권리 행사에 불이익을 입을 염려가 있는 경우
③ 등록사용자가 사용하는 정보통신망의 장애가 제거될 시점에 서류를 제출하면 소송이 지연되거나 권리 행사에 불이익을 입을 염려가 있는 경우

주의할 것은, 전자소송시스템을 이용할 수 없는 경우에는, 그 성질상 전자기록화가 유예될 뿐이지 면제까지 되는 것이 아니라는 점이다.

다. 전자화가 곤란한 경우

전자화가 곤란한 경우(민소전자문서법 제8조 제2호 전단)라 함은, 다음 각 호 가운데 어느 하나에 해당하는 것을 말한다고 할 것이다(민소전자문서규칙 제15조 제1항 제1호 및 제2호).

① 서적을 제출하는 경우
② 기술적으로 서류를 전자문서로 변환하기 어려운 경우

주의할 것은, 전자화가 곤란한 경우에는, 그 성질상 전자기록화가 면제된다(다만, 서적의 내용 가운데 중요한 부분은 예외. 같은 항 제1호).

라. 전자문서로 제출하는 것이 적합하지 아니한 경우

일반적으로, 전자문서로 제출하는 것이 적합하지 아니한 경우(민소전자문서법 제8조 제2호 후단)라 함은, 다음 각 호 가운데 어느 하나에 해당하는 것을 말한다고 할 것이다(민소전자문서규칙 제15조 제1항 제3호 및 제4호).[847)]

---

846) "정보통신망"이란 전기통신설비(전기통신기본법 제2조 제2호)를 이용하거나 전기통신설비와 컴퓨터 및 컴퓨터의 이용기술을 활용하여 정보를 수집·가공·저장·검색·송신 또는 수신하는 정보통신체제를 말한다(민소전자문서규칙 제2조 제4호).

847) cf. 민사집행과 관련하여서는, "전자문서로 제출하는 것이 적합하지 아니한 경우"의 특칙이 있다. 즉, 강제집행의 실시를 위하여 집행권원이나 그 집행력 있는 정본(이하 "집행권원 등"이라 한다)을 전자문서로 변환하여 제출하는 자는 법원이 그 집행권원 등에 부여한 문서고유번호를 전자소송시스템에 입력하여야 하며(민소전자문서규칙 제44조 제1항), 이러한 문서고유번호를 입력하지 못한 경우에는, 제출

○ 서류에 당사자가 가지는 영업비밀(부정경쟁방지 및 영업비밀보호에 관한 법률 제2조 제2호)에 관한 정보가 담겨 있는 경우

○ 사생활 보호 또는 그 밖의 사유로 필요하다고 인정하여 재판장이 허가한 경우

그런데, 위와 같은 경우가 전자문서로써 서류를 제출함이 부적당하다고 하는 까닭은 도대체 무엇인가. 이는 경우를 나누어 보아야 한다.

우선, "영업비밀"과 "사생활 보호"의 경우에는, 비밀보호를 위한 열람 등의 제한 제도(법 제163조)와 궤를 같이 한다고 본다.[848] 즉, 법원과 당사자 외의 자가 열람하여서는 곤란한 서류가 전자소송시스템에 등재됨으로 인하여 만에 하나 생길 수 있는 불상사를 예방하기 위한 것으로 사료된다. 따라서, 위 경우에는, 그 성질상 전자기록화가 면제된다.

그러나, "그 밖의 사유"의 의미는 해석론적으로 열려 있다고 본다. 즉, 사안에 따라 전자기록화를 하여야 할 경우도 있고, 전자기록화를 할 수 없는 경우도 있는바, 그 여부 역시 재판장의 판단에 따르는 문제라고 하겠다.[849]

하고자 한 집행권원 등을 전자문서가 아닌 본래의 형태로 법원에 제출하여야 하고(같은 조 제2항), 후자의 경우에 집행권원 등을 제출하지 아니한 때에는 해당 서류를 제출하지 아니한 것으로 본다(같은 조 제3항).

848) 비밀보호를 위한 열람 등의 제한에 관하여서는, '재판기록의 열람·복사와 소송에 관한 증명서의 교부' 부분에서 후술한다.

849) 민전예규 제28조 제1항 제3호 참조. 유사취지 : 민사전자소송실무편람, 195면.
"그 밖의 사유"에 해당할 수 있는 사유의 실례는, 위의 책, 194~5면 참조.

Ⅳ. 재판기록의 열람·복사와 소송에 관한 증명서의 교부 등[850][851][852]

1. 재판기록 열람·복사[853]

가. 개 관

당사자나 이해관계를 소명한 제3자는 대법원규칙이 정하는 바에 따라, 소송기록의 열람·복사를 법원사무관등에게 신청할 수 있으며(법 제162조 제1항),[854] 법원사무관등에게 조서의 일부로 삼은 녹음테이프를 재생하여 들려줄 것을 신청할 수 있다(규칙 제34조 제2항, 제36조 제1항 후문).[855]

위와 같은 신청에 대하여는 대법원규칙이 정하는 수수료를 내야 한다(법 제162조 제5항).

그 밖에, 열람·복사와 관련하여 특기할 것은, 민사소송절차에서 형사기록에 대한 법원외 서증조사, 문서송부촉탁, 검증을 실시함으로써 그 형사기록의 사본이 민사소송기록에 첨부된 경우에 그 형사기록의 사본은 민사소송기록의 일부로 본다.[856]

다만, 재판기록이라 하여도 재판서, 조서만을 복사하고자 하는 경우에는 단순한 복사가 아니라 후술하는 등본 교부의 대상이 될 것이다.

이에 따라, 「재판기록 열람·복사 규칙」이 재판기록의 열람·복사에 대한 수수료와 열람·복사의 방법 및 절차에 관하여 필요한 사항을 규정하고 있다(재판기록 열람·복사 규칙 제1조).[857]

---

850) 한편, 민사조정사건에 관하여서는 민사조정규칙 제17조가 해당 내용을 규정하고 있으나, 이에 관하여서는 '민사조정에 준용되는 주요 민사절차 일반의 규정' 부분에서 살펴보기로 한다.
또한, 도산사건에 관하여서는 채무자회생법 제28조가 별도의 규정을 두고 있다.

851) cf. 공공기관의 정보의 공개에 관하여는 「공공기관의 정보공개에 관한 법률」에서 정하는 바에 따르지만, 다른 법률에 특별한 규정이 있는 경우에는 그러하지 아니한바(공공기관의 정보공개에 관한 법률 제4조 제1항의 반대해석), 법 제162조 역시 "정보의 공개에 관하여 다른 법률에 특별한 규정이 있는 경우"에 해당한다. 대법원 2014. 4. 10. 선고 2012두17384 판결.

852) 확정된 소송기록의 열람에 관하여서는 '확정된 판결서 내지 소송기록의 열람 등' 부분에서 후술한다.

853) 이에 관한 실무적·기술적인 사항에 관하여서는, 「재판기록 열람복사 예규(재일 2012-3)」(이하 '열람복사 예규'로 약칭한다) 참조.

854) 다만, 가사사건이나 회생·파산사건은 (특히 가사사건은 당사자라 하더라도) 재판기록의 열람·복사를 하려면 재판장의 허가까지 받아야 한다(가사소송법 제10조의2 제2항 제2호, 채무자회생법 제28조 제4항).

855) 녹음테이프를 조서의 일부로 삼는 것에 관하여서는 '변론조서(기일조서)' 부분에서 후술한다.

856) 열람복사예규 제9조 제3항.

857) 이에 따라, 재판기록의 열람·복사에 관하여는 다른 법령에 특별한 규정이 있는 경우를 제외하고는 이 규칙이 정하는 바에 의하는바(재판기록 열람·복사 규칙 제3조), 여기서 "재판"이라 함은, 민사소송법,

그러나, 전자기록에 관하여서는 '민소전자문서규칙'과 '민전예규'가 특칙을 두고 있음에 주의하여야 한다. 다만, 전자기록의 열람·출력 또는 복제에 관하여 '민소전자문서규칙'에 특별한 규정이 없으면 「재판기록 열람·복사 규칙」을 준용한다(민소전자문서규칙 제39조 제3항).

종이기록의 열람·복사와 관련하여 실무상 주의할 것은, 기일에 임박하여서는(대체로 기일 1주일 전)에는 재판기록이 그 검토를 위하여 판사실에 올라가 있는 경우가 일반이므로, 열람·복사신청이 주효하지 못할 우려가 있다는 점이다.

나. 열람·복사 개념의 확장

「민사소송법」과 「민사소송규칙」은 열람(녹음테이프라면 재생)과 복사만을 규정하고 있으나, 특수매체기록의 경우 그 성질상 열람 대신 청취·시청이, 그리고 복사 대신 복제·인화가 각각 문제된다(재판기록 열람·등사규칙 제5조 제1항).

한편, 종이기록에서는 복사가 문제되지만, 전자기록에서는 출력이나 복제가 문제된다. 그리고, 전자기록의 복제란 결국, 해당 전자문서의 내려받기(download)를 의미한다(민소전자문서규칙 제38조 제1항 참조).

다. 신청권자

1) 신청권자의 종류 등

기술한 바와 같이, 「민사소송법」은 재판기록의 열람·복사의 신청권자를 '당사자'와 '이해관계를 소명한 제3자'로 대별하고 있다(법 제162조 제1항).

양자의 차이는, 전자는 소송계속 중에 무료로 재판기록을 열람할 수 있다는 것(재판기록 열람·복사 규칙 제4조 제5항, 제5조 제3항), 후술하는 바와 같이, 후자는 비밀 보호를 위한 열람 등의 제한을 받을 수 있다는 것과 전자기록의 열람 등에 재판장의 허가가 필요하다는 것 등이다.

여기서 개념상 주의할 것은, 「민사소송법」이 재판기록의 열람·복사와 관련하여 "당사자"라 할 때에는 이는, 좁은 의미의 당사자 및 참가인뿐만 아니라, 법정대리인 또는 특별대리인, 소송대리인과 사건본인까지도 포함한다는 것이다(민소전자문서규칙 제38조 제1항 참조).[858]

민사집행법, 민사조정법, 형사소송법, 가사소송법, 행정소송법, 비송사건절차법 및 그 밖의 다른 법령에 의한 법원의 재판을 말한다(같은 규칙 제2조 제1호).
즉, 이 규칙은 비단 (광의의) 민사소송절차뿐만 아니라 비송사건절차나 형사소송절차 등에도 적용된다. 다만, 신청서의 양식 등은 민사와 형사가 다르게 마련되어 있다.

858) 열람복사예규 제4조 제1항 제1호 내지 제3호.

2) 사용인 등에 의한 열람·복사

실무상, 당사자나 법정대리인 또는 특별대리인으로부터 열람복사의 위임을 받은 자도, 재판기록의 열람복사를 신청할 수 있다.[859)]

특히, 전자기록사건의 경우, 사용자등록을 한 법무사는 당사자 또는 법정대리인 등의 위임을 받아 전자소송시스템을 이용하여 전자기록 열람을 신청할 수 있다(민소전자문서규칙 제38조 제4항). 즉, 사용자등록을 한 법무사가 당사자 또는 법정대리인으로부터 전자기록의 열람권한을 위임받은 때에는 전자소송시스템을 통하여 전자적 열람을 신청할 수 있다.[860)]

소송대리인 또는 변호인은 그 사용인, 사무원, 그 밖의 사람(이하 "사용인 등"이라 한다)으로 하여금 재판기록의 열람·복사를 하게 할 수 있다(재판기록 열람·복사규칙 제7조 제1항 본문). 다만, 재판장이 이를 금지하는 경우에는 그러하지 아니하다(같은 항 단서).[861)]

라. 신청방법

1) 원칙 : 열람복사신청

가) 열람복사 신청서

소송기록의 열람·복사를 신청할 때에는 신청인의 자격을 적은 서면으로 하여야 하며(규칙 제37조의2 제1항), 그 자격을 소명하여야 한다.[862)]

실무상, 이는 「재판기록 열람·복사/출력·복제 신청서」에 의하나,[863)] 녹음물의 청취·시청·복제 또는 속기록이나 녹취서의 열람·복사는 「녹음물 등 열람복사 신청서」에 의한다.[864)]

신청인은 신청서의 '복사할 부분' 란에 복사대상(기록의 일부를 복사하는 경우에는 "0월 00자 준비서면", "0차 변론기일 조서" 등과 같이 열거하여 특정하여야 함) 및 복사매수를 정확하게 기재하여야 한다.[865)]

이는 전자기록사건의 경우에도 같다. 민전예규 제95조 제1항 제1호 내지 제3호.

859) 열람복사예규 제4조 제1항 제1호, 제2호.
이는 전자기록사건의 경우에도 같다. 민전예규 제95조 제1항 제1호, 제2호.

860) 민전예규 제93조 제1항.

861) 이러한 사항들 역시 전자기록사건의 경우에도 마찬가지이다. 민전예규 제95조 제1항 제3호.

862) 열람복사예규 제5조 제1항 ; 민전예규 제95조 제2항 전단.

863) 열람복사예규 제5조 제2항.

864) 속기·녹음예규 제11조 제1항.
그런데, 관견으로는, 녹음물이나 영상녹화물 외의 것, 즉, 속기록이나 녹취서에 대하여서까지 별개의 신청서를 사용하도록 할 필요가 있는지 의문이다(규칙 제34조 제2항 참조).

865) 열람복사예규 제12조 제3항.

다만, 해당 기일의 변론절차 진행을 위하여 법정에서 기록을 열람하여야 할 부득이한 사유가 있는 경우에는 재판장의 허가를 받아 (법정에서) 기록을 열람할 수 있다.[866]

당사자나 이해관계를 소명한 제3자로서, 민사소송 등의 전자기록을 열람하고자 하는 자는 법원에 출석하여 해당 사건의 전자기록 열람·복제·출력을 신청함이 원칙이다(민소전자문서규칙 제38조 제2항 전문 전단, 후문).

열람복사신청과 관련하여 실무상 주의할 것은, 소송기록의 열람·복사는 민원우편을 이용하여 신청할 수는 없다.[867] 이 점, 후술하는 재판서·조서의 정본·등본·초본 교부의 경우와 다르다.

한편, 이러한 신청서는 문서건명부에 등재하기는 하지만,[868] 접수한 신청서는 재판기록에 편철하지 아니하고 열람복사 후에 연도별 열람 및 복사 신청서철에 완료된 순서대로 편철하며,[869] 연도별 열람 및 복사 신청서철은 해당 연도말로부터 1년간 보존한다.[870]

나) 열람·복사의 수수료

(1) 종이기록에 관한 수수료

(종이기록인) 재판기록의 열람·복사를 신청할 경우, 신청인은 1건마다 500원(이 경우 복사가 열람과 동시에 또는 열람 후 즉시 이루어지는 때에는 1건의 복사로 본다)의 수수료를 납부하여야 한다(재판기록 열람·복사규칙 제4조 제1항 제1호).

수수료는 수입인지로 납부하고, 100원 단위 미만 금액은 계산하지 아니하는바(같은 조 제4항), 이 점은 후술하는 전자기록이나 특수매체기록의 경우에도 마찬가지이다.

(2) 특수매체기록 수수료

재판기록 중 슬라이드, 필름, 테이프, 디스크, 전자파일 등의 특수매체 기록에 대한 열람(청취, 시청을 포함한다. 이하 같다)·복사(복제, 인화를 포함한다. 이하 같다)를 신청하는 사람이 납부하여야 할 수수료의 금액은 재판기록 열람·복사규칙 별표 1과 같다(재판기록 열람·복사규칙 제5조

---

866) 열람복사예규 제16조.

867) 민원우편제도에 관한 예규(재일 2003-13) 제2조 제1항의 반대해석.
다만, 제3채무자 진술서(민사집행법 제237조 제1항, 제291조 본문), 재산목록(같은 법 제67조), 재산조회결과(같은 법 제75조 제1항, 민사집행규칙 제38조)(가사사건 제외) 사본의 교부 청구만은 예외이다. 민원우편제도에 관한 예규(재일 2003-13) 제2조 제5호.
민원우편에 관하여서는, 재판서·조서의 정본·등본·초본 교부의 신청방법과 관련하여 후술한다.

868) 열람복사예규 제6조 제1항 ; 민전예규 제95조 제4항 전문 전단.

869) 열람복사예규 제6조 제2항 본문 ; 민전예규 제95조 제6항 전단.

870) 열람복사예규 제6조 제3항 ; 민전예규 제95조 제6항 후단.

제1항, 별표 1).

조서의 일부인 녹음물, 영상녹화물, 속기록 전자파일, 녹취서 전자파일의 열람·복사를 신청하는 사람이 납부하여야 할 수수료의 금액은 같은 규칙 별표 2와 같다(같은 규칙 제5조 제2항, 별표 2).

각 별표의 구체적 내용은 생략하겠다.

(3) 전자기록에 관한 수수료

전자기록의 열람 또는 출력을 신청할 경우 1건마다 500원(출력이 열람과 동시에 또는 열람 후 즉시 이루어지는 때에는 1건의 출력으로 본다)의 수수료를 납부하여야 한다(민소전자문서규칙 제39조 제1항, 별표 1).

전자기록의 복제를 신청할 경우 700MB 기준 1건마다 700원(매체비용은 별도. 후술하듯이 용량 초과시 추가 수수료가 있음)의 수수료를 납부하여야 한다(같은 별표).

(4) 수수료의 면제 : 당사자의 사건계속중 열람

사건의 당사자 및 그 법정대리인, 소송대리인 등이 그 사건의 계속 중에 (종이기록인) 재판기록의 열람을 하는 때에는 전술한 수수료를 납부하지 아니한다(재판기록 열람·복사규칙 제4조 제5항, 제5조 제3항).

이와 마찬가지로, 민사소송 등이 법원에 계속되는 동안에 당사자, 참가인 및 그 대리인이 법원에서 제공되는 컴퓨터 등을 이용하여 열람하는 경우에는 전술한 수수료를 납부하지 아니한다(민소전자문서규칙 제39조 제2항 제2호).

2) 특 례

전자기록사건에서는 전자소송홈페이지를 이용하여 열람·복사·출력을 할 수 있는 특례가 있는바, 이에 관하여서는 그 방식과 관련하여 후술하겠다.

마. 멀티미디어 주장자료 또는 음성·영상등 정보인 증거의 출력·복제 제한

법원은 전자기록에의 편입 허가(민소전자문서규칙 제13조 제2항)를 받은 멀티미디어 (주장)자료가 공공의 질서 또는 선량한 풍속을 해하거나 관계인의 명예 또는 생활의 평온을 해할 우려가 있는 때에는 출력 및 복제를 제한할 수 있다(민소전자문서규칙 제13조 제4항).[871]

---

871) 법문에는 "… 제1항의 멀티미디어 자료가 … 때에는 「민사소송법」 제162조 제1항에 따른 복사를 제한할 수 있다."로 되어 있으나, 편입 허가를 받지 못한 멀티미디어 주장자료는 출력·복제의 대상 자체가 될

또한, 법원은 음성·영상등 정보인 증거가 공공의 질서 또는 선량한 풍속을 해하거나 관계인의 명예 또는 생활의 평온을 해할 우려가 있는 때에도 출력 및 복제를 제한할 수 있다(같은 규칙 제33조 제4항, 제13조 제4항).

그리고, 이러한 복사 제한 여부의 결정에 대하여는 불복할 수 없다(같은 규칙 제13조 제5항, 제33조 제4항).

다만, 위와 같은 멀티미디어 주장자료나 음성·영상 등 정보인 증거라도, 청취·시청은 제한되지 아니한다(민소전자문서규칙 제13조 제4항 및 제33조 제4항의 반대해석).

바. 신청인의 자격심사

신청을 받은 복사담당자는 신청인이 자격을 갖추고 있는가에 관한 형식적 요건을 심사하며,[872] 복사담당자는 신청인의 자격에 관하여 의심이 있는 경우에는 신청서를 담당 재판부의 법원사무관등("참여사무관등") 또는 기록보존을 담당하는 법원사무관등("기록보존담당자")에게 제시하여 그 지시에 따른다.[873]

사. 열람·복사신청의 허부 결정에 대한 불복

법원사무관등이 행한 열람·복사신청의 허부 결정에 대한 불복이 있으면, 법원사무관등의 처분에 대한 이의신청(법 제223조)을 하여야 하는 것으로 해석된다(재판기록 열람·복사규칙 제7조 제5항 참조).[874]

아. 열람·복사의 방법 등

1) 종이기록의 열람·복사의 방법 및 수수료

가) 열람·복사장소 등의 지정

재판장은 사건이 계속 중인 재판기록의 열람·복사에 관하여 그 일시, 장소, 대상 및 방법 등을 지정할 수 있다(재판기록 열람·복사규칙 제7조 제2항).

수 없다고 할 것이며, 전자기록의 성질상 '복사'가 아니라 '출력 및 복제'가 문제된다(민소전자문서규칙 제38조 제1항 참조).

872) 열람복사예규 제7조 제1항 ; 민전예규 제95조 제3항 전단.

873) 열람복사예규 제7조 제2항.

874) 즉, 일반적인 정보공개청구에 대하여 불복하는 경우와 달리, 행정심판이나 행정소송에 의하여 다툴 수 없다.

나) 열람·복사시의 일반적 준수사항

재판기록을 열람하거나 재판기록을 복사하는 경우 신청인 또는 그 사용인 등(이하 "신청인 등"이라 한다)은, 재판장이 지정한 사항과 법원이 특히 정하는 사항을 준수하여야 하며(재판기록 열람·복사규칙 제7조 제4항 제1호, 제2호), 재판기록이 멸실, 손상 또는 변질되지 아니하도록 주의하여야 한다(같은 항 제4호).

다) 복사방법과 복사비용

(1) 법원 복사기

재판기록 복사 신청인은 필요한 부분을 특정하여 법원의 복사기 등 법원설비를 이용한 복사물의 교부를 신청할 수 있다(재판기록 열람·복사규칙 제6조 제2항 본문 전문).

이 경우에는 기술한 500원의 수수료를 납부하는 외에 교부받은 종이로 된 복사물 1장마다 50원의 수수료를 납부하여야 하나(같은 항 본문 후문), 100원 단위 미만 금액은 계산하지 아니함이 실무이다(같은 규칙 제4조 제4항).[875]

다만, 교부받은 복사물이 법원 설비를 이용하여 재판기록을 스캔한 전자파일인 경우에는 재판기록 열람·복사규칙 별표 1에서 정한 수수료를 납부하여야 한다(같은 규칙 제6조 제2항 단서).

(2) 변호사단체 복사기

소송대리인(변호사, 법무법인, 법무법인(유한) 또는 법무조합에 한한다. 이하 같다)은 변호사단체가 법원 또는 그 지원의 장의 허가를 얻어 법원 안에 설치한 복사기 등의 설비를 이용하여 복사할 수 있다(재판기록 열람·복사규칙 제6조 제3항).[876]

이때에는 해당 변호사단체의 요금카드를 구매함으로써 복사비용을 납부하게 된다.

(3) 신청인 복사설비

재판기록 복사 신청인은 법원이 지정한 장소에서 재판기록을 복사 신청인의 설비(복사기, 스캐너, 사진기 등을 말한다. 이하 같다)를 이용하여 복사할 수 있다(재판기록 열람·복사규칙 제6조 제1항 후단).

이 경우에는 복사비용은 별도로 납부할 필요가 없다.[877]

---

875) 열람복사예규 제11조 제2항 후단.

876) cf. 이 제도는 1998. 5. 30. 대법원규칙 제1542호로 「재판기록열람수수료등에관한규칙」을 전부개정하면서, 이른바 '급행료'의 폐단을 근절하기 위하여, 신설한 것이다.

(4) 필 사

재판기록 복사 신청인은 법원이 지정한 장소에서 재판기록을 스스로 필사할 수 있다(재판기록 열람·복사규칙 제6조 제1항 전단).

재판기록을 필사의 방법으로 복사할 때에는 재판기록에 가필을 하는 등 변경을 가하여서는 아니 된다(같은 규칙 제7조 제3항 제3호).

라) 신청인의 준수사항 위반에 따른 조치

열람·복사 담당 법원공무원은 신청인 등이 기술한 준수사항(재판기록 열람·복사규칙 제7조 제3항 각호)을 위반한 경우, 그 밖에 사고가 발생하거나 발생할 염려가 있는 경우에는 열람·복사의 중지, 제한, 그 밖의 적절한 조치를 취할 수 있다(재판기록 열람·복사규칙 제7조 제4항).

이러한 열람·복사 담당 법원공무원의 처분에 관한 이의신청에 대하여는 그 법원공무원이 속한 법원이 결정으로 재판한다(같은 조 제5항).

2) 전자기록의 열람·복사(즉, 복제·출력)의 방법 및 수수료[878]

가) 원칙 : 법원에 비치된 단말기의 이용

(1) 열람·복사방법

① 원 칙

당사자나 이해관계를 소명한 제3자(법 제162조)로서, 민사소송 등의 전자기록을 열람하고자 하는 자가 법원에 출석하여 해당 사건의 전자기록 열람을 신청한 때에는, 법원사무관등은 법원에 비치된 컴퓨터 단말기를 이용하여 해당 내용을 열람하게 할 수 있다(민소전자문서규칙 제38조 제2항 전문).

이때 당사자나 이해관계를 소명한 제3자의 신청에 따라 해당 사항을 복제하게 하거나 출력한 서면을 교부할 수도 있다(같은 항 후문).

② 예외 : 가사사건, 회생·파산사건

가사사건이나 회생·파산사건의 전자기록은 그 열람에 재판장의 허가를 요하는 등의 제약

---

877) 제요[민소 I], 216면.

878) 가사사건의 전자기록은 가사소송법 제10조의2 제2항 제2호에 따라, 회생·파산사건의 전자기록은 채무자회생법 제28조에 따라 열람, 출력 또는 복제할 수 있다(민소전자문서규칙 제38조의2 전문). 즉, 가사사건이나 도산사건은 전자기록의 열람·복사에 재판장의 허가를 요하는 등의 제약이 있다. 다만, 이 경우 그 방식에 관하여는 후술하는 일반원칙(민소전자문서규칙 제38조 제1항, 제2항)에 따른다(같은 규칙 제38조의2 후문).

이 있는바(민소전자문서규칙 제38조의2 전문), 구체적인 것은 전자적 열람·복제·출력과 관련하여 후술한다.

(2) 수 수 료

민사소송 등이 법원에 계속되는 동안에 전자기록을 열람, 출력 또는 복제하는 경우, 법원에서 제공되는 컴퓨터 등을 이용하여 열람하는 경우에는 수수료를 납부하지 아니한다(민소전자문서규칙 제39조 제2항 제2호).

그러나, 법원에서 제공되는 컴퓨터 등을 이용하여 복사(출력 또는 복제)를 하는 경우에는 수수료를 납부하여야 하는바(같은 항의 반대해석), 전자기록의 출력 또는 복제를 신청할 경우 납부하여야 할 수수료의 금액은 다음과 같다(같은 조 제1항, 별표 1).

구 분	비용산정방법
기록의 열람·출력	1건마다 500원(출력이 열람과 동시에 또는 열람한 뒤 이루어지는 경우에는 1건의 출력으로 본다)
기록의 출력서면 교부	출력서면 1장마다 50원(다만, 100원 단위 미만 금액은 이를 계산하지 아니한다)
기록의 복제	700MB 기준 1건마다 500원, 700MB 초과 시 350MB마다 300원(매체비용은 별도)

나) 특칙 : 전자적 열람·복제·출력

(1) 전자적 열람·복제·출력을 할 수 있는 자

(가) 원 칙

전자기록사건에서, 일정한 자들은 - 굳이 법원에 방문할 필요 없이 - 전자적 열람·복제·출력, 즉, 전자소송 홈페이지를 이용한 열람·복제·출력을 할 수 있다.

첫째, 원칙적으로, 등록사용자로서 전자소송 동의를 한 당사자, 소송대리인 또는 참가인, 회생·파산사건의 채무자 중 신청인이 아닌 자, 법정대리인, 특별대리인, 사건본인(민소전자문서규칙 제3조 제1호부터 제4호까지)은, 전자적 방법으로 열람·복제·출력을 할 수 있다(민소전자문서규칙 제38조 제1항).

그런데, 법문은 "… (위와 같은 자가) … 전자기록을 열람, 출력 또는 복제하는 경우에는, (전자적) 방식으로 한다."로 되어 있으나, 여기서 "한다"는 입법의 착오라고 할 것이며, 의당 이는 "할 수 있다."로 새겨야 한다.

다만 주의할 것은, 해당 사건이 완결되면(소송대리인의 경우에는 권한이 소멸하면) 전자소송 동의의 효력이 소멸하므로(민소전자문서규칙 제10조 제1항), 원론적으로는, 그 때부터는 역시 위와 같은 방식으로 열람·복사를 할 수 없다.

둘째, 그 밖의 관계인(같은 규칙 제3조 제5호부터 제11호까지)에 해당하는 등록사용자는 '재판장등의 허가를 얻어' 전자적 방법으로 전자기록을 열람·복제·출력을 할 수 있다(같은 규칙 제38조 제3항).[879)]

셋째, 사용자등록을 한 법무사는 당사자 또는 법정대리인 등의 위임을 받아 전자소송시스템을 이용하여 전자기록 열람을 신청할 수 있다(같은 조 제4항). 전자소송실무는 이를 다음과 같이 처리하고 있다.

여기서 위임이라 함은 전자기록의 열람권한의 위임을 말하며,[880)] 법원사무관등은 이러한 위임사실이 소명되면 기간을 정하여 전자적 열람을 허용하는 조치를 취하여야 하고,[881)] 이 기간은 그 조치가 있음을 통지한 때로부터 5일간(공휴일 제외)으로 한다.[882)]

그러나 별항으로 살펴보겠다시피, 가사사건과 회생·파산사건에서는 다음과 같은 예외가 있다(같은 조 제1항, 제3항).

(나) 예외 1 : 가사사건

가사사건의 전자기록은 가사소송법 제10조의2 제2항 제2호에 따라 (전자적으로) 열람, 출력 또는 복제할 수 있다(민소전자문서규칙 제38조의2 전문). 위 규정의 취지가 반드시 분명한 것은 아니나, 전자소송실무는 다음과 같이 처리하고 있는 것으로 보인다.

첫째, 일반원칙(가사소송법 제10조의2 제2항 제2호)에 따라, 가사사건에서는 전자적 열람·출력·복제에 재판장의 허가가 필요하다. 법무사가 열람권한의 위임을 받은 경우에도 마찬가지임은 물론이다.[883)]

둘째, (가사사건의) 사건본인(민소전자문서규칙 제3조 제4호) 및 상담위원, 법원으로부터 상담을 촉탁 받은 기관(같은 규칙 제3조 제10호의2), 후견인, 후견감독인(같은 조 제10호의3)도 전자적 열

879) 다만, 상임조정위원은 아예 내부사용자로서 열람을 할 수 있고, 일반 조정위원의 경우 조정결과 입력시까지 전자기록의 열람을 허가하여 줌이 실무이다. 민사전자소송실무편람, 68면.

880) 민전예규 제93조 제1항.
그런데, 법문에는 "… 당사자 또는 법정대리인으로부터 전자기록의 열람권한을 위임받은 때에는 …"이라고만 되어 있으나, 참가인, 특별대리인으로부터도 위임을 받을 수 있음은 물론이다.

881) 민전예규 제93조 제2항 본문.

882) 민전예규 제93조 제3항.

883) 민전예규 제93조 제2항 단서.

람·출력·복제를 신청할 수 있다.

셋째, 전자소송시스템을 통하여 열람을 신청한 경우, 그 열람기간은 허가가 있음을 통지한 때로부터 5일간(공휴일 제외)으로 한다.[884]

(다) 예외 2 : 회생·파산사건

회생·파산사건의 전자기록은 채무자회생법 제28조에 따라 (전자적으로) 열람, 출력 또는 복제할 수 있다(민소전자문서규칙 제38조의2 전문). 위 규정의 취지 역시 반드시 분명한 것은 아니나, 전자소송실무는 다음과 같이 처리하고 있는 것으로 보인다.

첫째, 일반원칙(채무자회생법 제28조)에 따라, 회생·파산사건에서는 전자적 열람·출력·복제에 재판장의 허가가 필요하다. 법무사가 열람권한의 위임을 받은 경우에도 마찬가지임은 물론이다.[885]

둘째, 그러나, 회생·파산사건의 채권자·주주·지분권자 중 신청인이 아닌 자(민소전자문서규칙 제3조 제10호의4 전단)는 전자적 열람·출력·복제를 할 수 없다.

셋째, 회생·파산사건의 절차관계인들(같은 호 후단)이 전자소송시스템을 통하여 열람을 신청한 경우, 그 열람기간은 허가가 있음을 통지한 때로부터 사건종료 후 1개월까지로 한다. 다만, 해임·사임의 경우에는 해임·사임의 효력이 발생된 때까지로 한다.[886]

(2) 전자적 열람·복제·출력의 방법

전자적 열람·복제·출력은, 전자소송시스템에 접속한 후 전자소송홈페이지에서 그 내용을 확인하고 이를 서면으로 출력하거나 해당 사항을 자신의 자기디스크 등에 내려받는 방식으로 한다(민소전자문서규칙 제38조 제1항, 제3항, 제38조의2).

법원 또는 재판장등이 사건관계인에 대하여 열람·복사/출력·복제를 허가하면서 그 범위를 지정한 경우, 법원사무관등이 해당 범위의 전자문서를 출력하거나 PDF 파일로 변환하여 제공하는 방식에 의한다.[887]

(3) 법 무 사

사용자등록을 한 법무사는 당사자 또는 법정대리인 등의 위임을 받아 전자소송시스템을 이용하여 전자기록 열람을 신청할 수 있다(민소전자문서규칙 제38조 제4항).

---

884) 민전예규 제94조 제2항.

885) 민전예규 제93조 제2항 단서.

886) 민전예규 제94조 제3항.

887) 민전예규 제94조 제1항.

그러나, 복제나 출력은 신청하지 못한다고 할 것이다(같은 항의 반대해석).

따라서, 사용자등록을 한 법무사가 당사자 또는 법정대리인으로부터 전자기록의 열람권한을 위임받은 때에는 전자소송시스템을 통하여 전자적 열람을 신청할 수 있다.[888)]

법원사무관등은 위 위임사실이 소명되면 기간을 정하여 전자적 열람을 허용하는 조치를 취하여야 한다. 다만, 가사사건과 회생·파산사건의 경우(민소전자문서규칙 제38조의2)에는 법원 또는 재판장의 허가를 받은 때에 한한다.[889)]

이때, 위 열람기간은 그 조치가 있음을 통지한 때로부터 5일간(공휴일 제외)으로 한다.[890)]

(4) 수 수 료

민사소송 등이 법원에 계속되는 동안에 전자기록을 열람, 출력 또는 복제하는 경우, 법원에서 제공되지 아니하는 컴퓨터 등을 이용하여 열람, 출력 또는 복제하는 경우에는 수수료를 납부하지 아니한다(민소전자문서규칙 제39조 제2항 제1호).

자. 소송기록을 열람·복사한 사람의 의무

소송기록을 열람·복사한 사람은, 열람·복사에 의하여 알게 된 사항을 이용하여 공공의 질서 또는 선량한 풍속을 해하거나 관계인의 명예 또는 생활의 평온을 해하는 행위를 하여서는 아니 된다(법 제162조 제4항).

2. 재판서·조서의 정본·등본·초본 교부

가. 개 관

당사자나 이해관계를 소명한 제3자는 대법원규칙이 정하는 바에 따라 재판서·조서의 정본·등본·초본의 교부를 법원사무관등에게 신청할 수 있다(법 제162조 제1항).

위와 같은 신청에 대하여는 대법원규칙이 정하는 수수료를 내야 하므로(같은 조 제5항), **재판서 또는 조서의 등본 또는 초본 발급을 청구하는 경우에는 대법원규칙으로 정하는 금액의 인지를 붙여야 한다**(민사소송 등 인지법 제12조).

이에 따라 「재판기록 열람·복사 규칙」은 재판서·조서의 정본·등본·초본에 대한 수수료 등에 관하여 필요한 사항 또한 규정하고 있다(재판기록 열람·복사 규칙 제1조).

---

888) 민전예규 제93조 제1항.
889) 민전예규 제93조 제2항.
890) 민전예규 제93조 제3항.

재판서·조서의 정본·등본·초본에는, 그 취지를 적고,[891] **법원사무관등이 기명날인 또는 서명하여야 한다**(법 제162조 제6항).[892] 이 점이 단순한 열람·복사와의 큰 차이이다.

재판서·조서의 정본·등본·초본 교부와 관련하여 실무상 주의할 것은, 실제로는 기일이 실시되자마자 조서가 작성되는 것이 아니라, 조서의 작성시까지 다소 시일이 소요된다는 점이다.

나. 재판서·조서의 정본·등본·초본 교부 신청 방법 등

1) 원 칙

재판서·조서의 정본·등본·초본의 교부를 신청할 때에는 신청인의 자격을 적은 서면(「재판서·조서의 정본·등본·초본 교부신청서」)으로 하여야 한다(규칙 제37조의2 제1항),

이 경우, 1건마다 1,000원의 수수료를 납부하여야 하며(재판기록 열람·복사규칙 제4조 제1항 제2호),[893] 수수료는 수입인지로 납부한다(같은 조 제4항 전단).

주의할 것은, 재판서 정본 교부를 집행문 부여와 동시에 신청하는 경우, 양자의 수수료는 따로 납부하여야 하므로(같은 항 제4호), 예컨대, 집행력 있는 판결 정본의 재도부여(再度附與) 신청을 할 경우에는, 1,500원(=1,000원+500원)의 인지를 붙여야 한다.[894]

특기할 것은, 재판서·조서의 정본·등본·초본의 교부는, 민원우편을[895] 이용하여 신청할 수도 있으며,[896] 현재 이는 인터넷우체국 사이트(www.epost.go.kr)에서도 신청할 수 있게 되어 있다.

2) 특칙 : 전자기록사건에서 전자소송 동의자의 경우

전자소송시스템은, 전자소송 동의를 한 등록사용자의 경우, 전자소송홈페이지의 '정(등)본

---

891) 실무상, "정본(등본·초본입니다)"라는 인증문구와 인증연월일을 기재한다.

892) cf. 2017. 10. 30. 이전에는 기명날인하는 것으로만 규정되어 있었다.

893) cf. 2012. 이전에는 원본 5장까지 1,000원, 초과 1장마다 50원이었다(구 재판기록열람수수료등에관한규칙(2012. 12. 27. 대법원규칙 제2441호로 「재판기록 열람·복사 규칙」으로 전부개정되기 전의 것) 제4조 제1항 제2호)

894) 인지실무, 47면.

895) 민원우편이란, 우정사업본부장이 정하여 고시하는 민원서류 발급을 위하여 등기취급을 전제로 우편 또는 정보통신망을 통하여 발급신청에 필요한 서류와 발급수수료를 송부하고 그에 따라 발급된 민원서류와 발급수수료 잔액등을 우정사업본부장이 발행하는 민원우편봉투에 함께 넣어 송달하는 특수취급제도를 말한다(우편법 제15조 제1항, 우편법 시행령 제9조의2 제1항 제6호, 우편법 시행규칙 제25조 제1항 제7호).
이에 따라, 「민원우편으로 취급하는 민원사무」(우정사업본부 고시)가 해당 민원서류를 규정하고 있다.

896) 민원우편제도에 관한 예규(재일 2003-13) 제2조 제1항 제1호.

발급' 메뉴를 통하여 정(등)본을 출력할 수 있도록 하고 있다.

다만, 송달을 요하는 재판서·조서의 경우의 경우, 정본의 출력회수에 제한이 있음은 '송달' 부분에서 후술한다.

3. 지식재산권침해 관련소송에서의 비밀유지명령 등

가. 개 관

「대한민국과 미합중국 간의 자유무역협정 (FTA)」(Free Trade Agreement between the Republic of Korea and the United States of America)의 체결·발효에 따라,[897) 「특허법」 등에서 비밀유지명령 제도가 도입되었다.

비밀유지명령 제도의 개요는, 지적재산권 관련소송에서, 영업비밀을 당사자 외의 자에게 공개하지 아니할 것을 법원이 명할 수 있고, 만일 이에 위반한 때에는 처벌하도록 한 것이다.

그런데, 이러한 비밀유지명령 제도는, 별항으로 후술하는 비밀보호를 위한 열람 등의 제한 제도와도 관련이 있다. 즉, 당사자의 영업비밀 보호를 위하여 당사자 외의 자가 소송기록의 해당 부분의 열람 등을 하지 못하게 하는 제도가 후자인바, 열람 등 제한 결정이 있은 사건에서 비밀유지명령도 있었다면 해당 사건의 열람청구권자의 범위가 더욱 축소된다.

나. 비밀유지명령

1) 개 관

가) 원 칙

법원은, 후술하는 권리의 침해에 관한 소송에서, 그 당사자가 보유한 영업비밀(부정경쟁방지 및 영업비밀보호에 관한 법률 제2조 제2호)**에 대하여 다음 각 호의 사유를 모두 소명한 경우에는, 그 당사자의 신청에 따라 결정으로 다른 당사자**(법인인 경우에는 그 대표자), **당사자를 위하여 소송을 대리하는 자, 그 밖에 해당 소송으로 인하여 영업비밀을 알게 된 자에게 그 영업비밀을 해당 소송의 계속적인 수행 외의 목적으로 사용하거나 그 영업비밀에 관계된 비밀유지명령을 받은 자 외의 자에게 공개하지 아니할 것을 명할 수 있다**(저작권법 제129조의3 제1항 본문, 디자인보호법 제217조 제1항 본문, 부정경쟁방지 및 영업비밀보호에 관한 법률 제14조의4 제1항 본문, 상

897) 위 협정 제18.10조는, 각 당사국은, 사법 당국이 소송절차에서 생산되거나 교환된 비밀정보의 보호에 관한 사법명령의 위반에 대하여 민사 사법절차의 당사자, 변호사, 전문가 또는 법원의 관할권이 미치는 그 밖의 자에게 제재를 부과할 수 있는 권한을 가지도록 규정하는 것으로 하였다.

표법 제227조 제1항 본문, 특허법 제224조의3 제1항 본문, 실용신안법 제44조).

① 이미 제출하였거나 제출하여야 할 준비서면 또는 이미 조사하였거나 조사하여야 할 증거에 영업비밀이 포함되어 있다는 것

② 위 영업비밀이 해당 소송 수행 외의 목적으로 사용되거나 공개되면 당사자의 영업에 지장을 줄 우려가 있어 이를 방지하기 위하여 영업비밀의 사용 또는 공개를 제한할 필요가 있다는 것

나) 예 외

다만, 그 신청시까지 다른 당사자(법인인 경우에는 그 대표자), **당사자를 위하여 소송을 대리하는 자, 그 밖에 해당 소송으로 인하여 영업비밀을 알게 된 자가 준비서면의 열람이나 증거조사 외의 방법으로 그 영업비밀을 이미 취득하고 있는 경우에는 그러하지 아니하다**(저작권법 제129조의3 제1항 단서. 디자인보호법 제217조 제1항 단서. 부정경쟁방지 및 영업비밀보호에 관한 법률 제14조의4 제1항 단서. 상표법 제227조 제1항 단서. 특허법 제224조의3 제1항 단서, 실용신안법 제44조).

다) 비밀유지명령의 대상이 되는 소송

법원이 비밀유지명령을 할 수 있는 소송은 다음과 같다.

- **저작권, 그 밖에 「저작권법」에 따라 보호되는 권리**(저작권법 제25조, 제31조, 제75조, 제76조, 제76조의2, 제82조, 제83조, 제83조의2 및 제101조의3에 따른 보상을 받을 권리는 제외한다)**의 침해에 관한 소송**(저작권법 제129조의3 제1항 본문).
- **디자인권 또는 전용실시권의 침해에 관한 소송**(디자인보호법 제217조 제1항 본문)
- **부정경쟁행위, 자유무역협정에 따라 보호하는 지리적 표시의 사용금지 등을 위반한 행위**(부정경쟁방지 및 영업비밀보호에 관한 법률 제3조의2 제1항이나 제2항) **또는 영업비밀 침해행위로 인한 영업상 이익의 침해에 관한 소송**(부정경쟁방지 및 영업비밀보호에 관한 법률 제14조의4 제1항 본문)
- **상표권 또는 전용사용권의 침해에 관한 소송**(상표법 제227조 제1항 본문)
- **특허권 또는 전용실시권의 침해에 관한 소송**(특허법 제224조의3 제1항 본문)
- **실용신안권 또는 전용실시권의 침해에 관한 소송**(실용신안법 제44조에서 특허법 제224조의3 제1항 본문의 준용)

2) 비밀유지명령신청

이러한 비밀유지명령의 신청은 다음 각 호의 사항을 적은 서면으로 하여야 한다(저작권법

제129조의3 제2항. 디자인보호법 제217조 제2항. 부정경쟁방지 및 영업비밀보호에 관한 법률 제14조의4 제2항. 상표법 제227조 제2항. 특허법 제224조의3 제2항, 실용신안법 제44조).

① 비밀유지명령을 받을 자

② 비밀유지명령의 대상이 될 영업비밀을 특정하기에 충분한 사실

③ 비밀유지명령 신청사유에 해당하는 사실

3) 비밀유지명령의 송달

법원은 비밀유지명령을 한 때에는 그 결정서를 비밀유지명령을 받을 자에게 송달하여야 한다(저작권법 제129조의3 제3항. 디자인보호법 제217조 제3항. 부정경쟁방지 및 영업비밀보호에 관한 법률 제14조의4 제3항. 상표법 제227조 제3항. 특허법 제224조의3 제3항, 실용신안법 제44조).[898]

비밀유지명령은 위 결정서가 비밀유지명령을 받을 자에게 송달된 때부터 효력이 발생한다(저작권법 제129조의3 제4항. 디자인보호법 제217조 제4항. 부정경쟁방지 및 영업비밀보호에 관한 법률 제14조의4 제4항. 상표법 제227조 제4항. 특허법 제224조의3 제4항, 실용신안법 제44조).[899]

4) 불 복

비밀유지명령의 신청을 기각 또는 각하한 재판에 대하여는 즉시항고를 할 수 있다(저작권법 제129조의3 제5항. 디자인보호법 제217조 제5항. 부정경쟁방지 및 영업비밀보호에 관한 법률 제14조의4 제5항. 상표법 제227조 제5항. 특허법 제224조의3 제5항, 실용신안법 제44조).

5) 비밀유지명령위반죄

이러한 비밀유지명령을 정당한 이유 없이 위반한 자는 처벌을 받는다(저작권법 제136조 제1항 제2호. 디자인보호법 제224조 제1항. 부정경쟁방지 및 영업비밀보호에 관한 법률 제18조의4 제1항. 상표법 제231조 제1항. 특허법 제229조의2 제1항, 실용신안법 제44조. 양벌규정 있음).

다만, 이 죄는 비밀유지명령을 신청한 자의 고소가 없으면 공소를 제기할 수 없다(저작권법 제140조 본문. 디자인보호법 제224조 제2항. 부정경쟁방지 및 영업비밀보호에 관한 법률 제18조의4 제2항. 상표법 제231조 제2항. 특허법 제229조의2 제1항, 실용신안법 제44조).[900]

---

898) 법문은 "(법원은) 비밀유지명령이 결정된 경우에는 그 결정서를 비밀유지명령을 받은 자에게 송달하여야 한다." 식으로 되어 있으나, 이는 우리말 어법에 맞지 아니하는 어색한 표현이다. 이는 미국법제도를 번역계수하면서 미국법의 표현을 축자적으로 베꼈기 때문에 생긴 결과로 추측된다.

899) 법문에는 "… 비밀유지명령을 받은 자에게 …"으로 되어 있으나, 이 또한 우리말 어법에 맞지 아니하는 표현이다.

900) 「저작권법」은 누가 이 경우의 고소권자인지 규정하고 있지 아니하나, 이에 관하여 다른 법률들과 달리 새길 이유가 없다.

다. 비밀유지명령의 취소

1) 개 관

비밀유지명령을 신청한 자 또는 비밀유지명령을 받은 자는 비밀유지명령의 요건을 갖추지 못하였거나 갖추지 못하게 된 경우 소송기록을 보관하고 있는 법원(소송기록을 보관하고 있는 법원이 없는 경우에는 비밀유지명령을 내린 법원)**에 비밀유지명령의 취소를 신청할 수 있다**(저작권법 제129조의4 제1항. 디자인보호법 제218조 제1항. 부정경쟁방지 및 영업비밀보호에 관한 법률 제14조의5 제1항. 상표법 제228조 제1항. 특허법 제224조의4 제1항, 실용신안법 제44조).

2) 재판의 송달

법원은 비밀유지명령의 취소신청에 대하여 재판을 하는 때에는 그 결정서를 그 신청인과 상대방에게 송달하여야 한다(저작권법 제129조의4 제2항, 디자인보호법 제218조제2항, 부정경쟁방지 및 영업비밀보호에 관한 법률 제14조의5 제2항, 상표법 제228조 제2항, 특허법 제224조의4 제2항, 실용신안법 제44조).[901]

3) 불 복

비밀유지명령의 취소신청에 대한 재판에 대하여는 즉시항고를 할 수 있다(저작권법 제129조의4 제3항. 디자인보호법 제218조제3항. 부정경쟁방지 및 영업비밀보호에 관한 법률 제14조의5 제3장. 상표법 제228조 제3항. 특허법 제224조의4 제3항, 실용신안법 제44조).

4) 비밀유지명령 취소결정의 효력

비밀유지명령을 취소하는 재판은 확정되어야 그 효력이 발생한다(저작권법 제129조의4 제4항. 디자인보호법 제218조 제4항. 부정경쟁방지 및 영업비밀보호에 관한 법률 제14조의5 제4항. 상표법 제228조 제4항. 특허법 제224조의4 제4항, 실용신안법 제44조).

5) 비밀유지명령 취소결정의 통지

비밀유지명령을 취소하는 재판을 한 법원은, 비밀유지명령의 취소 신청을 한 자 또는 상대방 외에 해당 영업비밀에 관한 비밀유지명령을 받은 자가 있는 경우에는 그 자에게 즉시 비밀유지명령의 취소 재판을 한 취지를 통지하여야 한다(저작권법 제129조의4 제5항. 디자인보호법 제218조 제5항. 부정경쟁방지 및 영업비밀보호에 관한 법률 제14조의5 제5항. 상표법 제228조 제5항. 특허

901) 법문에는 "비밀유지명령의 취소신청에 대한 재판이 있는 경우에는 그 결정서를 그 신청인과 상대방에게 송달하여야 한다." 식으로 되어 있으나, 이는 우리말 어법에 맞지 않는 어색한 표현이다. 이는 미국법제도를 번역계수하면서 미국법의 표현을 축자적으로 베꼈기 때문에 생긴 결과로 추측된다.

법 제224조의4 제5항, 실용신안법 제44조).

그러나, 비밀유지명령 취소결정은 확정되어야 효력이 있으므로, 이러한 통지는 해당 결정이 확정된 후에 하여야 할 것이다.

4. 산업기술의 유출 및 침해에 관한 소송에서의 비밀유지명령 등

가. 비밀유지명령

1) 개 관

가) 원 칙

법원은 산업기술의 유출 및 침해에 관한 소송에서 그 당사자가 보유한 산업기술에 대하여 다음 각 호의 사유를 모두 소명한 경우에는 그 당사자의 신청에 따라 결정으로 다른 당사자(법인인 경우에는 그 대표자를 말한다), **당사자를 위하여 소송을 대리하는 자, 그 밖에 해당 소송으로 인하여 산업기술을 알게 된 자에게 그 산업기술을 해당 소송의 계속적인 수행 외의 목적으로 사용하거나 그 산업기술에 관계된 비밀유지명령을 받은 자 외의 자에게 공개하지 아니할 것을 명할 수 있다**(산업기술의 유출방지 및 보호에 관한 법률 제22조의4 제1항 본문).

① 이미 제출하였거나 제출하여야 할 준비서면 또는 이미 조사하였거나 조사하여야 할 증거에 산업기술이 포함되어 있다는 것

② 위 산업기술이 해당 소송 수행 외의 목적으로 사용되거나 공개되면 당사자의 경영에 지장을 줄 우려가 있어 이를 방지하기 위하여 산업기술의 사용 또는 공개를 제한할 필요가 있다는 것

나) 예 외

다만, 그 신청 시점까지 다른 당사자(법인인 경우에는 그 대표자를 말한다), **당사자를 위하여 소송을 대리하는 자, 그 밖에 해당 소송으로 인하여 산업기술을 알게 된 자가 제1호에 규정된 준비서면의 열람이나 증거 조사 외의 방법으로 그 산업기술을 이미 취득하고 있는 경우에는 그러하지 아니하다**(산업기술의 유출방지 및 보호에 관한 법률 제22조의4 제1항 단서).

2) 비밀유지명령신청

이러한 비밀유지명령의 신청은 다음 각 호의 사항을 적은 서면으로 하여야 한다(산업기술의 유출방지 및 보호에 관한 법률 제22조의4 제2항).

① 비밀유지명령을 받을 자

② **비밀유지명령의 대상이 될 산업기술을 특정하기에 충분한 사실**

③ **비밀유지명령 신청사유**(산업기술의 유출방지 및 보호에 관한 법률 제22조의4 제1항 각 호)**에 해당하는 사실**

3) 비밀유지명령의 송달

법원은 비밀유지명령을 한 때에는 그 결정서를 비밀유지명령을 받을 자에게 송달하여야 한다(산업기술의 유출방지 및 보호에 관한 법률 제22조의4 제3항).[902]

비밀유지명령은 위 결정서가 비밀유지명령을 받을[903] 자에게 송달된 때부터 효력이 발생한다(같은 조 제4항).

4) 불 복

비밀유지명령의 신청을 기각 또는 각하한 재판에 대하여는 즉시항고를 할 수 있다(산업기술의 유출방지 및 보호에 관한 법률 제22조의4 제5항).

5) 비밀유지명령위반죄

국내외에서 정당한 사유 없이 비밀유지명령을 위반한 자는 5년 이하의 징역 또는 5천만원 이하의 벌금에 처한다(산업기술의 유출방지 및 보호에 관한 법률 제36조의2 제1항).[904]

다만, 이 죄는 비밀유지명령을 신청한 자의 고소가 없으면 공소를 제기할 수 없다(같은 조 제2항).

나. 비밀유지명령의 취소

1) 개 관

비밀유지명령을 신청한 자 또는 비밀유지명령을 받은 자는 비밀유지명령의 요건(산업기술의 유출방지 및 보호에 관한 법률 제22조의4 제1항)**을 갖추지 못하였거나 갖추지 못하게 된 경우 소송기록을 보관하고 있는 법원**(소송기록을 보관하고 있는 법원이 없는 경우에는 비밀유지명령을 내린 법원을 말한다)**에 비밀유지명령의 취소를 신청할 수 있다**(산업기술의 유출방지 및 보호에 관한

902) 법문은 "법원은 비밀유지명령이 결정된 경우에는 그 결정서를 비밀유지명령을 받은 자에게 송달하여야 한다."로 되어 있으나, 이는 우리말 어법에 맞지 않는 어색한 표현이다.

903) 법문에는 "… 받은 …"으로 되어 있으나, 이 또한 우리말 어법에 맞지 아니하는 표현이다.

904) 이 죄에 관하여서는 양벌규정이 없으나, 이는 입법의 착오로 보인다.
이러한 입법의 착오가 발생한 원인은, 2019. 8. 20., 법률 제16476호로 「산업기술의 유출방지 및 보호에 관한 법률」을 개정하여 비밀유지명령 제도를 신설함에 따라 이에 관한 벌칙으로 제36조의2를 신설하면서도 이에 상응하게 제38조(양벌규정)을 개정하지 아니하였기 때문이다.

법률 제22조의5 제1항).

2) 재판의 송달

법원은 비밀유지명령의 취소 신청에 대한 재판을 하는 때에는[905] **그 결정서를 그 신청을 한 자 및 상대방에게 송달하여야 한다**(산업기술의 유출방지 및 보호에 관한 법률 제22조의5 제2항).

3) 불 복

비밀유지명령의 취소 신청에 대한 재판에 대하여는 즉시항고를 할 수 있다(산업기술의 유출방지 및 보호에 관한 법률 제22조의5 제3항).

4) 비밀유지명령 취소결정의 효력

비밀유지명령을 취소하는 재판은 확정되어야 그 효력이 발생한다(산업기술의 유출방지 및 보호에 관한 법률 제22조의5 제4항).

5) 비밀유지명령 취소결정의 통지

비밀유지명령을 취소하는 재판을 한 법원은 비밀유지명령의 취소 신청을 한 자 또는 상대방 외에 해당 산업기술에 관한 비밀유지명령을 받은 자가 있는 경우에는 그 자에게 즉시 비밀유지명령의 취소 재판을 한 사실을 알려야 한다(산업기술의 유출방지 및 보호에 관한 법률 제22조의5 제5항).

그러나, 비밀유지명령 취소결정은 확정되어야 효력이 있으므로, 이러한 통지는 해당 결정이 확정된 후에 하여야 할 것이다.

5. 비밀보호를 위한 열람 등의 제한 및 취소[906]

가. 비밀보호를 위한 열람 등의 제한

1) 개 관

다음 각호 가운데 어느 하나에 해당한다는 소명이 있는 경우에는, 법원은 당사자의 신청에

---

905) 법문에는 "… 재판이 있는 경우에는 …"으로 되어 있으나, 이는 우리말 어법에 맞지 않는 어색한 표현이다.

906) 이에 관한 실무적·기술적인 사항에 관하여서는, 「비밀보호를 위한 열람 등의 제한 예규(재일 2004-2)」 참조.
cf. 이 제도는 구 「민사소송법」에는 없던 것을 2002. 1. 26. 법률 제6626호로 「민사소송법」을 전부개정하면서 신설한 것이다.

따라 결정으로 소송기록[907] **중 비밀이 적혀 있는 부분의 열람·복사, 재판서·조서중 비밀이 적혀 있는 부분의 정본·등본·초본의 교부**(이하 "비밀 기재부분의 열람 등"이라 한다)**를 신청할 수 있는 자를 당사자로 한정할 수 있다**(법 제163조 제1항).

① **소송기록 중에 당사자의 사생활에 관한 중대한 비밀이 적혀 있고, 제3자에게 비밀 기재부분의 열람 등을 허용하면 당사자의 사회생활에 지장이 클 우려가 있는 때**

② **소송기록 중에 당사자가 가지는 영업비밀**(부정경쟁방지 및 영업비밀보호에 관한 법률 제2조 제2호)**이 적혀 있는 때**

한편, **비밀보호를 위한 열람 등의 제한 신청에 관한 재판이 확정될 때까지 제3자는 비밀 기재부분의 열람 등을 신청할 수 없다**(같은 조 제2항). 따라서, 열람제한신청이 기각되는 경우라도 그 결정이 확정될 때까지는 제3자가 열람 등을 신청할 수 없다는 것이 된다.[908]

2) 신 청

비밀보호를 위한 열람 등의 제한 결정을 구하는 신청은 사건기록 가운데 비밀이 적혀 있는 부분을 특정하여 서면(「재판기록 열람 등 제한신청서」)[909]으로 하여야 한다(규칙 제38조 제1항, 민사조정규칙 제17조의2 제1항).

비밀보호를 위한 열람 등의 제한 사건은 부수사건이므로, 기본사건이 종이기록사건이라면, 비밀보호를 위한 열람 등의 제한신청 역시 전자적으로는 하지 못한다(민소전자문서법 제10조 제2항, 민소전자문서규칙 제19조 제1항 제3호 본문).

이는 기본적 신청이므로, 신청서에 1,000원의 인지를 붙이고(민사소송 등 인지법 제9조 제5항 제4호),[910] 송달료를 예납하여야 하며, 신청서는 주기록에 첨철된다.[911]

3) 재 판

비밀보호를 위한 열람 등의 제한 결정은 사건기록 가운데 비밀이 적혀 있는 부분을 특정하여 하여야 한다(규칙 제38조 제2항, 민사조정규칙 제17조의2 제2항).

---

907) **이는, 민사** 및 **가사 조정사건의 기록도 마찬가지이며**(민사조정법 제38조, 법 제163조. 가사소송법 제49조 본문), **민사상 다툼에 관한 형사소송 절차에서의 화해기록도 마찬가지이다**(소송촉진법 제37조 후단, 법 제163조).

908) 이에 반하여, 후술하는 바와 같이, 열람 등 제한결정은, 불복할 수 없어(법 제163조 제4항의 반대해석) 바로 확정되므로, 해당 재판이 있으면 곧바로 제3자가 열람 등을 신청할 수 없게 된다.

909) 비밀보호를 위한 열람 등의 제한 예규(재일 2004-2) 제3조.
cf. '인지액·편철방법예규'에는「비밀보호를 위한 열람 등의 제한신청서」로 되어 있다.

910) '인지액·편철방법예규'.

911) '인지액·편철방법예규'.

그 주문례는, "위 사건의 재판기록 중 별지 비밀 기재부분에 대하여 열람·복사, 정본·등본·초본의 교부를 신청할 수 있는 자를 당사자로 한정한다."로 하면서, 별지 '비밀 기재부분'에 "증인 ○○○에 대한 2014. ○. ○.자 증인신문조서 중 ○○~○○ 부분", "원고 ○○○가 제출한 2014. ○. ○.자 준비서면", "을 제3호증 내지 제5호증"을 기재함이 실무이다.

4) 불 복

비밀보호를 위한 열람 등의 제한 신청을 기각한 결정에 대하여는 즉시항고를 할 수 있다(법 제163조 제4항).[912]

5) 비밀유지명령이 내려진 경우의 소송기록 열람 등의 제한

지식재산권침해 관련소송이나 산업기술의 유출 및 침해에 관한 소송에서는, 당사자라 하더라도 열람 등이 제한될 수 있는바, 구체적으로는 다음과 같다.[913]

비밀유지명령이 내려진 소송(비밀유지명령이 모두 취소된 소송은 제외)**에 관한 소송기록에 대하여 비밀보호를 위한 열람 등의 제한 결정**(법 제163조 제1항)**이 있었던 경우, 당사자가 비밀 기재 부분의 열람 등을 해당 소송에서 비밀유지명령을 받지 아니한 자를 통하여 신청한 경우에는 법원사무관등은 열람 등 제한신청**(법 제163조 제1항)**을 한 당사자**(그 열람 등의 신청을 한 자는 제외)**에게 그 열람 등의 신청 직후에 그 신청이 있었던 취지를 통지하여야 한다**(저작권법 제129조의5 제1항, 디자인보호법 제219조 제1항, 부정경쟁방지 및 영업비밀보호에 관한 법률 제14조의6 제1항, 상표법 제229조 제1항, 특허법 제224조의5 제1항, 실용신안법 제44조, 산업기술의 유출방지 및 보호에 관한 법률 제22조의6 제1항).

이 경우에 법원사무관등은 열람 등의 신청이 있었던 날부터 2주일이 지날 때까지(그 신청절차를 행한 자에 대한 비밀유지명령신청이 그 기간 내에 행하여진 경우에는 그 신청에 대한 재판이 확정되는 시점까지) **그 신청절차를 행한 자에게 비밀 기재 부분의 열람 등을 하게 하여서는 아니 된다**(저작권법 제129조의5 제2항. 디자인보호법 제219조 제2항. 부정경쟁방지 및 영업비밀보호에 관한 법률 제14조의6 제2항. 상표법 제229조 제2항. 특허법 제224조의5 제2항, 실용신안법 제44조. 산업기술의 유출방지 및 보호에 관한 법률 제22조의6 제2항).

그러나, **열람 등의 신청을 한 자에게 비밀 기재 부분의 열람 등을 하게 하는 것에 대하여 열람 등 제한신청**(법 제163조 제1항)**을 한 당사자**(그 열람 등의 신청을 한 자는 제외한다)**[914] 모두의**

---

912) 실제 항고사건의 예로, 서울고등법원 2019. 7. 4.자 2019라20065 결정.

913) 「저작권법」 등의 법문에서는 "(열람 등의) 청구(절차)"라는 표현을 쓰고 있으나, 이 또한 미국법을 베끼다가 생긴 오류로 추측된다. 즉, 이 경우에는 '신청'이라는 표현을 씀이 옳다.

914) 저작권법 제129조의5 제3항에는 이 괄호 부분의 규정이 없으나, 이는 입법의 착오라 할 것이다.

동의가 있는 경우에는, 열람 등을 하게 할 수 있다(저작권법 제129조의5 제3항, 디자인보호법 제219조 제3항, 부정경쟁방지 및 영업비밀보호에 관한 법률 제14조의6 제3항, 상표법 제229조 제3항, 특허법 제224조의5 제3항, 실용신안법 제44조, 산업기술의 유출방지 및 보호에 관한 법률 제22조의6 제3항).

나. 열람 등 제한결정의 취소

1) 개 관

소송기록을 보관하고 있는 법원은 이해관계를 소명한 제3자의 신청에 따라 열람 등 제한 사유가 존재하지 아니하거나 소멸되었음을 이유로 비밀보호를 위한 열람 등의 제한 결정을 취소할 수 있다(법 제163조 제3항).

2) 신 청

열람 등의 제한 결정 취소 사건은 부수사건이므로, 기본사건이 종이기록사건이라면, 열람 등 제한 결정 취소 신청 역시 전자적으로는 하지 못한다(민소전자문서법 제10조 제2항, 민소전자문서규칙 제19조 제1항 제3호 본문).

열람 등 제한 결정 취소 신청은 기본적 신청이므로, 신청서(「재판기록 열람 등 제한결정 취소 신청서」)[915]에 1,000원의 인지를 붙이고(민사소송 등 인지법 제9조 제5항 제4호),[916] 송달료를 예납하여야 하며, 신청서는 제한신청사건 기록에 합철된다.[917]

3) 당사자에 대한 통지

명문의 규정은 없으나, 열람 등 제한 결정 취소신청이 있으면 제한신청을 한 당사자에게 그 사실을 통지함이 상당한 것으로 풀이된다.[918]

「민사소송규칙」이 이에 관한 규정을 두지 아니한 것은 입법의 착오로 보인다(규칙 제37조의3 제2항 참조).

4) 불 복

열람 등 제한 결정 취소신청에 관한 결정에 대하여는 즉시항고를 할 수 있다(법 제163조 제4항).

---

915) '인지액·편철방법예규'에는 「열람 등 제한결정 취소신청서」라고 되어 있다.
916) '인지액·편철방법예규'.
917) '인지액·편철방법예규'.
918) 제요[민사Ⅰ], 247면.

5) 취소결정의 효과

열람 등 제한 취소결정은 확정되어야 효력을 가진다(법 제163조 제5항).

따라서, 제3자는 해당 취소결정이 확정되어야 비로소 해당 부분의 열람 등을 할 수 있게 된다.

6. 소송에 관한 사항의 증명서의 교부

가. 개 관

당사자나 이해관계를 소명한 제3자는 대법원규칙이 정하는 바에 따라, 소송에 관한 사항의 증명서의 교부를 법원사무관등에게 신청할 수 있다(법 제162조 제1항), **위와 같은 신청에 대하여는 대법원규칙이 정하는 수수료를 내야 한다**(같은 조 제5항).

이에 따라, 「재판기록 열람·복사 규칙」은 사건에 관한 사항의 증명서의 교부에 대한 수수료 등에 관하여 필요한 사항 또한 규정하고 있다(재판기록 열람·복사 규칙 제1조).

제증명의 구체적 예로는 확정증명(법 제499조 제1항),[919] 담보제공증명(또는 공탁증명)(법 제502조 제2항, 민사집행법 제19조 제2항), 송달증명,[920] 접수증명, 소제기증명, 상소제기증명, 소송계속증명,[921] 소가증명, 소송종료증명, 취하증명, 취하간주증명 따위가 있다.[922]

---

919) 확정되어야 효력이 있는 재판에 관하여 집행문부여신청을 하는 때에는 그 재판이 확정되었음이 기록상 명백한 경우가 아니면 그 재판이 확정되었음을 증명하는 서면을 붙여야 한다. 민사집행규칙 제19조 제2항.
또한, 이혼신고(재판상 이혼의 경우. 가족관계의 등록 등에 관한 법률 제78조) 등을 할 때에도 확정증명서를 첨부하여야 한다.
확정증명 중 대표적인 것은 판결확정증명(법 제499조 제1항)이다. 그러나, 그 밖에도 증명원을 요하는 경우가 있을 수 있는바, 담보취소결정확정증명원이 그 대표적인 예이다. '인지액·편철방법예규'.

920) cf. 강제집행은 판결 등 집행권원을 이미 송달하였거나 동시에 송달한 때에만 개시할 수 있으며(민사집행법 제39조 제1항, 제57조), 판결 등의 집행이 집행권원에 표시된 채무자의 승계인에 대하여 하는 것일 때에는 집행할 판결 등 집행권원 외에, 이에 덧붙여 적은 집행문(승계집행문)을 강제집행을 개시하기 전에 채무자의 승계인에게 송달하여야 한다(같은 법 제39조 제2항, 제57조).

921) cf. 본안의 제소명령에서 가압류(가처분)법원은 채권자에게 상당한 기간 이내에 본안의 소를 제기하여 이를 증명하는 서류를 제출하거나 이미 소를 제기하였으면 소송계속사실을 증명하는 서류를 제출하도록 명하여야 한다(민사집행법 제287조 제1항, 제301조).
이때, 채권자가 수소법원에서 발급받아 가압류(가처분)법원에 제출하여야 하는 서류가 바로, 소제기증명, 소송계속증명이다.

922) cf. 확정된 이행권고결정이나 확정된 지급명령과 같이 재판서에 송달일자와 확정일자가 표시된 경우라도, 송달증명이나 확정증명의 신청·발급은 가능하다.

나. 신 청

1) 원 칙

소송에 관한 증명서의 교부를 신청할 때에는 신청인의 자격을 적은 서면으로 하여야 하며(규칙 제37조의2 제1항), 1건마다 500원의 수수료를 납부하여야 하나(재판기록 열람·복사 규칙 제4조 제1항 제3호), 경정결정 정본의 송달증명원은 무료이며,[923] 전자소송의 경우에도 후술하는 바와 같은 특례가 있다.

종래에 이러한 증명서의 교부신청 및 교부는, 신청인이 증명원 2통을 (수입인지와 함께) 제출하면, 법원사무관등이 1통에는 공증을 하여 당사자에게 교부하고 나머지 1통은 기록에 편철하는 식으로 하여 왔다.[924]

그러나 오늘날에는, 확정증명, 송달증명은, 법원의 종합민원실의 담당 창구에서 전산발급을 하여 주고 있다.[925]

확정증명에 관하여서는 「민사소송법」이 별도의 조문을 두고 있고 또 이는 판결의 확정과 함께 살펴보아야 할 문제이므로, 상세한 관련내용은 해당 부분에서 보기로 한다.

특기할 것은, 이는 민원우편을 이용하여 신청할 수도 있으며,[926] 현재 접수증명, 계속증명, 판결확정증명, 송달증명은 인터넷우체국 사이트(www.epost.go.kr)에서도 신청할 수 있게 되어 있다.

2) 전자적 신청의 허부

전자소송과 관련하여 한 가지 주의할 것은, 실무상 제증명신청은 원칙적으로는 전자적으로는 할 수 없다는 점이다.[927]

다만, 다음과 같은 예외가 있다.

첫째, 접수증명은 전자소송홈페이지를 통하여 문서를 제출함과 동시에 이를 신청한 경우

---

923) '인지액·편철방법예규'는, 경정결정이 흔히 법원의 귀책사유로 말미암아 하게 되는 재판이라는 반성적 고려에서, 2018. 7. 1.부터는 송달증명원을 무료로 하였다.
그러나 관견으로는, 대법원규칙이 정한 원칙의 예외를 위임도 없이 대법원예규로써 정하는 것이 온당한지 의문이다.

924) 「영수증의 간소화(재일 74-1)」 참조.
따라서, 전자기록사건에서는 기록에 편철할 증명원의 전자화가 문제된다. 민전예규 제28조 제2항, 제3항 참조.

925) 「재판사무시스템 등을 이용한 공증사무 처리지침(재일 2007-1)」 참조.

926) 민원우편제도에 관한 예규(재일 2003-13) 제2조 제1항 제3호.
민원우편에 관하여서는, 재판서·조서의 정본·등본·초본 교부의 신청방법과 관련하여 기술하였다.

927) 민사전자소송실무편람, 542면.

에는 전자소송홈페이지에서도 발급받을 수 있다(전자서명 바로 전단계에 '접수증명신청서' 생성 메뉴가 있다).

둘째, 사건 종국 전에 당사자나 소송대리인이 전자소송에 동의한 사건으로서 공증이 완료된 사건(종국에 관련된 재판서가 2개 이상 등록된 사건, 판결경정 등 경정 관련 사건이 관련사건으로 등록된 사건, 또는 회생·파산사건은 제외)의 송달증명, 확정증명 역시 전자소송홈페이지에서 신청하여 발급받을 수 있다.[928)]

그리고, 전자소송홈페이지(민소전자문서규칙 제2조 제2호)를 통해 증명서를 자동 발급하는 경우의 수수료는 무료로 한다(재판기록 열람·복사 규칙 제4조 제1항 단서).[929)]

그러나, 실제로는, 모종의 기술적 난점 때문인지, 인터넷을 통한 송달증명, 확정증명은, 상소된 후 확정된 사건의 경우 기록이 1심으로 반환되어 보존되기 전에는 - 이 경우에도 종합민원실에서는 증명원을 발급받을 수 있는 것과 달리 - 불가능하게 되어 있다.

다. 소송관계인의 특정을 위한 개인정보의 관리

2018. 6. 1.부터는, 종합민원실의 법원사무관등도 제증명발급신청서 및 첨부서류를 확인하여 재판사무시스템에 개인정보를 추가로 입력하거나 이미 입력된 개인정보를 수정할 수 있다.[930)]

라. 불 복

법원사무관등이 증명서의 교부를 거부한 경우에는, 법원사무관등의 처분에 대한 이의신청(법 제223조)으로 불복할 수 있다.[931)]

7. (일반인의) 판결문제공신청

이해관계가 없는 제3자도 사건번호를 알면 판결문제공신청은 할 수 있다.[932)] 다만, 이 경

928) 이 제도들은 2016. 11. 21.부터 시행되고 있다.

929) cf. 위와 같은 경우에 집행문도 전자소송홈페이지를 통하여 발급받을 수 있으나, 제증명과 달리 450원의 인지대를 납부하여야 한다(민사소송 등 인지법 제10조, 제16조 제2항, 민사소송 등 인지규칙 제2조의2). 인지실무, 51면.

930) 재판사무시스템을 이용한 개인정보 관리사무 처리지침(재민 2018-1) 제4조 제3항.

931) 제요[민소 I], 238면. 위 책은 확정증명에 관하여서만 위와 같이 서술하고 있으나, 여타 증명서에 관하여서도 이치는 다를 바 없다.

932) 전자우편 등을 통한 판결문 제공에 관한 예규 제2조 제1항 본문.

우, 당사자 등의 성명과 주소 등은 비실명처리하여 제공한다.[933]

이 신청에 관하여 주의할 점은 다음과 같다.

첫째, 민사사건의 경우, 2015. 1. 1. 이후 확정된 사건은, 확정 판결서의 열람·복사 제도(법 제163조의2)가 적용되므로, 판결문제공신청을 할 수 없으며, 가정법원 사건의 판결문 역시 판결문제공신청을 할 수 없다.[934]

더 나아가, '확정된 판결서 내지 소송기록의 열람 등' 부분에서 후술하는 바와 같이 열람·복사가 제한된 확정판결서, 더 나아가, 비공개 대상 정보(공공기관의 정보공개에 관한 법률 제9조 제1항 단서 각 호)에 해당하는 판결서는, 제공이 제한될 수 있다.[935]

둘째, 이 신청은 해당 판결을 선고한 법원에 하여야 하나, 고등법원 원외재판부 판결의 경우에는 그 소재지 지방법원에, 시·군법원 판결의 경우 그 소속 지방법원 본원 또는 지원에 신청하여야 한다.[936]

제3절 대리인, 진술보조인 및 선정당사자

Ⅰ. 소송능력과 법정대리인 및 특별대리인

1. 소송능력과 법정대리의 관계

당사자가 소송행위를 유효하게 하려면 소송능력(訴訟能力)이 있어야 한다.

또한, 소송능력의 존부 문제는 법정대리의 문제와 표리를 이루므로, 소송능력의 문제를 살펴 본 다음 법정대리인에 관하여 살펴 볼 필요가 있다.

또한, 법인 등 당사자능력 있는 단체 역시 그 자신이 소송행위를 할 수는 없다는 점에서 소송제한능력자에[937] 준하여 취급되므로, 이들에 관하여서도 함께 살펴볼 필요가 있다.

---

933) 「전자우편 등을 통한 판결문 제공에 있어서의 비실명화 기준」; 전자우편 등을 통한 판결문 제공에 관한 예규 제6조 제1항.

934) 전자우편 등을 통한 판결문 제공에 관한 예규 제2조 제1항 단서.

935) 전자우편 등을 통한 판결문 제공에 관한 예규 제2조 제2항.

936) 전자우편 등을 통한 판결문 제공에 관한 예규 제4조 제1항.

937) 법문에는 "소송무능력자(訴訟無能力者)"로 되어 있으나(법 제51조, 제179조), 현행 「민법」(2011. 3. 7. 법률 제10429호로 개정된 것)이 종전의 용어법에 대한 반성적 고려에서 "무능력자"를 "제한능력자"로 개칭하

한편, 소송능력의 상실 또는 법정대리권의 소멸의 경우에는 소송절차의 중단 및 수계의 문제가 발생하는바(법 제235조), 해당되는 내용은 '소송절차의 정지' 부분에서 살펴본다.

2. 소송능력

가. 개 관

소송능력은 「민사소송법」에 특별한 규정이 없으면 민법, 그 밖의 법률에 따른다(법 제51조). 즉, 소송능력의 존부는 원칙적으로 행위능력의 존부에 따라 판가름된다.

주의할 것은, 소송능력의 존부는 – 행위능력의 존부보다도 더욱 – 명확히 판명될 수 있어야 한다는 것이다. 왜냐하면, 이에 따라 특히 수송달자가 누구인지도 달라지기 때문이다(법 제179조).

나. 외국인의 소송능력에 대한 특별규정

원래 사람의 행위능력은 그의 본국법에 의하지만(국제사법 제13조 제1항 본문), **외국인은 그의 본국법에 따르면 소송능력이 없는 경우라도 대한민국의 법률에 따라 소송능력이 있는 경우에는 소송능력이 있는 것으로 본다**(법 제57조).

다. 제한능력자의 소송능력[938]

1) 개 관

제한능력자는 법정대리인에 의하여서만 소송행위를 할 수 있음이 원칙이다. 기술하였듯이 실체법상 제한능력자는 소송제한능력자이기도 하고, 후술하듯이 해당 제한능력자의 법정대리인이 소송법상으로도 역시 법정대리인이 된다.

이와 관련하여 주의할 것은, 피특정후견인과 피임의후견인은 소송능력자이며, 따라서 그 법정대리인은 소송행위를 대리하지 못한다. 다만, 후술하듯이, 피특정후견인이나 피임의후견인이 의사능력이 없는 경우에 특별대리인이 선임될 소지는 있다.[939]

였으므로, 이에 상응하여 이 책에서도 '소송제한능력자'라는 용어를 사용하고자 한다.

938) cf. 이미 2013. 7. 1.부터 이미 새 제한능력자 제도가 시행되었는데도, 입법자는 수년 후에야 소송능력 규정을 정비하면서 그나마도 정비한 규정을 바로 시행하지 아니하고 2017. 2. 4.부터 비로소 시행하는 것으로 하였으나(법 부칙(제13952호) 제1조), 이와 같이 불필요한 시행유예 규정을 두어 규율의 공백을 방치한 것은 무책임한 입법이었다고 평가하지 아니할 수 없다.

939) cf. 2017 해설서, 51면(정선주 집필부분)은, 특정후견인에게 대리권이 수여된 경우에는 그 범위 내에서

2) 미성년자의 소송능력

미성년자는 법정대리인에 의해서만 소송행위를 할 수 있다(법 제55조 제1항 본문).

다만, 미성년자가 독립하여 법률행위를 할 수 있는 경우에는 그러하지 아니하다(같은 항 제1호).

예컨대, **미성년자는 독자적으로 임금을 청구할 수 있으므로**(근로기준법 제68조), 임금 청구의 소 역시 독자적으로 제기할 수 있다.[940)]

3) 피성년후견인의 소송능력

피성년후견인도 법정대리인에 의해서만 소송행위를 할 수 있다(법 제55조 제1항 본문).

다만, **피성년후견인이 취소할 수 없는 법률행위**(민법 제10조 제2항, 제4항)**의 경우에는 그러하지 아니하다**(같은 조 제2호).[941)]

그런데, 피성년후견인은 일용품의 구입 등 일상생활에 필요하고 그 대가가 과도하지 아니한 법률행위의 경우(민법 제10조 제4항)에는 소송능력이 있는가.

입법자는, 그 경우에는 피성년후견인의 소송능력을 인정하기 어렵다는 취지에서 법 제55조 제2호에서 "피성년후견인이" "취소할 수 없는 법률행위(의) 경우"를 민법 제10조 제2항의 그것에 국한시켰다. 그 이유로는, 같은 조 제2항은 행위능력이 회복되는 경우인 반면 같은 조 제4항은 개별적으로 취소권이 배제되는 경우라는 점, 같은 조 제4항의 경우에도 소송능력을 허여하면 소송절차의 명확성과 안정성을 해한다는 점을 들고 있다.[942)]

그러나 관견으로는, 위와 같은 입법자의 의도에 불구하고, 민법 제10조 제4항의 경우에도 피성년후견인에게 소송능력이 있다고 본다(법 제55조 제2호의 물론해석). 첫째, 민법 제10조 제2항의 경우나 제4항의 경우는 모두 성년후견인이 법률행위를 취소할 수 없는 경우이며, 법정대리인이 법률행위를 취소할 수 없다는 것은, 행위능력이 있다는 것과 동의어이고, 소송능력의 범위를 행위능력의 범위와 일치시키는 것이 우리 민사소송법의 대원칙이다.[943)] 즉, 민법

피특정후견인의 행위능력이 제한된다고 주장하나, 이는 특정후견인 제도의 취지를 완전히 오해한 데에서 말미암은 것이다. 특정후견인은 그냥 행위능력자이고, 애당초 제도의 취지 자체가 행위능력의 제한 없이 후견을 받게 해 주는 데에 있다.

또한 위의 책은, 의사능력 없는 피특정후견인에게 특별대리인이 선임된 때에도 피특정후견인에게 소송능력이 인정되지 아니한다고 하나, 그 경우에 피특정후견인에게 소송능력이 없는 까닭은 특별대리인이 선임되었기 때문이 아니라 의사능력이 없기 때문이다.

940) 대법원 1981. 8. 25. 선고 80다3149 판결.

941) 법문에는 "피성년후견인이 민법 제10조제2항에 따라 취소할 수 없는 법률행위를 할 수 있는 경우"로 되어 있으나, 이는 어법에 맞지 아니하는 표현으로 보인다.

942) 앞의 책, 8면(이시윤 집필부분), 45면(정선주 집필부분). 동지 : 주석(민소1), 398면(장석조 집필부분).

제10조 제2항의 경우와 제4항의 경우를 차별할 아무런 법교의학적 근거가 없으며, 양자가 법적 성질이 다르다고 보는 것은 행위능력 개념에 관한 법리오해에서 말미암은 것이다. 둘째, 소송절차의 명확성과 안정성 운운하는 논리 역시 궤변으로서, 귀류법 논증을 배겨낼 수 없다. 가정법원이 제한능력자에게 행위능력을 일부 허여할 때에는 허용하는 법률행위의 유형을 - "일용품의 구입 등 일상생활에 필요하고 그 대가가 과도하지 아니한 법률행위"라는 유형만큼이나 - 추상적으로 정할 수밖에 없다. 민법 제10조 제4항의 법률행위에 관한 소송능력 허여가 소송절차의 명확성과 안정성을 해한다면 같은 조 제2항 역시 마찬가지인 것이다. 결국 예의 불명확성과 유동성은 제한능력자의 예외적인 소송능력을 보장하기 위하여서는 불가피하게 용인하여야 하는 사항으로 보아야 한다.

4) 피한정후견인의 소송능력

피한정후견인은 '한정후견인의 동의가 필요한 법률행위에 관하여는' 법정대리인에[944] 의해서만 소송행위를 할 수 있다(법 제55조 제2항).

그러나, 그 밖의 행위에 관하여는 그러하지 아니함은 물론이다(같은 항의 반대해석).

법 제55조 제2항의 법문은 제1항의 경우와 달리 "… 법정대리인에 …"가 아니라"… 대리권 있는 한정후견인에 …"로 되어 있다. 입법자는, 가정법원이 한정후견인에게 대리권을 수여하는 심판을 하지 아니한 경우도 있다는 논리에서 위와 같이 규정한 것이다.[945]

그러나, 위와 같은 논리는 단견이다. 첫째, 설령 가정법원이 별도로 일용품의 구입 등 일상생활에 필요하고 그 대가가 과도하지 아니한 법률행위(민법 제13조 제4항 후단)에 관하여서는 - 피한정후견인에게 행위능력이 있음에도 불구하고 - 한정후견인에게도 법률상 당연히 대리권이 있는 것으로 풀이된다.[946] 따라서, '대리권 없는 한정후견인'이란 실제로는 있을 수가 없고, 따라서 피한정후견인에게도 미성년자나 피성년후견인과 마찬가지로 반드시 법정대리인이 존재한다. 둘째, 미성년자나 피한정후견인과 마찬가지로 후견인임무대행자 등의 예외적인 법정대리인이 있는 경우를 상정하여 보면 그 점에서도 "법정대리인" 대신 "대리권 있는

943) 민사소송법 일부개정법률(법률 제13952호)의 입법자 역시 이 점을 분명히 의도하고 있다. 위의 책, 44면(정선주 집필부분).

944) 법문에는 "… 대리권 있는 한정후견인에 …"로 되어 있으나, 이는 부정확한 표현인바, 그 까닭은 바로 후술하는 바와 같다.

945) 앞의 책, 49면(정선주 집필부분).

946) 유사취지 : **성년후견제도 해설** (서울: 법원행정처, 2013), 24면은, 일용품의 구입 등 일상생활에 필요하고 그 대가가 과도하지 아니한 법률행위의 경우(민법 제10조 제4항)에, 피성년후견인에게 행위능력이 있음에도 불구하고, 성년후견인 역시 대리권을 갖는다고 본다.

한정후견인"이라고 하는 것은 엄밀한 표현이 못 된다. 셋째, 근본적으로, 동의유보부 법률행위에 관하여서는 한정후견인에게 반드시 대리권이 수여되어야 하기 때문에, 법률행위에 한정후견인의 동의가 필요한 피한정후견인에게는 법정대리인(대리권 있는 한정후견인)이 반드시 존재한다. 즉, 입법자의 논리에 의하더라도 굳이 "법정대리인"이라는 표현을 회피한 것은 기우에서 말미암은 것이다.

5) 의사무능력자의 소송능력

의사무능력자도 법정대리인에 의하여서만 소송행위를 할 수 있는바,[947] 이 경우에는 특히 후술하는 특별대리인의 문제가 생길 수 있다.

라. 법인 등 단체의 소송능력

법인은 그 대표자에 의하여서만 소송행위를 할 수 있다(법 제64조).

법인이 아닌 사단이나 재단으로서 당사자능력 있는 것 역시 그 대표자 또는 관리인에 의하여서만 소송행위를 할 수 있다(같은 조).

즉, 법인이나 비법인사단·재단은 소송제한능력자처럼 취급된다.

마. 소송능력 상실의 효과

소송계속[948] 중에 당사자가 소송능력을 잃은 때에는 소송절차가 중단되고, 따라서 소송수계가 문제되는바(법 제235조), 상세한 것은 '소송절차의 정지' 부분에서 살펴보기로 한다.

3. 소송능력에 흠이 있는 경우

가. 소송능력의 보정(補正)

소송능력에 흠이 있는 경우에는 법원은 기간을 정하여 이를 보정하도록 명하여야 한다(법 제59조 전단).

서면에 의하여 보정할 경우, 「소송능력보정서」에 의한다.[949]

만일 보정하는 것이 지연됨으로써 손해가 생길 염려가 있는 경우에는 법원은 보정하기 전의 당사자로 하여금 일시적으로 소송행위를 하게 할 수 있다(같은 조 후단).

---

947) 대법원 1984. 5. 30.자 84스12 결정.
948) 소송계속의 개념에 관하여서는 '소장의 심사 및 소장 또는 이행권고결정의 송달' 부분에서 후술한다.
949) '인지액·편철방법예규'.

나. 소송능력의 흠과 추인(追認)

소송능력에 흠이 있는 사람이 소송행위를 한 뒤에 보정된 당사자가 이를 추인한 경우에는, 그 소송행위는 이를 한 때에 소급하여 효력이 생긴다(법 제60조).

서면에 의하여 추인할 경우, 「소송행위추인서」에 의한다.[950)]

다. 소송제한능력 간과의 효과

소송제한능력의 간과 내지 법정대리권의 흠결은, 절대적 상고이유(법 제424조 제1항 제4호) 및 재심사유(법 제451조 제1항 제3호)에 해당한다.

4. 법정대리인과 특별대리인

가. 법정대리에 대한 원칙

소송제한능력자(訴訟制限能力者)**의**[951)] **법정대리도 「민사소송법」에 특별한 규정이 없으면 민법, 그 밖의 법률에 따른다**(법 제51조).

따라서, 원칙적으로 제한능력자의 법정대리인이 소송상으로도 해당 제한능력자의 법정대리인이 된다.

예컨대, 후견인이 피후견인 소유의 재산에 관한 법률행위나 소송행위를 피후견인을 위하여 한다 하더라도 후견인은 그 법정대리인으로서 피후견인 명의로 하여야 한다(민법 제938조 제1항).[952)]

주의할 것은, 당사자가 소송제한능력자인지 여부 및 그 법정대리인이 소송행위를 대리할 수 있는지 여부는 상대적이라는 것이다. 즉, 기술하였듯이, (광의의) 제한능력자(미성년자, 피성년후견인, 피한정후견인, 한정치산자)라 하더라도 법정대리인에 의하여 소송행위를 할 수 있는 경우에만 소송제한능력자이다.

환언하면, (광의의) 제한능력자라 하더라도 그가 독립하여 법률행위를 할 수 있는 경우에는, 법정대리인이－설령 실체법상 대리권이 있더라도－소송행위를 대리할 수 없다.

---

950) '인지액·편철방법예규'.

951) 법문에는"소송무능력자(訴訟無能力者)의 …"로 되어 있으나, 그와 같은 표현이 부적절함은 기술하였다.

952) 즉, 후견인이 자기 명의로 소송을 하는 것(제3자의 법정소송담당)이 아니다. 대법원 1965. 7. 6. 선고 65다919,920 판결(다만, 이 사안에서 피후견인이 미성년자인지 아니면 금치산자나 한정치산자인지는 판결문상 나타나 있지 아니하다).
제3자의 법정소송담당에 관하여서는 '소의 제기' 부분에서 상론할 것이다.

누가 법정대리인인지는 대개 실체법(예: 친권자, 미성년후견인, 성년후견인, 한정후견인)에 규정되어 있으나, 예외적으로 소송법에 근거한 법정대리인(예: 친권대행자, 임시후견인 등)도 있다.

법정대리인이 대리권을 가지는지 여부도 직권조사사항이다.[953)]

한편, 법정대리인도 전자소송시스템을 이용하여 전자문서를 제출할 수 있는 자이다(민소전자문서법 제5조 제1항, 민소전자문서규칙 제3조 제1호).

나. 법인 등 단체의 경우

1) 법인 등 단체의 대표자

가) 개 관

일반적으로, 소송행위와 관련하여 법인 등 단체의 대표자가 누구인지는 해당 실체법에 규정되어 있으나,[954)] 다음 각 경우는 주의를 요한다.

나) 국 가

국가소송에서는 법무부장관이 국가를 대표한다(국가소송법 제2조).

다) 지방자치단체

지방자치단체의 장은 지방자치단체를 대표한다(지방자치법 제101조 전단).

그러나, **특별시·광역시·도·특별자치도·특별자치시의 교육·학예에 관한 소관 사무로 인한 소송에 대하여서는 해당 교육감이 시·도를 대표한다**(지방교육자치에 관한 법률 제18조 제2항, 제주특별자치도 설치 및 국제자유도시 조성을 위한 특별법 제96조 제2항 제1호, 세종특별자치시 설치 등에 관한 특별법 제8조 제7항).

따라서, 지방자치단체가 당사자가 되는 소송에서는 그 소관 사무에 따라 지방자치단체의 장 또는 교육감이 각각 그 대표자가 된다.

2) 법인 등 단체의 대표자의 지위

법인의 대표자 또는 법인이 아닌 사단이나 재단의 대표자 또는 관리인에게는 「민사소송법」

---

953) 대법원 1989. 6. 27. 선고 87다카1915,1916 판결(사안은 대표권). 동지: 대법원 2013. 4. 25. 선고 2012다118594 판결(비법인사단 대표자의 대표권).

954) 그런데, 이는 법인의 경우 등기기록 중 '임원에 관한 사항'에 현출되는 사항이므로, 일반적인 경우에는, 해당 법인의 등기사항전부증명서 등을 확인하면 그 대표자의 명칭 등을 손쉽게 확인할 수 있다. 주의할 것은, 일반적이지 않은 경우들이 있다는 것인데, 주식회사의 감사가 대표자가 되는 경우(상법 제394조 제1항), 대표청산인이 대표자가 되는 경우(상법 제531조 제1항 본문) 등이 그 예이다.

가운데 법정대리와 법정대리인에 관한 규정을 준용한다(법 제64조).

다. 법정대리권의 범위

1) 개 관

이해상반행위(민법 제921조)의 경우를 별론으로 하면, 친권(행사)자가 법정대리인으로서 소송행위를 함에는 – 공동대리의 문제 외에는 – 별 다른 제약이 없으나, 후견인이 법정대리인으로서 소송행위를 하는 데에는 몇 가지 절차상 제약이 있다.

또한, 법인 아닌 사단의 대표자가 소송행위를 함에도 제약이 있다.

2) 공동대리의 문제

다수설은, 여러 사람의 법정대리인이 공동으로 대리권을 행사하는 경우(예 : 미성년자녀의 친권행사자인 부모, 공동대표이사 등)에, 소 또는 상소의 제기, 소의 취하, 화해, 청구의 포기·인낙 또는 소송탈퇴를 하려면 명시적으로 공동으로 하여야 한다고 본다(법 제56조 제2항의 유추해석).[955]

3) 후견감독인의 동의의 필요성

가) 원 칙

미성년후견인, 성년후견인 또는 한정후견인이 피후견인을 대리하여 소송행위를 할 때에는 '후견감독인이 있으면 그의' 동의를 받아야 한다(민법 제950조 제1항 제5호, 제959조의6).[956][957]

즉, 미성년후견인, 성년후견인 또는 한정후견인이 법정대리인으로서 소를 제기하거나 상소를 제기함에는 '후견감독인이 있으면 그의' 동의(또는 이를 갈음하는 가정법원의 허가)를 얻어야 한다.

---

955) 이시윤, 178~9면 ; 김홍엽, 200면. 동지 : 제요[민소 I], 331면. 반대 : 강현중, 253면(법 제67조 준용설).

956) 김형석, "피성년후견인과 피한정후견인의 소송능력 : 해석론과 입법론", **가족법연구**, 제27권 1호(2013. 4.), 65면.

957) **다만, 후견감독인의 동의가 필요한 행위에 대하여 후견감독인이 피후견인의 이익이 침해될 우려가 있음에도 동의를 하지 아니하는 경우에는 가정법원이 후견감독인의 동의를 갈음하는 허가 심판을 할 수 있다**(민법 제950조 제2항, 제959조의6).
관견으로는, 더 나아가, 가정법원이 성년후견인 또는 한정후견인의 대리권 범위를 정하는 심판을 할 때에 일정한 행위(소송행위 포함)에 관하여서는 가정법원의 허가를 받아야 하는 것으로 유보를 붙일 수도 있다고 본다.
따라서, 이하에서 단순히 '후견감독인의 동의'라고만 서술하더라도 이는 위와 같은 심판 내지 허가까지 포함하는 의미로 이해하기 바란다.

후견감독인이 있는데도 그의 동의(또는 이를 갈음하는 가정법원의 허가)를 받지 아니한 채 제소하여 사실심의 변론시까지 그 동의가 보정되지 아니하였다면 그 제소 등 일련의 소송행위는 그에 필요한 수권이 흠결된 법정대리인에 의한 것으로서 절차적 안정이 요구되는 소송행위의 성격상 민법 제950조 제2항, 제959조의6(피후견인 또는 후견감독인의 취소권)에도 불구하고 무효라고 할 것이다.[958)]

다만, 후견인의 소송행위에 필요한 후견감독인의 동의(또는 이를 갈음하는 가정법원의 허가)는 보정되면 행위시에 소급하여 그의 효력이 생기고 그 보정은 상고심에서도 할 수 있다.[959)]

나) 예 외

다만, **미성년후견인, 성년후견인 또는 한정후견인이[960)] 상대방의 소 또는 상소 제기에 관하여 소송행위를 하는 경우에는** (후견감독인이 있더라도) **그 후견감독인으로부터 특별한 권한을**(즉, 동의를) **받을 필요가 없다**(법 제56조 제1항).

즉, 미성년후견인, 성년후견인 또는 한정후견인이 법정대리인으로서 응소하거나 상대방의 상소에 답변을 함에는 후견감독인이 있더라도 그의 동의(또는 이를 갈음하는 가정법원의 허가)를 요하지 아니한다.

다) 특 칙

그러나, **미성년후견인, 성년후견인 또는 한정후견인**(법 제56조 제1항)**이 소의 취하, 화해, 청구의 포기·인낙**(認諾) **또는 소송탈퇴**(법 제80조)**를 하기 위해서는** (후견감독인이 있으면 그) **후견감독인으로부터 특별한 권한을**(즉, 동의를) **받아야 한다**(법 제56조 제2항 본문).[961)]

다만, 후견감독인이 없는 경우에도 가정법원으로부터 특별한 권한을(즉, 허가를) **받아야 한다**(같은 항 단서).[962)]

---

958) 대법원 2001. 7. 27. 선고 2001다5937 판결 참조(사안은 한정치산자의 제소에 친족회의 동의가 결여된 경우).
cf. 대법원 1962. 6. 21. 선고 4294민상1570 판결은 친족회의 동의가 없으면 소송능력이 없는 것이라는 식으로 표현하였으나, 이는 의문이다.

959) 대법원 2001. 7. 27. 선고 2001다5937 판결 참조(사안은 한정치산자의 제소에 친족회의 동의가 결여된 경우).

960) 법문에는 "… 대리권 있는 성년후견인 또는 대리권 있는 한정후견인이 …"로 되어 있으나, "대리권 있는"은 사족이다. 후견인은 대리권 없는 행위에 관하여서는 당최 소송행위의 법정대리인이 되지도 못하기 때문이다.

961) 동지 : 김형석, 앞의 논문, 66면.

962) cf. 입법과정에서, 허가의 주체를 수소법원과 가정법원 중 어느 쪽으로 할 것인지에 관하여 논란이 있었다.

예컨대, 성년후견인이 법정대리인으로서 하는 소제기에 관하여 성년후견감독인의 동의(또는 이를 갈음하는 가정법원의 허가)가 있었더라도, 그 성년후견인이 화해까지 당연히 할 수 있는 것은 아니고, 이에 관하여 별도의 명시적인 후견감독인의 동의(또는 이를 갈음하는 가정법원의 허가)가 있어야 한다.

4) 법인 아닌 사단의, 총유재산에 관한 소송행위

총유물의 관리 및 처분은 사원총회의 결의에 의하므로(민법 제276조 제1항), 비법인사단이 사원총회의 결의 없이 제기한 소송은 소제기에 관한 특별수권을 결하여 부적법하다.[963)]

라. 법정대리권 등의 증명

법정대리권이 있는 사실 또는 소송행위를 위한 권한을 받은 사실은 서면으로 증명하여야 하며(법 제58조 제1항 전문), **이러한 서면은 소송기록에 붙여야**(가철) **한다**(같은 조 제2항).[964)]

법인 또는 법인 아닌 사단이나 재단이 당사자가 되는 경우의 대표권도 서면증명을 요함은 물론이다(법 제64조).

법정대리권이나 대표권을 증명하기 위한 서면의 대표적인 예는 아래 표와 같다.

당사자의 종류	법정대리권 등을 증명하기 위한 서면	
	원칙	(+후견감독인이 있는 경우)
미성년자	기본증명서	후견감독인의 동의서 (미성년후견인이 법정대리인인 경우)
피성년후견인	후견 등기사항증명서(현재 유효사항)	후견감독인의 동의서 (또는, 가정법원의 허가 심판서)
피한정후견인		
법인[965)]	등기사항전부증명서 또는 등기사항일부증명서	-

위 표에서 주의할 점은, 후견감독인의 동의서는 후견감독인이 있는 경우에만 필요하며, 다만 후견감독인이 없더라도 소송행위에 가정법원의 허가를 요하는 것으로 법정대리인의 대리

---

963) 대법원 2007. 7. 26. 선고 2006다64573 판결. 동지 : 대법원 2011. 7. 28. 선고 2010다97044 판결 ; 대법원 2013. 4. 25. 선고 2012다118594 판결 ; 대법원 2018. 10. 25. 선고 2018다210539 판결.

964) '인지액·편철방법예규'.

965) 이는 늦어도 3개월 이내에 발급된 것을 제출하도록 함이 실무인 듯하다. 민전예규 제19조의2 제2항 참조.
cf. 위 규정의 법문에는 "법인등기부등본"으로 되어 있으나, 이는 입법의 착오이다.
즉, 구 비송사건절차법(2007. 7. 27. 법률 제8569호로 개정되기 전의 것) 제66조 제1항, 제142조 제1항은 등기부의 등·초본 제도를 규정하고 있었으나, 상업등기의 전산화에 따라, 현행 상업등기법(2007. 8. 3. 제정) 제10조 제1항은 이에 갈음하여 등기사항전부증명서 및 등기사항일부증명서를 규정하고 있다.

권이 제한되어 있다면 해당 허가 심판서가 필요하다.

마. 법정대리권에 흠이 있는 경우

1) 법정대리권의 보정

흠결을 보정할 수 없음이 명백한 때가 아닌 한,[966] **법정대리권에 흠이 있는 경우에는 법원은 기간을 정하여 이를 보정하도록 명하여야 한다**(법 제59조 전단). 법인 등의 대표권의 경우에도 같은 문제가 발생함은 물론이다.[967]

서면에 의하여 보정할 경우, 「법정대리권보정서」에 의한다.[968]

만일 보정하는 것이 지연됨으로써 손해가 생길 염려가 있는 경우에는 법원은 보정하기 전의 법정대리인으로 하여금 일시적으로 소송행위를 하게 할 수 있다(같은 조 후단).

2) 법정대리권의 흠과 추인

법정대리권에 흠이 있는 사람이 한 소송행위나, 그러한 사람에 대한 소송행위는 무효이다.[969]

그러나, **법정대리권에 흠이 있는 사람이 소송행위를 한 뒤에 보정된 법정대리인이 이를 추인한 경우에는, 그 소송행위는 이를 한 때에 소급하여 효력이 생긴다**(법 제60조).

즉, 추인의 소급효를 제한하는 민법 제133조 단서의 규정은 소송행위에 대한 추인의 경우에는 적용될 여지가 없으며,[970] 이러한 추인은, 항소심이나,[971] 상고심에서도 할 수 있다.[972]

소송행위의 추인은 타인을 대표하거나 대리하여 어떠한 소송행위를 할 권한이 없는 자가 한 무효의 소송행위를 본래의 당사자나 그 법정대리인이 소급하여 유효하게 만드는 것으로서, 그러한 추인의 권한은 당사자나 그 법정대리인이 본래의 소송행위를 할 수 있는 고유의

---

966) 대법원 2003. 3. 28. 선고 2003다2376 판결.

967) 대법원 2003. 3. 28. 선고 2003다2376 판결.

968) '인지액·편철방법예규'.

969) 대법원 1990. 5. 11. 선고 89다카15199 판결(사안은 회사 대표자의 대표권의 흠결) 참조.

970) 대법원 1991. 11. 8. 선고 91다25383 판결.

971) 대법원 1990. 5. 11. 선고 89다카15199 판결(사안은 회사 대표자의 대표권의 흠결). 동지 : 대법원 2003. 3. 28. 선고 2003다2376 판결.

972) 대법원 1997. 3. 14. 선고 96다25227 판결. 동지 : 대법원 2009. 5. 28. 선고 2009다7182 판결 ; 대법원 2010. 3. 25. 선고 2009다95387 판결 ; 대법원 2010. 6. 10. 선고 2010다5373 판결 ; 대법원 2010. 12. 9. 선고 2010다77583 판결 ; 대법원 2016. 7. 7. 선고 2013다76871 판결 ; 대법원 2019. 9. 10. 선고 2019다208953 판결.
그런데 판례에 나타난 사안들은 대개 비법인사단의 대표자의 소송행위에 관한 것이다.

권한이 다른 형식으로 표현된 것에 지나지 않고 그로부터 독립하여 별개의 내용이나 범위를 갖는 추인의 권한이 따로 존재하는 것은 아니다.[973]

서면에 의하여 추인할 경우, 「소송행위추인서」에 의한다.[974]

바. 법정대리권의 소멸통지와 그 신고

1) 법정대리권 소멸통지

소송절차가 진행되는 중에 법정대리권이 소멸한 경우에는 본인 또는 대리인이 상대방에게 소멸된 사실을 통지하지 아니하면 소멸의 효력을 주장하지 못한다(법 제63조 제1항 본문).

법인 등의 대표권의 경우에도 같은 법리가 적용됨은 물론이다(법 제64조).[975]

그 취지는 법정대리권이 소멸하였다고 하더라도 당사자가 그 대표권의 소멸사실을 알았는지의 여부, 모른 데에 과실이 있었는지의 여부를 불문하고 그 사실의 통지 유무에 의하여 법정대리권의 소멸 여부를 획일적으로 처리함으로써 소송절차의 안정과 명확을 기하기 위함에 있다.[976]

다만, 법원에 법정대리권의 소멸사실이 알려진 뒤에는 그 법정대리인은 소의 취하, 화해, 청구의 포기·인낙 또는 소송탈퇴를 하지 못한다(법 제63조 제1항 단서).[977] 그렇다고 하여, 예컨대, 항소취하까지 하지 못하는 것은 아니다.[978]

2) 법정대리권 소멸통지의 신고

상대방에게 법정대리권 소멸통지를 한 사람은 그 취지를 법원에 서면으로 신고하여야 한다(규칙 제13조 제1항).

따라서, 법정대리권이 소멸한 때에는, 소송외에서 이를 통지하고서 「법정대리권소멸통지

---

973) 대법원 2012. 3. 15. 선고 2011다95779 판결.

974) '인지액·편철방법예규'.

975) 대법원 2006. 11. 23. 선고 2006재다171 판결.

976) 대법원 1998. 2. 19. 선고 95다52710 전원합의체 판결(사안은 대표권). 동지 : 대법원 2007. 5. 10. 선고 2007다7256 판결(사안은 대표권).

977) cf. 구법(2002. 1. 26. 법률 제6626호로 전부개정되기 전의 것) 제59조에는 이러한 규정이 없었으므로, 대표권 소멸통지를 하지 아니한 이상 이미 사임한 대표자가 심지어 소취하나 상소취하를 하더라도 유효한 것으로 해석되고 있었다. 대법원 1968. 12. 17. 선고 68다1629 판결 ; 대법원 1979. 12. 11. 선고 76다1829 판결 ; 대법원 1998. 2. 19. 선고 95다52710 전원합의체 판결 참조.
그러나, 위 경우라도, 새로운 대표자가 소취하를 할 수 있음은 물론이다. 대법원 1975. 5. 13. 선고 75다76 판결.

978) 대법원 2007. 5. 10. 선고 2007다7256 판결(사안은 대표권).

신고서」를 제출하거나, 아예 소송내에서 「법정대리권소멸통지송달신청서」(「법정대리권소멸통지서」 부본을 첨부)을 제출하여야 한다는 것이 된다.[979]

사. 법정대리권 소멸의 효과

소송계속[980] 중에 법정대리인이 죽거나 대리권을 잃은 때에는 소송절차가 중단되고, 따라서 소송수계가 문제되는바(법 제235조), 상세한 것은 '소송절차의 정지' 부분에서 살펴보기로 한다.

5. 특별대리인

가. 개 관

법정대리인이 소송행위를 하거나 법정대리인을 상대로 소송행위를 하여야 하는데 그것이 여의치 못한 경우에 대비하여, 「민사소송법」은 특별대리인 제도를 두고 있다.

이러한 이른바 소송법상 특별대리인은, 이해상반행위에 관하여 선임되는 이른바 실체법상 특별대리인과 개념상 구분된다.[981]

특별대리인은 그 선임사유가 있는 경우 신청권자의 신청에 의하여 법원이 선임함이 원칙이며, 소제기 전에도 신청할 수 있다.[982]

그러나, (수소)**법원도 소제기 후[983] 필요하다고 인정하는 경우 직권으로 특별대리인을 선임할 수 있다**(법 제62조 제2항, 제62조의2 제1항 본문).

그리고, 여기서 "필요하다고 인정하는 경우"는 바로 후술하는 선임사유를 의미한다고 할 것이다.

한편, 특별대리인도 전자소송시스템을 이용하여 전자문서를 제출할 수 있는 자이다(민소전자문서법 제5조 제1항, 민소전자문서규칙 제3조 제2호).

---

979) '인지액·편철방법예규'.

980) 소송계속의 개념에 관하여서는 '소장의 심사 및 소장 또는 이행권고결정의 송달' 부분에서 후술한다.

981) 제요[민소 I], 327면.
cf. 그 밖에, 「민사집행법」, 「담보부사채신탁법」, 「형사소송법」도 고유의 특별대리인 제도를 규정하고 있다.

982) 위의 책, 329면 ; 이시윤, 175면 ; 강현중, 251면 ; 김홍엽, 196면.

983) 법문에는 "… 소송계속 후 …"로 되어 있으나, 의당 위와 같이 확장해석하여야 할 것이다.

나. 특별대리인의 선임사유[984)]

1) 미성년자·피성년후견인 또는 피한정후견인의 특별대리인

미성년자·피성년후견인 또는 피한정후견인이[985)] 당사자인 경우, 그 친족, 이해관계인, 지방자치단체의 장 또는 검사는[986)] 다음 각 호의 경우에 소송절차가 지연됨으로써 손해를 볼 염려가 있다는 것을 소명하여 수소법원(受訴法院)에 특별대리인을 선임하여 주도록 신청할 수 있다(법 제62조 제1항).

① **법정대리인이 없거나 법정대리인에게 소송에 관한 대리권이 없는 경우**

② **법정대리인이 사실상 또는 법률상 장애로 대리권을 행사할 수 없는 경우**

③ **법정대리인의 불성실하거나 미숙한 대리권 행사로 소송절차의 진행이 현저하게 방해받는 경우**[987)]

여기서 "이해관계인"은 미성년자·피한정후견인 또는 피성년후견인을 상대로 소송행위를 하려는 사람을 포함한다(같은 항).

그리고, (피성년후견인이 당사자인 경우에는 그) **대리권 없는 성년후견인**, (피한정후견인이 당사자인 경우에는 그) **대리권 없는 한정후견인도 특별대리인 선임을 신청할 수 있다**(같은 항).

실무상으로도 "손해를 볼 염려"는 너그럽게 해석하고 있는바,[988)] 관견으로는, 신청인이 누구인지에 따라 경우를 나누어 보아야 한다고 생각한다.

첫째, 당사자의 친족이나 지방자치단체의 장 또는 검사가 신청하는 경우에는, 시효의 완성이나 제소기간 도과 등의 우려가 있어야만 손해를 볼 염려가 있다고 할 것이다. 왜냐하면, 이러한 신청인들은 오히려 해당 법정대리인의 선임 또는 개임을 청구함으로써 법 제62조 제1항 각 호의 사유를 해소할 수 있기 때문이다.

둘째, 반면에, 이해관계인이 신청하는 경우에는, 법 제62조 제1항 각 호의 사유가 있으면

---

984) 특수한 선임사유로, 증거보전신청에서 상대방을 지정할 수 없는 경우의 특별대리인도 있으나(법 제378조 후문), 이에 관하여서는 '증거보전' 부분에서 후술한다.

985) 법문에는 "… 미성년자·피한정후견인 또는 피성년후견인이 …"로 되어 있으나, 왜 순서를 이와 같이 열거하였는지 의문이다. 이는 바로 이어지는 "… 대리권 없는 성년후견인, 대리권 없는 한정후견인, …" 부분과도 순서가 상충되기도 한다. 이는 구법의 "… 미성년자·한정치산자 또는 금치산자를 …"이라는 문언을 만연히 현행법상의 개념으로 치환하다가 생긴 오류로 추정된다.

986) cf. 구법(2016. 2. 3. 법률 제13952호로 개정되기 전의 것)에서는 지방자치단체의 장은 신청권자가 아니었다.

987) cf. 구법(2016. 2. 3. 법률 제13952호로 개정되기 전의 것)에서는 "법정대리인의 불성실하거나 미숙한 대리권 행사로 소송절차의 진행이 현저하게 방해받는 경우"는 특별대리인 선임사유가 아니었다.

988) 제요[민소 I], 329면.

특별한 사정이 없는 한 그 자체로서 손해를 볼 염려가 있다고 보아야 한다. 이 경우에는 일반적으로 그러한 사유가 언제 해소될지 기약할 수 없기 때문이다.

2) 의사무능력자를 위한 특별대리인

의사능력이 없는 사람을 상대로 소송행위를 하려고 하거나 의사능력이 없는 사람이 소송행위를 하는 데 필요한 경우 특별대리인의 선임 등에 관하여는 제62조를 준용하는바(법 제62조의2 제1항 본문), 이 경우의 특별대리인 선임 요건 등은 다음과 같이 풀이된다(법 제62조 제1항의 준용).

첫째, 의사능력이 없는 사람을 상대로 소송행위를 하려는 사람은 수소법원에 특별대리인을 선임하여 주도록 신청할 수 있다.[989]

둘째, 의사능력이 없는 사람이 소송행위를 하려는 경우, 그 친족, 이해관계인, 지방자치단체의 장 또는 검사는 수소법원에 특별대리인을 선임하여 주도록 신청할 수 있다.

더 나아가, (의사능력이 없는 사람이 피특정후견인 또는 피임의후견인이라면) **특정후견인 또는 임의후견인도 특별대리인의 선임을 신청할 수 있다**(법 제62조의2 제1항 단서).[990]

셋째, 위 두 경우 모두, – 당사자가 의사능력이 없다는 것뿐만 아니라 – 소송절차가 지연됨으로써 손해를 볼 염려가 있다는 것을 소명하여야 한다.

다만, 법 제62조 제1항 각호의 사유는 별도로 주장, 소명할 필요가 없다고 할 것이다. 법 제62조의2 제1항이 규정한 '의사무능력'이 법 제62조 제1항 각호의 사유에 대응하기 때문이다.

3) 법인 등을 위한 특별대리인

법인을 위한 특별대리인이나, 법인 아닌 사단 또는 재단을 위한 특별대리인도 선임될 수 있음은 의문이 없다(법 제64조).[991] 다만, 관견으로는, 이 경우에는 법인 등의 성질상 제62조의 제1항은 제한적으로 준용하여야 한다고 본다.

첫째, 법인 등이 당사자인 경우, 특별대리인선임 신청을 할 수 있는 자는 이해관계인(법인 등을 상대로 소송행위를 하려는 사람 포함)에 한한다.

---

989) 구법에서는 명문의 규정은 없었으나, 판례는 현행법과 마찬가지로 풀이하고 있었다. 대법원 1993. 7. 27. 선고 93다8986 판결.

990) 입법자는 특정후견이나 임의후견이 개시된 후에 의사능력을 상실한 경우를 주로 염두에 둔 것이나(2017 해설서, 113면(김경욱 집필부분)), 실제로는 성년후견 또는 한정후견의 요건을 충족하는데도 특정후견이나 임의후견이 개시된 사안도 왕왕 있다.

991) '인지액·편철방법예규'.
cf. 법인의 대표자가 사망하여 버리고 달리 법인을 대표할 자도 정하여지지 아니하였기 때문에 법인에 대하여 송달을 할 수 없는 때에는 공시송달도 할 여지가 없다. 대법원 1991. 10. 22. 선고 91다9985 판결.

둘째, 법인 등이 당사자인 경우, "대표자(또는 관리인)의 불성실하거나 미숙한 대리권 행사로 소송절차의 진행이 현저하게 방해받는 경우"는 특별대리인 선임사유가 되지 못한다고 할 것이다(제62조 제1항 제3호의 부준용).

판례는 비법인사단과 그 대표자의 이익이 상반되는 사항에 관한 소송에서도 '법 제64조, 제62조 제1항 제2호에 따라' 특별대리인을 선임할 수 있다고 하나,[992] 법인에 관하여서도 그렇게 볼 수 있는지 아니면 민사비송사건으로서 특별대리인을 선임하여 소송을 대리하도록 하여야 하는지(민법 제64조, 제96조, 비송사건절차법 제33조 제1항)는 논란의 소지가 있다.

다. 특별대리인선임신청

특별대리인선임 사건은 부수사건이므로, 기본사건이 종이기록사건이라면, 특별대리인선임신청 역시 전자적으로는 하지 못한다(민소전자문서법 제10조 제2항, 민소전자문서규칙 제19조 제1항 제3호 본문).

특별대리인선임신청은 기본적 신청이므로, 신청서에 1,000원의 인지를 붙이고(민사소송 등 인지법 제9조 제5항 제4호),[993] 송달료를 예납하여야 하며, 별도기록이 편성된다.[994]

라. 특별대리인선임신청에 대한 재판 등

특별대리인의 선임은 (수소)**법원의 결정으로 하며**(법 제62조 제4항 전단, 제62조의2 제1항 본문), **그 결정은 특별대리인에게**(도) **송달하여야 한다**(법 제62조 제4항 후단, 제62조의2 제1항 본문).

여기서 "수소법원"은 이미 계속된 본안사건을 직접 심리하고 있는 그 재판부만을 의미한다고 협의로 해석할 필요는 없다고 함이 판례이나,[995] 관견으로는 이러한 해석은 의문이다.

특별대리인 선임의 주문례는 "신청인과 △△△ 사이의 이 법원 2013가합100 소유권이전등기 사건에 관하여 ○○○ (0000. 0. 0.생, 주소 : 서울 서초구 서초중앙로 150)를 위 △△△의 특별대리인으로 선임한다." 식이 된다.

다만, 이때, 아직 소송이 계속되지 아니하였다면 사건번호로써 사건을 특정할 수가 없으므로 양쪽 당사자 외에 청구의 대략적인 내용까지도 표시하여야 한다.[996]

---

992) 대법원 1992. 3. 10. 선고 91다25208 판결(사안은 구 민사소송법(2002. 1. 26. 법률 제6626호로 개정되기 전의 것)).

993) '인지액·편철방법예규'.

994) '인지액·편철방법예규'.

995) 대법원 1969. 3. 25.자 68그21 결정(사안은 구 민사소송법(2002. 1. 26. 법률 제6626호로 전부개정되기 전의 것)).

이때, 법원은 신청인에게, 특별대리인의 보수, 선임 비용 및 소송행위에 관한 비용에 관한 예납명령도 할 수 있다고 할 것이다(법 제62조 제5항 참조).[997)]

마. 특별대리인선임신청에 관한 재판에 대한 불복

특별대리인 선임신청을 각하 또는 기각한 재판에 대하여서는 (통상항고(법 제439조)로써) 불복할 수 있다고 할 것이다.[998)]

그러나, 특별대리인 선임결정에 대하여서는 불복할 수 없다(특별항고는 별론).

바. 법정대리인이 있는 경우의 특별대리인 선임의 효과

특별대리인의 대리권의 범위에서 법정대리인의 권한은 정지된다(법 제62조 제3항 후문, 제62조의2 제1항 본문).

따라서, 특별대리인에 대한 수소법원의 해임결정이 있기 전에는 법정대리인은 본인을 위하여 유효하게 소송행위를 할 수 없다는 것이 된다.[999)]

사. 특별대리인의 권한

1) 원 칙

특별대리인은 대리권 있는 후견인과 같은 권한이 있는바(법 제62조 제3항 전문, 제62조의2 제1항 본문),[1000)] 이는 다음과 같은 뜻으로 해석된다.

---

996) 제요[민소 I], 331면.

997) 동지 : 제요[민소 I], 331면 ; 소송비용실무, 31면.
cf. 구법(2016. 2. 3. 법률 제13952호로 개정되기 전의 것) 제62조 제6항은 "특별대리인의 선임에 관한 비용과 특별대리인의 소송행위에 관한 비용은 신청인에게 부담하도록 명할 수 있다"라고 규정하고 있었으나, 현행법은 이에 직접 대응하는 규정은 두지 아니하고 있다.

998) 대법원 1969. 3. 25.자 68그21 결정.

999) cf. 이에 반하여, 구법에서는 법정대리인이 있고 대리권을 행사할 수 있는 경우에는 특별대리인을 선임할 수 없으므로, 다음과 같은 결과가 되었다.
첫째, 예컨대, 「도시 및 주거환경정비법」에 따른 조합의 이사가 자기를 위하여 조합을 상대로 소를 제기하는 경우, 그 소송에 관하여는 감사가 조합을 대표하므로(도시 및 주거환경정비법 제22조 제4항), 수소법원이 특별대리인을 선임하였더라도 그 특별대리인은 이사가 제기한 소에 관하여 조합을 대표할 권한이 없는 것으로 풀이되었다. 대법원 2015. 4. 9. 선고 2013다89372 판결.
둘째, 특별대리인에 대한 수소법원의 해임결정이 있기 전이라 하더라도, (그 법정대리권의 흠이 보완된) 법정대리인은 본인을 위하여 유효하게 소송행위를 할 수 있다고 보았다. 대법원 2011. 1. 27. 선고 2008다85758 판결(사안은 법인의 대표자).

1000) 구법(2016. 2. 3. 법률 제13952호로 개정되기 전의 것) 제62조 제3항도 "특별대리인이 소송행위를 하기 위하여서는 후견인(후견인)과 같은 권한을 받아야 한다."라고 규정하고 있었는바, 구법하의 판례도 "특

첫째, 특별대리인은 해당 본안사건에서 해당 제한능력자 또는 의사무능력자를 대리하여 소송행위를 할 수 있다.

법인 또는 법인 아닌 사단의 대표자가 없거나 대표권을 행사할 수 없는 경우에 선임된 특별대리인 역시, 법인 또는 법인 아닌 사단의 대표자와 동일한 권한을 가져, 그 소송수행에 관한 일체의 소송행위를 할 수 있다.[1001)]

둘째, 수소법원이 특별대리인을 선임한 경우에도 그 소송사건의 판결에 의한 권리의 처분 권한은 본인에게 귀속한다.[1002)]

따라서, 예컨대, 특별대리인이 본인을 위하여 소송대리인을 선임한 경우 본인이 그에 따른 선임료 지급채무를 부담하게 됨은 별론으로 하고, 특별대리인이 본인을 대리하여 본인의 소송대리인에 대한 선임료 지급채무의 지급에 갈음하여 그 소송사건의 판결에 의하여 확보된 본인의 채권을 양도하는 등의 방법으로 처분할 권한까지 당연히 가진다고 할 수는 없다.[1003)]

셋째, 관견으로는, 후견인과 달리, 특별대리인은, 소의 취하, 화해, 청구의 포기·인낙 또는 소송탈퇴를 하기 위하여서는 특별수권을 요하지 아니한다고 본다.[1004)] 특별대리인은 후견인과 달리 당최 후견감독인이나 가정법원의 감독을 받는 자가 아니며, 위와 같은 소송행위에 관하여서는 오히려 후술하는 바와 같은 별도의 제한이 있다고 봄이 상당하기 때문이다.

2) 특칙 : 대리권의 제한

의사무능력자를 위한 특별대리인(법 제62조의2 제1항)**이 소의 취하, 화해, 청구의 포기·인낙 또는 소송탈퇴**(법 제80조)**를 하는 경우,** - 특별수권은 문제되지 아니하지만 그 대신 - **법원은 그 행위가 본인의 이익을 명백히 침해한다고 인정할 때에는 그 행위가 있는 날부터 14일 이내에 결정으로 이를 허가하지 아니할 수 있다**(법 제62조의2 제2항 전문).

이 결정에 대해서는 불복할 수 없다(같은 항 후문).

그런데, 「민사소송법」은 의사무능력자를 위한 특별대리인에 관하여서만 위와 같이 규정하고 있으나, 관견으로는, 제한능력자를 위한 특별대리인(법 제62조)에 관하여서도 마찬가지로

별대리인은 해당 소송에서는 법정대리인으로서의 권한을 보유한다"라고 설시하였다. 대법원 1993. 7. 27. 선고 93다8986 판결. 동지 : 대법원 1969. 7. 22. 선고 69다507 판결.

1001) 대법원 2010. 6. 10. 선고 2010다5373 판결.

1002) 대법원 2012. 8. 30. 선고 2012다38216 판결.

1003) 대법원 2012. 8. 30. 선고 2012다38216 판결.

1004) 결과동지 : 제요[민소 I], 333면.
반대 : 2017 해설서, 95면(이호원 집필부분)은, 후견인과 마찬가지로 후견감독인 내지 가정법원의 특별수권을 받아야 한다고 본다.

새겨야 한다고 본다(법 제62조의2 제2항의 유추해석).[1005]

한편, 이 제도와 관련하여서는, (의사무능력자를 위한) 특별대리인이 한 소의 취하 등의 효력이 문제된다.

입법자의 의도는, 특별대리인이 소의 취하 등을 하면 일단 그 효력이 발생하지만 법원이 불허결정을 한 때에 소급하여 그 효력이 상실된다는 것이다. 이에 의하면, 가령 특별대리인이 화해를 한 경우에는 법원의 불허결정이 화해조서에 대한 청구이의사유가 될 뿐이라고 새겨야 할 터이다.[1006]

그러나 관견으로는, 그러한 해석은 절차의 명확성을 심히 해하는 것으로서, 오히려 불허결정이 없이 14일이 지나야 비로소 소의 취하 등의 효력이 발생한다고 새김이 옳다고 본다.

입법론적으로는 차라리, "제1항의 특별대리인은 법원의 허가를 받지 아니하고는소의 취하, 화해, 청구의 포기·인낙 또는 제80조에 따른 탈퇴를 할 수 없다."라고 규정하거나(상법 제403조 제6항 참조, 지방자치법 제17조 제14항 제1문 참조), "제1항의 특별대리인이 소의 취하, 화해, 청구의 포기·인낙 또는 제80조에 따른 탈퇴를 하는 경우 그 행위는 법원의 허가를 받지 아니하면 그 효력이 없다."(증권관련집단소송법 제35조 제1항 참조)라고 규정하는 편이 나았을 것이다.

아. 특별대리인의 개임(改任)

1) 개 관

법원은 필요하다고 인정하는 경우 직권으로 특별대리인을 개임할 수 있다(법 제62조 제2항, 제62조의2 제1항 본문).

특별대리인의 개임도 법원의 결정으로 하며(법 제62조 제4항 전단, 제62조의2 제1항 본문), **그 결정은 특별대리인에게**(도) **송달하여야 한다**(법 제62조 제4항 후단, 제62조의2 제1항 본문).

2) 특별대리인개임신청

그런데, 당사자가 특별대리인 개임신청을 할 경우, 이는 법원의 직권발동을 촉구하는 데 불과하므로, 법원은 이에 대하여 반드시 어떠한 결정을 하여야 할 의무가 없을 뿐 아니라, 가사 법원이 그 개임신청을 각하 또는 기각하는 결정을 하였다 하더라도 이에 대하여 불복할 수 없다(특별항고는 별론).[1007]

1005) 기이하게도, 2017 **개정 민사소송법 해설서**는, 이 문제에 관하여 아무런 언급이 없다.

1006) 위의 책, 117~8면(김경욱 집필부분). 동지 : 제요[민소 I], 333면.

1007) 대법원 1969. 3. 25.자 68그21 결정.

자. 특별대리인의 해임[1008]

법원은 필요하다고 인정하는 경우 직권으로 특별대리인을 해임할 수 있다(법 제62조 제2항, 제62조의2 제1항 본문).

특별대리인의 해임은 법원의 결정으로 하며, 그 결정은 특별대리인에게 송달하여야 한다(법 제62조 제4항, 제62조의2 제1항 본문).

Ⅱ. 소송대리인

1. 소송대리인 개관

소송대리인에는 법률상 소송대리인과 소송위임에 의한 소송대리인이 있다.

소송법상으로는 주로 후자가 문제되므로, 이하에서는 양자를 함께 다루되 후자를 중심으로 살펴본다.

2. 법률상 소송대리인

가. 개 관

재판상의 모든 행위를 할 권한이 법률에 의하여 인정된 대리인을 법률상 소송대리인이라 한다.

예컨대, 지배인은 영업주에 갈음하여 그 영업에 관한 재판상의 모든 행위를 할 수 있고(상법 제11조 제1항),[1009] 선적항 외에서는 선장은 항해에 필요한 재판상의 모든 행위를 할 권한이 있으므로(상법 제749조 제1항), 이러한 사람들은 법률상 소송대리인으로서 소송을 수행할 수 있다(규칙 제16조 제1항 참조).

1008) cf. 구법(2016. 2. 3. 법률 제13952호로 개정되기 전의 것) 제62조는, 특별대리인의 해임에 관하여서는 언급이 없었으나, 구법에서도 특별대리인의 개임이란 해임을 당연히 전제로 하는 것으로 해석되고 있었다.

1009) 특수법인의 경우에도 그 근거법률이 그 업무에 관하여 재판상의 모든 행위를 할 수 있는 대리인을 선임할 수 있도록 하고 있는 것들이 많이 있다(비송사건절차법 제67조 제2항, 민법법인 및 특수법인 등기규칙 제5조 제2항 참조).

나. 소송수행자

1) 소송수행자의 지정 및 소송대리인의 선임 일반

가) 국가소송의 소송수행자[1010] 등

법무부장관은 법무부의 직원, 검사 또는 공익법무관을 - 소송수행자로 - **지정하여 국가소송을 수행하게 할 수 있다**(국가소송법 제3조 제1항).

또한, **법무부장관은 행정청의**[1011] **소관사무나 감독사무에 관한 국가소송에서 필요하다고 인정하면 해당 행정청**(실무상 "소관청"이라고 지칭한다)**의 장의 의견을 들은 후**[1012] **행정청의 직원을** - 소송수행자로 - **지정하여 그 소송을 수행하게 할 수 있으며**(같은 조 제2항), **이 지정을 받은 사람**(소송수행자)**은 해당 소송에 관하여 법무부장관의 지휘를 받아야 한다**(같은 조 제3항).

그러나, **법무부장관은 대통령령으로 정하는 바에 따라 위와 같은 권한**(국가소송법 제3조)**의 일부를 검찰총장, 고등검찰청검사장 또는 지방검찰청검사장에게 위임할 수 있는바**(같은 법 제13조),[1013] 상세한 것은 별항으로 후술하는 바와 같다.

이러한 소송수행자는 그 소송에 관하여 대리인(즉, 복대리인) **선임을 제외한 모든 재판상의 행위를 할 수 있다**(같은 법 제7조).[1014]

나) 행정소송의 소송수행자 등[1015]

행정청의 장은 그 행정청의 직원 또는 상급 행정청의 직원(이 경우에는 미리 해당 상급 행정청의 장의 승인을 받아야 한다)**을** - 소송수행자로 - **지정하여 행정소송을 수행하게 할 수 있다**(국가소송법 제5조 제1항).

1010) cf. 현행법에 의하면, 지방자치단체는 소송수행자를 지정할 수 없다. 대법원 2006. 6. 9. 선고 2006두4035 판결.

1011) **'국가소송법'의 적용을 받는 행정청에는 법령에 따라 행정권한의 위임 또는 위탁을 받은 행정기관, 공공단체, 그 기관 또는 사인(私人)이 포함된다**(국가소송법 제2조의2).
주의할 것은, '국가소송법'에서 말하는 "행정청"이란, 행정절차법·행정쟁송법에서 말하는 행정청이 아니라 행정기관을 지칭하는 것이다.

1012) 따라서, 실무상 소관청의 지휘품신에 따라 소송수행자를 지정함이 일반이다.

1013) cf. 이러한 위임규정은 제정 당시의 「국가를당사자로하는소송에관한법률」에는 없던 것을, 1970. 12. 31. 법률 제2256호로 같은 법을 개정하면서 신설한 것이다.

1014) 따라서, 국가소송수행자가 관할 검찰청의 지휘에 따르지 아니하고 임의로 소송수행을 하여 소송해태를 범하였다거나, 상급청의 승인을 요하는 소송행위를 승인 없이 하더라도 이는 징계의 대상일 뿐 소송행위의 효력 자체에는 영향이 없다. 대법원 1962. 3. 29. 선고 4294민상841 판결 ; 대법원 1995. 4. 28. 선고 95다3077 판결 참조.

1015) 행정소송에 관한 상론은 이 책이 다룰 범위를 벗어나지만, 이해의 편의상 행정소송수행자에 관하여서도 서술한다.

그러나, **행정소송을 수행할 때 행정청의 장은 법무부장관의 지휘를 받아야 한다**(국가소송법 제6조 제1항).

또한, **법무부장관은 행정소송에 관하여 필요하다고 인정되면 법무부의 직원, 검사 또는 공익법무관을**－소송수행자로－**지정하여 그 소송을 수행하게 할 수 있으며**(같은 조 제2항 전단), **행정청의 장이 지정하거나 선임한 사람**(국가소송법 제5조 제1항 또는 제2항)(즉, 행정소송의 소송수행자)**을 해임하게 할 수 있다**(같은 법 제6조 제2항 후단).

그러나, **법무부장관은 대통령령으로 정하는 바에 따라 위와 같은 권한**(국가소송법 제6조)**의 일부를 검찰총장, 고등검찰청검사장 또는 지방검찰청검사장에게 위임할 수 있는바**(같은 법 제13조), 상세한 것은 별항으로 후술하는 바와 같다.

이러한 소송수행자 역시 그 소송에 관하여 대리인(즉, 복대리인) **선임을 제외한 모든 재판상의 행위를 할 수 있다**(같은 법 제7조).

2) 소송수행자 지정 및 소송지휘의 구체적 내용

가) 소송수행자 지정권 등의 위임 및 그 한계

국가소송의 소송수행자 지정권(그리고 그에 대한 지휘권)은 다음과 같이 위임되어 있다(국가소송법 시행령 제2조 단서).[1016]

- ○ 검찰총장 : 대법원에 계속 중인 사건
- ○ 고등검찰청검사장 : ① 관할구역을 같이하는 고등법원에 계속중인 사건, ② 해당 고등검찰청 소재지에 있는 지방법원 또는 그 지원에 관할권이 있는 사건
- ○ 고등검찰청 소재지 외의 지방검찰청검사장 : 관할구역을 같이하는 지방법원 또는 그 지원에 관할권이 있는 사건

이상의 사항과 관련하여 특기할 것은 다음과 같다.

첫째, 지방검찰청 지청이나 고등검찰청 소재지의 지방검찰청에는 소송수행자 지정권이 없다.

따라서, 예컨대, 춘천지방법원 원주지원에 관할권이 있는 국가소송 사건의 소송수행자는 춘천지방검찰청(본청) 검사장이 지정하며, 대구지방법원(본원)에 관할권이 있는 국가소송 사건의 소송수행자는 대구고등검찰청 검사장이 지정한다.

1016) 2020. 12. 27. 이전에는 행정소송의 지휘권도－법무부장관을 피고로 하는 행정소송사건 외에는－이와 같이 각급 검찰청의 장에게 위임되어 있었다(구 국가소송법 시행령(2020. 8. 5. 대통령령 제30907호로 개정되기 전의 것 것) 제2조, 제6조).

둘째, 각급 검찰청의 장은 제2조에 따라 그 권한에 속하는 소송사건 중 법무부령으로 정하는 소송사건에 관하여 소의 제기 및 취하, 상소의 포기 및 취하, 화해, 청구의 포기 및 인낙(認諾), 소송대리인의 선임 및 해임의 소송행위를 하려는 때에는 법무부장관의 승인을 받아야 한다(국가소송법 시행령 제3조).[1017)]

셋째, 위와 같은 권한위임은, 국가소송에서 송달을 받을 자의 구분(국가소송법 제9조 제1항)과 대체로 대응한다.

나) 국가소송의 수행[1018)]

각급검찰청의 장은 국가소송을 제기하거나 국가소송이 제기된 경우에는 검사 또는 공익법무관을 소송수행자로 지정하여 소송을 수행하게 하여야 한다(같은 법 시행령 제5조 제1항. 소위 '직수사건').

다만, 필요하다고 인정하는 경우에는 해당 행정청의 장의 의견을 들어 해당 행정청의 직원을 소송수행자로 지정하여 검사 또는 공익법무관인 소송수행자와 공동으로 소송을 수행하게 할 수 있다(같은 항 단서. 공동수행사건).

더 나아가, 각급 검찰청의 장은 소송물가액이 법무부령이 정하는 금액미만인 민사본안사건 및 민사신청사건에 관하여는 소관행정청의 직원만을 소송수행자로 지정하여 그 지휘를 받아 소송을 수행하게 할 수 있다(같은 조 제2항. 지휘사건).

다) 검사 또는 공익법무관을 소송수행자로 지정할 경우의 원칙

각급 검찰청의 장은 검사 또는 공익법무관을 소송수행자로 지정할 때에는 소속검사(지방검찰청의 경우에는 관하 지청의 검사를 포함한다) 또는 해당 검찰청에 근무하는 공익법무관(지방검찰청의 경우에는 관하 지청에 근무하는 공익법무관을 포함한다)중에서 이를 지정하여야 한다(같은 법 시행령 제7조 제1항).

다만, 검찰총장과 고등검찰청 검사장은 그 권한에 속하는 소송사건을 수행하기 위하여 필요하다고 인정하는 경우에는 하급검찰청 소속검사 또는 하급검찰청에 근무하는 공익법무관을 소송수행자로 지정할 수 있다(같은 조 제2항).

1017) 2020. 12. 27. 이전에는 소가에 따라 하급청이 상급청의 승인을 받도록 하고 있었으나(구 국가소송법 시행령(2020. 8. 5. 대통령령 제30907호로 개정되기 것) 제3조), 현행법은 승인권자를 법무부장관으로 일원화하였다.

1018) 행정소송의 수행에 관하여서는 국가소송법 시행령 제6조가 규정하고 있으나, 이에 관한 설명은 편의상 생략하겠다.

라) 소송수행자 등의 준수사항

소송수행자와 소송대리인은 지정서와 위임장에 기재된 지시사항과 주의사항을 준수하여야 한다(국가소송법 시행령 제8조).

마) 관계행정청과의 협조

국가소송 또는 행정소송을 수행하는 법무부의 직원, 검사·공익법무관 또는 행정청의 직원은 법무부장관, 소속검찰청의 장 또는 행정청의 장을 통하여 관계 행정청의 장에게 소송수행에 필요한 자료를 요청할 수 있다(국가소송법 시행령 제9조).

바) 소송수행해태

법무부장관은 그가 지휘하는 사건의 소송수행자가 소송해태행위를 한 때에는 지체 없이 (소관 중앙행정기관의) 소송총괄관에게[1019] 통보하여야 한다(국가소송법 시행령 제14조 제1항).

각급 검찰청의 장은 그가 지정한 소송수행자 또는 그가 지휘하는 사건의 소송수행자가 소송해태행위를 한 때에는 지체 없이 법무부장관에게 보고하고, (소관 중앙행정기관의) 소송총괄관에게 통보하여야 한다(같은 조 제2항).

소송총괄관은 이상과 같은 통보를 받은 때에는 소속행정청의 장에게 해당 소송수행자의 징계를 건의할 수 있다(같은 조 제2항).

사) 소송수행업무의 지휘감독 등

법무부장관은 행정청에 대하여 국가소송 및 행정소송 등의 수행에 관련된 업무처리실태를 확인하고, 필요한 사항을 지도·교육할 수 있다(국가소송법 시행령 제15조 제1항).

각급 검찰청의 장은 행정청에 대하여 (해당) 각급 검찰청의 장이 소송수행자를 지정하는 국가소송(국가소송법 제3조 및 같은 법 시행령 제2조) 등의 수행에 관련된 업무처리실태를 확인하고, 필요한 사항을 지도·교육할 수 있다(국가소송법 시행령 제15조 제2항).[1020]

1019) 각 중앙행정기관의 훈령이나 예규로 그 부처의 '규제개혁법무담당관'이 소송총괄관으로 지정되어 있는 것이 일반적이다.

1020) 그러나, 2020. 12. 27. 이전에는, 각급 검찰청의 장이 행정소송도 지휘하였으므로, 각급 검찰청의 장이 행정소송에 관하여서도 이러한 지휘감독 등을 할 수 있었다(구 국가소송법 시행령(2020. 8. 5. 대통령령 제30907호로 개정되기 전의 것 것) 제15조).

3. 소송위임에 의한 소송대리인

가. 변호사대리의 원칙[1021]

1) 개 관

가) 원칙 : 대한변호사협회에 등록한 변호사

원칙적으로, **법률에 따라 재판상 행위를 할 수 있는 대리인**(즉, 법률상 소송대리인) **외에는 변호사가 아니면 소송대리인이 될 수 없다**(법 제87조).[1022]

① 사법시험에 합격하여 사법연수원의 과정을 마친 자 ② 판사나 검사의 자격이 있는 자 ③ 변호사시험에 합격한 자의 어느 하나에 해당하는 자는 변호사의 자격이 있고(변호사법 제4조), 군법무관 임용시험에 합격하여 사법연수원의 정하여진 과정을 마친 군법무관도 10년을 복무하고 전역한 때에는 변호사의 자격이 있다(군법무관 임용 등에 관한 법률 제7조).[1023]

그런데, 변호사의 직무는 대한변호사협회에 등록을 하지 아니하고서는 수행할 수 없으므로(변호사법 제112조 제4호), 변호사의 자격이 있는 자라 하더라도 등록을 하지 아니하면 소송대리인이 될 수 없으며, 또한 휴업중이어서도 아니 된다.[1024]

나) 예외 1 : 변호사시험합격자

그러나, **등록한 변호사라 하더라도, 변호사시험합격자는 법률사무종사기관에서 통산하여 6개월 이상 법률사무에 종사하거나 연수를 마치지 아니하면 사건을 수임할 수 없으므로**(변호사법 제31조의2 제1항),[1025] 위 기간 중에는 소송대리인이 될 수 없다.[1026]

또한, **변호사시험에 합격한 자는 법률사무종사기관에서 통산하여 6개월 이상 법률사무에 종사하거나 연수를 마치지 아니하면 단독 또는 공동으로 법무법인·법무법인**(유한) **또는 법무조합의 담당변호사로 지정될 수 없다**(변호사법 제31조의2 제1항). 담당변호사에 관하여서는 후

1021) 이와 관련하여 일정한 사건은 「변호사법」이 수임을 금지하고 있으나, 이에 관하여서는 뒤에서 별항으로 살펴본다.

1022) cf. 우리 법은 민사소송에서 원칙적으로 변호사강제주의를 채택하고 있지 아니하다.
다만, 집단소송과 단체소송은 변호사강제주의에 의하고 있다(증권관련 집단소송법 제5조 제1항, 소비자기본법 제72조, 개인정보 보호법 제53조).

1023) 다만, 군법무관임용시험은 2006. 이후에는 실시되지 아니하고 있다.

1024) 대한변호사협회의 유권해석.

1025) 헌재 2014. 9. 25. 선고 2013헌마424 결정은, 변호사법 제31조의2 제1항이 직업수행의 자유나 평등권을 침해하지 아니한다고 보았다.

1026) 법무부 및 대한변호사협회의 유권해석.
그러나, 그러한 자라도 후술하는 법률상 소송대리인으로서 소송대리를 하는 것이 가능함은 물론이다. 같은 유권해석.

술한다.

다) 예외 2 : 법률구조법인에 배치된 공익법무관

법률구조업무 수행 법인[1027] **또는 법무부와 그 소속 기관, 각급 검찰청에서 법률구조업무에 종사하는 공익법무관은, 변호사 자격등록을 하지 아니하고 변호사로서 법률구조업무를 수행할 수 있다**(법률구조법 제33조의2 제1항, 공익법무관에 관한 법률 제2조 각 목).[1028][1029]

"공익법무관"이란 「병역법」에 따라 공익법무관에 편입된 사람(현역병입영 또는 공익근무요원 소집 대상자로서, 30세까지 사법연수원 과정을 마쳤거나 변호사시험에 합격한 사람. 병역법 시행령 제119조 제1항 제2호 참조)**으로서 법무부장관에 의하여 임용되어 종사명령을 받은 사람을 말한다**(공익법무관에 관한 법률 제2조 제1호).

다만, 변호사시험에 합격하고서 종사명령을 받은 공익법무관은 6개월 이상 복무하지 아니하면 소송대리인이 될 수 없다고 함이 법무부의 입장인 것으로 보이며, 법률구조 실무도 그러한 해석에 따르고 있다.

2) 법무법인 등의 경우

가) 법무법인, 법무법인(유한), 법무조합의 경우

법무법인, 법무법인(유한), **법무조합도** – 그 자신이 – **소송대리인이 될 수 있다**(변호사법 제49조 제1항 본문, 제58조의16, 제58조의30).

다만, 담당변호사를 지정하여야 한다(같은 법 제49조 제2항, 제58조의16, 제58조의30).

담당변호사를 지정하지 아니한 경우에는 구성원 모두를 담당변호사로 지정한 것으로 본다(같은 법 제49조 제3항, 제58조의16, 제58조의30).

나) 정부법무공단의 경우

정부법무공단 역시 공단 명의로 소송업무를 행하며 그 업무를 담당할 공단 변호사를 지정하여야 한다(정부법무공단법 제18조 제1항). 즉, 법무법인의 경우와 유사하게 되어 있다.

1027) 구체적으로는, ①대한법률구조공단 ②그 밖에 법률구조업무를 목적으로 법무부에 등록된 법인 ③창조경제혁신센터(법인인 경우로 한정한다)을 말한다(공익법무관에 관한 법률 시행령 제2조).

1028) cf. 공익법무관 역시 변호사의 자격을 갖춘 자이지만, 단지 '법률구조업무, 국가소송 등 관련사무, 기타 법률에 정한 업무 이외의 업무에 종사하여서는 아니 되므로'(공익법무관에 관한 법률 제9조), 다시 말해 개인적 영업으로서의 변호사업을 하는 것이 아니므로 변호사 등록을 요구하지 않은 것에 불과하다. 헌재 2003. 9. 25. 선고 2003헌바21 결정.

1029) cf. 이에 반하여, 국가소송 등의 사무(공익법무관에 관한 법률 제2조 제3호)를 수행하는 공익법무관은, 변호사로서가 아니라, 소송수행자(이에 관하여서는 후술한다)로서 국가소송 또는 행정소송을 수행할 수 있을 뿐이다(국가소송법 제3조 제1항, 제6조 제2항).

다) 법률구조법인의 경우

그러나, **대한법률구조공단 등 법률구조법인이나 그 밖에 공익법무관이 근무하고 있거나 근무하였던 법인은 법률구조업무와 관련하여 법인 명의로 소송에 관한 행위를 할 수 없다**(법률구조법 제5조).

즉, 법률구조업무로서 소송대리를 할 경우에는 - 법률구조계약은 해당 법률구조법인과 체결하게 되고 따라서 해당 법률구조법인이 사건을 수임하게 되지만 - 법률구조법인 자체가 아니라 소속 변호사나 배치된 공익법무관 개개인이 소송대리인이 될 수밖에 없다(같은 법 제19조 제1항, 제33조의2 제2항 참조).

나. 소송대리인의 자격의 특례

1) 민사 소액 및 중액 단독사건[1030]

가) 소송대리인 허가신청에 의한 소송대리

(1) 개 관

단독판사가 심리·재판하는 사건 가운데 그 소송목적의 값이 일정한 금액 이하인 사건에서, 당사자와 밀접한 생활관계를 맺고 있고 일정한 범위안의 친족관계에 있는 사람 또는 당사자와 고용계약 등으로 그 사건에 관한 통상사무를 처리·보조하여 오는 등 일정한 관계에 있는 사람이 법원의 허가를 받은 때에는, 변호사가 아니더라도 법원의 허가를 받아 소송대리인이 될 수 있다(법 제88조 제1항).

지방자치단체도 - 비록 소송수행자를 지정할 수는 없지만 - 민사단독사건에서는 소송대리 허가신청을 할 수 있으나, 합의사건에서는 그렇게 할 수 없음은 물론이다.[1031]

단독판사가 심판하는 사건에서 소송대리 허가신청에 의한 소송대리권은 법원의 허가를 얻은 때로부터 발생한다.[1032]

이에 따라 법원의 허가를 받을 수 있는 사건의 범위, 대리인의 자격 등에 관한 구체적인 사항은 대법원규칙으로 정하는바(같은 조 제2항), 그 상세는 다음과 같다.

1030) cf. 가사단독사건에서도 소송대리허가에 의한 소송대리가 허용되는 것으로 풀이된다(가사소송법 제12조에서 법 제88조의 준용).
그러나, 행정1심재정단독사건에서는 소송대리허가에 의한 소송대리가 허용되지 아니하는 것으로 풀이된다. **법원실무제요 행정** ([서울] 법원행정처, 2016), 84면.

1031) 「지방자치단체의 비변호사에 대한 소송대리 위임 가부(재민 62-6)」.

1032) 대법원 1982. 7. 27. 선고 82다68 판결.

(2) 소송대리허가를 받을 수 있는 사건의 범위

단독판사가 심리·재판하는 사건으로서 다음 각 호의 어느 하나에 해당하는 사건에서는 변호사가 아닌 사람도 법원의 허가를 받아 소송대리인이 될 수 있다(규칙 제15조 제1항).

① 소가에 무관하게 단독사건이 되는 사건(민사 및 가사소송의 사물관할에 관한 규칙 제2조 각 호)

② ①에 해당하지 않는 사건으로서 다음 각 목의 어느 하나에 해당하지 아니하는 사건

(가) 소송목적의 값이 소제기 당시 또는 청구취지 확장(변론의 병합 포함) 당시 1억원을 넘는 소송사건

(나) 위 사건을 본안으로 하는 신청사건 및 이에 부수하는 신청사건(다만, 가압류·다툼의 대상에 관한 가처분 신청사건 및 이에 부수하는 신청사건은 제외한다)

즉, 소액사건과 '중액단독사건'에서는 변호사가 아닌 사람도 법원의 허가를 받아 소송대리인이 될 수 있다.

(3) 대리인의 자격

그러나, 위와 같이 법원의 소송대리허가를 받을 수 있는 사람은 다음 각호 가운데 어느 하나에 해당하여야 한다(규칙 제15조 제2항).

① 당사자의 배우자 또는 4촌 안의 친족으로서 당사자와의 생활관계에 비추어 상당하다고 인정되는 경우

그런데, 후술하듯이, 소액사건에서는 배우자, 직계혈족 또는 형제자매는 아예 허가 없이도 소송대리인이 될 수 있다.

② 당사자와 고용, 그 밖에 이에 준하는 계약관계를 맺고 그 사건에 관한 통상사무를 처리·보조하는 사람으로서 그 사람이 담당하는 사무와 사건의 내용 등에 비추어 상당하다고 인정되는 경우

명문의 규정은 없으나(민사조정규칙 제6조 제5항 참조), 소송대리의 불허가결정에 대하여서는 불복하지 못한다고 할 것이다(법 제88조 제3항 참조).

(4) 소송대리허가신청

이러한 소송대리허가신청은 서면으로 하여야 하는바(규칙 제15조 제3항), 이 경우에도 후술하는 일반원칙에 따라 소송위임장이 필요하다(법 제89조 제1항). 구체적인 신청방식은 후술하겠다.

(5) 소송대리허가의 취소 등

법원은 언제든지 소송대리의 허가를 취소할 수 있다(법 제88조 제3항).

더 나아가, 소송대리의 허가(법 제88조 제1항, 규칙 제15조 제1항)를 한 후 사건이 '고액단독사건'(규칙 제15조 제1항 제2호 각 목)(다만, 소가에 무관하게 단독사건에 해당하는 사건(같은 항 제1호(은 제외한다) 또는 합의사건(민사소송 등 인지법 제2조 제4항)에 해당하게 된 때에는 법원은 허가를 취소하고 당사자 본인에게 그 취지를 통지하여야 한다(규칙 제15조 제4항).[1033]

법문에는 "… 또는 민사소송등인지법 제2조 제4항에 …"로 되어 있으나, 이는 입법의 착오라고 할 것이다. 소가를 계산할 수 없는 재산권에 관한 소나 비재산권을 목적으로 하는 소의 경우(민사소송 등 인지법 제2조 제4항) 외의 합의사건의 경우에도 소송대리허가가 취소되어야 함은 당연하기 때문이다(규칙 제15조 제1항).

따라서, 위 문언은 오히려 "… 또는 민사 및 가사소송의 사물관할에 관한 규칙 제2조 본문(다만, 제2조 각 호의 사건은 제외한다)에 …"라고 규정하였어야 옳다.

나) 소액사건의 특칙

소액사건에서는, 당사자의 배우자·직계혈족 또는 형제자매는 법원의 허가 없이 소송대리인이 될 수 있다(소액사건심판법 제8조 제1항).

다만, **이러한 소송대리인도 당사자와의 신분관계 및 수권관계를 서면으로 증명하여야 하는바**(같은 조 제2항 본문), 이에 관하여서는 뒤에서 재론하겠다.

그러나, 소액사건에서도 그 밖의 4촌 이내의 친족, 고용관계인 등은 일반원칙에 따라 소송대리허가를 받아야 함은 물론이다.

2) 특허소송 : 변리사의 소송대리권

변리사는 특허, 실용신안, 디자인 또는 상표에 관한 사항(법원조직법 제28조의4 제1호 참조)**에 관하여 소송대리인이 될 수 있다**(변리사법 제8조).

위 조항의 입법취지는 특허심판원에서의 심결에 대한 심결취소소송과 같이 특허권 등의 발생·변경·소멸 및 그 효력범위에 대한 분쟁에 관한 소송에서는 변호사 외에도 전문성을 갖춘 변리사에게 소송대리를 허용하되, 보다 복잡하고 다양한 법률적 쟁점이 얽혀있는 특허침해소송에서는 전문적인 법률지식을 갖춘 변호사에게만 소송대리를 허용함으로써 소송의 적정한 심리와 신속한 진행 및 소송당사자의 권익 보호를 도모하고자 하는 데 그 목적이 있

1033) 다만, 당사자가 외국에 있거나 있는 곳이 분명하지 아니한 때에는 통지를 하지 아니하여도 된다(규칙 제3조 제3항 전문).

다.[1034]

즉, 여기서 "특허, 실용신안, 디자인 또는 상표에 관한 사항"이란 특허·실용신안·디자인 또는 상표(이하 '특허 등'이라고 줄여 부른다)의 출원·등록, 특허 등에 관한 특허심판원의 각종 심판 및 특허심판원의 심결에 대한 심결취소소송을 의미한다.[1035]

따라서 변리사에게 허용되는 소송대리의 범위 역시 특허심판원의 심결에 대한 심결취소소송으로 한정되고, 현행법상 특허 등의 침해를 청구원인으로 하는 침해금지청구 또는 손해배상청구 등과 같은 민사사건에서 변리사의 소송대리는 허용되지 아니한다.[1036]

다. 소송위임

1) 개 관

(변호사에 대한) 수권행위(授權行爲), 즉 소송위임은 소송대리권의 발생이라는 소송법상의 효과를 목적으로 하는 단독 소송행위로서 그 기초관계인 의뢰인과 변호사 사이의 사법상(私法上)의 위임계약과는 성격을 달리하는 것이고,[1037] 의뢰인과 변호사 사이의 권리의무는 수권행위가 아닌 위임계약에 의하여 발생한다.[1038]

2) 국가소송 및 행정소송의 소송위임

법무부장관 내지 각급 검찰청의 장은 변호사를 소송대리인으로 선임(選任)하여 국가소송을 수행하게 할 수 있다(국가소송법 제3조 제4항, 제13조, 같은 법 시행령 제2조 단서).

행정청의 장은 변호사를 소송대리인으로 선임하여 행정소송을 수행하게 할 수 있다(같은 법 제5조 제2항).

그러나, 국가소송이나 행정소송에서는 변호사를 선임하더라도 소송수행자 역시 지정함이 실무이다.

3) 소송복대리인의 선임

특기할 것은, 소송대리인이 소송복대리인을 선임할 수 있다는 점인데(법 제90조 제2항 제4호

1034) 헌재 2012. 8. 23. 선고 2010헌마740 결정.
또한 위 결정은, 위 규정이 변리사의 직업의 자유나 평등권을 침해한 것이 아니라고 보았다.

1035) 대법원 2012. 10. 25. 선고 2010다108104 판결.

1036) 대법원 2012. 10. 25. 선고 2010다108104 판결.

1037) 따라서, 소송대리인과 사이에 체결하는 보수약정은 소송위임에 필수적으로 수반되어야 하는 것은 아니다. 대법원 2010. 5. 13. 선고 2009다105246 판결.

1038) 대법원 1997. 12. 12. 선고 95다20775 판결.

참조), 소송복대리인은 본 소송대리인과 동일한 지위에서 소송수행까지 할 수 있는 것이므로,[1039] 이러한 복대리인 역시 소송대리인으로서의 자격이 있어야 함은 물론이다.

그러나, 국가소송수행자가 소송복대리인을 선임할 수 없음은 '법률상 소송대리인' 부분에서 기술하였다(국가소송법 제7조).

소송복대리인과 관련하여 주의할 것은, 법원소재지에 사무실을 두고 있는 소송복대리인의 선임신고가 있을 경우에는 이 소송복대리인을 송달영수인(법 제184조)으로 신고한 것으로 보는 것이 상당하다는 점이다.[1040]

4. 개별대리의 원칙

여러 소송대리인이 있는 때에는 각자가 당사자를 대리하며(법 제93조 제1항), **당사자가 이에 어긋나는 약정을 한 경우 그 약정은 효력을 가지지 못한다**(같은 조 제2항).

5. 소송대리권의 범위

가. 법률상 소송대리인의 경우

법률에 의하여 재판상 행위를 할 수 있는 대리인의 권한에는, 소송위임에 의한 소송대리권의 범위 및 제한의 규정(법 제90조와 제91조)(이 규정들에 관하여서는 후술한다)**을 적용하지 아니한다**(법 제92조).

법률상 소송대리인의 권한은 해당 근거법률이 정하고 있기 때문이다.

나. 소송위임에 의한 소송대리인의 경우

1) 소송대리권과 위임계약의 관계

아래에서 서술하는 법 제90조 및 제91조의 규정은, 소송절차의 원활·확실을 도모하기 위하여 소송법상 소송대리권을 정형적·포괄적으로 법정한 것에 불과하고, 변호사와 의뢰인 사이의 사법상의 위임계약의 내용까지 법정한 것은 아니며, 변호사가 처리의무를 부담하는 사무의 범위는 변호사와 의뢰인 사이의 위임계약의 내용에 의하여 정하여진다.[1041]

1039) 대법원 1973. 9. 25. 선고 73다888 판결.
1040) 대법원 1973. 9. 25. 선고 73다888 판결.
1041) 대법원 1997. 12. 12. 선고 95다20775 판결.

2) 소송대리권의 법정범위

소송대리인은 위임을 받은 사건에 대하여 반소·참가·강제집행·가압류·가처분에 관한 소송행위 등 일체의 소송행위와 변제의 영수를 할 수 있다(법 제90조 제1항).

여기서 반소, 참가라 함은, 이를 제기하는 행위를 말하는 것이 아니라, 상대방이 제기한 반소에의 응소, 제3자의 참가에 대한 응소를 말한다(같은 조 제2항 제1호 참조).

그리고, 기본사건에 관하여 소송위임을 받은 소송대리인은 부수사건에 관하여서도 (별도의 위임 없이도) 소송행위를 할 수 있다고 함이 통설이다.

따라서 이론적으로는, 강제집행, 가압류, 가처분, 부수사건에 관하여 소송대리를 할 때에는, 본안소송에서 소송위임을 받은 사실을 증명하는 것으로 족하다(예컨대, 본안소송의 소송위임장을 사본하여 제출).

그러나, 강제집행, 가압류, 가처분, 부수사건에 관하여서도 오히려 본안소송과 별도로 소송위임을 받는 것이 실무이다.

3) 특별수권사항

그러나, **소송대리인은 다음 각호의 사항에 대하여는** (위임인으로부터) **특별한 권한을 따로 받아야 한다**(법 제90조 제2항).

① **반소의 제기**

② **소의 취하, 화해, 청구의 포기·인낙 또는 소송탈퇴**(법 제80조)

③ **상소의 제기 또는 취하**

④ **대리인**(즉, 복대리인)**의 선임**

즉, 이러한 특별수권사항에 관하여서는 위임인이 별도로 명시적인 위임을 하여야만 비로소 소송대리인이 해당 소송행위를 할 수 있다.

그러나, 소취하에 대한 동의는 특별수권사항이 아니다.[1042)]

특별수권과 관련하여 또 한 가지 주의할 것은, 소송상 화해나 청구의 포기에 관한 특별수권이 되어 있다면, 특별한 사정이 없는 한 그러한 소송행위에 대한 수권만이 아니라 그러한 소송행위의 전제가 되는 해당 소송물인 권리의 처분이나 포기에 대한 권한도 수여되어 있다고 봄이 상당하다는 점이다.[1043)]

1042) 대법원 1984. 3. 13. 선고 82므40 판결.

1043) 대법원 1994. 3. 8. 선고 93다52105 판결. 동지: 대법원 2000. 1. 31.자 99마6205 결정.

4) 소송대리권의 제한

소송대리권은 제한하지 못한다(법 제91조 본문). **다만, 변호사가 아닌 소송대리인에 대하여는 그러하지 아니하다**(같은 조 단서).

5) 심급대리의 원칙

상소의 제기가 특별수권사항인 이상, 소송대리권의 범위는 특별한 사정이 없는 한 해당 심급에 한정되어,[1044] 소송대리인의 소송대리권의 범위는 수임한 소송사무가 종료하는 시기인 해당 심급의 판결을 송달받은 때까지이다.[1045]

주의할 것은, 소송대리권의 범위는 원칙적으로 해당 심급에 한정되지만, 소송대리인이 상소 제기에 관한 특별한 권한을 따로 받았다면 특별한 사정이 없는 한 상소장을 제출할 권한과 의무가 있다.[1046]

6. 소송대리권의 증명

가. 서면증명의 원칙

1) 개 관

소송대리인의 권한은 서면으로 증명하여야 하며(법 제89조 제1항), 법정대리권을 증명하는 서면과 마찬가지로, **소송대리권을 증명하는 서면은 소송기록에 붙여야**(가철) **한다**(법 제97조, 제58조 제2항).[1047]

1044) 대법원 1994. 3. 8. 선고 93다52105 판결. 동지: 대법원 2000. 1. 31.자 99마6205 결정.

1045) 대법원 2000. 1. 31.자 99마6205 결정.
따라서, 소송대리인인 변호사 또는 법무법인, 법무법인(유한), 법무조합은 판결이 송달되어 위임사무가 종료되면 원칙적으로 그에 따른 보수를 청구할 수 있다(민법 제686조 제2항). 대법원 2016. 7. 7. 선고 2014다1447 판결(사안은 항소심).
주의할 것은, 위임사무의 종료단계에서 패소판결이 있었던 경우에는 의뢰인으로부터 상소에 관하여 특별한 수권이 없는 때에도 그 판결을 점검하여 의뢰인에게 불이익한 계산상의 잘못이 있다면 의뢰인에게 그 판결의 내용과 상소하는 때의 승소가능성 등에 대하여 구체적으로 설명하고 조언하여야 할 의무가 있다는 점이다(대법원 2004. 5. 14. 선고 2004다7354 판결).
또한 주의할 것은, 대법원의 파기환송판결의 경우에는 위임사무의 종료시기가 달라진다는 것인데(대법원 2016. 7. 7. 선고 2014다1447 판결), 이에 관하여서는 '상고, 재항고 및 특별항고' 부분에서 재론하겠다.

1046) 대법원 2013. 7. 31.자 2013마670 결정. 동지: 대법원 2020. 6. 25. 선고 2019다292026, 292033, 292040 판결.

1047) '인지액·편철방법예규'.

2) 증명서류의 종류

가) 법률상 소송대리인의 경우

(1) 지 배 인

예컨대, 법인의 지배인은, 당사자(법인)의 「등기사항전부증명서」 등으로 그 권한을 증명한다.

(2) 소송수행자 : 소송수행자지정서

한편, 법무부장관, 각급 검찰청의 장 또는 행정청의 장이 소송수행자를 지정하는 경우에는 「소송수행자지정서(국가소송)」, 「소송수행자지정서(행정소송)」(국가소송법 시행규칙 제12조, 제14조 전단, 별지 제30호 서식)를 지체 없이 법원에 제출하여야 한다(국가소송법 시행령 제7조 제3항 전단).

나) 소송위임에 의한 소송대리인의 경우

(1) 개 관

소송위임에 의한 소송대리인의 경우에는 「소송위임장」으로 그 권한을 증명한다.

특별수권사항의 전부 또는 일부에 관하여서도 소송위임을 받은 경우에는, 그 사실 또한 소송위임장에 기재되어야 한다.

당사자가 외국인이더라도 위임장은 국어로 작성함이 상당하다.[1048)]

(2) 변호사 : 소송위임장

변호사는 일반원칙에 따라 소송위임장으로[1049)] 그 권한을 증명한다.[1050)]

그러나 국가소송에서는, 각급 검찰청이 소송대리인을 선임하는 경우에는 「소송대리인 위

1048) 「소송대리권을 증명하는 서면에 외국어사용 가부(재특 80-2)」.

1049) 종래에는 부동문자로 인쇄된 소송위임장을 사용하여 특별수권사항에 관하여 일괄적으로 권한을 받는 것이 관례이었으나, 특별수권사항 중 소의 취하, 청구의 포기, 청구의 인낙, 소송탈퇴, 상소의 취하에 관하여서는 각각 개별적으로 수권여부를 표시하도록 개선된 소송위임장 양식이 근자에 공정거래위원회의 주도로 제안되었다.
다만, 위 표준양식도, 특별수권사항 중 반소의 제기, 화해, 상소의 제기, 복대리인의 선임 권한은 미리 수여하는 편이 오히려 고객의 이익에 부합한다고 보아, 종전의 소송위임장처럼 일괄적으로 권한을 받을 수 있도록 하였다.

1050) cf. 변호사는 법률사건이나 법률사무에 관한 위임장 등을 공공기관에 제출할 때에는 사전에 소속 지방변호사회를 경유하여야 한다. 다만, 사전에 경유할 수 없는 급박한 사정이 있는 경우에는 위임장 등을 제출한 후 지체 없이 공공기관에 소속 지방변호사회의 경유확인서를 제출하여야 한다(변호사법 제29조).

임장」(국가소송법 시행규칙 제15조 전단, 별지 제33호 서식)을 지체 없이 법원에 제출하여야 한다(같은 법 시행령 제7조 제3항 전단).[1051]

(3) 변호사 아닌 소송대리인

(가) 원 칙

변호사 아닌 소송대리인의 경우, '대한민국법원 전자민원센터'의 「소송대리허가신청 및 소송위임장」 양식에 의하여 재직증명서나 가족관계에 관한 증명서(가족관계증명서, 제적등본 등) 등을 첨부하여 소송대리허가를 신청함이 통례이다.

특기할 것은, 위와 같은 경우에는 변호사의 경우와 달리 소송대리권을 제한할 수도 있으므로(법 제91조 단서), 위 양식은 위임하고자 하는 소송행위를 개별적으로 표시할 수 있도록 하고 있다.

(나) 특 칙

다만, 소액사건에서 소송대리허가 없이 소송대리를 할 수 있는 자(즉, 당사자의 배우자·직계혈족·형제자매)는, '대한민국법원 전자민원센터'의 「소송위임장(소액사건)」 양식에 가족관계에 관한 증명서를 첨부하여 제출함이 통례이다.

특기할 것은, 위와 같은 경우에도 변호사의 경우와 달리 소송대리권을 제한할 수도 있으므로(법 제91조 단서), 위 양식은 위임하고자 하는 소송행위를 개별적으로 표시할 수 있도록 하고 있다.

3) 소송대리권의 조사 등

가) 소송대리권의 조사

소송대리인의 대리권 존부는 법원의 직권조사사항이다.[1052]

나) 인증명령

소송대리인의 권한을 증명하는 서면이 사문서인 경우에는, 법원은 공증인, 그 밖의 공증업무를 보는 사람(이하 "공증사무소"라 한다)**의 인증을 받도록 소송대리인에게 명할 수 있다**(법 제89조 제2항. 법 제356조 참조).[1053]

1051) 즉, 이 경우에는 변호사 사무실의 일반적인 위임장 서식을 그대로 사용하는 것이 아니라 법령서식에 의하게 된다.

1052) 대법원 1997. 9. 22.자 97마1574 결정. 동지 : 대법원 1962. 4. 26. 선고 4294행상147 판결 ; 대법원 2009. 10. 29. 선고 2008다37247 판결.

법원이 소송대리권 증명에 관하여 인증명령을 할 것인지의 여부는 법원의 재량에 속한다고 할 것이나, 상대방이 다투고 있고 또 기록상 그 위임장이 진정하다고 인정할 만한 뚜렷한 증거가 없는 경우에는 법원은 그 대리권의 증명에 관하여 인증명령을 하거나 또는 달리 진정하게 소송대리권을 위임한 것인지의 여부를 심리하는 등 대리권의 흠결 여부에 관하여 조사하여야 한다.[1054] 이러한 심리·조사를 하지 아니하면 소송대리권의 증명에 관한 법리오해 및 심리미진의 위법이 있는 것이 된다.[1055]

특히, 소송대리인으로서 소 또는 상소를 제기한 자가 법원의 인증명령에도 불구하고 그 대리권을 증명하지 못하는 경우에는, 법원은 그 소 또는 상소가 소송대리권 없는 자에 의하여 제기된 부적법한 것임을 이유로 각하할 수 있고, 이때 그 소송비용은 그 소송대리인이 부담하여야 할 것이며(법 제108조), 이는 그 소송대리인이 법원에 대하여 사임의 의사를 표명한 경우에도 마찬가지이다.[1056]

다) 법률상 소송대리인의 자격심사 등

법원은 지배인·선장 등 법률상 소송대리인의 자격 또는 권한을 심사할 수 있고 그 심사에 필요한 때에는 그 소송대리인·당사자 본인 또는 참고인을 심문하거나 관련 자료를 제출하게 할 수 있다(규칙 제16조 제1항).[1057]

법원은 법률상 소송대리인이 그 자격 또는 권한이 없다고 인정하는 때에는 재판상 행위를 금지하고 당사자 본인에게 그 취지를 통지하여야 한다(같은 조 제2항).[1058]

4) 전자소송의 특칙

전자소송에서, 소송대리인의 권한의 증명은 전자문서로 할 수 있다(민소전자문서규칙 제11조 제4항).

물론, 이는 제출자(원칙적으로 소송대리인 자신)의 전자소송 동의를 전제로 하며,[1059] 결국 해

1053) cf. 대법원 1984. 5. 15. 선고 83다카2009 판결은, "원고가 그 소송대리인의 권한에 대한 소송위임장을 공정증서로서 인증받았음이 뚜렷하다면, 원심법원이 원고 소송대리인에 대한 피고의 대리권부인항변에 대해 판단하지 않았다 하더라도 원심에서의 원고 소송대리인의 소송대리권한은 적법하게 증명되었다 할 것이다."라고 설시하였다.

1054) 대법원 1997. 9. 22.자 97마1574 결정. 동지 : 대법원 1978. 2. 14. 선고 77다2139 판결 ; 대법원 2009. 10. 29. 선고 2008다37247 판결 ; 대법원 2015. 12. 10. 선고 2012다16063 판결.

1055) 대법원 1978. 2. 14. 선고 77다2139 판결.

1056) 대법원 1997. 9. 22.자 97마1574 결정.

1057) 심문의 개념에 관하여서는 '임의적 변론' 부분에서 후술한다.

1058) 다만, 당사자 본인이 외국에 있거나 있는 곳이 분명하지 아니한 때에는 통지를 하지 아니하여도 된다(규칙 제3조 제3항 전문).

당 문서 원본을 전자문서로 변환하여 제출하여야 한다는 것이 된다. 따라서, 소송위임장의 경우 당사자의 날인 등이 된 원본을 스캔하여 PDF 형식으로 변환하여 제출하도록 함이 실무이다.

나. 서면증명을 요하지 아니하는 경우

그러나, **당사자가 말로 소송대리인을 선임하고, 법원사무관등이 조서에 그 진술을 적어 놓은 경우에는 서면증명이 필요 없고 위임장의 공증을 명할 필요도 없다**(법 제89조 제3항).

한편, **소액사건에서 법원의 허가 없이 소송대리인이 될 수 있는 자의 경우, '수권관계'에 대하여는 당사자가 판사의 면전에서 구술로 소송대리인을 선임하고 법원사무관등이 조서에 이를 기재한 때에는 서면증명이 필요 없다**(소액사건심판법 제8조 제2항 단서).

물론, 그러한 자라도 '신분관계'는 서면으로 증명하여야 한다(같은 단서의 반대해석). 즉, 가족관계에 관한 증명서는 제출하여야 한다.

7. 본인의 경정권

소송대리인의 사실상 진술은 당사자가 이를 곧 취소하거나 경정(更正)**한 때에는 그 효력을 잃는다**(법 제94조).

8. 쌍방대리의 금지

쌍방대리라 하더라도, 당사자가 그에 대하여 아무런 이의를 제기하지 아니하면 그 소송행위는 소송법상 완전한 효력이 생긴다(이의설).[1060]

변호사의 쌍방대리 문제에 관하여 상세한 것은 곧바로 후술한다.

1059) 따라서, 관견으로는 이 규정은 주의적 규정에 불과하다고 본다. 왜냐하면, 해당 소송대리인이 전자소송 동의를 하고서 소송을 수행하고자 하는 이상 그 권한을 증명하는 서류를 전자문서로서 제출하여야 함은 당연하기 때문이다.

1060) 대법원 1995. 7. 28. 선고 94다44903 판결(사안은 쌍방복대리). 동지 : 대법원 1990. 11. 23. 선고 90다4037,4044 판결(사안은 제1심에서 피고를 대리하여 소송행위를 하였던 변호사가 항소심에서 원고소송복대리인으로 출석하여 변론을 한 경우).

9. 변호사의 수임제한

가. 개 관

「변호사법」은 일정한 경우에 변호사 내지 법무법인 등이 수임을 할 수 있도록 규정하고 있는바, 그 위반의 소송법상 효과가 문제된다.

그러한 규정에 위반한 변호사의 소송행위에 대하여는 상대방 당사자가 법원에 대하여 이의를 제기하는 경우 그 소송행위는 무효이고 그러한 이의를 받은 법원으로서는 그러한 변호사의 소송관여를 더 이상 허용하여서는 아니 될 것이지만(이의설), 다만 상대방 당사자가 그와 같은 사실을 알았거나 알 수 있었음에도 불구하고 사실심 변론종결시까지 아무런 이의를 제기하지 아니하였다면 그 소송행위는 소송법상 완전한 효력이 생긴다고 보아야 할 것이다.[1061)]

나. 변호사법 제31조 제1항 제1호에 따른 수임제한

변호사는 당사자 한쪽으로부터 상의(相議)를 받아 그 수임을 승낙한 사건의 상대방이 위임하는 사건에 관하여는 그 직무를 수행할 수 없다(변호사법 제31조 제1항 제1호).

위 경우에 변호사의 직무행위를 금지하는 이유는, 변호사가 그와 같은 사건에 관하여 직무를 행하는 것은 먼저 그 변호사를 신뢰하여 상의를 하고 사건을 위임한 당사자 일방의 신뢰를 배반하게 되고, 변호사의 품위를 실추시키게 되는 것이기 때문이다.[1062)]

그러므로, 위 규정이 적용되기 위해서는 그 변호사가 관여한 사건이 일방 당사자와 그 상대방 사이에 있어서 동일하여야 하는데, 여기서 사건이 동일한지의 여부는 그 기초가 된 분쟁의 실체가 동일한지의 여부에 의하여 결정되어야 하는 것이므로 상반되는 이익의 범위에 따라서 개별적으로 판단되어야 하는 것이고, 소송물이 동일한지 여부나 민사사건과 형사사건 사이와 같이 그 절차가 같은 성질의 것인지 여부는 관계가 없다고 할 것이다.[1063)]

또한, 위 규정의 입법 취지 등에 비추어 볼 때, 동일한 변호사가 형사사건에서 피고인을

1061) 대법원 2003. 5. 30. 선고 2003다15556 판결(사안은 구 변호사법(2008. 3. 29. 법률 제8991호로 개정되기 전의 것). 동지 : 대법원 1969. 12. 30. 선고 69다1899 판결(사안은 구 변호사법(1973. 1. 25. 법률 제2452호로 개정되기 전의 것).
위 판례는 변호사법 제31조 제1항 제1호에 관한 것이지만, 여타의 수임제한 사유에 관하여서도 이치는 다를 바 없다.

1062) 대법원 2003. 11. 28. 선고 2003다41791 판결(사안은 구 변호사법(2008. 3. 29. 법률 제8991호로 개정되기 전의 것).

1063) 대법원 2003. 11. 28. 선고 2003다41791 판결.

위한 변호인으로 선임되어 변호활동을 하는 등 직무를 수행하였다가 나중에 실질적으로 동일한 쟁점을 포함하고 있는 민사사건에서 위 형사사건의 피해자에 해당하는 상대방 당사자를 위한 소송대리인으로서 소송행위를 하는 등 직무를 수행하는 것 역시 마찬가지로 금지되는 것으로 볼 것이다.[1064]

위와 같은 수임제한은 법무법인, 법무법인(유한), **법무조합의 경우에도 마찬가지이며**(같은 법 제57조, 제58조의16, 제58조의30), **정부법무공단도 마찬가지이다**(정부법무공단법 제32조 제2항).

더 나아가, **위와 같은 수임제한을 적용할 때 법무법인·법무법인**(유한)**·법무조합이 아니면서도 변호사 2명 이상이 사건의 수임·처리나 그 밖의 변호사 업무 수행 시 통일된 형태를 갖추고 수익을 분배하거나 비용을 분담하는 형태로 운영되는 법률사무소**(예 : '법률사무소 김앤장', 법률구조법인)**는 하나의 변호사로 본다**(변호사법 제31조 제2항).

다. 변호사법 제31조 제1항 제2호에 따른 수임제한

변호사는 수임하고 있는 사건의 상대방이 위임하는 다른 사건에 관하여는 그 직무를 수행할 수 없다(변호사법 제31조 제1항 제2호).

다만, 이러한 사건의 경우 수임하고 있는 사건의 위임인이 동의한 경우에는 직무를 수행할 수 있다(같은 항 단서).

위와 같은 수임제한은 법무법인, 법무법인(유한), **법무조합의 경우에도 마찬가지이며**(같은 법 제57조, 제58조의16, 제58조의30), **정부법무공단도 마찬가지이다**(정부법무공단법 제32조 제2항).

더 나아가, **위와 같은 수임제한을 적용할 때 법무법인·법무법인**(유한)**·법무조합이 아니면서도 변호사 2명 이상이 사건의 수임·처리나 그 밖의 변호사 업무 수행 시 통일된 형태를 갖추고 수익을 분배하거나 비용을 분담하는 형태로 운영되는 법률사무소는 하나의 변호사로 본다**(변호사법 제31조 제2항).

1064) 대법원 2003. 5. 30. 선고 2003다15556 판결.
그러므로, 법무법인의 구성원 변호사가 형사사건의 변호인으로 선임된 그 법무법인의 업무담당변호사로 지정되어 그 직무를 수행한 바 있었음에도, 그 이후 제기된 같은 쟁점의 민사사건에서 이번에는 위 형사사건의 피해자측에 해당하는 상대방 당사자를 위한 소송대리인으로서 직무를 수행하는 것도 금지되는 것임은 물론이고, 위 법무법인이 해산된 이후라도 변호사 개인의 지위에서 그와 같은 민사사건을 수임하는 것 역시 마찬가지로 금지되는 것이라고 풀이할 것이며, 비록 민사사건에서 직접적으로 업무를 담당한 변호사가 먼저 진행된 형사사건에서 피고인을 위한 직접적인 변론에 관여를 한 바 없었다고 하더라도 달리 볼 것은 아니라고 할 것이니, 이러한 행위들은 모두 변호사법 제31조 제1호의 수임제한규정을 위반한 것이다. 같은 판결.
동지 : 대법원 1968. 8. 1.자 68두8 결정(사안은 고소대리를 수임한 변호사가 피고소인으로부터 화해의 수임을 받은 것).

라. 변호사법 제31조 제1항 제3호에 따른 수임제한

변호사는 공무원·조정위원 또는 중재인으로서 직무상 취급하거나 취급하게 된 사건에 관하여는 그 직무를 수행할 수 없다(변호사법 제31조 제1항 제3호).[1065)][1066)]

마. 공직퇴임변호사의 수임제한[1067)]

1) 개 관

공직퇴임변호사는 퇴직 전 1년부터 퇴직한 때까지 근무한 법원, 검찰청, 군사법원, 금융위원회, 공정거래위원회, 경찰관서 등 국가기관이 처리하는 사건을 퇴직한 날부터 1년 동안 수임할 수 없다(변호사법 제31조 제3항 본문).

"공직퇴임변호사"란, 법관, 검사, 장기복무 군법무관, 그 밖의 공무원 직에 있다가 퇴직한 자를 말하나, 재판연구원, 사법연수생과 병역의무를 이행하기 위하여 군인·공익법무관 등으로 근무한 자는 제외한다(같은 항 본문).

다만, ① 국선변호 등 공익목적의 수임과 ② 사건당사자가 친족(민법 제767조)**인 경우의 수임은 할 수 있다**(변호사법 제31조 제3항 단서).

여기서 법원 또는 검찰청 등 국가기관의 범위, 공익목적 수임의 범위 등 필요한 사항은 대통령령으로 정하는바(같은 조 제5항), 구체적인 것은 다음과 같다.

2) 수임제한 대상 국가기관의 범위

가) 국가기관의 구체적 범위

공직퇴임변호사의 수임이 제한되는 국가기관은 해당 변호사가 퇴직 전 1년부터 퇴직할 때까지 국가공무원으로 근무한 모든 국가기관으로 한다(변호사법 시행령 제7조의2 제1항).

다만, 다음 각 경우에는 수임제한 대상 국가기관으로 보지 아니한다.

○ 파견, 직무대리, 교육훈련, 휴직, 출산휴가 또는 징계 등으로 인하여 실제로 근무하지 아니한 국가기관 (변호사법 시행령 제7조의2 제3항).

○ 겸임발령 등으로 인하여 둘 이상의 기관에 소속된 경우에 실제로 근무하지 아니한 국

1065) cf. 이에 위반하여 사건을 수임한 변호사는 ─변호사법 제31조 제1항 제1호, 제2호 또는 제3항이나 후술하는 같은 법 제51조 위반한 경우와 달리─ 처벌까지 받는다(변호사법 제113조 제4호).

1066) 강현중, 245면은, 변호사법 제31조 제1항 제3호의 수임제한을 위반한 때에는, 아예 대리권이 없다고 본다(절대무효설).

1067) 위의 책은, 변호사법 제31조 제3항, 제4항의 수임제한을 위반한 때에도, 아예 대리권이 없다고 본다(절대무효설).

가기관 (같은 조 제4항)

○ 퇴직 전 1년부터 퇴직한 때까지 일시적 직무대리, 겸임발령 등으로 인하여 소속된 국가기관에서의 근무기간이 1개월 이하인 국가기관 (같은 조 제5항)

나) 동일한 국가기관으로 간주되는 경우

다음 각 호의 각 국가기관은 이를 별도의 국가기관으로 보아 변호사법 제31조 제3항을 적용한다(변호사법 시행령 제7조의2 제2항 본문).

① 대법원, 고등법원, 특허법원, 지방법원, 가정법원, 행정법원, 회생법원, 지방법원 지원, 가정법원 지원, 가정지원, 시·군법원 및 고등법원의 원외재판부.

다만, 지방법원 및 가정법원의 지원 2개를 합하여 1개의 지원으로 하는 경우(법원조직법 제3조 제2항 단서)에 그 지방법원 및 가정법원의 지원은 이를 동일한 국가기관으로 보아 법 제31조 제3항을 적용한다.

② 대검찰청, 고등검찰청, 지방검찰청, 지방검찰청 지청 및 고등검찰청 지부

다만, **대법원, 고등법원, 지방법원 및 지방법원 지원과 그에 대응하여 설치된 대검찰청, 고등검찰청, 지방검찰청, 지방검찰청 지청은 각각 동일한 국가기관으로 본다**(변호사법 제31조 제3항 본문).

③ 고등군사법원 및 보통군사법원

④ 고등검찰부 및 보통검찰부

⑤ 경찰청, 지방경찰청 및 경찰서

⑥ 각 중앙행정기관

⑦ 중앙행정기관에 그 소속의 행정기관이 있는 경우에는 각각의 행정기관

3) 수임할 수 없는 경우

공직퇴임변호사가 사건을 수임할 수 없는 경우는 다음 각 호를 포함한다(변호사법 제31조 제4항).

① **공직퇴임변호사가 법무법인, 법무법인**(유한), **법무조합**(이하 이 조에서 "법무법인등"이라 한다)**의 담당변호사로 지정되는 경우**

② **공직퇴임변호사가 다른 변호사, 법무법인등으로부터 명의를 빌려 사건을 실질적으로 처리하는 등 사실상 수임하는 경우**

③ **법무법인등의 경우 사건수임계약서, 소송서류 및 변호사의견서 등에는 공직퇴임변호사

가 담당변호사로 표시되지 않았으나 실질적으로는 사건의 수임이나 수행에 관여하여 수임료를 받는 경우

4) 공익목적 수임의 범위

공직퇴임변호사로 수임할 수 있는 "공익목적 수임"이란 다음 각 호의 어느 하나에 해당하는 행위나 활동에 관련된 수임을 말한다(변호사법 시행령 제7조의3).

① 국선변호 또는 국선대리

② 대한변호사협회 또는 지방변호사회가 지정하는 무상 공익활동

③ 공익법인 또는 비영리법인에 대하여 무료로 제공하는 법률서비스

④ 제1호부터 제3호에 준하는 것으로 법무부장관이 지정하는 활동

바. 공증인가 법무법인등의 업무 제한[1068)]

법무법인은 그 법인이 인가공증인으로서[1069)] 공증한 사건에 관하여는 변호사 업무를 수행할 수 없다. 다만, 대통령령으로 정하는 경우에는 그러하지 아니하다(변호사법 제51조).

이에 따라 (공증인가)법무법인이 수행할 수 있는 변호사의 업무는 다음 각 호의 어느 하나에 해당하는 사건에 대한 소송에 관한 행위를 제외한 것으로 한다(같은 법 시행령 제13조).

① 법률행위나 그 밖의 사권(私權)에 관한 사실에 대한 공정증서를 작성한 사건

② 어음, 수표 또는 이에 부착된 보충지(補充紙)에 강제집행할 것을 적은 증서를 작성한 사건

③ 법인의 등기 절차에 첨부되는 의사록을 인증한 사건

④ (회사)정관을 인증(상법 제292조 및 그 준용규정)한 사건

따라서, 예컨대, 공증인가 법무법인은 자신이 사서증서 또는 전자문서등에 대한 인증을 한 사건(공증인법 제2조 제2호)에 관하여서는 변호사 업무를 수행할 수 있다.

위와 같은 업무 제한은 법무법인(유한), **법무조합의 경우에도 마찬가지이다**(같은 법 제58조의16, 제58조의30).

1068) 학설은 이 규정 위반의 대리행위에 관하여서는 논급하고 있지 아니하나, 변호사법 제31조 위반의 경우와 그 효과면에서 달리 볼 이유가 없을 것이다.

1069) cf. **법무부장관은 법무법인, 법무법인(유한) 또는 법무조합으로서 그 구성원 변호사 중 2명 이상이 공증담당변호사 자격이 있는 곳에 대하여 공증인가를 할 수 있다**(공증인법 제15조의2 제1항).

사. 정부법무공단 특유의 수임제한 등

1) 수임제한

정부법무공단은 다음 각 호의 어느 하나에 해당하는 사건에 관하여는 소송업무를 행할 수 없다(정부법무공단법 제19조).

① **국가 또는 국가 행정기관이 당사자인 사건에서 그 상대방이 위임하는 사건**

② **국가기관 상호간의 분쟁에서 어느 일방이 위임하는 사건**

③ **언론사, 인터넷뉴스서비스사업자 및 인터넷 멀티미디어 방송사업자**(언론중재 및 피해구제 등에 관한 법률 제2조) **또는 그 소속 직원이 당사자인 사건**

④ **정당 또는 국회의원이 당사자인 사건**

2) 공단 변호사의 업무제한

정부법무공단 변호사는 공단에 소속된 기간 중 공단이 수임하였던 사건에 대하여는 공단에서 퇴직한 이후 변호사의 업무를 수행할 수 없다(정부법무공단법 제20조 제1항).

10. 소송대리권에 흠이 있는 경우

가. 소송대리권의 보정

법정대리권에 흠이 있는 경우와 마찬가지로, **소송행위에 필요한 권한의 수여에 흠이 있는 경우에는 법원은 기간을 정하여 이를 보정하도록 명하여야 한다**(법 제97조, 제59조 전문).

따라서, 예컨대, 무권대리인이 항소를 제기하였더라도, 법원이 보정을 명하지 아니한 채 항소를 각하한다면 이는 위법한 판결이다.[1070)]

법정대리권을 보정하는 경우와 마찬가지로, **만일 보정하는 것이 지연됨으로써 손해가 생길 염려가 있는 경우에는 법원은 보정하기 전의 소송대리인으로 하여금 일시적으로 소송행위를 하게 할 수 있다**(법 제97조, 제59조 후문).

나. 무권대리행위의 추인

소송능력의 흠을 추인하는 경우와 마찬가지로, **소송행위에 필요한 권한의 수여에 흠이 있는 사람이 소송행위를 한 뒤에 보정된 소송대리인이나 당사자 본인이 이를 추인한 경우에는, 그 소송행위는 이를 한 때에 소급하여 효력이 생긴다**(법 제97조, 제60조).

1070) 대법원 1967. 1. 31. 선고 66다2395 판결.

이러한 추인은, 항소심이나,[1071] 상고심에서도 할 수 있으며,[1072] 묵시적으로 할 수도 있다.[1073]

따라서, 예컨대, 무권대리인이 제기한 항소를 당사자 본인이 추인하면 항소제기시에 소급하여 항소제기의 효력이 있게 되며,[1074] 상소의 추인의 경우에 상소기간 내에만 추인을 할 수 있는 것도 아니다.[1075]

그러나, 무권대리인이 행한 소송행위의 추인은 특별한 사정이 없는 한 소송행위의 전체를 대상으로 하여야 하고, 그중 일부의 소송행위만을 추인하는 것은 허용되지 아니한다.[1076]

다. 무권대리의 효과 등

일반적으로 소송대리권은 그 존재를 주장하는 자에게 입증책임이 있다.[1077]

무권대리와 관련하여 주의할 것은, 소송대리인에 의한 소제기의 경우에 대리인의 대리권 존재는 소송요건의 하나이다.[1078]

따라서, 예컨대, 국가소송에서 관할 검찰청의 소송수행자 지정 없이 제기한 소는 대리권 없는 자가 제기한 것으로서 부적법하다.

그리고, 소송대리권의 흠결은, 절대적 상고이유(법 제424조 제1항 제4호)[1079] 및 재심사유(법 제451조 제1항 제3호)[1080]에 해당한다.

1071) 대법원 1971. 3. 30. 선고 70다2813 판결.

1072) 대법원 1985. 1. 22. 선고 81다397 판결. 동지 : 대법원 1962. 2. 28. 선고 4294민상927 판결 ; 대법원 1966. 11. 22. 선고 66다1603 판결 ; 대법원 1969. 6. 24. 선고 69다511 판결 ; 대법원 1996. 11. 29. 선고 94누13343 판결 ; 대법원 2005. 4. 15. 선고 2004다66469 판결.

1073) 대법원 1970. 12. 22. 선고 70다2297 판결 ; 대법원 1980. 4. 22. 선고 80다308 판결 ; 대법원 1980. 7. 22. 선고 79다2148 판결 ; 대법원 1981. 7. 28. 선고 80다2534 판결 ; 대법원 1988. 10. 25. 선고 87다카1382 판결 ; 대법원 1991. 5. 28. 선고 91다10206 판결 참조.

1074) 대법원 1967. 1. 31. 선고 66다2395 판결.

1075) 대법원 1966. 12. 30.자 66마1129 결정(사안은 즉시항고의 추인) 참조.

1076) 대법원 2008. 8. 21. 선고 2007다79480 판결.
판례에 나타난 특별한 사정의 예로는, 무권대리인이 변호사에게 위임하여 소를 제기하여서 승소하고 상대방의 항소로 소송이 2심에 계속 중 그 소를 취하한 일련의 소송행위 중 소취하 행위만을 제외하고 나머지 소송행위를 추인한 경우가 있다. 대법원 1973. 7. 24. 선고 69다60 판결.

1077) 대법원 1996. 12. 23. 선고 95다22436 판결.

1078) 대법원 1964. 5. 12. 선고 63다712 판결. 동지 : 대법원 1997. 7. 25. 선고 96다39301 판결 ; 대법원 1997. 9. 22.자 97마1574 결정.

1079) 대법원 2009. 10. 29. 선고 2008다37247 판결.

1080) 대법원 1996. 12. 23. 선고 95다22436 판결.

라. 표현대리의 성부

소송행위에는 민법상의 표현대리 규정이 적용 또는 준용될 수 없다.[1081]

11. 소송대리권의 소멸

가. 소송대리권의 소멸사유

소송대리권은, 임의대리권의 일반원칙에 따라(법 제51조), 소송대리인의 사망, 금치산 또는 파산(민법 제127조 제2호), 소송위임계약의 해지(민법 제128조. 예컨대, 변호사의 해임, 사임)에 의하여 소멸하며, 본인의 파산도 소송대리권의 소멸사유가 된다(민법 제690조).

또한, 기술하였듯이, 심급대리의 원칙상 해당 심급의 판결을 송달받으면 소송대리권이 소멸된다. 그러나, 특별수권이 있다면 상소의 제기는 할 수 있다(법 제90조 제2항 제3호).

나. 소송대리권이 소멸되지 아니하는 경우

그러나, 민법 제127조 제1호에 불구하고, **다음 각호 가운데 어느 하나에 해당하더라도 소송대리권은 소멸되지 아니한다**(법 제95조).

① 당사자의 사망 또는 소송능력의 상실

② 당사자인 법인의 합병에 의한 소멸

③ 당사자인 수탁자(受託者)의 신탁임무의 종료

④ 법정대리인의 사망, 소송능력의 상실 또는 대리권의 소멸·변경

그러므로 다음과 같은 결과가 된다.

당사자가 사망하더라도 망인의 소송대리인은 당사자 지위의 당연승계로 인하여 상속인에게서 새로이 수권을 받을 필요 없이 법률상 당연히 상속인의 소송대리인으로 취급되어 상속인들 모두를 위하여 소송을 수행하게 되는 것이다.[1082]

따라서, 당사자가 소송대리인에게 소송위임을 한 다음 소 제기 전에 사망하였는데 소송대리인이 당사자가 사망한 것을 모르고 그 당사자를 원고로 표시하여 소를 제기하였다면 이러한 소의 제기는 적법하고, 시효중단 등 소 제기의 효력은 상속인들에게 귀속된다.[1083]

1081) 대법원 1994. 2. 22. 선고 93다42047 판결(사안은 공정증서가 집행력을 가질 수 있도록 하는 집행인낙 표시).

1082) 대법원 2011. 4. 28. 선고 2010다103048 판결.

1083) 대법원 2016. 4. 2. 선고 2014다210449 판결.

또한, **일정한 자격에 의하여 자기의 이름으로 남을 위하여 소송당사자가 된 사람에게**[1084] **소송대리인이 있는 경우에 그 소송대리인의 대리권은 당사자가 자격을 잃더라도 소멸되지 아니한다**(법 제96조 제1항).

선정당사자에게 소송대리인이 있는 경우에 그 소송대리인의 대리권도 선정당사자가 그 자격을 잃은 경우에도 소멸되지 아니한다(같은 조 제2항).[1085]

다. 소송대리권의 소멸의 증명

한편, 소송위임계약의 해지로 인한 소송대리인의 권한의 소멸 역시 「소송대리인 해임(사임)신고서」로서 증명하여야 하는 것으로 해석된다.[1086]

이에 따라, 각급 검찰청의 장 또는 행정청의 장이 소송수행자 또는 대리인을 해임하는 경우에도 「해임서」(국가소송법 시행규칙 제15조 후단, 별지 제34호 서식)를 지체 없이 법원에 제출하여야 한다(같은 법 시행령 제7조 제3항 후단).

라. 소송대리권의 소멸통지와 그 신고

법정대리인의 경우와 마찬가지로, **소송절차가 진행되는 중에 소송대리권이 소멸한 경우에도 소멸통지와 그 신고의 문제가 발생한다**(법 제97조, 제63조, 규칙 제17조, 제13조 제1항). 즉, 소멸통지를 하지 아니한 소송대리인의 소송대리권은 여전히 존속한다.[1087]

이에 관하여 상세한 것은 법정대리인에 관하여 기술한 내용을 참조하기 바란다.

12. 전자소송의 소송대리인 관련문제

당사자 등이 사용자등록과 전자소송 동의를 하고 소송을 수행하는 사건에서 소송대리인의 선임·변경·해임·사임으로 소송을 수행할 자가 변경된 때에는, 법원은 새로이 소송을 수행할 자에게 사용자등록명령 및 전자소송동의명령을 할 수 있다(민소전자문서규칙 제4조 제3항 제1호).

예컨대, 전자소송 동의자인 당사자가 선임한 소송대리인이 전자소송 비동의자인 경우에는

1084) 이러한 경우를 '제3자의 법정소송담당'이라 하는바, 이에 관하여 상세한 것은 '소의 제기' 부분에서 살펴볼 것이다.

1085) 선정당사자 제도에 관하여서는 바로 다음 장에서 후술한다.

1086) '인지액·편철방법예규'.

1087) 대법원 1995. 2. 28. 선고 94다49311 판결. 동지 : 대법원 2008. 4. 18.자 2008마392 결정.

해당 소송대리인에게, 소송대리인이 전자소송 동의자에서 전자소송 비동의자로 변경된 경우에는 후자의 소송대리인에게, 전자소송 동의자인 소송대리인이 해임되거나 사임한 경우에는 당사자 본인에게 각각 사용자등록명령 및 전자소송동의명령을 할 수 있다고 하겠다.

Ⅲ. 진술보조인[1088]

1. 진술보조인 개관

질병, 장애, 연령, 그 밖의 사유로 인한 정신적·신체적 제약으로 소송관계를 분명하게 하기 위하여 필요한 진술을 하기 어려운 당사자는 법원의 허가를 받아 진술을 도와주는 사람과 함께 출석하여 진술할 수 있다(법 제143조의2 제1항, 제286조).

이러한 진술보조인의 자격 및 소송상 지위와 역할, 법원의 허가 요건·절차 등 허가 및 취소에 관한 사항은 대법원규칙으로 정하는바(법 제143조의2 제3항), 그 내용은 다음과 같다.

2. 진술보조인의 자격

법원의 허가를 받아 진술보조인이 될 수 있는 사람(법 제143조의2)은 다음 각 호 중 어느 하나에 해당하고, 듣거나 말하는 데 장애가 없어야 한다(규칙 제30조의2 제1항).[1089]

① 당사자의 배우자, 직계친족, 형제자매, 가족, 그 밖에 동거인으로서 당사자와의 생활관계에 비추어 상당하다고 인정되는 경우

② 당사자와 고용, 그 밖에 이에 준하는 계약관계 또는 신뢰관계를 맺고 있는 사람으로서 그 사람이 담당하는 사무의 내용 등에 비추어 상당하다고 인정되는 경우

3. 진술보조 허가신청

진술보조 허가신청(법 제143조의2 제1항, 규칙 제30조의2 제1항)은 심급마다 서면(「진술보조허가신청서」)으로 하여야 하며(규칙 제30조의2 제1항), 그 신청서는 주기록에 가철된다.[1090]

1088) 이 제도는 2017. 2. 4.부터 시행되고 있다.

1089) 규칙 제73조는 변론준비절차에 규칙 제30조의2의 규정을 준용하고 있지 아니하나, 이는 입법의 착오로 보인다.

4. 진술보조인의 역할 및 소송상 지위

가. 진술보조인의 역할

법원의 허가를 받은 진술보조인(법 제143조의2 제1항, 규칙 제30조의2 제1항)은 변론(준비)기일에 당사자 본인과 동석하여 다음 각 호의 행위를 할 수 있다(규칙 제30조의2 제3항 전문).

① 당사자 본인의 진술을 법원과 상대방, 그 밖의 소송관계인이 이해할 수 있도록 중개하거나 설명하는 행위

② 법원과 상대방, 그 밖의 소송관계인의 진술을 당사자 본인이 이해할 수 있도록 중개하거나 설명하는 행위

비단 변론(준비)기일뿐만 아니라 여타 기일에도 위와 같은 행위를 할 수 있다고 할 것이다.[1091]

그러나, 이때 당사자 본인은 진술보조인의 행위를 즉시 취소하거나 경정할 수 있다(규칙 제30조의2 제3항 후문).

나. 진술보조인의 소송상 지위

법원은 진술보조인이 한 중개 또는 설명행위(규칙 제30조의2 제3항)의 정확성을 확인하기 위하여 직접 진술보조인에게 질문할 수 있다(규칙 제30조의2 제4항).

5. 진술보조 허가의 취소

법원은 언제든지 진술보조 허가를 취소할 수 있다(법 제143조의2 제2항, 제286조).

법원은 이와 같이 진술보조 허가를 취소한 경우 당사자 본인에게 그 취지를 통지하여야 한다(규칙 제30조의2 제6항).

1090) '인지액·편철방법예규'.

1091) 2017 해설서, 155면(제철웅 집필부분).

Ⅳ. 선정당사자[1092]

1. 선정당사자 개관

가. 선정당사자의 의의

공동의 이해관계를 가진 여러 사람이, 대표자 또는 관리인 있는 법인이 아닌 사단이나 재단에 해당되지 아니하는 경우에는, 이들은 그 가운데에서 모두를 위하여 당사자가 될 한 사람 또는 여러 사람을 선정할 수 있다(법 제53조 제1항).

선정당사자의 선정은 이른바 임의적 소송신탁으로서,[1093] 선정당사자는 자신의 이름으로 소송을 수행하고 판결을 받으며, 그 확정판결의 효력은 선정자에게도 미친다(법 제218조 제3항).

여기서 "공동의 이해관계"란 다수자 상호 간에 공동소송인이 될 관계에 있고 또 주요한 공격방어방법을 공통으로 하는 것을 의미하므로,[1094] 다수자의 권리·의무가 동종이며 그 발생원인이 동종인 관계에 있는 것(즉, 법 제65조 후문의 관계)만으로는 공동의 이해관계가 있다고 할 수 없어 선정당사자의 선정을 허용할 것이 아니다.[1095]

이러한 선정당사자 제도는 당사자 다수의 소송에서 소송절차를 간소화, 단순화하여 소송의 효율적인 진행을 도모하는 것을 목적으로 한다.[1096] 그러나, 가령, 공동소송인이 함께 소송대리인을 선임한 경우에는 굳이 선정당사자를 선정할 실익이 없으며, 해당 사건이 단독사건이고 공동소송인이 서로 소송대리인이 될 수 있는 관계에 있다면 소송대리허가신청 및 소송위임을 하는 편이 선정당사자를 선정하는 것보다도 더 편리하다.

1092) cf. 선정당사자제도는 비교법적으로 우리나라와 일본 특유의 제도로 알려져 있다.
한편, 비송사건에서는 선정당사자 제도가 준용 또는 유추적용되지 아니하는 것으로 해석된다. 대법원 1990. 12. 7.자 90마674,90마카11 결정.
민사조정에 관하여서도, 대표당사자 제도를 따로 두고 있으므로(민사조정법 제18조), 선정당사자 제도는 준용하지 아니하고 있다(민사조정법 제38조 제1항에서 법 제53조의 부준용).

1093) 임의적 소송신탁의 개념에 관하여서는 '소의 제기' 부분에서 당사자적격과 관련하여 다시 언급할 것이다.

1094) 대법원 1997. 7. 25. 선고 97다362 판결. 동지 : 대법원 1999. 8. 24. 선고 99다15474 판결 ; 대법원 2007. 7. 12. 선고 2005다10470 판결 ; 대법원 2014. 10. 15. 선고 2013다25781 판결.
공격방어방법에 관하여서는 '심리의 제원칙' 부분에서 적시제출주의와 관련하여 후술한다.

1095) 대법원 1997. 7. 25. 선고 97다362 판결. 동지 : 대법원 1999. 8. 24. 선고 99다15474 판결 ; 대법원 2007. 7. 12. 선고 2005다10470 판결.
이에 관하여서는 '공동소송' 부분에서 다시 언급할 것이다.

1096) 대법원 1995. 10. 5.자 94마2452 결정.

나. 선정의 방법

당초부터 특히 어떠한 심급을 한정하여 당사자인 자격을 보유하게끔 할 목적으로 선정을 하는 것도 역시 허용된다.[1097)]

그러나, 선정당사자의 선정행위시 심급의 제한에 관한 약정 등이 없는 한 선정의 효력은 소송이 종료에 이르기까지 계속되는 것이다.[1098)]

다만, 후술하듯이 선정당사자 본인의 소취하나 판결확정으로 인하여 선정당사자의 자격이 당연히 상실되는 경우가 있음에 주의하여야 한다.

다. 선정의 증명

법정대리권의 경우와 유사하게도, **선정당사자를 선정하는 경우에도 그 사실은 서면**(「당사자선정서」)**으로 증명하여야 하며**(법 제58조 제1항 후문), **이러한 서면은 소송기록에 붙여야**(가철) **한다**(같은 조 제2항).[1099)]

그런데, 당사자선정서에는 선정당사자 본인도 선정자로서 기재함이 실무관행인바, 그 취지는 공동의 이해관계 있는 사람 중에서 선정한다는 것을 명확히 하기 위한 것으로 풀이할 수 있을 듯하다.[1100)] 선정자들이 선정당사자의 의사 여하에 불구하고 선정을 취소할 수 있다는 점에 비추어 보면 이 점을 이해할 수 있다.

라. 선정자의 지위

소송이 법원에 계속된 뒤 당사자를 바꾼 때(즉, 소제기후 당사자들이 선정당사자를 선정한 때)**에는 그 전의 당사자는 당연히 소송에서 탈퇴한 것으로 본다**(법 제53조 제2항).[1101)] 즉, (선정당사

1097) 대법원 2003. 11. 14. 선고 2003다34038 판결. 동지 : 대법원 1995. 10. 5.자 94마2452 결정.

1098) 대법원 2003. 11. 14. 선고 2003다34038 판결. 동지 : 대법원 1995. 10. 5.자 94마2452 결정(제1심에서 제출된 선정서에 사건명을 기재한 다음에 '제1심 소송절차에 관하여' 또는 '제1심 소송절차를 수행하게 한다'라는 문언이 기재되어 있는 경우라 하더라도, 특단의 사정이 없는 한, 그 기재는 사건명 등과 더불어 선정당사자를 선정하는 사건을 특정하기 위한 것으로 보아야 하고, 따라서 그 선정의 효력은 제1심의 소송에 한정하는 것이 아니라 소송의 종료에 이르기까지 계속하는 것으로 해석함이 상당하다고 본 사례).

1099) '인지액·편철방법예규'.

1100) 동지 : 대법원 2011. 9. 8. 선고 2011다17090 판결은, "선정당사자 자신도 공동의 이해관계를 가진 사람으로서 선정행위를 하였다면, 선정행위를 하였다는 의미에서 선정자로 표기하는 것이 허용되지 않는다고 할 수 없으므로, (판결서 별지 선정자목록에) 선정당사자를 선정자로 표기하는 것이 위법하다고 볼 수 없다."라고 설시하였다.

1101) cf. 그러나, 소송탈퇴(법 제80조, 제82조 제3항 전단)의 경우와 달리, 재판서의 당사자 표시 부분에 당사

자 아닌) 선정자들은 소송수행권을 상실하게 된다.[1102][1103]

2. 선정당사자의 권한

선정당사자는 선정자들로부터 소송수행을 위한 포괄적인 수권을 받은 것으로서 일체의 소송행위는 물론 소송수행에 필요한 사법상(私法上)의 행위도 할 수 있는 것이고 개개의 소송행위를 함에 선정자의 개별적인 동의가 필요한 것은 아니다.[1104]

기술한 바와 같이, 선정의 효력은 공동의 이해관계가 소멸하지 아니하는 한 원칙적으로 소송종료시까지 유지되므로, 상소도 선정당사자가 제기하여야 한다.[1105]

3. 선정당사자의 자격의 흠

가. 선정당사자의 자격의 보정

법정대리권에 흠이 있는 경우와 마찬가지로, **선정당사자의 선정에 흠이 있는 경우에는 법원은 기간을 정하여 이를 보정하도록 명하여야 한다**(법 제61조, 제59조 전단).

법정대리권을 보정하는 경우와 마찬가지로, **만일 보정하는 것이 지연됨으로써 손해가 생길 염려가 있는 경우에는 법원은 보정하기 전의 선정당사자로 하여금 일시적으로 소송행위를 하게 할 수 있다**(법 제61조, 제59조 후단).

나. 선정당사자의 자격의 흠과 추인

소송능력의 흠을 추인하는 경우와 마찬가지로, **선정에 흠이 있는 선정당사자가 소송행위를 한 뒤에 보정된 선정당사자나 선정자가 이를 추인한 경우에는, 그 소송행위는 이를 한 때에 소급하여 효력이 생긴다**(법 제61조, 제60조).

자가 탈퇴하였다는 표시를 병기하는 문제는 발생하지 아니한다. 왜냐하면, 당사자선정 또는 변경으로 인하여 탈퇴간주되는 당사자는 선정자로서 선정자목록에 표시되기 때문이다.

1102) 대법원 2013. 1. 18.자 2010그133 결정의 방론.

1103) 선정자가 당사자적격(소송수행권)을 상실하는가에 관하여서는 학설이 대립하나, 여기서 말하는 소송탈퇴란 – 법 제80조의 소송탈퇴의 효과와 마찬가지로 – 소송수행권 상실 외에 다른 의미로 해석할 여지가 없는 것이므로 적격상실설에 찬동한다. 적격유지설은 선정자의 소송관여 권한 보장을 근거로 들고 있으나, 선정자가 스스로 소송을 수행하고자 한다면 언제든지 선정을 취소하면 그만이다.

1104) 대법원 2003. 5. 30. 선고 2001다10748 판결. 동지 : 대법원 2010. 5. 13. 선고 2009다105246 판결 ; 대법원 2013. 1. 18.자 2010그133 결정 ; 대법원 2014. 10. 15. 선고 2013다25781 판결.

1105) 대법원 2003. 11. 14. 선고 2003다34038 판결.

4. 선정당사자의 변경 또는 취소

가. 개 관

선정자들은 선정당사자를 바꿀(변경 또는 취소) **수 있다**(법 제53조 제1항).[1106] 변경 또는 취소의 효력이 장래를 향하여 발생함은 물론이다.[1107]

나. 취소·변경의 증명

선정당사자를바꾸는(취소 또는 변경) **경우에도 그 사실은 서면**(「당사자선정취소서」, 「선정당사자변경서」)**으로 증명하여야 하며**(법 제58조 제1항 후문), **이러한 서면은 소송기록에 붙여야**(가철) **한다**(같은 조 제2항).[1108]

다. 선정취소·변경 통지 및 신고

1) 선정취소통지·변경통지

법정대리인의 경우와 마찬가지로, **소송절차가 진행되는 중에 선정당사자의 선정이 취소되거나 선정당사자가 변경된 경우에는 선정자 또는 선정당사자가 상대방에게 선정취소·변경된 사실을 통지하지 아니하면 선정취소·변경의 효력을 주장하지 못한다**(법 제63조 제2항, 제1항 본문).

다만, 법원에 선정당사자의 선정취소·변경사실이 알려진 뒤에는 그 선정당사자는 소의 취하, 화해, 청구의 포기·인낙 또는 소송탈퇴를 하지 못함도 법정대리인의 경우와 같다(같은 항 단서).

2) 선정취소통지 신고·변경통지 신고

상대방에게 선정당사자 선정취소와 변경의 통지를 한 사람은 그 취지를 법원에 서면으로 신고하여야 한다(규칙 제13조 제2항, 제1항).

따라서, 선정을 취소한 때에는, 소송외에서 이를 통지하고서 「선정취소통지신고서」를 제출하거나, 아예 소송내에서 「선정취소통지송달신청서」(「당사자선정취소서」 부본을 첨부)을 제출

1106) 그런데, 대법원 1995. 10. 5.자 94마2452 결정 ; 대법원 2003. 11. 14. 선고 2003다34038 판결은 선정당사자의 변경 또는 취소를 선정자 총원의 합의로써 하여야 하는 것처럼 설시하였으나, 이는 극히 의문이다. 선정당사자의 선정은 단독행위에 불과하기 때문이다.

1107) 대법원 1995. 10. 5.자 94마2452 결정. 동지 : 대법원 2003. 11. 14. 선고 2003다34038 판결.

1108) '인지액·편철방법예규'.

하여야 한다는 것이 된다.[1109]

또한, 선정당사자를 변경한 때에는, 소송외에서 이를 통지하고서 「선정당사자변경신고서」를 제출하거나, 아예 소송내에서 「선정당사자변경통지송달신청서」(「선정당사자변경서」 부본을 첨부)을 제출하여야 한다는 것이 된다.[1110]

5. 선정당사자의 자격상실

가. 자격상실사유

주의할 것은, 선정당사자 본인에 대한 부분의 소가 취하되거나 판결이 확정되는 등으로 공동의 이해관계가 소멸하는 경우에는 선정당사자는 선정당사자의 자격을 당연히 상실한다는 것이다.[1111]

나. 자격상실의 효과

1) 선정당사자 중 일부의 자격상실

하나의 선정자단(選定者團)에서, **여러 선정당사자 가운데 죽거나 그 자격을 잃은 사람이 있는 경우에는 다른 당사자**(즉, 나머지 선정당사자)**가 모두**(즉. 해당 선정자단의 선정자 전원)**을 위하여 소송행위를 한다**(법 제54조).

2) 선정당사자 전원의 자격상실

하나의 선정자단에서 선정당사자 전원이 자격을 상실하였으나 해당 선정자단 자체는 잔존하는 경우에는 소송중단 및 수계의 문제가 발생한다(법 제237조 제2항). 이에 관하여서는 '소송절차의 정지' 부분에서 살펴본다.

1109) '인지액·편철방법예규'.

1110) '인지액·편철방법예규'.

1111) 대법원 2006. 9. 28. 선고 2006다28775 판결. 동지: 대법원 2007. 5. 31. 선고 2005다44060 판결; 대법원 2014. 10. 15. 선고 2013다25781 판결.

제4절 기간 및 기일

I. 기 간

1. 기간 개관

소송행위 중에는 일정한 기간(행위기간) 내에 하여야 하는 것이 있다. 또한, 소송관계인의 이익을 위하여 일정 기간의 유예기간(중간기간이라고도 한다)이 두어지는 경우도 있다.

이러한 기간에는, 법률에 의하여 정하여진 법정기간(法定期間)과 재판으로 정하여지는 재정기간(裁定期間)이 있다.

법정기간은 다시 통상기간과 불변기간으로 구별된다. 그 구별실익은, 후술하는 바와 같이, 전자는 기간의 신축이 가능하나 후자는 불가능하고, 그 대신 후자에서는 부가기간과 추후보완의 문제가 생긴다는 데에 있다.

불변기간은 법문에 해당 기간이 불변기간임이 명시되어 있다.[1112)][1113)]

2. 기간의 계산 및 시작

가. 기간의 계산

기간의 계산은 「민법」에 따른다(법 제170조).

소송법상의 기간은 대개 일, 주, 월 또는 연으로 정하여지는바, 이 경우, 기간의 초일은 산입하지 아니함이 원칙이고(민법 제157조 본문), 기간말일의 종료로 기간이 만료하나(민법 제159조), 기간의 말일이 토요일 또는 공휴일에 해당한 때에는 기간은 그 익일로 만료한다(민법 제161조).

특히, 기간을 주, 월 또는 연으로 정한 때에는 역에 의하여 계산하고(민법 제160조 제1항),

1112) 민사소송법상 불변기간의 제약이 있는 신청으로는, 화해권고결정에 대한 이의신청(법 제226조), 제소전화해에 대한 소제기신청(법 제388조), 항소, 상고, 또는 재항고(법 제396조, 제425조, 제443조 제2항), 즉시항고(법 제444조), 특별항고(법 제449조), 재심의 소(법 제456조 제1항, 제2항), 지급명령에 대한 이의신청(법 제470조), 제권판결에 대한 불복의 소(법 제491조 제1항, 제2항) 등이 있다.

1113) cf. 제척기간은 불변기간이 아니어서 그 기간을 지난 후에는 당사자가 책임질 수 없는 사유로 그 기간을 준수하지 못하였더라도 추후에 보완될 수 없다. 대법원 2003. 8. 11.자 2003스32 결정.

주, 월 또는 연의 처음으로부터 기간을 기산하지 아니하는 때에는 최후의 주, 월 또는 연에서 그 기산일에 해당한 날의 전일로 기간이 만료하며(같은 조 제2항), 월 또는 연으로 정한 경우에 최종의 월에 해당일이 없는 때에는 그 월의 말일로 기간이 만료한다(같은 조 제3항).

그러나, 기간의 계산에 관하여서는 다음 사항에 주의하여야 한다.

첫째, 기간을 일, 주, 월, 또는 연으로 정한 경우라도, 그 기간이 00:00로부터 시작하는 때에는 초일을 산입한다(민법 제157조 단서).

이는 공시송달(법 제196조 제1항, 제2항)과 전자소송에서의 전자적 송달의 송달간주에서 문제되는바(민소전자문서법 제11조 제4항 단서), 상세한 것은 '항소' 부분에서 설명하겠다.

둘째, 구 민법(2007. 12. 21. 법률 제8720호로 개정되기 전의 것) 제161조는 "기간의 말일이 공휴일에 해당한 때에는 기간은 그 익일로 만료한다."라고만 규정하고 있었으며,[1114] 토요일은 위 규정에서 말하는 공휴일에는 포함되지 않는다고 해석되고 있었는바(관공서의 공휴일에 관한 규정 제2조의 반대해석),[1115] 현행 민법 제161조의 시행일인 2008. 3. 22.을 기준으로 "법원에 계속중인 사건"에 관해서는 기간의 말일과 관련하여 현행 민법 제161조의 적용이 배제되고, 구 민법 제161조가 적용된다는 것이다(민법 부칙(2007. 12. 21.) 제1조 단서 전단).[1116]

나. 기간의 시작

한편, **기간을 정하는 재판에 시작되는 때를 정하지 아니한 경우에 그 기간은 재판의 효력이 생긴 때부터 진행한다**(법 제171조).

3. 기간의 신장·단축, 부가기간

가. 개 관

원칙적으로, **법원은 법정기간 또는 법원이 정한 기간을 늘이거나 줄일 수 있으며**(법 제172조 제1항 본문), **재판장·수명법관 또는 수탁판사도 자신이 정한 기간을 늘이거나 줄일 수 있다**

1114) 따라서, 예컨대, 즉시항고기간이 말일이 공휴일인 때에는 그 기간은 그 익일로 만료된다. 대법원 1971. 3. 9.자 70마932 결정.

1115) 대법원 2008. 6. 12.자 2006마851 결정(화해권고결정에 대한 이의제기기간 만료일이 2006. 5. 6.인데 같은 달 8. 이의신청서를 제출하였다면 만료일이 토요일이라도 그 이의신청은 신청권이 소멸된 후의 것으로서 부적법하다고 본 사안).

1116) 대법원 2008. 11. 13.자 2008후3155 명령(상고제기기간 만료일이 2008. 8. 15. 공휴일(광복절)인데 같은 달 18. 상고장을 제출하였다면 같은 달 16.이 토요일이기는 하지만 구 민법이 적용되는 이상 상고제기기간이 도과된 것이어서 부적법하다고 본 사안).

(같은 조 제3항).

그러나, 불변기간은 늘이거나 줄일 수 없다(같은 조 제1항 단서).

다만, 법원은 불변기간에 대하여 주소 또는 거소가 멀리 떨어진 곳에 있는 사람을 위하여 부가기간(附加期間)**을 정할 수 있다**(같은 조 제2항).

그리고, 통상기간이라 하더라도 법이 명문으로 신축을 불허하는 경우도 있는바, 후술하는 추후보완기간(법 제173조 제2항)이 그 예이다.

나. 기간신장신청·기간단축신청, 부가기간신청

당사자가 기간신장신청(期間伸張申請), 기간단축신청(이 두 가지는 통상기간과 재정기간에서만 문제된다), 부가기간신청(이는 불변기간에서만 문제된다)을 할 수는 있으나,[1117] 이러한 신청이 법원의 직권발동을 촉구하는 의미의 신청에 불과함은 물론이다.[1118]

4. 소송행위의 추후보완[1119]

당사자가 책임질 수 없는 사유로 말미암아 불변기간을 지킬 수 없었던 경우에는 그 사유가 없어진 날부터 2주 이내에 게을리한 소송행위를 보완할 수 있다(법 제173조 제1항 본문).

다만, 그 사유가 없어질 당시 외국에 있던 당사자에 대하여는 이 기간을 30일로 한다(같은 항 단서).[1120]

이러한 추후보완기간은 신축할 수 없으며(법 제173조 제2항에서 제172조 제1항본문의 부적용), **부가기간도 정할 수 없다**(법 제173조 제2항에서 제172조 제2항의 부적용).

소송행위의 추후보완의 대표적인 예는, 추후보완상소이다(법 제500조 제1항 참조).

여기서 "당사자가 책임질 수 없는 사유"라고 함은 당사자가 그 소송행위를 하기 위하여 일반적으로 하여야 할 주의를 다하였음에도 불구하고 그 기간을 준수할 수 없었던 사유를

1117) '인지액·편철방법예규'.

1118) 대법원 1969. 12. 19.자 69마500 결정(사안은 소장 보정기간의 신장) 참조.

1119) cf. 구법(2002. 1. 26. 법률 제6626호로 전부개정되기 전의 것) 제160조는 "소송행위의 추완"이라 하였다.

1120) cf. 구법(1990. 1. 13. 법률 제4201호로 개정되기 전의 것) 제160조에는 현행법 제173조 제1항 단서에 해당하는 규정이 없었으나, 그럼에도 불구하고 외국에 있는 당사자의 경우에는, 외국에 있는 당사자가 일반적으로 이용하는 가장 신속한 국제우편에 의하여 소송서류를 발송하였을 때 그 우편도달에 보통 소요되는 상당한 기간만큼 추후보완기간이 연장되는 것으로(즉, 그 기간만큼은 '2주'의 추완기간에서 제외되는 것으로) 해석되고 있었다. 대법원 1974. 9. 24. 선고 74다865 판결 ; 대법원 1975. 11. 25. 선고 75다1789 판결.

가리키는 것이며,[1121] 그 당사자에는 당사자 본인뿐만 아니라 그 소송대리인 및 대리인의 보조인도 포함된다.[1122]

추후보완사유의 실례에 관하여서는, '항소' 부분에서 추후보완항소에 관하여 후술하는 내용을 참고하기 바란다.

(전자소송에서 전자소송 동의를 한 등록사용자가) 전자소송시스템 장애(민소전자문서규칙 제43조 제3항)로 인하여 불변기간을 지킬 수 없었던 경우에도 게을리한 소송행위를 보완할 수 있다(민소전자문서규칙 제14조 제5항).

이러한 추후보완은 그 자체가 독립한 신청은 아니며 해태한 소송행위를 그 방식에 따라서 하는 것일 따름이다(소액사건심판법 제5조의6 제2항 참조). 다만, 제목을 「추후보완항소장」, 「추후보완상고장」이라고 하는 등으로 추후보완임을 명시하는 것이 실무이다.[1123] 가령, 항소인이 추후보완항소임을 명백히 하지 아니한 이상 법원이 항소각하판결을 하기 전에 반드시 추후보완사유의 유무를 심리하거나 이를 주장할 수 있는 기회를 주어야 하는 것은 아니기 때문이다.[1124]

추후보완사유, 즉 불변기간을 지킬 수 없었던 당사자가 책임질 수 없는 사유의 유무는 소송요건으로서 법원의 직권조사사항이기는 하나,[1125] 그 주장·입증책임은 추후보완하는 자에게 있음을 주의하여야 한다. 추후보완사유가 없다면 그 소송행위는 불변기간을 도과하여 부적법한 것이 되기 때문이다.

1121) 대법원 1990. 12. 21. 선고 90다카25673 판결. 동지 : 대법원 1987. 3. 10. 선고 86다카2224 판결 ; 대법원 1991. 3. 15.자 91마1 결정 ; 대법원 1994. 2. 25.자 93마1851 결정 ; 대법원 1998. 10. 2. 선고 97다50152 판결 ; 대법원 1999. 6. 11. 선고 99다9622 판결 ; 대법원 2001. 5. 8. 선고 2000두6916 판결 ; 대법원 2004. 3. 12. 선고 2004다2083 판결 ; 대법원 2005. 1. 13. 선고 2004두9951 판결 ; 대법원 2005. 9. 15. 선고 2005다14465 판결 ; 대법원 2005. 11. 10. 선고 2005다27195 판결 ; 대법원 2006. 3. 10. 선고 2006다3844 판결 ; 대법원 2007. 6. 15.자 2007스30 결정 ; 대법원 2007. 10. 26. 선고 2007다37219 판결 ; 대법원 2008. 6. 12. 선고 2007두16875 판결 ; 대법원 2009. 9. 24. 선고 2009다44679 판결 ; 대법원 2012. 10. 11. 선고 2012다44730 판결 ; 대법원 2014. 10. 30. 선고 2014다211886 판결 ; 대법원 2018. 4. 12. 선고 2017다53623 판결.

1122) 대법원 1999. 6. 11. 선고 99다9622 판결.

1123) '인지액·편철방법예규'.

1124) 대법원 1981. 6. 23. 선고 80다2315 판결. 동지 : 대법원 2011. 9. 29.자 2011마1335 결정.
다만, 당사자가 항소를 제기하면서 추후보완항소라는 취지의 문언을 기재하지 아니하였다 하더라도 그 전체적인 취지에 비추어 그러한 주장이 있는 것으로 볼 수 있는 경우에는 당연히 그 사유에 대하여 심리·판단하여야 하고, 증거에 의하여 그 항소기간의 경과가 그의 책임질 수 없는 사유로 말미암은 것으로 인정되는 이상, 그 항소는 처음부터 소송행위의 추후보완에 의하여 제기된 항소라고 보아야 한다. 대법원 2008. 2. 28. 선고 2007다41560 판결. 동지 : 대법원 1980. 10. 14. 선고 80다1795 판결.

1125) 대법원 1999. 4. 27. 선고 99다3150 판결.

그러나, 당사자가 소송행위의 추후보완을 주장하는 경우 법원은 그 적법여부를 먼저 판단하여야 한다. 그러한 판단을 하지 아니한 채 불변기간이 도과되었다고 판단하는 것은 위법하다.[1126)]

한편, 추후보완상소를 할 때에는 집행정지신청을 할 수도 있는바, 이에 관하여서는 '상소일반' 부분에서 후술하겠으며, 추후보완상소의 구체적 사유 역시 '항소', '항고 : 최초의 항고를 중심으로', '상고, 재항고 및 특별항고' 부분에서 재론하겠다.

Ⅱ. 기 일

1. 기일 개관

기일이란 법원, 당사자, 그 밖의 소송관계인이 모여서 소송행위를 하기 위해 정해진 시간을 말한다.

민사소송의 기일은 그 목적에 따라 변론기일, 변론준비기일, 심문기일, 증거조사기일(증인신문기일, 법원밖 서증조사기일, 검증기일, 감정기일, 감정인신문기일 등), 판결선고기일, 조정기일, 화해기일, 변론 겸 화해기일, 감치재판기일 등이 있다.

기일은 그 개시된 때부터 그 종료에 이르기까지의 시간 전체가 기일에 해당한다.

2. 기일지정의 원칙

가. 기일지정의 주체

기일은 재판장이 지정한다(법 제165조 제1항 본문).

다만, 수명법관 또는 수탁판사가 신문하거나 심문하는 기일은 그 수명법관 또는 수탁판사가 지정한다(같은 항 단서).

나. 평일 지정 원칙

기일은 필요한 경우에만 공휴일로도 정할 수 있다(법 제166조).[1127)]

1126) 대법원 1989. 11. 27.자 89마888 결정 참조.

1127) **소액사건에서는, 판사는 필요한 경우 근무시간외 또는 공휴일에도 개정할 수 있으나**(소액사건심판법

다. 시 차 제

재판장은 사건의 변론 개정시간을 구분하여 지정하여야 한다(규칙 제39조). 즉, "2011. 9. 1. 15:30" 식으로 지정한다.

라. 외국송달시의 특례

실무상, 외국에서 송달을 하여야 하는 경우에는, 송달에 시간이 오래 걸리는 것을 감안하여, 해당 기일 뿐만 아니라 그 다음 기일까지 함께 지정하기도 한다.[1128]

3. 기일의 통지

가. 원 칙

1) 기일통지서 또는 출석요구서의 송달

기일은 기일통지서 또는 출석요구서를 송달하여 통지한다(법 제167조 제1항 본문).[1129][1130]

당사자에게는 원칙적으로 기일통지서를 송달하나, 가령 당사자신문을 위하여 당사자에게 출석을 요구하는 경우(규칙 제119조, 제81조 제2항 참조), 증인·감정인 등 당사자 외의 사람에 대하여 출석을 요구하는 경우(규칙 제44조 참조) 등에는 출석요구서를 송달하게 된다.

2) 다음 기일의 고지

그러나, 그 사건으로 출석한 사람에게는 기일을 직접 고지하면 되므로(법 제167조 제1항 단서), 기일에 출석한 당사자에게는 말로 다음 기일을 고지할 뿐 따로 기일통지서를 송달하지 아니한다.

그리고, 여기서 해당 사건으로 출석한 경우라는 것은 반드시 변론기일의 출석만을 의미하는 것이 아니고, 가령 해당 사건의 검증기일에 출석한 경우도 포함된다.[1131]

제7조의2), 청사관리 등의 문제 때문에 위 규정은 실시된 예가 전무에 가까운 것으로 알려져 있다.

1128) 「외국에서 할 송달에 있어서의 변론기일등 지정방법(재일 89-2)」.

1129) 기일통지서는 해당 기일의 성격 등에 따라 실무상 여러 종류의 것들이 사용되고 있으나, 이에 관한 설명은 생략하겠다.
cf. 구법(2002. 1. 26. 법률 제6626호로 전부개정되기 전의 것) 제154조 본문은 "기일의 통지는 소환장의 송달에 의하여야 한다."라고 규정하고 있었다.

1130) cf. 이에 반하여, 가사사건에서는 당사자 및 이해관계인을 '소환'하며(가사소송법 제7조 제1항), 형사소송에서도 피고인을 '소환'한다(형사소송법 제68조).

1131) 대법원 1975. 3. 25. 선고 75다12 판결.

더 나아가, 법원이 적법하게 변론을 진행한 후 이를 종결하고 판결선고기일을 고지한 때에는 재정(在廷)하지 아니한 당사자에게도 그 효력이 있는 것이고, 그 당사자에 대하여 판결선고기일 통지서를 송달하지 아니하였다 하여도 이를 위법이라고 할 수 없다.[1132] 판결의 선고에는 당사자의 출석을 요하지 아니하기 때문이다(법 제207조 제2항).

나. 특 칙

1) 출석승낙서의 징구

소송관계인이 일정한 기일에 출석하겠다고 적은 서면(「출석승낙서」)**을 제출한 때에는 기일 통지서 또는 출석요구서를 송달한 것과 같은 효력을 가진다**(법 제168조).

그러나, 출석승낙서는 실무상 거의 이용되지 않으며, 가령 기일통지서가 송달되지 아니하였는데도 당사자가 기일에 출석한 때에는 기일통지서를 교부하고 영수증을 징구하는 식으로 처리함이 일반이다.

이와 관련하여, 전자기록사건에서는, 법정에서 사건관계인이 기일통지에 관한 영수증에 서명하여야 할 때에는 재판장등의 허가를 얻어 서명하여야 할 자가 전자패드에 서명하는 방식으로 할 수 있다(민소전자문서규칙 제7조 제4항).[1133]

2) 기일의 간이통지

법원은 대법원규칙이 정하는 간이한 방법에 따라 기일을 통지할 수 있다(법 제167조 제2항 전문).

이러한 기일의 간이통지는 전화·팩시밀리·보통우편 또는 전자우편으로 하거나, 그 밖에 상당하다고 인정되는 방법으로 할 수 있으나(규칙 제45조 제1항), 실무상으로 전화나 팩시밀리를 이용함이 일반이며, 보통우편 또는 전자우편 등을 이용하는 예는 드물다.

기일이 촉박하여 기일통지서·기일변경통지서, 출석요구서 등을 정규송달에 의하여 통지하기 곤란한 경우는, 간이통지에 친한 경우의 대표적 예이다.[1134]

기일을 간이통지한 때에는 법원사무관등은 그 방법과 날짜를 소송기록에 표시하여야 한다(같은 조 제2항).[1135]

1132) 대법원 2003. 4. 25. 선고 2002다72514 판결.

1133) 민전예규 제82조 본문.

1134) 송달예규 제3조 제2항 본문 참조.

1135) 한편, 전자기록사건의 경우에는, 공용부전지에 그 요지, 일자 및 방법을 입력하는 것으로 하고 있다. 민전예규 제57조 제1항 제3호.

다만, **기일을 간이통지한 경우 기일에 출석하지 아니한 당사자·증인 또는 감정인 등에 대하여 법률상의 제재, 그 밖에 기일을 게을리함에 따른 불이익을 줄 수 없다**(법 제167조 제2항 후문).

다. 기일 통지 방식을 위배한 경우의 효력

기일의 통지가 적법하지 않으면 기일을 실시하더라도 그 기일의 소송행위는 위법한 것이 된다.

그러나, 이는 이의권의 포기·상실의 대상이므로,[1136] 주의하여야 한다.

4. 기일의 시작

기일은 사건과 당사자의 이름을 부름으로써 시작된다(법 제169조).

소송대리인의 이름까지 부를 필요는 없으나,[1137] (변론조서 등) 기일조서에 소송대리인의 출석 여부(그리고, 소송대리인이 여럿인 때에는 그중 누가 출석하였는지)를 기재하기 위하여, 출석한 소송대리인이 스스로 성명을 밝히거나, 재판장이 해당 소송대리인에게 이를 물어 확인함이 실무이다.

한편, 속기 또는 녹음이나 녹화를 하는 경우에는 그 기일을 시작할 때에 그 취지를 당사자에게 고지하여야 한다.[1138]

5. 기일의 지정과 연기, 속행, 변경

가. 개 관[1139]

기일의 연기란 기일개시 후에 그 기일에 아무런 소송행위를 하지 아니하고 새로 기일을

1136) 대법원 1969. 7. 22. 선고 69다679 판결(사안은 보조참가인) ; 대법원 1984. 4. 24. 선고 82므14 판결(사안은 당사자) ; 대법원 2007. 2. 22. 선고 2006다75641 판결(사안은 보조참가인).

1137) 대법원 1970. 11. 24. 선고 70다1893 판결(사안은 국가소송수행자) 참조.

1138) 변론의 속기·녹음에 관한 업무처리요령(재일 2004-3) 제4조, 제10조 제1항, 제15조.
속기와 녹음에 관하여서는, '심리의 제원칙' 부분에서 상론할 것이다. 그런데, 실무는 '조서 작성의 편의와 조서 기재 내용의 정확성을 보장하기 위하여' 속기나 녹음을 할 때에는 그 취지를 고지하지 아니하여도 된다고 하나, 그러한 실무가 과연 적법한 것인지는 의문이다.

1139) cf. 구 소송촉진등에관한특례법(1990. 1. 13. 법률 제4203호) 제4조는, 그 전신인 구「민사소송에관한임시조치법」의 해당 규정을 좇아, 기일의 변경, 연기, 속행의 횟수를 제한한 바 있으나, 현행법은 그러한 제한을 폐지하였다.

지정하는 것을 말한다.

기일의 속행이란 기일에 소송행위를 하고 나서 다음 기일을 지정하는 것을 말한다.

기일의 변경이란 기일개시 전에 그 기정을 취소하고 이에 갈음하여 새로 기일을 지정하는 것을 말한다.

위 세 용어는 실무상으로도 그야말로 일상적으로 쓰이는 개념이므로 반드시 알고 있어야 한다. 기일연기에서의 신기일은 개념필연적으로 그 기일 후의 시점이 되나, 기일변경에서의 신기일은 변경전기일보다 오히려 앞당겨질 경우도 있다.

나. 광의의 기일지정

1) 기일지정의 권한

기일은 직권으로 또는 당사자의 신청에 따라 지정한다(법 제165조 제1항 본문).

그러나, 기일의 지정은 어디까지나 재판장(경우에 따라서는 수명법관이나 수탁판사)의 권한에 속하는 것이며(같은 항)(기일의 연기, 변경, 속행도 기일지정의 한 형태에 불과하다),[1140] 이에 대한 당사자의 신청은 직권발동을 촉구하는 의미를 가질 뿐이다.

한편, 기일변경명령은 별도의 재판서를 생성하지 않고 결재정보값(데이터)만 생성·관리하는 방식으로 할 수 있다.[1141]

2) 기일지정신청, 기일연기신청, 기일속행신청, 기일변경신청[1142]

가) 기일지정신청

일반적인 기일지정신청은, 실무상 기일이 추후지정된 사건에서 그 사유가 해소된 때에 흔히 문제된다.

특수한 기일지정신청으로 소취하의 효력을 다투는 기일지정신청(민사소송규칙 제67조)이 있는바, 이에 관해서는 '당사자의 행위에 의한 소송의 종료' 부분에서 살펴보기로 한다. 주의할 것은, 일반적인 기일지정신청과 달리, 이 신청은 신청권에 기초한 신청이라는 점이다.[1143]

1140) 대법원 1989. 9. 7.자 89마694 결정. 동지 : 대법원 2008. 11. 13.자 2008으5 결정.

1141) 민전예규 제87조 제1항.
cf. 종래의 실무에서는, 기일변경명령은 후술하는 「변경기일통지서」에 기재되어 고지되고 있었다.

1142) 「인지액·편철방법예규」.

1143) cf. 소액사건에서 이행권고결정등본이 공시송달로밖에 송달할 수밖에 없는 경우에 하는 변론기일지정신청은 직권발동을 촉구하는 의미에 불과하다(소액사건심판법 제5조의3 제4항 참조).

나) 기일연기신청, 기일속행신청

기일연기신청이나 기일속행신청을 하게 되는 경우도 상정할 수 없는 것은 아니다.

다) 기일변경신청

기일변경신청을 하는 때에는 기일변경이 필요한 사유를 밝히고, 그 사유를 소명하는 자료를 붙여야 한다(규칙 제40조).

그러나, 재판장등은 제1차 변론기일 또는 제1차 변론준비기일 외에는 특별한 사정(즉, 현저한 사유)이 없으면 기일변경을 허가하여서는 아니 된다(규칙 제41조. 법 제165조 제2항의 반대해석).

다. 다음 기일의 지정

1) 원 칙

원칙적으로, 기일을 변경하거나 변론을 연기 또는 속행하는 때에는 소송절차의 중단 또는 중지, 그 밖에 다른 특별한 사정이 없으면 다음 기일을 바로 지정하여야 한다(규칙 제42조 제1항 본문).

2) 예외 : 추후지정(추정)

그러나 특별한 사정이 있으면, 다음 기일을 바로 지정하지 않고 기일을 추후에 지정할 수 있다(규칙 제42조 제1항 본문의 반대해석. 약칭 '추정'이라 하며, 이 역시 실무상 일상적으로 사용되는 약어이다).

감정촉탁을 하고서 그 회신을 기다려 변론을 진행하여야 할 경우, 화해권고결정을 하고서 이의기간의 도과를 기다리는 경우, 관련 사건의 결과를 보고 나서 변론을 진행하고자 하는 경우 등은 실무상 흔히 볼 수 있는 기일추정 사유들이다.

라. 기일 변경의 통지

1) 당사자에 대한 통지

기일을 변경하는 때에는 바로 당사자에게 그 사실을 알려야 하는바(규칙 제42조 제2항), 실무상 이는 원칙적으로 「변경기일통지서」로써 하고 있다.

이는, 일견 「민사소송규칙」이 규정한 사항이기는 하지만, 원래 기일의 통지 자체가 민사소송법상의 통지이므로(규칙 제3조 제3항 전문 참조), 이러한 통지 역시 – 당사자 외의 사람에게 통지할 시간적 여유가 없는 경우는 별론으로 하고-생략할 수 없다고 할 것이다.

2) 출석요구를 받은 사람에 대한 통지

또한, 증인·감정인 등 당사자 외의 사람에 대하여 출석요구를 한 후에 그 기일이 변경된 때에는 바로 그 취지를 출석요구를 받은 사람에게 통지하여야 한다(규칙 제44조 제1항 본문).

이는, 소의 취하, 그 밖의 사정으로 그 기일을 실시하지 아니하게 된 경우에도 마찬가지이다(같은 조 제2항).

실무상, 당사자 외의 사람에게 하는 기일변경통지는 「통지서」로써 하고 있다.

이 또한 본시 민사소송법상의 통지이므로, 생략할 수 없음이 원칙이나, 당사자의 경우와 달리, 통지할 시간적 여유가 없는 때에는 생략할 수 있다(규칙 제44조 제1항 단서, 제2항).

6. 기일의 종료

변론기일은 재판장이 다음 기일을 지정·고지하거나(기일의 속행 또는 연기의 경우), 변론의 종결을 선언함으로써 종료된다. 변론준비기일이나 심문기일도 이와 대체로 같다.

법원 밖의 증거조사기일은 예정된 증거조사가 끝남으로써 종료되고, 판결선고기일은 판결선고가 끝남으로써 종료된다.

7. 원격영상재판의 특례

가. 개 관

"원격영상재판"이란 재판관계인이 교통의 불편 등으로 법정(法廷)**에 직접 출석하기 어려운 경우에 동영상과 음성을 동시에 송수신**(送受信)**하는 장치가 갖추어진 다른 원격지**(遠隔地)**의 법정에 출석하여 진행하는 재판을 말한다**(원격재판법 제2조 제2호).

여기서 "재판관계인"이라 함은 법관·당사자·증인등 법원의 재판절차에 참여하는 자를 말한다(같은 조 제1호).

이때, 사건이 계속중인 법원 소재지 외의 장소에 설치되어 재판관계인이 출석할 수 있는 법정을 "원격지 법정"이라 한다(원격영상재판에관한규칙 제3조 제1항).

실제로는, 원격영상재판은 실시된 예가 거의 없는 것으로 알려져 있으나, 전자소송의 고도화에 따라 그 활성화 내지 확대 실시가 논의되고는 있다.

나. 적용범위 및 대상법원

1) 적용범위

법원은 다음 각 호의 사건에 대하여만 원격영상재판을 할 수 있다(원격재판법 제3조).

① **시·군법원의 관할사건**(법원조직법 제34조 제1항 각 호)(20만원이하의 벌금 또는 구류나 과료에 처할 범죄사건(같은 항 제3호)은 즉결심판하는 경우에 한한다)

② **원격영상재판을 하는 과정에서 발생하는 감치등**(법원조직법 제61조 제1항)**의 사건**

③ **다른 법률에 의하여 시법원**(市法院) **또는 군법원**(郡法院)**의 권한에 속하는 사건**

그러나, 위와 같은 사건이라 하더라도 그 대상법원은 실제로는 다음과 같이 제한되어 있다.

2) 대상법원

가) 원 칙

아래 표에 기재한 ‘대상법원’의 ‘대상사건’에 대하여는 원격영상재판을 하되, 그 원격지 법정 역시 아래 표 기재와 같다(원격영상재판에관한규칙 제3조 제1항).[1144]

대상법원	대상사건	원격지 법정
춘천지방법원 양구군법원	원격재판법 제3조 제1호 및 제2호의 사건(독촉사건 제외)	춘천지방법원 홍천군법원의 법정
춘천지방법원 인제군법원		
대구지방법원 포항지원 (당사자중 1인의 주소지 또는 피고인의 소재지가 경상북도 울릉군인 사건)		대구지방법원 울릉등기소의 법정

그러나, 원격영상재판이 부적절하다고 인정할 때에는 법원은 언제든지 결정으로 원격영상재판을 하지 아니할 수 있다(같은 조 제3항).

나) 특 칙

위 사건 이외의 사건으로서 원격재판법 제3조 각호가 규정하는 사건에 대하여는 관할법원

1144) 원격영상재판에관한규칙 제3조 제1항 제2호의 법문에는 “대구지방법원 경주지원”으로 되어 있으나, 이는 입법의 착오이다.
즉, 2004. 이전에는 대구지방법원 경주지원이 경상북도 울릉군도 관할하였으나, 1994. 7. 27. 법률 제4766호로 「각급법원의설치와관할구역에관한법률」이 개정됨에 따라, 대구지방법원 포항지원이 설치되어 2005.부터 경상북도 울릉군을 관할하고 있다.

의 결정으로 원격영상재판을 할 수 있다(원격영상재판에관한규칙 제3조 제2항).

그러나, 원격영상재판이 부적절하다고 인정할 때에는 법원은 언제든지 결정으로 원격영상재판을 하지 아니할 수 있다(같은 조 제3항).

다. 원격영상재판의 효과

원격영상재판은 재판관계인이 동일한 법정에 출석하여 진행하는 재판으로 본다(원격재판법 제4조).

이를 위하여 법은 원격영상재판의 장치의 요건을 규정하고 있다(같은 법 제5조, 제6조, 원격영상재판에관한규칙 제2조).

제5절 송 달

1. 송달 개관

송달은, '송달기관이' '송달서류를 송달받을 사람(수송달자(受送達者))에게' '송달받을 장소에서' '법이 정한 송달방법으로' 하여야 적법한 것이 된다.[1145]

주의할 것은, 송달받을 사람이 아닌 사람에게 소송서류가 송달되었거나, 송달장소에 관한 흠이 있다고 하더라도 그 흠은 이의권의 포기·상실의 대상이 되는 것으로 해석된다.

그러나, 불변기간에 관한 규정은 강행규정이므로, 불변기간에 영향이 있는 송달(예 : 판결정본의 송달)의 경우에는 그 흠이 이의권의 포기·상실에 의하여 치유될 수 없다.[1146]

2. 직권송달의 원칙과 그 예외

가. 직권송달의 원칙

송달은 「민사소송법」에 특별한 규정이 없으면 법원이 직권으로 한다(법 제174조).[1147]

1145) 대법원 1979. 9. 25. 선고 79므33 판결 참조.

1146) 대법원 1972. 5. 9. 선고 72다379 판결 ; 대법원 1979. 9. 25. 선고 78다2448 판결 ; 대법원 2007. 12. 14. 선고 2007다52997 판결 참조.

1147) cf. 입법례에 따라서는, 당사자가 송달하고서 법원에 이를 증명하여야 하는 것으로 하고 있는 예도 있는바, 미국법이 그러하다.

다만, 가령, 소장 부본의 송달불능시에는 원고는 재판장의 보정명령에 응하여 주소보정을 하지 않으면 소장각하명령의 불이익을 입게 되는바(법 제255조 제2항), 이 경우에는 주소보정의 한 방법으로서 송달신청을 하여야 한다. 이에 관한 상세한 것은 '소의 제기' 부분에서 보기로 한다. 그밖에 직권송달 원칙의 예외에 관하여서는 바로 아래에서 별항으로 살펴본다.

한편, 외국에서 하는 송달, 전쟁에 나간 군인 또는 외국에 주재하는 군관계인 등에게 할 송달은 촉탁송달에 의하는바, 상세한 내용은 나중에 살펴보기로 한다.

나. 직권송달 원칙의 예외

1) 개 관

직권송달 원칙의 대표적인 예외로는, 변호사 사이의 송달(법 제176조 제1항 후단, 규칙 제47조), 휴일 또는 야간송달(법 제190조 제1항), 신청에 의한 공시송달(법 제194조)이 있다.

한편, 당사자가 재송달신청이나 후술하는 집행관(주간)송달신청을 할 경우도 있으나,[1148] 이는 법원의 직권발동을 촉구하는 것에 불과하다.

변호사 사이의 송달 특례와 공시송달신청에 관하여서는 각각 해당 부분에서 각각 살펴보기로 하고, 여기서는 나머지 것, 즉 휴일 또는 야간송달에 관하여 살펴본다.

2) 휴일 또는 야간송달

당사자의 신청이 있는 때에는, ① 공휴일 또는 ② 해뜨기 전이나 해진 뒤에, 집행관 또는 대법원규칙이 정하는 사람에 의하여 송달할 수 있다(법 제190조 제1항).

그런데 이에 관하여 대법원규칙은 집행관 외의 송달실시기관을 규정한 바 없으므로, 결국 휴일송달이나 야간송달은 원칙적으로 집행관이, 예외적으로 법원경위가(법원조직법 제64조 제3항 참조), 이를 실시하게 된다.

실무상, 야간송달은 부득이한 사정이 없는 한 20:00 이후 또는 08:00 이전에 실시하는 것으로 되어 있으며, 야간송달을 신청하는 사람은 송달실시를 희망하는 시간을 미리 표시할 수 있다.[1149]

그러나, 송달방법의 선택은 법원사무관등의 직권에 속하는 사항이므로, 그 신청서에도 인지는 붙이지 아니한다.[1150]

1148) '인지액·편철방법예규'는 별도의 「재송달신청서」 및 「집행관송달신청서」를 예정하고 있으나, 실무상 법원의 (주소)보정명령서 자체가 주소보정명령 양식으로써 그러한 송달신청들을 할 수도 있게끔 마련되어 있다.

1149) 집행관의 송달사무처리에 관한 지침 제2조; 법원경위의 송달사무처리에 관한 지침(재민 2001-5) 제5조.

휴일·야간송달을 하는 때에는 법원사무관등은 송달할 서류에 그 사유를 덧붙여 적어야 한다(같은 조 제2항).

집행관(또는 법원경위)**가 실시하지 아니하거나**(법 제190조 제1항 위배), **송달서류에 휴일·야간송달의 사유가 첨기**(添記)**되지 아니한**(같은 조 제2항 위배) **휴일·야간송달은 서류를 교부받을 사람이 이를 영수한 때에만 효력을 가진다**(같은 조 제3항).

3. 송달기관과 송달실시방법

가. 송달사무처리기관

송달에 관한 사무는 법원사무관등이 처리하므로(법 제175조 제1항), 송달방법의 선정 등은 법원사무관등이 한다.

그러나, 송달서류의 복사, 교부, 송달통지서의 수령 및 기록편철은 재판실무관이 행함이 일반이다.

나. 협의의 송달기관(송달실시기관) 및 송달실시방법

1) 개 관

송달은 우편 또는 집행관에 의하거나, 그 밖에 대법원규칙이 정하는 방법에 따라서 하여야 한다(법 제176조 제1항).

이 중 어느 송달실시기관 및 방법에 의할 것인가는 송달사무처리기관인 법원사무관등의 판단에 따르는 문제이나, 실제로는 일차적으로 우편집배원에 의한 우편송달을 행하고 있다.

2) 우편집배원

우편에 의한 송달은 우편집배원이 하며(법 제176조 제2항), 이는 부가우편역무 중 특별송달(우편법 시행규칙 제25조 제1항 제6호)의[1151] 방법에 의한다.[1152]

우편집배원은 이에 따라 후술하는 교부송달(또는 조우송달), 보충송달, 유치송달 중의 하나

1150) '인지액·편철방법예규'.

1151) 이는 집행관 등에 의한 송달을 일컫는, 바로 후술하는 속칭 '특별송달'이라는 용어와는 엄연히 다른 개념임은 물론이다.

1152) cf. 이러한 특별송달 우편물에 관하여 우편집배원의 고의 또는 과실에 의하여 손해가 발생한 경우에는 우편물 취급에 관한 손해배상책임에 대하여 규정한 우편법 제38조에도 불구하고 국가배상법에 의한 손해배상을 청구할 수 있다고 봄이 상당하다. 대법원 2009. 5. 28. 선고 2008다89965 판결. 동지 : 대법원 2008. 2. 28. 선고 2005다4734 판결.

를 행하고 「우편송달통지서」에 영수인의 서명 또는 날인을 받거나, 배달 못한 사유를 적게 되는바, 이러한 송달통지에 관하여서는 별항으로 후술한다.

3) 집 행 관

일반적으로 집행관에 의한 송달은 우편에 의한 송달이 주효하지 못할 경우 당사자의 신청에 의하여 보충적으로 행하게 되며, 그러한 특성에 착안하여 이를 속칭 '특별송달'이라고 하기도 한다.

특히, 기술한 휴일 또는 야간송달은 집행관송달의 대표적인 예이다.[1153)]

집행관송달을 실시할 경우에도 그 비용은 당사자가 납부한 송달료에서 지급하는바(송달료규칙 제15조 제1항 전문), 그 구체적인 비용은 지역마다 차이가 있다.

4) 법원사무관등에 의한 송달

가) 개 관

해당 사건에 출석한 사람에게는 법원사무관등이 직접 송달할 수 있다(법 제177조 제1항).

또한, **법원사무관등이 그 법원안에서 송달받을 사람에게 서류를 교부하고 영수증을 받은 때에는 송달의 효력을 가진다**(같은 조 제2항).

통상의 방법으로 송달을 받지는 못하였으나 어떤 경위로인지 소가 제기된 사실 내지 송달받을 소송서류가 있음을 알게 된 사람이 법원에 소송의 진행상황을 알아보았을 때, (법원 내의 해당과에서) 위와 같은 방식으로 서류를 송달하는 경우가 간혹 있다.[1154)]

한편, 후술하는 발송송달(법 제185조 제2항, 제187조), 송달함 송달(법 제188조), 전자적 송달(민소전자문서법 제11조 제3항), 변호사에 대한 전화등을 이용한 간이송달(규칙 제46조), 공시송달(법 제195조)의 실시기관도 법원사무관등이다.

다만, 바로 후술하는 영수확인 방법은, 법 제177조에 의한 송달의 경우에 문제된다.

나) 법원사무관등에 의한 송달시 영수확인 방법

(1) 영 수 증

전술한 바와 같이, 종이기록사건에서, 법원사무관등에 의한 송달의 경우에는, 원칙적으로 수송달자로부터 영수증을 징구하게 된다.

1153) '인지액·편철방법예규'는 「집행관송달신청서(특별송달신청)」와 「휴일(또는 야간) 송달신청서」를 별도로 언급하고 있으나, 실상 후자가 전자의 일종인 셈이다.

1154) 대법원 1963. 9. 12. 선고 63그25 판결 참조.

그렇다면, 전자기록사건의 경우에는 이를 어떤 식으로 하여야 하는지 문제된다.[1155] 이 때에는, 영수증을 받아 전자문서로 변환하여 전산등재함이 원칙이겠으나,[1156] 그 밖에도, 법정에서 사건관계인이 송달에 관한 영수증에 서명하여야 할 때에는 재판장등의 허가를 얻어 서명하여야 할 자가 전자패드에 서명하는 방식으로 할 수 있다(민소전자문서규칙 제7조 제4항).[1157]

(2) 영수인(領受人)의 서명

그런데, 종이기록사건에서, 법원사무관등에 의한 송달의 경우에, 실무는 흔히, 해당 서류(법원용)에 부본 영수인(領受印)을 찍고 영수인(領受人)의 서명을 받는 것으로 영수증의 징구에 갈음한다.

그렇다면, 전자기록사건의 경우에도 위와 같이 영수증 대신 해당 서류에 영수인(領受人)의 서명을 받을 수 있는지 문제되나, 일반적으로는 부정적으로 새겨야 한다.[1158] 전자기록의 성질상 법원용 종이서류가 존재하지 않기 때문이다. 이 점은, 출력서면을 송달할 경우(민소전자문서법 제12조 제1항)에도 마찬가지이다.

다만, 전자기록사건이라 하더라도 예외적으로 부본 송달을 하는 경우(즉, 전자화 불가문서의 경우)에는 영수인의 서명을 받을 수 있다고 하겠다.[1159]

5) 변호사에 의한 송달

변호사 사이의 송달 특례(규칙 제47조)에서는 변호사가 송달실시기관이 되는 셈이다.

다. 경찰공무원에의 원조 요청

송달(실시)기관이 송달하는 데 필요한 때에는 경찰공무원에게 원조를 요청할 수 있다(법 제176조 제3항).

1155) 구체적으로는, 전자소송시스템에 등재된 문서의 출력서면을 전자소송 비동의자에게 기일에 교부한다든가, 후술하듯이, 그러한 출력서면을 전자소송 동의자에게 기일에 교부한다든가 하는 경우 등이 있을 수 있다.

1156) 민전예규 제54조 제2항 후단의 확장해석.

1157) 민전예규 제54조 제2항 전단, 제82조 본문.

1158) 민전예규 제54조 제2항의 반대해석.

1159) 예외적으로 부본 송달을 하는 경우에 관하여서는, 이 책 보론의 '전자소송에서 소송서류 제출·접수, 편철 및 송달의 특칙들' 부분의 서술을 참조하기 바란다.

4. 송달서류

가. 원칙 : 등본 또는 부본(副本)

1) 당사자가 제출한 서류의 송달 : 부본

송달은 특별한 규정이 없으면 서류의 등본 또는 부본을 교부하여야 한다(법 제178조 제1항).

따라서, 법령에서 당사자가 제출한 서류를 송달한다고 규정한 경우에는, 부본을 송달한다는 명시적인 표현이 없더라도, 그 부본을 송달한다는 의미로 이해하여야 한다(규칙 제48조 제1항 참조).

다만, 당사자가 부본을 제출하지 아니한 경우에는 등본을 송달하게 된다.

2) 조서 등의 송달 : 등본

송달할 서류의 제출에 갈음하여 조서, 그 밖의 서면을 작성한 때에는 그 등본이나 초본을 교부하여야 한다(법 제178조 제2항).

따라서, 법령에서 조서 등을 송달한다고 규정한 경우에는, 그것이 재판서에 준하는 조서가 아닌 한, 등본을 송달한다는 명시적인 표현이 없더라도, 그 등본을 송달한다는 의미로 이해하여야 한다.

보정명령, 준비명령도 등본으로 송달함이 실무이다.[1160)]

한편, 재판사무등에 관한 문서의 부본이나 사본을 송부한 경우에는 그 원본을 사건기록 기타 관계서류에 편철한다(법원재판사무 처리규칙 제10조 제1항 본문 후단).

다만, 다른 자료에 의하여 그 처리상황이 객관적으로 명백하거나 이를 편철할 필요가 없다고 인정되는 경우에는 그러하지 아니하다(같은 항 단서).

나. 예외 : 원본 또는 정본

1) 기일통지서 등 : 원본

그러나, 기일통지서, 감정촉탁서, 사실조회서 등은 성질상 원본을 송달하게 된다.[1161)]

재판사무등에 관한 문서의 원본을 송부한 경우에는 그 부본이나 사본을 사건기록 기타 관계서류에 편철한다(법원재판사무 처리규칙 제10조 제1항 본문 전단).

1160) 제요[민소 I], 158면.

1161) 제요[민소 I], 158면 ; 민사전자소송실무편람, 463면.

다만, 다른 자료에 의하여 그 처리상황이 객관적으로 명백하거나 이를 편철할 필요가 없다고 인정되는 경우에는 그러하지 아니하다(같은 항 단서).

2) 판결서 및 이에 준하는 재판서 또는 조서

그 밖에 판결서 및 이에 준하는 재판서 또는 조서는 정본을 송달하도록 하고 있는바, 그러한 서류로는, 판결서(법 제210조 제2항), 이행권고결정서(소액사건심판법 제5조의7 제2항), 화해조서·포기조서·인낙조서(규칙 제56조), 화해권고결정(조)서(법 제225조 제2항), 조정을 갈음하는 결정(조)서(민사조정법 제33조 제2항 후단), 조정조서(같은 후단) 등이 있다.

그 밖에 정본을 송달하여야 하는 재판으로는, 관할법원지정결정(규칙 제8조 제2항), 소장각하명령, 이송결정(법 제40조 제2항), 피고경정허가결정(법 제261조 제2항), 위헌제청신청에 대한 결정, 필수적 공동소송인추가 허가결정(법 제68조 제2항), 예비적·선택적 공동소송인추가 허가결정(법 제70조 제1항 본문, 제68조 제2항), 판결 등의 경정결정(법 제211조 제2항 단서), 강제집행정지결정, 상소장각하명령(법 제421조 참조) 등이 있다.

5. 송달받을 사람

가. 수송달자(受送達者) 개관

'송달받을 사람'의 문제는 누가 송달받을 명의인으로 되느냐의 문제이다. 즉, 이는 '송달서류의 수령권자'의 문제, 즉 누가 실제로 서류를 적법하게 수령할 수 있느냐의 문제와는 별개의 문제임에 주의하여야 한다.

한편, 당사자 본인 외의 자가 송달받을 사람이 되는 경우로는, 당사자가 소송제한능력자인 경우, 법정 송달대리인에게 송달하여야 하는 경우, 소송대리인이 있는 경우가 있다.

나. 부재자 재산관리인이 당사자인 경우

법원에 의하여 부재자 재산관리인의 선임이 있는 경우에는 - 그 부재자에게는 송달을 할 수 없고 - 그 재산관리인에게 대하여서만 송달을 할 수 있음은 물론이다.[1162]

그러나, 부재자의 재산관리인으로 수인이 선임된 경우에는 그중 한 사람에 대한 송달로써 충분하다(법 제180조 참조).[1163]

1162) 대법원 1968. 12. 24. 선고 68다2021 판결.
따라서, 이 경우에 부재자를 수송달자로 하여 공시송달을 한 때에는 송달의 효력이 없다. 같은 판결.

1163) 대법원 1980. 11. 11. 선고 80다2065 판결 참조.

다. 소송제한능력자에게 할 송달 등

1) 원칙 : 법정대리인

소송제한능력자에게 할 송달은 그의 법정대리인에게 한다(법 제179조).

따라서, 법인 또는 법인이 아닌 사단이나 재단에게 할 송달도 그 대표자나 관리인에게 함이 원칙이다(법 제64조).[1164]

2) 국가소송의 경우[1165]

그러나, **국가소송에서 국가에 대한 송달은**－법률상 대표자인 법무부장관에게 하는 것이 아니라－**수소법원에 대응하는 검찰청**(수소법원이 지방법원 지원인 경우에는 지방검찰청을 말한다) **의 장에게 한다**(국가소송법 제9조 제1항 본문).

따라서, 예컨대, 춘천지방법원 원주지원에 제기된 소에 관한 송달은 춘천지방검찰청(본청)에 한다.

다만, 고등검찰청 소재지의 지방법원(산하 지방법원 지원을 포함한다)**에 소가 제기된 경우에는 그 고등검찰청의 장에게 송달한다**(같은 항 단서).

따라서, 예컨대, 대구지방법원(본원)에 제기된 소에 관한 송달은 대구고등검찰청에 한다.

그러나, 후술하듯이, **소송수행자 또는 소송대리인이 있는 경우에는 그러하지 아니하다**(같은 조 제2항).

라. 법정 송달대리인

1) 군관계인에게 할 송달

군사용의 청사 또는 선박에 속하여 있는 사람에게 할 송달은 그 청사 또는 선박의 장에게 한다(법 제181조).

2) 구속된 사람 등에게 할 송달

교도소·구치소 또는 국가경찰관서의 유치장에 체포·구속 또는 유치(留置)**된 사람에게 할 송달은 교도소·구치소 또는 국가경찰관서의 장에게 한다**(법 제182조).[1166][1167]

위 판례는 변론기일의 통지에 관하여 위와 같이 설시하고 있으나, 송달 일반에 관하여서도 마찬가지로 보아야 할 것이다.

1164) 대법원 1976. 4. 27. 선고 76다170 판결 참조.

1165) cf. 이는 각급 검찰청의 장에 대한 권한위임(국가소송법 제13조, 같은 법 시행령 제2조 참조)과 대체로 대응하는 것이다.

이는 교도소 등 구금장의 질서유지를 위하여 재감자를 감시하여야 할 공익상의 필요 및 재감자에 대하여 수감되기 전의 주소, 거소 등에 송달을 하면 송달서류가 재감자에 전달되는 데 시간이 걸린다는 점을 고려한 규정으로 해석된다.[1168)]

주의할 것은, 교도소 등의 장은 재감자에 대한 송달에서는 일종의 법정대리인이라고 할 것이므로(법정 송달대리인), 재감자에 대한 송달을 교도소 등의 장에게 하지 아니하고 수감되기 전의 종전 주소등에다 하였다면, 설령 수소법원이 송달을 실시하면서 당사자 또는 소송관계인의 수감사실을 모르고 하였다고 하여도, 송달이 무효라는 것이다.[1169)]

그리고 송달명의인이 체포 또는 구속된 날 송달서류가 송달명의인의 종전 주·거소에 송달되었다면 그 송달의 효력 발생 여부는 체포 또는 구속된 시각과 송달된 시각의 선후에 의하여 결정하되, 그 선후관계가 명백하지 않다면 송달의 효력은 발생하지 아니한 것으로 보아야 할 것이다.[1170)]

3) 법정 송달대리인의 송달서류의 교부의무 등

재감자에 대한 송달은 그 교도소 등의 장에게 송달하면 구속된 자에게 전달된 여부와 관계없이 효력이 생기는 것이다.[1171)]

그러나, 법정 송달대리인으로서 송달을 받은 청사·선박·교도소·구치소 또는 경찰관서의 장은 송달을 받을 본인에게 송달된 서류를 바로 교부하여야 하고(규칙 제50조 제1항), 부득이한 사유가 없는 한 송달을 받은 본인이 소송수행에 지장을 받지 아니하도록 조치하여야 하며(같은 조 제2항), 그러한 조치를 취하지 못할 사유가 있는 때에는 그 사유를 적은 서면을 법원에 미리 제출하여야 한다(같은 조 제3항).

1166) cf. 구법(2002. 1. 26. 법률 제6626호로 전부개정되기 전의 것) 제169조에는 유치장에 관한 언급은 없었다.

1167) 대법원 1982. 12. 28. 선고 82다카349 전원합의체 판결은, 구법 제169조가 구 행형법(1995. 1. 5. 법률 제4936호로 개정되기 전의 것) 제18조, 제62조에 규정된 재감자에 대한 서신수발의 제한과 대응하는 규정이라고도 풀이하였으나, 현행 「형의 집행 및 수용자의 처우에 관한 법률」은 서신수발의 제한을 예외적으로만 인정하고 있으므로, 위 판례의 논리는 더 이상 유지될 수 없게 되었다.

1168) 대법원 2009. 10. 8.자 2009마529 결정. 동지 : 대법원 1982. 12. 28. 선고 82다카349 전원합의체 판결.

1169) 대법원 1982. 12. 28. 선고 82다카349 전원합의체 판결. 동지 : 대법원 2009. 10. 8.자 2009마529 결정.

1170) 대법원 2017. 11. 7.자 2017모2162 결정(사안은 형사항소심의 소송기록접수통지서의 송달).

1171) 대법원 1992. 3. 10. 선고 91도3272 판결. 동지 : 대법원 1995. 1. 12. 선고 94도2687 판결; 대법원 2017. 11. 7.자 2017모2162 결정.
위 판례는 모두 형사소송에서의 송달에 관한 것이지만, 민사소송에서도 이치는 다를 바 없다.

마. 소송대리인

소송대리인이 있는 경우에는 이들이 당연히 송달받을 사람이 된다.

따라서, **국가소송에서 소송수행자 또는 소송대리인이 있는 경우에는 소송수행자 또는 소송대리인에게 송달한다**(국가소송법 제9조 제2항).

그러나 주의할 것은, 소송대리인이 있는 경우에도 당사자 본인에게 한 서류의 송달은 - 부적절하기야 하지만 어쨌든 - 유효하다는 것이다.[1172] 다만, 국가소송에서 법무부장관에게 한 송달은 부적법한 것으로 해석된다.[1173]

바. 공동대리인에게 할 송달

여러 사람이 공동으로 대리권을 행사하는 경우의 송달은 그 가운데 한 사람에게 하면 된다(법 제180조).

다만, 공동대리인들에게 송달을 하는 경우에 그 공동대리인들이 송달을 받을 대리인 한 사람을 지정하여 신고한 때에는 지정된 대리인에게 송달하여야 한다(규칙 제49조).

6. 송달장소

가. 송달장소의 종류

1) 원칙적 송달장소 : 본인의 주소등

가) 일반적인 경우

(1) 개 관

송달은 받을 사람의 주소등에서 하며, 주소·거소·영업소 또는 사무소를 "주소등"이라 한다(법 제183조 제1항 본문).

주의할 것은, 여기서 "주소등"이란 실제 송달받을 자의 생활근거지가 되는 곳으로서 소송서류를 받아 볼 가능성이 있는 장소에 한한다는 점이다.[1174]

1172) 대법원 1970. 6. 5.자 70마325 결정.
따라서, 소송사건을 수임하여 대리하는 변호사로서는, 대법원 홈페이지의 '나의 사건검색'을 통하여 해당 사건의 송달현황을 종종 확인하여 볼 필요가 있다.

1173) 대법원 2002. 11. 8. 선고 2001다84497 판결.

1174) 대법원 2001. 9. 7. 선고 2001다30025 판결 ; 대법원 2007. 5. 11.자 2004마801 결정. 동지 : 대법원 2008. 4. 15.자 2008스11 명령 ; 대법원 2009. 5. 28. 선고 2009다5292 판결 ; 대법원 2009. 10. 29.자 2009마1029 결정.

따라서, 가령, 피고가 행방불명된 이래 현재(송달 당시)까지 그 생사조차 알 수 없는 상태에 있다면, 비록 소장에 피고의 주소로 표시된 곳이 피고가 행방불명되기까지 거주하던 곳이고 현재 피고의 가족들이 거주하고 있는 곳이라 한들 이를 송달당시 피고의 생활의 중심인 주소나 거소라고는 할 수 없다.[1175]

다만, 송달장소는 동시에 둘 이상 존재할 수도 있다.[1176]

(2) 주 소

"주소"가 주민등록상의 주소지만으로 한정되는 것은 아님은 물론이다(민법 제18조 참조).[1177]

(3) 영업소 또는 사무소

"영업소 또는 사무소"라 함은 그 시설에 붙여진 명칭 여하에 구애됨이 없이 사실상 독립하여 주된 영업행위의 전부 또는 일부를 완결할 수 있는 장소, 즉 어느 정도 독립하여 업무의 전부 또는 일부가 총괄적으로 경영되는 장소이면 족하다.[1178]

즉, 여기서 영업소 또는 사무소는 송달받을 사람의 영업 또는 사무가 일정 기간 지속하여 행하여지는 중심적 장소로서, 한시적 기간에만 설치되거나 운영되는 곳이라고 하더라도 그 곳에서 이루어지는 영업이나 사무의 내용, 기간 등에 비추어 볼 때 어느 정도 반복해서 송달이 이루어질 것이라고 객관적으로 기대할 수 있는 곳이라면 위 조항에서 규정한 영업소 또는 사무소에 해당한다.[1179]

주의할 것은, 본인이 법인일 때에는, 송달장소가 되는 영업소 또는 사무소는 – 수송달자(대표자)의 영업소 또는 사무소가 아니라 – 본인(법인)의 그것을 의미한다는 점이다. 해당 영업소 또는 사무소의 경영주체는 어디까지나 법인 자신이지 그 대표자가 아니기 때문이다.[1180] 이

1175) 대법원 1985. 5. 28. 선고 83다카1864 판결.

1176) 예컨대, 송달받을 자가 종전의 주소지에서 인근주소지로 이사를 하였으나 종전 주소지에 주민등록을 한 채 양쪽 집을 왕래하면서 생활을 하였다면 그 모두가 각각 송달장소로 된다. 대법원 1987. 11. 10. 선고 87다카943 판결.

1177) 대법원 2000. 10. 28.자 2000마5732 결정. 동지: 대법원 2012. 10. 11. 선고 2012다44730 판결.

1178) 대법원 2003. 4. 11. 선고 2002다59337 판결.

1179) 대법원 2014. 10. 30. 선고 2014다43076 판결(도의원 보궐선거에 출마한 A의 선거사무소로 소장부본 등의 송달이 유효하게 이루어진 후 송달장소변경신고를 하지 않은 상태에서 변론기일통지서 등이 송달불능되자 위 사무소로 발송송달을 한 사안에서, 위 선거사무소가 선거운동이라는 한시적 목적을 위해 설치·운영된 장소라도 A의 주된 사무가 행해지는 곳으로서 어느 정도 반복된 송달이 이루어질 것을 기대할 수 있는 곳이어서 법 제183조 제1항의 사무소에 해당한다고 한 사례).

1180) 대법원 1992. 2. 25. 선고 91다21176 판결 참조. 동지: 대법원 2004. 7. 21.자 2004마535 결정; 대법원 2004. 11. 26. 선고 2003다58959 판결.

에 관하여 상세한 것은 후술하는 바와 같다.

나) 소송제한능력자의 경우 : 법정대리인의 주소등(원칙), 본인의 영업소·사무소(예외)

소송제한능력자에 대한 송달은 법정대리인의 주소등에서 함이 원칙이나(법 제183조 제1항 본문), **법정대리인에게 할 송달은** (소송)**제한능력자**[1181] **본인의 영업소나 사무소에서도 할 수 있다**(같은 항 단서).

따라서, 법인에 대한 송달 역시, 그 '대표자의 주소, 거소'에서 하는 것이 원칙이지만(법 제64조에서 제183조 제1항 본문의 준용), '법인의 영업소나 사무소'에서도 할 수 있다(법 제64조에서 제183조 제1항 단서의 준용).[1182]

이에 따라, 당사자가 특별히 송달할 장소를 대표자의 주소지로 표시하지 않은 경우에는 송달의 가능성, 송달받을 자의 편의 등을 고려하여 등기사항전부증명서 등에 나타난 법인의 주소지(본점 소재지)로 송달을 실시할 수 있다고 함이 실무이다.[1183]

그러므로, 가령, 소송서류를 소장에 기재된 법인의 주소지로 발송하였으나 송달불능된 경우에는, 원칙으로 되돌아가 원고가 소를 제기하면서 제출한 등기사항전부증명서 등에 나타나 있는 법인의 대표자의 주소지로 소장 부본 등을 송달하여 보고 그 곳으로도 송달되지 않을 때에 주소 보정을 명하여야 하므로, 법인의 주소지로 소장 부본을 송달하였으나 송달불능되었다는 이유만으로 그 주소 보정을 명한 것은 잘못이므로 그 주소 보정을 하지 아니하였다는 이유로 한 소장각하명령은 위법하다.[1184]

법인의 주소지로 송달되다가 도중에 송달불능된 경우에도 등기사항전부증명서 등에 나타난 법인의 대표자의 주소지로 송달을 실시함이 실무이다.[1185]

2) 보충적 송달장소 : 근무장소[1186]

송달받을 사람이 고용·위임 그 밖에 법률상 행위로 취업하고 있는 다른 사람의 주소등을

1181) 법문에는 "무능력자"로 되어 있다.

1182) 대법원 1969. 11. 20.자 69사110 결정. 동지 : 대법원 1997. 5. 19.자 97마600 결정 ; 대법원 1997. 12. 9. 선고 97다31267 판결.

1183) 송달예규 제8조 제1항 단서.

1184) 대법원 1997. 5. 19.자 97마600 결정.

1185) 송달예규 제8조 제2항.

1186) cf. 구법(2002. 1. 26. 법률 제6626호로 전부개정되기 전의 것) 제170조에는 이에 해당하는 규정이 없었으므로, 구법의 해석상으로는 근무장소는 송달장소가 아닌 것으로 해석되고 있었다. 대법원 1967. 11. 8.자 67마949 결정.
다만, 위 판례의 사안은 유치송달에 관한 것인바, 후술하듯이, 현행법에서도 근무장소에서는 유치송달을 할 수 없다.

"근무장소"라 한다(법 제183조 제2항).

다만, 이때의 "근무장소"는 실제로 지속적으로 취업하고 있는 곳만을 의미하는 것으로 해석된다.[1187]

'송달받을 사람의 주소등을 알지 못하거나 그 장소에서 송달할 수 없는 때에는' 근무장소에서 송달할 수 있다(같은 항).

따라서, 소장, 지급명령신청서 등에 주소등이 기재되어 있는데도 그곳에서의 송달을 시도하지 않은 채 근무장소에서 송달을 실시함은 위법이다.[1188]

주의할 것은, 송달받을 사람(자연인)이 경영하는 회사의 사무실도 송달받을 사람의 '근무장소'에 불과하다. 즉, 이는 – 그 회사의 사무소 또는 영업소일지언정 – 해당 수송달자의 '사무소 또는 영업소'는 아니다.[1189]

3) 신고된 송달받을 장소

당사자·법정대리인 또는 소송대리인이 신고한 송달받을 장소도 적법한 송달장소가 된다.

송달장소신고에 관하여서는 별항으로 후술한다.

4) 예외적 송달장소

후술하는 송달함 이용신청 역시 일종의 송달장소 신고로 볼 수도 있겠으나, 이는 송달방법 자체가 현저히 다르므로 별도로 살펴보기로 한다.

한편, 법원사무관등이 해당 사건에 출석한 사람에게나, 그 법원 안에서 송달하는 경우(법 제177조)에는 바로 그곳이 송달장소가 된다고 볼 수 있겠다.

5) 송달장소가 아닌 곳에서의 송달

송달장소와 송달장소가 아닌 곳의 구별실익은, 보충송달의 가부에 있다. 즉, 송달장소에서는 송달받을 사람 본인이 아니라도 그와 일정한 관계에 있는 사람에게는 송달할 수 있으나, 송달장소가 아닌 곳에서는 '송달받을 사람 본인에게만' 바로 후술하는 조우송달로써 송달할 수 있을 뿐이다.

1187) 대법원 2015. 12. 10. 선고 2012다16063 판결(B 등이 C회사의 비상근이사, 사외이사 또는 비상근감사로서 다른 주된 직업에 종사하고 있는데도, A가 B 등의 주소를 C회사의 본점 소재지로 기재한 소장의 부본을 위 장소로 송달하여 C회사 직원이 이를 수령하였다면, 이는 보충송달로서의 효력이 없다고 본 사례).

1188) 대법원 2004. 7. 21.자 2004마535 결정.

1189) 대법원 1992. 2. 25. 선고 91다21176 판결. 동지 : 대법원 2004. 7. 21.자 2004마535 결정 ; 대법원 2004. 11. 26. 선고 2003다58959 판결.

후술하듯이, 보충송달은 본인에게 송달서류가 전달될 개연성이 크기 때문에 인정되는 것이기 때문이다.[1190]

보충송달은 송달방법의 문제이므로 상세한 것은 해당 부분에서 재론한다.

나. 조우송달(遭遇送達)[1191]

송달받을 사람의 주소등 또는 근무장소가 국내에 없거나 알 수 없는 때에는 그를 만나는 장소에서 송달할 수 있다(법 제183조 제3항).

주소등 또는 근무장소가 있는 사람의 경우에도 송달받기를 거부하지 아니하면 만나는 장소에서 송달할 수 있다(같은 조 제4항).

전자와 후자의 구별실익은 전자의 경우에는 유치송달이 가능하나 후자의 경우에는 불가능하다는 점에 있는바, 유치송달에 관하여서는 송달방법에 관한 부분에서 후술한다.

다. 송달받을 장소의 신고(송달영수인신고)

1) 개 관

당사자·법정대리인 또는 소송대리인은 주소등 외의 장소(대한민국안의 장소로 한정한다)**를 송달받을 장소로 정하여 법원에 신고할 수 있으며**(송달장소신고, 법 제184조 전문), **이 경우에는 송달 영수인을 정하여 신고할 수 있다**(송달영수인신고, 같은 조 후문).

다만, 전자기록사건에서 전자소송 동의자는 통상의 송달장소신고나 송달영수인신고를 하지 못한다고 할 것이다. 그와 같은 신고는 전자적 송달을 받을 의무에 반하기 때문이다.

따라서, 전자소송 동의자는 전자기록사건에서는 후술하는 송달장소 및 송달영수인 신고를 할 수 있을 뿐이다.

2) 신고의 방식

구법은 "송달을 받을 장소와 송달영수인을 정하여 신고"하는 것으로 규정하고 있었으나(구법(2002. 1. 26. 법률 제6626호로 전부개정되기 전의 것) 제171조 제1항, 제3항), 현행법하에서도 「송달장소 및 송달영수인 신고서」의 형태로 송달장소와 송달영수인을 한꺼번에 신고하는 예가 많다.[1192]

1190) 헌재 2018. 7. 26. 선고 2016헌바159 결정.
위 결정은 유치송달에 관한 것이나, 보충송달에 관하여서도 이치는 다를 바 없다.

1191) "出會送達"이라는 용어를 사용하는 이도 있으나(cf. 일본 민사소송법은 해당 조문의 제목이 실제로 그렇게 되어 있다), '출회'라는 말은 순수한 일본어(出会い)이므로, '조우'로 지칭함이 상당하다.

특기할 것은, 상소의 특별수권을 받은 소송대리인이 상소심절차에서의 송달 편의를 위하여 송달영수인을 지정, 신고할 수도 있다는 점이다.[1193)]

또한, 소송복대리인 선임신고가 송달영수인신고의 성질을 가질 수 있음은 '소송대리인' 부분에서 기술하였다.

3) 신고된 송달장소가 적법한 송달장소가 아닌 경우

그러나, 신고된 송달장소가 송달받을 자의 생활근거지가 되는 주소, 거소, 영업소 또는 사무실 등 송달받을 자가 소송서류를 받아 볼 가능성이 있는 적법한 송달장소가 아님이 소송기록상 명백하거나 분명한 때, 자신의 주소를 보정하였지만 이는 형식적이고 실질적으로는 송달장소변경신고가 없다고 판단되는 경우에는, 신고된 송달장소로 송달하지 아니하더라도 위법하지 아니하다.[1194)]

이 이치는 바로 후술하는 송달장소변경신고의 경우에도 마찬가지이다.[1195)]

라. 송달장소변경의 신고의무

당사자·법정대리인 또는 소송대리인이 송달받을 장소를 바꿀 때에는 바로 그 취지를 법원에 신고하여야 한다(법 제185조 제1항).

따라서, 이 경우에는 「송달장소변경신고서」를 제출하여야 한다.[1196)]

신고를 하지 아니한 때, 또는 송달받을 수 없는 장소를 신고한 때에는 후술하는 바와 같이 발송송달의 불이익을 입을 수 있다(같은 조 제2항). 더 나아가, 사안에 따라서는 공시송달로 소송이 진행되는 불이익을 입을 수도 있다.[1197)]

7. 송달방법

가. 원칙 : (수송달자에 대한) 교부송달

송달은 특별한 규정이 없으면 송달받을 사람에게 서류를 교부하여야 한다(법 제178조 제1항).

그런데, 기술한 바와 같이, 위와 같은 서류의 교부는, 원칙적으로 주소등에서, 보충적으로

1192) '인지액·편철방법예규'는 「송달영수인신고서」라고 하고 있다.

1193) 대법원 2001. 5. 29. 선고 2000재다186 판결.

1194) 대법원 2008. 4. 15.자 2008스11 명령.

1195) 대법원 2008. 4. 15.자 2008스11 명령.

1196) '인지액·편철방법예규'.

1197) 대법원 1987. 2. 24. 선고 86누509 판결 참조.

근무장소에서 하여야 하고, 위와 같은 송달장소가 국내에 없거나 알 수 없을 때 또는 그가 송달받기를 거부하지 않을 때에는 만나는 장소에서 할 수 있다.

교부송달을 실시한 때는 「송달통지서」의 '송달방법' 중 "1. 본인에게 건네주었다."에 해당한다.

후술하는 여타 송달방법 중 보충송달, 유치송달은 교부송달 방법의 변형이라고 할 수 있으며, 발송송달, 송달함송달, 간이송달, 공시송달은 교부송달 원칙의 예외라고 할 수 있다.

요컨대, 원칙적으로, 교부송달을 할 수 없으면 보충송달을 하여야 하고, 보충송달도 할 수 없으면 유치송달을 하여야 하며, 유치송달마저 할 수 없는 경우에는 송달불능으로 처리된다. 송달불능사유에 관하여서는 별항으로 살펴보겠다.

나. 보충송달 : 수령대행인에의 교부

1) 개 관

송달받을 사람 대신 수령대행인에게 서류를 교부하는 송달방법을 보충송달이라 한다.

이는, 당사자의 공정한 재판을 받을 권리를 보장하면서도 다른 한편 신속한 재판의 전제로서 원활하고 신속한 송달을 위해 직접 교부하는 송달방식에 대한 예외를 제한적으로 인정한 것이다.[1198)]

수령대행인은 송달받을 사람과 특수한 관계에 있는 사람이므로 송달받을 사람 본인에게 송달서류를 전달할 것으로 충분히 기대할 수 있고, 근래에는 휴대폰 등 통신수단의 발달로 인해 수령대행인이 쉽게 본인에게 송달 사실을 알려줄 수 있기 때문이다.[1199)]

기술한 바와 같이, 보충송달은 '송달장소'에서 하는 경우에만 허용되고 송달장소가 아닌 곳에서 수령대행인을 만났다 하더라도 그에게 서류를 교부하는 것은 보충송달의 방법으로서 부적법하므로,[1200)] 주의하여야 한다. 즉, 보충송달에서는 조우송달이라는 것이 없다.

1198) 헌재 2018. 7. 26. 선고 2016헌바159 결정.

1199) 헌재 2018. 7. 26. 선고 2016헌바159 결정.
위 결정은 동거인의 수령거부에 따른 유치송달에 관한 것이나, 수령대행인 일반 및 보충송달에 관하여서도 이치는 다를 바 없다.

1200) 대법원 2001. 8. 31.자 2001마3790 결정(우체국 창구에서 송달받을 자의 동거자에게 송달서류를 교부한 것은 부적법한 보충송달이라고 한 사례). 동지 : 대법원 2018. 5. 4.자 2018무513 결정(송달장소변경신고 후에 종전 송달장소에서 직장 동료에게 송달서류를 교부한 것은 부적법한 보충송달이라고 한 사례).
위 판례들은 근무장소 외의 송달장소(법 제186조 제1항)에 관한 것이나, 근무장소의 경우(같은 조 제2항)에도 송달장소 요건이 구비되어야 한다는 이치는 다를 것이 없다.

보충송달을 실시한 때는 「송달통지서」의 '송달방법'중 "2. 본인을 만나지 못하여 ① 내지 ③ 사람에게 주었다"에 해당한다.

수령대행인이 누구인지 등 보충송달요건은 송달장소가 근무장소인지 여부에 따라 다소 차이가 있다.

또한, 근무장소에서의 보충송달의 경우, 후술하는 유치송달이 허용되지 아니함에 주의하여야 한다(법 제186조 제3항). 송달받을 사람의 사용자나 종업원 등이 서류의 수령을 거부할 수 있기 때문이다(같은 조 제2항 참조).

이하에서는 보충송달의 종류와 수령대행인에 대하여 차례로 살펴본다.

2) 보충송달의 종류

가) 주소등에서의 보충송달

근무장소 외의 송달할 장소(즉, 주소등)(법 제183조 제1항 본문 참조)**에서 송달받을 사람을 만나지 못한 때에는, 그 사무원, 피용자**(被用者)[1201][1202] **또는 동거인으로서**[1203] **사리를 분별할**[1204] **지능이 있는 사람에게, 서류를 교부할 수 있다**(법 제186조 제1항).

즉, 송달받을 사람의 영업소·사무소에서는 사무원 또는 피용자에게 서류를 교부할 수 있으며, 주소·거소에서는 동거인에게 서류를 교부할 수 있다.

특히, 법인에 대한 송달은, 대표자에게 교부함이 원칙이지만, 그 대표자를 만나지 못한 때에는 사무원이나 피용자로서 사물을 분별할 지능이 있는 자에게 서류를 교부할 수 있는 것이고, 이 경우 송달은 사무원 등에게 서류를 교부한 때 완료되어 그 효력이 생긴다.[1205]

주소등에서 보충송달을 실시한 때는 「송달통지서」의 '송달방법' 제2항 중 "① 본인 영업소, 사무소의 사무원 또는 피용자 ② 본인 주소, 거소의 동거인"에 해당한다.

주의할 것은, 위와 같은 보충송달 역시 어디까지나 송달장소에서 하는 경우에만 허용된다는 것이다.

1201) cf. 구법(2002. 1. 26. 법률 제6626호로 전부개정되기 전의 것) 제172조 제1항은 "고용인"이라고 하였다.

1202) cf. 상법 제340조 제1항 본문에서는 「민사소송법」과 마찬가지로 피용자(被用者)라고 하고 있는 반면, 행정절차법 제14조 제2항 본문, 사회보장기본법 제28조 제2항에서는 "피용자(被傭者)"라고 하고 있다.

1203) cf. 구법(2002. 1. 26. 법률 제6626호로 전부개정되기 전의 것) 제172조 제1항은 "동거자로서"라고 하였다.

1204) cf. 구법(2002. 1. 26. 법률 제6626호로 전부개정되기 전의 것) 제172조 제1항은 "변식할"이라는 표현을 사용하였다.

1205) 대법원 1992. 2. 11. 선고 91누5877 판결.

나) 근무장소에서의 보충송달

근무장소에서 송달받을 사람을 만나지 못한 때에는, ① 송달받을 사람이 고용·위임 그 밖에 법률상 행위로 취업하고 있는 다른 사람(즉, 송달받을 사람의 사용자 (법 제183조 제2항)) **② 또는 그 법정대리인**(즉, 송달받을 사람의 사용자의[1206] 법정대리인)**이나 ③ 피용자 그 밖의 종업원으로서 사리를 분별할 지능이 있는 사람이, 서류의 수령을 거부하지 아니하면 그에게 서류를 교부할 수 있다**(법 제186조 제2항).

이때, 송달받을 사람의 주소등을 알지 못하거나 그 장소에서 송달할 수 없는 때이어야 함은 물론이다(법 제183조 제2항).

그런데, 이러한 '근무장소에서의 보충송달'은 송달받을 사람이 자신의 근무장소를 송달받을 장소로 신고한 경우에도 할 수 있다.[1207] 즉, 그곳이 '주소 등'이라는 이유로 그 사용자, 종업원 등에게 서류를 교부하지 못하게 되는 것이 아니다.

근무장소에서의 보충송달을 실시한 때는 「송달통지서」의 '송달방법' 제2항 중 "③ 본인 근무장소의 사용자, 종업원 등"에 해당한다.

3) 수령대행인

가) 개 관

보충송달제도는 본인 아닌 그의 사무원, 피용자 또는 동거인, 즉 수령대행인이 서류를 수령하여도 그의 지능과 객관적인 지위, 본인과의 관계 등에 비추어 사회통념상 본인에게 그 서류를 전달할 것이라는 합리적인 기대를 전제로 한다.[1208] 따라서, 수령대행인 일반에 관해서는 다음 사항에 주의하여야 한다.

첫째, 상술한 바와 같이, 보충송달을 받을 사람은 사리를 분별할 지능이 있어야 한다.

사리를 분별할 지능이 있다고 하려면, 사법제도 일반이나 소송행위의 효력까지 이해할 필요는 없다 하더라도 적어도 송달의 취지를 이해하고 영수한 서류를 수송달자에게 교부하는 것을 기대할 수 있는 정도의 능력은 있어야 한다.[1209]

주의할 것은, 문맹이라 하더라도 그것만으로 사리를 분별할 지능이 없다고 할 수는 없다는

1206) 이 책 초판, 244면에서는 "송달받을 사람의 …"라고 서술하였으나, 이는 잘못이다.

1207) 대법원 2005. 10. 28. 선고 2005다25779 판결.

1208) 대법원 2016. 11. 10. 선고 2014다54366 판결. 동지 : 대법원 2021. 3. 11. 선고 2020므11658 판결.

1209) 대법원 1995. 8. 16.자 95모20 결정. 동지 : 대법원 1996. 6. 3.자 96모32 결정 ; 대법원 2000. 2. 14.자 99모225 결정 ; 대법원 2005. 12. 5.자 2005마1039 결정 ; 대법원 2011. 11. 10. 선고 2011재두148 판결 ; 대법원 2013. 1. 16. 선고 2012재다370 판결 ; 헌재 2018. 7. 26. 선고 2016헌바159 결정.

점이다.[1210]

이 문제와 관련하여서는, 만(이하 같다) 8세 1개월 남짓의 여자 어린이의 수령대행능력과,[1211] 약 8세 3개월인 초등학교 2학년 남자 어린이에게 수령대행능력과,[1212] 만 8세 9개월 남짓의 남자 어린이의 수령대행능력을 부인한 판례가 있는가 하면,[1213] 8세 4개월 정도의 여자 어린이나,[1214] 초등학교 3학년에 재학중인 8세 10개월의 여자 어린이의 수령대행능력을 수긍한 판례도 있다.[1215]

둘째, 본인과 수령대행인 사이에 해당 소송에 관하여 이해의 대립 내지 상반된 이해관계가 있는 때에는 수령대행인이 소송서류를 본인에게 전달할 것이라고 합리적으로 기대하기 어렵고, 이해가 대립하는 수령대행인이 본인을 대신하여 소송서류를 송달받는 것은 쌍방대리금지의 원칙에도 반하므로, 본인과 사이에 해당 소송에 관하여 이해의 대립 내지 상반된 이해관계가 있는 수령대행인에 대하여는 보충송달을 할 수 없다고 보아야 한다.[1216]

대표적인 예로, 이혼소송의 원고와 피고는 서로 수령대행인이 될 수 없다.

셋째, 동일한 수령대행인이 이해가 대립하는 소송당사자 쌍방을 대신하여 소송서류를 동시에 수령하는 경우가 있을 수 있다. 이런 경우 수령대행인이 원고나 피고 중 한 명과도 이해관계의 상충 없이 중립적인 지위에 있기는 쉽지 않으므로 소송당사자 쌍방 모두에게 소송서류가 제대로 전달될 것이라고 합리적으로 기대하기 어렵다. 또한 이익충돌의 위험을 회피하여 본인의 이익을 보호하려는 데 취지가 있는 민법 제124조 본문에서의 쌍방대리금지 원칙에도 반한다. 따라서 소송당사자의 허락이 있다는 등의 특별한 사정이 없는 한, 동일한 수령대행인이 소송당사자 쌍방의 소송서류를 동시에 송달받을 수 없고, 그러한 보충송달은 무효라고 봄이 타당하다.[1217]

1210) 대법원 2000. 2. 14.자 99모225 결정.

1211) 대법원 2011. 11. 10. 선고 2011재두148 판결(사안은 행정소송에서 대법원의 소송기록접수통지서).

1212) 대법원 2005. 12. 5.자 2005마1039 결정(사안은 이행권고결정등본).

1213) 대법원 2012. 10. 11. 선고 2012다44730 판결(사안은 배당이의사건의 상고기록접수통지서). 동지 : 대법원 2013. 1. 16. 선고 2012재다370 판결(사안은 배당이의사건의 상고기록접수통지서).

1214) 대법원 1995. 8. 16.자 95모20 결정(사안은 형사소송에서 항소법원의 소송기록접수통지서).

1215) 대법원 1968. 5. 7.자 68마336 결정(사안은 경매기일통지서).

1216) 대법원 2016. 11. 10. 선고 2014다54366 판결(사안은 제3채무자의 사무원인 채무자가 채권압류 및 추심명령 결정 정본 및 추심금 소장 부본을 수령한 경우에 제3채무자에 대한 송달이 부적법하다고 본 것).

1217) 대법원 2021. 3. 11. 선고 2020므11658 판결(이혼 화해권고결정을 당사자의 동거인인 성년 자녀가 원고와 피고 모두를 대신하여 동시에 송달받은 사안).

나) 사 무 원

보충송달에서 수령대행인이 될 수 있는 "사무원"이란 반드시 송달받을 사람과 고용관계가 있어야 하는 것은 아니고 평소 본인을 위하여 사무 등을 보조하는 자이면 충분하다고 할 것이다.[1218)]

그러나, 그러한 관계가 없는 타인의 사무원은 설령 해당 송달장소에서 취업하고 있는 자라 하더라도 수령대행인이 될 수 없음은 물론이다.[1219)]

다) 동 거 인

보충송달을 받을 수 있는 "동거인"이란 송달을 받을 사람과 사실상 동일한 세대에 속하여 생활을 같이 하는 사람이기만 하면 되며,[1220)] 반드시 법률상 친족관계에 있어야 하는 것은 아니다.[1221)]

그런데, 집주인이라고 하여 반드시 동거인에 해당하는 것은 아니다.[1222)]

다. 유치송달(留置送達)

서류를 송달받을 사람 또는 주소등에서의 보충송달(법 제186조 제1항)**의 수령대행인이 정당한 사유 없이 송달받기를 거부하는 때에는 송달할 장소에 서류를 놓아둘 수 있다**(법 제186조 제3항).[1223)][1224)]

1218) 대법원 2007. 12. 13. 선고 2007다53822 판결(송달받을 변호사와 같은 사무실을 나누어 사용하는 다른 변호사의 사무원에게 한 송달이 보충송달로서 적법하다고 한 사례). 동지 : 대법원 2009. 1. 30.자 2008마1540 결정 ; 대법원 2010. 10. 14. 선고 2010다48455 판결.

1219) 대법원 1977. 9. 28. 선고 77다790,77다791 판결 참조.

1220) 대법원 2012. 10. 11. 선고 2012다44730 판결. 동지 : 대법원 2021. 4. 15. 선고 2019다244980, 244997 판결.
대법원 1978. 2. 28. 선고 77다2029 판결. 동지 : 대법원 1981. 4. 14. 선고 80다1662 판결 ; 대법원 1982. 9. 14. 선고 81다카864 판결 ; 헌재 2018. 7. 26. 선고 2016헌바159 결정은 "동일(한) 세대"라고 표현하였으나, 대법원 2000. 10. 28.자 2000마5732 결정은 그 적용에서 "사실상 동일한 세대"를 운위하기에 이르렀다.

1221) 대법원 2000. 10. 28.자 2000마5732 결정(사안은 이혼한 전배우자가 사실상 동일 세대에 소속되어 생활을 같이하고 있는 경우). 동지 : 대법원 2013. 4. 25. 선고 2012다98423 판결.

1222) 대법원 1983. 12. 30.자 83모53 결정 참조.

1223) cf. 구법(2002. 1. 26. 법률 제6626호로 전부개정되기 전의 것) 제172조 제2항은 "서류의 송달을 받을 자가 …"라고만 규정하였으나, 대법원 1965. 8. 18.자 65마665 결정 ; 대법원 1979. 1. 23.자 78마362 결정은 여기서 "송달을 받을 자"란 같은 제1항에 규정한 동거자도 포함한다고 판시한 바 있으며, 이에 현행법은 "서류를 송달받을 사람 또는 제1항의 규정에 의하여 서류를 넘겨받을 사람이 …"라고 명확히 규정하기에 이르렀다.

1224) 헌재 2018. 7. 26. 선고 2016헌바159 결정은, 법 제186조 제3항이 공정한 재판을 받을 권리를 침해하는

유치송달제도의 취지 내지 목적은, 부당한 수령거부로 인한 절차지연의 방지와 전달가능성을 감안한 신속한 재판의 실현에 있다.[1225)]

따라서, 여기서 "정당한 사유"란, 송달받을 사람이나 수령대행인에게 송달서류의 수령의무를 인정하기 어려운 사정이나 송달받을 사람에게 이를 전달할 것으로 기대하기 어려운 사정을 의미한다.[1226)]

이 경우 결국, 송달받을 사람 본인의 경우에는 그의 주소등에서, 또는 근무장소가 국내에 없거나 알 수 없는 때 그를 만나는 장소에서(같은 항 참조), 송달받을 사람의 영업소·사무소의 사무원 또는 피용자, 또는 주소·거소의 동거인의 경우에는 해당 주소등에서, 각각 유치송달이 가능하다.

유치송달을 실시한 때는 「송달통지서」의 '송달방법' 중 '3. ① 송달받을 본인 ② 본인 영업소, 사무소의 사무원 또는 피용자 ③ 본인 주소, 거소의 동거인이 수령을 거부하므로 그 장소에 서류를 두었다'에 해당한다.

반면에, 송달받을 사람과 동거인이 모두 부재중인 경우에는 유치송달을 할 수 없음은 당연하다.[1227)]

그러나, 송달실시기관은 유치송달의 요건이 모두 충족된 경우에도 당시 사정을 종합하여 유치송달을 하지 아니할 수도 있음은 물론이다.[1228)]

라. 발송송달

1) 개 관

후술하는 바와 같이, **법 제185조 제2항 또는 제187조의 규정에 따라 서류를 발송한 경우에는 발송한 때에 송달된 것으로 본다**(법 제189조, 발신주의). 이를 발송송달이라 한다.[1229)]

여기서 "발송한 때"라 함은 법원사무관 등이 송달서류를 우체국 창구에 접수하여 우편함에 투입한 때를 말한다.[1230)]

것이 아니라고 보았다.

1225) 헌재 2018. 7. 26. 선고 2016헌바159 결정.

1226) 헌재 2018. 7. 26. 선고 2016헌바159 결정.

1227) 헌재 2018. 7. 26. 선고 2016헌바15 결정.

1228) 헌재 2018. 7. 26. 선고 2016헌바15 결정.

1229) 법 제189조의 제목은 "우편송달"로 되어 있고, 실무상으로도 그냥 우편송달이라고 지칭하기도 하므로, 주의를 요한다.

1230) 대법원 2006. 1. 9.자 2005마1042 결정.

민사소송법상 발송송달을 할 수 있는 경우로는 다음 두 가지가 있으며, 양자의 차이는 송달할 장소가 어디인지, 그리고 발송송달이 계속적인지 아니면 일회적인지 여부에 있다.

그밖에 「민사집행법」 등에 의하여 발송송달을 할 수 있는 특례가 있으나, 이에 관한 서술은 이 책이 다룰 범위를 넘으므로 생략하겠다.

2) 발송송달을 할 수 있는 경우 및 송달할 장소

가) 송달장소 변경신고의무 해태시(법 제185조 제2항)

(1) 개 관

송달장소변경신고를 하지 아니한 사람에게 송달할 서류는, 달리 송달할 장소를 알 수 없는 경우 종전에 송달받던 장소에 대법원규칙이 정하는 방법으로 발송할 수 있다(법 제185조 제2항).[1231] 그 발송방법에 관하여서는 별항으로 후술한다.

주의할 것은, 이 경우의 발송송달은 일단 요건이 갖추어지면 그 뒤에 그 당사자에게 송달할 모든 서류도 발송송달을 할 수 있다는 점이다. 후술하듯이, 이 점에서 보충송달·유치송달이 불가능한 경우의 발송송달과 다르다.

(2) 송달장소변경신고를 하지 아니한 경우

“송달장소변경신고를 하지 아니한” 경우란, 송달받을 장소를 바꾸었으면서도 그 취지를 신고하지 아니한 경우이거나, 송달받을 장소를 바꾸었다는 취지를 신고하였는데 그 바뀐 장소에서의 송달이 불능되는 경우를 말한다.[1232]

(3) 달리 송달할 장소를 알 수 없는 경우

“달리 송달할 장소를 알 수 없는 경우”라 함은, 상대방에게 주소보정을 명하거나 직권으로 주민등록표 등을 조사할 필요까지는 없지만 적어도 기록에 현출되어 있는 자료로 송달할 장소를 알 수 없는 경우를 뜻한다.[1233]

따라서, 예컨대, 회사가 송달장소 변경사실을 신고하지 아니하여 종전 송달장소로의 송달이 불능된 경우, 기록에 있는 등기사항전부증명서상의 본점 소재지나 대표이사의 주소지로

1231) 헌재 2002. 7. 18. 선고 2001헌바53 결정은, 이 규정이 국민의 재판을 받을 권리를 침해하는 것이 아니라고 보았다.

1232) 대법원 2009. 5. 28. 선고 2009다5292 판결. 동지 : 대법원 2007. 5. 11.자 2004마801 결정.

1233) 대법원 2001. 8. 24. 선고 2001다31592 판결. 동지 : 대법원 1997. 9. 26. 선고 97다23464 판결 ; 대법원 2004. 10. 15. 선고 2004다11988 판결 ; 대법원 2005. 9. 28.자 2005마625 결정 ; 대법원 2009. 5. 6.자 2009스16 결정 ; 대법원 2009. 10. 29.자 2009마1029 결정 ; 대법원 2011. 2. 25.자 2010마1885 결정 ; 대법원 2011. 5. 13. 선고 2010다84956 판결 ; 대법원 2018. 4. 12. 선고 2017다53623 판결.

송달해 보지 아니한 채 곧바로 발송송달을 하면 위법하다.[1234)]

(4) **발송송달의 장소: 종전에 송달받던 장소**

비록 당사자가 송달장소로 신고한 바 있다고 하더라도 그 송달장소에 송달된 바가 없다면 그 곳을 위 조항에 규정된 '종전에 송달받던 장소'라고 볼 수는 없다.[1235)]

나) 보충송달·유치송달이 불가능한 경우(법 제187조)

보충송달·유치송달의 방법에 의하여 송달할 수 없는 때에는 법원사무관등은 서류를 등기우편 등 대법원규칙이 정하는 방법으로 발송할 수 있다(법 제187조). 그 발송방법에 관하여서는 별항으로 후술한다.

즉, 법 제187조에 따른 발송송달은, 송달받을 자의 주소 등 송달하여야 할 장소는 밝혀져 있으나 송달받을 자는 물론이고 그 사무원, 피용자, 동거인 등 보충송달을 받을 사람도 없거나 부재하여서 원칙적 송달방법인 교부송달은 물론이고 보충송달과 유치송달도 할 수 없는 경우에 할 수 있는 것이다.[1236)]

다만, 근무장소가 송달장소인 때에는 교부송달과 보충송달이 불가능하면 발송송달을 할 수 있다고 할 것이다. 이 경우에는 유치송달이 애당초 허용되지 아니하기 때문이다.

주의할 것은, 이 경우의 발송송달은 해당 서류의 송달에 한하여 할 수 있는 것이지 그에 이은 별개의 서류의 송달까지 당연히 발송송달을 할 수 있는 것이 아니라는 점이다. 즉, 위와 같은 발송송달의 요건이 송달할 서류마다 따로 구비되어야 한다.[1237)]

그러나, 아예 송달받을 사람의 주소등 또는 근무장소가 국내에 없거나 알 수 없는 때에는, 외국에서 하는 송달을 촉탁할 경우(법 제191조)를 일단 논외로 하면, 발송송달이 아니라 공시송달에 의하게 된다(법 제194조 제1항).

3) 발송의 방법

법 제185조 제2항과 법 제187조의 규정에 따른 서류의 발송은 등기우편으로 한다(규칙 제51조).[1238)] 이 경우, 우편물에 환부거절의 표시를 하여 발송함이 실무이다.[1239)]

1234) 대법원 2001. 8. 24. 선고 2001다31592 판결(사안은 가처분).

1235) 대법원 2005. 8. 2.자 2005마201 결정.

1236) 대법원 2001. 9. 7. 선고 2001다30025 판결. 동지 : 대법원 2007. 5. 11.자 2004마801 결정 ; 대법원 2007. 10. 26. 선고 2007다37219 판결 ; 대법원 2009. 5. 28. 선고 2009다5292 판결 ; 대법원 2009. 10. 29.자 2009마1029 결정.

1237) 대법원 1990. 1. 25.자 89마939 결정. 동지 : 대법원 1994. 11. 11. 선고 94다36278 판결.

1238) 기술한 바와 같이, 법 제189조의 법문은 "등기우편 등 대법원규칙이 정하는 방법"으로 발송송달을 할

4) 송달일시의 증명

가) 원 칙

실무상, 발송송달을 한 후 그 송달일시의 증명은 확정일자 있는 확정일자 있는 우체국의 특수우편물수령증에 의함이 원칙이다.[1240)]

다만, 사건번호·송달물요금·송달받을 사람이 기재된 우편송달부에 접수한 우체국의 일부인(日附印)(날짜도장)이 표시된 때에는 그 우편송달부의 원본이나 사본으로서 위 특수우편물수령증에 갈음할 수 있는 것으로 하고 있다.[1241)]

발송송달은 발송시에 그 송달의 효력이 발생하는 관계로 우편물 발송일시가 중요하므로, 위와 같은 특수우편수령증(등)이 첨부되지 아니한 송달보고서에 의한 송달은 부적법하여 그 효력을 발생할 수 없다.[1242)]

나) 특 칙

우체국이 전자통신매체를 이용하여 법원에 특수우편물 접수사실 및 그 일시를 통지한 때에는 그 전자적 정보에 의하여 송달일시를 증명할 수 있다.[1243)]

그리고, 법원사무관등이 이러한 전자적 정보를 확인하고, 이를 전산시스템에 등록한 때에는 「발송송달보고서」를 작성하지 아니할 수 있다.[1244)]

그러나, 이 경우에도 특수우편물 접수사실 및 그 일시를 통지한 전자적 정보가 등록되어 있지 아니하다면, 그러한 발송송달은 부적법하여 그 효력을 가질 수 없다.[1245)]

마. 송달함 송달

1) 개 관

법원안에 송달할 서류를 넣을 함("송달함")**을 설치하여 송달할 수 있다**(법 제188조 제1항). **송달함을 이용하는 송달은 법원사무관등이 한다**(같은 조 제3항).

이때, **송달받을 사람이 송달함에서 서류를 수령하여 가지 아니한 경우에는 송달함에 서류**

수 있다고 되어 있으나, 현행 대법원규칙상 등기우편 외의 다른 방법은 규정되어 있지 아니하다.

1239) 송달예규 제7조 제1항.

1240) 송달예규 제7조 제2항 본문.

1241) 송달예규 제7조 제2항 단서.

1242) 대법원 2000. 1. 31.자 99마7663 결정. 동지 : 대법원 2009. 8. 31.자 2009스75 결정.

1243) 송달예규 제7조 제3항 전문.

1244) 송달예규 제7조 제4항 전문.

1245) 대법원 2009. 8. 31.자 2009스75 결정 참조.

를 넣은 지 3일이 지나면 송달된 것으로 본다(같은 조 제3항).

이 제도가 과연 실제로 어느 정도 이용되는지는 의문이다. 다만, 후술하는 전자적 송달은 이 송달함 송달과 유사한 제도이다.

송달함의 이용절차와 수수료, 송달함을 이용하는 송달방법 및 송달함으로 송달할 서류에 관한 사항은 대법원규칙으로 정하는바(법 제188조 제4항), 그 내용은 다음과 같다.

2) 송달함을 이용한 송달절차

법원장 또는 지원장은 법원의 시설, 송달업무의 부담 등을 고려하여 송달함을 이용할 사람·이용방법, 그 밖에 필요한 사항을 정할 수 있으며(규칙 제52조 제5항), 송달함을 설치한 법원 또는 지원은 송달함의 관리에 관한 장부를 작성·비치하여야 한다(같은 조 제4항).

송달함의 이용신청은 법원장 또는 지원장에게 서면으로 하여야 하며(같은 조 제1항), 송달함을 이용하는 사람은 그 수수료를 미리 내야 한다(같은 조 제2항).

송달함을 이용하는 사람은 송달함에서 서류를 대신 수령할 사람을 서면으로 지정할 수 있다(같은 조 제3항).

바. 변호사에 대한 전화등을 이용한 송달방법(간이송달)

변호사인 소송대리인에 대한 송달은 법원사무관등이 전화·팩시밀리·전자우편 또는 휴대전화 문자전송을 이용하여 할 수 있다(규칙 제46조 제1항).[1246)]

이러한 간이송달을 한 경우 법원사무관등은 송달받은 변호사로부터 송달을 확인하는 서면을 받아 소송기록에 붙여야 한다(같은 조 제2항). 이에 관하여 실무는, 정식으로 「송달확인서」를 받거나, 「영수증」을 팩스로 전송받거나(팩시밀리에 의한 송달의 경우), 답신 메일을 출력하거나(전자우편에 의한 송달의 경우), 답신문자를 촬영하거나 하는 것으로 하고 있다.[1247)]

그런데, 법원사무관등은 변호사인 소송대리인에 대한 송달을 하는 때에는 이러한 간이송달을 우선적으로 고려하여야 하나(같은 조 제3항), 아마도 송달보고를 하기가 도리어 번거롭기 때문인지, 위와 같은 간이송달이 실시되는 예는 흔하지 아니하다.

1246) 송달예규 제5조 제1항은, 이 송달방법도 정규의 송달방법이므로 기일해태에 따른 불이익을 줄 수 있는 통지 등(법 제167조 제2항 후문 참조)(소장각하명령 등)도 이 방법으로 할 수 있다고 하나, 관견으로는 이는 의문이다.

1247) 송달예규 제5조 제2항, 제3항 ; 민전예규 제57조 제2항.
한편, 전자기록사건의 경우에는, 공용부전지에 그 요지, 일자 및 방법을 입력함과 아울러, 송달확인서, 영수증 등을 확보하여 전산등재하는 것으로 하고 있다. 민전예규 제57조 제1항 제4호, 제2항.

사. 변호사 사이의 송달 특례

1) 개 관

양 쪽 당사자가 변호사를 소송대리인으로 선임한 경우 한 쪽 당사자의 소송대리인인 변호사가 상대방 소송대리인인 변호사에게 송달될 소송서류의 부본을 교부하거나 팩시밀리 또는 전자우편으로 보내고 그 사실을 법원에 증명한 때에는 송달의 효력이 있다(규칙 제47조 제1항 본문). 이는 실무상으로도 흔히 쓰이는 송달방법이다.

다만, 그 소송서류가 당사자 본인에게 교부되어야 할 경우에는 위 방식에 의한 송달을 할 수 없다(같은 항 단서).

2) 변호사 사이의 송달의 증명방식

이 경우 송달의 증명은, 소송서류의 부본을 교부받거나 팩시밀리 또는 전자우편으로 받은 취지와 그 날짜를 적고 송달받은 변호사가 기명날인 또는 서명한 영수증을 제출함으로써 할 수 있다(규칙 제47조 제2항 본문).

다만, 소송서류 원본의 표면 여백에 송달받았다는 취지와 그 날짜를 적고 송달받은 변호사의 날인 또는 서명을 받아 제출하는 때에는 따로 영수증을 제출할 필요가 없다(같은 항 단서).

실무상으로는 오히려 후자의 증명방식이 주로 이용된다.

그리고, 위와 같이 소송서류를 송달받은 변호사는 위와 같은 송달의 증명절차에 협력하여야 한다(같은 조 제3항 전단).

3) 송달서류의 제출

위와 같은 방법으로 소송서류를 송달한 변호사는 송달한 서류의 원본을 법원에 바로 제출하여야 한다(규칙 제47조 제3항 후단).

그리고, 전자기록사건의 경우 전자소송동의자가 제출자인 때에는, 위와 같이 소송서류를 송달한 소송대리인인 변호사는 소송서류를 전자적으로 제출할 때에 전술한 영수증 또는 송달받은 변호사의 기명날인 또는 서명이 있는 소송서류 원본의 표지를 전자화하여 첨부하여야 한다.[1248]

아. 공시송달

통상의 방법으로 송달을 할 수 없는 경우에는 공시송달에 의할 수 있는바, 이에 관해서는

1248) 민전예규 제64조 제1항.

별항으로 보기로 한다.

자. 종국 재판서 등의 전자적 송달

1) 개 관

법원사무관등은 전자문서로 작성된 재판서 또는 조서의 송달을 신청한 등록사용자에게 전자소송시스템을 이용하여 전자적인 방법으로 송달할 수 있다(민소전자문서규칙 제24조 제2항).

그런데, 이와 같은 방식으로 송달된 정본(즉, 당사자나 대리인이 전자소송시스템을 이용하여 출력한 정본)은, 외관상 그 사본과 전혀 구분이 되지 아니하는바, 이 는 입법론적으로 재고의 소지가 있다.

2014. 12. 1. 이후부터는, 전자소송시스템 또는 재판사무시스템에서 출력된 재판서, 조서 등의 정본에는 그 진위여부를 확인할 수 있도록 발급번호를 기재하는 등의 필요한 조치를 취할 수 있다.[1249]

2) 판결문전자송달신청

특기할 것은, 전자기록사건 여부에 관계없이(즉, 종이기록사건에서도) 전자문서로 작성된 재판서 또는 조서의 전자적 송달을 신청할 수 있다는 점이다.[1250] 그러나, 이 경우 신청인은 사용자등록(즉, 전자소송시스템 회원 가입)은 하여야 함은 물론이다.[1251] 다만, 전자소송 동의는 요하지 아니한다.

법원사무관등은 이러한 신청이 있으면 특별한 사정이 없는 한 전자적으로 송달하여야 한다.[1252]

그러나, 과연 이 제도가 '민소전자문서법'의 위임입법의 한계 내의 것인지는 의문이 없지 아니하다.

3) 재출력의 제한

전자문서로 작성된 재판서 또는 조서를 전자적으로 송달 받은 당사자 및 대리인은 전자소송 홈페이지에서 정본을 1회에 한하여 출력할 수 있으며,[1253] 원칙적으로, 이러한 당사자 및

1249) 민전예규 제67조 제7항, 부칙(제1494호) 제1조.
1250) 민전예규 제67조 제1항.
1251) 민전예규 제67조 제2항.
1252) 민전예규 제67조 제3항.
1253) 민전예규 제67조 제4항.

대리인이 귀책사유 없이 전자문서로 작성된 재판서 또는 조서의 정본을 출력하지 못한 경우, 담당재판부에 재발급 승인을 요청하여 승인을 받은 후 정본을 다시 출력할 수 있다.[1254)]

다만, 지급명령정본의 재발급은 1회에 한하여 승인할 수 있으되,[1255)] 전자독촉 담당 법원 사무관등이 지급명령정본의 재발급을 승인한 경우에는 재도부여 및 수통부여를 판단함에 이를 최초 발급으로 본다.[1256)]

8. 송달불능사유

'송달기관과 송달실시방법' 부분에서 기술하였듯이, 우편송달통지서에는 '배달 못한 사유'를 적게 되어 있는데, 이에는 ①수취인부재 ②폐문부재 ③수취인불명 ④주소불명 ⑤이사불명 ⑥기타가 있으므로, 그 각각의 개념을 알아 둘 필요가 있다.

수취인부재란, 송달받을 본인이 장기 여행, 군복무, 구치소 또는 교도소 수감 등으로 현재 부재중인 경우를 말한다.

폐문부재란, 문을 잠그고 온 가족이 집에 있지 아니한 경우를 말한다.

수취인불명이란, 송달장소로 기재된 곳에서 만난 사람이 송달받을 사람으로 기재된 사람이 누구인지 알 수 없다고 하는 경우이다.

주소불명이란, 주소에 번지가 기재되지 않았다든가, 같은 번지에 호수가 많아서 주소를 찾을 수 없다든가, 같은 번지 같은 호수가 많다든가 하여 수취인을 찾을 수 없는 경우이다.

이사불명이란, 송달받을 사람이 이사를 하였는데 그 이사간 곳을 알지 못하는 경우이다.

기타는, 그 밖의 사유로서 예컨대 수취인 사망, 근무장소에서의 수령거절 등으로 송달불능된 경우이다.

대체적으로 말해서, 수취인부재의 경우에는 - 보충송달의 가능성이 있으므로 - 당연히 법 제187조의 발송송달을 할 수 있는 것은 아니나,[1257)] 폐문부재의 경우에는 - 보충송달의 가능성이 없으므로 - 법 제187조의 발송송달을 할 수 있다는 것이 된다.[1258)]

1254) 민전예규 제67조 제5항 본문.

1255) 민전예규 제67조 제5항 단서.

1256) 민전예규 제67조 제6항.

1257) 대법원 1991. 4. 15.자 91마162 결정 참조.

1258) 대법원 1990. 8. 20.자 90마570 결정; 대법원 1990. 11. 28.자 90마914 결정; 대법원 1991. 4. 15.자 91마162 결정 참조.
그런데, 대법원 1989. 10. 31.자 89마237 결정은, 경매법원이 이해관계인에 대하여 경매기일통지를 함에 전회의 경매기일통지시까지 적법하게 송달되었던 주소로 송달하였더니 장기폐문부재의 사유로 송달불능되자 보충송달이나 유치송달을 함이 없이 바로 발송송달을 한 것은 무효라고 하였으나, 이는

9. 촉탁송달

가. 국내에서 하는 송달촉탁

법원사무관등은 송달하는 곳의 지방법원에 속한 법원사무관등 또는 집행관에게 송달에 관한 사무를 촉탁할 수 있다(법 제175조 제2항).

실무상으로도 다른 법원 소속 집행관에 대한 송달촉탁은 흔히 볼 수 있다.

나. 외국에서 하는 송달[1259)]

1) 개 관

외국에서 하여야 하는 송달은, 재판장(경우에 따라서는 수명법관 및 수탁판사와 송달하는 곳의 지방법원판사. 법 제197조)**이 그 나라에 주재하는 대한민국의 대사·공사·영사 또는 그 나라의 관할 공공기관에 촉탁한다**(법 제191조).[1260)]

그러나, 이와 관련하여서는 '헤이그 송달협약', '한호조약', '한중조약', '한몽조약', '한우즈벡조약', '한태조약'의 특칙이 있음에 주의하여야 한다.

외국에서 하는 송달의 촉탁은, 그 나라에 주재하는 대한민국의 대사·공사·영사에게 송달하는 경우(법 제191조 전단)와, 그 나라의 관할 공공기관에 촉탁하는 경우(같은 조 후단)로 나누어 볼 수 있는바, 전자를 직접실시방식이라 하고, 후자를 간접실시방식이라 한다.

간접실시방식은 다시 관할법원방식과 중앙당국방식으로 나뉜다. 양자의 차이는, 관할법원방식은 촉탁시 외교경로를 거치나, 중앙당국방식은 그러하지 아니하다는 데에 있다.[1261)]

2) 외국에 대한 송달촉탁 방법의 종류

외국에 대한 송달촉탁은 다음과 같은 네 가지 방법으로 실시한다.[1262)]

① 헤이그 송달협약에 따른 송달촉탁

② 양자조약에 따른 송달촉탁

의문이다.

1259) 이에 관한 실무적·기술적인 사항에 관하여서는, '민사공조예규' 참조.
위 예규에는 어느 나라가 헤이그 송달조약 체약국인지도 일목요연하게 정리되어 있다.

1260) cf. 현행법은 위와 같이 "공공기관"이라는 용어를 사용하고 있으나, 구법(2002. 1. 26. 법률 제6626호로 전부개정되기 전의 것) 제176조는 "공무소"라는 용어를 사용하였다.

1261) **각국은 자국법에 따라 중앙당국을 조직한다**(헤이그 송달협약 제2조 제2문).
중앙당국은 나라마다 법무부, 외교부, 대법원 등으로 되어 있으며, 우리나라는 법원행정처가 중앙당국으로 지정되어 있다. 민사공조예규 제4조 제1항.

1262) 민사공조예규 제3조 제1항.

③ 외국 관할법원 송달촉탁(국제민사사법공조법 제5조 제1항)

④ 영사 송달촉탁(같은 조 제2항 제1호)

이 중 ④는 직접실시방식, ③은 간접실시방식 중 관할법원방식으로서, 「국제민사사법공조법」이 예정하고 있는 방식은 이 두 가지이다.[1263] 이 경우에는, **외국으로의 촉탁을 하고자 하는 재판장이 속하는 법원의 장이 법원행정처장에게 촉탁서 기타 관계서류를 송부할 것을 요청하면**(국제민사사법공조법 제6조 제1항), **법원행정처장이 외교부장관에게 이러한 촉탁서 기타 관계서류를 외교상의 경로를 통하여 수탁기관으로 송부할 것을 의뢰하게 된다**(같은 조 제2항).

한편, ④의 경우, 즉, **외국에 주재하는 대한민국의 대사·공사 또는 영사가 송달을 실시하는 경우에는 송달받을 자에게 송달서류를 직접 교부하거나 송달받을 자에 대한 배달사실을 증명할 수 있는 우편의 방법에 의한다**(같은 법 제8조).

①, ②의 방식은 간접실시방식 중 중앙당국방식에 해당한다. 이 경우에는, **피촉탁국의 중앙당국은 문서를 스스로 송달하거나 또는 적절한 기관으로 하여금 이를 송달하도록 조치하게 된다**(헤이그 송달협약 제3조 제1문, 제5조).

각 경우별로 통상적으로 송달에 소요되는 기간은, ①은 3~4개월, ③은 6개월, ④는 2~3개월이라고 한다.[1264]

3) 송달촉탁 방법의 선택

가) 개 관

어느 방법에 의하여 외국에 대한 송달촉탁을 실시할 것인지는 기본적으로 피촉탁국이 어디인지에 따라 결정될 문제이나, 그 밖에도 송달받을 사람이 대한민국 국민인지 여부에 따라서도 송달촉탁 방법이 달라진다.

한편, 각각의 경우에 따라 번역문의 첨부 요부 및 그 통수에도 차이가 있다.

나) 송달받을 사람이 국민인 경우

(1) 송달촉탁 방법 : 직접실시방식

송달받을 사람의 국적이 대한민국일 경우에는 전술한 네 가지 촉탁 모두 가능하나, 당사

1263) **국제민사사법공조법상 “외국으로의 촉탁”이라 함은 대한민국 법원이 외국법원 기타 공무소 또는 외국에 주재하는 대한민국의 대사·공사 또는 영사에 대하여 하는 사법공조촉탁을 말한다**(국제민사사법공조법 제2조 제2호).

1264) 민사공조예규 제5조 제7항, 제7조 제2항, 제8조 제2항.

자의 의사에 반하지 않는 한 영사 송달촉탁을 한다(국제민사사법공조법 제5조 제2항 제1호 참조).[1265]

헤이그 송달협약 체약국은 강제력의 사용 없이 자국의 외교관 또는 영사관원을 통하여 직접 해외소재자에게 재판상 문서를 송달할 수 있으되, '촉탁국의 국민에게 그 문서가 송달되는 경우를 제외하고' 모든 국가는 자국영역안에서의 그러한 송달에 반대한다고 선언할 수 있기 때문이다(헤이그 송달협약 제8조).

호주, 중화인민공화국, 몽골국, 우즈베키스탄공화국, 태국 내의 우리나라 국민에게 송달할 경우에도 역시 영사 송달이 가능하다(한호조약 제13조 제1항, 한중조약 제15조 제1항, 한몽조약 제15조 제1항, 한우즈벡조약 제15조 제1항, 한태조약 제15조 제1항).

(2) 번역문의 불요

원칙적으로, **송달받을 사람이 국민인 때에는 송달될 문서의 번역문을 첨부할 필요가 없다**(한호조약 제13조 제2항, 한중조약 제15조 제2항 본문, 한몽조약 제15조 제2항, 한우즈벡조약 제15조 제2항, 한태조약 제15조 제2항).

다만, 중국내에 거주하는 사람이 한국어를 잘 이해하지 못하는 경우에는 중국어의 번역문을 첨부하여야 한다(한중조약 제15조 제2항 단서).

다) 송달받을 사람이 외국인인 경우

(1) 송달촉탁 방법: 중앙당국방식(송달조약 체약국. 다만, 미국은 직접실시방식 가능) **또는 관할법원방식**(송달조약 미체약국)

송달받을 사람의 국적이 외국일 경우에는 다음 각 호에 따라서 송달촉탁을 한다.[1266]

① 피촉탁국이 양자조약 상대국(호주, 중국, 몽골, 우즈베키스탄, 태국)일 경우에는 양자조약에 따른 송달촉탁(다만, 홍콩, 마카오에 대하여는 헤이그 송달협약에 따른 송달촉탁을 실시한다)

② 피촉탁국이 헤이그 송달협약에 가입한 경우(다만, 양자조약 상대국은 제외한다)에는 헤이그 송달협약에 따른 송달촉탁(단 미국의 경우는 번역문을 첨부하여 영사송달을 촉탁할 수 있다)

③ 이상에 해당하지 아니하는 경우에는 외국 관할법원 송달촉탁

(2) 번역문의 필요

송달할 문서에는 피촉탁국(수탁국)**의 공용어로 된 번역문이 첨부되어야 한다**(국제민사사법공

1265) 민사공조예규 제3조 제2항.

1266) 민사공조예규 제3조 제3항.

조법 제7조 제1항 본문, 헤이그 송달협약 제5조, 한호조약 제3조 제1항, 한중조약 제8조 제1항, 한몽조약 제7조 제1항, 한우즈벡조약 제7조 제1항, 한태조약 제7조 제1항).[1267]

다만, 몽골국, 우즈베키스탄공화국 또는 태국에 촉탁할 때에는 – 불가피한 경우에는 – **몽골어나 우즈베키스탄어 대신 영어 번역문을 첨부할 수 있으며**(한몽조약 제7조 제1항, 한우즈벡조약 제7조 제1항, 한태조약 제7조 제1항),[1268] **외국 관할법원 송달촉탁의 경우에 그 외국의 공용어를 알 수 없는 경우에는 영어로 된 번역문을 첨부할 수 있다**(국제민사사법공조법 제7조 제1항 단서).[1269]

특히, **한호조약, 한몽조약, 한우즈벡조약, 한태조약에 따른 송달촉탁의 경우, 해당 번역은 촉탁국**(cf. 이 경우에는 우리나라가 촉탁국이다)**의 법과 관행에 의하여 정확하다고 확인되어야 한다**(한호조약 제3조 제2항 전문, 한몽조약 제7조 제2항 전문, 한우즈벡조약 제7조 제2항 전문, 한태조약 제7조 제2항 전문).[1270]

또한, 헤이그 송달촉탁의 경우에는 송달받은 사람마다 송달할 문서 및 번역문이 각 1부씩 더 필요하며,[1271] 호주에 촉탁할 경우에는 송달받은 사람마다 송달할 문서 및 번역문이 각 2부씩 더 필요하고,[1272] 싱가포르에 촉탁할 경우에에도 각 1부씩 더 필요하다.[1273]

다. 전쟁에 나간 군인 또는 외국에 주재하는 군관계인 등에 할 송달

수송달자가 전쟁에 나간 군인 등일 때에는, 재판장등이 그 소속 사령관 등에게 송달을 촉탁한다(법 제192조 제1항, 제197조).

그리고, **이 경우의 송달도 군사용의 청사 또는 선박의 장에게 한다**(같은 조 제2항, 제181조).

1267) 민사공조예규 제5조 제4항 후단, 제6조의2 제1항 제2호 본문, 제6조의3 제1항 제2호 전문 본문, 제6조의4 제1항 제2호 전문 본문, 제6조의5 제1항 제2호 전문 본문, 제7조 제1항 제1호 본문.

1268) 민사공조예규 제6조의4 제1항 제2호 전문 단서, 제6조의5 제1항 제2호 전문 단서.
cf. **이는 몽골국, 우즈베키스탄공화국 또는 태국이 대한민국에 촉탁할 경우에도 마찬가지이다**(한몽조약 제7조 제1항, 한우즈벡조약 제7조 제1항, 한태조약 제7조 제1항).

1269) 민사공조예규 제7조 제1항 제1호 단서.

1270) 민사공조예규 제6조의2 제1항 제2호 단서, 제6조의4 제1항 제2호 후문, 제6조의5 제1항 제2호 후문, 제6조의6 제1항 제2호 후문.
국문조약문에는 "… 정확하다고 확인된다."로 되어 있으나, 이는 "… shall be certified as correct …"의 오역이다.

1271) 민사공조예규 제5조 제5항.
헤이그 송달촉탁에서는, 송달되는 문서는 2부씩 제공되어야 하기 때문이다(헤이그 송달협약 제3조 제3문).

1272) 민사공조예규 제6조의2 제1항 제3호.

1273) 민사공조예규 제7조 제1항 제2호 단서.

10. 공시송달

가. 개 관

다음 경우에는 직권으로 또는 당사자의 신청에 따라 공시송달을 할 수 있다(법 제194조 제1항).

○ **당사자의 주소등 또는 근무장소를 알 수 없는 경우**

주의할 것은, 공시송달을 하려면 송달할 장소를 알 수 없는 경우이어야 하므로, 법원이 송달장소는 알고 있으나 단순히 폐문부재로 송달되지 아니한 경우에는 공시송달을 할 수 없다.[1274]

○ **외국에서 하여야 할 송달에 관하여 촉탁**(법 제191조)**을 할 수 없거나 이에 따라도 효력이 없을 것으로 인정되는 경우**

나. 공시송달의 처분 또는 명령

1) 개 관

실무상, 우선 원고(또는 상소인)의 주소보정에 따라 집행관송달을 실시하여 보고서, 그래도 송달이 주효하지 못하고 또한 달리 송달할 주소등을 알 수 없을 경우에는, 직권으로 공시송달을 함이 일반이다.[1275]

2) 공시송달처분

공시송달도 법원사무관등이 할 수 있다(법 제194조 제1항. 공시송달처분).[1276]

그러나, 관견으로는, 일단 재판장등(또는 송달하는 곳의 지방법원판사)의 공시송달취소명령이 있었다면,[1277] 법원사무관등이 직권으로 공시송달처분을 하지 못한다고 본다.

1274) 대법원 2011. 10. 27.자 2011마1154 결정 참조.

1275) 다시 말해, 가령, 설령 소제기 단계에서 이미 피고의 주소가 불명이고 그 소명방법 역시 제출되었다 하더라도, 일단 통상의 송달부터 실시하여 봄이 일반이며, 처음부터 곧바로 재판장이 공시송달을 명령하는 경우란 상정하기 어렵다.
다만, 북한이탈주민의 이혼의 특례의 경우(북한이탈주민의 보호 및 정착지원에 관한 법률 제19조의2 제1항), 처음부터 공시송달을 실시할 수도 있으며(북한이탈주민의 보호 및 정착지원에 관한 법률 제19조의2 제4항 본문 전문), 외국에서 할 송달에 대한 공시송달의 경우에도 처음부터 공시송달을 실시할 경우가 있다.

1276) cf. 2015. 6. 30. 이전에는 공시송달을 하기 위하여서는 재판장등(또는 송달하는 곳의 지방법원판사)의 명령이 있어야만 하였다(구법(2014. 12. 30. 법률 제12882호로 개정되기 전의 것) 제194조 제1항).

1277) 공시송달의 취소에 관하여서는 후술한다.

또한 관견으로는, 공시송달명령에 따른 공시송달의 효력에 관하여 후술하는 제법리는, 공시송달처분에 따라 공시송달을 실시한 경우에도 같다고 본다.[1278]

3) 공시송달명령

가) 개 관

재판장도 공시송달의 요건이 구비된 경우(법 제194조 제1항)**에 소송의 지연을 피하기 위하여 필요하다고 인정하는 때에는 공시송달을 명할 수 있다**(법 제194조 제3항. 공시송달명령).

경우에 따라서는, 수명법관 및 수탁판사와 송달하는 곳의 지방법원판사도 공시송달명령을 할 수 있다(법 제197조).

나) 방 식

공시송달명령은 별도의 재판서를 생성하지 않고 결재정보값(데이터)만 생성·관리하는 방식으로 할 수 있다.[1279]

다) 효 력

주의할 것은, 판사의 공시송달명령에 의하여 공시송달을 한 이상 공시송달의 요건을 구비하지 않은 흠결이 있다 하더라도 공시송달의 효력에는 영향이 없다는 것이다.[1280]

또한, 공시송달명령에 대하여서는 가사 그 요건에 흠결이 있다 하더라도 불복할 수 없다.[1281]

적법한 공시송달명령에 따른 공시송달이 있었으면, 그 후 주소보정이 있었다 하여도 이미 실시한 공시송달의 효력이 없어지는 것이 아니다.[1282]

그러나, 공시송달로써 절차가 진행되었다 하여도, 소송서류를 보정된 주소에 통상의 송달방법으로 송달하였고 그것이 송달되었을 경우에는, 당초의 공시송달명령은 당연히 그 효력

1278) 다만, 공사송달처분은 공시송달명령과는 달리 보아야 한다는, 예컨대, 요건을 흠결한 경우에는 공시송달명령이 있었던 경우와 달리 공시송달이 무효료 된다고 보는 견해도 있다. 민사참여관 업무편람, 125면.

1279) 민전예규 제87조 제1항.

1280) 대법원 1984. 3. 15.자 84마20 전원합의체 결정. 동지 ; 대법원 1962. 5. 31. 선고 4294민재항610 판결 ; 대법원 1966. 12. 6. 선고 66마974 판결 ; 대법원 1969. 1. 13.자 68사116 결정 ; 대법원 1969. 11. 25. 선고 69다1456 판결 ; 대법원 1971. 2. 24.자 71마53 결정 ; 대법원 1971. 3. 23. 선고 70다2751 판결 ; 대법원 1983. 6. 14. 선고 82다카1912 판결 ; 대법원 1983. 7. 29.자 83마300 결정 ; 대법원 1986. 4. 8. 선고 85다카456 판결 ; 대법원 1991. 2. 27.자 91마18 결정 ; 대법원 1991. 10. 22. 선고 91다9985 판결.

1281) 대법원 1992. 10. 9. 선고 92다12131 판결.

1282) 대법원 1973. 10. 23.자 73마591 결정. 동지 : 대법원 1973. 10. 23.자 73마592 결정.

을 잃는다고 할 것이다.[1283]

다. 공시송달신청

공시송달신청에는 그 사유를 소명하여야 한다(법 제194조 제2항).

학설은 공시송달신청이 각하된 때에는 통상항고(법 제439조)로써 불복할 수 있다고 하나, 공시송달신청은 직권발동을 촉구하는 의미에 불과하다는 점에 비추어,[1284] 학설의 태도에는 의문이 없지 아니하다.

라. 공시송달의 방법

공시송달은 법원사무관등이 송달할 서류를 보관하고 그 사유를 법원게시판에 게시하거나, 그 밖에 대법원규칙이 정하는 방법에 따라서 하여야 한다(법 제195조).

이에 따라, 공시송달은 법원사무관등은 송달할 서류를 보관하고, ① 법원게시판 게시 ② 관보·공보 또는 신문 게재 ③ 전자통신매체를 이용한 공시 가운데 어느 하나의 방법으로 그 사유를 공시함으로써 행하나(규칙 제54조 제1항), 오늘날의 실무는, 인터넷 대법원 홈페이지(www.scourt.go.kr) 법원공고란에 게시함으로써 공시한다.[1285]

법원사무관등은 공시송달을 한 때에는 그 날짜와 방법을 기록에 표시하여야 한다(같은 조 제2항).

주의할 것은, 공시송달의 방법 자체는 국내에서 할 송달에 대한 경우건 외국에서 할 송달에 대한 경우건 위와 같이 동일하다는 것이다. 즉, 국제민사사법공조법 제10조는 외국에서 할 송달에 대한 공시송달은 그 사유를 그 외국에 주재하는 대한민국의 대사·공사·영사에게 통지하여야 한다고 규정하였고, 이는 위 법보다 먼저 제정된 구법(2002. 1. 26. 법률 제6626호로 전부개정되기 전의 것) 제180조 제3항이 그와 같이 규정하고 있었기 때문이나, 이제는 현행 민사소송법(2002. 1. 26. 법률 제6626호로 전부개정된 것)이 위 법 제193조와 같이 개정되었으므로, 국제민사사법공조법 제10조는 이제는 그 효력이 없게 되었다(후법 우선의 원칙).

1283) 대법원 1965. 8. 31.자 65마636 결정(사안은 경매절차).

1284) 구 '인지액·편철방법예규'(2012. 2. 20. 재판예규 제1379호로 개정되기 전의 것) 참조.

1285) 민사소송규칙 및 가사소송규칙에 규정한 공고방법에 관한 업무처리지침(재일 2002-3) 제2조.

마. 공시송달의 효력발생

1) 첫 공시송달

첫 공시송달은 실시한 날부터 2주가 지나야 효력이 생긴다(법 제196조 제1항 본문).

다만, **외국에서 할 송달에 대한 공시송달의 경우에는, 2월이 지나야 효력이 생긴다**(같은 조 제2항).

이상의 기간은 줄일 수 없다(같은 조 제3항).

2) 그 뒤의 공시송달

그러나, **같은 당사자에게 하는 그 뒤의 공시송달은 실시한 다음 날부터 효력이 생긴다**(법 제196조 제1항 단서).

바. 공시송달의 취소

재판장은, 공시송달명령을 취소할 수 있을 뿐 아니라, **직권으로 또는 신청에 따라 법원사무관등의 공시송달처분을 취소할 수 있다**(법 제194조 제4항).

경우에 따라서는, 수명법관 및 수탁판사와 송달하는 곳의 지방법원판사도 공시송달처분을 취소할 수 있다(법 제197조).

공시송달취소명령도 별도의 재판서를 생성하지 않고 결재정보값(데이터)만 생성·관리하는 방식으로 할 수 있다.[1286]

법원사무관등이 직권으로 공시송달처분을 취소할 수도 있는가. 관견으로는, 재판장등(또는 송달하는 곳의 지방법원판사)의 공시송달명령이 없었다면 공시송달처분의 취소도 법원사무관등이 직권으로 할 수 있으되, 공시송달명령이 있었다면 법원사무관등이 직권으로 공시송달처분을 취소하지는 못한다고 본다.

사. 소송외에서의 의사표시의 공시송달

1) 개　관

민법 제113조는, 표의자가 과실없이 상대방을 알지 못하거나 상대방의 소재를 알지 못하는 경우에는 민사소송법상의 공시송달의 규정에 의하여 송달할 수 있다고 규정하고 있다.

이에 따라, 실무 역시, 일반인이 소정외에서 의사표시의 공시송달을 희망하는 경우 법원은

1286) 민전예규 제87조 제1항.

신청을 ('기타민사신청사건'으로) 접수하여 민사소송절차를 준용하여 의사표시의 공시송달을 할 수 있다고 본다.[1287]

2) 신 청

소송외에서의 의사표시의 공시송달 신청에서는, 공시송달사유 역시 소명하여야 함은 물론 인바(법 제194조 제2항), 피신청인의 주민등록지 통·반장의 불거주 확인서, 주민등록표말소자 초본(또는 주민등록표말소자등본) 또는 인근 주민의 주민등록등본이 첨부된 불거주 확인서 등이 그 소명방법이 될 수 있다.[1288]

소송외에서의 의사표시의 공시송달신청은 - 소송에서의 공시송달신청과 달리 - 기본적 신청이므로, 신청서에 1,000원의 인지를 붙이고(민사소송 등 인지법 제9조 제5항 제4호),[1289] 송달료를 예납하여야 한다.

특기할 것은, "상대방을 알지 못하는" 경우의 관할법원은 '표의자의' 주소지 관할 법원으로 하는 것으로 해석되고 있다.[1290]

그러나, 상대방의 소재지를 알지 못하는 경우에는 '상대방의' 최후주소지 관할 법원에 신청하여야 할 것이다(법 제194조 제1항 참조).

이 사건 역시 단독판사의 직분관할에 속한다고 할 것이다(법원조직법 제7조 제4항).

3) 송달의 절차

소송에서의 송달과 마찬가지로, 실무는 의사표시의 공시송달 신청이 있으면, 먼저 해당 최후주소로 통상의 송달을 시도하여 보고, 그것이 주효하지 못한 때에 비로소 공시송달을 명하는 결정을 한다.

11. 송달통지·보고

가. 송달통지

송달한 기관은 송달에 관한 사유를 대법원규칙이 정하는 방법으로 법원에 알려야 한다(법 제193조).

1287) 「소송외에서의 의사표시의 공시송달의 가부(재민 73-1)」.

1288) 구 「바람직한 재판운영방안(재일 94-1)」.

1289) '인지액·편철방법예규'.

1290) 「소송외에서의 의사표시의 공시송달의 가부(재민 73-1)」.

이에 따라, 송달한 기관은 송달에 관한 사유를 서면(이른바, 종이송달통지서)[1291]으로 법원에 통지하여야 한다. 다만, 법원이 상당하다고 인정하는 때에는 전자통신매체를 이용한 통지(이른바, 전자송달통지서)[1292]로 서면통지에 갈음할 수 있다(규칙 제53조).

그러나 오늘날 실무상으로는, 우편집배원이 하는 우편에 의한 송달에서 송달에 관한 사유의 통지는 전자송달통지서에 의하며(PDA로 입력을 하면 그 결과가 법원에 통지된다),[1293] 집행관이 송달을 실시하는 경우에도 송달에 관한 사유의 통지를 전자통신매체를 이용하여 한다.[1294]

송달보고와 관련하여 특기할 것은, 집행관이 송달을 실시하였으나 송달불능이 된 때에는 이웃사람, 공동주택의 관리인 또는 경비원 등에게 송달받을 사람의 거주 여부 등을 확인한 내용과 건물의 외관상 나타나는 특이사항(가스·전기 등의 사용 상황, 우편물의 수취 상황 등 포함) 등을「송달현장상황탐지 등 결과통지서」해당란에 구체적으로 적어서 전자통신매체를 이용하여 법원에 제출하여야 한다.[1295]

나. (협의의) 송달보고

법원사무관등이 - 스스로 송달실시기관이 되어 - 송달을 시행한 때(즉, 발송송달, 송달함 송달, 간이송달, 공시송달의 경우)에는 법원사무관등이 송달보고를 한다.[1296]

이에 따라, 종이기록사건에서는, 공시송달을 명하는 경우에는 그 근거자료가 되는 송달현황목록을 기록에 편철함이 실무이다.[1297] "송달현황목록"이라 함은 전자송달통지서에 의한 송달결과정보를 사건별·기일별 등으로 출력한 목록을 말한다.[1298] 그러나, 전자기록사건에서는 공시송달의 경우에도 송달현황목록을 기록에 편철하지 아니한다.[1299]

1291) 송달통지서 전산화에 따른 업무처리지침(재일 2006-2) 제2조 제1호.
1292) 송달통지서 전산화에 따른 업무처리지침(재일 2006-2) 제2조 제2호.
1293) 송달통지서 전산화에 따른 업무처리지침(재일 2006-2) 제3조 제1항.
다만, 법원은 송달에 관한 정보의 관리를 위하여 필요하다고 인정하는 때에는 우편집배원으로 하여금 종이송달통지서에 의하여 송달에 관한 사유를 통지하게 할 수 있다. 같은 조 제2항.
1294) 집행관의 송달사무처리에 관한 지침 제1조 제2항, 제3조 제2항.
1295) 집행관의 송달사무처리에 관한 지침 제3조 제2항.
2016. 4. 29.부터는, 20:00 이후 또는 08:00 이전 외의 시간에 송달한 사유도 적도록 하고 있다. 개정 집행관의 송달사무처리에 관한 지침(2016. 2. 5. 행정예규 제1068호로 개정된 것) 제3조 제2항.
1296) 대법원 2000. 1. 31.자 99마7663 결정(사안은 발송송달) 참조. 동지 : 대법원 2009. 8. 31.자 2009스75 결정.
1297) 송달통지서 전산화에 따른 업무처리지침(재일 2006-2) 제4조 제2항.
1298) 송달통지서 전산화에 따른 업무처리지침(재일 2006-2) 제2조 제3호.
1299) 민전예규 제65조.

법원경위가 송달을 실시한 때에도 송달에 관한 사유의 보고를 전자통신매체를 이용하여 할 수 있으며,[1300] 법원경위가 송달을 실시하였으나 송달불능이 된 때에는 이웃사람, 공동주택의 관리인 또는 경비원 등에게 송달받을 사람의 거주여부 등 필요한 사항을 문의하여 확인한 내용 및 건물의 외관상 나타나는 특이사항(가스·전기 등의 사용 상황, 우편물의 수취 상황 등 포함) 등을 「송달현장상황탐지 등 결과보고서」 해당란에 구체적으로 적어서 법원에 제출하여야 한다.[1301]

다. 송달보고서의 증거력

넓은 의미의 송달보고는, 송달통지와 협의의 송달보고를 총칭한다.

그런데, 송달보고서는 송달사실에 대한 단순한 증거방법에 지나지 않다고 봄이 상당하므로,[1302] 송달보고서의 기재내용이 송달의 실질적 내용과 다르거나,[1303] 송달보고서 기재상의 흠이 있다고 하더라도, 다른 증거에 의하여 적법한 송달이 증명된다면 그 송달은 유효하다.[1304]

12. 전자소송에서의 송달

가. 개 관

전자소송시스템에 등재된 소송서류(전자문서)는 전자적으로 송달하거나(민소전자문서법 제11조),[1305] 해당 전자문서를 출력한 서면을 송달하게 된다(같은 법 제12조).

다만, 전자소송에서도 전자소송시스템에 등재되지 아니한 소송서류를 송달하여야 할 때에는 종이소송과 마찬가지로 일반원칙에 따라 그 부본을 송달하게 되며,[1306] 멀티미디어 내지

1300) 법원경위의 송달사무처리에 관한 지침(재민 2001-5) 제4조 제2항.

1301) 법원경위의 송달사무처리에 관한 지침(재민 2001-5) 제6조 제2항 전단.
2016. 4. 29.부터는, 20:00 이후 또는 08:00 이전 외의 시간에 송달한 사유도 적도록 하고 있다. 개정 법원경위의 송달사무처리에 관한 지침(재민 2001-5)(2016. 2. 17. 재판예규 제1568호로 개정된 것) 제6조 제2항.

1302) 대법원 1986. 2. 25. 선고 85누894 판결.

1303) 대법원 1986. 2. 25. 선고 85누894 판결.

1304) 대법원 2000. 8. 22.자 2000모42 결정.

1305) 전자적 통지에 관한 사항도 전자적 송달과 동일하므로(민소전자문서법 제11조), 이하에서는 서술의 편의상 전자적 송달에 관하여서만 논하겠다.

1306) 이 문제에 관하여서는 이 책 보론의 '전자소송에서 소송서류 제출·접수, 편철 및 송달의 특칙들' 부분에서 상술한다.

음성·영상 등인 전자문서는 전자적 송달 외의 상당한 방법으로 송달하여야 하는 경우도 있다(민소전자문서규칙 제13조 제3항 전문).

한편, **'민소전자문서법'에 따라 송달하는 전자문서는 다른 법률에 특별한 규정이 있는 경우를 제외하고 「민사소송법」 등에서 정한 요건과 절차에 따른 문서로 본다**(민소전자문서법 제5조 제2항).

그런데, 전자소송실무는, 종이기록사건이라 하더라도 송달할 서류가 전자기록화되어 있는 이상 출력서면 송달을 할 수 있다고 하나,[1307] 관견으로는 의문이다.

나. 전자적 송달

1) 전자적 송달을 실시할 경우 : 수송달자가 전자소송 동의자인 때(원칙)

전자기록사건에서는, **법원사무관등은 송달을 받을 자가 전자소송 동의를 한 등록사용자인 경우에는 전자소송시스템에 의하여 전자적으로 송달할 수 있다**(전자소송법 제11조 제1항).

그러나, 법원사무관등은 당사자 또는 대리인에게 전자적 송달을 할 수 있는지(즉, 전자소송 동의자인지) 여부를 먼저 확인하고, 전자적 송달을 할 수 있을 때에는(즉, 전자소송 동의자에게는) 특별한 사정이 없는 한 전자적으로 송달하여야 한다(같은 법 제12조 제1항 제1호, 제3호의 반대해석).[1308]

다만, 특별한 사정이 있는 경우, 법원사무관등은 전자소송 동의자에 대해서도 우편송달을 할 수(즉, 출력서면을 송달할 수) 있는바(같은 항 제1호, 제3호),[1309] 이는 후술하는 바와 같다.

그리고, 특별한 사정이 없이 전자소송 동의자에게 출력서면을 송달하였다 하더라도 위법한 송달은 아니라고 할 것이다.

한편, 전자문서로 작성된 재판서 또는 조서의 정본은 전자소송 동의자가 아닌 등록사용자도 전자적 송달을 받을 수 있음은 기술하였다.

멀티미디어 (주장)자료도 전자소송 동의자에게는 전자적 방법으로 송달하며,[1310] 음성·영상 등 정보에 해당하는 증거도 전자적 방법으로 송달한다.[1311]

1307) 민전예규 제59조 제5항.

1308) 민전예규 제59조 제1항.

1309) 민전예규 제59조 제2항.
cf. 법문에는 "… 전자소송의무자 또는 전자소송동의자 …"로 되어 있으나, 전자소송의무자는 개념필연적으로 전자소송동의자이므로 위와 같은 표현은 결국 연문(衍文)이다.

1310) 민전예규 제66조 제1항.

1311) 민전예규 제66조 제4항은 같은 조 제1항은 준용하고 있지 아니하나 이는 입법의 착오라 할 것이다.

2) 전자소송 동의를 한 당사자 등의 송달장소 및 송달영수인 신고

가) 개 관

당사자, 참가인, 대리인, (가사사건 또는 가족관계등록비송사건의) 사건본인은, 등록사용자인 다른 사람을 송달영수인으로 신고할 수 있는 것으로 해석된다(민소전자문서규칙 제24조 제1항 제3호).

신고인 자신이 전자소송 동의자가 아니더라도 위와 같은 신고를 할 수 있다고 하겠다.

또한, 법무사회원이 전자문서를 제출함에도 이러한 신고를 할 수 있음은, '서류의 전자적 제출' 부분에서 전자서명과 관련하여 기술한 바 있다(같은 규칙 제11조 제3항).

나) 신고의 방식

주의할 것은, 통상의 송달영수인 신고(법 제184조 후문)와 달리, 전자소송에서의 송달영수인 신고에서는 송달영수인의 성명뿐만 아니라 아이디까지도 적시하여야 한다.

또한, 통상의 송달영수인 신고와 마찬가지로 송달영수인의 주소도 적시하여야 한다. 왜냐하면, 후술하듯이, 전자소송 동의자에게도 예외적으로 출력서면을 송달하여야 할 경우가 있을 수 있기 때문이다.

3) 전자적 송달의 수송달자

가) 소송대리인이 있는 경우

(1) 원 칙

소송대리인이 있는 경우에는 전자적 송달 또는 통지는 소송대리인에게 하여야 한다(민소전자문서법 제11조 제2항).

물론 이는 해당 소송대리인의 전자소송 동의를 전제로 한다고 할 것이다.

따라서, 본인은 전자소송 동의를 하였으나 소송대리인은 (사용자등록 내지) 전자소송 동의를 하지 않은 경우(민소전자문서규칙 제4조 제3항 제1호, 제2호), 또는 제출대리인인 법무사는 전자소송 동의를 하였으나 본인은 (사용자등록 내지) 전자소송 동의를 하지 않은 경우(같은 항 제3호), 그 소송을 수행할 자(전자의 경우는 해당 소송대리인, 후자의 경우는 해당 본인)에게 송달하기 전에 사용자등록과 전자소송 동의를 할 것을 명할 수 있다.[1312)]

1312) 민전예규 제68조.

(2) 특칙 : 소송수행자가 전자소송 동의를 하지 아니한 경우

국가소송수행자(국가소송법 제3조 제1항, 제2항) 또는 행정소송수행자(같은 법 제5조 제1항, 제6조 제2항)가 사용자등록명령 내지 전자소송동의명령(민소전자문서규칙 제4조 제3항)에 따르지 아니하는 경우, 법원사무관등은 국가에 대하여는 관할 검찰청의 장(국가를 당사자로 하는 소송에 관한 법률 제9조 제1항)에게, 행정청에 대하여는 그 장에게 전자적으로 송달하거나 통지할 수 있다(민소전자문서규칙 제25조의2).

나) 송달영수인이 있는 경우

당사자, 참가인, 대리인, 사건본인이 송달영수인으로 신고한 등록사용자는 전자적 송달 또는 통지를 받을 자인바(민소전자문서규칙 제24조 제1항 제3호), 그러한 송달영수인신고가 있는 경우에 전자적 송달 또는 통지는 그 송달영수인에게 하여야 한다(같은 조 제3항).

특기할 점은, 이러한 송달영수인은, 상술한 바와 같이 사용자등록은 하여야 하지만, 당사자나 대리인과 달리 전자소송 동의는 할 필요가 없다.[1313]

4) 전자적 송달·통지의 방법 등

가) 원칙 : 전자소송시스템에의 등재 및 등재사실 통지

전자적 송달은 법원사무관등이 송달할 전자문서를 전자소송시스템에 등재하고 그 사실을 송달받을 자에게 전자적으로 통지하는 방법으로 한다(민소전자문서법 제11조 제3항).

이러한 전자문서 등재사실의 통지는 등록사용자가 전자소송시스템에 입력한 전자우편주소로 전자우편을 보내고, 휴대전화번호로 문자메시지를 보내는 방법으로 한다. 다만, '문자메시지는' 등록사용자의 요청에 따라 보내지 아니할 수 있다(민소전자문서규칙 제26조 제1항).[1314][1315]

한편, 법원사무관등은 당사자가 입력한 전자우편주소·휴대전화번호가 잘못되었거나 변경·폐쇄·말소되는 등의 사유로 등재사실 통지가 제대로 이루어지지 않았다는 사실을 어떤 방법으로든 확인한 경우, 해당 당사자에게 적절한 방법으로 사유를 통보하여 올바른 전자우편주소·휴대전화번호를 입력할 수 있도록 안내하여야 한다.[1316]

1313) 민사전자소송실무편람, 232면.

1314) 문자메시지 전송으로 인한 비용은 송달료에서 지출된다(민소전자문서규칙 제41조 제1항 참조).

1315) 구 민소전자문서규칙(2013. 6. 27. 대법원규칙 제2478호로 개정되기 전의 것) 제26조 제1항 단서는, 등록사용자의 요청에 따라 '전자우편을' 보내지 아니할 수도 있는 것으로 규정하고 있었다.

1316) 민전예규 제62조 제3항 본문.
한편, 같은 항 단서는, 당사자가 책임질 수 없는 사유로 통지를 받지 못한 점을 소명하지 않는 한 전자

나) 특칙 1 : 변호사 사이의 송달 특례의 경우

전자기록사건에서 변호사 사이의 송달 특례(규칙 제47조)에 의한 경우에는, 전자소송시스템에의 등재는 물론 하여야 하지만, (전자소송 동의자인 수송달자에 대하여) 상술한 등재사실 통지를 할 필요가 없다고 할 것이다.[1317]

다) 특칙 2 : 법정에서의 전자문서 송달

(1) 개 관

전자소송시스템에 의하여 제출된 소송서류를 전자소송 동의자(법 제11조 제1항)에게 '법정에서' 송달할 필요가 있을 때가 있을 수 있다.

이때에는 상술한 등재사실 통지를 할 수 없으므로, 법은 이 경우를 위하여 다음과 같이 송달방법의 특칙 두 가지를 예정하고 있다(민소전자문서규칙 제27조).

그리고, 이 둘 중 어느 방식에 의할 것인지는 재판장등의 재량사항이라고 할 것이다. 다만, 일반적으로는 첫 번째 방식이 오히려 더 간편하여 실무상 이에 의하고 있으며, 두 번째 방식을 이용하는 예는 찾아보기 어렵다.

(2) 출력서면의 법정 교부

첫째, 법 제177조에 의한 방법(법원사무관등에 의한 송달)으로 송달할 수 있다. 즉, 재판장등이 필요하다고 인정하는 경우에는 - 수송달자가 전자소송 동의자임에도 불구하고 - 출력서면을 송달할 수 있다(민소전자문서규칙 제29조 제1항 제3호).

만일 해당 소송서류가 법정에서 자기디스크 등을 이용하여 제출되었다면, 법원사무관등은 - 이를 전자소송시스템에 등재한 다음 - 공유프린터 등을 이용하여 출력한 후 상대방 당사자에게 교부한다.[1318]

그러나, 후술하는 방식과 달리, 이 경우에는 조서에 그 취지를 기재할 필요는 없다고 할 것이다.[1319]

적 송달의 효력에는 영향이 없다고 규정하나, 책임질 수 없는 사유로 통지를 받지 못한 경우에는 오히려 송달간주기간 불산입(민소전자문서법 제11조 제5항)이나 소송행위 추후보완이 문제되는 것이 아닌가 하는 의문이 있다.

1317) 그런데, 이 경우에 송달사실의 전산입력을 어떤 식으로 할 것인지에 관하여서는 '민전예규'에 규정이 없으나, 이는 입법의 불비가 아닌가 하는 의문이 없지 않다.

1318) 민전예규 제54조 제2항 전단.
한편, 이 경우의 송달사실의 증명방법에 관하여서는, '송달기관과 송달실시방법' 부분에서 기술한 내용을 참조하기 바란다.

1319) 민전예규 제54조 제1항, 제55조 제1항 및 제64조 제2항의 반대해석.

(3) 화면열람

둘째, 그 제출자로 하여금 해당 전자문서의 요지를 설명하게 하고, 송달받을 자의 요청에 따라 컴퓨터 등 정보처리능력을 갖춘 장치에 의하여 전자문서를 현출한 화면을 이용하여 주요 부분을 즉석에서 열람하는 방법으로 해당 전자문서를 송달할 수 있다(민소전자문서규칙 제27조).

이와 같이 법정에서 화면을 이용하여 열람하는 방법으로 전자문서를 송달한 경우에는 조서에 그 취지를 기재하여야 한다.[1320]

그러나, 상술한 방식과 달리, 이 경우에는, 전자패드 등으로 영수확인을 하거나 영수증을 받아 전자문서로 변환할 필요는 없다고 하겠다.[1321]

5) 전자적 송달의 효력발생시기

가) 원칙 : 등재된 전자문서를 확인한 때

법원사무관등이 전자적 송달을 실시하는 경우 송달받을 자가 등재된 전자문서를 확인한 때에 송달된 것으로 본다(민소전자문서법 제11조 제4항 본문).

그런데, 전술한 바와 같이 성질상 등재사실 통지가 생략되는 경우, 즉 변호사 사이의 송달특례(규칙 제47조)의 경우(수송달자가 전자소송 동의자인 경우)나, 법정에서 화면열람방식으로 송달한 경우에도, 그와 같은 송달이 실시된 때에, 즉 부본 영수를 받은 때(실제로는 해당 소송서류가 제출된 때)에나 화면열람을 한 때에 등재된 전자문서를 확인한 것으로 새길 수 있다고 하겠다.

나) 보칙 : 등재된 전자문서를 확인하지 아니한 때

(1) 송달간주시기 : 통지일부터 1주가 지난 날

(법원사무관등이 전자적으로) 등재사실을 통지한 날부터 1주 이내에 (등재된 문서를 송달받을 자가) 확인하지 아니하는 때에는 등재사실을 통지한 날부터 1주가 지난날에 송달된 것으로 본다(민소전자문서법 제11조 제4항 단서).[1322]

따라서, 예컨대, 판결문의 등재사실이 2014. 9. 24. 통지되었으나 수송달자가 판결문를 확인하지 아니하였다면, 송달의 효력이 발생한 시기는 같은 해 10. 2. 00:00이다.[1323]

1320) 민전예규 제64조 제2항. 그 기재례는, 민사전자소송실무편람, 443면 참조.

1321) 민전예규 제53조 및 제54조의 반대해석.

1322) 즉, 송달함 송달과 유사하게 되어 있다.

1323) 대법원 2014. 12. 22.자 2014다229016 명령.

그런데, 전자문서 등재사실의 통지는 전자우편이 전자우편주소로 전송된 때 '또는' 문자메시지가 휴대전화번호로 전송된 때 효력이 생긴다(민소전자문서규칙 제26조 제2항).[1324]

그러나, 전자소송시스템의 장애로 인하여 송달받을 자가 전자문서를 확인할 수 없는 기간은 위 1주의 기간에 산입하지 아니하며(민소전자문서법 제11조 제5항 전문), **이 경우 전자문서를 확인할 수 없는 기간의 계산은 대법원규칙으로 정하는 바에 따르는바**(같은 항 후문), 구체적으로는 다음과 같다.

송달받을 자가 전자소송시스템 장애로 인하여 전자문서를 확인할 수 없는 기간이 1일당 1시간을 초과하는 경우에는 해당 일을 위 1주의 기간에 산입하지 아니한다(민소전자문서규칙 제28조 제1항 전문).

그 기간의 마지막 날 오전 9시 이후에 전자소송시스템 장애로 인하여 전자문서를 확인할 수 없게 된 때에도 1일을 그 기간에 산입하지 아니한다(같은 항 후문).

그러나, 전자소송시스템의 유지·보수를 위하여 그 사용을 일시 중단한 경우로서 법원행정처장이 사전에 공지한 경우에는 위와 같은 기간 불산입 규정들을 적용하지 아니한다(같은 조 제2항).

관견으로는, 송달간주기간을 송달함 송달과 마찬가지로 1주에서 3일로 단축함이 입법론적으로 상당하다고 본다. 전자소송의 효용 중 하나가 바로 송달기간의 단축에 따른 신속한 재판에 있고, 오늘날 우편제도의 발달로 인하여 우편송달로 소송서류가 도달하는 데에 불과 1주일도 소요되지 아니하는 마당에(빠르면 불과 이삼일이면 송달된다), 현행법과 같이 긴 송달간주기간을 두면 (수송달자가 전자문서 확인을 해태할 경우) 우편송달보다도 도리어 송달이 지연될 우려가 있다. 입법자는 수송달자의 불측의 손해를 방지하고자 현행과 같이 송달간주기간을 설정하였다고 하나, 현행법처럼 긴 송달간주기간은 송달함 송달의 경우와도 균형이 맞지 아니하며, 별도로 등재통지를 한다는 점에 비추어 보더라도 역시 균형이 맞지 아니하다.

(2) 소송행위 추후보완의 문제

등재사실 통지를 받은 등록사용자가 책임질 수 없는 사유로 전자소송시스템에 등재된 전자문서를 전술한 기간 안에 확인하지 못한 경우에는 해당 소송행위를 추후보완(법 제173조)

1324) 구 '민소전자문서규칙'(2013. 6. 27. 대법원규칙 제2478호로 개정되기 전의 것)은 이러한 규정을 두고 있지 아니하였고, 그 결과, 판례는 전자우편과 문자메시지 양자의 방법으로 전자문서의 등재사실을 통지한 경우 그 등재된 전자문서가 등록사용자의 미확인으로 송달 간주되는 시기는 전자우편과 문자메시지 '양자 모두의 방법으로' 등재사실이 통지된 날부터 1주가 지난 날이라고 보았다. 대법원 2013. 4. 26.자 2013마4003 결정.

할 수 있다(민소전자문서규칙 제26조 제3항).

6) 등재된 전자문서의 확인·출력

가) 통상의 확인·출력

등재사실 통지를 받은 등록사용자는 전자소송시스템에 접속하여 등재된 전자문서를 확인 또는 출력할 수 있다(민소전자문서규칙 제26조 제4항).

나) 정본의 출력[1325)]

전자소송시스템을 이용하여 송달한 전자문서 정본에 의하여 출력한 서면은 정본의 효력이 있다(민소전자문서규칙 제26조 제5항 전문).

이러한 정본의 효력이 있는 출력은 1회에 한하여 허용됨이 원칙이나(같은 항 후문의 반대해석), 이 경우 전자소송시스템 장애 등 등록사용자가 책임질 수 없는 사유로 등재된 전자문서 정본의 출력이 정상적으로 끝나지 아니하였으면, 등록사용자는 그 사유를 소명하여 재발급을 신청할 수 있다(같은 항 후문).

그러나, 전자소송실무상으로는, 정본을 송달하는 서류에 준하는 소송서류에 관하여서도 위 규정을 유추적용하는바, 소취하서 부본(또는 이에 갈음하여 송달하는 변론조서 등본), 상소취하서, 이의신청취하서 부본 등이 그 예이다.

다. 출력서면의 송달

1) 개 관

전자소송시스템에 등재된 송달서류라 하더라도 이를 전자적으로 송달할 수 없는 경우에는 출력서면을 송달하게 된다.

법원사무관등이 등재된 전자문서를 출력하여 그 출력서면을 당사자에게 송달한 때에는 그 출력서면은 등재된 전자문서와 동일한 것으로 본다(민소전자문서법 제12조 제2항).

2) 출력서면을 송달하여야 하는 경우

가) 개 관

법원사무관등은 일정한 사유에 해당하는 경우에는 전자문서를 전자소송시스템을 통하여 출력하여 그 출력한 서면을 「민사소송법」에 따라(즉, 일반원칙에 따라) 송달하여야 한다(민소전

1325) cf. 지급명령(법 제469조 제1항)에 관하여서는 전자독촉상 별도의 제도가 있다(전자독촉규칙 제11조 제2항, 제3항).

자문서법 제12조 제1항 전문, 제1호, 제2호).

이를 범주별로 나누어 보면 다음과 같다.

다만, 멀티미디어 (주장)자료나 음성·영상등 정보의 경우에는 그 성질상 위 일반원칙이 그대로 적용될 수 없는바, 상세한 것은 별항으로 후술하겠다.

나) 원칙 : 전자소송 비동의자에 대한 송달

송달을 받을 자가 전자소송에 동의한 등록사용자에 해당하지 아니하는 경우에는, 출력서면을 송달하여야 한다(민소전자문서법 제12조 제1항 제2호).

수송달자에게 소송대리인이 있는 때에는 그 소송대리인도 전자소송 비동의자여야 출력서면 송달이 가능함은 물론이다.[1326)]

다) 예외 : 전자소송 동의자에게도 출력서면을 송달하여야 하는 경우

전자소송 동의를 한 자라도 그가 전자적 송달을 받을 수 없는 일정한 경우에는 출력서면 송달을 실시하게 된다.

우선, **송달을 받을 자가 군관계인**(법 제181조), **구속된 사람 등**(법 제182조), **전쟁에 나간 군인 또는 외국에 주재하는 군관계인 등**(법 제192조)**에 해당하는 경우에는, 출력서면을 송달하여야 한다**(민소전자문서법 제12조 제1항 제1호).

그 밖에, **대법원규칙으로 정하는 전자소송시스템의 장애나 그 밖의 사유가 있는 경우에도 출력서면을 송달하는바**(민소전자문서법 제12조 제1항 제3호), 그러한 사유는 구체적으로 다음과 같다(민소전자문서규칙 제29조 제1항).

○ 송달받을 자가 책임질 수 없는 사유로 전자소송시스템에 등재된 전자문서를 확인할 수 없다는 점을 소명하여 출력서면의 송달을 신청한 경우(같은 항 제2호)
○ 그 밖에 재판장등이 출력서면의 송달이 필요하다고 인정하는 경우(같은 항 제3호)

그런데, 민소전자문서규칙 제29조 제1항 제1호는 제출자가 전자소송시스템 등을 이용할 수 없는 경우(민소전자문서규칙 제14조 제1항) 또는 전자적 제출이 곤란하거나 부적합한 경우(같은 규칙 제15조 제1항)에도 출력서면을 송달한다고 규정하나, 이는 입법의 착오로 보인다. 그렇게 보아야 하는 까닭은 이 책 보론의 '전자소송에서 소송서류 제출·접수, 편철 및 송달의 특칙들' 부분의 설명을 참조하기 바란다.

"그 밖에 재판장등이 출력서면의 송달이 필요하다고 인정하는 경우"의 예로는, 기술한 바

1326) 민전예규 제61조 참조.

와 같이 법정에서 송달을 실시할 경우 외에도, 전자소송 동의를 철회한 당사자에 대하여 아직 송달되지 않은 전자문서가 있는 경우를 들 수 있다.[1327]

3) 등록사용자에 대한 출력서면 제출요구

가) 개 관

출력서면을 송달하는 경우 법원사무관등은 대법원규칙으로 정하는 바에 따라 전자문서를 제출한 등록사용자에게 전자문서의 출력서면을 제출하게 할 수 있다(민소전자문서법 제12조 제1항 후문).

이에 따라, 다음 각 호 가운데 어느 하나에 해당하면 그 제출자로 하여금 전자문서의 출력서면을 제출하게 할 수 있다(민소전자문서규칙 제29조 제2항).

① 출력할 서면의 분량이 상당히 많은 경우

② 송달받을 상대방의 수가 상당히 많은 경우

③ 해당 전자문서에 표시된 색상이 나타나도록 서면을 출력할 필요가 있는 경우

④ 'A4용지'와 다른 크기의 서면을 출력할 필요가 있는 경우

⑤ 그 밖에 위 각 호의 사유에 준하는 경우

나) 서면의 분량이나 수송달자의 수가 상당히 많은 경우

문제는 민소전자문서규칙 제29조 제2항 제1호 및 제2호의 사유의 구체적 의미가 무엇인가, 즉 서면의 분량이나 수송달자의 수가 얼마나 되면 '상당히 많은' 것이냐 하는 점인데, 이에 관하여서는 '민전예규'가 다음과 같이 그 기준을 마련하고 있다.

법원사무관등은 출력할 서면의 분량이 50쪽 이상인 경우(증거 및 첨부서류 포함) 또는 송달받을 상대방의 수가 5인 이상인 경우에는 그 제출자로 하여금 전자문서의 출력서면을 제출하게 할 수 있다. 다만, 송달받을 상대방의 수가 5인 이상이라도 출력물의 총량이 200쪽 미만인 경우에는 출력서면을 제출하게 할 수 없다.[1328]

그러나, 각 법원은 해당 법원에서 처리하는 사건의 종류, 난이도 등 여러 사정을 고려하여 적정하다고 인정하는 서면 분량, 업무부담 정도, 상대방의 수 등을 감안하여 위 기준을 증감할 수 있다.[1329]

1327) 민전예규 제15조 제2항.

1328) 민전예규 제23조 제1항.

1329) 민전예규 제23조 제2항.

4) 전자문서 출력의 절차와 방법

송달을 위하여 전자문서를 출력하는 절차와 방법은 대법원규칙으로 정하되, 전자문서와 동일성이 확보되도록 기술적 조치를 하여야 한다(민소전자문서법 제12조 제3항).

이에 따라, 전자문서를 출력할 경우에는 전자소송시스템을 이용하여 출력문서와 전자문서 사이의 동일성에 관한 사항을 출력문서에 표시되도록 하여야 하므로(민소전자문서규칙 제29조 제3항), 전자소송실무상, 전자소송시스템을 이용하여 출력된 문서에는 원본과 상위 없다는 취지가 인쇄되고 있다.

그러나, 법원사무관등은 출력서면(전자소송법 제12조 제1항)을 송달하는 경우 특수취급우편물 중 전자우편(우편법 제15조 제3항, 우편법 시행규칙 제25조 제1항 제12호)을 이용하여 할 수 있다(민소전자문서규칙 제29조 제4항. 이른바, 'e-post 송달방식').[1330]

즉, 위 경우에는 법원사무관등이 아니라 우체국이 출력문서를 출력하게 된다.

라. 멀티미디어 주장자료나 음성·영상등 정보인 증거의 송달

멀티미디어 주장자료의 송달방법에 관하여서는 특칙이 마련되어 있으나(민소전자문서규칙 제13조 제3항), 이에 관하여서는 '준비서면' 부분에서 후술하겠다.

한편, 음성·영상 등 정보인 증거의 송달방법에 관하여서도 위 특칙이 유추적용된다고 할 것이다.[1331]

제 6 절 법관 등의 제척·기피·회피[1332]

1. 제 척

가. 개 관

제척(除斥)이란, 재판의 공정성에 대한 국민의 신뢰를 보장하기 위한 제도로서, 법관이 불공

1330) 다만, 전자소송실무는, 종이기록사건에서 서류를 전산 등재하는 경우에는 30매 이하의 문건에 한하여 e-post 송달방식을 이용할 수 있다고 하고 있다. 민전예규 제59조 제5항.

1331) 민전예규 제66조 제4항.

1332) cf. 전문심리위원의 경우에도 제척 및 기피 제도가 있으나(법 제164조의5 제1항), 상세한 것은 '변론의 실시방법' 부분에서 후술하겠다.

정한 재판을 할 우려가 있는 일정한 경우에 당연히 그 직무를 집행할 수 없도록 하는 것이다.[1333]

나. 제척의 이유

법관은 다음 각호 가운데 어느 하나에 해당하면 직무집행에서 제척된다(법 제41조).

이는 사법보좌관도 마찬가지이고(사법보좌관규칙 제9조 제1항), **법원사무관등도 마찬가지이다**(법 제50조 제1항).[1334]

이에 따라, 실무상 제척사유가 있는 사건은 아예 해당 재판부에는 배당하지 아니하도록 하고 있다.[1335]

① 법관 또는 그 배우자나 배우자이었던 사람이 사건의 당사자가 되거나, 사건의 당사자와 공동권리자·공동의무자 또는 상환의무자의 관계에 있는 때

여기서 말하는 "사건의 당사자와 공동권리자·공동의무자의 관계"라 함은 소송의 목적이 된 권리관계에 관하여 공통되는 법률상 이해관계가 있어 재판의 공정성을 의심할 만한 사정이 존재하는 지위에 있는 관계를 의미하는 것으로 해석할 것이다.[1336]

② 법관이 당사자와 친족의 관계에 있거나 그러한 관계에 있었을 때

③ 법관이 사건에 관하여 증언이나 감정을 하였을 때

④ 법관이 사건당사자의 대리인이었거나 대리인이 된 때

⑤ 법관이 불복사건의 이전심급의 재판에[1337] 관여하였을 때(이른바, 전심관여). **다만, 다른 법원의 촉탁에 따라 그 직무를 수행한 경우에는 그러하지 아니하다.**

법 제41조 제5호에서 말하는 "이전심급의 재판"이라 함은 그 불복사건의 하급심재판을 가

1333) 대법원 2010. 5. 13. 선고 2009다102254 판결.

1334) cf. 가사조사관의 제척·기피·회피에 관한 내용은 법원사무관등의 경우와 같다(가사소송법 제4조 후단). 한편, 기술심리관에 관하여서는 별도의 제척사유가 규정되어 있다(특허법 제188조의2 제1항, 제148조, 실용신안법 제33조).
그런데, 기술심리관이 디자인보호법 제75조의 규정에 의한 소송의 심리에도 참여할 수 있는데(법원조직법 제54조의2 제2항), 「디자인보호법」은 「특허법」 및 「실용신안법」과 달리 기술심리관의 제척 등에 관한 규정은 두지 아니하고 있는바, 이는 입법의 착오 내지 불비가 아닌가 하는 의문이 있다.

1335) 사무분담·사건배당예규 제10조의3 제1항 제1호.

1336) 대법원 2010. 5. 13. 선고 2009다102254 판결(종중 규약을 개정한 종중 총회 결의에 대한 무효확인을 구하는 소가 제기되었는데 원심 재판부를 구성한 판사 중 1인이 해당 종중의 구성원인 사안에서, 그 판사는 '당사자와 공동권리자·공동의무자의 관계에 있는 자'에 해당한다고 한 사례).

1337) 구법(2002. 1. 26. 법률 제6626호로 전부개정되기 전의 것) 제37조 제5호 본문은 "전심재판에"라고 표현하였다.

리키는 것으로서,[1338] 이 규정의 취지는 하급심의 재판이 부당하다 하여 불복상소를 하였음에도 불구하고 그 불복을 가리는 상소심재판에 하급심재판 때 관여한 법관이 다시 관여하는 것을 막자는 데에 있다.[1339]

따라서, 가령, 해당 사건의 사실관계와 관련이 있는 다른 형사사건이나,[1340] 동일한 행정처분에 대한 취소소송과 무효확인소송 상호간이나,[1341] 재심사건에서 재심의 대상으로 된 원재판은,[1342] "이전심급의 재판"에 해당하지 아니한다.

그리고, 법관의 제척원인이 되는 전심관여라 함은 최종변론과 판결의 합의에 관여하거나 종국판결과 더불어 상급심의 판단을 받는 중간적인 재판에 관여함을 말하는 것이고 최종변론 전의 변론이나 증거조사 또는 기일지정과 같은 소송지휘상의 재판 등에 관여한 경우는 포함되지 않는다.[1343]

본안사건의 재판장에 대한 기피신청사건의 재판에 관여한 법관이 다시 위 본안사건에 관여한다 하더라도 이는 법 제41조 제5호 소정의 전심관여에는 해당하지 아니한다.[1344]

다. 제척의 재판

법원은 제척의 이유가 있는 때에는 직권으로 제척의 재판을 하나(법 제42조), 실제로는 오히려 '회피' 부분에서 후술하는 바와 같이 재배당 요구를 함이 일반이다.[1345]

사법보좌관에 대한 제척의 재판은 소속 법원의 합의부가 직권으로 하여야 할 것이다(사법보좌관규칙 제9조 제2항 참조).

법원사무관등에 대한 제척의 재판은 그가 속한 법원이 직권으로 하여야 할 것이다(법 제50조 제2항 참조).[1346]

1338) 대법원 1987. 2. 24. 선고 86누417 판결. 동지 : 대법원 1987. 4. 25. 선고 87무2 판결 ; 대법원 1988. 5. 10. 선고 87다카1979 판결.

1339) 대법원 1988. 5. 10. 선고 87다카1979 판결.

1340) 대법원 1985. 5. 6.자 85두1 결정.

1341) 대법원 1983. 1. 18. 선고 82누473 판결.

1342) 대법원 1971. 5. 11. 선고 71사27 판결. 동지 : 대법원 1979. 11. 27. 선고 79사7 판결 ; 대법원 1986. 12. 23. 선고 86누631 판결 ; 대법원 1987. 4. 25. 선고 87무2 판결 ; 대법원 1987. 2. 24. 선고 86누417 판결 ; 대법원 1987. 7. 28.자 87마590 결정 ; 대법원 1988. 5. 10. 선고 87다카1979 판결.

1343) 대법원 1997. 6. 13. 선고 96다56115 판결. 동지 : 대법원 1971. 2. 23. 선고 70다2938 판결.

1344) 대법원 1991. 12. 27.자 91마631 결정.

1345) 다만, 사건배당 주관자가 재배당을 불허하였을 경우에 해당 재판부가 제척의 재판을 하는 예외적인 경우를 상정할 수는 있다. 제요[민소 I], 60면.

1346) cf. 기술심리관에 대한 제척의 재판도 같다(특허법 제188조의2 제2항, 실용신안법 제33조).

그러나, 제척의 재판은 당사자의 신청에 따라서도 할 수 있는바(법 제42조, 제50조 제1항), 이러한 제척신청 및 제척의 주문 등 재판의 상세에 대해서는 서술의 편의상 기피신청 및 재판과 함께 살펴보기로 한다.

라. 제척의 효과

제척사유 있는 법관이 재판에 관여하였다면, 이는 법률에 따라 판결에 관여할 수 없는 판사가 판결에 관여한 때에 해당하여, 절대적 상고이유(법 제424조 제1항 제2호) 및 재심사유(법 제451조 제1항 제2호)가 된다.[1347)]

2. 기 피

가. 개 관

헌법은 국민의 공정한 재판을 받을 권리를 보장하고 있고, 모든 법관은 헌법과 법률이 정한 바에 따라 공정하게 심판할 것으로 기대된다. 그러나 개별·구체적 사건에서는 법관이 사건과 특수한 관계에 있는 등 헌법상의 제도와 원칙들만으로 재판의 공정성 및 공정성에 대한 신뢰를 제대로 담보하기 어려운 사정이 있을 수 있다. 이러한 경우 법관과 개별 사건과의 관계로 인하여 발생할 수 있는 재판의 불공정성에 대한 의심을 해소하여 당사자로 하여금 재판이 편파적이지 않고 공정하게 진행되리라는 신뢰를 갖게 함으로써 구체적인 재판의 공정성을 보장할 필요가 있다.[1348)]

이를 위하여 민사소송법은 제척 제도 외에도 기피 제도를 마련하고 있다.[1349)]

법관에 대한 기피신청제도는, 당사자의 법관에 대한 불신감을 제거하고 재판의 공정을 보장하기 위하여 법관이 어떤 특정한 사건을 재판함에 공정을 기대하기 어려운 사정이 있는 경우에는 있는 경우에는 그 법관을 그 사건의 재판에 관하여 직무집행을 하지 못하도록 하는 제도이다.[1350)]

1347) 대법원 2010. 5. 13. 선고 2009다102254 판결(사안은 상고).

1348) 대법원 2019. 1. 4.자 2018스563 결정

1349) 대법원 2019. 1. 4.자 2018스563 결정

1350) 대법원 1992. 9. 28.자 92두25 결정. 동지 : 대법원 1988. 10. 12. 선고 88주2 판결 ; 헌재 2020. 6. 25. 선고 2017헌바516 결정.

나. 당사자의 기피권

당사자는 법관에게 공정한 재판을 기대하기 어려운 사정이 있는 때에는 기피신청을 할 수 있다(법 제43조 제1항).

"재판의 공정을 기대하기 어려운 사정이 있는 때"라 함은, 당사자가 불공정한 재판이 될지도 모른다고 추측할 만한 주관적인 사정이 있는 때를 말하는 것이 아니고, 통상인의 판단으로서 법관과 사건과의 관계로 보아 불공정한 재판을 할 것이라는 의혹을 갖는 것이 합리적이라고 인정될 만한 객관적인 사정이 있는 때를 말하는 것이다.[1351)]

환언하면, 우리 사회의 평균적인 일반인의 관점에서 볼 때, 법관과 사건과의 관계, 즉 법관과 당사자 사이의 특수한 사적 관계 또는 법관과 해당 사건 사이의 특별한 이해관계 등으로 인하여 그 법관이 불공정한 재판을 할 수 있다는 의심을 할 만한 객관적인 사정이 있고, 그러한 의심이 단순한 주관적 우려나 추측을 넘어 합리적인 것이라고 인정될 만한 때를 말한다.[1352)]

그러므로 평균적 일반인으로서의 당사자의 관점에서 위와 같은 의심을 가질 만한 객관적인 사정이 있는 때에는 실제로 그 법관에게 편파성이 존재하지 아니하거나 헌법과 법률이 정한 바에 따라 공정한 재판을 할 수 있는 경우에도 기피가 인정될 수 있다.[1353)]

그러나, 당사자가 법관을 기피할 이유가 있다는 것을 알면서도 본안에 관하여 변론하거나 변론준비기일에서 진술을 한 경우에는 기피신청을 하지 못한다(법 제43조 제2항).

그리고 위와 같은 내용들은, 사법보좌관의 경우나(사법보좌관규칙 제9조 제1항), **법원사무관 등의 경우에도 마찬가지라고 하겠다**(법 제50조 제1항).[1354)]

다. 제척신청 또는 기피신청

1) 개 관

제척 또는 기피는 이유를 밝혀 신청하여야 하나(법 제44조 제1항, 제50조 제1항, 사법보좌관규칙 제9조 제1항),[1355)] 후술하듯이, 신청이유는 3일 내에 소명하면 된다.

1351) 대법원 1987. 10. 21.자 87두10 결정. 동지 : 대법원 1967. 3. 28.자 67마89 결정 ; 대법원 1968. 9. 3.자 68마951 결정 ; 대법원 1992. 12. 30.자 92마783 결정 ; 대법원 1993. 9. 27.자 93마1184 결정.

1352) 대법원 2019. 1. 4.자 2018스563 결정

1353) 대법원 2019. 1. 4.자 2018스563 결정

1354) 대법원 2006. 2. 28.자 2006카기23 결정 참조.
다만, 사법보좌관의 업무범위로 되어 있는 절차에서는 변론(준비)기일이 열리지 아니하므로, 사법보좌관에 관하여 법 제43조 제2항이 준용될 경우는 상정하기 어렵다.

이상의 방식에 어긋난 신청은 후술하듯이 간이각하의 대상이 된다.

제척 또는 기피 사건은 부수사건이므로, 기본사건이 종이기록사건이라면, 제척 또는 기피의 신청 역시 전자적으로는 하지 못한다(민소전자문서법 제10조 제2항, 민소전자문서규칙 제19조 제1항 제3호 본문).

2) 인지의 첩부 및 송달료의 예납

제척신청과 기피신청은 기본적 신청이므로, 신청서에 1,000원의 인지를 붙이고(민사소송 등 인지법 제9조 제5항 제4호),[1356] 송달료를 예납하여야 한다.

3) 관 할

합의부의 법관에 대한 제척 또는 기피는 그 합의부에 신청하여야 한다(법 제44조 제1항 전단).

수명법관·수탁판사 또는 단독판사에 대한 제척 또는 기피는 그 법관에게 이유를 밝혀 신청하여야 한다(같은 항 후단).

사법보좌관에 대한 제척 또는 기피는 소속 법원 합의부에 신청하여야 할 것이다(사법보좌관규칙 제9조 제2항 참조).

법원사무관등에 대한 제척 또는 기피는 그가 속한 법원에 신청하여야 한다고 하겠다(법 제50조 제2항 참조).[1357]

라. 제척 또는 기피 이유의 소명

제척 또는 기피하는 이유와 소명방법은 신청한 날부터 3일 이내에 서면으로 제출하면 된다(법 제44조 제2항, 제50조 제1항, 사법보좌관규칙 제9조 제1항).

이상에 어긋난 신청은 후술하듯이 간이각하의 대상이 된다.

다만, 여기서 소명방법의 제출을 요구하는 것은 당사자가 기피신청권을 악용 또는 남용하는 것을 방지하자는 취지이며, 법원이 당사자(기피신청인)가 제출한 소명방법만 가지고 판단하여야 하는 것은 아닌 것이다.[1358]

1355) 헌재 2020. 6. 25. 선고 2017헌바516 결정은, 이는 자칫 당사자가 기피신청권을 법관에 대한 주관적인 불만이나 소송지휘에 대한 불복수단으로 남용하거나 소송지연의 도구로 악용할 우려가 있기 때문이라고 설명한다.

1356) '인지액·편철방법예규'.

1357) cf. 이는 기술심리관에 대하여서도 같다(특허법 제188조의2 제2항, 실용신안법 제33조 참조).

1358) 대법원 1988. 8. 10.자 88두9 결정. 동지: 대법원 1978. 10. 23.자 78마255 결정.

그러므로, 기피의 원인이 되는 사유가 해당 법원의 사건기록상 명백한 사항 즉 법원에 현저한 사실을 내용으로 하는 경우에는 기피신청인은 그 사실을 달리 소명할 필요가 없다.[1359)] 즉, 후술하듯이, 이 경우에는 소명방법 미제출을 이유로 간이각하를 할 수 없다.

마. 소송절차의 중지

1) 원 칙

원칙적으로, **법원은 제척 또는 기피신청이 있는 경우에는 그 재판이 확정될 때까지 소송절차를 중지하여야[1360)] 한다**(법 제48조 본문, 제50조 제1항, 사법보좌관규칙 제9조 제1항).

그런데, 기피신청에 대한 각하결정이 당사자에게 고지되기 전에 소송절차를 진행한 절차 위반의 흠결은, 특별한 사정이 없는 이상, 그 후 그 각하결정이 확정되었다는 사정만으로 치유된다고 할 수 없다.[1361)]

그러나, 법원이 기피신청을 받았는데도 소송절차를 중지하지 아니하고 변론을 종결하여 판결 선고기일을 지정하였다고 하더라도 종국판결에 대한 불복절차에 의하여 그 당부를 다툴 수 있을 뿐 이에 대하여 별도로 항고로써 불복할 수 없다.[1362)]

2) 예 외

다만, **제척 또는 기피신청이 있는 경우라도, ① 제척 또는 기피신청이 각하된 경우 또는 ② 종국판결을 선고하거나 ③ 긴급을 요하는 행위를 하는 경우에는, 소송절차를 정지할 필요가 없다**(법 제48조 단서, 제50조 제1항, 사법보좌관규칙 제9조 제1항).

따라서, 변론종결 후에 기피신청을 당한 법관이 소송절차를 정지하지 아니하고 판결을 선고한 것은 위법하다고 할 수 없다.[1363)]

1359) 대법원 1988. 8. 10.자 88두9 결정. 동지 : 대법원 1978. 10. 23.자 78마255 결정.

1360) 법문에는 "… 정지하여야 …"로 되어 있으나, 그 법적 성질은 소송절차의 중지이다. 소송절차의 중지에 관하여서는 '소송절차의 정지' 부분에서 재론한다.

1361) 대법원 2010. 2. 11. 선고 2009다78467,78474 판결 참조.
반대 : 대법원 1978. 10. 31. 선고 78다1242 판결의 방론은, 기피신청을 당한 법관이 그 기피신청에 대한 재판이 확정되기 전에 한 판결은 그 후 그 기피신청이 이유 없는 것으로서 배척되고 그 결정이 확정되는 때에는 유효한 것으로 된다고 하였다.
이 문제에 관한 학설로는, 당사자의 소송상의 이익이 해하여지지 아니한 경우에만 위법성이 치유된다고 보는 절충설도 있다.

1362) 대법원 2000. 4. 15.자 2000그20 결정.

1363) 대법원 1966. 5. 24. 선고 66다517 판결. 동지 : 대법원 1978. 10. 31. 선고 78다1242 판결 ; 대법원 1993. 11. 9. 선고 93다39553 판결 ; 대법원 1996. 1. 23. 선고 94누5526 판결.

법 제48조 단서에서 변론종결 후에 관여 법관에 대한 기피신청이 있는 때에는 소송절차를 정지하지 아니하고 종국판결을 선고할 수 있도록 한 취지는, 이미 변론이 종결되어 종국판결의 선고만이 남은 상태에서는 사안의 실체에 대한 구체적인 자료가 대부분 드러나 법원이 어느 쪽이든 내심의 심증을 형성하고 있을 터이어서 당사자가 법원의 심증방향을 추단하여 자신에게 불이익한 판결을 피해보고자 하는 의도로 기피신청에 이르는 등 기피제도를 악용할 가능성이 높고 그렇지 아니한 경우라도 이러한 기피신청은 너무 시기에 늦은 신청이어서 이로 인하여 반대당사자의 신속한 재판을 받을 권리를 지나치게 제약하고 법관의 독립성을 침해하는 결과가 초래되기 때문에 이를 방지하기 위한 것이다.[1364)]

바. 간이각하[1365)]

1) 개 관

제척 또는 기피신청이 그 방식(법 제44조)**에 어긋나거나 소송의 지연을 목적으로 하는 것이 분명한 경우에는 신청을 받은 법원 또는 법관은 결정으로 이를 각하**(却下)**한다**(법 제45조 제1항, 제50조 제1항, 사법보좌관규칙 제9조 제1항).

그러나, 기피의 원인이 되는 사유가 해당 법원의 사건기록상 명백한 사항 즉 법원에 현저한 사실을 내용으로 하는 경우에는, 설사 기피신청인이 소정의 기간 내에 소명방법을 제출하지 아니하였다 하여도 간이각하결정을 할 수는 없다.[1366)]

2) 불 복

위 **각하결정**(却下決定)**에 대하여는 즉시항고를 할 수 있다**(법 제47조 제2항, 제50조 제1항, 사법보좌관규칙 제9조 제1항).

그러나, **이 즉시항고는** - 일반원칙(법 제447조)과 달리 - **집행정지의 효력을 가지지 아니한다**(법 제47조 제3항, 제50조 제1항, 사법보좌관규칙 제9조 제1항). 즉, 후술하는 기각결정의 경우와 달

1364) 대법원 2007. 6. 18.자 2007아9 결정.

1365) cf. 이 제도는 1990. 1. 13. 법률 제4201호로 「민사소송법」에 편입되기 전에는, 구 소송촉진등에관한특례법(같은 날 법률 제4203호로 개정되기 전의 것) 제5조에 규정되어 있었다.
그런데, 위 구 소송촉진등에관한특례법 제5조는 1981. 3. 1. 시행되었거니와, 그 전부터 이미 판례는, 오직 소송의 지연 내지 재판의 저해를 목적으로 하고 있는 기피신청은 기피제도를 남용하는 것이 분명하여 동 제도의 정상적인 절차에 따라서 처리해야 할 가치조차 없다 할 것이어서 이러한 경우에는 기피제도의 정상적인 절차를 밟을 필요없이 해당 법관이 스스로 이를 각하하는 것도 소송제도의 적정한 운영을 위하여 필요하다고 해석함이 상당하다고 보았다. 대법원 1981. 2. 26.자 81마14 결정.

1366) 대법원 1988. 8. 10.자 88두9 결정.

리, 이 경우에는 법원이 소송절차를 정지할 필요가 없다.

사. 심 리

제척 또는 기피신청을 당한 법관 등은 전술한 간이각하의 경우를 제외하고는 바로 제척 또는 기피신청에 대한 의견서를 제출하여야 한다(법 제45조 제2항, 제50조 제1항, 사법보좌관규칙 제9조 제1항).[1367)]

이와 같이 민사소송법은 기피재판을 담당하는 법원으로 하여금 기피신청인과 기피신청을 받은 법관의 의견을 모두 고려할 수 있게 함으로써 기피신청인의 일방적인 주장에 의해 기피제도가 남용되지 않도록 하고, 기피이유에 관한 쟁점을 쉽게 파악할 수 있게 함으로써 기피재판을 신속하게 진행하도록 정하고 있다.[1368)]

그러나, 기피신청을 당한 법관의 의견진술절차를 거치지 아니하였다 하여 이를 심리미진의 위법이라 할 수 없다.[1369)]

아. 재 판

1) 개 관

기피신청을 당한 법관이 그 사건에 관하여 직무를 집행하지 아니하게 된 경우에는 기피신청은 그 목적을 잃게 되어 기피신청의 이익이 없게 된다.[1370)]

또한, 법관에 대한 기피신청에도 불구하고 본안사건 담당 법원이 본안사건에 대하여 종국판결을 선고한 경우에는 그 담당 법관을 그 사건의 심리재판에서 배제하고자 하는 기피신청의 목적은 사라지는 것이므로 기피신청에 대한 재판을 할 이익이 없다.[1371)]

2) 법관의 경우

'법원(法院)' 부분에서 기술하였듯이, 제척·기피사건은 합의부의 직분관할에 속한다. 이는, 기피재판은 일반적인 재판절차보다 신속성이 더욱 강하게 요구되는데, 만일에 기피신청을

1367) cf. 또한, 기술심리관의 경우에도 마찬가지이다(특허법 제188조의2 제1항, 실용신안법 제33조).

1368) 헌재 2020. 6. 25. 선고 2017헌바516 결정.

1369) 대법원 1992. 12. 30.자 92마783 결정.

1370) 대법원 1993. 8. 19.자 93주21 결정. 동지 : 대법원 1985. 10. 10.자 85마580 결정 ; 대법원 1992. 9. 28.자 92두25 결정.

1371) 대법원 1988. 10. 12. 선고 88주2 판결. 동지 : 대법원 1991. 6. 14.자 90두21 결정 ; 대법원 1993. 9. 27.자 93마1184 결정 ; 대법원 2008. 5. 2.자 2008마427 결정.
그런데, 판례에 나타난 사안들은 대부분 변론종결 후에 기피신청을 한 것들이다.

당한 법관의 소속이 아닌 법원에서 기피재판을 담당하도록 한다면 소송기록 등의 송부 절차에 시일이 걸려 상대방 당사자의 신속한 재판을 받을 권리를 저해할 개연성이 있게 되기 때문이다.[1372]

따라서, **법관의 제척 또는 기피신청에 대한 재판은 그 신청을 받은 법관의 소속 법원 합의부에서 결정으로 하여야 한다**(법 제46조 제1항).

제척 또는 기피신청을 받은 법관은 이 재판에 관여하지 못한다. 다만, 의견을 진술할 수 있다(같은 조 제2항).

따라서, 특정 합의부 법관이 제척 또는 기피의 대상인 경우, 다른 합의부에서 제척 또는 기피의 재판을 하게 된다.[1373]

제척 또는 기피신청을 받은 법관의 소속 법원이 합의부를 구성하지 못하는 경우에는 바로 위의 상급법원이 결정하여야 한다(같은 조 제3항).

제척 재판의 주문례는 "판사 ○○○를 ○○지방법원 2013가합○○○○ 대여금 사건의 직무집행으로부터 제척한다." 식이 되며, 기피 재판의 주문례는 "○○지방법원 2013가합○○○○ 대여금 사건에 관하여 판사 ○○○에 대한 기피는 이유 있다." 식이 된다.[1374]

3) 사법보좌관 및 법원사무관등의 경우

사법보좌관에 대한 제척 또는 기피의 재판은 소속 법원의 합의부가 결정으로 하여야 한다(사법보좌관규칙 제9조 제2항).

법원사무관등에 대한 제척 또는 기피의 재판은 그가 속한 법원이[1375] 결정으로 하여야 한다(법 제50조 제2항).[1376]

1372) 헌재 2013. 3. 21. 선고 2011헌바219 결정.
그리고, 위 판례는 법 제46조 제1항 중 기피신청에 대한 재판에 관한 부분이 재판청구권을 침해하지 아니한다고 보았다. 동지 : 헌재 2020. 6. 25. 선고 2017헌바516 결정.

1373) 제요[민소 I], 64면.

1374) 위의 책, 61, 64면.

1375) 위의 책, 65면은, 합의부 소속 법원사무관등도 단독판사가 제척 또는 기피의 재판을 함이 원칙이로되 그 경우 재정합의결정을 하여 해당 재판을 함이 바람직하다고 한다.
그러나, 법 제50조 제2항의 명문에 의하더라도 그 경우의 관할법원은 합의부이므로, 위의 책과 같은 기교적인 해석은 옳지도 아니하고 필요하지도 아니하다.

1376) cf. 기술심리관에 대한 제척의 재판도 같다(특허법 제188조의2 제2항, 실용신안법 제33조).

자. 불 복

1) 기각결정에 대한 불복

제척이나 기피신청이 이유 없다는 결정에 대하여는 즉시항고를 할 수 있다(법 제47조 제2항, 제50조 제1항, 사법보좌관규칙 제9조 제1항).

그러나, 기술한 간이각하결정의 경우와 달리, 기각결정 즉시 소송절차를 속행할 수는 없다(법 제48조 본문, 제50조 제1항, 사법보좌관규칙 제9조 제1항).

2) 인용결정에 대한 불복 : 불가

제척 또는 기피신청에 정당한 이유가 있다는 결정에 대하여는 불복할 수 없다(법 제47조 제1항, 제50조 제1항, 사법보좌관규칙 제9조 제1항).

차. 제척·기피결정의 효과

제척·기피결정이 있은 법관이 재판에 관여하였다면, 이는 법률에 따라 판결에 관여할 수 없는 판사가 판결에 관여한 때에 해당하여, 절대적 상고이유(법 제424조 제1항 제2호) 및 재심사유(법 제451조 제1항 제2호)가 된다.

3. 회 피[1377)]

법관은 제척 또는 기피의 사유가 있는 경우에는 감독권이 있는 법원의 허가를 받아 회피(回避)**할 수 있다**(법 제49조).

이는 사법보좌관의 경우에도 마찬가지이고(사법보좌관규칙 제9조 제1항), **법원사무관등의 경우에도 마찬가지이다**(법 제50조 제1항).

기술심리관도 제척 또는 기피의 사유가 있다고 인정할 경우에는 특허법원장의 허가를 얻어 회피할 수 있다(특허법 제188조의2 제3항, 실용신안법 제33조).[1378)]

법관이나 법원사무관등의 회피의 경우에도, "감독권이 있는 법원"이란 사법행정상의 감독권을 가지는 법관(법원장, 지원장 등)을 말하며, 허가 역시 재판이 아니라 사법행정상의 처분인 것으로 해석된다.

그러나, 실제로는 회피 대신 재배당요구 절차에 의함이 일반이다.

1377) 한편, 대법원 전원합의사건의 회피에 관하여서는, 대법원 전원합의체의 심리절차에 관한 내규 제3조의2가 규정하고 있다.

1378) 다만, 「디자인보호법」이 기술심리관의 회피 제도를 준용하고 있지 아니함은 기술하였다.

이와 관련하여 실무상 특기할 것은, 재판장이 자신 또는 재판부 소속 법관과 개인적인 연고관계가 있는 변호사의 선임으로 재판의 공정성에 대한 오해의 우려가 있다고 판단하여 재배당 요구를 한 때에는 재배당을 실시할 수 있는 것으로 되어 있다.[1379]

1379) 사무분담·사건배당예규 제14조 제10호.

제 2 부

제1심의 소송절차

제1장 소송절차 총론

Ⅰ. 심리의 제원칙

1. 심리의 제원칙 개관

민사소송절차에서의 심리는 여러 원칙에 의하여 이루어지는바, 이를 그 작용국면에 따라 개관하여 보면 다음과 같다.

판결에 관한 원칙으로는, 처분권주의(법 제203조), 직접주의(법 제204조)가 있다.

변론에 관한 원칙으로는, 변론주의, 필요적 변론의 원칙 및 쌍방심리주의와 구술주의(법 제134조 제1항 본문)가 있다.[1)]

변론의 집중과 준비에 관한 원칙으로는, 집중심리주의(법 제272조 제1항 전단), 당사자의 조사의무(규칙 제69조의2) 및 변론의 준비 의무(법 제272조 제1항 후단), 적시제출주의(법 제146조, 제286조)가 있고, 이에 따른 절차이행의 촉구(규칙 제70조의3 제2항)가 또한 문제된다.

개정과 법정운영에 관한 원칙으로는, 재판장 등의 지휘권(법 제135조, 제286조), 개정의 장소(법원조직법 제56조), 법원사무관등의 참여(법 제152조 제1항 본문, 제160조, 제283조 제2항. 이와 관련하여 기일에서의 속기와 녹음(법 제159조, 제160조, 제283조 제2항)이 문제될 수 있다), 공개심리주의(법원조직법 제57조, 제63조), 법정의 용어(법원조직법 제62조 내지 제63조), 법정경찰권(법원조직법 제58조, 제63조) 및 법정등의 질서유지를 위한 재판(법 제61조, 제63조)이 문제된다.

2. 판결에 관한 원칙 : 처분권주의, 직접주의

가. 처분권주의

1) 개 관

법원은 당사자가 신청하지 아니한 사항에 대하여는 판결하지 못한다(법 제203조).[2)]

즉, 민사소송절차에서 심판의 대상은 원고의 의사에 의하여 특정되고 한정되므로, 법원은

1) 이와 관련하여 진술보조인 제도(법 제143조의2, 제286조)가 있음은, '진술보조인' 부분에서 기술하였다.

2) 이는 행정소송에서도 같다. 대법원 1981. 4. 14. 선고 80누408 판결 ; 대법원 1984. 3. 13. 선고 82누259 판결 ; 대법원 1987. 11. 10. 선고 86누491 판결 참조.

당사자가 신청한 사항에 대하여 신청 범위 내에서만 판단하여야 한다.[3)]

당사자가 신청한 사항이란 좁게는 소송물을 말하지만, 넓게는 청구의 종류·순서도 포함하며,[4)] 상소에 관한 원칙인 불이익변경금지의 원칙(법 제415조, 제431조)도 처분권주의에 근거를 둔다.

즉, 소송물의 종류, 성질 및 범위는 원고의 주장에 의하여 결정되므로,[5)] 예컨대, 다음과 같은 결과가 된다.

원고가 청구한 것보다 높은 비율의 지연손해금의 지급을 명하거나,[6)] 불법행위를 원인으로 한 손해배상청구에 대하여 채무불이행을 인정하여 손해배상을 명하거나,[7)] 원고가 2009. 4. 19.부터의 지연손해금의 지급을 구하였는데도 2008. 11. 1.부터의 지연손해금을 인정하는 것,[8)] 원고가 피고에게 대여금 반환을 구하면서 위 돈이 투자금이 아니라고 일관되게 주장하고 있는데도 원고의 청구에 투자금반환청구 또는 정산금청구가 포함되어 있다고 보는 것은,[9)] 위법하다.

유류분권리자가 반환의무자를 상대로 유류분반환청구권을 행사하고 이로 인하여 생긴 목적물의 이전등기의무나 인도의무 등의 이행을 소로써 구하는 경우에는 그 대상과 범위를 특정하여야 하는바, 법원은 처분권주의의 원칙상 유류분권리자가 특정한 대상과 범위를 넘어서 그 청구를 인용할 수 없다.[10)]

---

3) 대법원 2013. 5. 9. 선고 2011다61646 판결. 동지 : 대법원 2018. 10. 25. 선고 2015다205536 판결 ; 대법원 2020. 1. 30. 선고 2015다49422 판결(A 외국법인이 B 주식회사를 상대로 B 회사가 A 법인과 체결한 기술제휴협약에 따라 봉강절단기 제품에 관한 도면을 제공받아 여러 업체에 위 제품을 제조·판매하고서도 이를 A 법인에 보고하지 않았다며 기술제휴협약 위반에 따른 위약금 등 청구의 소를 제기하여 위 제품의 제작·판매 등 금지, A 법인이 특정한 고유기술의 사용 등 금지, 도면 등의 인도, 손해배상 및 그 지연손해금의 지급을 명하는 선행판결을 선고받아 판결 확정 후 을 회사와 'B 회사가 위 판결에 따른 금전지급의무 중 일부를 면제받고 나머지 의무를 성실히 준수한다'는 내용의 약정을 체결하였는데, 그 후 다시 B 회사가 위 제품을 제조·판매하자, A 법인이 B 회사를 상대로 선행판결 또는 위 약정에 따른 의무 위반을 주위적 청구원인으로 하여 봉강절단기 제조 금지 및 봉강절단기 제조·판매로 인한 손해배상을 구한 사안에서, 선행판결이나 위 약정에 따른 의무 위반을 원인으로 하는 금지 및 손해배상청구는 부정경쟁방지 및 영업비밀보호에 관한 법률상 영업비밀 침해를 원인으로 하는 금지 및 손해배상청구와는 요건과 증명책임을 달리하는 전혀 별개의 소송물인데도, A 법인이 주위적 청구에 부정경쟁방지 및 영업비밀보호에 관한 법률상 영업비밀 침해를 원인으로 하는 금지 및 손해배상청구를 선택적으로 추가하였다고 선해하여 위 금지 및 손해배상청구를 인용한 원심판결에는 처분권주의를 위반한 잘못이 있다고 한 사례).

4) 청구의 순서는 청구의 예비적 병합이나 예비적 공동소송에서 문제된다.

5) 대법원 1969. 8. 2.자 69마469 결정.

6) 대법원 1974. 5. 28. 선고 74다418 판결.

7) 대법원 1989. 11. 28. 선고 88다카9982 판결.

8) 대법원 2012. 10. 11. 선고 2012다55198 판결.

9) 대법원 2013. 5. 23. 선고 2013다10482 판결.

원고가 피고들이 연대하여 지급할 것을 청구하였는데도 법원이 – 설령 피고들의 채무가 (진정 또는 부진정)연대채무의 관계가 아니라 하더라도 – 피고들에게 개별적 지급책임을 인정하면, 이는 처분권주의 위반이다.[11]

처분권주의의 개념과 관련하여 주의할 것은, 예컨대, 손해배상청구소송에서 법원이 원고의 청구액을 초과하여 손해액으로 인정하였다 할지라도 원고의 청구금액을 초과하여 배상을 명하지 아니한 경우에는 처분권주의에 위배되지 아니한다.[12]

2) 예 외

그러나, 형식적 형성의 소는, 그 실질이 비송사건이므로, 처분권주의의 제약을 받지 아니한다.

그 대표적인 예는, 공유물분할이나 토지 경계확정의 소의 경우인바, 그 구체적인 내용은 이 책 보론의 '공유물분할소송의 제문제'과 본문의 '각종의 소의 종류별 유의사항 및 소가산정' 부분에서 각각 논할 것이다.

나. 직접주의[13]

판결은 기본이 되는 변론에 관여한 법관이 하여야 한다(법 제204조 제1항). 이러한 원칙을 '직접주의' 또는 '직접심리주의'라 한다.

따라서, 법관이 바뀐 경우에, 당사자는 종전의 변론결과를 진술하여야 한다(같은 조 제2항. 변론의 갱신). 즉, 당사자는 소송관계를 표명하고 변론을 하여야 한다.[14]

이러한 종전 변론결과의 진술은 당사자가 사실상 또는 법률상 주장, 정리된 쟁점 및 증거조사 결과의 요지 등을 진술하거나, 법원이 당사자에게 해당사항을 확인하는 방식으로 할 수 있다(규칙 제55조).

그러나, 소액사건에서는, 판사의 경질이 있는 경우라도 변론의 갱신 없이 판결할 수 있다

10) 대법원 2013. 3. 14. 선고 2010다42624 판결.

11) 대법원 2014. 7. 10. 선고 2012다89832 판결.
위 판례의 사안은 원고가 피고 1을 상대로는 인수대금으로서, 피고 2를 상대로 위 인수대금 채권을 피보전채권으로 하여 피고 1의 피고 2에 대한 채권의 대위행사로서 피고들이 연대하여 2,520만 원을 청구하였는데, 원심법원이 피고 1에게 금 620만 원, 피고 2는 609만 여원의 각 지급을 명한 것이다. 대법원은 이러한 원심판결에 처분권주의에 관한 법리오해의 위법이 있다고 보았다.

12) 대법원 1975. 2. 25. 선고 74다1298 판결.

13) cf. '변론의 실시방법' 부분에서 후술하는 바와 같이, 국제사건이 아닌 한, 녹음물을 조서의 일부로 삼았고 속기록이나 녹취서 또는 요약조서가 작성되지 아니하였는데 법관이 바뀐 때에는, 녹음물의 요지를 정리하여 조서를 작성하여야 한다(법 제159조 제3항, 규칙 제36조 제3항 제2호).

14) 대법원 1966. 10. 25. 선고 66다1639 판결 참조.

(소액사건심판법 제9조 제2항).

직접주의의 위반은, 법률에 따라 판결법원을 구성하지 아니한 때에 해당하므로, 절대적 상고이유(법 제424조 제1항 제1호) 및 재심사유(제451조 제1항 제1호)가 된다.

3. 변론에 관한 원칙: 변론주의, 변론의 필요성 등

가. 변론주의

1) 개 관

변론주의란, 사실인정의 기초가 되는 소송자료의 제출은 당사자의 책임과 의사에 따른다는 원칙을 말한다.[15]

가령, 가정법원이 가류 또는 나류 가사소송사건을 심리함에는 직권으로 사실조사 및 필요한 증거조사를 하여야 하나(가사소송법 제17조 전단),[16] 민사소송에서는-소송요건 등 직권조사사항이나 직권탐지사항이 아닌 한-당사자가 주장한 사실에 대하여서만 판단할 수 있고 원칙적으로 당사자가 신청한 증거만을 조사하여야 한다.[17]

이러한 변론주의하에서는, ①주요사실, 즉 판결의 기초가 되는 권리의 발생, 소멸등 법률효과의 존부의 판단에 직접 필요한 요건사실은[18] 당사자가 변론에서 주장하지 않으면 그 사실은 없는 것으로 취급되며(사실의 주장책임), ②당사자 사이에 다툼 없는 사실과 배치되는 사실을 인정할 수 없고(자백의 구속력)(법 제288조, 제150조 참조), ③증거는 당사자가 신청하여야 한다(직권증거조사의 금지)(법 제292조 참조).

2) 변론주의의 내용

가) 주요사실의 주장책임

(1) 사실의 주장책임의 의의

주요사실(요건사실)은 당사자가 변론에서 주장하지 아니하면 판결의 기초로 삼을 수 없

---

15) 헌재 2013. 3. 21. 선고 2012헌바128 결정 참조.

16) 대법원 1985. 11. 26. 선고 85므8 판결 참조.

17) 행정소송에서도 원칙적으로 변론주의가 적용된다. 대법원 1992. 8. 14. 선고 91누13229 판결. 즉, 행정소송법 제26조에 "법원은 필요하다고 인정할 때에는 직권으로 증거조사를 할 수 있고, 당사자가 주장하지 아니한 사실에 대하여도 판단할 수 있다."라고 규정되어 있다 하여, 법원은 아무런 제한이 없이 당사자가 주장하지 않는 사실을 판단할 수 있는 것은 아니고, 당사자가 명백히 주장하지 않은 사실은 일건 기록에 나타난 사실에 관하여서만 직권으로 조사하고 이를 기초로 하여 판단할 수 있는 것이다. 대법원 1981. 3. 24. 선고 80누493 판결(사안은 구 행정소송법(1984. 12. 15. 법률 제3754호)).

18) 대법원 1971. 4. 20. 선고 71다278 판결.

다.[19]

즉, 변론주의하에서는, 당사자가 변론에서 주장한 주요사실만이 심판의 대상이 되는 것으로서,[20] 당사자는 자기에게 유리한 사실을 주장하지 아니하면 그 사실은 없는 것으로 취급되는 불이익한 판단을 받게 된다(사실의 주장책임).

따라서, 예컨대 다음과 같은 결과가 된다.

권리를 소멸시키는 소멸시효 항변은 변론주의 원칙에 따라 당사자의 주장이 있어야만 법원의 판단대상이 된다.[21]

채무가 이행불능인 사실은 당사자의 항변사실에 불과하므로, 설사 당사자 일방의 소유권이전등기 채무가 이행불능이라 하더라도 원심 변론종결시까지 이행불능의 항변을 하지 아니한 이상, 변론주의의 원칙상 법원이 이행불능이라는 이유로 상대방의 청구를 배척할 수 없다.[22]

또한, 피고의 의무와 원고의 의무가 동시이행관계에 있다고 하여도, 피고의 동시이행항변이 없는 한 법원은 이를 판단(하여 상환이행을 명)할 수 없다.[23]

또한, 공동상속인 중 1인인 A가 상속재산분할심판 등 사건의 소송비용을 지출하였음을 이유로 다른 공동상속인인 B를 상대로 소송비용 일부를 청구한 경우에, 법원은 B가 공동상속

---

19) 대법원 2013. 5. 9. 선고 2011다61646 판결(원고가 피고들의 부진정연대채무관계에 관한 아무런 주장을 하지 아니하였는데도 피고들이 연대하여 손해배상금을 지급하여야 한다고 한 원심판결은 위법하다고 한 사례). 동지 : 대법원 1982. 4. 27. 선고 81다카550 판결 ; 대법원 2018. 10. 25. 선고 2015다205536 판결(A 공익법인이 B 주식회사와 포괄적 투자일임계약을 체결하여 기본재산인 은행 예치금을 B 회사에 개설한 A 법인 명의의 위탁거래계좌에 입금하였는데, B 회사의 지점장인 C가 그 돈의 대부분을 선박 관련 펀드에 투자하였다가 실패하여 투자 원금 상당의 손해가 발생하자, A 법인이 B 회사를 상대로 위 펀드 가입 행위는 주무관청의 허가를 받지 않은 기본재산 처분행위로서 무효라고 주장하면서 펀드 투자금액 상당의 부당이득반환을 구한 사안에서, 공익법인의 기본재산으로 한 투자계약(펀드 수익증권 매수)이 무효라는 A 법인의 주장에는 기본재산에 관한 투자일임계약 체결이 무효라는 주장이 포함되어 있다고 보아 위 투자일임계약이 강행규정인 공익법인의 설립·운영에 관한 법률 제11조 제3항에 따른 주무관청의 허가를 받지 않아 무효라고 본 원심판단에는 A 법인이 신청하지도 않은 사항에 대하여 판결함으로써 처분권주의와 변론주의를 위반한 잘못이 있다고 한 사례).

20) 대법원 1983. 12. 13. 선고 83다카1489 전원합의체 판결.
cf. 그러나 행정소송에서는, 기록상 자료가 나타나 있다면 당사자가 주장하지 않았더라도 판단할 수 있고, 당사자가 제출한 소송자료에 의하여 법원이 처분의 적법 여부에 관한 합리적인 의심을 품을 수 있음에도 불구하고 단지 구체적 사실에 관한 주장을 하지 아니하였다는 이유만으로 당사자에게 석명을 하거나 직권으로 심리·판단하지 아니함으로써 구체적 타당성이 없는 판결을 하는 것은 행정소송법 제26조의 규정과 행정소송의 특수성에 반하므로 허용될 수 없다. 대법원 2011. 2. 10. 선고 2010두20980 판결.

21) 대법원 2017. 3. 22. 선고 2016다258124 판결.

22) 대법원 1996. 2. 27. 선고 95다43044 판결. 동지 : 대법원 1967. 2. 7. 선고 66다2206 판결 ; 대법원 1987. 2. 24. 선고 86다215,86다카1071 판결.

23) 대법원 1990. 2. 27. 선고 89다카19412 판결.

인들이 조합관계에 있다는 주장 등을 하지 않았는데도 B가 주장하지도 아니한 조합관계를 인정하고 그에 기하여 A의 청구를 기각할 수는 없다.[24)]

환언하면, 법률상의 요건사실에 해당하는 주요사실에 대하여 당사자가 주장하지도 아니한 사실을 인정하여 판단하는 것은 변론주의에 위반된다.[25)]

(2) 주장책임이 문제되지 아니하는 경우

전술한 법리를 뒤집어 보면, 다음과 같은 경우에는 주장책임이 문제되지 아니한다는 것이 된다.

첫째, 변론주의는 주요사실에 대하여만 적용되고 간접사실에 대하여는 적용이 없는 것이다.[26)] 즉, 이러한 간접사실에 관해서는 당사자의 주장 유무 여하에 불구하고 법원이 증거에 의하여 자유로이 사실을 인정할 수 있다.[27)]

따라서, 무엇이 주요사실이며 무엇이 간접사실인지는 소송실무상 극히 중요한 것으로서, 실체법을 연구함에도 유의할 문제이다.

둘째, 법률의 해석이나 적용에 관한 의견을 표명한 주장에는 변론주의가 적용되지 아니하므로, 법원이 당사자의 주장에 구속되지 않고 직권으로 판단할 수 있다.[28)]

예컨대, 어떤 권리의 소멸시효기간이 얼마나 되는지에 관한 주장은 단순한 법률상의 주장에 불과하므로 변론주의의 적용대상이 되지 않고 법원이 직권으로 판단할 수 있다.[29)] 따라서, 가령, 당사자가 민법에 따른 소멸시효기간을 주장한 경우에도 법원은 직권으로 상법에 따른 소멸시효기간을 적용할 수 있다.[30)]

셋째, 증거자료는 소송자료와 구별되는 것으로,[31)] 증거자료에 나타난 사실을 소송상 주장

24) 대법원 2012. 8. 17. 선고 2011다80005 판결.

25) 대법원 2021. 3. 25. 선고 2020다289989 판결.

26) 대법원 1982. 12. 14. 선고 81다38 판결. 동지: 대법원 1987. 2. 24. 선고 86다카1625 판결; 대법원 1993. 4. 13. 선고 92다23315,23322(반소) 판결; 대법원 1993. 9. 14. 선고 93다28379 판결; 대법원 1994. 11. 4. 선고 94다37868 판결; 대법원 2002. 8. 23. 선고 2000다66133 판결.

27) 대법원 1971. 4. 20. 선고 71다278 판결. 동지: 대법원 1977. 1. 11. 선고 76다2083 판결.

28) 대법원 2017. 3. 22. 선고 2016다258124 판결.

29) 대법원 2008. 3. 27. 선고 2006다70929 판결. 동지: 대법원 1977. 9. 13. 선고 77다832 판결(사안은, 당사자가 지방자치단체에 대한 금전채권에 관하여 10년의 소멸시효기간을 주장한 데 대해, 원심법원이 지방재정법 소정의 5년의 소멸시효기간의 경과 여부를 심리하지 아니한 채 10년이 지나지 아니하였다는 이유로 소멸시효 항변을 배척한 것이다. 대법원은 원심판결에 소멸시효에 관한 법리오해의 위법이 있다고 보았다); 대법원 2017. 3. 22. 선고 2016다258124 판결.

30) 대법원 2017. 3. 22. 선고 2016다258124 판결.

31) 대법원 1964. 12. 29. 선고 64다1189 판결.

사실과 같이 볼 수는 없다.[32]

(3) 주장책임의 분배

주장책임의 분배는 원칙적으로 입증책임의 분배와 일치한다. 흔히 '주장·입증책임'이라고 표현하는 까닭도 이 때문이다.

다만, 가령, 무권대리인에게 책임을 묻는 청구에서는, 피고의 행위가 무권대리라는 주장을 할 책임은 원고에게 있지만, 대리권의 존재는 피고(대리인)에게 입증책임이 있다(민법 제135조 제1항 참조).

(4) 주장공통의 원칙

어떠한 주요사실이 변론에서 진술되었다면, 해당 사실의 주장책임을 지는 자가 아니라 그 상대방이 이를 진술하였더라도, 주요사실의 주장이 있은 것으로 된다.[33]

다만, 그 주장의 존재를 인정하더라도 상대방에게 불의의 타격을 줄 우려가 없어야 할 것이다.[34]

(5) 주장의 방법

(가) 간접적 주장의 문제

그런데, 주요사실에 대한 주장은, 당사자가 이를 직접적으로 명백히 한 경우뿐만 아니라, 당사자의 변론을 전체적으로 관찰하여 그 주장을 한 것으로 볼 수 있는 경우에도 주요사실의 주장이 있다고 보아야 한다.[35] 따라서, 다음과 같은 결과가 된다.

첫째, 당사자가 법원에 서증을 제출하며 그 입증취지를 진술함으로써 서증에 기재된 사실을 주장한 경우에도 주요사실의 주장이 있는 것으로 보아야 할 것이다.[36]

---

32) 대법원 1981. 8. 11. 선고 81다262,263 판결(사안은 당사자본인신문에서의 진술).
같은 이치에서, 예컨대, 독립당사자참가인이 참가 전에 증인으로서 증언한 후에 당사자로 된 뒤에 곧 그것이 상대편 주장에 대한 공격방어방법이 될 수 없다. 대법원 1969. 12. 23. 선고 69다1723,1724 판결.

33) 대법원 1996. 9. 24. 선고 96다25548 판결 참조. 동지 : 대법원 2008. 4. 24. 선고 2008다5073 판결.
주의할 것은, 통상공동소송인간에는 주장공통이 되지 아니한다는 점이다. 상세한 것은 '공동소송인과 참가인의 소송행위 및 소송진행' 부분에서 후술한다.

34) 대법원 2002. 2. 26. 선고 2000다48265 판결. 동지 : 대법원 2008. 4. 24. 선고 2008다5073 판결.

35) 대법원 2017. 9. 12. 선고 2017다865 판결.

36) 대법원 1999. 7. 27. 선고 98다46167 판결. 동지 : 대법원 1980. 12. 9. 선고 80다2432 판결(어음금청구소송에서 피고가 원고의 주장사실을 전부부인하면서 증거로서 제권판결정본을 제출하였다면 비록 피고가 그 판결의 효력에 관하여 아무런 주장을 하지 아니하였다고 하더라도 법원은 제권판결을 기초로 하여 어음금청구를 배척할 수 있다) ; 대법원 1993. 2. 12. 선고 91다33384,33391(반소) 판결 ; 대법원 1996. 12. 19. 선고 94다22927 전원합의체 판결(삼청교육과 관련하여 제기된 국가배상청구에 있어서 국가측의 소멸시

둘째, 증인신청으로써 주요사실에 대한 간접적인 주장을 하였다고 볼 여지가 있는 경우가 있을 수 있다.[37)]

(나) 가정적 항변의 문제

또한, 청구원인에 관한 주장이 불분명한 경우에 그 주장이 무엇인지에 관하여 석명을 구하면서 이에 대하여 가정적으로 항변한 경우에도 주요사실에 대한 주장이 있다고 볼 수 있다.[38)]

이러한 경우 항변이 있다고 볼 수 있는지는, 당사자들이 진술한 내용이나 취지뿐만 아니라

效 항변에 대하여 원고가 국방부장관의 1988. 12. 3.자 담화 발표를 들어 국가가 소멸시효이익을 포기한 것이라고 주장하였을 뿐 대통령의 1988. 11. 26.자 담화 발표에 기한 소멸시효이익 포기의 주장을 한 바는 없으나, 원고가 대통령의 담화문을 서증으로 제출하였을 뿐만 아니라 대통령의 담화를 기초로 하여 국방부장관의 담화가 발표되었다는 내용의 진술이 기재된 국방부장관에 대한 증인신문조서등본을 서증으로 제출하고 있음에 비추어 원고는 그와 같은 서증들을 제출함으로써 국가가 대통령의 담화 발표로써 소멸시효이익을 포기하였다는 주장을 한 것으로 보아야 한다는 이유로, 국가가 대통령의 담화로써 소멸시효이익을 포기하였다는 원고의 주장이 있는 것으로 보고 그에 대하여 판단한 원심판결을 수긍한 사례) ; 대법원 1998. 2. 27. 선고 97다45532 판결(보조참가인인 토지 매수인이 토지 전부를 매수하였다고 주장하면서 약정서를 제출하였을 뿐만 아니라 증인신문을 통하여 토지 매수인이 매수한 부분이 토지의 1/2에 불과함에도 편의상 그 전부에 관한 수분양자의 명의를 매수인 앞으로 변경하기로 약정하였다가 해당 토지 전부를 타에 처분하기로 합의한 사실을 입증하고 있는 경우, 비록 당사자가 변론에서 명의신탁관계의 성립 및 그 철회 내지 해지에 관하여 명백히 진술을 한 흔적은 없다 하더라도 위 증거들의 신청으로 그에 관한 간접적인 진술이 있었다고 보아야 할 것이라고 한 사례) ; 대법원 1999. 7. 27. 선고 98다46167 판결 ; 대법원 2002. 6. 28. 선고 2000다62254 판결 ; 대법원 2002. 11. 8. 선고 2002다38361,38378 판결 ; 대법원 2006. 2. 24. 선고 2002다62432 판결 ; 대법원 2006. 6. 30. 선고 2005다21531 판결 ; 대법원 2008. 4. 24. 선고 2008다5073 판결.

37) 같은 이치에서, A가 소장에서 토지를 B로부터 매수하였다고 주장하고 있으나 A가 위 매매당시 불과 10세 남짓한 미성년이었고 증인신문을 신청하여 A의 조부인 C가 A를 대리하여 위 토지를 매수한 사실을 입증하고 있다면 A가 그 변론에서 위 대리행위에 관한 명백한 진술을 한 흔적은 없다 하더라도 위 증인신청으로서 위 대리행위에 관한 간접적인 진술은 있었다고 보아야 할 것이다. 대법원 1987. 9. 8. 선고 87다카982 판결. 동지 : 대법원 1993. 3. 9. 선고 92다54517 판결.

38) 대법원 2017. 9. 12. 선고 2017다865 판결(A 주식회사가 B를 상대로 제기한 부당이득금반환 등 소송에서 을이 원심 변론기일에 '만약 A 회사의 주장대로 B가 A 회사를 기망하여 돈을 편취하였다면, A 회사는 B에게 불법행위를 원인으로 손해배상을 청구해야 하는데도 A 회사가 B에게 부당이득을 청구하고 있는 것은 아마도 A 회사가 B에게 불법행위를 원인으로 손해배상을 청구할 경우, 이미 소멸시효 기간이 완료한 점을 고려한 것으로 보인다'고 주장하면서 A 회사의 청구원인이 무엇인지 재판부에 석명을 요청하였고, 이에 A 회사가 B에 대한 청구가 불법행위에 따른 손해배상청구, 차용금반환 청구, 부당이득반환 청구의 성격을 모두 가진다고 하면서 '이 중 B의 소멸시효 완성의 항변에 관해서는 관련 사건의 판결을 제시함으로써 B의 주장이 타당하지 않음을 밝힌다'고 주장한 사안에서, B가 A 회사의 청구원인이 불법행위에 기한 손해배상청구라면 소멸시효가 완성되었다고 가정적으로 항변하고, A 회사도 B의 주장을 소멸시효 항변으로 이해하고 재항변까지 하였으므로, B은 소멸시효 항변을 한 것으로 볼 수 있고, B의 소멸시효 항변이 배척될 것이 명백하다고 볼 수도 없는데도, B의 불법행위책임을 인정하면서도 B의 소멸시효 항변 등에 관하여 아무런 판단을 하지 않은 원심판결에 판단누락의 잘못이 있다고 한 사례).

상대방이 당사자의 진술을 어떻게 이해하였는지도 함께 고려해서 합리적으로 판단하여야 한다.[39]

나) 자백의 구속력

일단 재판상의 자백이 성립하면 그것이 적법하게 취소되지 않는 한 법원도 이에 기속되는 것이므로,[40] 법원은 당사자 사이에 다툼이 없는 사실에 관하여 성립된 자백과 배치되는 사실을 증거에 의하여 인정할 수 없다.[41]

따라서, 재판상 자백에 반대되는 사실인정을 한 때에는, 재판상 자백에 관한 법리오해 또는 심리미진이나 채증법칙 위반의 위법이 있는 것이 된다.[42]

그러나, 간접사실은 변론주의의 적용대상이 아니므로, 간접사실에 대한 자백이 법원이나 당사자를 구속하지 않음은 물론이다.[43] 직권조사사항이나 직권탐지사항도 마찬가지이다.

이러한 재판상 자백에 관하여 상세한 것은 '증거 총설' 부분에서 불요증사실과 관련하여 보기로 한다.

다) 직권증거조사의 금지

직권증거조사는 예외적·보충적으로만 실시된다(법 제292조). 이에 관한 상세 역시 '증거 총설' 부분에서 후술하겠다.

3) 직권탐지주의와 직권탐지사항

가) 직권탐지주의

가류 및 나류 가사소송사건에 관하여 기술한 바와 같이, 직권탐지주의하에서는 당사자가 주장하지 아니한 사항도 법원이 판단할 수 있고, 당사자의 자백이 법원을 구속할 수 없으며(예컨대, 가사소송법 제12조 단서에서 자백에 관한 규정의 부적용), 법원이 직권으로 필요한 증거조

---

39) 대법원 2017. 9. 12. 선고 2017다865 판결.

40) 대법원 2010. 2. 11. 선고 2009다84288,84295 판결. 동지 : 대법원 1966. 11. 29. 선고 66다1872 판결 ; 대법원 1966. 12. 6. 선고 66다1744 판결 ; 대법원 1983. 2. 8. 선고 82다카1258 판결 ; 대법원 2013. 6. 27. 선고 2012다86048 판결 ; 대법원 2016. 3. 24. 선고 2013다81514 판결.

41) 대법원 2010. 2. 11. 선고 2009다84288,84295 판결. 동지 : 대법원 1962. 4. 4. 선고 4294민상983 판결 ; 대법원 1983. 2. 8. 선고 82다카1258 판결 ; 대법원 1983. 9. 27. 선고 82다카1828 판결 ; 대법원 1988. 10. 24. 선고 87다카804 판결 ; 대법원 2013. 6. 27. 선고 2012다86048 판결.

42) 대법원 1996. 1. 26. 선고 94다24039 판결.

43) 대법원 1992. 11. 24. 선고 92다21135 판결. 동지 : 대법원 1982. 6. 22. 선고 80다2671 판결 ; 대법원 2000. 1. 28. 선고 99다35737 판결. 대법원 2007. 2. 8. 선고 2006다28065 판결.

사를 하여야 한다.

위와 같은 사건들에 직권탐지주의가 채택된 까닭은, 그러한 사건들이 공익에 관련되는 것들이기 때문이다.[44)]

이와 관련하여 주의할 것은, 주장책임과 달리 입증책임은 직권탐지주의에서도 문제된다는 점이다.

통상의 민사소송에서도 법규의 존부와 같은 것은 직권탐지사항이다.[45)]

또한, **행정처분 또는 재결의 효력 유무 또는 존재 여부가 민사소송의 선결문제로 되어 해당 민사소송의 수소법원이 이를 심리·판단하는 경우에는, 법원은 필요하다고 인정할 때에는 직권으로 증거조사를 할 수 있고, 당사자가 주장하지 아니한 사실에 대하여도 판단할 수 있다**(행정소송법 제11조 제1항, 제26조). 그러나, 이러한 행정소송의 직권탐지주의에 관한 상세는, 행정소송법 문헌의 서술을 참고하기 바란다.

나) 직권탐지사항과 직권조사사항의 차이

직권탐지사항과 직권조사사항은 모두 주장책임의 원칙이 배제되고, 자백의 구속력이 없으며, 입증책임이 문제된다는 공통점이 있다.

그러나, 직권탐지사항에 관하여서는 법원이 직권으로 증거조사를 하여야 하는 반면, 직권조사사항에 관하여서는 법원이 직권으로 증거조사를 할 의무는 없다.[46)]

4) 실체법상의 직권판단사항

가) 개 관

이른바 실체법상의 직권판단사항에 관하여서는 변론주의가 문제되지 아니한다.[47)] 다만, 이러한 사항들은 일견 직권조사사항과 흡사하므로, 학설·판례상 직권조사사항의 일종으로 이해되기도 한다.

그 구체적인 예로는 다음과 같은 것들이 있다.

나) 강행규정 위반 여부

예컨대, 신의성실의 원칙에 반하는 것 또는 권리남용은 강행규정에 위배되는 것이므로 당

---

44) 대법원 2002. 6. 14. 선고 2001므1537 판결 참조.

45) 대법원 1981. 2. 10. 선고 80다2189 판결.

46) 대법원 1981. 6. 23. 선고 81다124 판결 참조.

47) 호문혁, 416면.

사자의 주장이 없더라도 법원은 (그 여부를) 직권으로 판단할 수 있다.[48]

다) (제소기간이 아닌) 제척기간

제소기간에 해당하는 제척기간이 직권조사사항임은 '소와 소송요건' 부분에서 이미 살펴본 바와 같으나, 제척기간은 제소기간이 아니더라도 실체법상 직권판단사항에 해당하는 것으로 풀이된다.[49][50]

예컨대, 취소권 행사기간(민법 제146조)이 도과하였는지 여부는 당사자의 주장에 관계없이 법원이 당연히 조사하여 고려하여야 할 사항이다.[51]

위 법리가 적용되는 대표적인 예로는, 매매예약완결권의 행사기간,[52] 공작물 수급인의 하자담보책임기간(민법 제671조 제1항),[53] 영업양도인의 책임의 존속기간(상법 제45조),[54] 국세부과의 제척기간(국세기본법 제26조의2)[55] 등이 있다.

라) 과실상계

피해자에게 과실이 인정되면 법원은 손해배상의 책임 및 그 금액을 정함에 이를 참작하여야 하며, 배상의무자가 피해자의 과실에 관하여 주장하지 않는 경우에도 소송자료에 의하여 과실이 인정되는 경우에는 이를 법원이 직권으로 심리·판단하여야 하며,[56] 이러한 법리는 책임감경사유에 관하여도 마찬가지이다.[57]

---

48) 대법원 1989. 9. 29. 선고 88다카17181 판결. 동지 : 대법원 1995. 12. 22. 선고 94다42129 판결 ; 대법원 1998. 8. 21. 선고 97다37821 판결.

49) 이 점, 소멸시효시간의 경과 여부가 변론주의의 적용대상인 것과는 대조를 이룬다.

50) 다만, 판례는 이 또한 '직권조사사항'으로 지칭하고 있다.

51) 대법원 1996. 9. 20. 선고 96다25371 판결.

52) 대법원 2000. 10. 13. 선고 99다18725 판결.

53) 대법원 2012. 5. 10. 선고 2011다66610 판결(사안은 집합건물의 소유 및 관리에 관한 법률 제9조에 의하여 민법 제671조 제1항 단서가 준용되는 경우) 참조.

54) 대법원 2013. 4. 11. 선고 2012다64116 판결.

55) 대법원 2010. 12. 23. 선고 2008두10522 판결 참조.

56) 대법원 1996. 10. 25. 선고 96다30113 판결. 동지 : 대법원 1987. 11. 10. 선고 87다카473 판결 ; 대법원 1995. 6. 30. 선고 94다23920 판결(사안은 하자담보책임) ; 대법원 1999. 7. 13. 선고 99다12888 판결(사안은 하자담보책임) ; 대법원 2000. 1. 21. 선고 99다50538 판결 ; 대법원 2007. 6. 14. 선고 2006다78329 판결 ; 대법원 2008. 2. 28. 선고 2005다60369 판결 ; 대법원 2013. 3. 28. 선고 2009다78214 판결(사안은 의료기관이 관련 법령을 위반하여 원외처방전을 발급함으로써 국민건강보험공단에 대하여 손해를 배상할 책임이 있는 경우의 책임감경사유) ; 대법원 2013. 6. 13. 선고 2012다91262 판결(사안은 의료기관이 관련 법령을 위반하여 원외처방전을 발급함으로써 국민건강보험공단에 대하여 손해를 배상할 책임이 있는 경우의 책임감경사유) ; 대법원 2016. 4. 12. 선고 2013다31137 판결.

57) 대법원 2007. 10. 25. 선고 2005다10364 판결.

그러나 이와 관련하여 주의할 것은, 책임 감경사유 내지 과실상계사유에 관한 사실인정이나 책임감경 내지 과실상계의 비율을 정하는 것은 그것이 현저히 형평의 원칙에 비추어 불합리하다고 인정되지 않는 한 사실심의 전권에 속하는 사항이다.[58)]

---

58) 대법원 1991. 2. 26. 선고 90다6460 판결. 동지 : 대법원 1983. 12. 27. 선고 83다카1389 판결 ; 대법원 1990. 4. 25. 선고 90다카3062 판결 ; 대법원 1991. 3. 27. 선고 90다1383 판결 ; 대법원 1991. 4. 26. 선고 90다20077 판결 ; 대법원 1991. 5. 14. 선고 91다8081 판결 ; 대법원 1991. 7. 23. 선고 89다카1275 판결 ; 대법원 1991. 11. 12. 선고 91다22148 판결 ; 대법원 1992. 2. 11. 선고 91다12073 판결 ; 대법원 1992. 5. 22. 선고 91다37690 판결 ; 대법원 1992. 9. 25. 선고 92다20477 판결 ; 대법원 1992. 11. 13. 선고 92다14687 판결 ; 대법원 1992. 11. 27. 선고 92다32821 판결 ; 대법원 1993. 7. 13. 선고 92다29719 판결 ; 대법원 1994. 4. 12. 선고 93다44401 판결 ; 대법원 1994. 9. 30. 선고 94다7300 판결 ; 대법원 1995. 1. 20. 선고 94다38731 판결 ; 대법원 1995. 2. 10. 선고 93다52402 판결 ; 대법원 1995. 7. 25. 선고 95다17267 판결 ; 대법원 1996. 1. 23. 선고 95다24340 판결 ; 대법원 1997. 11. 28. 선고 97다38299 판결 ; 대법원 1998. 9. 4. 선고 96다6240 판결 ; 대법원 1998. 9. 4. 선고 96다11440 판결 ; 대법원 1999. 5. 25. 선고 98다56416 판결 ; 대법원 2000. 1. 21. 선고 98다50586 판결 ; 대법원 2000. 2. 22. 선고 98다38623 판결 ; 대법원 2000. 6. 9. 선고 98다54397 판결 ; 대법원 2002. 1. 8. 선고 2001다62251 판결 ; 대법원 2002. 11. 26. 선고 2002다43165 판결 ; 대법원 2002. 12. 10. 선고 2001다58443 판결 ; 대법원 2005. 7. 15. 선고 2003다28200 판결 ; 대법원 2005. 10. 7. 선고 2003다44387,44394 판결 ; 대법원 2006. 2. 10. 선고 2003다15501 판결 ; 대법원 2007. 11. 30. 선고 2006다19603 판결(사안은 이사나 감사의 손해배상액 제한) ; 대법원 2008. 2. 28. 선고 2005다11954 판결 ; 대법원 2009. 6. 11. 선고 2008다92466 판결(사안은 공동주택의 하자로 인한 손해배상책임) ; 대법원 2012. 1. 12. 선고 2010다79947 판결 ; 대법원 2012. 9. 13. 선고 2012다39103 판결 ; 대법원 2012. 10. 11. 선고 2010다42532 판결 ; 대법원 2012. 12. 13. 선고 2011다25695 판결 ; 대법원 2015. 5. 28. 선고 2012다78184 판결 ; 대법원 2017. 6. 8. 선고 2016다249557 판결 ; 대법원 2018. 2. 13. 선고 2015다242429 판결(사안은 불법행위의 과실상계) ; 대법원 2018. 7. 12. 선고 2016다202299 판결 ; 대법원 2018. 7. 26. 선고 2018다227551 판결(사안은 불법행위의 과실상계) ; 대법원 2018. 9. 13. 선고 2016다35802 판결(사안은 불법행위의 책임감경) ; 대법원 2018. 10. 4. 선고 2015다253184,253191 판결 ; 대법원 2018. 11. 15. 선고 2016다244491 판결 ; 대법원 2019. 2. 21. 선고 2018다248909 전원합의체 판결 ; 대법원 2020. 4. 29. 선고 2014다11895 판결(A가 B 은행의 분식회계 등 사실을 모르고 B 은행 주식에 투자하였다가 손해를 입자, 분식회계 등에 적극적으로 관여한 B 은행의 회장 C 등 및 분식회계 등 사실을 발견하지 못한 채 허위 내용이 기재된 감사보고서를 작성한 D 회계법인을 상대로 불법행위에 따른 손해배상을 구하는 소를 제기하였는데, 정 법인의 책임비율이 문제 된 사안에서, D 법인의 책임비율을 고의로 대손충당금을 과소 적립하는 방법으로 분식행위를 하고 이를 기초로 허위의 사업보고서 등을 공시하는 데 적극적으로 관여한 C 등과 같게 정한 것은 적절하지 않으나, C 등의 책임 부분이 40%로 확정된 것은 A가 상고하지 않았기 때문일 뿐 책임비율이 적정하다는 것을 뜻하는 것은 아니므로, D 법인의 책임비율을 C 등과 같게 정한 잘못이 있더라도 D 법인의 책임비율이 그 자체로 재량 범위에 있다면 그러한 잘못이 판결 결과에 영향을 미쳤다고 볼 수 없는데, 외부감사인에게 요구되는 주의의무를 위반한 D 법인의 과실 내용과 그 결과에 비추어 D 법인의 책임비율을 40%로 제한한 것 자체는 수긍할 수 있는 범위 내로서 이를 40%보다 낮은 비율로 정하지 않았다고 하여 형평의 원칙에 비추어 현저히 불합리하다고 볼 수 없으므로, D 법인의 책임비율을 40%로 정한 원심판단에는 책임제한에 관한 법리오해의 잘못이 없다고 한 사례) ; 대법원 2020. 6. 25. 선고 2019다292026,292033,292040 판결(사안은 불법행위의 책임감경) ; 대법원 2020. 12. 24. 선고 2017다51603 판결(불법행위와 관련하여 과실상계를 하지 아니한 원심판결이 정당하다고 한 사례) ; 대법원 2021. 2. 25. 선고 2018다43180 판결 ; 대법원 2021. 3. 11. 선고 2018다285106 판결(사안은 불법행위의 과실상계).

원심이 인정한 과실상계비율이 위법하다고 인정한 사례로는, 대법원 1978. 6. 27. 선고 77다1684 판결 ; 대법원 1983. 12. 27. 선고 83다카1389 판결 ; 대법원 1984. 7. 10. 선고 84다카440 판결 ; 대법원 1985.

환언하면, 그것이 형평의 원칙에 비추어 현저히 불합리하다고 인정되는 경우에는 위법한 것으로서 허용되지 아니한다.[59)]

마) 손해배상액 예정의 감액

손해배상의 예정액이 부당히 과다하여 법원은 이를 적당히 감액하는 경우에, 감액사유에 대한 사실인정이나 그 비율을 정하는 것은 형평의 원칙에 비추어 현저히 불합리하다고 인정되지 않는 한 사실심의 전권에 속하는 사항이다.[60)]

환언하면, 감액사유에 대한 사실인정이나 그 비율이 형평의 원칙에 비추어 현저히 불합리하다고 인정되는 경우에는 위법한 것으로서 허용되지 않는다.[61)]

같은 이치에서, 지체상금의 감액사유에 대한 사실인정이나 그 비율을 정하는 것도 형평의 원칙에 비추어 현저히 불합리하다고 인정되지 않는 한 사실심 법원의 전권에 속하는 사항이다.[62)]

바) 손해배상액의 제한·경감

(1) 이사의 회사에 대한 손해배상액의 제한

이사가 법령 또는 정관에 위반한 행위를 하거나 그 임무를 해태함으로써 회사에 대하여 손해를 배상할 책임이 있는 경우에 그 손해배상의 범위를 정할 때에는, 당해 사업의 내용과 성격, 당해 이사의 임무 위반의 경위 및 임무 위반행위의 태양, 회사의 손해 발생 및 확대에 관여된 객관적인 사정이나 그 정도, 평소 이사의 회사에 대한 공헌도, 임무 위반행위로 인한 당해 이사의 이득 유무, 회사의 조직체계의 흠결 유무나 위험관리체제의 구축 여부 등 제반

---

11. 26. 선고 85다카1191 판결; 대법원 1992. 11. 27. 선고 92다32821 판결; 대법원 1993. 7. 13. 선고 92다29719 판결; 대법원 1994. 4. 12. 선고 93다44401 판결; 대법원 1994. 10. 25. 선고 94다21566 판결. 대법원 2013. 6. 13. 선고 2012다91262 판결은, 손해분담의 공평이라는 손해배상제도의 이념에 비추어 손해배상액을 제한할 수 (있는 것으로 볼 만한 사정이 있는데도 이에 따른 제한가능성이) 있는지는 전혀 심리·판단하지 아니한 채 위 손해액 전부에 대하여 피고의 배상책임을 인정한 원심판결에 손해배상제도에서의 책임감경사유에 관한 법리를 오해한 위법이 있다고 보았다.

59) 대법원 2021. 2. 25. 선고 2018다43180 판결(채무자의 위임에 따라 개인회생채권자목록을 작성한 법무사의 과실로 일부 채무가 누락된 상태로 변제계획이 인정되었다 하더라도, 채무자 스스로 개인회생절차폐지를 신청하여 폐지결정을 받은 다음 다시 개인회생절차개시신청을 할 수 있고, 이 경우 채무자는 누락되었던 채무까지 포함한 전체 채무에 관하여 변제계획을 작성하고 인가결정을 받을 수 있는데, 채무자가 이를 이용하지 아니한 사정을 책임제한사유로 고려하지 아니한 원심의 판단이 위법하다고 본 사안).

60) 대법원 2017. 5. 30. 선고 2016다275402 판결. 동지: 대법원 2017. 7. 11. 선고 2016다52265 판결; 대법원 2020. 11. 26. 선고 2020다253379 판결.

61) 대법원 2017. 8. 18. 선고 2017다228762 판결.

62) 대법원 2018. 10. 12. 선고 2015다256794 판결. 동지: 대법원 2005. 11. 25. 선고 2003다60136 판결.

사정을 참작하여 손해분담의 공평이라는 손해배상제도의 이념에 비추어 그 손해배상액을 제한할 수 있다.[63)]

이때에 손해배상액 제한의 참작 사유에 관한 사실인정이나 그 제한의 비율을 정하는 것은, 그것이 형평의 원칙에 비추어 현저히 불합리한 것이 아닌 한 사실심의 전권사항이다.[64)]

(2) 실화에 따른 손해배상액의 경감

실화로 인한 손해의 배상의무자가 손해배상액의 경감을 청구한 경우에, 법원은 손해배상액을 경감할 것인지 여부 및 경감 비율을 정할 수 있는바(실화책임에 관한 법률 제3조 제2항), 이는 형평의 원칙에 비추어 현저히 불합리하다고 인정되지 않는 한 사실심의 전권사항에 속한다.[65)]

나. 변론의 필요성 등

1) 개 관

법률에 특별한 규정이 있는 경우는 별론으로 하고(법 제134조 제3항),[66)] 원칙적으로, **당사자는 소송에 대하여 법원에서 변론하여야 한다**(같은 조 제1항 본문).

2) 변론의 필요성(필요적 변론의 원칙)

즉, 무변론판결(법 제257조 제1항 본문, 제2항)이나 상고심절차(법 제430조 제1항) 등의 예외적인 경우가 아닌 한, 판결을 하기 위해서는 반드시 변론을 열어야 한다(법 제134조 제1항 단서 참조),

다만, 결정에 의하여 완결할 사건은 변론을 거치지 아니할 수 있는바(법 제134조 제1항 단서), 이러한 '임의적 변론'에 관한 상세는 심리의 제원칙(諸原則)을 먼저 살펴보고 나서 별항으로 보기로 한다.

3) 쌍방심리주의

또한, 사건의 심리에서는 당사자 쌍방이 주장·입증을 할 수 있는 기회를 동등하게 주어야 한다(쌍방심리주의, 당사자 대등의 원칙, 무기평등의 원칙).

---

63) 대법원 2019. 5. 16. 선고 2016다260455 판결. 동지 : 대법원 2004. 12. 10. 선고 2002다60467,60474 판결.
64) 대법원 2019. 5. 16. 선고 2016다260455 판결.
65) 대법원 2019. 11. 14. 선고 2019다215432 판결. 동지 : 대법원 2013. 3. 28. 선고 2010다71318 판결.
66) 법문에는 "이 법에 특별한 규정이 있는 경우에는 …"으로 되어 있으나, 이는 위와 같이 확장해석하여야 한다. 그 까닭에 관하여서는 '임의적 변론' 부분에서 후술한다.

4) 구술주의

가) 개 관

변론이 필요적인 이상, 당사자는 기일에 출석하여 말로 진술하여야 하며(규칙 제28조 제1항 참조), 소송당사자가 자기의 주장사실을 서면에 기재하여 법원에 제출하였다 하더라도 변론에서 진술되지 아니한 이상 이를 해당 사건의 판단자료로 삼을 수 없다.[67]

나) 주장서면의 부진술(不陳述)과 이에 관한 처리

따라서, 가령, 준비서면[68] 등 주장서면을 제출하였다 하더라도 이를 진술하지 아니할 수도 있는바, 그 경우 실무상 다음과 같이 처리하고 있다.

종이기록사건에서는, 당사자가 준비서면 등을 진술하지 아니한 경우에는 혼란 방지를 위하여 그 제출 당사자로 하여금 해당 준비서면 등(법원용)에 "부진술"이란 취지를 기재하고 서명 또는 날인하도록 하고 있다.[69]

전자기록사건에서는, 당사자가 제출한 주장서면 또는 이에 준하는 서면으로서 진술하지 않는 의사를 표시한 때에는 법원사무관등은 이를 기록뷰어의 보류함으로 이동시킨다.[70]

다) 구술주의와 기일해태의 관계

만일 당사자가 출석하지 아니하거나 출석하여도 변론하지 아니한 경우(법 제268조 참조)에는 기일의 해태로서 그에 따른 소송법상의 효과가 발생한다.

또한, 변론준비기일의 운영 역시 구술주의에 의하며(규칙 제70조의2 참조), 변론준비기일에서도 기일해태에 따른 효과가 발생한다(법 제286조, 제268조 참조).

변론의 구체적인 방법과 기일해태의 효과에 대해서는 '변론의 실시방법' 및 '변론준비절차' 부분에서 각각 살펴보겠다.

5) 기일 외 진술 등의 금지

당사자나 대리인은 기일 외에서 구술, 전화, 휴대전화 문자전송, 그 밖에 이와 유사한 방법으로 사실상 또는 법률상 사항에 대하여 진술하는 등 법령이나 재판장의 지휘에 어긋나는

---

67) 대법원 2001. 12. 14. 선고 2001므1728,1735 판결(항소취지확장서). 동지 : 대법원 1970. 12. 22. 선고 70다2297 판결(지급명령에 대한 이의신청서) ; 대법원 1981. 6. 9. 선고 80누391 판결(청구취지 및 원인 변경신청서).

68) 준비서면에 관하여서는 별항으로 후술한다.

69) 구 「바람직한 재판운영방안(재일 94-1)」.

70) 민전예규 제47조 제1항.

절차와 방식으로 소송행위를 하여서는 아니 된다(규칙 제17조의2 제1항).

재판장은 이를 어긴 당사자나 대리인에게 주의를 촉구하고 기일에서 그 위반사실을 알릴 수 있다(같은 조 제2항).

4. 변론의 집중과 준비에 관한 원칙 : 집중심리주의, 적시제출주의 등

가. 집중심리주의

변론은 집중되어야 한다(법 제272조 제1항 전단). 따라서, 법원은 변론이 집중되도록 함으로써 변론이 가능한 한 속행되지 않도록 하여야 하고, 당사자는 이에 협력하여야 한다(규칙 제69조 제2항).

나. 당사자의 조사의무와 변론의 준비

당사자는 주장과 입증을 충실히 할 수 있도록 사전에 사실관계와 증거를 상세히 조사하여야 한다(규칙 제69조의2).

이때 "사전"이라 함은 변론준비절차를 거치는 경우에는 변론준비절차가 종결되기 전을 말하며(규칙 제72조 제3항 참조), 변론준비절차를 거치지 아니하는 경우에는 제1차 변론기일 전을 의미한다.[71]

다. 변론의 준비 : 준비서면

당사자는 변론을 서면으로 준비하여야 한다(법 제272조 제1항 후단). 따라서, 변론에서 주장·입증할 사항은 미리 「준비서면」에 기재하여 제출하여야 하는바,[72] 준비서면에 관한 상세는 별항으로 후술하겠다.

준비서면에 적지 아니한 사실은 상대방이 출석하지 아니한 때에는 변론에서 주장하지 못한다(법 제276조 본문).

그러나, **단독사건의 변론은 서면으로 준비하지 아니할 수 있으며**(법 제272조 제2항 본문), **이에 따라 준비서면을 필요로 하지 아니하는 경우에는 상대방이 출석하지 아니한 때에도 변론에서 주장할 수 있다**(법 제276조 단서).

다만, 단독사건이라도, 상대방이 준비하지 아니하면 진술할 수 없는 사항은 서면으로 준비

71) '사건관리예규' 참조.
72) '인지액·편철방법예규'.

하여야 하며(법 제272조 제2항 단서), 일반원칙에 따라 이 경우에도 준비서면에 적지 아니한 사실은 상대방이 출석하지 아니한 때에는 변론에서 주장하지 못한다.

그렇지만, 상대방이 출석하지 아니한 경우에 준비서면에 적지 아니한 사실을 주장하였다 하더라도, 이는 이의권의 포기·상실의 대상이 되는 것으로 해석된다.

라. 적시제출주의(適時提出主義)

1) 개 관

공격 또는 방어의 방법은 소송의 정도에 따라 적절한 시기에 제출하여야 한다(법 제146조, 제286조).[73)]

이에 위반한 때에는, 실기한 공격방어방법으로서 각하되거나(법 제149조 제1항, 제286조), 소송비용 부담의 재판을 받는(법 제100조),[74)] 불이익을 입을 수 있다.

원래, 공격방법이란 자신의 청구를 이유 있게 하기 위하여 제출하는 소송자료(주장)를 말하고, 방어방법이란 상대방의 청구를 배척하기 위하여 제출하는 소송자료(주장)를 말한다(법 제274조 제2항 참조).

그러나, 적시제출주의 등에서 말하는 공격방어방법은 증거자료까지도 포함하는 광의의 개념이다(법 제149조 제1항, 제208조 제2항 참조).

2) 실기(失期)한 공격방어방법의 각하[75)]

가) 개 관

당사자가 적시제출주의에 위반하여 고의 또는 중대한 과실로 공격 또는 방어방법을 뒤늦게 제출함으로써 소송의 완결을 지연시키게 하는 것으로 인정할 때에는 법원은 직권으로 또는 상대방의 신청에 따라 결정으로 이를 각하할 수 있다(법 제149조 제1항, 제286조).

그러나, 직권조사사항에 관한 것인 때에는 실기한 공격방어방법이라는 이유로 각하할 수 없다.[76)]

---

73) cf. 구법(2002. 1. 26. 법률 제6626호로 전부개정되기 전의 것) 제136조는 "공격 또는 방어의 방법은 특별한 규정이 없으면 변론의 종결까지 제출할 수 있다."라고 하여 수시제출주의(隨時提出主義)를 규정하고 있었다.

74) 이에 관하여서는 '판결의 선고' 부분에서 후술한다.

75) '시기에 늦은 공격방어방법의 각하'라고도 한다.

76) 대법원 2003. 4. 25. 선고 2003두988 판결(사안은 행정소송).
더 나아가, 선거소송에서는 공격방어방법을 실기하였다는 이유로 각하할 수 없다(공직선거법 제227조 단서, 국민투표법 제95조 단서, 주민소환에 관한 법률 제25조 제2항, 제주특별자치도 설치 및 국제자유도시 그런데, 이러한 실기한 공격방어방법의 각하는 독립된 결정의 형식으로뿐만 아니라 판결 이유 중에서 판단하는 방법에 의하여 할 수도 있다.[77]

나) 소송의 완결을 지연시키게 하는 것으로 인정하기 어려운 사유

여기에서 적절한 시기를 넘겨 뒤늦게 제출하였는지 여부를 판단함에는, 새로운 공격·방어방법이 구체적인 소송의 진행정도에 비추어 당사자가 과거에 제출을 기대할 수 있었던 객관적 사정이 있었는데도 이를 하지 않은 것인지, 상대방과 법원에 새로운 공격·방어방법을 제출하지 않을 것이라는 신뢰를 부여하였는지 여부 등을 고려해야 한다.[78]

나아가 당사자의 고의 또는 중대한 과실이 있는지 여부를 판단함에는 당사자의 법률지식과 함께 새로운 공격·방어방법의 종류, 내용과 법률구성의 난이도, 기존의 공격·방어방법과의 관계, 소송의 진행경과 등을 종합적으로 고려해야 한다.[79]

일반적으로, 법률상의 주장으로서, 그 판단에 별도의 증거조사를 필요로 하지 아니하는 공격방어방법은, 이로 말미암아 소송의 완결이 지연시키게 하는 것으로 인정되지 아니하므로, 실기한 공격방어방법이라고 할 수 없을 것이다.[80]

당사자의 공격방어방법에 대하여 각하결정을 하지 아니한 채 그 공격방어방법에 관한 증거조사까지 마친 경우에는 더 이상 소송의 완결을 지연할 염려는 없어졌다고 할 것이므로, 그러한 상황에서 새삼스럽게 당사자의 공격방어의 방법을 각하하는 판단은 할 수 없다고 할 것이다.[81]

더욱이 실기한 공격방어방법이라 하더라도 따로 심리하거나 증거조사를 하여야 할 사항이 남아 있어 어차피 기일의 속행을 필요로 하고 그 속행기일의 범위 내에서 공격방어방법의 심리도 마칠 수 있거나 공격방어방법의 내용이 이미 심리를 마친 소송자료의 범위 안에 포함되어 있는 때에는 소송의 완결을 지연시키는 것으로 볼 수 없으므로, 이와 같은 경우에도 각하할 수 없다고 보아야 한다.[82]

조성을 위한 특별법 제29조, 주민투표법 제25조 제3항).

77) 대법원 1994. 5. 10. 선고 93다47615 판결. 동지 : 대법원 1999. 2. 26. 선고 98다52469 판결 ; 대법원 1999. 7. 27. 선고 98다46167 판결 ; 대법원 2000. 4. 7. 선고 99다53742 판결 ; 대법원 2003. 4. 25. 선고 2003두988 판결 ; 대법원 2014. 6. 12. 선고 2012두28520 판결 ; 대법원 2016. 12. 29. 선고 2016다22837 판결.

78) 대법원 2017. 5. 17. 선고 2017다1097 판결.

79) 대법원 2017. 5. 17. 선고 2017다1097 판결.

80) 대법원 1992. 10. 27. 선고 92다28921 판결 참조.

81) 대법원 1994. 5. 10. 선고 93다47615 판결. 동지 : 대법원 1996. 3. 22. 선고 95누5509 판결 ; 대법원 1999. 2. 26. 선고 98다52469 판결 ; 대법원 1999. 7. 27. 선고 98다46167 판결 ; 대법원 2003. 4. 25. 선고 2003두988 판결.

다) 실기한 공격방어방법의 각하신청

상대방이 실기한 공격방어방법의 각하신청을 할 수도 있으나(법 제149조 제1항, 제286조),[83] 이는 법원의 직권발동을 촉구하는 의미의 신청에 불과하다.

마. 절차이행의 촉구

법원이나 재판장등의 결정, 명령, 촉탁 등에 대한 회신 등 절차이행이 지연되는 경우 재판장등은 법원사무관등으로 하여금 그 이름으로 해당 절차이행을 촉구하게 할 수 있다(규칙 제70조의3 제2항).

5. 개정과 법정운영에 관한 원칙

가. 재판장등의 지휘권

1) 소송지휘권의 주체

광의의 소송지휘권은 법원에 속한다고 하겠으나, **변론은 재판장이 지휘하고**(법 제135조 제1항), **변론준비절차 역시 재판장등이 지휘한다**(법 제286조, 제135조 제1항).

그리고, **법원이 하는 촉탁도 특별한 규정이 없으면 재판장이 하며**(법 제139조 제2항. 이는 변론준비절차에서도 마찬가지이다. 법 제286조에서 제139조의 부준용), **수명법관으로 하여금 그 직무를 수행하게 하고자 할 경우에는 재판장이 그 판사를 지정한다**(법 제139조 제1항).

2) 소송지휘권의 행사방법

재판장등은 발언을 허가하거나 그의 명령에 따르지 아니하는 사람의 발언을 금지할 수 있다(법 제135조 제2항, 제286조).

그런데, 소송지휘권의 행사는 사실행위로서 행하는 경우도 있으나 대체로 재판의 형식을 취하게 된다. 그리고, **소송의 지휘에 관한 결정과 명령은 언제든지 취소할 수 있다**(법 제222조).[84]

---

82) 대법원 1994. 5. 10. 선고 93다47615 판결. 동지 : 대법원 1996. 3. 22. 선고 95누5509 판결 ; 대법원 1999. 2. 26. 선고 98다52469 판결 ; 대법원 1999. 7. 27. 선고 98다46167 판결 ; 대법원 2000. 4. 7. 선고 99다53742 판결 ; 대법원 2003. 4. 25. 선고 2003두988 판결 ; 대법원 2010. 1. 14. 선고 2009다55808 판결 ; 대법원 2016. 12. 29. 선고 2016다22837 판결.

83) '인지액·편철방법예규'.

84) 그 외에 개별 제도에 관하여 취소·변경이 가능하다는 별도의 규정을 둔 예도 많다. 소송대리허가의 취소(법 제88조 제3항), 변론의 제한·분리·병합의 취소(법 제141조), 통상기간이나 재정기간의 신축(법 제172

나. 개정의 장소

공판(公判)**은 법정에서 한다**(법원조직법 제56조 제1항).[85]

다만, **법원장은 필요에 따라 법원 외의 장소에서 개정**(開廷)**하게 할 수 있다**(같은 조 제2항). 즉, 법원청사 밖에서 기일을 열려면 법원장의 허가가 있어야 한다.

그러나, 증거조사는 법원밖에서도 실시할 수 있으므로(법 제297조 제1항 전문), 증거조사기일(검증기일 등)은 법원장의 허가 없이도 법원청사 밖에서 열 수 있다.

다. 법원사무관등의 참여

조서를 작성하기 위하여, **법원사무관등은 기일에 참여하여야 하나**(법 제152조 제1항 본문, 제160조, 제283조 제2항),[86] 이에는 다음과 같은 예외가 있다.

첫째, **변론을 녹음하거나 속기하는 경우 그 밖에 이에 준하는 특별한 사정이 있는 경우에는 법원사무관등을 참여시키지 아니하고 변론기일을 열 수 있으며**(법 제152조 제1항 단서), **이는 변론준비기일의 경우에도 마찬가지이다**(법 제283조 제2항, 제152조 제1항).

그런데, 법 제160조의 규정에 불구하고, 법 제152조 제1항 단서는 그 성질상 심문기일이나 증거조사기일에 관하여서는 준용되지 아니한다고 할 것이다(법 제152조 제2항의 반대해석).

둘째, **재판장**(등)**은 필요하다고 인정하는 경우 법원사무관등을 참여시키지 아니하고 변론기일 및 변론준비기일 외의 기일을 열 수 있다**(법 제152조 제2항). 법문에는 "재판장은 …"으로 되어 있으나, 수명법관이나 수탁판사가 여는 기일에서는 이들도 법원사무관등을 참여시키지 아니할 수 있다고 할 것이다(법 제160조 참조).

그러나 '녹음·속기에 준하는 특별한 사정이 있는 경우'(법 제152조 제1항 단서)와 '재판장등이 필요하다고 인정하는 경우'(같은 조 제2항)의 차이란, 이론적·실제적으로 모호한 것이다.[87] 따라서 관견으로는, 법 제152조 제1항, 제2항의 규정은 입법론적으로 재고를 요한다.

다만, 실무상 증인신문기일과 당사자신문기일에는 녹음을 하여야 하는 것으로 되어 있음은 후술하는 바와 같다.

조 제3항) 등이 그 예이다.

85) cf. 공판정에서의 좌석과 증언대의 위치에 관하여서는 「법정 좌석에 관한 규칙」이 이를 규정하고 있다.

86) 기일의 종류에 관하여서는 '기일' 부분에서 기술하였다.

87) 법 제152조의 문리해석에 의하면, 변론기일 뿐만 아니라 변론준비기일 역시 녹음·속기를 하는 경우 외에는 법원사무관등의 참여 없이 기일을 열어서는 아니 될 것이나, 변론준비기일은 녹음·속기 없이도 법원사무관등의 참여 없이 기일을 열기도 하는 것이 오히려 실무의 주류인 것 같다.

라. 기일에서의 속기와 녹음[88)]

1) 개 관

「민사소송법」은 변론의 전부 또는 일부를 '녹음테이프'에 '녹음'하는 것만을 전제로 하여 이에 관하여 규정하고 있다(법 제159조 참조).

그러나, 그러한 규정들은 널리, 녹화테이프, 컴퓨터용 자기디스크·광디스크, 그 밖에 이와 비슷한 방법으로 음성이나 영상을 녹음 또는 녹화하여 재생할 수 있는 매체를 이용하여 변론의 전부나 일부를 녹음 또는 녹화하는 때에도 준용된다(규칙 제37조 제1항).[89)]

다만, 이하에서는 녹음에 관하여서만 서술하겠는바, 이하의 서술에서는 "녹음"이라고만 하더라도 녹화의 경우에도 마찬가지인 것으로 이해하기 바란다. 다만, 실무상 녹화까지 하는 예는 드물다.

그런데, 후술하듯이, 오늘날의 실무는 녹음을 오히려 법정녹음시스템에 의하여 함을 원칙으로 하고 있으며, 녹음 내용이 저장된 녹음테이프, 전자파일 등을 "녹음물"로 총칭한다.[90)]

따라서, 녹음테이프만을 염두에 둔 현행법 규정은, 시대에 뒤떨어진 것으로서, 입법론적으로 재고를 요한다.

2) 녹음·속기를 명하는 경우

가) 임의적 녹음·속기

(1) 조서화를 위한 녹음·속기

재판장은,[91)] 필요하다고 인정하는 경우에는, 변론의 전부 또는 일부를 녹음하거나, 속기자로 하여금 받아 적도록 명할 수 있다(법 제159조 제1항 전단).

더 나아가, 녹화를 명하는 것도 가능한 것으로 풀이되나(위 규정의 확장해석. 규칙 제37조 제1항 참조), 실무상 녹화까지 하는 경우는 이례적이므로, 이하에서는 서술의 편의상, 특별한 사정이 없으면 녹음에 관하여서만 서술하겠다.

신문 또는 심문과 증거조사나 변론준비기일의 경우에도 재판장등이 녹음이나 속기를 명할 수 있다(법 제160조, 제283조 제2항에서 각 제159조 제1항의 준용).[92)]

---

88) 이에 관한 실무적·기술적인 사항에 관하여서는, 「변론의 속기·녹음에 관한 업무처리요령(재일 2004-3)」(이하 '속기녹음예규'로 약칭한다) 참조.

89) 속기·녹음예규 제15조 제1항.

90) 속기·녹음예규 제2조 제1호.

91) 법문에는 "법원은 …"으로 되어 있으나, 이는 입법의 착오라고 할 것이다. 결과동지 : 속기·녹음예규 제10조 제1항.

이는 해당 녹음물 또는 속기록을 기일조서의 일부로 삼기 위한 것이나(법 제159조 제2항, 제160조, 제283조 제2항), 녹음 또는 속기의 대상은 변론 등 해당 전부의 전부이어야만 하는 것은 아니고 그 일부일 수도 있다.

이때, 녹음과 속기를 병행할 수도 있는 것으로 풀이되며,[93] 특히, 증인신문이나 당사자신문을 실시하는 경우에는 그렇게 함이 일반이나, 다만, 소액사건의 경우에는 오히려 속기 없이 녹음만을 함이 일반이다.[94]

속기록을 기일조서의 일부로 삼을 수 있는 이상, 녹음의 경우에 녹취서를 작성하여 이 또한 기일조서의 일부로 삼을 수 있다고 할 것이다.

한편, 녹음 또는 속기 내지 녹취한 내용을 기일조서의 일부로 삼는 것에 관하여서는, '변론의 실시방법' 부분에서 상론할 것이다.

(2) 조서화와 무관한 녹음·속기

그런데, 실무는 더 나아가, 법 제152조 제1항 단서에 따라 녹음이나 속기를 한다면 같은 조 제3항에 따라 재판장의 설명에 따라 조서를 작성할 뿐이어서 녹음물이나 속기록을 조서의 일부로 삼을 필요가 없다고 볼 뿐 아니라(규칙 제36조 제1항 전문의 반대해석),[95] 이와는 별개로 조서 작성의 편의와 조서 기재 내용의 정확성을 보장하기 위하여 하는 녹음이나 속기는, 역시 조서의 일부로 삼지 아니할뿐더러,[96] 특별한 법적 근거 없이도 이를 할 수 있는 것이라고 풀이한다.[97]

이에 따라, 재판장 또는 참여사무관 등이 조서 작성의 편의와 조서 기재 내용의 정확성을 보장하기 위하여 필요하다고 인정하는 경우에 변론의 전부 또는 일부를 녹음 또는 녹화한 것으로서 조서의 일부로 삼지 아니한 녹음테이프는 이를 재생하여 들려줄 것을 신청할 수 없다고 본다(규칙 제34조 제2항의 부적용).[98]

그러나 관견으로는 위와 같은 실무의 견해는 - 입법정책적 타당성은 별론으로 하더라도 해석론으로서는 - 의문이다. 우선, 녹음 또는 속기를 하되 이를 기일조서의 일부로 삼지 아니하는 경우를 위와 같이 둘로 구분하는 이유 자체도 의문일뿐더러(전자의 경우에 속기·녹음을 하는

92) 속기·녹음예규 제15조 제2항.
93) 속기·녹음예규 제13조의3 참조.
94) 속기·녹음예규 제13조의2 제1항 제3호 참조.
95) 속기·녹음예규 제2조 제1호.
96) 대법원 2004. 4. 28.자 2004스19 결정 참조.
97) 속기·녹음예규 제2조 제3호; 제요[민소Ⅱ], 956면.
98) 대법원 2004. 4. 28.자 2004스19 결정.

취지가 후자의 경우처럼 '조서 작성의 편의나 조서 기재의 내용의 정확성을 보장하기 위한 것'이 아니라면, 전자의 경우에는 대체 무엇 때문에 속기·녹음을 하는 것인가?), 속기나 녹음을 한 이상 이를 조서화함은 체계해석상 당연하다(법 제159조 제2항).

나) 필요적 녹음·속기

(1) 당사자가 속기 또는 녹음을 신청한 경우

(가) 개 관

재판장등은,[99] 당사자가 녹음 또는 속기를 신청하면, 특별한 사유가 없는 한 이를 명하여야 한다(법 제159조 제1항 후단, 제160조, 제283조 제2항).

(나) 속기·녹음의 신청

속기 또는 녹음의 신청은 기일을 열기 전까지[100] 하여야 한다(규칙 제33조 제1항 전단, 제37조 제2항).

이 신청도 말 또는 서면(「변론의 속기신청」, 「변론의 녹음신청」 등)[101]으로 할 수 있음은 물론이나(법 제161조 제1항),[102] 말로 신청하려면 그 전 기일에 하여야 할 것이다.

(다) 상대방의 의견진술

재판장은 속기 또는 녹음의 신청이 있는 경우 상대방에게 속기 또는 녹음의 실시에 관한 의견을 들을 수 있다.[103]

후술하듯이, 상대방은 그 사유를 소명하여 속기 또는 녹음에 명시적으로 부동의할 수 있기 때문이다.

(라) 신청에 불구하고 속기·녹음을 하지 아니하는 경우

재판장은 속기 또는 녹음의 신청이 있음에도 불구하고 증인신문절차(당사자신문절차) 이외의 절차에서 다음 각 호의 사정이 있는 경우에는 속기 또는 녹음을 하지 아니할 수 있다.[104]

---

99) 법문에는 "법원은"으로 되어 있으나 그러한 표현이 타당하지 아니함은 기술하였다.

100) cf. 2014. 이전에는, "기일의 1주 이전까지"이었다(구 규칙(2014. 12. 30. 대법원규칙 제2575호로 개정되기 전의 것) 제33조 제1항).

101) '인지액·편철방법예규'.

102) 속기·녹음예규 제9조 제1항 전문.

103) 속기·녹음예규 제9조 제1항 후문.

104) 속기·녹음예규 제10조 제2항 전문.
후술하듯이, 이 중 제2호 외의 사유들 중 녹음을 하지 아니할 수 있는 사유는 증인신문절차나 당사자신문절차에서도 녹음을 하지 아니할 수 있는 사유이기도 하다.

① 속기자가 없거나 법정녹음시스템에 장애가 발생하는 등 속기 또는 녹음이 불가능하고, 속기 또는 녹음이 가능할 때까지 변론을 진행하지 아니하면 재판절차가 현저히 지연될 우려가 있는 경우
② 속기장비나 법정녹음시스템이 설치되지 아니한 준비절차실 등에서 진행되는 절차에 관하여 상대방이 속기 또는 녹음에 명시적으로 동의하지 아니한 경우
③ 상대방이 속기 또는 녹음에 명시적으로 동의하지 아니한다는 의사를 표시하면서 속기 또는 녹음으로 인해 재판에 현저한 지장이 초래되거나 상대방 또는 제3자의 권리가 부당히 침해될 우려가 있음을 소명한 경우
④ 그 밖에 이상의 어느 하나에 준하는 특별한 사정이 있는 경우

(마) 속기·녹음을 위한 비용의 예납

① 원 칙

변론의 속기 또는 녹음의 신청에서, 비용이 필요한 때에는 법원이 정하는 금액을 미리 내야 하는바(규칙 제33조 제1항 후단, 제37조 제2항), 변론의 속기 또는 녹음에 드는 비용은 신청인이 예납의무자이다(규칙 제19조 제1항 제2호 본문).

속기 또는 녹음을 양 쪽 당사자가 신청한 경우에는 필요한 비용을 균등하게 나누어 미리 내게 하여야 한다. 다만, 사정에 따라 미리 낼 금액의 비율을 다르게 할 수 있다(같은 조 제2항).

직권에 의한 속기 또는 녹음의 경우에 그 속기 또는 녹음으로 이익을 받을 당사자가 분명하지 아니한 때에는 원고가 예납의무자이다(같은 조 제1항 제2호 단서).

다만, 실무상으로는, 신청인은 특별한 사정이 없는 한 속기·녹음의 실시를 위한 별도의 비용을 미리 내지 아니하되,[105] 재판장은 속기·녹음의 실시를 위해 별도의 비용이 필요한 특별한 사정이 있다고 인정하는 경우에는 상술한 일반원칙(규칙 제33조 제1항, 제37조 제2항)에 따라 속기·녹음에 필요한 비용의 예납을 명할 수 있다.[106]

② 예외 : 듣거나 말하는 데 장애가 있는 사람을 위한 비용

그러나, 듣거나 말하는 데 장애가 있는 사람을 위한 속기, 녹음 및 녹음에 준하여 이루어지는 녹화(민사소송규칙 제37조)에 드는 비용은 미리 내게 할 수 없으며(규칙 제19조 제1항 제2호), 따라서, 이를 미리 낼 필요가 없다(같은 규칙 제33조 제1항).

105) 속기·녹음예규 제9조 제2항.
106) 속기·녹음예규 제9조 제3항 전문.

듣거나 말하는 데 장애가 있는 사람을 위한 속기, 녹음 및 녹음에 준하여 이루어지는 녹화(규칙 제37조)에 드는 비용은 국고에서 지급하고, 소송비용에는 산입하지 아니하기 때문이다(규칙 제19조의2 제1항).

(바) 속기·녹음신청에 대한 재판 및 불복

당사자의 신청이 있음에도 불구하고 속기 또는 녹음을 하지 아니하는 때에는 재판장은 기일에 그 취지를 고지하여야 한다(규칙 제33조 제2항, 제37조 제2항).[107]

변론의 속기(또는 녹음)신청을 기각한 재판에 대하여서는 독립하여 불복할 수 없는 것으로 해석된다.[108]

(사) 속기·녹음 명령의 취소

재판장은 속기·녹음을 명한 후 소송관계인의 불출석 등으로 속기·녹음의 필요성이 없어진 경우 그 명령을 취소할 수 있다.[109]

(2) 녹음이 필요하다고 인정하는 경우

(가) 국제사건

국제사건에서도 변론의 녹음 또는 속기를 명함(법 제159조 제1항 전단)을 원칙으로 한다(국제재판부의 설치 및 운영에 관한 규칙 제14조 본문).[110]

(나) 증인신문 또는 당사자신문을 실시하는 경우

실무상, 증인신문절차 또는 당사자신문절차는 - 속기만 하는 것이 아니라 - 녹음이 필요한 경우(법 제159조 제1항 전단)에 해당한다고 보아 그 전부를 녹음한다.[111]

다만, 다음 각호의 사정이 있는 때에는 그러하지 아니하다.[112]

① 법정녹음시스템에 장애가 발생하는 등 녹음이 불가능하고, 녹음이 가능할 때까지 변론

---

107) 이 경우, 일반원칙(법 제154조 제5호)에 따라, 법원사무관등은 그 고지 내용을 기일조서에 기재하여야 함은 물론이다. 속기·녹음예규 제10조 제2항 후문.

108) 제요[민소Ⅱ], 961면.

109) 속기·녹음예규 제10조 제3항 전문.

110) "국제사건에서 변론조서는 「민사소송법」 제159조제1항 및 제2항에 따라 녹음테이프 또는 속기록을 조서의 일부로 삼는 방식을 원칙으로 한다."라고 표현하고 있으나, 녹음물이나 속기록의 조서화는 결국 녹음 또는 속기를 할 것을 명함을 전제로 한다.

111) 속기·녹음예규 제9조의2 본문.
cf. 2015.부터 이와 같이 처리하고 있다.

112) 속기·녹음예규 제9조의2 단서.

을 진행하지 아니하면 재판절차가 현저히 지연될 우려가 있는 경우

② 당사자 중 일방이 녹음에 명시적으로 동의하지 아니한다는 의사를 표시하면서 속기 또는 녹음으로 인해 재판에 현저한 지장이 초래되거나 당사자 또는 제3자의 권리가 부당히 침해될 우려가 있음을 소명한 경우

③ 그 밖에 이상의 어느 하나에 준하는 특별한 사정이 있는 경우

그러나, 증인신문이나 당사자신문을 녹음할 수 없는 경우라 하더라도 속기를 명할 수는 있음은 물론이다.

다) 필요적 녹화 등

(1) 원격영상재판의 특례: 녹화

원격영상재판을 하는 때에는 재판의 진행상황 전부를 녹화하여야 한다(원격재판법 제7조).

(2) 대법원에서의 변론: 속기 또는 녹음·녹화

대법원에서 하는 변론은 전부 속기 또는 녹음·녹화를 하는바(대법원에서의변론에관한규칙 제7조 제1항), 이에 관하여서는 '상고심, 재항고 및 특별항고' 부분에서 재론한다.

3) 속기·녹음의 방식[113)]

가) 녹음의 방식

녹음을 할 때에는 사건마다 별도로 법정녹음시스템을 이용하여 녹음한다.[114)]

다만, 법정녹음시스템을 이용할 수 없는 부득이한 사유가 있는 경우 다른 녹음저장매체를 사용할 수 있다.[115)]

나) 속기의 방식 및 속기록의 작성

속기는 소송관계인의 진술을 그대로 기재하거나 진술의 주요한 부분만을 정리하여 기재하는 방식으로 작성할 수 있다.[116)]

속기자는 속기를 마친 경우 지체 없이 속기록을 작성하고 기명날인 또는 사법전자서명을 한 다음 법원사무관등에게 제출하여야 한다.[117)]

---

113) 2015.부터는 후술하는 방식으로 속기 및 녹음을 행하고 있다.
114) 속기·녹음예규 제11조 제1항 본문 전단.
115) 속기·녹음예규 제11조 제1항 단서.
116) 속기·녹음예규 제11조 제3항.
117) 속기·녹음예규 제11조 제4항.

법원사무관등은 속기자가 제출한 속기록의 내용을 검토하여 표현의 오류가 없으면 이를 보관하나,[118] 속기록에 표현의 오류가 있으면 (보관에 앞서) 속기자로 하여금 이를 바로잡도록 하여야 한다.[119]

4) 녹취서의 작성

가) 녹취서의 작성 사유

(1) 개 관

재판장은 필요하다고 인정하는 때에는 법원사무관등 또는 속기자에게 녹음물에 녹음된 내용에 대하여 녹취서를 작성할 것을 명할 수 있다(규칙 제35조 제1항, 제37조).

그런데, 실무상 녹취서를 작성하는 경우는 다음 두 가지로 나누어 볼 수 있으며, 후술하듯이, 실제로는 녹취서의 작성을 '법원사무관등에게는' 명하지 아니함이 실무이다.

(2) 녹취서 작성이 필요적인 경우: 증인신문이나 당사자신문을 실시한 경우

증인신문절차 또는 당사자신문절차를 녹음하는 경우에는, 재판장이 속기자에 대하여 녹음물(의 전부 또는 일부)에 대한 녹취서의 작성을 명하여야 한다.[120]

이때, 녹취서 작성은, 녹음물의 전부에 대하여 명할 수도 있고, 일부에 대하여 명할 수 있다.[121]

다만, 다음 각호 가운데 어느 하나에 해당하는 경우에는 녹취서의 작성을 명하지 아니할 수 있다.[122]

① 소송이 판결에 의하지 아니하고 완결된 경우

② 증인신문 또는 당사자신문의 주신문절차가 진행되고 그 신문사항이 기록에 편철되었지만 반대신문절차는 진행되지 않은 경우

③ 소액사건으로서 속기자의 참석 없이 증인신문 또는 당사자신문의 절차가 진행된 경우

(3) 녹취서 작성이 임의적인 경우

위와 같이 녹취서의 작성을 명하여야 하는 경우가 아닐지라도, 재판장은 필요하다고 인정

---

118) 속기·녹음예규 제11조 제5항 전단.
구체적인 보관방법에 관하여서는 '변론조서(기일조서)' 부분에서 상론한다.

119) 속기·녹음예규 제11조 제5항 후단.

120) 속기·녹음예규 제13조의2 제1항 본문.

121) 속기·녹음예규 제13조의2 제2항 참조.

122) 속기·녹음예규 제13조의2 제1항 단서.

하는 때에는 소송기록을 상소심 법원에 송부하기 전까지 언제라도 속기자에 대하여 녹음물의 전부 또는 일부에 대한 녹취서의 작성을 명할 수 있다.[123]

나) 녹취서 작성의 방법 및 절차

녹취서도 소송관계인의 진술을 그대로 기재하거나 진술의 주요한 부분만을 정리하여 기재하는 방식으로 작성할 수 있다.[124]

재판장이 녹취를 명한 경우 속기자는 지체 없이 녹취서를 작성하고 기명날인 또는 사법전자서명을 한 다음 법원사무관 등에게 제출하여야 한다.[125]

법원사무관등은 속기자가 제출한 녹취서의 내용을 검토하여 표현의 오류가 없으면 이를 보관하나,[126] 녹취서에 표현의 오류가 있으면 (보관에 앞서) 속기자로 하여금 이를 바로잡도록 하여야 한다.[127]

마. 공개심리주의

1) 원칙 : 재판의 공개

가) 공개심리주의의 의의

재판의 심리와 판결(선고)**은 공개한다**(대한민국헌법 제109조 본문. 법원조직법 제57조 제1항 본문).

이러한 공개심리주의의 위반은 절대적 상고이유(법 제424조 제1항 제5호)가 된다.

그러나, 임의적 변론이나 변론준비기일, 법정외 증거조사기일 등은 공개의 대상이 아니다.[128]

한편, 공개심리주의가 이른바 '백만인공개'까지 의미하는 것은 아니므로, **누구든지 법정 안에서는 재판장의 허가 없이 녹화, 촬영, 중계방송 등의 행위를 하지 못하는바**(법원조직법 제59조), 이러한 허가에 관한 사항은 후술하는 바와 같다.

주의할 것은, 녹화, 촬영, 중계방송 외에도, 녹음 역시 재판장의 허가를 요하는 것으로 해

---

123) 속기·녹음예규 제13조의2 제2항.

124) 속기·녹음예규 제13조의2 제4항, 제11조 제3항.

125) 속기·녹음예규 제13조의2 제3항.

126) 속기·녹음예규 제13조의2 제4항 전문, 제11조 제5항 전단.
구체적인 보관방법에 관하여서는 '변론조서(기일조서)' 부분에서 상론한다.

127) 속기·녹음예규 제13조의2 제4항 전문, 제11조 제5항 후단.

128) 대법원 1971. 6. 30. 선고 71다1027 판결(법정외 증거조사) ; 대법원 2006. 10. 27. 선고 2004다69581 판결의 방론(변론준비기일).

석된다(법정 방청 및 촬영 등에 관한 규칙 제3조 제1호 참조).

이러한 녹음, 녹화, 촬영, 중계방송 등을 "촬영 등 행위"라 총칭한다(같은 호).

위와 같은 재판의 공개 및 녹화등의 금지에 관한 사항은, 법관이 법정 외의 장소에서 직무를 하는 경우에도 같다(법원조직법 제63조).

관견으로는, 촬영 등 행위의 허가 역시 소송지휘에 관한 것으로서 언제든지 취소할 수 있다고 본다(법 제222조).

재판의 촬영 등 행위에 관하여서는, 「법정 방청 및 촬영 등에 관한 규칙」이 규정하고 있으나, 대법원의 변론의 경우에는 「대법원에서의변론에관한규칙」에 별도의 규정이 있다. 전자에 관하여서는 바로 후술할 것이며, 후자에 관하여서는 '상고, 재항고 및 특별항고' 부분에서 후술한다.

나) 법정촬영등의 제한

(1) 법정촬영 등 허가신청

촬영 등 행위에 관하여 재판장의 허가를 받고자 하는 자는 촬영 등 행위의 목적, 종류, 대상, 시간 및 소속기관명 또는 성명을 명시한 신청서(「법정촬영 등 허가신청서」)를 재판기일 전날까지 제출하여야 한다(법정 방청 및 촬영 등에 관한 규칙 제4조 제1항).

(2) 법정촬영등의 허가

재판장은 법정에 출석하는 원, 피고의 동의가 있는 때에 한하여 위 신청에 대한 허가를 할 수 있다(법정 방청 및 촬영 등에 관한 규칙 제4조 제2항 본문).

그러나, 촬영등 행위를 허가함이 공공의 이익을 위하여 상당하다고 인정되는 경우에는 법정에 출석하는 원, 피고의 동의 여부에 불구하고 허가할 수 있다(같은 항 단서).

한편, 재판장이 촬영등의 허가를 할 때에는 다음 각호의 제한을 하여야 한다(같은 규칙 제5조).

① 촬영등 행위는 변론의 개시전이나, 판결 선고 시에 한한다.[129)]

② 법단 위에서 촬영등 행위를 하여서는 아니된다.

③ 촬영등 행위로 소란케 하여서는 아니된다.

④ 구속피고인에 대한 촬영등 행위는 수갑 등을 푼 상태에서 하여야 한다.

⑤ 소년에 대하여는 성명, 연령, 직업, 용모등에 의하여 해당 본인임을 알아볼 수 있을 정

---

129) 종래에는 변론의 개시 전에 한하였으나, 2017. 8. 4.부터 판결 선고시에도 할 수 있게 되었다.

도로 촬영등 행위를 하여서는 아니된다.

(3) 촬영등의 제한 위반시의 제재

허가 없이 녹화 또는 촬영 등을 하는 자에 대하여서는 재판장이 이를 제지하거나 퇴정을 명할 수 있는바, 이 문제는 법정경찰권의 문제와 직결되므로 그 상세한 내용은 후술하는 해당 부분에서 살펴보기로 한다.

다) 재판장의 명에 의한 중계 목적 녹음·녹화·촬영

(1) 중계 목적 녹음·녹화·촬영의 명령

그러나, 재판장은 다음 각 호의 어느 하나에 해당하는 경우에는 변론의 전부 또는 일부에 대하여 중계를 목적으로 한 녹음, 녹화 또는 촬영을 명할 수 있다(법정 방청 및 촬영 등에 관한 규칙 제6조 제1항).[130)]

① 소송관계인의 수가 재판이 진행되는 법정의 수용인원보다 현저히 많아 법정질서 유지를 위하여 필요한 경우

② 재난 또는 이에 준하는 사유로 인하여 다수의 인명피해가 발생한 사건에서 당사자, 피해자 또는 그 법정대리인(피해자가 사망한 경우에는 배우자·직계친족·형제자매를 포함한다) 중 상당수가 재판이 진행되는 법원으로부터 원격지에 거주하여 법정에 직접 출석하기 어려운 경우에 중계장치가 갖추어진 원격지의 법원에서 재판진행을 시청할 수 있도록 하는 것이 참여 보장을 위하여 상당하다고 인정되는 경우

그리고, 재판장은 중계에 의하여 소송관계인의 개인정보가 침해되지 않도록 필요한 조치를 취할 수 있다(같은 조 제4항).

(2) 녹음물·녹화물·촬영물의 중계

중계를 목적으로 녹음, 녹화 또는 촬영을 명한 경우, 재판장은 녹음물, 녹화물 또는 촬영물을 다음 시설에서 중계하도록 할 수 있으나, 이 경우 다음과 같이 사전에 승인을 받아야 한다(법정 방청 및 촬영 등에 관한 규칙 제6조 제2항, 제3항).

중계사유	승인권자	중계시설
법정질서 유지(법정 방청 및 촬영 등에 관한 규칙 제6조 제1	소속 고등법원장(특허법원장을 포함한다) 또는 지방법원장(가	소속 법원 내의 시설

130) (형사사건의) 공판의 경우에도 같다(법정방청 및 촬영 등에 관한 규칙 제6조 제1항).

항 제1호)	정법원장 또는 행정법원장을 포함한다)	
참여 보장(제1항 제2호)	법원행정처장	원격지 법원 내의 시설

2) 예외 : 재판의 비공개

심리는 국가의 안전보장, 안녕질서 또는 선량한 풍속을 해칠 우려가 있는 경우에는 법원의 결정으로 공개하지 아니할 수 있으며(대한민국헌법 제109조 단서, 법원조직법 제57조 제2항),[131] **위 결정은 이유를 밝혀 선고한다**(같은 조 제3항).

다만, **위 결정을 한 경우에도 재판장은 적당하다고 인정되는 사람에 대해서는 법정 안에 있는 것을 허가할 수 있다**(같은 조 제4항).

이는, 법관이 법정 외의 장소에서 직무를 하는 경우에도 같다(같은 법 제63조).

한편, 재판의 공개여부와 공개하지 아니한 경우의 비공개이유는, 조서의 형식적 기재사항이다(법 제153조 제6호, 법 제160조, 제283조 제2항).

관견으로는, 재판의 비공개 결정 역시 소송지휘에 관한 것으로서 언제든지 취소할 수 있다고 본다(법 제222조).

바. 법정의 용어

1) 원칙 : 한국어

법정에서는 국어(즉, 한국어(국어기본법 제3조 제1호))**를 사용한다**(법원조직법 제62조 제1항).

소송관계인이 국어가 통하지 아니하는 경우에는 통역에 의한다(같은 조 제2항).

이상의 사항은, 법관이 법정 외의 장소에서 직무를 하는 경우에도 마찬가지이다(같은 법 제63조).

통역에 관한 상세한 사항은 '변론의 실시방법' 부분에서 후술한다.

2) 특칙 : 외국어 변론[132]

가) 개 관

다만, 지식재산권 등에 관한 사건, 즉, ① **특허법원이 심판권을 가지는 사건 및 ② 특허권 등에 관한 제1심 민사소송 사건**(법 제24조 제2항 및 제3항)**을 담당하는 법원은 당사자의 동의를**

131) 심리를 공개하지 아니하는 경우에도 판결(선고)은 공개하여야 함은 물론이다.

132) cf. 외국어 변론 및 전담재판 제도는 2018. 6. 13.부터 시행되었다.

받아 당사자가 법정에서 외국어로 변론하는 것을 허가할 수 있다(법원조직법 제62조의2 제1항 전문).[133)]

그러나, 재판장은 국제사건 소송의 지휘에 국어를 사용한다(국제재판부의 설치 및 운영에 관한 규칙 제10조).

이상의 사항은, 법관이 법정 외의 장소에서 직무를 하는 경우에도 마찬가지이다(같은 법 제63조).

나) 허용되는 외국어의 범위

국제사건(법원조직법 제62조의2 제3항)에서 허용되는 외국어는 영어로 한다(국제재판부의 설치 및 운영에 관한 규칙 제9조 본문).

다만, 당사자의 신청에 따라 영어 외에 다른 외국어를 허용할 수 있다(같은 조 단서).

다) 외국어 변론 허가

(1) 허가의 요건

법원은 지식재산권 등에 관한 사건(법원조직법 제62조의2 제1항) 중 다음 각 호의 어느 하나에 해당하는 사건에 대하여 당사자의 동의를 받아 당사자가 법정에서 외국어로 변론하는 것을 허가할 수 있다(국제재판부의 설치 및 운영에 관한 규칙 제5조 본문).

① 당사자가 외국인인 사건

② 주요 증거조사가 외국어로 이루어질 필요가 있는 사건

③ 그 밖에 이에 준하는 국제적 관련성이 있는 사건

다만, 재판을 현저히 지연시키는 경우에는 그러하지 아니하다(같은 조 단서).

(2) 신청 및 동의

외국어 변론의 신청 및 동의는 (특허소송 또는 특허침해소송) 제1심과 (특허침해소송) 항소심의 각 제1차 변론기일 전에 서면으로 하여야 한다(국제재판부의 설치 및 운영에 관한 규칙 제6조 본문).

다만, 법원은 제1차 변론기일 이후의 신청 및 동의에 대해서도 그 필요성이 현저하다고 인정하는 경우 외국어 변론을 허가할 수 있다(같은 조 단서).

---

133) 특허법원 등에 아예 국제재판부를 둠은, '법원(法院)' 부분에서 기술하였다.

(3) 허가의 효력

외국어 변론의 허가는 해당 심급에만 효력이 있다(국제재판부의 설치 및 운영에 관한 규칙 제7조).

라) 국제사건의 통역

국제사건의 통역에 관하여서는, '변론의 실시방법' 부분에서 후술한다.

마) 외국어 변론 허가의 취소

법원은 다음 각 호 중 어느 하나의 경우 외국어 변론 허가를 취소할 수 있다(국제재판부의 설치 및 운영에 관한 규칙 제8조 제1항).

① 당사자가 모두 외국어 변론의 신청 및 동의를 철회하는 경우

② 외국어 변론으로 인하여 재판진행에 현저한 지장이 있는 경우

그러나, 외국어 변론 허가 취소(국제재판부의 설치 및 운영에 관한 규칙 제8조 제1항)는 이미 진행된 재판에 영향을 미치지 아니한다(같은 조 제2항).

사. 법정경찰권

1) 개　관

널리 청사내의 질서유지를 위한 행위는 법원청사관리의 문제에 해당하여 청사관리관(각급 법원의 법원장 등)이 관리책임자이나,[134] **법정의 질서유지는 재판장이 담당한다**(법원조직법 제58조 제1항).

이는, 법관이 법정 외의 장소에서 직무를 하는 경우에도 마찬가지이다(같은 법 제63조).

2) 구체적 내용

가) 질서유지를 위한 명령 일반

재판장은 법정의 존엄과 질서를 해칠 우려가 있는 자의 입정(入廷) **금지 또는 퇴정**(退廷)**을 명할 수 있고, 그 밖에 기타 법정의 질서유지에 필요한 명령을 할 수 있다**(법원조직법 제58조 제2항).

이는, 법관이 법정 외의 장소에서 직무를 하는 경우에도 마찬가지이다(같은 법 제63조).

법원의 심리가 진행되는 법정 내외의 공간은 성질상 재판절차에 필요한 행위 및 표현만이

---

134) 법원청사 관리내규 제2조 제2항 제3호.

허용되는 특별한 곳이므로, 법정에서 법정의 존엄과 질서를 해할 우려가 있는 언행은 허용되지 아니한다.[135]

따라서, 방청인은 법정의 존엄과 질서유지를 위한 재판장의 명령 및 재판장의 명을 받은 법원직원의 지시에 따라야 한다(법정 방청 및 촬영 등에 관한 규칙 제1조).

나) 방청에 관한 조치

재판장은 법정질서를 유지하기 위하여 필요하다고 인정한 때에는 방청에 관하여 다음 각 호의 조치를 할 수 있다(법정 방청 및 촬영 등에 관한 규칙 제2조).

① 방청석 수에 해당하는 방청권을 발행케 하고 그 소지자에 한하여 방청을 허용하는 것
② 법원경위로 하여금 방청인의 의복 또는 소지품을 검사케 하고 위험물 기타 법정에서 소지함이 부적당하다고 인정되는 물품을 가진 자의 입정을 금하게 하는 것
③ 이상의 조치에 따르지 아니한 자, 보호자 동행 없는 12세 미만의 아동, 단정한 의복을 착용하지 아니한 자, 법정에서 법원 또는 법관의 직무집행을 방해하거나 부당한 행동을 할 염려가 있다고 믿을만한 현저한 사정이 인정되는 자의 입정을 금하게 하는 것

다) 퇴정명령 등

재판장은 다음 각호에 해당하는 자에 대하여 이를 제지하거나 또는 퇴정을 명할 수 있다(법정 방청 및 촬영 등에 관한 규칙 제3조).

① 재판장의 허가없이 촬영 등 행위를 하는 자
② 음식을 먹거나 흡연을 하는 자
③ 법정에서 떠들거나 소란을 피우는 등 재판에 지장을 주는 자에 대하여 이를 제지하거나 또는 퇴정을 명할 수 있다

더 나아가 재판장은 일반 방청인이 법정안에서 재판 진행상황을 필기, 소묘 기타의 방법으로 기록하는 행위를 하고 이것이 공정하고 원활한 재판 진행을 방해하는 때에는 이를 제지할 수 있다.[136]

3) 경찰공무원의 파견요구

재판장은 법정에서의 질서유지를 위하여 필요하다고 인정할 때에는 개정 전후에 상관없이 관할 경찰서장에게 경찰공무원의 파견을 요구할 수 있으며(법원조직법 제60조 제1항), **위 요구**

135) 대법원 2007. 7. 18.자 2007정모3 결정.
136) 구「바람직한 재판운영방안(재일 94-1)」.

에 따라 파견된 경찰공무원은 법정 내외의 질서유지에 관하여 재판장의 지휘를 받는다(같은 조 제2항).

이러한 사항은 법관이 법정 외의 장소에서 직무를 하는 경우에도 마찬가지이다(같은 법 제63조).

아. 법정등의 질서유지를 위한 재판[137)]

1) 개 관

법정(또는 법관이 직무를 행하는 장소. 이하 같다) 내외에서 ① 재판장이 발하는 입정금지 또는 퇴정, 기타 법정의 질서유지에 필요한 명령(법원조직법 제58조 제2항)에 위배하거나, ② 법정 안에서 재판장의 허가 없이 녹화, 촬영, 중계방송 등의 행위를 하거나(같은 법 제59조 위반), ③ 법정 내외에서 폭언, 소란 등의 행위로 법원의 심리를 방해하거나 재판의 위신을 현저하게 훼손한 자에 대하여, 법원은 직권으로 20일 이내의 감치(監置)에 처하거나 또는 100만원이하의 과태료를 부과할 수 있다(법원조직법 제61조 제1항 전문, 제63조).[138)]

이 경우 감치와 과태료는 병과(併科)**할 수 있다**(같은 법 제61조 제1항 후문, 제63조).

기술한 바와 같이, 녹화·촬영등 제한을 위반한 경우나 폭언·소란등의 경우에는 이를 제지하거나 퇴정을 명하고서(법정 방청 및 촬영 등에 관한 규칙 제3조) 이에 불응한 경우에야 위와 같은 감치·과태료의 재판을 함이 원칙이겠으나, 그 위반의 정도가 중한 때에는 곧바로 감치·과태료의 재판을 할 수도 있을 것이다.

감치는 경찰서유치장, 교도소 또는 구치소에 유치(留置)**함으로써 집행한다**(법원조직법 제61조 제3항).

이와 같이 경찰서유치장, 교도소 또는 구치소등 감치에 처하는 재판을 받은 위반자에 대한 감치의 집행을 하는 시설을 "감치시설"이라 한다(법정등의질서유지를위한재판에관한규칙 제2조 제4호).

또한, **감치는 감치대상자에 대한 다른 사건으로 인한 구속 및 형에 우선하여 집행하며, 감치의 집행 중에는 감치대상자에 대한 다른 사건으로 인한 구속 및 형의 집행이 정지된다**(법원조직법 제61조 제4항 본문 전단).[139)]

---

137) cf. 법원의 재판을 방해 또는 위협할 목적으로 법정 또는 그 부근에서 모욕 또는 소동한 자는 법정모욕죄로 처벌을 받는다(형법 제138조). 또한, 법정질서 위반행위의 정도가 심한 경우에는 공무집행방해죄가 성립할 경우도 있을 수 있다.

138) 대법원 2007. 7. 18.자 2007정모3 결정은, 법정등에서의 질서위반행위에 대하여 감치 등의 제재를 가하는 것이 표현의 자유를 침해하는 것이 아니라고 보았다.

이러한 재판에 관한 절차와 그 밖에 필요한 사항은 대법원규칙으로 정하는바(같은 조 제6항), 이에 따라, 「법정등의질서유지를위한재판에관한규칙」은 감치 또는 과태료에 처하는 재판에 관한 절차 기타 필요한 사항을 정함을 목적으로 한다(법정등의질서유지를위한재판에관한규칙 제1조).[140]

즉, 이 경우의 과태료 재판은 「민사소송법」에 따른 과태료재판과 달리 비송사건절차법 제248조 및 제250조를 적용하는 것이 아니라,[141] 위 대법원규칙에 별도의 규정이 있다.

그리고, 이 재판절차에 필요한 문서의 양식 기타사항은 대법원 예규로 정하는바(법정등의질서유지를위한재판에관한규칙 제25조 제5항), 이에 따라 「법정등의질서유지를위한재판에관한규칙 시행에 관한 예규(재일 81-8)」(이하 '법정질서규칙시행예규'로 약칭한다)가 제정되어 있다.

2) 재판 절차

가) 개 관

법정등의 질서유지를 위한 재판에서는, 법원조직법 제58조 제2항에 규정된 명령위배행위, 같은 법 제59조에 위배하는 행위, 심리방해행위 또는 재판의 위신을 현저히 훼손하는 행위를 "위반행위"라 하며(법정등의질서유지를위한재판에관한규칙 제2조 제1호), 위반행위를 한 자를 "위반자"라 한다(같은 조 제2호).

즉, 여기서 "재판"이라 함은 이러한 "위반자"를 감치 또는 과태료에 처하는 결정을 말한다(같은 조 제3호).

한편, 재판사건의 기록은 별책으로 한다(같은 규칙 제25조 제1항).

이 재판은 성질상 형사소송의 재판에 유사한 것으로 풀이된다(같은 규칙 제7조, 제17조, 제26조 본문 참조). 따라서, 예컨대, 송달도 「형사소송법」의 관련 규정을 준용한다.[142]

나) 관할법원

재판은 위반행위를 직접 알게 된 법원이 행한다(법정등의질서유지를위한재판에관한규칙 제3조).

---

139) cf. 구 법원조직법(2014. 12. 30. 법률 제12886호로 개정되기 전의 것) 제61조 제4항은 "감치대상자" 대신 "피감치인"이라는 용어를 사용하였다.

140) 그 밖에, 이에 관한 실무적·기술적인 사항에 관하여서는, 「법정질서유지를 위한 재판장의 조치 등에 관한 예규(재일 91-5)」 참조.

141) 「민사소송법」에 따른 과태료재판 일반에 관하여서는, '법원의 소송행위 : 재판 및 재판사무' 부분에서 기술하였다.

142) 법정질서규칙시행예규 제8조.

다) 신속한 재판

재판은 특별한 사유가 없는 한 위반행위가 있은 날에 이를 하여야 하며(법정등의질서유지를위한재판에관한규칙 제4조 제1항), 위반행위가 종료된 날로부터 20일을 경과하면 재판을 할 수 없다(같은 조 제2항).

라) 구 속

(1) 개 관

법원은 감치를 위하여 법원직원, 교도관 또는 경찰공무원으로 하여금 즉시 행위자를 구속하게 할 수 있다(법원조직법 제61조 제2항 전단).

법원은 행위자를 구속한 때부터 24시간 이내에 감치에 처하는 재판을 하여야 하고, 이를 하지 아니하면 즉시 석방을 명하여야 한다(같은 항 후단).

(2) 구금명령

위반자의 구속을 명한 경우 그 날 재판을 하지 아니하고 그 다음날을 재판기일로 지정하여 그 재판기일까지 위반자를 경찰서 유치장, 교도소 또는 구치소에 구금할 필요가 있게 된 때에는 재판장은 「구금명령서」를 작성하여 해당 경찰서장, 교도소장 또는 구치소장에게 송부하여야 한다.[143]

(3) 집 행

법원직원, 교도관 또는 경찰관은 이에 따라 법원으로부터 위반자를 구속하도록 명령받은 경우 그 위반자를 법원이 지시하는 장소에 유치하여야 한다(법정등의질서유지를위한재판에관한규칙 제5조 제1항).

그리고, 구속한 때로부터 24시간이내에 감치에 처하는 재판을 한 때에는 그 재판의 집행을 개시하기까지 24시간을 초과하더라도 이를 구속할 수 있다(같은 조 제2항).

(4) 석방명령

위반자를 구속한 때로부터 24시간 이내에 감치에 처하는 재판을 하지 아니한 경우에는, 재판장은 「석방명령서」를 작성하여 해당 경찰서장 또는 구치소장에게 송부하여야 한다.[144]

---

143) 법정질서규칙시행예규 제3조 제1항.

144) 법정질서규칙시행예규 제3조 제2항.

마) 보 조 인

위반자는 재판지연의 우려가 없는 경우에 한하여 변호사의 보조(補助)를 받을 수 있다(법정등의질서유지를위한재판에관한규칙 제7조).

바) 재판기일의 절차

재판은 위반자의 출석 없이는 이를 할 수 없다(법정등의질서유지를위한재판에관한규칙 제6조 제1항 본문).

다만, 위반자가 정당한 이유없이 출석하지 아니하거나 재판장의 허가 없이 퇴정한 때 또는 재판장의 질서유지를 위한 퇴정명령을 받은 때에는 그러하지 아니하다(같은 항 단서).

법원은 재판을 함에 위반자의 출석 없이 하는 경우(법정등의질서유지를위한재판에관한규칙 제6조 제1항 단서)를 제외하고는 위반자에게 위반행위의 내용을 고지하고 변명할 기회를 주어야 한다(같은 조 제2항).

법원은 필요하다고 인정한 때에는 직권으로 위반자 또는 참고인을 심문하거나 기타 방법으로 사실을 조사할 수 있다(같은 조 제3항).

사) 재 판

(1) 불처벌의 결정

법원은 위반행위가 인정되는 경우에도 감치 또는 과태료에 처함이 상당하지 아니하다고 인정되는 때에는 불처벌의 결정을 할 수 있다(법정등의질서유지를위한재판에관한규칙 제9조).

(2) 과태료 또는 감치 결정

감치의 결정을 할 때에는 감치할 장소를 지정하여야 한다(법정등의질서유지를위한재판에관한규칙 제7조의2 본문).

다만, 구속영장 또는 감호영장에 의하여 구속되어 있는 위반자나 징역, 금고, 구류 또는 감호의 집행중에 있거나 벌금 또는 과료에 관한 노역장유치 중에 있는 위반자에 대하여 감치의 결정을 할 때에는 그 구금시설을 감치장소로 지정하여야 한다(같은 조 단서).

아) 재판의 선고

재판은 법정에서 선고함으로써 그 효력이 발생한다(법정등의질서유지를위한재판에관한규칙 제10조 제1항 전문).

재판을 선고하는 때에는 위반행위의 요지와 적용법조를 명시하고 위반자가 출석한 경우에는 불복할 기간과 불복할 법원을 알려주어야 한다(같은 항 후문).

자) 재판조서

재판기일의 절차에 관하여는 참여한 법원사무관등이 다음 사항을 기재한 조서를 작성하고, 재판장과 참여한 법원사무관등이 이에 기명날인하여야 한다(법정등의질서유지를위한재판에관한규칙 제8조).

① 재판기일의 일시와 장소
② 법관, 법원사무관등의 관직, 성명
③ 위반자, 보조인의 성명
④ 위반자의 구속여부와 구속하였을 경우에는 석방(법원조직법 제61조 제2항 후단) 여부 및 그 구속 또는 석방의 일시
⑤ 위반자의 출석여부 및 위반자의 출석 없이 재판하는 때(법정등의질서유지를위한재판에관한규칙 제6조 제1항 단서)에는 그 사유
⑥ 위반행위의 요지
⑦ 위반자에게 변명할 기회를 준 사실과 그 진술한 사실의 요지
⑧ 사실조사에 관한 사항
⑨ 재판의 선고일시
⑩ 출석한 위반자에게 불복할 기간과 불복할 법원을 알려준 사실

차) 재 판 서

(1) 원 칙

재판을 한 때에는 그 재판을 한 법관이 재판서를 작성하고 서명날인하여야 한다(법정등의질서유지를위한재판에관한규칙 제11조 제1항 전문).

재판서에는 위반자의 성명·주거 기타 위반자 본인의 특정에 필요한 사항과 재판의 주문 및 위반행위의 요지와 적용법조를 기재하여야 한다(같은 항 후문).

(2) 보 칙

다만, 재판을 한 법관은 재판의 내용을 조서(법정등의질서유지를위한재판에관한규칙 제8조)에 기재하게 하여 재판서의 작성에 갈음할 수 있다(법정등의질서유지를위한재판에관한규칙 제11조 제2항).

카) 사건부 등재

법원이 위반자를 재판한 때에는 참여한 법원 사무관등은 지체 없이 감치·과태료 재판사건부에 사건을 등재하여야 한다(법정등의질서유지를위한재판에관한규칙 제25조 제2항).

타) 재판서의 송달 등

위반자가 출석하지 아니한 상태에서 재판을 선고한 때에는 지체 없이 재판서 또는 재판의 내용을 기재한 조서(법정등의질서유지를위한재판에관한규칙 제11조)의 등본을 위반자에게 송달하여야 한다(법정등의질서유지를위한재판에관한규칙 제10조 제2항).

구속영장 또는 감호영장에 의하여 구속되어 있는 위반자에 대하여 감치의 재판을 한 때에는 그 재판서 또는 그 재판의 내용을 기재한 조서의 등본을 그 구속이 행하여진 사건이 계속 중인 법원 또는 그 사건을 수사하는 검찰청이나 경찰서등에 송부하여야 한다(같은 규칙 제25조 제3항).[145)]

3) 감치에 처하는 재판의 집행

가) 집행기간

감치에 처하는 재판은 그 선고일로부터 3월이 경과된 후에는 이를 집행할 수 없다(법정등의질서유지를위한재판에관한규칙 제21조 제5항).

나) 집행명령 등

(1) 집행명령

(가) 개 관

감치에 처하는 재판은 그 재판을 한 법원의 재판장의 명령으로 집행한다(법정등의질서유지를위한재판에관한규칙 제21조 제1항 전문).

항고의 경우에도 마찬가지임은 후술하는 바와 같다(같은 항 후문).

구속영장 또는 감호영장에 의하여 구속되어 있는 위반자나 징역, 금고, 구류 또는 감호의 집행중에 있거나 벌금 또는 과료에 관한 노역장유치 중에 있는 위반자(법정등의질서유지를위한재판에관한규칙 제7조의2 단서)에 대하여 감치의 재판을 한 경우에는 그 구속 또는 형 등의 집행사무를 담당하는 경찰서, 교도소 또는 구치소 등의 장에게 집행명령을 한다.[146)]

---

145) 이 서류를 송부받은 법원 또는 검찰청이나 경찰서등은 이를 그 사건기록의 구속 관계서류에 연속하여 편철하여야 한다(법정등의질서유지를위한재판에관한규칙 제25조 제4항).

146) 법정질서규칙시행예규 제6조 제2항 본문.

(나) 방 식

감치에 처하는 재판의 집행명령은 재판서 또는 재판의 내용을 기재한 조서의 등본이나 초본을 첨부한 서면(「집행명령」)으로 한다(법정등의질서유지를위한재판에관한규칙 제21조 제2항 본문).

다만, 급속을 요하거나 기타 부득이한 사정이 있는 때에는 이를 첨부하지 아니하고 집행명령을 할 수 있다(같은 항 단서 전단).

그러나, 위 경우에는 재판을 선고한 날로부터 2일이내에 감치시설의 장에게 재판서 또는 재판의 내용을 기재한 조서의 등본이나 초본을 교부하여야 한다(같은 항 단서 후단).

(다) 일시유치 명령

후술하듯이 감치에 처하는 재판을 받은 위반자는 감치시설에 구인하여야 하나, 재판장은 감치에 처하는 재판을 받은 위반자를 즉시 감치시설에 구인하기 어려운 사유가 있다고 인정하는 때에는 가까운 경찰서유치장등을 지정하여 위반자를 일시 유치할 것을 명할 수 있다. 다만, 그 기간은 24시간을 초과하지 못한다(법정등의질서유지를위한재판에관한규칙 제23조 제2항).

이러한 명령을 하는 경우에는 「집행명령」(법정등의질서유지를위한재판에관한규칙 제21조 제2항)에 그 취지를 부기하여야 한다(같은 규칙 제23조 제3항).

(2) 집 행 장

위반자가 구속되지(법원조직법 제61조 제2항) 아니한 경우 감치에 처하는 재판의 집행을 위하여 필요한 때에는 재판장은 「집행장」을 발부하여 법원직원, 교도관 또는 경찰관으로 하여금 위반자를 구인하게 할 수 있다(법정등의질서유지를위한재판에관한규칙 제21조 제3항).

이러한 집행장에는 재판을 받은 위반자의 성명, 주거 기타 위반자 본인의 특정에 필요한 사항과 감치의 기간 기타 감치의 집행에 필요한 사항을 기재하고 재판장이 서명날인하여야 한다(같은 조 제4항).

(3) 집행정지

감치에 처하는 재판을 받은 위반자가 그 집행에 의하여 현저히 건강을 해할 우려가 있거나 기타 상당한 사유가 있는 때에는 법원은 직권 또는 위반자의 신청에 의하여 결정으로 주거제한 기타 적당한 조건을 붙여 그 집행을 정지할 수 있다(법정등의질서유지를위한재판에관한규칙 제21조 제6항).

나) 감치의 집행방법

(1) 개 관

감치에 처하는 재판을 받은 위반자를 감치시설에 유치함에는 「형의 집행 및 수용자의 처우에 관한 법률」 중[147] 미결수용자에 대한 수용절차에 의한다(법정등의질서유지를위한재판에관한규칙 제23조 제9항).

(2) 구 인

재판장의 명을 받은 법원직원, 교도관 또는 경찰관은 감치에 처하는 재판을 받은 위반자를 감치시설에 구인하고 그 시설의 장에게 「집행명령」(법정등의질서유지를위한재판에관한규칙 제21조 제2항)를 교부하여야 한다(법정등의질서유지를위한재판에관한규칙 제23조 제1항).

(3) 일시유치

일시유치를 한 경우, 그 사유(법정등의질서유지를위한재판에관한규칙 제23조 제2항)가 해소된 때에는 재판장의 명을 받은 법원직원, 교도관 또는 경찰관(법정등의질서유지를위한재판에관한규칙 제23조 제1항)은 지체 없이 위반자를 감치시설에 구인하여야 한다(법정등의질서유지를위한재판에관한규칙 제23조 제5항).

또한, 일시유치 명령(같은 조 제2항)에 의하여 위반자를 일시 유치한 시설의 장은 그 유치를 종료한 때에는 「집행명령」(같은 규칙 제21조 제2항)에 그 취지를 부기하여야 한다(법정등의질서유지를위한재판에관한규칙 제23조 제4항).

(4) 수용통보

감치시설의 장은 감치에 처하는 재판을 받은 위반자를 유치한 때에는 수용통보서 에 의하여 지체 없이 법원에 그 사실을 통보하여야 한다(법정등의질서유지를위한재판에관한규칙 제23조 제7항 전문).

이 경우 감치에 처하는 재판을 받은 위반자가 일시유치 명령(법정등의질서유지를위한재판에관한규칙 제23조 제2항)에 의하여 일시 유치된 사실이 있는 때에는 수용통보서에, 「집행명령」에 부기된 내용(같은 조 제4항)을 기재하여야 한다(같은 조 제7항 후문).

---

147) 법문에는 "… 행형법중 …"으로 되어 있으나, 이는 입법의 착오이다.
이러한 입법의 착오가 발생한 이유는, 구 「행형법」이 2007. 12. 21. 법률 제8728호로 「형의 집행 및 수용자의 처우에 관한 법률」으로 전부개정되었는데도, 이를 반영하지 아니하였기 때문이다.

(5) 감치집행의 통지 등

감치의 집행을 한 때에는 재판장은 감치에 처하는 재판을 받은 위반자의 법정대리인, 배우자, 직계친족, 형제자매[148] 중 그가 지정하는 자에게 감치의 집행을 한 날로부터 3일 이내에 감치집행의 일시·장소·감치결정의 이유와 보조인 또는 변호인을 선임할 수 있는 취지를 서면으로 통지하여야 한다(법정등의질서유지를위한재판에관한규칙 제23조 제8항).

또한, 구속영장 또는 감호영장에 의하여 구속되어 있는 위반자에 대하여 감치의 재판을 한 때에는 수용통보서(법정등의질서유지를위한재판에관한규칙 제23조 제7항)의 등본을 그 구속이 행하여진 사건이 계속중인 법원 또는 그 사건을 수사하는 검찰청이나 경찰서등에 송부하여야 한다(같은 규칙 제25조 제3항).[149]

(6) 감치기간

(가) 기 산 일

감치의 기간은 감치에 처하는 재판의 선고일로부터 기산한다(법정등의질서유지를위한재판에관한규칙 제22조 제1항 본문).

다만, 재판의 선고후에도 「법원조직법」 및 「법정등의질서유지를위한재판에관한규칙」에 의하여 구금되지 아니한 일수는 감치의 기간에 산입하지 아니한다(법정등의질서유지를위한재판에관한규칙 제22조 제1항 단서).

그리고, 감치의 기간에 관하여는 초일은 그 시간에 불구하고 이를 1일로 계산한다(같은 조 제2항).

(나) 산입하는 기간

일시유치를 한 경우, 그 유치기간(법정등의질서유지를위한재판에관한규칙 제23조 제2항)은 감치의 기간(같은 규칙 제22조 제1항)에 산입한다(법정등의질서유지를위한재판에관한규칙 제23조 제6항).

후술하듯이 항고에 따라 원재판을 취소하고 다시 감치에 처하는 재판을 한 경우(같은 규칙 제13조 및 제15조)에 이를 집행함에는 그 감치기간에 원재판의 집행에 의하여 구금된 기간을 산입한다(같은 규칙 제22조 제3항).

---

148) 법문에는 "… 또는 호주 …"로 되어 있으나, 이는 입법의 착오이다.
이러한 입법의 착오가 발생한 이유는, 호주제가 2008. 폐지되었는데도, 이를 반영하지 아니하였기 때문이다.

149) 이 서류를 송부받은 법원 또는 검찰청이나 경찰서등은 이를 그 사건기록의 구속 관계서류에 연속하여 편철하여야 한다(법정등의질서유지를위한재판에관한규칙 제25조 제4항).

(7) 소송절차의 중지

감치의 집행 중에는 감치대상자가 당사자로 되어 있는 본래의 심판사건의 소송절차는 정지된다(법원조직법 제61조 제4항 본문 후단).

다만, 법원은 상당한 이유가 있는 경우에는 소송절차를 계속하여 진행하도록 명할 수 있다(같은 항 단서).

(8) 석방통지

감치시설의 장은 감치에 처하는 재판의 집행을 종료한 때에는 석방통지서에 의하여 지체 없이 법원에 그 사실을 통보하여야 한다(법정등의질서유지를위한재판에관한규칙 제23조 제7항 전문).

4) 과태료에 처하는 재판의 집행

과태료에 처하는 재판은 다음비송사건절차법 제249조에 규정된 절차에 의하여 집행하는바(법정등의질서유지를위한재판에관한규칙 제24조), 구체적인 것은 다음과 같다.

과태료재판은 검사의 명령으로써 집행하며(비송사건절차법 제249조 제1항 전문의 준용), 이 경우 그 명령은 집행력 있는 집행권원과 같은 효력이 있다(같은 항 후문의 준용).

따라서, 과태료에 처하는 재판을 한 경우 재판법원의 재판장은 「과태료집행촉탁」에 재판서 또는 재판의 내용을 기재한 조서의 등본을 첨부하여 검사에게 송부하여야 한다.[150]

과태료재판의 집행절차는 「민사집행법」의 규정에 따른다(비송사건절차법 제249조 제2항 본문의 준용). 다만, 집행을 하기 전에 재판의 송달은 하지 아니한다(같은 항 단서의 준용).

5) 불 복

가) 개 관

불처벌결정에 대하여는 불복할 수 없으나(규칙 제86조 제4항 참조), **감치 또는 과태료의 재판에 대해서는 항고 또는 특별항고를 할 수 있는바**(법원조직법 제61조 제5항), 구체적으로는 다음과 같다.

나) 항 고

(1) 개 관

재판을 받은 위반자는 ① 감치 또는 과태료의 양정이 과중하다고 인정할 사유가 있거나,

---

150) 법정질서규칙시행예규 제8조.

② 재판에 영향을 미친 법령에 위반이 있음을 이유로 하여 항고법원에 항고할 수 있다(법정등의질서유지를위한재판에관한규칙 제12조 제1항).

다만, 고등법원, 특허법원 또는 항소법원의 재판에 대하여는 대법원에 특별항고를 하여야 함은 별항으로 후술하는 바와 같다(같은 규칙 제20조 제1항).

(2) 항고기간

(가) 개 관

주의할 것은, 이 항고는 3일 이내에 하여야 한다(법정등의질서유지를위한재판에관한규칙 제12조 제3항).

그런데, 이는 본래 형사소송의 즉시항고 제기기간(형사소송법 제405조)을 좇은 것이나, 형사소송의 즉시항고 제기기간은 종전의 3일에서 7일로 연장된 터이므로, 입법론적으로 재고를 요한다.

(나) 항고기간의 시기(始期)

항고기간은 재판의 선고일부터 기산하나(법정등의질서유지를위한재판에관한규칙 제12조 제3항 본문), 위반자가 출석하지 아니한 때에는 재판서 또는 조서의 등본이 위반자에게 송달된(법정등의질서유지를위한재판에관한규칙 제10조 제2항) 날부터 항고 제기기간을 기산한다(같은 규칙 제12조 제3항 단서).

그런데, 재판을 받은 자가 경찰서 유치장·교도소 또는 구치소등 시설에 구금 또는 감치되어 있는 경우 항고의 제기기간 내에 항고장을 그 시설의 장 또는 그 직무를 대리하는 자에게 제출한 때에는 그 제기기간 내에 항고를 한 것으로 본다(같은 규칙 제18조).[151]

(3) 항고권의 회복청구[152]

재판을 받은 자는 자기가 책임질 수 없는 사유로 적법한 제기기간 내에 항고를 하지 못한 때에는 재판법원에 항고권의 회복청구를 할 수 있다(법정등의질서유지를위한재판에관한규칙 제19조 제1항).

주의할 것은, 이러한 항고권의 회복청구는 항고권의 그 사유가 종료한 날로부터 3일내에 항고와 함께 하여야 한다(같은 조 제2항).

그런데, 항고와 마찬가지로, 재판을 받은 자가 경찰서 유치장·교도소 또는 구치소등 시설

---

151) 이는 형사소송에서 재소자에 대한 특칙(형사소송법 제344조 제1항)과 마찬가지이다.

152) 이는 형사소송의 상소권회복청구(형사소송법 제345조, 제346조 제1항, 제3항, 제355조)와 유사하다.

에 구금 또는 감치되어 있는 경우 위 기간 내에 항고권회복청구서를 그 시설의 장 또는 그 직무를 대리하는 자에게 제출한 때에는 그 제기기간 내에 항고권 회복청구를 한 것으로 본다(같은 조 제3항).

(4) 항 고 장

항고를 함에는 이유를 기재한 항고장을 재판법원에 제출하여야 한다(법정등의질서유지를위한재판에관한규칙 제12조 제4항).

한편, 항고사건의 접수와 사무분담은 형사항고사건에 준한다(법정등의질서유지를위한재판에관한규칙 제26조 본문).[153]

다만, 가정법원에서의 항고사건의 접수와 사무분담은 가족관계등록비송 과태료의 재판에 대한 즉시항고사건에 준한다(같은 조 단서).[154]

(5) 변 호 인

항고인은 변호사를 변호인으로 선임할 수 있다(법정등의질서유지를위한재판에관한규칙 제17조).

(6) 항고에 대한 재판법원의 처리

(가) 재도의 고안[155]

재판법원은 항고가 이유 있다고 인정한 때에는 결정으로 원재판을 취소하고 다시 재판하여야 한다(법정등의질서유지를위한재판에관한규칙 제13조 전단).

이에 따라 원재판을 취소하고 다시 재판하는 경우에는 원재판보다 중한 재판을 하지 못한다(같은 규칙 제15조의2, 불이익변경의 금지).

이 결정은 송달 기타 상당하다고 인정되는 방법에 의하여 고지함으로써 그 효력이 발생한다(같은 규칙 제16조).

이때 원재판을 취소하고 다시 감치에 처하는 재판을 한 경우에는 재판법원의 재판장의 명

---

153) 항고사건의 기록도 재판사건기록에 가철하되, 항고권회복청구사건기록은 재판기록에 합철함은 물론이다. 법정질서규칙시행예규 제2조 제2항, 제3항.
cf. 같은 예규 제2조 제2항은 "이의신청사건"을 운위하고 있으나, 이는 입법의 착오이다.
이러한 입법의 착오가 발생한 이유는, 구 「법정등의질서유지를위한재판에관한규칙」(1994. 11. 28. 대법원규칙 제1320호로 개정되기 전의 것) 소정의 이의신청 제도가 폐지되었는데도, 이를 반영하지 아니하였기 때문이다.

154) 법문에는 "다만, 서울가정법원에서의 … 호적 과태료의 …"로 되어 있으나, 이는 입법의 착오이다.
이러한 입법의 착오가 발생한 이유는, 2012. 3. 1. 이후 서울특별시 이외의 지역에도 가정법원이 설치되었고, 2008. 구 호적 제도가 가족관계등록 제도로 대체되었는데도, 이를 반영하지 아니하였기 때문이다.

155) 이 개념에 관하여서는, '항고 : 최초의 항고를 중심으로' 부분에서 재론한다.

령으로 해당 재판을 집행한다(법정등의질서유지를위한재판에관한규칙 제21조 제1항 후문).

(나) 항고와 집행정지[156)]

항고는 재판의 집행을 정지하는 효력이 없다(법정등의질서유지를위한재판에관한규칙 제14조 본문).

다만, 재판법원은 항고에 대한 결정이 있을 때까지 결정으로 주거제한 기타 적당한 조건을 붙여 재판의 집행을 정지할 수 있다(같은 항 단서).

(다) 항고법원에의 송부

그러나, 재판법원은 항고가 이유 없다고 인정한 때에는 즉시 의견서를 첨부하여 사건기록을 항고법원에 송부하여야 한다(법정등의질서유지를위한재판에관한규칙 제13조 후단).

이는, 항고의 절차가 「법정등의질서유지를위한재판에관한규칙」에 위반된다고 인정한 때에도 마찬가지라고 할 것이다(같은 규칙 제15조 전단 참조).[157)]

(7) 항고법원의 처리

(가) 개 관

지방법원 및 가정법원의 지원 2개를 합하여 1개의 지원으로 한 지원(법원조직법 제3조 제2항 단서)의 단독판사가 한 재판에 대한 항고는 지방법원 본원합의부에서 심판한다(법정등의질서유지를위한재판에관한규칙 제12조 제2항).

(나) 항고와 집행정지[158)]

항고법원도 항고에 대한 결정이 있을 때까지 결정으로 주거제한 기타 적당한 조건을 붙여 재판의 집행을 정지할 수 있다(법정등의질서유지를위한재판에관한규칙 제14조 단서).

(다) 항고의 기각

항고법원은 항고의 절차가 「법정등의질서유지를위한재판에관한규칙」에 위반된 때 또는 항고가 이유 없는 때에는 결정으로 항고를 기각하여야 한다(법정등의질서유지를위한재판에관한규칙 제15조 전단).

이 결정은 송달 기타 상당하다고 인정되는 방법에 의하여 고지함으로써 그 효력이 발생한

---

156) 이는 형사소송의 즉시항고의 효력(형사소송법 제410조)과 유사하다.
157) 동지 : 제요[민소Ⅱ], 793면.
158) 이 또한 형사소송의 즉시항고의 효력(형사소송법 제410조)과 유사하다.

다(같은 규칙 제16조).

(라) 취소자판

그러나, 항고법원은 항고가 이유 있는 때에는 결정으로 원재판을 취소하고 다시 재판하여야 한다(법정등의질서유지를위한재판에관한규칙 제15조 후단).

이에 따라 원재판을 취소하고 다시 재판하는 경우에는 원재판보다 중한 재판을 하지 못한다(같은 규칙 제15조의2, 불이익변경의 금지).

이 결정은 송달 기타 상당하다고 인정되는 방법에 의하여 고지함으로써 그 효력이 발생한다(같은 규칙 제16조).

이때 원재판을 취소하고 다시 감치에 처하는 재판을 한 경우에는 항고법원의 재판장의 명령으로 해당 재판을 집행한다(법정등의질서유지를위한재판에관한규칙 제21조 제1항 후문).

다) 특별항고

(1) 개 관

위반자는, 항고법원의 결정이나 고등법원, 특허법원 또는 항소법원의 재판에 대하여는 재판 또는 결정에 영향을 미친 다음 각호의 1에 해당하는 사유 있음을 이유로 하는 때에 한하여 대법원에 특별항고를 할 수 있다(법정등의질서유지를위한재판에관한규칙 제20조 제1항).[159)]

① 헌법에 위반하거나 헌법의 해석이 부당한 때

② 법률, 명령, 규칙 또는 처분에 대한 해석이 대법원 판례와 상반된 때

따라서, 예컨대, 특별항고인이 법원의 심리를 방해하는 등의 폭언이나 소란행위를 하지 아니하였다거나 원심의 처분이 과도하여 부당하다는 등의 사유는 위에서 든 특별항고 이유의 어느 것에도 해당되지 아니한다.[160)]

항고에 관한 규정은 그 성질에 반하지 않는 범위 안에서 특별항고에 관하여 이를 준용한다(같은 조 제2항).

(2) 특별항고기간

특별항고 역시 3일 이내에 하여야 한다(법정등의질서유지를위한재판에관한규칙 제20조 제1항)

그러나, 위 기간은 항고법원의 결정이나 고등법원, 특허법원 또는 항소법원의 재판의 고지

---

159) 이는, 특별항고기간에 관하여서는 형사소송의 재항고(형사소송법 제415조)와 유사하나, 특별항고이유에 관하여서는 오히려 민사소송의 특별항고(법 제449조 제1항)와 유사하다.

160) 대법원 2007. 7. 18.자 2007정모3 결정.

일로부터 기산한다(같은 항).

(3) 특별항고권의 회복청구

특별항고 역시 항고권의 회복청구를 할 수 있다고 할 것이다(법정등의질서유지를위한재판에관한규칙 제19조의 준용).

(4) 특별항고장

특별항고를 함에도 이유를 기재한 항고장을 제출하여야 한다(법정등의질서유지를위한재판에관한규칙 제12조 제4항의 준용).

이때, 항고법원의 결정에 대하여는 항고법원에, 고등법원, 특허법원 또는 항소법원의 재판에 대하여는 재판법원에 제출하여야 한다.

한편, 특별항고사건의 접수와 사무분담은 형사재항고사건에 준한다(법정등의질서유지를위한재판에관한규칙 제26조 본문).[161]

(5) 변 호 인

특별항고인도 변호사를 변호인으로 선임할 수 있다고 하겠다(법정등의질서유지를위한재판에관한규칙 제17조의 준용).

(6) 항고에 대한 원심법원의 처리

특별항고의 경우에는, 원심법원이 재도의 고안은 할 수 없다고 할 것이며,[162] 즉시 의견서를 첨부하여 사건기록을 대법원에 송부하여야 할 것이다(법정등의질서유지를위한재판에관한규칙 제13조 후단의 준용).

그러나, 원심법원이 집행정지 결정을 할 수는 있다고 하겠다(같은 규칙 제14조 단서의 준용).

(7) 대법원의 처리

(가) 특별항고와 집행정지

대법원도 집행정지결정을 할 수 있다고 할 것이다(법정등의질서유지를위한재판에관한규칙 제14조 단서의 준용).

---

161) 특별항고사건의 기록도 재판사건기록에 가철하되, 항고권회복청구사건기록은 재판기록에 합철함은 물론이다. 법정질서규칙시행예규 제2조 제2항, 제3항.

162) 이에 관하여서는, '상고, 재항고 및 특별항고' 부분에서 다시 언급할 것이다.

(나) 특별항고의 기각

대법원도 특별항고의 절차가 「법정등의질서유지를위한재판에관한규칙」에 위반된 때 또는 항고가 이유 없는 때에는 결정으로 특별항고를 기각하여야 한다(법정등의질서유지를위한재판에관한규칙 제15조 전단의 준용).

그러나, 관견으로는, 이 결정을 송달하여야 할 것으로 본다(같은 규칙 제16조의 부준용).

(다) 특별항고의 인용

관견으로는, 대법원은 특별항고가 이유 있는 때에는, 상고의 경우처럼, 원칙적으로 파기환송·이송을 하여야 하고, 예외적으로 파기·자판을 할 수 있을 뿐이라고 본다(법정등의질서유지를위한재판에관한규칙 제15조 후단의 부준용).[163)]

그러나, 파기·자판의 경우에는 원재판보다 중한 재판을 하지 못함은 물론이다(같은 규칙 제15조의2의 준용).

그러나, 관견으로는, 이 결정도 송달하여야 할 것으로 본다(같은 규칙 제16조의 부준용).

Ⅱ. 준비서면

1. 준비서면 개관

준비서면이란, 변론에서 진술하고자 하는 사항을 미리 적어 제출함으로써 변론을 준비하기 위한 서면을 말한다.

소장, 답변서도 일종의 준비서면이므로(법 제148조 참조), 이에도 준비서면에 관한 규정을 준용한다(법 제249조 제2항, 제256조 제4항).

다소 성질이 특수한 준비서면으로는, 요약준비서면(법 제278조), 항소이유를 기재한 준비서면(규칙 제126조의2) 따위가 있다. 전자에 관하여서는 '변론의 진행' 부분에서, 후자에 관하여서는 '항소' 부분에서 각각 본다.[164)]

준비서면을 제출(·송달)하게 되면, 거기 적은 사실을 상대방이 출석하지 아니한 때에도 변

---

163) 이에 관하여서는, '상고, 재항고 및 특별항고' 부분에서 다시 언급할 것이다.

164) 그 밖에, 상고심에서 예외적으로 변론을 열 때에 제출하는 변론준비서면(대법원에서의변론에관한규칙 제3조 제1항)이 있으나, 이는 준비서면과는 성질이 판이하다. 이에 관하여서는 '상고, 재항고 및 특별항고' 부분에서 논한다.

론에서 주장할 수 있게 된다(법 제276조 본문의 반대해석).

일반적으로, 변론은 서면으로 준비되어야 할 뿐더러(법 제272조 제1항 후단), 소송절차 자체를 개시하는 서면인 소장 역시 준비서면의 일종이므로, 준비서면 없는 민사소송은 생각할 수 없다고 하여도 과언이 아니다.

2. 준비서면의 제출기간 및 제출기한

준비서면은 그것에 적힌 사항에 대하여 상대방이 준비하는 데 필요한 기간을 두고 제출하여야 한다(법 제273조 전단).

특히, 새로운 공격방어방법을 포함한 준비서면은 변론기일 또는 변론준비기일의 7일 전까지 상대방에게 송달될 수 있도록 적당한 시기에 제출하여야 한다(규칙 제69조의3).

준비서면은 개념필연적으로 제소 이후 변론종결시까지 제출하여야 하고, 또 그 기간 중에는 어느 때라도 제출할 수 있음이 원칙이다. 다만, 변론준비기일이 열린 경우에는 변론준비기일이 끝날 때까지 제출함이 원칙이며(법 제282조 제4항, 제285조 제3항), 이를 위반한 때에는 실권효의 제재를 받을 수 있다(같은 조 제1항).

3. 준비서면의 기재사항

가. 개 관

준비서면에는 다음 각호의 사항을 적고, 당사자 또는 대리인이 기명날인 또는 서명한다(법 제274조 제1항).[165)]

① 당사자의 성명·명칭 또는 상호와 주소[166)]

② 대리인의 성명과 주소

③ 사건의 표시

④ 공격 또는 방어의 방법

⑤ 상대방의 청구와 공격 또는 방어의 방법에 대한 진술

---

165) cf. 제정 당시의 구법 제248조는 준비서면에는 서명·날인하여야 한다고 규정하였으나, 기명날인을 하더라도 무방한 것으로 해석되고 있었다. 대법원 1978. 12. 26. 선고 77다1362 판결.
그 후, 1990. 1. 13. 법률 제4201호로 위 규정을 개정하여 기명날인을 요하는 것으로 하였다가, 현행법은 2002. 1. 26. 법률 제6626호로 「민사소송법」을 전부개정하면서 기명날인 또는 서명을 하는 것으로 하였다.

166) 다만, 실제로는 당사자의 주소는 기재할 필요가 없는바, 이는 오히려 소장의 기재사항이기 때문이다.

⑥ 덧붙인 서류의 표시[167]

⑦ 제출일

⑧ 법원의 표시

그런데, 위 기재사항 중 제4호, 제5호를 제외한 나머지 것들은 법원에 제출하는 서면의 공통적 기재사항이며(규칙 제2조 제1항 참조), 그러한 공통적 기재사항에 관한 상세한 내용은 이 책 보론의 '민사 서면 작성법'에서 다루는 바와 같다.

결국 준비서면의 실질적 의미는 '공격 또는 방어의 방법'(법 제274조 제1항 제4호)과 '상대방의 청구와 공격 또는 방어의 방법에 대한 진술'(같은 항 제5호)을 진술하고자 하는 데에 있다고 하겠다.

다시 말해, 널리 공격방어방법을 기재한 서면은, 그 제목이 무엇이든지 간에, 그 한도 내에서 준비서면의 실질을 지닌다. 따라서, 법이 어떠한 서면에 준비서면에 관한 규정을 준용한다고 규정할 경우,[168] 이는 해당 서면을 통하여 위와 같이 공격방어방법의 제출을 할 수 있다는 것을 의미한다. 즉, 공격방어방법 등의 제출을 위하여 별도로 준비서면을 제출할 필요 없이 해당 서면에 그와 같은 기재를 하면 족하다는 것이다.

나. 실질적 기재사항

1) 공격 또는 방어의 방법 및 그 증거방법

가) 협의의 공격방어방법

공격방어방법의 개념(협의 및 광의)에 관하여서는 '심리의 제원칙' 부분에서 적시제출주의와 관련하여 기술하였다.

한편, 경우에 따라서는, 타인(당사자의 보조참가인, 공동소송인, 상대방 등)의 진술을 원용하여야 할 경우도 있는바, 이러한 원용진술을 하는 까닭은 그와 같은 진술을 반복하는 번거로움을 피하기 위함이며, 이는 원용되는 대상을 명백히 표시하고 이를 원용한다는 취지를 진술함으로써 한다.

---

167) 실무상 "입증방법"(또는 "증거방법")과 "첨부서류"를 구분하여 표시한다. 전자에는 호증을 표시하여야 하기 때문이다. 호증에 관하여서는 '서증' 부분에서 본다.

168) 소장이나 답변서 외에도, 화해권고결정에 대한 이의신청서(법 제227조 제3항), 항소장(법 제398조)이 이에 해당한다.

나) 증거방법

(협의의) **공격방어방법에 대하여서는, 사실상 주장을 증명하기 위한 증거방법을 함께 적어야 한다**(법 제274조 제2항).

그런데, 증거방법과 관련하여서는, 상대방이 제출한 증거를 이익으로 원용하거나, 기일 외에서 한 증거조사의 결과를 이익으로 원용하여야 할 때도 있다. 이 문제에 관하여서는 '증거 총설', '감정', '조사의 촉탁(사실조회)' 부분에서 각각 후술하는 내용을 참조하기 바란다.

2) 상대방의 청구에 대한 진술

"상대방의 청구에 대한 진술"이란 상대방의 청구에 대한 판결사항의 신청을 말한다.

이는 일반적으로는 답변서에서 기재할 것이지만(규칙 제65조 제1항), 준비서면에서도 기재할 경우가 있을 수 있다. 가령, 상대방이 제기한 반소 청구에 대하여 답변하는 경우나, 상대방이 청구를 추가 또는 확장한 경우에 이에 대하여 답변하는 경우가 그러하다.

다만, 위와 같은 경우에도 준비서면이 아니라 답변서의 형식으로 서면을 제출하기도 한다.

3) 상대방의 공격방어방법에 대한 진술

가) 개 관

"상대방의 공격 또는 방어의 방법에 대한 진술"이란 상대방이 주장한 사실에 대한 인부(認否)의 진술, 즉 그러한 사실에 대한 부인이나 자백을 말한다.

그 밖에 항변(抗辯), 즉 상대방의 주장이 진실임을 전제로 그와 양립가능한 사항에 대하여 하는 주장을 할 수도 있다.[169] 예컨대, 대여금 청구에 대한 변제의 주장은, 차용사실의 자백을 전제로 하는 것으로서, 항변에 해당한다.

항변에 대하여서는 그에 대한 재항변도 있을 수 있다. 예컨대, 원고의 대여금 청구에 대하여, 피고가 소멸시효 완성의 항변을 하였는데, 원고가 이에 대하여 소멸시효 중단의 재항변을 하는 경우가 그러하다.

그 외에도 널리 상대방의 주장에 대한 답변태도로서 부지와 침묵도 있을 수 있으므로, 이에 관하여서도 살펴보기로 한다.

---

169) 넓은 의미의 항변은 소송상의 항변(본안전 항변, 증거항변)을 포함하나, 여기서 말하는 항변은 본안의 항변이다.
본안전 항변과 증거항변에 관하여서는 '답변서' 부분 및 '준비서면' 부분에서 각각 후술한다.
본안의 항변과 관련하여서는 상계항변이 기판력 등과 관련하여 주의할 점이 있는바, 이에 관하여서는 '판결의 확정과 그 효력' 부분에서 상론하겠다.

나) 부인(否認)

부인은 상대방이 주장한 사실을 다투는 것을 말한다(법 제150조 제1항 단서 참조).

다) 자백(自白)

자백은 상대방이 주장한 사실을 다투지 아니하는 것(시인하는 것)을 말한다.

특히 변론주의가 적용되는 사항에 관하여 재판상의 자백이 성립하면, 그 사실은 증명을 요하지 아니하게 되는바, 이에 관한 상세는 '증거 총설' 부분에서 불요증사실과 관련하여 후술한다.

라) 부지(不知)

상대방이 주장한 사실에 대하여 알지 못한다고 진술한 때에는 그 사실을 다툰 것으로 추정한다(법 제150조 제2항, 제286조). 즉, 부지는 부인으로 추정한다.

마) 침묵(沈默)

침묵, 즉, **당사자가 변론에서나 변론준비기일에 상대방이 주장하는 사실을 명백히 다투지 아니한 때에는 그 사실을 자백한 것으로 본다**(법 제150조 제1항 본문, 법 제286조, 자백간주).[170]

다만, 변론 전체의 취지로 보아[171] 그 사실에 대하여 다툰 것으로 인정되는 경우에는 그러하지 아니하다(법 제150조 제1항 단서, 법 제286조). 즉, 당사자는 변론이 종결될 때까지 어느 때라도 상대방의 주장사실을 다툼으로써 자백간주를 배제시킬 수 있고,[172] 상대방의 주장사실을 다투었다고 인정할 것인가의 여부는 사실심 변론종결 당시의 상태에서 변론의 전체를 살펴서 구체적으로 결정하여야 할 것이다.[173]

4) 상대방의 증거방법에 대한 진술

상대방의 청구와 공격방어방법에 대한 진술에 대하여서는, 상대방의 증거방법에 대한 의견을 함께 적어야 한다(법 제274조 제2항 후단).

---

170) cf. 가류 및 나류 가사소송에서는 당사자가 상대방이 주장하는 사실을 명백히 다투지 아니하였더라도 그 사실을 자백한 것으로 보지 아니하며(가사소송법 제12조 단서). (최광의의) 선거소송도 마찬가지이다(공직선거법 제227조 단서, 국민투표법 제95조 단서, 주민소환에 관한 법률 제25조 제2항, 제주특별자치도 설치 및 국제자유도시 조성을 위한 특별법 제29조, 주민투표법 제25조 제3항).

171) cf. 구법(2002. 1. 26. 법률 제6626호로 전부개정되기 전의 것) 제139조 제1항 단서는 "변론의 전취지에 의하여"라고 표현하였다.

172) 대법원 2004. 9. 24. 선고 2004다21305 판결.
즉, 재판상 자백과 달리, 자백간주는 법원에 대한 구속력은 있으나 상대방에 대한 구속력은 없다.

173) 대법원 2004. 9. 24. 선고 2004다21305 판결.

상대방의 증거방법에 대한 의견진술로는, 그것이 실기한 공격방어방법이라는 주장, 상대방의 증거방법이 증거가치가 없거나 쟁점과 무관하다는 주장, 서증의 경우에는 성립인부의 진술[174] 등이 있을 수 있다.

이 중 널리 증거방법 또는 증거조사결과의 불채용을 구하는 진술을 '증거항변'이라 한다.

그리고, 소송법상 상대방의 증거방법에 관하여 그 증명력 내지 신빙성을 다투는 자는 이에 대한 입증책임을 진다.[175]

4. 준비서면의 분량 등

가. 준비서면의 분량

준비서면의 분량은 30쪽을 넘어서는 아니 된다(규칙 제69조의4 제1항 본문).

다만, 변론준비절차에서 준비서면의 분량에 관한 합의(규칙 제70조 제4항)가 이루어진 경우에는 그러하지 아니하다(규칙 제69조의4 제1항 단서).[176]

나. 분량 제한을 초과한 준비서면에 관한 보정명령

재판장등은 30쪽을 넘는 분량의 준비서면을 (이를 용인하는 변론준비절차상의 합의 없이) 제출한(규칙 제69조의4 제1항 본문의 위반) 당사자에게 해당 준비서면을 30쪽 이내로 줄여 제출하도록 명할 수 있다(규칙 제69조의4 제2항).

다. 반복 주장의 금지

준비서면에는 소장, 답변서 또는 앞서 제출한 준비서면과 중복·유사한 내용을 불필요하게 반복 기재하여서는 아니 된다(규칙 제69조의4 제3항).

5. 준비서면의 첨부서류 등

가. 준비서면의 첨부서류

당사자가 가지고 있는 문서로서 준비서면에 인용(引用)한 것은 그 등본 또는 사본을 붙여야

---

174) 성립인부에 관하여서는 '서증' 부분에서 살펴볼 것이다.

175) 대법원 1985. 5. 14. 선고 84누786 판결.

176) 이러한 합의에 관하여서는 '변론준비절차 개관' 부분에서 후술한다.

한다(법 제275조 제1항).

문서의 일부가 필요한 때에는 그 부분에 대한 초본을 붙이고, 문서가 많을 때에는 그 문서를 표시하면 된다(같은 조 제2항).

다만, 서증은 문서의 전부를 제출하는 것이 원칙인바(규칙 제107조 제4항 본문), 상세한 것은 '서증' 부분에서 후술하기로 한다.

나. 첨부서류의 원본제시의무

주의할 것은, **준비서면에서 인용한 문서는 상대방이 요구하면 그 원본을 보여주어야 한다**(법 제275조 제3항).

6. 준비서면 부본의 송달

법원은 상대방에게 준비서면 부본을 송달하여야 한다(법 제273조 후단).

7. 전자소송에서의 멀티미디어 주장자료

가. 개 관

전자소송에서, 전자소송 동의자는 주장이나 공격·방어방법에 관한 음성·영상 등 멀티미디어 방식의 자료를 전자소송시스템을 이용하여 제출할 수 있다(민소전자문서규칙 제13조 제1항).[177]

법문에는 "등록사용자는 …"이라고만 되어 있으나, 전자소송 동의를 하지 아니한 등록사용자가 전자소송시스템을 이용할 수는 없으므로, 이는 입법의 착오라 할 것이며, "전자소송 동의자는"으로 한정해석하여야 한다.

이러한 자료를 실무상 '멀티미디어 주장자료'라 하며, 그 제출의 실익은 이를 이용하여 변론할 수 있다는 데에 있다(같은 규칙 제30조 제3항).

그런데, 음성·영상 등을 '증거로서' 제출하는 경우와 달리, 이를 '주장으로서' 제출하는 경우, 즉, 멀티미디어 주장자료는 재판장이 허가한 경우에만 전자기록에 편입하거나 법정에서 진술할 수 있다(같은 조 제2항). 그러나, 기록편입의 허부와 법정진술의 허부는 나누어 판단하지 못한다고 할 것이다.

---

177) 공격방어방법에 관하여서는 '심리의 제원칙' 부분에서 적시제출주의와 관련하여 기술하였다.

따라서, 멀티미디어 주장자료의 제출은 단순한 진술이 아니라 신청의 일종이라고 하겠다. 다만, 관견으로는, 입법론적으로 의문이 있다.

첫째, 전자소송 동의를 한 등록사용자에 한하여 멀티미디어 주장자료를 제출할 수 있게 한 것은 무기평등의 원칙에 비추어 문제가 있다. 즉, 전자소송 동의를 하지 아니한 자도 전자기록사건에서는 멀티미디어 주장자료를 자기디스크등에 담아 제출할 수 있어야 할 것이다(같은 규칙 제13조 제3항 후문, 제31조 제2항 제1호 참조). 물론, 그 기록편입과 진술에 재판장등의 허가를 요하도록 할 것임은 물론이다.

둘째, 현행법은 허가신청과 제출을 동시에 하도록 하고 있으나, 오히려 허가가 있은 후에 비로소 제출을 하도록 하여야 할 것이다. 재판장등이 해당 자료를 청취 또는 시청한 후에 비로소 허부의 결정을 한다면, 그러한 청취 또는 시청이 법원의 심증형성에 영향을 줄 수 있어, 허가 없는 자료의 진술을 금하는 취지에 반할 뿐더러, 이미 제출된 자료가 결정의 내용에 따라 기록편입 여부가 달라진다는 것은 절차의 명확성을 해하는 일이기 때문이다.[178]

나. 멀티미디어 주장자료 제출(신청)의 방식

멀티미디어 주장자료는 전자소송홈페이지에서 요구하는 방식에 따라 제출하되, 해당 자료의 주요 내용, 제출 취지 및 용량을 밝혀야 한다(민소전자문서규칙 제13조 제1항 후문).[179]

이는 준비서면과 마찬가지로 상대방에게 송달하여야 하므로, 그 제출기간 역시 준비서면의 그것에 준한다(같은 후문, 규칙 제69조의3).

다. 멀티미디어 주장자료의 기록편입에 관한 결정에 대한 불복

멀티미디어 주장자료의 기록에의 편입에 관한 허부의 결정에 대하여는 불복할 수 없다(민소전자문서규칙 제13조 제5항).

---

178) 반대 : 민사전자소송실무편람, 199면.
그러나, 위의 책, 475면 역시, 제출자가 제출시 밝힌 사항(해당 자료의 주요 내용, 제출 취지 및 용량)만을 자료로 허부를 결정할 것이라고 한다.

179) 이에 따라 전자소송홈페이지의 해당 메뉴는 '신청취지', '주요내용', '분량'(몇 분짜리인지)의 입력을 요구하고 있다.

라. 멀티미디어 주장자료의 송달[180)]

1) 상당하다고 인정되는 방법에 의한 송달

제출허가를 받은 멀티미디어 (주장)자료는 상대방에게 상당하다고 인정되는 방법으로 송달할 수 있다(민소전자문서규칙 제13조 제3항 전문).

그러나, 전자소송 동의자에게는 전자적으로 송달함이 원칙이므로, 위 규정은 원칙적으로는 전자소송 비동의자에 대하여서만 적용되고 예외적으로만 전자소송 동의자에게도 적용되는 것으로 한정해석하여야 한다.

즉, 전자소송 동의를 한 당사자 또는 대리인에게 특별한 사정으로 인해 전자적 방법으로 멀티미디어 (주장)자료를 송달할 수 없는 경우에도 위와 같은 방법으로 송달할 수 있다.[181)]

2) 상당하다고 인정되는 방법의 구체적 내용 등

이에 따라 전자소송실무는, 전자소송 비동의자에 대한 멀티미디어 (주장)자료의 송달은 다음 각 호 중 어느 하나의 방법으로 할 수 있다고 본다.[182)]

① 자기디스크 등에 담아 송부하는 방법

② 송달받을 사람의 전자우편주소로 전송하는 방법

③ 출력물을 송달하는 방법

④ 송달받을 사람에게 멀티미디어 자료의 접수사실과 법원을 방문하여 열람·복제해야 한다는 취지를 통지하는 방법

⑤ 그 밖의 적절한 방법

그리고, 법원은 이를 위하여 멀티미디어 (주장)자료를 제출한 자에게 해당 자료를 자기디스크 등에 담아 제출하거나 그 출력물을 제출하게 할 수 있다(민소전자문서규칙 제13조 제3항 후문).

문제는, 해당 멀티미디어 주장자료가 전자문서로 제출하는 것이 적합하지 아니한 경우(민소전자문서규칙 제15조 제1항 제3호 및 제4호)인데, 그 경우에는 성질상 출력물을 송달하는 방법에 의할 수밖에 없을 것이다.

---

180) 이하에서 서술하는 멀티미디어 주장자료의 송달방법은 음성·영상 등 정보의 경우에도 준용됨에 주의하기 바란다.

181) 민전예규 제66조 제2항 전단, 제4항.

182) 민전예규 제66조 제2항 후단, 제4항.
이 중 '민소전자문서규칙' 자체가 예정하고 있는 방법은 ①, ③이다(민소전자문서규칙 제13조 제3항 후문).

3) 상당하다고 인정되는 방법에 의하여 한 송달의 증명

그리고, 이러한 '상당하다고 인정되는 방법'에 따라 송달을 한 경우, 그 이후 최초로 열리는 기일에서 당사자에게 송달 여부를 확인한 후 그 취지를 조서에 기재하여야 한다.[183)]

Ⅲ. 임의적 변론

1. 임의적 변론에 관한 원칙

원칙적으로, **결정으로 완결할 사건에 대하여는 법원이 변론을 열 것인지 아닌지를 정한다**(법 제134조 제1항 단서).

그리고, **결정으로 완결할 사건에 대하여 변론을 열지 아니할 경우에, 법원은 당사자와 이해관계인, 그 밖의 참고인을 심문할 수 있다**(같은 조 제2항).

심문(審問)이란 적당한 방법으로 서면 또는 말로 진술하거나 증거자료를 제출할 기회를 주는 것을 말하는바,[184)] 이는 기일(심문기일)을 열어 실시함이 일반이지만, 경우에 따라서는 심문서를 송달함으로써 실시하기도 한다.

임의적 변론에는 필요적 변론의 경우와 달리, 말로 하는 진술뿐만 아니라 서면으로 하는 진술도 재판의 기초가 되며, 당사자가 심문기일에 출석하지 아니하여도 그에 따른 불이익을 입지 않는다.

다만, 심문기일도, 기일 전에 제출한 신청서와 주장서면을 진술하고, 소명방법을 제출하며, 상대방이 제출한 서증에 대한 인부(認否)를 하는 등, 변론기일과 매우 유사한 방식으로 진행된다.

2. 임의적 변론에 관한 원칙의 예외

법률에 특별한 규정이 있는 경우에는 법 제134조 제1항과 제2항의 규정을 적용하지 아니한다(법 제134조 제3항).

즉, 결정으로 완결할 사건이라 하더라도 입법자가 정하기에 따라서는, 변론이나 심문을 반

---

183) 민전예규 제66조 제3항, 제4항.

184) cf. 이에 반하여, 신문(訊問)이란, 경험한 바나 의견을 묻는 것을 말한다.

드시 거쳐야 하는 것으로 할 수도 있고, 또는 반대로, 변론을 열 수 없거나 심문을 할 수 없는 것으로 할 수도 있다.

가령, 독촉사건은 (지급명령이라는) 결정으로 완결할 사건이지만, 채무자를 심문할 수 없고 (법 제467조), 변론을 열 수도 없다.

그런데, 법문에는 "이 법에 특별한 규정이 있는 경우에는 …"으로 되어 있으나,[185] 이는 입법의 착오로 보인다. 왜냐하면, 「민사소송법」 외의 다른 법률에서도 임의적 변론에 관한 원칙의 예외를 규정하고 있는 예들이 있기 때문이다. 예컨대, 채권압류명령에서도 심문을 생략하거니와(민사집행법 제226조), 이 또한 법 제134조 제3항에서 말하는 "법률에 특별한 규정이 있는 경우"임이 분명하다.

---

185) cf. 구법(2002. 1. 26. 법률 제6626호로 전부개정되기 전의 것) 제124조 제3항은 "제1항과 제2항의 규정은 특별한 규정이 있는 경우에는 적용하지 아니한다."라고만 규정하고 있었다.

제2장 제소와 변론

Ⅰ. 소의 제기

1. 소제기의 방식

가. 원칙 : 소장제출주의

소는 법원에 「소장」을 제출함으로써 제기한다(법 제248조).[186]

소장에는 준비서면에 관한 규정을 준용하는바(법 제249조 제2항), 그 구체적인 의미는 해당 부분에서 후술하겠다.

나. 예외 : 구술제소 등

소액사건에서는 구술제소(소액사건심판법 제4조) **및 임의출석에 의한 제소**(같은 법 제5조)**의 특례가 있으나,** 이는 실제로 과연 이용되는 제도인지도 의문일뿐더러, 입법론적으로도 극히 의문이므로, 이에 관한 설명은 생략하겠다.[187]

다. 제소간주

소를 제기한 것으로 간주되는 경우도 있는바(민사소송 등 인지규칙 제7조, 소액사건심판법 제5조의3 제1호 참조), 구체적으로는, 독촉절차나 제소전화해절차 또는 민사조정절차로부터 소송으로 이행되는 경우가 있다(법 제472조, 법 제388조 제2항, 민사조정법 제36조).

---

186) cf. 집단소송과 단체소송에서는 소장 제출시에 소송허가신청도 함께 하여야 한다(증권관련 집단소송법 제7조 제1항, 소비자기본법 제73조 제1항, 개인정보 보호법 제54조 제1항).

187) 한편, 소액사건에서 구술제소가 허용되는 이상, 원론적으로는 소액사건에서의 소송중의 소 역시 (그것이 소액사건에 해당하는 한) 말로 신청할 수 있다는 것이 된다. 그러나, 이 책에서는 그 문제에 대한 언급 역시 생략하겠다.

2. 소장의 기재사항 일반

가. 소장의 필요적 기재사항

1) 개 관

소장에는 당사자와 법정대리인, 청구의 취지와 원인을 적어야 한다(법 제249조 제1항).

이 중 당사자와 법정대리인, 청구취지는 판결서의 필요적 기재사항이기도 하므로(법 제208조 제1항 제1호, 제3호), 그 기재례는 재판서의 기재례를 좇음이 실무이다.

이러한 필요적 기재사항의 흠결은 소장각하명령의 사유가 된다(법 제254조).

2) 당 사 자

소장에 당사자로서 누구를 어떻게 기재할 것인가 하는 문제는 당사자에 관한 법리와 밀접하게 관련된 문제이다.

당사자의 의의 및 당사자능력에 관하여서는 '당사자 : 의의, 당사자능력' 부분에서 기술하였거니와, 나머지 사항, 즉, 당사자의 확정과 당사자적격에 관하여서는 별항으로 상론할 것이다.

소장에는 당사자의 성명·명칭 또는 상호와 주소를 적어야 하나(법 제274조 제1항 제1호의 준용), 상세한 것은 이 책 보론의 '민사 서면 작성법'에서 다루는 바와 같다.

3) 법정대리인

소송제한능력자가 당사자인 때에는 그 법정대리인이 소송행위를 하여야 하므로(법 제55조 본문, 제64조), 이때에는 법정대리인을 소장에 기재하여야 한다.

법정대리인은 그 자격과 성명을 표시한다.

당사자가 법인인 때에는 그 대표자의 자격과 성명을, 당사자가 법인이 아닌 사단이나 재단(법 제52조)인 때에는 그 대표자 또는 관리인의 자격과 성명을 적어야 함은 물론이다(법 제64조).

한편, 당사자의 경우와 달리, 법정대리인의 주소는 그 특정을 위하여 필요한 사항이 아니라 단지 송달의 편의를 위하여 기재하게 된다(법 제179조, 제183조 제1항 참조). 따라서, 당사자 본인과 주소가 동일하거나 변호사가 소송대리인으로 선임되어 있을 때에는 법정대리인의 주소를 따로 기재하지 아니함이 일반이다.

4) 청구취지와 청구원인

청구취지와 청구원인에 관한 사항 역시 뒤에서 별항으로 상론할 것이다.

다만 여기서 주의할 것은, '필수적 기재사항으로서의' 청구원인의 개념이다. 이러한 청구원인, 즉, 협의의 청구원인은 '청구를 특정함에 필요한 사항'을 말하며(법 제208조 제3항 참조), 이론적으로 소송요건의 구비를 위하여서는 이러한 협의의 청구원인의 기재만 하면 족하다(식별설(識別說)).

그러나, 바로 후술하듯이, 그 정도를 넘는 공격방어방법도 이를 청구원인에 기재할 수 있으며, 이는 임의적 기재사항에 불과하다.

다만, 「민사소송규칙」은 효율적인 심리를 위하여 청구원인으로서 널리 '청구의 원인이 된 사실'(법 제257조 제1항 본문)을 기재할 것을 요구하고 있는바(이유기재설(理由記載說))(규칙 제62조), 그 구체적인 것은 청구원인과 관련하여 후술한다.

나. 임의적 기재사항

소장에는 사건의 표시를 적어야 하고(법 제274조 제1항 제3호의 준용), 소장을 통하여 공격방법을 제출할 수 있으며(같은 조 제4호의 준용. 규칙 제62조 제1호 참조), 경우에 따라서는, 피고가 당연히 제출할 것으로 예상되는 방어방법에 대한 진술까지 기재할 수도 있고(법 제274조 제4호의 준용. 규칙 제62조 제2호 참조), 증거방법(법 제274조 제2항, 규칙 제62조 제3호 참조), 덧붙인 서류의 표시, 제출일과 법원의 표시도 적어야 한다(법 제274조 제1항 제6호 내지 제8호의 준용). 상세한 것은 이 책 보론의 '민사 서면 작성법'에서 다루는 바와 같다.

이 중 실무상 주의할 것은, 사건의 표시이다. 소장의 성질상 사건명만을 적게 되나, 손해배상 사건과 특허소송 사건은 대법원예규(「손해배상 사건에 대한 사건명 표시의 구분(재민 86-5)」과 「특허법원의 사건명 표시(재특 98-2)」)가 각각 사건명 표시를 세분하고 있으며, 따라서 소장에서 사건명을 기재할 때에도 이에 따르는 것이 실무이다. 예컨대, 일반적인 손해배상 청구는 "손해배상(기) 청구의 소"라고 표시하지만, 가령 의료과오로 인한 손해배상청구는 "손해배상(의) 청구의 소"라고 표시한다.

다. 증거보전이 이루어진 경우의 소장 기재사항

소 제기 전에 증거보전을 위한 증거조사가 이루어진 때에는, 소장에 증거조사를 한 법원과 증거 보전사건의 사건번호·사건명을 적어야 한다(규칙 제62조의2). 이는 증거보전기록을 송부

받기 위하여서이다(규칙 제125조 제2항 참조).[188)]

다만, 이는 청구원인 부분에서 기재하면 족할 것이다.

3. 당사자 : 당사자의 확정, 당사자적격

가. 당사자와 그 확정

'당사자 : 의의, 당사자능력' 부분에서 기술한 바와 같이, 소송절차의 당사자는 원고와 피고이며, 다른 절차에서 소송으로 이행된 경우에도 당사자의 명칭은 원고와 피고가 된다.

소송에서 당사자가 누구인가는 기판력의 주관적 범위, 인적 재판적, 법관의 제척원인, 당사자적격, 당사자능력, 소송능력, 소송절차의 중단과 수계, 송달 등에 관한 문제와 직결되는 중요한 사항이므로,[189)] 사건을 심리·판결하는 법원으로서는 직권으로 소송당사자가 누구인가를 확정하여 심리를 진행하여야 하는 것이며,[190)] 이때 당사자가 누구인가는 소장에 기재된 표시 및 청구의 내용과 원인 사실 등 소장의 전취지(全趣旨)를 합리적으로 해석하여 확정하여야 한다(실질적 표시설).[191)]

따라서, 예컨대, 원고가 당사자를 정확히 표시하지 못하고 당사자능력이나 당사자적격이 없는 자를 당사자로 잘못 표시하였다면, 법원은 당사자를 소장의 표시만에 의할 것이 아니고 청구의 내용과 원인사실을 종합하여 확정한 후, 확정된 당사자가 소장의 표시와 다르거나 소장의 표시만으로 분명하지 아니한 때에는 당사자의 표시를 정정보충시키는 조치를 취하여야 할 것이고, 이러한 조치를 취함이 없이 단지 원고에게 막연히 보정명령만을 명한 후 소를 각하하는 것은 위법하다.[192)]

---

188) '증거보전'에 관하여서는, 해당 부분에서 후술한다.

189) 대법원 1987. 4. 14. 선고 84다카1969 판결. 동지 : 대법원 2001. 11. 13. 선고 99두2017 판결 ; 대법원 2016. 12. 27. 선고 2016두50440 판결.

190) 대법원 1987. 4. 14. 선고 84다카1969 판결. 동지 : 대법원 2001. 11. 13. 선고 99두2017 판결 ; 대법원 2011. 3. 10. 선고 2010다99040 판결 ; 대법원 2016. 12. 27. 선고 2016두50440 판결.

191) 대법원 2001. 11. 13. 선고 99두2017 판결. 동지 : 대법원 1965. 12. 21. 선고 65누104 판결 ; 대법원 1996. 3. 22. 선고 94다61243 판결 ; 대법원 1996. 10. 11. 선고 96다3852 판결 ; 대법원 1996. 12. 20. 선고 95다26773 판결 ; 대법원 1999. 11. 26. 선고 98다19950 판결 ; 대법원 2003. 3. 11. 선고 2002두8459 판결 ; 대법원 2011. 1. 27. 선고 2008다27615 판결 ; 대법원 2011. 3. 10. 선고 2010다99040 판결(채무자 A의 B 은행에 대한 채무를 대위변제한 보증인 C가 채무자 A의 사망사실을 알면서도 그를 피고로 기재하여 소를 제기한 사안에서, 채무자 A의 상속인이 실질적인 피고이고 다만 소장의 표시에 잘못이 있었던 것에 불과하므로, 보증인 병은 채무자 A의 상속인으로 피고의 표시를 정정할 수 있고, 따라서 당초 소장을 제출한 때에 소멸시효중단의 효력이 생긴다고 본 원심판단을 수긍한 사례) ; 대법원 2011. 7. 28. 선고 2010다97044 판결.

소장에 표시된 당사자가 확정된 당사자와 다른 경우 당사자표시를 정정케 하는 조치를 취함이 없이 소를 각하한다면, 이는 심리미진으로 인한 이유불비(理由不備)의 위법에 해당한다.[193)]

당사자표시정정에 관한 상세는 '당사자표시정정과 임의적 당사자변경' 부분에서 살펴볼 것이다.

또한, 원고나 피고가 복수(複數)인 때에는 해당 소송이 공동소송이 되는바, 이에 관하여서는 별항으로 후술하겠다.

나. 당사자적격

1) 개 관

당사자적격이란, 특정한 소송사건에서 정당한 당사자로서 소송을 수행하고 판결을 받을 수 있는 자격을 말한다.

환언하면, 당사자적격이 있다는 것은 소송수행권이 있다는 뜻이다. 이는 특정 소송사건에 대한 관계에서 문제된다는 점에서, 일반적인 능력으로서 문제되는 당사자능력이나 소송능력과 다르다.

재산권상의 청구에 관하여는 소송물인 권리 또는 법률관계에 관하여 관리처분권을 갖는 권리주체에게 당사자적격이 있음이 원칙이다.

다만 제3자라고 하더라도 법률이 정하는 바에 따라 일정한 권리나 법률관계에 관하여 당사자적격이 부여되거나(법정 소송담당) 본래의 권리주체로부터 그의 의사에 따라 소송수행권

192) 대법원 2013. 8. 22. 선고 2012다68279 판결. 동지 : 대법원 1997. 6. 27. 선고 97누5725 판결(사안은 산재보험료 부과처분 상대방이 법인이고 그 부과처분에 대한 행정심판청구도 법인에 의하여 이루어졌으나 그 재결에 대한 취소소송을 제기함에 소장의 당사자란에 원고를 대표이사 개인으로 잘못 표시한 경우) ; 대법원 2019. 11. 15. 선고 2019다247712 판결(A 유치원이 B 등을 상대로 손해배상을 구한 사안에서, 원고로 표시된 A 유치원은 C가 설립하고 D가 설립자 변경인가를 받아 운영하고 있는 유치원시설의 명칭으로 보이고, D와 독립하여 법인격 없는 사단 또는 재단으로서의 단체성을 갖추었다고 볼만한 자료가 없는데도, 소장의 표시만으로 A 유치원을 당사자로 확정한 다음 위 유치원에 당사자능력이 있는지 가려보지 않은 채 본안에 관하여 심리·판단한 원심판결에 법리오해의 잘못이 있다고 한 사례).

193) 대법원 1977. 6. 28. 선고 75누250 판결. 동지 : 대법원 1965. 12. 21. 선고 65누104 판결 ; 대법원 1997. 6. 27. 선고 97누5725 판결 ; 대법원 2001. 11. 13. 선고 99두2017 판결 ; 대법원 2013. 8. 22. 선고 2012다68279 판결(다만, 이 판결은 피고인 개인인 회생채무자에 대하여 관리인을 선임되지 아니한 경우에도 피고의 표시를 할 때에 관리인의 표시를 하여야 함을 전제로 하나, 그러한 해석은 관견으로 의문인바, 이에 관하여서는 '소송절차의 정지' 부분에서 재론하겠다).
그러나, 당사자표시정정은 어디까지나 확정된 당사자와의 동일성이 인정되는 범위 내에서 허용되는 것이므로, 양 당사자가 동일성이 없는 때에는 당사자표시를 정정케 하지 아니하고 소를 각하하더라도 위법이 아니다. 대법원 1999. 12. 24. 선고 97누3569 판결 참조.

을 수여받음으로써 당사자적격이 인정되는 경우(임의적 소송신탁)가 있으나, 이러한 임의적 소송신탁은 후술하는 바와 같이 제한적으로만 허용된다.[194]

즉, 소송수행권은 권리·의무의 주체가 갖는 경우가 일반이지만, 제3자가갖는 경우(제3자의 소송담당)도 있으며(법 제218조 제3항, 제237조 참조), 제3자의 소송담당은 다시 법정소송담당(法定訴訟擔當)과 임의적 소송담당으로 나누어 볼 수 있다.[195]

당사자적격은 법이 이를 명문으로 정하여 놓은 경우도 있고(형성의 소의 대부분은 이에 해당한다), 해석상 정당한 당사자를 가려 보아야 하는 경우도 있다.[196]

당사자적격 역시 소송요건이며,[197] 당사자의 주장이 없더라도 법원이 이를 직권으로 조사하여 판단하여야 하고,[198] 당사자적격 없는 자에 대한 본안판결은 그 효력이 해당 권리·의무의 주체에게 미치지 아니한다는 의미에서 무효이다.

한편, 당사자적격이 상실된 경우 중 일정한 경우에는 소송중단 및 수계의 문제가 발생하는 바, 이에 관한 내용은 '소송절차의 정지' 부분에서 살펴볼 것이다.

2) 당사자적격의 원칙

가) 이행의 소의 당사자적격

(1) 원 칙

원칙적으로, 이행의 소에서는 원고의 청구 자체로써 당사자적격이 판가름된다.[199]

다시 말해, 이행의 소에서 원고적격은 소송물인 이행청구권이 자신에게 있음을 주장하는 자에게 있는 것이고,[200] 원고의 청구에서 급부의무자로 주장된 자가 정당한 피고이다.[201]

---

194) 대법원 2012. 5. 10. 선고 2010다87474 판결. 동지 : 대법원 2016. 12. 15. 선고 2014다87885 판결.

195) 그 밖에 집단소송의 대표당사자나 단체소송의 단체를 강학상으로는 '법원허가에 의한 소송담당'이라고도 지칭한다.

196) 그런데, 후술하는 바와 같이, 당사자적격이 실제로 문제되는 상황은 주로 확인의 소(특히 피고적격)와 제3자의 법정소송담당의 경우라고 보아도 과언이 아니다.

197) 대법원 2010. 2. 25. 선고 2009다85717 판결. 동지 : 대법원 1971. 3. 23. 선고 70다2639 판결.

198) 대법원 2013. 12. 18. 선고 2013다202120 전원합의체 판결.

199) 대법원 1972. 7. 25. 선고 72다866 판결. 동지 : 대법원 1977. 8. 23. 선고 75다1676 판결 ; 대법원 1987. 4. 28. 선고 86다카1757 판결 ; 대법원 1989. 7. 25. 선고 88다카26499 판결 ; 대법원 1992. 6. 12. 선고 92다11848 판결 ; 대법원 1994. 6. 14. 선고 94다14797 판결 ; 대법원 1995. 11. 28. 선고 95다18451 판결 ; 대법원 2020. 10. 15. 선고 2019다245822 판결.

200) 대법원 2005. 10. 7. 선고 2003다44387,44394 판결. 동지 : 대법원 1972. 7. 25. 선고 72다866 판결 ; 대법원 1977. 8. 23. 선고 75다1676 판결 ; 대법원 1989. 7. 25. 선고 88다카26499 판결 ; 대법원 1994. 6. 14. 선고 94다14797 판결.

201) 대법원 1977. 8. 23. 선고 75다1676 판결. 동지 : 대법원 1972. 7. 25. 선고 72다866 판결 ; 대법원 1989. 7. 25. 선고 88다카26499 판결. 대법원 1994. 6. 14. 선고 94다14797 판결 ; 대법원 1995. 11. 28. 선고

즉, 원고에게 실제로 이행청구권이 존재하는지 여부나, 피고에게 급부의무가 있는지 여부는 모두 본안심리를 거쳐서 판명되어야 할 사항(즉, 본안 문제)에 불과하다.[202)]

(2) 예 외

다만, 판례는, 등기의무자(등기명의인이거나 그 포괄승계인)가 아닌 자나 등기에 관한 이해관계 있는 제3자가 아닌 자를 상대로 한 등기의 말소절차이행을 구하는 소는, 당사자적격이 없는 자를 상대로 한 부적법한 소라고 본다.[203)]

같은 이치에서, 판례는 (권리의 변경이나 경정의 부기등기 또는 말소회복등기를 하기 위하여 그의 승낙을 요하는) 등기상 이해관계 있는 제3자(부동산등기법 제52조 단서, 제59조)가 아닌 자를 상대로 승낙의 의사표시를 구하는 소 역시, 당사자적격이 없는 사람을 상대로 한 부적법한 소라고 본다.[204)]

나) 확인의 소의 당사자적격

확인의 소의 피고는, 원고의 권리 또는 법률관계를 다툼으로써 원고의 법률적 지위에 불안을 초래할 염려가 있는 자,[205)] 다시 말해, 원고의 보호법익과 대립 저촉되는 이익을 주장하고 있는 자이어야 한다.[206)]

그런데, 확인의 소의 당사자적격 문제는 확인의 이익과 결부되는바, 이에 관하여 상세한 것은 '각종의 소의 종류별 유의사항 및 소가산정' 부분에서 후술한다.

다) 형성의 소의 당사자적격

형성의 소는 일반적으로, 해당 형성소권의 근거법률에서 누가 해당 소송의 당사자가 되는지까지도 규정하고 있으므로, 당사자적격과 관련하여 특별히 의문이 생기는 경우가 드물다.

95다18451 판결.

202) 대법원 2005. 10. 7. 선고 2003다44387,44394 판결; 대법원 1995. 11. 28. 선고 95다18451 판결. 동지: 대법원 2020. 10. 15. 선고 2019다245822 판결.

203) 대법원 1992. 7. 28. 선고 92다10173,10180(병합) 판결. 동지: 대법원 1974. 6. 25. 선고 73다211 판결; 대법원 1994. 2. 25. 선고 93다39225 판결; 대법원 2019. 5. 30. 선고 2015다47105 판결.

204) 대법원 2015. 12. 10. 선고 2014다87878 판결(사안은 등기명의인이 아닌 사람에 대한 권리변경 또는 경정의 부기등기의 승낙의 의사표시 청구); 대법원 1982. 1. 26. 선고 81다2329 판결; 대법원 2004. 2. 27. 선고 2003다35567 판결; 대법원 2013. 7. 11. 선고 2013다18011 판결(위 판례들의 사안은 말소회복등기).

205) 대법원 1991. 12. 10. 선고 91다14420 판결. 동지: 대법원 1997. 10. 16. 선고 96다11747 전원합의체 판결; 대법원 2007. 2. 9. 선고 2006다68650,68667 판결.
생각건대, 말소등기(부동산등기법 제57조)에 관하여서도 같은 논리가 적용된다고 할 것이다.

206) 대법원 1991. 12. 10. 선고 91다14420 판결. 동지: 대법원 1960. 11. 24. 선고 4290민상827 판결.

3) 제3자의 법정소송담당

가) 개 관

일정한 자격에 의하여(즉, 법률의 규정에 따라) 자기 이름으로 남을 위하여 소송당사자가 되는 것을 제3자의 법정소송담당이라 한다(법 제96조 제1항, 법 제237조 제1항 참조).

제3자의 법정소송담당에는, 관리처분권이 부여된 제3자가 소송수행권을 갖는 경우와, 일정한 직무에 있는 자에게 소송수행권이 부여되는 경우가 있다.

나) 관리처분권이 부여된 제3자가 소송수행권을 갖는 경우

(1) 개 관

관리처분권이 부여된 제3자가 소송수행권을 갖는 경우는 다시, 제3자가 권리관계의 주체와 함께 소송수행권을 갖는 경우(병행형, 병존형)와 권리관계의 주체에 갈음하여 소송수행권을 갖는 경우(갈음형)가 있다.

전자의 예로는, 채권자대위소송을 하는 채권자가[207] 대표적이다.

후자의 예로는, 재산상속인의 존재가 분명하지 아니한 상속재산에 관한 소송에서의 상속재산관리인(민법 제1053조),[208] 유증목적물에 관한 소송에서의 유언집행자[209] 등을 들 수 있다.

생각건대, 그 밖의 상속재산관리인 역시 해당 상속재산에 관한 소송에서는 소송수행권을 갖는다고 할 것이다(이설 있음)(법 제233조 제1항 후문 참조).

한편 판례는, 법원이 선임한 부재자 재산관리인도 (갈음형의) 제3자의 법정소송담당으로 보는 듯하다.[210]

이 중 특히 주의할 경우는 다음과 같다.

---

207) 대법원 1988. 6. 14. 선고 87다카2753 판결.

208) 대법원 2007. 6. 28. 선고 2005다55879 판결.
반대 : 대법원 1967. 3. 28.자 67마155 결정은 그러한 상속재산관리인을 상속인의 법정대리인으로 보았다.

209) 대법원 1999. 11. 26. 선고 97다57733 판결 ; 대법원 2001. 3. 27. 선고 2000다26920 판결 ; 대법원 2010. 10. 28. 선고 2009다20840 판결.

210) 대법원 1968. 12. 24. 선고 68다2021 판결은, 법원에 의하여 부재자 재산관리인의 선임이 있는 경우에는 부재자를 위하여 그 재산관리인만이 또는 그 재산관리인에게 대하여서만 소송행위를 할 수 있다고 해석함이 상당하다고 판시하면서, 당사자를 "피고(피상고인) 부재자 A 재산관리인 B" 식으로 표시하였다.
대법원 2002. 1. 11. 선고 2001다41971 판결도 참조.
반대 : 대법원 1980. 11. 11. 선고 80다2065 판결, 제요[민소 I], 332면은, 법원이 선임한 부재자 재산관리인을 법정대리인으로 본 듯하다.

(2) 신탁재산관리인

신탁재산관리인이 선임된 경우 신탁재산에 관한 소송에서는 – 수탁자가 아니라 – **신탁재산 관리인이 당사자가 된다**(신탁법 제17조 제5항, 제18조 제3항).

(3) 회생채무자의 관리인

(가) 개 관

회생채무자의 재산에 관한 소송에서는 관리인이 당사자가 된다(채무자회생법 제78조).[211)][212)]

이는, 후술하는 파산관재인과 마찬가지로, 회생채무자의 재산의 관리처분권이 회생채무자로부터 이탈하여 관리인에게 전속하게 되기 때문이다(같은 법 제56조 제1항).

따라서 후술하는 파산관재인과 마찬가지로, 가령, 회생절차개시결정 전에 채권자가 채무자를 상대로 이행청구의 소를 제기하거나 채무자가 채권자를 상대로 채무부존재확인의 소를 제기하였더라도, 만약 그 소장 부본이 송달되기 전에 채권자나 채무자에 대하여 회생절차개시결정이 있었다면, 채무자는 당사자적격이 없으므로, 채무자가 원고가 되어 제기한 소는 부적법한 것으로서 각하되어야 할 것이다.

다만, 후술하는 파산관재인과 마찬가지로, 이 또한 소송법상의 법기술적인 요청에서 당사자적격을 인정한 것뿐이지, 자기의 이름으로 소송행위를 한다고 하여도 관리인 스스로 실체법상이나 소송법상의 효과를 받는 것은 아니고 어디까지나 타인의 권리를 기초로 하여 실질적으로는 이것을 대리 내지 대표하는 것에 지나지 않는 것이라고 하겠다.

그러나, 회생채무자 자신이 관리인으로 선임되거나 선임간주된 경우에는 관리인 자신이 실체법상이나 소송법상의 효과를 받는 것이라고 보아야 할 것이다.

(나) 법원의 허가를 받아야 하는 행위

회생절차에서, **법원은 필요하다고 인정하는 때에는 관리인이 소의 제기, 화해 또는 중재계약, 그 밖에 법원이 지정하는 행위를 하고자 하는 때에 법원의 허가를 받도록 할 수 있다**(채무자회생법 제61조 제1항 제5호, 제6호, 제9호).

다만, **법원은 위 행위 중 통상적인 업무에 관한 허가사무를 관리위원에게 위임할 수 있고**(같은 법 제18조 전문), **이 경우 위임의 범위·절차 등에 관하여 필요한 사항은 대법원규칙으로**

211) 법원은 회생절차개시결정과 동시에 1인 또는 여럿의 관리인을 선임하여야 한다(채무자회생법 제50조 제1항 전단).

212) cf. 법인인 채무자에 대하여 회생절차개시의 결정이 있는 경우에는 이를 등기하므로(채무자회생법 제23조 제1항 제1호), 법인이 당사자인 경우에 회생절차개시 여부 및 누가 관리인인지는 「등기사항전부증명서」 등을 통하여 확인할 수 있다.

정한다(같은 호 후문).

이에 따라, 소의 제기, 소송대리인의 선임 그 밖의 소송행위에 관한 허가사무는 법원이 관리위원에게 위임할 수 있으되(채무자 회생 및 파산에 관한 규칙 제29조 제1항 제5호 본문), 소의 취하, 상소권의 포기, 화해 또는 중재계약, 청구의 포기·인낙, 소송탈퇴에 관한 허가사무는 위임할 수 없다(같은 호 단서).

그리하여 실무상, 관리인이 소송행위를 하고자 하는 때에는 관리위원의 허가를 받도록 하고 있으나(채무자회생법 제61조 제1항 제9호, 제18조, 채무자 회생 및 파산에 관한 규칙 제29조 제5호), 특히 개중에서도, 소 및 상소의 제기 여부의 결정, 소송대리인의 선임, 소 및 상소의 취하, 조정, 화해, 청구의 포기·인낙, 소송탈퇴, 조정을 갈음하는 결정이나 화해권고결정에 대한 이의신청 여부의 결정은 법원의 허가를 받도록 하고 있으며, 별도의 결정(소위 '법원의 허가사항과 위임사항에 관한 결정')으로써 이를 정하고 있다.[213)]

이러한 허가는 소송행위에 필요한 권한의 수여(법 제51조)에 해당한다고 할 것인바, **이러한 허가를 받지 아니하고 한 소송행위는 무효로 한다**(같은 법 제61조 제3항 본문).

(4) 파산관재인

(가) 개 관

파산재단에 관한 소송에서는 파산관재인이 당사자가 된다(채무자회생법 제359조).[214)][215)]

이는, 파산재단에 속하는 재산의 관리처분권은 파산채무자로부터 이탈하여 파산관재인에게 전속하게 되기 때문이다(같은 법 제384조).[216)]

따라서, 가령, 파산선고 전에 채권자가 채무자를 상대로 이행청구의 소를 제기하거나 채무자가 채권자를 상대로 채무부존재확인의 소를 제기하였더라도, 만약 그 소장 부본이 송달되기 전에 채권자나 채무자에 대하여 파산선고가 이루어졌다면, 채무자는 당사자적격이 없으므로, 채무자가 원고가 되어 제기한 소는 부적법한 것으로서 각하되어야 한다.[217)]

다만, 이는 소송법상의 법기술적인 요청에서 당사자적격을 인정한 것뿐이지, 자기의 이름

---

213) 서울회생법원 재판실무연구회, **회생사건실무(상)**, 제5판 (서울: 박영사, 2019), 272~4면.

214) 법원은 파산선고와 동시에 파산관재인을 선임하여야 하며(채무자회생법 제312조 제1항 전단), 원칙적으로, 채무자가 파산선고 당시에 가진 모든 재산은 파산재단에 속한다(같은 법 제382조 제1항).

215) cf. 법인인 채무자에 대하여 파산선고의 결정이 있는 경우에는 이를 등기하므로(채무자회생법 제23조 제1항 제1호), 법인이 당사자인 경우에 파산선고 여부 및 누가 파산관재인인지는 「등기사항전부증명서」 등을 통하여 확인할 수 있다.

216) 대법원 2009. 9. 10. 선고 2008다62533 판결.

217) 대법원 2018. 6. 15. 선고 2017다289828 판결(사안은 채무부존재확인).

으로 소송행위를 한다고 하여도 파산관재인 스스로 실체법상이나 소송법상의 효과를 받는 것은 아니고 어디까지나 타인의 권리를 기초로 하여 실질적으로는 이것을 대리 내지 대표하는 것에 지나지 아니하는 것이다.[218]

(나) 법원의 허가를 받아야 하는 행위

파산관재인이 소의 제기(가처분 및 가압류의 신청을 제외한다), **화해, 그 밖에 법원이 지정하는 행위를 하고자 하는 경우에는 법원의 허가를 받아야 하며, 감사위원이 설치되어 있는 때에는 감사위원의 동의를 얻어야 한다. 다만, 그 가액이 1,000만원 미만으로서 법원이 정하는 금액 미만인 때에는 그러하지 아니하다**(채무자회생법 제492조 제10호, 제11호, 제16호).

실무상 위 금액은 300만 원을 기준으로 하여 채무자의 자산 상황에 따라 300만 원에서 1,000만 원 사이에서 조정함이 일반이며, 파산선고의 결정 주문에서 이를 정하고 있다.[219]

이러한 법원의 허가 또는 감사위원의 동의도, 소송행위에 필요한 권한의 수여(법 제51조)에 해당하는 것으로서, 파산관재인의 행위의 효력발생요건으로서 이에 위반한 행위는 원칙적으로 무효가 된다고 보아야 한다.[220]

(5) 채권압류 및 추심명령을 얻은 채권자

또한, 채권에 대한 압류 및 추심명령이 있으면, 제3채무자에 대한 이행의 소는 추심채권자만이 제기할 수 있고,[221][222] 채무자는 피압류채권에 대한 이행소송을 제기할 당사자적격을 상실한다.[223]

---

218) 대법원 1990. 11. 13. 선고 88다카26987 판결.
위 판례는 구 「파산법」의 파산관재인에 관한 것이나, 현행법의 파산관재인이나 관리인에 관하여서도 이치는 다르지 아니하다고 하겠다.

219) 서울중앙지방법원 파산부 실무연구회, **법인파산실무**, 제5판 (서울: 박영사, 2019), 448~9면.

220) 대법원 1990. 11. 13. 선고 88다카26987 판결(사안은 구 「파산법」, 구 「민사소송법」(2002. 1. 26. 법률 제6626호로 전부개정되기 전의 것)에서의 재판상 화해).

221) 금전채권을 압류할 때에는 법원은 제3채무자에게 채무자에 대한 지급을 금지하고 채무자에게 채권의 처분과 영수를 금지하여야 하며(민사집행법 제227조 제1항), 압류한 금전채권에 대하여 압류채권자는 추심명령을 신청할 수 있다(같은 법 제229조 제1항 전단. 실무상, 압류명령과 추심명령을 동시에 신청한다), 추심명령이 있는 때에는 압류채권자는 대위절차 없이 압류채권을 추심할 수 있다(같은 조 제2항).

222) cf. 그런데, 추심명령은 제3채무자에게 송달되어야 그 효력이 생기므로(민사집행법 제229조 제4항 전단, 제227조 제3항), 채권압류 및 추심명령 결정정본이 제3채무자에게 적법하게 송달되지 아니하였다면, 채권압류 및 추심명령의 효력이 발생하지 아니하였으므로, 채권자는 추심금 청구의 소를 제기할 권능이 없고, 그러한 소는 당사자적격이 없는 자에 의하여 제기된 것으로서 부적법하다. 대법원 2016. 11. 10. 선고 2014다54366 판결.

223) 대법원 2008. 9. 25. 선고 2007다60417 판결. 동지: 대법원 2009. 11. 12. 선고 2009다48879 판결; 대법원 2010. 2. 25. 선고 2009다85717 판결; 대법원 2010. 8. 19. 선고 2009다70067 판결; 대법원 2010. 11. 25.

그러나, 위 경우에, 채무자의 이행소송 계속 중에 추심채권자가 압류 및 추심명령 신청의 취하 등에 따라 추심권능을 상실하게 되면 채무자는 당사자적격을 회복한다.224)

그리고, 2인 이상의 불가분채무자 또는 연대채무자(이하 '불가분채무자 등'이라 한다)가 있는 금전채권의 경우에, 그 불가분채무자 등 중 1인을 제3채무자로 한 채권압류 및 추심명령이 이루어지면 그 채권압류 및 추심명령을 송달받은 불가분채무자 등에 대한 피압류채권에 관한 이행의 소는 추심채권자만이 제기할 수 있고 추심채무자는 그 피압류채권에 대한 이행소송을 제기할 당사자적격을 상실하지만, 그 채권압류 및 추심명령의 제3채무자가 아닌 나머지 불가분채무자 등에 대하여는 추심채무자가 여전히 채권자로서 추심권한을 가지므로 나머지 불가분채무자 등을 상대로 이행을 청구할 수 있고, 이러한 법리는 위 금전채권 중 일부에 대하여만 채권압류 및 추심명령이 이루어진 경우에도 마찬가지이다.225)

다) 직무상의 당사자

일정한 직무에 있는 자에게 소송수행권이 부여되는 경우를 직무상의 당사자라 한다.

가사소송에서 검사가 피고가 되는 경우(예 : 친생자관계존부확인의 상대방이 이미 사망하였으므로 검사를 피고로 하는 경우. 민법 제865조 제2항)가 그 대표적인 예이다.

4) 임의적 소송담당

가) 개 관

권리관계의 주체인 자가 자신의 의사에 기하여 제3자에게 소송수행권을 수여하는 것을 임의적 소송담당이라 한다.

나) 소송신탁의 금지와 임의적 소송담당의 허부

그런데, **수탁자로 하여금 소송행위를 하게 하는 것을 주목적으로 하는 신탁은 무효이며**(신탁법 제6조),226)227) 소송행위를 하게 하는 것을 주목적으로 채권양도 등이 이루어진 경우 그

선고 2010다64877 판결 ; 대법원 2013. 12. 18. 선고 2013다202120 전원합의체 판결.

224) 대법원 2010. 11. 25. 선고 2010다64877 판결. 동지 : 대법원 2007. 11. 29. 선고 2007다63362 판결.

225) 대법원 2013. 10. 31. 선고 2011다98426 판결.

226) 이 책 초판에서는 "신탁법 제6조"가 "신탁법 제7조"로 오기가 있었다(cf. 구 신탁법(2011. 7. 25. 법률 제10924호로 전부개정되기 전의 것)은 소송신탁의 금지를 제7조에서 규정하고 있었다). 이 점, 독자 여러분께 사과드린다.

227) cf. 소송신탁에서 말하는 소송행위란, 민사소송법상의 소송행위에 한정되지 않고 널리 사법기관을 통하여 권리의 실현을 도모하는 행위를 말하는 것으로서 민사집행법에 의한 강제집행의 신청도 이에 포함된다. 대법원 2010. 1. 14. 선고 2009다55808 판결.

채권양도 등이 신탁법상의 신탁에 해당하지 않는다고 하여도 신탁법 제6조가 유추적용되므로 무효라고 할 것이다.[228)]

소송을 주목적으로 신탁한 것인지 여부를 정함에는 수탁자가 반드시 직접 소송을 수행함을 요하지 아니하고 소송대리인에게 위임하는 경우에도 이를 인정할 수 있다 할 것이다.[229)]

다만, 소송행위를 하게 하는 것이 주목적인지의 여부는 채권양도 등의 계약이 체결된 경위와 방식, 그러한 계약이 이루어진 후 제소에 이르기까지의 시간적 간격, 계약간의 신분관계 등 제반상황에 비추어 판단하여야 할 것이다.[230)]

따라서, 임의적 소송신탁은 변호사대리의 원칙(법 제87조)이나 소송신탁의 금지(신탁법 제6조)를 잠탈하는 등의 탈법적 방법에 의하지 않은 것으로서 이를 인정할 합리적 필요가 있다고 인정되는 경우에 한하여 제한적으로만 허용된다.[231)]

다) 임의적 소송담당이 법률상 허용되는 예

(1) 선정당사자

임의적 소송담당의 가장 대표적인 예가 바로 선정당사자인바, 이에 관하여서는 '선정당사자' 부분에서 기술하였다.

(2) 담보부사채신탁

담보부사채신탁에서, 신탁업자는 사채권자 집회의 결의에 의하여 총사채권자를 위한 소송행위를 하거나 파산절차에 따르는 모든 행위를 할 수 있는바(담보부사채신탁법 제75조), 그 법적 성질은 임의적 소송담당으로 보아야 할 것이다.

---

228) 대법원 2002. 12. 6. 선고 2000다4210 판결. 동지: 대법원 2004. 3. 25. 선고 2003다20909,20916 판결; 대법원 2006. 6. 27. 선고 2006다463 판결; 대법원 2006. 8. 24. 선고 2004다20807 판결; 대법원 2007. 1. 11. 선고 2006다34206 판결; 대법원 2009. 5. 28. 선고 2009다9539 판결; 대법원 2010. 1. 14. 선고 2009다55808 판결; 대법원 2015. 9. 24. 선고 2014다74919 판결.
이러한 소송신탁은, 채권양도뿐만 아니라, 숨은 추심위임배서(대법원 1969. 7. 8. 선고 69다362 판결; 대법원 1982. 3. 23. 선고 81다540 판결; 대법원 2007. 12. 13. 선고 2007다53464 판결), 소유권이전등기(대법원 1970. 3. 31. 선고 70다55 판결)나 명의신탁(대법원 1991. 8. 13. 선고 91다16143 판결), 매매계약(대법원 2015. 9. 24. 선고 2014다74919 판결)의 경우에도 문제될 수 있다.

229) 대법원 2006. 6. 27. 선고 2006다463 판결. 동지: 대법원 1973. 2. 28. 선고 72다2489 판결.

230) 대법원 2002. 12. 6. 선고 2000다4210 판결. 동지: 대법원 2004. 3. 25. 선고 2003다20909,20916 판결; 대법원 2006. 6. 27. 선고 2006다463 판결; 대법원 2007. 1. 11. 선고 2006다34206 판결; 대법원 2009. 5. 28. 선고 2009다9539 판결; 대법원 2015. 9. 24. 선고 2014다74919 판결.

231) 대법원 2012. 5. 10. 선고 2010다87474 판결. 동지: 대법원 1984. 2. 14. 선고 83다카1815 판결; 대법원 2016. 12. 15. 선고 2014다87885 판결; 대법원 2017. 3. 16. 선고 2015다3570 판결.

(3) 금융기관에 관한 파산참가

금융기관이 파산한 경우에, 예금보험공사나 금융감독원(금융산업의 구조개선에 관한 법률 제2조 제4호)은 직접 파산절차에 참가하지 아니한 예금자를 위하여 파산절차에 관한 모든 행위를 할 수 있는바(금융산업의 구조개선에 관한 법률 제23조 본문),[232] 그 법적 성질은 임의적 소송담당으로 보아야 할 것이다.

라) 그 밖에 임의적 소송담당이 허용되는 예

(1) 업무집행조합원

조합 업무를 집행할 권한을 수여받은 업무집행조합원은 조합재산에 관하여 조합원으로부터 임의적 소송신탁을 받아 자기 이름으로 소송을 수행하는 것이 허용된다.[233]

(2) 집합건물의 관리단의 위임

첫째, 관리단으로부터 집합건물의 관리업무를 위임받은 위탁관리회사는 특별한 사정이 없는 한 구분소유자 등을 상대로 자기 이름으로 소를 제기하여 관리비를 청구할 당사자적격이 있다고 할 것이다.[234]

둘째, 특별결의(집합건물법 제15조 제1항)나 서면이나 전자적 방법 등에 의한 합의(같은 법 제41조 제1항)의 방법으로 집합건물의 관리단으로부터 공용부분 변경에 관한 업무를 위임받은 입주자대표회의는 특별한 사정이 없는 한 구분소유자들을 상대로 자기 이름으로 소를 제기하여 공용부분 변경에 따른 비용을 청구할 권한이 있다고 할 것이다.[235]

4. 청구취지와 청구원인

가. 청구취지 일반

청구취지란 당사자가 소로써 청구하는 판결의 주문(主文) 내용을 말한다.

따라서 그 기재례는 결국 판결의 주문 기재례와 대응할 수밖에 없다.[236]

---

232) 다만, 예금채권의 확정에 관한 소송행위를 할 때에는 그 예금자의 수권(授權)이 있어야 한다(금융산업의 구조개선에 관한 법률 제23조 단서).

233) 대법원 1984. 2. 14. 선고 83다카1815 판결 ; 대법원 1997. 11. 28. 선고 95다35302 판결

234) 대법원 2016. 12. 15. 선고 2014다87885 판결.

235) 대법원 2017. 3. 16. 선고 2015다3570 판결.

236) 이에 따라, 소송비용부담의 재판과 가집행선고(가집행선고를 붙일 수 있는 성질의 청구의 경우)도 청구취지에서 구함이 실무이나, 이러한 신청은 법원의 직권발동을 촉구하는 의미에 불과하다(법 제104조 본문, 제213조 제1항).

민사소송에서 청구의 취지는 그 내용 및 범위를 명확히 알아볼 수 있도록 구체적으로 특정되어야 한다.237)

이의 특정 여부는 직권조사사항이라고 할 것이므로, 청구취지가 특정되지 않은 경우에는 법원은 피고의 이의 여부에 불구하고 직권으로 그 보정을 명하고, 이에 응하지 않을 때에는 소를 각하하여야 한다.238)

따라서, 만일, 청구취지가 확정되지 아니하였는데도 본안판결을 하였다면, 이는 소송요건에 관한 심리미진에 해당한다.239)

또한, 청구취지 자체가 법률적으로 부당하거나 그 청구원인과 서로 맞지 아니함이 명백한 경우, 법원으로서는 원고가 소로써 달성하려는 진정한 목적이 무엇인가를 석명하여 청구취지를 바로잡아야 한다.240)

원칙적으로, 청구취지가 다르면 소송물도 다르다.

다만, 말소등기에 갈음하여 허용되는 진정명의회복을 원인으로 한 소유권이전등기청구와 말소등기청구는, 비록 형식은 다르지만 그 소송물은 동일한 것으로 해석되는바, 이에 관하여 상세한 것은 '각종의 소의 종류별 유의사항 및 소가산정' 부분에서 언급하겠다.

나. 청구원인 일반

소장의 청구원인에는 다음 각호의 사항을 적어야 한다(규칙 제62조).

① 청구를 뒷받침하는 구체적 사실

② 피고가 주장할 것이 명백한 방어방법에 대한 구체적인 진술

예컨대, 소멸시효기간이 경과하기 전에 시효를 중단시켜 둔 청구권에 기초한 이행청구를 할 때에는, 그 소멸시효 중단사유도 진술하여야 한다.

③ 입증이 필요한 사실에 대한 증거방법

이는 일반적으로 "입증방법"(또는 "증거방법")이라는 항목으로서 소장에 첨부한 서증의 목록

---

237) 대법원 1981. 9. 8. 선고 80다2904 판결. 동지 : 대법원 2009. 11. 12. 선고 2007다53785 판결 ; 대법원 2011. 9. 8. 선고 2011다17090 판결 ; 대법원 2014. 3. 13. 선고 2011다111459 판결 ; 대법원 2019. 1. 31.자 2016마5698 결정 ; 대법원 2019. 3. 14. 선고 2017다233849 판결.

238) 대법원 1981. 9. 8. 선고 80다2904 판결. 동지 : 대법원 2009. 11. 12. 선고 2007다53785 판결 ; 대법원 2011. 9. 8. 선고 2011다17090 판결 ; 대법원 2014. 3. 13. 선고 2011다111459 판결 ; 대법원 2019. 3. 14. 선고 2017다233849 판결.

239) 대법원 1962. 10. 11. 선고 62다422 판결.

240) 대법원 2001. 11. 13. 선고 99두2017 판결.

을 적는 방식으로 기재한다. 이러한 첨부서류에 관하여서는 별항으로 후술한다.

다. 소송물의 식별 및 특정

1) 소송물의 식별

판례는, 소송물에 관하여 이른바 구실체법설에 의하고 있으므로, 동일한 사실관계를 토대로 하는 경우에도 청구원인이 서로 다르다면 소송물도 별개라고 본다.[241)]

예컨대, 사용자가 복직의무를 이행하지 아니한 것이 채무불이행 또는 불법행위를 구성하는 경우, 근로자가 사용자의 복직의무 불이행과 관계없이 근로계약에 기한 임금청구권을 가진다고 할지라도, 위와 같은 사용자의 채무불이행 또는 불법행위로 인한 손해배상청구권은 실체법상 근로계약에 기한 임금청구권과 별개의 청구권으로 존재하고 소송법적으로도 소송물을 달리한다.[242)]

그러나, 청구원인이 다른 경우와 단순히 공격방법이 다른 경우는 상호 준별됨에 주의하여야 한다.

예컨대, 채권자가 채무자의 어떤 금원지급행위가 사해행위에 해당된다고 하여 그 취소를 청구하면서 다만 그 금원지급행위의 법률적 평가와 관련하여 증여 또는 변제로 달리 주장하는 것은, 그 사해행위취소권을 이유 있게 하는 공격방법에 관한 주장을 달리하는 것일 뿐이지, 소송물 또는 청구 자체를 달리하는 것으로 볼 수 없다.[243)]

2) 소송물의 특정

민사소송에서 당사자가 소송물로 하는 권리 또는 법률관계는 특정되어야 하고, 소송물이 특정되지 아니한 때에는 법원이 심리·판단할 대상과 재판의 효력범위가 특정되지 않게 되므로, 소송물이 특정되었는지 여부는 소송요건으로서 법원의 직권조사사항에 속한다.[244)]

계쟁물(예 : 토지소유권확인소송의 대상 토지) 역시 특정되어야 함은 물론이다.[245)] 다만, 계쟁물

---

241) 대법원 2008. 9. 11. 선고 2005다9760,9777 판결. 동지 : 대법원 1969. 12. 16. 선고 65다2363 판결 ; 대법원 1989. 3. 28. 선고 88다1936 판결.
cf. 이에 대하여 다수설인 소송법설 중에는, 청구취지와 청구원인에 기재된 사실관계로써 소송물이 특정된다는 견해(이원설)와 청구취지만으로 소송물이 특정된다는 견해(다만, 금전 기타 대체물 지급청구의 경우에는 청구원인의 사실관계까지도 참작해야 한다고 한다)(일원설)가 있다.

242) 대법원 2014. 1. 16. 선고 2013다69385 판결. 동지 : 대법원 1989. 3. 28. 선고 88다1936 판결(복직의무불이행 또는 복직거절로 인한 임금상승 누락분을 손해금으로 청구하는 후소가 해고기간동안의 임금을 종전임금에 따라 청구한 전소의 기판력에 반하지 아니한다고 본 사안).

243) 대법원 2005. 3. 25. 선고 2004다10985,10992 판결.

244) 대법원 2011. 3. 10. 선고 2010다87641 판결. 동지 : 대법원 2013. 3. 14. 선고 2011다28946 판결.

인 부동산의 표시는 계쟁물을 특정할 수 있는 정도로 표시하면 되는 것이고 부동산의 면적표시에서 정확한 표시가 아니라 할지라도 부동산을 특정할 수 있는 정도의 표시가 있으면 되는 것이다.[246)]

그리고, 특정물을 목적으로 하는 이행의 소에서 원고가 그 목적물을 특정하여 청구하고 있는지 여부는 소장(또는 그 정정서)의 청구취지기재 뿐만 아니라 변론의 전 과정에 의하여 판단되어야 한다.[247)]

라. 복수(複數)의 청구

청구가 여러 개인 때는 청구의 병합에 해당하는바, 이에 관하여서는 별항으로 바로 후술한다.

5. 소의 객관적 병합(청구의 병합)

가. 개 관

여러 개의 청구를 하나의 소로서 제기하는 것을 청구의 병합이라고 한다.

여러 개의 청구는 같은 종류의 소송절차에 따르는 경우에만 하나의 소로 제기할 수 있다 (법 제253조).

즉, 청구의 병합은 동종절차에서만 가능하므로, 예컨대, 이혼 및 재산분할 청구(가사소송사건 및 가사비송사건)와 (부부간의) 명의신탁해지를 원인으로 한 소유권이전등기 청구(통상의 민사사건)을 하나의 소로 제기할 수 없다.[248)]

그리고, 청구의 객관적 병합의 경우에는 관련재판적이 생김에 주의하여야 한다(법 제25조 제1항).[249)]

만일 병합될 청구의 당사자도 다른 경우는, 후술하는 공동소송의 문제가 된다.

245) 대법원 2011. 3. 10. 선고 2010다87641 판결 참조.
246) 대법원 1962. 5. 17. 선고 62다76 판결.
247) 대법원 1988. 4. 25. 선고 87다카2819,2820 판결.
248) 대법원 2006. 1. 13. 선고 2004므1378 판결.
249) 관련재판적에 관하여서는, 관할과 관련하여 후술한다.

나. 청구의 병합의 종류

1) 청구의 병합의 종류별 차이

청구의 병합의 형태로는, 단순병합, 선택적 병합, 예비적 병합이 있다.

예비적 청구가 두 개 이상 있는 경우도 있을 수 있는데, 그 경우에는 "제1(차) 예비적 청구" 식으로 구분함이 실무이다.

이 세 가지의 가장 큰 차이는, 단순병합은 원칙적으로 일부판결이 가능하나, 선택적 병합과 예비적 병합은 일부판결을 할 수 없다는 것이다. 이에 관하여 상세한 것은 '판결의 선고' 부분에서 살펴볼 것이다.

그 밖에 이 세 가지 병합 형태의 차이의 개요를 도시하여 보면 아래와 같다.

	단순병합	선택적 병합	(진정)예비적 병합
청구 사이의 논리적 관계	×	양립 가능, 동일 효과	양립 불가
소가산정	합산법칙	흡수법칙	
일부판결의 가부	可	不可	

2) 청구의 단순병합

가) 개 관

청구의 단순병합이란 수개의 청구 사이에 논리적으로 전혀 관계가 없는 경우를 말한다.[250)]

논리적으로 전혀 관계가 없어 순수하게 단순병합으로 구하여야 할 수개의 청구를 선택적 또는 예비적 청구로 병합하여 청구하는 것은 부적법하여 허용되지 않는다.[251)]

따라서 원고가 그와 같은 형태로 소를 제기한 경우 제1심법원이 본안에 관하여 심리·판단하기 위해서는 소송지휘권을 적절히 행사하여 이를 단순병합 청구로 보정하게 하는 등의 조치를 취하여야 한다.[252)]

---

250) 대법원 2009. 5. 28. 선고 2007다354 판결 참조.

251) 대법원 2008. 12. 11. 선고 2005다51471 판결. 동지 : 대법원 2008. 12. 11. 선고 2005다51495 판결 ; 대법원 2008. 12. 11. 선고 2006다5550 판결 ; 대법원 2009. 5. 28. 선고 2007다354 판결.

252) 대법원 2008. 12. 11. 선고 2005다51495 판결. 동지 : 대법원 2008. 12. 11. 선고 2006다5550 판결 ; 대법원 2009. 12. 24. 선고 2009다10898 판결.

나) 형성청구와 이행청구의 병합

그런데, 원칙적으로, 형성의 소는 그 판결이 확정됨으로써 비로소 권리변동의 효력이 발생하게 되므로 형성의 소와 이에 의하여 형성되는 법률관계를 전제로 하는 이행소송 등을 병합하여 제기할 수 없다.[253]

그러나, 법이 형성청구와 이행청구의 병합을 허용하는 예도 많이 있다. 사해행위취소 청구에 그 취소를 전제로 하는 원상회복 청구를 병합하는 것은 그 대표적인 예이다(민법 제406조 제1항).[254]

다) 대상청구(代償請求)의 병합

채권자가 본래적 급부청구에 이를 대신할 전보배상(塡補賠償)을 부가하여, 즉 대상청구를 병합하여 소구(訴求)한 경우, 대상청구는 본래적 급부청구권이 현존함을 전제로 하여 이것이 변론종결 후에 이행불능되거나(특정물의 경우)[255] 판결확정 후에 집행불능이 되는 경우(불특정물의 경우)에[256] 대비하여 전보배상을 미리 청구하는 경우로서, 양자의 병합은 현재 급부청구와 장래 급부청구의 단순병합에 속하는 것으로 허용된다.[257][258]

따라서, 이러한 대상청구를 본래의 급부청구에 예비적으로 병합한 경우에도 본래의 급부청구가 인용된다는 이유만으로 예비적 청구에 대한 판단을 생략할 수는 없다.[259]

그러나, 본래적 급부청구가 이유 없는 때에는 대상청구에 관하여는 심리할 필요 없이 이를 배척하여야 할 것이다.[260] 물론 이 경우 대상청구에 관하여서도 청구기각의 판결주문은 내어

---

253) 대법원 2004. 1. 27. 선고 2003다6200 판결의 방론. 동지 : 대법원 1969. 12. 29. 선고 68다2425 판결(공유물분할청구소송의 판결이 확정되기 전에는 분할물의 급부를 청구할 권리나 그 부분에 대한 소유권의 확인을 청구할 권리가 없다고 한 사안).

254) 대법원 2004. 1. 27. 선고 2003다6200 판결.

255) 대법원 1962. 6. 14. 선고 62다172 판결 참조.

256) 대법원 1975. 5. 13. 선고 75다308 판결(사안은 상고철의 인도청구).

257) 대법원 2011. 8. 18. 선고 2011다30666,30673 판결. 동지 : 대법원 1975. 7. 22. 선고 75다450 판결 ; 대법원 2006. 3. 10. 선고 2005다55411 판결 ; 대법원 2011. 1. 27. 선고 2010다77781 판결.
다만, 판례는 "판결확정 후의 이행불능 또는 집행불능"이나 "판결확정 전의 이행불능 또는 판결확정 후의 집행불능"을 운위하나, 이러한 설시는 의문이다.

258) 물론, 위와 같이 병합청구를 하는 대신, 본래적 급부청구의 판결확정 후 그 급부의무가 집행불능이 된 뒤에 별소로 그 전보배상을 구하는 것도 당연히 허용된다. 대법원 2011. 1. 27. 선고 2010다77781 판결의 방론.
cf. 또한, 그 배상액의 산정시기는 사실심의 변론종결당시를 기준으로 할 것임은 물론이다. 대법원 1962. 4. 18. 선고 4294민상1608 판결.

259) 대법원 2011. 8. 18. 선고 2011다30666,30673 판결.

260) 대법원 1969. 10. 28. 선고 68다158 판결(원심판결이 본래적 급부청구를 기각하면서도 대상청구는 인용

야 할 것이다.

3) 청구의 선택적 병합

청구의 선택적 병합은, 양립할 수 있는 여러 개의 청구권에 의하여 동일한 취지의 급부를 구하거나, 양립할 수 있는 여러 개의 형성권에 기하여 동일한 형성적 효과를 구하는 경우에, 그 어느 한 청구가 인용될 것을 해제조건으로 하여 여러 개의 청구에 관한 심판을 구하는 병합 형태이다.[261)]

예컨대, 채무불이행을 원인으로 한 손해배상 청구와 불법행위를 원인으로 한 손해배상 청구는, 동일한 목적을 달성하기 위한 것으로서 어느 하나의 채권이 변제로 소멸한다면 나머지 채권도 그 목적 달성을 이유로 동시에 소멸하는 관계에 있으므로, 선택적 병합 관계에 있다.[262)]

4) 청구의 예비적 병합

가) 진정 예비적 병합

청구의 예비적 병합은, 논리적으로 양립할 수 없는 수 개의 청구에 관하여, 주위적 청구의 인용을 해제조건으로(즉, 주위적 청구가 인용되지 않을 것에 대비하여)[263)] 예비적 청구에 대하여 심판을 구하는 형태의 병합을 말한다.[264)]

즉, 서로 양립할 수 없는 청구는 주위적·예비적 청구로서만 병합이 가능하고 선택적 청구로서의 병합이나 단순 병합은 허용되지 아니한다.[265)]

그러나, 주위적 청구의 일부를 특정하여 그 부분이 인용될 것을 해제조건으로 하여 그 부분에 대해서만 하는 예비적 청구도 특별히 소송절차의 안정을 해친다거나 예비적 청구의 성질에 반하는 것이 아닌 한 이를 허용하지 아니할 이유가 없다.[266)]

같은 논리에서, 주위적 청구가 전부 인용되지 않을 경우에는 주위적 청구에서 인용되지

한 것이 위법하다고 본 사안).

261) 대법원 2017. 10. 26. 선고 2015다42599 판결. 동지 : 대법원 1982. 7. 13. 선고 81다카1120 판결(양립불가능한 청구를 예비적 청구에서 선택적 청구로 변경함을 원심이 불허하지 아니한 것이 위법하다고 본 사안) ; 대법원 1998. 7. 24. 선고 96다99 판결 ; 대법원 2016. 5. 19. 선고 2009다66549 전원합의체 판결 ; 대법원 2018. 6. 15. 선고 2016다229478 판결.

262) 대법원 2018. 2. 28. 선고 2013다26425 판결.

263) 대법원 2000. 11. 16. 선고 98다22253 전원합의체 판결.

264) 대법원 2002. 2. 8. 선고 2001다17633 판결. 동지 : 대법원 2007. 6. 29. 선고 2005다48888 판결.

265) 대법원 1999. 8. 20. 선고 97누6889 판결. 동지 : 대법원 1982. 7. 13. 선고 81다카1120 판결.

266) 대법원 1996. 2. 9. 선고 94다50274 판결.

아니한 수액 범위 내에서의 예비적 청구에 대해서도 판단하여 주기를 바라는 취지로 불가분적으로 결합시켜 제소할 수도 있는 것이다.[267)]

주의할 것은, 기술한 대상청구의 병합의 경우와 달리, '변론종결시' (특정물의) 이행불능인 경우에 대비하여 전보배상을 청구하는 경우는, 예비적 병합이다. 따라서, 후자의 경우는 전자의 경우와 달리, 본래적 급부청구(주위적 청구)가 이유 없다고 하여 그것을 이유로 대상청구(예비적 청구)를 배척할 수 없다.[268)] 즉, 그 때에는 대상청구에 대하여서도 추가로 심리하여야 한다.

나) 부진정 예비적 병합

(1) 허용되는 경우

병합의 형태가 선택적 병합인지 예비적 병합인지는 당사자의 의사가 아닌 병합청구의 성질을 기준으로 판단하여야 한다.[269)] 즉, 청구가 논리적으로 서로 양립할 수 있는지에 따라 판단되어야 한다.

그러나, 논리적으로 양립할 수 있는 수 개의 청구라 하더라도 (선택적 청구를 하는 대신) 당사자가 심판의 순위를 붙여 청구를 한다는 취지에서 예비적 청구를 할 수도 있다.[270)]

(2) 허용되지 아니하는 경우

주의할 것은, 위 경우와 달리, 주위적 청구와 동일한 목적물에 관하여 동일한 청구원인을 내용으로 하면서 주위적 청구를 양적이나 질적으로 일부 감축하여 하는 청구는 주위적 청구에 흡수되는 것일 뿐 소송상의 예비적 청구라고 할 수 없다.[271)]

따라서, 그러한 예비적 청구에 대하여서는 법원이 따로 판단할 필요가 없으며,[272)] 만일 법

---

267) 대법원 2002. 9. 4. 선고 98다17145 판결. 동지 : 대법원 2002. 10. 25. 선고 2002다23598 판결.

268) 대법원 1962. 6. 14. 선고 62다172 판결.

269) 대법원 2014. 5. 29. 선고 2013다96868 판결. 동지 : 대법원 2018. 2. 28. 선고 2013다26425 판결.

270) 대법원 2007. 6. 29. 선고 2005다48888 판결. 동지 : 대법원 1966. 7. 26. 선고 66다933 판결 ; 대법원 2002. 9. 4. 선고 98다17145 판결.

271) 대법원 2017. 2. 21. 선고 2016다225353 판결. 동지 : 대법원 1999. 4. 23. 선고 98다61463 판결(사안은 주위적으로 무조건적인 소유권이전등기절차의 이행을 구하고, 예비적으로 금전 지급과 상환으로 소유권이전등기절차의 이행을 구한 경우) ; 대법원 2017. 10. 31. 선고 2015다65042 판결.

272) 대법원 1991. 5. 28. 선고 90누1120 판결(주위적으로 행정처분의 전부취소를, 예비적으로 일부취소를 구한 경우) ; 대법원 1999. 4. 23. 선고 98다61463 판결(주위적으로 무조건적인 소유권이전등기절차의 이행을 구하고, 예비적으로 금전 지급과 상환으로 소유권이전등기절차의 이행을 구한 경우) 참조. 동지 : 대법원 1972. 2. 29. 선고 71다1313 판결 ; 대법원 1991. 5. 28. 선고 90누1120 판결 ; 대법원 1999. 4. 23. 선고 98다61463 판결.

원이 그러한 청구에 대하여 따로 판단을 하였다면 이는 청구의 예비적 병합에 관한 법리오해에 해당한다.[273)]

6. 공동소송

가. 개 관

여러 사람이 공동으로 적극적 당사자나 소극적 당사자가 되는 형태의 소송을 공동소송이라 한다.

소송목적이 되는 권리나 의무가, ① 여러 사람에게 공통되거나, ② 사실상 또는 법률상 같은 원인으로 말미암아 생긴 경우에는, 그 여러 사람이 공동소송인(共同訴訟人)**으로서 당사자가 될 수 있다**(법 제65조 전문).

예컨대, 같은 주택의 여러 임차인들이 공동원고가 되어 임대인을 상대로 임대차보증금반환을 청구하는 경우가 이에 해당한다.[274)]

소송목적이 되는 권리나 의무가, ③ 같은 종류의 것이고 사실상 또는 법률상 같은 '종류의' 원인으로 말미암은 것인 경우에도 또한 같다(같은 조 후문).

예컨대, 그 소유 여러 토지를 각각 다른 명의수탁자에게 명의수탁한 종중이 해당 명의신탁자들을 상대로 명의신탁해지를 원인으로 한 소유권이전등기를 청구하는 경우가 이에 해당한다.[275)]

그런데, 공동소송은 개념필연적으로 청구의 객관적 병합을 수반하므로, 청구의 객관적 병합의 요건도 갖추어야 한다.

나. 공동소송의 종류

1) 법 제65조 전문의 공동소송과 후문의 공동소송

위와 같이 공동소송에는 법 제65조 전문의 것과 후문의 것이 있는바, 양자는 효과면에서 큰 차이가 있다. 즉, 법 제65조 전문의 공동소송의 경우에는 관련재판적도 생기며(법 제25조 제2항), 선정당사자를 선정할 수 있으나,[276)] 법 제65조 후문의 공동소송은 관련재판적이 생기

---

273) 대법원 2017. 10. 31. 선고 2015다65042 판결.

274) 대법원 1999. 8. 24. 선고 99다15474 판결.

275) 대법원 2007. 7. 12. 선고 2005다10470 판결.

276) 법 제65조 후문의 공동소송인이 공동의 이해관계가 없어 선정당사자를 선정할 수 없음은 '선정당사자' 부분에서 기술하였다.

지 아니하며 선정당사자를 선정할 수 없다.

소송목적이 되는 권리나 의무가 '같은 원인'인 경우와 '같은 종류의 원인'인 경우의 구분 기준이 모호하여 문제인데, 관견으로는 공동의 이해관계가 있는 경우에는 전자로 보아야 한다고 생각한다.

따라서, 예컨대, 공동으로 지방고용노동관서에 진정을 하여 「체불 임금등·사업주 확인서」(임금채권보장법 시행규칙 별지 제7호의3서식)를 발급받은 근로자들은, 주요한 공격방어방법을 공통으로 하므로, 법 제65조 전문의 공동소송인에 해당한다고 할 것이다.

2) 통상공동소송과 그 밖의 공동소송

그리고, 후술하는 필수적 공동소송이나 예비적·선택적 공동소송이 아닌 공동소송을 통상공동소송이라 한다.[277)]

통상공동소송은 소송자료나 소송진행의 통일이 요구되지 아니하나, 필수적 공동소송이나 예비적·선택적 공동소송은 그러하지 아니하다. 이에 관한 상세는 '공동소송인과 참가인의 소송행위 및 소송진행' 부분에서 살펴볼 것이다.

다. 필수적 공동소송[278)]

1) 개 관

소송목적이 공동소송인 모두에게 합일적으로 확정되어야 할 공동소송(즉, 합일확정이 필수적인 공동소송)**을 필수적 공동소송이라 한다**(법 제67조 제1항).

이러한 필수적 공동소송에는, 소송공동(訴訟共同)이 강제되는 고유필수적 공동소송과, 그렇지 않은 유사필수적 공동소송이 있다.

2) 고유필수적 공동소송

가) 개 관

고유필수적 공동소송은, 관리처분권이 여러 사람에게 공동으로 귀속되어 있어 소송수행권 역시 여러 사람에게 공동으로 귀속되어 있는 소송이다(관리처분권설).[279)]

---

277) "보통공동소송"이라고 표현하는 예도 있다. 대법원 1998. 9. 22. 선고 98다23393 판결 ; 대법원 2017. 9. 12. 선고 2015다242849 판결.
cf. 필수적 공동소송이나 예비적·선택적 공동소송은 법 제65조 후문에는 해당할 수 없다고 하겠다.

278) 구 민사소송법(2002. 1. 26. 법률 제6626호로 전부개정되기 전의 것)에서는 "필요적 공동소송"이라 하였다.

279) 대법원 1994. 4. 26. 선고 93다31825 판결 참조.

따라서, 고유필수적 공동소송에서는 그러한 당사자 전원이 공동소송인이 되지 않으면 당사자적격이 결여되어 부적법한 소가 될 뿐 아니라,[280] 공동소송인 중 1인에 소송요건의 흠이 있으면 전 소송이 부적법하게 된다.[281]

고유필수적 공동소송의 대표적인 예로는, 총유재산에 관한 소송(비법인사단 자체가 아니라 그 구성원이 당사자가 되는 경우),[282] 합유물에 관한 소송(보존행위 제외),[283] 공유물분할청구[284] 등을 들 수 있다.

고유필수적 공동소송 중에서도 특기할 경우를 상론하면 다음과 같다.

나) 유언집행자가 수인인 경우

상속인이 유언집행자가 되는 경우를 포함하여 유언집행자가 수인인 경우에는, 유언집행자를 지정하거나 지정위탁한 유언자나 유언집행자를 선임한 법원에 의한 임무의 분장이 있었다는 등의 특별한 사정이 없는 한, 유증 목적물에 대한 관리처분권은 유언의 본지에 따른 유언의 집행이라는 공동의 임무를 가진 수인의 유언집행자에게 합유적으로 귀속되고, 그 관리처분권 행사는 과반수의 찬성으로써 합일하여 결정하여야 하므로, 유언집행자가 수인인 경우 유언집행자에게 유증의무의 이행을 구하는 소송은 유언집행자 전원을 피고로 하는 고유필수적 공동소송으로 봄이 상당하다.[285]

다) 파산관재인이나 회생채무자의 관리인이 수인인 경우

파산관재인이 여럿인 경우에는, 법원의 허가를 얻어 직무를 분장하였다는 등의 특별한 사정이 없는 한, 그 여럿의 파산관재인 전원이 파산재단의 관리처분권이 있기 때문에 파산관재인 전원이 소송당사자가 되어야 하므로, 그 소송은 필수적 공동소송에 해당한다.[286]

---

280) 동지 : 대법원 1966. 10. 4. 선고 66다1079 판결의 방론.

281) 대법원 2012. 6. 14. 선고 2010다105310 판결(공유물분할청구소송에서 피고 중 1인이 제소전에 이미 사망한 자이었는데, 상고심에 이르러서야 당사자표시정정이 신청된 사안).

282) 대법원 1994. 5. 24. 선고 92다50232 판결. 동지 : 대법원 2005. 9. 15. 선고 2004다44971 전원합의체 판결; 대법원 2007. 7. 26. 선고 2006다64573 판결.
주의할 것은, 설령 총유재산의 보존행위로서 소를 제기하는 경우라 하더라도, 법인 아닌 사단의 구성원(일부)는 그 소송의 당사자가 될 수 없다는 점이다. 대법원 2005. 9. 15. 선고 2004다44971 전원합의체 판결.

283) 대법원 1991. 6. 25. 선고 90누5184 판결; 대법원 1994. 4. 26. 선고 93다31825 판결; 대법원 1995. 5. 23. 선고 94다23500 판결; 대법원 1996. 12. 10. 선고 96다23238 판결; 대법원 2012. 11. 29. 선고 2012다44471 판결(사안은 조합재산에 속하는 채권에 관한 소송)

284) 대법원 2003. 12. 12. 선고 2003다44615,44622 판결. 동지 : 대법원 2014. 1. 29. 선고 2013다78556 판결; 대법원 2017. 9. 21. 선고 2017다233931 판결.

285) 대법원 2011. 6. 24. 선고 2009다8345 판결.

따라서, 위 경우에는, 당사자의 표시 역시 "원고 파산채무자 주식회사 이을수의 파산관재인 1. 김갑동 / 2. 박병서"와 같이 하고, 판결 주문이나 이유에서도 이들을 "원고들"로 표현하게 된다.[287]

다만, 공동파산관재인 중 일부가 파산관재인의 자격을 상실한 때에는 남아 있는 파산관재인에게 관리처분권이 귀속되고 소송절차는 중단되지 아니하므로, 남아 있는 파산관재인은 자격을 상실한 파산관재인을 수계하기 위한 절차를 따로 거칠 필요가 없이 혼자서 소송행위를 할 수 있다(법 제54조의 유추해석).[288]

그리고, 파산관재인이 여럿인 경우에 관한 이상과 같은 법리는, 회생채무자의 관리인이 여럿인 경우에도 마찬가지인 것으로 풀이된다.[289]

3) 유사필수적 공동소송

유사필수적 공동소송은 여러 사람이 공동소송인이 되어야 하는 것은 아니지만(강학상으로는 이를, 소송공동이 강제되지 아니한다고 표현한다), 그중 한 사람에 대한 판결의 효력이 다른 사람에게도 미치기 때문에, 일단 공동소송인이 된 이상 합일확정을 요하는 소송을 말한다.

가령, 채권자대위권에 기하여 공동하여 채무자의 권리를 행사하는 다수의 채권자들은 유사필수적 공동소송관계에 있으며,[290] 필요적으로 변론을 병합하여야 하는 소송(예 : 수개의 주주총회결의취소소송. 상법 제376조 제2항, 제188조)도 그러하다.[291]

라. 예비적·선택적 공동소송

1) 개 관

공동소송인 가운데 일부의 청구가 다른 공동소송인의 청구와 법률상 양립할 수 없거나(즉, 주위적 원고와 예비적·선택적 원고가 있는 경우) **공동소송인 가운데 일부에 대한 청구가 다른 공동소송인에 대한 청구와 법률상 양립할 수 없는 경우**(즉, 주위적 피고와 예비적·선택적 피고가 있는 경우)**를 예비적·선택적 공동소송이라 한다**(법 제70조 제1항). 소의 주관적 예비적·선택적 병합이라고도 한다.

---

286) 대법원 2009. 9. 10. 선고 2008다62533 판결.

287) 제요[민소Ⅱ], 463면.

288) 대법원 2008. 4. 24. 선고 2006다14363 판결.

289) 전대규, **채무자회생법**, 제2판 (파주 : 법문사, 2018), 193면.

290) 대법원 1991. 12. 27. 선고 91다23486 판결(사안은 당초의 채권자가 채권자대위소송 중 사망하여 그 상속인들이 소송수계를 한 것).

291) 변론의 병합에 관하여서는 '변론의 진행' 부분에서 후술한다.

구 「민사소송법」(2002. 1. 26. 법률 제6626호로 전부개정되기 전의 것)에서는 이러한 형태의 공동소송은 예비적 당사자의 소송상의 지위가 현저하게 불안정·불이익하게 된다는 이유로 인정되지 아니하는 것으로 해석되었으나,[292] 현행법은 이러한 소송형태도 명시적으로 인정하면서, 원칙적으로 필수적 공동소송에 준하여 합일확정을 요하도록 하였다(법 제70조 제1항).[293]

기술적으로, 예비적·선택적 당사자가 있는 경우에 판결서의 당사자 및 주문에서 이를 어떻게 표시할 것인가에 관하여서는, 일반적인 경우와 마찬가지로 표시하는 실무례도 있고, "주위적 피고, 예비적 피고" 식으로 명시하여 표시하는 실무례도 있으나,[294] 관견으로는 전자가 합리적이라고 본다.[295] 가령, 주위적 청구가 '주위적으로 A가, 예비적으로 B가 지급하라'이고 예비적 청구가 'A, B는 연대하여 지급하라'인 경우도 있을 수 있는데, 그런 경우에는 후자와 같은 표시가 곤란하기 때문이다.

2) 청구의 법률상 양립불가능성

여기서 "법률상 양립할 수 없다"는 것은, 동일한 사실관계에 대한 법률적인 평가를 달리하여 두 청구 중 어느 한 쪽에 대한 법률효과가 인정되면 다른 쪽에 대한 법률효과가 부정됨으로써 두 청구가 모두 인용될 수는 없는 관계에 있는 경우나, 당사자들 사이의 사실관계 여하에 의하여 또는 청구원인을 구성하는 택일적 사실인정에 의하여 어느 일방의 법률효과를 긍정하거나 부정하고 이로써 다른 일방의 법률효과를 부정하거나 긍정하는 반대의 결과가 되는 경우로서, 두 청구들 사이에서 한 쪽 청구에 대한 판단 이유가 다른 쪽 청구에 대한 판단 이유에 영향을 주어 각 청구에 대한 판단 과정이 필연적으로 상호 결합되어 있는 관계를 의미한다.[296]

그리고 이는, 실체법적으로 서로 양립할 수 없는 경우뿐 아니라 소송법상으로 서로 양립할 수 없는 경우를 포함한다.[297]

---

292) 대법원 1972. 11. 28. 선고 72다829 판결. 동지 : 대법원 1984. 6. 26. 선고 83누554,555 판결 ; 대법원 1993. 5. 11. 선고 92수150 판결 ; 대법원 1996. 3. 22. 선고 95누5509 판결 ; 대법원 1997. 8. 26. 선고 96다31079 판결.
cf. 그런데, 구법의 해석상으로는 예비적 공동소송만 논의되었을 뿐(개중에서도 예비적 원고가 있는 경우는 그다지 논의되지 아니하였다) 선택적 공동소송은 학설상으로도 거론되지 아니하였으나, 입법과정에서 선택적 공동소송까지도 허용하는 것으로 되었다.

293) cf. 비교법적으로 이러한 형태의 공동소송을 허용하는 입법례가 없지 아니하나, 합일확정까지 요구하는 급진적인 입법례는 우리 법 외에는 찾아보기 어렵다.

294) 민사항소심, 150면.

295) 결과동지 : 위의 책, 28~29면.

296) 대법원 2007. 6. 26.자 2007마515 결정. 동지 : 대법원 2008. 3. 27. 선고 2005다49430 판결의 방론.

그런데, "소송법적으로 양립할 수 없는 경우"의 예로는, (확인소송에서) 누가 피고적격을 가지는지에 관한 법률적 평가에 따라 어느 한 쪽에 대한 청구는 부적법하고 다른 쪽의 청구만이 적법하게 될 수 있는 경우가 거론되나,[298] "소송법적으로 양립할 수 없는 경우"에 해당하는 그 밖의 예는 상정하기 어렵다.

주의할 것은, 법 제70조 제1항 본문이 규정하는 "공동소송인 가운데 일부에 대한 청구"는 반드시 "공동소송인 가운데 일부에 대한 모든 청구"를 의미하는 것은 아니다.[299]

따라서, 예컨대, 주위적 피고에 대한 주위적·예비적 청구 중 주위적 청구 부분이 인용되지 아니할 경우 그와 법률상 양립할 수 없는 관계에 있는 예비적 피고에 대한 청구를 인용하여 달라는 취지로 결합하여 소를 제기하는 것도 가능하고,[300] 이 경우 주위적 피고에 대한 예비적 청구와 예비적 피고에 대한 청구가 서로 법률상 양립할 수 있는 관계에 있으면 양 청구를 병합하여 통상의 공동소송으로 보아 심리·판단할 수 있다.[301]

7. 소장의 첨부서류

가. 기본적 서증의 사본

실무는 소장에 기본적 서증을 첨부할 것을 요구하고 있다(법 제254조 제4항 참조).

즉, 소장에는 증거로 될 문서 가운데 중요한 것의 사본을 붙여야 한다(규칙 제63조 제2항 후문).

예컨대, 부동산에 관한 사건은 그 부동산의 등기사항증명서, 친족·상속관계 사건은 가족관계기록사항에 관한 증명서,[302] 어음 또는 수표사건은 그 어음 또는 수표의 사본을 소장에 붙여야 한다(같은 항 전문).[303]

---

297) 대법원 2007. 6. 26.자 2007마515 결정. 동지: 대법원 2008. 3. 27. 선고 2005다49430 판결의 방론.

298) 대법원 2007. 6. 26.자 2007마515 결정. 동지: 대법원 2008. 3. 27. 선고 2005다49430 판결의 방론.

299) 대법원 2009. 3. 26. 선고 2006다47677 판결. 동지: 대법원 2014. 3. 27. 선고 2009다104960 판결; 대법원 2015. 6. 11. 선고 2014다232913 판결.

300) 대법원 2009. 3. 26. 선고 2006다47677 판결. 동지: 대법원 2014. 3. 27. 선고 2009다104960 판결. 그리고 이러한 법리는 원고가 주위적 피고에 대하여 실질적으로 선택적 병합 관계에 있는 두 청구를 주위적·예비적으로 순위를 붙여 청구한 경우에도 그대로 적용된다. 대법원 2015. 6. 11. 선고 2014다232913 판결.

301) 대법원 2009. 3. 26. 선고 2006다47677 판결. 동지: 대법원 2015. 6. 11. 선고 2014다232913 판결.

302) 이는 구체적으로 사안에 따라, 가족관계증명서, 기본증명서, 혼인관계증명서, 입양관계증명서, 친양자입양관계증명서, 제적등본 등 중 어느 하나나 둘 이상이 될 수 있다.

303) cf. 한편, 행정소송 중 항고소송의 경우에는 해당 처분의 처분서(행정절차법 제24조 참조)가 기본적 서증이 된다.

서증의 첨부요령의 상세에 관하여서는 '서증' 부분에서 후술한다.

나. 대리권 등의 증명서류

이에 관하여서는 이 책 보론의 '민사 서면 작성법'에서 상론하겠다.

다. 소가의 산정을 위한 자료

소장에는 소가의 산정을 위한 자료를 첨부하여야 한다(민사소송 등 인지규칙 제8조 제1항).

예컨대, 토지 또는 건물에 관한 소송을 제기하는 경우에는 목적물의 개별공시지가 또는 시가표준액을 알 수 있는 토지대장등본,[304] 개별공시지가 확인서[305] 또는 건축물대장등본[306] 등을 제출하여야 한다(같은 조 제2항).

건물의 경우에는 개별주택가격 확인서도 이러한 자료에 해당할 수 있다.[307]

소가산정의 표준이 되는 토지 또는 건물의 가액은 개별공시지가 또는 시가표준액이고, 원칙적으로 개별공시지가(토지)나 개별주택가격 또는 공동주택가격(이상 건물)이 시가표준액이 되기 때문이다(같은 규칙 제9조 제1항, 제2항).

라. 소장 부본

소장도, 송달을 하여야 하는 소송서류이므로(법 제255조 제1항), 그 부본을 첨부하여야 함은 물론이다.

다만, 소액사건에서는, 원고는 소장에 원고와 피고의 수에 1을 더한 숫자만큼의 소장 부본을 첨부하여야 한다(소액사건심판규칙 제3조의2). 더 정확히 말하면, 소장 부본 외에 (원고 수+1) 통의 소장 '등본'을 첨부하여야 한다.

소액사건에서 관하여 위와 같은 특칙이 있는 까닭은, 후술하듯이 소액사건에서는 이행권

---

304) 개별공시지가와 그 기준일은 토지대장과 임야대장의 등록사항이다(공간정보의 구축 및 관리 등에 관한 법률 제71조 제1항 제6호, 같은 법 시행규칙 제68조 제2항 제6호).

305) 법문에는 "공시지가확인원"으로 되어 있다.
개별공시지가의 확인을 받고자 하는 자는 해당 시장·군수 또는 구청장에게 개별공시지가의 확인을 신청(전자문서에 의한 신청을 포함한다)할 수 있다(부동산 가격공시 및 감정평가에 관한 법률 시행규칙 제7조 제1항).

306) 집합건축물대장(전유부, 갑)에는 공동주택(아파트) 가격과 그 기준일이 기재된다(건축법 제38조 제2항, 건축물대장의 기재 및 관리 등에 관한 규칙 제7조 제3항, 서식 5).

307) 개별주택가격의 확인을 받고자 하는 자는 해당 시장·군수 또는 구청장에게 개별주택가격의 확인을 신청(전자문서에 의한 신청을 포함한다)할 수 있다(부동산 가격공시 및 감정평가에 관한 법률 시행규칙 제13조 제1항).

고결정을 할 수 있고 이행권고결정서는 표지(表紙)에 소장 부본(실제로는 등본)을 첨부하는 식으로 작성되므로(소액사건심판법 제5조의3 제1항 본문), 피고에게 송달하는 데 사용할 부본 외에도 이행권고결정서의 원본용 (등본) 1통, 확정 후 원고들에게 송달하는 정본용 (등본) 각 1통이 추가로 필요하기 때문이다.

8. 인지의 첩부 및 송달료의 예납

가. 인지의 첩부[308)]

1) 원 칙

소장에는 소송목적의 값에 따라 다음 각호의 금액 상당의 인지를 붙여야 한다(민사소송 등 인지법 제2조 제1항).

	소가	인지액
1	10,000,000원 미만	소가×0.5%
2	10,000,000원 이상 100,000,000원 미만	소가×0.45%+5,000원
3	100,000,000원 이상 1,000,000,000원 미만	소가×0.4%+55,000원
4	1,000,000,000원 이상	소가×0.35%+555,000원

위 규정에 의하여 산출된 인지액이 1,000원 이상인 경우에 100원 미만의 단수가 있는 때에는 그 단수는 이를 계산하지 아니한다(같은 조 제2항 후단).[309)]

위 규정에 의하여 산출된 인지액이 1,000원 미만인 때에는 이를 1,000원으로 한다(같은 항 전단).[310)]

그리고 이상과 같은 인지 산정식은 널리 역진제 산정방식(항소장, 상고장 등의 경우)의 기준이 된다(같은 법 제3조 내지 제8조 참조).

한편, 일반적으로 소송목적의 값이 큰 경우에는 사건의 난이도가 높고 소송이 장기간에 걸쳐 진행되는 경우가 많아 소송수행에 따르는 법원의 비용이 증가하게 되고, 날로 소송사건

---

308) 인지의 납부방법에 관하여서는 '당사자의 소송행위' 부분에서 기술하였다.

309) cf. 일반적으로, 국고금의 수입 또는 지출에서 10원 미만의 단수가 있을 때에는 그 단수는 계산하지 아니함이 원칙이며(국고금관리법 제47조 제1항 전단), 지방자치단체의 징수금의 경우도 같다(지방세기본법 제75조).

310) cf. 일반적으로, 국고금의 수입 또는 지출에서 전액이 10원 미만일 때에도 그 전액을 계산하지 아니함이 원칙이며(국고금관리법 제47조 제1항 후단), 지방자치단체의 징수금의 경우도 같다(지방세기본법 제75조).

이 다종·다양해지는 현실에서 사건의 난이도, 재판에 소요되는 기간, 사건에 투입되는 법관 및 법원사무관의 업무 강도 등을 계량화·표준화하여 인지액의 상한을 규정하기는 용이하지 아니하며, 인지액의 상한을 정해놓을 경우 소송목적의 값을 무한정 높게 설정할 수 있어 남소방지라는 인지제도의 취지에 어긋날 수 있다.[311)]

고등법원이나 특허법원에 제출하는 소장의 인지대도 일반적인 소장과 마찬가지인 것으로 풀이된다(민사소송 등 인지법 제3조 후단의 반대해석). 즉, 항소장의 인지대에 준하는 것은 아니다.[312)] 다만, 선거소송의 경우에는 10배액의 특례가 있음은, '당사자의 소송행위' 부분에서 기술하였다.

2) 특　칙 1

가) 특수소송

대법원에 제출하는 소장에는 소장에 붙일 인지액(민사소송 등 인지법 제2조)**에 따른 금액의 2배에 해당하는 인지를 붙여야 한다**(민사소송 등 인지법 제3조 후단).

나) (최광의의) 선거소송

국민투표무효소송을 제외한 (최광의의) 선거소송의 인지대에 관하여 10배액의 특례가 있음은, '당사자의 소송행위' 부분에서 기술하였다.

3) 특칙 2 : 전자적 소제기

소제기를 전자적으로 한 경우에 인지액의 10% 할인 특례가 있음은, '서류의 전자적 제출' 부분에서 기술하였다.

나. 소가(訴價)

1) 개　관

'법원(法院)' 부분에서 기술한 바와 같이, 소송목적의 값, 즉 소가는, 사물관할을 정하는 기준이 될 뿐 아니라, 전술한 바와 같이, (역진제) 인지대 산정의 기준이 된다.

또한, 소가는 소송비용에 산입될 변호사 보수의 산정기준도 된다(변호사보수의 소송비용 산입에 관한 규칙 제3조 제1항).[313)]

---

311) 헌재 2015. 6. 25. 선고 2014헌바61 결정. 동지 : 헌재 2017. 8. 31. 선고 2016헌바447 결정.

312) 인지실무, 31면.

313) cf. 그런데 이는 특히 가사사건에서 그 의의가 크다고 할 수 있다. 왜냐하면, 통상의 민사소송사건과

2) 소가산정의 기준과 원칙 등

가) 소가산정의 기준

소송목적의 값은 소로 주장하는 이익을 기준으로 산정한다(법 제26조 제1항, 민사소송 등 인지법 제2조 제3항 전단).

그런데, **대법원규칙으로 소송목적의 값을 산정하는 기준을 정할 수 있고**(민사소송 등 인지법 제2조 제3항후단), 이에 따라 「민사소송 등 인지규칙」이 구체적인 기준을 정하고 있는바,[314] 각종의 소의 종류별 소가산정에 관하여서는 '각종의 소의 종류별 유의사항 및 소가산정' 부분에서 살펴보기로 하고, 여기에서는 일반적인 기준만 살펴보기로 한다.

나) 소가산정의 원칙

소가는 원고가 청구취지로써 구하는 범위내에서 원고의 입장에서 보아 전부 승소할 경우에 직접 받게 될 경제적 이익을 객관적으로 평가하여 금액으로 정함을 원칙으로 한다(민사소송 등 인지규칙 제6조).

그러나, 상소의 경우에는 상소인이, 재심의 경우에는 재심원고가 기준이 됨은 물론이다.[315]

다) 소가산정의 기준시

소가는 소를 제기한 때(법률의 규정에 의하여 소의 제기가 의제되는 경우에는 그 소를 제기한 것으로 되는 때)를 기준으로 하여 산정한다(민사소송 등 인지규칙 제7조).

위 이치는 소송중의 소의 경우에도 마찬가지임은 물론이다.[316]

또한, 외화(外貨)의 지급 청구의 경우에도, 소제기시의 환율을 기준으로 산정함은 물론이다.[317]

달리, 다류 가사소송사건을 제외한 가사사건은 인지대 산정이 역진제가 아닌 정액제에 의하기 때문이다.

314) cf. 구 「민사소송인지법」(1990. 12. 31. 법률 제4299호로 「민사소송등인지법」이라는 제명으로 전부개정되기 전의 것) 및 구 「민사소송인지에관한규칙」(1991. 11. 23. 대법원규칙 제1179호로 폐지되기 전의 것)은 소가산정의 구체적인 기준을 정하고 있지 아니하였으나, 「민사소송 등 인지법」은 소가산정의 구체적인 기준을 대법원규칙으로 정할 수 있도록 규정하기에 이르렀고, 이에 따라 1992.부터 시행된 「민사소송등인지규칙」은 각종의 소의 소가산정에 관한 내용을 규정하고 있다.

315) 인지실무, 58면.

316) 위의 책, 57~58면.

317) 위의 책, 57면.

라) 소가를 계산할 수 없는 경우[318)]

소가를 계산할 수 없는 경우 그 값은 「민사소송 등 인지법」의 규정에 따르며(법 제26조 제2항), **재산권에 관한 소로서 그 소송목적의 값을 계산할 수 없는 것과 비재산권을 목적으로 하는 소송의 소송목적의 값은 대법원규칙으로 정한다**(민사소송 등 인지법 제2조 제4항).[319)]

이에 따라, 위와 같은 소송의 소가는 원칙적으로 5,000만 원으로 하나(민사소송 등 인지규칙 제18조의2 본문),[320)] 예외적으로 소가가 1억 원이 되는 소송(구체적으로는, 회사관계소송, 단체소송, 특허소송, 무체재산권에 관한 소)도 있다(같은 조 단서).[321)] 이에 관하여서는 '각종의 소의 종류별 유의사항 및 소가산정' 부분에서 재론한다.

3) 병합청구시 소가산정의 제원칙

가) 원칙 : 합산법칙

(1) 개 관

하나의 소로 여러 개의 청구를 하는 경우에는, 그 여러 청구의 값을 모두 합하여 소송목적의 값을 정한다(법 제27조 제1항, 민사소송 등 인지법 제2조 제3항 전단).

구체적으로는, 1개의 소로써 수개의 청구를 하는 경우에 그 수개의 청구의 경제적 이익이 독립한 별개의 것인 때에는 합산하여 소가를 산정한다(민사소송 등 인지규칙 제19조).

(2) 비재산권상의 청구의 병합

(가) 원 칙

1개의 소로써 수개의 비재산권을 목적으로 하는 청구를 병합한 때에는 각 청구의 소가를

---

318) cf. 이 경우의 소송이 원칙적으로 합의부의 사물관할에 속함은 '법원(法院)' 부분에서 기술하였다.

319) cf. 구 「민사소송인지법」(1990. 12. 3. 법률 제4299호로 「민사소송등인지법」으로 전부개정되기 전의 것) 제3조 제1항은 '비재산권을 목적으로 하는 소송'에 관하여서만 규정하고 '재산권상의 소로서 그 소가를 산출할 수 없는 것'에 관하여서는 규정하지 아니하고 있었는바, 이에 따라 구법의 해석으로는, 가령, 작위나 부작위명령을 구하는 소송의 소가는－소가를 계산할 수 없는 경우에 해당하는 것이 아니라－그 작위나 부작위의 명령을 받음으로써 원고가 받는 이익을 표준으로 하여 산정할 것으로 해석되고 있었다. 대법원 1969. 12. 30.자 65마198 결정.

320) cf. 2001. 4. 30. 이전에는 1천만100원(구 민사소송등인지법(2002. 1. 26. 법률 제6628호로 개정되기 전의 것) 제2조 제4항, 제14조. 구 민사소송 등 인지규칙(2001. 4. 26. 대법원규칙 제1702호로 개정된 것) 제18조의2 참조), 2014. 9. 30. 이전에는 20,000,100원이었다(구 민사소송 등 인지규칙(2014. 7. 1. 대법원규칙 제2541호로 개정되기 전의 것) 제18조의2 본문).

321) cf. 2001. 4. 30. 이전에는 1천만100원(구 민사소송등인지법(2002. 1. 26. 법률 제6628호로 개정되기 전의 것) 제2조 제4항, 제14조. 구 민사소송 등 인지규칙(2001. 4. 26. 대법원규칙 제1702호로 개정된 것) 제18조의2 참조), 2014. 9. 30. 이전에는 50,000,100원이었다(구 민사소송 등 인지규칙(2014. 7. 1. 대법원규칙 제2541호로 개정되기 전의 것) 제18조의2 단서).

합산한다(민사소송 등 인지규칙 제22조 본문).

그 예로는, 수개의 행정처분의 취소를 1개의 소로써 청구하는 경우 등이 거론된다.

(나) 예 외

그러나, 1개의 소로써 수개의 비재산권을 목적으로 하는 청구를 병합한 때라도, 청구의 목적이 1개의 법률관계인 때에는 1개의 소로 본다(같은 조 단서).

그 예로는, 수인이 1개의 소로써 동일한 행정처분의 취소를 청구하는 경우, 수인의 주주가 1개의 소로써 주주총회결의의 취소를 청구하는 경우 등이 거론된다.

(3) 재산권상의 청구와 비재산권상의 청구를 병합하는 경우(원칙)

원칙적으로, 1개의 소로써 비재산권을 목적으로 하는 청구와 재산권을 목적으로 하는 청구를 병합한 때에는 각 청구의 소가를 합산한다(민사소송 등 인지규칙 제23조 제1항).

그 예외에 관하여서는 후술한다.

나) 예외 1 : 흡수법칙

(1) 개 관

1개의 소로써 주장하는 수개의 청구의 경제적 이익이 동일하거나 중복되는 때에는, 중복되는 범위 내에서 흡수되고, 그중 가장 다액인 청구의 가액을 소가로 한다(민사소송 등 인지규칙 제20조).

위 규정이 적용되는 예로는, 연대지급 또는 공동지급을 청구하는 경우,[322] 청구의 선택적 병합이나 예비적 병합, 예비적·선택적 공동소송, 본래의 청구와 대상청구(代償請求)의 병합 등을 들 수 있다.[323]

또한, 예컨대, 소유권보존등기가 이루어지고 이에 터 잡아 근저당권설정등기가 경료된 후 그 소유등기명의가 전전 이전된 동일 부동산에 대하여 소유권보존등기명의자, 근저당권자 및 전득자 등을 공동피고로 하여 제기된 소유권보존등기, 근저당권설정등기, 소유권이전등기의 각 말소를 구하는 소송에서는, 1개의 소로써 주장하는 수 개의 청구의 경제적 이익이 동일하거나 중복되는 때에 해당하므로, 중복되는 범위 내에서 흡수되고, 그 중 가장 다액인 청구의 가액을 소가로 할 것이다.[324]

---

322) 대법원 2011. 1. 27.자 2010마1491 결정.

323) 제요[민소 I], 110면 ; 인지실무, 70~73면.

324) 대법원 1998. 7. 27.자 98마938 결정.

(2) 재산권상의 청구와 비재산권상의 청구를 병합하는 경우(예외)

1개의 소로서 비재산권을 목적으로 하는 소송과 '그 소송의 원인이 된 사실로부터 발생하는' 재산권에 관한 소송을 병합한 경우에는 액수가 많은 소송목적의 값에 따라 인지를 붙인다(민사소송 등 인지법 제2조 제5항).

예컨대, 해고무효확인청구와 그 해고가 무효임을 전제로 한 임금지급청구가 1개의 소로 병합된 경우가 이에 해당한다.[325)]

또한, 수개의 비재산권을 목적으로 하는 청구와 '그 원인된 사실로부터 생기는' 재산권을 목적으로 하는 청구를 1개의 소로써 제기하는 때에는, 비재산권상의 청구의 병합에 의한 소가(민사소송 등 인지규칙 제22조)와 재산권을 목적으로 하는 청구의 소가중 다액을 소가로 한다(민사소송 등 인지규칙 제23조 제2항).

다) 예외 2 : 불산입법칙

(1) 부대청구의 흡수

(가) 개 관

과실(果實)**·손해배상·위약금**(違約金) **또는 비용의 청구가 소송의 부대목적**(附帶目的)**이 되는 경우에는 그 값은 소송목적의 값에 넣지 아니한다**(법 제27조 제2항).

위 규정은 위의 비용들의 계산의 번잡을 피하고 그 관할을 용이하게 판단할 수 있도록 하기 위한다는 취지이다.[326)]

예컨대, 1개의 소로써 부동산의 인도와 그 부동산에 관한 임료 내지 임료 상당의 손해배상금 또는 부당이득금(이하 "임료 등"이라고 한다)을 병합하여 청구하는 경우, 그 임료 등 청구는 부동산의 인도 소송의 부대목적이 된다 할 것이므로(법 제27조 제2항), 그 청구가 이미 발생한 임료 등인가, 장래 발생할 임료 등인가에 관계없이 그 임료 등의 값을 소가에 산입하지 아니한다.[327)]

이와 관련하여 주의할 것은, 청구취지에서 특정된 금액에 부대청구가 포함되어 있는 경우에는 위 특정된 금액에서 부대청구에 해당하는 금액을 공제한 나머지 금액을 소송목적의 값으로 한다.[328)]

---

325) 대법원 1994. 8. 31.자 94마1390 결정.

326) 대법원 1962. 10. 18. 선고 62라11 판결.

327) 「부동산의 명도·인도와 임료 등을 병합하여 청구하는 경우의 소가 산정에 관한 업무처리지침(재민 98-5)」.

328) 부대청구가 있는 금전지급청구소송에 있어서의 소송목적의 값 산정요령(재민 2003-1) 제3조 제2항.

예컨대, 금 2,500만 원(=원금 2,000만 원+2002. 12. 31.까지의 지연손해금 500만 원) 및 2,000만 원에 대한 2003. 1. 1.부터의 지연손해금을 청구한 때에는, 소가는 2,000만 원이다.[329)]

그러나, 부대청구에 해당할 청구라도 그 청구가 독립하여 이루어진 경우에는 그 청구금액을 소송목적의 값으로 함은 물론이다.[330)]

또한, 예컨대, 제1심 판결 중 지연손해금의 일부에 대하여 항소를 한 경우에는 이에 대한 인지액을 계산하여야 한다.[331)] 이 경우에는 부대청구가 아니라 독립한 소송물이기 때문이다.

(나) 부대청구의 범위

법 제27조 제2항의 "과실"의 예로는 이자를 들 수 있다.[332)]

같은 항에서 "소송의 부대목적이 되는 손해배상"이라 함은, 주된 청구의 이행을 지연하였기 때문에 생기는 지연배상을 의미하며,[333)] 이는 약정지연손해금과 법정지연손해금을 모두 포함한다.[334)]

같은 항의 "비용"의 예로는, 이행최고나 거절증서 작성에 든 비용 등을 들 수 있다.[335)]

그러나, 채권의 보전 또는 실행을 위한 법적 절차비용, 「신용보증기금법」이나 「기술보증기금법」 소정의 보증료 및 위약금, 시설대여업자(리스회사)와의 약정에 따른 규정손해금은 같은 항에서 말하는 위약금 또는 비용에는 해당하지 아니한다.[336)]

(2) 수단인 청구의 흡수

1개의 청구가 다른 청구의 수단에 지나지 않을 때에는, 특별한 규정이 있는 경우를 제외하고, 그 가액은 소가에 산입하지 아니한다(민사소송 등 인지규칙 제21조 본문).

---

329) 부대청구가 있는 금전지급청구소송에 있어서의 소송목적의 값 산정요령(재민 2003-1) 제4조.

330) 부대청구가 있는 금전지급청구소송에 있어서의 소송목적의 값 산정요령(재민 2003-1) 제3조 제3항.

331) 대법원 1962. 10. 18.자 62라11 결정.

332) 부대청구가 있는 금전지급청구소송에 있어서의 소송목적의 값 산정요령(재민 2003-1) 제2조 제1항 제1호.

333) 대법원 1992. 1. 7.자 91마692 결정.

334) 부대청구가 있는 금전지급청구소송에 있어서의 소송목적의 값 산정요령(재민 2003-1) 제2조 제1항 제2호, 제3호.

335) 인지실무, 79면.

336) 부대청구가 있는 금전지급청구소송에 있어서의 소송목적의 값 산정요령(재민 2003-1) 제2조 제2항. A 주식회사 등이 B 등을 상대로 손실보상금 청구와 위약금 청구를 병합하여 하나의 소로 제기하면서 각각의 청구의 값을 합산하여 그에 상응하는 인지를 납부하였는데, 손실보상금 청구의 부대목적인 위약금 청구에 대한 인지가 과오납되었다고 주장하면서 대한민국을 상대로 반환을 구한 사안에서, 위약금 청구를 법 제27조 제2항에서 정한 손실보상 청구의 부대목적이 되는 것으로 볼 수 없다고 본 원심판단을 수긍한 사례로, 대법원 2014. 4. 24. 선고 2012다47494 판결.

다만, 수단인 청구의 가액이 주된 청구의 가액보다 다액인 경우에는 그 다액을 소가로 한다(같은 조 단서).

수단인 청구의 예로는, 대지를 인도받기 위하여 대지인도와 함께 하는 건물철거청구 등이 거론된다.[337]

4) 수개의 소장에 의한 소

주의할 것은, 1개의 소로써 병합제기할 수 있는 청구를 수개의 소장으로 나누어 소를 제기하는 경우에는 각각 별도로 소가를 산정한다(민사소송 등 인지규칙 제24조).

예컨대, 부동산의 인도 소송의 부대목적이 되는 임료 등이라 하더라도, 이를 독립하여 부동산인도와 별도로 청구하는 경우에는 해당 소가를 별도로 산정하여야 한다.[338]

5) 소가산정의 표준

가) 개 관

소송물의 종류에 따라서는 그 계쟁물인 물건 또는 권리의 가액이 소가산정의 표준이 되는 경우가 있으므로, 각종의 소의 소가산정을 살펴보기에 앞서 이러한 소가산정의 표준을 먼저 살펴볼 필요가 있다.

나) 물건의 가액

○ 토지 : 개별공시지가(개별공시지가가 없는 경우에는 시장·군수 또는 구청장이 토지가격비준표를 사용하여 산정한 가액)×50% (민사소송 등 인지규칙 제9조 제1항).[339]

○ 건물 : 시가표준액(원칙적으로는, 개별주택가격 또는 공동주택가격)×50% (같은 조 제2항).[340]

○ 선박·차량·기계장비·입목·항공기·광업권·어업권·골프회원권·승마회원권·콘도미니엄회원권·종합체육시설 이용회원권, 그 밖에 시가표준액의 정함이 있는 것 : 시가표준액(같은 조 제3항).

○ 유가증권(원칙) : 액면금액 또는 표창하는 권리의 가액 (같은 조 제4항 전단).

○ 한국거래소에[341] 상장된 증권 : 소 제기 전날의 최종거래가격 (같은 조 항 후단).

---

337) 인지실무, 76면.

338) 부동산의 명도·인도와 임료 등을 병합하여 청구하는 경우의 소가 산정에 관한 업무처리지침(재민 98-5).

339) cf. 2014. 9. 30. 이전에는 적용비율이 30/100이었다(구 민사소송 등 인지규칙(2014. 7. 1. 대법원규칙 제2541호로 개정되기 전의 것) 제9조 제1항).

340) cf. 2014. 9. 30. 이전에는 적용비율이 30/100이었다(구 민사소송 등 인지규칙(2014. 7. 1. 대법원규칙 제2541호로 개정되기 전의 것) 제9조 제2항).

이에 반하여, 비상장증권은 상술한 일반원칙(민사소송 등 인지규칙 제9조 제4항 전단)에 따라 액면금액에 의하는 것으로 풀이된다.[342]

○ 유가증권 이외의 증서: 200,000원 (같은 조 제5항)[343]

유가증권 이외의 증서의 예로는, 각종의 증거증서(차용증, 계약서, 영수증 등), 면책증권(예금통장, 휴대품보관증, 상환증권 등)이 거론된다.[344]

다) 권리의 가액

○ 물건에 대한 소유권: 물건가액 (민사소송 등 인지규칙 제10조 제1항).

○ 물건에 대한 점유권: 물건가액×1/3 (같은 조 제2항).

○ 지상권 또는 임차권: 목적물건 가액×1/3 (같은 조 제3항).

○ 지역권: 승역지 가액×1/3 (같은 조 제4항).

○ 담보물권: Min{피담보채권의 원본액(근저당권의 경우에는 채권최고액), 목적물건 가액} (같은 조 제5항).

○ 전세권(채권적 전세권 포함): Min(전세금액, 목적물건 가액) (같은 조 제6항).

라) 기타의 물건등의 가액

민사소송 등 인지규칙 제9조 및 제10조에 규정되지 아니한 물건 또는 권리(이하 이 조에서는 "물건등"이라 한다)의 가액은 소를 제기할 당시의 시가로 한다(민사소송 등 인지규칙 제11조 전단).

다만, 시가를 알기 어려운 때에는 그 물건등의 취득가격 또는 유사한 물건등의 시가로 한다(같은 조 후단).

6) 소가의 인정 등

소가의 산정을 위한 자료의 미비, 그 밖의 사유로 인하여 소가를 산정하기 어려운 때에는 재판장이 소가인정을 한다(민사소송 등 인지규칙 제3조 전문).[345]

---

341) cf. 법문에는 "증권거래소에"로 되어 있으나, 한국증권거래소(약칭 "증권거래소")는 구 「증권거래법」이 2004. 1. 29. 법률 제7114호로 개정되고 「한국증권선물거래소법」이 같은 날 제정되어 2005. 1. 27. 시행됨에 따라 기존의 한국선물거래소 및 코스닥증권회사와 합병하여 한국증권선물거래소(약칭 "거래소")가 되었고, 이는 다시 2007. 8. 3. 「자본시장과 금융투자업에 관한 법률」(속칭 자본시장통합법)이 시행됨에 따라 "한국거래소"(역시, 약칭 "거래소")로 되었다.

342) 인지실무연구회. **인지실무** (서울: 법원행정처, 2006), 117면.

343) 이는 인지액의 최하한이 1,000원인 것에 착안하여 이를 역산하여 정한 것이다. 인지실무, 64~65면.

344) 인지실무연구회. **인지실무** (서울: 법원행정처, 2006), 117면.

345) cf. 회생절차나 파산절차의 경우 아예 당사자의 신청에 의하여 법원이 소가결정을 한다(채무자회생법 제178조, 제470조).

더 나아가, 법원은 소가의 산정을 위하여 필요한 때에는 직권 또는 신청에 의하여 – 석명처분으로서(같은 규칙 제8조 제3항 후문에서 법 제140조, 규칙 제29조의 준용) – 공공기관[346] 기타 상당하다고 인정되는 단체 또는 개인에게 사실조사 또는 감정을 촉탁하고, 필요한 사항의 보고를 요구할 수 있다(민사소송 등 인지규칙 제8조 제3항).

이와 관련하여 주의할 것은, 법원은 소가 산정과 관련하여 필수적인 자료에 해당하거나 당사자가 부주의, 오해 또는 법률의 부지로 인하여 그 제출이나 진술을 간과하였음이 분명하다고 인정되는 사항 등에 관하여 적극적으로 석명권을 행사하여 당사자에게 자료 제출 등의 기회를 주거나 관련 기관에 조사를 촉탁하는 등의 조치를 취할 의무가 있다(법 제136조 제4항).[347]

소가의 산정을 위하여 필요한 비용은 당사자가 예납하여야 한다(민사소송 등 인지규칙 제8조 제4항 전단).

다. 송달료의 예납

민사소송사건 제1심절차의 송달료는 원고가 이를 예납하여야 하며(규칙 제19조 제1항 제1호, 송달료규칙 제2조), 관할법원의 해당 수납은행에 송달료를 납부하여야 한다.[348]

9. 관할 : 토지관할, 합의관할, 지정관할 등

가. 개 관

소는 제1심 관할법원에 제기하여야 한다. 전속관할이 정하여진 사건의 경우에는 해당 법원에 소를 제기하여야 함은 물론이다.

그런데, 통상의 민사소송에서는 전속관할이 정하여진 사건이 아닌 한 당사자가 제1심 관할법원을 합의로 정할 수도 있다.

그 밖의 경우에는, 즉, 원칙적으로는, 통상의 민사소송에서는 재판적 소재지를 관할하는 지방법원 본원, 지원, 또는 시·군법원에 소를 제기하여야 한다. 따라서, 토지관할의 문제는 민사소송법상 어떠한 재판적들이 정하여져 있는가 하는 문제로 귀착된다.

---

346) 법문에는 "공무소"로 되어 있으나, 「민사소송법」이 종래의 '공무소'를 '공공기관'으로 개칭하였으므로, 「민사소송 등 인지규칙」의 해당용어도 그와 같이 개정하여야 할 것이다.

347) 대법원 2014. 5. 29.자 2014마329 결정.
석명권 및 석명처분에 관하여서는 '변론의 실시방법' 부분에서 후술한다.

348) 송달료예규 제9조 제2항 본문.

만일 관할법원이 재판권을 행사할 수 없거나 관할구역이 불분명한 때에는, 상급법원의 재판에 따른 관할의 지정이 문제될 수 있다.

이상의 사항을 차례로 살펴보면 다음과 같다.

나. 토지관할에 관하여 전속관할이 정하여진 경우

통상의 민사소송 중 토지관할에 관하여 전속관할이 정하여진 소송으로는 다음과 같은 것들이 있다.[349)]

○ 회사 설립무효 또는 취소의 소 등 회사관계소송(상법 제186조 및 그 준용규정)

○ 특수판매나 할부거래, 또는 통신판매업자와의 거래에 관한 소송(방문판매 등에 관한 법률 제53조, 할부거래에 관한 법률 제44조, 전자상거래 등에서의 소비자보호에 관한 법률 제36조)

○ 집행법상의 소(민사집행법 제21조)

그 밖에, 집단소송과 단체소송 역시 전속관할이 정하여져 있다(증권관련 집단소송법 제4조, 소비자기본법 제71조, 개인정보 보호법 제52조).

다. 합의관할

1) 개 관

전속관할이 정하여진 소가 아니라면(법 제31조에서 제29조의 부적용), **당사자는 합의로 제1심 관할법원을 정할 수 있다**(법 제29조 제1항).

일반적으로 토지관할에 관한 합의가 문제되지만, 사물관할에 관한 합의도 불가능한 것은 아니다(법 제34조 제3항 참조).[350)] 그러나, 합의로 재판부까지 정할 수는 없다.[351)] 그것은 관할의 문제가 아니기 때문이다.

그런데 통설은, 법정 관할법원 중 어느 하나를 관할법원으로 지정한 때에는 그 법원만이 관할법원이 되지만(전속적 합의), 법정 관할법원이 아닌 곳을 관할법원으로 지정한 때에는 '그 법원도' 관할법원이 되는 것에 불과하다고(부가적 합의) 본다.[352)]

---

349) cf. 가사소송 등도 토지관할에 관하여 전속관할이 규정된 것이 있으나, 이에 관한 설명은 생략하겠다.

350) 주석[민소 I], 214면(황진구 집필부분).

351) 주석[민소 I], 215면(황진구 집필부분).

352) 제요[민소 I], 47면 ; 주석(민소1), 216면(황진구 집필부분).

2) 관할합의의 방식

관할합의는 일정한 법률관계로 말미암은 소에 관하여 서면으로 하여야 하는바(법 제29조 제2항), 별도의 서면(「관할합의서」)으로써 합의를 할 수도 있지만,[353] 계약서에 관할합의조항을 둘 수도 있다.

그런데, "당사자 중 일방이 지정하는 법원을 관할 법원으로 한다"는 내용의 관할에 관한 합의는, 피고의 권리를 부당하게 침해하고 공평의 원칙에 어긋나는 결과가 되어, 무효이다.[354]

또한, **약관에서, 고객에게 부당하게 불리한 재판관할의 합의 조항은 무효로 한다**(약관의 규제에 관한 법률 제14조 제1호).

즉, 약관조항에 의하여 고객에게 생길 수 있는 불이익의 내용과 불이익 발생의 개연성, 당사자들 사이의 거래과정에 미치는 영향, 관계 법령의 규정 등 제반 사정을 종합하여 볼 때, 당사자 중 일방이 지정하는 법원을 관할법원으로 한다는 것과 다를 바 없거나, 사업자가 그 거래상의 지위를 남용하여 사업자의 영업소를 관할하는 지방법원을 전속적 관할로 하는 약관조항을 작성하여 고객과 계약을 체결함으로써 건전한 거래질서를 훼손하는 등 고객에게 부당하게 불이익을 주었다고 인정되는 경우라면, 그 약관조항은 위 규정에 위반되어 무효이다.[355]

그러나, 이에 이르지 아니하고 그 약관조항이 고객에게 다소 불이익한 것에 불과하다면 그 약관조항을 무효라고 할 수는 없을 것이다.[356]

3) 관할합의의 인적 효력범위

관할의 합의는 소송법상의 행위로서 합의 당사자 및 그 일반승계인을 제외한 제3자에게 그 효력이 미치지 않는 것이 원칙이지만,[357] 지명채권과 같이 그 권리관계의 내용을 당사자가 자유롭게 정할 수 있는 경우에는, 관할합의의 효력은 특정승계인에게도 미친다.[358]

그러나, 관할의 합의의 효력은 부동산에 관한 물권의 특정승계인에게는 미치지 아니한다.[359]

---

353) '인지액·편철방법예규'.

354) 대법원 1977. 11. 9.자 77마284 결정.

355) 대법원 2009. 11. 13.자 2009마1482 결정.

356) 대법원 2009. 11. 13.자 2009마1482 결정.

357) 따라서, 예컨대, 채권자와 보증인 사이의 관할합의의 효력이 주채무자에게까지 미칠 수 없다. 대법원 1988. 10. 25. 선고 87다카1728 판결.

358) 대법원 2006. 3. 2.자 2005마902 결정.

라. 국제재판관할의 합의

1) 원 칙

부가적(附加的) 국제재판관할의 합의가 허용됨에는 의문이 없으나, 전속적(專屬的) 국제재판관할의 합의가 허용되는지, 허용된다면 어느 한도에서 그러한지 문제된다.

대한민국 법원의 관할을 배제하고 외국의 법원을 관할법원으로 하는 전속적인 국제관할의 합의가 유효하기 위해서는, 해당 사건이 대한민국 법원의 전속관할에 속하지 아니하고, 지정된 외국법원이 그 외국법상 해당 사건에 대하여 관할권을 가져야 하는 외에, 해당 사건이 그 외국법원에 대하여 합리적인 관련성을 가질 것이 요구되고, 그와 같은 전속적인 관할 합의가 현저하게 불합리하고 불공정하여 공서양속에 반하는 법률행위에 해당하지 않는 한 그 관할 합의는 유효하다.[360]

역으로, 외국 법원의 관할을 배제하고 대한민국 법원을 관할법원으로 하는 전속적인 국제관할의 합의가 유효하기 위해서는, 해당 사건이 외국 법원의 전속관할에 속하지 아니하고, 대한민국 법원이 대한민국법상 해당 사건에 대하여 관할권을 가져야 하는 외에, 해당 사건이 대한민국 법원에 대하여 합리적인 관련성을 가질 것이 요구되며, 그와 같은 전속적인 관할 합의가 현저하게 불합리하고 불공정하여 공서양속에 반하는 법률행위에 해당하지 않는 한 그 관할 합의는 유효하다.[361]

또한, 당사자들이 법정 관할법원에 속하는 여러 관할법원 중 어느 하나를 관할법원으로 하기로 약정한 경우, 그와 같은 약정은 그 약정이 이루어진 국가 내에서 재판이 이루어질 경우를 예상하여 그 국가 내에서의 전속적 관할법원을 정하는 취지의 합의라고 해석될 수 있지만, 특별한 사정이 없는 한 다른 국가의 재판관할권을 완전히 배제하거나 다른 국가에서의 전속적인 관할법원까지 정하는 합의를 한 것으로 볼 수는 없다.[362]

---

359) 대법원 1994. 5. 26.자 94마536 결정.

360) 대법원 2010. 8. 26. 선고 2010다28185 판결. 동지: 대법원 2004. 3. 25. 선고 2001다53349 판결. 그런데, 전속적인 관할 합의가 현저하게 불합리하고 불공정한 경우에는 그 관할 합의는 공서양속에 반하는 법률행위에 해당하는 점에서도 무효이다. 대법원 1997. 9. 9. 선고 96다20093 판결.

361) 대법원 2011. 4. 28. 선고 2009다19093 판결.

362) 대법원 2008. 3. 13. 선고 2006다68209 판결(일본국에 거주하던 채권자와 채무자가 돈을 대차하면서 채권자 주소지 법원을 제1심 관할법원으로 하는 전속적 관할합의를 하였는데, 그 후 위 채권이 국내에 주소를 둔 내국인에게 양도되어 외국적 요소가 있는 법률관계가 된 경우, 위 관할합의의 효력이 이에 미치지 아니하여 대한민국 법원에 재판관할권이 있다고 한 사례).

2) 특 칙

소비자계약과 근로계약의 국제재판관할의 합의에 관하여서는 국제사법 제27조 제6항, 제28조 제5항에 특칙이 있으나, 이에 관한 설명은 생략하겠다.

마. 재 판 적

1) 개 관

재판적에는, 모든 사건에 대하여 공통적으로 적용되는 보통재판적(普通裁判籍)과, 특별한 사람이나 특별한 종류의 사건에 한하여 적용되는 특별재판적이 있다.

사건에 따라서는 재판적이 복수(複數)로 존재할 수도 있는바(재판적의 경합), 그 경우에는 원고가 관할법원을 임의로 선택하여 소를 제기할 수 있다.

2) 보통재판적

가) 개 관

전속관할이 정하여진 소가 아니라면(법 제31조에서 제2조의 부적용), **원칙적으로, 소는 피고의 보통재판적이 있는 곳의 법원이 관할한다**(법 제2조).

이는, 원고에게 피고의 주소지 법원에 소를 제기하도록 하는 것이 관할 배분에서 당사자의 공평에 부합하기 때문이다.[363)]

이와 같이, 소는 피고의 보통재판적 소재지의 법원에 제기하는 것이 민사소송의 대원칙이며, 비단 통상의 민사소송 사건뿐만 아니라, 여타 민사사건에서도 보통재판적이 관할의 표준이 되는 예가 많다.[364)]

후술하듯이, 원칙적으로 주소(사람) 또는 주사무소 소재지(법인 또는 단체)가 보통재판적 소재지가 된다. 다만, 후술하는 바와 같이 특별재판적이 있는 사건의 경우에는 해당 법원에도 소를 제기할 수 있다.

나) 자연인의 보통재판적

사람의 보통재판적은 그의 주소에 따라 정한다(법 제3조 본문).

---

363) 대법원 2019. 6. 13. 선고 2016다33752 판결. 동지 : 대법원 2021. 3. 25. 선고 2018다230588 판결.

364) 특히, 합의관할 등의 문제를 차치하면, 재산명시사건(민사집행법 제61조 제1항 본문), 다류 가사소송사건(가사소송법 제13조 제1항), 마류 가사비송사건(같은 법 제46조), 정정보도청구등 소송사건(언론중재 및 피해구제 등에 관한 법률 제26조 제5항), 증권관련집단소송 사건(증권관련 집단소송법 제4조)은 피신청인의 보통재판적 소재지에만 관할이 있다.

즉, 당사자의 생활 근거가 되는 곳, 즉 생활관계의 중심적 장소가 토지관할권의 가장 일반적·보편적 발생근거라고 할 수 있다.[365] **다만, 대한민국에 주소가 없거나 주소를 알 수 없는 경우에는 거소에 따라 정한다**(같은 조 단서 전단). **거소가 일정하지 아니하거나 거소도 알 수 없으면 마지막 주소에 따라 정한다**(같은 조 단서 후단).

그러나, **대사**(大使)·**공사**(公使), **그 밖에 외국의 재판권 행사대상에서 제외되는 대한민국 국민이 위와 같은 보통재판적이 없는 경우에는, 이들의 보통재판적은 대법원이 있는 곳으로 한다**(법 제4조). 즉, 서울 서초구로 한다(법원조직법 제12조 참조).

다) 법인 등의 보통재판적

법인, 그 밖의 사단 또는 재단의 보통재판적은, 이들의 주된 사무소 또는 영업소가 있는 곳에 따라 정한다(법 제5조 제1항 전단). **사무소와 영업소가 없는 경우에는 주된 업무담당자의 주소에 따라 정한다**(같은 항 후단).

그러나, **위 규정을 외국법인, 그 밖의 사단 또는 재단에 적용하는 경우 보통재판적은 대한민국에 있는 이들의 사무소·영업소 또는 업무담당자의 주소에 따라 정한다**(같은 조 제2항).

한편, **국가의 보통재판적은 그 소송에서 국가를 대표하는 관청 또는 대법원이 있는 곳으로 한다**(법 제6조). 즉, 법무부(국가소송법 제2조) 소재지인 과천시 또는 대법원 소재지인 서울 서초구로 한다.

라) 그 밖의 자의 보통재판적

전술한 일반원칙에 따라 보통재판적을 정할 수 없는 때에는 대법원이 있는 곳, 즉 서울 서초구를 보통재판적으로 한다(규칙 제6조).

예컨대, 최후주소를 알 수 없는 내국인 및 국내에 주소를 갖지 않은 외국인이나 외국법인이 이에 해당할 것이다.

마) 보통재판적의 정리

이상의 내용을 도표로 요약하여 보면 아래와 같다.

당사자		원칙	보칙1	보칙2	보칙3
사람	(원칙)	주소	거소	최후주소	대법원 소재지

365) 대법원 2019. 6. 13. 선고 2016다33752 판결.

	대사 등	-	-	대법원 소재지	-
법인 등	(원칙)	주사무소(or 영업소) 소재지	주업무담당자 주소		대법원 소재지
	국가	법무부 소재지 or 대법원 소재지	-	-	-

3) 특별재판적

가) 개 관

전속관할이 정하여진 소가 아니라면(법 제31조에서 제7조 내지 제24조의 부적용), 소는 보통재판적 소재지 법원 외에 다음과 같은 법원에도 제기할 수 있다.

특별재판적이 될 수 있는 곳으로는, 사무소 소재지(법 제7조, 제12조), 영업소 소재지(법 제7조, 제12조), 선적지(법 제10조 제1항, 제13조), 군사용 청사 소재지(법 제10조 제2항), 선박 소재지(법 제10조 제2항, 제14조), 재산 소재지(법 제11조, 제20조, 제23조), 거소지(법 제8조), 의무이행지(제8조), 지급지(제9조), 법인의 보통재판적 소재지(제15조), 불법행위지(제18조 제1항), 도착지(제18조 제2항, 제19조), 해난구조의 장소(제19조), 등기소 소재지(제21조), 등록소 소재지(제21조), 피상속인의 재판적 소재지(제22조)가 있다.

다만, 후술하듯이, 개중에서 특허권등에 관한 민사소송 사건은 전속관할이 정하여져 있음에 주의하여야 한다(법 제24조 제2항, 제3항).

나) 피고의 인적 특수성에 따른 특별재판적

(1) 근무지의 특별재판적

사무소 또는 영업소에 계속하여 근무하는 사람에 대하여 소를 제기하는 경우에는, 그 사무소 또는 영업소가 있는 곳을 관할하는 법원에 제기할 수 있다(법 제7조).[366]

(2) 선원·군인·군무원에 대한 특별재판적

선원에 대하여 재산권에 관한 소를 제기하는 경우에는, 선적(船籍)**이 있는 곳의 법원에 제기할 수 있다**(법 제10조 제1항).

366) cf. 이 제도는 1981. 1. 29. 「소송촉진등에관한특례법」을 제정하면서 소액사건의 특칙으로서 같은 법 제17조에 신설한 것이며, 그 후 다시 1990. 1. 13. 법률 제4201호로 「민사소송법」을 개정하면서 「민사소송법」 내로 해당 규정을 편입하여 민사소송절차 일반에 관한 제도로 삼기에 이르렀다.

군인·군무원에 대하여 재산권에 관한 소를 제기하는 경우에는, 군사용 청사가 있는 곳 또는 군용 선박의 선적이 있는 곳의 법원에 제기할 수 있다(같은 조 제2항).

(3) 주소불명인 자의 재산이 있는 곳의 특별재판적

(가) 개 관

대한민국에 주소가 없는 사람 또는 주소를 알 수 없는 사람에 대하여 재산권에 관한 소를 제기하는 경우에는, 청구의 목적 또는 담보의 목적이나 압류할 수 있는 피고의 재산이 있는 곳의 법원에 제기할 수 있다(법 제11조).

이 규정의 취지는 그러한 사람(예컨대, 외국인)이라 할지라도 압류할 수 있는 재산이 국내에 있을 때에는 그를 상대로 승소판결을 얻으면 이를 집행하여 재판의 실효를 거둘 수 있기 때문이다.[367]

(나) 재외자의 재산관할 : 지식재산권 침해소송의 경우

특기할 것은, 지식재산권 침해소송의 재외자의 재판관할과 관련하여서는 일정한 곳을 여기서 말하는 재산소재지(법 제11조)로 간주하는 규정들이 있다(디자인보호법 제15조, 반도체집적회로의 배치설계에 관한 법률 제41조, 상표법 제15조, 특허법 제13조, 식물신품종 보호법 제15조, 실용신안법 제3조).

즉, **재외자의 아래 지식재산권에 관하여 아래와 같은 관리인이 있으면 그 관리인의 주소 또는 영업소를, 그러한 관리인이 없으면 특허청 소재지**(즉, 대전광역시)**를 피고의 재산이 있는 곳**(법 제11조)**으로 본다.**

○ **특허권 또는 특허에 관한 권리 - 특허관리인**(특허법 제13조)

○ **실용신안권 또는 실용신안에 관한 권리 - 특허관리인**(실용신안법 제3조, 특허법 제13조)

○ **상표권 또는 상표에 관한 권리 - 상표관리인**(상표법 제15조)

○ **디자인권 또는 디자인에 관한 권리 - 디자인관리인**(디자인보호법 제15조)

○ **지리적표시권 - 지리적표시관리인**(농수산물 품질관리법 제41조 제1항, 특허법 제13조)

다만, **재외자의 배치설계권에 관하여서는, 배치설계관리인이 있으면 그 배치설계관리인의 주소 또는 영업소를, 배치설계관리인이 없으면 '대법원의 소재지**(즉, 서울 서초구)**를' 피고의 재산 소재지**(법 제11조)**로 본다**(반도체집적회로의 배치설계에 관한 법률 제41조).

또한, **품종보호권에 관하여 품종보호관리인이 있으면 그 관리인의 주소 또는 영업소를, 품**

---

367) 대법원 1988. 10. 25. 선고 87다카1728 판결.

종보호관리인이 없으면 '농림축산식품부 또는 해양수산부 소재지(즉, 세종특별자치시)**를' 피고의 재산이 있는 곳**(법 제11조)**으로 본다**(식물신품종 보호법 제15조, 특허법 제13조).

다) 사건의 종류에 따른 특별재판적

(1) 재산권에 관한 소 일반

재산권에 관한 소를 제기하는 경우에는, 거소지 또는 의무이행지의 법원에 제기할 수 있다(법 제8조).

의무이행지의 특별재판적은 실무상 매우 요긴한 것이므로 반드시 기억하고 있어야 한다. 위 특별재판적을 근거로 매우 흔히, 원고의 주소지 관할법원(민법 제467조 제2항 본문 참조)이나[368] 거래지점 관할법원(상법 제56조 참조)에서도[369] 소를 제기할 수 있기 때문이다.

주의할 것은, 등기 또는 등록의 신청에 협조할 의무의 이행지는 성질상, 후술하는 바와 같이, '등기 또는 등록할 공공기관이 있는 곳'(법 제21조)이라고 할 것이며, '원고의 주소지'를 그 의무이행지로 볼 수는 없다.[370]

물론, 비재산권을 목적으로 하는 소의 경우에는 법 제8조의 규정이 적용될 소지가 없다.

(2) 어음·수표에 관한 소

어음·수표에 관한 소를 제기하는 경우에는, 지급지의 법원에 제기할 수 있다(법 제9조).

사실, 약속어음은 그 어음에 표시된 지급지가 의무이행지이기도 하다.[371]

(3) 사무소·영업소의 업무와 관련이 있는 소

사무소 또는 영업소가 있는 사람에 대하여 그 사무소 또는 영업소의 업무와 관련이 있는 소를 제기하는 경우에는, 그 사무소 또는 영업소가 있는 곳의 법원에 제기할 수 있다(법 제12조).

이 특별재판적에 관하여서는 주의할 점이 있다.

첫째, 위 규정은, 사무소 또는 영업소가 있는 사람이 피고가 되는 경우에 관한 것이지, 원고가 되는 경우에 관한 것이 아니다.[372]

---

368) 원칙적으로, 특정물인도 이외의 채무변제는 채권자의 현주소에서 하여야 한다(민법 제467조 제2항 본문).

369) 채권자의 지점에서의 거래로 인한 채무이행의 장소가 그 행위의 성질 또는 당사자의 의사표시에 의하여 특정되지 아니한 경우 특정물 인도 외의 채무이행은 그 지점을 이행장소로 본다(상법 제56조).

370) 대법원 2002. 5. 10.자 2002마1156 결정(사해행위취소에 따른 원상회복으로서의 소유권이전등기 말소등기의무의 이행지가 어디인지 문제된 사안).

371) cf. 대법원 1973. 11. 26.자 73마910 결정. 동지: 대법원 1980. 7. 22.자 80마208 결정.

둘째, 사무소나 영업소에서 행하여진 거래가 있더라도 제소 당시에 이미 그 사무소나 영업소가 폐지되고 없으면 위 규정에 의한 재판적은 인정될 수 없다(법 제33조 참조).[373]

(4) 선박·항해에 관한 소

선박 또는 항해에 관한 일로 선박소유자, 그 밖의 선박이용자에 대하여 소를 제기하는 경우에는, 선적이 있는 곳의 법원에 제기할 수 있다(법 제13조).

선박채권(船舶債權)**, 그 밖에 선박을 담보로 한 채권에 관한 소를 제기하는 경우에는, 선박이 있는 곳의 법원에 제기할 수 있다**(법 제14조).

(5) 사원 등에 대한 소

회사, 그 밖의 사단이 사원에 대하여 소를 제기하거나 사원이 다른 사원에 대하여 소를 제기하는 경우에는, 그 소가 사원의 자격으로 말미암은 것이면 회사, 그 밖의 사단의 보통재판적이 있는 곳의 법원에 소를 제기할 수 있다(법 제15조 제1항).

이는, 사단 또는 재단이 그 임원에 대하여 소를 제기하거나 회사가 그 발기인 또는 검사인에 대하여 소를 제기하는 경우에도 마찬가지이다(같은 조 제2항).

회사, 그 밖의 사단의 채권자가 그 사원에 대하여 소를 제기하는 경우에도, 그 소가 사원의 자격으로 말미암은 것이면 회사, 그 밖의 사단의 보통재판적이 있는 곳의 법원(법 제15조)**에 제기할 수 있다**(법 제16조).

회사, 그 밖의 사단, 재단, 사원 또는 사단의 채권자가 그 사원·임원·발기인 또는 검사인이었던 사람에 대하여 소를 제기하는 경우와 사원이었던 사람이 그 사원에 대하여 소를 제기하는 경우에도, 위와 같은 법원에 제기할 수 있다(법 제17조에서 제15조 및 제16조의 준용).

(6) 불법행위에 관한 소

불법행위에 관한 소를 제기하는 경우에는, 행위지의 법원에 제기할 수 있다(법 제18조 제1항).

여기서 "(불법)행위지"란 불법행위의 요건사실이 발생한 곳을 말한다.[374]

선박 또는 항공기의 충돌이나 그 밖의 사고로 말미암은 손해배상에 관한 소를 제기하는 경우에는, 사고선박 또는 항공기가 맨 처음 도착한 곳의 법원에 제기할 수 있다(같은 조 제2항).

---

372) 대법원 1980. 6. 12.자 80마158 결정.

373) 주석(민소1), 158~9면(황진구 집필부분).

374) 주석(민소1), 171면(황진구 집필부분).

(7) 해난구조에 관한 소

해난구조(海難救助)**에 관한 소를 제기하는 경우에는, 구제된 곳 또는 구제된 선박이 맨 처음 도착한 곳의 법원에 제기할 수 있다**(법 제19조).

(8) 부동산 및 등기·등록에 관한 소

부동산에 관한 소를 제기하는 경우에는, 부동산이 있는 곳의 법원에 제기할 수 있다(법 제20조).

등기·등록에 관한 소를 제기하는 경우에는, 등기 또는 등록할 공공기관이 있는 곳의 법원에 제기할 수 있다(법 제21조).[375]

(9) 상속·유증 등에 관한 소

상속(相續)**에 관한 소 또는 유증**(遺贈)**, 그 밖에 사망으로 효력이 생기는 행위에 관한 소를 제기하는 경우에는, 상속이 시작된 당시 피상속인의 보통재판적이 있는 곳의 법원에 제기할 수 있다**(법 제22조).

즉, 위와 같은 소는, 상속개시의 장소(민법 제998조)의 관할법원에, 다시 말해, 상속인의 최후주소지의 관할법원에 제기할 수 있다.

또한, **상속채권, 그 밖의 상속재산에 대한 부담에 관한 것으로 법 제22조의 규정에 해당되지 아니하는 소를 제기하는 경우에도, 상속재산의 전부 또는 일부가 법 제22조의 법원관할구역안에 있으면 그 법원에 제기할 수 있**다(법 제23조).

(10) 지식재산권과[376] 국제거래에 관한 소

(가) 특허권등 외의 지식재산권 및 국제거래에 관한 소 : 중복관할

'특허권등을 제외한' 지식재산권과 국제거래에 관한 소를 제기하는 경우에는 보통재판적 또는 기술한 일반적인 특별재판적 소재지의 관할법원(법 제2조 내지 제23조) **소재지를 관할하는 고등법원이 있는 곳의 지방법원**(본원)**에 제기할 수 있다**(법 제24조 제1항 본문).

이는 해당 지방법원(본원)에 설치된 해당 전담재판부에서 재판을 받을 수 있도록 함이다.

그런데, "고등법원이 있는 곳의 지방법원"이란, 고등법원이 있는 특별시 또는 광역시의 '해

---

375) cf. 현행법은 위와 같이 "공공기관"이라는 용어를 사용하고 있으나, 구법(2002. 1. 26. 법률 제6626호로 전부개정되기 전의 것) 제19조는 "공무소"라는 용어를 사용하였다.

376) cf. 구법(2011. 5. 19. 법률 제10629호로 개정되기 전의 것) 제24조에서는 "지적재산권(知的財産權)과"라고 하였으나, 「지식재산 기본법」이 제정됨에 따라 종래 여러 법령에서 쓰던 "지적재산권"이라는 용어를 "지식재산권"으로 변경하였다.

당 구에 있는' 지방법원(본원)만을 지칭한다고 할 것이다. 따라서, **서울고등법원이 있는 곳의 지방법원은 서울중앙지방법원으로 한정하며**(같은 항 단서), 같은 논리에서, 대구고등법원이 있는 곳의 지방법원은 대구지방법원 본원으로, 부산고등법원이 있는 곳의 지방법원은 부산지방법원 본원으로 각각 한정하는 것으로 새겨야 한다.

예컨대, 위와 같은 소송을 하고자 하는데 재판적 소재지가 울산광역시라면, 울산지방법원에 소를 제기할 수도 있고, 부산지방법원 본원에 소를 제기할 수 있다.

(나) 특허권등에 관한 소: 전속관할

2016. 1. 1. 이후 소장을 접수하는 사건부터는(법 부칙(2015. 12. 1.), **특허권등의 지식재산권**(즉, 특허권, 실용신안권, 디자인권, 상표권, 품종보호권)**에 관한 소를 제기하는 경우에는 보통재판적 또는 기술한 일반적인 특별재판적 소재지의 관할법원**(법 제2조 내지 제23조) **소재지를 관할하는 고등법원이 있는 곳의 지방법원**(본원)**의 전속관할로 한다**(법 제24조 제2항 본문).

다만, 전술한 해석에 따라, **서울고등법원이 있는 곳의 지방법원은 서울중앙지방법원으로 한정한다**(같은 항 단서).

더 나아가, **위와 같은 원칙**(법 제24조 제2항)**에도 불구하고 당사자는 서울중앙지방법원에 특허권등의 지식재산권에 관한 소를 제기할 수 있다**(법 제24조 제3항. 이른바, 선택적 중복관할).

예컨대, 특허권 침해에 따른 손해배상소송을 하고자 하는데 재판적 소재지가 울산광역시라면, 부산지방법원 본원 또는 서울중앙지방법원에만 소를 제기할 수 있다.

특허권 등에 관한 지식재산권에 관한 소의 관할에 대하여 별도의 규정을 둔 이유는 통상적으로 그 심리·판단에 전문적인 지식이나 기술 등에 대한 이해가 필요하므로, 심리에 적합한 체계와 숙련된 경험을 갖춘 전문 재판부에 사건을 집중시킴으로써 충실한 심리와 신속한 재판뿐만 아니라 지식재산권의 적정한 보호에 이바지할 수 있기 때문이다.[377]

바. 관련재판적

하나의 소로 여러 개의 청구를 하는 경우에는 보통재판적 또는 특별재판적에 따라 그 여러 개 가운데 하나의 청구에 대한 관할권이 있는 법원에 소를 제기할 수 있다(법 제25조 제1항). 즉, 청구의 객관적 병합에 의하여 관련재판적이 생긴다.

또한, **소송목적이 되는 권리나 의무가 여러 사람에게 공통되거나 사실상 또는 법률상 같은 원인으로 말미암아 그 여러 사람이 공동소송인으로서 당사자가 되는 경우에도, 그 여러 사람**

377) 대법원 2019. 4. 10.자 2017마6337 결정의 방론.

가운데 한 사람에 대한 보통재판적 또는 특별재판적 소재지의 법원에 소를 제기할 수 있다(같은 조 제2항).[378] 즉, '법 제65조 전문의' 공동소송에서도 관련재판적이 생긴다.

그러나, **전속관할이 정하여진 소에 관하여서는 관련재판적이 발생하지 아니한다**(법 제31조에서 제25조의 부적용).[379]

더 나아가, 관할만을 발생시킬 목적으로 본래 제소할 의사 없는 청구를 병합한 것이 명백한 경우에는 관할선택권의 남용으로서 신의칙에 위배되어 허용될 수 없으므로, 그와 같은 경우에도 관련재판적에 관한 법 제25조의 규정을 적용할 수 없다.[380]

사. 지정관할[381]

1) 개 관

다음 각호 가운데 어느 하나에 해당하면 관계된 법원과 공통되는 바로 위의 상급법원이[382] 그 관계된 법원 또는 당사자의 신청에 따라 결정으로 관할법원을 정한다(법 제28조 제1항).

① 관할법원이 재판권을 법률상 또는 사실상 행사할 수 없는 때

② 법원의 관할구역이 분명하지 아니한 때

2) 관할법원지정신청

가) 개 관

당사자가 하는 관할지정신청은 소제기 전에 할 수도 있고 후에 할 수도 있다(규칙 제8조 제2항, 제3항, 제9조 참조).

관계된 법원 또는 당사자가 관할지정을 신청하는 때에는 그 사유를 적은 신청서(「관할법원지정신청서」)를 제출하여야 한다(규칙 제7조 제1항).

관할지정 사건은 부수사건이므로, 기본사건이 종이기록사건이라면, 관할지정신청 역시 전

---

378) cf. 구법(1990. 1. 13. 법률 제4201호로 개정되기 전의 것) 제22조에는 이에 해당하는 규정이 없었으므로, 구법하에서는, 1개의 소로써 여러 사람의 피고에 대한 청구를 병합하는 경우에는 관련재판적의 규정이 적용될 수 없는 것으로 해석되고 있었다. 대법원 1970. 11. 24.자 70마646 결정 ; 대법원 1980. 9. 26.자 80마403 결정.

379) 다만, 가사소송사건의 청구의 객관적 병합에 관하여서는 예외가 있다(법 제14조 제2항).

380) 대법원 2011. 9. 29.자 2011마62 결정.

381) cf. 사건이 가정법원과 지방법원중 어느 법원의 관할에 속하는지 명백하지 아니한 때에 관하여서는, 가사소송법 제3조가 지정관할 제도를 규정하고 있다.

382) cf. 구법(2002. 1. 26. 법률 제6626호로 전부개정되기 전의 것) 제25조 제1항은 "직근상급법원은""이라고 표현하였다.

자적으로는 하지 못한다(민소전자문서법 제10조 제2항, 민소전자문서규칙 제19조 제1항 제3호 본문).

나) 인지의 첩부 및 송달료의 예납

관할법원지정신청은 기본적 신청이므로, 신청서에 1,000원의 인지를 붙이고(민사소송 등 인지법 제9조 제5항 제4호), 송달료를 예납하여야 하며, 별도기록이 편성된다.[383]

다) 관 할

관할법원지정신청서는 바로 위의 상급법원에[384] 제출하여야 한다(규칙 제7조 제1항).

3) 관할법원지정신청의 통지

소 제기 후의 사건에 관하여 관할법원지정신청을 한 경우, 다음과 같이 그 취지를 통지하여야 한다.[385]

첫째, 신청인이 관계된 법원인 때에는 그 법원이 당사자 모두에게 그 취지를 통지하여야 한다(규칙 제7조 제2항 전단).

둘째, 신청인이 당사자인 때에는 신청을 받은 법원이 소송이 계속된 법원과 상대방에게 그 취지를 통지하여야 한다(같은 항 후단).

4) 소송절차의 중지

소 제기 후의 사건에 관하여 관할법원지정신청이 있는 때에는 (수소법원은) 그 신청에 대한 결정이 있을 때까지 소송절차를 정지하여야[386] 한다(규칙 제9조 본문).

다만, 긴급한 필요가 있는 행위를 하는 경우에는 그러하지 아니하다(같은 조 단서).

5) 관할법원지정신청에 대한 재판

관할법원지정신청을 받은 법원은 다음과 같이 결정을 하여야 한다.

첫째, 그 신청에 정당한 이유가 있다고 인정하는 때에는 관할법원을 지정하는 결정을 하여야 한다(규칙 제8조 제1항 전단).

---

383) '인지액·편철방법예규'.

384) cf. 구규칙(2002. 6. 28. 대법원규칙 제1761호로 전부개정되기 전의 것) 제2조 제1항은 "직근 상급법원에"라고 표현하였다.

385) 다만, 당사자가 외국에 있거나 있는 곳이 분명하지 아니한 때에는 통지를 하지 아니하여도 된다(규칙 제3조 제3항 전문).

386) 법문에는 "… 정지하여야 …"로 되어 있으나, 그 법적 성질은 소송절차의 중지이다. 소송절차의 중지에 관하여서는 '소송절차의 정지' 부분에서 재론한다.

둘째, 그 신청에 이유가 없다고 인정하는 때에는 신청을 기각하는 결정을 하여야 한다(같은 항 후단).

6) 관할법원지정신청에 대한 결정의 고지

관할법원지정신청에 대한 결정을 한 때에는, 다음과 같이 이를 고지한다.

첫째, 소 제기 전의 사건에 관하여 결정을 한 경우에는 신청인에게 그 결정정본을 송달하여야 한다(규칙 제8조 제2항 전단).

둘째, 소 제기 후의 사건에 관하여 결정을 한 경우에는 소송이 계속된 법원과 당사자 모두에게 그 결정정본을 송달하여야 한다(같은 항 후단).

7) 관할법원지정에 관한 재판에 대한 불복

관할법원지정신청을 기각한 결정에 대해서는 통상항고(법 제439조)를 할 수 있는 것으로 해석된다.

그러나, **관할법원지정결정에 대하여는 불복할 수 없다**(법 제28조 제2항).

8) 관할법원지정에 따른 기록송부

소송이 계속된 법원이 바로 위의 상급법원으로부터 다른 법원을 관할법원으로 지정하는 결정정본을 송달받은 때에는, 그 법원의 법원사무관등은 바로 그 결정정본과 소송기록을 지정된 법원에 보내야 한다(규칙 제8조 제3항).

현편, 전자기록사건의 경우, 법원사무관등은 (사건의) 일부를 분리하여 지정된 법원에 기록을 보내는 경우에 전자기록을 복제할 수 있으며,[387] 따라서 그 복제한 기록을 해당 법원에 이관하게 된다.[388]

10. 소제기로 인한 시효중단 등

일반적으로, 소의 제기는, 소멸시효의 중단사유인 재판상의 청구(민법 제169조 제1호, 제170조 제1항)의 대표적인 예인바, **시효의 중단 또는 법률상 기간을 지킴에 필요한 재판상 청구는 '소를 제기한 때에' 그 효력이 생긴다**(법 제265조).[389]

---

387) 민전예규 제51조 제1항 제2호.

388) 민전예규 제46조 제5항 본문 참조.

389) 다만, **재판상의 청구는 소의 각하, 기각 또는 취하의 경우에는 시효중단의 효력이 없으나**(민법 제170조 제1항), **이 경우에 6월내에 청구, 압류 또는 가압류, 가처분을 한 때에는 시효는 최초의 재판상 청구로 인하여 중단된 것으로 본다**(같은 조 제2항).

즉, 이는 소장 송달 등으로 채무자가 소 제기 사실을 알기 전에 시효중단의 효력을 인정한 것이다.[390)]

그런데, 소를 제기한 것으로 간주되는 경우들(제소전화해절차나 독촉절차 또는 민사조정절차로부터 소송으로의 이행)의 경우에는, 해당 신청(제소전화해신청, 지급명령신청, 민사조정신청)을 한 때에 이미 시효중단의 효력이 발생하는바, 상세한 내용은 각각 '제소전화해의 절차', '독촉절차', '민사조정절차' 부분에서 살펴보는 바와 같다.

11. 소제기 방식 및 효과의 소송중의 소에의 준용

소송중의 소에 관하여서도 독립의 소에 관하여 전술한 제법리가 일반적으로 준용된다(법 제264조 제2항, 제270조 참조).

즉, - 소액사건이어서 구술제소가 허용되는 경우가 아닌 한 - 원칙적으로 서면에 의하여 신청하여야 하며(법 제262조 제2항, 제264조 제2항, 규칙 제14조 참조), 그러한 서면에는 소장의 필요적 기재사항이 기재되어야 하고(청구의 변경의 경우는 예외), 신청에 따른 시효의 중단의 효과가 발생한다(법 제265조 참조).

Ⅱ. 각종의 소의 종류별 유의사항 및 소가산정[391)]

1. 이행청구의 유의사항 및 소가산정

가. 이행청구 일반

1) 이행청구 일반의 소송물

채권자가 동일한 목적을 달성하기 위하여 복수의 채권을 가지고 이를 행사하는 경우 각 채권이 발생시기와 발생원인 등을 달리하는 별개의 채권인 이상 별개의 소송물에 해당한다.[392)]

따라서, 이에 대하여 채무자가 소멸시효 완성의 항변을 하는 경우에 그 항변에 의하여 어

390) 대법원 2017. 4. 7. 선고 2016다35451 판결.

391) 가사소송, 행정소송, 집행법상의 소, 도산법상의 소에 관한 서술은 이 책이 다룰 범위를 벗어나므로, 이들의 소송물 등에 관한 설명은 생략하겠다.

392) 대법원 2013. 2. 15. 선고 2012다68217 판결.

떠한 채권을 다투는 것인지 특정하여야 하고, 그와 같이 특정된 항변에는 특별한 사정이 없는 한 청구원인을 달리하는 채권에 대한 소멸시효 완성의 항변까지 포함된 것으로 볼 수는 없다.[393]

예컨대, 채무불이행으로 인한 손해배상청구권에 대한 소멸시효 항변이 불법행위로 인한 손해배상청구권에 대한 소멸시효 항변을 포함한 것으로 볼 수는 없다.[394]

그러나 채권자가 동일한 목적을 달성하기 위하여 복수의 채권을 가지고 있더라도 그 선택에 따라 어느 하나의 채권만을 행사하는 것이 명백한 경우라면, 채무자의 소멸시효 완성의 항변은 채권자가 행사하는 해당 채권에 대한 항변으로 봄이 상당하다.[395]

2) 장래이행의 소

가) 개 관

장래이행의 소라 함은, 변론종결시를 기준으로 하여 이행기가 장래에 도래하는 청구권에 관한 소를 말한다.[396]

그런데, 장래에 발생할 청구권 또는 조건부 청구권에 관한 장래이행의 소가 적법하려면, 그 청구권 발생의 기초가 되는 법률상·사실상 관계가 변론종결 당시 존재하고, 그러한 상태가 계속될 것이 예상되어야 한다.[397]

그리고, 장래의 이행을 명하는 판결을 하기 위하여는, 채무의 이행기가 장래에 도래하는 것뿐만 아니라 의무불이행사유가 그 때까지 존속한다는 것을 변론종결 당시에 확정적으로 예정할 수 있는 것이어야 하며, 이러한 책임기간이 불확실하여 변론종결 당시에 확정적으로 예정할 수 없는 경우에는 장래의 이행을 명하는 판결을 할 수 없다.[398]

나) 미리 청구할 필요

(1) 개 관

또한, **장래에 이행할 것을 청구하는 소는 미리 청구할 필요가 있어야 제기할 수 있다**(법 제251조).

미리 청구할 필요가 있는 경우라 함은, 이행기가 도래하지 않았거나 조건 미성취인 청구권

393) 대법원 2013. 2. 15. 선고 2012다68217 판결.
394) 대법원 1998. 5. 29. 선고 96다51110 판결.
395) 대법원 2013. 2. 15. 선고 2012다68217 판결.
396) 대법원 2011. 10. 13. 선고 2009다102452 판결 참조.
397) 대법원 1997. 11. 11. 선고 95누4902,4919 판결.
398) 대법원 1987. 9. 22. 선고 86다카2151 판결. 동지 : 대법원 2002. 6. 14. 선고 2000다37517 판결.

에서 채무자가 미리부터 채무의 존재를 다투기 때문에 이행기가 도래되거나 조건이 성취되었을 때에 임의의 이행을 기대할 수 없는 경우를 말한다.[399)]

위 규정의 입법 취지는, 위와 같은 경우에도 채권자는 속수무책격으로 아무 대책도 강구 못하고 그 이행기가 도래하였을 때까지 기다렸다가 비로소 그 이행기가 도래한 부분에 한하여 현재의 급부의 소만을 제기하여야 한다면 채권자의 보호가 충분치 못하므로 그 이행기 도래 전에 미리 장래에 이행할 채무의 이행기의 이행을 청구하는 확정판결을 얻어서 두었다가 그 이행기가 도래하면 즉시 강제집행을 할 수 있게 하는 방도를 법제적으로 규정하여 두자는 데 있다.[400)]

따라서, 예컨대, 장래의 부당이득반환이라도 미리 청구할 필요가 있다면 그 청구가 허용된다.[401)]

(2) 미리 청구할 필요가 있는 경우

미리 청구할 필요가 있는 경우의 대표적인 예는 다음과 같다.

첫째, 채무자의 태도나 채무의 내용과 성질에 비추어 채무의 이행기가 도래하더라도 채무자의 이행을 기대할 수 없다고 판단되는 경우에는 미리 청구할 필요가 있다고 보아야 한다.[402)]

예컨대, 계속적, 반복적 이행의무에 관하여 현재의 이행기 도래분에 대하여 그 이행을 하지 아니하고 있다면, 장래의 이행기 도래분에 대하여도 그 채무를 자진하여 이행하지 아니할 것이 명백히 예견되므로, 이를 미리 청구할 필요가 있다.[403)]

둘째, 채무의 이행기가 장래에 도래할 예정이고 그때까지 채무불이행 사유가 계속 존속할 것이 변론종결 당시에 확정적으로 예정되어 있다면, 장래의 이행을 명하는 판결을 할 수 있다.[404)]

따라서, 예컨대, 시가 토지소유자로부터 기부채납 또는 사용승낙을 얻지 못한 채 위 소유자의 토지에 대하여 도로포장공사를 시행하여 주민과 노선버스를 포함한 차량의 통행에 제공하고 있는 경우에는 차임 상당의 부당이득의 장래 이행을 명할 수 없는 반면, 건물인도의

399) 대법원 2000. 8. 22. 선고 2000다25576 판결. 동지 : 대법원 1970. 5. 12. 선고 70다344 판결 ; 대법원 2004. 1. 15. 선고 2002다3891 판결 ; 대법원 2004. 9. 3. 선고 2002다37405 판결.

400) 대법원 1975. 4. 22. 선고 74다1184 전원합의체 판결.

401) 대법원 1975. 4. 22. 선고 74다1184 전원합의체 판결.

402) 대법원 2018. 7. 26. 선고 2018다227551 판결.

403) 대법원 1994. 9. 30. 선고 94다32085 판결.

404) 대법원 2018. 7. 26. 선고 2018다227551 판결.

판결을 하면서는 그 인도시까지 차임 상당의 손해배상의 장래 이행도 명할 수 있다.[405][406]

(3) 미리 청구할 필요가 없는 경우

이에 반하여, 미리 청구할 필요가 없는 경우의 대표적인 예는 다음과 같다.

첫째, 이행기에 이르거나 조건이 성취될 때에 채무자의 무자력으로 말미암아 집행이 곤란해진다든가 또는 이행불능에 빠질 사정이 있다는 것만으로는 미리 청구할 필요가 있다고 할 수 없으며,[407] 그러한 사정으로써는 보전처분을 할 수 있을 따름이다(민사집행법 제277조, 제300조).

둘째, 장래에 채무의 이행기가 도래할 예정인 경우에도 채무불이행 사유가 언제까지 존속할 것인지가 불확실하여 변론종결 당시에 확정적으로 채무자가 책임을 지는 기간을 예정할 수 없다면 장래의 이행을 명하는 판결을 할 수 없다.[408]

나. 금전 등의 지급청구

1) 금전 등의 지급청구 등 일반

가) 소 송 물

(1) 금전지급청구의 소송물 일반

금전채무불이행의 경우에 발생하는 원본채권과 지연손해금채권은 별개의 소송물이다.[409]

---

405) 대법원 1987. 9. 22. 선고 86다카2151 판결. 동지 : 대법원 2018. 7. 26. 선고 2018다227551 판결(A가 B에게서 건물을 임차하였다가 임대차계약상 의무 위반 등을 주장하면서 임차보증금 반환 등을 구하는 소를 제기하여 조정이 성립하였는데, A가 조정 성립을 전후하여 건물에서 퇴거하면서 B가 아닌 C에게 건물의 열쇠를 건네주어 건물을 점유·사용케 하였고, 이에 B가 A를 상대로 조정 성립 다음 날부터 건물 인도 완료일까지 부당이득 또는 손해배상의 지급을 구한 사안에서, A가 B가 아닌 C에게 건물의 열쇠를 건네주어 점유·사용케 함으로써 B는 건물을 인도받지 못하여 차임에 해당하는 손해를 입고 있는데, C가 A의 양해를 얻어 건물을 점유한 이래 건물 인도를 거부하고 있고 A가 여전히 B에게 건물에 대한 인도의무를 부담하고 있는 이상, A의 불법행위로 인한 B의 손해는 건물을 인도받을 때까지 계속해서 발생할 것이 확정적으로 예정되어 있다고 볼 여지가 있는데도, C가 건물을 직접 점유하고 있어 A의 의사와 관계없이 B의 손해 발생이 중단될 수도 있으므로 B의 손해가 계속 발생할 것이 확정적으로 예정되어 있지 않다는 이유로 원심 변론종결 다음 날부터 건물 인도 완료일까지 부당이득 또는 손해배상의 지급을 구하는 부분은 장래의 이행을 명하는 판결을 하기 위한 요건을 갖추지 못한 것으로서 부적법하다고 본 원심판단에 법리오해의 잘못이 있다고 한 사례).

406) 그런데 이와 관련하여, 사실심의 재판 실무에서 (토지의 점유·사용으로 인한) 장래의 부당이득금의 계속적·반복적 지급을 명하는 판결의 주문에 "원고의 소유권 상실일까지"라는 표시가 광범위하게 사용되고 있으나, 대법원 2019. 2. 14. 선고 2015다244432 판결의 방론은, "원고의 소유권 상실일까지"라는 기재는 이행판결의 주문 표시로서 바람직하지 아니하며, 이를 굳이 기재하지 아니하여도 된다고 하였다.

407) 대법원 2000. 8. 22. 선고 2000다25576 판결.

408) 대법원 2018. 7. 26. 선고 2018다227551 판결. 동지 : 대법원 1987. 9. 22. 선고 86다카2151 판결.

(2) 손해배상청구의 소송물

(가) 손해배상채권이 수개인 경우

채권자가 동일한 채무자에 대하여 수개의 손해배상채권을 가지고 있다고 하더라도 그 손해배상채권들이 발생시기와 발생원인 등을 달리하는 별개의 채권인 이상 이는 별개의 소송물에 해당하고, 이를 소로써 구하는 채권자로서는 손해배상채권별로 청구금액을 특정하여야 하며, 법원도 이에 따라 손해배상채권별로 인용금액을 특정하여야 한다.[410)]

이러한 법리는 채권자가 수개의 손해배상채권들 중 일부만을 청구하고 있는 경우에도 마찬가지이다.[411)]

(나) 불법행위로 인한 손해배상청구

① 손해삼분설

불법행위로 말미암아 신체의 상해를 입었기 때문에 가해자에게 대하여 손해배상을 청구할 경우에는 그 소송물인 손해는, 통상의 치료비 따위와 같은 적극적 재산상 손해(예 : 기왕치료비, 향후치료비, 개호비, 보조구비용)[412)]와, 일실수익상실에 따르는 소극적 재산상 손해(예 : 일실노임, 일실상여금, 일실퇴직금),[413)] 및 정신적 고통에 따르는 정신상 손해(위자료)의 3가지로 나누어지며,[414)] 이는 서로 소송물을 달리한다.[415)]

따라서, 재산적 손해로 인한 배상청구와 정신적 손해로 인한 배상청구는 각각 소송물을 달리하는 별개의 청구이므로 소송당사자로서는 그 금액을 특정하여 청구하여야 하고, 법원으로서도 그 내역을 밝혀 각 청구의 당부에 관하여 판단하여야 한다.[416)]

---

409) 대법원 2009. 6. 11. 선고 2009다12399 판결. 동지 : 대법원 2005. 4. 29. 선고 2004다40160 판결 ; 대법원 2013. 10. 31. 선고 2013다59050 판결.

410) 대법원 2007. 9. 20. 선고 2007다25865 판결. 동지 : 대법원 2008. 6. 26. 선고 2007다43436 판결 ; 대법원 2009. 10. 29. 선고 2009다49766 판결.

411) 대법원 2007. 9. 20. 선고 2007다25865 판결. 동지 : 대법원 2008. 6. 26. 선고 2007다43436 판결 ; 대법원 2009. 11. 12. 선고 2007다53785 판결 ; 대법원 2011. 4. 14. 선고 2008다14633 판결.

412) 대법원 1996. 8. 23. 선고 94다20730 판결.

413) 대법원 1976. 10.12. 선고 76다1313 판결.

414) 대법원 1976. 10.12. 선고 76다1313 판결. 동지 : 대법원 1995. 2. 17. 선고 94다56234 판결 ; 대법원 2006. 10. 13. 선고 2006다32446 판결 ; 대법원 2010. 4. 29. 선고 2009다99105 판결.

415) 대법원 1997. 1. 24. 선고 96다39080 판결. 동지 : 대법원 1980. 7. 8. 선고 80다1192 판결 ; 대법원 1989. 6. 27. 선고 89다카5406 판결 ; 대법원 1990. 6. 22. 선고 89다카27901 판결 ; 대법원 1994. 6. 28. 선고 94다3063 판결 ; 대법원 2001. 2. 23. 선고 2000다63752 판결 ; 대법원 2002. 9. 10. 선고 2002다34581 판결.

416) 대법원 1989. 10. 24. 선고 88다카29269 판결. 동지 : 대법원 2006. 9. 22. 선고 2006다32569 판결.

그러나, 소송물인 손해의 내용이 여러 개의 손해항목으로 나누어져 있는 경우 각 항목은 청구를 이유 있게 하는 공격방법에 불과하며,[417] 비재산적 손해의 배상청구 역시 독립된 하나의 소송물로서 소송상 일체로 취급되어야 한다.[418]

② 새로운 적극적 손해가 발생한 경우

불법행위로 인한 적극적 손해의 배상을 명한 전소송의 변론종결 후에 새로운 적극적 손해가 발생한 경우에, 그 소송의 변론종결 당시 그 손해의 발생을 예견할 수 없었고 또 그 부분 청구를 포기하였다고 볼 수 없는 등 특별한 사정이 있다면, 전소송에서 그 부분에 관한 청구가 유보되어 있지 않다고 하더라도 이는 전소송의 소송물과는 별개의 소송물이다.[419]

③ 본인의 위자료 청구와 친족의 위자료 청구

불법행위로 사람의 생명을 침해한 경우에 그 생명을 침해당한 피해자 본인의 정신적 고통에 대한 위자료청구와 그 피해자의 직계비속 등의 정신적 고통에 대한 위자료청구는 각각 별개의 소송물이라고 할 것이다.[420]

(다) 불법행위로 인한 손해배상청구권과 재해보상청구권 등의 관계

예컨대, 선원법상의 재해보상청구권과 민법상의 불법행위로 인한 손해배상청구권은 청구권경합의 관계에 있는 것으로서 소송물을 달리한다.[421]

(3) 기존채권의 청구와 어음금·수표금 청구의 관계

예컨대, 기존채권의 지급확보의 방법으로 수표가 수수되었을 경우에, 기존채권의 청구와 수표금 채권의 청구는, 소송물을 달리하는 별개의 소송이다.[422]

나) 대체물지급청구의 소송물

대체물의 지급을 구하는 청구취지에는, 수량, 품질, 종별 등이 표시되어야 한다.[423]

---

417) 대법원 1996. 8. 23. 선고 94다20730 판결.
418) 대법원 2020. 12. 24. 선고 2017다51603 판결.
419) 대법원 2007. 4. 13. 선고 2006다78640 판결.
420) 대법원 2008. 3. 27. 선고 2008다1576 판결.
421) 대법원 2002. 6. 14. 선고 2001다2112 판결.
422) 대법원 1967. 4. 25. 선고 67다75 판결.
423) 제요[민소Ⅱ], 468면.
가령, 백미 2가마의 지급을 명하면서 가마당 용량에 관한 확정한 바 없는 판결주문은 목적물의 수량에 관한 특정이 되어 있지 아니하여 집행불능의 판결이 되기 때문이다. 대법원 1965. 9. 21. 선고 65다1427 판결.

다) 연대지급 또는 공동지급[424] 청구의 문제

수인을 피고로 하는 소장의 청구취지가 수인의 피고들에 대하여 연대지급 또는 공동지급을 구하는 것인지의 여부는 소장의 청구취지 기재 자체에 의하여 결정되는 것이므로, 그 청구취지에 연대지급 또는 공동지급을 구하는 문언의 기재가 없는 한 설사 그 청구원인에 수인의 피고들은 원고에 대한 피고와 그 연대보증인들이라는 기재가 있다 하더라도 그 청구취지가 수인의 피고들에 대하여 청구금원의 연대지급 또는 공동지급을 구하는 것이라고는 볼 수 없다.[425]

라) 일부청구의 문제

(1) 일부청구의 적법성

금전 기타 대체물이나 유가증권의 일정한 수량의 지급을 목적으로 하는 청구에 서 채권자는 「소액사건심판법」의 적용을 받을 목적으로 청구를 분할하여 그 일부만을 청구할 수 없다(소액사건심판법 제5조의2 제1항).[426]

위 제한규정에 위반한 소는 판결로 이를 각하하여야 한다(같은 조 제2항).[427]

그러나, 위와 같은 경우가 아닌 한 일부청구도 원칙적으로 소의 이익이 인정된다. 손해배상청구에서 법원의 감정결과를 보고 청구취지를 확장할 예정으로 우선 손해액의 일부만 청구하는 것이 그 전형적인 예이다.

(2) 묵시적 일부청구와 명시적 일부청구

일부청구와 관련하여 주의할 것은, '판결의 확정과 그 효력' 부분에서 후술하듯이, 명시적 일부청구가 아닌 한(즉, 묵시적 일부청구에서는) 그 일부 청구에 대한 판결의 기판력이 잔부(殘部)에도 미친다는 것이다.

일부청구임을 명시하는 방법으로는 반드시 전체 채권액을 특정하여 그중 일부만을 청구하고 나머지에 대한 청구를 유보하는 취지임을 밝혀야 할 필요는 없으며, 일부청구하는 채권의

---

424) 종래의 실무는 부진정연대채무 등의 경우에 판결주문에서 "피고들은 각자 원고에게 … 지급하라"라는 표현을 사용하였으나, 오늘날의 실무는 "피고들은 공동하여 원고에게 …"라는 표현을 사용하고 있다.

425) 대법원 1986. 11. 27.자 86그141 결정(사안은 지급명령신청).

426) cf. 이 제도는 1981. 1. 29. 「소송촉진등에관한특례법」을 제정하면서 같은 법 제18조 제1항에 신설한 것이며, 그 후 다시 1990. 1. 13. 법률 제4205호로 「소액사건심판법」을 개정하면서 「소액사건심판법」 내로 해당 규정을 편입하기에 이르렀다.

427) cf. 이 제도 역시 1981. 1. 29. 「소송촉진등에관한특례법」을 제정하면서 같은 법 제18조 제2항에 신설한 것이며, 그 후 다시 1990. 1. 13. 법률 제4205호로 「소액사건심판법」을 개정하면서 「소액사건심판법」 내로 해당 규정을 편입하기에 이르렀다.

범위를 잔부청구와 구별하여 그 심리의 범위를 특정할 수 있는 정도의 표시를 하여 전체 채권의 일부로서 우선 청구하고 있는 것임을 밝히는 것으로 충분하다.[428)]

그리고 일부청구임을 명시하였는지를 판단함에는 소장, 준비서면 등의 기재뿐만 아니라 소송의 경과 등도 함께 살펴보아야 한다.[429)]

한편, 실체법적으로는 일부청구의 경우에 소멸시효 중단의 효력이 해당 채권 중 어느 범위까지 미치는가 하는 문제도 발생하나, 이에 관한 내용은 민법학 문헌의 서술을 참고하기 바란다.

마) 금전지급청구에 관한 지연손해금의 특례

(1) '소송촉진법' 소정의 특례이율

금전지급청구와 관련하여 주의할 것 중 한 가지는 소송촉진법 제3조 소정의 법정이율의 특례이다.

당사자 간에 약정이자 또는 약정지연손해금의 정함이 있는 경우라 할지라도, 소송상 청구하는 경우 당사자의 일방은 위와 같은 특례규정에 따라 소장 등이 송달된 날 다음 날부터는 특례 이율에 의한 지연손해금의 지급을 구할 수 있는 것이다.[430)]

주의할 것은, 위 특례는 금전채무불이행으로 인한 손해배상에 관한 것이므로, 예컨대, 일종의 부당이득반환의 성질을 가지는 민법 제548조 제2항에 따른 이자에는 적용되지 아니하며,[431)] 수탁자의 원상회복의무(신탁법 제43조)에도 적용되지 아니한다.[432)]

이 특례에 관한 상세한 내용은 '판결의 선고' 부분에서 살펴보기로 한다.

---

428) 대법원 2016. 7. 27. 선고 2013다96165 판결. 동지 : 대법원 1986. 12. 23. 선고 86다카536 판결 ; 대법원 1989. 6. 27. 선고 87다카2478 판결.

429) 대법원 2016. 7. 27. 선고 2013다96165 판결(A 등이 B 학교법인을 상대로 의료사고에 따른 손해배상을 구하는 조정신청을 하면서 적극적 손해 중 기왕치료비 금액을 특정하여 청구하고, 비뇨기과 향후치료비 등의 금액을 특정하여 청구하면서 '향후치료비는 향후 소송 시 신체감정 결과에 따라 확정하여 청구한다'는 취지를 밝히고, 위자료 금액을 특정하여 청구하였는데, 조정이 성립되지 않아 소송으로 이행되어 A에 대한 신체감정 등이 이루어지지 않은 상태에서 자백간주에 의한 A 등 전부승소판결이 선고되어 확정되었고, 그 후 A 등이 선행 소송과 마찬가지로 B 법인을 상대로 의료사고에 따른 손해배상을 구한 사안에서, 선행 소송 확정판결의 기판력이 위자료 채권 전부에 미치지만, 적극적 손해에 대한 배상청구 부분에는 미치지 않는다고 한 사례).

430) 대법원 2002. 10. 11. 선고 2002다39807 판결. 동지 : 대법원 1992. 12. 22. 선고 92다4307 판결 ; 대법원 1993. 9. 14. 선고 92다12728 판결 ; 대법원 1993. 11. 12. 선고 93누8344 판결.

431) 대법원 2003. 7. 22. 선고 2001다76298 판결. 동지 : 대법원 2016. 8. 24. 선고 2016다17668 판결.

432) 대법원 2016. 6. 28. 선고 2012다44358 판결(사안은 구 신탁법(2011. 7. 25. 법률 제10924호로 전부개정되기 전의 것) 제38조).

다만, 아래와 같은 경우에는 소위 특별지연손해금 규정이 '소송촉진법' 소정의 법정이율 규정에 도리어 우선하여 적용된다.

(2) 소위 특별지연손해금

(가) 미지급 임금에 대한 지연이자

① 근로자의 경우

사용자는 근로자가 사망 또는 퇴직한 경우에 (14일 이내에) **지급하여야 하는 임금**(근로기준법 제36조) **및 퇴직 급여**(근로자퇴직급여 보장법 제2조 제5호)(일시금만 해당된다)**의 전부 또는 일부를 그 지급 사유가 발생한 날부터 14일 이내에 지급하지 아니한 경우 그 다음 날부터 지급하는 날까지의 지연 일수에 대하여 연 40% 이내의 범위에서 「은행법」에 따른 은행이 적용하는 연체금리 등 경제 여건을 고려하여 대통령령으로 정하는 이율에 따른 지연이자를 지급하여야 한다**(근로기준법 제37조 제1항).

여기서 "대통령령으로 정하는 이율"이란 연 20%을 말한다(같은 법 시행령 제17조).

다만, **위 규정은 사용자가 천재·사변, 그 밖에 대통령령으로 정하는 사유에 따라 임금 지급을 지연하는 경우 그 사유가 존속하는 기간에 대하여는 적용하지 아니한다**(같은 법 제37조 제2항).

여기서 "그 밖에 대통령령으로 정하는 사유"란 다음 각 호의 어느 하나에 해당하는 경우를 말하는바(같은 법 시행령 제18조), 이 경우에는 결국 '소송촉진법'의 일반원칙으로 돌아가게 된다.

① (일반)체당금 지급사유(임금채권보장법 제7조 제1항 제1호 내지 제3호)의[433] 어느 하나에 해당하는 경우

즉, 사업주에게 ㉮ 회생절차의 개시결정이 있는 경우, ㉯ 파산선고의 결정이 있는 경우, ㉰ 지방고용노동관서의 장의 도산등사실인정이 있는 경우

② '채무자회생법', 「국가재정법」, 「지방자치법」 등 법령상의 제약에 따라 임금 및 퇴직금을 지급할 자금을 확보하기 어려운 경우

③ 지급이 지연되고 있는 임금 및 퇴직금의 전부 또는 일부의 존부(存否)를 법원이나 노동위원회에서 다투는 것이 적절하다고 인정되는 경우

433) 법문에는 "임금채권보장법 제7조 제1항 각 호"로 규정되어 있으나, 이는 입법의 착오이다. 이러한 입법의 착오가 생기게 된 까닭은, 2015. 1. 20. 법률 제13047호로 「임금채권보장법」을 개정하면서 소액체당금 제도(임금채권보장법 제7조 제1항 제4호)를 신설하였는데도, 근로기준법 시행령 제18조 제1호에는 이를 반영하지 아니하였기 때문이다.

④ 그 밖에 이상에 준하는 사유가 있는 경우

② 선원의 경우

2021. 2. 19.부터는, **선박소유자는 선원이 사망 또는 퇴직한 경우에** (14일 이내에) **지급하여야 하는 임금**(선원법 제55조의2) **및 퇴직금**(같은 법 제55조)**의 전부 또는 일부를 그 지급 사유가 발생한 날부터 14일 이내에 지급하지 아니한 경우 그 다음 날부터 지급하는 날까지의 지연 일수에 대하여 연 40% 이내의 범위에서 「은행법」에 따른 은행이 적용하는 연체금리 등 경제 여건을 고려하여 대통령령으로 정하는 이율에 따른 지연이자를 지급하여야 한다**(선원법 제55조의3 제1항).

여기서 "대통령령으로 정하는 이율"이란 연 20%를 말한다(같은 법 시행령 제17조의3).

다만, **위 규정은 선박소유자가 천재·사변, 그 밖에 대통령령으로 정하는 사유에 따라 임금 및 퇴직금의 지급을 지연하는 경우 그 사유가 존속하는 기간에 대해서는 적용하지 아니한다**(같은 법 제55조의3 제2항).

여기서 "대통령령으로 정하는 사유"란 다음 각 호의 사유를 말한다(같은 법 시행령 제17조의4 제1호, 제2호, 제4호 내지 제6호).

- ○ 선박소유자가 「채무자 회생 및 파산에 관한 법률」에 따른 회생절차개시 결정을 받거나 파산선고를 받은 경우
- ○ 선박소유자가 지방해양항만관청의 도산등사실인정(선원법 시행령 제18조의2 제1항)을 받은 경우
- ○ 「채무자 회생 및 파산에 관한 법률」, 「국가재정법」, 「지방자치법」 등 법령상의 제약에 따라 임금 및 퇴직금으로 지급할 자금을 확보하기 어려운 경우
- ○ 지급이 지연되고 있는 임금 및 퇴직금의 전부 또는 일부의 존부(存否)를 법원이나 선원노동위원회(선원법 제4조)에서 다투는 것이 적절하다고 인정되는 경우
- ○ 그 밖에 이상에 준하는 사유가 있는 경우

그런데, 선원법 시행령 제17조의4 제3호는 선박소유자가 선원에게 미지급 임금 및 퇴직금을 지급하라는 확정된 종국판결 등이 있은 경우(cf. 이는 근로자의 경우에는 소액체당금의 지급사유이다)도 특별지연손해금의 예외 사유로 규정하고 있으나, 이는 입법의 착오로 보인다. 왜냐하면, 임금이나 퇴직금을 지급하라는 판결의 확정 등이 그 임금 및 퇴직금의 지급의 지연을 정당화할 수 있는 사유는 전혀 아니기 때문이다.

(나) 소비자의 청약철회에 따른 환급대금의 지연배상금

① 방문판매자등에 대한 청약철회등의 경우

방문판매자 또는 전화권유판매자(소비자로부터 재화등의 대금을 지급받은 자 및 소비자와 방문판매등에 관한 계약을 체결한 자를 포함한다)**은 – 철회기간 내의 청약철회 및 계약의 해제에 따라 – 재화등을 반환받은 날부터 3영업일 이내에 이미 지급받은 재화등의 대금을 환급하여야 한다**(방문판매 등에 관한 법률 제9조 제2항 전문).

그런데, **이 경우 방문판매자등이 소비자에게 재화등의 대금의 환급을 지연하면 그 지연기간에 따라 연 40% 이내의 범위에서 「은행법」에 따른 은행이 적용하는 연체금리 등 경제 사정을 고려하여 대통령령으로 정하는 이율을 곱하여 산정한 지연이자**(이하 "지연배상금"이라 한다)**를 지급하여야 한다**(같은 항 후문).

그리고, 여기서 "대통령령으로 정하는 이율"이란 연 20%를 말한다(같은 법 시행령 제13조).

또한, **결제업자로부터 그 재화등의 대금을 이미 지급받은 방문판매자등 중 – 결제업자에 대한 – 환급을 지연하여 소비자로 하여금 대금을 결제하게 한 방문판매자등도 그 지연기간에 대한 지연배상금을 소비자에게 지급하여야 한다**(같은 조 제5항).

② 다단계판매자등에 대한 청약철회등의 경우

다단계판매자(상대방으로부터 재화등의 대금을 지급받은 자 또는 상대방과 다단계판매에 관한 계약을 체결한 자를 포함한다)**는 – 철회기간 내의 청약철회등에 따라 – 재화등을 반환받은 날부터 3영업일 이내에 이미 지급받은 재화등의 대금을 환급하여야 하되**(방문판매 등에 관한 법률 제18조 제2항 본문), **다단계판매업자가 다단계판매원에게 재화등의 대금을 환급할 때에는 대통령령으로 정하는 범위의 비용을 공제할 수 있다**(같은 항 단서 전단).

그런데, **다단계판매자가 상대방에게 재화등의 대금 환급을 지연하였을 때에는 그 지연기간에 대한 지연배상금을** (방문판매자등의 경우와 마찬가지로) **지급하여야 한다**(같은 항 단서 후단).

또한, **상대방이 신용카드등으로 대금을 지급한 계약에 대하여 청약철회등을 하였으나 다단계판매자가 결제업자로부터 해당 재화등의 대금을 이미 지급받은 경우에는 지체 없이 이를 결제업자에게 환급하고 그 사실을 상대방에게 알려야 하는바**(같은 조 제3항 단서 전단), **환급이 지연되어 상대방이 대금을 결제한 경우에는 결제한 날 이후의 지연기간에 대한 지연배상금을** (방문판매자등의 경우와 마찬가지로) **상대방에게 지급하여야 한다**(같은 항 단서).

③ 계속거래업자등에 대한 청약철회등의 경우

계속거래 또는 사업권유거래를 업으로 하는 자는 계속거래업자등은 자신의 책임이 없는

사유로 계약이 해지 또는 해제된 경우 소비자로부터 받은 재화등의 대금(재화등이 반환된 경우 환급하여야 할 금액을 포함한다)**이 이미 공급한 재화등의 대금에 위약금을 더한 금액보다 많으면 그 차액을 소비자에게 환급하여야 한다**(방문판매 등에 관한 법률 제32조 제3항 전문).

그런데, **이 경우 환급이 지연되는 경우에는 총리령으로 정하는 지연기간에 대한 지연배상금을** (방문판매자등의 경우와 마찬가지로) **함께 환급하여야 한다**(같은 항 후문).

여기서 "총리령으로 정하는 지연기간"이란 3영업일 이상 지연된 경우의 그 지연일수를 말한다(같은 법 시행규칙 제22조).

④ 할부거래업자에 대한 청약철회등의 경우

소비자가－철회기간 내에－청약을 철회한 경우 할부거래업자(소비자로부터 재화등의 계약금 또는 할부금을 지급받은 자 또는 소비자와 할부계약을 체결한 자를 포함한다)**는 다음 각 호의 어느 하나에 해당하는 영업일 이내에 이미 지급받은 계약금 및 할부금을 환급하여야 한다**(할부거래에 관한 법률 제10조 제2항 전문).

① 재화를 공급한 경우에는 재화를 반환받은 날부터 3영업일

② 용역을 제공한 경우에는 청약을 철회하는 서면을 수령한 날부터 3영업일

그런데, **이 경우 할부거래업자가 소비자에게 재화등의 계약금 및 할부금의 환급을 지연한 때에는 그 지연기간에 따라 「이자제한법」에서 정한 이자의 최고한도의 범위에서 대통령령으로 정하는 이율을 곱하여 산정한 지연이자**(이하 "지연배상금"이라 한다)**를 함께 환급하여야 한다**(같은 항 후문).

그리고, 여기서 "대통령령으로 정하는 이율"이란 연 15%를 말한다(같은 법 시행령 제7조).[434]

또한, **할부거래업자는 간접할부계약의 경우 청약을 철회하는 서면을 수령한 때에는 지체 없이 해당 신용제공자에게 재화등에 대한 할부금의 청구를 중지 또는 취소하도록 요청하여야 하는바**(같은 조 제4항 전문), **할부거래업자가 이 요청을 지연하여 소비자로 하여금 신용제공자에게 할부금을 지불하게 한 경우 소비자가 지불한 금액에 대하여 소비자가 환급받는 날까지의 기간에 대한 지연배상금을 소비자에게 지급하여야 한다**(같은 조 제6항).

또한, **신용제공자는 간접할부계약의 할부거래업자로부터 할부금의 청구의 중지 또는 취소하도록 요청받은 경우 소비자가 이미 지불한 할부금이 있는 때에는 지체 없이 이를 환급하여**

---

434) 2016. 1. 24. 이전에는 연 100분의 20이었는바(구 할부거래에 관한 법률 시행령(2016. 1. 22. 대통령령 제26932호로 개정되기 전의 것) 제7조), 현행법의 이율은 현행법 시행(즉, 2016. 1. 25.) 이후 할부거래업자가 소비자에게 재화등의 계약금 및 할부금의 환급을 지연하는 분에 대하여 지연배상금을 산정하는 경우부터 적용한다(할부거래에 관한 법률 시행령 부칙(제26932호) 제2조).

야 하는바(같은 조 제5항 후문), **신용제공자가 이 환급을 지연한 경우 그 지연기간에 따른 지연배상금을 소비자에게 지급하여야 하나**(같은 조 제7항 본문), **할부거래업자가 위 요청을 지연하여 신용제공자로 하여금 소비자에 대한 할부금의 환급을 지연하게 한 경우에는 그 할부거래업자가 지연배상금을 지급하여야 한다**(같은 조 단서).

⑤ 선불식 할부거래업자에 대한 청약철회등의 경우

소비자가 – 철회기간 내에 – 청약을 철회한 경우 선불식 할부거래업자는 청약철회의 서면을 접수한 날부터 3영업일 이내에 이미 지급받은 계약금 및 할부금을 환급하여야 한다(할부거래에 관한 법률 제24조 제5항 전문).

그런데, **이 경우 선불식 할부거래업자가 환급을 지연한 때에는 그 지연기간에 따라 지연배상금을**(할부거래업자의 경우와 마찬가지로) **함께 환급하여야 한다**(같은 항 후문).

2) 금전지급청구의 소의 소가

금전지급청구의 소의 소가는 청구금액이다(민사소송 등 인지규칙 제12조 제3호).

그러나, '기간이 확정되지 아니한' 정기금청구의 소의 소가는 기발생분 및 1년분의 정기금 합산액이다(민사소송 등 인지규칙 제12조 제4호).

이에 반하여, '기간이 확정된' 정기금청구의 소는 기발생분 및 해당 기간 전체의 정기금 합산액을 기준으로 소가를 산정할 것이나, 이때 그 정기금 합산액은 연금현가로서 산정하여야 할 것이다.[435]

다. 등기·등록 등[436] 절차의 이행청구

1) 등기·등록 등 절차의 이행청구 일반

가) 등기절차 이행판결 일반

등기절차의 이행 또는 인수를 명하는 판결에 관하여서는 다음과 같은 사항에 주의하여야 한다.[437]

---

435) 반대 : 인지실무, 135면은, 단순합산할 것이라는 취지이다.
참고로, 저자는 실제로 연금현가로 기간이 확정된 정기금 청구의 소가를 산정하여 소를 제기하여 본 적이 몇 번 있었는데, 법원에서 그 적부를 문제 삼지 아니하였다.

436) 이하에서는 "등기"라고만 표현하겠으며(민사소송 등 인지규칙 제13조 제1항 참조), 서술의 편의상 부동산등기 위주로 논하겠다.
다만, 지식재산권의 등록절차에 관한 소는, 지식재산권에 관한 소에 해당하므로, 민사소소 등 인지규칙 제13조가 아니라 제18조가 적용된다. 위의 책, 175면.

437) 「판결 등 집행권원에 의한 등기의 신청에 관한 업무처리지침」.

첫째, 부동산등기법 제23조 제4항 전단의 판결은, 등기신청 의사의 진술을 명하는 이행판결이어야 한다.[438] 다만, 그 주문의 형태는 "○○○등기절차를 이행하라"로 함이 실무이다.

다만, 공유물분할판결의 경우는 예외로 한다. 즉, 이는 형성판결("… 분할한다")임에도 불구하고 등기신청의 근거가 된다.

둘째, 등기절차의 이행을 명하는 판결에는 등기권리자와 등기의무자가 나타나야 하며(예: "피고는 원고에게 …"), 신청의 대상인 등기의 내용, 즉 등기의 종류, 등기원인과 그 연월일 등 신청서에 기재하여야 할 사항이 명시되어 있어야 한다.

셋째, 등기신청은 확정판결에 의하여서만 할 수 있다. 환언하면, 등기절차의 이행을 명하는 판결에는 가집행선고를 붙일 수 없고,[439] 설령 (잘못) 붙였다 하더라도 그 판결에 의하여서는 등기신청을 할 수 없다.

넷째, 확정판결과 같은 효력을 갖는 집행권원(화해조서, 인낙조서, 화해권고결정, 조정조서, 조정을 갈음하는 결정 등)에 의하여서도 단독으로 등기신청을 할 수 있음은 물론이다.

그러나, 공정증서에 의하여서는 단독으로 등기신청을 할 수 없다.

다섯째, 등기절차의 이행을 명하는 확정판결을 받았다면, 확정 후 10년이 경과하였다 하더라도 그 판결에 의한 등기신청을 할 수 있는 것으로 풀이된다.

나) 판결에 의한 등기의 신청인[440]

등기는 법률에 다른 규정이 없는 경우에는 등기권리자(登記權利者)와 등기의무자(登記義務者)가 공동으로 신청하나(부동산등기법 제23조 제1항), 등기절차의 이행 또는 인수를 명하는 판결에 의한 등기는 승소한 등기권리자 또는 등기의무자가 단독으로 신청하되(같은 조 제4항 전단), 공유물을 분할하는 판결에 의한 등기는 등기권리자 또는 등기의무자가 단독으로 신청한다(같은 항 후단).

판결에 의한 등기신청인에 관하여서는 주의할 점이 있다.

원칙적으로, 판결에 의하여 단독으로 등기신청을 할 수 있는 사람은 '승소한' 등기권리자(일반적인 등기청구의 경우) 또는 등기의무자(등기인수청구의 경우)에 한한다.

---

438) 의사표시에 갈음하는 판결(민법 제389조 제2항 전단, 민사집행법 제263조 제1항 후단)이기 때문이다. 의사표시에 갈음하는 판결 일반에 관하여서는 별항으로 후술한다.

439) 가집행선고에 관하여서는 '판결의 선고' 부분에서 본다.

440) 「판결 등 집행권원에 의한 등기의 신청에 관한 업무처리지침」.
이에 관한 상세한 내용은 등기법의 문제로서 이 책이 다룰 범위를 벗어나므로, 여기에서는 민사소송과 직접 관련된 문제만 보기로 한다.

따라서, 채권자대위소송의 경우에는, 채권자가 채무자를 대위하여 단독으로 등기를 신청할 수 있다.

다만, 채무자가 채권자대위소송이 제기된 사실을 알았을 경우에는 채무자 또는 제3채권자도 채권자가 얻은 승소판결에 의하여 단독으로 등기를 신청할 수 있다. 사해행위취소 및 원상회복의 판결의 경우에도, 사해행위취소판결을 받은 채권자가 채무자를 대위하여 단독으로 등기를 신청할 수 있다.

그러나, 환언하면, 패소한 등기의무자는 그 판결에 기하여 직접 등기권리자 명의의 등기신청을 하거나 승소한 등기권리자를 대위하여 등기신청을 할 수 없다.

다만, 공유물분할판결에 의한 경우에는, 그 소송당사자는 원·피고인지 여부에 관계없이 그 확정판결을 첨부하여 등기권리자 또는 등기의무자 단독으로 공유물분할을 원인으로 한 지분이전등기를 신청할 수 있다.

2) 이전등기 청구

가) 피고적격

진정한 등기명의의 회복을 위한 소유권이전등기청구는, 현재의 등기명의인을 상대로 하여야 하고, 현재의 등기명의인이 아닌 자는 피고적격이 없다.[441]

나) 소 송 물

(1) 개 관

이전등기 청구의 소송물은, 해당 등기의 이전등기청구권이지만,[442] 이는 등기원인별로 별개이다.[443]

예컨대, 매매를 원인으로 한 소유권이전등기 청구소송과 취득시효완성을 원인으로 한 소유권이전등기 청구소송은 별개의 소송물이며,[444] 약정을 원인으로 한 소유권이전등기청구권과 매매를 원인으로 하는 소유권이전등기청구권은 별개의 소송물이며,[445] 명의신탁자는 명의수탁자에 대하여 신탁해지를 하고 신탁관계의 종료 그것만을 이유로 하여 소유 명의의 이

441) 대법원 2017. 12. 5. 선고 2015다240645 판결(사안은, 명의수탁자로부터 소유권이전등기를 받은 사람이 근저당권의 실행으로 이미 더 이상 등기명의인이 아닌 경우).

442) 대법원 2009. 9. 10. 선고 2006다73102 판결. 동지 : 대법원 1969. 6. 24. 선고 69다558 판결.

443) 대법원 2010. 4. 29. 선고 2009다16896 판결 참조. 동지 : 대법원 1996. 8. 23. 선고 94다49922 판결 ; 대법원 1997. 4. 25. 선고 96다32133 판결.

444) 대법원 1968. 3. 19. 선고 68다123 판결. 동지 : 대법원 1981. 1. 13. 선고 80다204,205 판결.

445) 대법원 1996. 8. 23. 선고 94다49922 판결.

전등기절차의 이행을 청구할 수 있음은 물론, 신탁해지를 원인으로 하고 소유권에 기해서도 그와 같은 청구를 할 수 있고, 이 경우 양 청구는 청구원인을 달리하는 별개의 소송이라 할 것이다.[446)]

다만, 말소등기에 갈음하여 허용되는 진정명의회복을 원인으로 한 소유권이전등기청구권과 무효등기의 말소청구권은, 어느 것이나 진정한 소유자의 등기명의를 회복하기 위한 것으로서 실질적으로 그 목적이 동일하고, 두 청구권 모두 소유권에 기한 방해배제청구권으로서 그 법적 근거와 성질이 동일하므로, 비록 전자는 이전등기, 후자는 말소등기의 형식을 취하고 있다고 하더라도 그 소송물은 실질상 동일한 것으로 보아야 한다.[447)]

(2) 1필의 토지의 일부에 대한 이전등기 청구의 소송물과 1필 전체 토지 중 일정 지분에 대한 이전등기 청구의 소송물

A가 B로부터 '1필의 토지의 일부'를 특정하여 매수하였다고 주장하면서 B를 상대로 그 부분에 대한 소유권이전등기청구소송을 제기하였으나 청구기각판결이 확정되자, A가 다시 B를 상대로 '그 전체 토지 중 일정 지분'을 매수하였다고 주장하면서 그 지분에 대한 소유권이전등기를 구하는 소를 제기한 경우, 전소와 후소는 그 각 청구취지를 달리하여 소송물이 동일하다고 볼 수 없다.[448)]

다) 소 가

(1) 소유권의 경우

소유권이전등기절차의 이행을 구하는 소의 소가는, 목적물건의 가액에 의한다(민사소송등 인지규칙 제13조 제1항 제1호).

다만, 진정명의회복을 원인으로 한 경우, 위 규정에 따라 목적물건의 가액이 소가가 되는지, 아니면 소유권말소등기절차의 이행청구와 마찬가지로(같은 항 제4호 나목) 목적물건의 가액의 1/2이 소가가 되는지에 관하여서는, 논란이 있다.[449)]

---

446) 대법원 2002. 5. 10. 선고 2000다55171 판결.

447) 대법원 2001. 9. 20. 선고 99다37894 전원합의체 판결. 동지: 대법원 2003. 3. 28. 선고 2000다24856 판결; 대법원 2009. 1. 15. 선고 2007다51703 판결.

448) 대법원 1995. 4. 25. 선고 94다17956 전원합의체 판결.
한편 위 판결 반대의견은, 전소에서 청구기각된 특정부분에 관하여서는 후소에도 기판력이 미친다고 보았다.

449) 제요[민소Ⅰ], 115면, 인지실무, 168면은, 후설이다.

(2) 제한물권의 경우

제한물권의 이전등기절차의 이행을 구하는 소의 소가는 다음의 구별에 의한다(민사소송등 인지규칙 제13조 제1항 제2호).

(가) 지상권 또는 임차권인 경우에는, 목적물건가액의 1/2

(나) 담보물권 또는 전세권인 경우에는, 목적물건가액을 한도로 한 피담보채권액(근저당권의 경우에는 채권최고액)

(다) 지역권인 경우에는, 승역지 가액의 1/3

3) 제한물권의 설정등기의 청구

가) 판결의 주문

예컨대, 근저당권설정등기를 명하는 판결주문에는 채권최고액 및 채무자가 명시되어야 하고(부동산등기법 제75조 제2항 제1호, 제2호 참조), 전세권설정등기를 명하는 판결주문에는 전세금 및 전세권의 목적인 범위가 명시되어야 한다(같은 법 제72조 제1항 제1호, 제2호). 이들은 해당 등기신청서의 필수적 기재사항이기 때문이다.[450]

나) 소 가

제한물권의 설정등기절차의 이행을 구하는 소의 소가는, 상술한 제한물권의 이전등기의 경우와 같다(민사소송 등 인지규칙 제13조 제1항 제2호).

4) 가등기 또는 본등기의 청구

가등기 또는 그에 기한 본등기의 절차이행을 구하는 소의 소가는, 권리의 종류에 따라 다음의 구별에 의한다(민사소송 등 인지규칙 제13조 제1항 제3호).

○ 소유권인 경우에는, 목적물건가액의 1/2

○ 지상권 또는 임차권인 경우에는, 목적물건가액의 1/4

○ 담보물권 또는 전세권인 경우에는, 목적물건가액의 1/2을 한도로 한 피담보채권액(근저당권의 경우에는 채권최고액)의 1/2

○ 지역권인 경우에는, 승역지 가액의 1/6

---

450) 「판결 등 집행권원에 의한 등기의 신청에 관한 업무처리지침」.

5) 말소등기 청구

가) 소송물 등

(1) 소 송 물

말소등기청구사건의 소송물은, 해당 등기의 말소등기청구권인바,[451] 이와 관련하여서는 몇 가지 주의할 점들이 있다.

첫째, 원고가 피고에 대하여 피고 명의로 마쳐진 소유권이전등기나 소유권보존등기의 말소를 구하려면 먼저 원고에게 그 말소를 청구할 수 있는 권원이 있음을 적극적으로 주장·입증하여야 하고, 만일 원고에게 그러한 권원이 있음이 인정되지 않는다면 설사 피고 명의의 소유권이전등기나 소유권보존등기가 말소되어야 할 무효의 등기라고 하더라도 원고의 청구를 인용할 수 없다.[452]

따라서, 예컨대, 다음과 같은 결과가 된다.

이러한 법리는 피고들 명의의 소유권이전등기가 원고 명의의 소유권이전등기로부터 전전하여 경료된 것으로서 선행하는 원고 명의의 소유권이전등기의 유효함을 전제로 하여야만 그 효력을 주장할 수 있는 경우라 하여 달리 볼 것은 아니다.[453]

동일인 명의로 중복하여 소유권보존등기가 된 경우에, 전등기로부터 경료된 원고명의의 소유권이전등기가 원인무효의 등기라면 특단의 사정이 없는 한 원고로서는 후등기 및 이에 터 잡아 경료된 피고들 명의의 소유권이전등기에 대하여 그 말소를 청구할 권원이 없다고 할 것이므로 아무리 후등기가 무효라고 하여도 아무런 권원이 없는 원고의 말소등기청구를 받아들여 그 말소를 명할 수는 없는 것이다.[454]

피고로부터 매매 등의 방법으로 부동산에 대한 권리가 순차적으로 이전되어 최종적으로 소유권이전등기를 마친 제3자가 시효취득을 원인으로 부동산에 대한 소유권을 취득함에 따라 당초 부동산의 소유자인 원고가 소유권을 상실하게 되면, 비록 피고 명의의 소유권이전등

---

451) 대법원 1981. 12. 22. 선고 80다1548 판결. 동지 : 대법원 1993. 3. 26. 선고 92다32876 판결 ; 대법원 1993. 6. 29. 선고 93다11050 판결 ; 대법원 1998. 11. 27. 선고 97다22904 판결 ; 대법원 1999. 9. 17. 선고 97다54024 판결 ; 대법원 2009. 1. 15. 선고 2007다51703 판결 ; 대법원 2011. 6. 30. 선고 2011다24340 판결.

452) 대법원 2008. 10. 9. 선고 2008다35128 판결(소유권보존등기) ; 대법원 2019. 7. 10. 선고 2015다249352 판결(소유권이전등기). 동지 : 대법원 1990. 5. 8. 선고 90다카1097 판결(소유권보존등기 및 이전등기) ; 대법원 1992. 10. 27. 선고 92다16522 판결(소유권보존등기 및 이전등기) ; 대법원 1999. 2. 26. 선고 98다17831 판결(소유권보존등기) ; 대법원 2005. 9. 28. 선고 2004다50044 판결(소유권이전등기) ; 대법원 2020. 5. 14. 선고 2019다261381 판결(가등기).

453) 대법원 2005. 9. 28. 선고 2004다50044 판결.

454) 대법원 1990. 5. 22. 선고 89다카19900,19917(반소) 판결.

기가 원인무효라고 하더라도 원고에게 피고 명의의 소유권이전등기의 말소를 청구할 수 있는 권원이 없으므로, 원고는 피고에 대하여 소유권에 기한 등기말소청구를 할 수 없다.[455)]

둘째, 원칙적으로, 동일성 식별의 표준이 되는 청구원인, 즉 말소등기청구권의 발생원인은 해당 '등기원인의 무효'에 국한되는 것이며,[456)] 등기원인의 무효를 뒷받침하는 개개의 사유는 독립된 공격방어방법에 불과하여 별개의 청구원인을 구성하는 것이 아니라 할 것이다.[457)]

셋째, 소유권에 기한 방해배제청구권의 행사의 말소등기청구와, 계약해제에 따른 원상회복으로서의 말소등기청구는, 소송물이 별개라고 할 것이다.[458)]

넷째, '채권, 채무의 존부'와 '그 채권, 채무 관계를 원인으로 한 등기의 말소청구권의 존부'는 별개의 소송물이다.[459)]

(2) 소의 이익

(가) 폐쇄등기의 말소

① 원 칙

폐쇄등기는 현재의 등기로서의 효력이 없고, 폐쇄된 등기기록에는 새로운 등기사항을 기록할 수도 없다. 따라서 폐쇄등기 자체를 대상으로 하여 말소등기절차의 이행을 구할 소의 이익은 없다.[460)]

---

455) 대법원 2019. 7. 10. 선고 2015다249352 판결(A 등이 사정받은 토지의 등기제증 사본에 A가 위 토지에 관하여 상속을 원인으로 하는 소유권이전등기를 마친 후, B 합명회사가 매매를 원인으로 하는 소유권이전등기를 마친 것으로 기재되어 있는데, 위 토지가 분할되고 분할된 토지에 관하여 C 지방자치단체 명의의 멸실회복 소유권이전등기가 마쳐진 후, 매매 등의 방법으로 순차로 권리가 이전되어 최종적으로 소유권이전등기를 마친 D 등이 점유취득시효 또는 등기부취득시효의 요건을 모두 갖추어 소유권을 각각 취득하였는데, B 회사가 C 지방자치단체를 상대로 멸실회복등기의 말소를 구한 사안에서, D 등이 위 토지에 관하여 시효취득을 이유로 소유권을 취득함에 따라 B 회사가 소유권을 상실한 이상 비록 C 지방자치단체 명의의 멸실회복등기가 원인무효의 등기라 하더라도 B 회사는 병 지방자치단체에 멸실회복등기의 말소를 청구할 수 있는 정당한 권원이 없는데도 이와 달리 본 원심판단에 법리오해의 잘못이 있다고 한 사례).

456) 대법원 1981. 12. 22. 선고 80다1548 판결. 동지 : 대법원 1982. 12. 14. 선고 82다카148,149 판결 ; 대법원 1993. 3. 26. 선고 92다32876 판결 ; 대법원 1993. 6. 29. 선고 93다11050 판결 ; 대법원 1999. 9. 17. 선고 97다54024 판결 ; 대법원 2009. 1. 15. 선고 2007다51703 판결 ; 대법원 2011. 6. 30. 선고 2011다24340 판결.

457) 대법원 1993. 3. 26. 선고 92다32876 판결. 동지 : 대법원 1981. 12. 22. 선고 80다1548 판결 ; 대법원 1982. 12. 14. 선고 82다카148,149 판결 ; 대법원 1993. 6. 29. 선고 93다11050 판결 ; 대법원 1999. 9. 17. 선고 97다54024 판결 ; 대법원 2009. 1. 15. 선고 2007다51703 판결.

458) 대법원 1993. 9. 14. 선고 92다1353 판결.

459) 대법원 1980. 9. 9. 선고 80다1020 판결.

460) 대법원 2017. 9. 12. 선고 2015다242849 판결. 동지 : 대법원 1980. 10. 27. 선고 80다223 판결.

② 예 외

그러나, 등기가 원인 없이 순차 이전된 상태에서 현재 효력이 있다고 보이는 등기만을 새로운 등기기록에 옮겨 기록한 후 종전 등기기록을 폐쇄함으로써 진정한 권리자의 등기와 그로부터 원인 없이 이전된 등기가 폐쇄등기로 남게 되는 경우와 같이, 새로운 등기기록에 옮겨 기록되지는 못하였지만 진정한 권리자의 권리실현을 위해서 말소등기를 마쳐야 할 필요가 있는 때에는 등기가 폐쇄등기로 남아 있다는 이유로 말소등기절차의 이행을 구하는 소의 이익을 일률적으로 부정할 수 없다.[461]

따라서, 폐쇄등기 자체를 대상으로 하는 것이 아니라, 원인 없이 이전된 진정한 권리자의 등기를 회복하는 데에 필요하여 '현재의 등기기록에 옮겨 기록되었을 위와 같은 이전 등기'를 대상으로 말소등기절차의 이행을 구하는 소는 특별한 사정이 없는 한 허용되어야 한다.[462]

이러한 법리는 토지분할 과정에서 분할 전 토지의 등기기록에는 남아 있으나 분할 후 새로운 등기기록을 사용하는 토지의 등기기록에는 옮겨 기록되지 못한 등기에도 마찬가지로 적용된다.[463]

(나) 순차로 마쳐진 소유권이전등기의 말소

순차로 마쳐진 소유권이전등기에 관하여 (각 등기명의자에 대하여) 각 말소등기절차의 이행을 청구하는 소송은 통상공동소송이므로 그중 어느 한 등기명의자만을 상대로 말소를 구할 수 있고, 최종 등기명의자에게 등기말소를 구할 수 있는지와 관계없이 중간의 등기명의자에게 등기말소를 구할 소의 이익이 있다.[464]

(다) 가처분에 저촉되는 소유권이전등기를 말소할 소의 이익

취득시효 완성을 원인으로 하는 소유권이전등기청구권을 피보전권리로 하는 부동산처분금지가처분 등기가 마쳐진 후에 가처분채권자가 가처분채무자를 상대로 가처분의 피보전권리에 기한 소유권이전등기를 청구함과 아울러 가처분 등기 후 가처분채무자로부터 소유권이전등기를 넘겨받은 제3자를 상대로 가처분채무자와 그 제3자 사이의 법률행위가 원인무효라는 사유를 들어 가처분채무자를 대위하여 제3자 명의 소유권이전등기의 말소를 청구하는 경우, 가처분채권자가 채무자를 상대로 본안의 승소판결을 받아 확정되면 가처분에 저촉되는

461) 대법원 2017. 9. 12. 선고 2015다242849 판결.
462) 대법원 2017. 9. 12. 선고 2015다242849 판결.
463) 대법원 2017. 9. 12. 선고 2015다242849 판결.
464) 대법원 2017. 9. 12. 선고 2015다242849 판결. 동지 : 대법원 1998. 9. 22. 선고 98다23393 판결.

처분행위의 효력을 부정할 수 있다고 하여, 그러한 사정만으로 위와 같은 제3자에 대한 청구가 소의 이익이 없어 부적법하다고 볼 수는 없다.[465)]

가처분채권자가 대위 행사하는 가처분채무자의 위 제3자에 대한 말소청구권은 가처분 자체의 효력과는 관련이 없을 뿐만 아니라, 가처분은 실체법상의 권리관계와 무관하게 그 효력이 상실될 수도 있어, 가처분채권자의 입장에서는 가처분의 효력을 원용하는 외에 별도로 가처분채무자를 대위하여 제3자 명의 등기의 말소를 구할 실익도 있기 때문이다.[466)]

(라) 소송계속 중에 등기가 말소된 경우

소유권이전등기의 말소등기절차의 이행을 구하는 소송 도중에 그 소유권이전등기가 다른 사유에 기하여 이미 말소된 경우에는 더 이상 말소를 구할 법률상 이익이 없음은 물론이다.[467)]

(3) 말소등기 판결의 주문

설정계약 또는 양도계약의 해지 등 당초의 등기원인이 후발적으로 실효된 경우에는, 그 일자 및 사유가 등기원인과 그 연월일로서 판결주문에 명시되어야 한다.

이에 반하여, 등기원인이 무효인 경우 또는, 설정계약 또는 양도계약의 해제, 등기원인의 취소 등 등기원인이 소급적으로 실효된 경우에는, 말소등기의 등기원인이나 그 연월일이 판결주문에 명시되지 아니한다.[468)]

나) 소 가

말소등기절차의 이행을 구하는 소의 소가는 다음의 구별에 의한다(민사소송등 인지규칙 제13조 제1항 제4호).

(가) 설정계약 또는 양도계약의 해지나 해제에 기한 경우에는, 해당 등기의 소가(민사소송 등 인지규칙 제13조 제1항 제1호 내지 제3호)

(나) 등기원인의 무효 또는 취소에 기한 경우에는, 해당 등기의 소가(민사소송 등 인지규칙 제13조 제1항 제1호 내지 제3호)의 1/2

따라서, 예컨대, 다음과 같이 된다.

---

465) 대법원 2017. 12. 5. 선고 2017다237339 판결.

466) 대법원 2017. 12. 5. 선고 2017다237339 판결.

467) 대법원 2005. 9. 28. 선고 2004다50044 판결.

468) 그 경우에는, 이를테면 “확정판결” 및 그 선고일이 등기원인과 그 연월일이 되는 것이다. 「판결 등 집행권원에 의한 등기의 신청에 관한 업무처리지침」 참조.

첫째, 매매계약의 해지에 따른 소유권이전등기말소 청구의 소가는, 소유권이전등기의 경우(민사소송 등 인지규칙 제13조 제1항 제1호)와 마찬가지로, 목적물건의 가액이다(같은 조 제1항 제4호 가목).

들째, 등기원인의 무효를 원인으로 하는 지상권설정등기말소 청구의 소가는, 지상권의 설정등기 또는 이전등기의 경우(같은 조 제1항 제2호 가목)의 1/2이므로, 목적물건가액의 1/4이다(같은 조 제1항 제4호 나목).

그런데, 같은 규칙 제13조 제1항 제4호의 각 목의 구분기준은, 판결 주문에서 말소등기의 원인이 특정이 문제되는지 여부에 있는 것으로 풀이되므로,[469][470] 말소등기절차의 이행을 구하는 소가 존속기간 만료에 기한 경우에는 같은 호 가목을 준용할 것이다.[471]

6) 말소회복등기 청구

가) 소의 이익 : 폐쇄등기의 말소회복

(1) 원 칙

원칙적으로, 폐쇄등기는 현재의 등기로서의 효력이 없고, 폐쇄된 등기기록에는 새로운 등기사항을 기록할 수도 없으므로, 폐쇄등기 자체를 대상으로 하여 말소회복등기절차의 이행을 구할 소의 이익은 없다.[472]

(2) 예 외

그러나 폐쇄등기 자체를 대상으로 하는 것이 아니라, 부적법하게 말소되지 아니하였더라면 현재의 등기기록에 옮겨 기록되었을 말소된 권리자의 등기 및 그 등기를 회복하는 데에 필요하여 함께 옮겨 기록되어야 하는 등기를 대상으로 하여 말소회복등기절차 등의 이행을 구하는 소는 그 소의 이익을 인정할 수 있다.[473]

---

469) 즉, 판결 주문이, 같은 호 가목의 경우에는 "… 근저당권설정등기에 대하여 0000. 0. 0. 해지를 원인으로 한 말소등기절차를 …" 식이 되는 반면, 나목의 경우에는 단순히 "… 소유권이전등기의 말소등기절차를 …" 식이 된다.

470) 반대 : 인지실무, 172면은, 민사소송 등 인지규칙 제13조 제1항 제4호 각 목의 구분은, 말소등기의 원인이 제3자에게 대항할 수 있는 것인지 여부에 따른 구분이라고 한다.

471) 반대 : 위의 책의 논리에 의하면 오히려 같은 호 나목을 준용하여야 한다는 결론이 된다.

472) 대법원 2016. 1. 28. 선고 2011다41239 판결.

473) 대법원 2016. 1. 28. 선고 2011다41239 판결.
따라서 이러한 경우에는 등기가 부적법하게 말소되지 아니하였더라면 현재의 등기기록에 옮겨 기록되었을 말소된 권리자의 등기 및 그 등기를 회복하는 데에 필요하여 함께 옮겨 기록되어야 하는 등기에 관하여 말소회복등기절차 등의 이행을 구하는 소를 제기하고, 그 사건에서 말소회복등기절차 등의 이행을 명하는 판결이 확정되는 한편 현재의 등기기록에 이미 기록되어 있는 등기 중 말소회복등기와 양립

그리고 이러한 법리는 토지분할 과정에서 분할 전 토지의 등기기록에는 남아 있으나 분할 후 새로운 등기기록을 사용하는 토지의 등기기록에는 옮겨 기록되지 못한 등기에 대하여도 마찬가지로 적용할 수 있다.474)

나) 소 가

말소회복등기절차의 이행을 구하는 소의 소가는, 상술한 말소등기의 경우와 같다(민사소송 등 인지규칙 제13조 제1항 제4호).

7) 등기인수 청구

가) 개 관

부동산등기법 제23조 제4항 전단이 승소한 등기권리자 외에 등기의무자도 단독으로 등기를 신청할 수 있게 한 것은, 통상의 채권채무 관계에서는 채권자가 수령을 지체하는 경우 채무자는 공탁 등에 의한 방법으로 채무부담에서 벗어날 수 있으나 등기에 관한 채권채무 관계에서는 이러한 방법을 사용할 수 없으므로, 등기의무자가 자기 명의로 있어서는 안 될 등기가 자기 명의로 있음으로 인하여 사회생활상 또는 법상 불이익을 입을 우려가 있는 경우에는 소의 방법으로 등기권리자를 상대로 등기를 인수받아 갈 것을 구하고 그 판결을 받아 등기를 강제로 실현할 수 있도록 한 것이다.475)

나) 소 가

등기의 인수를 구하는 소의 소가는, 목적물건 가액의 1/10이다(민사소송 등 인지규칙 제13조 제2항).

라. 의사의 진술을 구하는 소

1) 의사표시에 갈음하는 판결 일반

채무자가 임의로 채무를 이행하지 아니한 때에, 해당 채무가 법률행위를 목적으로 한 때에

할 수 없는 등기가 모두 말소되면, 등기관은 새로운 등기기록에 등기사항을 처음 옮겨 기록할 당시 말소된 권리자의 등기 및 그 등기를 회복하는 데에 필요한 등기도 함께 옮겨 기록하였어야 함에도 이를 누락한 것으로 보아 직권으로 이들 등기를 현재의 등기기록에 옮겨 기록한 다음(부동산등기법 제32조) 그 등기에서 위 확정판결에 기한 말소회복등기 등을 실행할 수 있다고 봄이 타당하다. 같은 판결.

474) 대법원 2016. 1. 28. 선고 2011다41239 판결.

475) 대법원 2001. 2. 9. 선고 2000다60708 판결(사안은 구 「부동산등기법」(2020. 2. 4. 법률 제16912호로 개정되기 전의 것)).

는 채무자의 의사표시에 갈음할 재판을 청구할 수 있다(민법 제389조 제2항 전단).

채무자의 의사의 진술을 명한 판결이 확정된 때에는 그 판결로 의사를 진술한 것으로 본다(민사집행법 제263조 제1항 후단).

2) 소의 이익

가) 개 관

의사의 진술을 명하는 판결은, 의사의 진술이 간주됨으로써 어떤 법적 효과를 가지는 경우에는 소로써 구할 이익이 있지만, 그러한 의사의 진술이 있더라도 아무런 법적 효과가 발생하지 아니할 경우에는 소로써 청구할 법률상 이익이 있다고 할 수 없다.[476)]

의사의 진술을 명하는 소의 대표적인 예는 다음과 같다.

나) 각종의 명의변경절차 이행청구[477)]

(1) 골프장클럽 회원명부 명의개서

골프장클럽의 회원명부가 회원권에 관한 권리변동관계를 공시하는 문서는 아니라고 할지라도, 클럽의 회칙상 회사는 개인회원권을 양도받은 자에 대하여 특별한 제한이 없이 소정의 절차를 거쳐서 회원권의 명의변경을 하여 주도록 되어 있고, 또한 실지로 회원명부에 회원으로 등재됨으로써 회원은 골프장시설의 우선적 이용권등의 행사를 할 수 있을 뿐만 아니라 회원명부에의 등재는 회원임을 전제로 하기 때문에, 가령 원고의 명의개서신청일자와 가압류집행의 선후를 둘러싸고 생긴 회원인 여부의 분쟁에 대한 실효성있는 해결이 될 수 있으므로, 골프장클럽 회원명부의 명의개서 청구의 소는 소의 이익이 있다.[478)]

(2) 건축주명의변경

건축중인 건축물을 양수한 자가 건축주 명의변경에 동의하지 않는 양도인을 상대로 그 의사표시에 갈음하여 건축허가서의 건축주 명의변경절차 이행을 구하는 소는 소의 이익이

---

476) 대법원 2016. 9. 30. 선고 2016다200552 판결("피고공사를 대표하는 위원들에게 사내복지기금 추가 출연의안에 찬성하는 의사를 표시하게 하라"라는 청구를 기각한 원심판결을 파기하고 소를 각하한 사안).

477) 아래에서 예시한 것들 외에 소의 이익을 긍정한 사례로, 대법원 1990. 3. 13. 선고 88다카100 판결(농업진흥공사(cf. 현재는 한국농어촌공사)로부터 토지를 대금분할납부조건으로 매수한 자에게 위 공사에 대하여 매수인 명의를 전득자 앞으로 변경하는 절차의 이행을 구하는 소송); 대법원 1991. 9. 24. 선고 90다8879 판결(국민주택수분양자의 지위를 양도받은 양수인이 양도인에 대하여 그 명의변경절차이행을 구한 사안); 대법원 1991. 10. 8. 선고 91다20913 판결(한국토지개발공사(cf. 현재는 한국토지주택공사)에 비치된 토지 피공급자명부상의 수분양자명의 변경을 구하는 소송) 등이 있다.

478) 대법원 1986. 6. 24. 선고 85다카2469 판결.

있다.[479)]

그 까닭은 구체적으로 다음과 같다.[480)]

첫째, 건축중의 건축물을 양수한 자는 건축공사를 진행함에 장차 건축주 명의로 허가에 갈음하는 신고(건축법 제14조 제1항)를 할 필요가 있는 경우가 있고,[481)] 건축공사를 완료한 후 사용승인을 신청하여야 하고(건축법 제22조),[482)] 이에 위반한 때에는 처벌을 받게 되어 있으므로(같은 법 제111조 제1호), 건축공사를 계속하기 위하여는 건축주 명의를 변경할 필요성이 있고 이를 위하여 건축주 명의의 변경을 구하는 소 이외에 달리 그 목적을 달성할 수 있는 방법이 없다.

둘째, 건축물대장에 최초의 소유자로 등록되어 있는 자 또는 그 상속인, 그 밖의 포괄승계인이 미등기 건물에 관한 소유권보존등기를 신청할 수 있고(부동산등기법 제65조 제1호), 건축물대장은 사용승인된 내용에 따라 생성하므로(건축물대장의 기재 및 관리 등에 관한 규칙 제12조 제1항 제1호), 양수인이 그 명의로 소유권보존등기를 할 수 있기 위해서는 위 대장의 건축주 명의를 변경할 필요가 있다.

셋째, 건축허가를 받은 건축주가 허가 대상 건축물을 양도한 경우에는 그 양수인은 건축관계자변경신고서에 변경 전 건축주의 명의변경동의서 또는 권리관계의 변경사실을 증명할 수 있는 서류를 첨부하여 허가권자에게 제출하여야 하므로(건축법 시행규칙 제11조 제1항 제1호), 건축중인 건축물을 양도한 자가 건축주명의변경에 동의하지 아니한 경우 양수인은 그 의사표시에 갈음하는 판결을 받을 필요가 있다고 할 것이다.

따라서, 건축허가서의 건축주 명의를 타인에게 신탁한 자가 이를 해지하고 건축주 명의변경에 동의하지 않는 수탁자를 상대로 그 의사표시에 갈음하여 건축허가서의 건축주명의변경 절차이행을 구하는 소도 소의 이익이 있다.[483)]

---

479) 대법원 1989. 5. 9. 선고 88다카6754 판결. 동지 : 대법원 1992. 3. 31. 선고 91누4911 판결 ; 대법원 2006. 7. 6. 선고 2005다61010 판결 ; 대법원 2007. 12. 27. 선고 2006다60229 판결 ; 대법원 2009. 3. 12. 선고 2006다28454 판결 ; 대법원 2015. 9. 10. 선고 2012다23863 판결.

480) 대법원 1989. 5. 9. 선고 88다카6754 판결. 동지 : 대법원 1992. 3. 31. 선고 91누4911 판결 ; 대법원 2015. 9. 10. 선고 2012다23863 판결.

481) cf. 대법원 1989. 5. 9. 선고 88다카6754 판결 등은, 중간검사를 신청할 필요도 거론하고 있으나, 구 「건축법」(1995. 1. 5. 법률 제4919호로 폐지되기 전의 것)의 중간검사 제도는 현재는 폐지되었다(감리중간보고서 제도로 대체되어 있다).

482) cf. 대법원 1989. 5. 9. 선고 88다카6754 판결 ; 대법원 2015. 9. 10. 선고 2012다23863 판결 등은, 준공신고 내지 준공검사를 거론하고 있으나, 구 「건축법」(1991. 5. 31. 법률 제4381호로 전부개정되기 전의 것)의 준공검사 제도는 사용검사 제도로 바뀌었다가, 1995. 1. 5. 법률 제4919호로 「건축법」이 개정됨에 따라, 현행 사용승인 제도로 바뀌었다.

그리고 허가 등에 관한 건축주 명의가 수인으로 되어 있을 경우에, 그 허가 등은 해당 건축물의 건축이라는 단일한 목적을 달성하기 위하여 이루어지고 그 허가 등을 받은 지위의 분할청구는 불가능하다는 법률적 성격 등에 비추어 보면, 공동건축주 명의변경에 대하여는 변경 전 건축주 전원으로부터 동의를 얻어야 한다. 다만 그 명의변경에 관한 동의의 표시는 변경 전 건축주 전원이 참여한 단일한 절차나 서면에 의하여 표시될 필요는 없고 변경 전 건축주별로 동의의 의사를 표시하는 방식도 허용되므로, 동의의 의사표시에 갈음하는 판결도 반드시 변경 전 건축주 전원을 공동피고로 하여 받을 필요는 없으며 부동의하는 건축주별로 피고로 삼아 그 판결을 받을 수 있다고 봄이 타당하다.[484]

그러나 건축공사가 완료되고 소유권보존등기까지 마쳐진 건물의 경우에는 이미 허가된 내용에 따른 건축이 더 이상 있을 수 없어 건축주명의변경이 필요 없고, 또한 건축허가서는 허가된 건물에 관한 실체적 권리의 득실변경의 공시방법이 아니며 추정력도 없어 건축주명의를 변경한다고 하더라도 그 건물의 실체적 권리관계에 아무런 영향을 미치는 것이 아니므로, 위와 같은 건물에 관하여는 건축주명의의 변경을 청구할 소의 이익이 없다 할 것이다.[485]

(3) 허가신청

강학상의 허가의 대상자의 변경도 허가사항인 경우, 소위 허가권의 양도도 허용된다고 할 것인데, 근거법령상 그러한 변경허가에 양도인의 신청의 의사표시가 필요하다면, 양도인이 그러한 신청의 의사표시를 거부할 때에는 양수인은 그 의사표시에 갈음하는 판결을 청구할 권리보호의 이익이 있다고 할 것이다.[486]

특기할 것은, 행정청이 반드시 그러한 변경허가를 하여야 하는 것은 아니라거나 또는 행정청으로부터 그러한 변경허가신청이 거부될 가능성이 있다는 점만으로 권리보호의 이익이 부정될 수는 없다 할 것이다.[487]

예컨대, 「식품위생법」과 같은 법 시행규칙의 여러 관계 규정을 종합하여 고려하면, 임차인

483) 대법원 1996. 10. 11. 선고 95다29901 판결.

484) 대법원 2015. 9. 10. 선고 2012다23863 판결.

485) 대법원 2006. 7. 6. 선고 2005다61010 판결. 동지 : 대법원 2007. 12. 27. 선고 2006다60229 판결.

486) 대법원 1992. 4. 14. 선고 91다39986 판결.
위 판례는 구 사설강습소에 관한 법률에 따라 학원인가에 관한 설립자 명의변경절차이행을 구하는 소에 관한 것이지만, 여타 허가의 경우에도 이치는 같다고 하겠다.

487) 대법원 1992. 4. 14. 선고 91다39986 판결.
위 판례는 구 사설강습소에 관한 법률에 따라 학원인가에 관한 설립자 명의변경절차이행을 구하는 소에 관한 것이지만, 여타 허가의 경우에도 이치는 같다고 하겠다.

이 임대인으로부터 종래 다방 용도로 사용되어 왔던 임대인 소유인 건물의 지하 부분을 임차함에 있어 임대차기간 중에 임차인 명의로 다방영업허가를 받아 다방업을 경영하되 임대차기간 만료시에는 그 허가명의를 임대인 명의로 변경하여 주기로 약정하고 다방영업허가를 받아 다방업을 영위하다가 임대차기간이 만료되어 임대인에게 건물 부분을 명도한 경우, 이는 임차인이 그 영업을 양도한 때에 준한다고 봄이 상당하여 임대인이 다방의 영업자의 지위를 승계하는 경우라고 할 것이므로, 임차인은 임대인에게 다방영업허가명의의 변경절차를 이행할 의무가 있고, 임대인은 이를 소구할 수 있다.[488]

마찬가지 이치에서, 예컨대, 어떤 부동산이 학교법인에게 명의신탁되었으나 학교법인의 기본재판에 편입된 경우, 명의신탁자가 명의신탁을 해지한 경우에는 명의수탁자인 학교법인으로서는 관할청에 대하여 위와 같은 명의신탁 부동산 반환에 관하여 관할청의 허가를 신청할 의무를 부담하고, 명의수탁자가 이러한 의무를 이행하지 않는 경우에는 명의신탁자로서는 그러한 허가신청의 의사표시에 갈음하는 재판을 청구할 수 있으며, 관할청이 반드시 그와 같은 허가를 하여야 하는 것은 아니라는 이유만으로 위와 같은 재판의 청구가 권리보호의 이익이 없는 것이라고는 할 수 없다.[489][490]

위 경우와 유사하게도, 재단법인이 명의신탁을 받은 부동산이 주무관청의 허가를 얻어 재단법인의 정관에서 정한 기본재산에 편입되어 정관 기재사항의 일부가 된 경우라고 하더라도, 그 부동산을 기본재산에서 제외하는 정관변경에 관하여 주무관청의 허가를 받으면 명의신탁자는 그 부동산을 반환받을 수 있으므로, 명의신탁자가 명의신탁을 해지한 경우에 명의수탁자인 재단법인으로서는 명의신탁 부동산의 반환에 관하여 주무관청의 허가를 신청할 의무를 부담하고, 명의수탁자가 이러한 의무를 이행하지 않는 경우에는 명의신탁자로서는 명

488) 대법원 1997. 4. 25. 선고 95다19591 판결.

489) 대법원 1995. 5. 9. 선고 93다62478 판결. 동지 : 대법원 2002. 6. 14. 선고 99다61378 판결(유선방송사업허가가 명의신탁된 경우가 구 유선방송관리법(2000. 1. 12. 법률 제6139호 방송법 부칙 제2조로 폐지) 제27조 제1호 소정의 허위 기타 부정한 방법으로 허가받은 경우에 해당한다고 볼 수 없고, 그 명의신탁해지를 원인으로 한 유선방송사업허가 명의변경절차이행청구가 인용되어 명의신탁자의 명의로 변경되면 같은 법의 규정에 따라 그 허가가 취소될 가능성이 있다 하여도 그러한 사정은 명의신탁자로서의 권리행사에 아무런 영향을 주지 못한다는 이유로, 명의신탁해지를 원인으로 한 유선방송사업허가 명의변경절차이행청구를 인용한 사례).

490) 그리고, 이러한 경우에 설사 명의신탁자가 관할청의 처분허가를 조건으로 하는 소유권이전등기절차이행의 소를 위 허가신청절차이행의 소와 병합하여 제기하는 것이 가능하다고 하더라도, 이처럼 두개의 청구를 병합하여 제소할 것인가 아닌가는 명의신탁자가 임의로 선택할 수 있는 것이며, 명의신탁자가 먼저 위 소유권이전등기절차이행의 판결을 받은 다음이나 또는 위의 소와 병합하여서만 위 허가신청절차이행의 소를 제기할 수 있다고 보아야 할 아무런 근거가 없다. 대법원 1995. 5. 9. 선고 93다62478 판결.

의수탁자를 상대로 허가신청의 의사표시에 갈음하는 재판을 청구할 수 있다.[491]

그리고, 허가신청의 의사표시에 갈음하는 재판에 관한 확정판결을 받아 판결정본이나 등본을 주무관청에 제출한 경우에는 그 재단법인이 직접 처분허가신청을 한 것으로 의제되므로(민사집행법 제263조), 주무관청으로서는 재단법인 내부의 적법한 의사형성 여부를 심사하기 위한 자료인 이사회회의록 사본 등이 제출되지 아니하더라도 (그러한 서류가 없다는 이유로) 그 허가를 거부할 수 없다.[492]

다) 고용 의사표시의 청구

가령, 원칙적으로, 사용사업주가 2년을 초과하여 계속적으로 파견근로자를 사용하는 경우(파견근로자보호 등에 관한 법률 제6조 제2항의 위반)에는 해당 파견근로자를 직접 고용하여야 하는바(파견근로자보호 등에 관한 법률 제6조의2 제1항 제3호), 위와 같이 파견기간 제한을 위반한 사용사업주는 직접고용의무 규정에 의하여 파견근로자를 직접 고용할 의무가 있으므로, 파견근로자는 사용사업주가 직접고용의무를 이행하지 아니하는 경우 사용사업주를 상대로 고용 의사표시를 갈음하는 판결을 구할 사법상의 권리가 있고,[493] 판결이 확정되면 사용사업주와 파견근로자 사이에 직접고용관계가 성립한다.[494]

위와 관련하여 특기할 것은, 또한 파견근로자는 사용사업주의 직접고용의무 불이행에 대하여 직접고용관계가 성립할 때까지의 임금 상당 손해배상금을 청구할 수 있다.[495]

마. 물건의 인도·명도 또는 방해배제를 구하는 소

1) 소 송 물

물건의 방해배제를 구하는 소의 전형적인 예로는, 건물철거 청구, 분묘굴이 청구[496], 건물로부터의 퇴거 청구[497] 등을 들 수 있다.

물건의 인도·명도 또는 방해배제를 구하는 소의 소송물 역시 해당 물건의 인도청구권, 건

---

491) 대법원 2012. 8. 30. 선고 2010다52072 판결.
이때, 이와 병합하여 주무관청의 처분허가를 조건으로 하는 소유권이전등기절차 이행청구소송을 제기할 수 있다. 같은 판결.

492) 대법원 2012. 8. 30. 선고 2010다52072 판결.

493) 이 경우에 판결 주문은 "피고는 원고에게 고용의 의사표시를 하라." 식이 된다. 서울고법 2013. 1. 25. 선고 2012나10302 판결(대법원 2015. 11. 26. 선고 2013다14965 판결의 원심판결) 참조.

494) 대법원 2015. 11. 26. 선고 2013다14965 판결.

495) 대법원 2015. 11. 26. 선고 2013다14965 판결.

496) 대법원 2010. 12. 23. 선고 2010다58889 판결 참조.

497) 대법원 2010. 8. 19. 선고 2010다43801 판결 참조.

물철거 청구권 등이다.[498]

또한, 예컨대, 소유권에 기한 명도청구와, 약정에 의한 명도청구는, 소송물을 달리한다.[499]

토지소유권에 기한 지상건물철거소송의 소송물은 철거청구권 즉, 소유권에 기한 방해배제청구권이며, 상대방이 철거를 구하는 지상건물의 소유자라던가 점유자라는 주장은 소송물과 관계없이 철거청구권의 행사를 이유 있게 하기 위한 공격방어방법에 불과하다.[500]

현재 계속되고 있는 방해의 원인을 제거하는 (소유물)방해배제청구와 이미 발생한 방해결과의 제거 또는 청산을 내용으로 하는 부당이득 또는 손해배상 등의 금전청구는 그 요건을 달리하는 별개의 청구이다[501].

2) 소 가

가) 산정기준

(1) 원 칙

물건의 인도·명도 또는 방해배제를 구하는 소의 소가는 다음의 구별에 의한다(민사소송 등 인지규칙 제12조 제5호).

(가) 소유권에 기한 경우: 목적물건 가액의 1/2

주의할 것은, 여기서 "목적물건"이란 방해를 받는 물건을 말하므로, 가령, 자기의 토지 위에 불법건물을 축조한 사람을 상대로 건물철거를 구하는 경우에는 토지가 목적물건이지 건물이 목적물건이 아니다.[502]

(나) 지상권·전세권·임차권 또는 담보물권에 기한 경우 또는 그 계약의 해지·해제·계약기간의 만료를 원인으로 하는 경우: 목적물건 가액의 1/2

(다) 점유권에 기한 경우: 목적물건 가액의 1/3

(라) 소유권의 이전을 목적으로 하는 계약에 기한 동산인도청구: 목적물건의 가액

주의할 것은, 동산인도청구라 하더라도, 가령 소유권의 이전을 목적으로 하는 계약에 기한 것이 아니라 소유권에 기한 것이면, (라)가 아니라 (가)가 적용된다.[503]

---

498) 대법원 2010. 12. 23. 선고 2010다58889 판결 참조. 동지: 대법원 1989. 4. 25. 선고 88다카3618 판결; 대법원 1993. 7. 27. 선고 93다8986 판결(사안은 토지인도청구); 대법원 1999. 10. 22. 선고 98다6855 판결(사안은 건물명도청구).

499) 대법원 1991. 1. 15. 선고 90다카25970 판결.

500) 대법원 1985. 3. 26. 선고 84다카2001 판결.

501) 대법원 2014. 11. 13. 선고 2009다3494 판결.

502) 인지실무, 136면.

(2) 예 외

물건의 인도·명도 또는 방해배제를 구하는 소라 하더라도, 그 목적물건 가액이 특정되지 아니하는 경우에는, 재산권상의 소로서 그 소가를 산출할 수 없는 것에 해당하므로, 그 소가는 5,000만 원으로 한다(민사소송 등 인지규칙 제18조의2 본문).[504)]

나) 병합청구의 소가

주의할 것은, 1개의 소로써 부동산의 명도·인도와 그 부동산에 관한 임료 내지 임료 상당의 손해배상금 또는 부당이득금(이하 임료 등이라고 한다)을 병합하여 청구하는 경우, 그 임료 등 청구는 부동산의 명도·인도 소송의 부대목적이 된다 할 것이다. 따라서, 그 청구가 이미 발생한 임료 등인가, 장래 발생할 임료 등인가에 관계없이 그 임료 등의 값을 소가에 산입하지 아니한다.[505)]

3) 물건의 방해예방을 구하는 소의 소가

한편, 물건의 방해예방을 구하는 소의 소가 역시 전술한 민사소송 등 인지규칙 제12조 제5호를 유추적용할 것이다.[506)]

바. 명예회복을 위한 처분 청구

1) 소 송 물

타인의 명예를 훼손한 자에 대하여는 법원은 피해자의 청구에 의하여 손해배상에 갈음하거나 손해배상과 함께 명예회복에 적당한 처분을 명할 수 있다(민법 제764조).

민법 제764조에서 말하는 명예란, 사람의 품성, 덕행, 명예, 신용 등 세상으로부터 받는 객관적인 평가를 말하는 것이고, 특히 법인의 경우 그 사회적 명예, 신용을 가리키는 데 다름 없는 것으로, 명예를 훼손한다는 것은 그 사회적 평가를 침해하는 것을 말한다.[507)] 단순히 주관적으로 명예감정이 침해되었다고 주장하는 것만으로는 명예훼손이 되지 않는다.[508)]

---

503) 위의 책, 139면.

504) 인지실무연구회. **인지실무** (서울: 법원행정처, 2006), 111면.

505) 부동산의 명도·인도와 임료 등을 병합하여 청구하는 경우의 소가 산정에 관한 업무처리지침(재민 98-5). 다만, 임료 등의 청구만을 독립하여 청구하는 경우에는 민사소송 등 인지규칙 제12조 제4호를 준용하여 기발생분 및 1년분의 임료 등 합산액을 그 소가로 한다. 같은 예규.

506) 인지실무, 148면.

507) 대법원 1988. 6. 14. 선고 87다카1450 판결. 동지: 대법원 1997. 10. 24. 선고 96다17851 판결.

508) 대법원 1992. 10. 27. 선고 92다756 판결. 동지: 대법원 2010. 6. 10. 선고 2010다8341,8358 판결.

종중과 같이 소송상 당사자능력이 있는 비법인사단 역시 이 처분을 청구할 수 있다.509)

그러나, 헌법재판소는 "명예회복에 적당한 처분"에 사죄광고를 포함시키는 것은 헌법에 위반된다고 보았다.510)

한편, 헌법재판소에 의하면, 명예회복에 적당한 처분으로는, ① 가해자의 비용으로 그가 패소한 민사손해배상판결의 신문·잡지 등에 게재 ② 형사명예훼손죄의 유죄판결의 신문·잡지 등에 게재 ③ 명예훼손기사의 취소광고 등의 방법을 상정할 수 있다고 한다.511)

명예훼손으로 인한 피해자가 그로 인한 손해배상과 아울러 명예회복 처분을 함께 청구하고 있다면, 법원은 그 명예훼손이 있는 것으로 인정될 때 그 청구범위 내에서, 명예회복 처분을 금전배상과 함께 명하거나, 또는 전자만을 명하거나, 아니면 전자를 인정함이 없이 후자만을 명할 수 있다.512)

2) 소 가

명예회복을 위한 적당한 처분(민법 제764조)을 구하는 소는, 그 처분에 통상 소요되는 비용을 산출할 수 있는 경우에는 그 비용을 소가로 한다(민사소송 등 인지규칙 제14조 전단).

그러나, 그 비용을 산출하기 어려운 경우에는 비재산권상의 소로 본다(같은 조 후단).

사. 무체재산권에 관한 소(특허소송 제외)

1) 소 송 물

현행법은 아직 "무체재산권"이라는 용어와 "지식재산권"이라는 용어를 혼용하고 있고, 그 개념범위에 관한 규정 역시 일관되어 있지 아니하나,513) 지식재산권과 무체재산권은 동의어라고 새기더라도 대과가 없을 것이며(공직자윤리법 제4조 제2항 제3호, 구 공직자윤리법(2009. 2. 3. 법률 제9402호) 제4조 제2항 제3호 참조),514) 특히, 「저작권법」, 「특허법」, 「실용신안법」, 「디자인보호법」 또는 「상표법」에 의한 권리는 여기서 말하는 무체재산권의 대표적인 예라고 할 수

---

509) 대법원 1997. 10. 24. 선고 96다17851 판결.

510) 헌재 1991. 4. 1. 선고 89헌마160 결정.

511) 헌재 1991. 4. 1. 선고 89헌마160 결정.

512) 대법원 1988. 6. 14. 선고 87다카1450 판결.

513) 예컨대, 자본시장과 금융투자업에 관한 법률 제103조 제1항 제7호는 "무체재산권(지식재산권을 포함한다)"라고 규정하여, 무체재산권의 개념범위가 지식재산권보다 넓은 것처럼 규정하고 있다.

514) cf. 이러한 용어상의 혼란에 관한 상세한 논구로는, 박준석, "무체재산권·지적소유권·지적재산권·지식재산권:한국 지재법 총칭 변화의 연혁적·실증적 비판", **법학 (서울대학교)**, 제53권 제4호(2012. 12.), 109~160면.

있겠다(독점거래 및 공정거래에 관한 법률 제59조 참조)

저작인격권이나 저작재산권을 이루는 개별적인 권리들은 저작인격권이나 저작재산권이라는 동일한 권리의 한 내용에 불과한 것이 아니라 각 독립적인 권리로 파악하여야 하므로 위 각 권리에 기한 청구는 별개의 소송물이 된다.[515)]

2) 청구취지

가령, 특허권에 대한 침해의 금지를 청구하는 경우 청구의 대상이 되는 제품이나 방법은 사회통념상 침해의 금지를 구하는 대상으로서 다른 것과 구별될 수 있는 정도로 구체적으로 특정되면 족하다.[516)]

3) 소 가

무체재산권에 관한 소 중 '금전의 지급이나 물건의 인도를 목적으로 하지 아니하는' 소는 소가를 산출할 수 없는 소송으로 본다(민사소송 등 인지규칙 제18조).

그 예로는, 특허침해금지청구(특허법 제126조), 특허권자등의 신용회복 청구(특허법 제131조), 지적재산권의 등록절차에 관한 청구 등을 들 수 있다.[517)]

그런데 주의할 것은, 이 소의 소가는 - 일반원칙(민사소송 등 인지규칙 제18조의2 본문)대로 5,000만 원인 것이 아니라 - 1억 원으로 한다는 것이다(같은 규칙 제18조의2 단서).[518)]

수개의 지식재산권에 기초하여 청구하는 경우에는, 그 경제적 이익이 독립한 별개의 것인지 아니면 동일하거나 중복되는 것인지 여부에 따라 합산법칙(민사소송 등 인지규칙 제19조) 또는 흡수법칙(같은 조 제20조)이 적용된다.[519)]

아. 부대체적 작위채무

부대체적 작위채무의 이행청구의 소가는 그 이행의 대가인 것으로 풀이된다.[520)]

---

515) 대법원 2013. 7. 12. 선고 2013다22775 판결.
예컨대, 서적의 편집 저작물 저작권 침해를 원인으로 하는 손해배상청구와 해당 서적에 수록된 개별 이야기(2차적 저작물 또는 독창적 저작물)의 저작재산권 침해를 원인으로 하는 손해배상청구는 별개의 소송물이 된다. 같은 판결.

516) 대법원 2019. 1. 31.자 2016마5698 결정. 동지: 대법원 2011. 9. 8. 선고 2011다17090 판결.

517) 인지실무, 264, 271면

518) cf. 2001. 4. 30. 이전에는 1천만100원(구 민사소송등인지법(2002. 1. 26. 법률 제6628호로 개정되기 전의 것) 제2조 제4항, 제14조, 구 민사소송 등 인지규칙(2001. 4. 26. 대법원규칙 제1702호로 개정된 것) 제18조의2 참조), 2014. 9. 30. 이전에는 50,000,100원이었다(구 민사소송 등 인지규칙(2014. 7. 1. 대법원규칙 제2541호로 개정되기 전의 것) 제18조의2 단서).

519) 앞의 책, 266~7면.

2. 확인청구의 유의사항 및 소가산정

가. 확인청구 일반

1) 확인의 이익 일반

가) 개 관

확인의 소에서는 권리보호요건으로서 확인의 이익이 있어야 한다.[521]

즉, 확인의 소는, 원고의 권리 또는 법률상의 지위에 현존하는 불안, 위험이 있고 그 불안, 위험을 제거함에는 피고를 상대로 확인판결을 받는 것이 가장 유효적절한 수단일 때에만 인정된다.[522]

---

520) 위의 책, 146~7면.

521) 대법원 2014. 12. 11. 선고 2014다218511 판결. 동지 : 대법원 2017. 3. 15. 선고 2014다208255 판결 ; 대법원 2017. 10. 12. 선고 2017다17771 판결 ; 대법원 2017. 10. 31. 선고 2015다65042 판결 ; 대법원 2018. 3. 15. 선고 2016다275679 판결.

522) 대법원 1981. 7. 14. 선고 80다1720,1721 판결. 동지 : 대법원 1982. 6. 8. 선고 81다636 판결 ; 대법원 1991. 10. 11. 선고 91다1264 판결 ; 대법원 1991. 12. 10. 선고 91다14420 판결 ; 대법원 1995. 8. 11. 선고 94다21559 판결 ; 대법원 1997. 10. 16. 선고 96다11747 전원합의체 판결 ; 대법원 1999. 9. 17. 선고 97다54024 판결 ; 대법원 2001. 6. 26. 선고 2001다19776 판결 ; 대법원 2002. 6. 28. 선고 2001다25078 판결 ; 대법원 2004. 2. 13. 선고 2001다15828,15835,15842 판결 ; 대법원 2004. 3. 26. 선고 2001다82439 판결 ; 대법원 2005. 12. 22. 선고 2003다55059 판결 ; 대법원 2007. 2. 9. 선고 2006다68650,68667 판결 ; 대법원 2007. 12. 14. 선고 2007다69407 판결 ; 대법원 2010. 2. 25. 선고 2009다93299 판결 ; 대법원 2013. 2. 15. 선고 2012다67399 판결 ; 대법원 2014. 4. 10. 선고 2010다84932 판결(A 소유의 점포를 B 주식회사가 점유하고 있는 상황에서 A가 점포 인도를 구하는 것과 별도로 B 회사를 상대로 점포에 대한 유치권 부존재확인을 구하는 것은 확인의 이익이 없어 부적법하다고 한 사례) ; 대법원 2014. 12. 11. 선고 2014다218511 판결 ; 대법원 2017. 3. 15. 선고 2014다208255 판결 ; 대법원 2017. 3. 30. 선고 2016다21643 판결(A 유한회사의 사원이자 이사인 B 등이 A 회사가 사원총회를 열어 B 등의 보수를 감액하는 내용의 결의를 하자, A 회사를 상대로 보수감액 결의의 무효확인을 구한 사안에서, 제반 사정 등에 비추어, 보수감액 결의의 무효확인을 구하는 것이 B 등의 불안과 위험을 제거하는 가장 유효·적절한 수단이라고 볼 수 없다고 한 사례) ; 대법원 2017. 6. 29. 선고 2014다30803 판결(A 소유의 부동산에 관하여 B 명의의 소유권이전등기청구권가등기가 마쳐진 후 위 부동산에 관하여 가압류등기를 마친 C 주식회사가 위 가등기가 담보목적 가등기인지 확인을 구한 사안에서, 부동산등기법 제92조 제1항에 따라 C 회사의 위 가압류등기가 직권으로 말소되는지가 위 가등기가 순위보전을 위한 가등기인지 담보가등기인지에 따라 결정되는 것이 아니므로, C 회사의 법률상 지위에 현존하는 불안·위험이 존재한다고 볼 수 없고, 만약 위 가등기가 담보가등기인데도 B가 청산절차를 거치지 않은 채 본등기를 마친다면, C 회사로서는 A를 대위하여 본등기의 말소를 구할 수 있고 그에 따라 위 가압류등기도 회복시킬 수 있을 것이므로, 담보가등기라는 확인의 판결을 받는 것 외에 달리 구제수단이 없다고 보기 어려운데도, 병 회사의 청구가 확인의 이익이 있다고 본 원심판단에 법리오해의 잘못이 있다고 한 사례) ; 대법원 2017. 7. 11. 선고 2017다216271 판결(시장·군수·구청장 등으로부터 면허를 받아 어업권을 취득하기 전이거나 시장·군수·구청장 등이 다른 어촌계의 업무구역과 중복된다는 등의 이유로 어업면허를 거부하거나 취소하는 등의 처분을 하는 경우, 어촌계가 다른 어촌계를 상대로 업무구역의 확인을 구할 이익이 없다고 본 사례) ; 대법원 2017. 10. 12. 선고 2017다17771 판결 ; 대법원 2017. 10. 31. 선고 2015다65042 판결(이른바 담보지상권

즉, 권리 또는 법률상의 지위에 불안, 위험이 현존하지 아니하거나 다른 특별한 사정의 존재로 말미암아 그 불안, 위험의 제거가 무용, 무의미하여 확인판결을 받을 현실적 필요성이 없는 경우에는 확인의 이익이 있다고 할 수 없어 확인의 소는 허용되지 아니한다.[523]

이러한 확인의 이익 유무가 법원의 직권조사사항임은 물론이다.[524]

확인의 이익의 내용에 관하여 상설하면 아래와 같다.

나) 현존하는 불안, 위험

"현존하는 불안, 위험"의 대표적인 예로는, 자기의 권리 또는 법률상의 지위가 타인으로부터 부인당하거나 또는 그와 저촉되는 주장을 당함으로써 위협을 받거나 방해를 받는 경우를 들 수 있다.[525]

따라서, 확인의 대상 중 당사자간에 다툼이 없는 부분에 대하여는 확인의 이익이 없다.[526]

당사자가 주장하는 법률효과가 동일하다고 하더라도 그 주장하는 법률요건이 다를 때에는 당사자 사이에 법률관계에 관한 다툼이 없다고 볼 수 없다.[527]

그리고, 가령, 어느 부동산의 근저당권자가 그 권리 또는 법률상 지위에 불안·위험이 있다는 이유로 그 부동산의 임차인을 상대로 임차권부존재확인을 소구하였으나, 그 근저당권이 말소되어 버린 경우에는 그러한 불안·위험도 소멸되어 확인이 이익이 없다고 할 것이다.[528]

다) 확인의 소의 보충성[529]

이행의 소를 제기할 수 있는데도 그 이행청구권 자체의 존재확인청구를 허용하는 것은 불

의 지상권설정등기에 관한 피담보채무의 범위 확인은 확인의 이익이 없다고 본 사례) ; 대법원 2018. 3. 15. 선고 2016다275679 판결 ; 대법원 2020. 1. 16. 선고 2019다247385 판결.

523) 대법원 1995. 8. 11. 선고 94다21559 판결.

524) 대법원 1991. 7. 12. 선고 91다12905 판결. 동지 : 대법원 1991. 8. 13. 선고 91다5433 판결 ; 대법원 2006. 3. 9. 선고 2005다60239 판결 ; 대법원 2019. 5. 16. 선고 2016다240338 판결 ; 대법원 2020. 1. 16. 선고 2019다247385 판결.

525) 대법원 1988. 3. 8. 선고 86다148(본소),149(반소),150(참가),86다카762(본소),763(반소),764(참가) 판결. 동지 : 대법원 1963. 3. 21. 선고 62다821 판결 ; 대법원 1995. 10. 12. 선고 95다26131 판결

526) 대법원 1991. 2. 26. 선고 90다13857 판결.

527) 대법원 2017. 3. 9. 선고 2016다256968 판결(A가 B 주식회사의 계약 위반을 이유로 전속계약을 해지하였다고 주장하면서 전속계약의 효력이 존재하지 아니함의 확인을 구하는 소를 제기하자, B 회사가 소송 중 준비서면의 송달로써 A의 계약 위반을 이유로 전속계약을 해지한다고 통지한 사안에서, A의 주장은 B 회사의 계약 위반을 이유로 한 전속계약 해지를 전제로 전속계약의 효력이 존재하지 않는다는 것인데 비하여, B 회사는 자신의 계약 위반을 부인하며 오히려 A의 계약 위반을 주장하고 있으므로, A와 B 사이에 전속계약의 효력이 존재하지 않게 되었다는 데에 다툼이 없다고 할 수 없다고 한 사례.).

528) 대법원 2007. 12. 14. 선고 2007다69407 판결.

529) 이 책 초판, 356면에서는 "이행의 소의 보충성"이라고 오타가 있었다. 이 점, 독자 여러분께 사과드린다.

안 제거에 실효성이 없고 소송경제에 비추어 원칙적으로 허용할 것이 못된다.530)

이와 마찬가지로, 이행청구를 할 수 있는 경우에 별도로 그 이행의무의 존재확인을 구하는 것은 불안제거에 별다른 실효성이 없고 소송경제에 비추어 유효적절한 수단이라 할 수 없다.531)

즉, 이행의 소를 제기할 수 있는데도 확인의 소를 제기하는 것은 분쟁의 종국적인 해결방법이 아니어서 확인의 이익이 없다.532)

2) 확인의 소의 대상적격이 있는지 문제되는 경우 일반

가) 증서의 진정 여부

확인의 소의 대상은 법률관계이어야 함이 원칙이지만, **확인의 소는 법률관계를 증명하는 서면이 진정한지 아닌지를 확정하기 위하여서도 제기할 수 있다**(법 제250조).

이러한 증서진부확인의 소에 관하여 상세한 것은 별항으로 후술하겠다.

나) 불확정적이지만 보호가치 있는 법적 이익

확인의 소로써 위험·불안을 제거하려는 법률상 지위는, 반드시 구체적 권리로 뒷받침될 것을 요하지 아니하고, 그 법률상 지위에 터 잡은 구체적 권리 발생이 조건 또는 기한에 걸려 있거나 법률관계가 형성과정에 있는 등 원인으로 불확정적이라고 하더라도 보호할 가치 있는 법적 이익에 해당하는 경우에는 확인의 이익이 인정될 수 있다.533)

다) 과거의 법률관계

원칙적으로, 확인의 소는 '현재의' 권리 또는 법률상 지위에 관한 위험이나 불안을 제거하기 위하여 허용된다.534)

---

530) 대법원 1994. 11. 22. 선고 93다40089 판결. 동지 : 대법원 1980. 3. 25. 선고 80다16,17 판결 ; 대법원 1991. 10. 11. 선고 91다1264 판결 ; 대법원 2004. 3. 26. 선고 2001다82439 판결 ; 대법원 2008. 7. 10. 선고 2005다41153 판결.

531) 대법원 1991. 7. 23. 선고 91다6757 판결.

532) 대법원 2005. 7. 14. 선고 2004다36215 판결. 동지 : 대법원 2006. 3. 9. 선고 2005다60239 판결 ; 대법원 2019. 5. 16. 선고 2016다240338 판결(A가 B 주식회사를 상대로 자신이 주주명부상 주식의 소유자인데 위조된 주식매매계약서에 의해 타인 앞으로 명의개서가 되었다며 주주권 확인을 구한 사안에서, A가 B 회사를 상대로 직접 자신이 주주임을 증명하여 명의개서절차의 이행을 구할 수 있으므로, A가 B 회사를 상대로 주주권 확인을 구하는 것은 A의 권리 또는 법률상 지위에 현존하는 불안·위험을 제거하는 유효·적절한 수단이 아니거나 분쟁의 종국적 해결방법이 아니어서 확인의 이익이 없다고 한 사례).

533) 대법원 2000. 5. 12. 선고 2000다2429 판결.

534) 대법원 2018. 5. 30. 선고 2014다9632 판결.

그러므로, 일반적으로 과거의 법률관계는 확인의 소의 대상이 될 수 없다.[535)]

따라서, 예컨대, 비법인재단의 이사회에서 이사 해임결의가 있은 후 다시 개최된 이사회에서 종전 결의를 그대로 추인하거나 재차 해임결의를 한 경우에는, 당초 해임결의가 무효라고 할지라도 다시 개최된 이사회결의가 하자로 인하여 무효라고 인정되는 등의 특별한 사정이 없는 한 종전 이사회결의의 무효확인을 구하는 것은 과거의 법률관계 내지 권리관계의 확인을 구하는 것에 불과하여 권리보호의 요건을 결여한 것이라고 봄이 상당하다.[536)]

다만, 과거의 법률관계라고 할지라도 현재의 권리 또는 법률상 지위에 영향을 미치고 있고 현재의 권리 또는 법률상 지위에 대한 위험이나 불안을 제거하기 위하여 그 법률관계에 관한 확인판결을 받는 것이 유효적절한 수단이라고 인정될 때에는,[537)] 환언하면, 과거의 법률관계라 할지라도 현재의 권리 또는 법률관계의 기초를 이루는 것이어서 현재의 권리 또는 법률상의 지위에 대한 위험이나 불안의 근원이 되고 그리하여 과거의 기본적 법률관계를 확정하는 것이 이를 전제로 하는 일체의 지분적 분쟁을 직접적이고 발본적으로 해결하는 유효적절한 수단이 되는 경우에는,[538)] 요컨대, 그것이 이해관계인들 사이에 현재적 또는 잠재적 분쟁의 전제가 되어 과거의 법률관계 자체의 확인을 구하는 것이 관련된 분쟁을 일거에 해결하는 유효·적절한 수단이 될 수 있는 경우에는,[539)] 확인의 이익이 있다.

---

535) 대법원 1995. 3. 28. 선고 94므1447 판결. 동지 : 대법원 1996. 5. 10. 선고 94다35565,35572 판결(사안은 과거의 특정 시점을 기준으로 한 채무부존재 확인) ; 대법원 2020. 8. 20. 선고 2018다249148 판결 ; 대법원 2021. 2. 25. 선고 2017다51610 판결.

536) 대법원 2018. 12. 27. 선고 2018다235071 판결.

537) 대법원 1991. 6. 25. 선고 91다1134 판결. 동지 : 대법원 1993. 7. 27. 선고 92다40587 판결 ; 대법원 2010. 10. 14. 선고 2010다36407 판결 ; 대법원 2018. 5. 30. 선고 2014다9632 판결(A 주식회사의 포상징계규정에서 징계의 한 종류로 '대기'를 열거하면서 대기처분을 받은 뒤 6개월을 지나도 보직을 부여받지 못한 경우 자동해임된다고 정하고 있는데, B가 대기처분을 받은 후 대기처분 기간 만료에 따라 보직을 받지 못하였음을 이유로 자동해임되자 대기처분의 무효확인을 구한 사안에서, 자동해임처분은 징계처분인 대기처분과 독립된 별개의 처분으로, 근로자인 B의 의사에 반하여 사용자인 갑 회사의 일방적 의사에 따라 근로계약관계를 종료시키는 해고에 해당하는데, B은 대기처분 기간 동안 승진·승급에 제한을 받고 임금이 감액되는 등 인사와 급여에서 불이익을 입었고, B가 대기처분 이후 자동해임처분에 따라 해고되었더라도 해고의 효력을 둘러싸고 법률적인 다툼이 있어 해고가 정당한지가 아직 확정되지 않았을 뿐만 아니라, 자동해임처분이 대기처분 후 6개월 동안의 보직 미부여를 이유로 삼고 있는 것이어서 대기처분이 적법한지 여부가 자동해임처분 사유에도 직접 영향을 주게 되므로, 여전히 이러한 불이익을 받는 상태에 있는 을로서는 자동해임처분과 별개로 대기처분의 무효 여부에 관한 확인판결을 받음으로써 유효·적절하게 자신의 현재의 권리 또는 법률상 지위에 대한 위험이나 불안을 제거할 수 있다는 이유로 B에게 대기처분의 무효확인을 구할 법률상 이익이 있다고 한 사례).

538) 대법원 1995. 9. 29. 선고 94므1553,1560(반소) 판결.

539) 대법원 2020. 8. 20. 선고 2018다249148 판결(A 주식회사의 주주들이 법원의 허가를 받아 개최한 주주총회에서 B가 감사로 선임되었는데도 A 회사가 감사 임용계약의 체결을 거부하자, B가 A 회사를 상대로 감사 지위의 확인을 구하는 소를 제기하여, 소를 제기할 당시는 물론 대법원이 B의 청구를 받아들

구체적으로는, 혼인, 입양과 같은 신분관계나 회사의 설립, 주주총회의 결의무효, 취소와 같은 사단적 관계, 행정처분과 같은 행정관계와 같이 그것을 전제로 하여 수많은 법률관계가 발생하고 그에 관하여 일일이 개별적으로 확인을 구하는 번잡한 절차를 반복하는 것보다 과거의 법률관계 그 자체의 확인을 구하는 편이 관련된 분쟁을 일거에 해결하는 유효 적절한 수단일 수 있는 경우에는 예외적으로 확인의 이익이 인정된다.[540)]

그러나, 확인의 소에서 과거의 법률관계는 그것이 현재의 법률관계의 존부에 영향을 미치는 경우라 하더라도 단지 현재의 분쟁을 해결하는 전제에 불과한 것이므로, 현재의 법률관계에 관한 존부에 대하여 확인의 소를 인정하는 것 외에 따로 그 과거의 법률관계의 존부에 대하여서까지 확인의 소를 인정할 필요는 없다.[541)]

라) 제3자와의 또는 제3자간의 법률관계

(1) 개 관

확인의 소는 반드시 당사자간의 법률관계에 한하지 아니하고, 당사자의 일방과 제3자 사이 또는 제3자 상호간의 법률관계도 그 대상이 될 수 있지만, 그 법률관계의 확인이 확인의 이익이 있기 위하여는 그 법률관계에 따라 제소자의 권리 또는 법적 지위에 현존하는 위험, 불안이 야기되어야 하고, 그 위험, 불안을 제거하기 위하여 그 법률관계를 확인의 대상으로 한 확인 판결에 의하여 즉시로 확정할 필요가 있고 또한 그것이 가장 유효적절한 수단이 되어야 한다.[542)]

이는 취지의 환송판결을 할 당시에도 B의 감사로서 임기가 남아 있었는데, 환송 후 원심의 심리 도중 B의 임기가 만료되어 후임 감사가 선임된 사안에서, B의 임기가 만료되고 후임 감사가 선임됨으로써 B의 감사 지위 확인 청구가 과거의 법률관계에 대한 확인을 구하는 것이 되었으나, 과거의 법률관계라고 할지라도 현재의 권리 또는 법률상 지위에 영향을 미치고 이에 대한 위험이나 불안을 제거하기 위하여 그 법률관계에 관한 확인판결을 받는 것이 유효·적절한 수단이라고 인정될 때에는 확인을 구할 이익이 있으므로, B에게 현재의 권리 또는 법률상 지위에 대한 위험이나 불안을 제거하기 위해 과거의 법률관계에 대한 확인을 구할 이익이나 필요성이 있는지를 석명하고 이에 관한 의견을 진술하게 하거나 청구취지를 변경할 수 있는 기회를 주어야 하는데도, 종전의 감사 지위 확인 청구가 과거의 법률관계에 대한 확인을 구하는 것이 되었다는 등의 이유만으로 확인의 이익이 없다고 보아 B의 청구를 부적법 각하한 원심판결에는 확인소송에서 확인의 이익 및 석명의무의 범위에 관한 법리오해의 잘못이 있다고 한 사례). 동지 : 대법원 2021. 2. 25. 선고 2017다51610 판결.

540) 대법원 1995. 3. 28. 선고 94므1447 판결(사안은 과거의 사실혼관계).

541) 대법원 1988. 4. 25. 선고 87다카1280 판결.

542) 대법원 1994. 11. 8. 선고 94다23388 판결. 동지 : 대법원 1995. 5. 26. 선고 94다59257 판결 ; 대법원 1995. 10. 12. 선고 95다26131 판결 ; 대법원 1996. 11. 8. 선고 96다33945 판결 ; 대법원 1996. 11. 22. 선고 96다34009 판결 ; 대법원 2003. 1. 10. 선고 2001다1171 판결 ; 대법원 2004. 8. 20. 선고 2002다20353 판결 ; 대법원 2005. 4. 29. 선고 2005다9463 판결 ; 대법원 2008. 2. 15. 선고 2006다77272 판결 ; 대법원 2009. 9. 24.자 2009마168,169 결정 ; 대법원 2009. 12. 24. 선고 2009다75635,75642 판결 ; 대법원 2012. 6. 28.

위와 같은 종류의 확인의 소가 문제되는 대표적인 유형은 아래와 같다.

(2) 소유권의 귀속에 관한 분쟁

이에 관하여서는 별항으로 상론한다.

(3) 채권의 귀속에 관한 분쟁

만약 하나의 채권에 관하여 2인 이상이 서로 채권자라고 주장하고 있는 경우에 는, 그 채권의 귀속에 관한 분쟁은 채무자와의 사이에 생기는 것이 아니라 스스로 채권자라고 주장하는 사람들 사이에 발생하는 것으로서, 참칭채권자가 채무자로부터 변제를 받아버리게 되면 진정한 채권자는 그 때문에 자기의 권리가 침해될 우려가 있어 그 참칭채권자와의 사이에서 그 채권의 귀속에 관하여 즉시 확정을 받을 필요가 있고 또 그들 사이의 분쟁을 해결하기 위하여서는 그 채권의 귀속에 관한 확인판결을 받는 것이 가장 유효적절한 권리구제수단으로 용인되어야 할 것이므로, 스스로 채권자라고 주장하는 어느 한쪽이 상대방에 대하여 그 채권이 자기에게 속한다는 채권의 귀속에 관한 확인을 구하는 청구는 그 확인의 이익이 있다.[543]

이에 반하여, 자기의 권리 또는 법률상의 지위를 부인하는 상대방이 자기 주장과는 양립할 수 없는 제3자에 대한 권리 또는 법률관계를 주장한다고 하여 상대방 주장의 그 제3자에 대한 권리 또는 법률관계가 부존재한다는 것만의 확인을 구하는 것은, 설령 그 확인의 소에서

선고 2010다54535 판결; 대법원 2013. 11. 28. 선고 2011다74192 판결; 대법원 2013. 12. 12. 선고 2013다30196 판결(갑 종친회의 종원인 을 등이 전 임원인 병 등의 임원 지위 부존재 확인을 구한 사안에서, 병 등이 갑 종친회의 적법한 임원 지위에 있음을 전제로 여러 법률관계가 형성되었고 새로이 법률관계가 형성될 가능성이 있다면 을 등의 갑 종친회에 대한 임원 지위 부존재 확인소송은 을 등의 권리 또는 법적 지위에 현존하는 위험·불안을 제거하는 데에 유효·적절한 수단이 될 수 있다고 한 사례); 대법원 2015. 6. 11. 선고 2015다206492 판결(수급인 A 주식회사가 도급인 B 사회복지법인에 대한 선급금 반환채무를 보증하기 위하여 C 보증보험 주식회사와 체결한 선급금이행보증보험계약에 따라, C 회사가 B 법인에 보험금을 지급하자 A 회사의 C 회사에 대한 구상금 채무를 연대보증한 D가 B 법인을 상대로 D 회사의 B 법인에 대한 보험금 지급채무 부존재 확인을 구한 사안에서, D가 청구한 부분에 확인의 이익이 없다고 한 사례); 대법원 2016. 5. 12. 선고 2013다1570 판결(구 도시 및 주거환경정비법 제26조에 따라 구성된 주민대표기구가 사업시행자인 갑 주택공사와 사업방식을 변경하는 내용의 약정을 체결한 다음 정비구역 내 토지등소유자로 구성된 주민총회를 개최하였고, 주민총회에서 약정을 추인하는 결의를 하자, 을 등 일부 토지등소유자가 주민총회결의의 무효 확인을 구한 사안에서, 소가 확인의 이익이 없어 부적법하다고 한 사례); 대법원 2017. 3. 15. 선고 2014다208255 판결(A 외국인학교 총감 B가 C 지방자치단체 등과 D 학교의 설립·운영에 관한 협약을 체결하였는데, C 지방자치단체 등이 B에게 협약 해지를 통보하자, A 학교가 C 지방자치단체 등을 상대로 협약유효확인을 구한 사안에서, A 학교가 C 지방자치단체 등을 상대로 협약유효확인을 구할 이익이 있다고 단정하기 어렵다고 한 사례).

543) 대법원 1988. 9. 27. 선고 87다카2269 판결. 동지: 대법원 1996. 10. 29. 선고 95다56910 판결; 대법원 2004. 3. 12. 선고 2003다49092 판결.

승소판결을 받는다고 하더라도 그 판결로 인하여 상대방에 대한 관계에서 자기의 권리가 확정되는 것도 아니고 그 판결의 효력이 제3자에게 미치는 것도 아니어서, 결국 확인의 이익이 없다.[544)]

3) 확인의 소의 피고적격 일반

자기의 권리 또는 법률상의 지위가 타인으로부터 부인당하거나 또는 그와 저촉되는 주장을 당함으로써 위협을 받거나 방해를 받는 경우에는, 그 타인을 상대로 자기의 권리 또는 법률관계의 확인을 구하여야 한다.[545)]

다시 말해, 확인의 소의 피고는 원고의 권리 또는 법률관계를 다툼으로써 원고의 법률적 지위에 불안을 초래할 염려가 있는 자, 다시 말하면 원고의 보호법익과 대립 저촉되는 이익을 주장하고 있는 자이어야 하고, 그와 같은 피고를 상대로 하여야 확인의 이익이 있게 된다.[546)]

즉, 직접 분쟁의 당사자가 아닌 자에 대하여 확인을 구하는 것은 특별한 사정이 없는 한, 그 확인을 받는다고 하여 법률상 지위의 불안제거에 별다른 실효성이 있는 것은 아니므로, 그 확인을 구할 법률상의 이익이 없어 부적법하다.[547)]

4) 소 가

원칙적으로, (법률관계의) 확인의 소의 소가는 권리의 종류에 따라 그 가액(민사소송 등 인지규칙 제10조 및 제11조)이 된다(민사소송 등 인지규칙 제12조 제1호).

소극적 확인의 소의 소가 역시 권리의 종류에 따라 그 가액(같은 규칙 제10조 및 제11조)이 된다(같은 규칙 제12조 제1호).

다만, 해고무효확인의 소, 회사 이외의 단체에 관한 것으로서 회사관계소송에 준하는 소송에[548)] 관하여서는 별항으로 후술하는 바와 같이 특칙이 있다.

---

544) 대법원 2004. 3. 12. 선고 2003다49092 판결. 동지 : 대법원 2007. 8. 23. 선고 2006다5970 판결 ; 대법원 2012. 6. 28. 선고 2010다54535 판결(사안은 독립당사자참가) ; 대법원 2013. 11. 28. 선고 2011다74192 판결(사안은 독립당사자참가).

545) 대법원 1995. 10. 12. 선고 95다26131 판결.

546) 대법원 2013. 2. 15. 선고 2012다67399 판결.

547) 대법원 1991. 7. 23. 선고 91다6757 판결.

548) 이론적으로는 회사관계소송에 준하는 소송 중에도 형성의 소에 해당하는 것이 해당 특수법인의 근거법률에 규정된 경우를 상정할 수 있으나, 실제로는 그런 경우는 있기 어려우며, 있더라도 오히려 소가와 관련하여서는 회사관계소송의 예에 의하여야 할 경우가 대부분일 터이다. 따라서, '회사관계소송에 준하는 소송'은 회사관계소송과는 달리 확인소송의 범주에 속한다고 이해하더라도 대과가 없다.

5) 주장·입증책임

주의할 것은, 소극적 확인소송에서는, 원고가 먼저 청구를 특정하여 권리발생원인 사실을 부정하는 주장을 하면, 채권자인 피고가 그 권리관계의 요건사실에 관하여 주장·입증책임을 부담한다.[549)]

나. 회사관계소송에 준하는 소송

1) 개 관

민사소송 등 인지규칙 제15조 제3항은 '회사 이외의 단체에 관한 것으로서 회사관계소송에 준하는 소송'에 관하여 규정하고 있다.

이사회결의무효확인의 소, 총회결의무효확인의 소, 대표자지위무효확인의 소 등이 이러한 소송의 대표적인 예이다.[550)]

그러나, 이 소송 역시, 제소 목적이 원고를 포함한 구성원 전체의 이익을 위한 것이고 승소할 경우 원고를 포함한 구성원 전체가 이익을 받는 소송만을 의미한다고 할 것이다.[551)]

따라서, 예컨대, 종원지위확인소송, 퇴학처분무효확인소송 같은 것은 단체관계 소송이 아니다.[552)]

2) 당사자적격

가) 원고적격

법인의 이사회 결의에 대하여서는, 특별한 규정이 없는 한, 법률상 이해관계를 갖는 자는 누구든지 원고적격을 가진다.[553)][554)][555)]

---

549) 대법원 2016. 3. 10. 선고 2013다99409 판결(사안은 유치권부존재확인). 동지 : 대법원 1998. 3. 13. 선고 97다45259 판결(사안은 금전채무부존재확인).

550) 위의 책, 184~5면.

551) 위의 책, 184면.

552) 위의 책, 185면.

553) 대법원 2000. 2. 11. 선고 99다30039 판결(민법법인) ; 대법원 2011. 9. 8. 선고 2009다67115 판결(학교법인). 동지 : 대법원 2015. 11. 27. 선고 2014다44451 판결(학교법인).
위 판례들은 민법법인이나 학교법인에 대한 것이지만, 여타 법인에 관하여서도 이치는 같다고 하겠다.

554) 법인의 이사회의 결의에 하자가 있는 경우에 관하여 법률에 별도의 규정이 없으므로 그 결의에 무효사유가 있는 경우에는 이해관계인은 언제든지 또 어떤 방법에 의하든지 그 무효를 주장할 수 있다고 할 것이다. 대법원 2000. 1. 28. 선고 98다26187 판결(민법법인) ; 대법원 1988. 4. 25. 선고 87누399 판결(회사).

555) 사안에 따라서는 이사회결의부존재확인소송도 가능하다. 대법원 1990. 12. 11. 선고 90다9414 판결.

나) 피고적격

법인의 이사회결의는 법인의 의사결정이고 법인은 그 결의의 효력에 관한 분쟁의 실질적인 주체라 할 것이므로, 그 효력을 다투는 사람이 법인을 상대로 하여 그 결의의 무효확인을 소구할 수 있다고 할 것이다.[556)]

환언하면, 그 이사회결의에 참여한 이사들은 그 이사회의 구성원에 불과하므로 특별한 사정이 없는 한 이사 개인을 상대로 하여 그 결의의 무효확인을 소구할 이익은 없다.[557)]

이와 마찬가지로, 단체의 임원선거에 따른 당선자 결정의 무효 여부에 대한 확인을 구하는 소의 경우, 당선자 개인을 상대로 제소하여서는 만일 그 청구를 인용하는 판결이 내려졌다 하더라도 그 판결의 효력이 해당 단체에 대하여 미친다고 할 수 없어 위 당선자 결정의 효과로서 부여되는 단체장의 지위를 둘러싼 당사자들 사이의 분쟁을 근본적으로 해결하는 수단으로 가장 유효 적절한 방법이 될 수 없기 때문에, 당선자를 결정한 그 단체를 상대로 제소할 것이지 당선자 개인을 상대로 하여서는 그 확인의 이익이 있다고 볼 수 없다.[558)]

3) 소의 이익

묵시적으로 법인의 이사로서의 지위를 포기하였다고 인정할 수 있어 더 이상 이사로서의 직무를 수행할 수 없는 자로서는, 설령 이사회결의가 부존재한다고 하더라도 이에 대한 부존재확인을 구하는 것은 과거의 법률관계 내지 권리관계의 확인을 구함에 귀착되어 결국 확인의 소로서의 권리보호의 요건을 결여하게 되어 부적법하다.[559)]

반면에, 임기 만료되거나 사임한 구 이사가 후임 이사가 선임될 때까지 종전의 직무를 수행할 수 있는 경우에는, 구 이사는 그 직무수행의 일환으로 다른 이사를 해임하거나 후임 이사를 선임한 이사회결의의 하자를 주장하여 그 무효확인을 구할 법률상 이익이 있다.[560)]

그렇지만, 만약 임기 만료되거나 사임한 구 이사로 하여금 법인의 업무를 수행케 함이 부적당하다고 인정될 만한 특별한 사정이 있다면 이러한 구 이사가 제기한 이사회결의무효확인의 소는 확인의 이익이 없어 부적법하다고 보아야 할 것이다.[561)]

---

556) 대법원 1982. 9. 14. 선고 80다2425 전원합의체 판결.
위 판례는 주식회사에 관한 것이지만, 여타 법인에 관하여서도 이치는 같다고 하겠다.

557) 대법원 1982. 9. 14. 선고 80다2425 전원합의체 판결.
위 판례는 주식회사에 관한 것이지만, 여타 법인에 관하여서도 이치는 같다고 하겠다.

558) 대법원 1991. 7. 12. 선고 91다12905 판결. 동지 : 대법원 1991. 8. 13. 선고 91다5433 판결.

559) 대법원 1996. 6. 11. 선고 95다31478 판결.

560) 대법원 2005. 3. 25. 선고 2004다65336 판결. 동지 : 대법원 2000. 1. 28. 선고 98다26187 판결 ; 대법원 2012. 8. 23. 선고 2011다19997 판결(사안은 사회복지법인).

가령, 학교법인의 경영권을 타에 양도하기로 결의함에 따라 그 법인 이사직을 사임한 사람이 현 이사로부터 지급받은 금원에 대한 분배금을 받지 못하자 학교법인의 이사로서의 직무수행의사는 없으면서 오로지 학교법인이나 현 이사들로부터 다소의 금원을 지급받을 목적만으로 학교법인의 이사회결의부존재확인을 구하는 것은 권리보호의 자격 내지 소의 이익이 없는 부적법한 것이다.[562)]

4) 소 가

회사 이외의 단체에 관한 것으로서 회사관계 소송(민사소송 등 인지규칙 제15조 제2항)에 준하는 소송도, 비재산권을 목적으로 하는 소송으로 본다(민사소송 등 인지규칙 제15조 제3항).

그러나 주의할 것은, 그 소가는 - 일반원칙(같은 규칙 제18조의2 본문)대로 5,000만 원인 것이 아니라 - 1억 원으로 한다(같은 규칙 제18조의2 단서).

다. 소유권(존부)확인청구

1) 소 송 물

소유권확인청구의 소송물은 소유권 자체의 존부이다.[563)]

환지처분의 공고가 있는 경우에는 환지계획에서 정하여진 환지는 환지처분의 공고가 있는 날의 다음날부터 종전의 토지로 보게 되어 종전의 토지에 대하여 존재하던 소유권 기타 권리관계는 동일성을 유지하면서 환지에 그대로 옮겨지게 되는 것이므로 소유자를 달리 한 수필지의 토지에 대하여 적법하게 한 필지의 환지가 지정된 경우에는 종전의 수필지의 소유권은 한 필지에 그대로 이행되는 결과 특별한 사정이 없으면 종전의 토지에 상응하는 비율에 따라서 종전의 소유자들은 환지에 대하여 공유지분을 취득하게 되는 것이므로, 환지처분 전 종전 토지에 관한 소유권확인의 소와 환지처분 후의 새로운 환지 중 종전의 토지에 상응하는 비율의 해당 공유지분에 관한 소유권확인의 소는 서로 동일한 소송물이라 할 것이다.[564)]

---

561) 대법원 2005. 3. 25. 선고 2004다65336 판결. 동지 : 대법원 2012. 8. 23. 선고 2011다19997 판결(사안은 사회복지법인).

562) 대법원 1974. 9. 24. 선고 74다767 판결.

563) 대법원 2011. 6. 30. 선고 2011다24340 판결.

564) 대법원 1994. 12. 27. 선고 94다4684 판결. 동지 : 대법원 2011. 5. 13. 선고 2009다94384,94391,94407 판결.

2) 확인의 이익 내지 피고적격

가) 개 관

소유권의 귀속에 관하여 분쟁이 있는 경우에, 특단의 사유가 없는 한 원고는, 상대방의 소유권의 소극적 확인을 청구할 것이 아니라, 자기의 소유권의 적극적 확인을 청구함이 필요하다 할 것이다.[565)]

즉, 원칙적으로, 소유권의 귀속에 관하여 다툼이 있는 경우에, 적극적으로 자기의 소유권 확인을 구하지 아니하고 소극적으로 상대방 소유권의 부존재확인을 구하는 것은, 그 소유권의 귀속에 관한 분쟁을 근본적으로 해결하는 즉시확정의 방법이 되지 못하므로 확인의 이익이 없는 것이다.[566)]

다만, 원고에게 내세울 소유권이 없고, 피고의 소유권이 부인되면 그로써 원고의 법적 지위의 불안이 제거되어 분쟁이 해결될 수 있는 경우에는, 피고의 소유권의 소극적 확인을 구할 이익이 있다고 할 것이다.[567)]

나) 이전등기 또는 말소등기의 청구권과의 관계[568)]

부동산 이전등기청구권이나 말소등기청구권이 소송물이었던 전소(前訴)에서 그러한 청구권이 존재하지 아니하는 것으로 확정되었다고 하더라도, 그 기판력이 소유권 자체의 존부에까지 미치는 것은 아니므로, 그러한 소유자는 소유권을 부인하는 전소(前訴)의 상대방을 비롯하여 제3자에 대하여 다툼의 대상이 된 부동산이 자기의 소유라는 확인을 구할 법률상 이익이 있다.[569)]

전소 판결의 기판력으로 말미암아 부동산등기부에 소유명의를 회복할 방법이 없어졌다고 하더라도 소유권이 그에게 없음이 확정된 것은 아니고, 부동산등기부에 소유자로 등기되어 있지 않다고 하여 소유권을 행사하는 것이 전혀 불가능한 것도 아니기 때문이다.[570)]

이러한 법률상의 이익이 있는 이상에는 특별한 사정이 없는 한 소유권확인 청구의 소제기

565) 대법원 1965. 5. 25. 선고 65다256 판결.

566) 대법원 1984. 3. 27. 선고 83다카2337 판결. 동지 : 대법원 2016. 5. 24. 선고 2012다87898 판결.

567) 대법원 1984. 3. 27. 선고 83다카2337 판결(원고가 부동산을 단독으로 매수하였는데도 매도인이 아무 권한 없이 원고와 피고들 2인 명의로 각 1/3 지분의 소유권이전등기를 마친 데 대하여, 원고가 ―2/3 지분권자인 매도인을 대위하여― 피고들의 각 1/3 지분권의 무효확인을 구할 이익이 있다고 본 사안).

568) 기판력의 객관적 범위에 관하여서는, '판결의 확정과 그 효력' 부분에서 상론한다.

569) 대법원 1999. 7. 27. 선고 99다9806 판결 ; 대법원 2002. 9. 24. 선고 2002다11847 판결 ; 대법원 2017. 12. 22. 선고 2015다205086 판결(전소가 부동산소유권이전등기에 관한 조정이었던 사안) 참조.

570) 대법원 1999. 7. 27. 선고 99다9806 판결 ; 대법원 2002. 9. 24. 선고 2002다11847 판결 ; 대법원 2017. 12. 22. 선고 2015다205086 판결.

자체가 신의칙에 반하는 것이라고 단정할 수 없는 것임은 물론이다.[571]

다) 토지의 소유권확인

(1) 지적공부에 등록되지 아니한 토지의 경우

지적공부에 등록되지 아니한 임야는, 달리 특별한 사정이 없는 한 토지로서 존재하지 아니하거나 특정할 수 없어, 이러한 임야에 대한 소유권 확인청구는 확인의 이익이 있다고 할 수 없다.[572]

(2) 소유명의자를 상대로 소유권확인을 구하면 되는 경우

어느 토지에 관하여 등기부나 토지대장 또는 임야대장상 소유자로 등기 또는 등록되어 있는 자가 있는 경우에는, 그 명의자를 상대로 한 소송에서 해당 부동산이 보존등기신청인의 소유임을 확인하는 내용의 확정판결을 받으면 소유권보존등기를 신청할 수 있는 것이므로,[573] 그 명의자를 상대로 한 소유권확인청구에 확인의 이익이 있는 것이 원칙이다.[574]

또한, 원고 소유의 토지에 관하여 피고들이 원인 없이 경료된 소유권이전등기를 내세워 원고의 소유권을 다투고 있다면, 원고는 피고들을 상대로 그 소유권확인을 소구할 이익이 있다.[575]

(3) 국가를 상대로 소유권확인을 구하여야 할 경우

그러므로, 국가를 상대로 한 토지소유권확인청구는, 그 토지가 미등기이고 토지대장이나 임야대장상에 등록명의자가 없거나 등록명의자가 누구인지 알 수 없을 때와, 그 밖에 국가가 등기 또는 등록명의자인 제3자의 소유를 부인하면서 계속 국가소유를 주장하는 등 특별한 사정이 있는 경우에 한하여 그 확인의 이익이 있다.[576][577]

---

571) 대법원 2002. 9. 24. 선고 2002다11847 판결.

572) 대법원 1996. 7. 30. 선고 95다14794 판결.

573) 대법원 1994. 12. 2. 선고 93다58738 판결. 동지 : 대법원 2010. 7. 8. 선고 2010다21757 판결 ; 대법원 2010. 11. 11. 선고 2010다45944 판결.

574) 대법원 2010. 7. 8. 선고 2010다21757 판결. 동지 : 대법원 2010. 11. 11. 선고 2010다45944 판결.

575) 대법원 1990. 10. 30. 선고 90다카23301 판결.

576) cf. 미등기의 토지 또는 건물에 관한 소유권보존등기는 다음 각 호의 어느 하나에 해당하는 자가 신청할 수 있다(부동산등기법 제65조).

① 토지대장, 임야대장 또는 건축물대장에 최초의 소유자로 등록되어 있는 자 또는 그 상속인, 그 밖의 포괄승계인

② 확정판결에 의하여 자기의 소유권을 증명하는 자

③ 수용으로 인하여 소유권을 취득하였음을 증명하는 자

④ 특별자치도지사, 시장, 군수 또는 구청장(자치구의 구청장을 말한다)의 확인에 의하여 자기의 소유권

환언하면, 토지에 관하여 이미 제3자 명의로 소유권보존등기가 마쳐져 있고 토지대장이나 임야대장상으로도 그 제3자가 소유자로 기재되어 있는 경우에는, 국가가 제3자의 소유를 부인하면서 계속 국가소유를 주장하는 등 특별한 사정이 없는 한,국가를 상대로 하여 그 토지에 관한 소유권확인의 판결을 받더라도 이를 근거로 하여 소유권보존등기를 할 수는 없을 뿐만 아니라 이러한 경우에는 위 등기명의자를 상대로 하여 자신이 소유자임을 확정하는 내용의 보존등기말소 내지 소유권확인판결을 받기만 하면 그 판결에 기하여 소유권보존등기를 마칠 수 있으므로, 소유권보존등기를 하기 위한 목적으로 별도로 국가를 상대로 소유권확인을 구할 이익은 없다.[578]

다만, 어느 토지에 관하여 등기부나 토지대장 또는 임야대장상 소유자로 등기 또는 등록되어 있는 자가 있는 경우라도, 토지대장 또는 임야대장의 소유자에 관한 기재의 권리추정력이 인정되지 아니하는 경우에는 국가를 상대로 소유권확인청구를 할 수 밖에 없다고 할 것이다.[579]

같은 이치에서, 동일한 토지에 대하여 중복등기가 되어 있어 그 소유권의 귀속에 관하여 다툼이 있는 경우, 선등기의 등기명의자는 그 선등기가 유효함을 이유로 후등기명의자들을 상대로 소유권보존등기 및 이전등기 등의 말소등기절차의 이행을 구하여 후등기를 말소함으로써 중복등기로 인하여 발생한 소유권 귀속에 관한 불안을 제거하면 되는 것이고, 그 토지에 대하여 국가가 국가소유임을 주장하고 있다는 등 특별한 사정이 없는 한 국가를 상대로 그 토지에 대한 소유권확인을 구할 소의 이익이 없다.[580]

따라서, 예컨대, 계쟁 토지에 관하여 국가가 시효취득하였다고 주장하는 경우에, 이는 취득시효 완성을 원인으로 한 소유권이전등기청구권이 있다는 주장에 불과한 것이지 위 토지에 관한 임야대장상 등록명의자의 소유를 부인하면서 국가의 소유라 주장하는 것이라 볼 수

을 증명하는 자(건물의 경우로 한정한다)

577) 대법원 1994. 12. 2. 선고 93다58738 판결. 동지 : 대법원 1979. 4. 10. 선고 78다2399 판결 ; 대법원 1980. 11. 11. 선고 79다723 판결 ; 대법원 1988. 10. 11. 선고 87다카581 판결 ; 대법원 1992. 7. 24. 선고 92다2202 판결 ; 대법원 1993. 4. 27. 선고 93다5727,5734 판결 ; 대법원 1994. 3. 11. 선고 93다57704 판결 ; 대법원 1995. 7. 25. 선고 95다14817 판결 ; 대법원 1995. 9. 15. 선고 94다27649 판결 ; 대법원 2001. 7. 10. 선고 99다34390 판결 ; 대법원 2003. 12. 12. 선고 2002다33601 판결 ; 대법원 2009. 10. 15. 선고 2009다48633 판결 ; 대법원 2010. 11. 11. 선고 2010다45944 판결 ; 대법원 2016. 10. 27. 선고 2015다230815 판결 ; 대법원 2019. 5. 16. 선고 2018다242246 판결.

578) 대법원 1993. 9. 14. 선고 92다24899 판결. 동지 : 대법원 1994. 6. 10. 선고 94다1883 판결.

579) 대법원 2010. 7. 8. 선고 2010다21757 판결. 동지 : 대법원 2010. 11. 11. 선고 2010다45944 판결 ; 대법원 2016. 10. 27. 선고 2015다230815 판결.

580) 대법원 1994. 2. 25. 선고 93다37298,37304(반소) 판결.

없으므로, 별도로 국가를 상대로 소유권확인을 구할 이익이 있다고 할 수 없다.[581]

또한, 토지에 관하여 등기가 되어 있는 경우에, 등기부상 명의인의 기재가 실제와 일치하지 아니한다 하더라도 인격의 동일성이 인정된다면 등기명의인의 표시경정등기가 가능하므로, 국가를 상대로 실제 소유에 대하여 확인을 구할 이익이 없다.[582]

그리고, 토지대장상의 소유자 표시 중 주소 기재의 일부가 누락된 경우는 등록명의자가 누구인지 알 수 없는 경우에 해당하여 그 토지대장에 의하여 소유권보존등기를 신청할 수 없고, 토지대장상 토지소유자의 채권자는 토지소유자를 대위하여 토지대장상 등록사항을 정정할 수 없으므로(공간정보의 구축 및 관리 등에 관한 법률 제87조 제4호), 토지대장상 토지소유자의 채권자는 소유권보존등기의 신청을 위하여 토지소유자를 대위하여 국가를 상대로 소유권확인을 구할 이익이 있다고 보아야 한다.[583]

라) 건물의 소유권확인

'국가를 상대로' 미등기 건물의 소유권 확인을 구하는 것은 그 확인의 이익이 없어 부적법하다.[584]

또한, 건물에 관한 소유권확인소송에서 원고에게 소유권이 있음에 다툼이 없는 건물부분에 대하여서는 확인의 이익이 없다.[585]

라. 유치권부존재확인청구

1) 소 송 물

유치권부존재확인청구는, 특별한 사정이 없는 한, 사실심변론종결 당시를 기준으로 하여 피고의 유치권이 존재하는지 여부가 소송물이다.[586]

2) 확인의 이익

근저당권자에게 담보목적물에 관하여 각 유치권의 부존재 확인을 구할 법률상 이익이 있다고 보는 것은 경매절차에서 유치권이 주장됨으로써 낮은 가격에 입찰이 이루어져 근저당권자의 배당액이 줄어들 위험이 있다는 데에 근거가 있고, 이는 소유자가 그 소유의 부동산

581) 대법원 2003. 12. 12. 선고 2002다33601 판결.
582) 대법원 2016. 10. 27. 선고 2015다230815 판결.
583) 대법원 2019. 5. 16. 선고 2018다242246 판결.
584) 대법원 1999. 5. 28. 선고 99다2188 판결.
585) 대법원 1991. 2. 26. 선고 90다13857 판결.
586) 대법원 2007. 9. 21. 선고 2005다41740 판결 참조.

에 관한 경매절차에서 유치권의 부존재 확인을 구하는 경우에도 마찬가지이다. 위와 같이 경매절차에서 유치권이 주장되었으나 소유부동산 또는 담보목적물이 매각되어 그 소유권이 이전되어 소유권을 상실하거나 근저당권이 소멸하였다면, 소유자와 근저당권자는 유치권의 부존재 확인을 구할 법률상 이익이 없다.[587)]

한편, 경매절차에서 유치권이 주장되지 아니한 경우에는, 담보목적물이 매각되어 그 소유권이 이전됨으로써 근저당권이 소멸하였더라도 채권자는 유치권의 존재를 알지 못한 매수인으로부터 담보책임(민법 제578조, 제575조)을 추급당할 우려가 있고, 위와 같은 위험은 채권자의 법률상 지위를 불안정하게 하는 것이므로, 채권자인 근저당권자로서는 위 불안을 제거하기 위하여 유치권 부존재 확인을 구할 법률상 이익이 있다.[588)]

반면 채무자가 아닌 소유자는 위와 같은 담보책임을 부담하지 아니하므로, 유치권의 부존재 확인을 구할 법률상 이익이 없다.[589)]

3) 주장·입증책임

유치권 부존재 확인소송에서 유치권의 요건사실인 유치권의 목적물과 견련관계 있는 채권의 존재에 대해서는 피고가 주장·입증하여야 함은 물론이다.[590)]

마. 채무부존재확인청구

1) 소의 이익이 문제되는 경우

가) 채무자가 채무 일부의 존재를 자인하는 경우

채무자가 채권자 주장의 채무중 일부의 채무가 있음을 인정하고 이를 초과하는 채무는 없다고 다투는 경우, 채무자가 인정하는 채무부분에 대하여는 그 존재에 대하여 다툼이 없으므로 확인의 이익이 없고, 이를 초과하는 부분에 대해서만 채무자로서 채무부존재확인의 이익이 있다.[591)]

따라서, 위와 같은 경우에는, 확인의 이익이 없는 부분의 소는 각하하여야 한다.[592)]

---

587) 대법원 2020. 1. 16. 선고 2019다247385 판결.
588) 대법원 2020. 1. 16. 선고 2019다247385 판결.
589) 대법원 2020. 1. 16. 선고 2019다247385 판결.
590) 대법원 2016. 3. 10. 선고 2013다99409 판결.
591) 대법원 1983. 6. 14. 선고 83다카37 판결.
592) 대구지법 1999. 3. 11. 선고 98구2172 판결 참조.

나) 면책된 경우

채무자가 회생채권에 관하여 책임을 면한 경우에는, 그 면책된 회생채권의 존부나 효력이 다투어지고 그것이 채무자의 해당 회생채권자에 대한 법률상 지위에 영향을 미칠 수 있는 특별한 사정이 없는 한, 채무자의 회생채권자에 대한 법률상 지위에 현존하는 불안·위험이 있다고 할 수 없어 그 회생채권자를 상대로 면책된 채무 그 자체의 부존재확인을 구할 확인의 이익을 인정할 수 없다(다만 채무자의 다른 법률상 지위와 관련하여 면책된 채무의 부존재확인을 구할 확인의 이익이 있는지는 별도로 살펴보아야 한다).[593]

다) 이행의 소와의 관계

이행의 소의 피고가 해당 이행청구권에 관하여 '별소로' 소극적 확인의 소를 제기함은, 중복제소(법 제259조)는 아니로되, 소의 이익이 없다고 할 것이다.[594]

라) 청구이의의 소와의 관계

채무자가 채권자에 대하여 채무부담행위를 하고 그에 관하여 강제집행승낙문구가 기재된 공정증서를 작성하여 준 후, 공정증서에 대한 청구이의의 소를 제기하지 않고 공정증서의 작성원인이 된 채무에 관하여 채무부존재확인의 소를 제기한 경우, '그 목적이 오로지 공정증서의 집행력 배제에 있는 것이 아닌 이상', 청구이의의 소를 제기할 수 있다는 사정만으로 채무부존재확인소송이 확인의 이익이 없어 부적법하다고 할 것은 아니다.[595]

2) 소 가

채무부존재확인청구의 소라 하더라도 그 채무액이 특정되지 아니하는 경우에는, 재산권상의 소로서 그 소가를 산출할 수 없는 것에 해당하므로, 그 소가는 5천만 원으로 한다(민사소송 등 인지규칙 제18조의2 본문).[596]

바. 해고무효확인청구

1) 소 송 물

해고무효확인의 소는 해고, 즉 근로계약관계를 종료시킨 사용자의 일방적인 의사표시라는

---

593) 대법원 2019. 3. 14. 선고 2018다281159 판결.

594) 대법원 2001. 7. 24. 선고 2001다22246 판결 참조.

595) 대법원 2013. 5. 9. 선고 2012다108863 판결.

596) 인지실무, 129면. 다만, 위의 책은, 심리 결과 채무액이 특정된 때에는 그 소가에 따라 과납 인지대를 환급하거나 부족한 인지대를 추납케 하거나 할 것이라고 한다.

과거의 법률행위가 무효라는 점에 대하여 판결로써 공적 확인을 하여 달라는 것이므로, 그 확인심판의 대상(소송물)은 소장의 청구취지에 표시된 해고의 무효 여부 그 자체로 보아야 할 것이다.[597)]

따라서, 예컨대, 1987. 6. 11.자 해고의 무효확인 및 미지급임금의 지급을 청구하는 소를 1988. 4. 30. 제기하였다 패소한 원고가, 1987. 8. 3.자 해고의 무효확인 및 미지급임금의 지급을 청구하는 소를 다시 제기한 경우, 후소 전부가 전소의 기판력에 저촉되는 것은 아니나, 다만 이 경우 1987. 6. 11.부터 1988. 4. 30.까지의 기간에 대한 임금청구는 종전 소송에서 패소 확정되었으므로, 그 부분 청구는 기판력에 저촉된다.[598)]

2) 확인의 이익[599)]

그리고, 근로계약관계에 기한 원래의 지위를 회복하기 위하여 또는 해고로 인하여 그 외의 권리 또는 법률상의 지위에 대한 현존하는 위험이나 불안을 제거하기 위하여 위와 같은 과거의 법률행위인 해고에 대하여 무효확인판결을 받는 것이 유효 적절한 수단이 되는 경우에 한하여 확인의 소의 적법 요건인 이른바 즉시확정의 이익이 있다고 인정되는 것이다.[600)]

3) 소 가

해고무효확인의 소는 비재산권을 목적으로 하는 소송으로 본다(민사소송 등 인지규칙 제15조 제4항). 따라서, 그 소가는 5,000만 원으로 한다(같은 규칙 제18조의2 본문).

사. 면책확인의 소

파산채무자에 대한 면책결정의 확정에도 불구하고 어떠한 채권이 비면책채권에 해당하는지 여부 등이 다투어지는 경우에, 채무자는 면책확인의 소를 제기함으로써 그 권리 또는 법률상 지위에 현존하는 불안·위험을 제거할 수 있다.[601)]

다만, 면책된 채무에 관한 집행권원을 채권자가 가지고 있는 경우에는, 면책확인을 구하는 것이 확인의 이익이 없어 부적법하다. 이 경우에는, 채무자는 청구이의의 소를 제기하여 면

---

597) 대법원 1993. 1. 15. 선고 92다20149 판결.

598) 대법원 1993. 1. 15. 선고 92다20149 판결.

599) cf. 「근로기준법」은 부당해고를 당한 근로자에게 노동위원회에 그 구제를 신청할 수 있는 길을 열어 놓고 있으나 그렇다고 해서 해고를 둘러싼 쟁송에 대한 민사소송의 관할권을 박탈한 것으로 해석되지 아니한다(대법원 1991. 7. 12. 선고 90다9353 판결).

600) 대법원 1993. 1. 15. 선고 92다20149 판결.

601) 대법원 2017. 10. 12. 선고 2017다17771 판결.

책의 효력에 기한 집행력의 배제를 구하는 것이 그 법률상 지위에 현존하는 불안·위험을 제거하는 유효적절한 수단이 되고, 이러한 경우에도 면책확인을 구하는 것은 분쟁의 종국적인 해결 방법이 아니기 때문이다.[602)]

아. 증서진부확인청구

1) 개 관

증서진부확인의 소는, 서면이 그 작성명의자에 의하여 작성되었는가 그렇지 않으면 위조 또는 변조되었는가를 확정하는 소송이다.[603)]

즉, 증서진부확인의 소는 서면에 기재된 내용이 객관적 진실에 합치하느냐의 여부에 관한 확인의 소가 아니며,[604)] 그러한 소는 허용되지 않는다.[605)]

이와 같이 법률관계를 증명하는 서면에 대하여 해당 서면의 진부라고 하는 사실의 확정을 구하는 소가 허용되는 것은, 법률관계를 증명하는 서면의 진부가 확정되면 당사자가 그 서면의 진부에 관하여 더 이상 다툴 수 없게 되는 결과 법률관계에 관한 분쟁 그 자체가 해결되거나 적어도 분쟁 자체의 해결에 크게 도움이 된다는 이유에서이다.[606)]

2) 확인의 대상

따라서, 증서진부확인의 소의 대상이 되는 서면은, 직접 법률관계를 증명하는 서면에 한한다.[607)]

즉, 증서진부확인의 소에서 "법률관계를 증명하는 서면"은, 그 기재 내용으로부터 직접 일정한 현재의 법률관계의 존부 여부가 증명될 수 있는 문서를 가리키므로, 단지 과거의 사실관계를 증명하는 서면은 여기에 해당하지 아니하는 것이다.[608)]

그러므로, 증서진부확인의 소에서는, 해당 문서의 작성일자와 내용이 특정되어야 한다.[609)]

---

602) 대법원 2017. 10. 12. 선고 2017다17771 판결.

603) 대법원 1991. 12. 10. 선고 91다15317 판결. 동지: 대법원 1967. 3. 21. 선고 66다2154 판결.

604) 대법원 1989. 2. 14. 선고 88다카4710 판결. 동지: 대법원 1967. 3. 21. 선고 66다2154 판결.

605) 대법원 1989. 2. 14. 선고 88다카4710 판결.

606) 대법원 1991. 12. 10. 선고 91다15317 판결. 동지: 대법원 2001. 12. 14. 선고 2001다53714 판결.

607) 대법원 1967. 3. 21. 선고 66다2154 판결.

608) 대법원 2001. 12. 14. 선고 2001다53714 판결.

609) 제요[민소Ⅱ], 469면.

3) 확인의 이익

증서진부확인의 소가 적법하기 위하여서는, 그 증서의 진부 확인을 구할 이익이 인정되어야 한다.[610]

따라서, 가령, 어느 서면에 의하여 증명되어야 할 법률관계를 둘러싸고 이미 소가 제기되어 있는 경우에는 그 소송에서 분쟁을 해결하면 되므로 그와 별도로 그 서면에 대한 진정 여부를 확인하는 소를 제기하는 것은 특별한 사정이 없는 한 확인의 이익이 없다.[611]

또한, 소로써 확인을 구하는 서면의 진부가 확정되어도 서면이 증명하려는 권리관계 내지 법률적 지위의 불안이 제거될 수 없고, 그 법적 불안을 제거하기 위하여서는 해당 권리 또는 법률관계 자체의 확인을 구하여야 할 필요가 있는 경우에는 증서의 진정 여부를 확인하는 소는 즉시확정의 이익이 없어 부적법하다.[612]

4) 소 가

증서진부확인의 소의 소가는 그 증서의 종류에 따라 다음과 같다.

○ 유가증권(원칙. 비상장증권 포함) : 액면금액 또는 표창하는 권리의 가액의 1/2 (민사소송 등 인지규칙 제12조 제2호 전단).

○ 한국거래소에 상장된 증권 : 소 제기 전날의 최종거래가격의 1/2 (같은 호 전단).

○ 유가증권 이외의 증서 : 200,000원 (같은 호 후단).

자. 시효중단을 위한 재판상 청구 확인소송

1) 개 관

'소송요건 등 일반' 부분에서 언급하였듯이, 대법원은, 시효중단을 위한 후소로서 이행소송 외에 전소 판결로 확정된 채권의 시효를 중단시키기 위한 조치, 즉 '재판상의 청구'가 있다는 점에 대하여만 확인을 구하는 형태의 '새로운 방식의 확인소송'이 허용되고, 채권자는 두 가지 형태의 소송 중 자신의 상황과 필요에 보다 적합한 것을 선택하여 제기할 수 있다고 본다.[613]

위 판례 법리를 상술하면 아래와 같다.

---

610) 대법원 2001. 12. 14. 선고 2001다53714 판결.
611) 대법원 2007. 6. 14. 선고 2005다29290,29306 판결. 동지 : 대법원 2014. 11. 13. 선고 2009다3494 판결.
612) 대법원 2014. 11. 13. 선고 2009다3494 판결. 동지 : 대법원 1991. 12. 10. 선고 91다15317 판결.
613) 대법원 2018. 10. 18. 선고 2015다232316 전원합의체 판결.

2) 소 송 물[614)]

전소의 소송물이 실체법상 구체적 청구권의 존부임에 반하여, 시효중단을 위한 재판상 청구 확인소송의 소송물은, 청구권의 실체적 존부 및 범위는 배제된 채, 판결이 확정된 구체적 청구권에 관하여 시효중단을 위한 재판상의 청구를 통한 시효중단의 법률관계에 한정된다.[615)]

그 판결은 전소 판결로 확정된 청구권의 시효중단 외에 다른 실체법상 효력을 가지지 않으므로 그 소송에서는 소멸시효 완성 등을 포함한 청구권의 존부 및 범위와 같은 실체적 법률관계에 관한 심리를 할 필요가 없다.

채권자는 청구원인으로 전소 판결이 확정되었다는 점과 그 청구권의 시효중단을 위해 후소가 제기되었다는 점만 주장하고 전소 판결의 사본과 확정증명서 등으로 이를 증명하면 되며 법원도 이 점만 심리하면 된다.

채무자는 설사 전소 판결의 변론종결 후에 발생한 청구이의사유가 있더라도 이를 주장할 필요가 없고, 법원은 채무자가 이를 주장하더라도 심리할 필요가 없다.

채권자는 전소 판결이 확정되고 적당한 시점에 이와 같은 후소를 제기할 수 있고, 그 시기에 관하여 판결이 확정된 청구권의 소멸시효기간인 10년의 경과가 임박할 것을 요하지도 않는다. 단지 불필요하게 단기간 내에 소제기를 반복하는 경우 소권 남용의 일반론에 따라 허용되지 않는 경우가 있을 것이다.

후소는 시효중단사유인 재판상의 청구로서 역할을 하므로, 후소 판결이 확정되는 경우 전소 판결에 의해 확정된 청구권의 소멸시효가 후소의 제기로 중단되었다가 후소 판결이 확정된 때로부터 새로이 진행한다.

채무자는 위와 같은 후소 판결의 확정 여부와 관계없이 언제라도 전소 판결의 변론종결 후에 발생한 사유에 기하여 청구이의의 소를 제기할 수 있으며, 그 청구이의사유의 존재 여부는 여기서 비로소 심리된다.

3) 소 가

판결로 확정된 채권의 소멸시효 중단을 위한 재판상의 청구가 있다는 점에 대하여만 확인을 구하는 소송을 제기한 경우 그 소가는 그 대상인 전소 판결에서 인정된 권리의 가액(이행

---

614) 대법원 2018. 10. 18. 선고 2015다232316 전원합의체 판결.

615) 위 판결의 보충의견은, 이 소송의 주문은 "원고와 피고 사이의 수원지방법원 2004. 11. 11. 선고 2003가합15269 대여금 사건의 판결에 기한 채권의 소멸시효 중단을 위하여 이 사건 소의 제기가 있었음을 확인한다." 식이 될 것이라고 한다.

소송으로 제기할 경우에 해당하는 소가)의 1/10로 한다(민사소송 등 인지규칙 제18조의3 본문).

다만, 그 권리의 가액이 3억원을 초과하는 경우에는 이를 3억원으로 본다(같은 조 단서).

3. 형성청구의 유의사항 및 소가산정

가. 공유물분할 청구의 소

'공유물분할소송의 제문제'에 관하여서는 이 책 보론에서 상론하겠다.

나. 경계확정의 소

1) 소송물 등

토지경계확정의 소는 인접한 토지의 경계가 사실상 불분명하여 다툼이 있는 경우에 재판에 의하여 그 경계를 확정하여 줄 것을 구하는 소송으로서, 토지소유권의 범위의 확인을 목적으로 하는 소와는 달리, 인접한 토지의 경계가 불분명하여 그 소유자들 사이에 다툼이 있다는 것만으로 권리보호의 필요가 인정된다.[616]

개념상 주의할 것은, 경계확정소송의 대상이 되는 '경계'란 공적으로 설정 인증된 지번과 지번과의 경계선을 가리키는 것이고, 사적인 소유권의 경계선을 가리키는 것은 아니다.[617]

「공간정보의 구축 및 관리 등에 관한 법률」에 의하여 어떤 토지가 지적공부에 1필의 토지로 등록되면 그 토지의 경계는 다른 특별한 사정이 없는 한 이 등록으로써 특정되지만, 지적도를 작성함에 기점을 잘못 선택하는 등의 기술적인 착오로 말미암아 지적도상의 경계가 진실한 경계선과 다르게 잘못 작성되었다는 등의 특별한 사정이 있는 경우에는 그 토지의 경계는 지적도에 의하지 않고 실제의 경계에 의하여 확정하여야 한다.[618]

토지경계확정의 소는 인접하는 토지의 경계확정을 구하는 소이고 그 토지에 관한 소유권의 범위나 실체상 권리의 확인을 목적으로 하는 것은 아니므로 당사자가 토지 일부를 시효취득하였는지의 여부는 토지경계확정소송에서 심리할 대상이 되지 못한다.[619]

---

616) 대법원 1993. 11. 23. 선고 93다41792,41808 판결.

617) 대법원 1997. 7. 8. 선고 96다36517 판결.
이에 반하여, 건물의 경계는 사회통념상 독립한 건물로 인정되는 건물 사이의 현실의 경계에 의하여 특정되는 것이므로, 이러한 의미에서 건물의 경계는 공적으로 설정 인증된 것이 아니고 단순히 사적관계에 있어서의 소유권의 한계선에 불과함을 알 수 있고, 따라서 사적자치의 영역에 속하는 건물 소유권의 범위를 확정하기 위하여는 소유권확인소송에 의하여야 할 것이고, 공법상 경계를 확정하는 경계확정소송에 의할 수는 없다고 할 것이다. 같은 판결.

618) 대법원 1996. 4. 23. 선고 95다54761 판결(사안은 구 지적법).

서로 인접한 토지의 경계선에 관하여 다툼이 있어서 토지 경계확정의 소가 제기되면 법원은 당사자 쌍방이 주장하는 경계선에 구속되지 않고 스스로 진실하다고 인정되는 바에 따라 경계를 확정하여야 하고, 소송 도중에 당사자 쌍방이 경계에 관하여 합의를 도출해냈다고 하더라도 원고가 그 소를 취하하지 않고 법원의 판결에 의하여 경계를 확정할 의사를 유지하고 있는 한, 법원은 그 합의에 구속되지 아니하고 진실한 경계를 확정하여야 하는 것이므로, 소송 도중에 진실한 경계에 관하여 당사자의 주장이 일치하게 되었다는 사실만으로 경계확정의 소가 권리보호의 이익이 없어 부적법하다고 할 수 없다.[620)]

2) 소 가

경계확정의 소의 소가는 다툼이 있는 범위의 토지부분의 가액에 의하여 산정한다(민사소송 등 인지규칙 제12조 제8호).

3) 판 결

서로 인접한 토지의 경계선에 관하여 다툼이 있어서 토지 경계확정의 소가 제기되면 법원은 당사자 쌍방이 주장하는 경계선에 구속되지 않고 스스로 진실하다고 인정되는 바에 따라 경계를 확정하여야 한다.[621)]

다. 사해행위취소의 소[622)]

사해행위취소의 소의 소가는, 취소되는 법률행위의 목적의 가액을 한도로 한 원고의 채권액이다(민사소송 등 인지규칙 제12조 제9호).

여기서 "법률행위 목적의 가액"이란 해당 사해행위에 의하여 감소된 적극재산 또는 증가된 소극재산의 가액을 의미한다고 할 것이다.[623)]

또한 여기서 "원고의 채권액"이란 피보전채권의 원금을 의미한다.[624)]

문제는, 사해행위취소청구는 대개 원상회복청구와 병합되어 청구된다는 점이다. 그러나,

---

619) 대법원 1993. 10. 8. 선고 92다44503 판결.

620) 대법원 1996. 4. 23. 선고 95다54761 판결.

621) 대법원 1996. 4. 23. 선고 95다54761 판결.

622) 사해행위취소소송에 관한 상론은 이 책이 다룰 범위를 벗어나므로, 여기서는 소가에 관한 사항만 짚고 넘어가겠다.

623) 인지실무, 159면은, '(사해행위에 해당하는) 이전행위 또는 설정행위에 의해 이전 또는 설정된 권리의 가액'이라고 하나, 채무부담행위(예 : 소멸시효이익의 포기)가 사해행위가 되는 경우도 있으므로, 위와 같이 새겨야 정확할 것이다.

624) 위의 책, 159면.

원상회복청구의 소가도 원상회복의 가액을 한도로 한 원고의 채권액으로 산정하여야 하는 것으로 풀이되며(같은 호의 유추해석), 양 청구는 경제적 이익이 동일하거나 중복되므로, 결국 그중 가장 다액인 청구의 가액을 소가로 한다(같은 규칙 제20조).[625]

4. 이행청구·확인청구·형성청구 중 어느 하나 이상에 해당하는 청구들의 유의사항 및 소가산정

가. 상린관계상의 청구

1) 소송물 등

상린관계상의 청구로 가장 대표적인 것은 주위토지통행권확인 청구(민법 제219조, 제220조)이지만, 그 밖에도 인지사용청구(隣地使用請求)(민법 제216조), 수지·목근제거청구(민법 제240조), 경계선 부근의 건물의 변경·철거청구(민법 제242조) 등이 문제될 수도 있다.[626]

2) 소 가

상린관계상의 청구의 소가는, 부담을 받는 이웃 토지 부분의 가액의 1/3이다(민사소송 등 인지규칙 제12조 제6호).

나. 회사관계 소송

1) 개 관

민사소송 등 인지규칙 제15조 제1항, 제2항은 '상법에 의한 회사관계 소송'에 관하여 규정하고 있다.

그러나, 여기서 "상법에 의한 회사관계 소송"이란 주주권의 내용 중 공익권에 기한 소송만을 의미하는 것으로 해석된다.[627]

따라서, 예컨대, 주주권 확인의 소, 명의개서절차 이행의 소, 주권인도의 소 같은 것은 여기서 말하는 회사관계 소송이 아니다.[628]

---

625) 위의 책, 160~161면.
626) 위의 책, 139~141면.
627) 위의 책, 180면.
628) 위의 책, 183~4면.

2) 법적 성질

회사관계소송 중 가령 주주의 대표소송, 이사의 위법행위유지청구의 소, 회사에 대한 신주발행유지청구의 소 등은 이행의 소에 해당하나, 주주총회 결의무효의 소 및 부존재확인의 소 등은 확인의 소에 해당하고, 합병무효의 소 등은 형성의 소에 해당한다.[629]

3) 소 가

가) 원 칙

원칙적으로, 상법의 규정에 의한 회사관계 소송은, - 이행소송이 아닌 한(민사소송 등 인지규칙 제15조 제1항의 반대해석) - '비재산권을 목적으로 하는' 소송으로 본다(같은 조 제2항).

예컨대, (주식)회사설립무효의 소(상법 제328조), 주주총회결의취소의 소(상법 제376조) 등이 이에 해당한다.

그러나 주의할 것은, 그 소가는 - 일반원칙(민사소송 등 인지규칙 제18조의2 본문)대로 5,000만 원인 것이 아니라 - 1억 원으로 한다(같은 규칙 제18조의2 단서).

나) 예 외

다만, 주주의 대표소송, 이사의 위법행위유지청구의 소 및 회사에 대한 신주발행유지청구의 소는, '소가를 산출할 수 없는' 소송으로 본다(민사소송 등 인지규칙 제15조 제1항).

생각건대, 위 법리는, 위와 본질적으로 같은 소송, 예컨대, 유한회사 사원의 대표소송(상법 제565조), 청산인의 위법행위유지청구의 소(상법 제542조 제2항, 제402조), 전환사채발행유지청구의 소(상법 제516조 제1항, 제424조) 뿐만 아니라, 상법의 규정에 의한 이행청구 일반에 준용된다고 할 것이다.

그러나 주의할 것은, 그 소가 역시 - 일반원칙(민사소송 등 인지규칙 제18조의2 본문)대로 5,000만 원인 것이 아니라 - 1억 원으로 한다(같은 규칙 제18조의2 단서).

---

629) 대전고법 2007. 8. 24. 선고 2007나772 판결(대법원 2008. 1. 10. 선고 2007다64136 판결의 원심판결)의 청구취지 참조.

Ⅲ. 소장의 심사 및 소장 또는 이행권고결정의 송달

1. 소장의 심사

가. 개 관

재판장 또는 법원사무관등은, 소장에 필요적 기재사항이 기재되어 있는지, 소장에 법률에 따른 인지를 붙였는지 여부를 심사한다(법 제254조 제1항).[630]

그러나, 소장에 일견 청구의 특정이 가능한 정도로 청구취지 및 원인이 기재되어 있다면, 비록 그것이 불명확하여 파악하기 어렵다 하더라도 이는 석명권 행사의 문제일 뿐 소장심사의 대상이 되지는 않는다고 할 것이고, 석명권 행사에 의하여도 원고의 주장이 명확하게 되지 않는 경우에는 비로소 원고의 청구를 기각할 수 있을 뿐이다.[631]

나. 보정명령 내지 보정권고

1) 필요적 기재사항에 관한 보정명령

소장에 필요적 기재사항이 기재되지 않은 경우(법 제249조 제1항의 위반), **재판장은 상당한 기간을 정하고 그 기간 이내에 흠을 보정하도록 명하여야 하나**(법 제254조 제1항 전문), **법원사무관등으로 하여금 위 보정명령을 하게 할 수 있다**(같은 항 후문).

따라서, 소장에 (필요적 기재사항의) 흠결이 있는 경우 참여사무관등 또는 재판장의 명의로 보정명령을 발한다.[632]

보정기간은 통상 5일 내지 7일간으로 정함이 실무이며, 이는 후술하는 인지보정명령의 경우에도 마찬가지이다.[633]

원고가 이에 불응한 때에는 소장각하명령의 불이익을 입게 된다(법 제254조 제2항).

---

630) cf. 2015. 6. 30. 이전에는 법원사무관등에게는 소장심사권이 없었다(구법(2012. 12. 30. 법률 제12882호로 개정되기 전의 것) 제254조 제1항).

631) 대법원 2004. 11. 24.자 2004무54 결정.
석명권에 관하여서는 '변론의 실시방법' 부분에서 후술한다.

632) '사건관리예규'.
cf. 2015. 6. 30. 이전에는, 법 제254조 제1항 후문이 없었으므로, 재판장의 명의로만 보정명령을 발할 수 있었다. 구 '사건관리예규'(2015. 5. 20. 재판예규 제1528호로 개정되기 전의 것).

633) 민사참여관 업무편람, 28~29면.

2) 인지보정명령

가) 원 칙

소장에 법률의 규정에 따른 인지를 붙이지 아니한 경우에도, 재판장은 상당한 기간을 정하고 그 기간 이내에 흠을 보정하도록 명하여야 하나(법 제254조 제1항 전문), **법원사무관등으로 하여금 위 보정명령을 하게 할 수 있다**(같은 항 후문).

따라서, 소장에 인지의 첩부가 흠결된 때에도 참여사무관등 또는 재판장의 명의로 보정명령을 발한다.[634]

인지보정명령이 있으면, 「인지보정서」로써 보정하여야 할 것이다.[635]

원고가 이에 불응한 때에도 소장각하명령의 불이익을 입게 된다(같은 조 제2항).

그런데, 이러한 인지보정명령에 대하여는, 독립하여 이의신청이나 항고를 할 수 없고,[636] 다만 보정명령에 따른 인지를 보정하지 아니하여 소장이 각하되면 그 각하명령에 대하여 즉시항고로 다툴 수밖에 없다(같은 조 제3항).[637]

나) 예외 : 소송구조신청이 있는 경우[638]

주의할 것은, 소송구조는 민사소송 등 인지법 제1조의 "다른 법률에 특별한 규정이 있는 경우"에 해당하므로,[639] 소송구조신청이 있는 경우, 그에 대한 기각결정이 확정될 때까지는 인지첩부의무의 발생이 저지되어 인지첩부의무의 이행이 정지 또는 유예된다고 할 것이어서, 재판장은 소장 등에 인지가 첩부되어 있지 아니함을 이유로 인지보정명령을 발할 수 없으며,[640] 소장 등을 각하할 수도 없다.[641]

그러나, 소송구조신청이 있었다고 하여 종전에 이루어진 인지보정명령의 효력이 상실된다

---

634) '사건관리예규'.
cf. 2015. 6. 30. 이전에는, 법 제254조 제1항 후문이 없었으므로, 재판장의 명의로만 보정명령을 발할 수 있었다. 구 '사건관리예규'(2015. 5. 20. 재판예규 제1528호로 개정되기 전의 것).

635) '인지액·편철방법예규'.

636) 대법원 1969. 12. 19.자 69마500 결정. 동지 : 대법원 1971. 3. 4.자 71마89 결정(사안은 항소장) ; 대법원 1987. 2. 4.자 86그157 결정 ; 대법원 1993. 8. 19. 선고 93재수13 판결 ; 대법원 1995. 6. 30.자 94다39086,39093(참가) 결정 ; 대법원 2009. 3. 27.자 2009그35 결정.

637) 대법원 1987. 2. 4.자 86그157 결정. 동지 : 대법원 1995. 6. 30.자 94다39086,39093(참가) 결정 ; 대법원 2009. 3. 27.자 2009그35 결정.

638) '소송구조'에 관하여서는 해당 부분에서 상론한다.

639) 대법원 2018. 5. 4.자 2018무513 결정(사안은 행정소송).

640) 대법원 2008. 6. 5.자 2007마1124 결정.

641) 대법원 2018. 5. 4.자 2018무513 결정(사안은 원심재판장의 항소장각하명령).

고 볼 근거는 없으므로, 종전의 인지보정명령에 따른 보정기간 중에 제기된 소송구조신청에 대하여 기각결정이 확정되면 재판장으로서는 다시 인지보정명령을 할 필요는 없지만 종전의 인지보정명령에 따른 보정기간 전체가 다시 진행되어 그 기간이 경과한 때에 비로소 소장 등에 대한 각하명령을 할 수 있다(법 제247조 제2항의 유추해석).[642)]

한편, 처음의 소송구조신청에 대한 기각결정이 확정된 후 재차 소송구조신청이 있었다고 하더라도, 이 구조신청이 이유 있어 받아들여졌다면 모르되 그렇지 아니하는 한, 다음의 구조신청에 대한 기각결정의 확정 여부와는 상관없이 소장을 각하할 수 있음은 물론이다.[643)]

3) 기본적 서증 등에 관한 보정권고

재판장은 소장을 심사하면서 필요하다고 인정하는 경우에는 원고에게 청구하는 이유에 대응하는 증거방법을 구체적으로 적어 내도록 명할 수 있으며, 원고가 소장에 인용한 서증의 등본 또는 사본을 붙이지 아니한 경우에는 이를 제출하도록 명할 수 있다(법 제254조 제4항).

그러나, 위와 같은 사항은 소장심사의 대상은 아니므로, 소장심사의 경우와 달리, 당사자가 이에 불응하더라도 소장각하명령을 할 수는 없다.

따라서, 실무상, 위와 같이 소장각하의 대상이 되지 않는 사항에 대하여는 참여사무관등 명의로 보정권고를 한다.[644)]

다. 소장각하명령

1) 개 관

가) 원 칙

원고가 보정기간 이내에 흠(즉, 필요적 기재사항의 누락, 인지의 불첩부)**을 보정하지 아니한 때에는 재판장은 명령으로 소장을 각하하여야 한다**(법 제254조 제2항).[645)]

그러나, 보정명령 등의 적법한 송달 없이 한 소장각하명령은 (당연무효는 아니지만) 위법하다.[646)]

---

642) 대법원 2008. 6. 2.자 2007무77 결정. 동지 : 대법원 2018. 5. 4.자 2018무513 결정.

643) 대법원 1993. 1. 25.자 92마1134 결정(사안은 항소장).

644) '사건관리예규'.

645) cf. 헌재 2019. 9. 26. 선고 2019헌바219 결정은, 행정소송법 제8조 제2항에 의하여 준용되는 법 제254조 제1항, 제2항 중 '소장에 법률의 규정에 따른 인지를 붙이지 아니한 경우'에 관한 부분과 행정소송법 제8조 제2항에 의하여 준용되는 법 제255조 제2항 중 제254조 제1항, 제2항을 준용하는 부분이 헌법에 위반되지 아니한다고 보았다. 동지 : 헌재 2019. 11. 28. 선고 2019헌바253 결정 ; 헌재 2020. 2. 27. 선고 2019헌바310 결정.

한편, 법이 정한 소장각하명령의 사유 외의 사유를 들어(예 : 소송요건의 흠결) 소장각하명령을 할 수도 없음은 물론이며,[647] 일단 소장 부본이 송달되고 난 후에는, 소장각하명령은 더 이상 문제될 수 없음은 물론이다.[648] 물론 그러한 경우에 소송요건이 흠결되었고 보정을 할 수 없다면 소각하판결을 하게 됨은 당연하다.[649]

소장각하명령은, 사건을 완결하는 재판이기는 하지만 상대방의 비용지출이 없었으므로, 소송비용의 재판이 문제되지 아니한다.

나) 예외 : 소송구조신청이 있은 경우

주의할 것은, 원고가 소장을 제출하면서 소정의 인지를 첩부하지 아니하고 소송구조신청을 한 경우, 소송구조신청에 대한 기각결정이 확정되기 전에 소장의 인지가 첩부되어 있지 아니함을 이유로 소장을 각하하여서는 안 된다.[650] '소장의 심사 및 소장 또는 이행권고결정의 송달' 부분에서 기술한 바와 같이, 소송구조신청의 기각결정이 확정되기 전까지는 인지첩부를 하지 아니하여도 되기 때문이다.

그러나, 일단 소송구조신청을 기각하는 결정이 확정된 후 인지 등 보정을 명하고 이를 보정하지 아니하였음을 이유로 소장을 각하하는 것은 정당하고, 처음의 소송상 구조신청에 대한 기각결정이 확정된 후 재차 소송상 구조신청이 있었다고 하더라도 이 구조신청이 이유 있어 받아들여졌다면 모르되 그렇지 아니하는 한 다음의 구조신청에 대한 기각결정의 확정 여부와는 상관없이 소장을 각하할 수 있다 할 것이다.[651]

2) 불 복

소장각하명령에 대하여는 즉시항고를 할 수 있다(법 제254조 제3항, 제255조 제2항).

---

646) 대법원 1975. 9. 23. 선고 75다1109 판결(사안은 인지미보정을 이유로 한 항소장각하명령).

647) 대법원 1973. 3. 20.자 70마103 결정(원심이 사자(死者)를 피고로 하는 소를 제기한 원고가 보정에 불응한다는 이유로 소각하판결이 아닌 소장각하명령을 한 것이 위법하다고 본 사안). 동지 : 대법원 2004. 11. 24.자 2004무54 결정(청구취지 및 원인을 정리하라는 명령에 불응하였다는 이유로 소장각하명령을 한 것이 위법하다고 본 사안) ; 대법원 2013. 9. 9.자 2013마1273 결정(소장의 대표자 표시가 잘못이 있으니 정정하라는 보정명령에 대한 불응을 이유로 소장각하명령을 한 것이 위법하다고 본 사안).

648) 대법원 1963. 10. 22. 선고 63아34 판결(사안은 항소장의 인지부족을 간과한 경우) ; 대법원 1969. 12. 26. 선고 67다1744,1745,1746 판결(사안은 독립당사자참가신청서의 인지부족을 간과한 경우) ; 대법원 1973. 10. 26.자 73마641 결정(사안은 항소장은 송달되었으나 그 후 기일통지서가 송달불능이 된 경우) ; 대법원 1981. 11. 26.자 81마275 결정(사안은 항소장) 참조.

649) 예컨대, 소장의 대표자 표시에 잘못이 있어 보정명령을 하였는데 원고가 이에 불응한 때에는, 판결로써 소를 각하할 수 있을 뿐이다. 대법원 2013. 9. 9.자 2013마1273 결정의 방론.

650) 대법원 2002. 9. 27.자 2002마3411 결정. 동지 : 대법원 2008. 6. 2.자 2007무77 결정.

651) 대법원 2008. 7. 1.자 2008마547 결정(사안은 항소장).

주의할 것은, 소장각하명령이 있었을 경우에는 즉시항고를 하고 그 흠을 보정하였을 경우라도 원심법원이 - 재도(再度)의 고안(考案)(법 제446조)을 하여 - 소장각하명령을 취소할 수 없다는 것이다.[652] 이는 소장의 적식(適式) 여부의 판단시점이 각하명령을 한 때이기 때문이다. 따라서, 그 경우에는 특별한 사정이 없는 한 항고법원 역시 항고를 기각하게 된다.

3) 효 력

소장각하명령으로 종국되는 사건은, 즉시항고를 할 수 있는 명령으로 종국되는 것이므로, 소장각하명령이 확정된 때에 사건이 완결된다.[653]

원고는, 소장에 대한 각하명령이 확정된 경우에는 소장에 붙인 인지액 중 일정액의 환급을 청구할 수 있다(민사소송 등 인지법 제14조 제1항 제1호).

2. 소장 부본의 송달

가. 개 관

법원은 특별한 사정이 없으면 소장의 부본을 바로 피고에게 송달하여야 한다(법 제255조 제1항, 규칙 제64조 제1항).[654]

전술한 필요적 기재사항 등에 관한 보정명령을 할 경우 등이 여기서 말하는 "특별한 사정"의 대표적인 예이다.

다만, 소액사건에서는 소장 부본을 송달하는 대신 이행권고결정을 하여 그 등본을 송달할 수도 있고, 또 실무상 그것이 사실상 원칙으로 되어 있는바, 이에 관하여서는 별항으로 상세히 살펴보기로 한다.

---

652) 대법원 1968. 7. 29.자 68사49 전원합의체 결정. 동지 : 대법원 1968. 7. 30.자 68마756 결정 ; 대법원 1969. 9. 30.자 69마684 결정(사안은 항소장) ; 대법원 1991. 1. 16.자 90마878 결정(사안은 상고장) ; 대법원 1996. 1. 12.자 95두61 결정.
주의할 것은, 이미 소장각하명령이 성립한(즉, 그 원본이 법원사무관등에게 교부된) 이상 그 명령정본이 당사자에게 고지되기 전에 부족한 인지를 보정하였다 하여 위 각하명령이 위법한 것으로 되거나 재도의 고안에 의하여 그 명령을 취소할 수 있는 것은 아니다. 대법원 2013. 7. 31.자 2013마670 결정(사안은 항소장).

653) 보존예규 제2조 제3호 아목.

654) **소액사건의 경우에도, 소장부본이나 제소조서등본은 지체없이 피고에게 송달하여야 하며**(소액사건심판법 제6조 본문), **주택임대차나 상가건물 임대차의 임차인이 임대인에 대하여 제기하는 보증금반환청구소송에서도 같다**(주택임대차보호법 제13조, 상가건물 임대차보호법 제18조).
그런데, 1983. 7. 9.「민사소송규칙」을 제정하면서 민사소송절차 일반에 관하여 같은 취지의 규정을 두기에 이르렀는바, 결국 위와 같은 소액사건심판법 제6조 본문의 규정은 중복규정이 되고 말았으므로 이제는 삭제하여야 할 것이다.

나. 소장 부본과 함께 송부하는 서류

소장 부본과 함께 「소송절차 안내서」와 「답변서요약표」도 송부함이 실무이다.[655)]

법원은 소장의 부본을 송달할 때에 피고가 원고의 청구를 다투는 경우에는 소장의 부본을 송달받은 날부터 30일 이내에 답변서를 제출하여야 한다는 취지를 피고에게 알려야 하는바(법 제256조 제2항), 이 역시 「소송절차 안내서」를 통하여 고지하고 있다.

더 나아가, **법원은 피고에게 소장의 부본을 송달할 때에 변론 없이 판결을 선고할 기일을 함께 통지할 수 있으나**(법 제257조 제3항), 실무상 그렇게까지 하는 예는 보기 어렵다.

무변론판결을 하는 경우에 관하여서는 '피고가 응소하지 아니하는 경우의 처리 및 변론 없이 원고패소판결을 하는 경우' 부분에서 후술한다.

그리고, 법원사무관등은 (소장등의) 송달을 받을 당사자 또는 대리인이 전자소송 비동의자인 경우, 소장 등 서류를 최초로 송달할 때에는 전자소송 동의의 방식과 인증번호 등이 기재된 전자소송안내서(「전자소송에 관한 안내문」)를 함께 보내야 한다.[656)]

다. 주소보정명령

소장의 부본을 송달할 수 없는 경우에는 재판장은 상당한 기간을 정하고, 그 기간 이내에 피고의 주소를 보정하도록 명하여야 한다(법 제255조 제2항, 제254조 제1항).

주의할 것은, 소장 부본을 법인의 주소지로 발송하였으나 송달불능된 경우에는, 송달장소의 일반원칙(법 제183조 제1항 본문)으로 되돌아가, 원고가 소를 제기하면서 제출한 등기사항전부증명서 등에 나타나 있는 법인의 대표자의 주소지로 소장 부본 등을 송달하여 보고, 그 곳으로도 송달되지 않을 때에 주소 보정을 명하여야 한다.[657)]

송달료가 예납되지 않은 경우에도 이를 소장 부본의 송달 불능의 상태로 보아 보정명령을 하게 된다.[658)]

여기에서 "상당한 기간"이라 함은 원고가 상대방의 주소를 알아내어 보정하거나, 또는 상대방의 주소를 조사하여 보았으나 알 수 없어서 공시송달을 신청하는 데 필요한 적절하고도 합당한 기간을 가리킨다.[659)]

---

655) '사건관리예규'; 소송절차 안내서 양식에 관한 예규(재일 2001-3) 제3조 제1항.
656) 민전예규 제60조 제1항 본문.
657) 대법원 1997. 5. 19.자 97마600 결정.
658) 대법원 1995. 10. 5.자 94마2452 결정. 위 판례는 항소장에 관한 것이나, 소장에 관하여서도 이치는 같다.
659) 대법원 1991. 11. 20.자 91마620,621 결정(사안은 항소장).

따라서, 보정기간이 언제까지라고 지정된 바 없다면 적법한 보정명령이라고 할 수 없을뿐더러,[660] 재판장이 상당한 기간을 주지 아니하고 주소보정을 명하고 이와 같은 상당한 기간이 지나지 아니하였는데도 소장을 각하하는 것은 위법하다고 보아야 할 것이다.[661]

라. 주소보정

1) 개 관

원고가 주소보정명령에 불응한 때에는 소장각하명령의 불이익을 입게 된다(법 제255조 제2항, 제254조 제2항).

주소보정명령에 대하여 독립하여 불복할 수 없음은 물론이다.

주소보정명령이 있으면, 별도의 「주소보정서」로써 피고의 보정할 수도 있으나,[662] 실무상 법원의 주소보정명령서 자체가 해당 양식으로써 피고(법인인 경우에는 그 대표자)의 주민등록표 초본(외국인인 경우에는 외국인등록 사실증명)을 발급받아 주소보정을 할 수도 있게끔 마련되어 있다.

2) 전자소송에서의 주소보정 특칙 : 주민등록정보 조회신청 등

주소보정과 관련하여 특기할 것은, 전자기록사건에서 (전자소송 동의자인) 원고 또는 청구인이 피고등(즉, 피고, 상대방, 피신청인, 채무자 등 소극적 당사자나 그 법정대리인 또는 특별대리인)[663]에 대한 주소보정명령을 송달받은 때에는 전자소송시스템에서 새 주소의 보정, 특별송달신청, 재송달신청, 공시송달신청 및 소제기신청 가운데 어느 하나를 선택할 수 있으며,[664] 이에 따라 주소보정을 하는 경우, (종이기록사건의 경우처럼 동주민센터 등에서 몸소 피고등의 주민등록표 초본을 발급받아 주소보정을 하는 대신) 피고등에 대한 주민등록정보 조회신청을 함께 할 수 있다는 점이다.[665] 그리고, 그러한 신청이 있은 경우, 법원사무관등은 대법원과 행정안전부 사이에 연계된 정보통신망을 이용하여 전송받은 피고등의 주민등록정보에 따라 피고등의 최근 주소로 송달하여야 한다.[666]

---

660) 대법원 1980. 6. 12. 선고 80마160 판결(사안은 항소장).
661) 대법원 1991. 11. 20.자 91마620,621 결정(사안은 항소장).
662) '인지액·편철방법예규'.
663) 민전예규 제17조 제3항 전문.
664) 민전예규 제63조 제1항.
이 중 소제기신청은 독촉절차 특유의 제도인바, 이에 관하여서는 '독촉절차' 부분에서 재론한다.
665) 민전예규 제63조 제2항.
666) 민전예규 제63조 제3항.

그러나 실제로는 이러한 주민등록정보 조회신청 제도는 유명무실한 것으로 되어 있다. 왜냐하면, 현행 전자소송시스템은 피고등의 주소변동이 있는 때에 한하여 주민등록정보 조회신청을 할 수 있도록 하고 있으나, 도대체 피고등의 주소변동이 있는지 여부를 아는 경우에는 - 이미 주민등록표초본을 발급받아서 이를 알게 되었고 그 주민등록초본으로써 주소보정을 하게 되므로 - 주민등록정보 조회신청 자체가 필요하지 않기 때문이다. 이는 마치 '밥을 먹고 온 사람에게만 밥상을 차려 주겠다'는 식의 기괴한 실무운용이 아닐 수 없는바, 이 점 사법당국의 재고를 요한다.

마. 소장각하명령

1) 개 관

소장의 필수적 기재사항을 보정하지 아니한 때와 마찬가지로, **원고가 보정기간 이내에 피고의 주소를 보정하지 아니한 때에도 재판장은 소장각하명령을 한다**(법 제255조 제2항, 제254조 제2항).

이는 송달료를 예납하지 아니한 경우에도 마찬가지인바,[667] 기술한 바와 같이 송달료 미납은 주소를 보정하지 아니한 것과 다를 바 없기 때문이다.

또한, 우리나라 법원의 재판권이 외국에 미치지 아니하는 경우에도 소장을 송달할 수 없으므로 재판장은 소장각하명령을 하여야 할 것이다.[668]

소장각하명령에 관한 그 밖의 사항은, 필수적 기재사항의 보정의 경우와 마찬가지이므로, 해당 부분에서 기술한 내용을 참조하기 바란다.

2) 불 복

소장각하명령에 대하여는 즉시항고를 할 수 있다(법 제254조 제3항, 제255조 제2항).

이 또한 해당 법리는 소장의 필수적 기재사항을 보정하지 아니하였음을 이유로 한 소장각하명령에 대하여 불복하는 경우와 마찬가지이므로, 해당 부분에서 기술한 내용을 참조하기 바란다.

3) 효 력

소장각하명령으로 종국되는 사건의 종국시기와 인지액 환급 역시 소장의 필수적 기재사

---

667) 대법원 1995. 10. 5.자 94마2452 결정(사안은 항소장) 참조.

668) 대법원 1975. 5. 23.자 74마281 결정. 위 판례는 대법원이 상대적 면제주의를 취하기 전의 것이기는 하나, 상대적 면제주의하에서도 달리 새길 이유는 없다.

항을 보정하지 아니하였음을 이유로 한 소장각하명령에 대하여 불복하는 경우와 마찬가지이다.

3. 소액사건의 이행권고결정 및 그 등본의 송달

가. 이행권고결정

1) 개 관

소액사건에서는, 법원은 소가 제기된 경우에 결정으로 소장 부본(원칙)**이나 제소조서등본**(구술제소의 경우. 소액사건심판법 제4조, 제5조)**을 첨부하여 피고에게 청구취지대로 이행할 것을 권고할 수 있다**(소액사건심판법 제5조의3 제1항 본문). 다만, 이행권고결정서에는 소장 부본에 첨부된 증거서류 기타 첨부서류는 첨부하지 아니한다.[669]

한편, 이행권고결정절차에서의 법원의 사무는 사법보좌관이 행할 수 있는 업무이다(법원조직법 제54조 제2항, 사법보좌관규칙 제2조 제1항 제3호의2).

이행권고결정도 사건을 완결하는 재판이므로 소송비용의 재판을 하게 된다(법 제104조 본문).

이행권고결정은 – 기간 내에 피고의 이의신청이 없는 등의 사유로 말미암아 – 확정되면 집행권원이 되나(같은 법 제5조의7 제1항, 제5조의8), **확정되지 아니한 이행권고결정은 제1심 법원에서 판결이 선고된 때에는 그 효력을 잃는다**(같은 법 제5조의7 제3항).

2) 이행권고결정을 할 수 없는 경우

다만, 다음 각호 가운데 어느 하나에 해당하는 때에는 이행권고결정을 할 수 없으므로(소액사건심판법 제5조의3 제1항 단서), 이 경우에는 전술한 일반원칙에 따라 소장 부본을 송달하게 된다.

① 독촉절차 또는 조정절차에서 소송절차로 이행된 때

제소전화해절차에서 소송절차로 이행된 때에도 이행권고결정은 할 수 없다고 할 것이다.

② 청구취지나 청구원인이 불명한 때

③ 그 밖에 이행권고를 하기에 적절하지 아니하다고 인정하는 때

이행권고를 하기에 적절하지 아니한 경우의 대표적인 예로는, 손해배상 청구(특히 감정 등에 따른 청구취지 확장이 예정되어 있는 경우)를 들 수 있다.

---

669) 「소액사건심판에 관한 사무처리요령(재민 81-6)」.

나. 이행권고결정 등본의 송달

법원사무관등은 이행권고결정서의 등본을 피고에게 송달하여야 한다(소액사건심판법 제5조의3 제3항 본문).

이행권고결정등본과 함께 「소송절차 안내서」도 송부함이 실무이다.[670]

다. 주소보정명령

이행권고결정등본이 피고에게 송달불능된 때에도 법원은 주소보정명령을 하게 된다.[671]

라. 이행권고결정의 송달불능에 따른, 일반원칙으로의 회귀

1) 개 관

주의할 것은, **이행권고결정의 송달은 공시송달**(법 제194조 내지 제196조)**로는[672] 이를 할 수 없으므로**(소액사건심판법 제5조의3 제3항 단서), 소송서류를 공시송달할 수밖에 없는 경우에는 일반원칙으로 돌아가 소장 부본을 (공시)송달하게 된다는 점이다.

위와 같이 소장 부본을 공시송달한 후의 절차에 관하여서는 '재판장의 사건처리방향 결정' 부분에서 후술한다.

2) 변론기일 지정신청

이에 따라, 원고는 이행권고결정이 피고에게 송달되지 아니하여 법원으로부터 피고의 주소에 대한 보정명령을 받은 경우에 공시송달에 의하지 아니하고는 송달할 방법이 없음을 소명하여 변론기일 지정신청을 할 수 있다(소액사건심판규칙 제3조의3 제1항).

따라서 위 경우 원고는, 주소보정명령에 따라 ('소장 부본의') 공시송달신청을 하거나,[673] – '소장 부본'을 공시송달하여 줄 것을 신청하는 취지의 – 「변론기일지정신청서」를 제출하여야 한다(같은 법 제5조의3 제4항 참조).[674]

---

670) 소송절차 안내서 양식에 관한 예규(재일 2001-3) 제3조 제1항.

671) 그런데 후술하는 바와 같이 이행권고결정은 공시송달할 수 없으므로 주소보정명령 양식이 소장의 경우와는 다르게 마련되어 있다.

672) 소액사건심판법 제5조의3 제3항 단서 및 소액사건심판규칙 제3조의3 제1항의 법문은 발송송달(법 제187조)도 거론하고 있으나, 이행권고결정등본을 발송송달할 경우란 상정하기 어렵다.

673) 실무상 법원의 주소보정명령서 자체가 해당 양식으로써 그와 같은 신청을 할 수 있도록 마련되어 있다.

674) '인지액·편철방법예규'.

4. 소장 부본 또는 이행권고결정등본 송달의 효력

가. 소송계속의[675] 발생

소송계속의 발생시기는 소장 부본이 피고에게 송달된 때이다.[676]

다만, 소액사건에서 이행권고결정을 한 경우, **피고에게 이행권고결정서의 등본이 송달된 때에는 소장 부본이나 제소조서 등본이 송달된 것으로 보므로**(소액사건심판법 제6조 단서), 이 경우의 소송계속 발생시기는 이행권고결정 등본이 송달된 때라고 하겠다.

소송의 계속 여부는 직권조사사항에 속한다.[677]

나. 중복된 소제기의 금지

1) 개 관

법원에 계속되어 있는 사건에 대하여 당사자는 다시 소를 제기하지 못한다(법 제259조).

중복된 소제기를 금지하는 취지는, 이미 법원에 계속되어 있는 사건에 대하여 다시 소를 제기하는 것은 소송제도의 남용으로서 이를 허용하면 상대방 당사자에게 이중 응소의 부담을 지우고 심리가 중복되어 소송경제에 반하므로 그러한 불합리를 피하고 판결의 모순·저촉을 방지하는 데 있다고 할 것이다.[678]

중복제소금지는 소송계속으로 인하여 당연히 발생하는 소송요건의 하나로서, 이미 동일한 사건에 관하여 전소(前訴)가 제기되었다면 설령 그 전소가 소송요건을 흠결하여 부적법하다고 할지라도 후소(後訴)의 변론종결시까지 취하·각하 등에 의하여 소송계속이 소멸되지 아니하는 한 후소는 중복제소금지에 위배하여 각하를 면치 못하게 된다.[679]

즉, 소가 중복제소에 해당하지 아니한다는 것은 소극적 소송요건으로서 법원의 직권조사

---

675) 보통 "係屬"이라고 표현하나, "繫屬"이라고 쓰기도 한다.

676) 대법원 1994. 11. 25. 선고 94다12517,12524 판결.

677) 대법원 1982. 1. 26. 선고 81다849 판결.

678) 대법원 2013. 12. 18. 선고 2013다202120 전원합의체 판결. 동지 : 대법원 1960. 4. 21. 선고 4292민상310 판결.

679) 대법원 1998. 2. 27. 선고 97다45532 판결. 동지 : 대법원 2017. 11. 14. 선고 2017다23066 판결(A 보험회사가 B와 체결한 소액대출보증보험계약에 따라 보험금을 지급한 후 B를 상대로 구상금의 지급을 구하는 소를 제기하였고, 항소심에서 C 유한회사가 A회사로부터 채권을 양수하였다고 주장하며 승계참가신청을 하여 C 회사의 청구를 전부 인용하는 판결이 선고·확정되었는데, C 회사가 위 판결이 선고되기 전 B를 상대로 A 회사로부터 양수받은 채권의 지급을 구하는 소를 제기한 사안에서, B 회사의 청구는 중복소송에 해당하고 선행사건의 항소심판결이 그대로 확정되었으므로 권리보호의 이익도 없어 부적법하다고 한 사례).

사항이다.680)

그러나, 위와 같이 전소의 소송계속이 요건인 이상, 전소가 이미 확정판결로서 종료된 소송인 경우에는, 권리보호의 이익 문제나 기판력 문제는 별론으로 하고, 후소가 중복제소가 되는 것은 아님은 물론이다.681)

일부청구임을 명시한 소송의 계속중 유보한 나머지 청구를 별도의 소송으로 제기한 경우에도 중복제소에는 해당하지 아니한다.682) 그러나, 이 경우에, 묵시적 일부청구의 경우와 마찬가지로, 오히려 청구취지의 확장 또는 추가를 함이 적절함은 물론이다.

전소, 후소의 판별기준은 소송계속의 발생시기의 선후에 의할 것이며,683) 비록 소제기에 앞서 가압류, 가처분등의 보전절차가 경료되어 있다 하더라도 이를 기준으로 전소, 후소 여부를 결정할 것은 아님은 물론이다.684)

2) 별소로 계속중인 채권을 자동채권으로 하는 상계의 주장이 후소에서 허용되는지 여부

그러나, 상계의 항변을 제출할 당시 이미 자동채권과 동일한 채권에 기한 소송을 별도로 제기하여 계속 중인 경우, 사실심의 담당재판부로서는 전소와 후소를 같은 기회에 심리·판단하기 위하여 이부, 이송 또는 변론병합 등을 시도함으로써685) 기판력의 저촉·모순을 방지함과 아울러 소송경제를 도모함이 바람직하다고 할 것이나, 그렇다고 하여 특별한 사정이 없는 한 별소로 계속 중인 채권을 자동채권으로 하는 소송상 상계의 주장이 허용되지 않는다고 볼 수는 없다.686)

한편, 별도로 제기된 소송에서 판결에 의하여 확정된 채권을 자동채권으로 하여 상계항변을 할 수 있음은 당연하다.687)

---

680) 대법원 1990. 4. 27. 선고 88다카25274,25281(참가) 판결. 동지 : 대법원 1967. 10. 31. 선고 67다1848 판결.

681) 대법원 1960. 4. 21. 선고 4292민상310 판결 참조.

682) 대법원 1985. 4. 9. 선고 84다552 판결.
판례의 사안은 불법행위에 기한 손해배상 청구에 관한 것이나, 여타 경우에도 달리 새길 이유는 없다.

683) 대법원 1989. 4. 11. 선고 87다카3155 판결. 동지 : 대법원 1990. 4. 27. 선고 88다카25274,25281(참가) 판결 ; 대법원 1992. 5. 22. 선고 91다41187 판결.

684) 대법원 1989. 4. 11. 선고 87다카3155 판결. 동지 : 대법원 1990. 4. 27. 선고 88다카25274,25281(참가) 판결.

685) 이에 관한 상세는 '제3자의 소송인입' 중 부분에서 논한다.

686) 대법원 2001. 4. 27. 선고 2000다4050 판결.
이부, 이송 또는 변론병합 등에 관하여서는 '제3자의 소송인입' 부분에서 논한다.

687) 대법원 2000. 10. 6. 선고 2000다39049 판결.

3) 채무자가 제3채무자를 상대로 제기한 이행의 소가 법원에 계속되어 있는 상태에서 압류채권자가 제3채무자를 상대로 추심의 소를 제기하는 것이 중복제소인지 여부

특기할 것은, 채무자가 제3채무자를 상대로 제기한 이행의 소가 법원에 계속되어 있는 경우에도 압류채권자는 제3채무자를 상대로 압류된 채권의 이행을 청구하는 추심의 소를 제기할 수 있고, 제3채무자를 상대로 압류채권자가 제기한 추심의 소는 채무자가 제기한 이행의 소에 대한 관계에서 중복된 소제기(법 제259조)에 해당하지 아니한다고 봄이 타당하다는 것이 판례이다.[688]

이는 그렇게 하더라도 제3채무자에게 불합리하게 과도한 이중 응소의 부담을 지우고 본안 심리가 중복되어 당사자와 법원의 소송경제에 반한다거나 판결의 모순·저촉의 위험이 크다고 볼 수 없음을 근거로 한다.[689]

그러나 이러한 판례는, 전소가 부적법하다 하더라도 후소는 중복제소라는 일반론과는 논리가 일관되지 아니한다.[690]

4) 중복제소금지 위반의 효과

중복제소금지의 위반이 소각하판결의 사유임은 전술하였다.

그러나, 중복제소금지의 원칙에 위배되어 제기된 소에 대한 판결이라도 확정된 경우에는 당연무효라고 할 수는 없으며,[691] 이 경우 전소판결과 후소판결이 모두 기판력을 가진다.

다만 위 경우는, 재심을 제기할 판결이 전에 선고한 확정판결에 어긋나는 때(법 제451조 제10호)에 해당하므로, 재심을 청구할 수는 있다.

5. 소송계속후 법원의 처리

가. 답변서 등의 제출의 대기

소장 부본이 공시송달 외의 방법으로 송달된 사건은, 소액사건이 아니라면, 특별한 사정이 없는 한 30일 이상 피고의 답변서 제출을 기다리는 것이 원칙이며(법 제256조 제1항 본문, 소액사건심판법 제7조 제1항 참조), 이행권고결정이 송달된 소액사건은 특별한 사정이 없는 한 이의

---

688) 대법원 2013. 12. 18. 선고 2013다202120 전원합의체 판결.
다만, 이 경우에 압류채권자는 채무자의 소송에 승계참가를 할 수도 있다. 같은 판결.

689) 대법원 2013. 12. 18. 선고 2013다202120 전원합의체 판결.

690) 동지 : 대법원 2013. 12. 18. 선고 2013다202120 전원합의체 판결의 반대의견.

691) 화해의 경우에도 같은 논리가 적용된다. 대법원 1995. 12. 5. 선고 94다59028 판결.

신청기간 만료시까지 피고의 이의신청을 기다리게 된다. 피고의 응소에 관하여서는 별항으로 상세히 살펴본다.

나. 피고가 응소하지 아니하는 경우의 처리

한편, 피고가 공시송달 외의 방법으로 소장 부본을 송달받고서도 응소하지 아니한 때에는 무변론판결을 선고할 수 있고(법 제257조 제1항), 피고가 이행권고결정등본을 송달받고서도 이의신청을 하지 아니한 때에는 이행권고결정이 확정되며(소액사건심판법 제5조의7 제1항 제2호), 그 밖에도 변론 없이 판결을 선고할 수 있는 경우들이 있다.

이러한 사항들에 관하여서도 '피고가 응소하지 아니하는 경우의 처리 및 변론 없이 원고패소판결을 하는 경우' 부분에서 상세히 살펴볼 것이다.

이와 관련하여 주의할 것은, 공시송달로 소장 부본이 송달된 사건에서는 무변론판결을 할 수가 없고, 반드시 변론기일을 열어야 한다는 점이다.

다. 사건처리방향의 결정

소송계속이 발생한 이상, 답변서 제출기간 또는 이행권고결정에 대한 이의신청기간 중에 피고가 응소한 경우, 또는 위와 같은 기간의 도과를 기다릴 필요가 없는 경우에는, 재판장이 사건처리방향을 결정하여야 한다. 원칙적인 사건처리방향은 제1차 변론기일을 지정하는 것이다.

그런데, 그와 같이 사건처리방향이 결정되기에 앞서, 사건을 이송하거나 당사자의 표시정정 또는 경정이 문제되는 상황이 실무상 왕왕 발생한다. 따라서, 먼저 그와 같은 사항들을 검토하고 난 후에, '재판장의 사건처리방향 결정' 부분에서 해당 문제를 살펴보기로 하겠다.

6. 소장심사권 등의 소송중의 소에의 준용

소송중의 소에 관하여서도, 재판장의 소장심사권이 문제되며, **그러한 신청서에 대한 각하명령이 확정된 경우에는 신청서에 붙인 인지액 중 일정액의 환급을 청구할 수 있다**(민사소송 등 인지법 제14조 제1항 제1호).

또한, 해당 신청서, 즉 소장에 준하는 서면의 부본은 특별한 사정이 없으면 지체 없이 상대방에게 송달하여야 하고(규칙 제64조 제2항), 이에 따라 소송계속의 제효과(諸效果)가 발생한다.[692]

그러나, 소송계속후 법원의 처리 절차는, 소송중의 소에서는 그 성질상 문제되지 아니한다.

Ⅳ. 피고의 응소

1. 답 변 서

가. 개 관[693]

1) 원 칙

피고가 원고의 청구를 다투는 경우에는 소장의 부본을 송달받은 날부터 30일 이내에 「답변서」를[694] 제출하여야 한다(법 제256조 제1항 본문).

답변서에는 준비서면에 관한 규정을 준용하는바(같은 조 제4항), 답변서를 기한 내에 제출하지 아니한 때에는 무변론판결의 불이익을 입을 수 있으므로(법 제257조 제1항), 결국 답변서란 무변론판결을 저지하는 효력을 갖는 일종의 준비서면이라고 할 수 있다.[695]

그러나, 위와 같은 효력을 차치하더라도, 답변서는 그 진술내용에 따라 사건진행이 궤도를 달리하게 되는 중요한 서면이며(법 제257조 제2항 참조), 이 점은 바로 후술하는 소액사건의 경우에도 마찬가지이다.

주의할 것은, 후술하듯이 답변서에서도 본안의 신청인 소장에 대응하여 판결사항의 신청을 하게 되지만, 이는 본안의 신청이 아니라 소송상의 신청이다(다수설). 왜냐하면, 법원이 판결로써 응답할 의무가 답변서 제출에 따라 비로소 발생하는 것이 아니기 때문이다.

다만, 피고가 공시송달의 방법에 따라 소장의 부본을 송달받은 경우에는 답변서 제출의무가 없다(법 제256조 제1항 단서). 따라서, 답변서 제출의무를 전제로 하는 무변론판결 역시 이 경우에는 적용이 없다. 이에 관하여 상세한 것은, '피고가 응소하지 아니하는 경우의 처리 및 변론 없이 원고패소판결을 하는 경우' 부분에서 후술한다.

---

692) 대법원 1992. 5. 22. 선고 91다41187 판결(사안은 청구의 추가적 변경).

693) cf. 제출의무 있는 답변서의 제도는, 2002. 1. 26. 법률 제6626호로 「민사소송법」을 전부개정하면서 신설한 것이다.

694) '인지액·편철방법예규'.

695) 소장에 대하여 제출하는 이 답변서 외에, 상고이유에 대한 답변서(법 제428조 제2항)도 있으나, 후자는 전자와는 성질이 판이하며, 후자에 관해서는 '상고, 재항고 및 특별항고' 부분에서 살펴보겠다.

2) 예 외

가) 소액사건의 경우

소액사건에서 이행권고결정이 있은 경우에는, 피고가 그 효력을 저지하기 위하여서는 우선 이의신청부터 하여야 한다. 이 경우의 답변서에 관하여 특유한 사항은 해당 부분에서 후술하기로 한다.

이행권고결정을 하지 아니한 소액사건이라도 무변론판결 및 이를 전제로 한 답변서 제출 의무는 문제되지 아니한다(소액사건심판법 제7조 제1항 참조).

그러나, 어느 경우에나 소송관계의 명확화와 심리 촉진을 위하여 답변서 제출이 바람직하므로, 실무 또한 이를 요구하고 있다.[696]

나) 소송비용담보제공신청에 따른 응소거부

(1) 개 관

원고가 대한민국에 주소·사무소와 영업소를 두지 아니한 경우 또는 원고의 청구가 이유 없음이 명백한 때에는 피고가 답변서 제출 대신 소송비용담보제공신청을 할 수도 있는바(법 제117조), **담보제공을 신청한 피고는 원고가 담보를 제공할 때까지 소송에 응하지 아니할 수 있다**(법 제119조).

이러한 소송비용담보제공신청에 관하여서는 '소송비용의 담보' 부분에서 상세히 살펴보기로 한다.

그런데, 소송비용담보제공신청이 기각된 경우에는 이러한 응소거부권이 상실되는 것으로 해석된다. 다만, 응소거부권이 그 기각결정시에 바로 상실되는지, 아니면 기각결정이 확정되어야 비로소 상실되는지(법 제121조 참조)에 관하여서는 논란이 있으나, 관견으로는 후자의 견해가 타당하다고 본다.

(2) 소송에 응함으로 말미암은 신청권의 상실

담보를 제공할 사유가 있다는 것을 알고도 피고가 본안에 관하여 변론하거나 변론준비기일에서 진술한 경우에는 담보제공을 신청하지 못한다(법 제118조).

즉, 적법한 담보제공신청 없이 피고가 본안에 관하여 변론하거나 변론준비기일에서 진술한 경우 담보제공신청권을 상실한다.[697]

---

696) 그리고, 소액사건의 성질상 제1차 변론기일의 7일 전까지 원고에게 송달될 수 있도록 적당한 시기에 제출함이 바람직하다고 하겠다(위 규정 및 규칙 제69조의3 참조).

697) 대법원 2018. 6. 1.자 2018마5162 결정.

그 상실의 효과는 제1심만이 아니라 소송이 계속되어 있는 상급심에까지 미친다.[698]

그러나, 반면 피고가 적법한 담보제공신청을 한 경우에는, 그 후 응소를 거부하지 않고 본안에 관하여 변론 등을 하였더라도 이미 이루어진 담보제공신청의 효력이 상실되거나 그 신청이 부적법하게 되는 것은 아님은 물론이다.[699]

(3) 다른 법률에 따른 소송비용 담보에의 준용

전술한 (응소)**거부권은 다른 법률에 따른 소제기에 관하여 제공되는 담보에서도 마찬가지이다**(법 제127조, 제119조).

그리고, 다른 법률에서 소송비용의 담보를 규정한 대표적인 예는 회사관계소송에서 찾아볼 수 있다. 예컨대, 주주의 대표소송이 제기된 때에는 법원은 – 원고의 청구가 악의라는 점의 소명이 있으면 – 회사의 청구에 의하여 상당한 담보를 제공할 것을 명할 수 있다(상법 제403조 제7항, 제176조 제3항, 제4항). 그리고, 이와 같은 담보제공명령이 있는 경우에도 피고는 담보제공시까지 응소거부권을 갖는 것이다.

특기할 점은, 민사소송법상의 소송비용담보와 달리, 이 경우에는 법원이 직권으로 담보제공명령을 할 수는 없고, 신청시기의 제약이 없다(법 제127조에서 법 제118조의 부준용).

3) 피고의 응소와 시효중단의 문제

시효를 주장하는 자가 원고가 되어 소를 제기한 데 대하여 피고로서 응소하여 그 소송에서 적극적으로 권리를 주장하고 그것이 받아들여진 경우도, 시효중단사유인 재판상의 청구(민법 제168조 제1호, 제170조 제1항)에 포함되는 것으로 해석된다.[700]

한편, 이 경우에도 해당 판결이 확정된 때부터 새로이 그 시효가 진행하는 것으로 해석된다.[701]

나. 기재사항

1) 개 관

답변서에도 사건의 표시, 당사자의 성명·명칭 또는 상호와 주소, 대리인의 성명과 주소를

---

698) 대법원 1989. 10. 16.자 89카78 결정. 동지: 대법원 2008. 5. 30.자 2008마568 결정.

699) 대법원 2018. 6. 1.자 2018마5162 결정.

700) 대법원 1993. 12. 21. 선고 92다47861 전원합의체 판결(원고가 피담보채권의 부존재를 이유로 근저당권설정등기말소 청구의 소를 제기한 데 대하여, 피고가 피담보채권의 존재를 주장하여 승소한 경우, 위 주장에 의하여 위 피담보채권의 소멸시효가 중단되었다고 본 사안).

701) 대법원 1993. 12. 21. 선고 92다47861 전원합의체 판결.

적고(법 제274조 제1항 제3호, 제1호, 제2호의 준용), 답변서를 통하여 원고의 공격방법에 대한 진술, 방어방법을 제출할 수 있으며(같은 조 제5호, 제4호의 준용. 규칙 제65조 제1항 제1호, 제2호 참조), 증거방법(법 제274조 제2항. 규칙 제65조 제1항 제3호 참조), 덧붙인 서류의 표시, 제출일과 법원의 표시도 적어야 한다(법 제274조 제6호 내지 제8호의 준용). 상세한 것은 이 책 보론의 '민사서면 작성법'에서 다루는 바와 같다.

그런데, 답변서에는 그 밖에도 기재하여야 할 것들이 있다(규칙 제65조 제1항). 이를 차례로 살펴보면 다음과 같다.

2) 청구취지에 대한 답변

가) 개 관

답변서에는 청구의 취지에 대한 답변을 적어야 한다(규칙 제65조 제1항).

이는 상대방의 청구에 대한 진술(법 제274조 제1항 제5호)의 일종이나, 이는 그 내용에 따라 사건진행이 궤도를 달리하게 되는 중요한 기재사항이다.

그 기재례는 일반적으로 원고 패소주문의 기재례와 원칙적으로 대응하는바, 구체적으로는 다음과 같은 것들이 있다.

나) 본안의 답변

청구취지에 대한 답변에서는 일반적으로, 청구의 기각 및 소송비용의 원고 부담을 구하게 된다. 즉, 그 내용이 청구기각판결의 주문과 대응한다.

다) 소각하의 답변

그러나, 소가 부적법할 때에는, 청구취지에 대한 답변이 소의 각하 및 소송비용의 원고 부담을 구하는 내용이 된다.

라) 소송이송신청 : 변론관할의 문제[702)]

원고가 관할에 위반하여 소를 제기한 경우에는, 그 경우에는 소송이송결정을 구하는 답변을 하여야 한다는 것이 된다.

이와 같이 소송이송신청의 답변을 하여야 하는 이유는 변론관할 때문이다. 즉, **피고가 제1심 법원에서 관할위반이라고 항변하지 아니하고 본안(本案)에 대하여 변론(辯論)하거나 변론준**

---

702) cf. 구법(2002. 1. 26. 법률 제6626호로 전부개정되기 전의 것) 제27조는 "응소관할(應訴管轄)"이라는 용어를 사용하였다.

비기일에서 진술하면 그 법원은 관할권을 가진다(법 제30조).

그런데, 변론관할이 피고의 본안에 대한 변론이나 준비절차에서의 진술은 현실적인 것이어야 하므로 피고의 불출석에 의하여 답변서 등이 법률상 진술 간주되는 경우는 이에 포함되지 아니한다.[703)]

그러나, **전속관할이 정하여진 소는,** 반드시 그 법원에 이를 제기하여야 하므로, **변론관할이 발생할 수 없다**(법 제31조에서 제30조의 부적용).

마) 국제변론관할의 문제

주의할 것은, 피고가 소장 부본을 적법하게 송달받고 실제 적극적으로 응소하였다면 이러한 사정은 대한민국 법원에 관할권을 인정하는 데 긍정적으로 고려할 수 있다.[704)]

즉, 당사자 또는 분쟁이 된 사안이 대한민국과 실질적 관련이 없다 하더라도, 피고가 (우리나라) 제1심 법원에서 관할위반이라고 항변하지 아니하고 본안에 대하여 변론하거나 변론준비기일에서 진술하면 (우리나라) 제1심 법원에 국제재판관할권이 생겼다고 봄이 상당하다(법 제30조의 준용).[705)]

따라서, 위와 같은 경우에 피고로서는, 국제재판관할권의 흠결을 들어, 소각하의 답변을 하여야 한다는 것이 된다.

바) 청구인낙 또는 화해 등의 의사표시

이론적으로, 답변서에 청구인낙의 의사표시를 적는 것도 불가능한 것은 아니다(법 제148조 제2항 참조).

또한, 답변서에 조정을 희망하는 의사를 표시하는 것 역시 가능하다(법 제148조 제2항, 제3항 참조).

3) 청구원인에 대한 답변

가) 개 관

답변서에는 다음 각 호의 사항도 적어야 한다(규칙 제65조 제1항).

① 소장에 기재된 개개의 사실에 대한 인정 여부

즉, 소장에 기재된 개개의 사실에 대하여 부인, 자백, 부지 중의 하나의 답변을 하여야

---

703) 대법원 1980. 9. 26.자 80마403 결정.

704) 대법원 2021. 2. 4. 선고 2017므12552 판결.

705) 대법원 2014. 4. 10. 선고 2012다7571 판결 참조.

한다.

이론적으로는, 피고가 청구원인사실을 모두 자백하고 따로 항변을 하지 아니할 수도 있으나(법 제257조 제2항), 이때에는 법원이 무변론판결을 할 수 있다(같은 항).

② 항변과 이를 뒷받침하는 구체적 사실

③ 이상에 관한 증거방법

즉, 부인하는 사실이나 항변사실에 관한 증거방법을 적어야 한다.

이 또한 일반적으로 "입증방법"(또는 "증거방법")이라는 항목으로서 답변서에 첨부한 서증의 목록을 적는 방식으로 기재한다. 이러한 첨부서류에 관하여서는 별항으로 후술한다.

나) 본안전 항변의 문제

소송요건이 비록 직권조사사항이고 그 입증책임이 원고에게 있기는 하지만,[706] 피고가 소송요건의 존재를 다투지 않거나 제출된 자료로 보아 그 존재에 의문이 없는 한 법원이 이를 석명하거나 심리판단할 의무는 없는 것이므로,[707] 피고로서는 소송요건의 존재에 의문이 있을 경우 필히 본안전 항변을 하고 또 그 증거가 있다면 제출할 필요가 있다는 것이 된다.

더욱이, 후술하는 방소항변(妨訴抗辯)의 경우에는, 특히 개중에서도 항변사항에 불과한 경우에는 아예 피고에게 입증책임이 있으므로, 더욱 이를 주장·입증할 필요가 있다.

다) 특허권 침해소송에서 구체적 행위태양 제시의무

특허권 또는 전용실시권 침해소송에서 특허권자 또는 전용실시권자가 주장하는 침해행위의 구체적 행위태양을 부인하는 당사자는 자기의 구체적 행위태양을 제시하여야 한다(특허법 제126조의2 제1항).

당사자가 정당한 이유 없이 자기의 구체적 행위태양을 제시하지 않는 경우에는 법원은 특허권자 또는 전용실시권자가 주장하는 침해행위의 구체적 행위태양을 진실한 것으로 인정할 수 있다(같은 조 제4항).

다만, 이상의 사항은 실용신안권의 침해소송에는 해당이 없으며(실용신안법 제30조에서 특허법 제126조의2의 부준용), 디자인권, 상표권, 품종보호권의 침해소송에도 해당이 없다.

---

706) 대법원 1997. 7. 25. 선고 96다39301 판결.

707) 대법원 1996. 3. 12. 선고 94다56999 판결 참조.
석명의무에 관하여서는, '변론의 실시방법' 부분에서 후술한다.

다. 첨부서류

답변서에도 증거방법 중 입증이 필요한 사실에 관한 중요한 서증의 사본을 첨부하여야 한다(규칙 제65조 제2항).

라. 인지첩부의 불요

답변서에는 인지를 붙이지 아니한다(민사소송 등 인지법 제10조 단서).

2. 주요한 방소항변(妨訴抗辯)

가. 중재합의

1) 개 관

"중재합의"란 계약상의 분쟁인지 여부에 관계없이 일정한 법률관계에 관하여 당사자 간에 이미 발생하였거나 앞으로 발생할 수 있는 분쟁의 전부 또는 일부를 중재에 의하여 해결하도록 하는 당사자 간의 합의를 말한다(중재법 제3조 제2호).[708]

중재합의는 독립된 합의 또는 계약에 중재조항을 포함하는 형식으로 할 수 있으나(중재법 제8조 제1항), **서면으로 하여야 한다**(같은 조 제2항).

구체적인 중재조항이 중재합의로서 효력이 있는 것으로 보기 위하여서는, 「중재법」이 규정하는 중재의 개념, 중재합의의 성질이나 방식 등을 기초로 해당 중재조항의 내용, 당사자가 중재조항을 두게 된 경위 등 구체적 사정을 종합하여 판단하여야 한다.[709]

그리고, 중재합의는, 중재조항이 명기되어 있는 계약 자체뿐만 아니라, 그 계약의 성립과 이행 및 효력의 존부에 직접 관련되거나 밀접하게 관련된 분쟁에까지 그 효력이 미친다.[710]

그런데, 이른바 선택적 중재조항은 계약의 일방 당사자가 상대방에 대하여 조정(또는 판결)이 아닌 중재절차를 선택하여 그 절차에 따라 분쟁해결을 요구하고 이에 대하여 상대방이 별다른 이의 없이 중재절차에 임하였을 때 비로소 중재합의로서 효력이 있다고 할 것이고,[711] 일방 당사자의 중재신청에 대하여 상대방이 중재신청에 대한 답변서에서 중재합의의

---

708) cf. 구 중재법(1999. 12. 31. 법률 제6083호로 전부개정되기 전의 것) 제2조 제1항은 "중재계약"이라는 용어를 사용하였다.

709) 대법원 2004. 11. 11. 선고 2004다42166 판결. 동지 : 대법원 2003. 8. 22. 선고 2003다318 판결(사안은 구 중재법) ; 대법원 2005. 5. 13. 선고 2004다67264,67271 판결.

710) 대법원 2005. 5. 13. 선고 2004다67264,67271 판결.

711) 대법원 2004. 11. 11. 선고 2004다42166 판결("관계 법률의 규정에 의하여 설치된 조정위원회 등의 조정

부존재를 적극적으로 주장하면서 중재에 의한 해결에 반대한 경우에는 중재합의로서의 효력이 있다고 볼 수 없다.[712)]

2) 중재합의와 법원에의 제소

중재합의의 대상인 분쟁에 관하여 소가 제기된 경우에 피고가 중재합의존재의 항변을 하는 때에는 법원은 그 소를 각하하여야 한다(중재법 제9조 제1항 본문).[713)]

이는 중재지가 아직 정해지지 아니하였거나 대한민국이 아닌 경우에도 마찬가지이다(중재법 제2조 단서 전단).

주의할 것은, **피고는 위 항변을 본안에 관한 최초의 변론을 할 때까지 하여야 한다**(중재법 제9조 제2항).

즉, 그러한 항변을 제출함이 없이 본안에 관한 실질적인 변론을 하여 본안의 심리에 들어간 후에는 그러한 방소항변을 제출할 수 없다.[714)]

또한, **중재합의가 없거나 무효이거나 효력을 상실하였거나 그 이행이 불가능한 경우에도 법원은 소를 각하할 수 없다**(같은 조 제1항 단서).[715)]

다만, 계약 당사자 사이에 중재약정이 있는 경우 당사자 중 일방의 중재절차를 거치지 않은 제소에 대하여 상대방이 중재합의의 존재를 들어 항변을 제기하지 않고 본안판결을 받았다 하여 당사자 사이에 위 중재합의를 해지하기로 하는 묵시적인 합의가 이루어진 것으로 볼 수 없다.[716)]

또는 중재법에 의한 중재기관의 중재에 의하고, 조정에 불복하는 경우에는 법원의 판결에 의한다"라고 정한 경우). 동지 : 대법원 2003. 8. 22. 선고 2003다318 판결("국적이 같은 구매자와 공급자 간의 분쟁은 구매자 국가의 법에 따라 관결 또는 중재에 의하여 해결되어야 한다"라고 정한 경우) ; 대법원 2005. 5. 27. 선고 2005다12452 판결(조정 또는 중재를 분쟁해결방법으로 정한 경우).

한편, 선택적 중재조항이 아닌 일반적인 중재조항은, 전속적 중재조항이라고도 지칭한다. 대법원 2005. 5. 13. 선고 2004다67264,67271 판결 참조.

712) 대법원 2004. 11. 11. 선고 2004다42166 판결. 동지 : 대법원 2003. 8. 22. 선고 2003다318 판결 ; 대법원 2005. 5. 27. 선고 2005다12452 판결.

713) cf. 구 중재법(1999. 12. 31. 법률 제6083호로 전부개정되기 전의 것) 제3조 본문은 "중재계약의 당사자는 중재판정에 따라야 한다."라고만 규정하고 있었다.

714) 대법원 1996. 2. 23. 선고 95다17083 판결. 동지 : 대법원 1991. 4. 23. 선고 91다4812 판결.

715) cf. 구 중재법(1999. 12. 31. 법률 제6083호로 전부개정되기 전의 것) 제3조 단서는 "(중재계약의 당사자는) 다만, 중재계약이 무효이거나 효력을 상실하였거나 이행이 불능일 때에 한하여 소를 제기할 수 있다."라고만 규정하고 있었고, 구 중재법(2016. 5. 29. 법률 제14176호로 개정되기 전의 것) 제9조 단서는 "중재합의가 부존재·무효이거나 효력을 상실하였거나 …"라고 표현하고 있었다.

716) 대법원 1992. 1. 21. 선고 91다7774,7781(반소) 판결.

나. 부제소합의(不提訴合意)(부제소특약(不提訴特約))

1) 개 관

특정한 권리나 법률관계에 관하여 분쟁이 있어도 제소하지 아니하기로 합의한 경우 이에 위배되어 제기된 소는 권리보호의 이익이 없고, 또한 당사자와 소송관계인은 신의에 따라 성실하게 소송을 수행하여야 한다는 신의성실의 원칙(민사소송법 제1조 제2항)에도 어긋나는 것이므로,[717] 소가 부제소 합의에 위배되어 제기된 경우 법원은 직권으로 소의 적법 여부를 판단할 수 있다.[718]

소제기후에 그와 같은 합의를 하였더라도 마찬가지이다.[719]

결국, 유효한 부제소합의가 있으면 해당 채무는 이른바 자연채무가 된다.

물론, 부제소특약의 대상이 되는 권리관계는 당사자가 자유롭게 처분할 수 있는 것이어야 한다.[720]

2) 요 건

권리의무의 주체인 당사자 간에서의 부제소 합의라도 그 당사자가 처분할 수 있는 특정된 법률관계에 관한 것으로서 그 합의 당시 각 당사자가 예상할 수 있는 상황에 관한 것이어야 유효하게 된다.[721]

그러나, **약관에서, 고객에 대하여 부당하게 불리한 소제기 금지 조항은 이를 무효로 한다**(약관의 규제에 관한 법률 제14조 제1호).

더 나아가, 매매계약과 같은 쌍무계약이 급부와 반대급부와의 불균형으로 말미암아 민법

---

717) 대법원 2013. 11. 28. 선고 2011다80449 판결. 동지 : 대법원 1993. 5. 14. 선고 92다21760 판결.

718) 대법원 2013. 11. 28. 선고 2011다80449 판결.

719) 대법원 1993. 5. 14. 선고 92다21760 판결.

720) 대법원 2008. 2. 14. 선고 2006다18969 판결 참조.
따라서, 예컨대, 공법상의 권리관계를 대상으로 한 부제소합의는 허용될 수 없다. 대법원 1998. 8. 21. 선고 98두8919 판결.

721) 대법원 2002. 2. 22. 선고 2000다65086 판결. 동지 : 대법원 1999. 3. 26. 선고 98다63988 판결 ; 대법원 2013. 11. 28. 선고 2011다80449 판결 ; 대법원 2019. 8. 14. 선고 2017다217151 판결.
따라서, 예컨대,노동조합이 조합규약에 근거하여 자체적으로 만든 신분보장대책기금관리규정에 기한 위로금의 지급을 둘러싼 노동조합과 조합원 간의 분쟁에 관하여 노동조합을 상대로 일절 소송을 제기할 수 없도록 정한 규정은, 조합원의 재산권에 속하는 위로금의 지급을 둘러싸고 생기게 될 조합원과 노동조합 간의 법률상의 쟁송에 관하여 헌법상 보장된 조합원의 재판을 받을 권리를 구체적 분쟁이 생기기 전에 미리 일률적으로 박탈한 것으로서 국민의 재판을 받을 권리를 보장한 헌법 및 법원조직법의 규정과 부제소 합의 제도의 취지에 위반되어 무효라고 할 것이다. 대법원 2002. 2. 22. 선고 2000다65086 판결.

제104조에서 정하는 '불공정한 법률행위'에 해당하여 무효라고 한다면, 그 계약으로 인하여 불이익을 입는 당사자로 하여금 위와 같은 불공정성을 소송 등 사법적 구제수단을 통하여 주장하지 못하도록 하는 부제소합의 역시 다른 특별한 사정이 없는 한 무효이다.[722)]

3) 해석 내지 심리

가) 존부 판단

부제소합의는 소송당사자에게 헌법상 보장된 재판청구권의 포기와 같은 중대한 소송법상의 효과를 발생시키는 것이다. 이와 같이 그 합의의 존부 판단에 따라 당사자들 사이에 이해관계가 극명하게 갈리게 되는 소송행위에 관한 당사자의 의사를 해석할 때는 표시된 문언의 내용이 불분명하여 당사자의 의사해석에 관한 주장이 대립할 소지가 있고 나아가 당사자의 의사를 참작한 객관적·합리적 의사해석과 외부로 표시된 행위에 의하여 추단되는 당사자의 의사조차도 불분명하다면, 가급적 소극적 입장에서 그러한 합의의 존재를 부정할 수밖에 없다.[723)]

나) 효력 판단

그런데, 부제소 합의의 효력의 유무나 범위를 둘러싸고 이견이 있을 수 있는 경우에는 당사자의 의사를 합리적으로 해석한 후 이를 판단하여야 한다.[724)]

따라서 당사자들이 부제소 합의의 효력이나 그 범위에 관하여 쟁점으로 삼아 소의 적법 여부를 다투지 아니하는데도 법원이 직권으로 부제소 합의에 위배되었다는 이유로 소가 부적법하다고 판단하기 위하여서는, 그와 같은 법률적 관점에 대하여 당사자에게 의견을 진술할 기회를 주어야 하고, 부제소 합의를 하게 된 동기 및 경위, 그 합의에 의하여 달성하려는

---

722) 대법원 2010. 7. 15. 선고 2009다50308 판결. 동지 : 대법원 2011. 4. 28. 선고 2010다106702 판결.

723) 대법원 2019. 8. 14. 선고 2017다217151 판결(A 보험회사의 자동차종합보험계약에 가입된 차량과 B 보험회사의 자동차종합보험계약에 가입된 차량 사이에 발생한 교통사고에 관하여 자동차보험 구상금분쟁 심의에 관한 상호협정(이하 '상호협정'이라 한다)에 따라 구성된 심의위원회가 조정결정을 하여 그 결정이 확정되었는데, 위 조정결정의 확정으로 A 회사와 B 회사 사이에 부제소합의가 성립한 것인지 문제된 사안에서, 상호협정은 그에 의해 구성된 심의위원회가 한 조정결정이 일정한 절차를 거쳐 확정된 경우에 당사자 사이에 조정결정의 주문과 같은 내용의 합의가 성립된 것과 동일한 효력이 있다고 규정하고 있을 뿐, 더 나아가 부제소합의가 성립된 것과 동일한 효력이 있다는 점을 명시하고 있지는 않은 점, 상호협정은 조정결정이 확정된 이후 정당한 이유 없이 소를 제기한 당사자에 대해서는 일정한 액수의 제재금이 부과될 수 있다고 규정하고 있는데, 이는 사후적 제재 가능성을 정하는 것으로서 소 제기 자체를 금지하는 취지라고 보기는 어려운 점 등의 사정과 관련 법리에 비추어 보면 부제소합의의 존재를 부정할 수밖에 없고, 설령 상호협정의 해석상 조정결정이 확정된 경우에 부제소합의가 성립된 것으로 볼 여지가 있다고 하더라도, 이는 상호협정의 당사자들이 재판청구권을 구체적인 분쟁이 생기기 전에 미리 일률적으로 포기한 것으로서 부제소합의 제도의 취지에 위반되어 무효라고 한 사례).

724) 대법원 2013. 11. 28. 선고 2011다80449 판결.

목적, 당사자의 진정한 의사 등에 관하여도 충분히 심리할 필요가 있다.[725)]

그러나, 일반적으로는, 부제소특약으로 말미암아 그 대상으로 된 권리관계가 강행법규 위반으로 무효라는 주장을 하지 못하게 되는 결과가 초래된다 하더라도, 그러한 사정만으로 그 부제소특약이 해당 강행법규에 위반하여 무효로 된다고 볼 수는 없다.[726)]

다. 소취하계약[727)]

소송당사자가 소송 외에서 그 소송을 취하하기로 합의한 경우에는 그 합의는 유효하여 원고에게 권리보호의 이익이 없으므로 원고의 소는 각하되어야 한다.[728)]

다만, 소취하계약도 해제될 수는 있으며,[729)] 원칙적으로, 소취하계약을 이유로 소가 각하된 후라도 - 본안에 대한 종국판결이 있은 후가 아닌 한(법 제267조 제2항) - 다시 소제기를 할 수는 있다고 할 것이다.

또한, 조건부 소취하의 합의를 한 경우에는 조건의 성취사실이 인정되지 않는 한 그 소송을 계속 유지할 법률상의 이익을 부정할 수 없다.[730)]

그리고, 가령, 소취하계약에 불구하고 판결이 확정되어, 그 판결에 기하여 소유권이전등기가 마쳐졌더라도, 그 등기는 확정판결에 의하여 이루어진 등기이므로 원인이 결여된 당연무효의 등기라고 할 수 없다.[731)]

3. 답변서의 심사 및 송달

가. 보정권고

답변서의 기재사항 등의 규정(규칙 제65조 제1항 및 제2항)에 어긋나는 답변서가 제출된 때에

---

725) 대법원 2013. 11. 28. 선고 2011다80449 판결.
법원이 그와 같이 하지 않고 직권으로 부제소 합의를 인정하여 소를 각하하는 것은 예상외의 재판으로 당사자 일방에게 불의의 타격을 가하는 것으로서 석명의무를 위반하여 필요한 심리를 제대로 하지 아니하는 것이다. 같은 판례.
석명의무에 관하여서는, '변론의 실시방법' 부분에서 후술한다.

726) 대법원 2008. 2. 14. 선고 2006다18969 판결.

727) 소수설인 소송계약설에 의하면 소취하계약을 방소항변으로서 제출하지 아니하더라도 바로 소송계속소멸의 효과가 생기나, 통설인 사법계약설(私法契約說)에 의하면 방소항변으로서 제출하여야 한다.

728) 대법원 1982. 3. 9. 선고 81다1312 판결. 동지 : 대법원 2005. 6. 10. 선고 2005다14861 판결(사안은 화해조항) ; 대법원 2013. 7. 12. 선고 2013다19571 판결.

729) 대법원 2007. 5. 11. 선고 2005후1202 판결 참조.

730) 대법원 2013. 7. 12. 선고 2013다19571 판결.

731) 대법원 1981. 12. 8. 선고 80다2817 판결 참조.

는 재판장은 법원사무관등으로 하여금 방식에 맞는 답변서의 제출을 촉구하게 할 수 있다(규칙 제65조 제3항).

형식적 답변서만 제출된 경우 참여사무관등은 실질적 답변서의 제출을 촉구하는 보정권고를 한다.[732)]

법원은 답변서에 해당 사건에 필수적인 증거신청이 누락된 경우에도, 참여사무관등이 보정권고를 하거나 재판장이 석명준비명령을 할 수 있다.[733)]

나. 답변서 부본의 송달

법원은 답변서의 부본을 원고에게 송달하여야 한다(법 제256조 제3항).[734)]

실무는, 답변서와 함께 「소송절차 안내서」도 송부하고,[735)] '민소전자문서법'이 적용되는 절차에서는 「전자소송에 관한 안내문」도 함께 송부한다.[736)]

4. 이행권고결정에 대한 이의신청

가. 개 관

소액사건에서, 피고는 이행권고결정서의 등본을 송달받은 날부터 2주일내에 이의신청을 할 수 있으며(소액사건심판법 제5조의4 제1항 본문),**[737)] 위 기간은 불변기간으로 한다**(같은 조 제2항).

다만, 그 등본이 송달되기 전에도 이의신청을 할 수 있다(같은 조 제1항 단서).

피고가 위 이의신청을 하지 아니한 때에는 이행권고결정은 확정되므로(같은 법 제5조의7 제1항 제1호), 이의신청의 의의는 결국 이행권고결정의 확정을 저지하는 데에 있다고 하겠다.

나. 방 식

이행권고결정에 대한 이의신청은 서면(「이행권고결정에 대한 이의신청서」)[738)]**으로 하여야 한**

---

732) '사건관리예규'.

733) '사건관리예규'.

734) 대법원 2011. 11. 24. 선고 2011다74550 판결은, 원고에게 피고의 답변서를 송달하지 아니하여 원고가 변론기일에서야 이를 직접 수령하였다 하더라도 원고가 아무런 이의를 제기함이 없이 본안에 들어가 변론하였다면 원고는 이의권을 상실하였다고 보았다.

735) 소송절차 안내서 양식에 관한 예규(재일 2001-3) 제3조 제1항.

736) 민전예규 제60조 본문.

737) 이는, 법원이 아니라 사법보좌관이 이행권고결정을 한 경우에도 같다(사법보좌관규칙 제3조 제1호의2).

다(소액사건심판법 제5조의4 제1항).

다. 답변서의 제출

그러나, 법령에서 이행권고결정에 대한 이의신청에 준비서면이나 답변서에 관한 규정을 준용하고 있지는 아니하므로,[739] 실무상, 이의신청서 외에 답변서를 별도로 제출하도록 하고 있다.

라. 이행권고결정에 대한 이의신청의 추후보완

1) 개 관

피고는 부득이한 사유로 이행권고결정서의 등본을 송달받은 날부터 2주일내에 이의신청을 할 수 없었던 경우에는 그 사유가 없어진 후 2주일내에 이의신청을 추후보완할 수 있다(소액사건심판법 제5조의6 제1항 본문).

다만, 그 사유가 없어질 당시 외국에 있는 피고에 대하여는 그 기간을 30일로 한다(같은 항 단서).

이는, "부득이한 사유"로 족하므로, 일반적인 추후보완사유(피고가 "책임질 수 없는 사유")보다는 그 요건이 완화되어 있는 셈이나, 그 밖의 사항은 일반원칙(법 제173조 제1항)과 같다.

피고는 이의신청과 동시에 서면으로 그 추후보완사유를 소명하여야 한다(소액사건심판법 제5조의6 제2항). 그런데 이 또한 일반적인 추후보완 방식과 다른 의미는 아니라고 하겠다.

2) 집행정지신청

이의신청의 추후보완이 있는 때에도 추후보완상소의 경우와 마찬가지로 집행정지신청을 할 수 있다(소액사건심판법 제5조의6 제5항).

상세한 것은, '상소 일반' 부분에서 후술하는 내용을 참조하기 바란다.

마. 부적법한 이의신청의 각하

법원은 이의신청이 적법하지 아니하다고 인정되는 경우에는 그 흠을 보정할 수 없으면 결정으로 이를 각하하여야 한다(소액사건심판법 제5조의5 제1항).[740]

738) '인지액·편철방법예규'.

739) 이 점, 화해권고결정에 대한 이의신청서와 다르다(법 제227조 제3항 참조).

740) **법원은 추후보완사유가 이유 없다고 인정되는 때에도 결정으로 이의신청을 각하하여야 하나**(소액사건심판법 제5조의6 제3항), 이는 주의적 규정이라고 하겠다.

바. 이의신청 각하결정에 대한 불복

이행권고결정에 대한 이의신청을 각하한 결정(소액사건심판법 제5조의5 제1항)**에 대하여는 즉시항고를 할 수 있다**(소액사건심판법 제5조의5 제2항).[741]

이의신청에 대한 각하결정이 확정되면 이행권고결정이 확정된다(같은 법 제5조의7 제1항 제2호). 그러나, 이는 이의신청 기간 내에 (부적법한) 이의신청을 한 때에 한한다고 할 것이다(같은 항 제1호 참조).

사. 이의신청의 취하

확정되지 아니한 이행권고결정은 제1심 법원에서 판결이 선고된 때에는 그 효력을 잃는바(소액사건심판법 제5조의7 제3항), **이의신청을 한 피고는 제1심 판결이 선고되기 전까지 이의신청을 취하할 수 있다**(같은 법 제5조의4 제4항).

이의신청을 취하하면 이행권고결정이 그대로 확정된다(같은 법 제5조의7 제1항 제3호).

관견으로는, 소취하의 경우(법 제266조 제4항, 제5항)와 달리, 이행권고결정에 대한 이의신청 취하서(또는 그 조서등본)은 원고에게 송달할 필요가 없다고 본다. 후술하듯이 어차피 이행권고결정 정본을 원고에게 송달하기 때문이다(소액사건심판법 제5조의7 제2항).

5. 소송중의 소에 대한 응소 및 답변서의 제출에 준하는 소송참가

가. 소송중의 소에 대한 응소

소송중의 소가 제기된 경우에도 그 상대방이 답변서에 준하여 답변을 할 필요성이 있다. 준비서면의 기재사항인 '상대방의 청구와 공격 또는 방어의 방법에 대한 진술'(법 제274조 제1항 제5호)은 특히 이 경우를 전제로 한 것이라고 할 수 있다.

이 경우 답변서 특유의 제도, 즉 답변서제출기간이나 무변론판결 등은 성질상 준용될 여지가 없다.

그러나, 소송비용담보제공신청 및 응소거부권(법 제117조 내지 제119조),[742] 변론관할(법 제30조)[743] 등은 소송중의 소에 대하여 응소할 경우에도 여전히 문제된다고 할 것이다.

---

741) **추후보완이의신청을 각하한 결정에 대하여도 즉시항고를 할 수 있으나**(소액사건심판법 제5조의6 제4항) 이 또한 주의적 규정이라고 하겠다.

742) 이에 관하여서는 '소송비용의 담보' 부분에서 상론하겠다.

743) 이 경우의 변론관할은 사물관할과 관련되어 문제되는바, 이 문제는 '소송의 이송' 부분에서 재론한다.

나. 답변서의 제출에 준하는 소송참가

소송참가 중 의무승계인의 소송승계참가, 피고측 공동소송참가는 성질상 답변서의 제출에 준하므로, 그 신청을 함에는 서면을 제출하여야 하며, 그 기재사항 등에도 답변서에 관한 규정이 준용되고, 신청서에 인지를 붙이지 아니하는 것으로 풀이된다.

그러나 주의할 것은, 위와 같은 소송참가는 답변서와 달리 본안의 신청이라는 점이다.

또한, 소송중의 소에 대한 응소와 달리, 소송비용담보제공신청 및 응소거부권(법 제117조 내지 제119조), 변론관할(법 제30조) 등은 이 경우에는 그 성질상 문제되지 아니한다고 할 것이다.

위와 같은 참가에 관한 상세한 것은, '소송참가' 부분에서 살펴볼 것이다.

Ⅴ. 피고가 응소하지 아니하는 경우의 처리 및 변론 없이 원고패소판결을 하는 경우

1. 변론 없이 하는 판결[744)]

가. 답변서 미제출시 또는 전부자백시 : 무변론 자백간주판결[745)]

1) 개 관

법원은 피고가 소장의 부본을－공시송달 외의 방법으로(법 제256조 제1항 단서 참조)－**송달받은 날부터 30일 이내에 답변서를 제출하지 아니한 때에는 청구의 원인이 된 사실을 자백한 것으로 보고 변론 없이 판결할 수 있다**(법 제257조 제1항 본문).

또한, **피고가 청구의 원인이 된 사실을 모두 자백하는 취지의 답변서를 제출하고 따로 항변을 하지 아니한 때에도 청구의 원인이 된 사실을 자백한 것으로 보고 변론 없이 판결할**

---

744) 아래에서 살펴보는 바와 같이 무변론판결을 할 수 있는 경우에는 현행법상 여러 가지가 있으나, 개중에서 법 제257조 제1항에 의한 자백간주판결이 무변론판결 중 가장 대표적인 것으로서, 실무상으로도 그 밖의 사유로 무변론판결을 하는 경우는 드물다.

745) cf. 이와 같이 답변서 제출의무에 대응하는 무변론판결의 제도는, 구 「민사소송법」에는 없던 것을 2002. 1. 26. 법률 제6626호로 「민사소송법」을 전부개정하면서 신설한 것이다.
즉, 구법(2002. 1. 26. 법률 제6626호로 전부개정되기 전의 것)하에서는, 변론을 열었는데도 당사자의 불출석에 따른 자백간주(현행법 제150조 제1항, 제3항)가 성립함에 따라 이에 따라 판결할 수 있을 따름이었다. 대법원 1981. 7. 7. 선고 80다1424 판결 참조.

수 있다(같은 조 제2항).[746]

위와 같은 무변론 자백간주판결은 성질상 원고승소판결이 될 수밖에 없다. 왜냐하면, 무변론 소각하판결에 관하여서는 후술하듯이 별도의 근거규정이 있고(법 제219조), 피고가 답변서를 제출하지 아니하거나 청구원인사실을 전부자백하였음에도 불구하고 청구기각판결을 선고할 수 있는 경우란, ①원고의 청구가 그 자체로서 이유 없거나 ②원고가 주장책임을 다하지 아니하였거나, 이 둘 중의 하나인데, ①의 경우는 소액사건이 아닌 이상 무변론 청구기각판결이 불가능함이 체계해석상 명백하며(소액사건심판법 제9조 제1항의 반대해석), ②의 경우의 무변론 청구기각판결은 석명의무 위반에 다름 아니기 때문이다.[747]

이러한 무변론 자백간주판결을 할 때에는, 판결선고시가 - 변론종결시에 갈음하여 - 청구의 변경의 시한이 될 뿐 아니라(법 제262조 제1항), 기판력의 표준시가 된다(법 제218조 제1항, 제2항, 민사집행법 제22조).

2) 자백간주판결을 할 수 없는 경우

가) 소장 부본이 공시송달된 경우

피고가 공시송달의 방법에 따라 소장의 부본을 송달받은 경우에는, 30일 이내에 답변서를 제출할 의무가 없으므로(법 제256조 제1항 단서), 무변론판결 역시 할 수 없다.

나) 직권조사사항이 있는 경우

직권으로 조사할 사항이 있는 경우에는 변론 없이 판결할 수 없다(법 제257조 제1항 단서 후단).

다) 판결선고 전에 피고가 원고의 청구를 다투는 경우

판결이 선고되기까지 피고가 원고의 청구를 다투는 취지의 답변서를 제출한 경우에는 변론 없이 판결할 수 없다(법 제257조 제1항 단서 후단).

따라서, 무변론판결 선고기일이 지정되었으나 선고 전에 피고가 답변서를 제출한 경우에는 지정된 선고기일을 취소하여야 한다.

피고가 선고기일에 출석하여 다투는 경우에도 답변서 제출을 촉구하면서 선고기일 지정을 취소함이 실무이며, 피고가 변호사를 선임함에 따라 선고기일 전에 소송위임장이 제출된 경

---

746) 그러나, 원고의 청구원인사실을 모두 자백하는 피고는 아예 응소를 하지 아니하든지, 아니면 자백을 하면서 조정희망의사를 피력하게 마련이므로, 법 제257조 제2항에 따라 무변론판결을 하게 되는 경우란 많지 아니하다.

747) 석명의무에 관하여서는 '변론의 실시방법' 부분에서 상론한다.

우에도 그러하다.

라) 성질상 무변론판결에 친하지 아니한 사건들

소액사건의 이행권고결정에 대하여, 피고가 이의신청을 한 때에는 원고가 주장한 사실을 다툰 것으로 보므로(소액사건심판법 제5조의4 제5항), 이 경우에는 무변론판결을 할 수 없음은 물론이다. 그러나, 이행권고결정을 하지 아니한 경우라 하더라도, 소액사건에서는 변론기일을 정하여 즉시선고를 할 수 있으므로(소액사건심판법 제7조 제1항, 제11조의2 제1항), 역시 무변론판결은 부적절하다.

그리고, 일반적으로 형성소송, 행정소송, 가사소송도 무변론판결을 할 수 없는 것으로 풀이된다. 지급명령에 대한 이의신청에 의하여 소송으로 이송된 사건도 - 비록 그 자체로서 피고가 청구요건사실을 다툰 것으로 보는 것은 아니지만 - 무변론판결을 할 수 없는 것으로 해석된다.[748]

나. 변론 없이 하는 원고패소판결

1) 변론 없이 하는 소각하

'판결의 선고' 부분에서 후술하듯이, 원래 소송요건이 결여된 때에는 변론을 거쳐 소각하 판결을 하여야 하지만, 다음과 같은 경우에는 변론을 열지 아니하고 소각하 판결을 할 수 있다.

첫째, **부적법한 소로서 그 흠을 보정할 수 없는 경우에는 변론 없이 판결로 소를 각하할 수 있다**(법 제219조).

그러나, '민사소송법의 적용 및 이념 등' 부분에서 기술하였듯이, 이 경우에도 변론을 열어 본안판결을 할 수 있을 정도로 심리를 하는 것(법 제418조 단서)이 오히려 일반적인 실무례인 것으로 보인다.

둘째, 원고가 소송비용담보제공명령에 불응한 경우에도 변론 없이 소를 각하할 수 있다(법 제124조). 이에 관하여, 상세한 것은 '소송비용의 담보' 부분에서 후술한다.

2) 소액사건에서 변론 없이 하는 청구기각

소액사건에서, 법원은 소장·준비서면 기타 소송기록에 의하여 청구가 이유 없음이 명백한 때에는 변론 없이 청구를 기각할 수 있다(소액사건심판법 제9조 제1항).

그러나 실제로는, 오히려 변론을 열어 원고에게 무익한 소의 취하를 권유하는 것이 일반적

748) 이 문제에 관하여서는 '독촉절차' 부분에서 다시 설명하겠다.

인 실무례인 것으로 보인다.

2. 이행권고결정의 확정

가. 개 관

이행권고결정은 다음 각호 가운데 어느 하나에 해당하면 확정판결과 같은 효력을 가진다(소액사건심판법 제5조의7 제1항).

① 피고가 이행권고결정서의 등본을 송달받은 날부터 2주일 내에 이의신청을 하지 아니한 때

② 이의신청에 대한 각하결정이 확정된 때

그러나, 기술한 바와 같이, 여기서 "이의신청에 대한 각하결정이 확정된 때"라 함은 '이의신청기간 경과로 인하여' 이행권고결정이 확정된 경우는 제외한 나머지 경우를 지칭한다고 할 것이다.

③ 이의신청이 취하된 때

그러나 이는, 확정된 이행권고결정에 확정판결이 가지는 효력 중 기판력을 제외한 나머지 효력인 집행력 및 법률요건적 효력 등의 부수적 효력을 인정하는 것이고,[749] 기판력까지 인정하는 것은 아니다(같은 법 제5조의8 제3항 참조).[750]

그리고, 이행권고결정으로 종료되는 사건은 이행권고결정이 확정된 때에 사건이 완결된다.[751]

나. 후속 절차

법원사무관등은 이행권고결정이 확정판결과 같은 효력을 가지게 된 때에는 이행권고결정서의 정본을 원고에게 송달하여야 한다(소액사건심판법 제5조의7 제2항).

이 정본에는 피고에 관한 송달일자와 확정일자를 부기함이 실무이다.[752]

---

749) cf. 소제기에 의하여 소멸시효가 중단되었던 해당 채권은, 확정된 이행권고결정에 의하여 확정됨에 따라 그 소멸시효기간이 그 때부터 10년으로 된다(민법 제165조 제2항).

750) 대법원 2009. 5. 14. 선고 2006다34190 판결.

751) 보존예규 제2조 제3호 나목.

752) 「소액사건심판에 관한 사무처리요령(재민 81-6)」.

Ⅵ. 소송의 이송

1. 관할의 조사

가. 관할에 관한 직권조사

법원은 관할에 관한 사항을 직권으로 조사할 수 있다(법 제32조).

그러나, 관할의 원인이 동시에 본안의 내용과 관련이 있는 때에는 원고의 청구원인사실을 기초로 하여 관할권의 유무를 판단할 것이지, 본안의 심리를 한 후에 관할의 유무를 결정할 것은 아니다.[753)]

나. 관할의 표준이 되는 시기

법원의 관할은 소를 제기한 때를 표준으로 정하며(법 제33조), 또한, (그 때의) 원고의 청구를 기준으로 정한다.[754)] 따라서, 그 후에 사정변경이 있더라도 관할에 영향이 없다(관할항정(管轄恒定)의 원칙).[755)]

다. 조사할 사항

결국, 관할에 관하여서는 다음과 같은 사항을 조사하여야 하는 것으로 이해된다.

○ 해당 사건이 전속관할에 속하는 종류의 사건인가. 만일 그러하다면, 그 위반은 없는가
○ 해당 사건이 전속관할에 속하지는 아니하는 종류의 제1심 사건이라면, 관할의 합의가 있는가. 만일 그러하다면, 그 위반은 없는가
○ 해당 사건이 전속관할에 속하는 종류의 사건도 아니고, 관할의 합의도 없다면, 토지관할 위반은 없는가
○ 해당 사건이 통상의 민사소송사건 또는 가사사건이라면, 사물관할 위반은 없는가

2. 이송원인

가. 개 관

소송이송의 원인은, 법원의 직권사항에 불과한 경우(직권이송)와 당사자에게 신청권이 있는

753) 대법원 2004. 7. 14.자 2004무20 결정.
754) 대법원 1963. 9. 26. 선고 63마10 판결.
755) 대법원 1970. 1. 8.자 69마1097 결정 참조.

경우(재량이송)로 대별된다. 후술하듯이 양자는 신청의 방식 등에 상당한 차이가 있으므로, 그 구별에 주의하여야 한다.

한편, 아래에서 열거하는 이송원인 외에, 반소로 인한 이송(법 제269조 제2항)도 있으나, 이에 관하여서는 '반소' 부분에서 보기로 한다.

나. 관할위반의 경우

1) 원칙 : 관할위반에 따른 이송(직권이송)

가) 개 관

법원은 소송의 전부 또는 일부에 대하여 관할권이 없다고 인정하는 경우에는 결정으로 이를 관할법원에 이송한다(법 제34조 제1항).

다만, 긴급을 요하지 아니하는 사건의 경우에는 오히려 신청인의 의견을 물어 취하 후 관할법원에 새로 제기하도록 하는 것이 실무이다. 실제로 사건을 이송하여 관할법원에서 다시 재판을 하는 데에는 의외로 시일이 많이 소요되기 때문이다. 다만, 제소기간 준수여부가 문제되는 사안에서는 그와 같은 방식으로 처리할 수 없다고 하겠다(법 제40조 제1항 참조).

또한, 관할위반의 경우라 하더라도, 그것이 임의관할인 때에는 변론관할(법 제30조)이 생길 수 있으므로, 법원이 제1차 변론(준비)기일까지 피고의 관할위반의 항변이 있는지를 기다려 이송 여부를 결정할 수도 있다. 그러나, 오히려 역으로, 막상 기일에 이르러 비로소 관할위반의 항변이 제출될 수도 있으므로, 기일까지 기다리지 아니하고 바로 이송하는 것이 실무인 것으로 보인다. 다만, 소송중의 소의 경우에는 이미 심리가 진행된 후이므로 피고의 항변 여부를 기다려 이송 여부를 결정하는 듯하다.

나) 행정소송을 제기할 사건을 민사소송으로 잘못 제기한 경우

원고가 고의 또는 중대한 과실 없이 행정소송으로 제기하여야 할 사건을 민사소송으로 잘못 제기한 경우, 수소법원으로서는 만약 그 행정소송에 대한 관할도 동시에 가지고 있다면 이를 행정소송으로 심리·판단하여야 하고, 그 행정소송에 대한 관할을 가지고 있지 아니하다면 해당 소송이 이미 행정소송으로서의 전심절차 및 제소기간을 도과하였거나 행정소송의 대상이 되는 처분 등이 존재하지도 아니한 상태에 있는 등 행정소송으로서의 소송요건을 결하고 있음이 명백하여 행정소송으로 제기되었더라도 어차피 부적법하게 되는 경우가 아닌 이상 이를 부적법한 소라고 하여 각하할 것이 아니라 관할 법원에 이송하여야 한다.[756)]

756) 대법원 1997. 5. 30. 선고 95다28960 판결. 동지 : 대법원 1999. 11. 26. 선고 97다42250 판결 ; 대법원

환언하면, 원고가 고의 또는 중대한 과실 없이 행정소송으로 제기하여야 할 사건을 민사소송으로 잘못 제기한 경우, 수소법원으로서는 해당 소송이 이미 행정소송으로서의 전심절차 및 제소기간을 도과하였거나 행정소송의 대상이 되는 처분 등이 존재하지도 아니한 상태에 있는 등 행정소송으로서의 소송요건을 결하고 있음이 명백하여 행정소송으로 제기되었더라도 어차피 부적법하게 되는 경우에는 이송할 것이 아니라 각하하여야 한다.[757]

2) 예외 : 합의부재판결정

지방법원 합의부는 소송에 대하여 관할권이 없는 경우라도 상당하다고 인정하면 직권으로 또는 당사자의 신청에 따라 소송의 전부 또는 일부를 스스로 심리·재판할 수 있다(법 제34조 제3항).[758]

즉, 동일지방법원의 단독판사에게 관할권이 있는 사건이 합의부에 잘못 제기된 경우에, 해당 합의부의 결정으로써 합의부가 관할을 갖도록 할 수 있다.

이 경우 당사자도 법원의 직권발동을 촉구하는 의미에서 합의부재판신청을 할 수 있으며, 그 신청서는 주기록에 가철된다.[759]

그러나, **전속관할이 정하여진**(즉, 단독판사의 전속관할에 속하는) **소에 대하여는 그러하지 아니하다**(같은 조 제4항).

단독판사의 전속관할에 속하는 소의 예로는, 제소전화해에 대한 청구이의의 소(민사집행법 제44조 제1항, 제21조 참조), 단독판사의 판결에 대한 재심의 소(법 제453조 제1항 참조), 단독판사의 판결에 대한 집행문부여의 소(민사집행법 제33조, 제21조), 단독판사의 판결에 관한 집행문부여에 대한 이의의 소(민사집행법 제45조, 제44조 제1항, 제21조) 등을 들 수 있다.

합의부재판결정에 대해서는 불복하지 못하는 것으로 해석된다.

한편, 법원이 합의부재판신청을 기각하는 경우에는 결국 전술한 일반원칙에 의하게 된다.

2008. 7. 24. 선고 2007다25261 판결 ; 대법원 2009. 9. 17. 선고 2007다2428 전원합의체 판결 ; 대법원 2017. 11. 9. 선고 2015다215526 판결 ; 대법원 2018. 7. 26. 선고 2015다221569 판결 ; 대법원 2021. 2. 4. 선고 2019다277133 판결.

757) 대법원 2020. 10. 15. 선고 2020다222382 판결.
위 판례의 사안은, 급부를 받을 권리가 급부를 받으려고 하는 자의 신청에 따라 관할 행정청이 지급결정을 함으로써 구체적인 권리가 발생하는 경우인데도, 구체적인 권리가 발생하지 않은 상태에서 곧바로 당사자소송(금전지급청구소송)을 제기한 것이다. 이에 대하여 원심은 해당 청구를 인용한 제1심 판결이 정당하다고 보아 항소를 기각하였으나, 대법원은 처분(지급결정) 자체가 존재하지 아니한다는 이유로 원심판결을 파기하고 소를 각하하였다.

758) cf. 원래 합의부에서 심판할 것으로 합의부가 결정한 사건은 합의부에 관할이 있는 것이다(법원조직법 제32조 제1항 제1호).

759) '인지액·편철방법예규'.

즉, 관할권 있는 법원(즉, 단독판사)에 사건을 이송하여야 한다.

다. 재량이송의 사유

1) 합의부로의 이송

지방법원 단독판사는 소송에 대하여 관할권이 있는 경우라도 상당하다고 인정하면 직권 또는 당사자의 신청에 따른 결정으로 소송의 전부 또는 일부를 같은 지방법원 합의부에 이송할 수 있다(법 제34조 제2항).[760)]

이러한 합의부로의 이송은, 소액사건에서도 가능하다.[761)]

그러나, **전속관할이 정하여진**(즉, 단독판사의 전속관할에 속하는) **소에 대하여는 그러하지 아니하다**(같은 조 제4항).

2) 손해나 지연을 피하기 위한 이송

법원은 소송에 대하여 관할권이 있는 경우라도 현저한 손해 또는 지연을 피하기 위하여 필요하면 직권 또는 당사자의 신청에 따른 결정으로 소송의 전부 또는 일부를 다른 관할법원에 이송할 수 있다(법 제35조 본문).

다만, 전속관할이 정하여진 소의 경우에는 그러하지 아니하다(같은 조 단서).

즉, 토지관할이 경합되는 경우 어느 한 관할법원에서 소송을 심리하면 현저한 손해나 지연이 생기지만 다른 관할법원에서 심리하면 그와 같은 현저한 손해나 지연을 피할 수 있는 경우 소송의 전부나 일부를 다른 관할법원에 이송할 수 있다.[762)]

여기서 "현저한 손해"라 함은 피고측의 소송수행상의 부담을 주로 의미하는 것이기는 하나 원고측의 손해도 도외시하여서는 아니되므로,[763)] 피고 측이 소송을 수행하는 데 많은 비용과 시간이 소요된다는 사정만으로는 법 제35조에서 말하는 현저한 손해 또는 소송의 지연을 가져올 사유가 된다고 단정할 수 없으며,[764)] 다른 관할법원에 이송함으로써 피고측의 손해는

---

760) 가사사건이기는 하지만 저자가 겪은 실제 사례로서, 원고가 피고를 상대로 이혼 등 청구의 소(합의사건)를 제기한 직후에 공교롭게도 피고 또한 원고를 상대로 이혼 등 청구의 별소(단독사건)를 제기한 관계로, 후자의 사건에서 합의부로의 이송을 신청하여 인용결정을 받아 전자의 사건과 변론을 병합하여 사건을 진행한 예가 있었다.

761) 대법원 1974. 7. 23.자 74마71 결정.

762) 대법원 2007. 11. 15.자 2007마346 결정.

763) 대법원 1966. 5. 31.자 66마337 결정. 동지 : 대법원 1998. 8. 14.자 98마1301 결정 ; 대법원 2007. 11. 15.자 2007마346 결정 ; 대법원 2010. 3. 22.자 2010마215 결정.

764) 대법원 1998. 8. 14.자 98마1301 결정. 동지 : 대법원 2007. 11. 15.자 2007마346 결정 ; 대법원 2010. 3. 22.자 2010마215 결정(수형자가 국가를 상대로 손해배상을 청구한 사안에서, 대한민국이 수형자의 관리

피할 수 있으나 원고측의 부담이 반대로 현저히 늘어나는 경우에는 그 균형도 고려하여 이송 여부를 결정하여야 한다.[765)]

결국, 이 경우 이송사유의 존부는 이송 여부에 따른 쌍방 당사자의 부담의 증감관계, 심리의 대상과 방법 및 그에 따른 법원의 심리상의 편의 등 여러 사정을 종합적으로 비교·교량하여 결정하여야 할 것이다.[766)]

한편, 손해나 지연을 피하기 위한 이송의 결정을 하면서도 그 사유를 밝히지 아니한 때에는 해당 결정에 이유불비의 위법이 있는 것이 된다.[767)]

3) 지식재산권[768)] 또는 국제거래에 관한 소송의 이송

가) '특허권등 외의' 지식재산권 및 국제거래에 관한 소송의 이송

지식재산권과 국제거래에 관한 소의 특별재판적(법 제24조)에 관하여서는 '소의 제기' 부분에서 기술하였거니와, 그러한 특별재판적을 둔 것과 같은 이유에서, **법원은 특허권등을 제외한 지식재산권과 국제거래에 관한 소가 제기된 경우 직권 또는 당사자의 신청에 따른 결정으로 그 소송의 전부 또는 일부를 관할법원 소재지를 관할하는 고등법원이 있는 곳의 지방법원**(본원)(다만, 서울고등법원이 있는 곳의 지방법원은 서울중앙지방법원으로 한정)**에 이송할 수 있다. 다만, 이로 인하여 소송절차를 현저하게 지연시키는 경우에는 그러하지 아니하다**(법 제36조 제1항).

지식재산권과 국제거래에 관한 소라 하더라도 역시, 전속관할이 정하여져 있는 소의 경우에는 위와 같은 이송을 할 수 없다(같은 조 제2항).

주의할 것은, 특허권등에 관한 소라 하더라도, 2015. 12. 31. 이전에 소장을 접수한 소송은 위와 같은 이송을 할 수 있다(법 부칙(2015. 12. 1.)의 반대해석, 구법(2015. 12. 1. 법률 제13521호로 개정되기 전의 것) 제36조 제1항 본문). 다만, 이송법원이 서울고등법원의 관할구역 내의 법원이라면 역시 서울중앙지방법원으로만 이송할 수 있다고 할 것이다.

주체로서 부담하는 '수형자의 민사소송을 위한 장거리 호송에 소요되는 상당한 인적·물적 비용'은 행정적인 부담이지 소송상대방으로서 부담하는 것이 아니어서, 여기서 말하는 "현저한 손해 또는 지연을 피하기 위하여" 이송이 필요한 사정에 해당되지 않는다고 본 사례).

765) 대법원 1966. 5. 31.자 66마337 결정.

766) 대법원 2007. 11. 15.자 2007마346 결정.

767) 대법원 1977. 5. 11.자 77마85 결정 참조.

768) 종래의 '지적재산권'이라는 용어가 '지식재산권'으로 개칭되었음은, '소의 제기' 부분에서 언급하였다.

나) 특허권등에 관한 소송의 이송

특기할 것은, 특허권등에 관한 소는 - 2016. 1. 1. 이후 제기된 경우 - 전속관할이 정하여져 있음에도 불구하고 재량이송을 할 수 있다.

2016. 1. 1. 이후 소장을 접수하는 사건부터는(법 부칙(2015. 12. 1.), **특허권등의 지식재산권에 관한 소를** (전속적으로) **관할하는 법원**(법 제24조 제2항 또는 제3항)**이라도, 현저한 손해 또는 지연을 피하기 위하여 필요한 때에는, 직권 또는 당사자의 신청에 따른 결정으로, 소송의 전부 또는 일부를, 보통재판적 또는 일반적인 특별재판적 소재지의 지방법원**(법 제2조 내지 제23조)**으로 이송할 수 있다**(법 제36조 제3항).

3. 소송이송신청

가. 개 관

재량이송의 신청은 신청권에 기한 신청이다.

이에 반하여, 소송당사자에게 관할위반을 이유로 하는 이송신청권이 있는 것은 아니다. 따라서 당사자가 관할위반을 이유로 한 이송신청을 한 경우에도 이는 단지 법원의 직권발동을 촉구하는 의미밖에 없다.[769)]

따라서, 후술하듯이, 이송신청은 그 성질에 따라 방식 등에 차이가 생긴다.

나. 소송이송신청서

1) 개 관

이송신청은 기일에 출석하여 하는 경우가 아니면 서면(「소송이송신청서」)[770)]으로 하여야 한다(규칙 제10조 제2항).

소송이송 사건은 부수사건이므로, 기본사건이 종이기록사건이라면, 재량이송의 신청 역시 전자적으로는 하지 못한다(민소전자문서법 제10조 제2항, 민소전자문서규칙 제19조 제1항 제3호 본문).

2) 기재사항

소송의 이송신청을 하는 때에는 신청의 이유를 밝혀야 한다(규칙 제10조 제1항). 특히 위와 같이 이송원인에 따라 신청의 성질이 달라지므로 어떤 원인에 기하여 민사소송법 몇 조에

769) 대법원 2018. 1. 19.자 2017마1332 결정.

770) 일부이송을 구하는 경우라면 제목을 「소송일부이송신청서」라고 함이 적절할 것이다.

기한 이송을 신청하는 것인지 분명히 밝힐 필요가 있다.[771]

3) 인지의 첩부 및 송달료의 예납

주의할 것은, '재량이송의' 신청은 기본적 신청이므로, 신청서에 1,000원의 인지를 붙이고(민사소송 등 인지법 제9조 제5항 제4호),[772] 송달료를 예납하여야 한다.

즉, 이송원인이 관할위반인 경우의 소송이송신청서는 주기록에 가철될 뿐이나, 재량이송인 경우의 소송이송신청서는 별도기록이 편성된다.

다. 의견진술

재량이송의 신청이 있는 때에는 법원은 결정에 앞서 상대방에게 의견을 진술할 기회를 주어야 한다(규칙 제11조 제1항).

또한, 법원이 직권으로 재량이송에 해당하는 이송원인에 기하여 이송결정을 하는 때에는 당사자의 의견을 들을 수 있다(같은 조 제2항).

그러나, 관할위반에 따른 이송결정의 경우에는 이러한 의견청취절차가 없다.

라. 재　판

법원은 이송신청이 이유 있으면 이송결정을 한다.

재량이송의 경우에는, 신청이 이유 없으면 기각결정을 한다.

그러나, 관할의 유무에 관한 문제는 법원의 직권조사사항이므로, 관할위반에 기한 이송의 신청은 법원이 그 신청에 대한 재판을 할 필요가 없다.[773]

재량이송신청과 관련하여 주의할 것은, 제1심판결이 선고되어 사건이 항소심에 계속된 이후에는 제1심의 이송신청 각하결정에 대하여 더 이상 다툴 이익이 없어진다(법 제441조 본문 참조).[774]

---

771) 실무는, 신청이유가 불분명하거나 신청이유로서 민사소송법상 이송에 관한 각 규정에 정한 사유를 중복하여 주장하는 경우에는 이를 일단 재량이송의 신청으로서 처리한다.「민사소송 이송신청 접수시 유의할 점」.

772) '인지액·편철방법예규';「소송이송신청사건의 결정문에 기재할 사건번호에 관한 예규(재민 86-7)」참조.

773) 대법원 1970. 1. 21.자 69마1191 결정. 동지 : 대법원 1973. 2. 14.자 72마1538 결정; 대법원 1978. 7. 20.자 78마207 결정; 대법원 1979. 12. 27.자 79마377 결정; 대법원 1980. 6. 23.자 80마242 결정; 대법원 1985. 4. 30.자 84그24 결정; 대법원 1986. 6. 17.자 86마344 결정; 대법원 1987. 12. 30.자 87마1010 결정; 대법원 1993. 12. 6.자 93마524 전원합의체 결정.

774) 대법원 1991. 5. 17.자 91마221 결정.

4. 이송에 관한 재판에 대한 불복

가. 이송신청 기각결정에 대한 불복

이송신청의 기각결정(棄却決定)**에 대하여서도 즉시항고를 할 수 있다**(법 제39조 후단).

그러나 이는, 당사자의 신청권을 전제로 하므로, 재량이송의 경우에만 해당된다.

즉, 관할위반에 기한 이송의 경우에는 이송신청기각결정에 대해 항고할 수 없고,[775] 특별항고도 할 수 없다.[776]

나. 이송결정에 대한 불복

이송결정에 대하여는 즉시항고를 할 수 있다(법 제39조 전단).

이에 관하여서는 주의할 사항들이 있다.

첫째, 바로 후술하는 기각결정과 달리, 관할위반에 기한 이송의 경우에도, 이송결정에 대하여 즉시항고할 수 있다.[777]

둘째, 그러나 위와 같이 관할위반에 기한 이송결정에 대하여 즉시항고가 제기된 경우에, 당사자에게 이송신청권이 없는 이상, 항고심에서 당초의 이송결정이 취소되었다 하더라도 이에 대한 재항고는 허용되지 않는다.[778] 즉, 그러한 재항고는 부적법하다.

5. 이송의 효과 등

가. 이송결정이 확정된 뒤의 긴급처분

법원은 소송의 이송결정이 확정된 뒤라도 급박한 사정이 있는 때에는 직권으로 또는 당사자의 신청에 따라 필요한 처분을 할 수 있다(법 제37조 본문).

다만, 기록을 보낸 뒤에는 그러하지 아니하다(같은 조 단서).

---

775) 대법원 1970. 1. 21.자 69마1191 결정. 동지 : 대법원 1978. 7. 20.자 78마207 결정 ; 대법원 1979. 12. 27.자 79마377 결정 ; 대법원 1980. 6. 23.자 80마242 결정 ; 대법원 1986. 6. 17.자 86마344 결정 ; 대법원 1993. 12. 6.자 93마524 전원합의체 결정.

776) 대법원 1985. 4. 30.자 84그24 결정. 동지 : 대법원 1996. 1. 12.자 95그59 결정.

777) 대법원 1977. 8. 12.자 77마225 결정.

778) 대법원 2018. 1. 19.자 2017마1332 결정(사안은 A가 관할위반을 이유로 한 이송신청 인용되었으나, 이에 상대방 B가 불복, 항고하여 항고심에서 원심결정이 취소되었고, 이에 다시 A가 불복하여 재항고한 것이다).

나. 이송결정에 따른 기록송부

1) 개 관

이송결정이 확정된 경우에는 이송결정을 한 법원의 법원사무관등은 그 결정의 정본을 소송기록에 붙여 이송받을 법원에 보내야 한다(법 제40조 제2항).

전자기록사건에서는, 이송결정이 확정되면 법원사무관등은 지체 없이 이송할 법원으로 전자기록을 이관하는 조치를 취하여야 한다.[779]

2) 소송의 일부를 이송하는 경우의 기록송부 방법

가) 종이기록의 송부방법

실무상, 종이기록사건에서는, 소송의 일부를 이송하는 경우에는 원기록의 등본을 만들어 이송받을 법원으로 송부하고, 남아있는 사건은 원기록으로 재판한다.[780]

다만, 이송한 사건만에 관련되는 부분이 소송기록의 대부분을 차지하는 때에는 원기록을 이송받을 법원으로 송부하고, 그 등본에 의하여 남아있는 사건을 재판한다.[781]

나) 전자기록의 송부방법

그러나, 전자기록사건에서는, (사건의) 일부를 분리하여 다른 법원으로 이송하는 경우에, 법원사무관등은 전자기록을 복제할 수 있으며,[782] 따라서 그 복제한 기록을 수이송법원에 이관하게 된다.[783]

다. 이송결정의 효과 내지 효력

1) 이송결정의 효과

이송결정이 확정된 때에는 소송은 처음부터 이송받은 법원에 계속된 것으로 본다(법 제40조 제1항).

따라서, 소송이 이송된 경우 법률상 기간 준수 여부도 소송이 이송된 때가 아니라 이송한 법원에 소가 제기된 때를 기준으로 하여야 함은 물론이다.[784]

---

779) 민전예규 제96조 전단.

780) 「1책의 기록에 관하여 수개의 절차에서 동시에 소송이 계속하게 되는 때의 처리요령(재일 80-3)」.

781) 「1책의 기록에 관하여 수개의 절차에서 동시에 소송이 계속하게 되는 때의 처리요령(재일 80-3)」.

782) 민전예규 제51조 제1항 제2호.

783) 민전예규 제46조 제5항 본문 참조.

784) 대법원 2007. 11. 30. 선고 2007다54610 판결.

소송의 일부가 이송된 때에는 - 수이송법원에 - 송달료를 예납하여야 한다.[785)]

2) 이송결정의 효력(기속력)

소송을 이송받은 법원은 이송결정에 따라야 하며(법 제38조 제1항), **사건을 다시 다른 법원에 이송하지 못한다**(같은 조 제2항).

확정된 이송결정의 기속력은 원칙적으로 전속관할의 규정을 위배하여 이송한 경우에도 미친다.[786)]

그러나, 심급관할을 위배한 이송결정의 기속력은, 수이송법원이 상급심일 때에는 미치지 않는다고 보아야 하나,[787)] 수이송법원이 하급심일 때에는 미친다고 보아야 한다.[788)]

그 까닭은, 심급관할을 위배하여 이송한 경우에 이송결정의 기속력이 이송받은 상급심 법원에도 미친다고 한다면 당사자의 심급의 이익을 박탈하여 부당할 뿐만 아니라, 이송을 받은 법원이 법률심인 대법원인 경우에는 직권조사사항을 제외하고는 새로운 소송자료의 수집과 사실확정이 불가능한 관계로 당사자의 사실에 관한 주장, 입증의 기회가 박탈되는 불합리가 생기고, 한편 이송결정의 기속력이 이송받은 하급심 법원에도 미치지 않는다고 한다면 사건이 하급심과 상급심 법원 간에 반복하여 전전이송(展轉移送)되는 불합리한 결과를 초래하게 될 가능성이 있어 이송결정의 기속력을 인정한 취지에 반하는 것일뿐더러, 민사소송의 심급의 구조상 상급심의 이송결정은 특별한 사정이 없는 한 하급심을 구속하게 되는바 이와 같은 법리에도 반하게 되기 때문이다.[789)]

6. 소송중의 소의 제기에 따른 사물관할의 변동 등

소송중의 소 역시 그 제기시가 관할의 표준시이므로(법 제33조), 본소가 단독사건이었다 하더라도 소송중의 소가 합의사건에 해당한다면, 사물관할 위반의 문제가 발생하며, 따라서 단독판사에서 합의부로의 이송과 변론관할의 발생 여부가 문제된다(법 제269조 제2항 참조).[790)]

---

785) 송달료예규 제6조 제2항 후단.
따라서, 이 경우에는 송달료를 수이송법원의 해당 수납은행에 새로이 납부하여야 함을 이송법원이 적당한 방법으로 안내함이 실무이다. 같은 예규 제35조 제2항 후단.

786) 대법원 1995. 5. 15.자 94마1059,1060 결정.

787) 대법원 1995. 5. 15.자 94마1059,1060 결정. 동지 : 대법원 1996. 2. 23. 선고 95누8867,8874 판결 ; 대법원 2000. 1. 14. 선고 99두9735 판결.

788) 대법원 1995. 5. 15.자 94마1059,1060 결정. 동지 : 대법원 1996. 2. 23. 선고 95누8867,8874 판결 ; 대법원 2007. 11. 15.자 2007재마26 결정 ; 대법원 2009. 4. 15.자 2007그154 결정.

789) 대법원 1995. 5. 15.자 94마1059,1060 결정.

또한, 위와 같은 경우에 본소에서 소송대리허가가 있었다면, 그 취소의 문제도 발생한다(규칙 제15조 제4항).

Ⅶ. 당사자표시정정과 임의적 당사자변경

1. 당사자표시정정

가. 개 관

확정된 당사자와 동일성이 인정되는 범위 내에서라면 올바른 당사자로 표시를 정정하는 것은 허용된다.[791]

후술하는 피고경정이 제1심에서만 허용되는 것과는 달리, 당사자의 표시정정은 항소심에서도 허용된다.[792] 상대방의 동의가 있어야만 표시정정이 가능한 것이 아님은 물론이다.[793]

법정대리인(또는 대표자)의 표시가 잘못된 경우에도 역시 표시정정신청을 할 수 있다.[794] 실무상, 소송계속 중 법인 대표자가 변경되어 등기사항전부증명서를 첨부하여 당사자표시정정을 하는 것은 당사자표시정정신청의 흔한 예 중 하나이다.

나. 특수한 예

1) 원고표시정정의 경우

소장에 표시된 원고에게 당사자능력이 인정되지 않는 경우에는 소장의 전취지를 합리적으로 해석한 결과 인정되는 올바른 당사자능력자로 그 표시를 정정하는 것이 허용된다.[795]

2) 피고표시정정의 경우

원고가 사망 사실을 모르고 사망자를 피고로 표시하여 소를 제기한 경우에, 청구의 내용과

---

790) 제요[민소 I], 49면.

791) 대법원 2011. 7. 28. 선고 2010다97044 판결. 동지 : 대법원 1991. 6. 14. 선고 91다8333 판결 ; 대법원 2012. 7.26. 선고 2010다37813 판결('주식회사 이마트'가 2011. 5. 3. '주식회사 신세계'로부터 회사분할되었으므로 피고의 표시를 후자에서 전자로 변경해 달라고 한 신청을 기각한 사안).

792) 대법원 1996. 10. 11. 선고 96다3852 판결. 동지 : 대법원 1978. 8. 22. 선고 78다1205 판결.

793) 대법원 1978. 8. 22. 선고 78다1205 판결.

794) 대법원 1990. 5. 11. 선고 89다카15199 판결 ; 대법원 1990. 12. 7. 선고 90다카25895 판결 참조.

795) 대법원 1999. 11. 26. 선고 98다19950 판결.

원인사실, 해당 소송을 통하여 분쟁을 실질적으로 해결하려는 원고의 소제기 목적 내지는 사망 사실을 안 이후의 원고의 피고 표시 정정신청 등 여러 사정을 종합하여 볼 때 사망자의 상속인이 처음부터 실질적인 피고이고 다만 그 표시를 잘못한 것으로 인정된다면, 사망자의 상속인으로 피고의 표시를 정정할 수 있다.[796)]

그리고 이 경우에 실질적인 피고로 해석되는 사망자의 상속인은 실제로 상속을 하는 사람을 가리키고, 상속을 포기한 자는 상속 개시시부터 상속인이 아니었던 것과 같은 지위에 놓이게 되므로 제1순위 상속인이라도 상속을 포기한 경우에는 이에 해당하지 아니하며, 후순위 상속인이라도 선순위 상속인의 상속포기 등으로 실제로 상속인이 되는 경우에는 이에 해당한다.[797)]

다. 당사자의 동일성 여부가 문제되는 사례

1) 법인과 그 대표자 개인

가령, 회사의 대표이사였던 사람이 개인 명의로 제기한 소송에서 그 개인을 회사로 당사자 표시정정을 하는 것은 – 당사자의 동일성이 없으므로 – 부적법하다.[798)]

그 역의 경우도 부적법함은 물론이다.[799)]

2) 법인격 없는 사단이나 재단의 동일성 여하

가) 종중 및 종중 유사 단체의 동일성 여하

종중이 당사자인 소송에서 공동선조의 변경은 단순한 당사자 표시의 변경으로 볼 수 없고, 이는 당사자를 임의로 변경하는 것에 해당한다.[800)]

다만, 소송당사자인 종중의 법적 성격에 관한 당사자의 법적 주장이 무엇이든 그 실체에 관하여 당사자가 주장하는 사실관계의 기본적 동일성이 유지되고 있다면 그 법적 주장의 추이를 가지고 당사자변경에 해당한다고 할 것은 아니다.[801)]

그 경우에 법원은 직권으로 조사한 사실관계에 기초하여 당사자가 주장하는 단체의 실질

---

796) 대법원 2006. 7. 4.자 2005마425 결정. 동지 : 대법원 1969. 12. 9. 선고 69다1230 판결 ; 대법원 1983. 12. 27. 선고 82다146 판결(사안은 재심소송).

797) 대법원 2006. 7. 4.자 2005마425 결정.

798) 대법원 2008. 6. 12. 선고 2008다11276 판결.

799) 대법원 1986. 9. 23. 선고 85누953 판결 참조.

800) 대법원 1996. 11. 26. 선고 96다32850 판결.

801) 대법원 2016. 7. 7. 선고 2013다76871 판결.

이 고유한 의미의 종중인지 혹은 종중 유사의 단체인지, 공동선조는 누구인지 등을 확정한 다음 그 법적 성격을 달리 평가할 수 있는 것이고, 이를 기초로 당사자능력 등 소의 적법 여부를 판단하여야 할 것이다.[802)]

나) 사찰의 동일성 여하

그러나, 당사자능력을 갖춘 사찰의 소속종단이 변경된 경우 사찰의 실체가 상실되는 것은 아니다.[803)]

라. 신 청

당사자표시정정에 따라 당사자의 수가 달라질 때에는 그에 맞추어 청구취지 및 원인의 정정(또는 변경) 신청도 하게 된다.

마. 송달 등

당사자표시정정신청서도 상대방에게 송달함이, 그리고 신청인으로 하여금 변론(준비)기일에 신청서를 진술하게 함이 실무이다. 당사자표시를 정정하기 전의 소송서류와 당사자표시정정신청서상의 정정된 당사자의 표시가 불가분의 것이기 때문이다.

바. 심리 등

당사자표시정정신청을 받은 법원으로서는 당사자를 확정한 연후에 원고가 정정신청한 당사자 표시가 확정된 당사자의 올바른 표시이며 동일성이 인정되는지의 여부를 살펴야 한다.[804)]

사. 재 판

당사자표시정정을 불허할 경우에는 명시적으로 신청의 기각결정을 하고, 이후의 소송절차에서도 종전대로 당사자의 표시를 하게 된다.

아. 불 복

당사자표시정정신청을 기각한 결정에 대하여서는 통상항고(법 제439조)를 할 수 있는 것으

802) 대법원 2016. 7. 7. 선고 2013다76871 판결.
803) 대법원 1990. 10. 30. 선고 90다5597 판결.
804) 대법원 1996. 10. 11. 선고 96다3852 판결(사안은 피고표시정정).

로 해석된다.[805]

자. 당사자표시정정에 따른 처리

그러나, 당사자표시정정을 허용할 경우에는 법원은 별도의 명시적인 결정 없이 이후의 소송절차에서 정정신청된 바에 따라 당사자의 표시를 하게 된다.

2. 임의적 당사자변경 : 피고의 경정

가. 서론(緖論) : 임의적 당사자변경 일반

당사자의 의사에 의하여 종전 당사자를 교체하는 것을 (협의의) 임의적 당사자변경이라 한다.[806] 이를 '당사자의 경정'이라고 지칭하기도 한다.[807]

현행법상 (협의의) 임의적 당사자변경으로서는 피고경정만이 인정되는바, 피고경정은 당사자의 동일성이 인정되지 아니하는 경우에 하게 된다는 점에서, 당사자로 표시된 자의 동일성이 인정되는 범위 내에서 할 수 있는 당사자의 표시정정과 개념상 준별된다.[808]

그런데, 실제로는 당사자의 동일성 여부의 판단이 반드시 쉽지만은 않다. 다만, 기존의 교과서의 서술태도가 주는 인상(즉, 피고경정을 위주로 한 서술태도)과는 달리, 실무상으로는 피고경정을 하여야 하는 경우보다 당사자표시정정을 하여야 하는 경우가 훨씬 더 많다. 그도 그럴 것이, 당사자가 누구인가는 이른바 실질적 표시설에 의하여 확정되기 때문이다.

한편, 피고경정에 관한 규정을 유추적용하여 원고를 경정할 수도 있다는 견해도 있으나, 이에 대하여 판례는 부정적인 입장인 것으로 보인다.[809]

나. 피고경정 개관

원고가 피고를 잘못 지정한 것이 분명한 경우에는, 제1심 법원은 변론을 종결할 때까지[810]

805) 서울고법 2005. 4. 20.자 2004라693 결정 참조.

806) 광의의 임의적 당사자변경은 제3자를 당사자로서 추가하는 것을 포함하지만 이에 관하여서는 '제3자의 소송인입'의 문제로서 별도로 살펴보기로 한다.
한편, 임의적 당사자변경과 소송승계를 통틀어 강학상 '당사자의 변경'이라 하지만, 소송승계에 관하여서는 '소송참가' 부분에서 살펴보기로 한다.

807) 대법원 1999. 4. 27. 선고 99다3150 판결.

808) 대법원 1999. 4. 27. 선고 99다3150 판결 ; 대법원 2009. 10. 29. 선고 2009다54744,54751 판결 참조.

809) 대법원 1994. 5. 24. 선고 92다50232 판결은 "권리능력 없는 사단인 부락의 구성원 중 일부가 제기한 소송에서 당사자인 원고의 표시를 부락으로 정정함은 당사자의 동일성을 해하는 것으로서 허용되지 아니한다"라고 설시하였다.

원고의 신청에 따라 결정으로 피고를 경정하도록 허가할 수 있다(법 제260조 제1항 본문).

"피고를 잘못 지정한 것이 명백한 때"라고 함은, 청구취지나 청구원인의 기재 내용 자체로 보아 원고가 법률적 평가를 그르치는 등의 이유로 피고의 지정이 잘못된 것이 명백하거나 법인격의 유무에 관하여 착오를 일으킨 것이 명백한 경우 등을 말하고, 피고로 되어야 할 자가 누구인지를 증거조사를 거쳐 사실을 인정하고 그 인정 사실에 터 잡아 법률 판단을 해야 인정할 수 있는 경우는 이에 해당하지 않는다.[811]

다만, (종전의) **피고가 본안에 관하여 준비서면을 제출하거나, 변론준비기일에서 진술하거나 변론을 한 뒤에는 그의 동의를 받아야 한다**(같은 항 단서). **새로운 피고에 대하여서는, 시효의 중단 또는 법률상 기간을 지킴에 필요한 재판상 청구는 피고경정신청서를 법원에 제출한 때에 그 효력이 생긴다**(법 제265조).

다. 피고경정신청

1) 개 관

피고의 경정은 서면(「피고경정신청서」)[812]**으로 신청하여야 한다**(법 제260조 제2항).

이 신청은 신청권에 기초한 중간적·부수적 신청이다.[813]

피고의 경정 신청서에는 새로 피고가 될 사람의 이름·주소와 경정신청의 이유를 적어야 한다(규칙 제66조).

라. 피고경정신청서의 송달 등

1) 송 달

가) 원 칙

피고경정신청서는－특별한 사정이 없으면 바로(규칙 제64조 제2항)－**상대방**(즉, 종전의 피고) **에게** (그 부본을) **송달하여야 한다**(법 제260조 제3항 본문).

---

810) cf. 가사소송이나 행정소송에서는 피고경정을 사실심 변론종결시까지도 할 수 있다(가사소송법 제15조 제1항, 행정소송법 제14조 제1항) ; 대법원 2006. 2. 23.자 2005부4 결정(사안은 행정소송).

811) 대법원 1997. 10. 17.자 97마1632 결정.
다만, 위와 같이 피고경정이 허용되지 아니한다 하더라도, 예비적·선택적 공동소송인의 추가를 할 수 있는 경우가 있을 수 있다.

812) '인지액·편철방법예규'.

813) 구 '인지액·편철방법예규'(2012. 2. 20. 재판예규 제1379호로 개정되기 전의 것) 참조.

나) 예외 : 소장 부본을 송달하기 전에 피고경정신청이 있은 경우

(종전의) **피고에게 소장의 부본을 송달하지 아니한 때에는, 피고경정신청서 부본을** (종전의 피고에게) **송달하지 아니한다**(법 제261조 제1항 단서).

2) 동의간주

종전의 피고가 본안에 관하여 준비서면을 제출하거나 변론준비기일에서 진술하거나 변론을 한 경우에는(법 제260조 제1항 단서 참조), **피고가 피고경정신청서 부본을 송달받은 날부터 2주 이내에 이의를 제기하지 아니하면 피고의 경정에 대하여 동의를 한 것으로 본다**(같은 조 제4항).

따라서, 이 경우에 피고경정신청에 대한 결정에 앞서 위 이의신청기간의 도과를 기다려야 한다는 것이 된다.

마. 재판의 고지

피고경정신청에 대한 결정(즉, 그 허부의 재판)**은** (종전의) **피고에게**(도) **송달하여야 한다**(법 제261조 제1항).

그러나, (종전의) **피고에게 소장의 부본을 송달하지 아니한 때에는 그러하지 아니하다**(같은 항 단서).

바. 불 복

1) 기각결정에 대한 불복

피고경정신청을 기각하는 결정에 불복이 있는 원고는 통상항고(법 제439조)를 제기할 수 있다.[814)]

2) 허가결정에 대한 불복

피고경정신청을 허가하는 결정에 대하여는 동의가 없었다는 사유로만 즉시항고를 할 수 있다(법 제261조 제3항).[815)]

따라서, 피고경정신청을 한 원고가 그 허가결정의 부당함을 내세워 불복하는 것은 허용될 수 없음은 물론이다.[816)]

---

814) 대법원 1997. 3. 3.자 97으1 결정.

815) cf. 행정소송에서는, 피고의 경정에 종전의 피고의 동의를 요하지 아니하므로, 종전의 피고로서는 특별항고를 할 수 있을 따름이다. 대법원 2006. 2. 23.자 2005부4 결정.

그러나, 피고경정허가결정은 새로운 피고에 대한 관계에서는 중간적 재판의 성질을 갖는 것으로서 특별항고의 대상이 되는 '불복을 신청할 수 없는 결정'에는 해당하지 않으므로, 새로운 피고는 특별항고도 제기할 수 없다.[817)]

사. 피고경정신청에 대한 재판의 효력

1) 신청의 각하 또는 기각의 효력

피고경정신청이 각하 또는 기각된 경우에는 종전의 피고에 대한 소에는 영향이 없다고 할 것이다(법 제261조 제4항의 반대해석).

2) 피고경정허가의 효력

신청을 허가하는 결정을 한 때에는 종전의 피고에 대한 소는 취하된 것으로 본다(법 제261조 제4항). **신청을 허가하는 결정을 한 때에는 그 결정의 정본과 소장의 부본을 새로운 피고에게 송달하여야 한다**(같은 조 제2항).

Ⅷ. 재판장의 사건처리방향 결정

1. 일반적인 사건처리방향

가. 소장 부본이 통상의 방법으로 송달된 경우

1) 원칙 : 제1차 변론기일의 지정

소송계속이 발생한 이상, **재판장은 변론 없이 판결하는 경우 외에는 바로 변론기일을 정하여야 한다**(법 제258조 제1항 본문).

구체적으로는, 재판장은 답변서가 제출되면 바로 사건을 검토하여 가능한 최단기간 안의 날로 제1회 변론기일을 지정하여야 한다(규칙 제69조 제1항).

그러나, 기간 내에 답변서가 제출되지 아니하였으나 무변론판결을 하지 아니할 경우에도 가능한 최단기간 안의 날로 첫 기일을 지정하여야 함은 물론이다.

소액사건이 아니라면, 이 경우에 제1차 변론기일과 선고기일을 일괄 지정할 수도 있는 것

816) 대법원 1992. 10. 9. 선고 92다25533 판결.
817) 대법원 1994. 6. 29.자 93프3 결정(사안은 행정소송).

으로 풀이되나,[818] 실무상 그렇게까지 하는 예는 보기 어렵다.

2) 예외 : 변론준비절차회부명령, 화해권고결정 또는 조정회부결정

다만, 사건을 변론준비절차에 부칠 필요가 있는 경우에는, 바로 변론기일을 정하지 아니하고(법 제258조 제1항 단서), 변론준비절차회부명령을 하게 되는데,[819] 구체적으로 다음과 같은 경우가 이에 해당한다.[820]

① 쟁점과 주장내용이 복잡하거나 방대한 사건

② 전문적인 분야나 새로운 형태의 법률관계에 관한 사건

③ 주장 자체가 불분명하거나 서로 모순되는 사건

④ 증거가 많고 복잡하여 입증계획 등을 사전에 협의할 필요가 있는 사건

또한, 재판장은 화해적 분쟁해결이 적합하다고 판단되는 사건의 경우 변론기일 지정 전 조정에 회부하거나(민사조정법 제6조. 이른바 조기조정제도),[821] 사안에 따라서는 아예 곧바로 화해권고결정을 할 수도 있다(법 제225조 제1항).

이러한 변론절차회부명령, 화해권고결정, 또는 조정회부결정은, 사안에 따라 소송계속 후 바로 할 수도 있고, 답변서 제출 후에 할 수도 있다.

따라서 다음 장에서는, 먼저 변론준비절차를 거치지 않은 경우를 전제로 하여 변론의 실시 일반에 관하여 살펴 본 후에, 그 다음에 변론준비절차 및 변론준비절차를 거친 후의 변론기일의 진행에 관하여 살펴보기로 한다.

화해권고결정 및 조정회부에 관하여서는 '재판상 화해에 준하는 소송종료사유' 부분에서 후술할 것이다.

3) 보칙 : 선결문제 소송의 행정청에의 통지

행정처분 또는 재결의 효력 유무 또는 존재 여부가 민사소송의 선결문제로 되어 해당 민사

---

818) 「제1회 변론기일 및 선고기일 일괄 지정에 관한 예규(재민 98-10)」.

819) cf. 구법(2002. 1. 26. 법률 제6626호로 전부개정되기 전의 것) 제233조에서 "소의 제기가 있는 때에는 재판장은 지체없이 변론기일을 정…하여야 한다."라고 규정하는 한편(구법에서는 현행법과 같은 답변서 제도가 없었음은 '피고의 응소' 부분에서 기술하였다), 제253조에서는 합의사건에서 필요하다고 인정하는 경우에 준비절차를 거치도록 규정하였으나, 「민사소송법」을 2002. 1. 26. 법률 제26626호로 전부개정하면서는 사건을 변론준비절차에 회부하는 것을 원칙으로 규정한 바 있다.
그러나, 기계적으로 변론준비절차를 거치도록 하는 것이 도리어 신속한 재판을 저해한다는 반성적 고려에서, 현행법(2008. 12. 26. 법률 제9171호로 개정된 것)은 – 단독사건에서도 변론준비절차를 거칠 수 있다는 점은 구법과 다르지만 – 사실상 구법의 태도로 회귀하기에 이르렀다.

820) '사건관리예규'.

821) '사건관리예규'.

소송의 수소법원이 이를 심리·판단하는 경우에는, 해당 수소법원(의 재판장)**은**[822] **그 처분등을 행한 행정청에게 그 선결문제로 된 사실을 통지하여야 한다**(행정소송법 제11조 제2항).

이는, 해당 행정청에게 소송참가(행정소송법 제11조 제1항, 제17조)를 할 기회를 주기 위함인 바,[823] 통지를 하여야 하는 시점은 선결문제가 존재함이 법원에 명백하여진 때이다. 따라서, 이르게는 소장 접수 후에 할 수도 있으나, 변론(준비)기일 실시 후에 하여야 할 경우도 있을 수 있다.[824][825]

또한, 그러한 사건에서는 당사자가 법원의 직권발동을 촉구하는 의미에서 선결문제통지신청을 할 수도 있다고 하겠다.[826]

나. 소장 부본이 공시송달된 경우

일반원칙에 따라, 소장 부본이 공시송달된 사건에서는 바로(법 제256조 제1항 참조) 제1차 변론기일을 지정하되, 필요한 경우 그 기일에 변론이 종결될 수 있도록 필요한 경우 미리 원고에게 석명준비명령 등을 할 수 있다.[827]

전술한 경우와 달리, 소장 부본이 공시송달된 경우에는 변론준비절차회부나 화해권고결정 또는 조정회부가 문제되지 아니한다.

2. 소액사건의 사건처리방향

가. 이행권고결정에 대한 이의신청이 있은 경우

소액사건에서, 법원은 이행권고결정에 대한 이의신청이 있는 때에는 지체 없이 변론기일을 지정하여야 한다(소액사건심판법 제5조의4 제3항).

주의할 것은, 이때 피고에게 별도로 소장 부본을 송달하지는 아니한다는 것이다(같은 법 제6조 단서 참조).

---

822) **법원실무제요 행정** ([서울] 법원행정처, 2016), 292면.

823) 위의 책, 291면.

824) 유사취지 : 위의 책, 292면.

825) 한편, 위의 책은, 이러한 통지의 비용은 국고에서 부담할 것이로되, 송달료를 예납받을 때 해당 비용까지 계산하여 예납받아야 한다고 하나, 이는 근거 없는 해석일 뿐 아니라, 이른바 '엎어 놓은 옹기를 보고서 "무슨 놈의 옹기가 아가리는 막히고 밑은 빠졌네?"라고 하는 격'이다. 해당 통지비용은 적극적 당사자가 예납한 송달료에서 지출하는 것으로 족하다고 할 것이다.

826) 「행정사건의 접수서류에 첩부할 인지액과 그 편철방법 등에 관한 예규(재특 91-4)」.

827) '사건관리예규'.
특히, 가사소송에서는 그러한 준비명령이 실무상 일반화되어 있다.

나. 소장 부본을 송달한 경우

1) 이행권고결정을 하였으나 이를 통상의 방법으로 송달할 수 없었던 경우

소액사건에서, 공시송달(법 제194조 내지 제196조)**에 의하지 아니하고는**[828] **피고에게 이행권고결정서의 등본을 송달할 수 없는 때에도 지체 없이 변론기일을 지정하여야 한다**(소액사건심판법 제5조의3 제4항).

이때 변론기일 지정에 앞서 소장 부본을 공시송달하여야 함은 '소장의 심사 및 소장 또는 이행권고결정의 송달' 부분에서 기술하였다.

결국 이 경우는, 일반적인 사건처리방향의 경우와 그다지 다를 바 없다.

2) 이행권고결정을 하지 아니한 경우

가) 소장 부본을 통상의 방법으로 송달한 경우

소액사건에서 소장 부본을 통상의 방법으로 송달한 경우의 처리는, 전술한 일반적인 사건처리방향과 대체로 같되, 약간의 차이가 있다.

우선, **소액사건에서는, 소의 제기가 있는 경우에 판사는 소장 부본을 공시송달 외의 방법으로 송달한 경우라도 답변서의 제출을 기다리지 아니하고 바로 변론기일을 정할 수 있다**(소액사건심판법 제7조 제1항).[829]

위 경우에, 판사는 되도록 1회의 변론기일로 심리를 마치도록 하여야 하며(같은 조 제2항), **그러한 목적을 달성하기 위하여 판사는 변론기일 전이라도 당사자로 하여금 증거신청을 하게 하는 등 필요한 조치를 취할 수 있다**(같은 조 제3항).[830]

이에 따라, 제1차 변론기일에 변론을 종결하기 위하여(소액사건심판법 제7조 제2항) 원고에 대한「최초의 변론기일통지서」에는 다음 각호의 사항을 적어야 한다(소액사건심판규칙 제5조 제1항).

① 최초의 기일에 필요한 모든 증거방법을 제출할 수 있도록 사전 준비를 할 것

② 최초의 기일전이라도 증거신청이 가능하다는 것

---

828) 법문은 발송송달(법 제187조)도 거론하고 있으나, 이행권고결정등본을 발송송달할 경우란 상정하기 어렵다.

829) **주택임대차나 상가건물 임대차의 임차인이 임대인에 대하여 제기하는 보증금반환청구소송에서도 곧바로 변론기일을 지정할 수 있다**(주택임대차보호법 제13조, 상가건물 임대차보호법 제18조).
그런데, 주택임대차나 상가건물 임대차보증금반환 청구소송에서는, 일반적인 경우와 마찬가지로, 경우에 따라 소송계속 후 화해권고결정을 할 수도 있다고 하겠다.

830) **주택임대차나 상가건물 임대차의 임차인이 임대인에 대하여 제기하는 보증금반환청구소송에서도 같다**(주택임대차보호법 제13조, 상가건물 임대차보호법 제18조).

③ 서증을 제출할 때에는 동시에 그 사본 2통을 첨가하여 제출하여야 한다는 것(상대방의 수가 2인 이상일 때에는 그 수에 1을 더한 통수)

④ 증인신문을 신청하는 때에는 신청서와 동시에 신문사항의 요령을 기재한 서면 4통을 제출하여야 한다는 것(상대방의 수가 2인 이상일 때에는 그 수에 3을 더한 통수)

또한, 소액사건은 성질상 변론준비절차에 친하지 아니하므로(소액사건심판법 제7조 제1항, 제2항 참조), 변론준비절차회부는 사실상 문제되지 아니한다. 다만, 그렇다고 하여서 소액사건에서 변론준비절차를 거치는 것이 아예 불가능하다는 것은 아니다.

나) 소장 부본을 공시송달한 경우

소액사건에서 이행권고결정을 하지 아니한 채 소장 부본을 공시송달한 경우에도, 일반적인 사건처리방향과 마찬가지로, 바로 제1차 변론기일을 지정하게 된다.

Ⅸ. 변론의 실시방법[831)]

1. 변론의 방법

가. 원 칙

변론은 구술주의에 의하므로, 변론은 당사자가 말로 중요한 사실상 또는 법률상 사항에 대하여 진술하거나(소위 '당사자 주도형 구술심리'), 법원이 당사자에게 말로 해당사항을 확인하는 방식(소위 '법원 주도형 구술심리')으로 한다(규칙 제28조 제1항).[832)]

다만, 종래의 실무관행은, 법정에서 당사자가 준비서면 등의 실제적인 구술을 하는 대신 재판장 혹은 당사자가 위 각 서면을 진술한다고 말하면서 이를 진술한 것으로 간주하였다(예를 들어, "소장 진술", "1998. . .자 준비서면진술" 등).[833)]

그러나, 근년에는 구술주의를 관철하고자 하는 취지에서, 당사자나 대리인으로 하여금 준비서면 등의 요지를 구술로 진술케 하도록 하는 경우가 왕왕 있다. 그리고 이는, 준비서면

---

831) 변론에 관한 원칙 및 변론의 집중과 준비에 관한 원칙에 관하서는 '심리의 제원칙' 부분에서 이미 살펴보았으므로, 여기서는 변론에 관한 나머지 사항에 대하여 살펴본다.

832) 민소전자문서규칙 제30조 제1항 역시 전자문서로 전자소송시스템에 등재된 주장서면에 관하여 같은 취지의 규정을 두고 있으나, 관견으로는 이는 사족으로 보인다.

833) 구「바람직한 재판운영방안(재일 94-1)」.

등이 변론기일 직전이나 법정에서 제출된 경우, 준비서면의 분량이 방대한 경우 등에 그 실익이 있다고 할 수 있다.[834)]

또한, 필요적 변론의 요청에 따라, 법원은 변론에서 당사자에게 중요한 사실상 또는 법률상 쟁점에 관하여 의견을 진술할 기회를 주어야 한다(같은 조 제2항).

변론방법과 관련하여 특기할 것은, 변론조서에의 기재 문제이다. 즉, 변론조서에는 당사자의 청구에 따라 적는 것을 허락한 사항이 기재될 수 있으므로(법 제154조 제4호 후단), 당사자(또는 대리인)으로서는 자신이나 상대방의 진술을 변론조서에 남겨야 할 필요가 있을 때에는, 이를 변론조서에 적어 줄 것을 재판장에게 청구할 필요가 있는 것이다.

나. 보칙 : 전자소송의 경우

전자소송의 변론은, 컴퓨터 등 정보처리능력을 갖춘 장치에 의하여 전자문서(전자소송시스템에 등재된 소장, 답변서, 준비서면 그 밖에 이에 준하는 서류)를 현출한 화면에서 필요한 사항을 지적하면서 할 수 있다(민소전자문서규칙 제30조 제2항).

더 나아가, 재판장의 허가를 받아 제출한 멀티미디어 주장자료(같은 규칙 제13조)는, 구술과 아울러 컴퓨터 등 정보처리능력을 갖춘 장치에 의하여 재생되는 음성이나 영상 중 필요한 부분을 청취 또는 시청하는 방법으로 변론을 하게 된다(같은 규칙 제30조 제3항).

한편, 법원은 제출자의 의견을 들어 변론기일에서 진술하지 아니하거나 불필요한 전자문서를 돌려주거나 폐기할 수 있다(민소전자문서규칙 제22조).[835)] 같은 이치에서, 재판장이 멀티미디어 주장자료의 기록편입을 불허한 때에도 해당 멀티미디어 주장자료를 폐기할 것이다.[836)]

2. 통 역

가. 통역의 필요성

1) 원 칙

'심리의 제원칙' 부분에서 기술한 바와 같이, 법정에서는 국어를 사용함이 원칙이므로(법원조직법 제62조 제1항), **변론에 참여하는 사람이 우리말을 하지 못하거나, 듣거나 말하는 데 장**

---

834) 구「바람직한 재판운영방안(재일 94-1)」.

835) 구체적인 반환·폐기 방법에 관하여서는, 민사전자소송실무편람, 332면 참조.

836) 위의 책, 199면.

애가 있으면, 통역인에게 통역하게 하여야 한다(법 제143조 제1항 본문).

다만, 위와 같은 장애가 있는 사람에게는 문자로 질문하거나 진술하게 할 수 있다(같은 항 단서).

2) 특 칙

가) 수어통역을 실시하는 경우

(1) 개 관

재판절차에 참여하는 당사자, 증인·감정인 등 재판에 참여하는 관계인 또는 방청인에게 듣거나 말하는 데 장애가 있을 때에는 다음과 같이 수어통역을 실시할 수 있다.[837]

수어통역은 법원이 직권으로 또는 당사자, 관계인, 방청인의 신청을 받아 실시한다.[838]

특기할 것은, 이에 따라 지정결정된 수어통역인에게 지급하는 통역 수당 등은 그 절차의 종류를 가리지 아니하고 국고에서 지급하고 소송비용에 산입하지 아니한다.[839]

(2) 장애인 사법지원(편의제공) 신청

(가) 개 관

수어통역의 신청은「장애인 사법지원(편의제공) 신청서」에 의한다.[840]

(나) 방청인이 신청하는 경우

그런데, 각 방청인이 수어통역을 신청하는 경우에는 7일 전까지 신청하여야 한다.[841]

다만, 위 신청기한이 지나 신청된 때에도 절차 진행에 지장을 초래하지 아니하고 기일 전까지 수어통역 준비가 가능한 경우에는 이를 제공할 수 있다.[842]

반대로, 방청인이 7일 전까지 수어통역을 신청한 경우에도 절차진행 방해 등 수어통역 실시가 적절하지 않은 합리적 이유가 있으면 그 이유를 고지하고 수어통역을 실시하지 아니할 수 있다.[843]

---

837) 수어통역 등에 관한 예규(재일 2020-2) 제2조.
특기할 것은, 이는 형사소송에도 적용되는 등 모든 재판절차에 해당이 있다. 같은 조 제1항.

838) 수어통역 등에 관한 예규(재일 2020-2) 제3조 제1항.

839) 수어통역 등에 관한 예규(재일 2020-2) 제3조 제1항.

840) 수어통역 등에 관한 예규(재일 2020-2) 제3조 제4항.

841) 수어통역 등에 관한 예규(재일 2020-2) 제3조 제2항 본문.

842) 수어통역 등에 관한 예규(재일 2020-2) 제3조 제2항 단서.

843) 수어통역 등에 관한 예규(재일 2020-2) 제3조 제3항.

(3) 재판과정의 녹화

한편, 수어통역의 정확성 확보를 위하여 필요한 경우 법원은 직권 또는 당사자의 신청에 의하여 수어통역이 이루어지는 과정의 전부 또는 일부를 영상녹화할 수 있다.[844)]

(4) 수어통역에 대한 이의

당사자가 수어통역의 정확성에 대하여 이의를 제기한 경우 다음 각 호의 절차에 따른다.[845)]

① 피통역자가 법정에 있는 때에는 동일한 내용의 신문·변론·기타 진술 등과 수어통역을 다시 한 번 시행하게 한다.

② 피통역자가 법정에 없는 때에는 영상녹화가 이루어진 경우에 한하여 수어통역인에게 영상녹화물을 보내 해당 부분을 다시 통역하게 하여 조서 등의 기재 내용과 일치하는지 여부를 확인하여야 한다.

이상과 같은 절차를 거치더라도 수어통역의 정확성을 확인하기 어려운 때에는 영상녹화가 이루어진 경우에 한하여 별도의 수어통역인을 지정하여 감정을 의뢰하여야 한다.[846)]

(5) 영상녹화물의 보관

수화통역이 이루어지는 과정을 전술한 바와 같이 영상녹화를 한 경우 그 영상녹화물은 판결이 확정될 때까지(만) 보관한다.[847)]

그러나, 영상녹화물이 조서의 일부로 인용된 경우에는 (일반원칙에 따라) 소송기록의 보존기간 동안 보관함은 물론이다.[848)]

나) 국제사건

국제사건에서는 개념필연적으로 당사자가 법정에서 외국어를 사용하므로(법원조직법 제62조의2 제1항), 법원은 국제사건의 변론기일에 재판부의 말과 변론에 참여하는 사람의 말을 통역인에게 통역하게 하여야 한다(국제재판부의 설치 및 운영에 관한 규칙 제11조 제1항).[849)]

---

844) 수어통역 등에 관한 예규(재일 2020-2) 제16조 제1항.

845) 수어통역 등에 관한 예규(재일 2020-2) 제17조 제1항.

846) 수어통역 등에 관한 예규(재일 2020-2) 제17조 제2항.

847) 수어통역 등에 관한 예규(재일 2020-2) 제16조 제2항 본문.

848) 수어통역 등에 관한 예규(재일 2020-2) 제16조 제2항 단서.

849) 법원조직법 제62조의2 제1항 후문은, "**이 경우 「민사소송법」 제143조제1항 …는 적용하지 아니한다.**"라고 규정하고 있으나, 이는 입법의 착오라고 할 것이다.

더 나아가, 변론에 참여하는 사람이 허가된 외국어 또는 국어를 듣거나 말하는 데 어려움이 있으면 통역인에게 허가된 외국어 또는 국어로 통역하게 하여야 한다(같은 조 제3항).

그리고, 통역인이 허가된 외국어를 국어로, 국어를 허가된 외국어로 통역하는 경우에는, 동시통역을 원칙으로 한다(같은 조 제2항).

나. 감정인에 관한 규정의 준용

통역인에게는 「민사소송법」의 감정인에 관한 규정을 준용한다(법 제143조 제2항). 따라서, 구체적으로는 다음과 같이 될 것인바, 더욱 상세한 것은 후술하는 '감정' 중 해당 부분을 참조하기 바란다.

통역인은 수소법원·수명법관 또는 수탁판사가 지정하며(법 제335조의 준용), 통역에 필요한 학식과 경험이 있는 사람은 통역할 의무를 진다(법 제334조 제1항의 준용).

그러나, 감정인과 마찬가지로 선서무능력자와 선서거부권자 또는 증언거부권자는 통역인이 되지 못한다(법 제334조 제2항의 준용). 감정인과 마찬가지로 통역인에게도 출석을 요구하여 선서를 시킨 후 통역을 명하기 때문이다.[850]

또한, 통역인이 성실하게 통역할 수 없는 사정이 있는 때에 당사자는 그를 기피할 수 있다고 하겠다(법 제336조, 제337조의 준용. 통역인기피신청).

3. 석명권·구문권 등

가. 석명권(釋明權)

1) 개 관

재판장은 소송관계를 분명하게 하기 위하여 당사자에게 사실상 또는 법률상 사항에 대하여 질문할 수 있고, 증명을 하도록 촉구할 수 있다(법 제136조 제1항).

즉, 재판장은 사안을 해명하기 위하여 당사자에게 그 주장의 모순된 점이나 불완전·불명료한 부분을 지적하여 이를 정정·보충할 수 있는 기회를 주고 또 그 계쟁사실에 대한 증거의 제출을 촉구할 수 있다.[851]

---

850) 법률에 의하여 선서한 통역인이 허위의 통역을 한 때에는 허위통역죄로 처벌을 받는다(형법 제154조). 선서무능력과 선서거부권 및 증언거부권에 관하여서는 '증인신문' 부분에서 살펴볼 것이다.

851) 대법원 1990. 4. 27. 선고 89다카7563 판결. 동지 : 대법원 1971. 4. 6. 선고 71다259 판결; 대법원 1981. 7. 14. 선고 80다2360 판결; 대법원 1983. 9. 13. 선고 81다261 판결; 대법원 1987. 3. 10. 선고 86므132 판결; 대법원 1987. 7. 7. 선고 86다카2521 판결; 대법원 1991. 4. 12. 선고 90다17491 판결; 대법원

이는 사실심법원이 올바른 사실을 확정함으로서 재판의 적정이 보장되게끔 뒷받침하는 제도이다.[852)]

법원은 변론주의에 반하지 아니한 범위 내에서 소송관계를 명료하게 하기 위하여 당사자에게 사실상과 법률상의 사항에 관하여 질문하거나 입증을 촉구할 수 있는 석명권 등 소송지휘권을 적절히 행사하여 실체적인 진실을 규명하고 분쟁을 효과적으로 종식시킬 수 있도록 충실히 사건을 심리하여야 한다.[853)]

당사자들도 자신들의 공격·방어권 행사에 불이익이 초래된다는 등 특별한 사정이 없는 한 이러한 법원의 조치에 대하여 신의에 좇아 성실하게 협력하여야 할 의무가 있다고 할 것이

1992. 4. 10. 선고 91다45356,45363 판결 ; 대법원 1992. 5. 22. 선고 92다3892 판결 ; 대법원 1992. 6. 9. 선고 91다35106 판결 ; 대법원 1992. 6. 26. 선고 92다9388 판결 ; 대법원 1996. 2. 9. 선고 95다27998 판결 ; 대법원 1997. 2. 28. 선고 95다27349 판결 ; 대법원 1997. 4. 25. 선고 96다40677,40684 판결 ; 대법원 1997. 12. 26. 선고 97다39742 판결 ; 대법원 1999. 4. 23. 선고 98다61463 판결 ; 대법원 2000. 3. 23. 선고 98두2768 판결 ; 대법원 2000. 8. 22. 선고 2000다22362 판결 ; 대법원 2000. 10. 10. 선고 2000다19526 판결 ; 대법원 2001. 1. 16. 선고 99두8107 판결 ; 대법원 2001. 10. 9. 선고 2001다15576 판결 ; 대법원 2001. 10. 23. 선고 99두3423 판결 ; 대법원 2002. 5. 10. 선고 99다24256 판결 ; 대법원 2004. 3. 12. 선고 2001다79013 판결 ; 대법원 2005. 1. 14. 선고 2002두7234 판결 ; 대법원 2005. 3. 11. 선고 2002다60207 판결 ; 대법원 2006. 5. 12. 선고 2005다68295,68301 판결 ; 대법원 2007. 7. 13. 선고 2007다20235 판결 ; 대법원 2007. 7. 26. 선고 2006다43651 판결 ; 대법원 2007. 11. 29. 선고 2007다53013 판결 ; 대법원 2009. 8. 20. 선고 2009다30878 판결 ; 대법원 2013. 4. 26. 선고 2013다1952 판결 ; 대법원 2013. 7. 11. 선고 2011다60759 판결.

852) 대법원 2017. 1. 12. 선고 2016다39422 판결 참조.

853) 대법원 2017. 4. 26. 선고 2017다201033 판결(A가 B의 언니인 C에게 돈을 대여하면서 그중 일부를 B 명의의 계좌로 송금하였다는 등의 이유로 B는 C와 연대하여 위 대여금 일부를 지급할 의무가 있다고 주장하는 소를 제기하였는데, 제1심은 B가 소장 부본을 송달받고도 답변서를 제출하지 아니하자, 변론 없이 A의 주장은 그 자체로 이유 없다고 보아 A의 청구를 기각하는 판결을 선고하였고, A가 이에 불복하여 항소하면서 을에 대한 청구원인 사실을 불법행위로 인한 손해배상청구로 변경하자, 원심은 발송송달의 방법으로 변론기일통지서를 송달한 후 B가 불출석한 상태에서 변론기일을 진행하여 그 기일에 변론을 종결한 다음, B가 청구원인 사실을 자백한 것으로 보아(법 제150조 제3항, 제1항) 불법행위로 인한 손해배상책임을 인정한 사안에서, 제1심이 무변론으로 A의 청구를 기각함으로써 B가 변론에 참여하여 의견을 제시할 기회가 차단되어 사실상 심급의 이익을 박탈당하는 결과가 된 사정에다가 원심에서 변론기일통지서가 발송송달의 방법으로 송달되어 B가 원심 변론기일에 참여할 기회를 제대로 갖지 못한 사정까지 감안하면, 원심으로서는 바로 B의 자백간주 판결을 할 것이 아니라 이에 앞서 제1심이 무변론판결을 선고하면서 A의 청구를 기각한 연유는 무엇인지, 거기에 절차상 흠은 없는지, 소송 경과를 전체적으로 보아 B가 A의 주장사실에 대하여 다툰 것으로 인정할 여지는 없는지 등을 심리하여 보고, 필요하다면 서면 등을 통하여 A의 주장에 대한 B의 입장을 밝힐 것을 촉구하는 등 석명권을 적절히 행사함으로써 진실을 밝혀 구체적 정의를 실현하려는 노력을 게을리하지 말았어야 하는데도, 심리를 세밀히 하거나 적절한 소송지휘권을 행사하는 등의 방법으로 A의 주장사실에 대한 B의 입장을 밝혀 보지도 아니한 채 B이 변론기일에 출석하지 아니하자 곧바로 변론을 종결하고 제1심판결과 전혀 다른 결론의 판결을 선고한 원심의 조치에는 석명권을 적정하게 행사하지 아니하여 필요한 심리를 다하지 아니하거나 자백간주의 법리를 오해한 잘못이 있다고 한 사례).

다.[854)]

그러나, 당사자가 주장하지도 아니한 법률효과에 관한 요건사실이나 독립된 공격방어방법을 시사하여 그 제출을 권유함과 같은 행위를 하는 것은 변론주의의 원칙에 위배되고 석명권 행사의 한계를 일탈한 것이다.[855)]

요컨대, 법원은 당사자의 진술에 모순, 흠결이 있거나 그 진술의 취지를 알 수 없는 때 이를 보완하여 명료하게 하거나, 소송의 정도로 보아 당사자가 부주의 또는 오해로 인하여 입증하지 아니하는 것이 명백한 경우에 한하여 입증을 촉구하여야 할 의무가 있는 것이고, 다툼이 있는 사실에 관하여 입증이 없는 모든 경우에 심증을 얻을 때까지 입증을 촉구하여야 하는 것은 아니며, 법원이 당사자로 하여금 새로운 주장이나 청구를 하도록 권유하는 것은 석명권의 범위를 넘어서는 것이다.[856)]

합의부원도 재판장에게 알리고 석명권을 행사할 수 있다(같은 조 제2항).

2) 석명의무 내지 지적의무

가) 개 관

변론주의 원칙상 당사자가 주장할 책임이 있는 사항 자체에 대하여 이를 주장하는지 여부를 석명할 의무는 없다.[857)]

그러나, 일정한 경우에는 법원에 석명권을 행사할 의무가 있으며, 더 나아가, **법원은 당사자가 간과하였음이 분명하다고 인정되는 법률상 사항에 관하여 당사자에게 의견을 진술할**

---

854) 대법원 2017. 4. 26. 선고 2017다201033 판결.

855) 대법원 1990. 4. 27. 선고 89다카7563 판결. 동지 : 대법원 1981. 7. 14. 선고 80다2360 판결 ; 대법원 1983. 9. 13. 선고 81다261 판결 ; 대법원 1987. 3. 10. 선고 86므132 판결 ; 대법원 1987. 7. 7. 선고 86다카2521 판결 ; 대법원 1991. 4. 12. 선고 90다17491 판결 ; 대법원 1992. 4. 10. 선고 91다45356,45363 판결 ; 대법원 1992. 5. 22. 선고 92다3892 판결 ; 대법원 1992. 6. 9. 선고 91다35106 판결 ; 대법원 1992. 6. 26. 선고 92다9388 판결 ; 대법원 1994. 11. 18. 선고 93다46209 판결 ; 대법원 1996. 2. 9. 선고 95다27998 판결 ; 대법원 1997. 2. 28. 선고 95다27349 판결 ; 대법원 1997. 4. 25. 선고 96다40677,40684 판결 ; 대법원 1997. 12. 26. 선고 97다39742 판결 ; 대법원 1999. 4. 23. 선고 98다61463 판결 ; 대법원 2000. 3. 23. 선고 98두2768 판결 ; 대법원 2000. 8. 22. 선고 2000다22362 판결 ; 대법원 2000. 10. 10. 선고 2000다19526 판결 ; 대법원 2001. 1. 16. 선고 99두8107 판결 ; 대법원 2001. 10. 9. 선고 2001다15576 판결 ; 대법원 2001. 10. 23. 선고 99두3423 판결 ; 대법원 2002. 5. 10. 선고 99다24256 판결 ; 대법원 2004. 3. 12. 선고 2001다79013 판결 ; 대법원 2005. 1. 14. 선고 2002두7234 판결 ; 대법원 2005. 2. 17. 선고 2004다59959 판결 ; 대법원 2005. 3. 11. 선고 2002다60207 판결 ; 대법원 2006. 5. 12. 선고 2005다68295,68301 판결 ; 대법원 2007. 7. 13. 선고 2007다20235 판결 ; 대법원 2007. 7. 26. 선고 2006다43651 판결 ; 대법원 2007. 11. 29. 선고 2007다53013 판결 ; 대법원 2013. 4. 26. 선고 2013다1952 판결 ; 대법원 2013. 7. 11. 선고 2011다60759 판결.

856) 대법원 2014. 8. 28. 선고 2014다23508 판결.

857) 대법원 2013. 5. 9. 선고 2013다7394 판결.

기회를 주어야 한다(법 제136조 제4항. 지적의무).[858)]

무릇 당사자가 부주의 또는 오해로 인하여 명백히 간과한 법률상의 사항이 있거나, 당사자의 주장이 법률상의 관점에서 보아 불명료 또는 불완전하거나 모순이 있는 경우, 법원은 적극적으로 석명권을 행사하여 당사자에게 의견진술의 기회를 부여하여야 하고, 만일 이를 게을리한 채 당사자가 전혀 예상하지 못하였던 법률적 관점에 기한 재판으로 당사자 일방에게 불의의 타격을 가하였다면 석명 또는 지적의무를 다하지 아니하여 심리를 제대로 하지 아니한 것으로서 위법하다.[859)]

즉, 석명의무의 위반이 판결에 영향을 미친 때(법 제423조 참조)에는 상고이유가 될 수도 있다.

석명의무와 지적의무가 문제되는 경우를 유형별로 분류하여 보면 다음과 같다.

나) 인지 보정에 관한 석명[860)]

신청인이 인지의 보정명령에 따라 인지액 상당의 현금을 수납은행에 납부하면서 잘못하여 인지로 납부하지 아니하고 송달료납부서에 의하여 송달료로 납부한 경우, 신청인은 인지의 보정명령을 이행하기 위하여 인지액 상당의 현금을 수납은행에 납부한 것이고, 그 결과 인지 보정과 유사한 외관이 남게 되어 이를 객관적으로 인식할 수 있는 점, 인지와 송달료의 납부

---

858) cf. 이 조항은 1990. 1. 13. 법률 제4201호로 「민사소송법」을 개정하면서 신설한 것이나, 이미 대법원 1964. 4. 28. 선고 63다735 판결은, 법원이 당사자의 일방에 대하여 어느 사실의 유무만을 석명하고 그 석명진술의 법률적 효과가 당사자에게 불이익함을 간과하여 그 불이익을 배제할 주장을 할 기회를 주지 않고 그 당사자에게 상기하지 않은 불이익한 판단으로 판결한다면 이와 같은 석명권의 행사는 석명권행사의 정당한 한계를 일탈하여 위법하다고 판시한 바 있다.

859) 대법원 2002. 1. 25. 선고 2001다11055 판결. 동지 : 대법원 1969. 3. 4. 선고 69다31 판결 ; 대법원 1969. 6. 10. 선고 69다398 판결 ; 대법원 1972. 12. 26. 선고 72다2128 판결 ; 대법원 2003. 1. 10. 선고 2002다41435 판결 ; 대법원 2005. 7. 28. 선고 2003후922 판결 ; 대법원 2006. 1. 26. 선고 2005다37185 판결 ; 대법원 2007. 4. 27. 선고 2005다64033 판결 ; 대법원 2008. 9. 11. 선고 2006다50338 판결 ; 대법원 2008. 12. 11. 선고 2008다45187 판결 ; 대법원 2009. 1. 15. 선고 2007다51703 판결 ; 대법원 2009. 7. 23. 선고 2009다13200 판결 ; 대법원 2009. 9. 10. 선고 2009다46347 판결 ; 대법원 2009. 11. 12. 선고 2009다42765 판결 ; 대법원 2010. 2. 11. 선고 2009다83599 판결 ; 대법원 2010. 4. 29. 선고 2009다38049 판결 ; 대법원 2010. 5. 27. 선고 2009다95516 판결 ; 대법원 2011. 11. 10. 선고 2011다55405 판결 ; 대법원 2013. 5. 9. 선고 2013다7394 판결 ; 대법원 2014. 1. 16. 선고 2013다69385 판결 ; 대법원 2014. 6. 12. 선고 2014다11376 판결 ; 대법원 2014. 8. 20. 선고 2014다30650 판결 ; 대법원 2014. 10. 27. 선고 2013다25217 판결 ; 대법원 2017. 1. 12. 선고 2016다39422 판결 ; 대법원 2017. 12. 22. 선고 2015다236820,236837 판결 ; 대법원 2018. 1. 25. 선고 2015다24904,24911,24928,24935 판결 ; 대법원 2020. 8. 20. 선고 2018다249148 판결.

860) 대법원 2014. 4. 30.자 2014마76 결정. 동지 : 대법원 2021. 3. 11.자 2020마7755 결정.
판례의 사안은 모두, 원심 재판장이 인지를 보정할 수 있는 기회를 주지 아니한 채 한 상고장각하명령이 위법하다고 한 것이다.

기관이 수납은행으로 동일하여 납부 과정에서 혼동이 생길 수 있는 점, 신청인에게 인지 납부 과정의 착오를 시정할 수 있는 기회를 제공함이 정의관념에 부합하는 것으로 보이는 점 등을 고려하면, 인지액 상당의 현금을 송달료로 잘못 납부한 신청인에게는 다시 인지를 보정할 수 있는 기회를 부여함이 타당하다.

따라서 소장 등을 심사하는 재판장으로서는 인지 보정명령 이후 수납은행의 영수필확인서가 보정기간 내에 제출되지 아니하였다 하더라도 곧바로 소장이나 상소장을 각하하여서는 아니 되고, 인지액 상당의 현금이 송달료로 납부된 사실이 있는지를 관리은행 또는 수납은행에 전산 기타 적당한 방법으로 확인한 후, 만일 그러한 사실이 확인되는 경우라면 신청인에게 인지를 보정하는 취지로 송달료를 납부한 것인지에 관하여 석명을 구하고 다시 인지를 보정할 수 있는 기회를 부여하여야 한다.

이러한 보정의 기회를 부여하지 아니한 채 소장이나 상소장을 각하하는 것은 석명의무를 다하지 아니하여 심리를 제대로 하지 아니한 것으로서 위법하다.

다) 청구의 석명

(1) 청구의 석명 일반

청구원인이 청구취지와 모순되는 경우 석명권을 행사하여 청구의 범위를 명확히 하지 아니하면, 이는 석명권불행사로 인한 심리미진의 위법에 해당한다.[861]

당사자가 부주의 또는 오해로 인하여 청구취지가 특정되지 아니한 것을 명백히 간과한 채 본안에 관하여 공방을 하고 있는데도 보정의 기회를 부여하지 아니한 채 당사자가 전혀 예상하지 못하였던 청구취지 불특정을 이유로 소를 각하하는 것은 석명의무를 다하지 아니하여 심리를 제대로 하지 아니한 것으로서 위법하다.[862]

(2) 항고소송을 민사소송으로 잘못 제기한 경우

행정소송법상 항고소송으로 제기하여야 할 사건을 민사소송으로 잘못 제기한 경우에 수소법원이 그 항고소송에 대한 관할도 동시에 가지고 있다면, 전심절차를 거치지 않았거나 제소기간을 도과하는 등 항고소송으로서의 소송요건을 갖추지 못했음이 명백하여 항고소송으로 제기되었더라도 어차피 부적법하게 되는 경우가 아닌 이상, 원고로 하여금 항고소송으로 소 변경을 하도록 석명권을 행사하여 행정소송법이 정하는 절차에 따라 심리·판단하여야 한

861) 대법원 1990. 1. 25. 선고 88다카31637 판결 참조. 동지 : 대법원 2010. 2. 11. 선고 2009다83599 판결.
862) 대법원 2014. 3. 13. 선고 2011다111459 판결.

다.[863)]

라) 주장의 석명

(1) 주장에 모순·흠결이 있거나 주장이 불명료한 경우

법원은 당사자의 진술에 모순, 흠결이 있거나 그 진술의 취지를 알 수 없는 때 이를 보완하여 명료하게 할 의무가 있다.[864)]

그러나, 당사자의 주장과 제출증거내용의 모순이 있어 보인다 하더라도 법원이 그밖에 변론에 현출된 제반증거 등을 종합하여 그 진술의 취지를 추단할 수 있는 경우라면 굳이 이를 지적하고 시정을 촉구하기 위한 석명권을 행사하여야 할 의무는 없다.[865)]

(2) 요건사실 중 일부의 주장이 누락된 경우

당사자가 어떠한 법률효과를 주장하면서 미처 깨닫지 못하고 그 요건사실 일부를 빠뜨린 경우에는 법원은 그 누락사실을 지적하고, 당사자가 이 점에 관하여 변론을 하지 아니하는 취지가 무엇인지를 밝혀 당사자에게 그에 대한 변론을 할 기회를 주어야 할 의무가 있다.[866)]

그러나, 법원은 당사자가 주장할 책임이 있는 사항 자체에 대하여 이를 주장하는가의 여부를 석명하여야 할 의무는 없다.[867)]

(3) 주장과 증거가 모순되는 경우

당사자의 주장과 제출된 증거 사이에 모순되거나 불일치하는 점이 있는 경우에는 법원이 석명권을 행사하여 이를 밝혀 보아야 한다.[868)]

마) 입증촉구

(1) 개　관

당사자가 부주의 또는 오해로 인하여 증명하지 아니한 것이 분명하거나, 쟁점으로 될 사항에 관하여 당사자 사이에 명시적인 다툼이 없는 경우에는, 법원은 석명을 구하고 증명을 촉

---

863) 대법원 2020. 1. 16. 선고 2019다264700 판결. 동지 : 대법원 1999. 11. 26. 선고 97다42250 판결.

864) 대법원 1994. 8. 12. 선고 94다13053 판결. 동지 : 대법원 1971. 11. 15. 선고 71다1934 판결 ; 대법원 1982. 11. 23. 선고 81다39 판결.

865) 대법원 1988. 3. 8. 선고 87다카1801 판결.

866) 대법원 1995. 2. 28. 선고 94누4325 판결. 동지 : 대법원 2005. 3. 11. 선고 2002다60207 판결 ; 대법원 2009. 9. 10. 선고 2009다46347 판결.

867) 대법원 1988. 9. 27. 선고 88다카1797 판결. 동지 : 대법원 2008. 2. 1. 선고 2007다8914 판결.

868) 대법원 2010. 9. 30. 선고 2009다71121 판결. 동지 : 대법원 1992. 11. 10. 선고 92다24530 판결.

구하여야 한다.[869)]

환언하면, 법원으로서는 다툼 있는 사실을 증명하기 위하여 제출한 증거가 당사자의 부주의 또는 오해로 인하여 불완전·불명료한 경우에는 당사자에게 그 제출된 증거를 명확·명료하게 할 것을 촉구하거나 보충할 수 있는 기회를 주어야 하고, 만약 이를 게을리한 채 제출된 증거가 불완전·불명료하다는 이유로 그 주장을 배척하는 것은 석명의무 또는 심리를 다하지 아니한 것으로서 위법하다.[870)]

더욱이 법률전문가가 아닌 당사자 본인이 소송을 수행하는 경우라면, 증명을 촉구하는 등의 방법으로 석명권을 적절히 행사하여 진실을 밝혀 구체적 정의를 실현하려는 노력을 게을리 하지 말아야 한다.[871)]

그러나, 입증촉구에 관한 법원의 석명권은 소송의 정도로 보아 당사자가 부주의 또는 오해로 인하여 입증하지 아니하는 것이 명백한 경우에 한하여 인정되는 것이고, 다툼이 있는 사실에 관하여 입증이 없는 모든 경우에 법원이 심증을 얻을 때까지 - 증명책임이 있는 당사자에게 -[872)] 입증을 촉구하여야 하는 것은 아니다.[873)]

---

869) 대법원 2008. 9. 11. 선고 2006다50338 판결. 동지 : 대법원 1964. 11. 10. 선고 64다325 판결 ; 대법원 1981. 9. 8. 선고 80누547 판결 ; 대법원 1986. 11. 25. 선고 86므67 판결 ; 대법원 1990. 6. 26. 선고 90다카8005 판결 ; 대법원 1994. 8. 12. 선고 94다13053 판결 ; 대법원 2009. 9. 10. 선고 2009다30687 판결 ; 대법원 2018. 1. 25. 선고 2015다24904,24911,24928,24935 판결

870) 대법원 2021. 3. 11. 선고 2020다273045 판결(A 주식회사에 대한 채권자인 B 주식회사가, A 회사가 C 등에게 집합건물의 일부 세대인 부동산에 관하여 근저당권을 설정해 주거나 매매예약을 원인으로 가등기를 마쳐준 것이 사해행위에 해당한다며 그 취소와 원상회복을 구하고 있는데, 위 부동산의 부지(이하 '대지'라고 한다)에 관한 선순위 근저당권자이기도 한 C 등이 체납처분에 따라 한국자산관리공사가 실시한 위 부동산에 관한 공매절차에서 받은 배분금이 위 부동산에 설정된 근저당권 또는 가등기권에 기해 배분받은 것으로서 가액반환의 대상인지 문제 된 사안에서, A 회사는 위 부동산에 관한 대지권이 성립하기 전 위 대지에 관하여 C 등에게 근저당권을 설정해 주었고, 이후 위 대지의 등기부에 대지권이라는 뜻의 등기가 마쳐지고 위 부동산의 등기부에 대지 지분에 관한 대지권 등기가 마쳐진 점, 한국자산관리공사가 작성한 공매통지서에 매각 대상에 관하여 위 부동산의 전유부분 외에 그 대지권의 목적인 대지 지분이 기재되어 있는 점 등에 비추어 공매의 대상은 위 부동산의 전유부분 외에 대지 지분도 포함되어 있는 것으로 보이므로, C 등은 위 대지에 설정한 선순위 근저당권에 기해 배분을 받았을 여지가 크고, 나아가 한국자산관리공사가 '공매절차에서 C 등이 받은 배분금은 위 대지에 설정된 근저당권에 기한 것임을 확인한다.'는 취지의 공문을 작성하여 C에게 교부하고 이를 C 등이 증거로 제출하였는데도, 위 공문에 기재된 근저당권 설정일이 잘못되어 있다는 이유 등만으로 C 등에게 공문에 기재된 내용을 명확·명료하게 할 것을 촉구하거나 주장 사실을 증명할 수 있는 기회를 주지 않은 채, C 등이 공매절차에서 받은 배분금은 위 부동산에 설정된 근저당권 또는 가등기권에 기한 것이지 위 대지에 설정된 선순위 근저당권에 기한 것은 아니라고 본 원심판단에 석명의무 위반 등의 잘못이 있다고 한 사례).

871) 대법원 2014. 12. 11. 선고 2013다59531 판결. 동지 : 대법원 1989. 7. 25. 선고 89다카4045 판결.

872) 대법원 2014. 12. 11. 선고 2013다59531 판결.

873) 대법원 1990. 4. 27. 선고 89다카6638 판결. 동지 : 대법원 1991. 4. 23. 선고 90누5047 판결 ; 대법원 1994. 8. 12. 선고 94다13053 판결 ; 대법원 1995. 5. 12. 선고 94누15929 판결 ; 대법원 1998. 2. 27. 선고 97다

또한, 구체적으로 입증방법까지 지시하여 증거신청을 종용할 수는 없다.[874)]

(2) 채무액의 입증촉구

채무의 존재는 인정되나 그 액수가 구체적으로 주장·입증되지 않는 경우, 법원은 석명권을 행사하여 그 금액을 심리·판단하여야 하고, 경우에 따라서는 직권으로라도 그 금액을 심리·판단하여야 한다. 따라서, 예컨대 다음과 같은 결과가 된다.

점유자의 회복자에 대한 유익비상환청구권이 인정된다면, 그 상환액에 관한 점유자의 입증이 없더라도, 법원은 이를 이유로 유익비상환청구를 배척할 것이 아니라 석명권을 행사하여 점유자에 대하여 상환액에 관한 입증을 촉구하는 등 상환액에 관하여 심리판단하여야 한다.[875)]

부동산에 관한 매매계약의 해제로 인한 원상회복의무가 이행불능이 되어 이행불능 당시 가액의 반환채권이 인정되는 경우, 법원으로서는 이행불능 당시의 해당 부동산의 가액에 관한 원고의 주장·입증이 미흡하더라도 적극적으로 석명권을 행사하여 주장을 정리함과 함께 입증을 촉구하여야 하고, 경우에 따라서는 직권으로라도 그 가액을 심리·판단하여야 한다.[876)]

원고가 토지구획정리조합을 대위하여 조합원인 피고들에게 확정된 환지청산금을 구하고, 피고들이 환지청산금을 완납하지 아니한 사실을 인정한 이상, 법원으로서는 적극적으로 석명권을 행사하여 피고별 미납액에 관한 입증을 촉구하고 경우에 따라서는 직권으로라도 그 미납액을 심리·판단하여야 한다.[877)]

부당이득반환책임이 인정되는 경우에 법원은 그 손해액에 관한 당사자의 주장과 증명이 미흡하더라도 적극적으로 석명권을 행사하여 증명을 촉구하여야 하고 경우에 따라서는 직권으로라도 손해액을 심리·판단하여야 한다.[878)]

그런데, 이러한 채무액의 입증촉구가 문제되는 경우는 오히려 주로 손해배상의 경우인바, 이 문제에 관하여서는 '증거 총설' 부분에서 자유심증주의와 관련하여 재론하겠다.

38442 판결; 대법원 2003. 4. 11. 선고 2002다67321 판결; 대법원 2005. 9. 29. 선고 2005다25755 판결; 대법원 2008. 7. 24. 선고 2007다50663 판결; 대법원 2009. 10. 29. 선고 2008다94585 판결.

874) 대법원 1964. 11. 10. 선고 64다325 판결.

875) 대법원 1993. 12. 28. 선고 93다30471 판결.

876) 대법원 1998. 5. 12. 선고 96다47913 판결

877) 대법원 2002. 5. 28. 선고 2000다5817 판결(사안은 구 토지구획정리사업법).

878) 대법원 2012. 6. 14. 선고 2012다20819 판결. 동지: 대법원 1997. 12. 26. 선고 97다42892 판결.

바) 지적의무가 문제되는 경우의 실례

원고가 청구원인을 채무불이행으로 인한 손해배상청구라고 주장한다 하더라도 그것이 결국 법률적 견해의 착오에 기인한 것이고 원고에게 계약에 정하여진 보수청구권이 있을 경우에는 원심으로서는 원고의 의사가 계약에 인한 보수를 청구하는 취지인가의 점을 석명하여야 한다.[879)]

소유권보존등기의 말소등기청구소송의 제1심에서 승소한 원고가 원심인 항소심에서 자기 앞으로 소유권을 표상하는 등기가 되어 있지 않았고 법률에 의하여 소유권을 취득하지도 않았다는 종전의 주장을 그대로 유지한 채 진정명의회복을 위한 소유권이전등기절차의 이행을 청구하는 새로운 청구를 제기한 경우, 원심으로서는 원고의 청구변경신청에 법률적 모순이 있음을 지적하고 원고에게 의견을 진술할 기회를 부여함으로써 원고로 하여금 청구와 주장을 법률적으로 합당하게 정정할 수 있는 기회를 부여하여야 한다.[880)]

사해행위 취소소송에서, 설령 법원이 채권자가 소를 제기하기 1년 이전에 취소원인을 알았다는 심증이 들었다고 할지라도, 당사자 사이에 그 점이 쟁점이 되지 아니한 경우에는(가령, 사해행위 여부나 전득자의 악의 유무만이 다투어진 경우), 법원으로서는 이를 재판의 기초로 삼기에 앞서 당사자에게 이 점에 대한 의견진술의 기회를 부여하여야 한다.[881)]

환경오염으로 손해를 입은 자가 사업자를 상대로 손해배상을 청구한 경우에는, 법원은 「민법」에 우선하여 (그 특별규정인) 환경정책기본법 제31조 제1항을 적용하여야 하기는 하지만, 당사자 사이에 위 규정에 의한 책임 여하가 전혀 쟁점이 된 바 없다면, 법원은 위 규정에 의한 손해배상책임을 인정하기에 앞서 이에 대하여 당사자에게 의견을 진술할 기회를 주어야 한다.[882)]

손해배상청구의 법률적 근거는 이를 계약책임으로 구성하느냐 불법행위책임으로 구성하느냐에 따라 요건사실에 대한 증명책임이 달라지는 중대한 법률적 사항에 해당하므로, 당사자가 이를 명시하지 않은 경우 석명권을 행사하여 당사자에게 의견 진술의 기회를 부여함으로써 당사자로 하여금 그 주장을 법률적으로 명쾌하게 정리할 기회를 주어야 한다.[883)]

---

879) 대법원 1966. 7. 19. 선고 66다509 판결.
880) 대법원 2003. 1. 10. 선고 2002다41435 판결.
881) 대법원 2006. 1. 26. 선고 2005다37185 판결.
882) 대법원 2008. 9. 11. 선고 2006다50338 판결.
883) 대법원 2009. 11. 12. 선고 2009다42765 판결.

나. 석명준비명령

재판장은, 석명권의 행사로서, 당사자에게 설명 또는 증명하거나 의견을 진술할 사항을 지적하고 변론기일 이전에 이를 준비하도록 명할 수 있다(법 제137조).

이러한 석명준비명령은 기일 외에서 명령서를 작성·송달함으로써 함이 일반이다.

다. 법원의 석명처분 등

법원은 소송관계를 분명하게 하기 위하여 다음 각호의 처분을 할 수 있다(법 제140조 제1항).

① **당사자 본인 또는 그 법정대리인에게 출석하도록 명하는 일**

② **소송서류 또는 소송에 인용한 문서, 그 밖의 물건으로서 당사자가 가지고 있는 것을 제출하게 하는 일**

③ **당사자 또는 제3자가 제출한 문서, 그 밖의 물건을 법원에 유치하는 일**

④ **검증을 하고 감정을 명하는 일**

⑤ **필요한 조사를 촉탁하는 일**

석명처분으로서 하는 검증·감정과 조사의 촉탁에는 증거조사에 관한 규정을 준용하나(법 제140조 제2항, 규칙 제29조), 석명처분에 의하여 얻은 자료는 증거가 아니라 변론 전체의 취지로서 참작될 뿐이다. 다만, 당사자가 원용하면 증거자료로 될 수 있다.

그러나, 당사자 본인 또는 법정대리인에 대한 출석명령을 제외한 나머지 석명처분이 행하여지는 경우는 실무상 드문 편이다.

한편, 법원이 석명처분에 따라 제출된 문서, 그 밖의 물건(법 제140조 제1항 제2호, 제3호)을 맡아 둘 때(법 제353조의 준용)에는, 이는 민사보관물로서 취급된다.[884]

당사자가 법원의 석명처분을 신청할 수도 있으나,[885] 이는 법원의 직권발동을 촉구하는 의미의 신청에 불과하다.

석명처분 역시 소송지휘에 관한 재판이므로 언제든지 취소할 수 있다(법 제222조).[886]

라. 당사자 본인 또는 법정대리인에 대한 출석명령 및 출석요청

법원은 – 상술한 바와 같이 소송관계를 분명하게 하기 위하여서는 물론이고(법 제140조 제1

---

884) 민사보관물관리에 관한 예규(재민 79-7) 제2조.

885) '인지액·편철방법예규'.

886) 주석(민소3), 543면(김현석 집필부분).

항 제1호) - 필요한 때에는 당사자 본인 또는 그 법정대리인에게 출석하도록 명할 수 있다(규칙 제29조의2 제1항).

당사자가 당사자본인출석명령 또는 법정대리인출석명령을 신청할 수도 있으나,[887] 이는 법원의 직권발동을 촉구하는 의미의 신청에 불과하다.

또한, 법원은 필요한 때에는 소송대리인에게 당사자 본인 또는 그 법정대리인의 출석을 요청할 수 있다(같은 조 제2항).

여타의 석명처분과 달리, 당사자 본인(또는 법정대리인)에 대한 출석명령 내지 출석요청은 실무상 흔히 볼 수 있다.

마. 구문권(求問權): 구석명신청

당사자는 필요한 경우 재판장에게 상대방에 대하여 설명을 요구하여 줄 것을 요청할 수 있다(법 제136조 제3항).

이러한 요청을 구석명신청이라 하며, 구석명신청을 할 수 있는 권리를 구문권이라 한다. 그러나, 이러한 구석명신청이 법원의 직권발동을 촉구하는 의미의 신청에 불과함은 물론이다.

한편, 기일 외에서, 즉, 서면(「구석명신청서」)으로 구석명신청을 한 경우, 실무는 이를 일종의 주장서면으로 취급하여 그 부본을 상대방에게 송달한다(재판장이 그 신청을 채택하여 기일에서 석명권을 행사하거나 기일 외에서 석명준비명령을 함은 별론).[888]

한편, 원고의 구문에 의한 재판장의 석명에 대해 원고가 제대로 답변을 하지도 아니하였는데도 더 이상의 확인조치 없이 변론을 종결한 경우, 그러한 자료가 나오더라도 피고의 주장에 부합하지 않는다고 보인다면, 법원이 원고로 하여금 충분히 답변하도록 하지 아니하였다 하여 석명의무를 다하지 아니하였다고 할 수 없다.[889]

바. 재판장(또는 합의부원)의 처치에 대한 이의[890]

당사자가 재판장이나 합의부원의 석명권의 행사(법 제136조) **또는 석명준비명령**(법 제137조) **에 대하여 이의를 신청한 때에는 법원은 결정으로 그 이의신청에 대하여 재판한다**(법 제138조).

---

887) '인지액·편철방법예규'.
888) 민사전자소송실무편람, 339면.
889) 대법원 1996. 5. 28. 선고 96다7120 판결.
890) '인지액·편철방법예규'.

그러나, 재판장이 단독판사일 때에는 그 성질상 이러한 이의신청을 하지 못하는 것으로 풀이된다.

이 이의신청은 그 명령 또는 조치가 있은 후 바로 하여야 한다. 다만, 강행규정위반의 경우(법 제151조 단서)에는 그러하지 아니하다(규칙 제28조의2 제1항).

또한, 이 이의신청을 하는 때에는 그 이유를 구체적으로 밝혀야 한다(같은 조 제2항).

사. 석명권의 행사 등에 따른 법원사무관등의 조치

석명권의 행사 또는 석명준비명령이나 석명처분이 있는 경우에 재판장 또는 법원은 법원사무관등으로 하여금 그 조치나 처분의 이행여부를 확인하고 그 이행을 촉구하게 할 수 있다(규칙 제30조).

그러나 이러한 지시는 재판이 아니고 수소법원 내부의 업무분담 문제에 불과한 것으로 풀이된다.

아. 석명에 불응하는 공격방어방법의 각하

당사자가 제출한 공격 또는 방어방법의 취지가 분명하지 아니한 경우에, 당사자가 필요한 설명을 하지 아니하거나 설명할 기일에 출석하지 아니한 때에는 법원은 직권으로 또는 상대방의 신청에 따라 결정으로 이를 각하할 수 있다(법 제149조 제2항).

4. 변론능력이 없는 사람에 대한 조치[891]

가. 개 관

법원은 소송관계를 분명하게 하기 위하여 필요한 진술을 할 수 없는[892] 당사자 또는 대리인의 진술을 금지하고, 변론을 계속할 새 기일을 정할 수 있다(법 제144조 제1항).

더 나아가, **위와 같이 진술을 금지하는 경우에 필요하다고 인정하면 법원은 변호사를 선임하도록 명할 수 있다**(같은 조 제2항).

위와 같은 진술금지 내지 변호사선임명령은 결정으로써 한다.[893]

---

891) cf. 그러나, 실무상으로는 오히려 변호사비용에 관한 소송구조결정을 하여 주면서 변호사를 선임하도록 안내함이 일반인 것으로 보인다. 이 문제에 관하여서는 '소송구조' 부분에서 후술하겠다.

892) 소송관계를 분명하기 위하여 필요한 진술을 할 수 있는 능력을, 강학상 변론능력이라 한다.

893) 제요[민소Ⅱ], 762면.

나. 진술금지결정 등의 통지

법원이 대리인에게 진술을 금지하거나 (이와 아울러) **변호사를 선임하도록 명하였을 때에는 본인에게 그 취지를 통지하여야 한다**(법 제144조 제3항).

선정당사자에게 변론을 금함과 아울러 변호사 선임명령을 한 경우에도 선정자들에게 법원이 그 취지를 통지하거나 다른 적당한 방법으로 이를 알려주어야 한다(위 규정의 유추해석).[894]

다. 효 과

1) 진술금지결정의 효과

진술금지결정을 받은 당사자 또는 대리인은 새 기일에 출석하더라도 진술을 할 수 없어 결국 기일 해태의 불이익을 입게 된다.[895]

따라서, 새 기일에는, 당사자가 진술금지결정을 받은 때에는 대리인이, 대리인이 진술금지결정을 받은 때에는 당사자 본인 또는 새 대리인이 출석하여 진술하여야 한다는 것이 된다.

2) 변호사선임명령 위반의 효과

제1심의 경우, **소를 제기한 사람이 변호사선임명령**(법 제144조 제2항)**을 받고도 새 기일**(같은 조 제1항)**까지 변호사를 선임하지 아니한 때에는 법원은 결정으로 소를 각하할 수 있다**(법 제144조 제4항).

그러나, 대리인에게 진술을 금하고 변호사의 선임을 명하였을 때에 본인에 대한 그 취지의 통지(법 제144조 제3항)가 없는 경우에는 변호사를 선임하지 아니하였다 하여도 소를 각하할 수는 없다.[896]

라. 불 복

위와 같은 소각하 결정에 대하여는 즉시항고를 할 수 있다(법 제144조 제5항).

마. 진술금지의 취소

다만, 사정에 따라서는 진술금지결정을 취소할 수도 있다고 할 것이다(법 제222조).[897]

---

894) 대법원 2000. 10. 18.자 2000마2999 결정.
895) 앞의 책.
896) 대법원 2000. 10. 18.자 2000마2999 결정(사안은 선정당사자에 대한 진술금지재판).
897) 부산고법 2004. 4. 22. 선고 2003나13734,13741 판결 참조.

5. 화해의 권고

법원은 소송의 정도와 관계없이 화해를 권고할 수 있다(법 제145조 제1항 전단).

또한, **법원은 소송의 정도와 관계없이 수명법관 또는 수탁판사로 하여금 화해를 권고하게 할 수 있다**(같은 항 후단).

이 경우에 법원·수명법관 또는 수탁판사는 당사자 본인이나 그 법정대리인의 출석을 명할 수 있다(같은 조 제2항).

그러나, 법원이 아예 화해권고결정을 하거나(법 제225조 제1항), 수소법원이 사건을 조정에 회부할 수도 있는바(민사조정법 제6조), 이 제도들에 관하여 상세한 것은 '재판상 화해에 준하는 소송종료사유' 부분에서 살펴볼 것이다.

6. 제출기간의 제한

가. 개 관

재판장은 당사자의 의견을 들어 한 쪽 또는 양 쪽 당사자에 대하여 특정한 사항에 관하여 주장을 제출하거나 증거를 신청할 기간을 정할 수 있다(법 제147조 제1항).

당사자가 위 재정기간(裁定期間)**을 넘긴 때에는 주장을 제출하거나 증거를 신청할 수 없다**(같은 조 제2항 본문).[898)]

다만, 당사자가 정당한 사유로 그 기간 이내에 제출 또는 신청하지 못하였다는 것을 소명한 경우에는 그러하지 아니하다(같은 조 제2항).

따라서, 만일 제출기간이 도과한 사항에 관하여 뒤늦게 주장을 제출하거나 증거를 신청하는 경우에는 위 규정에 따라 신청이 각하되는 불이익을 입게 된다.

나. 증거제출기간의 제한[899)]

법원은 다음의 각 호의 경우에는 원칙적으로 증거를 신청할 기간을 정하여 고지한다. 다만, 이때에는 입증자료를 준비·제출하는 데 필요한 기간을 충분히 배려하여야 한다.

---

898) cf. 그러나, 가류 및 나류 가사소송에서는 재정기간을 도과하더라도 이러한 제재를 받지 아니하며(가사소송법 제12조 단서), 선거소송도 마찬가지이다(공직선거법 제227조 단서, 국민투표법 제95조 단서, 주민소환에 관한 법률 제25조 제2항, 제주특별자치도 설치 및 국제자유도시 조성을 위한 특별법 제29조, 주민투표법 제25조 제3항).

899) '사건관리예규'.

① 증거신청을 위해 기일을 속행하였음에도 다음 기일까지 증거신청을 하지 않은 경우
② 증거신청에 관한 절차 협의에 포함되지 않는 증거신청을 희망하는 경우
③ 그밖에 증거의 적시제출을 위하여 필요한 경우

증거제출기한을 정하는 경우 당사자에게 그 기간이 도과하면 증거를 신청할 수 없음을 고지하고 조서에 기재하여야 한다.

7. 전문심리위원의 참여[900)]

가. 개 관

법원은 소송관계를 분명하게 하거나 소송절차(여기서는 증거조사·화해 등을 포함한다)**를 원활하게 진행하기 위하여 직권 또는 당사자의 신청에 따른 결정으로 전문심리위원을 지정하여 소송절차에 참여하게 할 수 있다**(법 제164조의2 제1항, 제164조의6).

전문심리위원 제도는 민사, 형사, 가사, 행정, 특허 등 소송절차에서 법원이 전문심리위원으로부터 전문적인 지식과 경험에 기초한 설명이나 의견을 듣는 등 도움을 받음으로써 충실한 심리와 신속한 분쟁 해결에 기여할 수 있도록 운영되어야 한다.[901)]

나. 전문심리위원 참여결정 신청

당사자가 전문심리위원 참여결정 신청을 할 수도 있으나(법 제164조의2 제1항, 제164조의6), 이는 법원의 직권발동을 촉구하는 의미의 신청에 불과하다.

다. 전문심리위원의 지정

1) 개 관

법원은 전문심리위원 참여결정에 따라 전문심리위원을 소송절차에 참여시키는 경우 당사자의 의견을 들어 각 사건마다 1인 이상의 전문심리위원을 지정하여야 한다(법 제164조의4 제1항, 제3항, 법 제146조의6).

그런데, **전문심리위원의 지정에 관하여 그 밖에 필요한 사항은 대법원규칙으로 정하며**(법 제164조의4 제3항), 법원은 별도의 대법원규칙에 따라 정해진 전문심리위원후보자 중에서 전문

---

900) cf. 민사소송의 경우와 유사하게도, 형사소송에도 전문심리위원의 참여 제도가 있다(형사소송법 제279조의2 내지 제279조의8).

901) 전문심리위원의 소송절차 참여에 관한 예규(재일 2007-2) 제2조.

심리위원을 지정하여야 하는바(규칙 제38조의2), 이에 따라, 전문심리위원에 관한 사항을 정함을 목적으로, 「전문심리위원규칙」이 제정되어 있다(전문심리위원규칙 제1조).

2) 전문심리위원 지정을 위한 의견 청취

법원은 전문심리위원 참여가 필요하다고 판단한 경우 전문심리위원 후보자 명단에서 전문심리위원으로 지정할 후보자를 선정하여 그 후보자로부터 전문심리위원으로서 참여할 수 있는지를 확인한 다음, 전자우편 또는 팩시밀리 등을 활용하여 양 쪽 당사자에게 그 후보자의 이름, 전문분야, 경력 등을 기재한 「의견청취서」를 보내거나 그 밖의 적절한 방법으로 당사자로부터 전문심리위원의 지정에 관한 의견을 들어야 한다.[902)]

당사자가 서면에 의하지 아니하고 전문심리위원 지정에 관한 의견을 표시하는 경우 법원사무관등은 조서에 그 의견을 기재하거나 「의견청취서」 등에 의견 청취 방법과 의견의 취지를 적는 방식 또는 「의견청취 보고서」를 작성하여 기록에 편철하는 방식으로 의견 청취 사실을 표시하여야 한다.[903)]

라. 전문심리위원의 제척 및 기피

전문심리위원에 관하여서도 제척 및 기피 제도가 있다(법 제164조의5 제1항). **그 내용은 법관에 관한 것과 대체로 같으나**(같은 항에서 법 제41조부터 제45조까지 및 제47조의 준용), 다음과 같은 차이점이 있다.

첫째, 전문심리위원은 회피할 수 없다(법 제164조의5 제1항에서 제49조의 부준용).

둘째, 법관의 경우와 달리, 전문심리위원에 대한 제척 또는 기피신청이 있는 경우에는 소송절차가 정지되지는 아니한다(법 제164조의5 제1항에서 제48조의 부준용). 다만, **제척 또는 기피 신청을 받은 전문심리위원은 그 신청에 관한 결정이 확정될 때까지 그 신청이 있는 사건의 소송절차에 참여할 수 없다. 이 경우 전문심리위원은 해당 제척 또는 기피 신청에 대하여 의견을 진술할 수 있다**(법 제164의5 제2항).

마. 전문심리위원에 대한 준비지시

재판장(수명법관 또는 수탁판사가 소송절차를 진행하는 경우에는 그 수명법관 또는 수탁판사)은 전문심리위원을 소송절차에 참여시키기 위하여 필요하다고 인정한 때에는 전문심리위원에게 소

902) 전문심리위원의 소송절차 참여에 관한 예규(재일 2007-2) 제4조 제1항.
903) 전문심리위원의 소송절차 참여에 관한 예규(재일 2007-2) 제4조 제2항.

송목적물의 확인 등 적절한 준비를 지시할 수 있다(규칙 제38조의5 제1항, 제38조의9).

위와 같은 준비의 지시가 있은 때에는 법원사무관등은 양 쪽 당사자에게 그 취지를 통지하여야 한다(규칙 제38조의5 제2항).[904]

바. 기일 외의 전문심리위원에 대한 설명등의 요구와 조치

재판장이 기일 외에서 전문심리위원에 대하여 설명 또는 의견을 요구한 사항이 소송관계를 분명하게 하는 데 중요한 사항일 때에는 법원사무관등은 양 쪽 당사자에게 그 사항을 통지하여야 한다(규칙 제38조의3).[905]

사. 전문심리위원의 기일 참여

1) 개 관

가) 질 문 권

전문심리위원은 기일에 재판장(수명법관 또는 수탁판사가 소송절차를 진행하는 경우에는 그 수명법관이나 수탁판사)**의 허가를 받아 당사자, 증인 또는 감정인 등 소송관계인에게 직접 질문할 수 있다**(법 제164조의2 제3항, 제164조의6).

나) 설명등의 권한

전문심리위원은 전문적인 지식을 필요로 하는 소송절차에서 설명 또는 의견을 기재한 서면(설명서, 의견서)**을 제출하거나 기일에 출석하여 설명이나 의견을 진술할 수 있다**(법 제164조의2 제2항 본문).[906]

이와 관련하여 특기할 점은, 전자기록사건에서는, 전문심리위원도 전자소송시스템을 이용하여 전자문서를 제출할 수 있다는 것이다(민소전자문서법 제5조 제1항, 민소전자문서규칙 제3조 제6호).

따라서, 전자기록사건에서 전문심리위원이 설명서나 의견서를 전자문서로 가지고 있는 경우에는 전자소송시스템을 이용하여 이를 제출하여야 하며(민소전자문서규칙 제37조 제1항), 법원은 설명서나 의견서가 전자문서가 아닌 경우 이를 전자문서로 변환하여 제출하여 줄 것을

---

904) 다만, 당사자가 외국에 있거나 있는 곳이 분명하지 아니한 때에는 통지를 하지 아니하여도 된다(규칙 제3조 제3항 전문).

905) 그러나, 당사자가 외국에 있거나 있는 곳이 분명하지 아니한 때에는 통지를 하지 아니하여도 된다(규칙 제3조 제3항 전문).

906) cf. 이 점에서 전문심리위원은 기술심리관과 유사하다.

요청할 수 있다(같은 조 제2항).[907)]

다만, 재판의 합의에는 참여할 수 없다(법 제164조의2 제2항 단서).[908)]

2) 기일 외의 설명 등의 요구

재판장이 기일 외에서 전문심리 위원에게 설명 또는 의견을 요구할 때에는 질문의 내용, 질문의 순서 등에 관하여 전화, 전자우편, 팩시밀리 등을 활용하여 당사자와 사전에 협의를 할 수 있다.[909)]

재판장이 기일 외에서 전문심리위원에게 설명 등을 요구할 경우 특별한 사정이 없으면 「설명 등 요구서」를 전자우편, 팩시밀리 등을 활용하여 보내는 방식으로 한다.[910)]

재판장은 전문심리위원에게 설명 등을 요구할 때 법원사무관등으로 하여금 사안의 개요를 기재한 서면 또는 소송서류, 증거서류의 사본을 보내게 할 수 있다.[911)]

더 나아가, 재판장이 기일 외에서 전문심리위원에게 설명 등을 요구한 사항이 소송관계를 분명하게 하는 데 중요한 사항이라고 인정할 때는 법원사무관등으로 하여금 「설명 등 요구 통지서」를 이용하여 그 사항을 양 쪽 당사자에게 통지하게 하여야 한다.[912)]

그러면, 법원사무관등은 전자우편, 팩시밀리 등을 활용하여 위 통지를 하며,[913)] 법원사무관등이 위 통지를 한 때에는 「설명 등 요구 통지서」에 통지의 방법과 날짜를 적는 방식으로 통지 사실을 표시하여야 한다.[914)]

3) 전문심리위원에 대한 기일 통지 등

전문심리위원으로 하여금 재판기일에 출석하여 설명 등을 진술하게 할 때에는 법원사무관

---

907) cf. 민소전자문서규칙 제37조 제1항은 "전자기록사건에서 제3조제6호부터 제10호까지에 해당하는 기관등이 그 촉탁사항이나 송부대상인 문서를 전자데이터 또는 전자문서로 가지고 있는 경우에는 전자소송시스템을 이용하여 이를 전송하여야 한다."라고 규정하고 있고, 같은 조 제2항은 "법원은 제1항의 촉탁사항이나 송부대상인 문서가 전자데이터 또는 전자문서가 아닌 경우 이를 전자문서로 변환하여 전송하여 줄 것을 요청할 수 있다."라고 규정하고 있다.
그러나, 전자문서라는 것 자체가 개념필연적으로 정보의 일종이므로(민소전자문서법 제2조 제1호), '전자데이터'라는 표현은 사족이라고 할 것이다. 또한, '전송'이라는 표현도 의문이며, 의당 '제출'로 규정하였어야 할 것이다.

908) cf. 이 점에서 전문심리위원은 기술심리관과 다르다.

909) 전문심리위원의 소송절차 참여에 관한 예규(재일 2007-2) 제5조 제1항.

910) 전문심리위원의 소송절차 참여에 관한 예규(재일 2007-2) 제5조 제2항.

911) 전문심리위원의 소송절차 참여에 관한 예규(재일 2007-2) 제5조 제5항.

912) 전문심리위원의 소송절차 참여에 관한 예규(재일 2007-2) 제5조 제3항.

913) 전문심리위원의 소송절차 참여에 관한 예규(재일 2007-2) 제5조 제4항 전문.

914) 전문심리위원의 소송절차 참여에 관한 예규(재일 2007-2) 제5조 제4항 후문.

등은 재판기일의 1주일 전까지 전문심리위원에게 전화, 전자우편, 팩시밀리 등 적절한 방법으로 기일을 통지하여야 한다.[915]

재판장은 법원사무관등으로 하여금 위와 같이 기일을 통지할 때 사안의 개요를 기재한 서면 또는 소송서류, 증거서류의 사본을 보내게 할 수 있다.[916]

4) 전문심리위원에 대한 준비 지시

재판장이 전문심리위원에게 소송목적물의 확인 등 준비를 지시하는 때에는 법원사무관등으로 하여금 준비할 내용, 준비의 기한 등을 명시한 「준비 지시서」를 전자우편, 팩시밀리 등으로 보내게 하거나 그 밖의 적절한 방법으로 준비를 지시할 수 있다.[917]

법원사무관등은 양 쪽 당사자에게 「준비 지시 통지서」를 전자우편, 팩시밀리 등으로 보내거나 그 밖의 적절한 방법으로 이러한 준비 지시의 취지를 통지하여야 한다.[918]

위와 같이 지시의 취지를 통지한 때에는 법원사무관등은 「준비 지시 통지서」에 통지의 방법과 날짜를 적는 방식 또는 「준비 지시 통지 보고서」를 작성하여 기록에 편철하는 방식으로 통지 사실을 표시하여야 한다.[919]

5) 전문심리위원의 좌석의 위치 등

민사·가사·행정·특허 등 소송절차에서 전문심리위원은 법대 중앙을 향하여 왼쪽의 당사자의 좌석 앞에서 법대 중앙을 향하게 한다.[920][921]

전문심리위원이 법정 외에서 재판기일에 참여할 경우에는 법관과 가까운 적당한 곳에 위치한다.[922]

그러나, 이상의 원칙에도 불구하고, 재판장은 법정의 구조 등을 고려하여 전문심리위원의 좌석의 위치 및 방향을 달리 정할 수 있다.[923]

---

915) 전문심리위원의 소송절차 참여에 관한 예규(재일 2007-2) 제6조 제1항.

916) 전문심리위원의 소송절차 참여에 관한 예규(재일 2007-2) 제6조 제2항.

917) 전문심리위원의 소송절차 참여에 관한 예규(재일 2007-2) 제7조 제1항.

918) 전문심리위원의 소송절차 참여에 관한 예규(재일 2007-2) 제7조 제2항.

919) 전문심리위원의 소송절차 참여에 관한 예규(재일 2007-2) 제7조 제3항.

920) 전문심리위원의 소송절차 참여에 관한 예규(재일 2007-2) 제8조 제1항.
cf. 2019. 9. 4. 이전에는, 법대 중앙의 재판장석을 향하게 하였으나, 이른바 대등재판부의 운영이 확대됨에 따라 위와 같이 개정하였다.

921) cf. 이에 반하여, 형사소송절차에서 전문심리위원은 법관의 정면에 위치한다. 전문심리위원의 소송절차 참여에 관한 예규(재일 2007-2) 제8조 제2항.

922) 전문심리위원의 소송절차 참여에 관한 예규(재일 2007-2) 제8조 제3항.

923) 전문심리위원의 소송절차 참여에 관한 예규(재일 2007-2) 제8조 제4항.

아. 전문심리위원의 설명등에 따른 법원의 조치

1) 서면의 사본 송부

전문심리위원이 설명이나 의견을 기재한 서면을 제출한 경우에는 법원사무관등은 양 쪽 당사자에게 그 사본을 보내야 한다(규칙 제38조의4).

2) 의견진술 기회의 부여

법원(수명법관 또는 수탁판사가 소송절차를 진행하는 경우에는 그 수명법관이나 수탁판사)**은 전문심리위원이 제출한 서면이나 전문심리위원의 설명 또는 의견의 진술에 관하여 당사자에게 구술 또는 서면에 의한 의견진술의 기회를 주어야 한다**(법 제164조의2 제4항, 제164조의6).

자. 전문심리위원 참여결정 취소

1) 개 관

법원은 상당하다고 인정하는 때에는 직권이나 당사자의 신청으로 전문심리위원 참여결정을 취소할 수 있다(법 제164조의3 제1항).

주의할 것은, **당사자가 합의로 전문심리위원 참여결정을 취소할 것을 신청하는 때에는 법원은 그 결정을 취소하여야 한다**(같은 조 제2항).

따라서, 전문심리위원 참여결정 취소신청은, 한쪽 당사자만 이를 할 때에는 법원의 직권발동을 촉구하는 의미에 불과하지만, 양 쪽 당사자가 동시에 신청할 때에는 신청권에 기초한 신청이다.

2) 신 청

전문심리위원 참여결정의 취소 신청은 기일에서 하는 경우를 제외하고는 서면(「전문심리위원 참여결정 취소신청서」)[924]으로 하여야 하며(규칙 제38조의8 제1항), 신청서는 주기록에 가철된다.[925]

위 취소 신청을 할 때에는 신청 이유를 밝혀야 한다(같은 조 제2항 본문).

다만, 양 쪽 당사자가 동시에 신청할 때에는 신청 이유를 밝힐 필요가 없는바(같은 항 단서), 그 경우에는 무조건 취소결정을 하여야 하기 때문이다.

---

924) '인지액·편철방법예규'는 「전문심리위원 참여결정 취소결정 신청서」라고 하고 있다.

925) '인지액·편철방법예규'.

차. 전문심리위원에 대한 수당 등의 지급

전문심리위원에게는 대법원규칙으로 정하는 바에 따라 수당을 지급하고, 필요한 경우에는 그 밖의 여비, 일당 및 숙박료를 지급할 수 있다(법 제164조의2 제2항).

구체적으로는, 전문심리위원의 수당, 일당, 여비 및 숙박료는 국고에서 지급하고, 소송비용에는 산입하지 아니한다(전문심리위원규칙 제4조 제5항).

카. 전문심리위원의 비밀누설죄 및 벌칙 적용에서의 공무원 의제

전문심리위원 또는 전문심리위원이었던 자가 그 직무수행 중에 알게 된 다른 사람의 비밀을 누설하는 경우에는 2년 이하의 징역이나 금고 또는 1천만원 이하의 벌금에 처한다(법 제164조의7).

또한, **전문심리위원은 형법 제129조부터 제132조까지의 규정에 따른 벌칙의 적용에서는 공무원으로 본다**(법 제164조의8). 즉, 전문심리위원이 그 직무에 관하여 뇌물을 수수·요구·약속하거나 하는 경우에는 공무원과 마찬가지로 처벌을 받는다.

8. 변론지휘에 관한 이의 및 소송절차에 관한 이의

가. 변론지휘에 관한 이의[926)]

당사자가 변론의 지휘에 관한 재판장의 명령에 대하여 이의를 신청한 때에는 법원은 결정으로 그 이의신청에 대하여 재판한다(법 제138조).

그러나, 단독판사가 재판장인 때에는 성질상 위와 같은 이의신청을 할 수 없는 것으로 해석된다.

나. 소송절차에 관한 이의권에 기한 이의[927)][928)]

당사자는 소송절차에 관한 규정에 어긋난 것임을 알거나, 알 수 있었을 경우에 바로 이의를 제기하지 아니하면 그 권리를 잃는다. 다만, 그 권리가 포기할 수 없는 것인 때에는 그러하지 아니하다(법 제151조).

---

926) '인지액·편철방법예규'는 이 경우도 그냥 "재판장의 처치에 대한 이의"로 지칭하고 있다.

927) cf. 구법(2002. 1. 26. 법률 제6626호로 전부개정되기 전의 것) 제140조는 "책문권(責問權)"이라 하였으나, 현행법은 이를 "소송절차에 관한 이의권"으로 개칭하였다.

928) '인지액·편철방법예규'.

즉, 당사자는 법원 또는 상대방의 소송행위가 소송절차에 관한 규정을 위반한 경우 법 제151조에 의하여 그 소송행위의 무효를 주장하는 이의신청을 할 수 있고 법원이 당사자의 이의를 이유 있다고 인정할 때에는 그 소송행위를 무효로 하고 이에 상응하는 조치를 취하여야 한다.[929]

그러나, 해당 규정이 훈시규정인 경우에는 무효를 주장할 수 없다.[930] 훈시규정은 개념필연적으로 그 위반이 소송법상 효력에 영향이 없기 때문이다.

또한, 그 권리가 포기할 수 없는 것인 때에는, 즉 강행규정을 위반한 경우에는, 이의권이 포기·상실될 수 없다(같은 조 단서).[931]

요컨대, 이의의 포기 또는 상실은 소송절차에 관한 (효력규정 중에서도) 임의규정의 위배에 한하여 인정되는 것이다.[932]

9. 기일의 해태

가. 개 관

필요적 변론의 원칙과 구술주의의 요청 때문에 당사자가 변론기일 또는 변론준비기일에 출석하여 변론하여야 함은, '심리의 제원칙' 부분에서 기술하였다.

만일, 당사자가 출석하지 아니하거나 출석하여도 변론하지 아니한 경우(법 제268조 참조)에는 기일의 해태로서 그에 따른 소송법상의 효과가 발생한다. 구체적으로는, 쌍방 불출석의[933] 경우에는 속칭 '쌍불취하'의 제재가 따르고,[934] 일방 불출석의 경우에는 진술간주, 자백간주의 문제가 생긴다.

구체적으로는, 기일에 사건과 당사자의 이름을 불렀을 때 당사자가 불출석하였다면 기일해태의 효과가 발생한다.[935]

그러나, 소송대리인이 선임된 경우에 변론기일 불출석으로 인한 불이익을 그 당사자에게 귀속시키려면 그 당사자 본인과 소송대리인 모두가 변론기일에 출석하지 아니함을 요건으로

---

929) 대법원 2008. 2. 1. 선고 2007다9009 판결.

930) 대법원 2008. 2. 1. 선고 2007다9009 판결.

931) 대법원 1972. 5. 9. 선고 72다379 판결.

932) 대법원 1972. 5. 9. 선고 72다379 판결.

933) 진술금지재판을 받은 자의 출석이나 '출석후 무변론'도 '불출석'과 효과가 같으므로, 이하 '불출석'의 효과와 관련한 서술에서는 별다른 언급이 없으면 이와 같은 경우도 포함하는 것으로 이해하기 바란다.

934) cf. 다만, 증권관련집단소송에서는 '쌍불취하'가 없다(증권관련 집단소송법 제35조 제4항).

935) 대법원 1980. 11. 11. 선고 80다2065 판결 ; 대법원 1982. 6. 22. 선고 81다791 판결 참조.

함은 물론이다.[936)]

그러나, 변론기일의 통지가 적법하지 않았기 때문에 당사자가 해당 변론기일을 알지 못하여 출석하지 못한 경우에는, 기일해태의 효과가 발생하지 아니한다고 할 것이다.[937)]

나. 양 쪽 당사자가 출석하지 아니한 경우(속칭 '쌍불')

1) 양 쪽 당사자의 1회 결석(1회 쌍불)

가) 원 칙

양 쪽 당사자가, 변론기일에 출석하지 아니하거나, 출석하였다 하더라도 변론하지 아니한 때에는, 재판장은 다시 변론기일을 정하여 양 쪽 당사자에게 통지하여야 한다(법 제268조 제1항).

여기서 "양 쪽 당사자가 변론기일에 출석하지 아니한 때"란, 당사자 쌍방이 적법한 절차에 의한 송달을 받고도 변론기일에 출석하지 않는 것을 가리키는 것이고, 변론기일의 송달절차가 적법하지 아니한 이상 쌍방 불출석의 효과는 발생하지 않는다.[938)]

그리고 "당사자가 변론기일에 출석하더라도 변론하지 아니한 때"라는 것은, 기일이 개시되어 변론에 들어갔으나 변론을 하지 아니한 경우를 말하는 것이지, 변론에 들어가기도 전에 재판장이 기일을 연기하고 출석한 당사자에게 변론의 기회를 주지 아니함으로써 변론을 하지 아니한 경우에는 출석한 당사자가 변론을 하지 아니한 때에 해당하지 않는다.[939)]

실무상, 피고만 출석한 경우에는, 출석한 피고가 굳이 변론하지 아니함이 일반이다. 후술하듯이 '쌍불취하'로써 사건을 종결시킬 수 있기 때문이다.

---

936) 대법원 1982. 6. 8. 선고 81다817 판결.
따라서, 실무상, 변호사가 부득이한 사유로 변론기일에 출석하기 곤란할 때에는 당사자 본인이 출석하도록 본인에게 안내하여야 할 경우가 왕왕 있다.

937) 대법원 1982. 6. 22. 선고 81다791 판결 ; 대법원 1982. 12. 28. 선고 82누486 판결 참조.
다만, 판례는 이를 '변론기일에 불출석한 것이 당사자의 책임 없는 사유로 인한 것인지'의 문제로서 다룬 예가 다수 있다.
그런데, 대법원 1976. 2. 10. 선고 75다623 판결은, 서울에 거주하면서 원심법원 소재지인 춘천시에 내왕하여 본인 소송을 추행하던 소송당사자가 충남 청양군 소재의 부친의 사망통보를 받고 장례지인 청양에 가서 치상에 종사한 때문에 고지된 변론기일에 출석 못하였다면 이는 그의 책임에 돌릴 수 없는 사유로 인한 것이라 봄이 타당하다고 판시하였다(불출석으로 인한 항소취하간주 여부가 문제된 사안).
그러나, 대법원 1963. 8. 22. 선고 63다271 판결은, 소송대리인이 변론기일 소환장을 송달 받은 후 사임하였고 당사자가 그 사임사실을 알지 못하였다 하더라도 이 사실만으로써는 변론기일에 출석하지 못한 것이 당사자의 책임에 귀할 수 없는 사유에 인한 것이라고 할 수 없다고 하였다.

938) 대법원 1997. 7. 11. 선고 96므1380 판결.

939) 대법원 1990. 2. 23. 선고 89다카19191 판결. 동지 : 대법원 1993. 10. 26. 선고 93다19542 판결.

법 제268조 제1항에 따른 조치는, 출석한 당사자가 변론하지 않음에 따라 당연히 발생하는 효과로서, 항고의 대상인 '결정'이나 '명령'에 해당하지 않으므로, 이에 대하여 항고를 할 수 없다.[940)]

나) 특 칙

(1) 배당이의소송에서의 소취하간주

주의할 것은, **배당이의를 한 사람이 배당이의의 소의 첫 변론기일에 출석하지 아니한 때에는 소를 취하한 것으로 본다**(민사집행법 제158조).

이는 민사소송법상 '쌍불취하' 규정의 중대한 예외이므로, 필히 기억하고 있어야 한다.

설령 첫 변론준비기일에 출석한 원고라고 하더라도 첫 변론기일에 불출석하면 위 규정이 적용된다.[941)]

(2) 공유관계부인소송에서의 소취하간주

배당이의의 소와 마찬가지로, **유체동산강제집행의 채권자가 공유관계부인의 소**(법 제221조 제3항)**의 첫 변론기일에 출석하지 아니한 때에는 소를 취하한 것으로 본다**(법 제221조 제4항, 제158조).

2) 양 쪽 당사자의 2회 결석(2회 쌍불)

가) '2회 쌍불'의 효과

양 쪽 당사자의 1회 결석으로 인하여 지정한 새 변론기일 또는 그 뒤에 열린 변론기일에 양 쪽 당사자가 출석하지 아니하거나 출석하였다 하더라도 변론하지 아니한 때에는, 1월 이내에 기일지정신청을 하지 아니하면 소를 취하한 것으로 본다(법 제268조 제2항).

이 제도는 위와 같은 경우 당사자에게 소송유지의사가 없음이 명백하다고 보아 사건을 정리함으로써 소송지연을 방지하기 위한 것이나,[942)] 당사자가 소송을 수행하려는 의사가 없으리라고 추정하는 제도가 아니라, 그러한 의사가 있건 없건 간에 쌍방불출석이 동일 심급에서 두 번(동종절차)에 걸칠 경우에는 무조건 소나 취하된것으로 간주하는 제도이다.[943)]

---

940) 대법원 2008. 11. 13.자 2008으5 결정.

941) 대법원 2007. 10. 25. 선고 2007다34876 판결.

942) 헌재 2012. 11. 29. 선고 2012헌바180 결정. 동지 : 헌재 2017. 7. 27. 선고 2015헌바1 결정. 그리고, 헌재 2012. 11. 29. 선고 2012헌바180 결정은, 위 규정이 재판청구권을 침해하지 아니한다고 보았다.

943) 대법원 1968. 8. 30. 선고 68다1241 판결('로앤비'에서 검색 가능. 사안은, 항소심에서의 2회 쌍불).

즉, 여기서 "새 변론기일 또는 그 뒤에 열린 변론기일"이란, 같은 심급의, 같은 소에 대한 것에 한하며, 이 점은 후술하는 '3회 쌍불'도 마찬가지이다.[944)]

따라서, 제1심에서 1회 결석한 후에 항소심에서 결석하였다고 하여 '2회 쌍불'이 되는 것은 아니며, 1회 결석한 후에 청구가 교환적으로 변경되었다면 그 후의 결석으로 '2회 쌍불'이 되지는 아니하고,[945)] 본소에서 '쌍불'이 된 후에 소송 중의 소(예 : 반소)가 제기되었는데 다시 '쌍불'이 되었다면, '2회 쌍불'이 되는 것은 본소 부분에 한한다.[946)] 또한, '상고, 재항고 및 특별항고' 부분에서 후술하듯이, 환송판결 전후에 각 1회 '쌍불'이 있었다고 하더라도 '2회 쌍불'이 되지는 아니한다.

위 1월의 기일지정신청기간이 불변기간이 아님은 물론이며,[947)] 그리고 위 신청은 쌍방 불출석 변론기일로부터 1월 내에 하여야 하는 것이지 신청인이 그 사실을 안 때로부터 그 기간을 기산할 수는 없음도 물론이다.[948)]

그러나, 항소심에서 '2회 쌍불'이 된 때에는 소가 아니라 항소를 취하한 것으로 봄에 주의하여야 한다(같은 조 제4항).

그리고, 소송위임장을 제출한 것만으로는 법 제268조 제2항이 정한 "기일지정신청"이라고 볼 수 없다.[949)]

이러한 '2회 쌍불'의 효과는 법률상 당연히 발생하는 것이고, 법원의 재량이나 소송사건의 내용, 진도에 따라 임의로 처리할 수 없다.[950)]

나) '2회 쌍불' 후의 기일지정신청

양 쪽 당사자의 1회 결석으로 인하여 지정한 새 변론기일 또는 그 뒤에 열린 변론기일에 양 쪽 당사자가 출석하지 아니하거나 출석하였다 하더라도 변론하지 아니한 때에는, 1월 이내에 기일지정신청을 하지 아니하면 소를 취하한 것으로 본다(법 제268조 제2항).

'2회 쌍불' 후에 소취하간주의 효력을 받지 아니하려면, 그 기일로부터 1개월 이내에 「기일지정신청서」를 제출하여야 하는바,[951)] 이 기일지정신청을 할 때에는 기일지정신청대상사건

---

944) 주석(민소2), 396면(오영준 집필부분) ; 이시윤, 415면 ; 강현중, 426면 ; 김홍엽, 544면.

945) 주석(민소2), 396면(오영준 집필부분) ; 이시윤, 415면 ; 강현중, 427면.

946) 김홍엽, 544면 ; 강현중, 427면.

947) 대법원 1992. 4. 21. 선고 92마175 판결.

948) 대법원 1992. 4. 14. 선고 92다3441 판결.

949) 대법원 1993. 6. 25. 선고 93다9200 판결.

950) 대법원 1982. 10. 12. 선고 81다94 판결. 동지 : 대법원 1969. 3. 4. 선고 68다1756 판결.

951) '인지액·편철방법예규'.

의 송달료납부기준에 의한 송달료를 예납하여야 한다.[952] 예컨대, 민사제1심합의사건의 기일지정신청을 하려면 민사제1심합의사건과 마찬가지로 당사자 1인당 15회분의 송달료를 예납하여야 한다.

이러한 법 제268조 제2항의 기일지정신청은, '쌍불취하'의 효력발생이 발생되기 전에 하는 것으로서, 그러한 효력발생을 저지하기 위한 것이다.

즉, 이 신청은 '쌍불취하'에 따른 취하간주의 효력을 다투는 기일지정신청(규칙 제68조)과는 개념상 구별되므로, 주의를 요한다.[953]

3) 기일지정신청 후의 결석(3회 쌍불)

양쪽 당사자의 2회 결석으로 인한 소취하간주 후의 기일지정신청에 따라 정한 변론기일 또는 그 뒤의 변론기일에 양쪽 당사자가 출석하지 아니하거나 출석하였다 하더라도 변론하지 아니한 때에는 소를 취하한 것으로 본다(법 제268조 제3항).

위 규정에 의하면, '2회 쌍불'인 때에는 당사자의 기일지정신청에 의하여 기일을 지정하여야 할 것이나, 법원이 직권으로 신기일을 지정한 때에도 당사자의 기일지정신청에 의한 기일지정이 있는 경우와 마찬가지로 보아야 한다. 즉, 그와 같이 직권으로 정한 기일 또는 그 후의 기일에 당사자 쌍방이 출석하지 아니하거나 출석하더라도 변론하지 아니한 때에는 소의 취하가 있는 것으로 본다.[954]

그러나, 항소심에서 '3회 쌍불'이 된 때에는 소가 아니라 항소를 취하한 것으로 봄에 주의하여야 한다(같은 조 제4항).

4) 당사자 쌍방이 2회 불출석한 경우의 사건종국시기 등

당사자 쌍방이 2회 불출석한 경우에는, 사건종국시기도 쌍방이 2회 불출석한 후 1월이 경과한 날 또는 1월내의 기일지정신청에 의하여 정한 기일이나 그 후의 기일에 쌍방이 불출석한 때가 된다.[955]

이러한 취하간주의 효력 등에 관하여서는 '당사자의 행위에 의한 소송의 종료' 부분에서 살펴보기로 한다.

---

952) 송달료예규 별표 1.
cf. 위 예규에는 "민사소송법 제268조 제3항"으로 되어 있으나, 이는 "민사소송법 제268조 제2항"의 오기로 보인다.

953) 「당사자 쌍방이 2회 불출석한 경우의 사건종국시기(재일 92-8)」.

954) 대법원 1994. 2. 22. 선고 93다56442 판결. 동지 : 대법원 2002. 7. 26. 선고 2001다60491 판결.

955) 「당사자 쌍방이 2회 불출석한 경우의 사건종국시기(재일 92-8)」.

다. 한 쪽 당사자가 출석하지 아니한 경우

1) 진술간주

원고 또는 피고가 변론기일에 출석하지 아니하거나, 출석하고서도 본안에 관하여 변론하지 아니한 때에는, 그가 제출한 소장·답변서, 그 밖의 준비서면에 적혀 있는 사항을 진술한 것으로 보고 출석한 상대방에게 변론을 명할 수 있다(법 제148조 제1항).

변론기일에 한쪽 당사자가 불출석한 경우에, 변론을 진행하느냐 기일을 연기하느냐는 법원의 재량에 속한다고 할 것이나, 출석한 당사자만으로 변론을 진행할 때에는 반드시 불출석한 당사자가 그때까지 제출한 소장·답변서, 그 밖의 준비서면에 적혀 있는 사항을 진술한 것으로 보아야 한다.[956)]

주의할 것은, 이 경우에 준비서면에 서증의 사본을 첨부하였더라도 서증의 제출까지 된 것으로 보지는 아니한다.[957)] 서증은 기일에 원본, 정본 또는 인증등본을 제출함으로써 신청함이 원칙이므로(법 제343조 제355조 제1항 전단), 출석하여 제출하여야 하기 때문이다.[958)] 이 이치는, 설령 사본이 아닌 원본 등을 첨부하였더라도 마찬가지인 것으로 풀이된다.[959)]

2) 자백간주[960)]

가) 개 관

당사자가 - 답변서, 그 밖의 준비서면에서 상대방의 주장사실을 다툰 바도 없이(전술한 진술간주 규정 참조) **- 변론기일에 출석하지 아니하는 경우에는** - 변론에서 상대방이 주장하는 사실을 명백히 다투지 아니한 때와 마찬가지로(법 제150조 제1항 본문) **- 그 사실을 자백한 것으로 본다**(법 제150조 제3항 본문).[961)]

---

956) 대법원 2008. 5. 8. 선고 2008다2890 판결.

957) 제요[민소Ⅱ], 603면; 대법원 1991. 11. 8. 선고 91다15775 판결 참조.

958) 이에 반하여, 위의 책은, 그 근거를 구술주의 원칙에서 찾으나, 관견과 같이 오히려 서증의 조사방법에서 근거를 찾음이 옳을 것이다.

959) 위의 책.

960) cf. 구법(2002. 1. 26. 법률 제6626호로 전부개정되기 전의 것) 제139조는 "의제자백"이라는 용어를 사용하였다.

961) cf. 가류 및 나류 가사소송에서는 자백간주가 발생하지 아니한다(가사소송법 제12조 단서).
(최광의의) 선거소송도 마찬가지이다(공직선거법 제227조 단서, 국민투표법 제95조 단서, 주민소환에 관한 법률 제25조 제2항, 제주특별자치도 설치 및 국제자유도시 조성을 위한 특별법 제29조, 주민투표법 제25조 제3항).
민사집행절차에서는 직권주의가 강화되어 있으므로(민사집행법 제15조 제7항 단서 등), 강제경매 또는 임의경매의 개시결정에 대한 이의의 재판절차에도 재판상 자백에 관한 규정은 준용되지 아니한다. 대법원 2015. 9. 14.자 2015마813 결정.

이러한 자백간주제도는 민사소송절차에서 상대방의 주장을 알고 이를 시인하는 자백의 의사를 당사자의 소송진행상 태도에 기초하여 인정함으로써 절차의 효율적인 진행을 도모하려는 것이다.[962)]

따라서, 상대방이 주장한 사실을 당사자가 명백히 다투지 아니하였음에도 불구하고 증거판단을 하여 그 자백간주에 배치되는 사실을 인정하는 것은 위법이다.[963)]

그러나, 자백간주의 대상 역시 자백의 대상과 동일하므로, 가령, 직권조사사항이나,[964)] 직권탐지사항에 대하여서는,[965)] 자백간주에 관한 규정이 적용될 여지가 없음은 물론이다.

나) 자백간주의 불성립

그러나, **공시송달의 방법으로 기일통지서를 송달받은 당사자가 출석하지 아니한 경우에는 자백간주가 성립하지 아니한다**(법 제150조 제3항 단서).

이는, 공시송달의 경우 당사자가 실제로 송달받은 것이 아니어서 기일이 있음을 현실적으로 알았다고 볼 수 없으므로 당사자의 자백의사가 있었다고 볼 수 없다는 데에 기초한 것으로, 이는 입법자가 민사소송절차를 변론주의에 따라 합리적으로 형성한 결과이다.[966)]

그러나, 자백간주의 요건이 구비되어 일단 자백간주의 효과가 발생한 때에는 그 이후의 기일에 대한 기일통지서를 공시송달하게 되었다 하더라도 이미 발생한 자백간주의 효과가 상실되는 것이 아님은 물론이다.[967)]

다) 자백간주의 배제

또한, **변론 전체의 취지로 보아 그 사실에 대하여 다툰 것으로 인정되는 경우에는 자백간주가 성립하지 아니한다**(법 제150조 제1항 단서).

즉, 자백으로 간주된 이후에도 당사자는 그 자백이 진실에 어긋나거나 착오로 인한 것임을 증명하지 않고도 취소할 수 있다.[968)]

---

962) 헌재 2013. 3. 21. 선고 2012헌바128 결정. 동지 : 헌재 2015. 7. 30. 선고 2013헌바120 결정.

963) 대법원 1962. 9. 27. 선고 62다342 판결.

964) 대법원 1999. 2. 24. 선고 97다38930 판결(소송대리권의 존부).
다만, 위 판결은 소송대리권의 존부가 직권'탐지'사항이라고 표현하였으나, 이는 의문이다(대법원 2009. 10. 29. 선고 2008다37247 판결 참조).

965) 대법원 1992. 7. 24. 선고 91다45691 판결.

966) 헌재 2013. 3. 21. 선고 2012헌바128 결정.
그리고, 위 판례는 위 규정이 재판청구권을 침해하지 아니한다고 보았다.

967) 대법원 1988. 2. 23. 선고 87다카961 판결.

968) 헌재 2013. 3. 21. 선고 2012헌바128 결정.

요컨대, 당사자는 변론이 종결될 때까지 어느 때라도 상대방의 주장사실을 다툼으로써 자백간주를 배제시킬 수 있고, 상대방의 주장사실을 다투었다고 인정할 것인가의 여부는 사실심 변론종결 당시의 상태에서 변론의 전체를 살펴서 구체적으로 결정하여야 할 것이다.[969)]

10. 변론조서(기일조서)

가. 기일조서 일반

「민사소송법」이 예정하고 있는 조서로는, ① 변론조서 등 기일조서(법 제152조 내지 제160조, 제283조), ② 신청조서(법 제161조 제3항), ③ 화해조서 등 판결서에 준하는 조서(법 제220조, 제225조 제2항 본문, 제386조)가 있는바, 민사소송에서 일반적으로 "조서"라고만 하면 기일조서, 특히 변론조서를 지칭하는 경우가 많다.

변론조서에 관하여서는 이하에서 살펴보는 바와 같이 법 제152조 내지 제159조, 규칙 제31조 내지 제37조 제1항이 이를 규정하고 있는바, **변론조서에 관한 제규정은, 변론준비기일의 조서에 준용될 뿐만 아니라**(법 제283조 제2항, 규칙 제71조 제2항), **법원·수명법관 또는 수탁판사의 신문**(訊問) **또는 심문과 증거조사에도 준용된다**(법 제160조, 규칙 제37조 제2항).

그러나, 이는 주의적 규정에 불과한 것으로 해석되며,[970)] 예컨대 제소전화해절차에도 변론조서에 관한 제규정이 준용된다.[971)]

요컨대, 변론조서에 관한 제규정 및 법리는 일반적으로 법원에서 진행하는 민사절차의 기일조서 일반에 통용된다고 이해하더라도 대과가 없다.

나. 기일조서의 작성

1) 1기일 1조서의 원칙

(기일)**조서는 기일마다 작성하여야 한다**(법 제152조 제1항 본문, 제160조, 제283조 제2항).

2) 조서 작성의 주체

(기일)**조서는 법원사무관등이 작성하여야 한다**(법 제152조 제1항 본문, 제3항 전단, 제160조, 제283조 제2항).

기일조서는 기일에 참여한 법원사무관등이 작성함이 원칙이나(법 제152조 제1항 본문), **법원**

---

969) 대법원 2004. 9. 24. 선고 2004다21305 판결. 동지: 대법원 2012. 10. 11. 선고 2011다12842 판결.
970) 대법원 1962. 10. 18. 선고 62다490 판결.
971) 대법원 1962. 10. 18. 선고 62다490 판결.

사무관등의 참여 없이 기일이 열린 경우에는 법원사무관등은 그 기일이 끝난 뒤에 재판장의 설명에 따라 (기일)**조서를 작성하고, 그 취지를 덧붙여 적어야 한다**(법 제152조 제3항, 제160조, 제283조 제2항).

3) 전자기록사건에서의 조서 작성 방법

전자기록사건에서 법원사무관등은 조서작성프로그램을 사용하여 조서를 작성하여야 하므로,[972] 당사자·대리인의 출석 여부, 주장·신청서면의 진술 여부, 서증인부와 증거 채택결과, 그 밖의 기일 진행결과를 조서작성 프로그램 화면의 해당란에 입력한다.[973]

실시간조서작성프로그램에서 정보선택을 통하여 해당 정보를 입력하도록 구성되어 있는 메뉴에서는 반드시 그 사용방법에 따라 조서 내용이 기록되도록 하여야 하고, 조서 초고를 수정하는 방법으로 작성하여서는 아니 된다.[974]

그러나, 그 밖에는, 전자기록사건에서도 종이기록사건과 마찬가지로 「법정록」(또는 「기일부」) 등에 메모한 내용을 토대로 사후적으로 조서를 작성한다.[975]

다. 변론조서의 증명력

1) 변론의 방식에 관한 증명력

변론방식에 관한 규정이 지켜졌다는 것은 (변론)**조서로만 증명할 수 있다**(법 제158조 본문).

예컨대, 어느 법관이 해당 변론에 관여하였는지(법 제153조 제2호),[976] 당사자의 출석·불출석 여하(같은 조 제4호),[977] 기일에 당사자의 이름을 불렀는지(법 제169조) 여부 등은,[978] 변론방식에 관한 사항이다.

그 밖에, 변론의 날짜와 장소(법 제153조 제5호),[979] 변론의 공개여부(같은 조 제6호) 등도 변론방식에 관한 사항으로 풀이된다.

다만, (변론)**조서가 없어진 때에는 변론방식에 관한 규정이 지켜졌다는 것을 다른 입증방**

---

972) 민전예규 제69조 제1항.

973) 민전예규 제81조.

974) 민전예규 제69조 제2항.

975) 민사전자소송실무편람, 22, 481면.

976) 대법원 1963. 5. 16. 선고 63다151 판결.

977) 대법원 1965. 3. 23. 선고 65다24 판결; 대법원 1967. 12. 18. 선고 67다2202 판결; 대법원 1979. 9. 25. 선고 78다153,154 판결; 대법원 1982. 6. 8. 선고 81다817 판결.

978) 대법원 1991. 9. 10. 선고 90누5153 판결.

979) 대법원 1972. 2. 29. 선고 71다2770 판결(사안은 판결선고조서와 판결선고일) 참조.

법으로써도 증명할 수 있다(법 제158조 단서).

2) 변론의 내용에 관한 증명력

이에 반하여, 예컨대, 재판장이 변론기일에서 다음 기일을 지정하고 고지한 내용이 구체적으로 어떤 것이었느냐는 점은 변론의 방식이라기보다는 오히려 재판의 내용에 속하는 것이며,[980] 변론의 요지 역시 변론방식의 문제는 아니다.[981]

그러나, 변론조서의 기재는 변론의 방식에 관한 사항이 아니라고 하더라도 문서의 성질상 그 내용이 진실하다고 (사실상)[982] 추정하여야 하므로,[983] 변론의 내용이 조서에 기재되어 있을 때에는 다른 특별한 사정이 없는 한 그 내용이 진실한 것이라는 점에 관한 강한 증명력을 갖는다.[984]

만일, 조서에 기재된 변론의 내용의 의미가 명료하지 않은 경우에는 소송진행 과정에서의 당사자들의 변론 등을 종합하여 합리적인 해석을 하여야 한다.[985]

라. 기일조서의 체제와 기재사항 등

1) 기일조서의 체제 : 기본조서와 증거목록, 증거조사에 관한 조서

증거조사의 절차 및 결과는 기일조서에 기재하여야 하는바(법 제154조 제2호, 제3호 참조), 실무상으로는, 매 기일의 변론조서·변론준비기일조서(이른바 "기본조서")[986] 외에 증거목록(서증목록,[987] 증인등목록) 및 증거조사에 관한 조서(증인신문조서, 감정인신문조서, 서증조사조서, 검증조서, 당사자본인신문조서)를 따로 작성하고 있다.

---

980) 대법원 1969. 6. 10. 선고 69다402 판결.

981) 대법원 1997. 10. 10. 선고 97다22843 판결 참조.

982) 대법원 1992. 5. 26. 선고 91다35571 판결 참조.

983) 대법원 1980. 9. 24. 선고 80다1586,1587 판결. 동지 : 대법원 1993. 1. 12. 선고 91다8142 판결 ; 대법원 1991. 9. 10. 선고 90누5153 판결(변론종결 여부) ; 대법원 1993. 7. 13. 선고 92다23230 판결 ; 대법원 2000. 10. 10. 선고 2000다19526 판결.

984) 대법원 2001. 4. 13. 선고 2001다6367 판결. 동지 : 대법원 2000. 10. 10. 선고 2000다19526 판결 ; 대법원 2002. 6. 28. 선고 2000다62254 판결.
그러나, 변론조서의 기재내용을 그대로 믿지 아니한 사례로는, 대법원 1997. 10. 10. 선고 97다22843 판결 ; 대법원 1997. 10. 10. 선고 97다22843 판결 참조.

985) 대법원 2010. 4. 29. 선고 2009다38049 판결.

986) 속기·녹음예규 제11조 제4항 전단.
심문조서도 기본조서에 해당함은 물론이다.

987) 전자기록사건에서는 '서증등목록'이라고 하고 있다. 전자소송실무편람, 22면.
그러나, 이하에서는 서술의 편의상 '서증목록'이라고 지칭하겠다.

증거목록 중 '서증목록'은 제출된 서증에 관한 사항을 기재하는 것이고, 그 밖의 모든 증거에 관한 사항은 '증인등목록'에 기재된다.

이러한 증거목록과 증거조사에 관한 조서는 기본조서와 별개로 작성되기는 하지만 내용상으로는 기본조서의 일부가 된다.

이에 따라 변론조서에는 "증거관계 별지와 같음(원고서증·증인등, 피고서증·증인등)", "증거관계 별지와 같음(원고서증)", "증거관계 별지와 같음(피고증인등)", "증거관계 별지와 같음(직권증인등)", "별지와 같이 증인신문" 식으로 증거조사에 관한 사항을 적어, 별도로 작성된 조서 또는 목록과의 연관관계를 명백히 하고 있다.[988]

주의할 것은, 후술하는 바와 같이 녹음물 또는 속기록을 조서의 일부로 삼는 경우에도 기본조서를 작성한다.[989]

2) 기일조서의 형식적 기재사항

(기일)**조서에는 법원사무관등이 다음 각호의 사항을 적는다**(법 제153조 본문 전단, 제160조, 제283조 제2항).

① **사건의 표시**

② **법관과 법원사무관등의 성명**[990]

③ **출석한 검사의 성명**[991]

④ **출석한 당사자**[992]**·대리인·통역인과 출석하지 아니한 당사자의 성명**[993]

⑤ **변론의**(그 밖에도 해당 절차가 실시된) **날짜와**[994] **장소**[995]

⑥ **변론**(등 해당 절차)**의 공개여부와 공개하지 아니한 경우에는 그 이유**

원격영상재판을 한 때에는 그 취지 및 재판관계인이 출석한 법정을 구별하여 조서에 기재하여야 한다(원격영상재판에관한규칙 제5조).

---

988) 조서작성시 유의사항 및 색지와 인장의 규격 등에 관한 예규(재일 2003-10) 제2조 참조.

989) 속기·녹음예규 제13조 제1항.

990) 그러나, 법원사무관등을 참여시키지 아니하고 기일을 연 때(법 제152조 제2항)에는 법원사무관등의 성명은 기재되지 아니한다.

991) 이는 검사가 심문에 참여한 때(비송사건절차법 제15조)에 기재하게 된다.

992) 보조참가인, 조정참가인의 출석 여부도 당사자에 준하여 기재되며, 실무상 증인, 감정인, 당사자신문의 당사자의 출석 여부도 기재한다.

993) 실무상 출석·불출석의 기재를 하고, 기일통지에 이상이 있었을 때에는 '(미송달) 임의출석', '송달불능' 등의 사유도 기재하고 있다.

994) 실무상 시각까지 명시한다(규칙 제39조 참조).

995) 법정이 하나밖에 없는 법원에서는 실무상 '제1호 법정'이라고 적고 있다.

진술보조인이 변론에 출석한 때에는 조서에 그 성명을 기재하고, 중개 또는 설명행위(규칙 제30조의2 제3항)를 한 때에는 그 취지를 기재하여야 한다(규칙 제30조의2 제5항).

그 밖에, 전문심리위원이 소송절차의 기일에 참여한 때에는 조서에 그 성명을 기재하여야 한다(규칙 제38조의7 제1항).

녹음물 또는 속기록을 조서의 일부로 삼는 경우에는, 속기자의 성명, 녹음물 또는 속기록을 인용한다는 취지도 기본조서에 기재하여야 한다.[996]

실무상, 기일의 차수(次數)도 기재하는바, 변론이 병합 또는 분리된 경우에는 기본이 되는 사건의 차수에 따르고, 이송 또는 환송 받은 사건의 경우에는 이송한 법원 또는 환송전 법원에서 한 차수에 이어서 표시하나, 상소심의 경우에는 원심의 차수에 이어서가 아니라 새로 차수를 시작한다.[997]

또한, 실무상, "고지된 다음기일"(법 제167조 제1항 단서)도 기재한다.[998]

(기일)**조서에는 재판장과 법원사무관등이 기명날인 또는 서명한다**(법 제153조 본문 후단, 제160조, 제283조 제2항).

다만, 재판장이 기명날인 또는 서명할 수 없는 사유가 있는 때에는 합의부원이 그 사유를 적은 뒤에 기명날인 또는 서명하며, 법관 모두가 기명날인 또는 서명할 수 없는 사유가 있는 때에는 법원사무관등이 그 사유를 적는다(법 제153조 단서, 제160조, 제283조 제2항).[999]

3) 기일조서의 실질적 기재사항

(변론)**조서에는 변론의 요지를 적되, 특히 다음 각호의 사항을 분명히 하여야 한다**(법 제154조).

① 화해, 청구의 포기·인낙, 소의 취하와 자백

② 증인·감정인의 선서와 진술

③ 검증의 결과

④ 재판장이 적도록 명한 사항과 당사자의 청구에 따라 적는 것을 허락한 사항

⑤ 서면으로 작성되지 아니한 재판[1000]

---

996) 속기·녹음예규 제13조 제1항 제1호, 제3호.

997) 제요[민소Ⅱ], 932면.

998) 위의 책.

999) cf. 2017. 10. 30. 이전에는 기명날인하는 것으로만 규정되어 있었다.

1000) 따라서, 녹음물 또는 속기록을 조서의 일부로 삼는 경우에 속기·녹음의 명령 및 고지에 관한 사항을 기본조서에 기재하여야 함은 물론이다. 속기·녹음예규 제13조 제1항 제2호.

⑥ 재판의 선고

신문 또는 심문과 증거조사나 변론준비기일에서의 진술도 기일조서에 그 요지를 적음은 물론이다(법 제160조, 제283조 제2항에서 각 제154조의 준용).

또한, 전문심리위원이 재판장등의 허가를 받아 소송관계인에게 질문을 한 때에는 (기일)조서에 그 취지를 기재하여야 한다(규칙 제38조의7 제2항).

당사자가 기일에서 한 소송대리인 선임진술도 조서에 기재한다(법 제89조 제3항).

요는 당사자와 법원의 소송행위 및 증거조사의 결과 등의 요지가 기일조서의 실질적 기재사항이나, 실제로는 당사자나 증인 등의 두서없는 진술을 모두 기재하는 것이 아니라 일단 재판장이 정리·확인한 것(법 제154조 제4호 전단 참조)을 기재함이 일반이다.

그밖에, 전자기록사건의 경우, 법정에서 소송서류가 제출된 사실, 법정에서 화면 열람 방식(민소전자문서규칙 제27조)으로 소송서류가 송달된 사실, 멀티미디어 (주장)자료나 음성·영상 등 정보인 증거가 상당한 방법으로 송달된 사실도 기일조서에 기재하여야 함은, 각각 해당 부분에서 기술한 바와 같다. 더 나아가, '고지된 다음 기일'도 기일조서에 기재함이 실무이다.

또한, 다음 기일을 추후 지정하는 때에는 변론조서 등에 그 추후 지정하게 된 (즉, 그러한 기일 속행이나 연기의) 사유를 구체적으로 기재하는 것으로 하고 있다.[1001]

그리고, 변론이나 심문이나 변론준비절차를 종결한 때에도 이 또한 기일조서에 기재함이 실무이다.

4) 별도의 조서에 기재하는 사항

가) 화해 또는 청구의 포기·인낙

화해 또는 청구의 포기·인낙이 있는 경우에 그 기일의 (기본)조서에는 화해 또는 청구의 포기·인낙이 있다는 취지만을 적는다(규칙 제31조 본문 전단). 즉, 그 밖의 구체적인 사항은 별도의 조서를 작성하여 이에 기재하는바, 이에 관해서는 '당사자의 행위에 의한 소송의 종료' 부분에서 후술한다.

또한, 위와 같은 사항은 조정이 성립된 경우에도 마찬가지인바, 상세한 것은 '민사조정절차' 부분에서 후술한다.

나) 증거조사의 결과

증인의 진술은 증인신문조서, 감정인의 진술은 감정인신문조서, 검증의 결과는 검증조서

1001) 조서작성시 유의사항 및 색지와 인장의 규격 등에 관한 예규(재일 2003-10) 제4조.

를 각각 별도로 작성하여 기재한다.

당사자신문에 따른 당사자의 진술 역시 당사자신문조서를 작성하여 기재한다.

그러나, 이러한 증거조사에 관한 조서도 기일조서의 일부임은 기술한 바와 같다.

마. 조서기재의 생략 등

1) 개 관

(변론)**조서에 적을 사항은 대법원규칙이 정하는 바에 따라 생략할 수 있으나**(법 제155조 제1항 본문),[1002] **변론방식에 관한 규정의 준수, 화해, 청구의 포기·인낙, 소의 취하와 자백에 대하여는 조서기재를 생략할 수 없다**(같은 조 제2항). 결국, 기재를 생략할 수 있는 사항이란, 증거조사의 결과(법 제154조 제2호, 제3호 참조)를 의미한다.

또한, **당사자의 이의**(조서기재생략에 대한 이의)[1003]**가 있으면 기재를 생략할 수 없다**(법 제155조 제1항 단서).

이에 따라 「민사소송규칙」은 조서기재를 생략할 수 있는 경우로 다음 두 가지를 정하고 있다.

2) 소송이 판결에 의하지 아니하고 완결된 때 : 증인신문조서 등

소송이 판결에 의하지 아니하고 완결된 때에는 재판장의 허가를 받아 증인·당사자 본인 및 감정인의 진술과 검증결과의 기재를 생략할 수 있다(규칙 제32조 제1항).

법원사무관등은 위와 같은 재판장의 허가가 있는 때에는 바로 그 취지를 당사자에게 통지하여야 한다(같은 조 제2항).[1004]

그러나, 당사자가 위 통지를 받은 날부터 1주 안에 이의를 한 때에는 법원사무관등은 바로 그 증인·당사자 본인 및 감정인의 진술과 검증결과를 적은 조서를 작성하여야 한다(같은 제3항).

1002) **소액사건의 경우에도, (변론)조서는 당사자의 이의가 있는 경우를 제외하고 판사의 허가가 있는 때에는 이에 기재할 사항을 생략할 수 있으되**(소액사건심판법 제11조 제1항), **변론의 방식에 관한 규정의 준수와 화해·인낙·포기·취하 및 자백에 대하여는 조서기재를 생략할 수 없다**(같은 조 제2항).
그런데, 2002. 1. 26. 「민사소송법」을 전부개정하면서 민사소송절차 일반에 관하여 같은 취지의 규정을 두기에 이르렀는바(cf. 그 전에는 단독사건에서만 조서기재를 생략할 수 있었다), 결국 위와 같은 소액사건심판법 제11조의 규정은 중복규정이 되고 말았으므로 이제는 삭제하여야 할 것이다.

1003) '인지액·편철방법예규'.

1004) 다만, 당사자 본인이 외국에 있거나 있는 곳이 분명하지 아니한 때에는 통지를 하지 아니하여도 된다(규칙 제3조 제3항 전문).

3) 제1심의 공시송달 사건 : 서증목록

제1심에서 피고에게 공시송달을 한 사건의 경우, 법원사무관등은 재판장의 허가를 받아 서증 목록에 적을 사항을 생략할 수 있다(규칙 제32조 제4항 본문).

다만, 공시송달 명령 또는 처분이 취소된 때에는 서증 목록을 작성하여야 한다(같은 항 단서 전단).

바. 서면 등의 인용·첨부

조서에는 서면, 사진, 그 밖에 법원이 적당하다고 인정한 것을 인용(引用)**하고 소송기록에 붙여 이를 조서의 일부로 삼을 수 있다**(법 제156조).

사. 녹음 또는 속기한 내용의 조서화

1) 개 관

변론 등에서 녹음 또는 속기를 한 경우, 녹음물 또는 속기록을 조서의 일부로 삼음이 원칙이로되, 더 나아가 그 내용을 요약하여 조서의 일부로 기재할 수도 있으며, 녹음물 또는 속기록의 요지를 정리하여 조서를 작성한 후 녹음물과 속기록을 폐기할 수도 있다.

2) 녹음물과 속기록 자체의 조서화

가) 개 관

재판장이 녹음·속기를 명한 경우, 그 녹음테이프(즉, 녹음물)**과**[1005] **속기록은 조서의 일부로 삼는다**(법 제159조 제2항, 제160조, 제283조 제2항).[1006]

녹취서의 작성을 명한 경우에는 녹취서도 조서의 일부로 삼는다고 할 것이다.[1007]

법원사무관등을 참여시키지 아니하고 기일을 열어 법원사무관등이 그 기일이 끝난 뒤에 재판장의 설명에 따라 조서를 작성하는 때(법 제152조 제3항)에는, 재판장의 허가를 받아 녹음테이프(녹음물) 또는 속기록을 조서의 일부로 삼을 수 있다(규칙 제36조 제1항 전문).

그런데 '심리의 제원칙' 부분에서 개정과 법정운영에 관한 원칙과 관련하여 기술한 바와 같이, 실무는 위 규정을 반대해석하여 법 제152조 제3항의 경우에는 녹음물이나 속기록을

1005) cf. 구법(2002. 1. 26. 법률 제6626호로 전부개정되기 전의 것) 제148조 제2항 본문은 "녹음대"라는 용어를 사용하였다.

1006) 속기·녹음예규 제2조 제2호 후단 참조.

1007) 속기록이 조서의 일부가 될 수 있는 이상, 녹취서도 그러함은 이치상 당연하다.

조서의 일부로 삼지 아니하여도 된다고 본다. 그러나, 그러한 해석은 상위법인 법 제159조 제2항의 규정에 반하므로, 그와 같이 반대해석하여서는 아니될 것이며, 오히려 규칙 제36조 제1항 전문은 주의적 규정으로 이해함이 상당하다.

나) 녹음물과 속기록 및 녹취서의 보관[1008)]

(1) 개 관

조서의 일부로 삼은 녹음테이프(즉, 녹음물)과 속기록은 소송기록과 함께 보관하여야 하며(규칙 제34조 제1항, 제36조 제1항 후단), 녹취서도 이를 작성(하여 조서의 일부로)한 때에는 소송기록과 함께 보관하여야 한다(규칙 제35조 제2항, 제34조 제1항).

(2) 녹음물의 보관

법정녹음시스템을 이용한 녹음의 결과 생성되는 전자파일에는 검색이 가능하도록 고유번호를 부여하여 법정녹음시스템의 서버나 이에 준하는 서버에 보관한다.[1009)]

다른 녹음저장매체를 사용하여 녹음한 녹음물 역시 고유번호를 부여하는 등 검색할 수 있는 조치를 취하여 법정녹음시스템의 서버나 이에 준하는 서버에 보관한다.[1010)]

만일 법정녹음시스템의 서버나 이에 준하는 서버에 보관할 수 없는 경우에는 컴퓨터용 디스크, 그 밖에 이와 유사한 정보저장매체(이하 "저장매체"라 한다)에 복제한 다음, 저장매체의 표면에 사건번호, 녹음일시 및 녹음내용의 개요(예 : 증인 ○○○의 증언)를 표시하여 소송기록의 형태별로 다음 각 호와 같이 보관한다.[1011)]

① **전자기록인 사건** : 저장매체를 별도의 기록으로 보관하고 전자소송시스템에 그 사실을 입력함

② **전자기록이 아닌 사건** : 저장매체를 봉투에 넣어 종이에 붙인 후 소송기록에 가철한 다음, 녹음물이 폐기될 때까지 "녹음물 있음"이라고 붉은 글씨로 기재한 부전지를 소송기록 표지 중앙 하단에 견고하게 붙임

특기할 것은, 법원사무관등은 조서의 일부로 삼기 위해 변론의 전부 또는 일부를 녹음·녹화하는 경우, 대상이 된 음성 또는 영상을 전자기록의 일부로 편입하여 기록뷰어를 통하여

1008) 2015.부터는 후술하는 방식으로 보관하고 있다.
그리고, 이는 영상신문이나 화상장치를 이용한 변론기일에서의 녹음을 마친 후의 녹음물 보관도 마찬가지임은 물론이다. 원격영상재판의 실시에 관한 업무처리지침(재일 2020-1) 제20조, 제34조, 제36조.

1009) 속기·녹음예규 제11조 제1항 본문 후단.

1010) 속기·녹음예규 제11조 제2항 전문.

1011) 속기·녹음예규 제11조 제2항 후문.

재생할 수 있는 조치를 취하여야 한다.[1012)]

(3) 속기록의 보관

법원사무관등은 속기록에 확인인 또는 사법전자서명을 한 다음 속기록을 그 기일의 기본조서 또는 증인신문조서·당사자신문조서 등의 뒤에 첨부하여 기록과 함께 보관한다.[1013)]

(4) 녹취서의 보관

녹취서의 보관방법 역시 속기록과 같다.[1014)]

다) 속기·녹음 명령의 취소로 인한 속기록·녹음물의 폐기

재판장이 속기·녹음명령을 취소한 경우, 취소 전까지 작성된 속기록, 녹음물은 조서의 작성이 완료되면 폐기한다.[1015)]

3) 중요한 진술의 요약 : 요약조서

가) 개 관

녹음테이프(즉, 녹음물) 또는 속기록을 조서의 일부로 삼은 경우라도, 재판장은 법원사무관등으로 하여금 당사자, 증인, 그 밖의 소송관계인의 진술 중 중요한 사항을 요약하여 조서의 일부로 기재하게 할 수 있다(규칙 제36조 제2항).

이에 따라 작성하는 조서를, 실무상 "요약조서"라 한다.[1016)]

나) 요약녹음물

그런데, 법원사무관등은 요약조서 작성을 위하여 녹음 등의 근거법령에 따라 녹음한 녹음물("기본 녹음물")의 내용 중 일부만을 발췌한 별도의 녹음물("요약녹음물")을 생성하고, 이를 기본 녹음물과 함께 보관할 수 있다.[1017)]

이 경우, 요약조서는 요약녹음물의 내용을 인용하는 방식으로 작성할 수 있으며,[1018)] 이때 요약녹음물은 녹음 등의 근거법령에 따른 녹음물로 본다.[1019)]

1012) 민전예규 제78조 제1항.
1013) 속기·녹음예규 제11조 제5항 전단.
1014) 속기·녹음예규 제13조의2 제4항 전문, 제11조 제5항 전단.
1015) 속기·녹음예규 제10조 제3항 후문.
1016) 속기·녹음예규 제13조의4 제1항 후문.
1017) 속기·녹음예규 제13조의4 제2항.
1018) 속기·녹음예규 제13조의4 제3항 전문.

4) 요지조서

가) 개 관

녹음테이프 또는 속기록으로 조서의 기재를 대신한 경우(즉, 녹음물이나 속기록을 조서의 일부로 삼은 경우)(법 제159조 제1항, 제2항)**에, 소송이 완결되기 전까지 당사자가 신청하거나 그 밖에 대법원규칙이 정하는 때에는 녹음테이프**(즉, 녹음물)**나 속기록의 요지를 정리하여 조서를 작성하여야 한다**(법 제159조 제3항).

주의할 것은, 후술하듯이, 이와 같이 요지를 정리하여 조서를 작성한 경우에는, 소정의 절차를 거쳐 녹음물과 속기록을 폐기할 수 있다.

나) 요지조서의 작성사유

(1) 신청에 의한 작성

당사자가 요지조서의 작성을 신청한 때에는 그 대상이 녹음물이건 속기록이건 이를 작성한다(법 제159조 제3항).[1020)]

(2) 직권 작성

다음 각호 가운데 어느 하나에 해당하면 녹음테이프(즉, 녹음물)의 요지를 정리하여 조서를 작성하여야 한다(규칙 제36조 제3항 본문).

① 상소가 제기된 때

② 법관이 바뀐 때[1021)]

그러나 이에 반하여, 요약조서(규칙 제36조 제2항)의 기재가 있거나, 속기록 또는 녹취서(규칙 제35조)가 작성된 경우에는, 법원의 직권으로는 요지조서를 작성할 수 없다(규칙 제36조 제3항 단서).

또한, 국제사건에서는, 요지조서를 작성할 수 없다(국제재판부의 설치 및 운영에 관한 규칙 제14조 단서에서 규칙 제36조 제3항의 부적용).

다) 요지조서작성의 신청

따라서, 조서의 일부로 된 것이 녹음테이프인지 아니면 속기록인지 등에 따라 당사자는

1019) 속기·녹음예규 제13조의4 제3항 후문.

1020) 다만, 실무상 당사자가 요지조서의 작성을 신청하는 예는 거의 없다. 민사참여관 업무편람, 174면.

1021) cf. 2014. 이전에는 상소가 제기된 때 외에도 재판장이 상당한 이유가 있다고 인정하는 때에도 요지조서를 작성할 수 있었으나(구 규칙(2014. 12. 30. 대법원규칙 제2575호로 개정되기 전의 것) 제36조 제3항 제2호), 현행법은 요지조서를 작성할 수 있는 사유를 제한하기에 이르렀다.

녹음테이프 요지의 조서기재신청 또는 속기록 요지의 조서기재 신청 등을 할 수 있다.[1022]

라) 요지조서 작성의 주체 및 방법

요지조서는 변론 당시의 법원사무관등이 조서를 작성할 수 없는 특별한 사정이 있는 때에는 해당 사건에 관여한 다른 법원사무관등이 작성할 수 있다(규칙 제36조 제5항).

또한, 요지조서를 작성하는 때에는, 재판장의 허가를 받아, 속기록 또는 녹취서 가운데 필요한 부분을 그 조서에 인용할 수 있다(같은 조 제4항).

법원사무관등이 요지를 정리하여 조서를 작성한 경우에 그 조서는 기본조서 뒤에 편철한다.[1023]

마) 요지조서 작성 후의 녹음물 등의 보관

요지조서를 작성한 경우에, 녹음물(요약녹음물을 포함한다) 또는 속기록은 소송기록과 함께 보관하여야 한다.[1024]

전자기록이 아닌 사건의 경우 속기록은 소송기록에서 분리하여 끈으로 기록에 연결하여 보관할 수 있으며, 후술하는 바와 같이 속기록이 폐기될 때까지 "속기록 있음"이라고 붉은 글씨로 기재한 부전지를 소송기록 표지 중앙 하단에 견고하게 붙여야 한다.[1025]

바) 요지조서 작성 후의 녹음물 등의 폐기

녹음테이프(즉, 녹음물)**나 속기록의 요지를 정리하여 조서를 작성한 경우에는 양 쪽 당사자의 동의가 있으면 법원은 녹음테이프**(즉, 녹음물)**와 속기록을 폐기할 수 있으며**(법 제159조 제4항 전문 후단), 이는 녹취서도 마찬가지이다(규칙 제35조 제2항).

다만, 조서의 일부로 삼은 녹음물 또는 속기록(이나 녹취서), 요지조서에 인용된 속기록 또는 녹취서는 소송기록 보존기간 종료시까지 폐기하여서는 아니 된다.[1026]

이에 따라 양 당사자에게 녹음테이프와 속기록을 폐기한다는 통지를 하게 되는바,[1027] **이 경우 당사자가 녹음테이프**(즉, 녹음물)**와 속기록**(또는 녹취서)**을 폐기한다는 통지를 받은 날부**

1022) '인지액·편철방법예규'.

1023) 속기·녹음예규 제14조 제1항 전문 전단.

1024) 속기·녹음예규 제14조 제1항 전문 후단.

1025) 속기·녹음예규 제14조 제1항 후문.

1026) 속기·녹음예규 제14조 제2항 단서.
법문에는 녹취서에 대한 언급이 없으나, 이는 입법의 착오이다(규칙 제35조 제2항 참조).

1027) 한편, 전자기록사건의 경우에는, 이러한 통지를 한 후에, 공용부전지에 통지의 요지, 일자 및 방법을 입력하는 것으로 하고 있다. 민전예규 제57조 제1항 제1호.

터 2주 이내에 이의(녹음테이프 폐기에 대한 이의 또는 속기록 폐기에 대한 이의 등)[1028]**를 제기하지 아니하면 폐기에 대하여 동의한 것으로 본다**(법 제159조 제4항 후문).

양쪽 당사자의 동의가 있거나 동의한 것으로 간주하는 경우에는 재판장의 허가를 받아 법원사무관등이 폐기한다.[1029]

위와 같이 녹음테이프 또는 속기록이나 녹취서를 폐기한 때에는 법원사무관등은 그 취지와 사유를 소송기록에 표시하여야 하는바(규칙 제34조 제3항, 제35조 제2항), 이에 따라, 폐기하는 취지와 사유를 요지조서의 적당한 여백에 표시하고 기명날인하여야 한다.[1030]

또한, 전자기록사건의 경우, 녹음·녹화물이 폐기의 대상이 된 때에는 법원사무관등은 전자적 열람을 할 수 없도록 보류함으로 이동시킨다.[1031]

아. 관계인의 조서낭독 등 청구권

(기일)**조서는 관계인이 신청하면 그에게 읽어 주거나 보여주어야 한다**(법 제157조, 제160조, 제289조 제2항).

그러나, 기술한 바와 같이, 기일조서는 실제로는 실시간으로 작성되는 것이 아니므로, 위 규정은 현실적으로 무의미한 규정이다.

자. 조서의 기재에 대한 이의[1032]

조서에 적힌 사항에 대하여 관계인이 이의를 제기한 때에는 조서에 그 취지를 적어야 한다(법 제164조).

즉, 변론조서에 불실의 기재가 있은 경우 그 정정을 구함에는 위 조항에 의한 이의신청에 의할 것이지,[1033] 법원사무관등의 처분에 대한 이의신청(법 제223조)을 할 것이 아니다.[1034]

기본조서뿐만 아니라 증거조사에 관한 조서도 마찬가지임은 물론이다.[1035]

1028) '인지액·편철방법예규'.

1029) 속기·녹음예규 제14조 제2항 제2호.

1030) 속기·녹음예규 제14조 제3항.
법문에는 녹취서에 대한 언급이 없으나, 이는 입법의 착오이다(규칙 제35조 제2항 참조).

1031) 민전예규 제78조 제2항.

1032) '인지액·편철방법예규'.
cf. 법 제164조의 제목은 "조서에 대한 이의"로 되어 있다.

1033) 대법원 1989. 9. 7.자 89마694 결정. 동지 : 대법원 1975. 12. 8.자 75마372 결정 ; 대법원 1995. 7. 14. 선고 95누5097 판결.

1034) 대법원 1989. 9. 7.자 89마694 결정. 동지 : 대법원 1975. 12. 8.자 75마372 결정.

같은 이치에서, 속기록이 조서 뒤에 첨부된 이후에 소송관계인으로부터 속기록에 적힌 사항에 대하여 이의가 제기된 때에는 조서에 그 취지를 적어야 하고,[1036] 녹취서에 확인인 또는 사법전자서명을 한 후에 소송관계인으로부터 녹취서에 적힌 사항에 대하여 이의가 제기된 때에는 법원사무관등이 녹취서에 그 취지를 적어야 한다.[1037]

X. 변론의 진행

1. 제1차 변론기일의 변경

첫 변론기일을 바꾸는 것은 현저한 사유가 없는 경우라도 당사자들이 합의하면 이를 허가한다(법 제165조 제2항).

2. 변론의 제한·분리·병합

가. 개　관

법원은 변론의 제한·분리 또는 병합을 명하거나, 그 명령을 취소할 수 있다(법 제141조).

나. 변론의 제한

변론의 제한이란 변론의 대상인 사항을 한정하는 조치이다.

예컨대, 법원은 변론을 본안전항변에 관한 증거조사에 한정하거나, 손해배상 청구소송의 변론을 – 손해배상의 범위 여하는 일단 차치하고 그 전제가 되는 – 손해배상책임의 존재 여부로 제한할 수 있다.

변론제한결정은, 변론이 개시되기 전에는 할 수 없는 것으로 풀이된다.[1038]

다. 변론의 분리

가령, 한쪽 또는 양쪽의 당사자가 여러 명인데 당사자별로 기일통지 여부가 달라진 때에는

1035) 대법원 1981. 9. 8. 선고 81다86 판결(사안은 증인신문조서).
1036) 속기·녹음예규 제11조 제6항 전문.
1037) 속기·녹음예규 제13조의2 제4항 후문 전단.
1038) 주석(민소2), 373면(이재근 집필부분).

기일통지에 흠이 있는 당사자의 변론을 분리하여 나머지 당사자 사이에서 변론을 진행할 수 있다.

그런데, 변론이 분리되었다 하더라도 장차 하나의 판결의 선고가 예정되어 있는 경우에는 기록을 분리할 필요가 없으나, 별개의 절차진행이 예정되어 있는 경우(예: 일부이송)에는 기록을 분리하게 된다.

변론분리결정은, 변론이 개시되기 전에라도 할 수 있는 것으로 풀이된다.[1039] 물론, 변론개시 전에 이를 하려면 결정서를 작성하여 당사자에게 고지하여야 한다.[1040]

만일, 변론의 분리를 취소하였다면, 후술하는 변론의 병합의 경우에 준하여 처리하여야 할 것이다.[1041]

라. 변론의 병합

1) 개 관

한 법원(재판부)에 따로따로 계속되어 있는 복수(複數)의 소송을 하나로 묶어 같은 소송절차에서 심리하는 것을 변론의 병합이라 한다.

변론의 병합이 있으면 청구의 병합이 발생하거나 복수의 소송이 1개의 공동소송이 되므로, 변론을 병합하려면 청구병합 또는 공동소송의 요건이 구비되어야 한다.

예컨대, 통상의 민사사건과 가처분에 대한 이의사건은 다른 종류의 소송절차에 따르는 것이므로 변론을 병합할 수 없다.[1042]

다만, 변론을 병합할 수는 없지만 상호관련성이 있는 사건들의 경우에는, 실무상 병행심리를 행하는 경우도 있다. 이는 해당 사건들의 기일을 동일하게 지정하여 사실상 한 기일에 심리하는 것이다. 가령, 본안사건의 변론기일과 보전처분사건의 심문기일을 같은 날 같은 시각으로 지정하여 기일을 진행하는 경우가 있다.

그런데, 반소요건이 구비된 경우에는 본소와 반소의 형태로 변론을 병합하는 것도 가능하다고 할 것이다.[1043]

변론의 병합결정을 한 경우, 피병합사건의 기록은 병합사건의 기록에 첨철하게 된다.[1044]

1039) 위의 책, 374면.
1040) 위의 책.
1041) 위의 책, 375면.
1042) 대법원 2003. 8. 22. 선고 2001다23225,23232 판결.
1043) 그 실례로는, 서울지법 1997. 12. 4. 선고 97가합32500,96가합66001 판결.
1044) 제요[민소 I], 166면.

주의할 것은, 변론이 병합된 경우에는, 청구의 확장 또는 추가의 경우와 달리,[1045] 사물관할의 변동 문제가 생기지 아니한다는 것이다. 즉, 변론병합된 각 청구의 소가 합산액에 따라 사물관할이 정하여지는 것이 아니다. 이는 관할항정의 원칙(법 제33조)상 당연한 결론이다.[1046]

변론을 병합한 여러 개의 소송에 관하여서는 그 전부에 대하여 한 개의 종국판결을 함이 원칙이다(법 제200조 제2항 전단 참조).

2) 변론병합이 필요적인 경우

회사관계소송 등에서 변론의 병합이 필요적인 경우가 있다. 예컨대, 수개의 주주총회결의 취소의 소가 제기된 때에는 법원은 이를 병합심리하여야 하며(상법 제376조 제2항, 제188조), 채권조사확정재판에 대한 이의소송에서 동일한 이의채권에 관하여 여러 개의 소가 계속되어 있는 때에는 법원은 변론을 병합하여야 한다(채무자회생법 제171조 제5항).

그리고, 이러한 경우에는 병합된 소송이 유사필수적 공동소송이 된다고 하겠다.[1047]

3) 소액사건과 소액사건 아닌 사건의 변론이 병합된 경우

소액사건이라 하더라도, 변론의 병합으로 인하여 소액사건에 해당하지 않는 사건과 병합심리하게 된 사건은, 소액사건의 범위에서 제외된다(소액사건심판규칙 제1조의2 제2호).

따라서, 이러한 경우에는, 병합사건의 소가와 피병합사건의 소가 중 금액이 큰 것에 따라 사건 전부를 일반 단독사건으로 재배당하거나 합의부로 이송하게 되며, 시·군법원 사건에 소액사건 아닌 사건의 변론이 병합된 경우에는 사건 전부를 관할 지방법원(본원이나 지원)으로 이송하게 된다.

그런데, 위 법리와 혼동하지 말아야 할 것은, 소액사건인지의 여부는 제소한 때를 표준으로 하여 정하여지는 것이므로, '수개의 소액사건을' 법원이 병합심리하게 되어 그 소가의 합산액이 소액사건의 범위를 넘게 된다 하더라도 이미 결정된 소액사건임에 변동이 생기는 것은 아니라는 점이다.[1048]

4) 변론병합의 전자소송 관련문제

변론을 병합하면서 재판장이 전자기록화를 하지 않기로 명한 사건은 전자기록화의 대상이

1045) 이 경우의 사물관할의 변동에 관하여서는 '소송의 이송' 부분에서 기술하였다.

1046) 대법원 1966. 9. 28.자 66마322 결정 참조.

1047) cf. 상법상 변론병합이 필요적인 소송의 범위와 대세효 있는 소송의 범위는 서로 일치하고 있다.

1048) 대법원 1986. 5. 27. 선고 86다137,138 판결. 동지: 대법원 1991. 9. 10. 선고 91다20579,20586(병합) 판결; 대법원 1992. 7. 24. 선고 91다43176 판결.

아닌바,[1049] 그 구체적 의미가 무엇인지 문제된다.

관견으로는, 이는 병합사건이 전자기록사건이고 피병합사건이 종이기록사건인 경우에 - 변론의 병합에 따라 (해당 사건 전체가 전자기록사건에 해당하게 되므로) 후자도 전자기록화를 함이 원칙이지만, 예외적으로 - 재판장의 명령이 있으면 후자를 전자기록화하지 아니한다는 취지로 풀이하여야 한다고 본다.[1050]

그러면, 역으로 병합사건이 종이기록사건이고 피병합사건이 전자기록사건인 경우에는 어떻게 새겨야 하는가. 관견으로는, 이 경우에는 민소전자문서규칙 부칙(제2332호) 제3조 제1항 단서 전단이 적용되어(즉, 사건 전체에 '민소전자문서법'의 적용이 배제되어) 피병합사건의 기록을 종이기록화하여 주기록(병합사건의 기록)에 첨철하여야 한다고 본다.[1051]

따라서, 일반적으로는, 전자기록사건과 종이기록사건의 변론을 병합할 때에는 전자를 병합사건으로 하는 것이, 그리고 피병합사건인 종이기록사건을 일반원칙에 따라 전자기록화하는 것이 간명할 것이다.

마. 변론제한신청, 변론분리신청, 변론병합신청

당사자가 변론재개신청, 변론분리신청 또는 변론병합신청을 할 수도 있으나,[1052]변론의 제한·분리·병합은 법원의 소송지휘권에 속하므로, 당사자가 이를 신청하는 것은 법원의 직권발동을 촉구하는 의미에 불과하다.

3. 변론기일의 차수별 운영[1053]

가. 제1차 변론기일의 준비[1054]

재판장은 (변론준비기일을 거치지 않은 경우에는) 제1차 변론기일 전에 기록검토를 통해 쟁점을 파악할 수 있도록 노력한다.

1049) 민전예규 제27조 제2호

1050) 유사취지 : 민사전자소송실무편람, 515면.

1051) 유사취지 : 위의 책.
민전예규 제32조 제2항은 "전자기록으로 진행하던 사건이 제27조 제2호…의 사유로 전자기록화 하지 않게 된 경우, 재판장은 … 종이기록으로의 전환을 명할 수 있다"라고 규정하고 있으나, 이 경우에는 위와 같은 법리에 따라 반드시 종이기록화 명령을 하어야 하는 것으로 풀이된다.

1052) '인지액·편철방법예규'.

1053) '사건관리예규'.

1054) cf. 국제재판에서 외국어 변론의 신청 및 동의는 원칙적으로 제1차 변론기일 전에 하여야 함은, '심리의 제원칙' 부분에서 기술하였다.

나. 제1차 변론기일의 운영

1) 쟁점정리

재판장은 제1차 변론기일에서 기록을 통해 파악한 사안의 개요를 제시하고 당사자로 하여금 이를 보충하게 하는 방법 등으로 쟁점을 정리한다.

추가 쟁점정리가 필요한 경우 적절한 소송지휘를 통해 쟁점정리가 증거조사 전에 완료될 수 있도록 한다.

2) 절차협의

재판장은 원활한 절차 진행을 위하여 필요한 경우 변론기일의 횟수 및 시간, 준비서면의 형식 및 제출기간, 증거의 신청기간 및 조사방법 등에 관한 절차협의를 할 수 있다.

다. 제2차 이후 변론기일의 운영

1) 증거 신청 및 제출 기회 부여

(제1차 변론기일에서) 쟁점정리 및 절차협의를 마치면 가급적 그 다음 변론기일까지 모든 증거신청이 완료되도록 한다.

(이에 따라, 제2차 이후의) 변론기일에는 쟁점정리 결과를 중심으로 증거 제출 여부를 확인하는 등의 방법으로 당사자들에게 충분한 입증 기회를 부여하여야 한다.

2) 증거조사의 집중

증인신문과 당사자신문을 시작하기 전에 가급적 이들을 제외한 모든 증거자료의 현출이 완료되도록 한다.

4. 요약준비서면

재판장은 당사자의 공격방어방법의 요지를 파악하기 어렵다고 인정하는 때에는 변론을 종결하기에 앞서 당사자에게 쟁점과 증거의 정리 결과를 요약한 준비서면을 제출하도록 할 수 있다(법 제278조).

요약준비서면(법 제278조)을 작성할 때에는 특정 부분을 참조하는 뜻을 적는 방법으로 소장, 답변서 또는 앞서 제출한 준비서면의 전부 또는 일부를 인용하여서는 아니 된다(규칙 제69조의5).

5. 당사자 본인의 최종진술

당사자 본인은 변론이 종결되기 전에 재판장의 허가를 받아 최종의견을 진술할 수 있다(규칙 제28조의3 제1항 본문).

다만 변론에서 이미 충분한 의견진술 기회를 가졌거나 그 밖의 특별한 사정이 있는 경우에는 재판장이 이를 허가하지 아니할 수 있다(같은 항 단서).

더 나아가, 재판장은 당사자 본인의 수가 너무 많은 경우에는 당사자 본인 중 일부에 대하여 최종의견 진술기회를 제한할 수 있다(같은 조 제2항).

또한, 재판장은 필요하다고 인정할 때에는 당사자 본인의 최종의견 진술시간을 제한할 수 있다(같은 조 제3항).

6. 변론의 종결

가. 개 관

'변론의 종결'은 실무상 '결심(結審)'이라고 약칭한다.

법원은 종국판결을 선고할 수 있을 만큼 심리를 다하고 나면(법 제198조 참조), 변론을 종결한다.

만일 필요한 심리를 다하지 아니한 채 변론을 종결하여 판결을 선고한 경우에는, 판결에 심리미진의 위법이 있는 것이 된다.

나. 변론종결시의 의미

당사자는 변론에서만 공격, 방어방법을 제출할 수 있으므로, 법원은 변론종결 후에 접수시킨 서류를 판단의 자료로 삼을 수 없을 뿐 아니라 직권으로 조사할 의무도 없다.[1055]

소송요건의 구비 여부도 사실심 변론종결시를 기준으로 판단함은 '소송요건 등 일반' 부분에서 기술하였다.

청구변경신청(법 제262조 제1항), 반소의 제기(법 제269조 제1항)는 변론을 종결할 때까지 할 수 있으며, 특히 통상의 민사소송에서 필수적 공동소송인의 추가(법 제68조 제1항), 예비적·선택적 공동소송인의 추가(법 제70조 제1항, 제68조 제1항), 피고의 경정(법 제260조 제1항)은 '제1심

1055) 대법원 1989. 11. 28. 선고 88다카34148 판결(사안은 서증).
변론종결 후에 증거방법을 제출하기 위하여 변론재개신청을 할 수는 있으나, 이를 받아들일지 여부는 원칙적으로 법원의 재량사항에 불과하다. 상세한 것은 다음 항목에서 바로 후술한다.

의' 변론을 종결할 때까지만 할 수 있다.1056)

다. 선고기일의 지정

소액사건에서는 변론종결시에 이른바 즉시선고를 할 수도 있으나(소액사건심판법 제11조의2 제1항), (광의의) 민사사건에서 판결을 선고하기 위하여서는, 법원이 변론을 연 경우에는 물론이고, 변론 없이 하는 경우에도, 반드시 선고기일을 지정하여(변론을 연 경우에는 변론을 종결하고) 당사자에게 고지하고 그 지정된 선고기일에 종국판결을 선고하여야 한다.1057)1058)

판결선고기일에 관한 상세한 내용은 '판결의 선고' 부분에서 살펴보기로 한다.

라. 참고서면

변론종결후 판결선고전에 제출하는 서면을 실무상 「참고서면」이라 한다.1059) 그 어원과 유래는 명확하지 아니하나, 아마도 '판결하는 데에 참고하라고 기존 변론내용의 부연설명을 위해 제출하는 서면'이라는 뜻일 것이다. 이 서면으로써는 그 성질상, 변론종결 전에 제출한 적 없는 새로운 사실의 주장이나 증거의 제출은 할 수 없음이 당연하다.

마. 여론(餘論) : 심문종결

변론의 종결과 달리, 심문의 종결과 관련하여서는, 심문기일에서 반드시 결정고지기일을 지정하거나 그 기일을 당사자에게 미리 통보할 필요는 없다.1060)

따라서, 심문기일을 연 경우라도, 특별한 규정이 없는 한, 심문종결 후 - 별도의 고지기일은 열지 아니하고 - 재판서를 송달함으로써 결정을 고지함이 일반이다.

1056) 다만, 가사소송에서 필수적 공동소송인의 추가를 사실심 변론종결시까지 할 수 있음은 '제3자의 소송인입' 부분에서 후술하는 바와 같고, 가사소송이나 행정소송에서는 피고경정을 사실심 변론종결시까지도 할 수 있음은 '당사자표시정정과 임의적 당사자변경' 부분에서 기술한 바와 같다.

1057) 대법원 1996. 5. 28. 선고 96누2699 판결(사안은 소각하판결).
다만, 위 판결에서는 '당사자의 소환'을 운위하고 있으나 이는 표현상의 오류로 보인다. 왜냐하면, 법원이 적법하게 변론을 진행한 후 이를 종결하고 판결선고기일을 고지한 때에는 재정하지 아니한 당사자에게도 그 효력이 있는 것이고, 그 당사자에 대하여 판결선고기일 소환장을 송달하지 아니하였다 하여도 이를 위법이라고 할 수 없기 때문이다(대법원 2003. 4. 25. 선고 2002다72514 판결 참조).

1058) cf. 형사소송에서는, 판결의 선고를 변론을 종결한 기일에 할 수 있다(형사소송법 제318조의4 제1항 본문).

1059) 그런데, 실무자에 따라서는 이를「참고준비서면」이라고도 하나, 변론을 준비하기 위한 서면이 아닌데도 '준비'라는 표현을 씀은 형용모순이라 하겠다.

1060) 대법원 2000. 11. 14.자 99스38,39 결정(사안은 마류 가사비송사건).

7. 변론의 재개

가. 변론개재결정

법원은 종결된 변론을 다시 열도록 명할 수 있다(법 제142조).

변론을 재개할 때에는 반드시 결정을 하여야 하는 것도 아니고,[1061] 결정서를 작성하여야 하는 것은 아니다.[1062]

그러나, 변론재개결정을 하는 때에는 재판장은 특별한 사정이 없으면 그 결정과 동시에 변론기일을 지정하고 당사자에게 변론을 재개하는 사유를 알려야 하는바(규칙 제43조), 실무상 「변론재개기일통지서」에 의하여 고지한다. 그러나, 실제로는, 변론재개사유까지는 잘 고지되지 아니하는 것 같다.

나. 변론재개신청

1) 원 칙

당사자가 변론재개신청을 할 수도 있으나,[1063] 당사자가 변론종결 후 주장·증명을 제출하기 위하여 변론재개신청을 한 경우 당사자의 변론재개신청을 받아들일지는 원칙적으로 법원의 재량에 속한다.[1064]

즉, 원칙적으로, 변론의 재개신청은 법원의 직권발동을 촉구하는 의미밖에 없으며, 변론의 재개 여부는 법원의 직권사항이고 당사자에게 신청권이 없으므로 이에 대한 허부의 결정을 할 필요가 없으며, 또한 변론재개신청이 있다 하여 법원에 재개의무가 있는 것도 아니다.[1065]

1061) 대법원 1970. 12. 22. 선고 70누123 판결.

1062) 대법원 1971. 2. 25. 선고 70누125 전원합의체 판결.

1063) '인지액·편철방법예규'.

1064) 대법원 2010. 10. 28. 선고 2010다20532 판결. 동지 : 대법원 1987. 12. 8. 선고 86다카1230 판결 ; 대법원 2012. 4. 26. 선고 2011다19188 판결 ; 대법원 2014. 10. 27. 선고 2013다27343 판결 ; 대법원 2015. 6. 11. 선고 2015두35215 판결 ; 대법원 2016. 12. 15. 선고 2015두2611 판결 ; 대법원 2018. 1. 25. 선고 2015다24904,24911,24928,24935 판결 ; 대법원 2018. 7. 26. 선고 2016두45783 판결 ; 대법원 2019. 2. 21. 선고 2017후2819 전원합의체 판결 ; 대법원 2019. 9. 10. 선고 2017다258237 판결 ; 대법원 2021. 3. 25. 선고 2020다277641 판결.

1065) 대법원 1994. 10. 28. 선고 94다39253 판결. 동지 : 대법원 1962. 9. 27. 선고 62누29 판결 ; 대법원 1970. 3. 24. 선고 69다592 판결 ; 대법원 1970. 6. 30. 선고 70다881 판결 ; 대법원 1972. 5. 9. 선고 72다333 판결 ; 대법원 1981. 11. 10. 선고 80다2475 판결 ; 대법원 1983. 1. 18. 선고 82누473 판결 ; 대법원 1992. 9. 25. 선고 92누5096 판결 ; 대법원 1998. 9. 18. 선고 97다52141 판결 ; 대법원 2004. 7. 9. 선고 2004다13083 판결 ; 대법원 2007. 4. 26. 선고 2005다53866 판결 ; 대법원 2007. 7. 26. 선고 2006다43651 판결 ;

따라서, 변론재개신청을 법원이 받아들이지 아니하였다 하여 이를 심리미진의 위법사유에 해당한다고 할 수 없다.[1066)]

2) 예외 : 변론재개의무가 있는 경우

그러나 변론재개신청을 한 당사자가 변론종결 전에 그에게 책임을 지우기 어려운 사정으로 주장·증명을 제출할 기회를 제대로 갖지 못하였고 그 주장·증명의 대상이 판결의 결과를 좌우할 수 있는 관건적 요증사실에 해당하는 경우 등과 같이, 당사자에게 변론을 재개하여 그 주장·증명을 제출할 기회를 주지 않은 채 패소의 판결을 하는 것이 민사소송법이 추구하는 절차적 정의에 반하는 경우에는, 법원은 변론을 재개하고 심리를 속행할 의무가 있다.[1067)]

따라서, 법원이 변론을 재개할 의무가 있는지 여부는 위와 같은 예외적인 요건 등을 갖추고 있는지 여부에 의하여 판단하여야 한다.[1068)]

그리고, 당사자가 변론종결 후 추가로 주장·증명을 제출한다는 취지를 기재한 서면과 자료를 제출하고 있다면 이를 위 주장·증명을 제출할 수 있도록 변론을 재개하여 달라는 취지의 신청으로 선해할 수도 있으므로, 당사자가 참고서면과 참고자료만을 제출하였을 뿐 별도로 변론재개신청서를 제출한 바는 없다는 사정만으로 이와 달리 볼 것은 아니다.[1069)]

대법원 2008. 4. 10. 선고 2006후572 판결; 대법원 2009. 5. 14. 선고 2009다6998 판결; 대법원 2010. 1. 28. 선고 2008다90347 판결; 대법원 2010. 9. 30. 선고 2010다43580 판결.

1066) 대법원 1970. 3. 24. 선고 69다592 판결. 동지 : 대법원 1981. 11. 10. 선고 80다2475 판결; 대법원 1987. 12. 8. 선고 86다카1230 판결; 대법원 1994. 9. 30. 선고 94다21337 판결; 대법원 1998. 9. 18. 선고 97다52141 판결; 대법원 2004. 7. 9. 선고 2004다13083 판결; 대법원 2007. 4. 26. 선고 2005다53866 판결; 대법원 2007. 7. 26. 선고 2006다43651 판결; 대법원 2008. 4. 10. 선고 2006후572 판결; 대법원 2009. 5. 14. 선고 2009다6998 판결; 대법원 2010. 1. 28. 선고 2008다90347 판결; 대법원 2010. 9. 30. 선고 2010다43580 판결; 대법원 2011. 11. 10. 선고 2011다67743 판결.

1067) 대법원 2010. 10. 28. 선고 2010다20532 판결. 동지 : 대법원 2012. 4. 26. 선고 2011다19188 판결; 대법원 2013. 3. 14. 선고 2011두7991 판결(특이한 것은, 이 사건은 변론재개신청을 받아들이지 않은 사안이 아니라 직권으로 변론을 재개하여 심리를 다하지 아니하였음을 대법원이 탓한 사안이다); 대법원 2013. 4. 11. 선고 2012후436 판결; 대법원 2014. 10. 27. 선고 2013다27343 판결; 대법원 2015. 6. 11. 선고 2015두35215 판결; 대법원 2016. 12. 15. 선고 2015두2611 판결(사안은 행정소송); 대법원 2018. 1. 25. 선고 2015다24904,24911,24928,24935 판결(당사자에게 책임을 지우기 어려운 사정으로 주장·증명을 제출할 기회를 제대로 얻지 못하였기는 하나, 그 주장·증명의 대상이 관건적 요증사실에 관한 것이라고 보기 어렵다는 이유로, 절차위반의 위법이 없다고 본 사안); 대법원 2018. 7. 26. 선고 2016두45783 판결; 대법원 2019. 2. 21. 선고 2017후2819 전원합의체 판결; 대법원 2019. 9. 10. 선고 2017다258237 판결; 대법원 2021. 3. 25. 선고 2020다277641 판결.
변론재개신청을 받아들이지 아니한 것이 심리미진에 해당한다고 본 예로는, 대법원 1975. 12. 23. 선고 75다665 판결; 대법원 1982. 6. 22. 선고 81다911,81다카397 판결; 대법원 1994. 11. 11. 선고 94다34333 판결; 대법원 2014. 10. 27. 선고 2013다27343 판결; 대법원 2021. 3. 25. 선고 2020다277641 판결.

1068) 대법원 2019. 2. 21. 선고 2017후2819 전원합의체 판결.

또한 법원이 사실상 또는 법률상 사항에 관한 석명의무나 지적의무 등을 위반한 채 변론을 종결하였는데 당사자가 그에 관한 주장·증명을 제출하기 위하여 변론재개신청을 한 경우 등과 같이, 사건의 적정하고 공정한 해결에 영향을 미칠 수 있는 소송절차상의 위법이 드러난 경우에도, 사건을 적정하고 공정하게 심리·판단할 책무가 있는 법원으로서는 그와 같은 소송절차상의 위법을 치유하고 그 책무를 다하기 위하여 변론을 재개하고 심리를 속행할 의무가 있다.[1070)]

XI. 변론준비절차

1. 변론준비절차 개관

가. 변론준비절차의 의의

변론준비절차에서는 변론이 효율적이고 집중적으로 실시될 수 있도록 당사자의 주장과 증거를 정리하여야 한다(법 제279조 제1항).

즉, 변론준비절차란 변론기일에 앞서 주장과 증거를 정리하기 위하여 진행되는 변론 전 절차로서,[1071)] 재판장은 변론의 효율적·집중적 실시를 위하여 사전에 당사자의 주장과 증거를 정리할 필요가 있을 때에는 변론준비절차를 거친 연후에야 변론기일을 정하게 된다(법 제258조 제1항 단서, 같은 조 제2항).

위와 같이 변론준비절차는 변론기일을 열기 전에 실시함이 원칙이나, **재판장은 특별한 사정이 있는 때에는 변론기일을 연 뒤에도 사건을 변론준비절차에 부칠 수 있는데**(법 제279조 제2항), 이 "특별한 사정"은 변론기일 전에 변론준비절차회부명령을 할 사유와 마찬가지이다.[1072)] 그러한 사유에 관하여서는 '재판장의 사건처리방향 결정' 부분에서 기술하였다.

이러한 변론준비절차는, 구체적으로는 서면에 의한 변론준비절차 또는(and/or) 변론준비기일에 의하여 진행되는바, 이 두 절차에 관한 상세는 별항으로 후술한다.

1069) 대법원 2013. 4. 11. 선고 2012후436 판결.

1070) 대법원 2010. 10. 28. 선고 2010다20532 판결. 동지 : 대법원 2016. 12. 15. 선고 2015두2611 판결 ; 대법원 2021. 3. 25. 선고 2020다277641 판결.

1071) 대법원 2006. 10. 27. 선고 2004다69581 판결.

1072) '사건관리예규'.

나. 변론준비절차의 진행법관

변론준비절차는 재판장등이 진행하는바(법 제281조 제1항), 구체적으로는 다음과 같다.

변론준비절차의 진행은 재판장이 담당하나(같은 조 제2항), 합의사건의 경우 재판장은 합의부원을 수명법관으로 지정하여 변론준비절차를 담당하게 할 수 있으며(같은 조 제3항), 재판장은 필요하다고 인정하는 때에는 변론준비절차의 진행을 다른 판사에게 촉탁할 수 있다(같은 조 제4항).

다. 변론준비절차 시행방법의 일반원칙

재판장등은 변론준비절차에서 쟁점과 증거의 정리, 그 밖에 효율적이고 신속한 변론진행을 위한 준비가 완료되도록 노력하여야 하며, 당사자는 재판장등의 위 노력에 협력하여야 한다(규칙 제70조 제1항).

당사자는 쟁점과 증거의 정리, 그 밖에 효율적이고 신속한 변론진행을 위한 준비에 관하여 상대방과 협의를 할 수 있고(같은 조 제2항 전문), 재판장등은 당사자에게 변론진행의 준비를 위하여 필요한 협의를 하도록 권고할 수 있다(같은 항 후문).

재판장등은 변론준비절차에서 효율적이고 신속한 변론진행을 위하여 당사자와 변론의 준비와 진행 및 변론에 필요한 시간에 관한 협의를 할 수 있다(같은 조 제3항).

특히, 재판장등은 당사자와 준비서면의 제출횟수, 분량, 제출기간 및 양식에 관한 협의를 할 수 있고, 이에 관한 합의가 이루어진 경우 당사자는 그 합의에 따라 준비서면을 제출하여야 한다(같은 조 제4항). 재판장등은 기일을 열거나 당사자의 의견을 들어 양 쪽 당사자와 음성의 송수신에 의하여 동시에 통화를 하거나 인터넷 화상장치를 이용하여 위 협의(규칙 제70조 제3항 및 제4항)를 할 수 있다(같은 조 제5항).

"화상장치"라 함은 인터넷 화상장치로서 인터넷망을 통해 영상과 음성을 동시에 송수신할 수 있는 장치를 말한다.[1073]

2. 변론준비절차에 준용되는 변론절차 규정

가. 석명권·구문권 등

변론에서와 마찬가지로, **변론준비절차에서도 석명권·지적의무·구문권**(법 제136조), **석명처**

1073) 원격영상재판의 실시에 관한 업무처리지침(재일 2020-1) 제2조 제4호.

분(법 제140조), **석명준비명령**(법 제137조), **재판장등의 처치에 대한 이의**(법 제138조), 석명권의 행사 등에 따른 법원사무관등의 조치(규칙 제30조), **석명에 불응하는 공격방어방법의 각하**(법 제149조 제2항, 규칙 제28조의2)**가 문제된다**(법 제286조, 규칙 제73조).

나. 소송절차에 관한 이의권

변론에서와 마찬가지로, **변론준비절차에서도 소송절차에 관한 이의권에 기한 이의를 할 수 있다**(법 제286조, 제151조).

다. 화해권고결정

변론에서와 마찬가지로, **변론준비절차에서도 재판장등은 화해권고결정을 할 수 있다**(법 제286조, 제225조 내지 제232조).

화해권고결정에 관한 상세는 '재판상 화해에 준하는 소송종료사유' 부분에서 후술한다.

라. 요약준비서면

변론에서와 마찬가지로, **변론준비절차에서도 재판장등은 변론준비절차를 종결하기에 앞서 당사자에게 요약준비서면을 제출하도록 할 수 있다**(법 제286조, 제278조).

3. 변론준비절차의 개시

변론준비절차는 재판장의 변론준비절차회부명령에 의하여 개시된다.[1074)]

다만, 변론준비절차 회부명령은, 별도로 고지하지 아니하고, 사건을 변론준비절차에 부쳤다는 취지가 기재된 준비명령을 양쪽 당사자에게 송달함으로써 고지에 갈음함이 실무이다.[1075)]

따라서, 준비절차회부명령은 별도의 재판서를 생성하지 않고 결재정보값(데이터)만 생성·관리하는 방식으로 할 수 있다.[1076)]

1074) 구법(2008. 12. 26. 법률 제9171호로 개정되기 전의 것) 제258조 제1항 본문은 "재판장은 … 사건을 변론준비절차에 부쳐야 한다."라고 규정하여 변론준비절차회부명령의 근거를 조문의 표현상 명확히 하고 있었으나, 현행법상으로도 이 점을 달리 해석할 이유는 없다.

1075) '사건관리예규'.

1076) 민전예규 제87조 제1항.

4. 서면에 의한 변론준비절차[1077)]

변론준비절차의 표준적 형태는 서면에 의한 변론준비절차이다. 따라서, 「민사소송법」에서 "변론준비절차"라는 용어로 이 서면에 의한 변론준비절차만을 지칭하는 경우가 많으며(법 제280조 제1항, 제282조 제1항 등 참조), 따라서 이를 협의의 변론준비절차라고 지칭할 수도 있을 것이다.

(협의의) **변론준비절차는 기간을 정하여, 당사자로 하여금 준비서면, 그 밖의 서류를 제출하게 하거나 당사자 사이에 이를 교환하게 하고 주장사실을 증명할 증거를 신청하게 하는 방법으로 진행한다**(법 제280조 제1항). 그런데, (협의의) 변론준비절차(법 제280조)를 진행하는 경우 재판장등은 법원사무관등으로 하여금 그 이름으로 준비서면, 증거신청서 및 그 밖의 서류의 제출을 촉구하게 할 수 있다(규칙 제70조의3 제1항).

변론준비절차에서 원고에게 준비서면을 제출하게 하는 경우, 재판장은 답변서 발송일부터 3주 정도로 기한을 정하여 피고의 주장에 대한 답변 등과 증거방법에 관한 의견을 기재한 준비서면과 필요한 증거방법을 제출하도록 최고하는 내용의 준비명령을 하거나, 참여사무관등으로 하여금 준비권고를 하도록 한다.[1078)]

이때 참여사무관등은 준비명령 또는 준비권고와 함께 「소송절차안내서」를 송달하여야 하며, 「준비서면요약표」도 함께 송달하여야 한다.[1079)]

협의의 변론준비절차에서의 증거신청에 관하여서는 별항으로 후술한다.

5. 변론준비기일[1080)][1081)][1082)]

가. 개 관

재판장등은 변론준비절차를 진행하는 동안에 주장 및 증거를 정리하기 위하여 필요하다

1077) 구 '사건관리예규'(2009. 12. 30. 재판예규 제1292호로 전부개정되기 전의 것)는 이 절차를 '서면공방'이라고 지칭하였다.
그러나, 개정 「민사소송법」이 변론준비절차, 특히 변론준비기일의 실시를 임의화함에 따라, 현행 예규는 '서면공방' 개념을 폐기하였다.

1078) '사건관리예규'.

1079) '사건관리예규'.

1080) 구 '사건관리예규'(2009. 12. 30. 재판예규 제1292호로 전부개정되기 전의 것)는 '쟁점정리기일'의 운영을 예정하고 있었는바, 쟁점정리기일은 변론기일 방식으로 운영될 수도 있지만 변론준비기일 방식으로 운영함이 일반이었다.
그러나, 개정 「민사소송법」이 변론기일 중심제로 회귀함에 따라, 현행 예규는 '쟁점정리기일' 개념을 폐기하였다.

고 인정하는 때에는 변론준비기일(辯論準備期日)**을 열 수 있다**(법 제282조 제1항. 기일방식의 변론준비절차).

더 나아가, 사건을 변론준비절차에 부칠 필요가 있는 경우에, 재판장은 사건의 신속한 진행을 위하여 필요한 때에는 사건을 변론준비절차에 부침과 동시에 변론준비기일을 정하여 절차를 진행할 수 있다(규칙 제69조 제3항).

특히, **사건이** (협의의) **변론준비절차에 부쳐진 뒤 변론준비기일이 지정됨이 없이 4월이 지난 때에는 재판장등은 즉시 변론준비기일을 지정하거나 변론준비절차를 끝내야 한다**(법 제282조 제2항). 다만, 이는 훈시규정으로 해석되므로 위 규정에도 불구하고 서면에 의한 변론준비기일의 기간은 탄력적으로 운영될 수 있다.

요컨대, 변론준비절차에서는 서면에 의한 변론준비절차를 진행한 다음 변론준비기일을 여는 것이 일반이지만, 곧바로 변론준비기일을 열 수도 있다.

주의할 점은, 변론준비절차는 변론 전 절차에 불과하므로, 변론준비기일을 변론기일의 일부라고 볼 수 없고, 변론준비기일과 그 이후에 진행되는 변론기일이 일체성을 갖는다고 볼 수도 없다는 것이다.[1083]

나. 제1차 변론준비기일의 변경

첫 변론준비기일을 바꾸는 것은 현저한 사유가 없는 경우라도 당사자들이 합의하면 이를 허가한다(법 제165조 제2항).

다. 변론준비기일의 해태

1) 양 쪽 당사자가 출석하지 아니한 경우

변론기일과 마찬가지로, **변론준비기일을 해태한 때에도 '쌍불취하'의 규정이 준용되나**(법 제286조, 제268조), 재판장등은 (쌍방) 당사자가[1084] 변론준비기일에 출석하지 아니한 때에는 변론준비절차를 종결하여야 하되(법 제284조 제1항 제3호), 변론의 준비를 계속하여야 할 상당한

1081) 재판장은 (변론준비기일을 여는 경우에는) 제1차 변론준비기일 전에 기록검토를 통해 쟁점을 파악할 수 있도록 노력한다. '사건관리예규'.

1082) cf. 구 「민사소송법」(2008. 12. 26. 법률 제9171호로 개정되기 전의 것)에서는 '준비절차기일'이라 하였다(구법 제152조 제4항 참조).

1083) 대법원 2006. 10. 27. 선고 2004다69581 판결.

1084) 법문에는 "당사자가"라고만 되어 있으나, 한 쪽 당사자만 불출석하였을 때에는 변론준비절차가 종결되지 아니하는 것으로 해석된다.

이유가 있는 때에는 그러하지 아니하다(같은 항 단서).

따라서, 양 쪽 당사자가 변론준비기일에 출석하지 아니한 경우에는, 불출석으로 처리하든지, 변론준비기일을 연기하든지, 변론준비절차를 종결하고 변론기일을 지정하든지, 재판장이 삼자택일할 수 있다는 것이 된다.

'쌍불취하'와 관련하여 주의할 것은, 변론준비기일에서의 양쪽 당사자 불출석의 효과는 변론기일에 승계되지 않는다는 것이다.[1085]

2) 한 쪽 당사자가 출석하지 아니한 경우

변론기일과 마찬가지로, **변론준비기일을 해태한 때에도 진술간주, 자백간주의 효과가 발생한다**(법 제286조, 제148조 및 제150조).

그러나 주의할 것은, 변론기일과 달리, 변론준비기일에서는 준비서면에 적지 아니한 사실도 출석한 일방 당사자가 주장할 수 있다는 것이다(법 제276조의 부준용).

라. 재판장등의 지휘권

변론과 마찬가지로, **변론준비기일은 재판장등이 지휘하며**(법 제286조, 제135조 제1항, 제280조 제2항 내지 제4항), **재판장등은 발언을 허가하거나 그의 명령에 따르지 아니하는 사람의 발언을 금지할 수 있다**(법 제286조, 제135조 제2항).

마. 변론준비기일의 운영 일반

변론준비기일은, 공개심리주의의 적용을 받지 아니하므로(이에 관하여서는 '심리의 제원칙' 부분에서 기술하였다), 법정보다는 준비절차실, 심문실, 조정실 등에서 열릴 때가 많으며, 판사실에서 열릴 때도 있다.

변론의 경우와 마찬가지로, **변론준비기일에서도 통역 등이 문제될 수 있으며**(법 제286조, 제143조 제1항), **진술금지의 재판과 변호사선임명령을 할 수 있다**(법 제286조, 제144조).

바. 변론준비기일의 당사자 본인 출석

재판장등은 변론준비기일을 열어 당사자를 출석하게 할 수 있으므로(법 제282조 제1항), 변

1085) 대법원 2006. 10. 27. 선고 2004다69581 판결(사안은, 원고가 변론준비기일에 1회, 변론기일에 2회, 총 3회에 걸쳐 기일을 해태하자 제1심은 변론준비기일에서의 쌍방불출석의 효과가 변론기일에도 승계된다고 판단하여 소송종료를 선언하였으나, 제2심(원심)은 위 판결을 취소·환송하였고, 대법원은 원심의 판단이 정당하다고 본 것이다).

론기일의 경우와 마찬가지로, 필요한 때에는 출석명령 또는 출석요청을 할 수 있다(규칙 제73조, 제29조의2).

또한, **당사자는 재판장등의 허가를 얻어 변론준비기일에 제3자와 함께 출석할 수 있다**(법 제282조 제3항).

사. 인터넷 화상장치를 이용한 변론준비기일[1086][1087]

1) 개 관

그러나 더 나아가, 재판장등은 당사자가 법정에 직접 출석하기 어려운 특별한 사정이 있는 때에는 모든 당사자의 동의를 얻어 인터넷 화상장치를 이용하여 변론준비기일을 열 수 있다(규칙 제70조 제6항 전문).

이 경우, 비디오 등 중계장치에 의한 증인신문과 유사하게도, 당사자를 인터넷 화상장치가 설치된 곳에 출석하게 하고, 영상과 음향의 송수신에 의하여 법정 안의 법관, 당사자, 그 밖의 소송관계인이 상대방을 인식할 수 있는 방법으로 한다(규칙 제70조 제6항 후문, 제95조의2 제1항).[1088]

2) 동의 의사 확인

화상장치를 이용한 변론준비기일에 대한 당사자의 동의의 의사는 서면으로 확인하여야 한다.[1089]

이때「의견 조회서」를 이용할 수 있는바,[1090] 이 경우「영상재판 안내문」을 함께 송부한다.[1091]

다만, 변론기일 또는 변론준비기일에서는 말로 확인할 수 있다.[1092]

3) 수소법원의 사전 준비사항

영상신문의 경우와 마찬가지로, 화상장치를 이용한 변론준비기일을 여는 경우에도, 수소

1086) 이 제도는 2020. 6. 1.부터 시행되었다.

1087) 이 경우에, 변론준비기일의 기일통지서 양식이 별도로 마련되어 있고, 기일조서에도 소정의 사항을 기재하게 된다. 원격영상재판의 실시에 관한 업무처리지침(재일 2020-1) 제37조.

1088) 규칙 제70조 제6항 후문은 규칙 제95조의2 제2항도 준용하고 있으나, 관견으로는, 규칙 제95조의2 제2항은 성질상 변론준비기일에는 적용되지 아니한다고 본다.

1089) 원격영상재판의 실시에 관한 업무처리지침(재일 2020-1) 제36조 제1항 본문.

1090) 원격영상재판의 실시에 관한 업무처리지침(재일 2020-1) 제36조 제2항 전문.

1091) 원격영상재판의 실시에 관한 업무처리지침(재일 2020-1) 제36조 제2항 후문.

1092) 원격영상재판의 실시에 관한 업무처리지침(재일 2020-1) 제36조 제1항 단서.

법원 법원사무관등은 수소법원 영상재판담당자의 협조를 받아 중계시설 및 각종 기기의 동작을 점검하여야 한다.[1093]

아. 변론준비기일에서 재판장등의 권한

재판장등은 변론준비기일이 끝날 때까지 변론의 준비를 위한 모든 처분을 할 수 있다(법 제282조 제5항).

또한, **변론준비기일에서도 재판장등이 화해를 권고할 수 있으며**(법 제286조, 법 제145조 제1항), **주장을 제출하거나 증거를 신청할 기간을 정할 수 있다**(법 제286조, 제147조 제1항).

자. 변론준비기일에서의 주장과 증거의 정리방법

1) 원 칙

당사자는 변론준비기일이 끝날 때까지 변론의 준비에 필요한 주장과 증거를 정리하여 제출하여야 한다(법 제282조 제4항). 후술하듯이, 변론준비기일에 제출하지 아니한 공격방어방법은 일반적으로 실권효의 제재를 받는다(법 제285조 제1항).

구체적으로 말해서, 변론준비기일에서는 당사자가 말로 변론의 준비에 필요한 주장과 증거를 정리하여 진술하거나, 법원이 당사자에게 말로 해당사항을 확인하여 정리하여야 한다(규칙 제70조의2).

변론준비절차의 증거조사에 관한 상세한 내용은 별항으로 후술한다.

2) 보칙 : 전자소송의 경우

전자소송에서는, 변론준비기일에서의 진술을 컴퓨터 등 정보처리능력을 갖춘 장치에 의하여 전자문서를 현출한 화면에서 필요한 사항을 지적하면서 할 수 있다(민소전자문서규칙 제30조 제4항, 제2항).

더 나아가, 재판장의 허가를 받아 제출한 멀티미디어 주장자료(민소전자문서규칙 제13조)는, 구술과 아울러 컴퓨터 등 정보처리능력을 갖춘 장치에 의하여 재생되는 음성이나 영상 중 필요한 부분을 청취 또는 시청하는 방법으로 변론준비기일에서의 진술을 하게 된다(같은 규칙 제30조 제3항).

한편, 법원은 제출자의 의견을 들어 변론준비기일에서 진술하지 아니하거나 불필요한 전자문서를 돌려주거나 폐기할 수 있다(같은 규칙 제22조).

1093) 원격영상재판의 실시에 관한 업무처리지침(재일 2020-1) 제39조, 제11조 제1항.

차. 보칙 1 : 화상장치를 이용한 변론준비기일에서 장애 발생시의 조치

영상신문의 경우와 마찬가지로, 화상장치를 이용한 변론준비기일을 여는 경우에도, 영상신문을 실시하는 경우, 중계시설의 영상 또는 음성의 송수신에 장애가 발생한 경우 즉시 기일의 진행을 중단하고 장애사유를 해소하여야 한다.[1094]

영상신문의 경우와 마찬가지로, 재판장등은 장애사유가 해소된 후 필요하다고 판단되는 경우 당사자가 종전에 진술한 사항에 관하여 다시 진술하게 할 수 있다.[1095]

카. 변론준비기일의 조서

특히, **변론준비기일의 조서에는 당사자의 진술에 따라 공격 또는 방어의 방법과 상대방의 청구와 공격 또는 방어의 방법에 대한 진술을 적어야 한다**(법 제283조 제1항 전문).

이 경우 특히 증거에 관한 진술은 명확히 하여야 한다(같은 항 후문).

또한, 변론준비기일의 조서에는 위 사항 외에 변론준비절차의 시행결과를 적어야 하므로(규칙 제71조 제1항), 정리된 주장과 증거를 조서에 적거나, 별도로 이를 정리한 서면을 조서에 첨부하거나 함이 실무이다.[1096]

타. 변론준비기일의 재개

변론기일과 마찬가지로, **재판장은 종결된 변론준비기일을 다시 열도록 명할 수 있다**(법 제286조, 제142조).

파. 보칙 2 : 화상장치를 이용한 변론준비기일의 주요사항의 요지 고지

재판장등은 필요한 경우 화상장치를 이용한 변론준비기일을 마친 뒤의 변론기일 또는 변론준비기일에서 당사자에게 종전 기일에 관한 주요사항의 요지를 조서에 의하여 고지하고 이의가 없는지 확인할 수 있다.[1097]

1094) 원격영상재판의 실시에 관한 업무처리지침(재일 2020-1) 제39조, 제16조 제1항.
1095) 원격영상재판의 실시에 관한 업무처리지침(재일 2020-1) 제39조, 제16조 제2항.
1096) 구「바람직한 재판운영방안(재일 94-1)」.
1097) 원격영상재판의 실시에 관한 업무처리지침(재일 2020-1) 제36조 제1항 단서.

6. 변론준비절차에서 하는 증거조사

가. 개 관

재판장등은 변론준비절차의 목적을 달성하기 위하여 필요한 범위 안에서, 즉 변론이 효율적이고 집중적으로 실시될 수 있도록 당사자의 주장과 증거를 정리하는 데에 필요한 한도에서, **증거조사를 할 수 있다**(법 제281조 제3항 본문).

이 경우에는 재판장등이 「민사소송법」에서 정한 법원과 재판장의 직무를 행한다(법 제281조 제4항).

다만, 증인신문 및 당사자신문은 수명법관·수탁판사에 의한 증인신문을 할 수 있는 경우(법 제313조)**에만 할 수 있다**(법 제281조 제3항 단서). 즉, 다음 각 호의 경우에만 할 수 있다.

① 증인이(또는 당사자가) 정당한 사유로 수소법원에 출석하지 못하는 때

② 증인이(또는 당사자가) 수소법원에 출석하려면 지나치게 많은 비용 또는 시간을 필요로 하는 때

③ **그 밖의 상당한 이유가 있는 경우로서 당사자가 이의를 제기하지 아니하는 때**

즉, 증인신문이나 당사자신문은 특별한 사정이 없는 한 변론기일에 비로소 실시되게 된다. 물론, 변론준비기일이 실시될 경우에 증인신문이나 당사자신문의 신청은 변론준비기일에 하여야 한다. 변론준비기일에는 신청된 증인에 대한 채부를 일괄하여 결정·고지하기 때문이다.

나. 변론준비절차에서의 증거의 신청 및 제출 시기

변론에서와 마찬가지로, **변론준비절차에서도 주장제출이나 증거신청의 재정기간을 넘긴 때에는 실권효가 따르며**(법 제286조, 제147조 제2항), **적시제출주의와 실기한 공격방어방법의 각하 역시 변론준비절차에 준용된다**(법 제286조, 제147조 제1항, 제149조).

다. 재판장등의 증거결정

변론준비절차를 진행하는 재판장등은 변론의 준비를 위하여 필요하다고 인정하면 증거결정을 할 수 있다(법 제281조 제1항). **이 경우에는 재판장등이 「민사소송법」에서 정한 법원과 재판장의 직무를 행한다**(같은 조 제4항).

라. 재판장등의 증거결정에 대한 이의신청

변론과 마찬가지로, **변론준비절차에서도, 합의사건의 경우에 재판장등의 증거결정에 대하여 당사자가 이의를 신청한 때에는 법원은 결정으로 그 이의신청에 대하여 재판한다**(법 제281조 제2항, 제138조).

7. 변론준비절차의 종결 및 재개

가. 변론준비절차의 종결

당사자의 주장과 증거가 정리된 때에는 변론준비절차를 종결한다.

또한, **재판장등은 다음 각호 가운데 어느 하나에 해당하면 변론준비절차를 종결하여야 한다**(법 제284조 제1항 본문).[1098]

① 사건을 변론준비절차에 부친 뒤 6월이 지난 때

② 당사자가 제출기간 이내에 준비서면 등을 제출하지 아니하거나 증거의 신청을 하지 아니한 때

③ 당사자가 변론준비기일에 출석하지 아니한 때

이는, 쌍방이 불출석하였으나 변론준비기일을 연기하거나 '쌍불'로 처리하지 아니할 때를 말하는바, 상세한 것은 기술하였다.

다만, 변론의 준비를 계속하여야 할 상당한 이유가 있는 때에는 그러하지 아니하다(같은 항 단서)

나. 변론준비절차의 재개

변론의 경우와 마찬가지로, **재판장등은 종결된 변론준비절차를 다시 열도록 명할 수 있다**(법 제286조, 제142조).

다. 변론준비절차 종결에 따른, 변론기일의 지정

재판장은 변론준비절차가 끝난 경우에는 바로 변론기일을 정하여야 하며(법 제258조 제2

1098) cf. 그러나, 가류 및 나류 가사소송에서는 당사자의 주장과 증거가 정리되어야만 변론준비절차를 종결하며(가사소송법 제12조 단서), 선거소송도 마찬가지이다(공직선거법 제227조 단서, 국민투표법 제95조 단서, 주민소환에 관한 법률 제25조 제2항, 제주특별자치도 설치 및 국제자유도시 조성을 위한 특별법 제29조, 주민투표법 제25조 제3항).

항), 더 나아가, **변론준비절차를 종결하는 경우에 변론기일을 미리 지정할 수 있다**(법 제284조 제2항).

특히, 변론준비기일을 거친 사건의 경우 변론기일을 지정하는 때에는 당사자의 의견을 들어야 한다(규칙 제72조 제2항).

다만, 변론기일을 연 뒤에 사건을 변론준비절차에 부친 경우에는 다음 (변론)기일을 바로 지정하지 아니하여도 된다(규칙 제42조 제1항 단서).

8. 변론준비절차를 거친 사건의 변론

가. 제1회의 변론기일주의 등

1) 원칙 : 제1회의 변론기일주의

법원은 변론준비절차를 마친 경우에는 첫 변론기일을 거친 뒤 바로 변론을 종결할 수 있도록 하여야 하며, 당사자는 이에 협력하여야 한다(법 제287조 제1항).

2) 예외 : 계속심리

변론준비절차를 거친 사건의 경우 그 심리에 2일 이상이 소요되는 때에는 가능한 한 종결에 이르기까지 매일 변론을 진행하여야 한다(규칙 제72조 제1항 본문).

다만, 특별한 사정이 있는 경우에는 가능한 최단기간 안의 날로 다음 변론기일을 지정하여야 하나(같은 항 단서), 위와 같이 지정된 변론기일은 사실과 증거에 관한 조사가 충분하지 아니하다는 이유로 변경할 수 없다(같은 조 제3항).

나. 변론기일의 운영

1) 변론준비기일 결과의 진술

가) 개 관

변론준비기일에서 제출된 소송자료는 변론에 상정되어야 비로소 심리와 판단의 자료가 될 수 있다. 따라서, **당사자는 변론준비기일을 마친 뒤의 변론기일에서 변론준비기일의 결과를 진술하여야 한다**(법 제287조 제2항).

나) 변론준비기일 결과의 진술의 방법

변론준비기일 결과의 진술은, 당사자가 정리된 쟁점 및 증거조사 결과의 요지 등을 진술하거나, 법원이 당사자에게 해당사항을 확인하는 방식으로 할 수 있다(규칙 제72조의2).

전자소송에서는, 변론준비기일 결과의 진술은, 컴퓨터 등 정보처리능력을 갖춘 장치에 의하여 전자문서를 현출한 화면에서 필요한 사항을 지적하면서 할 수 있으며(민소전자문서규칙 제30조 제4항, 제2항), 전자소송시스템에 등재된 전자문서가 멀티미디어 방식의 자료인 때에는, 구술과 아울러 컴퓨터 등 정보처리능력을 갖춘 장치에 의하여 재생되는 음성이나 영상 중 필요한 부분을 청취 또는 시청하는 방법으로 한다(같은 조 제3항).

2) 변론준비기일을 종결한 효과 : 실권효

변론준비기일에 제출하지 아니한 공격방어방법은 다음 각호 가운데 어느 하나에 해당하여야만 변론에서 제출할 수 있다(법 제285조 제1항).[1099]

① 그 제출로 인하여 소송을 현저히 지연시키지 아니하는 때

② 중대한 과실 없이 변론준비절차에서 제출하지 못하였다는 것을 소명한 때

③ 법원이 직권으로 조사할 사항인 때

그러나, **소장 또는 변론준비절차전에 제출한 준비서면에 적힌 사항은 변론준비기일에 제출하지 아니한 공격방법이더라도 변론에서 주장할 수 있다**(같은 조 제3항 본문).

다만, 그러한 사항이 변론준비절차에서 철회되거나 변경된 때에는 변론에서 주장할 수 없다(같은 항 단서).

3) 변론준비절차를 거친 사건의 증거조사[1100]

법원은 변론기일에 변론준비절차에서 정리된 결과에 따라서 바로 증거조사를 하여야 한다(법 제287조 제3항).

그런데, 전술한 바와 같이, 특히 증인신문 및 당사자신문은 변론준비기일에서는 하지 못함이 원칙이며(법 제281조 제3항 단서), '증인신문' 부분과 '당사자신문' 부분에서 후술하듯이, 증인신문과 당사자신문은 당사자의 주장과 증거를 정리한 뒤 집중적으로 하여야 하므로(법 제293

1099) cf. 가류 및 나류 가사소송에서는 변론준비절차가 종결되었더라도 실권효가 미치지 아니하며(가사소송법 제12조 단서), 선거소송도 마찬가지이다(공직선거법 제227조 단서, 국민투표법 제95조 단서, 주민소환에 관한 법률 제25조 제2항, 제주특별자치도 설치 및 국제자유도시 조성을 위한 특별법 제29조, 주민투표법 제25조 제3항).

1100) 구 '사건관리예규'(2009. 12. 30. 재판예규 제1292호로 전부개정되기 전의 것)는, 변론준비절차가 원칙적으로 실시됨을 전제로 하여, 증거조사를 행하는 변론기일을 '집중증거조사기일'이라고 지칭하였다. 이는 그러한 변론기일에 증인신문·당사자신문을 집중적으로 실시함에 착안한 것이다.
그러나, 개정 「민사소송법」이 변론준비절차를 임의화함에 따라, 현행 예규는 '집중증거조사기일' 개념을 폐기하였다.

조), 변론준비절차를 거친 사건에서는 변론기일에 집중적으로 증인신문 또는 당사자신문을 실시하게 될 것이다.[1101]

XII. 소의 취하

1. 소취하 개관

가. 소취하의 의의

소는 판결이 확정될 때까지 그 전부나 일부를 취하할 수 있다(법 제266조 제1항).

소의 취하는, 원고가 제기한 소를 철회하여 소송계속을 소멸시키는, 원고의 법원에 대한 소송행위이다.[1102]

즉, 이는 소송물을 이루는 실체법상의 권리를 포기하는 것과 같은 처분행위와는 다르다.[1103]

이미 종국판결이 있었더라도 판결이 확정되기 전이라면 소를 취하할 수 있다(법 제267조 제2항).[1104]

한편 '2회 쌍불' 등 일정한 경우에 소를 취하한 것으로 간주됨은 해당 부분에서 기술하였다.

소취하의 효력은, 상대방의 동의를 요하지 않는 경우에는 소취하시에 바로, 동의를 요하는 경우에는 동의가 있은 때(또는 동의가 있는 것으로 간주된 때)에 발생한다.

소취하에 대한 동의 문제에 관하여서는 별항으로 후술하겠으며, 소취하의 효력에 관하여 상세한 것은 '당사자의 행위에 의한 소송의 종료' 부분에서 후술한다.

나. 대리인 등의 소취하

법정대리인이 소의 취하를 하기 위하여서는 특별한 권한을 받아야 한다(법 제56조 제2항).

따라서, 미성년후견인, 성년후견인 또는 한정후견인이 소의 취하를 하기 위하여서는 후견감독인이 있으면 그의 동의가,[1105] 후견감독인이 없는 경우에도 가정법원의 허가가 필요하다.

1101) 즉, '집중증거조사기일' 개념의 폐기에도 불구하고, 이 점은 구 사건관리방식의 경우와 다를 바 없다고 하겠다.

1102) 대법원 1997. 6. 27. 선고 97다6124 판결. 동지 : 대법원 1989. 7. 11. 선고 87다카2406 판결 ; 대법원 2009. 4. 23. 선고 2008다95151 판결.

1103) 대법원 1989. 7. 11. 선고 87다카2406 판결.

1104) '종국판결'에 관하여서는 '판결의 선고' 부분에서 후술한다.

소송대리인의 소취하에도 위임인의 특별수권이 필요함(법 제90조 제2항 제2호)은 기술하였다.

법정대리권 또는 소송대리권이 소멸한 경우나, 선정당사자의 선정이 취소 또는 변경된 경우에, 법원에 그 사실이 알려진 뒤에는 해당 대리인이나 선정당사자가 소의 취하를 하지 못함(법 제63조, 제97조)도, '소송능력과 법정대리인 및 특별대리인', '소송대리인', '선정당사자' 부분에서 각각 기술하였다.

다. 소취하의 제한

의사무능력자를 위한 특별대리인이 소의 취하를 하는 경우에는 법원이 이를 불허할 수도 있음은 '소송능력과 법정대리인 및 특별대리인' 부분에서 기술하였다(법 제62조의2 제2항 전문).

그 밖에, 가령, 주주대표소송, 주민소송, 증권관련집단소송에서는 법원의 허가가 있어야 소를 취하할 수 있다(상법 제403조 제6항 등, 지방자치법 제17조 제14항 제1문, 증권관련 집단소송법 제35조 제1항).

2. 소취하의 방식

가. 원칙 : 소취하서의 제출

소의 취하는 서면(「소취하서」)[1106]**으로 하여야 한다**(법 제266조 제3항 본문).

소취하서의 제출에 관하여서는 몇 가지 주의할 점이 있다.

첫째, 당사자가 소취하서를 작성하여 제출할 경우 반드시 취하권자나 그 포괄승계인만이 이를 제출하여야 한다고 볼 수는 없고, 제3자에 의한 제출도 허용되며, 나아가 상대방에게 소취하서를 교부하여 그로 하여금 제출하게 하는 것도 상관없다고 할 것이다.[1107]

다만, '당사자의 소송행위' 부분에서 기술하였듯이, 취하권자가 아닌 사람이 소취하서를 제출할 때에는 그가 법무사가 아닌 한 취하권자의 인감증명서가 첨부되어야 한다.[1108]

셋째, 적법한 소 취하의 서면이 제출된 이상 그 서면이 상대방에게 송달되기 전·후를 묻지

1105) 동지 : 김형석, "피성년후견인과 피한정후견인의 소송능력 : 해석론과 입법론", **가족법연구**, 제27권 1호 (2013. 4.), 67면.

1106) 다만, 소의 전부가 아니라 일부를 취하하는 경우에는 혼동을 피하기 위해 「소일부취하서」라고 제목을 붙이는 것이 적절하다.

1107) 대법원 2001. 10. 26. 선고 2001다37514 판결.

1108) 실무상, 변호사가 사무원을 통하여 소취하서를 제출할 때에는 '제출자의 신분확인' 란까지 만듦은, 역시 '당사자의 소송행위' 부분에서 기술하였다.

않고 원고는 이를 임의로 철회할 수 없다.[1109]

이와 관련하여 또한 주의할 것은, 청구취지의 감축 역시, 비록 「소일부취하서」가 아닌 「청구취지(및 원인)변경신청서」에 의하기는 하지만, 그 성질이 소의 일부취하라는 점이다. 청구취지의 감축에 관하여 상세한 내용은 '청구의 변경' 부분에서 후술하겠다.

나. 보칙 : 구술취하

다만, 변론 또는 변론준비기일에서 말로도 소를 취하할 수 있다(법 제266조 제3항 단서).

말로 한 소의 취하는 조서에 반드시 기재하도록 되어 있다(법 제154조 제1호, 제155조 제2항).

3. 소취하 상대방의 동의

가. 개 관

소의 취하는, 상대방이 본안에 관하여 준비서면을 제출하거나 변론준비기일에서 진술하거나 변론을 한 뒤에는 상대방의 동의를 받아야 효력을 가진다(법 제266조 제2항).

위와 같이 상대방의 동의를 요하는 까닭은, 상대방로서도 일단 응소한 이상 청구기각(경우에 따라서는 소각하) 판결을 받을 이익이 있기 때문이다.

그런데, 일반적으로는 피고가 동의의 주체가 되겠으나, 독립당사자참가나 소송승계참가의 경우에는 참가인의 동의도 문제되는바, 상세한 것은 '독립당사자참가' 부분과 '소송승계참가' 부분에서 후술하겠다.

한편, 소취하에 대한 소송대리인의 동의가 특별수권사항이 아님은 '소송대리인' 부분에서 기술하였다.

나. 상대방의 동의를 요하는 경우

"본안에 관하여 준비서면을 제출한 때"라 함은, 이행권고결정에 대하여 이의를 신청한 때도 포함한다고 하겠다(소액사건심판법 제5조의4 제5항 참조).

다만, 가령, 피고가 본안전 항변으로 소각하를, 본안에 관하여 청구기각을 각 구한 경우에는, 본안에 관한 것은 예비적으로 청구한 것이므로, 본안에 관하여 준비서면을 제출한 때에 해당하지 아니한다.[1110]

1109) 대법원 1997. 6. 27. 선고 97다6124 판결.

1110) 대법원 1968. 4. 23. 선고 68다217,218 판결.

다. 상대방의 동의의 방식

그런데, 소취하에 대한 상대방의 동의는 반드시 명시적으로 하여야 하는 것은 아니며 묵시적으로 하여도 무방하다.[1111)]

더 나아가, 일정한 경우에는 상대방이 소취하에 동의한 것으로 간주되는바, 상세한 것은 후술하는 바와 같다.

4. 소취하에 따른 절차

가. 서면으로 소를 취하한 경우

소장을 송달한 뒤에는 취하의 서면을 상대방에게 송달하여야 한다(법 제266조 제4항).

여기서 말하는 "상대방"이란 소취하의 상대방을 말하는 것이므로, 가령 피고가 여러 명인 경우에 일부 피고에 대하여서만 소를 취하할 때에는 그 해당 피고에게만 소취하서 부본을 송달하게 된다.

소취하의 서면이 송달된 날부터 2주 이내에 상대방이 이의를 제기하지 아니한 경우에는 소취하에 동의한 것으로 본다(같은 조 제6항 전문).

다만, 아예 상대방의 동의를 받아 소를 취하한 경우에는 소취하서 부본을 송달할 필요가 없다.[1112)]

나. 말로 소를 취하한 경우

1) 상대방이 기일에 출석하지 아니한 때

변론 또는 변론준비기일에서 말로 소의 취하를 한 경우에, 상대방이 변론 또는 변론준비기일에 출석하지 아니한 때에는, 그 기일의 조서등본을 송달하여야 한다(법 제266조 제5항).

여기서 말하는 "상대방"의 의미가 전술한 소취하서의 경우와 동일함은 물론이다.

이 경우에는, **위와 같은 조서등본이 송달된 날부터 2주 이내에 상대방이 이의를 제기하지 아니하는 때에는 소취하에 동의한 것으로 본다**(같은 조 제6항 후문 후단).

2) 상대방이 기일에 출석한 때

변론 또는 변론준비기일에서 말로 소의 취하를 한 경우에, 상대방이 기일에 출석한 경우에

1111) 대법원 1993. 9. 14. 선고 93누9460 판결의 방론.
1112) 민사전자소송실무편람, 335면.

는, 소를 취하한 날(즉, 그 기일)**부터 2주 이내에 상대방이 이의를 제기하지 아니하는 때에는 소취하에 동의한 것으로 본다**(법 제266조 제6항 후문 전단).

그러나, 오히려 이 경우에는, 출석한 상대방에게 법원이 동의 여부를 구석명함이 실무이다.

다만, 국가소송에서는, 기일에 하는 소취하의 동의가 - 또한 그 여부에 대한 구석명이 - 소송법상 불가능한 것은 아니지만, 일반적으로 부적절하다. 왜냐하면, 소송수행자는 소취하 동의 여부에 관하여 관할 검찰청의 지휘를 받아야 할 뿐더러(국가소송법 제3조 제3항, 제13조, 같은 법 시행령 제2조 본문), 경우에 따라서는 상급청의 승인까지도 얻어야 하는데(같은 영 제3조), 위와 같은 지휘나 승인을 해당 기일 이전에 받는다는 것은 현실적으로 불가능한 일이기 때문이다.

다. 증인 등에 대한 통지

증인·감정인 등 당사자 외의 사람에 대하여 출석요구를 한 후에 소의 취하로 그 기일을 실시하지 아니하게 된 경우에 그러한 사람에게 이를 통지함(규칙 제44조 제2항)은, '기일' 부분에서 기술하였다.

5. 소취하에 대한 이의(또는 부동의)

전술한 바와 같이 소취하의 동의간주 제도가 있으므로, 피고로서는 소취하를 원하지 아니하는 경우에는 이의(또는 부동의)를 하여야 한다. 일반적으로, 원고가 소취하에 불구하고 다시 소를 제기할 우려가 있는 경우에 이러한 이의(또는 부동의)의 실익이 있다.

소취하서를 송달받은 경우에는, 「소취하에 대한 이의」 또는 「소취하에 대한 부동의서」를 제출하여야 할 것이다.[1113]

그런데, 소취하에 대한 상대방의 동의의 거절은 반드시 명시적으로 하여야 하는 것은 아니며 묵시적으로 하여도 무방하다.[1114]

주의할 것은, 소 취하에 대하여 피고가 이의하여 동의를 거절하면 후에 동의하더라도 취하의 효력이 없다는 것이다.[1115]

1113) '인지액·편철방법예규'.

1114) 대법원 1993. 9. 14. 선고 93누9460 판결(사안은, 소일부취하 및 청구취지감축에 대하여 피고가 준비서면으로써 이의의 취지를 진술한 경우).

1115) 대법원 1969. 5. 27. 69다130,131,132 판결.

6. 소송중의 소의 취하

소송중의 소에 관하여서도 소취하의 제법리가 준용된다.

다만, 반소의 경우 상대방의 동의 없이 취하할 수 있는 경우가 있는바(법 제271조), 상세한 것은 '반소' 부분에서 살펴볼 것이다.

XIII. 위헌법률심판제청[1116]

1. 위헌법률심판제청 개관

가. 개 관

법률이 헌법에 위반되는 여부가 재판의 전제가 된 경우에는 법원은 헌법재판소에 제청하여 그 심판에 의하여 재판한다(대한민국헌법 제107조 제1항).[1117]

따라서, **위 경우에는 해당 사건을 담당하는 법원은 직권 또는 당사자의 신청에 의한 결정으로 헌법재판소에 위헌 여부 심판을 제청한다**(헌법재판소법 제41조 제1항).

이를 위헌법률심판제청이라 하며, 약칭 "위헌제청"이라고도 한다.

이는, 법원은 문제되는 법률조항이 담당법관 스스로의 법적 견해에 의하여 단순한 의심을 넘어선 합리적인 위헌의 의심이 있으면 위헌여부심판을 제청하라는 취지이다.[1118]

그러나, 헌법재판소의 위헌법률심판절차 및 결정의 효력에 관한 사항은 헌법학 문헌을 참조하기 바라며, 이 책에서는 위헌제청에 관한 '법원에서의' 절차와 제청 요건에 관하여서만 살펴보기로 한다.

나. 요 건

1) "법률이 헌법에 위반되는 여부"

가) "법률"이 헌법에 위반되는 여부

폐지된 법률도 그 위헌 여부가 관련 소송사건의 재판의 전제가 되어 있다면 당연히 헌법재

1116) 이에 관한 실무적·기술적인 사항에 관하여서는, 「위헌법률심판제청사건의 처리에 관한 예규(재일 88-3)」 참조.

1117) cf. 제5공화국헌법에서는 헌법위원회에 위헌제청신청을 하여 그 결정에 의하여 재판하도록 하고 있었다.

1118) 헌재 1993. 12. 23. 선고 93헌가2 결정.

판소의 위헌심판의 대상이 된다.[1119)]

그러나, 명령의 위헌 여부는 위헌제청의 대상이 되지 아니하며,[1120)] 관습법도 위헌제청의 대상이 아니다.[1121)]

나) 헌법에 "위반되는" 여부

법률조항을 "…하는 것으로 해석적용하는 한 위헌"이라는 취지의 위헌제청신청은 그 법률조항에 대한 법원의 해석을 다투는 것에 불과하여 적법하지 아니하다.[1122)]

2) 재판의 전제성

가) "재 판"

여기서 "재판"이라 함은 원칙적으로 그 형식 여하와, 본안에 관한 재판이거나 소송절차에 관한 것이거나를 불문하며, 판결과 결정 그리고 명령이 여기에 포함된다.[1123)]

나) 재판의 "전제성"

재판의 전제성이라 함은, 첫째 구체적인 사건이 법원에 계속 중이어야 하고, 둘째 위헌여부가 문제되는 법률이 해당 소송사건의 재판과 관련하여 적용되는 것이어야 하며, 셋째 그 법률이 헌법에 위반되는지의 여부에 따라 당해 사건을 담당한 법원이 다른 내용의 재판을 하게 되는 경우를 말한다.[1124)][1125)]

법률의 위헌여부에 따라 법원이 '다른 내용의 재판을 하게 되는 경우'라 함은 원칙적으로 제청법원이 심리 중인 당해 사건의 재판의 결론이나 주문에 어떠한 영향을 주는 것뿐만이 아니라, 문제된 법률의 위헌여부가 비록 재판의 주문 자체에는 아무런 영향을 주지 않는다고 하더라도 재판의 결론을 이끌어내는 이유를 달리 하는데 관련되어 있거나 또는 재판의 내용

1119) 헌재 1994. 6. 30. 선고 92헌가18 결정.

1120) 대법원 1991. 6. 11.자 90부5 결정. 동지 : 대법원 2008. 6. 12.자 2008아17 결정 ; 대법원 2013. 7. 11.자 2013아12 결정.
위 판례들은 대통령령에 관한 것이지만, 부령에 관하여서도 이치는 다를 바 없다.

1121) 대법원 2009. 5. 28.자 2007카기134 결정.

1122) 대법원 2005. 7. 14.자 2003카기110 결정. 동지 : 대법원 2012. 2. 9.자 2009아86 결정 ; 대법원 2012. 6. 28.자 2012아45 결정 ; 대법원 2013. 6. 27.자 2011아83 결정 ; 대법원 2015. 11. 27.자 2013즈기5 결정.

1123) 헌재 1994. 2. 24. 선고 91헌가3 결정.

1124) 헌재 1992. 12. 24. 선고 92헌가8 결정. 동지 : 헌재 1993. 5. 13. 선고 92헌가10, 91헌바7, 92헌바24, 50(병합) 결정 ; 헌재 1993. 12. 23. 선고 93헌가2 결정 ; 헌재 1994. 2. 24. 선고 91헌가3 결정.

1125) 동지 : 위헌법률심판제청사건의 처리에 관한 예규(재일 88-3) 제7조 제1항 ; 대법원 1998. 4. 10.자 97카기24 결정 ; 대법원 2015. 10. 15.자 2015아69 결정 ; 대법원 2015. 10. 15.자 2015아69 결정.

과 효력에 관한 법률적 의미가 전혀 달라지는 경우에는 재판의 전제성이 있는 것으로 보아야 한다.[1126]

따라서, 만일 해당 사건이 부적법한 것이어서 법률의 위헌 여부를 따져 볼 필요조차 없이 각하를 면할 수 없는 것일 때에는 위헌법률심판제청신청인이 위헌이라고 주장하는 법률은 그 재판의 전제가 되는 법률이 아니라고 할 것이므로, 위헌법률심판제청신청인의 제청신청은 재판의 전제성을 흠결한 것으로서 부적법하다.[1127]

그러나, 제청된 법률이 위헌으로 심판되는 여부가 법원이 앞으로 진행될 소송절차와 관련한 중요한 문제점을 선행결정하여야 하는 여부의 판단에 영향을 주는 경우도 전제성이 있다고 보아야 한다.[1128]

뒤집어 말하면, 재판의 전제성 있는 법률의 위헌 여부가 제청신청인의 권리에 어떠한 영향이 있는가 여부는, 헌법소원심판사건이 아닌 위헌법률심판사건에서 그 제청결정의 적법여부를 가리는 데 무관한 문제이다.[1129]

2. 위헌법률심판제청신청

가. 개 관

위헌법률심판제청신청은, 사건 및 당사자의 표시, 위헌이라고 해석되는 법률 또는 법률의 조항, 위헌이라고 해석되는 이유(헌법재판소법 제43조 제2호 내지 제4호)**를 적은 서면으로 한다**(헌법재판소법 제41조 제2항).

위헌법률심판제청 사건은 부수사건이므로, 기본사건이 종이기록사건이라면, 위헌법률심판제청신청 역시 전자적으로는 하지 못한다(민소전자문서법 제10조 제2항, 민소전자문서규칙 제19조 제1항 제3호 본문).

이 신청은 기본적 신청이기는 하지만, 위헌제청의 신청서에는 인지를 첩부하지 아니하며,[1130] 송달료의 납부 역시 요하지 아니하는 것으로 해석되고 있고, 위헌제청신청사건의 기록은 해당 사건의 기록에 가철한다.[1131]

1126) 헌재 1992. 12. 24. 선고 92헌가8 결정. 동지 : 헌재 1993. 5. 13. 선고 92헌가10, 91헌바7, 92헌바24, 50(병합) 결정 ; 헌재 1993. 12. 23. 선고 93헌가2 결정 ; 헌재 1994. 2. 24. 선고 91헌가3 결정.

1127) 대법원 2015. 10. 15.자 2015아69 결정. 동지 : 대법원 1994. 10. 21.자 94쿠17 결정.

1128) 헌재 1994. 2. 24. 선고 91헌가3 결정.

1129) 헌재 1990. 6. 25. 선고 89헌가98 내지 101(병합) 결정.

1130) 위헌법률심판제청사건의 처리에 관한 예규(재일 88-3) 제3조.

1131) 위헌법률심판제청사건의 처리에 관한 예규(재일 88-3) 제4조 제6항.

나. 접 수

위헌제청의 신청이 있는 때에는 법률의 위헌여부가 재판의 전제로 된 사건(이하 "해당사건"이라 한다)에 관련된 신청사건(예컨대 민사사건에 관한 것은 민사신청사건, 형사사건에 관한 것은 형사신청사건)으로 접수 처리한다.[1132][1133]

특기할 점은, 해당 심급이 판결선고 등으로 종국된 후 위헌제청신청서가 제출된 경우 접수담당공무원은 사건번호를 부여하여서는 아니 된다. 다만, 그 후 적법한 상소가 제기되면 상급심에 소송기록과 함께 위헌제청신청서를 송부하고 그 취지를 상급심에 통보하여야 하여야 하며, 상급심은 위헌제청신청사건으로 접수·처리하여 사건번호를 부여한다.[1134]

그리고 위 경우 상소부제기 등을 이유로 해당 심급의 판결 등이 그대로 확정되면, 접수담당공무원은 위헌제청신청사건으로 접수·처리하여 사건번호를 부여한다.[1135]

다. 신청서의 심사

소장과 마찬가지로, **재판장은 위헌법률심판제청신청서에 필요적 기재사항이 기재되어 있는지 여부를 심사하며, 필요적 기재사항이 기재되지 아니한 경우에는 재판장은 상당한 기간을 정하고, 그 기간 이내에 흠을 보정하도록 명하여야 한다**(헌법재판소법 제41조 제3항, 법 제254조 제1항).

라. 신청서각하명령

1) 개 관

소장과 마찬가지로, **신청인이 보정기간 이내에 흠**(필요적 기재사항의 누락)**을 보정하지 아니한 때에는 재판장은 명령으로 신청서를 각하하여야 한다**(헌법재판소법 제41조 제3항, 법 제254조 제2항).

1132) 위헌법률심판제청사건의 처리에 관한 예규(재일 88-3) 제2조 전문.
구체적으로는, 해당사건의 종류에 따라 기타민사신청사건('카기'), 기타형사신청사건('초기'), 기타가사신청사건('즈기'), 행정신청사건('아') 등이 될 것이다.

1133) cf. 법원이 직권으로 위헌제청을 하는 때에는 독립한 사건으로 취급하지 아니한다. 위헌법률심판제청사건의 처리에 관한 예규(재일 88-3) 제2조 후문.

1134) 위헌법률심판제청사건의 처리에 관한 예규(재일 88-3) 제7조 제6항.

1135) 위헌법률심판제청사건의 처리에 관한 예규(재일 88-3) 제7조 제7항.

2) 불 복

소장과 마찬가지로, **신청서각하명령에 대하여는 즉시항고를 할 수 있다**(헌법재판소법 제41조 제3항, 법 제254조 제3항). 이 점, 후술하는 신청서각하결정이나 신청서기각결정과 다르다.

3. 위헌법률심판제청신청에 관한 재판

가. 신청각하결정

신청이, 위헌법률심판의 대상적격이 없는 것에 대한 것이거나,[1136] 법률 자체의 위헌성을 다투는 것이 아니거나,[1137] 재판의 전제성이 결여된 경우에는,[1138] 신청이 부적법하므로, 법원은 위헌제청신청을 결정으로 각하하게 된다.

해당사건이 부적법한 것이어서 법률의 위헌 여부를 따져 볼 필요조차 없이 각하를 면할 수 없는 것일 때에도, 그 위헌제청신청은 재판의 전제성을 흠결한 것으로서 부적법하다.[1139]

또한, **법률의 위헌 여부 심판의 제청신청**(헌법재판소법 제41조 제1항)**이 기각된 경우, 그 당사자는 해당 사건의 소송절차에서 동일한 사유를 이유로 다시 위헌 여부 심판의 제청을 신청할 수 없으므로**(헌법재판소법 제68조 제2항 후문), 이에 위반한 신청 역시 부적법하다.[1140]

그리고, 여기서 해당 사건의 소송절차란 상소심의 소송절차를 포함하는 것이다.[1141]

나. 신청기각결정

재판의 전제가 된 법률이 헌법에 위반되지 아니하는 때에는, 법원은 위헌제청신청을 결정으로 기각하게 된다.

1136) 대법원 2009. 5. 28.자 2007카기134 결정 참조.

1137) 대법원 2005. 1. 27.자 2002아34 결정 ; 대법원 2006. 3. 29.자 2005카기85 결정 ; 대법원 2006. 4. 14.자 2006아14 결정 ; 대법원 2006. 5. 12.자 2006카기53 결정 ; 대법원 2006. 5. 26.자 2006초기92 결정 ; 대법원 2007. 10. 12.자 2007카기138(2007다50250) 결정 ; 대법원 2008. 2. 1.자 2007카기65,2007다8914 결정 ; 대법원 2008. 4. 24.자 2008카기49 결정(재판의 기초가 된 사실관계의 인정과 평가 및 법률의 해석·적용에 관한 문제를 들어 법원의 재판 결과를 비난하는 취지의 위헌법률심판제청신청) 참조.

1138) 대법원 2006. 5. 26.자 2006초기96 결정.

1139) 대법원 2015. 10. 15.자 2015아69 결정. 동지 : 대법원 1994. 10. 21.자 94쿠17 결정.

1140) 대법원 2007. 10. 12.자 2007카기138(2007다50250) 결정.

1141) 대법원 2000. 4. 11.자 98카기137 결정. 동지 : 대법원 2000. 6. 23.자 2000카기44 결정 ; 대법원 2013. 10. 17.자 2011아102 결정.

다. 위헌제청 결정

신청이 이유 있으면 법원은 위헌제청 결정을 하게 되며, 기술한 바와 같이 법원이 직권으로 위 결정을 할 수도 있다.

그 결정의 방식 및 후속절차에 관한 상세는 별항으로 후술하는 바와 같다.

4. 위헌법률심판제청신청에 관한 재판의 송달

위헌제청의 결정서 정본 또는 위헌제청신청기각결정서 정본은 해당 사건의 당사자에게 이를 송달하여야 한다.[1142] 다만, 이 경우 송달비용은 국고의 부담으로 한다.[1143]

5. 위헌법률심판제청신청에 관한 재판에 대한 불복

위헌 여부 심판의 제청에 관한 결정에 대하여는 항고할 수 없으며(헌법재판소법 제41조 제4항), 위헌제청신청기각결정은 특별항고의 대상도 되지 아니한다.[1144]

다만, **위헌법률심판제청신청이 기각된 때에는 그 신청을 한 당사자는, 결정을 통지받은 날부터 30일 이내에, 헌법재판소에 헌법소원심판을 청구할 수 있다**(헌법재판소법 제68조 제2항 전문, 제3항). 그러나 이에 관한 상세는 헌법학 문헌을 참조하기 바란다.

6. 위헌법률심판제청에 따른 재판의 정지[1145]

법원이 법률의 위헌 여부 심판을 헌법재판소에 제청한 때에는 해당 소송사건의 재판은 헌법재판소의 위헌 여부의 결정이 있을 때까지 정지된다(헌법재판소법 제42조 제1항 본문).[1146]

헌법재판소에서 위헌 여부의 결정을 하기 전에 법원이 재판을 계속 진행한다면 그 재판에 적용될 법률조항이 위헌의 합리적 의심이 있다는 스스로의 판단과 모순되는 행위가 될 뿐만

1142) 위헌법률심판제청사건의 처리에 관한 예규(재일 88-3) 제7조 제3항 전문.

1143) 위헌법률심판제청사건의 처리에 관한 예규(재일 88-3) 제7조 제3항 후문.

1144) 대법원 1993. 8. 25.자 93그34 결정. 동지 : 대법원 2009. 1. 19.자 2008부4 결정 ; 대법원 2015. 1. 6.자 2014그247 결정.

1145) 법문에는 "재판의 정지"로 되어 있으나, 실질은 '소송절차의 중지'인바, 이에 관하여서는 '소송절차의 중지' 부분에서 재론한다.

1146) cf. 대법원은, 「헌법재판소법」이 '당사자가 위헌법률심판제청신청을 한 경우를' 해당 소송사건의 재판의 정지사유로 규정하지 아니하였더라도 이를 가리켜 헌법에 위반된다고는 할 수 없다고 보았다. 대법원 2007. 6. 18.자 2007아12 결정 ; 대법원 2008. 12. 24.자 2006초기122 결정.

아니라 구체적 규범통제의 실효성을 보장하기 어렵게 된다. 그러므로 재판을 정지하지 아니하고 속행함으로써 얻는 신속한 재판이라는 이익을 다소 희생시키더라도 위헌법률심판을 제청한 해당 소송사건의 재판을 정지할 필요와 이익이 있다.[1147)]

이러한 재판정지기간의 기산점은 법원이 위헌제청의 결정을 한 때, 그 만료점은 헌법재판소의 위헌여부결정서 정본이 위헌제청법원에 송달된 때로 보나,[1148)] 후술하는 바와 같이 위헌법률심판제청을 철회하는 경우에는 위헌제청결정에 대한 취소결정을 한 때에 재판정지기간이 만료한 것으로 본다.[1149)]

다만, 법원이 긴급하다고 인정하는 경우에는 종국재판 외의 소송절차를 진행할 수 있다(같은 항 단서).

또한, 위헌제청은 해당 사건의 재판정지사유가 될 뿐 그 위헌 여부가 전제되는 동종 재판을 법원이 모두 정지하여야 하는 것은 아니다.[1150)]

7. 위헌법률심판제청의 방식 및 절차

가. 위헌제청서의 기재사항

법원이 법률의 위헌 여부 심판을 헌법재판소에 제청할 때에는 제청서에 다음 각 호의 사항을 적어야 한다(헌법재판소법 제43조 제4항).

① 제청법원의 표시

② 사건 및 당사자의 표시

③ 위헌이라고 해석되는 법률 또는 법률의 조항

④ 위헌이라고 해석되는 이유

⑤ 그 밖에 필요한 사항

나. 위헌제청서의 대법원 경유

대법원 외의 법원이 위헌법률심판제청을 할 때에는 대법원을 거쳐야 한다(헌법재판소법 제41조 제5항).

따라서, 대법원 이외의 법원이 위헌제청결정을 한 때에는 이 조치를 위하여 위헌제청결정

1147) 대법원 2007. 6. 18.자 2007아12 결정.

1148) 위헌법률심판제청사건의 처리에 관한 예규(재일 88-3) 제9조의2 전문.

1149) 위헌법률심판제청사건의 처리에 관한 예규(재일 88-3) 제9조의2 후문.

1150) 대법원 1998. 7. 10. 선고 97다52653 판결.

서 정본을 지체 없이 법원행정처장에게 법원장 또는 지원장 명의로 송부하여야 한다.[1151]

8. 위헌법률심판제청의 철회

위헌제청결정을 한 후 헌법재판소가 해당 법률을 위헌이라고 결정하거나 그 법률이 폐지되거나 당사자의 소송종료를 초래하는 행위(소·항소·상고등의 취하, 화해, 청구포기·인낙 등) 등의 사유로 위헌제청의 사유가 소멸한 경우에는 위헌제청결정을 취소하고 그 취소결정정본을 헌법재판소에 송부함으로써 위헌여부심판제청을 철회한다.[1152]

XIV. 법정조언자

1. 법정조언자 개관

영미법의 amicus curiae 제도와 반드시 같은 것은 아니지만, 이와 유사한 제도가 우리 법에도 몇 가지 있다.

개중에서 상고심의 참고인 의견서 제도에 관하여서는 '상고, 재항고 및 특별항고' 부분에서 살펴보기로 하고, 이하에서는 그 밖의 제도에 논급하겠다.

2. 국가인권위원회의 의견 제출[1153]

국가인권위원회는 인권의 보호와 향상에 중대한 영향을 미치는 재판이 계속(係屬) **중인 경우 법원의 요청이 있거나 필요하다고 인정할 때에는 법원의 담당 재판에 '법률상의 사항에 관하여' 의견을 제출할 수 있다**(국가인권위원회법 제28조 제1항).

더 나아가, **인권침해 및 차별행위의 조사와 구제를 위하여**(국가인권위원회법 제4장) **위원회가 조사하거나 처리한 내용에 관하여 재판이 계속 중인 경우 위원회는 법원의 요청이 있거나 필요하다고 인정할 때에는 법원의 담당 재판부에 '사실상 및 법률상의 사항에 관하여' 의견을 제출할 수 있다**(국가인권위원회법 제28조 제4항).

1151) 위헌법률심판제청사건의 처리에 관한 예규(재일 88-3) 제8조.
1152) 위헌법률심판제청사건의 처리에 관한 예규(재일 88-3) 제7조 제4항.
1153) 국가인권위원회의 의견 제출 제도는, 형사사건이나 헌법재판에도 해당이 있다.

3. 법무부의 의견 제출

법무부장관은 국가 이익 또는 공공복리와 중대한 관계가 있는 국가소송 및 행정소송에 관하여는 법원의 허가를 받아, 법원에 ① (직접) **법률적 의견을 제출하거나** ② **법무부의 직원, 검사 또는 공익법무관을 지정하여** (법률적) **의견을 제출하게 할 수 있다**(국가소송법 제4조).

제3장 증 거

Ⅰ. 증거 총설

1. 자유심증주의

가. 개 관

우리 헌법은 민사소송에서 증거방법이나 증거가치의 판단 방법에 관하여 직접적인 규정을 두고 있지 아니하므로, 이는 헌법원리에 위배되지 아니하는 한도에서 입법형성의 자유가 있는 영역에 속한다.[1154)]

법원은 변론 전체의 취지와[1155)] 증거조사의 결과를 참작하여 자유로운 심증으로 사회정의와 형평의 이념에 입각하여 논리와 경험의 법칙에 따라 사실주장이 진실한지 아닌지를 판단한다(법 제202조).

즉, 「민사소송법」은 증거법정주의(證據法定主義)를 채택하지 아니하고 자유심증주의를 채택하고 있다.[1156)]

이는 사회가 복잡하고 법원의 증거조사와 증거방법도 다양한 모습과 내용으로 나타나는 오늘날의 민사소송의 특성을 반영하여 사실인정의 구체적 타당성을 확보하기 위한 것이다.[1157)]

다만, 그 예외에 해당하는 규정이 없는 것은 아니나, 상세한 것은 민사소송법 체계서의 서술을 참조하기 바란다.

나. 자유심증주의의 한계

그런데, 자유심증주의는 형식적, 법률적인 증거규칙으로부터의 해방을 뜻할 뿐 법관의 자의적인 판단을 인용한다는 것이 아니므로, 적법한 증거조사절차를 거친 증거능력 있는 적법

1154) 헌재 2012. 12. 27. 선고 2011헌바155 결정.

1155) cf. 구법(2002. 1. 26. 법률 제6626호로 전부개정되기 전의 것) 제187조는 "… 변론의 전취지와 …"라고 표현하였다.

1156) 대법원 1964. 4. 14. 선고 63아56 판결 참조.

1157) 헌재 2012. 12. 27. 선고 2011헌바155 결정.

한 증거에 의하여 사회정의와 형평의 이념에 입각하여 논리와 경험의 법칙에 따라 사실주장의 진실여부를 판단하여야 할 것이며, 사실인정이 사실심의 전권(專權)에 속한다 하더라도(법 제432조) 이 같은 제약에서 벗어날 수 없다.[1158]

따라서, 위법한 증거조사에 따른 사실인정이나, 논리법칙·경험법칙을 어긴 사실인정은, 이러한 자유심증주의의 한계를 일탈한 위법, 즉 채증법칙 위배로서 상고이유가 된다.

다. 증거원인

1) 개 관

법관의 심증형성의 원인을 증거원인이라 하는바, 법 제202조에 규정된 바와 같이, 증거조사의 결과(즉, 증거자료)와 변론 전체의 취지가 증거원인이 된다.

2) 증거자료

증거조사는 통상, 증거신청→증거의 채택→증거조사의 실시→증거자료에 의한 심증형성 순으로 이루어진다.

3) 변론 전체의 취지

변론 전체의 취지도 증거원인이 되도록 한 것은, 원칙적으로 사적 자치 원칙이 인정되는 민사적 법률관계의 다양한 증거에 대하여 판단하여야 하는 민사소송의 특성에 비추어 볼 때, 엄격한 증거조사의 결과뿐만 아니라 변론 전체의 취지를 두루 참작하여 사실인정을 할 수 있도록 하는 것이 실체적 진실 발견에 더 부합하기 때문이다.[1159]

여기서 "변론 전체의 취지"는, 변론의 과정에 현출된 모든 상황과 소송자료로서 증거조사의 결과를 제외한 것인바,[1160] 구체적으로는, 당사자의 주장내용·태도, 주장·입증의 시기, 당사자 사이의 인간관계, 그 밖에 변론 과정에서 얻은 인상 등 변론에서 나타난 일체의 사항을

1158) 대법원 1982. 8. 24. 선고 82다카317 판결. 동지: 대법원 1984. 2. 28. 선고 83다카1843 판결; 대법원 1986. 3. 25. 선고 85다카2130 판결; 대법원 2005. 4. 29. 선고 2005다3946 판결; 대법원 2006. 11. 24. 선고 2006다35766 판결; 대법원 2007. 11. 29. 선고 2005다23759 판결; 대법원 2008. 2. 14. 선고 2007다57619 판결; 대법원 2009. 10. 15. 선고 2009다42185 판결; 대법원 2010. 7. 15. 선고 2006다28430 판결; 대법원 2012. 4. 13. 선고 2009다77198,77204 판결; 대법원 2013. 6. 27. 선고 2011다101865 판결; 대법원 2013. 7. 25. 선고 2013다16602 판결; 대법원 2014. 8. 20. 선고 2012두14842 판결(사안은 행정소송); 대법원 2015. 6. 23. 선고 2012두7776 판결(사안은 행정소송); 대법원 2016. 6. 10. 선고 2013다13832 판결; 대법원 2017. 3. 9. 선고 2016두55933 판결(사안은 행정소송); 대법원 2018. 4. 12. 선고 2016다223357 판결; 대법원 2020. 8. 27. 선고 2017다211481 판결.

1159) 헌재 2012. 12. 27. 선고 2011헌바155 결정.

1160) 대법원 2013. 8. 22. 선고 2012다94728 판결.

말하는 것이다.[1161]

그러나, 변론종결 후에 제출된 자료는 변론 전체의 취지에 포함되지 아니한다.[1162]

그런데, 증거원인으로서의 변론 전체의 취지는, 그 성질에 비추어, 변론의 취지만으로는 사실을 인정할 수 없고 다만 사실인정의 자료가 되는 다른 증거방법의 보충적 권능을 다할 뿐이다(보충적 증거원인설).[1163]

다만, 후술하는 바와 같이, 문서의 진정성립은 변론 전체의 취지만으로 인정할 수 있으며, 자백의 취소에서 해당 자백이 착오로 인한 것이라는 점도 변론 전체의 취지만으로 인정할 수 있다.

라. 경 험 칙

1) 개 관

경험칙이란, 각개의 경험으로부터 귀납적으로 얻어지는 사물의 성상(性狀)이나 인과의 관계에 관한 사실판단의 법칙으로서, 구체적인 경험적 사실로부터 도출되는 공통인식에 바탕을 둔 판단형식이다.[1164]

그러므로, 어떠한 경험칙이 존재한다고 하기 위하여서는 이를 도출해 내기 위한 기초되는 구체적인 경험적 사실의 존재가 전제되어야 하는 것이다.[1165]

2) 경험칙 적용의 예 : 성희롱 피해자 진술의 증명력을 판단하는 방법

법원이 성희롱 관련 소송의 심리를 할 때에는, 피해자가 성희롱 사실을 알리고 문제를 삼는 과정에서 오히려 부정적 반응이나 여론, 불이익한 처우 또는 그로 인한 정신적 피해 등에 노출되는 이른바 '2차 피해'를 입을 수 있다는 점을 유념하여야 한다. 피해자는 이러한 2차

1161) 헌재 2012. 12. 27. 선고 2011헌바155 결정. 동지 : 대법원 1962. 4. 12. 선고 4294민상1078 판결 ; 대법원 1983. 7. 12. 선고 83다카308 판결 ; 대법원 1983. 9. 13. 선고 83다카971 판결.

1162) 대법원 2013. 8. 22. 선고 2012다94728 판결.

1163) 대법원 1983. 7. 12. 선고 83다카308 판결. 동지 : 대법원 1962. 4. 12. 선고 4294민상1078 판결 ; 대법원 1983. 9. 13. 선고 83다카971 판결 ; 대법원 1984. 12. 26. 선고 84누329 판결.

1164) 대법원 1992. 7. 24. 선고 92다10135 판결.

1165) 대법원 1992. 7. 24. 선고 92다10135 판결(개인사업에 종사하는 사람의 가동연한을 경험칙에 의하여 인정하기 위하여는, 동인의 평균여명 이외에 같은 직종 종사자의 연령별 근로자수, 취업율 또는 근로참가율, 근로조건 등 제반 사정을 조사하여 이로부터 경험칙상 추정되는 개인사업자의 가동연한을 도출하든가 또는 동인의 연령, 직업, 경력, 건강상태 등 구체적인 사정과 근로환경 등을 심리하여 그 가동연한을 인정하여야 한다고 설시하면서, 위와 같은 점에 관하여 아무런 심리도 하지 않은 채 막연히 원고와 같은 직종 종사자의 가동연한이 경험칙상 만 65세가 될 때까지라고 판단한 데에는 채증법칙 위배 또는 심리미진으로 인한 사실오인으로 인하여 판결결과에 영향을 미친 위법이 있다고 본 사안).

피해에 대한 불안감이나 두려움으로 인하여 피해를 당한 후에도 가해자와 종전의 관계를 계속 유지하는 경우도 있고, 피해사실을 즉시 신고하지 못하다가 다른 피해자 등 제3자가 문제를 제기하거나 신고를 권유한 것을 계기로 비로소 신고를 하는 경우도 있으며, 피해사실을 신고한 후에도 수사기관이나 법원에서 그에 관한 진술에 소극적인 태도를 보이는 경우도 적지 않다. 이와 같은 성희롱 피해자가 처하여 있는 특별한 사정을 충분히 고려하지 않은 채 피해자 진술의 증명력을 가볍게 배척하는 것은 정의와 형평의 이념에 입각하여 논리와 경험의 법칙에 따른 증거판단이라고 볼 수 없다.[1166]

마. 증명의 정도(심증의 정도)

1) 원 칙

민사소송에서 사실의 증명은, 추호의 의혹도 있어서는 아니 되는 자연과학적 증명은 아니나, 특별한 사정이 없는 한 경험칙에 비추어 모든 증거를 종합 검토하여 어떠한 사실이 있었다는 점을 시인할 수 있는 고도의 개연성을 증명하는 것이고,[1167] 그 판정은 통상인이라면 의심을 품지 않을 정도일 것을 필요로 한다(고도의 개연성설).[1168]

그리고, 입증책임이 있는 당사자가 그 주장사실을 증명하기에 충분한 여러 증거를 제출한 경우에, 그 증거들의 신빙성을 의심할 만한 사정들이 존재하지 아니하고 상대방으로부터 별다른 반증도 제출된 바가 없다면, 그 증거들에 의하여 일응 그 주장사실이 입증된 것으로 보는 것이 논리와 경험칙에 들어맞는 것이다.[1169]

2) 손해배상 액수의 산정의 특칙

손해가 발생한 사실은 인정되나, 구체적인 손해의 액수를 증명하는 것이 사안의 성질상 매우 어려운 경우에, 법원은 변론 전체의 취지와 증거조사의 결과에 의하여 인정되는 모든 사정을 종합하여 상당하다고 인정되는 금액을 손해배상 액수로 정할 수 있다(법 제202조의2).[1170]

비록 문언상의 미묘한 차이는 있지만, 이는 기존에 개별법에 있던 규정들을[1171] 일반화하

1166) 대법원 2018. 4. 12. 선고 2017두74702 판결(소위 '성인지 감수성' 판례).

1167) 대법원 2010. 10. 28. 선고 2008다6755 판결. 동지 : 대법원 1990. 6. 26. 선고 89다카7730 판결(인과관계의 입증에 관하여) ; 대법원 2018. 4. 12. 선고 2017두74702 판결(사안은 행정소송).

1168) 대법원 2010. 10. 28. 선고 2008다6755 판결. 동지 : 대법원 1990. 6. 26. 선고 89다카7730 판결(인과관계의 입증에 관하여).

1169) 대법원 1987. 2. 24. 선고 85다카1485 판결.

1170) 이 일반적 특칙은 2016. 9. 30.부터 시행되고 있다.

1171) 그러한 규정들로는, 시행일순으로 열거하여 보면, 특허법 제128조 제7항, 실용신안법 제30조(특허법

여 보충규정을 둔 것으로 풀이할 수 있다.1172) 환언하면, 이 규정은 특별한 정함이 없는 한 채무불이행이나 불법행위로 인한 손해배상뿐만 아니라 특별법에 따른 손해배상에도 적용되는 일반적 성격의 규정이다.1173)

법 제202조의2의 문리해석 및 목적론적 해석상, 법문에는 "정할 수 있다"로 되어 있으나 위와 같은 경우에는 반드시 손해배상 액수를 정하여야 한다는, 따라서 이제는 손해배상 청구소송에서 법원이 손해가 발생한 사실을 인정하면서도 손해의 액수의 증명이 없다는 이유로 청구를 기각한다면 이는 그 자체로서 심리미진 및 채증법칙 위반에 해당한다는 해석도 가능하여 보인다.

그러나, 판례는 위 신설규정을 기존 판례법을 명문화한 것에 불과한 것으로 보고 있는 듯 한바,1174) 이를 정리하여 보면 다음과 같다.

첫째, 손해배상책임이 인정되는 때에는, 설사 손해액에 대한 입증이 없거나 부족하더라도, 법원은 그 청구를 배척할 것이 아니라 석명권을 행사하여 그 손해액을 판단해야 하고, 그 같은 심리를 다하지 않으면 심리미진의 위법이 있다.1175)

준용), 디자인보호법 제115조 제6항, 부정경쟁방지 및 영업비밀보호에 관한 법률 제14조의2 제5항, 콘텐츠산업 진흥법 제38조 제2항, 저작권법 제126조, 제104조의8, 독점규제 및 공정거래에 관한 법률 제57조, 가맹사업거래의 공정화에 관한 법률 제37조 제3항(공정거래법 준용), 언론중재 및 피해구제 등에 관한 법률 제30조 제2항, 하도급거래 공정화에 관한 법률 제35조 제4항(공정거래법 준용), 대규모유통업에서의 거래 공정화에 관한 법률 제38조 제4항(공정거래법 준용), 상표법 제110조 제6항, 농수산물 품질관리법 제37조 제2항(상표법 준용), 식물신품종 보호법 제85조 제2항(특허법 준용), 신용정보의 이용 및 보호에 관한 법률 제43조의2 제2항(개인정보 보호법 준용), 개인정보 보호법 제39조의2 제2항, 대리점거래의 공정화에 관한 법률 제34조 제4항(공정거래법 준용)이 있다(이상 시행일순, 시행일이 같은 경우에는 공포번호순).

특기할 것은, 이 중 대리점거래의 공정화에 관한 법률 제34조 제4항은 법 제202조의2가 시행된 후에 시행된 규정이다.

1172) 법 제202조의2 제정 전이나 그 후에도, 대법원은 그러한 개별법 규정들의 해석에 관하여 해당 규정이 없는 경우와 동일한 법리를 설시하고 있다. 대법원 2011. 5. 13. 선고 2010다58728 판결(특허법) ; 대법원 2016. 11. 24. 선고 2014다81511 판결(공정거래법) ; 대법원 2016. 11. 24. 선고 2014다81528 판결(공정거래법).

1173) 대법원 2020. 3. 26. 선고 2018다301336 판결.

1174) 동지 : 제요[민소Ⅱ], 753면.

가령, 대법원 2016. 11. 10. 선고 2013다71098 판결은, 개정법 시행 후의 판결인데도 기존 판례의 설시를 그대로 답습하고 있으며, 대법원 2017. 9. 21. 선고 2017다233931 판결, 대법원 2019. 5. 10. 선고 2017다239311 판결, 대법원 2020. 3. 26. 선고 2018다301336 판결은, 법 제202조의2가 종래의 판례를 반영한 규정이라고 풀이하고 있다.

1175) 대법원 1987. 3. 10. 선고 86다카604 판결. 동지 : 대법원 1961. 12. 7. 선고 4293민상853 판결 ; 대법원 1982. 4. 13. 선고 81다1045 판결 ; 대법원 1986. 8. 19. 선고 84다카503 판결 ; 대법원 1987. 3. 10. 선고 86다카604 판결; 대법원 1987. 3. 10. 선고 86다카331 판결; 대법원 1987. 12. 22. 선고 85다카2453 판결; 대법원 1992. 4. 28. 선고 91다29972 판결(사안은 채무불이행) ; 대법원 1997. 4. 25. 선고 95다19591 판

둘째, 그러나, 손해배상책임의 원인사실이 인정되지 아니하는 경우에까지 법원에서 손해액에 대한 입증촉구나 석명권을 행사할 의무가 있는 것은 아니다.[1176)]

셋째, 더 나아가, 법원은 경우에 따라서는 직권으로 손해액을 심리판단할 필요가 있다.[1177)] [1178)] 그런데, 여기서 말하는 직권판단의 의미가 반드시 명확한 것은 아니나, 이는 결국 다음과 같은 취지로 이해된다.

손해배상청구소송에서, 재산적 손해의 발생사실이 인정되고 그의 최대한도인 수액은 드러났으나 - 예컨대 해당 채무불이행으로 인한 손해액 아닌 부분이 구분되지 않은 채 포함되었음이 밝혀지는 등으로 구체적인 손해의 액수를 입증하는 것이 사안의 성질상 곤란한 경우 - [1179)] 구체적인 손해의 액수를 입증하는 것이 사안의 성질상 곤란한 경우, 법원은 증거조사의 결과와 변론전체의 취지에 의하여 밝혀진 당사자들 사이의 관계, 불법행위(또는 채무불이행)와 그로 인한 재산적 손해가 발생하게 된 경위, 손해의 성격, 손해가 발생한 이후의 제반 정황 등의 관련된 모든 간접사실들을 종합하여 상당인과관계 있는 손해의 범위인 수액을 판단할 수 있다.[1180)]

결(임차인이 임대인에게 건물 부분을 명도하였으나 다방영업허가 명의변경채무를 불이행한 경우, 그로 인한 임대인의 손해액에 관한 주장·입증이 불충분하다 하더라도 그 이유만으로 임대인의 손해배상청구를 배척할 것이 아니라, 건물 부분이 다방 이외의 다른 용도로 사용될 수 있는지 여부, 다른 용도로 사용될 수 있다면 건물 부분을 임대함에 있어 다방영업허가명의까지 임차인 명의로 변경하여 주는 경우에 받을 수 있는 차임이 영업허가명의의 변경 없이 건물 부분만을 임대하는 경우에 받을 수 있는 차임보다 다액인지, 그 차액은 얼마인지 등 그 손해액에 관하여 적극적으로 석명권을 행사하고 입증을 촉구하여 이를 밝혀야 할 것임에도 불구하고 손해배상청구를 배척한 원심판결을 석명의무 위반을 이유로 파기한 사례); 대법원 1998. 5. 12. 선고 96다47913 판결(사안은 이행불능); 대법원 2010. 3. 25. 선고 2009다88617 판결; 대법원 2011. 7. 14. 선고 2010다103451 판결; 대법원 2016. 11. 10. 선고 2013다71098 판결; 대법원 2020. 3. 26. 선고 2018다301336 판결.

1176) 대법원 1991. 7. 23. 선고 90다9070 판결.

1177) 대법원 1987. 3. 10. 선고 86다카331 판결. 동지: 대법원 1967. 9. 26. 선고 67다1024 판결; 대법원 1981. 9. 8. 선고 81다카276 판결; 대법원 1986. 3. 25. 선고 85다카538 판결; 대법원 1983. 7. 26. 선고 83다카716 판결; 대법원 1986. 8. 19. 선고 84다카503 판결; 대법원 1987. 3. 10. 선고 86다카331 판결; 대법원 1987. 12. 22. 선고 85다카2453 판결; 대법원 1998. 5. 12. 선고 96다47913 판결(사안은 이행불능); 대법원 2010. 3. 25. 선고 2009다88617 판결; 대법원 2011. 7. 14. 선고 2010다103451 판결; 대법원 2016. 11. 10. 선고 2013다71098 판결; 대법원 2020. 3. 26. 선고 2018다301336 판결.

1178) 그러나, 대법원 1992. 3. 31. 선고 91다21398 판결; 대법원 1994. 5. 13. 선고 93다45831 판결은, 손해액에 관한 입증촉구에 불구하고 원고가 불응한 경우에 청구를 기각한 원심의 판단이 정당하다고 보았다.

1179) 대법원 2004. 6. 24. 선고 2002다6951 판결(채무불이행).

1180) 대법원 2004. 6. 24. 선고 2002다6951 판결(채무불이행); 대법원 2005. 11. 24. 선고 2004다48508 판결(불법행위); 대법원 2006. 9. 8. 선고 2006다21880 판결(불법행위); 대법원 2007. 11. 29. 선고 2006다3561 판결(채무불이행); 대법원 2009. 10. 15. 선고 2009다37886 판결(채무불이행); 대법원 2020. 3. 26. 선고 2018다301336 판결(A가 B 주식회사와 건물 리노베이션과 증축에 관한 설계 및 감리계약을 체결하였다가 해지한 후 B 회사와 건축사인 C를 상대로 설계도면의 하자를 이유로 손해배상을 구한 사안

넷째, 그런데, 이러한 법리는 자유심증주의하에서 손해의 발생사실은 입증되었으나 사안의 성질상 손해액에 대한 입증이 곤란한 경우 증명도·심증도를 경감함으로써 손해의 공평·타당한 분담을 지도원리로 하는 손해배상제도의 이상과 기능을 실현하고자 함에 그 취지가 있는 것이지,[1181] 법관에게 손해액의 산정에 관한 자유재량을 부여한 것은 아니다.[1182]

다섯째, 그러므로, 법원이 위와 같은 방법으로 구체적 손해액을 판단함에는, 손해액 산정의 근거가 되는 간접사실들의 탐색에 최선의 노력을 다하여야 하고,[1183] 그와 같이 탐색해 낸 간접사실들을 합리적으로 평가하여 객관적으로 수긍할 수 있는 손해액을 산정하여야 할 것이다.[1184]

여섯째, 그러나, 법원의 증명 촉구에도 불구하고 원고가 이에 응하지 아니하면서 손해액에 관하여 나름의 주장을 펴고 그에 관하여만 증명을 다하고 있는 경우라면, 법원이 굳이 스스로 적정하다고 생각하는 손해액 산정 기준이나 방법을 적극적으로 원고에게 제시할 필요까지는 없다.[1185]

바. 입증방해의 문제

당사자 일방이 입증을 방해하는 행위를 하였더라도 법원으로서는 이를 하나의 자료로 삼아 자유로운 심증에 따라 방해자 측에게 불리한 평가를 할 수 있음에 그칠 뿐 입증책임이

에서, A가 설계도면의 하자를 보수하는 비용을 지급한 것으로 볼 여지가 있으므로 원심으로서는 손해액에 관하여 적극적으로 석명권을 행사하고 증명을 촉구하여 이를 밝히거나, 제출된 증거와 당사자의 주장, A와 B 회사 등의 관계, 손해 발생 경위, 손해의 성격, 손해가 발생한 이후의 여러 정황 등 관련된 모든 간접사실을 종합하여 손해액을 인정하였어야 하는데도, 이러한 조치를 하지 않고 손해액에 관한 주장과 증명이 없다는 이유로 A의 손해배상청구를 배척한 원심판단에 법리오해 등의 잘못이 있다고 한 사례. 특기할 것은, 이 판례는 명시적으로 "채무불이행이나 불법행위"라고 하였다).

대법원 2017. 9. 21. 선고 2017다233931 판결(사안은 원심이 제반사정을 고려하여 인정한 손해액이 정당하다고 본 것이다)은, "상당인과관계 있는 손해의 범위인 수액을 판단할 수 있다." 대신 "적당하다고 인정되는 금액을 손해배상 액수로 정할 수 있다."라고 표현하고 있으나, 결국 같은 취지라고 생각된다.

1181) 대법원 2004. 6. 24. 선고 2002다6951 판결. 동지 : 대법원 2009. 9. 10. 선고 2006다64627 판결 ; 대법원 2019. 5. 10. 선고 2017다239311 판결.

1182) 대법원 2004. 6. 24. 선고 2002다6951 판결. 동지 : 대법원 2009. 9. 10. 선고 2006다64627 판결.
위 판례들은 불법행위에 관한 것이지만, 채무불이행의 경우에도 이치는 다르지 아니하다고 하겠다.

1183) 대법원 2004. 6. 24. 선고 2002다6951 판결. 동지 : 대법원 2009. 9. 10. 선고 2006다64627 판결.
위 판례들은 불법행위에 관한 것이지만, 채무불이행의 경우에도 이치는 다르지 아니하다고 하겠다.

1184) 대법원 2004. 6. 24. 선고 2002다6951 판결. 동지 : 대법원 2009. 9. 10. 선고 2006다64627 판결 ; 대법원 2019. 5. 10. 선고 2017다239311 판결.
위 판례들은 불법행위에 관한 것이지만, 채무불이행의 경우에도 이치는 다르지 아니하다고 하겠다.

1185) 대법원 2010. 3. 25. 선고 2009다88617 판결.
위 판례는 불법행위에 관한 것이지만, 채무불이행의 경우에도 이치는 다르지 아니하다고 하겠다.

전환되거나 곧바로 상대방의 주장 사실이 증명된 것으로 보아야 하는 것은 아니다(법 제349조, 제350조 참조).[1186]

2. 법규의 조사 문제

가. 법령 일반

재판에 적용되는 법령은 법원이 이미 알고 있거나 직권으로 조사하여 해석·적용하여야 하는 성질을 지니므로, 법령의 존재 여부를 탐지하고 해석하는 것은 법원의 직권에 속한다.[1187]

나. 경 험 칙

경험칙은 일종의 법칙인 것이므로, 법관은 어떠한 경험칙의 유무를 판단함에는 당사자의 주장이나 입증에 구애됨이 없이 스스로 직권에 의하여 판단할 수 있다.[1188]

다. 관습법과 사실인 관습

1) 관 습 법

(민사에 관하여) 법령과 같은 효력을 갖는(민법 제1조) 관습법은 당사자의 주장·입증을 기다림이 없이 법원이 직권으로 이를 확정하여야 하나, 사실인 관습은 그 존재를 당사자가 주장·입증하여야 한다.[1189]

그러나 관습(법)은 그 존부자체도 명확하지 않을 뿐만 아니라 그 관습이 사회의 법적 확신이나 법적 인식에 의하여 법적 규범으로까지 승인되었는지의 여부를 가리기는 더욱 어려운 일이므로, 법원이 이를 알 수 없는 경우 결국은 당사자가 이를 주장·입증할 필요가 있다.[1190]

2) 사실인 관습

사실인 관습에 관하여서는, 그것은 일종의 경험칙에 속하는 것으로 그 유무를 판단함에는

1186) 대법원 1999. 4. 13. 선고 98다9915 판결. 동지 : 대법원 2010. 5. 27. 선고 2007다25971 판결 ; 대법원 2010. 7. 8. 선고 2007다55866 판결.

1187) 대법원 2007. 10. 25. 선고 2005다62235 판결.

1188) 대법원 1976. 7. 13. 선고 76다983 판결.

1189) 대법원 1983. 6. 14. 선고 80다3231 판결.

1190) 대법원 1983. 6. 14. 선고 80다3231 판결.

당사자의 주장이나 입증에 구애됨이 없이 법관 스스로의 직권에 의하여 이를 판단할 수 있다고 한 판례가 있는가 하면,[1191] 사실인 관습은 그 존재를 당사자가 주장·입증하여야 한다고 한 판례도 있다.[1192]

라. 외 국 법

법원은 「국제사법」에 의하여 지정된 외국법의 내용을 직권으로 조사·적용하여야 하며, 이를 위하여 당사자에게 그에 대한 협력을 요구할 수 있다(국제사법 제5조).[1193]

그러나, 외국법은 법원이 합리적이라고 판단하는 방법에 의하여 조사하면 충분하고, 반드시 감정인의 감정이나 전문가의 증언 또는 국내외 공공기관, 학교등에 감정을 촉탁하거나 사실조회를 하는 등의 방법만에 의하여야 할 필요는 없다.[1194][1195]

외국적 요소가 있는(涉外的) 법률관계에 관하여 적용될 외국법규의 내용을 확정하고 그 의미를 해석함에는 그 외국법이 그 본국에서 현실로 해석·적용되고 있는 의미·내용대로 해석·적용되어야 하는 것이 원칙이다.[1196]

그러나, 섭외적 사건에 관하여 소송과정에서 본국의 판례나 해석기준에 관한 자료가 제출되지 아니하여 그 내용의 확인이 불가능한 경우 법원으로서는 일반적인 법해석 기준에 따라 법의 의미, 내용을 확정할 수밖에 없는 것이다.[1197]

1191) 대법원 1977. 4. 12. 선고 76다1124 판결. 동지 : 대법원 1976. 7. 13. 선고 76다983 판결.

1192) 대법원 1983. 6. 14. 선고 80다3231 판결.

1193) cf. 구 「섭외사법」(2001. 4. 7. 법률 제6465호로 「국제사법」이라는 제명으로 개정되기 전의 것)은 준거법으로서의 외국법의 적용 및 조사에 관하여 특별한 규정을 두고 있지 아니하였다. 대법원 1990. 4. 10. 선고 89다카20252 판결 참조.

1194) 대법원 1990. 4. 10. 선고 89다카20252 판결.
가령, 대법원 1992. 7. 28. 선고 91다41897 판결은, 원심이 미합중국 하와이주법의 내용을 하와이 항소법원의 판례와 그 주의 변호사가 작성한 의견서에 기하여 인정한 조치가 적법하다고 보았다.
그러나, 대법원 1982. 12. 28. 선고 80누316 판결은, 외국세법의 내용은 그 방면의 전문가가 아니면 쉽게 이해하기 어려운 것이므로 원고가 외국에서 납부한 각종 세금이 손금에 해당하는 공과금인지의 여부를 규명함에 있어서는 관계외국세법 전문가에의 감정 또는 관계기관에의 사실조회 등에 의하여 각국의 조세제도에 입각한 외국납부세액의 성질을 규명했어야 할 것임에도 불구하고 이에 이르지 않고 원고회사의 심사청구대리인인 세무사가 작성한 심사청구서와 원고회사와 동일업종의 회사직원의 증언만으로 외국납부세액을 법인세법상 손금으로 판단함은 심리미진 또는 채증법칙위반에 해당한다고 하였다.

1195) 그러나, **영사기관원은 파견국의 법에 관하여 감정인으로서 증언하는 것을 거부하는 권리를 가진다**(영사관계에 관한 비엔나협약 제44조 제3항 후문).

1196) 대법원 2007. 7. 12. 선고 2005다39617 판결.

1197) 대법원 1991. 2. 22. 선고 90다카19470 판결. 동지 : 대법원 2003. 1. 10. 선고 2000다70064 판결 ; 대법원 2007. 7. 12. 선고 2005다39617 판결.

그런데, 소송과정에서 적용될 외국법규에 흠결이 있거나 그 존재에 관한 자료가 제출되지 아니하여 그 내용의 확인이 불가능한 경우, 법원으로서는 법원(法源)에 관한 민사상의 대원칙에 따라 외국 관습법에 의할 것이고, 외국 관습법도 그 내용의 확인이 불가능하면 조리에 의하여 재판할 수밖에 없다.[1198]

그리고, 그러한 조리의 내용은 가능하면 원래 적용되어야 할 외국법에 의한 해결과 가장 가까운 해결 방법을 취하기 위해서 그 외국법의 전체계적인 질서에 의해 보충 유추되어야 하고, 그러한 의미에서 그 외국법과 가장 유사하다고 생각되는 법이 조리의 내용으로 유추될 수도 있을 것이다.[1199]

3. 불요증사실

가. 개 관

법원에서 당사자가 자백한 사실과 현저한 사실은 증명을 필요로 하지 아니한다(법 제288조 본문).[1200] 이를 불요증사실(不要證事實)이라고 한다.

다만, 당사자가 자백한 사실이라 하더라도 경험칙이나 현저한 사실에 반하는 때에는 자백으로서의 효력이 없는 것으로 해석된다.

나. 재판상 자백한 사실

1) 개 관

변론기일 또는 변론준비기일에 당사자가 하는, 상대방의 주장과 일치하는 자기에게 불리

1198) 대법원 2003. 1. 10. 선고 2000다70064 판결.

1199) 대법원 2000. 6. 9. 선고 98다35037 판결(신용장 거래에 부수하여 이루어지는 환어음 인수인의 어음법상 의무에 관한 준거법이 환어음 지급지 소재지인 중국의 법이지만 환어음이 지급제시되고 인수될 당시 중국에 어음관계를 규율하는 법이 존재하지 않았던 경우, 그 후 시행된 중국의 어음수표법을 유추적용하는 것이 조리에 부합한다고 한 사례).

1200) cf. 가류 및 나류 가사소송사건은 재판상 자백에 의하여 사실인정을 할 수 없다(가사소송법 제12조 단서에서 법 제288조중 자백에 관한 규정의 부적용).
(최광의의) 선거소송에서도, 재판상 자백에 의하여 사실인정을 할 수 없으며, 더 나아가 현저한 사실에 의하여서도 사실인정을 할 수 없다(공직선거법 제227조 단서, 국민투표법 제95조 단서, 주민소환에 관한 법률 제25조 제2항, 제주특별자치도 설치 및 국제자유도시 조성을 위한 특별법 제29조, 주민투표법 제25조 제3항).
민사집행절차에서는 직권주의가 강화되어 있으므로(민사집행법 제15조 제7항 단서 등), 강제경매 또는 임의경매의 개시결정에 대한 이의의 재판절차에도 재판상 자백에 관한 규정은 준용되지 아니한다. 대법원 2015. 9. 14.자 2015마813 결정.

한 사실의 진술을 재판상 자백이라 한다.[1201)]

이와 달리, 다른 소송에서 한 재판외의 자백은 하나의 증거원인이 될 뿐 자백으로서의 구속력은 없다.[1202)]

또한, '심리의 제원칙' 부분에서 변론주의에 관하여 기술한 바와 같이, 소송자료와 증거자료는 구별되므로, 증거조사방법중의 하나인 당사자본인신문의 결과 중에 당사자의 진술로서 상대방의 주장과 일치되는 부분이 나왔다고 하더라도 그것은 재판상 자백이 될 수 없다.[1203)]

2) 자백의 대상

가) 주요사실

자백의 대상은 사실에 한하는 것이고,[1204)] 사실 중에서도 주요사실에 한한다.[1205)]

즉, 사실에 대한 법적 판단이나 평가 또는 적용할 법률이나 법적 효과는 자백의 대상이 되지 아니한다.[1206)] 따라서 예컨대 다음과 같은 결과가 된다.

법정변제충당의 순서를 정함에 기준이 되는 이행기나 변제이익에 관한 사항 등은 구체적 사실로서 자백의 대상이 될 수 있으나,[1207)] 법정변제충당의 순서 자체는 법률 규정의 적용에 의하여 정하여지는 법률상의 효과이어서 그에 관한 진술이 비록 그 진술자에게 불리하더라도 이를 자백이라고 볼 수는 없다.[1208)]

1201) 대법원 1992. 11. 10. 선고 92다22121 판결. 동지 : 대법원 1983. 11. 22. 선고 83다521 판결 ; 대법원 1984. 3. 27. 선고 83다카2406 판결 ; 대법원 1991. 12. 27. 선고 91다3208 판결 ; 대법원 1992. 4. 14. 선고 91다24755 판결 ; 대법원 1996. 12. 20. 선고 95다37988 판결 ; 대법원 2007. 6. 28. 선고 2007다26424 판결 ; 대법원 2008. 3. 27. 선고 2007다87061 판결 ; 대법원 2010. 2. 11. 선고 2009다84288,84295 판결 ; 대법원 2013. 6. 27. 선고 2012다86048 판결 ; 대법원 2014. 8. 28. 선고 2013다74363 판결 ; 대법원 2018. 8. 1. 선고 2018다229564 판결.

1202) 대법원 1992. 11. 10. 선고 92다22121 판결. 동지 : 대법원 1972. 2. 29. 선고 72다130 판결 ; 대법원 1987. 5. 26. 선고 85다카914,85다카915 판결 ; 대법원 1996. 11. 15. 선고 96다31116 판결 ; 대법원 1996. 12. 20. 선고 95다37988 판결.
따라서, 가사 소송당사자가 형사사건의 법정이나 수사기관에서 상대방의 주장과 일치하는 진술을 하였고 상대방이 이 진술이 담긴 서증을 원용하였다 하더라도 이를 재판상 자백으로 볼 수는 없음은 물론이다. 대법원 1991. 12. 27. 선고 91다3208 판결.
다만, 가령, 별소에서 스스로 불리한 주장을 하였던 당사자가 그 주장을 번복하여 새로운 주장을 한 경우, 종전의 주장을 진실이라고 봄이 경험칙에 합당하다. 대법원 1986. 4. 8. 선고 85다카2625 판결.

1203) 대법원 1978. 9. 12. 선고 78다879 판결. 동지 : 대법원 1964. 12. 29. 선고 64다1189 판결.

1204) 대법원 2006. 6. 2. 선고 2004다70789 판결. 동지 : 대법원 2000. 12. 22. 선고 2000후1542 판결.

1205) 대법원 2000. 1. 28. 선고 99다35737 판결 참조.

1206) 대법원 2016. 3. 24. 선고 2013다81514 판결. 동지 : 대법원 2000. 12. 22. 선고 2000후1542 판결 ; 대법원 2006. 6. 2. 선고 2004다70789 판결.

1207) 대법원 1998. 7. 10. 선고 98다6763 판결.

월급 금액으로 정한 통상임금을 시간급 금액으로 산정하는 방법에 관한 당사자의 주장은, 자백의 대상이 되는 사실에 관한 진술이라 할 수 없다.[1209)]

이행불능에 관한 주장도, 법률적 효과에 관한 진술을 한 것에 불과하고 사실에 관한 진술을 한 것이라고는 볼 수 없으므로, 자백의 대상이 되지 아니한다.[1210)]

나) 권리자백의 문제

권리자백, 즉 소송물의 전제가 되는 권리관계나 법률효과를 인정하는 진술도 법원을 기속하는 것이 아니고,[1211)] 상대방의 동의 없이 자유로이 철회할 수 있으며,[1212)] 청구의 객관적 실체가 동일하다고 보이는 한 법원은 원고가 청구원인으로 주장하는 실체적 권리관계에 대한 정당한 법률해석에 의하여 판결할 수 있다.[1213)]

다만, 법률용어를 사용한 당사자의 진술이 동시에 구체적인 사실관계의 표현으로서 사실상의 진술도 포함하는 경우에는 그 범위 내에서 자백이 성립하는 것이다.[1214)]

예컨대, 소유권을 선결문제로 하는 소송에서 피고가 원고 주장의 소유권을 인정하는 진술은, 그 소전제가 되는 소유권의 내용을 이루는 사실에 대한 진술로 볼 수 있으므로, 재판상 자백이며,[1215)] 피고가 원고들이 피고의 근로자의 지위에 있었다는 점에 다툼이 없는 경우, 원고들이 임금을 목적으로 종속적인 관계에서 피고에게 근로를 제공하였다는 점에 대하여는 재판상의 자백이 성립되었다고 보아야 한다.[1216)]

그러나, 사실에 대한 법적 추론의 결과에 대하여 의문의 여지가 없는 단순한 법개념에 대

1208) 대법원 1998. 7. 10. 선고 98다6763 판결. 동지 : 대법원 1990. 11. 9. 선고 90다카7262 판결.

1209) 대법원 2014. 8. 28. 선고 2013다74363 판결.

1210) 대법원 1990. 12. 11. 선고 90다7104 판결. 동지 : 대법원 2009. 4. 9. 선고 2008다93384 판결.
cf. 그러나 물론, 위와 달리, 이행불능인 사실에 대한 주장은 사실에 관한 진술이다. 이에 관하여서는 '심리의 제원칙' 부분에서 주요사실의 주장책임과 관련하여 기술하였다.

1211) 대법원 1982. 4. 27. 선고 80다851 판결(사안은, 피고가 매매계약이 원고에 의하여 해제되었다고 진술한 경우). 동지 : 대법원 1979. 6. 12. 선고 78다1992 판결(사안은, 피고가, 수급인의 재료로 신축한 건물의 소유권 귀속에 관한 법리에 따라 준공된 점포들이 공사수급인인 자신에게 그 소유권이 귀속되었다고 진술한 경우) ; 대법원 1981. 6. 9. 선고 79다62 판결(사안은, 원고가 소외인이 혼인외 출생자라고 진술한 경우) ; 대법원 1992. 2. 14. 선고 91다31494 판결.

1212) 대법원 1982. 4. 27. 선고 80다851 판결. 동지 : 대법원 2007. 8. 23. 선고 2005다65449 판결 ; 대법원 2008. 3. 27. 선고 2007다87061 판결.

1213) 대법원 1992. 2. 14. 선고 91다31494 판결.

1214) 대법원 1984. 5. 29. 선고 84다122 판결.

1215) 대법원 2007. 5. 11. 선고 2006다6836 판결. 동지 : 대법원 1989. 5. 9. 선고 87다카749 판결(소유권에 기한 이전등기말소청구소송).

1216) 대법원 2007. 8. 23. 선고 2005다65449 판결 참조.

한 자백이 아니라, 추론의 결과에 대한 다툼이 있을 수 있는 경우에는, 권리자백일 뿐이다.[1217]

다) 직권조사사항의 문제

또한, 직권조사사항은 자백의 대상이 될 수 없으므로,[1218] 설사 그것을 당사자들이 다투지 아니한다 하더라도 법원으로서는 의심이 있는 경우에는 이를 직권으로 밝혀 보아야 한다.[1219] 다만, 직권조사사항에 관하여 당사자의 자백이 하나의 증거원인이 될 수는 있음은 물론이다.

3) 선행자백(先行自白)

선행자백도 재판상 자백의 일종이므로, 당사자 일방이 자기에게 불리한 진술을 자진하여 한 후 상대방이 이를 명시적으로 원용하거나 선행자백한 불이익한 사실과 일치하는 진술을 하게 되면, 법원은 그 자백사실에 구속되어 이에 저촉되는 사실을 인정할 수 없게 된다.[1220]

다만, 상대방이 이를 원용하지 아니하여 당사자 쌍방의 주장이 일치된 바 없다면 이를 자백(선행자백)이라고 볼 수 없다.[1221]

따라서 일단 자기에게 불리한 사실을 진술한 당사자도 그 후 그 상대방의 원용이 있기 전에는 그 자인한 진술을 철회하고 이와 모순된 진술을 자유로이 할 수 있다.[1222] 이 경우에는 그 철회된 자인진술을 선행자백이라고 볼 수 없고,[1223] 자인진술이 철회된 후에는 원용문제

1217) 대법원 2007. 5. 11. 선고 2006다6836 판결.

1218) 대법원 1970. 2. 24. 선고 65누174 판결. 동지 : 대법원 1969. 12. 9. 선고 67누119 판결 ; 대법원 2002. 5. 14. 선고 2000다42908 판결.

1219) 대법원 2001. 11. 9. 선고 98두892 판결(행정처분의 존부). 동지 : 대법원 1971. 2. 23. 선고 70다44,70다45 판결(법인 아닌 사단 또는 재단의 존재여부 및 그 대표자 자격) ; 대법원 1986. 4. 8. 선고 82누242 판결(행정소송에서 전심절차를 거친 여부).

1220) 대법원 1988. 12. 13. 선고 87다카3147 판결. 동지 : 대법원 1992. 8. 18. 선고 92다5546 판결 ; 대법원 1993. 9. 14. 선고 92다24899 판결 ; 대법원 2005. 11. 25. 선고 2002다59528,59535 판결 ; 대법원 2008. 10. 9. 선고 2008다3022 판결 ; 대법원 2009. 9. 10. 선고 2009다29281,29298 판결.

1221) 대법원 1992. 4. 14. 선고 91다24755 판결. 동지 : 대법원 1980. 9. 30. 선고 80다645 판결 ; 대법원 1986. 7. 22. 선고 85다카944 판결 ; 대법원 1988. 10. 25. 선고 87다카2362 판결 ; 대법원 1992. 8. 14. 선고 92다14724 판결 ; 대법원 1993. 4. 13. 선고 92다56438 판결 ; 대법원 2007. 3. 30. 선고 2006다79544 판결 ; 대법원 2009. 9. 10. 선고 2009다29281,29298 판결 ; 대법원 2018. 8. 1. 선고 2018다229564 판결.

1222) 대법원 1986. 7. 22. 선고 85다카944 판결. 동지 : 대법원 1969. 1. 21. 선고 68다1684 판결 ; 대법원 1980. 2. 26. 선고 79다2114 판결 ; 대법원 1980. 9. 30. 선고 80다645 판결 ; 대법원 1988. 10. 25. 선고 87다카2362 판결 ; 대법원 1992. 8. 14. 선고 92다14724 판결 ; 대법원 1993. 4. 13. 선고 92다56438 판결 ; 대법원 2007. 3. 30. 선고 2006다79544 판결 ; 대법원 2009. 9. 10. 선고 2009다29281,29298 판결.

1223) 대법원 1981. 11. 10. 선고 81다378 판결. 동지 : 대법원 1976. 6. 22. 선고 76다607 판결 ; 대법원 1988.

도 발생할 여지가 없다.[1224] 그 경우에는, 이 경우 앞의 자인사실은 소송자료로부터 제거되기 때문이다.[1225]

그리고 당사자 일방이 한 진술에 잘못된 계산이나 기재, 기타 이와 비슷한 표현상의 잘못이 있고, 그 잘못이 분명한 경우에는 비록 상대방이 이를 원용하였다고 하더라도 당사자 쌍방의 주장이 일치한다고 할 수 없으므로 자백(선행자백)이 성립할 수 없다.[1226]

4) 자백의 가분성[1227]

이유부(理由付) 부인의 경우에도, 당사자가 인정하는 범위에서는 자백이 성립한다. 예컨대, 돈은 받았지만 차용한 것이 아니라 증여받은 것이라고 주장할 경우에는, 돈을 받은 사실에 관하여서는 재판상 자백이 성립한다.

(본안의) 항변의 경우에도 재판상 자백이 성립한다. 예컨대, 돈을 빌린 것은 맞지만 갚았다고 주장할 경우에는, 소비대차 사실에 관하여서는 재판상 자백이 성립한다.

5) 자백의 취소

진실에 어긋나는 자백은 그것이 착오로 말미암은 것임을 증명한 때에는 취소할 수 있다(법 제288조 단서). 이는 선행자백도 마찬가지임은 물론이다.[1228]

재판상 자백의 취소는 반드시 명시적으로 하여야만 하는 것은 아니고 종전의 자백과 배치되는 사실을 주장함으로써 묵시적으로도 할 수 있다.[1229]

이때 진실에 부합하지 않는다는 사실에 대한 증명은, 그 반대되는 사실을 직접증거에 의하여 증명함으로써 할 수 있지만, 자백사실이 진실에 부합하지 않음을 추인할 수 있는 간접사실의 증명에 의하여도 가능함은 물론이다.[1230]

그러나, 자백을 취소하는 당사자는 그 자백이 진실에 반한다는 것 외에 착오에 인한 것임을 – 어떠한 착오에 의한 것인지와 –[1231] 아울러 증명하여야 하며, 진실에 반하는 것임이 증

---

10. 25. 선고 87다카2362 판결.

1224) 대법원 1988. 10. 25. 선고 87다카2362 판결.,

1225) 대법원 2016. 6. 9. 선고 2014다64752 판결.

1226) 대법원 2018. 8. 1. 선고 2018다229564 판결.

1227) 이시윤, 470면 ; 강현중, 469면 ; 김홍엽, 633면.

1228) 대법원 1988. 12. 13. 선고 87다카3147 판결.

1229) 대법원 1990. 6. 26. 선고 89다카14240 판결. 동지 : 대법원 1979. 5. 22. 선고 79다465 판결 ; 대법원 1994. 6. 14. 선고 94다14797 판결 ; 대법원 1996. 2. 23. 선고 94다31976 판결 ; 대법원 2001. 4. 13. 선고 2001다6367 판결.

1230) 대법원 2000. 9. 8. 선고 2000다23013 판결. 동지 : 대법원 2004. 6. 11. 선고 2004다13533 판결.

1231) 대법원 1966. 12. 20. 선고 66다1962 판결. 동지 : 대법원 1977. 12. 27. 선고 77다1968,1969 판결.

명된다고 하여 착오에 인한 자백으로 추정되지는 않는다.[1232] 다만, 그 자백이 진실과 부합되지 않는 사실이 (증거에 의하여) 증명된 경우라면 변론 전체의 취지에 의하여 그 자백이 착오로 인한 것이라는 점을 인정할 수 있다.[1233]

또한, 위와 같은 착오취소의 경우가 아니더라도, 자백의 취소를 상대방이 승낙한 경우에도 그 취소는 유효이나,[1234] 자백취소에 대하여 상대방이 아무런 이의를 제기하고 있지 않다는 점만으로 그 취소를 인정할 수는 없다.[1235] 다만, 자백을 한 당사자가 종전의 자백과 배치되는 내용의 주장을 하고, 이에 대하여 상대방이 이의를 제기함이 없이 그 주장내용을 인정한 때에는, 종전의 자백은 취소되고 새로운 자백이 성립된 것으로 보아야 한다.[1236]

6) 자백간주

변론(준비)기일에 상대방이 주장하는 사실을 명백히 다투지 아니한 때에는, 변론 전체의 취지로 보아 다툰 것으로 인정되는 것으로 인정되는 경우가 아닌 한 자백간주가 성립함(법 제150조 제1항, 제286조)은, '변론의 실시방법' 부분에서 기술하였다.

자백간주와 재판상 자백의 차이점은, 후자는 당사자에 대한 구속력이 있으나, 전자는 당사자에 대한 구속력이 없다는 것이다.

자백간주가 성립하였는데도 해당 사실을 인정할 증거가 없다고 판단하였다면, 이는 자백간주에 관한 법리오해에 해당한다.[1237]

다. 현저한 사실

1) 개 관

현저한 사실에는 공지(公知)의 사실과 법원에 현저한 사실이 있다.

1232) 대법원 1990. 6. 26. 선고 89다카14240 판결. 동지 : 대법원 1963. 2. 21. 선고 62다922 판결; 대법원 1963. 2. 28. 선고 62다876 판결; 대법원 1966. 12. 27. 선고 66다1404,1405 판결; 대법원 1991. 12. 24. 선고 91다21145,21152 판결; 대법원 1992. 12. 8. 선고 91다6962 판결; 대법원 1994. 6. 14. 선고 94다14797 판결; 대법원 1994. 9. 27. 선고 94다22897 판결; 대법원 2000. 9. 8. 선고 2000다23013 판결; 대법원 2004. 6. 11. 선고 2004다13533 판결; 대법원 2010. 2. 11. 선고 2009다84288,84295 판결; 대법원 2013. 6. 27. 선고 2012다86048 판결.

1233) 대법원 2000. 9. 8. 선고 2000다23013 판결. 동지 : 대법원 1962. 1. 18. 선고 4294민상606 판결; 대법원 1991. 8. 27. 선고 91다15591,15607(반소) 판결; 대법원 1996. 2. 23. 선고 94다31976 판결; 대법원 1997. 11. 11. 선고 97다30646 판결; 대법원 2004. 6. 11. 선고 2004다13533 판결.

1234) 대법원 1967. 8. 29. 선고 67다1216 판결.

1235) 대법원 1987. 7. 7. 선고 87다카69 판결.

1236) 대법원 1990. 11. 27. 선고 90다카20548 판결.

1237) 대법원 2018. 7. 12. 선고 2015다36167 판결 참조.

2) 공지의 사실

판례는, 대지와 지상건물은 같이 경매하는 것이 그 가액을 높이는데 도움이 된다는 사실,[1238] 매년 임금이 인상되는 추세에 있는 사실,[1239] (법인화되기 전의) 서울대학교는 국가가 설립·경영하는 학교이었다는 사실[1240] 등은 공지의 사실이라고 보았다.

3) 법원에 현저한 사실

"법원에 현저한 사실"이라 함은, 법관이 직무상 경험으로 알고 있는 사실로서 그 사실의 존재에 관하여 명확한 기억을 하고 있거나 또는 기록 등을 조사하여 곧바로 그 내용을 알 수 있는 사실을 말한다.[1241] 이는 당사자의 원용을 요하지 아니함은 물론이다.[1242]

그런데 판례는, 피해자의 장래수입상실액을 인정하는 데 이용되는 직종별임금실태조사보고서와 한국직업사전의 각 존재 및 그 기재 내용,[1243] 통계청이 정기적으로 조사·작성하는 한국인의 생명표에 의한 남녀별 각 연령별 기대여명[1244] 등을 법원에 현저한 사실이라고 보았다. 다만, 그럼에도 불구하고 위와 같은 자료를 서증으로 제출함이 실무이다.

또한 판례는, 디자인의 공지·공용 사실이 공지의 사실 또는 법원에 현저한 사실이라고 볼 수 있을 만큼 일반적으로 알려져 있는 경우에는 그 공지·공용성의 인정에 증거를 요하지 않는다고 하였다.[1245]

이에 반하여, 피고와 제3자 사이에 있었던 민사소송의 확정판결의 존재를 넘어서 그 판결의 이유를 구성하는 사실관계들까지 법원에 현저한 사실로 볼 수는 없다.[1246]

민사재판에서 이미 확정된 관련 민사사건의 판결에서 인정된 사실은 특별한 사정이 없는 한 유력한 증거가 되지만, 해당 민사재판에서 제출된 다른 증거 내용에 비추어 확정된 관련 민사사건 판결의 사실인정을 그대로 채용하기 어려운 경우에는 합리적인 이유를 설시하여

1238) 대법원 1967. 12. 22.자 67마1162 결정.

1239) 대법원 1992. 1. 21. 선고 91다35229 판결.

1240) 대법원 2001. 6. 29. 선고 2001다21991 판결(서울대학교의 당사자능력을 부인한 사안).
그러나, 「국립대학법인 서울대학교 설립·운영에 관한 법률」이 2011. 12. 28. 시행됨에 따라, 저 공지의 사실이 이제는 더 이상 공지의 사실이 아니게 되었다.

1241) 대법원 1996. 7. 18. 선고 94다20051 전원합의체 판결.
cf. 위 판결의 반대의견은, 법관이 직무상 안 사실이라고 하더라도 명확한 기억을 하고 있지 아니하면 법원에 현저한 사실에 속한다고 할 수 없다고 보았다.

1242) 대법원 1963. 11. 28. 선고 63다493 판결.

1243) 대법원 1996. 7. 18. 선고 94다20051 전원합의체 판결.

1244) 대법원 1999. 12. 7. 선고 99다41886 판결. 동지 : 대법원 1963. 10. 31. 선고 62다558 판결.

1245) 대법원 1991. 4. 23. 선고 90후489 판결.

1246) 대법원 2019. 8. 9. 선고 2019다222140 판결. 동지 : 대법원 2010. 1. 14. 선고 2009다69531 판결.

이를 배척할 수 있다는 법리도 그와 같이 확정된 민사판결 이유 중의 사실관계가 현저한 사실에 해당하지 않음을 전제로 한 것이다.[1247]

4. 증거조사방법 개관

현행법이 예정하고 있는 주요한 증거조사방법으로는, 증인신문(법 제3장 제2절), 감정(같은 장 제3절), 서증(같은 장 제4절), 검증(같은 장 제5절), 당사자신문(같은 장 제6절), 사실조회(법 제294조), 자기디스크등 출력문서조사(규칙 제120조)가 있다.[1248]

그 외에, 감정, 서증, 검증에 준하여 증거조사를 하는 증거들(법 제374조, 민소전자문서법 제13조 제2항)이 있으므로, 이에 관하여서도 별도로 살펴볼 필요가 있다.

5. 증거능력

불법검열에 의하여 취득한 우편물이나 그 내용 및, 불법감청에 의하여 지득 또는 채록된 전기통신(통신비밀보호법 제3조)**의 내용은, 재판에서 증거로 사용할 수 없다**(통신비밀보호법 제4조).

그러나, 전화통화의 당사자 일방이 상대방과의 통화내용을 녹음하는 것은 같은 법 제3조가 정한 '감청' 자체에 해당하지 아니할뿐더러,[1249] 자유심증주의를 채택하고 있는 우리 민사소송법하에서 상대방 부지 중 비밀리에 상대방과의 대화를 녹음하였다는 이유만으로 그 녹음테이프가 증거능력이 없다고 단정할 수 없고, 그 채증 여부는 사실심 법원의 재량에 속하는 것이다.[1250]

다만, 유력설은, 일견 위법하게 수집한 증거라 하더라도 위법성조각사유가 있거나 증거로 사용하는 데에 상대방이 동의한 때에는 증거능력이 있다고 본다.

1247) 대법원 2019. 8. 9. 선고 2019다222140 판결.
확정판결의 실질적 증명력의 법리에 관하여서는 '서증' 부분에서 상론한다.

1248) 법 제3장 제2절 내지 제6절 외의 증거방법의 조사에 관한 사항도 원칙적으로 감정, 서증, 검증의 그것에 준하나, 출력문서조사는 「민사소송법」에는 규정이 없는 「민사소송규칙」 특유의 증거조사방법이다.

1249) 대법원 2008. 10. 23. 선고 2008도1237 판결.
cf. 제3자의 경우는 설령 전화통화 당사자 일방의 동의를 받고 그 통화 내용을 녹음하였다 하더라도 그 상대방의 동의가 없었던 이상, 이는 여기의 감청에 해당한다. 대법원 2010. 10. 14. 선고 2010도9016 판결.

1250) 대법원 1999. 5. 25. 선고 99다1789 판결. 동지: 대법원 2009. 9. 10. 선고 2009다37138,37145 판결.

6. 증거조사의 개시

가. 증거신청 일반

1) 개 관

법원에 대하여 특정한 증거방법의 조사를 신청하는 소송행위를, 증거의 신청이라 한다.

이는 현실적으로 증거방법을 제출하는 행위와는 개념상·실제상 구별되는 것이나, 서증만큼은 원칙적으로(즉, 자신이 소지하고 있는 서증의 경우) 증거를 제출하는 것 자체가 신청방법이 되며(법 제343조 전단) 별도의 (사전)증거신청이 필요 없다.

2) 증거신청의 시기

증거의 신청은, 변론기일(또는 변론준비기일. 법 제280조 제1항 참조)에 함이 원칙이지만, **변론기일 전에도 할 수 있다**(법 제289조 제2항. 기일 전 증거신청. 기일외 증거신청).

다만, 증인신문과 당사자신문은 – 기일 외의 신청이 불가능한 것은 아니지만 – 성질상 기일 외의 신청에 친하지 아니한 증거조사방법이다.

3) 증거신청방법 일반

증거를 신청할 때에는 증명할 사실(이른바, 입증사항)**을 표시하여야 하며**(법 제289조 제1항), 증거와 증명할 사실의 관계(즉, 입증취지)를 구체적으로 밝혀야 한다(규칙 제74조).

증거신청서에는 인지를 붙이지 아니한다(민사소송 등 인지법 제10조 단서).

다만, 증거신청에 비용예납을 요하는 경우가 있는바, 이때, 증거조사를 신청한 사람은 증거조사비용 예납명령이 있기 전에도 필요한 비용을 미리 낼 수 있다(규칙 제77조 제2항). 증거조사비용의 예납에 관하여서는 별항으로 후술한다.

증거방법별로 특유한 신청의 방식에 관하여서는 증거방법별로 해당 부분에서 각각 후술한다.

나. 증거결정

1) 종 류

당사자의 증거신청에 대한 법원의 응답으로는, 각하(또는 기각)결정, 채택결정, 보류의 세 가지가 있다.

주의할 것은, 당사자의 증거신청에 대하여 법원이 반드시 채부의 결정을 하여야 하는 것은

아니라는 것이다.[1251]

따라서, 신청에 대하여 별다른 판단을 하지 아니한 채 변론을 종결하는 것은 증거신청을 묵시적으로 기각한 것이 된다.[1252]

그러나, 실무상으로는, 법원이 무턱대고 각하(또는 기각)결정을 하거나 신청을 묵과함으로써 묵시적으로 기각하기보다는, 오히려 신청한 당사자에게 철회를 권유하는 경우가 많다.

증거결정 역시 소송지휘에 관한 재판이므로 언제든지 취소할 수 있으며(법 제222조),[1253] 증거결정에 대하여서는 원칙적으로 독립하여 불복하지 못한다.

다만, 합의사건의 경우에 변론준비절차를 진행하는 재판장등이 한 증거결정에 대하여서는 이의신청을 할 수 있으며(법 제281조 제2항), 문서제출명령신청이나 검증목적물제출명령신청에 대한 결정에 대하여서만은 불복이 허용되고 있다(법 제348조, 제366조 제1항).

2) 증거신청의 채택여부

가) 개 관

법원은 증거신청이 부적법하거나, 정당한 사유 없이 제출기간을 어긴 때(법 제147조 제2항), 실기한 공격방어방법인 때(법 제149조 제1항, 제296조)에는 이를 각하할 수 있으며, 그 밖에도 다음 경우에는 증거신청을 채택하지 아니할 수 있다.

그러나 후술하듯이, 당사자의 주장사실에 대한 유일한 증거가 아닌 한 증거의 채부는 법원이 자유로이 결정할 수 있다(법 제290조).[1254]

나) 불필요하다고 인정되는 증거

(1) 원 칙

원칙적으로, **법원은 당사자가 신청한 증거를 필요하지 아니하다고 인정한 때에는 조사하지 아니할 수 있다**(법 제290조 본문).

그 증거가 소송의 쟁점과 무관하거나 쟁점판단에 무가치하거나 부적절한 경우, 그 사실의 존부가 소송결과에 영향이 없는 경우, 법원이 이미 충분한 심증을 얻고 있는 경우, 동일 사실

1251) 대법원 1989. 9. 7.자 89마694 결정.

1252) 대법원 1992. 9. 25. 선고 92누5096 판결. 동지 : 대법원 1992. 4. 24. 선고 91다25444 판결(문서제출명령신청); 대법원 2001. 5. 8. 선고 2000다35955 판결(문서제출명령신청).

1253) 주석(민소3), 544면(김현석 집필부분).

1254) 대법원 2011. 11. 10. 선고 2011다67743 판결. 동지 : 대법원 1991. 7. 26. 선고 90다19121 판결 ; 대법원 2006. 11. 23. 선고 2004다60447 판결 ; 대법원 2014. 9. 4. 선고 2014두36402 판결(사안은 행정소송) ; 대법원 2015. 6. 24. 선고 2013다13849 판결.
'유일한 증거'에 관하여서는 후술한다.

에 대하여 거듭 증거가 신청된 경우, 경험칙 등에 의하여 법원이 이미 알고 있는 경우 등은 증거조사가 불필요한 예로 지적될 수 있을 것이다.[1255][1256]

(2) 예외 : 유일한 증거

다만, **법원은 당사자가 신청한 증거가 당사자가 주장하는 사실에 대한 유일한 증거인 때에는 이를 조사하여야 한다**(법 제290조 단서).

감정 및 감정의 신청에도 위 규정이 적용됨은 물론이다.[1257]

그러나, 여기서 "유일한 증거"라 함은, 당사자가 입증책임이 있는 사항에 관한 유일한 증거를 말하는 것이며, 반증은 이에 해당하지 아니한다.[1258]

한편 구법(2002. 1. 26. 법률 제6626호로 전부개정되기 전의 것)하에서는 당사자신문은 보충적 증거방법임을 이유로 유일한 증거에 해당하지 아니하는 것으로 해석되고 있었으나,[1259] 당사자신문이 독립한 증거방법이 된 현행법에서는 위 해석론이 유지될 수 없게 되었다.

그러나, 가령, 증인이 주장사실에 대한 유일한 증거방법이라 하더라도 당사자가 그 비용인 증인여비를 예납하지 않을 경우에는 그 증거채택을 취소할 수 있으며(법 제116조 제2항),[1260] 유일한 증거도 실기한 공격방어방법에 해당하면 각하될 수 있다(법 제149조 제1항).[1261]

다) 증거조사의 장애

법원은 증거조사를 할 수 있을지, 언제 할 수 있을지 알 수 없는 경우에는 그 증거를 조사

1255) 헌재 2004. 9. 23. 선고 2002헌바46 결정.

1256) 춘천지법 2015. 6. 3. 선고 2014가단32802 판결은, 당사자가 증명할 사실을 특정하지 아니한 채 증거조사를 통하여 새로운 주장사항을 만들어 내려는 모색적 증거신청, 즉 증거를 신청하는 당사자 스스로 알지 못하는 사실을 증거조사를 통하여 획득하고 이를 자기 주장의 기초로 삼으려는 의도로 증거를 신청하는 경우나, 당사자가 어떠한 'A 사실'을 주장하지만, 그러한 'A 사실'에 관한 아무런 실마리가 없는 경우에 그러한 'A 사실'을 증명하기 위한 증거신청을 하는 경우 등은 원칙적으로 부적법하고, 다만 ① 상대방의 배타적 증거 지배, 신청인의 접근 곤란 등으로 증명 취지를 밝힐 수 없는 구체적 사유가 있고, ② 해당 증거방법으로 증거조사 필요성(요증사실 관련성 및 쟁점판단 필요성)을 추론하는 것이 합리적이라는 사정이 있어야 하며, ③ 다른 회피 수단이 없어 모색적 증거신청이 불가피한 사정이 존재하여야 하거나, ④ 증거신청인에게 귀책사유가 없는 경우는 예외적으로 허용할 수 있다고 하였다.

1257) 「감정 및 검증의 신청과 유일한 증거 배척 제한(재민 62-1)」.

1258) 대법원 1962. 7. 19. 선고 62다260 판결. 동지 : 대법원 1980. 1. 13. 선고 80다2631 판결 ; 대법원 1998. 6. 12. 선고 97다38510 판결(사안은, 유언의 존재 및 내용이 입증사항인 이상 유서에 대한 필적과 무인의 감정을 채택하지 아니하였다 하더라도 증거조사절차에 위법이 없다고 본 것이다).

1259) 대법원 2000. 11. 24. 선고 99두3980 판결.
이에 관하여서는 '당사자신문' 부분에서 재론하겠다.

1260) 대법원 1969. 1. 21. 선고 68다2188 판결.

1261) 대법원 1968. 1. 31. 선고 67다2628 판결.

하지 아니할 수 있다(법 제291조).[1262]

이는 유일한 증거라도 마찬가지이다.[1263]

다. 증거신청의 철회

증거조사의 개시가 있기 전에는 상대방의 동의 없이 자유로 그 신청을 철회할 수 있다.[1264]

증거조사가 개시되면 증거조사 종료 전까지는 상대방의 동의가 있는 경우에 한하여 철회할 수 있으나, 증거조사가 종료된 뒤에는 철회할 수 없다.

라. 직권에 의한 증거조사

법원은 당사자가 신청한 증거에 의하여 심증을 얻을 수 없거나, 그 밖에 필요하다고 인정한 때에는 직권으로 증거조사를 할 수 있다(법 제292조).[1265]

다만, **소액사건에서, 판사는 필요하다고 인정한 때에는 직권으로 증거조사를 할 수 있으나**(소액사건심판법 제10조 제1항 본문), **그 증거조사의 결과에 관하여는 당사자의 의견을 들어야 한다**(같은 항 단서).

그러나, 실무상 직권증거조사를 행하는 예는 드물고, 오히려 석명권을 행사하여 당사자에게 입증을 촉구함이 일반이며, 소액사건의 경우에도 사정은 다르지 아니하다.

마. 증거조사비용의 예납

1) 개 관

증거조사비용에 대하여 소송구조결정이 있어 국고대납절차에 의하는 경우(규칙 제25조)는 별론,[1266] 법원이 증거조사의 결정을 한 때에는 바로 그 비용을 부담할 당사자에게 필요한 비용을 미리 내게 하여야 한다(규칙 제77조 제1항).

특기할 것은, 바로 후술하듯이, 직권에 의한 증거조사의 경우에도 - 국고대납절차에 의하

1262) 구법(2002. 1. 26. 법률 제6626호로 전부개정되기 전의 것) 제264조는 "증거조사에 관하여 부정기간(不定期間)의 장애가 있는 때에는 법원은 조사하지 아니할 수 있다."이라고 규정하였다.

1263) 대법원 1973. 12. 11. 선고 73다711 판결.

1264) 대법원 1971. 3. 23. 선고 70다3013 판결.

1265) cf. 그러나, 증권관련 집단소송에서는 직권증거조사가 일반적으로 허용된다(증권관련 집단소송법 제30조).

1266) 이에 관하여 상세한 것은 '소송구조' 부분에서 후술한다.

는 것이 아니라 - 역시 비용의 예납이 필요하다.[1267]

2) 예납의무자

가) 원 칙

증거조사를 위한 증인·감정인·통역인 등에 대한 여비·일당·숙박료 및 감정인·통역인 등에 대한 보수와 법원 외에서의 증거조사를 위한 법관, 그 밖의 법원공무원의 여비·숙박료는, 그 증거조사를 신청한 당사자가 예납의무자이다(규칙 제19조 제1항 제3호 본문).

증거조사를 양 쪽 당사자가 신청한 경우에는 필요한 비용을 균등하게 나누어 미리 내게 하여야 하나(같은 조 제2항 본문), 사정에 따라 미리 낼 금액의 비율을 다르게 할 수 있다(같은 항 단서).

그러나, 직권에 의한 증거조사의 경우에는, 그 증거조사로 이익을 받을 당사자가 예납의무자이나, 그 증거조사로 이익을 받을 당사자가 분명하지 아니한 때에는 원고(상소심에서는 상소인)가 예납의무자이다(같은 조 제1항 제3호 단서).

나) 예외 : 듣거나 말하는 데 장애가 있는 사람을 위한 비용

다만, 듣거나 말하는 데 장애가 있는 사람을 위한 통역인 등에 대한 여비·일당·숙박료 및 보수는 미리 내게 할 수 없다(민사소송규칙 제19조 제1항 제3호).

이에 소요되는 비용은 국고에서 지급하고, 소송비용에는 산입하지 아니하기 때문이다(같은 규칙 제19조의2 제2항 후문).

한편, 듣거나 말하는 데 장애가 있는 사람을 위한 통역인에게는 「민사소송비용규칙」에서 정하는 바에 따라 여비, 일당 및 숙박료를 지급하고 통역에 관한 특별요금은 법원이 정한 금액을 지급한다(민사소송규칙 제19조의2 제2항 전문).

3) 예납명령불응에 따른 조치

법원은 당사자가 비용예납명령에 따른 비용을 내지 아니하는 경우에는, 해당 증거조사를 실시하지 아니할 수 있을 뿐 아니라(법 제116조 제2항), 더 나아가, 증거조사결정을 취소할 수 있다(규칙 제77조 제3항).

다만, 국고대납절차(규칙 제20조)에 의하는 경우에는 그러하지 아니한바, 국고대납절차에 관하여서는 '당사자의 소송행위' 부분에서 언급하였다.

1267) 「민사사건의 직권조사비용의 지급방법(재민 62-8)」.

7. 증거조사의 실시 일반

가. 증거조사의 기일과 장소

증거의 조사는, 직접주의의 요청에 따라 기일에 법원 안에서 행하는 것이 원칙이나,[1268) **변론기일 전에도 할 수 있다**(법 제289조 제2항).

그러나, 증인신문이나 당사자신문은 변론기일을 열어야만 실시할 수 있음이 원칙이며(법 제293조, 제281조 제3항 단서 참조), 서증은 그 개념필연적으로－적어도 원론적으로는－법관이 이를 변론(준비)기일에 열람함으로써 그 조사를 실시하게 되므로, 결국 기일전(기일외) 증거조사라는 것은 실제로는 나머지 증거조사방법들, 즉 문서제출명령·문서송부촉탁·법원외서증조사, 감정, 검증, 사실조회 및 이들 각각에 준하는 증거방법에서만 문제되는 셈이다.

또한, 법원은 필요하다고 인정할 때에는 법원밖에서 증거조사를 할 수 있다(법 제297조 제1항 전문). 그리고, 바로 후술하듯이, 이때에는 수명법관이나 수탁판사에게 촉탁하여 증거조사를 할 수도 있다.

나. 증거조사의 촉탁

1) 수명법관·수탁판사에 대한 촉탁

법원 밖에서 증거조사를 할 경우 합의부원에게 명하거나 다른 지방법원 판사에게 촉탁할 수 있다(법 제297조 제1항 후문).

수탁판사는 필요하다고 인정할 때에는 다른 지방법원 판사에게 증거조사를 다시 촉탁할 수 있다(같은 조 제2항 전문. 전촉(轉囑)). **이 경우 그 사유를 수소법원과 당사자에게 통지하여야 한다**(같은 항 후문).

그러나, 법원이 수명법관·수탁판사에 의한 증인신문이나 당사자신문을 하려면 추가로 일정한 요건이 구비되어야 하는바(법 제313조, 제373조), 상세한 것은 '증인신문' 부분 및 '당사자신문' 부분에서 살펴본다.

수탁판사는 증거조사에 관한 기록을 바로 수소법원에 보내야 한다(법 제298조).

2) 외국에서 시행하는 증거조사[1269)]

외국에서 시행할 증거조사는 그 나라에 주재하는 대한민국 대사·공사·영사 또는 그 나라

1268) 대법원 1963. 1. 31. 선고 62다812 판결 참조.

1269) 이에 관한 실무적·기술적인 사항에 관하여서는, 「국제민사사법공조 등에 관한 예규(재일 2003-15)」 참조.

의 관할 공공기관에 촉탁한다(법 제296조 제1항).[1270]

이 또한 사법공조의 일환이며(국제민사사법공조법 제2조 제1호), 이에 관한 조약으로 어떤 것들이 있는지는 '송달' 부분에서 기술하였다.

그리고, **외국에서 시행한 증거조사는 그 나라의 법률에 어긋나더라도 「민사소송법」에 어긋나지 아니하면 효력을 가진다**(법 제296조 제2항).

다. 당사자가 출석하지 아니한 경우의 증거조사

증거조사는 당사자가 기일에 출석하지 아니한 때에도 할 수 있다(법 제295조).

그러나, 증거조사기일과 변론(준비)기일이 겹친 경우에 당사자 쌍방이 불출석한 경우에는 기일해태의 효과가 발생하므로 증거조사를 실시할 수 없는 것으로 해석된다.

라. 제출을 요하는 증거조사의 이행

참여사무관등은 시행한 증거조사의 결과(예 : 송부문서, 사실조회회보서, 감정서 등) 제출이 지연되는 경우에는 그 결과 제출을 촉구하여야 한다(규칙 제70조의3 제2항).[1271]

또한, 그 결과가 법원에 도착한 경우에는 이를 양쪽 당사자에게 즉시 통지하여야 한다.[1272]

마. 조서에의 기재

증거조사의 절차 및 결과는 조서에 기재하여야 하는바(법 제154조 제2호, 제3호 참조), 그 일반적인 사항은 '변론의 실시방법' 부분에서 기술한 바와 같으며, 증거조사별로 작성하는 각각의 조서에 관하여서는 해당 증거방법에 관한 부분에서 각각 후술하겠다.

8. 증거공통의 원칙

증거는 어느 당사자에 의하여 제출되거나 또 상대방이 이를 원용하는 여부에 불구하고 이를 당사자 어느 쪽의 유리한 사실인정 증거로 할 수 있다.[1273]

1270) cf. 현행법은 위와 같이 "공공기관"이라는 용어를 사용하고 있으나, 구법(2002. 1. 26. 법률 제6626호로 전부개정되기 전의 것) 제268조 제1항은 "공무소"라는 용어를 사용하였다.

1271) '사건관리예규'.

1272) '사건관리예규'.

1273) 대법원 1987. 11. 10. 선고 87누620 판결. 동지 : 대법원 1974. 10. 8. 선고 73다1879 판결 ; 대법원 2004.

그러나, 주의할 것은, 당사자 일방이 상대방으로부터 제출된 증거를 자기의 이익으로 원용하지 아니한 이상 법원이 그 증거를 판단하지 아니하였다고 하여도 증거공통의 원칙에 저촉되지 않으므로 판단을 누락한 것이라고 볼 수 없다.[1274)]

Ⅱ. 증인신문

1. 증인신문 개관

증인이란 과거에 경험한 사실을 법원에 보고할 것을 명령받은 당사자(법정대리인 포함) 외의 제3자를 말한다.[1275)]

증인신문은, 이러한 증인의 진술, 즉 증언을 증거자료로 하기 위한 증거조사이다.

한편, 증인도 전자소송시스템을 이용하여 전자문서를 제출할 수 있는 자인바(민소전자문서법 제5조 제1항, 민소전자문서규칙 제3조 제5호), 증인이 전자적으로 제출할 수 있는 소송서류로는, 불출석신고서(규칙 제83조), 증언거부신청서(법 제316조), 서면증언서(법 제310조) 또는 신문서(소액사건심판법 제10조 제3항)를 들 수 있을 것이다.

2. 증인신문과 유사한 제도

가. 당사자신문

1) 증인신문의 대상과 당사자신문의 대상의 구분

당사자 본인(법 제367조), 법정대리인(법 제372조. 법인의 대표자나 법인 아닌 사단 등의 대표자 또는 관리인도 마찬가지임은 물론이다. 법 제64조)은 당사자신문에 의하여 신문하여야 하나, 그 밖의 사람은 증인신문에 의하여 신문할 수 있다.

선정자나 공동소송적 보조참가인의 경우, 당사자신문에 의하는지 아니면 증인신문에 의하는지에 관하여 학설이 대립하나, 관견으로는 이들의 경우에는 당사자신문에 의하여야 한다

---

5. 14. 선고 2003다57697 판결.

1274) 대법원 1982. 12. 28. 선고 82누461 판결. 동지 : 대법원 1974. 3. 26. 선고 73다160 판결 ; 대법원 1974. 10. 8. 선고 73다1879 판결 ; 대법원 1983. 5. 24. 선고 80다1030 판결.

1275) cf. 증인이나 감정인은 모두 법원에 보고를 하는 제3자이지만, 양자의 결정적 차이는, 증인은 대체성(代替性)이 없다는 점이다.

고 본다.

다만, 당사자본인으로 신문해야 할 사람을 증인으로 신문하였다 하더라도 상대방이 이를 지체 없이 이의하지 아니하면 이의권 포기·상실로 인하여 그 하자가 치유된다.[1276)]

2) 증인신문의 당사자신문의 차이점

'당사자신문' 부분에서 후술하듯이, 증인신문과 당사자신문은 방식면에서는 유사하나, 효과면에서는 다음과 같은 큰 차이가 있다.

첫째, 거짓 진술을 한 경우의 직접적인 제재면에서, 증인은 위증죄로 처벌받지만(형법 제152조 제1항), 당사자는 과태료의 제재를 받을 따름이다(법 제370조).[1277)]

둘째, 정당한 이유 없이 출석거부·선서거부·진술거부를 한 경우에, 증인에게는 소송비용 및 과태료의 부담을 과할 수 있으나(출석거부의 경우에는 구인도 문제된다)(법 제311조, 제312조, 제318조, 제326조), 당사자의 경우에는 법원이 신문사항에 관한 상대방의 주장을 진실한 것으로 인정할 수 있을 뿐이다(법 제369조).

나. 참고인심문

심문절차에서는 제3자를 참고인으로서만 심문할 수 있을 뿐 선서 후 증인으로 심문할 아무런 근거가 없다. 따라서, 참고인심문에서는 위증죄가 문제되지 아니한다.[1278)][1279)]

3. 증인의무

가. 원 칙

법원은 특별한 규정이 없으면 누구든지 증인으로 신문할 수 있다(법 제303조).

1276) 대법원 1992. 10. 27. 선고 92다32463 판결. 동지: 대법원 1977. 10. 11. 선고 77다1316 판결.

1277) 민사소송의 당사자는 증인능력이 없으므로 증인으로 선서하고 증언하였다고 하더라도 위증죄의 주체가 될 수 없다. 대법원 1998. 3. 10. 선고 97도1168 판결(사안은 당사자인 법인의 대표자). 동지: 대법원 2012. 12. 13. 선고 2010도14360 판결.
한편, 당사자는 소송에 가장 이해관계가 있는 사람으로서 소송의 제3자에 불과한 증인과는 그 성격이 완전히 다르므로, 소송당사자가 거짓 진술을 한 증인을 위증죄로 고소할 수 있는데도, 거짓 진술한 상대방 당사자에 대한 과태료재판의 신청권이 없다 하더라도, 위 양자 사이에 차별취급이 존재한다고 할 수 없다. 헌재 2008. 9. 25. 선고 2007헌바23 결정.

1278) 대법원 1995. 4. 11. 선고 95도186 판결. 동지: 대법원 2003. 7. 25. 선고 2003도180 판결.

1279) cf. 민사절차는 아니지만,「국회에서의 증언·감정 등에 관한 법률」도 증인신문과 참고인신문을 별개로 예정하고 있는바, 불출석 등, 국회모욕, 위증 등의 죄는 증인에만 해당이 있고 참고인에는 해당이 없다.

따라서, 우리나라 민사재판권에 복종하는 사람이라면 누구나 증인의무를 지는바,[1280] 이러한 증인의무는 출석의무, 선서의무, 증언의무를 그 내용으로 한다. 각각의 의무의 내용은 후술한다.

다만, 전현직 공무원을 증인으로 하여 직무상 비밀에 관한 사항을 신문할 경우에는 동의권자의 동의가 있어야 하는바, 구체적인 것은 다음과 같다.

나. 전현직 공무원의 직무상 비밀에 관한 신문 : 동의권자의 동의의 필요성

1) 전현직 대통령·국회의장·대법원장·헌법재판소장의 신문 : 본인

대통령·국회의장·대법원장 및 헌법재판소장 또는 그 직책에 있었던 사람을 증인으로 하여 직무상 비밀에 관한 사항을 신문할 경우에 법원은 그의 동의를 받아야 한다(법 제304조).

2) 전현직 국회의원의 신문 : 국회

국회의원 또는 그 직책에 있었던 사람을 증인으로 하여 직무상 비밀에 관한 사항을 신문할 경우에 법원은 국회의 동의를 받아야 한다(법 제305조 제1항).

이 경우에 국회는 국가의 중대한 이익을 해치는 경우를 제외하고는 동의를 거부하지 못한다(법 제307조).

3) 전현직 국무총리·국무위원의 신문 : 국무회의

국무총리·국무위원 또는 그 직책에 있었던 사람을 증인으로 하여 직무상 비밀에 관한 사항을 신문할 경우에 법원은 국무회의의 동의를 받아야 한다(법 제305조 제2항).

이 경우에 국무회의는 국가의 중대한 이익을 해치는 경우를 제외하고는 동의를 거부하지 못한다(법 제307조).

4) 기타 공무원의 신문 : 소속 관청 또는 감독 관청

전술한 사람들(법 제304조와 제305조) **외의 공무원 또는 공무원이었던 사람을 증인으로 하여 직무상 비밀에 관한 사항을 신문할 경우에 법원은 그 소속 관청 또는 감독 관청의 동의를 받아야 한다**(법 제306조).

이 경우에 해당 관청은 국가의 중대한 이익을 해치는 경우를 제외하고는 동의를 거부하지 못한다(법 제307조).

이에 따라, 법 제304조와 제305조에 규정한 사람 외의 공무원 또는 공무원이었던 사람이

1280) 이에 따라, 외교관 등은 증인의무도 없으나, 이에 관한 설명은 생략하겠다.

직무상 비밀에 관한 사항에 대하여 증언하게 된 때에는 증언할 사항이 직무상 비밀에 해당하는 사유를 구체적으로 밝혀 법원에 미리 신고하여야 한다(규칙 제78조 제1항).

위 신고가 있는 경우 법원은 필요하다고 인정하는 때에는 그 소속 관청 또는 감독 관청에 대하여 신문할 사항이 직무상 비밀에 해당하는지 여부에 관하여 조회할 수 있다(같은 조 제2항).

4. 증인신문방식의 종류

증인신문방식에는 증인진술서 제출방식(규칙 제79조), 증인신문사항 제출방식(규칙 제80조), 서면에 의한 증언방식(법 제310조, 규칙 제84조)의 세 가지가 있다.

후술하듯이, 실무상 당사자에게 희망하는 신문방식을 밝히도록 하고는 있으나, 신문방식의 선택은 법원의 직권사항이다.

이 중 증인신문사항 제출방식이 원칙이며(실무상으로도 대부분 이에 의한다), 증인진술서 제출방식의 경우에도 증인진술서 제출 뒤에 증인의 출석과 진술이 당연히 뒤따른다. 그러나 서면에 의한 증언방식에서는 증인의 출석과 진술은 보충적·예외적으로만 이루어지게 된다.

따라서, 이하에서는 우선 증인신문사항 제출방식을 중심으로 증인신문절차를 살펴보면서 증인진술서에 관한 사항을 함께 다루고 난 연후에, 서면에 의한 증언방식의 절차에 관하여 보기로 한다.

5. 비디오 등 중계장치에 의한 증인신문

가. 개 관

법원은 다음 각 호의 어느 하나에 해당하는 사람을 증인으로 신문하는 경우 상당하다고 인정하는 때에는 당사자의 의견을 들어 비디오 등 중계장치에 의한 중계시설을 통하여 신문할 수 있다(법 제327조의2 제1항).

① 증인이 멀리 떨어진 곳 또는 교통이 불편한 곳에 살고 있거나 그 밖의 사정으로 말미암아 법정에 직접 출석하기 어려운 경우

② 증인이 나이, 심신상태, 당사자나 법정대리인과의 관계, 신문사항의 내용, 그 밖의 사정으로 말미암아 법정에서 당사자 등과 대면하여 진술하면 심리적인 부담으로 정신의 평온을 현저하게 잃을 우려가 있는 경우

이러한 비디오 등 중계장치에 의한 증인신문은 증인이 법정에 출석하여 이루어진 증인신문으로 본다(같은 조 제2항).

비디오 등 중계장치에 의한 증인신문의 절차와 방법, 그 밖에 필요한 사항은 대법원규칙으로 정하는바(같은 조 제3항), 구체적인 것은 후술하는 바와 같다.

나. 중계시설을 통한 증인신문의 방법

비디오 등 중계장치에 의한 증인신문(법 제327조의2)은 증인을 법정 아닌 곳으로서 비디오 등 중계장치에 의한 중계시설이 설치된 곳에 출석하게 하고, 영상과 음향의 송수신에 의하여 법정 안의 법관, 당사자, 그 밖의 소송관계인과 법정 밖의 증인이 상대방을 인식할 수 있는 방법으로 한다(규칙 제95조의2 제1항). 그 구체적인 절차는 후술한다.

다. 감정증인신문의 특칙 : 중계시설 또는 화상장치에 의한 신문

그러나, 감정증인은 – 감정인과 마찬가지로 – 인터넷 화상장치에 의하여서도 영상신문을 할 수 있는바(법 제340조 단서, 제339조의3 제1항), 이에 관하여서는 '감정' 부분에서 후술한다.

6. 증인신문의 신청

가. 개 관

증인신문은 당사자의 주장과 증거를 정리한 뒤 집중적으로 실시하도록 되어 있으므로(법 제293조), 증인신문은 부득이한 사정이 없는 한 일괄하여 신청하여야 할 뿐만 아니라(규칙 제75조 제1항 전문), 원칙적으로 제1차 변론기일(변론준비절차를 거치는 경우라면 그 종결 전)에 신청하여야 하고, **당사자가 증인신문을 신청하고자 하는 때에는 증인을 지정하여 신청하여야 한다**(법 제308조).

그런데, 증인신문을 신청함에는, 기일에 말로 신청하여 법원이 이를 채택하면 비로소 기일 외에서 증인신청서를 제출하는 식으로 신청함이 실무이다. 기일에 이를 행하는 까닭은 기일 진행 및 증인의 출석확보방안 등에 대하여 법원과 당사자가 협의할 필요가 있기 때문이다.

기일에 증인을 지정하여 신청함에는 원칙적으로 증인의 이름을 밝혀야 하며, 법원의 채부 판단을 위하여 증인과 당사자의 관계, 증인이 사건에 관여하거나 내용을 알게 된 경위를 밝혀야 할 경우도 있고, 경우에 따라서는 증인신문에 필요한 시간을 밝혀야 할 수도 있다(규칙 제75조 제2항 참조).

한편, **증거보전절차에서 신문한 증인을 당사자가 변론에서 다시 신문하고자 신청한 때에는 법원은 그 증인을 신문하여야 한다**(법 제384조).

나. 영상신문 실시 여부에 관한 의견청취

재판장등은 제반사정에 비추어 증인에 대한 신문을 영상재판으로 진행함이 상당하다고 인정되는 경우 증거신청에 대한 채부 전에도 당사자의 의견을 확인할 수 있다.[1281]

더 나아가, 영상신문 실시 여부 결정에 필요한 경우 증인에 대하여도 의견을 확인할 수 있다.[1282]

다. 증인의 채부의 결정

1) 개 관

신청된 증인의 채택여부 역시 특별한 사정이 없는 한 해당 기일에 일괄하여 결정·고지함이 실무이다.

변론기일에 당사자가 증인신청을 하므로 법원이 그 증인을 신문하기로 하여 변론을 속행할 기일을 지정 고지하였을 경우에는, 위의 증인조사를 법정 외에서 한다는 특별한 조치가 없는 한 위의 고지된 기일은 변론기일이라 할 것이다.[1283]

원론적으로는, 증인을 채택하면서 증인신문방식 세 가지 중 한 가지를 선택하여 고지하여야 할 것이나, 실제로는 그와 같은 고지를 하는 경우는 드문바, 이는 법률상으로나 실무상으로나 증인신문사항 제출방식이 원칙으로 되어 있기 때문일 것이다. 따라서 오히려, 법원이 증인진술서 제출방식이나 서면에 의한 증언방식을 취하고자 한다면 증인진술서 제출명령(규칙 제79조 제1항)이나 서면증언요구(법 제310조 제1항)를 명시적으로 하게 될 것이다.

또한, 역시 원론적으로는, 법원이 증인을 채택하면서 증인신문사항의 제출기한을 정하여야 할 것이나(규칙 제80조 제1항 본문 참조), 명시적으로 그렇게 하는 경우 역시 드문 듯하다.

2) 법관의 경질과 재신문의 문제

직접주의의 요청 때문에, **단독사건의 판사가 바뀐 경우에 종전에 신문한 증인에 대하여 당사자가 다시 신문신청을 한 때에는 법원은 그 신문을 하여야 한다**(법 제204조 제3항 전문).

1281) 원격영상재판의 실시에 관한 업무처리지침(재일 2020-1) 제6조 제1항.
기일 외에서 당사자의 의견을 확인하고자 하는 경우 「의견조회서」를 이용할 수 있다. 같은 조 제2항.

1282) 원격영상재판의 실시에 관한 업무처리지침(재일 2020-1) 제6조 제3항.

1283) 대법원 1966. 1. 31. 선고 65다2296 판결.

이는, 합의부 법관의 반수 이상이 바뀐 경우에도 마찬가지이다(같은 항 후문).

그러나 위 규정은, 재신문에 의하여 경질된 법관에게 직접 심증을 얻도록 하려는 데에 그 취지가 있다고 할 것이므로, 당사자가 신청하기만 하면 어떤 경우에든지 반드시 재신문을 하여야 하는 것은 아니고, 법원이 소송상태에 비추어 재신문이 필요하지 아니하다고 인정하는 경우(예를 들면, 종전에 증인을 신문할 당시에는 당사자 사이에 다툼이 있었으나 현재는 당사자 사이에 다툼이 없어서 증명이 필요없게 된 경우, 다른 증거들에 의하여 심증이 이미 형성되어 새로 심증을 형성할 가능성이 없는 경우, 소송의 완결을 지연하게 할 목적에서 재신문을 신청하는 것으로 인정되는 경우 등)에는 재신문을 하지 아니할 수도 있는 것이다.[1284]

라. 영상신문 결정

법원은, 원칙적으로, 영상신문 결정을 증인채택시에 함이 원칙이지만(형사소송규칙 제84조의4 제1항 전문 참조), 증인신문 전 또는 증인신문 중에도 영상신문 결정을 할 수 있다(같은 조 제2항 참조).[1285]

마. 증인진술서 제출명령

법원은 효율적인 증인신문을 위하여 필요하다고 인정하는 때에는 증인을 신청한 당사자에게 증인진술서를 제출하게 할 수 있다(규칙 제79조 제1항).

증인진술서 제출명령을 받은 당사자는 법원이 정한 기한까지 원본과 함께 상대방의 수에 2(다만, 합의부에서는 상대방의 수에 3)를 더한 만큼의 사본을 제출하여야 한다(같은 조 제3항).

이 중 원본은 기록에 편철되고, 사본 1통은 상대방에게 송달되며(같은 조 제4항), 나머지 사본 1(또는 2)통은 재판부가 증인신문 및 조서작성에 활용한다. 증인진술서의 작성방법 등에 관하여서는 후술한다.

바. 증인신청서와 증인신문사항의 제출

1) 증인신청서

기술한 바와 같이, 증인신청시에는 – 일반적으로는 말로 신청하여 채택된 후에 – 「증인신청서」를 제출하게 된다.[1286]

1284) 대법원 1992. 7. 14. 선고 92누2424 판결.

1285) 제요[민소Ⅲ], 1049면.

1286) '인지액·편철방법예규'는 「증인신문신청서」라고 하고 있다.

증인신문을 신청하는 때에는 증인의 이름·주소·연락처·직업, 증인과 당사자의 관계, 증인이 사건에 관여하거나 내용을 알게 된 경위, 증인신문에 필요한 시간 및 증인의 출석을 확보하기 위한 협력방안을 밝혀야 한다(규칙 제75조 제2항).

"증인신문에 필요한 시간"은 주신문의 예상소요시간을 기재한다.

"증인의 출석을 확보하기 위한 협력방안"에서는, '증인대동',[1287] '소환', 그 밖의 사항을 기재한다.

실무상으로는 "신문할 사항의 개요", "희망하는 증인신문방식"과 그 이유, 그리고 그 밖에 필요한 사항도 밝히도록 하고 있다. 그런데, '신문할 사항의 개요'를 기재함에는 이와 함께 또는 이에 갈음하여 바로 후술하는 증인신문사항을 첨부함이 일반이다.

또한, 명문의 규정은 없으나, 증인의 신변보호를 위하여 필요한 경우 등의 특별한 사정이 없는 한 증인신청서도 상대방의 대응을 위하여 송달함이 실무이므로,[1288] 증인신청서를 제출할 때는 그 부본도 첨부하여야 할 것이다. 그리고, 여러 명의 증인을 신청할 경우에는 증인마다 증인신청서를 따로 작성함이 실무이다.

2) 증인신문사항의 제출[1289]

증인신문을 신청한 당사자는 법원이 정한 기한까지 상대방의 수에 3(다만, 합의부에서는 상대방의 수에 4)을 더한 통수의 증인신문사항을 적은 서면을 제출하여야 한다(규칙 제80조 제1항 본문).[1290][1291]

1287) cf. 타인의 소송에서 사실을 증언하는 증인이 그 증언을 조건으로 그 소송의 일방 당사자 등으로부터 통상적으로 용인될 수 있는 수준(예컨대 증인에게 일당 및 여비가 지급되기는 하지만 증인이 증언을 위하여 법원에 출석함으로써 입게 되는 손해에는 미치지 못하는 경우 그러한 손해를 전보하여 주는 정도)을 넘어서는 대가를 제공받기로 하는 약정은 국민의 사법참여행위가 대가와 결부됨으로써 사법작용의 불가매수성 내지 대가무관성이 본질적으로 침해되는 경우로서 반사회적 법률행위에 해당하여 무효라고 할 것이다. 대법원 2010. 7. 29. 선고 2009다56283 판결.
그리고, 이는 증언거부권이 있는 증인이 그 증언거부권을 포기하고 증언을 하는 경우라고 하여 달리 볼 것이 아니다. 같은 판결.

1288) 이는 다른 증거신청서(당사자신문신청은 제외)와의 차이점이다.

1289) 그러나, 증인신청서 등이 제출된 후 증거로 채택되지 않거나 증인신청 등이 채택되었다가 철회 또는 취소된 경우 증인신청서 등에 첨부된 증인신문사항 등을 제출자에게 반환하거나 폐기함이 실무이다. 문서 등의 반환·폐기 등에 관한 예규(재민 2006-1) 제2조의2 제1항.

1290) cf. 구 민사소송규칙(2002. 6. 28. 대법원규칙 제1761호로 전부개정되기 전의 것) 제61조 제1항은, "증인신문신청이 채택된 때에는 신청한 당사자는 증인신문기일 10일전까지 신문사항을 기재한 서면 4통(상대방 당사자가 2인이상일 때에는 그 수에 3을 더한 통수)을 제출하여야 한다. 다만, 상당한 이유가 있는 때에는 법원은 기간을 정하여 신문사항을 제출하게 할 수 있다."라고 규정하고 있었다.

1291) 그런데, 근년에 서울고등법원은 그 밖에 주심 아닌 배석판사를 위하여 1통을 더(즉, 상대방의 수에 5를 더한 통수를) 제출하여 줄 것을 요망하고 있다. 이는 이른바 대등재판부 운영에 기인한 것으로 보이나,

그러나, 기술한 바와 같이, 재판장이 명시적으로 제출기한을 정하는 예가 오히려 드물어서, 입법자가 의도한 바와 현실 사이에 괴리가 있는 실정이다. 다만, 전술한 바와 같이 증인신청서와 함께 증인신문사항을 제출하거나, 증인신청서 제출 직후에 증인신문사항을 제출함이 일반이다.

증인신문사항의 작성시 주의할 점은, 다음 항에서 증인신문사항 수정명령에 관하여 서술하는 내용을 참조하기 바란다.

위와 같이 제출된 증인신문사항 중 1통은 출석요구서와 함께 증인에게 송달되고, 1통은 상대방에게 송달되며(규칙 제80조 제2항), 나머지 2(또는 3)통은 재판부와 법원사무관등이 사용한다.

그러나, 증인진술서 제출방식의 경우로서 법원이 증인신문사항을 제출할 필요가 없다고 인정하는 때에는 증인신문을 신청한 당사자가 이를 제출할 필요가 없다(규칙 제80조 제1항 단서).[1292]

주의할 것은, 이러한 증인신문사항 사전제출의무는 증인신문을 신청한 당사자의 상대방에게는 그 적용이 없다(규칙 제80조 제1항의 반대해석). 즉, 반대신문사항은 특별한 사정이 없는 한 증인신문기일에 법정에서 제출하는 것으로 족하다.

사. 증인의 출석 확보

증인이 채택된 때에는 증인신청을 한 당사자는 증인이 기일에 출석할 수 있도록 노력하여야 한다(규칙 제82조).

7. 증인에 대한 출석요구 등

가. 증인신문사항 수정명령

재판장은 제출된 증인신문사항이 개별적이고 구체적이지 아니하거나(규칙 제95조 제1항 참조) 증인을 모욕하거나 증인의 명예를 해치는 내용의 신문(규칙 제95조 제2항 제1호)이 포함되어

사정이 그러하다면 의당 「민사소송규칙」에 명문의 규정을 두는 것이 순리일 것이다.
주의할 것은, 증인을 기일에 대동하는 등의 경우에는 증인신문사항이 증인에게 송달되지 아니하므로, 당사자가 스스로 증인신문사항을 증인에게 교부할 필요가 있다.

1292) 위 단서규정에 따라 증인진술서 방식의 경우에는 증인신문사항 제출이 원칙적으로 면제된다고 보는 견해가 있으나 관견으로는 의문이다. 왜냐하면, 주신문절차에서 증인진술서의 진정성립만 확인하고 주신문을 전면 생략하는 방식은 상당하지 아니하며, 비록 4~5항이라도 주신문을 하는 이상 증인신문사항은 필요하기(그렇지 않더라도 적어도 유용하기) 때문이다.

있는 때에는 증인신문사항의 수정을 명할 수 있다(규칙 제80조 제3항 본문 전단).

또한, 다음 각호(규칙 제95조 제2항 제2호 내지 제4호)의 신문이 포함되어 있는 때에도 증인신문사항의 수정을 명할 수 있으나(규칙 제80조 제3항 본문 전단), 그러한 신문에 관하여 정당한 사유가 있는 경우에는 그러하지 아니하다(같은 항 단서).

○ 주신문의 원칙(규칙 제91조)에 어긋나는 신문

○ 의견의 진술을 구하는 신문

○ 증인이 직접 경험하지 아니한 사항에 관하여 진술을 구하는 신문이 포함되어 있는 때

후술하듯이, 이는 모두 재판장이 당사자의 신문을 제한할 수 있는 사유들이기 때문이다(규칙 제95조 제2항 본문).

주신문의 원칙에 어긋나는 신문(규칙 제95조 2항 제2호)이라 함은, 증명할 사항이나 이에 관련된 사항에 관한 것이 아닌 신문(규칙 제91조 제1항의 위배), 특별한 사정 없이 하는 유도신문(같은 조 제2항의 위배)을 말한다. 예외적으로 유도신문이 허용되는 경우에 관하여서는 후술하는 내용을 참고하기 바란다.

나. 증인진술서의 제출

1) 개 관

증인적격이 있는 사람이 자신이 증언할 내용을 – 말로 하는 증언에 갈음하여 – 적은 서면을 증인진술서라 한다.

주의할 것은, 현행법상 증인진술서 제도가 증인신문 절차의 일부로 규정되어 있기는 하지만, 증인진술서 역시 그 성질이 서증이라는 점이다.[1293] 이 점 후술하는 서면증언과 다르다.

후술하는 바와 같이, 현행법은 증인진술서 제출명령에 따른 증인진술서 제출을 예정하고 있으나, 실무상으로는 증인진술서는 증인진술서 제출명령에 따라 제출하기보다는 오히려 일반 서증으로서 제출하는 경우가 더 많다. 즉, 상대방의 반대신문이나 재판장의 보충신문이 굳이 필요하지 아니한 사건의 경우에는 증인신문에 갈음하여 증인진술서를 제출할 실익이 있다.

그러나, 증인진술서 제출방식에 의하여 증인을 신문하는 경우에는, 주신문은 핵심쟁점사항에 한정하되, 상대방의 반대신문권을 충분히 보장하는 방향으로 기일을 운영한다.[1294]

1293) 대법원 2010. 5. 13. 선고 2007도1397 판결.

1294) '사건관리예규'.

2) 증인진술서의 작성방법

증인진술서에는 증언할 내용을 그 시간 순서에 따라 적고, 증인이 서명날인하여야 한다(규칙 제79조 제2항).

그 성립의 진정함을 명확히 나타내기 위하여, 신고된 인감을 날인하고 인감증명서를 첨부하거나, 주민등록표초본(소액사건심판규칙 제6조 제1항 참조)이나 신분증 사본을 첨부하기도 하며, 더 나아가 공증인에게 사서증서 인증(공증인법 제57조)을 받기도 한다.[1295]

3) 전자소송에서 증인진술서의 제출

전자소송에서, 전자소송 동의자는,[1296] 증인진술서(규칙 제79조)를 전자소송시스템을 이용하여 전자적으로 제출할 수 있으나(민소전자문서규칙 제35조 제1항), 관견으로는 위 규정은 사족으로서 입법론적으로 삭제하여도 무방하다고 본다(민소전자문서법 제5조 제1항 참조).

다만, 재판장등이 명하거나 상대방이 신청한 때에는 전자적으로 제출한 증인진술서 원본을 제출하여야 하나(민소전자문서규칙 제35조 제2항), 이 규정 역시 사족이라고 할 것이다(같은 규칙 제18조 제1항, 제32조 제2항 참조).

다. 보칙 1 : 영상신문의 준비

1) 출석장소의 지정 등

가) 출석장소의 지정

영상신문 결정을 한 경우, 재판장등은 증인의 희망 등을 고려하여 증인이 방문하기 용이한 곳으로 출석법원을 정한 후 출석법원 영상재판담당자의 의견을 들어 호실 등 구체적인 출석장소를 지정한다.[1297]

다만, 증인의 거동이 곤란하거나 수감되어 있는 등으로 필요한 경우에는 중계시설의 설치를 전제로 증인의 거소를 출석장소로 지정할 수 있다.[1298]

2) 촉탁서의 송부 등

영상신문 결정을 한 경우, 재판장등은 영상신문의 협조를 요청하는 「영상신문 촉탁서」를

1295) 특히 가사사건에서는 반드시 위와 같이 진정성립을 명확히 나타낼 수 있는 방식으로 증인진술서를 작성하도록 함이 실무이다.

1296) 민소전자문서규칙 제35조에는 이 문구가 없으나, 해석상 당연한 이치이다.

1297) 원격영상재판의 실시에 관한 업무처리지침(재일 2020-1) 제9조 제1항.

1298) 원격영상재판의 실시에 관한 업무처리지침(재일 2020-1) 제9조 제2항.

작성하여 출석법원에 송부하여야 한다.[1299]

출석법원 영상재판담당자는 「영상신문 촉탁서」를 수령하는 즉시 「영상신문 진행상황부」를 작성하고, 이후 변경사항을 기재하여야 한다.[1300]

3) 수소법원의 사전 준비사항

수소법원 법원사무관등은 수소법원 영상재판담당자의 협조를 받아 중계시설 및 각종 기기의 동작을 점검하여야 한다.[1301]

또한, 수소법원 법원사무관등은 출석법원 영상재판담당자와 협의하여 영상신문 당일의 연락 및 문서제시 방법을 협의하고 이에 필요한 기기를 구비하여야 한다.[1302]

4) 출석법원의 사전 준비사항

출석법원 영상재판담당자는 출석장소의 중계시설 및 각종 기기의 동작을 점검하여야 한다.[1303]

출석법원 영상재판담당자는 선서서, 법원보관금 계좌입금신청서, 여비영수증 등 신문 관련 서류를 준비해두어야 한다.[1304]

라. 출석요구서 등의 송달

1) 개 관

가) 원 칙

증인에 대한 출석요구서는 출석할 날보다 2일 전에 송달되어야 한다. 다만, 부득이한 사정이 있는 경우에는 그러하지 아니하다(규칙 제81조 제2항).

또한, 법원사무관등은 증인신문사항을 적은 서면 1통을 증인신문기일 전에 상대방에게 송달하여야 하며(규칙 제80조 제2항),[1305] 증인진술서 제출방식으로 신문하는 경우 증인진술서 사본 1통을 증인신문기일 전에 상대방에게 송달하여야 한다(규칙 제79조 제4항).

1299) 원격영상재판의 실시에 관한 업무처리지침(재일 2020-1) 제8조 제1항.
1300) 원격영상재판의 실시에 관한 업무처리지침(재일 2020-1) 제8조 제3항.
1301) 원격영상재판의 실시에 관한 업무처리지침(재일 2020-1) 제11조 제1항.
1302) 원격영상재판의 실시에 관한 업무처리지침(재일 2020-1) 제11조 제2항.
1303) 원격영상재판의 실시에 관한 업무처리지침(재일 2020-1) 제12조 제1항.
1304) 원격영상재판의 실시에 관한 업무처리지침(재일 2020-1) 제12조 제2항.
1305) cf. 구 규칙(2002. 6. 28. 대법원규칙 제1761호로 전부개정되기 전의 것) 제61조 제2항은 "증인신문개시 전에" 증인신문사항을 교부하도록 규정하고 있었으나, 그와 같이 처리할 경우 상대방이 반대신문 준비를 제대로 할 수 없다는 반성적 고려에서, 현행법과 같이 해당 규정을 개정하였다.

나) 특칙: 재정증인(在廷證人)의 신문

실무는, 신문사항이 간략하거나 상대방이 이의를 하지 아니하는 경우에는 예외적으로 재정증인을 신문할 수도 있다고 보며, 이 경우에는 증인에게 여비 등을 지급하지 아니한다.[1306)]

2) 출석요구서의 기재사항

증인에 대한 출석요구서에는 다음 각호의 사항을 적어야 한다(법 제309조).

① 당사자의 표시

② 신문 사항의 요지

③ 출석하지 아니하는 경우의 법률상 제재

그 외에도, 증인의 출석요구서에는 위 사항 외에 다음 각호의 사항을 적어야 한다(규칙 제81조 제1항).[1307)]

① 출석하지 아니하는 경우에는 그 사유를 밝혀 신고하여야 한다는 취지

② 위 신고를 하지 아니하는 경우에는 정당한 사유 없이 출석하지 아니한 것으로 인정되어 법률상 제재를 받을 수 있다는 취지

더 나아가, 영상신문을 하는 경우에는, 출석요구서에 위 사항 외에 출석법원과 호실 등 실제 출석해야 하는 구체적인 장소도 적어야 한다.[1308)]

3) 첨부서류

실무는, 증인신문사항도 출석요구서와 함께 증인에게 송달하나, 당사자가 증인을 기일에 대동할 경우에는 출석요구서 등을 송달하지 아니할 수도 있으므로, 이 점 주의를 요한다.

더 나아가, 영상신문을 하는 경우에는, 출석요구서를 송달하는 경우 「영상신문 안내문」을 함께 송달한다.[1309)]

1306) 구 「바람직한 재판운영방안(재일 94-1)」.

1307) 후술하듯이, 증인이 출석하지 아니하는 경우의 법률상 제재(법 제309조 제3호)로는, 과태료, 감치, 소송비용부담의 재판이 있다(법 제311조). 또한, 일반적으로 신분증에 의하여 증인이 맞는지 확인하므로(규칙 제88조), 출석요구서에는 신분증의 지참을 요구하는 내용도 기재함이 실무이다.

1308) 원격영상재판의 실시에 관한 업무처리지침(재일 2020-1) 제10조 제1항.

1309) 원격영상재판의 실시에 관한 업무처리지침(재일 2020-1) 제10조 제2항.

마. 보칙 2 : 영상신문의 출석장소 변경

1) 출석장소의 변경

영상신문 결정이 있은 경우에, 증인의 요청이 있는 등 필요한 경우에는 신문기일 전까지 출석장소를 변경할 수 있다.[1310]

출석장소 등에 관한 원칙 등은 이를 지정하는 경우와 마찬가지임은 물론이다.

2) 촉탁의 취소

출석장소 변경에 따라 출석법원까지 변경되는 경우 종전 출석법원에 촉탁취소서를 송부하여야 한다.[1311] 또한, 변경된 출석법원에 다시 촉탁서의 송부 등을 하게 됨은 물론이다.

8. 증인의 불출석

가. 증인의 불출석 신고

증인이 출석요구를 받고 기일에 출석할 수 없을 경우에는 바로 그 사유를 밝혀 신고하여야 한다(규칙 제83조).

따라서, 그러한 경우에는 「증인불출석사유신고서」를 제출하여야 할 것이다.[1312] 증인이 사유신고를 하지 아니한 채로 불출석할 경우 후술하는 바와 같이 구인되거나 과태료 등의 제재를 받을 수 있다.

불출석 사유가 정당한 것이어야 함은 물론인바(법 제311조 제1항, 제2항, 제312조 제1항), 증인이 출석할 수 없는 정당한 사유에 관하여서는 '당사자신문' 부분에서 당사자의 불출석에 관하여 후술하는 내용을 참조하기 바란다.

나. 증인이 출석하지 아니한 경우의 제재

1) 소송비용 부담과 과태료

가) 개 관

증인이 정당한 사유 없이 출석하지 아니한 때에 법원은 결정으로 증인에게 이로 말미암은 소송비용을 부담하도록 명하고 500만원 이하의 과태료에 처한다(법 제311조 제1항).

1310) 원격영상재판의 실시에 관한 업무처리지침(재일 2020-1) 제9조 제3항.

1311) 원격영상재판의 실시에 관한 업무처리지침(재일 2020-1) 제8조 제2항.

1312) '인지액·편철방법예규'는 「증인불출석신청서」라고 하고 있으나, 정확한 명칭인지 의문이다. 실무상으로도 불출석사유신고서라고 기재함이 일반이다.

주의할 것은, 이때의 과태료는 적법한 출석요구를 받고도 정당한 사유 없이 출석하지 아니한 때에 부과하는 것이라서 '적법한 출석요구'를 받은 증인만이 그 대상이 된다고 할 것이다.[1313)]

이러한 소송비용 부담과 과태료의 재판절차 및 그 집행 그 밖에 필요한 사항은 대법원규칙으로 정하는바(같은 조 제9항), 구체적인 것은 다음과 같다.

나) 관 할

이러한 과태료와 소송비용 부담의 재판은 수소법원이 관할한다(규칙 제85조 제1항).

다) 재판절차

이러한 소송비용 부담 및 과태료의 재판절차에 관하여는 비송사건절차법 제248조와 제250조(다만, 제248조 제3항 후문과 검사에 관한 부분을 제외한다)의 규정을 준용하는바(규칙 제85조 제2항), 구체적인 것은 다음과 같다.

법원은 재판을 하기 전에 당사자의 진술을 들어야 하고(비송사건절차법 제248조 제2항의 준용), 상당하다고 인정할 때에는 당사자의 진술을 듣지 아니하고 재판을 할 수 있으나(약식재판. 같은 법 제250조 제1항의 준용), 이러한 약식재판은 당사자의 이의신청에 의하여 그 효력을 잃고 법원은 당사자의 진술을 듣고 다시 재판을 하여야 한다(같은 조 제4항의 준용).

그러나, 재판을 하기 전에 검사의 의견을 구하지 아니하며(비송사건절차법 제248조 제2항 참조), 검사가 재판에 대하여 즉시항고 또는 이의신청을 할 수 없다(같은 조 제3항, 같은 법 제250조 제2항 참조).

라) 불 복

소송비용 부담 또는 과태료의 결정에 대하여는 즉시항고를 할 수 있다(법 제311조 제8항 본문).

다만, 이 즉시항고는 – 일반원칙(법 제447조)과 달리 – **집행을 정지시키는 효력이 없다**(법 제311조 제8항 단서).

2) 감 치

가) 개 관

법원은 증인이 과태료의 재판을 받고도 정당한 사유 없이 다시 출석하지 아니한 때에는

1313) 대법원 2008. 3. 24.자 2007마1492 결정.

결정으로 증인을 7일 이내의 감치에 처한다(법 제311조 제2항).[1314]

감치에 처하는 재판은 법원공무원 또는 경찰공무원이 경찰서유치장·교도소 또는 구치소에 유치함으로써 집행한다(같은 조 제4항).

이러한 감치의 재판절차 및 그 집행 그 밖에 필요한 사항은 대법원규칙으로 정하며(같은 조 제9항), 증인의 감치절차에 관하여는 법정등의 질서유지를 위한 감치절차에 관한 여러 규정이 준용되는바(규칙 제86조 제6항), 구체적인 것은 후술하는 바와 같다.

나) 재판 절차

(1) 개 관

법정등의 질서유지를 위한 재판이 형사소송의 재판에 유사한 것과 달리, 불출석한 증인에 대한 감치재판은 민사재판이라고 할 것이다(법 제311조 제8항 단서 참조). 다만, 인신에 관한 재판이므로, 후술하듯이, 보조인, 변호인 제도가 있는 등의 특수성이 있다.

한편, 증인에 대한 감치 재판사건의 기록도 별책으로 한다(법정등의질서유지를위한재판에관한규칙 제25조 제1항의 준용).

(2) 관할법원

(증인에 대한) 감치 재판도 수소법원이 관할한다(규칙 제86조 제1항).

(3) 보 조 인

증인은 재판지연의 우려가 없는 경우에 한하여 변호사의 보조(補助)를 받을 수 있다(법정등의질서유지를위한재판에관한규칙 제7조의 준용).

(4) 감치재판개시결정

(증인에 대한) 감치재판절차는 법원의 감치재판개시결정에 따라 개시된다(규칙 제86조 제2항 전문).

이 경우 감치사유가 발생한 날부터 20일이 지난 때에는 감치재판개시결정을 할 수 없다(같은 항 후문).

이 감치재판개시결정에 대하여는 불복할 수 없다(같은 조 제4항).

1314) 이 책 초판, 500면에서는, 과태료의 재판이 확정되어야 감치에 처할 수 있다고 서술하는 오류가 있었다. 이 점, 독자 여러분께 사과드린다.

(5) 감치재판기일의 절차

법원은 감치재판기일에 증인을 소환하여 불출석에 정당한 사유가 있는지 여부를 심리하여야 한다(법 제311조 제3항).

재판은 증인의 출석 없이는 이를 할 수 없다(법정등의질서유지를위한재판에관한규칙 제6조 제1항 본문의 준용).

다만, 증인이 정당한 이유 없이 출석하지 아니하거나 재판장의 허가 없이 퇴정한 때 또는 재판장의 질서유지를 위한 퇴정명령을 받은 때에는 그러하지 아니하다(같은 항 단서의 준용).

법원은 재판을 함에 증인의 출석 없이 하는 경우(법정등의질서유지를위한재판에관한규칙 제6조 제1항 단서)를 제외하고는 증인에게 불출석 사실을 고지하고 변명할 기회를 주어야 한다(같은 규칙 제6조 제2항의 준용).

법원은 필요하다고 인정한 때에는 직권으로 증인 또는 참고인을 심문하거나 기타 방법으로 사실을 조사할 수 있다(같은 조 제3항의 준용).

(6) 감치재판

(가) 불처벌의 결정

감치재판절차를 개시한 후 감치결정 전에 그 증인이 증언을 하거나 그 밖에 감치에 처하는 것이 상당하지 아니하다고 인정되는 때에는 법원은 불처벌결정을 하여야 한다(규칙 제86조 제3항).

(나) 감치 결정

감치의 결정을 할 때에는 감치할 장소를 지정하여야 한다(법정등의질서유지를위한재판에관한규칙 제7조의2 본문의 준용).

다만, 구속영장 또는 감호영장에 의하여 구속되어 있는 증인이나 징역, 금고, 구류 또는 감호의 집행중에 있거나 벌금 또는 과료에 관한 노역장유치 중에 있는 증인에 대하여 감치의 결정을 할 때에는 그 구금시설을 감치장소로 지정하여야 한다(같은 조 단서의 준용).

(7) 재판의 선고

재판은 법정에서 선고함으로써 그 효력이 발생한다(법정등의질서유지를위한재판에관한규칙 제10조 제1항 전문의 준용).

재판을 선고하는 때에는 증인의 불출석 사실과 적용법조를 명시하고 증인이 출석한 경우에는 불복할 기간과 불복할 법원을 알려주어야 한다(같은 항 후문의 준용).

(8) 재판조서

감치재판기일의 절차에 관하여서도 참여한 법원사무관등이 다음 사항을 기재한 조서를 작성하고, 재판장과 참여한 법원사무관등이 이에 기명날인하여야 한다(법정등의질서유지를위한재판에관한규칙 제8조 제1호 내지 제3호, 제5호 내지 제10호의 준용).

○ 감치재판기일의 일시와 장소
○ 법관, 법원사무관등의 관직, 성명
○ 증인, 보조인의 성명
○ 증인의 출석여부 및 증인의 출석 없이 재판하는 때에는 그 사유
○ 불출석 사실
○ 증인에게 변명할 기회를 준 사실과 그 진술한 사실의 요지
○ 사실조사에 관한 사항
○ 재판의 선고일시
○ 출석한 증인에게 불복할 기간과 불복할 법원을 알려준 사실

(9) 재 판 서

(가) 원 칙

재판을 한 때에는 그 재판을 한 법관이 재판서를 작성하고 서명날인하여야 한다(법정등의질서유지를위한재판에관한규칙 제11조 제1항 전문의 준용).

재판서에는 증인의 성명·주거 기타 증인 본인의 특정에 필요한 사항과 재판의 주문 및 불출석 사실과 적용법조를 기재하여야 한다(같은 항 후문의 준용).

(나) 보 칙

다만, 재판을 한 법관은 재판의 내용을 조서에 기재하게 하여 재판서의 작성에 갈음할 수 있다(법정등의질서유지를위한재판에관한규칙 제11조 제2항의 준용).

(10) 사건부 등재

법원이 증인에 대한 감치 재판을 한 때에는 참여한 법원 사무관등은 지체 없이 감치·과태료 재판사건부에 사건을 등재하여야 한다(법정등의질서유지를위한재판에관한규칙 제25조 제2항의 준용).

(11) 재판서의 송달 등

증인이 출석하지 아니한 상태에서 재판을 선고한 때에는 지체 없이 재판서 또는 재판의

내용을 기재한 조서의 등본을 증인에게 송달하여야 한다(법정등의질서유지를위한재판에관한규칙 제10조 제2항의 준용).

다) 감치재판의 집행

(1) 집행기간

증인에 대한 감치재판도 그 선고일로부터 3월이 경과된 후에는 이를 집행할 수 없다(법정등의질서유지를위한재판에관한규칙 제21조 제5항의 준용).

(2) 집행명령 등

(가) 집행명령

① 개 관

감치에 처하는 재판은 그 재판을 한 법원의 재판장의 명령에 따라 집행한다(법 제311조 제4항).

항고의 경우에도 마찬가지임은 후술하는 바와 같다(법정등의질서유지를위한재판에관한규칙 제21조 제1항 후문의 준용).

구속영장 또는 감호영장에 의하여 구속되어 있는 위반자나 징역, 금고, 구류 또는 감호의 집행 중에 있거나 벌금 또는 과료에 관한 노역장유치 중에 있는 증인에 대하여 감치의 재판을 한 경우에는 그 구속 또는 형 등의 집행사무를 담당하는 경찰서, 교도소 또는 구치소 등의 장에게 집행명령을 하여야 할 것이다.[1315]

② 방 식

감치에 처하는 재판의 집행명령은 재판서 또는 재판의 내용을 기재한 조서의 등본이나 초본을 첨부한 서면(「집행명령」)으로 한다(법정등의질서유지를위한재판에관한규칙 제21조 제2항 본문의 준용).

다만, 급속을 요하거나 기타 부득이한 사정이 있는 때에는 이를 첨부하지 아니하고 집행명령을 할 수 있다(같은 항 단서 전단의 준용).

그러나, 위 경우에는 재판을 선고한 날로부터 2일 이내에 감치시설의 장에게 재판서 또는 재판의 내용을 기재한 조서의 등본이나 초본을 교부하여야 한다(같은 항 단서 후단의 준용).

③ 일시유치 명령

후술하듯이 감치에 처하는 재판을 받은 증인은 감치시설에 구인하여야 하나, 재판장은 감

1315) 법정질서규칙시행예규 제6조 제2항 본문의 준용.

치에 처하는 재판을 받은 증인을 즉시 감치시설에 구인하기 어려운 사유가 있다고 인정하는 때에는 가까운 경찰서유치장등을 지정하여 위반자를 일시 유치할 것을 명할 수 있다. 다만, 그 기간은 24시간을 초과하지 못한다(법정등의질서유지를위한재판에관한규칙 제23조 제2항의 준용).

이러한 명령을 하는 경우에는 「집행명령」에 그 취지를 부기하여야 한다(같은 조 제3항의 준용).

(나) 집 행 장

감치에 처하는 재판의 집행을 위하여 필요한 때에는 재판장은 「집행장」을 발부하여 법원공무원 또는 경찰공무원으로 하여금 증인을 구인하게 할 수 있다(법정등의질서유지를위한재판에관한규칙 제21조 제3항의 준용).

이러한 집행장에는 재판을 받은 증인의 성명, 주거 기타 증인 본인의 특정에 필요한 사항과 감치의 기간 기타 감치의 집행에 필요한 사항을 기재하고 재판장이 서명날인하여야 한다(같은 조 제4항의 준용).

(다) 집행정지

감치에 처하는 재판을 받은 증인이 그 집행에 의하여 현저히 건강을 해할 우려가 있거나 기타 상당한 사유가 있는 때에는 법원은 직권 또는 증인의 신청에 의하여 결정으로 주거제한 기타 적당한 조건을 붙여 그 집행을 정지할 수 있다(법정등의질서유지를위한재판에관한규칙 제21조 제6항의 준용).

(3) 감치의 집행방법

(가) 개 관

감치에 처하는 재판을 받은 위반자를 감치시설에 유치함에는 「형의 집행 및 수용자의 처우에 관한 법률」 중 미결수용자에 대한 수용절차에 의한다(법정등의질서유지를위한재판에관한규칙 제23조 제9항의 준용).

(나) 구 인

재판장의 명을 받은 법원공무원 또는 경찰공무원은 감치에 처하는 재판을 받은 증인을 감치시설에 구인하고 그 시설의 장에게 「집행명령」을 교부하여야 한다(법정등의질서유지를위한재판에관한규칙 제23조 제1항의 준용).

(다) 일시유치의 경우

일시유치를 한 경우, 그 사유가 해소된 때에는 재판장의 명을 받은 법원공무원 또는 경찰공무원은 지체 없이 증인을 감치시설에 구인하여야 한다(법정등의질서유지를위한재판에관한규칙 제23조 제5항의 준용).

또한, 일시유치 명령에 의하여 증인을 일시 유치한 시설의 장은 그 유치를 종료한 때에는 「집행명령」에 그 취지를 부기하여야 한다(같은 조 제4항의 준용).

(4) 수용통보

감치의 재판을 받은 증인이 기술한 감치시설(법 제311조 제4항)**에 유치된 때에는, 해당 감치시설의 장은** －수용통보서에 의하여(법정등의질서유지를위한재판에관한규칙 제23조 제7항 전문의 준용)－**즉시 그 사실을 법원에 통보하여야 한다**(법 제311조 제5항).

이 경우 감치에 처하는 재판을 받은 증인이 일시유치 명령에 의하여 일시 유치된 사실이 있는 때에는 수용통보서에, 「집행명령」에 부기된 내용을 기재하여야 한다(법정등의질서유지를위한재판에관한규칙 제23조 제7항 후문의 준용).

(5) 감치집행의 통지 등

감치의 집행을 한 때에는 재판장은 감치에 처하는 재판을 받은 증인의 법정대리인, 배우자, 직계친족, 형제자매[1316] 중 그가 지정하는 자에게(법정등 질서유지를 위한 재판의 경우처럼 감치의 집행을 한 날로부터가 아니라) 감치시설의 장으로부터 수용통보를 받은 날(법 제311조 제5항)부터 3일 이내에 감치집행의 일시·장소·감치결정의 이유와 보조인 또는 변호인을 선임할 수 있는 취지를 서면으로 통지하여야 한다(규칙 제86조 제6항, 법정등의질서유지를위한재판에관한규칙 제23조 제8항의 준용).

(6) 감치기간

(가) 기 산 일

감치의 기간은 감치에 처하는 재판의 선고일로부터 기산한다(법정등의질서유지를위한재판에관한규칙 제22조 제1항 본문의 준용).

다만, 재판의 선고후에도 구금되지 아니한 일수는 감치의 기간에 산입하지 아니한다(같은 항 단서의 준용).

1316) 법문에는 "… 또는 호주 …"로 되어 있으나, 이는 입법의 착오이다.
이러한 입법의 착오가 발생한 이유는, 호주제가 2008. 폐지되었는데도, 이를 반영하지 아니하였기 때문이다.

그리고, 감치의 기간에 관하여는 초일은 그 시간에 불구하고 이를 1일로 계산한다(같은 조 제2항의 준용).

(나) 산입하는 기간

일시유치를 한 경우, 그 유치기간은 감치의 기간에 산입한다(법정등의질서유지를위한재판에관한규칙 제23조 제6항의 준용).

후술하듯이 항고에 따라 원재판을 취소하고 다시 감치에 처하는 재판을 한 경우에 이를 집행함에는 그 감치기간에 원재판의 집행에 의하여 구금된 기간을 산입한다(같은 규칙 제22조 제3항의 준용).

(7) 석방통지

감치시설의 장은 감치에 처하는 재판의 집행을 종료한 때에는 석방통지서에 의하여 지체 없이 법원에 그 사실을 통보하여야 한다(법정등의질서유지를위한재판에관한규칙 제23조 제7항 전문의 준용).

라) 감치 후의 증인신문

법원은 감치시설의 장으로부터 수용통보(법 제311조 제5항)**를 받은 때에는 바로 증인신문기일을 열어야 한다**(법 제311조 제6항).

감치의 재판을 받은 증인이 감치의 집행중에 증언을 한 때에는 법원은 바로 감치결정을 취소하고 그 증인을 석방하도록 명하여야 하며(같은 조 제7항), 이에 따라 증인을 석방한 때에는 재판장은 바로 감치시설의 장에게 그 취지를 서면으로 통보하여야 한다(규칙 제86조 제5항).

마) 불 복

(1) 즉시항고

(가) 개 관

불처벌결정(규칙 제86조 제3항)에 대하여는 불복할 수 없으나(규칙 제86조 제4항), **감치 결정에 대하여는 즉시항고를 할 수 있다**(법 제311조 제8항 본문).

다만, 이 즉시항고도 - 일반원칙(법 제447조)과 달리 - **집행을 정지시키는 효력이 없다**(법 제311조 제8항 단서).

(나) 항고권의 회복청구

규칙 제86조 제6항은 법정등의질서유지를위한재판에관한규칙 제19조도 준용하면서 다만 청구기간을 (즉시항고기간과 마찬가지로) 7일로 규정하고 있으나, 관견으로는 이는 입법의 착오라고 본다(법 제311조 제8항 단서 참조).

즉, 증인이 자기가 책임을 질 수 없는 사유로 적법한 제기기간 내에 즉시항고를 하지 못한 경우에는 오히려 추후보완항고를 하여야 할 것이다.

(다) 변 호 인

항고인은 변호사를 변호인으로 선임할 수 있다(법정등의질서유지를위한재판에관한규칙 제17조의 준용).

(라) 항고에 대한 재판법원의 처리

① 재도의 고안[1317)]

재판법원은 항고가 이유 있다고 인정한 때에는 결정으로 원재판을 취소하고 다시 재판하여야 한다(법정등의질서유지를위한재판에관한규칙 제13조 전단의 준용).

이에 따라 원재판을 취소하고 다시 재판하는 경우에는 원재판보다 중한 재판을 하지 못한다(같은 규칙 제15조의2의 준용. 불이익변경의 금지).

이 결정은 송달 기타 상당하다고 인정되는 방법에 의하여 고지함으로써 그 효력이 발생한다(같은 규칙 제16조의 준용).

이때 원재판을 취소하고 다시 감치에 처하는 재판을 한 경우에는 재판법원의 재판장의 명령으로 해당 재판을 집행한다(법정등의질서유지를위한재판에관한규칙 제21조 제1항 후문의 준용).

② 항고법원에의 송부

그러나, 재판법원은 항고가 이유 없다고 인정한 때에는 즉시 사건기록을 항고법원에 송부하여야 하나(법정등의질서유지를위한재판에관한규칙 제13조 후단의 준용), 법정등의 질서유지를 위한 재판의 경우와 달리, 의견서는 첨부하지 아니한다(규칙 제86조 제6항).

이는, 항고의 절차가 「법정등의질서유지를위한재판에관한규칙」에 위반된다고 인정한 때에도 마찬가지라고 할 것이다.

(마) 항고법원의 재판

① 항고의 기각

항고법원은 항고의 절차가 「법정등의질서유지를위한재판에관한규칙」에 위반된 때 또는 항고가 이유 없는 때에는 결정으로 항고를 기각하여야 한다(법정등의질서유지를위한재판에관한

1317) 이 개념에 관하여서는, '항고 : 최초의 항고를 중심으로' 부분에서 재론한다.

규칙 제15조 전단의 준용).

이 결정은 송달 기타 상당하다고 인정되는 방법에 의하여 고지함으로써 그 효력이 발생한다(같은 규칙 제16조의 준용).

② 취소자판

그러나, 항고법원은 항고가 이유 있는 때에는 결정으로 원재판을 취소하고 다시 재판하여야 한다(법정등의질서유지를위한재판에관한규칙 제15조 후단의 준용).

이에 따라 원재판을 취소하고 다시 재판하는 경우에는 원재판보다 중한 재판을 하지 못한다(같은 규칙 제15조의2의 준용. 불이익변경의 금지).

이 결정은 송달 기타 상당하다고 인정되는 방법에 의하여 고지함으로써 그 효력이 발생한다(같은 규칙 제16조의 준용).

이때 원재판을 취소하고 다시 감치에 처하는 재판을 한 경우에는 항고법원의 재판장의 명령으로 해당 재판을 집행한다(같은 규칙 제21조 제1항 후문의 준용).

(2) 특별항고

증인은 항고법원의 결정이나 고등법원, 특허법원 또는 항소법원의 감치재판에 대하여는 일반원칙(법 제449조)에 따라 특별항고를 할 수 있다고 할 것이다.

다만, 이 경우에도 변호사를 변호인으로 선임할 수 있다고 본다(법정등의질서유지를위한재판에관한규칙 제17조의 준용).

다. 출석하지 아니한 증인의 구인

법원은 정당한 사유 없이 출석하지 아니한 증인을 구인하도록 명할 수 있다(법 제312조 제1항).

당사자가 증인구인신청을 할 수도 있으나,[1318] 이는 법원의 직권발동을 촉구하는 의미의 신청에 불과하다.

그렇지만, **정당한 사유 없이 출석하지 아니한 증인의 구인**(법 제312조 제1항)**에**(관하여서)**는** 「**형사소송법**」 - 및 「형사소송규칙」 - **중 구인에 관한 규정을 준용하는바**(법 제312조 제2항, 규칙 제87조), 상세한 내용은 형사소송법 문헌을 참고하기 바란다.

1318) '인지액·편철방법예규'.

9. 증인신문의 실시

가. 수명법관·수탁판사에 의한 증인신문(촉탁신문)

법원은 다음 각호 가운데 어느 하나에 해당하면 수명법관 또는 수탁판사로 하여금 증인을 신문하게 할 수 있다(법 제313조).

① 증인이 정당한 사유로 수소법원에 출석하지 못하는 때

② 증인이 수소법원에 출석하려면 지나치게 많은 비용 또는 시간을 필요로 하는 때

③ 그 밖의 상당한 이유가 있는 경우로서 당사자가 이의를 제기하지 아니하는 때

당사자도 법원의 직권발동을 촉구하는 의미에서 「촉탁신문신청서」를 제출할 수 있다고 하겠다.[1319]

수명법관 또는 수탁판사가 증인을 신문하는 경우에는 법원과 재판장의 직무를 행한다(법 제332조, 규칙 제100조).

나. 증인의 동일성 확인 등

1) 원 칙

재판장은 증인으로부터 주민등록증 등 신분증을 제시받거나 그 밖의 적당한 방법으로 증인임이 틀림없음을 확인하여야 한다(규칙 제88조).

"그 밖의 적당한 방법"의 예로는, 상대방 당사자에게 증인의 동일인 여부를 확인하는 방법 등을 들 수 있다.[1320]

바로 후술하는 바와 같이, 증인이 증언 자체나 선서를 거부할 수 있는 경우가 있는바, 형사소송(형사소송법 제160조)과 달리, 민사소송에서는 법원이 증언거부권을 고지할 의무가 없으며,[1321] 선서거부권 역시 그러하나,[1322] 증언거부사유, 선서거부사유 및 거부의사 유무를 물어 확인함이 실무이다.[1323]

1319) '인지액·편철방법예규'.

1320) 구「바람직한 재판운영방안(재일 94-1)」.

1321) 따라서, 재판장이 증인에게 증언거부권을 고지하지 아니하였다 하여 절차위반의 위법이 있다고 할 수 없다. 대법원 2011. 7. 28. 선고 2009도14928 판결.

1322) 따라서, 재판장이 선서거부권이 있음을 고지하지 아니 하였다고 하여 위법이라고 할 수 없다. 대법원 1971. 4. 30. 선고 71다452 판결.

1323) 구「바람직한 재판운영방안(재일 94-1)」.

2) 보칙 : 영상신문의 경우

영상신문을 실시하는 경우에는, 영상신문 전 증인의 동의를 얻어 중계시설을 통해 신분증을 제시하게 하는 방법으로 인적사항을 확인할 수 있다.[1324)]

그러나, 증인등이 고유식별정보의 외부 공개에 동의하지 않는 경우 아래 각 호와 같은 방법을 이용할 수 있다.[1325)]

① 재판부에만 신분증 영상이 송수신되게 하는 방법

② 생년월일 이외의 부분을 가리고 제시하게 하는 방법

③ 출석법원 영상재판담당자로 하여금 신분증을 확인하게 하는 방법

다. 증언의 거부

1) 증언거부권

가) 자기부죄증언 또는 치욕성 증언의 거부

증인은 그 증언이 자기나 다음 각호 가운데 어느 하나에 해당하는 사람이 공소제기되거나 유죄판결을 받을 염려가 있는 사항 또는 자기나 그들에게 치욕이 될 사항에 관한 것인 때에는 이를 거부할 수 있다(법 제314조).

① 증인의 친족 또는 이러한 관계에 있었던 사람

② 증인의 후견인 또는 증인의 후견을 받는 사람

나) 전문직의 직무상 비밀에 관한 증언의 거부

또한, **증인은 다음 각호 가운데 어느 하나에 해당하면 증언을 거부할 수 있다**(법 제315조 제1항).

① 변호사·변리사·공증인·공인회계사·세무사·의료인·약사, 그 밖에 법령에 따라 비밀을 지킬 의무가 있는 직책 또는 종교의 직책에 있거나 이러한 직책에 있었던 사람이 직무상 비밀에 속하는 사항에 대하여 신문을 받을 때[1326)]

② 기술 또는 직업의 비밀에 속하는 사항에 대하여 신문을 받을 때

여기에서 "직업의 비밀"은, 그 사항이 공개되면 직업에 심각한 영향을 미치고 이후 직업의

1324) 원격영상재판의 실시에 관한 업무처리지침(재일 2020-1) 제13조 제1항.

1325) 원격영상재판의 실시에 관한 업무처리지침(재일 2020-1) 제13조 제2항.

1326) 예컨대, 변호사 또는 변호사이었던 자는 - 법률에 특별한 규정이 있는 경우가 아닌 한 - 그 직무상 알게 된 비밀을 누설하여서는 아니 되고(변호사법 제26조), 이에 위반한 때에는 처벌을 받는다(형법 제317조 제1항).

수행이 어려운 경우를 가리키는데, 어느 정보가 직업의 비밀에 해당하는 경우에도 증인은 비밀이 보호가치 있는 비밀일 경우에만 증언을 거부할 수 있다.[1327]

나아가 어느 정보가 보호가치 있는 비밀인지를 판단할 때에는 정보의 내용과 성격, 정보가 공개됨으로써 증인에게 미치는 불이익의 내용과 정도, 민사사건의 내용과 성격, 민사사건의 증거로 문서를 필요로 하는 정도 또는 대체할 수 있는 증거의 존부 등 제반 사정을 종합하여 비밀의 공개로 발생하는 불이익과 달성되는 실체적 진실 발견 및 재판의 공정을 비교형량하여야 한다.[1328]

그러나, **증인이 비밀을 지킬 의무가 면제된 경우에는 위와 같은 사유로 증언을 거부할 수 없다**(같은 조 제2항).

2) 거부이유의 소명 : 증언거부신청

증언을 거부하는 이유는 소명하여야 하므로(법 제316조), 증언거부권을 행사하는 증인으로서는 「증언거부신청서」를 제출할 수도 있다.[1329]

3) 증언거부에 대한 재판

가) 개 관

수소법원은 당사자를 심문하여 증언거부가 옳은지를 재판한다(법 제317조 제1항).

나) 불 복

당사자 또는 증인은 위 재판에 대하여 즉시항고를 할 수 있다(법 제317조 제2항).

4) 증언거부에 대한 제재

출석의무 위반의 경우와 마찬가지로, **증언의 거부에 정당한 이유가 없다고 한 재판이 확정된 뒤에 증인이 증언을 거부한 때에는, 소송비용부담과 과태료의 제재가 따른다**(법 제318조, 제311조 제1항, 제8항 및 제9항).[1330]

다만, 출석의무 위반의 경우와 달리, 증언의무 위반의 경우에는 감치에는 처할 수 없다(법

1327) 대법원 2015. 12. 21.자 2015마4174 결정(사안은 문서제출명령). 동지 : 대법원 2016. 7. 1.자 2014마2239 결정(사안은 문서제출명령).

1328) 대법원 2015. 12. 21.자 2015마4174 결정(사안은 문서제출명령). 동지 : 대법원 2016. 7. 1.자 2014마2239 결정(사안은 문서제출명령).

1329) '인지액·편철방법예규'.

1330) 그러나, **영사관원이 증언을 거부하는 경우에 그에 대하여 강제적 조치 또는 형벌이 적용되어서는 아니 된다**(외교관계에 대한 비엔나협약 제44조 제1항 제3문).

제318조에서 제311조 제2항의 부준용).

라. 증인의 선서

1) 선서의 의무

재판장은 증인에게 신문에 앞서 선서를 하게 하여야 한다(법 제319조 본문).

다만, 특별한 사유가 있는 때에는 신문한 뒤에 선서를 하게 할 수 있다(같은 조 단서).

증인이 선서를 하지 아니한 때에는 후술하는 바와 같이 소송비용 부담과 과태료의 제재를 받을 수 있다.

그러나, 후술하는 바와 같이, 선서를 시키지 못하는 경우, 선서가 면제되는 경우, 증인이 선서를 거부할 수 있는 경우가 있다.

2) 선서를 시키지 못하는 경우

가) 선서무능력·선서면제·선서거부권

(1) 선서무능력

다음 각호 가운데 어느 하나에 해당하는 사람을 증인으로 신문할 때에는 선서를 시키지 못한다(법 제322조).

① **16세 미만인 사람**

② **선서의 취지를 이해하지 못하는 사람**

(2) 선서의 면제

증언거부권자(법 제314조)**로서 증언을 거부하지 아니한 사람을 신문할 때에는 선서를 시키지 아니할 수 있다**(법 제323조).

(3) 선서거부권

증인이 자기 또는 증언거부권자(법 제314조)**와 현저한 이해관계가 있는 사항에 관하여 신문을 받을 때에는 선서를 거부할 수 있다**(법 제324조).

나) 선서를 시키지 아니한 효과

선서를 시키지 아니하는 경우라도 증인신문은 실시할 수 있다. 다만, **선서를 시키지 아니하고 증인을 신문한 때에는 그 사유를 조서에 적어야 하며**(법 제325조), 선서를 하지 아니한 사실이 변론 전체의 취지에 영향을 미칠 수는 있다.

3) 선서거부에 대한 재판

가) 개　관

선서를 거부하는 이유는 소명하여야 하며(법 제326조, 제316조), **수소법원은 당사자를 심문하여 선서거부가 옳은지를 재판한다**(법 제326조, 제317조 제1항).

나) 불　복

당사자 또는 증인은 위 재판에 대하여 즉시항고를 할 수 있다(법 제326조, 제317조 제2항).

4) 선서거부에 대한 제재

증인의무 위반의 경우와 마찬가지로, **선서의 거부에 정당한 이유가 없다고 한 재판이 확정된 뒤에 증인이 선서를 거부한 때에는, 소송비용부담과 과태료의 제재가 따른다**(법 제326조, 제318조).

또한, 증인의무 위반의 경우와 마찬가지로, 선서의무 위반을 이유로 하여서는 감치에는 처할 수 없다(법 제326조가 준용하는 제318조에서 제311조 제2항의 부준용).

5) 위증에 대한 벌의 경고

재판장은 선서에 앞서 증인에게 선서의 취지를 밝히고, 위증의 벌에 대하여 경고하여야 한다(법 제320조).

6) 선서의 방식

선서는 선서서에 따라서 하여야 하는바(법 제321조 제1항), **선서서에는 "양심에 따라 숨기거나 보태지 아니하고 사실 그대로 말하며, 만일 거짓말을 하면 위증의 벌을 받기로 맹세합니다."라고 적어야 한다**(같은 조 제2항).

재판장은 증인으로 하여금 선서서를 소리내어 읽고 기명날인 또는 서명하게 한다(같은 조 제3항 전단).

다만, **증인이 선서서를 읽지 못하거나 기명날인 또는 서명하지 못하는 경우에는 참여한 법원사무관등이나 그 밖의 법원공무원으로 하여금 이를 대신하게 한다**(같은 항 후단).[1331]

그러나, 실무상으로는, 사건의 신속진행을 위하여 법정 개정 전에 법원경위가 증인으로 출석한 자에게 선서서를 교부하고 미리 이를 작성하도록 함이 일반이며, 또한, 동일 사건의 여

1331) 영상신문의 경우에는, 출석법원 영상재판담당자가 이를 한다. 원격영상재판의 실시에 관한 업무처리지침(재일 2020-1) 제13조 제1항.

러 증인을 한 기일에 신문할 경우에는 그중 1인에게만 대표로 선서서를 낭독하게 하고 다른 증인들은 선서서를 들고 묵독하게 함이 일반이다.[1332]

전자기록사건에서는, 법정에서 증인이 선서서에 서명하여야 할 때에는 재판장등의 허가를 얻어 서명하여야 할 자가 전자패드에 서명하는 방식으로 할 수 있다(민소전자문서규칙 제7조 제4항).[1333] 다만, 특별한 사정이 있는 경우에는 선서서에 자필서명을 받은 후 전자화하여 전산등재한다.[1334]

증인은 일어서서 엄숙하게 선서하여야 하며(같은 조 제4항), 전술한 선서서는 증인신문조서에 첨부된다.

마. 격리신문 및 관계인의 퇴정

1) 격리신문의 원칙 및 그 예외

증인은 따로따로 신문하여야 하며(법 제328조 제1항. 격리신문), **신문하지 아니한 증인이 법정**(法廷) **안에 있을 때에는 법정에서 나가도록 명하여야 한다**(같은 조 제2항 본문).

다만, 필요하다고 인정한 때에는 신문할 증인을 법정 안에 머무르게 할 수 있으며(같은 항 단서. 재정신문(在廷訊問)), 더 나아가, 후술하듯이 대질신문을 명할 수 있다.

2) 재정인의 퇴정

법정 안에 있는 특정인 앞에서는 충분히 진술하기 어려운 현저한 사유가 있는 때에는, 재판장은 당사자의 의견을 들어 그 증인이 진술하는 동안 그 사람을 법정에서 나가도록 명할 수 있다(규칙 제98조).

3) 전문심리위원의 참여와 관련한 조치

전문심리위원이 소송절차에 참여하는 경우에, 재판장(수명법관 또는 수탁판사가 소송절차를 진행하는 경우에는 그 수명법관이나 수탁판사)은 전문심리위원의 말이 증인의 증언에 영향을 미치지 않게 하기 위하여 필요하다고 인정할 때에는 직권 또는 당사자의 신청에 따라 증인의 퇴정 등 적절한 조치를 취할 수 있다(규칙 제38조의6, 제38조의9).

1332) 구 「바람직한 재판운영방안(재일 94-1)」.

1333) 민전예규 제82조 본문.

1334) 민전예규 제82조 단서.

바. 대질신문

재판장은 필요하다고 인정한 때에는 증인 서로의 대질을 명할 수 있다(법 제329조).

당사자가 증인대질신청을 할 수도 있으나,[1335] 이는 법원의 직권발동을 촉구하는 의미의 신청에 불과하다고 하겠다.

사. 영상신문에서 장애 발생시의 조치

영상신문을 실시하는 경우, 중계시설의 영상 또는 음성의 송수신에 장애가 발생한 경우 즉시 신문을 중단하고 장애사유를 해소하여야 한다.[1336]

재판장등은 장애사유가 해소된 후 필요하다고 판단되는 경우 종전 신문사항에 관하여 다시 신문하게 할 수 있다.[1337]

아. 영상신문 실시결정의 취소

영상신문 실시결정을 한 경우라도, 기일에 영상신문 실시결정을 취소할 수도 있음은 물론이다.[1338]

10. 증인신문의 방법 등

가. 증인신문의 방법

1) 신문내용의 원칙

신문은 개별적이고 구체적으로 하여야 하며(규칙 제95조 제1항), 후술하는 바와 같이 재판장이 제한할 수 있는 신문은 삼가야 한다.

2) 문서 등을 이용한 신문

당사자는 재판장의 허가를 받아 문서·도면·사진·모형·장치, 그 밖의 물건을 이용하여 신문할 수 있다(규칙 제96조 제1항).

더 나아가, 전자기록사건에서 당사자는 재판장의 허가를 받아 멀티미디어 자료 등 전자문

1335) '인지액·편철방법예규'.

1336) 원격영상재판의 실시에 관한 업무처리지침(재일 2020-1) 제16조 제1항.

1337) 원격영상재판의 실시에 관한 업무처리지침(재일 2020-1) 제16조 제2항.

1338) 원격영상재판의 실시에 관한 업무처리지침(재일 2020-1) 제7조 제3항.

서를 이용하여 증인을 신문할 수 있다(민소전자문서규칙 제36조 제1항).

위와 같은 문서등이 증거조사를 하지 아니한 것인 때에는 신문에 앞서 상대방에게 열람할 기회를 주어야 하나(규칙 제96조 제2항 본문, 민소전자문서규칙 제36조 제3항), 상대방의 이의가 없는 때에는 그러하지 아니하다(규칙 제96조 제2항 단서, 민소전자문서규칙 제36조 제3항).

비디오 등 중계장치에 의하여 증인을 신문하는 경우(규칙 제96조 제1항) 문서 등의 제시는 비디오 등 중계장치에 의한 중계시설 또는 전자소송시스템(민소전자문서규칙 제2조 제1호)을 이용하거나 모사전송, 전자우편, 그 밖에 이에 준하는 방법으로 하여야 한다(규칙 제95조의2 제3항).

다만, 이 경우, 원칙적으로 중계시설 또는 전자소송시스템을 이용하고,[1339] 이러한 방법을 이용하는 경우에 모사 전송, 전자우편, 그 밖에 이에 준하는 방법으로 문서를 제시하되 영상재판담당자가 관리하는 기기를 이용하여야 한다.[1340]

재판장은 조서에 붙이거나 그 밖에 다른 필요가 있다고 인정하는 때에는 당사자에게 문서등의 사본(사본으로 제출할 수 없는 경우에는 그 사진이나 그 밖의 적당한 물건)을 제출할 것을 명할 수 있다(규칙 제96조 제3항, 민소전자문서규칙 제36조 제3항).

전자기록사건에서 전자문서를 이용하여 증인신문을 한 경우, 법원사무관등이 증인신문조서를 작성하는 때에는 재판장의 허가를 받아 그 제출된 전자문서 가운데 필요한 부분을 그 조서에 인용할 수 있다(민소전자문서규칙 제36조 제3항에서 규칙 제33조 제3항의 준용).

나. 탄핵신문

당사자는 증언의 증명력을 다투기 위하여 필요한 사항에 관한 신문을 할 수 있다(규칙 제94조 제1항). 이를 탄핵신문이라 한다.

탄핵신문은 증인의 경험·기억 또는 표현의 정확성 등 증언의 신빙성에 관련된 사항 및 증인의 이해관계·편견 또는 예단 등 증인의 신용성에 관련된 사항에 관하여 한다(같은 조 제2항).

다. 증인신문의 제한

당사자의 신문이 중복되거나 쟁점과 관계가 없는 때, 그 밖에 필요한 사정이 있는 때에 재판장은 당사자의 신문을 제한할 수 있다(법 제327조 제5항).

1339) 원격영상재판의 실시에 관한 업무처리지침(재일 2020-1) 제15조 제1항.
1340) 원격영상재판의 실시에 관한 업무처리지침(재일 2020-1) 제15조 제2항.

또한, 재판장은 직권 또는 당사자의 신청에 따라 증인을 모욕하거나 증인의 명예를 해치는 내용의 신문을 제한할 수 있다(규칙 제95조 제2항 제1호).

그 밖에, 재판장은 직권 또는 당사자의 신청에 따라 다음 각호 가운데 어느 하나에 해당하는 신문도 제한할 수 있으나(같은 항 제2호 내지 제4호), 이러한 신문에 관하여 정당한 사유가 있는 때에는 그러하지 아니하다(같은 항 단서).

○ 후술하는 교호신문 및 전술한 탄핵신문의 규정(규칙 제91조 내지 제94조)에 어긋나는 신문
○ 의견의 진술을 구하는 신문
○ 증인이 직접 경험하지 아니한 사항에 관하여 진술을 구하는 신문

라. 신문의 순서 등

1) 교호신문(交互訊問)의 원칙

가) 교호신문

증인신문은 증인을 신청한 당사자가 먼저 하고(주신문), **다음에 다른 당사자가 한다**(반대신문)(법 제327조 제1항).

구체적으로, 이러한 증인의 신문은 다음 각호의 순서를 따른다(규칙 제89조 제1항 본문).

① 증인신문신청을 한 당사자의 신문(주신문)
② 상대방의 신문(반대신문)
③ 증인신문신청을 한 당사자의 재신문(재주신문)

다만, 재판장은 주신문에 앞서 증인으로 하여금 그 사건과의 관계와 쟁점에 관하여 알고 있는 사실을 개략적으로 진술하게 할 수 있다(같은 항 단서).

위 순서에 따른 신문이 끝난 후에는 당사자는 재판장의 허가를 받은 때에만 다시 신문할 수 있다(같은 조 제2항).

한편, 재판장은 정리된 쟁점별로 위 순서에 따라 신문하게 할 수 있다(같은 조 제3항).

반대신문은 주신문과 같은 기일에 실시함이 원칙이나, 부득이한 경우에는 주신문만 먼저 실시하고 나서 속행기일에 반대신문을 실시할 수도 있다.[1341]

주신문, 반대신문, 재주신문에 관한 상세는 별항으로 살펴보겠다.

나) 보충신문 및 개입신문 등

원칙적으로, **재판장은 쌍방 당사자의 신문이 끝난 뒤에 신문할 수 있으나**(법 제327조 제2항.

1341) 구「바람직한 재판운영방안(재일 94-1)」.

보충신문), **위 원칙에 불구하고 언제든지 신문할 수 있으며**(같은 조 제3항. 개입신문), **재판장이 알맞다고 인정하는 때에는 당사자의 의견을 들어 교호신문의 원칙에 따른 신문의 순서**(법 제327조 제1항과 제2항)**를 바꿀 수 있다**(같은 조 제4항).

한편, **합의부원은 재판장에게 알리고 신문할 수 있다**(같은 조 제6항).

다) 주신문의 사항 및 방식

(1) 주신문사항

법 제327조 제1항의 취지는, 입증책임이 있는 당사자측에서 스스로 증인을 신문하여 자기가 입증하고자 하는 증언을 이끌어 냄으로써 법원에 제시하여야 된다는 것으로 보아야 한다.[1342]

따라서, 주신문은 증명할 사항과 이에 관련된 사항에 관하여 한다(규칙 제91조 제1항).

또한, 주신문에서는, 증언의 신빙성과 관련하여, 증인신문사항의 모두(冒頭)에 증인과 당사자와의 관계, 증언할 내용을 알게 된 경위, 증언에 이르게 된 경위 등을 포함시킴이 일반이다.[1343]

(2) 유도신문의 금지

주신문에서는 유도신문을 하여서는 아니 된다(규칙 제91조 제2항 본문).

다만, 다음 각호 가운데 어느 하나에 해당하는 경우에는 유도신문이 허용된다(같은 항 단서).

① 증인과 당사자의 관계, 증인의 경력, 교우관계 등 실질적인 신문에 앞서 미리 밝혀둘 필요가 있는 준비적인 사항에 관한 신문의 경우
② 증인이 주신문을 하는 사람에 대하여 적의 또는 반감을 보이는 경우
③ 증인이 종전의 진술과 상반되는 진술을 하는 때에 그 종전 진술에 관한 신문의 경우
④ 그 밖에 유도신문이 필요한 특별한 사정이 있는 경우

따라서, 재판장은 위와 같이 예외적으로 허용되는 경우 외의 유도신문은 제지하여야 하고, 유도신문의 방법이 상당하지 아니하다고 인정하는 때에는 제한할 수 있다(같은 조 제3항).

(3) 주신문을 할 당사자가 출석하지 아니한 경우의 신문

증인신문을 신청한 당사자가 신문기일에 출석하지 아니한 경우에는 재판장이 그 당사자에

1342) 대법원 1963. 4. 25. 선고 63다124 판결.
1343) 구 「바람직한 재판운영방안(재일 94-1)」.

갈음하여 신문을 할 수 있다(규칙 제90조).

그러나, 이 경우 신문기일을 연기할 수도 있음은 물론이다.

라) 반대신문의 사항 및 방식

(1) 반대신문사항

반대신문은 주신문에 나타난 사항과 이에 관련된 사항에 관하여 한다(규칙 제92조 제1항).

만일, 반대신문의 기회에 주신문에 나타나지 아니한 새로운 사항에 관하여 신문하고자 하는 때에는 재판장의 허가를 받아야 하며(같은 조 제4항), 이러한 신문은 그 사항에 관하여는 주신문으로 본다(같은 조 제5항).

(2) 유도신문의 허용

반대신문에서 필요한 때에는 유도신문을 할 수 있으나(규칙 제92조 제2항), 재판장은 유도신문의 방법이 상당하지 아니하다고 인정하는 때에는 제한할 수 있다(같은 조 제3항).

마) 재주신문의 사항 및 방식

(1) 재주신문사항

재주신문은 반대신문에 나타난 사항과 이와 관련된 사항에 관하여 한다(규칙 제93조 제1항).

재주신문의 기회에 반대신문에 나타나지 아니한 새로운 사항에 관하여 신문하고자 하는 때에는 재판장의 허가를 받아야 하며(같은 조 제3항, 제92조 제4항), 이러한 신문은 그 사항에 관하여는 주신문으로 본다(같은 조 제5항).

(2) 유도신문의 금지

재주신문은 주신문의 예를 따른다(규칙 제93조 제2항). 따라서, 유도신문이 원칙적으로 금지된다.

2) 소액사건의 특칙(직권신문)

소액사건에서는, 증인은 판사가 신문하나(소액사건심판법 제10조 제2항 본문), **당사자도 판사에게 고하고 신문할 수 있다**(같은 항 단서).[1344]

1344) **주택임대차나 상가건물 임대차의 임차인이 임대인에 대하여 제기하는 보증금반환청구소송에서도 같다** (주택임대차보호법 제13조, 상가건물 임대차보호법 제18조).

마. 증인의 진술원칙과 행위의무

1) 증인의 진술원칙

증인은 서류에 의하여 진술하지 못한다(법 제331조 본문). **다만, 재판장이 허가하면 서류에 의하여 진술할 수 있다**(같은 조 단서).

2) 증인의 행위의무

재판장은 필요하다고 인정한 때에는 증인에게 문자를 손수 쓰게 하거나(手記命令) **그 밖의 필요한 행위를 하게 할 수 있다**(법 제330조). 이러한 수기물은 증인신문조서에 첨부된다.

바. 서면에 따른 질문 또는 회답의 낭독

듣지 못하는 증인에게 서면으로 물은 때 또는 말을 못하는 증인에게 서면으로 답하게 한 때에는 재판장은 법원사무관등으로 하여금 질문 또는 회답을 적은 서면을 낭독하게 할 수 있다(규칙 제99조).

사. 증인신문에 관한 재판장의 명령 또는 조치에 대한 이의신청

기술한 바와 같이 재판장은 증인신문의 순서를 바꾸거나 신문을 제한하는 등의 명령 또는 조치를 할 수 있는바, 증인신문에 관한 재판장의 명령 또는 조치에 대한 이의신청은 그 명령 또는 조치가 있은 후 바로 하여야 하며, 그 이유를 구체적으로 밝혀야 한다(규칙 제97조 제1항).

법원은 위 이의신청에 대하여 바로 결정으로 재판하여야 한다(같은 조 제2항). 이 재판은 변론의 지휘에 관한 재판장의 명령에 대한 이의신청(법 제138조)과는 달리 단독판사가 재판장인 때에도 하게 된다.

위 재판에 대하여서는 독립하여 불복할 수 없는 것으로 해석된다.

아. 보칙 : 영상신문 실시 후의 서류 송부

영상신문을 실시한 후, 출석법원 영상재판담당자는 사건에 관한 서류를 수소법원에 송부하여야 한다.[1345]

다만, 출석법원 영상재판담당자는 재판장등의 허가를 얻어 선서서, 영수증 등 서류에 대하여 증인등이 전자패드에 서명하게 하는 방법으로 서류송부에 갈음할 수 있다.[1346]

1345) 원격영상재판의 실시에 관한 업무처리지침(재일 2020-1) 제18조 제1항.

1346) 원격영상재판의 실시에 관한 업무처리지침(재일 2020-1) 제18조 제2항.

그러나, 위 방법을 이용하기 어려운 경우 서류에 자필서명을 받아 전자문서로 변환하여 수소법원에 전송할 수 있다. 이 때 제출받은 서류는 출석법원에서 '민전예규'에 따라 가보존한다.[1347)]

자. 증인신문조서

증인신문을 실시하면 「증인신문조서」를 작성한다.[1348)]

한편, 증인신문절차를 녹음하였는데도 녹취서의 작성을 명하지 아니하는 경우에는 증인신문조서에 그와 같은 사유가 있다는 취지를 기재한다.[1349)]

비디오 등 중계장치에 의하여 증인을 신문한 때(법 제327조의2)에는 그 취지와 증인이 출석하여 진술한 곳을 조서에 적어야 한다(규칙 제95조의2 제4항). 구체적으로는, 증인등목록의 비고란에 증인등이 실제 출석한 장소 및 방식을 기재한다.[1350)]

11. 서면증언

가. 개 관

법원은 증인과 증명할 사항의 내용 등을 고려하여 상당하다고 인정하는 때에는 출석·증언에 갈음하여 증언할 사항을 적은 서면(「서면증언서」)**을 제출하게 할 수 있다**(법 제310조 제1항).

이 서면증언서는 기술한 증인진술서와 달리 그 성격이 서증이 아니라 증언이다.

그러나, 법원은 상대방의 이의가 있거나 필요하다고 인정하는 때에는 위 증인으로 하여금 출석·증언하게 할 수 있다(같은 조 제2항).

나. 서면증언요구의 절차[1351)]

법원이 출석·증언에 갈음하여 증언할 사항을 적은 서면을 제출하게 하는 때(법 제310조 제1

1347) 원격영상재판의 실시에 관한 업무처리지침(재일 2020-1) 제18조 제3항.

1348) cf. 종이기록사건에서는, 증인신문조서를 작성한 후에는 증인신청서 등에 첨부된 증인신문사항 등을 폐기함이 실무이다. 문서 등의 반환·폐기 등에 관한 예규(재민 2006-1) 제2조의3 제1항.
그러나, 전자기록사건에서는, 법원사무관 등은 증인신문조서를 작성한 후에도 증인신청서 등에 첨부된 증인신문사항 등을 폐기하지 아니한다. 민전예규 제77조 제3항.

1349) 속기·녹음예규 제13조의2 제5항.
이는 같은 조 제1항 제2호 또는 제3호의 사유를 말하는바, 이에 관하여서는 '심리의 제원칙' 부분에서 개정과 법정운영에 관한 원칙과 관련하여 기술한 바와 같다.

1350) 원격영상재판의 실시에 관한 업무처리지침(재일 2020-1) 제19조.
그러나, 기일조서에도 이를 기재함은 물론이다. 제요[민소Ⅲ], 1052면.

항)에는 다음 각호의 사항을 증인에게 고지하여야 하는바(규칙 제84조 제1항),[1352] 실무상 이러한 사항이 기재된 「서면증언요구서」를 증인에게 송달함으로써 고지한다.

① 증인에 대한 신문사항 또는 신문사항의 요지

② 법원이 출석요구를 하는 때에는 법정에 출석·증언하여야 한다는 취지

③ 제출할 기한을 정한 때에는 그 취지

다. 서면증언의 방식

증인은 증언할 사항을 적은 서면(「서면증언(서)」)에 서명날인하여야 한다(규칙 제84조 제3항).

실무상으로는 상술한 서면증언요구서에 서면증언 작성례를 동봉하면서 구체적인 작성방식을 안내하고 있다.

라. 소액사건에서의 서면신문

소액사건에서는, 판사는 상당하다고 인정한 때에는 증인의 신문에 갈음하여 서면을 제출하게 할 수 있다(소액사건심판법 제10조 제3항).[1353]

이 또한 서면증언과 마찬가지로 그 성질이 서증이 아니라 증언이나, 일반적인 서면증언과 달리 상대방의 이의에 따른 출석·증언이라는 후속절차가 없다. 소액사건은 교호신문제에 의하지 아니하기 때문이다.

증인에 대한 서면신문은 재판사무에 관한 문서양식에 따른 신문서(「증인(감정인)신문에 갈음한 서면 요구서」)를 송달하여 행한다(소액사건심판규칙 제6조 제2항).

신문에 갈음하여 서면을 제출하기로 결정된 증인은 법원에 그 신문서를 제출할 때에 주민등록표 초본이나, 동·이장이 그 동일성을 증명하는 서면을 첨부하여야 하며(같은 조 제1항), 신문서에는 증인이 서명·날인하여야 한다(같은 조 제3항).

그러나 위와 같은 서면신문은 실제로는 그다지 이용되지 않으며, 오히려 위와 같은 경우에는 공증을 받은(또는, 인감도장을 날인하고 인감증명서를 첨부하거나, 자필로 이름을 쓰고 본인서명사실

1351) 서면증언에 의하는 경우에도 증인신청서 및 증인신문사항의 제출은 증인신문사항 제출방식의 경우와 대동소이하다. 다만, 증인신청서의 기재사항(규칙 제75조 제2항) 중 "증인신문에 필요한 시간" 및 "증인의 출석을 확보하기 위한 협력방안"의 기재는 성질상 필요 없다고 할 것이다.

1352) 상대방은 이러한 의견진술절차에 따라 반대신문사항을 제출하거나 서면증언에 대한 이의 내지 출석·증언요구를 할 수 있을 것이다.

1353) **주택임대차나 상가건물 임대차의 임차인이 임대인에 대하여 제기하는 보증금반환청구소송에서도 위와 같은 서면신문을 할 수 있다**(주택임대차보호법 제13조, 상가건물 임대차보호법 제18조).

확인서를 첨부하거나, 주민등록표 초본 등 동일성을 증명하는 서면을 첨부한) 증인진술서를 서증으로 제출하도록 함이 일반이다.[1354]

마. 제출 후의 절차

법원이 기일에 서면증언의 도착사실을 고지하고 당사자들에게 의견진술의 기회를 부여함으로써 변론에 현출시키면 서면증언은 증언의 효력을 가지며, 당사자가 이를 원용할 필요가 없다.

기술한 바와 같이, 상대방은 이에 대하여 이의를 진술할 수는 있으되 해당 증인을 출석·증언하게 할 것인지 여부는 법원의 직권사항이다.

출석증언결정을 할 경우, 법원은 당사자에게 증인신문을 준비하게 하고 증인에게 출석요구서를 송달하게 된다.

Ⅲ. 감 정[1355]

1. 감정 개관

가. 감정의 의의

감정(鑑定)이란 특별한 학식과 경험을 가진 자에게 그러한 전문적 지식 또는 그 지식을 이용한 판단을 보고하도록 하는 증거조사를 말한다.

그러한 판단(감정인의 의견)이 곧 감정결과가 된다.

즉, 감정은 법원이 어떤 사항을 판단하면서 특별한 지식과 경험칙을 필요로 하는 경우에 그 판단의 보조수단으로서 그러한 지식과 경험을 이용하는 것이다.[1356]

감정의 전형적인 예로는, 시가감정, 임료감정, 측량감정, 필적감정, 인영감정, 지문감정, 신체감정, 진료기록감정, 공사비감정, 유익비감정, 하자보수비감정, 기성고감정 등이 있다.[1357]

1354) 구 「바람직한 재판운영방안(재일 94-1)」.

1355) 이에 관한 실무적·기술적인 사항에 관하여서는, 「감정인등 선정과 감정료 산정기준 등에 관한 예규(재일 2008-1)」(이하 '감정예규'로 약칭한다) 참조.

1356) 대법원 2017. 6. 8. 선고 2016다249557 판결. 동지 : 대법원 2018. 12. 17.자 2016마272 결정 ; 대법원 2019. 5. 30. 선고 2015다8902 판결.

1357) 감정예규 제2조 제1항.
한편, 가사사건의 경우, 가정법원은 당사자 또는 관계인 사이의 혈족관계의 유무를 확정할 필요가 있

「민사소송법」은 법원이 지정한 감정인 개인에게 감정을 명하는 경우를 중심으로 규정하고 있으나, **법원이 필요하다고 인정하는 경우에는 공공기관·학교, 그 밖에 상당한 설비가 있는 단체 또는 외국의 공공기관에 감정을 촉탁할 수 있다**(법 제341조 제1항 전문. 감정촉탁).[1358] 물론, 이러한 단체·기관은 공정성과 진실성 및 그 전문성이 담보되어 있는 권위 있는 기관이어야 한다.[1359]

감정인지정결정과 감정촉탁 중 어느 쪽을 택하여 감정을 실시할 것인가는 법원이 직권으로 정할 사항이며 당사자의 신청에 구애되지 아니한다.

다만, 신체감정이나 진료기록감정은 특별한 사유가 없는 한 감정촉탁의 방법에 의함이 오늘날의 실무이며,[1360] 측량감정의 목적이 지적측량인 경우 또한 그러하다.[1361]

나. 구별개념 : 소위 사감정(私鑑定)

감정의견이 소송법상 감정인 신문이나 감정의 촉탁방법에 의한 것이 아니고 소송 외에서 전문적인 학식 경험이 있는 자가 작성한 감정의견을 기재한 서면이라 하더라도 그 서면이 서증으로 제출되었을 때 법원이 이를 합리적이라고 인정하면 이를 사실인정의 자료로 할 수 있다.[1362] 즉, 이른바 사감정은 감정이 아니라 서증이다.

그러나, 당사자가 서증으로 제출한 감정의견이 법원의 감정 또는 감정촉탁에 의하여 얻은 그것에 못지않게 공정하고 신뢰성 있는 전문가에 의하여 행하여진 것이 아니라고 의심할 사정이 있거나 그 의견이 법원의 합리적 의심을 제거할 수 있는 정도가 되지 아니하는 경우에는 이를 쉽게 채용하여서는 안 되고, 특히 소송이 진행되는 중이어서 법원에 대한 감정신청을 통한 감정이 가능한데도 그와 같은 절차에 의하지 아니한 채 일방이 임의로 의뢰하여 작성한 경우라면 더욱더 신중을 기하여야 한다.[1363]

는 경우에는 당사자 또는 관계인에게 혈액채취에 의한 혈액형의 검사 등 유전인자의 검사나 그 밖에 적당하다고 인정되는 방법에 의한 검사를 받을 것을 명할 수 있는바(가사소송법 제29조 제1항), 이러한 수검명령에 따른 유전자인자의 검사 역시 성질상 감정에 해당한다.

1358) cf. 현행법 제341조는 "공공기관"이라는 용어를 사용하고 있으나, 구법(2002. 1. 26. 법률 제6626호로 전부개정되기 전의 것) 제314조는 "공무소"라는 용어를 사용하였다.

1359) 대법원 1982. 8. 24. 선고 82다카317 판결.

1360) 감정예규 제14조 제1항,.

1361) 감정예규 제17조 제2항 제1호, 제2호.

1362) 대법원 1999. 7. 13. 선고 97다57979 판결. 동지 : 대법원 1965. 10. 26. 선고 65다1660 판결 ; 대법원 1992. 4. 10. 선고 91다44674 판결 ; 대법원 2002. 12. 27. 선고 2000다47361 판결 ; 대법원 2010. 5. 27. 선고 2010다6659 판결.

1363) 대법원 2010. 5. 13. 선고 2010다6222 판결.

다. 전형적으로 감정신청이 필요한 경우

1) 개 관

실무상, 교통사고로 인한 손해배상사건 등 전형적으로 감정신청이 필요한 사건들이 있다.[1364]

2) 측량감정에 관한 유의사항

"토지의 이동(異動)"이란 토지의 표시를 새로 정하거나 변경 또는 말소하는 것을 말하는바(공간정보의 구축 및 관리 등에 관한 법률 제2조 제28호), 시효취득 또는 상호명의신탁관계의 해지를 원인으로 한 소유권이전등기사건, 공유물분할사건 등에서는 토지의 이동과 관련하여 유의할 점이 있다.

토지를 분할하는 등으로 지적공부를 정리하게 되는 경우에는 지적측량업의 등록을 한 자나 한국국토정보공사에[1365] 지적측량을[1366] 의뢰하여야 하고(같은 법 제24조 제1항), 이러한 지적측량수행자가 지적측량을 하였으면 시·도지사, 대도시 시장 또는 지적소관청으로부터 측량성과에 대한 검사를 받아야 한다(같은 법 제25조 제1항).

따라서, 측량감정을 하는 경우로서 위와 같은 경우에는, 한국국토정보공사의 본사·본부·지사나 지적측량업자에게 감정을 촉탁함이 실무이고,[1367] 이 경우 그러한 감정기관(또는 감정인) 역시 측량성과에 관한 자료를 소관청에 제출하여 그 성과의 정확성에 관한 검사를 받아, 감정서와 함께 소관청으로부터 교부받은 측량성과도를 법원에 제출하여야 한다.[1368]

다만, 같은 이치에서, 경계 등 측량할 점유관계에 대하여 당사자 사이에 다툼이 없는 경우에는 감정신청 대신 사감정(즉, 당사자가 직접 대한지적공사나 지적측량업자에게 지적측량을 의뢰하여 받은 측량성과도의 제출)을 허용함이 실무이다.

그러나, 이에 반하여, 일반측량의[1369] 경우에는, 공간정보산업협회의[1370] 본부·지부·출장

1364) 감정예규 제3조 제1항 참조.

1365) cf. "한국국토정보공사"는 2015. 6. 3. 이전에는 "대한지적공사"이었다(국가공간정보 기본법 부칙(제12736호) 제2조 참조).

1366) "지적측량"이란 토지를 지적공부에 등록하거나 지적공부에 등록된 경계점을 지상에 복원하기 위하여 필지의 경계 또는 좌표와 면적을 정하는 측량을 말한다(공간정보의 구축 및 관리 등에 관한 법률 제2조 제4호 전단).

1367) 감정예규 제17조 제2항 제1호, 제2호.

1368) 감정예규 제18조.

1369) "일반측량"이란 기본측량, 공공측량, 지적측량 및 수로측량 외의 측량을 말한다(공간정보의 구축 및 관리 등에 관한 법률 제2조 제6호).

1370) cf. "공간정보산업협회"는 2014. 6. 2. 이전에는 "대한측량협회"이었다.

소에 감정을 촉탁하거나 위 단체에게 추천을 의뢰하여 감정인을 선정하고 감정을 명함이 실무이다.[1371)]

2. 감정신청[1372)]

가. 개 관

감정을 신청하는 때에는, 감정대상을 적은 신청서(「감정신청서」)[1373)]와, 감정을 구하는 사항을 적은 서면을 함께 제출하여야 한다(규칙 제101조 제1항 본문).

다만, 감정을 구하는 사항을 적은 서면은, 부득이한 사유가 있는 때에는 재판장이 정하는 기한까지 제출하면 된다(같은 항 단서).

증인신문신청(법 제308조)과 달리, 원칙적으로, 감정신청에서는 감정인(또는 감정촉탁기관)을 지정할 필요가 없다(법 제335조 참조).

감정에 필요하다고 인정되는 참고자료도 감정신청서에 첨부할 것인바(규칙 제101조 제5항 참조), 소장 등 주장서면의 사본도 첨부함이 바람직할 것이다.[1374)]

나. 감정신청의 종류별 유의사항

1) 신체감정등의 경우

신체감정이나 진료기록감정의 신청인은 감정할 과목을 지정하여야 하는바,[1375)] 세부과목까지 지정하여 줄 것을 요망함이 오늘날의 실무이다.[1376)] 구체적으로 어떠한 세부과목이 있는지는 대법원 온라인감정신청 사이트(http://gamjung.scourt.go.kr)에서 찾아볼 수 있는바, 이 책 보론의 '신체/진료기록감정의 감정과목' 부분에 이를 일목요연하게 정리하여 두었다.

감정과목을 지정할 때에는, 주과목 외에 보조과목도 지정할 수 있다.[1377)]

1371) 감정예규 제17조 제2항 제3호.

1372) '감정촉탁신청'이라고 하기도 한다. 신청서의 제목을 어느 쪽으로 하건 별 차이는 없다. 감정인지정결정과 감정촉탁은 당사자의 신청에 구애됨 없이 법원이 직권으로 양자택일하는 것이기 때문이다.

1373) '인지액·편철방법예규'.

1374) 감정예규 제10조 제2항 후문 참조.

1375) 감정예규 제22조 제1항.

1376) 예컨대, 단순히 "정신건강의학과"로 지정하는 것이 아니라, 정신건강의학과(우울증), 정신건강의학과(정신분열), 정신건강의학과(조울증), 정신건강의학과(수면), 정신건강의학과(기타) 중에서 어느 과목인지를 특정할 것을 요구하고 있다.

1377) 감정예규 제15조 제1항 참조.

또한, 감정대상자를 치료한 병원의 진료기록(진단서, 응급실 기록, X-RAY· MRI·CT등 방사선필름 및 판독지, 치료소견서등) 사본을 첨부하여 신청하여야 하며,[1378] 신체감정의 경우, 건강보험급여전산기록 사본, 학교생활기록부 사본(정신건강의학과를 감정과목에 포함시킬 경우)까지도 첨부할 것을 요망함이 실무이다.[1379] 진료기록이 수록된 CD라 하여도 그 원본을 첨부하여야만 하는 것은 아니며 사본을 첨부하면 된다.

2) 측량감정의 경우

측량감정의 경우에, 법원이 현장검증을 시행하지 아니할 경우에는 감정인에게 경계 등 측량할 점유관계에 대하여 필요한 사항을 설명하여야 하므로,[1380] 감정신청시에도 감정할 사항을 기재하면서 이를 명확히 밝힘이 상당할 것이다.

3. 감정사항의 결정

가. 감정사항의 상대방에의 송달

감정을 구하는 사항을 적은 서면은 상대방에게 송달하여야 한다(규칙 제101조 제2항 본문).

이 경우 재판장은 미리, 후술하는 상대방의 의견서의 제출기한을 정할 수 있다(같은 조 제3항 후문).

다만, 감정을 구하는 사항을 적은 서면의 내용을 고려하여 법원이 (이를) 송달할 필요가 없다고 인정하는 때에는 이를 송달하지 아니하여도 된다(같은 조 제2항).

나. 감정사항에 대한 의견서

상대방은 감정을 구하는 사항을 적은 서면에 관하여 의견이 있는 때에는 의견을 적은 서면을 법원에 제출할 수 있다(규칙 제101조 제3항 전문).

다. 감정사항의 확정

법원은 감정을 구하는 사항을 적은 서면을 토대로 하되, 상대방의 의견서가 제출된 때에는 그 의견을 고려하여 감정사항을 정하여야 한다(규칙 제101조 제4항 전문).

이 경우 법원이 감정사항을 정하기 위하여 필요한 때에는 감정인의 의견을 들을 수 있다

1378) 감정예규 제22조 제1호.

1379) 감정예규 제22조 제2호, 제3호.

1380) 감정예규 제19조 제3항.

(같은 항 후문).

4. 감정인의 지정 등

가. 감정인지정의 주체

감정인은 수소법원·수명법관 또는 수탁판사가 지정한다(법 제335조).

나. 감정의무

감정에 필요한 학식과 경험이 있는 사람은 감정할 의무를 진다(법 제334조 제1항).

그러나, **증언거부권자 또는 선서거부권자와 선서무능력자는 감정인이 되지 못한다**(법 제334조 제2항).

한편, 감정인, 법원으로부터 감정을 촉탁받은 기관도 전자소송시스템을 이용하여 전자문서를 제출할 수 있는 자인바(민소전자문서법 제5조 제1항, 민소전자문서규칙 제3조 제8호), 이들이 전자적으로 제출할 수 있는 소송서류로는, 감정서(법 제339조 제1항)를 들 수 있다.[1381]

다. 감정인지정결정 또는 감정촉탁

1) 개 관

감정인과 감정촉탁기관 및 감정과목별 담당의사는, 법원행정처에서 작성한 감정인선정전산프로그램을 이용하여, 매년 작성되는 감정인 명단 등에서 일정한 수를 무작위로 추출, 선정함이 일반이다.[1382]

다만, 양쪽 당사자가 합의하여 특정 감정인등에 대한 감정인 선정 신청을 한 때에는 이에 의한다.[1383]

한편, 당사자는 감정인지정결정 자체에 대하여서는 불복할 수 없고, 다만 후술하는 감정인 기피신청을 할 수 있을 뿐이다.

1381) 한편, 민소전자문서규칙 제37조 제1항, 제2항은, 전자기록사건에서는 감정서가 전자문서인 때에는 이를 전자적으로 제출하여야 하고, 전자문서가 아니더라도 법원이 전자문서로 변환하여 제출할 것을 요구할 수 있다고 규정한다.
그러나, 관견으로는, 이는 위임입법의 한계를 벗어난 것으로 사료된다. 왜냐하면, (전자소송 동의를 하지도 아니한) 소송관계인에게 전자적 제출의무가 강제되지 않는다는 것이 현행법의 대원칙이기 때문이다.

1382) 감정예규 제4조 제1항 본문, 제2항, 제9조, 제15조 제1항.

1383) 감정예규 제4조 제1항 단서.

2) 절 차

가) 개 관

법원이 감정을 명하거나 감정촉탁(법 제341조)을 하는 때에는 감정서 등의 부본을 제출하게 할 수 있으며(규칙 제76조), 감정인에게 감정에 사용한 자료를 제출하게 하거나 그 목록을 보고하게 할 수 있다(규칙 제101조의2 제4항).

나) 감정인지정의 절차

따라서, 담임법원사무관등은 감정인지정결정서의 등본과 감정소환장 및 감정할 사항을 기재한 서면을 지정된 감정인에게 송달하여야 한다.[1384)]

그리고, 재판장은 감정인이 감정의 목적을 사전에 알 수 있도록 할 필요가 있다고 인정하는 경우 소장과 감정신청서 부본 등 참고자료를 함께 송부하게 할 수 있다.[1385)]

다) 감정촉탁의 절차(신체감정등의 경우)

상술한 감정인지정의 절차는, 신체감정등의 경우에도(즉, 감정촉탁의 경우에도) 마찬가지이나,[1386)] 이 경우에는 감정인지정결정서 대신 감정촉탁서의 등본을 송달하고,[1387)] 감정소환장은 송달하지 아니한다.

한편, 신체감정이나 진료기록감정의 경우, 법원은 감정촉탁기관 및 감정담당의사가 선정되면 이를 당사자들에게 전자우편 또는 전화나 팩시밀리 등을 활용하여 적절한 방법으로 고지한다.[1388)] 그러나, 실무상 「통지서」를 송달하여 고지함이 일반이다.

3) 전자소송에서의 감정촉탁 등

전자기록사건에서는, 법원은 감정촉탁 등을 전자적 송달 또는 통지의 방법으로 할 수 있다(민소전자문서규칙 제37조 제3항).

그러나, 이는 감정기관이나 감정인의 전자적 송달영수의무를 전제로 한다고 할 것이므로, 전자소송실무도, 법원은 '전자소송시스템에 감정기관으로 등록된 기관'에 대하여는 감정을 전자적인 방법으로 촉탁할 수 있다고 하고 있다.[1389)]

1384) 감정예규 제10조 제2항 전문.
1385) 감정예규 제10조 제2항 후문.
1386) 감정예규 제15조 제2항, 제10조 제2항, 제17조 제3항.
1387) 감정예규 제17조 제3항 참조.
1388) 감정예규 제22조 제4항 전단.
1389) 민전예규 제85조 제1항.

다른 한편, 전자기록사건에서는, 법원이 감정기관으로 등록되지 않은 기관에 대하여 감정을 촉탁할 때에는 촉탁을 받은 기관이 감정서의 송부를 전자적인 방법으로 할 수 있도록 전자소송인증번호를 부여하고 있음이 전자소송실무이다.[1390)]

4) 감정에 필요한 자료제공

법원은 감정에 필요한 자료를 감정인에게 보낼 수 있다(규칙 제101조의2 제1항).

이에 따라, 당사자는 감정에 필요한 자료를 법원에 내거나 법원의 허가를 받아 직접 감정인에게 건네줄 수 있다(같은 조 제2항).

5) 특허권 또는 실용신안권 및 그 전용실시권 침해소송에서의 감정사항 설명의무

특허권, 실용신안권 또는 그 전용실시권 침해소송에서, 법원이 침해로 인한 손해액의 산정을 위하여 감정을 명한 때에는, 당사자는 감정인에게 감정에 필요한 사항을 설명하여야 한다(특허법 제128조의2, 실용신안법 제30조).

라. 감정인지정결정의 취소

감정인의 지정 후에 감정에 관한 증거결정의 취소, 소취하 등으로 감정의 필요가 없어진 경우에는 담임법원사무관등은 지체 없이 재판부에 보고하고 감정인취소결정을 받아야 한다.[1391)]

그리고, 취소결정이 있으면 지체 없이 그 내용을 해당 감정인에게 통지하여야 한다.[1392)]

5. 감정인의 의무 등

가. 감정인의 의무

감정인은 감정사항이 자신의 전문분야에 속하지 아니하는 경우 또는 그에 속하더라도 다른 감정인과 함께 감정을 하여야 하는 경우에는 곧바로 법원에 감정인의 지정 취소 또는 추가 지정을 요구하여야 한다(법 제335조의2 제1항).

또한, **감정인은 감정을 다른 사람에게 위임하여서는 아니 된다**(같은 조 제2항).

그리고, 감정인은 부득이한 사정이 없으면 법원이 보내거나(규칙 제101조의2 제1항) 당사자가

1390) 민전예규 제85조 제2항.

1391) 감정예규 제12조 제1항, 제15조 제2항.

1392) 감정예규 제12조 제2항, 제15조 제2항.

법원의 허가를 받아 건네 준 자료(같은 조 제2항)가 아닌 자료를 감정의 전제가 되는 사실 인정에 사용할 수 없다(규칙 제101조의2 제3항).

나. 신체감정의 촉탁 이후의 절차

신체감정의 경우에는, 촉탁 이후의 절차는 실무상 다음과 같이 진행된다.

감정촉탁기관 또는 감정인은 감정일시가 정하여지면, 감정신청인 및 상대방에게 이를 고지하여야 한다.[1393]

6. 감정인의 기피

가. 개 관

감정인이 성실하게 감정할 수 없는 사정이 있는 때에 당사자는 그를 기피할 수 있다(법 제336조 본문).[1394]

가령, 조정사건이 소송절차로 이행된 경우 조정위원으로 조정절차에 관여한 사람도 이에 해당한다고 할 것이다.[1395]

다만, 당사자는 감정인이 감정사항에 관한 진술을 하기 전부터 기피할 이유가 있다는 것을 알고 있었던 때에는 감정사항에 관한 진술이 이루어진 뒤에 그를 기피하지 못한다(같은 조 단서).

나. 감정인기피신청

감정인기피신청은 신청권에 기초한 중간적·부수적 신청이다.[1396]

감정인에 대한 기피는 그 이유를 밝혀 신청하여야 하며(규칙 제102조 제1항), **기피하는 사유는 소명하여야 하고**(법 제337조 제2항), 기피하는 이유와 소명방법은 신청한 날부터 3일 안에 서면으로 제출하여야 한다(규칙 제102조 제2항).

기피신청은 수소법원·수명법관 또는 수탁판사에게 하여야 하는바(법 제337조 제1항), 원칙적으로 감정인지정결정을 한 주체에게 기피신청을 하여야 할 것이나, 수명법관 또는 수탁판사

1393) 감정예규 제23조 제1항.

1394) cf. 감정예규 제4조의2는 감정인 명단에 등재하지 아니할 결격사유를 규정하고 있다.

1395) 감정예규 제25조 제2항 참조.

1396) 구 '인지액·편철방법예규'(2012. 2. 20. 재판예규 제1379호로 개정되기 전의 것) 참조.

가 실시한 감정이 종료되어 기록이 수소법원에 있는 경우에는 수소법원에 신청하여야 하는 것으로 해석된다.

다. 감정인기피신청에 관한 결정에 대한 불복

기피하는 데 정당한 이유가 있다고 한 결정에 대하여는 불복할 수 없다(법 제337조 제3항 전단).

그러나, **이유가 없다고 한 결정에 대하여는 즉시항고를 할 수 있다**(법 제337 제3항 후단).

7. 감정에 필요한 처분

감정인은 감정을 위하여 필요한 경우에는 법원의 허가(결정)**를 받아 남의 토지, 주거, 관리중인 가옥, 건조물, 항공기, 선박, 차량, 그 밖의 시설물 안에 들어갈 수 있다**(법 제342조 제1항).

이 경우 저항을 받을 때에는 감정인은 경찰공무원에게 원조를 요청할 수 있다(같은 조 제2항).

8. 감정인신문

가. 개 관

감정인신문에는, 감정인에게 최초로 출석을 요구하여 선서를 시킨 후 감정사항을 알리고 감정을 명하는 경우와,[1397] 감정인이 감정서를 제출한 후 법원에 대하여 보충진술을 하는 경우가 있다.[1398]

또한, 아예 감정인으로 하여금 말로써 의견을 진술하게 하기 위하여(법 제399조 제1항 후단) 감정인신문을 실시할 수도 있다.

어느 경우든 시행방식은 동일하며,[1399] 특히 감정서 제출 후 감정인신문을 실시한 때에는 감정서와 감정인신문결과가 일체로서 감정의견을 구성하게 된다.[1400]

감정도 인증(人證)이므로, 원칙적으로, **감정에는 증인신문의 규정을 준용하며**(법 제333조 본

1397) 예컨대, 감정인이 법원에 출석하여 필적감정을 실시하는 경우.

1398) 가령, 측량감정의 촉탁을 한 경우 재판장은 필요한 때에는 실제로 감정을 담당하는 사람을 법정 또는 법정 외의 장소에 출석하게 할 수 있다. 감정예규 제19조 제1항.

1399) 제요[민소Ⅲ], 1143면.

1400) 위의 책, 1147면.

문, 규칙 제104조), 따라서 감정인신문절차 역시 증인신문절차와 대체로 같으므로,[1401] 이에 관한 상세한 설명은 생략하겠다.

다만, 증인신문규정의 준용이 명시적으로 배제되는 사항들도 있는바(법 제333조 단서), 상세한 것은 후술하는 바와 같다.

나. 감정인이 출석하지 아니한 경우의 과태료 등

증인 불출석의 경우와 마찬가지로, **감정인이 정당한 사유 없이 출석하지 아니한 때에 법원은 결정으로 감정인에게 이로 말미암은 소송비용을 부담하도록 명하고 500만원 이하의 과태료에 처한다**(법 제333조 본문, 제311조 제1항).

그러나, 증인과 달리, **감정인은 출석의무를 해태하더라도 감치에는 처할 수 없고**(법 제333조 단서에서 제311조 제2항 내지 제7항의 부준용), **구인할 수 없다**(법 제311조 단서에서 제312조의 부준용).

다. 감정인신문의 절차

1) 감정인의 소환

감정촉탁의 경우와 달리, 감정인 지정의 경우에는 감정인을 소환하게 됨은, 기술한 바와 같다.

2) 비디오 등 중계장치 등에 의한 감정인신문

가) 개 관

법원은 다음 각 호의 어느 하나에 해당하는 사람을 감정인으로 신문하는 경우 상당하다고 인정하는 때에는 당사자의 의견을 들어 비디오 등 중계장치에 의한 중계시설을 통하여 신문하거나 인터넷 화상장치를 이용하여 신문할 수 있다(법 제339조의3 제1항).

① 감정인이 법정에 직접 출석하기 어려운 특별한 사정이 있는 경우

② 감정인이 외국에 거주하는 경우

이는 비디오등 중계장치에 의한 증인신문과는, 실시를 할 수 있는 사유가 약간 다르며(법 제333조 단서에서 제327조의2 제1항의 부준용), 중계시설뿐만 아니라 인터넷 화상장치도 이용할 수 있다는 차이점이 있다.

1401) 전자기록사건에서 감정인이 선서서에 서명하는 방법도 증인신문의 경우와 같다. 민전예규 제82조.

그리고, 감정인에 대한 영상신문에는 화상장치를 이용한 방식을 우선적으로 고려하며, 이는 후술하는 감정서설명담당자나 감정증인의 경우에도 마찬가지이다.[1402]

이러한 비디오 등 중계장치 등에 의한 감정인신문도 감정인이 법정에 출석하여 이루어진 감정인신문으로 본다(법 제339조의3 제2항, 제327조의2 제2항).

비디오 등 중계장치에 의한 감정인신문의 절차와 방법, 그 밖에 필요한 사항 역시 대법원 규칙으로 정하는바(법 제339조의3 제2항, 제327조의2 제3항),[1403] 구체적인 것은 후술하는 바와 같다.

나) 방 법

(1) 개 관

비디오 등 중계장치 등에 의한 감정인신문(법 제339조의3)은 감정인을 법정 아닌 곳으로서 비디오 등 중계장치에 의한 중계시설이나 인터넷 화상장치가 설치된 곳에 출석하게 하고, 영상과 음향의 송수신에 의하여 법정 안의 법관, 당사자, 그 밖의 소송관계인과 법정 밖의 감정인이 상대방을 인식할 수 있는 방법으로 한다(규칙 제103조의2 제1항 전문).

이에 따른 구체적인 절차는 중계장치에 의한 증인신문과 대체로 같으나,[1404] 화상장치에 의한 영상신문이 허용되는 결과 그 경우에는 중계장치에 의한 증인신문의 경우와 절차상 다소 차이가 있는바,[1405] 구체적인 것은 후술하는 바와 같다.

(2) 화상장치를 이용한 영상신문의 준비

(가) 출석장소의 지정 등

화상장치를 이용한 영상신문 결정을 한 경우, 재판장등은 특별한 사정이 없는 이상 감정인의 희망을 반영하여 구체적인 출석장소를 지정한다.[1406]

다만, 감정인의 요청이 있는 등 필요한 경우에는 신문기일 전까지 출석장소를 변경할 수 있다.[1407]

1402) 원격영상재판의 실시에 관한 업무처리지침(재일 2020-1) 제29조.

1403) 법 제333조 단서는 "… 제327조의2는 그러하지 아니하다."라고 규정하고 있으나, 이는 입법의 착오이다. 오히려 법 제339조의3 제3항을 두는 대신 제333조 단서에서 "… 제327조의2 제1항은 그러하지 아니하다."라고 규정하면 되었을 것이다.

1404) 원격영상재판의 실시에 관한 업무처리지침(재일 2020-1) 제2장 제1절, 제34조.

1405) 그리고, 절차 자체는 같은 경우라도, 해당 서식이나 기재례가 별도로 마련되어 있다. 원격영상재판의 실시에 관한 업무처리지침(재일 2020-1) 제30조.

1406) 원격영상재판의 실시에 관한 업무처리지침(재일 2020-1) 제31조 제1항.
즉, 중계장치를 이용하는 경우와 달리, 출석법원의 지정이나 촉탁이 문제될 소지가 없다.

(나) 수소법원의 사전 준비사항 등

화상장치를 이용한 영상신문 결정을 한 경우, 수소법원 법원사무관등은 영상신문 도중의 장애 발생 등을 대비하여 사전에 감정인의 연락처를 확보하여야 한다.[1408]

또한, 수소법원 법원사무관등은 감정인과 협의하여 영상신문 당일의 연락 및 문서제시 방법을 협의하고 이에 필요한 기기를 구비하여야 한다.[1409]

(다) 서류 작성 및 송부에 관한 안내

화상장치를 이용한 영상신문 결정을 한 경우, 선서서 등 감정인등이 작성해야 하는 서류가 있는 경우 전자우편으로 양식을 전송하거나 그 양식이 대한민국 법원 홈페이지에 등재되어 있음을 안내할 수 있다.[1410]

그리고, 감정인에 대하여 위 서류를 전자적으로 제출하도록 안내한다.[1411]

3) 감정인의 선서

법원은 감정인에게 선서를 하게 하기에 앞서 전술한 의무(법 제335조의2)를 알려야 한다(규칙 제100조의2).

선서서에는 "양심에 따라 성실히 감정하고, 만일 거짓이 있으면 거짓감정의 벌을 받기로 맹세합니다."라고 적어야 한다(법 제338조, 법 제333조 단서에서 제321조 제2항의 부준용).[1412]

선서하지 아니한 감정인에 의한 감정 결과는 증거능력이 없으므로,[1413] 이를 사실인정의 자료로 삼을 수 없다 할 것이나, 법원이 감정인을 지정하고 그에게 감정을 명하면서 착오로 감정인으로부터 선서를 받는 것을 누락함으로 말미암아 그 감정인에 의한 감정 결과가 증거능력이 없게 된 경우라도, 그 감정인이 작성한 감정 결과를 기재한 서면이 당사자에 의하여

1407) 원격영상재판의 실시에 관한 업무처리지침(재일 2020-1) 제31조 제2항.

1408) 원격영상재판의 실시에 관한 업무처리지침(재일 2020-1) 제32조 제1항.
감정인이 화상장치를 이용하는 경우에도, 수소법원 법원사무관등은 수소법원 영상재판담당자의 협조를 받아 중계시설 및 각종 기기의 동작의 점검도 하여야 함은 물론이다. 지침 제11조 제1항의 준용.

1409) 원격영상재판의 실시에 관한 업무처리지침(재일 2020-1) 제32조 제2항.
이는, 중계장치를 이용하는 경우 출석법원 영상재판담당자와 협의하여야 한다는 것과 대비된다.

1410) 원격영상재판의 실시에 관한 업무처리지침(재일 2020-1) 제33조 제1항.
이는, 중계장치를 이용하는 경우 출석법원 영상재판담당자가 해당 서류를 준비하여야 한다는 것과 대비된다.

1411) 원격영상재판의 실시에 관한 업무처리지침(재일 2020-1) 제33조 제2항 전단.
그러나, 부득이 발생한 서류 송부비용은 감정료와 함께 지급한다. 같은 항 후단

1412) 법률에 의하여 선서한 감정인이 허위의 감정을 한 때에는 처벌을 받는다(형법 제154조).

1413) 대법원 1982. 8. 24. 선고 82다카317 판결(사안은 신체감정). 동지 : 대법원 2006. 5. 25. 선고 2005다77848 판결.

서증으로 제출되고, 법원이 그 내용을 합리적이라고 인정하는 때에는, 이를 사실인정의 자료로 삼을 수 있다.[1414]

그러나, **감정촉탁의 경우에는 선서에 관한 규정을 적용하지 아니한다**(법 제341조 제1항 후문).

4) 감정인신문의 방식

증인신문과 달리, **감정인신문은 교호신문에 의하지 아니하며**(법 제333조 단서에서 제327조의 부준용), 다음과 같은 순서 내지 방식에 의한다.

첫째, **감정인은 재판장이 신문한다**(법 제339조의2 제1항).

한편, **합의부원은 재판장에게 알리고 신문할 수 있다**(같은 조 제2항).

둘째, **당사자는 재판장에게 알리고 신문할 수 있다**(같은 조 제3항 본문).

다만, 당사자의 신문이 중복되거나 쟁점과 관계가 없는 때, 그 밖에 필요한 사정이 있는 때에는 재판장은 당사자의 신문을 제한할 수 있다(같은 항 단서).

그러나, 비디오 등 중계장치에 의한 중계시설에 의하여 감정인을 신문하는 경우의 문서 등의 제시 방법은 증인을 신문하는 경우와 같다(규칙 제103조의2 제1항 후문, 제95조의2 제3항).

라. 감정인신문조서

감정인신문을 실시하면 「감정인신문조서」를 작성하며, 전술한 선서서는 감정인신문조서에 첨부된다.

비디오 등 중계장치에 의하여 감정인을 신문한 때(법 제327조의2)에는 그 취지와 감정인이 출석하여 진술한 곳을 조서에 적어야 한다(규칙 제103조의2 제1항 후문, 제95조의2 제4항).

마. 소액사건에서의 서면신문

소액사건에서는, 판사는 상당하다고 인정한 때에는 감정인의 신문에 갈음하여 서면을 제출하게 할 수 있다(소액사건심판법 제10조 제3항).

이 제도에 관한 설명은 '증인신문' 부분에서 서면증언에 관하여 기술한 내용을 참조하기 바란다.

1414) 대법원 2006. 5. 25. 선고 2005다77848 판결.

9. 감정진술

가. 개 관

재판장은 감정인으로 하여금 서면(감정서)**이나 말로써 의견을 진술하게 할 수 있다**(법 제339조 제1항).

이 경우, 감정서에 의하여 진술케 함이 일반이나, 만일 말로써 진술하게 할 때에는 전술한 감정인신문의 방식에 의하게 된다.

주의할 것은, 감정은 인증(人證)이므로, 감정서도 서증이 아니다.

재판장은 여러 감정인에게 감정을 명하는 경우에는 다 함께 또는 따로따로 의견을 진술하게 할 수 있다(같은 조 제2항).

특히, 동일한 감정인이 동일한 감정사항에 대하여 서로 모순되거나 매우 불명료한 감정의견을 내놓고 있는 경우에, 법원이 위 감정서를 직접 증거로 채용하여 사실인정을 하기 위하여서는, 특별히 다른 증거자료가 뒷받침되지 않는 한, 감정인에 대하여 감정서의 보완을 명하거나 감정증인으로의 신문방법 등을 통하여 정확한 감정의견을 밝히도록 하는 등의 적극적인 조치를 강구하여야 마땅하다.[1415]

나. 감정서의 설명 등: 감정촉탁의 경우

감정촉탁의 경우에 법원은 필요하다고 인정하면 공공기관·학교, 그 밖의 단체 또는 외국공공기관이 지정한 사람으로 하여금 감정서를 설명하게 할 수 있다(법 제341조 제2항).

이와 같이 지정한 사람을 "감정서설명담당자"라고 한다.[1416]

이와 같이 위 규정에 따라 감정서를 설명하게 하는 때에는 당사자를 참여하게 하여야 하며(규칙 제103조 제1항), 해당 설명의 요지는 조서(감정서 설명조서)에 적어야 한다(같은 조 제2항).

이 경우에도, **감정인신문의 경우**(법 제339조의3, 규칙 제103조의2 제1항)**처럼, 비디오등 중계장치 등에 의하여 감정서를 설명하게 할 수 있는바**(법 제341조 제3항, 규칙 제103조의2 제2항), 그 구체적인 내용은 감정인신문의 경우와 마찬가지이므로, 중복하여 설명하지 아니한다.[1417]

다만, 종래의 실무상으로는 감정촉탁의 경우에 감정서의 설명을 시키기보다는 오히려 감정보완촉탁을 하는 것이 통례이었다.[1418]

1415) 대법원 1994. 6. 10. 선고 94다10955 판결. 동지 : 대법원 1999. 5. 11. 선고 99다2171 판결 ; 대법원 2008. 3. 27. 선고 2007다16519 판결.

1416) 원격영상재판의 실시에 관한 업무처리지침(재일 2020-1) 제6조 제1항.

1417) 원격영상재판의 실시에 관한 업무처리지침(재일 2020-1) 제2장 제1절, 제3장.

다. 전자문서를 이용한 설명

전자기록사건에서, 감정인은 재판장의 허가를 받아 멀티미디어 자료 등 전자문서를 이용하여 의견을 진술할 수 있고, 감정촉탁기관이 지정한 사람은 재판장의 허가를 받아 멀티미디어 자료 등 전자문서를 이용하여 감정서를 설명할 수 있다(민소전자문서규칙 제36조 제2항).

위와 같은 전자문서가 증거조사를 하지 아니한 것인 때에는 의견진술 또는 설명에 앞서 당사자에게 열람할 기회를 주어야 한다. 다만, 당사자의 이의가 없는 때에는 그러하지 아니하다(민소전자문서규칙 제36조 제3항, 규칙 제96조 제2항).

재판장은 조서에 붙이거나 그 밖에 다른 필요가 있다고 인정하는 때에는 감정인 등에게 전자문서를 제출할 것을 명할 수 있다(민소전자문서규칙 제36조 제3항, 규칙 제96조 제3항).

전자기록사건에서 전자문서를 이용하여 의견진술 또는 설명을 한 경우, 법원사무관등이 감정인신문조서나 감정서 설명조서를 작성하는 때에는 재판장의 허가를 받아 그 제출된 전자문서 가운데 필요한 부분을 그 조서에 인용할 수 있다(민소전자문서규칙 제36조 제3항, 규칙 제33조 제3항).

라. 감정결과의 통지

감정결과(감정서, 감정회보서, 감정보완회보서 등)가 법원에 도착한 경우 법원사무관등은 즉시 그 결과를 양쪽 당사자에게 통지하여야 한다.[1419]

다만, 통지는 전화 또는 전자우편을 이용하여 고지하거나, 접수인이 날인된 감정결과의 표지를 팩시밀리로 보낸 후, 그 사실을 감정결과의 표면이나 그 밖에 기록의 적당한 곳에 표시하는 방식으로 할 수 있다.[1420]

마. 감정인에 대한 출석요구 등

법원은 감정인의 '서면' 의견진술(법 제339조 제1항, 제2항)이 있는 경우에 그에 관하여 말로 설명할 필요가 있다고 인정하는 때에는 감정인에게 법정에 출석하게 할 수 있다(규칙 제101조의3 제2항).

이 경우 법원은 당사자에게 기한을 정하여 감정인에게 질문할 사항을 적은 서면을 감정인이 출석할 신문기일 전에 제출하게 할 수 있다(같은 조 제3항).

1418) 제요[민소Ⅲ], 249면.
1419) 감정예규 제3조 제5항 전문.
1420) 감정예규 제3조 제5항 후문.

법원사무관등은 이에 따라 당사자가 제출한 서면의 부본을 감정인이 출석할 신문기일 전에 상대방에게 송달하여야 한다(같은 조 제4항).

10. 감정결과의 원용 및 증명력 등

가. 감정결과의 원용 등

법원은 전술한 감정진술(법 제339조 제1항 및 제2항)**에 관하여 당사자에게 서면이나 말로써 의견을 진술할 기회를 주어야 한다**(법 제339조 제3항).

감정인의 감정결과는 당사자가 이를 증거로 원용하지 않는 경우에도 법원으로서는 증거로 할 수 있으나,[1421] 실무상, 감정결과가 유리한 당사자 측에서 이를 원용한다는 진술을 함이 일반이다.

이에 따라, 법원은 감정인의 의견진술(법 제339조 제1항, 제2항)이 있는 경우에 당사자에게 기한을 정하여 그에 관한 의견을 적은 서면을 제출하게 할 수 있다(규칙 제101조의3 제1항).

나. 감정결과의 증명력

감정인의 감정 결과는 그 감정방법 등이 경험칙에 반하거나 합리성이 없는 등의 현저한 잘못이 없는 한 이를 존중하여야 한다.[1422][1423]

환언하면, 법관이 감정 결과에 따라 사실을 인정한 경우에 그것이 경험칙이나 논리법칙에 위배되지 않는 한 위법하다고 할 수 없다.[1424]

1421) 대법원 1994. 8. 26. 선고 94누2718 판결.
반대 : 대법원 1971. 3. 23. 선고 71다182,183 판결은, 당사자 쌍방이 채용하지 아니한 감정서를 증거로 한 것은 잘못이라고 하였다.

1422) 대법원 2007. 2. 22. 선고 2004다70420,70437 판결. 동지 : 대법원 2009. 7. 9. 선고 2006다67602,67619 판결 ; 대법원 2012. 11. 29. 선고 2010다93790 판결 ; 대법원 2014. 10. 15. 선고 2012다18762 판결 ; 대법원 2014. 12. 11. 선고 2013다92866 판결 ; 대법원 2015. 2. 26. 선고 2012다89320 판결 ; 대법원 2017. 6. 8. 선고 2016다249557 판결 ; 대법원 2018. 12. 17.자 2016마272 결정 ; 대법원 2019. 3. 14. 선고 2018다255648 판결.
대법원 1984. 2. 28. 선고 83다카1933,1934 판결은, 동일한 감정인이 작성한 측량도면을 일부 채용하고 일부 배척한 것은 채증법칙 위반이라고 하였다.
대법원 1990. 4. 13. 선고 89다카982 판결은, 감정촉탁결과상 원고의 장해상태에 대하여 맥브라이드평가표상 슬관절Ⅲ 1항에 유사하다고 되어 있는데도 아무런 이유 설시 없이 원심이 그와 다른 항목인 같은표 관절염 Ⅱ. B에 해당한다고 인정한 것은 채증법칙을 위반한 것이라고 하였다.

1423) 따라서, 예컨대, 감정서를 작성한 감정인이 증인으로 나와 스스로 감정내용이 잘못된 것이라고 분명히 증언하고 있다면, 법원은 마땅히 그 증언의 취지와 진위를 가려보아야 하고, 만연히 감정서의 내용을 그대로 믿는다면 채증법칙, 심리미진의 위법에 해당한다. 대법원 1984. 3. 13. 선고 83다카547 판결.

더 나아가, 법원은 감정인의 감정 결과 일부에 오류가 있는 경우에도 그로 인하여 감정사항에 대한 감정 결과가 전체적으로 서로 모순되거나 매우 불명료한 것이 아닌 이상, 감정 결과 전부를 배척하여야 할 것이 아니라 그 해당되는 일부 부분만을 배척하고 나머지 부분에 관한 감정 결과는 증거로 채택하여 사용할 수 있다.[1425]

그러나, 감정결과는 증거방법의 하나에 불과하고, 법관은 해당 사건에서 모든 증거를 종합하여 자유로운 심증에 의하여 특정의 감정결과와 다르게 판단할 수 있고,[1426][1427] 또한 당사자도 주장·입증을 통하여 그 감정결과의 당부를 다툴 수 있다.[1428]

동일한 사항에 관하여 상이한 수개의 감정 결과가 있을 때 그중 하나에 의하여 사실을 인정하였다면 그것이 경험칙이나 논리법칙에 위배되지 않는 한 적법하다.[1429] 감정은 법원이 어떤 사항을 판단함에 특별한 지식과 경험을 필요로 하는 경우에 그 판단의 보조수단으로서 그러한 지식·경험을 이용하는데 지나지 아니하기 때문이다.[1430] 그리고 이 경우, 그 하나를

1424) 대법원 2018. 12. 17.자 2016마272 결정.

1425) 대법원 2012. 1. 12. 선고 2009다84608,84615,84622,84639 판결, 동지 : 대법원 2014. 10. 15. 선고 2012다18762 판결.

1426) 대법원 2002. 6. 28. 선고 2001다27777 판결, 동지 : 대법원 2006. 5. 11. 선고 2003다8503(반소) 판결; 대법원 2019. 5. 30. 선고 2015다8902 판결.
위 판례들은 신체감정 및 노동능력상실율에 관한 것이나, 위와 같은 법리는 여타의 감정에서도 적용된다고 할 것이다.

1427) 그러나, 가령, 아무런 설명도 없이 동일인이 한 필적감정결과를 어느 것은 믿고 어느 것은 취신할 수 없다 함은 논리법칙에 어긋난다. 대법원 1985. 9. 24. 선고 84다카2309 판결.

1428) 대법원 2002. 6. 28. 선고 2001다27777 판결.

1429) 대법원 1989. 11. 14. 선고 88다카12148 판결. 동지 : 대법원 1971. 11. 23. 선고 71다2091 판결 ; 대법원 1982. 6. 8. 선고 81다13,14 판결 ; 대법원 1982. 11. 23. 선고 81다372 판결 ; 대법원 1983. 6. 14. 선고 83다카239 판결 ; 대법원 1983. 7. 26. 선고 82누289 판결 ; 대법원 1985. 8. 20. 선고 84다카1641 판결; 대법원 1987. 6. 9. 선고 86다카2920 판결 ; 대법원 1987. 12. 22. 선고 86다카2968 판결 ; 대법원 1988. 3. 8. 선고 87다카1354 판결. 대법원 1989. 6. 27. 선고 88다카14076 판결 ; 대법원 1990. 3. 13. 선고 89누8293 판결 ; 대법원 1990. 4. 10. 선고 88다카21210 판결 ; 대법원 1991. 8. 13. 선고 91다16075 판결 ; 대법원 1992. 4. 10. 선고 91다44674 판결 ; 대법원 1992. 10. 27. 선고 91다39368 판결 ; 대법원 1995. 8. 25. 선고 94다34562 판결 ; 대법원 1997. 12. 12. 선고 97다36507 판결 ; 대법원 1999. 7. 13. 선고 97다57979 판결 ; 대법원 2000. 5. 26. 선고 98두6531 판결 ; 대법원 2002. 9. 24. 선고 2002다30275 판결 ; 대법원 2005. 1. 14. 선고 2001다81320 판결 ; 대법원 2005. 8. 19. 선고 2004다4942 판결 ; 대법원 2006. 5. 11. 선고 2003다8503(반소) 판결 ; 대법원 2006. 11. 23. 선고 2004다60447 판결 ; 대법원 2008. 11. 13. 선고 2008다45491,45507 판결 ; 대법원 2009. 6. 25. 선고 2008다18932,18949 판결 ; 대법원 2010. 4. 15. 선고 2009다98904 판결 ; 대법원 2010. 5. 27. 선고 2010다6659 판결 ; 대법원 2018. 10. 12. 선고 2016다243115 판결.
상이한 수개의 감정결과 중 경험칙에 위배되는 쪽을 채택하여 위법하다고 본 사례로는, 대법원 1978. 6. 27. 선고 78다788 판결.
법원이 동일 조건하에 감정한 수개의 감정의 결과에 대한 채부를 결정함에는 공지의 사실이 가장 적절히 반영된 것을 채택하여야 한다고 설시한 판례로는, 대법원 1973. 3. 20. 선고 73다233 판결.

채용하고 나머지를 배척함에 그 이유를 구체적으로 명시하지 아니하여도 무방하다.[1431)]

다만, 어떤 특정한 사항에 관하여 상반되는 수개의 감정결과가 있는 경우 각 감정결과의 감정방법이 적법한지 여부를 심리 조사하지 아니한 채 당사자가 원용한 어느 하나의 감정결과가 다른 감정결과와 상이하다는 이유만으로 그 감정결과를 배척할 수는 없는 것이다.[1432)]

따라서, 예컨대, 어떤 측량감정결과가 그 측량방법 등에서 적법하지 아니하거나 신빙성이 없다고 인정되어 사실인정의 증거로 할 수 없는 경우에도 다른 감정인의 감정결과에 대하여 그 측량방법이 적법한지 여부를 심리하여 그에 관한 주장의 당부를 판단하여야 한다.[1433)]

그리고, 복수의 감정 과목에 대한 신체감정촉탁 결과에는 감정의 중복·누락이 있을 수 있으므로, 신체감정촉탁 결과에 의하여 노동능력상실률을 평가하는 법원으로서는 감정이 중복·누락되었는지 여부를 세심히 살펴야 하고, 중복·누락이 있는 경우에는 필요한 심리를 통하여 이를 바로잡아야 할 것이다.[1434)]

11. 감정증인신문

특별한 학식과 경험에 의하여 알게 된 사실에 관한 신문은 증인신문에 관한 규정을 따른다 (법 제340조 본문).

따라서, 당사자가 감정증인신문신청을 할 수도 있다.[1435)]

1430) 대법원 1989. 6. 27. 선고 88다카14076 판결. 동지 : 대법원 1987. 6. 9. 선고 86다카2920 판결 ; 대법원 1987. 12. 22. 선고 86다카2968 판결 ; 대법원 1988. 3. 8. 선고 87다카1354 판결 ; 대법원 1993. 2. 12. 선고 92누11763 판결 ; 대법원 1995. 9. 5. 선고 94누14919 판결 ; 대법원 1997. 2. 14. 선고 96다44839 판결 ; 대법원 2001. 6. 15. 선고 99두1731 판결 ; 대법원 2006. 11. 23. 선고 2004다60447 판결 ; 대법원 2008. 2. 28. 선고 2005다11954 판결 ; 대법원 2008. 11. 13. 선고 2008다45491,45507 판결.

1431) 대법원 1983. 7. 26. 선고 82누289 판결. 동지 : 대법원 1989. 6. 27. 선고 88다카14076 판결.

1432) 대법원 1992. 3. 27. 선고 91다34561 판결.

1433) 대법원 1992. 3. 27. 선고 91다34561 판결.

1434) 대법원 2020. 6. 25. 선고 2020다216240 판결(A가 B에게 고용되어 B가 C 주식회사로부터 하도급을 받은 공사를 수행하던 중 머리 부분을 크게 다치는 사고가 발생하자, A와 그의 배우자 D가 C 회사를 상대로 민법 제757조에 따른 손해배상을 구하였는데, A의 노동능력상실률을 평가하기 위하여 복수의 감정 과목에 대한 신체감정이 이루어진 사안에서, A의 후유장해로 신경외과의 신체감정서는 '두통 및 기억력 장애'를, 정신건강의학과의 신체감정서는 '기억력 저하, 실행기능 저하 등의 인지기능장애'를, 신경과의 신체감정서는 '무의욕, 실행기능 저하, 성격변화 등'을 들고 있는데, 이는 사고로 A에게 생긴 상이한 신체부위의 장해에 대한 감정이 아니라, 모두 A가 입은 두부손상으로 인한 인지기능장애, 인격장애 등의 정신장해를 대상으로 한 감정으로 보이는 점 등 제반 사정에 비추어 보면, 위 신체감정이 중복감정일 여지가 있어 감정보완이나 추가 사실조회 등을 통해 감정이 중복되는지 세심히 살핀 다음, 중복이 있는 경우 이를 바로잡아 적정한 노동능력상실률을 인정하였어야 하는데도, 이에 이르지 않은 채 위 감정이 중복감정이 아니라는 전제하에 중복장해율로 노동능력상실률을 인정한 원심판단에는 심리미진 등 잘못이 있다고 한 사례).

위와 같이 특별한 학식·경험을 가졌기 때문에 지득한 과거의 구체적 사실에 대하여 진술하는 증인을 '감정증인'이라 한다. 그 예로는, 환자를 치료한 의사나항공기 추락 현장을 목격한 항공공학엔지니어 등이 거론된다.[1436] 이러한 사람들은 특별한 학식·경험을 이용하는 점에서 감정인과 유사하기는 하지만 개념상으로는 엄연히 증인에 불과하므로, 이를 증인신문에 의하여 신문한다는 것은 주의적 규정에 불과하다.

다만, 감정증인의 성질상, 증인신문사항에 전문가로서의 의견의 진술을 구하는 내용(규칙 제80조 제2항 제3호 및 같은 조 단서 참조)이 포함될 수 있는 여지가 크다고 하겠다.

또한, **비디오 등 중계장치 등에 의한 감정증인신문에 관하여는 비디오등 중계장치 등에 의한**－증인신문의 규정(법 제327조의2, 규칙 제95조의2 제1항)이 아니라－**감정인신문의 규정**(법 제339조의3, 규칙 제103조의2 제1항)**을 준용하는바**(법 제340조 단서, 규칙 제103조의2 제2항), 그 구체적인 내용은 감정인신문의 경우와 마찬가지이므로,[1437] 중복하여 설명하지 아니한다.

그런데, 감정인이 감정을 행하는 과정에서 알게 된 사실에 관하여 신문할 경우, 이는 경우에 따라 감정증인일 수도 있고, 단순히 감정의견의 진술에 불과할 수도 있다.[1438]

Ⅳ. 서 증

1. 서증 개관

가. 서증의 의의

서증(書證)이란 문서를 열람하여 그 기재내용을 증거자료로 하는 증거방법을 말하며,[1439] 그 증거조사의 대상이 되는 문서 역시 서증이라고 지칭한다(법 제254조 제4항 후단, 제346조, 규칙 제65조 제2항, 제105조 제2항 본문, 제5항 참조).

1435) '인지액·편철방법예규'.

1436) 주석(민소2), 433면(심담 집필부분).

1437) 원격영상재판의 실시에 관한 업무처리지침(재일 2020-1) 제2장 제1절, 제3장.

1438) 이에 관한 상세한 논의는, 앞의 책 참조.

1439) 대법원 1995. 12. 22. 선고 95다35197 판결 참조.
서증과 검증은 그 증거방법이 물증이라는 공통점이 있으나, 서증은 기재내용이 증거자료가 되는 것이므로, 예컨대 위조서류라는 취지로 제출된 문서는 서증조사의 대상이 아니라 검증의 대상이 된다. 대법원 1991. 5. 28. 선고 90다19459 판결; 대법원 1992. 7. 10. 선고 92다12919 판결 참조.

나. 서증신청의 방법 개관

당사자가 서증을 신청하고자 하는 때에는 ① 문서를 제출하는 방식(서증제출) **또는 ② 문서를 가진 사람**(이는 상대방 당사자일 수도 있고 제3자일 수도 있다. 법 제346조, 제347조 제3항 참조)**에게 그것을 제출하도록 명할 것을 신청**(문서제출명령신청)**하는 방식으로 하지만**(법 제343조), ③ **문서를 가지고 있는 사람에게 그 문서를 보내도록 촉탁할 것을 신청**(문서송부촉탁신청)**함으로써도 할 수 있다**(법 제352조 본문).

또한, ④ 제3자가 가지고 있는 문서를 위와 같은 방법에 따라 서증으로 신청할 수 없거나 신청하기 어려운 사정이 있는 때에는 법원은 그 문서가 있는 장소에서 서증의 신청(법원외서증조사신청)을 받아 조사할 수 있다(규칙 제112조 제1항).

요컨대, 당사자 본인이 가지고 있는 문서를 서증으로 신청하고자 한다면 이를 제출하는 방법에 의하면 되나, 제3자가 가지고 있는 문서는 원칙적으로 문서제출명령신청 또는 문서송부촉탁신청(양자의 구별은 제출의무의 존부에 있다), 예외적으로 법원외 서증조사신청에 의하게 된다(규칙 제112조 제1항 참조). 상대방이 가지고 있는 문서를 서증으로 신청할 경우에는 문서제출명령신청에 의할 수밖에 없다.[1440]

2. 문서제출·송부의 방법 등

가. 개 관

당사자가 소지한 문서를 서증으로 신청하거나, 문서제출명령을 받은 자가 문서를 제출하거나, 문서송부촉탁을 받은 자가 이를 송부할 때에, 구체적으로 어떤 방법으로 제출 또는 송부를 하여야 하는지 문제된다.

또한, 해당 문서를 서증으로 채택하지 아니한 경우나, 서증으로 채택하여 조사를 마친 후의 처리도 문제된다.

1440) 이론적으로 상대방에 대하여서도 (제출의무 없는 문서의) 문서송부촉탁신청을 하여야 할 경우를 상정할 수는 있겠으나, 실제로는 그러한 경우란 있기 어렵다.
또한, 제3자에 대하여서는 문서송부촉탁신청을 하게 되는 경우가 대부분이다. 다만, 개별법에서 제출명령이 있어야 해당 제3자가 문서의 제공을 할 수 있도록 규정한 경우에는 문서제출명령에 의하여야 한다. 의료기관에 진료기록의 송부를 요구하는 경우 등이 그 예이다. 이 문제에 관하여 상세한 것은, 이 책 보론의 '문서제출 또는 송부의 대상으로 개별법상 규정된 서류들' 부분을 참조하기 바란다.

나. 종이소송의 문서제출·송부 등

1) 문서제출·송부의 방법

법원에 문서를 제출하거나 보낼 때에는 원본, 정본 또는 인증이 있는 등본(인증등본)**으로 하여야 한다**(법 제355조 제1항 전단).

다만, **법원은 필요하다고 인정하는 때에는 원본을 제출하도록 명하거나 이를 보내도록 촉탁할 수 있으며**(같은 조 제2항 전단), **당사자로 하여금 그 인용한 문서의 등본 또는 초본을 제출하게 할 수 있다**(같은 조 제3항).

또한, 문서의 일부를 증거로 하는 때에도 문서의 전부를 제출하여야 한다(규칙 제105조 제4항 본문).

그러나, 그 밖에도, 변론의 준비 및 기록에의 편철을 위하여 기일 전에 그 사본을 제출하여야 하는바, 이에 관하여서는 별항으로 후술하겠다.

2) 채택되지 아니한 문서의 처리[1441]

문서가 증거로 채택되지 아니한 때에는 법원은 당사자의 의견을 들어 제출된 문서의 원본·정본·등본·초본 등을 돌려주거나 폐기할 수 있다(법 제355조 제4항). 채택결정을 취소한 경우에도 마찬가지임은 물론이다.

그리고 이는, 비단 문서가 제출된 경우뿐만 아니라, 송부된 경우에도 마찬가지인 것으로 해석된다(같은 항의 준용).

3) 조사한 문서의 처리

제출(또는 송부)된 서증의 원본(또는 정본이나 인증등본)을 열람하여 조사한 후에는 이를 제출자(또는 송부자)에게 반환함이 원칙이다.

그러나, **법원은 필요하다고 인정하는 때에는 제출되거나 보내 온 문서를 맡아 둘 수 있으며**(법 제353조), 이와 같이 맡아 두는 문서는, 민사보관물로서 취급된다.[1442]

위와 같이 문서를 맡아 두는 경우 문서를 제출(또는 송부)한 사람이[1443] 요구하는 때에는 법원사무관등은 문서의 보관증을 교부하여야 한다(규칙 제111조 제2항).

1441) 이에 관한 실무적·기술적인 사항에 관하여서는, 「문서 등의 반환·폐기 등에 관한 예규(재민 2006-1)」 참조.

1442) 민사보관물관리에 관한 예규(재민 79-7) 제2조.

1443) 규칙 제111조 제2항의 법문에는 "… 법 제353조의 규정에 따라 문서를 맡아 두는 경우 … 제출한 사람이 …"이라고만 되어 있고, 송부자에 관하여서는 언급이 없으나, 이는 입법의 착오임이 분명하다.

다. 전자소송의 문서제출·송부

한편, 법원으로부터 문서제출명령을 받은 자 및 문서의 송부를 촉탁 받은 자도 전자소송시스템을 이용하여 전자문서를 제출할 수 있는 자이다(민소전자문서법 제5조 제1항, 민소전자문서규칙 제3조 제9호, 제7호).[1444]

3. 서증제출[1445]

가. 서증제출에 의한 서증신청의 방법

1) 제출시 밝혀야 하는 사항

문서를 제출하여 서증의 신청을 하는 때에는 문서의 제목·작성자 및 작성일을 밝혀야 한다(규칙 제105조 제1항 본문).[1446]

다만, 문서의 기재상 명백한 경우에는 이를 별도로 밝힐 필요가 없다(같은 항 단서).

만일 문서의 작성자 또는 작성일에 관한 구석명이 있었는데도 이에 불응한다면, 신청기각 또는 채택결정취소의 불이익을 입을 수 있다(규칙 제109조 제3호).

2) 서증 사본의 제출 등

가) 원칙 : 서증 사본의 제출

(1) 개 관

종이기록사건에서나, 전자기록사건에서의 전자소송 비동의자는, 서증을 제출하는 때에는 상대방의 수에 1을 더한 수의 사본을 함께 제출하여야 한다(규칙 제105조 제2항 본문). 즉, 그중 1통은 법원제출용이 되고, 나머지는 상대방에게 송달하게 된다.[1447]

1444) 한편, 민소전자문서규칙 제37조 제1항, 제2항은, 전자기록사건에서는 문서제출명령에 따라 제출할 문서나 문서송부촉탁에 따라 송부할 문서가 전자문서인 때에는 이를 전자적으로 제출하여야 하고, 전자문서가 아니더라도 법원이 전자문서로 변환하여 제출할 것을 요구할 수 있다고 규정한다.
그러나 관견으로는, 이는 위임입법의 한계를 벗어난 것으로 사료된다. 왜냐하면, (전자소송 동의를 하지도 아니한) 소송관계인에게 전자적 제출의무가 강제되지 않는다는 것이 현행법의 대원칙이기 때문이다.

1445) 이 방식에 의한 신청은 대개 소장, 답변서, 준비서면에 서증 사본을 첨부하여 하게 되지만, 그러한 주장서면의 제출 없이 서증만을 제출할 경우도 있는데, 이 경우의 서면의 명칭은 확립된 실무례가 없다. 즉, 실무자에 따라 '서증제출', '갑호증 제출', '서증목록' 등의 명칭을 사용하고 있다. 다만 관견으로는, '서증신청'('인지액·편철방법예규'가 정한 서류명칭은 그렇게 되어 있다), '증거제출서' 등의 명칭은 너무 광범위하여 부적절한 것 같다.

1446) 이에 따라, 전자소송홈페이지도 서증을 전자적으로 제출할 때 "작성자", "작성일자", "입증취지"(규칙 제106조 제1항 참조)를 입력할 수 있도록 '추가정보입력' 메뉴를 두고 있다.

다만, 상당한 이유가 있는 때에는 법원은 기간을 정하여 사본을 제출하게 할 수 있다(같은 항 단서).

(2) 사본의 작성방법

서증의 사본은 명확한 것이어야 한다(규칙 제105조 제3항 전단).

당사자가 서증 사본을 작성하는 때에는 서증 내용의 전부를 복사하여야 하며(규칙 제107조 제1항 전문), 이 경우 재판장이 필요하다고 인정하는 때에는 서증 사본에 원본과 틀림이 없다는 취지를 적고 기명날인 또는 서명하여야 한다(같은 항 단서).[1448]

다만, 문서의 일부를 증거로 하는 때에 그 사본은 재판장의 허가를 받아 증거로 원용할 부분만의 초본을 제출할 수 있다(같은 조 제4항 단서).

(3) 사본 및 원본의 재제출명령

재판장은 사본이 불명확한 때에는 사본을 다시 제출하도록 명할 수 있다(규칙 제105조 제3항 후단).

또한, 법원은 서증에 대한 증거조사가 끝난 후에도 서증 원본을 다시 제출할 것을 명할 수 있다(같은 조 제5항).

나) 특칙 : 전자문서로의 변환·제출

'전자기록사건에서' '전자소송 동의자는', 서증을 제출하고자 할 경우 이를 전자화하여 제출하여야 한다.

종이서류를 전자문서로 변환하여 증거로 법원에 제출하고자 할 경우, 종이서류의 해당 면 전부를 전자문서로 변환하여야 하고, 서류의 일부만을 전자문서로 변환하여 제출하는 경우에는 그와 같은 취지를 명시하여야 한다.[1449]

위 경우, 종이서류의 뒷면에 문자 등 정보가 표시되어 있으면 뒷면 전부를 전자문서로 변환하여 제출하고 그와 같은 취지를 명시하여야 한다.[1450]

1447) cf. 전자소송 도입 전의 특허법원의 실무는 특허·실용신안 사건의 경우에는 기술심리관용으로 사용하기 위하여 서증 사본을 1부 더 제출하도록 하고 있었다.

1448) 따라서, 흔히, 재판장의 요구가 없어도 "원본과 상위 없음"의 고무인을 찍고 기명날인 또는 서명날인하여 제출함이 실무이다.

1449) 민전예규 제76조 제1항.

1450) 민전예규 제76조 제2항.

나. 번역문의 첨부

서증이 국어 아닌 문자 또는 부호로 되어 있는 때에는 그 문서의 번역문을 붙여야 한다(규칙 제106조 제2항 본문).

진료기록을 서증으로 제출하는 경우에도 번역문이 필요한 것으로 해석된다.

다만, 문서의 일부를 증거로 하는 때에는 재판장의 허가를 받아 그 부분의 번역문만을 붙일 수 있으며(같은 항 단서), 국제사건의 경우에 특례가 있음은 이 책 보론 '민사 서면 작성법' 부분에서 후술하는 바와 같다.

만일 재판장의 번역문제출명령에 불응한다면, 신청기각 또는 채택결정취소의 불이익을 입을 수 있다(규칙 제109조 제3호).

다. 서증부호와 서증번호

1) 개 관

서증 사본에는 다음 각호의 구분에 따른 부호와 서증의 제출순서에 따른 번호를 붙여야 한다(규칙 제107조 제2항).

① 원고가 제출하는 것은 "갑"

② 피고가 제출하는 것은 "을"

③ 독립당사자참가인이 제출하는 것은 "병"

즉, "갑 제1호증" 식으로 표시한다.

서증부호와 관련하여 주의할 것은 여기서 말하는 '원고'와 '피고'는 본소의 그것을 말한다는 것이다. 예컨대, 피고(반소원고)나 피고(재심원고)가 제출하는 서증은 갑호증이 아니라 을호증이다.

2) 가지번호

실무상, 서로 연관된 문서로서 별개의 문서로 구분하기에 적당하지 않고 전부를 하나의 문서로 취급하기도 곤란한 경우에는 가지번호를 붙인다.[1451] 봉투와 내용물, 어음 앞면과 뒷면 따위가 그 대표적인 예이다.

그리고, 가지부호를 붙이는 경우의 서증번호는 가지부호별로 새롭게 시작한다.[1452] 즉, "갑

1451) 민사증거목록예규 제8조 제1항 후단.
1452) 민사증거목록예규 제8조 제2항.

제1호증의 1, 갑 제1호증의 2, 갑 제2호증, …" 식이 된다.

또한, 재판장은 같은 부호를 사용할 당사자가 여러 사람인 때에는 위와 같은 부호 다음에 "가" "나" "다" 등의 가지부호를 붙여서 사용하게 할 수 있다(같은 조 제3항). 즉, 공동피고가 된 사람 중 '피고 2'는 "을나 제1호증"으로 서증부호를 붙이는 식이다.

라. 전자기록사건에서 여러 개의 서증의 전자문서 변환 및 제출 방법

전자기록사건에서, (전자소송 동의를 한) 당사자가 여러 개의 서증을 전자문서로 변환하여 전자적으로 제출하는 방식으로 증거조사를 신청하는 경우에는 다음 각 호 중 어느 하나의 방법으로 한다.[1453)]

① 서증의 수만큼 여러 개의 전자문서로 변환하여 제출하는 방법

② 각 서증 우측 중간 여백에 서증번호를 표시하여 1개의 전자문서로 변환한 후 전자소송 시스템이 요구하는 페이지 및 서증번호 등 정보를 입력하는 방법

마. 증거설명서

재판장은, 서증의 내용을 이해하기 어렵거나 서증의 수가 방대한 경우 또는 서증의 입증취지가 불명확한 경우에는, 당사자에게 서증과 증명할 사실의 관계(즉, 입증취지)를 구체적으로 밝힌 설명서를 제출할 것을 명할 수 있다(규칙 제106조 제1항).[1454)]

만일 재판장의 증거설명서 제출명령에 불응한다면, 신청기각 또는 채택결정취소의 불이익을 입을 수 있다(규칙 제109조 제4호).

바. 서증 사본의 제출기간

제출기간제한명령(법 제147조 제1항)으로 재판장이 서증신청(문서를 제출하는 방식으로 하는 경우에 한한다)을 할 기간을 정한 때에는 당사자는 그 기간이 끝나기 전에 서증의 사본을 제출하여야 한다(규칙 제108조).

그러나, 이는 법 제147조에 관한 주의적 규정에 불과하다고 하겠다.

1453) 민전예규 제75조.

1454) 실무상 아예 증거설명서 제출명령을 하는 예는 흔하지 아니한 듯하나, 법원실무는 일반적으로 증거설명서의 활용을 권장하고 있다.

사. 서증에 대한 증거결정

1) 개 관

서증을 채택하지 아니할 때에는 제출자에게 제출의 철회를 권유하되, 아예 기각결정을 할 때에는 기일에 이를 고지함이 실무이다.

2) 서증의 불채택 또는 채택결정 취소의 사유

당사자가 서증을 신청한 경우 다음 각호 가운데 어느 하나에 해당하는 사유가 있는 때에는 법원은 그 서증을 채택하지 아니하거나 채택결정을 취소할 수 있다(규칙 제109조).

① 서증과 증명할 사실 사이에 관련성이 인정되지 아니하는 때

② 이미 제출된 증거와 같거나 비슷한 취지의 문서로서 별도의 증거가치가 있음을 당사자가 밝히지 못한 때

③ 국어 아닌 문자 또는 부호로 되어 있는 문서로서 그 번역문을 붙이지 아니하거나 재판장의 번역문 제출명령에 따르지 아니한 때

④ 재판장의 증거설명서 제출명령에 따르지 아니한 때

⑤ 문서의 작성자 또는 그 작성일이 분명하지 아니한 경우로서 이를 밝히도록 한 재판장의 명령에 따르지 아니한 때

아. 서증의 조사방법

1) 원 칙

원칙적으로, 서증은 변론기일 또는 변론준비기일에 출석하여 현실적으로 제출하여야 하고, 서증(사본)이 첨부된 소장 또는 준비서면 등이 진술되는 경우에도 마찬가지이다.[1455)]

그러나, 위와 같은 일반원칙에 불구하고 우리나라의 실무에서는, 바로 후술하는 이유에서, 원본을 반드시 확인하여야 하는 경우가 아닌 한, 복사문서만에 의한 서증조사가 실시되는 것이 사실상 마치 원칙처럼 되어 있다.

또한, 전자기록사건에서는 심지어 위와 같은 원칙과 예외가 전도되어 있는바, 그 문제에 관하여서는 이 책 보론의 '전자문서에 대한 증거조사' 부분에서 상론한다.

1455) 대법원 1991. 11. 8. 선고 91다15775 판결.
따라서, 서증 사본을 기일전에 제출한 경우라 하더라도, 기일에서 이를 제출하지 아니한다는 취지를 진술할 수도 있다. 이때에는 법원이 해당 사본을 제출자에게 반환하거나 폐기하게 됨은 물론이다(법 제355조 제4항).

2) 사본만에 의한 서증의 제출

단순한 사본만에 의한 증거의 제출은 정확성의 보증이 없어 원칙적으로 부적법하고, 다만 이러한 사본의 경우에도 원본의 존재와 원본의 성립의 진정에 관하여 다툼이 없고 그 정확성에 문제가 없기 때문에 사본을 원본의 대용으로 하는 데 관하여 상대방으로부터 이의가 없는 경우에는, 이의권의 포기 혹은 상실이 있다고 하여 사본만의 제출에 의한 증거의 신청도 허용된다고 할 것이나,[1456] 원본의 존재 및 원본의 성립의 진정에 관하여 다툼이 있고 사본을 원본의 대용으로 하는 데 대하여 상대방으로부터 이의가 있는 경우에는 사본으로써 원본을 대신할 수 없다.[1457]

다만, 서증사본의 신청 당사자가 문서 원본을 분실하였다든가, 선의로 이를 훼손한 경우, 또는 문서제출명령에 응할 의무가 없는 제3자가 해당 문서의 원본을 소지하고 있는 경우, 원본이 방대한 양의 문서인 경우 등 원본 문서의 제출이 불가능하거나 비실제적인 상황에서는 원본의 제출이 요구되지 아니한다고 할 것이지만, 그와 같은 경우라면 해당 서증의 신청당사자가 원본 부제출에 대한 정당성이 되는 구체적 사유를 주장·입증하여야 할 것이다.[1458]

요컨대, 상대방이 원본의 존재나 성립을 인정하고 사본으로써 원본에 갈음하는 것에 대하여 이의가 없는 경우에는 사본을 원본에 갈음하여 제출할 수 있고, 이와 같은 경우에는 그 원본이 제출된 경우와 동일한 효과가 생긴다.[1459]

특히, 원본이 현존하지 아니하는 문서 사본도 과거에 존재한 적이 있는 문서를 전자복사한 것이라면 원본의 존재 및 진정성립을 인정하여 서증으로 채용할 수 있다.[1460]

3) 사본을 원본으로서 제출하는 경우

사본을 원본으로서 제출하는 경우에는 그 사본이 독립한 서증이 되는 것이나 그 대신 이에

1456) 대법원 1996. 3. 8. 선고 95다48667 판결. 동지 : 대법원 1996. 9. 20. 선고 96다23092 판결 ; 대법원 2002. 8. 23. 선고 2000다66133 판결 ; 대법원 2004. 11. 12. 선고 2002다73319 판결 ; 대법원 2009. 3. 12. 선고 2007다56524 판결 ; 대법원 2010. 1. 29.자 2009마2050 결정 ; 대법원 2010. 2. 25. 선고 2009다96403 판결.

1457) 대법원 1996. 3. 8. 선고 95다48667 판결. 동지 : 대법원 2004. 11. 12. 선고 2002다73319 판결 ; 대법원 2009. 3. 12. 선고 2007다56524 판결 ; 대법원 2010. 1. 29.자 2009마2050 결정 ; 대법원 2010. 2. 25. 선고 2009다96403 판결.

1458) 대법원 2002. 8. 23. 선고 2000다66133 판결. 동지 : 대법원 2010. 2. 25. 선고 2009다96403 판결.

1459) 대법원 1992. 4. 28. 선고 91다45608 판결. 동지 : 대법원 1992. 10. 27. 선고 92다22879 판결 ; 대법원 1999. 11. 12. 선고 99다38224 판결 ; 대법원 2002. 8. 27. 선고 2001다79457 판결.

1460) 대법원 1992. 12. 22. 선고 91다35540,35557 판결(과거에 존재한 적이 있는 문서를 전자복사한 것임에는 다툼이 없었던 사안).

의하여 원본이 제출된 것으로 되지는 아니하고, 이때에는 증거에 의하여 사본과 같은 원본이 존재하고 또 그 원본이 진정하게 성립하였음이 인정되지 않는 한 그와 같은 내용의 사본이 존재한다는 것 이상의 증거가치는 없다.[1461]

4. 문서제출명령

가. 문서의 제출의무

1) 민사소송법에 따른 제출의무

가) 법 제344조 제1항의 제출의무

다음 각호의 경우에 문서를 가지고 있는 사람은 그 제출을 거부하지 못한다(법 제344조 제1항).

① 당사자가 소송에서 인용한 문서를 가지고 있는 때(인용문서)

법 제344조 제1항 제1호에서 말하는 "당사자가 소송에서 인용한 문서"라 함은, 당사자가 소송에서 해당 문서 그 자체를 증거로서 인용한 경우뿐 아니라, 자기 주장을 명백히 하기 위하여 적극적으로 문서의 존재와 내용을 언급하여 자기 주장의 근거 또는 보조로 삼은 문서도 포함한다.[1462]

그리고, 법 제344조 제1항 제1호의 인용문서에 해당하는 이상, 후술하는 같은 조 제2항에서 규정하는 바와는 달리, 그것이 "공무원이 그 직무와 관련하여 보관하거나 가지고 있는 문서"라도 특별한 사정이 없는 한 문서제출의무를 면할 수 없다.[1463]

또한, 법 제344조 제1항 제1호의 문언, 내용, 체계와 입법 목적 등에 비추어 볼 때, 인용문서가 공무원이 그 직무와 관련하여 보관하거나 가지고 있는 문서로서 공공기관의 비공개 대상 정보(공기관의 정보공개에 관한 법률 제9조)에 해당한다고 하더라도, 특별한 사정이 없는 한 그에 관한 문서 제출의무를 면할 수 없다.[1464]

1461) 대법원 1997. 11. 14. 선고 97다30356 판결. 동지 : 대법원 1992. 4. 28. 선고 91다45608 판결 ; 대법원 1996. 9. 20. 선고 96다23092 판결 ; 대법원 1999. 11. 12. 선고 99다38224 판결 ; 대법원 2002. 8. 23. 선고 2000다66133 판결 ; 대법원 2004. 11. 12. 선고 2002다73319 판결 ; 대법원 2010. 1. 29.자 2009마2050 결정 ; 대법원 2010. 2. 25. 선고 2009다96403 판결.

1462) 대법원 2008. 6. 12.자 2006무82 결정. 동지 : 대법원 2017. 12. 28.자 2015무423 결정.

1463) 대법원 2008. 6. 12.자 2006무82 결정(사안은 행정소송의 피고 행정청이 답변서에서 인용한 문서). 동지 : 대법원 2017. 12. 28.자 2015무423 결정.

1464) 대법원 2017. 12. 28.자 2015무423 결정.

② 신청자가 문서를 가지고 있는 사람에게 그것을 넘겨 달라고 하거나 보겠다고 요구할 수 있는 사법상(私法上)의 권리를 가지고 있는 때(인도·열람문서)[1465]

법 제344조 제1항 제2호는, 신청자가 문서의 인도·열람을 청구할 수 있는 실체법상의 권리를 가지는 모든 경우를 가리키며, 그것이 물권적이든 채권적이든, 또는 계약에 근거하는 것이든 법률규정에 근거하는 것이든 이를 묻지 않는다.[1466]

그런데, 법이 인도·열람을 요구할 수 있는 '공법상의' 권리를 문서제출명령의 대상에서 제외한 까닭은, 그 경우에는 해당 권리를 행사하여 문서를 인도받거나 열람하면 되기 때문이다.

③ 문서가 신청자의 이익을 위하여 작성되었거나(이익문서), 신청자와 문서를 가지고 있는 사람 사이의 법률관계에 관하여 작성된 것인 때(법률관계문서)

다만, 다음 각목의 사유 가운데 어느 하나에 해당하는 경우에는 제출의무가 없다(법 제344조 제1항 제3호 단서).[1467]

(가) 법 제304조 내지 제306조에 규정된 사항이 적혀 있는 문서(즉 전현직 대통령·국회의장·대법원장, 헌법재판소장, 국회의원·국무총리·국무위원, 그밖의 공무원의 직무상 비밀에 관한 사항)로서 같은 조문들에 규정된 동의를 받지 아니한 문서(공무원의 직무상 비밀문서)

(나) 문서를 가진 사람 또는 그와 법 제314조 각호 가운데 어느 하나의 관계에 있는 사람(즉, 그의 친족 또는 친족관계에 있었던 사람이나 후견인 또는 피후견인)에 관하여 같은 조에서 규정된 사항(즉, 문서소지자나 그와 위와 같은 관계에 있는 사람이 공소제기되거나 유죄판결을 받을 염려가 있는 사항 또는 자기나 그들에게 치욕이 될 사항)이 적혀 있는 문서(자기부죄거부특권 행사가능문서, 치욕성 문서)

(다) 법 제315조 제1항 각호에 규정된 사항(즉 변호사·변리사·공증인·공인회계사·세무사·의료인·약사, 그 밖에 법령에 따라 비밀을 지킬 의무가 있는 직책 또는 종교의 직책에 있거나 이러한 직책에 있었던 사람의 직무상 비밀에 속하는 사항, 기술 또는 직업의 비밀에 속하는 사항) 중 어느 하나에 규정된 사항이 적혀 있고 비밀을 지킬 의무가 면제되지 아니한 문

1465) cf. 구법(2002. 1. 26. 법률 제6626호로 전부개정되기 전의 것) 제316조 제2호는 "신청자가 문서소지자에 대하여 그 인도나 열람을 구할 수 있는 때"라고 표현하였다.

1466) 대법원 1993. 6. 18.자 93마434 결정.

1467) cf. 재판장은 행정소송의 대상이 국가안전보장·국방·통일·외교관계 등에 관한 사항으로서 공개될 경우 국가의 중대한 이익을 현저히 해할 우려가 있다고 인정되는 정보(공공기관의 정보공개에 관한 법률 제9조 제1항 제2호) 중 국가안전보장·국방 또는 외교에 관한 정보의 비공개 또는 부분공개 결정처분인 경우에 공공기관이 그 정보에 대한 비밀지정의 절차, 비밀의 등급·종류 및 성질과 이를 비밀로 취급하게 된 실질적인 이유 및 공개를 하지 아니하는 사유 등을 입증하는 때에는 해당 정보를 제출하지 아니하게 할 수 있다(공공기관의 정보공개에 관한 법률 제20조 제3항).

서(전문직의 직무상 비밀문서)

증언의 거부의 경우와 마찬가지로, 어느 정보가 직업의 비밀에 해당하는 경우에도 문서 소지자는 비밀이 보호가치 있는 비밀일 경우에만 문서의 제출을 거부할 수 있다.[1468)]

나아가 어느 정보가 보호가치 있는 비밀인지를 판단할 때에는 정보의 내용과 성격, 정보가 공개됨으로써 문서 소지자에게 미치는 불이익의 내용과 정도, 민사사건의 내용과 성격, 민사사건의 증거로 문서를 필요로 하는 정도 또는 대체할 수 있는 증거의 존부 등 제반 사정을 종합하여 비밀의 공개로 발생하는 불이익과 달성되는 실체적 진실 발견 및 재판의 공정을 비교형량하여야 한다.[1469)]

나) 법 제344조 제2항의 제출의무

법 제344조 제1항의 경우 외에도, 문서가 다음 각호의 어느 하나에도 해당하지 아니하는 경우에는 문서를 가지고 있는 사람은 그 제출을 거부하지 못한다.

① **자기부죄거부특권 행사가능문서, 치욕성 문서**(법 제344조 제1항 제3호 나목) **및 전문직의 직무상 비밀문서**(같은 호 다목)

② **오로지 문서를 가진 사람이 이용하기 위한 문서**(자기이용문서)

어느 문서가 그 문서의 작성 목적, 기재 내용, 문서의 소지 경위나 그 밖의 사정 등을 종합적으로 고려할 때, 오로지 문서를 가진 사람이 이용할 목적으로 작성되고 외부자에게 개시하는 것이 예정되어 있지 않으며 이를 개시할 경우 문서를 가진 사람에게 간과하기 어려운 불이익이 생길 염려가 있다면, 이러한 문서는 특별한 사정이 없는 여기서 말하는 '자기이용문서'에 해당한다.[1470)]

여기서 어느 문서가 자기이용문서에 해당하는지 여부는 문서의 표제나 명칭만으로 이를 판단하여서는 아니 되고, 그 문서의 작성 목적, 기재 내용에 해당하는 정보, 해당 유형·종류의 문서가 일반적으로 갖는 성향, 문서의 소지 경위나 그 밖의 사정 등을 종합적으로 고려하여 객관적으로 판단하여야 하는데, 설령 주관적으로 내부 이용을 주된 목적으로 회사 내부에서 결재를 거쳐 작성된 문서일지라도, 신청자가 열람 등을 요구할 수 있는 사법상 권리를 가지는 문서와 동일한 정보 또는 그 직접적 기초·근거가 되는 정보가 해당 문서의 기재 내용에 포함되어 있는 경우, 객관적으로 외부에서의 이용이 작성 목적에 전혀 포함되어 있지 않

1468) 대법원 2015. 12. 21.자 2015마4174 결정.
1469) 대법원 2015. 12. 21.자 2015마4174 결정.
1470) 대법원 2015. 12. 21.자 2015마4174 결정. 동지 : 대법원 2016. 7. 1.자 2014마2239 결정.

다고는 볼 수 없는 경우, 해당 문서 자체를 외부에 개시하는 것은 예정되어 있지 않더라도 해당 문서에 기재된 '정보'의 외부 개시가 예정되어 있거나 그 정보가 공익성을 가지는 경우 등에는 그 문서를 내부문서라는 이유로 자기이용문서라고 쉽게 단정할 것은 아니다.[1471]

그러나, **공무원 또는 공무원이었던 사람이 그 직무와 관련하여 보관하거나 가지고 있는 문서는 그 제출을 거부할 수 있다**(같은 항),

여기서 말하는 "공무원 또는 공무원이었던 사람이 그 직무와 관련하여 보관하거나 가지고 있는 문서"는 국가기관이 보유·관리하는 공문서를 의미한다고 할 것이고, 이러한 공문서의 공개에 관하여는 공공기관의 정보공개에 관한 법률에서 정한 절차와 방법(즉, 정보공개청구)에 의하여야 할 것이기 때문이다.[1472]

요는, 사문서는 일반적으로 제출의무가 있음이 원칙이라고 하겠다.

따라서, 가령, 문서의 내용이 개인정보에 해당함을 이유로 문서소지인이 그 문서의 제출을 거부할 수 있는 것은 아니다(개인정보 보호법 제18조 제2항 제2호 참조).[1473]

다) 사문서의 제출의무가 면제되는 경우의 정리

이에 따라, 사문서의 제출의무가 면제되는 원칙적인 경우를 정리하여 보면 아래 표와 같다.

<table>
<tr><th rowspan="2">구분</th><th colspan="4">제출의무 면제사유</th></tr>
<tr><th>공무원의
직무상 비밀</th><th>자기부죄거부
특권</th><th>전문직의
직무상 비밀</th><th>자기이용문서</th></tr>
<tr><td>① 인용문서</td><td colspan="4" rowspan="2">-</td></tr>
<tr><td>② 인도·열람문서</td></tr>
<tr><td>③ 이익문서,
법률관계문서</td><td colspan="3">○</td><td>-</td></tr>
<tr><td>④ 일반 사문서</td><td>-</td><td colspan="3">○</td></tr>
</table>

2) 개별법상 문서제출명령의 대상이 되는 서류들

이에 관하여서는 이 책 보론의 '문서제출 또는 송부의 대상으로 개별법상 규정된 서류 등' 부분에서 다루겠다.

1471) 대법원 2016. 7. 1.자 2014마2239 결정.
1472) 대법원 2010. 1. 19.자 2008마546 결정.
1473) 대법원 2016. 7. 1.자 2014마2239 결정(사안은 임직원의 급여 및 상여금 내역 등).

나. 신 청[1474]

문서제출신청은 서면(「문서제출명령신청서」)[1475]으로 하여야 하며(규칙 제110조 제1항), **문서제출신청에는 다음 각호의 사항을 밝혀야 한다**(법 제345조).

① **문서의 표시**

② **문서의 취지**

③ **문서를 가진 사람**(문서소지인)

④ **증명할 사실**[1476]

⑤ **문서를 제출하여야 하는 의무의 원인**

문서의 취지란, 그 문서에 기재된 사항을 말한다고 하겠으나,[1477] 그 밖에 문서의 성질, 성립의 진정 등도 문제될 수 있다.

문서소지인이 제3자인 때에는 그의 성명(또는 명칭이나 상호)과 주소를 특정하여야 하겠다.

그런데, 특히 문서소지인이 상대방인 때에는, 신청서의 부본도 첨부하여야 할 것인바, 그 까닭은 후술하는 바와 같다.

다. 문서목록 제출명령

문서제출신청을 위하여 필요하다고 인정하는 경우에는, 법원은 신청대상이 되는 문서의 취지나 그 문서로 증명할 사실을 개괄적으로 표시한 당사자의 신청에 따라, 상대방 당사자에게 신청내용과 관련하여 가지고 있는 문서 또는 신청내용과 관련하여 서증으로 제출할 문서에 관하여 그 표시와 취지 등을 적어 내도록 명할 수 있다(법 제346조).

이러한 문서목록의 제출신청도 서면(「문서목록제출명령신청서」)으로 하여야 한다(규칙 제110조 제3항, 제1항).

라. 심문 등

1) 문서소지인이 상대방인 경우 : 의견진술기회 부여

문서제출신청의 허가 여부에 관한 재판을 할 때에는, 그때까지의 소송경과와 문서제출신청의 내용에 비추어 신청 자체로 받아들일 수 없는 경우가 아닌 한, 상대방에게 문서제출신

1474) 법문에는 "문서제출신청"으로 되어 있으나, 실무상 보통 '문서제출명령신청'이라고 한다.
1475) '인지액·편철방법예규'.
1476) 그런데, 입증사항을 표시하여야 한다는 것은, 증거신청의 일반원칙(법 제289조 제1항)과 다를 바 없다.
1477) 대법원 1967. 3. 21. 선고 65다828 판결.

청서를 송달하는 등 문서제출신청이 있음을 알림으로써 그에 관한 의견을 진술할 기회를 부여하고, 그 결과에 따라 해당 문서의 존재와 소지 여부, 해당 문서가 서증으로 필요한지 여부, 문서제출신청의 상대방이 문서제출의무를 부담하는지 여부 등을 심리한 후, 그 허가 여부를 판단하여야 한다.[1478]

상대방은 문서제출신청이나 문서목록 제출신청에 관하여 의견이 있는 때에는 의견을 적은 서면을 법원에 제출할 수 있다(규칙 제110조 제2항, 제3항).

2) 문서소지인이 제3자인 경우 : 심문

제3자에 대하여 문서의 제출을 명하는 경우에는 제3자 또는 그가 지정하는 자를 심문하여야 한다(법 제347조 제3항).

이는 그 제3자가 문서제출명령에 따르지 아니한 때에는 과태료의 제재를 받게 되는 점(법 제351조, 제318조, 제311조 제1항)을 고려하여 미리 그 진술 기회를 제공하고 이를 통하여 그 제3자의 문서 소지 여부 및 문서제출의무의 존부와 범위 등에 관하여 충실한 심리가 이루어지게 하려는 데에 그 입법 취지가 있다.[1479]

심문할 내용은, 문서소지인이 상대방인 경우에 물어 볼 내용과 대동소이하다.[1480]

3) 심리대상 문서에 대한 제시명령(비밀심리를 위한 제시명령)[1481]

가) 개 관

법원은 문서가 제출의무 있는 문서에 해당하는지를 판단하기 위하여 필요하다고 인정하는 때에는 문서를 가지고 있는 사람에게 그 문서를 제시하도록 명할 수 있다(법 제347조 제4항 전문).

이 경우 법원은 그 문서를 다른 사람이 보도록 하여서는 아니 된다(같은 항 단서).

나) 제시된 문서의 보관

법원은 필요하다고 인정하는 때에는 위 명령에 따라 제시받은 문서를 일시적으로 맡아 둘

1478) 대법원 2009. 4. 28.자 2009무12 결정(문서제출신청 후 이를 상대방에게 송달하는 등 문서제출신청에 대한 의견을 진술할 기회를 부여하는 데 필요한 조치를 취하지 않은 채 문서제출명령의 요건에 관하여 별다른 심리도 없이 문서제출신청 바로 다음날 한 문서제출명령은 위법하다고 한 사례).

1479) 대법원 2008. 9. 26.자 2007마672 결정. 동지 : 대법원 2016. 7. 1.자 2014마2239 결정.

1480) 민사참여관 업무편람, 288면 참조.

1481) cf. 정보공개와 관련한 공공기관 또는 교육관련기관의 결정에 대한 행정소송에서, 재판장은 필요하다고 인정되는 때에는 당사자를 참여시키지 아니하고 제출된 공개청구정보를 비공개로 열람·심사할 수 있다(공공기관의 정보공개에 관한 법률 제20조 제2항, 교육관련기관의 정보공개에 관한 특례법 제12조 제1호).

수 있으며(규칙 제111조 제1항), 이 또한 민사보관물이라고 할 것이다.

위와 같이 문서를 맡아 두는 경우 문서를 제시한 사람이 요구하는 때에는 법원사무관등은 문서의 보관증을 교부하여야 한다(같은 조 제2항).

마. 심 리

주의할 것은, 법원이 문서제출명령을 발함에는 먼저 해당 문서의 존재와 소지가 증명되어야 하고 그 입증책임은 원칙으로 신청인에게 있으므로,[1482] 만일 문서의 부존재나 불소지를 의심할 만한 사정이 있는데도 법원이 신청인에게 입증을 촉구하지 아니한 채 문서제출명령을 발한다면 이는 심리미진의 위법에 해당한다는 것이다.[1483]

문서의 존재와 소지가 증명되었다 하더라도, 해당 문서가 쟁점 판단이나 사실의 증명에 어느 정도로 필요한지, 다른 문서로부터 자료를 얻는 것이 가능한지 여부, 문서 제출로 인하여 얻게 될 소송상 이익과 피신청인이 문서를 제출함으로 인하여 받게 될 부담이나 재산적 피해 또는 개인의 프라이버시나 법인 내부의 자유로운 의사 형성 및 영업 비밀, 기타 권리에 대한 침해와의 비교형량 및 기타 소송에 나타난 여러 가지 사정을 고려하여 과연 문서제출이 필요한지 및 문서제출신청에 정당한 이유가 있는지 여부를 판단하여야 할 것이다.[1484]

바. 재 판

1) 신청의 기각

법원은 그 제출명령신청의 대상이 된 문서가 서증으로서 필요하지 아니하다고 인정할 때에는 그 제출명령신청을 받아들이지 아니할 수 있음은 물론이다(법 제290조 본문).[1485]

또한, 문서제출명령의 대상이 된 문서에 의하여 입증하고자 하는 사항이 해당 청구와 직접 관련이 없는 것이라면 그 제출명령신청을 받아들이지 아니할 수 있다.[1486]

2) 제출명령

법원은 문서제출신청에 정당한 이유가 있다고 인정한 때에는 결정으로 문서를 가진 사람에게 그 제출을 명할 수 있다(문서제출명령. 법 제347조 제1항).

1482) 대법원 1995. 5. 3.자 95마415 결정. 동지: 대법원 2008. 4. 14.자 2007마725 결정.

1483) 따라서, 피신청인으로서는 그러한 이유로 불복(아래에서 살펴보는 바와 같이, 즉시항고)할 수 있다. 대법원 2005. 7. 11.자 2005마259 결정.

1484) 대법원 2016. 7. 1.자 2014마2239 결정.

1485) 대법원 2008. 9. 26.자 2007마672 결정.

1486) 대법원 2016. 7. 1.자 2014마2239 결정. 동지: 대법원 2017. 12. 28.자 2015무423 결정.

다만, **문서제출의 신청이 문서의 일부에 대하여만 이유 있다고 인정한 때에는 그 부분만의 제출을 명하여야 한다**(같은 조 제2항).

문서제출명령을 할 때, 법원은 신청인 또는 조사로 인하여 이익을 받을 당사자에게 조사에 소요되는 비용의 예납을 명할 수 있다(규칙 제19조 제1항 제3호 본문).[1487]

다만, 그 이익을 받을 당사자가 불명할 때에는 원고에게 그 예납을 명할 수 있다(같은 호 단서).[1488]

전자기록사건에서는, 법원은 문서제출명령을 전자적 송달 또는 통지의 방법으로 할 수 있다(민소전자문서규칙 제37조 제3항). 그러나, 이는 소지인의 전자적 송달영수의무를 전제로 한다고 할 것이다.

사. 불 복

문서제출의 신청에 관한 결정에 대하여는 즉시항고를 할 수 있다(법 제348조).[1489]

다만, 법 제347조 제3항의 규정에 따른 심문절차를 거쳤는지 여부에 관하여는 그 문서제출명령을 받은 제3자만이 법률상 이해관계를 가진다고 할 것이므로, 제3자에 대한 문서제출명령에 대하여는 그 제3자만이 자기에 대한 심문절차의 누락을 이유로 즉시항고할 수 있을 뿐이고, 본안소송의 당사자가 그 제3자에 대한 심문절차의 누락을 이유로 즉시항고하는 것은 허용되지 아니한다고 할 것이다.[1490]

아. 비용청구

문서의 제출에 비용이 소요되어 이를 지급받고자 하는 경우, 문서제출명령의 상대방은 법원에 문서를 제출할 때 비용청구서를 함께 제출하여야 한다.[1491]

자. 문서제출명령 위반의 효과

1) 당사자가 문서를 제출하지 아니한 때의 효과

당사자가 문서제출명령(법 제347조 제1항·제2항) **및 비밀심리를 위한 제시명령**(같은 조 제4항)

1487) 사실조사 촉탁 등의 비용 지급에 관한 예규(재민 98-14) 제3조 본문.

1488) 사실조사 촉탁 등의 비용 지급에 관한 예규(재민 98-14) 제3조 단서.

1489) 그 실례로는, 서울고법 2015. 6. 4.자 2015라20062 결정(사안은 문서제출명령에 대한 즉시항고). ; 서울고법 2010. 4. 16.자 2010라86 결정(사안은 문서제출명령에 대한 즉시항고).

1490) 대법원 2008. 9. 26.자 2007마672 결정.

1491) 사실조사 촉탁 등의 비용 지급에 관한 예규(재민 98-14) 제5조.

에 따르지 아니한 때에는 법원은 문서의 기재에 대한 상대방의 주장을 진실한 것으로 인정할 수 있다(법 제349조).

여기서 "상대방의 그 문서에 관한 주장"이라 함은, 문서의 성질, 내용, 성립의 진정 등에 관한 주장을 말한다.[1492)]

따라서, 문서제출명령이 문서의 기재내용을 알 수 없는 문서에 대한 것이었다면, 당사자가 이에 따르지 아니하였더라도 (당사자가) 그 문서를 소지한 사실 외에 그 내용(에 대한 상대방의 주장)을 진실한 것으로 인정할 수는 없다.[1493)]

주의할 것은, 법 제349조가 그 문서에 의하여 입증하고자 하는 상대방의 주장사실까지 반드시 증명되었다고 인정하여야 한다는 취지는 아니라는 것이다.[1494)]

2) 제3자가 문서를 제출하지 아니한 때의 제재

정당한 이유 없는 증언거부의 경우와 마찬가지로, **제3자가 문서제출명령**(법 제347조 제1항·제2항) **및 비밀심리를 위한 제시명령**(같은 조 제4항)**에 따르지 아니한 때에는 소송비용 부담과 과태료의 제재를 받는다**(법 제351조, 제318조).

차. 당사자가 사용을 방해한 때의 효과

당사자가 상대방의 사용을 방해할 목적으로 제출의무가 있는 문서를 훼손하여 버리거나 이를 사용할 수 없게 한 때에는, 법원은 그 문서의 기재에 대한 상대방의 주장을 진실한 것으로 인정할 수 있다(법 제350조).

이 규정의 의미도 법 제349조의 해석과 관련하여 전술한 바와 같다.[1495)]

카. 제출명령 신청인의 사본제출의무 등

문서제출명령에 따라 법원에 문서가 제출된 때에는 신청인은 그중 서증으로 제출하고자

1492) 대법원 1987. 7. 7. 선고 87누13 판결. 동지 : 대법원 1967. 3. 21. 선고 65다828 판결 ; 대법원 1988. 2. 23. 선고 87다카2490 판결 ; 대법원 1993. 6. 25. 선고 93다15991 판결 ; 대법원 1993. 11. 23. 선고 93다41938 판결 ; 대법원 2007. 9. 21. 선고 2006다9446 판결 ; 대법원 2008. 2. 28. 선고 2005다60369 판결.

1493) 대법원 1967. 3. 21. 선고 65다828 판결.

1494) 대법원 1987. 7. 7. 선고 87누13 판결. 동지 : 대법원 1967. 3. 21. 선고 65다828 판결 ; 대법원 1964. 9. 22. 선고 64다515 판결 ; 대법원 1976. 10. 26. 선고 76다94 판결 ; 대법원 1988. 2. 23. 선고 87다카2490 판결 ; 대법원 1991. 8. 27. 선고 90다13369 판결 ; 대법원 1993. 6. 25. 선고 93다15991 판결 ; 대법원 1993. 11. 23. 선고 93다41938 판결 ; 대법원 2007. 9. 21. 선고 2006다9446 판결 ; 대법원 2008. 2. 28. 선고 2005다60369 판결.

1495) 대법원 1979. 11. 13. 선고 79다1577 판결.

하는 문서를 개별적으로 지정하고 그 사본을 법원에 제출하여야 한다(규칙 제115조 본문).

다만, 제출된 문서가 증거조사를 마친 후 돌려 줄 필요가 없는 것인 때에는 따로 사본을 제출하지 아니하여도 된다(같은 조 단서).

그러나 위와 같이 제출된 문서 중에서 신청인이 필요한 것을 특정하여 제출하여야 한다는 것은, 실제로는, 제출자가 제3자인 경우에 한한다고 하겠다. 왜냐하면, 문서제출명령을 받은 사람이 당사자인 경우에, 문서제출명령에 따른 제출과 서증의 신청으로서의 제출이 비록 개념상으로는 별개이기는 하지만, 그러한 당사자로서는 오히려 제출명령을 받은 문서를 서증으로서 제출하면 족하기 때문이다.

그러나, 실제로는 상대방 당사자가 제출 대신 송부를 하는 경우가 있으므로, 그 경우에는 신청인의 지정이 불가피하다.

문서제출명령에 따라 (제3자에 의하여) 제출된 문서의 지정 및 사본 제출의 구체적인 방법은 후술하는 문서송부촉탁의 경우와 동일하므로, 상세한 것은 해당 부분을 참고하기 바란다.

타. 유사 제도 : 선결문제 소송에서의 행정심판기록 제출명령

행정처분 또는 재결의 효력 유무 또는 존재 여부가 민사소송의 선결문제로 되어 해당 민사소송의 수소법원이 이를 심리·판단하는 경우에는, 법원은 당사자의 신청이 있는 때에는 결정으로써 재결을 행한 행정청에 대하여 행정심판에 관한 기록의 제출을 명할 수 있으며(행정소송법 제11조 제1항, 제25조 제1항), **이러한 제출명령을 받은 행정청은 지체 없이 해당 행정심판에 관한 기록을 법원에 제출하여야 한다**(같은 법 제11조 제1항, 제25조 제2항).

그러나, 이러한 행정심판기록의 제출명령에 관한 상세는, 행정소송법 문헌의 서술을 참고하기 바란다.

5. 문서송부촉탁

가. 문서송부촉탁의 대상

기술한 바와 같이 문서송부촉탁은 해당 문서의 제출의무가 없는 제3자(특히, 공공기관)에 대하여 신청하게 됨이 일반이다.

법원·검찰청, 그 밖의 공공기관(이하에서는 이 모두를 "법원등"이라 한다)이 보관하고 있는 기록의 불특정한 일부에 대하여도 문서송부의 촉탁을 신청할 수 있다(규칙 제113조 제1항).[1496]

1496) 검사는 법원으로부터 문서송부의 촉탁이 있는 때에는 필요한 부분만을 등본으로 송부할 수 있다(검찰

실무상 많이 이루어지는 재판기록이나 수사기록의 송부촉탁이 바로 이에 해당하는바,[1497] 이에 관하여서는 후술하는 바와 같이 당사자가 열람·지정절차를 밟아야 함에 주의하여야 한다.

그러나, **당사자가 법령에 의하여 문서의 정본 또는 등본을 청구할 수 있는 경우에는 문서송부촉탁신청을 할 수 없다**(법 제352조 단서).

나. 신 청

문서송부촉탁신청도 서면(「문서송부촉탁신청서」)[1498]으로서 함이 일반이며, 이때 문서의 표시, 문서를 가진 사람, 증명할 사실을 밝혀야 한다.

다. 송부촉탁의 방법

1) 개 관

송부촉탁시에는 인증등본을 보내도록 촉탁함이 일반이나(법 제355조 제1항 참조), 기술한 바와 같이, 법원은 필요하다고 인정하는 때에는 원본을 보내도록 촉탁할 수도 있다(같은 조 제2항 후단).

한편, 법원이 문서송부촉탁(법 제352조)을 하는 때에는 필요한 범위 내에서 민감정보, 고유식별정보, 주민등록번호 및 그 밖의 개인정보가 포함된 자료의 송부를 요구할 수 있다(규칙 제76조의2 제2항).

문서송부촉탁을 할 때, 법원은 신청인 또는 조사로 인하여 이익을 받을 당사자에게 조사에 소요되는 비용의 예납을 명할 수 있다(규칙 제19조 제1항 제3호 본문).[1499]

다만, 그 이익을 받을 당사자가 불명할 때에는 원고에게 그 예납을 명할 수 있다(같은 호 단서).[1500]

전자기록사건에서는, 법원은 문서송부촉탁을 전자적 송달 또는 통지의 방법으로 할 수 있다(민소전자문서규칙 제37조 제3항). 그러나, 이는 피촉탁자의 전자적 송달영수의무를 전제로 한

보존사무규칙 제24조 제1항 단서).

1497) 원론적으로는 신청시에 당사자가 이미 촉탁대상부분(예 : 판결서, 결정서, 공소장 등)을 특정한 때에는 그 부분만이 송부촉탁되고 후술하는 필요한 부분의 지정절차가 필요 없어야 할 것이나, 실무례가 반드시 그러한지는 의문이다.

1498) '인지액·편철방법예규'.

1499) 사실조사 촉탁 등의 비용 지급에 관한 예규(재민 98-14) 제3조 본문.

1500) 사실조사 촉탁 등의 비용 지급에 관한 예규(재민 98-14) 제3조 단서.

다고 할 것이다.

따라서, 전자소송실무도, 법원은 '전자소송시스템에 문서송부 기관으로 등록된 기관'에 대하여는 문서송부를 전자적인 방법으로 촉탁할 수 있다고 하고 있다.[1501]

다른 한편, 전자기록사건에서는, 법원이 문서송부 기관으로 등록되지 않은 기관에 대하여 문서송부를 촉탁할 때에는 촉탁을 받은 기관이 문서의 송부를 전자적인 방법으로 할 수 있도록 전자소송인증번호를 부여하고 있음이 전자소송실무이다.[1502]

2) 기록 가운데 일부문서에 대한 송부촉탁

법원이 기록 가운데 일부문서에 대한 송부촉탁 신청을 채택한 때에는 기록을 보관하고 있는 법원등에 대하여 그 기록 가운데 신청인 또는 소송대리인이 지정하는 부분의 인증등본을 보내 줄 것을 촉탁하여야 한다(규칙 제113조 제2항).

라. 촉탁을 받은 자의 협력의무 등

1) 협력의무 및 문서의 송부

법원으로부터 문서의 송부를 촉탁받은 사람은 정당한 사유가 없는 한 이에 협력하여야 한다(법 제352조의2 제1항 전단).[1503]

만일, **그 문서를 보관하고 있지 아니하거나 그 밖에 송부촉탁에 따를 수 없는 사정이 있는 때에는 법원에 그 사유를 통지하여야 한다**(같은 조 제2항).

한편, 검사는 법원으로부터 문서송부의 촉탁이 있는 때에는 기록을 공개함이 적합하지 아니하다고 인정되는 명백한 사유가 없는 한 이에 응하여야 하나(검찰보존사무규칙 제24조 제1항 본문), 실제로는 무턱대고(!) 신청인에 대한 조서 또는 신청인이 제출한 서류에 대하여서만 송부에 응하여 주는 것이 종래의 검찰실무이다.[1504] 차츰 개선의 기미는 보이고 있으나, 이

1501) 민전예규 제85조 제1항.

1502) 민전예규 제85조 제2항.

1503) cf. 「검찰보존사무규칙」 중 불기소사건기록 등의 열람·등사에 대하여 제한하고 있는 부분은 위임 근거가 없어 행정기관 내부의 사무처리준칙으로서 행정규칙에 불과하다. 대법원 2004. 9. 23. 선고 2003두1370 판결.

1504) cf. 저자가 실제로 겪었던 더욱 극단적인 실례를 들자면, 저자가 변호사보수 소송구조 결정에 따라 대리하였던 사건 중에, 의뢰자 본인이 문서의 지정을 하려고 모 지방검찰청에 방문하여서는 제멋대로 '변호사가 사건기록 전체를 송부하여 달라고 하였다'라며(당연히, 저자와는 사전에 아무런 상의도 없었다) 고집을 부리자, 이에 분개한 담당 검사가 기록의 송부 자체를 일절 불허한 것으로도 모자라서, 담당 검찰직원이 저자의 사무실에 전화를 직접 걸어서는 소송대리인인 저자에게(!) 폭언을 퍼붓는(저자는 처음에 전화를 받고서는 의뢰자에 대한 설득을 요구하는 전화일 줄로 생각하였으나, 알고 보니 이

는 검찰권의 남용으로써 민사사법의 적정을 저해하는 소치인바, 우리나라 사법제도 운용상의 매우 고질적인 문제점 중 하나이다.[1505]

2) 기록 가운데 일부문서에 대한 송부촉탁의 처리

기록 가운데 일부문서에 대한 송부촉탁을 받은 법원등은 문서송부촉탁 신청인 또는 소송대리인에게 그 기록을 열람하게 하여 필요한 부분을 지정할 수 있도록 하여야 한다(규칙 제113조 제3항).[1506][1507]

그러나 주의할 것은, 비밀보호를 위한 열람 등의 제한 결정(법 제163조 제1항)이 있은 기록의 해당 부분은 신청인이나 그 소송대리인이 열람할 수 없으며, 따라서 송부의 대상도 될 수 없다.[1508]

3) 비용청구

문서의 송부에 비용이 소요되어 이를 지급받고자 하는 경우, 문서송부촉탁의 상대방은 법원에 문서를 송부할 때 비용청구서를 함께 제출하여야 한다.[1509]

마. 송부촉탁 신청인의 사본제출의무 등

1) 문서의 지정 및 사본제출

가) 문서의 지정 : 서증목록 제출

송부촉탁에 따라 법원에 문서가 제출된 때에는 신청인은 그중 서증으로 제출하고자 하는 문서를 개별적으로 지정하여야 한다(규칙 제115조 본문 전단).

즉, 문서송부로써 서증의 제출이 이루어지는 것이 아니라, 개별 문서를 지정하여야 비로소

미 불허결정이 난 후에, 그런데도 해당 검찰직원이 제 분을 이기지 못하여 전화를 한 것이었다), 상식 밖의 일이 있었다.

1505) 이 문제에 관한 상론으로는, 이승훈, “형사기록에 대한 문서송부촉탁과 관련한 문제점”, **법률신문**, 2014. 4. 10. 등 참조.

1506) cf. 이에 따라, 검찰청의 보존사무담당직원은 문서송부촉탁의 원인이 다른 소송사건의 증거로 사용하기 위하여 사건당사자나 그 소송대리인 또는 변호인 등이 법원에 문서송부촉탁을 의뢰한 것인 때에는 상당한 기간을 정하여 전화 또는 서면으로 신청인등에게 증거에 필요한 부분을 지정하도록 할 수 있다(검찰보존사무규칙 제24조의2 제1항).

1507) 이론적으로는 신청인 등이 지정만 하면(변호사가 소송대리인인 경우에는 사무직원이 이를 한다) 피촉탁기관에서 해당 부분을 복사하여야겠으나, 실제로는 신청인 등(예컨대, 지정을 실제로 한 변호사사무직원)이 송부용 사본의 복사까지도 직접 한다.

1508) 대법원 2020. 1. 9.자 2019마6016 결정(사안은 영업비밀이 적혀 있는 소송기록) 참조.

1509) 사실조사 촉탁 등의 비용 지급에 관한 예규(재민 98-14) 제5조.

해당 개별 문서들이 서증이 되는 것임에 주의하여야 한다.[1510]

따라서, 문서가 법원에 송부된 때에는, 신청인은 그 중 서증으로 제출하고자 하는 문서를 지정하여 서증부호와 번호를 정리한 목록을 제출하여야 한다.[1511]

나) 사본 제출의 요부

(1) 원칙: 종이기록사건의 경우

송부촉탁에 따라 법원에 문서가 제출된 때에는, 신청인은 그중 서증으로 제출하고자 하는 문서의 사본을 법원에 제출하여야 하지만(규칙 제115조 본문 후단), 제출된 문서가 증거조사를 마친 후 돌려 줄 필요가 없는 것인 때에는 따로 사본을 제출하지 아니하여도 된다(같은 조 단서).

즉, 원본이 송부된 때에는(서증제출의 일반원칙에 따라) 서증목록에 서증 사본도 첨부하여 법원에 제출하여야 하나, 인증등본이 송부된 때에는 서증목록만 제출하면 되고 '법원용' 사본을 첨부할 필요가 없다.[1512] 그리고 실제로는 후자에 의할 경우가 대부분이다.

그러나 주의할 것은, 인증등본이 송부된 경우에도(역시 서증제출의 일반원칙에 따라) '상대방용' 사본이나 번역문(송부된 기록이 외국어로 된 경우 등)은 서증목록에 첨부하여야 한다.[1513]

(2) 특칙: 전자기록사건의 경우

전자기록사건에서 문서송부촉탁결과가 도착한 경우의 전자소송실무상 처리는, 문서송부촉탁결과가 전자문서인지 종이문서인지에 따라 경우를 나누어 보아야 한다.

문서송부촉탁결과가 전자문서로 도착한 경우에는, ① 신청인이 전자소송 동의자이면, 문서송부서를 전자적으로 열람한 후 필요한 부분을 서증으로 지정하여 제출하고,[1514] ② 신청인이 전자소송 비동의자이면, 법원을 방문하여 문서송부서를 전자적으로 열람 후 필요한 부분을 출력할 수 있으며, 서증목록과 서증을 종이문서로 제출하면 접수계에서 이를 전자화한다.[1515]

1510) 또한, 한 개의 문서가 송부된 경우이 아닌 이상, 송부된 문서 전체를 통째로 하나의 서증으로 지정하여서는 아니 된다.

1511) 「문서송부촉탁 등에 따라 법원에 문서의 인증등본이 제출된 경우의 업무처리요령(재일 2002-6)」.

1512) 송부된 (그리고 이에 따라 기록에 편철된) 인증등본 중 서증으로 채택된 문서는 그 인증등본에 직접 서증부호와 번호를 부기하여 '법원용 사본'에 갈음함이 실무이다. 「문서송부촉탁 등에 따라 법원에 문서의 인증등본이 제출된 경우의 업무처리요령(재일 2002-6)」.

1513) 민전예규 제86조 제1호 나목 참조.

1514) 민전예규 제86조 제1호 가목 후단.

1515) 민전예규 제86조 제1호 나목.

문서송부촉탁결과가 종이문서로 도착한 경우에는, 다시 경우를 나누어 보아야 하는바, 이를 일목요연하게 도표로 정리하여 보면 아래와 같다.1516)

문서송부서의 분량	1책(500쪽) 미만인 경우		1책(500쪽) 이상인 경우	
신청인 구분 (전자소송 동의자 여부)	동의자	비동의자	동의자	비동의자
문서송부서의 전자화 범위	전체	표지		
법원방문 및 복사 필요성	×	○		
서증 사본 제출 필요성	×	○	× (제출도 가능)	○

다만, 서증 사본의 제출을 요하지 아니하는 경우라도, 외국어로 된 문서 등의 경우에는, 역시 번역문의 제출은 필요하다고 하겠다.

그러나 실제로는, 전자소송홈페이지의 서증지정 기능이 불비한 관계로, 문서송부서 파일을 통째로 내려받아 이를 분할하여 서증으로 제출함이 일반이다.

2) 지정하지 아니한 서증의 처리

가) 원칙 : 종이기록사건의 경우

한편, 송부된 인증등본 중 서증으로 지정되지 아니한 문서는 법원은 당사자의 의견을 들어 이를 (송부자에게) 돌려주거나 폐기할 수 있다고 할 것이나(법 제355조 제4항의 준용), 공공기관으로부터 송부된 인증등본은 공공기관으로부터 반환 요청이 없는 한 서증 신청인에게 반환하거나 폐기하되, 수사기관에서 송부된 문서 등 서증 신청인에게 공개하는 것이 적당하지 않은 문서는 폐기함이 실무이다.1517)

1516) 민전예규 제86조 제2호.
즉, 문서송부촉탁결과가 종이문서로 도착한 경우에도, 신청인이 전자소송 비동의자이거나, 전자소송 동의자이더라도 문서송부서 분량이 1책(500쪽) 이상인 경우에는, 일단 문서송부서 표지만을 전자화하여 등재하며, 당사자의 서증목록 제출(규칙 제115조) 후에야 비로소 해당 문서들을 전자화하고 있다.
같은 항 나목.
그리고, 위와 같이 처리할 수 있는 법적 근거는, 서적은 전자화 불가문서로서 그 중요 부분만 전자화 대상이 된다는 법리의 유추적용에 있다고 하겠다(민소전자문서규칙 제20조 제1항, 제15조 제1항 제1호).

1517) 문서 등의 반환·폐기 등에 관한 예규(재민 2006-1) 제2조 제1항.

나) 특칙 : 전자기록사건의 경우

전자기록사건에서 서증으로 지정하지 아니한 문서의 전자소송실무상 처리는, 문서송부서의 전자화 여부에 따라 경우를 나누어 보아야 한다.

우선, 문서송부서(전체)가 전자화된 경우(전자문서가 송부된 경우 및 전자소송 동의자의 신청에 따라 1책 미만인 종이문서가 송부된 경우)에는, 문서송부서 전체가 기록뷰어의 보류함으로 등재되므로, 서증으로 제출되지 않은 부분을 별도로 폐기할 필요가 없다.[1518)]

문서송부서(전체)가 전자화되지 아니한 경우에는, 서증으로 지정되지 아니한 부분만 폐기함이 원칙이겠으나,[1519)] 전자소송 동의자인 신청인이 서증으로 지정하는 부분을 스스로 전자화하여 서증으로 제출한 경우에는 문서송부서 전체를 폐기함이 전자소송실무이다.[1520)]

6. 법원외서증조사[1521)]

가. 개 관

제3자가 가지고 있는 문서를 서증제출이나 문서제출명령신청 또는 문서송부촉탁신청에 따라 서증으로 신청할 수 없거나 신청하기 어려운 사정이 있는 때에는 법원은 그 문서가 있는 장소에서 서증의 신청을 받아 조사할 수 있다(규칙 제112조 제1항).[1522)]

이는 개념필연적으로 법원밖에서의 증거조사(법 제297조 제1항)의 일종이라고 하겠다.

한편, **법원은 법원외서증조사로서 수명법관 또는 수탁판사에게 문서에 대한 증거조사를 하게 하는 경우에 그 조서에 적을 사항을 정할 수 있다**(법 제354조 제1항).

나. 신 청

법원외서증조사신청도 서면(「법원외서증조사신청서」)[1523)]으로서 함이 일반이며, 이때 문서의 표시, 문서가 있는 장소, 증명할 사실을 밝혀야 할 것이다.

1518) 민전예규 제86조 제2호 가목 후문.

1519) 민전예규 제86조 제2호 나목 제3문.

1520) 민전예규 제86조 제2호 나목 제2문.
그러나, 이는 입법론적으로는 의문이다. 상술한 경우와 달리 취급할 합리적 이유가 없기 때문이다(전자화 결과에 이상이 있어 다시 전자화를 하여야 할 경우를 상정하여 보라).

1521) 이에 관한 실무적·기술적인 사항에 관하여서는, 「법원밖에서의 서증조사에 관한 업무처리요령(재민 2004-5」 참조.

1522) 이 제도가 신설되기 전에는 검증에 의함이 실무였다.

1523) '인지액·편철방법예규'.

다. 실 시

법원은 서증조사기일을 열어 법원밖 서증조사를 실시하게 된다.

법원외서증조사의 대상인 문서를 가지고 있는 사람은 정당한 사유가 없는 한 이에 협력하여야 한다(법 제352조의2 제1항).[1524)]

라. 문서 사본의 제출

법원외서증조사에서는 문서가 있는 장소에서 법원이 서증을 조사하므로, 당사자의 서증 원본 등 제출이 문제되지 아니함은 물론이다.[1525)]

법원밖 서증조사가 실시된 경우 신청인은 서증으로 신청한 문서의 사본을 법원에 제출하여야 하나(규칙 제112조 제2항), 실무상으로는, 신청인이 서증조사기일에(그 문서가 있는 장소에) 보관중인 문서 중 서증으로 신청할 문서를 개별적으로 지정하고 서증부호와 번호를 붙이고, 그 부분을 복사하여 법원용 서증 사본 1통으로 제출하는 것으로 하고 있다.[1526)]

마. 조서에의 기재

법원외서증조사를 실시하면 「서증조사조서」를 작성한다.

위 조서에는 문서의 등본 또는 초본을 붙여야 한다(법 제354조 제2항).

7. 서증의 종류

가. 개 관

서증은 그 종류에 따라 증거력에 차이가 있으므로, 증거력에 대해 살펴보기 전에 먼저 서증의 종류를 살펴볼 필요가 있다.

나. 공문서와 사문서

우리나라의 공무원이 직무상 작성하거나 외국의 공공기관이 작성한 문서를 공문서라 하며

1524) 특히, 검사는 법원으로부터 서증조사의 협조의뢰가 있거나 기록검증의 통지가 있는 때에는 기록을 공개함이 적합하지 아니하다고 인정되는 명백한 사유가 없는 한 이에 응하여야 하며(검찰보존사무규칙 제24조 제1항 본문), 보존사무담당직원은 법원으로부터 서증조사의 협조의뢰가 있는 때에는 접수 즉시 주임검사에게 협조여부의 결정을 받아야 한다(같은 규칙 제24조의2 제1항).

1525) 대법원 1991. 11. 8. 선고 91다15775 판결 참조.

1526) 법원밖에서의 서증조사에 관한 업무처리요령(재민 2004-5) 제3조.

(법 제356조 제1항, 제3항),[1527] 그 밖의 문서를 사문서라 한다.

다. 처분문서와 보고문서

1) 처분문서

처분문서란 그에 의하여 증명하려고 하는 법률상의 행위가 그 문서에 의하여 이루어진 것을 의미한다.[1528] 각종의 계약서,[1529] 차용증 따위가 그 대표적인 예이며, 가령, 단체협약서도 처분문서이다.[1530]

그리고, 그 증명하고자 하는 법률상의 행위는 사법상(私法上) 행위일 수도 있고 공법상(公法上) 행위일 수도 있다.[1531]

2) 보고문서

이에 반하여, 어떠한 외부적 사실을 보고·기술하고 있거나 그에 관한 의견이나 감상을 기재하고 있는 문서를 보고문서라 한다.[1532]

주의할 것은, 문서의 내용이 작성자 자신의 법률행위에 관한 것이라 할지라도 그 법률행위를 외부적 사실로서 보고, 기술하고 있거나 그에 관한 의견이나 감상을 기재하고 있는 경우에는 처분문서가 아니라 보고문서이다.[1533]

3) 판결서의 처분문서·보고문서성

한편, 판결서는 처분문서이기는 하지만, 그것은 그 판결이 있었던가 또 어떠한 내용의 판결이 있었던가의 사실을 증명하기 위한 처분문서라는 의미일 뿐, 판결서 중에서 한 사실판단을 그 사실을 증명하기 위하여 이용을 불허하는 것이 아니어서, 이를 이용하는 경우에는 판결서도 그 한도내에서는 보고문서이다.[1534]

1527) cf. 현행법 제356조는 "공공기관"이라는 용어를 사용하고 있으나, 구법(2002. 1. 26. 법률 제6626호로 전부개정되기 전의 것) 제327조는 "공무소"라는 용어를 사용하였다.

1528) 대법원 1988. 9. 27. 선고 87다카422(본소),423(반소) 판결. 동지: 대법원 1997. 5. 30. 선고 97다2986 판결; 대법원 2003. 10. 10. 선고 2001다70368 판결.

1529) 대법원 1981. 6. 9. 선고 80다442 판결(매매계약서); 대법원 1982. 12. 14. 선고 82다카413 판결(근저당권설정계약서); 대법원 1985. 11. 12. 선고 85다카789 판결(부동산 매매계약서).

1530) 대법원 1987. 4. 14. 선고 86다카306 판결. 동지: 대법원 2019. 11. 28. 선고 2017다257869 판결.

1531) 대법원 1987. 6. 23. 선고 87다카400 판결. 동지: 대법원 2010. 5. 13. 선고 2010다6222 판결.

1532) 대법원 2010. 5. 13. 선고 2010다6222 판결.

1533) 대법원 1987. 6. 23. 선고 87다카400 판결.

1534) 대법원 1980. 9. 9. 선고 79다1281 전원합의체 판결. 동지: 대법원 1980. 12. 23. 선고 80다359 판결; 대법원 1989. 1. 17. 선고 87다카2207,2208 판결; 대법원 1993. 9. 28. 선고 93누12763 판결; 대법원

따라서, 판결이 확정되지 아니한 것이라고 하여 증거로 사용될 수 없다고는 할 수 없고 다만 그 신빙성이 문제될 수 있을 뿐이다.[1535)]

그러나, 후술하는 바와 같이, 확정판결에서 인정한 사실은 일반적으로 높은 증명력을 가진다.

8. 서증의 형식적 증거력

가. 개 관

서증은, 문서에 표현된 작성자의 의사를 증거자료로 하여 요증사실을 증명하려는 증거방법이므로, ① 우선 그 문서가 증거신청당사자에 의하여 작성자로 주장되는 자의 의사에 기하여 작성된 것임이 밝혀져야 하고, ② 이러한 형식적 증거력이 인정된 다음 비로소 작성자의 의사가 요증사실의 증거로서 얼마나 유용하느냐에 관한 실질적 증명력을 판단하여야 한다.[1536)]

즉, 서증에 의하여 사실을 인정하려면 먼저 그 서증의 진정성립이 인정되어야 한다.

다만, 해당법원이 다른 증거자료들을 통하여 해당 문서의 실질적 증거력 자체를 부정하는 심증을 이미 형성하고 있는 때에는 문서의 진부를 조사함이 없이 바로 그 증명력을 배척하여도 위법이라고 할 수는 없다.[1537)]

나. 성립의 인부(認否)

1) 개 관

상대방이 제출한 서증의 진정성립을 인정하는지 여부에 대한 답변을 성립의 인부라 한다.

서명이나 날인 또는 무인(拇印)이 있는 사문서의 경우에는 이에 대한 인부도 문제된다.

2) 성립인부의 촉구[1538)]

이른바 필요적 인부 문서에 대하여는 상대방에게 인부의 의견을 진술하게 하여야 한다.

"필요적 인부 문서"란, 부각된 쟁점 등에 비추어 해당 문서의 성립에 관하여 그 자체로 다

1995. 4. 28. 선고 94누11583 판결 ; 대법원 2010. 9. 30. 선고 2009다76195,76201 판결.

1535) 대법원 1992. 11. 10. 선고 92다22107 판결. 동지 : 대법원 1995. 4. 28. 선고 94누11583 판결.

1536) 대법원 2002. 8. 23. 선고 2000다66133 판결. 동지 : 대법원 1997. 4. 11. 선고 96다50520 판결.

1537) 대법원 1988. 4. 27. 선고 87다카623 판결.

1538) '사건관리예규' 참조.

툼이 있는 문서, 해당 문서로 증명될 사실의 존부 등이 쟁점이 되는 등 핵심적 증거가치를 가지고 있는 문서(예 : 당사자 사이에 법률행위의 존부나 내용에 관하여 다툼이 있는 경우에 그 법률행위에 관한 처분문서), 그 밖에 사건의 쟁점과 관련된 문서로서 인부가 필요하다고 판단되는 문서를 말한다.

그러나, 필요적 인부 문서에 해당하지 아니한 것으로 판단되는 문서에 관하여 상대방이 적극적, 명시적으로 인부의 진술을 하지 않는 때에는 인부의 진술을 촉구하지 아니한다.

3) 성립인부의 범위

문서의 진정성립에 대한 증명은 문서의 서명날인을 포함하여 그 내용 전체가 대상으로 되는 것으로서, 제출자의 상대방이 그 문서의 일부에 대한 진정성립만을 인정하는 경우도 있을 수 있다.[1539]

4) 성립인부의 방법[1540]

가) 자기 명의 서증의 인부

제출된 서증이 인부를 할 당사자 자신 명의의 문서인 때에는 "부지"로 인부할 수 없고 반드시 "성립인정" 또는 "부인"으로 인부하여야 한다.

나) 성립인정시의 유의점

원본에 갈음하여 제출된 사본의 경우에는 상대방이 원본의 존재나 성립을 인정하여야 원본이 제출된 경우와 동일한 효과가 생기므로, 사본으로 제출된 서증에 대한 성립인부에서는 "원본존재인정" 또는 "원본존재부인"의 취지도 함께 밝혀야 한다.[1541]

성립은 인정하면서도 입증취지는 다툴 때는 성립인부만 할 것이 아니라 "성립인정, 입증취지 부인"으로 인부한다. 입증취지 부인의 진술이 법관의 심증의 강도에 영향을 미칠 수 있으며 변론 전체의 취지에 포함될 수 있기 때문이다.

마찬가지 이유에서, 성립을 인정하는 서증을 이익으로 원용할 때에는 "성립인정, 이익으로 원용"으로 인부한다.

다) 부인시의 유의점

문서의 진정성립을 부인하는 때에는 그 이유를 구체적으로 밝혀야 한다(규칙 제116조).

1539) 대법원 1988. 12. 13. 선고 87다카3147 판결 참조.

1540) 제요[민소Ⅲ], 1099~1033면.

1541) 민사 등 증거목록에 관한 예규(재민 2004-6) 제13조 제3항.

문서의 진정성립은 부인하면서도 서명·날인·무인행위를 하였다는 사실(인영부분 등의 진정성립)만은 인정하는 경우(예컨대, 변조나 백지무단보충을 주장하는 때)에는, "서명사실 인정", "날인사실 인정"(또는 "인영부분 성립인정"), "무인사실 인정"으로 인부하면서, 변조 내지 위조의 주장("○○에 의하여 위조된 문서임", "위조문서임" 등)을[1542] 증거항변으로서 진술한다.

주의할 것은, 인영의 동일성은 인정하면서도 인장도용의 주장을 할 때에는 "인영부분 성립인정"이 아니라 "인영부분 인정"으로 인부하면서 증거항변도 함께 하여야 한다는 것이다.

라) 문서의 일부에 대한 인부

문서를 부분별로 나누어서 인부를 하여야 할 경우가 있다. 공사병존문서(예 : 등기필증)의 경우에는 "공문서부분 인정,[1543] 사문서부분 부인" 식으로 나누어서 인부함이 통례이며, 공정증서나 사서증서인증서의 경우에는 "공증부분 인정, …" 식으로 인부하고, 공문서부분이 접수인 등 날인에 불과한 때에는 "공인부분 인정, …" 식으로 인부한다.

마) 위조문서라는 입증취지로 제출된 서증에 대한 인부

위조문서라는 입증취지로 제출된 서증에 대한 인부는 일반적인 성립인부와는 약간 다르다. 즉, 이에 대하여서는 제출자의 위조주장을 다툴 때에는 "위조된 것이 아니라 진정성립된 문서임", "위조인 점 부인", "○○○에 의하여 진정하게 작성된 문서임" 등으로, 제출자의 위조주장을 인정할 때에는 "○○○에 의하여 위조된 문서인 점 인정", "위조인 점 인정" 등으로 인부한다. 다만, "부지"로도 인부할 수 있다는 것은 통상적인 문서와 같다.

한편, 제출자가 상대방이 제출한 위조 주장을 다투어 진정성립 문서라고 답변하는 경우 등에도 인부방법은 상술한 바와 다르지 아니하다.[1544]

바) 수령사실의 인부

내용증명우편 등 상대방에게의 도달 여부가 문제가 되는 문서의 경우에는 흔히 "수령사실 인정" 또는 "수령사실 부인" 등도 편의상 함께 진술하는 예가 많다.

사) 사진, 신문, 달력 등의 인부[1545]

사진의 경우 피사체와 촬영 일시에 대한 제출자의 설명을 인정하는 경우에는 "성립 인정",

1542) 구 「바람직한 재판운영방안(재일 94-1)」.
1543) "공성부분만 성립인정" 식으로 기재하기도 한다.
1544) 구 「바람직한 재판운영방안(재일 94-1)」.
1545) 구 「바람직한 재판운영방안(재일 94-1)」.

부인하는 경우에는 “부인”, 그 진위를 모르는 경우에는 “부지” 등으로 인부한다.

신문, 달력 등에 대하여서는 공간(公刊)된 것을 인정하면 “성립인정”으로, 공간 여부를 다투면 “부지”로 인부한다.

아) 인부와 관련한 증거항변

인부와 관련한 증거항변은 “금액부분은 ○○에 의하여 변조된 것이라고 증거항변”, “백지에 날인만 해 준 것인데 ○○에 의하여 임의기재된 것이라고 증거항변”, “○○가 보관 중이던 피고의 인장을 사용하여 위조하였다고 증거항변” 등으로 한다.

5) 문서성립의 부인에 대한 제재

당사자 또는 그 대리인이 고의나 중대한 과실로 진실에 어긋나게 문서의 진정을 다툰 때에는 법원은 결정으로 200만원 이하의 과태료에 처한다(법 제363조 제1항).

다만, 이 경우에 문서의 진정에 대하여 다툰 당사자 또는 대리인이 소송이 법원에 계속된 중에 그 진정을 인정하는 때에는 법원은 과태료 결정을 취소할 수 있다(같은 조 제3항).

과태료 결정에 대하여는 즉시항고를 할 수 있다(같은 조 제2항).

다. 공문서의 형식적 증거력

1) 공문서의 진정의 추정

가) 우리나라의 공문서

문서의 작성방식과 취지에 의하여 공무원이 직무상 작성한 것으로 인정한 때에는 이를 진정한 공문서로 추정한다(법 제356조 제1항).

따라서, 이 추정을 뒤집을 만한 특단의 사정이 증거에 의하여 밝혀지지 않는 한 그 성립의 진정은 부인될 수 없으나,[1546] 환언하면, 위조 또는 변조 등 특별한 사정이 있다고 볼 만한 반증이 있는 경우에는 위와 같은 추정은 깨어진다.[1547]

주의할 것은, 공정증서도 보고문서로서 공문서라는 점이다.[1548]

그러나, **공문서가 진정한지 의심스러운 때에는 법원은 직권으로 해당 공공기관에 조회할 수 있다**(같은 조 제2항).

1546) 대법원 1985. 5. 14. 선고 84누786 판결.

1547) 대법원 2018. 4. 12. 선고 2017다292244 판결.

1548) 대법원 1994. 6. 28. 선고 94누2046 판결.

나) 외국의 공문서

문서의 작성방식과 취지에 의하여 외국의 공공기관이 작성한 것으로 인정한 문서도 진정한 것으로 추정한다(법 제356조 제3항, 제1항).

또한, **그것이 진정한지 의심스러운 때에는 법원이 직권으로 해당 공공기관에 조회할 수 있다**(법 제356조 제3항, 제2항).

물론, 외국의 공문서라고 제출한 문서가 진정성립의 추정을 받기 위해서는 제출한 문서의 방식이 외관상 외국의 공공기관이 직무상 작성하는 방식에 합치되어야 하고, 문서의 취지로부터 그 외국의 공공기관이 직무상 작성한 것이라고 인정되어야 한다.[1549)]

법원은, 이러한 요건이 충족되는지의 여부를 심사할 때, 해당 공문서를 작성한 외국에 소재하는 대한민국 공관의 인증이나 확인을 거치는 것이 바람직하지만, 이는 어디까지나 자유심증에 따라 판단할 문제이므로, 다른 증거와 변론 전체의 취지를 종합하여 인정할 수도 있다.[1550)]

특히, 현실적으로 공문서의 진정성립을 증명할 만한 증거를 확보하기 곤란한 경우가 많은 난민신청자가 제출한 외국의 공문서의 경우, 반드시 엄격한 방법에 의하여 진정성립이 증명되어야 하는 것은 아니지만, 적어도 문서의 형식과 내용, 취득 경위 등 제반 사정에 비추어 객관적으로 외국의 공문서임을 인정할 만한 상당한 이유가 있어야 한다.[1551)]

2) 이른바 공사병존문서의 경우

가) 원 칙

공사병존문서, 사문서와 공문서의 양자로 구성된 문서는 - 공증에 관한 문서와는 달라 -[1552)] 그 공성부분의 진정성립이 인정된다 하여 바로 사문서 부분의 진정성립이 추정되거나 인정될 수는 없다.[1553)]

예컨대, 확정일자 있는 사문서에 대하여 공성부분의 성립만이 인정된 경우에는 해당서면이 확정일자 당시에 존재한 사실을 증명할 뿐이고 그 내용이 진정하게 성립되었다는 사실을 증명하는 효력은 없는 것이며,[1554)] 매도증서 등에 등기소의 등기제의 기재가 첨가됨으로써

1549) 대법원 2016. 3. 10. 선고 2013두14269 판결. 동지 : 대법원 2016. 12. 15. 선고 2016다205373 판결.
1550) 대법원 2016. 12. 15. 선고 2016다205373 판결.
1551) 대법원 2016. 3. 10. 선고 2013두14269 판결.
1552) 대법원 2018. 4. 12. 선고 2017다292244 판결.
1553) 대법원 1989. 9. 12. 선고 88다카5836 판결 ; 대법원 2018. 4. 12. 선고 2017다292244 판결 참조.
1554) 대법원 1974. 9. 24. 선고 74다234 판결.

사문서와 공문서로 구성된 문서는 공증에 관한 문서와는 달라 그 공문서 부분 성립이 인정된다고 하여 바로 사문서 부분인 매도증서 자체의 진정성립이 추정되거나 인정될 수는 없다.[1555)]

나) 예외 : 공증인이 인증한 사서증서

그러나, 공증인이 인증한 사서증서(공증인법 제5장 참조)는 그 진정성립이 추정된다.[1556)]

이는, 「공증인법」에 규정된 사서증서에 대한 인증제도는 그 사서증서가 진정하게 성립된 것인지의 여부에 관하여 다툼이 생길 경우 그 문서가 진정한 것임에 대한 증명력을 높여 주려는 데 그 근본적인 목적이 있는 것으로서, 공증인이 사서증서의 인증을 함에는 같은 법에 따라 반드시 촉탁인의 확인이나 대리촉탁인의 확인 및 그 대리권의 증명 등의 절차를 미리 거치도록 규정되어 있기 때문이다.[1557)]

따라서, 공증인이 사서증서를 인증하면서 당사자로 하여금 공증인의 면전에서 사서증서에 서명 또는 날인하게 하거나 사서증서의 서명 또는 날인을 본인이나 그 대리인으로 하여금 확인하게 한 후 그 사실을 공증인이 증서에 기재하는 등 「공증인법」 소정의 절차를 제대로 거치지 않았다는 등의 사실이 주장·입증되는 등 특별한 사정이 없는 한 공증인이 인증한 사서증서의 진정성립을 함부로 부인하여서는 아니 된다.[1558)]

라. 사문서의 형식적 증거력

1) 사문서의 진정의 증명

가) 진정성립의 증명의 필요성

사문서는 그것이 진정한 것임을 증명하여야 한다(법 제337조).

따라서, 사문서의 진정성립을 상대방이 다툴(즉, 부인) 경우에는 제출자가 이를 입증하여야 한다.[1559)] 진정성립에 대하여 알지 못한다고(즉, 부지) 진술한 경우에도 마찬가지임은 물론이다.

1555) 대법원 2018. 4. 12. 선고 2017다292244 판결. 동지 : 대법원 1989. 9. 12. 선고 88다카5836 판결.

1556) 대법원 1988. 3. 8. 선고 87다카1448 판결. 동지 : 대법원 1992. 7. 28. 선고 91다35816 판결.

1557) 대법원 1991. 3. 27. 선고 90다17187 판결.

1558) 대법원 1991. 3. 27. 선고 90다17187 판결. 동지 : 대법원 1992. 7. 28. 선고 91다35816 판결.

1559) 대법원 1989. 1. 17. 선고 86후6,12 판결. 동지 : 대법원 1994. 11. 8. 선고 94다31549 판결. 다만, 작성명의자인 당사자가 '부지'라고 답변한 서증의 인영이 그 당사자가 진정성립을 인정한 다른 서증에 찍혀 있는 당사자 명의의 인영과 같은 것으로 보이는 경우, 법원으로서는 위 당사자에게 위 서증에 찍혀 있는 당사자 명의의 인영이 본인의 인장에 의하여 찍혀진 것인지의 여부 등을 따져 보아 그 인영부분이 진정하게 성립한 것인지의 여부를 석명한 다음, 그 결과에 따라 상대편으로 하여금 인영의 대조 등에 의하여 위 서증의 진부를 증명할 수 있는 기회를 주어야 한다. 대법원 1991. 11. 12.

그러나, 작성명의인의 서명이나 날인 또는 무인이 있는 문서의 성립에 관하여 작성명의인이 부지라고 다투는 경우에는, 법원으로서는 해당 서명이나 날인 또는 무인이 진정한 것인지의 여부를 심리하여야 하며, 만일 그와 같은 것까지도 부인하는 취지인 경우에 (비로소) 제출자에게 해당 서증의 진정성립의 입증을 촉구하여야 한다.[1560] 이는 서명이나 날인 또는 무인이 진정하다면 해당 사문서의 진정성립이 추정되기 때문인바(법 제358조), 이에 관하여 상세한 것은 별항으로 후술한다.

나) 진정성립에 관한 자백

사문서의 진정성립을 제출자의 상대방이 다투지 아니할 경우에는 진정성립에 관한 증명을 요하지 아니함은 물론이다.

주의할 것은, 서증의 진정성립에 관한 자백은, 보조사실에 관한 것이기는 하지만 그 자백의 취소에 관하여는 주요사실에 관한 자백의 취소와 마찬가지로 취급하여야 한다.[1561] 즉, 당사자가 임의로 이를 철회할 수 없고, 그 자백을 취소하려면 진실에 반하고 착오로 말미암은 것임을 입증하여야 한다.

그리고, 소송당사자가 문서가 위조되었다거나 권한 없이 작성되었다는 취지로 다투다가 그 서증의 인부 절차에서는 갑자기 진정성립을 인정한다는 것은 이례에 속하는 것이라고 할 것이므로, 법원은 서증의 인부 절차에서 위 문서의 진정성립을 인정한 것이 아니라고 보거나, 적어도 당사자가 위와 같이 모순되는 진술을 하는 취지를 분명하게 석명하여야 한다.[1562]

다) 진정성립의 증명의 방법

사문서의 진정성립에 관한 증명방법에 관하여 특별한 제한이 없으므로, 그 진정함을 사람의 증언으로 증명할 경우 반드시 작성자의 증언만에 의하여야 하는 것은 아니며, 작성자 아닌 제3자의 증언으로도 증명할 수 있다.[1563]

더 나아가, 당사자가 부지로 다투는 서증에 관하여 거증자가 성립을 증명하지 아니한 경우라 할지라도 법원은 다른 증거에 의하지 아니하고 변론전체의 취지를 참작하여 그 성립을

선고 91다30712 판결. 동지 : 대법원 1990. 6. 26. 선고 88다카31095 판결 ; 대법원 2000. 10. 13. 선고 2000다38602 판결.

1560) 대법원 1972. 6. 27. 선고 72다857 판결 ; 대법원 1990. 6. 12. 선고 90누356 판결 참조.

1561) 대법원 1988. 12. 20. 선고 88다카3083 판결. 동지 : 대법원 1991. 1. 11. 선고 90다8244 판결.

1562) 대법원 2003. 4. 8. 선고 2001다29254 판결.

1563) 대법원 1986. 12. 9. 선고 86누482 판결. 동지 : 대법원 1992. 11. 24. 선고 92다21135 판결.

인정할 수도 있다.[1564][1565]

물론, 사문서의 진정성립에 관한 증명방법은 신빙성이 있어야 하는바, 특히 증인의 증언에 의하여 그 진정성립을 인정하는 경우 그 신빙성 여부를 판단함에는 증언 내용의 합리성, 증인의 증언 태도, 다른 증거와의 합치 여부, 증인의 사건에 대한 이해관계, 당사자와의 관계 등을 종합적으로 검토하여야 한다.[1566]

그런데, 후술하는 바와 같이 일정한 경우에는 사문서의 진정성립이 추정된다.

라) 필적 및 인영의 대조

(1) 개 관

진정성립을 인정할 증거방법에 제한이 없음은 기술한 바와 같으나, **문서가 진정하게 성립된 것인지 어떤지는 필적 또는 인영**(印影)**을 대조하여 증명할 수 있다**(법 제359조).

즉, 법원은 반드시 감정으로써 문서 작성자의 필적 또는 인영·무인과 증명의 대상인 문서의 필적 또는 인영·무인이 동일한지 여부를 판단할 필요가 없이 육안에 의한 대조로도 이를 판단할 수 있다.[1567] 이는 성질상 검증에 해당한다.

(2) 대조용문서의 제출절차

서증신청의 방법과 마찬가지로, **당사자가 필적 또는 인영의 대조를 신청하고자 하는 때에는 ① 문서대조에 필요한 필적이나 인영이 있는 문서, 그 밖의 물건을 제출하는 방식 또는 ② 그러한 문서 등을 가진 사람에게 그것을 제출하도록 명할 것을 신청하는 방식으로 하거나**

1564) 대법원 1987. 7. 21. 선고 87므16 판결. 동지 : 대법원 1974. 7. 23. 선고 74다119 판결 ; 대법원 1982. 3. 23. 선고 80다1857 판결 ; 대법원 1988. 6. 14. 선고 88누3567 판결 ; 대법원 1990. 9. 25. 선고 90누3904 판결 ; 대법원 1993. 4. 13. 선고 92다12070 판결 ; 대법원 1993. 4. 27. 선고 92누16560 판결 ; 대법원 2009. 9. 10. 선고 2009다37138,37145 판결 ; 대법원 2010. 2. 25. 선고 2007다85980 판결.

1565) cf. 형사소송에서는 가령 피고인 또는 피고인이 아닌 자가 작성한 진술서나 그 진술을 기재한 서류로서 그 작성자 또는 진술자의 자필이거나 그 서명 또는 날인이 있는 것은, 피고인이 증거동의(형사소송법 제318조 제1항)를 하지 아니한 이상, 공판준비나 공판기일에서 그 작성자 또는 진술자의 진술에 의하여 그 성립의 진정함이 증명되어야 증거로 할 수 있다(형사소송법 제313조 제1항 본문). 따라서, 피고인이 증거부동의를 한 서류에 관하여서는 작성자를 증인으로 소환하여 신문하게 된다.
그러나, 이와 달리, 민사소송에서는 서증의 작성자를 증인으로 신문하지 아니한 채 변론 전체의 취지만에 의하여 그 서증의 진정성립을 인정할 수 있는 것이다. 대법원 1990. 4. 27. 선고 90누1373 판결 참조.

1566) 대법원 1992. 1. 21. 선고 91다33643 판결. 동지 : 대법원 1994. 10. 11. 선고 94다23746 판결 ; 대법원 1992. 6. 9. 선고 92누3489 판결 ; 대법원 1999. 4. 9. 선고 98다57198 판결 ; 대법원 2005. 12. 9. 선고 2004다40306 판결 ; 대법원 2010. 6. 24. 선고 2009다10980 판결.

1567) 대법원 1997. 12. 12. 선고 95다38240 판결. 동지 : 대법원 1971. 1. 26. 선고 70다2623 판결 ; 대법원 1991. 10. 11. 선고 91다12707 판결.

(법 제360조 제1항, 제343조), ③ **그러한 문서 등을 가지고 있는 사람에게 그 문서를 보내도록 촉탁할 것을 신청함으로써 할 수 있다**(법 제360조 제1항, 제352조 본문).

한편, 법원이 이러한 제출 또는 송부된 대조용문서를 맡아 둘 때(법 제353조의 준용)에는, 이는 민사보관물로서 취급된다.[1568)]

(3) 상대방이 손수 써야 하는 의무

대조하는 데에 적당한 필적이 없는 때에는 법원은 상대방에게 그 문자를 손수 쓰도록 명할 수 있다(법 제361조 제1항. 수기명령(手記命令)).

상대방이 정당한 이유 없이 위 명령에 따르지 아니한 때에는 법원은 문서의 진정여부에 관한 확인신청자의 주장을 진실한 것으로 인정할 수 있다(같은 조 제2항 전문).

필치(筆致)**를 바꾸어 손수 쓴 때에도 또한 같다**(같은 항 후문).

그러나, 상대방이 아니라 제3자의 수기가 필요할 때에는 해당 제3자를 증인으로 소환하여 수기를 시킬 수밖에 없다(법 제330조 참조).

(4) 대조용문서의 첨부

대조하는 데에 제공된 서류는 그 원본·등본 또는 초본을 조서에 붙여야 한다(법 제362조).

2) 사문서의 진정의 추정

가) 인영부분의 진정성립

(1) 개 관

사문서는 본인 또는 대리인의 서명이나 날인 또는 무인(拇印)**이 있는 때에는 진정한 것으로 추정한다**(법 제358조).

즉, 사문서의 작성명의인이 스스로 해당 사문서에 서명·날인·무인하였음을 인정하는 경우, 즉 인영 부분 등의 성립을 인정하는 경우에는 반증으로 그러한 추정이 번복되는 등의 다른 특별한 사정(이에 관하여서는 후술한다)이 없는 한, 그 문서 전체에 관한 진정성립이 (증거법칙적으로) 추정된다.[1569)]

그런데, (사)문서에 찍힌 인영의 진정함을 인정한 당사자는 자유롭게 이를 나중에 철회할 수 없다. 그 자백의 취소에 관하여서도, 문서의 성립에 관한 자백과 마찬가지로, 주요사실의

1568) 민사보관물관리에 관한 예규(재민 79-7) 제2조.

1569) 대법원 2003. 4. 11. 선고 2001다11406 판결. 동지 : 대법원 2008. 1. 10. 선고 2006다41204 판결 ; 대법원 2009. 5. 14. 선고 2009다7762 판결 ; 대법원 2011. 11. 10. 선고 2011다62977 판결 ; 대법원 2012. 12. 13. 선고 2011두21218 판결.

자백취소와 동일하게 처리하여야 할 것이기 때문이다.1570)

(2) 완성문서로서의 진정성립 추정

한편, 인영 부분 등의 진정성립이 인정된다면 다른 특별한 사정이 없는 한 해당 (사)문서는 그 전체가 완성되어 있는 상태에서 작성명의인이 그러한 서명·날인·무인을 하였다고 추정할 수 있다.1571)

따라서, 인영 부분 등의 진정성립이 인정되는 경우, 그 당시 그 (사)문서의 전부 또는 일부가 미완성인 상태에서 서명날인만을 먼저 하였다는 등의 사정은 이례에 속한다고 볼 것이므로,1572) 가령, 그 문서의 교부 당시 백지상태인 공란 부분이 있었고 그것이 사후에 보충되었다는 점은 작성명의인이 증명하여야 할 것이고,1573) 완성문서로서의 진정성립의 추정력을 뒤집으려면 그럴 만한 합리적인 이유와 간접반증 등의 증거가 필요하다.1574)

만일 그러한 완성문서로서의 진정성립의 추정이 번복되어 백지문서 또는 미완성 부분을 작성명의자가 아닌 자가 보충하였다는 등의 사정이 밝혀진 경우라면, 다시 그 백지문서 또는 미완성 부분이 정당한 권한에 기하여 보충되었다는 점에 관하여는 그 문서의 진정성립을 주장하는 자 또는 문서제출자에게 그 입증책임이 있다.1575)

나) 소위 2단계의 추정

(1) 개 관

예컨대, (사)문서에 날인된 작성명의인의 인영이 그의 인장에 의하여 현출된 것이라면 특별한 사정이 없는 한 그 인영의 진정성립, 즉 날인행위가 작성명의인의 의사에 기한 것임이 '사실상' 추정되고, 일단 인영의 진정성립이 추정되면 위 규정에 의하여(즉, '법정증거법칙에 기하여') 그 문서전체의 진정성립이 추정된다.1576)

1570) 대법원 2001. 4. 24. 선고 2001다5654 판결.

1571) 대법원 2003. 4. 11. 선고 2001다11406 판결. 동지 : 대법원 2008. 1. 10. 선고 2006다41204 판결 ; 대법원 2011. 11. 10. 선고 2011다62977 판결 ; 대법원 2012. 12. 13. 선고 2011두21218 판결.

1572) 대법원 2003. 4. 11. 선고 2001다11406 판결. 동지 : 대법원 2008. 1. 10. 선고 2006다41204 판결 ; 대법원 2001. 11. 10. 선고 2011다62977 판결 ; 대법원 2012. 12. 13. 선고 2011두21218 판결 ; 대법원 2013.8. 22. 선고 2011다100923 판결.

1573) 대법원 2013. 8. 22. 선고 2011다100923 판결.

1574) 대법원 2003. 4. 11. 선고 2001다11406 판결. 동지 : 대법원 2008. 1. 10. 선고 2006다41204 판결 ; 대법원 2001. 11. 10. 선고 2011다62977 판결 ; 대법원 2012. 12. 13. 선고 2011두21218 판결.

1575) 대법원 2003. 4. 11. 선고 2001다11406 판결. 동지 : 대법원 2012. 12. 13. 선고 2011두21218 판결 ; 대법원 2013. 8. 22. 선고 2011다100923 판결.

1576) 대법원 1989. 4. 25. 선고 88다카6815 판결. 동지 : 대법원 1982. 8. 24. 선고 81다684 판결 ; 대법원 1986.

또한, 처분문서에 기재된 작성명의인인 당사자의 서명이 자기의 자필임을 그 당사자 자신도 다투지 아니하는 경우에는 설사 날인이 되어 있지 않았다 하더라도 그 문서의 진정성립이 추정된다.[1577)]

(2) 이른바 백지문서의 경우

그런데, 위와 같은 2단계의 추정은 어디까지나 먼저 내용기재가 이루어진 뒤에 인영이 압날된 경우에만 허용되는 것이며,[1578)] 작성명의인의 날인만 되어 있고 그 내용이 백지로 된 문서를 교부받아 후일 그 백지부분을 작성명의자가 아닌 자가 보충한 문서의 경우에는 문서제출자는 그 기재내용이 작성명의인으로부터 위임받은 정당한 권원에 의한 것이라는 사실까지 입증할 책임이 있다.[1579)]

이를 뒤집어 말하면, 문서를 백지에 서명만을 하여 교부하여 준다는 것은 이례에 속하는 것이므로, 백지에 서명만을 한 채 교부하였는데 그 후 임의로 작성된 문서임을 인정하여 그 진정성립의 추정력을 뒤집으려면 그럴 만한 합리적인 이유와 이를 뒷받침할 증거가 필요하다.[1580)]

(3) 인영 부분만 인정되는 경우

(가) 인영 부분 인정과 인영 부분 성립인정의 차이

예컨대, 사문서의 작성명의자가 그 사문서의 진정성립 여부에 관하여 부지라고 답변하였으나 그 사문서상의 인영이 자신의 진정한 인장에 의한 것임을 인정하는 취지로 진술하는 경우, 법원으로서는 그 작성명의자에게 그 인영 부분의 진정성립 여부를 석명한 후 그에 따라 그 서증의 진부에 대한 심리를 더하여 보아야 하며, 그 결과 그 사문서의 진정성립이 추정되면 그 작성명의자가 자신의 인장이 도용되었거나 위조되었음을 입증하지 아니하는 한 그

---

2. 11. 선고 85다카1009 판결; 대법원 1987. 7. 7. 선고 86다카2575 판결; 대법원 1987. 12. 22. 선고 87다카707 판결; 대법원 1990. 4. 24. 선고 89다카21569 판결; 대법원 1995. 3. 10. 선고 94다24770 판결; 대법원 1995. 6. 30. 선고 94다41324 판결; 대법원 1997. 6. 13. 선고 96재다462 판결; 대법원 2002. 2. 5. 선고 2001다72029 판결; 대법원 2003. 2. 11. 선고 2002다59122 판결; 대법원 2003. 4. 8. 선고 2002다69686 판결; 대법원 2013. 8. 22. 선고 2012다94728 판결.

1577) 대법원 2008. 2. 14. 선고 2007다17222 판결. 동지: 대법원 1990. 2. 13. 선고 89다카16383 판결; 대법원 1994. 10. 14. 선고 94다11590 판결.

1578) 대법원 1988. 4. 12. 선고 87다카576 판결. 동지: 대법원 2000. 6. 9. 선고 99다37009 판결; 대법원 2005. 5. 12. 선고 2005다3748 판결.

1579) 대법원 1988. 4. 12. 선고 87다카576 판결. 동지: 대법원 1997. 12. 12. 선고 97다38190 판결; 대법원 2000. 6. 9. 선고 99다37009 판결.

1580) 대법원 1994. 10. 14. 선고 94다11590 판결. 동지: 대법원 1988. 9. 27. 선고 85다카1397 판결.

진정성립을 부정할 수 없다.[1581)]

그러나, 사문서의 작성명의인이 인영 부분을 시인하였다고 하더라도 반증을 들어 진정성립에 관하여 법원으로 하여금 의심을 품게 하면 진정성립의 추정이 깨어짐은 물론이다.[1582)]

(나) 인장도용 등의 경우

따라서, 작성명의인이 인장이 도용된 것이라고 주장하는 경우, 도용사실의 입증책임은 작성명의인에게 있다.[1583)]

인영 부분은 인정되는 문서가 강박의 정도가 극심하여 의사표시자의 의사결정의 자유가 완전히 박탈된 상태에서 작성된 것이라면, 이를 주장하는 자가 이를 입증하여야 할 것이다.[1584)]

이와 관련하여 주의할 것은, 서증에 작성명의인의 것으로 보이는 인장이 날인되어 있는데, 작성명의인이 그 서증의 인부절차에서 부인으로 다투면서 인장위조된 것이라고 증거항변을 하였다면, 법원으로서는, 그 취지가 작성명의인이 인영부분은 시인하되 다만 그 인영이 피고의 의사에 의하지 않고 날인된 것이어서 위 문서가 위조된 것이라고 항변하는 것인지, 아니면 인장 그 자체가 위조된 것이므로 위 문서의 성립을 부인하는 것이라는 것인지를 분명히 한 후에 그 문서의 진정성립 여부를 판단하여야 한다.[1585)]

다) 인영의 진정성립 추정의 복멸

그러나, 인영의 진정성립 추정은 사실상의 추정이므로, 인영의 진정성립을 다투는 자가 반증을 들어 인영의 날인행위가 작성 명의인의 의사에 기한 것임에 관하여 법원으로 하여금 의심을 품게 할 수 있는 사정을 입증하면 그 진정성립의 추정은 깨어진다.[1586)]

구체적으로, 인영의 진정성립 추정은 그 날인행위가 작성 명의인 이외의 자에 의하여 이루어진 것임이 밝혀지거나 작성 명의인의 의사에 반하여 혹은 작성 명의인의 의사에 기하지 않고 이루어진 것임이 밝혀진 경우에는 깨어진다.[1587)]

1581) 대법원 2000. 10. 13. 선고 2000다38602 판결.

1582) 대법원 1995. 3. 10. 선고 93다30129,30136 판결. 동지 : 대법원 1986. 9. 23. 선고 86다카915 판결.

1583) 대법원 1976. 7. 27. 선고 76다1394 판결 참조.

1584) 대법원 1991. 1. 11. 선고 90누6408 판결.

1585) 대법원 1994. 1. 25. 선고 93다35353 판결.

1586) 대법원 1997. 6. 13. 선고 96재다462 판결. 동지 : 대법원 2003. 2. 11. 선고 2002다59122 판결 ; 대법원 2013. 8. 22. 선고 2012다94728 판결.

1587) 대법원 1997. 6. 13. 선고 96재다462 판결. 동지 : 대법원 1995. 3. 10. 선고 94다24770 판결 ; 대법원 1995. 6. 30. 선고 94다41324 판결 ; 대법원 2010. 4. 29. 선고 2009다38049 판결.

따라서, 날인행위가 작성명의인 이외의 자에 의하여 이루어진 것임이 밝혀진 경우에는, 문서제출자는 그 날인행위가 작성명의인으로부터 위임받은 정당한 권원에 의한 것이라는 사실까지 입증할 책임이 있다.[1588)]

9. 서증의 실질적 증명력

가. 처분문서의 실질적 증명력

처분문서라고 하더라도 그 진정성립이 인정되지 아니한다면 그 문서의 기재 내용에 따른 의사표시의 존재 및 내용을 인정할 수 없음은 물론이다.[1589)]

그러나, 처분문서는 그 성립의 진정함이 인정되는 이상 법원은 그 기재내용을 부인할 만한 분명하고도 수긍할 수 있는 반증이 없는 한 그 기재내용대로의 의사표시의 존재 및 내용을 인정하여야 한다.[1590)]

1588) 대법원 1989. 4. 25. 선고 88다카6815 판결. 동지 : 대법원 1990. 4. 24. 선고 89다카21569 판결 ; 대법원 1995. 6. 30. 선고 94다41324 판결 ; 대법원 2003. 4. 8. 선고 2002다69686 판결 ; 대법원 2009. 9. 24. 선고 2009다37831 판결.

1589) 대법원 2002. 9. 6. 선고 2002다34666 판결.

1590) 대법원 1990. 3. 23. 선고 89다카16505 판결. 동지 : 대법원 1962. 5. 10. 선고 4294민상1177 판결 ; 대법원 1962. 10. 11. 선고 62다536 판결 ; 대법원 1962. 11. 29. 선고 62다616 판결 ; 대법원 1966. 2. 15. 선고 65다2183 판결 ; 대법원 1967. 1. 31. 선고 66다2122 판결 ; 대법원 1969. 2. 4. 선고 68다1931 판결 ; 대법원 1971. 10. 25. 선고 71다1976,1977 판결 ; 대법원 1981. 6. 9. 선고 80다442 판결 ; 대법원 1982. 12. 14. 선고 82다카413 판결 ; 대법원 1983. 3. 22. 선고 80다1576 판결 ; 대법원 1984. 1. 31. 선고 83다카1034 판결 ; 대법원 1984. 7. 10. 선고 84다카571 판결 ; 대법원 1984. 10. 23. 선고 83다카2048 판결 ; 대법원 1985. 3. 12. 선고 84누96 판결 ; 대법원 1985. 11. 12. 선고 85다카789 판결 ; 대법원 1986. 1. 21. 선고 84다카681 판결 ; 대법원 1986. 2. 25. 선고 85다카856 판결 ; 대법원 1986. 10. 14. 선고 86다카791 판결 ; 대법원 1987. 4. 14. 선고 86다카306 판결 ; 대법원 1987. 4. 28. 선고 86다카1760 판결 ; 대법원 1987. 5. 26. 선고 85다카1046 판결 ; 대법원 1988. 4. 27. 선고 87다카2143 판결 ; 대법원 1988. 9. 27. 선고 87다카422(본소),423(반소) 판결 ; 대법원 1988. 12. 13. 선고 87다카3147 판결 ; 대법원 1989. 6. 27. 선고 89다카3240 판결 ; 대법원 1989. 10. 10. 선고 89다카1602,1619(병합) 판결 ; 대법원 1989. 11. 10. 선고 89다카10484 판결 ; 대법원 1990. 3. 27. 선고 89다카19153 판결 ; 대법원 1990. 6. 12. 선고 89다카30075 판결 ; 대법원 1990. 6. 26. 선고 88다카22169 판결 ; 대법원 1990. 6. 26. 선고 89다카27116 판결 ; 대법원 1990. 10. 30. 선고 89다카34572 판결 ; 대법원 1990. 11. 27. 선고 88다카12759,12766 판결 ; 대법원 1990. 12. 11. 선고 90다8589 판결 ; 대법원 1994. 10. 11. 선고 93다55456 판결 ; 대법원 1995. 2. 10. 선고 94다16601 판결 ; 대법원 1996. 5. 10. 선고 94다56043 판결 ; 대법원 1996. 9. 10. 선고 95누7239 판결 ; 대법원 1997. 6. 24. 선고 97다2993 판결 ; 대법원 1997. 11. 28. 선고 97다11133 판결 ; 대법원 2000. 10. 13. 선고 2000다38602 판결 ; 대법원 2002. 2. 26. 선고 2000다48265 판결 ; 대법원 2002. 6. 28. 선고 2002다23482 판결 ; 대법원 2002. 9. 6. 선고 2002다34666 판결 ; 대법원 2005. 5. 13. 선고 2004다67264,67271 판결 ; 대법원 2006. 2. 10. 선고 2003다15501 판결 ; 대법원 2006. 4. 13. 선고 2005다34643 판결 ; 대법원 2006. 9. 14. 선고 2006다27055 판결 ; 대법원 2007.1.12. 선고 2006다61574 판결 ; 대법원 2007. 11. 29. 선고 2006다2490,2506 판결 ; 대법원 2008. 5. 9.자 2007마1582 결정 ; 대법원

따라서, 처분문서의 진정성립을 인정함에는 신중하여야 할 것이며,[1591] 같은 이치에서, 작성명의인의 인영에 의하여 처분문서의 진정성립을 추정함에는 신중하여야 하고, 특히 처분문서의 소지자가 업무 또는 친족관계 등에 의하여 문서명의자의 위임을 받아 그의 인장을 사용하기도 하였던 사실이 밝혀진 경우라면 더욱 그러하다.[1592]

그러나, 진정한 것임이 증명된 처분문서라고 하더라도, (분명하고도 수긍할 수 있는) 반증이 있거나 그 문서에 기재된 내용이 객관적인 진실(가령, 처분문서의 기재내용과 다른 명시적, 묵시적 약정이 있는 사실)[1593]에 반하는 것으로 볼 만한 합리적인 이유가 있는 경우에는 그 증명력을 배척할 수 있음은 물론이다.[1594]

한편, 동일한 사항에 관하여 내용을 달리하는 문서가 중복하여 작성된 경우에는 마지막에 작성된 문서에 작성자의 최종적인 의사가 담겨 있다고 해석하는 것이 일반적이라고 할 수 있지만, 마지막에 작성된 문서에 의한 법률행위가 최종적으로 완성되지 아니하는 등의 사유로 종전에 작성된 문서에 의한 법률행위가 철회되었다고 보기 어려운 사정이 있는 경우에는 그와 같이 해석할 수 없다.[1595]

2009. 7. 9. 선고 2006다67602,67619 판결; 대법원 2010. 11. 11. 선고 2010다56616 판결; 대법원 2011. 5. 13. 선고 2010다58728 판결; 대법원 2013. 1. 16. 선고 2011다102776 판결; 대법원 2016. 10. 27. 선고 2014다88543 판결; 대법원 2017. 2. 15. 선고 2014다19776 판결; 대법원 2019. 11. 28. 선고 2017다257869 판결.

1591) 대법원 2002. 9. 6. 선고 2002다34666 판결. 동지: 대법원 2003. 4. 8. 선고 2001다29254 판결; 대법원 2008. 7. 10. 선고 2005다74733 판결. 대법원 2009. 6. 11. 선고 2008다8362 판결; 대법원 2010. 5. 27. 선고 2010다6659 판결; 대법원 2013. 8. 22. 선고 2012다94728 판결.

1592) 대법원 2014. 9. 26. 선고 2014다29667 판결(변호사 A가 운영하는 법률사무소에서 사무장으로 근무하다가 해고된 B가 임금과는 별도로 정산금을 지급하기로 기재되어 있는 근로계약서 '사본'을 서증으로 제출하면서 A를 상대로 약정금 등의 지급을 구한 사안에서, B는 근로계약서 원본을 제출하지 아니하였고 원본 부제출에 대한 정당성이 되는 구체적 사유를 증명하지도 아니하였으므로 근로계약서는 그와 같은 내용의 사본이 존재한다는 것 이외에 A의 약정사실을 증명하는 증거로서 가치가 없고, 제반 사정에 비추어 근로계약서에 나타난 A의 인영이 A의 의사에 따라 날인된 것인지에 관하여 의문의 여지가 있다는 등의 이유로 근로계약서가 원본이라도 진정성립이 추정된다고 단정하기 어렵다고 한 사례).

1593) 대법원 1987. 5. 26. 선고 85다카1046 판결. 동지: 대법원 1989. 9. 12. 선고 88다카12506 판결; 대법원 1991. 7. 12. 선고 91다8418 판결; 대법원 1994. 5. 24. 선고 93다32514 판결; 대법원 1996. 4. 12. 선고 95다45125 판결; 대법원 1996. 9. 10. 선고 95누7239 판결; 대법원 2000. 1. 21. 선고 97다1013 판결; 대법원 2004. 5. 14. 선고 2003다57697 판결; 대법원 2006. 4. 13. 선고 2005다34643 판결; 대법원 2006. 9. 14. 선고 2006다27055 판결; 대법원 2007. 11. 29. 선고 2006다2490,2506 판결; 대법원 2008. 2. 29. 선고 2007도11029 판결; 대법원 2013. 1. 16. 선고 2011다102776 판결.

1594) 대법원 1994. 2. 8. 선고 93다57117 판결. 동지: 대법원 1983. 3. 22. 선고 80다1576 판결; 대법원 1995. 10. 13. 선고 95누3398 판결; 대법원 1996. 4. 12. 선고 95다54167 판결; 대법원 1997. 10. 24. 선고 97누11195 판결; 대법원 2010. 11. 11. 선고 2010다56616 판결.

1595) 대법원 2013. 1. 16. 선고 2011다102776 판결.

또한, 법원은 그 자유로운 심증에 의해 처분문서에 기재되지 아니한 별도의 약정이 존재한다는 사실을 인정할 수 있다고 할 것이다.[1596)]

나. 공문서 일반의 실질적 증명력

일반적으로, 공문서는 그 진정성립이 추정됨과 아울러 그 기재 내용의 증명력 역시 진실에 반한다는 등의 특별한 사정이 없는 한 함부로 배척할 수 없다.[1597)]

그러므로, 공문서의 기재 중에 의문점이 있는 부분이 일부 있더라도 그 기재 내용과 배치되는 사실이나 그 문서가 작성된 근거와 경위에 비추어 그 기재가 비정상적으로 이루어졌거나 그 내용의 신빙성을 의심할 만한 특별한 사정을 증명할 만한 다른 증거자료가 없는 상황이라면 그 기재 내용대로 증명력을 가진다고 보아야 한다.[1598)]

그 공문서의 기재 중 붉은 선으로 그어 말소된(朱抹) 부분이 있는 경우에도 그 말소의 경위나 태양 등에서 비정상으로 이루어졌다는 등의 특별한 사정이 없는 한 그 말소된 기재 내용대로의 증명력을 가진다.[1599)]

다. 관련 민·형사사건의 확정판결 등의 실질적 증명력

1) 원 칙

판결서를 다른 소송사건의 사실인정을 위한 증거자료로 삼을 수 있음은 다른 일반 서증의 경우와 같거니와,[1600)] 민사재판에서 이와 관련된 다른 민·형사사건 등의 확정판결에서 인정된 사실은 특별한 사정이 없는 한 유력한 증거자료가 되는 것이다.[1601)][1602)][1603)][1604)]

1596) 대법원 1990. 11. 23. 선고 90누2734 판결.

1597) 대법원 2006. 6. 15. 선고 2006다16055 판결. 동지 : 대법원 2002. 2. 22. 선고 2001다78768 판결.

1598) 대법원 2015. 7. 9. 선고 2013두3658 판결(구 토지대장에 A가 사정받은 것으로 기재되어 있고, A가 사망한 이후 씨명경정(氏名更正)을 이유로 소유자가 변경되었다가, 다시 '국(國)'으로 소유권이 이전된 것으로 등재되어 있는 토지가 미등기 상태로 있다가 대한민국 앞으로 소유권보존등기가 마쳐졌는데, A의 후손 B 등이 중랑천 제외지였던 위 토지에 대하여 하천구역 편입에 따른 손실보상금의 지급을 청구한 사안에서, A가 토지를 사정받은 때로부터 씨명경정 전까지 재결에 의하여 토지에 관한 사정내용이 변경되었을 가능성을 배제할 수 없고, '국' 앞으로 소유권이 이전되는 것이 가능한 것으로 보이며 비정상적으로 이루어졌다고 의심할 만한 사정은 보이지 않으므로 '국'이 토지에 대한 소유권을 취득했다고 추정되고, 토지대장상 씨명경정이 된 경위가 분명하지 않다고 하여 공문서인 구 토지대장의 증명력을 배척할 수는 없다고 본 원심판단이 정당하다고 한 사례).

1599) 대법원 2002. 2. 22. 선고 2001다78768 판결.

1600) 대법원 1972. 7. 25. 선고 71므8 판결.

1601) 대법원 1997. 3. 14. 선고 95다49370 판결. 동지 : 대법원 1962. 7. 5. 선고 62다208 판결 ; 대법원 1962. 8. 30. 선고 62다207 판결 ; 대법원 1971. 5. 24. 선고 71다425 판결 ; 대법원 1977. 11. 8. 선고 76누250

따라서, 막연히 이를 배척함은 심리미진 아니면 경험법칙위배이다.[1605)]

판결 ; 대법원 1981. 1. 27. 선고 80누13 판결 ; 대법원 1983. 9. 13. 선고 81누324 판결 ; 대법원 1985. 3. 26. 선고 84다카1573 판결 ; 대법원 1985. 10. 8. 선고 84누411 판결 ; 대법원 1986. 1. 21. 선고 85다카1497 판결 ; 대법원 1986. 7. 8. 선고 85므90 판결 ; 대법원 1986. 9. 9. 선고 85다카2255 판결 ; 대법원 1987. 4. 28. 선고 86다카1757 판결 ; 대법원 1987. 5. 12. 선고 84다카1956 판결 ; 대법원 1987. 5. 26. 선고 85누351 판결 ; 대법원 1987. 11. 24. 선고 86다카2318 판결 ; 대법원 1988. 2. 9. 선고 87다카2476 판결 ; 대법원 1988. 11. 8. 선고 87다카2370 판결 ; 대법원 1989. 2. 14. 선고 88다카3946 판결 ; 대법원 1989. 3. 28. 선고 87다카2832,2833 판결 ; 대법원 1989. 5. 9. 선고 87다카1519 판결 ; 대법원 1989. 5. 9. 선고 88다카6075 판결 ; 대법원 1989. 6. 13. 선고 89다카3189 판결 ; 대법원 1989. 9. 12. 선고 88다카16270 판결 ; 대법원 1989. 9. 26. 선고 88다카32371 판결 ; 대법원 1989. 11. 14. 선고 88다카31125 판결 ; 대법원 1990. 2. 27. 선고 88다카6549 판결 ; 대법원 1990. 2. 27. 선고 88다카23391,23407(반소) 판결 ; 대법원 1990. 5. 22. 선고 89다카33944 판결 ; 대법원 1990. 8. 14. 선고 89다카6812 판결 ; 대법원 1990. 12. 7. 선고 90다카21886 판결 ; 대법원 1990. 12. 11. 선고 90다카7545 판결 ; 대법원 1991. 1. 15. 선고 88다카19002,19019(반소) 판결 ; 대법원 1991. 2. 8. 선고 90다8527 판결 ; 대법원 1991. 8. 27. 선고 91다14765 판결 ; 대법원 1992. 5. 22. 선고 91다37690 판결 ; 대법원 1992. 9. 25. 선고 92다20477 판결 ; 대법원 1992. 10. 13. 선고 92다27034 판결 ; 대법원 1994. 1. 28. 선고 93다29051 판결 ; 대법원 1994. 2. 8. 선고 93다19153,19160 판결 ; 대법원 1995. 1. 12. 선고 94다33002 판결 ; 대법원 1995. 3. 10. 선고 93다30129,30136 판결 ; 대법원 1995. 6. 29. 선고 94다47292 판결 ; 대법원 1995. 10. 12. 선고 94다52768 판결 ; 대법원 1996. 5. 28. 선고 96다9621 판결 ; 대법원 1997. 8. 29. 선고 96다14470 판결 ; 대법원 1997. 9. 30. 선고 97다24276 판결 ; 대법원 1998. 2. 24. 선고 97다49053 판결 ; 대법원 2000. 2. 25. 선고 99다55472 판결 ; 대법원 2000. 4. 11. 선고 99다51685 판결 ; 대법원 2000. 9. 8. 선고 99다58471 판결 ; 대법원 2002. 2. 26. 선고 99다67079 판결 ; 대법원 2002. 6. 11. 선고 99다41657 판결 ; 대법원 2002. 11. 8. 선고 2002다38361,38378 판결 ; 대법원 2004. 4. 28. 선고 2004다4386 판결 ; 대법원 2005. 1. 13. 선고 2004다19647 판결 ; 대법원 2006. 6. 29. 선고 2005다49836 판결 ; 대법원 2007. 5. 11. 선고 2005다56315 판결 ; 대법원 2007. 11. 30. 선고 2007다30393 판결 ; 대법원 2008. 2. 14. 선고 2007다69148,69155 판결 ; 대법원 2008. 6. 12. 선고 2007다36445 판결 ; 대법원 2010. 8. 19. 선고 2010다26745,26752 판결 ; 대법원 2018. 8. 30. 선고 2016다46338,46345 판결 ; 대법원 2020. 7. 9. 선고 2020다208195 판결.

1602) 그러나, 서증으로 제출된 판결서가 확정된 판결에 관한 것이 아니더라도 그 진정한 것임이 증명된 이상 사실인정의 자료로 할 수 있음은 물론이다. 대법원 1990. 9. 28. 선고 89누7306 판결.
한편, 원심이 관련 형사판결이 확정되었는지 여부를 확인해 보지도 아니한 채 동 판결의 인정사실과 배치되는 사실인정을 한 것은 심리미진 및 채증법칙위배의 위법을 저지른 것이라고 본 사례로는, 대법원 1989. 2. 14. 선고 88다카3946 판결 ; 대법원 1990. 4. 13. 선고 89다카838 판결 ; 대법원 1991. 2. 8. 선고 90다8527 판결.

1603) 여기서 민사사건이란 신청사건에서 판결을 한 경우도 포함된다. 대법원 1985. 7. 23. 선고 85다카333 판결 참조.

1604) 행정소송에 관하여 동지 : 대법원 1991. 12. 24. 선고 91누1332 판결 ; 대법원 1996. 11. 12. 선고 95누17779 판결 ; 대법원 1999. 11. 26. 선고 98두10424 판결 ; 대법원 2012. 8. 17. 선고 2010두23378 판결; 대법원 2019. 7. 4. 선고 2018두66869 판결.
따라서, 예컨대, '혼인파탄의 주된 귀책사유가 누구에게 있는지'라는 문제는 우리의 사법제도에서 가정법원의 법관들에게 가장 전문적인 판단을 기대할 수 있으므로, 결혼이민(F-6 (다)목) 체류자격 부여에 관하여 출입국관리행정청이나 행정소송의 수소법원은 특별한 사정이 없는 한 가정법원이 이혼확정판결에서 내린 판단을 존중함이 마땅하다. 이혼소송에서 당사자들이 적극적으로 주장·증명하지 않아 이혼확정판결의 사실인정과 책임판단에서 누락된 사정이 일부 있다고 하더라도 그러한 사정만으로 이혼확정판결의 판단 내용을 함부로 뒤집으려고 하여서는 아니 되며, 이혼확정판결과 다른 내용의 판단을 특히 전후 두 개의 민사소송이 당사자가 같고 분쟁의 기초가 된 사실도 같으나 다만 소송물이 달라 기판력에 저촉되지 아니한 결과 새로운 청구를 할 수 있는 경우에는 더욱 그러하며,[1606] 가령, 민사판결이 있은 후에 형사절차에서 장기간에 걸친 신중한 심리 끝에 결국 그것이 소송사기에 의한 판결임이 밝혀져서 유죄의 형사판결이 확정된 경우에는 법원은 그 형사판결의 존재와 내용을 존중하여 거기에서 인정된 사실을 민사판결에서 인정된 사실보다 진실에 부합하고 신빙성이 있는 것으로 받아들여야 한다.[1607]

2) 예 외

가) 개 관

그러나, 해당 민사재판에서 제출된 다른 증거내용에 비추어 관련 민·형사사건의 확정판결의 사실판단을 그대로 채용하기 어렵다고 인정될 경우에는 이를 배척할 수 있다.[1608][1609]

하는 데에는 매우 신중하여야 한다. 대법원 2019. 7. 4. 선고 2018두66869 판결.
다만, 대법원 1984. 4. 10. 선고 82누511 판결은, 파면처분의 취소청구사건에서 원고가 해당 사건 비위사실과 같은 공소사실로 1심에서 유죄판결을 받았다 하더라도, 그 기초가 되는 증거관계를 살펴봄이 없이 만연히 위 형사판결의 내용만에 의하여 비위사실을 인정할 수는 없다고 하였다.

1605) 대법원 1983. 9. 13. 선고 81다1166,81다카897 판결. 동지: 대법원 1962. 7. 5. 선고 62다208 판결.

1606) 대법원 1990. 12. 11. 선고 90다카7545 판결. 동지: 대법원 1995. 6. 29. 선고 94다47292 판결; 대법원 2007. 11. 30. 선고 2007다30393 판결; 대법원 2008. 6. 12. 선고 2007다36445 판결; 대법원 2009. 3. 26. 선고 2008다48964,48971 판결; 대법원 2009. 9. 24. 선고 2008다92312,92329 판결; 대법원 2018. 8. 30. 선고 2016다46338,46345 판결.

1607) 대법원 1994. 1. 28. 선고 93다29051 판결. 동지: 대법원 1990. 8. 14. 선고 89다카6812 판결.

1608) 대법원 1997. 3. 14. 선고 95다49370 판결. 동지: 대법원 1968. 4. 23. 선고 66다2499 판결; 대법원 1979. 9. 25. 선고 79다913 판결; 대법원 1989. 5. 9. 선고 88다카6075 판결; 대법원 1989. 9. 26. 선고 88다카32371 판결; 대법원 1989. 11. 14. 선고 88다카31125 판결; 대법원 1991. 2. 8. 선고 90다8527 판결; 대법원 1991. 12. 24. 선고 91누1332 판결(사안은 행정소송); 대법원 1992. 10. 13. 선고 92다27034 판결; 대법원 1994. 1. 28. 선고 93다29051 판결; 대법원 1994. 2. 8. 선고 93다19153,19160 판결; 대법원 1995. 3. 10. 선고 93다30129,30136 판결; 대법원 1997. 8. 29. 선고 96다14470 판결; 대법원 2000. 2. 25. 선고 99다55472 판결; 대법원 2002. 2. 26. 선고 99다67079 판결; 대법원 2002. 6. 11. 선고 99다41657 판결; 대법원 2002. 11. 8. 선고 2002다38361,38378 판결; 대법원 2004. 4. 28. 선고 2004다4386 판결; 대법원 2005. 1. 13. 선고 2004다19647 판결; 대법원 2006. 6. 29. 선고 2005다49836 판결; 대법원 2010. 5. 27. 선고 2009다12603 판결; 대법원 2010. 8. 19. 선고 2010다26745,26752 판결; 대법원 2018. 8. 30. 선고 2016다46338,46345 판결.

1609) 더욱이, 형사재판에서의 유죄판결은 공소사실에 대하여 증거능력 있는 엄격한 증거에 의하여 법관으로 하여금 합리적인 의심을 배제할 정도의 확신을 가지게 하는 입증이 있다는 의미인 반면, 무죄판결은 그러한 입증이 없다는 의미일 뿐이지 공소사실의 부존재가 증명되었다는 의미도 아님에 주의할 것이다. 대법원 2006. 9. 14. 선고 2006다27055 판결.
그러나, 동일한 사실관계에 관하여 이미 확정된 형사판결이 유죄로 인정한 사실은 유력한 증거자료가 되므로 민사재판에서 제출된 다른 증거들에 비추어 형사재판의 사실판단을 채용하기 어렵다고 인정되는 특별한 사정이 없는 한 이와 반대되는 사실을 인정할 수 없다. 대법원 1993. 1. 15. 선고 92다31453

그리고 이와 같은 법리는, '주의의무 위반'과 같은 불확정개념이 당사자가 주장하는 법률효과 발생에 관한 요건사실에 해당할 때, 관련 민사사건의 확정판결에서 이를 인정할 증거가 없거나 부족하다는 이유로 당사자의 주장을 받아들이지 않았는데도 이와 달리 후소 법원에서 위와 같은 요건사실을 인정하는 경우에도 마찬가지로 적용된다.[1610]

그러므로, 가령, 민사재판에서 법원이 이미 확정된 관련 민사사건 판결의 이유와 더불어 다른 증거들을 종합하여 확정판결에서 인정된 사실과 다른 사실을 인정하는 것 또한 법률상 허용되며, 그와 같은 사실인정이 자유심증주의의 한계를 벗어나지 아니하고 그 이유설시에 합리성이 인정되는 한 이는 사실심의 전권에 속하는 사실인정의 문제로서 위법하다 할 수 없다.[1611]

또한, 가령, 민사판결이 확정된 후 그 민사재판에서의 증언 등이 문제가 되어 형사소추된 결과 그 형사판결에서 위 민사판결의 인정사실과는 다른 사실이 인정되기에 이르렀다면 앞서의 민사판결만에 의하여 사실을 확정할 수 없으며,[1612] 관련 민사판결에서 어떠한 사실이 다툼 없는 것으로 확정된 것에 불과하다면, 그 부분 사실이 객관적으로 진실한 것이라고 인정할 증거로서의 신빙성이 있다고 하기는 어렵다.[1613]

3) 형사판결의 증명력

한편, 민사책임과 형사책임은 그 지도이념과 증명책임, 증명의 정도 등에서 서로 다른 원리가 적용되므로, 징계사유인 성희롱 관련 형사재판에서 성희롱 행위가 있었다는 점을 합리적 의심을 배제할 정도로 확신하기 어렵다는 이유로 공소사실에 관하여 무죄가 선고되었다고 하여 그러한 사정만으로 행정소송에서 징계사유의 존재를 부정할 것은 아니다.[1614]

4) 판결과 유사한 것들의 증명력

한편, 민사재판에서 이와 관련된 다른 권리범위확인심판사건 등의 확정심결에서 인정된 사실은 특별한 사정이 없는 한 유력한 증거자료가 되는 것이나, 해당 민사재판에서 제출된 다른 증거내용에 비추어 관련 권리범위확인심판사건 등의 확정심결의 사실판단을 그대로 채용하기 어렵다고 인정될 경우에는 이를 배척할 수 있다.[1615]

판결. 동지: 대법원 1995. 1. 12. 선고 94다39215 판결.

1610) 대법원 2018. 8. 30. 선고 2016다46338,46345 판결.

1611) 대법원 2012. 11. 29. 선고 2012다44471 판결.

1612) 대법원 1991. 8. 27. 선고 91다14765 판결.

1613) 대법원 1983. 12. 27. 선고 83누588 판결; 대법원 1985. 5. 14. 선고 85누86 판결 참조.

1614) 대법원 2018. 4. 12. 선고 2017두74702 판결

민사재판에서 관련 사건의 확정판결이 외국의 민사판결인 경우 그 판결의 증명력에 관하여서도 마찬가지로 볼 수 있을 것이다.[1616]

그러나, 검찰의 무혐의처분에 대해서는 확정된 형사판결과 동일한 증거가치를 부여할 수는 없다.[1617]

라. 진실·화해를 위한 과거사정리위원회의 조사보고서의 실질적 증명력

「진실·화해를 위한 과거사정리 기본법」에 의한 '진실·화해를 위한 과거사정리위원회'(이하 '정리위원회'라 한다)의 조사보고서에서 대상 사건 및 시대상황의 전체적인 흐름과 사건의 개괄적 내용을 정리한 부분은 상당한 신빙성이 있다 할 것이다.[1618]

그렇지만, 국가를 상대로 민사적인 손해배상을 청구하는 사건에서는 그러한 전체 구도 속에서 개별 당사자가 해당 사건의 희생자가 맞는지에 대하여 조사보고서 중 해당 부분을 개별적으로 검토하는 등 증거에 의하여 확정하는 절차를 거쳐야 한다. 따라서 그 절차에서까지 정리위원회의 조사보고서나 처분 내용이 법률상 '사실의 추정'과 같은 효력을 가지거나 반증을 허용하지 않는 증명력을 가진다고 할 수는 없다.[1619]

더구나 조사보고서 자체로 개별 신청대상자 부분에 관하여 판단한 내용에 모순이 있거나 스스로 전제한 결정 기준에 어긋난다고 보이거나, 조사보고서에 희생자 확인이나 추정 결정의 인정 근거로 나온 유족이나 참고인의 진술 내용이 조사보고서의 사실확정과 불일치하거나, 그것이 추측이나 소문을 진술한 것인지 또는 누구로부터 전해 들은 것인지 아니면 직접 목격한 것인지조차 식별할 수 없도록 되어 있는 등으로 그 진술의 구체성이나 관련성 또는 증명력이 현저히 부족하여 논리와 경험칙상 조사보고서의 사실확정을 수긍하기 곤란한 점들

1615) 대법원 2002. 1. 11. 선고 99다59320 판결.

1616) 대법원 2007. 8. 23. 선고 2005다72386,72393 판결.

1617) 대법원 1995. 12. 26. 선고 95다21884 판결. 동지 : 대법원 1987. 10. 26. 선고 87누493 판결 ; 대법원 1988. 4. 27. 선고 87다카623 판결.

1618) 대법원 2013. 5. 16. 선고 2012다202819 전원합의체 판결.

1619) 대법원 2013. 5. 16. 선고 2012다202819 전원합의체 판결. 동지 : 대법원 2013. 7. 11. 선고 2012다204747 판결 ; 대법원 2013. 7. 25. 선고 2012다203911 판결 ; 대법원 2013. 8. 22. 선고 2012다204693 판결.
cf. 위 전원합의체판결의 반대의견은, 피해자가 정리위원회의 진실규명결정을 증거로 제출하면서 국가를 상대로 국가 소속 공무원의 불법행위를 원인으로 한 손해배상을 청구하는 경우, 진실규명결정은 그 내용에 중대하고 명백한 오류가 있는 등으로 인하여 그 자체로 증명력이 부족함이 분명한 경우가 아닌 한 매우 유력한 증거로서의 가치를 가진다고 할 것이어서 피해자는 그것으로써 국가 소속 공무원에 의한 불법행위책임 발생 원인사실의 존재를 증명하였다고 봄이 타당하다고 보았다.
위 반대의견은, 이 경우 진실규명결정의 내용을 부인하며 가해행위를 한 바가 없다고 다투는 국가가 그에 관한 반증을 제출할 책임을 부담한다고 보아야 한다고 하였다.

이 있다고 보이는 경우에는, 조사관이 조사한 내용을 요약한 조사보고서의 내용만으로 사실의 존부를 판단할 것은 아니다. 그 경우에는 참고인 등의 진술 내용을 담은 정리위원회의 원시자료 등에 대한 증거조사 등을 통하여 사실의 진실성 여부를 확인하는 것이 필요하고, 이는 사법적 절차에서 지켜야 할 기본적인 사실심리의 자세이다.[1620)]

물론 그러한 심리의 과정에서 정리위원회의 조사자료 등을 보관하고 있는 국가 측에서 개별 사건의 참고인 등이 한 진술 내용의 모순점이나 부족한 점 등을 구체적으로 지적하고 그에 관한 자료를 법원에 제출하여 다투는 것이 바람직하다 하겠고, 그러한 적절한 대응을 하지 못한 때에는 민사소송의 심리구조상 국가에 불리한 평가를 하는 요소로 작용할 수는 있겠지만, 그렇다고 하여 바로 상대방의 주장 사실이 증명되었다고 단정할 것은 아니다.[1621)]

마. 제소 이후에 작성된 사문서의 실질적 증명력

제소 후에 작성된 사문서라 할지라도, 그 문서가 계쟁사실에 관한 입증을 회피할 목적으로 작성된 것이라고 인정되지 아니하는 한, 이러한 문서라도 실질적인 증거력을 인정할 수 있다 할 것이다.[1622)]

바. 자백취지의 보고문서 등의 실질적 증명력

가령, 소송 당사자가 소송 외에서 상대방의 주장사실과 일치하는 자기에게 불리한 사실을 확인하는 내용의 서면을 작성하여 상대방에게 교부한 경우, 특별한 사정이 없는 한 그 문서는 실질적 증명력이 있다고 보아야 한다.[1623)]

1620) 대법원 2013. 5. 16. 선고 2012다202819 전원합의체 판결. 동지 : 대법원 2013. 7. 25. 선고 2012다203911 판결.

1621) 대법원 2013. 5. 16. 선고 2012다202819 전원합의체 판결.
cf. 위 판결의 반대의견은, 국가는 진실규명결정의 내용이 사실과 다르다는 점에 관한 구체적인 사유를 주장하고 이를 뒷받침할만한 반증을 제출함으로써 진실규명결정의 신빙성을 충분히 흔들어야만 비로소 피해자 측에 진실규명결정의 내용과 같은 사실의 존재를 추가로 증명할 필요가 생기고, 국가가 그 정도의 증명에 이르지 못한 경우에는 함부로 진실규명결정의 증명력을 부정하고 그와 다른 사실을 인정할 수는 없다고 하였다.

1622) 대법원 1968. 12. 24. 선고 67다1503 판결. 동지 : 대법원 1966. 9. 27. 선고 66다1133 판결 ; 대법원 1966. 11. 22. 선고 66다1429 판결 ; 대법원 1969. 1. 21. 선고 68다2167 판결 ; 대법원 1970. 12. 29. 선고 70다2421 판결 ; 대법원 1981. 9. 8. 선고 80다2810 판결 ; 대법원 1992. 4. 14. 선고 91다24755 판결.
위 판례들의 대부분은 '증거능력'이라는 표현을 쓰고 있기는 하나 실제로는 실질적 증거력에 대한 설시들로 보인다.

1623) 대법원 1998. 3. 27. 선고 97다56655 판결. 동지 : 대법원 1990. 12. 26. 선고 90다8640 판결 ; 대법원 1993. 5. 11. 선고 92다3823 판결.

또한, 문서를 자필로 작성하여 교부한 자의 증언이 그 문서의 기재내용과 모순된다 하더라도, 그 모순되는 이유가 무엇인지를 밝혀 보기 전에는 쉽사리 그 서증의 증명력을 부인하기 어렵다 할 것이다.[1624)]

사. 일부 훼손된 문서의 실질적 증명력

민사소송에서 당사자 일방이 일부가 훼손된 문서를 증거로 제출하였는데 상대방이 훼손된 부분에 잔존 부분의 기재와 상반된 내용이 기재되어 있다고 주장하는 경우, 상대방의 사용을 방해할 목적(법 제350조) 없이 문서가 훼손되었다고 하더라도, 문서의 훼손된 부분에 잔존 부분과 상반되는 내용의 기재가 있을 가능성이 인정되어 문서 전체의 취지가 문서를 제출한 당사자의 주장에 부합한다는 확신을 할 수 없게 된다면, 이로 인한 불이익은 훼손된 문서를 제출한 당사자에게 돌아가야 한다.[1625)]

10. 서증에 관한 입증방해의 문제

가령, 의료분쟁에서 의사측이 가지고 있는 진료기록 등의 기재가 사실인정이나 법적 판단을 함에 중요한 역할을 차지하고 있는 점을 고려하여 볼 때, 의사측이 진료기록을 변조한 행위는, 그 변조이유에 대하여 상당하고도 합리적인 이유를 제시하지 못하는 한, 당사자간의 공평의 원칙 또는 신의칙에 어긋나는 입증방해행위에 해당한다 할 것이고, 법원으로서는 이를 하나의 자료로 하여 자유로운 심증에 따라 의사측에게 불리한 평가를 할 수 있다.[1626)]

의사 측이 진료기록을 사후에 가필·정정한 행위도 마찬가지이며, 그 내용의 허위 여부는

1624) 대법원 1984. 3. 27. 선고 83다카2337 판결.

1625) 대법원 2015. 11. 17. 선고 2014다81542 판결. 이 판례의 사안은 이러하다.
A는 B보험회사에 대한 보험금 청구소송에서 보험증권을 증거로 제출하였는데, 문제의 보험증권은 2개의 점선을 이용하여 3단으로 접히게 되어 있고, 위 보험증권의 2단 부분에는 "연금은 10년간에 걸쳐 3개월마다 1,821,380원을 계약해당일에 총 40회 지급하여 드립니다."라고 기재되어 있었으나, A는 위 보험증권을 3단 부분이 떨어져 나간 채로 제출하였다.
그러나 B는 반증으로 자신의 전산정보(상품보장내역)에 "1년 만기 정기예금이율의 변동에 따라 실제 지급되는 연금액은 달라질 수 있다"고 기재되어 있고, 문제의 보험계약이 체결될 무렵 판매된 동종 보험상품의 보험증권에도 그 3단 부분에 같은 취지의 기재가 있음을 들어 A가 제출한 보험증권의 증거가치를 다투었다.
이에 대하여 대법원은 문제의 보험증권 중 훼손된 부분에 B의 주장과 같은 기재가 있을 가능성을 배제할 수 없으므로, 결국 문제의 보험증권이 그 전체로서 문제의 보험계약에 따른 3개월 단위 연금액을 1,821,380원으로 확정적으로 기재하고 있다고 단정할 수는 없다고 본 것이다.

1626) 대법원 1995. 3. 10. 선고 94다39567 판결. 동지: 대법원 2014. 11. 27. 선고 2012다11389 판결.

의료진이 진료기록을 가필·정정한 시점과 그 사유, 가필·정정 부분의 중요도와 가필·정정 전후 기재 내용의 관련성, 다른 의료진이나 병원이 작성·보유한 관련 자료의 내용, 가필·정정 시점에서의 환자와 의료진의 행태, 질병의 자연경과 등 제반 사정을 종합하여 합리적 자유심증으로 판단하여야 한다.[1627]

V. 검 증

1. 검증 개관

검증이란, 법관의 오관(五官)의 작용에 의하여 사물의 성상(性狀)을 판단한 결과를 증거자료로 하기 위한 증거조사이다.

한편, 검증과 관련하여 증인신문, 당사자신문 또는 감정을 함께 실시할 수도 있는 것으로 해석된다(법 제365조 참조). 현장검증과 아울러 측량감정을 실시하는 것이 그 대표적인 예이다.

2. 검증신청

당사자가 검증을 신청하고자 하는 때에는 검증의 목적을 표시하여 신청하여야 한다(법 제364조).

이는 서면(「검증신청서」)[1628]으로써 함이 일반인바, 검증을 통하여 입증하고자 하는 사실을 표시하여야 하며, 그밖에 검증의 목적물(또는 검증의 대상)과 검증사항도 표시하여야 한다.

검증목적물은 특정되어야 하는바, 예컨대, 토지는 소재지(지번), 검증범위가, 사람의 신체는 해당 인물이 성명, 주소, 직업, 연령이, 유체동산은 품명, 점유자, 소재지가, 각각 특정되어야 한다.[1629]

1627) 대법원 2010. 7. 8. 선고 2007다55866 판결.

1628) '인지액·편철방법예규'.

1629) 주석(민소3), 539면(호제훈 집필부분).

3. 검증목적물의 제출

가. 개 관

현장검증 기타 법원이 검증목적물의 소재지에 출장하는 경우 외에는, 검증의 실시를 위하여 그 목적물의 제출이 문제된다.

따라서, 서증을 신청하고자 할 때와 마찬가지로, **검증할 목적물을 제출하거나 보내는 데에는, 당사자는 ① 검증목적물을 제출하는 방식 또는 ② 검증목적물을 가진 사람에게 그것을 제출하도록 명할 것을 신청하는 방식으로 하거나**(법 제366조 제1항, 제343조), **③ 검증목적물을 가지고 있는 사람에게 그것을 보내도록 촉탁할 것을 신청함으로써 할 수 있다**(법 제366조 제1항, 제352조 본문).

즉, 서증의 경우와 마찬가지로, 본인이 검증목적물을 소지하고 있는 경우에는 이를 제출하여야 하고, 상대방이 이를 소지하고 있는 경우에는 검증목적물제출명령을 신청하여야 하며, 제3자가 소지하고 있는 경우에는 검증목적물제출신청 또는 검증목적물송부촉탁을 신청하여야 한다는 것이 된다.[1630]

그러나, 사람의 신체·용모·상처가 검증의 대상인 때에는 제출명령신청에 준하여 그 사람이 출석하도록 명할 것(출석명령)을 신청하여야 하는 것으로 해석된다.

서증과 유사하게도, 검증목적물에는 제출주체와 제출순서에 따라 "검갑 제○호증", "검을 제○호증" 식으로 부호와 번호(및 가지번호)를 붙인다(규칙 제117조, 제107조 제2항, 제3항).

나. 검증목적물제출명령

검증목적물제출명령의 절차 등은, 문서제출명령의 그것에 준하며(법 제366조 제1항, 제347조 내지 제350조), 제출된 검증목적물을 맡아 두는 경우의 보관증 교부도 문서제출명령의 경우와 같다(규칙 제118조, 제111조 제2항).[1631]

그러나, 검증목적물제출명령과 문서제출명령은 엄연히 별개의 절차이며,[1632] 다음과 같은 차이가 있다.

1630) 유사취지 : 제요[민소Ⅲ], 1161면은, 상대방이 검증목적물을 소지하고 있는 경우에도 제출명령 또는 송부촉탁에 의할 것이라고 한다.

1631) 한편, 법원이 제출 또는 송부된 검증목적물을 맡아 둘 때(법 제353조의 준용)에는, 이는 민사보관물로서 취급된다. 민사보관물관리에 관한 예규(재민 79-7) 제2조.

1632) 대법원 2010. 7. 14.자 2009마2105 결정(사진에 관한 ―감정·서증조사·검증의 방법 중에서 가장 적절한 증거조사 방법이 무엇인지에 대한― 구체적인 심리 없이 곧바로 문서제출명령을 하고 검증의 대상인 동영상파일을 문서제출명령에 포함시킨 조치가 위법하다고 판단한 사안) 참조.

첫째, 검증목적물제출명령의 경우, 문서제출명령과 달리, 달리 정당한 사유가 없는 한 일반적으로 제출의무가 있다고 할 것이다(법 제366조 제1항에서 제344조의 부준용. 제366조 제2항 참조).

둘째, 따라서 관견으로는, 비밀심리를 위한 제시명령(법 제347조 제4항)은 검증목적물제출신청에서는 문제되지 아니한다고 본다. 왜냐하면, 비밀심리를 위한 제시명령은 제출의무 유무를 판단하기 위한 것인데, 검증목적물은 문서와 달리 제출의무가 면제되지 않기 때문이다.

셋째, 제출명령 위반의 효과에서도 다소 차이가 있다.

제3자가 정당한 사유 없이 검증목적물 제출명령에 따르지 아니한 때에는 법원은 결정으로 200만원 이하의 과태료에 처한다(법 제366조 제2항 전문. 법 제351조의 부준용).

이 결정에 대하여는 즉시항고를 할 수 있다(법 제366조 제2항 후문).

즉, 문서제출명령보다 과태료의 상한액도 더 적으며, 문서제출명령과 달리, 소송비용의 재판이 문제되지 아니하고, 일반원칙(법 제447조)에 따라 즉시항고에 집행정지의 효력이 있다.

다. 검증목적물송부촉탁

검증목적물송부촉탁의 절차 등은, 문서송부촉탁의 그것에 준하며(법 제366조 제1항, 제347조 내지 제350조), 제출된 검증목적물을 맡아 두는 경우의 보관증 교부도 문서송부촉탁의 경우와 같다(규칙 제118조, 제111조 제2항).

4. 검증의 실시

가. 검증에 필요한 처분

감정의 경우와 마찬가지로, **법원은 검증을 위하여 필요한 경우에는 남의 토지, 주거, 관리중인 가옥, 건조물, 항공기, 선박, 차량, 그 밖의 시설물안에 들어갈 수 있다**(법 제366조 제3항 전문, 제342조 제1항).

이 경우 저항을 받은 때에는 경찰공무원에게 원조를 요청할 수 있다(법 제366조 제3항 후문).

나. 수명법관·수탁판사에 의한 검증

법원외서증조사의 경우와 마찬가지로, **법원은 수명법관 또는 수탁판사에게 검증을 하게 하는 경우에 그 조서에 적을 사항을 정할 수 있다**(법 제366조 제1항, 제354조 제1항).

법원의 명령 내지 촉탁이 없었더라도, **수명법관 또는 수탁판사는 검증에 필요하다고 인정**

할 때에는 감정을 명하거나 증인을 신문할 수 있다(법 제365조).

다. 검증조서

검증을 실시하면 「검증조서」를 작성한다.

라. 검증목적물의 재제출명령

법원은 검증이 끝난 후에도 검증목적물을 다시 제출할 것을 명할 수 있다(규칙 제118조, 제105조 제5항).

Ⅵ. 당사자신문

1. 당사자신문 개관

가. 당사자신문의 의의

당사자신문이란 당사자 또는 법정대리인을 증거방법으로 하여 그가 경험한 사실에 대해 진술하게 하여 증거자료를 얻는 증거조사를 말한다.[1633]

법원은 직권으로 또는 당사자의 신청에 따라, 당사자 본인이나(법 제367조 전문), **법정대리인을**[1634] **신문할 수 있다**(법 제372조 본문).

'심리의 제원칙' 부분에서 주요사실의 주장책임과 관련하여 언급한 바와 같이, 당사자신문 결과는 증거자료이므로, 소송자료로서의 당사자의 진술과는 구별된다.[1635]

나. 당사자신문의 대상

상대방 당사자뿐만 아니라 신청당사자 자신도 당사자신문의 객체가 될 수 있다. 주의할 것은, 법정대리인 역시 당사자신문의 방식으로 신문한다(법 제372조 본문).

다만, 법정대리인을 신문하는 경우에, **당사자 본인도 신문할 수 있다**(같은 조 단서).

1633) 헌재 2008. 9. 25. 선고 2007헌바23 결정.

1634) 법문에는 "소송에서 당사자를 대표하는 법정대리인에 대하여는 …"으로 되어 있으나, "소송에서 당사자를 대표하는"이라는 문언은 사족으로 보인다.

1635) 대법원 1964. 12. 29. 선고 64다1189 판결.

법인의 대표자나 법인 아닌 사단 등의 대표자 또는 관리인도 당사자신문의 방식에 의할 것임은 물론이며(법 제64조. 규칙 제119조), 선정자나 공동소송적 보조참가인도 마찬가지로 보아야 함은 '증인신문' 부분에서 기술한 바와 같다.

따라서, 이하의 서술에서 특별히 "본인"이라는 언급이 없이 "당사자"라고만 하면 법정대리인도 포함하는 의미로 이해하기 바란다.

법원이 선임한 부재자 재산관리인의 신문도 당사자신문임은 물론이다.[1636)]

다. 보충성 여하

구법(2002. 1. 26. 법률 제6626호로 전부개정되기 전의 것) 제339조 전문은 증거조사에 의하여 심증을 얻지 못한 때에 당사자신문을 실시할 수 있는 것으로 규정하고 있었고, 이에 따라, 당사자신문은 보충적 증거방법에 불과하여 다른 증거 없이 오로지 당사자신문의 결과만으로 주요사실을 인정할 수는 없는 것으로 해석되고 있었다.[1637)]

그러나, 현행법에서는, 당사자신문의 보충성에 관한 규정이 폐지됨으로써 당사자신문 결과는 다른 증거와 마찬가지로 법관의 자유심증에 의하여 독립된 증거력을 평가받을 수 있게 되었다.[1638)]

이는, 사실관계를 가장 잘 아는 사람은 당사자 자신이라는 점, 보충성을 폐지하는 것이 진실 파악과 원활하고 신속한 소송진행에 도움이 된다는 점, 효율적인 쟁점정리와 화해의 촉진을 위해 당사자신문이 필요하다는 점을 이유로 한 것이다.[1639)]

따라서 이제는, 당사자신문 결과만으로 주요사실을 인정하였다 하더라도 증거법칙을 위반하였다고 할 수 없다.[1640)]

2. 당사자신문방식

당사자신문방식에는 당사자진술서 제출방식, 당사자신문사항 제출방식이 있다(규칙 제119

1636) 대법원 1964. 7. 23. 선고 64다122 판결.

1637) 대법원 1983. 12. 13. 선고 83누492 판결. 동지 : 대법원 1962. 12. 27. 선고 62다694 판결 ; 대법원 1964. 7. 23. 선고 64다122 판결 ; 대법원 1965. 6. 29. 선고 64다263 판결 ; 대법원 1966. 10. 18. 선고 66다1249 판결 ; 대법원 1983. 6. 14. 선고 83다카95 판결 ; 대법원 1987. 1. 20. 선고 86다카954 판결 ; 대법원 1987. 5. 26. 선고 86누909 판결 ; 대법원 2000. 11. 24. 선고 99두3980 판결.

1638) 대법원 2013. 6. 13. 선고 2010다34159 판결.

1639) 헌재 2008. 9. 25. 선고 2007헌바23 결정.

1640) 대법원 2013. 6. 13. 선고 2010다34159 판결.

조의2 참조). 즉, 증인신문과 달리 서면에 의한 진술방식이라는 것은 없다.

3. 당사자신문의 신청

가. 당사자신문신청의 원칙

당사자신문은 당사자의 주장과 증거를 정리한 뒤 집중적으로 실시하도록 되어 있으므로 (법 제293조), 증인신문과 마찬가지로, 당사자신문을 신청하는 경우에도 부득이한 사정이 없는 한 일괄하여 신청하여야 한다.

나. 당사자신문신청서

당사자신문신청시에도 – 일반적으로는 말로 신청하여 채택된 후에 – 「당사자본인신문신청서」 또는 「법정대리인신문신청서」를 제출하게 된다.[1641]

당사자신문을 신청하는 때에는, 신문할 당사자가 누구인지, 당사자신문에 필요한 시간 및 당사자의 출석을 확보하기 위한 협력방안을 밝혀야 하겠으나, 증인신청서에 기재하는 그 밖의 사항(신문할 당사자의 주소·연락처·직업, 당사자의 관계)은, 당사자신문신청서에는 기재할 필요가 없다(규칙 제75조 제2항의 일부 유추해석).

4. 당사자에 대한 출석요구 등

가. 당사자진술서 또는 당사자신문사항의 제출 등

1) 개 관

법원은 효율적인 당사자신문을 위하여 필요하다고 인정하는 때에는 당사자신문을 신청한 당사자에게 당사자진술서 또는 당사자신문사항을 제출하게 할 수 있다(규칙 제119조의2 제1항).[1642]

이러한 당사자진술서 및 당사자신문사항에 관한 구체적인 내용은 후술한다.

그런데, 규칙 제119조의2 제1항을 문리해석하면, 당사자신문에서는 증인신문의 경우와 달리 신문사항의 제출이 임의적이라는 것이 되나(규칙 제80조 제1항 참조), 이는 입법론적으로 의문이다.

1641) '인지액·편철방법예규'.

1642) 당사자진술서 제출명령은, 증인신문에서의 증인진술서 제출명령(규칙 제79 제1항)과 궤를 같이 한다.

2) 당사자진술서의 작성 및 제출

증인진술서와 마찬가지로, 당사자진술서에는 진술할 내용을 그 시간 순서에 따라 적고, 당사자가 서명날인하여야 한다(규칙 제119조의2 제2항 전단, 제79조 제2항).

증인진술서 제출명령의 경우와 마찬가지로, 당사자진술서 제출명령을 받은 당사자는 법원이 정한 기한까지 원본과 함께 상대방의 수에 2(다만, 합의부에서는 상대방의 수에 3)를 더한 만큼의 사본을 제출하여야 한다(규칙 제119조의2 제2항 전단, 제79조 제3항).

3) 당사자신문사항의 제출 등

증인신문사항 제출명령의 경우와 마찬가지로, 법원이 당사자신문사항 제출명령을 한 때에는, 당사자신문을 신청한 당사자는 법원이 정한 기한까지 상대방의 수에 3(다만, 합의부에서는 상대방의 수에 4)을 더한 통수의 당사자신문사항을 적은 서면을 제출하여야 한다(규칙 제119조의2 제2항 후단, 제80조 제1항 본문).

한편, 증인신문사항의 경우와 마찬가지로, 재판장은 당사자신문사항의 수정을 명할 수 있다(규칙 제119조의2 제2항 후단, 제80조 제3항).

나. 출석요구서 등의 송달

증인신문의 경우와 마찬가지로, 법원사무관등은 당사자진술서 사본 1통 또는 당사자신문사항을 적은 서면 1통을 당사자신문기일 전에 상대방에게 송달하여야 한다(규칙 제119조의2, 제79조 제4항, 제80조 제2항).

그 밖에, 증인신문의 경우와 마찬가지로, 「당사자본인출석요구서」를 송달하여야 하겠으나(규칙 제119조, 제81조 제2항),[1643] 실제로는 소송대리인으로 하여금 당사자본인을 대동하게 할 뿐 따로 출석요구서를 송달하지 아니하는 것이 실무관행이다.

5. 당사자의 불출석

가. 불출석의 신고

증인신문의 경우와 마찬가지로, 당사자가 출석요구를 받고 기일에 출석할 수 없을 경우에

1643) 증인 출석요구서와 유사하게도, **본인 출석요구서에는 ① 당사자의 표시 ② 신문 사항의 요지 ③ 출석하지 아니하는 경우의 법률상 불이익을 적어야 하며**(법 제373조, 제309조, 규칙 제119조 후문), 그 외에 ㉮ 출석하지 아니하는 경우에는 그 사유를 밝혀 신고하여야 한다는 취지 ㉯ 위 신고를 하지 아니하는 때에는 정당한 사유 없이 출석하지 아니한 것으로 인정되어 법률상 불이익을 받을 수 있다는 취지를 적어야 한다(규칙 제119조, 제81조 제1항).

는 바로 그 사유를 밝혀 신고하여야 한다(규칙 제119조, 제83조).

정당한 불출석 사유에 관하여서는 바로 후술한다.

나. 출석의무 위반의 효과

당사자가 정당한 사유 없이 출석하지 아니한 때에는 법원은 신문사항에 관한 상대방의 주장을 진실한 것으로 인정할 수 있다(법 제369조, 제372조).

후술하듯이, 선서의무, 진술의무 위반의 경우에도 동일한 불이익이 있다(같은 조).

이 경우 당사자가 출석할 수 없는 정당한 사유란, 법정에 나올 수 없는 질병, 교통기관의 두절, 관혼상제, 천재지변 등을 말한다고 할 것이고, 그러한 정당한 사유의 존재는 그 불출석 당사자가 이를 주장·입증하여야 한다.[1644]

그러나 위와 같은 불이익을 줄 것인지 여부는 법원의 재량사항이므로, 상대방이 위와 같은 불이익을 줄 것을 변론에서 진술하였으나 법원이 이에 대하여 판단하지 아니하였다 하더라도 위법이 아니다.[1645]

또한, 당사자본인신문절차에서 당사자본인이 출석, 선서, 진술의 의무를 불이행한 경우에 법원이 진실한 것으로 인정할 수 있는 것은 "신문사항에 관한 상대방의 주장", 즉 신문사항에 포함된 내용에 관한 것이므로, 법원이 이를 적용함에는 상대방당사자의 요건사실에 관한 주장사실을 진실한 것으로 인정할 것이라고 설시할 것이 아니라 당사자 본인신문사항 가운데 어느 항을 진실한 것으로 인정한 연후에 그에 의하면 상대방 당사자의 요건사실에 관한 주장사실을 인정할 수 있다고 판시하는 것이 정당하다.[1646]

6. 당사자신문의 실시

가. 수명법관·수탁판사에 의한 당사자신문

증인신문의 경우와 마찬가지로, **법원은 다음 각호 가운데 어느 하나에 해당하면 수명법관 또는 수탁판사로 하여금 당사자를 신문하게 할 수 있다**(법 제373조, 제313조).

① 당사자가 정당한 사유로 수소법원에 출석하지 못하는 때

② 당사자가 수소법원에 출석하려면 지나치게 많은 비용 또는 시간을 필요로 하는 때

1644) 대법원 2010. 11. 11. 선고 2010다56616 판결.

1645) 대법원 1973. 9. 25. 선고 73다1060 판결.

1646) 대법원 1990. 4. 13. 선고 89다카1084 판결.

③ 그 밖의 상당한 이유가 있는 경우로서 당사자가 이의를 제기하지 아니하는 때

증인신문의 경우와 마찬가지로, **수명법관 또는 수탁판사가 당사자를 신문하는 경우에는 법원과 재판장의 직무를 행한다**(법 제373조, 제332조, 규칙 제119조 본문, 제100조).

나. 선 서

1) 선서의무

당사자를 신문하는 경우 당사자에게 선서를 하게 하여야 한다(법 제367조 후문, 제372조).

증인신문의 경우와 마찬가지로, **당사자신문에서도 선서무능력이 문제된다**(법 제373조, 제322조).

그러나, 증인과 달리 선서가 면제되는 경우가 없으며, 당사자가 선서를 거부할 수도 없다(법 제373조에서 제323조 내지 제325조의 부준용).

증인신문의 경우와 마찬가지로, **재판장은 당사자에게 신문에 앞서 선서를 하게 하여야 한다**(법 제373조, 제319조 본문).

다만, 증인신문의 경우와 마찬가지로, **특별한 사유가 있는 때에는 신문한 뒤에 선서를 하게 할 수 있다**(법 제373조, 제319조 단서).

2) 거짓 진술에 대한 제재의 경고

증인신문의 경우와 유사하게도, **재판장은 선서에 앞서 당사자에게 선서의 취지를 밝히고, 거짓 진술에 대한 제재**(법 제370조 제1항 참조)**에 대하여 경고하여야 한다**(법 제373조, 제320조).

3) 선서의 방식

선서의 방식도 증인신문의 경우와 유사하나(법 제373조, 제321조),[1647] 선서서에는 "양심에 따라 숨기거나 보태지 아니하고 사실 그대로 말하며, 만일 거짓 진술을 하면 그에 대한 제재를 받기로 맹세합니다."라고 적어야 한다(법 제321조 제2항의 준용. 법 제370조 제1항 참조).

4) 선서의무 위반의 효과

당사자가 선서를 거부한 때에는 법원은 신문사항에 관한 상대방의 주장을 진실한 것으로 인정할 수 있다(법 제369조).

이에 관하여 상세한 것은 당사자의 불출석과 관련하여 기술한 바와 같다.

1647) 전자기록사건에서 당사자본인이 선서서에 서명하는 방법도 증인신문의 경우와 같다. 민전예규 제82조.

다. 진술의 의무 및 그 위반의 효과

1) 진술의 의무

증인과 달리, 당사자신문에서 당사자는 진술거부권이 없다(법 제373조에서 제314조 내지 제317조의 부준용).

2) 진술의무 위반의 효과

당사자가 진술을 거부한 때에는 법원은 신문사항에 관한 상대방의 주장을 진실한 것으로 인정할 수 있다(법 제369조).

이에 관하여 상세한 것은 당사자의 불출석과 관련하여 기술한 바와 같다.

다만, 당사자의 경우에는, 증인신문의 경우와 같은 소송비용 부담과 과태료의 제재는 없다(법 제373조에서 제318조의 부준용).

7. 당사자신문의 방법 등

신문의 방법, 교호신문, 재정인의 퇴정, 본인의 진술원칙과 행위의무, 서면에 따른 질문의 회답 및 낭독, 이의신청 등, **신문의 방식은 당사자신문도 증인신문과 같다**(법 제373조에서 제327조, 제330조, 제331조의 준용, 규칙 제119조에서 제89조 내지 제99조의 준용).

재판장은 필요하다고 인정한 때에 당사자 서로의 대질 또는 당사자와 증인의 대질을 명할 수 있다(법 제368조, 제372조).

8. 당사자본인신문조서

당사자를 신문한 때에는 선서의 유무와 진술 내용을 조서에 적어야 하므로(법 제371조, 제372조), 「당사자본인신문조서」를 작성한다.[1648)]

한편, 당사자신문절차를 녹음하였는데도 녹취서의 작성을 명하지 아니하는 경우에는 당사자신문조서에 그와 같은 사유가 있다는 취지를 기재한다.[1649)]

1648) cf. 당사자본인신문조서를 작성한 후에는 당사자신문신청서 등에 첨부된 당사자신문사항 등을 폐기함이 실무이다. 문서 등의 반환·폐기 등에 관한 예규(재민 2006-1) 제2조의3 제1항.
그러나, 전자기록사건에서는, 법원사무관 등은 당사자신문조서를 작성한 후에도 당사자신문신청서 등에 첨부된 증인신문사항 등을 폐기하지 아니한다. 민전예규 제77조 제3항.

1649) 속기·녹음예규 제13조의2 제5항.
이는 같은 조 제1항 제2호 또는 제3호의 사유를 말하는바, 이에 관하여서는 '심리의 제원칙' 부분에서 개정과 법정운영에 관한 원칙과 관련하여 기술한 바와 같다.

9. 거짓진술에 대한 제재

가. 개 관

선서한 당사자가 거짓 진술을 한 때에는 법원은 결정으로 500만원 이하의 과태료에 처한다(법 제370조 제1항, 제372조).

위 규정의 주된 취지는 선서한 당사자의 진술에서 진실성을 담보하여 재판의 공정을 기하기 위한 것이며, 위 규정이 정한 과태료의 제재는 소송법상의 의무위반자에 대한 금전벌의 일종으로서 공평성·적정성·획일성을 보장하기 위하여는 과태료재판의 개시·심리 및 종결 등을 법원의 직권에 일임함이 타당하다.[1650]

그런데, 위 법조항에 따라 당사자를 과태료의 제재에 처할지 여부는 법원의 재량에 맡겨져 있는 것이므로, 상대방 당사자에게는 법원에 대하여 그 직권발동을 촉구하는 것을 넘어 과태료 재판을 할 것을 신청할 권리는 없음은 물론이다.[1651]

나. 불복 등

위 과태료 결정에 대하여는 즉시항고를 할 수 있다(법 제370조 제2항, 제372조).

그러나, 문서성립의 부인에 대한 제재의 경우와 마찬가지로, **거짓 진술을 한 당사자 또는 대리인이 소송이 법원에 계속된 중에 거짓 진술임을 인정하는 때에는 법원은 위 결정을 취소할 수 있다**(법 제370조 제3항, 제363조 제3항, 제372조).

Ⅶ. 조사의 촉탁(사실조회)

1. 사실조회 개관

가. 사실조회의 의의

법원은 공공기관·학교, 그 밖의 단체·개인 또는 외국의 공공기관에게 그 업무에 속하는

1650) 헌재 2008. 9. 25. 선고 2007헌바23 결정.

1651) 대법원 2008. 11. 4.자 2007스28 결정. 동지 : 대법원 1998. 4. 13.자 98마413 결정.
한편, 헌재 2008. 9. 25. 선고 2007헌바23 결정은, 법 제370조 제1항이 상대방 당사자에게 과태료 재판의 신청권을 부여하지 아니한 것이 헌법에 위배되지 아니한다고 보았다.

사항에 관하여 필요한 조사 또는 보관중인 문서의 등본·사본의 송부를 촉탁할 수 있다(법 제294조).[1652)]

이러한 법원의 사실조사촉탁을 실무상 '사실조회'라 하는바,[1653)] 사실조사촉탁결과도 증거자료가 되므로, 사실조회 역시 일종의 증거조사방법에 해당한다.

한편, 법원이 사실조사촉탁(법 제294조)을 하는 때에는 필요한 범위 내에서 민감정보, 고유식별정보, 주민등록번호 및 그 밖의 개인정보가 포함된 자료의 송부를 요구할 수 있다(규칙 제76조의2 제2항).

전자기록사건에서는, 법원은 사실조회를 전자적 송달 또는 통지의 방법으로 할 수 있다(민소전자문서규칙 제37조 제3항). 그러나, 이는 피촉탁기관의 전자적 송달영수의무를 전제로 한다고 할 것이다.

따라서, 전자소송실무도, 법원은 '전자소송시스템에 사실조회 기관으로 등록된 기관'에 대하여는 사실조회를 전자적인 방법으로 할 수 있다고 하고 있다.[1654)]

다른 한편, 전자기록사건에서는, 법원이 사실조회 기관으로 등록되지 않은 기관에 대하여 사실조회를 할 때에는 촉탁을 받은 기관이 사실조회 회신을 전자적인 방법으로 할 수 있도록 전자소송인증번호를 부여하고 있음이 전자소송실무이다.[1655)]

나. 감정촉탁과의 구분

다만, 사실조사촉탁은 촉탁의 상대방이 용이하게 조사할 수 있는 사실에 한하여 하되, 조사할 내용이 촉탁의 상대방의 특별한 지식과 경험을 필요로 하는 것이거나 촉탁의 상대방의 전문적인 의견을 구하는 것일 때에는 감정촉탁의 방법에 의함을 원칙으로 한다.[1656)]

다. 특수한 사실조회

한편, 특수한 사실조회로 금융거래정보 제출명령(금융실명거래 및 비밀보장에 관한 법률 제4조), 과세정보 제출명령(국세기본법 제81조의13, 관세법 제116조, 지방세기본법 제114조), 신용정보 제출

1652) cf. 구법(2002. 1. 26. 법률 제6626호로 전부개정되기 전의 것) 제266조는 조회할 곳을 "공무소, 학교 기타의 단체 또는 외국공무소"로 한정하였으므로, 구법하에서는 개인에게는 사실조회를 할 수 없었는 것으로 해석되고 있었다.

1653) '사실조회촉탁'이라고 잘못 쓰는 예들을 흔히 볼 수 있으나, 그런 식으로 표현하면 마치 '역전앞'처럼 '사실조사촉탁촉탁'이라고 하는 셈이 되고 만다.

1654) 민전예규 제85조 제1항.

1655) 민전예규 제85조 제2항.

1656) 사실조사 촉탁 등의 비용 지급에 관한 예규(재민 98-14) 제2조.

명령(신용정보의 이용 및 보호에 관한 법률 제32조 제6항 제5호, 제34조), 통신자료제공요청(전기통신사업법 제83조 제3항, 제87조 제2항), 통신사실확인자료제공요청(통신비밀보호법 제13조의2, 제15조의2) 등이 있다.

이 제도들에 관한 상세한 내용은 '특수한 사실조회' 부분에서 별항으로 상론한다.

2. 사실조회신청

사실조회신청은, 「사실조사촉탁신청서」[1657] 또는 「사실조회신청서」로써 한다.

3. 사실조회의 촉탁방법 및 회신방법

가. 사실조회의 촉탁방법

사실조회를 할 때, 법원은 신청인 또는 조사로 인하여 이익을 받을 당사자에게 조사에 소요되는 비용의 예납을 명할 수 있다(규칙 제19조 제1항 제3호 본문).[1658]

다만, 그 이익을 받을 당사자가 불명할 때에는 원고에게 그 예납을 명할 수 있다(같은 호 단서).[1659]

법원이 사실조회를 하는 때(법 제294조)에는 회답서 등의 부본을 제출하게 할 수 있다(규칙 제76조).

나. 사실조회의 회신방법

1) 비용청구

사실조사나 문서의 제출에 비용이 소요되어 이를 지급받고자 하는 경우, 촉탁의 상대방은 법원에 조사보고서 또는 문서 등을 제출할 때 비용청구서를 함께 제출하여야 한다.[1660]

2) 전자소송의 사실조회 회보

전자기록사건에서는, 법원으로부터 사실의 조사 또는 문서의 송부를 촉탁 받은 자도 전자소송시스템을 이용하여 전자문서를 제출할 수 있다(민소전자문서법 제5조 제1항, 민소전자문서규

1657) '인지액·편철방법예규'.
1658) 사실조사 촉탁 등의 비용 지급에 관한 예규(재민 98-14) 제3조 본문.
1659) 사실조사 촉탁 등의 비용 지급에 관한 예규(재민 98-14) 제3조 단서.
1660) 사실조사 촉탁 등의 비용 지급에 관한 예규(재민 98-14) 제5조.

칙 제3조 제7호).[1661]

이와 관련하여 특기할 것은, 실무상으로는 사용자등록(사실조회기관 회원가입 포함)을 하지 아니한 자도 사실조회 회신서(과세정보회신서, 금융거래정보회신서 포함)를 전자적으로 제출할 수 있다는 점이다.[1662]

4. 사실조회 회보가 도착한 경우의 처리

법원이 필요한 조사를 공공기관, 학교, 기타 단체에 촉탁하고, 공공기관 등이 이에 응하여 회보서 등을 제출하였을 경우 변론기일에서 그 회보서가 도착되었음을 고지하여 변론에 상정하여야 한다.[1663]

사실조회결과를 당사자가 원용까지 하여야 비로소 증거로 쓸 수 있는 것은 아니나, 당사자가 원용의 진술을 하면 조서에 그 취지를 기재함이 실무이다.

또한, 실무는, 사실조회 회보서를 별도의 서증으로 제출할 필요는 없는 것으로 보나, 다만 회보서에 회보기관 이외의 자가 작성한 문서가 편철되어 있는 경우 이를 증거로 하려면 이 문서를 별도의 서증으로 조사한다.[1664] 다만, 후자의 경우 문서송부촉탁의 경우와 동일한 방법으로 서증으로 사용할 문서를 지정·제출할 수도 있다고 할 것이다.

5. 사실조회 회보의 증명력

사실조회 회보가 공문서인 경우 별도의 신빙성 있는 반대자료가 없는 한 그 기재와 어긋나는 사실 인정을 할 수 없으므로, 합리적인 이유의 설시도 없이 이를 배척하면 채증법칙 위배가 된다.[1665]

1661) 한편, 민소전자문서규칙 제37조 제1항, 제2항은, 전자기록사건에서는 사실조회 회보서가 전자문서인 때에는 이를 전자적으로 제출하여야 하고, 전자문서가 아니더라도 법원이 전자문서로 변환하여 제출할 것을 요구할 수 있다고 규정한다.
그러나, 관견으로는, 이는 위임입법의 한계를 벗어난 것으로 사료된다. 왜냐하면, (전자소송 동의를 하지도 아니한) 소송관계인에게 전자적 제출의무가 강제되지 않는다는 것이 현행법의 대원칙이기 때문이다.

1662) 그러나, 이러한 실무가 현행법의 해석론상 정당화될 수 있는 것인지는 의문이다.

1663) 변론에 현출시켜 당사자에게 의견진술의 기회를 주지 않으면 심리미진이 된다. 대법원 1982. 8. 24. 선고 81누270 판결.

1664) 구「바람직한 재판운영방안(재일 94-1)」.

1665) 대법원 1990. 11. 23. 선고 90다카21022 판결.

6. 유사제도 : 중앙환경분쟁조정위원회에의 원인재정 촉탁

환경분쟁에 대한 소송과 관련하여 수소법원은 분쟁의 인과관계 여부를 판단하기 위하여 필요한 경우에는 중앙환경분쟁조정위원회에 원인재정을 촉탁할 수 있다(환경분쟁 조정법 제45조 제4항 전문).

이 경우 당사자의 재정 신청(환경분쟁 조정법 제16조 제1항)**이 있는 것으로 본다**(같은 법 제45조 제4항 후문).

Ⅷ. 특수한 사실조회

1. 금융거래정보 제출명령[1666)]

가. 개 관

금융회사등에 종사하는 자는 명의인(신탁의 경우에는 위탁자 또는 수익자)의 서면상의 요구나 동의를 받지 아니하고는 그 거래정보등을 타인에게 제공하거나 누설하여서는 아니 되며(금융실명거래 및 비밀보장에 관한 법률(이하 '금융실명법'으로 약칭한다) 제4조 제1항 본문 전단), 누구든지 금융회사등에 종사하는 자에게 거래정보등의 제공을 요구하여서는 아니 되고(같은 항 본문 후단), 금융회사등에 종사하는 자는 이에 위반하여 거래정보등의 제공을 요구받은 경우에는 그 요구를 거부하여야 한다(같은 조 제3항).[1667)]

그러나, **법원의 제출명령에 따라 그 사용 목적에 필요한 최소한의 범위에서 거래정보등을 제공할 수는 있다**(같은 법 제4조 제1항 제1호).[1668)]

한편, 제공된 금융거래정보를 판결서에서 증거로 거시할 때에는 '법원의 중소기업은행에 대한 금융거래정보제출명령결과' 식으로 표시하면 될 것이다.[1669)]

1666) 이 책 초판, 1124~7면에서는, 「금융실명거래 및 비밀보장에 관한 법률」을 현행법이 아닌 구법(2011. 7. 14. 법률 제10854호로 개정되기 전의 것)에 따라 서술하는 오류가 있었다. 이 점, 독자 여러분께 사과드린다.

1667) 위와 같은 사항들을 위반한 자는 처벌을 받는다(금융실명법 제6조. 양벌규정 있음).

1668) cf. 헌재 2010. 9. 30. 선고 2008헌바132 결정은, 이 제도가 명확성원칙 내지는 포괄위임입법금지원칙에 위반되거나 개인정보자기결정권을 침해하는 것이 아니라고 보았다.
대법원 2008. 9. 26.자 2007마672 결정 역시, 위 규정이 명확성의 원칙 등에 위반되지 아니한다고 보았다.

1669) 부산고법 2017. 11. 22. 선고 2017누10442 판결 ; 광주고법 2017. 11. 8. 선고 2016나16268 판결' 서울고

나. 금융거래정보 제출명령의 적용범위

1) 금융회사등

여기서 "금융회사등"이란 다음 각 목의 것을 말한다(금융실명법 제2조 제1호).

㉮ 은행

㉯ 중소기업은행

㉰ 한국산업은행

㉱ 한국수출입은행

㉲ 한국은행

㉳ 투자매매업자·투자중개업자·집합투자업자·신탁업자·증권금융회사·종합금융회사 및 명의개서대행회사

㉴ 상호저축은행 및 상호저축은행중앙회

㉵ 지역농업협동조합, 지역축산업협동조합, 품목별·업종별 협동조합과 농업협동조합중앙회 및 농협은행

㉶ 지구별 수산업협동조합, 업종별 수산업협동조합 및 수산물가공 수산업협동조합 및 수산업협동조합중앙회

㉷ 신용협동조합 및 신용협동조합중앙회

㉸ 새마을금고 및 새마을금고중앙회[1670)]

㉹ 보험회사

㉺ 체신관서

㉻ 그 밖에 대통령령으로 정하는 기관

여기서 "그 밖에 대통령령으로 정하는 기관"이란 다음 각 호의 것을 말한다(같은 법 시행령 제2조 제2호 내지 제13호).[1671)][1672)]

법 2017. 8. 17. 선고 2016나2027557 판결 참조.
cf. '금융거래정보제출명령 회신', '… 금융거래정보제출명령에 대한 회신', 또는 '금융거래정보제출명령 회신 결과' 식으로 표시하는 실무례도 있다.

1670) cf. 2011. 9. 8. 이전의 명칭은 "새마을금고연합회"이었다.

1671) cf. 구 금융실명법 시행령(2019. 6. 25. 대통령령 제29892호로 개정되기 전의 것) 제2조 제1호는 "「국채법」 및 「공사채 등록법」에 따른 채권등록기관"도 금융회사등으로서 규정하고 있었으나, 「주식·사채 등의 전자등록에 관한 법률」이 제정, 시행됨에 따라 위 규정은 삭제되었다.

1672) 다만, 금융실명법 시행령 제2조 제12호는 "기타 사실상 금융거래를 하는 개인 또는 법인으로서 총리령이 정하는 자"도 규정하고 있으나, 같은 법 시행규칙은 이에 관하여서는 규정하고 있지 아니하다.

○ 여신전문금융회사 및 신기술사업투자조합(「여신전문금융업법」)
○ 기술보증기금(「기술보증기금법」)
○ 대부업 또는 대부중개업의 등록을 한 자(대부업 등의 등록 및 금융이용자 보호에 관한 법률 제3조)
○ 중소기업창업투자회사(벤처투자 촉진에 관한 법률 제2조 제10호) 및 벤처투자조합(같은 조 제11호)
○ 신용보증기금(「신용보증기금법」)
○ 지역조합·전문조합과 그 중앙회(「산림조합법」)
○ 신용보증재단(「지역신용보증재단법」)
○ 온라인투자연계금융업자(온라인투자연계금융업 및 이용자 보호에 관한 법률 제5조)
○ 거래소(「자본시장과 금융투자업에 관한 법률」)(주권등상장법인이 신고하여야 하는 내용에 관한 사항과 주권등상장법인에 관한 풍문이나 보도 등의 사실 여부 및 그 법인이 발행한 증권의 가격이나 거래량의 현저한 변동의 원인 등에 대한 거래소의 신고 또는 확인 요구에 관한 사항에 대하여 정보의 제공을 요청하는 경우(자본시장과 금융투자업에 관한 법률 제392조 제2항)만 해당한다)
○ 한국주택금융공사(「한국주택금융공사법」)
○ 소액해외송금업자(외국환거래법 제8조 제3항 제2호)
○ 그 밖에 사실상 금융거래를 하는 개인 또는 법인으로서 총리령으로 정하는 자. 다만, 현재 총리령으로 추가로 정해진 곳은 없다.

여기서 특기할 것은, 사단법인 전국은행연합회는 - 상호저축은행중앙회이나 새마을금고중앙회 등과는 대조적이게도 - 금융거래정보 제출명령의 대상인 금융회사등이 아니다.[1673]

2) 금융회사등에 종사하는 자

여기서 "금융회사등에 종사하는 자"는 금융회사등의 임·직원 및 그 대리인·사용인 기타 종업원으로서 금융거래의 내용에 대한 정보 또는 자료를 취급·처리하는 업무에 사실상 종사하는 자로 한다(금융실명법 시행령 제5조).

3) 거래정보등

여기서 "거래정보등"이란 금융거래의 내용에 대한 정보 또는 자료를 말한다(금융실명법 제4조 제1항 본문).

1673) 금융감독위원회 역시 금융거래정보 제출명령의 대상이 아님은 물론이다.

이는 특정인의 금융거래사실과 금융회사등이 보유하고 있는 금융거래에 관한 기록의 원본·사본 및 그 기록으로부터 알게 된 것으로 한다. 다만, 금융거래사실을 포함한 금융거래의 내용이 누구의 것인지를 알 수 없는 것(해당 거래정보등만으로 그 거래자를 알 수 없더라도 다른 거래정보등과 용이하게 결합하여 그 거래자를 알 수 있는 것 제외)을 제외한다(같은 법 시행령 제6조).

"금융거래"란 금융회사등이 금융자산을 수입(受入)·매매·환매·중개·할인·발행·상환·환급·수탁·등록·교환하거나 그 이자, 할인액 또는 배당을 지급하는 것과 이를 대행하는 것을 말한다(같은 법 제2조 제3호).[1674]

"금융자산"이란 금융회사등이 취급하는 예금·적금·부금(賦金)·계금(契金)·예탁금·출자금·신탁재산·주식·채권·수익증권·출자지분·어음·수표·채무증서 등 금전 및 유가증권과 그 밖에 이와 유사한 것으로서 총리령으로 정하는 것을 말하는바(같은 조 제2호), 여기서 "총리령이 정하는 것"이라 함은 ① 신주인수권을 표시한 증서 ② 외국이나 외국법인이 발행한 증권 또는 증서를 말한다(같은 법 시행규칙 제2조).

다. 거래정보의 요구방식

위와 같이 거래정보등의 제공을 요구하는 자는 다음 각 호의 사항이 포함된 이 포함된 금융위원회가 정하는 표준양식에 의하여 이를 요구하여야 한다(금융실명법 제4조 제2항 본문).[1675]

① 명의인의 인적사항

② 요구 대상 거래기간

③ 요구의 법적 근거

④ 사용 목적

⑤ 요구하는 거래정보등의 내용

⑥ 요구하는 기관의 담당자 및 책임자의 성명과 직책 등 인적사항

이에 따라, 제출명령의 양식이 금융실명거래 및 비밀보장에 관한 법률에서 위임한 서식관련 규정(금융위원회고시) 제2조, [서식 1]로 정하여져 있으며, 이에 따라 법원의 전산양식도 이와 동일한 양식으로 마련되어 있다.[1676]

1674) 같은 호는 "**그 밖에 금융자산을 대상으로 하는 거래로서 총리령으로 정하는 것**"도 규정하고 있으나, 같은 법 시행규칙은 이에 관하여서는 규정하고 있지 아니하다.

1675) **금융회사등에 종사하는 자는 이에 위반하여 거래정보등의 제공을 요구받은 경우에는 그 요구를 거부하여야 하며**(금융실명법 제4조 제3항), 이에 위반한 때에는 처벌을 받는다(같은 법 제6조. 양벌규정 있음).

1676) 금융거래정보·과세정보 제출명령에 관한 예규(재일 2005-1) 제3조 제1항.

주의할 것은, "요구의 법적근거"란에는 소송법 규정 외에 '금융실명법'의 규정을 함께 명시한다는 것이다.[1677]

이러한 제공요구는 금융회사등의 '특정 점포'에 하여야 하지만(같은 항 본문), **법원의 제출명령으로서 거래정보등의 제공을 요구하는 경우에는 '거래정보등을 보관 또는 관리하는 부서'에 이를 요구할 수 있다**(같은 항 단서).

따라서, 예컨대, 우체국예금에 관한 금융거래정보제출명령은 우정사업정보센터에 대하여 할 수 있다.

라. 거래정보등의 제공사실의 통보

1) 원 칙

금융회사등은 법원의 제출명령에 따라 거래정보등을 제공한 경우에는 제공한 날(후술하는 바와 같이 통보를 유예한 경우에는 통보유예기간이 끝난 날)**부터 10일 이내에 제공한 거래정보등의 주요 내용, 사용 목적, 제공받은 자 및 제공일 등을 명의인에게 서면으로 통보하여야 한다**(금융실명법 제4조의2 제1항).[1678]

2) 예외 : 통보유예

다만, 금융회사등은 통보 대상 거래정보등의 요구자로부터 다음 각 호의 어느 하나에 해당하는 사유로 통보의 유예를 서면으로 요청받은 경우에는 유예요청기간(② 또는 ③의 사유로 요청을 받은 경우로서 그 유예요청기간이 6개월 이상인 경우에는 6개월) **동안 통보를 유예하여야 한다**(금융실명법 제4조의2 제2항).[1679]

① 해당 통보가 사람의 생명이나 신체의 안전을 위협할 우려가 있는 경우

② 해당 통보가 증거 인멸, 증인 위협 등 공정한 사법절차의 진행을 방해할 우려가 명백한 경우

③ 해당 통보가 질문·조사 등의 행정절차의 진행을 방해하거나 과도하게 지연시킬 우려가 명백한 경우

또한, 금융회사등은 거래정보등의 요구자가 위 각 호의 어느 하나에 해당하는 사유가 지속되고 있음을 제시하고 통보의 유예를 서면으로 반복하여 요청하는 경우에는 요청받은

1677) 금융거래정보·과세정보 제출명령에 관한 예규(재일 2005-1) 제3조 제2항.

1678) 이를 위반한 금융회사등의 임원 또는 직원은 과태료의 제재를 받는다(금융실명법 제7조).

1679) 다만, 제3호의 사유는 법원의 제출명령의 경우에는 실제로는 적용될 소지가 없을 것이다.

날부터 두 차례만(①의 경우는 제외한다) **매 1회 3개월의 범위에서 유예요청기간 동안 통보를 유예하여야 한다**(같은 조 제3항 본문).[1680]

마. 금융거래정보 제출명령 신청

금융거래정보 제출명령이란, 법원이 금융기관에 대하여 금융거래정보의 제출을 요구하는 사실조회, 문서제출명령, 문서송부촉탁, 법원밖 서증조사시 문서제출요구 등 일체의 처분을 통칭하는 것이나,[1681] 실무상 별도의 제출명령 양식이 마련되어 있으므로,[1682] 그 신청 역시 사실조회신청의 일종으로서 제출명령 양식에 준하여 '금융거래정보 제출명령 신청'이라는 형식으로 하는 것이 적절할 것이다.

금융회사등이 거래정보등의 제공사실을 명의인에게 통보하는 경우에 드는 비용은 대통령령으로 정하는 바에 따라 거래정보등의 제공을 요구하는 자가 부담하는바(금융실명법 제4조의2 제4항), 거래정보등의 제공을 요구하는 자가 부담하여야 하는 비용은 금융회사등이 거래정보등의 제공사실을 명의인에게 통보하는 경우에 직접 소요되는 우송료로 한다(같은 법 시행령 제10조의2).

이에 따라, 법원은 민사소송 그 밖에 민사소송절차가 준용되는 재판절차에서 금융기관에 대하여 제출명령을 하는 경우에는 그 신청인, 신청인이 없는 경우에는 제출명령으로 인하여 이익을 받을 당사자, 이익을 받을 당사자가 불명할 때에는 원고에게 통보비용의 예납을 명하게 되며, 예납을 명할 금액은 "금융기관 수×명의인 수×2,000원"으로 되어 있다.[1683]

바. 거래정보등의 제공내용의 기록·관리

금융회사등은 법원의 제출명령에 따라 거래정보등을 제공한 경우에는 다음 각 호의 사항이 포함된 금융위원회가 정하는 표준양식으로 기록·관리하여야 한다(금융실명법 제4조의3 제1항).[1684]

① **요구자**(담당자 및 책임자)**의 인적사항, 요구하는 내용 및 요구일**

② **제공자**(담당자 및 책임자)**의 인적사항 및 제공일**

1680) 다만, 이는 법원의 제출명령의 경우에는 실제로는 적용될 소지가 없을 것이다.
1681) 금융거래정보·과세정보 제출명령에 관한 예규(재일 2005-1) 제2조.
1682) 금융거래정보·과세정보 제출명령에 관한 예규(재일 2005-1) 제3조 제1항.
1683) 금융거래정보·과세정보 제출명령에 관한 예규(재일 2005-1) 제4조 제1항, 제2항.
1684) 이를 위반한 금융회사등의 임원 또는 직원은 과태료의 제재를 받는다(금융실명법 제7조).

③ 제공된 거래정보등의 내용

④ 제공의 법적 근거

⑤ 명의인에게 통보한 날

⑥ 통보를 유예한 경우 통보유예를 한 날, 사유, 기간 및 횟수

이에 따라, 「금융거래정보의 요구 및 제공 기록관리부」의 양식이 금융실명거래 및 비밀보장에 관한 법률에서 위임한 서식관련 규정(금융위원회고시) 제5조, [서식 4]로 정하여져 있다.

한편, **위 기록은 거래정보등을 제공한 날**(제공을 거부한 경우에는 그 제공을 요구받은 날)**부터 5년간 보관하여야 한다**(같은 조 제2항).[1685)]

사. 제공받은 거래정보등의 보호의무

법원의 제출명령에 따라 거래정보등을 알게 된 자는 그 알게 된 거래정보등을 타인에게 제공 또는 누설하거나 그 목적 외의 용도로 이용하여서는 아니 된다(금융실명법 제4조 제4항 본문 전단).[1686)]

또한, **누구든지 거래정보등을 알게 된 자에게 그 거래정보등의 제공을 요구하여서도 아니 된다**(같은 항 본문 후단).[1687)]

2. 과세정보 제출명령

가. 개 관

납세자가 (내국)세법,[1688)] 「관세법」, 「지방세기본법」 또는 지방세관계법[1689)]이 정한 납세의무를 이행하기 위하여 제출한 자료나 (내)국세·지방세의 부과 또는 징수, 관세의 부과·징수 또는 통관을 목적으로 업무상 취득한 자료등을 "과세정보"라 하는바, 세무공무원이나 세관공무원은 과세정보를 타인에게 제공 또는 누설하거나 (사용)목적외의 용도로 사용하여서는 아니 된다(국세기본법 제81조의13 제1항 본문, 관세법 제116조 제1항 본문, 지방세기본법 제114조 제1항 본문(2010. 이전에 납세의무가 성립한 지방세에 관하여서는 구 지방세법(2010. 3. 31. 법률 제10221

1685) 이를 위반한 금융회사등의 임원 또는 직원은 과태료의 제재를 받는다(금융실명법 제7조).

1686) 이를 위반한 자는 처벌을 받는다(금융실명법 제6조. 양벌규정 있음).

1687) 이를 위반한 자는 처벌을 받는다(금융실명법 제6조. 양벌규정 있음).

1688) 이는 (내)국세의 종목과 세율을 정하고 있는 법률과 「국세징수법」·「조세특례제한법」·「국제조세조정에 관한 법률」·「조세범처벌법」 및 「조세범처벌절차법」을 말한다(국세기본법 제2조 제2호).

1689) 「지방세법」과 「지방세특례제한법」을 말한다(지방세기본법 제2조 제1항 제4호).

호로 전부개정되기 전의 것. 이하 "구 지방세법"이라 한다. 이하 같다) 제69조 제1항 본문)).

다만, 세무공무원이나 세관공무원은 법원의 제출명령에 의하여 과세정보를 요구하는 경우에는 그 사용목적에 맞는 범위안에서 납세자의 과세정보를 제공할 수 있다(국세기본법 제81조의13 제1항 제3호 전단, 관세법 제116조 제1항 제2호 전단, 지방세기본법 제114조 제1항 제3호 전단(구 지방세법 제69조 제1항 제4호 전단)).

한편, 제출된 과세정보를 판결서에서 증거로 거시할 때에는 '법원의 ○○세무서장에 대한 과세정보제출명령결과' 식으로 표시하면 될 것이다.[1690]

나. 과세정보의 요구방식

과세정보의 요구사유 중에는 (일정한 사항을 기재한) 서면으로써 요구하여야 하는 경우도 있으나, 법원의 제출명령의 경우에는 과세정보의 요구방식에 관하여 현행법상 특별한 규정은 없다(국세기본법 제81조의13 제2항, 지방세기본법 제114조 제2항, 관세법 제116조 제2항).[1691]

따라서, 과거에는 금융거래정보 제출명령과 달리 과세정보 제출명령의 양식이 따로 정하여진 것이 없었으나, 현재는 후자에 관하여서도 전자와 유사한 법원 전산양식이 마련되어 있다.[1692]

다. 과세정보 제출명령 신청

과세정보 제출명령 신청 역시, 위 법원 전산양식에 준하여 신청하면 될 것이다.

다만, 특기할 점은, 과세정보 제출명령 신청의 경우에는 금융거래정보와 달리 그 제공사실의 통보와 관련한 기재가 필요 없으며, 통보비용의 예납 역시 문제되지 않는다는 것이다.

라. 제공받은 과세정보의 보호의무

법원의 제출명령에 의하여 과세정보를 알게 된 자는 이를 타인에게 제공 또는 누설하거나 그 목적 외의 용도로 사용하여서는 아니 된다(국세기본법 제81조의13 제4항, 관세법 제116조 제4항 본문, 지방세기본법 제114조 제4항(구 지방세법 제69조 제4항)).

1690) 대법원 2016. 11. 24. 선고 2014다81528 판결 ; 대법원 2016. 11. 24. 선고 2014다81511 판결 ; 대법원 2018. 9. 13. 선고 2018다215756 판결 참조.
cf. '과세정보제출명령회신'. '과세정보제출명령회신결과' 식으로 표시하는 실무례도 있다.

1691) cf. 다만, 국세청의 유권해석은, 과세정보 제출명령이 아닌 문서제출명령이나 사실조회에 대해서는 회신을 거부하여야 한다고 하고 있었다(국기, 징세46101-566, 2001. 8. 31.).

1692) 금융거래정보·과세정보 제출명령에 관한 예규(재일 2005-1) 제3조 제1항.

그리고, **과세정보를 제공받아 알게 된 자 중 공무원이 아닌 자는 「형법」 기타 법률에 의한 벌칙의 적용에서는 이를 공무원으로 본다**(국세기본법 제81조의13 제5항, 관세법 제116조 제5항, 지방세기본법 제114조 제5항(구 지방세법 제69조 제5항)).

3. 신용정보 제출명령

가. 개 관

원칙적으로, **신용정보제공·이용자가 개인신용정보를 타인에게 제공하려는 경우에는 해당 신용정보주체로부터 개인신용정보를 제공할 때마다 미리 개별적으로 동의를 받아야 하며**(신용정보의 이용 및 보호에 관한 법률(이하 '신용정보법'이라 약칭한다) 제32조 제1항 본문),[1693] **개인신용평가회사, 개인사업자신용평가회사, 기업신용조회회사[1694] 또는 신용정보집중기관으로부터 개인신용정보를 제공받으려는 자는 해당 신용정보주체로부터 개인신용정보를 제공받을 때마다 개별적으로 동의를 받아야 한다**(같은 조 제2항 전문).[1695]

위와 같은 사항은, 신용정보회사등이[1696][1697] 개인을 식별하기 위하여 필요로 하는 정보로서 대통령령으로 정하는 정보를 제공하는 경우에도 같은바(같은 법 제34조), 여기서 "대통령령으로 정하는 정보"란 개인식별정보를 말한다(같은 법 시행령 제29조).[1698]

그러나, **신용정보회사등이[1699] 법원의 제출명령에 따라 개인신용정보**(개인식별정보 포함)**를 제공하는 경우에는, 해당 개인으로부터 동의를 받을 필요가 없다**(같은 법 제32조 제6항 제5호,

---

1693) 이를 위반한 자는 처벌을 받는다(신용정보법 제50조 제2항 제6호. 양벌규정 있음).

1694) cf. 2020. 8. 4. 이전에는 "신용조회회사"라는 한 가지 종류의 회사만 있었다.

1695) 이를 위반한 자는 처벌을 받는다(신용정보법 제50조 제2항 제6호. 양벌규정 있음).

1696) **"신용정보회사등"이란 신용정보회사, 본인신용정보관리회사, 채권추심회사, 신용정보집중기관 및 신용정보제공·이용자를 총칭하는 것이다**(신용정보법 제15조 제1항).

1697) cf. 2020. 8. 4. 이전에는 의무의 주체가 "신용정보제공·이용자"이었는바(구 신용정보법(2020. 2. 4. 법률 제16957호로 개정되기 전의 것) 제34조), 이러한 구법과 현행법은, 실질적인 차이는 없으나, 그럼에도 불구하고 다음과 같은 개념상의 차이가 있다.
첫째, 현행법에서, **신용정보회사는 개인신용평가회사, 개인사업자신용평가회사, 기업신용조회회사, 신용조사회사로 구분된다**(신용정보법 제2조 제5호).
즉, 구법에서는 신용정보회사에 채권추심회사가 포함되어 있으나(구 신용정보법(2020. 2. 4. 법률 제16957호로 개정되기 전의 것) 제4조 제1항), 현행법에서는 후자가 전자에서 개념상 분리되었다(신용정보법 제2조 제4호).

1698) cf. 2020. 8. 4. 이전에는, 생존하는 개인의 성명, 주소, 성별, 국적 등도 포함되었다(구 신용정보법 시행령(2020. 8. 4. 대통령령 제30893호로 개정되기 전의 것) 제29조).

1699) cf. 2020. 8. 4. 이전에는, 그 주체가 역시 "신용정보제공·이용자"이었다(구 신용정보법(2020. 2. 4. 법률 제16957호로 개정되기 전의 것) 제34조 제6항 제5호, 제34조).

제34조).[1700]

나. 신용정보 제출명령의 적용범위

1) 신용정보회사등 : 신용정보회사, 본인신용정보관리회사, 채권추심회사, 신용정보집중기관 및 신용정보제공·이용자

가) 신용정보회사

"신용정보회사"란 신용정보업(신용정보법 제2조 제4호 각 목)(즉, 개인신용평가업, 개인사업자신용평가업, 기업신용조회업, 신용조사업)**에 대하여 금융위원회의 허가를 받은 자로서 다음 각 목의 어느 하나에 해당하는 자를 말한다**(신용정보법 제2조 제5호).

㉮ **개인신용평가회사 : 개인신용평가업[1701] 허가를 받은 자**

㉯ **개인사업자신용평가회사 : 개인사업자신용평가업[1702] 허가를 받은 자**

㉰ **기업신용조회회사 : 기업신용조회업[1703] 허가를 받은 자**

㉱ **신용조사회사 : 신용조사업[1704] 허가를 받은 자**

1700) cf. 2020. 8. 4. 이전에는, 신용조회회사는 지배주주(신용정보법 제9조 제1항) 및 계열회사(독점규제 및 공정거래에 관한 법률 제2조 제3호)에 개인신용정보를 제공할 수 없었다(신용정보법 제22조의3 본문).

1701) **"개인신용평가업"이란 개인의 신용을 판단하는 데 필요한 정보를 수집하고 개인의 신용상태를 평가("개인신용평가"라 한다)하여 그 결과(개인신용평점을 포함한다)를 제3자에게 제공하는 행위를 영업으로 하는 것을 말한다**(신용정보법 제2조 제8호).

1702) **"개인사업자신용평가업"이란 개인사업자의 신용을 판단하는 데 필요한 정보를 수집하고 개인사업자의 신용상태를 평가하여 그 결과를 제3자에게 제공하는 행위를 영업으로 하는 것을 말하나**(신용정보법 제2조 제8호의2 본문), **신용평가업**(자본시장과 금융투자업에 관한 법률 제9조 제26항)**은 제외한다**(신용정보법 제2조 제8호의2 단서).

1703) **"기업신용조회업"이란 다음 각 목에 따른 업무를 영업으로 하는 것을 말하나**(신용정보법 제2조 제8호의3 본문), **신용평가업**(자본시장과 금융투자업에 관한 법률 제9조 제26항)**은 제외한다**(신용정보법 제2조 제8호의3 본문).

㉮ 기업정보조회업무 : 기업 및 법인인 신용정보주체의 거래내용, 신용거래능력 등을 나타내기 위하여 대통령령으로 정하는 정보를 제외한 신용정보를 수집하고, 대통령령으로 정하는 방법으로 통합·분석 또는 가공하여 제공하는 행위

㉯ 기업신용등급제공업무 : 기업 및 법인인 신용정보주체의 신용상태를 평가하여 기업신용등급을 생성하고, 해당 신용정보주체 및 그 신용정보주체의 거래상대방 등 이해관계를 가지는 자에게 제공하는 행위

㉰ 기술신용평가업무 : 기업 및 법인인 신용정보주체의 신용상태 및 기술에 관한 가치를 평가하여 기술신용정보를 생성한 다음해당 신용정보주체 및 그 신용정보주체의 거래상대방 등 이해관계를 가지는 자에게 제공하는 행위

1704) **"신용조사업"이란 제3자의 의뢰를 받아 신용정보를 조사하고, 그 신용정보를 그 의뢰인에게 제공하는 행위를 영업으로 하는 것을 말한다**(신용정보법 제2조 제9호).

나) 본인신용정보관리회사

"본인신용정보관리회사"란 본인신용정보관리업에 대하여[1705] **금융위원회로부터 허가를 받은 자를 말한다**(신용정보법 제2조 제9호의3).

다) 채권추심회사

"채권추심회사"란 채권추심업에 대하여[1706] **금융위원회로부터 허가를 받은 자를 말한다**(신용정보법 제2조 제10호의2).

라) 신용정보집중기관

"신용정보집중기관"이란 신용정보를 집중하여 관리·활용하는 자로서 금융위원회로부터 허가받은 자를 말한다(신용정보법 제2조 제6호).

신용정보집중기관은, ① 대통령으로 정하는 금융기관(그 범위는 신용정보업별 허가 대상인 금융기관보다도 훨씬 넓다. 같은 법 시행령 제21조 제2항) **전체로부터의 신용정보를 집중관리·활용하는 '종합신용정보집중기관'과,**[1707] **② 위 금융기관 외의 같은 종류의 사업자가 설립한 협회 등의 협약 등에 따라 신용정보를 집중관리·활용하는 신용정보집중기관인 '개별신용정보집중기관'으로 구분되며**(같은 법 제25조 제2항),[1708] **모두 민법법인이다**(같은 조 제3항 제1호).

마) 신용정보제공·이용자

"신용정보제공·이용자"란 고객과의 금융거래 등 상거래를 위하여 본인의 영업과 관련하여 얻거나 만들어 낸 신용정보를 타인에게 제공하거나 타인으로부터 신용정보를 제공받아 본인의 영업에 이용하는 자와 그 밖에 이에 준하는 자로서 대통령령으로 정하는 자를 말한다(신용정보법 제2조 제7호).

구체적으로는 다음 각 호의 어느 하나에 해당하는 자를 말한다(같은 법 시행령 제2조 제18항).

1705) **"본인신용정보관리업"이란 개인인 신용정보주체의 신용관리를 지원하기 위하여 다음 소정의 신용정보를 소정의 방식으로 통합하여 그 신용정보주체에게 제공하는 행위를 영업으로 하는 것을 말한다**(신용정보법 제2조 제9호의2).

1706) **"채권추심업"이란 채권자의 위임을 받아 변제하기로 약정한 날까지 채무를 변제하지 아니한 자에 대한 재산조사, 변제의 촉구 또는 채무자로부터의 변제금 수령을 통하여 채권자를 대신하여 추심채권을 행사하는 행위를 영업으로 하는 것을 말한다**(신용정보법 제2조 제10호).

1707) 현재 종합신용정보집중기관으로는 사단법인 한국신용정보원이 있다.
cf. 과거에는 사단법인 전국은행연합회가 종합신용정보집중기관이었다.

1708) cf. 과거에는 금융기관의 개별신용정보집중기관도 있었으나(구 신용정보법(2015. 3. 11. 법률 제13216호로 개정되기 전의 것) 제25조 제1항 제2호), 현재는 폐지되었다.

① 체신관서(「우체국예금·보험에 관한 법률」)

② 상호저축은행중앙회(「상호저축은행법」)

③ 중소기업창업투자회사 및 중소기업창업투자조합(「중소기업창업 지원법」)

④ 국채등록기관(「국채법」)[1709]

⑤ 특별법에 따라 설립된 조합·공제조합·금고 및 그 중앙회·연합회

⑥ 특별법에 따라 설립된 공사·공단·은행·보증기금·보증재단 및 그 중앙회·연합회

〈6의2〉특별법에 따라 설립된 법인 또는 단체로서 다음 각 목의 어느 하나에 해당하는 자

(가) 공제조합

(나) 공제회

(다) 그 밖에 이와 비슷한 법인 또는 단체로서 같은 직장·직종에 종사하거나 같은 지역에 거주하는 구성원의 상호부조, 복리증진 등을 목적으로 구성되어 공제사업을 하는 법인 또는 단체

⑦ 감사인

⑧ 그 밖에 금융위원회가 정하여 고시하는 자[1710]

2) 개인신용정보 및 신용정보주체[1711]

가) 개 관

"개인신용정보"란 기업 및 법인에 관한 정보를 제외한 살아 있는 개인에 관한 신용정보로서 다음 각 목의 어느 하나에 해당하는 정보를 말한다(신용정보법 제2조 제2호).

㉮ 해당 정보의 성명, 주민등록번호 및 영상 등을 통하여 특정 개인을 알아볼 수 있는 정보

㉯ 해당 정보만으로는 특정 개인을 알아볼 수 없더라도 다른 정보와 쉽게 결합하여 특정 개인을 알아볼 수 있는 정보

1709) 2020. 8. 4. 이전에는, "채권등록기관"이었으나(구 신용정보법 시행령(2020. 8. 4. 대통령령 제30893호로 개정되기 전의 것) 제2조 제3항 제4호), 2019. 9. 16.「주식·사채 등의 전자등록에 관한 법률」의 제정으로 「공사채 등록법」이 폐지됨에 따라 이를 반영하여 위와 같은 개정이 이루어졌다.

1710) 이에 따라, ① 서민금융진흥원 및 서민금융생활지원 사업기관 ② 신용회복위원회 ③ 주식회사 국민행복기금이 신용정보제공·이용자로 고시되어 있다. 신용정보업감독규정(금융위원회고시 금융위원회고시 제2019-33) 제3조.

1711) cf. 구 「신용정보법」(2020. 2. 4. 법률 제16957호로 개정되기 전의 것)에서도, 신용정보, 신용정보주체, 개인신용정보의 개념은, 표현상의 차이 및 현행법이 법률에서 직접 규정하고 있는 사항을 대통령령에 위임하였던 것 외에는, 현행법과 대체로 같았다.

"신용정보주체"란 처리된 신용정보로 알아볼 수 있는 자로서 그 신용정보의 주체가 되는 자를 말한다(같은 법 제2조 제3호).

나) 신용정보

(1) 개 관

한편, **"신용정보"란 금융거래 등 상거래에서 거래 상대방의 신용을 판단할 때 필요한 정보로서 다음 각 목의 정보를 말한다**(신용정보법 제2조 제1호).[1712]

㉮ **특정 신용정보주체를 식별할 수 있는 정보**(㉯부터 ㉲목까지의 어느 하나에 해당하는 정보와 결합되는 경우만 신용정보에 해당한다)(소위, 식별정보)

㉯ **신용정보주체의 거래내용을 판단할 수 있는 정보**(소위, 신용거래정보)

㉰ **신용정보주체의 신용도를 판단할 수 있는 정보**(소위, 신용도판단정보)

㉱ **신용정보주체의 신용거래능력을 판단할 수 있는 정보**(소위, 신용능력정보)

㉲ **이상의 정보 외에 신용정보주체의 신용을 판단할 때 필요한 정보**(소위, 공공정보)

이러한 각각의 정보의 내용에 관하여서는 신용정보법 제2조 제1호의2부터 제1호의6이 규정하고 있으나, 이에 관한 서술은 생략하겠다

한편, 종합신용정보집중기관을 통하여 집중관리·활용되는 신용정보의 범위는 '신용정보법 시행령'에 규정되어 있다(신용정보법 시행령 제21조 제3항, 별표 2).

특기할 것은, 2016. 3. 12.부터는, **신용정보제공·이용자는 금융거래 등 상거래관계가 종료된 날부터 최장 5년 이내**(해당 기간 이전에 정보 수집·제공 등의 목적이 달성된 경우에는 그 목적이 달성된 날부터 3개월 이내)**에 해당 신용정보주체의 개인신용정보를 관리대상에서 삭제하여야 한다**(같은 법 제20조의2 제2항 본문).[1713][1714]

1712) cf. 2020. 8. 4. 이전에는, 다른 법령에 따라 공시(公示) 또는 공개된 정보나 다른 법령에 위반됨이 없이 출판물 또는 방송매체나 국가·지방자치단체 또는 공공기관의 인터넷 홈페이지 등의 공공매체를 통하여 공시 또는 공개된 정보는 신용정보의 범위에서 제외하였다(구 신용정보법 시행령(2020. 8. 4. 대통령령 제30893호로 개정되기 전의 것) 제2조 제1항 단서).
그러나, 현행법에서는, 이러한 정보도 신용정보에 해당하며, 단지 수집 시에 신용정보주체의 동의를 받을 필요만 없을 따름이다(신용정보법제15조 제2항 제2호 가목, 나목).

1713) 2016. 3. 12. **당시 거래관계 종료일부터 5년이 경과한 개인신용정보를 보유한 신용정보제공·이용자는 같은 개정규정에도 불구하고 같은 개정규정 시행 후 같은 해** 6. 12.**까지 해당 개인신용정보를 삭제하여야 한다**(신용정보법 부칙(제13216호) 제10조).

1714) 2020. 8. 5.부터 시행되는 개정법도, 규정이 구체화되었을 뿐 기본 내용은 같다(개정 신용정보법(2020. 2. 4. 법률 제16957호로 개정된 것) 제20조의2 제2항).
다만, 특기할 것은, 2020. 8. 5.부터는 가명정보의 보존에 관하여서는 특칙이 적용된다(같은 항 제2호의2).

다만, 다음 각 호의 경우에는 그러하지 아니하다(같은 항 단서).

① '신용정보법' 또는 다른 법률에 따른 의무를 이행하기 위하여 불가피한 경우

② 개인의 급박한 생명·신체·재산의 이익을 위하여 필요하다고 인정되는 경우

<2의2> 가명정보를 이용하는 경우로서 그 이용 목적, 가명처리의 기술적 특성, 정보의 속성 등을 고려하여 대통령령으로 정하는 기간 동안 보존하는 경우

③ 그 밖에 다음 각 목의 어느 하나에 해당하는 경우로서 대통령령으로 정하는 경우

(가) 예금·보험금의 지급을 위한 경우

(나) 보험사기자의 재가입 방지를 위한 경우

(다) 개인신용정보를 처리하는 기술의 특성 등으로 개인신용정보를 보존할 필요가 있는 경우

(라) 이상의 경우와 유사한 경우로서 개인신용정보를 보존할 필요가 있는 경우

(2) 식별정보

"특정 신용정보주체를 식별할 수 있는 정보"(신용정보법 제2조 제1호 가목) **중 개인신용정보에 해당하는 것은 다음 정보를 말한다**(신용정보법 제2조 제1호의2 가목).

- **성명, 주소, 전화번호 및 그 밖에 이와 유사한 정보로서 대통령령으로 정하는 정보**
- **법령에 따라 특정 개인을 고유하게 식별할 수 있도록 부여된 정보로서 대통령령으로 정하는 정보**("개인식별번호")
- **개인의 신체 일부의 특징을 컴퓨터 등 정보처리장치에서 처리할 수 있도록 변환한 문자, 번호, 기호 또는 그 밖에 이와 유사한 정보로서 특정 개인을 식별할 수 있는 정보**
- **이상과 유사한 정보로서 대통령령으로 정하는 정보**

(3) 신용거래정보

"신용정보주체의 거래내용을 판단할 수 있는 정보"(신용정보법 제2조 제1호 나목)**란 다음 각 목의 정보를 말한다**(신용정보법 제2조 제1호의3).

(가) 신용정보제공·이용자에게 신용위험이 따르는 거래로서 다음 각각의 거래의 종류, 기간, 금액, 금리, 한도 등에 관한 정보

- (은행의) **신용공여**(은행법 제2조 제7호)
- **신용카드**(여신전문금융업법제2조 제3호), **시설대여**(같은 조 제10호) **및 할부금융 거래**(같은 조 제13호)

□ (금융투자업자, 투자매매업자 또는 투자중개업자, 종합금융투자사업자의) **신용공여**(자본시장과 금융투자업에 관한 법률 제34조 제2항, 제72조, 제77조의3 제4항 및 제342조 제1항)

□ **이상과 유사한 거래로서 대통령령으로 정하는 거래**

(나) 금융거래(금융실명거래 및 비밀보장에 관한 법률 제2조 제3호)의 종류, 기간, 금액, 금리 등에 관한 정보

(다) 보험상품(보험업법 제2조 제1호)의 종류, 기간, 보험료 등 보험계약에 관한 정보 및 보험금의 청구 및 지급에 관한 정보

(라) 금융투자상품(자본시장과 금융투자업에 관한 법률 제3조)의 종류, 발행·매매 명세, 수수료·보수 등에 관한 정보

(마) 상행위(상법 제46조)에 따른 상거래의 종류, 기간, 내용, 조건 등에 관한 정보

(바) 이상의 정보와 유사한 정보로서 대통령령으로 정하는 정보

(4) 신용도판단정보

"신용정보주체의 신용도를 판단할 수 있는 정보"(신용정보법 제2조 제1호 다목)**란 다음 각 목의 정보를 말한다ㅣ.**

(가) 금융거래 등 상거래와 관련하여 발생한 채무의 불이행, 대위변제, 그 밖에 약정한 사항을 이행하지 아니한 사실과 관련된 정보

(나) 금융거래 등 상거래와 관련하여 신용질서를 문란하게 하는 행위와 관련된 정보로서 다음 각각의 정보

□ **금융거래 등 상거래에서 다른 사람의 명의를 도용한 사실에 관한 정보**

□ **보험사기, 전기통신금융사기를 비롯하여 사기 또는 부정한 방법으로 금융거래 등 상거래를 한 사실에 관한 정보**

□ **금융거래 등 상거래의 상대방에게 위조·변조하거나 허위인 자료를 제출한 사실에 관한 정보**

□ **대출금 등을 다른 목적에 유용**(流用)**하거나 부정한 방법으로 대출·보험계약 등을 체결한 사실에 관한 정보**

□ **이상의 정보와 유사한 정보로서 대통령령으로 정하는 정보**

(다) 이상의 정보에 관한 신용정보주체가 법인인 경우 실제 법인의 경영에 참여하여 법인을 사실

상 지배하는 자로서 대통령령으로 정하는 자에 관한 정보

(라) 이상의 정보와 유사한 정보로서 대통령령으로 정하는 정보

(5) 신용능력정보

"신용정보주체의 신용거래능력을 판단할 수 있는 정보"(신용정보법 제2조 제1호 라목) **중 개인신용정보에 해당하는 것은 다음 정보를 말한다**(신용정보법 제2조 제1호의5 가목, 다목).

- **개인의 직업·재산·채무·소득의 총액 및 납세실적**
- **이와 유사한 정보로서 대통령령으로 정하는 정보**

(6) 공공정보

'그 외에 신용정보주체의 신용을 판단할 때 필요한 정보'(신용정보법 제2조 제1호 마목) **중 개인신용정보에 해당하는 것은 다음 각 목의 정보를 말한다**(신용정보법 제2조 제1호의6 가목 내지 라목, 바목, 아목).

- **신용정보주체가 받은 법원의 재판, 행정처분 등과 관련된 정보로서 대통령령으로 정하는 정보**
- **신용정보주체의 조세, 국가채권 등과 관련된 정보로서 대통령령으로 정하는 정보**
- **신용정보주체의 채무조정에 관한 정보로서 대통령령으로 정하는 정보**
- **개인의 신용상태를 평가하기 위하여 정보를 처리함으로써 새로이 만들어지는 정보로서 기호, 숫자 등을 사용하여 점수나 등급 등으로 나타낸 정보**("개인신용평점")
- **기술**(기술의 이전 및 사업화 촉진에 관한 법률 제2조 제1호)**에 관한 정보**
- **그 밖에, 기술한 여러 정보**(같은 법 제1호의2부터 제1호의 5까지 및 제6호의6 가목부터 사목까지)**와 유사한 정보로서 대통령령으로 정하는 정보**

다. 신용정보의 요구방식

종래에는 신용정보 제출명령의 양식이 따로 정하여진 것이 없었으나, 2014. 10. 7. 이에 관한 법원 전산양식이 마련되었다.[1715]

라. 제공사실 등의 신용정보주체에의 통보

법원의 제출명령에 따라 개인신용정보를 타인에게 제공하려는 자는 대통령령으로 정하는

1715) 금융거래정보·과세정보 제출명령에 관한 예규(재일 2005-1) 제3조 제1항.

바에 따라 개인신용정보의 제공 사실 및 이유 등을 해당 신용정보주체에게 알려야 하되(신용정보법 제32조 제7항 본문),[1716] **대통령령으로 정하는 불가피한 사유가 있는 경우에는 인터넷 홈페이지 게재 또는 그 밖에 유사한 방법을 통하여 사후에 알리거나 공시할 수 있는바**(같은 항 단서), 구체적으로는 다음과 같다.

위 경우에 개인신용정보를 제공하는 자는, 개인신용정보를 제공한 날부터 6개월 이내에, 일반적인 경우에는 서면, 전화, 문자메시지, 전자우편, 팩스, 그 밖에 이와 유사한 방법으로 해당 신용정보주체에게 그 사실을 개별적으로 알리는 방법으로, 고의 또는 과실 없이 신용정보주체의 연락처 등을 알 수 없는 경우에는 신용정보회사등이 개인신용정보의 누설사실을 공고하는 방법과 동일한 방법(신용정보법 시행령 제34조의4 제2항 각 호의 어느 하나)으로[1717] 알려야 한다(같은 법 시행령 제28조 제12항, 별표 2의2).

다만, 특기할 것은, 개인신용정보의 제공을 요구하는 자가 다음 각 목의 어느 하나에 해당하는 사유가 지속된다는 사실을 소명하고 개인신용정보의 제공 사실 및 이유 등을 알리는 것의 유예를 서면으로 반복하여 요청하는 경우에는 금융위원회가 정하여 고시하는 기간 동안[1718] 그 제공 사실 및 이유 등을 알리는 것을 유예할 수 있다(같은 별표).

(가) 그 제공 사실 및 이유 등을 알리는 것이 사람의 생명이나 신체의 안전을 위협할 우려가 있는 경우

(나) 그 제공 사실 및 이유 등을 알리는 것이 증거 인멸, 증인 위협 등 공정한 사법절차의 진행을 방해할 우려가 명백한 경우

이상의 사항은 신용정보제공·이용자가 개인식별정보를 제공하는 경우에도 같다(같은 법 제34조).

마. 신용정보 제출명령 신청

신용정보 제출명령 역시, 전술한 법원 전산양식에 준하여 신청하면 될 것이다.

1716) 이를 위반한 자는 과태료의 제재를 받으며, 이는 후술하듯이 신용정보제공·이용자의 경우에도 마찬가지이다(신용정보법 제52조 제5항 제10호).

1717) 그 방법으로는, ① 인터넷 홈페이지에 그 사실을 게시하는 방법, ② 사무실이나 점포 등에서 해당 신용정보주체로 하여금 그 사실을 열람하게 하는 방법, ③ 주된 사무소가 있는 특별시·광역시·특별자치시·도 또는 특별자치도 이상의 지역을 보급지역으로 하는 일반일간신문, 일반주간신문 또는 인터넷신문에 그 사실을 게재하는 방법이 있다.

1718) 요청받은 날부터 두 차례만 매1회 3개월의 범위에서 통보를 유예할 수 있으되, 해당 통지가 사람의 생명이나 신체의 안전을 위협할 우려가 있는 경우에는 횟수의 제한이 없다. 신용정보업감독규정(금융위원회고시 제2019-33호) 제38조의3.

바. 개인신용정보의 이용

본래, **개인신용정보는, 해당 신용정보주체가 신청한 금융거래 등 상거래관계의**[1719] **설정 및 유지 여부 등을 판단하기 위한 목적으로 이용하거나**(신용정보법 제33조 제1항 제1호), **개인이 직접 제공한 개인신용정보**(그 개인과의 상거래에서 생긴 신용정보 포함)**를 제공받은 목적으로 이용하거나**(상품과 서비스를 소개하거나 그 구매를 권유할 목적으로 이용하는 경우 제외)(같은 항 제3호), **신용정보주체의 동의를 받은 목적으로 이용하여야 하나**(같은 항 제2호), **법원의 제출명령에 제공한 경우**(신용정보법 제32조 제6항 제5호)**에도 이용할 수 있다**(같은 법 제33조 제1항 제4호).

그러나, 제출명령에 의하여 개인신용정보를 알게 된 자도 그 알게 된 개인신용정보를 타인에게 제공 또는 누설하거나 그 목적 외의 용도로 이를 이용하여서는 아니될 것이다(금융실명거래 및 비밀보장에 관한 법률 제4조 제4항 본문 전단의 유추해석).

4. 통신자료제공요청 및 통신사실확인자료제공요청

가. 개 관

전기통신사업자는 법원이 재판을 위하여 통신자료의 열람이나 제출(이하 "통신자료제공"이라 한다)**을 요청하면 그 요청에 따를 수 있다**(전기통신사업법 제83조 제3항, 제87조 제2항).[1720]

또한, **법원은 재판상 필요한 경우에는 사실조회**(법 제294조)**에 의하여 전기통신사업자에게 통신사실확인자료제공을 요청할 수 있으며**(통신비밀보호법 제13조의2), **전기통신사업자는 통신사실 확인자료제공의 요청에 협조하여야 한다**(같은 법 제15조의2 제1항).

통신자료나 통신사실확인자료로서 구체적으로 어떤 것들이 있는지는 별항으로 후술하겠다.

"전기통신사업자"라 함은 「전기통신사업법」에 따라 등록 또는 신고(신고가 면제된 경우 포함)**를 하고 전기통신역무를 제공하는 자를 말한다**(통신비밀보호법 제13조 제1항. 전기통신사업법 제2조 제1항 제8호).[1721]

한편, **전기통신사업자는 이용자의 통신비밀에 관한 업무를 담당하는 전담기구를 설치·운**

1719) cf. 2016. 3. 11. 이전에는 상거래관계에서 고용관계는 제외되었다(구 신용정보법(2015. 3. 11. 법률 제13216호로 개정되기 전의 것) 제33조 본문).

1720) **통신자료제공에 관한 제규정은, 국내에 사업장을 두지 아니하고 국외에서 국내로 기간통신역무를 제공하려는 자와 국경 간 공급에 관한 협정을 체결한 기간통신사업자의 협정에서 정하는 역무의 제공에 관하여서도 준용된다**(전기통신사업법 제87조 제2항).

1721) cf. 과거에는 기간통신사업은 허가제이었으나, 2019. 6. 25.부터 등록제로 완화되었다.

영하여야 하는바(전기통신사업법 제83조 제8항, 제87조 제2항), 이러한 전담기구는 해당 전기통신사업자의 본사에 설치하고 임원급 직원을 책임자로 둔다(같은 법 시행령 제53조 제4항).

전기통신사업자의 종류, 통신자료 및 통신사실확인자료의 구체적 내용과 그 보관기간은 별항으로 후술하는 바와 같다.

그런데 오늘날에는, 전기통신사업자들이 통신사실확인자료제공요청에 따라야 할 의무가 없다고 강변하면서 회신을 거부하는 예가 많으며, 문서제출명령에까지 불응하고 있는 실정이다.

나. 전기통신사업자의 종류

전기통신사업은 기간통신사업 및 부가통신사업으로 구분하며(전기통신사업법 제5조 제1항),[1722] **기간통신사업자, 부가통신사업자란 각각 과학기술정보통신부장관으로부터**[1723] **기간통신사업의 등록을 하거나 신고를 한 자**(전기통신사업법 제6조 제1항), **부가통신사업을 신고하거나 등록한 자**(같은 법 제22조 제1항, 제2항, 제4항)**를 말한다**(같은 법 제8조 제1항, 제24조).

기간통신사업은 전기통신회선설비를 설치하거나 이용하여 기간통신역무를 제공하는 사업으로 하는바(같은 법 제5조 제2항),[1724] **"기간통신역무"란 전화·인터넷접속 등과 같이 음성·데이터·영상 등을 그 내용이나 형태의 변경 없이 송신 또는 수신하게 하는 전기통신역무 및 음성·데이터·영상 등의 송신 또는 수신이 가능하도록 전기통신회선설비를 임대하는 전기통신역무를 말하나**(같은 법 제2조 제11호 단서), **전기통신역무**(같은 법 제2조 제6호)**의 세부적인 개별 서비스는 제외한다**(같은 법 제2조 제11호),

부가통신사업은 부가통신역무를 제공하는 사업으로 하는바(같은 법 제5조 제3항), **기간통신역무 외의 전기통신역무를 말한다**(같은 법 제2조 제12호).

한편, 각각의 사업자 현황은 과학기술정보통신부 사이트(http ://www.msit.go.kr)의 통계자료에서 찾아볼 수 있다.

1722) cf. 과거에는 별정통신사업이 따로 있었으나, 2019. 6. 25.부터 기간통신사업자로 통합되었다.

1723) cf. 2013. 3. 22. 이전에는 허가 등의 권한이 방송통신위원회에 있었으나, 같은 달 23. 법률 제11690호로 「정부조직법」이 전부개정되면서 해당 권한이 미래창조과학부장관에게 이관되었고(정부조직법 부칙(제11690호) 제6조 제685항), 2017. 7. 26.자 정부조직 개편으로 미래창조과학부가 과학기술정보통신부로 바뀌었다(정부조직법 부칙(제14839호) 제5조 제194항).

1724) cf. 2019. 6. 24. 이전에는, 자신이 설치한 전기통신회선설비를 이용하여 기간통신역무를 제공하는 것만이 기간통신사업에 해당하였다.

다. 통신자료 및 통신사실확인자료의 내용

1) 통신자료

통신자료란 다음 각 호의 자료를 말한다(전기통신사업법 제83조 제3항, 제87조 제2항).[1725]

① **이용자의 성명**

② **이용자의 주민등록번호**

③ **이용자의 주소**

④ **이용자의 전화번호**

⑤ **이용자의 아이디**(컴퓨터시스템이나 통신망의 정당한 이용자임을 알아보기 위한 이용자 식별부호를 말한다)

⑥ **이용자의 가입일 또는 해지일**

2) 통신사실확인자료

통신사실확인자료 및 그 보관기간은 아래 표와 같다(통신비밀보호법 제2조 제11호, 제15조의2 제2항, 같은 법 시행령 제41조 제2항).

통신사실확인자료	보관기간
㉮ 가입자의 전기통신일시	12개월(다만, 시외·시내 전화역무와 관련된 자료인 경우에는 6개월)
㉯ 전기통신개시·종료시간	
㉰ 발·착신 통신번호 등 상대방의 가입자번호	
㉱ 사용도수	
㉲ 컴퓨터통신 또는 인터넷의 사용자가 전기통신역무를 이용한 사실에 관한 컴퓨터통신 또는 인터넷의 로그기록자료	3개월
㉳ 정보통신망에 접속된 정보통신기기의 위치를 확인할 수 있는 발신기지국의 위치추적자료	12개월(다만, 시외·시내 전화역무와 관련된 자료인 경우에는 6개월)
㉴ 컴퓨터통신 또는 인터넷의 사용자가 정보통신망에 접속하기 위하여 사용하는 정보통신기기의 위치를 확인할 수 있는 접속지의 추적자료	3개월

1725) 이러한 통신자료의 상당 부분은 개인정보(개인정보 보호법 제2조 제1호)에도 해당한다고 하겠으나, 통신자료에 관하여서는 「전기통신사업법」의 관련 규정이 「개인정보 보호법」에 오히려 우선하여 적용된다고 할 것이다(개인정보 보호법 제6조 참조).

마. 통신자료 및 통신사실확인자료의 요청방식

1) 통신자료제공 요청

이러한 통신자료제공 요청은 요청사유, 해당 이용자와의 연관성, 필요한 자료의 범위를 기재한 서면("자료제공요청서")**으로 하여야 한다**(전기통신사업법 제83조 제4항 본문, 제87조 제2항).

다만, 서면으로 요청할 수 없는 긴급한 사유가 있을 때에는 서면에 의하지 아니하는 방법으로 요청할 수 있으되, 그 사유가 해소되면 지체 없이 전기통신사업자에게 자료제공요청서를 제출하여야 한다(같은 법 제83조 제4항 단서, 제87조 제2항).

2) 통신사실 확인자료제공 요청

법원이 전기통신사업자에게 통신사실 확인자료제공을 요청하는 경우에는 서면으로 하여야 할 것이다(통신비밀보호법 제13조 제2항 본문의 유추적용).

다만, 서면으로 요청할 수 없는 긴급한 사유가 있는 때에는 통신사실 확인자료제공을 요청한 후 지체없이 위 서면을 전기통신사업자에게 송부하여야 할 것이다(같은 항 단서의 유추적용).

이러한 자료제공요청서에는 요청사유, 해당 가입자와의 연관성 및 필요한 자료의 범위를 기록하여야 할 것이다(같은 항 제2조 본문의 유추적용).

바. 통신자료제공대장 및 통신사실확인자료 제공대장

1) 통신자료제공대장

전기통신사업자는 위와 같이 통신자료제공을 한 경우에는 해당 통신자료제공 사실 등 필요한 사항을 기재한 통신자료제공대장과 자료제공요청서 등 관련 자료를 갖추어 두어야 하며(전기통신사업법 제83조 제5항, 제87조 제2항, 같은 법 시행령 제53조 제1항),[1726] 통신자료제공대장을 1년간 보존하여야 한다(같은 항).

2) 통신사실확인자료 제공대장

전기통신사업자는 통신사실확인자료를 제공한 경우에는 통신사실확인자료 제공대장에 그 제공사실을 기록하여야 하며(통신비밀보호법 제15조의2 제2항, 같은 법 시행령 제38조), 통신사실확인자료 제공대장과 통신사실 확인자료제공요청서등 관련자료를 통신사실확인자료를 제공한 날부터 7년간 비치하여야 할 것이다(통신비밀보호법 제13조 제7항 후단의 유추적용).

1726) 이러한 관련 자료를 갖추어 두지 아니하거나 거짓으로 기재하여 갖추어 둔 자는 과태료의 제재를 받는다(전기통신사업법 제104조 제4항 제14호).

사. 자료제공의 현황보고 및 현황통보

전기통신사업자는 통신자료제공을 한 현황 등을 연 2회 과학기술정보통신부장관에게 보고하여야 하며, 통신사실확인자료에 관하여서도 마찬가지로 현황보고를 하여야 할 것이다(통신비밀보호법 제13조 제7항 전단의 유추해석, 같은 법 시행령 제39조).

또한, **전기통신사업자는 통신자료제공을 요청한 자가 법원인 경우에는 법원행정처장에게 통신자료제공대장에 기재된 내용을 알려야 한다**(전기통신사업법 제83조 제7항 단서, 제87조 제2항).[1727)]

Ⅸ. 그 밖의 증거 및 전자문서 증거

1. 민사소송법상 '그 밖의 증거'

가. 개 관

도면·사진·녹음테이프·비디오테이프·컴퓨터용 자기디스크, 그 밖에 정보를 담기 위하여 만들어진 물건으로서 문서가 아닌 증거의 조사에 관한 사항은 감정·서증·검증의 규정에 준하여 대법원규칙으로 정한다(법 제374조).[1728)]

이에 따라 「민사소송규칙」은 '그 밖의 증거'를 크게 '도면·사진 등', '자기디스크등', '녹음테이프등'으로 나누어 규율하고 있는바(규칙 제120조 내지 제122조), 그 골자를 도시하여 보면 아래와 같다.

범주	증거방법	조사방법	비고
기타증거	도면·사진 등	감정·서증·검증	일반원칙
	자기디스크등	+출력문서	출력문서는 문자정보, 도면·사진정보에 한함
	녹음테이프등	검증	

1727) 이에 위반하여 법원행정처장에게 통신자료제공 사실 등이 기재된 대장의 내용을 알리지 아니한 자는 과태료의 제재를 받는다(전기통신사업법 제104조 제4항 제15호).

1728) cf. 구법(2002. 1. 26. 법률 제6626호로 전부개정되기 전의 것)제335조는 '문서가 아닌 것으로서 징표로 삼기 위하여 만들어진 물건'을 "준문서"라 지칭하면서 서증에 관한 규정을 준용하도록 하고 있었다.

나. 그 밖의 증거의 조사에 관한 일반원칙(도면·사진 등)

도면·사진, 그 밖에 정보를 담기 위하여 만들어진 물건으로서 문서가 아닌 증거의 조사에 관하여는 특별한 규정이 없으면 감정·서증·검증(규칙 제3절 내지 제5절)의 규정을 준용한다(규칙 제122조).

사진을 촬영하여 증거로 제출할 때에 유의할 점은, 전체를 나타내기 위하여 다른 각도에서 여러 장을 찍고 어느 방향에서 찍은 것이라는 것을 부기할 필요가 있을 수 있다는 점, 실물의 크기, 넓이 등을 명확히 하기 위하여 누가 보아도 그 크기를 알 수 있는 것과 함께 찍는 것이 필요할 때가 있다는 점 등이다.[1729)]

또한, 피사체와 촬영 일시에 대한 설명을 부기함이 바람직하다(예컨대, 1998년 ○월 ○일 현재 이 사건 건물의 사진 등).[1730)]

다. 자기디스크등에 기억된 문자정보 등에 대한 증거조사

1) 개 관

컴퓨터용 자기디스크·광디스크, 그 밖에 이와 비슷한 정보저장매체를 "자기디스크등"이라 한다(규칙 제120조 제1항).

2) 자기디스크등에 기억된 문자정보

자기디스크등에 기억된 문자정보를 증거자료로 하는 경우에는 읽을 수 있도록 출력한 문서("출력문서")를 제출할 수 있다(규칙 제120조 제1항).

즉, 자기디스크등에 기억된 문자정보에 관하여 검증 대신 출력문서를 제출하는 방법으로 증거조사를 할 수 있다.[1731)]

주의할 것은, 이는 서증이 아니므로 서증목록이 아니라 증인등목록에 그 증거조사사실을 기재하며, 판결서에서 이를 증거로 인용할 때에는 '출력문서조사결과'라고 기재한다.[1732)]

자기디스크등에 기억된 문자정보를 증거로 하는 경우에 증거조사를 신청한 당사자는 법원

1729) **법원실무제요 민사소송[Ⅲ]** (서울: 법원행정처, 2005), 207~8면.

1730) 구「바람직한 재판운영방안(재일 94-1)」.

1731) 제요[민소Ⅲ], 1186면.

1732) 위의 책, 1186~7면.
cf. 구「민사소송규칙」(2002. 6. 28. 대법원규칙 제1761호로 전부개정되기 전의 것)은 출력문서조사에 관한 규정을 두고 있지 아니하였으므로, 구법상으로는 출력문서를 제출한 경우 그 성질은 서증으로 이해되고 있었다. 구「바람직한 재판운영방안(재일 94-1)」.

이 명하거나 상대방이 요구한 때에는 자기디스크등에 입력한 사람과 입력한 일시, 출력한 사람과 출력한 일시를 밝혀야 한다(같은 조 제2항).

따라서, 필요하다면, 출력문서의 진정성립 또는 내용의 정확성 여하를 판단하기 위하여, 감정을 하거나 입·출력을 한 사람에 대한 증인신문을 할 수도 있는 것으로 해석된다.[1733)]

실무상으로는 자기디스크등에 대한 증거신청은 출력문서와 자기디스크등을 함께 제출하며, 상대방으로서는 출력문서에 대하여 이의를 제기하는 경우에는 해당 자기디스크등에 대하여 검증 또는 감정신청을 하게 된다.[1734)]

3) 자기디스크등에 기억된 도면·사진 등의 정보

자기디스크등에 기억된 정보가 도면·사진 등에 관한 것인 때에도 출력문서를 제출할 수 있다(규칙 제120조 제3항, 제1항).

한편, 자기디스크등에 기억된 도면·사진 등의 정보를 증거로 하는 경우에 증거조사를 신청한 당사자는 법원이 명하거나 상대방이 요구한 때에는 자기디스크등에 입력한 사람과 입력한 일시, 출력한 사람과 출력한 일시를 밝혀야 한다(같은 조 제2항).

4) 자기디스크등에 기억된 문자, 도면·사진 외의 정보

자기디스크등에 기억된 정보라 하더라도 전술한 문자, 도면·사진 외의 정보, 예컨대 음성·영상자료의 경우에는 후술하는 바와 같이 검증에 의하여 증거조사를 하게 됨에 주의하여야 한다.

라. 음성·영상자료 등에 대한 증거조사

1) 개 관

녹음·녹화테이프, 컴퓨터용 자기디스크·광디스크, 그 밖에 이와 비슷한 방법으로 음성이나 영상을 녹음 또는 녹화("녹음등")하여 재생할 수 있는 매체를 "녹음테이프등"이라 한다(규칙 제121조 제2항).[1735)]

녹음테이프등에 대한 증거조사는 녹음테이프등을 재생하여 검증하는 방법으로 한다(같은

1733) 구 「바람직한 재판운영방안(재일 94-1)」.

1734) 앞의 책, 1187면.

1735) cf. 구 「민사소송규칙」(2002. 6. 28. 대법원규칙 제1761호로 전부개정되기 전의 것)은 녹음테이프등의 증거조사에 관하여 규정하고 있지 아니하였으나, 판례는 녹음테이프에 대한 증거조사는 검증의 방법에 의하여야 한다고 보았다. 대법원 1981. 4. 14. 선고 80다2314 판결. 동지 : 대법원 1999. 5. 25. 선고 99다1789 판결.

항).[1736]

한편, 녹음테이프등에 대한 증거조사를 신청하는 때에는 음성이나 영상이 녹음등이 된 사람, 녹음등을 한 사람 및 녹음등을 한 일시·장소를 밝혀야 한다(같은 조 제1항).

따라서, 필요하다면, 이를 확정하기 위한 증인신문 등을 병행할 수도 있는 것으로 해석된다.[1737]

녹음테이프등에 대한 증거조사를 신청한 당사자는 법원이 명하거나 상대방이 요구한 때에는 녹음테이프등의 녹취서, 그 밖에 그 내용을 설명하는 서면을 제출하여야 한다(같은 조 제3항). 그러나, 별도의 명령이나 요구가 없더라도 아예 신청시에 녹취서 등을 함께 제출함이 실무이다.[1738]

녹음테이프등의 증거조사에 관한 사항을 녹음테이프와 비디오테이프로 나누어 상론하면 다음과 같다.

2) 녹음테이프

녹음테이프와 관련하여서는, 아예 녹취서만을 서증으로 제출하는 것도 허용되나, 상대방이 녹음테이프의 존재나 녹음내용에 대한 확인을 구하는 때에는 역시 녹음테이프에 대한 검증절차를 거치게 된다.[1739]

3) 비디오테이프

비디오테이프에 녹화·보존되어 있는 영상 기타의 자료에 대한 증거 조사시에는, 테이프 내용 중 증거자료로 삼고자 하는 영상 부분을 재생하여 수록한 사진(테이프 내용을 비디오 재생기로 모니터의 화면에 영상으로 재생하면서 정지 화면 상태에서 사진 촬영을 하거나 컴퓨터를 이용한 영상 인쇄 등의 방법으로 재생한 영상을 수록한 사진을 말하고, 사진에는 증거조사시 테이프 내용의 색출을 용이하게 하기 위하여 사진 상의 영상이 수록되어 있는 테이프 부분의 회전수 번호를 기재하여 제출한다)

1736) 그러나, 검증에 앞서 제출자로 하여금 상대방에게 복사본을 교부하고 내용을 확인하도록 한 다음 상대방의 이의가 없는 경우 검증절차를 생략할 수도 있다. 앞의 책, 1189면.

1737) 구「바람직한 재판운영방안(재일 94-1)」.

1738) 이는 검증조서 작성의 편의를 위해서이다.「녹음테이프의 검증시 녹취서 제출(재민 87-12)」; 구「바람직한 재판운영방안(재일 94-1)」.

1739) 앞의 책.
대법원 1999. 5. 25. 선고 99다1789 판결은, 당사자 일방이 녹음테이프를 증거로 제출하지 않고 이를 속기사에 의하여 녹취한 녹취문을 증거로 제출하고 이에 대하여 상대방이 부지로 인부한 경우, 법원은 녹음테이프의 검증을 통하여 대화자가 진술한 대로 녹취되었는지 확인하여야 할 것이나, 그 녹취문이 오히려 상대방에게 유리한 내용으로 되어 있다면 그 녹취 자체는 정확하게 이루어진 것으로 보이므로 녹음테이프 검증 없이 녹취문의 진정성립을 인정할 수 있다고 보았다.

을 제출받은 후, 비디오테이프를 재생기에 투입하고 작동하여 모니터의 화면에 재생되는 화면과 제출된 사진의 영상이 동일한지 여부를 판단함이 실무이다.[1740)]

2. 전자문서 증거

한편, 전자문서에 대한 증거조사에서는 전자문서가 담긴 자기디스크 등이 아니라 전자문서 자체가 증거방법이 되며, 이 점에서 상술한 '그 밖의 증거'와 다르다.

'민소전자문서법'은 증거로서의 전자문서를, 그 내용에 따라, 문자, 그 밖의 기호, 도면, 사진 등에 관한 정보(민소전자문서법 제13조 제1항 제1호)("문자등 정보". 민소전자문서규칙 제31조 제3항 제1호)와 음성이나 영상정보로(민소전자문서법 제13조 제1항 제2호)("음성·영상등 정보". 민소전자문서규칙 제31조 제3항 제2호) 나누어 규율하고 있고,[1741)] 이들 각각에 따라 증거조사방법에도 차이가 있는바, 구체적으로는 다음과 같다.

문자등 정보에 대한 증거조사는 전자문서를 모니터, 스크린 등을 이용하여 열람하는 방법으로 할 수 있다(민소전자문서법 제13조 제1항 제1호).

음성·영상등 정보에 대한 증거조사는 전자문서를 (모니터, 스크린 등을 이용하여) **청취하거나 시청하는 방법으로 할 수 있다**(같은 항 제2호).[1742)]

그러나, **전자문서에 대한 증거조사에 관하여서도 그 성질에 반하지 아니하는 범위에서 감정·서증·검증의 규정을 준용한다**(같은 조 제2항).

'전자문서에 대한 증거조사'에 대하여서는 이 책 보론에서 상론할 것이로되, 그 개요를 간단히 도시하여 보면 아래 표와 같다.

범 주	증거방법	조사방법	비 고
전자문서	문자등 정보	(원칙)열람 (예외1)출력문서조사 (예외2)검증 또는 감정	전자화문서의 경우, 원본의 존재나 내용에 이의가 있으면 원본을 열람
	음성·영상등 정보	(원칙)청취 또는 시청 (예외)검증 또는 감정	

1740) 구「바람직한 재판운영방안(재일 94-1)」.

1741) 전자문서는 개념필연적으로 정보의 일종이다(민소전자문서법 제2조 제1호).

1742) 민소전자문서법 제13조 제1항 제2호의 법문에는 "모니터, 스크린 등을 이용하여"라는 문언이 없으나, 문자등 정보를 그 자체를 열람할 수 없는 것과 마찬가지로 음성·영상등 정보도 그 자체를 청취·시청할 수는 없으므로 결국 위와 같이 새겨야 한다.

X. 증거보전

1. 증거보전 개관

법원은 미리 증거조사를 하지 아니하면 그 증거를 사용하기 곤란할 사정이 있다고 인정한 때에는 당사자의 신청에 따라 증거조사를 할 수 있다(법 제375조).[1743]

즉 이는, 증거를 문자 그대로 보전하는 것이 아니라, 증거조사를 미리 하는 것이 므로, 개념상 주의를 요한다.[1744] 그리고, 여기서 "미리"라는 것은 소제기 전일 수도 있고, 소제기 후일 수도 있다(법 제376조 참조).

또한, **법원은 필요하다고 인정한 때에는 소송이 계속된 중에 직권으로 증거보전을 결정할 수 있다**(법 제379조).

2. 증거보전신청

가. 개 관

증거보전의 신청은 서면(「증거보전신청서」)[1745]으로 하여야 한다(규칙 제124조 제1항).

특기할 것은, **증거보전의 신청은 상대방을 지정할 수 없는 경우에도 할 수 있으며**(법 제378조 전문), **이 경우 법원은 상대방이 될 사람을 위하여 특별대리인을 선임할 수 있다**(같은 조 후문).

증거보전 사건은 부수사건이므로, 기본사건이 종이기록사건이라면, 증거보전신청 역시 전자적으로는 하지 못한다(민소전자문서법 제10조 제2항, 민소전자문서규칙 제19조 제1항 제3호 본문).

나. 기재사항

증거보전절차에서의 증거조사에 관하여서는 민사소송법 제2편 제3장(증거), 민사소송규칙

1743) cf. 그러나, 증권관련 집단소송에서는 법원이 필요하다고 인정할 때에는 증거보전을 할 수 있어(증권관련 집단소송법 제33조), 증거보전의 요건이 완화되어 있다.

1744) cf. (최광의의) 선거소송에서는 문자 그대로 증거 자체를 보전하는 제도도 있다(공직선거법 제228조 제1항, 주민소환에 관한 법률 제24조 제3항, 제주특별자치도 설치 및 국제자유도시 조성을 위한 특별법 제29조, 주민투표법 제25조 제3항).
국민투표무효소송에 관하여서도, 명문의 규정은 없으나, 역시 위와 같은 증거 자체의 보전이 가능한 것으로 해석되고 있다. 선거소송등을 위한 증거보전신청사건의 처리에 관한 예규(재특 89-1) 제1조.

1745) '인지액·편철방법예규'.

제2편 제3장(증거)**의 규정에 따르므로**(법 제375조, 규칙 제123조), 증거보전신청시에는 해당 증거조사의 신청도 함께 하게 된다.

다. 첨부서류

증거보전신청서(규칙 제124조 제1항)에는 증거보전의 사유에 관한 소명자료를 붙여야 한다(규칙 제124조 제2항).

라. 인지의 첩부 및 송달료의 예납

증거보전신청은 신청서에 1,000원의 인지를 붙이고(민사소송 등 인지법 제9조 제5항 제4호),[1746] 송달료를 예납하여야 하는바, 소제기전의 신청의 경우에는 별도기록이 편성되나, 소제기후의 신청의 경우에는 신청서가 본안기록에 첨철된다.[1747]

마. 관 할

1) 소제기전에 신청한 경우

증거보전의 관할법원은 소제기 전후에 따라 다르다.

증거보전의 신청은 소를 제기하기 전에는 신문을 받을 사람이나 문서를 가진 사람의 거소 또는 검증하고자 하는 목적물이 있는 곳을 관할하는 지방법원에 하여야 한다(법 제376조 제1항 후문).

이 사건은 단독판사의 직분관할에 속한다고 할 것이다(법원조직법 제7조 제4항).[1748][1749]

2) 소제기후에 신청한 경우

이에 반하여, **소를 제기한 뒤에는 그 증거를 사용할 심급의 법원에 신청하여야 하나**(법 제376조 제1항 전문), 이러한 증거보전사건은 본안소송의 담당재판부에 배당함이 통례이다.

다만, **급박한 경우에는 소를 제기한 뒤에도 소제기전의 증거보전의 관할법원 l 에 증거보전의 신청을 할 수 있다**(같은 조 제2항).

1746) '인지액·편철방법예규'.

1747) 후술하듯이 전자의 경우에도 결국 증거보전기록이 본안기록에 첨철되게 된다.

1748) 제요[민소 I], 36면은, 단독판사의 '사물관할'에 속한다는 취지이나, 관견으로는 의문이다.

1749) 제요[민소 III], 1010면은, 근거조문으로 법원조직법 제32조를 들고 있으나, 관견으로는 의문이다.

3. 증거보전에 관한 재판에 대한 불복

증거보전신청을 각하한 결정에 대하여서는 통상항고(법 제439조)로써 불복할 수 있는 것으로 해석된다.

그러나, **증거보전의 결정에 대하여는 불복할 수 없다**(법 제380조). 특별항고도 할 수 없다고 할 것이다.[1750)]

4. 증거조사기일에의 당사자의 참여

증거조사의 기일은 신청인과 상대방에게 통지하여야 한다(법 제381조 본문). **다만, 긴급한 경우에는 통지하지 아니할 수 있다**(같은 조 단서).

5. 증거보전기록의 송부 등

가. 증거보전기록의 송부

1) 증거보전 후에 소제기가 된 경우

증거보전에 따른 증거조사를 마친 후에 본안소송이 제기된 때에는 본안소송이 계속된 법원의 송부요청을[1751)] 받은 날부터 1주 안에 증거보전에 관한 기록을 보내야 한다(규칙 제125조 제2항).[1752)]

송부된 증거보전기록은 본안소송의 기록에 첨철된다.[1753)]

2) 소제기 후에 증거보전을 한 경우

소제기가 먼저 되었는데 다른 법원에서 증거보전을 한 경우에는, **증거보전에 관한 기록은** –증거조사를 마친 후 2주 안에(규칙 제125조 제1항)– **본안소송의 기록이 있는 법원에 보내야 한다**(법 제382조).

나. 변론에의 상정

증거보전의 결과는 변론에 상정되어야 비로소 증거자료로 사용될 수 있다.[1754)]

1750) 대법원 2012. 3. 20.자 2012그21 결정 참조(사안은 증거보전으로서 문서제출명령을 한 경우).
1751) 이는 문서송부촉탁이 아니므로, 법원이 별도의 기록송부요청서로써 요청한다. 제요[민소Ⅲ], 1013면.
1752) 이를 위하여 소장에 소정의 사항을 기재하여야 함(규칙 제62조의2)은, '소의 제기' 부분에서 기술하였다.
1753) 앞의 책, 1014면.

XI. 소명방법

1. 소명방법에 관한 원칙

소명은 즉시 조사할 수 있는 증거에 의하여야 한다(법 제299조 제1항).

일반적으로, 즉시 조사할 수 있는 증거방법으로는, 서증, 검증물이 대표적이며, 그 밖에 심문을 실시할 경우라면 참고인심문, 변론을 열 경우라면 재정(在廷)하고 있는 증인·감정인·당사자본인의 신문도 가능한 것으로 해석된다.

그러나, 문서송부촉탁, 문서제출명령, 법원외서증조사, 현장검증, 감정 등은 원칙적으로 즉시성이 없다.

서증을 소명방법으로서 제출할 때에는 "소갑 제1호증" 식으로 표시함이 실무이다.

2. 소명의 대용

가. 개 관

법원은 당사자 또는 법정대리인으로 하여금, ① 보증금을 공탁하게 하거나 ② 그 주장이 진실하다는 것을 선서하게 하여, 소명에 갈음할 수 있다(법 제299조 제2항).

나. 보증금의 공탁

1) 개 관

담보제공의 경우와 달리, 소명의 대용(代用)으로는 보증서(공탁보증보험증권)는 제출하지 못하는 것으로 해석된다.[1755]

소명의 대용으로 보증금을 공탁한 당사자 또는 법정대리인이 거짓 진술을 한 때에 법원은 결정으로 보증금을 몰취한다(법 제300조).

이 공탁은 공탁법상 몰취공탁에 해당한다(공탁규칙 제2조 제4호 참조).

소명에 갈음하는 보증금을 몰취하는 결정(법 제300조)**에 대하여는 즉시항고를 할 수 있다**(법 제302조).

1754) 위의 책.

1755) 지급보증위탁계약체결문서의 제출에 의한 담보제공과 관련한 사무처리요령(재민 2003-5)(이하 '보증서 예규'로 약칭한다) 제5조 제3호.
보증서(공탁보증보험증권)에 관하여서는 '재판상 담보 일반' 부분에서 언급하겠다.

2) 공탁의 방법

소명에 갈음하는 공탁은 「금전 공탁서」(공탁사무 문서양식에 관한 예규 제1-1호 양식)에 의하여 하며, 이때 "공탁자"란에는 해당 당사자 또는 법정대리인을, "피공탁자"란에는 "대한민국"이라고 각각 기재하고, 수소법원의 소재지를 관할하는 공탁소(즉, 해당 법원 공탁계)에 공탁한다.[1756)]

3) 공탁물의 몰취

소명에 갈음하는 공탁금의 몰취는 일종의 공탁물 출급이라고 볼 수 있다.

몰취결정이 확정되면, 수소법원은 그 결정 정본과 확정증명서를 공탁관에게 송부하여 공탁금의 국고귀속 절차를 밟게 된다.[1757)]

4) 공탁금의 회수[1758)]

한편, 공탁금을 몰취할 것이 아닌 때에는, 사건완결 후 법원의 공탁금환부결정을 하게 된다.

그러면, 공탁자가 위 결정 정본 및 공탁서를 첨부하여 공탁금 회수청구를 하게 된다.

다. 선 서

1) 선서무능력

증인신문의 경우와 마찬가지로, **다음 각호 가운데 어느 하나에 해당하는 사람에게는 소명에 갈음하는 선서를 시키지 못한다**(법 제299조 제3항, 제322조).

① 16세 미만인 사람

② 선서의 취지를 이해하지 못하는 사람

2) 선서의 방식

증인신문의 경우와 마찬가지로, **재판장은 소명에 갈음하는 선서에 앞서 당사자 또는 법정대리인에게 선서의 취지를 밝히고, 거짓 진술에 대한 제재에 대하여 경고하여야 한다**(법 제299조 제3항, 제320조).

1756) **공탁실무편람** ([서울] 법원행정처, 2015), 476~7면.
특기할 것은, 수소법원이 시·군법원이더라도, 해당 법원에 공탁할 수 있다(공탁규칙 제2조 제4호).

1757) 이에 관하여 상세한 것은, 위의 책, 477~8면.

1758) 이에 관하여 상세한 것은, 위의 책, 477~8면.

증인신문의 경우와 마찬가지로, **소명에 갈음하는 선서는 선서서에 따라서**[1759] **하여야 하며**(법 제299조 제3항, 제321조 제1항), **재판장은 당사자 또는 법정대리인으로 하여금 선서서를 소리 내어 읽고 기명날인 또는 서명하게 하며,**[1760] **당사자 또는 법정대리인이 선서서를 읽지 못하거나 기명날인 또는 서명하지 못하는 경우에는 참여한 법원사무관등이나 그 밖의 법원공무원으로 하여금 이를 대신하게 하고**(법 제299조 제3항, 제321조 제3항), **당사자**(또는 법정대리인)**는 일어서서 엄숙하게 선서하여야 한다**(법 제299조 제3항, 제321조 제4항).

3) 거짓 진술에 대한 제재 및 불복

소명에 갈음하여 선서한 당사자 또는 법정대리인이 거짓 진술을 한 때에 법원은 결정으로 200만원 이하의 과태료에 처한다(법 제301조).

위 결정에 대하여는 즉시항고를 할 수 있다(법 제302조).

1759) 그런데, 이 경우에 선서서는 증인신문의 경우와 다름은 의문이 없는바(법 제299조 제3항에서 제321조 제2항의 부준용), 결국 당사자신문의 경우에 준하되 "만일 거짓 진술을 하면 그에 대한 제재를 받기로 맹세합니다."라는 문언이 들어가야 할 것이다(법 제301조, 제370조 제1항 참조).

1760) 전자기록사건에서 선서서에 서명하는 방법도 증인신문의 경우와 같다고 하겠다. 민전예규 제82조.

제4장 소송절차의 정지

1. 소송절차의 정지 개관

가. 의 의

소송절차의 정지란 소송이 계속된 후에 아직 절차가 종료되기 전에 소송절차가 법률상 진행되지 않는 상태를 말한다.

소송절차의 정지에는 소송절차의 중단과 중지가 있다. 양자의 차이는, 전자는 소송수계를 요하나 후자는 그러하지 아니하다는 데에 있다.

소송절차의 정지는 개념필연적으로 소송계속을 전제로 하므로, 가령 제소전에 이미 당사자가 사망한 때에는 소송절차의 중단이 아니라 당사자표시정정이 문제될 뿐이다.[1761]

나. 효 과

1) 소송행위에 대한 효과

가) 원 칙

소송절차가 정지되면 원칙적으로 일체의 소송행위를 할 수 없다.

따라서, 소송절차의 정지기간 중 행하여진 당사자나 법원의 소송행위는 원칙적으로 무효이나, 이는 이의권의 포기·상실의 대상이 되는 것으로 해석된다.

나) 예외 : 변론종결 후에 소송절차가 중단된 경우

소송절차가 중단되기 전에 변론이 종결되었다면, 판결의 선고는 소송절차가 중단된 중에도 할 수 있으므로(법 제247조 제1항), 소송수계절차 없이도 판결선고를 할 수 있다.[1762]

그러나, 법원이 법률의 위헌여부의 심판을 헌법재판소에 제청한 경우에는 해당 소송사건의 종국재판을 할 수 없다(헌법재판소법 제42조 제1항 단서의 반대해석).

2) 기간의 진행에 대한 효과

소송절차의 중단 또는 중지는 기간의 진행을 정지시킨다(법 제247조 제2항 전단).

1761) 한편, 제소후 소송계속전에 당사자가 사망한 경우에도 소송수계에 관한 규정이 유추적용되어야 한다는 학설이 유력하나, 관견으로는 이는 의문이다.

1762) 대법원 1989. 9. 26. 선고 87므13 판결. 동지 : 대법원 2008. 9. 25. 선고 2008다1866 판결(사안은 변론종결 후에 회생절차개시결정이 있었으나 소송수계 없이 그대로 채무자에 대하여 판결선고를 한 것).

따라서, 예컨대, 재판장이 인지보정명령을 한 후 소송절차가 중단되었다면, 그 보정기간은 그 기간의 진행이 정지되었고, 그 상태에서 행한 재판장이 보정기간연장명령을 하였다 하더라도 역시 그 효력이 없으므로, 각 보정명령에 따른 기간부준수의 효과도 발생할 수 없다.[1763)]

소송의 정지로 인하여 기간의 진행이 정지된 경우, ① **소송절차의 수계사실을 통지한 때**(중단의 경우. 법 제242조 참조) **또는 ② 소송절차를 다시 진행한 때부터, 전체기간이 새로이 진행된다**(법 제247조 제2항 후단).

2. 소송절차의 중단

가. 개 관

당사자에게 소송수행할 수 없는 법정사유가 있을 때에는 소송절차가 중단되며, 소송절차의 중단은 수계 또는 속행명령에 의하여 해소되게 된다.

다만, 도산절차상의 중단사유등의 경우를 제외한, 일반적인 중단사유(법 제233조 제1항, 제234조 내지 제237조)**에서는 소송대리인이 있는 경우에는 소송절차가 중단되지 아니한다**(법 제238조).

주의할 것은, 예컨대, 당사자가 소송계속중에 사망한 경우(법 제233조 제1항 전문), 망인의 소송대리인은 상속인들(같은 항 후문) 전원을 위하여 소송을 수행하게 되어 그 사건의 판결은 상속인들 전원에 대하여 효력이 있다는 점이다.[1764)]

또한, 주의할 것은, 위 규정은 소송절차를 수계함을 필요로 하지 아니한다고 한 것일 뿐 위와 같이 소송절차가 중단되지 않는 경우에는 상속인 등이 소송절차를 수계하지도 못한다는 뜻은 아니라는 것이다.[1765)]

같은 이치에서, 전수탁자가 파산의 선고를 받아 그 임무가 종료되었으나(법 제236조 전문)

1763) 대법원 2009. 11. 23.자 2009마1260 결정.

1764) 대법원 1996. 2. 9. 선고 94다61649 판결.
이는 그 사건의 판결의 당사자 표시가 망인 명의로 되어 있다 하더라도 마찬가지이다. 대법원 1995. 9. 26. 선고 94다54160 판결; 대법원 2010. 12. 23. 선고 2007다22859 판결. 동지: 대법원 1992. 11. 5. 선고 91마342 판결의 방론.

1765) 대법원 1972. 10. 31. 선고 72다1271,1272 판결. 동지: 대법원 1992. 11. 5.자 91마342 결정; 대법원 2008. 4. 10. 선고 2007다28598 판결; 대법원 2008. 5. 15. 선고 2007다71318 판결.
cf. 대법원 1992. 11. 5. 선고 91마342 판결의 방론; 대법원 1995. 9. 26. 선고 94다54160 판결; 대법원 2014. 12. 24. 선고 2012다74304 판결은 소송대리인이 있어 소송절차가 중단되지 아니한 경우에는 원칙적으로 소송수계라는 문제가 발생하지 아니한다고 설시하였으나, 이는 의문이다.

소송대리인이 있어서 소송절차가 중단되지 아니하는 경우에도, 그 소송대리인은 당사자 지위를 당연승계하는 신수탁자(같은 조 후문)를 위하여 소송을 수행하게 되는 것이며, 그 사건의 판결은 신수탁자에 대하여 효력이 있다.[1766)]

소송대리인과 관련하여 주의할 것은, 소송대리인이 있어 소송절차가 중단되지 않는 경우라 하더라도 심급대리의 원칙상 그 판결정본이 소송대리인에게 송달된 때에는 소송절차가 중단되지만,[1767)] 상소제기의 특별수권이 있으면 소송절차가 중단되지 아니한다는 것이다.[1768)] 즉, 특별수권이 없었다면 상소기간의 진행이 정지되나, 특별수권이 있었다면 상소기간이 그대로 진행된다.[1769)]

또한, 소송대리인이 있기 때문에 소송절차가 중단되지 아니하였던 경우라 하더라도, 그 소송대리권이 소멸한 때에는 소송절차는 중단된다고 할 것이다.[1770)]

상고심에서도 소송절차의 중단 및 수계가 문제될 수 있음은 물론이다.[1771)]

나. 소송대리인에 의한 중단사유의 신고

소송절차의 중단사유가 생긴 때에는 소송대리인은 그 사실을 법원에 서면으로 신고하여야 한다(규칙 제61조).

즉, 소송절차수계신청을 곧바로 할 수 있는 경우라면 이를 하는 것으로 족하겠지만,[1772)] 그럴 수 없는 경우에는 위와 같은 신고를 먼저 하여야 할 것이다.

1766) 대법원 2014. 12. 24. 선고 2012다74304 판결(사안은 수탁자가 파산선고를 받은 경우).
이때 신수탁자로 당사자의 표시를 정정하지 아니한 채 전수탁자를 그대로 당사자로 표시하여도 무방하며, 신탁재산에 대한 관리처분권이 없는 자를 신당사자로 잘못 표시하였다고 하더라도 그 표시가 전수탁자의 소송수계인 등 신탁재산에 대한 관리처분권을 승계한 자임을 나타내는 문구로 되어 있으면 잘못 표시된 당사자에 대하여는 판결의 효력이 미치지 아니하고 여전히 정당한 관리처분권을 가진 신수탁자에 대하여 판결의 효력이 미친다. 같은 판결.

1767) 대법원 1995. 5. 23. 선고 94다23500 판결. 동지 : 대법원 1963. 5. 30. 선고 63다123 판결 ; 대법원 1980. 10. 14. 선고 80다623,624 판결 ; 대법원 1996. 2. 9. 선고 94다61649 판결 ; 대법원 1997. 10. 10. 선고 96다35484 판결 ; 대법원 2016. 9. 8. 선고 2015다39357 판결.

1768) 대법원 1992. 11. 5. 선고 91마342 판결.

1769) 대법원 1992. 11. 5. 선고 91마342 판결 참조.

1770) 대법원 1969. 9. 23. 선고 69다1041 판결(사안은 당사자 사망 후 소송대리인이 사임한 경우) 참조.

1771) 대법원 2013. 3. 28. 선고 2012다100746 판결 참조.

1772) 유사취지 : 제요[민소 I], 346면.

다. 중단사유와 소송수계인

1) 일반적인 중단사유와 수계인

가) 당사자의 사망

(1) 개 관

(가) 원 칙

원칙적으로, **당사자가 죽은 때에 소송절차는 중단된다**(법 제233조 제1항 전문).

(나) 예외 : 당사자의 사망으로 소송이 종료되는 경우

① 소송물이 상속의 대상이 아닌 경우

그러나 당사자의 사망으로 인한 소송절차의 중단은 소송물이 상속의 대상이 되는 때에 한한다. 따라서 가령 다음과 같은 경우에는 그대로 소송이 종료되고, 수계가 문제되지 아니한다.

단체의 정관에 따른 의사결정기관의 구성원이 그 지위에 기하여 위 단체를 상대로 그 의사결정기관이 한 결의의 존재나 효력을 다투는 민사소송을 제기하였다가 그 소송 계속중에 사망하였다면, 단체의 의사결정기관 구성원으로서의 지위는 일신전속권으로서 상속의 대상이 된다고 할 수 없어 소송수계의 여지가 없으므로, 위 소송은 본인의 사망으로 중단됨이 없이 그대로 종료된다.[1773)]

같은 이치에서, 이사가 그 지위에 기하여 주주총회결의 취소의 소를 제기하였다가 소송계속 중에 사망하였거나 사실심 변론종결 후에 사망하였다면, 그 소송은 이사의 사망으로 중단되지 아니하고 그대로 종료된다.[1774)]

재판상의 이혼청구권은 부부의 일신전속의 권리이므로 이혼소송 계속중 배우자의 일방이 사망한 때에는 상속인이 그 절차를 수계할 수 없음은 물론이고, 또 그러한 경우에 검사가 이를 수계할 수 있는 특별한 규정도 없으므로 이혼소송은 종료된다.[1775)]

국가유공자등록거부처분 취소청구소송이 법원에 계속되어 있던 중에 원고가 사망한 경우에는 그 소송물이 상속되지 아니하고 사망과 동시에 소송이 종료된다.[1776)]

1773) 대법원 2004. 4. 27. 선고 2003다64381 판결(사안은 비법인사단을 상대로 한 재심소송). 동지 : 대법원 1981. 7. 16.자 80마370 결정(사안은 학교법인).

1774) 대법원 2019. 2. 14. 선고 2015다255258 판결.

1775) 대법원 1982. 10. 12. 선고 81므53 판결. 동지 : 대법원 1993. 5. 27. 선고 92므143 판결 ; 대법원 1994. 10. 28. 선고 94므246,253 판결.

1776) 대법원 2013. 4. 11. 선고 2012재두497 판결.

② 상대방 당사자가 상속인인 경우

또한, 상대방 당사자가 사망한 당사자의 상속인으로서 수계자격이 있을 경우에도 소송절차가 중단되지 아니하고 종료된다.

(2) 실종선고의 경우

소송이 적법하게 계속된 후 해당 소송의 당사자에 대하여 실종선고가 확정된 경우에는-비록 실종자가 사망하였다고 보는 시기는 실종기간이 만료한 때라 하더라도(민법 제28조)-소송상의 지위의 승계절차는 실종선고가 확정되어야만 비로소 이를 취할 수가 있는 것이므로, '실종선고가 확정된 때에' (비로소) 소송절차가 중단된다.[1777)]

(3) 수 계 인

당사자의 사망으로 소송절차가 중단된 경우, 상속인·상속재산관리인, 그 밖에 법률에 의하여 소송을 계속하여 수행할[1778)] 사람이 소송절차를 수계(受繼)하여야 한다(법 제233조 제1항 후문).

이때, 포괄적 수유자도 상속인과 마찬가지임은 물론이나(민법 제1078조), 특정적 수유자는 소송수계인이 되지 못한다.[1779)]

그런데, 상속인은[1780)] 상속포기를 할 수 있는 동안에는, 즉 원칙적으로 상속개시있음을 안 날로부터 3월내(민법 제1019조 제1항 본문)에는, **소송절차를 수계하지 못한다**(법 제233조 제2항).

그러나, 상속포기기간 중에 한 소송절차수계신청을 받아들여 소송절차를 진행한 하자가 있다고 하더라도 그 후 상속의 포기 없이 상속개시 있음을 안 날로부터 3월을 경과한 때에는, 그 전까지의 소송행위에 관한 하자는 치유된다.[1781)]

위 사건의 사안은 이러하다. 원고가 피고 행정청의 추가상이처불인정처분에 대하여 취소소송을 제기하였고, 항소심에서 일부 패소한 피고가 상고하였는데, 원고가 상고심 계속중 사망하였는데도 상고기각 판결이 선고되자, 이에 대하여 피고가 대리권 흠결을 이유로 재심을 청구하였고, 이에 대법원이 재심청구를 인용하여 소송종료선언을 한 것이다.

1777) 대법원 1983. 2. 22. 선고 82사18 판결. 동지 : 대법원 1977. 3. 22. 선고 77다81,82 판결.

1778) 구법(2002. 1. 26. 법률 제6626호로 전부개정되기 전의 것) 제211조 제1항 후문은 "… 소송을 속행할 …"이라고 표현하였다.

1779) 특정유증의 경우에는, 유증 목적인 재산은 일단 상속재산으로서 상속인에게 귀속되고 유증을 받은 자는 단지 유증의무자에 대하여 유증을 이행할 것을 청구할 수 있는 채권을 취득하게 될 뿐이므로(채권적 효력설), 유증자가 사망한 경우 그의 소송상 지위도 일단 상속인에게 당연승계되는 것이고 특정유증을 받은 자가 이를 당연승계할 여지는 없다. 대법원 2010. 12. 23. 선고 2007다22859 판결.

1780) 포괄적 수유자도 마찬가지임은 물론이다.

1781) 대법원 1995. 6. 16. 선고 95다5905,5912(참가) 판결. 동지 : 대법원 1964. 5. 26. 선고 63다974 판결.

소송계속중 당사자인 피상속인이 사망한 경우 공동상속재산은 상속인들의 공유이므로 소송의 목적이 공동상속인들 전원에게 합일확정되어야 할 필수적 공동소송관계라고 인정되지 아니하는 이상 반드시 공동상속인 전원이 공동으로 수계하여야 하는 것은 아니며, 수계되지 아니한 상속인들에 대한 소송은 중단된 상태로 그대로 피상속인이 사망한 당시의 심급법원에 계속되어 있다.[1782] 물론, 수계하지 아니한 상속인이 있는데도 소송절차를 진행함은 위법이다.[1783]

상속재산관리인이 선임된 경우에는 그가 소송절차를 수계하여야 함은 물론이다.

소송계속중 당사자가 사망하고 그 상속인의 존부가 분명하지 않은 경우, 법원으로서는 소송절차를 중단한 채 상속재산관리인의 선임을 기다려 그로 하여금 소송을 수계하도록 하여야 한다(민법 제1053조 제1항 참조).[1784]

(4) 중단사유 간과의 효과

소송계속 중 어느 일방 당사자의 사망에 의한 소송절차 중단을 간과하고 변론이 종결되어 판결이 선고된 경우에는, 그 판결은 소송에 관여할 수 있는 적법한 수계인의 권한을 배제한 결과가 되는 절차상 위법은 있지만 그 판결이 당연무효라 할 수는 없고, 다만 그 판결은 대리인에 의하여 적법하게 대리되지 않았던 경우와 마찬가지로 보아 대리권흠결을 이유로 상소 또는 재심에 의하여 그 취소를 구할 수 있을 뿐이다.[1785]

그러나, 당사자가 판결 후 명시적 또는 묵시적으로 원심의 절차를 적법한 것으로 추인하면 위와 같은 상소사유 또는 재심사유는 소멸한다고 보아야 한다(법 제424조 제2항의 유추해석).[1786]

그런데, 당사자가 사망하였으나 그를 위한 소송대리인이 있어 소송절차가 중단되지 아니하는 경우에 비록 상속인으로 당사자의 표시를 정정하지 아니한 채 망인을 그대로 당사자로 표시하여 판결하였다고 하더라도 그 판결의 효력은 망인의 소송상 지위를 당연승계한 상속

1782) 대법원 1993. 2. 12. 선고 92다29801 판결. 동지 : 대법원 1963. 3. 21. 선고 62다805 판결.

1783) 대법원 1962. 5. 17. 선고 4294민상1255 판결 참조.

1784) 대법원 2002. 10. 25. 선고 2000다21802 판결.

1785) 대법원 1995. 5. 23. 선고 94다28444 전원합의체 판결. 동지 : 대법원 1996. 2. 9. 선고 94다24121 판결; 대법원 2003. 11. 14. 선고 2003다34038 판결 ; 대법원 2013. 4. 11. 선고 2012재두497 판결.
cf. 따라서, 위와 같이 사망한 자가 당사자로 표시된 판결에 기하여 사망자의 승계인을 위한 또는 사망자의 승계인에 대한 강제집행을 실시하기 위하여는 승계집행문을 부여함이 상당하다(민사집행법 제31조의 준용). 대법원 1998. 5. 30.자 98그7 결정.

1786) 대법원 1995. 5. 23. 선고 94다28444 전원합의체 판결. 동지 : 대법원 2003. 11. 14. 선고 2003다34038 판결.

인들 모두에게 미치는 것이다.[1787]

소송절차 중단중에 제기된 상소는 부적법한 것이지만 상소법원에 수계신청을 하여 그 하자를 치유시킬 수 있다.[1788]

나) 법인의 합병 기타 권리의무의 법률상 승계

(1) 개 관

당사자인 법인이 합병에 의하여 소멸된 때에 소송절차는 중단된다(법 제234조 전문).

이는, 대표자 또는 관리인이 있는 법인 아닌 사단이나 재단이 합병에 의하여 소멸된 때에도 마찬가지이다.

(2) 수 계 인

당사자인 법인이 합병에 의하여 소멸된 경우, 합병에 의하여 설립된 법인 또는 합병한 뒤의 존속법인이 소송절차를 수계하여야 한다(법 제234조 후문).

그러나, 비단 합병의 경우가 아니더라도, 법인의 권리의무가 법률의 규정에 의하여 새로 설립된 법인에게 승계되는 경우에는 특단의 사유가 없는 한 계속중인 소송의 그 법인의 법률상의 지위도 새로 설립된 법인에게 승계되는 것이다.[1789]

즉, 합병의 경우뿐만 아니라 법인의 권리의무가 법률의 규정에 의하여 승계되는 경우에도 소송절차가 중단되며, 해당 권리의무를 승계한 법인이 소송절차를 수계하여야 한다.

이상의 이치는, 대표자 또는 관리인이 있는 법인 아닌 사단이나 재단이 합병에 의하여 소멸된 때에도 마찬가지이다.[1790]

(3) 중단사유 간과의 효과

소송계속 중 회사인 일방 당사자의 합병에 의한 소멸로 인하여 소송절차 중단 사유가 발생하였음에도 이를 간과하고 변론이 종결되어 판결이 선고된 경우에는, 그 판결은 소송에 관여할 수 있는 적법한 수계인의 권한을 배제한 결과가 되는 절차상 위법은 있지만 그 판결이 당연무효라 할 수는 없고, 다만 그 판결은 대리인에 의하여 적법하게 대리되지 않았던 경우

1787) 대법원 2011. 4. 28. 선고 2010다103048 판결.

1788) 대법원 1980. 10. 14. 선고 80다623,624 판결.

1789) 대법원 1984. 6. 12. 선고 83다카1409 판결(사안은 지방자치단체). 동지 : 대법원 1963. 4. 11. 선고 63다8 판결 ; 대법원 1970. 4. 28. 선고 67다1262 판결(사안은 토지개량조합의 분할설립) ; 대법원 2002. 11. 26. 선고 2001다44352 판결(사안은 주식회사의 분할).

1790) 법인 아닌 사단이 소송수계를 한 실례로, 대법원 2016. 2. 18. 선고 2013두7384 판결(미래희망연대를 – 이를 흡수합당한 – 새누리당이 수계한 사안).

와 마찬가지로 보아 대리권 흠결을 이유로 상소 또는 재심에 의하여 그 취소를 구할 수 있을 뿐이다.[1791]

그러나, 소송대리인이 선임되어 있는 경우에는 그 소송대리권은 당사자인 법인의 합병에 의한 소멸로 인하여 소멸되지 않고(법 제95조 제2호) 그 대리인은 새로운 소송수행권자로부터 종전과 같은 내용의 위임을 받은 것과 같은 대리권을 가지는 것으로 볼 수 있으므로, 법원으로서는 당사자의 변경을 간과하여 판결에 구 당사자를 표시하여 선고한 때에는 소송수계인을 당사자로 경정하면 될 뿐, 구 당사자 명의로 선고된 판결을 대리권 흠결을 이유로 상소 또는 재심에 의하여 취소할 수는 없다.[1792]

다) 소송능력의 상실 또는 법정대리권의 소멸

(1) 개 관

특기할 것은, 여타 소송중단 사유가 발생한 경우와 달리, 법 제235조의 소송중단 사유가 발생한 때에는 당사자 지위의 변동이 없다. 즉, 법 제235조 소정의 사유는 강학상 소송승계(그 중에서도 당연승계·포괄승계) 사유가 아니다.

(2) 소송능력의 상실

(가) 의 의

당사자가 소송능력을 잃은 때에 소송절차는 중단된다(법 제235조 전문 전단).

따라서, 다음과 같은 경우에는 소송절차가 중단된다.

○ 당사자가 성년후견 개시심판을 받은 때

다만, 해당 사건이 피성년후견인이 취소할 수 없는 법률행위에 관한 것이라면, 소송절차가 중단되지 아니한다.

○ 당사자가 한정후견 개시심판을 받았는데, 해당 사건이 한정후견인의 동의가 필요한 행위에 관한 법률행위에 관한 것인 때

○ 당사자가 의사능력을 상실한 때

(나) 수 계 인

당사자가 소송능력을 잃은 경우, 소송능력을 회복한 당사자 또는 법정대리인이 된 사람이 소송절차를 수계하여야 한다(법 제235조 후문).

1791) 대법원 2002. 9. 24. 선고 2000다49374 판결.

1792) 대법원 2002. 9. 24. 선고 2000다49374 판결.

(3) 법정대리권의 소멸

(가) 개 관

법정대리인이 죽거나 대리권을 잃은 때에도 소송절차는 중단된다(법 제235조 전문 후단).

위와 같은 법리는 법인의 대표자 또는 법인이 아닌 사단이나 재단으로서 당사자능력 있는 것의 대표자 또는 관리인이 죽거나 대리권을 잃은 때에도 마찬가지이다(법 제64조).[1793)]

법인의 대표자가 법원의 결정에 의하여 그 직무집행이 정지된 경우 역시 대표권을 잃은 때에 해당하여 소송절차는 중단된다.[1794)]

다만, 법정대리권이 소멸된 때에는 상대방에게 이 사실을 통지하여야 소송절차가 중단되는 것으로 해석된다(법 제63조 제1항 참조).

(나) 수 계 인

법정대리인이 죽거나 대리권을 잃은 경우에도, 소송능력을 회복한 당사자 또는 법정대리인이 된 사람이 소송절차를 수계하여야 한다(법 제235조 후문).

라) 수탁자의 임무종료

(1) 개 관

신탁으로 말미암은 수탁자의 위탁임무가 끝난 때에 소송절차는 중단된다(법 제236조 전문).

수탁자가 ① 사망하거나 ② 성년후견 또는 한정후견의 개시심판을 받거나 ③ 파산선고를 받거나 ④ 법인인 수탁자가 합병 외의 사유로 해산한 경우(신탁법 제12조 제1항), 신탁행위로 정한 수탁자의 임무 종료 사유가 발생하거나 수탁자가 신탁행위로 정한 특정한 자격을 상실한 경우(신탁법 제13조 제1항), 수탁자가 적법하게 사임한 경우(신탁법 제14조)에는 수탁자의 임무는 종료된다.

(2) 수 계 인

신탁으로 말미암은 수탁자의 위탁임무가 끝난 경우, 새로운 수탁자가 소송절차를 수계하여야 한다(법 제236조 후문).

그러나 관견으로는, 신탁재산관리인이 선임된 경우에는 신탁재산관리인이 소송절차를 수

1793) 대법원 2016. 9. 8. 선고 2015다39357 판결(사안은 입주자대표회의가 당사자인 소송의 계속 중에 후임 대표자가 선출되었는데 그 선출이 무효이면 소가 소급적으로 부적법해진다고 본 원심판결에 소송절차 중단에 관한 법리오해의 위법이 있다고 본 것). 위 판례는 법인 아닌 사단 대표자의 대표권이 소멸한 경우에 관한 것이지만, 여타의 경우도 이치는 같다.

1794) 대법원 1980. 10. 14. 선고 80다623,624 판결.

계하여야 한다고 본다(신탁법 제17조 제5항, 제18조 제3항).

더 나아가, 신탁재산관리인의 임무가 종료된 경우에도 역시, 그 종료 사유에 따라, 종전의 수탁자 또는 새로운 신탁재산관리인이나 신수탁자가 소송절차를 수계하여야 할 것이다(같은 조 제4항 본문 참조).

마) 제3자의 법정소송담당에서의 자격상실 또는 사망

(1) 개 관

일정한 자격에 의하여 자기 이름으로 남을 위하여 소송당사자가 된 사람이 그 자격을 잃거나 죽은 때에 소송절차는 중단된다(법 제237조 제1항 전문).

(2) 수 계 인

일정한 자격에 의하여 자기 이름으로 남을 위하여 소송당사자가 된 사람이 그 자격을 잃거나 죽은 경우, 같은 자격을 가진 사람이 소송절차를 수계하여야 한다(법 제237조 제1항 후문).

따라서, 법원이 선임한 부재자 재산관리인이 소송계속 중 해임된 경우 소송절차는 중단되고, 새로 선임된 재산관리인이 소송절차를 수계하여야 한다.[1795]

이와 관련하여 특기할 것은, 부재자의 재산관리인에 의하여 소송절차가 진행되던중 부재자 본인에 대한 실종선고가 확정되면, 그 재산관리인으로서의 지위는 종료되는 것이므로, 상속인등에 의한 적법한 소송수계가 있을 때까지는 소송절차가 중단된다.[1796]

그러나, 도산절차상의 제3자의 법정소송담당에 관하여서는, 후술하는 바와 같이 별도의 규정이 있다.

바) 선정당사자 전원의 자격상실 또는 사망

(1) 개 관

선정당사자를 선정한 소송에서 선정된 당사자 모두가 자격을 잃거나 죽은 때에 소송절차는 중단된다(법 제237조 제2항 전문).

(2) 수 계 인

선정당사자를 선정한 소송에서 선정된 당사자 모두가 자격을 잃거나 죽은 경우, 당사자를

1795) 대법원 2002. 1. 11. 선고 2001다41971 판결.
한편, 위 판결은 이와 같이 소송수계가 된 경우의 당사자를 "피고(상고인) 개임된 부재자 갑의 재산관리인 을의 소송수계인 병"식으로 표시하였다.

1796) 대법원 1987. 3. 24. 선고 85다카1151 판결.

선정한 사람 모두가(즉, 해당 선정자단의 선정자 전원 또는 새로 당사자로 선정된 사람이) **소송절차를 수계하여야 한다**(법 제237조 제2항 후문).

2) 도산절차상의 중단사유와[1797] 수계인

가) 개 관

도산절차상의 중단사유의 경우에는 소송대리인이 있더라도 소송절차가 중단됨(법 제238조)은[1798] 기술하였다.

주의할 것은, 개념필연적으로, 후술하는 사유가 소송계속 후에 발생한 경우에 소송절차의 중단과 소송수계가 문제되는 것이지, 소송계속 전에 이미 발생한 경우에는 그러하지 아니하다는 것이다.

즉, 예컨대, 파산선고 전에 채권자가 채무자를 상대로 이행청구의 소를 제기하거나 채무자가 채권자를 상대로 채무 부존재 확인의 소를 제기하였더라도, 만약 그 소장 부본이 송달되기 전에 채권자나 채무자에 대하여 파산선고가 이루어졌다면, 파산선고 당시 법원에 소송이 계속되어 있음을 전제로 한 파산관재인의 소송수계신청 역시 적법하지 않으므로 허용되지 않는다.[1799]

나) 회생절차상의 중단사유와 수계인

(1) 보전관리명령[1800]

(가) 개 관

법원은 회생절차개시의 신청이 있는 때에 필요하다고 인정하는 때에는 보전관리인에 의한 관리를 명하고, 보전관리인을 선임할 수 있는바(채무자회생법 제43조 제3항), 회생절차개시결정이 있은 경우와 마찬가지로, 이 경우에는 채무자의 재산에 관한 소송에서는 보전관리인이 당사자가 되므로(같은 법 제86조 제1항, 제78조), **보전관리명령이 있는 때에는 채무자의 재산에 관한 소송절차는 중단된다**(같은 법 제86조 제2항 전단, 제59조 제1항).

1797) 후술하듯이 파산절차와 관련한 중단사유는 「민사소송법」에 규정이 있는 반면, 회생절차나 개인회생절차와 관련한 중단사유는 규정을 '채무자회생법'에 두고 있다. 그러나, 후자의 경우도 오히려 「민사소송법」에서 규정함이 체계적으로 타당할 것이다.

1798) 대법원 2008. 9. 25. 선고 2008다1866 판결(사안은 회생절차개시결정이 있은 경우).

1799) 대법원 2018. 6. 15. 선고 2017다289828 판결(사안은 채무부존재확인).

1800) cf. 그러나, 보전관리인을 선임할 것이라면 바로 관리인을 선임하여 회생절차개시결정을 하면 되므로, 실무상 보전관리명령을 하는 예는 드문 편이다. 노영보, **도산법 강의** (서울: 박영사, 2018), 118면.

(나) 수 계 인

회생절차개시결정이 있은 경우와 마찬가지로, **보전관리명령에 의하여 중단한 소송절차 중 회생채권 또는 회생담보권과 관계없는 것은 보전관리인 또는 상대방이 이를 수계할 수 있다**(채무자회생법 제86조 제2항 전단, 제59조 제2항 전문).

이때 "상대방이 … 수계할 수 있다"라고 함은 상대방도 수계신청을 할 수 있다는 의미라고 하겠다(법 제241조 참조).[1801] 이 점은 후술하는 경우들에서도 마찬가지이다.

그러나, 회생절차가 종료한 경우와 마찬가지로, **회생채권 또는 회생담보권과 관계없는 소송절차의 수계가 있기 전에 보전관리명령이 효력을 상실한 때에는 채무자는 당연히** (그 재산에 관한) **소송절차를** - 그것이 회생채권 또는 회생담보권과 관계있는 것이든 없는 것이든 - **수계한다**(채무자회생법 제86조 제2항 후단, 제59조 제3항).

더 상세한 것은, 회생절차개시결정에 관하여 후술하는 내용을 참조하기 바란다.

(2) 보전관리명령의 실효

(가) 개 관

회생절차가 종료한 경우와 마찬가지로, **보전관리명령에 의하여 중단한 소송절차 중 회생채권 또는 회생담보권과 관계없는 것의 수계가 있은 후에 보전관리명령이 효력을 상실한 때에는 소송절차는 중단된다**(채무자회생법 제86조 제2항 후단, 제59조 제4항 전문).

(나) 수 계 인

보전관리명령에 의하여 중단한 소송절차 중 회생채권 또는 회생담보권과 관계없는 것의 수계가 있은 후에 보전관리명령이 효력을 상실한 경우, 회생절차가 종료한 경우와 마찬가지로, **채무자는 소송절차를 수계하여야 하며**(채무자회생법 제86조 제2항 후단, 제59조 제4항 후문), **상대방도 소송절차를 수계할 수 있다**(같은 조 제5항).

(3) 회생절차개시결정[1802]

(가) 개 관

① 원칙 : 당사자에 대한 회생절차개시결정

회생채무자의 재산에 관한 소송에서는 관리인이 당사자가 되므로(채무자회생법 제78조), **회**

1801) 그러나, 파산채무자가 수계신청을 할 수 없음은 물론이다. 대법원 2011. 4. 14. 선고 2008다14633 판결 참조.

1802) cf. 개인회생절차개시결정의 경우에는 소송절차가 중단되지 아니한다(채무자회생법 제600조 제1항 제3호 단서 참조).

생절차개시결정이 있는 때에는 채무자의 재산에 관한 소송절차는 중단된다(같은 법 제59조 제1항).

관리인을 선임하지 아니하였더라도(채무자회생법 제74조 제3항),[1803] '채무자가 개인이 아닌 경우에는', 그 대표자를 관리인으로 보므로(같은 법 제74조 제4항), 채무자의 재산에 관한 소송절차가 중단된다고 할 것이다.[1804]

문제는 채무자가 개인인 경우이다. 가령, 관리인을 선임하지 아니한 경우에, '채무자가 개인이라면', 그를 관리인으로 본다(채무자회생법 제74조 제4항). 그러나 이 경우에도 마찬가지로 소송절차가 중단된다는 것이 판례이며, 따라서 가령 개인 A에 대하여 회생절차가 개시되었으되 관리인은 선임되지 아니하였다면, 'A의 소송수계인 회생채무자 A의 관리인 A'가 소송수계를 하여야 한다고 본다.[1805][1806]

그러나 이는 기괴한 결과가 아닐 수 없으며, 관견으로는 이 경우에는 예외적으로 소송절차가 중단되지 아니한다고 본다. 왜냐하면, 소송절차의 중단이란 새로운 당사자의 (소송수계에 따른) 소송수행을 전제로 하는 것인데, 이 경우에는 당사자가 바뀌지 아니하기 때문이다.[1807] 동일인이 회생절차개시결정을 받아 관리인으로 간주되기만 하면 당사자의 동일성이 없게 된다는 논리는, 형식논리의 극치로서, 얼굴에 점 하나만 찍고서 다른 사람 행세를 하는 것과[1808] 다를 바가 없다.

같은 논리에서, 관견으로는, 개인인 채무자를 관리인으로 선임한 때(같은 법 제74조 제2항)에

1803) **채무자가 개인, 중소기업, 그 밖에 대법원규칙이 정하는 자인 경우에는 관리인을 선임하지 아니할 수 있다**(채무자회생법 제74조 제3항).

1804) 이는 개인이 아닌 채무자의 대표자를 관리인으로 선임한 경우(채무자회생법 제74조 제2항)와 그 구도가 다를 바 없다.

1805) 대법원 2016. 12. 27. 선고 2016다35123 판결.

1806) 대법원 2013. 8. 22. 선고 2012다68279 판결도, B에 대하여 회생절차를 개시하면서 관리인을 선임하지 아니하고 B를 관리인으로 본다는 내용의 회생절차개시결정이 있은 후 A 주식회사가 B를 상대로 사해행위 취소의 소를 제기한 사안에서, 원심으로서는 A 회사에, B를 채무자 본인으로 본 것인지 아니면 관리인으로 본 것인지에 관하여 석명할 필요 없이 관리인의 지위에 있는 B를 상대로 소를 제기한 것으로 보고 관리인으로서 A의 지위를 표시하라는 취지로 당사자표시 정정의 보정명령을 내렸어야 하는데도, 그와 같은 조치를 취하지 않고 A가 당사자적격이 없다는 이유로 소를 각하한 원심판결에, 당사자확정에 관한 법리와 법원의 석명의무에 관한 법리를 오해하여 필요한 심리를 제대로 하지 않은 위법이 있다고 보았다.
즉, 피고의 표시를 만연히 B라고 하여서는 아니 되고, 'B의 소송수계인 회생채무자 B의 관리인 B'로 하여야 한다는 취지이다.

1807) 이는 개인회생절차의 경우에 관리인의 선임이나 소송절차의 중단 및 소송수계가 문제되지 아니하는 것과 이치가 같다.

1808) 우리나라의 어느 '막장 드라마'에서 실제로 저런 설정이 나와서 우스갯거리가 된 것은 '공지의 사실'이다.

도 소송절차가 중단되지 아니한다고 본다.

② 예외 : 채무자에 대한 회생절차개시결정

또한, **회생채권자가 제기한 사해행위취소소송**(민법 제406조 제1항)**이나 사해신탁취소소송**(신탁법 제8조) **또는 파산절차에 의한 부인의 소송이 회생절차개시 당시 계속되어 있는 때에는 소송절차는 중단된다**(채무자회생법 제113조 제1항).

(나) 주의사항 : 채권신고 내지 채권조사확정재판

이와 관련하여 주의할 것은, 회생절차개시결정에 의하여 중단한 소송절차 중 '회생채권 또는 회생담보권에 관한 것'의 경우이다(채무자회생법 제59조 제2항의 반대해석).

즉, 회생채권자나 회생담보권자는 오히려 회생법원에 회생채권이나 회생담보권을 신고하여야 한다(채무자회생법 제148조 제3항, 제149조 제2항).[1809]

만일 신고를 해태한 경우에는 회생계획인가결정이 확정된 때에 그러한 회생채권자나 회생담보권자가 그 채권이 면책되는 불이익을 입게 되기 때문이다(같은 법 제251조 본문 전단 참조).

다만, 신고된 회생채권 및 회생담보권에 대하여 이의가 있은 때에는 후술하는 바와 같은 수계가 문제된다.

이에 반하여, 이의가 없어 회생채권 및 회생담보권이 확정되어 회생채권자표 및 회생담보권자표에 기재된 때에는 소의 이익 자체가 없어지게 되며,[1810] 따라서 수계의 문제가 발생하지 아니하게 된다.

이러한 채권신고의 필요성은, 관견대로 개인인 회생채무자 자신이 관리인이 된 경우에도 마찬가지임은 물론이다. 다만, 그 경우에는 관견에 의하면 수계의 문제는 발생하지 아니함은 후술하는 바와 같다.

(다) 수 계 인

회생절차개시결정에 의하여 중단한 소송절차 중 '회생채권 또는 회생담보권과 관계없는 것'은 관리인 또는 상대방이 이를 수계할 수 있다(채무자회생법 제59조 제2항 전문).[1811]

1809) 다만, 회생채권자의 목록, 회생담보권자의 목록과 주주·지분권자의 목록에 기재된 회생채권·회생담보권·주식 또는 출자지분은 신고(채무자회생법 제148조 내지 제150조)된 것으로 본다(채무지회생법 제151조).

1810) 대법원 2014. 6. 26. 선고 2013다17971 판결(사안은 회생담보권). 동지 : 대법원 2020. 3. 2. 선고 2019다243420 판결(대법원 2020. 3. 2. 선고 2019다243420 판결(사안은 회생채권).

1811) 대법원 2016. 12. 27. 선고 2016다35123 판결은, 신고하지 아니한 회생채권이 회생계획인가결정으로 실권되었더라도 채무자회생법 제59조 제2항에 따른 해당 채권에 관한 소송의 수계는 가능하다고 설시하였으나, 이는 해당 규정의 명문에 반하는 기이한 해석이 아닐 수 없다.

즉, 환취권에 기초한 소송이나[1812] 공익채권에 관한 소송의 경우에는[1813] 관리인이나 상대방이 (관리인이 수계하도록) 수계신청을 할 수 있다.

관리인을 선임하지 아니한 경우에도 (관견대로라면 채무자가 개인이 아니라면) 그 대표자가－관리인으로 간주되므로－수계하여야 한다.[1814]

또한, 이와 마찬가지로, **회생채권자가 제기하였으나 회생절차개시에 따라 중단된 사해행위취소소송이나 사해신탁취소소송의 절차 또는 파산절차에 의한 부인의 소송 역시 관리인 또는 상대방이 이를**－부인소송으로서－[1815] **수계할 수 있다**(같은 법 제113조 제1항, 제59조 제2항 전문).

한편, **회생절차개시 당시 이의채권에 관하여 소송이 계속하는 경우 회생채권자 또는 회생담보권자가 그 권리의 확정을 구하고자 하는 때에는 이의자 전원을 그 소송의 상대방으로 하여 소송절차를 수계하여야 하나**(같은 법 제172조 제1항), 주의할 것은, **이에 의하여 소송절차를 수계하기 위한 신청은**－채권조사확정재판의 신청과 마찬가지로－**조사기간의 말일 또는 특별조사기일부터 1월 이내에 하여야 할 뿐 아니라**(같은 조 제2항, 제170조 제2항),[1816] 회생채권 또는 회생담보권의 확정을 구하는 것으로 청구취지 등을 변경하거나,[1817] 경우에 따라서는 그러한 청구취지로 반소를 제기하여야 한다.

즉, 위 소송절차 수계는 회생채권확정의 일환으로 진행되는 것으로서 조사기간의 말일까지 이루어지는 관리인 등의 회생채권에 대한 이의를 기다려, 회생채권자가 그 권리의 확정을 위하여 이의자 전원을 그 소송의 상대방으로 하여 신청하여야 한다.[1818]

1812) cf. 회생절차개시는 채무자에게 속하지 아니하는 재산을 채무자로부터 환취하는 권리에 영향을 미치지 아니한다(채무자회생법 제70조).

1813) cf. 공익채권은 회생절차에 의하지 아니하고 수시로 변제한다(채무자회생법 제180조 제1항).
그런데, 현실적으로, 채무자의 근로자의 임금·퇴직금 및 재해보상금(채무자회생법 제179조 제1항 제10호) 외에는, 공익채권에 관한 소송절차의 예에 해당하는 경우가 별로 없다고 보아도 과언이 아니다.
한편, 공익채권의 변제는 회생계획에 정하여야 하는 사항이다(같은 법 제193조 제1항 제2호).

1814) 이 경우 당사자의 표시는 관리인이 선임된 경우와 마찬가지로 하면 될 것이다.

1815) cf. 관리인은 회생절차개시 이후 채무자의 재산을 위하여 채무자가 회생채권자 또는 회생담보권자를 해하는 것을 알고 한 행위 등을 부인할 수 있다(채무자회생법 제100조).

1816) 대법원 2016. 12. 27. 선고 2016다35123 판결은, 회생계획인가의 결정이 있어 회생채권이 실권된 때에는 회생채권확정의 일환으로 진행되는 소송절차 수계의 여지는 없게 된다고 하였다.
그러나, 그 경우에는 오히려 채무자회생법 제172조 제2항, 제170조 제2항에 따라 신청기간이 경과하여 수계의 여지가 없는 것이라고 하여야 할 것이다.

1817) 대법원 2015. 7. 9. 선고 2013다69866 판결(사안은 회생채권).
cf. 개인회생채권의 경우에는 이 이치가 명문으로 규정되어 있다. 즉, **개인회생절차개시 당시 이미 소송이 계속 중인 권리에 대하여 이의가 있는 경우에는 별도로 조사확정재판을 신청할 수 없고 이미 계속 중인 소송의 내용을 개인회생채권조사확정의 소로 변경하여야 한다**(채무자회생법 제604조 제2항).

따라서, 당사자는 (회생채권이나 회생담보권이) 이의채권이 되지 아니한 상태에서 미리 소송수계신청을 할 수는 없다고 할 것이어서,[1819] 조사기간의 말일 이전에 소송수계신청을 하더라도 이는 부적법하다고 볼 것이며,[1820] 또한, 위 기간 경과 후에 수계신청을 한 경우에는 그 소는 부적법하게 된다.[1821]

또한, 회생채무자에 대한 회생절차개시결정으로 중단된 소송절차가 수계된 경우에 법원이 종전의 청구취지대로 채무의 이행을 명하는 판결을 할 수는 없고, 만일 회생채권자가 이를 간과하여 청구취지 등을 변경하지 아니한 경우에는 법원은 원고에게 청구취지 등을 변경할 필요가 있다는 점을 지적하여 회생채권의 확정을 구하는 것으로 청구취지 등을 변경할 의사가 있는지를 석명하여야 한다.[1822]

다만, 관견대로라면, 개인인 회생채무자 자신이 관리인이 된 경우에는, 이 경우에도 소송수계는 문제되지 아니하고, 청구의 변경이나 반소만 문제될 따름이다.

(라) 중단사유 간과의 효과

소송 계속 중 일방 당사자에 대하여 회생절차개시결정이 있었는데 법원이 이를 알지 못하고 관리인의 소송수계가 이루어지지 아니한 상태로 소송절차를 진행하여 판결을 선고한 경우에, 그 판결은 소송에 관여할 수 있는 적법한 수계인의 권한을 배제한 결과가 되어 절차상 위법하다.[1823]

다만, 그 판결은 당연무효는 아니고, 대리인에 의하여 적법하게 대리되지 않았던 경우와 마찬가지로 보아 대리권흠결을 이유로 상소 또는 재심에 의하여 그 취소를 구할 수 있다.[1824]

그러나, 상소심에서 수계절차를 밟는 등 당사자가 판결후 명시적 또는 묵시적으로 원심의 절차를 적법한 것으로 추인하면 위와 같은 상소사유 또는 재심사유는 소멸한다(법 제424조 제2항의 유추해석).[1825]

1818) 대법원 2016. 12. 27. 선고 2016다35123 판결.
1819) 대법원 2013. 5. 24. 선고 2012다31789 판결. 동지 : 대법원 2016. 12. 27. 선고 2016다35123 판결.
1820) 대법원 2013. 5. 24. 선고 2012다31789 판결.
1821) 대법원 2013. 5. 24. 선고 2012다31789 판결.
1822) 대법원 2015. 7. 9. 선고 2013다69866 판결.
1823) 대법원 2012. 3. 29. 선고 2011두28776 판결. 동지 : 대법원 2011. 10. 27. 선고 2011다56057 판결 ; 대법원 2016. 12. 27. 선고 2016다35123 판결.
1824) 대법원 2012. 3. 29. 선고 2011두28776 판결.
1825) 대법원 2012. 3. 29. 선고 2011두28776 판결.

(4) 간이회생절차개시결정[1826)]

일견, 간이회생절차개시결정이 있는 때에도 채무자의 재산에 관한 소송절차는 중단된다고 새겨야할 것처럼 보이나(채무자회생법 제293조의3 제1항, 제59조 제1항), 원칙적으로, 간이회생절차에서는 관리인을 선임하지 아니하기 때문에(같은 법 제293조의6 제1항 본문), 회생절차개시결정에 관하여 기술한 논리에 의하면, 이 또한 경우를 나누어 보아야 한다.

우선, 간이회생절차에서 '채무자가 개인이 아닌 경우에는' 그 대표자를 관리인으로 보므로(같은 법 제293조의6 제2항), 채무자의 재산에 관한 소송절차가 중단된다고 할 것이다.

그러나, 간이회생절차에서 '채무자가 개인인 경우에는' 그를 관리인으로 보므로(같은 항), 채무자의 재산에 관한 소송절차가 중단되지 아니한다고 할 것이다.

한편, 간이회생절차에서도 개인인 채무자나 개인이 아닌 채무자의 대표자를 관리인으로 선임할 수 없는 경우(채무자회생법 제74조 제2항 각 호)에 해당한다고 인정하는 경우에는 관리인을 선임할 수 있는바(같은 법 제293조의6 제1항 단서), 이 경우에는 역시 채무자의 재산에 관한 소송절차가 중단된다고 할 것이다.

그 밖에, 채권신고 내지 채권조사확정재판이나 수계인에 관한 사항은 회생절차개시결정에 관하여 기술한 바와 마찬가지이다(채무자회생법 제293조의3 제1항).

(5) 개인인 채무자가 관리인이었는데 관리인이 새로 선임된 경우(관견)

개인인 채무자가 관리인인 때에는 회생절차개시결정에 불구하고 소송절차가 중단되지 아니한다는 관견에 의하면, 논리필연적으로, 관리인이 새로 선임된 경우에는 소송절차의 중단이 문제된다고 본다.

첫째, 채무자가 개인인 경우에 관리인을 선임하지 아니하였더라도, 회생절차의 진행 중에 채무자를 관리인으로 선임할 수 없는 사유(채무자회생법 제74조 제2항 각 호)가 있다고 인정되는 경우에는 관리인을 선임할 수 있는바(채무자회생법 제74조 제3항 단서), 그 결정이 있는 때에는 채무자의 재산에 관한 소송절차는 중단되고(같은 법 제59조 제1항의 확장해석), 이렇게 중단한 소송절차 중 '회생채권 또는 회생담보권과 관계없는 것'은 관리인이 이를 수계할 수 있다고

1826) "간이회생절차"란 채무자회생법 제2편 제9장의 규정에 따라 소액영업소득자에게 적용되는 회생절차를 말하는바(채무자회생법 제293조의2 제3호), 간이회생절차에 관하여는 같은 장에서 달리 정한 것을 제외하고는 같은 법 제2편(회생절차)의 규정을 적용하고(같은 법 제293조의3 제1항), '채무자회생법'(제2편(회생절차)은 제외한다) 또는 다른 법령에서 회생절차를 인용하고 있는 경우에는 해당 법령에 특별한 규정이 있는 경우를 제외하고는 간이회생절차를 포함한 것으로 보아 해당 법령을 적용한다(채무자회생법 제293조의3 제2항).
이 제도는 2015. 7. 1.부터 시행되고 있다.

할 것이다(같은 조 제2항 전문이 확장해석).

둘째, 개인인 채무자를 관리인으로 선임하였더라도, 위와 같은 사유가 있다고 인정되어 새로운 관리인을 선임하는 때에는, 같은 논리가 적용된다고 할 것이다.

(6) 회생절차 또는 간이회생절차의 종료

(가) 개 관

회생절차개시결정(또는 간이회생절차개시결정)**에 의하여 중단한 소송절차 중 회생채권 또는 회생담보권과 관계없는 것의 수계가 있은 후에 회생절차**(또는 간이회생절차)**가 종료한 때에는 소송절차는 중단된다**(채무자회생법 제59조 제4항 전문, 제293조의3 제1항).

또한, **회생채권자가 제기하였으나 회생절차개시**(또는 간이회생절차개시)**에 따라 중단된 사해행위취소소송이나 사해신탁취소소송 또는 파산절차에 의한 부인의 소송의 절차의**–부인소송으로의–**수계가 있은 후에 회생절차**(또는 간이회생절차)**가 종료한 때에도 소송절차는 중단된다**(같은 법 제113조 제1항, 제59조 제4항 전문. 같은 법 제293조의3 제1항, 제113조 제1항).

(나) 수 계 인

회생절차개시결정(또는 간이회생절차개시결정)**에 의하여 중단한 소송절차 중 회생채권 또는 회생담보권과 관계없는 것의 수계가 있은 후에 회생절차**(또는 간이회생절차)**가 종료한 경우, 채무자는 소송절차를 수계하여야 하며**(채무자회생법 제59조 제4항 후문, 제293조의3 제1항), **상대방도 소송절차를 수계할 수 있다**(같은 법 제59조 제5항, 제293조의3 제1항).

또한, 이와 마찬가지로, **회생채권자가 제기하였으나 회생절차개시**(또는 간이회생절차개시)**에 따라 중단된 사해행위취소소송이나 사해신탁취소소송 또는 파산절차에 의한 부인의 소송의 절차의**–부인소송으로의–**수계가 있은 후에 회생절차**(또는 간이회생절차)**가 종료한 경우 역시, 회생채권자는 소송절차를**–사해행위취소소송이나 사해신탁소송으로서–**수계하여야 하며**(같은 법 제113조 제1항, 제59조 제4항 후문. 같은 법 제293조의3 제1항), 제113조 제1항, **상대방도 소송절차를 수계할 수 있다**(같은 법 제113조 제1항, 제59조 제5항. 같은 법 제293조의3 제1항, 제113조 제1항).

그러나, **회생채권 또는 회생담보권과 관계없는 소송절차의 수계가 있기 전에 회생절차**(또는 간이회생절차)**가 종료한 때에는 채무자는 당연히** (그 재산에 관한) **소송절차를**–그것이 회생채권 또는 회생담보권과 관계있는 것이든 없는 것이든–**수계한다**(같은 법 제59조 제3항, 제293조의3 제1항).

또한, 이와 마찬가지로, **회생채권자가 제기하였으나 회생절차개시**(또는 간이회생절차개시)**에**

따라 중단된 사해행위취소소송이나 사해신탁취소소송 또는 파산절차에 의한 부인의 소송의 절차의 수계가 있기 전에 회생절차(또는 간이회생절차)**가 종료한 때에도 회생채권자는 당연히 소송절차를** - 사해행위취소소송이나 사해신탁소송으로서 - **수계한다**(같은 법 제113조 제1항, 제59조 제3항. 같은 법 제293조의3 제1항, 제113조 제1항).

다) 파산절차상의 중단사유와 수계인

(1) 파산선고

(가) 개 관

① 원칙 : 당사자에 대한 파산선고

파산재단에 관한 소송에서는 파산관재인이 - 파산채무자에 갈음하여 - 당사자가 되므로(채무자회생법 제359조), **당사자가 파산선고를 받은 때에 파산재단에 관한 소송절차는 중단된다**(법 제239조 본문).[1827]

회생계획인가 후 회생절차폐지 또는 간이회생절차의 폐지의 결정이 확정되었으나 그 채무자에게 파산원인사실이 인정되어 파산이 선고되는 때(채무자회생법 제6조 제1항)**에는, 관리인 또는 보전관리인이 수행하는 소송절차는 중단된다**(채무자회생법 제6조 제6항 전문).

파산선고를 받지 아니한 채무자에 대하여 ① 회생절차개시신청 또는 간이회생절차개시신청의 기각결정이나 ② 회생계획인가 전 회생절차폐지결정 또는 간이회생절차폐지결정이 확정되었으나 그 채무자에게 파산원인사실이 인정되어 파산이 선고되는 때(같은 조 제2항)**에도, 관리인 또는 보전관리인이 수행하는 소송절차는 중단된다**(같은 조 제6항 전문).

파산선고를 받은 채무자에 대한 회생계획인가결정으로 파산절차가 효력을 잃은 후 회생절

1827) 대법원 2019. 3. 6.자 2017마5292 결정은, 채무자의 책임재산 보전과 관련 없는 소송은 특별한 사정이 없는 한 채무자회생법 제347조 제1항에 따른 수계의 대상이 아니라고 하면서, 따라서 파산채권자들 사이의 배당이의소송은 파산관재인이 수계할 수 있는 소송에 해당한다고 볼 수 없다고 하였다.
위 판례의 사안은, A 소유 부동산에 관해 부동산 임의경매절차가 진행되어 부동산이 매각된 후 D가 B의 배당액에 대해 이의를 제기하고 배당이의의 소를 제기하였는데, 배당이의소송 진행 중에 A에 대해 파산이 선고되었고, 파산관재인인 C가 배당이의소송의 원고인 D의 지위를 수계하겠다고 신청하였으나 제1심법원이 C의 수계신청을 기각하였고, 그 후 D와 B 사이에서 배당표를 경정하는 화해권고결정이 확정된 사안에서, 배당이의소송이 원심결정 이전에 당사자인 D와 B 사이에서 화해권고결정이 확정됨으로써 종료된 이상 C로서는 수계신청 기각결정에 대하여 항고로써 불복할 이익이나 필요가 없으므로 C가 제기한 항고는 부적법하여 각하해야 하는데도, 이를 적법한 것으로 보고 그 당부에 관하여 판단한 원심결정을 파기하고 항고 각하의 자판을 한 것이다.
그러나 위 판결은 결론은 타당하지만, 그 논리가 지극히 기이한 것이다. 위 사안은, 당사자(D)가 파산선고를 받은 때가 아니므로 당최 법 제239조 본문이 적용될 사안도 아니고(그렇다고 후술하듯이 '채권자취소소송이나 채권자대위소송에서' 채무자(A)가 파산선고를 받은 때도 아니다), 따라서 애초에 소송수계가 문제될 사안 자체가 아니었다.

차폐지결정 또는 간이회생절차폐지결정이 확정되어 파산이 선고된 경우(같은 조 제8항)**에도, 관리인이 수행하는 소송절차는 중단된다**(같은 조 제10항, 제6항 전문).

② 예외 : 채무자에 대한 파산선고

또한, **파산채권자가 제기한 사해행위취소소송**(민법 제406조 제1항)**이나 사해신탁취소소송**(신탁법 제8조)**이** (파산채무자의) **파산선고 당시 법원에 계속되어 있는 때에는 소송절차는 수계 또는 파산절차의 종료에 이르기까지 중단된다**(채무자회생법 제406조 제1항).

파산채권자가 제기한 채권자대위소송의 경우에도 마찬가지임은, 이 책 보론 '채권자대위소송의 제문제' 부분에서 상론하는 바와 같다.

그런데, 파산채권자가 제기한 배당이의 소송의 계속 중에 파산채무자가 파산선고를 받은 때에도[1828] 해당 배당이의 소송이 위와 마찬가지로 중단된다고 보아야 하는지에 관하여서는 논란이 있다.[1829]

1828) 대법원 2019. 3. 6.자 2017마5292 결정은, (사해행위취소소송이나 채권자대위소송과 달리) 채무자의 책임재산 보전과 관련 없는 소송은 특별한 사정이 없는 한 채무자회생법 제347조 제1항에 따른 수계의 대상이 아니라고 하면서, 따라서 파산채권자들 사이의 배당이의소송은 파산관재인이 수계할 수 있는 소송에 해당한다고 볼 수 없다고 하였다.
위 판례의 사안은, A 소유 부동산에 관해 부동산 임의경매절차가 진행되어 부동산이 매각된 후 D(가압류권자)가 B(자칭 소액임차인)의 배당액(B가 전액, D는 0원)에 대해 이의를 제기하고 배당이의의 소를 제기하였는데, 배당이의소송 진행 중에 A에 대해 파산이 선고되었고, 파산관재인인 C가 배당이의소송의 원고인 D의 지위를 수계하겠다고 신청하였으나 제1심법원이 C의 수계신청을 기각하였고, 그 후 D와 B 사이에서 배당표를 경정하는(B는 0원, D가 전액) 화해권고결정이 확정된 사안에서, 배당이의소송이 원심결정 이전에 당사자인 D와 B 사이에서 화해권고결정이 확정됨으로써 종료된 이상 C로서는 수계신청 기각결정에 대하여 항고로써 불복할 이익이나 필요가 없으므로 C가 제기한 항고는 부적법하여 각하해야 하는데도, 이를 적법한 것으로 보고 그 당부에 관하여 판단한 원심결정을 파기하고 항고 각하의 자판을 한 것이다.
그런데, 위 사건에서 제1심법원은 소송중단의 발생 자체를 명문의 근거가 없음을 이유로 부정하였으나, 기이하게도 원심법원과 대법원은 문제의 소송이 중단되었는지 여부에 대한 판단을 생략한 채 해당 소송에서 수계가 가능한지 여부만을 논하였다.

1829) 적극설 : 박진수, "(2019년 분야별 중요판례분석) 6. 민사집행법", **법률신문**, 2020. 2.27., 12면(대법원의 논리대로라면 오히려 이 경우는 파산재단의 증감에 영향이 있다는 취지). 제한적 적극설 : 양형우, "파산관재인이 배당이의소송을 수계할 수 있는지 여부", **재산법연구**, 제36권 제3호(2019. 11.), 212~3면(강제경매의 경우에는 중단되나 임의경매의 경우에는 중단되지 아니한다고 함). 소극설 : 백숙종, "채권자들 사이의 배당이의소송 계속 중에 채무자에 관하여 파산이 선고된 경우 위 배당금이 파산재단인지 여부 및 파산관재인이 위 배당이의소송을 수계할 수 있는지 여부", **대법원 판례해설**, 제119호(2019년 상), 415~428면.
다만, 어느 견해에 의하든 해당 배당금이 결과적으로 파산관재인에게 반환되어야 한다는 결론에는 별 차이가 없고, 그 수단에 차이가 있을 따름이다(소극설에 의하면 결국 부당이득으로서 반환되어야 한다고 한다).

(나) 주의사항 : 채권신고 내지 채권조사확정재판

재단채권의 경우 위와 같이 파산관재인이나 상대방이 (파산관재인이 수계하도록) 수계신청을 하면 그만인 반면,[1830] 파산채권의 경우에는 주의할 점이 있다.

즉, 파산채권에 관한 소송이 계속하는 도중에 채무자에 대한 파산선고가 있게 되면, 파산채권자는 파산사건의 관할법원에 '채무자회생법'이 정한 바에 따라 채권신고를 하여야 한다 (채무자회생법 제447조).[1831]

다만, 신고된 파산채권에 대하여 이의가 있은 때에는 후술하는 바와 같은 수계가 문제된다.

이처럼 파산선고 당시 계속 중이던 파산채권에 관한 소송은 파산관재인이 당연히 수계하는 것이 아니라 파산채권자의 채권신고와 그에 대한 채권조사의 결과에 따라 처리되므로, 당사자는 파산채권이 이의채권이 되지 아니한 상태에서 미리 소송수계신청을 할 수 없고, 이와 같은 소송수계신청은 부적법하다.[1832]

이에 반하여, 이의가 없어 파산채권이 확정되어 파산채권자표에 기재된 때에는 소의 이익 자체가 없어지게 되며,[1833] 따라서 수계의 문제가 발생하지 아니하게 된다.

(다) 수 계 인

파산재단에 속하는 재산에 관하여 파산선고 당시 법원에 계속되어 있는 소송은 파산관재인 또는 상대방이 이를 수계할 수 있다(채무자회생법 제347조 제1항 전문).

쌍무계약에 관하여 채무자 및 그 상대방이 모두 파산선고 당시 아직 이행을 완료하지 아니

1830) cf. 재단채권은 파산절차에 의하지 아니하고 수시로 변제한다(채무자회생법 제475조).
재단채권으로 하는 청구권으로는, 사무관리 또는 부당이득으로 인하여 파산선고 후 파산재단에 대하여 생긴 청구권(채무자회생법 제473조 제5호), 위임의 종료 또는 대리권의 소멸 후에 긴급한 필요에 의하여 한 행위로 인하여 파산재단에 대하여 생긴 청구권(같은 조 제6호), 쌍방미이행 쌍무계약에 관하여 파산관재인이 채무를 이행하는 경우(같은 법 제335조 제1항)에 상대방이 가지는 청구권(같은 법 제473조 제7호), 파산선고로 인하여 쌍무계약이 해지된 경우 그 때까지 생긴 청구권(같은 조 제8호), 채무자 및 그 부양을 받는 자의 부조료(같은 조 제9호), 채무자의 근로자의 임금·퇴직금 및 재해보상금(같은 조 제10호), 파산선고 전의 원인으로 생긴 채무자의 근로자의 임치금 및 신원보증금의 반환청구권(같은 조 제11호) 등이 있다.

1831) 대법원 2018. 4. 24. 선고 2017다287587 판결.

1832) 대법원 2018. 4. 24. 선고 2017다287587 판결(피고의 파산관재인이 원고가 파산채권신고를 하기 전에 소송수계신청을 한 사안).

1833) 대법원 2013. 9. 12. 선고 2012다95486 판결. 동지 : 대법원 1999. 7. 23. 선고 99다22267 판결(사안은 구 파산법(2005. 3. 3 법률 제7428호로 폐지) ; 대법원 2005. 10. 27. 선고 2003다66691 판결(사안은 구 파산법(2005. 3. 3 법률 제7428호로 폐지) ; 대법원 2010. 8. 26. 선고 2010다31792 판결 ; 대법원 2018. 4. 24. 선고 2017다287587 판결(다만, 이 판례는 소의 이익을 운위하지는 아니하였다).

한 때에 파산관재인이 채무자의 채무를 이행하는 경우(채무자회생법 제335조 제1항)**에 상대방이 가지는 청구권에 관한 소송의 경우에도 파산관재인 또는 상대방이 소송절차를 수계할 수 있다**(같은 법 제347조 제1항 후문).

① **회생계획인가 후 회생절차폐지 또는 간이회생절차의 폐지의 결정이 확정되었으나 그 채무자에게 파산원인사실이 인정되어 파산이 선고된 경우**(같은 법 제6조 제1항), ② **파산선고를 받지 아니한 채무자에 대하여 ㉮ 회생절차개시신청 또는 간이회생절차개시신청의 기각결정이나 ㉯ 회생계획인가 전 회생절차폐지결정 또는 간이회생절차폐지결정이 확정되었으나 그 채무자에게 파산원인사실이 인정되어 파산이 선고된 경우**(같은 조 제2항), ③ **파산선고를 받은 채무자에 대한 회생계획인가결정으로 파산절차가 효력을 잃은 후 회생절차폐지결정 또는 간이회생절차폐지결정이 확정되어 파산이 선고된 경우**(같은 조 제8항)**에도, 파산관재인 또는 그 상대방이 소송절차를 수계할 수 있다**(같은 법 제6조 제6항 후문, 제10조).

이에 따라, 부인권 행사에 기한 소송절차도 수계할 수 있고, 이러한 경우 부인권 행사에 기한 소송은 (회생절차의 폐지에 불구하고) 종료되지 않는다.[1834]

한편, **이의채권에 관하여 파산선고 당시 소송이 계속되어 있는 경우 채권자가 그 권리의 확정을 구하고자 하는 때에는 이의자 전원을 그 소송의 상대방으로 하여 소송을 수계하여야 하나**(같은 법 제464조),[1835] 이 경우 주의할 것은, 청구취지 등을 채권확정소송으로 변경하거나,[1836] (채권확정을 청구하는) 반소를 제기하여야 한다.

이처럼 파산채권에 대해 이미 소송이 계속 중인 경우에 조사확정재판을 신청하는 대신에 계속 중인 소송을 수계하도록 한 것은, 신소 제기에 따른 비용과 시간의 낭비를 방지하고 소송절차의 번잡을 피하기 위한 공익적인 목적을 위한 것이다.[1837]

한편, 여기서 말하는 '이의채권에 관한 소송'에는 – 파산선고를 받지 아니한 채무자에 대하여 회생계획인가가 있은 후 회생절차폐지의 결정이 확정된 경우 법원이 그 채무자에게 파산

1834) 대법원 2015. 5. 29. 선고 2012다87751 판결(사안은 채무자회생법 제6조 제1항에 의한 파산선고).

1835) cf. **집행력 있는 집행권원이나 종국판결 있는 채권에 관하여 이의가 있는 자는 채무자가 할 수 있는 소송절차에 의하여만 이의를 주장할 수 있는바**(채무자회생법 제466조 제1항), **이러한 파산채권에 관하여 파산선고 당시 법원에 소송이 계속되어 있는 경우 이의자가 이러한 이의를 주장하고자 하는 때에는 이의자는 그 파산채권을 보유한 파산채권자를 상대방으로 하는 소송절차를 수계하여야 한다**(같은 조 제2항).

1836) 대법원 2013. 9. 12. 선고 2012다95486 판결. 동지 : 대법원 1999. 7. 23. 선고 99다22267 판결(사안은 구 파산법(2005. 3. 3 법률 제7428호로 폐지) ; 대법원 2005. 10. 27. 선고 2003다66691 판결(사안은 구 파산법(2005. 3. 3 법률 제7428호로 폐지) ; 대법원 2010. 8. 26. 선고 2010다31792 판결 ; 대법원 2018. 4. 24. 선고 2017다287587 판결.

1837) 대법원 2020. 12. 10. 선고 2016다254467,254474 판결.

의 원인이 되는 사실이 있다고 인정하여 직권으로 파산을 선고함에 따라 파산절차가 진행된 경우(같은 법 제6조 제1항)에 – 종전 회생절차에서 제기되어 진행 중인 회생채권 조사확정재판에 대한 이의의 소도 포함된다고 해석함이 상당하다.[1838)]

다만, 이 경우에는 이러한 수계가 이루어진 후에, 그 당사자가 청구취지를 회생채권자표의 확정을 구하는 것에서 파산채권자표의 확정을 구하는 것으로 변경하거나 그러한 청구취지를 추가하여야 하며,[1839)] 채무자회생법 제6조 제1항에 의한 파산이 선고됨에 따라 채권자 또는 그 상대방이 종전 회생절차에서 제기되었던 이의의 소를 수계하였음에도 이의의 소의 원고가 이 점을 간과하여 청구취지를 변경 또는 추가하지 않는 등 그 명확한 의사를 밝히지 않는다면 법원은 이 점을 지적하여 당사자의 명확한 의사를 석명하여야 한다.[1840)]

또한, **파산채권자가 제기하였으나 파산선고에 따라 중단된 사해행위취소소송이나 사해신탁취소소송의 절차 역시 파산관재인 또는 상대방이 이를** – 부인소송으로서 –[1841)] **수계할 수 있다**(같은 법 제406조 제2항, 제347조 제1항 전문).

파산채권자가 제기한 채권자대위소송의 수계 역시 마찬가지로 보아야 할 것임은, 이 책 보론의 '채권자대위소송의 제문제' 부분에서 후술하는 바와 같다.

(라) 중단사유 간과의 효과

파선선고로 인한 소송절차의 중단사유를 간과하고 변론이 종결되어 판결이 선고된 경우, 그 판결은 소송에 관여할 수 있는 적법한 수계인의 권한을 배제한 결과가 되어 절차상 위법하나 이를 당연무효라고 할 수는 없고, 대리인에 의하여 적법하게 대리되지 않았던 경우와 마찬가지로 대리권 흠결을 이유로 한 상소 또는 재심에 의하여 그 취소를 구할 수 있다.[1842)]

또한, 상소심에서 수계절차를 밟은 경우에는 그와 같은 절차상의 하자는 치유되고 그 수계와 상소는 적법한 것으로 된다.[1843)]

1838) 대법원 2020. 12. 10. 선고 2016다254467,254474 판결.

1839) 대법원 2020. 12. 10. 선고 2016다254467,254474 판결.

1840) 대법원 2020. 12. 10. 선고 2016다254467,254474 판결.

1841) cf. 파산관재인은 파산재단을 위하여 채무자가 파산채권자를 해하는 것을 알고 한 행위 등을 부인할 수 있다(채무자회생법 제391조).

1842) 대법원 1999. 12. 28. 선고 99다8971 판결. 동지 : 대법원 2018. 4. 24. 선고 2017다287587 판결 ; 대법원 2020. 6. 25. 선고 2019다246399 판결.

1843) 대법원 1999. 12. 28. 선고 99다8971 판결. 동지 : 대법원 2020. 6. 25. 선고 2019다246399 판결.

(2) 파산절차의 해지

(가) 개 관

'채무자회생법'에 따라 파산재단에 관한 소송의 수계가 이루어진 뒤 파산절차가 해지된 때에 소송절차는 중단된다(법 제240조 전문).

(나) 수 계 인

파산재단에 관한 소송의 수계가 이루어진 뒤 파산절차가 해지된 경우, 파산선고를 받은 자가 소송절차를 수계하여야 한다(법 제240조 후문).

또한, 파산채권자가 제기하였으나 파산선고에 따라 중단된 사해행위취소소송이나 사해신탁취소소송의 절차의 수계가 있기 전에 파산절차가 해지된 때에도 파산채권자는 당연히 소송절차를 - 사해행위취소송이나 사해신탁소송으로서 - 수계한다고 할 것이다(채무자회생법 제406조 제1항 참조).

라) 개인회생절차상의 중단사유와 수계인

(1) 개인회생절차개시결정

(가) 개 관

개인회생절차개시결정의 경우에는 소송절차가 중단되지 아니함이 일반이다(채무자회생법 제600조 제1항 제3호 단서 참조).

다만, **개인회생채권자가 제기한 사해행위취소소송**(민법 제406조 제1항)**이나 사해신탁취소소송**(신탁법 제8조)**이 개인회생절차개시 당시 계속되어 있는 때에는 소송절차는 중단된다**(채무자회생법 제584조 제1항, 제113조 제1항).[1844)]

(나) 수 계 인

개인회생채권자가 제기하였으나 개인회생절차개시에 따라 중단된 사해행위취소소송이나 사해신탁취소소송의 절차는 채무자가 이를 - 부인소송으로서 - **수계할 수 있다**(채무자회생법 제584조 제1항, 제113조 제1항, 제59조 제2항 전문).[1845)]

1844) 대법원 2010. 9. 9. 선고 2010다37141 판결. 동지 : 대법원 2013. 6. 13. 선고 2012다33976 판결 ; 대법원 2014. 5. 29. 선고 2013다73780 판결.

1845) cf. 개인회생절차는 회생절차와 달리 관리인이라는 것이 없으며, 부인권은 채무자가 행사한다(채무자회생법 제584조 제2항).

(다) 중단사유 간과의 효과

채권자취소소송의 계속 중 채무자에 대하여 개인회생절차 개시결정이 있었는데, 법원이 그 개인회생절차 개시결정사실을 알고도 채무자의 소송수계가 이루어지지 아니한 상태 그대로 소송절차를 진행하여 판결을 선고하였다면, 그 판결은 채무자의 개인회생절차 개시결정으로 소송절차를 수계할 채무자가 법률상 소송행위를 할 수 없는 상태에서 심리되어 선고된 것이므로 여기에는 마치 대리인에 의하여 적법하게 대리되지 아니하였던 경우와 마찬가지의 위법이 있다.[1846)]

(2) 개인회생절차의 종료

(가) 개 관

개인회생채권자가 제기하였으나 개인회생절차개시에 따라 중단된 사해행위취소소송이나 사해신탁취소소송의 절차의 – 부인소송으로의 – **수계가 있은 후에 개인회생절차가 종료한 때에도 소송절차는 중단된다**(채무자회생법 제584조 제1항, 제113조 제1항, 제59조 제4항 전문).

(나) 수 계 인

개인회생채권자가 제기하였으나 개인회생절차개시에 따라 중단된 사해행위취소소송이나 사해신탁취소소송의 절차의 수계가 있기 전에 개인회생절차가 종료한 때에도 개인회생채권자는 당연히 소송절차를 – 사해행위취소송이나 사해신탁소송으로서 – **수계한다**(같은 법 제584조 제1항, 제113조 제1항, 제59조 제3항).

라. 소송절차의 수계신청[1847)]

1) 방 식

가) 개 관

소송절차의 수계신청은 서면(「소송절차수계신청서」)[1848)]으로 하여야 한다(규칙 제60조 제1항). 상고심에서도 수계신청을 할 수 있음은 물론이다.[1849)]

1846) 대법원 2013. 6. 13. 선고 2012다33976 판결. 동지 : 대법원 2014. 5. 29. 선고 2013다73780 판결.

1847) 그러나, 법률상 당연히 수계하는 경우(예 : 법 제239조 후문 등)에는 수계신청이 필요 없다.

1848) '인지액·편철방법예규'.
cf.구 '인지액·편철방법예규'(2012. 2. 20. 재판예규 제1379호로 개정되기 전의 것)는, 소송절차수계신청을 법원의 직권발동을 촉구하는 의미의 것으로 이해하는 듯하나, 그러한 견해는 의문이다(법 제243조 제1항 후단 참조).

1849) 대법원 2003. 11. 14. 선고 2003다34038 판결 참조.

나) 신 청 인

소송절차의 수계신청은 소송수계를 할 사람뿐만 아니라 상대방도 할 수 있다(법 제241조).

다) 첨부서류

소송절차수계신청서(규칙 제60조 제1항)에는 소송절차의 중단사유와 수계할 사람의 자격을 소명하는 자료를 붙여야 하고(규칙 제60조 제2항), 부본을 첨부하여야 한다(법 제242조 참조).

라) 관 할

소송절차의 수계는, 종국판결의 송달 이후에 소송절차가 중단된 때에는 원심법원에 신청하여야 하나(법 제243조 제2항), 판례는 상소법원에 신청할 수도 있다고 본다.[1850]

즉, 소송절차가 중단된 상태에서 제기된 상소는 부적법한 것이지만, 상소심 법원에 수계신청을 하여 그 하자를 치유시킬 수 있다는 것이다.[1851]

2) 수계신청의 통지

소송절차의 수계신청이 있는 때에는 법원은 상대방에게 이를 통지하여야 하나(법 제242조), 실무상 소송절차수계신청서 부본의 송달에 의하여 통지함이 일반이다.

그리고, 수계신청이 적법하다면, 소송절차의 중단에 따라 중단되었던 기간이 이러한 통지에 따라 새로이 진행됨은 기술한 바와 같다(법 제247조 제2항).

3) 심 리

소송절차의 수계신청은 법원이 직권으로 – 그 적법 여부를 –[1852] **조사한다**(법 제243조 제1항 전단).

4) 재 판

수계신청이 이유가 없다고 인정한 때에는 결정으로 기각하여야 한다(법 제243조 제1항 후단).[1853]

수계신청이 이유 있을 때에는 별도의 재판 없이 그대로 소송절차를 진행하나,[1854] **재판이**

1850) 대법원 1996. 2. 9. 선고 94다61649 판결. 동지 : 대법원 1963. 5. 30. 선고 63다123 판결.

1851) 대법원 1996. 2. 9. 선고 94다61649 판결.

1852) 대법원 1984. 6. 12. 선고 83다카1409 판결.

1853) 그 실례로, 대법원 1981. 7. 16.자 80마370 결정(소송물이 상속의 대상이 되지 아니하는 경우) ; 대법원 2011. 4. 14. 선고 2008다14633 판결(신청권자가 아닌 자가 신청한 경우(사안은 파산채무자가 파산관재인이 소송수계를 하도록 하여 달라고 신청한 것).

송달된 뒤에 중단된 소송절차의 수계에 대하여는 그 재판을 한 법원이 결정하여야 한다(법 제243조 제2항).

당사자의 사망으로 인한 소송수계 신청이 이유 있다고 하여 소송절차를 진행시켰으나 그 후에 신청인이 그 자격 없음이 판명된 경우에는 수계재판을 취소하고 신청을 각하하여야 한다(신청각하설).[1855]

5) 불 복

소송절차수계신청을 기각한 결정에 대하여서는 통상항고(법 제439조)로 불복할 수 있는 것으로 해석된다.

6) 전자소송에서의 관련문제

당사자 등이 사용자등록과 전자소송 동의를 하고 소송을 수행하는 사건에서 소송수계로 소송을 수행할 자가 변경된 때에는, 법원은 새로이 소송을 수행할 자에게 사용자등록명령 및 전자소송동의명령을 할 수 있다(민소전자문서규칙 제4조 제3항 제1호).

마. 직권에 의한 속행명령

법원은 당사자가 소송절차를 수계하지 아니하는 경우에 직권으로 소송절차를 계속하여 진행하도록[1856] 명할 수 있다(법 제244조).

이 재판에 대하여서는 독립하여 불복하지 못하는 것으로 해석된다.

3. 소송절차의 중단에 관한 법리의 유추적용

가. 문제의 소재

가령, 당사자가 소송대리인에게 소송위임을 한 다음 소 제기 전에 사망하였는데 소송대리인이 당사자가 사망한 것을 모르고 그 당사자를 원고로 표시하여 소를 제기한 경우에는 어떻게 처리하여야 하는가.

1854) 대법원 1969. 9. 30. 선고 69다1063 판결. 동지 : 대법원 1984. 6. 12. 선고 83다카1409 판결 ; 대법원 2006. 11. 23. 선고 2006재다171 판결.

1855) 대법원 1981. 3. 10. 선고 80다1895 판결.

1856) 구법(2002. 1. 26. 법률 제6626호로 전부개정되기 전의 것) 제222조는 “… 직권으로 그 속행을 …”이라고 표현하였다.

나. 판 례

이에 관하여 판례는 소송절차의 중단에 관한 법리를 유추적용하고 있는바, 이는 구체적으로는 다음과 같다.[1857)]

첫째, 이 경우 (원칙적으로) 사망한 사람의 상속인들은 그 소송절차를 수계하여야 한다(법 제233조 제1항의 유추해석).[1858)]

둘째, 그 사건의 판결은 (망인을 당사자로 표시하였다 하더라도) 상속인들 전원에 대하여 효력이 있다.

셋째, 이 경우 심급대리의 원칙상 판결 정본이 소송대리인에게 송달되면 소송절차가 중단되므로 항소는 소송수계절차를 밟은 다음에 제기하는 것이 원칙이다. 다만 제1심 소송대리인이 상소제기에 관한 특별수권이 있어 상소를 제기하였다면 그 상소제기 시부터 소송절차가 중단되므로 항소심에서 소송수계절차를 거치면 된다.[1859)]

넷째, 상속인들로부터 항소심 소송을 위임받은 소송대리인이 소송수계절차를 취하지 아니한 채 사망한 당사자 명의로 항소장 및 항소이유서를 제출하였더라도, 상속인들이 항소심에서 수계신청을 하고 소송대리인의 소송행위를 적법한 것으로 추인하면 그 하자는 치유된다 할 것이고, 추인은 묵시적으로도 가능하다.

다. 비 판

그러나, 이 경우에는 소제기 당시부터 상속인들이 당사자이기 때문에, 관견으로는 오히려 다음과 새겨야 할 것으로 본다.

첫째, 위와 같은 경우에는 오히려 상속인들이 소송수계신청이 아니라 당사자표시정정신청을 하여야 할 것이다.

둘째, 판결 정본이 (당사자표시정정이 되지 아니한 채로) 소송대리인에게 송달되면 상소제기에 관한 특별수권을 받은 소송대리인은 항소와 동시에 항소법원에 판결결정 및 당사자표시정정을 신청할 수 있다고 할 것이다.

셋째, 상속인들로부터 항소심 소송을 위임받은 소송대리인이 사망한 당사자 명의로 항소장을 제출하였다면 이는 부적법하다고 할 것이나, 항소심에서 당사자표시를 정정하면 이로

1857) 대법원 2016. 4. 2. 선고 2014다210449 판결.

1858) 엄밀히 말해, 상속재산관리인이 있다면 상속재산관리인이 수계하여야 한다는 것이 된다(법 제233조 제1항의 유추해석).

1859) 동지 : 대법원 2016. 9. 8. 선고 2015다39357 판결.

서 그 하자는 치유된다고 할 것이다.

4. 소송절차의 중지

가. 당연중지

1) 법원의 직무집행 불가능으로 말미암은 중지

천재지변, 그 밖의 사고로 법원이 직무를 수행할 수 없을 경우에 소송절차는 그 사고가 소멸될 때까지 중지된다(법 제245조).

2) 위헌법률심판제청에 따른 중지

이에 관하여서는 '위헌법률심판제청' 부분에서 기술하였다.

이와 관련하여 주의할 것은, 위헌법률심판제청신청이 기각되어 헌법소원을 제기한 때(헌법재판소법 제68조 제2항)에는 해당 사건의 소송절차가 중지되지 아니한다는 것이다.[1860]

3) 그 밖의 당연중지사유

위와 같은 일반적인 소송중지사유 외에, 소송법상의 특정 절차와의 관계상 소송이 당연히 중지(법문에서 흔히 "정지"라고 표현하나, "중지"로 표현하는 경우도 있다)되는 경우들이 있다.

제척 또는 기피신청이 있는 경우(법 제48조, 제50조 제1항, 제164조의5 제2항), 관할지정신청이 있는 경우(규칙 제9조. 증권관련집단소송규칙 제11조), 당사자가 자신의 위반행위로 인하여 감치의 집행중인 때(법원조직법 제61조 제4항), 소송사건이 조정에 회부된 때(민사조정규칙 제4조 제2항) 등이 그것이다.

나. 재판중지

1) 재판중지 일반

가) 개 관

「민사소송법」이나 그 밖의 개별법률이, 일정한 경우에 수소법원이 소송절차중지결정을 할 수 있다고 규정하고 있는 예들이 있다.

1860) cf. 대법원은, 법원이 관계 법률에 대한 위헌 여부를 헌법재판소에서 심리중이므로 그 결정이 있은 다음에 재판하여 달라는 당사자의 변론 연기 요구를 받아들이지 아니한 채 그대로 종국판결을 선고하였다 하더라도 이를 헌법 제27조 및 헌법재판소법 제42조에 위배된 것이라고 할 수 없고 하였다. 대법원 1995. 3. 3. 선고 92다55770 판결.

「민사소송법」 외의 법률들의 중지사유는 대개, 해당 절차와의 관련상 소송절차를 중지할 수 있도록 한 경우들이다.

재판중지 사유가 있는 경우에는 당사자가 소송절차중지신청을 할 수도 있으나,[1861] 이는 법원의 직권발동을 촉구하는 의미에 불과하다.

그 밖에, 회생절차나 외국도산절차의 승인과 관련하여 회생법원이 소송절차의 중지를 명할 수 있는 제도도 있으나(채무자회생법 제44조 제1항 제3호, 제3항. 같은 법 제636조 제1항 제1호, 제6항), 이는 도산절차의 문제로서 이 책이 다룰 범위를 넘는다.

나) 불 복

그런데, 법원이 이러한 소송절차중지의 결정을 할 것인지 여부는 법원이 합리적인 재량에 의하여 직권으로 정하는 것으로서 그 소송절차를 중지한다는 결정에 대하여는 당사자가 항고(재항고)에 의하여 불복할 수 없다.[1862]

민사조정규칙 제4조 제6항은 "제1항의 결정에 대하여는 불복하지 못한다."라고, 특허법 제78조 제3항은 "… (특허법 제78조) **제2항에 따른 중지에 대해서는 불복할 수 없다**."라고, 디자인보호법 제77조 제3항은 "… (디자인보호법 제77조) **제2항에 따른 중지에 대하여는 불복할 수 없다**."라고, 식물신품종보호법 제39조 제2항은 "**제1항에 따른 신청에 관한 결정에 대하여는 불복할 수 없다**."라고 각각 규정하고 있으나, 이는 모두 주의적 규정에 불과하다고 하겠다.

다) 취 소

법원은 소송절차중지의 결정을 취소할 수 있다.

법 제246조 제2항은 "**법원은 제1항의 결정을 취소할 수 있다**."라고, 식물신품종보호법 제39조 제3항은 "**법원은 제1항에 따른 중지의 사유가 소멸하였거나 그 밖에 사정이 변경되었을 때에는 제1항에 따른 결정을 취소할 수 있다**."라고, 각각 규정하고 있으나, 이는 모두 주의적 규정에 불과하다고 하겠다.

재판중지 사유가 소멸하거나 변경된 경우에는 당사자가 소송절차중지 취소신청을 할 수도 있으나,[1863] 이 또한 법원의 직권발동을 촉구하는 의미에 불과하다.

1861) '인지액·편철방법예규'.

1862) 대법원 1992. 1. 15.자 91마612 결정(사안은 상표법 관련사건).
다만, 언론중재위원회의 조정과 관련하여 예외규정이 있음은 후술하는 바와 같다.

1863) '인지액·편철방법예규'.

2) 재판중지사유

가) 당사자의 장애로 말미암은 중지

당사자가 일정하지 아니한 기간 동안 소송행위를 할 수 없는 장애사유가 생긴 경우에는 법원은 결정으로 소송절차를 중지하도록 명할 수 있다(법 제246조 제1항).

나) 민사조정신청으로 말미암은 중지

조정의 신청이 있는 사건에 관하여 소송이 계속된 때에는, 수소법원은 결정으로 조정이 종료될 때까지 소송절차를 중지할 수 있다(민사조정규칙 제4조 제1항).

다) 특허청 등의 심결절차의 진행으로 말미암은 중지

(1) 특허 등의 출원과 관련한 중지

법원은 소송에 필요한 경우에는 특허출원에 대한 특허여부결정이 확정될 때까지 그 소송절차를 중지할 수 있다(특허법 제78조 제2항).

이는 실용신안에 관하여서도 마찬가지이다(실용신안법 제15조, 특허법 제78조 제2항).

법원은 소송에서 필요한 경우에는 상표등록여부결정이 확정될 때까지 그 소송절차를 중지할 수 있다(상표법 제70조 제2항).

법원은 필요한 경우에는 디자인등록출원에 대한 결정이 확정될 때까지 그 소송절차를 중지할 수 있다(디자인보호법 제77조 제2항).

법원은 소송에서 필요하면 (품종보호출원에 대한)[1864] **결정이 확정될 때까지 그 소송절차를 중지할 수 있다**(식물신품종 보호법 제44조 제2항).

(2) 특허 등의 심결절차와 관련한 중지

법원은 소송절차에서 필요하면 직권 또는 당사자의 신청에 따라 특허취소신청에 대한 결정이나 특허에 관한 심결이 확정될 때까지 그 소송절차를 중지할 수 있다(특허법 제164조 제2항).

이는 실용신안에 관하여서도 마찬가지이다(실용신안법 제33조, 특허법 제164조 제2항).

법원은 소송절차에서 필요하면 직권 또는 당사자의 신청에 따라 상표에 관한 심결이 확정될 때까지 그 소송절차를 중지할 수 있다(상표법 제151조 제2항).

법원은 소송절차에서 필요하면 디자인에 관한 심결이 확정될 때까지 그 소송절차를 중지할 수 있다(디자인보호법 제152조 제2항).

1864) 법문에는 이 괄호부분이 없으나, 이는 입법기술상 의문이다.

(3) 임시보호의 권리와 관련한 중지

더 나아가, **식물신품종의 경우, 법원은 임시보호의 권리**(식물신품종 보호법 제38조 제1항)**의 침해에 관한 소의 제기 또는 가압류나 가처분의 신청이 있는 경우에 필요하다고 인정하면 신청에 의하여 또는 직권으로 품종보호 출원에 관한 결정이나 심결이 확정될 때까지 결정으로 그 소송절차를 중지할 수 있다**(식물신품종 보호법 제39조 제1항).

라) 환경분쟁조정위원회의 재정 절차의 진행으로 말미암은 중지

환경분쟁조정위원회의 재정위원회에 재정이 신청된 사건에 대한 소송이 진행 중일 때에는 수소법원(受訴法院)**은 재정이 있을 때까지 소송절차를 중지할 수 있다**(환경분쟁 조정법 제45조 제1항).

그러나 만일, **위와 같은 소송절차의 중지가 없는 경우에는 재정위원회는 해당 사건의 재정절차를 중지하여야 한다**(같은 조 제2항 본문).

다만, 수소법원의 촉탁에 따라 원인재정을 하는 경우(환경분쟁 조정법 제45조 제4항)**는 재정절차를 중지하지 아니함은 물론이다**(같은 조 제2항 단서).

마) 행정조정절차의 진행으로 말미암은 중지

(1) 언론중재위원회의 조정에 따른 중지

언론중재위원회에 조정의 신청이 있는 사건에 관하여 소송이 계속된 때에는 법원은 결정으로 조정이 종료될 때까지 소송절차를 중지할 수 있다(정정보도청구 등 사건 심판규칙 제8조 본문).

다만, 당사자의 어느 한 쪽이라도 반대의 의사표시를 한 경우에는 그러하지 아니하다(같은 조 단서).

(2) 금융분쟁조정에 따른 중지[1865]

2021. 9. 25.부터, **금융분쟁조정위원회에 조정이 신청된 사건에 대하여 신청 전 또는 신청 후 소가 제기되어 소송이 진행 중일 때에는 수소법원**(受訴法院)**은 조정이 있을 때까지 소송절차를 중지할 수 있다**(금융소비자 보호에 관한 법률 제41조 제1항).

그러나 만일, **위와 같이 소송절차가 중지되지 아니하는 경우에는 금융분쟁조정위원회는 해당 사건의 조정절차를 중지하여야 한다**(같은 조 제2항).

1865) cf. 이는 현행 「금융위원회의 설치 등에 관한 법률」에는 없는 제도이다.

제 5 장 소송참가

Ⅰ. 소송참가 개관

1. 소송참가의 종류

'당사자 : 의의, 당사자능력' 부분에서 기술한 바와 같이, 타인간의 소송에 제3자가 참가할 수 있는 경우가 있다.

「민사소송법」이 정한 참가로는, 보조참가, 독립당사자참가, 소송승계참가, 공동소송참가가 있으며,[1866] 이는 모두 참가인의 신청이 있어야 한다.

법은, 소송참가의 방식을 보조참가에 관하여 규정하고서(법 제72조), (제3자의 소송인입인 소송인수참가 외에는) 다른 소송참가에 이를 준용하고 있다(법 제79조 제2항, 제81조, 제83조 제2항).

한편, 위와 같이 참가할 수 있는 제3자에게는, 당사자가 소송고지를 할 수도 있으므로, 소송참가와 관련하여서는 소송고지의 문제도 함께 살펴보아야 한다.

그 밖에, 이른바 선결문제 소송의 경우에는 특칙이 있다. **행정처분 또는 재결의 효력 유무 또는 존재 여부가 민사소송의 선결문제로 되어 해당 민사소송의 수소법원이 이를 심리·판단하는 경우에는,[1867] 법원은 다른 행정청을 소송에 참가시킬 필요가 있다고 인정할 때에는 당사자 또는 해당 행정청의 신청 또는 직권에 의하여 - 당사자 및 해당 행정청의 의견을 들어 - 그 행정청을 소송에 참가시킬 수 있고, 이러한 참가행정청의 지위는 보조참가인에 준한다**(행정소송법 제11조, 제17조). 그러나, 이러한 행정청의 소송참가에 관한 상세는 행정소송법 문헌의 서술을 참고하기 바란다.

1866) 강학상 소송인수참가도 제3자의 소송참가의 일종으로 서술하기도 하나, 이 책에서는 이를 제3자의 소송인입의 문제로 다루고자 한다.

1867) 민사소송에서 어느 행정처분의 당연무효 여부가 선결문제로 되는 때에는 당사자는 행정처분의 당연무효를 주장할 수 있다. 대법원 2012. 4. 26. 선고 2010다15332 판결.
환언하면, 민사소송에서 어느 행정처분의 당연무효 여부가 선결문제로 되는 때에는 이를 판단하여 당연무효임을 전제로 판결할 수 있고 반드시 행정소송 등의 절차에 의하여 그 취소나 무효확인을 받아야 하는 것은 아니다. 대법원 2010. 4. 8. 선고 2009다90092 판결.

2. 소송참가의 법적 성질 등

가. 각 소송참가의 법적 성질

소송참가 중에서도 독립당사자참가, 권리승계인의 소송승계참가, 원고측 공동소송참가는 소송중의 소에 해당함에 주의하여야 한다.

이에 반하여 의무승계인의 소송승계참가, 피고측 공동소송참가는, 답변서의 제출에 준하는 것이기는 하지만, 그 성질은 답변서의 제출과 달리 소송상의 신청이 아니라 본안의 신청임에 주의하여야 한다.

그러나, 보조참가는 여타의 소송참가와 달리 본안의 신청이 아니라 소송상의 신청이다.

나. 소송참가의 전자소송 관련문제

1) 소송참가 사건에의 '민소전자문서법' 적용 여부

한편, '민소전자문서법'의 적용범위와 관련하여 특기할 점이 있다.

민소전자문서규칙 부칙(제2332호) 제3조 제1항 단서 전단은, 병합사건 중 일부가 같은 규칙 시행 당시 계속 중인 사건에 대하여는 같은 규칙을 적용하지 아니한다고 규정하고 있다(다만, 본소에 관하여 전자기록화 명령이 있는 경우는 예외. 같은 조 제2항).

따라서, 관견으로는, 예컨대, 2011. 5. 1. 이전에 소장이 제출된 민사소송 사건에 관하여서는, 참가인 역시 전자소송 동의를 (하고서 참가신청을) 할 수 없다고 본다(본소 사건기록이 전자기록화 명령에 따라 전자기록화된 경우는 별론).

2) '민소전자문서법'이 적용되는 소송참가 사건의 전자기록화 여부

본소가 전자기록사건이라면 소송참가 사건 역시 전자기록화 됨은 물론이다.[1868]

반면에, 본소가 종이기록사건인 때에 소송참가신청을 전자소송으로서 할 수 있는지 여부는, 전자기록화 시한의 도과 여부에 따라 판가름된다. 이에 관하여서는 후발적 전자기록화 사유의 문제로서 '법원의 소송행위 : 재판 및 재판사무' 부분에서 상론하였다.

3) 참가인의 전자적 제출

참가인 역시 전자소송시스템을 이용하여 전자문서를 제출할 수 있는 자이다(전자소송법 제5조 제1항, 민소전자문서규칙 제3조 제1호).

1868) 민전예규 제37조 내지 제39조.

3. 참가요건 일반

제3자가 타인간의 소송에 참가하기 위하여서는, 일반적인 소송요건을 구비하는 것 외에도, 참가요건이 구비되어야 한다. 참가의 종류를 막론하고 공통적인 참가요건을 꼽아 보면 다음과 같다.

첫째, 소송참가를 하려면 타인간의 소송이 계속 중이어야 함은 물론이다(법 제71조 본문, 법 제81조 참조).[1869] 그리고, 이는 소송고지도 마찬가지이다(법 제84조 제1항).

둘째, 본소와 참가신청이 같은 종류의 소송절차이어야 함도 물론이다(법 제253조).[1870]

셋째, 보조참가 외의 참가신청들은, 본안의 신청이므로, 항소심에서도 이를 할 수 있으되,[1871] 상고심에서는 이를 할 수 없다(민사소송 등 인지법 제6조 참조).[1872]

넷째, 같은 이치에서, 보조참가 외의 참가신청들은 참가요건에 흠이 있는 때에는 변론을 거쳐 종국판결로써 이를 각하하여야 한다.[1873]

다만, 참가요건에 흠이 있다 하더라도, 독립당사자참가나 공동소송참가의 경우 보조참가의 요건은 갖추었다면 이를 보조참가로 볼 수 있다는 견해(하자 있는 소송행위의 전환)와, 소송 중의 소에 해당하는 참가신청은 독립의 소로 취급하여야 한다는 견해가 유력하다.

한편, 보조참가의 요건에 흠이 있는 때에는 참가불허결정을 함이 원칙이나(법 제73조 제1항, 제2항), 보조참가의 경우에도 마치 여타 참가신청들과 유사하게 종국판결로써 처리할 수도 있음은 후술하는 바와 같다.

1869) 대법원 1981. 7. 28. 선고 81다카65,66 판결(사안은 독립당사자참가).

1870) 대법원 1995. 6. 30. 선고 94다14391,14407(참가) 판결(공법상 당사자소송의 대상인 청구로써 민사소송절차에 당사자참가를 할 수 없다고 한 사안) 참조.

1871) 대법원 2002. 3. 15. 선고 2000다9086 판결(공동소송참가).

1872) 대법원 1977. 7. 12. 선고 76다2251,77다218 판결(독립당사자참가); 대법원 1995. 12. 12. 선고 94후487 판결(소송승계참가). 동지: 대법원 1994. 2. 22. 선고 93다43682,51309 판결(독립당사자참가); 대법원 1998. 12. 22. 선고 97후2934 판결; 대법원 2001. 3. 9. 선고 98다51169 판결; 대법원 2002. 12. 10. 선고 2002다52657 판결; 대법원 2014. 4. 30. 선고 2012다76553 판결; 대법원 2014. 12. 11. 선고 2011다49783 판결; 대법원 2015. 2. 26. 선고 2012다79866 판결(이상 소송승계참가).

1873) 대법원 2007. 8. 23.자 2006마1171 결정(소송승계참가).

Ⅱ. 보조참가 : 통상의 보조참가와 공동소송적 보조참가

1. 보조참가 개관

가. 의 의

소송결과에 이해관계가 있는 제3자는 한 쪽 당사자를 돕기 위하여 법원에 계속중인 소송에 참가할 수 있다(법 제71조 본문).

여기서 말하는 이해관계라 함은, 사실상, 경제상 또는 감정상의 이해관계가 아니라, 법률상의 이해관계를 가리키는 것으로,[1874] 이는 해당 소송의 판결의 기판력이나 집행력을 당연히 받는 경우(다만, 이 경우에는 후술하는 공동소송적 보조참가가 된다) 또는 해당 소송의 판결의 효력이 직접 미치지는 아니한다고 하더라도 적어도 그 판결을 전제로 하여 보조참가를 하려는 자의 법률상의 지위가 결정되는 관계에 있는 경우를 의미하는 것이다.[1875]

그 밖에 개별법률에서, 보조참가를 할 수 있는 경우를 명문으로 규정하고 있는 예들이 있는바, 금융기관 부실관련자를 상대로 한 손해배상청구소송에서의 관리기관의 보조참가(농업협동조합의 구조개선에 관한 법률 제21조, 산림조합의 구조개선에 관한 법률 제15조, 새마을금고법 제73조, 수산업협동조합의 구조개선에 관한 법률 제18조 제4항, 예금자보호법 제21조의2), 주민소송에서의 보조참가(지방자치법 제17조 제13항)[1876] 등이 그 예이다.

그러나, 소송절차를 현저하게 지연시키는 경우에는 보조참가를 할 수 없다(법 제71조 단서).

상고심에서도 보조참가를 할 수 있는 것으로 해석되나,[1877] 대립하는 당사자구조를 갖지 못한 결정절차에서는 보조참가를 할 수 없다.[1878]

1874) 대법원 1997. 12. 26. 선고 96다51714 판결. 동지 : 대법원 1999. 7. 9. 선고 99다12796 판결 ; 대법원 2000. 9. 8. 선고 99다26924 판결 ; 대법원 2007. 4. 26. 선고 2005다19156 판결 ; 대법원 2007. 6. 28. 선고 2007다16885 판결 ; 대법원 2014. 10. 30. 선고 2012두17223 판결 ; 대법원 2017. 6. 22. 선고 2014다225809 전원합의체 판결 ; 대법원 2019. 6. 27. 선고 2016두34585 판결.

1875) 대법원 1979. 8. 28. 선고 79누74 판결. 동지 : 대법원 2007. 4. 26. 선고 2005다19156 판결 ; 대법원 2013. 6. 18.자 2012무257 결정 ; 대법원 2013. 7. 12.자 2012무84 결정 ; 대법원 2017. 6. 22. 선고 2014다225809 전원합의체 판결.

1876) 다만, 주민소송에서의 보조참가의 법적 성질에 관하여서는 논란이 있다.

1877) '소송참가 개관' 부분에서 기술하였듯이, 이 점에서 후술하는 여타 참가들과 다르다.
상고심에서 한 보조참가의 실례로, 대법원 2017. 6. 22. 선고 2014다225809 전원합의체 판결.

1878) 대법원 1973. 11. 15.자 73마849 결정. 동지 : 대법원 1994. 1. 20.자 93마1701 결정.

나. 보조참가인의 지위

보조참가인은, 자기 이름으로 재판을 요구하는 자가 아니므로 당사자는 아니나,[1879] 당사자와 마찬가지로 소송행위를 하는 자인 이상,[1880] 보조참가를 할 수 있는 제3자는 민사소송법상의 당사자능력 및 소송능력을 갖춘 자이어야 한다.[1881][1882]

보조참가인이 어떠한 소송행위를 할 수 있는지에 관하여서는, '공동소송인과 참가인의 소송행위 및 소송진행' 부분에서 상론하겠다.

또한, 판결서에는 보조참가인도 표시된다.[1883]

그리고, 하급심에서 한 보조참가의 효력은 상소심에서도 유지되므로, 가령 피참가인만이 항소를 하였다 하더라도 제1심의 보조참가인은 항소심에서도 그대로 보조참가인이 된다.

2. 공동소송적 보조참가

가. 개 관

특히, 재판의 효력에 따라 단순히 보조참가를 하려는 자의 법률상 지위가 결정되는 것이 아니라, **'재판의 효력이' 참가인에게도 미치는 경우를 공동소송적 보조참가라 한다**(법 제78조).[1884]

개념상 주의할 것은, 공동소송적 보조참가를 할 수 있는 '제3자'란 당사자능력은 있으되 해당 소송의 당사자가 될 수 없는 자에 한하며, 이 점에서 후술하는 공동소송참가와 다르다.

1879) 따라서, 예컨대, 손해배상의무의 이행을 소송당사자가 아닌 피고보조참가인에게 청구하는 것은 부적법하다. 대법원 1989. 2. 28. 선고 87누496 판결.

1880) cf. 이러한 특성에 착안하여, 보조참가인을 '준당사자'라고 지칭하는 이도 있다.

1881) 대법원 2002. 9. 24. 선고 99두1519 판결.

1882) 다만, 선결문제 소송에 행정청이 참가하는 경우(행정소송법 제11조, 제17조)는 예외라고 하겠다.

1883) 그런데, 통상의 보조참가인을 '원고 보조참가인 ○○○'으로 표시함에는 의문이 없으나, 공동소송적 보조참가인의 경우 단순히 '보조참가인'이라고 표시하여도 되는지 아니면 '공동소송적 보조참가인'이라고 표시하여야 하는지는 혼선이 있다.
가령, 대법원 1981. 6. 23. 선고 80다1351 판결 ; 대법원 2011. 9. 8. 선고 2009다67115 판결은 후자의 예에 의하였으나, 판례의 주류는 오히려 전자의 예에 의하고 있는 듯하다.
다만, 공동소송적 보조참가인의 상소기간이 피참가인과 별도로 진행한다는 통설에 따른다면, 혼동의 여지를 줄인다는 점에서 후자의 실무례가 더 적절한 것이 아닌가 하는 의문이 없지는 않다.

1884) cf. 구 「민사소송법」(2002. 1. 26. 법률 제6626호로 전부개정되기 전의 것)은 공동소송적 보조참가에 관한 규정을 두고 있지 아니하였으나, 학설은 해석상 공동소송적 보조참가를 통상의 보조참가와 구별하여 인정하고 있었고, 구법하의 판례 역시 그러하였다. 대법원 1962. 5. 17. 선고 4294행상172 판결. 동지 : 대법원 1967. 4. 25. 선고 66누96 판결 ; 대법원 1970. 7. 28. 선고 70누35 판결.

결국, 공동소송적 보조참가를 할 수 있는 자란, ① 기판력이 미치지만 당사자적격은 없는 자,[1885] ② 본래 당사자적격은 있으나 제소기간 경과나 중복제소금지 저촉 등으로 소를 제기할 수 없게 된 자라고 하겠다.

통상의 보조참가와 공동소송적 보조참가의 차이점에 관하여서는, '공동소송인과 참가인의 소송행위 및 소송진행' 부분에서 상론하겠다.

나. 공동소송적 보조참가의 예

1) 당사자가 될 수 없는 제3자에게 기판력이 미치는 소송

가령, 행정소송 - 그 중에서도 항고소송의 - 판결의 기판력은 그 보조참가인에게도 미치므로(행정소송법 제29조 제1항, 제38조 제1항),[1886] (그러한) 행정소송 사건에서 한 피고보조참가는 - 제3자의 소송참가(행정소송법 제16조)에 해당하지 아니하는 경우 - 공동소송적 보조참가라 할 것이다.[1887][1888]

1885) 기이하게도, 대법원 2015. 10. 29. 선고 2014다13044 판결은, 파산관재인이 파산재단에 관한 소송을 할 때 그 재판의 효력이 미치는 채무자는 '통상의 보조참가는 물론' 공동소송적 보조참가를 할 수도 있다고 하였다(다만, 사안은 공동소송적 보조참가).
한편, 전병서, "파산관재인에 의한 파산재단에 관한 소송에서 파산자의 참가를 공동소송적 보조참가로 볼 것인가", **법률신문**, 2017. 7. 20., 11면은, 위 판례에 관하여서는, 위 경우에 파산채무자는 통상의 보조참가를 할 수 있을 뿐이라고 주장한다. 파산채무자는 파산관재인의 소송행위의 효력을 전면적으로 승인하여야 하는 지위에 있기 때문에 그렇게 새겨야 한다는 것이다.
그러나, 관견으로는, 위 견해는 충분한 근거 없이 법 제78조를 한정해석하는 것으로서 귀류법 논증을 배겨낼 수 없다고 본다. 소론대로라면 오히려 갈음형의 제3자의 법정소송담당은 모두 공동소송적 보조참가가 불가하고 통상의 보조참가만 할 수 있다고 하여야 할 것이다. 위 견해는 또한, 파산관재인이 파산채무자를 해하는 소송행위를 할 경우 손해배상 청구나 사해방지참가로써 파산채무자가 이를 견제할 수 있다고 하나, 그런 사후약방문을 쓰는 것보다는 애당초 공동소송적 보조참가를 허용하는 것이 오히려 득책이다. 즉, 위 학설 또한 이른바 '엎어 놓은 옹기를 보고서 "무슨 놈의 옹기가 아가리는 막히고 밑은 빠졌네?"라고 하는 격'이다.

1886) 대법원 1962. 5. 17. 선고 4294행상172 판결.

1887) 대법원 2012. 11. 29. 선고 2011두30069 판결. 동지 : 대법원 2013. 3. 28. 선고 2011두13729 판결 ; 대법원 2013. 6. 18.자 2012무257 결정 ; 대법원 2013. 7. 12.자 2012무84 결정 ; 대법원 2017. 10. 12. 선고 2015두36836 판결 ; 대법원 2020. 10. 15. 선고 2019두40611 판결.

1888) 공정거래위원회가 명한 시정조치에 대하여 그 취소를 구하는 행정소송에 있어서 해당 시정조치가 사업자가 상대방에 대하여 하는 특정한 행위를 중지·금지시키는 것을 내용으로 하는 경우, 그 소송의 판결로 해당 사업자가 그 특정한 행위를 계속할 수 있는지 여부가 좌우된다. 따라서 그 행위의 상대방은 그 판결로써 법률상 지위가 결정된다고 할 것이어서 그는 위 행정소송에서 공정거래위원회를 보조하기 위하여 보조참가를 할 수 있다. 대법원 2013. 6. 18.자 2012무257 결정. 동지 : 대법원 2013. 7. 12.자 2012무84 결정.
그런데, 위 판결들은 방론으로서 행정소송에서의 보조참가가 (일반적으로) 공동소송적 보조참가라는 일반론을 설시하였으나, 정작 위 설시에 비추어 보면, 위와 같은 보조참가는 행정소송에서의 피고보조실무상 비근한 예로는, 중앙노동위원회위원장을 상대로 한 부당해고나 부당노동행위의 구제재심판정취소 청구의 소에 근로자(원고가 사용자인 경우) 또는 사용자(원고가 근로자인 경우)가 피고보조참가를 하는 것을 들 수 있다.

2) 제3자의 소송담당

예컨대, 채권자대위소송 중 채무자가 소를 제기하면 중복제소금지원칙에 위배되어 부적법한 소가 되나, 그러한 채무자로서는 채권자대위소송에 공동소송적 보조참가를 하여 공격방어방법을 제출할 수는 있는 것이다.[1889]

그러나, 선정당사자에 의한 소송에서 선정자가 (공동소송적) 보조참가를 하지는 못한다고 할 것이다.[1890] 선정자는 당사자가 될 수 없는 자가 아니기 때문이다.

3. 보조참가신청[1891]

가. 개 관

(보조)**참가신청은 참가의 취지와 이유를 밝혀 참가하고자 하는 소송이 계속된 법원에 제기하여야 한다**(법 제72조 제1항).

보조참가신청은 - 여타 소송참가와 달리 - 소제기에 준하는 것이 아니므로 말로도 할 수 있고(법 제72조 제2항 참조), 이때에는 일반원칙(법 제161조 제3항)에 따라 신청조서를 작성하여야 한다는 것이 된다.

그러나 실무상, 보조참가신청은 서면(「보조참가신청서」)으로 함이 일반이며, 신청서는 주기록에 가철된다.[1892]

이 신청은 신청권에 기초한 중간적·부수적 신청이다.[1893]

참가이기는 하지만 예외적으로 통상의 보조참가로 보아야 할 듯하다. 행정소송의 일반적인 보조참가 사례와 달리, 판결의 효력이 미치는 경우가 아니기 때문이다.

1889) 제요[민소 I], 301면.

1890) 반대 : 제요[민소 I], 301면 ; 주석[민소 I], 576면(장석조 집필부분).

1891) cf. 보조참가신청도, 이로써 권리자가 재판상 그 권리를 주장하여 권리 위에 잠자는 것이 아님을 표명한 때에는 시효중단사유인 청구(민법 제169조 제1호)에 해당한다. 대법원 2014. 4. 24. 선고 2012다105314 판결(A가 자신의 차량을 운전하던 중 B회사 소유의 차량을 충돌하여 상해를 입었는데, A 차량의 보험자인 C회사가 A에게 보험금을 지급한 후 B회사를 상대로 구상금청구의 소를 제기하였고 A가 C회사 측 보조참가인으로 참가하여 B회사의 과실 존부 등에 관하여 적극적으로 다툰 사안에서, A의 B회사에 대한 손해배상청구권의 소멸시효는 위 보조참가로 중단되었다고 본 사례).

1892) '인지액·편철방법예규'.

1893) 구 '인지액·편철방법예규'(2012. 2. 20. 재판예규 제1379호로 개정되기 전의 것) 참조.

나. 기재사항

참가취지에서는 어느 당사자를 돕기 위하여 참가하는지를 밝혀야 한다.

참가이유에서는 소송결과에 대한 이해관계의 내용(통상의 보조참가의 경우) 내지 참가인에게 미칠 재판의 효력의 내용(공동소송적 보조참가의 경우)을 밝혀야 한다.

다. 그 밖의 소송행위

그런데, (보조)**참가신청은** (보조)**참가인으로서 할 수 있는 소송행위와 동시에 할 수 있으므로**(법 제72조 제3항), 가령, 당사자가 패소판결에 대하여 상소를 하지 않더라도 당사자의 상소기간 내라면 보조참가와 동시에 상소를 제기할 수도 있다.[1894]

참가인이 할 수 있는 소송행위에 관하여서는 '공동소송인과 참가인의 소송행위 및 소송진행' 부분에서 후술한다.

4. 보조참가신청서의 송달

서면으로 (보조)**참가를 신청한 경우에는 법원은 그 서면을 양쪽 당사자에게 송달하여야 한다**(법 제72조 제2항).

말로 신청한 경우에도 마찬가지로 신청조서를 송달하여야 하나, 기일에 말로 신청한 때에는 불출석한 당사자에게만 송달하면 되는 것으로 해석된다.

5. 보조참가에 대한 이의신청 및 허부의 재판

가. 보조참가에 대한 이의신청

보조참가요건의 구비 여부는 법원의 직권조사사항이 아니며,[1895] **당사자가** (보조)**참가에 대하여 이의를 신청하지 아니한 채 변론하거나 변론준비기일에서 진술을 한 경우에는 이의를 신청할 권리를 잃는다**(법 제74조).

즉, 위 경우에는 보조참가인이, 수소법원의 보조참가 허가 결정 없이도 계속 소송행위를 할 수 있다.[1896]

따라서, 보조참가인이 제3자가 아니거나 소송결과에 이해가 없거나 보조참가가 소송절차

1894) 대법원 1999. 7. 9. 선고 99다12796 판결.
1895) 대법원 1994. 4. 15. 선고 93다39850 판결.
1896) 대법원 2017. 10. 12. 선고 2015두36836 판결.

를 현저하게 지연시키는 경우에는, 당사자로서는 「보조참가에 대한 이의신청서」를 제출할 필요가 있는바, 이 또한 주기록에 가철된다.[1897)]

이 신청은 신청권에 기초한 중간적·부수적 신청이다.[1898)]

나. 재 판

당사자가 (보조)**참가에 대하여 이의를 신청한 때에는 참가인은 참가의 이유를 소명하여야 하며, 법원은 참가를 허가할 것인지 아닌지를 결정하여야 한다**(법 제73조 제1항).

그런데, 이의신청이 없더라도, **법원은 직권으로** (보조)**참가인에게 참가의 이유를 소명하도록 명할 수 있으며, 참가의 이유가 있다고 인정되지 아니하는 때에는 참가를 허가하지 아니하는 결정을 하여야 한다**(같은 조 제2항).

그러나, 판례는 법원이 참가를 허가할 것인지 아닌지를 결정이 아닌 종국판결로써 심판하였더라도 위법한 것은 아니라고 한다.[1899)] 다만, 같은 이치에서, 보조참가신청에 대하여 이의신청이 있었는데도 이에 대한 허부 재판을 하지 아니한 채 종국판결을 선고한 경우에도 재판누락에 해당한다.[1900)]

참가 허가의 주문은 "피고보조참가인 2의 보조참가를 허가한다." 식이 된다.[1901)]

보조참가인의 당사자능력, 소송능력, 대리권 등의 흠결이 보정되지 아니한 때에는 물론, 참가가 이유 없는 때(예 : 이해관계 없는 자가 신청한 경우)에도, 신청이 부적법하므로, 신청을 각하하는 주문을 내어야 한다.[1902)][1903)]

1897) '인지액·편철방법예규'.

1898) 구 '인지액·편철방법예규'(2012. 2. 20. 재판예규 제1379호로 개정되기 전의 것) 참조.

1899) 대법원 2007. 11. 16. 선고 2005두15700 판결. 동지 : 대법원 2015. 10. 29. 선고 2014다13044 판결(사안은 공동소송적 보조참가).

1900) 대법원 2007. 11. 16. 선고 2005두15700 판결. 동지 : 대법원 2015. 10. 29. 선고 2014다13044 판결(사안은 공동소송적 보조참가).

1901) 대법원 2013. 7. 12.자 2012무84 결정 참조.
그런데, 이에 반하여, 대법원 1999. 7. 9. 선고 99다12796 판결 ; 대법원 2007. 4. 26. 선고 2005다19156 판결 ; 대법원 2017. 6. 22. 선고 2014다225809 전원합의체 판에서는 "… 보조참가신청을 …"이라고 하고 있으며, 하급심 판례에도 그러한 예가 많으나, 관견으로는 "… 보조참가를 …"이라고 하는 편이 더 적절하여 보인다. 동지 : 민사항소심, 146면.

1902) 대법원 1979. 8. 28. 선고 79누74 판결. 대법원 1997. 12. 26. 선고 96다51714 판결 ; 대법원 2000. 9. 8. 선고 99다26924 판결 ; 대법원 2007. 6. 28. 선고 2007다16885 판결 ; 대법원 2011. 7. 14. 선고 2011우19 판결 ; 대법원 2014. 10. 30. 선고 2012두17223 판결 ; 대법원 2019. 6. 27. 선고 2016두34585 판결 참조.
위 판결등의 사안은 모두, 이해관계 없는 자가 신청한 경우이다.
동지 : 주석(민소1), 550~1면(장석조 집필부분).

다. 불 복

참가허가여부에 대한 결정에 대하여는 - 당사자 또는 보조참가인이 - **즉시항고를 할 수 있다**(법 제73조 제3항).

그러나, 참가의 허부를 종국판결로써 심판하였다면 심급에 따라 항소 또는 상고로써 다투어야 할 것이다.

라. 보조참가인의 소송행위의 효력

주의할 것은, **당사자가** (보조)**참가인의 소송행위를 원용한 경우에는 참가를 허가하지 아니하는 결정이 확정되어도 그 소송행위는 효력을 가진다**(법 제75조 제2항).

6. 보조참가인에 대한 기일통지 및 송달 등

보조참가인의 소송수행권능은 피참가인으로부터 유래된 것이 아니라 독립의 권능이라고 할 것이므로, 피참가인과는 별도로 보조참가인에 대하여도 기일의 통지, 소송서류의 송달 등을 행하여야 하며,[1904] 보조참가인에게 변론의 기회를 부여하지 아니한 채 행하여진 기일의 진행은 적법한 것으로 볼 수 없다.[1905]

7. 보조참가인에 대한 재판의 효력

가. 공동소송적 보조참가인에 대한 효력

공동소송적 보조참가인에게는 개념필연적으로 재판의 효력이 미친다.

반대 : 수원지법 2013. 2. 7. 선고 2011가합26219 판결은, "…의 보조참가를 불허한다."라는 주문을 내었다.

1903) 제요[민소 I], 297~8면은, 직권으로 보조참가를 불허하는 때에는 각하 주문을 낼 것이로되 이의신청을 인용하여 보조참가를 불허하는 때에는 "원고보조참가인의 보조참가를 허가하지 아니한다." 식의 주문을 내어야 한다는 취지인 듯하나, 보조참가의 불허라는 동일한 법적 사태를 그와 같이 상이하게 규율하여야 할 이유가 없다.
민사항소심, 146면은, 참가이유가 없으면 불허결정을 할 것이라는 취지인 듯하나, 보조참가가 신청은 적법하나 이유가 없는 경우라는 것은 상정할 수 없다.

1904) 대법원 2007. 2. 22. 선고 2006다75641 판결.

1905) 대법원 2007. 2. 22. 선고 2006다75641 판결. 동지 : 대법원 1964. 10. 30. 선고 64누34 판결.
그러나, 기일통지서를 송달받지 못한 보조참가인이 변론기일에 직접 출석하여 변론할 기회를 가졌고, 위 변론 당시 기일통지서를 송달받지 못한 점에 관하여 이의를 하지 아니하였다면, 기일통지를 하지 않은 절차진행상의 흠이 치유된다. 대법원 2007. 2. 22. 선고 2006다75641 판결.

나. 통상의 보조참가인에 대한 효력 : 참가적 효력

1) 개 관

통상의 보조참가의 경우에도, **재판은 다음 각호 가운데 어느 하나에 해당하지 아니하면** (보조)**참가인에게도 그 효력이 미친다**(법 제77조 제1항).

① **참가할 때의 소송의 진행정도에 따라 참가인이 소송행위를 할 수 없거나, 참가인의 소송행위가 피참가인의 소송행위에 어긋나서 그 소송행위가 효력을 가지지 아니하는 때** (법 제76조)

② **피참가인이 참가인의 소송행위를 방해한 때**

③ **피참가인이 참가인이 할 수 없는 소송행위를 고의나 과실로 하지 아니한 때**

위 규정은 (통상의 보조참가에서) 피참가인과 그 소송상대방 간의 판결의 기판력이 참가인과 피참가인의 상대방과의 사이에까지 확장된다는 취지는 아니나,[1906] 위 규정에 따라, 통상의 보조참가에서, 피참가인이 그 소송에서 패소한 경우에는 형평의 원칙상 보조참가인은 피참가인에게 그 패소판결이 부당하다고 주장할 수 없도록 하는 구속력을 받게 된다.[1907] 이를 참가적 효력이라 한다.[1908]

이 제도의 취지는, 보조참가인이 피참가인을 보조하여 공동으로 그 소송을 수행하였음에도 불구하고 피참가인이 그 소송에서 패소한 경우에 보조참가인은 그 판결을 무시하고 그 패소의 책임을 피참가인에게만 전가하게 한다면 공평의 원칙에 위반된다는 데에 있다.[1909]

주의할 것은, 가령, 전소가 확정판결이 아닌 화해권고결정에 의하여 종료된 경우에는 확정판결에서와 같은 법원의 사실상 및 법률상의 판단이 이루어졌다고 할 수 없으므로 참가적 효력이 인정되지 아니한다 할 것이다.[1910]

2) 범 위

전소 확정판결의 참가적 효력은 전소 확정판결의 결론의 기초가 된 사실상 및 법률상의 판단으로서 보조참가인이 피참가인과 공동이익으로 주장하거나 다툴 수 있었던 사항에 한하여 미치고,[1911] 전소 확정판결에 필수적인 요소가 아니어서 결론에 영향을 미칠 수 없는 부

1906) 대법원 1965. 4. 27. 선고 65다101 판결.
1907) 대법원 1988. 12. 13. 선고 86다카2289 판결. 동지 : 대법원 2015. 5. 28. 선고 2012다78184 판결.
1908) 대법원 2020. 1. 30. 선고 2019다268252 판결.
1909) 대법원 1965. 4. 27. 선고 65다101 판결.
1910) 대법원 2015. 5. 28. 선고 2012다78184 판결.
1911) 대법원 1997. 9. 5. 선고 95다42133 판결. 동지 : 대법원 2007. 12. 27. 선고 2006다60229 판결 ; 대법원

가적 또는 보충적인 판단이나 방론(傍論) 등에까지 미치는 것은 아니다.[1912]

그런데, 이러한 참가적 효력은, 보조참가인이 피참가인을 보조하여 공동으로 소송을 수행하였으나 피참가인이 소송에서 패소한 경우에 인정되는 것으로서,[1913] 보조참가인과 피참가인 사이에만 발생되고,[1914] 보조참가인과 피참가인의 상대방 간에는 미치지 않는다.[1915]

8. 보조참가신청의 취하

보조참가신청도 이를 취하할 수 있으나, 보조참가신청은 소송중의 소가 아니므로, 후술하는 독립당사자참가 등과 달리, 그 취하에 피참가인의 동의를 요하지 아니한다.[1916]

그러나, 보조참가인은 참가신청을 취하하더라도 참가적 효력을 받는다(법 제86조 참조).[1917]

Ⅲ. 독립당사자참가[1918]

1. 독립당사자참가 개관

가. 독립당사자참가의 의의

소송목적의 전부나 일부가 자기의 권리라고 주장하거나(권리주장참가), 소송결과에 따라 권리가 침해된다고 주장하는(사해방지참가) 제3자는 당사자의 양 쪽 또는 한 쪽을 상대방으로 하여(쌍면참가 또는 편면참가) 당사자로서 소송에 참가할 수 있다(법 제79조 제1항).[1919]

2015. 5. 28. 선고 2012다78184 판결; 대법원 2020. 1. 30. 선고 2019다268252 판결.

1912) 대법원 1997. 9. 5. 선고 95다42133 판결.

1913) 대법원 1997. 9. 5. 선고 95다42133 판결.

1914) 대법원 1971. 1. 26. 선고 70다2596 판결. 동지: 대법원 1974. 6. 4. 선고 73다1030 판결.

1915) 대법원 1974. 6. 4. 선고 73다1030 판결.

1916) 제요[민소Ⅰ], 297면.

1917) 대법원 1974. 6. 4. 선고 73다1030 판결 참조.

1918) 실무상으로는, 단순히 "당사자참가"라고도 한다(민사소송 등 인지법 제6조 참조).
그런데, 강학상으로는 보조참가를 제외한 참가를 당사자참가라고 총칭하므로, 용어에 주의하여야 한다.

1919) cf. 구법(2002. 1. 26. 법률 제6626호로 전부개정되기 전의 것) 제72조 제1항은 "소송의 목적의 전부나 일부가 자기의 권리임을 주장하거나 소송의 결과에 의하여 권리의 침해를 받을 것을 주장하는 제삼자는 당사자로서 소송에 참가할 수 있다."라고 규정하고 있었으므로, 판례는 독립당사자참가인이 당사자의 양쪽을 상대방으로 하여 일정한 청구를 하여야 한다고, 즉 쌍면참가만이 적법하다고 해석하고 있었다.

이는 소송은 동일한 권리관계에 관하여 원고, 피고 및 참가인 상호간의 다툼을 하나의 소송절차로 한꺼번에 모순 없이 해결하려는 소송형태이다.[1920]

주의할 것은, 독립당사자참가를 하면서 예비적으로 보조참가를 할 수는 없으며,[1921] 보조참가인이 독립당사자참가를 하였다면 그와 동시에 보조참가는 종료된 것으로 본다.[1922]

또한, 학설은 독립당사자참가신청이 부적법하다 하더라도 그 신청이 종전 당사자들을 상대로 하여 새로운 소를 제기하는 실질을 갖추고 있고, 당사자참가인이 본소와 함께 일거에 전면적으로 해결하려는 뜻을 강하게 표시하지 아니하는 한 이를 각하하기보다는 본소에 병합하여 통상공동소송의 형태로 심리할 것이라고 하나, 판례는 그 경우에도 독립당사자참가신청을 각하할 것이라고 하였다.[1923]

한편, 독립당사자참가에서는 원고, 피고, 참가인이 서로 대립되는 지위에 있으므로 동일인이 그중 양당사자를 대리함은 - 쌍방대리금지의 원칙에 저촉되어 - 허용되지 아니한다.[1924]

나. 권리주장참가

독립당사자참가 중 권리주장참가는, 원고의 본소청구와 참가인의 청구가 그 주장 자체에서 양립할 수 없는 관계라고 볼 수 있는 경우에 허용될 수 있는 것이나,[1925]참가하려는 소송

1920) 대법원 1991. 3. 22. 선고 90다19329,19336 판결. 동지: 대법원 1999. 5. 28. 선고 98다48552,48569 판결; 대법원 2007. 10. 26. 선고 2006다86573,86580 판결; 대법원 2009. 1. 30. 선고 2007다9030,9047 판결; 대법원 2017. 4. 26. 선고 2014다221777 판결; 대법원 2020. 1. 30.자 2019마5599,5600 결정.

1921) 대법원 1994. 12. 27. 선고 92다22473,22480 판결.

1922) 대법원 1993. 4. 27. 선고 93다5727,5734 판결.

1923) 대법원 1993. 3. 12. 선고 92다48789,48796 판결.
다만, 이제는 편면참가가 허용되기에 이르렀는바, 편면참가에서도 같은 해석론이 유지될 것인지는 미상이다.

1924) 대법원 1965. 3. 16. 선고 64다1691,1692 판결.

1925) 대법원 2005. 10. 17.자 2005마814 결정. 동지: 대법원 1982. 12. 14. 선고 80다1872,1873 판결; 대법원 1991. 5. 28. 선고 91다6832,6849(참가) 판결; 대법원 1994. 12. 27. 선고 92다49362,49379 판결; 대법원 1995. 6. 9. 선고 94다9160,9177 판결; 대법원 1995. 8. 25. 선고 94다20426,20433(참가) 판결; 대법원 1997. 6. 10. 선고 96다25449,25456 판결; 대법원 1998. 7. 10. 선고 98다5708,5715 판결; 대법원 1999. 5. 28. 선고 98다48552,48569 판결; 대법원 2013. 11. 28. 선고 2011다74192 판결; 대법원 2014. 11. 13. 선고 2009다71312 판결; 대법원 2017. 4. 26. 선고 2014다221777 판결(A 소유의 부동산과 채무자인 B 소유의 부동산을 공동저당의 목적으로 하여 C 은행 앞으로 선순위근저당권이 설정된 후 A 소유의 부동산에 관하여 D 앞으로 후순위근저당권이 설정되었는데, A 소유의 부동산에 관하여 먼저 경매절차가 진행되어 C 은행이 채권 전액을 회수하였고, 이에 D가 A 소유의 부동산에 대한 후순위저당권자로서 물상보증인에게 이전된 근저당권으로부터 우선하여 변제를 받을 수 있다고 주장하며 C 은행 등을 상대로 근저당권설정등기의 이전을 구하자, A가 B에 대해 취득한 구상금 채권이 상계로 소멸하였다고 주장하며 B이 C 은행을 상대로 근저당권설정등기의 말소를 구하는 독립당사자 참가신청을 한 사안에서, B의 말소등기청구는 등기의 이전을 구하는 D의 청구와 동일한 권리관계에 관하여 주장 자체로

에 수개의 청구가 병합된 경우 그중 어느 하나의 청구라도 독립당사자참가인의 주장과 양립하지 않는 관계에 있으면 그 본소청구에 대한 참가가 허용된다.[1926)]

다만, '양립할 수 없는 관계'란 주장 자체에 의하여 판단할 문제이므로, 양립할 수 없는 본소청구에 관하여 본안에 들어가 심리한 결과 이유가 없는 것으로 판단된다고 하더라도 참가신청이 부적법하게 되는 것은 아님은 물론이다.[1927)]

다. 사해방지참가

사해방지참가는 원고와 피고가 소송을 통하여 참가인을 해할 의사(사해의사)를 갖고 있다고 객관적으로 인정되고, 그 소송의 결과 참가인의 권리 또는 법률상의 지위가 침해될 염려가 있다고 인정되어야 그 신청이 적법하다.[1928)]

따라서, 예컨대, 원고의 피고에 대한 청구의 원인행위가 사해행위라는 이유로 원고에 대하여 사해행위취소를 청구하면서 독립당사자참가신청을 하는 경우, 독립당사자참가인의 청구가 그대로 받아들여진다 하더라도 원고와 피고 사이의 법률관계에는 아무런 영향이 없고, 따라서 그러한 참가신청은 사해방지참가의 목적을 달성할 수 없으므로 부적법하다.[1929)]

그리고, 권리주장참가와 달리, 참가인의 청구와 원고의 청구가 논리상 서로 양립할 수 있는 관계에 있다고 하더라도 무방하다.[1930)]

사해방지참가와 관련하여 특기할 것은, 자기의 권리 또는 법률상의 지위가 타인들 사이의 사해적 법률행위를 청구원인으로 한 사해소송의 결과로 인하여 침해를 받을 염려가 있는 경우에 그 타인들을 상대로 하여 사해소송의 청구원인이 된 법률행위가 무효라는 확인을 소구할 이익이 있다는 점이다.[1931)]

양립되지 않는 관계에 있지 않으므로 권리주장참가의 요건을 갖추지 못하였고, D와 C 은행이 소송을 통하여 B의 권리를 침해할 의사가 있다고 객관적으로 인정하기도 어려우므로 사해방지참가의 요건을 갖추었다고 볼 수도 없다는 이유로 B의 독립당사자 참가신청을 각하한 사례).

1926) 대법원 2007. 6. 15. 선고 2006다80322,80339 판결.

1927) 대법원 2007. 6. 15. 선고 2006다80322,80339 판결.

1928) 대법원 2001. 9. 28. 선고 99다35331,35348 판결. 동지 : 대법원 1990. 7. 13. 선고 89다카20719,20726(참가) 판결; 대법원 1996. 3. 8. 선고 95다22795,22801 판결 ; 대법원 1999. 5. 28. 선고 98다48552,48569 판결 ; 대법원 2001. 8. 24. 선고 2000다12785,12792 판결 ; 대법원 2003. 6. 13. 선고 2002다694,700 판결; 대법원 2007. 8. 23. 선고 2005다43081,43098 판결 ; 대법원 2013. 11. 28. 선고 2011다74192 판결 ; 대법원 2014. 11. 13. 선고 2009다71312 판결 ; 대법원 2017. 4. 26. 선고 2014다221777 판결.

1929) 대법원 2014. 6. 12. 선고 2012다47548 판결.

1930) 대법원 1990. 4. 27. 선고 88다카25274,25281(참가) 판결. 동지" 대법원 1990. 7. 13. 선고 89다카20719, 20726(참가) 판결 ; 대법원 1996. 3. 8. 선고 95다22795,22801 판결.

1931) 대법원 1990. 4. 27. 선고 88다카25274,25281(참가) 판결. 동지 : 대법원 1990. 7. 13. 선고 89다카20719,

2. 독립당사자참가신청

가. 개 관

보조참가신청과 마찬가지로, **독립당사자참가신청은 참가의 취지와 이유를 밝혀 참가하고자 하는 소송이 계속된 법원에 제기하여야 한다**(법 제79조 제2항, 제72조 제1항).

나. 기재사항

독립당사자참가신청은 실질적으로 당사자 양 쪽(쌍면참가) 또는 한 쪽(편면참가)에 대한 신소(新訴)의 제기이므로(당사자 양 쪽 또는 한 쪽에 대한) 청구취지와 원인도 밝혀야 한다.

참가이유에서는 그 참가가 권리주장참가인지 또는 사해방지참가인지의 여부를 명백히 밝힘이 상당하다.[1932]

다만, 참가인이 독립당사자참가신청을 함에 원고와 피고가 사해소송을 수행하고 있다는 등의 특별한 주장을 한 바 없다면 이는 사해방지참가가 아닌 권리주장참가를 한 것으로 보아야 할 것이다.[1933]

한편, 독립당사자참가인이 제출하는 서증이 '병호증'이 됨은 '서증' 부분에서 기술하였다.

다. 인지의 첩부 및 송달료의 예납

제1심 (독립당사자)**참가신청서에는 소장에 붙일 인지액**(민사소송 등 인지법 제2조)**의 인지를 붙여야 하며**(민사소송 등 인지법 제6조 제2항), 송달료를 예납하여야하고,[1934] 신청서는 주기록에 합철된다.[1935]

이에 반하여, 항소심 신청서에는 1.5배액의 인지를 붙여야 하는바(같은 조 제1항 후단), 이에 관하여서는 '항소' 부분에서 재론한다.

라. 그 밖의 소송행위

보조참가와 마찬가지로, **독립당사자참가신청은 참가인으로서 할 수 있는 소송행위와 동시에 할 수 있다**(법 제79조 제2항, 제72조 제3항).

20726(참가) 판결.

1932) 대법원 1994. 11. 25. 선고 94다12517,12524 판결 참조.

1933) 대법원 1992. 5. 26. 선고 91다4669,4676 판결.

1934) 송달료예규 제4조 제1항.

1935) '인지액·편철방법예규'.

3. 독립당사자참가신청의 취하 또는 각하

가. 독립당사자참가신청의 취하

독립당사자참가인은 소의 취하에 준하여 참가신청을 취하할 수 있다. 그리고, 독립당사자참가신청도 그 성질은 소이므로 그 취하에는 상대방의 동의가 필요하다.[1936)]

쌍면참가의 경우에 원고와 피고의 동의를 요함은 의문이 없으나, 편면참가의 경우에는 해당 참가의 상대방의 동의만 얻으면 되는지 아니면 원고와 피고 모두의 동의를 얻어야 하는지에 관하여서는 논란이 있다.[1937)]

(독립당사자)**참가인은 제1심 또는 항소심에서 해당 심급의 변론종결 전에 참가신청이 취하**(취하로 간주되는 경우를 포함한다)**된 경우에는 당사자참가신청서에 붙인 인지액 중 일정액의 환급을 청구할 수 있다**(민사소송 등 인지법 제14조 제1항 제2호).

나. 독립당사자참가신청의 각하

독립당사자참가의 경우, 참가각하의 재판이 확정한 때에는 참가부분은 이탈이 되어 본소송만으로 환원되는 것이며, 그 경우에 참가인이 제출하였던 증거방법은 원·피고 당사자가 수용하지 않는 한 원·피고간의 소송에서 증거판단을 할 필요가 없는 것이다.[1938)]

4. 독립당사자참가에서의 본소의 취하

가. 쌍면참가의 경우

쌍면참가의 경우에는 원고의 본소 취하에 피고의 동의 외에 독립당사자참가인의 동의도 필요함에 의문이 없다.[1939)]

그리고, 이 경우, 본소가 피고 및 당사자참가인의 동의를 얻어 적법하게 취하되면, 당사자

1936) 대법원 1981. 12. 8. 선고 80다577 판결(사안은, 구법하에서 참가인이 원고의 동의를 얻어 참가신청을 취하하자 원심법원이 신청취하서 부본을 피고에게는 송달하여 보지도 아니한 채 원고와 피고만을 당사자로 하여 판결을 한 것이다. 대법원은 원심의 이러한 조처가 위법하다고 보아 직권으로 사건을 파기환송하였다).

1937) 다만, 대법원 2011. 4. 28. 선고 2010다103048 판결(사안은 피신청인이 신청인의 승계주장 사실을 다투지 아니하는 권리승계참가)의 취지를 유추하여 보면, 참가신청의 취하를 위하여서는 해당 참가의 상대방의 동의만 얻으면 된다는 논리가 된다.

1938) 대법원 1962. 5. 24. 선고 4294민상251,252 판결.

1939) 대법원 1972. 11. 30.자 72마787 결정. 동지 : 대법원 2007. 2. 8. 선고 2006다62188(참가) 판결.

참가인의 원·피고에 대한 소가 독립의 소로서 소송요건을 갖춘 이상 그 소송계속은 적법하며, 이때 당사자참가인의 신청이 비록 참가신청 당시 당사자참가의 요건을 갖추지 못하였다고 하더라도 당사자참가요건의 구비 여부는 더 이상 가려볼 필요가 없는 것이다.[1940)]

즉, 본소의 소송계속이 소멸한 후부터는 당사자참가인의 원·피고에 대한 청구가 일반 공동소송으로 남아 있게 될 뿐이다.[1941)]

나. 편면참가의 경우

그러나, 편면참가의 경우의 본소의 취하에 관하여서는, 가령 참가인이 피고에게만 청구를 한 경우라도 원고가 본소를 취하함에 참가인의 동의가 필요한지에 관하여서는, 학설이 대립한다.

그런데, 편면참가에서는, 본소가 적법하게 취하되면 독립당사자참가인의 원고(또는 피고)에 대한 소만 잔존하게 될 것이다.

5. 독립당사자참가에서의 소송탈퇴

가. 개 관

자기의 권리를 주장하기 위하여(즉, 권리주장참가로서) **소송에 참가한 사람이 있는 경우 그가 참가하기 전의 원고나 피고는 '상대방의' 승낙을 받아 소송에서 탈퇴할 수 있다**(법 제80조 본문).

상대방의 승낙만 받으면 되며, '참가인의' 승낙은 요하지 아니하는 것으로 풀이된다.[1942)]

독립당사자참가신청이 적법한 이상, 해당 원고 또는 피고와 그 상대방의 소송관계는 상대방의 승낙을 얻어 소송에서 탈퇴함으로써 종료된다고 보아야 하겠다.[1943)]

따라서, 법원은 탈퇴한 당사자 사이의 청구에 관하여 심리·판단할 수 없다.[1944)]

다만, 판결은 탈퇴한 당사자에 대하여도 그 효력이 미치는바(같은 조 단서), 탈퇴한 당사자에게 미치는 효력은 기판력과 집행력이라고 함이 통설이다.[1945)]

1940) 대법원 2007. 2. 8. 선고 2006다62188(참가) 판결. 동지 : 대법원 1991. 1. 25. 선고 90다4723 판결.

1941) 대법원 1991. 1. 25. 선고 90다4723 판결. 동지 : 대법원 2007. 2. 8. 선고 2006다62188(참가) 판결.

1942) 제요[민소 I], 308면.

1943) 대법원 2014. 10. 27. 선고 2013다67105 판결 참조.
위 판례는 소송승계참가에 관한 것이나, 독립당사자참가에 관하여서도 이치는 다를 바 없다(법 제81조).

1944) 대법원 2014. 10. 27. 선고 2013다67105 판결 참조(사안은 권리승계인의 소송승계참가).

요컨대, 소송탈퇴를 하게 되면 해당 원고나 피고는 소외인(訴外人)이 되어 더 이상 소송행위를 할 수도 할 필요도 없게 되고 법원이 그에 대하여 송달 등을 행하지 아니하게 되나, 판결서에는 탈퇴한 당사자의 표시도 하게 된다.[1946]

다만, 소송탈퇴에 의하여 종료되는 소송관계는 원고와 피고 사이의 소송관계일 뿐이므로, (쌍면참가에서 원고 또는 피고가 탈퇴하였거나 편면참가에서 피고가 탈퇴하였더라도) 독립당사자참가인이 탈퇴한 당사자에 대하여 한 청구에 관하여서는 여전히 판결을 하여야 하겠다.

나. 특별수권의 필요성 등

1) 특별수권의 필요성

법정대리인이 소송탈퇴를 하기 위하여서는 특별한 권한을 받아야 한다(법 제56조 제2항).

따라서, 미성년후견인, 성년후견인 또는 한정후견인이 소송탈퇴를 하기 위하여서는 후견감독인이 있으면 그의 동의가, 후견감독인이 없는 경우에도 가정법원의 허가가 필요하다.

소송대리인의 소송탈퇴에도 위임인의 특별수권이 필요함(법 제90조 제2항 제2호)은 기술하였다.

2) 소송탈퇴의 제한

법정대리권 또는 소송대리권이 소멸한 경우나, 선정당사자의 선정이 취소 또는 변경된 경우에, 법원에 그 사실이 알려진 뒤에는 해당 대리인이나 선정당사자가 소송탈퇴를 하지 못함(법 제63조, 제97조)도, '소송능력과 법정대리인 및 특별대리인', '소송대리인', '선정당사자' 부분에서 각각 기술하였다.

의사무능력자를 위한 특별대리인이 화해, 청구의 포기·인낙을 하는 경우에는 법원이 이를 불허할 수도 있음은 '특별대리인' 부분에서 기술하였다(법 제62조의2 제2항 전문).

다. 소송탈퇴 및 동의의 방식

소송탈퇴는 기일에 말로 할 수도 있고, 「소송탈퇴서」로서 할 수도 있으며, 이는 주기록에 가철된다.[1947]

소송탈퇴에 대한 동의 역시 기일에 말로 할 수도 있고, 「소송탈퇴서」에 동의 취지를 기재

1945) 대법원 1969. 12. 9. 선고 69다1780 판결(사안은 소송탈퇴자에 대한 기판력) 참조.

1946) 제요[민소 I], 309면.

1947) '인지액·편철방법예규'.

하고 서명 또는 기명날인 함으로써 할 수도 있지만, 별도의 「소송탈퇴동의서」로서 할 수도 있으며, 이는 주기록에 가철된다.[1948]

6. 소액사건이 독립당사자참가로 인하여 그 범위를 넘게 되는 경우

소액사건이라 하더라도, (독립)당사자참가로 인하여 소액사건에 해당하지 않는 사건과 병합심리하게 된 사건은, 소액사건의 범위에서 제외된다(소액사건심판법 제1조의2 제2호).

따라서, 소액사건인 본소에 관하여 신청된 독립당사자참가가 소액사건에 해당하지 아니하는 경우에는, 본소의 소가와 독립당사자참가 사건의 소가 중 금액이 큰 것에 따라 사건 전부를 일반 단독사건으로 재배당하거나 합의부로 이송하게 되며, 본소가 시·군법원 사건이었던 경우에는 사건 전부를 관할 지방법원(본원이나 지원)으로 사건을 이송하게 된다.

Ⅳ. 소송승계참가[1949]

1. 소송승계참가 개관

소송이 법원에 계속되어 있는 동안에 제3자가 소송목적인 권리 또는 의무의[1950] 전부나 일부를 승계하였다고 주장하며 소송에 참가한 경우, 그 참가는 소가 제기된 당초에[1951] 소급하여 시효의 중단 또는 법률상 기간준수의 효력이 생긴다(법 제81조).

이는 소송계속 중의 권리의무 승계를 요건으로 한다는 점에서 소송인수참가와 요건이 상통하지만, 승계인이 신청한다는 점이 소송인수참가와 크게 다른 점이다.

여기서 소송목적인 권리관계의 승계라 함은 소송물인 권리관계의 양도뿐만 아니라 당사자적격 이전의 원인이 되는 실체법상의 권리 이전을 널리 포함하는 것이다.[1952]

1948) '인지액·편철방법예규'.

1949) 소송승계참가 뿐만 아니라 후술하는 소송인수참가 역시, 제3자가 소송목적인 권리 또는 의무의 전부나 일부의 승계를 요건으로 하는바, 이러한 특정승계를 강학상 '소송물의 양도'라 한다.

1950) cf. 구법(1990. 1. 13. 법률 제4201호로 개정되기 전의 것) 제74조는 "… 권리의 …"라고만 규정하였으나, 이러한 구법상으로도 소송의 목적이 된 권리를 승계한 경우뿐만 아니라 채무를 승계한 경우에도 승계참가를 할 수 있는 것으로 해석되고 있었다. 대법원 1983. 9. 27. 선고 83다카1027 판결.

1951) 대법원 2003. 2. 26. 선고 2000다42786 판결.
법문에는 "… 소송이 법원에 처음 계속된 때에 …"로 되어 있으나, 의당 위와 같이 새겨야 할 것이다(법 제265조, 제68조 제3항 참조).

예컨대, 신주발행무효의 소 계속 중 원고 적격의 근거가 되는 주식이 양도된 경우에 주식 양수인이 소송에 승계참가할 수 있고,[1953] 압류채권자는 - 제3채무자를 상대로 추심의 소를 제기할 수도 있지만 - 채무자가 제3채무자를 상대로 제기한 이행의 소에 승계참가할 수도 있다.[1954]

그런데, 제3자가 소송 계속 중에 소송목적인 권리를 승계하였다고 주장하며 소송에 참가한 경우, 참가신청의 이유로 주장하는 사실관계 자체에서 승계적격의 흠이 명백하지 않는 한 승계인에 해당하는지 여부는 승계참가인의 청구의 당부와 관련하여 판단할 사항이므로, 심리 결과 승계사실이 인정되지 않으면 승계참가인의 청구를 기각하는 판결을 하여야지 승계참가신청을 각하하는 판결을 할 것은 아니다.[1955]

한편, 당사자의 소송대리인이 그 승계참가인의 소송행위를 대리하였다 하여 쌍방대리금지의 원칙에 저촉되지 않는다.[1956]

2. 소송승계참가신청

가. 개 관

소송승계참가는 독립당사자참가의 방식에 따르므로(법 제81조), 소송승계참가신청도 참가의 취지와 이유를 밝혀 참가하고자 하는 소송이 계속된 법원에 제기하여야 한다(제79조 제2항, 제72조 제1항의 준용).

나. 기재사항

1) 참가취지

참가취지에서는 참가인이 권리승계인인지 의무승계인인지 밝혀야 한다. 이 중 어느 쪽인지에 따라 신청의 방식에 약간의 차이가 있으므로, 경우를 나누어 볼 필요가 있다.

2) 청구취지 및 청구원인

권리승계인이 소송참가신청을 할 때에는 청구취지 및 청구원인도 기재하여야 하나, 이는

1952) 대법원 2003. 2. 26. 선고 2000다42786 판결.
1953) 대법원 2003. 2. 26. 선고 2000다42786 판결.
1954) 대법원 2013. 12. 18. 선고 2013다202120 전원합의체 판결.
1955) 대법원 2014. 10. 27. 선고 2013다67105 판결.
1956) 대법원 1991. 1. 29. 선고 90다9520,9537(반소) 판결.

경우를 나누어 보아야 한다.

피신청인이 신청인의 승계주장사실을 다투는 경우에는, 청구취지 및 청구원인을 전주(前主)에 대하여서도 기재하여야 한다(쌍면참가).

이에 반하여, 승계주장사실에 대한 다툼이 없는 경우에는, 전주(前主)에 대하여서는 청구취지 및 청구원인을 기재하지 아니한다(편면참가).[1957]

다. 인지의 첩부 및 송달료의 예납

소송승계참가신청시에 인지대와 송달료를 납부하여야 하는지 여부는 신청의 종류에 따라 다르다.

권리승계인이 참가하는데 피신청인이 신청인의 승계주장사실을 다투는 경우의 소송승계참가신청은, 기본적 신청이다. 따라서, **제1심** (소송승계)**참가신청서에는 소장에 붙일 인지액**(민사소송 등 인지법 제2조)**의 인지를 붙여야 하고**(민사소송 등 인지법 제6조 제2항, 제1항 전단), 송달료를 예납하여야 하며, 신청서는 주기록에 합철된다.[1958]

이에 반하여, 항소심 신청서에는 1.5배액의 인지를 붙여야 하는바(같은 조 제2항, 제1항), 이에 관하여서는 '항소' 부분에서 재론한다.

그러나, 권리승계인이 참가하더라도 승계주장사실에 대한 다툼이 없는 경우나, 의무승계인이 참가하는 경우의 소송승계참가신청은, 신청권에 기초한 중간적·부수적 신청이다.[1959] 따라서, 신청서도 주기록에 가철된다.[1960]

라. 그 밖의 소송행위

독립당사자참가와 마찬가지로, 소송승계참가신청 역시 참가인으로서 할 수 있는 소송행위와 동시에 할 수 있는 것으로 풀이된다(법 제79조 제2항, 제72조 제3항의 준용).

예컨대, 화해권고결정이 송달된 후의 승계인은 (화해권고결정에 대한) 이의신청과 동시에 (소송)승계참가신청을 할 수 있다고 할 것이다.[1961]

1957) 대법원 1969. 12. 9. 선고 69다1578 판결; 대법원 1975. 11. 25. 선고 75다1257,1258 판결 참조.

1958) 즉, 이 경우에는 인지액에 관하여 독립당사자참가신청의 경우와 마찬가지가 된다.

1959) 구 '인지액·편철방법예규'(2012. 2. 20. 재판예규 제1379호로 개정되기 전의 것) 참조.

1960) '인지액·편철방법예규'.

1961) 대법원 2012. 7. 5. 선고 2010다80503 판결의 방론.

3. 소송승계참가신청서의 송달

법원은 소송승계참가신청서 부본을 특별한 사정이 없으면 바로 양쪽 당사자에게 송달하여야 한다(법 제81조, 제79조 제2항, 제72조 제2항, 규칙 제64조 제2항).

4. 소송승계참가신청의 취하

권리승계인이 한 소송승계참가신청을 취하할 때에는 상대방의 동의가 있어야 한다.[1962]

다만, 이 경우에 동의를 할 상대방이 누구인지에 관하여서는, 독립당사자참가의 경우와 유사한 문제가 발생한다.[1963]

5. 소송승계참가에서의 소의 취하

권리승계인이 소송참가신청을 한 경우에, 피신청인(즉, 원고)이 신청인의 승계주장 사실을 다투는 경우라면, 소의 취하에 관하여서도 독립당사자참가 중 쌍면참가의 경우와 마찬가지로 보아야 할 것이다. 즉, 이 경우에는 원고의 소 취하에 피고의 동의 외에 소송승계참가인의 동의도 필요하다고 본다.

그러나, 권리승계인이 소송참가신청을 한 경우에, 피신청인(즉, 원고)이 신청인의 승계주장 사실을 다투지 아니하는 경우라면, 소의 취하에 관하여서도 독립당사자참가 중 편면참가의 경우와 마찬가지 문제(참가인의 동의 요부에 관한 학설대립 문제)가 발생한다고 하겠다.

의무승계인의 경우에도 원고의 소 취하에 피고의 동의 외에 소송승계참가인의 동의도 필요하다고 본다.

6. 소송승계참가에서의 소송탈퇴

가. 개 관

독립당사자참가인의 경우와 마찬가지로, **소송승계참가인이 있는 경우 그가 참가하기 전의 원고나 피고는 '상대방의' 승낙을 받아 소송에서 탈퇴할 수 있다**(법 제81조, 제80조 본문).

상대방의 승낙만 받으면 되며, '참가인의' 승낙은 요하지 아니하는 것으로 풀이된다.[1964]

1962) 대법원 2011. 4. 28. 선고 2010다103048 판결 참조.

1963) 다만, 대법원 2011. 4. 28. 선고 2010다103048 판결은, 승계주장사실에 대한 다툼이 없는 경우에는 피고의 동의만 있으면 되고 원고의 동의는 필요 없다는 취지로 보인다.

승계참가인의 참가신청이 적법한 이상, 피승계참가인과 상대방의 소송관계는 피승계참가인이 상대방의 승낙을 얻어 소송에서 탈퇴함으로써 종료된다고 보아야 한다.1965)

따라서, 법원은 (권리승계인이 소송참가한 경우에) 탈퇴한 피승계참가인의 청구에 관하여 심리·판단할 수 없다.1966)

다만, 독립당사자참가인의 경우와 마찬가지로, **판결은 탈퇴한 당사자에 대하여도 그 효력이 미친다**(법 제81조, 제80조 단서).

따라서, 독립당사자참가의 경우와 마찬가지로, 판결서에는 탈퇴한 당사자도 표시한다.

나. 소송탈퇴 및 동의의 방식과 특별수권의 필요성 등

소송탈퇴 및 동의의 방식과 특별수권의 필요성 등은, '독립당사자참가' 부분에서 설명한 내용과 다를 바 없다.

다. 탈퇴하지 못한 경우의 처리

소송이 법원에 계속되어 있는 동안에 제3자가 소송목적인 권리의 전부나 일부를 승계하였다고 주장하며 법 제81조에 따라 소송에 참가한 경우, 원고가 승계참가인의 승계 여부에 대해 다투지 않으면서도 소송탈퇴, 소 취하 등을 하지 않거나 이에 대하여 피고가 부동의하여 원고가 소송에 남아 있다면 승계로 인해 중첩된 원고와 승계참가인의 청구 사이에는 필수적 공동소송에 관한 법 제67조가 적용된다고 할 것이다.1967)

생각건대, 이는 의무승계인인 승계참가인의 경우에도 마찬가지로 보아야 할 것이다.

1964) 제요[민소 I], 316면.

1965) 대법원 2014. 10. 27. 선고 2013다67105 판결.

1966) 대법원 2014. 10. 27. 선고 2013다67105 판결.

1967) 대법원 2019. 10. 23. 선고 2012다46170 전원합의체 판결.
사안은 제1심에서는 승계참가인(전부채권자)의 승계 여부를 다투지 아니하였던 원고가 항소심에서 피고가 전부명령의 효력을 다투자 비로소 부대항소를 하였는데, 항소법원이 이를 인용한 것이다. 이에 대해 피고는, 원고에 대한 판결이 분리확정되었으므로 원고의 부대항소는 부적법하다고 주장하였으나, 대법원은 원심의 판단이 정당하다고 보았다.
cf. 과거의 판례는, '원고가, (권리승계인인) 승계참가인이 승계참가신청을 하자 탈퇴를 신청하였으나, 피고의 부동의로 탈퇴하지 못한 경우, 원고의 청구와 승계참가인의 청구는 통상의 공동소송으로서 모두 유효하게 존속하는 것이므로 법원은 원고의 청구 및 승계참가인의 청구 양자에 대하여 판단을 하여야 한다.'라고 하였으나(대법원 2014. 10. 27. 선고 2013다67105 판결), 대법원은 전원합의체 판결로써 위와 같이 견해를 변경하였다.

Ⅴ. 공동소송참가

1. 공동소송참가 개관

가. 공동소송참가의 의의

소송목적이 한 쪽 당사자와 제3자에게 합일적으로 확정되어야 할 경우 그 제3자는 공동소송인으로 소송에 참가할 수 있다(법 제83조 제1항).

즉, 타인간의 소송의 판결의 효력이 - 별소를 제기할 수 있거나 별소에서 응소할 수 있는 - 제3자에게도 미치게 되는 경우에 제3자는 - 별소를 제기하거나 별소의 제기를 기다려 이에 응소하는 대신 - 공동소송참가를 할 수 있다.[1968]

환언하면, 예컨대, 이사회결의무효확인의 소는 그 소송의 목적이 당사자 일방과 제3자에 대하여 합일적으로 확정될 경우가 아니어서 제3자는 공동소송참가를 할 수 없다.[1969]

개념상 주의할 것은, 공동소송참가인은 당사자로서 참가하는 것이라는 점이다. 이 점, 기술한 공동소송적 보조참가인과 다르다.

따라서, '보조참가 : 통상의 보조참가와 공동소송적 보조참가' 부분에서도 논급한 바와 같이, 본래 당사자적격이 있는 자라 하더라도 제소기간 경과나 중복제소금지에 저촉되는 자는, 공동소송적 보조참가를 함은 별론으로 하고, 공동소송참가를 할 수 없다.

한편, 법은 원고측 공동소송참가와 피고측 공동소송참가를 모두 예정하고 있으나, 후자의 예는 실제로는 상정하기 어렵다.[1970]

나. 공동소송참가의 예

회사는 주주대표소송에 참가할 수 있는바(상법 제404조 제1항 등), 판례는 이러한 회사의 참가는 (원고측) 공동소송참가를 의미하는 것으로 해석한다.[1971]

그러나 이는 이론적으로 매우 의문이다. 주주대표소송 계속 중에 회사가 소를 제기하는 것은 중복제소에 해당한다고 할 것이고, 따라서 회사로서는 그 경우 공동소송적 보조참가를

1968) 대법원 1986. 7. 22. 선고 85다620 판결. 동지 : 대법원 2001. 7. 13. 선고 2001다13013 판결.

1969) 대법원 2001. 7. 13. 선고 2001다13013 판결.

1970) 가령, 공유물분할소송에서 누락된 당사자가 (원고측의 분할안에 반대하는 입장이어서) 피고측 공동소송참가를 하는 경우 정도를 생각하여 볼 수 있겠다.

1971) 대법원 2002. 3. 15. 선고 2000다9086 판결.

할 수 있을 따름이기 때문이다.

또한, 추심의 소에서[1972] 집행력 있는 정본을 가진 모든 채권자는 공동소송인으로 원고 쪽에 참가할 권리가 있다(민사집행법 제249조 제2항).

2. 공동소송참가신청

가. 개 관

보조참가신청과 마찬가지로, **공동소송참가신청은 참가의 취지와 이유를 밝혀 참가하고자 하는 소송이 계속된 법원에 제기하여야 한다**(법 제83조 제2항, 제72조 제1항).

한편, 공동소송참가에서는, 참가인과 피참가인간의 관계는 대립된 소송당사자의 관계가 아니므로, 피참가인의 소송대리인은 동시에 참가인의 소송대리인이 될 수도 있다.[1973]

나. 기재사항

1) 참가취지

참가취지에서는 당사자 중 어느 쪽에 참가하는지를 기재하여야 한다.

2) 청구취지 및 청구원인과 참가이유

원고측 공동소송참가신청은, 실질적으로 신소의 제기이므로, 서면에 의하여야 하며, 청구취지와 청구원인을 기재하여야 한다.

참가이유에서는 합일확정될 사유를 기재하여야 한다.

다. 인지의 첩부 및 송달료의 예납

1) 원고측 공동소송참가신청의 경우

제1심에서 (원고측 공동소송)**참가를 하는 경우 참가신청서에는 소장에 붙일 인지액**(민사소송 등 인지법 제2조)**의 인지를 붙여야 하고**(민사소송 등 인지법 제6조 제1항 전단), 송달료를 예납하여야 하며, 신청서는 주기록에 합철된다.[1974]

이에 반하여, 항소심 신청서에는 1.5배액의 인지를 붙여야 하는바(같은 항 후단), 이에 관하

1972) 제3채무자가 추심절차에 대하여 의무를 이행하지 아니하는 때에는 압류채권자는 소로써 그 이행을 청구할 수 있다(민사집행법 제249조 제1항).

1973) 대법원 1962. 12. 6. 선고 62사21 판결.

1974) '인지액·편철방법예규'.

여서는 '항소' 부분에서 재론한다.

2) 피고측 공동소송참가신청의 경우 : 불요

피고측 공동소송참가신청서는 주기록에 가철된다.[1975]

라. 그 밖의 소송행위

보조참가신청과 마찬가지로, **공동소송참가신청도 참가인으로서 할 수 있는 소송행위와 동시에 할 수 있다**(법 제83조 제2항, 제72조 제3항).

3. 공동소송참가신청서 부본의 송달

법원은 공동소송참가신청서 부본을 특별한 사정이 없으면 바로 양쪽 당사자에게 송달하여야 한다(법 제83조 제2항, 제72조 제2항, 규칙 제64조 제2항).

4. 공동소송참가신청의 취하

원고측 공동소송참가신청을 취하할 때에는 피고의 동의가 있어야 한다고 할 것이다.

더 나아가, 위 경우에, 해당 소송이 고유필수적 공동소송인 경우에는 피참가인도 소를 취하하여야 한다고 할 것이다.[1976]

Ⅵ. 소송고지

1. 소송고지 개관

가. 의 의

소송이 법원에 계속된 때에는 당사자는 참가할 수 있는 제3자에게 소송고지를 할 수 있다(법 제84조 제1항).

소송고지제도는, 소송의 결과에 대하여 이해관계를 가지는 제3자로 하여금 소송에 참가하

1975) '인지액·편철방법예규'.

1976) 이 법리에 관하여서는, '공동소송인과 참가인의 소송행위 및 소송진행' 부분에서 상론한다.

여 그 이익을 옹호할 기회를 부여함과 아울러 고지자가 패소한 경우에는 형평의 견지에서 그 패소의 책임을 제3자에게 분담시키려는 제도로서,[1977] 후술하듯이(법 제86조), 피고지자는 후일 고지자와의 소송에서 전소확정판결에서의 결론의 기초가 된 사실상·법률상의 판단에 반하는 것을 주장할 수 없게 된다.[1978]

즉 이는, 후일에 고지자와 피고지자 간의 소송에서 피고지자가 패소의 결과를 무시하고 전소확정판결에서의 인정과 판단에 반하는 주장을 못하게 하기 위해 둔 제도이다.[1979]

더 나아가, 법이 필요적으로 소송고지를 하도록 규정하고 있는 경우들도 있는바, 대표소송(상법 제404조 제2항 및 그 준용규정), 추심소송(민사집행법 제238조)이 그 예이다. 다만, 그렇다고 하여, 그 경우에 소송고지가 소송요건이기까지 한 것은 아니다.[1980]

소송고지의 효력에 관한 상세는 별항으로 후술한다.

나. 고 지 자

당사자뿐만 아니라, **소송고지를 받은 사람은 다시 소송고지를 할 수 있다**(법 제84조 제2항. 연쇄고지).

다. 피고지자

여기서 제3자가 할 수 있는 참가란, 통상의 보조참가뿐만 아니라 공동소송적 보조참가, 독립당사자참가, 소송승계참가도 포함하나, 일반적으로는 통상의 보조참가가 문제된다.

라. 고지의 방식

법문에는 마치 고지자가 직접 소송고지를 하는 것처럼 규정되어 있으나, 실제로는, **고지자의 신청에 따라 법원이 소송고지를 한다**(법 제85조 제1항, 지방자치법 제17조 제10항 참조).

2. 소송고지신청

소송고지를 위하여서는 그 이유와 소송의 진행정도를 적은 서면(「소송고지서」)**을** –「소송고

1977) 대법원 1991. 6. 25. 선고 88다카6358 판결. 동지 : 대법원 1986. 2. 25. 선고 85다카2091 판결 ; 대법원 2007. 11. 29. 선고 2005다23759 판결.

1978) 대법원 1986. 2. 25. 선고 85다카2091 판결. 동지 : 대법원 1991. 6. 25. 선고 88다카6358 판결.

1979) 대법원 2007. 11. 29. 선고 2005다23759 판결.

1980) 대법원 1976. 9. 28. 선고 76다1145,1146 판결(사안은 추심소송).

지신청서」에 첨부하여 - **법원에 제출하여야 하며**(법 제85조 제1항), 소송고지신청서는 주기록에 가철된다.[1981)]

이 신청은 신청권에 기초한 중간적·부수적 신청이다.[1982)]

'고지의 이유'에는 청구취지와 청구원인의 요지를 기재하여 명시한 다음, 그 소송의 결과에 대하여 피고지자가 이해관계를 갖게 되는 사유를 표시한다.[1983)]

'소송의 진행정도'에는 현재 소송이 변론진행이거나 변론준비절차에 들어갔는지 여부, 다음 기일의 일시 등 정도를 기재하되, 상소심에서 하는 소송고지의 경우 원심에서 누가 패소하여 상소하였는지도 표시함이 실무이다.[1984)]

3. 소송고지신청 각하결정에 대한 불복

소송고지신청을 각하한 결정에 대하여서는 통상항고(법 제439조)를 할 수 있는 것으로 해석된다.[1985)]

4. 소송고지서의 송달

소송고지서는, 피고지자에게는 물론이고, **상대방에게 송달하여야 한다**(법 제85조 제2항).

관견으로는, 전자기록사건에서는 피고지자에게 「전자소송에 관한 안내문」도 송달함이 상당하다고 본다.[1986)]

5. 소송고지의 효력

가. 참가적 효력

소송고지를 받은 사람이 참가하지 아니한 경우라도 참가적 효력과 관련하여서는 참가할 수 있었을 때에 참가한 것으로 본다(법 제86조).

즉, 소송에 참가할 수 있는 제3자를 상대로 소송고지를 한 경우에 그 소송의 결과에 따라

1981) '인지액·편철방법예규'.

1982) 구 '인지액·편철방법예규'(2012. 2. 20. 재판예규 제1379호로 개정되기 전의 것) 참조.

1983) 제요[민소 I], 320면.

1984) 위의 책.

1985) 위의 책.

1986) 민전예규 제60조 본문의 확장해석.

서는 후일 고지자와의 소송에서 피고지자에 대한 참가적 효력을 받는다.[1987)]

그런데, 피고지자가 후일의 소송에서 주장할 수 없는 것은 전소확정판결의 결론의 기초가 된 사실상, 법률상의 판단에 반하는 것으로서 피고지자가 참가를 하여 상대방에 대하여 고지자와 공동이익으로 주장하거나 다툴 수 있었던 사항에 한한다.[1988)]

나. 실체법적 효력 : 최고로서의 효력

소송고지의 요건이 갖추어진 경우에 그 소송고지서에 고지자가 피고지자에 대하여 채무의 이행을 청구하는 의사가 표명되어 있으면 민법 제174조에 정한 시효중단사유로서의 최고의 효력이 인정된다.[1989)]

나아가 시효중단제도는 제도의 취지에 비추어 볼 때 그 기산점이나 만료점을 원권리자를 위하여 너그럽게 해석하는 것이 바람직하고, 소송고지에 의한 최고는 보통의 최고와는 달리 법원의 행위를 통하여 이루어지는 것이므로 만일 법원이 소송고지서의 송달사무를 우연한 사정으로 지체하는 바람에 소송고지서의 송달 전에 시효가 완성된다면 고지자가 예상치 못한 불이익을 입게 된다는 점 등을 고려하면, 소송고지에 의한 최고의 경우에는 '당사자가 소송고지서를 법원에 제출한 때에' 시효중단의 효력이 발생한다고 봄이 상당하다(법 제265조의 유추해석).[1990)]

그리고 이 경우, 고지자로서는 소송고지를 통하여 해당 소송의 결과에 따라 피고지자에게 권리를 행사하겠다는 취지의 의사를 표명한 것으로 볼 것이므로, 해당 소송이 계속중인 동안은 최고에 의하여 권리를 행사하고 있는 상태가 지속되는 것으로 보아 민법 제174조에 규정된 6월의 기간은 해당 소송이 종료된 때로부터 기산되는 것으로 해석하여야 한다.[1991)]

1987) 대법원 2009. 7. 9. 선고 2009다14340 판결. 동지 : 대법원 2020. 1. 30. 선고 2019다268252 판결.
1988) 대법원 1986. 2. 25. 선고 85다카2091 판결.
1989) 대법원 2009. 7. 9. 선고 2009다14340 판결. 동지 : 대법원 2015. 5. 14. 선고 2014다16494 판결.
1990) 대법원 2015. 5. 14. 선고 2014다16494 판결.
1991) 대법원 2009. 7. 9. 선고 2009다14340 판결.

제 6 장 제3자의 소송인입

Ⅰ. 제3자의 소송인입 개관

제3자를 그의 자발적 의사에 기하지 아니하고 계속중인 소송으로 끌어들이는 것을, (광의의) 제3자의 소송인입(訴訟引入)이라 한다.[1992]

제3자의 소송인입도 소송중의 소에 해당하나, 예비적·선택적 공동소송이나[1993] 소송인수가 추가적인 경우 외에는 제3자에 관하여 별도의 청구(취지)를 요하지 아니하고, 제3자의 소송참가의 경우와 달리, 별도로 법원의 재판이 있어야 해당 제3자가 비로소 소송당사자가 되며, 소송인수참가 외에는 - 사실심 변론종결전까지가 아니라 - 제1심 변론종결전까지만 이를 할 수 있고, 예비적·선택적 공동소송 외에는(이설 있음)[1994] 소송계속의 발생시기는 처음 소가 제기된 때에 소급한다(법 제68조 제3항 참조).

그러나, 「민사소송법」이 제3자의 소송인입을 인정하는 경우는 필수적 공동소송의 추가 등 몇 가지로 한정되어 있으며, 그 외에 소송 도중에 피고를 추가하는 것은 허용되지 아니한다.[1995]

현행법상의 제3자의 소송인입의 신청은, 신청권에 기초한 중간적·부수적 신청으로 풀이된다.[1996]

1992) 협의의 제3자의 소송인입은 제3자가 당사자의 일방과 공동소송인이 되지 아니하는 경우(미국법의 '제3자인입소송'(impleader. '제3당사자소송'이라고도 한다))를 지칭하나(이러한 소송형태가 문제되는 사안으로는, 연쇄추돌사고의 경우에 뒷 차에 들이받힘으로써 앞 차를 들이받게 된 가해자 겸 피해자인 피고가 자신의 차를 들이받은 뒷 차 운전자를 소송에 끌어들이는 경우 등이 거론된다), 우리 법에는 이에 해당하는 제도가 없다.

환언하면, 우리 법에서 인정되는 제3자의 소송인입은 모두, 제3자가 기존의 당사자와 공동소송인이 되는 형태이다.

1993) 이 문제에 관하여서는 '예비적·선택적 공동소송인의 추가' 부분에서 후술한다.

1994) 왜 예비적·선택적 공동소송은 달리 보아야 하는지에 관하여서는 '예비적·선택적 공동소송인의 추가' 부분에서후술한다.

1995) 대법원 1993. 9. 28. 선고 93다32095 판결. 동지 : 대법원 2009. 5. 28. 선고 2007후1510 판결.

1996) 구 '인지액·편철방법예규'(2012. 2. 20. 재판예규 제1379호로 개정되기 전의 것).

cf. 만일, 가령 통상공동소송인의 추가 제도가 도입된다면, 해당 신청은 기본적 신청으로 취급하여 민사소송 등 인지법 제5조의 예에 좇아 인지대를 납부하도록 함이 상당할 것이다.

따라서, 「민사소송법」이 인정한 경우 외에 당사자를 추가하고자 하는 때에는 그를 상대로 별소를 제기한 후 변론의 병합을 신청하는 수밖에 없는바, 이에 관하여서도 편의상 이 장에서 함께 살펴보기로 한다.

Ⅱ. 필수적 공동소송인의 추가

1. 필수적 공동소송인 추가 개관

법원은 필수적 공동소송인 가운데 일부가 누락된 경우에는 제1심의 변론을 종결할 때까지[1997] **원고의 신청에 따라 결정으로 원고 또는 피고를 추가하도록 허가할 수 있다**(법 제68조 제1항 본문).

다만, 원고의 추가는 추가될 사람의 동의를 받은 경우에만 허가할 수 있다(같은 항 단서).

2. 필수적 공동소송인 추가신청

필수적 공동소송인의 추가신청은 추가될 당사자의 이름·주소와 추가신청의 이유를 적은 서면(「필수적 공동소송인 추가신청서」)으로 하여야 하며(규칙 제14조), 신청서는 주기록에 가철된다.[1998]

주의할 것은, 공동원고를 추가할 때에는 추가될 원고의 동의를 받아 신청하여야 한다. 필수적 원고의 추가신청에서는 신청서 송달에 따른 동의간주 규정 같은 것이 없기 때문이다.

3. 필수적 공동소송인 추가신청의 허가 등

필수적 공동소송인 추가의 허가결정을 한 때에는 허가결정의 정본을 당사자 모두(즉, 종전의 당사자 및 추가될 당사자)**에게 송달하여야 한다**(법 제68조 제2항 전단).

특히, **추가될 당사자에게는 소장 부본도 송달하여야 한다**(같은 항 후단).

필수적 공동소송인 추가신청서의 부본은 특별한 사정이 없으면 바로 피고 및 추가될 당사

1997) cf. 가사소송에서는 필수적 공동소송인의 추가를 사실심 변론종결시까지도 할 수 있다(가사소송법 제15조 제1항).

1998) '인지액·편철방법예규'.

자에게 송달하여야 하는바(규칙 제64조 제2항), 관견으로는, 후술하는 소송인수참가의 경우와 달리, 허가결정을 하는 경우에 한하여 그 재판정본과 함께 송달하는 것으로 족하며, 기각결정을 하는 경우에는 신청서 부본 역시 송달할 필요가 없다고 본다.

4. 필수적 공동소송인 추가허가결정의 효력

허가결정에 따라 공동소송인이 추가된 경우에는 처음의 소가 제기된 때에 추가된 당사자와의 사이에 소가 제기된 것으로 본다(법 제68조 제3항).

5. 필수적 공동소송인 추가신청에 관한 재판에 대한 불복

가. 기각결정에 대한 불복

필수적 공동소송인 추가신청을 기각한 결정에 대하여는 즉시항고를 할 수 있다(법 제68조 제6항).

나. 허가결정에 대한 불복

필수적 공동소송인 추가의 허가결정에 대하여 이해관계인은 추가될 원고의 동의가 없었다는 것을 사유로 하는 경우에만 즉시항고를 할 수 있다(법 제68조 제4항). 추가된 원고 본인이나 피고가 이러한 이해관계인에 해당할 것이다.

그러나, **이 즉시항고는** – 일반원칙(법 제447조)과 달리 – **집행정지의 효력을 가지지 아니한다**(법 제68조 제5항).

Ⅲ. 예비적·선택적 공동소송인의 추가

1. 예비적·선택적 공동소송인의 추가 개관

필수적 공동소송의 경우와 마찬가지로, **법원은 제1심의 변론을 종결할 때까지 원고의 신청에 따라 결정으로 예비적·선택적 공동소송인**(피고)**를 추가하도록 허가할 수 있다**(법 제70조 제1항 본문, 제68조 제1항 본문).[1999)]

처음에는 주위적 피고에 대한 주위적·예비적 청구만을 하였다가 그 청구 중 주위적 청구부분이 받아들여지지 아니할 경우 그와 법률상 양립할 수 없는 관계에 있는 예비적 피고에 대한 청구를 받아들여 달라는 예비적 피고를 추가하는 것도가능함은 물론이다.[2000]

예비적·선택적 원고의 추가도 허용된다고 봄이 통설이다. 그러나 관견으로는,예비적·선택적 원고의 추가는 – 설령 그의 동의가 있다 하더라도 – 허용되지 않는다고 본다(같은 본문의 일부 및 단서의 부준용). 만약 그러한 추가를 인정한다면 그 당사자의 제소 없이도 소송절차를 개시하는 것이 되므로 처분권주의에 정면으로 위배되기 때문이다. 즉, 필수적 공동소송인의 추가의 경우에는, 추가될 원고가 기존의 원고와 신청권 내지 법률상 이해관계를 같이하는 자이므로 그에게 동의권만을 허여하더라도 당사자의 처분권이 보장된다고 할 수 있겠으나, 주위적 원고와 이해관계가 모순되는 예비적·선택적 원고에게 만연히 동의권만을 허여하는 것만으로 당사자의 처분권이 보장된다고 볼 수는 없다.

한편, 허가결정에 따라 공동소송인(피고)이 추가된 경우에는, 필수적 공동소송인의 추가와 달리, 처음의 소가 제기된 때에 추가된 당사자(피고)와의 사이에 소가 제기된 것으로 볼 것이 아니라(같은 조 제3항의 부준용), 추가신청이 있은 때에 소가 제기된 것으로 볼 것이다(법 제265조의 준용).[2001]

그러나, 관견으로는, 이미 소송당사자인 자들 간에 항소심에서 청구의 변경에 의하여 예비적·선택적 공동소송이 발생하도록 하는 것은 허용된다고 본다. 그것은 예비적·선택적 공동소송인의 '추가'가 아니기 때문이다.[2002]

1999) 대법원 2008. 4. 10. 선고 2007다86860 판결.

2000) 대법원 2015. 6. 11. 선고 2014다232913 판결.

2001) 반대 : 대법원 2008. 4. 10. 선고 2007다86860 판결의 방론은, 법 제68조 제3항이 준용되어 추가된 당사자에 대한 관계에서는 처음의 소가 제기된 때에 소가 제기된 것으로 간주된다고 한다.
한편, 김상균, "후발적·예비적·선택적 공동소송에 관한 검토", **경희법학**, 제43권 제1호(2008), 89~90면 ; 장재형, "예비적 공동소송의 심판과 합일확정", **인권과정의**,2009. 10., 162면은 기본적으로 위 제68조 제3항 준용설에 의하면서도 가령 이미 시효가 완성된 자를 예비적 피고로 추가할 수 없다고 한다. 그러나, 관견처럼 제68조 제3항 부준용설에 의한다면, 위 견해들이 우려하는 예비적 피고의 시효이익의 부당한 박탈 문제는 아예 발생하지 않게 된다.

2002) 반대 : 전병서, "항소심서 후발적 예비적 공동소송 가능한가", **법률신문**, 2010. 8. 12., 14~15면은, 법 제70조 제1항, 제68조 본문은 항소심에서 후발적 예비적 공동소송이 후발적으로 발생하는 것 자체를 허용하지 아니하는 취지이며, 따라서 그와 같은 형태의 공동소송이 발생하게 하는 청구변경 역시 허용되지 아니한다고 본다.
그러나, 위 규정의 취지는 예비적·선택적 당사자의 추가가 제1심 변론종결시까지만 허용된다는 것에 불과하며, 이를 당사자의 추가를 요하지 아니하는 경우까지 확장하여 해석할 이유가 없다. 그리고, 위 견해의 논리대로라면 가령 필수적 공동소송인을 항소심에서 공동소송참가나 변론병합의 방식으로 추가하는 것도 허용되지 아니하여야 할 것이나 논자들도 그렇게까지 해석하지는 않으므로, 이 점 모순이다.

2. 예비적·선택적 공동소송인 추가신청

가. 개 관

예비적·선택적 공동소송인 추가신청도 서면(「예비적 공동소송인 추가신청서」 또는 「선택적 공동소송인 추가신청서」)[2003]으로 하여야 할 것이다(규칙 제14조의 준용).

신청서는 주기록에 가철된다.[2004]

나. 기재사항

예비적·선택적 공동소송인 추가신청서에는 추가될 당사자(피고)의 이름·주소와 추가신청의 이유를 적어야 할 것이다(규칙 제14조의 준용).

그런데, 필수적 공동소송인 추가신청과는 달리, 위 사항들 외에도 추가될 당사자(피고)에 대한 청구취지와 청구원인까지도 기재하여야 할 것이다.[2005]

왜냐하면, 예비적·선택적 공동소송인 추가신청은 실질적으로 추가될 당사자(피고)에 관한 신소의 제기일뿐더러, 필수적 공동소송인 추가신청과 달리, 추가될 당사자(피고)에 대한 청구 자체와 종전 당사자(피고)에 대한 청구는 서로 양립불가능한 것, 따라서 개념필연적으로 상이한 것이기 때문이다.

위와 같은 이치는 예비적·선택적 공동소송이 원시적 형태로 발생할 경우의 소장 기재사항과 비교하여 보면 명확히 이해할 수 있다.

다만, 추가될 당사자(피고)에 대한 청구원인은 신청이유와 함께 기재하여도(예컨대, '신청이유 및 변경한 청구원인') 무방할 것이다.

입법론으로는 「민사소송규칙」에 신청서의 기재사항을 명확히 규정함이 바람직하다고 하겠다.

3. 예비적·선택적 공동소송인 추가의 허부의 결정

가. 추가신청의 기각

추가되는 공동소송인에 대한 청구가 종전의 청구와 법률상 양립할 수 있는 관계에 있으면

2003) '인지액·편철방법예규'.

2004) '인지액·편철방법예규'.

2005) 유사취지 : 김상균, 앞의 논문, 88면은, 피고를 추가한 경우에는 원고는 그에 대해서 청구를 제기하여야 하며, 원고가 추가된 경우 신원고는 피고에 대해 청구를 제기하여야 한다고 한다고 한다.

예비적·선택적 공동소송인의 추가신청을 기각할 것이다.

나. 추가의 허가

필수적 공동소송인의 추가와 마찬가지로, **예비적·선택적 공동소송인 추가의 허가결정을 한 때에도 허가결정의 정본을 당사자 모두**(즉, 종전의 당사자(피고) 및 추가될 당사자(피고))**에게 송달하여야 하며, 추가될 당사자**(피고)**에게는 소장 부본도 송달하여야 한다**(법 제70조 제1항, 제68조 제2항).[2006] 예비적·선택적 공동소송이 원시적 형태로 발생할 경우에 견주어 보면, 이는 당연한 결론이다.

관견으로는, 더 나아가, 허가결정정본과 함께 예비적·선택적 공동소송인 추가신청서 부본도 당사자(즉, 종전의 당사자(피고) 및 추가될 당사자(피고)) 모두에게 송달하여야 한다고 본다(법 제260조 제3항 본문 참조).[2007]

이때 피고경정신청서의 경우와 마찬가지로 예비적·선택적 공동소송인 추가신청서 부본을 오히려 먼저 송달하여야 하는 것이 아닌가 하는 의문이 제기될 수 있다. 그러나, 피고경정신청서의 경우에 그와 같이 신청서를 송달하는 주된 이유는 종전의 피고의 동의간주 제도 때문이고, 예비적·선택적 공동소송인 추가신청을 기각한 때에는 신청서 부본의 송달 역시 무의미하므로, 허가결정과 신청서 부본을 함께 송달함이 옳다고 본다. 즉, 이 점, 필수적 공동소송인의 경우에 관한 이 책의 해석론과 같다.

4. 예비적·선택적 공동소송인 추가에 관한 재판에 대한 불복

가. 기각결정에 대한 불복

필수적 공동소송인의 추가와 마찬가지로, **예비적·선택적 공동소송인 추가신청을 기각한**

2006) 대법원 2008. 4. 10. 선고 2007다86860 판결의 방론.

2007) '추가된 당사자에 대한 청구취지를 기재한' 신청서 부본을 송달하지 아니한 채 만연히 소장 부본만을 송달할 경우에 어떤 문제가 발생할 수 있는지를 극명하게 보여 준 사건이 실제로 있었다.
서울중앙지법 2005. 9. 8. 선고 2002가합82868 판결(서울고법 2006. 12. 29. 선고 2005나101491 판결의 원판결)은, 주위적 피고에 대한 청구취지가 변경(확장 및 추가)된 후에 원고로부터 예비적 피고 추가신청이 있자 이를 인용하면서 소장부본만을 송달(즉, 청구취지 및 원인 변경신청서는 미송달)하였는바, 타당하게도 그 항소심은, 위 제1심이 추가된 예비적 피고에 대하여 적법한 청구변경이 없었는데도 청구변경을 전제로 재판을 하여 처분권주의에 위반한 잘못을 저질렀다고 보았다.
그러나, 위와 같은 사안에서 저자의 주장처럼 예비적·선택적 공동신청서 자체에 예비적·선택적 공동소송인에 대한 청구취지 및 원인(즉, 위 사안의 경우에는 변경된 청구)이 기재되어 있다면(물론, 기일에 원고가 이를 진술한다면), 위 사건과 같은 문제는 발생하지 아니하게 되는 것이다.

결정에 대하여는 즉시항고를 할 수 있다(법 제70조 제1항, 제68조 제6항).

나. 허가결정에 대한 불복: 불가

예비적·선택적 공동소송인 추가의 허가결정에 대하여서는 불복할 수 없다고 본다(법 제68조 제4항의 부준용). 왜냐하면 법 제68조 제4항은 원고의 추가의 경우에 관한 불복만을 허용하고 있으나, 기술하였듯이 예비적·선택적 공동소송인의 추가에서는 피고의 추가만이 허용된다고 새겨야 하기 때문이다.[2008]

5. 추가된 예비적·선택적 공동소송인의 지위

예비적·선택적 공동소송에서는 소송자료의 통일이 요구되므로, 예비적·선택적 공동소송인이 추가되기 전에 당사자가 어떠한 사실을 자백하였다 하더라도 이는 재판상 자백으로서의 효력은 없게 된다고 할 것이다.

그러나, 추가된 당사자도 또는 해당 당사자에 대하여서도 자백이 있다면 그 때에는 해당 사실이 다툼 없는 사실이 된다고 하겠다.

Ⅳ. 소송인수참가

1. 소송인수참가 개관

소송이 법원에 계속되어 있는 동안에 제3자가 소송목적인 권리 또는 의무의 전부나 일부를 승계한 때에는, 법원은 당사자의 신청에 따라 그 제3자로 하여금 소송을 인수하게 할 수 있다(법 제82조 제1항).[2009]

이는 소송계속 중의 권리의무 승계를 요건으로 한다는 점에서 소송승계참가와 요건이 상통하지만, 당사자가 신청한다는 점이 소송인수참가와 크게 다른 점이다.

2008) 다만, 원고의 추가도 가능하다고 보는 통설에 의하면, 추가될 원고의 동의가 없음을 이유로 하여서만은 즉시항고가 가능하다는 것이 된다(법 제68조 제4항의 준용).

2009) 그러나, 제3자가 소송목적인 권리 또는 의무의 전부나 일부를 승계하였다 하더라도, 당사자에게 법원이 석명권을 행사하여 소송인수참가신청을 하도록 촉구할 의무까지 있는 것은 아니다. 대법원 1975. 9. 9. 선고 75다689 판결.

그런데, 가령, 당사자가 제3자로 하여금 그 소송을 인수하게 하기 위하여서는 그 제3자에 대하여 인수한 소송의 목적된 채무이행을 구하는 경우에만 허용됨은 물론이다.[2010]

따라서, 예컨대, 단순히 소송의 목적된 부동산에 대한 점유를 승계한 경우만 가지고서는 법 제82조 제1항의 "소송목적인 의무를 승계한 때"에 해당한다고 볼 수 없다.[2011]

같은 이치에서, 따라서 주택재건축 사업시행자가 조합 설립에 동의하지 않은 토지 또는 건축물 소유자를 상대로 매도청구의 소를 제기하여 매도청구권을 행사한 이후에 제3자가 매도청구 대상인 토지 또는 건축물을 특정승계하였다고 하더라도, 특별한 사정이 없는 한 사업시행자는 제3자로 하여금 매도청구소송을 인수하도록 신청할 수 없다. 토지 또는 건축물에 관한 특정승계를 한 것이 토지 또는 건축물에 관한 소유권이전등기의무를 승계하는 것은 아니기 때문이다.[2012]

소송인수참가신청은 사실심의 변론종결 전에만 할 수 있는 것으로 해석된다.

2. 소송인수참가신청

가. 개 관

「소송인수참가신청서」는 주기록에 가철된다.[2013]

나. 당 사 자

소송인수참가신청에서 당사자의 호칭은 "인수신청인"과 "피인수신청인"이다.[2014]

개념상 주의할 것은, 피인수신청인은 후술하듯이 법원의 인수결정이 있어야 비로소 "인수참가인"이 된다는 것이다.

2010) 대법원 1971. 7. 6.자 71다726 결정.

2011) 대법원 1970. 2. 11.자 69마1286 결정(사안은 매매에 따른 건물인도청구).

2012) 사업시행자와 정비사업과 관련하여 권리를 갖는 자의 변동이 있은 때에는 종전의 사업시행자와 권리자의 권리·의무는 새로 사업시행자와 권리자로 된 자가 승계하지만(도시 및 주거환경정비법 제129조), 여기에서 "정비사업과 관련하여 권리를 갖는 자"는 조합원 등을 가리키는 것이고, 사업시행자로부터 매도청구를 받은 토지 또는 건축물 소유자는 이에 포함되지 않으며, 따라서 매도청구권이 행사된 다음에 토지 또는 건물의 특정승계인이 이 조항에 따라 매매계약상의 권리·의무를 승계한다고 볼 수도 없기 때문이다. 대법원 2019. 2. 28. 선고 2016다255613 판결(사안은 구 구 도시 및 주거환경정비법(2017. 2. 8. 법률 제14567호로 전부개정되기 전의 것) 제10조).

2013) cf. '인지액·편철방법예규'는 '소송인수신청서'라고 하고 있다.

2014) 제요[민소 I], 312면.

다. 신청취지 내지 청구취지 및 청구원인

교환적 인수의 경우에는 청구취지를 따로 밝힐 필요가 없고 소송인수의 신청취지를 기재하는 것으로 족하나, 추가적 인수의 경우에는 피인수신청인에 대한 청구취지 및 청구원인을 밝혀야 한다.[2015)]

신청취지는, 교환적 전부인수의 경우에는 "피인수신청인은 피고를 위하여 이 사건 소송을 인수한다.", 교환적 일부인수의 경우에는 "피인수신청인은 피고를 위하여 이 사건 소송 중 10,000,000원 및 이에 대하여 2017. 0. 0.부터 다 갚는 날까지 연 15%의 비율에 의한 금원청구 부분을 인수한다", 추가적 인수의 경우에는 "피인수신청인은 피고를 위하여 다음을 청구취지로 하여 이 사건 소송을 추가적으로 인수한다." 식이 된다.[2016)]

3. 인수참가신청서 부본의 송달

명문의 규정은 없으나, 실무는 소송인수참가신청서 부본을 상대방 당사자와 피인수신청인에게 송달한다. 이들에 대하여 심문을 실시하기 때문이며, 또 이들이 기일통지를 받고도 불출석한 경우에 대비하기 위함이다.[2017)]

4. 당사자와 피인수신청인의 심문

법원은 소송인수참가신청에 따른 결정을 할 때에는 당사자와 제3자(즉, 피인수신청인)**를 심문하여야 한다**(법 제82조 제2항).

이를 위하여 별도의 심문기일을 지정할 수도 있으나, 변론기일에 심문할 수도 있다.[2018)] 한편, 인수참가요건인 권리·의무 승계 사실도 재판상 자백의 대상이 되는 것으로 해석된다.[2019)]

5. 인수에 관한 재판

기술하였듯이, 인수결정이 있으면 그 때부터는 '피인수신청인'이 '인수참가인'이 된다.

2015) 추가적 인수의 예로는, 건물철거 및 토지인도 소송 계속 중에 피고가 그 건물에 제3자를 입주시켰을 때 입주자에 대한 퇴거청구를 하는 경우를 들 수 있다. 위의 책.

2016) 앞의 책, 314면.

2017) 위의 책, 313면.

2018) 위의 책.

2019) 대법원 1987. 11. 10. 선고 87다카473 판결.
위 판례의 사안은 의무승계에 관한 것이나 권리승계에 관하여서도 달리 새길 이유가 없다.

소송계속중에 소송목적인 의무의 승계가 있다는 이유로 하는 소송인수신청이 있는 경우 신청의 이유로서 주장하는 사실관계 자체에서 그 승계적격의 흠결이 명백하지 않는 한 결정으로 그 신청을 인용하여야 하는 것이고, 그 승계인에 해당하는가의 여부는 피인수신청인에 대한 청구의 당부와 관련하여 판단할 사항으로 심리한 결과 승계사실이 인정되지 않으면 청구기각의 본안판결을 하면 되는 것이지 인수참가신청 자체가 부적법하게 되는 것은 아니다.[2020)]

6. 인수에 관한 재판에 대한 불복

가. 각하결정이나 기각결정에 대한 불복

소송인수참가신청을 각하하는 결정에 대하여서는 통상항고(법 제439조)를 할 수 있다.[2021)] 이는 소송인수참가신청을 기각하는 결정에 대하여서도 마찬가지인 것으로 해석된다.

나. 인수결정에 대한 불복 : 독립한 불복의 불허

소송인수를 명하는 결정은 일응 승계인의 적격을 인정하여 이를 당사자로서 취급하는 취지의 중간적 재판에 지나지 아니하는 것이기 때문에, 이에 불복이 있으면 본안에 대한 종국판결과 함께 상소할 수 있을 뿐이고 독립하여 위 결정에 대하여 항고할 수 없다.[2022)]

7. 소송인수의 효력

소송승계참가의 경우와 마찬가지로, 피인수신청인이 소송을 인수한 경우, 즉, **법원이 인수결정을 한 경우, 그 인수는 처음의 소가 제기된 때에 소급하여 시효의 중단 또는 법률상 기간준수의 효력이 생긴다**(법 제82조 제3항 후단, 제81조. 법 제68조 제3항 참조).

8. 소송인수참가에서의 소송탈퇴

독립당사자참가의 경우와 마찬가지로, **제3자가 소송을 인수한 경우 그가 참가하기 전의 원고나 피고는 당사자는 상대방의 승낙을 받아 소송에서 탈퇴할 수 있으되**(법 제82조 제3항 전단, 제80조 본문), **판결은 탈퇴한 당사자에 대하여도 그 효력이 미친다**(법 제82조 제3항 전단,

2020) 대법원 2005. 10. 27. 선고 2003다66691 판결.

2021) 대법원 1995. 6. 30. 선고 95다12927 판결.

2022) 대법원 1990. 9. 26.자 90그30 결정(사안은 승계인의 재항고). 동지 : 대법원 1981. 10. 29.자 81마357 결정.

제80조 단서).

소송탈퇴에 관한 그 밖의 사항은 '독립당사자참가' 및 '소송승계참가' 부분에서 기술한 바와 같다.

V. 변론의 병합에 의한 당사자의 추가[2023)]

당사자가 다르지만 공동소송의 요건이 구비된 두 사건의 변론이 병합되면, 사실상 병합사건에 피병합사건의 당사자가 추가되는 셈이 된다.

그러나, 재판부가 다른 사건에서는 각 재판부에서 직접적으로 변론병합결정을 할 수가 없다. 따라서, 병합을 요하는 사건이 서로 다른 재판부에 있을 때에는, 당사자가 먼저 접수된 사건의 담당재판부에 변론병합신청을, 뒤에 접수된 사건의 재판부에 이부신청을 각각 함이 실무이다.[2024)]

이부(移部)란 같은 법원 내 단독판사끼리나 합의부끼리의 사건의 송부를 말한다.[2025)] 실무상, 공동소송의 요건(법 제65조)에 해당하여 당사자가 이부를 구하여 온 때에는 재배당을 실시할 수 있는 것으로 되어 있다.[2026)]

그런데, 더 나아가 각 사건이 동일심급의 별개법원에 계속중일 때는 변론병합의 전제로서 (재량)이송이 필요함은 물론이다.

입법론으로는, 통상공동소송의 요건을 갖출 것과 소송절차를 현저히 지연시키지 아니할 것을 전제로 하여 제1심의 변론을 종결할 때까지 원고의 신청에 따라 결정으로 피고를 추가하도록 허가하는 제도의 도입도 고려하여 봄 직하다.

2023) 이 책의 '소장의 심사 및 소장 또는 이행권고결정의 송달' 부분에서 중복제소금지와 관련하여 인용한, 대법원 2001. 4. 27. 선고 2000다4050 판결 참조.

2024) 제요[민소Ⅱ], 770면.

2025) cf. 단독판사와 합의부는 관할이 별개(사물관할)이므로 그 사이에서는 이송이 문제된다.

2026) 사무분담·사건배당예규 제14조 제3호.

제 7 장 공동소송인과 참가인의 소송행위 및 소송진행[2027]

1. 통상공동소송의 경우 : 공동소송인독립의 원칙

가. 소송자료의 불통일

통상공동소송에서, **공동소송인 가운데 한 사람의 소송행위 또는 이에 대한 상대방의 소송행위는 다른 공동소송인에게 영향을 미치지 아니한다**(법 제66조 전단).

따라서, 통상공동소송인 간에는 주장공통의 원칙이 적용되지 아니하므로,[2028] 공동소송인 중 한 사람이 다른 공동소송인에게 유리한 소송행위를 하였더라도, 다른 공동소송인은 이를 원용하여야만 비로소 그 효력을 받을 수 있다.

또한, 예컨대, 통상공동소송에서 공동소송인 중의 1인이 한 자백은 다른 공동소송인에 대하여는 효력이 생기지 않는다.[2029]

결국, 통상공동소송에서는 공동당사자들 상호간의 공격방어방법의 차이에 따라 모순되는 결론이 발생할 수 있고, 이는 변론주의를 원칙으로 하는 소송제도 아래서는 부득이한 일로서 판결의 이유모순이나 이유불비가 된다고 할 수 없다.[2030]

나. 소송진행의 불통일

통상공동소송에서, **공동소송인 가운데 한 사람에 관한 사항은 다른 공동소송인에게 영향을 미치지 아니한다**(법 제66조 후단).

예컨대, 통상공동소송인인 피고들이 항소한 사건에서 그중 한 사람이 '2회 쌍불'에 해당할 경우에는 그 피고에 대하여서만 항소취하간주의 효력이 발생한다.[2031]

따라서, 통상공동소송인 가운데 한 사람에게 소송절차를 중단 또는 중지하여야 할 이유가 있는 경우 그 중단 또는 중지는 다른 공동소송인에게는 효력이 미치지 아니한다(법 제67조

2027) 필수적 공동소송인 등의 화해와 청구의 포기·인낙 등에 관한 문제에 대하여서는 '당사자의 행위에 의한 소송의 종료' 부분에서 후술하겠다.

2028) 대법원 1994. 5. 10. 선고 93다47196 판결.

2029) 대법원 1968. 5. 14. 선고 67다2787 판결.

2030) 대법원 2008. 6. 12. 선고 2007다36445 판결.
이유모순, 이유불비의 개념에 관하여서는, '상고, 재항고 및 특별항고' 부분에서 논한다.

2031) 그리고 그 경우에 변론을 분리하여야 하는 것도 아니다. 대법원 1970. 11. 24. 선고 70다1893 판결.

제3항 참조).

2. 필수적 공동소송 등 합일확정소송의 경우

가. 개 관

필수적 공동소송은 합일확정을 요하므로 통상공동소송과 달리 소송자료의 통일과 소송진행의 통일이 요구된다(법 제67조).

공동소송참가인은 개념필연적으로 피참가인과 필수적 공동소송의 관계에 있으므로, 공동소송참가에서도 필수적 공동소송과 마찬가지로 소송진행 및 소송자료의 통일이 요구됨은 물론이다.

또한, **이러한 법리는 예비적·선택적 공동소송이나 독립당사자참가에서도 마찬가지이다**(법 제70조 제1항 본문 및 제79조 제2항에서 각각 제67조의 준용).[2032]

위와 같이 합일확정을 요하는 소송형태들을 '합일확정소송'이라 총칭하기도 하는바, 이 책에서도 그 용례를 좇고자 하며, 다만 이하에서는 서술의 편의상 원칙적으로 필수적 공동소송 위주로 서술하겠다.

나. 소송자료의 통일

필수적 공동소송의 경우에 공동소송인 가운데 한 사람의 소송행위는 모두의 이익을 위하여서만 효력을 가진다(법 제67조 제1항).

필수적 공동소송에서 공동소송인 가운데 한 사람에 대한 상대방의 소송행위도 공동소송인 모두에게 효력이 미친다(같은 조 제2항).

따라서, 예컨대, 필수적 공동소송에서는 재판상 자백이 성립하려면 공동소송인 모두가 자백을 하여야 하며, 그중 한 사람이라도 상대방의 주장사실을 부인하면 모두가 부인한 것으로 된다.

같은 이치에서, 예컨대, 독립당사자참가에서도 두 당사자 사이의 소송행위가 나머지 1인에게 불이익이 되는 경우, 두 당사자 간에도 효력이 발생하지 않는다.[2033]

2032) 대법원 2008. 7. 10. 선고 2006다57872 판결(사안은 예비적·선택적 공동소송).

2033) 대법원 2009. 1. 30. 선고 2007다9030,9047 판결(원고와 피고 사이에 다툼 없는 사실이라 하더라도 그것만으로는 재판상 자백이 성립하지 않는다고 본 사안).

다. 소송진행의 통일

1) 소송절차의 정지

필수적 공동소송에서 공동소송인 가운데 한 사람에게 소송절차를 중단 또는 중지하여야 할 이유가 있는 경우, 그 중단 또는 중지는 모두에게 효력이 미친다(법 제67조 제3항).

예컨대, 필수적 공동소송인인 피고들 중 1인이 사망한 경우 공동소송인 전원에 대하여 중단의 효과가 발생한다.[2034)]

2) 기일의 해태

고유필수적 공동소송에서는, 공동소송인 가운데 한 사람이라도 출석하면 기일불출석의 효과가 발생하지 아니하게 된다.[2035)]

그러나, 유사필수적 공동소송에 관하여서도 그러한지에 관하여서는 학설이 대립한다.

3) 변론의 분리

합일확정소송에서는 변론의 분리가 허용되지 아니한다.[2036)]

4) 소의 취하

가) 고유필수적 공동소송의 경우

고유필수적 공동소송에서는 원고들 일부의 소 취하 또는 피고들 일부에 대한 소 취하는 특별한 사정이 없는 한 그 효력이 생기지 아니한다.[2037)]

나) 그 밖의 합일확정소송의 경우

(1) 유사필수적 공동소송의 경우

유사필수적 공동소송에서는 소송공동이 강제되지 아니하므로 일부 공동소송인의 취하나 일부 공동소송인에 대한 취하도 가능한 것으로 해석된다.

따라서, 원고들 중 일부가 소를 취하하는 데 다른 공동소송인의 동의를 받을 필요도 없다.[2038)]

2034) 대법원 1983. 10. 25. 선고 83다카850 판결.

2035) 대법원 1982. 6. 22. 선고 81다791 판결 참조.

2036) 대법원 1995. 12. 8. 선고 95다44191 판결(사안은 독립당사자참가).

2037) 대법원 2007. 8. 24. 선고 2006다40980 판결(사안은 공동상속인이 다른 공동상속인을 상대로 어떤 재산이 상속재산임의 확인을 구하는 소송).

2038) 대법원 2013. 3. 28.자 2012아43 결정(사안은 공동소송적 보조참가인의 동의 없이 피참가인이 소를 취

(2) 예비적·선택적 공동소송의 경우

예비적·선택적 공동소송에서도, 소의 취하는 공동소송인 모두가 할 것을 또는 모두에 대하여 할 것을 요하지 아니한다(법 제70조 제1항 단서).

따라서 공동소송인 중 일부가 소를 취하하거나 일부 공동소송인에 대한 소를 취하할 수 있고,[2039] 공동피고 중 일부에 대하여서만 소를 취하할 때에 해당 피고의 동의만 있으면 된다.

이 경우 소를 취하하지 않은 나머지 공동소송인에 관한 청구 부분은 여전히 심판의 대상이 됨은 물론이다.[2040]

(3) 독립당사자참가의 경우

독립당사자참가에서도, 원고가 소를 취하할 수도 있고, 참가인이 참가신청을 취하할 수도 있다.

3. 보조참가의 경우

가. 통상의 보조참가와 공동소송적 보조참가의 공통점

(보조)**참가인은 소송에 관하여 공격·방어·이의·상소, 그 밖의 모든 소송행위를 할 수 있으며**(법 제76조 제1항 본문), (보조)참가인은 그의 참가에 대한 이의신청이 있는 경우라도 (보조)참가를 허가하지 아니하는 결정이 확정될 때까지 소송행위를 할 수 있다(법 제75조 제1항).

다만, 보조참가인은 – 통상의 보조참가인 뿐만 아니라 공동소송적 보조참가인 역시 –[2041] 참가 당시의 소송상태를 전제로 하여 피참가인을 보조하기 위하여 참가하는 것이므로,[2042] **참가할 때의 소송의 진행정도에 따라 할 수 없는 소송행위는 할 수 없다**(법 제76조 제1항 단서).

예컨대, 피참가인이 재심사유를 안 채로 재심의 소의 제소기간(법 제456조 제1항)을 도과시켰다면, 보조참가인이 그 재심사유를 주장함은 부적법하다.[2043]

하한 경우).

2039) 대법원 2018. 2. 13. 선고 2015다242429 판결(사안은 예비적 공동소송).

2040) 대법원 2018. 2. 13. 선고 2015다242429 판결(사안은 주위적 피고가 항소하였으나 원고가 주위적 피고에 대한 소를 취하하자, 원심법원이 예비적 피고에 대하여 판단한 것이다. 대법원은 이러한 판단을 한 조처가 정당하다고 보았다).

2041) 대법원 2015. 10. 29. 선고 2014다13044 판결.

2042) 대법원 2015. 10. 29. 선고 2014다13044 판결.

2043) 대법원 2015. 10. 29. 선고 2014다13044 판결.

또한, 보조참가인은 소의 변경과 같은 기존의 소송형태를 변경시키는 행위는 할 수 없다.[2044] 즉, 당사자의 지위에서만 할 수 있는 행위를 할 수 없다.

보조참가인의 행위와 관련하여 주의할 것은, 판례는 국가가 당사자의 일방을 위하여 보조참가인으로서 참가하고 있는 소송은 인지첩부법 제2조에서 말하는 국가를 '당사자'로 하는 소송이라고 볼 수 없다고 해석한다는 점이다.[2045] 따라서, 예컨대, 국가가 '보조참가인으로서' 상소를 제기할 때에는 인지대 납부의무가 면제되지 아니한다는 것이 된다.

한편, 피참가인은 보조참가인의 의사에 불구하고 소를 취하할 수 있다.[2046] 다만, 재심의 소의 경우에는 그러하지 아니함은 '재심 및 준재심 절차' 부분에서 논하는 바와 같다.

나. 통상의 보조참가와 공동소송적 보조참가의 차이점

1) 소송자료에 관한 차이점

가) 개 관

(1) 통상의 보조참가의 경우

통상의 보조참가에서는, **참가인의 소송행위가 피참가인의 소송행위에 어긋나는 경우에는 그 참가인의 소송행위는 효력을 가지지 아니한다**(법 제76조 제2항).

즉, 피참가인의 소송행위와 보조참가인의 소송행위가 서로 어긋나는 경우에는 피참가인의 의사가 우선한다.[2047] 따라서, 보조참가인의 행위가 먼저 있는 경우에도 피참가인이 이에 저촉되는 행위를 하면 보조참가인의 소송행위는 무효로 된다.[2048]

그런데, "참가인의 소송행위가 피참가인의 소송행위에 어긋나는 경우"라 함은 참가인의 소송행위가 피참가인의 행위와 명백히 적극적으로 배치되는 경우를 말하고 소극적으로만 피참가인의 행위와 불일치하는 때에는 이에 해당하지 아니한다.[2049] 따라서, 예컨대, 피참가인이 상대방이 주장하는 사실을 명백히 다투지 아니하는 경우에 보조참가인이 그 사실에 대하여 다투는 것은 피참가인의 소송행위에 어긋나는 경우라 할 수 없다.[2050]

2044) 대법원 1989. 4. 25. 선고 86다카2329 판결.

2045) 대법원 1969. 10. 18.자 69마683 결정. 동지 : 대법원 2008. 7. 11.자 2008마600 결정.

2046) 대법원 1984. 12. 11. 선고 84다카659 판결(통상의 보조참가) ; 대법원 2013. 3. 28. 선고 2011두13729 판결 ; 대법원 2013. 3. 28.자 2012아43 결정(이상, 공동소송적 보조참가).
한편, 판례가 공동소송적 보조참가인의 동의 없이 피참가인이 소를 취하할 수 있다고 새기는 근거는, 소취하가 공동소송적 보조참가인에게 불이익이 되는 소송행위가 아니라고 함에 있다.

2047) 대법원 2010. 10. 14. 선고 2010다38168 판결. 동지 : 대법원 1984. 12. 11. 선고 84다카659 판결.

2048) 대법원 1966. 12. 20. 선고 66다1834 판결.

2049) 대법원 2007. 11. 29. 선고 2007다53310 판결.

주의할 것은, 보조참가인의 증거신청행위가 피참가인의 소송행위와 저촉되지 아니하고(즉, 피참가인이 증거신청행위와 저촉되는 소송행위를 한 바 없고), 그 증거들이 적법한 증거조사절차를 거쳐 법원에 현출되었다면 법원이 이들 증거에 터 잡아 피참가인에게 불이익한 사실을 인정하였다 하여 그것이 위 조항에 위배된다고 할 수 없다는 점이다.[2051]

(2) 공동소송적 보조참가의 경우

필수적 공동소송과 마찬가지로, **공동소송적 보조참가에서는, 참가인과 피참가인 가운데 한 사람의 소송행위는 모두의 이익을 위하여서만 효력을 가지므로**(법 제78조, 제67조 제1항), 참가인이 피참가인의 소송행위와 어긋나는 행위도 할 수 있고,[2052] 피참가인의 소송행위 중 공동소송적 보조참가인에게 불이익이 되는 것은 효력이 없다고 할 것이다.[2053]

(3) 서증부호의 문제

한편, 서증 제출에 관하여, 보조참가인은 당사자가 아니므로 피참가인의 부호를 그대로 따름이 원칙이나, 보조참가인이 제출한 서증을 피참가인이 제출한 서증과 구별할 필요가 있을 때에는 가지부호를 사용할 수도 있는 것으로 해석되는바,[2054] 관견으로는 통상의 보조참가의 경우에는 전자에, 공동소송적 보조참가의 경우에는 후자에 의하여야 할 것으로 본다.

나) 재판상 자백

(1) 통상의 보조참가의 경우

통상의 보조참가에서는, 피참가인이 상대방의 주장사실을 자백한 이상 보조참가인이 이를 다투었다고 하여도 참가인의 주장은 그 효력이 없으며(법 제76조 제2항),[2055] 참가인이 상대방의 주장사실에 대하여 자백하는 것이 허용되지 아니한다고 함이 통설이다.

(2) 공동소송적 보조참가의 경우

공동소송적 보조참가에서는 재판상 자백이 성립하려면 피참가인과 참가인이 일치하여 자백하여야 한다(법 제78조, 제67조 제1항).

2050) 대법원 2007. 11. 29. 선고 2007다53310 판결.

2051) 대법원 1994. 4. 29. 선고 94다3629 판결.

2052) 대법원 2001. 1. 19. 선고 2000다59333 판결 참조.

2053) 대법원 2013. 3. 28.자 2012아43 결정. 동지 : 대법원 2013. 3. 28. 선고 2011두13729 판결 ; 대법원 2015. 10. 29. 선고 2014다13044 판결 ; 대법원 2017. 10. 12. 선고 2015두36836 판결.

2054) 민사증거목록예규 제14조 제3호 참조.

2055) 대법원 1981. 6. 23. 선고 80다1761 판결.

2) 소송진행에 관한 차이점

가) 통상의 보조참가의 경우

통상의 보조참가에서는 보조참가인이 사망하더라도 소송절차가 중단되지 아니한다.[2056] 그러나, 이 경우에도 소송수계가 가능함은 물론이다.[2057]

나) 공동소송적 보조참가의 경우

필수적 공동소송과 마찬가지로, **공동소송적 보조참가에서는, 참가인에게 소송절차를 중단 또는 중지하여야 할 이유가 있는 경우 그 중단 또는 중지는 피참가인에게 효력이 미친다**(법 제78조, 제67조 제3항).

이에 관하여, '참가인의 이익을 해할 우려가 있는 경우에만' 소송절차가 중지되는 것으로 한정해석하여야 한다는 견해도 있으나, 관견으로는 이는 절차의 명확성을 해하는 해석으로서 부당하다고 본다.

2056) 대법원 1995. 8. 25. 선고 94다27373 판결.

2057) 대법원 1995. 8. 25. 선고 94다27373 판결 참조.

제8장 당사자 사이의 소송중의 소

Ⅰ. 당사자 사이의 소송중의 소 개관

청구의 변경이나 반소 또는 중간확인의 소는, 모두 소송중의 소이지만, 독립의 소와 달리 취하 등에서 차이가 있음은 각각 해당 부분에서 후술하는 바와 같다.

청구의 변경이나 반소의 제기 또는 중간확인의 소의 제기는 모두 사실심변론종결전까지지만 할 수 있으며(법 제262조 제1항, 법 제269조 제1항, 민사소송 등 인지법 제4조, 제5조 참조), 따라서 상고심에서는 이를 할 수 없다.[2058]

또한, 소송절차를 현저히 지연시키지 아니할 것도 삼자에 공통되는 요건이다(법 제262조 제1항, 제264조 제1항, 제269조 제1항).

Ⅱ. 청구의 변경

1. 청구의 변경 개관

가. 청구의 변경의 의의

소송물의 변경을 청구의 변경이라 하는바, **원고는 청구의 기초가 바뀌지 아니하는 한도안에서 변론을 종결할 때까지 청구의 취지 또는 원인을 바꿀 수 있다**(법 제262조 제1항 본문).[2059]

다만, 청구의 변경은, 변론 없이 한 판결의 경우에는 판결을 선고할 때까지 할 수 있으며(같은 항 본문), **소송절차를 현저히 지연시키는 경우에는 할 수 없다**(같은 항 단서).

청구의 변경 제도를 인정하는 취지는 소송으로서 요구받고 있는 당사자 쌍방의 분쟁에 합

2058) 대법원 1991. 10. 8. 선고 89누7801 판결(청구의 변경).

2059) cf. 행정소송법 제21조와 제22조가 정하는 소의 변경은 그 규정에 의하여 특별히 인정되는 것으로서 민사소송법상 소의 변경을 배척하는 것이 아니므로, 행정소송의 원고는 행정소송법 제8조 제2항에 의하여 준용되는 민사소송법 제262조에 따라 청구의 기초에 변경이 없는 한도에서 청구취지 또는 원인을 변경할 수 있다. 대법원 2013. 4. 26. 선고 2012두27954 판결.

리적 해결을 실질적으로 달성시키고 동시에 소송경제에 적합하도록 함에 있다.[2060)]

청구의 변경에 의한, 시효의 중단 또는 법률상 기간을 지킴에 필요한 재판상 청구는 청구의 변경 신청서를 법원에 제출한 때에 그 효력이 생긴다(법 제265조).

나. 소극적 요건 : 청구기초의 변경, 소송절차의 지연

동일한 생활사실 또는 동일한 경제적 이익에 관한 분쟁에서 그 해결방법에 차이가 있음에 불과한 청구취지 또는 청구원인의 변경은 청구의 기초에 변경이 없다.[2061)]

그리고, 청구의 변경이 있는 경우에 법원은 새로운 청구의 심리를 위하여 종전의 소송자료를 대부분 이용할 수 없고 별도의 증거제출과 심리로 인하여 소송절차를 현저히 지연시키는 경우에는 이를 허용하지 아니하는 결정을 할 수 있다.[2062)] 이는, 신속·경제의 이념을 실현하기 위해서는 당사자에 의한 소송지연을 막을 필요가 있기 때문이다.[2063)]

그러나 환언하면, 새로운 청구의 심리를 위하여 종전의 소송자료를 대부분 이용할 수 있는 경우에는 소송절차를 지연케 함이 현저하다고 할 수 없다.[2064)]

다. 청구취지 및 원인의 변경과 소송물의 변경 여부

1) 청구취지의 변경

후술하는 청구의 감축, 청구취지의 보충·정정 등을 논외로 하면, 원칙적으로, 청구취지의 변경이 청구의 변경에 해당함은 의문이 없다.

청구취지를 변경할 때에는 대개 청구원인도 함께 변경하게 된다.

그러나, 민사소송에서 청구원인은 종전의 그것을 그대로 유지한 채 청구취지만을 변경하는 경우, 비록 청구취지의 변경에 따른 청구원인의 보충이 따로 없었다 하더라도 변경된 청구는 특정된다 할 것이고, 그때까지 주장한 청구원인이 변경된 청구취지에 따른 청구원인이 된다.[2065)]

2060) 대법원 1987. 7. 7. 선고 87다카225 판결. 동지 : 대법원 1966. 1. 31. 선고 65다1545 판결.

2061) 대법원 1966. 1. 31. 선고 65다1545 판결. 동지 : 대법원 1972. 6. 27. 선고 72다546 판결 ; 대법원 1972. 11. 28. 선고 72다1221 판결 ; 대법원 1987. 7. 7. 선고 87다카225 판결 ; 대법원 1987. 10. 13. 선고 87다카1093 판결 ; 대법원 1994. 6. 14. 선고 92다23377 판결 ; 대법원 1997. 4. 25. 선고 96다32133 판결 ; 대법원 1998. 4. 24. 선고 97다44416 판결 ; 대법원 2001. 3. 13. 선고 99다11328 판결 ; 대법원 2009. 3. 12. 선고 2007다56524 판결 ; 대법원 2012. 3. 29. 선고 2010다28338,28345 판결.

2062) 대법원 2015. 4. 23. 선고 2014다89287 판결.

2063) 대법원 2017. 5. 30. 선고 2017다211146 판결.

2064) 대법원 1998. 4. 24. 선고 97다44416 판결. 동지 : 대법원 2009. 3. 12. 선고 2007다56524 판결.

2) 청구원인의 변경

청구원인만의 변경이 청구의 변경에 해당하는지는 소송물이론에 따라 결론이 달라지는 문제이나, 구소송물이론에 의하면 청구원인의 변경도 청구의 변경에 해당한다.

그러나, 어느 소송물이론에 의하더라도, 단순한 공격방어방법의 변경에 그칠 경우에는 청구의 변경이 아님은 물론이다.[2066]

2. 청구의 변경의 종류 및 구별개념

가. 개 관

상술한 바와 같이, 청구의 변경은, 변경의 대상에 따라 청구취지의 변경과 청구원인의 변경으로 나누어 볼 수 있고, 변경의 모습에 따라 추가적 변경과 교환적 변경으로 나누어 볼 수 있다.

이 중 변경의 대상에 따른 종류와 관련하여서는, 그 방식면에서 청구의 변경과 동일하지만 개념상 구별되는 제도들에 주의하여야 한다.

나. 청구의 추가적 변경과 교환적 변경

1) 청구의 추가적 변경

청구의 추가적 변경은 단순병합, 선택적 병합, 예비적 병합의 형태로 이루어질 수 있으며, 청구의 확장도 청구의 추가적 변경의 일종이나,[2067] 엄밀히 말해서 청구취지의 확장과 청구취지의 추가는 구별되는 개념이다.[2068]

2) 청구의 교환적 변경

청구의 교환적 변경은 기존 청구의 소송계속을 소멸시키고 새로운 청구에 대하여 법원의 판단을 받고자 하는 소송법상 행위이다.[2069]

그러므로, 청구가 교환적으로 변경된 경우에는 구청구는 취하되고 신청구가 심판의 대상

2065) 대법원 1988. 2. 23. 선고 87다카1108 판결.

2066) 대법원 2003. 5. 27. 선고 2001다13532 판결 참조.

2067) 대법원 1997. 4. 11. 선고 96다50520 판결 참조.

2068) 그 구별실익은 항소심 판결주문의 차이 등에 있으나, 이에 관한 상론은 이 책이 다룰 범위를 넘으므로 생략하겠다.

2069) 대법원 2018. 5. 30. 선고 2017다21411 판결.

이 되는 것임에 주의하여야 한다.[2070] 따라서, 상대방의 동의가 없으면 구청구의 취하의 효력이 발생하지 아니하여 추가적 변경이 된다고 봄이 다수설이다.

그러므로, (교환적으로) 변경된 청구에 대한 시효의 중단 또는 법률상 기간의 준수 여부는 청구의 변경이 있은 때가 기준이 된다(법 제265조).[2071]

또한, 교환적으로 변경되기 전 청구에 관하여 자백이 성립하였다 하더라도, 청구가 교환적으로 변경됨에 따라 종전의 자백도 그 대상이 없어짐으로써 소멸되며, 변경전 청구가 다시 추가된다 하더라도 자백의 효력이 되살아난다고 볼 수도 없다.[2072]

3) 청구의 변경형태의 판정 및 석명의무

청구의 변경이 교환적인가 또는 추가적인가의 여부는 기본적으로 당사자의 의사해석에 의할 것이므로, 당사자가 구 청구를 취하한다는 명백한 표시 없이 새로운 청구로 변경하는 등으로 그 변경형태가 불분명한 경우에는 사실심법원으로서는 과연 청구변경의 취지가 교환적인가 또는 추가적인가의 점을 석명할 의무가 있다.[2073]

이러한 이치는, 청구의 추가적 변경의 경우 그것이 (단순병합인가 예비적인가 아니면) 선택적인가의 여부에 관하여서도 마찬가지이다.[2074]

다. 구별개념

1) 소송계속 전의 청구취지 또는 원인의 변경

청구의 변경은 소송계속을 전제로 한다. 따라서, 원고는 소송계속 전에는 자유롭게 청구취지와 청구원인을 변경할 수 있으되, 이는 법 제262조가 말하는 청구의 변경에는 해당하지 아니한다.

2070) 대법원 2003. 1. 24. 선고 2002다56987 판결. 동지 : 대법원 1975. 5. 13. 선고 73다1449 판결 ; 대법원 1987. 11. 10. 선고 87다카1405 판결.

2071) 대법원 1974. 2. 26. 선고 73누171 판결.

2072) 대법원 1994. 10. 14. 선고 94다10153 판결. 동지 : 대법원 1997. 4. 22. 선고 95다10204 판결.

2073) 대법원 1994. 10. 14. 선고 94다10153 판결. 동지 : 대법원 1967. 7. 4. 선고 67다766 판결 ; 대법원 1987. 6. 9. 선고 86다카2600 판결(사안은 당사자가 구청구를 취하한다는 명백한 표시없이 새로운 청구취지를 항소장에 기재한 경우) ; 대법원 1995. 5. 12. 선고 94다6802 판결 ; 대법원 2003. 1. 10. 선고 2002다41435 판결 ; 대법원 2009. 1. 15. 선고 2007다51703 판결 ; 대법원 2013. 10. 24. 선고 2010다90661 판결; 대법원 2014. 6. 12. 선고 2014다11376 판결.

2074) 대법원 2009. 1. 15. 선고 2007다51703 판결의 방론. 동지 : 대법원 2013. 10. 24. 선고 2010다90661 판결의 방론.

2) 청구의 감축

청구의 감축도 기술적으로 청구취지 및 원인의 변경을 통하여 이루어지기는 하지만, 그 실질은 청구의 변경이 아니라 소의 일부취하이다.[2075]

청구의 감축의 대표적인 예로는, 수량적으로 가분인 동일 청구권에 기한 청구금액의 감축이 있다.[2076]

청구의 감축과 변경의 구별실익은, 신청의 방식상 서면주의에 의하는지 여부 및 법원의 허부 재판의 요부에 있으며, 상세한 것은 후술하는 바와 같다.

3) 청구취지의 보충 또는 정정

소장에서 심판을 구하는 대상이 불분명한 경우 이를 명확하게 하기 위하여 청구취지를 보충·정정하는 것은 청구의 변경에 해당하지 아니한다.[2077]

청구취지의 보충·정정과 청구의 변경의 구별실익은, 예컨대, 행정소송에서 예컨대, 행정소송에서 제소기간이 이미 도과한 후에 원고가 청구취지를 바꾼 경우, 만일 그것이 청구취지의 변경에 해당한다면 변경된 소는 제소기간을 도과하여 부적법각하될 수밖에 없으나(법 제265조 참조), 그것이 청구취지의 보충에 불과하다면 제소기간 도과의 문제가 생기지 않는다는 데 있다.[2078]

그런데, 소장의 청구취지 기재만으로는 당사자가 주장하는 소송물이 포함되어 있는지가 분명하지 아니하지만 청구원인으로 보아 그 청구가 당초부터 소송물로 주장되고 있음이 분명하다면 소장의 청구취지에 그 소송물이 포함되어 있다고 보아야 하고, 나중에 당사자가 청구취지변경신청서에 의해 청구취지를 청구원인에 맞게 정리하여 그 소송물을 명확하게 특정하였다고 해서 그때 비로소 그 소송물이 추가되었다고 볼 것은 아니므로, 그 소송물에 관한 제소기간의 준수 여부는 청구취지 변경 시가 아닌 소장 제출 시를 기준으로 판단하여야 한다.[2079]

2075) 대법원 1993. 9. 14. 선고 93누9460 판결. 동지: 대법원 1983. 8. 23. 선고 83다카450 판결.
2076) 대법원 2004. 7. 9. 선고 2003다46758 판결.
2077) 대법원 2008. 2. 1. 선고 2005다74863 판결 등.
2078) 대법원 1982. 9. 28. 선고 81누106 판결; 대법원 1984. 2. 28. 선고 83누638 판결 참조
2079) 대법원 2011. 1. 20. 선고 2009두13474 전원합의체 판결.

3. 청구취지 또는 청구원인의 변경신청[2080]

가. 개 관

청구취지의 변경은 서면(「청구취지변경신청서」[2081] 내지 「청구취지 및 원인변경신청서」)**으로 신청하여야 한다**(법 제262조 제2항).

그러나, 청구원인의 변경은 – 서면(「청구원인변경신청서」)[2082] – 말로 신청하여도 된다(위 규정의 반대해석).

또한, 청구의 감축은, 그 법적 성질이 청구의 변경이 아니라 소의 일부취하이므로, 변론 또는 변론준비기일에서 말로 할 수도 있다(법 제266조 제3항 참조).

나. 기재사항

청구취지의 확장 또는 추가와 관련하여 주의할 사항 중 한 가지는, 소송촉진법 소정의 법정이율이다. 소송촉진법 제3조 제1항 소정의 법정이율은 금전채무의 이행을 구하는 소장 또는 이에 준하는 서면이 채무자에게 송달된 날의 다음날부터 적용할 수 있는 것이므로, 만일 채권자가 청구취지를 확장하면 그 확장된 청구금액에 대하여는 청구취지를 확장한 해당 서면이 채무자에게 송달된 날의 다음날부터 소송촉진법 제3조 제1항 소정의 이율을 적용할 수 있는 것이다.[2083] 청구취지를 추가한 경우에도 마찬가지 법리가 적용됨은 물론이다.

그런데, 2019. 6. 1.부로 '소송촉진법' 소정의 법정이율이 인하되었는바, 이에 관하여서는 '판결의 선고' 부분에서 재론하겠다.

다. 인지의 첩부

1) 원칙 : 청구의 확장 또는 추가의 경우

청구변경신청서에는 제1심의 경우에는 변경 후의 청구에 관한 소장에 붙일 인지액(민사소송 등 인지법 제2조)**에 따른 금액에서 변경 전의 청구에 관한 인지액을 뺀 금액의 인지를 붙여야 한다**(민사소송 등 인지법 제5조 제1호).[2084]

2080) 청구취지와 청구원인의 변경이라고 하여도 실제로는 본래적 의미의 청구의 변경이 아닌 경우가 있음을 기술하였다. 그러나, 본래적 의미의 청구의 변경이 아닌 경우라 하더라도, 신청서의 형식과 송달 문제 등에서는 큰 차이가 없다.

2081) '인지액·편철방법예규'.

2082) '인지액·편철방법예규'.

2083) 대법원 1995. 2. 17. 선고 94다56234 판결.

이에 반하여, 항소심 신청서에는 1.5배액의 인지를 붙여야 하는바(같은 조 제2호), 이에 관하여서는 '항소' 부분에서 재론한다.

2) 예외 : '변경 후의 소가가 더 큰' 청구의 교환적 변경의 경우

다만, '변경 후의 소가가 더 큰' 교환적 변경의 경우에는, '교환후 청구에 관한 인지액'에서 '변경 전 청구에 관한 인지액의 일부를 소취하에 따라 환급할 금액'(민사소송 등 인지법 제14조 제1항 제2호)을[2085] 뺀 금액의 인지를 붙여야 하는 것으로 풀이된다.[2086]

그런데, 이때 차감할 금액에 관하여서는 소위 합산법칙이 적용됨에 주의하여야 한다(민사소송 등 인지규칙 제33조 제3항). 즉, 예컨대, 제1심에서 A 토지(소가 5,000만 원)에 관한 소유권확인청구를 B 토지(소가 2억 원)에 관한 소유권확인청구로 변경하였다면, 납부할 인지액은 다음과 같이 계산된다.[2087]

① 교환후 청구(즉, B 토지에 관한 청구)에 관한 인지액 : 825,000원

② A 토지에 관한 소취하에 따라 환급할 금액 : 105,500원{= (230,000원(A토지에 관한 청구의 인지액) + 825,000원(B 토지에 관한 청구의 인지액)) × (5,000만 원/2억 5,000만 원) × 1/2}

③ ∴ ①-② = 719,500원

4. 청구변경신청서 부본의 송달

청구취지 변경신청서는 상대방에게 송달하여야 한다(법 제262조 제3항). 이는 청구의 감축 등의 경우에도 같다(법 제266조 제4항 참조).

그러나, 청구원인 변경신청서도 상대방에게 송달하여야 함은 물론이다.

5. 청구취지 또는 청구원인의 변경불허결정

가. 개 관

청구의 변경이 적법하다고 인정할 때에는 별도의 재판 없이 바로 변경된 청구에 대하여

2084) 즉, 소가의 차액이 아니라 인지액의 차액을 구하는 것임에 주의하여야 한다. 그리고, 산출된 금액이 1,000원 미만이면 그 인지액은 1,000원으로 하고(민사소송 등 인지법 제2조 제2항 전단), 산출된 금액이 0원인 때에는 인지첩부를 요하지 않게 된다.

2085) 이에 관하여서는 '인지액 중 일정액의 환급' 부분에서 재론한다.

2086) 인지실무, 21면.

2087) 위의 책.

심판하게 되며, 이에 대하여 상대방에게도 방어의 기회를 주어야 한다.[2088)]

그러나, **법원이 청구의 취지 또는 원인의 변경이 옳지 아니하다고 인정한 때에는 직권으로 또는 상대방의 신청에 따라 변경을 허가하지 아니하는 결정을 하여야 한다**(법 제263조).

또한, 주의할 것은, 청구의 변경에 대하여 상대방이 지체 없이 이의하지 아니하고 변경된 청구에 관한 본안의 변론을 한 때에는 상대방은 더 이상 그 청구 변경의 적법 여부에 대하여 다투지 못한다.[2089)]

나. 청구취지 또는 청구원인 변경불허신청

상대방이 청구취지변경불허신청이나 청구원인변경불허신청을 할 수도 있으나,[2090)] 이는 법원의 직권발동을 촉구하는 의미의 신청에 불과하다.

그러나, 청구의 기초의 동일성 요건이나,[2091)] 서면에 의하지 아니한 청구취지의 변경은,[2092)] 이의권의 포기·상실 대상이므로, 주의하여야 한다.

다. 불복 : 독립한 불복의 불허

청구의 변경을 불허한 결정에 대하여는 독립하여 항고할 수 없고 종국판결에 대한 상소로써만 다툴 수 있다.[2093)]

6. 청구의 감축에 관한 처리

가. 청구감축의 효력발생 여부

위와 같이 본래적 의미의 청구의 변경에 대하여서는, 그것이 적법한 한, 법원이 별도의 재판 없이 법원의 이에 대한 심판을 하면 족하다.

그러나, 청구의 감축은 성질상 소의 취하이고 따라서 상대방의 동의가 있어야 효력이 생기기 때문에(법 제266조 제2항), 법원으로서는 그 취하서(청구변경신청서) 등본을 상대방에게 송달

2088) 대법원 1989. 6. 13. 선고 88다카19231 판결 참조.

2089) 대법원 2011. 2. 24. 선고 2009다33655 판결.

2090) '인지액·편철방법예규'.

2091) 대법원 1966. 12. 20. 선고 66다1339 판결. 동지 : 대법원 1982. 1. 26. 선고 81다546 판결 ; 대법원 1988. 12. 27. 선고 87다카2851 판결 ; 대법원 1992. 12. 22. 선고 92다33831 판결.

2092) 대법원 1972. 11. 28. 선고 71다1668 판결. 동지 : 대법원 1982. 7. 13. 선고 82다카262 판결 ; 대법원 1990. 12. 26. 선고 90다4686 판결 ; 대법원 1993. 3. 23. 선고 92다51204 판결.

2093) 대법원 1992. 9. 25. 선고 92누5096 판결(사안은 청구취지변경의 불허).

한 다음 상대방의 동의 여부에 따라 심판범위를 확정하여 재판을 하여야 하고, 상대방의 동의 여부가 결정되지 아니한 상태에서 '종전의(즉, 감축되기 전의)' 청구에 대하여 재판을 하여서는 아니 된다고 할 것이다.[2094)]

나. 청구감축이 인지액 환급사유에 해당하는지 여부

한편, 청구의 감축이 성질상 소취하라면, 변론종결 전에 청구가 감축된 경우에도 소취하의 경우와 마찬가지로 민사소송 등 인지법 제14조 제1항 제2호 소정의 인지액 환급사유에 해당하는지 문제된다.[2095)]

그러나, 판례는, 어느 청구가 취하된 것이 아니라 단순히 하나의 청구 중 일부를 감축한데 그친 경우는 위에서 규정된 인지액의 환급사유에 해당하지 않는다고 한다.[2096)]

다만, 오히려 위 논리에 의하면, 청구의 감축이라 하더라도, 여러 개의 청구 중 하나의 청구가 전부취하된 때에는 인지액의 환급사유에 해당할 것이다.[2097)]

청구의 교환적 변경에서 변경 후의 소가가 더 작은 경우에는 어떻게 볼 것인가. 이에 관하여서는 '인지액 중 일정액의 환급' 부분에서 서술하겠다.

7. 청구의 변경으로 인한 사물관할의 변동 등

가. 청구의 변경으로 인한 사물관할의 변동

청구취지의 확장 또는 추가 등에 따라 단독사건이 합의사건이 된 때에는 - 확장 또는 추가된 청구에 관하여 기일에 관할위반의 항변을 함으로써 변론관할이 발생한 경우가 아닌 한 - 사건을 합의부로 이송하게 된다.[2098)]

또한, 위와 같은 경우에 본소에서 소송대리허가가 있었다면, 그 취소의 문제도 발생한다(규칙 제15조 제4항).

2094) 대법원 2005. 7. 14. 선고 2005다19477 판결.
그렇다면, 역으로, 상대방의 동의 여부가 결정되지 아니한 상태에서 '감축된' 청구취지에 대하여 판결하는 것은 가능한가 하는 의문이 있으나, 가능하다고 보는 것이 실무인 듯하다.

2095) 이 인지액 환급사유에 관하여서는, '인지액 중 일정액의 환급' 부분에서 상론한다.

2096) 대법원 2012. 4. 13.자 2012마249 결정.

2097) 서울고법 2012. 1. 16.자 2012카기71 결정(대법원 2012. 4. 13.자 2012마249 결정의 원심결정)의 방론. 동지 : 제요[민소 I], 132면 ; 인지실무, 17면(불법행위에 따른 적극적 손해와 소극적 손해의 배상을 청구하는 소송에서 소극적 손해 부분을 전부 취하한 경우에도 인지액환급청구를 할 수 있다고 본다).

2098) 대법원 1983. 6. 21. 선고 83마214 판결 참조.

나. 소액사건이 청구의 변경으로 인하여 그 범위를 넘게 되는 경우

소액사건이라 하더라도, 청구의 확장 또는 추가 등으로 인하여 소액사건에 해당하지 아니하게 된 사건은, 소액사건의 범위에서 제외된다(소액사건심판규칙 제1조의2 제1호).

따라서, 이 경우에는, 변경된 소가에 따라 사건을 민사단독사건 담당 재판부로 재배당하거나(소액사건 전담법관을 두고 있는 경우)[2099] 합의부로 이송하게 되며, 변경전 청구가 시·군법원 사건이었던 경우에는 사건을 관할 지방법원(본원이나 지원)으로 이송하게 된다.

주의할 것은, 이에 반하여 소액사건의 범위를 넘는 사건이 청구의 감축으로 인하여 그 소송목적의 값이 소액사건의 범위에 해당하게 되었다고 하더라도, 이로 인하여 그 사건이 소액사건으로 되는 것이 아니다. 왜냐하면, 어떤 사건이 소액사건인지 여부는 '제소한 때의' 소송목적의 값을 기준으로 하기 때문이다(소액사건심판규칙 제1조의2 본문).

Ⅲ. 반 소

1. 반소 개관

가. 반소의 의의

피고는 변론을 종결할 때까지 본소(本訴)가 계속된 법원에 반소를 제기할 수 있다(법 제269조 제1항 본문).

다만, 소송의 목적이 된 청구가, 다른 법원의 관할에 전속되지 아니하고, 본소의 청구 또는 방어의 방법과 서로 관련이 있어야 하며(같은 항 단서), **소송절차를 현저히 지연시키지 아니하는 경우이어야 한다**(같은 항 본문).

보험회사가 교통사고 피해자를 상대로 제기한 채무부존재확인의 소에 대하여 후자가 전자를 상대로 손해배상(자) 청구의 반소를 제기하는 것 등은 반소의 전형적인 예이다.[2100]

참가소송의 수동적 당사자가 능동적 당사자를 상대로 반소를 제기할 수도 있음은 물론

2099) 사무분담·사건배당예규 제14조 제6호.

2100) cf. 소송요건을 구비하여 적법하게 제기된 본소가 그 후에 상대방이 제기한 반소로 인하여 소송요건에 흠결이 생겨 다시 부적법하게 되는 것은 아니므로, 원고가 피고에 대하여 손해배상채무의 부존재확인을 구할 이익이 있어 본소로 그 확인을 구하였다면, 피고가 그 후에 그 손해배상채무의 이행을 구하는 반소를 제기하였다 하더라도 그러한 사정만으로 본소청구에 대한 확인의 이익이 소멸하여 본소가 부적법하게 된다고 볼 수는 없다. 대법원 1999. 6. 8. 선고 99다17401,17418 판결.

이다.[2101)]

그러나, 피고가 원고 이외의 제3자도 추가하여 반소피고로 하는 반소는 원칙적으로 허용되지 아니하고,[2102)] 다만 피고가 제기하려는 반소가 필수적 공동소송이 될 때에는 필수적 공동소송인 추가(법 제68조)의 요건을 갖추면 (제3자도 반소피고로 삼는 반소도) 허용될 수 있다.[2103)]

나. 반소의 요건

그러나, 반소청구에 본소청구의 기각을 구하는 것 이상의 적극적 내용이 포함되어 있지 않다면 반소청구로서의 이익이 없다.[2104)] 따라서, 예컨대, 어떤 채권에 기한 이행의 소에 대하여 동일 채권에 관한 채무부존재확인의 반소를 제기하는 것은 그 청구의 내용이 실질적으로 본소청구의 기각을 구하는 데 그치는 것이므로 부적법하다.[2105)]

또한, 항소심에서 제기하는 반소에는 추가 요건이 구비되어야 하는바(법 제412조 제1항), 이에 관하여서는 '항소' 부분에서 논한다.

반소요건에 흠이 있을 때의 처리에 관하여서는, 각하설과 분리심판설이 대립하고 있다. 그러나, 이와 달리, 소송요건 자체에 흠이 있는 반소라면 각하판결을 하여야 함은 물론이다.[2106)]

한편, 반소의 제기가 특별수권사항임은 기술하였다(법 제90조 제2항 제1호).

2. 반소의 태양

가. 단순반소와 예비적 반소

일반적인 반소는 본소청구의 인용·기각 여부와 무관하게 반소청구에 대한 심판을 구하는 형태이다(단순반소).

2101) 대법원 1969. 5. 13. 선고 68다656,657,658 판결 참조.

2102) 대법원 2015. 5. 29. 선고 2014다235042 판결.
제3자를 반소피고로 하여 반소를 제기하거나, 제3자가 반소원고가 되어 반소를 제기하는 것을 이른바 제3자반소라고 하는바, 외국에서는 이를 인정하는 입법례도 있다.
그 밖에, 외국에서는 공동소송인이 다른 공동소송인을 상대로 반소를 제기하는 것(공동소송인간의 반소)을 인정하는 입법례도 있다.

2103) 대법원 2015. 5. 29. 선고 2014다235042 판결.

2104) 대법원 2007. 4. 13. 선고 2005다40709,40716 판결. 동지 : 대법원 1969. 4. 29. 선고 68다1884,1885 판결.

2105) 대법원 2007. 4. 13. 선고 2005다40709,40716 판결.

2106) 관견으로는, 가령 반소의 이익이 없는 경우에는 이에 해당한다고 생각한다.

그러나, 반소는 본소청구의 인용이나 기각을 조건으로 하여 반소를 제기할 수도 있다(예비적 반소).[2107] 따라서, 예컨대, 본소청구가 인용될 것을 조건으로 하는 예비적 반소는,[2108] 본소청구를 배척할 경우에는 심판의 대상이 될 수 없다.[2109] 그리고, 만일 법원이 이를 판단하였다 하더라도 그 판결은 효력이 없다.[2110]

나. 재 반 소

반소에 대한 재반소도 허용된다.[2111]

3. 반 소 장

가. 개 관

반소는 본소에 관한 규정을 따른다(법 제270조).

따라서, 반소는 법원에 「반소장」(反訴狀)을 제출함으로써 제기한다(법 제248조의 준용).

나. 인지의 첩부 및 송달료의 예납

1) 인지의 첩부

가) 원 칙

원칙적으로, **제1심에 제출하는 반소장에는 소장에 붙일 인지액**(민사소송 등 인지법 제2조)**의 인지를 붙여야 한다**(민사소송 등 인지법 제4조 제1항 전단).

이에 반하여, 항소심 반소장에는 1.5배액의 인지를 붙여야 하는바(같은 항 후단), 이에 관하여서는 '항소' 부분에서 재론한다.

나) 예 외

그러나, **본소와 그 목적이 같은 반소장에는, 제1심의 경우에는 위 원칙에 따른 인지액에서**

2107) 대법원 2006. 6. 29. 선고 2006다19061,19078 판결 참조(사안은 본소청구의 인용을 조건으로 하는 예비적 반소).

2108) 예비적 반소가 제기되는 경우는 대개 이 경우에 해당한다.

2109) 대법원 2006. 6. 29. 선고 2006다19061,19078 판결. 동지 : 대법원 1991. 6. 25. 선고 91다1615,1622(반소) 판결.

2110) 대법원 2006. 6. 29. 선고 2006다19061,19078 판결.

2111) 대법원 2001. 6. 15. 선고 2001므626,633 판결 참조.
재반소의 실례로는, 서울중앙지법 2014. 2. 19. 선고 2013나19358(본소),2013나19365(반소),2013나19372(재반소) 판결(대법원 2014. 11. 13. 선고 2014다24785,24792,24808 판결의 원심판결).

본소의 소송목적의 값에 대한 소장에 붙일 인지액(민사소송 등 인지법 제2조)**을 뺀 금액의 인지를 붙여야 한다**(민사소송 등 인지법 제4조 제2항 제1호. 차액주의).

이는 본소와 반소의 목적이 같은 경우, 본소청구에 대한 심리·판단에 의하여 반소청구에 관한 결론을 얻을 수 있고, 본소원고와 반소원고 중 한 당사자만이 소송에서 소송목적을 이룰 수 있기 때문에 법원이 위 소송에서 본소원고와 반소원고를 위하여 행하는 역무가 같은 목적의 범위 내에서 공통된다고 볼 수 있어 반소장에 붙일 인지액에서 이미 납부한 본소의 인지액을 공제하여 주는 것이다.[2112]

본소와 목적이 같다고 함은, 비단 소송물이 동일한 경우가 아니더라도, 반소의 인용이 논리적으로 본소의 기각으로 귀결되는 관계에 있는 것을 의미한다.[2113]

본소와 목적이 같은 반소의 예로는, 동일 목적물에 대하여 서로 소유권확인을 구하는 경우, 채무부존재확인의 본소에 대한 동일 채권관계에 기한 금전지급청구의 반소 등을 들 수 있다.[2114]

이에 반하여, 가령, 본소청구와 반소청구가 동시이행의 관계에 있는 경우는 본소와 반소가 목적을 같이 하는 경우가 아니다.[2115]

이에 반하여, 항소심 반소장에는 1.5배액의 인지를 붙여야 하는바(같은 조 제2호), 이에 관하여서는 '항소' 부분에서 재론한다.

2) 송달료의 예납

반소원고는 송달료를 예납하여야 하고,[2116] 반소장은 주기록에 합철된다.[2117]

4. 반소로 인한 이송 등

가. 단독사건의 합의부로의 이송 등

본소가 단독사건인 경우에 피고가 반소로 합의사건에 속하는 청구를 한 때에는, 법원은 직권 또는 당사자의 신청에 따른 결정으로 본소와 반소를 합의부에 이송하여야 한다(법 제269조 제2항 본문).

2112) 헌재 2018. 3. 29. 선고 2017헌바56 결정.
2113) 인지실무, 87~88면.
2114) 제요[민소Ⅰ], 119면 ; 인지실무, 88~89면 ; 소송비용실무, 180면.
2115) 헌재 2018. 3. 29. 선고 2017헌바56 결정.
2116) 송달료예규 제4조 제1항.
2117) '인지액·편철방법예규'.

다만, 반소에 관하여 변론관할이 생긴 경우에는 본소와 반소를 합의부로 이송할 수 없다(같은 조 제2항 단서).

그런데 이 이송의 성질에 관하여서는, 이를 재량이송의 일종으로 봄이 다수설인 듯하나, 관견으로는 그와 같은 견해는 부당하다고 본다. 왜냐하면, 소송의 소로 인하여 사물관할 위반이 발생하였을 경우에는 법원으로서는 변론관할이 발생하지 아니하는 한 직권으로 사건을 합의부로 이송하여야 하기 때문이다.

나. 소액사건에 대하여 단독사건이나 합의사건에 해당하는 반소가 제기된 경우

반소의 제기로 인하여, 소액사건이 아닌 사건과 병합심리하게 된 소액사건은 소액사건의 범위에서 제외된다(소액사건심판규칙 제1조의2 제2호).

따라서, 그러한 사건은 소가에 따라 일반 단독사건으로 재배당하거나 합의부로 이송하게 되며, 시·군법원 사건의 경우에는 관할 지방법원(본원이나 지원)으로 사건을 이송하게 된다.

5. 반소의 심판

본소와 반소는 원칙적으로 병합심리를 하여 1개의 전부판결을 하게 된다.

그러나, 변론을 분리하여 심리하거나, 더 나아가 먼저 심리를 마친 부분에 관하여 우선 일부판결을 하고 나서 나머지 부분에 관하여 나중에 판결하는 것도 불가능한 것은 아니다(법 제200조 제2항 후단).

6. 반소제기후 본소가 취하된 경우 등

단순반소의 경우에는, 본소의 소송계속은 반소의 제기요건일 뿐 존속요건은 아니므로, 반소제기 후에 본소가 취하 또는 각하되더라도 반소에는 영향이 없으며,[2118] 그러한 경우에는 반소만 남는다.[2119]

그러나, 예비적 반소의 경우에는 본소가 취하 또는 각하되면 반소도 소멸한다.

2118) 대법원 1970. 9. 22. 선고 69다446 판결(사안은 본소의 취하).

2119) 그리고 이와 같이 반소만 남음으로써 당사자지위의 중첩이 해소된 후에는, 당사자의 호칭을 단순히 '반소원고', '반소피고'라고 하되 기재순서도 반소원고를 앞세워서 씀이 실무이다. 대법원 2006. 5. 11. 선고 2003다8503(반소) 판결의 당사자표시 등 참조.

7. 반소의 취하

반소도 원고(반소피고)가 응소한 후에는 그의 동의가 있어야 취하할 수 있는 것이지만, (단순반소에서는) **본소가 취하된 때에는 피고**(반소원고)**는 원고**(반소피고)**의 동의 없이 반소를 취하할 수 있다**(법 제271조).[2120)]

법 제271조의 규정취지는, 원고가 반소의 제기를 유발한 본소는 스스로 취하해 놓고 그로 인하여 유발된 반소만의 유지를 상대방에게 강요한다는 것은 공평치 못하다는 데에 있다.[2121)]

따라서, 본소가 각하된 경우에는, 위 규정이 유추적용될 수 없고, 일반원칙에 따라 반소취하에 원고(반소피고)의 동의가 필요하다.[2122)]

반소원고는 제1심 또는 항소심에서 해당 심급의 변론종결 전에 반소가 취하(취하로 간주되는 경우를 포함한다)**된 경우에는 반소장에 붙인 인지액 중 일정액의 환급을 청구할 수 있다**(민사소송 등 인지법 제14조 제1항 제2호).

Ⅳ. 중간확인의 소

1. 중간확인의 소 개관

재판이 소송의 진행 중에 쟁점이 된 법률관계의 성립여부에 매인 때에 당사자는 따로 그 법률관계의 확인을 구하는 소를 제기할 수 있다(법 제264조 제1항 본문).

다만, 이는 그 확인청구가 다른 법원의 관할에 전속되지 아니하는 때에 한한다(같은 항 단서).

즉, 중간확인의 소는 소송계속 중 본래의 청구의 판단에 대하여 선결관계에 있는 법률관계의 존부에 관하여 당사자 간에 다툼이 있는 때 그 소송절차에 병합하여 그 법률관계의 확인을 구하는 소를 말한다.[2123)]

예컨대, 소유권이전등기청구소송이나 말소등기청구소송에서, 당사자는 소유권확인이나 소

2120) 예비적 반소에서 본소가 취하된 때에는 반소의 취하 문제 자체가 생길 여지가 없다.
2121) 대법원 1984. 7. 10. 선고 84다카298 판결.
2122) 대법원 1984. 7. 10. 선고 84다카298 판결.
2123) 대법원 1984. 6. 26. 선고 83누554,555 판결.

유권부존재확인의 중간확인의 소를 제기할 수 있다.

해당 법률관계와 관련하여, 시효의 중단 또는 법률상 기간을 지킴에 필요한 재판상 청구는 중간확인의 소장을 법원에 제출한 때에 그 효력이 생긴다(법 제265조).

그러한 법률관계의 확인은 별소로써 청구할 수도 있으나 중간확인의 소를 제기한다면 기존의 소송절차를 이용함으로써 소송경제를 도모할 수 있는 것이다.

2. 중간확인의 소의 성질

중간확인의 소의 성질은, 원고가 제기할 경우에는 청구의 추가적 변경의 일종이고, 피고가 제기할 경우에는 반소의 일종이다.

그러나, 중간확인의 소는 본소와의 선결관계를 그 요건으로 하므로, 중간확인의 소가 제기된 후 본소가 취하되거나 각하되거나 하는 경우에는 부적법하게 된다. 다만, 학설은 독립한 확인의 이익이 인정되는 경우에는 독립의 확인소송으로서 처리된다고 본다.

3. 중간확인의 소장

가. 개 관

중간확인의 소는 서면(「중간확인의 소장」)**으로 하여야 한다**(법 제264조 제2항).

피고 소송대리인이 중간확인의 반소를 제기하려면 특별수권이 있어야 한다. 피고가 제기하는 중간확인의 소는 반소의 일종이기 때문이다(법 제90조 제2항 제1호).[2124]

나. 기재사항

당사자의 호칭은, 가령 피고가 이를 제기한 경우 '원고(중간확인피고)', '피고(중간확인원고)'가 된다.[2125]

2124) 그렇다고 피고가 제기할 경우가 '중간확인의 반소장'이 되는 것은 아니라고 할 것이다(반대설 있음). 왜냐하면, 중간확인의 소를 원고가 제기하든 피고가 제기하든, 이에 대하여 오히려 그 상대방 역시 중간확인의 반소를 제기할 수도 있을 것이기 때문이다.

2125) 대법원 2014. 4. 10. 선고 2012두17384 판결의 당사자표시 참조.
'원고(중간확인의 소 피고)', '피고(중간확인의 소 원고)'라고 기재하기도 한다.

다. 인지의 첩부 및 송달료의 예납

1) 인지의 첩부

전술한 중간확인의 소의 성질에 비추어, 중간확인의 소장에 첩부할 인지액은, 다음과 같이 된다.[2126]

원고가 제기할 경우에는 청구변경신청서(민사소송 등 인지법 제5조)의 예에 의한다.

피고가 제기할 경우에는 본소와 그 목적이 같은 반소장(같은 법 제4조 제2항)의 예에 의한다.

2) 송달료의 예납

중간확인의 소장 또한, 송달료를 예납하여야 하고, 신청서는 주기록에 합철된다.[2127]

4. 중간확인의 소장 부본의 송달

중간확인의 소장은－특별한 사정이 없으면 그 부본을 바로(규칙 제64조 제2항)－**중간확인피고에게 송달하여야 한다**(법 제264조 제3항).

5. 소액사건이 중간확인의 소의 제기로 인하여 그 범위를 넘게 되는 경우

중간확인의 소의 제기로 이하여, 소액사건이 아닌 사건과 병합심리하게 된 소액사건은 소액사건의 범위에서 제외된다(소액사건심판규칙 제1조의2 제2호).

따라서, 이 경우에는, 소가에 따라 사건 전부를 일반 단독사건으로 재배당하거나 합의부로 이송하게 되며, 본소가 시·군법원 사건이었던 경우에는 사건 전부를 관할 지방법원(본원이나 지원)으로 이송하게 된다.

2126) '인지액·편철방법예규'.

2127) '인지액·편철방법예규'.

제9장 판결과 그 밖의 소송종료사유 등

Ⅰ. 당사자의 행위에 의한 소송의 종료

1. 소의 취하 및 취하간주

가. 소취하간주

1) 개 관

아래에서 열거하는 경우에는, 소가 취하된 것으로 본다.

한편, 소취하간주가 된 경우에 법원이 별도로 그 사실을 선고할 필요가 없음은 물론이다.[2128] 다만, 소취하를 간과하고 소송을 진행한 경우에는 소송종료선언을 선고하여야 하나, 이에 관하여서는 '판결의 선고' 부분에서 살펴볼 것이다.

2) 쌍불취하

'2회 쌍불' 후 1개월 내에 기일지정신청이 없는 경우나 '3회 쌍불'의 경우에 소를 취하한 것으로 봄(법 제268조 제2항, 제3항)은 '변론의 실시방법' 부분에서 기술하였다.

3) 법원재난시 미조치에 따른 취하간주

화재, 사변 또는 그 밖의 재난으로 소송기록이 멸실된 경우에는, 해당 법원장은 아래 소송관계인이 제출할 구체적인 소명 자료와 제출 날짜를 그 법원 관할의 지방법원 소재지에서 발간하는 일간신문에 2회 이상 공고하여야 한다(법원재난법 제4조).

위 경우에는, 원고 또는 신청인은, 6개월 이내에 해당 법원에 소장, 신청서의 부본 및 사건계속(繫屬)을 소명할 자료를 제출하여야 한다(같은 법 제2조 제1호). 다만, 상술한 공고절차가 있어야 여기서 말하는 6개월의 기간이 진행하는 기산일을 확정할 수 있다.[2129]

원고 또는 신청인이 위 기간에 정하여진 절차를 밟지 아니하는 경우에는 소·신청은 취하된 것으로 본다(같은 법 제3조 전단).

2128) 대법원 1963. 8. 22. 선고 63다271 판결.

2129) 대법원 1970. 7. 28. 선고 70다1073 판결.

4) 임의조정 또는 강제조정의 성립

소송계속중이던 사건이 조정에 회부되어 '임의조정'이 성립하거나 '강제조정'이 확정된 때에도 소취하가 있는 것으로 본다(민사조정규칙 제4조 제3항).

그러나, '임의조정'이나 '강제조정'에 관한 상세한 내용은 '재판상 화해에 준하는 소송종료사유' 부분에서 살펴보기로 한다.

나. 소취하의 효력[2130)]

1) 소송계속의 소멸

취하된 부분에 대하여는 소가 처음부터 계속되지 아니한 것으로 본다(법 제267조 제1항).[2131)]

즉, 소가 취하(취하간주)되면 소송계속이 소멸하며, 따라서 소의 취하(취하간주)로 종료되는 사건은 취하(취하간주)의 효력이 발생한 때에 사건이 완결된다.[2132)]

한편, 독립당사자참가나 단순반소는 본소의 취하에도 불구하고 원칙적으로 영향을 받지 아니하나,[2133)] 예비적 반소나 중간확인의 소(독립한 확인의 이익이 없는 경우)는 본소가 취하되면 소멸되는 것으로 해석된다.

2) 재소금지(再訴禁止)

가) 개　관

본안에 대한 종국판결이 있은 뒤에 소를 취하한 사람은 같은 소를 제기하지 못한다(법 제267조 제2항).

따라서, 예컨대, 제1심에서 소를 취하한 사람은 다시 같은 소를 제기할 수도 있으되, 항소심이나 상고심에서 소를 취하한 사람이 다시 같은 소를 제기하면 법원은 이를 부적법 각하하게 된다.[2134)]

2130) cf. 종래, 예고등기가 마쳐져 있는 사건의 소가 취하되면 제1심법원이 등기소에 예고등기의 말소를 촉탁하도록 하고 있었으나(부동산등기법 부칙(법률 제10580호)(2020. 2. 4. 법률 제16912호로 개정되기 전의 것) 제3조)), 2020. 8. 5.부로, 잔존한 예고등기들은 아예 등기관이 직권으로 말소하는 것으로 하였다(부동산등기법 부칙(법률 제10580호) 제3조 제2항).

2131) cf. 재판상의 청구는 소의 취하의 경우에는 시효중단의 효력이 없으나(민법 제170조 제1항), 이 경우에 6월내에 청구, 압류 또는 가압류, 가처분을 한 때에는 시효는 최초의 재판상 청구로 인하여 중단된 것으로 본다(같은 조 제2항).

2132) 보존예규 제2조 제3호 다목.

2133) 법원 1970. 9. 22. 선고 69다446 판결(사안은 단순반소) ; 대법원 1991. 1. 25. 선고 90다4723 판결(사안은 독립당사자참가).

다만, 예외적으로, 전소판결이 당연무효인 때에는 재소금지의 효과가 발생하지 아니한다.[2135]

특기할 것은, 중복소송의 경우 – 후소가 부적법각하되지 아니한 채로 – 후소의 본안에 대한 판결이 선고되었을 경우, 그 후소를 취하한 때에는, 전소도 재소금지의 법리에 때문에 유지될 수 없다는 것이다.[2136] 따라서, 위 경우 후소의 취하 때문에 전소도 부적법 각하된다.

그러나, 재소금지의 효과는 소송법상의 효과임에 그치고 실체법상의 권리관계에 영향을 주는 것은 아니므로 재소금지의 효과를 받는 권리관계라고 하여 실체법상으로도 권리가 소멸하는 것은 아니다.[2137] 따라서, 재소금지의 효력을 받는 채무는 이른바 자연채무가 된다.

그런데, 법 제267조 제2항의 규정은 임의의 소취하에 의하여 그때까지의 국가의 노력을 헛수고로 돌아가게 한 자에 대한 제재적 취지에서 그가 다시 동일한 분쟁을 문제삼아 소송제도를 농락하는 것과 같은 부당한 사태의 발생을 방지할 목적에서 나온 것이므로,[2138] 여기에서 "같은 소"라 함은 반드시 기판력의 범위나 중복제소금지의 경우의 그것과 같이 풀이할 것은 아니다.[2139] 상세한 것은 다음과 같다.

나) 재소금지의 효력이 미치는 범위

(1) 당 사 자

재소금지의 효력을 받는 "소를 취하한 자"는 변론종결 후의 특정승계인을 포함하나,[2140] 변론종결 전의 승계인은 포함하지 아니한다.[2141]

그러나, 당사자의 보조참가인은 '소를 취하한 자'에 해당하지 않는다.[2142]

(2) 소송물 및 권리보호이익의 동일성

"같은 소"라 함은 권리보호의 이익도 같아야 한다.[2143] 즉, 재소금지 규정의 취지에 반하지

2134) 대법원 1969. 9. 23. 선고 69다813 판결(사안은 항소심에서 소를 취하한 후 다시 소를 제기한 경우) 참조.

2135) 대법원 1968. 1. 23. 선고 67다2494 판결(제1심판결이 사망자를 상대로 한 판결이었던 경우).

2136) 대법원 1967. 7. 18. 선고 67다1042 판결.

2137) 대법원 1989. 7. 11. 선고 87다카2406 판결.

2138) 대법원 1989. 10. 10. 선고 88다카18023 판결. 동지 : 대법원 1998. 3. 13. 선고 95다48599,48605 판결; 대법원 2009. 6. 25. 선고 2009다22037 판결.

2139) 대법원 1989. 10. 10. 선고 88다카18023 판결. 동지 : 대법원 1998. 3. 13. 선고 95다48599,48605 판결.

2140) 대법원 1981. 7. 14. 선고 81다64,65 판결.

2141) 대법원 1969. 7. 22. 선고 69다760 판결.

2142) 대법원 1984. 9. 25. 선고 80다1501 판결.

2143) 대법원 1981. 7. 14. 선고 81다64,65 판결.

아니하고 소제기를 필요로 하는 정당한 사정이 있다면 다시 소를 제기할 수 있다.[2144]

예컨대, 피고가 그 소 취하의 전제조건인 약정을 위반하여 약정이 해제 또는 실효되는 사정변경이 발생한 경우가 그러하다.[2145]

역으로, 후소가 취하된 전소의 소송물을 선결적 법률관계 내지 전제로 하는 것일 때에는 비록 소송물은 다르지만 역시 후소에 대하여 동일한 소로서 판결을 구할 수 없다.[2146]

다. 인지액 중 일정액의 환급

원고는 제1심에서 변론종결 전에 소가 취하(취하로 간주되는 경우를 포함한다)**된 경우에는 소장·청구변경신청서에 붙인 인지액 중 일정액의 환급을 청구할 수 있다**(민사소송 등 인지법 제14조 제1항 제2호).

주의할 것은, 변론종결 후에 소를 취하한 때에는 인지액환급청구를 할 수 없다는 점이다(위 규정의 반대해석).[2147]

또한, 소의 일부취하(청구감축 제외)의 경우에도 인지액환급청구가 가능하나, 취하후의 인지액이 취하전의 인지액과 차이가 없을 때(예 : 피고들의 연대지급을 청구한 사안에서 피고 중 1인에 대한 소를 취하한 경우, 부대청구를 취하한 경우 등)에는 인지액 환급청구가 허용되지 아니하는 것으로 해석된다.[2148]

라. 소취하의 효력을 다투는 절차

1) 기일지정신청

소의 취하가 부존재 또는 무효라는 것을 주장하는 당사자는 기일지정신청을 할 수 있다(규칙 제67조 제1항).

이는 '쌍불취하'에 따른 취하간주의 효력을 다투는 경우에도 같다(규칙 제68조).[2149]

이는 법원의 직권발동을 촉구하는 것에 불과한 통상의 기일지정신청과 달리, 신청권에 기

2144) 대법원 1998. 3. 13. 선고 95다48599,48605 판결. 동지 : 대법원 2009. 6. 25. 선고 2009다22037 판결.

2145) 대법원 1993. 8. 24. 선고 93다22074 판결 참조. 동지 : 대법원 2000. 12. 22. 선고 2000다46399 판결.

2146) 대법원 1989. 10. 10. 선고 88다카18023 판결(면직무효확인청구의 패소판결을 선고받은 후 소취하를 하였다가 면직무효를 전제로 하는 손해배상청구의 소를 다시 제기한 사안).

2147) 인지실무, 15면.

2148) 제요[민소 I], 132~3면 ; 인지실무, 18면.

2149) 이는 '쌍불' 후에 아직 취하간주가 되기 전에 하는 기일지정신청('변론의 실시방법' 부분에서 기술하였다), 즉 '쌍불취하'의 발생을 저지하기 위한 기일지정신청과는 성질이 다름에 주의하여야 한다.

초한 중간적·부수적 신청으로서,[2150] 신청서도 주기록에 가철되고,[2151] 이러한 기일지정 신청이 있는 사건은 따로 사건번호를 붙이지 아니하며(법원재판사무 처리규칙 제21조 제1항), 그 대신, 기록표지 우측 상부의 여백에 붉은 글씨로 "기일지정신청사건"이라고 표시한다(같은 조 제2항).

다만 주의할 것은, 이 신청을 할 때에는 기일지정신청대상사건의 송달료납부기준에 의한 송달료를 예납하여야 한다.[2152]

2) 심 리

소의 취하가 부존재 또는 무효라는 것을 주장하거나 '쌍불취하'에 따른 취하간주의 효력을 다투는 기일지정신청이 있는 때에는 법원은 변론을 열어 신청사유에 관하여 심리하여야 한다(규칙 제67조 제2항, 제68조).

다만, 종국판결이 선고된 후 상소기록을 보내기 전에 이루어진 소의 취하에 관하여 기일신청이 있는 때의 절차는, 일반적인 경우의 절차와는 약간 다르다. 그 상세한 내용은 '상소 일반' 부분에서 상론하겠다.

3) 재 판

가) 신청이 이유 없는 경우 : 소송종료선언

법원이 기일지정신청을 심리한 결과 신청이 이유 없다고 인정하는 경우에는 판결로 소송의 종료를 선언하여야 한다(규칙 제67조 제3항 전단, 제68조).

이 경우에는 기일지정신청 이후의 소송비용 부담에 관한 재판도 하게 된다.[2153]

나) 신청이 이유 있는 경우

법원이 기일지정을 심리한 결과 신청이 이유 있다고 인정하는 경우에는 취하 당시의 소송정도에 따라 필요한 절차를 계속하여 진행하고 중간판결 또는 종국판결에 그 판단을 표시하여야 한다(규칙 제67조 제3항 후단, 제68조).

다만, 종국판결이 선고된 후 상소기록을 보내기 전에 이루어진 소의 취하에 관하여 기일신청이 있는 때의 재판은, 일반적인 경우의 재판과는 약간 다르다. 그 상세한 내용은 '상소 일반' 부분에서 언급하겠다.

2150) 구 '인지액·편철방법예규'(2012. 2. 20. 재판예규 제1379호로 개정되기 전의 것) 참조.

2151) '인지액·편철방법예규'.

2152) 송달료예규 별표 1.

2153) 제요[민소 I], 389~390면.

마. 소송중의 소의 취하

소송중의 소에 관하여서도, 독립의 소의 취하에 관한 제법리가 준용됨에 주의하여야 한다.

2. 화해와 청구의 포기·인낙[2154]

가. 대 상

청구인낙은 당사자의 자유로운 처분이 허용되는 권리에 관하여만 허용되는 것이다.[2155] 이는, 청구포기나 화해도[2156] 마찬가지이다.

이에 따라, 선거소송에서는 화해나 청구의 포기·인낙을 할 수 없음을 명문으로 규정하고 있다(공직선거법 제227조 단서, 국민투표법 제95조 단서, 주민소환에 관한 법률 제24조 제3항, 제주특별자치도 설치 및 국제자유도시 조성을 위한 특별법 제29조, 주민투표법 제25조 제3항).[2157]

따라서, 예컨대, 대세효 있는 회사관계소송에서는 화해나 청구의 포기·인낙을 하더라도 그 효력이 없으며,[2158] 행정소송에서도 화해나 청구의 포기·인낙을 할 수 없는 것으로 해석되고 있다.

또한, 국가소송에서는, 화해나 청구의 포기·인낙이 소송법상 불가능한 것은 아니지만, 일반적으로 부적절하다. 그 까닭은, '소의 취하' 부분에서 소취하 동의 문제와 관련하여 설명한 바와 같다.

2154) 이하에서 '화해'라고만 하면 특별한 사정이 없는 한 소송상 화해를 말하는 것이나, 재판상 화해의 법리는 소송상 화해든 제소전 화해든 그다지 다를 것이 없다.
실무상, 소송상 화해보다는 '임의조정'이 훨씬 더 흔히 일어난다. 아마, 한국인의 법의식상, 법원의 관여 없이 당사자들끼리 알아서 상호 양보하여 화해에 이르기란 쉽지 아니하기 때문일 것이다. 사법통계상 소송상 화해로 종결된 것으로 되어 있는 사건들도 실제로는 소송상 화해를 빙자한 임의조정인 경우가 많다.
사실, 당사자가 상호 양보하여 합의에 이른 경우라 하더라도, 그러한 내용으로 소송상 화해를 하기보다는, 오히려 소송외에서 나름대로 분쟁을 해결하고서 소는 취하하는 예를 더 흔히 볼 수 있다.

2155) 대법원 1993. 5. 27. 선고 92누14908 판결. 동지 : 대법원 2012. 9. 13. 선고 2010다97846 판결(사안은 조정).

2156) 대법원 1987. 1. 20. 선고 85므70 판결(인지청구권을 포기하기로 하는 화해가 재판상 이루어지고 그것이 화해조항에 표시되었다 할지라도 동 화해는 그 효력이 없다고 한 사안).

2157) 가사소송에서도 비슷한 규정이 있으나(가사소송법 제12조 단서에서 법 제220조 중 청구의 인낙에 관한 규정의 부적용), 상세한 논의는 이 책이 다룰 범위를 벗어나므로 생략하겠다.

2158) 대법원 2004. 9. 24. 선고 2004다28047 판결(주주총회결의의 부존재·무효의 확인 또는 결의의 취소); 대법원 1993. 5. 27. 선고 92누14908 판결(회사합병무효의 소 등) 참조.

나. 소송요건의 구비 요부

화해는, 제소전화해도 허용되는 이상, '당사자능력, 소송능력 등 당사자와 관련된 소송요건 외의' 소송요건이 결여되어도 이를 할 수 있는 것으로 해석된다.

그러나, 청구의 포기나 인낙은, 각각 청구기각 또는 청구인용과 마찬가지이므로, 소송요건이 결여되어 부적법한 소송에서는 이를 할 수 없는 것으로 해석된다.

다. 제 한

의사무능력자를 위한 특별대리인이 화해, 청구의 포기·인낙을 하는 경우에는 법원이 이를 불허할 수도 있음은 '소송능력과 법정대리인 및 특별대리인' 부분에서 기술하였다(법 제62조의 2 제2항 전문).

그 밖에, 가령, 주주대표소송에서는 당사자는 법원의 허가를 얻지 아니하고는 청구의 포기·인낙·화해를 할 수 없다(상법 제403조 제6항 등).

또한, 주민소송이나 증권관련집단소송에서도 화해나 청구의 포기를 하려면 법원의 허가가 필요하다(지방자치법 제17조 제14항 제1문, 증권관련 집단소송법 제35조 제1항).[2159]

라. 시 기

통설은 상고심에서도 화해나 청구의 포기·인낙을 할 수 있다고 하나, 관견으로는 화해나 청구의 포기·인낙은 사실심 판결 선고전까지만 할 수 있다고 본다(법 제148조 제2항, 제3항, 민사소송 등 인지법 제14조 제1항 제4호, 제5호, 민사조정법 제6조 참조).

통설의 견해는 귀류법 논증도 배겨낼 수 없는바, 통설의 논리대로라면 상고법원이 심지어 화해기일을 열어 화해를 권고하거나 기일 외에서 화해권고결정을 할 수도 있다는 것이 되나, 논자들 중에서 정작 그렇게까지 주장하는 이는 아무도 없기 때문이다.

백 보 양보하더라도 통설의 견해는 사실상 전혀 무의미한 것이다. 왜냐하면, 화해나 청구의 포기·인낙을 하려면 설령 서면에 의하여 이를 하고자 하더라도 기일은 열려야 하는데(후술하는 내용 참조), 상고심에서 기일이 열리는 경우란 상정하기 어렵기 때문이다.

2159) cf. 증권관련집단소송에서는 청구의 인낙이 가능함에는 의문이 없으나(증권관련 집단소송법 제43조 제1항 참조), 주민소송에서는 청구의 인낙이 가능한지에 관하여 논란이 있다.

마. 특별수권의 필요성 등

법정대리인이 화해, 청구의 포기·인낙을 하기 위하여서는 특별한 권한을 받아야 한다(법 제56조 제2항).

따라서, 미성년후견인, 성년후견인 또는 한정후견인이 화해, 청구의 포기·인낙을 하기 위하여서는 후견감독인이 있으면 그의 동의가, 후견감독인이 없는 경우에도 가정법원의 허가가 필요하다.

소송대리인의 화해, 청구의 포기·인낙에도 위임인의 특별수권이 필요함(법 제90조 제2항 제2호)은 기술하였다.

법정대리권 또는 소송대리권이 소멸한 경우나, 선정당사자의 선정이 취소 또는 변경된 경우에, 법원에 그 사실이 알려진 뒤에는 해당 대리인이나 선정당사자가 화해, 청구의 포기·인낙을 하지 못함(법 제63조, 제97조)도, '소송능력과 법정대리인 및 특별대리인', '소송대리인', '선정당사자' 부분에서 각각 기술하였다.

바. 당 사 자

1) 합일확정소송의 경우

가) 원 칙

필수적 공동소송에서는 화해나 청구의 포기나 인낙을 하려면 공동소송인 모두가 일치하여 하여야 하며(법 제67조 제1항), 독립당사자참가에서도 원고, 피고, 독립당사자참가인 모두가 일치하여 하여야 한다(법 제79조 제2항, 제67조 제1항).[2160]

나) 예비적·선택적 공동소송

그러나, **예비적·선택적 공동소송에서는, 청구의 포기·인낙, 화해는 공동소송인 모두가 할 것을 또는 모두에 대하여 할 것을 요하지 아니한다**(법 제70조 제1항 단서).

이는 예비적·선택적 공동소송이 필수적 공동소송에 비해 합일확정의 필요성이 약하기 때문에 그만큼 당사자의 처분권을 필수적 공동소송보다는 더 인정하여 주고자 하는 취지로 풀이된다.

위 규정의 해석에 관하여, 청구포기의 경우에는 문제될 것이 없으나,[2161] 청구의 인낙 및

2160) 대법원 2005. 5. 26. 선고 2004다25901,25918 판결(독립당사자참가인이 화해권고결정에 대하여 이의한 경우, 이의의 효력이 원·피고 사이에도 미친다고 한 사례) 참조.

2161) 청구의 포기를, 예비적·선택적 공동소송인 일부가(이른바 능동형의 경우) 또는 일부에 대하여(이른바

화해에 관하여서는 학설이 난립하고 있는바, 이 문제에 관한 상론은 이 책이 다룰 범위를 벗어나므로 생략하겠다.

다만, 관견으로는 입법론으로는 법 제70조 제1항 단서 중 "·인낙, 화해" 부분은 삭제함이 (즉, 일반원칙에 의하도록 함이) 온당하여 보인다.

2) 보조참가의 경우

가) 화해의 당사자

재판상 화해에서는 통상의 보조참가라면 보조참가인도 그 당사자가 되어야만 하는 것은 아니다.[2162)]

그러나, 관견으로는 공동소송적 보조참가라면 보조참가인도 그 당사자가 되어야 한다고 본다.[2163)]

나) 청구의 포기·인낙의 당사자

통상의 보조참가에서는, 피참가인이 보조참가인의 의사에 불구하고 청구의 포기·인낙을 할 수 있는 반면, 보조참가인은 청구의 포기·인낙을 할 수 없음은 물론이다.[2164)]

그러나, 공동소송적 보조참가에서는, 피참가인이 참가인의 의사에 반하여 청구의 포기·인낙을 할 수 없다고 할 것이로되(법 제78조, 제67조 제1항), 이 경우에도 역시 보조참가인이 청구의 포기·인낙을 할 수 없음은 물론이다

3) 화해참가인

소송당사자 아닌 제3자도 화해의 당사자가 될 수 있고, 이 경우 그 화해의 효력은 원래의 소송당사자 사이에서만 미치는 것이 아니라 화해조서에 기재된 내용에 따라 그 조서에 기재된 당사자에게 미친다.[2165)]

위와 같이 화해의 당사자가 되는 제3자를 '화해참가인'이라 한다.

수동형의 경우) 하더라도, 나머지 공동소송인에게 불이익할 것이 없기 때문이다.

2162) 물론, 통상의 보조참가라도 보조참가인이 화해의 당사자가 되는 것 자체는 가능하다. 대법원 1981. 12. 22. 선고 78다2278 판결 참조.

2163) 반대 : 서울중앙지법 2004. 8. 19. 선고 2001가합548,33579,37496,38475,38567,38574,39195 판결.

2164) 그 까닭에 대하여 참가인이 피참가인에 불이익한 행위를 할 수 없기 때문이라고 함이 일반이나, 오히려 당사자의 지위에서만 할 수 있는 행위이기 때문이라고 새겨야 할 것이 아닌가 하는 의문이 있다.

2165) 대법원 1981. 12. 22. 선고 78다2278 판결. 동지 : 대법원 1985. 11. 26. 선고 84다카1880 판결.

사. 내 용

1) 화해의 내용

화해의 대상은 원칙적으로 그 소송의 소송물이며 소송물외의 법률관계는 당사자가 특히 화해의 대상에 포함시키지 아니한 이상 화해의 대상에 포함되지 아니한다.[2166] 그러나, 화해를 위하여 필요한 경우에는 소송물 아닌 권리 내지 법률관계를 첨가할 수도 있다.[2167]

화해는 개념필연적으로 당사자 쌍방이 상호 양보하여야 하나, 그 방법 내지 범위는 매우 넓게 새긴다. 예컨대, 원고가 청구를 포기하되 소송비용은 각자 부담하는 내용이나, 원고의 청구취지대로 하되 소송비용은 각자 부담하는 내용의 화해도 가능하다.

또한, 화해조항에 실효조건을 정할 수 있고 이 경우 그 실효조건의 성취로 화해의 효력은 당연히 소멸된다.[2168] 그리고, 그러한 경우, 그 실효의 효력은 – 준재심의 소(법 제461조)로써 주장하여야 하는 것이 아니라 – 언제나 소송외에서도 주장할 수 있다.[2169]

그런데, 화해조항에 채무의 변제기와 채무원금만 정하고 변제기 이후의 지연손해금에 관하여 아무런 규정을 두고 있지 아니한 경우에는 원칙으로 돌아가 변제기 이후에는 민법 소정의 연 5%의 비율에 의한 지연손해금을 지급하여야 할 것이다.[2170]

또한, 화해조항에 변제기뿐만 아니라 동시이행조항도 규정되어 있는 경우에는, 변제기까지 이행을 하는 경우에는 위의 동시이행조항이 적용되나, 변제기 이후에는 역시 일반원칙으로 돌아간다고 할 것이다. 예컨대, 화해조항이 변제기까지 채무원금을 지급받음과 동시에 담보가등기의 말소절차를 이행한다고 규정되었다면, 변제기 이후에는 채무의 이행이 선이행관계에 있다고 보아야 한다.[2171]

화해조항에서 화해비용과 소송비용의 부담도 정할 수 있는바(법 제106조의 반대해석), 부담의 원칙만 정하는 것이 그치지 아니하고 더 나아가 액수까지도 정하는 것도 가능하다(법 제113조 제1항 참조). 그러나, 실제로는 화해비용과 소송비용은 각자 부담하는 것으로 정함이 일반이다(법 제106조 참조). 물론, 그렇다고 해서 반드시 그렇게 정하여야만 한다는 것은 아니다.

2166) 대법원 1985. 2. 13. 선고 84다카219 판결.

2167) 대법원 1981. 12. 22. 선고 78다2278 판결.

2168) 대법원 1993. 6. 29. 선고 92다56056 판결(사안은 제3자의 이의가 있을 때를 실효조건으로 정한 것).

2169) 대법원 1965. 3. 2. 선고 64다1514 판결. 동지 : 대법원 1988. 8. 9. 선고 88다카2332 판결.

2170) 대법원 1990. 6. 8. 선고 89다카20481 판결. 동지 : 대법원 1982. 4. 13. 선고 81다531 판결 ; 대법원 1983. 7. 12. 선고 82다카1015 판결 ; 대법원 1986. 9. 9. 선고 84다464,1951 판결 ; 대법원 1992. 5. 26. 선고 91다28528 판결.
위 판례들은 모두 제소전화해에 관한 것들이나, 소송상 화해 등의 경우에도 달리 새길 이유가 없다.

2171) 대법원 1990. 6. 8. 선고 89다카20481 판결(사안은 제소전화해).

그런데 관견으로는, 당사자가 부당한 목적으로 합의를 하였거나, 성립된 합의의 내용이 적당하지 아니하다고 인정하는 경우에는, 정당한 목적 및 내용으로 합의를 변경하지 아니하는 한 화해가 성립되지 아니한 것으로 보아야 할 것으로 사료된다(민사조정법 제26조 제1항, 제27조 제2호 참조). 따라서, 법원은 그러한 경우에는 그와 같이 합의가 변경되지 아니하는 한 화해조서를 작성하여서는 아니 된다.

그 밖에, 회해의 내용에 관하여 주의할 점은, '민사조정절차' 부분에서 후술하는 내용을 참고하기 바란다.

2) 청구인낙의 내용

청구인낙과 관련하여 주의할 것은, 청구의 예비적 병합에서는 피고가 예비적 청구만 인낙할 수는 없다는 점이다.[2172)]

아. 방 식[2173)]

1) 원칙 : 구술화해, 구술포기·인낙

화해나 청구의 포기 또는 인낙의 의사표시는 변론기일·변론준비기일 또는 화해기일이나 조정기일에 출석하여 말로써 하는 것이 원칙이다(법 제220조, 제145조 제2항, 민사조정법 제38조 제1항 참조).

2) 예외 : 서면화해, 서면포기·인낙[2174)]

그러나, **당사자가 진술한 것으로 간주되는 답변서, 그 밖의 준비서면에, 화해의 의사표시가 적혀 있고 공증사무소의 인증을 받은 경우에, 상대방 당사자가 변론기일에 출석하여 그 화해의 의사표시를 받아들인 때에는 화해가 성립된 것으로 본다**(법 제148조 제3항. 서면화해).

또한, **당사자가 진술한 것으로 간주되는 답변서, 그 밖의 준비서면에, 청구의 포기 또는 인낙의 의사표시가 적혀 있고 공증사무소의 인증을 받은 때에는 그 취지에 따라 청구의 포기 또는 인낙이 성립된 것으로 본다**(같은 조 제2항. 서면포기·인낙).[2175)]

2172) 대법원 1995. 7. 25. 선고 94다62017 판결.

2173) cf. 주주대표소송이나 증권관련집단소송에서 화해나 청구의 포기·인낙을 하려면 법원의 허가가 있어야 한다(상법 제403조 제6항, 제324조, 제415조, 제415조의2 제7항, 제424조의2 제2항, 제467조의2 제4항, 제542조 제2항, 제565조, 제570조, 제613조 제2항, 증권관련 집단소송법 제35조 제1항).
주민소송의 경우에도 법원의 허가가 있어야 화해 또는 청구의 포기를 할 수 있으나(지방자치법 제17조 제14항 제1문), 청구의 인낙에 관하여서는 해석상 논란이 있다.

2174) cf. 구 「민사소송법」(2002. 1. 26. 법률 제6626호로 전부개정되기 전의 것)에는 이와 같은 예외규정이 없었다.

주의할 것은, 이러한 서면화해나 서면포기·인낙은 모두, 진술간주를 요건으로 하므로, 기일의 실시와 상대방 당사자의 변론이 필요하다. 즉, 상대방 당사자가 해당 기일에의 출석하여야 한다(같은 조 제1항 참조).

그러나 이러한 서면화해 등의 제도는 실제로는 거의 활용되지 아니하고 있다.

자. 조서의 작성

화해 또는 청구의 포기·인낙이 있는 경우에 그 기일의 조서와는 별도의 용지에, 조서의 형식적 기재사항과 화해조항[2176] 또는 청구의 포기·인낙의 취지[2177] 및 청구의 취지와 원인을 적은 화해 또는 청구의 포기·인낙의 조서(화해조서, 포기조서, 인낙조서)를 따로 작성하여야 한다(규칙 제31조 본문 후단).

이때, 청구의 표시에는 청구를 특정함에 필요한 사항만을 간략하게 기재할 수 있으며, 소장을 복사하여 조서 뒤에 첨부하고 해당부분을 인용할 수 있다고 할 것이다.[2178]

다만, 소액사건에서는 특히 필요하다고 인정하는 경우 외에는 청구의 원인을 적지 아니한다(같은 조 단서).

화해조서 등에는 – 변론조서와 마찬가지로(법 제153조) – 재판장과 법원사무관등이 기명날인 또는 서명하며, 판결서(법 제208조 제1항 후단, 제4항)처럼 서명날인을 할 필요는 없다.[2179]

차. 화해, 청구의 포기·인낙조서의 효력과 무효

1) 효 력

화해, 청구의 포기·인낙을 '변론조서·변론준비기일조서에 적은 때'에는 그 조서는 확정판

2175) cf. 구법(2002. 1. 26. 법률 제6626호로 전부개정되기 전의 것)하에서는, 피고가 원고의 청구를 인낙하는 취지를 기재한 준비서면을 제출하여 그 준비서면이 진술간주되었다고 하여도 피고가 변론기일에 출석하여 구술로써 인낙하지 아니한 이상 인낙의 효력이 발생하지 않는 것으로 해석되었다. 대법원 1973. 12. 24. 선고 73다333 판결. 동지: 대법원 1982. 3. 23. 선고 81다1336 판결.
그러나, 현행법하에서도, 준비서면에 공증사무소의 인증을 받지 아니한 경우에는 위와 다를 바 없다. 다만, 그와 같은 기재가 된 답변서가 제출된 경우에 무변론 원고승소판결이 가능할 소지는 있다(법 제257조 제2항).

2176) 원칙적으로 조서의 형식적 기재사항 다음에 "위 당사자는 다음과 같이 화해하였다"라는 문구와 아울러 화해조항이 기재되나, 서면화해의 경우에는 "민사소송법 제148조 제3항에 의하여 다음과 같이 화해가 성립한 것으로 본다"라는 문구와 아울러 화해조항이 기재된다.

2177) 이에 따라, 청구의 포기에서는 "원고는 이 사건 청구를 포기하였다"라는 문구가 포기조서에, 청구의 인낙에서는 "피고는 이 사건 청구를 인낙하였다"라는 문구가 인낙조서에, 각각 기재된다.

2178) 조정예규 제19조 제1항 참조.

2179) 「화해조서등의 작성시 기명날인 여부(재민 99-7)」.

결과 같은 효력을 가진다(법 제220조).[2180]

따라서, 화해 또는 청구의 포기·인낙이 있으면, 당사자 사이에 기판력도 생기며,[2181] 화해조서나 인낙조서는 집행권원이 된다(민사집행법 제56조 제5호).

'제소전화해의 절차' 부분에서도 후술하듯이, 제소전화해와 마찬가지로, 화해는 창설적 효력을 가지는 것이어서 화해가 이루어지면 종전의 법률관계를 바탕으로 한 권리·의무관계는 소멸함과 동시에 그 재판상 화해에 따른 새로운 법률관계가 유효하게 형성된다.[2182]

주의할 것은, '화해조서 등을 작성한 때'에 비로소 그 효력이 생기는 것이 아니다.[2183]

다만, 화해의 당사자가 아닌 제3자에 대하여서까지 기판력이 미치는 것이 아님은 물론이나,[2184] 기술한 바와 같이, 화해의 효력은 화해의 효력이 반드시 원래의 소송당사자 사이의 소송물에만 국한되어 미치는 것이라고 할 수 없고, 그 효력은 화해조서에 기재된 화해의 내용에 따라 그 조서에 기재된 당사자에게 미치는 것이라고 할 것이다.[2185]

화해의 창설적 효력이 미치는 범위는 당사자가 서로 양보를 하여 확정하기로 합의한 사항에 한하며, 당사자가 다툰 사실이 없었던 사항은 물론 화해의 전제로서 서로 양해하고 있는데 지나지 않은 사항에 관하여는 그러한 효력이 생기지 않는다.[2186]

한편, 청구의 예비적 병합의 경우에, 피고가 원고의 주위적 청구를 인낙하여 그 인낙이 조서에 기재되면, 예비적 청구에 관하여는 심판할 필요가 없어 사건이 그대로 종결되는 것임은 물론이다.[2187]

만일, 소송계속중에 당사자 쌍방이 소송상 화해를 하기로 하고 화해내용을 서면에 정한 다음 법정에 이를 제출하였으나, 담당재판부가 그 화해내용이 계속중인 소송물과 다소 차이가 있어 화해조서는 작성하지 아니한 채 쌍방이 위 화해약정내용대로 이행하면 될 것으로

2180) cf. 재판상의 화해, 조정 기타 판결과 동일한 효력이 있는 것에 의하여 확정된 채권은 단기의 소멸시효에 해당한 것이라도 그 소멸시효는 10년으로 한다(민법 제165조 제2항).

2181) 대법원 1962. 2. 15. 선고 4294민상914 판결 ; 대법원 2002. 12. 6. 선고 2002다44014 판결(사안은 제소전화해) 참조.

2182) 대법원 2008. 2. 1. 선고 2005다42880 판결(사안은 화해권고결정). 동지 : 대법원 2014. 4. 10. 선고 2012다29557 판결(사안은 화해권고결정).

2183) 대법원 1962. 5. 3. 선고 4294민상1080 판결 ; 대법원 1962. 6. 14. 선고 62마6 판결 ; 대법원 1969. 10. 7. 선고 69다1027 판결(이상의 사안은 인낙조서).

2184) 대법원 1999. 10. 8. 선고 98다38760 판결(사안은 소송상 화해). 동지 : 대법원 2014. 3. 27. 선고 2009다104960 판결(사안은 조정조서).

2185) 대법원 1981. 12. 22. 선고 78다2278 판결.

2186) 대법원 2001. 4. 27. 선고 99다17319 판결(사안은 제소전화해).

2187) 대법원 1992. 6. 9. 선고 92다12032 판결(사안은 항소심에서의 인낙).

생각하고 계속중인 소송을 청구의 인낙에 의하여 종료시킨 경우, 소송상의 화해는 성립되었다 할 수 없고 다만 당사자 쌍방은 여전히 위 화해약정내용대로 이를 이행하여야 할 사법상(私法上) 의무가 남은 것이다.[2188] 이때, 위 화해약정서의 효력을 주장하는 것이 위 인낙조서의 기판력에 저촉되는 것이 아님은 물론이다.[2189]

2) 화해조서의 해제 또는 실효

재판상의 화해를 조서에 기재한 때에는, 화해조항에서 정한 의무를 이행하지 아니하였음을 이유로 재판상 화해의 해제를 주장하는 것과 같은 화해조서의 취지에 반하는 주장을 할 수 없다.[2190]

다만, 화해가 실효조건의 성취로 실효된 경우에는 화해가 없었던 상태로 돌아가므로 화해 성립 전의 법률관계를 다시 주장할 수 있다.[2191]

3) 화해조서의 무효[2192]

화해조서는, 거기에 확정판결의 당연무효 사유와 같은 사유가 없는 한, 설령 그 내용이 강행법규에 위반된다 할지라도, 준재심절차에 의하여 구제받는 것은 별문제로 하고 그 화해조서를 무효라고 주장할 수는 없다.[2193]

그리고 화해조서가 화해참가인이 당사자가 된 법률관계도 내용으로 하는 경우에는 위와 같은 화해조서의 효력은 화해참가인의 법률관계에 관하여도 다를 바 없다.[2194]

조서의 당연무효 사유란, 확정판결의 당연무효 사유에 준하는 것으로 풀이되는바,[2195] 판

2188) 대법원 1991. 6. 14. 선고 90다16825 판결.

2189) 대법원 1991. 6. 14. 선고 90다16825 판결.

2190) 대법원 2012. 4. 12. 선고 2011다109357 판결(사안은 조정조서).

2191) 대법원 1996. 11. 15. 선고 94다35343 판결. 동지 : 대법원 1963. 4. 25. 선고 63다135 판결.

2192) 관련 판례는 없으나, 청구의 포기·인낙의 경우에도 법리는 마찬가지라고 하겠다.

2193) 대법원 1999. 10. 8. 선고 98다38760 판결(사안은 소송상 화해). 동지 : 대법원 1960. 9. 29. 선고 4291민상511 판결(사안은 소송상 화해) ; 대법원 1962. 2. 28. 선고 4294민상336 판결 ; 대법원 1962. 3. 22. 선고 4294민상967,968 판결(사안은 제소전화해) ; 대법원 1962. 4. 18. 선고 4294민상1268 판결(사안은 소송상 화해) ; 대법원 1962. 5. 10. 선고 4294민상1522 판결 ; 대법원 1962. 6. 21. 선고 4294민상1620 판결(사안은 제소전화해) ; 대법원 1962. 10. 18. 선고 62다490 판결(사안은 제소전화해) ; 대법원 1969. 12. 9. 선고 69다1565 판결(사안은 제소전화해) ; 대법원 1975. 11. 11. 선고 74다634 판결(사안은 제소전화해) ; 대법원 1987. 10. 13. 선고 86다카2275 판결(사안은 제소전화해) ; 대법원 1991. 4. 12. 선고 90다9872 판결(사안은 소송상 화해) ; 대법원 1992. 10. 27. 선고 92다19033 판결(사안은 제소전화해) ; 대법원 2002. 12. 6. 선고 2002다44014 판결(사안은 제소전화해) ; 대법원 2014. 3. 27. 선고 2009다104960 판결(사안은 조정조서).

2194) 대법원 2014. 3. 27. 선고 2009다104960 판결(사안은 조정조서 및 조정참가인).

2195) 대법원 2000. 9. 29. 선고 2000다33690 판결(사안은 조정을 갈음하는 결정) 참조.

결의 당연무효 사유에 관하여서는 '판결의 확정과 그 효력' 부분에서 설명하겠다.

이와 관련하여 주의할 것은, 성질상 당사자가 임의로 처분할 수 없는 사항을 대상으로 한 재판상 화해는 허용될 수 없고, 설령 그에 관하여 재판상 화해가 성립하였더라도 당연무효이다.[2196]

카. 조서정본의 송달

법원사무관등은 화해 또는 청구의 포기·인낙이 있는 날부터 1주 안에 그 조서의 정본을 당사자에게 송달하여야 한다(규칙 제56조). 보조참가인이나 화해참가인이 있으면 그에게도 송달하여야 함은 물론이다.

청구의 포기·인낙, 화해로 종료되는 사건은 조서의 정본을 송달한 때에 사건이 완결된다.[2197] 또한, 화해조서 또는 인낙조서의 정본의 송달은 강제집행개시의 요건이기도 하다(민사집행법 제39조 제1항).

타. 화해비용 등의 부담

당사자가 법원에서 화해한 경우 화해비용과 소송비용의 부담에 대하여 특별히 정한 바가 없으면 그 비용은 당사자들이 각자 부담한다(법 제106조).

그러나, 기술한 바와 같이, 오히려 아예 화해시에 소송비용을 각자 부담으로 정함이 일반이다.

한편, 청구포기의 경우에는 원고가, 청구인낙의 경우에는 피고가 소송비용을 부담하게 됨은 물론이다(법 제98조).

파. 인지액 중 일정액의 환급

원고, 그 밖의 신청인은, 제1심에서 청구의 포기 또는 인낙이 있은 경우에는 해당 심급의 소장등에 붙인 인지액 중 일정액의 환급을 청구할 수 있다(민사소송 등 인지법 제14조 제1항 제5호).

또한, **원고, 그 밖의 신청인은, 제1심에서 소송상 화해가 성립된 경에는 해당 심급의 소장등에 붙인 인지액 중 일정액의 환급을 청구할 수 있다**(같은 항 제5호).

2196) 대법원 2012. 9. 13. 선고 2010다97846 판결("재심대상판결 및 제1심판결을 각 취소한다."는 내용의 조정이 무효라고 본 사안).

2197) 보존예규 제2조 제3호 라목.

하. 성립한 화해 등에 대한 다툼

전술한 바와 같이, 화해, 청구의 포기·인낙이 성립한 때에는 재심사유가 있는 경우에 한하여 준재심으로써 다툴 수 있을 뿐이다(법 제461조. 무제한기판력설).

따라서, 확정판결의 당연무효사유와 같은 사유가 없는 한, 당사자가 그 효력을 다투기 위하여 기일지정신청을 한다면 이는 부적법하여 각하될 것이다.[2198]

다만, 당사자 일방이 '조서의 당연무효 사유를 주장하며' 기일지정신청을 한 때에는 법원으로서는 그 무효사유의 존재 여부를 가리기 위하여 기일을 지정하여 심리를 한 다음 무효사유가 존재한다고 인정되지 아니한 때에는 판결로써 소송종료선언을 하여야 한다.[2199]

Ⅱ. 재판상 화해에 준하는 소송종료사유

1. 화해권고결정

가. 결정에 의한 화해권고

1) 개 관

단순한 화해의 권고(법 제145조)에서 더 나아가, **법원은 소송에 계속 중인 사건에 대하여 직권으로 당사자의 이익, 그 밖의 모든 사정을 참작하여 청구의 취지에 어긋나지 아니하는 범위안에서 사건의 공평한 해결을 위한 화해권고결정**(和解勸告決定)**을 할 수 있다**(법 제225조 제1항, 제286조).

화해권고결정은 확정되면 재판상 화해와 같은 효력을 가진다(법 제231조). 따라서, 화해를 할 수 없는 소송에 관하여서는 화해권고결정도 할 수 없고,[2200] 확정된 화해권고결정은 당사자 사이에 기판력을 가짐도 물론이며,[2201] 확정된 화해권고결정은 집행권원이 된다(민사집행

2198) 대법원 1990. 3. 17.자 90그3 결정(사안은 화해).

2199) 대법원 2000. 3. 10. 선고 99다67703 판결(사안은 화해); 대법원 2001. 3. 9. 선고 2000다58668 판결(사안은 조정조서). 동지: 대법원 2012. 9. 13. 선고 2010다97846 판결의 방론(사안은 조정조서).

2200) 선거소송사건에서는 법이 이를 명문으로 규정하고 있다(공직선거법 제227조 단서에서 법 제225조의 부준용. 국민투표법 제95조 단서, 주민소환에 관한 법률 제24조 제3항, 제주특별자치도 설치 및 국제자유도시 조성을 위한 특별법 제29조, 주민투표법 제25조 제3항).
역으로, 화해를 할 수 있는 사건에서는 화해권고결정도 할 수 있는 것으로 해석되는바, 마류 가사비송사건(양육비 청구 등. 가사소송법 제50조 제1항 참조)이 그 대표적인 예이다.

법 제56조 제5호).

화해권고결정은, 조정을 갈음하는 결정과 여러 면에서 유사한 제도이다.[2202] 대체로 화해권고결정 쪽이 더 간이하게 실시될 수 있기는 하나, 별도로 조정기일을 열 필요가 있다든가, 전문가를 절차에 참여시킬 필요가 있다든가,[2203] 제3자를 절차에 끌어들일 필요가 있다든가 할 때에는 조정절차에 의하게 될 것이다. 이를 뒤집어 말하면, 조정절차에서는 조정을 갈음하는 결정을 할 수 있으므로 화해권고결정이 문제되지 아니한다.

수명법관 또는 수탁판사도 화해권고결정을 할 수 있으나(법 제225조 제1항, 제286조), 실무상 그렇게까지 하는 예는 드문 듯하다.

2) 화해권고결정(조)서의 기재사항 등

가) 형식적 기재사항

화해권고결정을 할 때에는 재판서 아니면 조서를 작성하게 되는바(법 제225조 제2항 참조), 실무의 주류는 전자에 의하고 있다.

한편, 화해권고결정조서를 작성할 경우, 화해 또는 청구의 포기·인낙의 경우와 마찬가지로, 그 기일의 조서에는 화해권고결정이 있다는 취지만을 적고, 별도의 용지로 화해권고결정조서를 따로 작성한다(규칙 제57조 제2항, 제31조).

화해권고결정(조)서에는 청구의 취지와 원인을 적어야 한다. 다만, 소액사건에서는 특히 필요하다고 인정하는 경우 외에는 청구의 원인을 적지 아니한다(규칙 제57조 제1항).

이때, 청구(원인)의 표시에는 청구를 특정함에 필요한 사항만을 간략하게 기재할 수 있으며, 소장을 복사하여 결정(조)서 뒤에 첨부하고 해당부분을 인용하거나 화해권고결정사항의 산출근거에 관한 계산표를 결정(조)서 뒤에 첨부할 수 있다고 할 것이다.[2204]

주의할 것은, 해당 금전 청구가 가분채권 중 일부 청구라면, 잔부를 유보하는 취지를 '청구의 표시'란에 명시하여야 한다.[2205]

2201) 대법원 2012. 5. 10. 선고 2010다2558 판결.
즉, 소송에서 다투어지고 있는 권리 또는 법률관계의 존부에 관하여 동일한 당사자 사이의 전소에서 확정된 화해권고결정이 있는 경우 당사자는 이에 반하는 주장을 할 수 없고 법원도 이에 저촉되는 판단을 할 수 없다. 대법원 2014. 4. 10. 선고 2012다29557 판결.

2202) 기실, 화해권고결정이라는 제도 자체가, 2002. 1. 26. 법률 제6626호로 「민사소송법」을 전부개정하면서, 민사조정법상의 '조정을 갈음하는 결정' 제도를 본받아 신설한 것이다.

2203) 다만, 소송절차에서라도 경우에 따라서는 전문심리위원제도를 활용할 수는 있을 것이다.

2204) 조정예규 제19조 제1항 참조.

2205) 대법원 2014. 4. 10. 선고 2013다54390 판결 참조.

나) 결정사항

결정사항의 내용에 관한 것은 소송상 화해의 그것과 다를 바 없다.

따라서, 화해권고를 위하여 필요한 경우에는 소송물 아닌 권리 내지 법률관계를 그 대상에 포함시킬 수 있으며, 이 경우 화해권고결정의 효력은 그 내용에 따라 그 결정에 기재된 당사자에게 미친다고 할 것이다.[2206)]

화해권고결정도 사건을 완결하는 재판이기는 하지만, 반드시 결정사항에서 소송비용 부담을 정하여야만 하는 것은 아니다(법 제106조 참조). 그러나, 후술하는 일반원칙(법 제106조)에 따라, 소송비용을 각자 부담으로 정하는 것이 일반적인 실무례이다.

3) 화해권고결정의 송달

법원사무관등은 화해권고결정조서 또는 화해권고결정서의 정본을 당사자에게 송달하여야 한다(법 제225조 제2항 본문).

화해권고결정 내용을 적은 조서 또는 결정서의 정본을 송달하는 때에는, 그 조서 또는 결정서의 정본을 송달받은 날부터 2주 안에 이의를 신청하지 아니하면 화해권고결정이 재판상 화해와 같은 효력을 가지게 된다는 취지를 당사자에게 고지하여야 하나(규칙 제58조), 실무상, 결정(조)서의 끝 부분에 위 취지의 안내문구를 적음으로써 고지하고 있다.

다만, 그 송달은 발송송달 또는 공시송달의 방법으로는 할 수 없다(같은 항 단서).[2207)]

4) 송달불능에 따른 화해권고결정취소

발송송달 또는 공시송달외의 방법으로 양 쪽 또는 한 쪽 당사자에게 화해권고결정조서 또는 결정서의 정본을 송달할 수 없는 때에는 법원은 직권 또는 당사자의 신청에 따라 화해권고결정을 취소하여야 한다(규칙 제59조 제1항).

당사자가 화해권고결정 취소 신청을 하더라도 그것이 법원의 직권발동을 촉구하는 의미에 불과함은 물론이다.[2208)]

2206) 대법원 2008. 2. 1. 선고 2005다42880 판결(교통사고 피해자측이 가해자측 보험회사를 상대로 제기한 손해배상청구소송의 계속중 가해자로부터 손해배상금 일부를 지급받으면서 이로 인하여 가해자가 그 보험회사에 대하여 가지는 보험금청구권을 가해자로부터 양도받았는데, 그 후 확정된 위 손해배상소송의 화해권고결정에 위와 같이 가해자로부터 양도받은 보험금청구권에 관한 법률관계가 포함되어 있었다고 보아, 피해자측이 다시 양도받은 보험금청구권을 행사하여 보험금의 지급을 구하는 것은 확정된 화해권고결정의 효력에 반하여 허용되지 않는다고 한 사례).

2207) cf. 같은 취지에서, 「환경분쟁 조정법」에 의한 재정의 경우 그 재정문서의 송달은 공시송달의 방법으로는 할 수 없다고 봄이 타당하다. 대법원 2016. 4. 15. 선고 2015다201510 판결.

2208) 구 '인지액·편철방법예규'(2012. 2. 20. 재판예규 제1379호로 개정되기 전의 것) 참조.

송달불능에 따라 화해권고결정이 취소된 때에는, 후술하듯이 적법한 이의신청이 있은 경우와 마찬가지로, 소송은 화해권고결정 이전의 상태로 돌아가며(규칙 제59조 제2항, 법 제232조 제1항 전문), 이 경우 그 이전에 행한 소송행위는 그대로 효력을 가진다(규칙 제59조 제2항, 법 제232조 제1항 후문).

나. 이의신청

1) 개 관

당사자는 화해권고결정에 대하여 그 조서 또는 결정서의 정본을 송달받은 날부터 2주 이내에 이의를 신청할 수 있으며(법 제226조 제1항 본문), **위 기간은 불변기간으로 한다**(같은 조 제2항).

다만, 그 정본이 송달되기 전에도 이의를 신청할 수 있다(법 제226조 제1항 단서).

위 기간 이내에 이의신청이 없는 경우에는 화해권고결정이 확정된다(법 제231조 제1호).

다만, 이의신청권은 사전에 포기할 수 있는바, 이에 관하여서는 별항으로 상론한다.

이의신청이 적법한 때에는 소송은 화해권고결정 이전의 상태로 돌아가며(법 제232조 제1항 전문), **이 경우 그 이전에 행한 소송행위는 그대로 효력을 가진다**(같은 항 후문).

그러나, 적법한 이의신청이 있었다 하더라도 화해권고결정의 효력이 상실되는 것은 아니므로(같은 조 제2항 참조), 후술하듯이, 그 심급의 판결 선고 전에 이의신청의 취하가 있으면 화해권고결정이 그대로 확정되게 된다. 이의신청의 취하에 관하여서도 별항으로 상론한다.

2) 공동소송 등에서의 화해권고결정에 대한 의의신청

통상공동소송에서는, 공동소송인 가운데 한 사람만 적법한 이의신청을 하고 다른 공동소송인은 기간 내에 이의신청을 하지 아니한 때에는, 이의신청을 한 공동소송인에 대한 관계에서는 소송이 화해권고결정 이전의 상태로 돌아가지만, 나머지 공동소송인에 대한 관계에서는 화해권고결정이 이의신청 제기기한을 도과함으로써 확정되어 그 소송이 종료된다.[2209]

그러나, 합일확정소송에서는, 공동소송인 가운데 한 사람만 이의하더라도 이의의 효력이 나머지 당사자들 사이에도 미치므로,[2210] 이로써 소송 전체가 화해권고결정 이전의 상태로 돌아간다.[2211]

2209) 대법원 2010. 10. 28. 선고 2010다53754 판결 참조.

2210) 대법원 2005. 5. 26. 선고 2004다25901,25918 판결 참조(사안은 독립당사자참가).

2211) 다만, 조정을 갈음하는 결정에 관한 판례인 대법원 2008. 7. 10. 선고 2006다57872 판결(상세한 내용은 '민사조정절차' 부분에서 후술한다)의 논리대로라면, 예비적·선택적 공동소송에서는 분리확정이 허용된

3) 방 식

가) 개 관

(화해권고결정에 대한) **이의신청은 이의신청서**(「화해권고결정에 대한 이의신청서」)[2212]**를 화해권고결정을 한 법원에 제출함으로써 한다**(법 제227조 제1항).

나) 기재사항

(화해권고결정에 대한) **이의신청서에는 다음 각호의 사항을 적어야 한다**(법 제227조 제2항).

① **당사자와 법정대리인**

② **화해권고결정의 표시와 그에 대한 이의신청의 취지**

다만, 화해권고결정에 대한 이의신청서에 기재하도록 요구하고 있는 화해권고결정의 표시와 그에 대한 이의신청의 취지는 제출된 서면을 전체적으로 보아 어떠한 화해권고결정에 대하여 이의를 한다는 취지가 나타나면 족하고, 그 서면의 표제가 준비서면 등 다른 명칭을 사용하고 있다고 하여 달리 볼 것은 아니다.[2213]

이의신청서에는 준비서면에 관한 규정을 준용하므로(같은 조 제3항), 공격 또는 방어의 방법, 상대방의 청구와 공격 또는 방어의 방법에 대한 진술을 적을 수 있고(법 제274조 제1항 제4호, 제5호의 준용), 증거방법을 제출할 수 있다(같은 조 제2항의 준용). 명문의 규정은 없으나, 이의를 신청하는 이유도 참고적으로 기재하여 줄 것을 요망하는 것이 실무이다.

4) 이의신청의 각하

법원은(화해권고결정에 대한) **이의신청이 법령상의 방식에 어긋나거나 신청권이 소멸된 뒤의 것임이 명백한 경우에는 그 흠을 보정할 수 없으면 결정으로 이를 각하하여야 한다**(법 제230조 제1항 전단).

(수명법관 또는 수탁판사가 화해권고결정을 한 때에는) **수명법관 또는 수탁판사가 각하결정을 하여야 하나**(같은 항 전단), **수명법관 또는 수탁판사가 각하하지 아니한 때에는 수소법원이 결정으로 각하한다**(같은 항 후단).

다고 새겨야 하겠으나, 그러한 판례의 태도가 타당하지 아니함은 해당 부분에서 후술하는 바와 같다.

2212) '인지액·편철방법예규'.

2213) 대법원 2011. 4. 14. 선고 2010다5694 판결.
그렇다고 하더라도, 별도의 신청서를 제출하는 대신 준비서면 등에 이의신청 취지를 기재하여 신청하는 것은 실무적으로는 부적절하다고 하지 않을 수 없다.

5) 이의신청 각하결정에 대한 불복

화해권고결정에 대한 이의신청을 각하한 결정(법 제230조 제1항)**에 대하여는 즉시항고를 할 수 있다**(같은 조 제2항).

이의신청에 대한 각하결정이 확정된 때에는 화해권고결정이 확정된다(법 제231조 제2호). 그러나, 이는 이의신청 기간 내에 (부적법한) 이의신청을 한 때에 한한다고 할 것이다(같은 조 제1호 참조).

6) 화해권고결정에 대한 이의신청서 부본의 송달

당사자가 화해권고결정에 대하여 이의를 신청한 때에는 이의신청의 상대방에게 이의신청서의 부본을 송달하여야 한다(법 제227조 제4항).

다. 화해권고결정에 대한 이의신청권의 포기

1) 개 관

(화해권고결정에 대한) **이의신청권은 그 신청전까지 포기할 수 있다**(법 제229조 제1항).

당사자들이 모두 이의신청권을 포기한 경우에는 화해권고결정이 확정되므로(법 제231조 제3호 후단), 화해권고결정을 조기에 확정시키는 데에 이의신청권 포기의 실익이 있다고 하겠다.

그러나, 이의신청후에는 포기할 수 없다고 할 것이다(위 규정의 반대해석).[2214]

2) 방 식

(화해권고결정에 대한) **이의신청권의 포기는 서면으로 하여야 한다**(법 제229조 제2항).[2215]

이 포기서에는 부본도 첨부하여야 한다(같은 조 제3항 참조).

3) 절 차

이의신청권 포기서는 상대방에게 송달하여야 한다(법 제229조 제3항).

그러나, 화해권고결정에 대한 이의신청권 포기의 효력은 위 서면을 제출한 즉시 발생한다고 할 것이다.[2216] 즉, 위 서면이 상대방에게 송달되어야 비로소 발생하는 것은 아니라고 할 것이다.

2214) cf. 이 점, 상소권포기를 상소 후에도 할 수 있는 것(법 제395조 제3항)과 다르다.

2215) '인지액·편철방법예규'는 「화해권고결정에 대한 이의신청권 포기서」를 예정하고 있지 아니하나, 이는 입법의 착오이다.

2216) 대법원 2006. 5. 2.자 2005마933 결정(사안은 항소권의 포기) 참조.

라. 화해권고결정에 대한 이의신청의 취하

1) 개 관

화해권고결정은 그 심급에서 판결이 선고된 때에는 그 효력을 잃으나(법 제232조 제2항), **이의신청을 한 당사자는 그 심급의 판결이 선고될 때까지 상대방의 동의를 얻어 이의신청을 취하할 수 있다**(법 제228조 제1항).

소의 취하가 경우에 따라서는 상대방의 동의 없이 할 수도 있는 것과는 달리, 화해권고결정에 대한 이의신청의 취하는 성질상 반드시 상대방의 동의가 있어야 한다. 다만, 후술하는 바와 같이, 소취하와 마찬가지로 동의간주제도가 있다.

당사자가 이의신청을 취하한 경우에는 화해권고결정이 확정되는바(법 제231조 제3호 전단), 그 확정시기에 관하여서는 논란이 있다.

이에 관하여, 화해권고결정에 대한 이의신청이 취하로써 화해권고결정에 대한 이의신청이 없는 상태로 돌아가므로, 이의신청기간이 도과한 때에 비로소 확정된다는 견해가 있다.[2217)] 위 견해에 의하면, 이의신청취하에 불구하고 아직 이의신청기간이 도과하지 아니하였다면 다시 이의신청을 할 수도 있고, 이의신청기간 경과 후에 취하한 경우에는 화해권고결정이 이의신청기간 만료시에 소급하여 확정된다는 결과가 된다.

그러나, 관견으로는 위 견해는 부당하다고 본다. 위 견해는 항소취하의 효력에 관한 법리(법 제393조 제2항, 제267조 제1항)를 준용하는 해석이라 하겠으나 이는 법 제228조 제2항(같은 항에서 법 제267조 제1항의 부준용) 및 제231조 제3호 전단의 명문에 반한다. 즉, 법 제231조 제3호의 규정대로 취하시에 확정된다고 새길 것이다. 따라서, 취하 후 아직 이의신청기간 중이라는 이유로 다시 이의신청을 할 수 없고, 이의신청기간 경과 후에 취하한 경우에도 화해권고결정의 확정시기가 소급하지 아니한다는 것이 된다.

2) 방 식

가) 개 관

소취하의 경우와 달리, 화해권고결정은 같은 사건의 해당 심급에서 수 회 있을 경우도 있으므로, 이의신청을 취하할 때에는 어느 화해권고결정에 대한 이의신청을 취하하는지를 밝혀야 할 것이다.

2217) 가령, 울산지법 2011. 10. 19. 선고 2011가단16676 판결('로앤비'에서 검색 가능).

나) 원칙 : 이의신청취하서의 제출

소취하와 마찬가지로, (화해권고결정에 대한) **이의신청의 취하는 서면**(「화해권고결정에 대한 이의신청취하서」)[2218]**로 하여야 한다**(법 제228조 제2항 본문, 제266조 제3항 본문).

다) 보칙 : 구술취하

다만, 소취하와 마찬가지로, (화해권고결정에 대한) **이의신청의 취하는 기일에 말로 할 수 있다**(법 제228조 제2항 단서, 제266조 제3항 본문).

3) 이의신청취하에 따른 절차

가) 서면으로 이의신청을 취하한 경우

소취하서와 마찬가지로, 이의신청취하서에 아예 상대방의 동의의 의사표시가 기재된 경우는 별론, (화해권고결정에 대한) **이의신청취하서는 상대방에게 송달하여야 한다**(법 제228조 제2항, 법 제266조 제4항).[2219]

소취하서와 마찬가지로, (화해권고결정에 대한) **이의신청취하서가 송달된 날부터 2주 이내에 상대방이 이의를 제기하지 아니한 경우에는 이의신청 취하에 동의한 것으로 본다**(법 제228조 제2항, 제266조 제6항 전문).

다만, 소취하와 마찬가지로, 아예 상대방의 동의를 받아 취하한 경우에는 이의신청 취하서 부본을 송달할 필요가 없다고 하겠다.

나) 말로 이의신청을 취하한 경우

(1) 상대방이 기일에 출석하지 아니한 때

소취하와 마찬가지로, **기일에서 말로** (화해권고결정에 대한) **이의신청의 취하를 한 경우에 상대방이 변론 또는 변론준비기일에 출석하지 아니한 때에는 그 기일의 조서등본을 송달하여야 한다**(법 제228조 제2항, 제266조 제5항).

소취하의 경우와 마찬가지로, **이 경우에도 조서등본이 송달된 날부터 2주 이내에 상대방이 이의를 제기하지 아니하는 때에도 또한** (화해권고결정에 대한) **이의신청취하에 동의한 것으로 본다**(법 제228조 제2항, 제266조 제6항 후문 후단).

2218) '인지액·편철방법예규'.

2219) cf. 화해권고결정은 소송계속을 전제로 하므로, 소취하의 경우와 달리 – 소송계속 전이라 하여 – 취하서를 상대방에게 송달하지 아니하여도 될 경우는 상정할 수 없다.

(2) 상대방이 기일에 출석한 때

소취하의 경우와 마찬가지로, **기일에서 말로** (화해권고결정에 대한) **이의신청의 취하를 한 경우에 상대방이 기일에 출석한 경우에는 이의신청을 취하한 날부터 2주 이내에 상대방이 이의를 제기하지 아니하는 때에도 또한 이의신청취하에 동의한 것으로 본다**(법 제228조 제2항, 제266조 제6항 후문 전단).

물론 그와 같은 경우라면 실제로는 법원이 동의 여부를 구석명하게 될 것이다.

마. 화해권고결정에 대한 이의신청의 취하에 대한 부동의

전술한 바와 같이 화해권고결정에 관하여서도 이의신청취하의 동의간주 제도가 있으므로, 그 상대방으로서는 화해권고결정의 확정을 원하지 아니하는 경우(즉, 판결을 받고자 하는 경우)에는 이의(또는 부동의)를 하여야 한다.

바. 화해권고결정의 효력

화해권고결정은 다음 각호 가운데 어느 하나에 해당하면 재판상 화해와 같은 효력을 가진다(법 제231조).

① **이의신청기간**(법 제226조 제1항) **이내에 이의신청이 없는 때**

② **이의신청에 대한 각하결정이 확정된 때**

그러나, 기술한 바와 같이, 여기서 "이의신청에 대한 각하결정이 확정된 때"라 함은 '이의신청기간 경과로 인하여' 화해권고결정이 확정된 경우는 제외한 나머지 경우를 지칭한다고 할 것이다.

③ **당사자가 이의신청을 취하하거나 이의신청권을 포기한 때**

그리고, 화해권고결정으로 종료되는 사건은 화해권고결정이 확정된 때에 사건이 완결된다.[2220]

사. 화해권고결정 확정 후의 비용부담

화해권고결정이 확정된 경우에도 소송비용의 부담에 대하여[2221] **특별히 정한 바가 없으면 그 비용은 당사자들이 각자 부담한다**(법 제106조).

2220) 보존예규 제2조 제3호 나목.

2221) 화해의 경우와 달리, 화해권고결정에서는 화해비용은 문제되지 아니한다.

그러나, 아예 화해권고결정의 결정사항에서 소송비용을 각자 부담으로 정하는 것이 일반적 실무례임은 모두에서 기술한 바와 같다.

아. 인지액 중 일정액의 환급

원고, 상소인, 그 밖의 신청인은, 화해권고결정이 확정된 경우(법 제231조)**에는 해당 심급의 소장등에 붙인 인지액 중 일정액의 환급을 청구할 수 있다**(민사소송 등 인지법 제14조 제1항 제5호).

2. '임의조정' 및 '강제조정'

가. 사건의 조정회부

수소법원(受訴法院)**은 필요하다고 인정하면 항소심**(抗訴審) **판결 선고 전까지 소송이 계속**(係屬) **중인 사건을 결정으로 조정에 회부**(回附)**할 수 있다**(민사조정법 제6조).

주의할 것은, 변론종결후에도 사건을 조정에 회부할 수 있다.[2222]

그러나, 화해의 대상이 될 수 없는 사건을 조정에 회부할 수 없음은 물론이다.

또한, 국가소송의 경우에도 조정 회부는 부적절한바, 그 까닭은 '소의 취하' 부분에서 소취하 동의 문제와 관련하여 설명한 바와 같다.

나. 임의조정 및 강제조정의 의의

조정에 회부된 사건에 관하여 조정이 성립되거나 조정을 갈음하는 결정이 확정되면, 사건이 완결된다.

그리고, 당사자 사이에 조정이 성립된 것을 속칭 '임의조정'이라 하고, 조정을 갈음하는 결정을 속칭 '강제조정'이라 한다.

이러한 '임의조정' 및 '강제조정'을 포함하여, 민사조정절차에 관한 상세한 내용은 이 책 제5부 제3장에서 살펴볼 것이다.

2222) 민사 및 가사조정의 사무처리에 관한 예규(재민 2001-8) 제11조 제1항 후단.

Ⅲ. 판결의 선고

1. 판결선고 일반

가. 판결서의 기재사항 등

1) 개 관

법관은 판결 선고에 앞서 판결서를 작성하게 된다(법 제206조 참조).

판결서에는 다음 각호의 사항을 적어야 한다(법 제208조 제1항 전단).

① **당사자와 법정대리인**

② **주문**

③ **청구의 취지 및 상소의 취지**

그러나, 상소취지는 실제로는 항소심 판결서에만 기재하며, 상고심의 판결서에서는 이를 기재하지 아니함이 실무이다.

④ **이유**

⑤ **변론을 종결한 날짜**(다만, 변론 없이 판결하는 경우에는 판결을 선고하는 날짜)

다만, 실무상, 변론종결일과 판결선고일을 모두 기재하되, 무변론판결의 경우 변론종결일란에 "무변론"이라고 기재하고 있다.[2223]

⑥ **법원**

2) 당사자와 법정대리인 등

가) 당 사 자

판결의 표시에도 당사자가 누구인지를 분명히 하여야 한다.[2224] 그 까닭에 관하여서는 '소의 제기' 부분에서 당사자의 확정 문제와 관련하여 기술하였다.

선정당사자가 선정된 경우, 선정당사자에 대한 확정판결은 선정자에 대하여도 효력이 미치므로(법 제218조 제3항), 별지로 선정자목록을 첨부한다. 재판서의 주문이나 이유에도 선정자가 표시됨은 물론이며, 선정자목록에 선정당사자를 포함시켜도 무방함은, '선정당사자' 부분에서 언급한 바와 같다.

2223) 재판서 양식에 관한 예규(재일 2003-12)(이하 '재판서예규'로 약칭한다) 제12조, 제13조.

2224) 대법원 1987. 4. 14. 선고 84다카1969 판결.

나) 법정대리인

한편, 판결의 당사자 표시에 법정대리인 표시를 누락한 것은 단순한 오기에 불과하여 판결에 영향을 미친 위법이 있다고 할 수 없다.[2225)]

다) 소송대리인

판결서에는 소송대리인과 소송복대리인도 표시함이 실무이며, 이 경우 소송대리인 또는 법무법인의 담당변호사가 수인인 때에는 실질적으로 소송활동을 한 자만을 표시할 수 있다.[2226)]

그러나, 소송대리인의 표시는 판결의 필요적 기재사항으로 되어 있지 아니하므로 그 기재가 없어도 판결에 위법이 있다 할 수 없다.[2227)]

3) 주문(主文)

판결에는 법원의 판단을 분명하게 하기 위하여 결론을 주문에 기재하도록 되어 있다.[2228)]

판결주문의 내용이 모호하면 기판력의 객관적 범위가 불분명해질 뿐만 아니라(법 제216조 제1항 참조) 집행력·형성력 등의 내용도 불확실하게 되어 새로운 분쟁을 일으킬 위험이 있다.[2229)]

따라서, 판결의 주문은 간결하고 명확하여야 하며 주문 자체로서 내용이 특정될 수 있어야 한다.[2230)]

2225) 대법원 1995. 4. 14. 선고 94다58148 판결.

2226) 판결서 작성방식에 관한 권장사항 제4조.

2227) 대법원 1963. 5. 9. 선고 63다127 판결.

2228) 대법원 2002. 5. 14. 선고 2001다73572 판결. 동지 : 대법원 2004. 8. 30. 선고 2004다24083 판결 ; 대법원 2005. 5. 27. 선고 2004다43824 판결 ; 대법원 2007. 11. 16. 선고 2005두15700 판결 ; 대법원 2008. 11. 27. 선고 2007다69834,69841 판결 ; 대법원 2009. 11. 26. 선고 2009다58692 판결 ; 대법원 2013. 6. 14. 선고 2013다8830 판결 ; 대법원 2015. 10. 29. 선고 2014다13044 판결 ; 대법원 2017. 12. 5. 선고 2017다237339 판결.

2229) 대법원 2006. 9. 28. 선고 2006두8334 판결. 동지 : 대법원 2012. 12. 13. 선고 2011다89910 판결.

2230) 대법원 1995. 6. 30. 선고 94다55118 판결. 동지 : 대법원 1983. 3. 8. 선고 82누251 판결 ; 대법원 1987. 3. 24. 선고 85누817 판결 ; 대법원 1989. 7. 11. 선고 88다카18597 판결 ; 대법원 2012. 12. 13. 선고 2011다89910 판결(여러 필지의 대지에 건축되어 있는 아파트와 상가의 각 구분건물에 관하여 대지 전체에 대한 일부 공유지분을 대지권으로 하는 등기가 마쳐져 있는 상태에서 상가 구분소유자이 원고가 아파트입주자대표회의를 상대로 주차방해금지 등을 구하였는데, 방해금지청구 부분에 대한 원심판결의 인용 주문에서 "피고는 원고 및 원고의 피용자·점유보조자가 사용하는 차량들이 별지 기재와 같은 기준에 따라 아파트 단지 내 주차장에 출입, 통행 및 주차하는 것을 방해하여서는 아니 된다."라고 하면서 원심판결 별지 '주·정차 기준'에 "원고는 승용 및 승합차를 기준으로 2대를 지정하여 피고로부터 아파트 차량 확인스티커를 발급받아 단지 내 주차장에 주차할 수 있고, 단지 내 주차는 주차 면수의

그러나, 일체의 관계가 명료하게 되어야 하는 것은 아니고, 판결의 주문이 어떠한 범위에서 당사자의 청구를 인용하고 배척한 것인가를 그 이유와 대조하여 짐작할 수 있는 정도로 표시하고, 집행에 의문이 없을 정도로 이를 명확히 특정하면 된다.[2231)]

4) 청구취지 및 상소취지

법률이 판결서에 청구의 취지 및 상소의 취지를 적시한 것을 명한 이유는 사건에 대한 법원의 심판대상과 범위를 명확히 하려고 함에 있다.[2232)]

따라서, 판결서에 이에 대한 적시가 일부 빠졌더라도 이에 대한 판단에 누락이 없는 이상 주문에 영향을 미치지 아니함이 명백하므로 이를 들어 상고이유로 할 수는 없다.[2233)]

청구취지 중 소송비용부담·가집행선고에 관한 부분 역시 당사자가 특별히 쟁점으로 삼지 않는 한 기재하지 아니함이 실무이다.[2234)]

5) 이 유

가) 이유기재의 필요성

(1) 이유기재의 원칙

판결서의 이유에는 주문이 정당하다는 것을 인정할 수 있을 정도로 당사자의 주장, 그 밖의 공격·방어방법에 관한 판단을 표시한다(법 제208조 제2항).

따라서, 당사자의 모든 주장이나 공격방어방법에 관하여 판단할 필요는 없다(위 규정의 반대해석).[2235)]

범위 내에서 할 수 있으며, 빈 주차 면이 없을 경우 부득이 단지 외에 주차함을 원칙으로 하고, 아파트 차량 확인스티커를 부착하지 않은 차량은 한시적 정차는 허용하나 주차는 할 수 없고, 방문차량은 입주자 우선 주·정차 후 주·정차할 수 있다."라고 기재한 사안에서, 원심판결 주문의 일부인 원심판결 별지 '주·정차 기준' 중 '빈 주차 면이 없을 경우 부득이 단지 외에 주차함을 원칙으로 하고'라는 부분은 원칙에 대한 예외가 허용되는 경우가 원심판결의 주문이나 이유에 구체적으로 명확하게 밝혀져 있지 않고, 또한 '한시적 정차'라는 부분 역시 원심판결 주문에서 의미를 명확하게 특정한 것으로 볼 수 없으며 원심판결 이유를 살펴보아도 의미를 명확하게 알 수 없으므로, 원심판결은 판결로서 갖추어야 할 명확성을 갖추지 못하여 그대로 유지될 수 없다고 한 사례) ; 대법원 2018. 2. 28. 선고 2017다270916 판결(회계장부와서류·열람등사 사건에서 원심판결의 주문이 명확성을 갖추지 못하여 위법하다고 본 사례) ; 대법원 2019. 3. 14. 선고 2017다233849 판결 ; 대법원 2020. 5. 14. 선고 2019므15302 판결(사안은 양육비).

2231) 대법원 1995. 6. 30. 선고 94다55118 판결. 동지 : 대법원 1980. 3. 11. 선고 79다2277 판결 ; 대법원 1987. 6. 23. 선고 86누393 판결 ; 대법원 2006. 3. 9. 선고 2005다60239 판결 ; 대법원 2019. 3. 14. 선고 2017다233849 판결.

2232) 대법원 1964. 6. 23. 선고 63다1014 판결.

2233) 대법원 1964. 6. 23. 선고 63다1014 판결.

2234) 판결서 작성방식에 관한 권장사항 제5조.

이는 당사자에게 판결의 주문이 어떠한 이유와 근거에 의하여 나온 것인지 그 내용을 알려주어, 당사자로 하여금 판결에 승복할 것인지 여부에 관한 결단을 내릴 수 있게 하고, 상소법원으로 하여금 원심법원이 어떠한 사실상 및 법률상의 이유에 의하여 재판하였는가를 알 수 있게 하며, 또 판결의 기판력이나 형성력에서 주관적 범위와 객관적 범위를 명확하게 특정하려는 데 그 의의가 있다.[2236)]

요컨대, 판결의 이유는 당사자에게 법원의 판단 과정을 납득시키고 불복수단을 강구하도록 하는 등 재판의 적정성을 담보하는 기능을 수행한다.[2237)]

그러므로, 민사판결의 이유는 이에 필요한 범위 안에서는 빠짐없이 그 판단을 기재하여야 하나 이와 같은 요건이 충족되는 한 이를 간략하게 기재하였다고 하여 위 법조에 위반되었다고 할 수는 없다.[2238)]

따라서, 당사자의 주장이나 항변에 대한 판단은 반드시 명시적으로만 하여야 하는 것이 아니고 묵시적 방법이나 간접적인 방법으로도 할 수 있다.[2239)]

또한, 판결에 이유를 기재하도록 하는 법률의 취지는 법원이 증거에 의하여 인정한 구체적 사실에 법규를 적용하여 결론을 도출하는 방식으로 이루어진 판단과정이 불합리하거나 주관적이 아니라는 것을 보장하기 위하여 그 재판과정에서 이루어진 사실인정과 법규의 선정,

---

2235) 대법원 2008. 7. 10. 선고 2006재다218 판결. 동지 : 대법원 2010. 4. 29. 선고 2009다88631 판결 ; 대법원 2011. 11. 24. 선고 2009두22980 판결 ; 대법원 2012. 2. 23. 선고 2010다83700 판결 ; 대법원 2012. 4. 26. 선고 2011다87174 판결 ; 대법원 2012. 4. 13. 선고 2010다9320 판결 ; 대법원 2012. 5. 10. 선고 2010다15660 판결 ; 대법원 2012. 5. 10. 선고 2011다45217 판결 ; 대법원 2012. 8. 23. 선고 2011다40373 판결; 대법원 2013. 2. 28. 선고 2012후3442 판결 ; 대법원 2013. 3. 28. 선고 2010두20805 판결 ; 대법원 2013. 6. 28. 선고 2011다40397 판결 ; 대법원 2013. 7. 11. 선고 2012다36760 판결 ; 대법원 2013. 9. 26. 선고 2011두12917 판결 ; 대법원 2013. 10. 31. 선고 2012두19007 판결 ; 대법원 2013. 10. 31. 선고 2011다98426 판결 ; 대법원 2014. 11. 27. 선고 2011다41420 판결 ; 대법원 2015. 1. 29. 선고 2013다64984 판결 ; 대법원 2015. 1. 29. 선고 2013다100750 판결 ; 대법원 2015. 4. 9. 선고 2011다101148 판결 ; 대법원 2015. 5. 14. 선고 2013다69989 판결 ; 대법원 2015. 11. 12. 선고 2010다104768 판결 ; 대법원 2016. 12. 1. 선고 2016두34905 판결 ; 대법원 2017. 1. 12. 선고 2015다21554 판결 ; 대법원 2017. 1. 12. 선고 2016다38658 판결 ; 대법원 2017. 2. 9. 선고 2016두55247 판결 ; 대법원 2017. 12. 5. 선고 2017다9657 판결 ; 대법원 2018. 6. 15. 선고 2017다248803,248810 판결 ; 대법원 2018. 7. 20. 선고 2015다207044 판결 ; 대법원 2018. 7. 20. 선고 2015다207044 판결 ; 대법원 2018. 7. 20. 선고 2016다34281 판결 ; 대법원 2018. 10. 4. 선고 2014두37702 판결 ; 대법원 2018. 10. 25. 선고 2016다42800,42817,42824,42831 판결 ; 대법원 2018. 11. 29. 선고 2016다48808 판결 ; 대법원 2019. 1. 31. 선고 2016다215127 판결 ; 대법원 2019. 5. 10. 선고 2017다239311 판결 ; 대법원 2019. 9. 26. 선고 2017두48406 판결 ; 대법원 2019. 10. 17. 선고 2018다300470 판결 ; 대법원 2020. 6. 11. 선고 2017두36953 판결.

2236) 대법원 1992. 10. 27. 선고 92다23780 판결.

2237) 헌재 2016. 12. 29. 선고 2016헌바43 결정.

2238) 대법원 1992. 10. 27. 선고 92다23780 판결.

2239) 대법원 1995. 3. 3. 선고 92다55770 판결. 동지 : 대법원 2006. 5. 26. 선고 2004다62597 판결.

적용 및 추론의 합리성과 객관성을 검증하려고 하는 것이므로,[2240] 판결의 이유는 그와 같은 과정이 합리적·객관적이라는 것을 밝힐 수 있도록 그 결론에 이르게 된 과정에 필요한 판단을 빠짐없이 기재하여야 하고, 그와 같은 기재가 누락되거나 불명확한 경우에는 법 제424조 제1항 제6호의 절대적 상고이유(이유불비)가 된다.[2241]

다만, 소송비용부담·가집행선고에 관한 부분에 관한 판결의 이유는 당사자가 특별히 쟁점으로 삼지 않는 한 기재하지 아니함이 실무이다.[2242]

(2) 이유기재의 구체적 문제

(가) 이유기재와 판단누락의 문제

판결에 영향을 미칠 중요한 사항에 관하여 판단을 누락한 때에는 재심사유(법 제451조 제1항 제9호) 내지 상고이유에 해당한다.

위와 같은 판단누락의 의미에 관하여서는 '재심 및 준재심 절차' 부분에서 상론할 것이나, 이를 이유기재의 관점에서 미리 정리하여 살펴보면 다음과 같다.

(나) 주장에 대한 판단

① 주장판단 일반

우선, 판단 여하에 따라 판결의 결론이 달라지는 주장에 관하여서는 그 판단을 이유에서 설시하여야 하며, 설령 그것이 직권조사사항(예컨대, 본안전 항변)이라도 그러하다.

그러나, 당사자가 선택적 주장을 하였는데 법원이 개중 어느 하나를 인용할 때에는 다른 주장에 관하여 심리·판단할 필요가 없다.[2243]

공격방어방법이 실기한 것임을 이유로 이를 각하하는 경우에도 – 독립된 결정으로써 이를 하지 않는 한 – 이유에서 이를 설시하여야 함은, '심리의 제원칙' 부분에서 기술한 바와 같다.

또한, 소취하 후의 기일지정신청이 이유 있는 경우에도 – 중간판결을 하지 아니하는 한 – 이유에서 그 판단을 표시하여야 함(규칙 제67조 제3항 후단, 제68조)은, '당사자의 행위에 의한 소송의 종료' 부분에서 기술한 바와 같다.

2240) 대법원 2005. 1. 28. 선고 2004다38624 판결. 동지 : 대법원 2007. 7. 27. 선고 2007다18478 판결 ; 대법원 2014. 8. 28. 선고 2014다23508 판결 ; 대법원 2021. 2. 4. 선고 2020다259506 판결.

2241) 대법원 2005. 1. 28. 선고 2004다38624 판결. 동지 : 대법원 2021. 2. 4. 선고 2020다259506 판결(항소법원이 공시송달 판결임을 이유로 판결서의 이유에 청구를 특정함에 필요한 사항만을 간략하게 표시한 것이 위법하다고 한 사안).

2242) 판결서 작성방식에 관한 권장사항 제5조.

2243) 대법원 1989. 2. 28. 선고 87다카823,824 판결 참조.

② 상계항변에 관한 판단

상계 주장에 관한 판단에는 기판력이 있으므로(법 제216조 제2항), 여러 개의 자동채권이 있는 경우에 법원으로서는 그 중 어느 자동채권에 대하여 어느 범위에서 상계의 기판력이 미치는지 판결이유 자체로 당사자가 분명하게 알 수 있을 정도까지는 밝혀 주어야 한다.2244)

그러므로 상계항변이 이유 있는 경우에는, 상계에 의하여 소멸되는 채권의 금액을 일일이 계산할 것까지는 없다고 하더라도,2245) 최소한 상계적상의 시점 등을 구체적으로 특정해 주어야 한다.2246)

따라서, 상계적상의 시점 이전에 수동채권의 변제기가 이미 도래하여 지체가 발생한 상태라고 인정된다면, 수동채권의 지연손해금 기산일과 이율 등도 구체적으로 특정해 주어야 한다.2247)

또한, 여러 개의 자동채권으로 한 상계항변이 이유 있고 수동채권의 원리금이 자동채권의 원리금 합계에 미치지 못하는 경우에는,2248) 최소한 상계충당이 지정충당에 의하게 되는지 법정충당에 의하게 되는지 여부를 밝히고, 지정충당이 되는 경우라면 어느 자동채권이 우선 충당되는지를 특정하여야 할 것이며, 자동채권으로 이자나 지연손해금채권이 함께 주장되는 경우에는 그 기산일이나 이율 등도 구체적으로 특정해 주어야 할 것이다.2249)

(다) 증거의 취사

① 증거판단 일반

어떠한 요증사실을 인정하거나 배척하기 위하여서는, 증거가 아예 없는 때 또는 제출된 증거가 요증사실과 무관한 것인 때가 아닌 한, 해당 요증사실에 관한 증거를 취사(取捨)하여야 한다.

그러나, 원칙적으로, 증거판단에서는 이유설명을 필요로 하지 아니한다.2250)

즉, 증거의 취사 선택은 사실심 법관의 자유로운 심증에 맡겨져 있으므로 처분문서 등 특

2244) 대법원 2011. 8. 25. 선고 2011다24814 판결. 동지 : 대법원 2013. 2. 28. 선고 2012다94155 판결 ; 대법원 2013. 11. 14. 선고 2013다46023 판결.

2245) 대법원 2011. 8. 25. 선고 2011다24814 판결. 동지 : 대법원 2013. 2. 28. 선고 2012다94155 판결 ; 대법원 2013. 11. 14. 선고 2013다46023 판결.

2246) 대법원 2013. 11. 14. 선고 2013다46023 판결.

2247) 대법원 2013. 11. 14. 선고 2013다46023 판결.

2248) 대법원 2014. 12. 11. 선고 2011다77290 판결.

2249) 대법원 2011. 8. 25. 선고 2011다24814 판결. 동지 : 대법원 2013. 2. 28. 선고 2012다94155 판결 ; 대법원 2014. 12. 11. 선고 2011다77290 판결.

2250) 대법원 1966. 11. 22. 선고 66다1731 판결.

별한 증거가 아닌 한 그 채부의 이유를 일일이 밝힐 필요는 없다.[2251] 즉, 해당 증거를 취사한다는 뜻을 설시하면 충분하고 증거가치 판단의 이유까지 설시할 필요는 없다.[2252]

또한, 증거를 취사하여 인정한 사실이 경험칙상 통상적인 사회적 사실이라고 할 수 없을 경우에는 그와 같은 인정의 근거가 된 이유를 밝혀야 함이 상당하지만, 경험칙상 통상적인 사실로 인정되는 경우에는 특별히 그 인정근거까지 밝힐 필요는 없는 것이다.[2253]

② 불요증사실과 요증사실

법원이 판결이유를 기재함에 불요증사실을 명확히 하기 위하여 당사자 사이에 다툼 없는 사실과 증거에 의하여 인정되는 사실을 구분하여 적시하는 것이 되도록 바람직하다고는 할지라도, 사안에 따라서는 이러한 사실적시의 방법이 오히려 적절치 못한 경우도 있을 수 있으므로 이 경우에는 법원이 위와 같은 변론주의 등에 관한 원칙을 다치게 하지 않으면서 당사자 사이에 다툼 없는 사실과 증거에 의하여 인정되는 사실을 따로 구분함이 없이 이를 일괄하여 확정할 수도 있다 할 것이고, 기록에 나타난 쌍방의 주장과 판결이유에 기재된 증거에 의하여 어느 부분이 다툼 없는 것이고 어느 부분이 증거에 의하여 인정된 것인가를 실질적으로 판별할 수 있으면 족하다고 할 것이다.[2254]

③ 요증사실의 인정

㉮ 지지증거(채택증거)의 거시

요증사실을 인정할 때에는, 그 지지증거(채택증거)를 거시하여야 하며("…에 의하면 …사실을 인정할 수 있다"), 간접사실에 기하여 주요사실을 인정할 때에도 해당 간접사실 및 간접증거를 거시하여야 한다("… 사실에 의하면 …을 추인할 수 있다").

그리고, 기록상 어느 문서를 지칭하는지 분명치 아니한 서증을 증거로 거시하면, 이는 이유불비, 심리미진의 위법이 있는 것이 된다.[2255]

실무는, 인정사실의 근거가 되는 증거가 다수 있을 경우에는 그 중 판단을 좌우할 만한 중요한 것만을 설시할 수 있다고 본다.[2256]

더 나아가, 필요하다고 인정되는 때에는 증거를 특정하지 아니한 채 단순히 "증거에 의하

2251) 대법원 2004. 3. 26. 선고 2003다60549 판결.

2252) 대법원 1994. 10. 25. 선고 94다24459 판결. 동지: 대법원 1996. 6. 28. 선고 96다16247 판결; 대법원 1998. 12. 8. 선고 97므513,520,97스12 판결.

2253) 대법원 2004. 3. 26. 선고 2003다60549 판결.

2254) 대법원 1992. 7. 28. 선고 91다30729 판결.

2255) 대법원 1994. 1. 25. 선고 93다35353 판결.

2256) 판결서 작성방식에 관한 권장사항 제9조 제1항.

면"이라고 기재하거나, 증거의 거시를 일체 생략할 수 있다고 본다.[2257] 다만, 항소심 판결에서는 그렇게 할 수 없는 것으로 해석된다.[2258]

㉯ 배척증거의 설시(반증의 배척 및 부족증거의 거시)

또한, 서로 모순되는 증거들을 종합하여 사실을 인정하는 것은 사회통념에 반하여 채증법칙에 위반되므로,[2259] 인정되는 사실과 모순되는 증거(반증)는 이를 배척하는 판단을 거시하여야 한다("이에 어긋나는 …은 믿지 아니한다").[2260] 그러나, 실무상으로는 반증을 배척하는 설시를 생략할 수 있는 경우도 있다.

그러나, 가령, 동일한 증인의 증언내용 중 그 일부만을 증거로 채택하고 다른 일부를 배척하여 사실을 인정하였다고 하여도 채증법칙에 위배되는 것이라 할 수 없다.[2261]

그런데, 법원으로서는 입증책임이 있는 당사자가 그 주장사실을 증명할 만한 여러 증거를 제출한 경우에는 그 증거 자체나 변론전체의 취지에 그 증거들의 신빙성을 의심할 만한 사정들이 존재하지 아니하고 상대방으로부터 반대증거도 제출된 바 없다면 그 증거들에 의하여 일견 그 주장사실이 증명된 것으로 믿어 보는 것이 우리의 경험법칙인 것이고, 따라서 이와 같이 입증책임이 있는 당사자가 주장사실을 증명할 만한 상당한 증거를 제출하였는데도 법원이 그 증거 전부를 한마디로 모두 믿지 않는다는 표현만에 의하여 배척하는 것은 온당한 방법이라고 할 수 없다.[2262]

한편, 반증이 될 것처럼 보이나 실은 되지 못하는 증거(부족증거)는 그러한 판단을 거시한다("…만으로는 위 인정을 뒤집기에 부족하다"). 그런데, 사실심 법관으로서는 상당하다고 인정하는 경우에는 쟁점이 된 주장사실을 인정하기에 부족한 증거들을 일일이 적시하여 배척하는 대신 일괄하여 간략하게 배척하는 방법으로 표시할 수도 있다.[2263]

더 나아가 실무는, 본증에 의하여 주장사실을 인정하는 경우에 반증의 배척 또는 반증이 되기에 부족하다는 기재는 생략할 수 있다고 본다.[2264] 더욱이 반증이 없는 경우에는 반증이

2257) 판결서 작성방식에 관한 권장사항 제9조 제3항.

2258) 판결서 작성방식에 관한 권장사항 제15조 제2항에서 제9조 제3항의 부적용.

2259) 대법원 1962. 5. 3. 선고 4294민상1595 판결; 대법원 1962. 9. 20. 선고 62다271 판결; 대법원 1962. 10. 11. 선고 62다469 판결; 대법원 1967. 12. 29. 선고 67다2345 판결; 대법원 1970. 5. 12. 선고 70다413,414 판결; 대법원 1984. 2. 28. 선고 83다카215 판결; 대법원 1985. 12. 24. 선고 83누439 판결.

2260) 대법원 1994. 12. 2. 선고 93다27055 판결 참조.

2261) 대법원 1968. 9. 30. 선고 68다1504 판결.

2262) 대법원 1992. 5. 26. 선고 92다8293 판결(다만, 이 사건은 반대증거가 있으므로 원심의 사실인정이 적법하다고 본 사안이다).

2263) 대법원 2004. 3. 26. 선고 2003다60549 판결.

없다는 사실을 굳이 기재할 필요가 없는 것으로 해석된다.

④ 서증의 형식적 증거력에 관한 판단

한편, 상대방이 문서의 진정성립을 적극적으로 다투거나 서증의 진정성립 여부가 쟁점이 된 때, 또한 서증이 해당 사건의 쟁점이 되는 주요사실을 인정하는 자료로 쓰이는데 상대방이 그 증거능력을 다툴 때에는 문서가 어떠한 이유로 증거능력이 있는 것인지에 관하여 설시하는 것이 옳고,[2265] 사문서의 경우 그것이 어떠한 증거에 의하여 진정성립이 인정된 것인지 잘 알아보기 어려운 경우에도 그 근거를 분명히 밝혀서 설시하여야 할 것이다.[2266]

그러나, 진정성립이 당사자간에 다툼이 없거나 공문서로서 진정성립이 추정되는 경우 또는 해당 사건의 쟁점이 되지 아니한 사실을 인정하는 경우에는 형식적 증거력에 관한 설시를 생략하였다고 하여 위법하다고 할 수 없다.[2267]

또한, 서증은 형식적 증거력이 없으면 채용할 수 없으므로 법원이 어떤 서증을 채택하였다는 것은 당연히 그 서증이 형식적 증거력을 구비하였다는 것을 전제로 하는 것이라고 보아야 하고, 따라서 상대방이 서증에 대한 위조 항변이나 부인, 또는 부지로 다툰 경우에도 서증의 진정성립에 석연치 않은 점이 있을 경우가 아니면 진정성립의 근거를 판결이유에서 밝힘이 없이 그 서증을 사실인정의 자료로 삼았다 하여 이유불비의 위법이 있다고 단정 지을 수 없다.[2268]

⑤ 요증사실의 배척

㉮ 부합증거의 배척

요증사실을 배척할 때에는, 만일 부합증거가 있으면 이를 배척하여야 한다("이에 부합하는 듯한 …은 믿기 어렵다"). 그러한 판단을 하지 아니하면, 채증법칙위반 내지 판단누락의 위법이 있는 것이 된다.[2269]

사실심법원이 증거를 배척하는 경우 진정성립이 증명된 처분문서의 증명력을 배척한다든

2264) 판결서 작성방식에 관한 권장사항 제10조 제1항.

2265) 대법원 1997. 4. 11. 선고 96다50520 판결. 동지: 대법원 1993. 5. 11. 선고 92다50973 판결; 대법원 1993. 12. 7. 선고 93다41914 판결; 대법원 1995. 12. 22. 선고 95다35197 판결; 대법원 1997. 12. 12. 선고 95다38240 판결; 대법원 2001. 6. 15. 선고 99다72453 판결.

2266) 대법원 1993. 5. 11. 선고 92다50973 판결. 동지: 대법원 1993. 12. 7. 선고 93다41914 판결; 대법원 1995. 12. 22. 선고 95다35197 판결; 대법원 1997. 12. 12. 선고 95다38240 판결; 대법원 2001. 6. 15. 선고 99다72453 판결.

2267) 대법원 1993. 5. 11. 선고 92다50973 판결.

2268) 대법원 1993. 4. 13. 선고 92다12070 판결.

2269) 대법원 1962. 5. 31. 선고 4294민상1576 판결.

지 경험법칙상 이례라고 생각되는 사실인정을 하는 등의 특별한 경우가 아닌 한 증거를 배척하는 취지를 설시하면 족하고 그 이유까지 반드시 설시하여야 하는 것은 아니다.[2270]

그러나, 성립이 진정한 것으로 인정되는 처분문서를 믿지 아니하려면 그에 상당한 이유설명이 있어야 하며,[2271] 그러한 수긍할 만한 이유의 제시 없이 만연히 진정성립이 인정되는 처분문서의 내용을 믿을 수 없다고 하여 그 증거가치를 배척함은 경험칙과 논리칙에 배치되어 위법하다.[2272]

또한, 관련 민·형사사건의 확정판결의 사실판단을 배척할 때에는 합리적인 이유 설시를 요하나,[2273] 이 경우에 그 배척하는 구체적인 이유를 일일이 설시할 필요는 없다.[2274]

그런데 실무는, 당사자의 주장을 배척하는 경우에는 반대사실을 설시함으로써 그 부분 주장 및 판단을 생략할 수 있다고 본다.[2275]

㉯ 배척증거의 설시(부족증거의 거시)

한편, 본증이 될 것처럼 보이나 실은 되지 못하는 증거(부족증거)는 그러한 판단을 거시한다("…만으로는 위 사실을 인정하기에 부족하다").

그러나 실무는, 본증만으로 주장사실을 인정할 수 없는 경우에 "이를 인정할 증거가 부족하다"라고만 기재할 수 있다고 본다.[2276]

나) 예외 1 : 자백간주판결, 공시송달 사건의 판결

다만, 제1심 판결로서 다음 각호 가운데 어느 하나에 해당하는 경우에는 청구를 특정함에 필요한 사항과 상계를 주장한 청구가 성립되는지 아닌지의 판단에 관한 사항만을 간략하게 표시할 수 있다(법 제208조 제3항).

2270) 대법원 1989. 4. 11. 선고 88므1088 판결. 동지 : 대법원 1969. 2. 25. 선고 68다2499 판결 ; 대법원 1981. 6. 9. 선고 80다1073 판결 ; 대법원 1986. 1. 21. 선고 84다카681 판결 ; 대법원 1987. 6. 23. 선고 86다카1640 판결 ; 대법원 1987. 11. 24. 선고 85누903 판결 ; 대법원 1987. 12. 22. 선고 86므90 판결 ; 대법원 1988. 4. 27. 선고 87누1182 판결 ; 대법원 1991. 7. 23. 선고 90다9070 판결.

2271) 대법원 1986. 1. 21. 선고 84다카681 판결.

2272) 대법원 1984. 1. 31. 선고 83다카1034 판결.

2273) 대법원 1995. 10. 12. 선고 94다52768 판결. 동지 : 대법원 1987. 4. 28. 선고 86다카1757 판결 ; 대법원 1991. 1. 15. 선고 88다카19002,19019(반소) 판결 ; 대법원 1995. 10. 12. 선고 94다52768 판결 ; 대법원 2007. 5. 11. 선고 2005다56315 판결.

2274) 대법원 1997. 3. 14. 선고 95다49370 판결. 동지 : 대법원 1989. 5. 9. 선고 88다카6075 판결 ; 대법원 2000. 2. 25. 선고 99다55472 판결 ; 대법원 2002. 6. 11. 선고 99다41657 판결 ; 대법원 2010. 8. 19. 선고 2010다26745,26752 판결.

2275) 판결서 작성방식에 관한 권장사항 제11조 제2항.

2276) 판결서 작성방식에 관한 권장사항 제10조 제2항.

① **무변론 자백간주 판결**(법 제257조)

② **당사자의 불출석으로 자백간주되는 경우의 판결**(법 제150조 제3항)

③ **피고가 공시송달로 기일통지를 받고 변론기일에 출석하지 아니한 경우**

이에 따라 실무는, 위와 같은 경우에는, ①청구원인 사실 중 청구을 특정함에 필요한 최소한의 요건사실만 기재하는 방법 ②청구원인이 기재된 소장 등의 해당 부분을 사본하여 판결서에 첨부하는 방법 중 적절하다고 인정되는 방식에 따라 청구원인의 일부 또는 전부를 생략할 수 있는 것으로 하고 있으며,[2277] 자백간주 등의 인정근거도 법률조문으로 간략하게 표시하고 있다.[2278]

다) 예외 2 : 소액사건

더 나아가, **소액사건의 판결서에는 법 제208조의 규정에 불구하고 이유를 기재하지 아니할 수 있으며**(소액사건심판법 제11조의2 제3항),[2279][2280] 이에 따라, 소액사건 실무에서는 판결이유 기재를 생략하는 것이 오히려 마치 원칙처럼 되어 있다.

다만, 이유를 간략하게 기재하는 것도 가능한 것으로 해석되고(같은 항의 물론해석), 실무에서도 다툼이 치열하였거나 복잡한 계산과정이 필요한 사건 등에서는 이유를 간략하게나마 기재하여 주는 예를 왕왕 볼 수 있다.[2281]

6) 법관의 서명날인

판결서에는 판결한 법관이 서명날인하여야 한다(법 제208조 제1항 후단).

다만, (판결한) **법관이 판결서에 서명날인함에 지장이 있는 때에는 다른 법관이 판결에 그 사유를 적고 서명날인하여야 한다**(같은 조 제4항).

나. 당사자의 출석의 불요

판결은 당사자가 출석하지 아니하여도 선고할 수 있다(법 제207조 제2항).[2282]

2277) 판결서 작성방식에 관한 권장사항 제6조 제1항.

2278) 판결서 작성방식에 관한 권장사항 제6조 제2항.

2279) **주택임대차나 상가건물 임대차의 임차인이 임대인에 대하여 제기하는 보증금반환청구소송도 마찬가지이다**(주택임대차보호법 제13조, 상가건물 임대차보호법 제18조).

2280) cf. 이 제도는 1981. 1. 29. 「소송촉진등에관한특례법」을 제정하면서 같은 법 제20조 제3항에 신설한 것이며, 그 후 다시 1990. 1. 13. 법률 제4205호로 「소액사건심판법」을 개정하면서 「소액사건심판법」 내로 해당 규정을 편입하기에 이르렀다.

2281) 구 「바람직한 재판운영방안(재일 94-1)」.

즉, 판결의 선고는 당사자가 재정(在廷)하지 아니하는 경우에도 할 수 있다.[2283]

다. 선고의 방식

1) 원 칙

원칙적으로, **판결은 재판장이 판결원본에 따라 주문을 읽어 선고하며, 필요한 때에는 이유를 간략히 설명할 수 있다**(법 제206조).[2284][2285]

이유의 간략한 설명이 필요한 때라 함은, 당사자의 쌍방 혹은 일방이 다수이고 또한 재판에 과다한 관심을 보여 왔으며 선고법정에도 다수 출석하는 등 특별한 사정이 있는 경우 등을 말하는 것으로 해석된다.[2286]

2) 특칙 : 소액사건

소액사건에서는, 판결을 선고함에는 주문을 낭독하고 주문이 정당함을 인정할 수 있는 범위안에서 그 이유의 요지를 구술로 설명하여야 한다(소액사건심판법 제11조의2 제2항).[2287][2288]

다만, 당사자 모두가 출석하지 아니한 사건에서는 이유의 요지를 설명할 필요가 없는 것으로 해석된다.[2289]

그러나 입법론적으로는, 이러한 특칙은 무의미한 규정이므로 삭제함이 온당할 것이다.

3) 보 칙

재판절차에 참여한 당사자, 증인·감정인 등 재판에 참여하는 관계인 또는 방청인에게 들

2282) cf. 이는 형사소송의 판결선고기일에 원칙적으로 당사자가 출석하여야 하는 것(형사소송법 제277조 제4호 참조)과 대조적이다.

2283) 대법원 2003. 4. 25. 선고 2002다72514 판결.

2284) cf. 구법(2002. 1. 26. 법률 제6626호로 전부개정되기 전의 것) 제191조 후문은 "필요한 때에는 이유의 요지를 설명할 수 있다"라고 규정하고 있었다.
이에 반하여, 형사소송에서는 이유의 요지를 반드시 고지하여야 하며(형사소송법 제43조 후문), 형을 선고하는 경우에는 재판장은 피고인에게 상소할 기간과 상소할 법원도 고지하여야 한다(같은 법 제324조).

2285) 더 나아가 실무상, 대법원 전원합의사건에서는, 대법관은 재판장의 허락을 받아 그 의견의 요지를 밝힐 수 있다. 대법원 전원합의체의 심리절차에 관한 내규 제8조 제1항 후문.

2286) 구「바람직한 재판운영방안(재일 94-1)」.

2287) 주택임대차나 상가건물 임대차의 임차인이 임대인에 대하여 제기하는 보증금반환청구소송에서도 같다(주택임대차보호법 제13조, 상가건물 임대차보호법 제18조).

2288) cf. 이 제도는 1981. 1. 29.「소송촉진등에관한특례법」을 제정하면서 같은 법 제20조 제2항에 신설한 것이며, 그 후 다시 1990. 1. 13. 법률 제4205호로「소액사건심판법」을 개정하면서「소액사건심판법」내로 해당 규정을 편입하기에 이르렀다.

2289) 구「바람직한 재판운영방안(재일 94-1)」.

거나 말하는 데 장애가 있을 때에는,[2290] 재판장은 판결을 선고하기 직전에 재정중인 수어통역인에게 판결요지를 기재한 서면을 교부하여 수어통역을 준비하게 할 수 있다.[2291]

이와 같이 판결 선고의 수어통역을 하는 경우에, 판결 내용 특히 주문의 이해가 어려울 것으로 예상되는 때에는 (재판장은) 소송당사자가 쉽게 이해할 수 있도록 설명(하고 수어통역인은 이를 통역)한다.[2292]

라. 판결선고조서의 작성 등

재판의 선고는 조서에 분명히 기재하여야 하는 사항이므로(법 제154조 제6호), 판결을 선고한 때에는 「판결선고조서」를 작성하며,[2293] 만일 판결선고기일을 연기한 때에는 「판결선고연기조서」를 작성한다.

만일, 판결문에 기재된 선고일자가 선고조서에 기재된 선고일자와 다르다면, 이는 오기이고, 선고조서에 기재된 선고일자에 판결이 선고된 것으로 볼 것이다.[2294]

또한, 판결은 판결선고조서 뒤에 편철되어 있는 판결원본대로 선고된 것으로 볼 것이다.[2295]

마. 판결서의 송달[2296]

판결서는 선고한 뒤에 바로 법원사무관등에게 교부하여야 한다(법 제209조).

법원사무관등은 (재판장으로부터) **판결서를 받은 날부터 2주 이내에 당사자에게 송달하여야 하고**(법 제210조 제1항), **판결서는 정본으로 송달한다**(같은 조 제2항). 이때, 보조참가인에게도 판결정본을 송달한다.

종국판결의 경우, 판결 정본의 송달은, 이로써 상소기간이 진행됨과 아울러(법 제396조 제1항, 제425조), 강제집행개시의 요건이기도 하다(민사집행법 제39조 제1항).

2290) 수어통역 등에 관한 예규(재일 2020-2) 제2조 참조.

2291) 수어통역 등에 관한 예규(재일 2020-2) 제18조 제1항.

2292) 수어통역 등에 관한 예규(재일 2020-2) 제18조 제2항.

2293) 다만, 후술하듯이, 소액사건에서 즉시선고를 한 때에는, 「변론 겸 판결선고조서」를 작성함이 실무이다.

2294) 대법원 1972. 2. 29. 선고 71다2770 판결.

2295) 대법원 2010. 7. 29. 선고 2009다69692 판결(실제 판결정본이 아닌 판결서 시안이 착오로 송달되었다 하더라도 그 송달된 시안대로 선고한 것으로는 인정할 수 없다고 본 사안).
이에 의하면 결국, 만일의 경우에 대비하여, 판결선고일에 가급적 변호사사무원 등이 출석하여 선고결과까지 확인함이 바람직하다는 것이 된다.

2296) 그 밖에, 2018. 6. 18.부터, 대법원 전원합의체 선고에 관한 동영상은 인터넷 홈페이지 등을 통하여 공개하며, 재판서도 선고 직후 공개하고 있다. 대법원 전원합의체의 심리절차에 관한 내규 제8조 제2항.

한편, 2015. 1. 1.부터 확정 판결서의 열람·복사 제도가 실시됨에 따라, - 민사·행정·특허 사건 등의 - 판결서의 정본을 송달하는 때에는 「비밀보호를 위한 판결서 열람 등 제한신청 안내문」을 함께 송달함이 실무이다.[2297]

2. 중간판결

가. 개 관

법원은, 독립된 공격 또는 방어의 방법, 그 밖의 중간의 다툼에 대하여 필요한 때에는 중간판결(中間判決)**을 할 수 있으며**(법 제201조 제1항), **청구의 원인과 액수에 대하여 다툼이 있는 경우에 그 원인에 대하여도 중간판결을 할 수 있다**(같은 조 제2항).

즉, 중간판결이라 함은 그 심급에서 종국판결을 하기에 앞서 그 종국판결의 전제가 되는 개개의 쟁점을 미리 정리·판단하여 종국판결을 준비하는 재판이라고 할 수 있다.[2298]

중간판결도 판결이므로 기속력이 발생한다. 다시 말해, 중간판결이 선고되면 판결을 한 법원은 이에 구속되므로 종국판결을 할 때에도 그 주문의 판단을 전제로 하여야 하며, 설령 중간판결의 판단이 그릇된 것이라 하더라도 이에 저촉되는 판단을 할 수 없다.[2299]

그러나, 아마도 판결서를 한 개 더 작성하여야 한다는 업무상의 부담 때문인지, 실무상 중간판결을 하는 예는 드물다.

나. 중간판결사항

1) 독립된 공격방어방법의 배척

"독립된 공격 또는 방어의 방법"(법 제201조 제1항 전단)이란 그것만으로 청구를 인용하거나 배척하기에 충분한 공격방어방법을 말한다.

그러나, 그러한 공격방어방법이 인용될 때에는 종국판결을 하기에 충분하므로, 결국 중간판결이 문제되는 경우란 결국 그러한 공격방어방법을 배척할 때에 한한다.

2) 그 밖의 중간의 다툼의 해결

"그 밖의 중간의 다툼"(법 제201조 제1항 후단)의 예로는, 소송요건의 존부에 관한 다툼을 들 수 있으며, 특히 소취하의 부존재 또는 무효 여부(규칙 제67조 제3항, 제68조)은 법이 명문으로

2297) 민사판결서 열람 및 복사에 관한 예규(재민 2014-1) 제5조 제3항.
2298) 대법원 1994. 12. 27. 선고 94다38366 판결. 동지 : 대법원 2011. 9. 29. 선고 2010다65818 판결.
2299) 대법원 2011. 9. 29. 선고 2010다65818 판결.

인정하고 있는 중간판결사항의 예이다.

그러나, 가령 소송요건이 결여된 때에는 종국판결을 하기에 충분하므로, 결국 중간판결이 문제되는 경우란 소송요건의 존재를 확인할 때에 한하게 된다.

3) 청구원인의 인용

"청구의 원인과 액수에 대하여 다툼이 있는 경우"(법 제201조 제2항)에 관하여 주의할 점은, 청구의 원인(예컨대, 피고에게 손해배상책임이 있는지 여부)이 배척될 때에는 청구의 액수(예컨대, 피고가 원고에게 배상하여야 할 액수)에 관하여 더 나아가 심리할 필요 없이 종국판결을 하게 되므로, 결국 청구의 원인을 인용할 경우에 한하여 중간판결이 문제된다는 점이다.

다. 방 식

중간판결을 할 때에는, 판결서의 제목도 "중간판결"이라고 기재하며, 종국판결의 판결서와 달리 변론종결일(법 제208조 제1항 제5호)은 기재할 여지가 없다.[2300]

중간판결은 사건을 완결하는 재판이 아니므로, 법원은 중간판결시에는 소송비용의 재판을 하지 아니함이 원칙이다(법 제104조 본문).

다만, 법원은 사정에 따라 중간의 다툼에 관한 재판에서 그 비용에 대한 재판을 할 수 있으므로(같은 조 단서), 그 경우에는 예외적으로 소송비용의 재판을 할 경우도 있을 수는 있다.

라. 불 복

중간판결에 대하여서는 독립하여 불복하지 못하며(법 제390조의 반대해석), 중간판결은 종국판결 이전의 재판으로서 종국판결과 함께 상소심의 판단을 받는다(법 제392조, 제425조).[2301]

3. 종국판결

가. 종국판결 일반

1) 개 관

법원은 소송의 심리를 마치고 나면 - 변론을 종결한 다음 - **종국판결**(終局判決)**을 한다**(법 제198조).

2300) 중간판결의 실례로는, 서울고법 2008. 2. 19. 선고 2001나60578 중간판결.
2301) 대법원 2011. 9. 29. 선고 2010다65818 판결.

종국판결이라 함은, 소 또는 상소에 의하여 계속중인 사건의 전부 또는 일부에 대하여 심판을 마치고 그 심급을 이탈시키는 판결을 말한다.[2302)]

2) 전부판결과 일부판결

가) 일부판결 개관

종국판결은 전부판결이 원칙이지만, **법원은 소송의 일부에 대한 심리를 마친 경우 그 일부에 대한 종국판결을 할 수 있다**(법 제200조 제1항). 예컨대, 청구의 단순병합의 경우에는 일부판결을 할 수 있다.

변론을 병합한 여러 개의 소송 가운데 한 개의 심리를 마친 경우와, 본소나 반소의 심리를 마친 경우에도 일부판결을 할 수 있다(같은 조 제2항).

일부판결은 이와 같이 '의도적으로' 나머지 재판을 하지 아니하는 경우이므로, '모르고' 나머지 재판을 하지 아니한 경우인 재판의 누락과 개념상 구별된다.

일부판결을 할 때에는 그 부분의 변론을 분리하는 결정을 먼저 하게 되며, 판결서의 제목이 '일부판결'이 된다.[2303)]

다만, 일부판결이 허용되지 아니하는 경우에 일부판결을 하였다면, 이는 재판의 누락이 아니라 판단의 누락에 해당하므로 그러한 잘못에 대하여서는 추가판결을 신청할 것이 아니라 상소를 통하여 다투어야 하는바,[2304)] 일부판결을 할 수 없는 경우란 구체적으로 다음과 같다.

나) 일부판결이 허용되지 아니하는 경우

(1) 변론이 병합된 경우 중 일부판결을 할 수 없는 경우

변론이 병합된 경우라 하더라도 병합이 필요적인 경우(예 : 수개의 주주총회결의취소소송의 변론이 병합된 경우)에는 성질상 일부판결을 하지 못하는 것으로 해석된다.

2302) 대법원 1995. 2. 14. 선고 93재다27,34 전원합의체 판결.

2303) 재판서예규 제4조 제5항.

2304) 대법원 1998. 7. 24. 선고 96다99 판결(청구의 선택적 병합) ; 대법원 2000. 11. 16. 선고 98다22253 전원합의체 판결 ; 대법원 2002. 9. 4. 선고 98다17145 판결(청구의 예비적 병합) ; 대법원 2008. 3. 27. 선고 2005다49430 판결(예비적 공동소송) ; 대법원 2014. 3. 27. 선고 2009다104960 판결(예비적 공동소송) 또한, 예비적 피고에 대한 청구에 관한 판단누락이 예비적 공동소송에 관한 법리오해의 위법에(도) 해당한다. 대법원 2013. 7. 25. 선고 2011다7628 판결 ; 대법원 2014. 3. 27. 선고 2009다104960 판결(예비적 공동소송)

(2) 반소가 제기된 경우 중 일부판결을 할 수 없는 경우

본소와 반소가 동일 목적의 형성청구인 경우(예 : 공유물분할청구)나 소송물이 동일한 법률관계인 경우(예 : 채무부존재확인의 본소와 이행청구의 반소)에도 역시 일부판결을 하지 못하는 것으로 해석된다.

(3) 청구의 선택적 병합 및 예비적 병합의 경우

(가) 청구의 선택적 병합의 경우

청구의 선택적 병합의 경우에, 선택적 청구 중 어느 하나를 인용하는 판결은 전부판결이며, 선택적 청구 중 하나만을 기각하는 일부판결은 허용되지 아니한다.[2305)]

따라서, 청구가 선택적으로 병합된 경우, 법원이 원고의 청구를 인용할 경우에는 선택적으로 병합된 수개의 청구 중 어느 하나를 임의로 선택하여 심판할 수 있으나, 원고의 청구를 모두 기각할 경우에는 원고의 선택적 청구 전부에 대하여 판단하여야 한다.[2306)]

즉, 전자의 경우에는 주위적 청구와 선택적 청구 중 어느 하나를 인용하나, 후자의 경우에는 주위적 청구와 선택적 청구를 모두 기각한다.

같은 이치에서, 선택적 청구 중 하나에 대하여 일부만 인용하고 다른 선택적 청구에 대하여 아무런 판단을 하지 아니하거나,[2307)] 선택적 청구 중 하나만을 기각하고 다른 선택적 청구에 대하여 아무런 판단을 하지 아니하는 것은,[2308)] 위법하다.

(나) 청구의 예비적 병합의 경우

청구의 예비적 병합에서, 예비적 청구는 주위적 청구가 인용되는 것을 해제조건으로 하는 것이므로, 법원의 심판순서는 당사자가 청구한 심판의 순서에 구속을 받게 된다.[2309)]

즉, 주위적 청구를 인용할 때에는 다음 순위인 예비적 청구에 대하여 심판할 필요가 없으나,[2310)] 주위적 청구를 배척할 때에는 예비적 청구에 대하여 심판하여야 하고,[2311)] 청구를 모두 배척할 때에는 주위적 청구와 예비적 청구 모두에 대하여 심판하여야 한다.[2312)]

2305) 대법원 1998. 7. 24. 선고 96다99 판결.

2306) 대법원 2010. 5. 27. 선고 2009다12580 판결 참조.

2307) 대법원 2016. 5. 19. 선고 2009다66549 전원합의체 판결.

2308) 대법원 2017. 10. 26. 선고 2015다42599 판결.

2309) 대법원 1993. 3. 23. 선고 92다51204 판결. 동지 : 대법원 1986. 9. 9. 선고 86누2 판결 ; 대법원 2000. 11. 16. 선고 98다22253 전원합의체 판결 ; 대법원 2018. 6. 15. 선고 2016다229478 판결.

2310) 대법원 2000. 11. 16. 선고 98다22253 전원합의체 판결.

2311) 대법원 1974. 5. 28. 선고 73다1942 판결 ; 대법원 2000. 11. 16. 선고 98다22253 전원합의체 판결.

2312) 대법원 1970. 9. 29. 선고 70다1664 판결 참조.

따라서, 주위적 청구를 먼저 판단하지 않고 예비적 청구만을 인용하거나, 주위적 청구만을 배척하고 예비적 청구에 대하여 판단하지 않는 등의 일부판결은 허용되지 아니한다.[2313)]

그러나, 원고의 주위적 청구원인이 이유 있다고 인정한 다음에 피고의 일부 항변을 받아들여 그 부분에 대한 원고의 청구를 기각하는 경우, 원고가 주위적 청구의 일부를 특정하여 그 부분이 인용될 것을 해제조건으로 하여 그 부분에 대하여만 예비적 청구를 하였다는 등의 특별한 사정이 없는 한, 주위적 청구원인에 기한 청구의 일부가 기각될 운명에 처하였다고 하여 다시 그 부분에 대한 예비적 청구원인이 이유 있는지의 여부에 관하여 나아가 판단할 필요는 없다.[2314)]

주의할 것은, 부진정 예비적 병합의 경우, 즉, 논리적으로 양립가능한 수 개의 청구를 순위를 붙여 청구한 경우에도, 당사자가 붙인 순위에 따라서 당사자가 먼저 구하는 청구를 심리하여 이유가 없으면, 다음 청구를 심리하여야 한다.[2315)]

(4) 합일확정소송

합일확정소송에서도 일부판결은 허용되지 아니한다.[2316)]

따라서, 예컨대, **예비적·선택적 공동소송에서는 모든 공동소송인에 관한 청구에 대하여 판결을 하여야 한다**(법 제70조 제2항).

그러므로, 전술한 청구의 예비적·선택적 병합의 경우와 달리, 법원은 주위적 당사자에 관한 청구를 인용할 때에는 예비적(또는 선택적) 당사자에 관한 청구는 기각하여야 하고, 그 역도 마찬가지이다.

물론, 주위적 당사자에 관한 청구와 예비적(또는 선택적) 당사자에 관한 청구가 모두 이유 없는 경우에는 양자의 청구를 모두 기각하게 된다.

2313) 대법원 2000. 11. 16. 선고 98다22253 전원합의체 판결.

2314) 대법원 2000. 4. 7. 선고 99다53742 판결.

2315) 대법원 2002. 2. 8. 선고 2001다17633 판결.

2316) 대법원 2010. 4. 29. 선고 2008다50691 판결 ; 대법원 2011. 2. 10. 선고 2010다82639 판결 ; 대법원 2011. 6. 24. 선고 2011다1323 판결(이상, 고유필수적 공동소송); 대법원 2008. 3. 27. 선고 2005다49430 판결; 대법원 2011. 2. 24. 선고 2009다43355 판결 ; 대법원 2013. 7. 25. 선고 2011다7628 판결 ; 대법원 2014. 3. 27. 선고 2009다104960 판결 ; 대법원 2018. 2. 13. 선고 2015다242429 판결의 방론(이상, 예비적 공동소송) ; 대법원 1981. 12. 8. 선고 80다577 판결 ; 대법원 1991. 3. 22. 선고 90다19329,19336 판결 ; 대법원 1995. 12. 8. 선고 95다44191 판결 ; 대법원 2007. 12. 14. 선고 2007다37776,37783 판결(이상, 독립당사자참가소송.

다) 잔부판결

일부판결 후 나머지 부분의 전체에 대하여 판결을 하는 경우를 잔부판결이라 한다.

이때 판결서의 제목은 "판결"로만 표시하되,[2317] 원래의 사건번호에 가지번호를 붙여 표시함이 실무이다.[2318]

3) 종국판결 선고기간

(종국)**판결은 소가 제기된 날부터 5월 이내에 선고한다**(법 제199조 본문).

다만, 법원이 법률의 위헌여부의 심판을 헌법재판소에 제청한 때, 그 재판정지기간(헌법재판소법 제42조 제1항)(즉, 헌법재판소의 위헌여부의 결정이 있을 때까지의 기간)**은 위 판결선고기간에 이를 산입하지 아니한다**(헌법재판소법 제42조 제2항).

그러나 위와 같은 선고기간의 규정은 훈시규정이다.[2319]

4) 선고기일

가) 원칙 : 선고기일의 지정

'변론의 진행' 부분에서 기술한 바와 같이, 소액사건이 아닌 한, 판결을 선고하기 위하여서는 선고기일을 지정하여야 한다.

(종국)**판결은 변론이 종결된 날부터 2주 이내에 선고하여야 하며, 복잡한 사건이나 그 밖의 특별한 사정이 있는 때에도 변론이 종결된 날부터 4주를 넘겨서는 아니 된다**(법 제207조 제1항). 그러나 위와 같은 선고기간의 규정도 훈시규정이다.[2320]

나) 소액사건의 특칙 : 즉시선고

다만, **소액사건에서는, 판결의 선고는 변론종결 후 즉시 할 수 있다**(소액사건심판법 제11조의 2 제1항).[2321][2322]

2317) 재판서예규 제4조 제5항.

2318) 재판서예규 제7조 제2항.

2319) 대법원 2008. 2. 1. 선고 2007다9009 판결. 동지 : 헌재 1999. 9. 16. 선고 98헌마75 결정.

2320) 대법원 2008. 2. 1. 선고 2007다9009 판결.

2321) **주택임대차나 상가건물 임대차의 임차인이 임대인에 대하여 제기하는 보증금반환청구소송도 같다**(주택임대차보호법 제13조, 상가건물 임대차보호법 제18조).

2322) cf. 이 제도는 1981. 1. 29. 「소송촉진등에관한특례법」을 제정하면서 같은 법 제20조 제1항에 신설한 것이며, 그 후 다시 1990. 1. 13. 법률 제4205호로 「소액사건심판법」을 개정하면서 「소액사건심판법」 내로 해당 규정을 편입하기에 이르렀다.

5) 상소에 대한 고지

(종국판결의) 판결서의 정본을 송달하는 때에는 법원사무관등은 당사자에게 상소기간과 상소장을 제출할 법원을 고지하여야 하나(규칙 제55조의2), 판결서 말미에 이를 표시하는 방법으로 고지함이 실무이다.

나. 종국판결의 주된 주문

1) 서론(緖論) : 주문의 종류

실무상 주문은 주된 주문과 종된 주문으로 구분한다.

주된 주문이란 청구에 대하여 법원이 내린 결론을 표시하는 주문을 말한다. 그리고 종국판결의 종류 역시 주된 주문의 내용에 따라 분류하여 볼 수 있다.

종된 주문이란 그 밖의 사항(소송비용부담의 재판, 가집행선고 등)을 표시하는 주문을 말한다.

2) 제1심의 종국판결의 종류

가) 개 관

종국판결에는, 소송판결과 본안판결(법 제267조 제2항 참조)이 있다.

소송판결이란 이를테면 본안에 대한 판단을 거부하는 판결을 말하며,[2323] 제1심의 종국판결 중에서는 소각하,[2324] 소송종료선언 또는 소취하무효선언이 소송판결에 해당한다.

본안판결이란 소송물의 존부에 관한 실체적 판단을 하는 판결을 말하며,[2325] 제1심의 종국판결 중에서는 청구인용이나 청구기각이[2326] 본안판결에 해당한다. 소송판결과 본안판결의 차이는, 종국판결 후에 소를 취하한 경우에 재소금지의 제재를 받는지 여부(법 제267조 제2항), 항소심에서의 필수적 환송 여부(법 제418조) 등에 있다. 한편, 위와 같은 여러 가지 판결들 중 어느 것을 할지가 소송물별로 판단되어야 함은 물론이다.

나) 소 각 하

소가 부적법한 때, 즉, 소송요건이 (원칙적으로 변론종결시에) 결여된 때에는 소각하 판결을 하게 된다(법 제219조 참조).

2323) 이시윤, 614면.

2324) cf. 재판상의 청구는 소의 각하의 경우에는 시효중단의 효력이 없으나(민법 제170조 제1항), 이 경우에 6월내에 청구, 압류 또는 가압류, 가처분을 한 때에는 시효는 최초의 재판상 청구로 인하여 중단된 것으로 본다(같은 조 제2항).

2325) 대법원 1989. 6. 27. 선고 87다카2478 판결 참조.

2326) cf. 재판상의 청구는 청구의 기각의 경우에는 시효중단의 효력이 없다(민법 제170조 제1항).

한편, 일정한 경우에 소각하 판결을 변론 없이도 할 수 있음은, '피고가 응소하지 아니하는 경우의 처리 및 변론 없이 원고패소판결을 하는 경우' 부분에서 기술하였다.

다) 소송종료선언

소송이 종료되었음에도 불구하고 이를 간과하고 심리를 계속 진행한 사실이 발견된 경우 법원은 직권으로 (판결로써) 소송종료선언을 하여야 한다.[2327]

예컨대, 화해, 청구의 포기·인낙이 성립하였는데도 이를 간과하고 소송을 진행한 경우에는 법원은 소송종료선언을 하여야 한다.[2328]

그리고, 소가 유효하게 취하(간주)되었거나, 유효하게 화해나 청구의 포기·인낙이 성립하였음에도 불구하고 당사자가 기일지정신청을 한 경우에 법원이 소송종료선언을 하게 됨은 '당사자의 행위에 의한 소송의 종료' 부분에서 기술하였다.

라) 소취하무효선언

소취하무효선언이란, 종국판결 선고 후의 소취하가 무효임을 선언하는 판결인바(규칙 제67조 제4항 제2호 후단), 이에 관하여서는 '상소 일반' 부분에서 다룰 것이다.

마) 청구인용

(1) 개 관

청구가 이유 있는 때에는 이를 인용하는 판결을 - 특별한 사정이 없는 한 청구취지와 같은 주문으로써 - 하게 된다.

한편, 일정한 경우에 청구인용 판결을 변론 없이도 할 수 있음은, '피고가 응소하지 아니하는 경우의 처리 및 변론 없이 원고패소판결을 하는 경우' 부분에서 기술하였다

그러나, 이행청구 또는 확인청구의 인용과 관련하여서는 다음과 같은 사항들에 주의하여야 한다.

2327) 대법원 2011. 4. 28. 선고 2010다103048 판결.
cf. 대법원 1978. 8. 22. 선고 78다1091 판결은 원심이 항소취하간주를 간과하였다고 하면서도 원심판결의 파기만을 하였으나 이는 잘못이라 하겠다.

2328) 대법원 1962. 6. 14. 선고 62마6 판결(사안은 청구인낙).

(2) 법정이율의 특례

(가) 금전채권자가 전부승소한 경우

① 개 관

금전채무의 전부 또는 일부의 이행을 명하는 판결(심판 포함)**을 선고할 경우에, 금전채무불이행으로 인한 손해배상액**(즉, 지연손해금)**산정의 기준이 되는 법정이율은, 그 금전채무의 이행을 구하는 소장 또는 이에 준하는 서면이 채무자에게 송달된 날의 다음날부터는 연 40% 이내의 범위에서 「은행법」에 따른 은행이 적용하는 연체금리 등 경제 여건을 고려하여 대통령령으로 정하는 이율에 따른다**(소송촉진법 제3조 제1항 본문).[2329][2330]

이 규정은 금전채권자의 소 제기 후에도 상당한 이유 없이 채무를 이행하지 아니하는 채무자에게 지연손해금에 관하여 불이익을 가함으로써 채무불이행상태의 유지 및 소송의 불필요한 지연을 막고자 하는 것을 그 중요한 취지로 한다.[2331]

즉, 이 조항의 입법목적은 법정이율을 현실화함으로써 채권자에 대하여는 소송을 제기한 이후부터라도 이행지체로 인한 실손해를 배상받을 수 있도록 하는 한편, 채무자에 대하여는 법정이율이 현실이자율보다 낮은 것을 이용하여 악의적으로 채무이행이나 소송을 지연시키고 상소권을 남용하는 것을 막고, 사실심판결 선고후 채무의 신속한 이행을 확보하려는 데에 있다.[2332]

그리고, 이는 법정이율을 현실이자율 등 경제 여건의 변동에 따라 탄력적으로 정하여 채권자가 소송제기 이후부터는 원칙적으로 실손해를 배상받을 수 있도록 한 것이다.[2333]

다만, 장래이행의 소(법 제251조)**에 해당하는 경우에는 위와 같은 특례가 적용되지 아니한**

2329) cf. 이 조항은 통상의 민사소송사건뿐만 아니라 행정소송사건(즉, 당사자소송)에도 적용된다. 대법원 1992. 1. 17. 선고 91누1127 판결. 동지 : 대법원 1992. 9. 14. 선고 91누11254 판결 ; 대법원 1993. 6. 29. 선고 91누2342 판결.

2330) cf. 특별한 사정이 없는 한 형벌에 관한 것이 아닌 법률이나 법률조항에 대한 위헌결정은 확정판결의 효력에 영향을 미치지 아니한다고 할 것이므로 채권자의 채무자에 대한 승소확정판결에서 지급을 명한 원리금액에 구 소송촉진등에관한특례법(2003. 5. 10. 법률 제6868호로 개정되기 이전의 것, 이하 '구 소촉법'이라 한다) 제3조 제1항 본문 등에 따른 연 25%의 비율에 의한 지연손해금이 포함되어 있는데 위 구 소촉법의 규정에 대하여는 그 후에 헌법재판소의 위헌결정이 선고됨으로써 위 구 소촉법 규정이 위헌임이 확인되었다고 하더라도, 그로 인하여 위 승소확정판결의 효력이 달라지는 것은 아니며 법원이 위 승소확정판결에서 지급을 명한 것과 다른 금액을 채권자의 채권액으로 인정할 수 있는 것도 아니다. 대법원 2003. 7. 11. 선고 2003다19572 판결.

2331) 대법원 2010. 9. 30. 선고 2010다50922 판결.

2332) 헌재 2000. 3. 30. 선고 97헌바49 결정. 동지 : 헌재 2003. 4. 24. 선고 2002헌가15 결정 ; 헌재 2013. 11. 28. 선고 2011헌바270 결정.

2333) 대법원 2011. 10. 13. 선고 2009다86246 판결. 동지 : 대법원 2013. 1. 16. 선고 2012다32713 판결.

다(소송촉진법 제3조 제1항 단서).

이러한 특례의 요건을 상론하면 다음과 같다.

② 법정이율의 특례의 요건

첫째, '소송촉진법'이 정한 지연손해금은, 금전지급을 명하는 판결 또는 심판에만 적용된다.

따라서, 예컨대, 회생채권확정의 소(채무자회생법 제170조)는 회생채권자가 신고한 채권에 대하여 관리인 등으로부터 이의가 있는 경우 이의채권의 존부 또는 그 내용을 정하여 권리를 확정하는 것을 내용으로 하는 소로서 금전채무의 전부 또는 일부의 이행을 구하는 소가 아니므로, 회생채권확정의 소에 대한 판결을 선고할 경우 소송촉진법 제3조 제1항 본문은 적용되지 아니한다.[2334)]

한편, 심판의 경우에도, 즉, 마류 가사비송사건에서도 일견 이 특례가 적용되나, 그 경우에는 오히려 장래이행의 소에 해당하므로, 실제로는 이 특례가 적용되는 경우를 상정하기 어렵다.[2335)]

그리고, "심판"에 노동위원회의 구제명령은 포함되지 아니함은 물론이다.[2336)]

둘째, 소속촉진법 제3조의 특칙은 금전채무불이행에 관한 것이므로, 가령, 계약해제로 인한 원상회복의무의 이행으로서 반환하는 금전에 가산하는 이자(민법 제548조 제2항)에나,[2337)] 부동산에 대한 부당한 가처분으로 인하여 처분기회를 상실하였거나 그 대가를 제때 지급받지 못한 것에 의한 손해액을 산정함에는,[2338)] 위 특칙을 적용할 수 없다.

셋째, '소송촉진법'이 정한 지연손해금은 장래이행의 소에는 그 적용이 없으므로, 예컨대 다음과 같은 결과가 된다.

사해행위취소 등 청구의 소에서, 가액배상의무는 사해행위의 취소를 명하는 판결이 확정된 때에 비로소 발생하므로, 그 판결이 확정된 다음날부터 이행지체 책임을 지게 되고, 따라서 소송촉진법 소정의 이율은 적용되지 않고 민법 소정의 법정이율이 적용된다.[2339)]

당사자가 이혼이 성립하기 전에 이혼소송과 병합하여 재산분할의 청구를 하고 법원이 이

2334) 대법원 2013. 1. 16. 선고 2012다32713 판결.

2335) 종래의 실무례는 과거양육비 심판에 이 특례를 적용하기도 하였으나(서울가법 2010. 4. 8.자 2010브2 결정 등), 오늘날은 과거양육비 심판에 이 특례를 적용하지 아니하는 것이 확립된 실무이다.

2336) 대법원 2011. 10. 13. 선고 2009다86246 판결. 동지 : 헌재 2013. 11. 28. 선고 2011헌바270 결정.

2337) 대법원 2000. 6. 23. 선고 2000다16275 판결.

2338) 대법원 2001. 1. 19. 선고 2000다58132 판결.

2339) 대법원 2009. 1. 15. 선고 2007다61618 판결.

혼과 동시에 재산분할로서 금전의 지급을 명하는 판결을 하는 경우, 그 금전지급채무에 관하여는 그 판결이 확정된 다음날부터 이행지체책임을 지게 되고, 따라서 소송촉진법 제3조 제1항 단서에 의하여 같은 조항 본문에 정한 이율이 적용되지 아니한다.[2340]

당사자가 이혼 성립 후에 재산분할 등을 청구하고 법원이 재산분할로서 금전의 지급을 명하는 판결이나 심판을 하는 경우에도, 이는 장래의 이행을 청구하는 것으로서 분할의무자는 그 금전지급의무에 관하여 판결이나 심판이 확정된 다음 날부터 이행지체책임을 지고, 그 지연손해금의 이율에 관하여는 소송촉진법 제3조 제1항 본문이 정한 이율도 적용되지 아니한다.[2341]

③ 본래의 채권채무관계의 준거법이 외국법인 경우 : 부적용

또한 주의할 것은, 소송촉진법 제3조 제1항에서 정하는 법정이율에 관한 규정은 비록 소송촉진을 목적으로 소송절차에 의한 권리구제와 관련하여 적용되는 것이기는 하지만 절차법적인 성격을 가지는 것이라고만 볼 수는 없고 그 실질은 금전채무의 불이행으로 인한 손해배상의 범위를 정하기 위한 것이므로,[2342] 본래의 채권채무관계의 준거법이 외국법인 경우에는 위 특례법 규정을 적용할 수 없다고 해석함이 상당하다.[2343]

지연손해금은 채무의 이행지체에 대한 손해배상으로서 본래의 채무에 부수하여 지급되는 것이므로, 본래의 채권채무관계를 규율하는 준거법에 의하여 결정되어야 하기 때문이다.[2344]

④ 특례이율

㉮ 개 관

이에 따라, 소송촉진법 제3조 제1항 본문의 법정이율은 연 12%이다(소송촉진 등에 관한 특례법 제3조 제1항 본문의 법정이율에 관한 규정).

그런데, (2003. 6. 1. 이래) 2015. 9. 29.까지는 법정이율이 연 20%이었고(구 「소송촉진등에관한특례법제3조제1항본문의법정이율에관한규정」(2015. 9. 25. 대통령령 제26553호로 전부개정되기 전의 것)),[2345]

2340) 대법원 2001. 9. 25. 선고 2001므725 판결.

2341) 대법원 2014. 9. 4. 선고 2012므1656 판결.

2342) 대법원 2012. 10. 25. 선고 2009다77754 판결. 동지 : 대법원 1997. 5. 9. 선고 95다34385 판결 ; 대법원 2011. 1. 27. 선고 2009다10249 판결 ; 대법원 2015. 2. 26. 선고 2012다79866 판결.

2343) 대법원 2012. 10. 25. 선고 2009다77754 판결. 동지 : 대법원 1997. 5. 9. 선고 95다34385 판결 ; 대법원 2011. 1. 27. 선고 2009다10249 판결 ; 대법원 2015. 2. 26. 선고 2012다79866 판결.

2344) 대법원 2012. 10. 25. 선고 2009다77754 판결. 동지 : 대법원 1997. 5. 9. 선고 95다34385 판결 ; 대법원 2011. 1. 27. 선고 2009다10249 판결.

2345) 이에 관하여, 대법원 2014. 11. 20. 선고 2013다64908 전원합의체 판결은, 위 규정이 (지나치게 높은 이율로 말미암아) 국민의 재판청구권이나 재산권 등을 침해한다고 볼 수 없다고 보았다.

2015. 9. 30.부터 2019. 5. 31.까지는 법정이율이 연 15%이었는바(구 「소송촉진 등에 관한 특례법 제3조제1항 본문의 법정이율에 관한 규정」(2019. 5. 21. 대통령령 제29768호로 개정되기 전의 것)), 이와 관련하여서는 다음과 같은 경과조치에 주의하여야 한다.

첫째, 2015. 10. 1. 당시 법원에 계속 중인 사건으로서 제1심의 변론이 종결된 사건에 대해서는 법정이율을－종전의 규정대로－연 20%로 한다(소송촉진 등에 관한 특례법 제3조 제1항 본문의 법정이율에 관한 규정 부칙(제26553호) 제2조 제1항).

그러나, 2015. 10. 1. 당시 법원에 계속 중인 사건으로서 제1심의 변론이 종결되지 아니한 사건에 대한 법정이율은, 같은 해 9. 30.까지는－종전의 규정대로－연 20%로 하고, 같은 해 10. 1.부터는 연 15%로 한다(같은 조 제2항).

둘째, 2019. 6. 1. 당시 법원에 계속 중인 사건으로서 제1심의 변론이 종결된 사건에 대한 법정이율은－종전의 규정대로－연 15%로 한다(소송촉진 등에 관한 특례법 제3조 제1항 본문의 법정이율에 관한 규정 부칙(제29768호) 제2조 제1항).

그러나, 2019. 6. 1. 당시 법원에 계속 중인 사건으로서 제1심의 변론이 종결되지 아니한 사건에 대한 법정이율은 2019년 5월 31일까지 발생한 분에 대해서는－종전의 규정대로－연 15%로 하고, 2019년 6월 1일 이후 발생하는 분에 대해서는－현행법대로－연 12%로 한다(같은 조 제2항).

그런데, 법문에는 위와 같이 "계속 중인"으로 되어 있으나, 이는 '소가 제기되어 있는'으로 새겨야 할 것이며, 구체적으로는 각 경우의 수에 따라 다음과 같이 처리하여야 할 것이다.

㈏ 제1심에서의 구체적 적용

첫째, 2019. 6. 1. 현재 아직 제1심의 변론이 종결되지 아니한 금전지급청구 사건의 경우, '2019. 6. 1. 이후의' 지연손해금 부분에 관하여서는 현행법의 이율(연 12%)이 적용됨에 의문이 없다.

둘째, 같은 이치에서, 2019. 6. 1. 이후에 금전지급청구가 확장 또는 추가된 사건의 경우에는 그 부분에 관하여서는 역시 현행법의 이율을 적용하여야 한다.

셋째, 같은 이치에서, 2019. 6. 1. 이후로 무변론선고기일이 지정된 금전지급청구 사건의 경우에도, '2019. 6. 1. 이후의' 지연손해금 부분에 관하여서는 현행법의 이율을 적용하여야 한다(민법 제218조 제1항, 제2항 참조).

넷째, 시효중단을 위한 재소의 경우에도, 2019. 5. 31. 이전에 이미 제1심의 변론이 종결된 사건이 아니라면, '2019. 6. 1 이후의' 지연손해금 부분에 관하여서는 현행법의 이율을 적용하여야 한다.

따라서, 2019. 6. 1. 현재 제1심의 변론이 종결되지 아니한 사건(무변론판결선고기일이 도래하지 아니한 사건 포함)은, 위 법리에 비추어 청구취지를 감축할 필요가 있으며, 청구취지를 확장 또는 추가하는 경우에도 현행법의 이율에 따라 이를 하여야 한다.

(나) 금전채권자가 일부패소한 경우 등: 법정이율 특례의 일부배제

① 개 관

채무자가 그 이행의무의 존재를 선언하는 사실심판결이 선고되기까지 그 존부나 범위에 관하여 항쟁함이 상당하다고 인정되는 때에는 그 상당한 범위 안에서 위 법정이율을 적용하지 아니한다(소송촉진법 제3조 제2항).

수개의 청구가 병합된 경우에는 각 소송물마다 위와 같은 법리가 적용되어야 하므로 이행의무의 존부나 범위에 대하여 항쟁함이 상당한지 여부는 각 청구별로 따로 판단하여야 한다.[2346)]

② 요 건

"채무자가 그 이행의무의 존부나 범위에 관하여 항쟁함이 상당하다고 인정하는 때"란 이행의무의 존부나 범위에 관하여 항쟁하는 채무자의 주장에 상당한 근거가 있는 때라고 풀이되므로,[2347)][2348)] 결국 위와 같이 항쟁함이 상당한가 아니한가의 문제는 해당 사건에 관한 법원

2346) 대법원 1995. 2. 17. 선고 94다56234 판결; 대법원 1996. 2. 13. 선고 94다42419 판결; 대법원 2001. 2. 23. 선고 2000다63752 판결; 대법원 2002. 9. 10. 선고 2002다34581 판결; 대법원 2006. 10. 13. 선고 2006다32446 판결; 대법원 2009. 7. 9. 선고 2006다73966 판결. 동지: 대법원 2012. 12. 27. 선고 2012다60954 판결; 대법원 2017. 7. 18. 선고 2017다206922 판결.

2347) 대법원 1987. 5. 26. 선고 86다카1876 전원합의체 판결. 동지: 대법원 1991. 1. 25. 선고 90다9285 판결; 대법원 1992. 6. 23. 선고 91다30835 판결; 대법원 1992. 10. 13. 선고 92다23827 판결; 대법원 1993. 11. 12. 선고 93누8344 판결; 대법원 1994. 1. 25. 선고 93다48526 판결; 대법원 1994. 11. 11. 선고 94다29942 판결; 대법원 1995. 3. 24. 선고 94다47728 판결; 대법원 1996. 2. 23. 선고 95다51960 판결; 대법원 1997. 5. 9. 선고 97다6988 판결; 대법원 1997. 11. 14. 선고 97다6193 판결; 대법원 1998. 5. 8. 선고 95다30390 판결; 대법원 1998. 7. 14. 선고 96다17202 판결; 대법원 2000. 1. 21. 선고 99다212 판결; 대법원 2001. 3. 9. 선고 99다64278 판결; 대법원 2002. 5. 10. 선고 2001다81511,81528,81535 판결; 대법원 2002. 6. 11. 선고 2002다2539 판결; 대법원 2006. 8. 25. 선고 2005다16959 판결; 대법원 2007. 12. 27. 선고 2005다18146 판결; 대법원 2008. 11. 13. 선고 2006다61567 판결; 대법원 2009. 5. 28. 선고 2009다9539 판결; 대법원 2009. 6. 25. 선고 2008다13838 판결; 대법원 2012. 3. 29. 선고 2011두28776 판결; 대법원 2012. 6. 28. 선고 2012다16926 판결; 대법원 2012. 12. 27. 선고 2012다60954 판결; 대법원 2013. 2. 15. 선고 2012다88518 판결; 대법원 2013. 4. 11. 선고 2012다106713 판결; 대법원 2013. 4. 26. 선고 2011다50509 판결; 대법원 2013. 6. 28. 선고 2011다83110 판결; 대법원 2013. 9. 12. 선고 2013다30356 판결; 대법원 2014. 2. 13. 선고 2013다72664 판결; 대법원 2014. 4. 10. 선고 2013다52073 판결; 대법원 2014. 8. 20. 선고 2014다26521 판결; 대법원 2014. 11. 27. 선고 2011두2477

의 사실인정과 그 평가에 관한 것이다.[2349]

따라서, 예컨대, 금전채권자가 채무자를 상대로 채무의 이행을 청구하는 소를 제기한 후에 채무자가 자신의 채무를 이행함으로써 원래의 금전채무는 소멸하고 그 채무의 이행지체로 인한 지연손해의 배상만이 남게 된 경우 그 지연손해금 산정의 기준이 되는 법정이율에 대하여는 소송촉진법 제3조상의 이율은 적용되지 아니한다. 비록 소가 제기된 후라고 하여도 원래의 금전채무를 스스로 이행한 채무자에게 법정이율 특례의 불이익을 가할 이유는 없기 때문이다.[2350]

③ 효 과

"그 상당한 범위"는, 채무자가 항쟁함이 상당한 '의무의' 범위가 아니라, 채무자가 항쟁함에 상당한 '기간의' 범위라 하겠으므로, 채무자가 해당사건의 사실심에서 항쟁할 수 있는 기간은 해당 사건의 사실심 판결선고시까지로 보아야 하고, 그 선고시 이후에는 어떤 이유로든지 소송촉진법 제3조 제1항의 적용을 배제할 수 없는 것으로 풀이함이 상당하다.[2351]

판결; 대법원 2016. 1. 14. 선고 2015다6302 판결; 대법원 2017. 7. 18. 선고 2017다206922 판결; 대법원 2017. 12. 5. 선고 2017다257722,257739 판결; 대법원 2020. 8. 20. 선고 2019다14110,14127,14134,14141 판결; 대법원 2020. 11. 26. 선고 2019다2049 판결.

2348) 그런데, 대법원 1990. 2. 13. 선고 88다카23735 판결은, 본안의 당부뿐 아니라 관할권에 관하여 다툼이 있어 피고가 본안전항변(중재항변)을 제기하여 그 당부에 관하여 항쟁함이 상당한 경우도 포함되는 것이라고 보았다.

2349) 대법원 1987. 5. 26. 선고 86다카1876 전원합의체 판결. 동지: 대법원 1991. 1. 25. 선고 90다9285 판결; 대법원 1992. 6. 23. 선고 91다30835 판결; 대법원 1992. 10. 13. 선고 92다23827 판결; 대법원 1993. 11. 12. 선고 93누8344 판결; 대법원 1994. 1. 25. 선고 93다48526 판결; 대법원 1994. 11. 11. 선고 94다29942 판결; 대법원 1995. 3. 24. 선고 94다47728 판결; 대법원 1996. 2. 23. 선고 95다51960 판결; 대법원 1997. 11. 14. 선고 97다6193 판결; 대법원 1998. 5. 8. 선고 95다30390 판결; 대법원 2000. 2. 25. 선고 99다20155 판결; 대법원 2000. 9. 8. 선고 99다26924 판결; 대법원 2001. 3. 9. 선고 99다64278 판결; 대법원 2002. 1. 22. 선고 2000다2511 판결; 대법원 2002. 5. 10. 선고 2001다81511,81528,81535 판결; 대법원 2002. 6. 11. 선고 2002다2539 판결; 대법원 2002. 7. 12. 선고 2002다20544 판결; 대법원 2003. 4. 8. 선고 2001다38593 판결; 대법원 2005. 11. 25. 선고 2004다39092 판결; 대법원 2006. 2. 24. 선고 2005다38614 판결; 대법원 2006. 8. 25. 선고 2005다16959 판결; 대법원 2007. 12. 27. 선고 2005다18146 판결; 대법원 2007. 12. 27. 선고 2007다70285 판결; 대법원 2008. 11. 13. 선고 2006다61567 판결; 대법원 2009. 5. 28. 선고 2009다9539 판결; 대법원 2012. 12. 27. 선고 2012다60954 판결; 대법원 2013. 2. 15. 선고 2012다88518 판결; 대법원 2013. 4. 11. 선고 2012다106713 판결; 대법원 2013. 4. 26. 선고 2011다50509 판결; 대법원 2013. 6. 28. 선고 2011다83110 판결; 대법원 2013. 9. 12. 선고 2013다30356 판결; 대법원 2014. 2. 13. 선고 2013다72664 판결; 대법원 2014. 4. 10. 선고 2013다52073 판결; 대법원 2014. 11. 27. 선고 2011두2477 판결; 대법원 2016. 1. 14. 선고 2015다6302 판결; 대법원 2020. 8. 20. 선고 2019다14110,14127,14134,14141 판결.

2350) 대법원 2010. 9. 30. 선고 2010다50922 판결.

2351) 대법원 1987. 5. 26. 선고 86다카1876 전원합의체 판결. 동지: 대법원 1987. 6. 23. 선고 86다카1418 판결; 대법원 1987. 7. 7. 선고 85다카1383 판결; 대법원 1987. 9. 22. 선고 87다카1228 판결; 대법원

다만, 소장 또는 이에 준하는 서면이 채무자에게 송달된 다음날부터 그 심급의 판결선고전이기만 하면 법원은 그 항쟁함에 상당한 기간의 범위를 적절히 정할 수 있다.2352)

따라서, 금전의 지급을 구하는 소송에서 제1심이 원고의 청구 중 일부만을 인용하고 나머지 청구를 기각하였다면, 특별한 사정이 없는 한 피고로서는 제1심판결 선고시까지는 그 이행의무의 존부나 범위에 관하여 항쟁한 것이 상당하다고 인정하여, 그 인용금액에 대한 지연손해금에 대하여는 (늦어도) 제1심판결 선고일까지는 소송촉진법 제3조 제1항이 정하는 법정이율을 적용하지 아니하여야 한다.2353)

(3) 판결주문에 의하여 집행력이 제한되는 경우

(가) 상속의 한정승인이 있은 경우

피고가 채무자의 상속인인데 상속한정승인 청구를 하여 인용심판을 받은 경우에는 주의할 점이 있다.

즉, 상속의 한정승인이 인정되는 경우에도 상속채무가 존재하는 것으로 인정되는 이상, 법원으로서는 상속재산이 없거나 그 상속재산이 상속채무의 변제에 부족하다고 하더라도 상속채무 전부에 대한 이행판결을 선고하여야 하고, 다만, 그 채무가 상속인의 고유재산에 대해서는 강제집행을 할 수 없는 성질을 가지고 있으므로, 집행력을 제한하기 위하여 이행판결의 주문에 상속재산의 한도에서만 집행할 수 있다는 취지를 명시하여야 한다.2354)

그러나 유의할 것은, 가정법원의 한정승인신고수리의 심판은 일견 한정승인의 요건을 구비한 것으로 인정한다는 것일 뿐 그 효력을 확정하는 것이 아니고 상속의 한정승인의 효력이

1987. 11. 24. 선고 86다카2484 판결 ; 대법원 1987. 12. 8. 선고 87다카1104 판결 ; 대법원 1988. 2. 23. 선고 86다카2768 판결 ; 대법원 1988. 6. 14. 선고 86다카617 판결 ; 대법원 1988. 6. 28. 선고 87다카1858 판결 ; 대법원 1994. 11. 11. 선고 94다29942 판결 ; 대법원 1996. 2. 23. 선고 95다51960 판결 ; 대법원 1998. 7. 14. 선고 96다17202 판결 ; 대법원 2006. 2. 24. 선고 2005다38614 판결 ; 대법원 2017. 7. 18. 선고 2017다206922 판결.

2352) 대법원 1987. 5. 26. 선고 86다카1876 전원합의체 판결. 동지 : 대법원 1987. 6. 23. 선고 86다카1418 판결 ; 대법원 1987. 7. 7. 선고 85다카1383 판결 ; 대법원 1988. 6. 14. 선고 86다카617 판결 ; 대법원 1988. 6. 28. 선고 87다카1858 판결 ; 대법원 1994. 11. 11. 선고 94다29942 판결 ; 대법원 1995. 3. 24. 선고 94다47728 판결 ; 대법원 1996. 2. 23. 선고 95다51960- 판결 ; 대법원 1998. 7. 14. 선고 96다17202 판결 ; 대법원 2002. 6. 11. 선고 2002다2539 판결 ; 대법원 2006. 2. 24. 선고 2005다38614 판결.

2353) 대법원 2000. 2. 25. 선고 99다20155 판결 ; 대법원 2012. 6. 28. 선고 2012다16926 판결(사안은 반소청구의 일부기각).

2354) 따라서 이 경우의 주문례는 "피고는 원고에게 금 000원을 소외 망 ○○○로부터 상속받은 재산의 한도에서 지급하라." 식이 된다. 대법원 2003. 11. 14. 선고 2003다30968 판결.
다만, 오늘날의 실무는 오히려 "… 소외 망 ○○○로부터 상속받은 재산의 한도에서 금 000원을 …" 식으로 씀이 일반인 듯하다.

있는지 여부의 최종적인 판단은 실체법에 따라 민사소송에서 결정될 문제이다.[2355)]

또한 주의할 것은, 일견 상속인이 단순승인한 것으로 간주(민법 제1026조 제1호, 제2호)된 다음 한정승인신고를 하여 이를 수리하는 심판을 받았다면, 상속채권에 관한 청구를 심리하는 법원은 위 한정승인이 특별한정승인(민법 제1019조 제3항)으로서 유효한지 여부를 심리·판단하여야 한다.[2356)]

그리고, 한정승인을 할 수 있는 요건의 입증책임은 상속인에게 있다. 상속인이 상속채무가 상속재산을 초과하는 사실을 중대한 과실 없이 민법 제1019조 제1항의 기간 내에 알지 못하였다는 점은 위 법 규정에 따라 한정승인을 할 수 있는 요건으로서 그 입증책임은 채무자인 피상속인의 상속인에게 있다.[2357)]

(나) 신수탁자가 의무를 승계한 경우

수탁자가 변경된 경우에, 신탁사무의 처리에 관하여 발생한 채권은 신탁재산의 한도 내에서 신수탁자에게도 행사할 수 있는바(신탁법 제53조 제2항), 이는 신수탁자가 전수탁자의 채무를 승계하되 신탁재산의 한도 내에서 책임을 부담하도록 한 취지이므로, 그 경우 채권자의 신수탁자에 대한 이행판결 주문에는 신수탁자의 고유재산에 대한 강제집행을 할 수 없도록 집행력을 제한하기 위하여 신탁재산의 한도에서 지급을 명하는 취지를 명시하여야 한다.[2358)]

주의할 점은, 그렇다고 하여 주문에 신탁재산의 한도를 금액으로 특정하여 표시하여서는 아니 된다는 것이다.[2359)]

2355) 대법원 2002. 11. 8. 선고 2002다21882 판결. 동지 : 대법원 2006. 2. 13.자 2004스74 결정.
cf. 그러나, 이를 뒤집어 말하면, 가정법원으로서는 상속한정승인신고가 형식적 요건을 구비한 이상 상속채무가 상속재산을 초과하였다거나 상속인이 중대한 과실 없이 이를 알지 못하였다는 등의 실체적 요건에 대하여는 이를 구비하지 아니하였음이 명백한 경우 외에는 이를 문제삼아 한정승인신고를 불수리할 수 없다고 할 것이다. 대법원 2006. 2. 13.자 2004스74 결정.

2356) 대법원 2021. 2. 25. 선고 2017다289651 판결.

2357) 대법원 2003. 9. 26. 선고 2003다30517 판결. 동지 : 대법원 2011. 11. 24. 선고 2011다64331 판결 ; 대법원 2021. 1. 28. 선고 2015다59801 판결.
위 판례들은 상속인이 상속채무가 상속재산을 초과하는 사실을 중대한 과실 없이 민법 제1019조 제1항의 기간 내에 알지 못하였다는 점(민법 제1019조 제3항)의 입증책임에 관한 것이지만, 한정승인의 여타 요건에 관하여서도 이치는 다를 바 없다고 생각된다.

2358) 대법원 2010. 2. 25. 선고 2009다83797 판결(사안은 구 신탁법(2011. 7. 25. 법률 제10924호로 전부개정되기 전의 것) 제48조 제3항).

2359) 대법원 2010. 2. 25. 선고 2009다83797 판결("피고는 원고에게 1,923,218,670원의 범위 내에서 16,812,347원 및 이에 대하여 2008. 7. 11.부터 2009. 10. 8.까지는 연 5%, 그 다음날부터 다 갚는 날까지는 연 20%의 각 비율로 계산한 돈을 지급하라."라는 원심의 주문 표시가 위법하다고 본 사안).

(4) 금전채권 전액중의 일부 청구에 대한 피고의 상계항변과 청구인용범위

원고가 금전채권 중 일부를 소송상 청구하는 경우에, 이를 피고의 반대채권으로써 상계함에는, 위 '금전채권 전액에서' 상계를 하고, 그 잔액이 청구액을 초과하지 아니할 경우에는 그 잔액을 인용할 것이고, 그 잔액이 청구액을 초과할 경우에는 청구의 전액을 인용하는 것으로 해석하는 것이 일부 청구를 하는 당사자의 통상적인 의사이다.[2360]

(5) 채무부존재확인소송의 심리결과 일부 채무의 존재가 인정되는 경우

소극적 확인소송에서 그 부존재확인을 구하는 목적인 법률관계가 가분이고 또 분량적으로 그 일부만이 존재하는 경우에는 그 청구전부를 기각할 것이 아니고 그 존재하는 법률관계의 부분에 대하여 일부 패소의 판결을 하여야 한다.[2361]

그리고 이 경우의 판결 주문은 "원고와 피고 사이의 ○○채무는 000원을 초과하여서는('넘어서는'이라고 표현하기도 한다)[2362] 존재하지 아니함을 확인한다." 식이 된다.[2363]

바) 청구기각

소액사건에서 예외적으로 청구기각 판결을 변론 없이도 할 수 있음은, '피고가 응소하지 아니하는 경우의 처리 및 변론 없이 원고패소판결을 하는 경우' 부분에서 기술하였다

다. 소송비용의 재판

1) 개 관

제1심법원은 그 종국판결에서 소송비용의 재판을 하여야 한다(법 제104조 본문).

다만, 일부판결의 경우에는 소송비용의 재판을 하지 아니함이 원칙이다(같은 본문 참조). 그러나, 사정에 따라서는 소송비용의 재판을 할 수도 있는바(같은 조 단서), 공동소송인 중 일부

2360) 대법원 1984. 3. 27. 선고 83다323,83다카1037 판결.
위 판례의 사안은, 채권액이 5,515,900원이고, 반대채권액이 2,662,419원이었는데, 원고가 반대채권액 중 988,351원을 스스로 공제한 나머지 금 4,163,549원(=5,515,900원-988,351원) 중 금 3,500,000원만을 청구하였고, 이에 대하여 피고가 상계항변을 하였는데, 이에 대하여 원심은 1,825,932원{=3,500,000원-(2,662,419원-988,351원)}의 청구만을 인용하였으나, 대법원은 원심이 상계에 관한 법리를 오해한 위법을 저질렀다고 본 것이다.
즉, 위 사안에서는 Min[2,489,481원{= 4,163,549원 - (2,662,419원 - 988,351원)}, 3,500,000원), 따라서 2,489,481원의 청구가 인용되었어야 하는 것이다.

2361) 대법원 1982. 11. 23. 선고 81다393 판결. 동지 : 대법원 1971. 4. 6. 선고 70다2940 판결 ; 대법원 1983. 6. 14. 선고 83다카37 판결 ; 대법원 1994. 1. 25. 선고 93다9422 판결.

2362) 서울고법 2003. 7. 15. 선고 2001나52171 판결 참조.

2363) 서울중앙지법 2009. 2. 10. 선고 2007가단310721 판결 참조.

에 관하여서만 판결할 경우가 그 대표적인 예이다.

한편, 잔부판결을 할 때에도 소송비용의 재판을 하여야 함은 물론이다.

소송비용부담재판의 제원칙에 관하여서는 별항으로 후술한다.

2) 범 위

가) 원 칙

제1심법원이 소송비용의 부담을 할 때에는 단순히 "소송비용은 …가 부담한다." 식의 주문으로써 해당 심급의 소송비용에 관하여서만 재판함이 원칙이다(법 제104조 본문).

다만, 이에는 다음과 같은 예외가 있다.

나) 예 외

첫째, 소송종료선언의 경우에는, 기일지정신청의 소송비용 이후 기타 소송종료 후의 소송비용에 대하여 재판하여야 한다(법 제104조 본문).[2364]

둘째, **항소법원으로부터 사건을 환송받거나 이송받은 법원이 그 사건을 완결하는 재판을 하는 경우에는 '소송의 총비용에 대하여' 재판하여야 한다**(법 제105조 후단).

라. 가집행(假執行)의 선고 등[2365]

1) 가집행선고

가) 개 관

종국판결은 확정되지 아니하였더라도 가집행의 선고가 있으면 집행권원이 된다(민사집행법 제24조). 다시 말해, 가집행선고는 미확정의 판결에 집행력을 부여하는 재판이다.

가집행선고는 상소심에서 그 가집행선고 또는 본안판결이 변경되지 않는 한 당연히 그 효력이 유지되는 것이다.[2366]

가집행선고의 효력의 주관적 범위는 기판력의 주관적 범위와 같은바(법 제218조 제4항), 기

2364) 대법원 2005. 5. 20.자 2004마1038 결정 참조.
소송종료선언시에 소송비용의 재판을 하지 아니하는 예외도 있으나 이에 관하여서는 '기타 소송종료사유' 부분에서 후술한다.

2365) cf. 가집행선고 제도는 1990. 1. 13. 법률 제4201호로 「민사소송법」에 편입되기 전에는 구 「소송촉진등에관한특례법」(같은 날 법률 제4203호로 개정되기 전의 것)에 규정되어 있었고, 1981. 1. 29. 구 「소송촉진등에관한특례법」이 제정되기 전에는 구 민사소송에관한임시조치법(1961. 6. 21. 법률 제628로 제정되고, 1981. 1. 29. 법률 제3361호로 폐지되기 전의 것) 제3조에 규정되어 있었다.

2366) 대법원 1991. 12. 10. 선고 91다27594 판결.

판력의 주관적 범위에 관하여서는 '판결의 확정과 그 효력' 부분에서 논할 것이다.

나) 요건 등

재산권의 청구에 관한 판결은, 가집행의 선고를 붙이지 아니할 상당한 이유가 없는 한, 직권으로 가집행선고를 하여야 한다(법 제213조 제1항 본문).[2367)]

이때, 원칙적으로는, **담보를 제공하거나, 제공하지 아니하고 가집행을 할 수 있다는 것을 선고하여야 하되**(법 제213조 제1항 본문), **어음금·수표금 청구에 관한 판결에는 담보를 제공하게 하지 아니하고 가집행의 선고를 하여야 하나**(같은 항 단서), 실무상, 비단 어음금·수표금 청구가 아니더라도 담보부가집행선고는 드물며, 무담보부가집행선고를 함이 일반이다.

그런데, 확정되어야 비로소 효력이 발생하는 판결에는 성질상 가집행선고를 붙일 수 없다. 예컨대, 법원이 이혼과 동시에 재산분할을 명하는 판결을 하는 경우에도 이혼판결은 확정되지 아니한 상태이므로, 그 시점에서 (재산분할의) 가집행을 허용할 수는 없다.[2368)]

그 밖에 재산권의 청구에 관한 판결이라 하여도 성질상 가집행선고가 허용되지 아니하는 것들이 있으나, 상세한 것은 사법연수원 교재 등에 잘 정리되어 있으므로 그 서술을 참고하기 바란다.

2) 가집행면제선고

법원은 직권으로 또는 당사자의 신청에 따라 채권전액을 담보로 제공하고 가집행을 면제받을 수 있다는 것을 선고할 수 있다(법 제213조 제2항).

그러나 가집행면제선고신청이 법원의 직권발동을 촉구하는 의미에 불과함은 물론이다.[2369)]

이 담보도, 담보제공방식(법 제122조), **담보물에 대한 피고의 권리**(법 제123조), **담보의 취소**(법 제125조), **담보물의 변경**(법 제126조)**은, 소송비용의 담보의 경우와 같은바**(법 제214조), 이러한 사항들에 관한 상세는 '재판상 담보 일반' 부분에서 후술한다.

그러나, 실무상으로는, 가집행면제선고보다는 신청에 따른 강제집행정지(법 제501조 전단)가 주로 행하여진다.[2370)]

2367) cf. 공법상 당사자소송에서도 재산권의 청구를 인용하는 판결을 하는 경우 가집행선고를 한다. 대법원 2000. 11. 28. 선고 99두3416 판결.

2368) 대법원 1998. 11. 13. 선고 98므1193 판결.

2369) 구 '인지액·편철방법예규'(2012. 2. 20. 재판예규 제1379호로 개정되기 전의 것) 참조.

2370) 가집행의 정지에 관하여서는 '상소 일반' 부분에서 후술한다.

3) 가집행선고 등의 판결주문에의 표시

가집행선고는 판결주문에 적어야 한다(법 제213조 제3항). **가집행 면제선고도 마찬가지이다**(같은 항).

4) 가집행의 효력

가) 개 관

가집행선고부 판결에 기한 집행의 효력은 확정적인 것이 아니고 후일 상소심에서 본안판결 또는 가집행선고가 취소·변경될 것을 해제조건으로 하는 것이다.[2371]

즉, 가집행선고에 의하여 집행을 하였다고 하더라도 후일 본안판결의 일부 또는 전부가 실효되면 이전의 가집행선고부 판결에 기하여는 집행을 할 수 없는 것으로 확정이 되는 것이다.[2372]

나) 가집행에 따른 변제의 방법

그리고, 이와 같은 채권의 변제는 가집행선고부 판결에 의한 강제집행에 의하여 교부된 것이거나 가집행선고부 판결의 채권에 대하여 임의 교부된 것이거나 다를 바 없다.[2373]

예컨대, 가집행이 붙은 제1심 판결을 선고받은 채무자가 그 판결에 의한 그때까지의 원리금을 추심 채권자에게 스스로 지급하기는 하였으나 그 제1심 판결에 대하여 항소를 제기하여 제1심에서 인용된 금액에 대하여 다투었다면, 그 채무자는 제1심 판결이 인용한 금액에 상당하는 채무가 있음을 스스로 인정하고 이에 대한 확정적 변제행위로 추심 채권자에게 그 금원을 지급한 것이 아니라, 제1심 판결이 인용한 지연손해금의 확대를 방지하고 그 판결에 붙은 가집행 선고에 기한 강제집행을 면하기 위하여 그 금원을 지급한 것으로 봄이 상당하다.[2374]

다) 가집행선고가 실효된 경우

따라서, 후일 상소심에서 본안판결이 취소·변경된 경우, 가집행선고에 기하여 이미 지급받

2371) 대법원 2012. 4. 13. 선고 2011다104130 판결. 동지 : 대법원 1982. 1. 19. 선고 80다2626 판결 ; 대법원 2004. 2. 27. 선고 2003다52944 판결 ; 대법원 2011. 8. 25. 선고 2011다25145 판결 ; 대법원 2014. 4. 10. 선고 2013다52073 판결 ; 대법원 2015. 2. 26. 선고 2012다79866 판결.

2372) 대법원 2011. 8. 25. 선고 2011다25145 판결. 동지 : 대법원 2012. 4. 13. 선고 2011다104130 판결 ; 대법원 2014. 4. 10. 선고 2013다52073 판결.

2373) 대법원 1982. 1. 19. 선고 80다2626 판결.

2374) 대법원 1995. 6. 30. 선고 95다15827 판결.

은 것이 있다면 이는 법률상 원인이 없는 것이 되므로 부당이득으로서 반환하여야 한다.2375)

그러나, 상소심의 판결에 의하여 가집행선고의 효력이 소멸되거나 집행채권의 존재가 부정된다 하더라도 그에 앞서 이미 (가집행선고부 판결에 기하여) 완료된 집행절차나 이에 기한 매수인(경락인)의 소유권취득의 효력에는 아무런 영향을 미치지 아니한다.2376)2377)

위와 같이, 가집행선고에 기한 강제집행이 종료된 경우 그 후 가집행선고가 실효되더라도 강제집행의 효력이 여전히 유지되는 것은 그것이 집행 당시에는 유효하였던 집행권원의 집행력에 기한 강제집행의 결과일 뿐만 아니라 강제집행의 결과 이해관계를 맺게 되는 제3자를 보호할 필요가 있기 때문이다.2378)

그러나, 가령, 위와 같은 집행권원에 기한 강제집행이 아닌 채무자가 가집행선고에 기한 강제집행을 면하기 위하여 채권자의 승낙을 얻어 한 대물변제의 경우에는 그와 같은 필요성이 있다고 할 수 없으므로, 가집행선고가 실효되고 원래의 채무가 존재하지 않음이 밝혀진 경우에까지 그 대물변제를 유효한 것으로 인정할 수는 없다.2379)

라) 변제충당의 문제

한편, 가집행선고로 인한 강제집행을 면하기 위하여 채무자가 채권자에게 금원을 지급하였으나 그 가지급금의 액수가 채무자가 채권자에게 지급하여야 할 정당한 금원(최종적으로 확정된 금원)인 원본 및 지연손해금 합계액에 미치지 못하였다면, 그 가지급금으로는 특별한 사정이 없는 한, 민법 소정의 변제충당의 법리에 따라 채무자가 채권자에게 지급하여야 할 정당한 금원에 관하여 지연손해금, 원본의 순서로 변제에 충당되어야 한다.2380)

그러나, 가집행선고로 인하여 지급한 물건은 원래 종국적인 변제의 효과가 있는 것이 아닌

2375) 대법원 2011. 8. 25. 선고 2011다25145 판결. 동지 : 대법원 1991. 2. 8. 선고 90다16177 판결 ; 대법원 1993. 4. 23. 선고 93다3165 판결.

2376) 대법원 1991. 2. 8. 선고 90다16177 판결. 동지 : 대법원 1993. 4. 23. 선고 93다3165 판결.
그런데, 위 판례는 "가집행선고 있는 판결에 기한 강제집행은 확정판결에 기한 경우와 같이 본집행이므로"라고 설시하였으나, 이는 잘못된 표현으로 보인다. 왜냐하면, 가집행선고 있는 판결에 기한 강제집행은 가집행이기 때문이다.
다만, 본집행이나 가집행이나 만족적 집행임은 공통적이며, 이 점, 보전집행(가압류나 가처분의 집행. 다만, 이른바 만족적 가처분의 경우는 별론)과는 대조적인바, 결국 위 판례는 이 이치를 잘못 표현한 것으로 보인다.

2377) 다만, 강제경매가 반사회적 법률행위의 수단으로 이용된 경우에는 그러한 강제경매의 결과는 용인할 수 없는 것이어서 매수인(경락인)의 소유권취득의 효력은 부정된다. 대법원 1991. 2. 8. 선고 90다16177 판결.

2378) 대법원 1993. 4. 23. 선고 92다19163 판결.

2379) 대법원 1993. 4. 23. 선고 92다19163 판결.

2380) 대법원 2010. 1. 28. 선고 2009다40349 판결.

데도 원고 스스로 그 공제를 주장하는 경우에는, 그 공제방법은 법정변제충당의 법리에 따를 것이 아니라 원고의 주장에 따라야 한다.[2381]

4. 소송비용부담재판의 제원칙

가. 소송비용부담의 일반원칙

1) 개 관

소송비용의 재판에 대한 불복은 본안의 재판에 대한 상소의 전부 또는 일부가 이유 있는 경우에 한하여 허용되고, 본안의 상소가 이유가 없는 경우에는 허용되지 아니하며, 소송비용액확정결정절차에서는 상환할 소송비용의 액수를 정할 수 있을 뿐이고 소송비용부담재판에서 확정한 상환의무 자체의 범위를 심리·판단하거나 변경할 수 없다.[2382]

따라서 법원이 사건을 완결하는 재판을 하면서 소송비용에 관한 재판을 할 때에는, 소송비용의 패소자부담 등 민사소송법이 정한 원칙과 함께 소송의 형태와 경과, 상소심인 경우 불복범위 등 제반 사정을 고려하여, 당사자 간에 실질적인 불합리와 불평등이 없도록 신중하게 그 부담을 정할 필요가 있다.[2383]

2) 패소자부담의 원칙[2384]

가) 패소당사자 본인이 부담하는 경우

원칙적으로, **소송비용은 패소한 당사자가 부담한다**(법 제98조).[2385][2386]

즉, 현행법은 소송비용의 부담에 관하여 패소자부담의 원칙을 취하고 있고, 과실책임주의를 취하고 있는 것은 아니다.[2387]

법이 위와 같은 원칙을 규정한 취지는, 소송의 당사자는 다 같이 분쟁해결을 위하여 국가가 설치·운영하는 민사소송제도를 이용한 자이므로 양 당사자가 각자 자신이 지출한 비용을

2381) 대법원 1994. 7. 29. 선고 92다30801 판결.

2382) 대법원 2019. 4. 3. 선고 2018다271657 판결.
이 두 법리에 관하여서는, '상소 일반', '소송비용 및 소송비용액확정 절차' 부분에서 각각 논한다.

2383) 대법원 2019. 4. 3. 선고 2018다271657 판결.

2384) cf. 입법례에 따라서는 소송비용부담의 원칙이 각자부담인 나라도 있는바, 미국법이 그 예이다.

2385) 헌재 2013. 5. 30. 선고 2012헌바335 결정은, 법 제98조가 재판청구권을 침해하지 아니한다고 보았다. 동지 : 헌재 2018. 3. 29. 선고 2017헌바56 결정.

2386) 그런데, 선정당사자가 패소한 소송에서는 선정자도 소송비용을 부담하여야 한다는 견해가 있다. 가령, 서울고법 2012. 1. 11. 선고 2011나33544 판결.

2387) 대법원 1995. 6. 30. 선고 95다12927 판결.

부담하는 것이 원칙이겠지만, 상대방의 의무불이행 또는 부당한 제소로 인하여 부득이 소송을 제기하거나 응소하여 소송비용의 지출을 강요당한 자가 승소 후에도 상대방으로부터 그 비용을 상환 받을 수 없다면 이러한 결과는 일반적인 정의의 관념에도 반할 뿐 아니라 소송제도 자체에 대한 불신으로 이어지게 될 위험이 있기 때문이다.[2388]

나) 패소당사자에 준하는 제3자가 부담하는 경우

(1) 원 칙

(가) 개 관

다만, **법정대리인 또는 소송대리인으로서 소송행위를 한 사람이 그 대리권 또는 소송행위에 필요한 권한을 받았음을 증명하지 못하거나 추인을 받지 못하여 소가 각하된 경우에는, 소송비용은 그 소송행위를 한 대리인이 부담한다**(법 제108조).

즉, 이 경우에는 패소한 당사자가 아니라 무권대리인이 소송비용을 부담한다.[2389]

(나) 절 차

법 제108조에 의하여 무권대리인에게 소송비용의 부담을 명하는 재판을 함에, 일반적으로는 무권대리인이 관여한 심급에서 재판이 이루어지게 되어 소송대리권의 존부에 관한 심리절차에 무권대리인의 참여가 보장되어 있으므로 무권대리인에게 소송비용의 부담을 명하기 전에 별도로 방어의 기회를 줄 필요는 없다고 할 것이다.[2390]

그렇지만, 무권대리인이 제1심에만 관여하여 본안판결이 이루어진 후, 무권대리인이 관여하지 못하게 된 항소심에 이르러 비로소 제1심에서의 소송대리권의 존부가 문제되어 그 흠결을 이유로 무권대리인에게 소송비용의 부담을 명하는 경우라면, 무권대리인으로서는 그에 대한 비용 부담의 재판에 대하여 전혀 관여할 수 없는 입장에 서게 되므로, 이 경우 항소심으로서는 의무를 부과하는 재판에서의 절차 보장의 원칙상 무권대리인을 심문하거나 서면으로 그의 의견을 묻는 등의 방법으로 그로 하여금 방어할 수 있는 기회를 주어야 한다.[2391]

또한, 법 제108조에 의하여[2392] 종국판결로써 소를 각하하면서 소송비용을 당사자본인으

2388) 헌재 2002. 4. 25. 선고 2001헌바20 결정.

2389) 무권대리인에게 소송비용을 부담시킨 주문례로는, 대법원 2006. 11. 9. 선고 2006후1841 판결 ; 대법원 2012. 10. 25. 선고 2010다108104 판결 ; 대법원 2013. 9. 12. 선고 2011두33044 판결.

2390) 대법원 1997. 10. 10.자 96마2133 결정.

2391) 대법원 1997. 10. 10.자 96마2133 결정.

2392) 대법원 2016. 6. 17.자 2016마371 결정은 "민사소송법 제108조, 제107조 제2항에 의하여 …"라고 하고 있으나, 제107조 제2항 운운한 부분은 착오로 보인다. '제3자의 비용상환' 부분에서 후술하는 내용

로 된 사람을 대신하여 그 소송행위를 한 무권대리인에게 부담하도록 하는 경우에는, 비록 그 소송대리인이 판결선고 전에 이미 사임한 경우라고 하더라도 판결정본을 송달하는 등의 방법으로 재판결과를 통지하여야 한다.[2393]

(다) 불 복

문제는 위 경우의 불복방법인데, 이에 관하여 판례는, 이 경우는 일반적인 소송비용 부담의 경우와는 달리 소송비용을 부담하는 자가 본안의 당사자가 아니어서 소송비용의 재판에 대하여 독립한 상소를 금지하는 법 제391조, 제425조, 제443조의 규정이 적용된다고 볼 것은 아니라고 할 것이나, 위 소송비용 부담의 재판에 의하여 소송대리인이 소송의 당사자가 되는 것은 아니고 법원으로서도 당사자 사이에서 분쟁에 관하여 재판을 한 것이라고 할 수 없으므로 당사자 등을 상대방으로 한 항소나 상고를 제기할 수는 없고, 소송대리인으로서는 자신에게 비용부담을 명한 재판에 대하여 그 재판의 형식에 관계없이 즉시항고나 재항고에 의하여 불복할 수 있다고 한다.[2394] 그러나, 이러한 항고의 법적 근거 내지 성질에 관하여서는 논란의 여지가 있다.

만일 법원이 위와 같이 소송비용을 부담하도록 명한 무권대리인에게 재판결과를 통지하지 아니하여 그가 소송비용 부담 재판에 대한 항고기간을 준수하지 못하였다면 특단의 사정이 없는 한 그 무권대리인은 자기책임에 돌릴 수 없는 사유로 항고기간을 준수하지 못한 것으로 보아야 한다.[2395]

(2) 예 외

다만, 소송대리인이 그 대리권 또는 소송행위에 필요한 권한을 받았음을 증명하지 못한 경우라도, 소송대리인이 그 소송위임에 관하여 중대한 과실이 없는 경우에는 그 소송비용은 이와 같은 소의 제기를 소송대리인에게 위임한 자가 부담하도록 함이 상당하다.[2396]

참조.

2393) 대법원 2016. 6. 17.자 2016마371 결정.

2394) 대법원 2016. 6. 17.자 2016마371 결정. 동지 : 대법원 1997. 10. 10. 선고 96다48756 판결. cf. 대법원 1997. 10. 10.자 96마2133 결정.

2395) 대법원 2016. 6. 17.자 2016마371 결정.

2396) 대법원 2016. 6. 17.자 2016마371 결정(제1심 판결 선고 직전에 원고가 사망하였는데도 이를 모르는 변호사에게 원고의 수임인이 임의로 항소심 소송위임을 한 경우에 해당 수임인에게 소송비용을 부담하게 한 사례). 동지 : 대법원 1994. 6. 28. 선고 94다17048 판결(망인인 원고 행세를 하여 변호사에게 소송위임을 한 성명미상자에게 소송비용을 부담하게 한 사례) ; 대법원 1997. 7. 25. 선고 96다39301 판결(소재불명인 원고 행세를 하여 변호사에게 소송위임을 한 성명불상자에게 소송비용을 부담하게 한 사례).

(3) 원고가 당사자능력이 없어 패소한 경우

당사자능력이 없는 자가 패소한 때에도, 원고가 패소한 때에는 사실상 소를 제기한 자가 소송비용을 부담한다고 할 것이다(법 제108조의 유추해석).[2397]

다) 일부패소의 경우

일부패소의 경우에 당사자들이 부담할 소송비용은 법원이 정한다. 다만, 사정에 따라 한쪽 당사자에게 소송비용의 전부를 부담하게 할 수 있다(법 제101조).

즉, 일부 패소의 경우에 각 당사자가 부담할 소송비용은 법원이 제반 사정을 종합하여 재량에 의해 정할 수 있는 것이고,[2398] 반드시 청구액과 인용액의 비율만으로 정해야 하는 것은 아니다.[2399]

그러나, 특별한 사정이 없는 한, 일부 패소의 경우에 각 당사자가 부담할 소송비용을 청구액과 인용액의 비율로써 정하되, 일방의 패소부분이 근소한 때에는 타방에게 소송비용 전부를 부담하게 함이 실무이다.[2400]

3) 패소자부담주의의 예외

가) 불필요한 행위로 인한 소송비용

법원은 사정에 따라 승소한 당사자로 하여금 그 권리를 늘리거나 지키는 데[2401] 필요하지 아니한 행위로 말미암은 소송비용의 전부나 일부를 부담하게 할 수 있다(법 제99조 전단).

이는, 그러한 비용의 지출까지 모두 소송비용으로 하여 패소한 당사자로부터 상환받을 수 있게 한다면, 패소한 당사자에게 불측의 재산상 손해를 끼치는 것은 물론 패소할 경우의 소

그런데, 대법원 2016. 6. 17.자 2016마371 결정은 "민사소송법 제108조, 제107조 제2항에 의하여 …"라고 하고 있으나, 제107조 제2항 운운한 부분은 착오로 보인다. '제3자의 비용상환' 부분에서 후술하는 내용 참조.

2397) 동지 : 대법원 2006. 2. 24. 선고 2005두5673 판결(당사자능력이 없는 사회복지시설 명의로 제기된 소를 각하하면서 법 제108조를 유추적용하여 사회복지시설의 대표자에게 소송비용을 부담하게 한 사례).

2398) 대법원 2007. 7. 12. 선고 2005다38324 판결. 동지 : 대법원 1985. 12. 24. 선고 85누180 판결 ; 대법원 1986. 11. 11. 선고 85누231 판결 ; 대법원 1996. 10. 25. 선고 95다56996 판결 ; 대법원 2000. 1. 18. 선고 98다18506 판결 ; 대법원 2012. 7. 26. 선고 2010다60479 판결.

2399) 대법원 2007. 7. 12. 선고 2005다38324 판결. 동지 : 대법원 1985. 12. 24. 선고 85누180 판결 ; 대법원 1986. 11. 11. 선고 85누231 판결 ; 대법원 1996. 10. 25. 선고 95다56996 판결 ; 대법원 2000. 1 18. 선고 98다18506 판결.

2400) 소송비용실무, 82면.

2401) cf. 구법(2002. 1. 26. 법률 제6626호로 전부개정되기 전의 것) 제90조는 "… 그 권리의 신장이나 방어에 …"라고 표현하였다.

송비용상환 부담으로 인하여 오로지 승소하는 데 양 당사자의 모든 노력과 자원이 집중될 것이므로, 이는 양 당사자에게는 물론 국가경제적으로도 바람직하지 않기 때문이다.[2402]

나) 패소자에게 필요한 행위로 인한 소송비용

법원은 사정에 따라 승소한 당사자로 하여금 상대방의 권리를 늘리거나 지키는 데 필요한 행위로 말미암은 소송비용의 전부나 일부를 부담하게 할 수 있다(법 제99조 후단).[2403]

다) 소송지연으로 인한 소송비용

당사자가 적당한 시기에 공격이나 방어의 방법을 제출하지 아니하였거나, 기일이나 기간의 준수를 게을리 하였거나, 그 밖에 당사자가 책임져야 할 사유로 소송이 지연된 때에는, 법원은 지연됨으로 말미암은 소송비용의 전부나 일부를 승소한 당사자에게 부담하게 할 수 있다(법 제100조).

라) 시효중단을 위한 재판상 청구 확인소송의 소송비용

대법원은 '시효중단을 위한 재판상 청구 확인소송'은, 그 소송비용의 실질이 채권의 관리·보전비용이라는 이유로, 소송비용을 원고가 부담하게 하여야 한다고 한다.[2404]

그러나 해당 전원합의체 판결의 소수의견도 지적하였듯이, 위와 같은 해석은 민사소송법상 근거가 없는(심지어 이를 견강부회식으로조차 찾아낼 수 없는) 것이다.

4) 공동소송의 소송비용 부담

공동소송인은 소송비용을 균등하게 부담한다(법 제102조 제1항 본문).

주의할 것은, 법 제102조 제1항 본문은, 공동소송인이 상대방에 대하여 다 같이 패소하는 경우의 소송비용의 부담방법에 관한 원칙을 규정한 것으로서, 공동소송인이 승소한 경우에는 이를 적용할 수 없다.[2405]

다만, 법원은 사정에 따라 공동소송인에게 소송비용을 연대하여 부담하게 하거나 다른 방법으로 부담하게 할 수 있다(같은 항 단서).[2406]

따라서, 판결 주문에서 단순히 소송비용을 (패소한) 공동소송인들이 부담한다고 정하는 것

2402) 헌재 2002. 4. 25. 선고 2001헌바20 결정.

2403) 가령, 친생자관계부존재확인소송의 경우, 특별한 사정이 없는 한, 청구를 인용하더라도 소송비용은 각자 부담으로 정함이 오늘날의 실무이다.

2404) 대법원 2018. 10. 18. 선고 2015다232316 전원합의체 판결.

2405) 대법원 1992. 12. 28.자 92두62 결정.

2406) 연대부담을 명한 실례로는, 서울고법 2006. 4. 12. 선고 2005누5323 판결.

이 원칙이지만(예 : "소송비용(중 1/3)은 피고들이 부담한다."), 가령, 소송비용을 공동소송인 중 일부와 상대방 사이에 생긴 부분과 나머지 공동소송인과 상대방 사이에 생긴 부분으로 나누어 각 해당 부분의 공동소송인이 부담한다고 정할 수도 있다.[2407)]

판결주문에서 공동소송인별로 소송비용의 부담비율을 정하거나, 연대부담을 명하지 아니하고 단순히 소송비용은 공동소송인들의 부담으로 한다고 정하였다면 공동소송인들은 상대방에 대하여 균등하게 소송비용을 부담하고, 공동소송인들 상호간에 내부적으로 비용분담 문제가 생기더라도 그것은 그들 사이의 합의와 실체법에 의하여 해결되어야 한다.[2408)]

현재 다수 실무는 통상공동소송에서 공동소송인이 같은 비율로 함께 패소하였을 경우 법 제102조 제1항 본문을 기계적으로 적용하여 공동소송인이 공동으로 소송비용을 부담하도록 하는 소송비용부담재판을 하고 있다.[2409)]

그러나 통상공동소송에서는 공동소송인 사이에 소송목적의 값에 현저한 차이가 있다거나 소송물의 내용이나 성격, 항쟁의 정도 등이 다르다는 등의 사정으로 공동소송인이 공동으로 소송비용을 부담하도록 하는 것이 형평에 반하거나 불합리하다고 생각되는 경우가 있는데, 이러한 경우 법원은 같은 항 단서를 적극적으로 적용하여 공동소송인이 다른 방법으로 소송비용을 부담하게 할 필요가 있다.[2410)]

즉, 그러한 경우에는, 공동소송인별로 소송관계를 구분하여 소송비용의 부담을 정하거나 공동소송인별로 수액이나 그 부담비율을 정하는 등의 방식으로 소송비용부담재판을 하는 것이 더 바람직하다.[2411)]

또한, **위 규정에 불구하고 법원은 권리를 늘리거나 지키는 데 필요하지 아니한 행위로 생긴 소송비용은 그 행위를 한 당사자에게 부담하게 할 수 있다**(같은 조 제2항).

2407) 대법원 2013. 7. 26.자 2013마643 결정 참조.
위 판결의 사안은, 제1심법원이 "소송비용 중 원고 1, 원고 5, 원고 6과 피고 사이에 생긴 부분은 원고 1, 원고 5, 원고 6이 부담하고, 원고 1, 5, 6을 제외한 나머지 원고들과 피고 사이에 생긴 부분은 원고 1, 5, 6을 제외한 나머지 원고들이 부담한다." 식의 주문을 낸 것이다.

2408) 대법원 2001. 10. 16.자 2001마1774 결정. 동지 : 대법원 2014. 6. 12.자 2014마145 결정 ; 대법원 2017. 11. 21.자 2016마1854 결정.

2409) 대법원 2017. 11. 21.자 2016마1854 결정의 방론.

2410) 대법원 2017. 11. 21.자 2016마1854 결정의 방론.

2411) 대법원 2017. 11. 21.자 2016마1854 결정의 방론.

나. 참가소송의 소송비용 부담

1) 참가소송비용

참가소송비용에 대한 참가인과 상대방 사이의 부담에 대하여는 소송비용부담의 일반원칙(법 제98조 내지 제102조)**에 의한다**(법 제103조 전단).

따라서, 소송참가가 있었을 때에는 참가로 인한 비용에 대하여서도 그 부담에 관한 재판을 하게 된다.

2) 참가이의신청의 소송비용

참가이의신청의 소송비용에 대한 참가인과 이의신청 당사자 사이의 부담에 대하여는 소송비용부담의 일반원칙(법 제98조 내지 제102조)**에 의하나**(법 제103조 후단), 실무상 이 재판은 하지 아니하는 것이 통례이다.[2412)]

Ⅳ. 기타 소송종료사유

원·피고의 지위가 혼동된 경우, 또는 소송물인 권리관계가 승계가 허용되지 아니하는 소송에서 원고가 사망한 경우에는, 대립당사자 구조의 소멸에 따라 소송이 종료된다.

이 경우에는 별도의 재판은 하지 아니함이 원칙이다.[2413)]

그러나, 다음 경우에는 예외적으로 소송종료선언이 문제된다.

첫째, 이 경우에도, 기일지정신청이 있은 경우에는 신청이 이유 없으면 소송종료선언을 하여야 하며,[2414)] 소송비용 부담의 재판도 하여야 한다.

둘째, 예컨대, 그 밖에, 이혼소송에서 피고가 상고한 후 원고가 사망한 경우에는 대법원이 소송종료선언을 하며,[2415)] 주주총회결의취소소송에서 선정자인 이사가 항소심 변론종결 후 사망하였는데 상고가 제기된 경우에도 대법원이 소송종료선언을 한다.[2416)] 다만, 이때에는 소송비용 부담의 재판이 문제되지 아니한다.

2412) 제요[민소Ⅰ], 393면; 소송비용실무, 84~85면.

2413) 이 경우에는 기록에 소송종료일자와 사유만을 기록한다. 제요[민소Ⅲ], 1195, 1244면.

2414) 위의 책, 1195면.

2415) 대법원 1985. 9. 10. 선고 85므27 판결 참조.

2416) 대법원 2019. 2. 14. 선고 2015다255258 판결 참조.

V. 송달료잔액 내지 법원보관금 잔액의 환급

1. 송달료잔액 내지 법원보관금 잔액의 환급 개관

사건이 종국된 경우에는 송달료 잔액 내지 법원보관금의 잔액의 환급이 문제된다.

주의할 것은, 가령, 원고가 항소를 하는 경우에도 제1심 송달료 잔액을 항소심용 송달료로 유용하는 것이 아니라, 제1심 송달료 잔액은 환급받고서 항소심용 송달료 전액을 새로이 납부하게 된다.

2. 사건의 종결등록 또는 송달료 종결등록

가. 사건의 종결등록

사건담임자는 사건이 종결되면 지체없이 전산으로 종결등록을 하여야 한다(법원보관금취급규칙 제20조).

따라서, 사건의 제1심이 종결된 경우에는 사건담임자(즉, 해당 사건의 법원사무관등. 법원보관금취급규칙 제8조)는 지체없이 해당 사건에 대하여 전산으로 종결등록하여야 한다(송달료규칙 제9조 제1항 본문).[2417)]

특기할 것은, 당사자 쌍방이 변론기일에 2회 불출석하거나 출석하더라도 변론하지 아니한 경우 바로 사건 종결등록을 하는 것이 아니고, 1월내에 기일 지정신청이 없는 경우에 사건 종결등록을 한다.[2418)]

사건종결등록이 되면 그 이후에는 송달의 실시가 불가능하게 된다.[2419)]

나. 송달료 종결등록

다만, 사건의 계속 중에 최초 납부당사자가 아닌 다른 당사자 또는 제3자가 별도로 예납한 송달료나 사건의 종결 후에 예납한 송달료는 사용목적이 완료되면 사건종결 여부와 관계없이 바로 송달료 종결등록을 하여야 한다(송달료규칙 제9조 제1항 단서).

2417) cf. 구 송달료처리의특례에관한규칙(1996. 1. 27. 대법원규칙 제1415호로 개정되기 전의 것) 제9조 제1항은, 이 경우 사건담임자가 사건종결통보서를 작성하여 해당사건과장에게 회부하도록 하고 있었다.

2418) 송달료예규 제39조.

2419) 제요[민소 I], 100면.

3. 송달료 잔액의 환급절차

가. 개 관

송달료종결 또는 사건종결등록사실을 확인한 해당관리은행은,[2420] 납부인의 계좌에 송달료 잔액을 입금하거나, 납부인에게 잔액환급통지를 하는바, 각각의 경우를 상설하면 다음과 같다.

나. 잔액을 입금하는 경우

송달료종결 또는 사건종결등록사실을 확인한 해당관리은행은 납부인이 송달료 잔액의 계좌입금 신청을 한 경우에는 그 예금계좌에 송달료 잔액을 지체없이 입금하여야 한다(송달료규칙 제9조 제2항 본문).

다만, 인터넷뱅킹, 자동응답전화기(ARS) 또는 현금자동입출금기를 이용하여 송달료를 납부한 경우에는 계좌입금신청을 하지 않은 경우에도 송달료잔액을 출금계좌에 입금하여야 한다(같은 항 단서).

그러나, 위 각 경우에 계좌입금수수료는 납부인의 부담으로 한다(같은 조 제4항).

다. 잔액환급통지를 하는 경우

1) 환급통지

납부인이 송달료 잔액의 계좌입금을 신청하지 아니한 경우, 예금계좌의 부정확한 신고나 폐쇄 등으로 송달료 잔액의 계좌입금이 되지 아니하는 경우, 송달료 잔액이 계좌입금수수료보다 부족한 경우에는 사건종결등록사실을 확인한 해당 관리은행은 납부인에게 잔액환급통지를 한다(송달료규칙 제9조 제3항 전단).

그러나, 위 경우에 통지서의 발송비용은 납부인의 부담으로 한다(같은 조 제4항).

이에 따라, 납부인으로부터 송달료 잔액의 환급청구를 받은 각 법원별 관리은행 또는 수납은행은 이를 환급하여야 한다(같은 조 제3항 후단).

2) 환급청구

따라서, 송달료잔액환급통지를 받은 납부인은 해당 관리은행으로부터 송달받은 송달료잔

2420) cf. 구 송달료처리의특례에관한규칙(1996. 1. 27. 대법원규칙 제1415호로 개정되기 전의 것) 제9조 제2항은, 사건종결통보서를 회부받은 해당사건과장이 지체없이 이를 해당관리은행에 통보하도록 하고 있었다.

액환급통지서 및 주민등록증 기타 신분을 확인할 수 있는 증명서(예 :공무원증, 운전면허증등)를 지참하여 송달료를 납부한 해당 수납은행 또는 관리은행 전국점포에서 송달료잔액을 환급받아야 한다.[2421]

다만, 법인이 아닌 개인으로서 송달료 관리은행이 정한 기준에 따라 본인 확인이 된 경우에는 유선신청 등 방법에 의하여 송달료 잔액을 환급 받을 수 있다.[2422]

송달료잔액환급통지서를 분실한 경우에도 송달료를 납부한 해당 수납은행 또는 관리은행 전국점포는 사건종결등록 또는 송달료 종결등록이 되고 전술한 증명서등에 의하여 납부인의 신분이 확인되는 경우에는 송달료잔액을 환급하여야 한다.[2423]

신용카드등으로 송달료를 여러 건 동시에 납부하였으나 그 중 잘못 납부한 건이 있어 이를 반환받아야 할 경우에 잔액 상태가 변경된 것은 납부자의 신청에 따라 담당 법원사무관등이 이를 확인한 후 「송달료반환신청및확인서(신용카드등납부용)」를 발급한다.[2424]

3) 환급청구가 없는 경우의 처리

세입세출외 현금출납공무원은 사건이 종결등록된 때로부터 5년이[2425] 경과하기까지 환급되지 아니한 송달료잔액에 관하여는 매 년도말에 국고귀속처리(정부보관금에 관한 법률 제1조 제1항)를 하여야 한다(송달료규칙 제12조).

4. 법원보관금 잔액의 환급절차

가. 법원보관금 환급명령

사건담임자는 사건이 종결되면 해당사건의 법원보관금 잔액이 남아 있는지의 여부를 확인하여 잔액이 남아 있을 때에는 담임법관으로부터 「법원보관금 환급명령서」(법원보관금취급규칙 별지 제7호서식)를 발부받아 출납공무원에게 송부하여야 한다(법원보관금취급규칙 제21조 제1

2421) 송달료예규 제44조 제1항 본문.

2422) 송달료예규 제44조 제1항 단서.

2423) 송달료예규 제44조 제2항.

2424) 송달료예규 제44조 제4항.

2425) 종래에는, 정부보관금의 소멸시효 기간이 5년이었으므로, 송달료 잔액 역시 5년이 경과하기까지 환급되지 아니하면 국고귀속처리를 하였으나(구 송달료규칙(2020. 11. 26. 대법원규칙 제2921호로 개정되기 전의 것) 제2조), 2020. 7. 1.부터 정부보관금의 소멸시효 기간이 10년으로 연장됨에 따라, 이에 상응한 개정을 한 것이다.
다만, 2020. 7. 1. 당시 환급청구가 없는 송달료잔액 중 사건이 종결등록된 때로부터 5년이 지나지 아니한 송달료잔액은 연말에 국고귀속처리를 하는 것으로 하였다(송달료규칙 부칙(제2921호) 제2조).

항 본문).

다만, 사건종결 당시 납부자의 예납금 중에 미출급 채권이 포함되어 있는 경우에는 이를 제외한 환급 부분에 대하여만 위의 조치를 취하여야 한다(같은 항 단서).

나. 법원보관금 환급지시

잔액환급명령서(법원보관금취급규칙 제21조 제1항)를 받은 출납공무원은, 계좌입금신청이 있는 경우에는 즉시, 그 신청이 없는 경우에는 환급청구권자가 출석한 때에, 각 환급지시사항을 취급점에 전송하고 「법원보관금 환급지시서」(법원보관금취급규칙 별지 제8호서식)를 출석한 환급청구권자에게 교부하여 취급점에 제출하게 하여야 한다(법원보관금취급규칙 제21조 제2항).

이때, 출급의 경우와 마찬가지로, 출납공무원은 환급금이 원천징수의 대상이면 취급점으로 하여금 원천징수세액을 공제한 잔액을 지급하도록 취급점에 전송하여야 한다(같은 규칙 제21조 제6항, 제19조 제1항).[2426]

다. 법원보관금의 환급

1) 잔액을 입금하는 경우

환급청구권자의 계좌입금신청이 있는 때에는 후술하는 잔액환급통지를 하지 아니하며(법원보관금취급규칙 제21조 제3항 단서), 다음과 같이 잔액을 입금하게 된다.

출급의 경우와 마찬가지로, 환급청구권자가 법원보관금을 자기의 비용으로 자신의 예금계좌에 입금하여 줄 것을 사건담임자, 계약담당공무원, 지출관 또는 출납공무원에게 신청한 경우에는 법원보관금 잔액을 신고된 예금계좌에 입금하여 환급하여야 한다(같은 규칙 제21조 제6항, 제15조 제1항).

계좌입금신청에 따른 계좌입금수수료는 환급수령권자의 부담으로 한다(같은 규칙 제21조 제5항).

2) 잔액환급통지를 하는 경우

계좌입금신청이 없었다면, 사건종결등록(법원보관금취급규칙 제20조)을 전송받은 취급점은 잔액이 남아있는지의 여부를 확인하여 잔액이 남아있는 경우에는 지체없이 납부자에게 우편

2426) 출급의 경우와 마찬가지로, 출납공무원은 매월 말일 현재의 원천징수 세액을 다음달 10일까지 관할세무서에 납부하여야 하고(법원보관금취급규칙 제21조 제6항, 제19조 제2항), 「원천징수내역서」(법원보관금취급규칙 별지 제13호서식)를 전산출력하여 보존하여야 한다(같은 규칙 제21조 제6항, 제19조 제3항).

으로 잔액환급통지를 하여야 한다(법원보관금취급규칙 제21조 제3항 본문).

다만, 환급할 금액이 통지에 소요되는 우편료를 초과하지 아니하는 경우에는 그러하지 아니하다(같은 항 단서).

위 통지에 소요되는 우편요금은 환급수령권자의 부담으로 한다(같은 조 제5항).

라. 종결사건 법원보관금 수불내역서 보관 등

출급의 경우와 마찬가지로, 취급점이 출급청구자의 청구에 의하여 법원보관금 잔액을 환급한 때에는 그 지급내역을 즉시 사건담임자 및 출납공무원에게 전송하여야 한다(법원보관금취급규칙 제21조 제6항, 제16조).

사건담임자는 「종결사건 법원보관금 수불내역서」(법원보관금취급규칙 별지 제14호서식)를 출력하여 보관한다(법원보관금취급규칙 제21조 제7항).

Ⅵ. 판결 등의 경정과 추가재판

1. 판결 등의 경정

가. 판결경정 개관

1) 판결경정의 의의

판결에 잘못된 계산이나 기재, 그 밖에 이와 비슷한 잘못이 있음이 분명한 때에[2427] **법원은 직권으로 또는 당사자의 신청에 따라 경정결정**(更正決定)**을 할 수 있다**(법 제211조 제1항).

즉, 판결에 위와 같은 잘못이 있는 경우에는 상소로써 시정을 구할 것이 아니다.[2428]

이는 일단 선고된 판결에 대하여 '그 내용을 실질적으로 변경하지 않는 범위 내에서' 판결

2427) cf. 구법(2002. 1. 26. 법률 제6626호로 전부개정되기 전의 것) 제197조 제1항은 "위산, 오기 기타 이에 유사한 오류가 있는 것이 명백한 때에는 …"라고 표현하였다.

2428) 대법원 1970. 1. 27. 선고 67다774 판결; 대법원 1970. 4. 28. 선고 70다322 판결; 대법원 1970. 9. 29. 선고 70다1156 판결; 대법원 1973. 5. 8. 선고 69다1768 판결; 대법원 1975. 11. 11. 선고 74다1448 판결; 대법원 1990. 7. 24. 선고 89다카14639 판결; 대법원 1993. 4. 23. 선고 92누17297 판결 참조.
그러나, 가령, 손해액을 산정함에 계산착오가 있었다면 판결의 경정사항에 속하나, 착오된 계산액을 기초로 하여 과실상계를 하였다면 이는 상소로써 시정을 구할 사항이다. 대법원 1972. 10. 10. 선고 72다1230 판결.

의 표현상의 기재 잘못이나 계산의 착오 또는 이와 유사한 오류를 법원 스스로가 결정으로써 정정 또는 보충하여 강제집행이나 가족관계등록부의 정정 또는 등기의 기록 등 이른바 광의의 집행에 지장이 없도록 하자는 데 그 취지가 있다.[2429)]

2) 결정 또는 명령의 경정

판결 외에도, 화해조서[2430)], 조정조서[2431)] 등은 물론, 결정이나 명령도 경정할 수 있다(법 제224조 제1항).[2432)]

3) 경정의 사유

판결내용의 오류 또는 판단누락이 판결경정사유가 되지 아니함은 물론이다.[2433)]

법원이 경정할 수 있는 판결의 오류에는, 그것이 법원의 과실로 인하여 생긴 경우뿐 아니라, 당사자의 청구에 잘못이 있어 생긴 경우도 포함된다.[2434)] 다만, 누구의 잘못으로 인한 것인가에 따라 후술하는 바와 같이 송달료 예납 여부에 차이가 있다.

그러나, 소장에 청구취지를 잘못 기재하고서도 사실심 변론종결시까지 그 변경절차를 밟지 아니하였고 법원도 이를 간과하여 소장 기재대로 판결을 하였으며, 소송의 전과정에 나타

2429) 대법원 1977. 2. 24.자 75그9 결정. 동지 : 대법원 1992. 9. 15.자 92그20 결정 ; 대법원 1995. 4. 26.자 94그26 결정 ; 대법원 1995. 6. 19.자 95그26 결정 ; 대법원 1996. 1. 9.자 95그13 결정 ; 대법원 1996. 10. 16.자 96그49 결정 ; 대법원 1999. 4. 12.자 99마486 결정 ; 대법원 1999. 12. 23.자 99그74 결정; 대법원 2000. 5. 24.자 98마1839 결정 ; 대법원 2000. 5. 24.자 99그82 결정 ; 대법원 2000. 5. 30.자 2000그37 결정 ; 대법원 2000. 12. 12.자 2000즈3 결정 ; 대법원 2001. 12. 4.자 2001그112 결정 ; 대법원 2006. 2. 14.자 2004마918 결정 ; 대법원 2012. 2. 10.자 2011마2177 결정 ; 대법원 2012. 10. 25.자 2012그249 결정 ; 대법원 2014. 10. 30.자 2014스123 결정 ; 대법원 2020. 3. 16.자 2020그507 결정.
그런데, 판례는 여전히 "호적의 정정 또는 등기의 기재"를 운위하고 있으나, 2008.부터 구 호적제도에 갈음하여 가족관계등록제도가 실시되고 있음과 등기부 전산화 작업이 완료됨에 따라 2011. 10. 13.부터 종이등기부를 전제로 한 "기재" 등의 용어가 변경되었음은 주지하는 바와 같다.

2430) 대법원 1984. 3. 27.자 84그15 결정 ; 대법원 1986. 11. 7.자 86마895 결정 ; 대법원 2000. 5. 24.자 98마1839 결정 ; 대법원 2001. 12. 4.자 2001그112 결정.

2431) 대법원 2012. 2. 10.자 2011마2177 결정.

2432) '인지액·편철방법예규' ; 판결경정 신청사건의 소송비용 처리에 관한 예규 제1조.
소송비용액확정결정을 경정한 실례로, 서울고법 2012. 8. 30.자 2009라1631 결정.

2433) 대법원 1969. 12. 30.자 67주4 결정.

2434) 대법원 1983. 4. 19.자 83그7 결정. 동지 : 대법원 1970. 3. 31. 선고 70다104 판결 ; 대법원 1978. 10. 26.자 78마289 결정 ; 대법원 1983. 3. 24.자 83그8 결정 ; 대법원 1984. 10. 31.자 84그60 결정 ; 대법원 1985. 7. 15.자 85그66 결정 ; 대법원 1985. 10. 17.자 85그89 결정 ; 대법원 1987. 1. 28.자 86그160 결정; 대법원 1988. 1. 30.자 87그34 결정 ; 대법원 1988. 9. 5.자 88그51 결정 ; 대법원 1990. 1. 12.자 89그48 결정 ; 대법원 1990. 5. 23.자 90그17 결정 ; 대법원 1992. 3. 4.자 92그1 결정 ; 대법원 2000. 5. 24.자 99그82 결정 ; 대법원 2012. 10. 25.자 2012그249 결정 ; 대법원 2020. 3. 16.자 2020그507 결정.

난 자료에 의하더라도 그 잘못이 명백하지 아니한 경우에는, 이른바 판결에 분명한 잘못이 있다고 볼 수 없다.[2435]

당사자 표시 중 법정대리인 표시의 누락,[2436] 소송대리인 표시의 누락[2437] 등은 판결 자체의 위법이 아니므로, 판결경정사유에 해당한다고 하겠다.

토지에 관한 소유권이전등기절차의 이행을 구하는 소송 중 사실심 변론종결 전에 토지가 분할되었는데도 그 내용이 변론에 드러나지 않은 채 토지에 관한 원고 청구가 인용된 경우에 판결에 표시된 토지에 관한 표시를 분할된 토지에 관한 표시로 경정해 달라는 신청은 특별한 사정이 없는 한 받아들여야 한다.[2438]

나. 판결경정신청 등

1) 개 관

판결 등의 경정 사건은 부수사건이므로, 기본사건이 종이기록사건이라면, 판결 등의 경정 신청 역시 전자적으로는 하지 못한다(민소전자문서법 제10조 제2항, 민소전자문서규칙 제19조 제1항 제3호 본문).

2) 소명방법

당사자의 신청에 따라 판결의 경정을 하는 경우에는 우선 신청 당사자가 판결에 잘못된 계산이나 기재, 그 밖에 이와 비슷한 잘못이 있음이 분명하다는 점을 소명하여야 한다.[2439]

3) 인지의 첩부 및 송달료의 예납

가) 인지의 불첩부

판결 등의 경정신청은 기본적 신청이지만, 인지를 첩부하지 아니한다.[2440]

2435) 대법원 1992. 3. 4.자 92그1 결정. 동지 : 대법원 1967. 10. 31. 선고 67다982 판결 ; 대법원 1984. 12. 26.자 84그66 결정 ; 대법원 1995. 4. 26.자 94그26 결정.

2436) 대법원 1995. 4. 14. 선고 94다58148 판결 참조.

2437) 대법원 1963. 5. 9. 선고 63다127 판결 참조.

2438) 대법원 2020. 3. 16.자 2020그507 결정.

2439) 대법원 2018. 11. 21.자 2018그636 결정(A 등이 B 등을 상대로 제기한 소유권이전등기청구의 소에서 확정판결의 원고들과 A 등이 동일인임을 전제로 당사자표시 중 원고들 이름 옆에 주민등록번호가 누락되어 판결의 집행을 할 수 없다고 주장하면서 주민등록번호를 추가 기재하는 것으로 판결경정을 신청하였으나, 원심이 이를 기각한 사안에서, 판결경정의 신청인과 확정판결의 원고가 동일인이라는 점에 관한 소명이 없으므로, 신청을 기각한 원심의 조치에 민사소송법에서 정한 특별항고이유에 해당하는 잘못이 없다고 한 사례).

2440) 판결경정 신청사건의 소송비용 처리에 관한 예규 제2조.

나) 송달료의 예납

판결 등의 경정신청서는 주기록에 첨철된다.[2441]

또한, 송달료를 예납함이 원칙이기는 하나,[2442] 법원사무관등은 법원의 귀책사유로 인하여 판결경정에 이르게 된 사건과 직권에 의한 경정 사건의 경우에는 송달료를 국고로 처리한다.[2443]

4) 관 할

판결의 경정을 할 수 있는 법원은 원칙적으로 해당 판결을 한 법원이지만, 상소에 의하여 사건이 상소심에 이심된 경우에는 그 상소심도 원판결을 경정할 수 있다.[2444]

법 제211조가 판결을 경정할 법원을 한정하고 있지 않고,[2445] 상소의 제기로 본안사건이 상소심에 계속된 경우에는 해당 판결의 원본이 상소기록에 편철되어 상소법원으로 송부되기 때문이다.[2446]

그러나, 주의할 것은, 해당 판결에 대하여 상소를 하지 아니하여 사건이 상소심에 계속되지 아니한 부분은 상소심의 심판대상이 되지 않는 것이므로, 상소를 하지 아니한 당사자 간의 원심판결의 원본과 소송기록이 우연히 상소법원에 있다고 하더라도, 상소법원이 심판의 대상이 되지도 않은 부분에 관한 판결을 경정할 권한을 가지는 것은 아니다.[2447]

조정조서나 조정을 갈음하는 결정의 경정도 해당 조정을 성립시킨 법원이 하여야 하는 것으로 해석된다.

다만, 본래 법원의 사무이지만 사법보좌관이 행한 처분(예컨대, 소송비용액 확정결정(사법보좌

이는 화해, 인낙, 포기 등의 조서, 지급명령 그 밖에 결정·명령의 경정에 관하여서도 같다. 같은 예규 제1조.
그러나, 인지첩부원칙에 관한 예외를 만연히 대법원예규로 규정한 것은 법체계상 의문이다.

2441) 판결경정 신청사건의 소송비용 처리에 관한 예규 제3조.

2442) 판결경정 신청사건의 소송비용 처리에 관한 예규 제4조 제1항.
이는 화해, 인낙, 포기 등의 조서, 지급명령 그 밖에 결정·명령의 경정에 관하여서도 같다. 같은 예규 제1조.

2443) 판결경정 신청사건의 소송비용 처리에 관한 예규 제4조 제6항.
이는 화해, 인낙, 포기 등의 조서, 지급명령 그 밖에 결정·명령의 경정에 관하여서도 같다. 같은 예규 제1조.

2444) 대법원 1967. 10. 31. 선고 67다982 판결. 동지 : 대법원 1984. 9. 17.자 84마522 결정.

2445) 대법원 1984. 9. 17.자 84마522 결정.

2446) 대법원 2007. 5. 10.자 2007카기35 결정. 동지 : 대법원 1992. 1. 29.자 91마748 결정 대법원 2008. 10. 21.자 2008카기172 결정.

2447) 대법원 2007. 5. 10.자 2007카기35 결정. 동지 : 대법원 1970. 8. 31.자 70카25 결정 ; 대법원 1987. 9. 2. 선고 87카55 판결 ; 대법원 1992. 1. 29.자 91마748 결정 ; 대법원 2008. 10. 21.자 2008카기172 결정.

관규칙 제2조 제1항 제1호), 지급명령(같은 항 제2호), 이행권고결정 (같은 조 제3호) 등)에 잘못된 계산이나 기재 그 밖에 이와 비슷한 잘못이 있음이 분명한 때에 직권으로 또는 당사자의 신청에 따라 이를 경정하는 사무는 사법보좌관이 행할 수 있다(사법보좌관규칙 제2조 제21호).

그러나 입법론으로는, 판결의 (일부)확정 여부에 불구하고 판결의 경정은 소송기록이 있는 법원이 하도록 규정함 상당할 것이다. 경정신청의 당부는 기본적으로 소송기록상의 자료를 토대로 판단할 수밖에 없기 때문이다.[2448]

다. 심 리

경정결정을 함에는, 그 소송 전 과정에 나타난 자료는 물론, 경정대상인 판결 등 이후에 제출되어진 자료도 다른 당사자에게 아무런 불이익이 없는 경우나 이를 다툴 수 있는 기회가 있었던 경우에는 소송경제상 이를 참작하여 그 오류가 명백한지 여부를 판단할 수 있다.[2449]

경정신청에 대한 심리를 위하여 법원은 당사자와 이해관계인, 그 밖의 참고인을 심문할 수도 있다(법 제134조 제2항).[2450]

라. 재 판[2451]

판결의 경우, **경정결정은, 판결의 원본과 정본에 덧붙여 적어야 하지만**(법 제211조 제2항 본문), **정본에 덧붙여 적을 수 없을 때에는, 결정의 정본을 작성하여 당사자에게 송달하여야**

2448) 실제로 저자가 대리한 사건 중에, 원고 A, B가 피고 C를 상대로 제기한 소송에서 전부패소한 C가 B에 대하여서만 항소하였는데, (판결이 확정된) A가 판결경정을 제1심 법원에 신청하려고 하다가 제1심법원 접수사무관이 바로 위와 같은 이유로 (B, C 사이의 소송이 계속중이던) 항소법원에 신청할 것을 권유하였고, 이에 저자가 항소법원에 판결경정을 신청하여 그대로 인용결정을 받은 예가 있었다.

2449) 대법원 2000. 5. 24.자 98마1839 결정. 동지 : 대법원 2000. 5. 24.자 99그82 결정(사안은, 취득시효 완성을 원인으로 한 소유권이전등기를 명하는 판결의 주문 및 그에 첨부된 감정도면상의 면적이 실제로는 13㎡임에도 감정상의 착오로 16㎡로 잘못 표시되었음이 강제집행 실시과정에서 밝혀진 경우) ; 대법원 2000. 5. 24.자 98마1839 결정 ; 대법원 2012. 10. 25.자 2012그249 결정 ; 대법원 2020. 3. 16.자 2020그507 결정.
그러나, 위 경우와 달리, 피고의 토지 점유 부위와 그 면적이 측량감정인의 잘못으로 피고의 실제 점유 부위 및 면적과 다르게 감정되었음에도 불구하고, 원고나 법원이 이를 간과하고 그 감정 결과에 따른 청구취지대로 판결이 선고된 것이라고 하더라도, 그와 같은 오류가 명백하다고 볼 수도 없을 뿐만 아니라, 원고가 구하는 취지대로 판결경정에 의하여 피고의 점유 면적을 증가시키는 내용으로 그 점유 부위와 면적의 표시를 고치는 것은 판결 주문의 내용을 실질적으로 변경하는 경우에 해당하여 허용될 수 없다. 대법원 1999. 4. 12.자 99마486 결정. 동지 : 대법원 1995. 7. 12.자 95마531 결정.

2450) 대법원 2001. 12. 4.자 2001그112 결정 참조.

2451) 직권으로 한 경정결정의 실례로는, 인천지법 2010. 7. 22.자 2009가합3360 결정 ; 서울고법 2007. 5. 1.자 2005나74865 결정 등 참조.

하는바(같은 항 단서), 실무상으로는 오히려 이 단서의 예에 의하고 있다.

그러나, 반드시 송달하여야 하는 것은 아닌 결정이나 명령의 경우에는, 원칙적으로, 그 경정결정 역시 상당한 방법으로 고지하면 족하다고 할 것이다(법 제221조 제1항).[2452)]

마. 불 복

1) 경정신청기각결정에 대한 불복

경정신청을 기각한 결정에 대하여는, 즉시항고를 할 수 없으므로(법 제211조 제3항 본문의 반대해석), 특별항고로써 불복할 수 있을 뿐이다.[2453)]

그런데, 판결경정신청을 기각한 결정에 대하여 특별항고이유가 있는 경우란, 신청인이 그 재판에 필요한 자료를 제출할 기회를 전혀 부여받지 못한 상태에서 그러한 결정이 있었다든가, 판결과 그 소송의 전 과정에 나타난 자료 및 판결 선고 후에 제출된 자료에 의하여 판결에 오류가 있음이 분명하여 판결이 경정되어야 하는 사안임이 명백함에도 불구하고, 법원이 이를 간과함으로써 기각 결정을 한 경우 등이 이에 해당될 수 있다.[2454)]

이러한 법리는 경정신청의 대상이 이행권고결정인 경우에도 마찬가지이다.[2455)]

2) 경정결정에 대한 불복

경정결정에 대하여는 즉시항고를 할 수 있다(법 제211조 제3항 본문).[2456)] 이는 가령, 화해조서의 경우에도 마찬가지임은 물론이다.[2457)]

다만, (제1심)**판결에 대하여 적법한 항소가 있는 때에는 그러하지 아니하다**(같은 항 단서).

2452) 대법원 1985. 2. 8.자 84마카31 결정 참조.

2453) 대법원 1966. 7. 26.자 66마579 결정. 동지 : 대법원 1971. 7. 21.자 71마382 결정 ; 대법원 1981. 11. 6.자 80그23 결정 ; 대법원 1982. 5. 11. 선고 82마41 판결 ; 대법원 1983. 4. 19.자 83그6 결정 ; 대법원 1986. 11. 7.자 86마895 결정 ; 대법원 1984. 3. 27.자 84그15 결정 ; 대법원 1992. 9. 15.자 92그20 결정 ; 대법원 1995. 7. 12.자 95마531 결정.

2454) 대법원 2004. 6. 25.자 2003그136 결정. 동지 : 대법원 2013. 6. 10.자 2013그52 결정 ; 대법원 2020. 3. 16.자 2020그507 결정.

2455) 대법원 2017. 8. 21.자 2017그614 결정(A 주식회사가 B를 상대로 손해배상청구의 소를 제기하여 이행권고결정이 내려졌는데, A 회사가 이행권고결정에 B의 주민등록번호 뒷자리 표시가 누락되었고 주소가 주민등록초본상 주소와 일치하지 않아 강제집행을 할 수 없다는 이유로 이행권고결정에 대한 경정신청을 한 사안에서, 이행권고결정에 기재된 B와 A 회사가 경정신청을 통하여 주소와 주민등록번호를 경정하려는 B가 동일인임이 명백하여 이행권고결정이 경정되어야 하는 사안인데도, 경정신청을 기각한 원심결정에 재판에 영향을 미친 헌법 위반이 있다고 한 사례).

2456) 경정결정에 대한 즉시항고의 실례로는, 청주지방법원 2011. 10. 11.자 2010라189 결정 ; 서울서부지법 2008. 1. 14.자 2007라166 결정.

2457) 대법원 1976. 2. 11.자 75그10 결정.

이는 항소가 있으면 항소심에서도 판결을 경정할 수 있고, 본안에 대하여 항소가 되면 항소심에서는 사실심으로서 판결의 당부와 함께 판결경정결정의 당부도 심리되기 때문에 판결경정결정에 대하여는 즉시항고를 할 필요도 없고 이를 하지 아니하였더라도 그 목적을 달성할 수 있으므로 소송경제와 절차의 편의를 위하여 즉시항고를 할 필요가 없다는 뜻에서 규정한 것이다.[2458]

그러나, 이와 달리, 항소법원의 판결에 대하여 상고가 있은 경우에는, 항소법원이 한 경정결정에 대하여 즉시항고(재항고)를 할 수 있는 것으로 풀이된다(법 제211조 제3항 단서의 반대해석).

사법보좌관이 소송비용액 확정결정이나 지급명령, 기타 사법보좌관이 담당하는 것으로 규정하는 사무와 관련하여 경정결정을 한 경우, 이러한 사법보좌관의 처분에 대하여는 이의신청을 할 수 있다(사법보좌관규칙 제4조 제1항).

사. 신청인의 송달료 반환신청 등

1) 신청인의 송달료 반환신청

판결 등 경정신청에 관하여, 신청인은 송달료를 본인이 부담하는 것이 부당하다고 판단되는 경우에는 법원사무관등에게 본인이 부담한 송달료 상당액의 반환을 신청할 수 있다.[2459]

2) 법원사무관등의 처분

법원사무관등은 위 신청이 이유가 있다고 인정한 때에는 재판장의 허가를 받아 후술하는 절차에 따른 반환조치를 하고, 이유가 없다고 인정한 때에는 반환을 거부한다.[2460]

3) 반환거부에 대한 이의

신청인은 위와 같은 반환거부에 대한 이의를 신청할 수 있고, 이의신청에 대하여는 그 법원사무관등이 속한 법원이 결정으로 재판한다(법 제223조).[2461]

2458) 대법원 1991. 5. 1.자 90그67 결정.
cf. 대법원 1974. 1. 31.자 73마995 결정은, 제1심이 판결경정결정을 할 수 있는 법원은 제1심법원이 아니라는 이유로 경정신청을 각하하고 그 각하에 대한 항고로 경정신청사건이 판결법원인 항소법원에 계속되었다면 판결법원은 경정사유가 있는지의 유무를 심리판단하여야 한다고 하였다.

2459) 판결경정 신청사건의 소송비용 처리에 관한 예규 제5조 제1항.

2460) 판결경정 신청사건의 소송비용 처리에 관한 예규 제5조 제2항.

2461) 판결경정 신청사건의 소송비용 처리에 관한 예규 제5조 제3항.

4) 재판절차비용의 지급

기술한 반환조치를 하거나 신청인의 이의신청을 인용하는 재판이 확정된 경우에는 신청인이 지출한 재판절차비용을 국고에서 임의변제한다.[2462]

임의변제할 재판절차비용은 판결경정 및 이에 대한 이의신청 사건에서 신청인이 예납한 송달료 중 실제로 사용된 금액과 이의신청서에 첩부된 인지액을 말한다.[2463]

따라서, 위 경우 해당사건의 법원사무관등은 「재판절차비용 지급통지서」와 「재판절차비용 지급청구서」를 첨부하여 신청인에게 재판절차비용 지급을 청구할 수 있음을 고지하여야 한다.[2464]

다만, 신청인이 송달료 납부서에 잔액환급계좌번호를 기재한 경우에는 해당사건의 법원사무관등의 지급의뢰에 따라 회계담당공무원은 해당 계좌로 재판절차비용을 입금한 후 그 사실을 신청인에게 적당한 방법으로 고지한다.[2465]

2. 재판의 누락과 추가재판

가. 청구의 일부에 대한 재판누락[2466]

1) 개 관

법원이 청구의 일부에 대하여 재판을 누락한[2467] 경우에 그 청구부분에 대하여는 그 법원이 계속하여 재판한다(법 제212조 제1항).

재판이 누락된 경우 그 부분 소송은 여전히 그 심급에 계속중이기 때문이다.[2468]

추가판결을 할 때에는 판결서의 제목도 '추가판결'이라고 하고,[2469] 원래의 사건번호에 가

2462) 판결경정 신청사건의 소송비용 처리에 관한 예규 제6조 제1항 전문.

2463) 판결경정 신청사건의 소송비용 처리에 관한 예규 제6조 제1항 후문.

2464) 판결경정 신청사건의 소송비용 처리에 관한 예규 제6조 제2항 본문.

2465) 판결경정 신청사건의 소송비용 처리에 관한 예규 제6조 제2항 단서, 같은 조 제3항.

2466) cf. 법 제212조의 제목은 "재판의 누락"이나, 구법(2002. 1. 26. 법률 제6626호로 전부개정되기 전의 것) 제198조의 제목은 "재판의 탈루"이었다.

2467) cf. 구법(2002. 1. 26. 법률 제6626호로 전부개정되기 전의 것) 제198조 제1항은 "… 유탈한 …"이라고 표현하였다.

2468) 대법원 1996. 2. 9. 선고 94다50274 판결. 동지 : 대법원 1989. 11. 28. 선고 89다카11777 판결 ; 대법원 2004. 8. 30. 선고 2004다24083 판결 ; 대법원 2007. 8. 23. 선고 2006다28256 판결 ; 대법원 2007. 11. 16. 선고 2005두15700 판결 ; 대법원 2008. 11. 27. 선고 2007다69834,69841 판결 ; 대법원 2009. 5. 28. 선고 2007다354 판결 ; 대법원 2009. 11. 26. 선고 2009다58692 판결 ; 대법원 2013. 6. 14. 선고 2013다8830 판결 ; 대법원 2015. 6. 23. 선고 2013므2397 판결 ; 대법원 2015. 10. 29. 선고 2014다13044 판결; 대법원 2017. 7. 11. 선고 2017다15218 판결.

지번호를 붙여 표시함이 실무이다.[2470]

추가판결도 종국판결이므로, 소송비용의 재판을 하여야 하며(법 제104조 단서), 독립하여 상소의 대상이 되는 것으로 해석된다.

주의할 것은, 일부판결이 허용되지 아니하는 경우에 재판을 빠뜨린 부분은 재판의 누락이 아니라 판단누락이라는 것, 따라서 이는 추가판결이 아니라 상소 또는 재심으로써 다투어야 한다는 점이다.

한편, 추가판결을 한 경우에, 그 전에 이미 한 판결은 본판결이라고 지칭한다.[2471]

2) 재판누락의 의의

재판의 누락이 있는지 여부는 우선 주문의 기재에 의하여 판정하여야 한다.[2472]

따라서, 비록 판결 이유에서 그 당부를 판단하였더라도, 주문에 설시가 없으면 특별한 사정이 없는 한 그에 대한 재판은 누락된 것으로 보아야 한다.[2473]

역으로, 주문에 청구의 전부에 대한 판단이 기재되어 있으나 이유 중에 청구의 일부에 대한 판단이 빠져 있는 경우에는, 어쨌든 주문에는 청구의 전부에 대한 판시가 있다고 할 수 있으므로, 이유를 붙이지 아니한 위법이 있다고 볼 수 있을지언정 재판의 누락이 있다고 볼 수는 없다.[2474]

다만, 청구를 기각하는 판결의 경우, 주문에 청구 전부에 대한 판단이 기재되어 있는지 여부는, 청구취지와 판결이유의 기재를 참작하여 판단하여야 한다.[2475]

그런데, 다음 각 경우도 재판누락에 해당하므로 주의를 요한다.

첫째, 원고가 실제로 감축한다고 진술한 것보다 더 많은 부분을 감축한 것으로 보아 판결

2469) 재판서예규 제4조 제5항.

2470) 재판서예규 제7조 제2항.

2471) 대법원 1979. 2. 27. 선고 78다913 판결.

2472) 대법원 2004. 8. 30. 선고 2004다24083 판결. 동지 : 대법원 1979. 7. 25.자 79마172 결정(사안은 항고기각 결정) ; 대법원 1984. 4. 25.자 84마148 결정(사안은 항고기각 결정) ; 대법원 2005. 5. 27. 선고 2004다43824 판결 ; 대법원 2009. 11. 26. 선고 2009다58692 판결 ; 대법원 2013. 6. 14. 선고 2013다8830 판결; 대법원 2017. 12. 5. 선고 2017다237339 판결.

2473) 대법원 2007. 11. 16. 선고 2005두15700 판결. 동지 : 대법원 2004. 8. 30. 선고 2004다24083 판결 ; 대법원 2008. 11. 27. 선고 2007다69834,69841 판결(사안은 아예 이유도 누락된 경우) ; 대법원 2009. 11. 26. 선고 2009다58692 판결 ; 대법원 2013. 6. 14. 선고 2013다8830 판결 ; 대법원 2015. 10. 29. 선고 2014다13044 판결 ; 대법원 2017. 12. 5. 선고 2017다237339 판결(판결 이유에는 청구가 이유 없다고 설시되어 있으나 주문에 그 설시가 없는 경우).

2474) 대법원 2002. 5. 14. 선고 2001다73572 판결.

2475) 대법원 2003. 5. 30. 선고 2003다13604 판결.

을 선고한 경우, 원고가 감축한 금액을 제외한 나머지 부분에 관한 청구에 관하여는 아무런 판결을 하지 아니한 셈이고, 이는 결국 재판의 누락에 해당한다.[2476]

둘째, 보조참가신청에 대하여 이의신청이 있었는데도 이에 대한 허부 재판을 하지 아니한 채 종국판결을 선고한 경우에도 재판누락에 해당한다.[2477]

셋째, 법원이 직권으로 주된 주문을 내어야 하는 경우인데도 이를 누락하였다면,[2478] 이 또한 재판누락에 해당한다고 할 것이다.

예컨대, 재판상 이혼의 경우에 당사자의 청구가 없다 하더라도 법원은 직권으로 미성년자인 자녀에 대한 친권자 및 양육자를 정하여야 하며(민법 제909조 제5항, 제843조, 제837조 제4항 전문), 따라서 법원이 이혼 판결을 선고하면서 미성년자인 자녀에 대한 친권자 및 양육자를 정하지 아니하였다면 재판의 누락이 있다고 해석함이 타당하다.[2479]

3) 추가재판신청

재판의 누락은 판단의 누락과 다른 것으로, 이에 대하여서는 상소로써 다툴 수 없으며,[2480] 그 부분을 별소로써 청구할 수도 없다.

즉, 재판의 누락에 대하여서는 추가재판신청으로써 그 시정을 구하여야 한다.

추가재판신청이 직권발동을 촉구하는 의미의 신청임은 물론이며,[2481] 이 신청은 재판을 누락한 법원에 하여야 한다(법 제212조 제1항 참조).

4) 추가재판신청에 대한 재판

그러나, 법원이 추가재판신청이 이유 없다고 판단한 때에는 – 직권발동을 촉구하는 의미의 신청에 불과하다고 하여 신청을 묵과할 것이 아니라 – 소송종료선언으로써 응답하여야 하는 것으로 풀이된다.[2482]

나. 소송비용재판의 누락

소송비용재판의 누락에 관하여서는 법 제212조 제2항, 제3항이 규정하고 있으나, 상세한

2476) 대법원 1997. 10. 10. 선고 97다22843 판결.

2477) 이에 관하여서는 '보조참가 : 통상의 보조참가와 공동소송적 보조참가' 부분에서 기술하였다.

2478) cf. 종된 주문(소송비용재판, 가집행선고)의 누락 문제에 관해서는 후술한다.

2479) 대법원 2015. 6. 23. 선고 2013므2397 판결.

2480) 이에 관하여서는 '상소 일반' 부분에서 재론하겠다.

2481) 구 '인지액·편철방법예규'(2012. 2. 20. 재판예규 제1379호로 개정되기 전의 것) 참조.

2482) 청주지법 2012. 10. 9. 선고 2011재나39 판결('로앤비'에서 검색 가능) ; 청주지법 2010. 5. 20. 선고 2009구합2363 판결 참조.

것은 이 책 보론의 '소송비용재판의 누락' 부분에서 보기로 한다.

다. 가집행선고의 누락

가집행선고가 누락된 경우에도 추가판결의 대상이라는 견해도 있으나, 관견으로는 위와 같은 견해는 부당하다고 본다. 추가판결의 사유란 주된 주문의 일부('청구의 일부에 대한 재판')가 누락된 경우이므로, 가집행선고의 누락은 이에 해당하지 아니하기 때문이다(법 제212조 제2항, 제3항 참조).

따라서, 관견으로는, 가집행선고가 누락된 경우에는 (원심법원에) 추가재판신청은 할 수 없고 (상소법원에) 가집행선고신청(법 제406조 제1항, 제435조)을 할 수 있을 따름이라고 본다.

제3부
상소심절차

제1장 상소 일반

1. 상소 개관

상소란, 재판의 확정 전에 당사자가 상급법원에 대하여 하는 불복신청을 말한다.

상소제도는 오판을 시정하고 법령의 해석·적용을 통일하기 위하여 마련된 것이다.[1)]

이는, 재판의 확정 전의 통상의 불복신청이라는 점에서 재판확정 후의 재심·준재심과 다르며, 상급법원에 대하여 한다는 점에서 같은 심급 안에서 하는 각종의 이의신청과 구분된다.

2. 상소요건 등

가. 상소인용의 요건

상소인이 상소를 하여 승소판결을 받기 위하여서는, 일반적인 소송요건을 구비하는 것 외에도, ①상소장이 방식에 맞아야 하고, ②상소가 적법하여야 하며, ③상소가 이유 있어야 한다.

위 요건 중 ①이 흠결된 때에는 재판장이 상소장각하명령을 하게 되며(법 제399조 제2항, 제402조 제2항, 제425조, 제443조, 제450조), ③의 요건이 흠결된 때에는 법원이 상소인용 판결을 하게 된다. 다만, 무엇이 상소이유가 될 수 있는지는 상소의 종류에 따라 차이가 있는바, 상세한 것은 해당되는 곳에서 살펴볼 것이다.

한편, 위 요건 중 ②의 문제가 바로 상소요건의 문제이다. 즉, 상소요건이 흠결된 상소는 부적법한 상소이며, 법원은 이에 대하여 상소각하 판결을 하게 된다(법 제413조 참조).

나. 상소요건 개관

요컨대, 소가 적법한 것으로 취급되기 위하여 소송요건이 구비되어야 하는 것과 마찬가지로, 상소 역시 적법한 것으로 취급되기 위하여서는 일정한 요건이 구비되어야 하는바, 이러한 상소의 적법요건을 강학상 상소요건이라 한다.

---

1) 헌재 2015. 7. 30. 선고 2013헌바120 결정.

예컨대, 대리인(법정대리인 또는 소송대리인)이 상소를 제기하였다면 그에게 대리권(또는 대표권)이 존재하여야 한다.[2] 또한, 추후보완상소의 경우 추후보완사유의 유무는 상소요건이다.[3]

상소요건도 법원의 직권조사사항이다.[4]

개별 상소요건은 각각 해당되는 곳에서 보기로 하고, 여기서는 상소 일반에서 공통적으로 문제되는 상소요건 중 특기할 것들을 살펴본다.

다. 사망자가 상소인 또는 피상소인이 된 상소

예컨대, 사망자를 당사자로 한 소 제기는 부적법하므로, 비록 1심판결의 선고가 있었다 할지라도 망인 명의의 항소는 허용될 수 없고,[5] 사망자를 피고로 소가 제기된 상태에서 제1심판결이 선고되었다 할지라도 그 (당연무효인) 판결에 대한 사망자인 피고의 상속인들에 의한 항소나 소송수계신청은 부적법하다.[6]

또한, 민사소송이 당사자의 대립을 그 본질적 형태로 하는 것임에 비추어 사망한 자를 상대로 한 상고는 허용될 수 없다 할 것이므로, 소제기 전에 이미 사망한 자를 상대방으로 하여 제기한 상고는 부적법하다.[7]

그런데, 위와 같은 경우들은 소제기 자체는 적법한 경우, 즉 당사자가 소송계속 중 사망한 경우와는 구별하여야 한다.[8] 그리고, 그 경우에는 상소가 가능함은 '소송절차의 정지' 부분에서 기술하였다.

라. 누락된 재판에 대한 상소

재판이 누락된 경우 그 부분 소송은 여전히 그 심급에 계속중이라 할 것이어서 적법한 상소의 대상이 되지 아니하므로 그 부분에 대한 상소는 부적법하다.[9]

---

2) 대법원 1997. 9. 22.자 97마1574 결정 참조.

3) 대법원 1999. 4. 27. 선고 99다3150 판결은 '소송요건'이라고 표현하였으나, 이는 소의 적법요건이 아니라 상소의 적법요건이므로 위와 같이 새겨야 할 것이다.

4) 대법원 1980. 1. 29. 선고 79다2066 판결.

5) 대법원 1970. 3. 24. 선고 69다929 판결. 동지 : 대법원 1968. 11. 5.자 68마914 결정.
따라서, 이 경우에는 수계신청(과 동시에 항소를 함)도 허용되지 아니한다. 대법원 1971. 2. 9. 선고 69다1741 판결.

6) 대법원 2015. 1. 29. 선고 2014다34041 판결.

7) 대법원 1994. 1. 11. 선고 93누9606 판결. 동지 : 대법원 2000. 10. 27. 선고 2000다33775 판결.

8) 주의할 것은, 소제기 후 소송계속 발생 전에 피고가 사망한 경우에는 그 상태에서 선고된 판결은 역시 당연무효이다. 대법원 2015. 1. 29. 선고 2014다34041 판결.

9) 대법원 2007. 11. 16. 선고 2005두15700 판결(제1심이 보조참가의 허부에 대한 재판을 누락하였는데도

마. 상소권의 포기

1) 개 관

상소권은 – 상소법원이 판결을 선고하기 전까지 – [10] **포기할 수 있다**(법 제394조, 제425조, 제443조, 제450조).

또한, 통상의 보조참가에서는, 보조참가인의 상소제기에 불구하고 피참가인이 항소권을 포기할 수도 있다.[11]

그러나, 공동소송적 보조참가에서는, 참가인이 상소를 할 경우에 피참가인이 상소포기를 할 수는 없다(법 제78조, 제67조 제1항).[12] 즉, 피참가인이 상소권을 포기하여도 공동소송적 보조참가인의 상소는 그 효력이 지속된다.[13]

2) 상소권포기계약

상소포기의 약정이 있은 경우에, 상소포기의 의사를 표시하는 서면이 법원에 제출되기 전에 그 약정을 해제하기로 다시 합의하고 상소를 제기하였다면 그 합의 해제의 효력에 따라 위 상소는 적법하다 할 것이다.[14]

원심이 이 부분에 대한 항소를 기각한 것은 위법하다고 보아 원심판결을 파기환송한 사안). 동지 : 대법원 1969. 6. 10. 선고 68다1859 판결(원심이 누락한 재판에 관한 상고를 각하한 사안) ; 대법원 1989. 11. 28. 선고 89다카11777 판결(구법하에서 상고허가신청을 기각한 사안) ; 대법원 1996. 2. 9. 선고 94다50274 판결 ; 대법원 2005. 5. 27. 선고 2004다43824 판결 ; 대법원 2007. 8. 23. 선고 2006다28256 판결 ; 대법원 2008. 11. 27. 선고 2007다69834,69841 판결 ; 대법원 2009. 5. 28. 선고 2007다354 판결 ; 대법원 2009. 9. 24. 선고 2009두8199 판결 ; 대법원 2009. 11. 26. 선고 2009다58692 판결 ; 대법원 2017. 7. 11. 선고 2017다15218 판결(이상, 원심이 누락한 재판에 관한 상고를 각하한 사안) ; 대법원 2013. 6. 14. 선고 2013다8830 판결(제1심이 판결 이유에서 반소청구가 이유 없다는 취지로 설시하면서도 주문에서는 반소청구에 관하여 아무런 판단을 하지 아니하였는데 원심이 제1심판결 이유를 그대로 인용하면서 주문에서 '피고의 항소를 모두 기각한다'고 판결한 사안에서, 반소청구에 관한 부분을 파기자판하면서 이 부분에 해당하는 원심판결을 취소하고, 이에 대한 피고의 항소를 각하한 사례) ; 대법원 2015. 6. 23. 선고 2013므2397 판결; 대법원 2015. 10. 29. 선고 2014다13044 판결(제1심 법원이 공동소송적 보조참가의 허부에 대한 재판을 누락하였는데도 원심법원이 공동소송적 보조참가신청을 각하한 사안에서, 원심판결 중 그 부분을 파기한 사례) ; 대법원 2017. 12. 5. 선고 2017다237339 판결.

10) 대법원 1984. 12. 11. 선고 84다카659 판결(사안은 항소권의 포기).
항고권의 경우에는 항고법원의 결정 전까지라고 할 것이다.

11) 대법원 1984. 12. 11. 선고 84다카659 판결. 동지 : 대법원 2010. 10. 14. 선고 2010다38168 판결.

12) 대법원 2017. 10. 12. 선고 2015두36836 판결(사안은 상고포기).

13) 대법원 1967. 4. 25. 선고 66누96 판결(사안은 상고권의 포기). 동지 : 대법원 2016. 7. 27. 선고 2013두17923 판결(사안은 항소권의 포기).

14) 대법원 1987. 6. 23. 선고 86다카2728 판결의 방론(사안은 항소권포기계약).

3) 방 식[15)]

상소권의 포기는, 상소를 하기 이전에는 원심법원에,[16)] 상소를 한 뒤에는 소송기록이 있는 법원에, 서면(「항소권포기서」 등)[17)]**으로 하여야 한다**(법 제395조 제1항, 제425조, 제443조, 제450조).[18)]

4) 상소권포기서 부본의 송달[19)]

상소권의 포기에 관한 서면(즉, 「항소권포기서」 등)**는** (그 부본을) **상대방에게 송달하여야 한다**(법 제395조 제2항, 제425조, 제443조, 제450조).

그러나, 상소권 포기의 효력은 위 서면을 제출한 즉시 발생하며,[20)] 위 서면이 상대방에게 송달되어야 비로소 발생하는 것이 아니다.

5) 효 력

상소를 하기 전에 상소권을 포기하였는데도 상소를 제기한 경우, 법원은 상소장각하명령을 하여야 한다.[21)]

한편, **상소를 한 뒤의 상소권의 포기는 상소취하의 효력도 가진다**(법 제395조 제3항, 제425조, 제443조, 제450조). 즉, 상소가 처음부터 제기되지 아니한 것으로 본다(법 제393조 제2항, 제267조 제1항 참조). 그러나, 상소취하와 달리 상소기간이 남아 있다는 이유로 다시 상소를 제기할 수는 없음은 물론이다.

바. 상소의 이익

1) 원 칙

상소는 자기에게 불이익한 재판에 대하여 유리하게 취소변경을 구하기 위하여 하는 것이

---

15) cf. 증권관련집단소송에서는 상소의 포기에 법원의 허가가 필요하다(증권관련 집단소송법 제38조 제1항).

16) 상소의 대상인 재판이 있기 전에는 상소권을 포기할 수 없다 함이 다수설이나, 가령 '재판상 담보 일반' 부분에서 후술하는 바와 같이 일견 상소권을 미리 포기하는 경우가 실무상으로는 왕왕 있어 문제이다. 따라서, 학설에 따라서는 이를 상소권의 사전포기가 아니라 상소권포기계약인 것으로 해석하기도 한다.

17) '인지액·편철방법예규'.

18) cf. 구법(2002. 1. 26. 법률 제6626호로 전부개정되기 전의 것) 제365조 제1항 후단은 항소를 한 뒤에 항소권을 포기할 법원을 "항소법원"이라고 규정하였고, 그 결과 대법원은 항소제기 후 항소권포기서를 제1심법원에 제출하였다 하여도 동 서면이 기록에 편철되어 항소법원에 도착되면 그때 항소권 포기의 효력이 생기고 따라서 항소취하의 효력도 있다고 할 것이라고 판시한 바 있다. 대법원 1984. 12. 11. 선고 84다카659 판결.

19) cf. 이는 '항소' 부분에서 후술하는 항소취하와 마찬가지이다.

20) 대법원 2006. 5. 2.자 2005마933 결정(사안은 항소권의 포기).

21) 이에 관하여서는 '항소' 부분에서 상론하겠다.

다.[22] 따라서, 상소는 자기에게 불이익한 재판에 대해서만 제기할 수 있는 것이고, 재판이 상소인에게 불이익한지 여부는 재판의 주문을 표준으로 하여(형식적 불복설) 상소제기 당시를 기준으로 판단되어야 할 것이다.[23]

따라서, 원칙적으로, 상소인의 청구가 전부 인용되었다면 그 판결이유에 불만이 있더라도 상소의 이익이 없다.[24]

2) 예 외

다만, 위와 같은 원칙에는 다음과 같은 예외가 있다.

첫째, 묵시적 일부청구의 경우에는 일정한 예외가 인정되는바, 이에 관하여서는 '항소' 부분에서 살펴보기로 한다.

둘째, '원고의 소구채권 그 자체를 부정하여 원고의 청구를 기각한 판결'과 '소구채권의 존재를 인정하면서도 상계항변을 받아들인 결과 원고의 청구를 기각한 판결'은 기판력의 범위를 서로 달리하므로(법 제216조), 후자의 판결에 대하여 피고는 상소의 이익이 있다.[25]

사. 상소제기의 특별수권

상소의 제기가 소송대리인의 특별수권사항임(법 제90조 제3항 제3호)은 기술한 바와 같다.

그러나, 가령 항소의 제기에 관하여 특별수권을 받지 아니한 1심 소송대리인이 항소를 제기하였다 하더라도, 그 당사자의 적법한 소송대리인이 항소심에서 본안에 관하여 변론하였

---

22) 대법원 1987. 4. 14. 선고 86누233 판결. 동지 : 대법원 1989. 2. 28. 선고 87누496 판결 ; 대법원 1992. 3. 27. 선고 91다40696 판결 ; 대법원 1993. 6. 25. 선고 92다33008 판결 ; 대법원 1994. 12. 27. 선고 94므895 판결 ; 대법원 1996. 4. 12. 선고 96다6295 판결 ; 대법원 1997. 5. 23. 선고 96다38612 판결 ; 대법원 1997. 10. 24. 선고 96다12276 판결 ; 대법원 1997. 12. 26. 선고 97다22676 판결 ; 대법원 2003. 7. 22. 선고 2001다76298 판결 ; 대법원 2007. 9. 6. 선고 2007다34135 판결 ; 대법원 2008. 12. 24. 선고 2008다51649 판결.

23) 대법원 1983. 10. 25. 선고 83다515 판결. 동지 : 대법원 1973. 9. 25. 선고 73다565 판결 ; 대법원 1985. 11. 12. 선고 83누40 판결 ; 대법원 1994. 11. 4. 선고 94다21207 판결 ; 대법원 1995. 12. 26. 선고 95누10587 판결 ; 대법원 1997. 10. 24. 선고 96다12276 판결 ; 대법원 1998. 11. 10. 선고 98두11915 판결 ; 대법원 2007. 7. 13. 선고 2007다20235 판결 ; 대법원 1999. 4. 27. 선고 99다3150 판결.

24) 대법원 1987. 4. 14. 선고 86누233 판결. 동지 : 대법원 1994. 12. 27. 선고 94므895 판결 ; 대법원 1992. 3. 27. 선고 91다40696 판결 ; 대법원 1998. 11. 10. 선고 98두11915 판결 ; 대법원 1999. 12. 21. 선고 98다29797 판결 ; 대법원 2004. 7. 9. 선고 2003므2251,2268 판결 ; 대법원 2005. 10. 13. 선고 2004다13762 판결 ; 대법원 2007. 7. 13. 선고 2007다20235 판결 ; 대법원 2007. 9. 6. 선고 2007다34135 판결 ; 대법원 2009. 6. 25. 선고 2008후3384 판결 ; 대법원 2009. 7. 23. 선고 2009므1533,1540 판결 ; 대법원 2009. 10. 15. 선고 2009후2289 판결.

25) 대법원 2018. 8. 30. 선고 2016다46338,46345 판결. 동지 : 대법원 1993. 12. 28. 선고 93다47189 판결의 방론 ; 대법원 2002. 9. 6. 선고 2002다34666 판결.

다면, 이로써 그 항소제기 행위를 추인하였다고 할 것이므로, 그 항소는 당사자가 적법하게 제기한 것으로 된다.[26)]

또한, 법정대리인의 특별수권에 관한 일반원칙에 따라, 미성년후견인, 성년후견인 또는 한정후견인이 상소를 제기하려면 '후견감독인이 있으면 그의' 동의(또는 이를 갈음하는 가정법원의 허가)를 받아야 한다.

그런데, 특별수권 있는 소송대리인의 상소제기에 관하여서는 주의할 점이 있다. 만일 그 소송대리인이 상소를 제기하면서 상소장에 자신의 사무실을 송달장소로 기재하여 법원에 제출하였다면, 달리 특별한 사정이 없는 한 이에는 원심 소송대리인이었던 자신을 상소심절차에서 당사자인 의뢰인을 위한 송달영수인으로 지정, 신고하는 취지가 포함되어 있다는 것으로 해석된다는 것이다.[27)]

또한, 유의할 것은, 변호사 아닌 자가 제1심법원의 소송대리허가를 받아 소송대리인이 된 경우라도, 합의사건에서는 소송대리를 할 수 없는 것이므로, 그러한 자는 상소제기의 대리권은 없는 것으로 해석된다.[28)]

이에 반하여, 특별대리인은 특별한 사정이 없는 한 상소를 제기할 권한이 있다.[29)]

아. 중복 상소의 적법 여부

가령, 중복제소금지의 규정(법 제259조)은 상소에 관한 소송절차에도 준용되므로(법 제408조, 제425조, 제443조), 중복 상소는 부적법하다고 할 것이다.[30)]

3. 상소에 따른 송달료예납[31)]

상소심에서는 상소인이 송달료의 예납의무자이다(규칙 제19조 제1항 제1호, 송달료규칙 제2조).

---

26) 대법원 2007. 2. 8. 선고 2006다67893 판결.

27) 대법원 2001. 5. 29. 선고 2000재다186 판결(사안은 상고장).

28) 「소송대리인의 권한범위(재민 63-2)」.
'대한민국법원 전자민원센터'의 「소송대리허가신청 및 소송위임장」 양식에는 상소제기의 특별수권도 할 수 있는 것처럼 기재되어 있으나, 이는 잘못된 것이다.

29) 대법원 2018. 12. 13. 선고 2016다210849,210856 판결(사안은 구 「민사소송법」(2016. 2. 3. 법률 제13952호로 개정되기 전의 것)).
위 판결은 "권리"라고 표현하였으나, 관견으로는 의문이다.

30) 대법원 2004. 5. 17.자 2004마246 결정(사안은 재항고).

31) 규칙 제19조 제1항 제4호, 제2항은 '상소심에 소송기록을 보내는 비용'에 관하여서도 규정하고 있다. 그러나, 송달료에는 기록송부용 소포비용도 포함되어 있으므로, 실제로는 송달료 외에 별도로 예납하게 되는 소송기록송부비용은 없다.

따라서, 당사자가 상소하려고 하는 경우에는 원심법원의 수납은행에 송달료를 납부한 후 송달료납부서 1통을 상소장에 첨부하여 이를 원심법원에 제출하여야 한다(송달료규칙 제8조 제1항).

4. 상소의 효력

가. 확정차단의 효력

판결은 상소를 제기할 수 있는 기간 이내에 적법한 상소제기가 있을 때에는 확정되지 아니 한다(법 제498조).

나. 이심효(移審效)

제1심 절차가 소의 제기에 따라 개시되듯이, 상소가 제기되면 상소심 절차가 개시된다.

이에 따라, 소송기록 역시 상소법원으로 송부되게 되는바, 상세한 것은 '항소', '항고 : 최초의 항고를 중심으로', '상고, 재항고 및 특별항고'의 각 해당 부분에서 후술한다.

다. 상소불가분의 원칙

1) 개 관

상소불가분의 원칙에 따라 확정차단의 효력과 이심의 효력은 원판결의 전부에 대하여 발생한다고 함이 통설이다(법 제406조 제1항, 제435조 참조).

그 구체적인 예를 대표적인 경우를 나누어 보면 다음과 같다.

2) 적 용 례

첫째, 원고의 청구를 모두 기각한 제1심판결에 대하여 원고가 그 중 일부에 대해서만 항소를 제기한 경우, 항소되지 않았던 나머지 부분도 항소로 인하여 확정이 차단되고 항소심에 이심된다.[32]

같은 이치에서, 수개의 청구를 모두 기각한 제1심 판결에 대하여 원고가 그중 일부의 청구에 대하여만 항소를 제기한 경우, 항소되지 않았던 나머지 부분도 항소로 인하여 확정이 차단되고 항소심에 이심된다.[33]

---

32) 대법원 2007. 11. 15. 선고 2007다44156 판결. 동지 : 대법원 2001. 4. 27. 선고 99다30312 판결.

33) 대법원 1994. 12. 23. 선고 94다44644 판결.

둘째, 1개의 청구의 일부를 기각하는 제1심판결에 대하여 일방의 당사자만이 항소를 하였더라도 제1심판결의 심판대상이었던 청구 전부가 불가분적으로 항소심에 이심된다.[34)]

그러므로, 예컨대, 가옥명도와 손해배상을 청구하여 손해배상청구만 기각이 된 경우 원고가 그 패소부분만 항소하였다면 승소한 가옥명도청구 부분도 패소부분과 함께 항소심에 이심되고 그 확정이 차단된다.[35)]

같은 이치에서, 또한 다음과 같이 된다.

수개의 청구 중 각 일부를 인용한 제1심판결에 대하여 적법한 항소의 제기가 있으면 그 청구 전부의 확정이 차단되어 항소심에 이심되며,[36)] 수개의 청구를 기각 또는 각하한 제1심판결 중 일부의 청구에 대하여만 항소가 제기된 경우, 항소되지 아니한 나머지 부분도 확정이 차단되고 항소심에 이심은 된다.[37)]

주위적 청구와 예비적 청구가 병합심리된 사건에서 제1심법원이 원고의 주위적 청구를 기각하고 예비적 청구만을 인용하는 판결을 선고한 데 대하여 피고만 항소를 제기한 경우에 그 주위적 청구 부분도 항소심에 이심된다.[38)]

주위적 청구를 배척하면서 예비적 청구에 대하여 판단하지 아니하는 판결을 한 경우라도 그 판결에 대한 상소가 제기되면 판단이 누락된 예비적 청구 부분도 상소심으로 이심이 되며,[39)] 제1심법원이 원고의 선택적 청구 중 하나만을 판단하여 기각하고 나머지 청구에 대하여는 아무런 판단을 하지 아니하였더라도 원고가 제1심판결에 대하여 항소한 이상 원고의 선택적 청구 전부가 항소심으로 이심된다.[40)]

---

34) 대법원 2003. 4. 11. 선고 2002다67321 판결(사안은 원고만 항소한 경우). 동지 : 대법원 1992. 11. 27. 선고 92다14892 판결(사안은 피고만 항소한 경우) ; 대법원 1994. 10. 11. 선고 94다32979 판결(사안은 피고만 항소한 경우) ; 대법원 2004. 6. 10. 선고 2004다2151,2168 판결(사안은 피고만 항소한 경우) ; 대법원 2013. 6. 28. 선고 2011다83110 판결(사안은 피고만 항소한 경우) ; 대법원 2013. 7. 11. 선고 2011다18864 판결(사안은 원고만 항소한 경우) ; 대법원 2020. 3. 26. 선고 2018다221867 판결(사안은 피고만 항소한 경우).

35) 따라서, 일정한 제한 하에서라면 원고가 항소심에서 가옥명도 부분의 청구를 변경할 수 있는 것이다. 대법원 1966. 6. 28. 선고 66다711 판결.

36) 대법원 2002. 4. 23. 선고 2000다9048 판결(원고 일부 승소 판결에 관하여, 원고는 패소 부분 중 일부에 대하여서만 불복, 항소하고, 피고도 패소 부분에 불복, 항소한 사안).

37) 대법원 2014. 12. 24. 선고 2012다116864 판결.

38) 대법원 1991. 11. 26. 선고 91다30163 판결. 동지 : 대법원 1992. 6. 9. 선고 92다12032 판결 ; 대법원 1995. 2. 10. 선고 94다31624 판결 ; 대법원 2002. 12. 26. 선고 2002므852 판결.

39) 대법원 2000. 11. 16. 선고 98다22253 전원합의체 판결. 동지 : 대법원 2007. 10. 11. 선고 2007다37790, 37806 판결 ; 대법원 2017. 3. 30. 선고 2016다253297 판결.

40) 대법원 1998. 7. 24. 선고 96다99 판결.

3) 심판의 대상과의 관계

그런데, 상소불가분의 원칙에 불구하고, 상소심의 심판범위는 불복신청의 범위에 국한됨에 주의하여야 한다(법 제407조 제1항, 제431조, 제443조).[41]

다만, 항소취지 확장과 부대상소에 따라 심판범위가 확장될 수 있는바, 이러한 항소취지 확장이나 부대상소 역시 상소불가분의 원칙에 근거한 것으로 볼 수 있다.

따라서, 예컨대, 본소청구를 전부 기각, 반소청구를 일부 기각한 제1심판결에 대하여 반소피고만 불복, 항소한 경우, 본소청구 부분도 항소심에 이심은 되지만, 그 부분은 (원고가 부대항소를 제기하지 않는 한) 항소심의 심판대상은 되지 아니하며,[42] 원고의 청구를 일부 기각하는 제1심판결에 대하여 피고는 항소하였으나 원고는 항소나 부대항소를 하지 아니한 경우, 제1심판결의 원고 패소 부분은 피고의 항소로 인하여 항소심으로 이심되나, 항소심의 심판대상은 되지 아니한다.[43]

주의할 것은, 가령, 실질적으로 선택적 병합 관계에 있는 두 청구에 관하여 당사자가 주위적·예비적으로 순위를 붙여 청구하였고, 그에 대하여 제1심법원이 주위적 청구를 기각하고 예비적 청구만을 인용하는 판결을 선고하여 피고만이 항소를 제기한 경우에도, 항소심으로서는 두 청구 모두를 심판의 대상으로 삼아 판단하여야 한다.[44]

한편, 원심법원의 판결에 오기 등이 있으면, 상소법원이 이를 경정할 수 있으나(법 제211조 제1항), 이 또한 상소법원의 심판의 대상이 된 부분에 한한다. 이에 관하여서는 '판결 등의 경정과 추가재판' 부분에서 상론하였다.

라. 공동소송 및 합일확정소송과 통상의 보조참가인의 상소에 관한 주의사항

1) 통상공동소송의 경우

통상공동소송에서는, 공동소송인독립의 원칙(법 제66조) 때문에, 상소의 효력도 상소인과 그 상대방에 대해서만 생기고 다른 공동소송인에 대한 관계에는 미치지 않는다.[45]

---

41) 상소심의 심판범위에 관하여서는, '항소', '항고 : 최초의 항고를 중심으로', '상고, 재항고 및 특별항고' 부분에서 각각 후술한다.

42) 대법원 2008. 6. 26. 선고 2008다24791 판결 참조.

43) 대법원 2017. 12. 28. 선고 2014다229023 판결. 동지 : 대법원 1998. 5. 22. 선고 98다5357 판결.
부대항소에 관하여서는, '항소' 부분에서 후술한다.

44) 대법원 2014. 5. 29. 선고 2013다96868 판결.

45) 대법원 2012. 9. 27. 선고 2011다76747 판결.
위 판례는 확정차단의 효력만 언급하고 있으나 이심효도 마찬가지임은 물론이다.
cf. 상소인이 피상소인을 추가하는 당사자표시정정을 신청한 경우, 이는 추가된 당사자에 대한 상소제기

2) 합일확정소송의 경우

필수적 공동소송에서 공동소송인 가운데 한 사람이 상소를 제기하면 모두에게 상소의 효력이 미친다(법 제67조 제1항).[46] 즉, 공동소송인 전원에 대한 관계에서 판결의 확정이 차단되고 그 소송은 전체로서 상소심에 이심된다.[47]

따라서, 예컨대, 공유물분할 판결은 공유자 전원에 대하여 상소기간이 만료되기 전에는 확정되지 않고, 일부 공유자에 대하여 상소기간이 만료되었다고 하더라도 그 공유자에 대한 판결 부분이 분리·확정되는 것은 아니다.[48]

다만, 이때 상소하지 아니한 공동소송인은 이른바 단순한 상소심당사자가 된다.[49] 따라서, 당사자의 표시에서 "피고, 항소인" 식으로 표시하지 아니하고 단순히 "피고"라고만 표시한다.

필수적 공동소송의 위와 같은 법리는 공동소송참가는 물론, 예비적·선택적 공동소송이나 독립당사자참가, 또는 공동소송적 보조참가에서도 마찬가지이다(법 제70조 제1항 본문, 제79조 제2항, 제78조에서 각각 제67조 제1항의 준용).[50]

그리고, **필수적 공동소송인 가운데 한 사람이 상소를 제기한 경우에 다른** (미성년자, 피성년후견인 또는 피한정후견인인) **공동소송인이 그 상소심에서 하는 소송행위에는 그 법정대리인이 특별한 권한을 받을 필요가 없으며**(법 제69조, 제56조 제1항), **이는 공동소송적 보조참가에서도 마찬가지이다**(법 제78조에서 제69조의 준용).[51]

그러나, 제1심 판결에서 참가인의 독립당사자참가신청을 각하하고 원고의 청구를 기각한 데 대하여 참가인은 항소기간 내에 항소를 제기하지 아니하였고, 원고만이 항소한 경우 위 독립당사자참가신청을 각하한 부분은 원고의 항소에도 불구하고 피고에 대한 본소청구와는

로 해석된다. 대법원 1980. 7. 8. 선고 80다885 판결 참조.

46) 대법원 1991. 12. 27. 선고 91다23486 판결. 동지 : 대법원 1968. 5. 21. 선고 68다414,415 판결.

47) 대법원 2003. 12. 12. 선고 2003다44615,44622 판결. 동지 : 대법원 2010. 4. 29. 선고 2008다50691 판결; 대법원 2010. 12. 23. 선고 2010다77750 판결 ; 대법원 2011. 2. 10. 선고 2010다82639 판결 ; 대법원 2011. 2. 24. 선고 2009다43355 판결(사안은 예비적 공동소송) ; 대법원 2014. 3. 27. 선고 2009다104960 판결(사안은 예비적 공동소송) ; 대법원 2017. 9. 21. 선고 2017다233931 판결(사안은 고유필수적 공동소송) ; 대법원 2018. 2. 13. 선고 2015다242429 판결(사안은 예비적 공동소송).

48) 대법원 2017. 9. 21. 선고 2017다233931 판결.

49) 대법원 1995. 1. 12. 선고 94다33002 판결 참조.

50) 대법원 2008. 3. 27. 선고 2006두17765 판결(예비적 공동소송) ; 대법원 1981. 12. 8. 선고 80다577 판결; 대법원 1995. 12. 8. 선고 95다44191 판결 ; 대법원 2007. 10. 26. 선고 2006다86573,86580 판결 ; 대법원 2007. 12. 14. 선고 2007다37776,37783 판결 ; 대법원 2014. 11. 13. 선고 2009다71312 판결 ; 대법원 2020. 1. 30.자 2019마5599,5600 결정(이상 독립당사자참가).

51) cf. **법 제70조 제1항은 예비적·선택적 공동소송에 관하여서도 제69조를 준용하고 있으나**, 이는 입법의 착오라고 할 것이다(법 제79조 제2항 참조).

별도로 이미 확정되었다 할 것이다.[52)]

물론, 가령, 독립당사자 참가소송에서 패소한 원고와 수명의 피고들 중 일부 피고만이 상소하였을 때에는 피고들 상호간에 필수적 공동소송관계가 있지 않는 한 그 상소한 피고에 대한 관계에서만 소송이 상소심에 계속(이심)되는 것이고 상소하지 아니한 피고에 대한 관계에의 소송은 상소기간도과로서 종료(확정)되는 것이다.[53)]

합일확정소송의 경우에도 상소심의 심판범위가 (합일확정의 필요성에 반하지 아니하는 한) 불복신청의 범위에 국한됨은 물론이다. 예컨대, 원고와 독립당사자참가인에 대하여 모두 패소한 피고가 항소하면서 제1심판결 중 원고에 대한 부분의 취소·자판만을 구하였다면, 독립당사자참가인 승소 부분은 항소심의 심판대상에서 제외된다.[54)]

3) 보조참가인의 경우

통상의 보조참가에서도, 보조참가인만이 상소함에 따라 피참가인이 단순한 상소심당사자가 되는 경우가 있을 수 있다.[55)]

마. 기일지정신청에 관한 주의사항[56)]

1) 개 관

종국판결이 선고된 후 상소기록을 보내기 전에 이루어진 소의 취하에 관하여 소취하의 효력을 다투는 기일지정신청이 있은 때에는 다음과 같은 절차에 의한다.

2) 관 할

상소의 이익 있는 당사자 모두가 상소를 한 경우(당사자 일부가 상소하고 나머지 당사자의 상소권이 소멸된 경우를 포함한다)에는 판결법원의 법원사무관등은 소송기록을 (기일지정신청서를 가철한 채로 그대로) 상소법원으로 보내야 하고, 기일지정신청에 대한 심리 및 재판은 상소법원이 하여야 한다(규칙 제67조 제4항 제1호).

---

52) 대법원 1992. 5. 26. 선고 91다4669,4676 판결.

53) 대법원 1974. 6. 11. 선고 73다374,375 판결.

54) 대법원 1974. 2. 12. 선고 73다820,821 판결.

55) 그 실례로는, 대법원 2003. 5. 27. 선고 2002다69211 판결; 대법원 2005. 3. 24. 선고 2004다71928 판결; 대법원 2006. 10. 27. 선고 2004다63408 판결; 대법원 2008. 6. 26. 선고 2006다31672 판결.
cf. 이시윤, 862면은, 보조참가인은 항소는 할 수 있지만 당사자가 아니기 때문에 항소인은 되지 아니한다고 하나, 관견으로는 의문이다.

56) 소취하의 효력을 다투는 기일지정신청의 일반적인 경우에 관하여서는 '당사자의 행위에 의한 소송의 종료' 부분에서 기술하였다.

그러나, 그 밖의 경우에는 판결법원이 기일지정신청에 대한 심리를 한다(규칙 제47조 제4항 제2호).

3) 재 판

가) 상소법원이 심리한 경우

종국판결이 선고된 후 상소기록을 보내기 전에 이루어진 소의 취하에 관하여 소취하의 효력을 다투는 기일지정신청에 대하여 상소법원이 하는 재판은, 일반적인 경우와 같다.

즉, '당사자의 행위에 의한 소송의 종료' 부분에서 기술한 바와 마찬가지로, 신청의 이유 유무에 따라 소송종료선언을 하거나 절차를 속행한다.

나) 판결법원이 심리한 경우

(1) 개 관

종국판결이 선고된 후 상소기록을 보내기 전에 이루어진 소의 취하에 관하여 소취하의 효력을 다투는 기일지정신청에 대하여 상소법원이 하는 재판은 다음과 같다.

(2) 신청이 이유 없는 경우: 소송종료선언

신청이 이유 없다고 인정하는 때에는 (종국)판결로 소송의 종료를 선언하여야 한다.

이는 일반적인 경우와 대체로 같다고 하겠으나, 생각건대 이 경우에는 상소법원이 재판하는 때와 달리 중간판결이 문제되지 아니한다고 할 것이다.

(3) 신청이 이유 있는 경우: 소취하무효선언

신청이 이유 있다고 인정하는 때에는 (종국)판결로 소의 취하가 무효임을 선언하여야 한다(소취하무효선언)(규칙 제67조 제4항 제2호).

소취하무효선언판결이 확정된 때에는 판결법원은 종국판결 후에 하였어야 할 절차를 계속하여 진행하여야 하고, 당사자는 종국판결 후에 할 수 있었던 소송행위를 할 수 있다(같은 조 제5항 전문).

이 경우 상소기간은 소취하무효선언판결이 확정된 다음날부터 전체기간이 새로이 진행된다(같은 항 후문).

5. 상소와 집행정지신청[57)]

가. 개 관

1) 상소의 추후보완신청으로 말미암은 집행정지(본집행의 정지)

가령, 확정판결에 대한 추후보완항소 제기가 있는 경우에도 그 추후보완항소에 의하여 불복항소의 대상이 된 판결이 취소될 때까지는 확정판결로서의 효력이 배제되는 것은 아니므로,[58)] 추후보완상소와 관련하여서는 집행정지의 문제가 대두된다.

상소의 추후보완신청이 있는 경우에 불복하는 이유로 내세운 사유가 법률상 정당한 이유가 있다고 인정되고, 사실에 대한 소명이 있는 때에는, 법원은 당사자(피고)**의 신청에 따라 다음 중 한 가지 집행정지를 명할 수 있다**(법 제500조 제1항).

① (피고로 하여금) 담보를 제공하게 하거나 - (피고가) 그 집행으로 말미암아 보상할 수 없는 손해가 생기는 것을 소명한 때에는(같은 조 제2항) - 담보를 제공하지 아니하게 하고 강제집행을 일시정지하도록 명할 수 있다(민사조정규칙 제5조 제1항 본문 참조).

② (위와 같이 강제집행의 일시정지를 명함과 동시에 원고로 하여금) **담보를 제공하게 하고 강제집행을 실시**(속행)**하도록 명할 수 있다**(민사집행규칙 제5조 제2항 참조).[59)]

③ (피고로 하여금) **담보를 제공하게 하고 실시한 강제처분을 취소하도록 명할 수 있다**.

2) 상소제기로 말미암은 집행정지(가집행의 정지)

추후보완상소의 경우와 마찬가지로, **가집행의 선고가 붙은 판결에 대하여 상소를 한 경우에도, 불복하는 이유로 내세운 사유가 법률상 정당한 이유가 있다고 인정되고, 사실에 대한 소명이 있는 때에는, 법원은 당사자의 신청에 따라, 집행정지를 명할 수 있다**(법 제501조 전단, 제500조).

나. 집행정지신청

1) 개 관

추후보완상소로 말미암은 집행정지의 신청 또는 상소제기로 말미암은 가집행의 정지의 신

---

57) cf. 「민사집행법」에는, 청구이의, 집행문부여에 대한 이의, 제3자이의에 따른 집행정지신청 제도도 있다(민사집행법 제46조, 제48조 제3항).

58) 대법원 1978. 9. 12. 선고 76다2400 판결 ; 물론, 추후보완상고의 경우에도 문제상황은 같다.

59) 환언하면, 이는 상소한 당사자의 신청에 따른 강제집행정지결정이 있은 후에 상소하지 않은 당사자가 담보제공에 의한 집행속행을 신청하는 것을 허용하는 것은 아니다. 이를 허용하면 강제집행정지 재판에 대하여 불복을 할 수 없다는 취지에 어긋나기 때문이다. 대법원 2012. 8. 30.자 2012카기403 결정.

청은 서면(「강제집행정지신청서」)으로 하여야 한다(규칙 제144조).

강제집행정지 사건은 부수사건이므로, 기본사건이 종이기록사건이라면, 강제집행정지신청 역시 전자적으로는 하지 못한다(민소전자문서법 제10조 제2항, 민소전자문서규칙 제19조 제1항 제3호 본문).

2) 인지의 첩부 및 송달료의 예납

강제집행정지신청은 기본적 신청이므로, 신청서에 1,000원의 인지를 붙이고(민사소송 등 인지법 제9조 제5항 제4호),[60] 송달료를 예납하여야 한다.

3) 관 할

집행정지 등의 재판은 원래 상소법원이 하여야 할 것이나,[61] **소송기록이 원심법원에 있으면 그 법원이 집행정지 등의 재판을 한다**(법 제500조 제4항, 제501조).

이는 불복하는 사유에 정당한 이유와 소명이 있는지 여부를 판단함에 있어 소송기록이 불가결한 자료가 되므로 그 기록이 제1심법원에 있을 때에는 그 법원으로 하여금 해당 소송기록에 의하여 신속하게 강제집행 정지 여부를 결정하게 하기 위한 것으로 풀이된다.[62]

따라서, 소송기록이 원심법원에 있는데도 상소법원이 집행정지 등의 재판을 하면 위법하다.[63]

다. 심 리

집행정지 등의 재판은 변론 없이 할 수 있다(법 제500조 제3항 전단, 제501조).

라. 재 판

집행정지의 재판과 관련하여 주의할 것은, **국가는 국가를 당사자로 하는 소송 및 행정소송을 수행할 때 「민사소송법」에 따른 공탁을 하지 아니하므로**(인지첩부법 제3조), 국가가 가집행선고부 판결에 대하여 상소를 제기하면서 그 판결에 기한 강제집행의 정지신청을 하고 법원이 그 정지신청이 이유 있다고 판단하여 이를 인용하는 경우, 법원은 신청인인 국가로 하여

---

60) '인지액·편철방법예규'.

61) 동지 : 대법원 2008. 1. 16.자 2007그179 결정.

62) 대법원 2008. 1. 16.자 2007그179 결정(가집행선고부 판결에 대한 제1심법원의 강제집행정지결정에 당사자가 특별항고한 사건에서, 본안소송기록이 이미 항소심법원으로 송부되었는데도 제1심법원이 강제집행정지결정을 한 것은 헌법 위반이라고 보아 이를 파기한 사례).

63) 대법원 1962. 6. 76. 선고 62라4 판결.

금 담보를 제공하지 아니하게 하고 강제집행의 일시정지를 명하여야 한다는 점이다.[64)]

담보를 제공하게 하고 가집행선고부 제1심판결에 대한 강제집행정지를 명하려고 우선 담보를 제공시키는 공탁명령을 내렸다면 이 공탁명령은 나중에 있을 강제집행을 정지하는 재판에 대한 중간적 재판에 해당한다.[65)]

마. 재판의 고지

강제집행의 일시정지를 위한 신청사건은, 판결절차와 같이 엄격한 형식으로서의 당사자대립구조를 가지지 아니하므로, 그 기각결정에 대하여는 신청인에게 고지하면 그 효력을 발생하여 확정되는 것이고, 아무런 불이익이 없는 상대방에게 반드시 이를 고지하여야만 하는 것은 아니다.[66)]

바. 불 복

1) 원 칙

집행정지신청에 관한 재판에 대하여는 – 신청이 인용되었건 기각되었건 간에 –[67)] **불복할 수 없다**(법 제500조 제3항 후단, 제501조).

따라서, 특별항고가 허용될 뿐이다.[68)]

특기할 것은, 가령, 본안소송기록이 이미 상소법원에 송부되었는데도 원심법원이 강제집행정지결정을 하였다면 헌법 제27조 위반(적법한 절차에 따라 공정한 재판을 받을 권리의 침해)으로서 특별항고이유에 해당한다는 점이다.[69)]

2) 예 외

다만, 그 강제집행정지신청이 형식적 요건을 갖추지 아니하였다 하여 '각하'되거나 그 요건 불비를 간과하고(즉, 각하되어야 할 신청이) 인용된 경우에는 즉시항고 등으로 불복을 할 수가

---

64) 대법원 1998. 6. 16.자 98그28 결정. 동지 : 대법원 2010. 4. 7.자 2010부1 결정.

65) 대법원 2000. 9. 6.자 2000그14 결정.

66) 대법원 1988. 2. 24.자 88그2 결정(사안은 가집행의 정지).

67) 대법원 1981. 8. 14.자 81그13 결정(사안은 가집행의 정지).

68) 대법원 1971. 3. 30.자 71그4 결정. 동지 : 대법원 1981. 7. 31.자 80그21 결정 ; 대법원 1983. 9. 10.자 83그30 결정 ; 대법원 1985. 11. 15.자 85그151 결정 ; 대법원 1990. 7. 28.자 89마653 결정 ; 대법원 2008. 1. 16.자 2007그179 결정 ; 대법원 2010. 4. 7.자 2010부1 결정.
위 판례들의 사안은 모두 가집행의 정지에 관한 것이나, 본집행의 정지에 관하여서도 달리 새길 이유가 없다.

69) 대법원 2008. 1. 16.자 2007그179 결정 참조.

있다.[70]

사. 집행정지를 위한 담보의 제공

1) 피담보권리

가) 개 관

강제집행정지를 위한 담보는, 채권자가 그 강제집행정지 자체로 인하여 손해를 입을 경우에 그 손해배상채권을 확보하기 위한 것이며,[71] 정지의 대상인 기본채권 자체를 담보하는 것은 아니다.[72]

그리고, 그 손해의 범위는 민법 제393조에 의하여 정해져야 할 것이다.[73] 따라서, 통상의 손해뿐 아니라 특별한 사정으로 인한 손해도 배상의무자가 그 사정을 알았거나 알 수 있었다면 거기에 포함될 수 있다.[74]

나) 피담보채권의 범위

본안소송의 소송비용청구권은 강제집행정지를 위한 담보에 의하여 담보되지 아니한다.[75]

건물명도 및 그 명도시까지의 차임 상당액의 지급을 명한 판결에 대한 강제집행정지를 위하여 담보공탁을 한 경우, 그 건물의 명도집행이 지연됨으로 인한 손해에는 반대되는 사정이 없는 한 집행의 정지가 효력을 갖는 기간 내에 발생된 차임 상당의 손해가 포함된다.[76]

2) 소송비용의 담보에 관한 규정의 준용

집행정지를 위한 담보의 경우에도, 담보제공방식(법 제122조), **담보물에 대한 피고의 권리**

---

70) 대법원 1990. 7. 28.자 89마653 결정(사안은 가집행의 정지).

71) 대법원 1988. 3. 29.자 87카71 결정. 동지 : 대법원 1979. 11. 23.자 79마74 결정 ; 대법원 1986. 6. 16.자 86마282 결정 ; 대법원 1992. 1. 31.자 91마718 결정 ; 대법원 1999. 12. 3.자 99마2078 전원합의체 결정; 대법원 2000. 1. 14. 선고 98다24914 판결.
위 판례는 모두 가집행의 정지에 관한 것이나, 본집행의 정지의 경우에도 달리 새길 이유는 없다.

72) 대법원 1986. 6. 16.자 86마282 결정 ; 동지 : 대법원 1979. 11. 23.자 79마74 결정 ; 대법원 2000. 1. 14. 선고 98다24914 판결.
위 판례는 모두 가집행의 정지에 관한 것이나, 본집행의 정지의 경우에도 달리 새길 이유는 없다.

73) 대법원 2004. 7. 5.자 2004마177 결정 참조.
위 판례의 사안은 제3자이의의 소에 따른 집행정지이나, 위 법리 자체는 상소제기에 따른 집행정지에서도 다를 바 없다.

74) 대법원 2017. 1. 13.자 2016마1180 결정(사안은 권리행사최고 및 담보취소).

75) 대법원 2011. 2. 21.자 2010그220 결정(사안은 가집행의 정지).

76) 대법원 2000. 1. 14. 선고 98다24914 판결(사안은 가집행의 정지).

(법 제123조), **담보의 취소**(법 제125조), **담보물의 변경**(법 제126조)**은 소송비용의 담보의 경우와 같다**(법 제502조 제3항).

이에 관하여 상세한 것은 '재판상 담보 일반' 부분에서 후술하는 내용을 참조하기 바란다.

다만, 원칙적으로, 이 경우에는 보증서(공탁보증보험증권)[77] 제출에 의한 담보제공이 허용되지 아니하되, 이미 압류의 효력이 발생하여 강제집행의 확실성 등이 확보됨에 따라 강제집행의 일시정지에 따른 손해액만을 담보할 필요가 있는 때에는 그러하지 아니한 것으로 해석된다.[78]

또한, 집행정지를 위한 담보의 제공 및 취소에 관하여는 몇 가지 주의할 점들이 있으며, 그 상세는 아래에서 살펴보는 바와 같다.

3) 담보를 공탁할 법원

집행정지를 위한 담보의 제공이나 공탁은, 원고나 피고의 보통재판적이 있는 곳의 지방법원 또는 집행법원에 할 수 있다(법 제502조 제1항).

담보를 제공하거나 공탁을 한 때에는 법원은 당사자의 신청에 따라서 증명서를 주어야 한다(같은 조 제2항). 이러한 담보제공증명서(또는 공탁증명서)가 집행정지서류(민사집행법 제49조 제3호)가 되기 때문이다.

4) 담보취소사유

가) 담보권리자가 다른 재산으로 만족을 얻은 경우

집행정지를 위하여 제공한 담보에 관하여는, 담보권리자가 이미 권리를 행사하여 집행권원을 취득하고 담보의무자의 담보 아닌 다른 재산에 대하여 강제집행을 하고 그 만족을 얻었으면 담보의 사유가 소멸한다.[79]

나) 담보제공자의 승소판결이 확정된 경우 또는 이와 같이 볼 수 있는 경우

(1) 개 관

가집행 선고 있는 판결에 기한 강제집행의 정지를 위해 제공된 담보의 경우 그 후의 소송절차에서 담보제공자의 승소판결이 확정된 경우 또는 이와 같이 볼 수 있는 경우에는 담보의 사유가 소멸된다.[80]

---

77) 이에 관하여서도 '재판상 담보 일반' 부분에서 언급하겠다.

78) 보증서예규 제5조 제1호.

79) 대법원 1974. 5. 31.자 74마81 결정(사안은 가집행의 정지).

다만, 이러한 담보취소사유가 해당 가집행선고부 판결이 제1심 판결인지 아니면 항소심 판결인지에 따라 차이가 있음은, 아래에서 살펴보는 바와 같다.

(2) 가집행선고부 제1심판결의 경우

항소심판결이 확정되지 아니한 상태에서는 가집행선고부 제1심판결에 기한 가집행이 정지됨으로 인하여 입은 손해의 배상을 상대방에게 청구할 수 있는 가능성이 여전히 남아 있다고 할 것이므로 가집행선고부 제1심판결이 항소심판결에 의하여 취소되었다 하더라도 그 항소심판결이 미확정인 상태에서는 가집행선고부 제1심판결에 대한 강제집행정지를 위한 담보는 그 사유가 소멸되었다고 볼 수 없다.[81]

또한, 가집행선고가 붙은 제1심판결을 유지한 항소심판결이 상고심에서 파기환송되면 그 제1심판결에 대하여는 항소심판결이 선고되지 아니한 상태로 돌아가는 것일 뿐 나아가 제1심판결 및 가집행선고의 효력이 당연히 상실되는 것은 아니라고 할 것이고, 따라서 이러한 경우 그 강제집행정지를 위한 담보의 사유가 소멸되었다고 볼 수는 없다 할 것이다.[82]

(3) 가집행선고부 항소심판결의 경우

반면에, 가집행선고가 붙은 항소심판결이 상고심에서 파기되어 항소심에 환송된 경우에는, 비록 본안판결이 확정되지 아니하였다 하여도 위의 가집행선고가 붙은 판결집행을 정지하기 위하여 제공된 담보는 그 담보원인이 소멸되었다고 할 것이다.[83]

왜냐하면, 설령 환송을 받은 항소심에서 원고에게 유리한 판결을 한다 하여도 이미 파기된 가집행선고부 판결을 그대로 유지할 수는 없기 때문이다(항소심은 가집행선고부 원고승소의 판결을 재차 할 수 있을 뿐이다).[84]

아. 결정정본의 집행기관에의 제출

주의할 것은, 강제집행정지결정이 있으면 결정 즉시로 당연히 집행정지의 효력이 있는 것이 아니고, 그 정지결정의 정본을 집행기관에 제출함으로써 집행정지의 효력이 발생한다(민

80) 대법원 2014. 8. 14.자 2014카담37 결정.

81) 대법원 1999. 12. 3.자 99마2078 전원합의체 결정. 동지 : 대법원 1983. 9. 28.자 83마435 결정.

82) 대법원 2008. 11. 13.자 2008카담19 결정.

83) 대법원 1984. 4. 26.자 84마171 결정. 동지 : 대법원 1963. 3. 18.자 63마3 결정 ; 대법원 1963. 5. 10. 선고 63라3 판결 ; 대법원 1963. 6. 13. 선고 63라2 판결 ; 대법원 1966. 4. 19.자 66마107 결정 ; 대법원 1972. 11. 30.자 72마1176 결정.

84) 대법원 1966. 4. 19.자 66마107 결정.

사집행법 제49조 제2호, 제50조 제1항 후단).[85)]

따라서, 그 제출이 있기 전에 이미 행하여진 압류 등의 집행처분에는 영향이 없다.[86)]

자. 강제집행의 일시정지에 관한 재판의 효력

강제집행의 일시정지에 관한 재판은 잠정적인 것에 불과하여 확정된 경우에도 기판력이 생기지 아니하고, 따라서 한번 신청을 배척당한 신청인이 주장과 소명을 보충해서 다시 신청을 하거나 일부의 정지결정을 받은 자가 그 후 사정의 변경을 주장 소명해서 그와 범위를 달리하는 결정을 신청하는 것을 금지할 이유가 없으며, 이러한 경우 법원은 상급법원이든 동일한 심급의 법원이든 관계없이 심리의 과정에 따라 새로이 정지결정을 할 수도 있고 또 그 내용을 변경할 수도 있다.[87)]

6. 상소장에 첩부된 인지의 확인

원심법원의 법원사무관등이 상소장에 대하여 인지확인을 하지 아니한 경우에는 상소법원의 접수담당 법원사무관등이 이를 한다(민사소송 등 인지규칙 제2조 제6항).

7. 상소심에서의 변론의 속기 또는 녹음

'변론의 실시방법' 부분에서 기술한 바와 같이, 국제사건이 아닌 한, 녹음물을 조서의 일부로 삼았고 속기록이나 녹취서 또는 요약조서가 작성되지 아니하였는데 상소가 제기된 때에는, 녹음물의 요지를 정리하여 조서를 작성하여야 한다(법 제159조 제3항, 규칙 제36조 제3항 제1호).

한편, 직권에 의한 속기 또는 녹음의 경우에 그 속기 또는 녹음으로 이익을 받을 당사자가 분명하지 아니한 때에는 상소심에서는 상소인이 예납의무자이다(규칙 제19조 제1항 제2호 단서).

---

85) 대법원 1966. 8. 12.자 65마1059 결정; 대법원 2010. 1. 28.자 2009마1918 결정 참조.

86) 대법원 2010. 1. 28.자 2009마1918 결정 참조.
위 판례의 사안은 청구이의 소송에 따른 집행정지이나, 해당 법리 자체는 상소와 관련한 집행정지에서도 다를 바 없다.

87) 대법원 1988. 2. 24.자 88그2 결정(사안은 가집행의 정지). 동지 : 대법원 1984. 1. 26.자 83그54 결정(사안은 가집행의 정지)

8. 법원재난에 대한 미조치와 상소취하간주

화재, 사변 또는 그 밖의 재난으로 소송기록이 멸실된 경우에는 상소인은, 6개월 이내에 해당 법원에 소장, 신청서의 부본 및 사건 계속을 소명할 자료를 제출하여야 한다(법원재난법 제2조 제1호).

이 경우에 법원장의 공고절차가 선행됨(법원재난법 제4조)은 '당사자의 행위에 의한 소송의 종료' 부분에서 기술한 바와 같다.

상소인이 위 기간에 정하여진 절차를 밟지 아니하는 경우에는 상소는 취하된 것으로 본다(같은 법 제3조 전단).

9. 독립한 상소가 금지되는 재판

가. 소송비용 및 가집행 재판의 독립상소 금지

소송비용 및 가집행에 관한 재판에 대하여는 독립하여 상소를 하지 못한다(법 제391조, 제425조, 제443조 제1항).[88]

이는, 본안의 재판에 대하여 불만이 없는 사람에게 부수적 재판에 관하여 따로 불복을 신청할 수 있게 하면 그 부수적 재판의 적정 여부를 가리기 위하여 다시 본안재판의 적정 여부까지 가려 보아야 하는 본말을 전도하는 현상이 생기게 되기 때문이다.[89]

나. 독립한 상소인용의 금지

소송비용의 재판에 대한 불복은 본안의 재판에 대한 상소의 전부 또는 일부가 이유 있는 경우에 한하여 허용되고, 본안의 상소가 그 이유가 없는 경우에는 허용되지 아니한다.[90]

따라서, 원심의 소송비용의 재판에 비록 잘못이 있더라도 본안사건에 대한 상소가 이유 없다고 판단되는 경우에는 원심의 소송비용의 재판을 시정하는 판단을 할 수 없다.

---

88) 헌재 1996. 2. 29. 선고 92헌바8 결정은, 이 규정이 국민의 재판을 받을 권리를 침해하는 것이 아니라고 보았다.

89) 대법원 1991. 12. 30.자 91마726 결정(사안은 소송비용의 재판).

90) 대법원 1981. 7. 7. 선고 80다2185 판결. 동지 : 대법원 1970. 3. 24. 선고 69다592 판결 ; 대법원 1995. 3. 10. 선고 94후1091 판결 ; 대법원 1996. 1. 23. 선고 95다38233 판결 ; 대법원 1998. 9. 8. 선고 98다22048 판결 ; 대법원 1998. 11. 10. 선고 98다42141 판결 ; 대법원 2005. 3. 24. 선고 2004다71522,71539 판결 ; 대법원 2016. 1. 14. 선고 2015다6302 판결.
그런데, 위 판례들에 나타난 사안은 모두 상고의 경우이다.

또한, 가집행선고의 재판에 대하여는 본안 재판의 불복과 더불어서만 불복할 수 있으며, 본안의 재판에 대한 상소의 전부 또는 일부가 이유 있다고 판단되는 경우에만 가집행선고의 재판에 불복이유가 있다고 할 것이므로, 본안과 더불어 상소된 가집행선고의 재판에 비록 잘못이 있더라도 본안사건에 대한 상소가 이유 없다고 판단되는 경우에는 가집행선고의 재판을 시정하는 판단을 할 수 없다.[91]

10. 소송의 총비용에 대한 재판 등

원칙적으로, **상급법원이 본안의 재판을 바꾸는 경우에는 소송의 총비용에 대하여 재판하여야 한다**(법 제105조 전단).[92]

그러나, 주의할 것은, (상급법원으로부터) 사건을 환송받거나 이송받은 법원이 그 사건을 완결하는 재판을 하는 경우에도 소송의 총비용에 대하여 재판하여야 하므로(같은 조 후단), 상급법원이 본안의 재판을 바꾸는 경우라 하더라도, 환송 또는 이송의 재판을 할 때에는 그 상급법원이 소송비용에 관한 재판을, 즉 소송 총비용에 대한 재판(법 제105조 전단)은 물론, 그 심급의 소송비용(법 제104조 본문)도, 따로 하지 아니한다.

그 외의 경우에는 일반원칙에 따라 그 심급의 소송비용의 재판만을 하게 된다(법 제104조 본문).

이와 관련하여 주의할 것은, 이른바 단순한 상소심당사자에 관하여서는, 그에 대한 본안의 재판을 바꾸지 아니하는 한 그에 대하여서는 그 심급의 소송비용의 재판은 하지 아니한다는 점이다.[93]

이상의 법리의 구체적인 적용례에 관하여서는, '항소', '상고, 재항고 및 특별항고'의 각 해당 부분에서 살펴보기로 한다.

---

91) 대법원 1981. 10. 24. 선고 80다2846,2847 판결(사안은 상고심). 동지 : 대법원 1979. 12. 11. 선고 79다1731 판결(사안은 항소심) ; 대법원 1994. 4. 12. 선고 93다56053 판결(사안은 상고심) ; 대법원 1993. 12. 10. 선고 93다42979 판결(사안은 상고심) ; 대법원 2010. 4. 8. 선고 2007다80497 판결(사안은 항소심).

92) 오늘날에는 "소송 총비용"이라고 표현하는 것이 실무의 주류인 듯하나, 여전히 종전처럼 "소송총비용"이라고 표현하는 예도 많다.

93) 대법원 1993. 4. 23. 선고 92누17297 판결(사안은 필수적 공동소송의 상고비용). 동지 : 대법원 1995. 1. 12. 선고 94다33002 판결.
원고 보조참가인만 항소하여 항소가 일부 인용된 경우의 소송비용부담재판 주문례는, 서울고등법원 2013. 2. 7. 선고 2011나85095 판결 참조.
이 책 초판, 719면에서는, 단순한 상소심당사자에 관하여 소송 총비용에 대한 재판도 하지 아니한다고 서술하였으나, 이는 잘못이다.

11. 상급심 재판의 기속력

상급법원이 재판에서 한[94] **판단은 해당 사건에 관하여 하급심**(下級審)**을 기속**(羈束)**한다**(법원조직법 제8조).

다만, 대법원의 파기환송·이송판결의 기속력에 대하여서는 별도의 규정(법 제436조 제2항)이 있는바, 상세한 것은 '상고, 재항고 및 특별항고' 부분에서 후술한다.

94) 그런데, 법문에는 "상급법원 재판에서의 …"로 되어 있으나(cf. 구 법원조직법(2014. 12. 30. 법률 제12886호) 제8조는 "상급법원에서의 재판에서의 …"라고 표현하였다), 우리말 어법상 어색하다.

제2장 항 소[95)]

1. 항소 개관

가. 항소의 대상

1) 원칙 : 제1심 종국판결

원칙적으로, **항소는 제1심 법원이 선고한 종국판결에 대하여 할 수 있다**(법 제390조 제1항 본문).

자백간주로 인하여 패소한 피고 역시 항소할 수 있음은 물론이다.[96)]

2) 예외 : 제1심 종국판결에 대하여 상고를 제기하여야 하는 경우

그러나, 고등법원이 제1심으로서 선고한 종국판결(예컨대, 선거소송사건)에 대하여서는 상고를 제기하여야 한다(법 제422조 제1항 전단).

또한, **종국판결 뒤에 양 쪽 당사자가 상고할 권리를 유보하고 항소를 하지 아니하기로 합의한 때**(불항소의 합의, 비약상고의 합의)**에는, 제1심 법원이 선고한 종국판결에 대하여 항소할 수 없으며**(법 제390조 제1항 단서), 이 경우에도 상고를 제기하여야 한다(법 제422조 제2항).

나. 항소의 이익

1) 원 칙

(제1심에서) 전부 승소한 판결에 대하여는 - 항소의 이익이 없으므로 - 항소를 허용하지 아니하는 것이 원칙이다.[97)]

2) 예 외

다만, 가분채권에 대한 이행청구의 소를 제기하면서 그것이 나머지 부분을 유보하고 일부

95) cf. 구 「민사소송법」(1963. 12. 13. 법률 제1499호로 개정되기 전의 것)에서는 '공소(控訴)'이라는 용어를 사용하고 있었으나(일본법도 같다), 현행법은 '항소(抗訴)'라는 용어를 사용하고 있다.

96) 헌재 2015. 7. 30. 선고 2013헌바120 결정은, 법 제390조 제1항이 자백간주로 인한 피고 패소판결을 항소의 대상에서 제외하는 규정을 두지 아니한 것이 신속한 재판을 받을 권리를 침해하거나, 소송상 신의성실의 원칙과 모순되는 것이 아니라고 보았다.

97) 대법원 1997. 10. 24. 선고 96다12276 판결. 동지 : 대법원 1973. 9. 25. 선고 73다565 판결 ; 대법원 1983. 10. 25. 선고 83다515 판결 ; 대법원 1985. 12. 24. 선고 84누325 판결.

만 청구하는 것이라는 취지를 명시하지 아니한 경우에 일부 청구에 관하여 전부 승소한 채권자는 예외적으로 전부 승소한 판결에 대해서도 나머지 부분에 관하여 청구를 확장하기 위한 항소의 이익이 인정된다.[98]

위 경우에는 그 확정판결의 기판력은 나머지 부분에까지 미치는 것이어서 별소로써 나머지 부분에 관하여 다시 청구할 수는 없는 것이므로, 일부 청구에 관하여 전부 승소한 채권자는 나머지 부분에 관하여 청구를 확장하기 위한 항소가 허용되지 아니한다면 나머지 부분을 소구할 기회를 상실하는 불이익을 입게 되기 때문이다.[99]

또한, 가령, 재산상 손해에 관하여 전부 승소하고 위자료에 관하여 일부 패소한 원고는 항소한 뒤 항소심에서 재산상 손해부분에 관하여서도 청구를 확장할 수 있다.[100]

3) 항소취하의 합의가 있는 경우

당사자 사이에 항소취하의 합의가 있는데도 항소취하서가 제출되지 않는 경우 상대방은 이를 항변으로 주장할 수 있고, 이 경우 항소심법원은 항소의 이익이 없다고 보아 그 항소를 각하함이 원칙이다.[101]

다만, 항소취하의 합의 후에 청구가 변경된 경우에는 달리 보아야 하는바, 이에 관하여서는, 항소심에서의 당사자표시정정 및 참가소송 등과 당사자 사이의 소송중의 소와 관련하여 후술한다.

다. 제1심 소송절차의 준용

항소심의 소송절차에는 특별한 규정이 없으면, 그 성질에 어긋나지 아니하는 범위 안에서 제1심의 소송절차를 준용한다(법 제408조, 규칙 제128조).

라. 항소와 전자소송 관련문제

상소심 사건의 원심사건이 종이기록사건인 경우에는 전자기록화를 하지 아니한다고는 하나(민소전자문서법 제10조 제2항, 민소전자문서규칙 제19조 제1항 본문), 위 규정이 실제로 적용될 수 있는 경우란, '민소전자문서법' 시행 이후의 소제기에 따라 제1심에서 무변론판결이 선고된

98) 대법원 2010. 11. 11. 선고 2010두14534 판결. 동지 : 대법원 1997. 10. 24. 선고 96다12276 판결.
99) 대법원 2010. 11. 11. 선고 2010두14534 판결. 동지 : 대법원 1997. 10. 24. 선고 96다12276 판결.
100) 대법원 1994. 6. 28. 선고 94다3063 판결.
101) 대법원 2018. 5. 30. 선고 2017다21411 판결.
이는 소취하계약이 있으면 권리보호의 이익이 없게 되는 것과 궤를 같이 하는 법리라고 하겠다.

경우 외에는 다른 경우를 상정하기 어렵다. 왜냐하면, 그 밖의 경우에는 이미 모두 전자기록화 시한이 도과되었기 때문이다.

따라서, 종이기록사건의 무변론판결에 대하여 항소를 제기하는 경우에는, 설령 해당 소가 '민소전자문서법' 시행 후에 제기되었다 하더라도, 항소인이 전자소송 동의를 하고서 전자적으로 항소를 제기하지는 못한다고 할 것이다.

2. 불상소의 합의

가. 개 관

당사자 쌍방이 상소하지 아니하기로 합의한 경우에는 항소권이 없게 된다. 불상소 합의의 유무는 항소의 적법요건에 관한 것으로서 법원의 직권조사사항이다.[102]

그런데, 이러한 '불상소의 합의'는 상소권 자체를 발생시키지 아니하는 효력이 있다는 점에서 이미 상소권이 발생한 것을 전제로 하는 상소권의 포기와 다르며, 상고할 권리는 유보하는 '불항소의 합의'(=비약상고의 합의)(법 제390조 제1항 단서)와도 다르므로,[103] 그 용어 및 개념의 구분에 주의하여야 한다.

나. 시 기

불상소의 합의는 제1심 판결 선고 전에도 할 수 있다.[104]

그러나, 이 경우에 제1심판결은 선고와 동시에 확정되는 것이므로, 그 판결선고 후에는 당사자의 합의에 의하더라도 그 불상소합의를 해제하고 소송계속을 부활시킬 수 없다.[105]

다. 방 식

불상소의 합의는 일정한 법률관계로 말미암은 소에 관하여 서면(「불상소합의서」)으로 한다(법 제390조 제2항의 준용).

즉, 이러한 합의는 소송당사자에 대하여 상소권의 사전포기와 같은 중대한 소송법상의 효

---

102) 대법원 1980. 1. 29. 선고 79다2066 판결(판결문상의 표현은 '불항소합의'이나 내용상 '불상소합의'에 대한 판례인 것으로 보인다).

103) 비록 불상소의 합의에 관한 명문의 규정은 없어도, 불항소의 합의란 불상소의 합의를 전제로 하는 것이다.

104) 대법원 1987. 6. 23. 선고 86다카2728 판결.

105) 대법원 1987. 6. 23. 선고 86다카2728 판결.

과가 발생하게 되는 것으로서 반드시 서면에 의하여야 할 것이다.[106]

또한, 그 서면의 문언에 의하여 당사자 쌍방이 상소를 하지 아니한다는 취지가 명백하게 표현되어 있어야 한다.[107] 당사자의 일방만이 상소를 하지 아니하기로 약정하는 합의는 공평에 어긋나 불상소합의로서의 효력이 없기 때문이다.[108]

3. 항소기간

가. 개 관

항소는 판결서가 송달된 날부터 2주 이내에 하여야 하며(법 제396조 제1항 본문), **위 기간은 불변기간으로 한다**(같은 조 제2항).

다만, 항소는 판결서 송달전에도 할 수 있으나(같은 조 제1항 단서), 패소 당사자가 판결송달 전에 판결이 선고된 사실을 알았다고 하여 그 안 날로부터 항소기간이 진행하는 것은 아니다.[109]

또한, 국제사건에서도, 외국어 번역문을 추후에 별도로 송부하기는 하지만, 상소기간의 기산은 국어로 작성된 판결서를 기준으로 함은 물론이다(국제재판부의 설치 및 운영에 관한 규칙 제16조).

항소기간에 관한 후술하는 법리는 여느 상소기간에도 마찬가지임에 주의하기 바란다.

나. 기산점에 관한 주의사항

1) 판결정본의 송달이 무효인 경우

주의할 것은, 제1심판결서 정본이 적법하게 송달되지 않았다면 그 판결에 대한 항소기간은 진행되지 아니한다(법 제396조 제1항, 제210조 제2항).[110]

환언하면, 제1심 판결정본의 송달이 무효인 경우에는 불변기간인 항소기간이 진행될 수 없으므로,[111] (후술하는) 항소 추후보완 문제는 생기지 아니한다.[112]

---

106) 대법원 2002. 10. 11. 선고 2000다17803 판결. 동지 : 대법원 2007. 11. 29. 선고 2007다52317,52324 판결.
107) 대법원 2002. 10. 11. 선고 2000다17803 판결. 동지 : 대법원 2007. 11. 29. 선고 2007다52317,52324 판결.
108) 대법원 1987. 6. 23. 선고 86다카2728 판결(판결문상의 표현은 '불항소합의'이나 내용상 '불상소합의'에 대한 판례인 것으로 보인다).
109) 대법원 1969. 1. 28. 선고 68다2267 판결. 동지 : 대법원 2007. 12. 14. 선고 2007다52997 판결.
110) 대법원 2018. 10. 12. 선고 2018다239899 판결.
111) 대법원 1978. 2. 28. 선고 77다687 판결. 동지 : 대법원 1997. 5. 30. 선고 97다10345 판결.
112) 대법원 1978. 2. 28. 선고 77다687 판결.

즉, 이 경우에는, 제1심 판결이 부적법하게 송달되어 형식적으로 확정되었더라도 패소한 상대방은－판결 정본을 다시금 적법하게 송달받은 때로부터 2주 이내에－항소로써 다툴 수 있다.[113)]

이러한 이치는, 피고 아닌 제3자가 피고를 참칭하여 소송을 진행하여 판결이 선고된 경우에도 마찬가지이다.[114)]

2) 기산점의 특칙 : 소취하무효선언이 있은 경우

'상소 일반' 부분에서 기술한 바와 같이, 제1심에서 종국판결이 선고되었으나 그 후 소취하무효선언이 있은 경우에는, 항소기간은 소취하무효선언판결이 확정된 다음날부터 전체기간이 새로이 진행된다(규칙 제67조 제5항).

다. 항소기간에 관한 주의사항 : 초일이 산입되는 경우

1) 판결 정본이 공시송달된 경우

공시송달은 소정의 기간이 지난 다음날 00:00에 효력이 발생하므로, 판결 정본이 공시송달된 때의 항소기간의 기산에서는, 통상의 송달의 경우와 달리, 초일이 산입됨에 주의하여야 한다(민법 제157조 단서).[115)]

2) 판결 정본이 전자적 송달간주가 된 경우

전자소송에서도, 전자적 송달의 송달간주(민소전자문서법 제11조 제4항 단서)와 관련하여, 항소기간에 주의할 점이 있다.

전자적 송달에서 수송달자가 등재사실을 통지받고서도 이를 확인하지 아니하는 때에는 1주가 지난 날 00:00에 송달간주되므로, 항소기간을 기산할 때에 기간의 초일이 산입된다(민법 제157조 단서).[116)]

따라서, 예컨대, 수송달자가 판결문의 등재사실을 2014. 9. 24. 통지받고서도 이를 확인하지 아니한 경우, 항소기간은 송달간주일인 2014. 10. 2. 당일부터 기산하여 14일이 되는 같은 달 15. 만료한다.[117)]

---

113) 대법원 1972. 12. 12. 선고 72다1700 판결.

114) 대법원 1964. 3. 31. 선고 63다656 판결 ; 대법원 1964. 11. 17. 선고 64다328 판결.

115) 제요[민소Ⅱ], 701면.

116) 대법원 2014. 12. 22.자 2014다229016 명령.

117) 대법원 2014. 12. 22.자 2014다229016 명령(사안은 상고기간).
즉, 이 경우에 종이소송에서 통상의 방법으로 판결 정본을 송달받은 경우처럼 2014. 10. 16. 항소기간이

3) 공동소송인 및 보조참가인의 항소기간

가) 공동소송인의 항소기간

통상공동소송의 경우에는 항소기간이 공동소송인마다 각별로 진행된다(법 제66조).

이에 반하여, 합일확정소송에서는 합일확정의 필요성 때문에 최후에 판결을 송달받은 공동소송인을 기준으로 항소기간 도과 여부를 판단하게 된다.

나) 보조참가인의 항소기간

통상의 보조참가인의 항소기간은 피참가인의 항소기간에 한함에 주의하여야 한다.[118)]

다만, 공동소송적 보조참가인의 항소기간은 피참가인과 별도로 진행된다 함이 통설이나,[119)] 실무도 그러한지는 의문이 없지 아니하다.

라. 추후보완항소

1) 개 관

소장 부본과 판결정본 등이 공시송달의 방법에 의하여 송달되었다면, 특별한 사정이 없는 한 피고는 과실 없이 그 판결의 송달을 알지 못한 것이고,[120)] 이러한 경우 피고는, 그 책임을 질 수 없는 사유로 인하여 불변기간(항소기간)을 준수할 수 없었던 때에 해당하여, 그 사유가 없어진 후 2주일(그 사유가 없어질 당시 외국에 있었던 경우에는 30일) 내에 추후보완항소를 할 수 있다(법 제173조 제1항).[121)]

만료하는 것이 아니다.

118) 대법원 1969. 8. 19. 선고 69다949 판결. 동지 : 대법원 2007. 8. 30.자 2006무123 결정 ; 대법원 2007. 9. 6. 선고 2007다41966 판결.
위 판례들은 상고기간에 관한 것이지만, 항소기간에 관하여서도 이치는 다를 바 없다.

119) 제요[민소Ⅰ], 303면.

120) 발송송달의 경우에도 추후보완항소의 문제가 발생하나, 이 경우에는 그 성질상 불변기간 부준수 역시 당사자의 책임으로 돌려야 할 가능성이 더 높다. 그러나, 이에 관한 상론은 이 책이 다룰 범위를 벗어나므로 생략하겠다.

121) 대법원 2000. 9. 5. 선고 2000므87 판결. 동지 : 대법원 1962. 4. 26. 선고 4294민상1575 판결 ; 대법원 1965. 12. 28. 선고 65다1667,1668 판결(사안은 항소기간 경과후에 선임된 부재자재산관리인이 추후보완항소를 한 경우) ; 대법원 1979. 9. 25. 선고 79다505 판결 ; 대법원 1981. 9. 8. 선고 80므53 판결 ; 대법원 1981. 9. 22. 선고 81다334 판결(사안은 보조참가신청과 동시에 보조참가인이 추후보완항소를 한 경우); 대법원 1983. 9. 27. 선고 83므24 판결 ; 대법원 1987. 3. 10. 선고 86다카2224 판결 ; 대법원 1987. 9. 22. 선고 87므8 판결 ; 대법원 1988. 9. 13. 선고 88므5 판결 ; 대법원 1991. 5. 28. 선고 90다20480 판결; 대법원 2006. 2. 24. 선고 2004다8005 판결 ; 대법원 2008. 2. 28. 선고 2007다41560 판결 ; 대법원 2013. 1. 10. 선고 2010다75044 판결 ; 대법원 2013. 10. 17. 선고 2013다41318 판결 ; 대법원 2019. 12. 12. 선고 2019다17836 판결 ; 대법원 2021. 3. 25. 선고 2020다46601 판결.

이는 소송행위의 추후보완 중 가장 대표적인 것으로서 실무에서도 드물지 아니하게 문제된다.

따라서, 피고가 항소제기기간 경과후에 항소를 제기하면서 소송행위의 추후보완을 주장하는 경우, 법원은 그 본안심리에 앞서 먼저 항소의 적법 여부에 관하여 심리판단하여야 한다.[122]

특기할 것은, 실종자에 대하여 공시송달의 방법으로 소송서류가 송달된 끝에 실종자를 피고로 하는 판결이 확정된 경우에는, 실종자의 상속인으로서는 실종선고 확정 후에 실종자의 소송수계인으로서 위 확정판결에 대하여 소송행위의 추후보완에 의한 상소를 하는 것이 가능하다.[123]

그리고, 판결의 선고 및 송달 사실을 알지 못하여 상소기간을 지키지 못한 데 과실이 없다는 사정은 상소를 추후보완하고자 하는 당사자 측에서 주장·입증하여야 한다.[124]

형식적으로 확정된 제1심판결에 대한 피고의 항소추후보완신청이 적법하여 해당 사건이 항소심에 계속된 경우 그 항소심은 다른 일반적인 항소심과 다를 바 없다.[125]

2) 피고(항소인)의 과실 문제 등

가) 과실 유무 판단의 기준시

주의할 것은, 위 경우에는 그 공시송달이 효력을 발생한 것을 전제로 하여 피고가 '불변기간을 지키지 못한 것이' 그의 책임으로 돌릴 수 없는 사유가 있었는가 없었는가를 따져 그 당부를 판단할 것이고 '원고가 공시송달을 신청하였을 때에' 그(피고)에게 과실이 있었는지 여부를 가려 그 당부를 결정할 것은 아니라는 점이다.[126]

나) 과실이 있는 경우들

가령, 피고가 원고의 소송을 면하거나 곤란하게 하기 위하여 이사한 경우와 같은 특별한 사정이 있는 때에는, 피고에게 과실이 있다고 할 것이다.[127]

---

122) 대법원 1991. 2. 26. 선고 90다카26997 판결.

123) 대법원 1992. 7. 14. 선고 92다2455 판결.

124) 대법원 2012. 10. 11. 선고 2012다44730 판결. 동지 : 대법원 2013. 4. 25. 선고 2012다98423 판결 ; 대법원 2021. 4. 15. 선고 2019다244980,244997 판결.

125) 대법원 2013. 1. 10. 선고 2010다75044 판결.

126) 대법원 1987. 9. 22. 선고 87므8 판결. 동지 : 대법원 1970. 3. 24. 선고 69다1171 판결 ; 대법원 2010. 10. 28. 선고 2010므2082 판결.

127) 대법원 1964. 7. 31. 선고 63다750 판결 ; 대법원 1969. 7. 22. 선고 68다2272 판결 ; 대법원 1991. 5. 28. 선고 90다4143 판결 참조.

그리고, 피고가 소제기 사실을 알고 있으면서도 이를 방치하였다거나 스스로 신고한 주소로 송달이 되지 않아 공시송달이 되었다면 공시송달에 의하여 판결이 송달된 사실을 몰랐다고 하더라도 그 모른 데 대하여 피고에게 과실이 있다 할 것이다.128)

또한, 소송의 진행 도중 통상의 방법으로 소송서류를 송달할 수 없게 되어 공시송달의 방법으로 송달한 경우에는 처음 소장부본의 송달부터 공시송달의 방법으로 소송이 진행된 경우와 달라서 당사자에게 소송의 진행상황을 조사할 의무가 있으므로, 당사자가 이러한 소송의 진행상황을 조사하지 않아 불변기간을 지키지 못하였다면 이를 당사자가 책임질 수 없는 사유로 말미암은 것이라고 할 수 없다.129)

그리고, 이러한 의무는 당사자가 변론기일에서 출석하여 변론을 하였는지 여부, 출석한 변론기일에서 다음 변론기일의 고지를 받았는지 여부나, 소송대리인을 선임한 바 있는지 여부를 불문하고 부담하는 것이다.130)

다) 과실이 없는 경우

그러나 상술한 경우와 달리, 조정이 성립되지 아니한 것으로 사건이 종결된 후 피신청인의 주소가 변경되었는데도 피신청인이 조정법원에 주소변경신고를 하지 않은 상태에서 조정이 소송으로 이행되었는데(민사조정법 제36조 제1항 제2호), 통상의 방법으로 변론기일통지서 등 소송서류를 송달할 수 없게 되어 발송송달이나 공시송달의 방법으로 송달한 경우에는, 처음부터 소장 부본이 적법하게 송달된 경우와 달라서 피신청인에게 소송의 진행상황을 조사할 의

128) 대법원 2010. 10. 28. 선고 2010므2082 판결.

129) 대법원 2012. 10. 11. 선고 2012다44730 판결. 동지 : 대법원 1987. 3. 10. 선고 86다카2224 판결 ; 대법원 1991. 3. 15.자 91마1 결정(사안은 추후보완상고) ; 대법원 1990. 12. 21. 선고 90다카25673 판결(사안은 추후보완상고) ; 대법원 1993. 6. 17.자 92마1030 결정 ; 대법원 1994. 3. 22. 선고 92다42934 판결 ; 대법원 1994. 6. 14. 선고 93다62607 판결 ; 대법원 1997. 9. 26. 선고 97다23464 판결 ; 대법원 1998. 10. 2. 선고 97다50152 판결(사안은 추후보완상고) ; 대법원 2006. 3. 10. 선고 2006다3844 판결 ; 대법원 2013. 4. 25. 선고 2012다98423 판결 ; 대법원 2014. 10. 30. 선고 2014다211886 판결.
cf. 그러나, 대법원 2001. 2. 23. 선고 2000다19069 판결은, 제1심 소송절차에서 한 번도 빠짐없이 변론기일에 출석하여 소송을 수행하였는데 법원이 직권으로 선고기일을 연기하면서 당사자에게 이를 통지하는 절차를 누락하였고 판결정본에 관하여는 한여름 휴가철에 연속하여 송달하였으나 폐문부재로 송달불능되자 이를 공시송달한 사안에서, 당사자로서는 선고기일과 멀지 않은 날짜에 법원에 가서 판결정본을 직접 수령하기 전까지는 자기가 책임을 질 수 없는 사유로 판결 선고사실을 알 수 없었다고 봄이 상당하고, 정상적으로 소송을 수행하여 오던 당사자가 원래 예정된 선고기일 직후의 재판진행상황을 그 즉시 알아보지 아니함으로써 불변기간을 준수하지 못하게 되었다 할지라도 그 책임을 당사자에게 돌릴 수 없다고 보아 추후보완항소를 허용하였다.

130) 대법원 1998. 10. 2. 선고 97다50152 판결. 동지 : 대법원 2006. 3. 10. 선고 2006다3844 판결 ; 대법원 2014. 10. 30. 선고 2014다211886 판결.

무가 있다고 할 수 없다. 따라서 피신청인이 이러한 소송의 진행상황을 조사하지 않아 상소제기의 불변기간을 지키지 못하였다면 이는 당사자가 책임질 수 없는 사유로 말미암은 것에 해당한다.[131)]

3) 추후보완 항소기간의 기산점

여기에서 "(항소기간을 준수할 수 없었던) 사유가 없어진 후"라 함은, 당사자나 소송대리인이 단순히 판결이 있었던 사실을 안 때가 아니고 나아가 그 판결이 공시송달의 방법으로 송달된 사실을 안 때를 가리키는 것으로서,[132)] 다른 특별한 사정이 없는 한 통상의 경우에는, 당사자나 소송대리인이 그 사건기록의 열람을 하거나 또는 새로이 판결정본을 영수한 때에 비로소 그 판결이 공시송달의 방법으로 송달된 사실을 알게 되었다고 보아야 한다.[133)]

다만, 피고가 해당 판결이 있었던 사실을 알았고 사회통념상 그 경위에 대하여 당연히 알아볼 만한 특별한 사정이 있었다고 인정되는 경우에는, 그 경위에 대하여 알아보는 데 통상 소요되는 시간이 경과한 때에 그 판결이 공시송달의 방법으로 송달된 사실을 알게 된 것으로 추인하여 그 책임질 수 없는 사유가 소멸하였다고 봄이 상당하다.[134)]

---

131) 대법원 2015. 8. 13. 선고 2015다213322 판결.

132) 대법원 1992. 3. 10. 선고 91다38471 판결. 동지 : 대법원 1994. 12. 13. 선고 94다24299 판결 ; 대법원 1997. 8. 22. 선고 96다30427 판결 ; 대법원 1997. 10. 24. 선고 97다20410 판결 ; 대법원 2000. 9. 5. 선고 2000므87 판결 ; 대법원 2006. 2. 24. 선고 2004다8005 판결 ; 대법원 2008. 2. 28. 선고 2007다41560 판결; 대법원 2013. 1. 10. 선고 2010다75044 판결 ; 대법원 2013. 10. 17. 선고 2013다41318 판결 ; 대법원 2019. 12. 12. 선고 2019다17836 판결 ; 대법원 2021. 3. 25. 선고 2020다46601 판결.

133) 대법원 1992. 3. 10. 선고 91다38471 판결. 동지 : 대법원 1973. 12. 26. 선고 73다1164 판결 ; 대법원 1979. 1. 30. 선고 78다2142 판결 ; 대법원 1981. 10. 13. 선고 81므46 판결 ; 대법원 1983. 6. 14. 선고 82다카1912 판결 ; 대법원 1997. 8. 22. 선고 96다30427 판결 ; 대법원 1993. 4. 23. 선고 93다5055 판결 ; 대법원 1994. 10. 21. 선고 94다27922 판결 ; 대법원 1997. 10. 24. 선고 97다20410 판결 ; 대법원 2000. 9. 5. 선고 2000므87 판결 ; 대법원 2006. 2. 24. 선고 2004다8005 판결; 대법원 2008. 2. 28. 선고 2007다41560 판결; 대법원 2013. 1. 10. 선고 2010다75044 판결 ; 대법원 2013. 10. 17. 선고 2013다41318 판결 ; 대법원 2019. 12. 12. 선고 2019다17836 판결 ; 대법원 2021. 3. 25. 선고 2020다46601 판결.
(소송대리인이 달리 없는) 법인의 경우에는, 법인의 대표자가 그런 송달이 있었음을 알고 있었는가 여부에 따라 판단하여야 함은 물론이다. 대법원 1976. 4. 27. 선고 76다170 판결 참조.

134) 대법원 2019. 12. 12. 선고 2019다17836 판결. 동지 : 대법원 2021. 3. 25. 선고 2020다46601 판결(제1심법원이 소장부본과 판결정본 등을 공시송달의 방법으로 피고 A에게 송달하였고, 그 후 원고 B 주식회사가 제1심판결에 기하여 A의 예금채권 등을 압류·추심하여 A가 제3채무자인 C 신용협동조합으로부터 '법원의 요청으로 계좌가 압류되었습니다.'는 내용과 채권압류 및 추심명령의 사건번호와 채권자가 기재된 문자메시지를 받았는데, 그로부터 2달이 지나 A가 제1심판결정본을 영수한 후 추완항소를 제기한 사안에서, A가 C 신용협동조합으로부터 계좌가 압류되었다는 내용과 채권압류 및 추심명령의 사건번호와 채권자만 기재되어 있을 뿐 제1심판결에 관한 내용이 전혀 언급되어 있지 않은 문자메시지를 받았다는 사정만으로는 제1심판결이 있었던 사실을 알았다거나 사회통념상 그 경위를 알아볼 만한 특별한 사정이 있었다고 보기 어려우므로, 다른 특별한 사정이 없는 한 A가 제1심판결정본을 영수한 날로부터 2주

따라서, 예컨대, 당사자가 다른 소송의 재판절차에서 송달받은 준비서면 등에 해당 사건의 제1심 판결문과 확정증명원 등이 첨부된 경우에는 위의 특별한 사정을 인정할 수 있고, 제1심판결이 있었던 사실을 알게 된 후 그 대처방안에 관하여 변호사와 상담을 하거나 추완항소 제기에 필요한 해외거주증명서 등을 발급받은 경우에도 마찬가지이다.[135]

그러나 유체동산 압류집행을 당하였다는 등의 사정만으로는 위의 특별한 사정을 인정하기 어렵고,[136] 나아가 채권추심회사 직원과의 통화 과정에서 사건번호 등을 특정하지 아니하고 단지 "판결문에 기하여 채권추심을 할 것이다."라는 이야기를 들은 경우에도 해당 제1심판결이 있었던 사실을 알았다거나 위의 특별한 사정이 인정된다고 볼 수 없다.[137]

4) 원심 사건에서의 전자소송 동의의 효력 여하

전자기록사건에 대하여 추후보완항소가 제기된 경우, 그 상소의 적법 여부와 관계없이 종전의 전자소송 동의(즉, 원심사건에서의 전자소송 동의)는 항소심에 그 효력이 없음은 물론이다(민소전자문서규칙 제10조 제1항 본문).[138]

4. 항 소 장

가. 개 관

항소는 「항소장」을 '제1심 법원에' 제출함으로써 한다(법 제397조 제1항, 원법원제출주의).

즉, 비록 항소장에 법원의 표시를 '항소법원(예 : 서울고등법원) 귀중'으로 하기는 하지만, 항소장은 항소법원에 제출하는 것이 아니라는 점을 유념하여야 한다. 특히, 항소제기기간의 준수 여부는 어디까지나 항소장이 제1심 법원에 접수된 때를 기준으로 하여 판단하기 때문에,[139] 더욱 주의하여야 한다.

국제사건에 대하여 항소하는 경우 당사자는 (제1심에서 외국어 변론이 허가되었던 그) 외국어로 작성된 항소장을 제출할 수 있다(국제재판부의 설치 및 운영에 관한 규칙 제18조 제1항).

일 내에 제기된 추완항소는 적법한데도, 이와 달리 본 원심판결에 대법원 판례에 상반되는 판단을 한 잘못이 있다고 한 사례).

135) 대법원 2021. 3. 25. 선고 2020다46601 판결.

136) 대법원 2019. 9. 9. 선고 2019다217179 판결. 동지 : 대법원 2021. 3. 25. 선고 2020다46601 판결.

137) 대법원 2019. 12. 12. 선고 2019다17836 판결. 동지 : 대법원 2021. 3. 25. 선고 2020다46601 판결.

138) 민전예규 제14조 제3항.

139) 대법원 1987. 12. 30.자 87마1028 결정. 동지 : 대법원 1992. 4. 15.자 92마146 결정.

나. 항소장의 기재사항

1) 항소장의 필요적 기재사항

가) 개 관

항소장에는 다음 각호의 사항을 적어야 한다(법 제397조 제2항).

① 당사자와 법정대리인

② 제1심 판결의 표시와 그 판결에 대한 항소의 취지

나) 당사자와 법정대리인

항소심의 당사자는, 항소인(법 제399조 제1항 참조)과 피항소인(법 제401조)이다.

위와 같은 항소심 당사자의 지위가 원고, 피고 등의 지위와 중첩됨은 물론이나, 합일확정소송에서는 이른바 단순한 상소심당사자가 있을 수 있음은 '상소 일반' 부분에서 기술하였다.

또한, 보조참가인이 있는 때에 피참가인의 상대방이 항소한 때에는 보조참가인은 피항소인이 되는 것이 아니다.

당사자나 법정대리인의 표시와 관련하여 주의할 것은, 항소장에 송달가능한 주소를 기재하지 아니하여 송달불능이 되더라도, 이는 항소인의 귀책사유에 기인한 것이라는 점이다.[140]

다) 제1심 판결의 표시

법 제397조 제2항 제2호가 항소장에 제1심 판결의 표시를 요구하고 있는 것은 어떠한 종국판결에 대하여 항소를 하는가를 명백히 하기 위한 것이므로 제1심판결의 표시는 다른 판결과 구별할 수 있을 정도로 표시하기만 하면 되는 것이다.[141] 따라서, 법원, 사건번호, 선고일을 표시하여 제1심 판결을 특정할 필요가 있다.[142]

다만, 제1심 판결의 주문까지도 기재함이 실무이다.

라) 항소취지

원론적으로는, 항소장에 항소의 취지를 기재함에도 재판의 변경을 구하는 의사가 항소장의 전체로 보아 나타나면 되는 것이다.[143]

---

140) 대법원 1990. 12. 11. 선고 90다카21206 판결 ; 대법원 1990. 9. 10.자 90마446 결정(사안은 항고장) 참조.

141) 대법원 1990. 5. 8. 선고 88다카30214 판결.

142) 대법원 1990. 5. 8. 선고 88다카30214 판결 참조.

143) 대법원 1990. 5. 8. 선고 88다카30214 판결. 동지 : 대법원 2012. 3. 30.자 2011마2508 결정 ; 대법원 2020. 1. 30.자 2019마5599,5600 결정.

그러나, 항소취지는 후술하는 항소이유와 달리 항소 제기 단계에서 정확히 기재할 필요가 있으며, 실무상으로도 항소취지에 만연히 재판의 변경을 구하는 의사만 두루뭉술하게 기재된 때에는 보정권고를 함이 일반이다.[144]

항소취지는 원칙적으로 항소심 판결의 주문 기재례와 대응한다.

2) 항소장의 임의적 기재사항

가) 불복의 정도(범위)

원론적으로는, 항소장에는 항소의 범위나 이유까지 기재되어야 하는 것은 아니다.[145]

환언하면, 항소심에서의 심판의 범위를 정하게 될 불복의 정도(법 제415조)는 항소심의 변론종결시까지 서면 또는 구술에 의하여 제1심판결의 변경을 구하는 한도(법 제407조 제1항 참조)를 명확히 하면 되는 것이며, 굳이 이를 항소장에 미리 특정하여 기재할 필요는 없다.[146]

그러나, 실제로는 항소장에서 불복의 정도까지 특정하는 것이 적절한바,[147] 그 실익은 특히 항소장에 붙일 인지액의 계산근거를 명확히 함에 있다(민사소송 등 인지규칙 제25조 참조).

나) 준비서면 일반의 기재사항

항소장에는 준비서면에 관한 규정을 준용하므로(법 제398조), 항소장에서도, 공격 또는 방어의 방법(법 제274조 제1항 제4호의 준용), 상대방의 청구와 공격 또는 방어의 방법에 대한 진술(같은 항 제5호의 준용)을 기재할 수 있으나, 이는 바로 후술하는 바와 같이 '항소이유'라는 형태로 개진되게 된다.

한편, '법원의 표시'는 항소법원이 어디인지와 관련된 문제이므로 별항으로 보기로 한다.

---

144) 놀랍게도, 저자는 젊은 변호사들 중에서 심지어 명문대를 나와 사법연수원을 수료한 자인데도, 항소취지의 기재가 난이도가 높다는 이유로 항소취지를 대충만 기재하여 항소부터 제기하고서 석명준비명령 단계에서 항소취지를 보정하면 된다고 잘못 아는 이들을 본 일이 있다. 물론, 복잡한 사건의 경우 항소취지도 복잡해 질 수 있기는 하지만, 항소취지가 쓰기 너무 어려워서 이를 쓰는 데 수개월이나 걸린다는 말은 기본 실력도 없는데 변호사 자격은 갖고 있다는 말과 동의어이다.

145) 대법원 2012. 3. 30.자 2011마2508 결정. 동지 : 대법원 2020. 1. 30.자 2019마5599,5600 결정.

146) 대법원 1994. 11. 25. 선고 93다47400 판결(사안은 제1심에서 주위적·예비적 청구가 모두 기각되어 원고가 불복 항소하면서 항소취지에는 예비적 청구에 대한 부분을 누락하였으나 항소장에서 전부불복취지를 명기하고 준비서면에서도 예비적 청구 부분을 진술하였는데, 그럼에도 불구하고 원심은 예비적 청구 부분에 대한 판단을 누락한 것이다. 대법원은 위와 같은 원심의 조치가 위법하다고 보았다). 동지 : 대법원 1965. 4. 6. 선고 65다170 판결 ; 대법원 1988. 4. 25. 선고 87다카2819,2820 판결 ; 대법원 1990. 5. 8. 선고 88다카30214 판결 ; 대법원 2016. 5. 27. 선고 2015다33489 판결.

147) 실무상 항소이유의 제출을 요구하는 석명준비명령에서도, 항소이유를 개진하면서 불복범위를 명확히 특정할 것을 요구하고 있다.

다) 항소이유

(민사)항소심은 속심(續審)으로서 항소이유의 주장이 필요적인 것은 아니다.[148)]

그러나, 항소인은 항소의 취지를 분명하게 하기 위하여 항소장 또는 항소심에서 처음 제출하는 준비서면에 항소이유를 적어야 한다(규칙 제126조의2).

실무상, 항소기간의 제약 때문에, 항소이유는 항소장에 기재하기보다는 일단 항소를 제기한 다음에 따로 준비서면으로 제출(즉, 일단 항소장의 '항소이유'에는 추후 제출하겠다는 취지만을 기재)함이 일반이다. 물론 기간내에 항소이유를 제출할 수 있다면 미리 항소장에 기재하는 편이 소송촉진에 도움이 될 것이다.

항소이유에 대한 상세한 내용은, 항소인에 대한 석명준비명령과 관련하여 뒤에서 살펴보기로 한다.

다. 인지의 첩부 및 송달료의 예납

1) 인지의 첩부

가) 개 관

항소장에는 소장에 붙일 인지액(민사소송 등 인지법 제2조)**의 1.5배에 해당하는 인지를 붙여야 한다**(민사소송 등 인지법 제3조 전단).

이는, 인지대가 단순히 국가의 역무에 비례한 비용으로서의 성질만을 가지는 것만이 아니라 남소 또는 남상소에 따른 법원의 국민의 권리보호기능을 저하하게 하는 것을 막게 하는 기능을 아울러 가지고 있다는 그 본래의 목적과, 상소인은 이미 소송절차상 보장된 공격방어방법을 이용하여 법원의 재판을 거친 자라는 실질적인 차이에 근거하여 제1심 소장, 항소장 및 상고장에 붙여야 할 인지액에 차등을 둔 것이다.[149)]

그런데, 항소장에 첩부할 인지액은 '항소로써 불복하는 범위의' 소가를 기준으로 하여 산정하므로(민사소송 등 인지규칙 제25조), 결국, 항소장에는, 불복범위의 값을 기준으로 하여, 소장에 붙일 인지액을 계산한 금액의 1.5배에 해당하는 금액에서,[150)] 100원 미만을 다시 버린 금액(민사소송 등 인지법 제2조 제2항의 유추해석)에 해당하는 인지를 붙여야 한다.

---

148) 대법원 1992. 4. 14. 선고 91다45653 판결.
cf. 속심이기는 하지만 사후심적 성격이 강한 형사소송에서는, 항소이유서를 기한 내에 반드시 제출하여야 한다(형사소송법 제361조의3 제1항, 제361조의4 제1항).

149) 헌재 2006. 5. 25. 선고 2004헌바22 결정. 동지 : 헌재 2011. 8. 30. 선고 2010헌바427 결정.

150) 즉, '불복범위의 값의 1.5배에 해당하는 금액을 기준으로 하여 소장에 붙일 인지액을 계산한 금액'이 아니다.

나) 흡수법칙의 문제

(1) 공동으로 항소한 경우

1개의 소로써 주장된 수 개의 청구의 경제적 이익이 동일하거나 중복되는 병합청구에서 원고 승소판결이 선고된 경우, 피고들이 이에 불복하여 '하나의 항소장으로써 공동 명의로' 항소를 제기하는 때에는 그중 다액인 청구의 가액을 - 항소장에 붙일 인지대의 산정기준이 되는 - 소가로 한다(민사소송 등 인지규칙 제20조).[151]

(2) 각별로 항소한 경우

그러나, 피고들 사이에 경제적 이익이 동일하거나 중복된다고 하더라도, 피고들이 수 개의 항소장으로 나누어 항소를 제기하는 경우에는 각각 별도로 자신이 불복하는 범위의 소가를 기준으로 하여 산정한 인지를 항소장에 붙여야 한다(민사소송 등 인지규칙 제24조).[152]

따라서, 위와 같은 경우에, 어느 피고가 먼저 단독 명의의 항소장에 인지를 붙여 항소를 제기한 경우에는 다른 피고가 항소장을 먼저 제출한 피고의 동의를 받아 그를 포함하는 공동 명의의 항소장으로 항소를 제기하더라도 먼저 제출된 항소장의 인지첩부의 효력을 원용할 수는 없고 자신의 항소에 대한 별도의 인지를 붙여야 한다.[153]

다만, 어느 피고가 인지를 붙이지 않은 채 단독 명의의 항소장을 제출한 후 다시 항소기간 내에 다른 피고와 함께 공동 명의의 항소장을 제출하면서 이에 대한 인지를 붙인 경우에는 (당초 공동 명의의 항소장에 인지를 붙이지 않았다가 인지보정명령에 따라 붙인 경우도 마찬가지이다), 그 실질이 당초부터 공동 명의로 하나의 항소장을 제출한 경우와 차이가 없으므로, 경제적 이익이 동일하거나 중복되는 범위 내에서는 단독 명의로 먼저 제출한 항소장에 별도로 인지를 붙일 필요가 없다.[154]

2) 송달료의 예납

항소 역시, 기본적 신청이므로, 송달료를 예납하여야 함은 물론이나, 이 경우 원심법원의 해당 수납은행에 그 송달료를 납부하여야 한다.[155]

---

151) 대법원 2011. 1. 27.자 2010마1491 결정. 동지: 대법원 1998. 7. 27.자 98마938 결정.
152) 대법원 2011. 1. 27.자 2010마1491 결정. 동지: 대법원 1998. 7. 27.자 98마938 결정.
153) 대법원 2011. 1. 27.자 2010마1491 결정. 동지: 대법원 1998. 7. 27.자 98마938 결정.
154) 대법원 2011. 1. 27.자 2010마1491 결정.
155) 송달료예규 제9조 제2항 단서.

라. 항소법원

1) 개 관

합의사건은 고등법원이, 단독사건은 본원 합의부가,[156] 각각 항소법원이 된다(법원조직법 제28조 제1호, 제32조 제2항 제1호).

그러나, 위 원칙에는 다음과 같은 중대한 예외가 있다.

첫째, 춘천지방법원 강릉지원 및 속초지원의 단독사건만은 춘천지방법원 강릉지원 합의부가 - 본원 합의부가 아닌데도 - 항소법원이 된다(같은 법 제28조 제2호).[157]

둘째, 특허권등에 관한 민사사건은, 2016. 1. 1. 이후에 제1심 판결이 선고되었다면, 소가를 불문하고 특허법원이 항소법원이 된다(같은 조 단서, 제28조의4 제2호, 제32조 제2항 단서).[158]

2) 지방법원 본원 합의부가 항소법원이 되는 경우에 관한 유의점

한편, 지방법원 본원 합의부가 항소법원인 경우에 관하여서는 다음 사항에 유의하여야 한다.

첫째, 항소심으로서의 본원 합의부의 관할구역은 해당 지원의 관할구역까지도 포괄한다(다만, 춘천지방법원 강릉지원 및 속초지원의 관할구역 제외).

둘째, 지방법원 본원 합의부가 지방법원 단독판사의 판결에 대한 항소사건을 제2심(항소심)으로 심판하는 도중에 지방법원 합의부의 관할에 속하는 소송이 새로 추가되거나 그러한 소송으로 청구가 변경되었다고 하더라도, 심급관할은 제1심 법원의 존재에 의하여 결정되는 전속관할이어서 이미 정하여진 항소심의 관할에는 영향이 없는 것이므로, 추가되거나 변경된 청구에 대하여도 그대로 심판할 수 있다.[159] 즉, 그와 같은 경우라도 고등법원에 사건을

---

156) 민사단독사건은 지방법원본원합의부가, 가사단독사건은 가정법원본원합의부가, 각각 항소법원이 된다. cf. 2015. 2. 13. 고액단독사건의 항소심을 고등법원이 관할하는 것으로 되었다가 2016. 10. 1. 다시 지방법원본원합의부가 관할하는 것으로 되는, 시행착오가 있었다.

157) cf. 이는 가사단독사건에 관하여서도 같다.

158) 예컨대, 국방과학연구소가 구 민·군겸용기술사업촉진법(2004. 9. 23. 법률 제7217호로 개정되기 전의 것)에서 정한 민·군겸용기술개발사업의 하나로 B 주식회사와 후·박막공정을 이용한 저 자가방전 초소형 전지 개발을 위한 민·군겸용기술개발과제 협약(응용연구단계)을 체결한 후, B 회사를 상대로 위 협약에 기한 특허권 지분의 귀속의무 불이행을 원인으로 하는 손해배상을 구한 사안에서, 위 협약에 따른 특허권 지분의 귀속의무 불이행에 따른 손해배상청구권의 존부 및 범위는 민사법률관계에 해당하므로 이를 소송물로 다투는 소송은 민사소송에 해당하는 것으로 보아야 하고, 위 소송에 대한 심리·판단은 특허권 등의 지식재산권에 관한 전문적인 지식이나 기술에 대한 이해가 필요한 소송으로 법 제24조 제2항이 규정하는 특허권 등의 지식재산권에 관한 소로 보아야 하므로, 2015. 12. 1. 법률 제13522호로 개정된 법원조직법 시행일 전에 소가 제기되어 시행일 이후에 제1심판결이 선고된 위 사건에 대한 항소사건은 특허법원의 전속관할에 속한다. 대법원 2019. 4. 10.자 2017마6337 결정의 방론

이송하여야 하는 것이 아니다.

5. 항소제기에 대한 원심법원의 조치

가. 원심재판장등의 항소장심사권[160)]

1) 개 관

가) 원 칙

항소장에 필요적 기재사항이 누락된 경우(법 제397조 제2항의 위반)**와, 항소장에 법률의 규정에 따른 인지를 붙이지 아니한 경우에는, 원심재판장은 항소인에게 상당한 기간을 정하여 그 기간 이내에 흠을 보정하도록 명하여야 하나**(법 제399조 제1항 전문), **원심재판장은 법원사무관등으로 하여금 위 보정명령을 하게 할 수 있다**(같은 항 후문).

이 제도의 입법목적은, 항소심의 재판부담을 줄임과 동시에 남상소로 인한 소송의 지연을 막아 소송경제를 도모하고, 국민의 권리의무를 신속히 실현시키려는 것이다.[161)]

그런데, 주의할 것은, 소송대리인이 상소 제기에 관한 특별한 권한을 따로 받은 경우, 상소장에 인지를 붙이지 아니한 흠이 있다면 소송대리인은 이를 보정할 수 있고 원심재판장도 소송대리인에게 인지의 보정을 명할 수 있다.[162)]

나) 예외 : 인지대 소송구조신청 기각결정에 대하여 즉시항고가 제기된 경우

주의할 것은, 소송구조신청이 항소장의 인지대에 대한 구조를 포함하는 경우에 그 기각결정에 대하여 즉시항고가 제기된 때에는 원심재판장등은 위 보정명령을 하지 아니하고 바로

159) 대법원 1992. 5. 12. 선고 92다2066 판결. 동지 : 대법원 1970. 6. 30. 선고 70다743 판결.

160) 이는 제1심 재판장의 소장심사권과 그 법리가 다르지 않으므로, 상세한 내용은 '재판장의 소장심사권' 및 '소장각하명령' 부분을 참고하기 바란다. 후술하는 항소심재판장의 항소장심사권의 문제도 마찬가지이다.
cf. 후술하는 항소심재판장의 항소장심사권 제도와 달리, 원심재판장의 항소장심사권 제도는 원래「민사소송법」에는 규정이 없던 것을, 1981. 1. 29.「소송촉진등에관한특례법」을 제정하면서 같은 법 제8조에 신설한 것이며, 그 후 다시 1990. 1. 13. 법률 제4201호로「민사소송법」을 개정하면서「민사소송법」 내로 해당 규정을 편입하기에 이르렀다.

161) 헌재 2012. 7. 26. 선고 2009헌바297 결정.
이 제도가 도입되기 전에는, 항소인이 항소장에 극히 소액의 인지만 붙여 일단 항소한 후 항소심재판장의 인지보정명령을 받고 나서야 인지를 가첩하여 항소를 유지할지 여부를 결정하는 사례가 적지 않게 발생하였기 때문이다. 같은 결정.

162) 대법원 2013. 7. 31.자 2013마670 결정. 동지: 대법원 2020. 6. 25. 선고 2019다292026,292033,292040 판결.
그러나, 상소인 본인에게 인지의 보정을 명하여도 무방하다고 할 것이다.

항소기록을 즉시항고기록과 함께 항소법원에 송부하게 하여야 한다.[163]

2) 원심재판장의 항소장각하명령

항소인이 원심재판장의 보정명령에서 정한 기간 이내에 흠을 보정하지 아니한 때에는, 원심재판장은 명령으로 항소장을 각하하여야 한다(법 제399조 제2항 전단).

다만, 항소장 전체의 취지로 보아 제1심판결의 변경을 구한다는 내용임을 알 수 있는 경우라면, 제1심 재판장이 항소취지 또는 항소이유를 명확히 하라는 보정명령을 하였는데도 항소인이 이에 불응하였다고 하더라도 이는 재판장의 항소장 각하명령에 관한 법 제399조 제2항이 적용될 사유에는 해당하지 아니한다.[164]

또한, **항소인이 항소기간을 넘긴 것이 분명한 때에도, 원심재판장은 명령으로 항소장을 각하하여야 한다**(같은 항 후단).

그리고, 항소권의 포기 등으로 제1심판결이 확정된 후에 항소장이 제출되었음이 분명한 경우도 "항소기간을 넘긴 것이 분명한 때"와 달리 볼 이유가 없으므로, 이 경우에도 원심재판장이 항소장 각하명령을 할 수 있다.[165]

그러나, 원심재판장이 항소의 추후보완사유 주장이 이유 없다고 판단한 경우에도 항소장 각하명령을 할 수 있는지에 관하여서는 논란이 있다. 부정설은 추후보완사유 유무는 원심재판자의 항소장심사권 내의 것이 아니라고 하고, 긍정설은 이 경우도 '항소기간을 넘긴 것이 분명한 때'에 해당한다고 한다.[166]

항소장각하명령은, 사건을 완결하는 재판이기는 하지만 상대방의 비용지출이 없었으므로, 소송비용(항소비용)의 재판이 문제되지 아니한다.

3) 원심재판장의 항소장각하명령에 대한 불복

원심재판장의 항소장각하명령에 대하여는 즉시항고를 할 수 있다(법 제399조 제3항).[167]

이 즉시항고는 성질상 최초의 항고이므로,[168] 그 항고법원은 대법원이 아니라 제2심법원

163) 소송구조제도의 운영에 관한 예규(재일 2002-2) 제6조 제1항.
항고, 상고, 재항고의 경우도 마찬가지임은 물론이다. 같은 항, 같은 조 제2항.

164) 대법원 2012. 3. 30.자 2011마2508 결정의 방론.

165) 대법원 2006. 5. 2.자 2005마933 결정.

166) 부정설 : 광주고법 2010. 3. 10.자 2009라101 결정. 긍정설 : 광주지법 목포지원 2009. 8. 14.자 2008가합2307 명령(위 항고심 결정의 원명령).

167) 그 실례로는, 서울고법 2010. 3. 22.자 2010라535 결정 ; 광주고법 2010. 3. 10.자 2009라101 결정.

168) 대법원 1995. 5. 15.자 94마1059,1060 결정(사안은 항고장각하명령에 대한 불복).

이다. 이 점, 후술하는 항소심재판장의 항소장각하명령과 다르다.

4) 원심재판장의 항소장각하명령의 효력

원심재판장의 항소장각하명령으로 종국되는 사건은, 즉시항고를 할 수 있는 명령으로 종국되는 것이므로, 항소장각하명령이 확정된 때에 사건이 완결된다.[169)]

항소인은, 항소장에 대한 각하명령이 확정된 경우에는 항소장에 붙인 인지액 중 일정액의 환급을 청구할 수 있다(민사소송 등 인지법 제14조 제1항 제1호).

나. 항소기록의 송부

1) 개 관

항소장이 각하되지 아니한 때에 원심법원의 법원사무관등은 항소장이 제출된 날부터(항소장이 판결정본의 송달 전에 제출된 경우에는 판결정본이 송달된 날부터. 규칙 제127조 제1항) **2주 이내에 항소기록에 항소장을 붙여 항소법원으로 보내야 한다**(법 제400조 제1항).

그러나, **항소장심사권에 기하여 원심재판장등이 흠을 보정하도록 명한 때에는 그 흠이 보정된 날부터 1주 이내에 항소기록을 보내야 한다**(법 제400조 제2항).

다만, 원심재판장등이 판결정본의 송달 전에 제출된 항소장에 대하여 보정명령을 내린 경우의 항소기록 송부기간은 판결정본의 송달 전에 그 흠이 보정된 때에는 판결정본이 송달된 날부터 2주, 판결정본의 송달 이후에 그 흠이 보정된 때에는 보정된 날부터 1주로 한다(규칙 제127조 제2항).

2) 송부를 하기 전의 조치

특기할 것은, 제1심에서 피고에게 공시송달을 한 사건에 대하여 상소(항소)가 제기된 때에는, 법원사무관등은 - 기록송부에 앞서 - 서증 목록을 작성하여야 한다(규칙 제32조 제4항 단서 후단).

한편, 종이기록사건에서는, 상소된 경우에는 원심법원은 해당 심급의 전체 송달현황목록을 기록 말미에 편철하나,[170)] 전자기록사건에서는 상소 제기나 공시송달의 경우에도 송달현황목록을 기록에 편철하지 아니한다.[171)]

또한, 전자기록사건에서는, 분리심리되어 일부가 상소되고 나머지는 원심에 계속 중인 경

169) 보존예규 제2조 제3호 아목.

170) 송달통지서 전산화에 따른 업무처리지침(재일 2006-2) 제4조 제1항.

171) 민전예규 제65조.

우, 법원사무관등은 전자기록을 복제할 수 있으며,[172] 따라서 그 복제한 기록을 항소법원에 이관하게 된다.[173]

6. 항소기록 송부에 따른 항소법원의 조치

가. 항소법원의 사건접수

항소법원은 기록송부를 받으면 사건번호를 부여하고 사건배당절차를 밟는다.

주의할 것은, 제1심의 사건번호가 둘 이상이었을 때에는 항소심에서도 각각 이에 대응하여 사건번호를 따로 붙인다는 점이다. 다만, 항소심에 송부되지 아니하는 부분에 대하여서는 사건번호가 부여되지 아니함은 물론이다.

나. 항소장 부본의 송달

항소장의 부본은 피항소인에게 송달하여야 한다(법 제401조). 항소장 부본과 함께 「소송절차 안내서」도 송부함이 실무이다.[174]

법에는 항소장 부본의 송달이 원심법원의 직무인지 아니면 항소법원의 직무인지 명문의 규정이 없으나, 후자로 해석된다. 기술하였듯이 상소기록 송부기간의 기산점이 항소장제출일일 뿐더러, 후술하는 항소장 부본의 송달불능에 따른 보정명령과 이에 불응하였을 때의 항소장각하명령은 항소법원의 송달을 전제로 한 것이기 때문이다. 다만, 항소장 부본을 송달하기에 앞서 항소장 심사가 이루어져야 할 것임은 물론이다.

항소심 사건이 전자기록사건이고 피항소인이 전자소송 비동의자인 때에는, 「전자소송에 관한 안내문」도 함께 송부하게 된다.[175]

다. 항소심재판장등의 항소장심사권[176]

1) 개 관

항소장에 필요적 기재사항이 누락되거나(법 제397조 제2항의 위반) **항소장에 법률의 규정에 따른 인지를 붙이지 아니하였는데도 원심재판장이[177] 항소장각하명령을 하지 아니한 경우에**

---

172) 민전예규 제51조 제1항 제1호.

173) 민전예규 제46조 제5항 본문 참조.

174) 소송절차 안내서 양식에 관한 예규(재일 2001-3) 제3조 제1항.

175) 민전예규 제60조 단서.

176) 그 내용은 원심재판장의 항소장심사권과 대동소이하므로, 상세한 것은 해당 부분을 참조하라.

는, 항소심재판장은 항소인에게 상당한 기간을 정하여 그 기간 이내에 흠을 보정하도록 명하여야 한다(법 제402조 제1항 전문 전단).

또한, **항소장의 부본을 송달할 수 없는 경우에도, 항소심재판장은 항소인에게 상당한 기간을 정하여 그 기간 이내에 흠을 보정하도록 명하여야 한다**(같은 항전문 후단).[178]

그러나, **항소심재판장은 법원사무관등으로 하여금 위 보정명령을 하게 할 수 있다**(같은 항 후문).

2) 항소심재판장의 항소장각하명령

항소인이 항소심의 보정명령에서 정한 기간 이내에 흠을 보정하지 아니한 때에는, 항소심재판장은 명령으로 항소장을 각하하여야 한다(법 제402조 제2항 전단).[179]

주소보정을 하지 아니한 때 역시 이에 해당함은 물론이다.[180]

다만, 항소장 전체의 취지로 보아 제1심판결의 변경을 구한다는 내용임을 알 수 있는 경우라면, 항소심 재판장이 항소취지 또는 항소이유를 명확히 하라는 보정명령을 하였는데도 항소인이 이에 불응하였다고 하더라도 이는 재판장의 항소장 각하명령에 관한 법 제402조 제2항이 적용될 사유에는 해당하지 아니한다.[181]

또한, **항소인이 원심의 보정명령에서 정한 기간 이내에 흠을 보정하지 아니하였거나 항소기간을 넘긴 것이 분명함에도 불구하고 원심재판장이 항소장을 각하하지 아니한 때에도, 항소심재판장은 명령으로 항소장을 각하하여야 한다**(같은 항 후단).

이 경우에도 소송비용(항소비용)의 재판은 문제되지 아니한다.

다만, 항소장이나 판결문 등에 기재된 피항소인의 주소 외에 다른 주소가 소송기록에 있는 경우에는 그 다른 주소로 송달을 시도해 본 다음 그곳으로도 송달되지 않는 경우에 항소인에게 주소보정을 명하여야 하며, 그러한 조치를 취하지 않은 채 항소장에 기재된 주소로 송달

---

177) 법문에는 "… 원심재판장등이 …"로 되어 있으나, 이는 입법의 착오이다. 항소장의 심사와 달리 항소장 각하명령은 (원심의) 법원사무관등이 할 수 없기 때문이다. 후술하듯이, 법 제402조 제2항 후단은 정당하게도 "… 원심재판장이 항소장을 각하하지 아니한 때에는 …"이라고 규정하고 있다.

178) 대법원 2021. 4. 22.자 2017마6438 전원합의체 결정. 동지 : 대법원 1971. 5. 12.자 71마317 결정.

179) 그 실례로는, 대전고법 2019. 4. 19.자 2019나10222, 2019나10239(독립당사자참가의소) 명령(사안은 주소 미보정) ; 서울고법 2014. 1. 7.자 2013나2023400 명령(사안은 주소 미보정) ; 서울중앙지법 2013. 9. 5.자 2012가합518397,2012가합70024(독립당사자참가의소),2013가합38294(독립당사자참가의소) 명령(사안은 인지대, 송달료 미보정) ; 춘천지법 2012. 12. 14.자 2012나5036 명령(사안은 필요적 기재사항 미보정) ; 서울남부지법 2011. 8. 23.자 2011나6309 명령(사안은 주소 미보정).

180) 대법원 2021. 4. 22.자 2017마6438 전원합의체 결정. 동지 : 대법원 1971. 5. 12.자 71마317 결정.

181) 대법원 2012. 3. 30.자 2011마2508 결정.

이 되지 아니하였다는 것만으로 곧바로 주소보정을 명하고 이에 응하지 않음을 이유로 항소장을 각하하는 것은 올바른 조치가 아니다.[182)]

주의할 것은, 항소장이 피항소인에게 송달되어 항소심법원과 당사자들 사이의 소송관계가 성립하면 항소심재판장은 더 이상 단독으로 항소장 각하명령을 할 수 없다.[183)] 즉, 그 후로는 항소요건에 흠이 있고 보정이 되지 아니하는 경우에 항소법원의 항소각하 판결이 문제될 따름이다.

같은 이치에서, 독립당사자참가소송의 제1심 본안판결에 대해 일방이 항소하고 피항소인 중 1명에게 항소장이 적법하게 송달되어 항소심법원과 당사자들 사이의 소송관계가 일부라도 성립한 것으로 볼 수 있다면, 항소심재판장은 더 이상 단독으로 항소장 각하명령을 할 수 없다.[184)]

3) 항소심재판장의 항소장각하명령에 대한 불복

항소심재판장의 항소장각하명령에 대하여는 즉시항고(재항고. 법 제442조)**를 할 수 있다**(법 제402조 제3항).

4) 항소심재판장의 항소장각하명령의 효력

항소심재판장의 항소장각하명령으로 종국되는 사건은, 즉시항고를 할 수 있는 명령으로 종국되는 것이므로, 항소장각하명령이 확정된 때에 사건이 완결된다.[185)]

---

182) 대법원 2014. 4. 16.자 2014마4026 결정.

183) 대법원 2020. 1. 30.자 2019마5599,5600 결정. 동지 : 대법원 1981. 11. 26.자 81마275 결정.

184) 대법원 2020. 1. 30.자 2019마5599,5600 결정(A 등이 B를 상대로 제기한 제1심 소송계속 중 C 학교법인이 독립당사자참가를 하여 A 등의 본소청구를 기각하고 C 법인의 청구를 인용하는 판결이 선고되자 A 등이 항소하면서 항소장의 항소취지에 '원심판결을 취소한다'는 기재와 함께 본소의 청구취지를 기재하였으나 참가사건의 청구취지는 별도로 기재하지 않았는데, A 등이 제출한 항소장 부본이 C 법인에 송달되었으나 B에게는 폐문부재로 송달되지 않았고, 이에 원심재판장이 A 등에게 B에 대한 주소를 보정하도록 하였으나, A 등이 보정기간 내에 이를 이행하지 않자 주소보정명령 불이행을 이유로 A 등이 제출한 항소장 전부에 대해 항소장 각하명령을 한 사안에서, B 등이 제출한 항소장에는 본소와 참가사건의 사건명, 사건번호는 물론 C 법인도 당사자로 표시되어 있고, 제1심판결의 본소 및 참가사건에 대한 주문 내용이 전부 기재되어 제1심판결의 취소를 구하는 취지가 담겨 있으므로, A 등은 본소와 참가사건 모두에 대해 항소한 것으로 보이고, 항소장의 항소취지에 본소에 대한 부분만 기재하고 참가사건에 대한 부분을 누락하였다는 사정만으로 A 등의 항소범위가 본소에 한정된다고 볼 수는 없으며, 나아가 제1심에서 이루어진 C 법인의 독립당사자참가로 인하여 합일적으로 확정될 결론을 내려야 하는 A 등과 B 및 C 법인에 대하여 하나의 종국판결이 선고되었고, A 등이 제출한 항소장 부본이 C 법인에 적법하게 송달되어 항소심법원과 항소인인 A 등, 피항소인 중 일부인 C 법인 사이에 소송관계가 성립한 이상, 항소심재판장은 더 이상 단독으로 항소장 각하명령을 할 수 없고, 다른 피항소인인 을에게 항소장 부본이 송달되지 않았고 A 등이 주소보정명령을 이행하지 않았더라도 달리 볼 수 없으므로, 원심재판장의 명령에 법리오해의 잘못이 있다고 한 사례).

항소인은, 항소장에 대한 각하명령이 확정된 경우에는 항소장에 붙인 인지액 중 일정액의 환급을 청구할 수 있다(민사소송 등 인지법 제14조 제1항 제1호).

라. '항소심' 관할위반시의 처리

가령, 행정소송에 관련소송으로서 민사소송이 병합된 사건을 인천지방법원 단독판사가 제1심으로 심판하였는데도 항소기록이 같은 법원 합의부로 송부된 경우, 같은 법원 합의부는 관할위반(법 제34조 제1항)을 이유로 사건을 서울고등법원에 이송하여야 한다.[186]

마. 항소인에 대한 석명준비명령

항소장에 구체적인 항소이유가 기재되어 있지 않은 경우, 기록이 접수된 후 지체없이 항소인에게 상세한 항소이유를 기재한 준비서면을 정해진 기한 안에 제출하도록 촉구하는 석명준비명령을 「항소이유 제출서」와 함께 송달함이 실무이다.[187]

항소인은 항소이유로서 다음 각호의 사항을 적어야 한다(규칙 제126조의2 제1항).

① 제1심 판결 중 사실을 잘못 인정한 부분 또는 법리를 잘못 적용한 부분

② 항소심에서 새롭게 주장할 사항

③ 항소심에서 새롭게 신청할 증거와 그 입증취지

④ ②와 ③에 따른 주장과 증거를 제1심에서 제출하지 못한 이유

한편, 항소심 사건이 전자기록사건이고 항소인이 전자소송 비동의자인 때에는, 「전자소송에 관한 안내문」도 함께 송부하게 된다.[188]

한편, 근년에 서울고등법원은 민사소송용 항소이유서 표준양식을 제안하였는데, 이는 '대한민국법원 전자민원센터'에서 구할 수 있다.

국제사건에 대하여 항소하는 경우 당사자는 (제1심에서 외국어 변론이 허가되었던 그) 외국어로 작성된 항소이유서를 제출할 수 있다고 할 것이다(국제재판부의 설치 및 운영에 관한 규칙 제18조 제1항의 확장해석).

---

185) 보존예규 제2조 제3호 아목.

186) 대법원 2016. 10. 13. 선고 2016다221658 판결.

187) '사건관리예규'.
cf. 「항소이유 제출서」 제도는 2017. 2. 21.부터 공식적으로 시행되었는데, 이 서면은 항소이유의 요지를 기재하는 일종의 체크리스트이다.

188) 민전예규 제60조 단서.

바. 피항소인에 대한 답변서 제출명령

재판장등은 - 쟁점 확인을 위해 필요한 경우 - [189] 피항소인에게 상당한 기간을 정하여 항소인의 항소이유 주장(규칙 제126조 제1항 제1호)에 대한 반박내용을 기재한 준비서면을 제출하게 할 수 있다(규칙 제126조의2 제2항).

7. 항소의 취하[190]

가. 개 관

항소는 항소심의 종국판결이 있기 전에 취하할 수 있다(법 제393조 제1항).

소취하와 유사하게도, (항소가) 취하된 부분에 대하여는 항소가 처음부터 제기되지 아니한 것으로 보므로(법 제393조 제2항, 제267조 제1항), 다음과 같은 결과가 된다.

첫째, 항소취하는 소의 취하나 항소권의 포기와 달리 제1심 종국판결이 유효하게 존재하므로, 항소기간 경과 후에 항소취하가 있는 경우에는 항소기간 만료 시에 소급하여 제1심판결이 확정된다.[191]

둘째, 그러나, 항소기간 경과 전에 항소취하가 있는 경우에는 그 판결은 확정되지 아니하고 항소기간 내라면 그 항소인은 다시 항소의 제기가 가능하다.[192]

주의할 것은, 항소의 취하(취하간주)로 종료되는 사건은 취하(취하간주)의 효력이 발생한 때에 사건이 완결된다.[193]

나. 요 건

항소 취하의 요건에 관해서는 몇 가지 주의할 점이 있다.

첫째, 항소의 취하는 항소의 전부에 대하여 하여야 하고, 상소불가분의 원칙상 항소의 일부 취하는 효력이 없다.[194]

따라서, 가령, 병합된 수개의 청구 전부에 대하여 불복한 항소에서 그중 일부 청구에 대한

---

189) '사건관리예규'.

190) cf. 증권관련집단소송에서는 상소의 취하에 법원의 허가가 필요하다(증권관련 집단소송법 제38조 제1항).

191) 대법원 2016. 1. 14. 선고 2015므3455 판결. 동지: 대법원 2017. 9. 21. 선고 2017다233931 판결.

192) 대법원 2016. 1. 14. 선고 2015므3455 판결.

193) 보존예규 제2조 제3호 다목.

194) 대법원 2017. 2. 7.자 2016마937 결정. 동지: 대법원 2017. 1. 12. 선고 2016다241249 판결.

불복신청을 철회하였다 하더라도 그것은 단지 불복의 범위를 감축하여 심판의 대상을 변경하는 효과를 가져오는 것에 지나지 아니하고,[195] 항소인이 항소심의 변론종결시까지 언제든지 서면 또는 구두진술에 의하여 불복의 범위를 다시 확장할 수 있는 이상 항소 그 자체의 효력에 아무런 영향이 없다.[196]

둘째, 미성년후견인, 성년후견인 또는 한정후견인이 항소의 취하를 하기 위하여서는 후견감독인이 있으면 그의 동의가, 후견감독인이 없는 경우에는 가정법원의 허가가 필요하다고 할 것이다(법 제56조 제2항의 확장해석).[197]

셋째, 소송대리인의 항소의 취하에도 위임인의 특별수권이 필요하다(법 제90조 제2항 제3호).

이에 반하여, 특별대리인은 특별한 사정이 없는 한 상소를 취하할 권한이 있다.[198]

넷째, 항소취하는 소취하와 달리 상대방(즉, 피항소인)의 동의가 필요 없다(법 제393조 제2항에서 제266조 제2항의 부준용).[199]

또한, 통상의 보조참가에서는, 피참가인이 보조참가인이 제기한 항소를 취하할 수도 있다.[200]

그러나, 공동소송적 보조참가에서는, 참가인이 항소를 할 경우에 피참가인이 항소취하를 할 수는 없으며(법 제78조, 제67조 제1항),[201] 피참가인이 항소취하를 하여도 공동소송적 보조참가인의 항소는 그 효력이 지속된다.[202]

다. 방 식

1) 원칙 : 항소취하서의 제출

소취하와 마찬가지로, **항소의 취하는 서면**(「항소취하서」)[203]**으로 하여야 한다**(법 제393조 제2항, 법 제266조 제3항 본문).[204]

---

195) 대법원 2017. 1. 12. 선고 2016다241249 판결. 동지 : 대법원 2017. 2. 7.자 2016마937 결정.

196) 대법원 2017. 1. 12. 선고 2016다241249 판결.

197) 주석(민소1), 404~5면(장석조 집필부분) ; 김홍엽, 198면.

198) 대법원 2018. 12. 13. 선고 2016다210849,210856 판결(사안은 구 「민사소송법」(2016. 2. 3. 법률 제13952호로 개정되기 전의 것)).
위 판결은 "권리"라고 표현하였으나, 관견으로는 의문이다.

199) 대법원 1971. 10. 22. 선고 71다1965 판결.

200) 대법원 1984. 12. 11. 선고 84다카659 판결(사안은 항소포기). 동지 : 대법원 2010. 10. 14. 선고 2010다38168 판결(사안은 항소포기).

201) 대법원 2017. 10. 12. 선고 2015두36836 판결의 방론(사안은 상고).

202) 대법원 1967. 4. 25. 선고 66누96 판결(사안은 상고).

203) '인지액·편철방법예규'.

소송기록이 원심법원에 있는 때에는 항소의 취하는 원심법원에 하여야 한다(규칙 제126조).

항소취하서에 관한 사항은 소취하서의 경우와 유사하므로 상세한 것은 '소의 취하' 부분의 서술을 참고하기 바란다.

2) 보칙 : 구술취하

다만, 소취하와 마찬가지로, **항소의 취하는 변론 또는 변론준비기일에서 말로도 할 수 있다**(법 제393조 제2항, 법 제266조 제3항).[205)]

말로 한 항소의 취하도 조서에 반드시 기재하여야 할 것이다(법 제154조 제1호, 제155조 제2항의 유추해석).

라. 항소취하서 부본 등의 송달

1) 서면으로 항소를 취하한 경우

소취하의 경우와 마찬가지로, **항소장을 송달한 뒤에는 항소취하서 부본을 상대방에게 송달하여야 한다**(법 제393조 제2항, 제266조 제4항).

이와 관련하여 주의할 것은, 취하의 효력은 적법한 항소취하서가 제출되면 그때에 발생하는 것이고, 「민사소송법」이 항소취하서를 상대방에게 송달하도록 한 취지는 항소취하를 알려주라는 뜻이지 그 통지를 항소취하의 요건 내지 효력으로 한다는 취지는 아니다.[206)]

2) 말로 항소를 취하한 경우

소취하의 경우와 마찬가지로, **변론 또는 변론준비기일에서 말로 항소의 취하를 한 경우에 상대방이 변론 또는 변론준비기일에 출석하지 아니한 때에는 그 기일의 조서등본을 송달하여야 한다**(법 제393조 제2항, 법 제266조 제5항).

마. 항소취하간주

항소심에서 '2회 쌍불' 또는 '3회 쌍불'이 되면 항소를 취하한 것으로 봄은 후술하는 바와 같으며, 법원재난에 기한 조치를 기간내에 하지 아니한 경우에 상소취하간주됨은 '상소 일반' 부분에서 기술한 바와 같다.

---

204) 대법원 2018. 5. 30. 선고 2017다21411 판결의 방론.

205) 대법원 2018. 5. 30. 선고 2017다21411 판결의 방론.

206) 대법원 1980. 8. 26. 선고 80다76 판결.
cf. 이는 상소권포기와 마찬가지임은, '상소 일반' 부분에서 기술하였다.

상소취하간주 사실에 관하여 별도의 선고를 요하지 아니함[207] 등도 '당사자의 행위에 의한 소송의 종료' 부분에서 기술한 바와 같다.

바. 인지액 중 일정액의 환급

항소인은 항소심에서 변론종결 전에 항소가 취하(취하로 간주되는 경우를 포함한다)**된 경우에는 항소장에 붙인 인지액 중 일정액의 환급을 청구할 수 있다**(민사소송 등 인지법 제14조 제1항 제2호).

주의할 것은, 변론종결 후에 항소를 취하한 때에는 인지액환급청구를 할 수 없다는 점이다(위 규정의 반대해석).[208]

사. 항소취하의 효력을 다투는 절차 : 기일지정신청

소취하의 경우와 마찬가지로, 항소의 취하가 부존재 또는 무효라는 것을 주장하는 당사자는 기일지정신청을 할 수 있으며(규칙 제67조의 준용), 이는 '쌍불취하'에 따른 항소취하간주의 효력을 다투는 경우에도 같다(규칙 제68조의 준용).

8. 항소취지의 변경

가. 항소취지의 확장

제1심판결 일부에 대하여 항소하였다고 하더라도 항소인은 항소취지를 항소심 변론종결 시까지 확장할 수 있다.[209]

「항소취지확장신청서」에는, '확장 후의 불복범위를 기준으로 하여 소장에 붙일 인지액(민사소송 등 인지법 제2조)의 1.5배에 해당하는 금액'에서 '확장 전의 항소에 관한 인지액'을 뺀 금액의 인지를 붙여야 할 것이다(민사소송 등 인지법 제5조 제2호의 유추해석).[210]

나. 항소취지의 감축

항소의 일부취하가 허용되지 아니함은 기술한 바와 같으나, 불복범위의 감축, 즉 항소취지

207) 대법원 1963. 8. 22. 선고 63다271 판결.

208) 인지실무, 15면.

209) 대법원 2002. 10. 11. 선고 2002다33137 판결.

210) '인지액·편철방법예규'는 민사소송 등 인지법 제2조, 제3조 소정액의 인지를 붙여야 한다고 규정하고 있으나, 관견으로는 의문이다.

의 감축은 허용된다.[211)]

항소취지를 감축하였다가 다시 확장하는 것도 가능하다.[212)]

9. 부대항소

가. 개 관

피항소인은 항소권이 소멸된 뒤에도 변론이 종결될 때까지 부대항소(附帶抗訴)**를 할 수 있으며**(법 제403조), **부대항소에는 항소에 관한 규정을 적용한다**(법 제405조).

즉, 부대항소란 피항소인의 항소권이 소멸하여 독립하여 항소를 할 수 없게 된 후에도 상대방이 제기한 항소의 존재를 전제로 이에 부대하여 원판결을 자기에게 유리하게 변경을 구하는 제도이다.[213)] 예컨대, 항소기간을 도과한 당사자라도 부대항소는 제기할 수 있다.

피항소인이 부대항소를 할 수 있는 범위는 항소인이 주된 항소에 의하여 불복을 제기한 범위에 의하여 제한을 받지 아니한다.[214)]

그러나, 부대항소를 제기하기 위하여서는 부대항소의 이익은 있어야 하는바, 예컨대 이미 항소를 제기한 당사자는 부대항소의 이익이 없다.

그런데, 통상의 공동소송에서 공동당사자 일부만이 항소를 제기한 때에는, 피항소인은 항소인인 공동소송인 이외의 다른 공동소송인을 상대방으로 하거나 상대방으로 보태어 부대항소를 제기할 수는 없다.[215)]

관견으로는, 예비적·선택적 공동소송에서는 단순한 상소심당사자도 부대항소를 할 수 있다고 본다. 예컨대, 원고가 주위적 피고에 대한 청구 기각, 예비적 피고에 대한 청구 인용의 제1심 판결에 불복, 항소한 경우, 항소기간이 도과한 예비적 피고라도 제1심 판결에 불복하여 부대항소를 할 수는 있다고 할 것이다.

나. 부대항소장

1) 개 관

부대항소는 「부대항소장」을 법원에 제출함으로써 함이 원칙이다(법 제397조 제1항의 준용).[216)]

---

211) 대법원 2017. 1. 12. 선고 2016다241249 판결 참조.

212) 대법원 2017. 1. 12. 선고 2016다241249 판결 참조.

213) 대법원 1999. 11. 26. 선고 99므1596,1602 판결. 동지 : 대법원 2003. 9. 26. 선고 2001다68914 판결.

214) 대법원 1999. 11. 26. 선고 99므1596,1602 판결. 동지 : 대법원 2003. 9. 26. 선고 2001다68914 판결.

215) 대법원 2015. 4. 23. 선고 2014다89287 판결.

다만, 부대항소장은 소송기록이 있는 법원에 제출하여야 한다(법 제395조 제1항 참조).

2) 기재사항

부대항소장에도 다음 각호의 사항을 적어야 한다(법 제397조 제2항의 준용).

① 당사자와 법정대리인

이때 당사자의 명칭은 '부대항소인', '부대피항소인'이라 함이 실무이다.

② 제1심 판결의 표시와 그 판결에 대한 부대항소의 취지

부대항소장에 관한 제반사항도 항소장의 그것에 준함은 물론이다.

3) 인지의 첩부 및 송달료의 예납

부대항소장에도 항소장과 마찬가지로 인지를 붙여야 하며,[217] 송달료도 예납하여야 한다.

다. 부대항소의 종속성

부대항소의 이익은 본래 상대방의 항소에 의존한 은혜적인 것이므로,[218] **부대항소는 항소가 취하되거나 부적법하여 각하된 때에는 그 효력을 잃는다**(법 제404조 본문).

다만, 항소기간 이내에 한 부대항소는 독립된 항소로 보나(법 제404조 단서. 독립부대항소), 이는 항소의 이익을 갖추어야 하는 것으로 해석된다.

10. 항소법원의 가집행선고결정

가. 개 관

항소법원은 제1심 판결중에 불복신청이 없는 부분에 대하여는 당사자의 신청에 따라 결정으로 가집행의 선고를 할 수 있다(법 제406조 제1항).

이 신청은 – 청구취지에서 구하는 가집행선고의 신청(법 제213조 제1항)과 달리 – 신청권에 기초한 중간적·부수적 신청이다.[219]

즉, 제1심 판결에 가집행선고가 붙지 않은 경우에 이러한 신청을 할 수 있겠으나, 실제로는 그러한 경우는 – 제1심 판결에서 가집행선고가 누락된 경우 외에는 – 상정하기 어렵다.

---

216) 다만, 항소장을 부대항소장으로 정정하는 것도 가능하다. 대법원 1965. 1. 26. 선고 64다1488 판결.

217) '인지액·편철방법예규'.

218) 대법원 2004. 4. 28. 선고 2004다4225 판결.

219) 구 '인지액·편철방법예규'(2012. 2. 20. 재판예규 제1379호로 개정되기 전의 것) 참조.

나. 불 복

가집행선고신청을 기각한 결정에 대하여는 즉시항고(재항고, 법 제442조)**를 할 수 있다**(법 제406조 제2항).

가집행선고 결정에 대하여서는 불복할 수 없는 것으로 해석된다.

11. 가지급물반환신청

가. 개 관

1) 가지급물반환신청의 의의

가집행선고에 기하여 집행을 하였다 하더라도, 추후 상소심에서 본안판결이 바뀌게 되면 가집행채권자는 가집행의 선고에 따라 지급받은 물건을 돌려줄 것과 가집행으로 말미암은 손해 또는 그 면제를 받기 위하여 입은 손해를 배상할 의무를 부담하게 된다.[220]

그런데 더 나아가, (원심에서 원고의 승소를 선고한) **본안판결을** (원고 패소로) **바꾸는 경우에는 법원은 피고의 신청에 따라 그 판결에서 가집행의 선고에 따라 지급한 물건을**[221] **돌려 줄 것**(원상회복)**과, 가집행으로 말미암은 손해 또는 그 면제를 받기 위하여 입은 손해를 배상할 것**(손해배상)**을 원고에게 명하여야 한다**(법 제215조 제2항).[222][223]

이러한 가집행선고 실효로 인한 원상회복(또는 손해배상) 신청을 실무상 '가지급물반환신청'이라 한다.

법 제215조 제2항의 입법 취지는, 가집행선고부 승소판결에 의한 가집행은 그 본안판결의 확정을 기다리지 아니하고 권리의 때 이른 실현을 허용하는 것으로서 가집행채권자에게 이익을 주나, 반면 가집행 후에 그 기초가 되는 판결이 상소심에서 취소되고 이로써 그 가집행선고가 실효되었다면 그 가집행선고는 결과적으로 가집행채무자에게 실체적으로 정당화되지 아니하는 불이익을 주는 것이 되므로, 위와 같은 가집행으로 인한 당사자들 사이의 이해관계를 공평하게 조정하기 위한 것이다.[224] 요컨대, 이 제도는 본래부터 가집행이 없었던 것

---

220) 대법원 2004. 2. 27. 선고 2003다52944 판결. 동지 : 대법원 2012. 4. 13. 선고 2011다104130 판결 ; 대법원 2014. 4. 10. 선고 2013다52073 판결.

221) 구법(2002. 1. 26. 법률 제6626호로 전부개정되기 전의 것) 제201조 제2항은 "가집행선고로 인한 지급물을"이라는 표현을 사용하였다.

222) 헌재 2017. 5. 25. 선고 2014헌바360 결정은, 법 제215조 제2항이 자기책임의 원리에 반하지 아니한다고 보았다.

223) 피고의 신청 없이는 법원이 그와 같은 재판을 할 수 없음은 물론이다. 대법원 1970. 2. 10. 선고 65다1629 판결.

과 같은 원상으로 회복시키려는 공평의 관념에 입각한 것이다.[225]

즉, 가집행에 의하여 집행을 당한 채무자로서는, 상소심에서 본안판결이 바뀜으로 인한 원상회복 및 손해배상을 나중에 별소로 청구할 수도 있으나, 상소심에서 가지급물반환신청을 하면 본안 심리절차를 이용하여 신청의 심리를 받음으로써 차후 별소를 제기하는 비용, 시간 등을 절약할 수 있다.[226][227]

그러나 가령, 항소심이 무조건 이행을 명한 제1심판결을 변경하여 상환 이행을 명한 경우, 제1심판결에서 인정된 소송의 목적인 권리가 항소심에서도 여전히 인정되는 점은 아무런 변경이 없고, 따라서 이 경우에 가집행 채무자로서는 법 제215조 제2항에 의하여 가지급물반환을 구할 수 없다.[228]

또한, 이론적으로, **가집행의 선고를 바꾼 뒤 본안판결을 바꾸는 경우에도 가지급물반환신청을 할 수 있으나**(같은 조 제3항), 실제로는 가집행선고만을 바꾸는 경우란 상정하기 어렵다.

2) 가지급물반환신청의 성질

가지급물반환신청의 성질은 예비적 반소의 일종으로서,[229] 본안판결이 변경되지 아니하는 것을 해제조건으로 하는 것이다.[230]

그러나, 본안판결을 오히려 피고에게 불리하게 변경할 때에도 가지급물반환신청을 인용할 수 없음은 물론이다.

따라서, 집행을 당한 채무자가 본안에 대하여 불복을 제기함과 아울러 본안을 심리하고 있는 상소심에서 변론종결 전에 그 신청을 하여야 함이 원칙이다.[231] 다만, 가지급물반환신청은, 일반적인 항소심에서의 반소(법 제412조 제1항)와 달리 상대방(원고)의 동의 없이 제기할

224) 대법원 2010. 11. 11. 선고 2009다18557 판결. 동지 : 대법원 1984. 12. 26. 선고 84다카1695 판결.

225) 대법원 1976. 3. 23. 선고 75다2209 판결. 동지 : 대법원 2004. 2. 27. 선고 2003다52944 판결 ; 대법원 2012. 4. 13. 선고 2011다104130 판결 ; 대법원 2014. 4. 10. 선고 2013다52073 판결.

226) 대법원 1997. 11. 28. 선고 97다6810 판결. 동지 : 대법원 2000. 2. 25. 선고 98다36474 판결 ; 대법원 2011. 8. 25. 선고 2011다25145 판결.

227) 그런데, 제도의 취지상, 추후보완항소의 경우에도 비슷한 문제상황이 발생하나, 그 경우까지 가지급물반환신청을 하는 것은 현행법 해석론의 한계를 넘으므로, 그 경우에는 피고로서는 예비적 반소로써 부당이득 반환청구를 하는 수밖에 없다.

228) 대법원 1995. 9. 29. 선고 94다23357 판결.

229) 대법원 1996. 5. 10. 선고 96다5001 판결. 동지 : 대법원 2005. 1. 13. 선고 2004다19647 판결 ; 대법원 2009. 9. 10. 선고 2009다41786 판결 ; 대법원 2011. 8. 25. 선고 2011다25145 판결

230) 대법원 2005. 2. 25. 선고 2003다40668 판결. 동지 : 대법원 2011. 8. 25. 선고 2011다25145 판결 ; 대법원 2013. 9. 13. 선고 2011다56033 판결 ; 대법원 2015. 2. 26. 선고 2012다89320 판결.

231) 대법원 2000. 2. 25. 선고 98다36474 판결.

수 있다는 특수성이 있다.

나. 방 식

1) 기재사항

가지급물반환신청에서도 '소송촉진법' 소정의 지연손해금을 청구할 수 있다.[232)]

따라서, 그 신청취지도 "1. 원고는 피고에게 가지급물의 반환으로 ○○○원 및 이에 대한 0000. 0. 0.부터 이 사건 항소심 판결선고일까지는 연 5%의, 그 다음 날부터 다 갚는 날까지는 연 12%의 각 비율에 의한 돈을 지급하라. 2. 소송비용 중 가지급물반환신청으로 인한 부분은 원고가 부담한다. 3. 제1항은 가집행할 수 있다." 식이 될 것이다.[233)]

특기할 것은, 본래의 채권채무관계의 준거법이 외국법이라 하더라도, 가지급물반환신청의 지연손해금 비율에 관하여서는 우리 법이 적용된다.[234)]

2) 인지의 첩부

가지급물반환신청은 본안의 신청이지만 중간적·부수적 신청이므로, 그 신청서에는 본소와 그 목적이 같은 반소장에 붙일 인지액(민사소송 등 인지법 제4조 제2항 제2호)에 해당하는 인지를 붙여야 하되, 송달료는 예납하지 아니하며, 신청서는 주기록에 가철된다.[235)]

따라서, 예컨대, 1억 원의 대여금청구 소송에서 제1심에서 전부패소하여 1억 원을 강제집행당한 피고가 이에 전부 불복, 항소를 제기하면서 가지급물반환신청을 하는 경우, 인지액은 0원이다.[236)]

다. 가지급물반환의 내용

1) 원상회복의무

가) 개 관

가지급물반환의 대상이 되는 "가집행의 선고에 따라 지급한 물건"은, 가집행의 결과 피고

232) 대법원 2005. 1. 14. 선고 2001다81320 판결.

233) 서울고법 2014. 2. 14. 선고 2013나43361 판결 등 참조.
다만, 위 판결은 가지급 당일부터 상사이율에 의한 지연손해금의 지급을, 신청서 송달 다음날부터 '소송촉진법'에 의한 지연손해금의 지급을 각 명하였으나, 관견으로는 이는 의문이다. 후술하듯이, 이 경우에는 상사이율이 아니라 민사이율이 적용되기 때문이다.

234) 대법원 2015. 2. 26. 선고 2012다79866 판결.

235) '인지액·편철방법예규'.

236) 인지실무, 90면.

가 원고에게 이행한 물건 또는 그와 동일시할 수 있는 것을 의미하는 것으로 볼 수 있다.237)

가집행으로 인한 변제가 있었다 하더라도, 항소심이 본안판결을 취소하면서그 가지급물의 반환을 명할 수 있음은 당연하다.238)

원상회복의무는 성질상 부당이득의 반환채무라 할 것이다.239)

다만, 이러한 원상회복의무는 가집행선고의 실효가 기왕에 소급하는 것이 아니기 때문에 본래부터 가집행이 없었던 것과 같은 원상으로 회복시키려는 공평의 관념에서 민사소송법이 인정한 법정채무이다.240)

따라서, 이는 국제사법 제31조 단서에 정한 "부당이득이 당사자 간의 법률관계에 기하여 행하여진 이행으로부터 발생한 경우"에 해당한다고 볼 수 없다.241)

원고가 가집행선고를 이용하여 강제집행을 할 기세를 보인 까닭에 피고가 그 집행을 모면하기 위해서 부득이 변제로서 돈을 지급할 것이라든가,242) 가집행선고 있는 판결에 의한 강제집행 절차가 진행 중에 피고가 강제집행을 당할 형편에 있어 부득이 지급한 것이라면,243) 이는 - 임의변제라고는 볼 수 없고 - 가집행선고에 따라 지급한 물건에 해당한다고 해석함이 옳다.

그러나, 피고가 원고에게 이행한 물건이란, 가집행에 의하여 경락된 물건까지 포함하는 것은 아니다. 즉, 원고가 금전채권에 관한 가집행선고에 기하여 부동산에 대한 강제집행을 하여 원고 자신이 매수인이 되었더라도, 원고가 위 집행의 결과로서 지급받은 금전이 가지급물이 되는 것이지 부동산이 가지급물이 되는 것이 아니다.244)

또한, 주의할 것은, 가지급물반환의무에 불구하고, 가집행에 기하여 제3자가 취득한 권리에는 하등의 영향을 미치지 아니한다.245)

나) 가지급물이 금전인 경우

추후 상소심에서 본안판결이 바뀌게 되면, 그 가집행으로 인하여 지급된 것이 금전이라면

237) 대법원 2011. 9. 29. 선고 2011다17847 판결.
238) 대법원 1982. 1. 19. 선고 80다2626 판결.
239) 대법원 2005. 1. 14. 선고 2001다81320 판결. 동지: 대법원 2015. 2. 26. 선고 2012다79866 판결.
240) 대법원 2015. 2. 26. 선고 2012다79866 판결.
241) 대법원 2015. 2. 26. 선고 2012다79866 판결.
242) 대법원 1971. 6. 22. 선고 71다929 판결.
243) 대법원 1966. 7. 19. 선고 66다906 판결.
244) 대법원 1965. 8. 31. 선고 65다1311,1312 판결.
245) 대법원 1981. 5. 26. 선고 80다2591 판결.

특단의 사정이 없는 한 가집행채권자는 그 지급된 금원과 그 지급된 금원에 대하여 지급된 날 이후부터 법정이율에 의한 지연손해금을 지급하여야 한다.[246]

그런데, 가집행선고의 실효에 따른 원상회복의무는, 상행위로 인한 채무 또는 그에 준하는 채무라고 할 수는 없으므로, 그 지연손해금에 대하여는 – 설령 본안판결에서 지급을 명한 돈이 상사채권에 해당한다 하더라도 – 민법 소정의 법정이율에 의하여야 하는 것이고 상법 소정의 법정이율을 적용할 것은 아니다.[247]

다) 가지급물이 유체동산인 경우[248]

그러나, 가지급물이 금전이 아니라 유체동산이라면 주의할 점이 있다.

가집행선고부 판결에 기하여 실시한 유체동산에 대한 인도집행은 그 유체동산의 점유의 이전을 실현한 것이고, 그 가집행선고의 실효로 인한 가지급물 반환신청은 가집행선고부 판결에 기한 인도집행에 의하여 이전된 그 유체동산에 대한 점유의 회수를 구하는 것에 다름 아니라고 할 것인데, 이와 같은 점유물의 반환청구는 현실적으로 그 목적물을 점유하고 있는 자를 상대로 하여야 하고 불법점유자라 하여도 그 물건을 다른 사람에게 인도하여 현실적으로 점유를 하고 있지 않은 이상 그 자를 상대로 반환청구를 할 수 없다고 할 것이다.[249] 따라서, 원고가 그 점유를 상실한 이상, 피고는 원고에 대하여 그 유체동산 자체를 가지급물의 반환으로 구할 수 없다.[250]

2) 손해배상

위 배상의무는, 불법행위를 원인으로 한 손해배상의무와는 다른 소송물이며,[251] 공평원칙에 입각한 일종의 무과실책임이라고 봄이 상당하다.[252]

따라서, 손해배상의무에 관하여서는, 가집행채권자의 고의 또는 과실의 유무를 불문하나,[253] 가집행 채무자에게 가집행에 관하여 과실이 있는 때에는, 가집행 채권자의 손해배상

---

246) 대법원 2004. 2. 27. 선고 2003다52944 판결. 동지 : 대법원 2012. 4. 13. 선고 2011다104130 판결 ; 대법원 2014. 4. 10. 선고 2013다52073 판결.

247) 대법원 2004. 2. 27. 선고 2003다52944 판결.

248) cf. 이 경우에 원상회복이 아니라 손해배상이 문제된 사안으로는, 대법원 1976. 10. 26. 선고 76다1666 판결 참조.

249) 대법원 2000. 4. 7. 선고 99다68768 판결.

250) 대법원 2000. 4. 7. 선고 99다68768 판결 참조.

251) 대법원 1962. 5. 3. 선고 4294민상1548 판결.

252) 대법원 1979. 9. 11. 선고 79다1123 판결.

253) 대법원 1979. 9. 25. 선고 79다1476 판결. 동지 : 대법원 1984. 12. 26. 선고 84다카1695 판결 ; 대법원

책임 및 그 금액을 정함에 이를 참작하여야 한다.[254)]

가집행채권자가 가집행채무자에게 배상할 손해는 그 가집행과 상당인과관계가 있는 손해에 한하며,[255)] "가집행의 면제를 받기 위하여 입은 손해"에 대한 가집행채권자의 배상책임이 발생하는 데에는, 개별적인 사안에서 가집행채무자가 가집행채권자의 집행을 예기하여 그 집행을 면하기 위한 조치에 나아가는 것이 사회관념상 불합리하지 아니한 것으로 평가될 수 있어야 한다고 봄이 상당하다.[256)]

따라서, 가령, 가집행선고부 판결에 기한 강제집행의 집행비용도 가집행으로 말미암아 발생한 손해에 해당한다.[257)]

반면에, 가집행채무자가 가집행선고부 판결에 대하여 상소하면서 그 강제집행의 정지를 구하는 과정에서 그 담보로 일정한 금전을 공탁한 경우(법 제501조, 제500조 제1항 등)에는, 가집행선고부 승소판결이 있었으나 그 후 가집행선고가 실효되었다는 것만으로 그 공탁으로 인한 가집행채무자의 손해에 대한 가집행채권자의 손해배상책임이 바로 긍정된다고는 할 수 없고, 가집행채권자가 집행문을 부여받거나 미리 가압류 등의 보전처분을 하여 두는 등으로 집행절차에 착수하거나 준비한 경우 또는 그 전이라도 가집행채권자가 가집행채무자에 대하여 임의의 이행이 없으면 강제집행에 들어가겠다는 태도를 보인 경우이거나 적어도 가집행채무자가 가집행채권자의 집행을 예기하여 위와 같은 공탁으로써 강제집행의 정지를 구하는 것이 구체적인 분쟁의 경위나 성질, 당사자들의 관계, 경제적 지위 또는 재산상황, 가집행선고부 판결 및 그 상소심 판결의 내용이나 이유 또는 해당 소송에서 현출된 소송자료의 내용 등 제반 사정에 비추어 사회관념상 수긍할 만한 것으로 평가되는 경우에 해당하여야 한다.[258)]

3) 가지급물반환과 지연손해금 문제

가지급물의 반환을 명하는 판결은 특별한 사정이 없는 한 '소송촉진법' 소정의 '금전채무의

2010. 11. 11. 선고 2009다18557 판결.

254) 대법원 1995. 9. 29. 선고 94다23357 판결.

255) 대법원 1984. 12. 26. 선고 84다카1695 판결. 동지 : 대법원 1988. 5. 10. 선고 87다카3101 판결 ; 대법원 2010. 11. 11. 선고 2009다18557 판결.
주의할 것은, 이는 가지급물반환신청이 아니라 별소로써 청구하는 경우에도 같다. 대법원 1988. 5. 10. 선고 87다카3101 판결.

256) 대법원 2010. 11. 11. 선고 2009다18557 판결.

257) 대법원 1979. 9. 25. 선고 79다1476 판결. 동지 : 대법원 1967. 3. 21. 선고 67다87 판결.
cf. 강제집행에 필요한 비용은 채무자가 부담하고 그 집행에 의하여 우선적으로 변상을 받는다(민사집행법 제53조 제1항).

258) 대법원 2010. 11. 11. 선고 2009다18557 판결.

전부 또는 일부의 이행을 명하는 판결'에 해당하므로 위 법률의 적용을 받는다.[259)]

그러한 특별한 사정으로는 가지급물이 금전이 아니라 유체동산인 경우를 들 수 있을 것이다.

그리고, 위 법률 소정의 법정이율은, 일반적으로는, 사실심 판결선고일 다음 날부터 비로소 적용된다고 할 것이다.[260)]

12. 항소심의 변론

가. 변론 없이 하는 항소각하

소각하의 경우(법 제219조)와 유사하게도, **부적법한 항소로서 흠을 보정할 수 없으면 변론 없이 판결로 항소를 각하할 수 있다**(법 제413조).

그러나 그 밖의 경우에는 항소법원은 변론 없이는 종국판결을 할 수 없다.[261)]

나. 항소심의 변론의 범위

변론은 당사자가 제1심 판결의 변경을 청구하는 한도(즉, 항소인의 불복범위) **안에서 한다**(법 제407조 제1항).

항소의 객관적, 주관적 범위는 항소장에 기재된 항소취지만을 기준으로 판단할 것은 아니고, 항소취지와 함께 항소장에 기재된 사건명이나 사건번호, 당사자의 표시, 항소인이 취소를 구하는 제1심판결의 주문 내용 등을 종합적으로 고려해서 판단해야 한다.[262)]

다만, 심판범위에 속하는 청구의 당부를 심사하기 위하여 그 청구권의 발생 등 해당 청구권의 전반에 관하여 심리하는 것은 부득이하고, 그것이 심판범위를 제한한 취지에 반하는 것이라고 할 수 없다.[263)]

그리고, 합일확정소송에서는, 항소심의 심판대상은 실제 항소를 제기한 자의 항소 취지에 나타난 불복범위에 한정하되,[264)] 당사자 사이의 결론의 합일확정의 필요성을 고려하여 그

259) 대법원 2005. 1. 14. 선고 2001다81320 판결.

260) 대법원 2014. 4. 10. 선고 2013다52073 판결 참조.

261) 이시윤, 879면은, 무변론 패소판결을 선고받은 피고가 항소이유를 기재한 준비서면(규칙 제126조의2)을 제출하지 아니한 때에는 무변론 항소기각판결을 선고할 수 있다고 하나, 관견으로는 의문이다. 그 경우에는 오히려 항소장을 제출함으로써 답변서를 제출한 것이 되므로 더 이상 무변론판결을 할 수 없는 상태가 되었기 때문이다.

262) 대법원 2020. 1. 30.자 2019마5599,5600 결정.

263) 대법원 2003. 4. 11. 선고 2002다67321 판결.

심판의 범위를 판단하여야 한다.[265]

민사 항소심이 속심이기는 하지만, 변론은 집중되어야 하므로(법 제272조 제1항 전단), 항소심에서는 항소이유를 기재한 서면 및 이에 대한 답변서에 기재된 내용을 통해 드러난 쟁점에 집중하여 심리를 진행한다.[266][267]

다. 관할위반주장의 금지

당사자는 항소심에서 제1심 법원의 관할위반을 주장하지 못하나(법 제411조 본문), **전속관할에 대하여는 그러하지 아니하다**(같은 조 단서).

즉, 임의관할을 위반한 흠(예 : 사물관할의 위반)은 항소심에서는 치유되는 반면,[268] 전속관할을 위반한 흠은 치유되지 아니하고 제1심판결의 취소·이송사유가 된다(법 제419조).

라. 항소심의 소송대리인의 자격

변호사가 아닌 자는, 항소심에서는 소송위임에 의한 소송대리인이 될 수 없다(법 제88조 제1항).

마. 변론능력이 없는 사람에 대한 조치

1) 변호사선임명령 위반의 효과

항소를[269] 제기한 사람이 변호사선임명령을 받고도 속행기일까지 변호사를 선임하지 아니한 때에는 법원은 결정으로 항소를 각하할 수 있다(법 제144조 제4항, 제286조).

2) 불 복

위와 같은 항소각하 결정에 대하여는 즉시항고(재항고. 법 제442조)**를 할 수 있다**(법 제144조 제5항, 제286조).

---

264) 대법원 2014. 11. 13. 선고 2009다71312 판결(독립당사자참가).

265) 대법원 2011. 2. 24. 선고 2009다43355 판결(예비적 공동소송) ; 대법원 2007. 10. 26. 선고 2006다86573,86580 판결 ; 대법원 2014. 11. 13. 선고 2009다71312 판결(이상, 독립당사자참가).

266) '사건관리예규'.

267) cf. 국제재판(특허소송 제외)의 항소심에서 외국어 변론의 신청 및 동의는 원칙적으로 항소심 제1차 변론기일 전에 하여야 함은, '심리의 제원칙' 부분에서 기술하였다.

268) 대법원 1987. 11. 24. 선고 87다카257,258 판결.

269) 법문에는 "… 상소를 …"로 되어 있으나, 상고심의 변론기일은 극히 예외적으로 열리고, 항고심도 임의적 변론에 의하므로, 위 '상소'를 '항소'로 한정해석하더라도 대과가 없다.

바. 제1심의 속행

제1심의 소송행위는 항소심에서도 그 효력을 가지며(법 제409조), **제1심의 변론준비절차는 항소심에서도 그 효력을 가진다**(법 제410조).

따라서, 항소심의 서증번호도 제1심의 서증번호에 이어서 붙인다.[270)]

그러나 주의할 것은, 항소심의 변론의 차수는 제1심의 변론차수에 계속하는 것이 아니라 새로 시작한다는 것이다.

항소심은 속심으로서 제1심에서의 당사자의 주장이 그대로 유지되므로, 항소심에서 항소이유로 특별히 지적하거나 그 후의 심리에서 다시 지적하지 않는다 하더라도 법원은 제1심에서의 주장을 받아들일 수 있음은 당연하고, 이를 들어 직접주의나 변론주의의 원칙에 어긋난다거나 불의타를 가한 것이라 할 수는 없다.[271)]

실기한 공격방어방법 등의 문제를 논외로 하면, 항소심은 속심으로서 원칙적으로 제1심에서 제출하지 않았던 새로운 주장과 증거를 제출할 수 있다.[272)] 제1심에서 자백간주가 있었다 하여도 항소심의 변론종결시까지 이를 다투면 자백간주는 배제됨도 물론이다.[273)]

그러나, 실기한 공격·방어방법인지 여부를 판단함에는, 항소심에서 새로운 공격·방어방법이 제출된 경우에는 특별한 사정이 없는 한 항소심뿐만 아니라 제1심까지 통틀어 시기에 늦었는지 여부를 판단해야 한다.[274)]

만일 제1심의 판결절차가 법률에 어긋날 때에는 항소법원은 그와 같이 부적법하게 진행된 절차를 새로 진행하여야 할 것이다.[275)]

그런데, 근년에 법원실무는 민사 항소심을 사후심에 가깝게 운영하려는 의중을 드러내고 있다.[276)]

---

270) 민사증거목록예규 제8조 제3항.

271) 대법원 1996. 4. 9. 선고 95다14572 판결.

272) 대법원 2001. 6. 9.자 2001마1044 결정.

273) 대법원 1968. 3. 19. 선고 67다2677 판결.

274) 대법원 2017. 5. 17. 선고 2017다1097 판결(사안은 해당 방어방법이 실기한 것이라는 원심의 판단이 위법하다고 본 것).

275) 대법원 2004. 10. 15. 선고 2004다11988 판결은, 제1심법원이 부적법한 변론기일에 변론을 종결하고 판결선고기일을 지정·고지한 사안에서, 항소법원이 제1심판결 전부를 취소하고 소장의 진술을 비롯한 모든 변론절차를 새로 진행한 다음 본안에 대하여 다시 판단하여야 한다고 하였다.

276) 이에 따라 서울고등법원이 항소심용 증인신청서, 문서제출명령신청서, 금융거래정보 제출명령 신청서, 과세정보 제출명령 신청서 양식을 제안한 바 있다. 이 양식들은 '대한민국법원 전자민원센터'에서 구할 수 있다.

사. 제1심 변론결과의 진술

1) 제1심 변론결과 진술방법의 원칙

당사자는 제1심 변론의 결과를 진술하여야 한다(법 제407조 제2항).

즉, 소송관계를 표명하고 증거조사결과에 대하여 변론을 하여야 하며,[277] 이로써 그 당사자는 제1심소송절차에서 이루어진 모두 공격방어방법과 증거조사의 결과를 원용한 것이 된다.[278]

제1심 변론결과의 진술은, 당사자가 사실상 또는 법률상 주장, 정리된 쟁점 및 증거조사 결과의 요지 등을 진술하거나, 법원이 당사자에게 해당사항을 확인하는 방식으로 할 수 있다(규칙 제127조의2).

2) 전자소송에서의 제1심 변론결과 진술방법

전자소송의 제1심 변론결과의 진술은, 컴퓨터 등 정보처리능력을 갖춘 장치에 의하여 전자문서를 현출한 화면에서 필요한 사항을 지적하면서 할 수 있다(민소전자문서규칙 제30조 제4항, 제2항).

더 나아가, 재판장의 허가를 받아 제출한 멀티미디어 주장자료(민소전자문서규칙 제13조)는, 구술과 아울러 컴퓨터 등 정보처리능력을 갖춘 장치에 의하여 재생되는 음성이나 영상 중 필요한 부분을 청취 또는 시청하는 방법으로 제1심 변론결과의 진술을 하게 된다(같은 규칙 제30조 제3항).

아. 항소심에서의 변론에 의한 무권대리행위(항소 제기)의 추인

항소의 제기에 관하여 필요한 수권이 흠결된 소송대리인의 항소장 제출이 있었다고 하더라도, 당사자 또는 적법한 소송대리인이 항소심에서 본안에 관하여 변론하였다면, 이로써 그 항소제기 행위를 추인하였다고 할 것이어서, 그 항소는 당사자가 적법하게 제기한 것으로 된다(법 제97조, 제60조).[279]

자. 항소심에서의 자백간주

제1심에서 피고에 대하여 공시송달로 재판이 진행되어 피고에 대한 청구가 기각되었다고

---

277) 대법원 1987. 12. 22. 선고 87다카1458 판결 참조.

278) 대법원 1987. 12. 22. 선고 87다카1458 판결.

279) 대법원 2007. 2. 22. 선고 2006다81653 판결. 동지: 대법원 1981. 7. 28. 선고 80다2534 판결; 대법원 1995. 7. 28. 선고 95다18406 판결; 대법원 2020. 6. 25. 선고 2019다246399 판결.

하여도 피고가 원고 청구원인을 다툰 것으로 볼 수 없으므로, 원고가 항소한 항소심에서 피고가 공시송달이 아닌 방법으로 송달받고도 다투지 아니한 경우에는 자백간주(법 제150조)가 성립된다.[280]

차. 항소심의 판단을 받는 재판

종국판결 이전의 재판은 항소법원의 판단을 받는다(법 제392조 본문).

따라서, 예컨대, 항소법원은 원심법원이 한 중간판결의 당부나, 청구변경 불허결정의 당부를 판단할 수 있으며, 원심법원이 한 판결경정결정의 당부 역시 판단할 수 있다(법 제211조 제3항 단서).[281]

그러나, 불복할 수 없는 재판과 항고로 불복할 수 있는 재판은 그러하지 아니하다(같은 조 단서).

따라서, 예컨대, 제1심이 한 피고경정허가결정의 당부는 항소법원의 판단대상이 되지 아니한다(법 제261조 제4항 참조).[282]

카. 가지급물반환신청에 대한 심리

가지급물반환신청도 소송에 준하여 법원에서 변론을 하여야 한다.[283]

타. 항소심에서의 조정회부

항소심 수소법원도 사건을 조정에 회부할 수 있다(민사조정법 제6조).

파. 항소심에서의 '쌍불'

항소심에서도, 양 쪽 당사자가 변론기일에 출석하지 아니하거나 출석하였다 하더라도 변론하지 아니한 때에는 재판장은 다시 변론기일을 정하여 양 쪽 당사자에게 통지하여야 한다(법 제268조 제4항, 제1항).

위와 같이 지정한 새 변론기일 또는 그 뒤에 열린 변론기일에 양 쪽 당사자가 출석하지 아니하거나 출석하였다 하더라도 변론하지 아니한 때에는 1월 이내에 기일지정신청을 하지

280) 대법원 2018. 7. 12. 선고 2015다36167 판결.
281) 대법원 1991. 5. 1.자 90그67 결정 참조.
282) 대법원 1992. 10. 9. 선고 92다25533 판결.
283) 대법원 1968. 3. 26. 선고 68다154 판결.

아니하면 '항소를' 취하한 것으로 본다(같은 조 제2항).

위 기일지정신청에 따라 정한 변론기일 또는 그 뒤의 변론기일에 양쪽 당사자가 출석하지 아니하거나 출석하였다 하더라도 변론하지 아니한 때에는 '항소를' 취하한 것으로 본다(같은 조 제3항).

요컨대, 항소심에서는 '쌍불'의 효과가 소취하간주가 아니라 항소취하간주임에 주의하여야 한다.

기일지정신청에 관한 사항은 '변론의 실시방법' 부분에서 기일해태와 관련하여 기술한 바와 같다.

하. 항소심에서의 소취하

제1심이 본안판결이었는데 항소심에서 소를 취하하면 본안에 대한 종국판결이 있은 뒤에 해당하여 재소금지의 제재(법 제267조 제2항)를 받게 됨은 '당사자의 행위에 의한 소송의 종료' 부분에서 기술하였다.

그리고, 제1심에서 가집행선고부 승소판결을 선고받은 원고가 항소심에서 소를 취하하였다면, 해당 가집행선고도 실효된다고 할 것이다.[284]

주의할 것은, 가령, 선택적 병합관계에 있는 청구원인을 항소심에서 철회하였다가 해당 청구원인을 다시 추가한 때에도, 그 부분은 역시 재소금지의 제재를 받는다는 것이다.[285]

민사소송 등 인지법 제14조 제1항 제2호의 해석과 관련하여, 항소심에서 변론종결 전에 소가 취하(또는 취하간주)된 경우에도 소장·청구변경신청서에 붙인 인지액 중 일정액의 환급을 청구할 수 있는지 문제되는바, 적극적으로 해석함이 실무이다.[286]

13. 항소심에서의 당사자표시정정 및 참가소송 등과 당사자 사이의 소송중의 소

가. 항소심에서의 당사자표시정정

당사자표시정정을 항소심에서도 할 수 있음은 기술하였다.

그러나, 가령, 사망자를 피고로 하여 제소한 제1심에서 원고가 상속인으로 당사자표시정정을 함에 일부상속인을 누락시킨 탓으로 그 누락된 상속인이 피고로 되지 않은 채 제1심판결

---

284) 대법원 1995. 4. 21. 선고 94다58490,58506(반소) 판결(사안은 청구의 교환적 변경) 참조.

285) 대법원 1986. 9. 23. 선고 85다353 판결.

286) 인지실무, 15면.

이 선고된 경우에, 원고는 항소심에서 그 누락된 상속인을 당사자표시정정의 방식으로써 추가할 수 없다.[287] 항소심의 소송계속(이심효)은 제1심 판결을 받은 당사자(그 포괄승계인 포함)로서 그에 불복 항소한 당사자와 그 상대방 당사자 사이에서만 발생하기 때문이다.[288]

사망자를 피고로 소가 제기된 상태에서 제1심판결이 선고되었다 할지라도 그 (당연무효인) 판결에 대한 사망자인 피고의 상속인들로 당사자표시정정신청을 하는 것 역시 허용되지 아니함은 물론이다.[289]

나. 항소심에서의 참가소송 등

1) 독립당사자참가

항소심 (독립당사자)**참가신청서에는, 소장에 붙일 인지액**(민사소송 등 인지법 제2조)**의 1.5배에 해당하는 인지를 붙여야 한다**(민사소송 등 인지법 제6조 제1항 후단).

2) 공동소송참가

항소심 (공동소송)**참가신청서에는, 소장에 붙일 인지액**(민사소송 등 인지법 제2조)**의 1.5배에 해당하는 인지를 붙여야 한다**(민사소송 등 인지법 제6조 제1항 후단).

3) 소송승계참가

권리승계인의 소송참가신청의 경우에, **피신청인이 신청인의 승계주장사실을 다투는 경우에도, 항소심** (소송승계)**참가신청서에는 소장에 붙일 인지액**(민사소송 등 인지법 제2조)**의 1.5배에 해당하는 인지를 붙여야 한다**(민사소송 등 인지법 제6조 제2항, 제1항).

4) 소송인수참가

소송인수참가는 항소심에서도 이를 할 수 있다.

그러나, '제3자의 소송인입' 부분에서 기술한 바와 같이, 필수적 공동소송인의 추가나 예비적·선택적 공동소송인의 추가는 항소심에서는 할 수 없다.

---

287) 대법원 1974. 7. 16. 선고 73다1190 판결.
288) 대법원 1974. 7. 16. 선고 73다1190 판결.
289) 대법원 2015. 1. 29. 선고 2014다34041 판결.

다. 항소심에서의 당사자 사이의 소송중의 소

1) 청구의 변경

가) 개 관

항소심에서도 청구의 변경을 할 수 있다(민사소송 등 인지법 제5조 제2호 참조).[290)]

따라서, 제1심에서 적법하게 반소를 제기하였던 당사자(반소원고)가 항소심에서 반소를 교환적으로 변경하는 것도 허용됨은 물론이다.[291)]

청구변경신청서에는 항소심의 경우에는, 변경 후의 청구에 관한 변경 후의 청구에 관한 소장에 붙일 인지액(민사소송 등 인지법 제2조)**에 따른 금액의 1.5배에서 변경 전의 청구에 관한 인지액을 뺀 금액에 해당하는 금액의 인지를 붙여야 한다**(민사소송 등 인지법 제5조 제2호).

나) 청구취지의 확장

특기할 것은, 피고만이 항소한 사건에서 원고는 항소심에서 청구취지를 확장할 수 있고, 이 경우 - 이에 의하여 피고에게 불리하게 되는 한도에서[292)] - 부대항소를 한 것으로 의제된다(이러한 의제의 의미에 관하여서는 불이익변경금지 원칙과 관련하여 후술할 것이다).[293)] 즉, 제1심에서 승소한 자라도 부대항소의 제기에 의하지 않고 항소심에서 청구를 확장할 수 있다.[294)]

다) 청구의 교환적 변경

항소심에서 청구의 교환적 변경이 적법하게 이루어지면, 청구의 교환적 변경에 따라 항소심의 심판대상이었던 제1심판결이 실효되고 항소심의 심판대상은 새로운 청구로 바뀐다.[295)]

그러므로, 이러한 경우 항소심은 사실상 제1심으로서 새로운 청구의 당부를 판단하여야 하는바,[296)] 따라서 다음과 같은 결과가 된다.

---

290) 대법원 1969. 12. 26. 선고 69다406 판결. 동지 : 대법원 1984. 2. 14. 선고 83다카514 판결 ; 대법원 1995. 6. 30. 선고 94다58261 판결 ; 대법원 2018. 5. 30. 선고 2017다21411 판결(사안은 교환적 변경).

291) 대법원 2012. 3. 29. 선고 2010다28338,28345 판결.

292) 대법원 1991. 9. 24. 선고 91다21688 판결. 동지 : 대법원 1995. 6. 30. 선고 94다58261 판결 ; 대법원 2000. 2. 25. 선고 97다30066 판결.

293) 대법원 1980. 7. 22. 선고 80다982 판결. 동지 : 대법원 1967. 9. 19. 선고 67다1709 판결 ; 대법원 1991. 9. 24. 선고 91다21688 판결 ; 대법원 1992. 12. 8. 선고 91다43015 판결 ; 대법원 2008. 7. 24. 선고 2008다18376 판결.
다만, 이 경우, 기술적으로, 그 청구취지 및 항소취지, 재판서의 주문 기재방식은 부대항소와는 상당히 달라지게 되나, 이에 관한 상론은 이 책이 다룰 범위를 넘는다.

294) 대법원 1969. 10. 28. 선고 68다158 판결.

295) 대법원 2018. 5. 30. 선고 2017다21411 판결.

296) 대법원 2018. 5. 30. 선고 2017다21411 판결.

첫째, 이러한 경우 항소심은 '제1심판결이 있음을 전제로 한' 항소각하 판결을 할 수 없다.[297)]

둘째, 피고의 항소로 인한 항소심에서 청구의 교환적 변경이 적법하게 이루어졌다면, 그 뒤에 피고가 항소를 취하한다 하더라도 항소취하는 그 대상이 없어 아무런 효력을 발생할 수 없다.[298)]

또한 특히 주의할 것은, 항소심에서 구청구를 신청구로 교환적 변경을 한 다음 다시 본래의 구청구로 교환적 변경을 한 경우에는, 종국판결이 있은 후 소를 취하하였다가 동일한 소를 다시 제기한 경우에 해당하여 부적법하다는 것이다(법 제267조 제2항).[299)]

라) 선택적 청구의 추가

(1) 제1심에서 원고의 청구가 기각된 경우

제1심에서 원고의 청구가 기각되어 원고가 항소한 다음 항소심에서 청구를 선택적으로 병합한 경우에는, 제1심에서 수개의 청구가 선택적으로 병합되었다가 그 청구가 모두 이유 없다고 인정되어 청구기각 판결이 선고되고 이에 원고가 항소한 경우와 마찬가지로, 법원은 병합된 수개의 청구 중 어느 하나의 청구를 선택하여 심리할 수 있고, 제1심에서 기각된 청구를 먼저 심리할 필요는 없다.[300)]

(2) 제1심에서 원고의 청구가 인용된 경우

마찬가지로, 원고의 청구를 인용한 판결에 대하여 피고가 항소를 제기하여 항소심에 이심된 후 청구가 선택적으로 병합된 경우에도, 항소심은 제1심에서 인용된 청구를 먼저 심리하여 판단할 필요는 없고, 선택적으로 병합된 수개의 청구 중 어느 하나의 청구를 임의로 선택하여 심판할 수 있다.[301)]

그러나, 위 경우 항소심에서 선택적으로 병합된 청구가 이유 있다고 인정되는 때에는, 설령 그 결론이 제1심 판결의 주문과 동일하다 하더라도 피고의 항소를 기각하여서는 안 되며, 제1심 판결을 취소한 다음 새로이 청구를 인용하는 주문을 선고하여야 한다.[302)] 그 경우에는 제1심에서 심판되지 아니한 청구에 대하여 심판하는 것이기 때문이다.

---

297) 대법원 2018. 5. 30. 선고 2017다21411 판결(사안은 항소취하 합의 후에 청구가 교환적으로 변경된 것).
298) 대법원 1995. 1. 24. 선고 93다25875 판결. 동지: 대법원 2008. 5. 29. 선고 2008두2606 판결.
299) 대법원 1987. 11. 10. 선고 87다카1405 판결. 동지: 대법원 1987. 6. 9. 선고 86다카2600 판결.
300) 대법원 1993. 10. 26. 선고 93다6669 판결.
301) 대법원 1992. 9. 14. 선고 92다7023 판결.
302) 대법원 1992. 9. 14. 선고 92다7023 판결.

2) 반 소

가) 항소심의 반소요건

항소심의 소송절차에서, 반소는 상대방의 심급의 이익을 해할 우려가 없는 경우 또는 상대방(반소피고)**의 동의를 받은 경우에 제기할 수 있다**(법 제412조 제1항).[303)]

여기서 "상대방의 심급의 이익을 해할 우려가 없는 경우"라 함은 반소청구의 기초를 이루는 실질적인 쟁점이 제1심에서 본소의 청구원인 또는 방어방법과 관련하여 충분히 심리된 경우를 말한다.[304)][305)]

나) 인지의 첩부 및 송달료의 예납

항소심에 제출하는 반소장에는 소장에 붙일 인지액(민사소송 등 인지법 제2조)**의 1.5배에 해당하는 인지를 붙여야 한다**(민사소송 등 인지법 제4조 제1항 후단).

그러나, **본소와 그 목적이 같은 반소장에는, 항소심의 경우에는 위 인지액에서 본소의 소송목적의 값에 대한 소장에 붙일 인지액**(민사소송 등 인지법 제2조)**의 1.5배를 뺀 금액의 인지를 붙여야 한다**(같은 법 제4조 제2항 제2호).

다) 반소피고의 응답

주의할 것은, **상대방**(반소피고)**이 이의를 제기하지 아니하고 반소의 본안에 관하여 변론을 한 때에는 반소제기에 동의한 것으로 본다**(법 제412조 제2항).

다만, 항소심에서 피고가 반소장을 진술한 데 대하여 원고가 "반소청구 기각 답변"을 한 것만으로는 "이의를 제기하지 아니하고 반소의 본안에 관하여 변론을 한 때"에 해당한다고

---

303) cf. 구법(2002. 1. 26. 법률 제6626호로 전부개정되기 전의 것) 제382조 제1항은 "반소는 상대방의 동의를 얻어 제기할 수 있다."라고만 규정하고 있었으나, 이미 구법하의 판례 역시 "반소청구의 기초를 이루는 실질적인 쟁점에 관하여 제1심에서 본소의 청구원인 또는 방어방법과 관련하여 충분히 심리되었다면, 항소심에서의 반소제기를 상대방의 동의 없이 허용하더라도 상대방에게 제1심에서의 심급의 이익을 잃게 하거나 소송절차를 현저하게 지연시킬 염려가 있다고 할 수 없으므로, 이러한 경우에는 상대방의 동의 여부와 관계없이 항소심에서의 반소 제기를 허용하여야 한다."라고 해석하고 있었다. 대법원 1996. 3. 26. 선고 95다45545,45552,45569 판결. 동지: 대법원 1974. 5. 28. 선고 73다2031,2032 판결; 대법원 1999. 6. 25. 선고 99다6708,6715 판결.

304) 대법원 2005. 11. 24. 선고 2005다20064,20071 판결.

305) 대법원 1994. 5. 10. 선고 93므1051,1068 판결은, "피고가 항소심에서 원고의 청구가 인용될 경우에 대비하여 제기한 예비적 반소는, 원고가 반소 제기에 대하여 부동의하고 있을 뿐 아니라 본소와 반소의 각 청구원인이 상이한 만큼 원고의 심급의 이익을 해할 우려가 없다고 할 수 없어 부적법하다."고 판시한 바 있으나, 이것이 '해당 사건에서' 심급의 이익을 해할 우려가 있다고 판단하였다는 취지인지, 아니면 '항소심의 예비적 반소가 일반적으로' 심급의 이익을 해할 우려가 있다는 취지인지는, 명확하지 아니하다.

볼 수 없다.[306]

주의할 것은, 반소피고가 이의를 제기한 경우에도 항소법원은 반소에 대하여 주문에서 판단하여야 한다는 것이다. 즉, 이의가 제기된 반소에 대하여 판단하지 않았다면 (설령 반소피고의 이의제기에 따라 반소가 부적법하게 되었다고 보는 경우라도) 그 부분은 재판누락에 해당한다.[307]

라) 반소제기후 본소피고의 추후보완항소가 각하된 경우 등

판례는, 피고가 본소에 대한 추후보완항소를 하면서 항소심에서 비로소 반소를 제기한 경우에 항소가 부적법 각하되면 반소도 소멸한다고 보았다.[308]

그런데 판례의 논리대로라면, 일반적으로 항소심에서 제기된 반소는－설령 그것이 단순반소라 하더라도－본소의 소송계속이 소멸되면 역시 소멸한다고 새겨야 할 듯하나(소송종료설), 오히려 그 경우에는 반소를 제1심법원에 이송하여야 한다는 견해(분리이송설)도 있다.

14. 항소심에서의 화해나 청구의 포기·인낙

항소심에서 화해나 청구의 포기·인낙이 있은 경우, 화해조서 등 중 사건의 표시에 원심법원 및 원심사건번호도 기재함이 실무이다.[309]

항소인, 그 밖의 신청인은, 항소심에서 청구의 포기 또는 인낙이 있은 경우에는 해당 심급의 소장등에 붙인 인지액 중 일정액의 환급을 청구할 수 있다(민사소송 등 인지법 제14조 제1항 제4호).

항소인, 그 밖의 신청인은, 항소심에서 소송상 화해가 성립된 경에는 해당 심급의 소장등에 붙인 인지액 중 일정액의 환급을 청구할 수 있다(같은 항 제5호).

15. 항소심의 종국판결

가. 개 관

1) 일반원칙의 적용

항소법원 역시 소송의 심리를 마치고 나면 종국판결을 하되(법 제198조), 일부판결에 관한 사항(법 제200조), 선고기일(법 제207조 제1항), 선고의 방식 등(법 제206조, 제207조 제2항), 판결서

306) 대법원 1991. 3. 27. 선고 91다1783,1790(반소) 판결.
307) 대법원 1989. 12. 26. 선고 89므464 판결 참조.
308) 대법원 2003. 6. 13. 선고 2003다16962,16979 판결.
309) 「상소심에서의 화해조서등에 원심법원 및 원심사건번호의 기재(재민 90-1)」.

의 교부(법 제209조) 및 송달(법 제210조) 등 역시 제1심의 경우와 기본적으로 같다.

그러나, 항소심의 종국판결은 제1심의 경우와는 다음과 같은 차이가 있다.

2) 항소심의 종국판결 선고기간

항소심에서는 (종국)**판결은 기록을 받은 날부터 5월 이내에 선고한다**(법 제199조 단서).

그러나, 이 규정이 훈시규정이라는 것 등은, '판결의 선고' 부분에서 기술한 바와 같다.

3) 항소심 판결서를 적는 방법

가) 개 관

판결서의 기재사항 등(법 제208조 제1항, 제2항, 제4항)도, 항소심 종국판결의 그것이 제1심 종국판결의 그것과 대체로 같으나, 다만 다음과 같은 차이가 있다.[310]

나) 항소취지의 기재

항소심 종국판결의 판결서에는 항소취지도 적어야 한다(법 제208조 제1항 제3호).

이때, 부대항소가 제기된 때에는 부대항소취지도 기재하고, 가지급물반환신청이 있은 때에는 가지급물반환신청취지도 기재한다.

다) 이유의 기재

(1) 이유기재 방식의 특례

(항소법원이) **판결이유를 적을 때에는 제1심 판결을 인용**(引用)**할 수 있다**(법 제420조 본문).

이때, 제1심판결의 이유가 전부 타당하다면 제1심판결의 이유를 전부 인용하는 것도 허용됨은 물론이다.[311]

이에 따라 실무상, 항소심 판결서의 이유는 제1심판결의 이유와 취지를 같이 하는 한 그 전부 또는 인부를 인용함을 (도리어) 원칙으로 하고 있다.[312]

다만, **제1심 판결이 청구를 특정함에 필요한 사항과 상계를 주장한 청구가 성립되는지 아닌지의 판단에 관한 사항만을 간략하게 표시하는 방식**(법 제208조 제3항)**으로 작성된 경우**(즉, 제1심 판결이 자백간주 판결 또는 공시송달 판결이었던 경우)**에는 제1심 판결을 인용할 수 없다**(법 제420조 단서). 따라서, 이때에는 일반원칙(법 제208조 제2항)에 따라 이유를 기재하여야 한다.

---

310) 항소심 판결서에는 무변론판결의 선고일(법 제208조 제1항 제5호 단서)을 기재할 여지가 없음은 물론이다.

311) 대법원 2019. 12. 13. 선고 2018두41907 판결.

312) 판결서 작성방식에 관한 권장사항 제15조 제1항

(2) 일반원칙에 의하는 경우

환언하면, 공시송달 판결을 하는 경우라도, 항소심은 제1심과 달리 판결서의 이유에 청구를 특정함에 필요한 사항과 상계를 주장한 청구가 성립되는지 아닌지의 판단에 관한 사항만을 간략하게 표시할 수 없고(법 제208조 제3항 제3호의 부준용), 일반원칙(법 제208조 제2항)에 따라 주문이 정당하다는 것을 인정할 수 있을 정도로 당사자의 주장과 그 밖의 공격·방어방법에 관한 판단을 표시하여야 한다.[313)]

소액사건 제1심 판결도 이유 기재가 전부 또는 일부 생략되므로, 이에 관한 항소심 판결서에도 일반원칙에 따라 이유를 기재하여야 한다.

나. 항소심 종국판결의 주된 주문

1) 개 관

항소심이 하는 종국판결에는 일반적으로, 항소각하, 제1심 판결의 취소, 항소심에서 제기된 청구에 대한 판결, 항소기각이 있다.

그 밖에 항소심 역시 제1심과 마찬가지로 소송종료선언이나 소취하무효선언을 할 경우도 있을 수 있다.

항소를 인용하는 경우에는 제1심 판결을 취소하게 되지만, 직권으로 제1심 판결을 취소하여야 하는 경우도 있다.

제1심 판결을 취소하는 경우에는, 관할법원으로의 이송 또는 제1심 법원에의 환송을 하는 경우가 아니라면, 제1심에서 제기된 청구에 대하여 제1심의 종국판결과 마찬가지의 종국판결(자판(自判))을 하게 된다. 다만, 번잡을 피하기 위하여 취소·자판의 주문 대신 변경주문을 내는 경우가 있으나, 그 성질 역시 취소·자판이다.

항소심에서 제기된 청구가 있는 경우에도, 이에 대하여 제1심의 종국판결과 마찬가지의 종국판결을 하게 된다.

이하에서는 종국판결 중 항소심 특유의 것들, 즉, 소송종료선언이나 소취하무효선언을 제외한 나머지 것들을 차례로 살펴보기로 한다.

2) 항소각하

항소가 부적법한 때에는 즉, 항소요건이 결여된 때에는 항소각하 판결을 하게 된다(법 제

313) 대법원 2021. 2. 4. 선고 2020다259506 판결.
위 판례의 사안은 공시송달 판결의 경우이지만, 자백간주 판결의 경우에도 이치는 다를 바 없다.

413조 참조).

항소각하의 주문 기재례도 소각하의 경우와 유사하나, 일방 항소의 경우에도 누구의 항소를 기각하는지 표시함이 오늘날 실무의 주류인 것으로 보인다(예: "원고의 항소를 각하한다).

다만, 항소를 제기한 소송대리인에게 소송대리권이 없음을 이유로 항소를 각하하는 경우에는 소각하의 경우처럼 "이 사건 항소를 각하한다."로 쓴다.[314]

한편, 일정한 경우에 항소각하 판결을 변론 없이도 할 수 있음은 기술하였다.

3) 제1심 판결의 취소 등

가) 제1심 판결의 취소

(1) 개 관

항소법원은 다음 경우에는 제1심 판결을 취소하여야 한다.

첫째, **항소법원은 제1심 판결을 정당하지 아니하다고 인정한 때에는 취소하여야 한다**(법 제416조). 그 판단의 기준시가 제1심의 변론종결시가 아니라 항소심의 변론종결시임은 물론이다.

둘째, **제1심 판결의 절차가 법률에 어긋날 때에도 항소법원은 제1심 판결을 취소하여야 한다**(법 제417조).

이러한 취소판결은 항소를 인용함에 따라 하게 됨이 일반이지만, 제1심 판결의 절차가 위법하였을 때, 제1심 법원이 소송판결을 하여야 하는데도 본안판결을 하였을 때, 제1심 판결에 전속관할 위반이 있은 때에는 직권으로도 취소판결을 하게 된다.

(2) 제1심 판결이 부당한 때

(가) 개 관

제1심 판결을 정당하지 아니하다고 인정한 때라 함은, ① 제1심 판결의 주된 주문이 정당하지 아니하다고 인정하거나, 제1심 판결이유 중 ② 소가 부적법하다는 결론은 정당하더라도 그 이유에 관한 판단이 정당하지 아니하다고 인정한 경우[315] 또는 ③ 상계주장에 관한 판단이 정당하지 아니하다고 인정한 경우(법 제216조, 제391조, 제414조 제2항 참조)를 말한다.

그런데, 이러한 당부판단에 관하여서는 다음과 같은 사항에 주의하여야 한다.

---

314) 민사항소심, 45면.

315) 이 경우에도 제1심판결을 취소하여야 하는 이유는, 소송판결의 기판력 때문이다. 위의 책, 54면. 소송판결의 기판력에 관하여서는, '판결의 확정과 그 효력' 부분에서 후술한다.

(나) 소송물의 문제

가령, 원고의 청구를 인용한 판결에 대하여 피고가 항소를 제기하여 항소심에 이심된 후 청구가 선택적으로 병합된 경우에 추가된 선택적 청구를 인용할 때에는, 그 결론이 제1심판결의 주문과 동일한 경우에도 피고의 항소를 기각하여서는 아니 되며 제1심판결을 취소한 다음 새로이 청구를 인용하는 주문을 선고하여야 한다.[316)]

(다) 가집행과의 관계

제1심 가집행선고부 판결에 기하여 피고가 그 가집행선고 금액을 지급하였다 하더라도 항소심 법원으로서는 이를 참작함이 없이 해당 청구의 당부를 판단하여야 한다.[317)]

같은 이치에서, 가집행선고에 기하여 채권자가 집행을 완료함으로써 만족을 얻은 경우, 상소심에서 본안에 관하여 판단할 때에는 그 집행의 이행상태를 고려하지 아니하고 청구의 당부에 관하여 판단하여야 한다.[318)]

(라) 불이익변경금지의 원칙

① 개 관

㉮ 불이익변경금지 원칙의 의의

원칙적으로, **제1심 판결은 그 불복의 한도 안에서 바꿀 수 있다**(법 제415조 본문).

다만, 이 경우 변경이 금지되는지 여부는 원칙적으로 기판력이 생기는 판결의 주문을 표준으로 판단하여야 하고, 기판력이 생기지 아니하는 판결 이유 중의 판단의 변경은 유리·불리하고는 관계가 없는 것이다.[319)]

(광의의) 불이익변경금지는, (협의의) 불이익변경금지와 (초과)이익변경금지를 그 내용으로 하는바, 그 구체적인 내용은 아래에서 살펴보는 바와 같다.

㉯ (협의의) 불이익변경금지

항소법원은 제1심 판결을 – 그것이 부당하다고 인정되는 경우라 하더라도 – 항소인에게 불

---

316) 대법원 1992. 9. 14. 선고 92다7023 판결.
물론, 역으로, 제1심에서 인용된 청구가 이유 있다고 인정되는 때에는, 항소를 기각하게 될 것이다.

317) 대법원 1993. 10. 8. 선고 93다26175,26182(반소) 판결. 동지 : 대법원 1995. 6. 30. 선고 95다15827 판결; 대법원 2000. 7. 6. 선고 2000다560 판결 ; 대법원 2009. 3. 26. 선고 2008다95953,95960 판결 ; 대법원 2015. 2. 26. 선고 2012다79866 판결 ; 대법원 2020. 1. 30. 선고 2018다204787 판결.

318) 대법원 1995. 4. 21. 선고 94다58490,58506(반소) 판결(사안은 토지인도의 가집행). 동지 : 대법원 1990. 5. 22. 선고 90므26(본심),33(반심) 판결(사안은 부양료의 가집행).

319) 대법원 2013. 7. 11. 선고 2011다18864 판결.

리하게 변경할 수 없다.[320)]

불이익하게 변경된 것인지 여부는, 기판력의 범위를 기준으로 함이 원칙이나, 공동소송의 경우 원·피고별로 각각 판단하여야 한다.[321)]

예컨대, 원고가 금 10만 원을 청구한 데 대하여 제1심 판결이 피고에게 금 5만 원의 지급을 명하였고, 이에 피고만 불복, 항소한 경우(원고가 항소나 부대항소를 제기하지 아니한 경우), 항소법원이 피고에게 금 8만 원의 지급을 명하면 위법하다.[322)]

또한, 원고가 청구한 채권의 발생을 인정한 후 피고가 한 상계항변을 받아들여 원고의 청구를 기각한 제1심판결에 대하여 원고만이 항소한 경우, 항소심이 원고가 청구한 채권의 발생이 인정되지 않는다는 이유로 원고의 청구를 기각하는 것은 불이익변경금지의 원칙에 반한다.[323)]

협의의 불이익변경금지에 관하여서는 다음과 같은 점들에 주의하여야 한다.

첫째, 금전채무불이행의 경우에, 불이익변경에 해당하는지 여부는 원금과 지연손해금 부분을 따로 비교하여 판단하여야 하며,[324)] 이를 합산한 전체 금액으로 판단하여서는 아니 된다.[325)] 양자가 소송물이 별개이기 때문이다.

따라서, 예컨대, 피고만이 항소한 항소심 심리 결과 피고가 원고에게 지급하여야 할 지연손해금이 제1심에서 인용한 액수보다 적어졌지만 원본채권에 대한 인용액은 늘어난 경우, 항소 중 원본채권 부분에 대한 항소만을 불이익변경금지 원칙에 따라 기각하고 지연손해금 채권에 대한 부분은 인용하여야 하고,[326)] 원고만이 항소한 청구이의소송의 항소심 심리 결과 원고가 피고에게 지급하여야 할 원금 채무액이 제1심에서 인정된 금액보다 적어졌다면, 항소법원으로서는 지연손해금을 고려함이 없이 그 원금 부분에 관한 항소를 인용하여야 한다.[327)]

둘째, 동시이행의 판결에서 반대급부의 내용이 원고에게 불리하게 변경된 경우에는 불이익변경금지 원칙에 반하게 된다. 이 경우 비록 피고의 반대급부이행청구에 관하여 기판력이 생기는 것은 아니지만 위와 같이 새겨야 한다.[328)]

---

320) 대법원 1983. 12. 27. 선고 83다카1503 판결; 대법원 1985. 6. 11. 선고 84다카1778 판결 참조.

321) 대법원 2005. 8. 19. 선고 2004다8197,8203 판결.

322) 대법원 1967. 2. 28. 선고 66다2633 판결.

323) 대법원 2010. 12. 23. 선고 2010다67258 판결.

324) 대법원 2005. 4. 29. 선고 2004다40160 판결. 동지 : 대법원 2009. 6. 11. 선고 2009다12399 판결; 대법원 2013. 10. 31. 선고 2013다59050 판결.

325) 대법원 2009. 6. 11. 선고 2009다12399 판결. 동지 : 대법원 2013. 10. 31. 선고 2013다59050 판결.

326) 대법원 2005. 4. 29. 선고 2004다40160 판결.

327) 대법원 2013. 10. 31. 선고 2013다59050 판결.

셋째, 후술하듯이, 항소심에서 상계항변이 제출된 경우에는 달리 보아야 한다.

㉰ 초과이익변경금지

항소법원은 제1심 판결을 - 그것이 부당하다고 인정되는 경우라 하더라도 - 불복범위보다 도리어 더 항소인에게 유리하게 변경할 수 없다.[329)]

예컨대, 항소법원은 원고가 제1심판결에 대하여 항소하지 않은 경우에는 제1심판결보다 많은 위자료의 지급을 피고에게 명할 수 없다.[330)]

② 적용범위

㉮ 불이익변경금지 원칙의 적용이 전부 또는 일부 배제되는 소송

불이익변경금지의 원칙은, 형식적 형성의 소에는 그 성질상 적용되지 아니한다.

또한, 합일확정소송에서도 그 성질상 불이익변경금지원칙의 적용이 일부 배제된다.

예컨대, 독립당사자참가소송에서는, 항소심에서 심리·판단을 거쳐 결론을 내림에 세 당사자 사이의 결론의 합일확정을 위하여 필요한 경우에는 그 한도 내에서 항소 또는 부대항소를 제기한 바 없는 당사자에게 결과적으로 제1심판결보다 유리한 내용으로 판결이 변경되는 것도 배제할 수는 없다.[331)]

다만, 가령, 독립당사자참가소송에서 원고승소 판결에 대하여 참가인만이 상소를 했음에도 불구하고 상소심에서 원고의 피고에 대한 청구인용 부분을 원고에게 불리하게 변경할 수 있는 것은 참가인의 참가신청이 적법하고 나아가 합일확정의 요청상 필요한 경우에 한한다.[332)]

합일확정소송과 관련하여 주의할 것은, 상소심판결의 효력은 상소를 하지 아니한단순한 상소심당사자에 관하여서도 미치므로 상소심으로서는 그를 포함한 전원에 대하여 심리·판단하여야 한다는 점이다.[333)]

㉯ 불이익변경금지 원칙이 적용되지 아니하는 사항

불이익변경금지의 원칙도 처분권주의에 터 잡은 것이므로,[334)] 법 제415조의 규정은 직권

---

328) 대법원 2005. 8. 19. 선고 2004다8197,8203 판결.

329) 대법원 1986. 7. 22. 선고 86다카829 판결 ; 대법원 1986. 10. 14. 선고 86다카524 판결 참조.

330) 대법원 1989. 6. 27. 선고 89다카5406 판결. 동지 : 대법원 1990. 2. 27. 선고 89다카26809 판결.

331) 대법원 2007. 10. 26. 선고 2006다86573,86580 판결.

332) 대법원 2007. 12. 14. 선고 2007다37776,37783 판결.

333) 대법원 2003. 12. 12. 선고 2003다44615,44622 판결(고유필수적 공동소송) ; 대법원 1981. 12. 8. 선고 80다577 판결(독립당사자참가).

334) 대법원 1998. 11. 10. 선고 98다42141 판결.

조사사항에는 그 적용이 없다.[335)]

가집행선고도, 당사자의 신청 유무에 관계없이 법원이 직권으로 판단할 사항으로, 처분권주의를 근거로 하는 법 제415조의 적용을 받지 아니한다.[336)]

③ 불이익변경금지 원칙의 예외

불이익변경금지 원칙이 적용되는 소송이라 하더라도, **상계에 관한 주장을 인정한 때에는 불복의 한도를 넘어 바꿀 수 있다**(법 제415조 단서).

따라서, 가령, 원고만이 항소한 경우라도 항소심에서 피고가 제출한 상계 항변이 이유 있다면 항소법원은 제1심 판결을 항소인에게 불리하게 변경할 수 있다. 즉, 제1심 판결 중 피고의 해당 패소 부분을 취소하고, 그 취소 부분에 해당하는 원고의 청구를 기각하면서, 원고의 항소를 기각할 수 있다.[337)]

(3) 제1심 판결의 절차가 법률에 어긋날 때

제1심판결의 절차가 법률에 어긋날 때의 예로는, 제1심법원이 피고의 답변서 제출을 간과한 채 무변론판결(법 제257조 제1항)을 선고한 경우(법 제257조 제1항의 위반),[338)] 제1심 법원이 변론기일통지서 등을 위법한 발송송달에 의하여 송달한 채 그대로 변론기일을 열고 변론을 종결, 판결을 선고한 경우,[339)] 제1심 변론에 관여하지 아니한 법관이 판결에 관여한 경우(법 제204조 제1항의 위반)[340)] 등을 들 수 있다.

이에 반하여, 행정사건의 심리절차는 행정소송의 특수성을 감안하여 행정소송법이 정하고 있는 특칙이 적용될 수 있는 점을 제외하면 심리절차 면에서 민사소송 절차와 큰 차이가 없으므로, 특별한 사정이 없는 한 민사사건을 행정소송 절차로 진행한 것 자체가 위법하다고 볼 수 없다.[341)]

주의할 것은, 제1심판결의 절차가 법률에 어긋나는 경우, 항소법원은 – 후술하듯이 소각하판결이나 소송종료선언을 취소하고 사건을 1심 법원에 환송할 경우가 아니라면 – 제1심판결

335) 대법원 1995. 7. 25. 선고 95다14817 판결(원고만이 수 개의 청구 중 패소 부분 청구에 대하여 항소하였으나, 항소심이 불복하지 않은 청구에 대한 확인의 이익의 유무를 조사하여 소를 각하한 사안).

336) 대법원 1998. 11. 10. 선고 98다42141 판결. 동지: 대법원 1991. 11. 8. 선고 90다17804 판결.

337) 민사항소심, 51~52면.

338) 대법원 2020. 12. 10. 선고 2020다255085 판결(사안은 무변론판결선고기일 이틀 전에 답변서가 제출된 것).

339) 대법원 2004. 10. 15. 선고 2004다11988 판결.

340) 대법원 1971. 3. 23. 선고 71다177 판결.

341) 대법원 2018. 2. 13. 선고 2014두11328 판결(사안은 원심법원이 민사소송 사건을 공법상 당사자소송으로 심리한 법리오해를 범한 것). 동지: 대법원 2019. 10. 17. 선고 2018두60588 판결.

전부를 취소하고 모든 변론절차를 새로 진행한 다음 본안에 대하여 다시 판단하여야 한다는 것이 된다.[342)]

나) 자판(自判)

(1) 개 관

(가) 자판의 의의

제1심판결을 취소할 때에는, 전속관할 위반을 이유로 취소하는 경우(법 제419조) 외에는, 항소법원은 취소된 부분에 관한 청구에 대하여 스스로 판결함이 원칙이다.

소가 부적법하다고 각하한 제1심 판결을 취소하는 경우라도(바로 후술하듯이 이 경우에는 환송이 원칙이다), **제1심에서 본안판결을 할 수 있을 정도로 심리가 된 경우, 또는 당사자의 동의가 있는 경우에는, 항소법원은 스스로 본안판결을 할 수 있다**(법 제418조 단서).[343)]

이는, 재판의 신속과 경제를 위하여 심급제도의 유지와 소송절차의 적법성의 보장이라는 이념을 제한할 수 있는 예외적인 경우를 인정하고 있는 것이다.[344)]

따라서, 원고가 비록 제1심판결에 대한 불복신청의 범위를 제1심판결을 취소하고, 제1심법원에 환송한다고 항소장에 기재하였어도, 그 취지는 제1심판결을 취소하고, 청구취지 기재와 같은 판결을 구하고 있는 것으로 볼 것이므로, 제1심에서 본안판결을 할 수 있을 정도로 심리가 된 경우에는 위 규정에 따라 항소법원은 스스로 본안판결을 할 수 있다.[345)] 즉, 위 경우에 본안판결을 한 것이 처분권주의 위배가 되는 것이 아니다.

주의할 것은, 제1심에서 원고의 청구가 기각되어 원고가 항소한 다음 항소심에서 청구를 선택적으로 병합한 경우에, 어느 한 개의 청구를 심리한 결과 그 청구가 이유 있다고 인정될 경우에는 원고의 청구를 기각한 제1심 판결을 취소하고 이유 있다고 인정되는 청구를 인용하는 주문을 선고하여야 한다.[346)]

그런데, 취소·자판의 주문 대신 변경의 주문을 낼 수 있는 경우가 있으므로, 이에 관하여

---

342) 대법원 1971. 3. 23. 선고 71다177 판결; 대법원 2004. 10. 15. 선고 2004다11988 판결 참조.

343) cf. 구법(1990. 1. 13. 법률 제4201호로 개정되기 전의 것) 제388조는 현행법 제418조 단서와 같은 규정을 두지 아니하였고, 그 결과 구법하에서, 소가 부적법하다고 각하한 제1심 판결을 취소한 경우에 필요적 환송을 하지 아니하고 본안에 들어가 심판한 것은 3심제를 채택한 민사소송법의 제도에 비추어 위법한 것으로 해석되고 있었다. 대법원 1980. 3. 11. 선고 79다1611 판결. 동지 : 대법원 1962. 1. 25. 선고 4293민상916 판결; 대법원 1963. 1. 24. 선고 62다816 판결; 대법원 1970. 4. 28. 선고 70다173 판결.

344) 대법원 2013. 8. 23. 선고 2013다28971 판결.

345) 대법원 1997. 7. 25. 선고 96다47494,47500 판결.

346) 대법원 1993. 10. 26. 선고 93다6669 판결.

서도 살펴볼 필요가 있다.

(나) 가집행선고의 실효

(제1심판결에 붙은)[347] **가집행의 선고는 그 선고 또는 본안판결을 바꾸는 판결의 선고로 바뀌는 한도에서 그 효력을 잃는다**(법 제215조 제1항).

즉, 항소심에서 가집행선고만이 바뀐 때에나 원고 승소의 본안판결이 원고 패소로 바뀐 때에는, 항소심 판결선고와 동시에 해당 부분의 제1심에서의 가집행선고가 실효된다.

예컨대, 제1심의 500,000원의 가집행선고부 판결이 제2심판결에서 350,000원으로 변경된 경우라 하더라도 제1심판결의 가집행선고는 350,000원 한도에서는 그 효력이 있다.[348]

그러나, 그 실효는 변경된 그 본안판결의 확정을 해제조건으로 하는 것인바,[349] 이 문제에 관한 상세는 '상고, 재항고 및 특별항고' 부분에서 상고의 인용 등과 관련하여 재론하겠다.

(2) 소 각 하

소가 부적법한데도 제1심 법원이 본안판결을 한 때에는, 항소법원은 제1심 판결을 취소하고 소각하 판결을 하여야 한다.

여기서 주의할 것은, 이 경우는 불이익변경금지원칙의 적용대상이 아니다.[350]

(3) 소송종료선언

제1심의 소송계속 중 이미 소송이 종료되었는데도 제1심 법원이 이를 간과하고 판결을 한 경우에는, 항소법원은 제1심 판결을 취소하고 소송종료선언 판결을 하여야 할 것이며,[351] 이 경우 역시 불이익변경금지원칙이 문제되지 아니한다.

(4) 청구인용 또는 청구기각 : 법정이율 특례의 적용 문제

(가) 개 관

한편, 항소법원이 자판으로서 본안판결을 할 경우, '소송촉진법'의 법정이율 특례의 적용이 어떻게 되는가 하는 문제가 있다.

채무자가 그 이행의무의 존부나 범위에 관하여 항쟁함이 상당하다고 인정하는 때에는 채

---

347) 대법원 1999. 12. 3.자 99마2078 전원합의체 결정 참조.

348) 대법원 1968. 2. 3.자 67마1217 결정.

349) 대법원 1999. 12. 3.자 99마2078 전원합의체 결정.

350) 대법원 1995. 7. 25. 선고 95다14817 판결(원고만이 수 개의 청구 중 패소 부분 청구에 대하여 항소하였으나, 항소심이 불복하지 않은 청구에 대한 확인의 이익의 유무를 조사하여 소를 각하한 사안) 참조.

351) 이에 반하여, 항소심의 소송계속 중에 소송이 종료되었다면 단순히 소송종료선언 판결만을 하게 된다.

무자가 항쟁함에 상당한 기간의 범위 안에서 '소송촉진법' 소정의 법정이율을 적용하지 아니함은(소송촉진법 제3조 제2항), '판결의 선고' 부분에서 기술하였다.

주의할 것은, 위 경우에 항소심은 제1심 판결선고시나 그 전후를 묻지 않고 그 기간의 범위를 정할 수 있다는 점이다.[352)]

그런데, 2019. 5. 21. 대통령령 제29768호로 「소송촉진 등에 관한 특례법 제3조제1항 본문의 법정이율에 관한 규정」이 개정되어 같은 해 6. 1.부터 시행되고 있으므로, 그 경과조치의 적용에 관해서도 함께 살펴볼 필요가 있다.

(나) 제1심의 인용금액이 유지된 경우

제1심이 인용한 청구액을 항소심이 그대로 유지한 경우, 특별한 사정이 없는 한 피고가 항소심 절차에서 위 인용금액에 대하여 이행의무의 존부와 범위를 다툰 것은 상당하다고 볼 수 없다.[353)] 따라서, 이에 대하여서는 '제1심판결' 선고일 다음날부터 소송촉진법 제3조 제1항 소정의 법정이율을 적용하여야 한다.

같은 이치에서, 제1심이 인용한 청구에 대하여 피고만이 항소하면서 그 불복범위를 제1심 인용금액의 일부로 한정하고, 이에 따라 항소심이 피고가 항소하지 아니한 나머지 제1심 인용금액을 그대로 유지한 경우, 피고가 항소하지 아니한 나머지 제1심 인용금액에 대하여는 그 이행의무의 존재 여부나 범위에 관하여 항쟁한 것이라고 볼 수 없으므로, 이에 대하여는 '제1심판결' 선고일 다음날부터 소송촉진법 제3조 제1항 소정의 법정이율을 적용함이 상당하다.[354)]

그런데, 위와 같은 사례들에서, 2019. 5. 31. 이전에 이미 제1심의 변론이 종결되었다면, 같은 해 6. 1. 이후의 지연손해금 부분에 관하여서도 여전히 구법의 이율(연 15%)을 적용하여

---

352) 대법원 1987. 5. 26. 선고 86다카1876 전원합의체 판결. 동지 : 대법원 2002. 6. 11. 선고 2002다2539 판결; 대법원 2006. 2. 24. 선고 2005다38614 판결.

353) 대법원 2008. 11. 13. 선고 2006다61567 판결. 동지 : 대법원 1987. 5. 12. 선고 86다카819 판결 ; 대법원 1997. 6. 27. 선고 97다9215 판결 ; 대법원 1997. 12. 26. 선고 97다42892,42908 판결 ; 대법원 1999. 3. 23. 선고 98다64639 판결 ; 대법원 2002. 9. 10. 선고 2002다34581 판결 ; 대법원 2009. 5. 28. 선고 2009다9539 판결 ; 대법원 2012. 12. 27. 선고 2012다60954 판결 ; 대법원 2013. 4. 26. 선고 2011다50509 판결 ; 대법원 2020. 8. 20. 선고 2019다14110,14127,14134,14141 판결.

354) 대법원 2013. 6. 28. 선고 2011다83110 판결.
위 판례의 사안은 이러하다. 제1심이 원고의 청구 중 금 360,000,000원을 인용한 데 대하여, 피고는 '319,454,022원을 초과하여 지급을 명한 부분'에 관하여 항소하였다. 이에 대하여 원심은 피고에게 지급의무가 있는 금액이 294,109,007원이지만 피고가 위 부분에 관하여서만 항소하고 있다는 이유로 '원심판결' 선고일 다음 날부터 '소송촉진법'상 법정이율을 적용하였다. 대법원은 이러한 원심의 조처가 위법하다고 보아, '제1심판결' 선고 다음 날부터 위 법정이율을 적용하여 파기자판한 것이다.

야 할 것이다(소송촉진 등에 관한 특례법 제3조 제1항 본문의 법정이율에 관한 규정 부칙(제29768호) 제2조 제1항).

(다) 피고의 항소가 인용된 경우

제1심판결이 인용한 금액의 일부가 항소심에서 취소되어 그에 대한 청구가 기각되었다면, 특별한 사정이 없는 한 항소심에서의 금전채무의 존부나 범위에 관한 피고의 항쟁은 상당한 근거가 있다고 할 것이다.[355)]

그런데, 위 경우에, 2019. 5. 31. 이전에 이미 제1심의 변론이 종결되었다면, 같은 해 6. 1. 이후의 지연손해금 부분에 관하여서도 여전히 구법의 이율(연 15%)을 적용하여야 할 것이다(소송촉진 등에 관한 특례법 제3조 제1항 본문의 법정이율에 관한 규정 부칙(제29768호) 제2조 제1항).

그러나, 항소심에서 피고의 항소를 상당 부분 받아들여 제1심판결 중 피고 패소 부분의 일부를 취소하고 이에 해당하는 원고의 청구를 기각하는 경우라 하더라도 수개의 청구 중 어느 청구에 대하여 제1심판결과 동일한 입장에서 청구를 전부 인용하였다면 그 부분에 관한 지연손해금에 대하여는 '제1심판결' 선고일 다음날부터 소송촉진법 제3조 제1항이 정한 이율을 적용할 수 있음은 물론이다.[356)]

(라) 원고의 항소가 인용된 경우

주의할 것은, 채무자가 이행의무의 존부와 범위를 다투어 제1심에서 그 주장이 받아들여졌다면 비록 항소심에서 그 주장이 배척되더라도 그 주장은 상당한 근거가 있다고 할 수 있

355) 대법원 1991. 8. 27. 선고 91다2977 판결. 동지 : 대법원 1988. 9. 20. 선고 86다카430 판결 ; 대법원 1991. 10. 25. 선고 91다22605,22612(반소) 판결(사안은 임대차보증금) ; 대법원 1987. 7. 7. 선고 86다카2392 판결 ; 대법원 1988. 9. 20. 선고 86다카430 판결 ; 대법원 1989. 10. 27. 선고 89다카5222 판결 ; 대법원 1990. 4. 10. 선고 89다카27574 판결 ; 대법원 1990. 6. 26. 선고 89다카23510 판결 ; 대법원 1991. 7. 26. 선고 90다15488 판결(사안은 정산금) ; 대법원 1991. 8. 27. 선고 91다2977 판결 ; 대법원 1991. 10. 25. 선고 91다22605,22612(반소) 판결(사안은 임대차보증금) ; 대법원 1993. 1. 26. 선고 92다46110 판결(사안은 대금) ; 대법원 1993. 11. 26. 선고 92다48437 판결(사안은 피고의 상계항변이 받아들여져 원고의 청구의 일부가 기각된 경우) ; 대법원 1994. 11. 25. 선고 94다30065 판결 ; 대법원 1995. 9. 26. 선고 95다25213 판결 ; 대법원 1999. 3. 23. 선고 98다61951 판결 ; 대법원 2001. 2. 23. 선고 2000다63752 판결 ; 대법원 2008. 7. 10. 선고 2006다43767 판결 ; 대법원 2009. 8. 20. 선고 2007다64877 판결 ; 대법원 2013. 3. 14. 선고 2012다106003 판결 ; 대법원 2013. 4. 11. 선고 2012다106713 판결 ; 대법원 2013. 9. 12. 선고 2013다30356 판결 ; 대법원 2017. 2. 9. 선고 2016다258544 판결(사안은 약정금).
판례사안의 대부분은 불법행위로 인한 손해배상청구 사건이나, 그 외의 금전지급청구가 문제된 판례사안도 적지 아니하다.
한편, 피고의 항쟁이 상당하지 아니하다고 본 사례로는, 대법원 1991. 1. 25. 선고 90다9285 판결 ; 대법원 1997. 4. 8. 선고 96다54232 판결.

356) 대법원 2009. 7. 9. 선고 2008다19034 판결.

으므로, 그러한 경우에는 소송촉진법 제3조 제2항에 따라 '항소심판결' 선고시까지는 같은 조 제1항 소정의 지연손해금 이율을 적용할 수 없다고 보아야 한다.[357)]

또한, 항소심의 인용 금액 중 항소심에서 추가로 인용된 금액에 관하여는 항소심판결 선고일까지 피고가 그 이행의무의 존부 및 범위에 관하여 항쟁함이 상당하다고 보아야 할 것이다.[358)]

그런데, 위와 같은 사례들에서, 2019. 5. 31. 이전에 이미 제1심의 변론이 종결되었다면, 같은 해 6. 1. 이후의 지연손해금 부분에 관하여서도 여전히 구법의 이율(연 15%)을 적용하여야 할 것이다(소송촉진 등에 관한 특례법 제3조 제1항 본문의 법정이율에 관한 규정 부칙(제29768호) 제2조 제1항).

(5) **변경판결**(변경주문)

가령, 제1심판결에 대하여 쌍방이 항소한 경우, 항소심판결은 쌍방의 불복범위 안에서 원고의 청구의 당부를 판단하여 항소가 이유 있는 범위 안에서 제1심판결을 취소하여 그 부분의 원고의 청구를 인용하거나 기각하고 이유 없는 범위의 항소는 기각하는 것이 원칙이나, 이와 같은 방식에 의할 경우(항소를 일부만 인용함에 따라) 주문이 복잡하게 되는 것을 피하고 주문의 내용을 알기 쉽게 하기 위하여 제1심판결을 변경하는 판결을 하는 것도 허용된다고 할 것이며, 이와 같이 제1심판결을 변경하는 판결은 제1심판결을 일부취소하는 판결의 한 형태라고 보아야 한다.[359)]

변경판결에 의한 제1심판결 실효의 효과도 일부취소판결의 경우와 마찬가지로 항소가 이유 있는 부분에 국한된다.[360)]

그러나, 항소심에서 변경판결을 하는 경우 항소심법원은 당사자의 불복범위 안에서 원고

---

357) 대법원 2007. 12. 27. 선고 2007다70285 판결. 동지 : 대법원 1987. 11. 24. 선고 87다카1757 판결 ; 대법원 1990. 2. 9. 선고 89다카13780 판결 ; 대법원 1999. 8. 20. 선고 98다40763 판결(제1심에서 원고의 주장이 모두 받아들여져 원고의 본소청구가 인용되고 피고의 반소청구가 기각되었다가 항소심이 피고의 항소를 일부 받아들여 제1심판결을 변경한 경우, 반소청구에 대한 지연손해금에 관하여) ; 대법원 2009. 6. 25. 선고 2008다13838 판결(사안은 가지급물반환) ; 대법원 2010. 7. 8. 선고 2010다21696 판결 ; 대법원 2013. 2. 15. 선고 2012다88518 판결 ; 대법원 2014. 2. 13. 선고 2013다72664 판결 ; 대법원 2014. 8. 20. 선고 2014다26521 판결 ; 대법원 2016. 4. 15. 선고 2015다251645 판결 ; 대법원 2017. 12. 5. 선고 2017다257722,257739 판결.

358) 대법원 1997. 6. 27. 선고 97다9215 판결. 동지 : 대법원 1997. 9. 9. 선고 97다24702 판결 ; 대법원 1997. 12. 26. 선고 97다42892,42908 판결.

359) 대법원 1992. 11. 24. 선고 92다15987,15994 판결. 동지 : 대법원 1983. 2. 22. 선고 80다2566 판결 ; 대법원 2002. 2. 5. 선고 2001다63131 판결.

360) 대법원 1992. 8. 18. 선고 91다35953 판결.

청구의 당부를 판단하면 되고, 주문이나 이유에 반드시 항소의 당부에 관하여 별도의 판단을 하여야 하는 것이 아니다.[361)]

실무상, 그 밖에 다음과 같은 경우에도, 변경주문을 내는 예가 많다.

○ 소의 일부를 각하하는 경우[362)]

○ 상환이행판결을 하는 경우[363)]

○ 본소와 반소가 있는데 항소를 일부인용하는 경우[364)]

○ 형식적 형성의 소에서 제1심 판결을 바꾸는 경우[365)]

○ 예비적·선택적 병합의 형태가 변경된 경우[366)]

또한, 청구의 변경 등과 관련하여 변경판결을 하게 되는 경우도 있는바, 이는 항소심에서 제기된 청구에 대한 판단 등의 문제로서 후술하겠다.

다) 필수적 환송(還送)[367)]

(1) 소각하판결을 취소하는 경우

소가 부적법하다고 각하한 제1심 판결을 취소하는 경우에는 - 제1심에서 본안판결을 할 수 있을 정도로 심리가 된 경우나 당사자의 동의가 있는 경우(법 제418조 단서)가 아닌 한 - **항소법원은 사건을 제1심 법원에 환송하여야 한다**(법 제418조 본문).

그리고, 원고(항소인)가 그러한 제1심 판결에 대하여 취소·자판을 구하였다 하더라도, 항소법원이 이를 취소·환송하는 것이 원고(항소인)의 불복신청의 한도를 넘는 것은 아니다.[368)]

그러나 주의할 것은, 소가 부적법하다고 각하한 제1심 판결에 대하여 원고만 불복 항소하였는데 항소법원의 판단에 의하면 소는 적법하지만 청구가 이유 없다고 보는 경우, 불이익변

---

361) 대법원 1992. 11. 24. 선고 92다15987,15994 판결.

362) 그 실례로는, 서울고법 2020. 1. 17. 선고 2019나2027626 판결 ; 특허법원 2019. 2. 14. 선고 2018나1268 판결 ; 대구고법 2018. 8. 22. 선고 2017나23302 판결.

363) 그 실례로는, 서울고법 2020. 9. 23. 선고 2020나2016462 판결 ; 수원지법 2019. 6. 18. 선고 2018나83000 판결.

364) 민사항소심, 67, 76~77, 124면 참조.

365) 위의 책, 157~160면.
그 실례로는, 춘천지법 2000. 9. 1. 선고 96나4002 판결(사안은 경계확정소송) ; 서울고법 2011. 7. 20. 선고 2010나99561 판결(사안은 공유물분할).

366) 위의 책, 117~121면.

367) cf. 현행 민사소송법은, 소송의 지연을 방지하기 위하여, 항소심이 재량에 의하여 임의로 사건을 제1심 법원에 환송할 수 있는 임의적 환송에 관한 규정을 두지 아니하고 있다. 대법원 2013. 8. 23. 선고 2013다28971 판결.

368) 대법원 1983. 12. 27. 선고 83다434 판결.

경금지원칙상 항소법원으로서는 항소를 기각하게 된다(항소기각설).[369)]

만일 제1심 판결이 본안판결인데도 항소법원이 제1심 판결을 취소·환송하였다면, 이는 필수적 환송에 관한 법리오해에 해당한다.[370)]

(2) 소송종료선언을 취소하는 경우

더 나아가, 소송종료선언을 한 제1심 판결을 취소하는 경우에도 항소법원은 사건을 제1심 법원에 환송하여야 하는 것으로 해석된다(법 제418조 본문의 유추해석). [371)]

(3) 그 밖의 경우

그러나 이상과 같은 경우 외에는, 제1심판결의 절차가 법률에 어긋나는 경우라 하더라도, 항소법원이 반드시 사건을 제1심법원에 환송하여야 하는 것은 아니다(법 제418조의 반대해석).[372)]

라) 이 송

전속관할위반을 이유로 제1심 판결을 취소한 때에는 항소법원은 판결로 사건을 관할법원에 이송하여야 한다(법 제419조).

예컨대, 지방법원 합의부의 전속관할에 속하는 제1심 사건을 지방법원 단독판사가 처리하여 그 판결에 대한 항소가 제기되었다면, 항소법원은 제1심판결을 취소하고 사건을 지방법원 합의부에 이송하여야 한다.[373)]

4) 항소기각

가) 원 칙

항소법원은 제1심 판결을 정당하다고 인정한 때에는 항소를 기각하여야 한다(법 제414조

---

369) 대법원 1983. 12. 27. 선고 82누491 판결; 대법원 1987. 7. 7. 선고 86다카2675 판결.
cf. 반대로 부적법한 소에 관하여 제1심이 소를 각하하지 아니하고 청구를 기각하였을 때에는 항소심에서 제1심 판결을 취소하고 스스로 소를 각하하는 판결을 하여야 함은 물론이다. 대법원 1991. 8. 27. 선고 91다13243 판결 참조.

370) 대법원 1989. 6. 27. 선고 87다카2478 판결 참조.

371) 앞의 책, 56~57면.
그 실례는, 서울고법 2005. 7. 1. 선고 2003나75307 판결; 부산고법 2004. 4. 22. 선고 2003나13734 판결.

372) 대법원 2013. 8. 23. 선고 2013다28971 판결(사안은 제1심법원이 소장부본의 송달부터 그 후의 모든 소송서류를 적법하게 송달하지 아니한 채 변론기일을 진행하여 자백간주 판결을 선고한 것). 동지: 대법원 2020. 12. 10. 선고 2020다255085 판결(사안은 제1심법원이 피고가 답변서를 제출하였는데도 무변론 판결을 선고한 것).

373) 「관할위반에 의한 이송(재민 63-3)」.

제1항).

또한, **제1심 판결의 이유가 정당하지 아니한 경우에도 다른 이유에 따라 그 판결이 정당하다고 인정되는 때에는 항소를 기각하여야 한다**(같은 조 제2항).

이와 관련하여 주의할 것은, 불이익변경금지의 원칙이다. 가령, 원고만이 항소하였다면(그리고 피고가 부대항소하지도 아니하였다면), 항소법원의 심리 결과 원고에대하여 제1심 판결보다 불이익한 결론에 이르렀더라도, 항소법원으로서는 항소를 기각할 수밖에 없다.[374] 그 역의 경우도 마찬가지임은 물론이다.

또한 주의할 것은, 가령, 선택적으로 병합된 수개의 청구 중 제1심에서 심판되지 아니한 청구를 선택하여 심리한 결과 그 결론이 제1심 판결의 주문과 동일한 경우나,[375] 청구의 예비적 병합에서, 제1심에서는 주위적 청구가 인용되었으나 항소심에서는 주위적 청구가 이유 없는 것으로 판단되어 예비적 청구가 인용되었으되 그 주문이 제1심 판결과 동일한 경우에는,[376] 항소를 기각하여서는 안 되며 후술하는 취소·자판의 주문을 내어야 한다.[377]

또한, 항소심에 이르러 청구가 추가적 또는 교환적으로 변경된 경우에 신 청구에 관한 재판은 법 제414조 제2항의 문제가 아니라, 항소심에서 제기된 청구에 대한 판단 등의 문제인바,[378] 이에 관하여서는 별항으로 후술하겠다.

한편, 항소기각의 주문례는 청구기각의 경우와 대동소이하나, 실무의 주류는 당사자 일방만 항소한 사건이더라도 누구의 항소를 기각하는지를 밝히고 있다.

항소의 일부인용, 일부기각의 경우에 변경주문을 활용할 수 있음은 기술하였는바, 이 경우

---

374) 대법원 1966. 6. 28. 선고 66다712 판결 참조.

375) 대법원 2006. 4. 27. 선고 2006다7587,7594 판결.
항소심에 이르러 비로소 선택적 청구를 추가한 경우에도 마찬가지 문제가 발생한다.
첫째, 원고의 청구를 기각한 판결에 대하여 원고가 항소를 제기한 후 선택적 청구가 추가된 경우에, 법원은 주위적 청구와 선택적 청구 중 어느 한 청구가 이유 있다고 인정되는 때에는, 제1심 판결을 취소하고 이유 있다고 인정되는 청구를 인용하는 주문을 선고하여야 한다. 대법원 1993. 10. 26. 선고 93다6669 판결.
둘째, 원고의 청구를 인용한 판결에 대하여 피고가 항소를 제기한 후 선택적 청구가 추가된 경우에는, 법원은 선택적 청구가 이유 있다고 인정되는 때에는, 제1심 판결을 취소하고 이유 있다고 인정되는 청구를 인용하는 주문을 선고하여야 한다. 대법원 1992. 9. 14. 선고 92다7023 판결.
그러나, 위 두 번째 경우에, 법원은 주위적 청구(즉, 제1심에서 인용된 청구)가 이유 있다고 인정되는 때에는 항소를 기각하여야 한다는 것이 된다.

376) 대법원 2011. 2. 10. 선고 2010다87702 판결.

377) 대법원 2006. 4. 27. 선고 2006다7587,7594 판결.

378) 따라서, 예컨대, 제1심에서 주위적 청구가 기각되었다고 하더라도, 항소심에서 추가된 예비적 청구가 이유 없는 경우에 원심으로서는 – 설령 제1심판결과 결론이 같더라도 – 그 예비적 청구를 기각하는 주문을 별도로 선고하여야 한다. 대법원 2011. 7. 28. 선고 2010다36568 판결.

에는 별도로 항소 일부기각의 주문을 내지 아니한다.[379)]

나) 항소심에서 청구취지의 감축 또는 일부취하가 있은 경우

항소심에서 청구취지의 감축(일부취하)이 있는 경우 그 감축된 부분은 처음부터 소송계속이 없어지게 되어 그 부분에 관한 제1심 판결은 실효되고 항소심의 심판대상에서 제외된다 할 것이어서, ① 항소심은 그 나머지 부분에 대한 제1심 판결을 정당하다고 보는 때에는 주문에서 "항소기각"으로만 하여도 되는 것이나,[380)] 집행의 범위를 명확히 하기 위하여 ② "항소기각"의 표시와 함께 "원심판결을 다음과 같이 변경한다"라고 하고 이어서 나머지 부분에 대하여 이행을 명할 수 있을 것이고, ③ 이 경우 제1심 판결은 그 실질적 내용이 변경의 선언에 의하여 비로소 그렇게 변경되는 것이 아니라 그와 같이 이미 변경되어 있는 바이므로, 그 표현을 "변경한다"라고 하지 않고 "변경되었다"라고 표시하여도 위법이라 할 수 없다.[381)]

이에 따라, 실무례의 주류는 오히려 ③의 표시방법에 의하고 있으나,[382)] 가령, 제1심 판결을 일부 취소하는데 그 부분에 청구감축 부분이 포함되어 있다면, 그 경우에는 집행범위가 불명확하여질 우려가 없으므로, 주문에서는 청구가 감축되었다는 표시를 따로 하지 아니한다.[383)]

다) 항소심에서 소송수계가 있은 경우

항소심에서 소송수계가 있은 경우에도 상술한 청구취지의 감축의 경우와 유사한 문제가 발생한다.[384)]

---

379) 앞의 책, 70면.

380) 대법원 1992. 4. 14. 선고 91다45653 판결. 동지: 대법원 1963. 8. 22. 선고 63다249 판결

381) 대법원 1992. 4. 14. 선고 91다45653 판결. 동지: 대법원 1979. 12. 11. 선고 79다828 판결.

382) 그 실례는, 대법원 2004. 5. 14. 선고 2002다13782 판결(사안은 상고심에서의 일부취하); 특허법원 2017. 9. 29. 선고 2017나1407 판결; 서울고법 2014. 6. 25. 선고 2013나79810 판결; 서울고법 2011. 7. 20. 선고 2010나97688 판결; 청주지방법원 2011. 5. 20. 선고 2010나3286(본소),2010나3293(반소) 판결; 서울고법 2011. 4. 21. 선고 2010누33476 판결; 서울고등법원 2009. 8. 21. 선고 2009나23759 판결; 서울고등법원 2008. 7. 22. 선고 2008누6808 판결(이상의 사안은, 청구감축).

383) cf. 그러나, 청구취지에서는 표시를 함은 물론이다. 앞의 책, 86면.

384) 이 경우의 주문의 실례는, 서울고등법원 2018. 4. 27. 선고 2016나2060486 판결; 서울고등법원 2017. 10. 13. 선고 2016나2054870 판결; 서울고법 2017. 7. 6. 선고 2015나9945 판결; 대전지법 2016. 11. 4. 선고 2014나1353(본소), 2014나4543(독립당사자참가의소) 판결; 서울고등법원 2016. 8. 18. 선고 2015나2060762 판결; 서울고등법원 2015. 1. 28. 선고 2013나2027006 판결; 부산고법 2013. 8. 30. 선고 2012나2647 판결; 서울고법 2013. 1. 24. 선고 2011나98459 판결; 서울고법 2009. 2. 11. 선고 2008나29934 판결.

5) 항소심에서 제기된 청구 등에 대한 판단 등

가) 항소심에서의 신청구 개관

항소심에서 비로소 제기된 청구가 있으면, 항소법원은 이에 대하여 – 사실상 제1심으로 –[385] 판단하여야 한다.[386]

즉, 항소심에서 청구의 확장 또는 추가적 변경이나[387] 교환적 변경이 있은 경우, 제1심에서 선택적 또는 예비적이었던 청구가 항소심에서 주위적으로 변경된 경우, 항소심에서 반소나 중간확인의 소가 제기된 경우, 항소심에서 독립당사자참가 또는 소송승계참가나 소송인수참가가 있은 경우 등에는, 항소에 대한 응답뿐만 아니라 그러한 청구들에 대한 응답도 하여야 하는 것이다.

그러나, 소송촉진법 소정의 특례이율을 적용할 때에는, 2019. 5. 31. 이전에 이미 제1심의 변론이 종결되었다 하더라도, 같은 해 6. 1. 이후에 항소심의 변론이 종결된 경우에는 같은 해 5. 31.까지는 종전의 규정에 따른 이율(연 15%)에 의하고, 같은 해 6. 1.부터는 개정규정에 따른 이율(연 12%)에 의한다.[388]

결국, 판례는 소송촉진 등에 관한 특례법 제3조 제1항 본문의 법정이율에 관한 규정 부칙(제26553호) 제2조 제1항, 제2항의 "제1심의 변론이"를 – 항소심에서의 소송중의 소는 사실상 제1심이므로 – '항소심에서의 소송중의 소의 변론이'도 포함하는 것으로 "사실심의 변론이"로 확장해석하는 셈이다.

한편, 항소심에서 제기된 청구에 대하여서도 소송비용의 재판을 하여야 하는바, 항소를 기각함과 아울러 항소심에서 제기된 청구를 배척할 경우에는 '항소제기 이후의 소송비용'에 관한 재판을 함이 실무의 주류이다.[389] 그러나, 제1심 법원의 재판을 바꿀 경우에는 소송 총비

---

385) 대법원 1972. 6. 27. 선고 72다546 판결 ; 대법원 1989. 3. 28. 선고 87다카2372 판결 ; 대법원 1995. 1. 24. 선고 93다25875 판결 ; 대법원 2017. 3. 30. 선고 2016다253297 판결 참조.

386) 대법원 1997. 6. 10. 선고 96다25449,25456 판결 참조.

387) cf. 청구의 확장을 위하여 부대항소가 제기된 경우는, 항소법원이 이에 대한 응답을 하게 되므로, 엄밀한 의미에서 여기서 말하는 '항소심에서의 청구'에는 해당하지 아니한다.

388) 대법원 2016. 4. 29. 선고 2015다77595,77601 판결(사안은 구 「소송촉진 등에 관한 특례법 제3조제1항 본문의 법정이율에 관한 규정」(2019. 5. 21. 대통령령 제29768호로 개정되기 전의 것)) 참조.
위 판례는 구법 하에서 항소심에서 제기된 반소에 관한 것이지만, 현행법 하에서 여타 항소심에서의 소송중의 소에 관하여서도 이치는 다를 바 없다.

389) 그 실례는, 특허법원 2019. 9. 6. 선고 2018나1305 판결(사안은 원고의 항소와 항소심에서 교환적으로 변경한 청구를 모두 기각한 것) ; 대구고법 2018. 7. 20. 선고 2016나272 판결(사안은 원고의 항소와 항소심에서 추가된 청구를 모두 기각한 것) ; 서울고법 2018. 7. 18. 선고 2017나2020102 판결(사안은 원고의 항소를 기각하고 항소심에서 추가한 청구를 각하한 것) ; 서울고법 2017. 12. 1. 선고 2017누61043 판결(사안은 원고의 항소와 항소심에서 확장된 청구를 모두 기각한 것) ; 서울중앙지법 2017. 10. 31. 선고

용에 관한 재판을 하게 됨은 물론이다.

다만, 사건을 제1심 법원에 환송하여야 할 경우(민법 제418조 본문)라면, 항소심에서 제기한 청구 부분을 포함하여 역시 제1심 법원에 환송하며, 그 경우에는 소송 총비용에 관한 재판 역시 하지 아니한다.[390)]

나) 청구의 확장의 경우

항소심에 이르러 청구가 확장된 경우 항소심은 확장된 청구에 대하여는 실질상 제1심으로서 재판하여야 하므로,[391)] 확장된 청구에 대한 원고 주장의 당부를 심리·판단하여 원고 항소에 대한 판단과는 별개로 주문 표시를 하여야 하나,[392)] 이는 구체적으로 다음과 같이 된다.

항소를 인용함과 아울러 항소인이 확장한 청구를 인용하는 경우에는, "당심에서 확장된 청구를 포함하여 제1심 판결을 다음과 같이 변경한다." 식으로 변경주문을 냄이 일반이다.[393)394)]

이에 반하여, 피항소인이 확장한 청구 또는 항소인 겸 피항소인이 확장한 청구를 인용하는 경우에는, "원고의 당심에서의 청구취지 확장에 따라, …" 식의 주문을 냄이 일반이다.[395)]

제1심이 기존의 청구를 배척하면서 "원고의 청구를 기각한다."라고 판결하였는데 항소심이 기존의 청구와 항소심에서 확장된 청구를 모두 배척할 경우 단순히 "항소를 기각한다."라

2016나72848 판결(사안은 원고의 항소는 기각하였으나 항소심에서 추가한 예비적 청구를 인용한 것); 부산고법 2016. 1. 28. 선고 2015나50842 판결(사안은 피고의 항소를 기각하고 항소심에서의 원고의 확장청구를 대부분 인용함에 따라 항소제기 이후의 소송비용을 피고에게 부담시킨 것); 대구고법 2015. 12. 23. 선고 2015나787 판결; 서울고등법원 2015. 8. 13. 선고 2014나55859 판결(이상의 사안은, 원고의 항소를 기각하였으나 항소심에서 추가한 원고의 청구를 인용함에 따라 항소제기 이후의 소송비용을 피고에게 부담시킨 것); 서울고법 2014. 10. 8. 선고 2013나2010367(본소), 2013나2010374(반소) 판결(사안은 원고의 항소와 피고가 교환적으로 변경한 반소청구를 모두 기각하면서 항소제기 이후의 소송비용을 각자에게 부담시킨 것).

390) 앞의 책, 54~55면.

391) 대법원 2017. 7. 11. 선고 2017다15218 판결.

392) 대법원 2021. 3. 18. 선고 2018다253444 전원합의체 판결.

393) 위의 책, 88면.
그 실례는, 서울고법 2017. 7. 14. 선고 2016누40933 판결.

394) 확장청구를 일부만 인용한 경우에도 아예 변경주문을 내는 실무례가 많다. 위의 책, 92~3면.
그 실례는, 서울고법 2014. 3. 27. 선고 2013나31696 판결; 서울고법 2014. 2. 20. 선고 2013나2003345 판결.

395) 위의 책, 88~89면.
피항소인이 확장한 청구를 인용한 경우의 실례는, 서울고법 2010. 3. 11. 선고 2009나63504 판결.
쌍방 항소의 경우에 확장청구를 일부 인용하면서 이런 식의 주문을 낸 예로는, 서울고법 2015. 10. 27. 선고 2014나52355 판결.

는 주문 표시만 하여서는 안 되고, 이와 함께 항소심에서 확장된 청구에 대하여 "원고의 청구를 기각한다."라는 주문 표시를 하여야 한다.[396)]

따라서, 확장된 청구를 전부 기각하는 경우에는, "원고의 이 법원에서의 청구를 기각한다." 식의 주문을 냄이 일반이며,[397)] 일부 기각하는 경우에는, "원고의 나머지 확장청구를 기각한다." 식의 주문을 냄이 일반이다.[398)]

다) 청구의 추가적 변경의 경우

청구의 추가적 변경의 경우에도 항소법원의 주문 기재례는 상술한 청구의 확장의 경우와 유사한 요령에 의하고 있다.

따라서, 항소심에 이르러 청구가 추가적으로 변경된 경우에는, 항소심이 추가된 신 청구를 기각할 경우라 하더라도, "원고의 청구를 기각한다"는 주문 표시를 하여야 하고(예 : "당심에서 추가된 원고의 예비적 청구를 기각한다"), "항소를 기각한다"는 주문 표시를 하여서는 아니 된다.[399)]

따라서, 항소심에 이르러 새로운 청구가 추가된 경우, 항소심은 추가된 청구에 대하여는 실질상 제1심으로서 재판하여야 하므로 제1심이 기존의 청구를 배척하면서 "원고의 청구를 기각한다"고 판결하였는데, 항소심이 기존의 청구와 항소심에서 추가된 청구를 모두 배척할 경우 단순히 "항소를 기각한다"는 주문 표시만 하면 되는 것은 아니고, 이와 함께 항소심에서 추가된 청구에 대하여 "원고의 청구를 기각한다"는 주문 표시를 하여야 한다(예 : "원고의 항소와 당심에서 추가된 선택적 청구를 모두 기각한다"[400)]).[401)]

원고 패소의 제1심판결에 대하여 원고가 항소한 후 항소심에서 예비적 청구를 추가한 경우에, 예비적 청구의 일부를 인용하는 경우에는, 제1심판결 중 인용하는 금액에 해당하는 원고 패소 부분을 취소하고 그 인용금액의 지급을 명할 것이 아니라, 원고의 항소를 기각하고

---

396) 대법원 2017. 7. 11. 선고 2017다15218 판결.

397) "이 법원에서 확장한 원고의 청구를 기각한다." 식으로도 쓴다. 위의 책, 89, 91면.

398) 그 실례는, 수원지방법원 2017. 4. 4. 선고 2016나50686 판결 ; 부산고법 2016. 1. 28. 선고 2015나50842 판결 ; 의정부지법 2014. 2. 6. 선고 2013나51194 판결 ; 서울고법 2009. 11. 13. 선고 2009나50751 판결; 대전고법 2008. 1. 10. 선고 2006나10390 판결 ; 대전고법 2003. 7. 11. 선고 2002나982 판결(사안은, 확장된 예비적 청구를 일부기각한 것) ; 광주고법 2000. 5. 18. 선고 99나4923 판결 ; 서울고법 1972. 10. 5. 선고 71나737 판결.

399) 대법원 1997. 6. 10. 선고 96다25449,25456 판결.

400) 서울고법 2011. 5. 13. 선고 2010나56410 판결 등 참조.

401) 대법원 2004. 8. 30. 선고 2004다24083 판결. 동지 : 대법원 2007. 8. 23. 선고 2006다28256 판결 ; 대법원 2009. 5. 28. 선고 2007다354 판결.

새로이 추가된 예비적 청구에 따라 인용금액의 지급을 명하였어야 한다(예 : "원고의 항소를 기각한다. 원심에서 추가된 예비적 청구에 따라 피고는 원고에게 금 000원을 지급하라.").[402]

라) 청구의 교환적 변경의 경우

제1심에서 패소한 원고의 불복으로 사건이 항소법원에 계속 중 원고가 소를 교환적으로 변경하였으며 항소법원이 신청구를 배척하여야 할 경우에는, 원고의 청구를 기각한다는 주문표시를 하여야 하며(예 : "당심에서 교환적으로 변경된 원고의 청구를 기각한다."), 그 주문의 표시가 제1심 법원의 그것과 일치한다 하여도 항소기각의 판결을 하여서는 아니 된다.[403]

항소심에 이르러 청구가 교환적으로 변경된 경우에는, 제1심이 원고의 청구를 일부 인용한 데 대하여 쌍방이 항소하였고 항소심이 제1심이 인용한 금액보다 추가로 인용하는 경우, 항소심은 제1심판결 중 항소심이 추가로 인용하는 부분에 해당하는 원고 패소부분을 취소한다거나 피고의 항소를 기각한다는 주문 표시를 하여서는 아니 된다.[404] 즉, "당심에서 교환적으로 변경된 청구에 따라, …" 식의 주문[405] 또는 "당심에서 교환적으로 변경된 원고의 (나머지) 청구를 기각한다." 식의 주문을 내어야 한다.[406]

그러나, 여러 개의 청구 중 일부만 변경된 경우에는, "당심에서 교환적으로 변경된 원고의 청구를 포함하여 제1심판결을 다음과 같이 변경한다.."식의 주문을 낸다.[407]

마) 청구의 확장과 감축이 모두 있은 경우

청구의 확장과 감축이 모두 있은 경우에도, 번잡을 피하기 위하여, "당심에서 확장 및 감축된 청구를 포함하여 …" 식으로 변경주문을 내는 예가 많다.[408]

바) 항소심에서 병합의 형태가 선택적 병합에서 예비적 병합으로 변경된 경우

원고가 제1심에서 선택적으로 구한 두 개의 청구 중 1개의 청구가 인용되고 피고가 항소한

---

402) 대법원 2017. 3. 30. 선고 2016다253297 판결.

403) 대법원 1974. 5. 28. 선고 73다1796 판결. 동지 : 대법원 1997. 6. 10. 선고 96다25449,25456 판결.

404) 대법원 2009. 2. 26. 선고 2007다83908 판결.

405) 그 실례는, 대전지법 2016. 12. 22. 선고 2016나109695 판결 ; 서울고법 2015. 11. 27. 선고 2015나2010255 판결 ; 부산지법 2015. 1. 21. 선고 2013나13235 판결 ; 서울고법 2011. 11. 30. 선고 2010나115746 판결.

406) 그 실례는, 서울고법 2018. 10. 24. 선고 2017나2071995 판결.

407) 앞의 책, 105면.
그 실례는, 서울고법 2014. 10. 17. 선고 2012나41610 판결.

408) 위의 책, 95면.
그 실례는, 서울고법 2018. 4. 20. 선고 2016나2033545 판결.

후, 원고가 항소심에서 병합의 형태를 변경하여 제1심에서 심판되지 아니한 청구 부분을 주위적 청구로, 제1심에서 인용된 위 청구 부분을 예비적 청구로 구함에 따라 항소심이 주위적 청구 부분을 먼저 심리하여 그 청구가 이유 있다고 인정하는 경우에는, 비록 결론이 제1심판결의 주문과 동일하더라도 피고의 항소를 기각하여서는 아니 되고 새로이 청구를 인용하는 주문을 선고하여야 한다("당심에서 변경된 주위적 청구에 따라, …").[409)]

사) 소송승계참가가 있은 경우

가령, 항소심에서 소송승계참가가 있은 후에 원고가 소송탈퇴를 하였다면, 항소법원은 제1심판결을 변경하여(예 : "제1심판결을 다음과 같이 변경한다.") 승계참가인의 청구에 대한 판단을 하여야 한다.[410)]

더 나아가, 원고가 소송탈퇴를 하지 아니한 경우에도 변경주문을 내어야 할 것이다.[411)]

아) 가지급물반환신청에 대한 재판

가지급물반환신청이 제기된 경우, 본안판결을 바꿀 때에는 가지급물반환의 재판(신청의 일부기각의 재판 포함)도 하여야 함은 물론이다(예 : "원고는 피고에게 가지급물의 반환으로 …",[412)] "가지급물반환신청에 기하여 원고는 피고에게 …"[413)]).

다만, 가지급물반환신청은 예비적 반소의 일종이므로, 이론적으로는 본안판결을 (피고에게 유리하게) 변경하지 아니하는 경우에는 가지급물반환신청에 대하여서도 응답할 필요가 없겠으나, 이에 관하여 실무례가 반드시 일치되어 있지는 아니하다.[414)]

---

409) 대법원 2020. 10. 15. 선고 2018다229625 판결.

410) 대법원 2004. 1. 27. 선고 2000다63639 판결 참조.
그 실례는, 서울서부지법 2015. 9. 10. 선고 2014나4907 판결.
이때 변경주문 없이 새 주문을 내는 실무례도 있으나(민사항소심, 132면), 변경주문을 내는 것이 실무의 주류인 듯하다.

411) 앞의 책, 133~5면(다만, 위의 책, 134면은, 소송물이 전부승계되었으나 원고가 탈퇴하지 아니한 경우에는 취소주문의 주문례를 소개하고 있다).
그 실례는, 서울고법 2016. 6. 23. 선고 2015나2030303 판결(사안은 원고는 승계참가에 따라 탈퇴하였으나 원고 승계참가인에 대한 (재)승계참가가 있은 경우) ; 서울고법 2016. 4. 8. 선고 2015나2013759 판결.

412) 그 실례는, 서울고법 2014. 2. 14. 선고 2013나43361 판결.

413) 그 실례는, 서울고등법원 2015. 4. 16. 선고 2014나2011626 판결.

414) 항소를 기각하면서도 가지급물반환신청에 관한 주문을 낸 실례로는, 서울고법 2011. 10. 27. 선고 2011나8463 판결.

자) 제1심에서 심판대상이 되지 아니한 예비적 반소를 항소심에서는 판단하여야 하는 경우

제1심에서 본소청구인용을 조건으로 하는 예비적 반소가 제기되었고, 원고의 본소청구가 배척되었으나 원고가 이에 불복 항소한 경우, 항소법원은 원고의 항소를 인용할 때에는 피고의 예비적 반소청구도 심판대상으로 삼아 이를 판단하여야 한다.[415)]

차) 법정이율 특례의 적용 문제

2019. 5. 31. 이전에 항소심 단계에서 원고가 청구를 추가하여 추가된 청구에 관한 소가 소송계속 중이었으나 위 일자 이후에 변론이 종결되었다면, 위 일자의 지연손해금 부분에 관하여서는 구법의 이율(연 15%)에 의하고, 같은 해 6. 1.부터는 현행법의 이율(연 12%)에 의한다(소송촉진 등에 관한 특례법 제3조 제1항 본문의 법정이율에 관한 규정 부칙(제29768호) 제2조 제2항).[416)]

다. 항소심의 소송비용 재판

1) 항소비용에 대한 재판을 하는 경우

가) 항소의 전부배척(원칙)

(1) 개 관

항소를 '모두' 각하하거나 기각하는 경우, 그 판결도 사건을 완결하는 재판으로서 법원이 직권으로 그 심급의 소송비용 전부에 대하여 재판하여야 하므로(법 제104조 본문), 항소법원이, 항소심에서 생긴 소송비용(즉, 항소비용)에 대한 재판을 하게 된다.[417)]

같은 이치에서 부대항소를 모두 배척하는 경우에는 부대항소비용의 재판이 문제됨은 물론이다.

그런데, 항소심에서 법정대리인 또는 소송대리인으로서 소송행위를 한 사람이 그 대리권 또는 소송행위에 필요한 권한을 받았음을 증명하지 못하거나 추인을 받지 못하여 항소가 각하된 경우에도, 항소 이후의 소송비용은 그 소송행위를 한 대리인이 부담하는바(법 제108조),[418)] 이 경우에는, 비록 그 소송대리인이 판결선고 전에 이미 사임한 경우라고 하더라도 판결정본을 송달하는 등의 방법으로 재판결과를 통지하여야 한다.[419)]

---

415) 대법원 2006. 6. 29. 선고 2006다19061,19078 판결.

416) 대법원 2017. 3. 30. 선고 2016다253297 판결(사안은 구 「소송촉진 등에 관한 특례법 제3조제1항 본문의 법정이율에 관한 규정」(2019. 5. 21. 대통령령 제29768호로 개정되기 전의 것)) 참조.

417) 즉, 소송(총)비용에 대한 재판이 아님에 주의하여야 한다.

418) 대법원 2016. 6. 17.자 2016마371 결정 참조.

가지급물반환신청이 있었지만 본안판결을 (피고에게 유리하게) 바꾸지 아니하는 경우에는, 이론적으로는 가지급물반환신청비용에 관한 재판도 할 필요가 없겠으나, "항소비용(가지급물 반환신청비용 포함)은 피고가 부담한다." 식으로 주의적으로 해단 재판을 하는 실무례도 있다.[420]

그러나 항소나 부대항소가 일부라도 인용되었다면, 뒤에서 보는 바와 같이 항소법원이 소송 총비용에 대한 재판을 하게 된다.

또한, 항소를 모두 기각하는 경우라도, '제1심이 소송비용 재판을 누락한 경우' 역시 예외임은 후술하는 바와 같다.

(2) 쌍방상소사건에서 쌍방의 상소를 모두 기각하는 경우[421]

현행 실무상 원고의 청구를 일부 인용한 판결에 대해 쌍방이 각 패소 부분에 상소한 사건 (이하 '쌍방상소사건'이라고 한다)에서, 상소심이 쌍방의 상소를 모두 기각하는 경우 당해 심급의 소송비용부담재판을 함에는 거의 예외 없이 상소인 각자가 부담하도록 하고 있고, 이 경우 원고와 피고는 특별한 사정이 없는 한 각 지출한 비용을 자기가 부담하고 상대방에게 상환청구를 할 수 없다고 해석된다.

그런데 쌍방상소사건에서 상소가 모두 기각되었더라도 각 당사자가 불복의 대상으로 삼은 범위에 현저한 차이가 있어 실질적으로는 더 적은 범위에 대해 불복한 당사자가 승소한 범위가 훨씬 큰 경우에도 상소비용을 각자가 부담하도록 하게 되면, 불복범위가 더 적은 상소인의 입장에서는 단지 쌍방이 상소하여 모두의 상소가 기각되었다는 우연한 사정에 의해 그가 상소하지 않았을 때와 비교하여 소송비용의 부담과 상환에 있어 부당하게 불리한 결과가 발생하게 된다.

따라서 쌍방상소사건에서 각 당사자의 불복범위에 현저한 차이가 있어 쌍방 상소 기각과 함께 상소비용을 각자 부담으로 하게 되면 위와 같은 불합리한 결과가 발생한다고 인정되는 경우, 법원으로서는 당해 심급의 소송비용부담재판을 함에 단지 각자 부담으로 할 것이 아니라, 각 당사자의 불복으로 인한 부분의 상소비용을 불복한 당사자가 각각 부담하도록 하거나, 쌍방의 상소비용을 합하여 이를 불복범위의 비율로 적절히 안분시키는 형태로 주문을 냄으로써, 위와 같은 불합리한 결과가 발생하지 아니하도록 하는 것이 바람직하다.[422]

---

419) 대법원 2016. 6. 17.자 2016마371 결정.

420) 서울고등법원 2011. 1. 28. 선고 2010나34984 판결 참조.

421) 대법원 2019. 4. 3. 선고 2018다271657 판결.
위 판례는 상고비용에 관한 것이지만, 항소비용에 관하여서도 이치는 다를 바 없다.

2) 항소심의 신청구로 인한 소송비용에 대한 재판을 하는 경우 : 항소의 전부배척시

가) 항소심에서 변경된 청구를 전부배척하는 경우

(1) 원 칙

항소심에서 청구의 확장이나 추가가 있은 때에는, 이로 인하여 생긴 소송비용은 그 심급의 소송비용(법 제104조 본문)이므로 이에 관한 재판도 하여야 한다.

그런데 이때, 그러한 비용과 항소비용을 같은 당사자에게 부담시킬 때에는, 이를 "항소제기 이후의 소송비용"으로 뭉뚱그려 표현함이 실무의 주류임은 기술한 바와 같다.

다만, 후술하듯이, 제1심 판결의 취소·자판을 할 경우에는 소송 총비용에 대한 재판을 하게 되므로, 항소심에서 확장 또는 추가된 청구로 인한 소송비용의 재판은 결국 항소를 배척할 경우에 하게 된다.

(2) 예 외

그러나, 청구가 항소심에서 교환적으로 변경된 경우는 후술하듯이 소송총비용의 원칙이 적용되지 아니하는바, 이에 관하여서는 후술한다.

나) 항소심에서 제기된 반소를 전부배척하는 경우

항소심에서 반소가 제기된 경우에도, 이로 인하여 생긴 소송비용은 그 심급의 소송비용(법 제104조 본문)이므로 이에 관한 재판도 하여야 하나, 원칙적으로는 후술하는 일반원칙에 따라 소송 총비용에 관한 재판을 하여야 하게 된다.[423)]

그러나, 그러한 반소를 전부배척할 경우에는 "반소로 인한 소송비용"을 반소원고에게 부담시키는 재판을 함이 실무의 주류이다.[424)]

---

422) 판례의 사안은, 원고는 피고를 상대로 527,676,460원 및 그에 대한 지연손해금 청구를 하였는데, 원심에서 24,553,808원 및 그에 대한 지연손해금 청구가 일부 인용되고 나머지 503,122,652원 및 그에 대한 지연손해금 청구는 기각되었으며, 이에 대해 쌍방이 각 패소 부분에 대해 상고한 경우이다.
이에 관하여 대법원은, 원고와 피고의 상고심 불복범위에 현저한 차이가 있어 상고비용을 각자 부담으로 하게 되면 상고비용부담에 불합리한 결과가 발생한다는 이유로, 상고비용을 각자 부담으로 하는 대신, 상고비용 중 원고의 상고로 인한 부분은 원고가, 피고의 상고로 인한 부분은 피고가 각 부담하도록 정하였다.

423) 민사항소심, 191~2면 참조.

424) 그 실례는, 서울고법 2016. 9. 22. 선고 2015나2073027(본소), 2016나2025117(반소) 판결 ; 인천지법 2016. 4. 7. 선고 2015나54837(본소), 2015나11335(반소) 판결(이상의 사안은, 반소원고의 항소와 항소심에서의 반소를 모두 기각하면서, 항소비용과 반소로 인한 소송비용 부담의 재판을 한 것) ; 서울고법 2007. 9. 18. 선고 2006나60696(본소),2006나60702(반소) 판결(사안은 본소원고의 항소와 반소원고의 항소심에서의 반소를 모두 기각하면서, 항소비용과 반소로 인한 소송비용 부담의 재판을 한 것) ; 대전고법 2005.

3) 소송 총비용에 대한 재판을 하는 경우

가) 취소·자판

항소법원의 취소·자판은 상급법원이 본안의 재판을 바꾸는 경우에 해당하므로, 이때에는 항소법원이 소송의 총비용에 대하여 재판하여야 한다(법 제105조 전단).

변경주문을 낼 때에도 소송 총비용의 재판을 하여야 함은 물론이다.

가지급물반환신청이 있었는데 제1심 판결을 원고 패소로 바꾸는 경우에는 "가지급물반환신청 비용을 포함한 소송 총비용은 원고가 부담한다." 식으로, 가지급물반환신청비용도 소송 총비용에 포함됨을 주의적으로 밝히는 경우가 많다.[425]

나) '소송비용 재판을 누락한 제1심 판결에 대한' 항소기각

제1심 법원이 소송비용의 재판을 누락한 경우에는, 항소법원은 항소를 기각하더라도 소송의 총비용에 대하여 재판을 한다(법 제212조 제3항 후문).[426]

다) 청구가 교환적으로 변경된 경우

항소심에서 청구가 교환적으로 변경된 경우에는, 이를 배척하는 경우건 인용하는 경우건, 소송 총비용에 관한 재판을 함이 실무의 주류이다.[427]

라) 환송후판결의 경우

상술한 원칙에 불구하고, 항소법원이 상고법원으로부터 사건을 환송 또는 이송받아 판결할 때에는 - 항소를 모두 배척하는 경우일지라도 - 소송 총비용에 대한 재판을 한다(민법 제105조 후단). 이에 관하여서는 '상고, 재항고 및 특별항고' 부분에서 재론하겠다.

4) 소송비용의 재판을 하지 아니하는 경우 : (전부)취소·환송 또는 (전부)취소·이송

'상소 일반' 부분에서 기술하였듯이, 사건 전부의 취소·환송의 경우나 취소·이송의 경우에는 항소법원이 소송비용에 대한 재판을 하지 아니한다.[428]

---

5. 27. 선고 2003나10023(본소),2005나1337(반소) 판결(사안은 피고들 중 일부가 항소심에서 반소를 제기한 것).

425) 그 실례는, 서울고등법원 2014. 2. 14. 선고 2013나43361 판결.

426) cf. 제1심이 소송비용의 재판을 누락하였으나, 항소를 각하할 경우라면, 일반원칙에 따라 항소비용의 재판만을 한다(법 제212조 제3항 후문의 반대해석).

427) 그 실례는, 서울고법 2014. 5. 20. 선고 2013누12920 판결(사안은 변경된 청구를 인용한 것) ; 서울고법 2012. 11. 28. 선고 2012누746 판결(사안은 변경된 청구를 기각한 것).

428) 그 실례는, 대구고법 2017. 11. 10. 선고 2017나22439 판결 ; 서울고법 2014. 12. 18. 선고 2014나2024684

그러나, 위와 달리, 사건의 일부만을 취소·환송 또는 취소·이송하고 나머지 항소를 기각하는 경우는 어떻게 되는가. 그 경우에, 소송 총비용에 대한 재판을 한 예도 있으나,[429] 관견으로는 오히려 항소비용의 재판을 하여야 할 것으로 생각한다.

라. 항소심의 가집행선고

1) 취소·자판 내지 변경주문의 경우

가) 취소·자판의 경우

가집행선고의 대상이 되는 청구로서 제1심이 기각한 것을 항소심에서 인용할 때에는 항소법원이 이에 대한 가집행선고도 하여야 한다(법 제213조 제1항).

나) 변경주문의 경우

이론적으로, 취소주문이 아닌 변경주문을 낸 때에도, 그 가집행선고는 제1심판결보다 청구인용범위가 줄어든 차액부분에 한하여 실효되고 그 나머지 부분에는 여전히 효력이 미치며, 항소심의 변경판결에 의하여 제1심판결 전부가 실효되는 것이 아니다.[430]

그러나, 혼동을 피하기 위하여 아예 변경판결 전체에 관하여 가집행선고를 하는 (그럼으로써 제1심의 가집행선고를 아예 바꾸는) 것이 실무의 주류인 것으로 보인다.[431]

2) 항소심에서 제기된 청구를 인용하는 경우

항소심에서 제기된 청구에 대한 응답이 가집행선고의 대상이 되는 판결일 때에는 그것에 대한 가집행선고 또한 하여야 함은 물론이다(법 제213조 제1항).

마. 제1심 판결의 경정 등

항소법원이 제1심 판결을 전부 또는 일부 유지하는 경우에, 해당 제1심 판결에 잘못된 계산이나 기재, 그 밖에 이와 비슷한 잘못이 있음이 분명한 때에는 항소법원은 이를 경정하는 재판을 할 수 있다. 이러한 판결경정의 재판은 종된 주문의 형태로써 소송비용의 재판 및 가집행선고의 재판 다음 항에 냄이 실무이다.[432]

판결 ; 서울고등법원 2012. 9. 21. 선고 2011나107124 판결 ; 서울고법 2011. 9. 7. 선고 2011나4102 판결(이상의 사안은, 이송) ; 서울고법 2005. 7. 1. 선고 2003나75307 판결(소송종료선언의 취소).

429) 서울고법 2007. 4. 11. 선고 2006나34338 판결.

430) 대법원 1992. 8. 18. 선고 91다35953 판결.

431) 민사항소심, 60면.

432) 항소법원이 낸 경정 주문의 실례는, 서울고법 2020. 2. 6. 선고 2018나2048756 판결 ; 대전지법 2019. 1.

이에 관하여 상세한 것은 '판결 등의 경정과 추가재판' 부분에서 기술한 바 있다.

한편, 청구취지가 항소심에서 정정된 경우에도, 제1심 판결의 주문의 변경을 선언하는 주문을 내게 된다.

16. 상고가 제기되지 아니하는 경우의 처리

가. 공통적인 처리 : 소송기록의 송부 및 송달료잔액 환급

1) 소송기록의 송부

소송이 완결된 뒤 상고가 제기되지 아니하고 상고기간이 끝난 때에는 법원사무관등은 판결서 또는 항소장각하명령(법 제402조)**의 정본을 소송기록에 붙여 제1심 법원에 보내야 한다**(법 제421조).

이때, 판결서나 항소장각하명령의 원본은 따로 보존한다.

따라서, 사건의 제2심이 종결되어 그대로 확정된 때 또는 제2심법원에서 취소환송(이송)[433]의 판결이 선고된 때에는 제2심의 사건담임자는 사건종결등록을 하지 아니하고 기록을 제1심법원에 송부하여야 한다(송달료규칙 제10조 제2항 전문).

2) 송달료잔액 환급

위와 같이 기록을 송부받은 제1심법원의 사건과장은 지체 없이 전산으로 종결등록을 하며(송달료규칙 제10조 제3항 전단), 제1심의 경우와 마찬가지 절차에 따라 송달료잔액 환급이 이루어진다(같은 항 후단).

나. 환송·이송 후의 심리절차

상급법원의 재판에서의 판단은 해당 사건에 관하여 하급심을 기속하므로(법원조직법 제8조), 환송 또는 이송을 받은 제1심 법원은 항소법원의 판단에 기속된다.

그러나, 상고심의 파기 환송·이송과는 달리, 항소법원의 파기·환송판결의 경우에는, 환송 전 제1심 판결에 관여한 판사가 환송 후의 재판에 관여하여도 무방하며(법 제436조 제3항의 반대해석),[434] 이는 제척사유인 전심관여에 해당하지 아니한다.

이는 파기·이송판결의 경우에도 마찬가지라고 하겠다.

---

24. 선고 2018나106973 판결.

433) 법문에는 "파기환송(이송)"으로 되어 있다.

434) 대법원 1975. 3. 12.자 74마413 결정(사안은 항고).

제 3 장 항고 : 최초의 항고를 중심으로[435)]

1. 항고의 대상 등

가. 민사소송법상의 항고

민사소송법상의 항고의 대상은, 소송절차에 관한 신청을 기각한 결정이나 명령이지만(법 제439조), 이와 관련하여서는 몇 가지 주의할 점이 있다.

첫째, 신청권이 없는 신청, 즉 법원의 직권발동을 촉구하는 신청을 하였는데 기각된 경우에는 항고할 수 없다.

둘째, 불복의 대상이 수소법원이 아니라 수명법관이나 수탁판사의 재판인 때에는 곧바로 이에 대하여 항고할 수는 없고, 후술하는 준항고에 의하여야 한다. 즉, 이의신청을 먼저 거쳐 이에 대한 수소법원의 재판이 있어야 비로소 이에 대하여 (준)항고를 제기할 수 있다.

셋째, 주의할 것은 고등법원 또는 항소법원이 제1심으로서 한 결정이나 명령에 대하여 제기하는 항고는 최초의 항고가 아니라 재항고라는 점이다. 상세한 것은 뒤에 '상고, 재항고 및 특별항고' 부분에서 살펴본다.

넷째, 대법원의 결정에 대하여는 항고를 할 수 없다.[436)]

그 밖에 「민사소송법」이 항고로써 불복할 수 있는 것으로 명문으로 규정한 경우(대부분 즉시항고로 규정하고 있다)에는 항고할 수 있다.

또한, **결정이나 명령으로 재판할 수 없는 사항**(판결로 재판할 사항)**에 대하여 결정 또는 명령을 한 때에는 항고할 수 있다**(법 제440조).

일반적으로 민사소송법이 예정하고 있는 항고는, 기본절차의 진행 중 부수적 또는 절차적인 재판에 관한 간이·신속한 불복방법이다.

나. 다른 법률상의 항고

가사비송사건의 심판에 대한 항고, 민사·상사비송사건이나 가족관계등록비송사건의 재판에 대한 불복방법으로서의 항고, 집행절차나 도산절차의 재판에 대한 불복방법으로서의 항

---

435) 좁은 의미의 항고는 최초의 항고만을 지칭한다.
재항고와 특별항고도 항고의 일종이기는 하지만, 이는 상고와 함께 살펴보는 것이 오히려 편리하므로 '상고, 재항고 및 특별항고' 부분에서 다시 논급하겠다.

436) 대법원 1983. 6. 30.자 83모34 결정. 동지 : 대법원 1987. 9. 15. 선고 87그30 판결.

고는 민사소송법상의 항고와 달리, 독립적 재판에 대한 불복신청의 성격을 가진다.[437)]

다만, 이러한 항고에 대하여서도 해당 법률에 특별한 규정이 있거나 성질에 반하지 않는 한 민사소송법의 항고에 관한 규정이 일반적으로 준용된다(가사소송법 제39조 제4항, 민사집행법 제15조 제10항, 비송사건절차법 제23조 참조).

다. 항소의 절차규정 준용

항고법원의 소송절차((최초의) 항고와 그에 관한 절차)**에는 그 성질에 어긋나지 아니하는 범위 안에서 항소의 절차규정을 준용한다**(법 제443조 제1항, 규칙 제137조 제1항).

2. 준 항 고

가. 수명법관이나 수탁판사의 재판에 대한 이의신청

1) 개 관

수명법관이나 수탁판사의 재판에 대하여 불복하는 당사자는 수소법원에 이의를 신청할 수 있다(법 제441조 제1항 본문). **다만, 그 재판이 수소법원의 재판인 경우로서 항고할 수 있는 것인 때에 한한다**(같은 항 단서).

이는 상고심이나 제2심에 계속된 사건에 대한 수명법관이나 수탁판사의 재판의 경우에도 같다(같은 조 제3항).

2) 방 식

위 이의신청에는 인지를 첩부하지 아니하는 것으로 풀이된다(사법보좌관규칙 제4조 제4항 참조).[438)]

나. 이의신청에 대한 재판에 대한 불복

위 이의신청에 대한 재판에 대하여는 항고할 수 있다(법 제441조 제2항).

이를 준항고라 한다.[439)]

---

437) cf. 법은 좁은 의미의 소송절차에 관한 결정에 대한 불복방법과 강제집행절차에 관한 불복방법을 달리 규정하고 있다. 대법원 1995. 5. 13.자 94마2132 결정.

438) '인지액·편철방법예규'.

439) 교과서나 실무서에서 법 제441조 제1항의 이의신청을 준항고라고 지칭하는 예가 있으나, 이는 잘못된 서술이다. '인지액·편철방법예규' 참조.

3. 항고권의 포기

항고권도 포기할 수 있다(법 제394조의 준용).

4. 항고기간

가. 즉시항고와 통상항고

1) 개 관

항고는 그 기간에 따라 즉시항고와 통상항고로 구별되며, 즉시항고의 대상인 재판은 법에서 이를 명문으로 규정하고 있다.

2) 즉시항고의 기간

원칙적으로, **즉시항고**(卽時抗告)**는 재판이 고지된 날부터 1주**[440] **이내에 하여야 하며**(법 제444조 제1항),[441] **위 기간은 불변기간으로 한다**(같은 조 제2항).

따라서, 경우에 따라서는 추후보완항고의 문제가 발생할 수도 있다.[442]

3) 통상항고의 기간

통상항고는 불복의 이익이 있는 한 언제든지 제기할 수 있으나, 그 대신 항고권의 실효가 문제될 수 있다.

나. 항고기간의 시기(始期)

그런데 주의할 것은, 이미 성립한(즉, 그 재판의 원본이 법원사무관등에게 교부된) 결정이나 명령에 대하여는 그 결정이나 명령이 고지되어 효력을 발생하기 전에도 그 결정에 불복하여 항고할 수 있다.[443]

---

440) 가사비송사건의 즉시항고 등에는 기간의 특칙이 있으나, 이에 대한 설명은 생략하겠다.

441) 헌재 1998. 8. 27. 선고 97헌바17 결정은, 즉시항고기간을 1주일로 정한 것이 재판청구권이나 평등권을 침해하지 아니한다고 하였다(사안은 구법(2002. 1. 26. 법률 제6626호로 전부개정되기 전의 것) 제414조 제1항). 동지 : 헌재 2021. 2. 25. 선고 2019헌바358 결정.

442) 대법원 1980. 6. 3. 선고 80마193 판결 ; 대법원 1980. 8. 21.자 80마183 결정 ; 대법원 1989. 11. 27.자 89마888 결정 ; 대법원 2002. 12. 24.자 2001마1047 전원합의체 결정 참조.

443) 대법원 2014. 10. 8.자 2014마667 전원합의체 결정(사안은 주식양도명령).
종래에는, 결정이나 명령이 고지되기 전에는 항고권도 발생하지 아니하므로 그 고지 전에 한 항고도 부적법하다고 함이 판례이었으나(대법원 1983. 3. 29.자 83스5 결정(사안은 경락허가결정)), 이러한 판례는 위 전원합의체 결정에 의하여 변경되었다.

그 까닭은, 일단 결정이 성립하면 당사자가 법원으로부터 결정서를 송달받는 등의 방법으로 결정을 직접 고지받지 못한 경우라도 결정을 고지받은 다른 당사자로부터 전해 듣거나 기타 방법에 의하여 결론을 아는 것이 가능하여 본인에 대해 결정이 고지되기 전에 불복 여부를 결정할 수 있음에도 불구하고, 이미 성립한 결정에 불복하여 제기한 즉시항고가 항고인에 대한 결정의 고지 전에 이루어졌다는 이유만으로 부적법하다고 한다면, 항고인에게 결정의 고지 후에 동일한 즉시항고를 다시 제기하도록 하는 부담을 지우는 것이 될 뿐만 아니라 이미 즉시항고를 한 당사자는 그 후 법원으로부터 결정서를 송달받아도 다시 항고할 필요가 없다고 생각하는 것이 통상의 경우이므로 다시 즉시항고를 제기하여야 한다는 것을 알게 되는 시점에서는 이미 즉시항고기간이 경과하여 회복할 수 없는 불이익을 입게 되기 때문이다.[444]

그러나, 이와 달리, 결정이나 명령이 성립되기 전에는(즉, 그 재판의 원본이 법원사무관등에게 교부되기 전에는) 항고할 수 없음은 물론이다.[445]

5. 항 고 장

가. 개 관

항고는 항고장을 원심법원에 제출함으로써 한다(법 제445조).

따라서, 항소의 경우와 마찬가지로, 항고장이 원심법원에 접수된 때를 기준하여 그 기간 준수 여부를 따져야 하므로, 다른 법원에 제출한 항고장이 원심법원에 송부되어 온 경우에도 항고장이 원심법원에 접수된 때를 기준으로 하여 그 기간 준수 여부를 결정한다.[446]

구체적으로, 통상항고의 경우에는 「항고장」을, 즉시항고의 경우에는 「즉시항고장」을, 준항고의 경우에는 「준항고장」을, 추후보완항고의 경우에는 「추후보완항고장」을 제출한다.[447] 그러나 이들 모두 서류의 제목 외의 기재사항은 기본적으로 동일하므로, 이하에서는 서술의 편의상 이 모두를 '항고장'으로 통칭하겠다.

위 전원합의체 결정에 명시적으로 언급되어 있지는 아니하나, 대법원 1969. 3. 10.자 68마1100 결정(사안은 항소장각하명령)도 역시 변경되었다고 하겠다.

444) 대법원 2014. 10. 8.자 2014마667 전원합의체 결정.

445) 동지 : 대법원 1994. 8. 30.자 94마1245 결정.

446) 대법원 1979. 8. 31.자 79마268 결정.

447) '인지액·편철방법예규'.

나. 기재사항

1) 개 관

항고장에도 다음 각호의 사항을 적어야 한다(법 제397조 제2항의 준용).

① 당사자와 법정대리인

② 원결정(또는 원명령)의[448] 표시와 그 결정(또는 명령)에 대한 항고의 취지

2) 당 사 자

항고사건의 적극적 당사자는 통상항고나 즉시항고는 '항고인', 준항고는 '준항고인', 소극적 당사자는 원칙적으로 '상대방'[449]이다.

그러나 주의할 것은, 항고는 원칙적으로 두 당사자의 대립을 예상하지 않는 편면적인 불복절차로서 항고인과 이해가 상반되는 자가 있는 경우라도 판결절차와 같이 엄격한 의미의 대립을 인정할 수 있는 것이 아니므로, 항고장에 반드시 상대방의 표시가 있어야 하는 것은 아니라는 것이다.[450] 즉, 상대방 표시의 요부는 해당 항고사건이 대립당사자 구조인지에 따라 결정될 문제이나, 일반적으로는 그 표시가 필요 없다.

다. 인지의 첩부 및 송달료의 예납

1) 인지의 첩부[451]

일반적으로는, **항고장에는 2,000원의 인지를 붙여야 한다**(민사소송 등 인지법 제11조 제2항).

그러나, **정액의 인지를 첩부하는 신청**(민사소송 등 인지법 제9조 및 제10조)**에 관한 재판에 대한 항고장에는 해당 신청서에 붙인 인지액의 2배에 해당하는 인지를 붙여야 한다**(같은 조

---

448) 항소의 경우와 달리, 항고의 대상이 되는 재판의 명칭에 관하여서는 실무례가 통일되어 있지 않은 듯하다.
즉, 결정의 경우 '원결정', '원심결정', '제1심결정' 등으로, 명령의 경우 '원명령', '원심명령', '제1심명령' 등으로 기재하고 있다.
다만, 원결정(또는 원명령)을 특정하는 방법으로는 "○○법원 0000. 0. 0.자 0000가합0000 결정(또는 명령)" 식으로 기재하는 것이 오늘날 실무례의 주류인 것으로 보인다. 즉, 별도의 사건번호가 없는 재판의 경우에는 기본절차의 사건번호를 그대로 사용하여 재판을 특정한다.

449) 가령, 서울고법 2020. 5. 27.자 2019라2172 결정의 당사자표시 참조.
cf. 다만, 가사비송사건에서는 제1심심판의 소극적 당사자의 명칭 자체가 '상대방'이므로, 항고사건의 소극적 당사자를 '피항고인'이라 지칭하고 있다.

450) 대법원 1997. 11. 27.자 97스4 결정. 동지 : 대법원 1966. 8. 12.자 65마473 결정.

451) **이 인지액은 경제사정이 변동된 경우에는 「민사소송 등 인지법」이 개정될 때까지 대법원규칙으로 올리거나 내릴 수 있다**(민사소송 등 인지법 제15조).

제1항).

예컨대, 가압류신청 기각결정에 대한 즉시항고장에는 20,000원(=10,000원×2)의 인지를 붙여야 한다(같은 법 제9조 제2항 본문 참조).

2) 송달료의 예납

항고 역시, 기본적 신청이므로, 송달료를 예납하여야 함은 물론이나, 이 경우 원심법원의 해당 수납은행에 그 송달료를 납부하여야 한다.[452)]

라. 관 할

제1심 결정·명령에 대한 항고사건의 경우, 합의사건은 고등법원이, 단독사건은 본원 합의부가,[453)] 각각 항고법원이 된다(법원조직법 제28조 제1호, 제32조 제2항 제1호).

다만, 춘천지방법원 강릉지원 및 속초지원의 단독사건만은 춘천지방법원 강릉지원 합의부가 - 본원 합의부가 아닌데도 - 항고법원이 된다(같은 항 제2호).

항고법원에 관하여 주의할 사항은, 기술한 항소법원의 경우와 동일하므로, '항소' 부분 중 해당 내용의 서술을 참고하기 바란다.

6. 항고제기에 대한 원심법원의 조치

가. 원심재판장의 항고장심사권[454)]

원심재판장의 항고장심사권은 항소심의 경우와 같다(법 제399조의 준용).

나. 재도(再度)의 고안(考案)[455)]

원심법원이 항고에 정당한 이유가 있다고 인정하는 때에는 그 재판을 경정하여야 한다(법 제446조).

---

452) 송달료예규 제9조 제2항 단서.

453) 민사단독사건은 지방법원본원합의부가, 가사단독사건은 가정법원본원합의부가, 각각 항고법원이 된다.

454) cf. 1990. 1. 13. 법률 제4201호로 「민사소송법」을 개정하면서 「소송촉진등에관한특례법」 소정의 원심재판장의 상소장심사권 제도를 「민사소송법」 내로 편입하기 전에는, 즉, 구 소송촉진등에 관한 특례법(같은 날 법률 제4203호로 개정되기 전의 것) 제8조 제1항은 항소장 및 상소장에 관하여서만 원심재판장의 심사권을 규정하고 있었으며, 그 결과, 항고장의 경우에는 원심재판장의 심사권이 없는 것으로 해석되고 있었다. 대법원 1984. 11. 21.자 84그79 결정.

455) 이는 일본식 표현이기는 하지만, 달리 적당한 용어가 없으므로(단순히 재판경정이라고 하면 판결 등의 경정과 혼동할 우려가 다분하다), 일단 그대로 사용하겠다.

위와 같이 원재판이 경정된 때에는 그것으로 해당 항고절차가 종료됨은 물론이다. 다만, 원재판의 일부만 경정된 때에는 나머지 부분에 관하여서는 항고법원이 재판하게 된다고 할 것이다.

다. 원심재판의 집행정지 등

원칙적으로, **즉시항고는 집행을 정지시키는 효력을 가진다**(법 제447조).456)

그밖에도, **항고법원 또는 원심법원이나 판사는 항고에 대한 결정이 있을 때까지 원심재판의 집행을 정지하거나 그 밖에 필요한 처분을 명할 수 있다**(법 제448조).457)

이 재판은 결정의 형식으로 하며, 이러한 결정에 대하여서는 불복할 수 없고, 다만 그 효력은 원재판의 재도고안이나 항고법원의 결정이 있으면 당연히 상실되는 것으로 해석된다.458)

라. 항고장부본의 송달

원칙적으로, 항고는 편면적 불복절차이므로, 일반적으로는, 항고장을 상대방에게 송달하여야 하는 것도 아니다.459)

그러나 대립당사자구조가 되는 항고사건의 경우에는, 항고장의 부본을 상대방에게 송달하여야 한다(법 제401조의 준용).

마. 항고기록의 송부

1) 원칙 : 종이기록사건의 경우

항고기록의 송부도 항소심의 경우와 같다(법 제400조, 규칙 제127조의 준용).

문제는 어떤 기록을 어떻게 송부하느냐인데, 기본절차의 진행중 부수적 또는 절차적인 재판에 관하여 항고(즉시항고 등을 포함함)가 있는 경우에 어느 기록을 송부할 것인지는, 항고의 대상이 된 재판의 기록(이하 부수적 기록이라 함)이 기본절차에 관한 기록(이하 기본적 기록이라 함)과 별도로 작성되어 있는지, 아니면 부수적 기록이 기본적 기록이 분리되어 있지 아니한지 여부에 따라 달라지는바, 구체적으로는 다음과 같다.460)

---

456) 그러나, 민사집행절차의 즉시항고(민사집행법 제15조 제6항 본문) 등은 집행정지의 효력이 없다.

457) 민사집행절차의 즉시항고와 관련하여서는 민사집행법 제15조 제6항 단서 참조.

458) 제요[민소Ⅲ], 1301면.

459) 대법원 1966. 8. 12.자 65마473 결정. 동지 : 대법원 1997. 11. 27.자 97스4 결정.

460) 「1책의 기록에 관하여 수개의 절차에서 동시에 소송이 계속하게 되는 때의 처리요령(재일 80-3)」.

부수적 기록과 기본적 기록이 별도로 작성되어 있는 경우(예 : 이송신청 각하결정에 대한 즉시항고, 기피신청 기각결정에 대한 즉시항고, 소송구조신청 기각결정에 대한 즉시항고 등의 경우)에는 특별한 사유가 있는 경우 외에는 부수적 기록만을 상소법원으로 송부한다.461)

부수적 기록이 기본적 기록과 분리되어 있지 아니하고, 항고에 기본절차를 정지하는 효력이 있는 경우(예 : 부동산매각허가결정에 대한 즉시항고 등의 경우)에는 기본적 기록을 상소법원으로 송부한다.

부수적 기록이 기본적 기록과 분리되어 있지 아니하고, 항고에 기본절차를 정지하는 효력도 없는 경우(예 : 보조참가불허결정에 대한 즉시항고 등의 경우)에는 기본적 기록의 등본을 만들어 상소법원으로 송부한다.

2) 특칙 : 전자기록사건의 경우

전자기록사건에서는 항고기록의 송부 문제를 다음과 같이 처리하고 있다.

부수사건의 재판에 불복이 있는 경우 (해당 사건이 전자기록사건이라면) 전자기록을 복제하여 (항고법원에) 송부한다.462) 다만 특별한 사정이 있는 경우에는 출력하여 송부할 수 있다.463)

그러나, 비단 본안에 부수하는 신청사건에 대한 불복의 경우뿐만 아니라, 본안사건 중의 부수적·절차적 재판에 대한 항고의 경우에도 위와 같이 처리할 것이다.464) 예컨대, 당사자표시정정신청의 기각결정에 대한 통상항고라든가, 피고경정허가결정에 대한 즉시항고의 경우에도 마찬가지로 처리하여야 하겠다.

그리고, 복제된 전자기록이 다른 법관 또는 법원직원에게 이관된 때에는 별도의 전자기록으로 관리·보존되어야 함은 물론이다.465)

7. 항고기록 송부에 따른 항고법원의 조치

항고심재판장의 항고장심사권도 항소심의 경우와 같다(법 제402조의 준용).

또한, **항고법원은 항고에 대한 결정이 있을 때까지 원심재판의 집행을 정지하거나 그 밖에**

---

461) 소송구조제도의 운영에 관한 예규(재일 2002-2) 제5조 제1항은, 소송구조에 관한 결정에 대한 즉시항고와 관련하여 이를 주의적으로 규정하고 있다.

462) 민전예규 제46조 제5항 본문.

463) 민전예규 제46조 제5항 단서.

464) 민전예규 제51조 제1항 제3호가 "법원사무관등은 기본절차의 진행 중 부수적 또는 절차적인 재판에 관하여 항고(즉시항고, 재항고, 특별항고 등을 포함함)가 제기된 경우에 전자기록을 복제할 수 있다"라고 규정하고 있는 것도, 바로 이러한 처리를 전제로 한 것이라고 하겠다.

465) 민전예규 제51조 제3항.

필요한 처분을 명할 수 있다(법 제448조).

8. 부대항고

대립당사자구조의 항고사건의 경우에는 피항고인도 부대항고를 할 수 있다.[466)]

9. 항고심의 심리

가. 심리의 범위

항고심의 심리도 당사자가 원결정(또는 원명령)의 변경을 청구하는 한도, 즉 항고인의 불복범위 안에서 한다(법 제407조 제1항의 준용).

그러나, 원칙적으로, 항고법원의 조사범위는 항고이유에 의하여 제한되는 것이 아니므로 항고법원은 불복의 대상이 된 원심 결정의 당부를 가리기 위하여 항고이유의 주장 유무에 관계없이 기록에 나타난 자료의 진실여부를 직권으로 조사하여 심리판단하여야 한다.[467)][468)]

항고심에서의 새로운 사실과 증거의 제출은 항고심에서 심문을 연 때에는 그 심문종결시까지, 심문을 열지 아니한 때에는 결정의 고지시까지 가능하다 할 것이므로, 항고심법원으로서는 그때까지 제출한 자료를 토대로 원결정 혹은 항고이유의 당부를 판단하여 보아야 할 것이다.[469)]

또한, 항소와 마찬가지로, 전속관할 위반이 아닌 한, 항고인이 원법원의 관할위반을 주장하지 못한다고 할 것이다(법 제411조의 준용).[470)]

나. 임의적 변론

항고법원이 항고사건을 심리함에 변론을 열거나 이해관계인을 심문할 것인지 여부를 결정하는 것은 그 항고법원의 재량에 속한다(법 제134조 제1항 단서, 제2항).[471)]

---

466) 예컨대, 상속재산분할심판의 항고심에서 즉시항고기간 도과 후에 부대항고가 제기될 수 있다. 대법원 2002. 4. 26. 선고 2000다8878 판결 참조.

467) 대법원 1982. 10. 12.자 82마523 결정(사안은 비송사건).

468) 다만, 가령, 민사집행절차의 경우에는 조사범위가 원칙적으로 항고이유로 제한된다(민사집행법 제15조 제7항).

469) 대법원 2009. 2. 26.자 2007마1652 결정 ; 대법원 2010. 7. 30.자 2010마539 결정(사안은 면책불허가결정에 대한 즉시항고) ; 대법원 2011. 4. 28.자 2010마1980 결정(사안은 개인회생절차 개시신청 기각결정에 대한 항고).

470) 대법원 1997. 12. 26.자 97마1706 결정(사안은 소송구조신청기각결정에 대한 즉시항고).

따라서, 특별한 사정이 없는 한 항고법원이 변론을 열거나 이해관계인을 심문하지 않은 채 서면심리만으로 결정에 이르렀다고 하여 이를 위법하다고 할 수 없다.[472)]

10. 항고의 취하

항소의 경우와 마찬가지로, 항고 역시 항고심의 결정이 있기 전까지만 취하할 수 있다(법 제393조 제1항의 준용).[473)]

「항고취하서」를 제출하여야 한다는 것이나, 소송기록이 원심법원이 있는 때에는 원심법원에 하여야 한다는 것 등도 항소취하의 경우와 같다.

11. 항고심의 결정

가. 항고심 종국결정의 주된 주문

1) 항고각하

항고법원은 항고가 부적법하면 항고를 각하한다(법 제413조 참조).

2) 항고기각

항고법원은 원결정(또는 원명령)을 정당하다고 인정한 때에는 항고를 기각하여야 하며(법 제414조 제1항의 준용), 원결정(또는 원명령)의 이유가 정당하지 아니한 경우에도 다른 이유에 따라 그 결정(또는 명령)이 정당하다고 인정되는 때에는 항고를 기각하여야 한다(같은 조 제2항의 준용).

3) 항고의 인용

가) 원결정(또는 원명령)의 취소

항고법원은 원결정(또는 원명령)을 정당하지 아니하다고 인정한 때나, 원결정(또는 명령)의 절차가 법률에 어긋날 때에는 취소하여야 한다(법 제416조, 제417조의 준용).

항고법원이 원결정을 취소하는 때에는 특별한 규정이 없는 한 사건을 원심법원으로 환송하지 아니하고 직접 신청에 대한 결정을 할 수 있음은 물론이다.[474)]

---

471) 대법원 2001. 3. 22.자 2000마6319 결정. 동지 : 대법원 1994. 7. 30.자 94마1107 결정 ; 대법원 2020. 6. 11.자 2020마5263 결정.

472) 대법원 2020. 6. 11.자 2020마5263 결정.

473) 대법원 2004. 7. 21.자 2004마535 결정.

그러나, 항소의 경우와의 큰 차이는, 항고에서는 원결정(또는 원명령)의 취소결정만으로 그 목적을 이루고 달리 별도의 재판이 필요 없는 경우가 있다는 것이다. 예컨대, 항소장각하명령에 대한 즉시항고를 인용할 경우가 그 대표적인 예이다.[475)]

원결정(또는 원명령)이 취소된 때에 원심법원이 항고법원의 판단에 기속됨은 물론이다(법원조직법 제8조).[476)]

나) 당초의 신청 자체에 대한 응답

(1) 자 판

일반적으로, 원결정(또는 원명령)이 당사자의 신청에 대한 응답인 경우에는, 항고법원이 원결정(또는 원명령)을 취소하면서 당초의 신청 자체에 대한 응답을 하게 된다.

예컨대, 이송결정에 대한 즉시항고가 이유 있을 때에는 원결정을 취소하고 상대방의 이송신청을 기각하게 되며, 이송신청의 기각결정에 대한 즉시항고가 이유 있을 때에는 원결정을 취소하고 – 항고인의 당초 신청취지에 따라 – 이송결정을 하게 된다.

(2) 환 송

그러나, 신청이 부적법하다고 각하한 원결정(또는 원명령)을 취소하는 경우에는 항고법원은 사건을 원심법원에 환송하여야 한다(법 제418조 본문의 준용).

가령, 결정이나 명령으로 재판할 수 없는 사항에 대하여 결정 또는 명령을 한 때에 한 항고(법 제440조)를 인용할 때에도 사건을 원심법원에 환송하여야 하는 것으로 해석된다.

(3) 이 송

전속관할위반을 이유로 원결정(원명령)을 취소한 때에는 항고법원은 사건을 관할법원에 이송하여야 한다(법 제419조의 준용).

---

474) 대법원 2008. 4. 14.자 2008마277 결정(사안은 원심이 직무집행정지가처분신청을 기각한 제1심결정을 취소하고 스스로 가처분결정을 한 것).

475) 대법원 2001. 8. 31.자 2001마3790 결정(사안은 항소장각하명령에 대한 재항고를 인용한 것)의 주문례 참조.

476) cf. 부산지법 2009. 6. 25. 선고 2007가합7136 판결은, "강제조정결정에 대한 이의신청의 각하결정에 대한 항고심의 취소결정은 실체관계를 종국적으로 판단하는 내용의 것인 경우에 해당하지 아니한다고 보이므로 기판력이 있다고 할 수 없고, 강제조정결정에 대한 부적법한 이의가 적법한 것으로 처리되어 사건이 소송으로 이행 또는 복귀된 경우에 기록을 송부받은 수소법원으로서는 이의신청의 적법성을 심사하여 부적법하다고 인정되는 경우에는 판결로 이의신청을 각하할 수 있으며, 이의의 적법성이 확정되는 것은 판결확정시라고 할 것이다."라고 설시하였으나, 이는 기괴하기 이를 데 없는 견해이다.

나. 항고비용의 재판

일반적으로는, 즉 상대방이 없는 항고에 대한 재판을 할 때에는 별도로 소송비용에 관한 재판을 할 여지가 없다.

그러나, 대립당사자구조의 항고, 즉 상대방 있는 항고의 경우에는 소송비용의 재판을 하여야 한다.

12. 재항고가 제기되지 아니하는 경우의 처리

최초의 항고가 완결된 뒤 재항고(즉시항고)(재항고가 허용되지 아니하는 경우에는 특별항고)가 제기되지 아니하고 즉시항고기간(또는 특별항고기간)이 끝난 때에는 법원사무관등은 결정서 또는 항고장각하명령(법 제402조)의 정본을 소송기록에 붙여 제1심 법원에 보내야 한다(법 제421조의 준용).

그 밖의 사항은 '항소' 부분에서 상고가 제기되지 아니하는 경우의 처리에 관하여 기술한 바와 마찬가지이다.

13. 즉시항고 등의 대상이 되는 사법보좌관의 처분에 대한 이의신청[477)]

가. 개 관

사법보좌관의 처분에 대해서는 대법원규칙으로 정하는 바에 따라 법관에게 이의신청을 할 수 있다(법원조직법 제54조 제3항 후단).

따라서, 사법보좌관의 처분(사법보좌관규칙 제2조 제1항)중 단독판사 또는 합의부(다음부터 "단독판사등"이라 한다)가 처리하는 경우 (통상)항고·즉시항고 또는 특별항고의 대상이 되는 처분에 대하여는 다음 절차에 따라 이의신청을 할 수 있다(사법보좌관규칙 제4조 제1항).[478)]

이의신청에 관하여는 그 성질에 반하지 아니하는 한 해당법률에서 정하고 있는 불복절차에 관한 규정을 준용하나(같은 조 제10항), 즉시항고 등을 제기하는 경우와 달리, 이의신청을 하는 때에는 인지, 보증서류[479)] 등을 붙일 필요가 없다(같은 조 제4항).

---

477) 이 제도에 관하여 상세한 것은, 황병하, "사법보좌관의 처분에 대한 불복과 이의신청", **법조**, 2007. 3., 162~207면 참조.

478) cf. 그러나, 사법보좌관이 한 지급명령은 그러한 처분에 해당하지 아니하며, 이에 대한 불복방법에 관하여서는 별도의 규정(사법보좌관규칙 제3조 제1호)이 있다.

479) cf. 매각허가결정에 대하여 항고를 하고자 하는 사람은 보증으로 매각대금의 1/10에 해당하는 금전 또는 법원이 인정한 유가증권을 공탁하여야 하고(민사집행법 제130조 제3항), 항고를 제기하면서 항고장에

원칙적으로, 사법보좌관의 처분중 단독판사등이 처리하는 경우 즉시항고 또는 특별항고의 대상이 되는 처분에 대한 이의신청은 그 처분을 고지 받은 날부터 7일 이내에 하여야 하고(같은 조 제3항 전문 전단)(다만, 가사소송법 제43조에 따른 즉시항고의 대상이 되는 처분에 대한 이의신청은 그 처분을 고지 받은 날부터 14일 이내에 하여야 한다(같은 항 전문 후단)), 이 경우 그 기간은 불변기간으로 한다(같은 항 후문).[480)]

이러한 이의신청은, 인지를 붙이지 아니한다는 점에서 일견 즉시항고 등의 경우보다 간이하나, 이의신청이 인용되지 아니할 경우에는 즉시항고로 간주되어 인지대와 송달료를 보정하게 되므로, 결국 사법보좌관의 처분이 잘못임이 명백하여 단독판사등에 의한 경정이 예상되는 등의 경우에 이러한 이의신청을 할 실익이 있을 것이다.

나. 이의신청의 대상에서 제외되는 처분

그러나, 사법보좌관이 한 처분(사법보좌관규칙 제2조 제1항) 가운데 다음 각 호의 처분에 대하여는 다음 각 호의 절차에 따라(즉, 일반원칙에 따른 불복방법에 의하여서만) 불복할 수 있으므로(사법보좌관규칙 제3조), 이러한 처분들에 대하여서는 '사법보좌관의 처분에 대한 이의신청'은 할 수 없다.

① 지급명령 : 지급명령에 대한 이의신청(법 제469조 제2항)

〈1의2〉 이행권고결정 : 이행권고결정에 대한 이의신청(법 제5조의4)

② 집행법원의 집행절차에 관한 재판으로서 즉시항고를 할 수 없는 것 : 집행에 관한 이의신청(민사집행법 제16조 제1항)

③ 주택 또는 상가건물의 임차권등기명령 : 임차권등기명령에 대한 이의신청·취소신청(주택임대차보호법 제3조의3 제3항, 상가건물 임대차보호법 제6조 제3항)

④ 배당표 : 배당표에 대한 이의(민사집행법 제151조)

다. 방 식

이의신청은 이의신청대상이 되는 처분의 표시와 그 처분에 대한 이의신청 취지를 밝히는 방법으로 사법보좌관에게 하여야 한다(사법보좌관규칙 제4조 제2항 본문).

그런데, 사법보좌관이 할 수 있는 업무를 규정한 해당법률(사법보좌관규칙 제2조 제1항 각호)

위 보증을 제공하였음을 증명하는 서류를 붙여야 한다(같은 조 제4항).

480) 즉, 즉시항고기간의 대원칙(법 제444조, 가사소송법 제43조 제5항) 및 특별항고기간(법 제449조 제2항, 제3항)과 같다.

에서 이의신청 방법을 서면으로 한정한 때에는 이들 사항을 적은 서면을 사법보좌관에게 제출하여야 하나(같은 규칙 제4조 제2항 단서), 현행법상 통상항고, 즉시항고, 특별항고는 모두 서면주의에 의하고 있으므로(법 제445조, 민사집행법 제15조 제2항), 결국은 일반적으로 이의신청서를 제출하여야 한다는 것이 된다.

라. 이의신청사건의 송부 등

1) 이의신청사건의 송부

사법보좌관은 이의신청을 받은 때에는 이의신청사건을 단독판사등에게 송부하여야 한다(사법보좌관규칙 제4조 제5항).

이의신청이 방식에 위배되는 경우에도 사건을 송부하여야 한다(같은 조 제6항 제1호, 제2호 참조).

그런데, 여기서 "단독판사등"이란 '제1심 수소법원'을 가리키는 것이다.[481]

그리고, 해당 처분에 관한 사법보좌관의 권한은 이의신청 사건의 송부로 종료되는 것으로 해석된다.[482]

2) 재도의 고안의 가부

그러나, 이의신청을 받은 사법보좌관이 재도의 고안(법 제446조)을 할 수도 있다고 봄이 실무이지만, 특별항고의 대상이 되는 처분에 관하여서도 그러한지에 관하여서는 논란이 있다.

마. 단독판사등의 처리 및 이에 대한 불복

1) 개 관

이의신청사건을 송부받은 단독판사등은 다음과 같이 이를 처리하며(사법보좌관규칙 제4조 제6항 전문), 이 경우 판사는 해당법률에 규정된 절차에 따라 사법보좌관의 처분의 집행을 정지

---

481) 대법원 2008. 6. 23.자 2007마634 결정.
위 결정이 있기 전에는 법문이 단순히 '판사'라고만 되어 있었으나, 위 결정의 취지에 따라 2008. 7. 7. 대법원규칙 제2187호로 「사법보좌관규칙」을 개정하면서 '단독판사 또는 합의부'라고 표현을 명확히 하였다.

482) 서울고법 2010. 8. 30.자 2009라1631 결정(소송비용액확정신청에 대한 사법보좌관의 결정에 당사자가 이의신청을 제기하여 제1심법원이 사법보좌관의 위 결정을 인가하는 결정을 하였으나 사법보좌관이 위 제1심결정이 항고심으로 송부된 이후 제1심 소송비용액확정결정의 명백한 오류를 시정하는 취지로 경정 결정을 한 사안에서, 위 경정 결정은 이의신청 사건을 송부한 이후에 이루어진 것으로 권한 없는 자의 결정으로서 무효라고 본 사례).

하거나 그 밖의 필요한 처분을 할 수 있다(같은 항 후문).

2) 이의신청이 방식에 위배되는 경우

가) 보정명령

이의신청이 방식(사법보좌관규칙 제4조 제2항)에 위배되는 경우에는 상당한 기간을 정하여 그 기간 내에 흠을 보정하도록 명한다(사법보좌관규칙 제4조 제6항 제1호).

나) 이의신청 각하결정

이의신청인이 흠을 보정하지 아니하는 때와 이의신청기간을 경과한 때에는 결정으로 이의신청을 각하하는바, 이 경우 각하결정은 해당법률에 규정된 불복신청에 대한 각하재판으로 본다(사법보좌관규칙 제4조 제6항 제2호).

다) 불 복

단독판사등의 위와 같은 이의신청 각하결정에 대하여는 해당법률에서 정한 절차에 따라 불복할 수 있다(사법보좌관규칙 제4조 제7항).

3) 이의신청이 이유 없다고 인정되는 경우

가) 원칙 : (통상)항고·즉시항고의 대상이 되는 처분의 경우

(1) 개관 : 처분의 인가 및 항고법원에의 사건 송부

이의신청이 이유없다고 인정되는 때에는 사법보좌관의 처분을 인가하고 이의신청사건을 항고법원에 송부한다(사법보좌관규칙 제4조 제6항 제5호 전문).

(2) 보정명령

이 경우 이의신청은 해당 법률에 따른 (통상)항고 또는 즉시항고로 보므로(사법보좌관규칙 제4조 제6항 제5호 후문), 이의신청에 인지, 보증서류 등이 붙어 있지 아니하거나 이의신청이 (통상)항고 또는 즉시항고의 요건을 갖추지 아니한 때에는 상당한 기간을 정하여 이의신청인에게 보정을 명한다(같은 항 제6호 전단).

(3) 이의신청의 각하

이의신청인이 위와 같은 보정명령에 불구하고 보정하지 아니한 때에는 해당법률에 규정된 절차에 따라 이의신청을 각하한다(사법보좌관규칙 제4조 제6항 제6호 후단).

(4) 불 복

단독판사등의 위와 같은 이의신청 각하결정에 대하여는 해당법률에서 정한 절차에 따라 불복할 수 있다(사법보좌관규칙 제4조 제7항).

(5) 항고법원의 처리

이의신청사건을 송부받은 항고법원은 단독판사등이 한 인가처분에 대한 항고 또는 즉시항고로 보아 재판절차를 진행한다(같은 조 제9항).

나) 예외 : 특별항고의 대상이 되는 처분의 경우

그러나, 사법보좌관의 처분중 단독판사등이 처리하는 경우 특별항고의 대상이 되는 처분에 대한 이의신청이 이유없다고 인정되는 때에는 결정으로 이를 각하한다(사법보좌관규칙 제4조 제6항 제4호).

이에 대하여는 불복할 수 없다(같은 조 제8항).

4) 이의신청이 이유 있다고 인정되는 경우 : 처분의 경정

가) 처분의 경정

이의신청이 이유있다고 인정되는 때에는 사법보좌관의 처분을 경정한다(사법보좌관규칙 제4조 제6항 제3호).

나) 불 복

단독판사등의 경정재판에 대하여는 해당법률에서 정한 절차에 따라 불복할 수 있다(사법보좌관규칙 제4조 제7항).

제 4 장 상고, 재항고 및 특별항고[483)]

1. 상고·재항고·특별항고 개관

가. 개 관

민사사건에서 상고, 재항고, 특별항고는 각급법원이 한 재판에 관하여 대법원에 하는 불복신청으로서, 후술하듯이 절차적으로도 공통점이 많으나, 근본적으로 그 대상면에서 아래와 같이 구분된다.

	상 고	재항고	특별항고
판 결	○		
결정, 명령		○(원칙)	○(예외)

나. 상고의 대상

1) 원칙 : 고등법원 및 항소법원이나 특허법원의 종국판결

가) 개 관

상고는 고등법원이[484)] 선고한 종국판결과 지방법원 (본원)[485)] **합의부가 제2심으로서 선고한 종국판결에 대하여 할 수 있다**(법 제422조 제1항).

따라서, 예컨대, 항소취하 간주(법 제268조 제4항)는 그 규정상 요건의 성취로 법률에 의하여 당연히 발생하는 효과이고 법원의 재판이 아니므로 상고의 대상이 되는 종국판결에 해당하지 아니한다. 항소취하 간주의 효력을 다투려면 항소심 법원에 기일지정신청(규칙 제67조, 제68조)을 할 수는 있으나 상고를 제기할 수는 없다.[486)]

---

483) 특별항고는 재심·준재심과 마찬가지로 비상구제수단이라는 점에서, 상소의 일종인 상고나 재항고와는 성질상 차이가 있다. 그러나, 특별항고는 그 내용면에서는 재심·준재심보다는 오히려 상고나 재항고와 유사한 점이 많다.
한편, 특별항고에 대응하는 의미의 항고를 일반항고라 한다.

484) 종래, 원외재판부의 재판에 대하여 상고한 경우에는 "○○고등법원 ○○부"로 지칭하기도 하였으나(대법원 2008. 12. 15.자 2006마689 결정 등), 오늘날에는 원심법원이 원외재판부였더라도 그냥 "○○고등법원"로만 지칭함이 일반인 듯하다(대법원 2017. 4. 27. 선고 2016다279206 판결 등 참조).

485) 이에는 춘천지방법원 강릉지원의 예외가 있음은 '법원(法院)' 부분에서 기술하였다.

486) 대법원 2019. 8. 30. 선고 2018다259541 판결.

나) 고등법원의 종국판결

특기할 것은, 고등법원이 제2심으로서 선고한 종국판결 뿐만 아니라 제1심으로서 선고한 종국판결(예컨대, 선거소송사건의 판결)에 불복할 때에도 역시 상고를 제기하여야 한다는 점이다.

다) 항소심 종국판결

상고의 대상으로서의 항소심 종국판결에 관하여서는 주의할 점이 있다.

첫째, 항소심의 (취소·)환송판결은 종국판결이므로 이에 대하여서도 상고할 수 있다.[487] 항소심의 (취소·)이송판결(법 제419조)도 마찬가지로 새겨야 할 것이다.[488]

둘째, 원고의 청구 일부를 기각하는 제1심판결에 대하여 피고는 항소를 하였으나 원고는 항소나 부대항소를 하지 아니한 경우, 항소법원이 피고의 항소를 인용하여 제1심판결 중 피고 패소부분을 취소하고 그 부분에 대한 원고의 청구를 기각하였더라도, - 이 경우 항소인용판결이 상고대상이 되는 것과 달리 - 제1심판결 중 원고 패소부분에 대하여는 항소법원이 판결을 한 바 없어 이 부분은 원고의 상고대상이 될 수 없다.[489]

따라서, 원고의 상고 중 상고의 대상이 되지 아니한 부분(즉, 제1심 판결 중 원고 패소부분)에 대한 상고는 부적법하여 이를 각하하여야 한다.[490] 이 경우, 제1심판결에서의 원고 패소부분은 피고의 항소로 인하여 원심에 이심은 되었으나 원심의 심판대상은 되지 않았고, 항소법원의 판결은 제1심에서의 피고 패소부분에 한정된 것이기 때문이다.[491]

다만, 위 경우에 해당 부분의 상고가 부적법한 이유에 관하여, 상고를 제기할 이익이 없기 때문이라고 설시한 판례들도 있다.[492]

같은 이치에서, 1개의 청구의 일부를 인용하는 제1심판결에 대하여 피고만이 항소하면서

---

487) 대법원 1981. 9. 8. 선고 80다3271 전원합의체 판결.

488) 반대 : 대법원 1979. 10. 10. 선고 78므39 판결.

489) 대법원 1992. 11. 27. 선고 92다14892 판결. 동지 : 대법원 1998. 5. 22. 선고 98다5357 판결 ; 대법원 2002. 2. 5. 선고 2001다63131 판결(사안은 변경판결) ; 대법원 2009. 10. 29. 선고 2007다22514,22521 판결 ; 대법원 2017. 12. 28. 선고 2014다229023 판결.

490) 대법원 1998. 5. 22. 선고 98다5357 판결. 동지 : 대법원 2017. 12. 28. 선고 2014다229023 판결.

491) 대법원 1992. 11. 27. 선고 92다14892 판결. 동지 : 대법원 1990. 12. 21. 선고 90다카24496 판결 ; 대법원 1998. 5. 22. 선고 98다5357 판결 ; 대법원 2002. 2. 5. 선고 2001다63131 판결(사안은 변경판결) ; 대법원 2009. 10. 29. 선고 2007다22514,22521 판결.

492) 대법원 1975. 6. 24. 선고 75다448,449 판결(사안은, 제1심에서 전부 패소하고 항소를 제기하지 아니한 독립당사자참가인이, 피고의 항소를 기각한 항소심 판결에 대하여 상고를 제기한 것) ; 대법원 1988. 11. 22. 선고 87다카414,415 판결 ; 대법원 1992. 12. 8. 선고 92다24431 판결.

그 불복범위를 그 청구 인용금액의 일부로 한정한 경우, 이와 같이 피고가 불복신청하지 아니하여 항소심의 심판범위에 속하지 아니한 부분은 항소심이 판결을 한 바 없어 상고대상이 될 수 없으므로, 피고는 그 부분에 관하여 상고를 제기할 수 없다.[493]

라) 특허법원의 판결

특허법원의 판결에 대해서는 대법원에 상고할 수 있다(특허법 제186조 제8항, 실용신안법 제33조, 디자인보호법 제166조 제8항, 상표법 제162조 제7항, 농수산물 품질관리법 제54조 제6항, 식물신품종보호법 제103조 제7항).

2) 예외 : 제1심판결(비약상고의 합의가 있는 경우)

제1심의 종국판결 뒤에 양 쪽 당사자가 상고할 권리를 유보하고 항소를 하지 아니하기로 합의(불항소의 합의, 비약상고의 합의)**한 때에는, 제1심의 종국판결에 대하여 상고할 수 있다**(법 제422조 제2항).

다만, **이러한 합의는 일정한 법률관계로 말미암은 소에 관하여 서면**(「불항소합의서」)[494]**으로 하여야 한다**(법 제390조 제2항).

따라서, 제1심 판결에 대하여 상고를 하면서 불항소합의서를 제출한 바 없다면 그 상고는 부적법한 것으로서 그 흠결을 보정할 수 없는 경우라고 할 것이다.[495]

다. 재항고의 대상

1) 개 관

항고법원·고등법원 또는 항소법원의 결정 및 명령에 대하여는 재항고를 할 수 있다(법 제442조).

즉, 재항고의 대상은 ①항고법원의 결정, ②고등법원의 결정 및 명령, ③항소법원의 결정 및 명령이다.

2) 항고법원의 결정

"항고법원의 결정"이란, 고등법원이나 지방법원 항소부가 항고심으로서 한 결정, 즉, 제2심 결정을 뜻한다.

493) 대법원 2013. 6. 28. 선고 2011다83110 판결.
494) '인지액·편철방법예규'.
495) 대법원 1995. 4. 28. 선고 95다7680 판결.

그런데, 항고법원이 항고를 기각한 결정에 대하여는 그 재판을 받은 항고인만이 재항고를 할 수 있고 다른 사람은 그 결정에 이해관계가 있다 할지라도 재항고를 할 수 없다.[496]

한편, 편면절차의 결정·명령, 즉 상대방이 없는 결정·명령에 대하여는 법 제390조 제1항 단서가 준용되지 아니하므로 비약재항고를 할 수도 없다고 할 것이나,[497] 관견으로는, 대립당사자 구조의 결정·명령, 즉 상대방이 있는 결정·명령에 대하여는 위 규정이 준용되어 불항고의 합의(비약재항고의 합의)가 있으면 재항고를 할 수 있다고 본다.

3) 고등법원 또는 항소법원의 결정 및 명령

"고등법원 또는 항소법원의 결정 및 명령"이란 고등법원 또는 지방법원 항소부가 제1심으로서 한 결정 및 명령을 뜻한다.

예컨대, 항소법원의 법원사무관 등이 한 처분에 대한 이의신청을 기각한 법원의 결정이나,[498] 항소법원 소속 법관에 대한 제척이나 기피신청의 각하 또는 기각결정에 대하여서는,[499] 대법원에 재항고하는 방법으로 다투어야 한다.

라. 특별항고의 대상

하급심에서 한,[500] **불복할 수 없는 결정이나 명령에 대하여는 특별항고를 할 수 있다**(법 제449조 제1항).

따라서, 특별항고만이 허용되는 재판에 대한 불복에 있어서는 당사자가 특히 특별항고라는 표시와 항고법원을 대법원으로 표시하지 아니하였다고 하더라도 그 항고장을 접수한 법원으로서는 이를 특별항고로 보아 소송기록을 대법원에 송부하여야 한다.[501]

---

496) 대법원 1985. 4. 2.자 85마123 결정(사안은 부동산경락허가결정에 대한 항고를 각하한 결정).

497) 대법원 1982. 6. 8.자 82다261 결정(사안은 등기공무원의 처분에 대한 이의신청 기각결정). 위 판례는 비송사건에 대한 것이지만, 편면절차 일반에 같은 논리가 적용된다고 할 것이다.

498) 대법원 2004. 4. 28.자 2004스19 결정(사안은 지방법원 합의부, 즉 항소법원).

499) 대법원 2008. 5. 2.자 2008마427 결정.

500) 대법원 1969. 2. 14.자 68그13 결정. 동지 : 대법원 1963. 8. 31. 선고 63그28 판결 ; 대법원 1967. 2. 21.자 67그24 결정 ; 대법원 1969. 2. 18. 선고 69그3 판결 ; 대법원 1969. 3. 25.자 69그5 결정 ; 대법원 1970. 1. 17.자 69그22 결정 ; 대법원 1975. 8. 30. 선고 75그5 결정 ; 대법원 1982. 10. 22.자 82그23 결정 ; 대법원 1984. 2. 7.자 84그6 결정 ; 대법원 1984. 10. 18.자 84그55 결정 ; 대법원 1986. 5. 19.자 86그88 결정 ; 대법원 1987. 9. 15. 선고 87그30 판결 ; 대법원 1988. 3. 23. 선고 88프1 판결 ; 대법원 1992. 10. 20. 선고 92재두21 판결 ; 대법원 1994. 8. 11.자 94그25 결정.

501) 대법원 2016. 4. 18.자 2015마2115 결정. 동지 : 대법원 1986. 11. 7.자 86마895 결정 ; 대법원 1995. 7. 12.자 95마531 결정 ; 대법원 1997. 6. 20.자 97마250 결정 ; 대법원 2016. 6. 21.자 2016마5082 결정.

마. 항소심절차 등의 준용

상고와 상고심의 소송절차에는 특별한 규정이 없으면 그 성질에 어긋나지 아니하는 범위 안에서 항소의 규정을 준용하며(법 제425조, 규칙 제135조), **재항고와 이에 관한 소송절차에는 상고의 규정을 준용한다**(법 제443조 제2항, 규칙 제137조 제2항). **특별항고와 그 소송절차에도 상고에 관한 규정을 준용한다**(법 제450조, 규칙 제137조 제2항).

즉, 상고와 재항고 및 특별항고는 절차적으로 서로 유사한 측면이 있고 더욱이 '상고심법'도 삼자 모두를 규율대상으로 하고 있으므로, 이하에서는 삼자를 함께 살펴보기로 한다.

바. 상고의 이익 등

1) 상고의 이익

승소판결에 대한 불복상고는 허용될 수 없고,[502] 설사 이유에 불복이 있다 하더라도 그러하다.[503] 그러한 상고는 상고를 제기할 대상이나 이익이 전혀 없기 때문이다.[504]

따라서, 그러한 상고는 그 흠결을 보정할 수 없으므로 각하되어야 한다.[505]

2) 재항고의 이익

법원의 직권발동을 촉구하는 의미의 신청을 기각하는 재판에 대한 항고가 기각되었다 하

---

502) 대법원 1983. 11. 8. 선고 83다529 판결. 동지 : 대법원 1982. 10. 12. 선고 82다498 판결(사안은, 원고의 청구가 기각되었는데도 피고가 한 상고) ; 대법원 1990. 11. 13. 선고 90다카25048 판결(사안은, 원고의 청구가 모두 인용되었는데도 원고가 한 상고) ; 대법원 1993. 6. 25. 선고 92다33008 판결 ; 대법원 1996. 4. 12. 선고 96다6295 판결 ; 대법원 1997. 12. 26. 선고 97다22676 판결(사안은, 원고의 청구가 기각되었는데도 피고가 한 상고) ; 대법원 2012. 7. 26. 선고 2012다27001 판결 ; 대법원 2015. 1. 29. 선고 2012다41069 판결(사안은, 원고의 청구가 기각되었는데도 피고가 한 상고) ; 대법원 2015. 9. 10. 선고 2013다55300 판결(사안은, 선택적 청구가 인용되었는데도 원고가 한 상고).

503) 대법원 1978. 12. 26. 선고 78누366,388 판결. 동지 : 대법원 1986. 8. 19. 선고 83누315 판결 ; 대법원 1988. 2. 9. 선고 87누270 판결 ; 대법원 1992. 3. 27. 선고 91다40696 판결 ; 대법원 2013. 7. 11. 선고 2011다18864 판결.

504) 대법원 1973. 3. 13. 선고 73다2 판결. 동지 : 대법원 1989. 2. 28. 선고 87누496 판결 ; 대법원 2002. 6. 14. 선고 99다61378 판결.
상고를 제기할 이익이 없기 때문이라고 설시한 판례로는, 대법원 1979. 8. 28. 선고 79다1299 판결 ; 대법원 1983. 5. 24. 선고 81누158 판결 ; 대법원 1997. 5. 23. 선고 96다38612 판결 ; 대법원 1997. 12. 26. 선고 97다22676 판결 ; 대법원 2003. 7. 22. 선고 2001다76298 판결 ; 대법원 2007. 9. 6. 선고 2007다34135 판결 ; 대법원 2009. 5. 14. 선고 2009다4947 판결 ; 대법원 2009. 10. 15. 선고 2009후2289 판결 ; 대법원 2013. 7. 11. 선고 2011다18864 판결 ; 대법원 2015. 1. 29. 선고 2012다41069 판결 ; 대법원 2015. 9. 10. 선고 2013다55300 판결.

505) 대법원 1981. 7. 28. 선고 80다2298 판결. 동지 : 대법원 1972. 10. 31. 선고 72다1471 판결 ; 대법원 2012. 7. 26. 선고 2012다27001 판결.

더라도(사실 그러한 항고 자체가 허용되지도 아니함은 '항고 : 최초의 항고를 중심으로' 부분에서 기술한 바와 같다), 그러한 항고기각 결정에 대하여서는 재항고를 할 아무런 이익이 없다.[506]

2. 상고이유·재항고이유·특별항고이유

가. 개 관

민사사건의 상고이유와 관련하여서는 기본적으로 '상고심법' 소정의 심리불속행 제도가 적용된다.

민사소송·가사소송 및 행정소송(특허소송 포함)**의 상고사건에는**－심리불속행제도를 그 주된 내용으로 하는－**'상고심법'이 적용되며**(상고심법 제2조), **「민사소송법」의 규정**(다른 법률의 규정에 의하여 준용하는 경우를 포함한다)**이 '상고심법'의 규정에 저촉되는 경우에는 '상고심법'의 규정에 의한다**(같은 법 제3조).[507]

이는 민사소송·가사소송 및 행정소송의 재항고사건의 경우에도 그러하다(같은 법 제7조, 제3조).

다만, 소액사건의 상고사건에는 상고이유의 특칙이 있고(소액사건심판법 제3조), 이는 도리어 '상고심법'에 우선하여 적용된다고 할 것이어서, 소액사건의 상고사건에는 심리불속행제도의 적용이 없다.[508]

또한, 특별항고의 경우에도 항고이유가 심리속행사유보다도 협소하게 되어 있으므로, 역시 '상고심법'이－같은 법 제7조가 준용규정을 두고 있음에도 불구하고 실제로는－준용될 여지가 없다.

심리불속행제도의 핵심내용은 상고인이 주장한 상고이유 자체에 심리속행사유(같은 법 제4조 제1항 각호)가 있을 때에만, 요컨대, 중대한 법령위반이 있을 때에만 대법원이 심리를 속행

---

506) 대법원 1970. 1. 21.자 69마1191 결정 참조. 동지 : 대법원 1973. 2. 14.자 72마1538 결정.

507) cf. 구 소송촉진등에관한특례법(1990. 1. 13. 법률 제4203호로 개정되기 전의 것) 제12조는 중대한 법령위반의 경우에 관하여 상고허가신청제도를 두고 있었고, 같은 법 제11조는, 허가를 요하지 아니하는 이른바 권리상고의 사유를 규정하고 있었다.
한편, 헌재 1995. 1. 20. 선고 90헌바1 결정은, 위 규정들이 국민의 재판을 받을 권리를 침해하는 것이 아니라고 보았다.

508) 실제로 소액사건의 상고이유 자체가 심리속행사유보다도 협소하게 되어 있다.
cf. 구법의 상고허가신청제 하에서도 이는 소액사건에는 그 적용이 없는 것으로(즉, 상고허가신청을 하는 것이 아니라 그냥 상고를 제기하면 되는 것으로) 해석되고 있었다. 대법원 1981. 8. 11. 선고 81다카279 판결 ; 대법원 1983. 2. 8. 선고 82다593 판결 ; 대법원 1983. 2. 22. 선고 82다605 판결 ; 대법원 1983. 7. 26. 선고 83다342 판결 ; 대법원 1987. 9. 22. 선고 87다270 판결.

하도록 한 것이다(상고심법 제5조 제1항).[509] 환언하면, 이 경우의 검토대상은, 상고인이 주장한 상고이유에 적법한 상고이유가 실질적으로 포함되어 있는가이다.[510]

심리불속행제도는, 과거의 상고허가제와는 달리 모든 당사자에게 상고를 폭넓게 허용하되, 상고로서의 의미가 없거나 나아가 상대방의 권리실현을 부당하게 저지하려는 의도가 담긴 남상고를 제한하려는 것이 그 제도의 본질이라고 할 수 있다.[511]

다만, **심리불속행의 특례의 규정은－전원합의체가 아니라－부가 재판하는 경우에 한하여 이를 적용한다**(같은 법 제6조 제1항, 제7조). 즉, 전원합의체가 심리불속행 기각결정을 하는 경우란 있을 수 없다.

또한, **심리불속행의 상고기각판결**(또는 재항고나 특별항고의 기각결정)**은 원심법원으로부터 상고기록**(또는 재항고기록이나 특별항고기록)**을 송부받은 날부터 4월이내에만 할 수 있다**(같은 법 제6조 제2항, 제7조).

전자소송에서는, 위 기간은 상고사건이 대법원에 전자적인 방법으로 이관된 날부터 기산하되(민소전자문서법 제14조 제2항), 별도로 보관하는 (종이)기록 또는 (종이)문서를 송부하여야 할 경우가 있으므로, 그 경우 위 기간은 대법원이 마지막으로 기록을 받은 날부터 진행한다(민소전자문서규칙 제40조 제2항).

나. 상고이유의 요건 일반

상고이유 일반에 관하여서는 다음 사항에 주의하여야 한다.

첫째, 상고인에게 불리한 주장은 적법한 상고이유가 될 수 없다.[512]

예컨대, 소각하판결에 대하여는 그 패소자가 청구기각사유를 들어 상고심에서 다투는 것은 자기에게 불리한 사유를 주장하는 것이어서 상고이유로 삼을 수 없다.[513]

둘째, 판례는, 원심에서는 주장한 바 없이 상고심에서 비로소 주장하는 새로운 사실은 적

509) 헌재 1997. 10. 30. 선고 97헌바37 결정은, 심리불속행 제도가 국민의 재판을 받을 권리를 침해하는 것이 아니라고 보았다. 동지 : 헌재 2002. 11. 28. 선고 2002헌마459 결정 ; 헌재 2012. 5. 31. 선고 2010헌마625, 2011헌마393·399·754(병합) ; 헌재 2012. 8. 23. 선고 2012헌마367 결정 ; 헌재 2012. 11. 29. 선고 2012헌마664 결정 ; 헌재 2013. 2. 28. 선고 2012헌마1004 결정.

510) 헌재 2002. 6. 27. 선고 2002헌마18 결정. 동지 : 헌재 2002. 11. 28. 선고 2002헌마459 결정 ; 헌재 2007. 7. 26. 선고 2006헌마551 결정 ; 헌재 2007. 7. 26. 선고 2006헌마1447, 2007헌마534(병합) 결정.

511) 헌재 2007. 7. 26. 선고 2006헌마551 결정. 동지 : 헌재 2002. 6. 27. 선고 2002헌마18 결정 ; 헌재 2007. 7. 26. 선고 2006헌마1447, 2007헌마534(병합) 결정.

512) 대법원 1983. 6. 28. 선고 82다카1767 판결.

513) 대법원 1986. 2. 11. 선고 84다카2454 판결. 동지 : 대법원 1987. 4. 14. 선고 83누112 판결 ; 대법원 1990. 12. 7. 선고 90다카24021 판결.

법한 상고이유가 될 수 없다고 한다.514) 다만, 후술하듯이, 직권조사사항에 관하여서는 달리 보아야 할 것이다.

다. 일반적 상고이유(상대적 상고이유), 재항고이유 및 특별항고이유

1) 개 관

일반적 상고이유, 재항고이유, 특별항고이유는 모두, 그 이유가 되는 위법이 해당 재판에 영향을 미칠 것을 요건으로 하며, 이 점에서 후술하는 절대적 상고이유와 다르다.

2) 일반적 상고이유 등의 의의

가) 일반적 상고이유

(1) 개 관

원칙적으로, **상고는 판결에 영향을 미친 헌법·법률·명령 또는 규칙의 위반이 있다는 것을 이유로 드는 때에만 할 수 있다**(법 제423조).

(2) 법령의 위반

(가) 개 관

법문에는 "헌법·법률·명령 또는 규칙"으로 되어 있지만, 상고이유로서 그 위반이 문제되는 '법령'이란 비단 성문법에 국한되는 것은 아니며(규칙 제129조 제2항 참조), 실체법뿐만 아니라 절차법도 포함한다(같은 조 제3항 참조).

(나) 헌법위반

널리 '헌법의 위반'은 헌법의 부당한 해석도 포함함은 물론이다(상고심법 제4조 제1항 제1호 참조).

재판의 전제가 된 명령·규칙이 헌법에 위반되는데도 해당 명령·규칙이 유효하다고 보아 이를 적용한 경우, 반대로 재판의 전제가 된 명령·규칙이 헌법에 위반되지 아니하는데도 해당 명령·규칙이 무효라고 보아 이를 적용하지 아니한 경우는, 헌법위반의 대표적인 예이다

---

514) 대법원 1971. 9. 16.자 71마568 결정(사안은 재항고); 대법원 1979. 9. 11. 선고 79다150 판결; 대법원 1983. 10. 11. 선고 82누295 판결; 대법원 1984. 2. 28. 선고 83누269 판결; 대법원 1987. 2. 24. 선고 86누325 판결; 대법원 1992. 9. 25. 선고 92다24325 판결; 대법원 1995. 7. 11. 선고 93다26168 전원합의체판결; 대법원 1995. 7. 11. 선고 93다26168 전원합의체판결; 대법원 2002. 1. 25. 선고 2001다63575 판결; 대법원 2009. 6. 25. 선고 2009다22952 판결; 대법원 2019. 2. 14. 선고 2015다66052 판결; 대법원 2019. 7. 25. 선고 2016두42289 판결; 대법원 2019. 8. 29. 선고 2017다219072,219089,219096,219102, 219119,219126,219133 판결.

(상고심법 제4조 제1항 제2호, 대한민국헌법 제107조 제2항 참조).[515]

그러나, 이에 반하여, 재판의 전제가 된 법률이 헌법에 위반되는 때라도, ①헌법재판소가 위헌으로 결정한 법률을 적용하였다면 상고이유가 될 것이로되(헌법재판소법 제47조 제1항, 제2항, 제75조 제3항, 제6항), ②그러하지 아니한 경우에는 그 자체가 상고이유는 될 수 없고 위헌법률심판제청신청의 대상이 될 수 있을 뿐이다.[516]

그러나 재판 자체가 헌법 위반이어서 상고이유에 해당하는 경우도 전혀 있을 수 없는 것은 아니라고 할 것이다.[517]

(다) 법률위반

"법률"에는, 법률의 효력을 갖는 여타 법규범, 즉, 국제법규, 긴급재정경제처분이나(법 제449조 제1항 참조) 긴급재정경제명령, 긴급명령도 포함된다고 할 것이다.[518]

재판의 전제가 된 명령·규칙이 법률에 위반되는데도 해당 명령·규칙이 유효하다고 보아 이를 적용한 경우, 반대로 재판의 전제가 된 명령·규칙이 법률에 위반되지 아니하는데도 해당 명령·규칙이 무효라고 보아 이를 적용하지 아니한 경우도, 법률위반에 해당한다고 하겠다(상고심법 제4조 제1항 제2호, 대한민국헌법 제107조 제2항 참조).[519]

(라) 명령·규칙위반

"명령 또는 규칙"이란, 법규로서의 성질을 가지는 것을 말하므로,[520] 일견, 대통령령, 부령, 국회규칙, 대법원규칙, 헌법재판소규칙, 중앙선거관리위원회규칙, 감사원규칙을 지칭하며,[521] 자치법규도 포함한다고 할 것이다.[522]

(3) 판결에의 영향

그런데, 원심이 가정판단(假定判斷)으로 부가한 법률해석이 그릇된 것이라 하더라도 그 점만으로는 판결에 영향을 미친 위법이 있다고 할 수 없다.[523]

---

515) 주석(민소3), 271면(정준영 집필부분).
516) 동지 : 주석(민소3), 269면(정준영 집필부분).
517) 호문혁, 688면.
518) 유사취지 : 주석(민소3), 280면(정준영 집필부분) ; 호문혁, 689면.
519) 동지 : 호문혁, 689면.
520) 대법원 2017. 2. 15. 선고 2016다262802 판결 참조.
521) 유사취지 : 주석(민소3), 282면(정준영 집필부분).
522) 동지 : 호문혁, 690면.
523) 대법원 1984. 3. 13. 선고 81누317 판결.

나) 재항고이유

마찬가지로, **재항고는 결정 또는 명령에 영향을 미친 헌법·법률·명령 또는 규칙의 위반이 있다는 것을 이유로 드는 때에만 할 수 있다**(법 제442조).

다만, 특별항고에 관하여 후술하듯이, 결정 또는 명령의 절차에서 적법한 절차에 따라 공정한 권리가 침해된 경우 역시 대한민국헌법 제27조 등의 위반에 해당한다.[524]

다) 특별항고이유

특별항고는, ① 재판(결정 또는 명령)**에 영향을 미친 헌법위반이 있거나, ② 재판**(결정 또는 명령)**의 전제가 된 명령·규칙·처분의 헌법 또는 법률의 위반여부에 대한 판단이 부당하다는 것을 이유로 하는 때에만 할 수 있다**(법 제449조 제1항).

그런데, 여기서 "처분"이란 행정기관 등의 구체적·일회적 처분이 아니라 법규적 효력을 가지는 처분을 의미한다.[525] 즉, 긴급재정경제처분을 말한다고 할 것이다.[526]

특별항고이유의 유무는 그 결정이나 명령 당시의 헌법이나 법률의 규정에 따라서 판단하여야 할 것이다.[527]

특기할 것은, 특별항고에서 결정이나 명령에 대하여 재판에 영향을 미친 헌법위반이 있다고 함은, 결정이나 명령의 절차에서 대한민국헌법 제27조 등에서 규정하고 있는 적법한 절차에 따라 공정한 재판을 받을 권리가 침해된 경우를 포함한다는 점이다.[528]

결정이나 명령이 법률에 위반되었다거나 대법원 판례에 반한다는 점만으로는 특별항고 사유가 되지 못한다.[529] 그러나, 어디부터가 헌법위반이고 어디까지가 법률위반인지가 반드시

524) 실제로, 가령, 대법원 2008. 9. 25.자 2008마922 결정은, 사법보좌관의 처분에 대하여 이의신청하는 취지의 즉시항고장이 제출되자 사법보좌관이 「사법보좌관규칙」에서 정하는 절차를 거치지 않고 곧바로 항고법원에 사건 기록을 송부한 사안에서, 항고법원이 사건기록을 다시 제1심법원에 이송하여 적법한 절차를 거치도록 하였어야 한다고 보아, 원심결정을 파기하고 사건을 제1심법원에 이송하였다.

525) 대법원 2017. 2. 15. 선고 2016다262802 판결. 동지 : 대법원 2009. 12. 10. 선고 2009다84431 판결. 위 판례들은 소액사건심판법 제3조 제1호의 상고이유에 관한 것이지만, 특별항고이유나 후술하는 심리속행사유에서 말하는 "처분"의 개념 역시 달리 새길 이유가 없다.

526) 반대 : 주석(민소3), 719면(한승 집필부분)은, 이 처분은 행정처분을 지칭한다고 한다.

527) 대법원 1989. 11. 6.자 89그19 결정(사안은 위헌결정이 있기 전에 해당 조문을 적용하여 한 결정).

528) 대법원 2004. 6. 25.자 2003그136 결정. 동지 : 대법원 2013. 6. 10.자 2013그52 결정 ; 대법원 2020. 3. 16.자 2020그507 결정.

529) 대법원 2014. 5. 26.자 2014그502 결정(A 보험회사가 국가를 상대로 제기한 구상금 청구소송의 가집행선고부 판결에 대한 국가의 강제집행 정지신청에 대하여 공탁을 조건으로 강제집행 정지를 명하는 결정이 내려지자, 국가가 위 결정이 인지 첩부 및 공탁 제공에 관한 특례법 제3조와 대법원판례에 반한다고 주장하면서 특별항고를 한 사안에서, 위 주장은 적법한 특별항고 사유가 되지 못한다고 한 사례). 동지: 대법원 2008. 1. 24.자 2007그18 결정 ; 대법원 2016. 4. 18.자 2015마2115 결정 ; 대법원 2017. 12. 28.자

명백한 것은 아니며, 그 여부의 판단은 실제로 상당히 자의적으로 이루어지는 것으로 보인다.[530]

3) 재심사유

한편, 재심사유를 상고이유로 삼을 수 있다고 할 것이나(법 제451조 제1항 단서 참조),[531] 그 재심사유는 해당 사건에 대한 것이어야 하고, 해당 사건과 관련한 다른 사건에 재심사유가 존재한다는 점을 들어 해당 사건의 상고이유로 삼을 수는 없음은 물론이다.[532]

재심사유 중 절대적 상고이유와 중복되는 것을 제외한 나머지 사유는 일반적 상고이유의 일종이라고 할 것인바, 일반적 상고이유에 해당하는 재심사유로는 판결의 증거가 된 문서, 그 밖의 물건이 위조되거나 변조된 것인 때 등 유죄확정판결 등을 요하는 재심사유(법 제451조 제1항 제4호 내지 제7호), 판결의 기초가 된 민사나 형사의 판결, 그 밖의 재판 또는 행정처분이 다른 재판이나 행정처분에 따라 바뀐 때(같은 항 제8호),[533] 판결에 영향을 미칠 중요한 사항에 관하여 판단을 누락한 때(같은 항 제9호),[534] 대상판결이 전에 선고한 확정판결에 어긋나는 때(같은 항 제10호)가 있다.

그런데, 판단누락(같은 항 제9호)에 관하여 특기할 것은, 판례는, 당사자가 주장하거나 조사를 촉구한 직권조사사항에 대한 판단누락이 재심사유가 된다고 보는 반면(이에 관하여서는 '재심 및 준재심 절차' 부분에서 재론하겠다), 직권조사사항에 관한 당사자의 주장에 대하여 판단하지 아니하였다 하더라도 판단누락의 상고이유로 삼을 수는 없다고 본다.[535]

2017그100 결정.
cf. 구법(2002. 1. 26. 법률 제6626호로 전부개정되기 전의 것) 제420조 제1항은 재판에 영향을 미친 '법률'위반도 특별항고이유로 규정하고 있었다.

530) 가령, 다음과 같은 판례는, 비록 결론 자체야 타당하지만, 당최 원심결정(이행명령)이 어디가 어떻게 '헌법의' 위반이라는 것인가? 대법원 역시 그 점에 관하여서는 침묵하고 있다.
대법원 2016. 4. 22.자 2016으2 결정(원심결정이 확정된 화해권고결정에 의하여 창설된 의무의 내용('성년이 될 때까지 양육비 지급')을 변경하는 것(성년기가 19세로 되었는데도 화해권고결정 당시대로 20세까지의 양육비 이행을 명령한 것)이라는 이유로 특별항고를 인용); 대법원 2017. 11. 20.자 2017으519 결정(원심결정이 의무이행의 기간을 정하지 않은 것이 위법하다는 이유로 특별항고를 인용).

531) cf. 구 소송촉진등에관한특례법(1981. 1. 29. 법률 제3361호로 제정되어, 1990. 1. 13. 법률 제4203호로 개정되기 전의 것)상 상고허가신청 및 권리상고제에서는, 재심사유가 상고이유가 될 수는 없는 것으로 해석되고 있었다. 대법원 1982. 4. 27. 선고 81다1069,1070,81다카695,696(반소) 판결; 대법원 1982. 9. 14. 선고 82다348 판결; 대법원 1983. 5. 10. 선고 83다147 판결; 대법원 1983. 12. 13. 선고 83다카1124 판결.

532) 대법원 2001. 1. 16. 선고 2000다41349 판결.

533) 대법원 2001. 12. 14. 선고 2000다12679 판결; 대법원 2015. 6. 24. 선고 2011두2170 판결 참조.

534) 대법원 1993. 11. 9. 선고 93다39553 판결; 대법원 2010. 4. 29. 선고 2010다1517 판결 참조.

535) 대법원 1990. 11. 23. 선고 90다카21589 판결(소송요건 일반에 관하여). 동지: 대법원 1990. 4. 27. 선고

그러나, 당사자적격에 관한 사항은 비록 당사자가 사실심 변론종결시까지 이에 관하여 주장하지 아니하였다고 하더라도 상고심에서 새로이 이를 주장·증명할 수 있으며,[536] 당사자가 확정판결의 존재를 사실심변론종결시까지 주장하지 아니하였더라도 상고심에서 새로이 이를 주장, 입증할 수 있다.[537]

그 밖에 절대적 상고이유에 해당하는 재심사유로는 어떤 것들이 있는지, 그리고 각각의 재심사유의 의미는 무엇인지는 후술한다.

4) 심리속행사유

대법원은 상고이유에 관한 주장이 다음 각 호의 어느 하나의 사유를 포함하지 아니한다고 인정하면 더 나아가 심리를 하지 아니하고 판결로 상고를 기각한다(상고심법 제4조 제1항 제1호 내지 제5호).[538]

① 원심판결이 헌법에 위반하거나 헌법을 부당하게 해석한 때

② 원심판결이 명령·규칙의[539] 법률위반 여부에 대하여 부당하게 판단한 때

③ 원심판결이 법률·명령·규칙 또는 처분에 대하여 대법원판례와 상반되게 해석한 때

④ 법률·명령·규칙 또는 처분에 대한 해석에 관하여 대법원판례가 없거나 대법원판례를 변경할 필요가 있는 때

⑤ 이상의 사유 외에 중대한 법령위반에 관한 사항이 있는 때[540]

다시 말해, 일반적 상고이유 중에서도(즉, 판결에 영향을 미친 위법이 있다 하더라도), 상기 사유

88다카25274,25281(참가) 판결(소가 중복제소에 해당하지 아니하는지에 관하여); 대법원 1990. 12. 21. 선고 90다카22056 판결(소송당사자의 존재에 관하여); 대법원 1994. 8. 12. 선고 93다52808 판결(후소가 전소판결의 기판력을 받는지 여부에 관하여); 대법원 1994. 11. 8. 선고 94다31549 판결(소송대리권의 존재에 관하여); 대법원 1997. 1. 24. 선고 96다32706 판결(후소가 전소판결의 기판력을 받는지 여부에 관하여); 대법원 1999. 4. 27. 선고 99다3150 판결(추후보완사유의 유무에 관하여); 대법원 2015. 10. 29. 선고 2014다13044 판결(항소의 이익 유무에 관하여); 대법원 2017. 3. 9. 선고 2013두16852 판결(행정처분을 다툴 수 있는 법률상 이익이 있는지 여부에 관하여).

536) 대법원 2008. 9. 25. 선고 2007다60417 판결. 동지: 대법원 2010. 2. 25. 선고 2009다85717 판결.

537) 대법원 1989. 10. 10. 선고 89누1308 판결(동일한 소송물에 관하여 원고 패소의 확정판결이 있음을 간과한 채 원고 승소판결을 선고한 원심판결을 파기하고 청구를 기각한 사안).

538) 대법원 1995. 7. 14.자 95카기41 결정은, 상고심법 제4조 제1항이 헌법 제27조 제1항에 위배되지 아니한다고 보았다.

539) 법문에는 "… 또는 처분의"로 되어 있으나, 관견으로는 이는 입법의 착오로 보인다. 왜냐하면 여기서 말하는 처분이란 긴급재정경제처분일 수밖에 없는데, 이는 법률과 효력이 같으므로 헌법위반은 별론, 법률위반이 문제될 수 없기 때문이다.

540) cf. 헌재 2002. 6. 27. 선고 2002헌마18 결정은, 법령위반의 중대성 여부는 원심판결의 파기가능성 여부를 기준으로 한다고 하나, 이는 기괴한 설시이다. 헌법재판소의 논리대로라면 심리속행사유 유무 판단을 위하여 상고이유에 관한 주장 자체의 판단을 도리어 선취하여야 한다는 것이 되기 때문이다.

들만이 심리속행사유가 된다.

그러나, 일반적 상고이유 중에서도 전술한 법 제451조 제1항 제4호 이하의 재심사유가 있는 경우에는, 그 자체로서 중대한 법령위반에 관한 사항이 있는 때에 해당하는 것으로 해석된다.

다만, **재항고 및 특별항고사건에서는, 위 심리속행사유 중 ① 내지 ③의 사유만이 심리속행사유가 된다**(상고심법 제4조 제2항, 제7조).[541] 이는, 개별적 사건에서의 권리구제보다 법령해석의 통일을 더 우위에 둔 규정이라고 할 것이다.[542]

한편, 헌법재판소는 법이 심리불속행의 예외사유를 객관적이고 구체적으로 규정하여 구체적 사건의 상고이유와 관계없는 우연한 사정이나 법원의 자의에 의한 결정을 배제하고 있다고 보고 있으나,[543] 실제로는 심리불속행 여부의 판단은 극히 자의적으로(!) 이루어지고 있다.

라. 절대적 상고이유

1) 개 관

판결에 아래에서 열거하는 어느 하나의 사유가 있는 때에는 상고에 정당한 이유가 있는 것으로 한다(법 제424조 제1항). 즉, 법이 정한 몇 가지 중대한 절차적 과오는 판결에 영향이 없어도 상고이유가 된다(법 제423조 참조).

법 제424조 제1항 제1호 내지 제5호의 사유가 있는 때에는 - 즉, **절대적 상고이유는 이유불비·이유모순**(법 제424조 제1항 제6호)**을 제외하고는 모두 원칙적으로 그 자체로서 - 심리속행사유가 된다**(상고심법 제4조 제1항 제6호).

그러나, 전술한 바와 같이, 절대적 상고이유도, 재항고 및 특별항고사건에서는, 그 자체로서는 심리속행사유가 아니다(같은 법 제7조).

---

541) 상고심법 제4조 제2항은 "**가압류 및 가처분에 관한 판결에 대하여는 상고이유에 관한 주장이 제1항제1호부터 제3호까지에 규정된 사유를 포함하지 아니한다고 인정되는 경우 제1항의 예에 따른다.**"라고 규정하고 있으나, 이는 입법의 착오이다.
이러한 입법의 착오가 발생한 까닭은 다음과 같다. 2005. 7. 27. 이전에는, 가압류 또는 가처분신청에 대한 재판도 변론하는 경우에는 종국판결로 하였고(구 민사집행법(2005. 1. 27. 법률 제7358호로 개정되기 전의 것) 제281조 제1항 전단, 제301조), 가압류 또는 가처분에 관한 이의신청에 대한 재판이나 사정변경에 따른 취소신청에 대한 재판 또한 그러하였다(같은 법 제286조 제2항, 제288조 제2항, 제301조). 그러나, 현행법은 이러한 재판들을 변론 없이(다만, 심문은 거칠 수 있다) 결정으로써 하는 것으로 제도를 간이화하였는데도, '상고심법'은 이러한 개정을 미처 반영하지 아니한 것이다.

542) 헌재 2012. 3. 29. 선고 2010헌마693 결정.

543) 헌재 1997. 10. 30. 선고 97헌바37 결정 등.

2) 법률에 따라 판결법원을 구성하지 아니한 때(법 제424조 제1항 제1호)[544]

판결법원의 구성이 「법원조직법」이나 「민사소송법」에 위반된 때는 물론이고, 직접주의(법 제204조)의 위반이 있는 경우도 이에 해당한다.[545]

3) 법률에 따라 판결에 관여할 수 없는 판사가 판결에 관여한 때(법 제424조 제1항 제2호)[546]

"법률에 의하여 판결에 관여할 수 없는 판사가 판결에 관여한 때"라 함은, 판결의 성립에 관한 소송절차에 관여한 경우를 말하며, 이미 성립된 판결을 외부에 발표하는 절차에 불과한 판결의 선고를 포함한 취지가 아니라고 해석함이 타당하다(법 제41조 제5호 본문, 제48조 단서 참조).[547]

제척사유가 있거나 제척 또는 기피결정이 있은 법관이 판결에 관여한 때, 상고심에서 파기·환송판결된 사건의 원심판결에 관여한 판사가 환송 후의 재판에 관여한 때(법 제436조 제3항)[548] 등이 이에 해당한다.

그러나 설령, 기피원인이 있는 법관이 재판에 관여하였더라도 "법률상 그 재판에 관여할 수 없는 법관이 관여한 때"에 해당하지는 아니한다.[549]

4) 전속관할에 관한 규정에 어긋난 때(법 제424조 제1항 제3호)

5) 법정대리권·소송대리권 또는 대리인의 소송행위에 대한 특별한 권한의 수여에 흠이 있는 때(법 제424조 제1항 제4호)[550]

가) 개 관

그러나, 이러한 흠을 추인한 때에는 상고이유가 되지 아니하며(법 제424조 제2항),[551] 추인은 상고심에서도 할 수 있다.[552]

이러한 대리권의 흠에 관한 상세한 내용은 '재심 및 준재심 절차' 부분에서 후술하는 내용

544) 이는 재심사유이기도 하다(법 제451조 제1항 제1호).
545) 대법원 1971. 3. 23. 선고 71다177 판결 참조.
546) 이는 재심사유이기도 하다(법 제451조 제1항 제2호).
547) 대법원 1962. 5. 24. 선고 4294민상251,252 판결.
548) 대법원 1963. 5. 16. 선고 63다151 판결.
549) 대법원 1993. 6. 22. 선고 93재누97 판결(사안은 재심사유).
550) 이는 재심사유이기도 하다(법 제451조 제1항 제3호 본문).
551) 이 또한 재심의 경우와 같다(법 제451조 제1항 제3호 단서).
552) 대법원 2005. 4. 15. 선고 2004다66469 판결(소송대리권의 흠결).

을 참조하라.

나) 피항소인이 절차권을 침해당한 경우

(1) 일반적인 경우

특기할 것은, 피항소인이 항소장 부본부터 공시송달의 방법으로 송달되어 귀책사유 없이 항소가 제기된 사실조차 모르고 있었고, 이러한 상태에서 피항소인의 출석 없이 원심의 변론기일이 진행되어 피항소인이 당사자로서 절차상 부여된 권리를 침해당한 경우는 당사자가 대리인에 의하여 적법하게 대리되지 않았던 경우와 마찬가지로 볼 수 있다(법 제424조 제1항 제4호의 유추해석).[553)]

(2) 항소의 추후보완사유 역시 존재하는 경우

소장 부본부터 공시송달의 방법으로 송달되어 피고가 귀책사유 없이 소나 항소가 제기된 사실조차 모르고 있었고, 이러한 상태에서 피고의 출석 없이 원심 변론기일이 진행되어 제1심에서 일부 패소판결을 받은 피고가 자신의 주장에 부합하는 증거를 제출할 기회를 상실함으로써 당사자로서 절차상 부여된 권리를 침해당한 경우에는 당사자가 대리인에 의하여 적법하게 대리되지 않았던 경우와 마찬가지로 보아 절대적 상고이유가 되는 것으로 보아야 한다(법 제424조 제1항 제4호의 유추해석).[554)][555)]

그런데 위 경우에는 결국, 피고로서는 제1심판결 중 피고 패소 부분에 대하여는 추후보완 항소를, 원심판결 중 피고 패소 부분에 대하여는 상고(본래의 상고제기기간 내의 경우)나 추후보완 상고(본래의 상고제기기간은 도과한 경우)를 각각 제기할 수 있다.[556)]

그리고 이때, 전자에 대하여서는, 원심으로서는 피고의 추후보완 항소가 적법하다고 판단되면 그 부분을 심판대상으로 삼아 심리한 후 그에 관하여 추가판결을 하면 된다.[557)]

---

553) 대법원 1997. 5. 30. 선고 95다21365 판결(제1심에서는 자백간주로 승소하였다가 항소심에서 패소한 원고가 추후보완상고한 사안). 동지 : 대법원 2012. 10. 11. 선고 2012므2918 판결 ; 대법원 2014. 3. 27. 선고 2013다39551 판결(제1심에서는 승소하였다가 항소심에서 패소한 피고가 상고기간 내에 상고한 사안).

554) 대법원 2011. 4. 28. 선고 2010다98948 판결.

555) 유사취지 : 대법원 2011. 4. 28. 선고 2010다108388 판결은, 제1심법원이 당초 소장 부본 송달이 부적법함을 깨닫고 피고에 대한 송달을 공시송달로 할 것을 명하였으면서도 정작 소장 부본에 대한 공시송달을 누락한 채 변론기일을 진행하여 판결을 선고하였고, 피고가 추완항소를 하면서 항소이유서와 준비서면을 통해 소장 부본이 자신에게 송달되지 않았음을 명시적으로 지적하였음에도, 원심법원이 피고에게 소장 부본을 다시 송달하지 않은 채 변론절차를 진행하여 항소를 기각한 사안에서, 소장 부본을 다시 송달하지 않은 채 항소를 기각한 원심의 조치는 소송절차를 중대하게 위반한 것이라고 하였다.

556) 대법원 2011. 4. 28. 선고 2010다98948 판결.

557) 대법원 2011. 4. 28. 선고 2010다98948 판결.

그런데 위 경우에, 원심이 피고의 추후보완 항소 부분에 관하여 심리하지 않고 있는 동안에 피고의 상고가 받아들여져 원심판결 중 피고 패소 부분에 관하여 파기환송 판결이 선고된 경우에는, 환송 후 원심으로서는 피고의 추후보완 항소가 적법하다고 판단되면 그 추후보완 항소 부분과 파기환송된 부분을 함께 심리하여 그에 관하여 하나의 판결을 선고하면 된다.[558)]

6) 변론을 공개하는 규정에 어긋난 때(법 제424조 제1항 제5호)

이는 재판의 공정성을 담보하기 위하여 재판의 심리와 판결을 일반에 공개하도록 규정하고 있는 헌법 제109조와 법원조직법 제57조 제1항을 위반하여 판결의 기본이 되는 변론을 일반에 공개하지 않은 경우를 절대적 상고이유로 삼은 것이다.[559)]

7) 판결의 이유를 밝히지 아니하거나 이유에 모순이 있는 때(법 제424조 제1항 제6호)

가) 개 관

절대적 상고이유 중 이 사유에 관하여서만은, 기술한 '일반적 상고이유의 심리속행사유'(즉, 중대한 법령위반)가 있어야 심리불속행을 면할 수 있다(상소심절차에관한특례법 제4조 제1항 제6호의 반대해석).

이 사유에 관하여 심리속행사유를 요하는 것으로 규정한 까닭은, 당사자들이 실제로는 법령위반에 불과한 것도 모두 '이유를 밝히지 아니하거나 이유에 모순이 있는 때'로 주장하여 심리속행으로 나아가도록 할 경우 심리불속행제도의 입법목적이 무색해질 우려가 있다는 점이 고려된 것이다.[560)]

나) 이유불비(理由不備, 법 제424조 제1항 제6호 전단)

"판결에 이유를 밝히지 아니한 경우"라 함은, ① 판결에 이유를 전혀 기재하지 아니하거나 ② 이유의 일부를 빠뜨리는 경우 또는 ③ 이유의 어느 부분이 명확하지 아니하여 법원이 어떻게 사실을 인정하고 법규를 해석, 적용하여 주문에 이르렀는지가 불명확한 경우를 일컫는 것이다.[561)]

---

558) 대법원 2011. 4. 28. 선고 2010다98948 판결.

559) 대법원 2013. 11. 14. 선고 2012다2392 판결.

560) 헌재 2007. 7. 26. 선고 2006헌마551 결정. 동지: 헌재 2007. 7. 26. 선고 2006헌마1447, 2007헌마534(병합) 결정.

561) 대법원 1995. 3. 3. 선고 92다55770 판결. 동지: 대법원 2004. 5. 28. 선고 2001다81245 판결; 대법원 2006. 5. 26. 선고 2004다62597 판결; 대법원 2007. 7. 27. 선고 2007다18478 판결; 대법원 2014. 1. 23. 선고 2011다108095 판결; 대법원 2014. 8. 28. 선고 2014다23508 판결.

따라서, 판결이유에 주문에 이르게 된 경위가 명확히 표시되어 있는 이상, 가령, 관계 법률이 위헌이라는 당사자의 주장을 판단하지 아니하였다는 사정만으로 판결에 이유를 밝히지 아니 아니한 위법이 있다고 할 수 없다.[562)]

그러나, 가령, 인정사실과 배치되는 증거가 있는데도 이를 배척하지 아니하면, 이유불비의 위법을 저지른 것이 된다.[563)]

다) 이유모순(법 제424조 제1항 제6호 후단)

"판결의 이유에 모순이 있는 때"라 함은, 판결의 이유와 주문에 모순이 있는 때를 뜻한다.[564)]

그러나, 더 나아가, 판결의 주문에 당착이 있는 경우도 이유모순에 준한다고 하겠다.[565)]

마. 소액사건의 상고이유 특칙

1) 개 관

소액사건에 대한 지방법원 본원 합의부의[566)] 제2심판결이나 결정·명령에 대하여는 다음

---

562) 대법원 1995. 3. 3. 선고 92다55770 판결.

563) 대법원 1994. 12. 2. 선고 93다27055 판결 참조.

564) 대법원 1984. 6. 26. 선고 84다카88,89 판결 참조.

565) 대법원 2020. 8. 20. 선고 2018다241410,241427 판결은, A가 B를 상대로 제기한 공유물분할청구의 소에 관하여 선고한 원심판결의 주문에서 '1. 가. (가), (나) 부분 토지는 B의 소유로, (다) 부분 토지는 A의 소유로 각 분할한다. 나. A는 B로부터 가액보상금을 지급받음과 동시에, B에게 (가), (나) 부분 토지 중 A의 지분에 관하여 공유물분할을 원인으로 한 소유권이전등기절차를 이행하라'고 한 사안에서, 원심판결의 주문 제1의 가항은 형성판결로서 그대로 확정될 경우, B는 (가), (나) 부분 토지에 관한 단독소유권을 취득하고, A는 (다) 부분 토지에 관한 단독소유권을 취득하게 되므로, B가 단독소유권을 취득하게 될 (가), (나) 부분 토지와 관련하여, A가 B에게 (가), (나) 부분 토지 중 A의 지분에 관하여 소유권이전등기신청에 대한 의사표시를 별도로 할 필요가 없고, 반면에 원심판결의 주문 제1의 나항은 이행판결로서 그대로 확정될 경우, B가 반대의무인 가액보상금 지급의무를 이행한 사실을 증명하여 재판장의 명령에 의하여 집행문을 받아야만 (가), (나) 부분 토지 중 A의 지분에 관하여 A의 소유권이전등기신청에 대한 의사표시 의제의 효과가 발생하므로, 향후 (가), (나) 부분 토지 중 A의 지분에 관하여 A의 소유권이전등기신청에 대한 의사표시가 필요하지 않음을 전제로 하는 원심판결의 주문 제1의 가항과 향후 (가), (나) 부분 토지 중 A의 지분에 관하여 A의 소유권이전등기신청에 대한 의사표시가 필요함을 전제로 하는 원심판결의 주문 제1의 나항은 효과 면에서 서로 모순되므로, 원심판결에는 이유모순 등의 잘못이 있다고 하였다.

566) 명문의 규정에 불구하고, 이에는 춘천지방법원 강릉지원 합의부도 포함된다고 확장해석하여야 한다(법원조직법 제32조 제2항 제2호 참조). 즉, 소액사건심판법 제3조가 이를 포함시키지 아니한 것은 입법의 착오이다.
위와 같은 입법의 착오가 생긴 까닭은, 2001. 1. 29. 법률 제6408호로 법원조직법 제32조 제2항이 개정됨에 따라 지방법원지원합의부도 제2심을 관할할 수 있는 특례가 마련되었는데도, 이에 따라 소액사건심판법 제3조를 개정하지 아니하였기 때문이다.

각호의 1에 해당하는 경우에 한하여 대법원에 상고 또는 재항고를 할 수 있다(소액사건심판법 제3조).[567)]

① **법률·명령·규칙 또는 처분의 헌법위반여부와 명령·규칙 또는 처분의 법률위반여부에 대한 판단이 부당한 때**[568)]

② **대법원의 판례에 상반되는 판단을 한 때**[569)]

즉, 단순한 심리미진이나 법리오해 또는 채증법칙 위반 등은 소액사건에서는 상고이유가 되지 아니한다.[570)] 그러한 사유들은 단순한 법령위반에 지나지 않기 때문이다.[571)]

그리고, 소액사건심판법 제3조는 일반적 상고이유(법 제423조)에 대한 특칙을 규정한 것에 불과하므로, "판결에 영향을 미친 경우"에 한하여 적법한 상고이유가 된다고 한 「민사소송법」의 규정은 소액사건의 경우에도 당연히 적용된다.[572)]

그런데, 후술하는 바와 같이, 판례는 소액사건의 상고이유를 매우 좁게 새긴다. 따라서, 소액사건에서는 상고가 사실상 불가능에 가까우며, 이 점 주의를 요한다.

소액사건심판법 제3조 각호의 상고이유를 분설하면 아래와 같다.

2) 헌법위반 등(소액사건심판법 제3조 제1호)

소액사건심판법 제3조 제1호 소정의 상고이유는, 헌법·법률에 위반되는 명령·규칙·처분임에도 불구하고 합헌 또는 합법이라 하여 이를 적용한 경우나 그와 반대의 경우에 사안의 중대성에 비추어 상고하여 시정할 수 있도록 하는 것으로 이에 의하여 헌법국가의 원리 내지 법치국가의 원리를 구현시키고자 함이며, 나아가 명령·규칙 또는 처분이 헌법이나 법률에 위반되는 여부가 재판의 전제가 된 때에는 대법원이 이를 최종적으로 심사할 권한을 갖도록

---

567) 헌재 1992. 6. 26. 선고 90헌바25 결정은, 이 조항이 국민의 재판을 받을 권리를 침해하는 것이 아니라고 보았다. 동지 : 헌재 2012. 12. 27. 선고 2011헌마161 결정.

568) 소액사건심판법 제3조 제1호의 상고이유는, 상고심법 제4조 제1항 제1호, 제2호의 심리속행사유에 해당한다.

569) 소액사건심판법 제3조 제2호의 상고이유는, 상고심법 제4조 제1항 제3호의 심리속행사유에 해당한다.

570) 대법원 1994. 9. 13. 선고 94다15097 판결. 동지 : 대법원 1990. 8. 14. 선고 90다2987 판결 ; 대법원 1995. 10. 12. 선고 95다6403 판결 ; 대법원 1997. 12. 26. 선고 96다51714 판결 ; 대법원 1998. 1. 23. 선고 97다25613 판결; 대법원 2000. 6. 9. 선고 2000다10963 판결; 대법원 2004. 5. 13. 선고 2004다6979,6986 판결; 대법원 2004. 8. 20. 선고 2003다1878 판결 ; 대법원 2006. 2. 24. 선고 2005다64132 판결 ; 대법원 2006. 10. 13. 선고 2006다53078 판결 ; 대법원 2010. 10. 14. 선고 2010다48752 판결 ; 대법원 2010. 12. 9. 선고 2010다62413 판결 ; 대법원 2016. 4. 15. 선고 2015다251645 판결 ; 대법원 2017. 2. 15. 선고 2016다262802 판결.

571) 대법원 1985. 3. 12. 선고 84다582 판결. 동지 : 대법원 1982. 11. 23. 선고 82다354 판결.

572) 대법원 2009. 6. 11. 선고 2009다11556 판결. 동지 : 대법원 1990. 12. 11. 선고 90다5283 판결.

한 헌법 제107조 제2항의 규정에 합치시키려는 입법배려이다.[573)]

"법률·명령·규칙 또는 처분의 헌법위반 여부와 명령·규칙 또는 처분의 법률위반 여부에 대한 판단이 부당한 때"라 함은, 하위법규가 상위법규에 위반하는지 여부에 관한 판단이 잘못된 때를 가리키는 것이다.[574)]

즉, ① 법률이 헌법에 위반되거나 ② 법규로서의 성질을 가지는 명령·규칙 또는 처분이 헌법이나 법률에 위반됨에도 불구하고, 이를 합헌 또는 합법이라고 하여 해당 사건에 적용한 경우 또는 그 반대의 경우를 말한다.[575)]

3) 판례위반(소액사건심판법 제3조 제2호)

소액사건심판법 제3조 제2호 소정 "대법원의 판례"는 – 같은 조 제1호처럼 법률의 위헌 여부와 하위법의 상위법 위반 여부에 대한 대법원판례에 국한되는 것이 아니라 – 판결에 영향을 미친 모든 법령위반 여부에 대한 대법원판례를 말함은 물론이다.[576)]

"대법원의 판례에 상반되는 판단을 한 때"라 함은 구체적인 해당사건에 적용할 법령의 해석에 관하여 대법원이 내린 판단과 상반되는 해석을 한 경우를 말한다.[577)]

그런데, 여기서 "구체적인 해당 사건에 적용될 법령의 해석에 관한 대법원의 판단"이란 구체적인 해당 사건의 사안에 적용될 법령조항의 전부 또는 일부에 관한 정의적(定義的) 해석을 한 판례의 판단을 말하고, "원심이 상반된 해석을 한다."함은 그 법령조항에 관한 대법원의

---

573) 대법원 2004. 8. 20.자 2003카기33 결정.

574) 대법원 2017. 2. 15. 선고 2016다262802 판결. 동지 : 대법원 2009. 12. 10. 선고 2009다84431 판결.

575) 대법원 2017. 2. 15. 선고 2016다262802 판결. 동지 : 대법원 2009. 12. 10. 선고 2009다84431 판결.

576) 대법원 1977. 9. 28. 선고 77다1137 전원합의체 판결.

577) 대법원 1982. 3. 9. 선고 81다897 판결. 동지 : 대법원 1982. 8. 24. 선고 82다283 판결 ; 대법원 1982. 11. 23. 선고 82다354 판결 ; 대법원 1982. 11. 23. 선고 82다363 판결 ; 대법원 1982. 12. 28. 선고 82다504 판결 ; 대법원 1984. 2. 28. 선고 82다229 판결 ; 대법원 1984. 12. 11. 선고 84다447 판결 ; 대법원 1985. 3. 12. 선고 84다582 판결 ; 대법원 1986. 5. 27. 선고 85다463 판결 ; 대법원 1986. 7. 8. 선고 86다67 판결 ; 대법원 1986. 11. 11. 선고 86다430 판결 ; 대법원 1987. 9. 8. 선고 87다180 판결 ; 대법원 1988. 6. 14. 선고 88다1080 판결 ; 대법원 1989. 5. 9. 선고 88다4775 판결 ; 대법원 1991. 8. 13. 선고 91다18583 판결 ; 대법원 1991. 10. 22. 선고 91다23240,23257 판결 ; 대법원 1995. 10. 12. 선고 95다6403 판결 ; 대법원 1996. 12. 6. 선고 96다26671 판결 ; 대법원 1997. 12. 26. 선고 96다51714 판결 ; 대법원 2000. 6. 9. 선고 2000다10963 판결 ; 대법원 2004. 5. 13. 선고 2004다6979,6986 판결 ; 대법원 2004. 8. 20. 선고 2003다1878 판결 ; 대법원 2006. 2. 24. 선고 2005다64132 판결 ; 대법원 2006. 10. 13. 선고 2006다53078 판결 ; 대법원 2009. 12. 10. 선고 2009다84431 판결 ; 대법원 2010. 10. 14. 선고 2010다48752 판결 ; 대법원 2010. 12. 9. 선고 2010다62413 판결 ; 대법원 2015. 11. 12. 선고 2013다71227 판결 ; 대법원 2015. 11. 26. 선고 2015다219979 판결 ; 대법원 2015. 12. 10. 선고 2015다230228 판결 ; 대법원 2015. 12. 24. 선고 2015다200838 판결 ; 대법원 2016. 1. 28. 선고 2015다236431 판결 ; 대법원 2016. 4. 15. 선고 2015다251645 판결 ; 대법원 2017. 2. 15. 선고 2016다262802 판결.

그 정의적 해석과 반대되는 해석을 하거나 반대되는 해석 견해를 전제로 해당 사건에 그 법령조항의 적용 여부를 판단한 경우를 말하는 것이다.[578)579)]

구체적 사건에 적용할 법령의 해석에 관한 대법원판례가 아직 없는 상황에서 그 법령의 해석이 쟁점으로 되어 있는 소액사건에 대하여 하급심의 판단이 있은 다음에 대법원이 그 쟁점에 관해 하급심의 판단과 다른 견해를 표명하였다면, 그 하급심의 판단은 결과적으로 대법원판례에 상반되는 판단을 한 때에 해당한다. 따라서 이 경우는 같은 조 제2호가 소액사건에 대한 상고이유로 규정한 "대법원의 판례에 상반되는 판단을 한 때"에 해당하는 것으로 보아야 한다.[580)]

한편, 대법원은, 소액사건심판법 제3조 제2호 소정의 상고이유는, 법원조직의 정점에서 판례를 통해 국내법령의 해석통일이라는 대법원의 본질적 기능의 수행은 소액사건의 경우에도 예외로 하지 않겠다는 것이라고 설명한다.[581)]

그러나, 관견으로는 위와 같은 설명은 한낱 '양두구육(羊頭狗肉)'으로 보인다. 왜냐하면, 현행법에 의하면, 소액사건에서는 원심이 '그 법령조항에 관한 대법원의 그 정의적 해석'을 명목상 내세우기만 하면 원심이 그 어떠한 법리오해를 범하더라도, 또 그 법리오해가 아무리 중대한 것이라도, 무방하기 때문이다. 즉, 현행법은 대법원의 본질적 기능의 수행을 소액사건의 경우에는 예외로 하고 있다고 볼 수밖에 없다.

4) 대법원 판례의 불비[582)]

다만, 소액사건에서 구체적 사건에 적용할 법령의 해석에 관한 대법원판례가 아직 없는

---

578) 대법원 2004. 5. 13. 선고 2004다6979,6986 판결. 동지 : 대법원 2006. 2. 24. 선고 2005다64132 판결 ; 대법원 2006. 10. 13. 선고 2006다53078 판결 ; 대법원 2010. 10. 14. 선고 2010다48752 판결 ; 대법원 2010. 12. 9. 선고 2010다62413 판결 ; 대법원 2017. 2. 15. 선고 2016다262802 판결.

579) cf. 대법원이 이러한 판례위반의 상고이유가 있다고 인정한 사례로는, 대법원 1978. 5. 23. 선고 78다515 판결(다만, 이 사건은 과연 판례위반의 사안인지, 적어도 지금의 판례에 비추어 보면 의문이다) ; 대법원 1994. 12. 9. 선고 94다46046 판결 ; 대법원 1995. 8. 22. 선고 95다10945 판결 ; 대법원 2001. 2. 23. 선고 2000다61312 판결 ; 대법원 2011. 10. 27. 선고 2009다12665,12672 판결 ; 대법원 2012. 12. 27. 선고 2012다200387 판결. ; 대법원 2013. 5. 9. 선고 2011다61646 판결(그러나 이 사건이 과연 —법리오해가 아닌— 판례위반의 사안인지 의문이다) ; 대법원 2013. 7. 25. 선고 2012다204815 판결 ; 대법원 2013. 7. 25. 선고 2012다204815 판결 ; 대법원 2016. 8. 24. 선고 2014다80839 판결 ; 대법원 2017. 4. 28. 선고 2016다277798 판결 ; 대법원 2017. 5. 31. 선고 2014다236809 판결 ; 대법원 2018. 4. 26. 선고 2017다288115 판결 ; 대법원 2019. 4. 11. 선고 2018다300708 판결 ; 대법원 2020. 10. 29. 선고 2018다212245 판결 ; 대법원 2021. 3. 25. 선고 2020다46601 판결.

580) 대법원 2012. 12. 27. 선고 2012다200387 판결.

581) 대법원 2004. 8. 20.자 2003카기33 결정.

582) 이러한 사유는, 상고심법 제4조 제1항 제4호의 심리속행사유에 해당한다.

상황에서 같은 법령의 해석이 쟁점으로 되어 있는 다수의 소액사건들이 하급심에 계속되어 있을 뿐 아니라 재판부에 따라 엇갈리는 판단을 하는 사례가 나타나고 있는 경우, 소액사건이라는 이유로 대법원이 그 법령의 해석에 관하여 판단을 하지 아니한 채 사건을 종결하고 만다면 국민생활의 법적 안전성을 해칠 것이 우려된다고 할 것인바, 이와 같은 특별한 사정이 있는 경우에는 소액사건에 관하여 상고이유로 할 수 있는 "대법원의 판례에 상반되는 판단을 한 때"의 요건을 갖추지 아니하였다고 하더라도 법령해석의 통일이라는 대법원의 본질적 기능을 수행하는 차원에서 실체법 해석적용의 잘못에 관하여 직권으로 판단할 수 있다.[583)]

3. 상고기간·재항고기간·특별항고기간

가. 상고기간

1) 개 관

상고기간에 관한 사항은 항소기간과 마찬가지이므로(법 제425조, 제396조), 상세한 것은 '항소' 부분에서 항소기간에 관하여 기술한 내용을 참조하기 바라며, 여기에서는 추후보완상고에 관하여서만 짚고 넘어가겠다.

2) 추후보완상고

피항소인에게 항소장의 부본 및 변론기일 통지서가 공시송달의 방법에 의하여 송달되었고, 판결정본도 공시송달의 방법으로 송달되었다면, 피항소인으로서는 항소인이 항소를 제기하여 항소심의 절차가 진행되었던 사실을 모르고 있었다고 할 것이어서, 특별한 사정이 없는 한 피항소인은 과실 없이 판결의 송달을 알지 못한 것이라고 할 것이고, 이러한 경우 피항소인은 책임질 수 없는 사유로 불변기간을 준수할 수 없었던 때에 해당하여 그 사유가 없어진 후 2주일 내(그 사유가 없어질 당시 외국에 있었던 경우에는 30일 내) 추후보완상고를 할 수 있다(법 제173조 제1항).[584)]

---

583) 대법원 2004. 8. 20. 선고 2003다1878 판결. 동지 : 대법원 2008. 12. 11. 선고 2006다50420 판결 ; 대법원 2015. 3. 26. 선고 2012다48824 판결 ; 대법원 2017. 3. 16. 선고 2015다3570 판결 ; 대법원 2018. 9. 13. 선고 2017다16778 판결 ; 대법원 2018. 12. 27. 선고 2015다50286 판결 ; 대법원 2019. 5. 16. 선고 2017다226629 판결 ; 대법원 2019. 8. 14. 선고 2017다217151 판결 ; 대법원 2019. 12. 13. 선고 2018다287010 판결 ; 대법원 2019. 12. 27. 선고 2018다37857 판결 ; 대법원 2021. 1. 14. 선고 2020다207444 판결.

584) 대법원 1997. 5. 30. 선고 95다21365 판결. 동지 : 대법원 1963. 9. 5. 선고 63다370 판결 ; 대법원 2006. 3. 24. 선고 2006다6621 판결 ; 대법원 2009. 5. 14. 선고 2009다1665 판결 ; 대법원 2012. 10. 11. 선고

이 경우에도, 피항소인(상고인)의 과실 문제 등이나 상고기간의 기산점에 관한 사항 등은 '항소' 부분에서 추후보완항소와 관련하여 기술한 바와 같다.

나. 재항고기간

재항고도 (최초의) 항고와 마찬가지로 통상항고와 즉시항고로 나누어지나 그 구분은, 원래의 항고 자체가 통상항고인가 즉시항고인가에 의하는 것이 아니라, 재항고의 대상이 되는 재판의 내용에 따르게 된다.[585)]

예컨대, 항소심재판장의 항소장각하명령에 대한 재항고는 즉시항고이다(법 제402조 제3항).[586)]

한편, 즉시항고에 해당하는 재항고에서도, 사안에 따라서는 추후보완재항고가 문제될 수 있다.[587)]

다. 특별항고기간

특별항고는 재판이 고지된 날부터 1주 이내에 하여야 하며(법 제449조 제2항), **위 기간은 불변기간으로 한다**(같은 조 제3항).

4. 상고장 등

가. 개 관

상고는 「상고장」을 원심법원에 제출함으로써 하며(법 제397조 제1항의 준용), 비약상고의 경우에는 제목을 「비약상고장」으로 함이 실무이다.[588)]

재항고는 「재항고장」을, 특별항고는 「특별항고장」을, 각각 원심법원에 제출함으로써 한다(법 제445조).[589)]

즉, 항소의 경우와 마찬가지로, 상고, 재항고, 특별항고의 경우에도 이를 제기할 때에는

2012므2918 판결.

585) 대법원 2007. 7. 2.자 2006마409 결정.
cf. 그러나, 집행절차에 관한 항고법원·고등법원 또는 항소법원의 결정 및 명령은, 즉시항고를 할 수 있는 재판에 대하여서만 재항고할 수 있다(민사집행규칙 제14조의2 제1항).

586) 대법원 1990. 8. 28. 선고 90마606 판결 참조.

587) 그 실례로는, 대법원 1990. 8. 28. 선고 90마606 판결.

588) '인지액·편철방법예규'.

589) '인지액·편철밥법예규'.

원심법원제출주의에 의한다. 따라서, 상고장이 대법원에 제출되었다가 다시 원심법원에 송부된 경우에는 상고장이 원심법원에 접수된 때를 기준하여 상고 제기기간 준수 여부를 따져야 하고,[590] 이는 재항고장의 경우에도 마찬가지이다.[591]

다만, 특별항고만이 허용되는 재판에 대한 불복으로서 당사자가 특히 특별항고라는 표시와 항고법원을 대법원으로 표시하지 아니하였다고 하더라도 그 항고장을 접수한 법원으로서는 이를 특별항고로 보아 소송기록을 대법원에 송부함이 마땅하다.[592]

국제사건에 대하여 상고하는 경우 당사자는 (특허법원에서나 특허침해소송의 항소심에서 외국어 변론이 허가되었던 그) 외국어로 작성된 상고장을 제출할 수 있다(국제재판부의 설치 및 운영에 관한 규칙 제18조 제2항).

나. 기재사항

1) 필요적 기재사항

가) 상고장의 경우

상고장에는 다음 각호의 사항을 적어야 한다(법 제397조 제2항의 준용).

① 당사자와 법정대리인

상고심의 당사자는 상고인(법 제427조 참조)과 피상고인이다.

② 원심판결의 표시와 그 판결에 대한 상고의 취지

그런데, 후술하듯이, 대법원이 파기자판을 하는 경우는 거의 없으므로, 특별한 사정이 없는 한 상고취지에서 파기자판을 구하는 것은 부적절하다.

나) 재항고장, 특별항고장의 경우

재항고장(또는 특별항고장)에는 다음 각호의 사항을 적어야 한다(법 제397조 제2항의 준용).

① 당사자와 법정대리인

재항고심의 당사자는 '재항고인', 특별항고심의 당사자는 '특별항고인'이며, 재항고나 특별항고는 편면적 절차이므로 상대방 당사자가 존재하지 아니한다.[593] 다만, 대심구조인 절차들

---

590) 대법원 1981. 10. 13. 선고 81누230 판결. 동지: 대법원 2010. 12. 9. 선고 2007다42907 판결.

591) 대법원 1985. 5. 24.자 85마178 결정. 동지: 대법원 1984. 4. 28.자 84마251 결정.

592) 대법원 1999. 7. 26.자 99마2081 결정. 동지: 대법원 1986. 11. 7.자 86마895 결정; 대법원 1995. 7. 12.자 95마531 결정; 대법원 1997. 6. 20.자 97마250 결정; 대법원 2011. 2. 21.자 2010마1689 결정.

593) 판례의 주류도 그러하다. 다만, 특별항고의 상대방을 표시한 판례가 전무한 것은 아니다(가령, 대법원 2010. 4. 7.자 2010부1 결정).

의 재항고심에서는 상대방 당사자로서 '피재항고인'이 존재하게 된다.

② 원심결정(또는 원심명령의 표시와 그 결정(또는 명령)에 대한 재항고(또는 특별항고)의 취지

2) 상고장(재항고장)의 임의적 기재사항

상고장이나 재항고장에서도 항소장과 마찬가지 이유에서 불복정도를 밝히는 것이 적절하다(민사소송 등 인지규칙 제25조 참조).

그러나, 상고장이나 재항고장에는 - 당사자의 성명 등 형식적 기재사항에 관한 규정을 별론으로 하면 - 그 성질상 준비서면에 관한 규정이 준용되지 아니하며(법 제398조의 부준용), 항소이유에 관한 규정(규칙 제126조의2)도 준용되지 아니한다고 하겠다.

주의할 것은, 상고이유서 제출기간 만료시까지는 반드시 상고이유를 밝혀야 하며(법 제427조), 만일 그 기간을 도과시켰을 때에는 치명적인 불이익을 입는다는 점이다. 따라서, 가능하다면 상고장에 아주 간략하게라도 상고이유를 기재하는 것이 좋을 것이다.

다. 첨부서류

일반적으로, 비약상고장에는 불항소합의서가 첨부되어야 할 것이다(법 제390조 제2항).

라. 인지의 첩부 및 송달료의 예납

1) 인지의 첩부

가) 상고장의 인지액

상고장에는 소장에 붙일 인지액(민사소송 등 인지법 제2조)**에 따른 금액의 2배에 해당하는 인지를 붙여야 한다**(민사소송 등 인지법 제3조 후단).

그런데, 상고장에 첨부할 인지액은 상고로써 불복하는 범위의 소가를 기준으로 하여 산정한다(민사소송 등 인지규칙 제25조).

따라서, 상고장에는, 불복범위의 값을 기준으로 하여, 소장에 붙일 인지액을 계산한 금액의 2배에 해당하는 인지를 붙여야 한다.594)

594) cf. 항소장과 달리 100원 미만의 버림 문제는 성질상 발생할 여지가 없다.

나) 재항고장의 인지액[595)]

(1) 고등법원 또는 항소법원의 결정 또는 명령에 대한 재항고장

고등법원 또는 항소법원의 결정 및 명령에 대한 재항고장에는, 2,000원의 인지를 붙여야 한다(민사소송 등 인지법 제11조 제2항). 즉, 이 경우의 인지액은 최초의 항고의 경우와 같다.

예컨대, 상고장각하명령에 대한 재항고장에는 2,000원의 인지를 붙여야 한다.

(2) 항고법원의 재판에 대한 재항고장

그러나, **항고법원의 재판**(즉, 제2심결정)**에 대한 재항고장에는,**[596)] **해당 신청서**(즉, 항고장)**에 붙인 인지액의 2배에 해당하는 인지를 붙여야 한다**(민사소송 등 인지법 제11조 제1항).

예컨대, 소송이송신청을 기각한 제1심결정에 대한 항고를 기각한 결정에 대한 재항고의 경우, 4,000원(=항고장의 인지액 2,000원×2)의 인지를 붙여야 한다.

다) 특별항고장의 인지액

특별항고장에도 해당 신청서에 붙인 인지액의 2배에 해당하는 인지를 붙여야 한다(민사소송 등 인지법 제11조 제1항).[597)]

2) 송달료의 예납

상고 또는 재항고나 특별항고 역시, 기본적 신청이므로, 송달료를 예납하여야 함은 물론이나, 이 경우 원심법원의 해당 수납은행에 그 송달료를 납부하여야 한다.[598)]

마. 상고법원(재항고법원, 특별항고법원)

상고나 재항고는 대법원에 제기한다(법원조직법 제14조 제1호, 제2호).

특별항고도 대법원에 제기한다(법 제449조 제1항).

---

595) **이 인지액은 경제사정이 변동된 경우에는 「민사소송 등 인지법」이 개정될 때까지 대법원규칙으로 올리거나 내릴 수 있다**(민사소송 등 인지법 제15조).

596) 법문에는 "… 상소장에는 …"으로 되어 있으나, 현행법에서는 항고법원의 재판에 대하여 상고로 불복하는 경우가 없다.

597) '인지액·편철방법예규'.

598) 송달료예규 제9조 제2항 단서.

5. 상고·재항고·특별항고 제기에 대한 원심법원의 조치

가. 원심재판장의 심사권, 부본의 송달, 기록의 송부

1) 원 칙

원심재판장의 상고장심사권, 상고장부본의 송달, 상고기록의 송부는 항소심의 경우와 같다(법 제399조 내지 제401조, 규칙 제127조의 준용).[599][600]

상고인은, 상고장에 대한 각하명령이 확정된 경우에는 상고장에 붙인 인지액 중 일정액의 환급을 청구할 수 있다(민사소송 등 인지법 제14조 제1항 제1호).

재항고나 특별항고의 경우도 상고의 경우와 대체로 같다. 다만, 기본절차의 진행 중 부수적 또는 절차적 재판에 관한 재항고나 특별항고의 경우에 그 기록, 즉 부수적 기록의 송부방법은 항고기록의 송부방법과 같다.

2) 국제사건의 상고기록 송부의 특례

다만, 국제사건의 경우, 원심법원의 법원사무관등은 상고기록 조제 시에 허가된 외국어로 작성된 문서가 있는 경우 이에 대한 국어번역문을 첨부하여야 하되(국제재판부의 설치 및 운영에 관한 규칙 제19조 제1항 본문), 원심재판장은 그 번역에 필요한 범위를 지정할 수 있다(같은 항 단서).

또한, 국제사건이 상고된 경우 기록송부 기간(법 제425조, 제400조)에 소송기록의 번역에 소요되는 기간은 산입하지 아니한다(국제재판부의 설치 및 운영에 관한 규칙 제19조 제2항).

나. 재항고나 특별항고의 재도고안

재항고의 경우에도 원심법원이 재도고안을 할 수 있음은 물론이다(법 제446조).

그러나, 특별항고가 있는 경우 원심법원은 경정결정(재도고안)을 할 수 없고 기록을 그대로 대법원에 송부하여야 한다.[601]

599) 제1심에서 피고에게 공시송달을 하여 서증목록을 생략한 사건이라도, 비약상고가 제기된 때에는 기록송부에 앞서 서증목록을 작성하여야 한다(규칙 제32조 제4항 단서).

600) 원심재판장의 상고장각하명령의 실례로는, 서울고법 2014. 8. 18.자 2013나2022025,2013나2022032(독립당사자참가의소) 명령(사안은 인지대 미보정) ; 서울고법 2007. 4. 2.자 2006누2680,2006누2697 명령(사안은 인지대 미보정).

601) 대법원 2001. 2. 28.자 2001그4 결정.

다. 재항고나 특별항고에서 원심재판의 집행정지 등

즉시항고에 해당하는 재항고가 집행정지의 효력이 있으며(법 제447조), 그 밖의 재항고도 원심법원이나 판사가 집행정지 등 처분을 할 수 있음은 물론이다(법 제448조).

특별항고에서도 원심법원이나 판사는 항고에 대한 결정이 있을 때까지 원심재판의 집행을 정지하거나 그 밖에 필요한 처분을 명할 수 있다(법 제450조, 제448조).

라. 송달료잔액 환급

한편, 사건의 제2심이 종결된 경우 그에 대한 상고가 제기된 때에는, 제2심의 사건담임자는 지체없이 해당 사건에 대하여 전산으로 종결등록하여야 하고(송달료규칙 제10조 제1항, 제9조 제1항),[602] 송달료잔액 환급 조치가 이루어진다(같은 조 제2항 내지 제4항).

6. 상고·재항고·특별항고 기록송부에 따른 대법원의 조치

가. 재판장의 상고장 등 심사권

상고심 등에서도 재판장의 상고장 등 심사권은 항소심의 경우와 같다.

나. 소송기록 접수의 통지

상고법원(또는 재항고법원)**의 법원사무관등은 원심법원의 법원사무관등으로부터 소송기록을 받은 때에는 바로 그 사유를 당사자에게 통지하여야 한다**(법 제426조). 이러한 소송기록 접수의 통지는 그 사유를 적은 서면(「상고소송기록접수통지서」,「재항고사건기록접수통지서」)을 당사자에게 송달하는 방법으로 한다(규칙 제132조).

위와 같은 사항은 특별항고의 경우에도 같다(위 규정들의 준용).

상고의 경우, 피상고인에게도 소송기록접수통지서를 상고장 부본과 함께 송달함이 실무이다.

---

602) 송달료규칙 제10조 제1항은 "사건의 제2심이 종결된 경우 그에 대한 상소가 제기된 때에는 제2심의 … 사건과장…은 제9조 각항의 조치를 취하여야 한다."라고 규정하고 있으나, 이는 입법의 착오이다. '송달료잔액 환급' 부분에서 기술한 바와 같이, 전산종결등록 제도가 생기기 전에는, 사건과장이 사건담임자로부터 사건종결통보서를 회부받아 이를 해당관리은행에 통보하는 절차를 거쳐야 하였다(구 「송달료처리의특례에관한규칙(1996. 1. 27. 대법원규칙 제1415호로 개정되기 전의 것) 제9조 제1항, 제2항). 그러나, 이제는 그와 같은 절차가 필요 없게 되었고, 따라서 현행 송달료규칙 제9조의 법문에 비추어 명백하듯이, 사건과장이 취하여야 하는 같은 조 소정의 조치라는 것 자체가 존재하지 않게 되었다.

다. 재항고 또는 특별항고에서 원심재판의 집행정지

재항고는 물론이고(법 제448조), **특별항고에서도 대법원은 항고에 대한 결정이 있을 때까지 원심재판의 집행을 정지하거나 그 밖에 필요한 처분을 명할 수 있다**(법 제450조, 제448조).

7. 상고와 집행정지신청

가집행선고부 제1심판결 중 항소심판결에 의하여 유지된 부분에 관하여 불복하여 상고를 제기한 바 없는 피고로서는 상고심 법원에 그 판결에 기한 강제집행의 정지를 구할 수 없음은 물론이다.[603)]

(항소심의) 가집행선고부 원고승소판결에 불복하여 상고의 제기를 한 바 없는 피고는 본안 사건의 상고심에 그 판결에 기한 강제집행의 정지를 구할 수 없음도 물론이다.[604)]

그러나, 가집행선고부 제1심판결 중 항소심판결에 의하여 취소된 부분의 가집행선고는 항소심판결의 선고로 인하여 그 효력을 잃고(법 제215조 제1항 참조), 항소심판결의 정본을 집행법원에 제출함으로써 이 부분에 관한 강제집행을 정지할 수 있으므로, 별도로 상고심에 강제집행정지신청을 할 이익이 없다.[605)]

8. 상고이유서 등

가. 개 관

1) 원 칙

상고장에 상고이유를 적지 아니한 때에 상고인은 소송기록접수통지를 받은 날부터 20일 이내에 「상고이유서」를 제출하여야 한다(법 제427조).

이와 같이 상고이유서를 제출하도록 한 것은, 법률심으로서 서면심리에 적합한 상고심의 성격상 서면심리에 의하여 사건을 신속하게 처리함과 아울러 업무의 부담을 경감하기 위한 것으로서, 궁극적으로는 소송경제와 심리의 신속을 위한 것이다.[606)]

그런데, 위 상고이유서 제출기간은 실제로는 – 또한 비교법적으로 보더라도 – 극히(!) 짧은 기간인 데다가, 불변기간이 아니어서 추후보완도 허용되지 아니하며,[607)] 기한 내에 상고이유

603) 대법원 2000. 7. 19.자 2000카기90 결정.

604) 대법원 1986. 5. 1. 선고 86카28 판결.

605) 대법원 2000. 7. 19.자 2000카기90 결정. 동지: 대법원 2006. 4. 14.자 2006카기62 결정.

606) 헌재 2008. 10. 30. 선고 2007헌마532 결정.

서를 제출하지 못하면 곧바로 상고기각의 불이익을 입게 되므로(법 제429조), 각별히 주의하여야 한다.

다만, 상고이유서제출기간이 통상기간인 이상, '원론적으로는', 기간이 경과된 후라도 상고이유서가 제출되면 기간의 신장을 인정하여 상고이유서를 적법한 것으로 처리할 수는 있다(법 제172조 본문).[608)]

위와 같은 사항들은 재항고나 특별항고의 경우에도 마찬가지이다.[609)] 이하의 서술에서도 특별한 언급이 없으면 상고이유서에 관한 사항은 재항고나 특별항고의 경우에도 같은 것으로 이해하면 된다.

2) 예외 : 직권조사사항

다만, 직권조사사항은 상고이유서 제출기간 경과 후에 주장되었다 하더라도 법원이 이를 판단하여야 한다(법 제434조, 제431조).

비단 소송절차에 관한 법령이 아니더라도, 즉, 실체법에 관한 법령이더라도, 그 위반이 중대한 때에는 대법원이 이를 직권판단할 수 있는 것으로 풀이된다.

예컨대, 상고법원은 매매예약완결권이 제척기간 도과로 인하여 소멸되었다는 주장이 적법한 상고이유서 제출기간 경과 후에 주장되었다 할지라도 이를 판단하여야 할 것이며,[610)611)] 당사자가 상법 제814조 제1항의 제척기간의 도과 여부를 사실심 변론종결 시까지 주장하지 아니하였다 하더라도 상고심에서 이를 새로이 주장·증명할 수 있다.[612)]

나. 공동소송적 보조참가인의 상고이유서

1) 개 관

공동소송적 보조참가를 한 참가인은 – 상고를 제기할 수도 있음은 물론이지만 – 상고를 제

607) 대법원 1967. 9. 19. 선고 67사54,55 판결. 동지 : 대법원 1970. 1. 27. 선고 67다774 판결 ; 대법원 1981. 1. 28.자 81사2 결정.

608) 헌재 2008. 10. 30. 선고 2007헌마532 결정.

609) 대법원 1976. 8. 27.자 76모41 결정(재항고이유서 제출기간이 문제된 사안).

610) 대법원 2000. 10. 13. 선고 99다18725 판결.

611) 대법원이 '실체법' 위반에 관하여 직권판단을 한 사례는 – 지연손해금에 관한 법리오해의 경우 외에는 – 흔하지 아니한 편이나, 실체법 위반을 이유로 원심재판을 직권으로 파기한 실례로는, 대법원 2009. 4. 23.자 2009마120 결정(상사비송사건에서 원심법원의 재량권 남용) ; 대법원 2009. 10. 15. 선고 2009두9383 판결(행정행위의 무효에 관한 법리오해) ; 대법원 2013. 1. 24. 선고 2011다99498 판결(부부간 명의신탁약정의 효력에 관한 법리오해).

612) 대법원 2019. 6. 13. 선고 2019다205947 판결.

기하지 아니한 채 '피참가인이 상고를 제기한 부분에 대한' 상고이유서를 제출할 수 있다.[613]

그런데, 참가인 자신이 상고를 제기하였는지 여부에 따라, 상고이유서 제출기간 준수 여부에 관하여서는 다음과 같이 미묘한 차이가 생긴다.

2) 공동소송적 보조참가인이 상고하지 아니한 경우

공동소송적 보조참가를 한 참가인이 상고를 제기하지 아니한 채 피참가인이 상고를 제기한 부분에 대한 상고이유서를 제출한 경우에도 상고이유서 제출기간을 준수하였는지 여부는 피참가인을 기준으로 판단하여야 한다. 따라서 상고하지 않은 참가인이 피참가인의 상고이유서 제출기간이 지난 후 상고이유서를 제출하였다면 적법한 기간 내에 제출한 것으로 볼 수 없다.[614]

이러한 법리는 상고이유의 주장에 대해서도 마찬가지이어서, 상고하지 않은 참가인이 적법하게 제출된 피참가인의 상고이유서에서 주장되지 아니한 내용을 피참가인의 상고이유서 제출기간이 지난 후 제출한 서면에서 주장하였더라도 이는 적법한 기간 내에 제출된 상고이유의 주장이라고 할 수 없다.[615]

3) 공동소송적 보조참가인이 상고한 경우

공동소송적 보조참가를 한 참가인이 적법하게 상고를 제기하고 그 상고이유서 제출기간 내에 상고이유서를 제출하였다면, 상고를 제기하지 않은 피참가인인 피고의 상고이유서 제출기간이 도과하였다고 하더라도, 그 상고이유서의 제출은 적법하다고 보아야 할 것이다.[616]

그러나, 주의할 것은, 공동소송적 보조참가를 한 참가인과 피참가인이 서로 원심에 대해 불복하는 부분을 달리하여 각각 상고하는 경우, '피참가인만이 불복한 부분'에 대하여 참가인은 '상고하지 아니한 참가인'의 지위에 있게 된다. 따라서 '피참가인만이 불복한 부분'에 대하여, 피참가인이 상고이유서에서 주장하지 아니한 새로운 내용을 참가인이 피참가인의 상고이유서 제출기간이 지난 후에 주장한다면 이는 적법한 기간 내에 제출된 상고이유의 주장이라고 할 수 없다.[617]

---

613) 대법원 2020. 10. 15. 선고 2019두40611 판결.
614) 대법원 2020. 10. 15. 선고 2019두40611 판결.
615) 대법원 2020. 10. 15. 선고 2019두40611 판결.
616) 대법원 2012. 11. 29. 선고 2011두30069 판결.
617) 대법원 2020. 10. 15. 선고 2019두40611 판결.

다. 방 식

1) 개 관

상고이유는 상고장에 기재하거나 상고이유서라는 독립된 서면으로 하여야 하고 다른 서면(예컨대, 준비서면)의 기재내용을 원용할 수 없다.[618] 재항고이유도 마찬가지임은 물론이다.[619]

상고법원은 상고이유에 의하여 불복신청의 한도 내에서만 조사판단할 수 있으므로, 상고인이 비록 상고이유서를 제출하였더라도 그 내용에 심판 대상인 원심판결의 어떤 점이 법령에 어떻게 위반하였는지에 관한 구체적이고도 명시적인 이유설시가 없을 때에는 상고이유를 제출하지 않은 것으로 취급될 수밖에 없다.[620]

따라서, 상고이유서 등에는 상고이유를 특정하여 원심판결의 어떤 점이 법령에 어떻게 위반되었는지에 관하여 구체적이고 명시적인 이유의 설시가 있어야 한다.[621]

국제사건에 대하여 상고하는 경우 당사자는 (특허법원에서나 특허침해소송의 항소심에서 외국어 변론이 허가되었던 그) 외국어로 작성된 상고이유서를 제출할 수 있다고 할 것이다(국제재판부의 설치 및 운영에 관한 규칙 제18조 제2항의 확장해석).

2) 일반적 상고이유

판결에 영향을 미친 헌법·법률·명령 또는 규칙(다음부터 "법령"이라 한다)의 위반이 있다는 것을 이유로 하는 상고의 경우에 상고이유는 법령과 이에 위반하는 사유를 밝혀야 한다(규칙 제129조 제1항).

---

618) 대법원 1991. 10. 11. 선고 91다22278 판결. 동지 : 대법원 1987. 8. 29.자 87마689 결정 ; 대법원 1993. 11. 12. 선고 93누11159 판결 ; 대법원 2000. 7. 6. 선고 2000두1508 판결 ; 대법원 2008. 1. 24. 선고 2007두23187 판결 ; 대법원 2008. 2. 28. 선고 2007다52287 판결.

619) 대법원 1969. 7. 3.자 69마661 결정. 동지 : 대법원 1969. 10. 31.자 69마954 결정 ; 대법원 1979. 6. 25.자 79마168 결정 ; 대법원 1982. 12. 22.자 82마777 결정 ; 대법원 1985. 3. 7.자 85마31 결정 ; 대법원 1985. 10. 19.자 85마671 결정 ; 대법원 1987. 2. 25.자 87마74 결정 ; 대법원 1987. 8. 29.자 87마689 결정 ; 대법원 1999. 4. 15.자 99마926 결정.

620) 대법원 1983. 11. 22. 선고 82누297 판결. 동지 : 대법원 1971. 3. 23. 선고 71므5 판결 ; 대법원 1974. 5. 28. 선고 74사4 판결 ; 대법원 1980. 7. 8. 선고 80다597 판결 ; 대법원 1985. 9. 24. 선고 85므30 판결 ; 대법원 1991. 5. 28. 선고 91다9831 판결 ; 대법원 1993. 5. 14. 선고 93다3943 판결 ; 대법원 1993. 9. 28. 선고 93누5994 판결 ; 대법원 1997. 12. 12. 선고 97누12235 판결 ; 대법원 1998. 3. 27. 선고 97다55126 판결 ; 대법원 1999. 4. 23. 선고 98다41377 판결 ; 대법원 2001. 3. 23. 선고 2000다29356,29363 판결 ; 대법원 2004. 10. 28. 선고 2003다65438,65445 판결 ; 대법원 2008. 1. 24. 선고 2007두23187 판결; 대법원 2009. 11. 26. 선고 2009두11607 판결 ; 대법원 2010. 9. 9. 선고 2010다24435,24442,24459,24466,24473,24480,24497 판결 ; 대법원 2011. 4. 14. 선고 2008다14633 판결 ; 대법원 2013. 12. 26. 선고 2013다207088 판결 ; 대법원 2017. 5. 31. 선고 2017다216981 판결 ; 대법원 2019. 9. 10. 선고 2018다237473 판결.

621) 대법원 2012. 7. 26. 선고 2010다50625 판결. 동지 : 대법원 2014. 11. 27. 선고 2011두2477 판결.

위 규정에 따라 법령을 밝히는 때에는 그 법령의 조항 또는 내용(성문법 외의 법령에 관하여는 그 취지)을 적어야 하며(같은 조 제2항), 법령에 위반하는 사유를 밝히는 경우에 그 법령이 소송절차에 관한 것인 때에는 그에 위반하는 사실을 적어야 한다(같은 조 제3항).

3) 절대적 상고이유

절대적 상고이유(법 제424조 제1항) 중 어느 사유를 상고이유로 삼는 때에는 상고이유에 그 조항과 이에 해당하는 사실을 밝혀야 한다(규칙 제130조).

4) 판례의 적시

원심판결이 대법원판례와 상반되는 것을 상고이유로 하는 경우에는 그 판례를 구체적으로 밝혀야 한다(규칙 제131조).

상반되는 대법원판례를 구체적으로 적시함이 없이 판례에 위반된다고 하는 주장은 적법한 상고이유가 될 수 없다.622)

5) 소액사건에서 상고 또는 재항고 이유서의 기재방식

소액사건의 상고 또는 재항고 이유서에는 소액사건심판법 제3조 각호에 해당되는 사유만을 구체적으로 명시하여야 하며 이 밖의 사유를 기재한 때에는 기재하지 아니한 것으로 본다(소액사건심판규칙 제2조).

대법원판례에 상반한 판단을 한 것을 이유로 상고를 하려면, 구체적으로 대법원의 판례를 특정하여 표시하고, 상고대상판결에서 어떠한 판단을 한 것이 위 판례에 반한다는 것으로 구체적으로 기재하여야 한다.623)

문제는 그 위반의 효과인데, 소액사건심판법 제3조 각호 외의 사유를 기재한 것임이 명백한 때에는 상고이유서를 제출하지 아니한 것으로 취급하고, 형식적으로나마 위 각호의 사유를 기재한 때에는 상고이유서 자체는 제출한 것으로 취급하여야 하겠으나, 그 구분은 모호하다. 다만, 적어도 판례에 나타난 사안의 거의 대부분은 후자이다.624)

라. 분 량

상고이유서는 그 분량을 30쪽 이내로 하여 제출하여야 한다(규칙 제133조의2).

---

622) 대법원 1987. 12. 8. 선고 87다368 판결.

623) 대법원 1988. 2. 23. 선고 87다485 판결. 동지 : 대법원 1997. 2. 28. 선고 96다42499 판결.

624) 상고이유서 부제출로 취급한 드문 예로는 : 대법원 1980. 1. 15. 선고 79다1924 판결 ; 대법원 1981. 9. 22. 선고 81다658 판결.

마. 통 수

1) 상고이유서의 경우

상고이유서를 제출하는 때에는 상대방의 수에 6을 더한 수의 부본을 붙여야 한다(규칙 제133조).

6통을 제출하도록 하는 취지는 대법관용 2통(재판장 및 주심용 각 1통), 담당 재판연구관용 1통,[625] 보존용 1통, 판례편찬용 1통, 예비용 1통으로 사용하기 위함이다.[626]

2) 재항고이유서나 특별항고이유서의 경우

그러나, 재항고이유서나 특별항고이유서는 - 피재항고인의 존재 유무를 불문하고 - 3통을 제출하도록 함이 실무이다.

바. 부본의 송달

상고이유서를 제출받은 상고법원은 바로 그 부본이나 등본을 상대방(피상고인)**에게 송달하여야 한다**(법 제428조 제1항).

부적법한 상고로서 흠을 보정할 수 없어 변론 없이 상고각하 판결을 하는 때에는 상고이유서 부본을 송달할 필요가 없으나, 제출기간 경과 뒤에 제출된 상고이유서는 송달함이 실무이다.[627]

재항고이유서는 피재항고인이 있을 때에는 송달하여야 할 듯하나, 실무는 그러하지 아니한 듯하다.

특별항고이유서는 그 성질상 상대방에의 송달이 문제되지 아니한다.

사. 보충상고이유서(상고이유서보충서)

상고이유서 제출기간 경과 후에 제출된 보충상고이유서는, 기간 내에 내세운 상고이유를 보충하는 한도 내에서만 그 효력이 있고, 전연 새로운 주장을 하는 상고이유는 부적법한 것이다.[628]

그래서, 대법원 판례 역시, "상고이유(상고이유서 제출기간이 지난 후에 제출된 상고이유보충서

---

625) 대법원에서의 기록 접수·관리 및 재판서등 처리절차에 관한 내규 제5조 제2항 참조.

626) 제요[민소Ⅲ], 1288면.

627) 대법원에서의 기록 접수·관리 및 재판서등 처리절차에 관한 내규 제5조 제3항 참조.

628) 대법원 1971. 3. 9. 선고 70특재3 판결.

기재는 상고이유를 보충하는 범위 내에서)를 판단한다."라는 표현을 사용하는 것을 볼 수 있다.

아. 상고이유서 제출기간의 그 밖의 효력

결국, 이를테면, 상고이유서 제출기간 만료시는 항소심의 변론종결시에 대응한다고 할 수 있다.[629)]

따라서, 소송절차가 중단되기 전에 상고이유서 제출기간이 경과하였다면, 대법원 판결 역시 소송수계절차 없이 할 수 있다(법 제247조 제1항).[630)]

한편, 대법원의 실무는, 상고이유서 제출기간이 경과된 후에 비로소 주심배당이 되어 실질적인 사건 검토를 시작한다고 한다.[631)]

9. 상고이유에 대한 답변서

가. 개 관

1) 상고의 경우

상대방은 상고이유서를 송달받은 날부터 10일 이내에 「답변서」를 제출할 수 있다(법 제428조 제2항).

위 기간도 - 비교법적으로 보더라도 - 너무 짧은 기간이지만, 상고이유서와는 달리 기간을 어기더라도 이렇다 할 불이익이 있는 것은 아니다.

---

629) 대법원 1968. 9. 17. 선고 68다825 판결. 동지 : 대법원 1981. 9. 8. 선고 80다2442,2443 판결 ; 대법원 1987. 2. 10. 선고 85누29 판결 ; 대법원 1990. 1. 25. 선고 89누1889 판결 ; 대법원 1993. 12. 14. 선고 93다44524 판결. 대법원 1994. 9. 9. 선고 94다4592 판결 ; 대법원 1994. 12. 22. 선고 94다13695 판결; 대법원 1995. 11. 14. 선고 94다34449 판결 ; 대법원 1998. 7. 24. 선고 97누20335 판결 ; 대법원 2001. 3. 23. 선고 2000다30165 판결 ; 대법원 2007. 4. 12. 선고 2006다10439 판결 ; 대법원 2010. 11. 11. 선고 2010두14534 판결.

630) 대법원 2008. 9. 25. 선고 2008다1866 판결(사안은 변론종결 후에 회생절차개시결정이 있었으나 소송수계 없이 그대로 채무자에 대하여 판결선고를 한 것) ; 대법원 2015. 2. 26. 선고 2012다89320 판결 ; 대법원 2019. 2. 14. 선고 2016다245418,245425,245432 판결 참조(이상의 사안은, 상고이유서 제출기간 경과 후 회생절차개시결정이 있었으나 대법원이 상고를 인용하면서 소송절차수계신청은 기각한 것) ; 대법원 2016. 12. 29. 선고 2014후713 판결 ; 대법원 2020. 5. 28. 선고 2016두36062 판결(이상의 사안은, 상고인 회사가 상고이유서 제출 후에 다른 회사에 흡수합병된 경우) ; 대법원 2019. 8. 29. 선고 2017다276679 판결 ; 대법원 2020. 6. 25. 선고 2016다257572 판결 ; 대법원 2020. 10. 15. 선고 2018다209157 판결; 대법원 2021. 3. 11. 선고 2013다59142 판결(이상의 사안은, 상고인 또는 피상고인인 회사가 상고이유서 제출기간 경과 후에 분할된 경우) ; 대법원 2019. 11. 14. 선고 2018다233686 판결(사안은 상고이유서 제출 후 피상고인이 사망한 경우)

631) 인지실무, 16면.

2) 재항고나 특별항고의 경우

특별항고에서는 상대방의 답변서라는 것이 문제되지 아니하며(법 제428조 제2항, 제3항의 부준용), 재항고의 경우에도 원칙적으로 마찬가지이다. 이들은 모두 편면적 절차이기 때문이다.

다만, 피재항고인이 존재하는 경우에는 성질상 달리 보아야 하겠으나, 실무도 그러한지는 의문이다.

나. 분 량

답변서도 그 분량을 30쪽 이내로 하여 제출하여야 한다(규칙 제133조의2).

다. 통 수

답변서도 상고이유서와 마찬가지로 6통을 제출하도록 함이 실무이다.[632]

라. 답변서 부본의 송달

상고법원은 답변서의 부본이나 등본을 상고인에게 송달하여야 한다(법 제428조 제3항).

그러나, 상고가 이미 부적법 각하되었을 때에는 송달할 필요가 없음은 물론이다.[633]

10. 상고의 취하

항소의 경우와 마찬가지로, 상고 역시 대법원의 판결이 있기 전에 피상고인의 동의 없이 취하할 수 있다(법 제393조 제1항의 준용).

상고취하에 관한 제반 사항은 '항소' 부분에서 설명한 바와 같다.

한편, **상고이유서 제출기간이 지나기 전에 상고가 취하된 경우에는 첨부한 인지액 중 일정액의 환급을 청구할 수 있다**(민사소송 등 인지법 제14조 제1항 제3호).

상고취하에 관한 위와 같은 사항들은 재항고나 특별항고의 경우에도 마찬가지라고 하겠다.

11. 부대상고·부대재항고

가. 부대상고

피상고인은 상고권이 소멸된 후에도 부대상고를 할 수 있지만(법 제403조의 준용), 상고이유

632) 제요[민소Ⅲ], 1289면.
633) 위의 책.

서 제출기간 내에 부대상고를 제기하고 부대상고이유서를 제출하여야 한다.[634]

따라서, 위 기간 경과 후에 제기된 부대상고는 부적법한 것으로서 그 흠결을 보정할 수 없어 각하하게 된다.[635]

그러나, 부대항소와 달리, 부대상고는 성질상 전부승소한 당사자는 제기할 수 없다.

또한, 통상의 공동소송에서 공동당사자 일부만이 상고를 제기한 때에는, 피상고인은 상고인인 공동소송인 이외의 다른 공동소송인을 상대방으로 하거나 상대방으로 보태어 부대상고를 제기할 수는 없다.[636]

그리고, 상고심이 법률심인 점에 비추어 보면, 제1심에서 자기의 청구가 기각되었는데도 이에 대한 항소나 부대항소를 하지 않았다가 항소심에서 상대방(피고)의 항소를 기각하는 판결이 선고된 경우에는, 제1심에서 기각된 청구의 인용을 구하는 것이라 하더라도 부대상고를 제기할 수 없다.[637]

부대상고에는 그 성질에 어긋나지 아니하는 범위 안에서 상고와 부대항소에 관한 규정을 준용한다(규칙 제136조).

나. 부대재항고

재항고사건이 대립당사자 구조인 때에는 부대재항고도 허용된다.[638]

12. 상고법원의 가집행선고결정

상고법원은 원심판결 중 불복신청이 없는 부분에 대하여는 당사자의 신청에 따라 결정으

---

634) 대법원 1968. 9. 17. 선고 68다825 판결. 동지 : 대법원 1969. 7. 8. 선고 68다882,883,884,885 판결 ; 대법원 1979. 7. 24. 선고 79다633,851 판결 ; 대법원 1980. 6. 24. 선고 80다801,1415 판결 ; 대법원 1990. 7. 27. 선고 89누6341 판결 ; 대법원 1993. 1. 26. 선고 92다46394 판결 ; 대법원 1995. 2. 3. 선고 94다27113 판결 ; 대법원 1997. 10. 10. 선고 95다46265 판결 ; 대법원 1997. 11. 28. 선고 97다38299 판결 ; 대법원 1998. 7. 24. 선고 97누20335 판결 ; 대법원 1999. 7. 9. 선고 98다47542,47559 판결 ; 대법원 2000. 1. 21. 선고 99다50538 판결 ; 대법원 2000. 11. 10. 선고 98다39633 판결 ; 대법원 2002. 12. 10. 선고 2002다52657 판결 ; 대법원 2001. 3. 23. 선고 2000다30165 판결 ; 대법원 2004. 9. 24. 선고 2004다7286 판결 ; 대법원 2006. 10. 13. 선고 2006다39720 판결 ; 대법원 2008. 3. 27. 선고 2006다70929 판결 ; 대법원 2013. 2. 14. 선고 2011두25005 판결 ; 대법원 2015. 4. 9. 선고 2011다101148 판결(사안은, 부대상고장은 기간 내에 제출되었으나 부대상고서가 제출기간 경과 후에 제출되어 부대상고를 기각한 것).

635) 대법원 1993. 8. 27. 선고 93다4250 판결. 동지 : 대법원 1981. 9. 8. 선고 80다2442,2443 판결.

636) 대법원 1994. 12. 23. 선고 94다40734 판결.

637) 대법원 1993. 12. 28. 선고 93다50680 판결.

638) 대법원 1997. 1. 16.자 96마774 결정 참조.

로 가집행의 선고를 할 수 있다(법 제435조).

이 신청은 - 청구취지에서 구하는 가집행선고의 신청(법 제213조 제1항)과 달리 - 신청권에 기초한 중간적·부수적 신청이다.[639]

즉, 원심판결에 가집행선고가 붙지 않은 경우에 이러한 신청을 할 수 있겠으나, 실제로는 그러한 경우는 - 원심판결에서 가집행선고가 누락된 경우 외에는 - 상정하기 어렵다.

항소심에서의 가집행선고신청과 달리, 이 신청을 기각한 결정에 대하여서는 불복하지 못한다(법 제406조 제2항 참조).

13. 상고심에서의 가지급물반환신청

상고심에서는 가지급물반환신청이 예외적으로만 허용된다.

즉, 가지급물반환신청의 이유인 사실의 진술 및 당부의 판단을 위하여는 소송에 준하여 변론이 필요한 것인데, 법률심인 상고심으로서는 과연 집행에 의하여 어떠한 지급이 이루어졌으며, 어느 범위의 손해가 있었는가 등의 사실관계를 심리 확정할 수 없기 때문에, 신청의 이유로서 주장하는 사실관계에 대하여 당사자 사이에 다툼이 없어 사실 심리를 요하지 아니하는 경우를 제외하고는, 상고심에서는 가집행선고에 따라 지급한 물건의 반환신청은 허용될 수 없다.[640]

더 나아가, 제1심에서 가집행선고가 붙은 패소의 이행판결을 선고받고 항소한 당사자(피고)는, 항소심에서 가지급물반환신청을 하지 아니하고 제1심의 본안판결을 바꾸는 판결을 선고받아 상대방(원고)이 상고한 경우에는, 상고심에서 위와 같은 신청을 하지 못한다.[641]

14. 상고심에서 할 수 없는 소송행위와 할 수 있는 소송행위

가. 상고심에서는 할 수 없는 소송행위

상고심에 이르러서 새로운 증거를 제출하는 것은 허용되지 아니한다.[642]

639) 구 '인지액·편철방법예규'(2012. 2. 20. 재판예규 제1379호로 개정되기 전의 것) 참조.

640) 대법원 1997. 11. 28. 선고 97다6810 판결. 동지 : 대법원 1980. 11. 11. 선고 80다2055 판결 ; 대법원 1999. 11. 26. 선고 99다36617 판결 ; 대법원 2000. 2. 25. 선고 98다36474 판결 ; 대법원 2007. 5. 10. 선고 2005다57691 판결.
다만, 위 판례들은 모두 상고심이 가지급물반환신청을 기각한 사안들이다.

641) 대법원 2003. 6. 10. 선고 2003다14010,14027 판결(가지급물반환신청을 각하한 사안).

642) 대법원 2008. 12. 24. 선고 2008다74048 판결. 동지 : 대법원 2011. 11. 10. 선고 2011다67743 판결.

상고심에서 새로운 청구를 할 수 없다는 것, 즉 독립당사자참가, 소송승계참가, 공동소송참가, 소송인수참가, 청구의 변경, 반소나 중간확인의 소의 제기를 상고심에서 할 수 없음은 각각 해당 부분에서 기술하였다.

다만, 가지급물반환신청이 예외적으로 허용됨은 전술하였다.

또한, 상고심에서는, 사실에 관한 주장을 전제로 하는 청구취지 및 청구원인의 정정도 허용되지 아니한다.[643)]

법률심인 상고심에 이르러서는 원심에서 한 자백을 취소할 수 없다.[644)]

그런데, 통설은 상고심에서도 화해나 청구의 포기·인낙을 할 수 있다고 하나, 그러한 견해가 타당하지 아니함은 역시 '당사자의 행위에 의한 소송의 종료' 부분에서 기술하였다. 즉, 상고법원은 화해기일을 열 수 없으며(법 제145조 제2항의 부적용), 화해권고결정을 할 수 없다(법 제225조 제1항의 부적용).

나. 상고심에서도 할 수 있는 소송행위

상고심에서도 소의 취하는 할 수 있다(법 제266조 제1항 참조). 그러나, 이 경우에는 인지액환급청구는 할 수 없다(민사소송 등 인지법 제14조 제1항 제2호의 반대해석).

대리권에 흠이 있는 소송행위의 추인, 후견인의 소송행위에 필요한 특별수권(친족회나 후견감독인의 동의 또는 가정법원의 허가)의 보정, 법정대리권에 흠이 있는 자가 한 소송행위의 추인, 보조참가는 상고심에서도 할 수 있음은, '소송능력과 법정대리인 및 특별대리인', '소송대리인', '보조참가 : 통상의 보조참가와 공동소송적 보조참가' 부분에서 각각 기술하였다.

한편, 상고심에서도 소송수계를 할 수 있음은 기술한 바 있으나, 원칙적으로, 상고이유서 제출기간이 경과한 후에 소송중단사유가 발생한 때에는 소송을 수계할 필요성이 더 이상 존재하지 아니한다 할 것이다(법 제247조 제1항 참조).[645)]

---

643) 대법원 1997. 12. 12. 선고 97누12235 판결. 동지 : 대법원 1992. 2. 11. 선고 91누4126 판결 ; 대법원 1995. 5. 26. 선고 94누7010 판결 ; 대법원 1996. 11. 29. 선고 96누9768 판결.
다만, 위와 같이 판시한 사안들은 실제로는 청구취지 또는 원인의 변경에 대한 것들이나, 변경이 아닌 정정의 경우에도 같은 법리가 적용됨은 판례의 취지상 의문이 없다.

644) 대법원 1998. 1. 23. 선고 97다38305 판결.

645) 대법원 2001. 6. 26. 선고 2000다44928,44935 판결(상고인이 상고이유서 제출기간 경과 후 파산선고를 받았으나 소송절차수계신청은 없었는데 대법원도 수계 없이 상고를 인용한 사안) ; 대법원 2006. 8. 24. 선고 2004다20807 판결(상고인이 상고이유서 제출기간 경과 후 파산선고를 받았으나 상고와 소송절차수계신청을 모두 기각한 사안) ; 대법원 2014. 2. 27. 선고 2012두27794 판결(상고이유서 제출기간 경과 후 상고인 회사의 회사분할로 신설회사가 신설되었으나 상고와 소송절차수계신청을 모두 기각한 사안); 대법원 2015. 7. 9. 선고 2013다69866 판결(상고인인 회생채무자의 관리인이 상고이유서 제출기간 후에

15. 상고심의 심리

가. 심리의 불속행

기술한 바와 같이, 대법원은 상고이유에 관한 주장이 심리속행사유를 포함하지 아니한다고 인정되는 때에는 더 나아가 심리를 하지 아니하고 판결로 상고를 기각한다(상고심법 제4조 제1항, 제2항).

재항고이유(또는 특별항고이유)**의 경우에도 이에 관한 주장이 심리속행사유**(다만, 상고이유의 경우보다 심리속행사유의 범위가 협소함은 기술하였다)**를 포함하지 아니한다고 인정되는 때에는 더 나아가 심리를 하지 아니하고 결정으로 재항고**(또는 특별항고)**를 기각한다**(같은 법 제7조, 제4조 제2항).

상고이유(또는 재항고이유나 특별항고이유)**에에 관한 주장이 심리속행사유**(상고심법 제4조 제1항 각 호, 제2항)**를 포함하는 경우에도 다음 각 호의 어느 하나에 해당할 때에는 마찬가지로 심리불속행 기각을 한다**(같은 법 제4조 제3항, 제7조).

① **그 주장 자체로 보아 이유가 없는 때**

② **원심판결**(또는 원심결정이나 원심명령)**과 관계가 없거나 원심판결**(또는 원심결정이나 원심명령)**에 영향을 미치지 아니하는 때**

다만, 역시 기술한 바와 같이, 기록접수통지일부터 4개월이 지나면 심리불속행 기각판결(또는 결정)은 할 수 없다(같은 법 제6조 제2항, 제7조).

나. 상고심의 심리의 범위

1) 원칙 : 상고이유에 따른 심리

가) 상고심의 경우

상고법원은 상고이유에 따라 불복신청의 한도 안에서 심리한다(법 제431조).

따라서, 직권조사사항이 아닌 한(이 문제에 관하여서는 후술한다), 상고법원은 상고이유서 제출기간 내에 제출된 상고이유서 기재의 상고이유에 한하여 조사·판단한다.[646]

변경되었으나, 상고만 인용하고 소송절차수계신청은 기각한 사안) ; 대법원 2018. 9. 28. 선고 2014다79303 판결(상고인이 수탁자이었는데 상고이유서 제출기간 경과 후 새로운 수탁자가 선임되었으나 상고와 소송절차수계신청을 모두 기각한 사안) ; 대법원 2021. 2. 4. 선고 2018다304380,304397 판결(상고이유서 제출기간 경과 후 피고의 회생절차가 폐지되었으나 원고의 소송절차수계절차신청을 기각한 사안) 참조.

646) 대법원 2006. 12. 8. 선고 2005재다20 판결.

다시 말해, 상고장에 상고이유의 기재가 없고 상고이유서 제출기간이 도과된 후 비로소 상고이유서가 제출된 경우, 상고이유 중 직권조사사항에 관한 부분을 제외한 나머지 상고이유는 적법한 상고이유가 되지 못한다.[647)]

마찬가지로, 상고이유서 제출기간이 지난 후에 제출된 상고이유보충서에 기재된 상고이유는, 그것이 기간 내에 제출된 상고이유서에서 이미 개진된 상고이유를 보충한 것이거나 직권조사사항에 관한 것이 아닌 새로운 주장을 포함하고 있을 때에는 그 새로운 주장은 적법한 상고이유로 삼을 수 없다.[648)]

그러나, **원심판결이 적법하게 확정한 사실은 상고법원을 기속한다**(법 제432조). 즉, 사실의 인정, 증거의 취사선택과 평가는 자유심증주의의 한계를 벗어나지 않는 한 사실심 법원의 전권사항으로서,[649)] 이것이 자유심증주의의 한계를 벗어나지 않는 한 적법한 상고이유로 삼을 수 없다.[650)]

더 나아가, **상고법원은 비약적 상고에 대하여는 원심판결의 사실확정이 법률에 어긋난다는 것을 이유로 그 판결을 파기하지 못한다**(법 제433조).

나) 재항고심의 경우

위와 같은 법리는 재항고심의 경우에도 같다.

즉, 재항고심은 법률심이므로(법 제442조), 재항고사건에서는 원심의 사실인정이 자유심증주의의 한계를 벗어나는 등 법령에 위반된 점이 있는 경우를 제외하고는 증거의 취사나 사실인정이 잘못되었다는 사유를 재항고이유로 주장하는 것이 허용되지 아니하고, 재항고심에서 사실심리를 새로이 해 달라는 요구 역시 받아들일 수 없는 것이다.[651)]

---

647) 대법원 1998. 6. 26. 선고 97다42823 판결.

648) 대법원 1993. 5. 14. 선고 93다3943 판결. 동지 : 대법원 1960. 6. 30. 선고 4292민재5 판결 ; 대법원 1962. 5. 24. 선고 4293민재5 판결 ; 대법원 1998. 3. 27. 선고 97다55126 판결 ; 대법원 2006. 12. 8. 선고 2005재다20 판결.

649) 대법원 2019. 11. 14. 선고 2016다227694 판결. 동지 : 대법원 1988. 11. 8. 선고 87다카683 판결 ; 대법원 2005. 7. 15. 선고 2003다61689 판결 ; 대법원 2006. 6. 29. 선고 2005다11602,11619 판결 ; 대법원 2010. 1. 28. 선고 2006다79650 판결 ; 대법원 2010. 4. 30.자 2010마66 결정(재항고) ; 대법원 2010. 7. 22. 선고 2008다64522,64539 판결 ; 대법원 2014. 10. 15. 선고 2012후3800 판결 ; 대법원 2015. 12. 10. 선고 2011두32515 판결 ; 대법원 2017. 10. 31. 선고 2017두40068 판결 ; 대법원 2019. 7. 10. 선고 2016두61051 판결; 대법원 2020. 10. 15. 선고 2018다229625 판결.

650) 대법원 1988. 11. 8. 선고 87다카683 판결. 동지 : 대법원 2005. 7. 15. 선고 2003다61689 판결 ; 대법원 2006. 6. 29. 선고 2005다11602,11619 판결 ; 대법원 2010. 1. 28. 선고 2006다79650 판결 ; 대법원 2010. 4. 30.자 2010마66 결정(재항고) ; 대법원 2010. 7. 22. 선고 2008다64522,64539 판결 ; 대법원 2014. 10. 15. 선고 2012후3800 판결 ; 대법원 2015. 12. 10. 선고 2011두32515 판결 ; 대법원 2017. 10. 31. 선고 2017두40068 판결 ; 대법원 2019. 7. 10. 선고 2016두61051 판결.

그리고 재항고심은 사후심으로서, 원심의 사실인정에 자유심증주의 위반 등 법령 위반이 있는지 여부를 판단하는 것은, 원심결정 단계까지 제출된 소송자료를 기초로 하여야 하는 것이고, 원심결정 이후에 제출된 자료를 그 판단의 자료로 삼는 것은 허용되지 아니한다.[652]

2) 예외 : 직권조사사항

가) 직권조사사항의 심리

그러나, 법원이 직권으로 조사하여야 할 사항에 대하여는 법 제431조 내지 제433조의 규정을 적용하지 아니한다(법 제434조).

즉, 직권조사사항은 불복신청이 없더라도 심리할 수 있으므로(법 제431조의 부적용), 상고이유서 제출기간 도과 후에 제출된 상고이유 보충서 기재의 상고이유라도 그것이 직권조사사항에 관한 것이라면 이에 대하여 판단하여야 하고,[653] 사실심에서 변론종결시까지 당사자가 주장하지 않던 직권조사사항에 해당하는 사항(예 : 해당 사건에 기판력이 미치는 전소 확정판결의 존재,[654] 소송대리권 수여의 흠[655])을 상고심에서 비로소 주장하는 경우 그 직권조사사항에 해당하는 사항은 상고심의 심판범위에 해당한다.[656]

또한, 직권조사사항에 관하여서는 사실상의 판단을 상고법원이 할 수도 있다(법 제432조의 부적용).[657]

또한, **직권으로 조사하여야 할 사유가 있는 때에는, 상고이유서를 제출하지 아니함으로 말미암은 무변론 상고기각을 하지 못한다**(법 제429조 단서).

나) 특기할 직권조사사항들

이와 관련하여 특기할 것은, 판결에 이유를 밝히지 아니한 위법이, 이유의 일부를 빠뜨리거나 이유의 어느 부분을 명확하게 하지 아니한 정도가 아니라, 판결에 이유를 전혀 기재하지 아니한 것과 같은 정도가 되어 당사자가 상고이유로 내세우는 법령 위반 등의 주장의 당부를 판단할 수도 없게 되었다면 그와 같은 사유는 당사자의 주장이 없더라도 법원이 직권으

651) 대법원 2010. 4. 30.자 2010마66 결정.
652) 대법원 2010. 4. 30.자 2010마66 결정.
653) 대법원 1981. 10. 27. 선고 81무5 판결 참조.
654) 대법원 2006. 10. 13. 선고 2004두10227 판결 ; 대법원 2011. 5. 13. 선고 2009다94384,94391,94407 판결.
655) 대법원 2015. 12. 10. 선고 2012다16063 판결.
656) 대법원 2004. 12. 24. 선고 2003두15195 판결. 동지 : 대법원 2009. 10. 29. 선고 2008다37247 판결 ; 대법원 2015. 12. 10. 선고 2012다16063 판결.
657) 대법원 1983. 4. 26. 선고 83사2 판결 ; 대법원 1988. 11. 22. 선고 88누6 판결 참조.

로 조사하여 판단할 수 있다는 점이다.[658]

또한, 판결주문의 내용이 특정되어져 있는지 여부의 판단도 직권조사사항이다.[659]

다. 상고심의 심리절차

1) 원칙 : 서면심리

가) 소송기록에 의한 심리

상고법원은 상고장·상고이유서·답변서, 그 밖의 소송기록에 의하여 변론 없이 판결할 수 있다(법 제430조 제1항).

실무상으로도 특별한 사정이 없는 한 변론 없이 판결한다.

나) 참고인 의견서 제출 등[660]

(1) 참고인 의견서 제출

상고심의 재판에 이해관계가 있는 국가기관과 지방자치단체는 대법원에 그 재판에 관한 의견서를 제출할 수 있다(규칙 제134조의2 제1항 전단).

(2) 참고인에 대한 의견서 제출 요구

대법원도 상고심의 재판에 이해관계가 있는 국가기관과 지방자치단체에게 의견서를 제출하게 할 수 있다(규칙 제134조의2 제1항 후단).

더 나아가, 대법원은 소송관계를 분명하게 하기 위하여 공공단체 등 그 밖의 참고인에게 의견서를 제출하게 할 수 있다(같은 조 제2항).

대법원은 이에 따라 의견서를 제출하게 하는 경우(규칙 제134조의2) 기한을 정하여 관련 자료의 제출과 정보의 제공을 요청할 수 있고, 의견서 작성에 필요한 소송서류를 송달할 수 있다(대법원에서의변론에관한규칙 제4조의2 제1항).[661]

---

658) 대법원 2005. 1. 28. 선고 2004다38624 판결.

659) 대법원 1983. 3. 8. 선고 82누251 판결. 동지 : 대법원 2019. 3. 14. 선고 2017다233849 판결 ; 대법원 2020. 5. 14. 선고 2019므15302 판결(사안은 양육비).

660) cf. 이 제도는 2015. 1. 28. 개정 대법원규칙 제2585호로 신설되어 같은 날부터 시행된 것이나, '사법농단 의혹'에 연루되어 있다는 의심이 있다.
'법정조언자' 부분에서 본 여느 유사 제도나 후술하는 대법원에서의 변론 제도와 달리, 법률이 아닌 대법원규칙으로 이를 규정하였다는 점도 문제점으로 지적되고 있다.

661) 그러나, 입법론적으로는, 이 규정은 「대법원에서의변론에관한규칙」이 아니라 「민사소송규칙」에 두는 것이 체계적으로 타당하다.

(3) 참고인 의견서의 송달

명문의 규정은 없으나, 국가기관과 지방자치단체 내지 참고인이 제출한 의견서 역시 제출 즉시 그 사본을 당사자에게 송달함이 옳다(대법원에서의변론에관한규칙 제4조 제4항의 유추해석).

(4) 참고인의 수당

후술하듯이 대법원에서 변론을 여는 경우와 마찬가지로, 변론을 열지 아니하고 의견서만 제출하게 하는 경우에도, 참고인에게는 수당을 지급할 수 있고, 이는 예산의 범위 내에서 재판부가 금액을 정하여 국고에서 지급한다(대법원에서의변론에관한규칙 제4조의2 제2항, 제4조 제5항 전단, 제6항 전문 전단).

참고인의 수당은 소송비용에는 산입하지 아니한다(같은 규칙 제4조의2 제2항, 제4조 제6항 전문 후단).

그 밖에 자료의 제출 등에 필요한 비용도 국고에서 지급한다(같은 규칙 제4조의2 제2항, 제4조 제6항 후문).

2) 예외 : 대법원에서의 변론

가) 개 관

상고법원은 소송관계를 분명하게 하기 위하여 필요한 경우에는 특정한 사항에 관하여 변론을 열어 (당사자의 변론과) **참고인의 진술을 들을 수 있다**(법 제430조 제2항).

그러나, 대법원에서는 서면심리를 행하고 특정한 사항에 관하여서만 변론을 열 뿐이므로, 사실심의 변론의 실시에 관한 제규정은, 변론조서에 관한 규정 외에는, 상고심에는 그 적용이 없다고 할 것이다.

참고인의 진술의 요지도 조서에 적어야 하나(규칙 제134조 제2항), 이는 참고인 진술에 대한 속기록 또는 녹취서를 조서에 붙이는 것으로 갈음할 수 있다(대법원에서의변론에관한규칙 제7조 제3항).

참고인의 진술을 듣는 때에는 당사자를 참여하게 하여야 한다(규칙 제134조 제1항).

그런데 관견으로는, 소송관계를 분명하기 위하여 변론을 열어야 하는 경우란 '부에서 재판함이 적당하지 아니한' 경우에 다름 아니므로, 대법원의 변론은 전원합의체에 한하여 여는 것이 상당하다고 본다.

나) 변론준비명령

대법원은 소송관계를 분명하게 하고 변론을 효율적이고 집중적으로 진행하기 위하여 필요

한 경우 당사자에게 기한을 정하여 변론준비를 명할 수 있다(대법원에서의변론에관한규칙 제2조).[662]

다) 변론준비서면의 제출

당사자는 변론준비명령에서 정한 사항에 관한 변론의 요지를 적은 준비서면을 대법원이 정한 기한까지 대법원에 제출하여야 한다(대법원에서의변론에관한규칙 제3조 제1항).[663]

변론준비서면을 제출하는 때에는 상대방의 수에 20을 더한 수의 부본을 붙여야 한다(같은 조 제2항 본문).

다만, 전자문서로 제출하는 경우(민소전자문서법 제5조 제1항)에는 그러하지 아니하다(대법원에서의변론에관한규칙 제3조 제2항 단서).

라) 참고인의 지정 등

(1) 참고인의 지정

대법원은 전문적 식견을 가지고 있거나 공공의 이해관계에 관하여 진술하는 것이 적합하다고 인정되는 사람을 참고인으로 지정하여 그 진술을 들을 수 있다(대법원에서의변론에관한규칙 제4조 제1항 전단).[664]

다만, 대법원은 참고인을 지정하기에 앞서 그 지정에 관하여 당사자, 이해관계인 또는 관련 학회나 단체의 의견을 들을 수 있다(같은 항 후단).[665]

참고인에게는 참고인 지정결정 등본과 의견서 작성에 관한 안내문, 의견서 작성에 필요한 소송서류를 송달하여야 한다(대법원에서의변론에관한규칙 제4조 제2항).

(2) 참고인의 의견서

참고인은 대법원으로부터 의견요청을 받은 사항에 관하여 대법원이 정한 기한까지 의견서를 제출하여야 한다(대법원에서의변론에관한규칙 제4조 제3항).[666]

---

662) cf. 구 「대법원에서의변론에관한규칙」(2017. 12. 27. 대법원규칙 제2765호로 개정되기 전의 것)은 「변론준비명령서」의 법령서식을 규정하고 있었으나, 현행 규칙은 이를 삭제하였다.

663) cf. 구 「대법원에서의변론에관한규칙」(2017. 12. 27. 대법원규칙 제2765호로 개정되기 전의 것)은, 변론준비서면을 변론기일 10일전까지 제출하도록 하고 있었다.

664) cf. 구 「대법원에서의변론에관한규칙」(2017. 12. 27. 대법원규칙 제2765호로 개정되기 전의 것)은, "공공의 이해관계에 관하여 진술하는 것이 적합하다로 인정되는 사람"은 참고인으로 규정하고 있지 아니하였다.
또한, 구 규칙은「참고인진술요청서」의의 법령서식도 규정하고 있었으나, 현행 규칙은 이를 삭제하였다.

665) cf. 구 「대법원에서의변론에관한규칙」(2017. 12. 27. 대법원규칙 제2765호로 개정되기 전의 것)은, "이해관계인 또는 관련 학회나 단체"는 참고인 지정에 관한 의견을 조회할 자로 규정하고 있지 아니하였다.

(3) 참고인 의견서의 송달

참고인의 의견서(대법원에서의변론에관한규칙 제4조 제3항)는 제출 즉시 그 사본을 당사자에게 송달하여야 한다(같은 조 제4항).

(4) 참고인의 수당 등

참고인에게는 수당을 지급할 수 있고, 이는 예산의 범위 내에서 재판부가 금액을 정하여 국고에서 지급한다(대법원에서의변론에관한규칙 제4조 제5항 전단, 제6항 전문 전단).

이 경우 참고인에게 여비·일당은 따로 지급하지 아니 한다(같은 조 제5항 후단)

참고인의 수당은 소송비용에는 산입하지 아니한다(같은 조 제6항 전문 후단).

그 밖에 기일통지 등 참고인의 진술에 필요한 절차비용도 국고에서 지급한다(같은 조 제6항 후문).

마) 당사자의 변론과 참고인의 진술[667)]

재판장은 쟁점별·사항별로 당사자의 변론과 참고인의 진술을 하게 할 수 있고, 그 순서를 정할 수 있다(대법원에서의변론에관한규칙 제5조 제4항).[668)]

당사자를 위하여 복수의 대리인이 있는 경우 재판장은 그중 변론할 수 있는 대리인의 수를 제한할 수 있다(같은 조 제5항).

재판장은 당사자의 변론시간과 참고인의 진술시간을 적절한 범위에서 제한할 수 있으나(같은 조 제3항 본문), 필요하다고 인정하는 경우 제한한 변론시간 또는 진술시간을 연장할 수 있다(같은 항 단서).[669)]

당사자의 변론은 제출한 준비서면의 주요한 내용을 강조하고 명확하게 하는 것이어야 한

---

666) cf. 구 「대법원에서의변론에관한규칙」(2017. 12. 27. 대법원규칙 제2765호로 개정되기 전의 것)은, 참고인 의견서를 변론기일 10일전까지 제출하도록 하고 있었다.

667) 참고인의 좌석은 법대 중앙을 향하여 오른쪽의 당사자의 좌석 앞에 두고, 법대 중앙을 향하게 한다(대법원에서의변론에관한규칙 제6조 제1항).
당사자의 좌석 앞에 진술대 1개씩을 둔다(같은 조 제2항).
cf. 2019. 4. 3. 이전에는 참고인의 좌석을 법대 중앙의 재판장석을 향하게 하였으나(구 대법원에서의변론에관한규칙(2019. 4. 4. 대법원규칙 제2841호로 개정되기 전의 것) 제6조 제1항 후단), 필요시 법대의 중앙뿐 아니라 법대 좌·우 좌석 모두를 재판장 좌석으로 이용할 수 있도록 하기 위하여 위와 같이 개정되었다. Vgl. 「법정 좌석에 관한 규칙」 역시 마찬가지 취지로 개정된 바 있다.

668) cf. 구 「대법원에서의변론에관한규칙」(2017. 12. 27. 대법원규칙 제2765호로 개정되기 전의 것)은, 당사자의 변론 후에 참고인 진술을 하도록 하고 있었다.

669) cf. 구 「대법원에서의변론에관한규칙」(2017. 12. 27. 대법원규칙 제2765호로 개정되기 전의 것)은, 변론시간 및 진술시간을 질문에 대한 답변시간을 포함하여 30분으로 제한함을 원칙으로 하고 있었다.

다(같은 조 제1항).[670]

참고인의 진술 역시 제출한 의견서의 주요한 내용을 강조하고 명확하게 하는 것이어야 한다(같은 항).[671]

재판장 및 관여 대법관은 필요한 경우 언제든지 당사자와 참고인에게 질문할 수 있다(같은 조 제2항).[672]

당사자는 참고인의 진술에 관하여 의견을 진술할 수 있다. 다만, 참고인의 진술이 끝나기 전에는 재판장의 허가를 받아야 한다(같은 조 제6항).[673]

바) 비디오 등 중계장치 등에 의한 참고인 진술

대법원은, 참고인이 법정에 직접 출석하기 어려운 특별한 사정이 있거나 외국에 거주하는 경우 상당하다고 인정하는 때에는, 당사자의 의견을 들어, 법정 밖에서 비디오 등 중계장치에 의한 중계시설 또는 인터넷 화상장치를 이용하여 진술하도록 할 수 있다(대법원에서의변론에관한규칙 제8조 제1항).

비디오 등 중계장치 등에 의한 참고인 진술(대법원에서의변론에관한규칙 제8조 제1항)은 참고인을 비디오 등 중계장치에 의한 중계시설이나 인터넷 화상장치가 설치된 곳에 출석하게 하고, 영상과 음향의 송수신에 의하여 법정 안의 재판장, 관여 대법관, 당사자, 그 밖의 소송관계인과 법정 밖의 참고인이 상대방을 인식할 수 있는 방법으로 한다(같은 조 제2항).

사) 변론의 속기 또는 녹음과 녹화

변론의 모든 과정은 속기 또는 녹음하고 녹화한다(대법원에서의변론에관한규칙 제7조 제1항).

법원사무관은 변론기일 종료 후 10일 이내에 속기록 또는 녹취서의 사본을 관여 대법관에게 제공하여야 한다(같은 조 제2항).

녹화테이프 및 그 내용은 재판장의 허가 없이 공개하지 못한다(같은 조 제5항).

참고인 진술의 요지를 조서에 직접 기재한 때에는 속기록 또는 녹취서(녹음테이프 포함)를 폐기할 수 있고(같은 조 제4항 전문), 조서의 기재에 갈음하여 녹취서를 조서에 붙였을 때에도

---

670) 법문에는 "제출된"으로 되어 있으나, 우리 말 어법상 어색한 표현이다.

671) cf. 구「대법원에서의변론에관한규칙」(2017. 12. 27. 대법원규칙 제2765호로 개정되기 전의 것)은, 참고인의 진술요령에 관하여서는 규정하고 있지 아니하였다.

672) cf. 구「대법원에서의변론에관한규칙」(2017. 12. 27. 대법원규칙 제2765호로 개정되기 전의 것)은, 참고인에 대한 질문을 규정하고 있지 아니하였다.

673) 구「대법원에서의변론에관한규칙」(2017. 12. 27. 대법원규칙 제2765호로 개정되기 전의 것)은, 참고인 진술에 관한 당사자의 의견 진술은 참고인의 진술이 끝난 후에만 할 수 있도록 하고 있었다.

녹음테이프를 폐기할 수 있다(같은 항 후문).

그러나, 조서기재에 갈음하여 속기록을 붙였을 때에는 녹음테이프를 폐기하지 못한다고 할 것이다(위 조항의 반대해석).

아) 변론 또는 선고에 대한 방송 등[674]

누구든지 대법원 변론 또는 선고에 대한 녹음, 녹화, 촬영 및 중계방송을 하고자 하는 때에는 재판장의 허가를 받아야 한다(대법원에서의변론에관한규칙 제7조의2 제1항).

특히, 재판장은 필요하다고 인정하는 경우 대법원 변론 또는 선고를 인터넷, 텔레비전 등 방송통신매체를 통하여 방송하게 할 수 있다(같은 조 제2항 전단).

다만, 재판장은 소송관계인의 변론권·방어권 그 밖의 권리의 보호, 법정의 질서유지 또는 공공의 이익을 위하여 변론 또는 선고에 대한 녹음, 녹화, 촬영 및 중계방송 등 행위의 시간·방법을 제한하거나 허가에 조건을 부가하는 등 필요한 조치를 취할 수 있다(같은 조 제3항).

자) 녹음·녹화의 사후 공개

재판장은 필요하다고 인정하는 경우, 변론 또는 선고에 관한 녹음, 녹화의 결과물을 인터넷 홈페이지 등을 통해 공개할 수 있다(대법원에서의변론에관한규칙 제7조의2 제2항 후단).

차) 변론 후 재판부 구성의 변경

변론을 연 후 재판장 또는 관여 대법관이 바뀐 경우에도 다시 변론을 열지 않고 판결할 수 있고, 이 경우 변론에 관여하지 않은 재판장 또는 대법관도 합의에 참여할 수 있다(대법원에서의변론에관한규칙 제8조의2).

16. 상고심의 종국재판

가. 종국판결의 선고기간

상고심에서는 판결은 기록을 (원심법원으로부터 송부)**받은 날부터 5월 이내에 선고한다**(법 제199조 단서).

그러나, 위 규정이 훈시규정이라는 것 등은 '판결의 선고' 부분에서 서술한 것과 같다.

특기할 것은, 기록을 접수한 날부터 4개월이 경과하면 심리불속행으로 인한 상고기각판결

---

674) 대법원 변론에 대한 방송 제도는 2013. 2. 28.부터 시행되고 있으며, 2017. 12. 27.부터는 선고에 대한 방송 제도도 시행되었다.

은 할 수 없게 된다(상고심법 제6조 제2항, 제7조).

나. 선고기일의 요부

1) 상고심의 경우

상고심의 판결도 선고기일을 열어 선고함이 원칙이다(법 제206조 전단).

다만, **심리불속행이나 상고이유 부제출로 인한 상고기각 판결은 선고를 요하지 아니한다**(상고심법 제5조 제2항 전단).

2) 재항고심이나 특별항고심의 경우

재항고심이나 특별항고심 역시 결정으로 완결하는 사건이므로 고지기일의 지정을 요하지 아니한다.

다. 판결서를 적는 방법

1) 기재사항 일반

상고심의 판결서에는 성질상 청구취지나 상고취지를 적지 아니한다(법 제208조 제1항 제3호의 부적용).

2) 이 유

상고심의 판결서에는 판결이유에 관하여 원심판결을 인용할 여지가 없다(법 제420조의 부준용).

한편, **대법원 재판서**(裁判書)**에는 합의에 관여한 모든 대법관의 의견을 표시하여야 한다**(법원조직법 제15조).[675] 따라서, 판결 이유의 결론 부분에 다음과 같이 표시하고 있다.

부에서 재판한 경우나(같은 법 제7조 제1항 후단 참조) 전원합의체에서 관여 대법관의 의견이 일치한 경우에는, "관여 대법관의 일치된 의견으로 주문과 같이 판결한다."라고 한다.

전원합의체에서 관여 대법관의 의견이 일치하지 아니한 경우에는, 다수의견, 별개의견, 반대의견, 보충의견을 표시하고 있다. 별개의견은 다수의견과 결론은 같이하나 논리를 달리하는 의견이고, 보충의견은 다수의견이나 반대의견을 보충하는 의견이다.

---

675) 이는, 헌법재판소 심판의 경우와 마찬가지이며(헌법재판소법 제36조 제3항), 하급심 합의부의 심판과는 다른 점이다(법원조직법 제65조 참조).

라. 상고심 종국판결의 주된 주문

1) 상고의 각하

상고요건에 흠이 있으면 상고각하 판결을 하게 됨은 물론이다.[676]

2) 상고의 기각

가) 심리불속행이나 상고이유서 부제출로 인한 상고기각

(1) 개 관

기술한 바와 같이, 대법원은 상고이유에 관한 주장에 심리속행사유가 없으면 판결로 상고를 기각한다(상고심법 제4조).[677]

또한, **상고인이 기간 내에 상고이유서를 제출하지 아니한 때에도 상고법원은 변론 없이 판결로 상고를 기각하여야 한다**(법 제429조 본문).[678][679]

형식적으로 상고이유서를 제출하였다 하더라도 실질적으로는 상고이유서를 제출하지 않은 것으로 보는 경우가 있음은 기술하였다.

재항고나 특별항고의 경우에도, 재판의 형식이 결정이 되는 것 외에는, 그 밖의 사항은 상고의 경우와 다를 바 없다.

(2) 이유기재의 생략

심리불속행이나 상고이유 부제출로 인한 상고기각 판결에는 이유를 기재하지 아니할 수 있으나(상고심법 제5조 제1항, 제7조),[680] "이 사건 기록과 원심판결 및 상고이유서를 모두 살펴

---

676) 그런데, 상고심은 일반적으로 변론을 열지 않을 수 있게 되어 있으므로, 부적법한 항소를 변론 없이 각하할 수 있다는 법 제413조의 규정은 준용될 소지가 없는 셈이다.

677) cf. 헌재 2007. 7. 26. 선고 2006헌마551 결정은 설시하기를, 심리불속행 재판은, 상고제기의 절차가 적법함을 전제로 하여 상고장에 기재된 상고이유가 법률상의 상고이유를 실질적으로 포함하고 있는가를 판단하는 것으로서 그 범위에서 실체판단의 성격을 가진다고 할 것이며, 따라서 상고각하의 형식판단과 상고이유를 심리한 결과 이유 없다고 인정되는 경우에 내려지는 상고기각의 실체판단과의 중간적 지위를 가진 재판이라고 하였다. 동지 : 헌재 2007. 7. 26. 선고 2006헌마1447, 2007헌마534(병합) 결정.

678) 헌재 2008. 10. 30. 선고 2007헌마532 결정은, 이 규정이 국민의 재판청구권을 침해하는 것이 아니라고 보았다. 동지 : 헌재 2013. 2. 28. 선고 2011헌마517 결정.

679) 부대상고이유서의 경우에도 마찬가지임은 물론이다. 대법원 1997. 10. 10. 선고 95다46265 판결. 동지: 대법원 2015. 4. 9. 선고 2011다101148 판결.

680) 헌재 2008. 5. 29. 선고 2007헌마1408 결정은, 심리불속행 판결에 이유를 기재하지 아니할 수 있도록 한 것이 재판청구권 등을 침해하는 것이 아니라고 보았다. 동지 : 헌재 2009. 3. 26. 선고 2006헌마1133 결정; 헌재 2011. 12. 29. 선고 2010헌마344 결정 ; 헌재 2012. 5. 31. 선고 2010헌마625, 2011헌마393·399·754(병합) ; 헌재 2012. 11. 29. 선고 2012헌마388 결정 ; 헌재 2012. 11. 29. 선고 2012헌마664 결정 ; 헌재 2013. 2. 28. 선고 2012헌마1004 결정.

보았으나, 상고이유에 관한 주장은 상고심절차에 관한 특례법 제4조 제1항 각 호에 정한 사유를 포함하지 아니하거나 이유가 없다고 인정되므로, 같은 법 제5조에 의하여 상고를 기각하기로 하여 관여 대법관의 일치된 의견으로 주문과 같이 판결한다." 식으로 형식적으로나마 이유를 기재함이 실무이다.

나) 상고이유 일부 미기재로 인한 상고의 일부기각

상고인이 기간 내에 상고이유서를 제출하였는데 불복신청을 한 소송물 중 일부에 관하여서는 상고이유에 관한 주장에 심리속행사유가 있으되 나머지 부분에 관하여서는 상고이유에 관한 주장 자체가 없다면, 후자의 상고는 이유를 기재하지 아니하고 기각할 수 있다고 할 것이다(법 제429조 본문, 상고심법 제5조 제1항, 제7조의 각 확장해석).[681]

다) 일반적인 상고기각

상고법원은 원심판결을 정당하다고 인정한 때에는 상고를 기각하여야 하며(법 제425조, 제414조 제1항), 원심판결의 이유가 정당하지 아니한 경우에도 다른 이유에 따라 그 판결이 정당하다고 인정되는 때에는 상고를 기각하여야 한다(같은 조 제2항).

주의할 것은, 항소심이 원고의 청구를 기각하여야 할 사안에 대하여 소각하판결을 하였다고 하더라도 원고만이 불복상고하였다면 위 판결을 파기하여 청구를 기각함은 원고에게 불이익한 결과가 되므로 그대로 유지되어야 한다(불이익변경금지의 원칙). 따라서, 이 경우에도 상고기각 판결을 하게 된다.[682]

3) 상고·재항고·특별항고의 인용

가) 상고의 인용

(1) 파기환송·이송

상고법원은 상고에 정당한 이유가 있다고 인정할 때에는 원심판결을 파기하고 사건을

681) 대법원 2018. 6. 15. 선고 2016두65688 판결 참조(사안은, 과징금 납부명령 및 시정명령 취소소송의 상고심에서 전자에 관하여서는 상고이유가 제출되었으나 후자에 관하여서는 상고이유가 제출되지 아니하여, 전자는 본안판단을 하면서도 후자의 상고는 기각한 것이다).

682) 대법원 1988. 9. 27. 선고 87다카1637 판결. 동지 : 대법원 1962. 9. 27. 선고 62누29 판결 ; 대법원 1988. 10. 11. 선고 87다카21 판결 ; 대법원 1989. 3. 28. 선고 88다카9012 판결 ; 대법원 1992. 11. 10. 선고 92누374 판결 ; 대법원 1993. 7. 13. 선고 93다3721 판결 ; 대법원 1994. 9. 9. 선고 94다8037 판결 ; 대법원 1996. 10. 11. 선고 96다3852 판결 ; 대법원 1996. 12. 6. 선고 96누6417 판결 ; 대법원 1999. 4. 9. 선고 98다46945 판결 ; 대법원 1999. 6. 8. 선고 99다17401,17418 판결 ; 대법원 2001. 1. 30. 선고 99두11431 판결 ; 대법원 2001. 9. 7. 선고 99다50392 판결 ; 대법원 2001. 12. 11. 선고 99다56697 판결 ; 대법원 2009. 2. 12. 선고 2007다76726 판결 ; 대법원 2015. 4. 23. 선고 2012두26920 판결.

원심법원에 환송하거나(법 제436조 제1항 전단), **동등한 다른 법원에 이송하여야 한다**(같은 항 후단).

다만, 파기이송은 원심판결 자체에 전속관할 위반이 있거나,[683][684] 원심법원에 사건을 환송할 수 없는 경우[685] 등에만 하게 된다.

(2) 파기자판

상고가 이유 있으면 원심판결을 파기하여야 함은 전술한 바와 같거니와, 더 나아가, **다음 각호 가운데 어느 하나에 해당하면 상고법원은**－사건을 원심법원에 환송하는 것이 아니라 －**사건에 대하여 종국판결을 하여야 한다**(법 제437조).

① **확정된 사실에 대하여 법령적용이 어긋난다 하여 판결을 파기하는 경우에 사건이 그 사실을 바탕으로 재판하기 충분한 때**

② **사건이 법원의 권한에 속하지 아니한다 하여 판결을 파기하는 때**

상고법원의 자판은－비약상고의 경우를 별론으로 하면－항소에 대한 응답의 형태가 된다.[686][687]

---

683) 전속관할 위반을 이유로 파기이송한 예로는, 대법원 2016. 10. 13. 선고 2016다221658 판결(서울고등법원이 심판하여야 할 사건을 인천지방법원 합의부가 심판한 사안에서 원심판결을 파기하고 서울고등법원으로 사건을 이송한 것) ; 대법원 2017. 12. 22. 선고 2017다259988 판결(특허법원의 전속관할에 속하는 항소사건을 고등법원이 심판한 사안에서 원심판결을 파기하고 특허법원으로 사건을 이송한 것).

684) 이와 관련하여 주의할 것은, 제1심의 전속관할 위반을 이유로 원심판결을 파기하는 때에는 파기이송("원심판결을 파기하고 사건을 ○○법원에 이송한다")이 아니라 바로 후술하는 파기자판을 한다는 점이다("원심판결을 파기하고, 제1심판결을 취소한다. 사건을 ○○법원에 이송한다."). 전자의 이송판결은 상고에 대한 응답이지만, 후자의 이송판결은－원심판결을 파기함에 따라 행하는— 청구에 대한 응답이다. 한편, 제1심이 적법한 소를 부적법한 것으로 잘못 판단하여 각하하였고, 원심 역시 이를 정당하다고 보아 (원고의) 항소를 기각한 때에는, 대법원은 원심판결을 파기하고, 제1심 판결을 취소한 다음, 사건을 제1심 법원으로 환송하게 됨은 물론이다. 대법원 1988. 10. 11. 선고 87다카2136 판결 ; 대법원 2012. 3. 15. 선고 2011다95779 판결 ; 대법원 2013. 10. 24. 선고 2011두13286 판결 참조.

685) 환송불능을 이유로 파기이송한 예로는, 대법원 2017. 6. 19. 선고 2017다204131 판결(원심법원은 서울중앙지방법원이었으나 상고 후 「법원조직법」 등 개정에 따라 해당 사건의 관할법원이 서울회생법원으로 바뀌었으므로, 원심판결을 파기하고 사건을 서울회생법원으로 이송한 것).

686) 대법원이 파기자판을 하면서 변경주문을 낸 예로는, 대법원 1987. 12. 22. 선고 87다카1458 판결 ; 대법원 1988. 10. 11. 선고 85다카693 판결 ; 대법원 1997. 6. 27. 선고 97다9215 판결. 이는 모두 지연손해금에 관한 본안의 재판을 바꾼 사안들이다.
그 밖에, 대법원 2013. 1. 10. 선고 2012다75123 판결은, 청구이의를 전부인용한 원심판결을 파기하면서, 청구이의를 일부인용하는 자판을 하였고, 대법원 2013. 10. 31. 선고 2013다59050 판결은, 청구이의 중 '15,148,000원을 초과하는 부분'만을 인용한 제1심판결을 유지한 원심판결을 파기하면서, '14,481,800원을 초과하는 부분'에 관한 청구이의를 인용하는 자판을 하였다.
다만, 대법원 1987. 12. 8. 선고 87다카1104 판결 ; 대법원 1988. 4. 12. 선고 87다카2641 판결은 변경주문을 내지 아니하였다.

다만, 실제로 대법원이 파기자판을 하면서 '본안판결을' 한 경우는, 지연손해금에 관한 본안의 재판을 바꾼 경우 외에는 거의 없다.[688]

(3) 파기의 범위

예비적 공동소송인 중 어느 한 사람의 상고가 이유 있어 원심판결을 파기하는 경우에는 합일확정의 필요에 의하여 상고가 이유 없는 다른 한 사람의 청구 부분도 함께 파기하여야 한다.[689]

마찬가지로, 가령, 적법한 공동소송참가신청을 각하한 원심판결을 파기할 경우, 참가인의 공동소송참가신청이 적법할 경우 원고의 청구와 참가인의 청구는 합일적으로 확정될 필요가 있으므로, 원심판결 전부를 파기하여야 한다.[690]

주위적 청구를 인용한 원심판결을 피고의 상고에 의하여 파기환송한 때에는 주위적 청구와 예비적 청구가 모두 원심에 계속된다.[691]

선택적으로 병합된 수개의 청구를 모두 기각하거나 소를 각하한 항소심판결에 대하여 원고가 상고한 경우, 상고법원이 선택적 청구 중 어느 하나의 청구에 관한 상고가 이유 있다고 인정할 때에는 원심판결을 전부 파기하여야 한다.[692]

상고심이 본안에 관한 원심판결 중 원고 패소 부분을 파기할 때에는 원심이 한 가지급물

---

687) cf. 다만, 대법원 2002. 7. 12. 선고 2000다2351 판결(사안은 가압류이의)은 제1심 판결까지 - 취소 대신 - 파기하면서 채무자(즉, 신청인)의 이의신청을 각하하였다.

688) cf. 그 밖에 본안에 관하여 대법원이 파기자판을 한 사례로는, 대법원 1995. 2. 24. 선고 93누24261 판결(사안은 과세처분의 일부취소); 대법원 2001. 8. 21. 선고 99후2372 판결(사안은 특허심판원의 심결의 취소); 대법원 2002. 10. 25. 선고 2002다42711 판결(사안은 사해행위취소에서 원상회복이 문제되지 아니한 경우); 대법원 2012. 3. 29. 선고 2008다95885 판결(사안은 주택재개발사업에 관한 주민총회결의무효확인); 대법원 2013. 1. 10. 선고 2012다75123 판결(사안은 청구이의); 대법원 2013. 2. 28. 선고 2012다99549 판결(사안은 자주점유 추정이 깨어지지 아니하였다는 이유로 피고의 취득시효 항변을 배척한 원심의 판단이 잘못이라고 보아 피고의 항변을 받아들여 청구를 기각한 것); 대법원 2016. 8. 30. 선고 2014두46034 판결(여러 개의 상이에 대한 국가유공자 요건 비해당결정처분에 대한 취소소송에서 그중 일부 상이에 대해서만 국가유공자 요건이 인정되는데도, 비해당결정처분 중 요건이 인정되는 상이에 대한 부분만 취소하지 아니하고 처분 전부를 취소한 원심판결을 파기한 것).

689) 대법원 2009. 4. 9. 선고 2008다88207 판결.

690) 대법원 2015. 7. 23. 선고 2013다30301 판결.

691) 대법원 1970. 3. 24. 선고 67무6 판결.

692) 대법원 2007. 3. 29. 선고 2006다79995 판결. 동지: 대법원 1993. 12. 21. 선고 92다46226 전원합의체 판결; 대법원 2012. 1. 19. 선고 2010다95390 전원합의체 판결; 대법원 2017. 10. 26. 선고 2015다42599 판결(사안은 원심이 선택적으로 병합된 수개의 청구를 모두 기각한 경우); 대법원 2018. 6. 15. 선고 2016다229478 판결(사안은 원심이 선택적으로 병합된 수개의 청구를 모두 기각한 경우); 대법원 2020. 6. 4. 선고 2016다241515,241522 판결.

반환신청에 대한 재판 중 원고 패소 부분도 함께 파기하게 되고,[693] 피고 패소 부분을 파기할 때에도 원심이 한 가지급물반환신청에 대판 재판 중 피고 패소 부분도 함께 파기하게 된다.[694]

원심 판결 중 본소 부분을 파기할 때에는 반소 부분을 함께 파기하여야 할 경우가 있을 수 있다.[695]

(4) 가집행선고에 대한 효력

(가) 제1심판결에 붙은 가집행선고가 항소심판결에서 유지된 경우

상고법원이 가집행선고가 붙은 제1심 본안판결을 유지한 제2심판결을 파기하고 사건을 제2심법원에 환송하였다 하여도 그 판결로 인하여 제1심판결에 붙인 가집행선고는 아무런 영향도 받지 않는다.[696]

(나) 제1심판결에 붙은 가집행선고가 항소심판결로써 실효된 경우

가집행선고를 붙인 1심 본안판결이 항소심판결에서 취소되면 가집행선고의 효력은 상실되나 항소심판결이 상고심에서 파기되면 그 효력은 다시 복구된다.[697]

나) 재항고의 인용

(1) 항고법원의 결정에 대한 재항고의 인용

이 경우는 제2심결정에 대하여 재판하는 경우이므로, 재판의 형식이 판결이 아니라 결정이 된다는 것 외에는 전술한 상고 인용의 경우와 다를 바 없다(법 제436조, 제437조의 준용).

즉, 원심결정을 파기하고, 사건을 항고법원에 환송하거나, 자판(즉, 최초의 항고에 대한 응답)을 하게 된다.[698]

---

693) 대법원 2005. 2. 25. 선고 2003다40668 판결. 동지 : 대법원 1996. 5. 10. 선고 96다5001 판결 ; 대법원 2015. 2. 26. 선고 2012다89320 판결.

694) 대법원 2013. 9. 13. 선고 2011다56033 판결. 동지 : 대법원 2009. 9. 10. 선고 2009다41786 판결.

695) 대법원 2020. 6. 4. 선고 2016다241515,241522 판결 ; 대법원 2020. 11. 26. 선고 2019다298222,298239 판결 참조.

696) 대법원 1964. 6. 9. 선고 63다982 판결.

697) 대법원 1964. 3. 31. 선고 63마78 판결. 동지 : 대법원 1993. 3. 29.자 93마246,247 결정 ; 대법원 1999. 12. 3.자 99마2078 전원합의체 결정.

698) 이 책 초판, 826면에서는, 이 경우에 자판만을 하는 것처럼 서술하는 오류가 있었다. 이 점, 독자 여러분께 사과드린다.

(2) 고등법원 또는 항소법원의 결정 및 명령에 대한 재항고의 인용

이 경우는 제1심결정(또는 명령)에 대하여 재판하는 경우이므로 전술한 경우와는 달리 보아야, 즉 최초의 항고를 인용할 경우와 마찬가지로 취소, 취소·자판 또는 취소·환송을 하여야 할 듯하나, 현행법상 재항고에 관하여 상고에 관한 규정을 준용하는 이상(법 제443조 제2항), 결국 대법원으로서는 파기, 파기·자판 또는 파기·환송을 할 수밖에 없다.[699] 다만, 상고와 달리 단순히 파기결정만을 할 경우가 있을 수 있다는 특색이 있다.[700]

다) 특별항고의 인용

특별항고의 경우에도 전술한 경우와 마찬가지 문제가 있다. 즉, 이론적으로 볼 때 특별항고를 인용할 때에는 원칙적으로 최초의 항고를 인용할 경우처럼 처리하여야 할 듯도 싶으나, 역시 현행법상 상고 인용판결에 준하여 결정을 하여야 하는 것으로 해석되며, 실무례 또한 후자인 것으로 보인다.[701]

마. 상고비용의 재판

1) 상고의 전부배척의 경우 : 상고비용에 대한 재판

가) 상고의 경우

상고를 모두 각하하거나 기각하는 판결도 사건을 완결하는 재판으로서 법원이 직권으로 그 심급의 소송비용 전부에 대하여 재판하여야 하므로(법 제104조 본문), 상고각하나 상고기각의 경우에는 상고법원이 상고비용에 대한 재판을 하게 된다.[702]

나) 재항고나 특별항고의 경우

'항고 : 최초의 항고를 중심으로' 부분에서 기술한 바와 같이, 특별항고나 재항고를 각하

---

699) 실무례가 반드시 통일되어 있는 것 같지는 아니하나(가령, 대법원 2001. 8. 31.자 2001마3790 결정과 대법원 2007. 5. 11.자 2004마801 결정의 각 주문례 참조), 취소가 아니라 파기의 재판을 하는 것이 주류인 듯하다.

700) 그 예로는, 대법원 2007. 5. 11.자 2004마801 결정(사안은 항소심재판장이 한 항소장각하명령에 대하여 제기된 재항고를 인용할 경우), 대법원 2015. 10. 29. 선고 2014다13044 판결(제1심 법원이 공동소송적 보조참가의 허부에 대한 재판을 누락하였는데도 원심법원이 공동소송적 보조참가신청을 각하한 사안에서, 원심판결 중 그 부분을 파기한 사례).

701) 대법원 1981. 11. 6.자 80그23 결정, 대법원 1995. 6. 19.자 95그26 결정(이상, 판결경정신청 기각결정에 대한 특별항고를 인용한 사례), 대법원 2001. 2. 28.자 2001그4 결정, 대법원 2008.1.16.자 2007그179 결정(이상 민사집행법상 강제집행정지와 관련한 특별항고)의 각 주문례 참조.

702) 즉, 소송(총)비용에 대한 재판을 하는 것이 아니다.

또는 기각할 때에는 별도로 소송비용에 관한 재판을 하지 아니함이 원칙이나, 피재항고인이 있는 재항고를 각하 또는 기각할 때에는 재항고비용에 대한 재판을 하게 된다.

2) 파기환송(이송)이나 (단순)파기의 경우 : 소송비용에 대한 재판을 하지 아니함

'상소 일반' 부분에서 기술하였듯이, 상고법원이 파기환송이나 파기이송을 할 때에는 소송비용에 대한 재판을 하지 아니한다.

파기결정만을 하는 경우에도 소송비용에 대한 재판은 하지 아니한다고 할 것이다(법 제105조 후단의 확장해석).

3) 파기자판의 경우 : 소송 총비용에 대한 재판

파기자판은, 상급법원이 본안의 재판을 바꾸는 경우이므로(법 제105조 전단), 상고법원이 소송의 총비용에 대하여 재판하여야 한다.

다만, 상고법원이 항소를 배척하는 경우에는 - 제1심의 소송비용에 대한 재판이 유지되므로 - 항소제기 이후의 소송 총비용에 대하여서만 재판한다.[703]

또한, 소송종료선언을 하는 경우에는, 해당 사유 이후의 소송총비용에 대한 재판을 한다.[704]

바. 원심판결의 경정

원심판결에 잘못된 계산이나 기재, 그 밖에 이와 비슷한 잘못이 있음이 분명한 때에 상고법원이 직권으로 이를 (주문에서) 경정할 수 있음은 물론이다(법 제211조 제1항).[705]

이 이치에 관하여서는 '판결 등의 경정과 추가재판' 부분에서 기술하였다.

17. 상고심의 완결 후의 처리

가. 파기환송·이송의 경우

1) 소송기록의 송부

사건을 환송하거나 이송하는 판결이 내려졌을 때에는 법원사무관등은 2주 이내에 그 판결

703) "항소제기 이후의 소송비용"이라고만 표현한 예도 있으나(대법원 2016. 2. 18. 선고 2015두3362 판결 등), "항소제기 이후의 소송총비용"이라고 표현하는 것이 오늘날 실무의 주류로 보인다.

704) 그 실례로는, 대법원 2010. 10. 28. 선고 2010다53754 판결(화해권고결정 확정 이후의 소송총비용)

705) 그 실례로는, 대법원 2006. 11. 23. 선고 2004다3925 판결 ; 대법원 2016. 2. 18. 선고 2014다31806 판결. cf. 그러나, 대법원 2007. 7. 26. 선고 2007다30317 판결은, 원심판결에 잘못된 계산이 있음을 수긍하면서도, 상고기각의 주문만을 내었다.

의 정본을 소송기록에 붙여 사건을 환송받거나 이송받을 법원에 보내야 한다(법 제438조).

따라서, 제3심법원에서 파기환송(이송)의 판결이 선고된 때에는 제3심의 사건담임자는 사건종결등록을 하지 아니하고 기록을 제2심법원에 송부하여야 한다(송달료규칙 제11조 제3항).

2) 송달료잔액 환급

위와 같이 기록을 송부받은 제2심의 사건담임자는 지체없이 전산으로 종결등록을 하여야 하고(송달료규칙 제11조 제4항, 제2항 전단), 제1심의 경우와 마찬가지 절차에 따라 송달료잔액 환급이 이루어진다(같은 항 후단, 제9조 제2항 내지 제4항).[706]

3) 환송·이송후의 심리절차[707]

가) 재판부의 구성

원심판결에 관여한 판사는 환송 후의 재판에 관여하지 못한다(법 제436조 제3항).

이에 위반한 때에는 절대적 상고이유(법 제424조 제1항 제2호) 및 재심사유(법 제451조 제1항 제2호)가 된다.

따라서, 환송 후의 재판에서는 변론의 갱신(법 제204조 제2항)이 필요하다.

다만, 법 제436조 제3항의 "원심판결"이라 함은, 파기된 원심판결 자체만을 가리키는 것이고, 그 이전에 파기된 원심판결까지 포함하는 취지는 아니다.[708]

나) 심판범위

상고심으로부터 사건의 환송을 받은 법원의 심판의 범위는 '(파기)환송받은 부분'에 국한된다.[709] 따라서, 예컨대, 원심판결중 일부분만을 파기환송하고 나머지 부분에 대하여는 상고

---

706) 송달료규칙 제11조 제5항은 "제4항의 기록을 송부받은 제2심의 사건담임자는 기록에 첨부된 사건종결통보서를 해당 사건과장에게 회부하여 사건과장, 관리은행 및 수납은행으로 하여금 제9조제2항 내지 제4항의 조치를 취하도록 하여야 한다."라고 규정하고 있으나, 이는 입법의 착오이다.
위 규정은, 종래 전산종결등록 제도가 마련되지 않았던 때에, 구 송달료처리의특례에관한규칙(1996. 1. 27. 대법원규칙 제1415호로 개정되기 전의 것) 제11조 제4항이 "제3심법원에서 파기환송(이송)의 판결이 선고된 때에는 제3심의 사건담임자는 지체없이 사건종결통보서를 작성하여 기록과 함께 제2심법원에 송부하여야 한다."라고 규정한 것에 대응하여 마련된 것이다.
그러나, '판결과 그 밖의 소송종료사유 등' 부분에서 기술한 바와 같이, 이제는 사건종결통보서의 사건과장에의 회부 및 사건과장의 관리은행에의 통보 제도가 폐지되었으므로, 송달료규칙 제11조 제5항은 무의미한 규정이 되었다.

707) 파기환송 후의 항소심 판결문에는 "제1심판결"의 표시 다음에 "환송 전 판결", "환송판결"의 표시도 하고, 2회 이상 환송된 경우에는 해당 환송 전 판결과 환송판결을 모두 표시함이 실무이다.

708) 대법원 1973. 11. 27. 선고 73다763 판결.

709) 대법원 1970. 2. 24. 선고 69누59 판결. 동지 : 대법원 1969. 8. 19. 선고 69누50 판결 ; 대법원 2013. 2.

기각을 한 경우에 환송을 받은 법원은 상고기각된 부분에 대하여는 다시 심판할 수 없다.[710]

또한, 원고의 청구가 일부 인용된 환송 전 원심판결에 대하여 피고만이 상고하고 상고심은 이 상고를 받아들여 원심판결 중 피고 패소부분을 파기환송하였다면, 환송되는 사건의 범위, 다시 말하자면 환송 후 원심의 심판 범위도 환송 전 원심에서 피고가 패소한 부분에 한정되는 것이 원칙이고, 환송 전 원심판결 중 원고 패소부분은 확정되었다 할 것이므로 환송 후 원심으로서는 이에 대하여 심리할 수 없다.[711]

후술하는 환송(이송)판결의 기속력과 관련하여 주의할 것은, 상고법원에 의하여 사건의 환송이나 이송을 받은 법원의 심판의 범위가 환송(이송)판결의 '파기이유로 한 부분'에만 한정되는 것은 아니라는 점이다.[712]

또한, 주의할 것은, 가령, 피고만이 상고하여 원심판결중 피고 패소부분을 파기하고 그 부분 사건을 원심에 환송하는 경우, 원심은 상고심에서 심판대상이 되었던 한도를 넘어서 피고에게 불리한 판결을 할 수 없다.[713]

예컨대, 원고의 청구금액 중 원심은 금 85,200원만을 인용하고 나머지를 기각하였는데 피고만이 패소부분에 대하여 상고하여 원판결이 파기 환송된 경우 원심에 환송되는 사건의 범위는 금 85,200원의 한도를 넘을 수 없으며 원심은 이 한도를 넘어서 피고에게 불이익하게 판결을 할 수 없다.[714]

다) 변론과 심리

사건을 환송받거나 이송받은 법원은 다시 변론을 거쳐 재판하여야 한다.

그런데, 환송 후 항소심의 소송절차는 환송 전 항소심의 속행이므로 당사자는 원칙적으로

---

28. 선고 2011다31706 판결.

710) 대법원 1969. 12. 30. 선고 69다295 판결.

711) 대법원 2013. 2. 28. 선고 2011다31706 판결(환송 전 원심이 원고의 예비적 청구인 부당이득반환청구를 일부 인용하였고 피고만이 상고하여 환송판결이 피고 패소부분을 파기환송하였는데, 원고가 원심에서 예비적 청구의 청구원인과 청구금액을 같이하는 파산채권확정의 소로 청구를 교환적으로 변경한 사안에서, 변경된 예비적 청구 전체가 원심의 심판대상이 되지만, 환송 전 원심판결의 예비적 청구 중 원고 패소로 확정된 부분에 대하여는 실질적으로 동일한 소송물인 파산채권확정청구에 대하여도 다른 판단을 할 수 없다는 이유로, 이와 달리 본 원심판결을 파기하고 자판한 사례).
동지 : 대법원 2014. 6. 12. 선고 2014다11376 판결(원고의 본소청구 및 피고의 반소청구가 각 일부 인용된 환송 전 원심판결에 대하여 피고만이 상고하고 상고심은 이 상고를 받아들여 원심판결 중 본소 및 반소에 관한 각 피고 패소 부분을 파기환송하였다면 환송 후 원심으로서는 본소에 관한 원고 패소 부분과 반소에 관한 피고 승소 부분에 대하여 심리할 수 없다고 한 사안).

712) 대법원 1984. 3. 27. 선고 83다카1135,1136 판결.

713) 대법원 1978. 11. 14. 선고 78다1327 판결.

714) 대법원 1963. 1. 24. 선고 62다785 판결.

새로운 사실과 증거를 제출할 수 있음은 물론, 항소범위의 변경, 청구의 변경, 부대항소의 제기 이외에 청구의 확장 등 그 심급에서 허용되는 모든 소송행위를 할 수 있다.[715]

따라서, 가령, 환송전에 명백히 다투지 아니한 사실을 환송후 다툰 경우에는 환송전 자백간주의 효력이 없음은 물론이며,[716] 이송·환송사건의 서증번호도 제1심, 이송·환송전사건의 서증번호에 이어서 붙인다.[717]

다만, 사안에 따라서는, 적시제출주의의 위반(법 제149조 제1항, 제100조)이 문제되거나, 청구의 변경이나 반소가 소송절차를 현저히 지연시키는 경우(법 제262조 제1항 단서, 제299조 제1항 본문)에 해당하여 허용되지 아니할 소지는 있다.[718]

이러한 이유로 또한 - 경우에 따라서는 - 환송전의 판결보다 상고인에게 불리한 결과가 생길 수도 있고,[719] 하급심은 파기의 이유로 된 잘못된 견해를 피하여 다른 가능한 견해에 의하여 환송 전의 판결과 동일한 결론에 이를 수도 있다.[720] 즉, 그와 같은 결론들에 이른다는 것 자체가 바로 후술하는 환송판결의 기속력에 반하는 것은 아니다.

환송 후 원심에서 청구를 교환적으로 변경하면, 제1심판결은 소취하로 실효되고 항소심의 심판대상은 교환된 청구에 대한 새로운 소송으로 바뀌어 항소심은 사실상 제1심으로 재판하는 것이 된다.[721]

---

715) 대법원 1991. 11. 22. 선고 91다18132 판결. 동지 : 대법원 1969. 12. 23. 선고 67다1664 판결 ; 대법원 1982. 9. 28. 선고 81다카934 판결 ; 대법원 1984. 3. 27. 선고 83다카1135,1136 판결 ; 대법원 2007. 6. 29. 선고 2005다48888 판결 ; 대법원 2013. 2. 28. 선고 2011다31706 판결 ; 대법원 2014. 6. 12. 선고 2014다11376 판결.

716) 대법원 1968. 9. 3. 선고 68다1147 판결.

717) 민사증거목록예규 제8조 제3항.

718) 대법원 1964. 12. 29. 선고 64다1025 판결(사안은 청구의 변경).

719) 대법원 1991. 11. 22. 선고 91다18132 판결. 동지 : 대법원 2014. 6. 12. 선고 2014다11376 판결.

720) 대법원 1995. 10. 13. 선고 95다33047 판결. 동지 : 대법원 2001. 6. 15. 선고 99두5566 판결.

721) 대법원 2013. 2. 28. 선고 2011다31706 판결(환송 전 원심이 원고의 예비적 청구인 부당이득반환청구를 일부 인용하였고 피고만이 상고하여 환송판결이 피고 패소부분을 파기환송하였는데, 원고가 원심에서 예비적 청구의 청구원인과 청구금액을 같이하는 파산채권확정의 소로 청구를 교환적으로 변경한 사안에서, 환송 전 원심판결의 예비적 청구 중 일부 인용한 금액을 초과하는 부분은 원고 패소로 확정되었지만, 원심에서 교환적으로 변경된 예비적 청구는 전체가 원심의 심판대상이 되는데, 환송 전 원심판결의 예비적 청구 중 일부 인용한 금액을 초과하는 부분은 원고 패소로 확정되었으므로 이와 실질적으로 동일한 소송물인 파산채권확정청구에 대하여도 다른 판단을 할 수 없다는 이유로, 이와 달리 보아 교환적으로 변경된 예비적 청구 중 환송 전 원심판결에서 인용한 금액을 초과하는 부분을 인용한 원심판결을 파기하고 자판한 사례).

4) 환송(이송)판결의 기속력[722)]

가) 개 관

환송이나 이송을 받은 법원은－환송 후의 심리과정에서 새로운 주장이나 입증이 제출되어 기속적 판단의 기초가 된 사실관계에 변동이 생기지 아니하는 한－[723)] **상고법원이 파기의 이유로 삼은 사실상 및 법률상 판단에 기속된다**(법 제436조 제2항).[724)]

법 제436조 제2항의 취지는, 사건을 환송받은 법원이 자신의 견해가 상고법원의 그것과 다르다는 이유로 이에 따르지 아니하고 다른 견해를 취하는 것을 허용한다면, 법령의 해석적용의 통일이라는 상고법원의 임무가 유명무실하게 되고, 사건이 하급심법원과 상고법원 사이를 여러 차례 왕복할 수밖에 없게 되어 분쟁의 종국적 해결이 지연되거나 불가능하게 되며, 나아가 심급제도 자체가 무의미하게 되는 결과를 초래하게 될 것이므로, 이를 방지함으로써 법령의 해석적용의 통일을 기하고 심급제도를 유지하며 당사자의 법률관계의 안정과 소송경제를 도모하고자 하는 데 있다고 할 수 있다.[725)]

환송을 받은 법원은, 설사 환송판결의 파기사유로 한 법률상의 판단이 다른 대법원 판례에 저촉된다 할지라도 해당 사건에서는 환송판결과 다른 견해를 취할 수 없다.[726)]

---

722) cf. 대법원의 판례가 법률해석의 일반적인 기준을 제시한 경우에 유사한 사건을 재판하는 하급심법원의 법관은 판례의 견해를 존중하여 재판하여야 하는 것이나, 판례가 사안이 서로 다른 사건을 재판하는 하급심법원을 직접 기속하는 효력이 있는 것은 아니다. 대법원 1996. 10. 25. 선고 96다31307 판결. 그러나, 하급심법원이 판례와 다른 견해를 취하여 재판한 경우에는 법리오해로서 상고이유가 될 수 있다(위 판결 참조). 따라서, 대법원 판례는 이른바 사실상의 구속력을 갖는다.

723) 대법원 1987. 1. 30.자 86프2 결정. 동지 : 대법원 1988. 3. 8. 선고 87다카1396 판결 ; 대법원 1991. 4. 12. 선고 91다2113 판결 ; 대법원 1997. 2. 28. 선고 95다49233 판결 ; 대법원 1996. 1. 26. 선고 95다12828 판결 ; 대법원 1997. 7. 11. 선고 97다14934 판결 ; 대법원 2001. 3. 15. 선고 98두15597 전원합의체 판결 ; 대법원 2017. 2. 21. 선고 2016다261830 판결(A가 B를 상대로 제기한 구상금 청구소송에서 승소판결을 받아 판결이 확정된 후, B가 C로부터 돈을 차용하면서 이를 담보하기 위해 C와 대물반환예약을 체결하고 B 소유의 부동산 공유지분에 관하여 담보가등기를 설정하였다가 위 부동산에 관한 공유물분할이 있은 후 다시 동일한 내용의 대물반환예약을 체결하여 B의 단독소유로 분할된 부동산에 종전 담보가등기를 대체하는 새로운 담보가등기를 설정하고 그 부동산 및 다른 공유자의 소유로 분할된 부동산에 전사된 담보가등기를 모두 말소하자, A가 C를 상대로 후행 대물반환예약이 사해행위에 해당한다며 취소를 구한 사안에서, 환송판결이 후행 대물반환예약의 사해행위 요건 구비 여부는 선행 대물반환예약 당시를 기준으로 판단하여야 한다고 하였는데도 환송 후 원심이 위 시점을 기준으로 판단하지 않은 것은 환송판결의 기속력에 반하여 위법하다고 한 사례).

724) 환송을 받은 법원이 환송판결에서 파기이유로 설시한 판단에 반하는 판결을 한 위법이 있다는 이유로 재환송심이 다시 파기환송을 한 실례로, 대법원 1984. 5. 15. 선고 83다카1565 판결 ; 대법원 1993. 12. 24. 선고 93다45213 판결.

725) 대법원 2001. 3. 15. 선고 98두15597 전원합의체 판결.

726) 대법원 1983. 11. 27. 선고 84다391 판결.

그러나, 환송을 받은 법원이, '환송 전 원심'이 한 증거판단 또는 사실상과 법률상 판단에 기속되는 것은 아님은 물론이며,[727] 환송을 받은 법원이 환송판결의 이유에 나타나 있지 아니하는 사항에 대하여 환송전의 원심판결과 다른 판단을 할 수 없다는 것도 아님은 물론이다.[728]

그리고, 환송을 받은 법원은 새로운 변론에 의하여 심리·판단하는 것이므로 심리한 결과 상고심이 파기의 이유로 한 사항 이외의 사항에 대한 판단으로서 판결하기에 충분하다고 인정할 때에는 파기의 이유로 한 사항에 관하여 판단하지 않아도 위법이라고 할 수 없다.[729]

또한, 환송을 받은 법원은, 상고심의 판단에 위배되지 않는 한 새로운 증거취사 및 사실인정을 할 수 있는 것이므로, 그 사건을 다시 심리한 결과 상고법원이 파기이유로 한 사항 이외의 사항에 대한 판단으로써 판결하기에 충분하다고 인정할 때에는 새로운 사실인정과 판단을 할 수 있다.[730]

나) 기속적 판단의 기초가 된 사실관계

환송을 받은 법원이 환송 전후를 통하여 사실관계에 아무런 변동이 없음에도 불구하고 환송판결이 파기이유로 한 법률상의 판단에 반하는 판단을 하였다면 이는 환송판결의 기속력에 관한 법리를 오해한 위법을 저지른 것이 된다.[731]

그러나, 환송후의 심리과정에서 새로운 주장·입증이 제출되어 기속적 판단의 기초가 된 사실관계에 변동이 생긴 때에는 환송판결의 기속력은 미치지 아니한다.[732]

즉, 환송을 받은 법원이 새로운 증거조사를 하여 기속적 판단의 기초가 된 사실관계를 달리 인정한 이상 그에 기한 새로운 법률상의 판단은 가능하고 이에 대하여는 환송판결의 기속력이 미치지 않는다.[733]

다) 사실상 판단

법 제436조 제2항에서 말하는 "사실상 판단"의 '사실'이란, 절차 위배를 판단함에 인정한

---

727) 대법원 1963. 2. 7. 선고 62다863 판결.

728) 대법원 1987. 10. 13. 선고 87누418 판결.

729) 대법원 1970. 7. 28. 선고 68누165 판결. 동지 : 대법원 1970. 5. 26. 선고 69다239 판결 ; 대법원 1979. 9. 12.자 79마246 결정 ; 대법원 1999. 10. 8. 선고 99두6873 판결.

730) 대법원 1980. 10. 14. 선고 79므13 판결.

731) 대법원 1997. 2. 28. 선고 95다49233 판결 ; 대법원 2001. 3. 15. 선고 98두15597 전원합의체 판결 참조.

732) 대법원 1982. 12. 14. 선고 80다1072 판결. 동지 : 대법원 1980. 10. 27. 선고 79다1264 판결 ; 대법원 1983. 11. 8. 선고 82누73 판결 ; 대법원 1987. 11. 10. 선고 86누90 판결.

733) 대법원 1994. 9. 9. 선고 94다20501 판결. 동지 : 대법원 1989. 6. 27. 선고 87다카2542 판결.

사실을 말한다.[734] 즉, 같은 항의 "사실상 판단"이라 함은, 상고법원이 직권조사사항에 관하여 한 사실상의 판단을 의미한다.[735]

다시 말해, 이는 본안에 관한 사실판단을 말하는 것이 아니다.[736]

따라서, 예컨대, 상고심이 기판력의 주관적 범위에 관한 원심 판결에 위법이 있다는 이유로 원심판결을 파기환송한 경우에, 그 환송판결에서 원심의 사실 인정에 위법이 없다는 이유 설명을 하였다 하여도 원심을 기속하는 것은 위의 파기이유뿐이다.[737]

요컨대, 상고법원이 파기이유로 한 사실상 판단에 기속된다 함은, 상고법원이 직권조사사항(절차사항)에 관하여 한 사실상의 판단을 가리키는 것이므로, 환송을 받은 법원이 새로운 증거에 의하여 직권조사사항이 아닌 사실을 환송판결과 달리 인정하였다고 하더라도 위법이 아니다.[738]

또한, 상고법원이 파기이유로 한 사실상 판단에 기속된다는 것이, 환송을 받은 법원이 변론을 거쳐 새로운 증거나 보강된 증거에 의하여 본안의 쟁점에 관하여 새로운 사실인정을 할 수 없다는 것이 아님은 물론이다.[739]

라) 법률상 판단

법 제436조 제2항에서 말하는 "법률상 판단"이란, 해당 사건에 적용할 법률의 해석적용에 관한 판단이나 구체적 사실에 대한 법률적 평가판단을 말하며,[740] 상고법원이 명시적으로 설시한 법률상의 판단뿐 아니라 명시적으로 설시하지 아니하였다 하더라도 파기이유로 한 부분과 논리적·필연적 관계가 있어서 상고법원이 파기이유의 전제로서 당연히 판단하였다고 볼 수 있는 법률상의 판단도 포함된다.[741]

이러한 법률상의 판단은, 채증법칙과 관련하여 문제될 수도 있다.[742]

---

734) 대법원 1963. 6. 20. 선고 63다262 판결. 동지 : 대법원 1963. 11. 21. 선고 63다563 판결 ; 대법원 1964. 6. 30. 선고 63다1193 판결.

735) 대법원 1981. 3. 24. 선고 81누28 판결은, "직권조사사항(절차사항)에 관하여 한 사실상의 판단"이라고 표현하였다.

736) 대법원 1987. 8. 25. 선고 86다카2930 판결. 동지 : 대법원 1963. 6. 20. 선고 63다262 판결 ; 대법원 1981. 9. 22. 선고 80다1019 판결 ; 대법원 1988. 11. 22. 선고 88누6 판결 ; 대법원 1991. 4. 23. 선고 90다13697 판결 ; 대법원 1996. 9. 20. 선고 96다6936 판결 ; 대법원 2000. 4. 25. 선고 2000다6858 판결.

737) 대법원 1965. 1. 19. 선고 64다1260 판결.

738) 대법원 1981. 3. 24. 선고 81누28 판결.

739) 대법원 1992. 9. 14. 선고 92다4192 판결. 동지 : 대법원 1981. 3. 24. 선고 81누28 판결.

740) 대법원 1983. 6. 14. 선고 82누480 판결.

741) 대법원 1991. 10. 25. 선고 90누7890 판결. 동지 : 대법원 2012. 3. 29. 선고 2011다106136 판결.

742) 대법원 1962. 10. 25. 선고 62다544 판결 참조.

역으로, 환송판결의 기속력은 파기이유와 논리적·필연적 관계가 없는 부분에는 미치지 아니한다.[743)]

그러나, 환송판결의 하급심에 대한 법률상 판단의 기속력은 그 파기의 이유로서 원심판결의 판단이 정당치 못하다는 소극적인 면에서만 발생하는 것이고, 하급심은 파기의 이유로 된 잘못된 견해만 피하면 다른 가능한 견해에 의하여 환송 전의 판결과 동일한 결론을 가져온다고 하여도 환송판결의 기속을 받지 아니한 위법을 범한 것이라 할 수 없음은 물론이다.[744)]

마) 예외 : 판단의 기초가 된 법률 조항의 효력이 상실된 경우

그러나 환송판결 선고 이후 헌법재판소가 환송판결의 기속적 판단의 기초가 된 법률 조항을 위헌으로 선언하여 그 법률 조항의 효력이 상실된 때에는 그 범위에서 환송판결의 기속력은 미치지 아니한다.[745)]

따라서, 환송 후 원심이나 그에 대한 상고심에서 위헌결정으로 효력이 상실된 법률 조항을 적용할 수 없어 환송판결과 다른 결론에 이른다고 하더라도 환송판결의 기속력에 저촉되지 아니한다.[746)]

5) 항소심 소송대리인의 대리권의 부활

사건이 상고심에서 환송되어 다시 항소심에 계속하게 된 경우에는 상고전의 항소심에서의 소송대리인의 대리권은 그 사건이 항소심에 계속되면서 다시 부활한다.[747)]

---

743) 대법원 1997. 4. 25. 선고 97다904 판결.

744) 대법원 1990. 5. 8. 선고 88다카5560 판결. 동지 : 대법원 1965. 4. 22. 선고 63누200 전원합의체 판결 ; 대법원 1983. 11. 8. 선고 82므16 판결 ; 대법원 1991. 1. 15. 선고 90누4556 판결 ; 대법원 1995. 10. 13. 선고 95다33047 판결 ; 대법원 1996. 1. 26. 선고 95다12828 판결.

745) 대법원 2020. 11. 26. 선고 2019다2049 판결.

746) 대법원 2020. 11. 26. 선고 2019다2049 판결.
그런데 위 판결은 "… 환송판결의 기속력에 관한 법원조직법 제8조에 저촉되지 않는다."라고 하였으나, 이 경우에는 오히려 "… 환송판결의 기속력에 관한 민사소송법 제436조 제2항에 저촉되지 않는다."라고 설시하였어야 옳다.

747) 대법원 1984. 6. 14. 선고 84다카744 판결.
따라서, 이 경우에는, 환송 후 사건을 위임사무의 범위에서 제외하기로 약정하였다는 등의 특별한 사정이 없는 한 소송대리인인 변호사 또는 법무법인, 법무법인(유한), 법무조합은, 환송 후 항소심 사건의 소송사무까지 처리하여야만 비로소 위임사무의 종료에 따른 보수를 청구할 수 있게 된다. 대법원 2016. 7. 7. 선고 2014다1447 판결.

6) 가지급물반환신청의 문제

가집행선고부 항소심 판결이 대법원에서 파기환송된 경우에는 비록 대법원에서 그 판결이 파기됨으로써 비로소 그 가집행선고가 실효되기에 이른 것이기는 하나, 상고심인 대법원에서는 가지급물반환 신청이유로 주장하는 사실관계에 대하여 당사자간에 다툼이 없어 사실심리를 요하지 아니하는 경우를 제외하고는 원칙적으로 가지급물반환 신청이 허용되지 아니하는 점에 비추어, 이러한 경우에는 환송 후 항소심 법원에 대하여도 환송 전 항소심 판결에 기한 가지급물의 반환 신청을 할 수 있다.[748)]

7) 소송수계의 문제

상고이유서 제출기간이 지난 후에 소송절차가 중단되었으나 원심판결이 파기환송된 경우에는, 환송 후 원심에서 소송수계절차를 밟을 필요가 있다.[749)]

8) 항소취하의 가부

일단 항소심의 종국판결이 있은 후라도 그 종국판결이 상고심에서 파기되어 사건이 다시 항소심에 환송된 경우에는 먼저 있은 종국판결은 그 효력을 잃고 그 종국판결이 없었던 것과 같은 상태로 돌아가게 되므로 새로운 종국판결이 있기까지는 항소인은 항소를 취하할 수 있다.[750)]

9) '쌍불' 문제

환송판결의 전후를 통하여 당사자 쌍방의 불출석이 2회 있었다 하여도 항소취하가 있는 것으로 간주할 수 없다.[751)]

10) 법정이율 특례의 적용 문제

가) 환송전판결에서 피고의 항소가 인용되었던 경우

항소심에서 피고의 항소를 전부 또는 일부 받아들여 제1심의 인용 금액의 전부 또는 일부를 취소하였으나 상고심에서 원고의 상고를 받아들여 항소심 판결을 파기환송하고 파기환송 후 항소심이 제1심의 인용 금액을 그대로 유지한 경우, 피고의 주장이 환송 전 항소심에서

---

748) 대법원 1995. 12. 12. 선고 95다38127 판결.

749) 대법원 2016. 12. 29. 선고 2014후713 판결; 대법원 2020. 5. 28. 선고 2016두36062 판결의 각 방론. 위 판례들은, 상고인 회사가 상고이유서 제출 후에 다른 회사에 흡수합병되었는데, 대법원이 상고는 인용하고 합병회사의 소송수계신청은 기각하면서 위와 같은 취지로 설시한 것이다.

750) 대법원 1995. 3. 10. 선고 94다51543 판결. 동지: 대법원 2004. 4. 28. 선고 2004다4225 판결.

751) 대법원 1963. 6. 20. 선고 63다166 판결(그런데 판례는 '소취하'를 운위하나 이는 의문이다).

받아들여진 정도였다면 적어도 그 판결이 파기되기 전까지는(즉, 환송판결 선고일까지는) 피고가 이행의무의 존부나 범위에 관하여 항쟁함에 상당한 근거가 있었다고 봄이 타당하다.752)

나) 환송판결 전까지는 피고가 전부 승소한 경우

또한, 제1심에서 원고의 청구가 기각되고 제2심에서 항소기각된 후 대법원에서 파기환송된 다음에야 비로소 원고의 청구가 인용된 경우에는, 환송 후 판결 선고일까지는 피고의 이행의무의 존부나 범위에 관한 항쟁이 상당한 근거가 있다고 보아야 할 것이다.753)

다) 환송판결에서 피고의 주장이 인용되었던 경우

그리고, 피고의 주장이 환송판결에서 받아들여진 적이 있을 정도였다면, 비록 환송 후 원심에서 새로이 제기된 원고의 주장이 받아들여짐에 따라 환송 전 원심판결과 같은 내용의 판결이 선고되었다 하더라도, 환송 후 판결이 선고되기 전까지는 피고가 이행의무의 존부나 범위에 관하여 항쟁함에는 상당한 근거가 있었다고 봄이 타당할 것이다.754)

같은 이치에서, 피고의 주장이 환송판결에서 받아들여진 적이 있을 정도였다면, 비록 환송 후 원심이 새로운 사정을 이유로 환송 전 원심판결과 같은 내용의 판결을 선고하게 되었더라도, 환송 후 원심판결이 선고되기 전까지는 피고가 이행의무의 존재 여부나 범위에 관하여 항쟁하는 것에는 타당한 근거가 있었다고 보아야 한다.755)

11) 재판할 소송비용의 범위

상고법원으로부터 사건을 환송받거나 이송받은 법원이 그 사건을 완결하는 재판을 하는 경우에는 – 설령 본안의 재판을 바꾸는 경우가 아니라 할지라도(즉, 항소를 모두 배척하더라도) – **소송의 총비용에 대하여 재판하여야 한다**(법 제105조 후단).

따라서, 가령, 환송 후 원심법원이 판결에서 "항소비용은 원고의 부담으로 한다."는 내용의

752) 대법원 1999. 4. 9. 선고 98다61968 판결; 대법원 1998. 7. 14. 선고 96다17202 판결. 동지: 대법원 1994. 11. 11. 선고 94다29942 판결; 대법원 1996. 2. 23. 선고 95다51960 판결; 대법원 1997. 5. 9. 선고 97다6988 판결; 대법원 2005. 2. 17. 선고 2004다50341 판결; 대법원 2012. 3. 29. 선고 2011두28776 판결.

753) 대법원 1992. 10. 13. 선고 92다23827 판결 참조.

754) 대법원 2000. 1. 21. 선고 99다212 판결.

755) 대법원 2020. 11. 26. 선고 2019다2049 판결.
판례의 사안은, 원고가 일부 승소(따라서 제1심 판결 선고일 다음 날부터 소송촉진법상 이율을 적용)한 후에 쌍방이 제기한 항소가 기각되었는데, 대법원이 피고의 상고를 인용하였으나, 파기환송 후 근거법률에 관하여 위헌결정이 있었고, 이를 이유로 환송 후 원심이 환송 전 원심과 동일하게 판결한 것이다. 대법원은 이러한 환송 후 원심의 판단에 소송촉진법 제3조를 위반한 위법이 있다고 하면서, 소송촉진법상 이율을 환송 후 원심판결 선고일 다음 날부터 적용하는 내용으로 파기자판을 하였다.

종국판결을 선고함으로써 비록 소송 총비용이란 용어를 사용하지는 아니하였더라도, 그 취지는 해당 심급에 대한 소송비용의 부담만을 정한 것이 아니고, 그 환송 전 원심판결과 환송판결 및 환송 후 판결까지의 소송 총비용에 관하여 패소자인 원고의 부담으로 한다는 재판을 한 것으로 해석된다.[756]

이에, 환송후 판결에서는 혼동을 피하기 위하여 "항소제기 이후의 소송 총비용"이라는 표현을 사용하기도 하나,[757] 실무의 주류는 단순히 "소송 총비용"이라고 표현하는 듯하다.

나. 파기환송·이송 외의 경우: 소송기록의 송부 및 송달료잔액 환급

1) 일반적인 절차

가) 소송기록의 송부

상고심에서 소송이 완결된 때, 즉 파기환송·이송 외의 사유로 사건이 완결된 때에는 법원사무관등은 판결서 또는 상고장각하명령 정본을 소송기록에 붙여 제1심 법원에 보내야 한다(법 제421조의 준용).

제3심법원에서 파기환송(이송) 이외의 사유로 사건이 종결된 때에는 제3심의 사건담임자는 사건종결등록을 하지 아니하고 기록을 제1심법원에 송부하여야 한다(송달료규칙 제11조 제1항).

나) 송달료잔액 환급

위와 같이 기록을 송부받은 제1심법원의 사건과장은 지체없이 전산으로 종결등록을 하며(송달료규칙 제11조 제2항 전단), 제1심의 경우와 마찬가지 절차에 따라 송달료잔액 환급이 이루어진다(같은 항 후단).

2) 심리불속행 또는 상고이유 부제출로 인한 상고기각 후의 절차

가) 판결 정본의 송달

심리불속행이나 상고이유 부제출로 인한 상고기각 판결(상고심법 제5조 제1항, 제7조)**은 그 원본을 법원사무관등에게 교부한다**(상고심법 제5조 제3항 전단, 제7조).

법원사무관등은 위와 같은 판결 원본을 교부받은 즉시 영수일자를 부기하고 날인한 후 당사자에게 (그 정본을) **송달하여야 한다**(상고심법 제5조 제3항 후단, 제7조).

---

756) 대법원 1993. 9. 22.자 93마1232 결정. 동지: 대법원 1996. 4. 4.자 96마148 결정.

757) 그 실례는, 서울고법 2018. 4. 27. 선고 2017누57976 판결; 서울고법 2014. 5. 1. 선고 2013나57520 판결; 서울고법 2013. 4. 4. 선고 2012나89728 판결.

다만, **전자소송에서는, 위와 같은 판결 원본의 교부, 영수일자의 부기와 날인, 송달은 전자소송시스템을 이용하여 전자적인 방법으로 한다**(민소전자문서법 제14조 제1항).

여느 판결과 달리, 위 판결은 선고 없이 송달하는 것이라는 특징이 있을 뿐더러, 이에 따라, '판결의 확정과 그 효력' 부분에서 후술하듯이, 송달 시에 비로소 판결이 확정되는 특칙이 있다.

나) 인지액의 환급

한편, **상고인은 심리불속행으로 인하여 상고가 기각된 경우에는 상고장에 붙인 인지액 중 일정액의 환급을 청구할 수 있으며**(민사소송 등 인지법 제14조 제1항 제6호), **상고이유서 부제출로 인하여 상고가 기각된 경우에도 그러하다**(같은 항 제7호).[758]

18. 재상고심의 제문제

가. 환송전 상고심의 소송대리인의 대리권의 부활 여부

상고심에서 항소심으로 파기환송된 사건이 다시 상고되었을 경우에는, 환송 전의 상고심에서의 소송대리인의 대리권이 그 사건이 다시 상고심에 계속되면서 부활하게 되는 것은 아니다.[759]

나. 환송판결의 상고법원에 대한 (자기)기속력

원칙적으로 하급심법원뿐만 아니라 상고법원 자신도 동일 사건의 재상고심에서 환송판결의 법률상 판단에 기속된다.[760]

그러나, 대법원의 전원합의체가 종전의 환송판결의 법률상 판단을 변경할 필요가 있다고

---

758) 구 민사소송 등 인지법(2012. 1. 17. 법률 제11156호로 개정되기 전의 것) 제14조 제1항은 이 두 경우를 인지액 환급사유로 규정하고 있지 아니하였다.
한편, 헌재 2006. 7. 27. 선고 2006헌마466 결정은, 심리불속행 상고기각의 경우를 인지액 환급사유로 규정하지 아니한 것이 평등권 등을 침해한 것이 아니라고 보았다. 동지 : 헌재 2007. 7. 26. 선고 2006헌마1447, 2007헌마534(병합) 결정.
그러나, 현행법은 위와 같은 입법태도가 불합리하다는 반성적 고려에서, 위 경우들도 인지액 환급사유로 규정하기에 이르렀다.

759) 대법원 1996. 4. 4.자 96마148 결정.

760) 대법원 2001. 3. 15. 선고 98두15597 전원합의체 판결. 동지 : 대법원 1974. 1. 15. 선고 73다1379 판결; 대법원 1987. 2. 24. 선고 85후132 판결 ; 대법원 1988. 8. 23. 선고 88누4249 판결 ; 대법원 1990. 1. 12. 선고 88다카24622 판결.

인정하는 경우에는, 그에 기속되지 아니하고 통상적인 법령의 해석적용에 관한 의견의 변경(법원조직법 제7조 제1항 제3호)의 절차에 따라 이를 변경할 수 있다.[761)]

다. 제2차 환송판결의 기속력

대법원의 제1차 환송판결과 제2차 환송판결이 서로 저촉되는 경우라고 하더라도 제2차 환송판결에 의하여 환송받은 원심으로서는 제2차 환송판결의 법률상의 판단에 기속된다.[762)]

761) 대법원 2001. 3. 15. 선고 98두15597 전원합의체 판결.

762) 대법원 1995. 8. 22. 선고 94다43078 판결. 동지 : 대법원 1988. 2. 9. 선고 83누620 판결 ; 대법원 1991. 8. 23. 선고 90누7760 판결(제2차 환송판결과 제3차 환송판결의 판단이 서로 저촉되는 경우).

제4부

소송비용의 담보 등 재판상 담보와 소송구조

제 1 장 소송비용의 담보 등 재판상 담보

Ⅰ. 재판상 담보 일반

1. 재판상 담보 개관

가. 재판상 담보의 의의

재판상 담보란, 당사자의 소송행위(소송비용의 담보 등)나 법원의 처분(가압류·가처분, 강제집행의 정지·실시·취소 등)으로 인하여 담보권리자가 받게 될 손해에 대한 담보를 말한다.[1)]

나. 재판상 담보의 예

「민사소송법」에 규정된 재판상의 담보로는, 소송비용에 대한 담보(법 제1편 제3장 제2절), 가집행선고의 담보(법 제213조 제1항 본문), 가집행면제선고의 담보(같은 조 제2항), 재심 또는 상소의 추후보완신청으로 말미암은 집행정지의 담보(법 제500조 제1항), 상소제기 또는 (정기금판결) 변경의 소제기로 말미암은 집행정지의 담보(법 제501조, 제500조 제1항)가 있다.

한편, 「상법」 역시 회사관계 소송사건이나 상사비송사건과 관련하여 재판상의 담보를 규정하고 있다(상법 제176조 제4항, 제237조, 제360조의14 제4항, 제360조의23 제4항, 제377조, 제380조, 제381조 제2항, 제403조 제7항, 제430조, 제446조, 제542조 제2항, 제613조 제2항, 제619조 제2항 등).

「민사집행법」에 규정된 재판상의 담보로는, 즉시항고로 말미암은 집행정지의 담보(민사집행법 제15조 제6항 단서), 집행에 관한 이의신청으로 말미암은 집행정지의 담보(같은 법 제16조 제2항), 집행문부여에 대한 이의신청으로 말미암은 집행정지의 담보(같은 법 제34조 제2항, 제16조 제2항), 청구에 관한 이의 또는 집행문부여에 대한 이의의 소제기로 말미암은 집행정지의 담보(같은 법 제46조 제2항), 제3자이의의 소제기로 말미암은 집행정지의 담보(같은 법 제48조 제3항 본문, 제46조 제2항), 경매개시결정에 대한 이의신청으로 말미암은 집행정지의 담보(같은 법 제86조 제1항, 제16조 제2항, 제172조, 제268조 내지 제271조, 제272조), 강제관리개시결정에 대한 이의신청으로 말미암은 집행정지의 담보(같은 법 제163조, 제86조 제1항, 제16조 제2항), 부동산의

---

1) 「재판상 담보공탁금의 지급청구절차 등에 관한 예규」; 대법원 2010. 8. 24.자 2010마459 결정 참조.

인도명령을 위한 담보(같은 법 제136조 제3항, 제268조), 압류금지물의 범위변경신청에 따른 집행정지의 담보(같은 법 제196조 제3항, 제16조 제2항), 압류금지채권의 범위변경신청에 따른 집행정지의 담보(같은 법 제246조 제4항, 제196조 제3항, 제16조 제2항), 가압류명령 또는 가처분명령을 위한 담보(같은 법 제280조 제2항, 제3항, 제301조), 가압류이의신청(또는 가처분이의신청)에 대한 재판을 위한 담보(같은 법 제286조 제6항 후문, 제301조), 가압류취소를 위한 담보(같은 법 제288조 제1항 제2호), 특별한 사정을 이유로 한 가처분취소를 위한 담보(같은 법 제307조 제1항), 가처분의 집행정지를 위한 담보(같은 법 제309조 제1항) 등이 있다.

그 밖에, '채무자회생법' 역시 집행정지 등과 관련하여 담보를 제공하는 경우들을 규정하고 있다.

또한, 민사비송사건에서도 (채권자의 재판상) 대위신청의 허가를 위한 담보가 있으며(비송사건절차법 제48조), 민사조정사건에서도 집행정지의 담보가 있고(민사조정규칙 제5조 제1항, 제2항), 마류 가사비송사건에서도 가집행선고의 담보(가사소송법 제42조 제1항), 가집행면제선고의 담보(같은 조 제2항), 보전처분과 관련한 담보(같은 법 제63조 제1항 후문에서 민사집행법 제280조 제2항, 제286조 제6항 후문, 제288조 제1항 제2호, 제301조, 제307조의 각 준용)가 있다.

다. 재판상의 담보의 규정체계

특기할 것은, 재판상의 담보에 관한 규정체계이다. 즉, 우리 법은, 담보제공방식(법 제122조), 담보물에 대한 담보권리자의 권리(법 제123조), 담보의 취소(법 제125조) 및 담보물변경(법 제126조)을 소송비용의 담보와 관련하여 규정하고서, 이를 여타 재판상 담보에 관하여 준용하고 있다. 이는 구체적으로는 다음과 같다.

「민사소송법」에 규정된 재판상의 담보의 경우, **다른 법률에 따른 소제기에 관하여 제공되는 담보에는** – 법 제119조, 제120조 제1항, 제121조, 제124조를 준용하는 외에(이 규정들에 관하여서는 다음 장에서 상론하겠다) – **법 제122조, 제123조, 제125조, 제126조의 규정을 준용하고**(법 제127조), 가집행의 선고와 관련된 담보(법 제123조)에도 제122조·제123조·제125조 및 제126조의 규정을 준용하며(법 제214조), 민사소송법에 기한 강제집행정지의 담보(법 제7편)에도 달리 규정이 있는 경우를 제외하고는 그러하다(법 제502조 제3항).

회사에 관한 상사비송사건에서 제공할 담보에 관하여서도 – (소송비용담보처럼) **법 제120조 제1항, 제121조, 제124조를 준용하는 외에** – **제122조, 제123조, 제125조, 제126조의 규정을 준용한다**(비송사건절차법 제97조).

「민사집행법」에 규정된 담보에도 특별한 규정이 있는 경우를 제외하고는 법 제122조·제

123조·제125조 및 제126조의 규정을 준용한다(민사집행법 제19조 제3항).

법 제122조, 제123조, 제125조 및 제126조의 규정은 민사조정사건의 집행정지의 담보에도 이를 준용한다(민사조정규칙 제5조 제4항).

양육비 담보제공명령에 따른 담보에 관하여서도 - 법 제120조 제1항을 준용하는 외에 - 그 성질에 반하지 아니하는 범위에서 법 제122조, 제123조, 제125조 및 제126조를 준용한다(가사소송법 제63조의2 제6항).

그 밖에 명문의 규정이 없더라도 재판상 담보에 해당하는 것에 관하여서는 그 성질상 법 제122조, 제123조, 제125조 및 제126조가 준용된다고 보아야 할 것이다.

따라서, 재판상 담보와 관련하여서는 그 일반규정인 법 제122조, 제123조, 제125조 및 제126호를 먼저 살펴볼 필요가 있다. 다만, 이하에서는 서술의 편의상 위 규정들을 준용하는 규정들의 표시(예 : 법 제127조)는 생략하겠다.

2. 담보제공방식

가. 개 관

담보의 제공은 ① 금전 또는 법원이 인정하는 유가증권을 공탁(供託)**하거나, ② 지급을 보증하겠다는 위탁계약을 맺은 문서를 제출하는 방법으로 한다**(법 제122조 본문).

③ **다만, 당사자들 사이에 특별한 약정이 있으면 그에 따른다**(같은 조 단서).

따라서 당사자들 사이에 특별한 약정이 없는 한 담보제공을 명하는 법원은 담보제공의 방법을 위 규정의 범위 내에서 재량에 따라 선택할 수 있는바,[2] 위와 같이, 원칙적인 담보제공방법으로는 ① 금전 또는 유가증권의 공탁과 ② 지급보증위탁계약체결문서의 제출이 있으므로, 이들 각각에 대하여 살펴볼 필요가 있다.

주의할 것은, 지급보증위탁계약을 맺은 문서를 제출하는 방법으로 담보를 제공하려면 미리 법원의 허가를 받아야 하며(규칙 제22조 제1항, 제3항), 집행정지를 위한 담보 등의 경우에는 그 성질상 지급보증위탁계약을 맺은 문서를 제출하는 방식의 담보제공을 불허함이 실무이다.[3]

---

2) 대법원 2018. 6. 1.자 2018마5162 결정.

3) 지급보증위탁계약체결문서의 제출에 의한 담보제공과 관련한 사무처리요령(재민 2003-5)(이하 '보증서예규'로 약칭한다) 제5조.

나. 금전 또는 유가증권의 공탁

공탁할 유가증권은 담보로 하여야 할 성질상 환가가 용이하지 아니하거나 시세의 변동이 심하여 안정성이 없는 것은 부적당하다.[4]

담보로 부적당한 유가증권의 예로는 담보제공자 발행의 당좌수표를 들 수 있다.[5]

다. 지급보증위탁계약체결문서의 제출[6]

1) 지급보증위탁계약의 요건

지급보증위탁계약은 담보제공명령을 받은 사람이 은행법의 규정에 따른 금융기관이나 보험회사(다음부터 이 모두를 "은행등"이라 한다)와 맺은 것으로서 다음 각호의 요건을 갖춘 것이어야 한다(규칙 제22조 제2항, 제3항).

① 은행등이 담보제공명령을 받은 사람을 위하여, 법원이 정한 금액 범위 안에서, 담보에 관계된 소송비용상환청구권에 관한 집행권원 또는 그 소송비용상환청구권의 존재를 확인하는 것으로서 확정판결과 같은 효력이 있는 것에 표시된 금액을 담보권리자에게 지급한다는 것

② 담보취소의 결정이 확정될 때까지 계약의 효력이 존속된다는 것

③ 계약을 변경 또는 해제할 수 없다는 것

④ 담보권리자가 신청한 때에는 은행등은 지급보증위탁계약을 맺은 사실을 증명하는 서면을 담보권리자에게 교부한다는 것

실무상, 이와 같이 은행 등과 지급보증위탁계약을 체결한 문서(공탁보증보험증권)를 약칭하여 "보증서"라 한다.[7]

2) 지급보증위탁계약체결문서의 제출에 의한 담보제공허가신청

따라서, 담보제공명령을 받는 자는 지급보증위탁계약을 맺은 문서를 제출하는 방법으로 담보를 제공하는 것에 대한 허가를 신청할 수 있으며, 그 신청서는 주기록에 가철된다.[8]

이 신청은 신청권에 기초한 중간적·부수적 신청이다.[9]

---

4) 대법원 2000. 5. 31.자 2000그22 결정.

5) 대법원 2000. 5. 31.자 2000그22 결정.

6) 이에 관한 실무적·기술적인 사항에 관하여서는, '보증서예규' 참조.

7) 보증서예규 제2조 제1호.

8) '인지액·편철방법예규'.

9) 구 '인지액·편철방법예규'(2012. 2. 20. 재판예규 제1379호로 개정되기 전의 것) 참조.

다만, 실무상으로는, 별도의 신청서를 제출하기보다는, 담보제공을 요하는 신청서에 허가 신청의 의사표시를 기재함이 일반이다. 가압류신청서에 "담보제공은 공탁보증보험증권을 제출하는 방법에 의할 수 있도록 허가하여 주시기 바랍니다."라고 기재하는 것은[10] 그 대표적인 예이다.[11]

3. 담보제공명령 및 재판상의 담보공탁 일반

가. 담보제공명령 일반

위와 같이, 담보제공의 원칙적 방법은 공탁이므로(규칙 제22조 제1항, 제3항의 반대해석), 담보제공명령은 담보권리자, 담보액(유가증권의 경우에는 그 종류와 수량)을 특정하여 이를 공탁할 것을 명하는 방식으로 하되(법 제120조 제1항 참조), 지급보증위탁계약체결문서로 갈음할 것을 허가하는 경우에는 그 취지까지 덧붙임이 실무이다.[12]

한편, 담보제공명령을 함에는, 독립된 결정으로 하는 경우와 재판상의 처분에 포함시켜 하는 경우(즉, 담보제공을 조건으로 해당 재판을 하는 경우)가 있는바, 전자의 경우에는 성질상 담보제공의 기간을 정하여야 하나(같은 항 참조), 후자의 경우에는 그러하지 아니하다.[13]

담보제공명령에 불구하고 담보제공의무자가 소정의 기간 내에 담보를 제공하지 아니한 경우에는 집행정지 등 해당 신청을 각하하되, 그 전에 담보를 제공하면 담보제공기간이 지났더라도 이를 수리하여 줌이 실무이다.[14]

나. 재판상 담보공탁 일반

1) 재판상 담보공탁과 담보제공명령의 관계

재판상 담보공탁의 경우에는, 법원의 담보제공을 명하는 재판에 의하여 비로소 담보를 제공할 의무가 구체화되므로, 담보제공명령(담보액과 담보제공의 기간을 결정)이 있어야만 공탁을

---

10) 보증서예규 제6조 제3항.

11) 다만, 별도 신청서의 제출례가 전혀 없는 것은 아닌바, 일례로 저자는 현금공탁을 하라는 담보제공명령이 나온 가압류 신청사건에서 지급보증위탁계약체결문서의 제출에 의한 담보제공허가신청을 추가로 제출하여 인용결정을 받은 일이 실제로 있다.

12) **공탁실무편람** ([서울] 법원행정처, 2015), 322면.

13) 위의 책.
cf. 담보의 제공이 집행의 정지·제한의 조건으로 되어 있는 경우에, 집행을 면하기 위하여 담보를 제공한 증명서류(즉, 담보제공증명서 또는 공탁증명서)는 집행정지서류가 된다(민사집행법 제49조 제3호).

14) 제요[민소 I], 419면.

할 수 있다.[15)]

만일 담보제공명령도 없이 재판상 담보공탁을 한 경우에는, 피공탁자에게 공탁물의 출급청구권이 없으며, 이는 결국 착오로 공탁한 경우에 해당하므로, 공탁자가 공탁물을 회수할 수 있다(공탁법 제9조 제2항 제2호).[16)]

재판상 담보공탁은 제3자가 하여도 되는 것으로 풀이된다.[17)]

2) 재판상 담보공탁의 공탁서 및 그 기재사항 등

재판상의 담보공탁을 할 때에는, 그 목적물에 따라, 「금전 공탁서(재판상의 보증)」(공탁사무문서양식에 관한 예규 별지 제1-2호 양식) 또는 「유가증권 공탁서(재판상의 보증)」(같은 예규 별지 제1-6호 양식)을 사용한다.

위 양식들에 관하여 특기할 점은, "해당 법원의 명칭과 사건명"을 적어야 한다는 것이다(공탁규칙 제20조 제2항 제9호).

이때, 담보제공명령의 사본을 공탁서에 첨부함이 실무이다.[18)]

3) 재판상 담보공탁의 관할

재판상 담보공탁의 관할에 대하여는 법률에 규정이 없으나, 담보제공명령을 한 법원의 소재지를 관할하는 지방법원(지원) 공탁소(즉, 공탁계)에서 공탁을 수리함이 바람직하다.[19)]

다만, 시·군법원이 담보제공명령을 한 경우에는 해당 시·군법원에 공탁할 수 있다(공탁규칙 제2조 제2호 참조).

4) 재판상 담보공탁의 공탁서의 제출

재판상 담보공탁이 수리되어, 이에 따라 공탁물보관자에게 공탁물을 납입하고 나면, 공탁자는 납입증명이 된 공탁서를 담보제공을 명한 법원에 제출하게 된다.[20)]

---

15) 대법원 2010. 8. 24.자 2010마459 결정.

16) 대법원 2010. 8. 24.자 2010마459 결정 참조.

17) 제요[민소 I], 423면.

18) **공탁실무편람**, 323면.

19) 「재판상 담보공탁금의 지급청구절차 등에 관한 예규」.

20) 다만, 전자적으로 신청한 보전처분 신청사건이나 그 부수사건에서는, 금전 또는 유가증권을 담보로 제공한 사람은 재판사무시스템으로 전송된 공탁관리시스템의 공탁정보로써 공탁서 원본 제출에 갈음할 수 있다. 민전예규 제110조 제2항.

4. 담보물의 변경[21)]

가. 개 관

법원은 담보제공자의 신청에 따라 결정으로 공탁한 담보물을 바꾸도록 명할 수 있다(법 제126조 본문).

다만, 당사자가 계약에 의하여 공탁한 담보물을 다른 담보로 바꾸겠다고 신청한 때에는 그에 따른다(같은 조 단서).

가령, 공탁한 담보물이 금전인 경우에 유가증권으로 담보물을 변경하는 것도 가능하며,[22)] 신 담보물을 어떠한 종류와 수량의 유가증권으로 할 것인가는 법원의 재량에 의하여 정하여지는 것이라 할 것이나, 법원은 이로 인하여 담보권리자의 이익이나 권리가 침해되지 않도록 원래의 공탁물에 상당한 합리적인 범위 내에서 결정하여야 한다.[23)]

그러나, 본래의 공탁물에 갈음하여 유가증권이나 채권을 공탁하게 할 때에 신구담보물의 액면가액이 절대적으로 동일하거나 그 이상이어야만 하는 것은 아니다.[24)]

나. 담보물변경신청

1) 개 관

담보물변경 사건은 부수사건이므로, 기본사건이 종이기록사건이라면, 담보물변경신청 역시 전자적으로는 하지 못한다(민소전자문서법 제10조 제2항, 민소전자문서규칙 제19조 제1항 제3호 본문).

2) 인지의 첩부 및 송달료의 예납

담보물변경신청은 기본적 신청이므로, 신청서(「담보물변경신청서」)에 1,000원의 인지를 붙이고(민사소송 등 인지법 제9조 제5항 제4호),[25)] 송달료를 예납하여야 하며, 그 신청서는 주기록에 합철된다.[26)]

---

21) cf. 구법(2002. 1. 26. 법률 제6626호로 전부개정되기 전의 것)에서는 "담보물의 변환"이라 하였다.
22) 대법원 1977. 12. 15.자 77그27 결정.
23) 대법원 2000. 5. 31.자 2000그22 결정.
24) 대법원 1988. 8. 11.자 88그25 결정.
25) '인지액·편철방법예규'.
26) '인지액·편철방법예규'.

3) 관 할

담보물변경 신청사건은 담보제공결정을 한 법원 또는 그 기록을 보관하고 있는 법원이 관할한다(규칙 제23조 제1항, 제2항).[27)]

다. 재 판

담보물변경 결정의 주문례는 "위 사건에 관한 2013. . . 이 법원의 공탁명령 중 담보물 "중소기업금융채권 제4회 차2호 액면 금 일천만 원권 2장"을 "산업금융채권 액면 금 일천만 원권 2장, 채권번호 가00266777사, 가00266778사, 발행일 2013. 6. 26. 만기일 2014. 6. 26. 발행인 한국산업은행 은행장"으로 변경한다." 식이 된다.[28)]

라. 담보물변경신청에 대한 재판에 대한 불복

담보물변경신청에 대한 재판에 대하여서는 불복할 수 없다고 할 것이다.[29)]

5. 담보권 및 그 실행방법

가. 담보물에 대한 권리

재판상 담보의 담보권리자는 – 소송비용 또는 담보되는 손해에 관하여 –[30)] **담보물에 대하여 질권자와 동일한 권리를 가진다**(법 제123조).

따라서, 재판상 담보공탁의 경우에는 피공탁자가 공탁금회수청구권에 대하여 질권자와 동일한 권리를 가진다는 것이 된다.[31)]

---

27) cf. 1983. 7. 9. 「민사소송규칙」이 제정되기 전에는, 담보물을 변경하는 여부는 담보를 명한 법원의 권한에 속하는 것으로 해석되고 있었고(대법원 1977. 12. 15.자 77그27 결정), 구 규칙(2002. 6. 28. 대법원규칙 제1761호로 전부개정되기 전의 것) 제16조 제1항 역시 담보제공결정을 한 법원만을 관할법원으로 규정하고 있었다.

28) 제요[민소 Ⅰ], 432면.

29) 주석[민소 Ⅱ], 208면(진상범 집필부분).
실제로, 담보물변경에 관하여 설시한 판례들은 모두 특별항고 사건 판례들이다.

30) 「재판상 담보공탁금의 지급청구절차 등에 관한 예규」 참조.

31) 「재판상 담보공탁금의 지급청구절차 등에 관한 예규」 참조.

나. 담보권 실행방법[32)]

1) 담보공탁의 경우

가) 담보권리자의 담보권 실행

(1) 직접 출급 청구

공탁관은 재판상 담보공탁의 피공탁자(담보권리자)가 공탁원인 사실에 기재된 피담보채권이 발생하였음을 증명하는 서면을 제출하여 공탁금을 출급청구(청구서에 회수청구라고 기재한 때에도 출급청구한 것으로 본다)한 경우에는 공탁금을 피공탁자에게 교부한다. 그러나, 담보취소 결정정본 및 확정증명이 이미 제출된 경우에는 그러하지 아니한다.

이때, 피담보채권에 관한 확정판결(이행판결과 확인판결을 모두 포함), 이에 준하는 서면(화해조서, 조정조서, 공정증서 등) 또는 공탁자의 동의서(인감증명서 첨부)는 특별한 사정이 없는 한 피담보채권이 발생하였음을 증명하는 서면으로 본다.[33)]

가령, 금전 및 이에 대한 완제일까지의 지연손해금의 지급을 명한 판결이나 건물명도 및 그 명도시까지의 차임 상당액의 지급을 명한 가집행선고부 판결에 대한 강제집행정지를 위하여 담보공탁을 한 경우, 그 가집행이 지연됨으로 인한 손해에는 반대의 사정이 없는 한 집행의 정지 효력이 있는 기간 내에 발생된 지연손해금이나 차임 상당의 손해가 포함되므로, 이에 관한 지급을 명한 확정판결 부분은 강제집행정지를 위한 담보공탁의 피담보채권이 발생하였음을 입증하는 서면이 된다.[34)]

그러나, 공탁관은 피공탁자가 제출한 서면이 담보공탁의 피담보채권이 발생하였음을 증명하는 서면에 해당하는지 여부를 신중히 판단하여야 하며, 피공탁자가 출급청구한 금액 중 일부에 관하여 피담보채권이 발생된 것으로 인정되는 경우에는 그 범위 내에서 출급청구를 수리하되, 피담보채권이 발생하였는지 여부가 명확하지 아니한 경우에는 출급청구를 수리하지 아니한다.

(2) 질권실행을 위한 압류 등

공탁관은 담보공탁의 피공탁자가 피담보채권에 터잡아 채권에 대한 담보권의 실행으로서(민사집행법 제273조) 공탁자의 공탁금회수청구권을 압류하고 추심명령이나 확정된 전부명령을 얻어 공탁금 출급청구(청구서의 표시를 회수청구라고 기재한 때에도 같다)한 경우에도 공탁물을

32) 「재판상 담보공탁금의 지급청구절차 등에 관한 예규」.

33) 동지 : 대법원 2015. 9. 10. 선고 2014다34126 판결.

34) 대법원 2000. 1. 14. 선고 98다24914 판결 참조.

피공탁자에게 교부한다.

이 경우에, 피공탁자는 공탁금출급청구서와 함께 질권(담보권) 실행을 위한 압류명령 정본, 추심명령 또는 전부명령 정본, 위 명령의 송달증명, 전부명령에 관한 확정증명을 제출하여야 한다(담보권실행의 신청을 할 때 담보권의 존재를 증명하는 서류를 제출하므로 따로 담보취소결정을 받을 필요는 없음).

나) 담보취소에 기초한 재판상 보증공탁의 공탁금 회수

담보권리자가 공탁자에 대한 집행권원(피담보채권 자체를 집행권원으로 한 경우도 포함)에 기초하여 일반 강제집행절차에 따라 공탁자의 공탁금회수청구권을 압류하고 추심명령 또는 전부명령을 얻어 공탁금 회수청구를 하는 경우에는, 공탁금회수청구서와 함께 담보취소 결정정본 및 확정증명,[35] 질권(담보권) 실행이 아닌 일반 강제집행절차에 의한 압류명령 정본, 추심명령 또는 전부명령 정본, 위 명령의 송달증명, 전부명령에 관한 확정증명을[36] 제출하여야 한다.

이와 관련하여서는 특기할 사항들이 있다.

첫째, 공탁금회수청구권에 관하여 채권압류 및 전부명령(또는 추심명령)을 받은 채권자 자신이 (대위)담보취소신청을 할 수 있다.[37]

둘째, 담보취소에 기초하여 공탁금회수청구를 하는 경우에도 그 담보공탁금의 피담보채권을 집행채권으로 하는 것인 이상, 담보권리자의 위와 같은 담보취소신청은 어디까지나 담보권을 포기하고 일반 채권자로서 강제집행을 하는 것이 아니라 오히려 적극적인 담보권실행에 의하여 그 공탁물회수청구권을 행사하기 위한 방법에 불과하다고 보는 것이 합리적이므로 이는 담보권의 실행방법으로 인정되고, 따라서 이 경우에도 질권자와 동일한 권리가 있다는 점이다.[38]

실무상, 재판상 보증공탁의 공탁금은 이를 출급하기보다는 위와 같은 방식에 의하여 회수

---

35) 담보취소결정 정본 및 확정증명서는 공탁물의 회수청구권이 있음을 증명하는 서류(공탁규칙 제34조 제2호 본문)이다. 공탁선례 1-236, 2-337, 2-257.

36) 담보권리자가 공탁금회수청구권에 대해 압류·전부명령을 받은 후 담보취소결정을 받아 공탁금회수청구를 하는 경우에는 그 전부명령은 확정되어 효력이 있는 것이어야 하기 때문이다. 대법원 2007. 6. 14.자 2007마214 결정.

37) 대법원 1971. 4. 16.자 71스4 결정(사안은 채권압류 및 전부명령). 동지 : 대법원 1969. 11. 26.자 69마1062 결정(사안은 채권압류 및 전부명령) ; 대법원 1982. 9. 23.자 82마556 결정(사안은 채권압류 및 전부명령). 이때에는 담보권리자의 동의(법 제125조 제2항) 없이 담보취소신청을 할 수 있다. **공탁실무편람**, 338면.

38) 따라서, 그에 선행하는 일반 채권자의 압류 및 추심명령이나 전부명령으로 이에 대항할 수 없다. 대법원 2004. 11. 26. 선고 2003다19183 판결.

하는 것이 일반적이다.[39] 이는, 전술한 바와 같이, 담보권 자체를 실행하기 위하여서는 피담보채권에 관한 확정판결이나 공탁자의 동의서까지 필요하다는 번거로움이 있기 때문일 터이다.

2) 공탁보증보험증권 제출의 경우

공탁보증보험증권이 담보로 제공된 경우에는, 지급보증위탁계약에 정한 사유가 발생하면 해당 은행등에 보증금(보험금)을 청구하게 된다.

실무상, 이러한 청구에는 보험증권(또는 사본) 또는 공탁보증보험 계약체결 사실을 증명하는 서면, 그리고 집행권원 또는 집행권원을 증명할 수 있는 서류가 필요하며, 이러한 보험금 청구권은 3년의 소멸시효에 걸린다(상법 제662조).[40]

6. 담보의 취소

가. 개 관

담보제공자가 일정한 사항을 증명하여 취소신청을 하면 법원은 담보취소결정을 하여야 한다(법 제125조).

이러한 담보취소사유로는 담보사유의 소멸(법 제125조 제1항), 담보권리자의 동의(같은 조 제2항), 권리행사최고기간의 만료(같은 조 제3항)의 세 가지가 있다. 상세한 것은 후술한다.

그런데, 담보취소결정은, 담보제공자로 하여금 담보물을 회수할 수 있는 지위 내지 상태에 놓이도록 하는 것일 뿐, 그 담보물의 귀속을 정하는 것은 아니다.[41]

그리고, 후술하듯이, 담보취소결정은 즉시항고할 수 있는 재판이므로 확정되어야 효력이 있으며, 담보제공자는 담보취소결정 등본 및 확정증명원을 공탁서와 함께 공탁소(즉, 해당 법원 공탁계)에 제출하여 공탁금을 회수할 수 있다.[42]

나. 담보취소의 사유

1) 담보사유의 소멸

담보제공자는 담보하여야 할 사유가 소멸되었음을 증명하여 취소신청을 할 수 있다(법 제

39) 앞의 책, 333면.

40) cf. 2015. 3. 10. 이전에는 시효기간이 2년이었다(구 상법(2014. 3. 11. 법률 제12397호로 개정되기 전의 것) 제662조).

41) 대법원 2011. 1. 13.자 2010마1367 결정.

42) 제요[민소 I], 431면.

125조 제1항).

담보취소의 요건으로서 담보의 사유가 소멸되었다고 함은, 담보를 제공함으로써 잠정적으로 허용되었던 담보제공자의 행위가 이후의 절차에서 그에게 유리하게 확정되었기 때문에 담보제공의 필요성이 없게 되는 것을 말한다.[43)]

즉, 담보사유가 소멸된 것이란, 그 담보를 제공할 원인이 부존재인 경우는 물론이고, 그 후 담보의 존속을 계속시킬 원인이 부존재하게 된 경우, 또는 장래에서 손해발생의 가능성이 없게 된 경우 등을 의미하는 것이다.[44)]

담보사유가 소멸된 경우의 예로는, 소송비용담보의 경우에는, 담보제공자인 원고가 대한민국에 주소·사무소와 영업소를 두게 된 때(법 제117조 제1항), 소송비용 담보면제의 소송구조 결정(법 제129조 제1항 제3호)을 받은 때, 원고가 전부승소하여 소송비용을 피고가 부담하게 된 때,[45)] 원고가 일부패소하였지만 원고 청구의 인용액이 원고가 부담할 소송비용을 초과하게 된 때 등을 들 수 있다.[46)]

2) 담보권리자의 동의

담보제공자는 담보취소에 대한 담보권리자의 동의를 받았음을 증명하여 취소신청을 할 수 있다(법 제125조 제2항).

이때에는 담보권리자로부터 「담보취소동의서」[47)]와 아울러 「즉시항고권 포기서」[48)]까지 받아 (인감증명서나 본인서명사실확인서를 첨부하여)[49)] 함께 제출함이 실무이다.[50)]

3) 권리행사최고기간의 만료(담보권리자의 동의의 간주)

소송이 완결된 뒤 담보제공자가 신청하면, 법원은 담보권리자에게 일정한 기간 이내에 그 권리를 행사하도록 최고하고, 담보권리자가 그 행사를 하지 아니하는 때에는 담보취소에 대

---

43) 대법원 2014. 8. 14.자 2014카담37 결정.

44) 대법원 2006. 6. 30.자 2006마257 결정.

45) 이행권고결정이 확정된 경우도 같다. 대법원 2006. 6. 30.자 2006마257 결정.

46) **공탁실무편람**, 335면.

47) '인지액·편철방법예규'에는 「담보권리자동의서」라고 되어 있다.

48) 그런데, 항고의 대상인 재판(예 : 담보취소결정)이 고지되기 전에는 포기의 대상인 항고권이 발생할 수 없으므로, 여기서 말하는 즉시항고권 포기서의 실제 성질은 불항고합의서로 이해하여야 할 듯하다. 그리고, 후술하는 바와 같이 담보취소결정에 대하여 담보제공자는 항고할 수 없으므로, 담보권리자만이 항고하지 아니하기로 약정하였다 하여 공평에 반하는(그 결과 위 합의가 무효로 되는) 것은 아니며, '판결의 확정과 그 효력' 부분에서 후술하듯이, 불항고합의가 있다면 결정고지시에 결정이 확정된다.

49) 접수예규 제2조 제3항 본문.

50) 앞의 책, 338면.

하여 동의한 것으로 본다(법 제125조 제3항).

위 법조에서 말하는 권리행사최고를 할 수 있는 시기인 "소송이 완결된 뒤"라 함은, 일반적으로 담보권리자가 그 권리를 행사할 수 있게 된 시기, 즉 담보의 피담보채권인 손해배상청구권 등의 존재와 범위가 객관적으로 확정되어 담보권리자의 권리행사를 기대할 수 있을 정도로 그 권리의 행사나 금액의 산정에 특별한 장애가 없는 상태가 된 때를 의미한다.51)

그런데 이 경우, 담보권리자의 권리행사는 법원이 정한 최고기간내에 담보의무자에 대하여 소송의 방법으로 하여야 하는 것이다.52)

한편, 담보제공자의 권리행사최고에 따라 담보권리자가 권리행사를 위하여 제기한 소송의 소송비용은 강제집행정지로 인하여 입은 통상손해에 해당한다고 할 것이므로 위 소송비용은 강제집행정지를 위하여 법원의 명령으로 제공된 담보공탁금의 피담보채권이 된다고 할 것이다.53)

다만, 최고를 받은 담보권리자가 소의 제기, 지급명령의 신청 등 소송의 방법으로 권리행사를 한 경우에도, 그 권리 주장의 범위가 담보공탁금액 중 일부에 한정되어 있을 때에는, 그 초과 부분에 대해서는 담보취소에 대한 동의가 있다고 보아야 하므로, 법원은 그 부분 일부 담보를 취소하여야 한다.54)

그런데, 담보권리자가 권리행사를 위하여 제기한 소송에서 주장한 손해배상청구의 내용 중 해당 담보의 효력이 미치는 배상청구권의 범주에 속하지 않는 것은 담보취소를 저지하는 권리행사로서의 효력이 없다고 보아야 하나,55) 담보권리자의 주장 자체에 의하더라도(그 손해가) 발생할 수 없음이 명백하다는 등의 특별한 사정이 없는 한, 담보권리자가 소송에서 주장한 손해가 통상의 손해가 아니라는 이유만으로 담보에 대한 권리행사의 효력이 미치지 않는다고 단정할 것은 아니다.56)

그리고 담보권리자가 주장한 권리 내용에 지연손해금이나 소송비용이 포함되어 있는 등으로 구체적인 손해액을 확정하기 어려운 경우에도, 법원으로서는 제출된 자료를 기초로 상당하다고 인정되는 범위에서 권리행사가 있었던 것으로 보고 이를 초과하는 부분에 대한 담보

51) 대법원 2010. 5. 20.자 2009마1073 전원합의체 결정.

52) 대법원 1978. 10. 26.자 78마263 결정, 동지 : 대법원 1992. 10. 20.자 92마728 결정 ; 대법원 2008. 3. 17.자 2008마60 결정.

53) 대법원 2004. 7. 5.자 2004마177 결정(사안은 제3자이의의 소에 따른 집행정지).

54) 대법원 2017. 1. 13.자 2016마1180 결정.

55) 대법원 2017. 1. 13.자 2016마1180 결정(사안은 강제집행의 정지를 위한 담보공탁금).

56) 대법원 2017. 1. 13.자 2016마1180 결정(사안은 강제집행의 정지를 위한 담보공탁금).

를 취소하여야 한다.[57]

권리행사최고 및 담보취소의 신청을 기각하는 결정에 대하여는 통상항고(법 제439조)로써 불복할 수 있다(법 제125조 제4항의 반대해석).[58]

다. 담보취소신청 및 담보권리행사최고신청

1) 개 관

담보제공자 외에도 그 승계인 역시 담보취소신청을 할 수 있음은 물론이다.[59]

담보취소나 담보권리행사최고 사건은 부수사건이므로, 기본사건이 종이기록사건이라면, 담보취소신청이나 담보권리행사최고신청 역시 전자적으로는 하지 못한다(민소전자문서법 제10조 제2항, 민소전자문서규칙 제19조 제1항 제3호 본문).

2) 인지의 첩부 및 송달료의 예납

담보취소신청과 담보권리행사최고신청은 기본적 신청이므로, 신청서에 1,000원의 인지를 붙이고(민사소송 등 인지법 제9조 제5항 제4호), 송달료를 예납하여야 하며, 그 신청서는 주기록에 합철된다.[60]

주의할 것은, 담보권리행사최고신청은 담보취소신청과 동시에 할 수도 있으나('권리행사최고 및 담보취소신청'), 양자는 별개의 사건이므로 이 경우 인지도 각각 첩부하여야 한다. 즉 '권리행사최고 및 담보취소신청' 1건당 2,000원(=1,000원×2)의 인지를 첩부하여야 한다.

3) 관 할

담보취소 신청사건은 담보제공결정을 한 법원 또는 그 기록을 보관하고 있는 법원이 관할한다(규칙 제23조 제1항, 제2항).[61]

---

57) 대법원 2017. 1. 13.자 2016마1180 결정(사안은 강제집행의 정지를 위한 담보공탁금).

58) 대법원 2011. 2. 21.자 2010그220 결정.

59) 제요[민소 I], 427면.

60) '인지액·편철방법예규'.

61) cf. 1983. 7. 9.「민사소송규칙」이 제정되기 전에는, 담보취소신청사건은 담보제공을 명한 법원의 전속관할에 속하는 것으로 해석되고 있었는바(대법원 1981. 10. 7.자 80카54 결정), 이에 따라 구 규칙(2002. 6. 28. 대법원규칙 제1761호로 전부개정되기 전의 것) 제16조 제1항은 담보제공결정을 한 법원만을 관할법원으로 규정하고 있었다.

라. 담보취소에 관한 재판에 대한 불복

1) 각하결정에 대한 불복

담보취소신청을 각하한 결정에 대하여는 통상항고(법 제439조)로써 불복할 수 있는 것으로 해석된다.[62]

2) 인용결정에 대한 불복

담보취소결정에 대하여는 즉시항고를 할 수 있다(법 제125조 제4항).

그런데, 이와 관련하여서는 주의할 점이 있다.

첫째, 담보취소결정에 대하여 담보제공자는 항고의 이익이나 필요가 있다고 할 수 없다.[63] 따라서, 담보취소결정에 대하여 항고할 수 있는 자는 담보권리자일 따름이라는 것이 된다.

둘째, 담보취소결정이 확정되기 전에 담보권리자가 권리행사를 하고 이것을 증명한 경우에는 담보권리자가 담보취소에 동의한 것으로 간주하여 발하여진 담보취소결정은 그대로 유지될 수 없다.[64] 따라서, 그와 같은 경우 법원은 담보취소신청을 기각하게 된다.[65]

다만, 권리행사기간 안에 또는 담보취소결정이 확정되기 전에 일단 담보권리자에 의한 소의 제기 등의 권리행사가 있었으나 그 후 그 소가 취하되거나 취하간주되는 등의 이유로 권리행사가 처음부터 없었던 것으로 보는 때에는, 권리행사기간이 경과함으로써 담보취소에 관하여 담보권리자의 동의가 있는 것으로 간주하여야 할 것이다.[66]

---

62) 제요[민소 I], 431면; **공탁실무편람**, 340면.

63) 대법원 2011. 1. 13.자 2010마1367 결정.

64) 대법원 2000. 7. 18.자 2000마2407 결정. 동지: 대법원 2008. 3. 17.자 2008마60 결정.
즉시항고를 제기하고 나서 비로소 위와 같이 권리행사 및 그 증명을 한 경우에도 마찬가지임은 물론이다. 대법원 2000. 7. 18.자 2000마2407 결정.

65) 대법원 2000. 7. 18.자 2000마2407 결정 참조.

66) 대법원 2008. 3. 17.자 2008마60 결정.

Ⅱ. 소송비용의 담보

1. 소송비용담보제공명령

가. 개 관

1) 소가 제기된 때 : 담보의 제공

원고가 대한민국에 주소·사무소와 영업소를 두지 아니한 때[67] **또는 소장·준비서면, 그 밖의 소송기록에 의하여 청구가 이유 없음이 명백한 때 등 소송비용에 대한 담보제공이 필요하다고 판단되는 경우에**[68] **피고의 신청이 있으면 법원은 원고에게 소송비용에 대한 담보를 제공하도록 명하여야 한다**(법 제117조 제1항 전문).[69]

더 나아가, **이 경우에 법원은 직권으로 원고에게 소송비용에 대한 담보를 제공하도록 명할 수 있다**(같은 조 제2항).

법 제117조 제1항, 제2항은 원고가 대한민국에 주소 등을 두고 있지 아니하여 피고가 승소하더라도 소송비용을 상환받기 어려울 것으로 예상되거나 소송기록에 의하여 청구가 이유 없음이 명백하여 원고가 소송비용을 부담하게 될 것이 분명하다는 등의 사유가 있는 경우에 피고의 원고에 대한 소송비용상환청구권의 용이한 실현을 미리 확보하여 두려는 데에 그 취지가 있고,[70] 특히 "소송기록에 의하여 청구가 이유 없음이 명백한 때"와 관련하여서는 남소를 제한하는 취지도 있다.[71]

따라서, 소송비용에 대한 담보제공명령은, 원고가 대한민국에 주소 등을 두지 아니한 때

---

67) 헌재 2011. 12. 29. 선고 2011헌바57 결정은, "원고가 대한민국에 주소·사무소와 영업소를 두지 아니한 때" 부분이 재판청구권이나 평등권을 침해하지 아니한다고 보았다. 동지 : 헌재 2016. 9. 29. 선고 2016헌바10 결정.

68) 헌재 2016. 2. 25. 선고 2014헌바366 결정은, "소장·준비서면, 그 밖의 소송기록에 의하여 청구가 이유 없음이 명백한 때 등 소송비용에 대한 담보제공이 필요하다고 판단되는 경우" 부분이 재판청구권을 침해하지 아니한다고 보았다. 동지 : 헌재 2020. 9. 24. 선고 2019헌바495 결정.

69) 특허법원의 심결취소소송에서도 소송비용 담보제공 신청권은 피고에게 있을 뿐 원고가 위와 같은 담보제공 신청을 할 수는 없고, 이 점은 심결취소소송의 피고가 해당 심결취소소송의 불복 대상이 된 특허심판원 심결이 내려진 상표등록무효심판절차의 청구인이라고 하더라도 마찬가지이다. 대법원 2012. 9. 13.자 2012카허15 결정.

70) 대법원 2013. 5. 31.자 2013마488 결정. 동지 : 대법원 1999. 5. 4.자 99마633 결정 ; 헌재 2016. 2. 25. 선고 2014헌바366 결정 ; 헌재 2019. 4. 11. 선고 2018헌바431 결정.

71) 헌재 2012. 11. 29. 선고 2011헌바173 결정. 동지 : 헌재 2016. 2. 25. 선고 2014헌바366 결정 ; 헌재 2019. 4. 11. 선고 2018헌바431 결정.
그리고, 위 판례는 위 규정 부분이 재판청구권을 침해하지 아니한다고 보았다.

또는 소송기록에 의하여 청구가 이유 없음이 명백한 때에 해당하거나 그 밖에 이에 준하는 사유가 있어 피고의 이익을 보호하기 위하여 소송비용상환청구권의 용이한 실현을 미리 확보하여 둘 필요가 있는 경우에만 허용된다.[72]

그러나, 피고가 내국인인지의 여부나 주소, 사무소, 영업소를 대한민국에 두고 있는지의 여부는 피고의 담보제공신청권에 영향을 주지 않음은 물론이다.[73]

구법(2010. 7. 23. 법률 제10373호로 개정되기 전의 것) 제117조 제1항은 '원고가 대한민국에 주소·사무소와 영업소를 두지 아니한 때'에만 소송비용담보제공신청이 가능할 뿐만 아니라 신청에 의하여서만 담보제공명령을 할 수 있도록 하였다. 그러나, 현행법은 널리 담보제공이 필요하다고 판단되는 경우에는[74] 그리고 직권으로도 담보제공명령을 할 수 있도록 하였다.

다만, **청구의 일부에 대하여 다툼이 없는 경우에는 그 액수가 담보로 충분하면 담보제공을 신청할 수 없다**(법 제117조 제3항).

2) 청구가 확장되거나 상소가 제기된 때 등 : 담보의 추가제공

담보가 부족한 경우에도 피고의 신청이 있으면 법원은 원고에게 소송비용에 대한 담보를 제공하도록 명하여야 한다(법 제117조 제1항 후문).

이 경우에도 법원은 직권으로 원고에게 소송비용에 대한 담보를 제공하도록 명할 수 있다(같은 조 제2항).

다만, **청구의 일부에 대하여 다툼이 없는 경우에는 그 액수가 담보로 충분하면 담보제공을 신청할 수 없다**(같은 조 제3항).

"담보가 부족한 경우"란, 상소 제기나 청구의 확장 등으로 말미암아 소송비용이 추가로 소요될 것이 예상되는 경우 등 소송의 경과에 따라 제공된 담보가 충분하지 않게 된 경우를

---

72) 대법원 2013. 5. 31.자 2013마488 결정(A 영농조합법인이 준비명령에서 정한 기한 내에 B 영농조합법인 등의 답변서에 대한 반박 준비서면을 제출하지 아니하여 제1심법원이 민사소송법 제117조에 따라 소송비용에 대한 담보제공을 명한 사안에서, A 법인이 대한민국에 주사무소를 두고 있고 소송기록만으로 A 법인의 청구가 이유 없음이 명백하다고 단정하기 어려우며 이는 본안소송의 심리를 통해 밝혀져야 할 것인 점, A 법인이 준비명령에서 정한 기한 내에 B 법인 등의 답변서에 대한 반박 준비서면을 제출하지 않은 사정만으로 소송기록에 의하여 청구가 이유 없음이 명백한 때에 준하는 사유가 생겼다고 보기도 어려운 점 등을 고려하면, B 법인 등의 이익을 보호하기 위하여 소송비용상환청구권의 용이한 실현을 미리 확보하여 둘 필요가 있다고 할 수 없는데도, 위 담보제공명령이 정당하다고 본 원심결정에 법리오해의 위법이 있다고 한 사례).

73) 대법원 1999. 5. 4.자 99마633 결정.

74) 즉, 종래의 담보제공사유인 "원고가 대한민국에 주소·사무소와 영업소를 두지 아니한 때"나 개정법에서 추가된 "소장·준비서면, 그 밖의 소송기록에 의하여 청구가 이유 없음이 명백한 때"는 이제는 예시적 사유에 불과하게 되었다.

말하고, 담보가 부족한지 여부는 지출한 소송비용의 총액과 담보액을 대비하여 정할 것이고, 전자가 후자를 초과할 때에 피고가 담보의 부족이 생긴 것을 안 것으로 추정할 것이다.[75)]

한편, 소송비용의 담보제공 신청권이 피고에게 있을 뿐 원고가 소송비용 담보제공 신청을 할 수 없다는 이치는 상소심 절차에서도 동일하게 적용된다.[76)]

따라서, 예컨대, 원고가 본안소송의 항소심에서 승소하여 피고가 그에 대한 상고를 제기함에 따라 원고가 피상고인으로 되었다고 하여 원고에게 소송비용 담보제공 신청권이 인정되는 것은 아니다.[77)]

나. 소송비용담보제공신청

소송비용담보제공 사건은 부수사건이므로, 기본사건이 종이기록사건이라면, 소송비용담보제공신청 역시 전자적으로는 하지 못한다(민소전자문서법 제10조 제2항, 민소전자문서규칙 제19조 제1항 제3호 본문).

소송비용담보제공신청은 기본적 신청이므로, 신청서에 1,000원의 인지를 붙이고(민사소송 등 인지법 제9조 제5항 제4호), 송달료를 예납하여야 하며, 별도기록이 편성된다.[78)]

다. 담보제공에 관한 결정

1) 담보제공명령

법원은 (소송비용)**담보를 제공하도록 명하는 결정에서 담보액과 담보제공의 기간을 정하여야 한다**(법 제120조 제1항).

한편, **다른 법률에 따른 소제기에 관하여 제공되는 담보를 제공하도록 명하는 결정에서도 담보액과 담보제공의 기간을 정하여야 한다**(법 제127조, 제120조 제1항). 예컨대, 주주총회결의 취소소송에서 회사(즉, 피고)의 청구에 의하여 (주주, 즉, 원고에게) 담보제공명령을 할 경우(상법 제377조 제1항 본문)가 그러하다.

---

75) 대법원 1996. 5. 9.자 96마299 결정(피고의 신청에 의하여 제1심 법원이 담보제공 결정을 함에 따라 원고가 그 금액을 공탁한 후 1심이 진행되었는데, 1심에서 패소한 원고가 항소를 제기하자 피고가 다시 담보제공 신청을 한 경우, 원고가 항소를 제기함으로써 소송의 경과에 따라 원고가 제공한 담보가 충분하지 않게 되었고 피고는 이때 비로소 담보가 부족한 것을 알게 되었으므로, 항소심 변론이 개시되기 전에 한 피고의 담보제공 신청은 적법하다고 한 사례). 동지 : 대법원 2002. 8. 14.자 2002카담20 결정.

76) 대법원 2017. 9. 14.자 2017카담507 결정.

77) 대법원 2017. 9. 14.자 2017카담507 결정(원고(상고인)의 신청을 각하한 사례).

78) '인지액·편철방법예규'.

2) 담 보 액

(소송비용의) **담보액은 피고가 각 심급에서 지출할 비용의 총액을 표준으로 하여 정하여야 한다**(법 제120조 제2항).

즉, 원고에게 제공하도록 명하는 담보액은 피고가 그 사건에 있어 각 심급마다 지출하여야 할 소송비용의 합계액을 표준으로 하여 법원이 재량으로 정하는 것이고, 원고가 1심 또는 항소심에서 승소하여도 담보제공의무를 면할 수는 없으므로, 법원으로서는 1심뿐만 아니라 항소심과 상고심까지 고려하여 각 심급에서 원고가 제기한 구체적인 소송에 관하여 통상 지출하게 될 것으로 예측되는 소송비용의 합계액을 기준으로 하여 담보액을 재량으로 정할 수 있다.[79]

그런데, 가령, 주주대표소송이라 하더라도, 그 담보액은 소가(1억 원, 민사소송 등 인지규칙 제18조의2 단서)를 기준으로 산정하는 것이지, 청구금액을 기준으로 이를 산정하는 것은 아니다.[80]

라. 담보제공신청에 관한 결정 등에 대한 불복

(소송비용)**담보제공신청에 관한 결정에 대하여는 즉시항고를 할 수 있다**(법 제121조).

그런데, 직권에 의한 소송비용 담보제공 재판을 도입하면서(법 제117조 제2항의 신설) 이에 대한 불복규정을 별도로 마련하지 아니하였으나, 법원의 직권에 의한 소송비용 담보제공 재판에 불복할 경우에도 원고는 즉시항고를 제기할 수 있다고 보는 것이 타당하다(법 제121조의 유추해석).[81]

한편, **다른 법률에 따른 소제기에 관한 담보제공신청에 관한 결정에 대하여서도 즉시항고를 할 수 있다**(법 제127조, 제121조).

2. 소송비용담보를 제공하지 아니한 효과

(소송비용)**담보를 제공하여야 할 기간 이내에 원고가 이를 제공하지 아니하는 때에는 법원은 변론 없이 판결로 소를 각하할 수 있다**(법 제124조 본문).[82]

---

79) 대법원 1999. 5. 4.자 99마633 결정.

80) 대법원 2009. 6. 25.자 2008마1930 결정(사안은 구 민사소송 등 인지규칙(2014. 7. 1. 대법원규칙 제2541호로 개정되기 전의 것)).

81) 대법원 2011. 5. 2.자 2010부8 결정.

82) 헌재 2016. 2. 25. 선고 2014헌바366 결정은, 법 제124조 본문이 재판청구권을 침해하지 아니한다고

다만, (소각하)**판결하기 전에** (소송비용)**담보를 제공한 때에는 소를 각하할 수 없다**(같은 조 단서).

한편, 다음 장에서 후술하는 바와 같이, 소송비용담보를 제출할 자금능력이 부족한 사람은, 소송비용의 담보면제(법 제129조 제1항 제3호)에 관한 소송구조신청을 할 수 있다.

보았다.

제 2 장 소송구조[83)84)]

1. 소송구조 개관

가. 본래의 소송구조 : 민사소송법상의 소송구조

민사소송법상의 소송구조(訴訟救助)란 자금능력이 부족한 당사자에게 일정한 소송비용의 납입·지급을 유예(예외적으로 면제)하여 주는 제도를 말한다.

실제 재판청구권을 행사하는 데에는 사법서비스를 제공받는 대가로서 일정한 소송비용의 부담이 따르며, 특히 민사소송의 경우 소송물가액에 따른 인지대, 송달비용, 증거조사비용 등 적지 않은 소송비용을 부담하여야 하므로 소송비용을 부담할 자력이 없는 자가 소송비용의 모든 부담을 져야 한다면 형식적으로는 재판청구권이 보장되어 있어도 사실상으로는 권리구제의 길이 닫히게 될 우려가 있다. 그리하여 소송비용을 지출할만한 여력이 없는 자에게도 민사소송에서 기회균등을 보장하려는 사회정책적인 제도로서 소송상의 구제제도를 두게 되었다.[85)]

다만, 변호사의 보수에 대한 소송구조는 쟁점이 복잡하거나 당사자의 소송수행능력이 현저히 부족한 경우 또는 소송의 내용이 공익적 성격을 지니고 있는 경우에 소송수행과정에서 변호사의 조력이 필요한 사건을 위해 마련된 것이다.[86)]

즉, 변호사비용에 대한 소송구조는, 오히려 변호사강제주의의 부분적·우회적 관철수단(변호사를 선임할 수 있게 하여 줄 터이니 변호사를 통하여 조리 있게 주장·입증을 하라는 것)으로서 기능하고 있다.[87)]

---

83) 구「민사소송법」(2002. 1. 26. 법률 제6626호로 전부개정되기 전의 것)에서는 "소송상의 구조"라 하였다.

84) 이에 관한 실무적·기술적인 사항에 관하여서는, 「소송구조제도의 운영에 관한 예규(재일 2002-2)」(이하 '소송구조예규'로 약칭한다) 참조.

85) 헌재 2002. 5. 30. 선고 2001헌바28 결정(사안은, 구「민사소송법」(2002. 1. 26. 법률 제6626호로 전부개정되기 전의 것)). 동지 : 헌재 2020. 4. 23. 선고 2018헌마268 결정.

86) 대법원 2017. 4. 7. 선고 2016다251994 판결. 동지 : 헌재 2016. 7. 28. 선고 2014헌바242·455(병합) 결정.

87) 그러나, 현실적인 난점을 별론으로 하면, 입법론으로는 변호사강제주의는 어디까지나 변호사강제주의 자체에 의하여 관철되어야 할 것이다.

나. 유사제도 : 법률구조법상의 소송구조

민사소송법상의 소송구조와 거의 같은 취지의 제도로서, 법률구조법상의 소송구조제도가 있다. 즉, 경제적으로 어렵거나 법을 몰라서 법의 보호를 충분히 받지 못하는 자에게 대한법률구조공단 등 법률구조법인이 법률상담, 소송대리,[88] 그 밖에 법률 사무에 관한 모든 지원을 하는 것을 법률구조라 하는데(법률구조법 제2조), 이 중에서 소송대리에 관한 법률구조도 일종의 소송구조인 셈이다.

즉, 이러한 법률구조법상의 소송구조는, 의뢰자로부터 소송비용만[89] 받기로 하고서 소송대리를 하여 주는 것을(같은 법 제7조 제1항 단서 참조),[90] 더 나아가 국민기초생활 수급자 등에 대하여서는 심지어 소송비용까지도 국가 등이 대신 부담하여 이를 하여 주는 것을(이른바, 무료법률구조),[91] 그 내용으로 하고 있다(같은 조 제2항 참조).[92]

특기할 것은, 법률구조법상의 소송구조는 논리필연적으로 승소가능성을 그 적극적 요건으로 한다.[93][94] 따라서, 대한법률구조공단의 '법률구조사건처리규칙'(법률구조법 제22조 참조) 역시 이 점을 명문으로 규정하고 있다.

---

88) cf. 법률구조실무에서는 이러한 소송대리에 관한 법률구조도 '소송구조'라 한다.

89) 구체적으로는, 인지대, 송달료 기타 예납비용과 소정의 변호사보수(이에 관하여서는 '소송비용 및 소송비용액확정 절차' 부분에서 후술한다)를 말한다.

90) cf. 이 경우의 대상자를 법률구조실무에서는 이른바 유료대상자라 한다.

91) 다만, 엄밀히 말해서 모든 소송비용을 대납하여 주는 것은 아니며, 예납의 대상이 아닌 당사자비용 등은 당사자의 부담으로 하고 있다.
이러한 무료법률구조의 소송비용은, 국가기관 등지에서 개별 법률구조사업을 위하여 출연한 돈으로써 충당되고 있는바, 예컨대, 고용노동부의 출연금을 바탕으로 임금체불피해근로자의 임금 등 소송과 보전처분 및 강제집행의 대리를 하여 주는 식이다.

92) cf. 「법률구조법」이 예정하고 있는 본래의 구도와는 달리, 대한법률구조공단의 경우 종래 실제로 소송대리를 하는 사건의 9할 이상이 무료법률구조사건에 해당하였다.

93) 이 점에서, 민사소송법상의 소송구조가, 바로 후술하는 바와 같이, 명백한 패소가능성을 소극적 요건으로 하는 것과 다르다.

94) 반대 : 헌재 2001. 2. 22. 선고 99헌바74 결정의 방론은, 법원 이외의 기관이나 기구가 운영하는 소송구조에서는 당사자의 승소가능성에 대한 고려 없이 단지 그의 무자력 여부만에 의하여 소송구조의 허부를 결정하는 제도를 만드는 것도 가능하다고 보았다.

2. 구조의 요건[95)]

가. 개 관

법원은 소송비용을 지출할 자금능력이 부족한 사람의 신청에 따라 또는 직권으로[96)] **소송구조를 할 수 있다**(법 제128조 제1항 본문).

다만, 패소할 것이 분명한[97)] **경우에는 소송구조를 할 수 없다**(법 제128조 제1항 단서).[98)]

위와 같은 소송구조요건의 구체적인 내용과 소송구조절차에 관하여 상세한 사항은 대법원규칙으로 정하는바(같은 조 제4항),[99)] 이에 관하여서는 후술한다.

나. 대상사건

주의할 것은, 비송사건은 소송구조의 대상이 되지 아니하므로, 비송사건을 대상으로 하는 소송구조 신청은 부적법하다는 점이다.[100)]

다만, 가사비송사건은 절차구조의 대상이 되는바, 절차구조의 내용은 소송구조와 대체로 같다(가사소송법 제37조의2).

---

95) 헌재 2016. 7. 28. 선고 2014헌바242·455(병합) 결정은, 법 제128조 제1항이 재판청구권을 침해하지 아니한다고 보았다. 동지 : 헌재 2016. 7. 28. 선고 2016헌바74·207(병합) 결정 ; 헌재 2018. 6. 28. 선고 2018헌바102 결정.

96) cf. 구법(2002. 1. 26. 법률 제6626호로 전부개정되기 전의 것) 제118조 제1항 본문은 신청에 따라서만 소송구조결정을 하도록 하고 있었다.

97) cf. 구법(2002. 1. 26. 법률 제6626호로 전부개정되기 전의 것) 제118조 제1항 단서는 "명백한"이라는 표현을 사용하였다.

98) 헌재 2013. 2. 28. 선고 2010헌바450, 2012헌바331(병합) 결정은, 법 제128조 제1항 단서가 재판청구권이나 평등권을 침해하는 것이 아니라고 보았다. 동지 : 헌재 2001. 2. 22. 선고 99헌바7 결정 ; 헌재 2002. 6. 27. 선고 2001헌바100·2002헌바7(병합) 결정 ; 헌재 2013. 7. 25. 선고 2012헌바471·2013헌바37(병합) 결정.

99) 헌재 2016. 7. 28. 선고 2014헌바242·455(병합) 결정은, 법 제128조 제4항이 포괄위임금지원칙에 위반되지 아니한다고 보았다.
즉, 법 제128조 제4항이 소송구조요건을 대법원규칙에 위임한 것은 재판을 받을 권리를 실질적으로 보장하기 위해서, 소송구조를 인정하는 자금능력 부족의 기준, 패소할 것이 분명한 경우의 인정 범위와 아울러 국가의 예산 운영실태 등을 종합적으로 고려하여 변화에 탄력적으로 대처하기 위함이다. 또한, 소송구조절차에 관한 사항을 대법원규칙에 위임한 것은 그 절차에 관한 사항이 소송구조의 신청 방식이나 변호사 보수지급, 국고대납지급 등 법률을 집행하기 위한 지극히 세부적이고 기술적인 사항이거나 상황 변화에 탄력적 대처가 필요하기 때문이다. 같은 결정.

100) 대법원 2009. 9. 10.자 2009스89 결정(사안은 가족관계등록비송).

다. 자금능력의 부족

실무상, 국민기초생활 수급자 및 차상위계층, 한부모가족 지원대상자, 기초연금 수급자, 장애인연금 수급자, 북한이탈주민 보호대상자 등의 경우에는 소송비용을 지출할 자금능력이 부족한 것으로 보고 있다.[101)][102)]

라. 승소의 가망

이 요건에 관하여서는 뒤에서 상론한다.

3. 소송구조신청

가. 개 관

소송구조신청은 서면(「소송구조신청서」)**으로 하여야 한다**(법 제128조 제4항, 규칙 제24조 제1항).

소송구조 사건은 부수사건이므로, 기본사건이 종이기록사건이라면, 소송구조신청 역시 전자적으로는 하지 못한다(민소전자문서법 제10조 제2항, 민소전자문서규칙 제19조 제1항 제3호 본문).

나. 기재사항

1) 개 관

소송구조의 신청인은 구조의 사유도 소명하여야 한다(법 제128조 제2항).

즉, 소송구조신청을 할 때에는, 무자력과 승소의 가망이 없지 않다는 것을 주장하고 그것을 소명하여야 한다.[103)]

무자력의 소명에 관하여서는 첨부서류와 관련하여 별항으로 후술하겠으며, 아래에서는 승소의 가망의 소명에 관하여서만 본다.

2) 승소의 가망

가) 개 관

법 제128조 제1항 단서는, 패소할 것이 확실하여 권리구제의 가능성이 전혀 없는 경우에까

---

101) 소송구조예규 제3조의2.
cf. 그런데 이들은 대한법률구조공단의 법률구조대상자에도 해당한다.

102) cf. 헌재 2016. 7. 28. 선고 2014헌바242·455(병합) 결정의 방론은, 법인도 “소송비용을 지출할 자금능력이 부족한 사람”에 해당할 수 있다고 하였다.

103) 대법원 1994. 12. 10.자 94마2159 결정. 동지 : 대법원 1995. 11. 22.자 95마1180 결정.

지 소송구조를 인정한다면, 무의미한 소송을 남발하여 재판부담을 증가시키거나 국가예산의 효율적 배분을 저해하게 됨을 고려한 것이다.[104)]

여기서 말하는 "패소할 것이 분명한 경우"란, 소송구조 재판시에 제출된 자료만으로도 더 이상 심리할 필요 없이 신청인이 패소할 것이 확실하다고 판단할 수 있는 경우, 예컨대, 청구가 신청인의 주장 자체로 이유가 없거나 공서양속에 반하는 경우, 주장사실이 허위임이 분명한 경우, 또는 그 주장사실에 대하여 아무런 증거방법이 없는 경우 등을 의미한다.[105)]

패소할 것이 분명하지 않다는 것은 소송구조신청의 소극적 요건이므로, 신청인이 승소의 가능성을 적극적으로 진술하고 소명하여야 하는 것은 아니고, 법원이 당시까지의 재판절차에서 나온 자료를 기초로 패소할 것이 명백하다고 판단할 수 있는 경우가 아니라면 그 요건은 구비되었다고 할 것이다.[106)]

나) 항소심의 승소 가망

항소심의 경우에도, 제1심에서 패소하였다는 사실만으로 항소심에서도 패소할 것이 명백하다고 추정되는 것은 아니어서, 제1심에서 패소한 당사자가 항소심에서 소송상구조를 신청하는 경우에도 신청인이 적극적으로 항소심에서 승소할 가능성을 진술하고 소명하여야 하는 것은 아니고, 법원은 신청인의 신청이유와 소명자료는 물론 본안소송에서의 소송자료 및 증거자료도 함께 종합하여 항소심에서 신청인이 패소할 것이 확실한지를 판단하여야 할 것이다.[107)]

그렇지만, 패소할 것이 명백한 경우가 아니라는 점에 관한 소명의 정도는 제1심에서 소송상의 구조를 신청하는 경우에 비하여 좀 더 구체적인 소명을 필요로 하는 것이라고 보아야 할 것이다.[108)]

그러므로, 항소인이 제2심에서 소송상의 구조를 신청하려면, 자신이 제1심에서는 패소하였지만, 제1심 판결에 사실상·법률상의 하자가 있어서 그 판결이 취소될 개연성이 없지 않다거나, 자신이 제출할 새로운 공격방어방법이 새로운 증거에 의하여 뒷받침됨으로써 제2심에서는 승소할 가망이 없다고 할 수 없다는 점 등을 구체적으로 명시하여 그 사유를 소명하지 않으면 아니된다고 할 것이다.[109)]

---

104) 헌재 2013. 7. 25. 선고 2012헌바471·2013헌바37(병합) 결정.

105) 헌재 2013. 7. 25. 선고 2012헌바471·2013헌바37(병합) 결정.

106) 대법원 2001. 6. 9.자 2001마1044 결정.

107) 대법원 2001. 6. 9.자 2001마1044 결정.

108) 대법원 1992. 8. 31.자 92마102 결정.

다) 상고심의 승소 가망

그러나, 항소심에서 패소한 당사자가 상고심에서 소송상의 구조를 신청한 경우, 그 당사자가 항소심에서 패소한 사실만을 가지고 막바로 상고심에서도 패소할 것이 분명하다고 단정할 수는 없는 것이지만, 패소할 것이 분명한 경우가 아니라는 점에 관한 소명의 정도는 제1심이나 항소심에서 소송상의 구조를 신청하는 경우에 비하여 좀더 구체적인 소명을 필요로 하는 것이라고 보아야 할 것이므로, 신청인이 상고심에서 소송상의 구조를 신청하려면, 자신이 항소심에서는 패소하였지만, 항소심 판결에 법률상의 하자 등이 있어 그 판결이 취소될 개연성이 없지 않다는 점 등을 구체적으로 명시하여 그 사유를 소명하여야 한다.[110)]

다. 첨부서류

소송구조신청서에는 신청인 및 그와 같이 사는 가족의 자금능력을 적은 서면(「소송구조 재산관계진술서」)[111)]을 붙여야 한다(규칙 제24조 제2항).

다만, 자금능력에 대한 서면의 제출(규칙 제24조 제2항)은 신청인이 소송비용을 지출할 자금능력이 부족한 사람이라는 점을 소명하기 위한 하나의 방법으로 예시된 것으로 봄이 상당하므로, 신청인으로서는 다른 방법으로 자금능력의 부족에 대한 소명을 하는 것도 가능하다고 할 것이고, 법원은 자유심증에 따라 그 소명 여부를 판단하여야 한다.[112)]

더 나아가, 국민기초생활 수급자 등 실무상 자금능력이 부족한 것으로 보는 경우에는 해당 증명서를 첨부하는 것으로 족하다고 할 것이다.

라. 인지의 첨부 및 송달료의 예납

소송구조신청은 기본적 신청이므로, 신청서에 1,000원의 인지를 붙이고(민사소송 등 인지법 제9조 제5항 제4호),[113)] 송달료를 예납하여야 하며, 그 신청서는 원칙적으로 주기록에 첨철되되 항고, 재항고 심리기간에는 별도기록이 편성된다.[114)]

---

109) 대법원 1992. 8. 31.자 92마102 결정. 동지 : 대법원 1994. 12. 10.자 94마2159 결정 ; 대법원 1995. 11. 22.자 95마1180 결정.

110) 대법원 1992. 8. 31.자 92마102 결정. 동지 : 대법원 2001. 3. 8.자 2001카기38 결정.

111) 그 양식은 '대한민국법원 전자민원센터'에서 구할 수 있다.

112) 대법원 2003. 5. 23.자 2003마89 결정.

113) '인지액·편철방법예규'.

114) '인지액·편철방법예규'.

마. 관 할

소송구조에 대한 재판은 소송기록을 보관하고 있는 법원이 하나(법 제128조 제3항),[115] 소제기 전에는 소를 제기하려는 법원에 신청하여야 함은 물론이다.

법 제128조 제3항의 취지는, 특히 상소와 관련하여, 소송구조신청이 소송지연책으로 악용되거나 원심재판장의 상소장 심사를 회피하기 위한 편법으로 이용되는 것을 방지하고자 함에 있다.[116]

이와 관련하여 특기할 것은, 각급 법원장 및 지원장은 사건의 수, 업무량, 소속 법관의 수, 사무분담의 편의 기타 각 법원의 사정 등을 고려하여 소송구조 신청사건의 전부 또는 일부를 전담하여 처리하는 재판부를 설치할 수 있다.[117] 이는, 본안재판부의 심증개시 부담 완화, 본안사건 승패예단 방지, 소송구조 요건심사의 통일 등을 도모하기 위함이다.

4. 소송구조에 대한 재판

가. 구조의 범위

1) 구조의 객관적 범위

가) 개 관

국가재정의 제약이 있기 때문에 구조에 의한 보호의 범위에도 제한이 있는 것은 부득이하다고 할 수 있다.[118]

소송과 강제집행에 대한 소송구조의 범위는 다음 각호와 같다. 다만, 법원은 상당한 이유가 있는 때에는 다음 각호 가운데 일부에 대한 소송구조를 할 수 있다(법 제129조 제1항).[119]

---

115) 헌재 2016. 7. 28. 선고 2015헌마105, 2016헌바36(병합) 결정은, 이 규정이 재판청구권이나 평등권을 침해하지 아니한다고 보았다.

116) 대법원 2003. 5. 13.자 2003마219 결정. 동지: 헌재 2016. 7. 28. 선고 2015헌마105, 2016헌바36(병합) 결정.
cf. 구법(2002. 1. 26. 법률 제6626호로 전부개정되기 전의 것) 제118조 제1항은 "법원은 소송비용을 지출할 자력이 부족한 자의 신청에 의하여 각심에서 소송상의 구조를 할 수 있다."라고 규정하면서, 현행법 제128조 제3항에 해당하는 규정은 두지 아니하고 있었으므로, 구법의 해석으로는, 소송상의 구조신청은 그 구조를 구하는 심급의 법원에 하여야 하지만 그 내용이 상고장에 첩부하여야 할 인지의 첩부를 유예받고자 하는 경우에는 상소법원에 직접 신청을 하지 않고 원심법원을 경유하여도 무방하되 이 경우 원심법원은 이를 상소법원에 송부하여야 하고 그 신청에 대한 구조의 부여 또는 각하결정은 해당 상소법원만이 할 수 있다고 보았다. 대법원 1994. 6. 20.자 94마812 결정.

117) 소송구조예규 제2조의2.

118) 헌재 2002. 5. 30. 선고 2001헌바28 결정.

119) cf. 구법(2002. 1. 26. 법률 제6626호로 전부개정되기 전의 것) 제119조 제1항에는 현행법과 같은 단서

① 재판비용의 납입유예

따라서, 구조결정을 받은 피구조자가 본안소송에서 패소하여 소송비용의 부담재판을 받은 경우에는 유예받은 비용을 지급하여야 하는바, 이로 인해 자력이 부족한 자의 재판을 받을 권리가 실질적으로 보장되지 않는 결과가 초래되는 것은 아닌지 의문이 있을 수 있다. 그러나, 만약 자력이 부족하여 소송구조를 받은 자에 대하여 소송에서 패소하는 경우에도 일체의 소송비용을 부담하지 않도록 하고 국가에서 이를 부담한다면, 자력이 부족한 자는 본안소송에서의 승패에 대한 부담이 없으므로 언제든지 소송을 제기할 수 있게 되는 결과를 가져오게 되어 자력이 부족한 자에 의한 남소를 초래할 우려가 있을 뿐만 아니라 일반국민이 납부하는 세금인 국고로 자력이 없는 자의 재판을 받을 권리를 자력이 있는 자에 비하여 오히려 지나치게 보장하게 되어 불공평하다 하지 않을 수 없다. 그리고 현행 민사소송법상 피구조자가 패소하여 소송비용을 지급할 의무를 부담하게 되었더라도 피구조자의 무자력으로 인해 추심불능에 이르면 결국 국고부담으로 돌아갈 수밖에 없어 패소한 피구조자는 소송비용을 부담하지 않게 되는데, 그렇다면 자력이 부족하다고 하여 소송상 구조를 받았다고 하더라도 패소하였다면 자력이 있는 한도 내에서는 소송비용을 부담하게 하는 것이 형평에 맞다고 할 것이다.[120]

② 변호사 및 집행관의 보수와 체당금(替當金)의 지급유예

③ 소송비용의 담보면제

④ 대법원규칙이 정하는 그 밖의 비용의 유예나 면제

그러나 현재까지 이에 대하여 규정한 대법원규칙은 없다. 이에 따라, 법원이 소송구조신청을 인용하는 때에는 구조결정의 범위(예: 소장의 인지액, 변호사비용, 시가감정의 감정료 등)를 결정서에 기재함이 실무이다.[121]

특기할 것은, 변호사비용에 대하여 소송구조결정이 있는 때에는 조서 및 판결서에 - 해당 변호사를 기재할 때에 - "변호사 ○○○(소송구조)"라고 적는다.[122]

규정이 없었으나, 그럼에도 불구하고 구조의 범위는 일부 구조도 가능한 것으로 해석되고 있었다(대법원 2001. 6. 9.자 2001마1044 결정).

120) 헌재 2002. 5. 30. 선고 2001헌바28 결정(사안은, 구법(2002. 1. 26. 법률 제6626호로 전부개정되기 전의 것) 제119조 제1항).

121) 소송구조예규 제3조 제1항.

122) 소송구조예규 제4조 제2항.

나) 재판비용

"재판비용"의 개념은 '소송비용' 부분에서 후술하겠으나, 이에 관하여서는 주의할 점이 있다.

첫째, 당사자비용(다만, 변호사보수는 예외)은 소송구조의 대상이 아니다. 예컨대, 감정료에 관하여 소송구조결정을 받았다 하여 신체감정을 받으면서 병원에 납부할 제반 검사비용까지 그 납입이 유예되는 것이 아니다.

둘째, 소장의 인지액에 관하여 구조결정이 된 경우, 그 효력이 이후 확장 또는 추가된 청구에까지 미치는 것은 아니다(그 확장 또는 추가된 부분에 관하여 별도로 구조결정을 받는 것은 별론).

다) 변호사 및 집행관의 보수와 체당금

여기에서 말하는 "변호사의 보수"는, 변호사가 소송구조결정에 따라 소송구조를 받을 사람을 위하여 소송을 수행한 대가를 의미하고, 소송구조를 받을 사람의 상대방을 위한 변호사 보수까지 포함된다고 볼 수는 없다.[123]

"변호사의 체당금"이란, 소송수행을 위하여 변호사가 먼저 지출하여 소요된 여비, 숙박비 등의 비용을 말한다.

라) 소송비용의 담보

"소송비용의 담보면제"는 법원이 원고에게 피고가 부담하게 될 소송비용에 대한 담보를 제공하도록 명한 경우(법 제117조) 소송구조의 요건을 갖춘 원고가 재판을 받을 수 있도록 위 담보를 제공할 의무를 면제해 주기 위해 마련된 것이다.[124]

2) 구조효력의 주관적 범위

소송구조는 이를 받은 사람에게만 효력이 미친다(법 제130조 제1항).

따라서, 그의 승계인에게는 효력이 미치지 아니한다(같은 조 제2항 참조).

또한, 여러 선정자가 그중의 여러 사람을 선정당사자로 선정하고 그 선정당사자가 소송구조를 신청한 경우에는, 그 선정당사자와 선정자와의 관계를 밝히고 어느 선정자에 대하여

---

123) 대법원 2017. 4. 7. 선고 2016다251994 판결(사안은 상대방의 변호사보수에 관하여 소송비용담보제공명령을 받은 원고가 담보를 제공하지 아니하여 소각하판결을 받은 후, 항소심에서 '변호사 보수에 대한' 소송구조결정을 받은 것이다. 항소법원은 이로써 담보제공을 하지 않은 하자가 치유되었다고 보았으나, 대법원은 이러한 이러한 항소법원의 판단은 소송구조의 객관적 범위에 관한 법리를 위반한 것이라고 보았다).

124) 대법원 2017. 4. 7. 선고 2016다251994 판결.

어느 범위에서 소송구조를 하는 것인지를 명백히 하여야 한다.[125]

3) 효력이 미치는 관련 절차의 범위

소송구조의 결정은 해당 심급에 한하여 효력이 있는 것으로 해석된다(규칙 제26조 제1항 참조).

나. 재판의 고지

실무상, 소송구조결정이 있는 때에는 법원사무관 등은 소송구조를 받은 당사자에게 「소송구조안내문」을 결정문과 함께 교부(송부)한다.[126]

상대방에게는, 소송비용의 담보면제의 결정을 한 경우에만 소송구조결정을 고지한다(법 제133조 단서 참조).[127]

다. 불 복

소송구조에 관한 결정에 대하여는 즉시항고를 할 수 있다(법 제133조 본문).

다만, 상대방은 소송비용의 담보면제(법 제129조 제1항 제3호)**의 소송구조결정을 제외하고는 불복할 수 없다**(법 제133조 단서).

5. 소송구조의 효력

가. 재판비용(인지대 제외)의 납입유예 : 재판비용의 지급 요청

송달료, 증인 출석여비 등에 대하여 소송구조결정이 있었을 때에는 재판비용은 우선 국고대납절차에 의하여 국가에서 지급하게 된다.

즉, 소송구조결정을 한 사건에 관하여 증거조사나 서류의 송달을 위한 비용, 그 밖에 당사자가 미리 내야 할 소송비용을 지출할 사유가 발생한 때에는, 법원사무관등은 서면이나 재판사무시스템을 이용한 전자적인 방법으로 경비출납공무원에게 그 소송비용의 대납지급을 요청하여야 한다(규칙 제25조 제1항).

소송비용의 대납지급 요청과 마찬가지로, 위 요청은 소송비용을 지출할 사유가 발생할 때마다 하여야 하나(규칙 제25조 제2항, 제21조 제2항 본문), 서류의 송달료에 관하여는 필요한 범위

125) 대법원 2003. 5. 23.자 2003마89 결정.

126) 소송구조예규 제3조 제2항.

127) 제요[민소 I], 441면.

안에서 여러 번 실시할 비용의 일괄 지급을 요청할 수 있다(규칙 제25조 제2항, 제21조 제2항 단서).

위와 같이 납입이 유예된 재판비용은, 구조의 취소 또는 자금능력 있는 자의 승계에 따라 당사자나 승계인으로부터 수봉(收捧)하거나, 소송비용 부담의 재판을 받은 상대방으로부터 수봉하게 된다. 이에 관하여서는 '기록인계 전의 조치 : 국고대납이나 소송구조의 대상이 된 소송비용의 수봉' 부분에서 후술할 것이다.

나. 인지의 첨부면제

예컨대, 소장의 인지대에 대하여 소송구조결정이 있었다면, 소장에 인지를 붙이지 않아도 되며(민사소송 등 인지법 제1조 본문 참조), 인지대에 관하여서는 그 성질상 전술한 국고대납절차도 문제되지 아니한다.

또한, 소장의 인지액에 관한 구조결정의 효력은 소제기시에 소급한다.

다. 변호사 및 집행관의 보수와 체당금의 지급유예

1) 변호사의 보수와 체당금

가령 변호사비용에 대하여 소송구조결정이 있었다면, 당사자는 변호사 중 누구든지 소송구조결정에 따른 것임을 알리고 승낙을 받아 그 변호사를 선임할 수 있다. 이때에도 보수약정은 할 수 있으나 심급이 완결되기 전까지는 일단은 이를 지급할 필요가 없다. 이를테면, 착수금 없이 변호사를 선임할 수 있게끔 하여 주는 셈이다.

결국, 이 경우 사건을 수임한 변호사는 우선 자신의 비용으로 소송사무를 처리할 수밖에 없고, 다만, 후술하는 바와 같이, 해당 심급의 소송절차가 완료되면 국고에서 보수를 지급받거나 상대방으로부터 보수와 체당금을 추심하게 된다.

상세한 것은 '소송구조 변호사 또는 집행관의 보수 및 체당금의 추심변호사 또는 집행관의 보수 및 체당금의 추심' 부분에서 후술한다.

2) 집행관의 보수와 체당금

강제집행 신청인이 소송구조를 받으면, 수수료 기타 비용의 계산액을 예납하지 아니하더라도 집행관에게 강제집행을 위임할 수 있다(집행관법 제19조 제1항, 집행관수수료규칙 제25조 제1항 단서).

보수 내지 체당금의 지급 내지 추심에 관한 사항은 변호사의 경우와 마찬가지이다.

6. 구조의 취소

가. 개 관

소송구조를 받은 사람이, ① 소송비용을 납입할 자금능력이 있다는 것이 판명되거나 ② 자금능력이 있게 된 때에는, 소송기록을 보관하고 있는 법원은 직권으로 또는 이해관계인의 신청에 따라 언제든지 구조를 취소하고, 납입을 미루어 둔 소송비용을 지급하도록 (결정으로) **명할 수 있다**(법 제131조).

이때 "소송기록을 보관하고 있는 법원"은 소송완결 전에는 소송이 계속 중인 법원이나, 소송완결 후에는 제1심의 수소법원이다.[128)]

즉, 상소법원이 구조결정을 한 경우에 소송이 그 상소법원에 계속되어 있는 때에는 그 상소법원이 구조결정에 대한 취소의 재판을 하지만, 소송이 확정되어 소송기록이 제1심법원에 반환된 경우에는 제1심법원이 구조결정에 대한 취소의 재판을 할 수 있다.[129)]

한편, 후술하듯이 소송구조를 받은 사람이 자금능력회복 사실 신고를 한 때에는 법원이 직권으로 구조취소 결정을 하게 될 것이다.

그러나, 구조취소결정은 구조결정을 한 대상사건의 절차가 판결의 확정, 그 밖의 사유로 종료된 뒤 5년이 지난 때에는 할 수 없다(규칙 제27조 제1항).

구조취소결정은 납입결정과 동시에 함이 원칙이나, 경우에 따라서는 구조취소결정만 하는 것도 가능하며, 이때에는 향후의 소송비용만 당사자가 스스로 부담하게 된다.

납입결정에 관하여서는 '기록인계 전의 조치 : 국고대납이나 소송구조의 대상이 된 소송비용의 수봉' 부분에서 재론한다.

나. 소송구조취소신청

1) 개 관

소송구조취소 사건은 부수사건이므로, 기본사건이 종이기록사건이라면, 소송구조취소신청 역시 전자적으로는 하지 못한다(민소전자문서법 제10조 제2항, 민소전자문서규칙 제19조 제1항 제3호 본문).

---

128) 대법원 2017. 3. 28.자 2016마1844 결정.

129) 대법원 2017. 3. 28.자 2016마1844 결정(사안은 판결이 확정되어 기록이 제1심법원에 보존되었는데도 당초 소송구조결정을 한 항소법원이 구조취소 및 납입결정을 한 것이다. 대법원은 이 결정이 (직분)관할위반으로서 위법하다고 보았다).

2) 인지의 첩부 및 송달료의 예납

소송구조취소신청은 기본적 신청이므로, 신청서(「소송구조취소신청서」)에 1,000원의 인지를 붙이고(민사소송 등 인지법 제9조 제5항 제4호),[130] 송달료를 예납하여야 하며, 그 신청서는 주기록에 합철된다.[131]

3) 관 할

소송구조취소 사건의 관할 법원에 관하여서는 전술하였다.

다. 자금능력회복 사실 신고

1) 개 관

소송구조를 받은 사람이 자금능력이 있게 된 때에는 구조결정을 한 법원에 그 사실을 신고하여야 한다(규칙 제27조 제2항 본문).

사건의 종료후에도 신고의무가 있다(같은 항 단서 참조).

다만, 구조결정을 한 대상사건의 절차가 판결의 확정, 그 밖의 사유로 종료된 뒤 5년이 지난 때에는 그러하지 아니하다(같은 항 단서).

2) 신고에 따른 조치

자금능력회복 사실 신고가 있으면 소송기록을 보관하고 있는 법원이 직권으로 구조취소결정을 하여야 한다.

따라서, 소송구조결정을 한 법원과 소송기록을 보관하고 있는 법원이 다른 경우에 구조결정을 한 법원이 구조를 받은 자로부터 자금능력회복 사실을 신고받은 때에는 그 법원의 법원사무관은 소송기록을 보관하고 있는 법원에 이를 통지하여야 하며,[132] 이러한 통지를 할 때에는 신고인이 제출한 자금능력회복 사실 신고서 등을 덧붙여 보내야 한다.[133]

라. 구조취소에 관한 결정에 대한 불복

구조취소에 관한 결정에 대하여서도 즉시항고를 할 수 있다(법 제133조 본문).

---

130) '인지액·편철방법예규'.

131) '인지액·편철방법예규'.

132) 소송구조예규 제7조 제1항.

133) 소송구조예규 제7조 제2항.

7. 국가의 변호사 또는 집행관 보수 지급

가. 개 관

소송구조에 의하여 변호사 및 집행관의 보수와 체당금의 지급유예가 된 경우(법 제129조 제1항 제2호)**에는 변호사나 집행관이 보수를 받지 못하면 국고에서 상당한 금액을 지급한다**(법 제129조 제2항).

다만, 소송구조 변호사로 선임되었다가 해당 심급이 완결되기 전에 구조결정이 취소되거나 사임한 때 또는 해당 사건이 변론을 거치지 아니하고 종결된 때에는, 그 변호사가 소송서류와 증거를 제출하는 등 상당한 변론준비 또는 변론활동을 한 경우에 한하여 해당 재판장의 재량으로 보수를 지급할 수 있다.[134]

나. 보수지급신청

1) 개 관

국가가 지급할 변호사나 집행관의 보수는 구조결정을 한 법원이 보수를 받을 사람의 신청에 따라 그 심급의 소송절차가 완결된 때 또는 강제집행절차가 종료된 때에 지급한다(규칙 제26조 제1항).

2) 첨부서류

이러한 보수지급신청을 할 때에는 – 소송비용액확정신청의 경우처럼 – 비용계산서와 비용액을 소명하는 데 필요한 서면을 제출하여야 하나 – 소송비용액확정신청의 경우와 달리 – 비용계산서의 등본은 제출할 필요가 없다(같은 조 제3항, 법 제110조 제2항).

3) 인지의 첩부 및 송달료의 예납 : 불요

그런데, 보수지급신청은, 신청의 일반원칙에도 불구하고, 실무상으로는 소송구조변호사 제도의 공익성 등을 감안하여 신청서(「변호사의 보수지급신청서」, 「집행관의 보수지급신청서」)에 인지의 첩부는 필요 없고, 신청서도 주기록에 가철하는 것으로 되어 있다.[135] 따라서, 송달료의 예납 역시 필요 없다고 하겠다.

---

134) 소송구조예규 제10조.

135) '인지액·편철방법예규'.

다. 보 수 액

1) 개 관

지급할 변호사나 집행관의 보수액은 「변호사보수의 소송비용 산입에 관한 규칙」 또는 「집행관수수료규칙」을 참조하여 재판장의 감독하에 법원사무관등이 정한다(규칙 제26조 제2항).[136)]

그런데 실무상, 소송구조 변호사의 보수는 다음과 같이 하고 있다.

2) 소송구조 변호사의 보수

가) 기본보수액

원칙적으로, 소송구조 변호사에게 지급할 기본보수액은 해당 사건의 심급마다 1,000,000원으로 한다.[137)]

다만, 다음 각호의 기본보수액은 위 금액의 1/2로 한다.[138)]

① 이행권고결정, 지급명령, 자백 판결, 자백간주 판결 또는 무변론 판결로 완결된 사건에서 원고 또는 채권자의 소송대리인에게 지급할 기본보수액

② 해당 심급이 완결되기 전에 구조결정이 취소되거나 사임한 때 또는 해당 사건이 변론을 거치지 아니하고 종결된 때에 상당한 변론준비 또는 변론활동을 한 소송구조 변호사에게 재판장의 재량에 따라 보수를 지급할 경우의 기본보수액[139)]

주의할 것은, 기본보수액을 정함에는 당사자가 수인이거나 사건이 병합된 경우에도 하나의 사건으로 본다.[140)]

나) 재량에 의한 조정

해당 사건의 법원사무관등은 소송목적의 값, 소송의 경과와 기간, 소송종결 사유, 사건의 성질과 난이도, 당사자의 수, 소송구조 변호사가 들인 노력의 정도, 소송구조결정의 취소나 사임의 사유, 소송기록의 복사 등에 지출된 비용, 그 밖의 사정에 비추어 전술한 기본보수액

---

136) cf. 2015. 6. 30. 이전에는 "…을 참조하여 결정으로 정한다"라고 규정되어 있었으며(구 규칙(2015. 1. 28. 대법원규칙 제2585호로 개정되기 전의 것) 제26조 제2항), 다만, 보수지급신청이 있는 때에는 법원은 법원사무관등에게 보수액을 계산하게 하도록 하고 있었다(같은 조 제3항에서 법 제115조의 준용).

137) 소송구조예규 제11조 제1항.

138) 소송구조예규 제11조 제2항.

139) cf. 이는 2015. 11. 30. 재판예규 제1552호로 '소송구조예규'를 개정하면서 신설되어 2016. 1. 1.부터 시행된 규정이다.

140) 소송구조예규 제11조 제3항.

을 증액하거나 감액할 필요가 있다고 인정하는 때에는 재판장의 허가를 받아 위 기본보수액의 1배 범위에서 증액 또는 기본보수액의 1/2 범위에서 감액할 수 있다.[141)]

라. 보수액의 지급

보수액이 확정되면 바로 보수를 지급함이 실무이다.[142)]

마. 보수액확정처분에 대한 불복

보수액확정처분에 대하여서는 법원사무관등의 처분에 대한 이의신청(법 제223조)으로써 다툴 수 있다.[143)]

---

141) 소송구조예규 제11조의2.
cf. 종래에는 증액도 감액과 마찬가지로 기본보수액의 1/2 범위에서만 가능했으나, 2019. 10. 1. 이후 완결된 사건부터는 기본보수액만큼의 증액도 가능하게 되었다.

142) 소송구조예규 제12조 제1항.

143) 민사참여관 업무편람, 357면.
cf. 2015. 6. 30. 이전에는 보수액확정을 결정으로써 하도록 하였던 관계로, 이에 대하여 즉시항고를 허용하고 있었다(구 규칙(2015. 1. 28. 대법원규칙 제2585호로 개정되기 전의 것) 제26조 제2항, 법 제110조 제3항).

제5부
소송으로 이행될 수 있는 절차

제 1 장 제소전화해의 절차

1. 제소전화해신청

가. 개 관

민사상 다툼에 관하여 당사자는 (법원에) **화해를 신청할 수 있다**(법 제385조 제1항).

이 재판상 화해를 제소전화해(提訴前和解)라고 한다. 소송계속중이라도 제소전화해가 가능하다.[1)]

공정증서를 작성할 수 있는 민사상 다툼(예 : 건물·토지·특정동산의 인도 또는 반환(공증인법 제56조의3 제1항 본문))에 관하여서도 제소전화해를 할 수 있는가. 환언하면, 그와 같은 경우의 제소전화해신청도 권리보호의 이익이 있어 적법한가. 관견으로는 그러한 신청도 – 입법론으로서 그러한 신청을 불허함은 별론 – 적법하다고 본다.[2)]

그러나, **당사자는 제소전화해를 위하여 대리인을 선임하는 권리를 상대방에게 위임할 수 없다**(같은 조 제2항). 이는 채권자의 폭리행위나 탈법행위를 예방하기 위함이다.[3)]

나. 방 식

1) 개 관

화해신청에는 그 성질에 어긋나지 아니하면 소에 관한 규정을 준용한다(법 제385조 제4항). 따라서, 이는 「제소전화해신청서」로써 신청한다.[4)]

그러나, 학설과 실무는 구술신청도 가능하다고 본다.

2) 기재사항

화해신청서에는 당사자와 법정대리인을 적어야 하는바(법 제249조 제1항의 준용), 화해신청의 당사자는 '신청인' 및 '상대방'이다(법 제387조 제2항 참조).

---

1) 대법원 1984. 8. 14. 선고 84다카207 판결 참조.
물론, 그와 같이 제소전화해신청을 하였으나 화해가 성립되지 아니한 경우에 소제기신청(이에 관하여서는 후술한다)을 한다면, 중복제소(법 제259조)의 문제가 발생할 것이다.

2) 대법원 1996. 3. 8. 선고 95다22795,22801 판결 참조.

3) 제요[민소Ⅲ], 1376면.

4) '인지액·편철방법예규'.

화해신청에서는, 청구의 취지·원인과 다투는 사정을 밝혀야 한다(법 제385조 제1항).

3) 인지의 첩부 및 송달료의 예납

화해신청서에는 소장에 붙일 인지액(민사소송 등 인지법 제2조)**의 1/5에 해당하는 인지를 붙여야 한다**(민사소송 등 인지법 제7조 제1항). 그러나, 소장과 마찬가지로, **위와 같이 계산한 인지액이 1,000원 이상이면 100원 미만은 계산하지 아니한다**(같은 법 제7조 제4항, 제2조 제2항 후단).

또한, 소장과 마찬가지로, **위와 같이 계산한 인지액이 1,000원 미만이면 그 인지액은 1,000원으로 한다**(같은 법 제7조 제4항, 제2조 제2항 전단). 제소전화해신청시에도 송달료를 예납하여야 함은 물론이다.

4) 관 할

제소전화해는, 상대방의 보통재판적이 있는 곳의 지방법원에 신청할 수 있다(법 제385조 제1항). 주의할 것은, 그 곳에 시·군법원이 있다면 해당 시·군법원에 이를 신청하여야 한다(법원조직법 제34조 제1항 제2호, 법원설치법 제4조 단서). 제소전화해절차는 – 소가와 무관하게 – 단독판사의 직분관할에 속한다(법원조직법 제7조 제4항).

다. 제소전화해신청으로 인한 시효중단

제소전화해신청도 소멸시효의 중단사유인 청구(민법 제169조 제1호)에 해당한다(민법 제173조 전문 참조).

그런데, 후술하듯이, 제소전화해절차에서는 화해기일을 열어 당사자에게 통지하게 되는바, 화해가 성립되지 아니한 때에는 1개월내에 소를 제기하지 아니하면 시효중단의 효력이 없다(같은 조 전문).[5] 다만, 이와 관련하여서는, 후술하듯이 소제기신청 제도가 있음에 유의하여야 한다.

라. 제소전화해신청서의 심사

제소전화해신청서의 심사에 관한 사항은, 소장의 경우와 마찬가지이다(법 제254조 제1항 내지 제3항의 준용).

---

5) cf. 민법 제173조 전문은 "상대방이 출석하지 아니한 때"도 운위하고 있으나, 그 경우에는 후술하듯이 화해불성립으로 처리될 따름이므로, 관견으로는 "상대방이 출석하지 아니한 때"라는 규정은 현행법상 아무 의미가 없는 것으로 사료된다.

마. 제소전화해신청서 부본의 송달

제소전화해신청서 부본의 송달에 관한 사항 역시, 소장의 경우와 마찬가지이다(법 제255조의 준용).

2. 화해기일의 지정 및 진행

신청서 부본이 송달되면, 판사는 바로 화해기일을 정하여야 한다(법 제258조 제1항의 준용).

법원은 필요한 경우 대리권의 유무를 조사하기 위하여 당사자본인 또는 법정대리인의 출석을 명할 수 있다(법 제385조 제3항).

신청인 또는 상대방이 기일에 출석하지 아니한 때에는 법원은 이들의 화해가 성립되지 아니한 것으로 볼 수 있다(법 제387조 제2항). 이에 따라 실무상 1회 불출석시 연기, 2회 불출석시 화해불성립으로 종결처리함이 일반이다.[6] 화해기일의 진행내용을 「화해기일조서」에 기재함은 물론이다.

3. 제소전화해가 성립된 경우의 처리 등

가. 화해조서의 작성 등

재판상 화해와 마찬가지로, 제소전화해가 성립된 경우에 그 기일의 조서에는 화해가 있다는 취지만을 적는다(규칙 제31조 본문 전단).

즉, 이와는 별도의 용지에 조서의 형식적 기재사항 등을 적은 「화해조서」를 따로 작성하여야 하는바(같은 본문 후단), **화해가 성립된 때에는 법원사무관등은 조서**(「화해조서」)**에 당사자, 법정대리인, 청구의 취지와 원인, 화해조항, 날짜와 법원을 표시하고 판사와 법원사무관등이 기명날인 또는 서명한다**(법 제386조).[7]

화해조서의 양식이나 조서정본의 송달은 소송상 화해의 경우와 같으므로, 상세한 것은 '당사자의 행위에 의한 소송의 종료' 부분에서 기술한 내용을 참조하기 바란다.

나. 제소전화해가 성립된 경우의 화해비용

화해비용은 화해가 성립된 경우에는 특별한 합의가 없으면 당사자들이 각자 부담한다(법

---

6) 제요[민소Ⅲ], 1377면.

7) cf. 2017. 10. 30. 이전에는 기명날인하는 것으로만 규정되어 있었다.

제389조 본문 전단).

다. 제소전화해의 효력 등

제소전화해는 창설적 효력을 가지는 것이므로 화해가 이루어지면 종전의 법률관계를 바탕으로 한 권리의무관계는 소멸한다.[8)]

그러나, 제소전 화해의 창설적 효력은 당사자 간에 다투어졌던 권리관계 즉 계쟁 권리관계에만 미치는 것이지 당사자 간에 다툼이 없었던 사항에 관하여서까지 미치는 것은 아니므로 제소전 화해가 있다고 하더라도 그것에 의하여 화해의 대상이 되지 않은 종전의 다른 법률관계까지 소멸하는 것은 아니다.[9)]

그 밖에 제소전화해의 효력의 내용, 제소전 화해에 대한 다툼 등은 소송상 화해의 경우와 같으므로, 상세한 것은 '당사자의 행위에 의한 소송의 종료' 부분에서 기술한 내용을 참조하기 바란다.

4. 제소전화해가 성립되지 아니한 경우의 처리 등

가. 조서에의 기재 등

1) 조서에의 기재

화해가 성립되지 아니한 때에는 법원사무관등은 그 사유를 조서(즉, 화해기일조서)**에 적어야 한다**(법 제387조 제1항).

2) 조서등본의 송달

화해가 성립되지 아니한 때에는, 법원사무관등은 화해불성립 사유를 기재한 조서등본을 당사자에게 송달하여야 한다(법 제387조 제3항).

나. 제소전화해가 성립되지 아니한 경우의 화해비용

화해비용은 화해가 성립되지 아니한 경우에는 신청인이 부담한다(법 제389조 본문 후단). 다만, 후술하듯이 소제기신청이 있는 경우에는 예외이다.

---

8) 대법원 1981. 8. 25. 선고 80다2645 판결. 동지 : 대법원 1981. 9. 8. 선고 80다2649 판결 ; 대법원 1982. 4. 13. 선고 81다531 판결 ; 대법원 1984. 8. 14. 선고 84다카207 판결 ; 대법원 1988. 1. 19. 선고 85다카1792 판결 ; 대법원 1992. 5. 26. 선고 91다28528 판결.

9) 대법원 1997. 1. 24. 선고 95다32273 판결.

다. 소제기신청

1) 개 관

화해가 성립되지 아니한 경우에 당사자는 소제기신청을 할 수 있다(법 제388조 제1항).

특기할 것은, 독촉절차의 소제기신청(법 제466조 제1항)과 달리, 신청인뿐만 아니라 상대방도 소제기신청을 할 수 있다.

소제기신청은 화해기일조서 등본이 송달된 날부터 2주 이내에 하여야 하며(법 제388조 제3항 본문), **이 기간은 불변기간으로 한다**(같은 조 제4항).

다만, 조서등본이 송달되기 전에도 신청할 수 있다(같은 조 제3항 단서).

적법한 소제기신청이 있으면 화해신청을 한 때에 소가 제기된 것으로 본다(법 같은 조 조 제2항 전문).

2) 방 식

신청인이 「소제기신청서」를 제출할 때에는 후술하는 인지를 첩부하여야 하고(민사소송 등 인지법 제7조 제3항), 송달료도 예납하여야 하나, 상대방이 소제기신청을 하는 경우에는 그러하지 아니하며, 어느 경우에나 신청서는 주기록에 가철된다.[10]

3) 기록의 관할법원에의 송부

소제기 신청이 있는 경우 법원사무관등은 바로 소송기록을 관할법원에 보내야 한다(법 제388조 제2항 후문).

주의할 것은, **화해에 관한 사건이 불복신청으로 제1심법원에 계속(係屬)하게 된 경우에는 그 지역을 관할하는 지방법원 또는 그 지원이 관할하나, 소액사건에 해당할 때에는 역시 해당 시·군법원이 관할한다**(법원조직법 제34조 제2항).

한편, 소액사건의 경우, 제소전화해절차에서 소송절차로 이행된 때에도 이행권고결정을 할 수 없다고 할 것이다(소액사건심판법 제5조의3 제1항 제1호의 확장해석).

4) 본안법원의 처리

화해신청을 한 때에 소가 제기된 것으로 보는 경우에는 해당 신청인은 소를 제기할 때 소장에 붙여야 할 인지액에서 해당 신청서에 붙인 인지액을 뺀 금액에 해당하는 인지를 보정(補正)하여야 하며(민사소송 등 인지법 제7조 제3항), 송달료도 예납하여야 하므로,[11] 본안법원에서

---

10) '인지액·편철방법예규'.

11) 송달료예규 제6조 제2항 전단.

는 원고에게 이를 납부하도록 하는 보정명령을 하게 된다.[12)]

소장이나 지급명령신청서의 경우와 마찬가지로, 원고가 위 보정명령에 불응하면 제소전화해신청서를 재판장의 명령으로 각하함이 실무이다(법 제473조 제2항 참조).[13)]

12) 인지실무, 34면(그런데, 같은 책에서는 "보정권고"를 하여야 한다고 서술하고 있으나, 보정명령을 하여야 할 것이다).

13) 제요[민소 I], 130면; 인지실무, 9면.
한편, 인지실무, 34면은, 피고가 인지를 대납할 수도 있다고 하나, 관견으로는 의문이다. 송달료와 달리 인지대는 상대방이 대납할 수 있는 법적 근거가 없기 때문이다.

제2장 독촉절차

1. 독촉절차 개관

가. 지급명령의 의의

금전, 그 밖에 대체물이나 유가증권의 일정한 수량의 지급을 목적으로 하는 청구에 대하여 법원은 채권자의 신청에 따라 - 결정으로 -[14] **지급명령을 할 수 있다**(법 제462조 본문).

확정된 지급명령은 집행권원이 된다(민사집행법 제56조 제3호).

소제기 대신 지급명령신청을 할 실익에 관하여서는 '민사절차의 종류' 부분에서 기술한 바 있다.

그러나, 금전 등의 지급 청구 사건이라 하더라도, ① 상대방이 채권의 존부를 다툴 것으로 예상되거나(불법행위에 따른 손해배상 청구가 그 대표적인 예이다), ② 공시송달에 의할 것으로 예상되거나 ③ 외국에서 송달이 이루어져야 할 것으로 예상되는 경우라면, 독촉절차를 이용할 실익이 없으며, 소제기를 하는 편이 낫다. 왜냐하면, 그러한 사건은 결과적으로 소송절차로 이행될 사건이므로, 독촉절차를 거친다 한들 인지대, 송달료의 보정문제 등 때문에 절차가 더 번거로울뿐더러, 소송절차로의 이행에 시일이 소요되기 때문에, 곧바로 소제기를 하는 것보다 도리어 시간이 오래 걸릴 우려가 있기 때문이다.

다만, 금융기관의 경우에는 소제기 대신 지급명령 신청을 할 실익이 매우 큰바, 그 까닭은 후술하듯이 공시송달에 의한 지급명령을 받을 수 있게 되었기 때문이다.

나. 독촉절차의 소송으로의 이행

1) 소송으로 이행되는 사유

다음 세 경우에는, 독촉절차가 소송으로 이행되게 되는바, **'지급명령을 신청한 때에' 소가 제기된 것으로 본다.**

- **채권자가 소제기신청을 한 경우**(법 제466조 제1항, 법 제472조 제1항).
- **법원이 지급명령신청사건을 소송절차에 부치는 결정**(소송절차회부결정)**을 한 경우**(법 제466조 제2항, 법 제472조 제1항)

---

14) 제요[민소Ⅰ], 1387면.

○ **채무자가 지급명령에 대하여 적법한 이의신청을 한 경우** (같은 조 제2항)

다만, 지급명령에 대한 이의신청의 경우에는 '이의신청된 청구목적의 값에 관하여' 소가 제기된 것으로 본다(같은 2항).

2) 소송으로의 이행에 따른 인지대·송달료 보정

가) 개 관

위와 같이 지급명령 신청을 한 때에 소가 제기된 것으로 보는 경우에는 해당 신청인(즉, 채권자)**는 소를 제기할 때 소장에 붙여야 할 인지액에서 해당 신청서에 붙인 인지액을 뺀 금액에 해당하는 인지를 보정**(補正)**하여야 하며**(민사소송 등 인지법 제7조 제3항), 송달료도 추납하여야 한다.[15]

따라서, **전술한 '소송으로 이행되는 사유'에 따라 소가 제기된 것으로 보는 경우, 지급명령을 발령한 법원은 채권자에게 상당한 기간을 정하여, 소를 제기하는 경우 소장에 붙여야 할 인지액에서 소제기신청 또는 지급명령신청시에 붙인인지액을 뺀 액수의 인지를 보정하도록 명하여야 하며**(법 제473조 제1항), 송달료도 보정하도록 명하게 된다.

그런데, 이러한 보정명령을 하는 방법은 소송으로의 이행 사유의 종류에 따라 조금씩 다른바, 이에 관하여서는 각각 해당되는 곳에서 후술하겠다.

나) 보정할 인지액

지급명령신청이 소송으로 이행하게 되는 경우 지급명령신청 시의 청구금액을 소송목적의 값으로 하여 인지액을 계산함이 원칙임은 물론이다(법 제473조 제1항).[16]

그러나, 소송기록이 관할법원으로 송부되기 전에 지급명령신청 시의 청구금액을 기준으로 한 인지 부족액이 보정되지 않은 상태에서 채권자가 지급명령을 발령한 법원에 청구금액을 감액하는 청구취지 변경서를 제출하는 등 특별한 사정이 있는 경우에는 변경 후 청구에 관한 소송목적의 값에 따라 인지액을 계산하여야 할 것이다.[17]

---

15) 송달료예규 제6조 제2항 전단.

16) 대법원 2012. 5. 3.자 2012마73 결정.
위 판례는, 채무자가 지급명령에 대하여 적법한 이의신청을 한 경우에 관한 것이나, 여타의 소송으로의 이행 사유(소송절차회부결정, 소제기신청)의 경우에도 이치는 다를 바 없다.

17) 대법원 2012. 5. 3.자 2012마73 결정(사안은, 인지보정명령을 받은 채권자가 청구취지를 감축하는 내용의 청구취지 및 원인변경 신청서를 제출하면서 감축된 청구금액을 기준으로 계산한 인지대를 추납하였으나, 제1심 재판장은 지급명령신청서상의 청구금액을 기준으로 하여 인지대를 추납하라는 보정명령을 다시 하였고, 채권자가 이에 불응하자 소장각하명령을 한 것이다. 대법원은 이러한 조처가 위법하다고 보았다).

2. 지급명령의 송달 요건

가. 원　칙

원칙적으로, **지급명령을 할 수 있는 것은, '대한민국에서' '공시송달 외의 방법으로'**(즉, 통상의 방법으로) **송달할 수 있는 경우에 한한다**(법 제462조 단서).

나. 특칙 : 공시송달에 의한 지급명령[18)]

다음 각 호의 어느 하나에 해당하는 자가 그 업무 또는 사업으로 취득하여 행사하는 대여금, 구상금, 보증금 및 그 양수금 채권에 대하여 지급명령을 신청하는 경우에는 법 제462조 단서 중 공시송달에 관한 규정을 적용하지 아니한다(소송촉진법 제20조의2 제1항 제1호 내지 제17호, 제19호, 소송촉진 등에 관한 특례규칙 제17조의2 제1항 제1호, 제2호). 즉, 이 경우에는 대한민국에서 송달하는 한 공시송달에 의하여서도 지급명령을 할 수 있다.

① 은행

② 중소기업은행

③ 한국산업은행

④ 지역농업협동조합, 지역축산업협동조합, 품목별·업종별 협동조합과 농업협동조합중앙회 및 농협은행

⑤ 농업협동조합자산관리회사

⑥ 지구별 수산업협동조합, 업종별 수산업협동조합 및 수산물가공 수산업협동조합 및 수산업협동조합중앙회

⑦ 신용협동조합 및 신용협동조합중앙회

⑧ 새마을금고 및 새마을금고중앙회

⑨ 보험회사

⑩ 여신전문금융회사

⑪ 기술보증기금

⑫ 신용보증기금

⑬ 지역산림조합, 품목별·업종별 산림조합과 산림조합중앙회

⑭ 신용보증재단 및 신용보증재단중앙회

⑮ 한국주택금융공사

---

18) cf. 공시송달에 의한 지급명령 제도는 2014. 12. 1.부터 시행되고 있다.

⑯ **한국자산관리공사**

⑰ **예금보험공사 및 정리금융회사**

⑱ **유동화전문회사**

⑲ ㉮ 한국자산관리공사가 자산관리자인 주식회사 국민행복기금 ㉯ 서민금융진흥원 및 동 법인이 운영하거나 지원·감독하는 신용대출사업자[19)]

또한, **'이상의 어느 하나에 해당하는 자가 청구 채권의 자산보유자인' 유동화전문회사도 공시송달에 의한 지급명령을 받을 수 있다**(같은 법 제20조의2 제1항 제18호, 같은 규칙 제17조의2 제3호).[20)]

그러나 주의할 것은, 위와 같은 금융기관들이 대여금, 구상금, 보증금 및 그 양수금 청구의 독촉을 신청하는 경우라 하더라도, '외국에서' 송달하여야 할 경우에는 지급명령을 할 수 없는 것은 일반적인 지급명령의 경우와 마찬가지이다(소송촉진법 제20조의2 제1항의 반대해석).

3. 지급명령신청

가. 개 관

지급명령의 신청에는 그 성질에 어긋나지 아니하면 소에 관한 규정을 준용하는바(법 제464조), 구체적인 것은 다음과 같다.

나. 방 식

1) 개 관

지급명령은 법원에 「지급명령신청서」를 제출함으로써 신청한다(법 제248조의 준용).[21)]

2) 기재사항

지급명령신청서에도 당사자와 법정대리인, 청구의 취지와 원인을 적어야 한다(법 제249조 제1항의 준용. 제468조 전단 참조).

독촉절차의 당사자는 '채권자'와 '채무자'이다(법 제462조 본문, 제468조 후단 등 참조).

---

19) 소위 '미소금융사업자'를 말한다.

20) cf. 2018. 1. 31. 이전에는 유동화전문회사라면 모두 공시송달에 의한 지급명령을 받을 수 있었으나, 같은 해 2. 1.부터 위와 같이 공시송달에 의한 지급명령을 받을 수 있는 범위가 제한되었다.

21) '인지액·편철방법예규'.
말로 지급명령을 신청할 수 있다는 견해도 있으나, 이는 의문이다.

공시송달에 의한 지급명령을 받을 수 있는 채권자(소송촉진법 제20조의2 제1항)는 청구원인에서 그 사실을 명확히 밝힘이 온당할 것이다.

3) 첨부서류

당사자가 소송능력 없는 사람인 때에는 대리권 등의 증명서류를 붙여야 하는 것은 소장의 경우와 같다.

원칙적으로, 법원은 채권자의 주장이 그 자체로서 이유가 있기만 하면 지급명령을 하게 되므로(법 제465조 제1항 전문, 제467조 참조), 소장과 달리, 이론적으로는 소명방법의 제출이 필요 없다. 그러나 오히려, 소송으로 이행될 경우에 대비하여 소명방법을 첨부함이 실무이며, 특히 공시송달에 의한 지급명령을 받을 수 있는 경우(소송촉진법 제20조의2 제1항)에는 더욱 소명방법이 필요하다(소송촉진법 제20조의2 제2항 참조).[22]

한편, 지급명령신청서 자체를 송달하지는 아니하기는 하지만, 소액사건과 유사하게도, 지급명령서 원본 및 등본에 사용하기 위한 지급명령신청서 사본(채무자 수+1통)을 지급명령신청서에 첨부하여 제출함이 실무이다. 물론, 전자독촉의 경우에는 이러한 사본 제출이 필요 없다.

4) 인지의 첩부 및 송달료의 예납

지급명령신청서에는 소장에 붙일 인지액(민사소송 등 인지법 제2조)**의 1/10에 해당하는 인지를 붙여야 한다**(민사소송 등 인지법 제7조 제2항).

그러나, 소장과 마찬가지로, **위와 같이 계산한 인지액이 1,000원 이상이면 100원 미만은 계산하지 아니한다**(같은 법 제7조 제4항, 제2조 제2항 후단).

또한, 소장과 마찬가지로, **위와 같이 계산한 인지액이 1,000원 미만이면 그 인지액은 1,000원으로 한다**(같은 법 제7조 제4항, 제2조 제2항 전단).

지급명령신청시에도 송달료를 예납하여야 함은 물론이다.

5) 관 할

독촉절차는 채무자의 보통재판적이 있는 곳의 지방법원이나 법 제7조 내지 제9조, 제12조 또는 제18조의 규정에 의한 관할법원의 전속관할로 한다(법 제463조).

---

22) 다만, 전자소송시스템은 독촉사건의 경우에 소명방법의 첨부메뉴를 별도로 두지 아니하고 있다. 즉, 소명방법 역시 일반 첨부서류로서 첨부할 따름이다. 다만, 소송으로 이행된 경우에 지급명령신청서의 첨부서류 중 일부를 입증방법으로 전환할 수 있도록 하는 기능은 두고 있다.

즉, 지급명령은 채무자의 보통재판적이 있는 곳의 지방법원에 신청할 수 있을 뿐 아니라, 채무자가 계속하여 근무하는 사무소 또는 영업소가 있는 곳을 관할하는 법원이나(법 제7조), 채무자의 거소지 또는 의무이행지의 법원(법 제8조)에도 신청할 수 있다.

또한, 어음·수표에 관한 지급명령은 지급지의 법원에(법 제9조), 사무소 또는 영업소가 있는 채무자에 대하여 하는 그 사무소 또는 영업소의 업무와 관련이 있는 지급명령은 그 사무소 또는 영업소가 있는 곳의 법원에(법 제12조), 불법행위에 관한 지급명령은 행위지의 법원에(법 제18조 제1항), 선박 또는 항공기의 충돌이나 그 밖의 사고로 말미암은 손해배상에 관한 지급명령은 사고선박 또는 항공기가 맨 처음 도착한 곳의 법원에(같은 조 제2항), 각각 신청할 수 있다.

그러나, 전속관할이 있는 금전지급청구(가령, 특수판매업자와의 거래와 관련된 것. 방문판매 등에 관한 법률 제46조 본문)는, 이를 독촉절차에 의할 경우에도 역시 그 전속관할에 의하므로, 이 점 주의하여야 한다.

요컨대, 독촉절차의 관할법원은 전속관할이므로 위에서 열거한 법원 외의 법원에 지급명령을 신청하면, 그러한 신청은 부적법하여 각하를 면할 수 없다(법 제465조 제1항 전문). 즉, 소송절차와 달리 관할 있는 법원에 이송을 하지도 아니하므로, 주의를 요한다.

또한 주의할 것은, 그 곳에 시·군법원이 있다면 해당 시·군법원에 이를 신청하여야 한다(법원조직법 제34조 제1항 제2호, 법원설치법 제4조 단서).

독촉절차는 - 소가와 무관하게 - 단독판사의 직분관할에 속한다(법원조직법 제7조 제4항).[23]

다. 지급명령신청으로 인한 시효중단

지급명령신청도 소멸시효의 중단사유인 청구(민법 제169조 제1호)에 해당하나(민법 제172조 참조),[24] 신청의 각하 또는 취하의 경우에는 시효중단의 효력이 없다고 할 것이로되(민법 제170조 제1항의 유추해석), 이 경우에 6월내에 청구, 압류 또는 가압류, 가처분을 한 때에는 시효는 당초 지급명령 신청이 있었던 때에 중단된 것으로 볼 것이다(같은 조 제2항의 유추해석).[25]

따라서, 지급명령 사건이 채무자의 이의신청으로 소송으로 이행되는 경우에도, 그 지급명령에 의한 시효중단의 효과는 소송으로 이행된 때가 아니라 지급명령을 신청한 때에 발

---

23) 주석(민소7), 142면(한승 집필부분)은, 사물관할의 문제라고 하나, 관견으로는 의문이다.

24) 결과동지 : 대법원 2011. 11. 10. 선고 2011다54686 판결.
다만, 위 판례는, 지급명령 신청이 민법 제170조의 재판상 청구에 포함된다고 보았다.

25) 결과동지 : 대법원 2011. 11. 10. 선고 2011다54686 판결(지급명령신청이 각하되었으나 6개월 이내에 다시 소를 제기한 경우).

생한다.[26)]

라. 지급명령신청서의 심사

제소전화해신청서의 심사에 관한 사항은, 소장의 경우와 마찬가지이다(법 제254조 제1항 내지 제3항의 준용).

그런데, 당사자가 법인인 사건에서 지급명령신청서와 법인등기정보의 내용이 서로 다른 때에나, 신청서에 기재된 채권자의 표시와 소송위임장에 기재된 채권자의 표시 또는 (전자소송의 경우) 채권자에 대한 등록된 회원정보가 서로 다른 경우에는, 이를 보정하도록 명함이 실무이다.[27)]

다만 실무상, 지급명령신청의 (위와 같은) 적식(適式) 및 (후술하는) 적법 여부의 심사는, 법원사무관등이 신청서와 첨부서류를 검토한 후 지급명령, 각하명령, 각하결정, 보정명령 등 재판서를 생성하여 담당 판사 또는 사법보좌관의 결재를 요청하는 방식으로 하고 있다.[28)]

4. 지급명령신청에 대한 심리 등

가. 일방적 심문

지급명령은 채무자를 심문하지 아니하고 한다(법 제467조).

따라서, 후술하는 신청서각하 사유나 신청각하 사유가 없는 한 법원은 청구의 이유 유무를 따지지 아니하고(법 제465조 전문 후단의 반대해석) 지급명령을 하게 된다.

다만 특기할 것은, 역시 후술하듯이, 소의 경우와 달리, 신청이 주장 자체로서 이유 없어서는 안 된다는 것은 지급명령신청의 적법요건이다.

또한, 후술하듯이, 공시송달에 의한 지급명령을 받을 수 있는 경우에는 청구의 이유 유무가 문제되나, 청구가 이유 없더라도 신청각하 사유에 해당할 뿐이다.

즉, 독촉절차에서는 신청 기각이라는 것이 없다.

---

26) 대법원 2015. 2. 12. 선고 2014다228440 판결.
위 판결은, 채무자의 이의신청으로 소송으로 이행된 경우(미법 제472조 제2항)에 관한 것이나, 그 밖의 사유(즉, 채권자의 소제기신청이나 법원의 소송절차회부결정)로 소송으로 이행되는 경우(민법 제472조 제1항)에도 이치는 같다고 할 것이다.

27) 민전예규 제19조의2 제5항, 제6항 참조.

28) 민전예규 제19조의2 제1항 참조.

나. 지급명령신청의 각하

1) 개 관

지급명령의 신청이, ① 금전, 그 밖에 대체물이나 유가증권의 일정한 수량의 지급을 목적으로 하는 청구가 아니거나(법 제462조 본문의 위반), **② 전속관할의 규정**(법 제463조)**에 어긋난 때에는, 그 신청을 각하하여야 한다**(법 제465조 제1항 전문 전단).

그러나, 전속관할의 규정에 위배하여 지급명령을 한 경우에도 지급명령 자체는 일단 유효한 것으로 해석된다.[29)]

또한, **③ 신청의 취지로 보아 청구에 정당한 이유가 없는 것이 명백한 때에도 그 신청을 각하하여야 한다**(같은 전문 후단).

청구의 일부에 대하여 지급명령을 할 수 없는 때에(즉 병합된 여러 청구 중 일부에 위와 같은 사유가 있다면) **그 일부에 대하여도 신청을 각하하여야 한다**(법 제465조 제1항 후문).

이러한 신청의 각하는 결정으로 한다(같은 조 제2항, 소송촉진법 제20조의2 제3항 전문 참조).

2) 고 지

각하결정은 – 지급명령신청서각하명령과 마찬가지로, 지급명령과는 달리 – 채권자에게만 고지한다.[30)]

3) 불복 : 불가

(지급명령)**신청을 각하하는 결정에 대하여는 불복할 수 없다**(법 제465조 제2항).

5. 지급명령

가. 개 관

전술한 바와 같이, 지급명령신청서가 방식에 맞고 각하 사유가 없으면 담당 판사는 지급명령을 한다.

지급명령에는 당사자, 법정대리인, 청구의 취지와 원인을 적고, 채무자가 지급명령이 송달된 날부터 2주 이내에 이의신청을 할 수 있다는 것을 덧붙여 적어야 한다(법 제468조).

또한, 지급명령도 사건을 완결하는 재판이므로 독촉절차비용에 대하여 재판하여야 하는바

---

29) 제요[민소Ⅲ], 1384면.

30) 위의 책, 1392면.

(법 제104조 본문), 지급명령신청서에 독촉절차비용의 기재가 없는 경우라도 기록에 의하여 직권으로 이를 계산하여여야 하는 것으로 풀이된다.[31]

실무상, 소정의 양식에 신청서 사본을 첨부하는 식으로 결정서를 작성하고 있다.

나. 지급명령의 송달

지급명령은 - 그 정본을(민사집행법 제58조 제1항 본문 참조) - **당사자에게 송달하여야 한다**(법 제469조 제1항).

그러나, 이행권고결정과 유사하게도, 실무상, 지급명령의 정본은 「독촉절차안내서」, 전자소송 안내서와 함께 채무자에게 먼저 송달한다.[32]

즉, 채권자에게는 지급명령이 확정된 후에야 비로소 지급명령 정본을 송달하는바, 채권자에 대한 지급명령 송달에 관하여서는 후술하겠다.

다. 지급명령의 채무자에 대한 송달불능시의 처리

1) 주소보정명령 내지 소송절차회부결정

가) 주소보정명령

채무자에 대하여 지급명령정본이 송달불능된 때(다만, 독촉법원이 소송절차회부결정(법 제466조 제2항)에 따라 직권으로 사건을 소송절차에 부친 경우 제외)에는 채권자에게 보정명령을 하고(법 제466조 제1항 참조), 송달료가 부족할 경우에는 보정명령과 함께 당사자 수에 따른 1회분의 송달료를 추가로 납부할 것을 명한다.[33]

특기할 것은, 채권자가 소제기신청을 할 수도 있으므로, 이 보정명령에서는 소제기신청을 할 수 있다는 사실 및 이에 따라 보정할 인지대·송달료도 고지한다(법 제473조 제1항).

나) 소송절차회부결정

(1) 원 칙

지급명령을 ① 공시송달에 의하지 아니하고는 송달할 수 없거나, ② 외국으로 송달하여야 할 때에는, 법원은 직권에 의한 결정으로 사건을 소송절차에 부칠 수 있으며(법 제466조 제2항), **위 결정에 대하여는 불복할 수 없다**(같은 조 제3항).

---

31) 제요[민소 I], 390면.

32) 독촉예규 제4조 제2항 ; 민전예규 제59조의2 제1항.

33) 독촉예규 제4조 제3항.

그런데, 소송절차회부결정이 있으면, 후술하듯이 소송으로의 이행을 위한 인지 등 보정명령도 하여야 하므로(법 제473조 제1항), 소송절차회부결정은 인지대·송달료의 보정명령과 함께 고지하게 되며, 이 결정 및 보정명령은 하나의 서식으로 작성하여 채권자에게 송달함으로써 고지함이 실무이다.[34]

(2) **특칙**: 공시송달에 의한 지급명령을 받을 수 있는 경우

그러나, **공시송달에 의한 지급명령을 받을 수 있는 경우**(소송촉진법 제20조의2 제1항)**에는 공시송달에 의하지 아니하고는 송달할 수 없더라도 법원은 사건을 소송절차에 부칠 수 없다**(소송촉진법 제20조의2 제1항).

따라서, 이 경우에는 법원은 주소보정명령만을 할 수 있을 뿐이다.

주의할 것은, 공시송달에 의하지 아니하고는 송달할 수 없는 경우라 하더라도, 외국으로 송달을 하여야 할 때에는 상술한 일반원칙에 따라 소송절차회부결정을 할 수 있다(같은 항의 반대해석).

2) 주소보정 내지 소제기신청 또는 공시송달신청

가) 원칙: 주소보정 또는 소제기신청

채권자는 주소보정명령에 따라 채무자의 주소를 보정하여야 하지만, 소송절차에서와 달리 공시송달신청을 할 수는 없음이 원칙이다. 다만, 이러한 원칙에는 후술하는 바와 같이 공시송달에 의한 지급명령을 받을 수 있는 경우의 예외가 있다.

그런데, **채권자는 법원으로부터 채무자의 주소를 보정하라는 명령을 받은 경우에** – 주소보정을 하는 대신에 – **소제기신청을 할 수 있다**(법 제466조 제1항).[35] 이때, 인지대와 송달료의 보정도 함께 함이 실무이다.

지급명령을 공시송달에 의하지 아니하고는 송달할 수 없는 경우나 외국으로 송달하여야 할 경우에 소제기신청을 함이 일반이나, 그러한 경우가 아니더라도 소제기신청을 할 수 있음은 물론이다.

그런데, 보정명령에서 정한 기한 내에 주소보정을 하지 아니한 채권자가 독촉법원에서 주소미보정을 이유로 지급명령신청서 각하명령을 하기 전에 소제기신청을 한 경우에도 적법한 소제기신청에 해당하는 것으로 해석된다.[36]

---

34) 제요[민소Ⅲ], 1395~6면.

35) '인지액·편철방법예규'는 별도의 「소제기신청서」를 예정하고 있으나, 실무상 법원의 (주소)보정명령서 자체가 해당 양식으로써 소제기신청을 할 수도 있게끔 마련되어 있다.

나) 특칙 : 공시송달신청

공시송달에 의한 지급명령을 받을 수 있는 경우(소송촉진법 제20조의2 제1항)**라면,** 채권자는 채무자의 주소를 알 수 없다면 (주소보정으로서) 공시송달신청을 할 수 있으나, **채권자는 지급명령을 공시송달에 의하지 아니하고는 송달할 수 없는 경우 청구원인을 소명하여야 한다**(소송촉진법 제20조의2 제2항).

따라서, 이러한 채권자가 청구원인을 소명한 때에는 직권으로 또는 채권자의 신청에 의하여 공시송달을 명할 수 있다.[37]

그러나, 공시송달에 의한 지급명령을 받을 수 있는 채권자라도 오히려 일반원칙에 따라 청구원인의 소명 없이 소제기신청을 할 수도 있다고 할 것이다.

3) 지급명령신청서 또는 지급명령신청의 각하

가) 주소미보정의 경우 : 지급명령신청서의 각하

채권자가 보정기간 이내에 주소를 보정하지 아니한 때에는 재판장은 명령으로 지급명령신청서를 각하하여야 하며(법 제255조 제2항, 제254조 제2항의 준용), 신청서각하명령에 대하여는 즉시항고를 할 수 있다(법 제254조 제3항의 준용).

즉, 법원은 지급명령이 채무자에게 송달불능이 되면, 일단 채권자에게 그 주소의 보정을 명한 연후에 그 각하여부를 결정할 것이지, 한번 송달불능되었다 하여 곧바로 공시송달의 방법에 의하지 아니하고는 송달할 수 없는 경우에 해당한다고 보아 지급명령신청을 각하할 수 없다.[38]

나) 공시송달에 의한 지급명령을 받을 수 있는 경우에 청구원인의 소명이 없는 경우 : 지급명령신청의 각하

공시송달에 의한 지급명령을 받을 수 있(어 공시송달신청이 있)**는 경우에 청구원인의 소명이 없는 때에는 결정으로 그 신청을 각하하여야 한다**(소송촉진법 제20조의2 제3항 전문).

그러나, 기술한 바와 같이, 청구원인의 소명이 없는 경우라 하더라도 채권자가 소제기신청을 한 때에는 신청을 각하할 수 없다고 할 것이다.

청구의 일부에 대하여 지급명령을 할 수 없는 때에(즉 병합된 여러 청구 중 일부에 청구원인의 소명이 없다면) **그 일부에 대하여도 신청을 각하하여야 한다**(같은 항 후문).

---

36) 독촉예규 제6조 제2항.

37) 독촉예규 제4조 제4항.

38) 대법원 1986. 5. 2.자 86그10 결정.

위와 같이 신청을 각하하는 결정에 대하여는 – 지급명령신청서를 각하하는 경우와 달리 – **불복할 수 없다**(같은 조 제4항).

6. 지급명령에 대한 이의신청

가. 개 관

채무자는 지급명령에 대하여 이의신청을 할 수 있는바(법 제469조 제2항),[39] **채무자가 지급명령을 송달받은 날부터 2주 이내에 이의신청을 한 때에는 지급명령은 그 범위안에서 효력을 잃는다**(법 제470조 제1항).[40]

위 기간은 불변기간으로 한다(같은 조 제2항). 따라서 경우에 따라서는 추후보완이의의 문제가 발생할 수 있다.[41]

특기할 것은, **지급명령이 공시송달의 방법으로 송달되어 채무자가 이의신청의 기간을 지킬 수 없었던 경우 소송행위의 추후보완 사유가 있는 것으로 본다**(소송촉진법 제20조의2 제5항).[42]

지급명령이 송달된 후 이의신청 기간 내에 회생절차개시결정 등과 같은 소송중단 사유가 생긴 경우에는 이의신청 기간의 진행이 정지됨은 물론이다(법 제247조 제2항의 준용).[43]

그러나, 이행권고결정에 대한 이의신청(소액사건심판법 제5조의4 제1항)이나, 상소(법 제396조 제1항 단서)와 달리, 지급명령이 송달되기 전에는 이의신청을 할 수 없다고 할 것이다.

---

39) 이는, 법원이 아니라 사법보좌관이 지급명령을 한 경우에도 같다(사법보좌관규칙 제3조 제1호).

40) 헌재 2020. 12. 23. 선고 2019헌바353 결정은, 사법보좌관이 한 지급명령에 대한 2주라는 이의기간이 지나치게 짧아 재판청구권을 침해하는 것이 아니라고 보았다.

41) 독촉예규 제8조 제2항 참조.

42) cf. 구 '소송촉진법'(2014. 10. 15. 법률 제12780호로 개정되기 전의 것)에서는 공시송달에 의한 지급명령이 인정되지 아니하였으므로, 공시송달에 의하여야 할 사안의 경우에는 – 결국 소송절차로 이행되어 공시송달로써 판결정본이 송달됨이 일반이어서 – 추후보완항소의 문제가 발생함이 일반이었다.
이에 반하여, 현행법에서는 공시송달에 의한 지급명령을 한 경우에서만큼은 추후보완이의신청 내지 (추후보완이의신청기간을 도과한 경우에는) 청구이의의 소가 문제되게 되었다.

43) 대법원 2012. 11. 15. 선고 2012다70012 판결(A가 B 주식회사를 상대로 약속어음금 지급을 구하는 지급명령 신청을 하여 지급명령이 B 회사에 송달되었는데 같은 날 B 회사에 대하여 회생절차개시결정이 내려졌고, 이후 당사자가 독촉절차에서 수계절차를 밟지 않은 사안에서, B 회사에 대한 회생절차개시결정으로 재산에 관한 소송절차가 중단되고, 위 지급명령은 이의신청 기간이 정지되어 미확정 상태에 있으므로 이에 대한 청구이의의 소가 허용되지 않는데도 지급명령이 확정됐음을 전제로 청구이의의 소의 본안 판단에 나아간 원심판결을 파기하고 소를 각하한 사례)

나. 방 식

지급명령에 대한 이의신청은 「지급명령에 대한 이의신청서」로써 한다.[44)]

이의신청은 지급명령의 일부에 대하여서 할 수도 있는 것으로 해석된다(법 제470조 제1항, 제472조 제2항 참조).[45)]

그런데, 지급명령에 대한 이의신청서에 준비서면의 규정이 준용되지 아니하는 이상 실질적인 답변내용을 기재함은 부적절하나, 기재한다면 그 한도에서 준비서면의 실질을 지니게 됨은 물론이다.

그러나, 지급명령에 대한 이의신청서도 – 본안법원이 답변서에 준하여 송달하게 되므로 – 그 부본을 첨부함이 실무이다.

다. 답변서의 제출

이의신청서와는 별도로 답변서를 제출하는 것이 이론적으로 타당하며, 실무상으로도 이를 요구하고 있다.

후술하는 바와 같이, 답변서를 제출하지 아니한 채 만연히 이의신청서만을 제출할 경우, 본안소송에서 자백간주의 불이익을 받을 우려가 있다. 다만, 독촉사건이 소송절차로 이행되는 경우에는 무변론판결은 문제되지 아니하므로, 이 경우에는 – 무변론판결의 전제가 되는 – 답변서 제출기간이라는 것이 의미가 없다. 그러나, 준비서면 일반(규칙 제69조의3)과 마찬가지로, 늦어도 본안사건 변론(준비)기일의 7일 전까지는 채권자(원고)가 송달받을 수 있도록 적시에 제출함이 온당할 것이다.

라. 채권자에 대한 이의신청통지

실무상, 법원사무관등은 적법한 이의신청이 있는 경우에는 채권자에게 「이의신청통지서」를 발송하는바,[46)] 이때 인지대·송달료의 보정명령도 위 통지서에 기재함으로써 그 고지를 이의신청통지와 함께 함이 실무이다(법 제473조 제1항).

또한, 후술하는 바와 같이, 이때 채권자는 인지·송달료보정 대신 조정이행신청을 할 수도 있으므로, 오늘날의 실무는 보정명령에 그러한 취지의 안내문도 기재하고 있다.

---

44) '인지액·편철방법예규'.

45) cf. 이행권고결정의 경우에는 그러하지 아니함은 '피고의 응소' 부분에서 기술하였다.

46) 독촉예규 제8조 제1항 후문.

마. 지급명령에 대한 이의신청의 각하

법원은 (지급명령에 대한) **이의신청이 부적법하다고 인정한 때에는 결정으로 이를 각하하여야 한다**(법 제471조 제1항).

바. 지급명령에 대한 이의신청의 각하결정에 대한 불복

지급명령에 대한 이의신청을 각하한 결정(법 제471조 제1항)**에 대하여는 즉시항고를 할 수 있다**(법 제471조 제2항).[47]

사. 지급명령에 대한 이의신청의 취하

지급명령에 대한 이의신청은 취하할 수 있으며, 후술하듯이, 이때에는 지급명령은 그대로 확정된다(법 제474조).

문제는 이의신청취하를 언제까지 할 수 있느냐인데, 기록송부 전까지는 할 수 있다는 견해도 있으나,[48] 실무는 채권자가 인지를 보정하기 전까지만 할 수 있다고 보고 있으며, 이에 따라 채권자가 인지를 보정한 이후에 이의신청취하서가 제출된 경우에는 본안법원에 기록을 송부하고 있다.[49]

또한, 관견으로는, 소취하의 경우(법 제266조 제4항, 제5항)와 달리, 지급명령에 대한 이의신청 취하서는 원고에게 송달할 필요가 없다고 본다. 후술하듯이 어차피 지급명령 정본에게 송달하기 때문이다.

인지보정 내지 기록송부에 관하여서는 후술한다.

7. 지급명령신청의 취하

관견으로는, 지급명령신청의 취하 역시 인지를 보정하기 전까지만 할 수 있다고 본다. 즉, 그때까지는 취하에 동의를 요하지 아니하나, 그 후에는 소취하에 관한 규정이 적용되어 신청취하에 채무자의 동의가 필요하다고 할 것이다.

따라서, 독촉법원의 법원사무관등은, 채권자가 채무자의 이의신청에 따른 인지를 보정하지 아니하고 지급명령신청 취하서를 제출한 경우에는, 즉시 신청취하에 따른 처리를 한다.[50]

47) 다만, 사법보좌관이 각하결정을 한 경우에는 이의신청을 할 수도 있다(사법보좌관규칙 제4조 제1항, 제3항).

48) 대법원 1977. 7. 12. 선고 76다2146,2147 판결도 동지인 듯하다.

49) 독촉예규 제10조.

8. 독촉절차로부터 소송 또는 조정으로의 이행에 따른 처리

가. 독촉절차로부터 소송으로의 이행에 따른 처리

1) 인지대·송달료의 보정명령

소송절차회부결정이나 지급명령에 대한 이의신청의 경우에, 전자의 경우에는 결정서에서 후자의 경우에는 통지서에서 각각 인지대·송달료의 보정명령을 함께 하게 됨은 기술하였다.

한편, 채권자가 소제기신청에 불구하고 인지대나 송달료를 보정하지 아니한 때에는 법원은 별도로 보정명령을 하여야 할 것이다(법 제473조 제1항).

2) 인지대·송달료의 보정 등

다만, 지급명령에 대한 이의신청의 경우라면, 별항으로 후술하는 바와 같이 채권자가 인지대·송달료의 보정 대신 보정기간 내에 조정이행신청을 할 수도 있다.

3) 지급명령신청서의 각하

가) 개 관

채권자가 보정기간 이내에 (조정이행신청 없이) **인지를 보정하지 아니한 때에는 지급명령을 발령한 법원은 결정으로 지급명령신청서를 각하하여야 한다**(법 제473조 제2항 전문).

이는 송달료를 보정하지 아니한 때에도 마찬가지이다.

나) 불 복

지급명령신청서를 각하한 결정(법 제473조 제2항 전문)**에 대하여는 즉시항고를 할 수 있다**(법 제473조 제2항 후문).

4) 본안법원으로의 기록송부

인지(및 송달료)**가 보정되면 법원사무관등은 바로 소송기록을 관할법원**(즉, 본안법원)**에 보내야 한다**(법 제473조 제3항 전문).

주의할 것은, **독촉에 관한 사건이 불복신청으로 제1심법원에 계속**(係屬)**하게 된 경우에는 그 지역을 관할하는 지방법원 또는 그 지원이 관할하나, 소액사건에 해당할 때에는 역시 해당 시·군법원이 관할한다는 점이다**(법원조직법 제34조 제2항).

소송기록을 관할법원에 보낼 경우 사건이 합의부의 관할에 해당되면 법원사무관등은 바로

---

50) 독촉예규 제8조 제4항.

소송기록을 관할법원 합의부에 보내야 하는바(법 제473조 제3항 후문), 지급명령에 대한 이의신청이 있었을 때의 사물관할은 이의신청된 청구목적의 값을 기준으로 정함은 물론이다(법 제472조 제2항 참조).

한편, 전자독촉사건의 경우, 관할법원에 전자적으로 송부함은 물론이나,[51] 기록을 송부받을 법원이 전자적으로 사건을 처리할 수 없는 경우에는 전자기록을 서면으로 출력·조제한 후 송부한다. 이때 채무자가 서면으로 이의신청서를 제출한 경우에는 이를 기록에 가철한다.[52]

5) 본안법원에서의 변론절차 등

본안법원에서 이의신청서의 부본을 - 답변서 부본에 준하여 - 원고에게 송달함이 실무이다. 본안법원에서 새삼 지급명령에 대한 이의신청이 부적법함을 이유로 이의신청을 각하할 수 있는가. 이에 대하여서는 부정설이 유력하다.[53]

한편, 소액사건의 경우, 독촉절차에서 소송절차로 이행된 때에는 이행권고결정을 할 수 없음은 '소장의 심사 및 소장 또는 이행권고결정의 송달' 부분에서 기술한 바와 같다(소액사건심판법 제5조의3 제1항 제1호).

독촉절차에서 소송으로 이행되면, 원고는 소장 대신 지급명령신청서에 의하여 청구취지 및 청구원인을 진술하게 되며,[54] 피고 역시 이의신청서를 진술하게 된다. 그런데, 가령, 지급명령에 대한 이의신청서에 기재한 이의사유라고 하더라도 변론기일에 이를 주장하지 아니하면 효력이 없음은 물론이다.[55]

실무는, 채무자가 이의신청서에 방어방법을 기재하지 아니하였을 뿐 아니라 별도의 답변서, 준비서면도 제출하지 아니한 경우에는, 무변론판결은 할 수 없으되 자백간주로 보는 것은 가능하다고 본다.[56]

한편, 소제기신청에 따라 소송으로 이행된 후에 소제기신청을 취하한 때에는, 소를 취하한

---

51) 민전예규 제26조 제1항 본문.

52) 민전예규 제26조 제2항.

53) 인천지법 1997. 8. 22. 선고 97가합7505 판결 ; 동지 : 변환봉, "추후보완 이의신청에 대한 검토", **법률신문**, 2013. 2. 4.

54) 제요[민소Ⅲ], 1402면.
위의 책, 1394면은, 소제기신청의 경우에는 청구취지는 별도로 진술하고 청구원인만 지급명령신청서에 의하여 진술하고 하나, 관견으로는 의문이다.

55) 대법원 1970. 12. 22. 선고 70다2297 판결.

56) 이 점, 이행권고결정에 대한 이의신청의 경우에 이의신청 자체로서 청구원인사실을 다툰 것으로 보는 것(소액사건심판법 제5조의4 제4항)과 다르다.

것으로 풀이된다.[57)]

나. 독촉절차로부터 조정으로의 이행 및 이에 따른 처리

1) 조정이행신청

가) 개 관

채무자가 지급명령에 대하여 적법한 이의신청을 하여, 지급명령을 발령한 법원이 인지의 보정을 명한 경우, 채권자는 인지를 보정하는 대신 해당 기간(즉, 인지대·송달료의 보정기간) **이내에 조정으로의 이행을 신청할 수 있다**(민사조정법 제5조의2 제1항).

그러나, 소송절차회부결정이나 소제기신청의 경우에는 조정으로의 이행이 문제되지 아니함은 물론이다.

채권자가 적법한 (조정)**이행신청을 한 경우에는 – 인지의 미보정에 불구하고 – '지급명령을 신청한 때에' '이의신청된 청구목적의 값에 관하여' 조정이 신청된 것으로 본다**(같은 조 제3항).

또한, **이 경우 독촉절차의 비용은 조정절차의 비용의 일부로 한다**(같은 법 제5조의3 제4항).

지급명령에 대한 이의신청을 한 채무자가 여러 명인 경우, 그 중 일부 채무자에 대하여서만 조정이행신청을 하는 것도 가능한 것으로 풀이된다.

나) 방 식

문제는 조정이행신청의 방식인데, 법원실무는 「조정신청서」를 제출하도록 하고 있으나,[58)] 관견으로는 신청서의 명칭이 문자 그대로 「조정이행신청서」가 되어야 한다고 본다.

2) 조정이행신청서의 심사 내지 수수료·송달료의 보정명령

가) 조정이행신청서의 심사

법원은 우선 조정이행신청서가 적법한지 심사한다.

나) 수수료의 보정명령

적법한 조정이행신청에 따라 조정이 신청된 것으로 보는 경우, 지급명령을 발령한 법원은 채권자에게 상당한 기간을 정하여, 조정을 신청하는 경우의 수수료에서 지급명령 신청 시에

---

57) 앞의 책.

58) 위의 책, 1400면.
'대한민국법원 전자민원센터'에도 해당 서식이 마련되어 있다.

붙인 인지액을 뺀 액수에 해당하는 수수료를 보정하도록 명하여야 한다(민사조정법 제5조의3 제1항).

이때 송달료의 예납도 명하여야 할 듯하나,[59] 실무는 수수료에 관하여서만 보정명령을 하는 듯하다.[60]

다) 지급명령신청서의 각하

(1) 개 관

조정이행신청이 부적법하다고 인정하는 때에는 지급명령을 발령한 법원은 결정으로 '지급명령신청서를' 각하하여야 한다(민사조정법 제5조의2 제2항 전문).

예컨대, 인지대·송달료의 보정기간이 지난 후에야 제기된 조정이행신청은 부적법하며, 조정이행신청의 대상 자체가 아닌데도(즉, 소송절차회부결정이나 소제기신청의 경우에) 한 조정이행신청 역시 부적법하다고 할 것이다.

문제는 각하결정의 대상인데, 법문은 "조정이행신청이 부적법하다고 인정하는 때에는 … 이를 각하하여야 한다"라고 하고 있으므로 그 문언해석상 조정이행신청을각하하여야 할 것처럼 보이나, 조정이행신청이 부적법하다면 인지대·송달료를 보정하지 아니한 때에 해당하므로 일반원칙(법 제473조 제2항 전문)으로 돌아가(민사조정법 제5조의2 제3항의 반대해석) 지급명령신청서를 각하함이 옳다.[61]

따라서, 민사집행법 제5조의3 제2항 전문의 "이를"은 입법의 착오라고 할 것이며 이는 "지급명령신청서를"이라고 규정하였어야 옳다(같은 법 제5조의3 제2항 전문 참조).

조정이행신청이 적법하더라도, **채권자가 보정명령에서 정한 기간 이내에 수수료를 보정하지 아니한 때에도 위 법원은 결정으로 지급명령신청서를 각하하여야 한다**(민사조정법 제5조의3 제2항 전문).

(2) 지급명령신청서 각하결정에 대한 불복

위와 같이 지급명령신청서를 각하한 결정에 대하여는 즉시항고를 할 수 있다(민사조정법 제5조의2 제2항 후문, 제5조의3 제2항 후문).

3) 관할법원으로의 기록송부

수수료(및 송달료)**가 보정되면 법원사무관등은 바로 조정사건에 관한 기록을 조정사건의 관**

---

59) 송달료예규 제6조 제2항 전단의 유추해석.

60) 앞의 책, 1401면 참조.

61) 동지 : 위의 책, 1400면.

할법원에 보내야 한다(민사조정법 제5조의3 제3항).

문제는 여기서 말하는 “조정사건의 관할법원”이 구체적으로 어디인가 하는 것인데, 이는 해당 독촉사건이 제기된 재판적에 따라 경우를 나누어 살펴보아야 할 것이며, 관견으로는 아래 표와 같이 보아야 할 듯하다(음영으로 표시한 경우는, 독촉사건 관할법원과 조정사건 관할법원이 달라지는 경우이다).

<table>
<tr><th colspan="2">독촉사건의 관할</th><th>조정사건의 관할(수이송법원의 관할)</th></tr>
<tr><td colspan="2">채무자의 보통재판적 소재지
(법 제463조)</td><td>左同
(민사조정법 제3조 제1항 제1호)</td></tr>
<tr><td colspan="2">채무자의 근무지
(법 제463조, 제7조)</td><td>左同
(민사조정법 제3조 제1항 제3호)</td></tr>
<tr><td colspan="2">채무자의 거소지 또는 의무이행지
(법 제463조, 제8조)</td><td rowspan="2">채무자의 보통재판적 소재지
(민사조정법 제3조 제1항 제1호)</td></tr>
<tr><td colspan="2">어음·수표의 지급지
(법 제463조, 제9조)</td></tr>
<tr><td colspan="2">사무소 또는 영업소 소재지
(법 제463조, 제12조)</td><td>左同
(민사조정법 제3조 제1항 제2호)</td></tr>
<tr><td rowspan="2">불법행위지
(법 제463조, 제18조 제1항)</td><td>손해 발생지</td><td>左同
(민사조정법 제3조 제1항 제5호)</td></tr>
<tr><td>행위지</td><td>채무자의 보통재판적 소재지
(민사조정법 제3조 제1항 제1호)</td></tr>
<tr><td colspan="2">사고선박 또는 항공기가 도착한 곳
(법 제463조, 제18조 제2항)</td><td>채무자의 보통재판적 소재지
(민사조정법 제3조 제1항 제1호)</td></tr>
<tr><td colspan="2">기타 전속관할의 정함이 있는 경우
(개별법)</td><td>左同
(민사조정법 제3조 제2항)</td></tr>
</table>

한편, 전자독촉사건의 경우, 관할법원에 전자적으로 송부함은 물론이나,[62] 기록을 송부받을 법원이 전자적으로 사건을 처리할 수 없는 경우에는 전자기록을 서면으로 출력·조제한 후 송부한다. 이때 채무자가 서면으로 이의신청서를 제출한 경우에는 이를 기록에 가철한다.[63]

62) 민전예규 제26조 제1항 단서.

63) 민전예규 제26조 제2항.

9. 지급명령의 확정

가. 개 관

다음 중 어느 하나에 해당하는 경우에는 지급명령은 확정판결과 같은 효력이 있다(법 제474조).[64][65]

○ **지급명령에 대하여** (기간 내에) **이의신청이 없는 때**

○ (채권자가 인지를 보정하기 전에)[66] **이의신청을 취하한 때**

○ **이의신청에 대한 각하결정이 확정된 때**

그러나, 여기서 "이의신청에 대한 각하결정이 확정된 때"라 함은 '이의신청기간 경과로 인하여' 지급명령이 확정된 경우는 제외한 나머지 경우를 지칭한다고 할 것이다.

이에 따라, 확정된 지급명령은 집행권원이 되나(민사집행법 제56조 제3호), 확정판결과 달리 기판력은 없다(민사집행법 제58조 제3항).[67]

그리고, 지급명령으로 종료되는 사건은 지급명령이 확정된 때에 사건이 완결된다.[68]

---

64) cf. 구 「민사소송법」(1990. 1. 13. 법률 제4201호로 개정되기 전의 것)은, 채무자가 기간 내에 이의신청을 하지 않은 경우, 30일 내에 채권자로부터 신청을 받아 법원이 가집행선고를 하도록 하고 있었다.
또한, 같은 법 제445조는, 가집행선고 있는 지급명령에 대하여 이의신청이 없거나 이의신청을 취하하거나 각하결정이 확정한 때에 비로소 그와 같은 지급명령이 확정되되, 확정된 지급명령이 확정판결과 같은 효력을 가지도록 하고 있었다.

65) 따라서, 현행법에서는, 지급명령에서 확정된 채권은 단기의 소멸시효에 해당한 것이라도 그 소멸시효가 10년으로 된다(법 제474조, 민법 제165조 제2항). 대법원 2009. 9. 24. 선고 2009다39530 판결.
주의할 것은, 구법(1990. 1. 13. 법률 제4201호로 개정된 후 2002. 1. 26. 법률 제6626호로 전문개정되기 전의 것) 제445조는 "… 지급명령이 확정된다."라고만 규정하고 있었으므로, 위 구법하에서는 지급명령에서 확정된 채권이라 하더라도 그 소멸시효기간이 그 때부터 10년으로 연장되지 않고(민법 제165조 제2항의 부적용) 그 채권의 본래의 소멸시효기간이 그대로 적용되는 것으로 해석되고 있었다. 대법원 2008. 11. 27. 선고 2008다51908 판결.
또한, 위 경우, 채권의 본래의 소멸시효기간 완성 이전에 현행 「민사소송법」(2002. 1. 26. 법률 제6626호로 전문개정된 것)이 시행되었다고 하더라도 달리 볼 것은 아닌 것으로 해석된다(부칙(법률 제6626호) 제3조 단서). 같은 판례.

66) 독촉예규 제5조 제1항.
이렇게 새겨야 하는 이유는 이의신청의 취하와 관련하여 기술하였다.

67) 대법원 2002. 2. 22. 선고 2001다73480 판결.
cf. 헌재 2003. 1. 30. 선고 2002헌바61,68(병합) 결정은, 구법(2002. 1. 26. 법률 제6626호) 제445조가 확정된 지급명령에 기판력을 인정하지 아니한 것이 평등원칙에 어긋나지 않는다고 보았다.

68) 보존예규 제2조 제3호 나목.

나. 지급명령정본의 채권자에 대한 송달

기술한 바와 같이, 지급명령이 확정되면 채권자에게 정본을 송달하는바, 이행권고결정과 마찬가지로, 이 정본에는 송달일자와 확정일자를 표시하여 줌이 실무이다.[69)]

다. 송달료잔액 환급

독촉사건이 - 소송으로 이행되지 아니하고 - 종결된 경우에는 납부인에게 송달료 잔액을 환급한다(송달료규칙 제9조의 준용).

69) 독촉예규 제5조 제2항 전문; 민전예규 제59조의2 제4항.
그러나, 확정된 지급명령에 대하여서도 송달증명 및 확정증명을 받을 수 있음은 물론이다. 독촉예규 제12조 제2항 참조.

제 3 장 민사조정절차[70)]

1. 민사조정 개관

가. 조정(調停)의 의의

민사조정에서는, 조리에 맞는 적절한 해결책이기만 하다면, 신청인의 신청을 전부 받아들이거나 전부 배척하는 내용의 조정도 가능하다.[71)]

조정은 재판상의 화해와 동일한 효력이 있으므로(민사조정법 제29조), 당사자 사이에 조정이 성립되면 종전의 다툼 있는 법률관계를 바탕으로 한 권리·의무관계는 소멸하고, 조정의 내용에 따른 새로운 권리·의무관계가 성립한다(창설적 효력).[72)]

그렇지만, 재판상 화해의 창설적 효력과 마찬가지로, 민사소송법상의 조정의 효력이 미치는 범위도 당사자가 서로 양보를 하여 확정하기로 합의한 사항에 한하며, 당사자가 다툰 사실이 없거나 화해의 전제로서 서로 양해하고 있는 데 지나지 아니한 사항에 관하여는 그러한 효력이 생기지 아니함은 물론이다.[73)]

주의할 것은, 가처분채권자가 가처분채무자의 공유 지분에 관하여 처분금지가처분등기를

---

70) 이에 관한 실무적·기술적인 사항에 관하여서는, 「민사 및 가사조정의 사무처리에 관한 예규(재민 2001-8)」(이하 '조정예규'로 약칭한다) 참조.

71) 「민사조정절차에 관련된 여러 의문점에 대한 검토의견(재민 95-1)」.

72) 대법원 2006. 6. 29. 선고 2005다32814,32821 판결. 동지 : 대법원 2007. 4. 26. 선고 2006다78732 판결 ; 대법원 2007. 6. 28. 선고 2005두7174 판결 ; 대법원 2008. 1. 10. 선고 2006다37304 판결 ; 대법원 2017. 4. 26. 선고 2017다200771 판결(사안은, 확정된 조정을 갈음하는 결정) ; 대법원 2017. 12. 22. 선고 2015다205086 판결.

73) 대법원 2019. 4. 25. 선고 2017다21176 판결(A 주식회사의 대표이사 B와 C 사이에 B가 보유하고 있던 주권발행 전 주식인 A 회사 발행 주식을 C에게 양도하는 내용의 약정이 체결되었는데도 그 후 위 주식이 D에게 양도된 것처럼 주주명부에 등재되자, C가 A 회사와 B, C 등을 상대로 C가 위 주식의 주주라는 확인 등을 구하는 소를 제기하여 'C는 위 양도약정에 기한 청구 이외의 부분을 전부 취하한다', 'C가 위 주식의 주주임을 확인한다'는 내용 등으로 조정이 성립되었고, 그 후 E가 C로부터 위 주식을 양수하는 계약을 체결하여 양도 사실이 A 회사에 통지되었는데, 조정 성립 전 위 주식에 대하여 B의 신청에 의한 가압류결정이 내려져 그 결정이 제3채무자인 A 회사에 송달되고, 조정 성립 후 위 가압류를 본압류로 이전하는 결정이 내려지자, E가 A 회사를 상대로 주주권 확인 및 명의개서절차 이행을 구한 사안에서, C가 위 주식을 주식가압류결정 전인 양도약정 효력발생일에 취득하였다고 봄이 타당하다고 판단한 다음, B의 신청에 의한 주식가압류결정이 있을 당시 C는 이미 위 주식을 보유하고 있어 주식가압류의 효력이 위 주식에 미치는데도 C가 조정을 통해 비로소 위 주식을 취득하였다고 보아 조정 전에 내려진 주식가압류결정의 효력을 부인한 원심판결에 법리오해의 잘못이 있다고 한 사례).

마친 후에 가처분채무자가 나머지 공유자와 사이에 경매를 통한 공유물분할을 내용으로 하는 조정이 성립되었다면, 다른 특별한 사정이 없는 한 이는 처분금지가처분에서 금하는 처분행위에 해당한다.[74]

나. 민사조정의 대상

1) 개 관

조정의 대상인 권리관계는 사적 이익에 관한 것으로서, 당사자가 자유롭게 처분할 수 있는 것이어야 하므로, 성질상 당사자가 임의로 처분할 수 없는 사항을 대상으로 한 조정은 허용될 수 없다.[75]

다시 말해, 조정은 다툼의 대상이 되는 권리관계에 대한 당사자의 처분을 포함하는 것이어서 당사자가 자유롭게 처분할 수 없는 사항을 대상으로 하는 조정은 성립하더라도 효력이 없다.[76]

2) 형성소송에서의 조정

가) 집행관계소송의 경우

따라서, 예컨대, 강제집행을 허용하지 아니한다든가 기존의 강제집행을 취소 또는 인가하는 등의 권한은 법원에게 있고 당사자에게 있는 것이 아니므로, 강제집행소송(청구이의, 제3자이의, 가압류이의 등)의 판결주문과 같은 내용의 조정을 하는 것은 불가능하다.[77]

다만, 집행관계소송의 전제가 된 권리관계에 대하여, 예컨대 청구이의사건에서는 집행권원에 표시된 실체법상의 권리관계의 존부를 확인한다든가, 피신청인으로부터 일정금원을 지급받고 강제집행신청을 취하하기로 하는 등의 합의를 포함하는 조항으로 조정을 성립시킬 수는 있다.[78]

강제집행을 하지 아니한다거나 강제집행의 신청이나 위임을 취하한다는 취지의 조정도 가능함은 물론이다(민사집행법 제49조 제6호 참조).

---

74) 대법원 2017. 5. 31. 선고 2017다216981 판결(사안은 화해권고결정).

75) 대법원 2012. 9. 13. 선고 2010다97846 판결.

76) 대법원 2013. 11. 21. 선고 2011두1917 전원합의체 판결. 동지 : 대법원 2007. 7.26. 선고 2006므2757 판결.

77) 「민사조정절차에 관련된 여러 의문점에 대한 검토의견(재민 95-1)」.

78) 「민사조정절차에 관련된 여러 의문점에 대한 검토의견(재민 95-1)」.

나) 취소소송의 경우

한편, 행정소송 중 취소소송에서는 현행법의 해석상 조정이라는 것이 인정되지 아니하기는 하지만, 그럼에도 불구하고 경우에 따라서는 법원이 조정권고안을 제시함으로써 사실상의 조정을 행함이 실무이다.

예컨대, 피고(행정청)에게는 처분을 일부취소 또는 변경할 것을, 원고에게는 위와 같은 처분이 있기를 기다렸다가 처분이 나면 소를 취하할 것을 권고하는 것이다.

다) 그 밖의 형성소송의 경우

주의할 것은, 형성소송이라 하더라도 당사자가 자유롭게 처분할 수 있는 사항이 그 대상이라면 이를 대상으로 한 조정이 가능하다.[79] 공유물분할이 그 대표적인 예이다.

3) 가사조정

또한, 가사조정에는 「민사조정법」이 아니라 가사소송법 제4편이 적용된다. 다만, 가사조정에 관하여서도 원칙적으로는 「가사소송법」에 특별한 규정이 있는 경우를 제외하고는 「민사조정법」의 규정을 준용한다(가사소송법 제49조 본문).[80]

다. 「비송사건절차법」 및 「민사소송법」의 준용

조정에 관하여는 「민사조정법」에 특별한 규정이 있는 경우를 제외하고는 그 성질에 반하지 아니하는 범위에서 비송사건절차법 제1편(총칙)(검사의 의견진술, 참여의 규정(비송사건절차법 제15조)은 제외한다)**의 규정을 준용한다**(민사조정법 제39조).

그 밖에, 조정에 관하여 「민사소송법」의 여러 규정도 준용되는바(민사조정법 제38조), 상세한 것은 각각 해당되는 곳에서 언급하겠다.

라. 「민사조정규칙」

「민사조정법」에 규정한 사항 외에 조정절차에서의 의견청취, 사실조사, 절차비용의 예납(豫納)**, 소송절차와의 관계, 집행절차와의 관계, 그 밖에 조정에 필요한 사항은 대법원규칙으로 정한다**(민사조정법 제43조).

이에 따라, 민사조정에 관하여는 「민사조정법」의 규정에 의하는 외에 「민사조정규칙」이

---

79) 대법원 2013. 11. 21. 선고 2011두1917 전원합의체 판결(사안은 공유물분할) 참조.

80) 가사조정에 관한 사항은 가사소송실무서에서 다룸이 적절하므로, 여기서는 일반 민사조정절차에 관하여서만 살펴보기로 한다.

정하는 바에 의한다(민사조정규칙 제1조).

마. 민사조정사건의 종류

1) 조정신청사건과 조정회부사건

후술하듯이, 민사조정사건은 그 개시원인에 따라, 당사자의 신청에 의한 조정사건(민사조정법 제35조 제2항 참조)('조정신청사건')과 수소법원이 조정에 회부한 사건(같은 법 제7조 제3항 참조)(수소법원 조정회부사건,[81] 줄여서 '조정회부사건')으로 대별된다.

실제로는 후자가 전체 민사조정사건 수의 8할을 넘는다.

또한, 특기할 것은, '법원의 소송행위 : 재판 및 재판사무' 부분에서 기술한 바와 같이, 민사조정사건 중에서도 조정신청사건은 원시적으로 전자기록사건이 된다(다만, 시·군법원 사건 제외).

한편, 조정회부사건이라 하더라도, 조정은 소송의 대상이 된 권리 또는 법률관계에 한정되지 아니하는 것이어서, 당사자는 필요한 경우에는 그 외의 권리 또는 법률관계를 조정의 대상으로 삼을 수 있다.[82]

2) 조정신청사건으로 간주되는 사건 : 독촉절차로부터 이행된 사건

한편, 지급명령에 대한 이의신청이 있은 경우, 독촉절차로부터 – 소송절차 대신 – 조정절차로 이행될 수도 있으며, 이 경우 조정신청이 있은 것으로 간주됨은 '독촉절차' 부분에서 기술하였다(민사조정법 제5조의2).

2. 민사조정에 준용되는 주요 민사절차 일반의 규정

가. 진술의 방식

민사소송과 마찬가지로, 민사조정절차에서도, 신청, 그 밖의 진술은 특별한 규정이 없는 한 서면 또는 말로 할 수 있고(비송사건절차법 제8조, 법 제161조 제1항), 말로 하는 경우에는 법원사무관등의 앞에서 하여야 하며, 법원사무관등은 신청 또는 진술의 취지에 따라 조서 또는 그 밖의 서면을 작성한 뒤 기명날인하여야 한다(비송사건절차법 제8조, 법 제161조 제2항, 제3항).

---

81) 조정예규 제18조.

82) 대법원 2013. 11. 21. 선고 2011두1917 전원합의체 판결.

나. 비용의 예납등

사실조사, 소환, 고지 기타 조정절차비용의 예납에 관하여서는, 민사소송의 비용의 예납규정(법 제116조, 규칙 제19조, 제20조)을 준용한다(민사조정규칙 제13조 제1항).

「민사조정법」 및 「민사조정규칙」에 의하여 당사자등이 예납할 절차비용의 범위와 액에 관하여는 「민사소송비용법」 및 「민사소송비용규칙」을 준용한다(민사조정규칙 제13조 제2항).

다. 기일, 기간 및 서류의 송달

「민사조정법」에 따른 기일, 기간 및 서류의 송달에 관하여는 「민사소송법」을 준용한다(민사조정법 제38조 제2항 본문).

라. 기록의 열람등

당사자나 이해관계를 소명한 제3자는 수수료를 납부하고 기록의 열람·복사, 재판서·조서의 정본·등본·초본의 교부 또는 소송에 관한 사항의 증명서의 교부를 법원사무관등에게 신청할 수 있다(민사조정규칙 제17조).

그런데, 이는 민사소송의 경우(법 제162조)와 동일한 것으로서, 이 역시 「재판기록 열람·복사 규칙」에 의하여 규율된다.

또한, 조정사건에서도 비밀보호를 위한 열람 제한이 가능함은, '재판기록의 열람·복사와 소송에 관한 증명서의 교부 등' 부분에서 기술하였다.

마. 신청수수료

조정신청수수료(민사조정규칙 제3조 제1항)를 제외하고, 민사조정절차의 신청수수료에 관하여는 그 성질에 반하지 아니하는 한 「민사소송 등 인지법」을 준용한다(민사조정규칙 제3조 제2항).

3. 조정기관·조정담당기관 및 조정위원·조정위원회

가. 광의의 조정기관 일반

1) 개 관

광의의 조정기관(민사조정법 제7조)은 협의의 조정기관과 조정담당기관으로 나누어 볼 수 있다. 협의의 조정기관은 조정사건을 처리하는 기관을 말한다(민사조정법 제7조 제1항, 제3항 참조).

한편, 조정담당기관은 실제로 조정을 하는 기관을 말한다.

그리고, 이하에서 '조정기관'이라 하면, 특별한 사정이 없는 한 협의의 조정기관만을 지칭하는 것이다.

2) (협의의) 조정기관

가) 조정담당판사

고등법원장, 지방법원장 또는 지방법원지원장의 지정을 받아 조정사건을 담당하는 판사 또는 조정사건을 담당하는 시·군법원의 판사를 "조정담당판사"라 한다(민사조정법 제4조 제1항 본문). 원칙적으로, **조정사건은 조정담당판사가 처리한다**(같은 법 제7조 제1항).

나) 조정회부사건의 조정기관

그러나, **수소법원이 조정에 회부한 사건으로서 수소법원이 스스로 조정함이 적절하다고 인정한 사건은** (수소법원이) **스스로 처리할 수 있다**(민사조정법 제7조 제3항. 수소법원조정).

다만, 조정회부사건이라고 반드시 수소법원조정으로 처리되어야 하는 것은 아님은 물론이다.

특기할 것은, 수소법원이 조정에 회부한 사건으로서 '조정담당판사가 처리하는 사건'은 별도의 사건번호(즉, 민사조정사건의 사건번호)가 부여된다는 것이다.[83] 이에 반하여 수소법원조정의 경우, 즉, '수소법원이 처리하는 사건'에는 별도의 사건번호가 부여되지 아니한다.[84]

위와 같이 「민사조정법」은 조정절차의 진행을 조정담당판사를 중심으로 규정하고 있으며, 특히 조정신청 사건은 성질상 조정담당판사가 처리할 수밖에 없으나, 실제 민사조정사건(조정신청사건 포함)의 대부분(전체 사건 수의 8할에 가깝다)은 수소법원조정에 의하고 있는 실정이다.

3) 조정담당기관

가) 조정담당기관 간의 업무분장

실무상, 조정담당판사, 조정위원회, 수소법원은 각각 다음 사건들을 처리함이 상당하다고 풀이하고 있다.[85]

---

83) 조정예규 제21조 제3항, 제4항.
84) 조정예규 제21조 제5항.

조정담당기관	사건의 유형
조정담당판사	① 조정신청사건(원칙) ② 사실관계에 관하여는 당사자 사이에 별다른 다툼이 없고 법률적 판단만이 문제되는 사건 ③ 사건 당사자가 대부분의 조정위원들과 특수한 관계에 있거나 면식이 있기 때문에 조정위원이 자유롭게 자신의 견해를 표명하기 곤란한 사건
조정위원회	① 다수의 분쟁당사자 사이에 이해관계가 첨예하게 대립되어 있는 사건 ② 친족·동업자간의 분쟁과 같이 감정 대립이 심하여 그 분쟁을 해결하는 데 법률적 지식보다는 조정위원의 경륜에 의한 설득이 필요하다고 판단되는 사건 ③ 건축공사 관련 분쟁, 의료 관련 분쟁 등과 같이 전문지식이 요구되어 전문가 조정위원이 조정에 참여하는 것이 바람직한 사건 ④ 당사자가 조정위원회의 조정을 원하는 사건
수소법원	① 교통사고, 산업재해사고로 인한 손해배상사건 ② 사실관계에 대한 증거조사가 충분히 이루어져 수소법원이 사실관계 및 이에 대한 법률적 평가를 할 수 있는 단계에 있는 사건 ③ 당사자가 사건의 신속한 해결을 원하고 비교적 조정이 쉽게 이루어질 것으로 예상되는 사건

나) 조정담당판사가 조정기관인 경우(민사조정법 제7조 제2항)

(1) 개 관

조정담당판사는 스스로 조정을 하거나, 상임 조정위원 또는 조정위원회로 하여금 조정을 하게 할 수 있다(민사조정법 제7조 제2항 본문).[86] **조정을 하는 상임 조정위원은 조정담당판사와 동일한 권한을 가진다**(같은 조 제4항). 따라서, 이하의 서술에서 "조정담당판사는 … 할 수 있다"라고 하면, 이는 상임 조정위원이 조정을 하는 경우에 해당 상임 조정위원도 그러한 권한을 행사할 수 있다는 취지로 이해하여야 한다.

한편, 조정위원회가 조정을 하는 경우에는, 행사할 권한의 종류에 따라 조정위원회 자체 또는 조정장이 각각 조정담당판사의 권한을 행사하는바(민사조정법 제40조), 상세한 내용은 해당되는 곳에서 살펴보기로 한다.

상임 조정위원에 관하여서는 바로 후술하겠으며, 조정위원 일반과 조정위원회에 관하여서는 별항으로 후술한다.

---

85) 조정예규 제10조.

86) cf. 상임 조정위원 제도는, 2009. 2. 6. 법률 제9417호로 「민사조정법」을 개정함에 따라 신설된 것이다.

한편, 조정위원도 전자소송시스템을 이용하여 전자문서를 제출할 수 있는 자이다(민소전자문서법 제5조 제1항, 민소전자문서규칙 제3조 제10호).

(2) 상임 조정위원

"상임 조정위원"이란, 상임(常任)**으로 「민사조정법」에 따른 조정에 관한 사무를 처리하는 조정위원을 말한다**(민사조정법 제7조 제2항). **상임 조정위원은 형법 제129조부터 제132조까지의 규정에 따른 벌칙을 적용할 때에는 공무원으로 본다**(같은 법 제40조의2). 즉, 상임 조정위원이 그 직무에 관하여 뇌물을 수수·요구·약속하거나 하는 경우에는 공무원과 마찬가지로 처벌을 받는다. 상임 조정위원의 위촉 등에 관하여서는 별항으로 후술하겠다.

다) 수소법원이 조정기관인 경우(민사조정법 제7조 제3항 및 제5항)

사건을 조정에 회부한 경우에 수소법원은, 조정담당판사와 마찬가지로 스스로 조정을 하거나 조정위원회로 하여금 조정을 하게 할 수 있을 뿐 아니라(민사조정법 제7조 제4항, 제9조 참조), **수명법관**(受命法官)(합의사건의 경우)**이나 수탁판사**(受託判事)**로 하여금 조정을 담당하게 할 수 있다**(같은 조 제5항 전문).

이때, 수소법원은 재판장과 배석판사 중 1인을 수명법관으로 지정하거나 2인을 공동수명법관으로 지정하여 조정을 담당하게 할 수 있다.[87]

스스로 조정을 하는 수소법원(같은 조 제4항) **및 수명법관과 수탁판사도**(같은 조 제5항 후문), **각각 조정담당판사와 동일한 권한을 가진다**. 따라서, 이하의 서술에서 "조정담당판사는 … 할 수 있다"라고 하면, 이는 수소법원 조정의 경우에 조정을 하는 수소법원 및 수명법관과 수탁판사도 그러한 권한을 행사할 수 있다는 취지로 이해하여야 한다.

4) (협의의) 조정기관과 조정담당기관 개관

이상의 내용을 도표로 정리하여 보면 아래와 같다.

사 건	조정기관	조정담당기관					
		조정담당 판사	상임 조정위원	조정 위원회	수소법원	수명법관	수탁판사
조정신청	조정담당 판사	○	○	○	-	-	-
조정회부							
	수소법원	-	-	○	○	○	○

87) 조정예규 제8조.

나. 조정위원과 조정위원회

1) 조정위원 일반

가) 조정위원의 위촉

(1) 비상임 조정위원의 위촉

조정위원은 고등법원장, 지방법원장 또는 지방법원지원장이 학식과 덕망이 있는 사람 중에서 미리 위촉한다(민사조정법 제10조 제1항 본문). 조정위원의 위촉에 관하여서는 조정위원규칙 제2조 제1항이, 조정위원의 결격사유에 관하여서는 같은 규칙 제3조가, 각각 이를 규정하고 있으나, 상세한 설명은 생략하겠다.

다만, 개별 사건에서 당사자가 합의로 조정위원을 선정할 수도 있음은, 조정위원회와 관련하여 후술하는 바와 같다(같은 법 제10조의2 전단).

(2) 상임조정위원의 위촉

상임 조정위원은 변호사 자격이 있는 사람으로서 대법원규칙으로 정하는 일정한 경력을 가진 사람 중에서 법원행정처장이 위촉한다(민사조정법 제10조 제1항 단서). 상임 조정위원의 위촉에 관하여서는 조정위원규칙 제2조의2가 규정하고 있으나, 상세한 설명은 생략하겠다.

나) 조정위원의 임기

조정위원의 임기는 2년으로 한다(민사조정법 제10조 제2항 본문).

다만, 특별한 사정이 있을 때에는 임기를 2년 이내로 정하여 조정위원을 위촉할 수 있는바(같은 항 단서).[88]

다) 조정위원의 사무

조정위원은 다음 각 호의 사무를 수행한다(민사조정법 제10조 제3항).

① **조정에 관여하는 일**

② **조정담당판사 또는 조정장의 촉탁**(囑託)**을 받아, 분쟁해결방안을 도출하기 위하여 사건관계인의 의견을 들어 합의안을 도출하거나 그 밖에 조정사건의 처리를 위하여 필요한 사무**(민사조정법 제7조 제6항)**를 수행하는 일**

---

88) 법원에서 실무수습중인 사법연수생을 조정위원으로 위촉하는 경우(조정위원규칙 제6조 제4항 참조)가 그 비근한 예이었다.

라) 조정위원의 교육 등

법원은 조정위원에게 정기적인 교육 및 연수기회를 제공하여야 한다(민사조정법 제10조 제4항).

마) 조정위원에 대한 수당등

조정위원에게는 대법원규칙이 정하는 바에 따라 수당을 지급하고, 필요한 경우에는 그 밖의 여비·일당 및 숙박료를 지급할 수 있다(민사조정법 제12조).

이에 관하여서는 조정위원규칙 제6조와 제5조가 각각 이를 규정하고 있으나, 상세한 설명은 생략하겠다.

바) 조정위원의 해촉

조정위원규칙 제4조는 조정위원의 해촉 사유를 규정하고 있으나, 상세한 설명은 생략하겠다.

사) 비밀유지의무

조정위원 또는 조정위원이었던 사람이 정당한 이유 없이 그 직무수행 중에 알게 된 타인의 비밀을 누설한 경우에는 2년 이하의 징역 또는 100만원 이하의 벌금에 처한다(민사조정법 제41조 제2항).

다만, **이 죄에 대한 공소는 고소가 있어야 한다**(같은 조 제3항).

2) 조정위원회

가) 개 관

(1) 조정위원회의 구성

조정위원회는 조정장(調停長) **1명과 조정위원 2명 이상으로 구성한다**(민사조정법 제8조).

(2) 조 정 장

조정담당판사가 조정기관인 경우(민사조정법 제7조 제2항)**에는, 조정담당판사 또는 상임 조정위원이 조정장이 된다**(민사조정법 제9조 제1호).

다만, 시·군법원의 경우에는 시·군법원의 판사가 조정장이 된다(같은 조 제4호).

수소법원이 조정기관인 경우(같은 법 제7조 제3항 및 제5항)**에는, 수소법원의 재판장이나**(같은 법 제9조 제2호), **수명법관 또는 수탁판사가**(같은 법 제9조 제3호), **각각 조정장이 된다.**

(3) 조정위원회를 구성하는 조정위원

(가) 조정위원의 선정 또는 지정

조정위원회를 구성하는 조정위원은, 당사자가 합의하여 선정한 사람 또는 법원장이 미리 위촉한 조정위원(민사조정법 제10조 제1항)**중에서, 사건마다 조정장이 지정한다**(민사조정법 제10조의2).

즉, 당사자의 합의에 의하여 선정된 조정위원이 없는 경우 조정위원회를 구성할 조정위원은 조정장이 지정한다.[89] 이때, 가능한 한 변호사 등 법률분야의 전문가인 조정위원 1인 이상이 포함되게 지정함이 실무이다.[90]

또한, 조정장은 사건별로 조정위원회를 구성하는 조정위원 중 주심조정위원을 지정하여 그 사건의 쟁점에 대한 검토, 사실조사 및 의견청취 등을 담당하도록 할 수 있다.[91]

(나) 조정위원선정합의

따라서, 당사자가 합의하여 조정위원을 선정한 경우에는 조정장에게 「조정위원선정합의서」를 제출할 필요가 있다.[92]

(다) 지정취소

조정장은 사건처리상 특히 필요하다고 인정하는 때에는 조정위원회를 구성하는 조정위원의 지정을 취소할 수 있다(민사조정규칙 제7조).

(라) 조정위원의 회피

조정위원은 지정받은 사건의 당사자와 친족·친구관계 등 특별한 친분이 있거나 그 사건에 관하여 상담한 적이 있는 등 사건의 공정한 처리를 의심받을 만한 사유가 있는 때에는 조정장에게 그 사실을 고지하여야 한다.[93]

고지를 받은 조정장은 상당하다고 인정되면 그 조정위원의 지정을 취소하도록 한다.[94]

---

89) 조정예규 제7조 제1항 전단.

90) 조정예규 제7조 제1항 후단.

91) 조정예규 제7조 제2항.

92) '인지액·편철방법예규'는 「조정위원선정합의서」를 예정하고 있지 아니하나, 「가사접수서류에 붙일 인지액 및 그 편철방법 등에 관한 예규」는, 민사조정법 제10조의2와 거의 같은 내용의 규정인 가사소송법 제53조 제2항과 관련하여 위 서류를 예정하고 있다.
따라서, '인지액·편철방법예규'가 이를 규정하고 있지 아니한 것은 입법의 착오로 사료된다.

93) 조정예규 제9조 전단.

94) 조정예규 제9조 후단.

나) 조정위원회의 조정절차

(1) 조정절차의 지휘 등

조정위원회의 조정절차는 조정장이 지휘한다(민사조정법 제11조 제1항).

조정위원회의 명령, 결정, 처분서등에는 조정위원회를 대표하여 조정장이 기명날인한다(민사조정규칙 제18조 제2항).

(2) 조정위원의 사무

한편, **조정담당판사가 스스로 조정을 하거나 조정위원회로 하여금 조정을 하게 하는 경우**(민사조정법 제7조 제2항) **조정담당판사나 조정장**(調停長)**은 조정위원으로 하여금 분쟁해결방안을 도출하기 위하여 사건관계인의 의견을 들어 합의안을 도출하거나 그 밖에 조정사건의 처리를 위하여 필요한 사무를 수행하게 할 수 있다**(민사조정법 제7조 제6항).

그런데, 조정담당판사가 상임조정위원으로 하여금 조정을 하게 하는 경우(같은 조 제2항 본문)에는 상임조정위원 역시 조정위원으로 하여금 위와 같은 사무를 수행하게 할 수 있다고 할 것이며(같은 조 제4항), 수소법원이 스스로 조정을 하거나 조정위원회로 하여금 조정을 하게 하는 경우에는 수소법원이나 수명법관과 수탁판사도 조정위원으로 하여금 위와 같은 사무를 수행하게 할 수 있다고 할 것이다(같은 조 제4항, 제5항 후문).

(3) 조정담당기관의 의무

조정담당기관은[95] **조정절차에서 당사자를 동등하게 대우하고, 사건에 대하여 충분히 진술할 수 있는 기회를 주어야 한다**(민사조정법 제11조 제2항).

(4) 조정위원회의 합의 및 의결

조정위원회의 합의는 공개하지 아니하며(민사조정규칙 제15조), 조정위원회의 의결은 과반수의 의견에 의한다. 그러나 가부동수인 경우에는 조정장의 결정에 따른다(같은 규칙 제14조).

조정위원 또는 조정위원이었던 사람이 정당한 이유 없이 합의의 과정이나 조정장 또는 조정위원의 의견 및 그 의견별 조정위원의 수(數)**를 누설한 경우에는 30만원 이하의 벌금에 처한다**(민사조정법 제41조 제1항).

3) 조정위원회 회부신청

조정담당판사가 직권으로 조정위원회로 하여금 조정을 하게 할 수도 있음은 기술하였거니

---

95) 법문에는 "제7조에 따른 조정기관은 …"으로 되어 있으나, 의당 위와 같이 새겨야 할 것이다.

와(민사조정법 제7조 제2항 본문), **조정담당판사는 당사자의 신청이 있을 때에는 조정위원회로 하여금 조정을 하게 하여야 한다**(같은 조 제2항 단서).

따라서, 당사자는 신청권에 기초한 중간적·부수적 신청으로서[96] 「조정위원회회부신청서」를 제출할 수 있다.[97]

4. 당사자의 신청에 의한 조정절차의 개시

가. 조정의 당사자

1) 개 관

민사에 관한 분쟁의 당사자는 법원에 조정을 신청할 수 있다(민사조정법 제2조).

2) 당사자능력

민사조정절차에서의 당사자능력에 관한 사항도 민사소송절차의 그것과 같다(민사조정법 제38조 제1항, 법 제51조, 제52조).

다만, 조정절차에서는 선정당사자는 선정할 수 없으나(민사조정법 제38조 제1항에서 법 제53조의 부준용), 후술하듯이 대표당사자를 선임할 수는 있다.

3) 절차능력 등

조정절차의 절차능력과 법정대리 및 특별대리인에 관한 제반 사항도 민사소송절차의 그것과 같다(민사조정법 제38조 제1항, 법 제51조, 제55조, 제56조 제1항, 제57조, 제58조 제1항 전문, 제2항, 제59조, 제62조, 제62조의2, 제63조 제1항, 제64조).

한편, **법정대리인이 조정신청의 취하, 조정조항안의 수락, 조정을 갈음하는 결정**(민사조정법 제30조 및 제32조)**에 관계되는 행위를 하기 위하여서는 특별한 권한을 받아야 한다**(민사조정법 제38조 제1항, 법 제56조 제2항. 민사조정법 제18조 제4항 참조).

즉, 미성년후견인, 성년후견인 또는 한정후견인이 위와 같은 절차행위들을 하기 위하여서는 후견감독인이 있으면 그의 동의가,[98] 후견감독인이 없는 경우에는 가정법원의 허가가 필요하다.

---

96) 구 '인지액·편철방법예규'(2012. 2. 20. 재판예규 제1379호로 개정되기 전의 것) 참조.

97) '인지액·편철방법예규'는 '조정회부신청'이라고 하고 있으나, 이는 혼동의 소지가 있는 명칭이므로, 차라리 '조정위원회 회부신청' 정도로 지칭함이 적절할 듯하다.

98) 동지 : 김형석, "피성년후견인과 피한정후견인의 소송능력 : 해석론과 입법론", **가족법연구**, 제27권 1호(2013. 4.), 67면.

그러나, 화해에 관한 수권이 있었다면, 위와 같은 권한들의 수권도 있다고 할 것이다.

나. 민사조정신청

1) 개 관

조정의 신청은 서면(書面)(「민사조정신청서」)[99]**이나 구술**(口述)**로 할 수 있다**(민사조정법 제5조 제1항).

구술로 신청할 때에는 법원사무관등의 앞에서 진술하여야 하며(같은 조 제2항), **이 경우에 법원사무관등은 조정신청조서**(調停申請調書)**를 작성하고 이에 기명날인하여야 한다**(같은 조 제3항).

더 나아가, 당사자 쌍방이 법원에 출석하여 조정신청을 할 수도 있다(같은 법 제15조 제3항 참조).

2) 기재사항

조정신청서나 조정신청조서에는 당사자(즉, "신청인"과 "피신청인". 민사조정법 제3조 제1항 참조), 대리인, 신청의 취지와 분쟁의 내용(즉, 신청원인)을 명확히 기재하여야 한다(민사조정규칙 제2조 제1항 전단).

신청취지는 금액의 특정이 불가능한 경우가 아닌 한 "상당액의 손해배상금의 지급을 구한다" 식으로는 기재하지 못하는 것으로 해석된다(민사조정규칙 제3조 제1항, 제5조 제4항 참조).

3) 첨부서류

참고자료가[100] 있는 경우에는 조정신청과 동시에 이를 제출하여야 한다(민사조정규칙 제2조 제1항 후단).

조정을 서면으로 신청하는 경우에는 피신청인 수에 상응하는 부본을 제출하여야 한다(같은 조 제2항).[101]

4) 관 할

가) 원 칙

조정사건은 다음 각 호의 어느 하나에 해당하는 곳을 관할하는 지방법원, 지방법원지원(地

---

99) '인지액·편철방법예규'.

100) 법문에는 "증거서류가 …"로 되어 있으나, 이는 입법의 착오인바, 현행법이 민사조정절차에서 "증거" 운운하는 문언을 삭제하였음은 후술하는 바와 같다.

101) cf. 조정신청조서는 그 성질상 부본이라는 것이 있을 수 없다.

方法院支院), **시·군법원의 관할로 한다**(민사조정법 제3조 제1항).

① **피신청인에 대한 보통재판적 소재지**(법 제3조 내지 제6조)

② **피신청인의 사무소 또는 영업소 소재지**

③ **피신청인의 근무지**

④ **분쟁의 목적물 소재지**

⑤ **손해 발생지**[102)]

주의할 것은, 그 곳에 시·군법원이 있다면 해당 시·군법원에 이를 신청하여야 한다(법원조직법 제34조 제1항 제2호, 법원설치법 제4조 단서).

나) 보 칙

그러나, **위 원칙에 불구하고 조정사건은 ① 그에 상응하는 소송사건의 전속관할법원**(專屬管轄法院)**이나 ② 당사자 사이에 합의로 정한 법원의 관할로 할 수 있다**(민사조정법 제3조 제2항).

5) 인지의 첩부 및 송달료의 예납

가) 개 관

조정신청을 할 때에는 대법원규칙으로 정하는 바에 따라 수수료를 내야 한다(민사조정법 제5조 제4항).

또한, 민사조정신청도 기본적 신청이므로, 신청시에 송달료도 예납하여야 함은 물론이다.

나) 종이소송에서의 수수료와 그 납부방법

조정신청의 수수료는 청구의 목적의 가액에 따라 소장에 붙일 인지액(민사소송 등 인지법)의 1/10로 한다(민사조정규칙 제3조 제1항 본문).[103)]

위와 같이 산출한 금액에서 100원 미만은 계산하지 아니한다(같은 조 제2항 후단).

또한, 위와 같이 산출한 금액이 1,000원 미만이면 1,000원으로 한다(같은 항 전단).

위 수수료는 인지로 납부하여야 한다. 다만, 「민사소송 등 인지규칙」이 정하는 바에 의하여 현금이나 신용카드·직불카드 등으로 납부할 수 있다(민사조정규칙 제3조 제4항). 즉, 납부방법에 관하여서는 '당사자의 소송행위' 부분에서 기술한 원칙이 그대로 적용된다.

---

102) 이는 민사소송의 특별재판적인 "불법행위지"(법 제18조 제1항)보다는 범위가 좁다고 하겠다.

103) cf. 2013. 10. 31. 이전에는 '1/5'로 하고 있었으나, 조정신청률을 높이기 위하여 위와 같이 수수료를 인하하였다.

다) 전자소송에서의 수수료와 그 납부방법

다만, 전자소송 동의자가 조정신청서를 전자문서로 제출하는 경우 조정신청의 수수료는 상술한 바와 같이 산출한 금액의 9/10로 한다(민사조정규칙 제3조 제1항 단서).

이때, 100원 미만은 계산하지 아니한다(같은 조 제2항 후단).

6) 민사조정신청으로 인한 소멸시효의 중단

조정신청은–소멸시효의 중단사유인 청구(민법 제169조 제1호)에 해당한다고 할 것이므로–**시효중단의 효력이 있다**(민사조정법 제35조 제1항).

그러나, 조정신청의 취하 또는 취하간주시에는 그러하지 아니한바, 상세한 내용은 해당되는 곳에서 보기로 한다.

다. 관할법원지정신청

한편, 수개의 법원의 토지의 관할에 관하여 의문이 있을 때에는 관할법원지정신청을 할 수 있는 것으로 해석된다(비송사건절차법 제4조의 준용).[104]

라. 민사조정신청서의 심사

1) 보정명령

조정담당판사(조정위원회가 조정을 하는 경우에는 조정장. 민사조정법 제40조 제2호)**는 신청인이 전술한 수수료**(인지대)**를 내지 아니한 경우에는 적절한 기간을 정하여 그 기간 내에 낼 것을 명하여야 한다**(같은 법 제13조 제1항).

2) 조정신청서각하명령

가) 개 관

신청인이 위 보정명령(민사조정법 제13조 제1항)**을 이행하지 아니한 때에는 조정담당판사**(조정위원회가 조정을 하는 경우에는 조정장. 민사조정법 제40조 제2호)**는 명령으로 신청서를 각하하여야 한다**(같은 법 제13조 제2항).

나) 불 복

조정신청서각하명령(민사조정법 제13조 제2항)**에 대하여는 즉시항고를 할 수 있다**(민사조정법

---

104) 제요[민소Ⅲ], 1427면.

제13조 제3항).

마. 조정신청서등의 송달

1) 개 관

조정신청서나 조정신청조서는 지체없이 피신청인에게 송달하여야 한다(민사조정법 제14조).

2) 주소보정명령

조정신청서나 조정신청조서를 피신청인에게 송달할 수 없는 경우에는 조정담당판사(또는 조정장. 민사조정규칙 제18조 제1항 후단)는 상당한 기간을 정하여 주소의 보정을 명하여야 한다(민사조정규칙 제2조의2 제1항).

3) 조정신청서각하명령

가) 개 관

신청인이 주소를 보정하지 아니한 때에는 조정담당판사(또는 조정장. 민사조정규칙 제18조 제1항 후단)는 명령으로 조정신청서를 각하하여야 한다(민사조정규칙 제2조의2 제2항 본문).

나) 불복 등

이 조정신청서각하명령에 대하여는 – 전술한 수수료 미납의 경우와 달리 – 불복의 신청을 하지 못한다(민사조정규칙 제2조의2 제3항). 이 점, 소장의 주소미보정의 경우와 다르다.

다만, 공시송달에 의한 소송진행이 가능하다고 인정되는 때에는 조정이 성립되지 아니한 것으로 사건을 종결시킬 수 있다(같은 조 제2항 단서).

바. 조정신청사건의 이송

1) 직권이송

조정담당판사는 사건이 그 관할에 속하지 아니한다고 인정할 때에는 결정으로 사건을 관할법원에 이송하여야 한다(민사조정법 제4조 제1항 본문).

이 경우에 당사자가 「조정사건이송신청서」를 제출할 수도 있으나, 이는 법원의 직권발동을 촉구하는 의미에 불과하다.[105]

다만, 피신청인이 관할위반에 대하여 항변(抗辯)을 하지 아니하고 조정절차에서 진술하거

---

105) '인지액·편철방법예규'.

나, 사건의 해결을 위하여 특히 필요하다고 인정할 때에는 그러하지 아니하다(같은 항 단서).

조정위원회가 조정담당기관인 경우에 이송결정의 권한은 조정위원회에 있는가, 아니면 조정장에게 있는가(같은 법 제40조 참조). 민사조정법 제40조가 이에 관하여 침묵하고 있는 것은 입법의 불비이나, 해석론상으로도 전자로 새김이 옳다고 본다(같은 법 제40조 제1호의 유추해석). 이는 후술하는 재량이송의 경우에도 마찬가지이다.

2) 재량이송

가) 개 관

조정담당판사는 사건이 그 관할에 속하는 경우라도 이송하는 것이 적절하다고 인정하면 직권 또는 당사자의 신청에 의한 결정으로 그 사건을 다른 관할법원에 이송할 수 있다(민사조정법 제4조 제2항).

나) 조정사건이송신청

따라서, 이 경우에 당사자가 「조정사건이송신청서」를 제출할 수도 있다.[106]

조정사건이송 사건 역시 부수사건이지만, 기본사건이 전자기록사건이므로, 조정사건이송신청 역시 전자적으로 할 수 있다.

이는 기본적 신청이므로, 신청서에 1,000원의 인지를 붙이고(민사소송 등 인지법 제9조 제5항 제4호), 송달료를 예납하여야 한다.[107]

3) 이송결정에 대한 불복

소송사건에서 재량이송의 결정이나 재량이송신청의 기각결정에 대해 불복할 수 있는 것(법 제39조)과 달리, **조정사건의 이송결정**(민사조정법 제4조 제1항, 제2항)**에 대하여는** – 설령 그것이 재량이송일지라도 – **불복의 신청을 하지 못하며**(민사조정법 제4조 제3항), 이송신청의 각하결정에 대하여서도 불복하지 못하는 것으로 해석된다.

사. 피신청인의 경정(更正)

1) 개 관

신청인이 피신청인을 잘못 지정한 것이 명백한 경우에는 조정담당판사(조정위원회가 조정을 하는 경우에는 조정위원회. 민사조정법 제40조 제1호)**는 신청인의 신청을 받아 결정으로 피신청인**

106) '인지액·편철방법예규'.

107) '인지액·편철방법예규'.

의 경정을 허가할 수 있다(같은 법 제17조 제1항).

이 경우, 피고의 경정(법 제260조 제1항 단서)과 달리, 피신청인의 동의는 요하지 아니한다고 할 것이다. **피신청인경정허가결정이 있는 경우, 새로운 피신청인에 대한 조정신청은 경정신청이 있은 때에 한 것으로 보며**(같은 조 제2항), **종전의 피신청인에 대한 조정신청은 경정신청이 있은 때에 취하**(取下)**된 것으로 본다**(같은 조 제3항).

2) 피신청인경정신청

피신청인의 경정도 서면(「피신청인경정신청서」)[108]으로 신청하여야 할 것이다(법 제260조 제2항의 유추해석).

신청서에는 새로 피신청인이 될 사람의 이름·주소와 경정신청의 이유를 적어야 할 것이다(규칙 제66조의 유추해석).

이 신청은 신청권에 기초한 중간적·부수적 신청이다.[109]

아. 조정신청간주에 의한 조정절차의 개시

지급명령에 대한 이의신청이 있은 경우, 독촉절차로부터 – 소송절차 대신 – 조정절차로 이행될 수도 있으며, 이 경우 조정신청이 있은 것으로 간주됨(민사조정법 제5조의2)은 '독촉절차' 부분에서 기술하였다. 이러한 사건에서도 당사자는 "신청인", "피신청인"으로 호칭하여야 할 것이며, 이송, 피신청인의 경정 등에 관한 사항은, 처음부터 민사조정신청이 있었던 경우에 준하여 이해하면 될 것이다.

한편, 지급명령에 대하여 이의신청이 있은 경우에 채권자가 적법한 조정이행신청을 하였다면 지급명령을 신청한 때에 조정이 신청된 것으로 보므로(민사조정법 제5조의2 제3항), 이 경우에도 당초 지급명령신청으로 인한 시효중단의 효력은 유지된다(같은 법 제35조 제1항 참조).

5. 수소법원의 회부에 의한 조정절차의 개시 등

가. 공동피고 중 일부에 대하여 변론이 종결된 경우에 조정회부결정이 있은 경우

공동피고 중 일부에 대하여는 변론이 종결되고 나머지에 대하여는 속행 중인 사건을 조정에 회부한 경우에는, 이미 분리결심된 피고에 대하여도 조정에 회부된 것으로 처리할 것인지

---

108) '인지액·편철방법예규'.

109) 구 '인지액·편철방법예규'(2012. 2. 20. 재판예규 제1379호로 개정되기 전의 것) 참조.

가 문제될 수 있다. 변론기일 외에서 조정회부결정을 한 경우에는 결정 자체에서 당사자를 특정하지 아니하는 한 분리결심된 당사자에 관한 부분을 포함한 사건 전체가 조정에 회부된 것이 되고, 수소법원이 변론기일에서 조정회부결정을 하여 이를 고지한 경우에는 해당 변론기일에 소환된 당사자들에 대한 부분만이 조정에 회부된 것이 된다.[110]

나. 당사자의 호칭 등

수소법원이 조정에 회부한 사건의 당사자는, 소송절차와 마찬가지로 "원고", "피고"로 호칭한다. 한편, 소송사건의 선정당사자는 사건이 조정에 회부된 후에도 그 지위가 유지되는 것으로 해석된다.

다. 소송절차의 중지

소송사건이 조정에 회부된 때에는 그 절차가 종료될 때까지 소송절차는 중지된다(민사조정규칙 제4조 제2항).

라. 피고의 경정

제1심 수소법원이 조정에 회부한 사건(민사조정법 제6조)**에 대하여** - 해당 조정기관(조정담당판사 또는 수소법원)이 - **피고의 경정**(법 제260조)**을 할 수 있고, 이 경우에는 소송절차에서도 그 효력이 있다**(민사조정법 제17조 제4항). 그런데, 민사조정법 제17조 제4항의 법문상으로도 명백하듯이, 이는 수소법원 뿐만 아니라 조정담당판사도 그러한 결정을 할 수 있다는 것 외에는 본질적으로 소송절차에서의 피고의 경정과 다를 바 없다고 할 것이다.

따라서, 예컨대, 피고의 응소 후에는 피고의 동의를 요하는 것으로 해석되며, 이 점에서 기술한 피신청인의 경정과 다르다.

6. 조정절차의 대표당사자[111]

가. 개 관

공동의 이해관계가 있는 다수(多數)의 당사자는 그중 한 사람 또는 여러 사람을 대표당사자

---

110) 「민사조정절차에 관련된 여러 의문점에 대한 검토의견(재민 95-1)」.

111) cf. 그러나, 가사조정절차에 관하여는 민사조정법 제18조의 규정을 준용하지 아니한다(가사소송법 제49조 단서).

로 선임할 수 있다(민사조정법 제18조 제1항).

더 나아가, **조정담당판사**(조정위원회가 조정을 하는 경우에는 조정위원회. 민사조정법 제40조 제1호)**는 필요하다고 인정하면 당사자에 대하여 대표당사자를 선임할 것을 명할 수 있다**(같은 법 제18조 제3항).

나. 선 임

대표당사자의 선임은 서면(「대표당사자선임서」)[112]**으로 증명하여야 한다**(민사조정법 제18조 제2항).

다. 권한 등

대표당사자는 자신을 선임한 당사자를 위하여 각자 조정절차에 관한 모든 행위를 할 수 있다(민사조정법 제18조 4항).

그러나, **대표당사자가 자신을 선임한 당사자를 위하여 다음 각 호의 행위를 할 수는 없으며**(같은 항), 이 점에서 대표당사자는 선정당사자와 차이가 있다.

① **조정조항안**(調停條項案)**의 수락**

② **조정신청의 취하**

③ **조정을 갈음하는 결정**(민사조정법 제30조 및 제32조)**에 관계되는 행위**

④ **대리인의 선임**

또한, **대표당사자가 선임된 경우에는 대표당사자 외의 나머지 당사자에게는 조정기일을 통지하지 아니할 수 있다**(같은 조 제5항).

7. 조정절차의 대리인

가. 조정절차에서의 대리인 선임

1) 개 관

조정에서도 대리인을 선임할 수 있는바(민사조정법 제18조 제4항 제4호, 민사조정규칙 제2조 제1항 참조), 대리인은 당사자가 조정기일에 대신 출석시키는 자이다(민사조정규칙 제6조 제1항 단서 참조).

---

112) cf. '인지액·편철방법예규'는 「대표당사자선정신고서」라고 하고 있다.

민사소송과 마찬가지로, **당사자능력, 소송능력, 소송제한능력자의 법정대리와 절차행위에 필요한 권한의 수여는 원칙적으로 「민법」, 그 밖의 법률에 따르며**(민사조정법 제38조 제1항, 법 제51조), **법정대리권이 있는 사실 또는 절차행위를 위한 권한을 받은 사실은 서면으로 증명하여야 하며**(민사조정법 제38조 제1항, 법 제58조 제1항 전문),[113] **이러한 서면은 기록에 붙여야 한다**(민사조정법 제38조 제1항, 법 제58조 제12항).

한편, 2020. 3. 4. 이전에는 조정절차에 법 제87조, 제88조도 준용하였으나(구 민사조정법(2020. 2. 4. 법률 제16910호로 개정되기 전의 것) 제38조 제1항), 실무상으로는, 합의사건에 해당하는 조정사건이라도 변호사 아닌 자가 조정담당판사(또는 조정장)의 허가를 받아 조정사건의 대리인이 될 수 있다고 보고 있었다.[114]

그런데 현행법은 더 이상 법 제87조, 제88조를 준용하고 있지 아니하므로, 일견 더 이상 별도의 허가 없이도 변호사 아닌 자를 대리인으로 선임할 수 있어야 할 듯하나, 현행 「민사조정규칙」(2020. 3. 30. 대법원규칙 제2890호) 역시 도리어 종래의 실무를 그대로 명문화하여 여전히 대리인선임허가 자체는 받아야 하는 것으로 규정하고 있다.

국회 입법자료에 의하면, 입법자도 허가의 요부에 관한 명확한 인식은 없었던 것으로 보이기는 한다. 그럼에도 불구하고 - 이른바 '재판을 권력의 밑천으로' 여기는 우리 사법부의 행태가 흔히 그러하듯이 - 개정 「민사조정규칙」이 모법의 명문에 반하여 위임입법의 한계를 초월한 것이 아닌가 하는 의문은 금하기 어렵다(법 제88조가 명문으로 법원의 허가를 운위하고 있다는 상기하여 보라).

2) 변호사 아닌 대리인의 선임

가) 원 칙

(1) 개 관

다음 각 호의 어느 하나에 해당하는 경우[115] 조정담당판사(또는 조정장. 민사조정규칙 제18조 제1항 후단)의 허가를 받아 변호사 아닌 자를 대리인(같은 규칙 제6조 제1항)으로 할 수 있다(민사조정규칙 제6조 제2항 본문).

한편, 대리인의 선임불허가결정에 대하여는 불복하지 못한다(같은 조 제5항).

---

113) 민사조정법 제38조 제1항은 법 제58조 제1항 후문도 준용하고 있으나, 후술하듯이 조정절차에서는 선정당사자는 선정할 수 없으므로(민사조정법 제38조 제1항에서 제53조의 부준용), 법 제58조 제1항 후문은 성질상 준용될 소지가 없다.

114) 「민사조정절차에 관련된 여러 의문점에 대한 검토의견(재민 95-1)」.

115) cf. 이는 민사1심단독사건에서 소송대리허가를 받을 수 있는 자(규칙 제15조 제2항 각 호)와 같다.

(2) 대리인의 자격

그러나, 위와 같이 절차대리허가를 받을 수 있는 사람은 다음 각 호의 어느 하나에 해당하여야 한다(민사조정규칙 제6조 제2항 본문).[116)]

① 당사자의 배우자 또는 4촌 안의 친족으로서 당사자와의 생활관계에 비추어 상당하다고 인정되는 경우

② 당사자와 고용, 그 밖에 이에 준하는 계약관계를 맺고 그 사건에 관한 통상사무를 처리·보조하는 사람으로서 그 사람이 담당하는 사무와 사건의 내용 등에 비추어 상당하다고 인정되는 경우

(3) 대리인선임허가신청

이러한 대리인선임허가신청은 서면으로 하여야 한다(민사조정규칙 제6조 제6항).

(4) 대리인선임허가의 취소

그리고, 조정담당판사(또는 조정장. 민사조정규칙 제18조 제1항 후단[117)])는 언제든지 이 선임허가를 취소할 수 있다(같은 규칙 제6조 제4항).

소송절차에서 대리인으로 허가한 자에 대하여 조정회부후에 조정담당판사가 대리허가를 취소할 수도 있는 것으로 해석된다.[118)]

한편, 대리인의 선임허가취소결정에 대하여도 불복하지 못한다(민사조정규칙 제6조 제5항).

나) 소액사건의 특칙

다만, 조정사건이 소액사건(소액사건심판법 제2조 제1항)에 해당하는 경우에는 소액사건의 소송대리에 관한 특칙(같은 법 제8조)을 준용한다(민사조정규칙 제6조 제2항 단서).

즉, 소액사건에 해당하는 민사조정사건에서는, 당사자의 배우자·직계혈족 또는 형제자매는 조정담당판사의 허가 없이 대리인이 될 수 있다(소액사건심판법 제8조 제1항의 준용).

---

116) cf. 이는 민사1심단독사건에서 소송대리허가를 받을 수 있는 자(규칙 제15조 제2항 각 호)와 같다.

117) 민사조정규칙 제18조 제1항 후단은 "같은 규칙 제6조 제3항"의 규정에 의한 조정담당판사의 권한은 조정장에 속한다고 규정하나, 이는 입법의 착오이다.
위와 같은 착오가 발생하게 된 까닭은, 1993. 12. 28. 대법원규칙 제1275호로 같은 조를 개정하면서 같은 조 제3항 및 제4항을 제4항 및 제5항으로 위치를 바꾸면서도 제18조 제1항 후단을 이에 맞추어 개정하지 아니하였기 때문이다.

118) 「민사조정절차에 관련된 여러 의문점에 대한 검토의견(재민 95-1)」.
그런데, 위 예규는 조정회부사건에 관하여 위와 같이 해석하고 있으나, 조정신청사건에서도 달리 새길 이유는 없다.

이러한 소송대리인은 당사자와의 신분관계 및 수권관계를 서면으로 증명하여야 하나(같은 조 제2항 본문의 준용), 수권관계에 대하여는 당사자가 조정담당판사의 면전에서 구술로 대리인을 선임하고 법원사무관등이 조서에 이를 기재한 때에는 그러하지 아니하다(같은 항 단서의 준용).

나. 조정회부사건의 소송대리인

소송사건이 조정에 회부된 경우(민사조정법 제6조), 소송대리인은 조정에 관하여도 당사자를 대리할 수 있다(민사조정규칙 제6조 제3항 본문).

다만, 화해 또는 조정에 관한 권한이 있음을 서면으로 증명하여야 하는바(같은항 단서). 화해에 관한 권한은 원래 소송대리인의 권한 중 특별수권사항임을 상기할 필요가 있다(법 제90조 제2항 제2호).

따라서, 변호사 아닌 자에 대한 소송절차에서의 대리허가 역시 조정절차에서의 대리허가로서도 효력이 있는 것으로 해석된다.[119]

다만, 민사조정규칙 제6조 제4항에 따라, 소송절차에서 대리인으로 허가된 자에 대하여 조정회부후에 조정담당판사가 대리허가를 취소하는 것 역시 가능한 것으로 풀이된다.[120]

8. 조정절차의 보조인

보조인은 당사자가 조정기일에 출석할 때 동반할 수 있는 자이다(민사조정규칙 제6조 제1항 단서 참조).

한편, 민사조정규칙 제6조 제2항, 제4항, 제5항은, 변호사 아닌 자를 보조인으로 함에는 보조인동반허가를 얻어야 하는 것으로 규정하고 있으며,[121] 그 허가 내지 허가취소는 변호사 아닌 자를 대리인으로 선임하는 경우와 동일하게 되어 있다.

그러나 이러한 위와 같은 규율에 위임입법의 한계 일탈의 의심이 있음은, 역시 조정절차의 대리인에 관하여 기술한 바와 같다.

---

119) 「민사조정절차에 관련된 여러 의문점에 대한 검토의견(재민 95-1)」.

120) 「민사조정절차에 관련된 여러 의문점에 대한 검토의견(재민 95-1)」.

121) cf. 이는 구 「민사조정규칙」(2020. 3. 30. 대법원규칙 제2890호로 개정되기 전의 것)에서도 그러하였다.

9. 조정절차에의 이해관계인의 참가[122)]

가. 개 관

조정의 결과에 관하여 이해관계가 있는 자는 조정담당판사(조정위원회가 조정을 하는 경우에는 조정위원회. 민사조정법 제40조 제1호)**의 허가를 받아 조정에 참가할 수 있다**(같은 법 제16조 제1항. 임의참가).

또한, **조정담당판사**(조정위원회가 조정을 하는 경우에는 조정위원회. 같은 법 제40조 제1호)**는 필요하다고 인정하면 조정의 결과에 관하여 이해관계가 있는 자를 조정에 참가하게 할 수 있다**(같은 법 제16조 제2항. 강제참가). 이러한 강제참가는 조정담당판사(또는 조정위원회)의 참가명령으로써 하여야 할 것이다.

이러한 참가의 실익은 성립된 조정조항의 효력이 해당 참가인에게도 미치게 된다는 데에 있으며, 이 경우 조정조항에서는 그 참가인을 "조정참가인"으로 표시함이 실무이다.

한편, 수소법원의 조정회부사건에서 보조참가인은 별도의 참가허가결정 없이도 조정참가인의 지위를 취득하게 되는 것으로 풀이된다.

조정조서가 조정참가인의 법률관계도 그 내용으로 하는 경우에는 조정조서의 효력은 조정참가인의 법률관계에 관하여도 다를 바 없다고(즉, 조정참가인에게도 확정판결과 동일한 효력이 미친다고) 할 것이다.[123)]

나. 참가신청 및 참가명령신청

1) 참가신청

이해관계인의 참가신청은 참가의 취지와 이유를 기재한 서면으로 하여야 할 것이나(가사소송규칙 제21조 참조), 실무는 구술로 참가신청을 할 수도 있다고 본다.[124)] 이 신청은 신청권에 기초한 중간적·부수적 신청이다.[125)]

이해관계인의 참가신청이 있는 때에는 법원사무관은 신청서 부본(구술에 의한 참가신청의 경우에는 법원사무관이 작성한 조서의 등본)을 당사자 쌍방에게 송달하여야 한다.[126)]

---

122) cf. 가사비송사건에서도 이와 매우 유사한 제도가 있다(가사소송법 제37조).

123) 대법원 2014. 3. 27. 선고 2009다104960 판결.

124) 조정예규 제15조 제1항 전문 참조.

125) 조정예규 제28조. 구 「가사접수서류에 붙일 인지액 및 그 편철방법 등에 관한 예규」(2011. 8. 17. 재판예규 제1344호로 개정되기 전의 것) 참조.

126) 조정예규 제15조 제1항 전문.

2) 참가명령신청

한편, 법원의 직권발동을 촉구하는 의미에서 이해관계인에 대한 참가명령신청을 할 수도 있다고 하겠다.

다. 참가(명령)신청에 대한 재판

참가신청이 있는 때에는, 조정담당판사(또는 조정위원회)는 신청에 대하여 허부의 결정을 하여야 한다(가사소송규칙 제22조 제1항 참조).

그러나, 참가명령신청에 대하여서는 재판으로 응답할 의무가 없다.

라. 참가허가 또는 참가명령의 고지

조정기관이, 참가신청을 허가하거나, 이해관계인을 조정에 참가하게 한 때에는, 당사자 쌍방 및 이해관계인에게 적당한 방법으로 그 결정을 고지하여야 한다.[127)]

마. 참가에 관한 재판에 대한 불복

참가허부의 결정과 참가명령에 대하여는 불복하지 못하는 것으로 해석된다(가사소송규칙 제22조 제3항 참조).

10. 조정 전의 처분[128)]

가. 개 관

조정전의 처분은, 조정 전에 일정한 행위의 금지 또는 배제를 명하고, 그 위반시에는 과태료에 처하게 함으로써 위와 같은 금지 또는 배제를 간접적으로 강제하는 제도이다.

조정담당판사(조정위원회가 조정을 하는 경우에는 조정위원회. 민사조정법 제40조 제1호)**는 조정을 위하여 특히 필요하다고 인정하면 당사자의 신청을 받아 상대방과 그 밖의 사건관계인에게 조정 전의 처분으로서 다음 각 호의 사항을 명할 수 있다**(같은 법 제21조 제1항).

① **현상**(現狀)**을 변경하거나 물건을 처분하는 행위의 금지**

② **그 밖에 조정의 내용이 되는 사항의 실현**(實現)**을 불가능하게 하거나 현저히 곤란하게 하는 행위의 배제**

---

127) 조정예규 제15조 제1항 후문.

128) cf. 이는 「가사소송법」의 사전처분 제도(가사소송법 제62조)와 유사한 제도이다.

그리고, **조정 전의 처분을 할 때에는, 처분 위반에 대한 제재**(制裁)(같은 법 제42조)(이에 관하여서는 후술한다)**를 고지하여야 한다**(같은 법 제21조 제2항).

주의할 것은, 이러한 조정전의 처분은 보전처분과 달리 조정신청 전에는 할 수 없다는 점이다.

나. 불 복

조정 전의 처분에 대하여는 즉시항고를 할 수 있다(민사조정법 제21조 제3항).

다. 효 력

조정 전의 처분은 집행력을 갖지 아니한다(민사조정법 제21조 제4항).

다만, **조정담당판사**(조정위원회가 조정을 하는 경우에는 조정장. 같은 법 제40조 제2호)**는 당사자 또는 참가인이 조정전의 처분에 따르지 아니하면 직권으로 5백만원 이하의**[129] **과태료를 부과한다**(같은 법 제42조 제1항).

라. 과태료의 재판의 절차

조정절차에서 과태료의 재판의 절차는, 검사(檢事)**의 관여가 없다는 것**(민사조정법 제42조 제2항에서 비송사건절차법 제248조 및 제250조의 부준용)**을 제외하면, 비송사건절차법상의 절차와 같다**(민사조정법 제42조 제2항).

결국, 이 또한 민사소송법의 경우와 같으므로, 상세한 것은 '법원의 소송행위 : 재판 및 재판사무' 부분에서 민사소송법상의 과태료 재판 일반에 관하여 기술한 내용을 참조하기 바란다.

11. 조정절차와 소송절차 또는 집행절차의 관계

가. 소송절차의 중지

소송계속전에 조정신청이 있은 사건의 경우에 수소법원의 재판중지가 가능함은, '소송절차의 정지' 부분에서 기술하였다(민사조정규칙 제4조 제1항).

---

129) 그러나, 2020. 3. 4. 이전에 접수된 사건의 경우에는 과태료의 상한액이 30만 원이다(민사조정법 부칙(제16910호) 제2조 단서, 구 민사조정법(2020. 2. 4. 법률 제16910호로 개정되기 전의 것) 제42조 제1항).

나. 집행절차의 정지·속행

1) 집행절차의 정지

가) 개 관

조정담당판사(또는 조정위원회. 민사조정규칙 제18조 제1항 전단)는, 분쟁의 실정에 의해 사건을 조정에 의하여 해결하는 것이 상당하다고 인정되는 경우, 조정의 성립을 불가능하게 하거나 또는 현저히 곤란하게 할 우려가 있는 때에는, 신청에 의하여 담보를 제공하게 하거나 제공하게 하지 아니하고 조정이 종료될 때까지 조정의 목적이 된 권리에 관한 집행절차의 정지를 명할 수 있다(민사조정규칙 제5조 제1항 본문).

다만, 재판 및 조서 기타 법원에서 작성된 서면의 기재에 기한 집행절차에 관하여는 그러하지 아니하다(같은 항 단서).

나) 집행절차정지신청

집행절차정지신청을 함에는 그 이유를 소명하여야 한다(민사조정규칙 제5조제3항).

다) 불 복

집행절차정지결정에 대하여는 당사자는 즉시항고를 할 수 있다(민사조정규칙 제5조 제5항).[130)]

2) 집행절차의 속행

가) 개 관

조정담당판사(또는 조정위원회. 민사조정규칙 제18조 제1항 전단)는 집행절차의 정지를 명한 경우에 필요하다고 인정하는 때에는 신청에 의하여 담보를 제공하게 하거나 제공하게 하지 아니하고 이를 속행할 것을 명할 수 있다(민사조정규칙 제5조 제2항).

나) 집행절차속행신청

집행절차속행신청을 함에는 그 이유를 소명하여야 한다(민사조정규칙 제5조 제3항).

다) 불 복

집행절차속행결정에 대하여는 당사자는 즉시항고를 할 수 있다(민사조정규칙 제5조 제5항).

---

130) 법문에는 "… 즉시 항고를 …"로 되어 있으나, 의문이다.

3) 소송비용담보에 관한 규정의 준용

집행절차의 정지 또는 속행을 위한 담보에도, 소송비용담보에 관한 담보제공방식(법 제122조)·담보물에 대한 권리(법 제123조)·담보의 취소(법 제125조)·담보물변경(법 제126조)의 규정을 준용한다(민사조정규칙 제5조 제4항).

12. 조정사건의 분리·병합

조정기관은[131] 조정사건의 분리 또는 병합을 명하거나 이를 취소할 수 있다(민사조정법 제14조의2).

13. 조정의 실시

가. 조정장소

조정담당판사(조정위원회가 조정을 하는 경우에는 조정위원회. 민사조정법 제40조 제1호)**는 사건의 내용, 당사자의 의사와 편의 등을 고려하여[132] 법원 외의 적당한 장소에서 조정을 할 수 있다**(같은 법 제19조 제1항. 현지조정).

따라서, 조정은 판사실, 조정실, 심문실 또는 분쟁에 관련된 현장 기타 적당한 장소에서 할 수 있다.[133]

2020. 3. 5. 이후 접수된 사건의 경우, **조정위원도 법원 외의 장소에서 사무를 수행할 수 있으나, 조정위원이 법원 외의 장소에서 조정사무**(민사조정법 제7조 제6항)**를 수행하는 경우에는 미리 조정담당판사**(또는 조정위원회)**의[134] 허가를 받아야 한다**(같은 법 제19조 제2항).

---

131) 법문에는 "제7조에 따른 조정기관은 …"으로 되어 있으나, 관견으로는 조정담당기관은 사건의 분리·병합의 권한이 없다고 본다.

132) 구 「민사조정법」(2020. 2. 4. 법률 제16910호로 개정되기 전의 것)은 "… 사건의 실정에 따라 …"라고 표현하였다.

133) 조정예규 제14조 제1항.

134) 민사조정법 제40조는 제19조 제2항에 규정된 조정담당판사의 권한이 조정위원회에 있는지 조정장에 있는지 규정하고 있지 아니하나, 이는 입법의 착오로서, 같은 조 제1항과의 균형상 위와 같이 새겨야 할 것으로 생각된다.
이러한 입법의 착오가 발생한 원인은, 2020. 2. 4. 법률 제16910호로 제19조에 제2항을 신설하면서도 이에 상응하게 제40조 제1호를 개정하지 아니하였기 때문이다.

나. 조정기일의 지정 및 통지

양쪽 당사가 법원에 출석하여 조정신청을 하는 경우에는 특별한 사정이 없으면 그 신청일을 조정기일로 한다(민사조정법 제15조 제3항. 즉일조정).

그 외의 경우, 즉, 일반적인 경우에는, **조정기일은 당사자에게 통지하여야 하며**(같은 조 제1항),[135] **기일의 통지는 기일통지서**(「조정기일통지서」)**를[136] 송달하는 방법이나 그 밖의 적절한 방법으로 할 수 있다**(같은 조 제2항).

당사자의 신청에 의하여 조정절차가 개시된 경우에 기일을 통지할 수 없을 때에는 조정신청의 각하 문제가 생긴다(같은 법 제25조). 상세한 것은 후술한다.

그러나, 수소법원 조정회부사건의 경우에는, 당사자 쌍방 또는 일방에 대하여 공시송달에 의하지 아니하고는 기일을 통지할 수 없는 때에는 조정절차를 종결하고 사건을 수소법원에 다시 회부하여야 한다.[137]

조정에 참가한 이해관계인이 있으면 그에 대하여서도 조정기일을 통지하여야 함은 물론이다.[138]

다. 조정사무수행일의 통지[139]

조정장은[140] 조정위원으로 하여금 조정사건의 처리를 위하여 필요한 사무를 수행하게 하는 경우 미리 조정사무수행일을 지정할 수 있다. 이 경우 법원사무관은 조정사무수행일의 1주 전까지 조정위원에게 우편, 전화, 팩스, 이메일 등 적절한 방법으로 조정사무수행일을 통지하여야 한다.[141]

반대로, 조정위원이 조정사무수행일을 지정한 경우 법원사무관에게 통보하여야 한다.[142]

법원사무관은 당사자 쌍방에게 「조정사무수행일통지서」의 송달 기타 적당한 방법으로 조

---

135) 실무상, 가능한 한 미리 특정한 요일을 조정기일로 정하도록 하고 있다. 조정예규 제13조 제1항.

136) 법문에는 "… 소환장을 …"으로 되어 있으나, 「민사소송법」이 종래의 "소환장"(구법(2002. 1. 26. 법률 제6626호로 전부개정되기 전의 것) 제154조 본문)을 "기일통지서 또는 출석요구서"(법 제165조 제1항 본문)로 개정한 이상, 「민사조정법」의 용어 역시 이와 상응하게 "기일통지서"로 개정하여야 할 것이다. 실무상으로도 이미 "조정기일통지서"라는 용어를 사용하고 있다.

137) 조정예규 제25조 제3항 제1호.

138) 조정예규 제15조 제2항.

139) 이 제도는 2020. 3. 5.부터 시행되었다.

140) 법문에는 "조정담당판사 또는 조정장은 …"으로 되어 있으나, 위와 같이 새겨야 할 것이다.

141) 조정예규 제13조의2 제1항.

142) 조정예규 제13조의2 제2항.

정사무수행일을 통지하여야 한다.[143]

라. 조정절차의 비공개

조정절차는 공개하지 아니할 수 있다(민사조정법 제20조 본문).

다만, 조정절차를 공개하지 아니하는 경우에도 조정담당판사(조정위원회가 조정을 하는 경우에는 조정장. 같은 법 제40조 제2호)**는 적당하다고 인정하는 자에게 방청을 허가할 수 있다**(같은 법 제20조 단서).

마. 조정기일에의 당사자의 출석의무 등

조정기일의 통지를 받은 당사자는 기일에 본인이 출석하여야 한다(민사조정규칙 제6조 제1항 본문).

그러나 특별한 사정이 있는 경우에는 대리인을 출석시키거나 보조인을 동반할 수 있다(같은 항 단서).

바. 조정기일에의 당사자의 불출석

1) 조정신청사건의 경우

가) 신청인의 불출석: 2회 불출석시 신청취하간주

신청인이 조정기일에 출석하지 아니한 때에는 다시 기일을 정하여 통지하여야 한다(민사조정법 제31조 제1항).

위 새로운 기일 또는 그 후의 기일에 신청인이 출석하지 아니한 때에는 조정신청은 취하된 것으로 본다(같은 조 제2항).

이는 이를테면 소송절차의 '쌍불취하'와 유사한 제도이나, 주의할 것은, 소송절차와 달리 조정절차에서는 조정신청취하의 효력을 다투는 기일지정신청제도가 없다는 점이다.

또한 주의할 것은, **당사자의 신청에 의한 조정사건에 관하여 위와 같이 조정신청이 취하된 것으로 보는 때에는 1개월 이내에 소를 제기하지 아니하면 시효중단의 효력이 없다**(같은 법 제35조 제2항 제2호).[144]

또한, 만일 피신청인에게 조정기일의 통지가 되지 아니하고 신청인에게만 조정기일의 통

---

143) 조정예규 제13조의2 제3항.

144) 이는 제소전화해신청에 관한 민법 제173조와 궤를 같이 하는 규정이라 하겠다.

지가 된 경우라면, 조정기일이 성립되지 아니하였으므로, 신청인이 2회 불출석하였더라도 조정신청의 취하가 된 것으로 간주될 수 없다.[145]

나) 피신청인의 불출석 : 조정을 갈음하는 결정

피신청인이 조정기일에 출석하지 아니한 경우 조정담당판사(또는 조정위원회. 같은 법 제40조 제1호)**는 상당하다고 인정하는 때에는 직권으로 조정을 갈음하는 결정**(민사조정법 제30조)**을 할 수 있다**(민사조정법 제32조).[146]

그러나, 경우에 따라서는 한 번 더 기일을 열어 조정을 시도하여 볼 수도 있는 것으로 해석된다.

2) 조정회부사건의 경우 : 조정을 갈음하는 결정 또는 조정절차 종결

조정회부사건의 조정기일에 당사자 쌍방 또는 일방이 출석하지 아니한 경우 조정담당판사(또는 조정위원회. 민사조정규칙 제18조 제1항 전단)는 상당하다고 인정하는 때에는 조정을 갈음하는 결정(민사조정법 제30조)을 할 수 있다(민사조정규칙 제4조 제5항 전문).

그러나, 당사자가 출석하지 아니하여 조정기일을 2회 이상 진행하지 못한 경우 조정을 갈음하는 결정을 하지 아니하는 때에는 조정절차를 종결하고 사건을 수소법원에 다시 회부하여야 한다(같은 항 후문).

사. 법원사무관등의 참여

원론적으는, 조서를 작성하기 위하여, **법원사무관등은 조정절차에 참여하여야 한다**(민사조정법 제24조 본문).

그러나, 변론기일의 경우와 마찬가지로, 조정담당판사(또는 조정장)는 필요하다고 인정하는 경우 법원사무관등을 참여시키지 아니하고 조정기일을 열 수 있다(민사조정법 제38조 제1항, 법 제152조 제2항).

실무상으로도 조정기일에 법원사무관등을 참여시키지 아니하는 것이 오히려 일반인 듯하다.

---

145) 「민사조정절차에 관련된 여러 의문점에 대한 검토의견(재민 95-1)」.

146) 구 「민사조정법」(2020. 2. 4. 법률 제16910호로 개정되기 전의 것)은 "… 상당한 이유가 없으면 … 하여야 한다."라고 하였다.

아. 진술청취와 사실조사 등

1) 진술청취와 사실조사

가) 개 관

조정담당판사(조정위원회가 조정을 하는 경우에는 조정위원회. 민사조정법 제40조 제1호)**는 조정에 관하여 당사자나 이해관계인의 진술을 듣고 필요하다고 인정하면 적당한 방법으로 사실 조사를 할 수 있다**(같은 법 제22조).[147)]

기술한 바와 같이, 수소법원이 사건을 조정에 회부한 때에는 소송절차는 중지되므로(민사조정규칙 제4조 제2항), 당사자가 제출한 준비서면, 청구취지변경신청서, 반소장등은 조정절차를 위하여 제출한 것으로 보게 되는 것에 불과하며, 만일 준비서면, 청구취지변경신청서, 반소장등이 제출되면 그에 기초하여 조정이 진행될 뿐이고, 이를 진술시키느냐의 여부는 조정기관의 재량에 달려 있다.[148)]

나) 의견청취

조정담당판사(또는 조정위원회. 민사조정규칙 제18조 제1항 전단)는 지방법원판사에게 분쟁해결에 관하여 이해관계인에 대한 의견의 청취를 촉탁할 수 있다(민사조정규칙 제9조).

위 촉탁을 받은 지방법원 판사는 상당하다고 인정하는 때에는 소속법원의 조정위원에게 해당촉탁에 관한 의견의 청취를 하게 할 수 있다(같은 규칙 제10조).

그밖에, 조정담당판사 또는 조정위원회는 필요하다고 인정하는 때에는, 소속법원의 조정위원으로부터 전문적인 지식, 경험에 기한 의견을 청취할 수 있다(같은 규칙 제12조).[149)]

즉, 이러한 의견청취는 조정위원회의 구성원이 아닌 조정위원에 대하여서도 할 수 있다.

따라서, 예컨대, 조정장은 전문분야 사건에 관하여 그 분야의 전문가 조정위원을 조정위원회 구성원으로 지정하기 어려운 사정이 있는 경우 상당한 때에는 전문가 조정위원으로부터 의견을 청취할 수 있다.[150)]

---

147) 구 민사조정법(2020. 2. 4. 법률 제16910호로 개정되기 전의 것) 제22조는 "… 사실 또는 증거를 조사할 수 있다."라고 규정하였고, 이에 따라 구 민사조정규칙(2020. 3. 30. 대법원규칙 제2890호로 개정되기 전의 것) 제8조 제4항도 "증거조사에 관하여는 민사소송의 예에 의한다"라고 규정하였다.
그러나 이러한 규정은 소송절차의 증거조사와의 혼동의 소지가 있다는 반성적 고려에서, 현행법은 증거조사 운운하는 문언들을 삭제하였다.

148) 「민사조정절차에 관련된 여러 의문점에 대한 검토의견(재민 95-1)」.

149) cf. 조정절차에서는 전문심리위원의 참여는 불가한 것으로 해석되고 있다(법 제164조의2 제1항의 반대해석).

150) 조정예규 제7조 제3항.

다) 사실조사

(1) 개 관

(가) 조정장의 사실조사

조정위원회는 조정장에게 사실의 조사를 하게 할 수 있다(민사조정규칙 제8조 제2항)

(나) 조정위원의 사실조사

조정담당판사 또는 조정위원회는 상당하다고 인정하는 때에는, 소속법원의 조정위원에게 사실의 조사를 하게 할 수 있다(민사조정규칙 제8조 제3항).

즉, 이러한 사실조사는 조정위원회의 구성원이 아닌 조정위원도 할 수 있다.

따라서, 예컨대, 조정장은 전문분야 사건에 관하여 그 분야의 전문가 조정위원을 조정위원회 구성원으로 지정하기 어려운 사정이 있는 경우 상당한 때에는 전문가 조정위원에게 사실조사를 시킬 수 있다.[151)]

특히, 전자기록사건에서 조정위원이 그 촉탁사항을 전자문서로 가지고 있는 경우에는 전자소송시스템을 이용하여 이를 제출하여야 하며(민소전자문서규칙 제37조 제1항), 법원은 촉탁사항인 전자문서가 아닌 경우 이를 전자문서로 변환하여 제출하여 줄 것을 요청할 수 있다(같은 조 제2항).[152)]

특히 전문가 조정위원이 사실조사를 하는 경우에는 사실조사비용 및 그 예납이 문제될 수 있는바(민사조정규칙 제13조 제1항, 법 제116조), 이 경우 조정담당판사 또는 조정위원회는 조정위원에게 지급할 사실조사비용을 당사자 쌍방이 균분하여 예납할 것을 명하여야 한다(민사조정규칙 제13조 제1항, 규칙 제19조 제2항 본문)).[153)]

다만, 사정에 따라 예납할 금액의 비율을 다르게 정하거나(같은 항 단서), 사실조사를 신청한 당사자 일방에게 전액을 예납할 것을 명할 수 있다(같은 조 제1항 제3호 본문).[154)]

---

151) 조정예규 제7조 제3항.

152) cf. 민소전자문서규칙 제37조 제1항은 "전자기록사건에서 제3조제6호부터 제10호까지에 해당하는 기관 등이 그 촉탁사항이나 송부대상인 문서를 전자데이터 또는 전자문서로 가지고 있는 경우에는 전자소송시스템을 이용하여 이를 전송하여야 한다."라고 규정하고 있고, 같은 조 제2항은 "법원은 제1항의 촉탁사항이나 송부대상인 문서가 전자데이터 또는 전자문서가 아닌 경우 이를 전자문서로 변환하여 전송하여 줄 것을 요청할 수 있다."라고 규정하고 있다.
그러나, 전자문서라는 것 자체가 개념필연적으로 정보의 일종이므로(민소전자문서법 제2조 제1호), '전자데이터'라는 표현은 사족이라고 할 것이다. 또한, '전송'이라는 표현도 의문이며, 의당 '제출'로 규정하였어야 할 것이다.

153) 조정예규 제16조 제3항 본문.

154) 조정예규 제16조 제3항 단서.

(다) 사실조사의 촉탁

조정담당판사 또는 조정위원회는 사실의 조사를 지방법원 판사에게 촉탁할 수 있다(민사조정규칙 제8조 제1항).

위 촉탁을 받은 지방법원 판사는 상당하다고 인정하는 때에는 소속법원의 조정위원에게 해당촉탁에 관한 사실의 조사를 하게 할 수 있다(같은 규칙 제10조).

또한, 조정담당판사(또는 조정위원회. 민사조정규칙 제18조 제1항 전단)는 필요한 조사를 공공기관[155] 기타 적당하다고 인정하는 자에게 촉탁할 수 있다(같은 규칙 제11조. 사실조회).

(2) 참고자료

민사조정절차에서는, 가령 서증이 제출되더라도 이는 사실조사의 참고자료로 볼 뿐이다.[156]

2) 진술의 원용제한

그러나, **조정절차에서의 의견과 진술은 민사소송에서 원용**(援用)**하지 못한다**(민사조정법 제23조).[157]

또한, 조정절차와 소송절차는 준별되므로, 민사소송의 예에 의하여 증거조사가 되었다고 할지라도 소송절차에서 증거조사된 것과 마찬가지로 취급할 수는 없다.[158]

다만, **해당 조정에 대한 준재심에서는 조정절차에서의 의견과 진술을 원용할 수 있다**(같은 조).

자. 화해의 권고

소송과 마찬가지로, **조정기관**(조정담당판사 또는 수소법원)**은 화해를 권고하거나, 조정담당기관**(상임조정위원이나 조정위원회, 또는 수명법관이나 수탁판사)**으로 하여금 화해를 권고하게 할 수 있다**(같은 법 제38조 제1항, 법 제145조 제1항).

소송과 마찬가지로, **이 경우에 조정기관 또는 조정담당기관은 당사자 본인이나 그 법정대**

155) 법문에서는 "공무소"라는 용어를 사용하고 있으나, 「민사소송법」이 종래의 '공무소'를 '공공기관'으로 개칭하였으므로, 「민사조정규칙」의 해당용어도 그와 같이 개정하여야 할 것이다.

156) 「민사조정절차에 관련된 여러 의문점에 대한 검토의견(재민 95-1)」.
그러나, 당사자로서야 서증번호를 붙이지 못할 이유는 없다고 본다. 이는 만약 사건이 소송으로 이행 또는 복귀된 후에 서증을 제출하기 위하여서도 필요하다고 할 것이다.

157) cf. 가사조정에서는 그러하지 아니하다(가사소송법 제49조 단서에서 민사조정법 제23조의 부준용).

158) 「민사조정절차에 관련된 여러 의문점에 대한 검토의견(재민 95-1)」.

리인의 출석을 명할 수 있다(민사조정법 제38조 제1항, 법 제145조 제2항).

차. 조정에 관한 조서의 작성

1) 개 관

조정에 관하여서도 조서를 작성하게 되는바, 조정에 관한 조서에는 '조정기일조서', '조정조서', '조정을 갈음하는 결정 조서'[159]가 있다.

2) 조서 작성의 주체

조정절차에 관한 조서는 법원사무관등이 작성하여야 한다(민사조정법 제24조 본문).

조정에 관한 조서는 조정절차에 참여한 법원사무관등이 작성함이 원칙이나(같은 조 본문), 소송의 경우와 마찬가지로, 법원사무관등의 참여 없이 조정절차가 시행된 경우에는 법원사무관등은 그 기일이 끝난 뒤에 재판장의 설명에 따라 조서를 작성하고, 그 취지를 덧붙여 적어야 한다(민사조정법 제38조 제1항, 법 제152조 제3항).

3) 조서의 기재사항

가) 개 관

조정담당판사(조정위원회가 조정을 하는 경우에는 조정장. 민사조정법 제40조 제2호)**의 허가가 있는 때에는 조정기일조서의 기재의 일부를 생략할 수 있다**(같은 법 제24조 단서).

그런데, 법문대로라면 조정조서나 조정을 갈음하는 결정 조서도 기재의 일부를 생략할 수 있어야 할 것이나, 그렇게 해석함은 부당하므로 민사조정법 제24조 단서는 위와 같이 한정해석할 것이다.

나) 기명날인

(1) 조정담당판사가 조정기관인 경우

조정담당판사가 조정기관인 경우, 조정에 관한 조서에는 조정담당판사(또는 조정장. 민사조정규칙 제18조 제1항 후단)와 법원사무관등이 기명날인한다(민사조정규칙 제12조의2 제1항 전단).

그러나, 조정담당판사(또는 조정장. 민사조정규칙 제18조 제1항 후단)가 기명날인하는 데에 지장이 있는 때에는 법원사무관등이 그 사유를 기재한다(민사조정규칙 제12조의2 제1항).

---

159) cf. '조정을 갈음하는 결정 조서'는 과거에는 '조정기일 및 조정에 갈음하는 결정 조서'라 하였다.

(2) 수소법원이 조정기관인 경우

수소법원이 스스로 조정하는 경우(민사조정법 제7조 제3항)에는 재판장과 법원사무관등이 기명날인하고 재판장이 지장이 있는 때에는 합의부원이 그 사유를 기재하고 기명날인한다(같은 규칙 제12조의2 제2항 전문).

그러나, 법관 전원이 지장이 있는 때에는 법원사무관등이 그 사유를 기재한다(같은 항 후문).

14. 조정절차의 종료

가. 조정신청사건 고유의 종료사유 : 조정신청의 취하 또는 각하

1) 개 관

조정신청사건의 경우에는 조정신청의 취하 또는 각하가 문제될 수 있다. 그리고 이들 경우에는 소송으로의 이행이 문제되지도 아니함에 주의하여야 한다.

2) 조정신청의 취하(간주)

조정신청도 취하할 수 있음은 물론이다(민사조정법 제17조 제3항, 제18조 제2항 제4호, 제31조 제2항, 제35조 제2항 제1호 참조).

그리고, 소취하와 달리, 조정신청을 취하함에는 피신청인의 동의를 요하지 아니한다.

또한, 조정신청사건의 경우에, 신청인이 2회 불출석하면 신청을 취하한 것으로 봄은 기술하였다(같은 법 제31조 제2항).

주의할 것은, **조정신청사건에 관하여 조정신청이 취하된 때에는 1개월 이내에 소를 제기하지 아니하면 시효중단의 효력이 없다**(같은 법 제35조 제2항 제1호).[160]

조정신청의 취하(취하간주)로 종료되는 사건은 취하(취하간주)의 효력이 발생한 때에 사건이 완결된다.[161]

3) 조정신청의 각하

가) 기일통지를 할 수 없는 경우

조정신청사건의 경우에, **당사자에 대하여 기일을 통지할 수 없는 때에는 조정담당판사**(조정위원회가 조정을 하는 경우에는 조정위원회. 민사조정법 제40조 제1호)**는 결정으로 조정신청을 각**

---

160) 이는 제소전화해신청에 관한 민법 제173조와 궤를 같이 하는 규정이라 하겠다.

161) 보존예규 제2조 제3호 다목.

하할 수 있다(같은 법 제25조 제1항).

위 결정에 대하여는 불복의 신청을 하지 못한다(같은 조 제2항). 따라서, 이때에는 사건이 즉시항고를 할 수 없는 결정으로 종국되므로, 결정서의 고지절차가 완료된 때에 사건이 완결된다.[162)]

나) 그 밖의 경우

그 밖에, 조정신청이 부적법하거나, 이미 조정신청된 사건과 동일한 내용의 조정신청이 된 경우에도 조정신청을 각하하여야 하는 것으로 해석된다.

그러나, 이 경우에는 민사조정법 제25조 제1항의 경우와 달리 불복 항고할 수 있는 것으로 해석된다(비송사건절차법 제20조 제2항의 준용).[163)]

나. 조정회부사건 고유의 종료사유: 소취하

수소법원 조정회부사건의 조정계속 중에 소가 취하된 때에는 수소법원의 법원사무관은 조정담당 법원사무관에게 그 취지를 통지하여야 한다.[164)]

원고가 조정기관에 소취하서를 제출한 때에는 조정담당 법원사무관은 소취하서가 제출된 날 지체없이 소취하서를 접수담당 법원사무관에게 인계하여 접수절차를 밟아야 한다.[165)]

원고가 말로 소취하의 의사표시를 한 때에는 그 자리에서 취하서를 작성하게 하여 제출받도록 함이 실무이다.[166)]

다. 소송으로 이행 또는 복귀되는 종료사유: 조정을 하지 아니하는 결정 또는 조정불성립

1) 개 관

조정을 하지 아니하는 결정이나 조정의 불성립으로 사건이 종결된 경우에는, 조정신청사건이라면 소정의 절차를 거쳐 소송으로 이행될 수 있고, 조정회부사건이라면 소송으로 복귀하게 된다.

이러한 소송으로의 이행 또는 복귀의 절차에 관하여서는 별항으로 후술할 것이다.

---

162) 보존예규 제2조 제3호 자목.

163) 제요[민소Ⅲ], 1456면.

164) 조정예규 제23조 제1항.

165) 조정예규 제23조 제2항 전문.

166) 조정예규 제23조 제2항 후문.

2) 조정을 하지 아니하는 결정

가) 개 관

조정담당판사(또는 조정위원회. 민사조정법 제40조 전단)**는, ① 사건이 성질상 조정을 하기에 적당하지 아니하다고 인정하거나, ② 당사자가 부당한 목적으로 조정신청을 한 것임을 인정하는 때에는, 조정을 하지 아니하는 결정으로 사건을 종결시킬 수 있다**(민사조정법 제26조 제1항).

조정을 하지 아니하는 결정에 대하여는 불복의 신청을 하지 못한다(같은 조 제2항).

나) 조서에의 기재

사건에 관하여 조정을 하지 아니하기로 하는 결정이 있을 때에는, 법원사무관등은 그 사유를 (조정기일)**조서에 기재하여야 한다**(민사조정법 제33조 제1항 제1호).

다) 조서의 송달

사건에 관하여 조정을 하지 아니하기로 하는 결정이 있을 때에는, 법원사무관등은 법원사무관등은 그 사유를 기재한 (조정기일)**조서**(민사조정법 제33조 제1항) **등본을** – 그 조정기일에 출석하지 아니한(민사조정규칙 제16조의3) – **당사자에게 송달하여야 한다**(민사조정법 제33조 제2항 전단).

라) 효 과

조정을 하지 아니하는 결정이 있는 경우에는, 조정신청사건이라면, **조정신청을 한 때에 소가 제기된 것으로 보며**(민사조정법 제36조 제1항 제1호), 조정회부사건이라면, 조정기관은 사건을 수소법원에 다시 회부하여야 한다.[167)]

한편, 이 경우 조정절차의 비용은, (조정신청이 소송으로 이행되지 아니한 때에는) 신청인의 부담으로 하나(같은 법 제37조 제1항 후단의 확장해석), 조정신청이 소송으로 이행되었을 때에는 소송비용에 산입된다(같은 법 제37조 제2항).

3) 조정불성립

가) 개 관

조정담당판사(또는 조정위원회. 민사조정법 제40조 전단)**는 다음 각 호의 어느 하나에 해당하는 경우, 후술하는 '조정을 갈음하는 결정'**(민사조정법 제30조)**을 하지 아니할 때에는, 조정이 성립되지 아니한 것으로 사건을 종결시켜야 한다**(민사조정법 제27조).

---

167) 조정예규 제25조 제3항 제3호.

① 당사자 사이에 합의가 성립되지 아니하는 경우

② 성립된 합의의 내용이 적당하지 아니하다고 인정하는 경우

한편, 조정을 갈음하는 결정을 한 경우라 하더라도, 해당 결정이 송달불능이면 역시 조정불성립으로 처리하게 되는바, 상세한 것은 조정을 갈음하는 결정과 관련하여 후술하는 바와 같다.

나) 조서에의 기재

조정이 성립되지 아니한 때에는, 법원사무관등은 그 사유를 (조정기일)**조서에 기재하여야 한다**(민사조정법 제33조 제1항 제2호).

다) 조서의 송달

조정이 성립되지 아니한 때에는, 법원사무관등은 그 사유를 기재한 (조정기일)**조서**(민사조정법 제33조 제1항) **등본을** – 그 조정기일에 출석하지 아니한(민사조정규칙 제16조의3) – **당사자에게 송달하여야 한다**(민사조정법 제33조 제2항 전단).[168]

라) 효 과

조정불성립의 경우에는, 조정신청사건이라면, **조정신청을 한 때에 소가 제기된 것으로 보며**(민사조정법 제36조 제1항 제2호),[169] 조정회부사건이라면, 조정기관은 사건을 수소법원에 다시 회부하여야 한다.[170]

한편, **이 경우 조정절차의 비용은** (조정신청이 소송으로 이행되지 아니한 때에는) **신청인의 부담으로 하나**(민사조정법 제37조 제1항 후단), **조정신청이 소송으로 이행되었을 때에는 소송비용의 일부로 본다**(같은 법 제37조 제2항).

라. 조정을 갈음하는 결정(속칭 '강제조정') 및 조정의 성립(속칭 '임의조정')

이들에 관하여서는 각각 별항으로 상세히 살펴보기로 한다. 한편, 조정조항에 관한 사항도 역시 별항으로 살펴보겠다.

---

168) 그런데, 조정회부사건에서도 실무상 조서등본의 송달을 행하고 있는지는 의문이다.

169) cf. 민법 제173조 후문은, "임의출석의 경우에 화해가 성립되지 아니한 때에는 1월내에 소를 제기하지 아니하면 시효중단의 효력이 없다."라고 규정하고 있으나, 임의출석이란 조정신청과 관련하여 문제될 따름이고(Vgl. 소액사건의 임의출석은 소제기 방식이므로 민법 제173조와 무관하다), 조정불성립의 경우에는 오히려 소제기가 의제되므로, 관견으로는 민법 제173조 후문은 현행법상 무의미한 규정으로 사료된다.

170) 조정예규 제25조 제3항 제3호, 제5호.

15. 조정을 갈음하는 결정(속칭 '강제조정')[171)]

가. 개 관

조정담당판사(또는 조정위원회. 민사조정법 제40조 전단)**는, 합의가 성립되지 아니한 사건 또는 당사자 사이에 성립된 합의의 내용이 적당하지 아니하다고 인정한 사건에 관하여, 직권으로 당사자의 이익이나 그 밖의 모든 사정을 고려하여 신청인의 신청 취지에 반하지 아니하는 한도에서 사건의 공평한 해결을 위한 결정을 할 수 있다**(민사조정법 제30조).[172)]

한편, 피신청인의 불출석시에도 '강제조정'을 할 수 있음은 기술하였다(같은 법 제32조).

그리고, 조정담당판사(또는 조정위원회. 민사조정규칙 제18조 제1항 전단)는 조정기일 외에서도 조정을 갈음하는 결정(민사조정법 제30조, 제32조)을 할 수 있다(민사조정규칙 제15조의2 제1항 전문).

여기서 '신청인의 신청취지에 반하지 아니하는 한도에서의 결정'이라 함은, 조정을 갈음하는 결정이 재판의 성질도 가지고 있는 만큼 소송절차의 처분권주의와 유사한 취지로 조정을 갈음하는 결정도 신청인에게 조정절차에서 주장하는 것보다 더 유리한 결정을 하여서는 아니된다는 의미와 신청인이 전혀 예상하지 못하는 내용의 결정을 하여서는 아니된다는 의미를 함께 가지고 있는 것이다.[173)]

따라서, 재판상 화해의 경우에 원고가 피고에게 이행을 하기로 하는 화해 조항을 둘 수 있는 것과 마찬가지로, 예컨대 점포의 명도를 구하는 조정신청에 대하여 피신청인이 유익비 또는 임대보증금의 반환을 요구하다가 금액부분에 대하여만 합의가 이루어지지 아니하는 경우와 같이, 조정절차의 진행과정으로 보아 반대급부로서 신청인으로 하여금 피신청인에게 이행을 하도록 하는 조정안이 전혀 예상외의 것이 아니라면 피신청인이 별도로 신청(반신청)하지 아니한 경우에도 신청인으로 하여금 피신청인에게 이행을 하도록 하는 내용의 조정을 갈음하는 결정도 가능하다.[174)]

조정참가인에 관하여서도 조정을 갈음하는 결정을 할 수 있음은 물론이다.

---

171) cf. 구 민사조정법(2010. 3. 31. 법률 제10200호로 개정되기 전의 것) 제30조 및 제32조에서는 "조정에 갈음하는 결정"이라고 하였다.

172) 구 「민사조정법」(2020. 2. 4. 법률 제16910호로 개정되기 전의 것)은 "… 상당한 이유가 없으면 직권으로 … 하여야 한다."라고 표현하였다.

173) 「민사조정절차에 관련된 여러 의문점에 대한 검토의견(재민 95-1)」.
그런데, 위 예규는 "처분권주의" 대신 "변론주의"를 운위하고 있으나, 이는 착오로 보인다.

174) 「민사조정절차에 관련된 여러 의문점에 대한 검토의견(재민 95-1)」.

나. 조정을 갈음하는 결정(조)서의 작성

조정을 갈음하는 결정이 - 조정기일에서 - **있을 때에는, 법원사무관등은 그 사유를 조서에 기재하여야 하는바**(민사조정법 제33조 제1항 제3호), 그 기일의 조서에는 조정을 갈음하는 결정이 있다는 취지만을 적고, 별도의 용지로 조정을 갈음하는 결정조서를 따로 작성한다(민사조정규칙 제12조의2 제3항의 확장해석).

조정기일 외에서 조정을 갈음하는 결정을 한 경우에는 조정담당판사가 결정서를 작성하고 기명날인하여야 한다(같은 규칙 제15조의2 제1항 후문).

조정을 갈음하는 결정(조)서에는, 결정사항 및 신청의 취지와 원인(조정신청사건의 경우) 또는 청구의 취지와 원인(조정회부사건의 경우)을 적어야 한다(같은 규칙 제12조의2 제3항의 유추해석).

이때, 신청(청구)의 표시에는 신청(청구)을 특정함에 필요한 사항만을 간략하게 기재할 수 있으며, 조정신청서 또는 소장을 복사하여 결정(조)서 뒤에 첨부하고 해당부분을 인용하거나 조정을 갈음하는 결정사항의 산출근거에 관한 계산표를 결정(조)서 뒤에 첨부할 수 있다.[175]

한편, 조정신청사건에 대하여 조정을 갈음하는 결정을 한 때에는 신청인에게 이의신청을 하는 경우에 추가 납부할 인지액과 송달료를 미리 고지하여 이의신청서 제출시에 보정하게 함이 실무이다(같은 법 제36조 제2항 참조).[176]

다. 조정을 갈음하는 결정(조)서의 송달

조정기일에 결정을 한 경우에는, **법원사무관등은 당사자에게, 조정을 갈음하는 결정을 기재한 조서**(조정을 갈음하는 결정조서) **정본을 송달하여야 한다**(민사조정법 제33조 제2항 후단).

조정기일 외에서 결정을 한 경우에는, 조정을 갈음하는 결정서 정본을 송달하여야 한다(민사조정규칙 제15조의2 제2항).

이해관계인이 조정에 참가한 때에는 조정을 갈음하는 결정서 정본을 이해관계인(즉, 조정참가인)에게도 송달하여야 함은 물론이다.[177]

그러나, **발송송달**(법 제185조 제2항, 제187조), **공시송달**(제194조 내지 제196조)**의 규정은 조정조서**(민사조정법 제28조)**를 송달하는 경우를 제외하고는 준용하지 아니하므로**(민사조정법 제38조 제2항 단서), 조정을 갈음하는 결정은 발송송달이나 공시송달의 방법으로는 송달하지 못하며

175) 조정예규 제19조 제1항.
176) 조정예규 제25조 제2항 전단.
177) 조정예규 제20조 제3항.

(민사조정규칙 제15조의2 제4항 참조),[178] 이때에는 바로 후술하는 바와 같이 처리된다.

라. 조정을 갈음하는 결정의 취소 : 조정의 불성립

발송송달(법 제185조 제2항, 제187조) 또는 공시송달(법 제194조 내지 제196조) 이외의 방법으로 당사자 쌍방 또는 일방에게 조정을 갈음하는 결정서 정본을 송달할 수 없는 때에는 조정담당판사(또는 조정위원회. 민사조정규칙 제18조 제1항 전단)는 직권 또는 당사자의 신청에 의하여 조정을 갈음하는 결정을 취소하고, 조정의 불성립(민사조정법 제27조)으로 사건을 종결하여야 한다(민사조정규칙 제15조의2 제4항).

마. 조정을 갈음하는 결정에 대한 이의신청

1) 개 관

조정을 갈음하는 결정(민사조정법 제30조 또는 제32조)**에 대하여 당사자는 그 조서**(또는 결정서. 민사조정규칙 제15조의2 제3항)**의 정본이 송달된 날부터 2주일 이내에 이의를 신청할 수 있으며**(민사조정법 제34조 제1항 본문), **이 기간은 불변기간으로 한다**(같은 조 제5항).

다만, 조서(또는 결정서)**의 정본이 송달되기 전에도 이의를 신청할 수 있다**(같은 조 제1항 단서).

이의신청기간 내에 이의신청이 없는 때에는 조정을 갈음하는 결정이 확정된다(같은 조 제4항 제1호).

조정을 갈음하는 결정에 대하여 기간 내에 이의신청이 있는 경우에는, 조정신청사건에서는, **조정신청을 한 때에 소가 제기된 것으로 보며**(같은 법 제36조 제1항 제3호), 조정회부사건에서는 조정기관은 사건을 수소법원에 다시 회부하여야 한다.[179]

그러나, 조정회부사건에서는, 적법한 이의신청이 있었다 하더라도 조정을 갈음하는 결정의 효력이 상실되는 것은 아니며, 조정을 갈음하는 결정은 그 심급에서 판결이 선고된 때에 그 효력을 잃는다고 새길 것이며(민사조정법 제34조 제3항 전문, 법 제232조 제2항 참조), 후술하듯이 그 전에 이의신청의 취하가 있으면 조정을 갈음하는 결정이 그대로 확정되게 된다.

2) 공동소송 등에서의 조정을 갈음하는 결정에 대한 이의신청

공동소송 등에서 조정을 갈음하는 결정에 대한 이의신청에 관한 법리는 '재판상 화해에

---

178) 「민사조정절차에 관련된 여러 의문점에 대한 검토의견(재민 95-1)」.

179) 조정예규 제25조 제3항 제4호.

준하는 소송종료사유' 부분에서 화해권고결정에 대한 이의신청에 관하여 기술한 바와 같다.

문제는 예비적·선택적 공동소송이다. 즉, 예비적·선택적 공동소송인은, 그중 일부만의 화해가 허용되기 때문에, 조정을 갈음하는 결정도 공동소송인 중 일부에 관하여서만 분리 확정될 수 있는 것이 아닌가 하는 의문이 제기되는 것이다.

판례는, 예비적·선택적 공동소송에서 조정을 갈음하는 결정에 대하여 일부 공동소송인이 이의하지 않았다면 '원칙적으로' 그 공동소송인에 대한 관계에서는 조정을 갈음하는 결정이 확정될 수 있다고 한다.[180] 다만, 조정을 갈음하는 결정에서 분리 확정을 불허하고 있거나, 그렇지 않더라도 그 결정에서 정한 사항이 공동소송인들에게 공통되는 법률관계를 형성함을 전제로 하여 이해관계를 조절하는 경우 등과 같이 결정 사항의 취지에 비추어 볼 때 분리 확정을 허용할 경우 형평에 반하고 또한 이해관계가 상반된 공동소송인들 사이에서의 소송진행 통일을 목적으로 하는 법 제70조 제1항 본문의 입법 취지에 반하는 결과가 초래되는 경우에는 분리 확정이 허용되지 않는다는 것이다.[181]

위 판례는 관견으로는 매우 의문이며, 오히려 일부 공동소송인이라도 이의하였다면 조정을 갈음하는 결정의 확정이 차단된다고 새겨야 한다고 본다.[182] 이에 관한 상론은 이 책이 다룰 범위를 벗어나므로 두 가지만 간단히 지적하고자 한다. 첫째, 판례의 법리는 절차의 명확성을 해한다. 판례의 논리대로라면 조정을 갈음하는 결정의 확정 여부를 판단하기 위하여서는 '형평과 예비적·선택적 공동소송의 취지'에 반하는지 여부라는 추상적 기준의 충족 여부를 따져 보아야 하기 때문이다. 둘째, 그와 같은 분리 확정 자체가 '형평과 예비적·선택적 공동소송의 취지'에 일반적으로 반한다. 위 판례사안 자체가 바로 대법원 자신이 설시한 위와 같은 예외(분리확정의 불허)의 경우라는 사실은 우연이 아니다.

3) 방 식

가) 개 관

명문의 규정은 없으나, 조정을 갈음하는 결정에 대한 이의신청도 이의신청서(「조정을 갈음

180) 대법원 2008. 7. 10. 선고 2006다57872 판결(사안은 주위적 피고가 이의신청하고 예비적 피고는 이의신청을 하지 아니한 것).

181) 대법원 2008. 7. 10. 선고 2006다57872 판결(그런데, 이 판결은 사안이 분리확정이 허용되지 아니하는 경우에 해당한다고 본 예이다).

182) 반대 : 최은희, "주관적·예비적 공동소송에서 화해권고결정에 대해 일부 공동소송인이 이의하지 않은 경우, 그 공동소송인에 대한 관계에서 위 결정이 확정되는지 여부(원칙적 적극) 및 분리 확정이 허용되지 않는 경우", **대한변협신문**, 2015. 12. 28.은, 오히려 일률적으로 분리확정되는 것으로 보아야 한다고 한다.

하는 결정에 대한 이의신청서」)를 제출함으로써 하여야 할 것이다(법 제227조 제1항의 유추해석)

다만 원론적으로는, 조정을 갈음하는 결정에 대한 이의신청을 당사자가 그 기일에 구술로 하는 것도 가능하기는 하다.[183]

나) 기재사항

조정을 갈음하는 결정에 대한 이의신청서에도 다음 각 호의 사항을 적음이 상당하다(법 제227조 제2항의 유추해석).

① 당사자와 법정대리인

② 조정을 갈음하는 결정의 표시와 그에 대한 이의신청의 취지

다만, 화해권고결정의 경우(법 제227조 제3항)처럼 조정을 갈음하는 결정의 경우에도 이의신청서에 준비서면에 관한 규정이 준용되는 것으로 새겨야 하는지는, 논란의 여지가 있다 다만, 관견으로는 조정절차는 준비서면의 제출이 일반적으로 예정되어 있지 아니하므로, 조정을 갈음하는 결정에 대한 이의신청에는 법 제277조 제3항이 준용되지 아니한다고 본다.

4) 이의신청의 각하

조정담당판사(또는 조정장. 민사조정규칙 제18조 제1항 후단)는 이의신청이 적법하지 아니하다고 인정하는 때에는 결정으로 이의신청을 각하하여야 한다(민사조정규칙 제16조 제1항 전단).

이의신청이 적법하지 아니함에도 불구하고 조정담당판사(또는 조정장. 민사조정규칙 제18조 제1항 후단)가 이를 각하하지 아니한 때에는 수소법원이 결정으로 이를 각하한다(같은 규칙 제16조 제1항 후단).

5) 이의신청 각하결정에 대한 불복

조정을 갈음하는 결정에 대한 이의신청을 각하한 결정(민사조정규칙 제16조 제1항)에 대하여는 즉시항고를[184] 할 수 있다(민사조정규칙 제16조 제2항),

이 즉시항고는 집행정지의 효력이 있다(같은 조 제3항).

위 즉시항고에 관하여서는[185] 민사소송법 제3편 제3장(항고)의 규정을 준용한다(민사조정규칙 제16조 제4항).

이의신청에 대한 각하결정이 확정된 때에는 조정을 갈음하는 결정이 확정된다(민사조정법

---

183) 조정예규 제19조 제4항 참조.

184) 법문에는 "… 즉시 항고를 …"로 되어 있으나, 의문이다.

185) 법문에는 "제1항의 결정에 관하여는 …"으로 되어 있으나, 이는 입법의 착오라고 할 것이다.

제34조 제4항 제3호). 그러나, 이는 이의신청 기간 내에 (부적법한) 이의신청을 한 때에 한한다고 할 것이다(같은 조 제1호 참조).

6) 조정을 갈음하는 결정에 대한 이의신청의 통지

전술한 기간 내에 이의신청이 있을 때에는 조정담당판사(조정위원회가 조정을 하는 경우에는 조정장. 민사조정법 제40조 제2호)**는 이의신청의 상대방에게 지체 없이 이를 통지하여야 한다**(같은 법 제34조 제2항). 이때 이의신청서 부본을 송달함으로써 통지함이 실무이다(법 제277조 제4항 참조).

다만, 조정신청사건에 대하여 피신청인이 이의신청을 한 경우에는 신청인에게 송달할 이의통지서에 부족한 인지액과 송달료를 추가 납부하라는 취지를 기재함이 실무이다(민사조정법 제36조 제2항 참조).[186]

바. 조정을 갈음하는 결정에 대한 이의신청권의 포기

화해권고결정의 경우(법 제229조 제1항)와 달리 명문의 규정은 없으나, 조정을 갈음하는 결정에 대한 이의신청권의 포기도 가능한 것으로 해석된다.

사. 조정을 갈음하는 결정에 대한 이의신청의 취하

이의신청을 한 당사자는 해당 심급(審級)의 판결이 선고될 때까지 상대방의 동의를 받아 이의신청을 취하할 수 있으며(민사조정법 제34조 제3항 전문), 이의신청이 취하된 때에는 조정을 갈음하는 결정이 확정된다(같은 조 제4항 제2호).

조정을 갈음하는 결정에 대한 이의신청의 취하의 방식과 동의(간주)**에 관하여서는 소취하의 제규정이 준용되는바**(같은 조 제3항 후문에서 법 제266조 제3항 내지 제6항의 준용), 그 법리는 화해권고결정에 대한 이의신청의 취하의 경우와 다를 것이 없으므로, 상세한 서술은 생략하겠다.

아. 조정을 갈음하는 결정의 효력

1) 개 관

다음 각 호의 어느 하나에 해당하는 경우에는 조정을 갈음하는 결정은 재판상의 화해와 동일한 효력이 있다(민사조정법 제34조 제4항).

---

186) 조정예규 제25조 제2항 후단.

① 이의신청기간 내에 이의신청이 없는 경우

② 이의신청이 취하된 경우

③ 이의신청이 적법하지 아니하여 각하결정이 확정된 경우

그러나, 여기서 "이의신청이 적법하지 아니하여 각하결정이 확정된 경우"라 함은 '이의신청기간 경과로 인하여' 신청권이 소멸된 경우는 제외한 나머지 경우를 지칭한다고 할 것이다.

이러한 확정된 '강제조정'의 효력은 후술하는 임의조정의 효력과 같으며,[187] 확정된 조정을 갈음하는 결정은 집행권원이 된다(민사집행법 제56조 제5호).

조정을 갈음하는 결정으로 종료되는 사건은 그 결정이 확정된 때에 사건이 완결된다.[188]

2) 소송절차와의 관계 : 조정회부사건의 경우

가) 소취하간주

조정회부사건의 경우, 조정을 갈음하는 결정이 확정된 때에는 소의 취하가 있는 것으로 본다(민사조정규칙 제4조 제3항).

따라서, 위 경우 조정담당판사(또는 조정장. 같은 규칙 제18조 제1항 후단)는 그 취지를 수소법원에 지체 없이 통지하여야 한다(민사조정규칙 제4조 제4항 본문).

다만, 수소법원이 스스로 조정한 경우(민사조정법 제7조 제3항)에는 수소법원에의 통지가 문제되지 아니함은 물론이다(같은 항 단서).

나) 소송비용과 조정비용의 문제

조정회부사건의 경우, 조정을 갈음하는 결정이 확정된 때에는 소송비용은 조정절차비용의 일부로 본다(민사조정규칙 제16조의2 본문).

그러나, 결정사항 자체에서 소송비용의 부담에 관한 사항까지 (조정비용과 아울러 각자 부담으로) 정함이 일반적인 실무이다.

다만, 조정을 갈음하는 결정에 대한 이의신청이 취하된 경우에 이의신청이후의 소송비용은 조정절차비용의 일부로 보지 아니한다(같은 조 단서).

그러나, 관견으로는, 이의신청이후의 소송비용도 특단의 사정이 없는 한 당사자들이 각자 부담하여야 할 것이므로(법 제106조), 조정을 갈음하는 결정의 결정사항에서 조정비용 내지

---

187) 대법원 2000. 9. 29. 선고 2000다33690 판결 참조.

188) 보존예규 제2조 제3호 나목.

소송비용에 관하여 (각자 부담이 아닌 방식으로) 특별하게 정하여 놓은 경우가 아닌 한 민사조정규칙 제16조의2 단서 규정은 실제로는 별 의미가 없는 것으로 보인다.

다) 인지액의 환급

조정회부사건에서, **원고, 상소인, 그 밖의 신청인은, 조정을 갈음하는 결정이 확정된 경우**(민사조정법 제34조 제4항)**에는 해당 심급의 소장등에 붙인 인지액 중 일정액의 환급을 청구할 수 있다**(민사소송 등 인지법 제14조 제1항 제5호).

16. 조정의 성립(속칭 '임의조정')

가. 개 관

조정은 당사자 사이에 합의된 사항을 조서에 기재함으로써 성립한다(민사조정법 제28조).

실무상, 조정조항 초안을 서면으로 작성하여 당사자로 하여금 서명 또는 기명 날인하도록 한 다음 기록에 편철한다.[189]

조정조서는 집행권원이 된다(민사집행법 제56조 제5호).

나. 조정비용의 부담

조정절차의 비용은 조정이 성립된 경우에는 특별한 합의가 없으면 당사자들이 각자 부담한다(민사조정법 제37조 제1항).

그러나 오히려, 특별한 사정이 없는 한, 아예 조정조항에서 조정비용을 각자 부담으로 정함이 실무이다.

조정회부사건의 경우, 조정이 성립한 때에는 소송비용은 조정절차비용의 일부로 본다(민사조정규칙 제16조의2 본문).

다. 조정조서의 작성

조정이 성립된 경우에 그 기일의 조서에는 조정이 성립되었다는 취지만을 적고, 별도의 용지에 조서의 형식적 기재사항(법 제153조)과 조정조항 및 신청의 취지와 원인(조정신청사건의 경우) 또는 청구의 취지와 원인(조정회부사건의 경우)을 적은 조정조서를 따로 작성하여야 한다

---

189) 조정예규 제19조 제4항에는, '당사자 사이에 다툼이 극심하여 조정과정이 순탄치 않고 성립된 조정조항이 복잡한 경우에'에 그렇게 하도록 규정하고 있으나, 오히려 조정이 성립하면 일률적으로 당사자로 하여금 해당 조정안에 서명하도록 함이 실무이다.

(민사조정규칙 제12조의2 제3항, 규칙 제31조 본문).

조정조서를 작성함에 신청(청구)의 표시에는 신청(청구)을 특정함에 필요한 사항만을 간략하게 기재할 수 있으며, 조정신청서 또는 소장을 복사하여 조서 뒤에 첨부하고 해당부분을 인용할 수 있다.[190]

다만, 조정사건이 소액사건에 해당하는 경우에는 특히 필요하다고 인정하는 경우 외에는 신청(또는 청구)의 원인을 적지 아니한다(같은 조 단서).

라. 조정조서의 송달

법원사무관등은 조정조서 정본을 당사자에게 송달하여야 한다(민사조정법 제33조 제2항 후단).

이해관계인이 조정에 참가한 때에는 조정조서를 이해관계인(즉, 조정참가인)에게도 송달하여야 함은 물론이다.[191]

조정으로 종료되는 사건은 조서의 정본을 송달한 때에 사건이 완결되며,[192] 조정조서 정본의 송달은 강제집행개시의 요건이기도 하다(민사집행법 제39조 제1항).

마. 소송절차와의 관계 : 조정회부사건의 경우

1) 소취하간주

조정회부사건의 경우, 조정이 성립한 때에는 소의 취하가 있는 것으로 본다(민사조정규칙 제4조 제3항).

따라서, 위 경우 조정담당판사(또는 조정장. 같은 규칙 제18조 제1항 후단)는 그 취지를 수소법원에 지체 없이 통지하여야 한다. 다만, 수소법원이 스스로 조정한 경우(민사조정법 제7조 제3항)에는 그러하지 아니하다(민사조정규칙 제4조 제4항).

2) 인지액의 환급

조정회부사건에서, **원고, 상소인, 그 밖의 신청인은 조정이 성립된 경우에는 해당 심급의 소장등에 붙인 인지액 중 일정액의 환급을 청구할 수 있다**(민사소송 등 인지법 제14조 제1항 제5호).

---

190) 조정예규 제19조 제1항.
191) 조정예규 제20조 제3항.
192) 보존예규 제2조 제3호 라목.

17. 조정조항

가. 조정조항의 효력

조정조서에 인정되는 확정판결과 동일한 효력은 소송물인 권리관계의 존부에 관한 판단에만 미친다고 할 것이므로, 소송절차 진행 중에 사건이 조정에 회부되어 조정이 성립한 경우 소송물 이외의 권리관계에도 조정의 효력이 미치려면 특별한 사정이 없는 한 그 권리관계가 조정조항에 특정되거나 조정조서 중 청구의 표시 다음에 부가적으로 기재됨으로써 조정조서의 기재내용에 의하여 소송물인 권리관계가 되었다고 인정할 수 있어야 한다.[193]

같은 이치에서, 확정된 조정을 갈음하는 결정에 인정되는 확정판결과 동일한 효력은 소송물인 권리관계의 존부에 관한 판단에만 미치므로, 소송절차 진행 중에 조정을 갈음하는 결정이 확정된 경우에 소송물 외의 권리관계에도 효력이 미치려면 특별한 사정이 없는 한 그 권리관계가 결정사항에 특정되거나 결정 중 청구의 표시 다음에 부가적으로 기재됨으로써 그 결정의 기재 내용에 의하여 소송물인 권리관계가 되었다고 인정할 수 있어야 한다.[194]

특기할 것은, 당사자가 소송상 상계항변으로 달성하려는 목적, 상호양해에 의한 자주적 분쟁해결수단인 조정의 성격 등에 비추어 볼 때 해당 소송절차 진행 중 당사자 사이에 조정이 성립됨으로써 수동채권의 존재에 관한 법원의 실질적인 판단이 이루어지지 아니한 경우에는 그 소송절차에서 행하여진 소송상 상계항변의 사법상 효과도 발생하지 않는다고 봄이 상당하다.[195]

따라서, 조정조서의 효력이 상계항변의 자동채권에까지 미치도록 하고자 한다면, 그 채권이 조정조항에 특정되거나 (적어도) 청구의 표시 다음에 부가적으로 기재되어야 할 것이다.[196]

나. 조정조항의 구성

실무상 조정조항은 논리적 순서에 따라, 즉, 확인조항(사실증명조항 포함), 형성조항, 이행조항, 이행확보조항(기한이익상실조항, 지연손해금지급조항, 실권조항, 특약조항 등), 청산조항(권리포기조항, 향후분쟁종식조항, 관련사건처리조항 포함), 비용부담 조항 순으로 기재하되, 소송물에 관한

---

193) 대법원 2007. 4. 26. 선고 2006다78732 판결. 동지 : 대법원 2008. 10. 9. 선고 2008다34903 판결 ; 대법원 2013. 3. 28. 선고 2011다3329 판결.

194) 대법원 2017. 4. 26. 선고 2017다200771 판결.

195) 대법원 2013. 3. 28. 선고 2011다3329 판결.

196) 대법원 2013. 3. 28. 선고 2011다3329 판결의 방론 참조.

조항과 소송물 외의 법률관계에 관한 조항이 있는 경우에는 전자를 먼저 기재함이 일반이다.[197)]

다. 조정조항의 해석

소송의 당사자 사이에 조정이 성립한 후 그 조정조항의 해석에 관하여 다툼이 있는 경우, 그 문언의 내용과 그 조정이 성립한 동기 및 경위, 당사자가 그 조정조항에 의하여 달성하려는 목적과 진정한 의사, 거래의 관행 등을 종합적으로 고려하여 사회정의와 형평의 이념에 맞도록 논리와 경험의 법칙, 그리고 사회 일반의 상식과 거래의 통념에 따라 합리적으로 해석하여야 할 것이다.[198)]

이러한 법리는 소송의 당사자 사이에서 조정을 갈음하는 결정이 확정된 후 그 결정사항의 해석에 관하여 다툼이 있는 경우에도 마찬가지로 적용된다.[199)]

다만, 조정을 갈음하는 결정은 당사자 사이에 합의가 성립되지 아니한 경우에 조정담당판사나 수소법원이 직권으로 당사자의 이익이나 그 밖의 모든 사정을 고려하여 신청취지 내지 청구취지에 반하지 않는 한도에서 사건의 공평한 해결을 위하여 하는 결정이므로(민사조정법 제30조 참조), 그 효력이 소송물 외의 권리관계에 미치는지 여부는(조정조서의 경우보다) 더욱 엄격하게 보아야 한다.[200)]

18. 성립한 조정 등에 대한 다툼 등

화해조서의 경우와 마찬가지로, 조정조서는 거기에 확정판결의 당연무효 등의 사유가 없는 한 설령 그 내용이 강행법규에 위반된다 할지라도 그것은 단지 조정에 하자가 있음에 지나지 아니하여 준재심절차에 의하여 구제받는 것은 별문제로 하고 그 조정조서를 무효라고 주장할 수 없다.[201)]

같은 이치에서, 조정이 성립한 때에는, 조정조항에서 정한 의무를 이행하지 아니하였음을 이유로 조정의 해제를 주장하는 것과 같은 조정조서의 취지에 반하는 주장을 할 수 없다.[202)]

---

197) 제요[민소Ⅲ], 1469~1482면.
198) 대법원 2009. 9. 10. 선고 2009다31550 판결. 동지 : 대법원 2013. 11. 14. 선고 2013다60432 판결.
199) 대법원 2017. 4. 26. 선고 2017다200771 판결.
200) 대법원 2017. 4. 26. 선고 2017다200771 판결.
201) 대법원 2014. 3. 27. 선고 2009다104960 판결.
202) 대법원 2012. 4. 12. 선고 2011다109357 판결.

그러나, 화해조서의 경우와 마찬가지로, 조정이 실효조건의 성취로 실효되는 경우는 상정할 수 있다.

19. 조정절차로부터 소송으로의 이행 및 복귀의 절차

가. 소송이행절차 : 조정신청사건의 경우

1) 개 관

조정신청사건에서, 조정을 하지 아니하는 결정의 경우, 조정불성립의 경우, 조정을 갈음하는 결정에 대한 이의신청의 경우에 각각 소가 제기된 것으로 봄은, 기술하였다(민사조정법 제36조 제1항).

위와 같이 조정신청을 한 때에 소가 제기되는 것으로 보는 경우, 해당 신청인은 소를 제기할 때 소장(訴狀)에 붙여야 할 인지액(印紙額)에서 그 조정신청서에 붙인 인지액을 뺀 금액에 상당하는 인지를 보정(補正)하여야 하며(민사조정법 제36조 제2항), 송달료도 예납하여야 한다.[203]

2) 인지액 납부의 심사

따라서, 조정신청을 한 때에 소가 제기되는 것으로 보는 경우(민사조정법 제36조 제1항), 조정담당판사는 신청인에게 적절한 기간을 정하여 위와 같이 인지를 - 물론 송달료도 - 보정하도록 명하여야 한다(민사조정규칙 제16조의4 제1항).

3) 조정신청서의 각하

신청인이 위 보정 기간 이내에 인지를 보정하지 아니한 때에는 조정담당판사는 결정으로 조정신청서를 각하하여야 한다(민사조정규칙 제16조의4 제2항 전문).

4) 조정신청서 각하결정에 대한 불복

조정신청서를 각하한 결정(민사조정규칙 제16조의4 제1항)에 대하여는 즉시항고를 할 수 있다(민사조정규칙 제16조의4 제2항 후문).

5) 소송으로 이행시의 조치

조정사건이 소송으로 이행되는 경우에 조정담당판사 또는 조정장은 수소법원으로 하여금

---

203) 송달료예규 제6조 제2항 전단.

조정의 경위를 파악하여 소송절차를 보다 효율적으로 진행할 수 있도록 하기 위하여 조정의 진행경과 및 조정실패의 이유 등을 기재한 「조정결과 통지서」를 수소법원에 송부할 수 있다.[204]

6) 소액사건에 관한 유의사항

주의할 것은, **조정에 관한 사건이 불복신청으로 제1심법원에 계속**(係屬)**하게 된 경우에는 그 지역을 관할하는 지방법원 또는 지원이 관할하나, 소액사건에 해당할 때에는 역시 해당 시·군법원이 관할한다**(법원조직법 제34조 제2항).

한편, 소액사건의 경우, 조정절차에서 소송절차로 이행된 때에는 이행권고결정을 할 수 없음은 '소장의 심사 및 소장 또는 이행권고결정의 송달' 부분에서 기술한 바와 같다(소액사건심판법 제5조의3 제1호).

나. 소송복귀절차 : 조정회부사건의 경우

조정회부사건에서, 조정을 하지 아니하는 결정의 경우, 조정불성립의 경우, 조정을 갈음하는 결정에 대한 이의신청의 경우에 조정기관이 사건을 수소법원에 다시 회부하여야 함은 기술하였다.

주의할 것은, 그 밖에도, 기술한 바와 같이, 공시송달에 의하지 아니하고는 기일통지를 할 수 없는 경우나, '2회 쌍불'의 경우에도, 조정기관이 사건을 수소법원에 다시 회부하여야 한다는 점이다.

만일 조정회부후에 청구취지확장신청서가 제출되었다면, 사건이 소송절차로 복귀된 때에는 확장된 청구취지를 기준으로 인지를 보정하여야 한다(민사조정법 제36조 제2항의 준용).[205]

20. 조정절차로부터 소송으로 이행·복귀된 후의 당사자 등의 지위 등

가. 조정을 갈음하는 결정의 효력

조정절차에서 한 조정을 갈음하는 결정에 대하여 이의신청이 있어 소송절차로 이행한 경우라도, 판결선고 전이라면 그 이의신청을 취하할 수도 있다고 하겠다(민사조정법 제34조 제3항).[206]

---

204) 조정예규 제17조 제1항.

205) 「민사조정절차에 관련된 여러 의문점에 대한 검토의견(재민 95-1)」.

206) 조정예규 제29조 참조.

만일, 인지대 보정명령이 고지된 후에 이의신청이 취하된 경우에는, 이의신청취하에 대한 동의(간주) 여부를 확인한 연후에, 동의(간주)가 되지 아니한 경우에 비로소 조정신청서각하명령을 함이 상당할 것이다.

나. 조정대리인과 조정참가인의 지위

조정절차에서 판사의 허가를 얻어 대리인이 된 자는, 소송으로 이행·복귀된 경우에는 대리인의 자격을 상실하는 것으로 해석된다.[207] 다만, 허가 없이 대리인이 될 수 있는 자는 그 지위가 유지되는 것으로 해석된다.

조정참가인 역시 - 보조참가인이 수소법원의 조정회부에 따라 조정참가인으로 간주되는 경우는 별론으로 하고 - 소송이행·복귀에 따라 참가인의 지위를 상실하는 것으로 해석된다.

다. 조정절차에서의 진술 및 증거조사결과

조정절차에서 제출된 준비서면등은, 설령 조정절차에서 진술한 경우라도 이를 민사소송에서 원용하지 못하고(민사조정법 제23조), 조정절차와 소송절차는 준별되므로, 소송으로 이행 또는 복귀한 후 수소법원에서 다시 진술할 필요가 있게 된다.[208]

조정절차에서의 증거조사결과는 - 소송으로 이행 또는 복귀한 때에도 - 소송절차에서 원용할 수 없고 새로 증거조사를 하여야 하므로, 가령 조정절차에서 증인신문을 실시한 경우에 소송으로 이행 또는 복귀된 경우 이를 증거로 원용하려면 소송절차에서 조정절차에서의 증인신문조서등을 증거로 제출하는 등의 소송행위가 필요하다.[209]

207)「민사조정절차에 관련된 여러 의문점에 대한 검토의견(재민 95-1)」.
208)「민사조정절차에 관련된 여러 의문점에 대한 검토의견(재민 95-1)」.
209)「민사조정절차에 관련된 여러 의문점에 대한 검토의견(재민 95-1)」.

제 4 장 공시최고절차

1. 공시최고절차 개관

가. 공시최고절차의 의의

공시최고절차란 일정한 권리에 관하여 공시최고를 한 다음 신고가 없으면 기일을 열어 제권판결을 선고하는 절차이다.[210)]

공시최고(公示催告)**는 권리 또는 청구의 신고를 하지 아니하면 그 권리를 잃게 될 것을 법률로 정한 경우에만 할 수 있다**(법 제475조).

한편, 공시최고 자체에 관한 법원의 사무(법 제477조 내지 제479조)는 사법보좌관이 행할 수 있다(법원조직법 제54조 제2항, 사법보좌관규칙 제2조 제1항 제2호).

그러나 이에 반하여, 공시최고기일의 실시 및 제권판결은 사법보좌관의 업무범위에 포함되지 아니한다.

나. 공시최고의 사유

1) 개 관

민사소송법상 공시최고의 종류에는 크게, 증권의 무효선고를 위한 공시최고(법 제492조 제1항 참조), 등기 또는 등록을 말소하기 위한 공시최고(법 제476조 제1항 단서 참조)가 있으나, 실무상 전자가 공시최고 사건의 대부분을 차지하고 있다.[211)]

만일 공시최고의 대상이 되지 아니하는 경우인데도 공시최고를 거쳐 제권판결을 하였다면, 이는 법률상 공시최고절차를 허가하지 아니할 경우(법 제490조 제2항 제1호)로서, 제권판결에 대한 불복사유에 해당한다.

---

210) 그런데, 널리 공시최고라는 것은, 일정한 사항을 법원이 공고하여 그 관계인으로 하여금 소정의 사항을 신고하도록 최고하는 것으로서, 가령, 실종선고(가사소송규칙 제53조 내지 제55조), 부재선고(부재선고에 관한 특별조치법 제8조)에서도 행하여진다.

211) cf. 그 밖에 가사소송법상의 공시최고가 있어, 예컨대 실종을 선고하거나, 부재선고를 함에는 공시최고의 절차를 거쳐야 하나(가사소송규칙 제53조, 부재선고에 관한 특별조치법 제8조), 이에 관하여서는 별도의 규정이 마련되어 있다.

2) 증권의 무효선고를 위한 공시최고

가) 개 관

증권의 무효선고를 위한 공시최고란, 도난·분실되거나 없어진 증권, 그 밖에 상법에서 무효로 할 수 있다고 규정한 증서의 무효선고를 청구하는 공시최고절차를 말한다(법 제492조 제1항).

법률상 공시최고를 할 수 있는 그 밖의 증서에 관하여서도 그 법률에 특별한 규정이 없으면 이에 의한다(같은 조 제2항).

증권(또는 증서. 이하 특별한 사정이 없으면 '증권'이라고만 한다)의 무효선고를 위한 공시최고는, 증권이 도난·분실되거나 없어졌을 경우에, 그럼에도 불구하고 그 증권의 소지자를 정당한 권리자라 인정하고 증권상의 의무자로 하여금 의무를 부담케 함은 그 의무자에게 가혹할 뿐 아니라, 권리가 화체된 증권이 전전하여 거래의 대상이 되었음에도 불구하고 도난 또는 분실을 당한 자로부터 일방적으로 무효를 선언케 함은 역시 선의의 제3자와 거래의 안전을 해하게 되므로, 일정한 절차에 의하여 그 무효를 선언케 함으로써 정당한 권리자의 보호와 거래의 안전을 기하자는 데 그 목적이 있다.[212]

나) 무효선고의 대상이 되는 증권 및 신청권자

(1) 개 관

따라서, 공시최고 절차에 의하여 제권판결을 할 수 있는 유가증권은 그 증권에 표시된 권리의 발생·이전·행사에서 필히 그 증권을 필요로 하는 증권을 말한하며,[213] 공시최고절차에 의한 제권판결은 권리를 무효로 하는 중대한 결과를 초래케 하므로 이는 특히 법에 규정되어 있는 경우에 할 수 있다고 해석하여야 할 것이다.[214]

예컨대, 지시채권, 무기명채권, 지명소지인출급채권의 경우, 멸실한 증서나 소지인의 점유를 이탈한 증서는 공시최고의 절차에 의하여 무효로 할 수 있다(민법 제521조, 제524조, 제525조).

무기명증권 또는 배서(背書)**로 이전할 수 있거나 약식배서**(略式背書)**가 있는 증권 또는 증서에 관하여는 최종소지인이 공시최고절차를 신청할 수 있다**(법 제493조 전단).

그 밖의 증서에 관하여는 그 증서에 따라서 권리를 주장할 수 있는 사람이 공시최고절차를

---

212) 대법원 1961. 11. 23. 선고 4293민상478 판결.
213) 대법원 1961. 11. 23. 선고 4293민상478 판결.
214) 대법원 1961. 11. 23. 선고 4293민상478 판결.

신청할 수 있다(같은 조 후단).

(2) 구체적 예

주권은 공시최고의 절차에 의하여 이를 무효로 할 수 있다(상법 제360조 제1항).

수표의 경우에는, 그 최종소지인이 아니라면 그 증권의 무효선고를 위한 공시최고를 신청할 수 없다.[215)]

그러나, 약속어음의 발행인도 그 어음상의 채무를 면하기 위하여 어음의 도난, 분실 등을 이유로 공시최고의 신청을 할 수 있다.[216)]

「신탁법」에 따른 수익증권도 공시최고의 절차를 거쳐 무효로 할 수 있다(신탁법 제86조 제1항).

다) 증권의 무효선고의 신청사유

"도난·분실되거나 없어진 증권"이라 함은, 증권의 직접점유자의 의사에 기하지 아니하고 그 소지를 상실한 경우를 예시한 것이므로, 증권을 횡령 또는 편취당한 경우에는 공시최고를 할 수 없다.[217)]

또한, 증권의 전 소지인이 자기의 의사에 기하지 아니하고 증권의 소지를 상실하였다 하더라도 그 후 증권을 특정인이 소지하고 있음이 판명된 경우에는, 전 소지인은 현 소지인에 대하여 반환을 청구하여야 하고, 이에 대한 공시최고는 허용되지 않는다.[218)]

라) 제권판결의 효력

(1) 제권판결의 소극적 효력

증권에 관하여 제권판결이 있으면, 제권판결의 소극적 효과로서 증권으로서의 효력이 상실되고 그 증권의 소지인은 증권상의 권리를 행사할 수 없다.[219)]

따라서, 예컨대, 제권판결이 선고된 때에는, 약속어음의 소지인은 무효로 된 어음을 유효

---

215) 대법원 1970. 11. 24.자 70마694 결정.

216) 대법원 1990. 4. 27. 선고 89다카16215 판결.

217) 대법원 1989. 7. 11. 선고 87다카2445 판결. 동지 : 대법원 1991. 2. 26. 선고 90다17620 판결 ; 대법원 2016. 10. 27. 선고 2016다235091 판결(횡령).

218) 대법원 1995. 2. 3. 선고 93다52334 판결. 동지 : 대법원 1997. 7. 25. 선고 97다16985 판결 ; 대법원 1999. 5. 14. 선고 99다6463 판결 ; 대법원 2004. 11. 11. 선고 2004다4645 판결 ; 대법원 2013. 9. 13. 선고 2012다36661 판결.

219) 대법원 1983. 11. 8. 선고 83다508,83다카1705 판결(사안은 수표). 동지 : 대법원 1979. 3. 13. 선고 79다4 판결(사안은 수표) ; 대법원 1982. 10. 26. 선고 82다298 판결(사안은 약속어음) ; 대법원 1990. 4. 27. 선고 89다카16215 판결(사안은 약속어음).

한 어음이라고 주장하여 어음금청구를 할 수 없으며,[220] 어음소지인이 공시최고 전에 선의취득하였다고 하여 위와 같은 이치를 달리 볼 것이 아니다.[221]

그리고 위와 같은 제권판결의 효력은, 예컨대 약속어음의 경우에, 공시최고의 신청인이 발행인이든 발행인이 아닌 소지인(어음상의 권리자)이든 차이가 없다.[222]

즉, 일단 제권판결이 선고된 이상 증권상의 실질적 권리자는 제권판결의 효력을 소멸시키기 위하여 불복의 소를 제기하여 취소판결을 얻지 않는 한 증권상의 권리를 주장할 수 없다.[223]

설령, 제권판결의 신청인이 정당한 소지인을 알고 있었거나, 가령, 수표금 청구소송을 당하고 있으면서 제권판결 신청을 하였다 할지라도, 일단 제권판결이 선고된 이상, 그 판결이 불복의 소에 의하여 취소되지 않는 한 당연무효로 되는 것은 아니다.[224]

(2) 제권판결의 적극적 효력[225]

제권판결이 내려진 때에는 신청인은 증권 또는 증서에 따라 의무를 지는 사람에게 증권 또는 증서에 따른 권리를 주장할 수 있다(법 제497조, 제권판결의 적극적 효력).

그런데, 이는 그 판결 이후에 공시최고 신청인에게 증권 또는 증서를 소지함과 동일한 지위를 회복시키는 것에 그치는 것이고, 공시최고 신청인이 실질상의 권리자임을 확정하는 것은 아니다.[226]

따라서 증권이나 증서의 정당한 권리자는 제권판결이 있더라도 실질적 권리를 상실하지 아니하고, 다만 제권판결로 인하여 그 증권 또는 증서가 무효로 되었으므로 그 증권 또는 증서에 따른 권리를 행사할 수 없게 될 뿐이다.[227]

(3) 허위의 제권판결의 사법적·형법적 효과

그러나, 증권의 전 소지인이 그 증권의 소지인을 알면서도 그 소재를 모르는 것처럼 공시

---

220) 대법원 1993. 11. 9. 선고 93다32934 판결(사안은 약속어음). 동지 : 대법원 1994. 10. 11. 선고 94다18614 판결(사안은 약속어음).

221) 대법원 1994. 10. 11. 선고 94다18614 판결.

222) 대법원 1990. 4. 27. 선고 89다카16215 판결. 동지 : 대법원 1994. 10. 11. 선고 94다18614 판결.

223) 대법원 1969. 12. 23. 선고 68다2186 판결(사안은 수표) ; 대법원 1982. 10. 26. 선고 82다298 판결(사안은 약속어음) ; 대법원 1990. 4. 27. 선고 89다카16215 판결(사안은 약속어음).

224) 대법원 1979. 3. 13. 선고 79다4 판결. 동지 : 대법원 1967. 9. 26. 선고 67다1731 판결.

225) 대법원 2007. 5. 31. 선고 2006도8488 판결.

226) 대법원 1993. 11. 9. 선고 93다32934 판결(사안은 약속어음). 동지 : 대법원 1994. 10. 11. 선고 94다18614 판결(사안은 약속어음) ; 대법원 2013. 12. 12. 선고 2011다112247 판결(사안은 주권).

227) 대법원 2013. 12. 12. 선고 2011다112247 판결(사안은 주권).

최고 기일에 출석하여 그 신청의 원인과 제권판결을 구하는 취지를 진술하여 공시최고 법원을 기망하고, 이에 속은 공시최고 법원으로부터 제권판결을 받았다면, 그 제권판결의 소극적 효과로서 그 증권은 무효가 되어 그 정당한 소지인은 증권상의 권리를 행사할 수 없게 되고 적법한 소지인임을 전제로 한 이득상환청구권도 발생하지 아니하게 된 손해를 입었다고 할 것이므로, 전 소지인은 그 증권의 정당한 소지인에게 불법행위로 인한 손해를 배상할 책임이 있는 것이다.[228)]

위 경우는 제권판결에 대한 불복사유(구체적으로는, 법 제490조 제2항 제7호)에도 해당하기는 하지만,[229)] 불법행위의 성립에 관한 위 법리는, 정당한 소지인이 제권판결을 받은 전 소지인을 상대로 한 제권판결불복의 소에서 패소하였다고 하여 달리 볼 것이 아니며, 또한, 전 소지인이 그 공시최고 과정에서 정당한 소지인에게 자기가 공시최고 절차를 밟고 있다는 사실과 그 사건번호를 알려주었다고 하더라도, 제권판결을 받아냄으로써 정당한 소지인의 증서상의 권리를 침해한 이상, 그러한 사정은 과실상계의 사유가 될 뿐 불법행위의 성립 여부를 좌우할 사정이 되지는 못한다.[230)]

또한, 형사적으로는, 증권을 교부한 자가 이를 분실하였다고 허위로 공시최고신청을 하여 제권판결을 선고받아 확정되었다면, 사기죄로 처벌을 받을 수 있다.[231)]

3) 등기 또는 등록을 말소하기 위한 공시최고

예컨대, 등기권리자가 등기의무자의 행방불명으로 인하여 이와 공동으로 등기의 말소를 신청할 수 없을 때에는 공시최고를 신청할 수 있으며(부동산등기법 제167조 제1항), 이 경우에 제권판결이 있으면 신청서에 그 등본을 첨부하여 등기권리자가 단독으로 등기의 말소를 신청할 수 있다(같은 조 제2항).

또한, 특허권등에 관한 권리의 등록권리자는 등록의무자의 소재가 분명하지 아니하여 등록 말소를 신청할 수 없는 경우에는 공시최고를 신청할 수 있으며(특허권 등의 등록령 제45조 제1항), 이 경우에 제권판결(除權判決)이 있을 때에는 신청서에 그 등본을 첨부하여 등록권리자만으로 등록 말소를 신청할 수 있다(같은 조 제2항).

---

228) 대법원 1999. 5. 14. 선고 99다6463 판결(사안은 양도성예금증서). 동지 : 대법원 1989. 6. 13. 선고 88다카7962 판결(사안은 수표) ; 대법원 1995. 2. 3. 선고 93다52334 판결(사안은 약속어음).

229) 대법원 2004. 11. 11. 선고 2004다4645 판결.

230) 대법원 1999. 5. 14. 선고 99다6463 판결.

231) 그 증권을 소지하지 않고도 증권을 소지한 자로서의 권리를 행사할 수 있는 지위라는, 재산상 이익을 취득하였기 때문이다. 대법원 2003. 12. 26. 선고 2003도4914 판결(사안은 자기앞수표). 동지 : 대법원 2007. 5. 31. 선고 2006도8488 판결(사안은 주권).

그 밖에, 등록을 말소하기 위한 공시최고는, 공사채(공사채 등록법 시행령 제41조 제1항, 제2항),[232] 광업에 관한 권리(광업등록령 제64조 제1항, 제2항), 어업권(어업등록령 제68조 제1항, 제2항), 자동차 등 특정동산의 저당권(자동차 등 특정동산 저당법 시행령 제6조 제2항 제1호), 품종보호에 관한 권리(식물신품종 보호법 제52조에 따른 품종보호 등록에 관한 규칙 제41조 제1항, 제2항) 등에서도 문제된다.

2. 공시최고신청[233]

가. 개 관

공시최고의 신청은 서면(「공시최고신청서」)[234]**으로 하여야 한다**(법 제477조 제2항).

나. 기재사항

1) 개 관

공시최고의 신청에는 그 신청의 이유와 제권판결(除權判決)**을 청구하는 취지를 밝혀야 한다**(법 제477조 제1항).

2) 신청취지

공시최고신청서에는, "증서의 표시"(증권의 무효선고를 위한 경우) 또는 "등기(또는 등록)의 표시"(등기 또는 등록을 말소하기 위한 경우)를 하며, 신청취지에서 공시최고 및 제권판결을 청구하여야 한다.

3) 신청이유

가) 증권의 무효선고를 위한 공시최고의 경우

증권의 무효선고를 위한 공시최고에서는, **신청인은 증서가 도난·분실되거나 없어진 사실과, 그 밖에 공시최고절차를 신청할 수 있는 이유가 되는 사실 등을 소명하여야 한다**(법 제477조 제2항).

232) cf. 등록한 공사채에 대하여는 채권을 발행하지 아니하며(공사채등록법 제5조 제1항), 등록기관이 이미 채권이 발행된 공사채에 대하여 등록을 하는 경우에는 그 채권을 회수하여야 한다(같은 조 제2항).

233) 이에 관한 실무적·기술적인 사항에 관하여서는, 「공시최고신청서 등에 첨부할 증서 목록의 간소화에 관한 예규(재민 2000-6)」 참조.

234) '인지액·편철방법예규'.

나) 등기 또는 등록을 말소하기 위한 공시최고의 경우

등기 또는 등록을 말소하기 위한 공시최고에서는, 해당 등기(등록)부상의 권리의 소멸 사실 및 등기(등록)의무자의 행방불명 사실 등을 소명하여야 한다.

다. 첨부서류

증권의 무효선고를 위한 공시최고의 경우, **신청인은 증서의 등본을 제출하거나 또는 증서의 존재 및 그 중요한 취지를 충분히 알리기에 필요한 사항을 제시하여야 한다**(법 제494조 제1항).

이에 관하여 실무는, 신청인은, 증서를 특정하기 위하여 목록을 별도로 작성하여 첨부할 수도 있지만, 이에 갈음하여 해당 금융기관 등에서 발행한 미지급증명서, 미제시증명서, 미상환증명서 등 증명서를 첨부할 수 있는 것으로 하고 있다.[235]

라. 인지의 첩부 및 송달료의 예납

공시최고(公示催告)**의 신청서에는 1,000원의 인지를 붙여야 하며**(민사소송 등 인지법 제9조 제4항 제1호),[236] 송달료도 예납하여야 한다.[237]

마. 관 할

1) 원 칙

공시최고는 법률에 다른 규정이 있는 경우를 제외하고는 권리자의 보통재판적이 있는 곳의 지방법원이 관할한다(법 제476조 제1항 본문).

이 관할은 전속관할로 한다(같은 조 제3항).

그러나, 오히려 공시최고사건의 대종을 이루는 증권의 무효선고를 위한 공시최고의 경우에 특별규정이 있음은, 바로 아래에서 보는 바와 같다.

어느 경우나, 공시최고절차는 단독판사의 직분관할에 속한다(법원조직법 제7조 제4항).

만일 전속관할의 규정에 위배하여 제권판결을 한 때에는, 이는 제권판결에 대한 불복사유

---

235) 공시최고신청서 등에 첨부할 증서 목록의 간소화에 관한 예규(재민 2000-6) 제2조.

236) 다만, **공시최고신청의 인지액은 경제사정이 변동된 경우에는 「민사소송 등 인지법」이 개정될 때까지 대법원규칙으로 올리거나 내릴 수 있다**(민사소송 등 인지법 제15조).

237) cf. 종래에는 신문 게재를 통하여 공시최고의 공고를 하였으므로 신문공고료의 예납도 필요하였으나, 이제는 전자통신매체를 이용하므로 그러한 예납이 필요 없게 되었다. 상세한 것은 후술한다.

에 해당한다(법 제490조 제2항 제5호).

2) 특칙 : 증권의 무효선고를 위한 공시최고의 경우

증권의 무효선고를 위한 공시최고(법 제492조)**의 경우에는 증권이나 증서에 표시된 이행지의 지방법원이 관할한다**(법 제476조 제2항 본문).

다만, 증권이나 증서에 이행지의 표시가 없는 때에는 발행인의 보통재판적이 있는 곳의 지방법원이 관할한다(같은 항 단서 전단).

만일, **그 법원이 없는 때에는 발행 당시에 발행인의 보통재판적이 있었던 곳의 지방법원이 관할한다**(같은 항 단서 후단).

이상의 관할도 전속관할로 한다(같은 조 제3항).

3) 보칙 : 등기 또는 등록을 말소하기 위한 공시최고의 경우

등기 또는 등록을 말소하기 위한 공시최고는, 일반원칙에 따라 권리자의 보통재판적이 있는 곳의 지방법원이 관할하나(법 제476조 제1항 본문), **그 등기 또는 등록을 한 공공기관이 있는 곳의 지방법원에**(도) **신청할 수 있다**(같은 항 단서).[238)]

이 관할도 전속관할로 한다(같은 조 제3항).

3. 공시최고신청서의 심사

공시최고신청서도 소장에 준하여 심사한다(법 제254조의 유추해석).[239)]

4. 공시최고신청에 대한 심리

가. 신청의 병합

법원은 여러 개의 공시최고를 병합하도록 명할 수 있다(법 제477조 제3항).

나. 임의적 심문

공시최고의 허가여부를 결정함에는 신청인을 심문할 수 있다(법 제478조 제2항).

---

238) cf. 현행법은 "공공기관"이라는 용어를 사용하고 있으나, 구법(2002. 1. 26. 법률 제6626호로 전부개정되기 전의 것) 제447조 제1항은 "공무소"라는 용어를 사용하였다.

239) 제요[민소Ⅲ], 1411면.

5. 공시최고신청에 대한 재판

가. 개 관

공시최고의 허가여부에 대한 재판은 결정으로 한다(법 제478조 제1항 전문).

나. 공시최고의 불허

공시최고를 허가하지 아니하는 때에는 그러한 취지의 결정을 한다(법 제478조 제1항 후문 참조).

다. 공시최고

공시최고의 신청을 허가한 때에는 법원은 공시최고를 하여야 하는바(법 제479조 제1항), 실무상 공시최고의 허가결정은 별도의 결정서 없이 공시최고서에 그 취지를 기재("신청인의 이 사건 공시최고신청을 허가하는바, …")하고 있다(법 제479조 제1항 참조).[240)]

만일 공시최고의 공고를 하지 아니한 채 제권판결을 하였다면, 이는 제권판결에 대한 불복사유에 해당한다(법 제490조 제2항 제2호 전단).

6. 공시최고불허결정에 대한 불복

공시최고를 허가하지 아니하는 결정에 대하여는 즉시항고를 할 수 있다(법 제478조 제1항 후문).[241)]

7. 공시최고의 방법[242)]

가. 공시최고의 기재사항

1) 공통적 기재사항

공시최고에는 신청인의 표시를 하여야 하고(법 제479조 제2항 제1호), **공시최고기일을 적어야 한다**(같은 항 제4호).

---

240) 위의 책, 1412면.

241) 다만, 사법보좌관이 위 결정을 한 경우 이러한 사법보좌관의 처분에 대하여는이의신청을 할 수도 있다(사법보좌관규칙 제4조 제1항).

242) 이에 관한 실무적·기술적인 사항에 관하여서는, 「공고 등에 있어서 개인 정보의 보호요령(재일 2003-16)」 참조.

그런데, **공시최고의 기간은 공고가 끝난 날부터 3월 뒤로 정하여야 하므로**(법 제481조), 공시최고기일도 공고일부터 3월 후로 정하여야 한다.

만일 공시최고기간을 지키지 아니한 채 제권판결을 하였다면, 이는 제권판결에 대한 불복사유에 해당한다(법 제490조 제2항 제3호).

2) 증권의 무효선고를 위한 공시최고의 기재사항

증권의 무효선고를 위한 경우에는, **공시최고에는 공시최고기일까지 권리 또는 청구의 신고를 하고 그 증서를 제출하도록 최고하고**(신고최고), **이를 게을리하면 권리를 잃게 되어 증서의 무효가 선고된다는 것을 경고하여야 한다**(실권경고)(법 제495조).

3) 등기 또는 등록을 말소하기 위한 공시최고의 기재사항

등기 또는 등록을 말소하기 위한 경우에는, **공시최고에는 공시최고기일까지 권리 또는 청구의 신고를 하여야 한다는 최고를 적어야 하고**(법 제479조 제2항 제2호), **신고를 하지 아니하면 권리를 잃게 될 사항을 적어야 한다**(같은 항 제3호).

나. 공고방법

공시최고는 대법원규칙이 정하는 바에 따라 공고하여야 한다(법 제480조).

이에 따라, 공시최고는 ①법원게시판 게시 ②관보·공보 또는 신문 게재 ③전자통신매체를 이용한 공고 가운데 어느 하나의 방법으로 공고하여야 하나(규칙 제142조 제1항 전문), 실무상 공시최고의 공고는 공고사항을 대법원 홈페이지(www.scourt.go.kr) 법원공고란에 게시하는 방법으로 하고 있다.[243]

이 경우 필요하다고 인정하는 때에는 적당한 방법으로 공고사항의 요지를 공시할 수 있다(같은 항 후문).

다. 기록에의 표시

법원사무관등은 공고한 날짜와 방법을 기록에 표시하여야 한다(규칙 제142조 제2항).

---

243) 민사소송규칙 및 가사소송규칙에 규정한 공고방법에 관한 업무처리지침(재일 2002-3) 제3조.
cf. 종래에는 공시최고의 공고는 공고사항을 일간신문에 1회 게재하는 방법으로 하였으나, 신문공고 대상의 점진적 축소·폐지, 신문공고에 따른 당사자의 비용부담 및 법원 업무의 비효율성 극복, 법원 업무 전산화의 진전 및 일반 국민의 정보망 접근의 확대라는 취지에서 2009.부터는 위와 같이 정보통신매체를 이용하여 공시하고 있다.

라. 공고방법 위반의 효과

만일 공시최고의 공고를 법령이 정한 방법으로 하지 아니한 채 제권판결을 하였다면, 이는 제권판결에 대한 불복사유에 해당한다(법 제490조 제2항 제2호 후단).

8. 권리 또는 청구의 신고

가. 개 관

권리 또는 청구의 신고는 공시최고기일까지 하여야 함이 원칙이다(법 제495조, 법 제479조 제2항 제2호 참조).

다만, **공시최고기일이 끝난 뒤에도 제권판결에 앞서 권리 또는 청구의 신고가[244] 있는 때에는 그 권리를 잃지 아니하나**(법 제482조), 일반적으로는 공시최고기일에 제권판결을 선고하므로 법 제482조가 적용될 경우는 적다.[245]

만일 권리 또는 청구의 신고가 있는데도 제권판결을 한 때에는, 제권판결에 대한 불복사유에 해당한다(법 제490조 제2항 제6호).

나. 방 법

권리 또는 청구의 신고는 「권리신고서」 또는 「청구신고서」를 제출함으로써 한다.[246]

증권의 무효선고를 위한 공시최고의 경우에, 권리 또는 청구의 신고를 함에는 신고시에 해당 증서를 제출하여야 한다(법 제495조 참조).

그러나, 가령, 수표의 경우에, 그 소지인이 지급은행에 지급제시를 하였다거나 또는 그 수표금 지급청구소송을 제기하였다 하여도 이를 공시최고법원에 대한 권리 또는 청구의 신고로 볼 수 없다.[247]

---

244) cf. 구법(1990. 1. 13. 법률 제4201호로 개정되기 전) 제453조는 "… 권리의 신고나 청구가 …"라고 표현하였다.

245) 제요[민소Ⅲ], 1415면.

246) '인지액·편철방법예규'.

247) 대법원 1976. 6. 22. 선고 75다1010 판결. 동지 : 대법원 1983. 11. 8. 선고 83다508,83다카1705 판결.

9. 공시최고기일

가. 공시최고 신청인의 진술의무

공시최고의 신청인은 공시최고기일에 출석하여 그 신청을 하게 된 이유와 제권판결을 청구하는 취지를 진술하여야 한다(법 제486조).

나. 공시최고 신청인의 불출석과 새 기일의 지정

신청인이 공시최고기일에 출석하지 아니하거나, 기일변경신청을 하는 때에는 법원은 1회에 한하여 새 기일을 정하여 주어야 한다(법 제483조 제1항).

이 새 기일은 공시최고기일부터 2월을 넘기지 아니하여야 하며, 공고는 필요로 하지 아니한다(같은 조 제2항).

다. 공시최고신청의 취하간주

신청인이 위와 같이 지정된 새 기일에 출석하지 아니한 때에는 공시최고신청을 취하한 것으로 본다(법 제484조).

10. 제권판결

가. 개 관

기술한 바와 같이 공시최고신청은 제권판결의 청구를 포함하므로, **법원은 신청인이**－공시최고기일에－**진술을 한 뒤에 다음과 같은 재판을 하여야 한다**(법 제487조 제1항).

첫째, **제권판결신청에 정당한 이유가 없다고 인정할 때에는 결정으로 신청을 각하하여야 한다**(같은 항 전단).

둘째, 반면에, **제권판결신청에 이유가 있다고 인정할 때에는 제권판결을 선고하여야 하는 바**(같은 항 후단), 그 내용은 공시최고의 종류에 따라 다음과 같다.

증권의 무효선고를 위한 경우에는, **제권판결에서는 증권 또는 증서의 무효를 선고하여야 한다**(법 제496조).

등기 또는 등록을 말소하기 위한 경우에는, 해당 등기의 말소등기에 관한 등기의무자의 실권을 선고하게 된다.

기술한 바와 같이 이 재판 역시 신청인이 출석한 공시최고기일에 함이 일반이다.

나. 사실조사

법원은 위 재판에 앞서 직권으로 사실을 탐지할 수 있다(법 제487조 제2항).

다. 권리 또는 청구의 신고가 있는 경우

증권의 무효선고를 위한 경우에는, **신청이유로 내세운 권리 또는 청구를 다투는 신고가 있는 때에는 법원은, ① 그 권리에 대한 재판이 확정될 때까지 공시최고절차를 중지하거나, ② 신고한 권리를 유보하고 제권판결을 하여야 한다**(법 제485조).

실무상으로는, ①에 의하는 경우는 드물고, 대부분 ②에 의한다.[248)]

라. 제권판결의 공고 및 송달

법원은 제권판결의 요지를 대법원규칙이 정하는 바에 따라 공고할 수 있는바(법 제489조), 그 공고방법은 공시최고의 공고에 관하여 기술한 바와 같다(규칙 제143조).

그리고, 제권판결의 정본을 신청인에게 송달 또는 교부하여 줌이 실무이다.[249)]

11. 제권판결 등에 대한 불복

가. 제권판결신청 각하결정에 대한 불복

제권판결의 신청을 각하한 결정에 대하여는 즉시항고를 할 수 있다(법 제488조).

나. 제권판결에 대한 불복

제권판결에 덧붙인 제한 또는 유보에 대하여서도 즉시항고를 할 수 있다(법 제488조).

그러나, 이에 반하여, **제권판결에 대하여는 상소를 하지 못하며**(법 제490조 제1항), 법정의 사유가 있을 때에만 제권판결에 대한 불복의 소를 제기할 수 있다(같은 조 제2항).

제권판결에 대한 불복의 소가 제기되어 제권판결을 취소하는 판결이 확정되면 제권판결은 소급하여 효력을 잃고 정당한 권리자가 소지하고 있던 증권 또는 증서도 소급하여 그 효력을 회복하게 된다.[250)]

이 소송에 관하여 상세한 것은, '제권판결에 대한 불복의 소' 부분에서 살펴보기로 한다.

---

248) 앞의 책, 1417면.

249) 위의 책, 1419면.

250) 대법원 2013. 12. 12. 선고 2011다112247 판결(사안은 주권).

제 6 부

판결의 확정 기타 사건의 완결과 관련한 제문제

제 1 장 판결의 확정과 그 효력[1)]

1. 판결확정 개관

가. 판결확정의 의의

판결확정이란, 판결이 통상적인 불복방법(상소)으로써 다툴 수 없는 상태를 말한다.[2)] 그리고, 이러한 상태의 판결의 불가변경성을, 판결의 '형식적 확정력'이라고 한다.[3)]

판결로 종료되는 사건은 종국판결이 확정된 때 사건이 완결된다.[4)]

한편, 전자소송에서 전자소송 동의의 효력기간 역시 판결확정시까지임은, '서류의 전자적 제출' 부분에서 기술하였다(민소전자문서규칙 제10조 제1항 본문).

나. 판결의 확정시기

1) 상소할 수 없는 판결의 경우 : 판결선고시(원칙), 판결송달시(상고이유 미제출 상고기각 또는 심리불속행 상고기각)

예컨대, 제권판결은 상소를 하지 못하는 판결이므로(법 제490조 제1항) 판결선고와 동시에 확정된다.[5)]

파기환송·이송판결을 제외한 상고심판결도 마찬가지로, 원칙적으로 판결선고와 동시에 확정된다.[6)]

그러나, **상고이유서 미제출 또는 심리불속행으로 인한 상고기각판결은, 상고인에게 송달됨으로써 그 효력이 생기므로**(상고심법 제5조 제2항), 송달 시에야 비로소 확정된다.[7)]

---

1) 국제사건에서도, 외국어 번역문을 추후에 별도로 송부하기는 하지만, 판결의 효력은 국어로 작성된 판결서를 기준으로 함은 물론이다(국제재판부의 설치 및 운영에 관한 규칙 제16조).

2) 대법원 1978. 5. 9. 선고 75다634 전원합의체 판결 참조.

3) 대법원 1978. 5. 9. 선고 75다634 전원합의체 판결.

4) 보존예규 제2조 제3호 가목.

5) 대법원 1979. 3. 13. 선고 79다4 판결 ; 대법원 1989. 6. 13. 선고 88다카7962 판결 참조.
다만, 제권판결에 대한 불복의 소의 제기기간(법 제491조)이 있으므로, 실질적으로는 그 기간이 지나야 확정되는 셈이다.

6) 제요[민소Ⅲ], 1211면.

7) 대법원 2009. 9. 10. 선고 2009다41977 판결(사안은 심리불속행 상고기각). 동지 : 대법원 2010. 4. 29. 선고 2010다1517 판결(사안은 심리불속행 상고기각).

2) 불상소의 합의를 한 경우 : 판결선고시(선고 전) 또는 합의시(선고 후)

판결선고 전에 불상소의 합의가 있은 때에도 판결이 선고와 동시에 확정되며,[8] 판결선고 후에 (상소기간 만료 전에) 불상소의 합의를 한 때에는 합의 성립과 동시에 판결이 확정된다.[9]

그러나, 불항소의 합의를 한 경우, 즉 상고권을 유보하고 항소권을 포기한 경우에는 그러하지 아니함은 물론이다.

3) 상소권을 포기한 경우

가) 상소제기 전에 상소권을 포기한 경우 : 포기시

상소를 제기하기 전에 상소권을 포기한 때에는 그 포기시에 판결이 확정된다.

예컨대, 상대방이 전부 승소하여 항소의 이익이 없는 경우에는 항소권을 가진 패소자만 항소포기를 하면 비록 상대방의 항소기간이 만료하지 않았더라도 제1심판결은 확정된다.[10]

물론, 당사자 쌍방이 모두 상소권을 가지는 경우에 쌍방 모두가 상소권을 포기한 때에는 가장 나중에 포기가 된 때에 확정된다.

나) 상소제기 후에 상소권을 포기한 경우 : 상소기간만료시

문제는 상소 후에 상소권을 포기한 경우이다. 이 경우 설령 상소기간이 남아 있어도 상소를 제기할 수 없다고는 하지만, 관견으로는, 판결의 확정시기와 관련하여서는 후술하는 상소취하의 경우와 마찬가지로 보아야 할 것으로 사료된다(법 제395조 제3항 참조).

이는 상소를 취하만 하여도 판결확정시가 (상소기간만료시로) 소급하는 마당에, 아예 상소권을 포기까지 한 경우에는 판결확정시가 소급하지 아니한다는 것은 균형이 맞지 아니할뿐더러, 그러한 결과는 법 제395조 제3항의 명문에도 반하기 때문이다.[11]

다만, 위와 같이 새길 경우 상소기간 중에 상소권을 포기한 때에도 상소기간이 지나야 비로소 판결이 확정된다는 문제는 있으나, 그 경우에도 역시 법 제395조 제3항의 명문에 비추어 상소기간 만료시에 판결이 확정된다고 새겨야 오히려 일관성이 있는 해석이 될 것이다.

---

8) 대법원 1987. 6. 23. 선고 86다카2728 판결. 동지 : 대법원 2002. 10. 11. 선고 2000다17803 판결 ; 대법원 2007. 11. 29. 선고 2007다52317,52324 판결.

9) 앞의 책, 1211면.

10) 대법원 2006. 5. 2.자 2005마933 결정.

11) 화해권고결정의 경우에는 이의신청권을 포기한 때에 확정되지만(법 제231조 제3호 후단), 상소처럼 이의신청후에 새삼 신청권을 포기하는 것은 허용되지 아니하므로(법 제229조 제1항), 상소의 경우와는 문제상황을 달리한다.

4) 상소기간을 도과한 경우 : 상소기간 만료시

판결은 상소를 제기할 수 있는 기간에는 확정되지 아니하므로(법 제498조), 기간내에 상소를 제기하지 아니하면 상소기간 만료시에 판결이 확정된다.[12)]

주의할 것은, 상소기간은 판결서가 송달된 날부터 진행되기 때문에(법 제396조 제1항 본문, 제425조), 판결정본이 적법하게 송달된 바 없으면 그 판결에 대한 상소기간은 진행되지 아니하므로, 그 판결은 형식적으로도 확정되었다고 볼 수 없다는 점이다.[13)] 즉, 그 경우의 상소는 -판결정본이 적법하게 공시송달된 경우와 달리-추후보완상소가 아니라 판결정본 송달 전의 상소에 해당한다.[14)]

5) 상소각하판결, 상소장각하명령, 상소취하로 소송이 종료된 경우 : 상소기간 만료시

판결은, 부적법한 상소가 제기된 경우에는 그 부적법한 상소를 각하하는 재판이 확정되면, 상소기간이 지난 때에 소급하여 확정된다.[15)] 이는 상소장각하명령의 경우에도 마찬가지이다.[16)]

상소를 취하한 때에는-상소가 처음부터 제기되지 아니한 것으로 간주되므로-상소기간이 지난 때에 소급하여 판결이 확정된다.[17)]

다. 상소하지 아니한 부분의 확정시기 : 상소심 판결선고시

예컨대, 원고의 청구를 일부 인용한 제1심판결에 대하여 원고만이 그 패소 부분에 대한 항소를 제기하고 피고는 항소나 부대항소를 제기하지 않은 경우, 제1심판결 중 원고 승소 부분은 항소심판결의 선고와 동시에 확정되는 것이며,[18)] 피고가 수개의 청구를 인용한 제1심판결 중 일부에 대하여만 항소를 제기한 경우, 항소되지 않은 나머지 부분은 피고가 변론종결시까지 항소취지를 확장하지 않는 한 항소심의 판결선고와 동시에 확정되며,[19)] 원고의 1개의 청구의 일부를 기각하는 제1심판결에 대하여 피고만이 항소를 하였다면, 나머지 부분

---

12) 앞의 책, 1211면.

13) 대법원 1997. 5. 30. 선고 97다10345 판결(사안은 항소기간). 동지 : 대법원 1979. 9. 25. 선고 79므33 판결; 대법원 1986. 11. 25. 선고 86므81 판결.

14) 대법원 1997. 5. 30. 선고 97다10345 판결(사안은 항소기간) 참조. 동지 : 대법원 1986. 11. 25. 선고 86므81 판결.

15) 대법원 2014. 10. 15. 선고 2013다25781 판결.

16) 앞의 책.

17) 위의 책.

18) 대법원 2008. 3. 14. 선고 2006다2940 판결. 동지 : 대법원 2013. 7. 11. 선고 2011다18864 판결.

19) 대법원 2006. 4. 27. 선고 2006두2091 판결. 동지 : 대법원 2011. 7. 28. 선고 2009다35842 판결.

은 항소심 판결선고와 동시에 확정되고,[20] 본소청구와 반소청구를 모두 기각한 제1심판결에 대하여 피고(반소원고)만 항소한 경우, 본소청구 부분은 항소심판결의 선고와 동시에 확정된다.[21]

상고의 경우에 관하여서는 판례에 혼선이 있는 것으로 보인다. 즉, 상고하지 아니한 부분의 확정시기에 관하여, – 항소심의 경우와 마찬가지로 – 상고심판결선고시 확정된다고 본 판례가 있는가 하면,[22] 부대상고기간 도과시(=상고이유서제출기간 도과시) 또는 부대상고권 포기시에 확정된다고 본 판례도 있다.[23]

2. 기 판 력

가. 기판력 개관

확정판결의 기판력(旣判力)이라 함은, 확정판결의 주문에 포함된 법률적 판단의 내용은 이후 그 소송당사자의 관계를 규율하는 새로운 기준이 되는 것이므로 동일한 사항이 소송상 문제가 되었을 때 당사자는 이에 저촉되는 주장을 할 수 없고 법원도 이에 저촉되는 판단을 할 수 없는 기속력을 의미하는 것이다.[24]

그리고 이 경우 적극당사자(원고)가 되어 주장하는 경우는 물론이고 소극당사자(피고)로서 항변하는 경우에도 그 기판력에 저촉되는 주장은 할 수 없다(기판력의 쌍면성).[25]

기판력은 법치국가적 요청에서 요구되는 법적 안정성, 즉 사회질서의 유지와 같은 분쟁의 반복 금지에 의한 소송경제를 도모하기 위하여 인정되는 것이다.[26] 환언하면, 법원이 당사자간의 법적 분쟁에 관하여 판단하여 소송이 종료된 이상, 법적 안정성을 위해 당사자와 법원 모두 분쟁해결의 기준으로서 확정판결의 판단을 존중하여야 한다는 요청에 따라 인정된 것이다.[27]

---

20) 대법원 2004. 6. 10. 선고 2004다2151,2168 판결.

21) 대법원 2008. 6. 26. 선고 2008다24791,24807 판결.

22) 대법원 2001. 12. 24. 선고 2001다62213 판결(주위적 청구를 기각하면서 예비적 청구를 일부 인용한 항소심판결에 대하여 피고만이 상고하였는데, 상고심이 파기환송판결을 선고하였다면, 주위적 청구부분은 선고와 동시에 확정되었다고 본 사안).

23) 대법원 2006. 4. 14.자 2006카기62 결정의 방론.

24) 대법원 1987. 6. 9. 선고 86다카2756 판결. 동지 : 헌재 2010. 11. 25. 선고 2009헌바250 결정 ; 대법원 2012. 7. 5. 선고 2010다80503 판결. 동지 : 대법원 2020. 5. 14. 선고 2019다261381 판결 ; 대법원 2020. 10. 29. 선고 2018다212245 판결.

25) 대법원 1987. 6. 9. 선고 86다카2756 판결.

26) 헌재 2010. 11. 25. 선고 2009헌바250 결정.

이를 실체적 확정력이라고도 지칭한 예도 있지만,[28] 주의할 것은, 기판력은 확정판결의 내용대로 실체적 권리관계를 변경하는 실체법적 효력을 갖는 것은 아니다.[29]

예컨대, 토지 소유권에 기한 물권적 청구권을 원인으로 하는 가등기말소청구가 기각된 경우, 위 청구기각된 확정판결로 인하여 토지 소유자가 갖는 토지 소유권의 내용이나 토지 소유권에 기초한 물권적 청구권의 실체적인 내용이 변경, 소멸되는 것은 아니다.[30]

나. 기판력의 작용

1) 개 관

구체적으로, 기판력이라 함은 ①기판력 있는 전소판결(前訴判決)의 소송물과 동일한 후소(後訴)를 허용하지 않는 것임은 물론, ②후소의 소송물이 전소의 소송물과 동일하지 않다고 하더라도 전소의 소송물에 관한 판단이 후소의 선결문제가 되거나 모순관계에 있을 때에는 후소에서 전소판결의 판단과 다른 주장을 하는 것을 허용하지 않는 작용을 하는 것이다.[31]

따라서, 가령, 원고의 청구가 확정판결의 기판력에 저촉되어 배척되어야 할 경우라면 그 청구원인 사실의 실체적 당부에 관하여는 판단을 할 필요가 없는 것이다.[32]

그리고, 소송에서 다투어지고 있는 권리 또는 법률관계의 존부가 동일한 당사자 사이의 전소에서 이미 다투어져 이에 관한 확정판결이 있는 경우에, 위와 같은 확정판결의 존부는 직권조사사항이다.[33]

또한, 후소에 기판력을 미치는 전소가 후소의 사실심 변론종결 이후에 확정된 경우, 후소의 상고심에서도 이를 참작하여야 한다.[34]

---

27) 대법원 2018. 3. 27. 선고 2015다70822 판결의 방론.

28) 대법원 1983. 12. 28.자 83사14 결정 ; 대법원 1987. 4. 14. 선고 86사38 판결.

29) 대법원 2020. 5. 14. 선고 2019다261381 판결.

30) 대법원 2020. 5. 14. 선고 2019다261381 판결.

31) 대법원 1995. 3. 24. 선고 94다46114 판결. 동지 : 대법원 2001. 1. 16. 선고 2000다41349 판결 ; 대법원 2002. 12. 27. 선고 2000다47361 판결 ; 헌재 2010. 11. 25. 선고 2009헌바250 결정 ; 대법원 2013. 11. 28. 선고 2013다19083 판결 ; 대법원 2014. 10. 30. 선고 2013다53939 판결 ; 대법원 2016. 3. 24. 선고 2015두48235 판결(사안은 행정소송).

32) 대법원 1989. 11. 28.자 89다카21309 결정.

33) 대법원 1989. 10. 10. 선고 89누1308 판결. 동지 : 대법원 1990. 10. 23. 선고 89다카23329 판결 ; 대법원 1992. 5. 22. 선고 92다3892 판결 ; 대법원 2006. 10. 13. 선고 2004두10227 판결 ; 대법원 2011. 5. 13. 선고 2009다94384,94391,94407 판결 ; 대법원 2012. 7. 5. 선고 2010다80503 판결.

34) 대법원 2012. 7. 5. 선고 2010다80503 판결(사안은 소송물이 동일한 경우).

2) 후소의 소송물이 전소의 소송물과 동일한 경우

전소판결이 원고 청구기각 판결이었는데 원고가 동일한 소송물에 대한 후소를 제기하였다면, 법원은 전소판결과 다른 판단을 할 수 없으므로 역시 원고 청구기각 판결을 하여야 한다.[35] 이러한 판결이 본안판결임은 물론이다.[36]

다만, 같은 청구를 거듭하여 제기하는 등 소권의 남용에 해당하는 경우에 소가 부적법하게 되는 것은 별개의 문제이다.[37]

역으로, 전소판결이 원고 청구인용 판결이었는데도, 원고가 소송물이 동일한 후소를 제기한 경우에는 원칙적으로 권리보호의 이익이 없어 후소가 부적법함은, '소송요건 등 일반' 부분에서 기술하였다.[38]

또한, 피상속인에 대한 채권에 관하여 채권자와 상속인 사이의 전소에서 상속인의 한정승인이 인정되어 상속재산의 한도에서 지급을 명하는 판결이 확정된 때에는 그 채권자가 상속인에 대하여 새로운 소에 의해 위 판결의 기초가 된 전소 사실심의 변론종결시 이전에 존재한 법정단순승인 등 한정승인과 양립할 수 없는 사실을 주장하여 위 채권에 대해 책임의 범위에 관한 유보가 없는 판결을 구하도 것은 허용되지 아니한다. 왜냐하면 전소의 소송물은 직접적으로는 채권(상속채무)의 존재 및 그 범위이지만 한정승인의 존재 및 효력도 이에 준하는 것으로서 심리·판단되었을 뿐만 아니라 한정승인이 인정된 때에는 주문에 책임의 범위에 관한 유보가 명시되므로 한정승인의 존재 및 효력에 대한 전소의 판단에 기판력에 준하는 효력이 있다고 해야 하기 때문이다. 그리고 이러한 법리는 채권자의 급부청구에 대하여 상속인으로부터의 한정승인의 주장이 받아들여져 상속재산의 한도 내에서 지급을 명하는 판결이 확정된 경우와 채권자 스스로 위와 같은 판결을 구하여 그에 따라 판결이 확정된 경우 모두

---

35) 대법원 1976. 12. 14. 선고 76다1488 판결 ; 대법원 1989. 6. 27. 선고 87다카2478 판결 ; 대법원 1991. 3. 27. 선고 91다650,667(반소) 판결 ; 대법원 2012. 7. 5. 선고 2010다80503 판결 참조.

36) 대법원 1989. 6. 27. 선고 87다카2478 판결. 동지 : 대법원 1976. 12. 14. 선고 76다1488 판결.

37) 대법원 1976. 12. 14. 선고 76다1488 판결의 방론.

38) 다만, 대법원 2017. 11. 14. 선고 2017다23066 판결은, '확정된 승소판결에는 기판력이 있으므로' 승소 확정판결을 받은 당사자가 전소의 상대방을 상대로 다시 승소 확정판결의 전소와 동일한 청구의 소를 제기하는 경우, 특별한 사정이 없는 한 후소는 권리보호의 이익이 없어 부적법하다고 설시하였다(A 보험회사가 B와 체결한 소액대출보증보험계약에 따라 보험금을 지급한 후 B를 상대로 구상금의 지급을 구하는 소를 제기하였고, 항소심에서 C 유한회사가 A회사로부터 채권을 양수하였다고 주장하며 승계참가신청을 하여 C 회사의 청구를 전부 인용하는 판결이 선고·확정되었는데, C 회사가 위 판결이 선고되기 전 B를 상대로 A 회사로부터 양수받은 채권의 지급을 구하는 소를 제기한 사안에서, B 회사의 청구는 중복소송에 해당하고 선행사건의 항소심판결이 그대로 확정되었으므로 권리보호의 이익도 없어 부적법하다고 한 사례).

에 마찬가지로 적용된다.[39)]

3) 후소의 소송물이 전소의 소송물과 동일하지 아니한 경우

가) 선결적 법률관계(선결문제)

전소와 후소의 소송물이 동일하지 아니하여도, 전소의 기판력 있는 법률관계가 후소의 선결적 법률관계가 되는 때에는, 전소의 판결의 기판력이 후소에 미쳐, 후소의 법원은 전에 한 판단과 모순되는 판단을 할 수 없다.[40)] 따라서, 예컨대, 다음과 같은 결과가 된다.

소유권확인청구에 대한 판결이 확정된 후 다시 동일 피고를 상대로 소유권에 기한 물권적 청구권을 청구원인으로 하는 소송을 제기한 경우에는, 전소의 확정판결에서의 소유권의 존부에 관한 판단(이는 물권적 청구권의 선결문제이다)에 구속되어 당사자로서는 이와 다른 주장을 할 수 없을 뿐만 아니라 법원으로서도 이와 다른 판단은 할 수 없다.[41)]

A가 B를 대위하여 C를 상대로 취득시효 완성을 원인으로 한 소유권이전등기 소송을 제기하였다가 B를 대위할 피보전채권(소유권이전등기청구권)의 부존재를 이유로 소각하 판결을 선고받고 확정된 후 C가 제기한 토지인도 소송에서 A가 다시 위와 같은 권리가 있음을 항변사유로서 주장하는 것은 기판력에 저촉되어 허용될 수 없다.[42)]

배당이의의 소의 당사자인 원고와 피고 사이의 전소에서 원고 채권의 존부에 대한 판결이 확정되었다면, 그 판결의 기판력은 원고 채권의 존부를 선결문제로 하는 배당이의의 소에 미친다고 할 것이므로, 배당이의의 소에서 전소의 확정판결과 모순·저촉되는 판단을 할 수 없다.[43)]

그러나, 이상과 같은 경우와 달리, 가령, 물건을 점유하는 자를 상대로 하여 물건의 인도를 명하는 판결이 확정되더라도 그 판결의 효력은 이들 물건에 대한 인도청구권의 존부에만 미치고, 인도판결의 기판력이 이들 물건에 대한 불법점유를 원인으로 한 손해배상청구 소송에 미치지 아니한다.[44)]

---

39) 대법원 2012. 5. 9. 선고 2012다3197 판결.

40) 대법원 2000. 2. 25. 선고 99다55472 판결. 동지 : 대법원 1963. 10. 22. 선고 63다295 판결 ; 대법원 1994. 12. 27. 선고 93다34183 판결 ; 대법원 2002. 12. 6. 선고 2002다44014 판결.

41) 대법원 1994. 12. 27. 선고 94다4684 판결. 동지 : 대법원 2000. 6. 9. 선고 98다18155 판결.

42) 대법원 2001. 1. 16. 선고 2000다41349 판결.

43) 대법원 2012. 7. 12. 선고 2010다42259 판결(사안은, 공탁금출급청구권확인소송에서 패소한 원고가, 해당 부분을 피고에게 배당하는 것으로 작성된 배당표의 경정을 구하는 배당이의의 소를 제기한 것).

44) 대법원 2019. 10. 17. 선고 2014다46778 판결.

나) 모순관계

전, 후 양소의 소송물이 동일하지 않다고 하더라도, 후소의 소송물이 전소에서 확정된 법률관계와 모순되는 정반대의 사항을 소송물로 삼았다면, 이러한 경우에는 전소 판결의 기판력이 후소에 미친다.[45)]

따라서, 예컨대, 다음과 같은 결과가 된다.

소유권이전등기절차를 명하는 확정판결에 의하여 소유권이전등기가 마쳐진 경우에, 다시 원인무효임을 내세워 그 말소등기절차의 이행을 청구함은, 확정된 이전등기청구권을 부인하는 것이어서 기판력에 저촉된다.[46)]

원고가 피고에게 토지에 관하여 신탁해지를 원인으로 한 소유권이전등기절차를 이행하기로 한 제소전 화해가 준재심에 의하여 취소되지 않은 이상, 그 제소전 화해에 기하여 마쳐진 소유권이전등기가 원인무효라고 주장하며 말소등기절차의 이행을 청구하는 것은, 제소전 화해에 의하여 확정된 소유권이전등기청구권을 부인하는 것이어서 그 기판력에 저촉된다.[47)]

다만, 전소에서 확정된 법률관계란 확정판결의 기판력이 미치는 법률관계를 의미하는 것이지 그 전제가 되는 법률관계까지 의미하는 것은 아니다. 확정판결의 기판력은 소송물로 주장된 법률관계의 존부에 관한 판단의 결론에만 미치고 그 전제가 되는 법률관계의 존부에까지 미치는 것이 아니기 때문이다.[48)]

따라서, 예컨대, 소유권이전등기절차를 명하는 확정판결이 확정되어 소유권이전등기가 마쳐졌다 하더라도, 그 등기명의인을 상대로 소유권확인 청구를 하는 후소가 전소의 기판력에 저촉되는 것은 아니며,[49)] 계쟁 부동산에 관한 피고 명의의 소유권이전등기가 원인무효라는 이유로 원고가 피고를 상대로 그 등기의 말소를 구하는 소송을 제기하였다가 청구기각의 판결을 선고받아 확정되었다고 하더라도, 원고가 피고에 대하여 소유권확인 청구의 소를 제기하는 것이 기판력에 저촉되는 것은 아니다.[50)]

---

45) 대법원 2002. 12. 6. 선고 2002다44014 판결. 동지 : 대법원 1995. 3. 24. 선고 93다52488 판결.

46) 대법원 1987. 3. 24. 선고 86다카1958 판결. 동지 : 대법원 1969. 4. 22. 선고 69다195 판결 ; 대법원 1996. 2. 9. 선고 94다61649 판결.

47) 대법원 2002. 12. 6. 선고 2002다44014 판결.

48) 대법원 2005. 12. 23. 선고 2004다55698 판결. 동지 : 대법원 2009. 3. 12. 선고 2008다36022 판결 ; 대법원 2021. 4. 8. 선고 2020다219690 판결(A 등 망인들이 국가를 상대로 농지분배처분을 원인으로 하는 소유권이전등기청구소송을 제기하였다가 패소판결이 선고되어 확정되었는데, 그 후 A 등의 상속인들인 B 등이 국가가 행한 일련의 불법행위 때문에 분배농지에 관한 수분배권을 상실하였다며 국가를 상대로 손해배상을 구한 사안에서, B 등이 제기한 손해배상청구소송에서 문제 되는 농지분배처분 무효 내지 A 등의 분배토지에 관한 수분배권 존부에는 위 확정판결의 기판력이 미치지 않는다고 한 사례).

49) 대법원 1987. 3. 24. 선고 86다카1958 판결.

다. 결정·명령에 기판력이 있는 경우

결정·명령도 실체관계를 종국적으로 판단하는 내용의 것인 경우에는 기판력이 있다(법 제461조 참조).[51]

라. 기판력의 주관적 범위

1) 당 사 자

가) 원 칙

원칙적으로, **확정판결은 당사자에 대하여**(서만) **효력이 미친다**(법 제218조 제1항).

즉, 확정판결의 기판력은 법률에 따로 규정되어 있는 경우(이에 관하여서는 후술한다) 외에는 특별한 사정이 없는 한 해당 판결에 표시된 당사자 사이에만 미친다(민사소송법 제218조 참조. 기판력의 상대성).[52]

한편, 집행력의 범위도 원칙적으로 기판력의 범위에 준한다.[53]

예컨대, A가 B를 상대로 제기한 소유권이전등기말소청구를 B가 인낙하였다 하더라도, B로부터 소유권이전등기를 넘겨 받은 C에게까지 위 인낙조서의 기판력이 미치는 것이 아니다.[54]

그런데, 비록 소장의 당사자 표시가 착오로 잘못 기재되었는데도 소송 계속 중 당사자표시정정이 이루어지지 않아 잘못 기재된 당사자를 표시한 본안판결이 선고·확정된 경우라 하더라도 그 확정판결을 당연무효라고 볼 수 없을 뿐더러, 그 확정판결의 효력은 잘못 기재된 당사자와 동일성이 인정되는 범위 내에서 적법하게 확정된 당사자에 대하여 미친다고 보아야 한다.[55]

---

50) 대법원 2002. 9. 24. 선고 2002다11847 판결.

51) 대법원 2002. 9. 23.자 2000마5257 결정(사안은 소송비용확정결정). 동지 : 대법원 2017. 6. 19. 선고 2017다204131 판결의 방론.

52) 대법원 2018. 9. 13. 선고 2018다231031 판결.

53) 대법원 2018. 9. 13. 선고 2018다231031 판결.
따라서, 예컨대, 지부·분회·지회 등 어떤 법인의 하부조직을 상대로 일정한 의무의 이행을 구하는 소를 제기하여 승소 확정판결을 받은 경우 그 판결의 집행력이 해당 지부·분회·지회 등을 넘어서 소송의 당사자도 아닌 법인에게까지 미친다고 볼 수는 없으므로, 그 판결을 집행권원으로 하여 법인의 재산에 대해 강제집행을 할 수는 없고, 법인의 재산에 대한 강제집행을 위해서는 그 법인 자체에 대한 별도의 집행권원이 필요하다. 같은 판결.

54) 대법원 1963. 2. 7. 선고 62다927 판결.

55) 대법원 2011. 1. 27. 선고 2008다27615 판결.

한편, 대표자가 있는 법인 아닌 사단이 소송의 당사자가 되는 경우(법 제52조)에도 그 법인 아닌 사단은 대표자나 구성원과는 별개의 주체이므로, 그 대표자나 구성원을 당사자로 한 판결의 기판력이 법인 아닌 사단에 미치지 아니함은 물론 그 법인 아닌 사단을 당사자로 한 판결의 기판력 또한 그 대표자나 구성원에게 미치지 아니하는 것이 당연하다.[56)]

나) 특칙 : 대세효 있는 소송

다만, 가사소송이나 회사관계소송 등에서 제3자에게도 기판력이 미치는 것으로 규정되어 있는 경우도 있으나, 이에 관한 설명은 생략하겠다.[57)]

이와 관련하여 주의할 것은, 그와 같이 기판력이 미칠 관계에 있는 제3자가 공동소송적 보조참가를 한 때에는 해당 보조참가인에게 판결의 효력이 미친다는 점이다.

2) 변론을 종결한 뒤의 승계인

가) 개 관

소송물인 청구가 물권적 청구 등과 같이 대세적인 효력을 가진 경우에는,[58)] **확정판결은 변론을 종결한 뒤의 승계인**(변론 없이 한 판결의 경우에는 판결을 선고한 뒤의 승계인)**에 대하여 효력이 미친다**(법 제218조 제1항).

변론종결 후의 승계인이란, 변론종결 후에 당사자로부터 소송물인 권리의무를 승계하거나 계쟁물에 관한 당사자적격을 승계한 자를 말한다.[59)]

그 승계인이 해당 확정판결의 존재를 알건 모르건 간에 기판력이 미친다.[60)]

그러나, 소송물이 동일하거나 선결문제 또는 모순관계에 의하여 기판력이 미치는 객관적 범위에 해당하지 아니하는 경우에는 전소 판결의 변론종결 후에 당사자로부터 계쟁물 등을 승계한 자가 후소를 제기하더라도 그 후소에 전소 판결의 기판력이 미치지 아니함은 물론이다.[61)]

---

56) 대법원 2010. 12. 23. 선고 2010다58889 판결. 동지 : 대법원 1978. 11. 1. 선고 78다1206 판결.

57) cf. 이에 반하여, 이사회결의무효확인소송이 제기되어 승소확정판결을 받은 경우 그 판결은 대세적 효력은 없음은 물론이다. 대법원 1988. 4. 25. 선고 87누399 판결. 동지 : 대법원 2000. 1. 28. 선고 98다26187 판결 ; 대법원 2000. 2. 11. 선고 99다30039 판결.

58) 대법원 1991. 1. 15. 선고 90다9964 판결 참조.

59) 대법원 1996. 4. 26. 선고 95다52864 판결.

60) 대법원 1976. 6. 8. 선고 72다1842 판결.

61) 대법원 2014. 10. 30. 선고 2013다53939 판결(A 등이 B를 상대로 건물 등에 관한 소유권이전등기의 말소등기절차 이행을 구하는 소를 제기하여 승소확정판결을 받았는데, 위 판결의 변론종결 후에 B로부터 건물 등의 소유권을 이전받은 C이 A 등을 상대로 위 건물의 인도 및 차임 상당 부당이득의 반환을 구하는

예컨대, 토지 소유자가 물권적 청구권을 원인으로 하여 제기하였다가 패소 확정된 가등기말소청구소송의 사실심 변론종결 후에 토지 소유자로부터 근저당권을 취득한 제3자는 적법하게 취득한 근저당권의 일반적 효력으로서 물권적 청구권을 갖게 되고, 위 가등기말소청구소송의 소송물인 패소자의 가등기말소청구권을 승계하여 갖는 것이 아니며, 자신이 적법하게 취득한 근저당권에 기한 물권적 청구권을 원인으로 소송상 청구를 하는 것이므로, 위 제3자는 "변론을 종결한 뒤의 승계인"에 해당하지 아니한다.[62]

동일한 채권에 대해 복수의 채권자들이 압류·추심명령을 받은 경우 어느 한 채권자가 제기한 추심금소송에서 확정된 판결의 기판력은 그 소송의 변론종결일 이전에 압류·추심명령을 받았던 다른 추심채권자에게 미치지 아니한다.[63][64]

나) 변론종결후의 승계인의 실례

예컨대, 확정판결에 의하여 소유권이전등기를 말소할 물권적 의무를 부담하는 자로부터 변론종결 후에 그 부동산에 관하여, 소유권이전등기를 마치거나,[65] 담보권설정등기를 마치거나,[66] 가등기를 마치거나,[67] 등기명의인을 상속한 자에게는,[68] 해당 확정판결의 기판력이 미친다.

그러므로 가령, 대금분할을 명한 공유물분할판결의 변론이 종결된 뒤(변론 없이 한 판결의 경우에는 판결을 선고한 뒤) 해당 공유자의 공유지분에 관하여 소유권이전청구권의 순위보전을

소를 제기한 사안에서, C가 변론종결 후의 승계인이어서 전소 확정판결의 기판력이 미치므로 건물 등의 소유권을 취득할 수 없다고 본 원심판결에 법리오해 등의 위법이 있다고 한 사례).

62) 대법원 2020. 5. 14. 선고 2019다261381 판결.

63) 대법원 2020. 10. 29. 선고 2016다35390 판결.
사안은, A와 B가 C의 채무자로서 제3채무자 D에 대한 채권압류 및 추심명령을 각각 받은 후에, B의 추심금소송(전소)에서 D가 9,000만 원만 지급하고 B는 나머지 청구를 포기하는 내용으로 화해권고결정이 확정되자 D가 위 금액을 집행공탁하였는데, 전소의 화해권고결정이 확정되기 전날 제기된 A의 추심금소송(후소)에서 A가 위 금액을 뺀 나머지 금액을 청구한 것이다. 원심은 이 경우에 전소의 기판력이 후소에 미쳐 A는 위 금액을 넘는 나머지 금액을 청구할 수 없다고 보았으나, 대법원은 이러한 원심판결에 추심금소송에서 확정된 화해권고결정의 효력에 관한 법리를 오해한 위법이 있다고 하였다.

64) 이 점, 채권자대위소송의 기판력이 조건부로 다른 채권자에게도 미치는 것(이에 관하여서는 이 책 보론의 '채권자대위소송의 제문제' 부분에서 설명한다)과는 다르다.

65) 대법원 1963. 9. 27. 선고 63마14 판결. 동지 : 대법원 2005. 11. 10. 선고 2005다34667,34674 판결.
주의할 것은, 변론종결 전에 마친 소유권이전청구권가등기에 기하여 변론종결 후에 소유권이전등기를 마친 자 역시 변론종결 후의 승계인이다. 대법원 1992. 10. 27. 선고 92다10883 판결.

66) 대법원 1963. 9. 27. 선고 63마14 판결. 동지 : 대법원 1976. 6. 8. 선고 72다1842 판결(사안은 소송상 화해).

67) 대법원 1980. 5. 13. 선고 79다1702 판결(사안은 소송상 화해).

68) 대법원 1990. 2. 13. 선고 88다4195 판결.

위한 가등기가 마쳐진 경우, 특별한 사정이 없는 한 위 가등기상의 권리는 공유물분할을 위한 경매의 매수인이 매각대금을 완납함으로써 소멸한다.[69)]

또한, 건물철거 및 대지인도 소송의 확정판결의 기판력은 변론종결 후에 해당 건물을 매수한 자에게도 미친다.[70)]

그러나 소송물이 채권적 청구권인 경우에 그 계쟁물의[71)] 승계인에 대하여서는 기판력이 미치지 아니한다.[72)] 예컨대, 전소인 소유권이전등기청구 사건의 변론종결 후에 피고로부터 소유권이전등기를 경료받은 자는 전소의 기판력이 미치는 변론종결 후의 제3자에 해당한다고 할 수 없다.[73)]

주의할 것은, 이에 반하여, 채권양수인은 변론종결 후의 승계인이 될 수 있으나, 채권양수인이 변론종결 후의 승계인에 해당하는지 여부는 채권양도의 합의가 이루어진 때가 아니라 대항요건이 갖추어진 때를 기준으로 판단하여야 한다.[74)]

판결 외의 소송종료사유의 경우에도, 그 기판력의 표준시후의 승계인은 '변론종결후의 승계인'이 된다.[75)]

다) 추정승계인

당사자가 변론을 종결할 때까지 승계사실을 진술하지 아니한 때에는 변론을 종결한 뒤에 승계한 것으로 추정한다(법 제218조 제2항).

변론 없이 한 판결의 경우에는 판결을 선고할 때까지 승계사실을 진술하지 아니한 때에는 판결을 선고한 뒤에 승계한 것으로 추정한다(같은 항).

그러나, 위 조항의 취지는, 변론종결 전의 승계를 주장하는 자에게 그 입증책임이 있다는 뜻을 규정하여 변론종결 전의 승계사실이 입증되면 확정판결의 기판력이 그 승계인에게 미

---

69) 대법원 2021. 3. 11. 선고 2020다253836 판결.

70) 대법원 1991. 3. 27. 선고 91다650,667(반소) 판결.

71) 주석(민소1), 498~9면(김현석 집필부분).

72) 대법원 1997. 5. 28. 선고 96다41649 판결(취득시효 완성을 이유로 한 소유권이전등기청구권이 소송물인 사건의 변론종결 후에 원고로부터 소유권이전등기를 경료받은 승계인에 대하여 - 기판력의 배제를 구하기 위하여 - 피고들이 제기한 재심의 소는 - 해당 승계인에게는 기판력이 미치지 아니하므로 - 부적법하다고 본 사안). 동지 : 대법원 1969. 10. 23. 선고 69사80 판결 ; 대법원 1991. 1. 15. 선고 90다9964 판결; 대법원 2012. 5. 10. 선고 2010다2558 판결.

73) 대법원 1993. 2. 12. 선고 92다25151 판결. 동지 : 대법원 2012. 5. 10. 선고 2010다2558 판결 ; 대법원 2016. 6. 28. 선고 2014다31721 판결.

74) 대법원 2020. 9. 3. 선고 2020다210747 판결.

75) 대법원 2012. 5. 10. 선고 2010다2558 판결(사안은 화해권고결정) 참조.

치지 아니한다는 것으로 해석된다.[76)]

그러므로, 종전의 확정판결의 기판력의 배제를 원하는 당사자 일방이 변론종결 전에 당사자 지위의 승계가 이루어진 사실을 입증한다면 '종전소송에서 당사자가 그 승계에 관한 진술을 하였는지 여부와 상관없이' 그 승계인이 종전의 확정판결의 기판력이 미치는 변론종결 후의 승계인이라는 추정은 깨어진다고 보아야 한다.[77)]

3) 청구의 목적물의 소지자

확정판결은 당사자 또는 변론을 종결한 뒤의 승계인(변론 없이 한 판결의 경우에는 판결을 선고한 뒤의 승계인)**을 위하여 청구의 목적물을 소지한 사람에 대하여 효력이 미친다**(법 제218조 제1항). 이러한 소지자의 대표적인 예로는 수치인, 창고업자 등이 거론된다.

4) 제3자의 소송담당의 경우의 권리귀속주체

다른 사람을 위하여 원고나 피고가 된 사람에 대한 확정판결은 그 다른 사람에 대하여도 효력이 미친다(법 제218조 제3항). 즉, 제3자의 소송담당에서는 권리귀속주체에게 판결의 효력이 미친다.[78)]

그리고, 그러한 제3자가 공동소송적 보조참가를 한 때에도 같은 이유에서 해당 (공동소송적) 보조참가인에게 판결의 효력이 미친다.

5) 그 밖에 기판력이 미치는 자

소송탈퇴자(법 제80조, 제82조)에게도 기판력이 미침은, '독립당사자참가', '소송승계참가', '소송인수참가' 부분에서 각각 기술하였다.

---

76) 대법원 1977. 7. 26. 선고 77다92 판결. 동지: 대법원 2005. 11. 10. 선고 2005다34667,34674 판결.

77) 대법원 2005. 11. 10. 선고 2005다34667,34674 판결(사안은, B가 C를 상대로 토지 소유권이전등기말소 청구의 전소를 제기하였다가 패소하였는데, 그 사건 변론종결 전에 C에게서 토지의 소유권이전등기를 받은 A가 그 지상 건물 소유자인 B를 상대로 점용료 상당의 부당이득반환을 청구하는 후소를 제기하면서 자신이 변론종결후의 승계인이고 따라서 전소의 기판력이 자신에게도 미친다고 주장한 것이다. 판결이유상 분명하지는 않으나, A의 논리는 B가 전소 변론종결시까지 승계사실을 진술하지 아니하였으므로 자신이 변론종결후의 승계인에 해당한다는 것이었던 것으로 보인다. 그러나 원심법원은 증거에 의하여 법 제218조 제2항의 추정이 깨어졌다고 보았고, 대법원 역시 원심의 판단이 옳다고 본 것이다).

78) cf. '보조참가: 통상의 보조참가와 공동소송적 보조참가' 부분에서 기술한 바와 같이, 통상의 보조참가에서는, 참가적 효력은 별론, 피참가인과 그 소송상대방간의 판결의 기판력이 참가인과 피참가인의 상대방과의 사이에까지는 미치지 아니한다. 대법원 1988. 12. 13. 선고 86다카2289 판결.

마. 기판력의 객관적 범위

1) 원 칙

가) 개 관

확정판결(確定判決)**은 주문에 포함된 것에 한하여 기판력을 가진다**(법 제216조 제1항).[79)]

다만, 확정판결의 기판력의 범위는 확정판결의 주문의 문언의 형식에만 의하여 판단할 것이 아니고 판결에 게재된 이유와 대조하여 인정한다.[80)]

즉, 주문만으로는 소송물이 무엇인지를 알 수 없거나 판결이유가 주문과 일체불가분의 관계에 있는 경우에는 판결이유도 기판력의 범위를 정하는 데 참작된다.[81)]

나) 전제가 되는 법률관계와의 구별

그러나, 확정판결의 기판력은 '소송물로 주장된 법률관계'의 존부에 관한 판단의 결론 그 자체에만 미치는 것이고,[82)] 소송물로 주장된 법률관계의 '전제가 되는 법률관계'의 존부에까지 미치는 것은 아니다.[83)] 따라서, 예컨대, 다음과 같은 결과가 된다.

부동산에 대한 소유권이전등기절차나 그 등기의 말소절차의 이행을 구하는 소송의 확정판결의 기판력은 그 각 청구의 소송물이었던 그 각 등기청구권(즉, 이전등기청구권 또는 말소등기청구권)의 존부에만 미치는 것이고, 그 부동산의 소유권 자체에까지 미치는 것이 아니다.[84)]

---

79) 헌재 2010. 11. 25. 선고 2009헌바250 결정은, 이 규정이 평등권이나 재판청구권을 침해하는 것이 아니라고 보았다.

80) 대법원 1970. 7. 28. 선고 70누66,67,68 판결. 동지 : 대법원 2013. 11. 28. 선고 2013다19083 판결.

81) 헌재 2010. 11. 25. 선고 2009헌바250 결정.

82) 대법원 1981. 10. 13. 선고 80다1335 판결. 동지 : 대법원 1970. 9. 29. 선고 70다1759 판결 ; 대법원 1990. 1. 12. 선고 88다카24622 판결 ; 대법원 1992. 11. 10. 선고 92다22121 판결 ; 대법원 1996. 11. 15. 선고 96다31406 판결 ; 대법원 1999. 7. 27. 선고 99다9806 판결 ; 대법원 2000. 2. 25. 선고 99다55472 판결 ; 대법원 2001. 2. 9. 선고 2000다61398 판결 ; 대법원 2002. 9. 23.자 2000마5257 결정 ; 대법원 2002. 9. 24. 선고 2002다11847 판결 ; 대법원 2006. 7. 13. 선고 2004다36130 판결 ; 대법원 2008. 10. 23. 선고 2008다48742 판결 ; 대법원 2010. 12. 23. 선고 2010다58889 판결 ; 대법원 2013. 11. 28. 선고 2013다19083 판결 ; 대법원 2014. 10. 30. 선고 2013다53939 판결 ; 대법원 2015. 1. 29. 선고 2013다64984 판결 ; 대법원 2015. 1. 29. 선고 2013다100750 판결.

83) 대법원 1981. 10. 13. 선고 80다1335 판결. 동지 : 대법원 1970. 9. 29. 선고 70다1759 판결 ; 대법원 1990. 1. 12. 선고 88다카24622 판결 ; 대법원 1992. 11. 10. 선고 92다22121 판결 ; 대법원 1996. 11. 15. 선고 96다31406 판결 ; 대법원 1999. 7. 27. 선고 99다9806 판결 ; 대법원 2000. 2. 25. 선고 99다55472 판결 ; 대법원 2001. 2. 9. 선고 2000다61398 판결 ; 대법원 2002. 9. 24. 선고 2002다11847 판결 ; 대법원 2008. 10. 23. 선고 2008다48742 판결 ; 대법원 2010. 12. 23. 선고 2010다58889 판결 ; 대법원 2014. 10. 30. 선고 2013다53939 판결 ; 대법원 2015. 1. 29. 선고 2013다64984 판결 ; 대법원 2015. 1. 29. 선고 2013다100750 판결.

84) 대법원 1979. 9. 25. 선고 79다1218 판결. 동지 : 대법원 1969. 5. 13. 선고 68다2437 판결 ; 대법원 1969.

매매를 청구원인으로 한 소유권이전등기청구사건에서 그 소송의 판결의 기판력은, 등기청구권의 원인이 되는 채권계약의 존부에까지 미치는 것이 아니다.[85]

소유권이전등기 청구사건의 소송물이 계쟁 부동산에 대한 특정 일자 명의신탁 해지를 원인으로 한 소유권이전등기청구권인 경우, 그 소송의 판결의 기판력은 미치는 객관적 범위는 판결의 주문에 포함된 등기청구권의 존부에만 미치고 그 목적 부동산의 명의신탁 사실 또는 소유권 자체의 존부에는 미치지 아니한다.[86]

소유권확인청구 기각판결의 기판력은 원고의 피고에 대한 관계에서 원고에게 소유권이 없음을 확인하는 부분에 한정되는 것이고 그 청구를 배척하는 이유로 삼은 부분에까지 미치는 것이 아니다.[87]

임대차보증금은 임대차 종료 후에 임차인이 임차목적물을 임대인에게 반환할 때 연체차임 등 모든 피담보채무를 공제한 잔액이 있을 것을 조건으로 하여 그 잔액에 대하여서만 임차인의 반환청구권이 발생하고, 또 임대차보증금의 지급을 명하는 판결이 확정되면 변론종결 전의 사유를 들어 당사자 사이에 수수된 임대차보증금의 수액 자체를 다투는 것은 허용되지 아니한다 하더라도, 임대차보증금 반환청구권 행사의 전제가 되는 연체차임 등 피담보채무의 부존재에 대하여 기판력이 작용하는 것은 아니라고 할 것이다.[88]

매매계약의 무효 또는 해제를 원인으로 한 매매대금반환청구에 대한 판결의 기판력은, 그 매매대금반환청구권의 존부에 관하여만 발생할 뿐, 그 전제가 되는 선결적 법률관계인 매매계약의 무효 또는 해제에까지 발생하는 것은 아니다.[89]

---

6. 24. 선고 69다558 판결; 대법원 1970. 9. 29. 선고 70다1759 판결; 대법원 1971. 5. 24. 선고 71다632 판결; 대법원 1971. 9. 28. 선고 71다1727 판결; 대법원 1973. 9. 12. 선고 72다1436 판결; 대법원 1980. 4. 22. 선고 80다164 판결; 대법원 1981. 10. 13. 선고 80다1335 판결; 대법원 1986. 8. 19. 선고 84다카1792 판결; 대법원 1990. 1. 12. 선고 88다카24622 판결(사안은 이전등기청구); 대법원 1998. 11. 27. 선고 97다22904 판결; 대법원 2017. 12. 22. 선고 2015다205086 판결(사안은 이전등기에 관한 조정조서); 대법원 2020. 5. 14. 선고 2019다261381 판결(사안은 토지 소유권에 기한 물권적 청구권을 원인으로 하는 가등기말소).

85) 대법원 1983. 9. 27. 선고 82다카770 판결. 동지: 대법원 1969. 6. 24. 선고 69다558 판결; 대법원 1970. 9. 29. 선고 70다1759 판결.

86) 대법원 1999. 10. 12. 선고 98다32441 판결. 동지: 대법원 1997. 4. 11. 선고 96다36227 판결.

87) 대법원 1968. 9. 30. 선고 68다1411 판결.

88) 대법원 2001. 2. 9. 선고 2000다61398 판결(사안은 임대인이 연체차임 등을 공제한다는 이유로 임대차보증금반환의 전소의 변론종결 후에 임대차보증금 일부만을 임차인에게 반환하자, 임차인이 나머지 금액에 관하여 강제집행을 신청하였고, 이에 임대인이 임차인을 상대로 청구이의의 후소를 제기한 것이다. 원심법원은 후소의 공제주장은 전소 판결의 기판력에 저촉된다고 보았으나, 대법원은 이러한 원심의 판단에 기판력의 범위에 관한 법리오해가 있다고 보았다).

89) 대법원 2013. 11. 28. 선고 2013다19083 판결. 동지: 대법원 2005. 12. 23. 선고 2004다55698 판결(인낙조

소송물로 주장된 법률관계의 전제가 되는 법률관계에까지 해당 소송절차를 통하여 기판력이 미치도록 하려면, 중간확인의 소를 제기하여야 한다.

한편, 전소판결의 기판력에 저촉된다는 이유로 후소에서 소송물인 권리관계에 관하여 실질적인 판단을 하지 않고서 청구를 기각하였다면, 그러한 후소판결의 기판력은 기판력 저촉을 이유로 해당 청구권을 부인한 판결의 결론에 대하여 발생한다.[90]

2) 예 외

가) 개 관

다만, **상계를 주장한 청구가 성립되는지 아닌지의 판단은** – 판결 이유 중의 판단임에도 불구하고 – **상계하자고 대항한 액수에 한하여 기판력을 가진다**(법 제216조 제2항).

소송상 방어방법으로서의 상계항변은 그 수동채권의 존재가 확정되는 것을 전제로 하여 행하여지는 일종의 예비적 항변이다.[91]

그러나 여기서 말하는 상계는 단독행위로서의 상계(민법 제492조 이하)를 의미한다.[92]

판결 이유 중의 판단임에도 불구하고 상계 주장에 관한 법원의 판단에 기판력을 인정한 취지는, 만일 이에 대하여 기판력을 인정하지 않는다면, 원고의 청구권의 존부에 대한 분쟁이 나중에 다른 소송으로 제기되는 반대채권의 존부에 대한 분쟁으로 변형됨으로써 상계 주장의 상대방은 상계를 주장한 자가 그 반대채권을 이중으로 행사하는 것에 의하여 불이익을 입을 수 있게 될 뿐만 아니라, 상계 주장에 대한 판단을 전제로 이루어진 원고의 청구권의 존부에 대한 전소의 판결이 결과적으로 무의미하게 될 우려가 있게 되므로, 이를 막기 위함이다.[93]

나) 상계항변에 관한 주의사항

상계항변과 관련하여서는 몇 가지 주의할 점이 있다.

첫째, 상계 주장에 관한 판단에 기판력이 인정되는 경우는, 상계 주장의 대상이 된 수동채권이 소송물로서 심판되는 소구채권이거나 그와 실질적으로 동일하다고 보이는 경우(가령 원

서의 기판력이 문제된 사안).

90) 대법원 1983. 3. 8. 선고 82다카1203 판결.

91) 대법원 2013. 3. 28. 선고 2011다3329 판결. 동지 : 대법원 2014. 6. 12. 선고 2013다95964 판결 ; 대법원 2018. 8. 30. 선고 2016다46338,46345 판결.

92) 대법원 2014. 4. 10. 선고 2013다54390 판결.

93) 대법원 2005. 7. 22. 선고 2004다17207 판결. 동지 : 대법원 2018. 8. 30. 선고 2016다46338,46345 판결; 대법원 2020. 10. 29. 선고 2018다212245 판결.

고가 상계를 주장하면서 청구이의의 소송을 제기하는 경우 등)로서 상계를 주장한 반대채권과 그 수동채권을 기판력의 관점에서 동일하게 취급하여야 할 필요성이 인정되는 경우를 말한다.94)

그러므로, 예컨대, 만일 상계 주장의 대상이 된 수동채권이 동시이행항변에 행사된 채권일 경우에는 그러한 상계 주장에 대한 판단에는 기판력이 발생하지 않는다고 보아야 할 것이다. 위와 같이 해석하지 않을 경우 동시이행항변이 상대방의 상계의 재항변에 의하여 배척된 경우에 그 동시이행항변에 행사된 채권을 나중에 소송상 행사할 수 없게 되어 법 제216조가 예정하고 있는 것과 달리 동시이행항변에 행사된 채권의 존부나 범위에 관한 판결 이유 중의 판단에 기판력이 미치는 결과에 이르기 때문이다.95)

둘째, 상계를 주장하면 '그것이 받아들여지든 아니든' '상계하자고 대항한 액수에 대하여' 기판력이 생긴다.96)

다만, 소송상 상계의 의사표시에 의해 확정적으로 효과가 발생하는 것이 아니라, 해당 소송에서 수동채권의 존재 등 상계에 관한 법원의 실질적 판단이 이루어지는 경우에 비로소 실체법상 상계의 효과가 발생한다.97)

셋째, 같은 이치에서, 확정된 판결의 이유 부분의 논리구조상 법원이 해당 소송의 소송물인 수동채권의 전부 또는 일부의 존재를 인정하는 판단을 한 다음 피고의 상계항변에 대한 판단으로 나아가 피고가 주장한 반대채권의 존재를 인정하지 않고 상계항변을 배척하는 판단을 한 경우에, 그와 같이 반대채권이 부존재한다는 판결이유 중의 판단의 기판력은 특별한 사정이 없는 한 '법원이 반대채권의 존재를 인정하였더라면 상계에 관한 실질적 판단으로 나아가 수동채권의 상계적상일까지의 원리금과 대등액에서 소멸하는 것으로 판단할 수 있었던 반대채권의 원리금 액수'의 범위에서 발생한다고 보아야 한다.98)

---

94) 대법원 2005. 7. 22. 선고 2004다17207 판결. 동지 : 대법원 2018. 8. 30. 선고 2016다46338,46345 판결; 대법원 2020. 10. 29. 선고 2018다212245 판결.

95) 대법원 2005. 7. 22. 선고 2004다17207 판결.
위 판례의 사안은 이러하다. 부동산 매도인이 매매계약 해제를 원인으로 제기한 명도청구소송(전소)에서 매수인은 계약금·중도금을 반환받을 때까지 명도청구에 응할 수 없다고 동시이행의 항변을 하였으나 매수인에게 계약해제의 귀책사유가 있어 계약금이 매도인에게 귀속되고 중도금은 매수인의 점유·사용료조로 공제되었다는 재항변이 받아들여져 위 항변이 배척되었다. 그 후 매수인이 매도인을 상대로 위 중도금을 청구하는 소(후소)를 제기하였다. 원심은 중도금 반환채권이 소멸되었다는 전소판단의 기판력이 후소에 미친다고 보았으나, 대법원은 위와 같은 원심의 판단은 잘못이라고 본 것이다.

96) 대법원 2011. 8. 25. 선고 2011다24814 판결. 동지 : 대법원 2013. 2. 28. 선고 2012다94155 판결 ; 대법원 2013. 11. 14. 선고 2013다46023 판결 ; 대법원 2014. 12. 11. 선고 2011다77290 판결.

97) 대법원 2014. 6. 12. 선고 2013다95964 판결. 동지 : 대법원 2018. 8. 30. 선고 2016다46338,46345 판결.

98) 대법원 2018. 8. 30. 선고 2016다46338,46345 판결.
동지 : 대법원 2004. 3. 26. 선고 2002다6043 판결의 방론은, A가 B를 상대로 손해배상 청구를 하였고 B가

주의할 것은, 이러한 법리는 피고가 상계항변으로 주장하는 반대채권의 액수가 소송물로서 심판되는 소구채권의 액수보다 더 큰 경우에도 마찬가지로 적용된다.99)

넷째, 따라서, 피고가 상계항변으로 2개 이상의 반대채권을 주장하였는데 법원이 그중 어느 하나의 반대채권의 존재를 인정하여 수동채권의 일부와 대등액에서 상계하는 판단을 하고, 나머지 반대채권들은 모두 부존재한다고 판단하여 그 부분 상계항변은 배척한 경우에, 수동채권 중 위와 같이 상계로 소멸하는 것으로 판단된 부분은 피고가 주장하는 반대채권들 중 그 존재가 인정되지 않은 채권들에 관한 분쟁이나 그에 관한 법원의 판단과는 관련이 없어 기판력의 관점에서 동일하게 취급할 수 없으므로, 그와 같이 반대채권들이 부존재한다는 판단에 대하여 기판력이 발생하는 전체 범위는 위와 같이 상계를 마친 후의 수동채권의 잔액을 초과할 수 없다고 보아야 한다.100)

그리고 이러한 법리는 피고가 주장하는 2개 이상의 반대채권의 원리금 액수의 합계가 법원이 인정하는 수동채권의 원리금 액수를 초과하는 경우에도 마찬가지로 적용된다.101)

이때 '부존재한다고 판단된 반대채권'에 관하여 법원이 그 존재를 인정하여 수동채권 중 일부와 상계하는 것으로 판단하였을 경우를 가정하더라도, 그러한 상계에 의한 수동채권과 당해 반대채권의 차액 계산 또는 상계충당은 수동채권과 당해 반대채권의 상계적상의 시점을 기준으로 하였을 것이고, 그 이후에 발생하는 이자, 지연손해금 채권은 어차피 그 상계의 대상이 되지 않았을 것이므로, 위와 같은 가정적인 상계적상 시점이 '실제 법원이 상계항변을 받아들인 반대채권'에 관한 상계적상 시점보다 더 뒤라는 등의 특별한 사정이 없는 한, 앞에서 본 기판력의 범위의 상한이 되는 '상계를 마친 후의 수동채권의 잔액'은 수동채권의 '원금'의 잔액만을 의미한다고 보아야 한다.102)

공사잔대금채권 213,019,663원으로써 상계항변을 하였는데 원심법원이 상당인과관계에 관한 법리오해로 말미암아 손해배상액으로 59,374,767원만을 인정하였으나, B가 A를 상대로 공사잔대금을 청구한 별소는 A가 B를 상대로 213,019,663원에 관하여 손해배상채권으로써 상계항변을 하였으나 59,374,767원에 관하여서만 상계항변이 받아들여진 채 판결이 확정된 사안에서, A가 상계로 대항한 수액인 213,019,663원에 상응하는 손해배상채권에 대하여는 그 존부에 관한 기판력이 생겼다고 할 것이므로, 환송후원심으로서는 그 금액을 초과하여 기판력에 저촉되지 않는 부분에 관해서만 청구의 당부를 판단할 수 있다고 하였다.

99) 대법원 2018. 8. 30. 선고 2016다46338,46345 판결.

100) 대법원 2018. 8. 30. 선고 2016다46338,46345 판결.

101) 대법원 2018. 8. 30. 선고 2016다46338,46345 판결.

102) 대법원 2018. 8. 30. 선고 2016다46338,46345 판결. 위 판례의 사안은 이러하다.
A는 전소에서 B를 상대로 분배금 2,000만 원과 이에 대한 지연손해금을 청구하였고, 이에 대하여 B는 'A의 동업계약상의 주의의무 위반 또는 불법행위를 원인으로 한 5억 원의 손해배상채권' 및 소송비용액 확정금 채권을 반대채권으로 하여 상계항변을 하였는데, 전소에서는 A의 분배금 채권과 B의 소송비용액 확정금(상계적상일 당시 2,805,627원) 채권만이 인정되어, A의 청구 중 18,819,030원(=2,000만 원

다섯째, 불법행위 또는 채무불이행에 따른 채무자의 손해배상액을 산정할 때에 손해부담의 공평을 기하기 위하여 채무자의 책임을 제한할 경우가 있는바, 채무자가 채권자에 대하여 가지는 반대채권으로 상계항변을 하는 경우에는 그러한 책임제한을 한 후의 손해배상액과 상계하여야 한다.[103)]

여섯째, 피고의 소송상 상계항변에 대하여 원고가 소송상 상계의 재항변을 하는 것은 특별한 사정이 없는 한 허용되지 않는다고 보는 것이 타당하다.[104)]

왜냐하면, 피고의 소송상 상계항변에 대하여 원고가 다시 피고의 자동채권을 소멸시키기 위하여 소송상 상계의 재항변을 하는 경우, 법원이 원고의 소송상 상계의 재항변과 무관한 사유로 피고의 소송상 상계항변을 배척하는 경우에는 소송상 상계의 재항변을 판단할 필요가 없고, 피고의 소송상 상계항변이 이유 있다고 판단하는 경우에는 원고의 청구채권인 수동채권과 피고의 자동채권이 상계적상 당시에 대등액에서 소멸한 것으로 보게 될 것이므로 원고가 소송상 상계의 재항변으로써 상계할 대상인 피고의 자동채권이 그 범위에서 존재하지 아니하는 것이 되어 이때에도 역시 원고의 소송상 상계의 재항변에 관하여 판단할 필요가 없게 될뿐더러, 원고가 소송물인 청구채권 외에 피고에 대하여 다른 채권을 가지고 있다면 소의 추가적 변경에 의하여 그 채권을 해당 소송에서 청구하거나 별소를 제기할 수 있고, 따라서 원고의 소송상 상계의 재항변은 일반적으로 이를 허용할 이익이 없기 때문이다.[105)]

위와 같은 법리는 원고가 2개의 채권을 청구하고, 피고가 그중 1개의 채권을 수동채권으로 삼아 소송상 상계항변을 하자, 원고가 다시 위 청구채권 중 다른 1개의 채권을 자동채권으로 소송상 상계의 재항변을 하는 경우에도 마찬가지로 적용된다.[106)]

일곱째, 상계항변에도 기판력이 미치는 이상, 다른 사건에서 제출한 상계항변이 인용되어 이미 확정된 때에는, 해당 상계의 원인채권을 근거로 소를 제기할 이익이 없다고 할

-2,805,627원) 및 이에 대한 상계적상일 다음 날부터의 지연손해금 부분만 인용되어, 그대로 확정되었다. A는 다시 후소에서 B를 상대로 대여금 또는 분배금 등을 청구하였는데, B는 'A의 동업계약상의 주의의무 위반 또는 불법행위를 원인으로 한 5억 원의 손해배상채권' 및 2007. 5. 16.자 대여금과 2007. 9. 19.자 대여금을 반대채권으로 하여 상계항변을 하였다.

이에 대하여 원심법원은'A의 동업계약상의 주의의무 위반 또는 불법행위를 원인으로 한 손해배상채권' '중 2,000만 원' 부분이 전소판결의 기판력이 저촉된다고 보았고, A는 위 채권 전액이 모두 전소판결의 기판력에 저촉된다고 보았으나, 대법원은 기판력이 발생하는 범위가 18,819,030원을 초과할 수 없다고 본 것이다.

103) 대법원 2015. 3. 20. 선고 2012다107662 판결.

104) 대법원 2014. 6. 12. 선고 2013다95964 판결.

105) 대법원 2014. 6. 12. 선고 2013다95964 판결.

106) 대법원 2015. 3. 20. 선고 2012다107662 판결.

것이다.[107)]

여덟째, 피고가 승소하였더라도 그 이유가 상계항변이 인용되었기 때문이라면 피고는 상소의 이익이 있다. 이에 관하여서는 '상소 일반' 부분에서 논하였다.

3) 판결의 종류에 따른, 기판력의 객관적 범위의 구체적 내용

가) 소송판결의 기판력

소송판결의 기판력은 그 판결에서 확정한 소송요건의 흠결에 관하여 미친다.[108)]

그러나, 당사자가 그러한 소송요건의 흠결을 보완하여 다시 소를 제기한 경우에는 그 기판력의 제한을 받지 않는다.[109)]

나) 본안판결의 기판력

(1) 원 칙

이행의 소에 대한 본안판결의 기판력은 이행청구권의 존부에 미친다.[110)]

따라서, 예컨대, 물건 점유자를 상대로 한 물건의 인도판결이 확정되면 점유자는 인도판결 상대방에 대하여 소송에서 더 이상 물건에 대한 인도청구권의 존부를 다툴 수 없다.[111)]

확인의 소에 대한 본안판결의 기판력은 원고가 주장한 법률관계의 존부에 미친다.

형성의 소에 대한 본안판결의 기판력은 형성소권의 존부에 미친다.[112)]

(2) 예 외

그러나, 소송의 목적물이 특정되어 있지 아니하다는 이유로 원고의 청구를 기각한 판결과 같이, 그 판결이유에서 소송물인 권리관계의 존부에 관하여 실질적으로 판단하지 아니한 경우에는, 그 권리관계의 존부에 관하여 기판력이 생기지 아니한다.[113)]

같은 이치에서 판례는, (이유에서) 소가 부적법하다는 취지로 판단하면서도 주문에서 소를 각하하지 않고 청구를 기각한 경우에도 본안에 관하여 기판력이 생기지 아니한다고 본다.[114)]

---

107) 대법원 2010. 8. 26. 선고 2010다30966,30973 판결 참조.

108) 대법원 1996. 11. 15. 선고 96다31406 판결. 동지 : 대법원 1997. 12. 9. 선고 97다25521 판결.

109) 대법원 2003. 4. 8. 선고 2002다70181 판결.

110) 대법원 1995. 12. 5. 선고 95다21808 판결 ; 대법원 2001. 11. 13. 선고 99다32899 판결 ; 대법원 2007.5.31. 선고 2006다85662 판결 참조.

111) 대법원 2019. 10. 17. 선고 2014다46778 판결.

112) 따라서 결국, 청구를 인용하는 판결은 해당 소의 종류에 따라 이행판결, 확인판결, 형성판결이 되지만, 청구를 기각하는 판결은 모두 확인판결인 셈이다.

113) 대법원 1983. 2. 22. 선고 82다15 판결.

(3) 이행판결의 기판력과 관련하여 주의할 경우들

(가) 일부청구에 대한 판결의 경우

가분채권의 일부에 대한 이행청구의 소를 제기하면서 나머지를 유보하고 일부만을 청구한다는 취지를 명시하지 아니한 경우, 그 확정판결의 기판력은 청구하고 남은 잔부청구에까지 미치는 것이므로, 그 나머지 부분을 별도로 다시 청구할 수 없다.[115]

반대로, 한 개의 채권의 일부에 대해서만 판결을 구한다는 뜻을 명시하여 소송이 제기된 경우에는, 소송물은 그 채권의 일부의 존부뿐이지 전부의 존부는 아닌 것이므로, 그 일부의 청구에 대한 확정판결의 기판력은 나머지 부분의 청구에 미치지 아니한다.[116]

(나) 상환이행판결의 경우

또한 주의할 것은, 이행판결에 가령 상환이행의 조건이 붙어 있다 하더라도, 그 기판력은, 그러한 조건이 붙어 있다는 점에 미치는 데 불과하고,[117] 상환이행을 명한 반대채권의 존부나 그 수액에까지 미치는 것이 아니라는 점이다.[118]

(다) 장래 이행기 도래분까지의 급부의무의 이행을 명하는 판결의 경우

이행판결의 주문에서 변론종결 이후 기간까지 급부의무의 이행을 명한 이상 확정판결의 기판력은 주문에 포함된 기간까지의 청구권의 존부에 대하여 미치는 것이 원칙이다.[119]

---

114) 대법원 1992. 11. 24. 선고 91다29026 판결. 동지: 대법원 1979. 11. 27. 선고 79다575 판결.

115) 대법원 1993. 6. 25. 선고 92다33008 판결. 동지: 대법원 1980. 9. 9. 선고 80다60 판결; 대법원 1982. 5. 25. 선고 82다카7 판결; 대법원 1982. 11. 23. 선고 82다카845 판결(조정조서의 기판력이 문제된 사안); 대법원 2002. 9. 23.자 2000마5257 판결; 대법원 2008. 12. 24. 선고 2008다6083,6090 판결; 대법원 2011. 9. 8.자 2009마1689 결정(사안은 소송비용액확정); 대법원 2014. 4. 10. 선고 2012다29557 판결(화해권고결정의 기판력이 문제된 사안); 대법원 2016. 7. 27. 선고 2013다96165 판결.

116) 대법원 1988. 10. 11. 선고 87다카1416 판결(그러나 사안은, A의 부상으로 인한 후유장애의 정도가 그 치료의 필요성, 기간 등에서 변론종결 당시 예상할 수 없었던 경우가 아닌 한 A가 전소에서 최종사실심 변론종결일에 근접한 일자까지에 소요된 치료비임을 밝혀 치료비 청구를 한 것만으로써는 이를 명시적 일부청구라고 볼 수 없다고 한 것이다). 동지: 대법원 1989. 6. 27. 선고 87다카2478 판결(사안은 불법행위); 대법원 2000. 2. 11. 선고 99다10424 판결(사안은 불법행위).
명시적 일부청구의 실례로는, 대법원 1981. 6. 23. 선고 80다1351 판결(전소에서 치료비 청구를 유보하였다가 후소에서 청구한 사안).

117) 따라서, 예컨대, "A는 B로부터 X부동산에 관하여 매매를 원인으로 하는 소유권이전등기절차를 이행받음과 동시에 C에게 Y부동산에 관하여 같은 날 매매를 원인으로 하는 소유권이전등기절차를 이행하라"는 확정판결이 있다면, B가 반대의무의 이행을 하지 않더라도 A는 C에게 Y부동산에 대한 소유권이전등기를 이행할 의무가 있는 것이라고 하는 주장은 위 확정판결의 기판력에 저촉되는 것이다. 대법원 1975. 5. 27. 선고 74다2074 판결.

118) 대법원 1996. 7. 12. 선고 96다19017 판결(사안은 제소전화해).
위 판례는 제소전화해의 화해조항에 관한 것이지만, 위 이치는 판결주문의 경우에도 다를 바 없다.

다만, 장래 이행기 도래분까지의 정기금의 지급을 명하는 판결이 확정된 경우 그 소송의 사실심 변론종결 후에 액수 산정의 기초가 된 사정이 뚜렷하게 바뀜으로써 당사자 사이의 형평을 크게 해할 특별한 사정이 생긴 때에는 전소에서 명시적인 일부청구가 있었던 것과 동일하게 평가하여 전소판결의 기판력이 차액 부분에는 미치지 않는다.[120]

(4) 실체적 법률관계와의 관계

그러나 의무 이행을 명하는 판결의 효력이 실체적 법률관계에 영향을 미치는 것은 아니다.[121]

그러므로, 예컨대, 점유자가 물건의 인도판결의 효력으로 판결 상대방에게 물건을 인도해야 할 실체적 의무가 생긴다거나 정당한 점유권원이 소멸하여 그때부터 그 물건에 대한 점유가 위법하게 되는 것은 아니다.[122]

4) 보론(補論) : 화해간주의 경우 그 효력이 미치는 범위

가) 대법원 판례

명예회복 등 보상 특례들에 따른 화해간주의 경우에, 신청인이 보상심의위원회의 보상금 등 지급결정에 동의한 때에는 위자료를 포함하여 그가 보상금 등을 지급받은 해당 명예회복 사유와 관련하여 입은 피해 일체에 대하여 재판상 화해와 동일한 효력이 발생한다고 할 것이다.[123]

---

119) 대법원 1999. 3. 9. 선고 97다58194 판결. 동지 : 대법원 2011. 10. 13. 선고 2009다102452 판결 ; 대법원 2019. 8. 29. 선고 2019다215272 판결.

120) 대법원 1999. 3. 9. 선고 97다58194 판결. 동지 : 대법원 2011. 10. 13. 선고 2009다102452 판결. 한편, 위 판례들의 사안은, 해고무효확인등 소송에서 복직시까지의 임금 상당의 금원의 지급을 명한 경우이다.

121) 대법원 2019. 10. 17. 선고 2014다46778 판결.

122) 대법원 2019. 10. 17. 선고 2014다46778 판결(A 주식회사가 B 주식회사와 체결한 하도급계약에 따라 공사현장에 흙막이 가시설물을 설치하였다가 B 회사의 회생절차개시를 이유로 하도급계약의 해지를 통보하고 공사를 중단하자, B 회사가 법원으로부터 공사재개허가를 받아 공사를 진행하면서 A 회사에 위 시설물의 해체를 요청한 다음 A 회사가 이를 거부하고 위 시설물을 수거하지 않자 공사 진행을 위해 이를 다른 곳으로 옮겨 보관하고 있었는데, A 회사가 B 회사의 관리인을 상대로 위 시설물의 인도를 구하는 소를 제기하여 승소 확정판결을 받은 다음, B 회사가 인도판결에도 불구하고 위 시설물의 인도를 거부하고 이를 불법점유하고 있다며 B 회사의 관리인을 상대로 손해배상 등을 구한 사안에서, 불법행위의 성립요건에 관하여 별다른 심리를 하지 않은 채 인도판결이 확정된 사정만을 들어 인도판결 확정 다음 날부터 을 회사의 위 시설물에 대한 점유가 위법하다고 보아 A 회사에 대한 점유반환 시까지 기간에 대하여 B 회사의 손해배상책임을 인정한 원심판단에는 이행판결의 효력, 불법점유로 인한 손해배상책임 등에 관한 법리오해 등의 잘못이 있다고 한 사례).

123) 대법원 2014. 3. 13. 선고 2012다45603 판결 참조(노동조합 활동을 하다 시위, 농성 및 그로 인한 해고에

다만, 구체적인 범위와 관련하여서는, 개별 법률이 정한 해당 보상금 등에 해당하는 손해의 범위가 어디까지도 살펴보아야 한다.[124)]

따라서, 가령, 특수임무수행자와 유족에 대한 보상금 등은 '인적 손해'에 관한 것이므로, 특수임무수행 또는 이와 관련한 교육훈련으로 입은 '물적 손해'에 대하여까지 재판상 화해가 성립된 것으로 볼 수 없다.[125)]

나) 문 제 점

대법원 판례는 이러한 보상금 화해간주와 관련하여 대체로 위자료 청구의 후소가 기판력에 저촉된다고 보고 있는 듯하다.

그러나 위와 같은 판례들이 나온 후, 헌법재판소는 민주화운동 관련자 및 유족의 위자료에 관하여서까지 화해간주를 하는 것은 국가배상청구권을 청구한다고 결정하였다.[126)]

따라서, 위와 같은 대법원 판례가 앞으로도 유지될 수 있을지, 근본적으로는 과연 정당하기는 한지, 의문이 제기되고 있다.

바. 기판력의 시적 범위

1) 개 관

기판력은 일정한 시점(표준시)의 권리관계의 존부에 관한 것이다.

즉, 일반적으로 판결이 확정되면 법원이나 당사자는 확정판결에 반하는 판단이나 주장을 할 수 없는 것이나, 이러한 확정판결의 효력은 그 표준시를 기준으로 하여 발생하는

관하여 민주화운동관련자로 인정되어 생활지원금을 수령한 원고들(다만, 일부 원고들은 블랙리스트로 인한 취업방해도 주장하였으나 이에 관하여서는 불인정결정을 받음)이 국가를 상대로 위자료 청구의 소를 제기한 데에 대하여, 그와 같은 소가 - 보상의 대상이 되지 아니한 블랙리스트로 인한 취업방해에 따른 위자료 청구 부분 외에는 - 권리보호의 이익이 없다고 본 사안).

동지 : 대법원 2015. 1. 22. 선고 2012다204365 전원합의체 판결(민주화운동과 관련하여 수사기관에 의하여 불법체포·구금된 후 고문 등 가혹행위를 당하여 범죄사실을 자백하고 그에 기하여 유죄판결을 받고 복역함으로써 입은 피해에 대하여 생활지원금을 지급받은 원고가, 나중에 형사 재심절차에서 무죄판결이 확정된 후 위자료를 청구한 데 대하여, 그와 같은 소가 권리보호의 이익이 없다고 본 사안).

124) 대법원 2014. 3. 13. 선고 2012다45603 판결은, 왜 위자료에 대해서도 기판력이 미치는지에 대한 설명을 얼버무리고 있으나(대법원 2015. 1. 22. 선고 2012다204365 전원합의체 판결도 마찬가지), 그 행간을 읽어 보면 생활지원금이 위자료에 대응한다는 취지로 보인다.

125) 대법원 2014. 5. 29. 선고 2012다111357 판결(사안은 특수임무수행자 유족이 어선 및 어업권 상실손해의 배상을 청구하자 원심법원이 부적법각하 판결을 하였으나, 대법원은 소는 적법하지만 청구를 인정할 증거가 부족하다고 판단하여 불이익변경금지원칙에 따라 상고를 기각한 것이다).

126) 헌재 2018. 8. 30. 선고 2014헌바180 등 결정. 이에 관하여서는, '민사절차 아닌 분쟁해결제도' 부분에서 기술하였다.

것이다.[127)]

당사자는 사실심의 변론종결시까지 공격방어방법을 제출할 수 있으므로, 사실심의 변론종결시가 기판력의 표준시가 된다.[128)]

다만, 변론 없이 한 판결의 경우에는 판결선고시가 그 표준시가 된다(법 제218조 제1항, 제2항, 민사집행법 제44조 제2항).[129)]

화해의 경우에는 화해가 성립한 때가 기판력의 표준시가 된다고 하겠으며,[130)] 조정의 경우도 마찬가지라고 하겠다.

한편, 화해권고결정의 기판력은 그 확정시를 기준으로 하여 발생한다고 해석함이 상당하다.[131)] 조정을 갈음하는 결정도 마찬가지로 보아야 할 것이다.

그러나, 기판력은 표준시전의 '권리관계'에까지 미치는 것은 아니다. 이 점, 바로 후술하는 ('공격방어방법'에 관한) 차단효 문제와 구별하여야 한다.

2) 표준시 이전에 존재한 사유 : 기판력의 차단효(실권효)

가) 개 관

기판력은 후소와 동일한 내용의 전소의 변론종결 전에 주장할 수 있었던 모든 공격 방어방법에 미친다.[132)]

따라서, 예컨대, 물건 점유자를 상대로 한 물건의 인도판결이 확정되면 점유자는 인도소송의 사실심 변론종결 시까지 주장할 수 있었던 정당한 점유권원을 내세워 물건의 인도를 거절할 수 없다.[133)]

주의할 것은, 기판력은 표준시 전에 알 수 있었거나 또는 알고서 이를 주장하지 않았던 사항에 한하여 미치는 것이 아니다.[134)]

---

127) 대법원 2002. 5. 10. 선고 2000다50909 판결. 동지 : 대법원 2014. 1. 23. 선고 2013다64793 판결 ; 헌재 2010. 11. 25. 선고 2009헌바250 결정.

128) 대법원 1998. 7. 10. 선고 98다7001 판결. 동지 : 대법원 1961. 12. 14. 선고 4293민상837 판결 ; 대법원 1995. 9. 29. 선고 94다46817 판결 ; 대법원 2012. 7. 12. 선고 2010다42259 판결 ; 대법원 2014. 1. 23. 선고 2013다64793 판결.

129) 헌재 2010. 11. 25. 선고 2009헌바250 결정.

130) 대법원 1994. 12. 9. 선고 94다17680 판결 참조(사안은 제소전화해).

131) 대법원 2012. 5. 10. 선고 2010다2558 판결.

132) 대법원 1981. 7. 7. 선고 80다2751 판결. 동지 : 대법원 1992. 10. 27. 선고 91다24847,24854(병합) 판결; 대법원 2016. 8. 30. 선고 2016다222149 판결.

133) 대법원 2019. 10. 17. 선고 2014다46778 판결.

134) 대법원 1980. 5. 13. 선고 80다473 판결, 동지 : 대법원 2014. 3. 27. 선고 2011다79968 판결.

따라서, 후소에서 전소의 표준시 이전에 존재하였던 사실 및 증거자료를 제출하여 전소에서 확정된 권리관계를 뒤엎을 수 없다.[135] 즉, 확정된 종국판결이 있으면 그 판결의 사실심 변론종결 이전에 발생하고 제출할 수 있었던 사유에 기인한 주장이나 항변은 확정판결의 기판력에 의하여 차단되므로, 당사자가 그와 같은 사유를 원인으로 확정판결의 내용에 반하는 주장을 새로이 하는 것은 허용되지 아니한다.[136]

나) 표준시 후의 형성권의 행사

따라서, 확정된 법률관계에서 동 확정판결의 변론종결 전에 이미 발생하였던 해제권을 그 당시에 행사하지 않음으로 인하여 해제권자에게 불리하게 확정된 경우 그 확정후 해제권을 뒤늦게 행사함으로써 동 확정의 효력을 부인할 수 없다.[137]

그러나, 변론종결 전에 상대방에 대하여 상계적상에 있는 채권을 가지고 있었던 채무자가 변론종결 후에 이르러 비로소 상계의 의사표시를 하는 것은 기판력에 저촉되지 아니한다(상계권비실권설).[138]

다) 실체법상 청구권과의 관계

가령, 환자가 특정 시점 이후에 지출될 것으로 예상되는 향후치료비를 종전 소송에서 충분히 청구할 수 있었고 실제로 이를 청구하였더라면 그 청구가 적극적 손해의 일부로서 당연히 받아들여졌을 것인데도 환자가 종전 소송에서 해당 향후치료비 청구를 누락한 결과, 환자가 이를 별도의 소송에서 청구하는 것이 종전 소송 확정판결의 기판력에 저촉되어 소송법상 허용되지 않는 경우에도, 해당 청구권이 실체법상 소멸하는 것은 아니다.[139]

따라서, '의사가 선량한 관리자의 주의의무를 다하지 아니한 탓으로 오히려 환자의 신체기능이 회복불가능하게 손상되었고, 또 손상 이후에는 그 후유증세의 치유 또는 더 이상의 악화를 방지하는 정도의 치료만이 계속되어 온 것뿐이라면 의사의 치료행위는 진료채무의 본지에 따른 것이 되지 못하거나 손해전보의 일환으로 행하여진 것에 불과하여 병원 측으로서는 환자에 대하여 그 수술비와 치료비의 지급을 청구할 수 없다'는 법리는, 위와 같이 환자가

---

135) 대법원 1995. 9. 29. 선고 94다46817 판결. 동지 : 대법원 1961. 12. 14. 선고 4293민상837 판결.

136) 대법원 1988. 9. 27. 선고 88다3116 판결.

137) 대법원 1979. 8. 14. 선고 79다1105 판결. 동지 : 대법원 1981. 7. 7. 선고 80다2751 판결.

138) 대법원 1998. 11. 24. 선고 98다25344 판결. 동지 : 대법원 1966. 6. 28. 선고 66다780 판결 ; 대법원 2005. 11. 10. 선고 2005다41443 판결.
cf. 위 판례들의 사안은 모두 청구이의에 관한 것이다.

139) 대법원 2018. 4. 26. 선고 2017다288115 판결.

향후치료비를 별도의 소송에서 청구하는 것이 종전 소송 확정판결의 기판력에 저촉되어 소송법상 허용되지 않는 경우에도, 환자가 종전 소송에서 해당 청구를 누락한 것이 그 청구권을 포기한 것이라고 평가할 수 있는 등의 특별한 사정이 없는 한, 마찬가지로 적용된다.[140]

3) 표준시 후에 발생한 사유

가) 개 관

다만, 변론종결 후에 새로 발생한 사유가 있어 전소 판결과 모순되는 사정 변경이 있는 경우에는 그 기판력의 효력이 차단된다.[141]

가령, 전소에서 원고가 소유권을 주장하였다가 패소 판결이 확정되었다고 하더라도, 전소 변론종결 후에 소유권을 새로이 취득하였다면 전소의 기판력이 소유권확인을 구하는 후소에 미칠 수 없다.[142]

변론이 종결된 뒤(변론 없이 한 판결의 경우에는 판결이 선고된 뒤)에 생긴 사유에 기하여서는 청구이의의 소를 제기할 수 있다(민사집행법 제44조 제2항).[143]

또한, 사실심변론종결 이후에 새로 발생한 사실을 주장하여 전판결내용과 반대되는 청구를 하는 것은 기판력에 저촉되지 아니하므로 허용된다.[144]

즉, 확정판결의 기판력은 그 변론종결 후에 새로 발생한 사유가 있을 경우에는 효력이 차단되는(또는, 효력이 미치지 않는) 것이다.[145] 따라서, 예컨대, 다음과 같은 결과가 된다.

부재자 재산관리인의 부재자 소유 부동산에 대한 매매계약에 관하여 부재자 재산관리인이 권한을 초과하여서 체결한 것으로 법원의 허가를 받지 아니하여 무효라는 이유로 소유권이전등기절차의 이행 청구가 기각되어 확정되었다고 하더라도, 패소판결의 확정 후에 위 권한 초과행위에 대하여 법원의 허가를 받게 되면 다시 위 매매계약에 기한 소유권이전등기청구

140) 대법원 2018. 4. 26. 선고 2017다288115 판결.

141) 대법원 2016. 8. 30. 선고 2016다222149 판결.

142) 대법원 2011. 6. 30. 선고 2011다24340 판결(사안은, 전소(前訴)에서 원고가 단독상속인이라고 주장하여 소유권확인을 구하였으나 공동상속인에 해당한다는 이유로 상속분에 해당하는 부분에 대해서만 원고의 청구를 인용하고 나머지 청구를 기각하는 판결이 선고되어 확정되었다면, 전소의 기판력은 전소 변론종결 후에 상속재산분할협의에 의해 원고가 소유권을 취득한 나머지 상속분에 관한 소유권확인을 구하는 후소(後訴)에는 미치지 않는다고 한 것).

143) cf. 채권자가 채무자에 대하여 가지고 있는 채권액 중 일부가 이미 소멸되어 부당한 확정판결이라는 것을 알고서 강제집행을 한 경우에는 불법행위를 구성한다. 대법원 1977. 1. 11. 선고 76다81 판결 참조.

144) 대법원 1988. 9. 27. 선고 88다3116 판결.

145) 대법원 1992. 10. 27. 선고 91다24847,24854(병합) 판결. 동지 : 대법원 2001. 1. 16. 선고 2000다41349 판결 ; 대법원 2002. 5. 10. 선고 2000다50909 판결 ; 대법원 2012. 7. 12. 선고 2010다42259 판결 ; 대법원 2014. 1. 23. 선고 2013다64793 판결.

의 소를 제기할 수 있다.[146]

전소에서 정지조건 미성취를 이유로 청구가 기각되었다 하더라도 변론종결 후에 그 조건이 성취되었다면, 이는 변론종결 후의 취소권이나 해제권과 같은 형성권 행사의 경우와는 달리 동일한 청구에 대하여 다시 소를 제기할 수 있다.[147]

전소에서 피담보채무의 변제로 양도담보권이 소멸하였음을 원인으로 한 소유권이전등기의 회복 청구가 기각되었다고 하더라도, 장래 잔존 피담보채무의 변제를 조건으로 소유권이전등기의 회복을 청구하는 것은 전소의 확정판결의 기판력에 저촉되지 아니한다.[148]

나) 표준시 후에 발생한 새로운 사유의 의미

그러나, 이와 같은 새로운 사유는 원칙적으로 사실관계 자체가 변론종결 이후에 새로이 발생한 경우에 한한다.[149]

즉, 기존의 법률관계에 대한 새로운 증거자료나,[150] 다른 사건의 판결 이유에서 전소 판결의 기초가 된 사실관계를 달리 인정하였다는 것이나,[151] 새로운 법적 평가 또는 그와 같은 법적 평가가 담긴 다른 판결이 존재한다는 등의 사정은,[152] 변론종결 이후에 새로이 발생한

146) 대법원 2002. 1. 11. 선고 2001다41971 판결.

147) 대법원 2002. 5. 10. 선고 2000다50909 판결.

148) 대법원 2014. 1. 23. 선고 2013다64793 판결.

149) 대법원 2012. 7. 12. 선고 2010다42259 판결. 동지 : 대법원 2001. 1. 16. 선고 2000다41349 판결 ; 대법원 2016. 8. 30. 선고 2016다222149 판결.

150) 대법원 2001. 1. 16. 선고 2000다41349 판결. 동지 : 대법원 2016. 8. 30. 선고 2016다222149 판결.

151) 대법원 2012. 7. 12. 선고 2010다42259 판결.

152) 대법원 2016. 8. 30. 선고 2016다222149 판결(A 등이 B 주식회사와 A 등 소유의 토지 위에 아파트를 신축하되 일부 세대를 공사대금 명목으로 B 회사에 대물변제하기로 약정하고, 아파트 개별 세대에 관하여 A 등 각자를 1/5 지분 소유권자로 하여 소유권보존등기를 마친 상태에서 B 회사로부터 아파트를 분양받아 점유하고 있는 C를 상대로 소유권에 기한 방해배제청구로서 건물인도를 구하는 소('제1차 인도소송')를 제기하였으나, C가 분양에 관한 처분권한을 가진 B 회사와 매매계약을 체결하여 아파트를 매수하였으므로 이를 점유할 정당한 권원이 있다는 이유로 패소판결이 선고되어 확정되었는데, 그 후 B 회사가 C를 상대로 매매계약의 무효 확인을 구하는 소('무효확인 소송')를 제기하여 매매계약이 B 회사를 대리할 정당한 권한이 있는 사람에 의하여 체결되었다는 증거가 없어 무효라는 취지의 판결이 선고되어 확정되자, 다시 A 등이 C를 상대로 공유물에 대한 보존행위로서 건물인도를 구하는 소('제2차 인도소송')를 제기한 사안에서, 제1차 인도소송과 제2차 인도소송의 소송물은 모두 소유권에 기한 방해배제를 구하는 건물인도 청구권으로 동일하고, 매매계약이 정당한 권한이 있는 사람에 의하여 체결되어 C가 아파트를 점유할 정당한 권원이 있는지는 제1차 인도소송의 변론종결 전에 존재하던 사유로 A 등이 제1차 인도소송에서 공격방어방법으로 주장할 수 있었던 사유에 불과하고 그에 대한 법적 평가가 담긴 무효확인 소송의 확정판결이 제1차 인도소송의 변론종결 후에 있었더라도 이를 변론종결 후에 발생한 새로운 사유로 볼 수도 없으므로, 제2차 인도소송은 제1차 인도소송의 확정판결의 기판력에 저촉되어 허용될 수 없다고 한 사례).

사유라고 볼 수 없다.

그리고, 변론종결 이후에 발생한 새로운 사유는 원칙적으로 사실자료에 그치는 것으로, 법률의 변경, 판례의 변경 혹은 판결의 기초가 된 행정처분의 변경은 그에 포함되지 아니한다.[153)]

따라서, 예컨대, 승소판결이 확정된 후 '소송촉진법'의 변경으로 소송촉진법 소정의 지연손해금 이율이 달라졌다고 하더라도 그로 인하여 선행 승소확정판결의 효력이 달라지는 것은 아니고, 확정된 선행판결과 달리 변경된 소송촉진법상의 이율을 적용하여 선행판결과 다른 금액을 원고의 채권액으로 인정할 수 있는 것도 아니다.[154)]

다) 구별할 경우

(1) 전소에서 한정승인의 항변을 하지 아니한 경우

한정승인에 의한 책임의 제한은 상속채무의 존재 및 범위의 확정과는 관계가 없고 다만 판결의 집행대상을 상속재산의 한도로 한정함으로써 판결의 집행력을 제한할 뿐이다. 특히 채권자가 피상속인의 금전채무를 상속한 상속인을 상대로 그 상속채무의 이행을 구하여 제기한 소송에서 채무자가 한정승인 사실을 주장하지 않으면, 책임의 범위는 현실적인 심판대상으로 등장하지 아니하여 주문에서는 물론 이유에서도 판단되지 않는 것이므로 그에 관하여는 기판력이 미치지 아니한다.[155)]

그러므로 채무자가 한정승인을 하고도 채권자가 제기한 소송의 사실심 변론종결시까지 그 사실을 주장하지 아니하는 바람에 책임의 범위에 관하여 아무런 유보가 없는 판결이 선고되어 확정되었다고 하더라도, 채무자는 그 후 위 한정승인 사실을 내세워 청구에 관한 이의의 소를 제기하는 것이 허용된다고 봄이 옳다.[156)]

그러나, 위와 같은 기판력에 의한 실권효 제한의 법리는 채무의 상속에 따른 책임의 제한

---

153) 대법원 1998. 7. 10. 선고 98다7001 판결. 동지 : 대법원 1969. 1. 14. 선고 68다2134 판결 ; 대법원 2019. 8. 29. 선고 2019다215272 판결.

154) 대법원 2019. 8. 29. 선고 2019다215272 판결.
같은 이치에서, 채권자의 채무자에 대한 승소확정판결에서 지급을 명한 원리금액에 구 소송촉진등에관한특례법(2003. 5. 10. 법률 제6868호로 개정되기 이전의 것) 제3조 제1항 본문 등에 따른 연 25%의 비율에 의한 지연손해금이 포함되어 있는데 위 구 소송촉진법의 규정에 대하여는 그 후에 헌법재판소의 위헌결정이 선고됨으로써 위 구 소송촉진법 규정이 위헌임이 확인되었다고 하더라도, 그로 인하여 위 승소확정판결의 효력이 달라지는 것은 아니며 법원이 위 승소확정판결에서 지급을 명한 것과 다른 금액을 채권자의 채권액으로 인정할 수 있는 것도 아니다. 대법원 2003. 7. 11. 선고 2003다19572 판결.

155) 대법원 2006. 10. 13. 선고 2006다23138 판결. 동지 : 대법원 2009. 5. 28. 선고 2008다79876 판결.

156) 대법원 2006. 10. 13. 선고 2006다23138 판결. 동지 : 대법원 2009. 5. 28. 선고 2008다79876 판결.

여부만이 문제되는 한정승인과 달리 상속에 의한 채무의 존재 자체가 문제되어 그에 관한 확정판결의 주문에 당연히 기판력이 미치게 되는 상속포기의 경우에는 적용될 수 없음은 물론이다.[157)]

(2) 전소판결의 기판력과 저촉되는 후소판결

또한, 기판력 있는 전소판결의 변론종결 후에 이와 저촉되는 후소판결이 확정되었다는 사정은 변론종결 후에 발생한 새로운 사유에 해당되지 않으므로, 그와 같은 사유를 들어 전소판결의 기판력이 미치는 자 사이에서 전소판결의 기판력이 미치지 않게 되었다고 할 수 없다.[158)]

그리고, 기판력 있는 전소판결과 저촉되는 후소판결이 그대로 확정된 경우에도 전소판결의 기판력이 실효되는 것이 아니고 재심의 소(법 제451조 제1항 제10호)에 의하여 후소판결이 취소될 때까지 전소판결과 후소판결은 저촉되는 상태 그대로 기판력을 갖는 것이고 또한 후소판결의 기판력이 전소판결의 기판력을 복멸시킬 수 있는 것도 아니다.[159)]

같은 이치에서, 제소전화해가 이루어지기 전에 제출할 수 있었던 사유에 기한 주장이나 항변은 그 기판력에 의하여 차단되므로, 그와 같은 사유를 원인으로 제소전화해의 내용에 반하는 주장을 하는 것은 허용되지 않는다 할 것이나, 제소전화해가 이루어진 이후에 새로 발생한 사실을 주장하여 제소전화해에 반하는 청구를 하여도 이는 제소전화해의 기판력에 저촉되는 것은 아니라고 할 것이다.[160)]

4) 시효중단을 위한 재소와 기판력 문제

기판력 있는 판결 등이 있는데도 청구권의 시효중단을 위하여 다시 제기된 소송에서 당사자는 기판력에 기속되어 그와 저촉, 모순되는 주장을 할 수 없고, 다만 전소의 변론종결 후에 생긴 새로운 사유가 있어야 이를 이유로 기판력에 의하여 확정된 법률효과를 다툴 수 있다.[161)]

따라서. 시효중단을 위한 신소가 제기된 경우에, 피고가 후소에서 전소의 확정된 권리관계를 다투기 위하여는 먼저 전소의 승소 확정판결에 대하여 적법한 추후보완항소를 제기함으

157) 대법원 2009. 5. 28. 선고 2008다79876 판결.
158) 대법원 1997. 1. 24. 선고 96다32706 판결.
159) 대법원 1997. 1. 24. 선고 96다32706 판결.
화해의 경우에도 유사한 법리가 문제된다. 대법원 1994. 7. 29. 선고 92다25137 판결 참조.
160) 대법원 1994. 12. 9. 선고 94다17680 판결.
161) 대법원 1998. 7. 28. 선고 96다50025 판결.

로써 그 기판력을 소멸시켜야 할 것인데, 이는 전소의 소장부본과 판결정본 등이 공시송달의 방법에 의하여 송달되어 피고가 그 책임질 수 없는 사유로 전소에 응소할 수 없었던 경우라고 하여 달리 볼 것이 아니다.[162)]

환언하면, 위 후소 판결의 기판력은 후소의 변론종결 시를 기준으로 발생하므로, '전소의 변론종결 후에 발생한' 변제, 상계, 면제 등과 같은 채권소멸사유는 후소의 심리대상이 된다.[163)]

따라서 채무자인 피고는 후소 절차에서 위와 같은 사유를 들어 항변할 수 있고 심리 결과 그 주장이 인정되면 법원은 원고의 청구를 기각하여야 한다.[164)]

5) 적극적 손해의 배상을 명한 전소송의 변론종결 후에 발생한 새로운 적극적 손해와 전소송의 기판력

특기할 것은, 불법행위로 인한 적극적 손해의 배상을 명한 전소송의 변론종결 후에 새로운 적극적 손해가 발생한 경우에, 그 소송의 변론종결 당시 그 손해의 발생을 예견할 수 없었고 또 그 부분 청구를 포기하였다고 볼 수 없는 등 특별한 사정이 있다면, 전소송에서 그 부분에 관한 청구가 유보되어 있지 않다고 하더라도 이는 전소송의 소송물과는 별개의 소송물이므로 전소송의 기판력에 저촉되는 것이 아니다.[165)]

3. 판결확정증명

원고 또는 피고가 판결확정증명서를 신청한 때에는 제1심 법원의 법원사무관등이 기록에 따라 내어 준다(법 제499조 제1항).[166)167)]

---

162) 대법원 2013. 4. 11. 선고 2012다111340 판결.

163) 대법원 2019. 1. 17. 선고 2018다24349 판결 ; 대법원 2019. 8. 29. 선고 2019다215272 판결.

164) 대법원 2019. 1. 17. 선고 2018다24349 판결.

165) 대법원 1980. 11. 25. 선고 80다1671 판결. 동지 : 대법원 2007. 4. 13. 선고 2006다78640 판결(식물인간 피해자의 여명이 종전의 예측에 비하여 수년 연장되어 그에 상응한 향후치료, 보조구 및 개호 등이 추가적으로 필요하게 된 것은 전소의 변론종결 당시에는 예견할 수 없었던 새로운 중한 손해로서 전소의 기판력에 저촉되지 않는다고 한 사례).

166) cf. 사건의 제2심이 종결되어 그대로 확정된 때에나 제3심법원에서 파기환송(이송) 이외의 사유로 사건이 종결된 때에 기록이 제1심법원에 송부됨은 기술하였다(송달료규칙 제10조 제2항, 제11조 제1항).

167) cf. 집행문 역시 제1심 법원의 법원사무관등이 내어 준다(민사집행법 제28조 제2항 전문).
특기할 것은, 집행문부여신청도 민원우편을 이용하여 할 수 있다. 민원우편제도에 관한 예규(재일 2003-13) 제2조 제1항 제4호.
다만, 주의할 것은, 판결확정증명, 송달증명의 신청과 달리, 집행문부여신청은 인터넷우체국 사이트에서는 할 수 없다.

그러나, **소송기록이 상급심에 있는 때에는 상급법원의 법원사무관등이 그 확정부분에 대하여만 증명서를 내어 준다**(같은 조 제2항).[168]

4. 외국 확정재판등의 효력 : 외국재판의 승인[169]

외국법원의 확정판결 또는 이와 동일한 효력이 인정되는 재판(이하 "확정재판등"이라 한다)**은 다음 각호의 요건을 모두 갖추어야 승인된다**(법 제217조 제1항).[170][171]

즉, 외국의 확정판결도 아래와 같은 승인의 요건이 구비되었다면 기판력이 생기고,[172] 외국법원의 기판력 있는 재판 역시 그것이 판결이 아니더라도 승인이 가능하다.[173]

한편, **법원은 이러한 승인요건이 충족되었는지에 관하여 직권으로 조사하여야 한다**(같은 조 제2항).

① **대한민국의 법령 또는 조약에 따른 국제재판관할의 원칙상 그 외국법원의 국제재판관할권이 인정될 것**

② 패소한 피고가 소장 또는 이에 준하는 서면 및 기일통지서나 명령을 적법한 방식에 따라 방어에 필요한 시간여유를 두고 송달받았거나(공시송달이나 이와 비슷한 송달에 의한 경우를 제외한다) 송달받지 아니하였더라도 소송에 응하였을 것[174]

여기서 "소장 또는 이에 준하는 서면 및 기일통지서나 명령"이라 함은 소장 및 소송개시에 필요한 소환장 등을 말하는 것이다.[175]

민원우편에 관하여서는, '법원의 소송행위 : 재판 및 재판사무' 부분에서 재판서·조서의 정본·등본·초본 교부의 신청방법과 관련하여 기술하였다.

168) 집행문 역시 소송기록이 상급심에 있는 때에는 그 법원의 법원사무관등이 내어 준다(민사집행법 제28조 제2항 후문).

169) cf. 외국법원의 확정판결 또는 이와 동일한 효력이 인정되는 재판에 기초한 강제집행은 대한민국 법원에서 집행판결로 그 강제집행을 허가하여야 할 수 있다(민사집행법 제26조 제1항).
그리고, 여기서 거론하는 외국재판의 승인요건(법 제217조)은 위와 같은 집행판결의 요건이기도 하다(민사집행법 제27조 제2항 제2호).

170) cf. 구법(2014. 5. 20. 법률 제12587호로 개정되기 전의 것) 제217조 본문은 "외국법원의 확정판결은 다음 각호의 요건을 모두 갖추어야 효력이 인정된다."라고 규정하고 있었다.

171) cf. 「외국 중재판정의 승인 및 집행에 관한 협약」의 적용을 받지 아니하는 외국 중재판정도 마찬가지이다(중재법 제39조 제2항).
반면, 위 협약을 적용받는 외국 중재판정의 승인은 같은 협약에 따라 한다(같은 조 제1항).

172) 동지 : 대법원 1987. 4. 14. 선고 86므57,58 판결.

173) 이규호, "외국재판의 승인 등에 관한 개정 민소법·민사집행법에 대한 평가", **법률신문**, 2014. 9. 4.

174) cf. 구법(2002. 1. 26. 법률 제6626호로 전부개정되기 전의 것) 제203조 제2호는 "패소한 피고가 대한민국 국민인 경우에 공시송달에 의하지 아니하고 소송의 개시에 필요한 소환 또는 명령의 송달을 받은 일 또는 받지 아니하고 응소한 일"이라고 규정하였다.

또한, 이때의 송달이란 보충송달이나 발송송달이 아닌 통상의 송달방법에 의한 송달을 의미하며, 그 송달은 적법한 것이라야 한다.[176]

패소한 피고가 이러한 소환장 등을 적법한 방식에 따라 송달받았을 것을 요구하는 것은, 소송에서 방어의 기회를 얻지 못하고 패소한 피고를 보호하려는 것에 그 목적이 있다.[177]

그러므로, 법정지인 판결국에서 피고에게 방어할 기회를 부여하기 위하여 규정한 송달에 관한 방식, 절차를 따르지 아니한 경우에는 여기에서 말하는 적법한 방식에 따른 송달이 이루어졌다고 할 수 없다.[178]

그러나, 법정지인 재판국에서 피고에게 방어할 기회를 부여하기 위하여 규정한 송달에 관한 방식과 절차를 따르지 아니한 경우에도, 패소한 피고가 해당 외국법원의 소송절차에서 실제로 자신의 이익을 방어할 기회를 가졌다고 볼 수 있는 때는 법 제217조 제1항 제2호에서 말하는 피고의 응소가 있는 것으로 봄이 타당하다.[179]

그리고, 위와 같은 서류가 적법하게 송달된 이상 그 후의 소환 등의 절차가 발송송달이나 공시송달 등의 절차에 의하여 진행되었더라도 승인의 대상이 될 수 있다.[180]

③ 그 확정재판등의 내용 및 소송절차에 비추어 그 확정재판등의 승인이[181] 대한민국의 선량한 풍속이나 그 밖의 사회질서에 어긋나지 아니할 것

즉, 외국재판의 승인이 대한민국의 실체적 공서(公序)에도 어긋나지 아니하여야 하고 절차적 공서에도 어긋나지 아니하여야 한다.[182]

여기서 외국판결의 효력을 인정하는 것, 즉 외국판결을 승인한 결과가 대한민국의 선량한 풍속이나 그 밖의 사회질서에 어긋나는지는, 그 승인 여부를 판단하는 시점에서 외국판결의 승인이 대한민국의 국내법 질서가 보호하려는 기본적인 도덕적 신념과 사회질서에 미치는 영향을 외국판결이 다룬 사안과 대한민국과의 관련성의 정도에 비추어 판단하여야 하고,[183]

---

175) 대법원 2003. 9. 26. 선고 2003다29555 판결. 동지 : 대법원 2010. 7. 22. 선고 2008다31089 판결.

176) 대법원 1992. 7. 14. 선고 92다2585 판결.
그런데, 위 판례가 보충송달을 운위하고 있는 것이 적절한 설시인지 관견으로는 의문이 없지 아니하다.

177) 대법원 2010. 7. 22. 선고 2008다31089 판결. 동지 : 대법원 2016. 1. 28. 선고 2015다207747 판결.

178) 대법원 2010. 7. 22. 선고 2008다31089 판결.

179) 대법원 2016. 1. 28. 선고 2015다207747 판결.

180) 대법원 2003. 9. 26. 선고 2003다29555 판결.

181) cf. 구법(2014. 5. 20. 법률 제12587호로 개정되기 전의 것) 제217조 제3호는 "그 판결의 효력을 인정하는 것이 …"라고 규정하고 있었다.

182) 이규호, 앞의 논문.

183) 대법원 2012. 5. 24. 선고 2009다22549 판결. 동지 : 대법원 2013. 2. 15. 선고 2012므66 판결 ; 대법원 2015. 10. 15. 선고 2015다1284 판결 ; 대법원 2016. 1. 28. 선고 2015다207747 판결.

이때 그 외국판결의 주문뿐 아니라 이유 및 외국판결을 승인할 경우 발생할 결과까지 종합하여 검토하여야 한다.184)

따라서, 예컨대, 동일 당사자 간의 동일 사건에 관하여 대한민국에서 판결이 확정된 후에 다시 외국에서 판결이 선고되어 확정되었다면, 그 외국판결은 대한민국판결의 기판력에 저촉되는 것으로서 대한민국의 선량한 풍속 기타 사회질서에 위반되어 법 제217조 제3호에 정해진 외국판결의 승인요건을 흠결한 경우에 해당하므로 대한민국에서는 효력이 없다.185)

또한, 외국판결의 내용 자체가 선량한 풍속이나 그 밖의 사회질서에 어긋나는 경우뿐만 아니라, 그 외국판결의 성립절차가 선량한 풍속이나 그 밖의 사회질서에 어긋나는 경우도 승인을 거부할 사유에 포함된다.186)

예컨대, 외국판결의 성립절차가 대한민국 국민인 피고의 방어권을 현저히 침해한 경우에는, 절차에 관한 선량한 풍속 기타 사회질서 위반으로 우리나라에서 승인될 수 없다.187)

그러나, 위조·변조 내지는 폐기된 서류를 사용하였다거나 위증을 이용하는 것과 같은 사기적인 방법으로 외국판결을 얻었다는 사유는 원칙적으로 승인을 거부할 사유가 될 수 없고, 다만 피고가 판결국 법정에서 위와 같은 사기적인 사유를 주장할 수 없었고 또한 처벌받을 사기적인 행위에 대하여 유죄의 판결과 같은 고도의 증명이 있는 경우에 한하여 승인 또는 집행을 구하는 외국판결을 무효화하는 별도의 절차를 해당 판결국에서 거치지 아니하였다 할지라도 바로 우리나라에서 승인을 거부할 수는 있다.188)

---

184) 대법원 2012. 5. 24. 선고 2009다22549 판결(일제강점기에 국민징용령에 의하여 강제징용되어 일본국 회사인 미쓰비시중공업 주식회사(이하 '구 미쓰비시'라고 한다)에서 강제노동에 종사한 대한민국 국민 갑 등이 구 미쓰비시가 해산된 후 새로이 설립된 미쓰비시중공업 주식회사(이하 '미쓰비시'라고 한다)를 상대로 국제법 위반 및 불법행위를 이유로 한 손해배상과 미지급 임금의 지급을 구한 사안에서, 갑 등이 미쓰비시를 상대로 동일한 청구원인으로 일본국에서 제기한 소송의 패소확정판결(이하 '일본판결'이라고 한다) 이유에는 일본의 한반도와 한국인에 대한 식민지배가 합법적이라는 규범적 인식을 전제로 하여 일제의 국가총동원법과 국민징용령을 한반도와 갑 등에게 적용하는 것이 유효하다고 평가한 부분이 포함되어 있는데, 대한민국 헌법 규정에 비추어 볼 때 일제강점기 일본의 한반도 지배는 규범적인 관점에서 불법적인 강점(강점)에 지나지 않고, 일본의 불법적인 지배로 인한 법률관계 중 대한민국의 헌법정신과 양립할 수 없는 것은 그 효력이 배제된다고 보아야 하므로, 일본판결 이유는 일제강점기의 강제동원 자체를 불법이라고 보고 있는 대한민국 헌법의 핵심적 가치와 정면으로 충돌하는 것이어서 이러한 판결 이유가 담긴 일본판결을 그대로 승인하는 결과는 그 자체로 대한민국의 선량한 풍속이나 그 밖의 사회질서에 어긋나는 것임이 분명하므로 우리나라에서 일본판결을 승인하여 효력을 인정할 수 없는데도, 이와 달리 본 원심판결에 법리오해의 위법이 있다고 한 사례). 동지 : 대법원 2013. 2. 15. 선고 2012므66 판결.

185) 대법원 1994. 5. 10. 선고 93므1051,1068 판결.

186) 대법원 2004. 10. 28. 선고 2002다74213 판결.

187) 대법원 1997. 9. 9. 선고 96다47517 판결.

188) 대법원 2004. 10. 28. 선고 2002다74213 판결.

특히, **법원은 손해배상에 관한 확정재판등이 '대한민국의 법률 또는 대한민국이 체결한 국제조약의 기본질서에'**(즉, 국내법질서에)[189] **'현저히' 반하는 결과를 초래할 경우에는 해당 확정재판등의 전부 또는 일부를 승인할 수 없다**(법 제217조의2 제1항),

이는 징벌적 손해배상과 같이 손해전보의 범위를 초과하는 배상액의 지급을 명한 외국법원의 '확정재판 등의 승인을 적정범위로 제한하기 위하여 마련된 규정이다.[190] 물론, 우리 법에도 징벌적 손해배상이 일부 도입되어 있는 터이므로, 징벌적 손해배상을 명한 외국 확정재판등의 승인을 무조건 거부하여서는 아니된다고 하겠다.[191]

그러므로, 외국법원의 확정재판 등이 당사자가 실제로 입은 손해를 전보하는 손해배상을 명하는 경우에는 위 조항을 근거로 그 승인을 제한할 수 없다.[192]

또한, **법원은 손해배상에 관한 외국 확정재판등의 공서 요건을 심리할 때에는 외국법원이 인정한 손해배상의 범위에 변호사보수를 비롯한 소송과 관련된 비용과 경비가 포함되는지와 그 범위를 고려하여야 한다**(같은 조 제2항).

이는 과다한 소송비용에 대한 승인을 전부 또는 일부 거부할 수 있다는 취지이다.[193][194]

④ **㉮ 상호보증이 있거나 ㉯ 대한민국과 그 외국법원이 속하는 국가 사이에**[195] **확정재판등의 승인요건이 현저히 균형을 상실하지 아니하고 중요한 점에서 실질적으로 차이가 없을 것**[196]

법 제217조 제4호의 취지는, 우리나라만이 입을 수 있는 불이익을 방지하고 국제관계에서

---

189) 이규호, 앞의 논문.

190) 대법원 2015. 10. 15. 선고 2015다1284 판결. 동지 : 대법원 2016. 1. 28. 선고 2015다207747 판결.

191) 주석(민소1), 488면(김현석, 김윤종 집필부분).

192) 대법원 2015. 10. 15. 선고 2015다1284 판결. 동지 : 대법원 2016. 1. 28. 선고 2015다207747 판결.

193) 주석(민소1), 489~490면(김현석, 김윤종 집필부분).

194) 대법원 2016. 1. 28. 선고 2015다207747 판결은, 승인의 대상인 미국판결이 우리나라 법원에서 인정되는 수준보다 다액의 변호사비용을 피고에게 부담하게 하였더라도 이를 승인하는 것이 대한민국의 기본적인 도덕적 신념과 사회질서에 배치되는 것은 아니고, 설령 그 승인으로 당사자에게 생활기반의 파탄위험이 있더라도 그러한 사정만으로는 위 미국판결을 승인한 결과가 우리나라의 국내법 질서가 보호하려는 기본적인 도덕적 신념과 사회질서에 어긋난다고 볼 수 없다고 보았다.

195) 법문은 "… 국가에 있어 …"로 되어 있으나, 우리 말 어법상 어색한 표현이다.

196) 구법(2014. 5. 20. 법률 제12587호로 개정되기 전의 것) 제217조 제4호는 "상호보증이 있을 것"이라고만 규정하고 있었다.
이에 관하여 대법원 1971. 10. 22. 선고 71다1393 판결은, "상호의 보증이 있는 일이라 함은 해당 외국이 조약에 의하여 또는 그 국내법에 의하여 대한민국 판결의 당부를 조사함이 없이 법 제203조(현행 제217조)의 규정과 같던가 또는 이보다도 관대한 조건아래에서 대한민국의 판결의 효력을 인정하고 있는 경우를 말하는 것"이라고 설시한 바 있다.
그러나, 대법원 2004. 10. 28. 선고 2002다74213 판결은, "우리나라와 외국 사이에 동종 판결의 승인요건

형평을 도모함에 있다.[197)]

같은 호 후단의 취지는, 판결국에서 외국판결의 승인요건이 우리나라의 그것과 모든 항목에 걸쳐 완전히 동일하거나 오히려 관대할 것을 요구하는 것은 지나치게 외국판결의 승인범위를 협소하게 하는 결과가 되어 국제적인 교류가 빈번한 오늘날의 현실에 맞지 아니하고 오히려 외국에서 우리나라의 판결에 대한 승인을 거부하게 만드는 불합리한 결과를 초래한다는 점을 고려한 것이다.[198)]

따라서, ① 우리나라와 외국 사이에 동종 판결의 승인요건이 현저히 균형을 상실하지 아니하고, ② 외국에서 정한 요건이 우리나라에서 정한 그것보다 전체로서 과중하지 아니하며, ③ 중요한 점에서 실질적으로 거의 차이가 없는 정도라면, 법 제217조 제1항 제4호에서 정하는 상호보증의 요건을 갖춘 것으로 보아야 한다.[199)]

또한, 이와 같은 상호의 보증은, 외국의 법령, 판례 및 관례 등에 의하여 승인요건을 비교하여 인정되면 충분하고, 반드시 당사국과의 조약이 체결되어 있을 필요는 없으며, 해당 외국에서 구체적으로 우리나라의 동종 판결을 승인한 사례가 없더라도 실제로 승인할 것이라고 기대할 수 있는 상태이면 충분하다.[200)]

5. 판결의 무효

가. 개 관

형식적 확정력이 발생한 판결이라 하더라도, 그 내용상의 효력이, 특히 실체적 확정력(즉, 기판력)이 없는 경우가 있다.

가령, 강제집행은 집행문이 있는 판결정본이 있어야 할 수 있거니와(민사집행법 제28조 제1

이 현저히 균형을 상실하지 아니하고 외국에서 정한 요건이 우리나라에서 정한 그것보다 전체로서 과중하지 아니하며 중요한 점에서 실질적으로 거의 차이가 없는 정도라면 법 제217조 제4호에서 정하는 상호보증의 요건을 구비하였다고 봄이 상당하다."라고 보았다. 동지 : 대법원 2009. 6. 25. 선고 2009다22952 판결 ; 대법원 2013. 2. 15. 선고 2012므66 판결.

197) 대법원 2004. 10. 28. 선고 2002다74213 판결. 동지 : 대법원 2009. 6. 25. 선고 2009다22952 판결 ; 대법원 2013. 2. 15. 선고 2012므66 판결.

198) 대법원 2004. 10. 28. 선고 2002다74213 판결. 동지 : 대법원 2009. 6. 25. 선고 2009다22952 판결 ; 대법원 2013. 2. 15. 선고 2012므66 판결.

199) 대법원 2017. 5. 30. 선고 2012다23832 판결.

200) 대법원 2004. 10. 28. 선고 2002다74213 판결. 동지 : 대법원 2009. 6. 25. 선고 2009다22952 판결 ; 대법원 2013. 2. 15. 선고 2012므66 판결 ; 대법원 2016. 1. 28. 선고 2015다207747 판결 ; 대법원 2017. 5. 30. 선고 2012다23832 판결.

항), 판결에 대하여 집행문을 부여하기 위해서는 판결의 집행력이 유효하게 발생하고 존재할 것을 요건으로 한다. 따라서 집행력이 발생하지 않는 당연무효의 판결에 대하여는 집행문을 부여할 수 없다.[201]

나. 판결의 무효 사유

1) 개 관

판결의 무효 사유로는, 우리나라 법원이 민사재판권이 없는데도 판결을 한 경우, 당사자적격 없는 자에 대하여 본안판결을 한 경우. 소송계속이 없었는데도(가령, 아예 소제기가 없었거나 소가 제기되었다가 취하되었는데도) 판결을 한 경우 등을 들 수 있으며, 그 밖에 학설상 몇 가지 예가 거론되고 있다.

2) 사망자를 당사자로 한 판결 등

가) 사망자를 당사자로 한 판결

그러나, 개중에서 가장 대표적인 것은, 사자(死者)를 당사자로 한 판결은 당연무효라는 것이다.[202] 그러한 소제기는 원고와 피고의 대립당사자 구조를 요구하는 민사소송법상의 기본원칙이 무시된 부적법한 것으로서 실질적 소송관계가 이루어질 수 없기 때문이다.[203]

따라서, 사망자를 피고로 한 소는 부적법한 것으로서 각하될 것이나 법원이 이를 간과하여 본안의 판결을 선고하고 동 판결이 확정되었다 하더라도 사망자에 대하여 판결의 기판력이 발생할 여지가 없고 동 판결의 기판력은 사자의 상속인에게도 미치지 않으므로 그 의미에서 동 판결은 무효라 할 것이다.[204]

이러한 법리는 소제기 후 소장부본이 송달되기 전에 피고가 사망한 경우에도 마찬가지로 적용된다.[205]

---

201) 대법원 2012. 4. 13. 선고 2011다93087 판결(사안은 소제기 전에 피고가 사망하였는데도 판결이 선고된 경우, 그러한 판결에 집행문을 부여할 수 없다고 본 것).

202) 대법원 1982. 4. 13. 선고 81다1350 판결. 동지 : 대법원 1968. 1. 23. 선고 67다2494 판결 ; 대법원 1969. 6. 24. 선고 69다436 판결 ; 대법원 1994. 12. 9. 선고 94다16564 판결 ; 대법원 2000. 10. 27. 선고 2000다33775 판결 ; 대법원 2017. 5. 17. 선고 2016다274188 판결.

203) 대법원 2015. 1. 29. 선고 2014다34041 판결. 동지 : 대법원 2017. 5. 17. 선고 2016다274188 판결 ; 대법원 2018. 6. 15. 선고 2017다289828 판결.
위 판결들의 설시는 사망자를 피고로 한 경우에 관한 것이나, 사망자가 원고로 된 경우에도 이치는 같다고 하겠다.

204) 대법원 1961. 12. 14. 선고 4294민상382 판결.

205) 대법원 2015. 1. 29. 선고 2014다34041 판결. 동지 : 대법원 2017. 5. 17. 선고 2016다274188 판결 대법원

다만, 이와 관련하여 주의할 것은, 실종선고 확정 전에는, 실종자를 당사자로 하여 선고된 판결도 유효하며, 비록 실종자를 당사자로 한 판결이 확정된 후에 실종선고가 확정되어 그 사망간주의 시점이 소 제기 전으로 소급하는 경우에도 위 판결 자체가 소급하여 당사자능력이 없는 사망한 사람을 상대로 한 판결로서 무효가 된다고는 볼 수 없다는 점이다.[206)]

나) 사망자를 당사자로 한 지급명령

이러한 법리는 사망자를 채무자로 한 지급명령에 대해서도 적용된다. 사망자를 채무자로 하여 지급명령을 신청하거나 지급명령 신청 후 그 정본이 송달되기 전에 채무자가 사망한 경우에는 그 지급명령은 효력이 없다.[207)]

설령 그 지급명령이 상속인에게 송달되는 등으로 형식적으로 확정된 것 같은 외형이 생겼다고 하더라도 사망자를 상대로 한 지급명령이 상속인에 대하여 유효하게 된다고 할 수는 없다.[208)]

그리고, 회생채무자의 관리인을 채무자로 한 지급명령의 발령 후 그 정본의 송달 전에 회생절차폐지결정이 확정된 경우에도 채무자가 사망한 경우와 마찬가지로 보아야 한다.[209)]

3) 상소심의 심판의 대상이 아닌 부분에 대한 상소법원의 판결

한편, 상소심에서 심판의 대상이 되지 아니한 부분에 대하여 상소법원이 한 판결 역시 효력이 없다고 할 것이다.[210)]

다. 자백간주에 의한 사위판결(詐僞判決)의 문제

주의할 것은, 이른바 '자백간주에 의한 사위판결'은 역시 내용상의 효력이 없기는 하지만, 전술한 판결의 무효 사유들과는 달리, 이 경우에는 형식적 확정력 자체가 없음(즉, 미확정판결임)에 주의하여야 한다.

이 문제에 관하여 상세한 것은 '재심 및 준재심 절차' 부분에서, 법 제451조 제1항 제11호의 재심사유와 관련하여 살펴보기로 한다.

2018. 6. 15. 선고 2017다289828 판결.

206) 대법원 1992. 7. 14. 선고 92다2455 판결.

207) 대법원 2017. 5. 17. 선고 2016다274188 판결의 방론.

208) 대법원 2017. 5. 17. 선고 2016다274188 판결의 방론.

209) 대법원 2017. 5. 17. 선고 2016다274188 판결.

210) 대법원 2008. 6. 26. 선고 2008다24791 판결 참조.

제 2 장 사건기록의 보존 등

Ⅰ. 보존절차 개관

사건이 완결된 때에는 담임법원사무관등(즉, 사건담당부서의 법원사무관등)은 기록을 보존담당부서에 인계하여야 한다(법원재판사무 처리규칙 제25조).[211] 어떤 경우가 '사건의 완결'에 해당하는지는 각각 해당되는 부분에서 언급하였다.

실무상, 사건이 완결되어 기록을 보존담당부서에 인계하기 전에는 몇 가지 조치를 취하는 바,[212] 이하에서는 개중 특기할 것만 살펴본다. 또한, 사건의 완결에 즈음하여 행하는 조치들도 살펴볼 필요가 있다.

Ⅱ. 기록인계 전의 조치[213] : 국고대납이나 소송구조의 대상이 된 소송비용의 수봉

1. 국고대납비용의 수봉

법원이 당사자가 예납하지 아니한 비용을 (대납)**지급한 때에는 제1심 수소법원의 결정**(환수결정)**에 의하여 예납하지 아니한 당사자나 판결에 의하여 비용을 부담한 당사자로부터 수봉하여야 한다**(민사소송비용법 제12조 제1항 전문).

---

211) cf. 형사사건 또는 치료감호사건이 완결된 때에는 담임법원사무관등은 지체 없이 사건기록과 재판서를 그 법원에 대응하는 검찰청에 송부하여야 하며(법원재판사무 처리규칙 제26조), 사건기록은 제1심법원에 대응하는 검찰청에서 보존한다(검찰보존사무규칙 제5조 제1항). 다만 판결, 공소기각 결정 등의 재판서는 판결을 선고하거나 결정등을 고지한 법원에 대응하는 검찰청에서 보존하고, 그 밖의 재판서만 사건기록과 함께 제1심법원에 대응하는 검찰청에서 보존한다(같은 조 제3항).

212) 그 상세한 내용은, 보존예규 제6조 참조.

213) cf. 종래, 예고등기 제도의 폐지에 불구하고, 이미 마쳐져 있는 예고등기에 관하여서는 그 말소촉탁(구 부동산등기법(2011. 4. 12. 법률 제10580호로 전부개정되기 전의 것) 제170조 제1항) 또는 말소신청(같은 조 제2항, 제3항)이 문제되었으나, 2020. 8. 5.부로, 잔존한 예고등기들은 아예 등기관이 직권으로 말소하는 것으로 하였다(부동산등기법 부칙(법률 제10580호) 제3조 제2항).

이 결정은 집행력 있는 집행권원과[214] 동일한 효력이 있다(같은 항 후문). 즉, 집행문이 필요 없다.

실무상, 이러한 환수결정은 원칙적으로 재판의 확정 후(상소심에서 확정된 때에는 상소기록이 제1심 법원에 반환된 후)에,[215] 그리고 후술하는 사건기록의 보존절차를 밟기 전에 하고 있으며,[216] 제1심 법원은 예납의무자나 재판에 의하여 비용을 부담한 당사자로부터 환수할 소송비용액이 50,000원을 넘는 경우에는 (필요적으로) 환수결정을 하여야 한다.[217]

2. 재판비용의 납입결정에 의한 수봉

가. 납입결정의 사유

1) 소송구조취소에 따른 납입결정

'소송구조' 부분에서 기술한 바와 같이, 구조취소결정과 동시에 납입결정을 하는바(소송구조취소 및 유예비용납입결정), 이때 국고에서 대납한 소송비용 역시 수봉하게 된다.

즉, **구조를 취소한 경우에는 제1심 수소법원의 결정에 의하여, 소송구조를 받은 당사자로부터** (납입을 미루어 둔 소송비용뿐만 아니라 국고에서 지급한 소송비용을)[218] **수봉하여야 한다**(민사소송비용법 제12조 제2항, 제1항 후문).

이 결정은 집행력 있는 집행권원과 동일한 효력이 있다(같은 항 후문). 즉, 집행문이 필요 없다.

2) 소송승계인에 대한 납입결정

법원은 소송승계인에게 미루어 둔 비용의 납입을 명할 수 있다(법 제130조 제2항).

예컨대, 소송구조를 받은 당사자가 사망하거나 법인이 합병으로 소멸하여 상속인 또는 존속법인이나 신설법인이 소송을 승계한 경우, 수소법원은 소송승계인이 유예된 소송비용을 지급할 자금능력을 갖는 때에 한하여 별도의 구조취소결정 없이 직권으로 소송승계인에 대하여 납입을 미루어 두거나 국고에서 지급한 소송비용의 납입결정을 할 수 있다.[219]

---

214) 법문에는 "채무명의와"로 되어 있으나, 이는 구 「민사소송법」(2002. 1. 26. 법률 제6626호로 전부개정되기 전의 것)상의 표현이다.

215) 소송비용 국고대납에 관한 예규(재민 2006-2) 제13조 제1항 본문.

216) 보존예규 제6조 제16호.

217) 소송비용 국고대납에 관한 예규(재민 2006-2) 제13조 제2항.

218) 소송구조예규 제17조 제1항 제2호.

219) 소송구조예규 제17조 제1항 제1호.

나. 납입결정에 대한 불복

납입결정에 대하여는 즉시항고를 할 수 있다(법 제133조 본문).

3. 재판비용의 추심결정에 의한 수봉

가. 개 관

소송구조를 받은 사람에게 납입을 미루어 둔 비용은(그리고 국고에서 지급한 소송비용은)[220)] **그 부담의 재판을 받은 상대방으로부터 직접 지급받을 수 있다**(법 제132조 제1항).

이 경우에도 제1심 수소법원의 결정에 의하여 판결에 의하여 비용을 부담한 상대방로부터 수봉하여야 한다(민사소송비용법 제12조 제2항, 제1항 전문).

실무상, 이러한 추심결정도 원칙적으로 재판의 확정 후(상소심에서 확정된 때에는 상소기록이 제1심 법원에 반환된 후)에 하고 있으며,[221)] 소송구조를 받은 사람의 상대방이 소송비용 전부를 부담하는 재판이 확정되고 상대방으로부터 추심할 소송비용이 30만 원을 초과하는 때에는 제1심 수소법원은 (필요적으로) 상대방에 대한 소송비용의 추심결정을 하여야 한다.[222)]

이 결정도 집행력 있는 집행권원과 동일한 효력이 있다(같은 조 제2항, 제1항 후문). 즉, 집행문이 필요 없다.

나. 추심결정에 대한 불복

추심결정에 대하여는 즉시항고를 할 수 있다(법 제133조 본문).

Ⅲ. 사건의 완결과 관련된 기타 조치

1. 녹음테이프 등의 폐기

녹음테이프나 속기록의 요지를 정리하여 조서를 작성한 경우에는 재판이 확정되면 법원은 녹음테이프와 속기록을 폐기할 수 있다(법 제159조 제4항 전문 전단). 위 경우에는 녹취서 역시

---

220) 소송구조예규 제17조 제1항 제3호.

221) 소송비용 국고대납에 관한 예규(재민 2006-2) 제13조 제1항.

222) 소송구조예규 제17조 제1항 제3호.

같은 절차에 따라 폐기할 수 있다(규칙 제35조 제2항).

위와 같이 녹음테이프 또는 속기록이나 녹취서를 폐기한 때에는 법원사무관등은 그 취지와 사유를 소송기록에 표시하여야 한다(규칙 제34조 제3항, 제35조 제2항).

2. 재판원본의 발췌 및 편찬

실무상, 사건기록과 보존기간을 달리하는 재판(판결 및 사건을 종국시키는 결정·명령), 화해조서, 청구의 인낙·포기조서, 조정조서, 확정된 화해권고결정조서 및 조정을 갈음하는 결정조서, 양육비부담조서 등의 원본, 판결경정결정 등은 사건기록에서 발췌하여 표지와 목록을 붙여 편찬·제본하고 있었다.[223)]

즉, 사건완결 후에는 판결서 등이 기록으로부터 분리됨에 주의하여야 한다.

그런데, '법원의 소송행위 : 재판 및 재판사무' 부분에서 기술한 바와 같이, 오늘날 '민소전자문서법'이 적용되는 민사소송등에서는 위와 같은 재판원본 자체를 아예 사건기록에 편철조차 하지 아니하게 되었으므로,[224)] 종래와 같은 발췌·편찬·제본을 할 필요가 없게 되었다.[225)]

한편, 위헌법률심판제청이 있은 사건이 확정된 때에는 위헌제청여부에 관한 결정서 및 위헌여부결정서를 해당사건의 재판원본 또는 등본에 연이어 편철하여 보존한다.[226)]

3. 비실명 처리

가. 개 관

2015. 1. 1. **이후 최초로 판결이 확정되는 사건의 판결서의 경우에는**(법 부칙(제10859호 제2항), **법원사무관등이나 그 밖의 법원공무원은 확정 판결서의 열람 및 복사**(법 제163조의2 제1항) **에 앞서 판결서에 기재된 성명 등 개인정보가 공개되지 아니하도록 대법원규칙으로 정하는 보호조치를 하여야 하며**(법 제163조의2 제2항), **개인정보 보호조치의 방법과 절차, 그 밖에 필요한 사항은 대법원규칙으로 정한다**(같은 조 제5항).

이에 따라, 2015. 1. 1. 이후 확정되는 – 민사·행정·특허 – 사건(소액사건의 판결서와 심리불속

---

223) 보존예규 제11조 제1항.

224) 민전예규 제4조 제3항 본문.

225) 민사전자소송실무편람, 383, 532면.

226) 위헌법률심판제청사건의 처리에 관한 예규(재일 88-3) 제10조.

행 또는 상고이유서를 제출하지 아니함으로 말미암은 상고기각의 판결서 제외)에 관하여, 법원사무관등은 전산정보처리시스템에 등록된 판결서에 대하여 – 이를 일반의 열람·복사에 제공하기 위하여 – 개인정보(개인정보 보호법 제2조 제1호) 보호를 위한 비실명 처리를 하여야 한다(법 제163조의2 제2항, 민사판결서 열람 및 복사에 관한 규칙 제4조, 제3조 제4호).

여기서 "전산정보처리시스템"이란 「민사소송법」에 따른 절차에 필요한 서류를 작성·제출·송달하거나 관리하는 데에 이용되는 정보처리능력을 가진 전자적 장치 또는 체계로서 법원행정처장이 지정하는 것을 말한다(같은 조 제2호).

"비실명 처리"란 판결서에 나타난 정보 중에서 그대로 공개될 경우 개인의 사생활이 침해될 수 있는 사항에 관하여 제3자가 인식하지 못하도록 비실명으로 표시하는 것을 말한다(같은 조 제3호).

이와 관련하여, 법원행정처장은 판결서의 비실명 처리를 담당하는 법원사무관등과 이를 보조하는 법원공무원의 재정보증에 관한 사항을 정하여 운용할 수 있다(같은 규칙 제8조).

나. 주체와 시기

따라서, – 2015. 1. 1. 이후 – 민사·행정·특허 사건 등 법 제163조의2가 적용되거나 준용되는 (본안)사건의 판결이 확정되면 – 소액사건이나 심리불속행 및 상고이유서 미제출 상고기각 사건이 아니라면 – '대법원 재판사무국 소속' 법원사무관등이 지체 없이 판결서에 대하여 비실명 처리를 하여야 한다.[227]

그 처리기준은, 「판결서 등의 열람 및 복사를 위한 비실명 처리 기준(재일 2014-2)」이 규정하고 있으나, 위 예규는 – 법 제163조의2가 적용되는 판결서 외에도 – 판결서 등의 열람 및 복사를 위한 법원 전산정보처리시스템에 등재하는 모든 판결서 등에 적용한다.[228]

다. 담당 법원 공무원의 면책

위와 같이 개인정보 보호조치를 한 법원사무관등이나 그 밖의 법원공무원은 고의 또는 중대한 과실로 인한 것이 아니면 확정 판결서 열람 및 복사와 관련하여 민사상·형사상 책임을 지지 아니한다(법 제163조의2 제3항).

227) 민사판결서 열람 및 복사에 관한 예규(재민 2014-1) 제2조, 제3조.
228) 판결서 등의 열람 및 복사를 위한 비실명 처리 기준(재일 2014-2) 제3조.

Ⅳ. 사건기록의 보존 내지 폐기

1. 전자기록의 인계

한편, 전자기록사건의 경우, 사건이 완결된 경우, 전자소송시스템의 기록보존 화면에 기록 인계일자(전자독촉사건의 경우 보존일자를 입력)를 입력함으로써 전자기록을 전자적으로 보존한다.[229)]

다만 상소법원에서 완결된 경우, 별도의 기록(전자문서화하지 않은 서류를 편철한 종이기록)은 – 종이기록사건과 마찬가지로 – 1심법원의 법원사무관등에게 송부한다.[230)]

그리고, **'민소전자문서법'에 따라 보존하는 전자문서는 다른 법률에 특별한 규정이 있는 경우를 제외하고 「민사소송법」 등에서 정한 요건과 절차에 따른 문서로 본다**(민소전자문서법 제5조 제2항).

사건담당부서의 법원사무관등이 전자적으로 기록을 인계하면, 전자기록의 관리권한이 소멸하고, 그 때부터 보존담당부서의 법원사무관등이 해당 전자기록을 관리한다.[231)]

2. 보존기간

가. 원칙 : 종이기록의 경우

재판서 기타 이에 준하는 문서는 종류별로 보존기간이 있는바, 그중 특히 중요한 것만 언급하자면 다음과 같다(법원재판사무 처리규칙 제29조 전문, 별표 2).

판결, 확정된 지급명령, 이행권고결정, 조정을 갈음하는 결정, 화해조서, 청구의 포기·인낙조서, 조정조서 등은 영구보존한다.[232)]

민사본안사건 기록은 5년간 보존하고, 민사신청사건 기록, 민사집행사건 기록은 3년간 보존한다.

---

229) 민전예규 제44조 제4항 본문.

230) 민전예규 제44조 제4항 단서.

231) 민전예규 제104조 제1항.

232) cf. 1993. 이전에는 50년간 보존하였다(구 법원사무규칙(1993. 9. 8. 대법원규칙 제1265호로 폐지) 제48조, 제49조).
위 규칙에 갈음하여 1994. 「법원재판사무 처리규칙」을 제정, 시행함에 따라, 구법에 의하여 보존기간이 부여된 재판서 기타 이에 준하는 문서는 현행법에 따라 그 보존기간이 부여된 것으로 간주하였다(법원재판사무 처리규칙 부칙(제1276호) 제5항).

재심소송이 종료되면, 보존기간은 재심기록과 재심대상 재판기록 중 그 남은 기간이 긴 것에 따른다.[233]

나. 특칙 : 전자기록의 경우

전자기록의 보존기간은 영구로 한다.[234]

3. 폐 기

보존기간이 만료된 재판서·사건기록 및 장부는 폐기절차를 이행한다.

요지조서가 작성된 이후에 기록과 함께 보관하는 녹음물 또는 속기록(이나 녹취서)은, 재판이 확정된 경우에는 기록을 보존하는 법원의 법원사무관등이 폐기한다.[235]

다만, 역사적 가치가 있거나 특별한 사유에 의하여 보존의 필요가 있는 사건기록 및 장부는 보존기간 경과 후라 할지라도 그 사유가 존속하는 한 이를 보존하고 있다(법원재판사무 처리규칙 제31조).

---

233) 「재심기록 등의 보존시 유의할 점(재민 87-14)」.

234) 민전예규 제107조.

235) 속기·녹음예규 제14조 제2항 제1호.
법문에는 녹취서에 대한 언급이 없으나, 이는 입법의 착오이다(규칙 제35조 제2항 참조).

제3장 인지액 중 일정액의 환급

1. 인지액 중 일정액의 환급 개관

가. 개 관

원고, 상소인, 그 밖의 신청인은 재판이 소송에 의하지 아니하고 종료된 일정한 경우에는 해당 심급의 소장등에 붙인 인지액의 1/2에 해당하는 금액(인지액의 1/2에 해당하는 금액이 100,000원 미만이면 인지액에서 100,000원을 빼고 남은 금액)**의 환급을 청구할 수 있다**(민사소송 등 인지법 제14조 제1항).

환급을 청구할 수 있는 각각의 경우에 관하여서는 해당 부분에서 이미 살펴보았다.

특기할 것은, 이러한 인지액 환급은, 넓은 의미의 소나 상소의 경우에 인정되고, 그 밖의 신청의 경우에는 인정되지 아니하나, 다만, 소송으로 이행될 수 있는 절차의 신청(제소전화해신청, 지급명령신청, 민사조정 신청)의 경우에는 소송으로 이행된 후에는 환급의 대상이 된다.[236)]

이러한 인지액 환급제도는, 소각하 판결이 있는 경우나, 실체판단 후 종결되는 경우와 비교하여 국가로부터 제공받는 사법서비스의 양이 적은 경우와, 소송당사자들의 의사나 노력에 의하여 소송을 종결시킴으로써 남소 또는 남상소에 따른 법원의 국민의 권리보호기능을 저하하게 하는 것을 방지하려는 인지제도의 본래의 목적을 달성하는 데 기여한 경우에는, 이미 납부된 인지액 중 일정액을 당사자에게 돌려줌으로써, 역무의 제공에 상응하는 수수료 납부원칙을 관철함과 아울러 사법의 대국민 서비스를 제고하려는 데 그 입법취지가 있다.[237)] 따라서, 이 조항은 국민의 권리를 제한하거나 새로운 의무를 부과하는 법률이 아닌 시혜적 법률이라 할 것이다.[238)]

다만, 실무상, 법원사무관등은 당사자에게 인지환급사유와 그에 따른 환급금액이 있음을 안 때에는 이를 고지하여야 한다.[239)]

---

236) 민사참여관 업무편람, 55면.

237) 헌재 2006. 7. 27. 선고 2006헌마466 결정. 동지 : 헌재 2007. 7. 26. 선고 2006헌마1447, 2007헌마534(병합) 결정.

238) 헌재 2006. 7. 27. 선고 2006헌마466 결정. 동지 : 헌재 2007. 7. 26. 선고 2006헌마1447, 2007헌마534(병합) 결정.
cf. 이 제도는 구 「민사소송인지법」(현행 「민사소송 등 인지법」의 전신)에는 없던 것을, 2004. 1. 20. 법률 제7081호로 「민사소송등인지법」을 개정하면서 신설한 것이다.

위 청구는 그 사유가 발생한 날부터 3년 이내에 하여야 한다(같은 조 제2항).

이러한 인지액의 환급 절차 등에 관하여 필요한 사항은 대법원규칙으로 정하는바(같은 조 제3항), 구체적인 것은 별항으로 후술하는 바와 같다.

나. 병합청구의 일부에 대하여 환급사유가 발생한 경우[240]

1) 합산법칙이 적용되는 경우

가) 개 관

병합청구시 합산의 원칙(법 제27조 제1항)의 규정에 따른 합산이 이루어진 경우,수개의 청구 중 일부에 대하여 환급사유가 생긴 때에는, 각 청구의 가액에 따라 안분한 후 환급사유가 있는 청구부분의 인지액에 해당하는 금액에서 환급금액을 계산한다(민사소송 등 인지규칙 제33조 제3항).

예컨대, 적극적 손해 1억 원, 소극적 손해 5,000만 원의 손해배상을 청구한 원고가 소극적 손해 부분의 소를 취하(감축)한 경우에는, 환급금액은 109,100원{= 655,000원(납부한 인지액) × (5,000만 원/1억 5,000만 원)×1/2}이 된다.

나) 청구의 교환적 변경에서 변경 후의 소가가 더 작은 경우

관견으로는, '변경 후의 소가가 더 작은' 교환적 변경의 경우에는 그 반대의 경우와 같은 논리에서, '변경 전 청구에 관한 인지액의 일부를 소취하에 따라 환급할 금액'에서 '교환후 청구에 관한 인지액'을 뺀 금액의 환급을 청구할 수 있다고 본다.

예컨대, 제1심에서 A 토지(소가 2억 원)에 관한 소유권확인청구를 B 토지(소가5,000만 원)에 관한 소유권확인청구로 변경하였다면, 납부할 인지액은 다음과 같이 계산된다고 할 것이다.

① 교환후 청구(즉, B 토지에 관한 청구)에 관한 인지액 : 230,000원

② A 토지에 관한 소취하에 따라 환급할 금액 : 422,000원{= (825,000원(A토지에 관한 청구의 인지액) + 230,000원(B 토지에 관한 청구의 인지액)) × (2억 원/2억 5,000만 원) × 1/2}

③ ∴ ② - ① = 192,000원

2) 흡수법칙이 적용되는 경우

예컨대, A 토지에 관한 소유권확인청구(소가 2억 원)와 B 토지에 관한 소유권에 기한 인도

239) 인지예규 제11조 제1항 본문 ; 민전예규 제92조 제1항.
다만, 해당 사건의 재판장이 이미 고지한 경우에는 그러하지 아니하다. 인지예규 제11조 제1항 단서.

240) 인지실무, 21~22면.

청구(소가 1억 원)를 함께 하였다가 전자의 청구를 취하한 경우에는, 환급금액은 200,000원{=(855,000원(A 토지의 소가에 따른 인지액) – 455,000원(B 토지의 소가에 따른 인지액)) × 1/2}인 것으로 풀이된다.

2. 소송등인지의 환급청구

가. 개 관

인지액 중 일정액의 환급청구는 서면(「소송등인지의 환급청구서」)으로 해당 법원의 수입징수관에게 하여야 한다(민사소송 등 인지규칙 제33조 제1항 본문).

인지액 환급의 대상이 되는 사건이 전자기록사건이라 하더라도, 환급청구서는 종이문서로 제출할 수도 있다.[241]

나. 첨부서류

이 청구서에는 해당 사건의 담당 법원사무관등이 환급사유 및 환급금액을 확인한 서면(「소송등인지의 환급사유 및 환급금액 확인서」)을 첨부하여야 한다(같은 조 제2항).

그런데 실무상, 환급청구서에는, 상술한 환급확인서 외에도, 소송 등 인지의 영수증 또는 영수필확인서 사본(전자납부의 경우에는 전자소송 홈페이지에서 제공하는 납부확인증), 통장 사본, 주민등록증 앞·뒷면 사본 1부씩을 첨부함이 원칙이다.[242]

다만, 환급신청인이 전자적으로 환급청구서를 작성하여 제출할 때에는 통장사본 및 주민등록증 사본은 그 첨부를 생략할 수 있다.[243]

그러나 전자소송시스템에 환급계좌를 등록하지 않았거나, 등록된 계좌가 아닌 신청인의 다른 계좌로 환급받기를 원하는 경우에는 모두 첨부하여야 한다.[244]

다. 여럿의 신청인등이 소송등 인지를 공동으로 납부한 경우의 특례[245]

여럿의 신청인등이 소송등 인지를 공동으로 납부한 경우에는 그 환급도 공동으로 청구하여야 한다(민사소송 등 인지규칙 제34조 제1항).

241) 민전예규 제92조 제4항 전문.
242) 민전예규 제92조 제2항, 제4항 후문.
243) 민전예규 제92조 제3항 본문.
244) 민전예규 제92조 제3항 단서.
245) 이 제도는 2015. 12. 1.부터 시행되고 있다.

주의할 것은, 이는 여럿의 신청인등 중 일부에게만 소송등 인지의 환급사유가 있는 경우에도 마찬가지이다(같은 조 제4항).

다만, 대표청구인이 있는 경우에는 그가 청구할 수 있다(같은 조 제2항, 제4항).

소송등 인지를 공동으로 납부한 여럿의 신청인등 가운데 한 사람으로서 대표청구인이 아닌 사람이 모두를 위하여 소송등 인지의 환급청구를 하는 때에는 나머지 신청인등으로부터 그에 관한 위임을 받았음을 증명하는 서면을 제출하여야 한다.[246)]

수입징수관은 접수된 소송등 인지의 환급청구서의 보완을 위하여 필요한 사항을 지적하고 보정을 권고할 수 있다.[247)]

3. 인지환급청구의 의제

다만, 신청인등이 소송등 인지의 납부서에 환급계좌를 기재한 경우에는 환급청구가 있는 것으로 보아 해당 사건의 법원사무관등이 수입징수관에게 환급을 의뢰하여야 한다(민사소송 등 인지규칙 제33조 제1항 단서).

4. 인지환급청구에 대한 결정

가. 기각결정

과오납금 반환청구의 경우와 마찬가지로, 수입징수관은 인지환급청구가 이유 없을 때에는 청구를 기각하는 결정을 하여야 한다(민사소송 등 인지규칙 제33조 제4항, 제32조 제3항 후단).

나. 인지환급결정

과오납금 반환청구의 경우와 마찬가지로, 수입징수관은 위 청구가 이유 있을 때에는 해당 법원의 수입징수금에서 인지액 중 일정액을 환급하는 결정을 하여야 한다(민사소송 등 인지규칙 제33조 제4항, 제32조 제3항 전단).

과오납금 반환청구의 경우와 마찬가지로, 인지액 중 일정액의 환급결정은 환급을 청구하거나 소송등 인지의 납부서에 환급계좌의 명의인으로 기재된 신청인등에게 서면이나 기타 적당한 방법으로 통지하여야 한다(같은 규칙 제33조 제4항, 제32조 제4항).

---

246) 인지예규 제12조 제2항.

247) 인지예규 제11조의3 제1항.

제 4 장 소송비용 및 소송비용액확정 절차

Ⅰ. 소송비용

1. 소송비용 개관

가. 소송비용의 의의

민사소송법의 규정에 의한 소송비용은 소송행위에 필요한 한도의 비용으로 하며 「민사소송비용법」의 규정에 의하여 산정하나(민사소송비용법 제1조), **이 법에 규정하지 아니한 비용은 그 실비액에 의한다**(같은 법 제9조. 소송비용 개괄주의).

한편, 「민사소송비용법」은 재판비용 및 당사자비용의 산정에 관한 여러 규정을 두고 있으나, 이 책에서는 개중 중요한 것 몇 가지만 살펴보기로 한다.

이러한 소송비용은 개념상 집행비용, 즉 민사집행에 필요한 비용(민사집행법 제18조 제1항)과는 구별되나, 집행비용에 관하여서도 소송비용액확정 절차에 준하는 집행비용액 확정절차가 있다(민사집행규칙 제24조).

한편, 소송비용액 확정결정절차의 법원의 사무는 사법보좌관이 행할 수 있는 업무이다(법원조직법 제54조 제2항, 사법보좌관규칙 제2조 제1항 제1호).

나. 소송비용의 범위에 대한 입법자의 입법형성권

소송수행을 위하여 지출한 비용 중에서 어느 범위의 것을 소송비용으로 하여 패소한 당사자에게 부담시킬 것인가, 특히 변호사보수를 소송비용에 산입하여 패소한 당사자로부터 이를 상환받을 수 있게 할 것인지는, 국가의 재정규모, 국민의 권리의식과 경제적·사회적 여건, 소송실무에서 변호사대리의 정도 및 변호사강제주의를 채택하였는지 여부 등을 고려하여 국민의 효율적인 권리보호와 소송제도의 적정하고 합리적인 운영이 가능하도록 입법자가 법률로 정할 성질의 것이다.[248)]

그러나 입법자가 정한 소송비용의 범위가 과도하게 넓다거나, 비교적 고액인 변호사보수

248) 헌재 2002. 4. 25. 선고 2001헌바20 결정. 동지 : 헌재 2008. 12. 26. 선고 2006헌마384 결정 ; 헌재 2011. 5. 26. 선고 2010헌바204 결정.

가 아무런 제한 없이 모두 소송비용에 산입된다면, 패소한 당사자의 경우에 상환하여야 할 소송비용액이 과도하게 높게 되어 자신의 정당한 권리실행을 위하여 소송제도를 이용하려는 사람들도 패소할 경우에 부담하게 될 소송비용의 상환으로 인하여 소송제도의 이용을 꺼리게 될 위험이 있고, 특히 경제적인 능력이 부족한 사람들에게는 법원에의 접근을 사실상 어렵게 하여 결과적으로 헌법 제27조가 보장하는 재판청구권을 제한하게 된다.[249)]

다. 소송비용의 종류

이러한 소송비용은 재판비용과 당사자비용으로 대별된다.

재판비용이란 당사자가 소송을 수행하기 위하여 법원에 납입하여야 하는 비용을 말한다. 소장, 상소장 등의 인지대,[250)] 송달료, 증거조사를 위하여 예납하는 비용 등이 그 대표적인 것이다.

당사자비용이란 당사자가 소송을 수행하기 위하여 제3자에게 지출한 비용을 말하며, 변호사비용 등이 그 대표적인 것이다.

주의할 것은, 법원의 증거조사에 의하지 아니하고 당사자가 임의로 지출한 비용(예 : 녹취비용, 사설감정료 등)은 '소송행위에 필요한 비용'이 아니므로, 소송비용에 포함되지 아니한다.[251)]

재판비용과 당사자비용의 구별실익은, 일반적으로 재판비용은 소송비용액확정 절차에서 소명자료를 제출할 필요가 없으며, 소송구조의 대상이 된다는 것(법 제129조 제1항 제1호)[252)] 등에 있다. 상세한 것은 후술하겠다.

라. 소송비용상환청구권

소송비용으로 지출한 금액은 소송비용확정의 절차를 거쳐 상환받을 수 있는 것이므로 별도로 소구(訴求)할 이익이 없다.[253)]

그러나, 소송비용상환청구권은 소송에서 패소하였다는 사실을 요건으로 소송상 발생하는 실체적 권리이기는 하나, 그 성질은 사법상(私法上)의 청구권이며 상계의 수동채권으로 될 수

---

249) 헌재 2002. 4. 25. 선고 2001헌바20 결정.

250) cf. 그러나 재판기록복사수수료 같은 것은 소송비용이 아니다. 따라서, 이는 소송구조에 의하여 면제될 수도 없다.

251) 소송비용실무, 6면.

252) 다만, 변호사비용은 비록 당사자비용이기는 하지만 역시 소송구조의 대상이 된다(법 제129조 제1항 제2호).

253) 대법원 1987. 3. 10. 선고 86다카803 판결. 동지 : 대법원 2000. 5. 12. 선고 99다68577 판결 ; 대법원 2011. 3. 24. 선고 2010다96997 판결.

있다.[254)]

한편, 변제충당(민법 제479조 제1항)에서 문제되는 "비용"의 범주에, 채권자의 권리실행비용 중에서 소송비용액확정결정이나 집행비용액확정결정에 의하여 채무자가 부담하는 것으로 확정된 소송비용 또는 집행비용 등 역시 속하나, 채권자가 지출한 소송비용 중에서 채무자가 부담하여야 하는 부분의 구체적인 내역과 액수 등은 소송비용확정 절차가 종결된 후에야 비로소 확정될 수 있다.[255)]

한편, **행정청이 해당 민사소송**(선결문제 소송)**에 참가하였는데**[256)] **소송비용에 관한 재판이 확정된 때에는 참가인이었던 행정청이 소속하는 국가 또는 공공단체에 그 효력을 미친다**(행정소송법 제11조 제1항, 제33조).

따라서, 위 경우에는 국가 또는 공공단체가 소송비용확정신청을 할 수 있다.[257)]

2. 소송비용의 종류별 산정방법

가. 재판비용

1) 인 지 액

「민사소송 등 인지법」에 의하여 붙인 인지액은 그 정액(定額)**에 의한다**(민사소송비용법 제2조).

다만, 위 금액은 당사자가 실제로 납부한 금액(환급받을 수 있는 금액을 제외한 것)을 한도로 하는 것으로 풀이된다.[258)]

특기할 것은, 인지대를 신용카드로 납부할 경우, 신용카드 납부대행수수료도 소송비용의 일부가 된다(민사소송 등 인지규칙 제28조의2 제5항).

또한, 전자소송시스템 이용수수료도, 소송비용 개괄주의(민사소송비용법 제9조)에 따라 그 전액을 소송비용으로 본다(민소전자문서규칙 제41조 제4항).

2) 통신비 : 송달료 등

통신과 운반에 요한 비용은 그 실비액에 의한다(민사소송비용법 제7조). 예컨대, 실제로 사용된 송달료가 그 대표적인 예이다.[259)]

---

254) 대법원 1994. 5. 13. 선고 94다9856 판결.

255) 대법원 2008. 12. 24. 선고 2008다61172 판결. 동지 : 대법원 2006. 10. 12. 선고 2004재다818 판결.

256) 이에 관하여서는, '소송참가 개관' 부분에서 언급하였다.

257) **법원실무제요 행정** ([서울] 법원행정처, 2016), 327면.

258) 소송비용실무, 9면.

다만, 소송고지에 소요된 송달료는 소송비용에는 산입되지 아니하고, 다만, 후에 피고지자가 참가한 때에 그 참가소송비용이 될 뿐이다.

특기할 것은, 송달료를 신용카드등으로 납부할 경우, 납부대행수수료는 소송비용 개괄주의(민사소송비용법 제9조)에 따라 그 전액을 소송비용으로 본다(송달료규칙 제3조의2 제5항).

3) 증인·감정인등에 대한 일당·여비등, 법관등의 일당·여비, 감정등에 대한 특별요금[260)]

민사소송비용법 제4조는 증인, 감정인등에 대한 일당, 여비등에 관하여,[261)] 같은 법 제5조는 법관등의 일당·여비에 관하여, 같은 법 제6조는 감정등에 대한 특별요금에 관하여 규정하고 있다.

한편, 소가의 산정을 위하여 필요한 비용은 소송비용의 일부가 된다(민사소송 등 인지규칙 제8조 제4항 후단).

결국 증거조사에 요하는 비용으로서 법원에 예납한 금액 역시, 위 규정들 또는 소송비용 개괄주의(민사소송비용법 제9조)에 따라, 재판비용이 되는 것이다.

4) 공 고 비

관보, 신문지에 공고한 비용은 그 정액에 의한다(민사소송비용법 제8조).

5) 속기·녹음을 위한 비용

속기·녹음을 위하여 법원에 예납한 금액(규칙 제33조 제1항, 제37조 제2항) 역시 재판비용이 된다고 할 것이다.[262)]

6) 중앙환경분쟁조정위원회의 원인재정 비용

수소법원의 촉탁에 따라 중앙환경분쟁조정위원회에서 진행되는 원인재정(환경분쟁 조정법 제45조 제4항) **절차에 필요한 비용 중 각 당사자가 부담하여야 하는 비용**(같은 법 제63조 제1항)**은 「민사소송비용법」에 따른 소송비용으로 본다**(환경분쟁 조정법 제45조 제5항).

---

259) 제요[민소 Ⅰ], 364면 ; 소송비용실무, 26면.

260) cf. 소송절차에서 현장검증 등 증거조사를 위한 법관과 법원공무원의 국내출장여비 및 기타비용에 관하여, 「증거조사 출장여비 등 산정 및 지급에 관한 업무처리지침(재일 2008-2)」이 제정되어 있다.

261) 영상신문에서 증인등에 대한 여비 등은 출석장소를 기준으로 금액을 계산한다. 원격영상재판의 실시에 관한 업무처리지침(재일 2020-1) 제17조 제1항.

262) 소송비용실무, 31면.

나. 당사자비용

1) 직접 지출한 감정비용

주의할 것은, 가령, 법원의 감정명령에 따라 신체감정을 받으면서 제반 검사비용으로 지출되었다는 금액은 예납의 절차에 의하지 않고 직접 지출하였다 하더라도 감정비용에 포함되는 것으로서 소송비용에 해당하는 것이다.[263)]

따라서 이는, 소송비용확정의 절차를 거쳐 상환받을 수 있는 것이므로, 별도로 소구(訴求)할 이익이 없다.[264)]

2) 변호사의 보수

이에 관한 사항은 내용이 복잡하고도 중요하므로, 별항으로 상론한다.

그런데, 변호사비용이 발생한 경우에는, 후술하는 서기료등이나, 제출비용, 기일출석비용 등은 변호사의 보수에 포함되어 있는 것으로 풀이될 경우가 일반일 것이다.

3) 서기료 등

가) 개 관[265)]

소장 기타 소송에 필요한 서류의 서기료(書記料) **및 도면의 작성료는 대법원규칙이[266)] 정한 금액에 의하는바**(민사소송등비용법 제3조), 구체적인 것은 별항으로 후술하는 바와 같다.

"소송에 필요한 서류"라 함은, 해당 소송에서 자료가 된 서류를 의미하는 것으로 해석된다. 따라서, 진술하지 아니한 준비서면, 법원의 직권발동을 촉구하는 의미의 신청서 등은 이에 포함되지 아니한다.

"소송에 필요한 서류"의 대표적인 예로는, 신청권에 기한 신청서, 기일에 진술된 서면, 번역문 등을 들 수 있다.

"서기료"란 서류의 작성 수수료 또는 작성비용을 말한다.

"소송에 필요한 도면"의 예로는, 별지 도면, 증거로 채택된 서증의 사본 등을 들 수 있다.

---

263) 대법원 1987. 3. 10. 선고 86다카803 판결. 동지 : 대법원 1987. 6. 9. 선고 86다카2200 판결 ; 대법원 2000. 5. 12. 선고 99다68577 판결.

264) 대법원 1987. 3. 10. 선고 86다카803 판결. 동지 : 대법원 1987. 6. 9. 선고 86다카2200 판결 ; 대법원 2000. 5. 12. 선고 99다68577 판결.

265) 제요[민소 I], 367~8면 ; 소송비용실무, 31~32, 38면.

266) 법문에는 "대법원규칙의"로 되어 있으나, 이는 우리 말 어법에 맞지 아니하는 표현이다.

나) 원 칙

소장 기타 소송에 필요한 서류의 서기료는 1면 16행 이상, 1행 20자 이상으로 된 1면마다 250원으로 하고, 1면에 미달한 경우에는 1면으로 본다(민사소송비용규칙 제2조 제1항 본문).

다만, 구술로써 소를 제기한 경우(소액사건심판법 제4조 및 제5조)에는 소장의 서기료를 소송비용으로 하지 못한다(민사소송비용규칙 제2조 제1항 단서).

도면의 작성료는 그 정밀도에 따라 1면에 250원 이상 1,000원 이하로 한다(같은 조 제2항).

다) 특 칙

(1) 법무사비용

법무사에게 지급한 또는 지급할 서기료 및 도면작성료는 대한법무사협회의 회칙이 정하는 법무사의보수에관한규정에 정한 금액으로 한다(민사소송비용규칙 제2조 제3항).

다만, 위 금액 전부를 소송비용에 산입하는 것이 소송목적의 값, 사건의 특성과 난이도 등에 비추어 현저히 부당하다고 인정되는 경우에는 법원은 상당한 정도까지 감액 산정할 수 있다(같은 조 제4항).[267]

(2) 번역비용

외국으로의 사법공조촉탁을 위하여 번역문을 첨부함에 따른 번역비용은 소송비용으로 한다(국제민사사법공조법 제7조 제4항).

그러나, 위 경우가 아니더라도, 외국어로 된 서류의 번역문의 번역비용은, 소송비용 개괄주의(민사소송비용법 제9조)에 의하여 소송비용이 되는 것으로 풀이된다.[268]

4) 그 밖의 당사자비용

가) 증명서 등 발급비용

법령에 따라 제출을 요하여 공공기관에서 발급받은 서류의 경우, 그 발급비용 역시 소송비용 개괄주의(민사소송비용법 제9조)에 의하여 소송비용이 되는 것으로 풀이된다.[269]

서증으로 제출하기 위하여 공공기관에서 발급받은 서류의 경우에도, 그것이 증거로 채택된 경우라면 그 발급비용 역시 소송비용이 되는 것으로 풀이된다.[270]

---

267) 이 감액 규정은 2017. 2. 2.부터 시행되고 있다.

268) 소송비용실무, 32~33면.

269) 제요[민소 I] 368면; 소송비용실무, 33면.

270) 소송비용실무, 33면.

나) 제출비용[271)]

이론적으로, 소송서류를 제출한 경우 1회(여러 서류를 동시에 제출한 경우에는 1회로 본다)당 등기우편요금에 따른 제출비용을 인정하여 줌이 실무이다.

다만, 법무사에게 지급한 또는 지급할 제출대행수수료는 대한법무사협회의 회칙이 정하는 법무사의보수에관한규정에 정한 금액으로 한다(민사소송비용규칙 제2조 제3항).

다) 기일출석비용

당사자나 법정대리인의 기일출석비용 역시 당사자비용이 될 수 있으나, 이는 민사소송비용법 제4조(증인, 감정인등에 대한 일당, 여비등)가 정한 한도 내에서만 인정된다고 할 것이다.[272)]

다. 변호사의 보수[273)][274)]

1) 개 관

소송을 대리한 변호사에게 당사자가 지급하였거나 지급할 보수는 대법원규칙이 정하는 금액의 범위 안에서 소송비용으로 인정한다(법 제109조 제1항).[275)][276)][277)]

---

271) 제요[민소 I], 368~9면 ; 소송비용실무, 34~35면.

272) 제요[민소 I], 369~370면 ; 소송비용실무, 35~36면.

273) cf. 변호사보수의 소송비용 산입 제도는 1981. 1. 29. 「소송촉진등에관한특례법」을 제정하면서 같은 법 제16조에 신설한 것이며, 그 후 다시 1990. 1. 13. 법률 제4201호로 「민사소송법」을 개정하면서 「민사소송법」 내로 해당 규정을 편입하기에 이르렀다.
비교법적으로는, 변호사보수를 소송비용에 산입하지 아니하는 입법례도 있고, 전부 산입하는 입법례도 있으며, 우리 법처럼 산입의 범위를 제한하는 입법례도 있다.

274) cf. 「민사소송법」내로 해당 규정이 편입되기 전에는, 구 소송촉진등에관한특례법(1990. 1. 13 법률 제4203호) 제2조가 "이 법은 제1조의 목적을 달성하기 위하여 법정이율·민사소송·소액사건심판·강제집행 및 형사소송에 대한 특례를 규정한다."라고 규정하고 있었던 관계로, 변호사보수의 소송비용산입에 관한 규정은 행정소송 사건이나 선거소송 사건에는 그 적용이 없는 것으로 해석되고 있었다. 대법원 1984. 4. 13.자 84두1 결정 ; 대법원 1991. 4. 24.자 90주5 결정.

275) cf. 법률구조법인등은, 법 제109조에 따라 소송비용에 계산되는 범위의 변호사보수와, 법무부장관의 승인을 받아 내부규정으로 정한 변호사보수를 의뢰자로부터 받을 수 있다(법률구조법 제7조 제1항, 같은 법 시행령 제4조 제1항 제2호, 제3호).
이에 따라, 대한법률구조공단의 경우 (소송물가액이 아니라) 승소가액을 기준으로 하여 「변호사보수의 소송비용 산입에 관한 규칙」이 정한 변호사보수한도액의 약 절반 정도만을 상환받을 변호사보수로 규정하고 있다.

276) 헌재 2016. 6. 30. 선고 2013헌바370·392·421, 2014헌바7·296, 2015헌바74(병합) 결정은, 법 제109조 제1항이 대한민국헌법 제108조, 포괄위임금지원칙, 평등원칙을 위반하거나 재판청구권을 침해하지 아니하고, 위 규정 중 "당사자가 지급하였거나 지급할 보수" 부분이 명확성원칙을 위반하지 아니한다고 보았다. 동지 : 헌재 2019. 11. 28. 선고 2018헌바235·391·460·471, 2019헌바56·95·145(병합) 결정.

277) 헌재 2017. 7. 27. 선고 2015헌바1 결정은, 법 제109조 제1항 중 '소취하간주'에 관한 부분이 재판청구권

이 조항의 취지는, 정당한 권리행사를 위하여 소송을 제기하거나 부당한 제소에 대하여 응소하려는 당사자를 위하여 실효적인 권리구제를 보장하고, 남소와 남상소를 방지하여 사법제도의 적정하고 합리적인 운영을 도모하려는 데 있다. 즉, 정당한 권리실행을 위하여 소송을 제기하거나 응소한 사람의 경우 지출한 변호사비용을 상환받을 수 있게 되는 반면, 패소할 경우 비교적 고액인 변호사비용의 부담으로 인하여 부당한 제소 및 방어와 상소를 자제하게 되기 때문이다.[278)]

한편, 인권에 관한 소송, 소비자보호 소송, 고용관계 소송, 환경보호소송 등 이른바 공익소송과 같이 소송의 승패와 무관하게 문제제기 자체로 잘못된 악습이나 제도의 개선 기회를 제공하는 측면에서 긍정적인 기능을 하고 있다고 볼 수 있는 소송 유형, 의료소송과 같은 전문 분야와 관련한 소송과 같이 상대방의 입증부담이 크거나 당사자가 소송의 승패를 미리 예측하기 어려운 소송 유형의 경우에도 일률적으로 변호사보수를 패소자로 하여금 부담하게 하는 것은 변호사보수 산입 조항의 입법 취지와 맞지 아니하고, 경제적 어려움이 있는 사람들의 소송 자체를 봉쇄한다는 비판이 있을 수 있다.[279)]

그러나, 위와 같은 공익소송 또는 일정한 전문 분야에 관한 소송 등 남소 또는 남상소로 인한 폐해가 적거나 소송의 승패와 상관없이 소제기 자체로 공익에 기여한다고 볼 만한 소송 유형에 대한 변호사보수의 소송비용 산입을 제한하는, 이른바 변호사비용의 편면적(片面的) 패소자부담주의를 도입할 것인지는 입법 정책적으로 판단할 문제이고, 공익소송 또는 전문 영역의 소송 등에 해당하는 사건이라고 하더라도 모든 경우 소송 상대방의 실효적인 권리구제의 필요 또는 남소, 남상소의 우려가 없다고 단정할 수는 없다.[280)]

이에 따라, 소송비용에 산입할 변호사보수의 금액을 정함을 목적으로 「변호사보수의 소송비용 산입에 관한 규칙」이 제정되어 있다(변호사보수의 소송비용 산입에 관한 규칙 제1조).

을 침해하지 아니한다고 보았다.

278) 헌재 2011. 5. 26. 선고 2010헌바204 결정. 동지 : 헌재 2013. 7. 25. 선고 2012헌바68 결정 ; 헌재 2017. 7. 27. 선고 2015헌바1 결정.
다만, 변호사보수를 소송비용에 산입함으로써 자신의 정당한 권리실행을 위하여 제소하거나 응소하려는 자가 패소할 경우의 변호사비용의 상환을 염려하여 소송제도의 이용을 꺼리게 되는 점은 부인할 수 없다고 할 것이지만, 위 법률조항은 정당한 권리실행을 위하여 소송제도를 이용하려는 사람들에게 실효적인 권리구제수단을 마련하고 사법제도를 적정하고 합리적으로 운영하기 위한 중대한 공익을 추구하고 있다고 할 것이다. 헌재 2011. 5. 26. 선고 2010헌바204 결정.

279) 헌재 2019. 11. 28. 선고 2018헌바235·391·460·471, 2019헌바56·95·145(병합) 결정.

280) 헌재 2019. 11. 28. 선고 2018헌바235·391·460·471, 2019헌바56·95·145(병합) 결정.

2) 지급하였거나 지급할 변호사 보수

여기서 "보수"는 그 명칭을 불문하고 당사자와 변호사가 계약으로 정한 소송위임업무의 경제적 대가를, "지급"은 당사자가 그 대가를 변호사에게 주는 것을 의미하는 것으로 이해할 수 있다.[281)]

나아가 "당사자가 지급하였거나 지급할 보수"라고 하였으므로, 이미 변호사에게 준 것뿐만 아니라 앞으로 주겠다고 약속한 대가까지 모두 변호사보수 범위에 포함됨은 물론이다.[282)]

3) 소송을 대리한 변호사의 보수

그러나, 소송대리인으로 선임된 변호사가 소송사건의 변론종결시까지 변론이나 증거조사 등 소송절차에 전혀 관여한 바가 없다면, 그에 대하여 보수가 지급되었다 하더라도 소송비용에 포함될 수 없다.[283)] 법 제109조 제1항은 당사자로부터 보수를 받는 대상을 "소송을 대리한 변호사"라고 규정함으로써, 변호사가 당사자를 대신하여 소송위임업무를 처리하였어야 함을 요구하고 있기 때문이다.[284)]

또한, **소송비용으로 인정되는 변호사의 보수를 계산할 때에는 여러 변호사가 소송을 대리하였더라도 한 변호사가 대리한 것으로 본다**(법 제109조 제2항).

4) 산입할 변호사 보수의 기준

가) 원 칙

(1) 개 관

(가) 본안소송의 경우

소송비용에 산입되는 변호사의 보수는, '당사자가 보수계약에 의하여 지급한 또는 지급할 보수액의 범위 내에서' '각 심급단위로' 소송목적의 값에 따라 변호사보수의 소송비용 산입에 관한 규칙 별표의 기준에 의하여 산정한다(변호사보수의 소송비용 산입에 관한 규칙 제3조 제1항).[285)]

---

281) 헌재 2016. 6. 30. 선고 2013헌바370·392·421, 2014헌바7·296, 2015헌바74(병합) 결정.

282) 헌재 2016. 6. 30. 선고 2013헌바370·392·421, 2014헌바7·296, 2015헌바74(병합) 결정.

283) 대법원 1992. 11. 30.자 90마1003 결정(사안은 변론종결후 소송위임장을 제출하였으나 변론이 재개되지 아니한 채 판결이 선고된 경우).

284) 헌재 2016. 6. 30. 선고 2013헌바370·392·421, 2014헌바7·296, 2015헌바74(병합) 결정.

285) cf. 현재는 소송비용에 산입되는 변호사보수의 최저한도가 30만 원이나, 2013. 11. 30. 이전에는, 소송비용에 산입되는 변호사보수의 최저한도가 10만 원이었다(구 변호사보수의소송비용산입에관한규칙(2013. 11. 2. 대법원규칙 제2496호로 개정되기 전의 것) 제3조 제1항 단서).

(나) 보전처분의 경우

그러나, 가압류, 가처분 명령의 신청, 그 명령에 대한 이의 또는 취소의 신청사건에 있어서 소송비용에 산입되는 변호사의 보수는 당사자가 보수계약에 의하여 지급한 또는 지급할 보수액의 범위 내에서, 각 심급단위로 피보전권리의 값에 따라 변호사보수의 소송비용 산입에 관한 규칙 별표의 기준에 의하여 산정한 금액의 1/2로 한다(변호사보수의 소송비용 산입에 관한 규칙 제3조 제2항 본문).

다만, 가압류, 가처분 명령의 신청사건에서는 변론 또는 심문을 거친 경우에만 변호사의 보수를 소송비용에 산입한다(같은 항 단서).

(2) 산정의 기준이 되는 소가

여기서 소송목적의 값에 관하여서는 주의할 점이 몇 가지 있다.

첫째, 이는 민사소송 등 인지법 제2조의 규정에 의하며, 청구취지 또는 신청취지를 변경한 경우에는 변경한 청구취지 또는 신청취지를 기준으로 한다(같은 규칙 제4조).

둘째, '상소심에서 선임한' 변호사보수 중 소송비용에 산입할 금액의 산정 기준이 되는 소송목적의 값은 '상소로써 불복하는 범위의' 소송목적의 값임은 물론이다.[286]

다만, 가령, 항소인이 항소장 제출 이후 피항소인이 소송대리인을 선임하기 전에 불복신청의 범위를 감축한 경우 소송비용에 산입되는 변호사의 보수는 감축된 불복신청의 범위를 기준으로 산정하는 것이 타당하다.[287]

(3) 심급단위의 산정

산입할 변호사 보수는 심급단위로 산정하므로, 당사자들 사이에 이른바 성공보수의 약정을 하면서 전 심급을 통하여 최종적으로 승소한 금액의 일정 비율을 성공보수금으로 지급하기로 한 경우, 각 심급별 소송비용에 산입될 성공보수는 최종 소송 결과에 따라 확정된 성공보수금을 승소한 심급들 사이에서 각 심급별 승소금액에 따라 안분하는 방법으로 산정함이 타당하고, 패소한 심급의 소송비용에 산입할 수는 없다.[288]

---

286) 대법원 2013. 7. 26.자 2013마643 결정. 동지 : 대법원 2017. 2. 7.자 2016마937 결정.

287) 대법원 2017. 2. 7.자 2016마937 결정.

288) 대법원 2012. 1. 27.자 2011마1941 결정(사안은 1심에서는 전부 패소한 것).
위 사건의 원심결정은, 각 심급별 소송비용에 산입될 성공보수를 각 심급별로 '균분'함이 상당하다고 보았으나(원심법원은 그러한 논리에 터잡아 위 사건에서는 1심 변호사보수가 '착수금+성공보수×1/3'이라고 보았다), 대법원은 이러한 원심결정에 변호사보수의 소송비용 산입에 관한 법리오해의 위법이 있다고 보았다(대법원의 논리에 의하면 이 사건에서는 1심 변호사보수는 착수금만이라는 것이 된다).

나) 특 칙

피고의 전부자백 또는 자백간주에 의한 판결과 무변론 판결, 이행권고결정의 경우[289] 소송비용에 산입할 변호사의 보수는 당사자가 보수계약에 의하여 지급한 또는 지급할 보수액의 범위 내에서, 소송목적의 값에 따라 변호사보수의 소송비용 산입에 관한 규칙 별표에 의하여 산정한 금액의 1/2로 한다(변호사보수의 소송비용 산입에 관한 규칙 제5조).

5) 변호사 보수의 재량에 의한 조정

가) 감액조정

변호사보수의 소송비용 산입에 관한 규칙 제3조 및 제5조의 금액 전부를 소송비용에 산입하는 것이 현저히 부당하다고 인정되는 경우에는 법원은 상당한 정도까지 감액 산정할 수 있다(변호사보수의 소송비용 산입에 관한 규칙 제6조 제1항).

여기서 "현저히 부당한 경우"라 함은, 소송목적의 값, 같은 규칙 제3조 및 제5조에 의해 산정한 보수액의 규모, 소송의 경과와 기간, 소송종결사유, 사건의 성질과 난이도, 변호사가 들인 노력의 정도 등 제반 사정에 비추어 볼 때, 같은 규칙 제3조 및 제5조에 의한 산정액 전부를 소송비용으로 인정하여 상대방에게 상환을 명하는 것이 공정이나 형평의 이념에 반하는 결과를 가져오는 경우라고 해석함이 상당하다.[290]

다만, 구체적 사안에서 공정이나 형평의 이념에 반한다고 보아 같은 규칙 제6조에 의한 감액을 할 것인지 여부 및 감액의 정도는 원칙적으로 법원이 앞서 든 제반 사정을 고려하여 적절히 결정할 성질의 문제이고, 그 과정에서 다소 부적절한 점이 있다 하더라도 그 감액 여부나 감액의 정도가 심히 부당하여 허용될 수 없는 경우가 아닌 한 이를 위법하다고 할 것은 아니다.[291]

나) 증액조정

역으로, 법원은 변호사보수의 소송비용 산입에 관한 규칙 제3조의 금액이 소송의 특성 및 이에 따른 소송대리인의 선임 필요성, 당사자가 실제 지출한 변호사보수 등에 비추어 현저히 부당하게 낮은 금액이라고 인정하는 때에는 당사자의 신청에 따라 위 금액의 1/2 한도에서 이를 증액할 수 있다(변호사보수의 소송비용 산입에 관한 규칙 제6조 제2항).

주의할 것은, 상술한 감액조정과 달리 이는 당사자의 신청이 있어야 한다.

---

289) cf. 이행권고결정은 2020. 12. 28.부터 감액의 대상에 포함되었다.

290) 대법원 2007. 4. 26.자 2005마1270 결정. 동지 : 대법원 2010. 7. 13.자 2010마658 결정.

291) 대법원 2007. 4. 26.자 2005마1270 결정.

라. 변리사의 보수와 소송비용

변리사가 소송대리인이 될 수 있는 소송(즉, 지리적표시권이나 품종보호권 소송을 제외한 특허소송)**에서 변리사가 소송을 대리한 경우에, 소송을 대리한 변리사에게 지급하였거나 지급할 보수도 「변호사보수의 소송비용 산입에 관한 규칙」이 정하는 범위안에서 소송비용으로 인정한다**(특허법 제191조의2, 실용신안법 제33조, 디자인보호법 제172조, 상표법 제85조의7에서 각 법 제109조 제1항의 준용).[292)]

소송비용으로 인정되는 변리사의 보수를 계산할 때에는 여러 변리사가 소송을 대리하였더라도 한 변리사가 대리한 것으로 본다(특허법 제191조의2, 실용신안법 제33조, 디자인보호법 제172조, 상표법 제85조의7에서 각 법 제109조 제2항의 준용).

3. 소송비용액의 계산방식

가. 소송으로 이행된 절차의 비용

1) 특별대리인에 관한 비용

특별대리인의 보수, 선임 비용 및 소송행위에 관한 비용은 소송비용에 포함된다(법 제62조 제5항, 제62조의2 제1항 본문).

2) 독촉절차비용

독촉절차가 소송으로 이행된 경우 독촉절차의 비용은 소송비용의 일부로 한다(법 제473조 제4항).

3) 조정비용[293)]

조정신청이 소송으로 이행된 때에 조정절차의 비용은 소송비용의 일부로 본다(민사조정법 제37조 제2항).

4) 화해비용

제소전화해에서, 소제기신청이 있는 경우에는 화해비용은 소송비용의 일부로 한다(법 제

---

292) cf. 2006. 3. 3. 법률 제7871호로 「특허법」을 개정하면서 제191조의2(변리사의 보수와 소송비용)를 신설하기 전에는, 특허사건의 상고심에서 지출한 변리사비용이 상환청구의 대상이 되는 소송비용이 되지 아니하는 것으로 해석되고 있었다. 대법원 1995. 6. 23.자 95쿠3 결정.

293) 그러나, 역으로 소송절차에서 조정에 회부된 때에는 조정비용의 부담 문제가 별도로 발생한다(민사조정법 제37조 제1항 참조).

389조 본문 후단).

5) 증거보전비용

증거보전에 관한 비용은 소송비용의 일부로 한다(법 제383조).

이와 관련하여, 증거보전으로 증거조사가 되었으나 본안소송이 계속되지 아니한 때에는 소송비용부담 및 액수를 정하는 재판(법 제114조)을 할 수 있다는 견해도 있으나, 이는 의문이다. 그 경우는 아직 '소송이 끝난 경우'가 아니기 때문이다. 즉, 관견으로는, 나중에 본안소송이 제기되면 비로소 그 소송비용재판에 따라 증거보전비용의 부담도 정하여질 따름이라고 본다.

나. 소송비용의 심급별 계산

소송비용액은 심급별로 계산한다. 소송 총비용이라는 것도 결국 각 심급별로 계산한 소송비용액을 단순합산한 것을 의미한다.

이와 관련하여 주의할 것은, 파기환송된 사건이 다시 상고된 경우, 새로운 상고심은 「변호사보수의 소송비용 산입에 관한 규칙」의 적용에서는 환송 전의 상고심과는 별개의 심급으로 보아야 한다.[294]

다. 소송비용액확정절차비용의 포함

소송비용액확정절차에 따른 절차비용도 본안사건의 소송비용액확정결정시에 이를 정한다. 그렇지 않으면 그러한 비용을 반환받기 위한 소송비용액확정신청을 반복적으로 해야 한다는 결과가 되기 때문이다.[295]

다만, 피신청인이 부담할 소송비용액이 없는 경우에는 절차비용을 신청인이 부담하게 됨은 기술하였다.

라. 부담비용의 상계

법원이 소송비용을 결정하는 경우에 당사자들이 부담할 비용은 대등한 금액에서 상계(相計) **된 것으로 본다**(법 제112조 본문, 제113조 제2항, 제114조 제2항, 제212조 제2항 후문).

따라서, 결국 신청인의 상환청구액은 '(신청인 지출비용액×상대방 부담비율)-(상대방 지출비용액×

---

294) 대법원 1996. 4. 4.자 96마148 결정.

295) 소송비용실무, 139면.

신청인 부담비율)'이라는 것이 된다.

다만, 상대방이 법원의 최고를 받고서도 의견진술서를 기간 이내에 제출하지 아니한 때에는 상계된 것으로 보지 아니한다(법 제112조 단서, 제113조 제2항, 제114조 제2항). 즉, 그 경우에는 신청인이 신청한 비용만으로써 그 분담액을 정한다.

마. 공동소송인독립의 원칙

1) 개 관

승소한 공동소송인들이 패소한 상대방에 대하여 소송비용의 상환을 구하는 경우에도 소송비용은 각 공동소송인별로 산정함이 원칙이다.[296)]

다만, 변호사보수 총액의 산정에서는 위 원칙이 그대로 관철되지 아니하는 경우가 있으나, 상세한 것은 후술하는 바와 같다.

2) 공동소송인의 소송비용 산정 일반

가) 공동소송인 중 일부에 대하여서만 소송비용을 산정할 경우

수인의 공동소송인 중 일부만 소송비용액 확정을 신청한 경우에는, 공동소송인 전원이 신청한 경우를 전제로 소송비용액을 계산한 다음, 그중 해당 신청인이 상환받을 수 있는 금액에 대하여만 확정결정을 하여야 한다.[297)]

수인의 공동소송인 중 일부만을 상대로 소송비용액 확정을 신청한 경우에도, 공동소송인 전원을 상대로 신청한 경우를 전제로 소송비용액을 계산한 다음, 그중 해당 피신청인이 부담하여야 할 금액에 대하여만 확정결정을 하여야 한다.[298)]

그리고 위와 같은 법리는, 소송이 재판에 의하지 아니하고 완결되어 수인의 공동소송인 중 일부에 관하여 소송비용부담의 재판과 함께 소송비용액 확정을 구하는 신청이 있은 경우에도 적용됨은 물론이다.[299)]

나) 1인이 부담할 몫의 산정

위와 같이 전체 소송물가액을 기준으로 공동소송인들이 공동으로 부담할 소송비용을 산정한 다음에는, 판결 주문에서 공동소송인들에 대하여 명한 소송비용 부담방식에 따라서 1인이

---

296) 대법원 1992. 12. 14.자 92마369 결정.
297) 대법원 2008. 6. 26.자 2008마534 결정.
298) 대법원 2008. 6. 26.자 2008마534 결정.
299) 대법원 2008. 6. 26.자 2008마534 결정.

부담할 몫을 정하여야 한다.[300]

원칙적인 경우라면(법 제102조 제1항 본문), 즉, 판결 주문에서 단순히 소송비용은 공동소송인들의 부담으로 한다고 정하였다면, - 설령 피신청인별로 그 소송목적의 값이 상이하다고 하더라도 - 피신청인들이 신청인에게 상환해야 할 소송비용총액을 균분하여 부담하도록 정하여야 한다.[301]

그러나 이와 달리, 가령, 판결 주문에서 소송비용을 공동소송인 중 일부(예 : A, B)와 상대방 사이에 생긴 부분과 나머지 공동소송인(예 : C, D)과 상대방 사이에 생긴 부분으로 나누어 각 해당 부분의 공동소송인이 부담한다고 정하였다면, 공동소송인 각자가 상대방에게 상환할 소송비용은 전체 공동소송인들이 공동으로 부담할 소송비용 중 '전체 공동소송인의 소송목적의 값을 합산한 금액에서 각 해당 부분에 속한 공동소송인의 소송목적의 값을 합산한 금액이 차지하는 비율에 따라 안분한 금액'을(즉, 위 예에서 'A·B'와 'C·D' 사이에서는 안분) 다시 각 해당 부분의 공동소송인 사이에 균분하는 방식으로 정하여야 한다(즉, 위 예에서 위와 같이 일단 안분한 것을 다시 각각 A, B 사이에서 균분하고, C, D 사이에서도 균분).[302]

3) 공동소송인이 선임한 변호사의 보수 선정

가) 공동소송인이 서로 다른 변호사를 선임한 경우

수인의 공동소송인이 서로 다른 변호사를 선임하여 소송을 수행하게 하였는데, 소송비용을 상대방이 전부 부담하는 판결이 선고된 경우, 소송비용액 확정 절차에서 그 상대방이 공동소송인 중 일부 당사자에게 상환할 변호사보수는 '그 당사자에 관한 소송목적의 값을 기준으로 하여' 변호사보수의 소송비용 산입에 관한 규칙에 따라 산정된 변호사보수액 전체이며, 그 변호사보수를 공동소송인들 사이에서 균분하거나 소송목적의 값의 비율에 따라 안분한 금액이 아니다.[303]

---

300) 대법원 2001. 10. 16.자 2001마1774 결정 참조.
위 판례는 변호사보수에 관하여 위와 같이 설시하고 있으나, 여타 소송비용에 관하여서도 달리 새길 이유가 없다.

301) 대법원 2014. 6. 12.자 2014마145 결정. 동지 : 대법원 2001. 10. 16.자 2001마1774 결정.

302) 대법원 2013. 7. 26.자 2013마643 결정.
위 판례는 변호사보수에 관하여 위와 같이 설시하고 있으나, 여타 소송비용에 관하여서도 달리 새길 이유가 없다.

303) 대법원 2013. 7. 26.자 2013마643 결정. 동지 : 대법원 2012. 7. 26.자 2012마445 결정.

나) 공동소송인이 공동으로 변호사를 선임한 경우

(1) 선임 자체를 공동으로 한 경우

수인의 공동소송인이 공동으로 변호사를 선임하여 소송을 수행하게 한 경우에 특별한 사정(예컨대 그 공동소송이 실질적으로는 독립소송이나 다름없을 정도로 공동소송인 사이에 관련성이 희박하면서도 형식상으로만 공동소송으로 되어 있다는 등)이 없는 한, 그 공동소송인들이 지급하였거나 지급할 변호사보수를 소송비용에 산입함에는, 각 공동소송인별로 소송물가액을 정하여 변호사보수를 각 개인별로 산정한 다음 이를 합산할 것이 아니라, 동일한 변호사를 선임한 공동소송인들의 각 소송물가액을 모두 합산한 총액을 기준으로변호사보수를 산정하는 것이 옳다.[304]

그러나, 같은 취지에서, 동일한 변호사를 선임하는 공동소송인들 사이에 소송물의 중복관계가 있는 경우에는, 변호사보수 계산의 기준이 되는 소송물가액은 각 공동소송인의 소송물 중 최다액의 소송물가액만을 기준으로 하고, 중복된 공동소송인의 소송물가액을 합산하여서는 아니 된다.[305]

또한, 수인의 공동소송인이 패소한 경우, 그중 1인이 승소한 상대방 당사자에게 부담하여야 할 소송비용에 산입되는 변호사보수는 그 1인이 관련된 소송물가액만을 기준으로 산정할 것이 아니고, 전체 소송물가액을 기준으로 공동소송인들이 공동으로 부담할 소송비용에 산입되는 변호사보수를 산정하여야 한다.[306]

(2) 변론병합에 의하여 공동소송이 발생한 경우

그러나, 전술한 경우와 달리, 별개로 진행된 복수(複數)의 소송에서 당사자가 각각 별도로 변호사를 소송대리인으로 선임하였다가 나중에 법원의 변론병합결정에 의하여 공동소송인이 되었다면, 그 선임된 변호사가 동일인이라고 하더라도 그 공동소송인마다 따로 소송물가액에 따라 변호사보수액을 산정한 후 이를 합산함이 상당하다.[307]

마찬가지로, 1인 또는 수인에 의하여 특정인을 상대로 하여 각각 독립된 소송으로 소송이 제기되자, 그 특정인이 각 소송에 대하여 동일한 소송대리인을 선임하여 소송을 수행하게 하였는데, 나중에 법원의 변론병합결정에 의하여 그 복수의 소송이 하나의 공동소송으로 병합되었다면, 그 특정인이 지출한 변호사보수 중 상대방 공동소송인들이 부담할 변호사보수

304) 대법원 2000. 11. 30.자 2000마5563 전원합의체 결정. 동지: 대법원 2001. 8. 13.자 2000마7028 결정.
305) 대법원 2001. 8. 13.자 2000마7028 결정. 동지: 대법원 2008. 5. 29.자 2007마761 결정.
306) 대법원 2001. 10. 16.자 2001마1774 결정.
307) 대법원 2008. 6. 23.자 2007마634 결정.

를 소송비용에 산입함에 있어서는, 특별한 사정이 없는 한 병합되기 전의 각 소송의 소송목적의 값을 기준으로 규칙 제3조에 의한 변호사보수액을 각각 산정한 후 이를 합산하는 방법으로 소송비용에 산입될 변호사보수액을 산정하여야 한다.[308]

Ⅱ. 소송비용액확정 절차

1. 소송비용액확정 절차 개관

가. 소송비용액확정 절차의 종류 개관

광의의 소송비용액확정 절차에는 소송비용액만을 확정하는 경우(법 제110조 제1항, 제113조)와 소송비용부담의 재판까지 하는 경우(법 제114조 제1항, 제212조 제2항)가 있다.

나. 소송비용액만을 확정하는 경우 : 소송이 재판 또는 화해에 의하여 끝난 경우

1) 소송이 재판에 의하여 끝난 경우

소송비용의 부담을 정하는 재판에서 그 액수를 정하지[309] 아니한 경우에, 제1심 법원은 그 재판이 확정되거나 소송비용부담의 재판이 집행력을 갖게 된 후에 당사자의 신청을 받아 결정으로 그 소송비용액을 확정한다(법 제110조 제1항).[310][311][312]

실무상, 소송비용 재판에서 액수까지 정하는 경우는 거의 없으므로, 소송비용 재판이 있으면 일반적으로 후속 절차로서 이 소송비용액확정신청이 문제된다.

소송비용액확정결정 절차에서는 상환할 소송비용의 액수를 정할 수 있을 뿐 소송비용에

308) 대법원 2014. 6. 12.자 2014마145 결정.

309) cf. 현행법의 법문에는 "… 그 액수가 정하여지지 …"로 되어 있으나, 구법(2002. 1. 26. 법률 제6626호로 전부개정되기 전의 것) 제100조 제1항에서는 "… 그 수액을 정하지 …"이라고 표현하였다. 그런데 왜 법을 개정하면서 굳이 수동태 표현으로 바꾸었는지는 의문이다(법 제113조 제1항 참조).

310) 따라서, 이론적으로, 만일 소송비용 부담부분에 관하여서도 가집행선고가 붙어 있다면, 역시 소송비용액확정결정을 할 수 있다는 것이 된다.

311) 마류 가사비송사건의 경우에도, 가정법원이 액수를 정하지 아니하고 절차비용 부담의 재판을 한 경우, 그 비용액의 확정에 관하여는 「민사소송법」 중 소송비용액확정결정에 관한 규정을 준용한다(가사소송규칙 제95조 제1항).

312) 헌재 2019. 11. 28. 선고 2018헌바235·391·460·471, 2019헌바56·95·145(병합) 결정은, 이 규정이 재산권을 침해하지 아니한다고 보았다.

관한 재판에서 확정한 상환의무 자체의 범위를 심리판단하거나 변경할 수는 없으며,[313] 소송비용액확정결정은 집행권원에 의하여 확정된 소송비용상환청구권을 집행하기 위하여 그 액수만을 정하기 위한 것으로서 집행권원을 전제로 이를 보충하는 부수적인 재판에 불과하여 집행권원과 밀접불가분한 일체의 관계에 있다.[314] 따라서, 소송비용액 확정절차 외에서 이루어진 변제, 상계, 화해 등에 의하여 소송비용부담에 관한 실체상의 권리가 소멸되었다고 하더라도 이러한 사유는, 소송비용액 확정결정의 집행단계에서 청구이의의 소를 제기할 사유가 될 수 있을 뿐, 소송비용액 확정절차에서 심리·판단할 대상은 될 수 없다.[315]

주의할 것은, 이는 상대방이 부담할 액수를 확정하는 것이지 스스로 부담할 액수를 확정하거나 자기가 소송비용으로 지출한 액수를 확인해 주는 절차는 아니라는 것이다.[316] 따라서, 소송비용을 당사자가 각자 부담하도록 명한 경우에는, 상대방에게 상환청구를 할 수 없으므로, 소송비용액확정신청의 이익이 없다.[317]

또한 주의할 것은, 가령 소송이 항소취하로 끝난 경우에는 법 제114조는 '항소비용'에 관하여서만 적용되고, '제1심의 소송비용'에 관하여서는 법 제110조 제1항이 적용된다는 것이다. 제1심 법원이 한 소송비용 부담의 재판이 – 항소취하로써 – 확정되었기 때문이다.

2) 화해의 경우

재판상 화해가 성립하거나 화해권고결정이 확정된 경우에는 소송비용액 확정의 문제가 발생하지 아니함이 일반이다(법 제106조 참조).

그러나, **당사자가 법원에서 화해한 경우**(화해권고결정이 확정된 경우 포함)**에도 당사자가 소송비용부담의 원칙만을 정하고 그 액수를 정하지 아니한 때에는 법원은 당사자의 신청에 따라 결정으로 그 액수를 정하여야 한다**(법 제113조 제1항). 즉, 재판상 화해나 확정된 화해권고결정의 경우에도 이 경우에는 예외적으로 소송비용액 확정결정이 필요하다.

이론적으로, 조정을 갈음하는 결정에서도 같은 문제가 발생할 수 있으나, (임의)조정에서는 특별한 사정이 없는 한 소송비용액확정의 문제가 발생할 여지가 없다(민사조정법 제37조 제1항).

---

313) 대법원 1995. 4. 18.자 94마2190 결정. 동지 : 대법원 1986. 3. 8.자 86마55 결정 ; 대법원 2001. 8. 13.자 2000마7028 결정 ; 대법원 2008. 5. 7.자 2008마482 결정 ; 대법원 2011. 3. 24. 선고 2010다96997 판결.

314) 따라서, 소송비용액확정결정을 집행권원으로 하는 재산명시신청(민사집행법 제61조 제1항 본문)을 할 수도 있다. 대법원 1995. 4. 18.자 94마2190 결정.

315) 대법원 2008. 5. 7.자 2008마482 결정.

316) 대법원 1991. 4. 22.자 91마152 결정.

317) 대법원 1991. 4. 22.자 91마152 결정.

다. 소송비용의 부담을 정하면서 소송비용액을 확정하는 경우

1) 소송이 재판 또는 화해에 의하지 아니하고 끝난 경우

가) 개 관

재판상 화해의 성립 또는 화해권고결정의 확정 외에 소송이 재판에 의하지 아니하고 끝난 경우에는, 법원은 당사자의 신청에 따라 결정으로 소송비용의 액수를 정하고, 이를 부담하도록 명하여야 한다(법 제114조 제1항 전단).[318)]

화해 외에 "소송이 재판에 의하지 아니하고 끝난 경우"에는, 청구의 포기·인낙, 소의 취하, 소의 취하간주, 상소의 취하, 상소의 취하간주 등이 있다.[319)]

이 경우 소송비용은 당사자가 재판 외에서 별도로 합의하거나 지출자의 부담으로 하려는 경우가 많이 있을 것을 고려하여 그 경우에는 당사자의 신청이 있을 때에만 비용액을 확정하고 그 부담자를 정하기로 한 것이다.[320)]

이 경우에도 소송비용의 부담에 대하여는 일반원칙(법 제98조 내지 제102조)**에 의한다**(법 제114조 제2항).

즉, 소송이 (화해 외에) 재판에 의하지 아니하고 끝난 경우와 소송이 재판에 의하여 끝난 경우는 소송비용 부담을 정하는 절차가 달라질 뿐, 소송비용의 범위나 부담자를 정하는 기준은 다르지 아니하다.[321)]

따라서, 소취하나 청구포기의 경우에는 원고가, 청구인낙의 경우에는 피고가, 상소취하의 경우에는 상소인이[322)] 각각 패소자에 준하여 소송비용을 부담함이 원칙이다(법 제114조 제2항, 제98조).

주의할 것은, 이 재판은 본안사건 소송절차에 대한 부수적 재판으로서, 본안사건 청구의 당부와 그 밖에 소송행위의 필요성, 소송지연 등 본안사건 소송절차 내의 사정만을 고려하여 부담의무 주체 및 부담 부분을 판단하여야 한다.[323)]

즉, 소송비용부담에 관한 실체상의 권리가 소멸하였다거나 이전되었다는 등의 사정은, 소

---

318) cf. 그러나, 지급명령이 확정된 경우에는, 이미 지급명령에서 독촉절차비용의 액수까지 정하고 있으므로, 소송비용확정절차에 의할 필요가 없다.

319) 헌재 2017. 7. 27. 선고 2015헌바1 결정.

320) 헌재 2017. 7. 27. 선고 2015헌바1 결정.

321) 헌재 2017. 7. 27. 선고 2015헌바1 결정.

322) 대법원 2008. 8. 14.자 2008카확6 결정(사안은 상고취하) 참조.

323) 대법원 2020. 7. 17.자 2020카확522 결정.
그런데 위 판례는 "소송비용부담의 재판은 …"이라고 표현하나, 적절한 용어법인지 의문이다.

송비용부담 및 확정결정의 집행단계에서 청구에 관한 이의의 소 등으로 다툴 수 있음은 별론으로 하고, 소송비용부담 및 확정절차에서 이를 주장·증명하여 심판의 대상으로 삼을 수는 없다.[324)]

이 중, 소취하의 경우를 상론하면 다음과 같다.

나) 소취하의 경우[325)]

소 취하로 인하여 소송이 끝난 경우, 소송비용부담 및 확정 신청(법 제114조 제1항)이 있으면, 법원은 민사소송법 소 취하의 경위, 각 당사자의 소송행위의 내용 등 여러 사정을 종합하여 재량에 의하여 소송비용을 부담할 자와 그 부담액을 정할 수 있다.

다만, 소의 취하는 처음부터 소송계속이 없었던 것으로 간주되는 것이므로 그 소는 원칙적으로 원고에게 무익한 것, 즉 권리의 신장 또는 방어에 필요한 행위가 아니었던 셈이 되어, 피고가 채무를 이행하였기 때문에 소를 취하한 것이라는 등의 특별한 사정(법 제99조 참조)이 없는 한, 패소한 당사자에 준하여 소를 취하한 원고가 소송비용의 부담자가 되는 것이 원칙이다.

나) 소의 일부취하 또는 청구감축의 경우

소의 일부가 취하되거나 또는 청구가 감축된 경우의 소송비용에 관하여서도 법 제114조의 적용이 있는 것으로 해석함이 상당하므로, 이 경우 당사자가 일부 취하되거나 청구가 감축된 부분에 해당하는 소송비용을 상환받기 위하여는 위 규정에 의하여 일부 취하되거나 감축되어 그 부분만이 종결될 당시의 소송계속법원에 종국판결과는 별개의 절차로서의 소송비용부담재판의 신청을 하고 그에 따라 결정된 소송비용의 부담자 및 부담액에 의할 것이다.[326)]

이 경우에 당초 소송의 종국판결에서는 직접적으로 판단의 대상이 된 나머지 청구에 관하여만 소송의 승패, 소송수행의 상황 등을 참작하여 소송비용의 부담자 및 부담비율을 정하는 것이기 때문이다.[327)] 즉, 일부취하 또는 감축된 부분은 소송이 재판에 의하지 아니하고 끝났기 때문에 위와 같이 별개의 소송비용액확정 절차를 거칠 실익이 있는 것이다.

---

324) 대법원 2020. 7. 17.자 2020카확522 결정.

325) 대법원 2020. 7. 17.자 2020카확522 결정.
위 결정의 사안은 원고가 제1심에서 일부 승소하였다가 항소심에서 전부 패소한 후 상고심에서 소를 취하하였는데 피고가 대법원에 소송비용부담 및 확정 신청을 한 것이다. 이에 위 결정에서 대법원은 제1, 2, 3심의 소송비용을 모두 원고에게 부담시켰다.

326) 대법원 1999. 8. 25.자 97마3132 결정. 동지: 대법원 2017. 2. 7.자 2016마937 결정.

327) 대법원 1999. 8. 25.자 97마3132 결정.

2) 참가 또는 이에 대한 이의신청이 취하된 경우

참가 또는 이에 대한 이의신청이 취하된 경우에도 법원은 당사자의 신청에 따라 결정으로 소송비용의 액수를 정하고, 이를 부담하도록 명하여야 한다(법 제114조 제1항 후단).

이 경우에도 참가소송비용이나 참가이의신청의 소송비용의 부담에 대하여는 일반원칙에 의한다(법 제114조 제2항, 법 제103조).

3) 소송비용부담재판이 누락된 경우

소송비용의 재판을 누락한 경우에 '당사자의 신청에 따라' 그 소송비용에 대한 재판을 하는 경우(법 제212조 제2항 전문)에도, 법원은 결정으로 소송비용의 액수를 정하고, 이를 부담하도록 명하여야 한다(법 제212조 제2항 후문, 제114조 제1항).

이 문제에 관하여 상세한 것은 이 책 보론의 '소송비용재판의 누락' 부분을 참조하기 바란다.

2. 소송비용액 확정신청

가. 개 관

앞에서 살펴 본 바와 같이 (광의의) '소송비용액확정신청'에는, 문자 그대로 소송비용액의 확정만을 신청하는 (협의의) '소송비용액확정신청'(법 제110조 제1항, 제113조)과, 소송비용부담의 재판까지 구하는 '소송비용부담 및 확정 신청'(법 제114조 제1항, 제212조 제2항)이 있다.

상환할 소송비용의 액수는 신청의 범위 내에서 정한다.[328)]

그런데, 신청인이 확정판결에 따른 소송비용액확정결정 신청권 및 청구권을 모두 포기하기로 합의한 바 있다면, 궁극적으로 그 권리행사를 할 수 없게 되는 것이므로, 그 소송비용액 확정결정의 신청은 권리보호의 이익이 없다고 보아야 할 것이다.[329)]

나. 방 식

(광의의) 소송비용액확정신청(법 제110조 제1항, 법 제113조 제1항 또는 법 제114조 제1항)은 서면(「소송비용액확정신청서」 또는 「소송비용부담 및 확정신청서」)으로 하여야 한다(규칙 제18조).

소송비용액확정 또는 소송비용부담 및 확정 사건은 부수사건이므로, 기본사건이 종이기록

---

328) 대법원 2002. 9. 23.자 2000마5257 결정. 동지: 대법원 2001. 8. 13.자 2000마7028 결정.

329) 대법원 1991. 3. 18.자 88마카31 결정. 동지: 대법원 2010. 3. 30.자 2009스146 결정.

사건이라면, 소송비용액확정신청 또는 소송비용부담 및 확정신청 역시 전자적으로는 하지 못한다(민소전자문서법 제10조 제2항, 민소전자문서규칙 제19조 제1항 제3호 본문).

소송비용액확정신청과 소송비용부담 및 확정신청은 기본적 신청이므로, 신청서에 1,000원의 인지를 붙이고(민사소송 등 인지법 제9조 제5항 제4호), 송달료를 예납하여야 하며, 별도기록이 편성된다.[330]

다. 첨부서류

1) 개 관

(광의의) **소송비용액의 확정결정을 신청할 때에는 비용계산서, 그 등본과 비용액을 소명하는 데 필요한 서면을 제출하여야 한다**(법 제110조 제2항, 제113조 제2항, 제114조 제2항, 제212조 제2항 후문).

후술하는 바와 같이, 비용계산서의 등본은 상대방에게 의견진술을 최고하는 데에 사용된다. 이러한 첨부서류와 관련하여 특기할 점은 다음과 같다.

2) 비용의 소명에 필요한 서면

인지대, 송달료, 예납금 등 재판비용은 소송기록이나 전산자료에 의하여 확인가능한 경우가 일반적이므로, 원칙적으로 비용액을 소명하는 데 필요한 서면은 당사자비용에 관하여서만 제출하면 족하다.

주의할 것은, 변호사보수를 소송비용으로 인정받기 위해서는 지급사실과 지급액수 등이 객관적으로 소명되어야 한다는 것이다(법 제109조 제1항 참조).[331]

3) 승계집행문 : 비용부담 의무자의 승계가 있는 경우

소송비용부담의 재판 이후에 비용부담 의무자의 승계가 있는 경우, 그 승계인을 상대로 소송비용액확정신청을 하기 위해서는 승계집행문을 부여받아야 한다.[332]

라. 관 할

1) (협의의) 소송비용액확정신청의 경우

기술한 바와 같이, (협의의) 소송비용액확정신청은 제1심 법원에 하여야 한다(법 제110조 제1

---

330) '인지액·편철방법예규'.

331) 헌재 2016. 6. 30. 선고 2013헌바370·392·421, 2014헌바7·296, 2015헌바74(병합) 결정.

332) 대법원 2009. 8. 6.자 2009마897 결정.

항). 이는 소송기록을 제1심 법원에서 보존하기 때문으로 풀이된다.

그리고, 법 제110조 제1항의 소송비용액 확정결정을 제1심법원이 한다고 함은, 이 사건이 성질상 (제1심) 수소법원의 전속관할에 속함을 의미한다.[333]

2) 소송비용부담 및 확정 신청의 경우

소송이 재판에 의하지 아니하고 완결된 경우(법 제114조 제1항 전단)에 당사자가 소송비용을 상환받기 위하여서는, '해당 소송이 완결될 당시의 소송계속법원'에 소송비용부담재판의 신청(즉, 소송비용부담 및 확정 신청)을 하여야 하고, 이를 제1심수소법원에 소송비용액확정결정신청의 방법으로 할 수는 없다.[334]

따라서, 예컨대, 항소취하에 의하여 제1심 판결이 확정된 경우, 제1심 소송비용에 관하여서는 제1심법원에 소송비용액확정신청을, 항소심 소송비용에 관하여서는 항소법원에 소송비용부담 및 확정 신청을 각각 하여야 한다는 것이 된다.[335]

다만, 위와 같은 결론은 이와 같은 현행법의 해석상으로는 부득이한 것이지만, 입법론적으로는 의문이다. 왜냐하면, 정작 소송비용의 액수를 정하는 데에 필요한 소송기록이 제1심 법원에 있기 때문이다.[336]

참가 또는 이에 대한 이의신청이 취하된 경우(같은 항 후단)에도, 현행법상 역시 취하를 한 당시의 소송계속법원에 소송비용부담 및 확정 신청을 하는 것으로 해석할 수밖에 없다.

소송비용의 재판을 누락한 경우(법 제212조 제2항)에 관하여서는, 이 책 보론의 '소송비용재판의 누락' 부분의 설명을 참조하라.

3. 피신청인에 대한 최고 등

가. 피신청인에 대한 최고

법원은 소송비용액을 결정하기 전에 상대방(즉, 피신청인)**에게 비용계산서의 등본을 교부하고, 이에 대한 진술을 할 것과 일정한 기간 이내에 비용계산서와 비용액을 소명하는 데 필요**

---

333) 대법원 2010. 4. 16.자 2010마357 결정.

334) 대법원 1992. 11. 30.자 90마1003 결정(사안은 항소취하에 따른 항소심 소송비용).
위 사안에서도 제1심 소송비용에 관하여서는 소송비용액확정신청을 제1심 수소법원에 하여야 함은 물론이다.

335) 소송비용실무, 105면.

336) 이 경우에 관하여, 일본법의 경우 '제1심 법원이' 신청에 의하여 소송비용부담의 재판을 하고, 이에 따라 해당 법원의 법원사무관등이 부담액을 정하도록 규정하고 있는 것은 시사적이다.

한 서면(의견진술서)**을 제출할 것을 최고**(催告)**하여야 한다**(법 제111조 제1항, 제113조 제2항, 제114조 제2항, 제212조 제2항 후문).

실무상, 「최고서」를 송달함으로써 최고한다.

나. 피신청인의 의견진술서 제출

최고를 받은 피신청인은 진술서를 통하여, 신청인의 비용계산서에 적힌 비용항목과 그 금액 등에 관하여 의견을 밝히고 자신의 비용계산서와 소명자료를 제출할 수 있다.

다. 피신청인의 비용계산서의 송달

피신청인이 비용계산서를 제출한 때에는, 비용계산서 등본을 다시 신청인에게 송달하여 그 의견을 묻는 것이 실무이다.

4. 소송비용액의 계산

가. 법원사무관등에 의한 계산

(광의의) **소송비용액 확정신청이 있는 때에는 법원은 법원사무관등에게 소송비용액을 계산하게 하여야 한다**(법 제115조). 이에 따라 법원사무관등은 소송비용계산서를 작성하게 된다.

나. 피신청인이 의견진술서를 제출하지 아니한 경우의 계산

상대방(즉, 피신청인)**이 의견진술서**(법 제111조 제1항)**를 기간 이내에 제출하지 아니한 때에는 법원은 신청인의 비용에 대하여서만 결정할 수 있다**(법 제111조 제2항 본문, 제113조 제2항, 제114조 제2항, 제212조 제2항 후문).

다만, – 기간 내에 의견진술서를 제출하지 아니한 – **상대방도 소송비용액 확정결정**(법 제110조 제1항)**을 신청할 수 있다**(법 제111조 제2항 단서, 제113조 제2항, 제114조 제2항, 제212조 제2항 후문). 즉, 그러한 상대방도 나중에 자신의 비용액의 확정을 구할 수는 있다. 그러나, 이 경우 상대방은, 신청인이 신청한 비용과 상계할 기회를 상실함은 물론(법 제112조 단서), 나중에 별도로 소송비용액확정절차를 하기 위하여 비용을 지출하게 되는 불이익을 입게 된다.

5. 소송비용액확정결정

(광의의) 소송비용액 확정결정은, 후술하듯이 항고로만 불복을 신청할 수 있는 재판으로서, 집행권원이 된다(민사집행법 제56조 제1호).[337)]

한편, 소송비용액확정결정에 따른 소송비용액상환의무는 소송비용액확정결정이 확정됨으로써 비로소 이행기가 도래하고, 채무자가 그 이행기가 도래하였음을 안 때로부터 지체책임을 진다고 할 것이다.[338)]

상환하여야 할 소송비용액이 없는 경우에는 "… 피신청인이 신청인에게 상환하여야 할 소송비용액이 없음을 확정한다." 식의 주문을 내게 된다. 그리고, 이와 같이, 소송비용액확정신청의 피신청인이 부담하여야 할 소송비용액이 없는 경우에는 송달료 등 소송비용액확정절차에서의 비용은 신청인이 부담할 성질의 것이지 피신청인으로 하여금 이를 부담케 할 수 없다.[339)]

확정된 소송비용액확정결정은, 본안판결의 소송비용 부담의 실체관계 판단을 계량적으로 구체화한 종국적 판단을 내용으로 하는 것으로서 기판력이 있다.[340)] 따라서, 예컨대, 그 비용항목이나 액수의 추가결정을 구하는 것은 허용되지 아니한다.[341)]

다만, 소송비용액확정절차는 권리의무의 존부를 확정하는 것이 아니라는 점에서 비송적 성격을 가지므로 개개의 비용항목이나 금액에 관하여는 처분권주의(법 제203조)가 적용되지 않고, 법원은 당사자가 신청한 총 금액을 한도로 부당한 비용항목을 삭제·감액하고 정당한 비용항목을 추가하거나 당사자가 주장한 항목의 금액보다 액수를 증액할 수 있는바, 이미 확정된 소송비용액확정사건의 기판력은 그 성격상 개별비용항목과 액수에만 미치는 것이 아니라 신청인의 소송 총비용에 미친다고 봄이 상당하다.[342)]

6. 소송비용액확정에 관한 재판에 대한 불복

가. 각하결정 등에 대한 불복

(광의의) 소송비용액확정신청서의 각하명령이나 신청서에 대한 각하결정에 대하여는 통상

337) 「소송비용액 확정결정에 대한 집행문부여(재민 80-2)」.
338) 대법원 2008. 7. 10. 선고 2008다10051 판결.
339) 대법원 1991. 4. 24.자 90주5 결정. 동지: 대법원 2005. 5. 20.자 2004마1038 결정.
340) 대법원 2002. 9. 23.자 2000마5257 결정. 동지: 대법원 2011. 9. 8.자 2009마1689 결정.
341) 대법원 2002. 9. 23.자 2000마5257 결정.
342) 대법원 2011. 9. 8.자 2009마1689 결정.

항고(법 제439조)로써 불복할 수 있는 것으로 해석된다.

나. 소송비용액확정결정에 대한 불복

(광의의) **소송비용액의 확정결정에 대하여는 즉시항고를 할 수 있다**(법 제110조 제3항, 제113조 제2항, 제114조 제2항, 제212조 제2항 후문).[343)]

소송비용의 확정에 관하여 제1심법원이 산정한 비용액이 법규에 따라 정당하게 산출된 것인지에 관하여 항고심은 직권으로 살펴볼 의무가 있다.[344)]

Ⅲ. 소송구조 변호사 또는 집행관의 보수 및 체당금의 추심변호사 또는 집행관의 보수 및 체당금의 추심

1. 변호사(또는 집행관)의 보수와 체당금의 추심 개관

상대방이 소송비용 부담의 재판을 받은 경우에 변호사 또는 집행관은 소송구조를 받은 사람의 집행권원으로 보수와 체당금에 관한 비용액의 확정결정신청과 강제집행을 할 수 있다(법 제132조 제2항).

따라서, **변호사 또는 집행관은 보수와 체당금에 대하여 당사자를 대위**(代位)**하여** (협의의) **소송비용액확정신청**(법 제113조) **또는 소송비용부담 및 확정 신청**(법 제114조)**을 할 수 있다**(법 제133조 제3항).

2. 변호사(또는 집행관)의 보수와 체당금의 비용액확정신청

변호사(또는 집행관)의 보수와 체당금의 비용액확정 사건은 부수사건이므로, 기본사건이 종이기록사건이라면, 변호사(또는 집행관)의 보수와 체당금의 비용액확정신청 역시 전자적으로는 하지 못한다(민소전자문서법 제10조 제2항, 민소전자문서규칙 제19조 제1항 제3호 본문).

변호사(또는 집행관)의 보수와 체당금의 비용액확정신청은 기본적 신청이므로, 신청서(「변호

---

343) 다만, 사법보좌관이 소송비용액 확정결정을 한 경우 이러한 사법보좌관의 처분에 대하여는 이의신청을 할 수 있다(사법보좌관규칙 제4조 제1항).
이에 대한 재판은 제1심 수소법원이 하게 됨은 물론이다. 대법원 2010. 4. 16.자 2010마357 결정.

344) 대법원 2006. 8. 9.자 2006마455 결정.

사의 보수와 체당금의 비용액확정신청서」, 「집행관의 보수와 체당금의 비용액확정신청서」)에 1,000원의 인지를 붙이고(민사소송 등 인지법 제9조 제5항 제4호),[345] 송달료를 예납하여야 하며, 별도기록이 편성된다.[346]

3. 변호사(또는 집행관)의 보수와 체당금의 비용액확정결정에 대한 불복

비용액확정결정에[347] 대하여서도 즉시항고를 할 수 있다(법 제133조 본문).

345) '인지액·편철방법예규'.

346) '인지액·편철방법예규'.

347) 이 책 초판, 857면에서는 "보수액확정결정에 …"로 오타가 있었다. 이 점, 독자 여러분께 사과드린다.

제 5 장 제3자의 비용상환[348)]

1. 제3자의 비용상환 개관

법정대리인·소송대리인·법원사무관 등이나 집행관이 고의 또는 중대한 과실로 쓸데없는 비용을 지급하게 한 경우에는, 수소법원은 직권으로 또는 당사자의 신청에 따라 그에게 비용을 갚도록 명할 수 있다(법 제107조 제1항).

또한, **법정대리인 또는 소송대리인으로서 소송행위를 한 사람이, 그 대리권 또는 소송행위에 필요한 권한을 받았음을 증명하지 못하거나, 추인을 받지 못한 경우에, 그 소송행위로 말미암아 발생한 소송비용에 대하여서도 수소법원은 직권으로 또는 당사자의 신청에 따라 그에게 비용을 갚도록 명할 수 있다**(같은 조 제2항).

이 경우에 소각하 판결까지 할 경우라면 해당 판결에서 그러한 무권대리인에 대한 소송비용부담의 재판을 하게 되나(법 제108조), 소각하 판결을 하지 아니할 경우라 하더라도 이와 같이 소송비용액상환의 재판을 할 수 있다.

제3자에 대한 소송비용액 상환결정은, 항고로만 불복을 신청할 수 있는 재판으로서, 집행권원이 된다(민사집행법 제56조 제1호).

2. 제3자에 대한 소송비용액 상환신청

제3자에 대한 소송비용액 상환 사건은 부수사건이므로, 기본사건이 종이기록사건이라면, 제3자에 대한 소송비용액 상환신청 역시 전자적으로는 하지 못한다(민소전자문서법 제10조 제2항, 민소전자문서규칙 제19조 제1항 제3호 본문).

제3자에 대한 소송비용액 상환신청은 기본적 신청이므로, 신청서에 1,000원의 인지를 붙이고(민사소송 등 인지법 제9조 제5항 제4호), 송달료를 예납하여야 하며, 별도기록이 편성된다.[349)]

3. 제3자에 대한 소송비용액 상환결정에 대한 불복

제3자에 대한 소송비용액 상환결정에 대하여는 즉시항고를 할 수 있다(법 제107조 제3항).

---

348) 이는 이론적으로는 사건 완결 후에 비로소 문제되는 것이 아니겠으나, 실무는 사건 완결 후의 문제로 보는 듯하다.

349) '인지액·편철방법예규'.

제 6 장 확정된 판결서 내지 소송기록의 열람 등

1. 확정 판결서의 열람·복사

가. 개 관

2015. 1. 1. **이후 최초로 판결이 확정되는 사건의 판결서의 경우에는**(법 부칙(제10859호 제2항), **당사자나 이해관계인**(법 제162조)**이 아니더라도, 누구든지 판결이 확정된 사건의 판결서를 인터넷, 그 밖의 전산정보처리시스템을 통한 전자적 방법 등으로 열람 및 복사할 수 있으며**(법 제163조의2 제1항 본문),[350)][351)] 재판기록 열람·복사의 경우와 마찬가지로, **그 신청에 대하여는 대법원규칙이 정하는 수수료를 내야 한다**(같은 조 제4항, 제162조 제5항).

다만, **소액사건의 판결서와 심리불속행**(상고심절차에 관한 특례법 제4조) **및 상고이유서를 제출하지 아니함으로 말미암은 상고기각**(법 제429조 본문)**의 판결서는 이러한 확정 판결서의 열람·복사의 대상에서 제외한다**(법 제163조의2 제1항 본문).

한편, 이러한 인터넷, 그 밖의 전산정보처리시스템을 통한 전자적 방법 등으로 하는 열람 및 복사를 "인터넷 등을 통한 열람 및 복사"라 한다(민사판결서 열람 및 복사에 관한 규칙 제5조 제1항).

결국, 이러한 확정 판결서의 (인터넷 등을 통한) 열람·복사는, 2015. 1. 1. 이후 확정된 민사·행정·특허사건 등 법 제163조의2가 적용되거나 준용되는 사건의 판결서(다만, 소액사건의 판결서와 심리불속행 또는 상고이유서를 제출하지 아니함으로 말미암은 상고기각의 판결서는 제외)에서 가능하다(민사판결서 열람 및 복사에 관한 규칙 제2조).

주의할 것은, 판결서에 적혀 있는 당사자가 여러 명인 경우에는 그 당사자들에 대한 판결이 전부 확정된 후에야 (인터넷 등을 통한) 열람 및 복사를 할 수 있다(같은 규칙 제7조 제1항 단서).

그런데, 실무는 가사사건에는 법 제163조의2가 준용되지 아니하는 것으로 보고 있으며,[352)]

---

350) cf. 형사 판결서 등의 경우에는, 법원에서 이를 할 수도 있게 되어 있다(형사소송법 제59조의3 제1항).

351) 2023. 1. 1. 이후 선고되는 판결부터는, 확정되지 아니한 판결서도 열람 및 복사를 할 수 있으며(개정법(2020. 12. 8. 법률 제17568호로 개정된 것) 제163조의2 제1항), 판결서에 기재된 문자열 또는 숫자열을 검색어로 사용할 수 있게 된다(같은 조 제2항).

352) 제요[민소Ⅲ], 221면.

결정서나 명령서에도 이 제도의 준용이 없는 것으로 풀이된다.

그리고, **변론의 공개를 금지한 사건의 판결서로서 대법원규칙으로 정하는 경우에는 열람 및 복사를 전부 또는 일부 제한할 수 있고**(법 제163조의2 제1항 단서),[353] 후술하듯이, 비밀보호를 위하여서도 열람 및 복사가 제한될 수 있다(같은 조 제4항, 제163조).

판결서의 열람 및 복사의 방법과 절차, 그 밖에 필요한 사항은 대법원규칙으로 정하는바(같은 법 제163조의2 제5항), 이에 따라, 「민사판결서 열람 및 복사에 관한 규칙」은 법 제163조의2 제1항 단서, 제2항, 제5항이 대법원규칙으로 정하도록 한 사항과 그 밖에 법 제163조의2에 따른 판결서의 열람 및 복사에 필요한 사항을 규정함을 목적으로 한다(민사판결서 열람 및 복사에 관한 규칙 제1조).

나. 열람·복사의 제한

1) 변론공개금지사건의 열람·복사제한

소송기록을 보관하고 있는 법원은 변론의 공개를 금지한 사건으로서 판결서(해당 법원의 판결서와 그 상·하급심 및 재심대상 판결서 포함)를 공개하면 국가의 안전보장·안녕질서 또는 선량한 풍속을 해할 우려가 있는 경우에는 직권으로 판결서의 인터넷 등을 통한 열람 및 복사를 전부 또는 일부 제한하는 결정을 할 수 있다(민사판결서 열람 및 복사에 관한 규칙 제5조 제1항).

법원사무관등은 위 결정이 있는 경우에 지체 없이 주문에 따라 판결서의 열람 등을 제한하여야 한다.[354]

2) 비밀보호를 위한 열람·복사제한

가) 개 관

소송기록의 경우와 마찬가지로, **다음 각 호 가운데 어느 하나에 해당한다는 소명이 있는 경우에 소송기록을 보관하고 있는 법원은 관계인의 신청에 따라 판결서 중 비밀이 적혀 있는 부분의 인터넷 등을 통한 열람 및 복사를 제한할 수 있다**(법 제163조의2 제4항, 제163조 제1항. 민사판결서 열람 및 복사에 관한 규칙 제6조 제1항).

① 판결서 중에 관계인의 사생활에 관한 중대한 비밀이 적혀 있고, 제3자에게 비밀기재부분의 열람 등을 허용하면 관계인의 사회생활에 지장이 클 우려가 있는 때

353) cf. 이는, 기술한 바와 같이 변론의 공개를 금지한 사건의 '기록'은 제3자의 열람·복사가 아예 금지되는 것(법 제162조 제2항 단서)과 대조적이다.

354) 민사판결서 열람 및 복사에 관한 예규(재민 2014-1) 제4조 제2항.

② **판결서 중에 관계인이 가지는 영업비밀**(부정경쟁방지 및 영업비밀보호에 관한 법률 제2조 제2호)**이 적혀 있는 때**

여기서 "관계인"이란 당사자, 법정대리인, 특별대리인, 법인 등 단체의 대표자, 참가인, 소송수행자, 소송대리인, 지배인, 선정자, 증인, 감정인 등 명칭이나 소송상 지위 여하를 불문하고 판결서 중에 위 ①, ②에서 정한 비밀이 적혀 있어 보호할 필요가 있는 자연인 또는 법인을 말한다(민사판결서 열람 및 복사에 관한 규칙 제3조 제5호).

나) 신 청

인터넷 등을 통한 열람·복사제한의 결정을 구하는 신청은 판결서 중 비밀이 적혀 있는 부분을 특정하여 서면(「비밀보호를 위한 판결서 열람 등 제한신청서」)으로 하여야 한다(민사판결서 열람 및 복사에 관한 규칙 제6조 제2항 본문).[355]

이 신청은 1건마다 1,000원의 수수료를 납부하여야 하고(민사소송 등 인지법 제9조 제5항 제4호), 신청서는 주기록에 첨철된다.[356]

다) 신청에 따른 처리

특기할 것은, 위 신청이 있는 경우 그 신청에 관한 결정이 확정될 때까지 제3자는 판결서 중 신청의 대상이 된 부분을 인터넷 등을 통해 열람 및 복사할 수 없다(민사판결서 열람 및 복사에 관한 규칙 제6조 제3항).

따라서, 법원사무관등은 비밀보호를 위한 판결서 열람 등 제한신청서가 접수된 경우에 지체 없이 그 신청취지에 따라 판결서의 열람 등을 제한하여야 한다.[357]

라) 재 판

인터넷 등을 통한 열람·복사제한 결정도 판결서 중에 비밀이 적혀 있는 부분을 특정하여 하여야 함은 물론이다(규칙 제38조 제2항의 유추해석).

마) 불 복

소송기록의 경우와 마찬가지로, **인터넷을 통한 열람·복사제한 신청을 기각한 결정에 대하여서도 즉시항고를 할 수 있다**(법 제163조의2 제4항, 제163조 제1항, 민사판결서 열람 및 복사에 관한

355) 그 양식은 '대한민국법원 전자민원센터'에서 구할 수 있다.
356) '인지액·편철방법예규'.
357) 민사판결서 열람 및 복사에 관한 예규(재민 2014-1) 제6조 전단.

규칙 제6조 제4항 전단).

주의할 것은, 법원사무관등은 비밀보호를 위한 열람 등 제한신청을 기각하거나 각하한 결정이 확정된 경우에는 지체 없이 판결서의 열람 등의 제한을 해제하여야 한다.[358)]

다. 열람 등 제한결정의 취소

1) 개 관

소송기록의 경우와 마찬가지로, **소송기록을 보관하는 법원은 이해관계를 소명한 제3자의 신청에 따라 열람·복사제한의 사유가 존재하지 아니하거나 소멸되었음을 이유로 비밀보호를 위한** (인터넷상) **열람·복사제한 결정을 취소할 수 있는바**(법 제163조의2 제4항, 제163조 제3항), 그 종류는 다음과 같다.

첫째, 변론공개금지사건의 열람·복사제한 결정을 한 법원(즉, 소송기록을 보관하는 법원)(민사판결서 열람 및 복사에 관한 규칙 제5조 제1항)은 당사자나 이해관계를 소명한 제3자의 신청에 따라 그 사유(같은 항)가 존재하지 아니하거나 소멸되었음을 이유로 열람·복사제한 결정을－전부 또는 일부－[359)] 취소할 수 있다(민사판결서 열람 및 복사에 관한 규칙 제5조 제2항).

둘째, 비밀보호를 위한 열람·복사제한 결정(같은 규칙 제6조 제1항)이 있은 경우,[360)] 소송기록을 보관하는 법원은 이해관계를 소명한 제3자의 신청에 따라 그 사유(같은 조 제1항 각호)가 존재하지 아니하거나 소멸되었음을 이유로 위 결정을 전부 또는 일부 취소할 수 있다(같은 규칙 제6조 제3항).

2) 신 청

명문의 규정은 없으나, 열람 등 제한결정의 취소를 구하는 신청 역시 서면(「판결서 열람 등 제한결정 취소신청서」)으로 하여야 한다(민사판결서 열람 및 복사에 관한 규칙 제6조 제3항의 유추해석).[361)]

특기할 것은, 취소할 부분을 특정하여 그 부분만의 일부취소를 신청할 수도 있다.

---

358) 민사판결서 열람 및 복사에 관한 예규(재민 2014-1) 제7조 제2항 후단.

359) 법문에는 "전부 또는 일부"라는 문언이 없으나, 이는 입법의 착오로 보인다(민사판결서 열람 및 복사에 관한 규칙 제5조 제1항, 제6조 제3항 참조).

360) 민사판결서 열람 및 복사에 관한 규칙 제6조 제3항의 법문에는 "제1항의 결정에 따라 인터넷 등을 통한 열람 및 복사의 제한이 확정된 경우, …"로 되어 있으나, 확정 운운함은 사족이라고 하겠다. 열람·복사제한 결정은 불복할 수 없는 결정이어서 고지로써 바로 효력이 발생하기 때문이다.

361) 그 양식은 '대한민국법원 전자민원센터'에는 아직 없으나, 해당 전산양식은 마련되어 있다. 민사판결서 열람 및 복사에 관한 예규(재민 2014-1) 제8조 제1항.

이는 1건마다 1,000원의 수수료를 납부하여야 하고(민사소송 등 인지법 제9조 제5항 제4호), 신청서는 변론공개금지사건의 경우에는 주기록에 첨철되고, 비밀보호를 위하여 열람 등이 제한된 경우에는 제한신청사건 기록에 합철된다.[362]

3) 관계인에 대한 통지

명문의 규정은 없으나, 제한결정 취소신청이 있으면 제한신청을 한 관계인에게도 통지함이 실무이다.[363]

「민사판결서 열람 및 복사에 관한 규칙」이 이에 관한 규정을 두지 아니한 것은 입법의 착오로 보인다(규칙 제37조의3 제2항 참조).

4) 불 복

소송기록의 경우와 마찬가지로, **인터넷을 통한 열람·복사제한 결정의 취소신청에 관한 결정에 대하여서도 즉시항고를 할 수 있다**(법 제163조의2 제4항, 제163조 제4항, 민사판결서 열람 및 복사에 관한 규칙 제5조 제3항, 제6조 제4항 후단).

5) 효 과

소송기록의 경우와 마찬가지로, **인터넷을 통한 열람·복사제한의 취소결정은 확정되어야 효력을 가진다**(법 제163조의2 제4항, 제163조 제5항, 민사판결서 열람 및 복사에 관한 규칙 제5조 제4항, 제6조 제5항).

따라서, 취소결정이 확정되어야 비로소 인터넷 등을 통한 열람 및 복사를 할 수 있다.

이에 따라, 법원사무관등은 열람 등 제한결정을 취소하는 결정이 확정되면 지체 없이 판결서의 열람 등의 제한을 해제하여야 한다.[364]

라. 열람·복사의 방법과 절차

판결서의 인터넷 등을 통한 열람 및 복사는 해당 판결을 선고한 법원의 홈페이지 등 인터넷 웹사이트를 통하여 열람 또는 출력하는 방법으로 할 수 있다(민사판결서 열람 및 복사에 관한 규칙 제7조 제1항 본문).

이에 따라, 고등법원, 지방법원(본원), 행정법원, 특허법원의 각 홈페이지에서 '판결서 인터

362) '인지액·편철방법예규'.

363) 제요[민소 I], 225면.

364) 민사판결서 열람 및 복사에 관한 예규(재민 2014-1) 제8조 제3항.

넷열람' 메뉴를 두고 있다.[365)]

이러한 판결서의 인터넷 등을 통한 열람 및 복사를 하는 사람은 판결서 1건마다 1,000원의 수수료를 내야 한다(같은 조 제2항).[366)]

마. 확정 판결서를 열람·복사한 사람의 의무

재판기록 열람·복사의 경우와 마찬가지로, **확정 판결서를 열람·복사한 사람은 열람·복사에 의하여 알게 된 사항을 이용하여 공공의 질서 또는 선량한 풍속을 해하거나 관계인의 명예 또는 생활의 평온을 해하는 행위를 하여서는 아니 된다**(법 제163조의2 제4항, 제162조 제4항).

2. 확정된 소송기록의 열람[367)]

가. 개 관

당사자나 이해관계 있는 제3자가 아니더라도(법 제162조 제1항 참조), **누구든지 권리구제·학술연구 또는 공익적 목적으로 대법원규칙으로 정하는 바에 따라 법원사무관등에게 재판이 확정된 소송기록의 열람을 신청할 수 있다**(같은 조 제2항 본문).

그러나 주의할 것은, **공개를 금지한 변론에 관련된 소송기록에 대하여는 이 신청을 할 수 없다**(같은 항 단서).[368)]

한편, **이 신청에 대하여는 대법원규칙이 정하는 수수료를 내야 하는바**(같은 조 제5항), 이에 따라, 그 수수료 등에 관하여 필요한 사항 역시 「재판기록 열람·복사 규칙」이 이를 규정하고 있다(재판기록 열람·복사 규칙 제1조).

나. 제 한

또한, **법원은 확정된 소송기록의 열람 신청시 해당 소송관계인이 동의하지 아니하는 경우**

365) 반면에, 가정법원(본원) 홈페이지에는 해당 매뉴가 없다. 가사사건의 판결은 확정 판결서의 열람·복사의 대상에서 제외되어 있기 때문이다.

366) cf. 형사 판결서 등의 경우에는, 인터넷 홈페이지를 통하여 열람 또는 출력을 하는 것은 무료이다(형사 판결서 등의 열람 및 복사에 관한 규칙 제5조 제2항의 반대해석).

367) 이에 관한 실무적·기술적인 사항에 관하여서는, 「확정된 소송기록의 열람에 관한 예규(재일 2007-3)」 참조.

368) cf. 이는, 후술하는 바와 같이 변론의 공개를 금지한 사건의 '판결서'는 별도의 제한 결정이 있어야만 열람·복사가 제한되는 것(법 제163조의2 제1항 단서, 민사판결서 열람 및 복사에 관한 규칙 제5조 제1항)과는 대조적이다.

에는 열람하게 하여서는 아니 된다(법 제162조 제3항 전문).

이 경우 해당 소송관계인의 범위 및 동의 등에 관하여 필요한 사항은 대법원규칙으로 정하는바(같은 항 후문), 여기서 "해당 소송관계인"이란 소송기록의 열람과 이해관계가 있는 다음 각호의 사람이다(규칙 제37조의3 제1항).

① 당사자 또는 법정대리인

② 참가인

③ 증인

동의절차에 관하여서는 후술하겠다.

다. 신 청

확정된 소송기록의 열람을 신청할 때에는 열람을 신청하는 이유와 열람을 신청하는 범위를 적은 서면(「확정된 소송기록에 대한 열람신청서」)으로 하여야 한다(규칙 제37조의2 제2항).

이론적으로는 기본사건이 전자기록사건이라면 이 신청 역시 전자적으로도 할 수 있어야 할 듯하나, 전자소송시스템은 이 신청은 전자적으로 하는 것을 예정하고 있지 아니하다.

이 신청은 1건마다 1,000원의 수수료를 납부하여야 하고(재판기록 열람·복사 규칙 제4조 제2항), 신청서는 주기록에 첨철된다.[369)]

라. 절 차

1) 소송관계인에 대한 통지

법원은 확정된 소송기록에 대한 열람신청이 있는 때에는 해당 소송관계인에게 그 사실을 통지하여야 한다(규칙 제37조의3 제2항).[370)]

이 통지는 소송기록에 표시된 해당 소송관계인의 최후 주소지에 등기우편으로 발송하는 방법으로 할 수 있으며, 이 경우 발송한 때에 송달된 것으로 본다(같은 조 제3항, 제4항).

따라서, 「소송기록의 열람신청 사실 통지서」를 등기우편으로 발송함으로써 이러한 통지를 함이 실무이다.

---

369) '인지액·편철방법예규'.

370) 이 통지는 민사소송법상의 통지가 아니기는 하지만(규칙 제3조 제3항 전문 참조), 통지를 생략할 수 없다고 할 것이다. 왜냐하면 소송관계인의 동의의사 확인의 전제로서 통지가 필요할뿐더러, 발송송달 방식에 의한 통지 제도까지 마련되어 있기 때문이다.

2) 소송관계인의 동의

통지를 받은 해당 소송관계인은 통지를 받은 날부터 2주 이내에 소송기록의 열람에 관한 동의 여부를 서면으로 밝혀야 한다(규칙 제37조의3 제5항 본문).

이는 법원에 내용증명우편으로서 동의 여부를 제출함으로써 함이 실무이며, 여기서 “통지를 받은 날”이란 ‘발송한 날’을 의미하는 것으로 해석된다(같은 조 제4항 참조).

해당 소송관계인이 위 기간 이내에 동의 여부에 관한 서면을 제출하지 아니한 때에는 소송기록의 열람에 관하여 동의한 것으로 본다(같은 조 제5항 단서).

3) 소송기록 (비)열람통지

위 기간이 지난 때에는 신청인에게 열람이 불가능한 부분을 통지하여 나머지 부분을 열람하도록 함이 실무이다.

마. 소송기록을 열람한 사람의 의무

확정된 소송기록을 열람한 사람 역시, 열람에 의하여 알게 된 사항을 이용하여 공공의 질서 또는 선량한 풍속을 해하거나 관계인의 명예 또는 생활의 평온을 해하는 행위를 하여서는 아니 된다(법 제162조 제4항의 물론해석).

제7부

소송법상 형성의 소

제 1 장 소송법상 형성의 소 개관

소송법상의 형성의 소란, 소송법상의 법률관계의 변동을 목적으로 하는 소를 말한다. 실체법상의 형성의 소와의 근본적 차이점은, 그 권리근거규정이 실체법이 아니라 소송법에 있다는 것이다.

광의의 소송법상 형성의 소는 집행법상의 소(청구이의 등. 민사소송 등 인지법 제16조 참조)와 도산법상의 소를 포함한다. 그러나 그러한 소들에 관한 사항은, 민사집행절차 및 도산절차와 각각 관련하여 살펴보는 것이 적절하며, 이 책의 서술범위를 벗어난다.

협의의 소송법상 형성의 소로는, 재심의 소, 제권판결에 대한 불복의 소, 정기금판결에 대한 변경의 소, 중재판정 취소의 소가 있으나, 중재판정 취소의 소에 관한 내용은 중재법 관련 문헌을 참조하기 바라며, 이 책에서는 전삼자(前三者)에 관하여서만 살펴보기로 한다.

제2장 재심 및 준재심 절차

1. 재심 및 준재심 개관

가. 재심 개관

1) 재심의 의의

「민사소송법」은 확정판결을 그대로 유지할 수 없는 정도로 중대한 흠이 있는 예외적인 경우에만 확정판결을 취소하고 이미 종결된 사건을 다시 심판할 수 있도록 특별한 불복신청의 방법으로서 재심 제도를 두고 있다. 재심은 민사소송법이 열거하고 있는 사유가 있는 경우에 한하여(법 제451조, 제452조), 원칙적으로 일정한 기간 내에(법 제456조, 제457조) 별도로 소를 제기하는 방식으로만 허용된다.[1)]

재심은 확정된 종국판결에 대하여 판결의 효력을 인정할 수 없는 중대한 하자가 있는 경우 예외적으로 판결의 확정에 따른 법적 안정성을 후퇴시켜 그 하자를 시정함으로써 구체적 정의를 실현하고자 마련된 것으로서,[2)] 확정된 종국판결에 재심사유에 해당하는 중대한 하자가 있는 경우에 그 판결의 취소와 이미 종결된 소송을 부활시켜 재심판을 구하는 비상의 불복신청방법으로서 확정된 종국판결이 갖는 기판력, 형성력, 집행력 등 판결의 효력의 배제를 주된 목적으로 하는 것이다.[3)]

즉, 재심이란, 확정판결에 의하여 종료된 사건에서 그 판결절차에 중대한 흠이 있거나 판결의 기초가 된 자료에 불공정이 있음을 이유로 하는 특별한 불복신청방법으로, 재심제도의 존재 의의는 확정판결의 소송절차·소송자료 또는 소송의 판단에 중대한 흠이 있는 것이 판명된 때에 한하여 예외적으로 기판력으로부터 해방시켜 그 재판을 시정할 기회를 부여함으로써 구체적 정의의 실현을 도모하는 데 있다.[4)]

---

1) 대법원 2018. 3. 27. 선고 2015다70822 판결의 방론.

2) 대법원 2019. 10. 17. 선고 2018다300470 판결. 동지 : 대법원 1992. 7. 24. 선고 91다45691 판결 ; 헌재 2004. 12. 16. 선고 2003헌바105 결정 ; 헌재 2006. 5. 25. 선고 2004헌바22 결정 ; 헌재 2008. 9. 25. 선고 2007헌바23 결정 ; 헌재 2009. 10. 29. 선고 2008헌바101 결정 ; 헌재 2012. 12. 27. 선고 2011헌바5 결정 ; 헌재 2019. 2. 28. 선고 2016헌바457 결정 ; 대법원 2020. 1. 22. 선고 2016후2522 전원합의체 판결.

3) 대법원 2009. 5. 14. 선고 2006다34190 판결. 동지 : 헌재 2009. 4. 30. 선고 2007헌바12 결정 ; 대법원 2015. 10. 29. 선고 2014다13044 판결.

4) 헌재 2008. 9. 25. 선고 2007헌바23 결정.

재심은 판결에 대한 불복방법의 하나인 점에서는 상소와 마찬가지라고 할 수 있지만, 상소와는 달리 재심은 확정판결에 대한 불복방법이고 확정판결에 대한 법적 안정성의 요청은 미확정판결에 대한 그것보다 훨씬 크기 때문에, 상소보다 더 예외적으로 인정되어야 한다는 점에서 차이가 있다.[5)]

법이 정한 재심사유 가운데 어느 하나에 해당하면 확정된 종국판결에 대하여 재심의 소를 제기할 수 있다(법 제451조 제1항 본문).

다만, 당사자가 상소에 의하여 그 사유를 주장하였거나, 이를 알고도 주장하지 아니한 때에는 그러하지 아니하되(같은 항 단서. 재심의 보충성[6)]),[7)] 소액사건에서는, 재심사유가 상고이유가 되지 아니하므로, 재심의 보충성 역시 문제되지 아니하는 것으로 해석된다.

판결의 기본이 되는 재판에[8)] 재심사유가 있을 때에는 그 재판에 대하여 독립된 불복방법이 있는 경우라도 그 사유를 재심의 이유로 삼을 수 있다(법 제452조).

확정된 판결에 대한 재심의 소는, 확정된 판결의 취소와 본안사건에 관하여 확정된 판결에 갈음한 판결을 구하는 복합적 목적을 가진 것으로서, 이론상으로는 재심의 허부와 재심이 허용됨을 전제로 한 본안심판의 두 단계로 구성되는 것이라고 할 수 있다.[9)] 이러한 재심의 소의 대상, 보충성 등에 관한 상세한 내용은 다음과 같다.

2) 재심의 대상 : (실질적으로) 확정된 종국판결

재심의 대상이 되는 "확정된 종국판결"이란, 소송절차를 최종적으로 종료시키는 판결, 다시 말해 기판력이나 형성력, 집행력이 생기는 "실질적으로 확정된 종국판결"을 말한다. 따라서 대법원의 환송판결은 재심의 대상에는 해당하지 아니한다.[10)]

또한, 가령, 허위의 주소지에 판결이 송달되었다면 아직 적법한 송달이 있었다고 할 수 없

---

5) 헌재 2004. 12. 16. 선고 2003헌바105 결정. 동지 : 헌재 2006. 5. 25. 선고 2004헌바22 결정 ; 헌재 2009. 4. 30. 선고 2007헌바12 결정 ; 헌재 2009. 10. 29. 선고 2008헌바101 결정 ; 헌재 2012. 12. 27. 선고 2011헌바5 결정 ; 헌재 2016. 12. 29. 선고 2016헌바43 결정 ; 헌재 2018. 12. 27. 선고 2017헌바472 결정 ; 헌재 2019. 2. 28. 선고 2016헌바457 결정 ; 헌재 2019. 12. 27. 선고 2018헌바84 결정.

6) 대법원 2011. 12. 22. 선고 2011다73540 판결 ; 헌재 2015. 12. 23. 선고 2015헌바27 결정.

7) 헌재 2015. 12. 23. 선고 2015헌바27 결정은, "이를 알고도 주장하지 아니한 때" 부분이 재판청구권을 침해하지 아니한다고 보았다.

8) cf. 구법(2002. 1. 26. 법률 제6626호로 전부개정되기 전의 것) 제423조는 "… 판결의 기본된 재판에 …"라고 표현하였다.

9) 대법원 1994. 12. 27. 선고 92다22473,22480 판결. 동지 : 대법원 2000. 8. 18. 선고 2000재다87 판결.

10) 대법원 1995. 2. 14. 선고 93재다27,34 전원합의체 판결. 동지 : 대법원 2005. 10. 14. 선고 2004재다610 판결.

으므로 그 판결은 확정되지 않았고, 따라서 그 판결에 대하여는 상소를 제기할 수 있을 뿐 재심의 청구를 할 수는 없다.[11)]

확정되지 아니한 판결에 대한 재심의 소는 부적법한 것이고, 판결확정 전에 제기한 재심의 소가 부적법하다는 이유로 각하되지 않고 있는 동안에 판결이 확정되었다고 하더라도 위 재심의 소가 적법한 것으로 되는 것이 아니다.[12)]

그러나, 재심의 소에서 확정된 종국판결도 여기서 말하는 "확정된 종국판결"에 해당한다.[13)]

3) 재심의 보충성

가) 개 관

법 제451조 제1항 단서는, 당사자가 상소를 제기할 수 있는 시기에 재심사유의 존재를 안 경우에는 상소에 의하여 이를 주장하게 하고 상소로 주장할 수 없었던 경우에 한하여 재심의 소에 의한 비상구제를 인정하려는 취지이다.[14)]

나) 상소에 의하여 재심사유를 주장한 때(법 제451조 제1항 단서 전단)

예컨대, 상고를 제기하여 기각된 후에 이미 상고이유로 삼았던 사유를 내세워 재심의 소를 제기하는 것은 부적법하다.[15)]

이는, 소송당사자가 재심사유를 상소심에서 이미 주장하여 판단을 받았다면, 이러한 사유를 재심사유로 하여 재심의 소를 제기하는 것을 허용해야 할 만큼 정의의 요청이 절박하다고 보기 어렵고, 오히려 이를 허용하는 경우 비상의 불복신청방법이라는 재심제도의 취지에 어긋날 수 있으며, 불필요한 재심이 제기되어 종국판결의 법적 안정성 유지 및 사법자원의 효율적 활용이라는 입법목적을 도모하기 어려워지기 때문이다.[16)]

---

11) 대법원 1970. 6. 9. 선고 70마676 판결.

12) 대법원 1980. 7. 8. 선고 80다1132 판결. 동지 : 대법원 2016. 12. 27. 선고 2016다35123 판결.

13) 대법원 2015. 12. 23. 선고 2013다17124 판결.

14) 대법원 2011. 12. 22. 선고 2011다73540 판결.

15) 대법원 1971. 3. 30. 선고 70다2688 판결 ; 대법원 1979. 6. 12. 선고 77다2338 판결 ; 대법원 1986. 9. 23. 선고 86누475 판결 ; 대법원 1986. 11. 11. 선고 86므96 판결 참조.

16) 헌재 2012. 12. 27. 선고 2011헌바5 결정. 동지 : 헌재 2013. 6. 27. 선고 2012헌바414 결정 ; 헌재 2014. 1. 28. 선고 2013헌바54 결정 ; 헌재 2019. 2. 28. 선고 2016헌바457 결정 ; 헌재 2020. 12. 23. 선고 2018헌바459 결정; 헌재 2020. 12. 23. 선고 2020헌바60 결정.
그리고, 위 판례들은 법 제451조 제1항 단서 중 제9호에 관한 부분이 재판청구권을 침해하지 아니한다고 보았다. 또한, 헌재 2019. 2. 28. 선고 2016헌바457 결정은, 위 부분이 명확성원칙에 위배되지도 아니한다고 보았다.

다) **재심사유를 알고도 주장하지 아니한 때**(법 제451조 제1항 후단)

예컨대, 재심대상판결에 대하여 상고를 제기하면서 상고이유에서 판단누락(법 제451조 제1항 제9호)을 주장한 바가 없었다면, 특별한 사정이 없는 한, 이는 재심사유로 삼을 수 없다.[17)]

판결을 송달받아 판결이유를 읽으면 판단누락이 있음을 당장 알 수 있으므로 당사자는 상소를 통하여 이를 다툴 수 있고, 상소기간이 경과되어 더 이상 상소로 다툴 수 없게 된 이후에 비로소 이러한 사유를 알게 되는 경우는 상정하기 어렵기 때문이다. 따라서 설령 하급심 판결에 판단누락이 있다 하여 이에 대한 재심의 소가 허용되는 일은 거의 없다.[18)]

그리고, 재심사유를 "알고도 주장하지 아니한 때"라고 함은, 재심사유가 있는 것을 알았음에도 불구하고 상소를 제기하고도 상소심에서 그 사유를 주장하지 아니한 경우뿐만 아니라, (재심사유를 알고도) 상소를 제기하지 아니하여 판결이 그대로 확정된 경우까지도 포함하는 것이다.[19)]

4) 기본이 되는 재판의 재심사유

법 제452조에서 "판결의 기본이 되는 재판"이란 종국판결의 전제가 되어 그 종국판결에 직접 영향을 준 재판(중간판결이나, 종국판결에 선행된 소송절차상의 결정이나 명령)을 가리키는 것이며, 재심대상 판결의 원심판결은 여기에 해당하지 않는다.[20)]

또한, 재심대상판결의 재심대상판결이나 또는 그 이전의 재심대상판결에 위법이 있다고 주장하는 사유가 재심대상판결에 대한 적법한 재심사유가 될 수 없는 것임은 물론이다.[21)]

나. 준재심 개관

1) 준재심의 의의

화해, 청구의 포기·인낙조서 또는 즉시항고로 불복할 수 있는 결정이나 명령이 확정된 경우에 재심사유가 있는 때에는 재심의 소의 규정에 준하여 준재심을 제기할 수 있으며(법 제461조), 준재심절차에도 재심절차에 관한 규정이 준용된다(규칙 제141조).

---

17) 대법원 1989. 5. 23. 선고 88누5570 판결.

18) 헌재 2015. 12. 23. 선고 2015헌바27 결정.

19) 대법원 1991. 11. 12. 선고 91다29057 판결. 동지: 대법원 1985. 10. 22. 선고 84후68 판결; 대법원 2011. 12. 22. 선고 2011다73540 판결; 대법원 2015. 10. 29. 선고 2014다13044 판결.

20) 대법원 1990. 2. 13. 선고 89재누106 판결.

21) 대법원 1990. 9. 25. 선고 90재누34 판결. 동지: 대법원 1991. 8. 13. 선고 90재누126 판결(사안은 법 제451조 제1항 제9호의 재심사유).

따라서, 이하의 서술에서 별도의 언급이 없이 '재심'이라고 하면 준재심의 경우도 마찬가지인 것으로 이해하면 된다.[22)]

주의할 것은, 준재심의 대상이 화해, 청구의 포기·인낙조서 등인 때(법 제461조 전단)(조서에 대한 준재심)에는 준재심의 소를 제기하여야 하는 반면, 준재심의 대상이 즉시항고로 불복할 수 있는 결정이나 명령인 때(같은 조 후단)(결정·명령에 대한 준재심)에는 준재심신청을 하여야 한다는 것이다(민사소송 등 인지법 제9조 제4항 제4호 참조).

양자의 주된 차이는, 그 심리가 판결절차에 의하여 이루어지는가, 아니면 결정·명령절차에 의하여 이루어지는가에 있다.[23)]

2) 조서에 대한 준재심

화해조서와 마찬가지로, 제소전화해조서(민사소송 등 인지법 제8조 제2항 단서 참조),[24)] 조정조서,[25)] 화해권고결정,[26)] 조정을 갈음하는 결정[27)] 등도 준재심의 대상이 된다.[28)]

그러나, 지급명령과 이행권고결정은 기판력이 없으므로 준재심의 대상이 되지 아니하며,[29)] 이러한 재판에 대하여서는 설령 재심사유에 해당하는 하자가 있더라도 청구이의의 소나 부당이득금반환 청구의 소로써 다툴 수 있을 뿐이다.[30)]

또한, **중재판정에 대한 불복은** – 중재법 제36조 제2항에 규정된 취소사유를 들어 – **법원에**

---

22) cf. 대법원 2001. 3. 9. 선고 2000다58668 판결은 화해조서 및 조정조서와 관련하여 '재심의 소'라는 표현을 쓰고 있으나, 이것이 준재심의 소를 의미하는 것임은 물론이다.

23) 그 밖에, 첩부할 인지액에서도 차이가 있음은 후술하는 바와 같다.

24) 대법원 1992. 11. 27. 선고 92다8521 판결. 동지 : 대법원 1990. 12. 11. 선고 90다카24953 판결.

25) 대법원 2001. 3. 9. 선고 2000다58668 판결. 동지 : 대법원 2012. 4. 12. 선고 2011다109357 판결.

26) 서울고법 2004. 4. 22. 선고 2003재나660 판결.

27) 대법원 2005. 6. 24. 선고 2003다55936 판결.

28) 화해권고결정이나 조정을 갈음하는 결정에 대한 준재심은 바로 후술하는 '조서에 대한 준재심'의 일종이지 '결정·명령에 대한 준재심'의 일종이 아님에 주의하여야 한다.

29) 대법원 2009. 5. 14. 선고 2006다34190 판결(사안은, 이행권고결정) ; 제요[민소Ⅲ], 1403면(지급명령에 관하여).

cf. 구법(1990. 9. 1. 법률 제4201호로 개정되기 전의 것) 제440조는 지급명령에 가집행선고를 붙이도록 하는 한편, 같은 법 제521조 제2항은 "(가집행선고부 지급명령에 대한) 청구에 관한 이의의 소는 가집행선고있는 지급명령의 송달 후에 생긴 원인을 이유로 하는 때에 한하여 제기할 수 있다."라고 규정하여, 지급명령에도 기판력이 있는 것으로 하고 있었고, 이에 따라 구법하에서는 지급명령도 재심의 대상이 될 수 있었다.

그런데, 대법원 2004. 6. 24. 선고 2002도4151 판결은, 구 「민사소송법」(1990. 9. 1. 법률 제4201호로 개정된 후 2002. 1. 26. 법률 제6626호로 전문개정되기 전의 것)하의 사안에서, 확정된 지급명령에 대하여 재심과 청구이의가 모두 가능하다고 판시한 바 있으나, 이는 의문이다.

30) 대법원 2009. 5. 14. 선고 2006다34190 판결의 방론.

중재판정 취소의 소를 제기하는 방법으로만 할 수 있으므로(중재법 제36조 제1항), 중재판정은 준재심으로써 다툴 수 없다.

3) 결정·명령에 대한 준재심

예컨대, 소장각하명령(법 제254조 제3항), 상소장각하명령(법 제399조 제3항, 제402조 제3항, 제425조), 소송비용액의 확정결정(법 제110조 제3항, 제113조 제2항, 제114조 제2항, 제212조 제2항 후문), 변호사 또는 집행관의 보수액확정결정(법 제133조 본문), 과태료 결정(법 제363조 제2항, 제370조 제2항) 등이 준재심신청의 대상이 될 수 있다.[31)]

그런데, 결정·명령에 대한 준재심의 경우 법문은, 준재심의 대상을 "즉시항고로 불복할 수 있는 결정이나 명령"으로 한정하고 있으나, 이는 대표적인 사례를 든 것에 불과하고, 따라서 종국적 재판의 성질을 가진 결정이나 명령 또는 종국적 재판과 관계없이 독립하여 확정되는 결정이나 명령에 해당하는 경우라면 독립하여 준재심을 신청할 수 있다.[32)]

특기할 것은, 대법원의 결정도 준재심신청의 대상이 될 수 있다는 점이다.[33)]

그러나, 개인회생채권조사확정재판 같은 것은 준재심신청의 대상이 될 수 없는바, 이는 기판력이 없는 결정이기 때문이다.[34)]

다. 재심의 소의 적법요건 등

1) 재심청구인용의 요건

재심원고가 재심의 소를 제기하여 승소판결을 받기 위하여서는, 일반적인 소송요건을 구비하는 것 외에도, ① 재심소장이 방식에 맞아야 하고(법 제455조, 제254조), ② 재심의 소가 적법하여야 하며, ③ 재심사유가 있다고 인정될 뿐 아니라, ④ 본안에 관한 심리 결과 재심대상판결이 부당하다고 인정되어야 한다(법 제454조 제1항, 제460조 참조).

위 요건 중 ①이 흠결된 때에는 재판장이 재심소장각하명령을 하게 되며(법 제254조 제2항의 준용), ②가 흠결된 때에는 재심의 소를 각하하는 판결을 하게 되고, ③, ④의 요건이 흠결된 때에는 법원이 재심청구 기각판결을 하게 된다(법 제460조 참조).

---

31) 인지실무, 40면.

32) 대법원 2004. 9. 13.자 2004마660 결정(담보권실행을 위한 경매개시결정이 준재심의 대상에 해당하지 아니한다고 본 사안).

33) 대법원 2000. 1. 7.자 99재마4 결정(사안은, 적법한 기간 내에 제출된 재항고이유서에 사건번호가 잘못 기재되어 있었던 관계로 재항고이유서가 기록에 편철되지 아니하여 재항고이유서를 제출하지 않았다는 이유로 재항고를 기각한 경우).

34) 대법원 2017. 6. 19. 선고 2017다204131 판결 참조.

2) 재심의 소의 적법요건

가) 개 관

재심의 소의 적법요건으로는, 대상적격 및 보충성, 적법한 재심사유의 주장,[35] 재심제기기간의 준수, 재심당사자적격 및 재심의 이익이 문제된다.

이 중 대상적격 및 보충성에 관하여서는 기술하였고, 나머지 적법요건들은 아래에서 차례로 살펴보겠으며, 여기서는 재심의 이익만 보겠다.

나) 재심의 이익

재심의 소에서 재심원고는 확정판결의 효력을 받는 자로서 그 취소를 구할 이익이 있는 자라야 할 것이므로 전부승소한 당사자는 재심의 소를 제기할 이익이 없다.[36]

라. 재심의 전자소송 관련 문제

1) 재심사건에의 '민소전자문서법' 적용 여부

'민소전자문서규칙' 시행 이전에 접수된 사건에 대한 재심 또는 준재심사건에는 '민소전자문서법'이 적용되지 아니한다(민소전자문서규칙 부칙(제2332호) 제3조 제1항 단서 후단, 부칙(제2444호) 제2조 제1항 단서 후단, 부칙(제2478호) 제3조 제1항 단서 후단, 부칙(제2527호) 제3조 제1항 단서 후단. 부칙(제2568호) 제3조 제1항 단서 후단).

따라서, 예컨대, 2011. 5. 1. 이전에 소장이 제출된 민사소송 사건에 관하여서는 재심소장을 전자적 방법으로 제출할 수 없다.

다만, 그러한 재심대상사건에 대하여 전자기록화 명령이 있은 경우에는, 해당 재심 또는 준재심사건에도 '민소전자문서법'이 적용된다(같은 조 제2항).

2) 민소전자문서법이 적용되는 재심사건의 전자기록화 여부 등

한편, '민소전자문서법'의 적용대상인 재심 또는 준재심 사건의 전자기록화 여부에 관하여서는 '법원의 소송행위: 재판 및 재판사무' 부분에서 논하였다.

그런데, 전자기록사건에 대하여 재심의 소가 제기된 경우, 그 재심의 소의 적법 여부와 관계없이 종전의 전자소송 동의(즉, 재심대상사건에서의 전자소송 동의)는 재심에 그 효력이 없음은 물론이다(민소전자문서규칙 제10조 제1항 본문).[37]

---

35) 대법원 1980. 11. 11. 선고 80다2126 판결 참조.
그러나, 그러한 재심사유가 실제로 존재하는가 하는 것은 적법요건 문제가 아님에 주의하여야 한다.

36) 대법원 1993. 4. 27. 선고 92다24608 판결.

마. 시효의 중단

예컨대, 소유권이전등기를 명한 확정판결의 피고가 재심의 소를 제기하여 토지에 대한 소유권이 여전히 자신에게 있다고 주장한 것은, 상대방의 시효취득과 양립할 수 없는 자신의 권리를 명확히 표명한 것이므로, 이는 취득시효의 중단사유가 되는 재판상의 청구에 준하는 것이라고 볼 것이고, 위 확정판결에 의해 소유권이전등기를 경료받은 자의 해당 토지에 대한 취득시효는 재심의 소 제기일로부터 재심판결 확정일까지 중단된다.[38]

2. 재심제기의 기간

가. 개 관

재심제기의 기간을 두는 것은 당사자 사이에 일어나는 법적 불안상태를 막기 위한 것이다.[39]

재심에서 제기기간을 둘 것인지 여부 및 어떠한 사유의 재심에 제기기간을 둘 것인지 여부는 입법자가 확정판결에 대한 법적 안정성, 재판의 신속·적정성, 법원의 업무부담 등을 고려하여 결정하여야 할 입법정책의 문제이다.[40]

그런데, 조속한 권리관계의 확정을 통하여 종국판결의 법적 안정성을 유지하고, 이미 확정판결을 받은 당사자의 법적 불안상태가 장기간 계속되는 것을 방지함과 아울러 사법자원의 효율적인 분배를 추구하기 위해서는 재심의 제기기간을 제한할 필요성이 있다.[41]

재심사유는 각각 별개의 청구원인을 이루는 것이므로 재심의 소제기기간의 준수여부도 각 재심사유별로 가려보아야 한다.[42]

다만, 일정한 재심사유에 대하여서는 재심기간의 제약 없이 재심의 소를 제기할 수 있는바, 이는 후술하겠다.

---

37) 민전예규 제14조 제3항.

38) 대법원 1998. 6. 12. 선고 96다26961 판결. 동지 : 대법원 1996. 9. 24. 선고 96다11334 판결.

39) 헌재 2018. 12. 27. 선고 2017헌바472 결정.

40) 헌재 2019. 12. 27. 선고 2018헌바84 결정.

41) 헌재 2019. 12. 27. 선고 2018헌바84 결정.

42) 대법원 1990. 12. 26. 선고 90재다19 판결. 동지 : 대법원 1982. 12. 28. 선고 82무2 판결.
위 판례들에서 문제된 것은 출소기간(법 제456조 제1항, 제2항)이지만, 제척기간(같은 조 제3항, 제4항)의 경우에도 같은 문제가 발생할 소지가 없지 않다.

나. 출소기간(제소기간) : 안 날로부터 30일

1) 개 관

재심의 소는 당사자가 판결이 확정된 뒤 재심의 사유를 안 날부터 30일 이내에 제기하여야 하며(법 제456조 제1항), **이 기간은 불변기간으로 한다**(같은 조 제2항).

재심의 소가 위 불변기간내에 제기된 것인지의 여부는 재심의 소의 적법요건에 관한 것으로서 직권조사사항에 해당한다.[43)]

그런데, 법 제456조 제1항의 출소기간은 바로 후술하는 같은 조 제3항 제척기간과는 별개의 재심제기기간으로서, 전자의 출소기간이 경과한 이상 후자의 제척기간이 경과하였는지 여부와는 관계없이 재심의 소를 제기할 수 없음은 물론이다.[44)]

2) 기산점 일반

소송대리인이 있는 소송사건에서 소송대리인이 그 판결에 대한 재심사유가 있음을 안 때에는 그 안 날로부터 재심제기기간을 기산하여야 할 것이다.[45)]

"재심사유를 안 날"은 특단의 사정이 없는 한 판결문을 송달받은 날이라고 할 것이나,[46)] 그 구체적인 의미는 후술한다.

만일, 판결문을 송달받고서도 그 후에야 비로소 재심사유를 알았다고 주장하려면, 그 때까지 재심사유를 알지 못할 사유가 있었다는 특별한 사정의 주장·입증이 있어야 할 것이다.[47)]

그러나, 역으로, 재심대상판결의 선고 전에 이미 재심사유를 알고 있었다면, 재심대상판결이 확정된 날부터 제소기간이 진행한다고 할 것이다.[48)]

다. 제척기간 : 확정 후 5년

판결이 확정된 뒤 5년이 지난 때에는 재심의 소를 제기하지 못하나(같은 조 제3항), **재심의 사유가 판결이 확정된 뒤에 생긴 때에는 위 기간은 그 사유가 발생한 날부터 계산한다**(같은 조 제4항).

주의할 것은, 전술한 법 제456조 제1항의 기간과 달리, 이 기간은 불변기간이 아니다.[49)]

---

43) 대법원 1989. 10. 24. 선고 87다카1322 판결.
44) 대법원 1996. 5. 31. 선고 95다33993 판결.
45) 대법원 1984. 7. 10. 선고 84므25,26 판결.
46) 대법원 1989. 11. 14. 선고 89누3434 판결. 동지 : 대법원 1988. 6. 28. 선고 87재누1 판결.
47) 대법원 1963. 5. 9. 선고 63무4 판결.
48) 대법원 1968. 12. 17. 선고 65다553 판결 ; 대법원 1970. 3. 24. 선고 69다2244 판결 참조.

법 제426조 제3항, 제4항에서 정하고 있는 재심제기의 기간은, 판결확정이라는 객관적 사실에 바탕을 두고 재심제기의 가능성을 언제까지나 남겨둠으로써 당사자 사이에 일어나는 법적 불안상태를 막기 위하여 마련한 제척기간이다.[50]

그런데, 판례변경 전에는 재심사유가 없었던 사유가 판례변경 후에는 재심사유로 되게 된 경우, 이러한 재심사유는 판례변경의 날에 비로소 발생한다고 볼 것이다.[51] 따라서, 이 경우에는 그 때가 제척기간의 기산점이 된다.

3. 재심사유

가. 개 관

1) 재심사유 일반

재심의 소는 일정한 재심사유에 대하여 기간 내에 제기하여야 한다.

법은 재심사유를 한정적으로 열거하고 있다. 이는 확정된 종국판결에 중대한 하자가 있는 경우 그 확정판결을 번복할 수 있는 기회를 부여하는 동시에 그 이외의 사유로는 확정판결을 다툴 수 없도록 규정함으로써, 당사자의 권리구제를 보장하는 한편, 확정된 종국판결의 법적 안정성을 유지하고 불필요한 재심을 방지하여 분쟁해결의 실효성을 확보함과 아울러 사법자원의 효율적인 활용을 도모하기 위한 것이며, 나아가 재심사유가 법원의 자의적인 판단에 의해 좌우될 수 없도록 사전에 확정하는 것이다.[52]

재심제도의 규범적 형성에서 입법자는 확정판결을 유지할 수 없을 정도의 중대한 하자가 무엇인지를 구체적으로 가려내어야 하는바, 이는 사법에 의한 권리보호에 관하여 한정된 사법자원의 합리적인 분배의 문제인 동시에 법치주의에 내재된 두 가지의 대립적 이념 즉, 법적 안정성과 정의의 실현이라는 상반된 요청을 어떻게 조화시키느냐의 문제로 돌아가므로, 결국 이는 불가피하게 입법자의 형성적 자유가 넓게 인정되는 영역이라고 할 수 있으며,[53] 어떤 사유를 재심사유로 정할 것인가는 입법자가 확정된 판결 등에 대한 법적 안정성, 재판

---

49) 대법원 1992. 5. 26. 선고 92다4079 판결. 동지 : 대법원 1991. 6. 25. 선고 91다1561 판결.

50) 대법원 1988. 12. 13. 선고 87다카2341 판결.

51) 대법원 1963. 10. 10. 선고 63다333 판결(사안은 소송상 화해).

52) 헌재 2016. 12. 29. 선고 2016헌바43 결정.

53) 헌재 2009. 4. 30. 선고 2007헌바121 결정, 동지 : 헌재 2009. 4. 30. 선고 2007헌바12 결정 ; 헌재 2009. 10. 29. 선고 2008헌바101 결정 ; 헌재 2012. 12. 27. 선고 2011헌바5 결정 ; 헌재 2019. 2. 28. 선고 2016헌바457 결정.

의 신속·적정성, 법원의 업무부담 등을 고려하여 결정하여야 할 입법정책의 문제라고 할 것이다.[54][55]

재심사유를 규정한 법 제451조 제1항은 재심의 소를 제기할 수 있는 사유를 열거한 것이지 이를 예시한 것이라고 할 수 없으므로,[56] 재심의 소가 적법한 법정(法定)의 재심사유에 해당하지 않는 사유를 재심사유로 주장한 경우, 그 재심의 소는 부적법하므로 각하되어야 한다.[57]

2) 재심사유의 법적 성질

기술한 바와 같이, 각 재심사유는 각각 별개의 청구원인에 해당한다.[58] 따라서, 재심사유에 따라 소송물이 별개이다.

재심의 이유는 바꿀 수 있으나(법 제459조 제2항), 이는 청구의 변경에 해당한다.

주의할 것은, 재심의 소 제기기간의 준수 여부도 재심사유별로 가려보아야 하며,[59] 재심사유를 바꿀 경우 출소기간의 준수여부는 새로운 재심사유를 주장한 때를 기준으로 판단한다는 것이다.[60] 따라서, 재심의 소가 재심제기기간이 경과된 후에 주장된 재심사유를 바탕으로 하여 제기된 경우, 그 재심의 소는 부적법하므로 각하되어야 한다.[61]

재심사유가 있는 자의 상대방 측에서도 그러한 사유를 주장함으로써 이익을 받을 수 있는 경우에는 이를 재심사유로 삼을 수 있다.[62]

---

54) 헌재 1996. 3. 28. 선고 93헌바27 결정; 동지: 헌재 2004. 12. 16. 선고 2003헌바105 결정; 헌재 2009. 4. 30. 선고 2007헌바12 결정; 헌재 2009. 10. 29. 선고 2008헌바101 결정; 헌재 2019. 2. 28. 선고 2016헌바457 결정.

55) 따라서 재심제도와 관련하여 인정되는 입법적 재량을 감안하다면, 민사소송법상 재심의 사유를 규정하고 있는 이 사건 법률조항의 위헌성에 대한 판단은, 입법자가 분쟁의 신속한 해결을 통한 법적 안정성의 확보에만 매몰되어 재판의 적정성이라는 법치주의의 또 다른 이념을 현저히 희생함으로써, 제반 기본권의 실현을 위한 기본권으로서의 재판청구권의 본질을 심각하게 훼손하는 등 입법형성권의 한계를 일탈하여 그 내용이 현저히 자의적인지 여부에 의하여 결정되어야 할 것이다. 헌재 2009. 4. 30. 선고 2007헌바12 결정 동지: 헌재 2019. 2. 28. 선고 2016헌바457 결정.

56) 대법원 1990. 3. 13. 선고 89누6464 판결. 동지: 대법원 1982. 9. 14. 선고 82사14 판결; 대법원 1984. 3. 27. 선고 83사22 판결; 대법원 1987. 3. 26. 선고 86사3 판결(사안은 준재심); 대법원 1987. 12. 8. 선고 87재다24 판결.

57) 대법원 1996. 10. 25. 선고 96다31307 판결. 동지: 대법원 1987. 3. 26. 선고 86사3 판결(사안은 준재심).

58) 대법원 1992. 10. 9. 선고 92므266 판결. 동지: 대법원 1970. 1. 27. 선고 69다1888 판결; 대법원 1993. 9. 28. 선고 92다33930 판결.

59) 대법원 1993. 9. 28. 선고 92다33930 판결.

60) 대법원 1990. 12. 26. 선고 90재다19 판결 참조.

61) 대법원 1996. 10. 25. 선고 96다31307 판결.

62) 대법원 1990. 11. 13. 선고 88다카26987 판결.

3) 재심사유의 분류

재심사유 중에는 재심제기기간(법 제456조)의 제약을 받지 아니하는 것, 유죄확정판결 등을 요하는 것도 있으므로, 이러한 기준에 따라 재심사유를 대별하여 살펴보기로 한다.

나. 재심제기기간의 제약이 없는 재심사유

1) 대리권의 흠이[63] 있는 때 : 법정대리권·소송대리권에 흠이 있는 때(법 제451조 제1항 제3호 본문 전단)

가) 개 관

대리권의 흠을 들어 제기하는 재심의 소에는 재심제기의 기간의 제약이 없다(법 제457조). 이에는 법인이나 단체의 대표권의 흠도 포함됨은 물론이다.[64]

그러나, 주의할 것은, "대리권의 흠"에는 법 제451조 제1항 제3호 중의 "대리인이 소송행위를 하는 데에 필요한 권한의 수여에 흠이 있는 때"(같은 호 본문 후단)라는 재심사유는 포함되지 아니한다.[65] 즉, '대리권의 흠'이란 '대리권'이 전혀 없는 경우를 의미하는 것이다.[66]

또한, 재산관리인이 없는 부재자를 피고로 하여 제소하여 판결이 선고되었다 하더라도 이는 법 제451조 제1항 제3호의 재심사유에 해당하지 아니한다(판결이 선고된 후에 선임된 재산관리인이 추후보완상소를 제기함은 별론).[67]

나) 대리권의 흠이 문제되는 실례

무권대리인이 대리인으로서 본인을 위하여 실질적인 소송행위를 하였을 경우뿐만 아니라, 대리권의 흠으로 인하여 본인이나 그의 소송대리인이 실질적인 소송행위를 할 수 없었던 경우에도 이 재심사유에 해당한다.[68]

따라서, 당사자의 이름을 모용하고 이루어진 판결이 확정된 경우에도, 적법하게 소송관여의 기회가 부여되지 아니한 것이 될 것으로서 위 재심사유를 들어 재심의 소를 제기할 수 있다.[69] 다만, 이 경우에는 상소를 제기할 수도 있다.[70]

---

63) cf. 구법(2002. 1. 26. 법률 제6626호로 전부개정되기 전의 것) 제422조 제1항 제3호 본문은 "대리권의 흠결이 …"이라고 표현하였다.

64) 대법원 1990. 4. 24. 선고 89다카29891 판결.

65) 대법원 1968. 12. 3. 선고 68다1981 판결.

66) 대법원 1994. 6. 24. 선고 94다4967 판결. 동지 : 대법원 1980. 12. 9. 선고 80다584 판결 ; 대법원 1993. 10. 12. 선고 93다32354 판결 ; 대법원 1999. 10. 22. 선고 98다46600 판결.

67) 대법원 1968. 11. 19. 선고 68다1735 판결.

68) 대법원 1994. 1. 11. 선고 92다47632 판결. 동지 : 대법원 1999. 2. 26. 선고 98다47290 판결.

또한, 소장에 피고의 주소 아닌 주소를 기재하고 피고에 대한 소송서류를 그로부터 서류송달의 대리권을 수여받은 자도 아니요 민사소송법 소정의 소송서류 송달을 받을 수 있는 권한이 없는 자에게 송달하였다면, 법 제451조 제1항 제3호 소정의 재심사유에 해당한다.[71][72)]

그러나, 대리권의 흠이 있었다 하더라도 그로 말미암아 본인이나 그의 대리인이 실질적인 소송행위를 할 기회가 박탈되지 아니하였다면 그 사유를 재심사유로 주장할 수 없으며,[73)] **대리권의 흠을 추인**(법 제60조 또는 제97조)**한 때에도 재심사유가 되지 아니한다**(법 제451조 제1항 제3호 단서).

같은 이치에서, 다수자 사이에 공동소송인이 될 관계에 있기는 하지만 주요한 공격방어방법을 공통으로 하는 것이 아니어서 공동의 이해관계가 없는 자가 선정당사자로 선정되었음에도 불구하고 법원이 그러한 선정당사자 자격의 흠을 간과하여 그를 당사자로 한 판결이 확정된 경우, 선정자가 스스로 해당 소송의 공동소송인 중 1인인 선정당사자에게 소송수행권을 수여하는 선정행위를 하였다면 그 선정자로서는 실질적인 소송행위를 할 기회 또는 적법하게 해당 소송에 관여할 기회를 박탈당한 것이 아니므로, 그러한 사정은 법 제451조 제1항 제3호가 정하는 재심사유에 해당하지 않는 것으로 봄이 상당하다.[74)]

그리고, 소송 계속 중 일방 당사자에 대하여 회생절차 개시결정이 있었는데, 법원이 그 사실을 알지 못한 채 관리인의 소송수계가 이루어지지 아니한 상태 그대로 소송절차를 진행하여 판결을 선고하였다면, 그 판결은 일방 당사자의 회생절차 개시결정으로 소송절차를 수계할 관리인이 법률상 소송행위를 할 수 없는 상태에서 심리되어 선고된 것이므로 여기에는 마치 대리인에 의하여 적법하게 대리되지 아니하였던 경우와 마찬가지의 위법이 있다.[75)]

---

69) 대법원 1964. 3. 31. 선고 63다656 판결(사안은 제소전화해). 동지 : 대법원 1964. 11. 17. 선고 64다328 판결.

70) 대법원 1964. 11. 17. 선고 64다328 판결.

71) 대법원 1970. 12. 22. 선고 70다2326 판결.

72) 대법원 2017. 9. 21. 선고 2016재다1913 판결은, 대법원이 상고인의 소송대리인 소속 담당변호사가 아닌 변호사에게 소송기록접수통지서를 송달하고도 상고이유서가 기한 내에 제출되지 않았다는 이유로 상고를 기각하였으므로 법 제451조 제1항 제3호의 재심사유가 있다고 주장한 사안에서, 대법원이 소송기록접수통지서를 전자소송시스템에 등재하고 전자문서 등재사실을 상고인의 소송대리인이 사용자등록을 하면서 입력한 전자우편주소로 전자우편을 보내는 방법으로 송달하였으므로, 상고심 소송대리인의 담당변호사가 소송기록접수통지서를 송달받지 못하였다고 하더라도 그와 같은 사정만으로 위 규정이 정한 재심사유가 인정된다고 할 수 없다고 하였다.

73) 대법원 1992. 12. 22. 선고 92재다259 판결 참조.

74) 대법원 2007. 7. 12. 선고 2005다10470 판결.

75) 대법원 2011. 10. 27. 선고 2011다56057 판결.

다) 입 증

대리권의 흠이 이를 주장하는 재심원고에게 그 입증책임이 있음은 물론이다.[76)]

소송대리권의 흠이라는 사실은 소극적 사실이어서 이를 직접증거에 의하여 정면으로 증명하기는 어렵고 먼저 간접사실을 입증한 다음 경험칙에 의한 추론과정을 거쳐 그 주요사실의 존재를 추인하는 것이 보통이다.[77)]

라) 상대방의 대리권의 흠을 주장할 수 있는 경우

그런데, 「민사소송법」에서 대리권의 흠을 재심사유로 규정한 취지는 원래 그러한 대리권의 흠이 있는 당사자측을 보호하려는 데에 있으므로, 그 상대방이 이를 재심사유로 삼기 위하여는 그러한 사유를 주장함으로써 이익을 받을 수 있는 경우에 한한다.[78)]

여기서 '이익을 받을 수 있는 경우'란 위와 같은 대리권 흠 이외의 사유로도 종전의 판결이 종국적으로 상대방의 이익으로 변경될 수 있는 경우를 가리킨다.[79)]

마) 적용범위

법 제451조 제1항 제3호의 재심사유는 준재심에도 준용된다.[80)]

2) 재심을 제기할 판결이 전에 선고한 확정판결에 어긋나는[81)] 때(법 제451조 제1항 제10호)[82)]

가) 개 관

이 재심사유를 들어 제기하는 재심의 소에도 재심제기의 기간의 제약이 없다(법 제457조).

"재심을 제기할 판결이 전에 선고한 확정판결에 어긋나는 때"라 함은, 전에 선고한 확정판

---

76) 대법원 1996. 12. 23. 선고 95다22436 판결.

77) 대법원 1999. 2. 9. 선고 98다38739 판결.

78) 대법원 1967. 2. 28. 선고 66다2569 판결. 동지 : 대법원 1983. 2. 8. 선고 80사50 판결 ; 대법원 2000. 12. 22. 선고 2000재다513 판결.

79) 대법원 1983. 2. 8. 선고 80사50 판결. 동지 : 대법원 2000. 12. 22. 선고 2000재다513 판결.

80) 대법원 1964. 3. 31. 선고 63다656 판결 ; 대법원 1996. 12. 23. 선고 95다22436 판결 ; 대법원 1999. 2. 9. 선고 98다38739 판결 참조.
그런데, 위 판례들의 사안은 모두 제소전화해이다.

81) cf. 구법(2002. 1. 26. 법률 제6626호로 전부개정되기 전의 것) 제422조 제1항 제10호는 "… 저촉되는 …"이라는 표현을 사용하였다.

82) cf. 확정판결은 재심의 소 등으로 취소되지 아니하는 한 그 소송당사자를 기속하는 것이므로 비록 그 뒤 관련 소송에서 그 확정판결에 반하는 내용의 판결이 선고되어 확정되었다 하더라도 위 확정판결에 기한 이행으로 교부받은 돈은 법률상 원인 없는 이익이 되지 아니한다. 대법원 2000. 5. 16. 선고 2000다11850 판결.

결의 기판력과 재심의 대상이 된 확정판결의 기판력이 서로 저촉되는 경우를 말하는 것으로서,[83] 이 재심사유는 재심대상판결의 기판력과 전에 선고한 확정판결의 기판력과의 충돌을 조정하기 위하여 마련된 것이다.[84]

즉, 법 제451조 제1항 제10호 소정의 "재심을 제기할 판결이 전에 선고한 확정판결과 어긋나는 때"라 함은 전에 선고한 확정판결의 기판력이 재심대상판결의 당사자 및 소송물과의 관계에서 미치는 경우만을 뜻한다.[85]

역으로, 재심대상판결이 그보다 늦게 선고·확정된 판결과 저촉되는 경우는 법 제451조 제1항 제10호의 재심사유에 해당하지 아니한다.[86]

그러나, 전에 선고한 확정판결이 재심대상 판결과 그 내용이 유사한 사건에 관한 것이라고 하더라도 그 판결의 기판력이 당사자에게 미치지 아니하는 때에는 위 재심사유에 해당하지 아니함은 물론이다.[87]

나) 적용범위

법 제451조 제1항 제10호의 재심사유는 준재심의 소에도 준용되는 것으로 해석된다.

다. 유죄확정판결 등을 요하는 재심사유

1) 총설 : 증거확실성의 원칙(법 제451조 제2항)

가) 개 관

법 제451조 제1항 제4호 내지 제7호의 재심사유의 경우에는, 처벌받을 행위에 대하여 유죄의 판결이나 과태료부과의 재판이 확정된 때, 또는 증거부족[88] 외의 이유로 유죄의 확정판

83) 대법원 1966. 10. 4. 선고 66사21 판결. 동지 : 대법원 1980. 12. 23. 선고 80누290 판결.

84) 대법원 1987. 5. 12. 선고 86무2 판결. 동지 : 대법원 1983. 12. 28.자 83사14 결정 ; 대법원 1991. 3. 27. 선고 90다20510 판결 ; 대법원 1994. 8. 26. 선고 94재다383 판결 ; 대법원 1998. 3. 24. 선고 97다32833 판결 ; 대법원 2001. 3. 9. 선고 2000재다353 판결 ; 대법원 2011. 7. 21. 선고 2011재다199 전원합의체 판결.

85) 대법원 1993. 10. 26. 선고 93재다300 판결. 동지 : 대법원 1976. 10. 12. 선고 76사12 판결 ; 대법원 1980. 8. 26. 선고 80사6 판결 ; 대법원 1980. 11. 11. 선고 80무3 판결 ; 대법원 1985. 4. 27. 선고 85사9 판결; 대법원 1985. 5. 14. 선고 84다579 판결 ; 대법원 1986. 2. 11. 선고 85무6 판결 ; 대법원 1988. 6. 28. 선고 87재누1 판결 ; 대법원 1990. 3. 9. 선고 89재다카140 판결 ; 대법원 1994. 8. 26. 선고 94재다383 판결 ; 대법원 1998. 3. 24. 선고 97다32833 판결 ; 대법원 2001. 3. 9. 선고 2000재다353 판결.

86) 대법원 1981. 7. 28. 선고 80다2668 판결.

87) 대법원 1986. 2. 11. 선고 85무6 판결. 동지 : 대법원 1987. 5. 12. 선고 86무2 판결 ; 대법원 1989. 12. 26. 선고 88재누116 판결 ; 대법원 1990. 2. 13. 선고 89재누106 판결 ; 대법원 1990. 3. 27. 선고 90재누10 판결 ; 대법원 1994. 8. 26. 선고 94재다383 판결 ; 대법원 1998. 3. 24. 선고 97다32833 판결.

결이나 과태료부과의 확정재판을 할 수 없을 때에만, 재심의 소를 제기할 수 있다(법 제451조 제2항).

위조문서 또는 위증 등을 채택하여 판결주문을 유지하는 근거가 된 사실인정의 자료로 삼았다 하더라도 위와 같이 협소한 요건으로 한정하여 재심을 인정하는 이유는, 한편으로 판결의 기초가 된 증거에 중대한 하자가 있을 경우 재심을 통해 당사자의 권리를 구제하고 구체적 정의를 실현하기 위한 것이고, 다른 한편으로 가벌행위 등의 존재만을 내세우면서 재심을 제기하는 남소의 폐단을 막아 종국판결의 법적 안정성을 보장하기 위한 것이다.[89)]

따라서, 같은 조 제1항 제4호 내지 제7호 소정의 재심사유에 관하여 위와 같은 유죄확정판결 등의 요건이 불비되어 있는 때에는, 재심의 소 자체가 그 부적법한 것이 되므로, 재심사유 자체에 대하여 그 유무의 판단에 나아갈 것도 없이 재심의 소가 각하되어야 하는 것이다.[90)]

또한, 재심의 소의 보충성(법 제451조 제1항 단서)과 관련하여, 당사자가 상소에 의하여 그 사유를 주장하였다고 하기 위하여서는, 같은 조 제1항 각 호의 사실만 주장하는 것으로는 부족하고 재심의 대상이 되는 상태, 즉 유죄판결이 확정되었다거나 증거부족 외의 이유로 유죄판결을 할 수 없다는 등 같은 조 제2항의 사실도 아울러 주장하였어야 할 것이다.[91)] 따라서, 당사자가 상소심에서 전자의 사실만 주장하였고, 후자의 사실은 주장하지 아니한 때에는 재심의 소의 보충성 요건이 충족된다.

그러나, 재심청구가 인용되려면, 위 양자의 사실 모두 (재심원고가)[92)] 증명하여야 함은 물론이다.[93)]

그런데, 같은 조 제2항 소정의 요건에 해당하는 사실이 존재하는 경우에는 해당 요건사실 즉 그 판결들이나 처분 등에 관한 판단내용 자체에 대해서는 그 당부를 따질 것 없이 재심의 소는 적법요건을 갖춘 것으로 보아야 하나, 나아가 같은 조 제1항 제4호 내지 제7호 소정의

---

88) cf. 구법(2002. 1. 26. 법률 제6626호로 전부개정되기 전의 것) 제422조 제2항은 "증거흠결"이라는 용어를 사용하였다.

89) 헌재 2019. 2. 28. 선고 2016헌바457 결정(사안은 법 제451조 제1항 제6호 및 제7호).
위 결정은 법 제451조 제2항 중 제1항 제6호 및 제7호에 관한 부분이 재판청구권을 침해하지 아니한다고 보았다.

90) 대법원 1989. 10. 24. 선고 88다카29658 판결.

91) 대법원 2006. 10. 12. 선고 2005다72508 판결(사안은 제451조 제1항 제6호의 재심사유). 동지 : 대법원 1966. 1. 31. 선고 65다2236 판결(사안은 같은 항 제7호의 재심사유) ; 대법원 1977. 6. 28. 선고 77다540 판결(사안은 같은 항 제7호의 재심사유) ; 대법원 1988. 2. 9. 선고 87다카1261 판결(사안은 같은 항 제7호의 재심사유).

92) 대법원 1989. 10. 24. 선고 88다카29658 판결(법 제451조 제2항의 사실의 입증책임에 관하여).

93) 대법원 1990. 8. 14. 선고 89다카6812 판결(사안은 제451조 제1항 제6호의 재심사유).

재심 사유의 존부에 대해서는 위에서 본 판결이나 처분내용에 밝혀진 판단에 구애받음이 없이 독자적으로 심리판단을 할 수 있는 것이다.[94]

위와 같이 이른바 증거확실성의 원칙이 적용되는 재심사유는, 별항으로 상론하는 바와 같다.

나) 유죄판결 등이 확정된 때(법 제451조 제2항 전단)

(1) 개 관

법 제451조 제2항 전단의 "처벌받을 행위에 대하여 유죄의 판결이나 과태료부과의 재판이 확정된 때"의 의미와 관련하여 주의할 것은, 유죄의 확정판결이나 과태료의 확정재판의 존재는 그 자체로 재심사유가 되지만, 그 유죄의 확정판결 등의 내용과 같은 사실이 확실히 있었는지 여부의 실질적 판단은 재심법원이 그 유죄인정판결 등에 구애됨이 없이 자유로 판단할 수 있다는 것이다.[95]

즉, 재심법원은 재심의 소의 재심사유가 된 유죄판결에 구속을 받는 것은 아니고 그 유죄판결의 내용과 같은 사실의 존부에 관한 실질적 판단을 자유로이 할 수 있으며 자유로운 판단에 의하여 재심대상인 판결을 정당하다고 인정할 때에는 새로운 증거의 제출이 없더라도 재심청구를 배척할 수 있다.[96]

만일, 유죄의 확정판결을 기다리지 않고 재심의 소가 제기되어도 재심의 소의 판결이 있을 때까지 유죄의 확정판결이 있으면 그 재심의 소는 적법하다.[97]

(2) 제소기간의 기산점

유죄판결이 확정된 경우, 그 사실을 알았다면 그 재심사유를 알았다고 보아야 할 것이고, 그 때부터 제소기간(법 제456조 제1항)이 진행한다.[98]

국가가 재심원고인 경우에는, 유죄판결이 확정된 재판서가 검찰청에 송부된 때에 그 판결이 확정된 사실을 알았다고 보아야 할 것이다.[99]

---

94) 대법원 1989. 10. 24. 선고 88다카29658 판결.

95) 대법원 1965. 6. 15. 선고 64다1885 판결.

96) 대법원 1975. 2. 25. 선고 73다933 판결.

97) 대법원 1983. 12. 27. 선고 82다146 판결(사안은 제451조 제1항 제7호의 재심사유). 동지 : 대법원 1972. 6. 27. 선고 72므3 판결.

98) 대법원 1996. 5. 31. 선고 95다33993 판결(사안은 제451조 제1항 제7호의 재심사유). 동지 : 대법원 1989. 10. 24. 선고 87다카1322 판결(사안은 제451조 제1항 제7호의 재심사유).

99) 대법원 1994. 12. 9. 선고 94다38960 판결 참조.
cf. 형사사건이 완결된 때에는 그 사건기록과 재판서는 그 법원에 대응하는 검찰청에 송부된다(법원재판

다) 증거부족 외의 이유로 유죄확정판결 등을 할 수 없을 때(법 제451조 제2항 후단)

(1) 개 관

"증거부족 외의 사유로 유죄의 확정판결을 할 수 없는 때"라 함은, 범인의 사망, 사면, 공소시효의 완성, 심신상실의 경우 등이 없었더라면 유죄판결을 받을 수 있었을 경우를 말한다.[100] 일반사면이 있은 경우도 이 사유에 해당한다.[101]

또한, 검사가 기소유예처분을 한 경우에는 이에 해당하나, 피의자의 소재불명을 이유로 기소중지처분을 한 경우는 이에 해당하지 않으며,[102] 증거불충분을 이유로 불기소처분을 한 경우 역시 이에 해당하지 아니함은 물론이다.[103]

마찬가지로, 재심대상판결이 있은 사건에서 범인에 대하여 공소제기가 되었으나 동인의 소재불명으로 재판을 진행할 수 없게 된 경우는 "증거부족 외의 사유로 유죄의 확정판결을 할 수 없는 때"에 해당한다고 볼 수 없다.[104]

증거부족 외의 사유만 없었다면 유죄의 확정판결을 받을 수 있으리라는 점은 재심원고가 입증하여야 하며,[105] 그 점에 관하여서 재심법원은 (해당 불기소처분 등에 구애됨이 없이) 독자적으로 증명에 의한 인정을 할 수 있다.[106]

(2) 제소기간의 기산점

법 제451조 제2항 후단의 경우, 제소기간(법 제456조 제1항)은 증거부족 외의 이유로 유죄의 확정판결을 할 수 없다는 사실을 안 날부터 진행함은 물론이나, 그 구체적 의미가 문제이다.

국가가 재심원고인 때에는, 검사가 그 사실(예 : 공소시효 완성)를 안 날이 곧 재심원고가 이를 안 날이라고 할 것이다.[107]

사무 처리규칙 제26조).

100) 대법원 1999. 5. 25. 선고 99두2475 판결(사안은 제451조 제1항 제6호의 재심사유). 동지 : 대법원 1963. 2. 7. 선고 62누218 판결 ; 대법원 1964. 5. 12. 선고 63다859 판결(이상, 같은 항 제6호의 재심사유) ; 대법원 1985. 11. 26. 선고 85다418 판결 ; 대법원 1995. 8. 25. 선고 94다27373 판결 ; 대법원 1998. 3. 24. 선고 97다32833 판결(이상, 같은 항 제7호의 재심사유).

101) 대법원 1965. 6. 22. 선고 65다680 판결.

102) 대법원 1989. 10. 24. 선고 88다카29658 판결.

103) 대법원 1985. 11. 26. 선고 85다418 판결 참조.

104) 대법원 1994. 9. 23. 선고 93누20566 판결(사안은 제451조 제1항 제7호의 재심사유).

105) 대법원 1974. 7. 26. 선고 73다1685 판결(사안은 제451조 제1항 제6호 및 제7호의 재심사유) ; 대법원 1982. 9. 14. 선고 82다16 판결(사안은 같은 항 제7호의 재심사유) ; 대법원 1982. 10. 26. 선고 82므11 판결(사안은 같은 항 제7호의 재심사유) ; 대법원 1985. 2. 26. 선고 84누734 판결(사안은 같은 항 제6호의 재심사유) ; 대법원 2015. 12. 23. 선고 2013다17124 판결(사안은 같은 항 제6호의 재심사유).

106) 대법원 1965. 6. 15. 선고 64다1885 판결.

공소시효가 완성된 경우에는, 그 사실을 안 날부터 제소기간이 진행하지만,[108] 일반적으로는, 공소시효의 완성으로 인한 검사의 불기소처분이 있는 것을 안 날부터 제소기간이 진행한다고 할 것이다.[109] 다만, 당사자가 검사의 불기소처분에 불복하여 검찰청법상의 항고절차나 형사소송법상의 재정신청절차를 거친 경우에는 항고나 재정신청에 대한 결정이 있었던 것을 안 날 즉, 그 결정의 통지를 받은 날에 재심사유를 알았다고 본다.[110]

일반사면을 원인으로 검사가 불기소처분을 하든가 법원이 면소판결을 한 경우에는, 이러한 불기소처분 또는 면소판결이 있은 것을 안 날부터 제소기간이 진행한다.[111]

(3) 제척기간의 기산점

법 제451조 제2항 후단의 경우, 제척기간(법 제456조 제3항, 제4항)은 피의자의 사망, 공소권의 시효소멸(공소시효의 완성), 사면 등의 사실이 재심대상판결 확정 전에 생긴 때에는 그 판결 확정시부터, 확정 후에 생긴 때에는 위 사유가 발생한 때로부터 기산하여야 한다.[112] 즉, 제척기간은, 당사자가 위 사유를 안 날로부터 진행되는 것이 아니다.[113]

2) 재판에 관여한 법관이 그 사건에 관하여 직무에 관한 죄를 범한 때(법 제451조 제1항 제4호)

법 제451조 제1항 제4호의 재심사유는 준재심에도 준용되는 것으로 해석된다.

3) 형사상 처벌을 받을 다른 사람의 행위로 말미암아 자백을 하였거나 판결에 영향을 미칠 공격 또는 방어방법의 제출에 방해를 받은 때(법 제451조 제1항 제5호)

가) 개 관

"형사상 처벌을 받을 다른 사람의 행위로 말미암아 공격 또는 방어방법의 제출에 방해를 받은 때"라 함은, 타인의 형사상 처벌을 받을 행위로 인하여 '해당 소송절차에서' 당사자의 공격방어방법의 제출이 직접 방해받은 경우를 말하는 것이다.[114]

---

107) 대법원 1980. 3. 25. 선고 78다819 판결(사안은 제451조 제1항 제7호의 재심사유) 참조.

108) 대법원 1994. 1. 28. 선고 93다29051 판결.

109) 대법원 1975. 12. 23. 선고 74다1398 판결. 동지 : 대법원 2006. 10. 12. 선고 2005다72508 판결.

110) 대법원 1997. 4. 11. 선고 97다6599 판결.

111) 대법원 1965. 6. 22. 선고 65다680 판결(사안은 제451조 제1항 제7호의 재심사유).

112) 대법원 1988. 12. 13. 선고 87다카2341 판결(법 제451조 제1항 제6호의 경우에 판결확정후 공소시효가 완성된 사안). 동지 : 대법원 1991. 1. 11. 선고 90다3966,90다카20302 판결(법 제451조 제1항 제7호의 경우에 판결확정후 공소시효가 완성된 사안) ; 대법원 1991. 6. 25. 선고 91다1561 판결 ; 대법원 1995. 5. 26. 선고 94다37592 판결(법 제451조 제1항 제7호의 경우에 판결확정후 공소시효가 완성된 사안).

113) 대법원 1990. 2. 13. 선고 89재다카119 판결. 동지 : 대법원 1991. 3. 22. 선고 90재다카16 판결.

따라서 이는, '해당 소송절차와 관계없이' 타인의 범죄행위로 인하여 실체법상의 어떤 효과 발생이 저지되었다든가 어떤 사실이 조작되었기 때문에 그 결과 법원이 사실인정을 그르치게 된 경우까지를 포함한다고는 해석할 수 없다.115)

나) 준재심의 경우

가령 화해의 경우에, 형사상 처벌받을 타인의 행위가 당사자가 소송상 화해의 의사표시를 하게 된 직접적 원인이 된 경우에는, 준재심사유가 된다.116)

그러나, 가령 청구인낙의 경우에, 그 형사상 처벌받을 타인의 행위가 인낙에 이르게 된 간접적인 원인밖에 되지 않았다고 보이는 경우까지 준재심사유가 된다고 볼 수는 없다.117)

4) 판결의 증거가 된 문서, 그 밖의 물건이 위조되거나 변조된 것인 때(법 제451조 제1항 제6호)

가) 위조 또는 변조

법 제451조 제1항 제6호에서 말하는 "위조"에는 형사상 처벌될 수 있는 허위공문서작성이나 공정증서원본불실기재가 포함된다.118)

그러나, 위와 같이 범죄에 해당하는 공문서의 소위 무형위조의 경우와 달리, 형사상의 범죄를 구성하지 아니하는 사문서의 소위 무형위조의 경우 그 사문서는 여기서 규정한 '위조나 변조된 문서'에 해당하지 않는다.119)

또한, 형사재판에 의하여 처벌할 수 없는 '과실에 의한' 허위공문서작성행위 역시 여기서 말하는 위조나 변조에는 해당하지 아니한다.120)

나) 판결의 증거가 된 문서, 그 밖의 물건

(1) 개 관

법 제451조 제1항 제6호에서 "판결의 증거가 된 문서"라 함은, 재심의 대상이 된 판결이

114) 대법원 1982. 10. 12. 선고 82다카664 판결. 동지: 대법원 1993. 11. 9. 선고 93다39553 판결.

115) 대법원 1982. 10. 12. 선고 82다카664 판결.

116) 대법원 1979. 5. 15. 선고 78다1094 판결.

117) 대법원 1995. 4. 28. 선고 95다3077 판결의 방론.

118) 대법원 1997. 7. 25. 선고 97다15470 판결. 동지: 대법원 1982. 9. 28. 선고 81다557 판결(허위공문서작성); 대법원 1990. 8. 14. 선고 89다카6812 판결(허위공문서작성); 대법원 1999. 5. 25. 선고 99두2475 판결(허위공문서작성).

119) 대법원 1974. 6. 25. 선고 73다2008 판결. 동지: 대법원 1995. 3. 10. 선고 94다30829,30836,30843 판결; 대법원 2006. 5. 26. 선고 2004다54862 판결.

120) 대법원 1993. 10. 26. 선고 93다33579 판결.

그 문서를 채용하여 사실을 인정하고 있는 경우,[121] 다시 말해, 그 (위조되거나 변조된) 문서가 판결주문을 유지하는 근거가 된 사실인정의 증거로 채택된 경우를 말한다.[122]

가사 법관의 심증에 영향을 주었을 것이라고 추측되는 자료가 된다 하여도 그것이 위 사실인정의 자료로 채택된 것이 아니면 판결의 증거가 된 때에 해당한다 할 수 없다.[123]

따라서, 위조 또는 변조된 문서 자체가 재심대상판결의 사실인정의 증거로 채용되지 아니한 이상, (가령) 문서가 변조되었다는 유죄의 확정판결이 있었다 하여도 위 법조 소정의 재심사유에 해당한다 할 수 없다.[124]

그런데, 사실인정의 자료가 되었다는 것은 소송요건 등 직권조사의 자료가 된 것도 포함된다.[125]

따라서, 소취하를 이유로 소송종료선언을 선고한 재심대상판결에서 소취하서는 소송이 적법하게 취하되었다는 사실인정의 기본적인 증거로 사용된 것임이 명백하다 하겠으므로, 해당 소취하서가 위조된 것이라면 이는 법 제451조 제1항 제6호의 재심사유에 해당된다.[126]

(2) 판결이 달라졌을 개연성

결국, "판결의 증거로 된 문서 기타 물건이 위조나 변조된 것인 때"라 함은, 그 위조된 문서 등이 판결주문의 이유가 된 사실인정의 직접적 또는 간접적인 자료로 제공되어 법원이 그 위조문서 등을 참작하지 않았더라면 해당 판결과는 다른 판결을 하였을 개연성이 있는 경우를 말한다.[127][128]

따라서, 그 위조문서 등을 제외한 나머지 증거들만 가지고도 그 판결의 인정 사실을 인정할 수 있거나 그 위조문서 등이 없었더라면 판결주문이 달라질 수도 있을 것이라는 일응의 개연성이 있지 아니하는 경우, 또는 위조문서 등이 재심대상 판결이유에서 가정적 또는 부가적으로 설시한 사실을 인정하기 위하여 인용된 것이고 주요사실의 인정에 영향을 미치지 않는 사정에 관한 것이었을 때에는, 재심사유가 되지 않는다.[129]

---

121) 대법원 1963. 10. 31. 선고 63다458 판결.

122) 대법원 1992. 11. 10. 선고 91다27495 판결. 동지 : 대법원 1968. 5. 21. 선고 68다245,246 판결 ; 대법원 1993. 10. 26. 선고 93다33579 판결.

123) 대법원 1968. 5. 21. 선고 68다245,246 판결.

124) 대법원 1992. 11. 10. 선고 91다27495 판결.

125) 대법원 1982. 2. 23. 선고 81누216 판결.

126) 대법원 1982. 2. 23. 선고 81누216 판결.

127) 대법원 1994. 9. 23. 선고 93누20566 판결. 동지 : 대법원 1988. 10. 11. 선고 87다카1973,1974(병합) 판결; 대법원 1997. 7. 25. 선고 97다15470 판결.

128) 따라서, 간접사실의 인정 자료가 된 경우에도 이에 해당된다. 대법원 1982. 2. 23. 선고 81누216 판결.

다) 적용범위

주의할 것은, 이 재심사유는 사실인정 자체에 관한 것이므로, 상고심 판결에 대하여서는 재심사유로 삼을 수 없다.[130)]

법 제451조 제1항 제6호의 재심사유는 준재심에도 준용된다.

가령, 증거로 제출된 문서가 조정을 갈음하는 결정에서 사실인정 및 판단의 자료가 되었는데 그 문서가 위조 또는 변조되었음이 밝혀지고 이에 대한 유죄의 확정판결이 있게 됨으로써 그 조정을 갈음하는 결정에 영향을 미쳤을 가능성이 있다면, 당사자는 이를 이유로 확정된 조정을 갈음하는 결정조서에 대하여 법 제461조, 제451조 제1항 제6호에 의한 준재심청구를 할 수 있다.[131)]

5) 증인·감정인·통역인의 거짓 진술[132)] 또는 당사자신문에 따른 당사자나 법정대리인의 거짓 진술이 판결의 증거가 된 때(법 제451조 제1항 제7호)[133)][134)]

가) 개 관

"증인의 거짓 진술이 판결의 증거가 된 때"라 함은, 그 거짓 진술이 판결주문의 이유가 된 사실인정의 자료가 되었을 뿐 아니라, 만약 그 거짓 진술을 참작하지 아니하였더라면 해당 판결과는 다른 판결을 하였을 개연성이 있는 경우를 말한다.[135)]

한편, 실체적 사실과 상이한 증인 등의 진술이 있었다 하더라도 그것이 판결의 증거가 되고 유죄판결이 확정되어야 하는(법 제451조 제2항) 협소한 요건으로 한정하여 재심을 인정하는 이유는, 한편으로 판결의 기초가 된 자료에 중대한 하자가 있을 경우 확정판결에 대한 재심을 통해 당사자의 권리가 구제될 수 있도록 보장하기 위한 것이고, 다른 한편으로 무분별하

---

129) 대법원 1994. 9. 23. 선고 93누20566 판결. 동지 : 대법원 1988. 10. 11. 선고 87다카1973,1974(병합) 판결; 대법원 1997. 7. 25. 선고 97다15470 판결.

130) 대법원 2000. 4. 11. 선고 99재다746 판결. 동지 : 대법원 2006. 4. 14. 선고 2005재다242 판결.

131) 대법원 2006. 5. 26. 선고 2004다54862 판결.

132) 구법(2002. 1. 26. 법률 제6626호로 전부개정되기 전의 것) 제422조 제1항 제7호는 "허위진술"이라고 표현하였다.

133) 헌재 2009. 4. 30. 선고 2007헌바12 결정은 법 제451조 제1항 제7호, 제2항 중 '제7호' 부분이 재판청구권이나 평등권을 침해하지 아니한다고 보았다.

134) cf. 증인의 거짓진술이 판결의 증거가 되어 재심사유가 있는 때라 하더라도, 거짓 진술이라고 하여 유죄판결로 확정된 부분이 아닌 진술부분에 관한 증거가치의 평가는 사실심의 전권에 속한다 할 것이고, 위증의 유죄판결을 받은 증인의 증언이라고 하여 위 진술이라고 확정된 부분이 아닌 증언부분까지도 반드시 신빙력이 없는 것이라고 단정할 수는 없다. 대법원 1970. 9. 29. 선고 70다1744 판결.

135) 대법원 1975. 7. 22. 선고 74다1643 판결. 동지 : 대법원 1981. 6. 23. 선고 81다85 판결 ; 대법원 1982. 12. 14. 선고 80다2908 판결 ; 대법원 1985. 12. 24. 선고 84다532 판결 ;

게 재심을 제기하는 남소의 우려를 줄임으로써 확정된 종국판결의 법적 안정성을 유지함과 아울러 사법자원의 효율적인 활용을 도모하기 위한 것이라 할 수 있다.136)

나) 증인 등의 거짓 진술

(1) 증인의 거짓 진술

법 제451조 제1항 제7호의 "증인의 거짓 진술"은, 그 증인이 직접 재심대상이 된 소송사건을 심리하는 법정에서 거짓으로 진술한 경우를 말한다.137)

따라서, 그 증인이 그 재심대상이 된 소송사건 이외의(민·형사간에) 사건에서 증인으로서 거짓 진술을 하고 그 진술을 기재한 조서가 재심대상판결에서 서증으로 제출되어 이것이 채용된 경우는, 위 재심사유에 포함될 수 없다.138)

주의할 것은, 법원이 서로 관련된 두 사건을 병행 심리하면서 그 두 사건에 대한 증인으로 한 사람을 채택하여 그 증인이 그 두 사건에 관하여 동시에 같은 내용의 증언을 하였으나 그 두 사건 중의 하나의 사건에 관한 증언이 위증으로 확정된 경우에는, 그 증인의 위증은 그 사건에 관하여서만 재심 사유가 될 뿐이고 동시에 진행된 다른 사건에서는 재심사유가 될 수 없다.139)

(2) 감정인의 거짓 진술

그러나, 현황과 일치하지 않은 감정 결과에 터 잡아 판결이 선고된 경우에는 법 제451조 제1항 제7호의 재심사유에 해당한다고 할 수 없다.140)

다) 판결주문의 이유가 된 사실인정 자료로의 제공

(1) 개 관

"증인의 거짓 진술이 판결의 증거가 된 때"라 함은, 그 거짓 진술이 판결주문을 유지하는

---

136) 헌재 2009. 4. 30. 선고 2007헌바12 결정(사안은 감정인의 경우).

137) 대법원 1979. 8. 21. 선고 79다1067 판결. 동지: 대법원 1966. 9. 20. 선고 66다1203 판결; 대법원 1977. 7. 12. 선고 77다484 판결; 대법원 1984. 3. 27. 선고 83다574 판결; 대법원 1984. 8. 21. 선고 84사17 판결; 대법원 1992. 6. 12. 선고 91다33179,33186 판결; 대법원 1997. 3. 28. 선고 97다3729 판결; 대법원 1993. 6. 11. 선고 93므195 판결.

138) 대법원 1984. 8. 21. 선고 84사17 판결. 동지: 대법원 1966. 9. 20. 선고 66다1203 판결; 대법원 1977. 7. 12. 선고 77다484 판결; 대법원 1984. 3. 27. 선고 83다574 판결; 대법원 1992. 6. 12. 선고 91다33179,33186 판결; 대법원 1997. 3. 28. 선고 97다3729 판결; 대법원 1993. 6. 11. 선고 93므195 판결.

139) 대법원 1980. 11. 11. 선고 80다642 전원합의체 판결. 동지: 대법원 1998. 3. 24. 선고 97다32833 판결. cf. 위 전원합의체 판결로써, 반대취지의 1965. 3. 2. 선고 64다1435 판결은 폐기되었다.

140) 대법원 1998. 5. 15. 선고 97다57658 판결.

근거가 된 사실을 인정하는 자료로서 증거로 채택되어 판결서에 기재되어 있는 경우를 말한다.[141)]

따라서, 증인 등의 거짓 진술이 없었더라면 판결주문이 달라질 수 있는 경우라고 할지라도, 그 거짓 진술이 증거로서 채용되어 판결서에 기재되지 아니하였다면 재심사유가 되지 아니한다.[142)]

(2) 판결주문의 이유가 된 사실

법 제451조 제1항 제7호의 "증인의 거짓 진술이 판결의 증거가 된 때"라고 함은, 판결에서 사실 인정의 자료가 된 증인의 허위진술이 판결의 주문이나 주요사실의 인정에 영향을 미치는 경우만을 의미하는 것이다.[143)]

따라서, 그 증언이 거짓이었다 하여도 그 허위진술이 중요사실의 인정에 영향을 미치지 아니하는 사정에 관한 것이었을 때에는 위 재심사유가 되지 아니한다.[144)] 예컨대, 그 증언이 재심대상판결 이유에서 가정적 혹은 부가적으로 설시한 사실을 인정하기 위하여 인용된 것인 경우나,[145)] 쟁점의 인정에 전연 관계가 없는 때에는,[146)] 재심사유가 되지 않는다.

(3) 사실인정 자료로서의 제공(증거로서의 채택)

그런데, 이 경우에 사실인정 자료로 제공되었다 함은, 그 거짓 진술이 직접적인 증거가 된 때이건 또는 간접으로 영향을 준 때이건 모두 포함하는 것이므로,[147)] 대비증거로 사용되어 간접적으로 영향을 준 경우도 포함된다.[148)]

---

141) 대법원 1989. 3. 14. 선고 87다카2425 판결. 동지 : 대법원 1984. 3. 27. 선고 83다574 판결 ; 대법원 1986. 3. 11. 선고 84사27 판결 ; 대법원 1997. 9. 26. 선고 96다50506 판결 ; 대법원 2001. 5. 8. 선고 2001다11581,11598 판결 ; 대법원 2001. 6. 15. 선고 2000두2952 판결.

142) 대법원 1981. 11. 24. 선고 81다카327 판결.

143) 대법원 1980. 9. 9. 선고 79다1367 판결. 동지 : 대법원 1987. 6. 23. 선고 87다카356 판결.

144) 대법원 1979. 8. 21. 선고 79다1067 판결.

145) 대법원 1988. 10. 11. 선고 87다카1973,1974(병합) 판결. 동지 : 대법원 1970. 9. 17. 선고 70다1271 판결; 대법원 1982. 12. 14. 선고 80다2908 판결 ; 대법원 1983. 12. 27. 선고 82다146 판결 ; 대법원 1988. 1. 19. 선고 87다카1864 판결.

146) 대법원 1983. 12. 27. 선고 82다146 판결.

147) 대법원 1975. 7. 22. 선고 74다1643 판결. 동지 : 대법원 1982. 12. 14. 선고 80다2908 판결 ; 대법원 1984. 9. 11. 선고 84다카289 판결 ; 대법원 1988. 12. 27. 선고 87다카2602 판결 ; 대법원 1991. 7. 23. 선고 91다10107 판결 ; 대법원 1992. 1. 21. 선고 91다5914 판결 ; 대법원 1993. 11. 9. 선고 92다33695 판결.

148) 대법원 1989. 11. 28. 선고 89다카13803 판결. 동지 : 대법원 1982. 12. 14. 선고 80다2908 판결 ; 대법원 1991. 4. 23. 선고 90다카23455 판결 ; 대법원 1995. 4. 14. 선고 94므604 판결 ; 대법원 1997. 12. 26. 선고 97다42922 판결 ; 대법원 1999. 7. 9. 선고 98다64318,64325 판결 ; 대법원 2001. 6. 15. 선고 2000두2952 판결.

그리고, 증인의 거짓 진술이 판결주문의 이유가 되는 사실인정의 자료로 제공된 이상 법원이 다른 증거와 종합하여 사실을 인정하였더라도 재심사유에 해당한다.[149)]

그러나, 가사 법관의 심증에 영향을 주었을 것이라고 추측되는 자료가 된다 하여도 그것이 증거로 채택되어 사실인정의 직접적 또는 간접적인 자료가 된 바 없는 것이라면 이는 재심사유가 될 수 없다.[150)]

또한, 그 증언을 제외하더라도 다른 채택 증거에 의하여 재심대상판결의 인정사실이 충분히 시인되는 경우에는 재심사유는 이유 없는 것이다.[151)]

라) 판결이 달라질 개연성(판결 주문에의 영향)

판결 주문에 영향을 미친다는 것은 만약 그 거짓 진술이 없었더라면 판결 주문이 달라질 수도 있었을 것이라는 개연성이 있는 경우를 말하고,[152)] 변경의 확실성을 요구하는 것은 아니다.[153)]

따라서, 그 거짓 진술을 제외한 나머지 증거들만에 의하여도 판결주문에 아무런 영향을 미치지 아니하는 경우에는 비록 거짓 진술이 위증으로 유죄의 확정판결을 받았다고 하더라도 재심사유에 해당하지 아니한다.[154)]

또한, 그 거짓 진술이 당사자의 주장사실에 부합하는 증거를 배척하는 반대증거로 사용된 경우에, 배척된 증거가 그 내용 자체로 보아 신빙성이 없는 것이어서 반대증거가 없더라도 도저히 채용할 수 없는 것일 때에는, 비록 거짓 진술이 위증으로 유죄의 확정판결을 받았다

---

149) 대법원 1964. 12. 1. 선고 64다1151 판결. 동지 : 대법원 1965. 1. 19. 선고 64다1153 판결 ; 대법원 1980. 12. 23. 선고 80다1321 판결.

150) 대법원 1997. 9. 26. 선고 96다50506 판결. 동지 : 대법원 2001. 5. 8. 선고 2001다11581,11598 판결.

151) 대법원 1980. 9. 9. 선고 79다1367 판결. 동지 : 대법원 1971. 10. 12. 선고 71누133 판결 ; 대법원 1983. 12. 27. 선고 82다146 판결.

152) 대법원 1987. 6. 23. 선고 87다카356 판결. 동지 : 대법원 1984. 9. 11. 선고 84다카289 판결 ; 대법원 1988. 12. 27. 선고 87다카2602 판결 ; 대법원 1991. 2. 22. 선고 89다카24247 판결 ; 대법원 1991. 7. 23. 선고 91다10107 판결 ; 대법원 1991. 11. 8. 선고 90다12861 판결 ; 대법원 1992. 1. 21. 선고 91다5914 판결; 대법원 1993. 11. 9. 선고 92다33695 판결 ; 대법원 1995. 4. 14. 선고 94므604 판결 ; 대법원 1995. 8. 25. 선고 94다27373 판결 ; 대법원 1997. 12. 26. 선고 97다42922 판결 ; 대법원 1999. 7. 9. 선고 98다64318,64325 판결 ; 대법원 2001. 6. 15. 선고 2000두2952 판결.

153) 대법원 1995. 4. 14. 선고 94므604 판결. 동지 : 대법원 1997. 12. 26. 선고 97다42922 판결 ; 대법원 1999. 7. 9. 선고 98다64318,64325 판결 ; 대법원 2001. 6. 15. 선고 2000두2952 판결.

154) 대법원 1987. 6. 23. 선고 87다카356 판결. 동지 : 대법원 1983. 3. 22. 선고 81다1319 판결 ; 대법원 1991. 2. 22. 선고 89다카24247 판결 ; 대법원 1991. 11. 8. 선고 90다12861 판결 ; 대법원 1992. 11. 10. 선고 91다27495 판결 ; 대법원 1993. 9. 28. 선고 92다33930 판결 ; 대법원 1993. 11. 9. 선고 92다33695 판결; 대법원 1998. 2. 27. 선고 97다38152 판결.

고 하더라도 재심사유에 해당되지 아니한다.[155)]

그러나, 증인의 거짓 진술이 판결에 영향을 미쳤는지 여부의 판단자료로서는 재심대상 판결에서 원용된 증거에 한하지 않고, 재심소송에서 조사된 새로운 증거들까지 종합하여 판단하여야 한다.[156)]

마) 적용범위

이 재심사유도 사실인정 자체에 관한 것이므로, 상고심 판결에 대하여서는 재심사유로 삼을 수 없다.[157)]

라. 그 밖의 재심사유

1) 법률에 따라 판결법원을 구성하지 아니한 때(법 제451조 제1항 제1호)[158)]

가) 개 관

특기할 것은, 재심대상판결에서 판시한 법률 등의 해석적용에 관한 의견이 그 전에 선고된 대법원 판결에서 판시한 의견을 변경하는 것인데도(법원조직법 제7조 제1항) 대법관 전원의 2/3에 미달하는 대법관만으로 구성된 부에서 그 재심대상판결을 심판하였다면, 이는 "법률에 의하여 판결법원을 구성하지 아니한 때"의 재심사유에 해당된다는 점이다.[159)]

그러나, 법원조직법 제7조 제1항 제2호에서 말하는 명령 또는 규칙이라 함은 국가와 국민에 대하여 일반적 구속력을 가지는, 이른바 법규로서의 성질을 가지는 명령 또는 규칙을 의미한다.[160)]

---

155) 대법원 1991. 7. 23. 선고 91다10107 판결.

156) 대법원 1995. 4. 14. 선고 94므604 판결. 동지 : 대법원 1980. 9. 9. 선고 80다915 판결 ; 대법원 1991. 11. 8. 선고 90다12861 판결 ; 대법원 1993. 9. 28. 선고 92다33930 판결 ; 대법원 1997. 12. 26. 선고 97다42922 판결.

157) 대법원 2000. 4. 11. 선고 99재다746 판결. 동지 : 대법원 1967. 11. 21. 선고 67사74 판결.

158) 이는 상고이유이기도 하다(법 제424조 제1항 제1호).

159) 대법원 1995. 4. 25. 선고 94재다260 전원합의체판결. 동지 : 대법원 1966. 3. 8.자 66사2 전원합의체 결정 ; 대법원 1967. 6. 29. 선고 65사24 전원합의체 판결 ; 대법원 1980. 5. 27. 선고 79사11 판결 ; 대법원 1982. 9. 28. 선고 81사9 전원합의체 판결 ; 대법원 1982. 12. 28. 선고 82사13 판결 ; 대법원 1987. 5. 12. 선고 86무2 판결 ; 대법원 1988. 6. 28. 선고 87재누1 판결 ; 대법원 2000. 5. 12. 선고 99재다524 판결; 대법원 2000. 5. 18. 선고 95재다199 전원합의체 판결 ; 대법원 2006. 12. 8. 선고 2005재다20 판결 ; 대법원 2011. 7. 21. 선고 2011재다199 전원합의체 판결.
이에 반하여, 재심대상판결이 대법원의 종전의 의견을 변경한 경우에 해당하지 아니함이 명백한 경우에는, 재심대상판결을 대법관 전원의 3분의 2 이상의 합의체에서 행하지 않았다고 하여 그 판결에 법 제451조 제1항 제1호의 재심사유가 있다고 할 수 없다. 대법원 2014. 3. 13. 선고 2013재두425 판결.

160) 대법원 1990. 2. 27. 선고 88재누55 판결.

따라서, 행정기관 내부의 행정사무처리기준을 정한 것에 불과한 명령 또는 규칙을 무효라고 판단한 판결이 대법원 전원합의체에서 이루어진 것이 아니라 하더라도, 이는 법률에 의하여 구성되지 아니한 판결이라고 할 수 없다.[161)]

법 제451조 제1항 제1호의 재심사유는, 특별한 사정이 없는 한 당사자가 판결정본을 송달받았을 때 판결법원 구성의 위법 여부를 알게 됨으로써 재심사유의 존재를 알았다고 할 것이고, 또한 소송대리인이 있는 사건에서는 그 판결이 소송대리인에게 송달되었을 때 특별한 사정이 없는 한 당사자도 그 재심사유의 유무를 알았던 것으로 보아야 할 것이므로 재심의 소의 제기기간(출소기간)은 소송대리인이 판결정본을 송달받았을 때부터 진행한다.[162)]

심리불속행 상고기각 결정이 같은 호의 재심사유에 해당하는 것이 아님은 물론이다. 그 결정에는 대법원 판례를 변경할 필요가 있지 않다고 판단한 취지가 포함된 것으로서, 대법원의 종전의 의견을 변경한 경우에 해당하지 아니함이 명백하기 때문이다.[163)]

나) 적용범위

법 제422조 제1항 제1호의 재심사유는 준재심에도 준용된다.[164)]

2) 법률상 그 재판에 관여할 수 없는 법관이 관여한 때(법 제451조 제1항 제2호)[165)]

재심사건에서 그 재심의 대상으로 삼고 있는 원재판은 법 제41조 제5호의 '이전심급의 재판'에 해당한다고 할 수 없고, 따라서 재심대상 재판에 관여한 법관이 해당 재심사건의 재판에 관여하였다 하더라도 법 제451조 제1항 제2호 소정의 "법률상 그 재판에 관여할 수 없는 법관이 관여한 때"에 해당한다고 할 수 없다.[166)]

3) 대리인이 소송행위를 하는 데에 필요한 권한의 수여에 흠이[167)] 있는 때(법 제451조 제1항 제3호 본문 후단)

가) 개 관

특별수권의 흠이 이에 해당함은 기술하였다. 즉, 대리권은 있지만 소송행위를 함에 필요한

161) 대법원 1990. 2. 27. 선고 88재누55 판결.

162) 대법원 2000. 9. 8. 선고 2000재다49 판결. 동지 : 대법원 2011. 5. 13. 선고 2011재다14 판결.

163) 대법원 1997. 6. 13. 선고 97재다94 판결.

164) 대법원 1969. 1. 14.자 67마918 결정 ; 대법원 2000. 1. 7.자 99재마4 결정 참조.

165) 이는 상고이유이기도 하다(법 제424조 제1항 제2호).

166) 대법원 2000. 8. 18. 선고 2000재다87 판결. 동지 : 대법원 1990. 12. 11.자 90재다23 결정.

167) cf. 구법(2002. 1. 26. 법률 제6626호로 전부개정되기 전의 것) 제422조 제1항 제3호 본문은 "수권(授權)의 흠결이 …"이라고 표현하였다.

특별수권의 흠이 있는 경우에는 – 재심제기기간의 제약이 없는 대리권의 흠(법 제457조)이 아니므로 – 역시 재심제기기간의 제약을 받는다.[168)]

특별수권의 흠의 예로는, 주식회사 이사의 직무대행자가 가처분명령에 다른 정함이 없는데도 법원의 허가 없이 회사의 상무에 속하지 아니한 행위를 한 경우(상법 제408조 제1항),[169)] 소송대리인이 권한의 범위를 넘어 해당 소송물 이외의 권리관계를 포함시켜 소송상 화해를 한 경우[170)] 등을 들 수 있다.

더 나아가, 부재자 재산관리인이 법원의 허가 없이 권한을 넘는 행위를 한 경우(민법 제25조)도 이 재심사유에 해당하며,[171)] 파산관재인이 법원의 허가 없이 소의 제기나 재판상 화해를 한 경우도 이 재심사유에 해당한다.[172)]

이 사유 또한 재심원고가 입증하여야 함은 물론이다.[173)]

나) 적용범위

가령, 소송절차 내에서 법인 또는 법인이 아닌 사단(이하 "법인 등"이라고 한다)이 당사자로서 청구의 포기·인낙 또는 화해를 하여 이를 변론조서나 변론준비기일조서에 적은 경우에, 그 법인 등의 대표자가 그러한 청구의 포기·인낙 또는 화해를 하는 데에 필요한 권한의 수여에 흠이 있는 때에는 법인 등은 위 변론조서나 변론준비기일조서에 대하여 준재심의 소를 제기할 수 있다.[174)]

다) 제소기간의 기산점

이때 '법인 등이 준재심의 사유를 안 날'은 특별한 사정이 없는 한 법인 등의 대표자가 그 준재심의 사유를 안 날로서 그때부터 위 준재심 제기 기간이 진행되는 것이 원칙이다.[175)]

그렇지만 법인 등의 대표자가 그 준재심의 사유인 청구의 포기·인낙 또는 화해를 하는 데

---

168) 대법원 1994. 6. 24. 선고 94다4967 판결. 동지 : 대법원 1968. 4. 30. 선고 67다2117 판결 ; 대법원 1968. 12. 3. 선고 68다1981 판결 ; 대법원 1980. 12. 9. 선고 80다584 판결 ; 대법원 1993. 10. 12. 선고 93다32354 판결 ; 대법원 1999. 10. 22. 선고 98다46600 판결 ; 대법원 2016. 10. 13. 선고 2014다12348 판결(사안은 준재심의 소).

169) 대법원 1975. 5. 27. 선고 75다120 판결.

170) 대법원 1993. 10. 12. 선고 93다32354 판결.

171) 대법원 1968. 4. 30. 선고 67다2117 판결. 동지 : 대법원 1968. 12. 3. 선고 68다1981 판결.

172) 대법원 1990. 11. 13. 선고 88다카26987 판결(사안은 구 「파산법」, 구 「민사소송법」(2002. 1. 26. 법률 제6626호로 전부개정되기 전의 것)에서의 재판상 화해).

173) 대법원 1973. 10. 23. 선고 73다437 판결.

174) 대법원 2016. 10. 13. 선고 2014다12348 판결(사안은 청구인낙).

175) 대법원 2016. 10. 13. 선고 2014다12348 판결(사안은 청구인낙).

에 필요한 권한을 수여받지 아니한 것에서 더 나아가 자기 또는 제3자의 이익을 도모할 목적으로 그 권한을 남용하여 법인 등의 이익에 배치되는 청구의 포기·인낙 또는 화해를 하였고 또한 그 상대방 당사자가 위 대표자의 그러한 진의를 알았거나 알 수 있었을 경우에는, 일반적으로 법인 등에 대하여 대표권의 효력이 부인될 수 있는 사유에 해당할 뿐 아니라 해당 준재심의 사유가 된 대표권 행사에 관하여 법인 등과 그 대표자의 이익이 상반되어 법인 등의 대표자가 그로 인한 준재심 제기 권한을 행사하리라고 기대하기 어려움에 비추어 보면, 단지 위 대표자가 그 준재심의 사유를 아는 것만으로는 부족하고 적어도 법인 등의 이익을 정당하게 보전할 권한을 가진 다른 임원 등이 그 준재심의 사유를 안 때에 비로소 위 준재심 제기 기간이 진행된다고 해석함이 타당하다.[176)]

4) 판결의 기초가 된 민사나 형사의 판결, 그 밖의 재판 또는 행정처분이 다른 재판이나 행정처분에 따라 바뀐 때(법 제451조 제1항 제8호)

가) 개 관

법 제451조 제1항 제8호의 재심사유에 해당하려면, 어떤 재판 또는 행정처분이 재심대상판결의 기초가 되었어야 하고, 해당 재판 또는 행정처분이 다른 재판이나 행정처분에 따라 바뀌었어야 한다.

한편, 재심의 소의 보충성(법 제451조 제1항 단서)과 관련하여, 당사자가 상소에 의하여 그 사유를 주장하였다고 하기 위하여서는, 해당 재판 또는 행정처분이 바뀌었다는 사유까지 주장하였어야 할 것이다.[177)]

그리고, 위와 같은 다른 재판이나 행정처분의 정본을 송달받았다면, 특별한 사유가 없는 한 그 송달받은 때에 이 재심사유가 있음을 알았다고 할 것이다.[178)]

나) 어떤 재판 또는 행정처분이 판결의 기초가 될 것

(1) 판결의 기초

여기에서 재판 또는 행정처분이 판결의 기초가 되었다고 함은, 재판 또는 행정처분이 확정판결에 법률적으로 구속력을 미치는 경우, 또는 재판 또는 행정처분의 내용이 확정판결에서 사실인정의 자료가 된 경우를 말한다.[179)]

---

176) 대법원 2016. 10. 13. 선고 2014다12348 판결(사안은 청구인낙).

177) 대법원 1976. 4. 27. 선고 76다492 판결 참조.

178) 대법원 1983. 5. 10. 선고 82다카647 판결 참조.

179) 대법원 1982. 5. 11. 선고 81후42 판결. 동지 : 대법원 1990. 11. 13. 선고 89누8194 판결 ; 대법원 1991.

환언하면, 가령 특허무효심판에 대한 심결취소소송에 대한 재심에서, 이는 판결의 심리·판단 대상이 되는 행정처분 그 자체가 그 후 다른 행정처분에 의하여 확정적·소급적으로 변경된 경우를 말하는 것이 아니다.[180)]

(2) 재심대상판결에 법률적으로 구속력을 미치는 재판 또는 행정처분

행정처분이 확정판결에 법률적으로 구속력을 미치는 경우란, 어떠한 행정처분의 성립과 그 효력을 전제로 하여 판결을 하였을 경우를 말한다.[181)]

(3) 재심대상판결의 사실인정의 자료가 된 재판 또는 행정처분

사실인정의 자료가 되었다고 하는 것은 그 재판이나 행정처분이 확정판결의 사실인정에 증거자료로 채택되었고 그 재판이나 행정처분의 변경이 확정판결의 사실인정에 영향을 미칠 가능성이 있는 경우를 말한다.[182)]

따라서, 예컨대, 다음과 같은 결과가 된다.

재심대상판결의 증거로 채용된 형사판결 등이 재심대상판결 선고 후에 변경되었더라도 그 형사판결 등을 제외한 나머지 증거들만으로도 재심대상판결의 사실인정을 충분히 할 수 있는 경우에는, 이를 가리켜 재심대상판결의 기초가 된 재판이 다른 재판에 의하여 변경된 때에 해당하는 것으로 보기 어렵다.[183)]

특허권자가 정정심판을 청구하여 특허무효심판에 대한 심결취소소송의 사실심 변론종결 이후에 특허발명의 명세서 또는 도면에 대하여 정정을 한다는 심결이 확정되더라도 정정 전

---

7. 26. 선고 91다13694 판결 ; 대법원 1996. 5. 31. 선고 94다20570 판결 ; 대법원 2001. 12. 14. 선고 2000다12679 판결 ; 대법원 2005. 6. 24. 선고 2003다55936 판결 ; 대법원 2007. 11. 15.자 2007재마26 결정 ; 대법원 2007. 11. 30. 선고 2005다53019 판결 ; 대법원 2015. 12. 23. 선고 2013다17124 판결 ; 대법원 2019. 10. 17. 선고 2018다300470 판결 ; 대법원 2020. 1. 22. 선고 2016후2522 전원합의체 판결.

판결의 기초가 된 민사판결이 다른 판결에 의하여 바뀐 실례로는, 대법원 1991. 11. 12. 선고 91다25727 판결(사안은, 어음금청구 기각판결의 기초가 된 제권판결이 취소된 경우).

판결의 기초가 된 형사판결이 상소심재판에 의하여 바뀐 실례로는, 대법원 1980. 1. 15. 선고 79누35 판결 ; 대법원 1993. 6. 8. 선고 92다27003 판결.

판결의 기초가 된 행정처분이 다른 행정처분에 의하여 바뀐 실례로는, 대법원 1997. 9. 12. 선고 97재후58 판결 ; 대법원 2012. 1. 19. 선고 2010다95390 전원합의체 판결.

180) 대법원 2020. 1. 22. 선고 2016후2522 전원합의체 판결.

181) 대법원 1972. 12. 12. 선고 72다1045 판결 참조.

182) 대법원 2001. 12. 14. 선고 2000다12679 판결. 동지 : 대법원 1980. 1. 15. 선고 79누35 판결 ; 대법원 2007. 11. 30. 선고 2005다53019 판결 ; 대법원 2019. 10. 17. 선고 2018다300470 판결 ; 대법원 2020. 1. 22. 선고 2016후2522 전원합의체 판결.

183) 대법원 2007. 11. 30. 선고 2005다53019 판결.

명세서 등으로 판단한 원심판결에 법 제451조 제1항 제8호가 규정한 재심사유가 있다고 볼 수 없다.[184)]

그러나, 재판내용이 확정판결에서 사실인정의 자료가 되었고 그 재판의 변경이 확정판결의 사실인정에 영향을 미칠 가능성이 있는 이상 재심사유는 있는 것이고, 재판내용이 담겨진 문서가 확정판결이 선고된 소송절차에서 반드시 증거방법으로 제출되어 그 문서의 기재 내용이 증거자료로 채택된 경우에 한정되는 것은 아니다.[185)]

즉, "확정판결에서 사실인정의 자료가 된 재판"인 여부의 인정에서는, 그 재판이 확정판결에서 증거로 인용되어 거시되었는가 하는 형식적인 점만으로 판단할 것이 아니고, 그 재판이 확정판결의 사실인정에 영향을 미치는 것인지를 따져서 판단하여야 한다.[186)]

다) 해당 재판 또는 행정처분의 변경

법 제451조 제1항 제8호의 "판결의 기초가 된 행정처분이 다른 재판이나 행정처분에 의하여 변경된 때"라 함은, 확정판결의 기초가 된 행정처분이 다른 재판이나 행정처분에 의하여 확정적이고 소급적으로 변경된 경우를 말하는 것이다.[187)]

그러나, 이는 행정처분이 당연무효인 경우를 포함하는 것이 아니며,[188)] 판결의 전제로 된 행정처분의 적법여부에 관한 법원의 해석이나 판단이 그 후 다른 사건에서의 판례변경으로 그와 상반된 해석을 내렸다는 것만으로는 위 재심사유에 해당하지 아니한다.[189)]

또한, 불기소처분이 확정판결의 사실인정에 증거자료로 채택되었는데 불기소처분 후 기소되어 유죄로 확정된 경우도 위 재심사유에 해당하지 아니한다.[190)]

따라서, 판결의 기초가 된 행정처분이 확정판결 이전에 이미 취소되었음에도 불구하고 당사자가 그 사정을 알지 못하여 소송에서 주장하지 못한 경우에는 위 재심사유에 해당되지

---

184) 대법원 2020. 1. 22. 선고 2016후2522 전원합의체 판결.

185) 대법원 1996. 5. 31. 선고 94다20570 판결. 동지 : 대법원 2005. 6. 24. 선고 2003다55936 판결.

186) 대법원 1991. 7. 26. 선고 91다13694 판결.

187) 대법원 1981. 1. 27. 선고 80다1210,1211 판결. 동지 : 대법원 1962. 6. 7. 선고 62누20 판결 ; 대법원 1972. 12. 12. 선고 72다1045 판결 ; 대법원 1980. 11. 11. 선고 80무3 판결 ; 대법원 1983. 2. 22. 선고 80무4 판결 ; 대법원 1987. 12. 8. 선고 87다카2088 판결 ; 대법원 1998. 3. 27. 선고 97다50855 판결 ; 대법원 2001. 12. 14. 선고 2000다12679 판결 ; 대법원 2001. 12. 14. 선고 2000다12679 판결 ; 대법원 2007. 11. 15.자 2007재마26 결정 ; 대법원 2007. 11. 30. 선고 2005다53019 판결 ; 대법원 2019. 10. 17. 선고 2018다300470 판결.

188) 대법원 1977. 9. 28. 선고 77다1116 판결.

189) 대법원 1987. 12. 8. 선고 87다카2088 판결.

190) 대법원 1998. 3. 27. 선고 97다50855 판결.

아니한다.[191)]

라) 적용범위

주의할 것은, 이 재심사유 중-확정판결에 법률적으로 구속력을 미치는 재판 또는 행정처분이 바뀌었다는 사정이 아닌-확정판결에서 사실인정의 자료가 된 재판 또는 행정처분이 바뀌었다는 사정은 원칙적으로 사실심판결에 대한 재심사유는 될지언정 상고심판결에 대한 재심사유는 되지 않는다는 점이다.[192)]

또한, 해당 사건을 심리하던 수소법원이 사건을 조정에 회부하였는데 조정기일에 당사자 사이에 합의가 성립되지 않아 법원이 직권으로 조정을 갈음하는 결정을 한 경우(결정조서를 작성한 경우) 이는 수소법원의 사실인정과 판단에 기초하여 이루어진 것으로서, 만약 관련된 재판내용이 위 조정을 갈음하는 결정에서 사실인정의 자료가 되었고 그 재판의 변경이 그 조정을 갈음하는 결정에 영향을 미칠 가능성이 있다면 당사자는 그 재판의 변경을 이유로 확정된 조정을 갈음하는 결정조서에 대하여 법 제461조, 제451조 제1항 제8호의 준재심청구를 할 수 있으므로, 그 청구는 적법하다고 할 것이다. 다만, 조정을 갈음하는 결정은 수소법원이 해당 사건의 사실인정과 판단 외에도 여러 사정들을 모두 참작하여 하는 것으로서 조정을 갈음하는 결정조서에 이유가 기재되어 있지 않은 경우 그 결정조서에 대한 준재심사유가 있는지 여부는 판결에 대한 재심에 비하여 엄격하게 판단하여야 한다.[193)]

위와 같은 이치는 화해권고결정에서도 마찬가지라고 할 것이다.[194)]

마) 바뀐 재판 또는 행정처분이 여러 개인 경우

재심사유는 그 하나하나의 사유가 별개의 청구원인을 이루는 것이므로, 여러 개의 유죄판결이 재심대상판결의 기초가 되었는데 이후 각 유죄판결이 재심을 통하여 효력을 잃고 무죄판결이 확정된 경우, 어느 한 유죄판결이 효력을 잃고 무죄판결이 확정되었다는 사정은 특별한 사정이 없는 한 별개의 독립된 재심사유라고 보아야 한다.[195)]

이는, 재심대상판결의 기초가 된 각 유죄판결에 대하여 형사재심에서 인정된 재심사유가 공통된다거나 무죄판결의 이유가 동일하다고 하더라도 달리 볼 수 없다.[196)]

---

191) 대법원 1981. 1. 27. 선고 80다1210,1211 판결.

192) 대법원 2007. 11. 15.자 2007재마26 결정. 동지: 대법원 1983. 4. 26. 선고 83사2 판결.

193) 대법원 2005. 6. 24. 선고 2003다55936 판결.

194) 서울고법 2004. 4. 22. 선고 2003재나660 판결 참조.

195) 대법원 2019. 10. 17. 선고 2018다300470 판결.

196) 대법원 2019. 10. 17. 선고 2018다300470 판결(사안은, A, B에 대한 각 유죄판결이 기초가 된 판결에

5) 판결에 영향을 미칠 중요한 사항에 관하여 판단을 누락한 때(법 제451조 제1항 제9호)[197]

가) 판단의 누락

(1) 개 관

"판단을 누락한 때"란, 판결이유 중에서 판단을 표시하지 아니한 경우를 말한다.[198]

따라서, 설령, 판단내용에 잘못이 있다 하더라도 이를 판단누락이라 할 수 없다.[199]

또한, 판단이 있는 이상 그 판단에 이르는 이유가 소상하게 설시되어 있지 아니하거나 당사자의 주장을 배척하는 근거를 일일이 개별적으로 설명하지 아니하더라도 판단누락이 아니다.[200]

대하여, B에 대한 형사재심결과를 안 때로부터는 30일이 지났으나 A에 대한 형사재심결과를 안 때로부터는 30일이 지나기 전에 재심의 소를 제기한 것이 제소기간을 준수하여 적법하다고 한 것).

197) cf. 구법(2002. 1. 26. 법률 제6626호로 전부개정되기 전의 것) 제422조 제1항 제9호는 "누락" 대신 "유탈"이라는 용어를 사용하였다.
일본도 판단누락을 재심사유로 삼고 있으나, 미국, 독일, 프랑스 등은 판단누락 자체는 재심사유로 삼지 아니하고 있다.

198) 대법원 1974. 6. 11. 선고 73사54 판결. 동지 : 대법원 1970. 3. 10. 선고 67무2 판결 ; 대법원 1981. 6. 9. 선고 80사49 판결 ; 대법원 1983. 4. 12. 선고 82사9 판결 ; 대법원 1983. 4. 26. 선고 82사7 판결 ; 대법원 1984. 9. 11. 선고 84누254 판결 ; 대법원 1985. 9. 10. 선고 85무2 판결 ; 대법원 1985. 10. 8. 선고 83무2 판결 ; 대법원 1986. 9. 23. 선고 86누475 판결 ; 대법원 1986. 11. 11. 선고 86누392 판결 ; 대법원 1987. 2. 10. 선고 86무4 판결 ; 대법원 1987. 5. 12. 선고 86무2 판결 ; 대법원 1988. 1. 19. 선고 87재후1 판결 ; 대법원 1989. 9. 12. 선고 89재다카58 판결 ; 대법원 1990. 9. 25. 선고 90재다26 판결 ; 대법원 1991. 11. 26. 선고 91재누31 판결 ; 대법원 1991. 12. 27. 선고 91다6528,6535 판결 ; 대법원 1995. 12. 22. 선고 94재다31 판결 ; 대법원 1998. 2. 24. 선고 97재다278 판결 ; 대법원 2000. 7. 6. 선고 2000재다193,209 판결 ; 대법원 2000. 11. 24. 선고 2000다47200 판결 ; 대법원 2002. 1. 25. 선고 99다62838 판결; 대법원 2005. 1. 28. 선고 2003재다415 판결 ; 대법원 2006. 12. 8. 선고 2005재다20 판결 ; 대법원 2008. 11. 27. 선고 2007다69834,69841 판결.

199) 대법원 1970. 3. 10. 선고 67무2 판결. 동지 : 대법원 1974. 6. 11. 선고 73사54 판결 ; 대법원 1981. 6. 9. 선고 80사49 판결. 대법원 1982. 2. 23. 선고 80사37 판결 ; 대법원 1983. 4. 12. 선고 82사9 판결 ; 대법원 1983. 4. 26. 선고 82사7 판결 ; 대법원 1984. 2. 28. 선고 83사5 판결 ; 대법원 1985. 7. 23. 선고 85무3 판결 ; 대법원 1987. 2. 10. 선고 86무4 판결 ; 대법원 1987. 7. 21. 선고 87후55 판결 ; 대법원 1989. 9. 12. 선고 89재다카58 판결 ; 대법원 1990. 2. 13. 선고 89재다44 판결 ; 대법원 1995. 12. 22. 선고 94재다31 판결.

200) 대법원 1998. 2. 24. 선고 97재다278 판결 ; 동지 : 대법원 1981. 6. 9. 선고 80사49 판결 ; 대법원 1983. 4. 12. 선고 82사9 판결 ; 대법원 1983. 4. 26. 선고 82사7 판결 ; 대법원 1985. 9. 10. 선고 85무2 판결; 대법원 1985. 10. 8. 선고 83무2 판결 ; 대법원 1986. 9. 23. 선고 86누475 판결 ; 대법원 1986. 11. 11. 선고 86누392 판결 ; 대법원 1987. 2. 10. 선고 86무4 판결 ; 대법원 1987. 5. 12. 선고 86무2 판결 ; 대법원 1988. 1. 19. 선고 87재후1 판결 ; 대법원 1989. 9. 12. 선고 89재다카58 판결 ; 대법원 1990. 9. 25. 선고 90재다26 판결 ; 대법원 1991. 11. 26. 선고 91재누31 판결 ; 대법원 1991. 12. 27. 선고 91다6528,6535 판결 ; 대법원 1995. 12. 22. 선고 94재다31 판결 ; 대법원 2000. 7. 6. 선고 2000재다193,209 판결 ; 대법원 2000. 11. 24. 선고 2000다47200 판결 ; 대법원 2002. 1. 25. 선고 99다62838 판결 ; 대법원 2005. 1. 28. 선고 2003재다415 판결 ; 대법원 2006. 12. 8. 선고 2005재다20 판결 ; 대법원 2008. 11. 27. 선고 2007다

더 나아가, 법원의 판결에 당사자가 주장한 사항에 대한 구체적·직접적인 판단이 표시되어 있지 않았더라도 판결 이유의 전반적인 취지에 비추어 그 주장을 인용하거나 배척하였음을 알 수 있는 정도라면 판단누락이라고 할 수 없다.[201]

예컨대, 사실심법원이 증거들을 종합하여 사실인정을 하는 경우(이른바, 종합증거에 의한 사실인정 또는 증거의 종합판단)에는 각 증거 중 서로 모순되는 부분과 불필요한 부분은 제거하고 그중 필요하고 공통된 부분만을 모아서 이를 판단자료에 공용하는 것이므로, 처분문서 등 특별한 증거가 아닌 한 어느 증거 내용 중 법원이 인정한 사실과 저촉되는 부분에 대하여는 특히 이를 채택하지 않는다는 명시가 없어도 그 증거가치를 부정한 것이라 봄이 상당하고, 따라서 사실심법원이 증거 중 그 인정사실과 저촉되는 부분을 배척하는 취지를 명시하지 않았거나 그 배척 이유를 설시하지 않았다 하여 판단누락의 위법이 있다고 할 수 없다.[202]

또한, 상고이유가 심리불속행사유에 해당한다고 보아 상고를 기각한 재심대상판결에 상고이유에 대한 판단누락이 있을 수 없음은 물론이다.[203]

69834,69841 판결.

201) 대법원 2008. 7. 10. 선고 2006재다218 판결. 동지 : 대법원 2010. 4. 29. 선고 2009다88631 판결 ; 대법원 2012. 2. 23. 선고 2010다83700 판결 ; 대법원 2012. 4. 13. 선고 2010다9320 판결 ; 대법원 2012. 4. 26. 선고 2011다87174 판결 ; 대법원 2012. 5. 10. 선고 2010다15660 판결 ; 대법원 2012. 5. 10. 선고 2011다45217 판결 ; 대법원 2012. 8. 23. 선고 2011다40373 판결 ; 대법원 2013. 3. 28. 선고 2010두20805 판결 ; 대법원 2013. 6. 28. 선고 2011다40397 판결 ; 대법원 2013. 7. 11. 선고 2012다36760 판결 ; 대법원 2013. 9. 26. 선고 2011두12917 판결 ; 대법원 2013. 10. 31. 선고 2012두19007 판결 ; 대법원 2013. 10. 31. 선고 2011다98426 판결 ; 대법원 2013. 11. 14. 선고 2012다2392 판결 ; 대법원 2013. 12. 12. 선고 2011다51434 판결 ; 대법원 2014. 11. 27. 선고 2011다41420 판결 ; 대법원 2015. 1. 15. 선고 2014다216072 판결 ; 대법원 2015. 1. 29. 선고 2013다64984 판결 ; 대법원 2015. 1. 29. 선고 2013다100750 판결 ; 대법원 2015. 4. 9. 선고 2011다101148 판결 ; 대법원 2015. 5. 14. 선고 2013다69989 판결 ; 대법원 2015. 11. 12. 선고 2010다104768 판결 ; 대법원 2016. 7. 22. 선고 2013다95070 판결 ; 대법원 2016. 10. 27. 선고 2015다216796 판결 ; 대법원 2016. 12. 1. 선고 2016두34905 판결 ; 대법원 2017. 1. 12. 선고 2015다21554 판결 ; 대법원 2017. 1. 12. 선고 2016다38658 판결 ; 대법원 2017. 1. 12. 선고 2016다38658 판결 ; 대법원 2017. 2. 9. 선고 2016두55247 판결 ; 대법원 2017. 12. 5. 선고 2017다9657 판결 ; 대법원 2018. 6. 15. 선고 2017다248803,248810 판결 ; 대법원 2018. 7. 20. 선고 2015다207044 판결 ; 대법원 2018. 7. 20. 선고 2016다34281 판결; 대법원 2018. 10. 4. 선고 2014두37702 판결 ; 대법원 2018. 10. 25. 선고 2016다42800,42817,42824,42831 판결 ; 대법원 2018. 11. 29. 선고 2016다48808 판결 ; 대법원 2019. 1. 31. 선고 2016다215127 판결 ; 대법원 2019. 5. 10. 선고 2017다239311 판결 ; 대법원 2019. 9. 26. 선고 2017두48406 판결 ; 대법원 2019. 10. 17. 선고 2018다300470 판결 ; 대법원 2020. 6. 11. 선고 2017두36953 판결.

202) 대법원 1992. 9. 14. 선고 92다21104,21111(병합) 판결. 동지 : 대법원 1983. 3. 8. 선고 80다3198 판결; 대법원 1992. 2. 25. 선고 91다14192 판결 ; 대법원 1996. 4. 12. 선고 95다45125 판결 ; 대법원 1993. 11. 12. 선고 93다18129 판결 ; 대법원 1994. 8. 26. 선고 94다4677 판결 ; 대법원 1996. 2. 9. 선고 95다28267 판결.

203) 대법원 1996. 2. 13. 선고 95재누176 판결. 동지 : 대법원 1997. 5. 7. 선고 96재다479 판결 ; 대법원 2007. 3. 30. 선고 2006재후29 판결 ; 대법원 2009. 2. 12. 선고 2008재다502 판결.

(2) 특기할 판단누락들

대법원이 상고이유에 대하여 판단을 누락한 경우에는 판단누락의 재심사유가 될 수 있다.[204)]

또한, 항소제기기간 내에 항소장을 제출하였음에도 불구하고 제1심 재판장이 항소장각하명령을 한 후 항고기각 및 재항고기각이 된 경우나,[205)] 적법한 기간 내에 상고이유서가 제출되었는데도 그 제출이 없다는 이유로 상고를 기각한 경우도,[206)]법 제422조 제1항 제9호 소정의 재심사유에 해당한다.

과거의 판례 중에는, 적법한 기간 내에 상고이유서를 제출하였는데 그 제출이 없다는 이유로 상고를 기각한 경우에는 같은 항 '제3호' 소정의 재심사유에 해당한다고 본 예도 있으나,[207)] 오늘날 판례의 주류는 이를 같은 항 '제9호' 소정의 재심사유로 보는 듯하다.

행정처분취소 청구사건에서 원고가 행정처분의 위법 사유 여러 가지를 경합적으로 주장하였으나, 원심법원이 그중 하나만을 들어 심리판단하였을 뿐인데도, 상고법원이 원심판결을 파기하면서 사건을 원심법원에 환송하는 대신 청구기각의 자판을 한 때에도, 판단누락에 해당한다.[208)]

그러나, 가령, 원심 소송대리인이 법정기간 내에 상고이유서를 제출하였으나 소송위임장을 첨부하지 않자 그 상고이유서의 효력을 부인하고 소송대리권의 증명에 관한 보정을 명하지도 않은 채 상고를 기각한 경우에는, 그 점만으로 적법한 기간 내에 상고이유서가 제출된

---

204) 대법원 1992. 2. 11. 선고 91다43503 판결의 방론.
주의할 것은, 이 경우 재심대상판결은 대법원판결이지 항소심판결이 아니라는 점이다. 같은 판결.

205) 대법원 2002. 12. 9.자 2001재마14 결정.

206) 대법원 1998. 3. 13. 선고 98재다53 판결(사안은 상고이유서 제출기간 만료일이 임시공휴일이고 그 다음 날 상고이유서를 제출한 것을 제출기간 만료 후에 제출되었다고 보아 상고를 기각한 경우). 동지 : 대법원 2003. 11. 28. 선고 2003재다675 판결 ; 대법원 2006. 3. 9. 선고 2004재다672 판결(사안은 우편집배원의 착오로 송달보고서에 송달일자를 잘못 기재하는 바람에 법원이 상고이유서 제출기간 내에 제출된 상고이유서를 제출기간이 지나서 제출된 것으로 보아 상고를 기각한 경우) ; 대법원 2012. 10. 11. 선고 2012다44730 판결(사안은 수령대행능력이 없는 자에게 상고기록접수통지서를 보충송달한 경우) ; 대법원 2013. 1. 16. 선고 2012재다370 판결(사안은 수령대행능력이 없는 자에게 상고기록접수통지서를 보충송달한 경우).
이는 재항고의 경우에도 마찬가지이다. 대법원 2000. 1. 7.자 99재마4 결정.

207) 대법원 1997. 8. 29. 선고 95재누91 판결(사안은 당초의 피고 행정청의 권한이 다른 행정청으로 승계되었는데도 피고경정결정을 하지 아니한 채 종전의 행정청으로 소송기록접수통지서를 송달하고서 새로운 피고가 제출기간 만료 후에야 상고이유서를 제출하였다고 보아 상고를 기각한 경우) ; 대법원 1998. 12. 11. 선고 97재다445 판결(사안은 우편집배원의 배달 착오로 상고인이 소송기록접수통지서를 송달받지 못한 경우) ; 헌재 2008. 10. 30. 선고 2007헌마532 결정.

208) 대법원 1962. 10. 11. 선고 62무13 판결.

것과 동일하게 평가할 수 없는 것이므로, 법 제451조 제1항 제9호 소정의 재심사유가 있다고 할 수 없다.[209]

나) 판결에 영향을 미칠 중요한 사항

(1) 개 관

"판결에 영향을 미칠 중요한 사항"이란, 판결의 결론에 영향을 미치는 공격방어방법을 말한다.[210]

(2) 당사자가 제출한 공격방어방법

구체적으로 말하자면, "판결에 영향을 미칠 중요한 사항"이라 함은, 당사자가 소송상 (적법하게) 제출한 공격방어방법으로서,[211] 그 판단 여하에 따라 판결의 결론에 영향을 미치는 사항을 말한다.[212]

이러한 공격방어방법은 적법한 것이어야 함은 물론이다. 따라서, 예컨대, 상고법원이 재심원고의 상고이유를 판단하지 아니하였다 하더라도, 그 상고이유가 상고이유서 제출기간 도과 후에 제출된 상고이유보충서에 기재된 것으로서 그것이 직권조사사항에 관한 것도 아니라면, 이는 판단을 누락한 때에 해당한다 할 수 없다.[213]

주의할 것은, 판결에 영향을 미칠 중요한 사항이라 함은 직권조사사항 여부를 불문하나, 다만 당사자가 주장하였거나 그 조사를 촉구하지 아니한 직권조사사항은 이를 판단하지 아니하였다고 하여도 위 법조항 소정의 재심사유에 해당하지 않는다는 점이다.[214]

---

209) 대법원 2009. 2. 12. 선고 2008재다564 판결.

210) 대법원 1970. 3. 10. 선고 67무2 판결. 동지 : 대법원 1984. 9. 11. 선고 84누254 판결.

211) 대법원 1981. 6. 9. 선고 80사49 판결. 동지 : 대법원 1983. 4. 12. 선고 80사30 판결 ; 대법원 1983. 4. 12. 선고 82사9 판결 ; 대법원 1983. 4. 26. 선고 82사7 판결 ; 대법원 1984. 2. 28. 선고 83사5 판결 ; 대법원 1985. 7. 23. 선고 85무3 판결 ; 대법원 1985. 9. 10. 선고 85무2 판결 ; 대법원 1986. 5. 27. 선고 84무11 판결 ; 대법원 1987. 2. 10. 선고 86무4 판결 ; 대법원 1987. 2. 24. 선고 86누417 판결 ; 대법원 1987. 4. 14. 선고 86사38 판결 ; 대법원 1987. 7. 21. 선고 87후55 판결 ; 대법원 1988. 1. 19. 선고 87재후1 판결; 대법원 1990. 2. 13. 선고 89재다44 판결 ; 대법원 1990. 2. 13. 선고 89재누106 판결 ; 대법원 1990. 3. 9. 선고 89재다카140 판결 ; 대법원 1991. 12. 27. 선고 91다6528,6535 판결 ; 대법원 1995. 12. 22. 선고 94재다31 판결 ; 대법원 1998. 2. 24. 선고 97재다278 판결 ; 대법원 2000. 7. 6. 선고 2000재다193,209 판결 ; 대법원 2000. 11. 24. 선고 2000다47200 판결 ; 대법원 2002. 1. 25. 선고 99다62838 판결; 대법원 2005. 1. 28. 선고 2003재다415 판결 ; 대법원 2008. 11. 27. 선고 2007다69834,69841 판결.

212) 대법원 1989. 5. 23. 선고 88누5570 판결. 동지 : 대법원 1990. 3. 9. 선고 89재다카140 판결 ; 대법원 1998. 2. 24. 선고 97재다278 판결 ; 대법원 2002. 1. 25. 선고 99다62838 판결 ; 대법원 2004. 9. 13.자 2004마660 결정 ; 대법원 2005. 1. 28. 선고 2003재다415 판결 ; 대법원 2008. 11. 27. 선고 2007다69834,69841 판결.

213) 대법원 1984. 5. 9. 선고 84무2 판결.

214) 대법원 1983. 12. 29.자 82사19 결정. 동지 : 대법원 1971. 2. 23. 선고 70다2913 판결 ; 대법원 1981. 10.

(3) 판결의 결론에의 영향

설령 당사자의 주장에 대하여 판단을 하지 아니하였다고 하더라도, 그 주장이 배척될 경우임이 분명한 때에는 판결 결과에 영향이 없고, 따라서 판단누락의 위법이 있다고 할 수 없다.[215]

다) 제소기간의 기산점[216]

판결정본이 송달되면 특별한 사정이 없는 한 그 당사자는 그 때에 그 판결에 판단을 누락하였는지 여부를 알게 됨으로써 재심사유의 존재를 알았다고 할 것이므로,[217] 그 후에 판결이 확정된 경우에는 위 판단누락을 이유로 하는 재심의 소 제기기간은 재심대상판결이 확정된 날로부터 기산하여야 한다.[218]

다만, 대법원의 확정판결에 대한 판단누락을 이유로 한 재심의 소의 제기기간은 판결정본

---

27. 선고 81무5 판결(소의 이익에 관한 판단이 누락된 사안); 대법원 1984. 9. 11. 선고 84누254 판결; 대법원 1985. 8. 27. 선고 85사43 판결; 대법원 1989. 5. 23. 선고 88누5570 판결; 대법원 1990. 11. 27.자 89재다카26 결정; 대법원 1991. 10. 8. 선고 91다20913 판결; 대법원 1994. 11. 8. 선고 94재누32 판결; 대법원 2004. 9. 13.자 2004마660 결정.

그러나, 판례상, 당사자가 주장하거나 조사를 촉구한 직권조사사항에 대한 판단누락이 있어 재심사유가 존재한다고 본 예는 드물다.

215) 대법원 2006. 6. 29. 선고 2005다11602,11619 판결. 동지: 대법원 1976. 4. 13. 선고 75다1100 판결; 대법원 1981. 6. 9. 선고 80다1073 판결; 대법원 2002. 12. 26. 선고 2002다56116 판결; 대법원 2005. 7. 15. 선고 2003다50580 판결; 대법원 2008. 7. 10. 선고 2006재다218 판결; 대법원 2010. 4. 29. 선고 2009다88631 판결; 대법원 2012. 4. 13. 선고 2010다9320 판결; 대법원 2012. 4. 26. 선고 2011다87174 판결; 대법원 2012. 8. 23. 선고 2011다40373 판결; 대법원 2013. 9. 26. 선고 2011두12917 판결; 대법원 2013. 10. 31. 선고 2012두19007 판결; 대법원 2013. 10. 31. 선고 2011다98426 판결; 대법원 2013. 11. 14. 선고 2012다2392 판결; 대법원 2013. 12. 12. 선고 2011다51434 판결; 대법원 2014. 11. 27. 선고 2011다41420 판결; 대법원 2015. 1. 15. 선고 2014다216072 판결; 대법원 2015. 1. 29. 선고 2013다64984 판결; 대법원 2015. 1. 29. 선고 2013다100750 판결; 대법원 2015. 5. 14. 선고 2013다69989 판결; 대법원 2016. 12. 1. 선고 2016두34905 판결; 대법원 2017. 2. 9. 선고 2016두55247 판결; 대법원 2017. 12. 5. 선고 2017다9657 판결; 대법원 2018. 10. 4. 선고 2014두37702 판결; 대법원 2018. 10. 25. 선고 2016다42800,42817,42824,42831 판결; 대법원 2019. 1. 31. 선고 2017다289903 판결; 대법원 2019. 9. 26. 선고 2017두48406 판결; 대법원 2019. 10. 17. 선고 2018다300470 판결; 대법원 2020. 6. 11. 선고 2017두36953 판결.

216) 헌재 2019. 12. 27. 선고 2018헌바84 결정은, 법 제456조 제1항 중 제451조 제1항 제9호에 관한 부분이 재판청구권 및 평등권을 침해하지 아니한다고 보았다.

217) 대법원 1980. 7. 22. 선고 80무1 판결. 동지: 대법원 1969. 1. 14.자 67마918 결정(사안은 결정에 대한 준재심신청); 대법원 1982. 10. 12. 선고 82누313 판결; 대법원 1982. 12. 28. 선고 82사20 판결; 대법원 1989. 5. 23. 선고 88누5570 판결; 대법원 1991. 2. 12. 선고 90누8510 판결; 대법원 1993. 9. 28. 선고 92다33930 판결; 대법원 1991. 3. 12. 선고 90다18470 판결; 대법원 1993. 12. 14. 선고 93다43798 판결; 대법원 2015. 10. 29. 선고 2014다13044 판결.

218) 대법원 1991. 2. 12. 선고 90누8510 판결. 동지: 대법원 1991. 10. 8. 선고 91다20913 판결; 대법원 1991. 11. 12. 선고 91다29057 판결; 대법원 1993. 9. 28. 선고 92다33930 판결.

이 송달된 때로부터 기산하여야 한다.[219)]

소송대리인이 있는 사건에서는 그 판결이 소송대리인에게 송달되었을 때 특별한 사정이 없는 한 당사자도 그 판단누락의 유무를 알았던 것으로 보아야 할 것임은 물론이다.[220)]

라) 적용범위

법 제422조 제1항 제9호 소정의 재심사유는, 조서에 대한 준재심에는 그 준용이 없다고 할 것이나,[221)] 결정·명령에 대한 준재심에는 준용된다고 할 것이다.[222)]

6) 당사자가 상대방의 주소 또는 거소를 알고 있었음에도 불구하고 있는 곳을 잘 모른다고 하거나 주소나 거소를 거짓으로 하여 소를 제기한 때(법 제451조 제1항 제11호)[223)]

가) 개관 : 판결정본이 공시송달된 경우

이 재심사유의 입증책임이 재심원고에게 있음은 물론이다.[224)]

이 재심사유에 해당하는 경우에, 또한 공시송달의 방법에 의하여 판결정본이 송달되어 불변기간인 상소기간이 도과된 경우에는, 추완보완상소 또는 재심의 소를 제기할 수 있다는 것이 된다(상소추후보완·재심설).[225)]

이때 특기할 것은, 추후완상소의 방법이 아닌 재심의 방법을 택한 경우에는 추후보완상소 기간이 도과하였다 하더라도 재심기간 내에 재심의 소를 제기할 수 있다고 보아야 한다.[226)]

---

219) 대법원 1982. 12. 28. 선고 82사20 판결. 동지 : 대법원 1966. 9. 20. 선고 65사29 판결.

220) 대법원 1980. 7. 22. 선고 80무1 판결. 동지 : 대법원 1963. 6. 20. 선고 63다167 판결 ; 대법원 1982. 8. 24. 선고 81사11 판결 ; 대법원 1982. 10. 12. 선고 82누313 판결 ; 대법원 1983. 5. 10. 선고 81사23 판결 ; 대법원 1984. 2. 28. 선고 84무3 판결 ; 대법원 1988. 6. 28. 선고 88누24 판결 ; 대법원 1988. 12. 27. 선고 87누732 판결 ; 대법원 1990. 4. 27. 선고 90재누27 판결 ; 대법원 1991. 3. 12. 선고 90다18470 판결 ; 대법원 1991. 10. 8. 선고 91다20913 판결 ; 대법원 1991. 11. 12. 선고 91다29057 판결 ; 대법원 2000. 9. 8. 선고 2000재다49 판결.

221) 대법원 1963. 10. 31. 선고 63다136 판결(사안은 소송상 화해) 참조.

222) 대법원 1969. 1. 14.자 67마918 결정(사안은 경매개시결정에 대한 이의신청에 대한 결정) ; 대법원 2000. 1. 7.자 99재마4 결정(사안은 등기공무원처분에 대한 이의신청에 대한 결정) ; 대법원 2016. 7. 1.자 2015재마94 결정(사안은 재항고장각하명령).

223) cf. 구법(2002. 1. 26. 법률 제6626호로 전부개정되기 전의 것) 제422조 제1항 제11호는 "… 소재불명 또는 허위의 주소나 거소로 하여 소를 제기한 때"이라고 표현하였다.

224) 대법원 1978. 5. 23. 선고 77다1051 판결.

225) 대법원 1961. 1. 26. 선고 4294민상190 판결 ; 대법원 1974. 6. 25. 선고 73다1471 판결 ; 대법원 1980. 7. 8. 선고 79다1528 판결 ; 대법원 1985. 8. 20. 선고 85므21 판결 ; 대법원 1985. 10. 8. 선고 85므40 판결 ; 대법원 2011. 12. 22. 선고 2011다73540 판결 참조.

226) 대법원 2011. 12. 22. 선고 2011다73540 판결.
즉, 그러한 재심의 소는, 보충성(법 제451조 제1항 단서)을 결여하여 부적법한 것이 아니다. 같은 판결.

그러나, 법 제451조 제1항 제11호의 재심사유는, 사기판결을 얻어내기 위하여 상대방의 주소를 알고 있음에도 불구하고 있는 곳을 잘 모른다고 하거나 주소나 거소를 거짓으로 하여 소를 제기하고 이로 인하여 소의 제기사실을 전혀 알 수 없었던 상대방을 구제하기 위한 것으로서, 상대방이 위 소송 진행 중 그 소송계속사실을 알고 있었고, 그럼에도 불구하고 아무런 조치를 취하지 아니하여 판결이 선고되고 확정에 이르렀다면 특별한 사정이 없는 한 그 판결에 위 재심사유가 있다고 할 수 없다.[227]

한편, 이 재심사유가 소송사기에도 해당하는 경우에는, 법 제451조 제1항 제5호의 재심사유도 제11호의 재심사유와 병존하여 있다고 보아야 한다.[228]

나) 구별할 경우 : 자백간주에 의한 사위판결(詐僞判決)

주의할 것은, 공시송달의 방법에 의하여 송달된 것이 아니고 허위로 표시한 주소로 송달하여 상대방 아닌 다른 사람이 그 소송서류를 받아 자백간주의 형식으로 판결이 선고되고 다른 사람이 판결정본을 수령하였을 때에는 (송달이 부적법하므로) 상대방은 아직도 판결정본을 받지 않은 상태에 있는 것으로서 위 사위 판결은 확정 판결이 아니다.[229]

즉, 위 경우에는, 상대방은 상소를 제기할 수 있을 뿐만 아니라,[230] 위 (외관상 확정된) 사위판결에 기하여 집행이 실시된 경우, 별소로서 그 원상회복을 구할 수도 있다(예 : 소유권이전등기가 경료된 경우 그 말소등기의 청구).[231]

적법한 송달이 있기까지는 상소기간이 진행되지 아니하여 판결이 확정될 수 없는 것인 만큼 그 판결에 기판력을 인정할 수 없고,[232] 따라서, 예컨대, 그 판결이 외형상 확정되었다 해서 그 집행으로서 소유권이전등기를 마쳤더라도 그 등기는 원인무효의 등기이기 때문이다.[233]

---

227) 대법원 1992. 10. 9. 선고 92다12131 판결.

228) 대법원 1997. 5. 28. 선고 96다41649 판결.

229) 대법원 1978. 5. 9. 선고 75다634 전원합의체 판결. 동지 : 대법원 1971. 6. 22. 선고 71다771 판결 ; 대법원 1979. 10. 30. 선고 79다1468 판결 ; 대법원 1980. 3. 25. 선고 78다2113 판결 ; 대법원 1982. 4. 13. 선고 81다1350 판결 ; 대법원 1992. 4. 24. 선고 91다38631 판결 ; 대법원 1993. 12. 28. 선고 93다48861 판결; 대법원 1994. 12. 22. 선고 94다45449 판결.

230) 대법원 1979. 10. 30. 선고 79다1468 판결 ; 대법원 1981. 3. 24. 선고 80다2220 판결.
그런데, 이것이 소송행위추완의 문제가 아님은 물론이다. 대법원 1970. 7. 24. 선고 70다1015 판결. 동지: 대법원 1980. 11. 11. 선고 80다1182 판결 ; 대법원 1980. 12. 9. 선고 80다1479 판결 ; 대법원 1994. 12. 22. 선고 94다45449 판결.

231) 대법원 1981. 3. 24. 선고 80다2220 판결 ; 대법원 1981. 8. 25. 선고 80다2831 판결 ; 대법원 1995. 5. 9. 선고 94다41010 판결.

232) 대법원 1978. 5. 9. 선고 75다634 전원합의체 판결. 동지 : 대법원 1982. 4. 13. 선고 81다1350 판결.

7) 헌법소원(위헌소원)의 인용

헌법재판소법 제68조 제2항의 규정에 의한 헌법소원이 인용된 경우에 해당 헌법소원과 관련된 소송사건이 이미 확정된 때에는 당사자는 재심을 청구할 수 있다(헌법재판소법 제75조 제7항).

이 재심규정을 둔 취지는, 당사자의 위헌제청신청을 법원이 기각하여 그 신청을 한 당사자가 헌법소원심판을 청구하는 경우 그 헌법소원심판절차 중에도 일반 법원에 계속중인 해당 소송사건의 재판은 정지되지 아니한 채 확정되는 수도 있음을 고려하여(같은 법 제42조 참조) 그 헌법소원이 인용된 경우에 그에 앞서 이미 확정된 해당 사건의 구제를 위한 불복수단을 마련해 주고자 함에 있다.[234]

그러나, 이 재심사유에 관하여서는 주의할 점이 있다.

첫째, 대법원은 이른바 한정위헌결정이 선고된 경우는 여기서 말하는 "헌법소원이 인용된 경우"에 해당하지 아니한다고 보고 있다. 그 논거는, 한정위헌결정은 법원에 대한 기속력이 없다는 것이다.[235]

둘째, 이에 반하여, 일부 위헌결정 선고 전에 헌법소원의 전제가 된 해당 소송사건에서 이미 확정된 판결에 대해서 이 사건 일부 위헌결정이 선고된 사정은 재심사유가 된다.[236]

셋째, 판결확정 후에 그 판결의 전제가 된 법률에 관하여 헌법재판소의 위헌결정이 있었다고 하여 확정판결의 효력을 다툴 수 있게 되는 것은 아니다.[237]

넷째, 여기서 "해당 헌법소원과 관련된 소송사건"이라 함은 해당 헌법소원의 전제가 된 해당 소송사건만을 가리키는 것이라 할 것이고, "당사자" 또한 당연히 해당 헌법소원심판을 청구한 당사자를 의미한다고 볼 것이다.[238]

이러한 민사 재심 사건에 대하여서도 「민사소송법」을 준용한다(헌법재판소법 제75조 제8항 후단).

---

233) 대법원 1982. 4. 13. 선고 81다1350 판결. 동지: 대법원 1973. 6. 12. 선고 71다1252 판결.

234) 대법원 1992. 5. 12. 선고 91누7101 판결.

235) 대법원 2001. 4. 27. 선고 95재다14 판결.

236) 대법원 2020. 10. 29. 선고 2019다249589 판결.

237) 대법원 1995. 1. 24. 선고 94다28017 판결.

238) 대법원 1992. 5. 12. 선고 91누7101 판결.

8) 특수한 재심사유 : 책임추궁의 소나 대표소송의 경우

책임추궁의 소나 대표소송(상법 제403조, 제287조의22 제2항, 제324조, 제406조의2 제3항, 제408조의9, 제415조, 제424조의2 제2항, 제467조의2 제4항, 제542조 제2항, 제565조 제2항. 상법 제324조, 제408조의9, 제415조, 제542조 제2항에서 각 제406조의2 제3항의 준용. 상법 제516조 제1항에서 제424조의2 제2항의 준용. 상법 제570조, 제613조 제2항에서 각 제565조 제2항의 준용)**이**[239] **제기된 경우에 원고와 피고의 공모로 인하여 소송의 목적인 회사의 권리를 사해할 목적으로써 판결을 하게 한 때에는, 회사 또는 사원이나 주주는 확정한 종국판결에 대하여 재심의 소를 제기할 수 있다**(상법 제406조 제1항, 제287조의22 제2항, 제324조, 제406조의2 제3항, 제408조의9, 제415조, 제424조의2 제2항, 제467조의2 제4항, 제542조 제2항, 제565조 제2항. 상법 제324조, 제408조의9, 제415조, 제542조 제2항에서 각 제406조의2 제3항의 준용. 상법 제516조 제1항에서 제424조의2 제2항의 준용. 상법 제570조, 제613조 제2항에서 각 제565조 제2항의 준용).

4. 재심소장, 준재심소장 및 준재심신청서[240]

가. 기재사항

1) 재심소장의 필요적 기재사항

가) 개 관

재심소장에는 다음 각호의 사항을 적어야 한다(법 제458조).

① **당사자와 법정대리인**

② **재심할 판결**(즉, 재심대상판결)**의 표시와 그 판결에 대하여 재심을 청구하는 취지**

③ **재심의 이유**(즉, 재심청구이유. 법 제459조 제1항)

나) 당 사 자

(1) 당사자 일반

재심의 소는 확정판결을 취소하여 그 기판력을 배제하는데 목적이 있는 것이므로, 확정판결에 표시되어 있는 소송당사자는 물론, 그 기판력이 미치는 변론종결후의 일반 또는 특정승계인도 재심의 소에 대한 당사자적격이 있는 것이라고 봄이 상당하며,[241] 제3자의 소송담당

---

239) 정동윤 (편), **주석 상법 [Ⅱ]: 회사(Ⅲ)**, 제5판 (서울 : 한국사법행정학회, 2014), 413~4면(홍복기 집필부분).

240) '인지액·편철방법예규'는 「준재심신청서」를 예정하고 있지 아니하나, 「민사소송 등 인지법」이 준재심신청서를 예정하고 있음은 '재심 및 준재심 개관'에서 기술한 바와 같다.

241) 대법원 1974. 5. 28. 선고 73다1842 판결.

의 경우의 권리귀속주체(예컨대, 선정자)도 당사자적격이 있다.[242]

실무상, 재심사건에서 당사자의 표시는 재심대상판결에 표시된 원고, 피고[243]의 순서대로 기재하되 "원고(재심원고)", "피고(재심피고)", "피고(재심피고)", "원고(재심원고)" 식으로 재심의 소에서의 지위를 괄호안에 병기하는 방식으로 기재하고 있다. 물론, 재심대상판결에 표시된 당사자의 변론종결후 승계인은 재심의 소에서의 지위(예컨대, 단순히 "재심피고")만 표시될 것이다.[244]

한편, 재심대상판결의 당사자가 사망한 사실을 모르고 그를 재심의 소의 당사자로 표시한 경우 재심소송 중에 당사자표시정정을 할 수 있음은 물론이다.[245]

(2) 재심원고

재심의 소에서 재심원고는 확정판결의 효력을 받는 자로서 그 취소를 구할 이익이 있는 자라야 할 것이므로 전부승소한 당사자는 재심의 소를 제기할 이익이 없다.[246]

다만, 책임추궁의 소나 대표소송에 관한 재심사유(상법 제406조 제1항 등)에서는, 회사 또는 사원이나 주주가 이를 제기할 수 있으므로, 결국 이러한 경우에는 재심대상판결의 당사자가 아닌 제3자에게 재심원고적격이 있는 샘이다.

(3) 재심피고

재심의 소에서 재심피고는 원칙적으로 확정판결의 승소당사자 및 그 변론종결 후의 승계인 그리고 승소 당사자가 타인을 위해 원고 또는 피고가 된 경우에는 그 확정판결의 효력을 받는 타인(예컨대 선정자) 등이다.[247]

다) 재심대상판결

재심대상판결과 관련하여 주의할 것은, 사실심의 판결에 대한 재심사유가 있는 경우라 하여도, **항소심에서 사건에 대하여 본안판결을 하였을 때에는 제1심 판결에 대하여 재심의 소를 제기하지 못한다**(법 제451조 제3항).

따라서, 예컨대, 다음과 같은 결과가 된다.

---

242) 대법원 1987. 12. 8. 선고 87재다24 판결.

243) cf. 당사자가 가령 "채권자(재심피고)", "채무자(재심원고)"일 경우도 있다. 대법원 2003. 11. 28. 선고 2003재다675 판결 참조.

244) 대법원 1974. 5. 28. 선고 73다1842 판결 참조.

245) 대법원 1960. 10. 13. 선고 4292민상950 판결 참조.

246) 대법원 1993. 4. 27. 선고 92다24608 판결.

247) 대법원 1987. 5. 26. 선고 86무3 판결. 동지 : 대법원 1987. 12. 8. 선고 87재다24 판결.

첫째, 제1심 판결에 대하여 불복, 항소하였는데 항소심에서 항소기각 판결을 선고하였을 때에도, 항소심 판결이 재심대상판결이 된다.

둘째, 항소심에서 사건에 대하여 본안판결을 한 때에 그 사건의 제1심판결에 대하여 제기한 재심의 소는 부적법하고, 이 경우 재심의 소를 받은 제1심 법원이 사건을 항소심 법원에 이송하지 아니한 것이 위법이 아님은 물론,[248] 그 재심의 항소사건이 항소심에 계속되었다 하여 그 흠결이 치유된 것으로 볼 수 없다.[249]

다만, 항소심에서 본안판결을 한 사건에 관하여 제기된 재심의 소가 제1심판결을 대상으로 한 것인가 또는 항소심판결을 대상으로 한 것인가의 여부는, 재심소장에 기재된 재심을 할 판결의 표시만 가지고 판단할 것이 아니라 재심의 이유에 기재된 주장내용(재심사유가 항소심 판결에 관한 것인지 여부)을 살펴보고 재심을 제기한 당사자의 의사를 참작하여 판단할 것이다.[250]

따라서, 그 재심사유가 항소심판결에 관한 것임이 그 주장자체나 소송기록에 의하여 분명하다면, 재심원고의 의사는 항소심판결을 대상으로 한 것으로서 다만 재심소장에 재심을 할 판결의 표시를 잘못 기재하여 제출하였다 할 것이므로, 사건을 재심관할법원인 항소법원에 이송함이 상당하다.[251]

그러나 만일, 제1심법원이 위와 같은 조치를 취하지 않고 그 본안에 대하여 심리한 후 재심의 소를 기각하는 판결을 하고 이에 대하여 재심원고의 항소로 사건이 항소심에 적법하게 계속된 때에는, 항소법원으로서는 제1심판결을 전속관할 위반을 이유로 취소하고 제1심 법원으로부터 이송받은 경우와 마찬가지로 재심사건을 심리판단하여야 한다.[252]

라) 재심청구취지

재심의 소에 병합하여 새로운 청구를 제기하는 것은 허용될 수 없다.[253] 따라서, 그러한 청구는 별소로 제기하는 수밖에 없다.[254]

---

248) 대법원 1980. 3. 11. 선고 79다293 판결. 동지 : 대법원 1971. 7. 27. 선고 71다1077 판결 ; 대법원 1974. 8. 30. 선고 74다795 판결.

249) 대법원 1980. 3. 11. 선고 79다293 판결.

250) 대법원 1984. 2. 28. 선고 83다카1981 전원합의체 판결.

251) 대법원 1994. 10. 15.자 94재다413 결정. 동지 : 대법원 1984. 4. 16. 선고 84사4 판결 ; 대법원 1995. 6. 19.자 94마2513 결정 ; 대법원 2007. 11. 15.자 2007재마26 결정.

252) 대법원 1989. 10. 27. 선고 88다카33442 판결.

253) 대법원 2009. 9. 10. 선고 2009다41977 판결. 동지 : 대법원 1971. 3. 31. 선고 71다8 판결.

254) 대법원 1997. 5. 28. 선고 96다41649 판결(소유권이전등기청구를 인용한 판결의 취소를 구하는 재심청구에 그 승계인에 대한 소유권이전등기말소 청구를 병합하여 제기한 경우, 후자의 소가 부적법하다고 본

2) 준재심소장의 필요적 기재사항

준재심소장에도 다음 각호의 사항을 적어야 한다(법 제458조의 준용).

① 당사자와 법정대리인

준재심소장에서 당사자의 명칭은 "준재심원고"와 "준재심피고"가 된다.[255)]

② 준재심대상조서(또는 준재심대상결정)의 표시와[256)] 그 조서(또는 결정)에 대하여 준재심을 청구하는 취지

③ 준재심청구이유

3) 준재심신청서의 필요적 기재사항

준재심신청서에도 다음 각호의 사항을 적어야 한다(법 제458조의 준용).

① 당사자와 법정대리인

준재심신청서에서 당사자의 명칭은 "준재심신청인"과 "준재심피신청인"이 된다.[257)]

② 준재심대상결정(또는 준재심대상명령)의 표시와[258)] 그 결정(또는 명령)에 대하여 준재심을 청구하는 취지

③ 준재심신청이유

나. 소송대리권 문제

재심의 소는 신소(新訴)의 제기라는 형식을 취하고 재심 전의 소송과는 일응 분리되어 있는 것이며, 사전 또는 사후의 특별수권이 없는 이상 재심 전의 소송의 소송대리인이 당연히 재심소송의 소송대리인이 되는 것이 아니다.[259)]

다. 첨부서류

1) 재심소장의 경우

재심소장에는 재심의 대상이 되는 판결의 사본을 붙여야 한다(규칙 제139조). 재심대상판결이 상급심의 판결인 경우 그 전심판결의 사본도 함께 제출한다.[260)]

사안).

255) 대법원 1999. 2. 9. 선고 98다38739 판결 ; 대법원 2006. 5. 26. 선고 2004다54862 판결 참조.

256) 서울고법 2004. 4. 22. 선고 2003재나660 판결 참조(사안은 화해권고결정에 대한 준재심청구).

257) 대법원 2002. 12. 9.자 2001재마14 결정 참조.

258) 대법원 2002. 12. 9.자 2001재마14 결정 참조(사안은 재항고기각결정에 대한 준재심신청).

259) 대법원 1991. 3. 27.자 90마970 결정.

위와 같이 판결서 사본을 제출하여야 하는 까닭은 심리의 편의를 도모함에 있다고 설명함이 일반이지만, 더 직접적인 이유는 - 사건의 완결에 따라 해당 판결서 등의 원본이 편찬을 위하여 기록에서 분리되어 버렸으므로 - 재심대상기록에 그 원본이 편철되어 있지 아니하기 때문이다.

2) 준재심소장의 경우

준재심소장에는 준재심의 대상이 되는 화해, 청구의 포기·인낙조서 등의 사본을 붙여야 할 것이다.

3) 준재심신청서의 경우

준재심신청서에는 준재심의 대상이 되는 결정이나 명령의 사본을 붙여야 할 것이다.

라. 인지의 첩부 및 송달료의 예납

1) 인지의 첩부

가) 재심소장의 경우

재심소장에는 심급에 따라 소장, 항소장·상고장 또는 반소장에 따른 금액에 해당하는 인지를 붙여야 한다(민사소송 등 인지법 제8조 제1항).[261][262]

주의할 것은, 이러한 인지액은 불복범위에 따라 계산되며(민사소송 등 인지규칙 제25조의 유추해석),[263] 재심대상사건의 소제기시가 아니라 재심제기시를 기준으로 계산된다는 점이다.[264]

나) 준재심소장의 경우

재판상 화해(민사소송 등 인지법 제8조 제2항 단서의 반대해석), **청구의 포기·인낙조서에 대한 준재심소장에 첩부할 인지액도 전술한 재심소장의 경우와같다**(민사소송 등 인지법 제8조 제2항 본문).

그러나, **제소전화해조서에 대한 준재심의 소장에는 제소전화해신청서의 경우에 해당하는**

---

260) 「민사재심 소장에 첨부할 판결사본(재민 80-1)」.

261) **이 인지액은 경제사정이 변동된 경우에는 「민사소송 등 인지법」이 개정될 때까지 대법원규칙으로 올리거나 내릴 수 있다**(민사소송 등 인지법 제15조).

262) 헌재 2017. 8. 31. 선고 2016헌바447 결정은, 민사소송 등 인지법 제8조 제1항 중 같은 법 제3조 전단, 제2조 제1항에 따른 금액이 적용되는 부분(즉, 항소심 판결에 대한 재심소장에 1.5배액의 인지대를 첩부하도록 한 부분)이 재판청구권이나 평등권을 침해하는 것이 아니라고 보았다.

263) 인지실무, 37면.

264) 제요[민소Ⅰ], 121면; 인지실무, 38면.

인지를 붙여야 하나(같은 항 단서), 역시 불복범위를 기준으로 한다(민사소송 등 인지규칙 제25조의 유추해석).[265)]

다) 준재심신청서의 경우

즉시항고로 불복을 신청할 수 있는 결정 또는 명령이 확정된 경우에 하는 준재심의 신청서에는 2천원의 인지를 붙여야 한다(민사소송 등 인지법 제9조 제4항 제4호).

2) 송달료의 예납

재심 또는 준재심의 소나 준재심신청을 할 때에는 (준)재심대상사건의 송달료납부기준에 의한 송달료를 예납하여야 한다.[266)]

마. 관 할

재심은 재심을 제기할 판결(즉, 재심대상판결)**을 한 법원의 전속관할로 한다**(법 제453조 제1항).

그러나, **심급을 달리하는 법원이 같은 사건에 대하여 내린 판결에 대한 재심의 소는 상급법원이 관할한다**(같은 조 제2항 본문).

따라서, 예컨대, 제1심 판결에 대하여서는 증인의 허위진술이, 항소심 판결에 대하여서는 제척사유 있는 법관의 관여를 둘 다 재심사유로 주장하고 있는 때에는, 그러한 재심의 소가 동시에 제기되었건 순차로 제기되었건, 항소법원이 재심관할법원이 된다. 그러나 전자의 사유만 재심사유로 주장할 때에는 제1심 법원이 재심관할법원이 된다.

다만, 항소심판결과 상고심판결에 각각 독립된 재심사유가 있는 때에도 대법원이 관할하는 것은 아니다(같은 조 제2항 단서). 즉, 이 경우에는 전술한 일반원칙(법 제453조 제1항)으로 돌아간다.

5. 재심소장의 심사 및 송달

재심소장 역시 소장에 준하여 심사한다(법 제254조의 준용). **재심원고는, 재심소장에 대한 각하명령이 확정된 경우에는 인지액 중 일정액의 환급을 청구할 수 있다**(민사소송 등 인지법 제14조 제1항 제1호).

---

265) 인지실무, 40면.

266) 송달료예규 별표 1.

재심소장의 부본 역시 특별한 사정이 없으면 그 부본을 바로 재심피고에게 송달한다(법 제255조 제1항, 규칙 제64조 제2항의 준용).

6. 재심으로 말미암은 집행정지

추후보완상소의 경우와 마찬가지로, **재심이 있는 경우에도, 불복하는 이유로 내세운 사유가 법률상 정당한 이유가 있다고 인정되고 사실에 대한 소명이 있는 때에는, 법원은 당사자의 신청에 따라, 집행정지를 명할 수 있다**(법 제500조 제1항).

그리고, 재심을 이유로 한 강제집행정지신청은 재심의 소가 계속된 법원에 하여야 한다.[267] 그 밖의 상세한 것은 '상소 일반' 부분에서 기술한 내용을 참조하기 바란다.

7. 재심의 소송절차

가. 개 관

재심의 소송절차에는 그 성질에 어긋나지 아니하는 범위 안에서 각 심급의 소송절차에 관한 규정을 준용한다(법 제455조, 규칙 제138조).

나. 재심대상 재판기록의 첨철

재심의 소가 제기된 때에는 재심법원이 전 소송기록의 보관 또는 보존법원에 그 송부를 촉탁하여 송부되어 온 재심대상 재판기록을 재심기록에 첨철함이 실무이다.[268]

다만, 그 기록이 보존기관 경과로 이미 폐기된 때에는 종전 소송기록 없이 심리를 진행할 수밖에 없다.

한편, '민전예규'는 재심등 대상사건이 전자기록사건인 재심소장등은 재심대상기록과 전자적으로 합철한다고 하고 있으나,[269] 이는 입법의 착오로 보인다. 즉, 그 경우에도 재심소장등을 재심대상기록과 전자적으로 '첨철'하여야 할 것이다.

---

267) 대법원 1963. 5. 30.자 63라6 결정.
268) '인지액·편철방법예규' 참조.
269) 민전예규 제36조 제3항.

다. 재심사유에 관한 심리 및 중간판결[270)]

1) 재심사유에 관한 심리

재심의 소가 제기되면 법원은 먼저 재심원고가 주장하는 재심사유가 있는지의 여부를 조사·심리한 다음, 재심사유가 있는 것으로 인정되는 경우에만 본안에 관한 심리에 들어가게 되는 것이다.[271)]

재심의 소는 확정판결에 대하여 그 판결의 효력을 인정할 수 없는 흠결이 있는 경우에 구체적 정의를 위하여 법적 안정성을 희생시키면서 확정판결의 취소를 허용하는 비상수단으로서, 소송제도의 기본 목적인 분쟁해결의 실효성과 정의실현과의 조화를 도모하여야 하는 것이므로 재심사유의 존부에 관하여는 당사자의 처분권을 인정할 수 없고, 재심법원은 직권으로 당사자가 주장하는 재심사유 해당사실의 존부에 관한 자료를 탐지하여 판단할 필요가 있다.[272)]

따라서 재심사유에 대하여는 당사자의 자백이 허용되지 아니하며 자백간주에 관한 규정(법 제150조 제1항)도 적용되지 아니한다.[273)]

그러나, 법원은 재심대상 본안사건의 기록을 검토하지 않고서도 재심소장의 기재만으로 그 주장의 재심사유가 존재하는지 여부를 심리하여 재심사유의 존재가 인정되지 아니할 때에는 재심청구를 기각할 수 있다.[274)]

2) 재심사유에 관한 중간판결

법원은 재심의 소가 적법한지 여부와 재심사유가 있는지 여부에 관한 심리 및 재판을 본안에 관한 심리 및 재판과 분리하여 먼저 시행할 수 있다(법 제454조 제1항).

이 경우에 법원은 (재심의 사유가 적법하고)**[275)] 재심사유가 있다고 인정한 때에는 그 취지의 중간판결을 한 뒤 본안에 관하여 심리·재판한다**(같은 조 제2항).

라. 재심사건에서의 위헌제청

위헌법률심판 제청신청의 해당 사건이 재심사건인 경우, 제청대상법률조항이 재심의 소

---

270) 그런데, 기존의 중간판결제도 자체도 잘 활용되지 아니하고 있는 마당에, 재심의 소의 이 제도가 과연 현실적으로 활용이 되겠는지는 의문이다.

271) 대법원 1990. 12. 7. 선고 90다카21886 판결.

272) 대법원 1992. 7. 24. 선고 91다45691 판결.

273) 대법원 1992. 7. 24. 선고 91다45691 판결.

274) 대법원 2000. 8. 18. 선고 2000재다87 판결.

275) 주석(민소4), 83면(정진아 집필부분).

자체의 적법 여부에 대한 재판에 적용되는 법률조항이 아니라 본안 사건에 대한 재판에 적용될 법률조항이라면 재심의 소가 적법하고 재심사유가 인정되는 경우에 한하여 재판의 전제가 된다 할 것이다.[276]

왜냐하면, 재심의 소가 부적법하거나 재심사유가 인정되지 않으면 본안 판단에 나아갈 수가 없으므로, 본안 재판에 적용될 조항의 위헌 여부는 해당 사건 재판의 주문을 달라지게 하거나 재판의 내용이나 효력에 관한 법률적 의미가 달라지게 하는 데 아무런 영향을 미치지 못하기 때문이다.[277]

마. 부대재심

재심피고도 자신의 재심사유에 기하여 부대재심을 청구할 수 있다.[278]

바. 변론과 재판의 범위

본안의 변론과 재판은 재심청구이유의 범위 안에서 하여야 한다(법 제459조 제1항).

그러나, (재심법원이 사실심인 경우에) 재심사유가 있는 것으로 인정되어 재심의 대상이 된 확정판결 사건의 본안에 대하여 다시 변론을 한다는 것은, 전 소송의 변론이 재개되어 재심이전의 상태에 돌아가 속행되는 것을 말한다.[279]

따라서, 위와 같이 재심이전의 상태로 변론이 부활된 경우, 부활 전의 법관이 경질된 이상 부활된 소송에서 변론의 갱신(법 제204조 제2항)을 하여야 하며,[280] 재심법원이 사실심이라면 새로운 공격방어방법을 제출할 수도 있고,[281] 재심사건의 서증번호는 재심대상사건의 서증번호에 이어서 붙인다.[282]

그 변론기일의 차수(次數)도 재심 전의 마지막 변론기일의 차수에 이어 시작된다. 다만, 재심 전 소송기록이 이미 폐기된 경우에는 변론기일의 차수도 부득이 제1차부터 새로 시작하게 될 수 있다.

---

276) 대법원 2013. 12. 26.자 2013아99 결정. 동지 : 대법원 1990. 11. 28.자 90마866 결정.

277) 대법원 2013. 12. 26.자 2013아99 결정.

278) 대법원 2003. 7. 22. 선고 2001다76298 판결 참조.

279) 대법원 2001. 6. 15. 선고 2000두2952 판결. 동지 : 대법원 1966. 10. 25. 선고 66다1639 판결 ; 대법원 1991. 3. 27.자 90마970 결정 ; 대법원 2015. 12. 23. 선고 2013다17124 판결.

280) 대법원 1966. 10. 25. 선고 66다1639 판결.

281) 대법원 2001. 6. 15. 선고 2000두2952 판결. 동지 : 대법원 1965. 1. 19. 선고 64다1260 판결.

282) 민사증거목록예규 제8조 제3항.

같은 이치에서, 재심절차에서 당사자가 제출한 서증의 번호는 재심 전 소송의 서증의 번호에 연속하여 매긴다(규칙 제140조 제1항). 다만, 재심 전 소송기록이 이미 폐기된 경우에는 제1호증부터 새로 매긴다. 서증부호도 재심 전 소송의 그것에 의한다. 예컨대, 피고(재심원고)가 제출하는 서증은 갑호증이 아니라 을호증이다.

그러나, 원래의 확정판결(A)을 취소한 재심판결(B)에 대한 재심의 소에서 원래의 확정판결(A)에 대하여 재심사유를 인정한 종전 재심법원의 판단(B)에 재심사유가 있어, 종전 재심청구에 관하여 다시 심리한 결과 원래의 확정판결(A)에 재심사유가 인정되지 않을 경우에는, 재심사유가 없는 원래의 확정판결(A) 사건의 본안에 관하여 다시 심리와 재판을 할 수는 없다고 보아야 한다.[283)]

준재심신청의 경우에는, 판결절차가 아니라, 그 준재심의 대상이 된 결정 또는 명령을 한 절차와 같은 절차로 심판한다.

사. 재심의 소의 취하

공동소송적 보조참가에서는, 공동소송적 보조참가인이 제기한 재심의 소를 피참가인이 취하하는 경우에도 - 상소취하에 준하여 - 보조참가인에 대한 관계에서는 그 취하의 효력이 없는 것으로 해석된다.[284)]

재심의 소를 취하하는 것은 통상의 소를 취하하는 것과는 달리 확정된 종국판결에 대한 불복의 기회를 상실하게 하여 더 이상 확정판결의 효력을 배제할 수 없게 하는 행위이므로, 이는 재판의 효력과 직접적인 관련이 있는 소송행위로서 그 확정판결의 효력이 미치는 공동소송적 보조참가인에 대하여는 불리한 행위라고 할 것이기 때문이다.[285)]

따라서 재심의 소에 공동소송적 보조참가인이 참가한 후에는 피참가인이 재심의 소를 취하하더라도 공동소송적 보조참가인의 동의가 없는 한 효력이 없다.[286)]

특기할 것은, 이는 재심의 소를 피참가인이 제기한 경우나 통상의 보조참가인이 제기한 경우에도 마찬가지이다. 특히 통상의 보조참가인이 재심의 소를 제기한 경우에는 피참가인

---

283) 대법원 2015. 12. 23. 선고 2013다17124 판결.
따라서, 이 경우에는 그 재심판결(B)을 취소하고 종전 재심청구를 기각하여야 한다. 같은 판결.
위 판례의 사안은, 원래의 확정판결의 증거에 관하여 유죄판결이 확정되었는데, 나중에 그 유죄판결이 형사재심사건에서 무죄판결로 뒤집힌 것이다.

284) 대법원 1970. 7. 28. 선고 70누35 판결.

285) 대법원 2015. 10. 29. 선고 2014다13044 판결.

286) 대법원 2015. 10. 29. 선고 2014다13044 판결.

이 통상의 보조참가인에 대한 관계에서 재심의 소를 취하할 권능이 있더라도 이를 통하여 공동소송적 보조참가인에게 불리한 영향을 미칠 수는 없으므로 피참가인의 재심의 소 취하로 인하여 재심의 소 제기가 무효로 된다거나 부적법하게 된다고 볼 것도 아니다.[287]

재심원고는 제1심 또는 항소심에서 변론종결 전에 재심의 소가 취하(취하로 간주되는 경우를 포함한다)**된 경우에는 재심소장에 붙인 인지액 중 일정액의 환급을 청구할 수 있다**(민사소송 등 인지법 제14조 제1항 제2호).

아. 재심소송에서의 화해

재심소송에서 확정판결의 대상으로 되는 소송물에 관하여 화해가 있는 경우에는, 화해조서 중 사건의 표시에 확정사건의 법원 및 사건번호도 기재함이 실무이다.[288]

그런데 재심소송에서 재판상 화해나 조정을 할 경우의 근본문제는, 재심대상판결을 취소하는 내용의 조정을 할 수는 없다는 것이다.[289]

따라서 관견으로는, ①법원이 재심사유가 있다고 인정한 때에는 먼저 재심대상판결을 취소하는 중간판결을 한 후에(법 제454조 제2항) 재판상 화해나 조정을 하여야 할 것이고, ②만일 재심사유가 있다고 인정되지는 아니하는 때라면 재심대상판결의 기판력에 저촉되지 아니하는 우회적인 내용의 재판상 화해나 조정을 하여야 할 것으로 사료된다.

8. 재심소송에서의 소송중의 소와 소송참가

가. 재심소송에서의 중간확인의 소

재심의 소송절차에서 중간확인의 소를 제기하는 것은 재심청구가 인용될 것을 전제로 하여 재심대상소송의 본안청구에 대하여 선결관계에 있는 법률관계의 존부의 확인을 구하는 것이므로, 재심사유가 인정되지 않아서 재심청구를 기각하는 경우에는 중간확인의 소의 심판대상인 선결적 법률관계의 존부에 관하여 나아가 심리할 필요가 없으며, 이 경우에는 중간확인의 소를 각하하여야 한다.[290]

---

287) 대법원 2015. 10. 29. 선고 2014다13044 판결.

288) 「상소심에서의 화해조서등에 원심법원 및 원심사건번호의 기재(재민 90-1)」.

289) 대법원 2012. 9. 13. 선고 2010다97846 판결("재심대상판결 및 제1심판결을 각 취소한다."는 내용의 조정이 무효라고 본 사안).

290) 대법원 2008. 11. 27. 선고 2007다69834,69841 판결.

나. 재심소송에서의 독립당사자참가

제3자가 타인 간의 재심소송에 독립당사자참가를 하였다면, 이 경우 제3자는 아직 재심대상판결에 재심사유 있음이 인정되어 본안사건이 부활되기 전에는 원·피고를 상대방으로 하여 소송의 목적의 전부나 일부가 자기의 권리임을 주장하거나 소송의 결과에 의하여 권리의 침해를 받을 것을 주장할 여지가 없는 것이고, 재심사유 있음이 인정되어 본안사건이 부활된 다음에 이르러서 비로소 위와 같은 주장을 할 수 있는 것이므로, 결국 제3자는 재심대상판결에 재심사유가 있음이 인정되어 본안소송이 부활되는 단계를 위하여 독립당사자참가를 하는 것이라고 할 것이다.[291)]

따라서, 재심의 소가 부적법하다 하여 각하하는 경우에는, 독립당사자참가신청은 참가하려는 소송의 계속이 없어 부적법한 것이라고 할 것이다.[292)]

9. 재심청구에 대한 재판

가. 개 관

재심의 소나 준재심의 소에 대하여서는 법원이 판결로써 응답하게 되나, 준재심신청에 대하여서는 결정으로써 응답하게 된다.

재심의 소에 대한 판결서에서는 재심대상판결은 물론, (본소의) 청구취지와 재심청구취지를 기재한다.

준재심의 경우에도 준재심대상조서[293)] 또는 준재심대상결정이나 준재심대상명령을 기재한다.[294)]

나. 재심소송의 종국판결의 주된 주문

1) 재심의 소의 각하

재심의 소가 부적법한 때에는 재심의 소를 각하하여야 한다(법 제454조 제1항 참조).

---

291) 대법원 1994. 12. 27. 선고 92다22473,22480 판결.

292) 대법원 1981. 7. 28. 선고 81다카65,66 판결(사안은 본소인 재심의 소가 출소기간을 도과한 경우).

293) 대전고법 2009. 8. 14. 선고 2009나1885 판결 참고.

294) 대법원 2002. 12. 9.자 2001재마14 결정(결정에 대한 준재심) ; 대법원 1993. 8. 19. 선고 93재수13 판결(명령에 대한 준재심) 참고.

2) 재심청구의 기각

가) 재심사유가 없는 것으로 판명된 경우

법원은 재심원고가 주장하는 재심사유가 없는 것으로 판명될 때에는 본안에 관하여는 심리할 필요도 없이 바로 종국판결로 재심청구를 기각하여야 되는 것이다.[295)]

나) 재심대상판결이 정당한 경우

재심의 사유가 있는 경우라도 판결이 정당하다고 인정한 때에는 법원은 재심의 청구를 기각하여야 한다(법 제460조).

그런데, 위 규정에 의하여 재심의 사유가 (재심대상)판결의 결과에 영향을 미친 여부를 심사하는 경우에는 성질상 그 판결당시의 소송자료에 대한 판단을 기준으로 하여야 할 것으로서 재심의 소 제기후에 새로이 현출된 소송자료까지를 참작할 필요는 없으나,[296)] 재심청구의 당부의 판단에서는 재심소송에서 새로 현출된 자료도 참작하여야 한다.[297)]

재심사건에서 법원이 재심사유는 있다고 인정하면서도 재심대상판결의 변론종결 후의 사유를 이유로 재심청구를 기각한 경우에는 그 기판력의 표준시는 재심대상판결의 변론종결시가 아니라 재심판결의 변론종결시이기 때문이다.[298)]

그러나, 준재심의 경우에도 위 규정이 준용되는지에 관하여서는 학설이 대립한다. 다만, 적어도 제소전화해조서의 경우에는 성질상 위 규정이 준용될 여지가 없다고 할 것이다.[299)]

3) 재심청구의 인용

가) 재심의 소의 경우

재심의 소에서는, 재심대상판결이 재심사유가 있고 부당하다고 인정한 때에는, 법원은 재심대상판결을 취소하고, 본안사건에 관하여 재심대상판결에 갈음한 판결을 하게 된다.[300)]

즉, 취소한 부분에 관하여, 어느 심급에서의 재심인가에 맞추어 다시 재판을 하게 되는바, 제1심에서의 재심이라면 소에 대한 응답을, 상소심에서의 재심이라면 상소에 대한 응답을 하게 된다.

---

295) 대법원 1990. 12. 7. 선고 90다카21886 판결.
296) 대법원 1966. 4. 6. 선고 66다290 판결. 동지 : 대법원 1970. 12. 22. 선고 69다1789 판결.
297) 대법원 1970. 12. 22. 선고 69다1789 판결.
298) 대법원 1993. 2. 12. 선고 92다25151 판결. 동지 : 대법원 2003. 5. 13. 선고 2002다64148 판결.
299) 대법원 1998. 10. 9. 선고 96다44051 판결.
300) 대법원 1994. 12. 27. 선고 92다22473,22480 판결 참조.

나) 준재심청구의 경우

가령 화해조서가 준재심의 소에 의하여 취소되고 그 준재심재판이 확정되면, 화해의 효력은 소멸되고, 따라서 그 화해로 인하여 생긴 모든 법률효과는 당연히 실효된다.[301)]

화해, 청구의 포기·인낙조서 등에 재심사유가 있다고 인정하는 경우에는 - 그 화해조서 등을 취소함과 아울러 - 법원은 그 소송사건을 다시 재판할 수 있는 권리가 회복된다.[302)] 이때, 준재심대상조서(또는 준재심대상결정)을 취소하는 판결은 중간판결로써 할 수도 있고, 본안사건에 관한 판결과 동시에 종국판결로써 할 수도 있는 것으로 해석된다.

위와 같은 법리는 준재심신청의 경우에도 같다. 예컨대, 대법원의 재항고기각결정에 대한 준재심신청을 인용할 때에는, 대법원은 준재심대상결정을 취소하고 재항고의 당부에 대한 재판을 하게 된다.[303)]

다만, 제소전화해에서는 종결될 소송이 계속되었던 것이 아니고 종결된 것은 화해절차뿐이므로, 재심사유가 있어 준재심의 소에 의하여 제소전화해를 취소하는 준재심 판결이 확정된다 하여도 부활될 소송이 없음은 물론, 그 화해절차는 화해가 성립되지 아니한 것으로 귀착되어,[304)] 그 제소전화해에 의하여 생긴 법률관계가 처음부터 없었던 것과 같이 된다.[305)]

다) 불이익변경금지의 원칙

그런데, 재심은 상소와 유사한 성질을 갖는 것으로서 - 부대재심이 제기되지 아니한 이상 - 재심원고에 대하여 원래의 확정판결보다 불이익한 판결을 할 수 없다.[306)]

물론, 제소전화해에 대한 준재심신청의 경우에는 불이익변경금지의 원칙이 문제될 소지가 없다고 하겠다.

다. 재심소송의 소송비용 재판

1) 재심청구를 배척하는 경우

재심의 소를 각하하거나 재심청구를 기각하는 판결도 사건을 완결하는 재판으로서 법원이 직권으로 그 심급의 소송비용 전부에 대하여 재판하여야 하므로(법 제104조 본문), 재심소송비

---

301) 대법원 1981. 12. 22. 선고 78다2278 판결.
302) 대법원 1971. 7. 29. 선고 71다983 판결.
303) 대법원 2000. 1. 7.자 99재마4 결정 참조.
304) 대법원 1962. 10. 18. 선고 62다490 판결. 동지 : 대법원 1996. 3. 22. 선고 95다14275 판결.
305) 대법원 1996. 3. 22. 선고 95다14275 판결.
306) 대법원 2003. 7. 22. 선고 2001다76298 판결.

용에 대한 재판을 하게 된다.

2) 재심청구를 인용하는 경우

재심청구를 인용하는 판결도 사건을 완결하는 재판으로서 법원이 직권으로 그 심급의 소송비용 전부에 대하여 재판하여야 하므로(법 제104조 본문), 재심소송비용에 대한 재판을 하게 된다.

주의할 것은, 이 경우에는 본안사건에 대한 소송비용에 대한 재판도 - 재심대상판결이 취소되었으므로 - 함께 하여야 한다는 점이다.

10. 재심사건에 대한 상소

재심의 소나 준재심의 소에 대한 종국판결에는 어느 심급에서의 재심인가에 맞추어 다시 항소나 상고 또는 항고나 재항고를 제기할 수 있다(규칙 제140조 제2항 참조).

예컨대, 항고법원이 한 준재심청구 기각결정에 대하여서는 재항고를 제기할 수 있다.[307)]

그러나, 상고심판결에 대한 재심의 소에 관한 판결에 대하여 상소할 수 없음은 물론이다.

재심사건에 대하여 상소가 제기된 때에는 법원사무관등은 상소기록에 재심 전 소송기록을 붙여 상소법원에 보내야 한다(같은 항).

한편, 모든 재심사건(준재심사건을 포함한다)은 재심대상사건의 사건부호 앞에 "재"를 붙이지만, 재심사건에 재심사건에 관하여 상소가 제기된 경우 상소심의 사건부호는 원래의 사건부호 앞에 "재"를 붙이지 아니한다.[308)] 즉, 재심사건의 상소심 사건부호는, 재심사건이 아닌 경우와 다를 바 없다.

---

307) 대법원 1975. 11. 14.자 75마313 결정 참조.

308) 사건별 부호문자의 부여에 관한 예규(재일 2003-1) 제2조 제2항.

제 3 장 제권판결에 대한 불복의 소

1. 제권판결에 대한 불복의 소 개관

제권판결에 대한 불복의 소는, 확정판결의 취소를 구하는 형성의 소로서 제소사유가 법정되어 있고 제소기간의 제한이 있는 등 재심의 소와 유사한 점이 있으나, 통상의 판결절차로서 성립한 판결에 대한 것이 아니라 증권상실자의 일방적 관여로 이루어지는 판결에 대한 것이고 반대의 이해관계자에게 판결을 송달하지 않으므로 그에 대하여 통상의 상소절차를 이용하게 하는 것이 불합리하기 때문에 별도로 불복방법을 마련하고 있는 것인 점에서 재심의 소와는 성질상 차이가 있다.[309)]

제권판결에 대한 불복의 소장 역시 – 재심소장과 달리 – 별도기록을 편성한다.[310)]

2. 제권판결에 대한 불복사유

가. 개 관

제권판결에 대하여는 법이 정한 불복사유 가운데 어느 하나에 해당하면 소로써 불복할 수 있다(법 제490조 제2항).

불복사유들을 소제기기간의 기산점의 종류에 따라 대별하여 보면 후술하는 바와 같다.

한편, 불복사유 중 법 제490조 제2항 제1호와 같은 항 제6호를 제외한 나머지 불복사유로써는 제권판결의 취소 및 제권판결신청의 각하를 선고하게 된다(법 제487조 제1항 전단 참조).

나. 소제기기간을 원고가 '제권판결이 있다는 것을' 안 날부터 계산하는 불복사유(법 제491조 제3항 본문)

1) 법률상 공시최고절차를 허가하지 아니할 경우일 때(법 제490조 제2항 제1호)

이 사유로써는, 제권판결의 취소 및 공시최고신청의 기각을 선고하게 된다(법 제487조 제1항 전단 참조).

"법률상 공시최고 절차를 허하지 아니할 경우"라 함은, 추상적, 일반적으로 공시최고절차

---

309) 대법원 1989. 6. 13. 선고 88다카7962 판결.

310) '인지액·편철방법예규'.

를 허용할 근거가 없는 경우를 말하고, 구체적, 개별적인 절차안에서 한 사실인정이 잘못된 경우를 말하는 것이 아니다.[311]

예컨대, 증서의 무효선언을 위한 공시최고에서 증서가 횡령 또는 편취당한 것임이 공시최고신청서 기재에 의하여 명백한 경우에 법원이 공시최고절차를 밟아 제권판결을 하였다면, 이는 구체적, 개별적 절차 안에서 법원이 증서가 도난, 분실된 것으로 사실을 오인한 것이 아니라 추상적, 일반적으로 공시최고를 인정할 법률상의 근거가 없는 것으로서 법 제490조 제2항 제1호 소정의 불복사유인 '법률상 공시최고절차를 허가하지 아니할 경우'에 해당된다.[312]

이에 반하여, 제권판결 신청인이 증권의 소지인이 아니라든가 도난 또는 분실된 증권이 아니라는 것과 같이 공시최고요건에 관한 구체적인 사실인정의 잘못을 주장하는 것은 위 법조 소정의 불복사유에 해당하지 않는다.[313]

또한, 공시최고신청인이 그 대상이 된 증권의 정당한 소지자를 알고 있는데도 이를 묵비한 채 그 절차진행을 방관하였다고 하더라도, 그것만으로는 법 제490조 제2항 제1호 기타 제권판결에 대한 적법한 불복사유가 될 수 없다.[314]

2) 공시최고의 공고를 하지 아니하였거나, 법령이 정한 방법으로 공고를 하지 아니한 때(법 제490조 제2항 제2호)

3) 공시최고기간을 지키지 아니한 때(법 제490조 제2항 제3호)

4) 전속관할에 관한 규정에 어긋난 때(법 제490조 제2항 제5호)

5) 권리 또는 청구의 신고가[315] 있는데도 법률에 어긋나는 판결을 한 때(법 제490조 제2항 제6호)[316]

이 사유로써는, 제권판결의 변경을 선고하게 된다(법 제485조 참조). 법 제490조 제2항 제6호 소정의 "권리 또는 청구의 신고가 있는데도 법률에 어긋나는 판결을 한 때"라 함은, 공시최고

---

311) 대법원 1989. 5. 23. 선고 88다카16409 판결. 동지 : 대법원 1970. 7. 24. 선고 70다989 판결 ; 대법원 1980. 10. 14. 선고 80다1731 판결.

312) 대법원 1989. 7. 11. 선고 87다카2445 판결. 동지 : 대법원 1991. 2. 26. 선고 90다17620 판결.

313) 대법원 1989. 5. 23. 선고 88다카16409 판결. 동지 : 대법원 1980. 10. 14. 선고 80다1731 판결.

314) 대법원 1981. 3. 10. 선고 80다1665 판결(사안은 약속어음의 최후소지인).

315) cf. 구법(1990. 1. 13. 법률 제4201호로 개정되기 전) 제461조 제2항 제5호는 "권리의 신고나 청구기 …" 라고 표현하였다.

316) 그 실례로는, 대법원 1968. 6. 18. 선고 68다607 판결.

절차에 의하여 제권될 염려 있는 권리나 청구의 존재를 해당 공시최고법원에 신고한 경우만을 가리키는 것이다.[317)]

따라서, 예컨대, 공시최고법원이 아닌 다른 법원에 그 약속어음금 청구소송을 제기한 것만으로는 청구 또는 권리의 신고가 있었다고 할 수 없다.[318)]

다. 소제기기간을 원고가 '불복사유가 있음을' 안 날부터 계산하는 불복사유(법 제491조 제3항 단서)

1) 판결을 한 판사가 법률에 따라 직무집행에서 제척된 때(법 제490조 제2항 제4호)

2) 거짓 또는 부정한 방법으로 제권판결을 받은 때(법 제490조 제2항 제7호)

예컨대, 증권을 소지한 사실이 없음에도 불구하고 이를 소지하다가 도난당하거나 분실한 것으로 꾸며 공시최고를 신청하여 제권판결을 받았다면, 이 불복사유에 해당한다.[319)]

또한, 전 소지인이 증권 등의 소지인을 알면서도 소재를 모르는 것처럼 공시최고기일에 출석하여 신청의 원인과 제권판결을 구하는 취지를 진술하여 공시최고법원을 기망하고, 이에 속은 공시최고법원으로부터 제권판결을 받았다면, 이 불복사유에 해당한다.[320)]

그러나, 공시최고신청인이 비공식적 경로를 통하여 소지인임을 주장하는 자로부터 연락을 받고 나서도 공시최고신청을 하여 제권판결을 받은 경우에는, 이 불복사유에 해당되지 아니한다.[321)]

3) 법 제451조 제1항 제4호 내지 제8호의 재심사유가 있는 때(법 제490조 제2항 제8호)

가) 재판에 관여한 법관이 그 사건에 관하여 직무에 관한 죄를 범한 때(법 제451조 제1항 제4호)

나) 형사상 처벌을 받을 다른 사람의 행위로 말미암아 자백을 하였거나 판결에 영향을 미칠 공격 또는 방어방법의 제출에 방해를 받은 때(법 제451조 제1항 제5호)

다) 판결의 증거가 된 문서, 그 밖의 물건이 위조되거나 변조된 것인 때(법 제451조 제1항 제6호)

---

317) 대법원 1981. 3. 10. 선고 80다1665 판결.

318) 대법원 1981. 3. 10. 선고 80다1665 판결.

319) 대법원 2011. 11. 10. 선고 2009다73868 판결.

320) 대법원 1997. 7. 25. 선고 97다16985 판결. 동지 : 대법원 2004. 11. 11. 선고 2004다4645 판결(사안은 어음) ; 대법원 2013. 9. 13. 선고 2012다36661 판결(사안은 수표).

321) 대법원 1996. 8. 23. 선고 96다23900 판결.

라) 증인·감정인·통역인의 거짓 진술 또는 당사자신문에 따른 당사자나 법정대리인의 거짓 진술이 판결의 증거가 된 때(법 제451조 제1항 제7호)

마) 판결의 기초가 된 민사나 형사의 판결, 그 밖의 재판 또는 행정처분이 다른 재판이나 행정처분에 따라 바뀐 때(법 제451조 제1항 제8호)

3. 제권판결에 대한 불복의 소의 제기기간

제권판결에 대한 불복의 소(법 제490조 제2항)**는 전술한 제소기간의 기산일로부터 1월 이내에 제기하여야 하며**(법 제491조 제1항), **이 기간은 불변기간으로 한다**(같은 조 제2항).

또한, **이 소는 제권판결이 선고된 날부터 3년이 지나면 제기하지 못한다**(같은 조 제4항).

4. 제권판결에 대한 불복의 소장

가. 당 사 자

1) 원 고

증권의 소지인은 그가 실질적인 권리자가 아니라 하더라도 이해관계인으로서 증권에 관한 제권판결에 대하여 불복의 소를 제기할 수 있다.[322]

2) 피 고

제권판결에 대한 불복의 소는 (공시최고)**신청인에 대하여 제기하여야 한다**(법 제490조 제2항).

나. 청구취지

제권판결에 대한 불복의 소와 관련하여 주의할 것은, 재심의 소와 달리, 제권판결에 대한 불복의 소에는 다른 민사상의 청구를 병합할 수 있다는 것이다.[323]

다만, 제권판결에 대한 취소판결의 확정을 조건으로 한 수표금 청구는 장래이행의 소의 요건을 갖추었다고 보기 어려울 뿐만 아니라, 제권판결 불복의 소의 결과에 따라서는 수표금 청구소송의 심리가 무위에 그칠 우려가 있고, 제권판결 불복의 소가 인용될 경우를 대비하여 방어하여야 하는 수표금 청구소송의 피고에게도 지나친 부담을 지우게 된다는 점에서 이를 쉽사리 허용할 수 없다.[324]

---

322) 대법원 2011. 11. 10. 선고 2009다73868 판결(사안은 주권).

323) 대법원 1989. 6. 13. 선고 88다카7962 판결(사안은 손해배상청구가 병합된 것).

다. 관 할

제권판결에 대하여는 최고법원(催告法院)에 불복할 수 있다(법 제490조 제2항).
따라서, 제권판결에 대한 불복의 소는 – 소가와 무관하게 – 단독판사의 직분관할에 속한다.

324) 대법원 2013. 9. 13. 선고 2012다36661 판결.

제4장 정기금판결에 대한 변경의 소[325)]

1. 정기금판결에 대한 변경의 소 개관

가. 의 의

정기금(定期金)의 지급을 명한 판결이 확정된 뒤에 그 액수산정의 기초가 된 사정이 현저하게 바뀜으로써 당사자 사이의 형평을 크게 침해할 특별한 사정이 생긴 때에는 그 판결의 당사자는 장차 지급할 정기금 액수를 바꾸어 달라는 소를 제기할 수 있다(법 제252조 제1항).

정기금판결에 대한 변경의 소는 정기금판결의 확정 뒤에 발생한 현저한 사정변경을 이유로 확정된 정기금판결의 기판력을 예외적으로 배제하는 것을 목적으로 한다.[326)]

재심의 소가 기존 판결의 완전한 취소를 구하는 것과는 달리, 정기금판결에 대한 변경의 소는 기존 판결의 일정한 변경만을 구한다는 차이가 있다.

또한, 청구이의의 소가 권리멸각사실, 권리저지사실의 사정변경을 청구원인으로 하는 것으로서 집행력의 배제에 그치는 것과 달리, 정기금판결에 대한 변경의 소는 권리발생사실의 사정변경을 청구원인으로 하는 것으로서 기판력까지도 변경하는 것이다.

단순히 종전 확정판결의 결론이 위법·부당하다는 등의 사정을 이유로 위 규정에 따라 정기금의 액수를 바꾸어 달라고 하는 것은 허용될 수 없음은 물론이다.[327)]

나. 변경의 대상

정기금의 지급을 명한 것이라면, 확정판결 뿐만 아니라 이와 동일한 효력을 갖는 화해조서, 청구인낙조서, 조정조서(또는 확정된 조정을 갈음하는 결정), 확정된 화해권고결정에 대하여서도 변경의 소가 허용된다는 데에 대체로 이설이 없는 듯하다(법 제252조 제1항의 유추해석).[328)]

---

325) 이 제도에 관한 상론은 이 책이 다룰 범위를 벗어나므로, 여기서는 기본적인 사항만 짚고 넘어가겠다.

326) 대법원 2016. 6. 28. 선고 2014다31721 판결.

327) 대법원 2016. 3. 10. 선고 2015다243996 판결.

328) 물론, 판결과 달리, 가령 정기금을 지급하기로 하는 화해가 성립한 경우에 화해조서에는 '그 액수산정의 기초가 된 사정'이 명시되어 있지 아니한 경우가 오히려 대부분일 것이나, 그렇다고 그러한 기초사정 자체가 존재하지 아니하는 것은 아니므로, 변경의 소의 제기 자체를 불허할 것까지는 아니라고 하겠다. 다만, 판결의 경우보다는 변경원고의 주장·입증이 곤란할 것이다.

그러나, 양육비, 부양료 등에 대한 확정된 심판 등에 관하여서는, 그 변경심판제도 자체가 「가사소송법」에 별도로 마련되어 있으므로, 이러한 것들은 정기금판결 변경의 소의 대상이 되지 못한다는 데에 역시 별 이론이 없다.

그러나 더 나아가 중간이자를 공제한 일시금 배상판결에 대하여서도 법 제252조 제1항이 유추적용되는지에 관하여서는 학설 대립이 있다.

다. 변경의 범위

법문에서는 변경의 대상을 "'장차' 지급할 정기금 액수"라고만 하고 있는바, 여기서 "장차"의 의미, 즉 변경의 시기(시기)에 대하여서는 '소제기일 이후'라고 새기는 것이 통설이다.[329]

그런데, 우리 법은 "액수"의 변경만을 명문으로 규정하고 있으나,[330] 더 나아가 '지급의무의 존부'나 '장차 지급할 기간'의 변경도 가능한지에 대해서는 학설이 대립한다.

라. 사정변경(특별한 사정)

사정변경은 변경대상판결의 기판력의 표준시(즉, 원칙적으로 변론종결일) 후에 발생한 것이어야 한다.

그러나, 더 나아가 그 사정변경이 그 표준시 전에 예상할 수 없었던 것이기까지 하여야 하는지에 관하여서는 학설이 대립한다.

이러한 사정변경, 즉 특별한 사정의 존재를 변경원고가 주장·입증하여야 한다는 점에는 이설이 없다.

마. 권리보호의 이익

강제집행이 끝난 뒤의 변경의 소는 권리보호의 이익이 없는 것으로 해석되고 있다.

2. 정기금판결에 대한 변경의 소장

가. 당 사 자

정기금판결에 대한 변경의 소의 목적에 비추어, 확정된 정기금판결의 당사자 또는 확정판결의 기판력이 미치는 제3자(법 제218조 제1항)만 정기금판결에 대한 변경의 소를 제기할 수

329) cf. 독일법과 일본법은 이를 명문으로 규정하고 있다.

330) cf. 이 점, 독일법이나 일본법과 다르다.

있다.[331)]

따라서, 예컨대, 토지의 전 소유자가 제기한 부당이득반환청구소송의 변론종결 후에 그 토지의 소유권을 취득한 사람이, 그 토지의 전 소유자가 앞서 제기한 위 부당이득반환청구소송에서 내려진 정기금판결에 대하여 변경의 소를 제기하는 것은 부적법하다(그 토지의 무단 점유자를 상대로 다시 부당이득반환청구의 소를 제기함은 별론).[332)]

나. 첨부서류

정기금판결에 대한 변경의 소장에는 변경을 구하는 확정판결의 사본을 붙여야 한다(규칙 제63조 제3항).

이를 첨부하여야 하는 까닭은 재심소장의 경우(규칙 제139조)와 같다.

다. 관 할

정기금판결 변경의 소는 제1심 판결법원의 전속관할로 한다(법 제252조 제2항).[333)]

그 소장도 별도기록을 편성하는 것이 아니라 변경대상판결의 기록에 첨철하나, 만일 변경대상기록이 보존기관 경과로 이미 폐기되었다면 – 재심의 경우와 마찬가지로 – 전 소송기록 없이 심리를 할 수밖에 없을 것이다.

이 소를 제1심 판결법원의 전속관할로 정한 이유에 대하여서는, '변경된 사정'에 대한 심리의 편의 때문이라고 흔히 설명하나, 관견으로는 변경대상판결의 소송기록이 제1심 법원에 있기 때문이라고 본다(법 제421조, 송달료규칙 제10조 제2항, 제11조 제1항. 법 제449조 제1항, 민사집행법 제28조 제2항 전문 참조). 즉, 이를테면 이는, 오히려 '변경전 사정'의 심리를 용이하게 하기 위한 것인 셈이다.

라. 인지의 첩부 및 송달료의 예납

정기금판결에 대한 변경의 소장에는 소장에 붙일 인지액(민사소송 등 인지법 제2조)에 해당하는 인지액을 붙여야 하며, 송달료를 예납하여야 하고, 소장은 주기록에 합철된다.[334)]

그런데, 기간이 확정되지 아니한 정기금의 지급을 명한 판결을 대상으로 한 정기금판결에

331) 대법원 2016. 6. 28. 선고 2014다31721 판결.

332) 대법원 2016. 6. 28. 선고 2014다31721 판결.

333) 다만, 제1심 판결법원이 관할한다고 하여, 반드시 해당 변경대상판결을 한 재판부에 사건이 배당되어야 한다는 것은 아니다.

334) '인지액·편철방법예규'.

대한 변경의 소(법 제252조)에서는, 그 소로써 증액 또는 감액을 구하는 부분의 1년간 합산액을 소가로 한다(민사소송 등 인지규칙 제12조 제10호).

3. 정기금판결변경청구로 말미암은 집행정지

추후보완상소의 경우와 마찬가지로, **정기금판결 변경의 소를 제기하는 경우에도, 변경의 이유로 내세운 사유가 법률상 정당한 이유가 있다고 인정되고, 사실에 대한 소명이 있는 때에는, 법원은 당사자의 신청에 따라, 집행정지를 명할 수 있다**(법 제501조 후단, 제500조). 이 잠정처분은 성질상 감액변경 청구에서 문제된다고 하겠다.[335)]

이 집행정지 등의 신청도 역시 서면으로 하여야 한다(규칙 제144조). 상세한 것은 '상소 일반' 부분에서 기술한 내용을 참조하기 바란다.

4. 정기금의 변경판결

가. 주 문

정기금의 변경판결은 장차 지급할 정기금 액수를 변경하는 것이고, 기술한 바와 같이 '장차'란 '소제기일 이후'로 해석되므로, 변경판결의 효력발생시점 역시 변경의 소가 제기된 시점으로 보아 주문에도 그 시점을 명시하여야 한다고 함이 통설이다.

정기금의 변경판결의 주문에 관하여서는 아직 확립된 실무례가 없는 듯하나, 다음과 같이 함이 합리적일 것이다.[336)]

첫째, 증액변경의 경우에는, "변경대상판결을 다음과 같이 변경한다. / 변경대상판결에서 지급을 명한 정기금에 추가하여 0000. 0. 0.부터 0000. 0. 0.까지 매월 0일에 월 000원의 비율에 의한 돈을 지급하라." 식의 주문을 내어야 할 것이며, 가집행선고를 붙여야 한다.

둘째, 감액변경의 경우에는, "변경대상판결에서 지급을 명한 정기금 중 000원을 초과하여 지급을 명한 부분을 취소한다." 식의 주문을 내어야 할 것이다.

나. 변경대상판결의 효력

그런데, 변경판결이 확정되더라도, 변경대상판결은 소제기일 전의 지급의무에 관하여서는

---

335) 동지 : 주석(민소2), 295~6면(이진만 집필부분).

336) 주석(민소2), 170면(강영수 집필부분). 유사취지 : 이시윤, 648~9면.

집행권원으로서의 효력을 유지한다고 할 것이다. 즉, 피고가 변경되기 전의 지급의무를 이행하지 아니하였다면 그 부분에 대하여서는 – 설령 변경판결이 선고·확정되었다 하더라도 – 원고가 여전히 변경대상판결로써 강제집행을 할 수 있다고 본다.[337]

337) 동지 : 주석(민소2), 170~1면(강영수 집필부분) ; 이시윤, 649면 ; 김홍엽, 883면.

보 론

부수사건의 신청서 일람

민사소송사건 및 민사조정사건의 부수사건을 성립시키는 신청서를 열거하여 보면 아래 표와 같다(음영으로 표시한 것은, 성질상 도리어 소장이나 민사조정신청서에 앞서 제출될 수도 있는 신청을 말한다).[1)]

신청서의 종류	조문	편철방법 등	사건별 부호문자[2)]
관할법원지정신청서	법 제28조	별도기록	카기
소송이송신청서	법 제34조 제2항, 제35조, 제36조	재량이송에 한함 별도기록	
제척 또는 기피신청서	법 제44조 제1항, 제50조 제1항	별도기록	
특별대리인선임신청서	법 제62조	별도기록	
제3자에 대한 소송비용액 상환신청서	법 제107조	별도기록	3)
소송비용액 확정신청서	법 제110조, 제113조, 제114조, 제212조 제2항	별도기록 (협의의) 소송비용액확정신청과 소송비용부담 및 확정 신청 포함	카확
소송비용담보제공신청서	법 제117조 제1항	별도기록	카담
담보취소신청서	법 제125조, 제127조	합철	
담보권리행사최고신청서	법 제125조 제3항	합철	
담보물변경신청서	법 제126조	합철	
소송구조신청서	법 제128조	첨철	카구
소송구조취소신청서	법 제131조	합철	
변호사(또는 집행관)의 보수와 체당금의 비용액확정신청서	법 제132조 제2항, 제3항	별도기록	카기[4)]

1) 이하에서 사건별 부호문자가 "카기"(기타민사신청사건)인 부수사건들은, 그 사건별 부호문자가, 해당 본안사건이 가사사건이라면 "즈기"(기타가사신청사건), 행정사건이라면 "아"(행정신청사건)이 될 것이다.

2) 제요[민소 I], 165면.
다만, 위의 책에는 오류가 있는바, 기존에 기타민사신청사건("카기")으로 분류되었던 사건들 중 일부가

<table>
<tr><td>확정된 소송기록에 대한 열람신청서</td><td>법 제162조 제2항</td><td>첨철</td><td>카열</td></tr>
<tr><td>비밀보호를 위한 열람 등의 제한 신청서</td><td>법 제163조 제1항</td><td>첨철</td><td rowspan="2">카기</td></tr>
<tr><td>열람 등 제한 결정 취소신청서</td><td>법 제163조 제4항</td><td>제한신청사건에 합철</td></tr>
<tr><td>판결 등의 경정신청서</td><td>법 제211조</td><td>첨철</td><td>카경</td></tr>
<tr><td>법원사무관 등의 처분에 대한 이의신청서</td><td>법 제223조</td><td>별도기록</td><td>카기</td></tr>
<tr><td>증거보전신청서</td><td>법 제375조</td><td>소제기후에는 첨철</td><td></td></tr>
<tr><td>강제집행정지신청서</td><td>법 제500조, 제501조</td><td>추후보완상소 등에 따른 것
별도기록</td><td>카정</td></tr>
<tr><td>조정사건이송신청서</td><td>민사조정법 제4조 제2항</td><td>재량이송에 한함
별도기록</td><td rowspan="2">카기</td></tr>
<tr><td>위헌법률심판제청신청서</td><td>헌법재판소법 제41조 제2항</td><td>별도기록</td></tr>
</table>

2015. 3. 3.부터 별도의 사건부호("카정", "카경")로 구분되었는데도 그 점이 반영되어 있지 아니하다.

3) 제3자에 대한 소송비용액 상환신청은, 일견 소송비용액확정결정신청사건("카확")의 일종일 듯하나, 실무는 기타민사신청사건("카기")으로 본다.

4) 변호사(또는 집행관)의 보수와 체당금의 비용액확정신청도, 일견 소송비용액확정결정신청사건("카확")의 일종일 듯하나, 실무는 기타민사신청사건("카기")으로 본다.

민사 서면 작성법

Ⅰ. 민사 서면의 의의

1. 민사 서면 작성법의 중요성

민사절차에서 소송대리인이 되어 소송행위를 할 수 있다는 것은, 형사소송절차에서 변호인이 될 수 있는 것과 아울러, 변호사에게 거의 독점적으로 허여된 권한이다(법 제87조, 형사소송법 제31조 본문). 따라서, 소송행위를 하고 형사변호를 하는 것이야말로, 변호사의 가장 중요한 직무이며, 이를 위한 능력을 갖추는 것이야말로 변호사에게 가장 중요한 직무상 의무 중 하나이다.

그런데, 민사절차에서는 서면의 작성·제출이야말로 극히 중요하고도 불가피한 소송행위(또는 절차행위. 이하 '소송행위'라고만 한다)인바, 그 까닭은 다음과 같다.

첫째, 소송행위 중에서도 가장 중요한 것들은 서면으로만 할 수 있으며, 대법원규칙이 특히 서면으로 할 것을 요구하는 소송행위들도 있다.[5] 예컨대, 소는 법원에 소장을 제출함으로써 제기하고(법 제248조),[6] 소송수계신청을 할 때에는 서면으로 하여야 한다(규칙 제60조 제1항).

둘째, 당사자는 변론을 서면으로 준비하여야 한다(법 제272조 제1항 후단). 이는, 구술주의에 불구하고 당사자와 법관의 시간 및 기억력에는 제약이 있고 따라서 말로 변론하는 데에도 한계가 있기 때문이다. 같은 이치에서, 서면에 의한 진술은 심문절차에서도 흔히 필요하다.

셋째, 당사자가 재판과정에서 어떠한 진술 내지 신청을 한 사실은, 그것이 재판기록 내에 들어 있어야만 명확히 증명되는 것인데, 당사자가 말로 한 진술을 법원사무관등이 조서에 기재하는 과정에서 착오나 누락이 발생할 우려가 없지 않은 것이다.

넷째, 법률가의 일은 흔히, '생각하고 나서 쓰는 것'이 아니라, '쓰면서 생각하고, 생각하면서 쓰는 것'이다.[7] 따라서, 서면을 설득력 있고도 알기 쉽게 작성하는 일은 그 자체가 자신의

5) 대법원규칙이 서면주의에 의하도록 규정한 소송행위조차 교과서에서는 "일반원칙에 따라 말로도 할 수 있다"라고 서술하는 예들이 있으나, 이는 적어도 실무적으로는 매우 부적절한 설명이다.

6) 구술제소 등 구술신청의 예외가 있기는 하나, 이는 제도적으로도 어디까지나 예외이고 실제로도 거의 문제되지 아니한다.

7) cf. 사법시험 2차시험 답안이나 사법연수원 평가시험 답안이라면야, 말 그대로, 생각하고 나서 쓰게 됨이 일반이다. 그러나, 서면은 사정이 다르다.

생각을 정리하여 조리 있고 명료하게 하는 작업이기도 하다.

그런데, 서면을 작성하는 데에는 일반적으로 법령상 준수하여야 할 사항들과, 실무상 요망되는 여러 기술적인 사항들이 있으므로, 변호사는 이를 개념적으로 잘 알고 실제적으로도 이를 구사하는 훈련이 되어 있어야 한다. 그러나, 종래 이를 정확히 배우고서 변호사실무를 시작하는 사람은 거의 전무하였다고 하여도 과언이 아니다(저자 역시 예외는 아니었다).

2. 민사 서면의 종류

민사 서면은 그 종류에 따라 작성방법에 차이가 있으므로, 정확한 서면 작성을 위하여서는 그 종류 자체를 알고 있어야 하는바, 이를 개관하여 보면 다음 표와 같고, 각각의 예는 아래와 같다.

<table>
<tr><th></th><th colspan="4">서면의 종류</th><th>편철방법</th><th>인지대·송달료</th></tr>
<tr><td>1</td><td rowspan="6">신청서</td><td rowspan="4">기본적 신청</td><td>주기록 편성</td><td rowspan="4">신청권에 기한 신청</td><td>별도기록</td><td rowspan="4">○</td></tr>
<tr><td>2</td><td rowspan="3">본안사건에 부수하는 신청</td><td></td></tr>
<tr><td>3</td><td>합철</td></tr>
<tr><td>4</td><td>첨철</td></tr>
<tr><td>5</td><td colspan="2" rowspan="2">중간적·부수적 신청</td><td></td><td rowspan="4">가철</td><td>×(원칙)</td></tr>
<tr><td>6</td><td>직권발동 촉구 의미의 신청</td><td rowspan="3">×</td></tr>
<tr><td>7</td><td colspan="4">주장서면</td></tr>
<tr><td>8</td><td colspan="4">그 밖의 서면</td></tr>
</table>

[예시]

1 : 소장

2 : 특별대리인선임신청서

3 : 반소장

4 : 판결경정신청서

5 : 보조참가신청서, 예비적 공동소송인 추가신청서

6 : 변론기일변경신청

7 : 준비서면

8 : 당사자선정서

Ⅱ. 민사 서면 일반의 작성요령

1. 민사 서면의 용지 등

가. 용 지

1) 용지 규격

특별한 사정이 없으면, 서면의 용지는 A4(가로 210㎜×세로 297㎜) 크기로 하고, 세워서 적어야 하며(규칙 제4조 제2항 제1호 전단),[8] 한쪽 면만을 사용한다.

2) 색지와 백지

가) 색 지

판사나 변호사 본인이 기록을 검토할 때 편리하도록, 변호사의 경우 서면에 '색지'(색깔 있는 띠가 가장자리에 인쇄된 용지)를 사용하는 실무관행이 있다. 이때, 주된 사건의 적극적 당사자는 빨강색 색지를, 소극적 당사자는 파랑색 색지를 사용한다.

따라서, 예컨대, 피고(반소원고)는 파랑색 색지를, 원고(피상고인)은 빨강색 색지를, 가압류이의 사건의 신청인(채무자)은 파랑색 색지를, 가압류취소 사건의 신청인은 빨강색 색지를 각각 사용한다.

나) 백 지

한편, 서면을 작성할 때에 흔히 별지를 활용하게 되는바(예 : 부동산의 표시, (사실)조회할 사항, 가압류할 채권의 표시), '색지'를 사용하여 서면을 사용하는 경우라도, 별지는 백지를 사용한다.

이는 법원이 당사자가 제출한 별지를 복사하여 재판서 등의 작성에 활용하는 경우가 흔히 있으므로 그 편의를 도모하기 위하여서인바, 따라서, '부동산의 표시', 이행권고결정용 소장 사본, '(사실)조회할 사항', '가압류할 채권의 표시' 등 그러한 용도로 사용될 성질의 것들은 백지를 사용하여 기재함이 바람직하다.

3) 용지 여백

특별한 사정이 없으면, 용지는 위로부터 45㎜, 왼쪽 및 오른쪽으로부터 각각 20㎜, 아래로부터 30㎜(장수 표시 제외)의 여백을 둔다(규칙 제4조 제2항 제1호 후단).[9]

---

8) cf. 공문서 작성에 사용하는 용지도 특별한 사유가 없으면 가로 210㎜, 세로 297㎜의 직사각형 용지로 한다(행정업무의 효율적 운영에 관한 규정 제7조 제6항).

따라서, 용지의 상단과 하단은 각각 위쪽 25㎜, 머리말 20㎜, 꼬리말 20㎜, 아래쪽 20㎜으로 하면 무난하다.

나. 문단 및 글자 모양

특별한 사정이 없으면, 글자크기는 12포인트(가로 4.2㎜×세로 4.2㎜) 이상으로 하고, 줄간격은 200%(HWP 파일로 작성하는 경우) 또는 1.5줄(DOC 파일로 작성하는 경우) 이상으로 한다(규칙 제4조 제2항 제2호).[10)]

서면의 제목, 준제목,[11)] 본문은 글자크기를 달리하는 것이 가독성을 높인다.

글꼴은 - 후술하듯이 필요한 경우에 부분적으로 다른 글꼴을 사용하는 경우 외에는 일반적으로 - 종이소송의 경우 '휴먼명조'가 무난하나,[12)] 전자소송의 경우에는 '맑은 고딕'이 기록뷰어를 사용할 때에 가독성이 좋은 것으로 알려져 있다.

다만 외국어 등의 경우에 글꼴에 따라서는 제대로 구현이 되지 않는 것들이 있음에 주의하여야 한다. 가령, '휴먼명조' 글꼴로는 중국어 간체자가 구현되지 아니한다(번체자로 표시됨).

다. 간인(間印) 내지 쪽번호

서면이 여러 장이면 간인하여야 하며, 그렇지 않더라도 쪽번호는 붙여야 한다.[13)] 이때 쪽번호는 하단 오른쪽에 붙이는 것이 무난하다.[14)]

---

9) 이는, 종래 민전예규 제3조 제2호 라목이 전자소송의 용지에 관하여 요구하던 사항을 아예 대법원규칙으로 입법화한 것이다.

10) 이는, 종래 민전예규 제3조 제2호가 전자소송의 글자크기와 줄간격에 관하여 요구하던 사항을 아예 대법원규칙으로 입법화한 것이다.

11) 적당한 표현이 없어서 저자가 편의상 만들어 본 용어이다. "청구취지", "청구원인에 대한 답변" 따위의 '가운데 정렬'을 해서 기재하는 문구를 지칭한다.

12) cf. 재판서의 경우, 과거에는 제목은 '휴먼고딕'으로, 본문은 '휴먼명조'로 하였으나(구 컴퓨터를 이용한 재판서 작성방식(재일 2000-2)(2003. 9. 17. 재판예규 제930호로 폐지), 현재는 법원 고유의 '판결서체'를 사용하고 있다.
다만, 양형자료표 등의 경우는 지금도 '휴먼명조'를 사용한다. 양형자료표의 작성과 송부 및 양형데이타베이스 검색시스템의 이용등에 관한 예규(재형 95-4) 제5조 제1항 제3호.
한편, 행정기관에서 사용하는 서식의 경우, 제목은 '견고딕'으로, 그 외의 글자는 '돋움체'로 함이 일반이다. 정업무의 효율적 운영에 관한 규정 시행규칙 제24조, 별표 4.

13) 간인 대신 —재판서의 경우처럼— 천공기를 사용하는 실무자도 있다.

14) 하단 중앙에는 법원에서 기록의 장수를 표시하기 때문이다(법원재판사무 처리규칙 제23조 제2항 본문).

라. 별지 목록의 표시

서면에 별지 목록을 인용하여 부동산 등의 표시를 할 때에는 각 목록마다 순서대로 번호를 붙이고, 각 목록의 맨 마지막 표시내용 옆에 한 칸을 띄우고(여백이 없을 경우 줄을 바꾸어) "끝" 자를 표시한다.[15)]

마. 오자의 정정 등

수기(手記)로 오자를 정정할 때에는 다음과 같이 하는 것이 무난하다.[16)]

누락된 문자를 삽입할 때에는 끼움표를 하고, 기재한 문자를 삭제할 때에는 한 줄을 가로로 그으며, 문자를 정정할 때에는 끼움표와 삭제선을 모두 사용하며, 정정한 곳에 날인하고(다만, 도장이 삽입한 문자를 덮지 않도록 한다), 정정되는 문자가 있는 좌측란외에 정정자수를 기재한다("가○자", "삭○자", "삭○행", "정○자").[17)]

바. 목차 등

우리나라는 미국 등과 달리 일정 분량 이상의 서면에 목차를 붙일 것을 법령이 요구하고 있지 아니하나, 분량이 너무 많은 서면의 경우에는 목차를 (표지 다음에 그리고 본문) 앞에 붙여도 무방할 것이다.

한편, 법원의 종합접수실 등 민원창구에서 접수한 서면을 재판부로 올릴 때에는 담당 재판부와 다음 기일을 우측 상단에 적어서 올리므로, 아예 서면 작성시에 이를 우측 상단에 기재하거나, 또는 아예 서면 표지를 만들어 거기에 이를 기재하기도 한다.

2. 민사 서면의 기재사항 일반

가. 기재사항 개관

서면의 종류를 특정하기 위하여 그 종류에 따른 제목을 기재할 필요가 있다.

당사자 또는 대리인이 법원에 제출하는 서면에는 특별한 규정이 없으면 다음 각호의 사항을 적고 당사자 또는 대리인이 기명날인 또는 서명하여야 한다(규칙 제2조 제1항).[18)]

---

15) 재판서 양식에 관한 예규(재일 2003-12) 제20조.

16) 「재판서 기타 법원의 소송서류 중 오자정정요령(재일85-1)」.

17) cf. 공문서의 경우에는 일반적으로, 원안의 글자를 알 수 있도록 해당 글자의 중앙에 가로로 두 선을 그어 삭제하거나 수정하고, 삭제하거나 수정한 사람이 그 곳에 서명이나 날인을 한다(행정업무의 효율적 운영에 관한 규정 시행규칙 제14조).

① 사건의 표시

② 서면을 제출하는 당사자와 대리인의 이름·주소와 연락처

③ 덧붙인 서류의 표시

④ 제출일[19]

⑤ 법원의 표시

서면의 기재사항 각각에 관한 유의사항은 다음과 같다.

나. 제 목

법령에서 명문으로 문서명칭을 정하고 있는 경우(소장, 답변서 등)는 이를 제목으로 기재함이 원칙이다.[20]

법령이 정한 문서명칭이 없는 경우라도, 인용(引用)의 편의를 위하여 그 서면의 성질과 종류에 따라 적절한 제목을 부여하여야 한다.

이에 관하여서는 인지액·편철방법예규 등이 예시한 '서류의 종류'를 참조할 만하나, 이는 어디까지나 예시에 불과함에 주의하여야 한다. 예컨대, 「민사접수서류에 붙일 인지액 및 그 편철방법 등에 관한 예규(재민 91-1)」는 법 제343조, 제360조에 따른 서류의 종류를 "서증의 신청서"라고 하고 있으나, 오히려 그 제출하는 서류의 성질에 따라 "서증제출" 또는 "대조용 문서제출" 등의 제목을 붙임이 적절하다.

다. 사건의 표시(규칙 제2조 제1항 제1호)

1) 원 칙

일반적으로, 사건의 표시는 사건번호와 사건명으로써 하게 된다(법원재판사무 처리규칙 제19조 제3항 참조).[21]

주기록에 가철될 서면(대부분의 서면이 이에 해당한다)은 해당 사건번호와 사건명을 기재하여

---

18) cf. 「민사소송법」 역시 준비서면에 당사자의 성명·명칭 또는 상호와 주소, 대리인의 성명과 주소, 사건의 표시, 덧붙인 서류의 표시, 작성한 날짜, 법원의 표시를 적고, 당사자 또는 대리인이 기명날인 또는 서명하도록 규정하고 있으나(법 제274조 제1항 제1호 내지 제3호, 제6호 내지 제8호), 「민사소송규칙」은 더 나아가 이를 서면 일반의 기재사항으로 규정하면서 그 내용을 구체화하고 있다고 할 수 있는 셈이다.

19) 법문에는 "작성한 날짜"로 되어 있으나, 이를 '제출일'로 새겨야 함은 후술하는 바와 같다.

20) 신청에 관하여, 저자는 법령이 서면주의를 취하거나 해당 신청서의 부본이 송달될 경우에는 "…신청서"라는 제목을, 그 밖의 경우에는 그냥 "…신청"이라는 제목을 사용하고 있다.

21) 법원명은 사건의 표시 부분에는 기재할 필요가 없다. 이를 굳이 기재하지 아니하더라도 어차피 해당 법원에 해당 서류가 제출된 이상 혼동의 우려가 없기 때문이다.

야 함은 물론이다.

합철 또는 첨철될 서류 역시, 성질상 주기록을 전제로 하므로, 주기록의 사건번호와 사건명을 기재하여야 한다.

그 밖에, 별도기록이 편성되는 신청서라 하더라도, 그것이 본안사건에 부수하는 신청이라면 역시 본안사건의 사건번호와 사건명을 기재함이 상당하다.[22]

2) 예외 : 주기록이 편성되는 신청서

다만, 별도기록 중에서도 주기록이 편성되는 신청서(소장, 지급명령신청서, 민사조정신청서, 가압류신청서 등)는, 성질상 사전에 부여된 사건번호 및 사건명이라는 것이 없으므로, 사건의 표시를 제목 다음에 할 수는 없다.

이 문제에 관하여서는 신청서 일반의 작성요령과 관련하여 별항으로 재론한다.

라. 당사자 내지 대리인의 표시

1) 개 관

가철될 서면의 경우에는 당사자가 여러 명이라 하더라도 당사자의 호칭과 아울러 "○○○ 외 0명" 식으로 기재하면 족하다. 즉, 고유식별정보, 주소 따위를 일일이 기재할 필요가 없고, 대리인도 일일이 기재할 필요가 없다.

다만, 해당 서면이 소송대리인이 처음으로 제출하는 서면이라면(예컨대, 답변서나, 사건진행 중에 사건을 수임하고서 제출하는 준비서면), 소송대리인의 표시는 하는 것이 바람직하다.

반면에, 주소 또는 연락처에 변동이 있다면, 그렇다 하더라도 이는 오히려 별도의 서류로써 이를 진술하는 편이 낫다.[23]

그러나, 그 밖의 서면, 즉, 별도기록을 편성하는 서류, 합철하는 서류, 첨철하는 서류는 다음과 같이 당사자 내지 대리인을 표시하지 않으면 안 된다.

2) 당사자의 표시(규칙 제2조 제1항 제2호)

가) 당사자의 의의

민사절차에서 당사자가 누구인지는 명확히 특정되어야 하므로, 그 기재 역시 정확하게 하

22) 이 경우에는 신청취지에서 반드시 해당 본안 사건번호와 사건명을 기재하여야 함은 물론이나, '사건의 표시'에서도 이를 기재하는 것이 좋다고 본다.

23) 만연히 준비서면 등에 이를 기재할 경우에는 법원이 오히려 그러한 변동사실을 간과할 우려가 있기 때문이다.

여야 한다.

민사절차에서 당사자라 함은 자기의 이름으로 재판을 요구하는 사람(적극적 당사자)과 그 상대방(소극적 당사자)를 말한다.

따라서, 이는 개념필연적으로 협의의 당사자뿐만 아니라 각종의 참가인(독립당사자참가인, 승계참가인, 인수참가인, 공동소송참가인 등)을 포함한다.

그러나, 민사 서면 작성에서 말하는 당사자란, 그 밖에 당사자에 준하는 자까지 포함한다. 즉, 당사자에 관하여 후술하는 설명은 보조참가인, 사건본인 등의 경우에도 마찬가지임에 주의하여야 하며, 신청취지에 소외인을 기재할 때에도 같은 이치가 적용됨을 기억하여야 한다.[24)]

당사자의 호칭은 각 절차에 따라 다르며, 대개는 해당 절차법에 그 호칭이 정하여져 있다.[25)] 다만, 일반적으로 신청의 당사자는 '신청인'과 '상대방'(또는 '피신청인')이다(법 제111조 제2항, 제242조, 제381조, 민사조정법 제3조 제1항 등 참조). 그러나, 신청 중에는 소극적 당사자가 없는 신청도 있다는 점에 주의하여야 한다. 즉, 편면적 절차의 경우에는 소극적 당사자가 있을 수 없다.[26)]

한편, 당사자가 다수인 본인소송의 경우에는 선정당사자를 선정하는 것이 편리하겠으나, 변호사가 사건을 대리하는 경우에는 선정당사자를 선정할 실익이 별로 없다.

나) 당사자의 표시 일반

당사자는 그 호칭을 기재하고 그가 누구인지 특정함으로써 표시한다. 당사자의 특정을 위하여서는, 통상의 민사소송에서는 최소한 이름과 주소는 기재하여야 한다.

그러나 더 나아가, 가사소송에서는 생년월일(또는 고유식별정보. 이에 관하여서는 아래에서 재론한다)과 등록기준지까지도 기재하여야 한다(가사소송법 제36조 제3항 제1호, 가사소송규칙 제16조 제2항 제2호, 제20조, 제91조 참조).[27)] 외국인의 경우에는 등록기준지에 갈음하여 국적을 기재함이 실무이다.

---

24) 예컨대, "피고는 소외 A(주소 : ○○시 ○○○)에게, 별지 목록 기재 채권을 0000. 0. 0. 양도하였다는 취지의 통지를 하라."라는 기재례에서 밑줄로 표시한 부분을 기재하는 이유와 방법은, 신청서 일반의 당사자 표시에 관한 사항을 상기하면 쉽게 이해할 수 있다.

25) 가처분 사건의 당사자는 법문의 표현에 불구하고 '신청인', '피신청인'으로 함이 실무관행이다.

26) 이와 개념상 구분할 것은, 당사자는 아니지만 해당 재판의 송달은 받게 되는 자도 있을 수 있다는 것이다. 이에 관하여서는 송달료의 납부와 관련하여 후술한다.

27) 다만, 이론적으로는, 가족관계등록신고 내지 등록기록촉탁이 문제되지 아니하는 사건에서는 등록기준지를 굳이 기재하지 아니하여도 무방하다고 하겠다(가사소송법 제9조, 가사소송규칙 제6조, 제7조 참조).

규칙 제2조 제1항 제2호는 '서면을 제출하는' 당사자의 주소에 관하여서만 언급하고 있으나, 상대방 있는 신청의 경우에는 상대방 당사자의 주소도 기재하여야 함은 물론이다(법 제274조 제1항 제1호 참조). 당사자의 표시와 관련하여 주의할 것은, 대한민국이 제3채무자인 때에는 소관청까지 표시하여야 한다.[28)]

다) 당사자의 호칭

당사자의 지위가 둘 이상 중첩되는 경우에는 대개, 괄호를 사용하여 이를 병기하는 방식으로 표시한다. "원고(반소피고)", "피고(재심원고)" 등이 그 예이다. 본안사건에 부수하는 신청의 경우에도, 본안사건의 호칭을 병기하는 편이 적절하다고 본다.

라) 당사자의 이름 등

(1) 당사자의 이름

당사자의 이름이란, 자연인의 경우에는 성명, 법인 기타 단체의 경우에는 명칭 또는 상호를 말한다(법 제274조 제1항 참조).[29)]

당사자가 외국인 또는 외국법인인 경우에는 외국어에 의한 성명이나 명칭 전체를 한글로 표시하고, 해당 외국문자(또는 라틴문자)를 괄호 안에 병기한다.[30)]

관리처분권이 부여된 자가 소송수행권을 갖는 '갈음형'의 제3자의 법정소송담당의 경우에는, 권리관계의 주체의 지위 및 이름, 당사자의 지위 및 이름을 모두 기재함이 실무이다.

(2) 당사자의 고유식별정보 등[31)]

(가) 문제의 소재

기술한 바와 같이, 이론적으로는 고유식별정보의 표시가 당사자의 특정을 위하여 필수

---

28) 채권압류추심명령이나 채권가압류결정 따위는, 그 정본을 검찰청에 송달하면(국가를 당사자로 하는 소송에 관한 법률 제9조 제1항), 검찰청에서 다시 소관청에 이를 통지함으로써 집행하게 되므로, 만일 소관청이 불명이면 집행을 할 수 없게 되기 때문이다.
그러나, 이에 반하여, 대한민국이 피고인 때에는 관할 검찰청에서 소관청을 지정하므로 굳이 소관청까지 표시할 필요가 없다.

29) 일반적으로 법인 기타 단체의 경우에는 명칭이 문제되겠으나, 회사의 경우에는 상호가 문제된다(상법 제19조 등 참조). 개인기업과 달리 회사기업은 상호가 곧 명칭이기 때문이다.

30) 재판서 양식에 관한 예규(재일 2003-12) 제9조 제4항.
cf. 국내법인의 경우에는 영문 이름을 병기할 필요가 없다고 본다.

31) 고유식별정보란 ①주민등록번호 ②여권번호 ③운전면허의 면허번호 ④외국인등록번호를 말한다(개인정보 보호법 제24조 제1항, 같은 법 시행령 제19조).
다만, 당사자의 특정과 관련하여서는 ③은 문제되지 아니한다.

불가결한 것은 아닐 뿐더러, 개인정보보호 문제와 상충되는 측면이 있는 반면, 한편으로는, 당사자의 명확한 특정과 집행의 편의를 위하여 고유식별정보의 기재가 불가피한 측면도 있다.[32)]

이에, 오늘날에는, 집행권원에 주민등록번호등을 기재하는 대신, 집행문에 이를 기재하는 것으로 하고 있다(민사집행규칙 제20조 제2항, 제3항).

따라서, 신청서에 고유식별정보도 기재할 것인지 여부는, 재판서의 기재례에 좇아 다음과 같이 함이 상당하다.

첫째, 소장이나 이에 준하는 신청서(반소장, 각종의 참가신청서 등) 및 상소장에는 고유식별번호를 기재하지 아니하여도 된다.[33)] 그 대신, 후술하듯이 주소를 기재할 때에 반드시 공부상의 주소를 기재하여야만 한다.

다만, 등록 청구사건, 가사소송사건의 경우에는 고유식별번호를 기재한다.[34)]

또한, 일반적인 경우라도, 사건관계인 중 한글이름이 같은 여러 사람이 있는 경우에는, 후술하는 요령으로 생년월일이나 한자성명 중 어느 하나를 기재하거나 모두 병기하며,[35)] 외국인도 외국인등록번호(외국인등록이 되지 않은 사람이라면 여권번호)를 기재한다.

더 나아가, 피고가 국민인데 그의 주민등록지를 알지 못하는 경우에는, 주소보정명령을 받아 주민등록지를 주소로서 기재할 수 있도록, 고유식별번호를 기재한다.

둘째, 그 밖의 기본적 신청서에는 고유식별번호를 기재한다.[36)]

(나) 기재방법

고유식별번호의 기재는 이름 다음에 한 칸 띄어 괄호하고 그 안에 이를 기재함으로써 한다.[37)]

따라서, 국민의 경우 주민등록번호도 병기하며,[38)] 이를 알 수 없는 경우에는 생년월일이나

---

32) 특히, 예금채권에 대한 강제집행의 경우 집행권원에 채무자의 주민등록번호가 없으면 집행이 주효하지 못할 우려가 있다.

33) 재판서 양식에 관한 예규(재일 2003-12) 제9조 제1항 제2호, 제3호의 반대해석.

34) 재판서 양식에 관한 예규(재일 2003-12) 제9조 제1항 제3호, 제2항 전문.
2018. 3. 25. 이전에는 등기 청구사건, 공유물분할 사건도 고유식별정보를 기재하였으나(구 재판서 양식에 관한 예규(재일 2003-12)(2018. 2. 22. 재판예규 제1687호로 개정되기 전의 것) 제9조 제1항 제3호), 등기소에서 재판사무시스템에 접속하여 소송관계인의 특정을 위한 개인정보를 확인할 수 있게 됨에 따라, 지금과 같이 바뀌었다.

35) 재판서 양식에 관한 예규(재일 2003-12) 제9조 제1항 제1호 후문.

36) 재판서 양식에 관한 예규(재일 2003-12) 제9조 제1항 제2호 전문.

37) 재판서 양식에 관한 예규(재일 2003-12) 제9조 제2항 제1호 본문.

한자성명 중 어느 하나를 기재하거나 모두 병기한다.[39]

외국인의 경우 외국인등록번호를(국내거소신고를 한 외국국적동포의 경우 국내거소신고번호를) 병기하고(채무자회생법 제36조 제2호 참조), 이를 알 수 없는 경우에는 여권번호를 병기한다.

한편, 역시 기술한 바와 같이, 가사사건에서는 생년월일을 기재하여야 하나, 원칙적으로, 고유식별번호를 기재할 경우에는 생년월일을 별도로 기재할 필요가 없다(가족관계의 등록 등에 관한 법률 제25조 제2항).[40] 다만, 예외적으로 생년월일과 주민등록번호 앞자리가 다른 경우에는 둘 다 기재하여야 한다.

외국인의 경우(가사사건이 아닌 경우에도) 국적까지 기재하여야 하는지에 관하여서는 실무례가 통일되어 있지 아니하나, 기재하여 주는 편이 무난하다고 본다.[41]

법인의 경우, 법인등록번호까지는 기재하지 아니함이 실무의 주류이나, 강제집행 내지 보전처분의 경우에는 법인등록번호까지 기재함이 실무이다.[42] 다만, 법인 또는 법인 아닌 사단이나 재단의 경우에, 사업자등록번호·납세번호 또는 고유번호를 아는 때에는 이를 기재한다(민사집행규칙 제19조 제1항 제4호 참조).

그런데, 제3자의 법정소송담당을 표시하는 경우에는, 관견으로는, 당사자가 아니라 오히려 권리관계의 주체의 고유식별번호를 표시하여야 할 듯하다.

(3) 당사자의 주소 등

(가) 주소의 의의

주소란 생활의 근거되는 곳을 말하고(민법 제18조 제1항), 주소를 알 수 없거나 국내에 주소가 없는 경우에는 거소를 주소로 보며(민법 제19조, 제20조),[43] 법인의 주소는 그 주된 사무소의 소재지에 있는 것으로 하되(민법 제36조), 회사의 주소는 본점소재지에 있는 것으로 한다(상법 제171조).

주소와 거소는 사람의 보통재판적을(더 나아가, 재판관할을) 정하는 기준이 된다(법 제3조 본

---

38) 재판서 양식에 관한 예규(재일 2003-12) 제9조 제2항 제1호 본문.

39) 재판서 양식에 관한 예규(재일 2003-12) 제9조 제2항 제1호 단서.

40) 주민등록번호나 외국인등록번호 또는 국내거소신고번호 자체에 생년월일이 표시되기 때문이다(주민등록법 제7조 제4항, 같은 법 시행령 제7조 제4항, 같은 법 시행규칙 제2조, 출입국관리법 제31조 제4항, 같은 법 시행령 제40조의3 제1항, 재외동포의 출입국과 법적 지위에 관한 법률 제7조 제1항, 같은 법 시행령 제12조 제3항, 같은 법 시행규칙 제9조 제1항).

41) 일반적으로 국적이, 권리능력과 행위능력의 준거법과 관련하여(국제사법 제11조, 제13조), 그리고 송달장소가 외국인 경우의 송달촉탁방법과 관련하여, 각각 문제될 수 있기 때문이다.

42) 이는 등기촉탁 등을 할 때에 법인등록번호가 필요하기 때문이다.

43) 다만, 공법관계에서는 원칙적으로 주민등록지가 주소로 된다(주민등록법 제23조 제1항).

문, 단서 전단). 다만, 대한민국에 주소가 없거나 주소를 알 수 없을 뿐더러 거소가 일정하지 아니하거나 거소도 알 수 없으면 마지막 주소(최후주소)가 그 기준이 된다(같은 조 단서 후단).

또한, 주소·거소는 원칙적인 송달장소이기도 하다(같은 법 제183조 제1항).

(나) 주소의 실제

국민의 주소는 반드시 주민등록상의 주소지로 한정되는 것은 아님은 물론이나,[44] 주민등록지와 일치하는 경우가 오히려 일반적이며(주민등록법 제6조 제1항).[45] 주민등록지는 원칙적으로 공법관계의 주소이므로(같은 법 제23조 제1항), 주민등록지를 주소로서 서면에 기재하여야 한다. 만일 그 밖의 장소를 주소로서 기재할 경우 당사자가 제대로 특정되지 아니하고, 따라서 심지어 추후에 집행불능에까지 빠질 수 있다. 등록을 한 외국인의 국내 체류지에 관하여서도 같은 이치가 적용된다(출입국관리법 제88조의2 참조).

법인의 경우 그 주사무소 내지 본점의 소재지는 등기사항이므로(민법 제49조 제2항 제3호, 상법 제180조 제1호 본문, 제269조, 제287조의5 제1호, 제317조 제2항, 제549조 제2항 제1호. 특별법인들도 그 근거법률에서 같은 취지의 규정을 두고 있다), 이는 해당 법인의 등기사항증명서에 현출된 대로 기재하면 되며, 대한민국이나 지방자치단체는 굳이 주소를 기재하지 아니하여도 무방하다.

(다) 등기부상 주소

등기절차에 관한 사건에서는, 당사자의 주소와 등기부상 주소가 상이할 경우, 등기부상 주소를 병기함이 실무이다. 이는 등록절차에 관한 사건도 마찬가지이다.

(라) 송달장소

비록 주소는 아니지만 적법하고도 용이하게 송달이 실시될 수 있는 장소가 있다면, 이를 '송달장소'로서 부기할 수 있다.

특히, 주민등록지(등록외국인의 경우에는 국내 체류지)와 실제 송달 가능한 장소가 상이한 경우에는, 후자를 주소로 기재하여서는 아니 되고, 반드시 전자를 먼저 기재한 연후에 후자를 송달장소로 부기하여야 한다.

다만, 소송대리인이 하는 신청의 경우에는, 소송대리인 자신이 송달영수인이 되므로, 피신청인의 송달장소 기재만이 문제됨이 일반이다.

---

44) 대법원 2000. 10. 28.자 2000마5732 결정 참조.

45) 특히, 가정폭력 피해자 등의 경우에는 거소 대신 주민등록지를 기재함이 일반인바, 후자 역시 생활의 근거지 중 한 곳이므로 위와 같은 실무는 이론적으로도 부당하지 아니하다.

(마) 주소 등의 표시방법

① 개 관

원칙적으로, 주소 등은 도로명주소만 적는 방식에 의하나(도로명주소법 제19조 제1항),46) 만일 지번 주소를 기재하여야 할 경우라면, 번지에는 "번지"를 생략하고, 가지번호는 "-(하이픈)"로 표시한다.47) 그러나, 위 둘 중 어느 경우이건 간에 다음과 같이 함이 실무이다.

특별시, 광역시, 도는 "서울", "부산", "경기", "강원" 등으로 표시한다.48) 시는 도 표시를 하지 아니한다.49) 특별자치시도 마찬가지이다("세종시")(세종특별자치시 설치 등에 관한 특별법 제5조 제2항 참조). 읍, 면에는 소속 시, 군을 기재한다.50)

② 도로명주소의 표기방법

도로명주소는, 도로명, 건물번호51) 및 상세주소(상세주소가 있는 경우만 해당한다)에 의하여 표기한다(도로명주소법 제2조 제1호).

"상세주소"란 공동주택 등의 경우로서 건축물대장에 적혀 있는 동(棟)번호, 호(號)수 또는 층수를 말한다(같은 조 제8호 본문).

다만, 공동주택이 아닌 건물등이라도 동·층·호를 세분하여 도로명주소대장에 등록한 경우에는 이를 상세주소로 본다(같은 호 단서).

3) 대리인 내지 대표자의 표시

가) 개 관

대리인의 표시에서는 먼저 누구의 대리인인지를 표시하는 것이 필요하며("원고들 법정대리인", "피고 ○○○의 소송대리인" 등), 그의 지위와 성명을 표시함으로써 표시한다.

---

46) 「도로명주소 도입에 따른 재판서의 주소와 건물 표기에 관한 업무처리지침(재일 2011-2)」.

47) 재판서 양식에 관한 예규(재일 2003-12) 제10조 제3항.
cf. 지번(地番)은 아라비아숫자로 표기하되, 임야대장 및 임야도에 등록하는 토지의 지번은 숫자 앞에 "산"자를 붙이며(측량·수로조사 및 지적에 관한 법률 제66조 제3항, 같은 법 시행령 제56조 제1항), 지번은 본번(本番)과 부번(副番)으로 구성하되, 본번과 부번 사이에 "-" 표시로 연결한다. 이 경우 "-" 표시는 "의"라고 읽는다(같은 조 제2항).

48) 재판서 양식에 관한 예규(재일 2003-12) 제10조 제1항 전단.

49) 재판서 양식에 관한 예규(재일 2003-12) 제10조 제1항 후단.

50) 재판서 양식에 관한 예규(재일 2003-12) 제10조 제2항.

51) cf. 건물번호는 '번'으로 읽되, 필요하면 가지번호를 붙일 수 있고, 주된 번호와 가지번호 사이는 '-' 표시로 연결한다. 가지번호를 붙이면 '-' 표시는 '의'로 읽고, 가지번호 뒤에 '번'을 붙여 읽는다(도로명주소법 시행규칙 제2조 제1항).

나) 법정대리인 또는 대표자의 표시

(1) 법정대리인 또는 대표자 표시의 필요성

소송제한능력자(절차제한능력자도 마찬가지이다. 이하 '소송제한능력자'라고만 한다)는 법정대리인에 의하여서만 소송행위를 할 수 있으므로(법 제55조, 민사조정법 제38조 제1항 참조), 적극적 당사자와 소극적 당사자를 막론하고 그가 소송제한능력자인 때의 법정대리인의 표시는 필수적이다(법 제249조 제1항, 제397조 제2항, 제458조 제1호, 채무자회생법 제36조 제1호, 제302조 제1항 제2호 참조).

법인 또는 법인 아닌 또는 사단 또는 재단의 경우에도, 그 대표자(법인의 경우) 나 대표자 또는 관리인(비법인사단·재단의 경우)의 표시는 필수적임은 물론이다(같은 법 제64조).

(2) 법정대리인의 표시 일반

각종의 법정대리인의 표시 방법은 기간(旣刊)의 실무서에 잘 정리되어 있으므로, 여기서는 몇 가지 주의할 점만 간단히 언급하겠다.

첫째, 법인 등의 대표자의 경우, 그 지위 자체에 "대표"라는 표현이 있을 때에는 그 지위만을 표시하면 되나(예 : "대표이사 ○○○"), "대표"라는 표현이 없는 지위의 경우에는 그가 대표자임을 별도로 표시한다(예 : "대표자 도유사 ○○○").

둘째, 가령, 대한민국이 당사자일 경우에 법률상 대표자인 법무부장관이 유고라면 "법률상 대표자 법무부장관 권한대행 법무부차관 ○○○" 식으로 기재함이 상당할 것이다.[52]

셋째, 일반적으로, 법정대리인은 그 고유식별정보와 주소의 기재가 필요 없으나, 법정대리인의 주소가 당사자 본인의 주소와 다를 뿐 아니라, 그곳에서 송달이 실시되는 편이 주효할 경우(또는, 소송대리인과는 별도로 법정대리인에게도 송달이 실시되는 경우)에는 법정대리인의 주소까지 기재하여야 한다(법 제179조, 제183조 제1항 참조).

다) 소송대리인의 표시

소송대리인이 선임된 경우에는, 그가 송달영수인이 되므로, 그의 주소와 연락처를 기재하여야 한다.[53]

연락처란 전화번호·팩시밀리번호 또는 전자우편주소 등을 말하는바(민사소송규칙 제2조 제1

52) 행정기관의 장의 권한을 대행하는 사람이 발신 명의와 함께 본인의 성명을 적는 경우에는 "권한대행"의 표시를 하고 그 직위를 적는다(행정 효율과 협업 촉진에 관한 규정 시행규칙 제10조)

53) '색지'에 주소와 연락처가 인쇄되어 있거나 소송위임장에 그것이 기재되어 있음을 이유로 서면에 그 기재를 생략하는 이들이 있으나, 이는 적절하지 아니하다.

항 제2호), 이를 기재하여야 하는 까닭은, 재판부의 최고나 통지(민사소송규칙 제3조 참조)와 기일의 간이통지(같은 규칙 제45조 제1항) 등을 위하여서이다.

마. 제기문구 또는 진술문구

1) 개 관

일반적으로, 당사자 내지 대리인의 표시 다음에 제기문구(신청서의 경우) 또는 진술문구(주장서면의 경우)를 넣고 나서 내용진술을 시작하면 서술이 매끄럽게 된다. "위 사건에 관하여 원고 소송대리인은 아래와 같이 …를 신청합니다.", "위 사건에 관하여 피고 소송대리인은 다음과 같이 변론을 준비합니다." 등이 그 대표적인 예이다.

다만, 본안사건 자체를 개시하는 신청서(소장, 지급명령신청서, 민사조정신청서 등)는 성질상 제기문구가 필요 없다.

또한, 신청서 일반의 작성요령에 관하여 후술하듯이, 별도로 '신청취지' 항목이 없는 신청의 경우에는 제기문구 자체가 신청취지가 된다.

2) 사건의 특정

상소장의 경우에는 "위 당사자 사이의 ○○법원 0000가단0000 ○○ 사건에 관하여 …" 식으로 법원명 및 사건번호까지 적는 것이 적절하나,[54] 그 밖의 경우에는 단순히 "위 사건에 관하여 …"라고 적으면 족하다.

3) 진술인의 특정

당사자가 여럿인 때에는 개중에 누가 이를 제기 또는 진술하는지 특정하여야 함은 물론이다(예: "위 사건에 관하여 피고 3. ○○○의 소송대리인은 다음과 같이 변론을 준비합니다.").

4) "아래" 또는 "다음"

흔히, "아래와 같이 …"라는 문구 다음 행에는 "아래"라는 표시를, "다음과 같이 …"라는 문구 다음 행에는 "다음"이라는 표시를 각각 하고 난 연후에 그 다음 행부터 비로소 내용의 진술을 하는 관행이 있다.[55]

이러한 – 적이 우스꽝스러운 – 관행이 생긴 이유는 불분명하나, 아마 그러한 표시가 없을

---

54) 왜냐하면, 이전에 제출한 서면과 달리 이는 해당 법원(원심법원)에 대한 진술이 아니라 상소법원에 대한 진술이기 때문이다.

55) 그런데, 이는 우리나라 고유의 실무관행인 것 같다.

경우에 생기는 시각적 허전함 때문이 아닌가 한다.

따라서, 가령 답변서의 경우에는 "위 사건에 관하여 피고 소송대리인은 다음과 같이 답변합니다."라고 기재하고서 그 다음 행에서 "청구취지에 대한 답변"의 표시를 하면 족하며, 굳이 그 사이에 "다음"이라고 표시할 필요가 없다.[56)]

바. 첨부서류의 표시(규칙 제2조 제1항 제3호)

덧붙인 서류의 표시는, 그 제목과 통수를 적는다. 각종의 첨부서류에 관하여 주의할 점은 별항으로 상론하겠다.

사. 작성일(제출일)(규칙 제2조 제1항 제4호)

일반적인 법률문서가 '작성일'이 문제되는 것과 달리, 서면에서는 작성일이 아니라 '제출일', 즉 법원에의 접수일이 문제된다. 그런데, 이러한 접수일은 법원이 날인한 문서접수인으로써 현출되므로, 실제 서면에는 연월만 기재하여 제출함이 통례이다.[57)]

아. 당사자 또는 대리인의 기명날인 또는 서명

1) 개 관

원칙적으로는 당사자가 기명날인 또는 서명하여야 하겠으나,[58)] 당사자가 소송제한능력자인 때에는 그 법정대리인이 기명날인 또는 서명하여야 한다.[59)]

그러나, 소송대리인이 선임된 경우에는 소송대리인이 기명날인 또는 서명하면 된다.

이러한 기명날인 또는 서명의 경우에도, 제기문구 또는 진술문구의 경우와 마찬가지로 누가 이를 제기 또는 진술하는지 특정하여야 함은 물론이며, 더 나아가 변호사의 경우에는 그 자격까지 특정함이 실무이다(예 : "원고 소송대리인 △△△ (인)",[60)] "피고 2. ○○○의 소송대리인 / 변호사 △△△ (인)").

선임된 소송대리인이 여러 명이더라도 담당자(들)만 기명날인 또는 서명하면 되며, 반드시 선임된 소송대리인 전원이 기명날인 또는 서명할 필요는 없다. 이는 후술하는 담당변호사의

56) 필자의 경우에는, 같은 이치에서, 진술내용에 항목번호가 있을 때에도 역시 굳이 "아래"나 "다음"의 표시를 하지 아니하고 있다.

57) 다만, 서류 제출 후 변호사 자신의 소송기록에는 제출한 일자를 수기로 기재하여 둘 필요가 있다.

58) 법무사가 작성한 서면도 마찬가지임은 물론이다.

59) 법인이 당사자인 때에는 대표자가 기명날인 또는 서명하여야 함은 물론이다.

60) 이는 변호사의 자격이 없는 자가 소송대리허가를 받아 소송대리를 하는 경우의 기재례이다.

경우에도 같다.

2) 법무법인 등의 경우

법무법인, 법무법인(유한) 또는 법무조합이 소송대리인인 경우에는 그 명의를 표시하고 담당변호사가 기명날인하거나 서명한다(변호사법 제50조 제7항, 제58조의16, 제58조의30).

이와 유사하게도, 정부법무공단이 소송업무에 관하여 작성하는 문서에는 공단 명의를 표시하고 담당변호사가 기명날인 또는 서명하여야 한다(정부법무공단법 제18조 제3항).

그러나 이에 반하여, 대한법률구조공단 등 법률구조법인이 법률구조업무로서 소송에 관한 행위를 하는 경우에는 그 소속변호사 또는 공익법무관 명의만을 표시하여야 하며, 해당 법률구조법인 명의를 표시하여서는 아니 된다(법률구조법 제5조).

자. 법원의 표시(규칙 제2조 제1항 제5호)

토지관할에 관한 사항은 해당 절차법이 규정하고 있으나, 각급법원의 관할구역은 「각급법원의 설치와 관할구역에 관한 법률」이 규정하고 있다.

법원의 표시는, 별도기록이 편성되는 신청을 할 때에는 관할법원 명칭을 기재하고 "귀중"이라는 문언을 덧붙이면 됨이 원칙이나(예 : "대구지방법원 서부지원 귀중"), 그 밖의 서면(즉, 가철, 합철, 또는 첨철되는 서면)은 해당 재판부의 표시까지도 하여야 한다(예 : "대구지방법원 서부지원 제1소액단독 귀중").[61]

별도기록이 편성되는 기본적 신청이라 하더라도, 본안사건에 부수하는 신청은 본안사건 담당재판부의 표시까지도 한다.[62]

3. 부본 등 첨부서류의 문제

가. 첨부서류 개관

법령이 해당 서면에 관하여 일정한 서류의 첨부를 요구하고 있는 경우 해당 서류를 첨부하여야 함은 물론이다.

---

61) 법원에서 송달되어 오는 서류에 보면 재판부뿐만 아니라 해당 과의 표시까지 되어 있으나, 법원의 표시를 할 때에는 과는 기재하지 아니한다.

62) 왜냐하면, 본안소송에 부수하는 신청사건은 법령에 다른 규정이나 사건의 성질상 달리 취급할 필요가 있는 경우 이외에는 본안사건 담당재판부가 처리함을 원칙으로 하기 때문이다. 법관등의 사무분담 및 사건배당에 관한 예규 제16조 본문.

이러한 첨부서류 상호간에는 논리적 선후관계 같은 것이 없으므로, "1. … / 2. … / 3. …" 식으로 번호를 붙이지 아니하고 그냥 "1. … / 1. … / 1. …" 식으로 씀이 실무관행이나, 입증방법은 가장 먼저, 부본은 가장 나중에 쓰는 것이 일반이다.

첨부서류의 종류에 따라 주의할 점은 다음과 같다.

나. 입증방법[63] 또는 소명방법

1) 개 관

입증방법이나 소명방법 중에서도 특히 서증은 흔히 신청서나 주장서면에 그 사본을 첨부하여 제출함으로써 그 조사를 신청하게 된다.

일반적으로, 신청서나 답변서(의 성질을 갖는 주장서면)에는 증거로 될 문서 가운데 중요한 것을 서증으로 (아래에서 보는 바와 같이 그 사본을) 첨부하는 것이 바람직하다(규칙 제63조 제2항, 제65조 제2항 참조).

또한, 당사자가 법인 아닌 사단이나 재단인 때에는, 정관·규약, 그 밖에 그 당사자의 당사자능력을 판단하기 위하여 필요한 자료를 제출함이 바람직하다(규칙 제12조 참조).

2) 종이소송 또는 전자소송 비동의자의 경우

가) 서증 사본의 의의 및 통수

당사자가 자신이 소지하고 있는 문서를 서증으로 신청하고자 하는 때에는 문서를(기일에 법정에서) 제출하는 방식으로 하나(법 제343조 전단), 서증을 제출하는 때에는 상대방의 수에 1을 더한 수의 사본을 함께 제출하여야 한다(규칙 제105조 제1항 본문, 비송사건절차법 제9조 제2항).[64]

즉, 서증은 그 사본을 제출하는 것이 곧 증거신청인 셈이다,[65] 여기서 "상대방의 수"의 의미가 무엇인지는 부본의 통수와 관련하여 후술한다.

나) 서증 사본의 작성방법

서증의 사본은 명확한 것이어야 한다(규칙 제105조 제3항 전단). 당사자가 서증 사본을 작성하는 때에는 서증 내용의 전부를 복사하여야 한다. 이 경우 재판장이 필요하다고 인정하는

63) "증거방법"이라고도 한다.

64) 즉, 그중 1통은 법원제출용이 되고, 나머지는 상대방에게 송달하게 된다.

65) 이는 여타의 증거방법들이 별도의 신청을 요한다는 점과 대비된다.
cf. 상대방이 원본의 존재나 성립을 인정하고 사본으로써 원본에 갈음하는 것에 대하여 이의가 없는 경우에는 사본을 원본에 갈음하여 제출할 수 있고, 이와 같은 경우에는 그 원본이 제출된 경우와 동일한 효과가 생긴다. 대법원 1992. 4. 28. 선고 91다45608 판결 등.

때에는 서증 사본에 원본과 틀림이 없다는 취지를 적고 기명날인 또는 서명하여야 한다(규칙 제107조 제1항).[66]

다만, 문서의 일부를 증거로 하는 때에 그 사본은 재판장의 허가를 받아 증거로 원용할 부분의 초본만을 제출할 수 있다(같은 조 제4항 단서). 따라서, 부득이한 경우에는 일부만을 복사하여도 될 것이나, 그 사유는 밝혀야 할 것이다.

다) 서증부호와 서증번호

서증 사본에는 ① 원고가 제출하는 것은 "갑" ② 피고가 제출하는 것은 "을" ③ 독립당사자 참가인이 제출하는 것은 "병"의 구분에 따른 부호와 서증의 제출순서에 따른 번호를 붙여야 한다(규칙 제107조 제2항). 즉, "갑 제1호증" 식으로 표시한다.

서증부호와 관련하여 주의할 것은 여기서 말하는 '원고'와 '피고'는 본소의 그것을 말한다는 것이다. 예컨대, 피고(반소원고)나 피고(재심원고)가 제출하는 서증은 갑호증이 아니라 을호증이다.

서로 연관된 문서로서 별개의 문서로 구분하기에 적당하지 않고 전부를 하나로 취급하기도 곤란한 경우에는 가지번호를 붙인다.[67] 봉투와 내용물, 어음 앞면과 뒷면, 관련 수사기록 또는 재판기록을 이루는 각 문서 따위가 그 대표적인 예이다.

그리고, 가지번호를 붙이는 경우의 서증번호는 가지부호별로 새롭게 시작한다.[68] 즉, "갑 제1호증의 1, 갑 제1호증의 2, 갑 제2호증, …" 식이 된다.

또한, 재판장은 같은 부호를 사용할 당사자가 여러 사람인 때에는 위와 같은 부호 다음에 "가" "나" "다" 등의 가지부호를 붙여서 사용하게 할 수 있다(같은 조 제3항). 따라서, 예컨대, 공동피고가 된 사람 중 '피고 2'가 제출하는 서증은 "을나 제1호증" 식으로 함이 실무이다.

생각건대, 보조참가인이 서증을 제출하는 경우, 통상의 보조참가인은 피참가인의 부호를 그대로 따르고, 공동소송적 보조참가인은 가지부호를 사용함이 상당하다고 본다.[69]

또한, 편면적 절차(라류 가사비송사건, 가족관계등록비송사건 등)의 경우에는 굳이 서증부호 등을 붙이지 아니하여도 무방하다고 생각한다.

주의할 것은, 항소심, 이송·환송사건, 재심사건의 서증번호는 제1심, 이송·환송전사건, 재심대상사건의 서증번호에 이어서 붙인다(법 제409조, 제410조 참조).[70]

---

66) 따라서, 흔히, 재판장의 요구가 없어도 '원본과 상위 없음'의 고무인을 찍고 날인하여 제출함이 실무이다.

67) 민사 등 증거목록에 관한 예규(재민 2004-6) 제8조 제1항 후단.

68) 민사 등 증거목록에 관한 예규(재민 2004-6) 제8조 제2항.

69) 민사 등 증거목록에 관한 예규(재민 2004-6) 제14조 제3호 참조.

서증번호는 무질서하게 부여하여서는 아니 되는바,[71] 많은 경우, 해당 서면 자체에서 인용되는 순서에 따라 서증번호를 부여하는 것이 무난하다.

라) 검증목적물

검증목적물에는 서증의 경우와 마찬가지로 제출주체와 순서에 따라 "검갑 제○호증", "검을 제○호증" 식으로 부호와 번호(및 가지번호)를 붙인다(규칙 제117조, 제107조 제2항, 제3항).

마) 소명방법

서증을 소명방법으로 제출할 때에는 서증부호 앞에 "소"를 붙임이 실무이다. 즉, "소을 제1호증" 식으로 표시한다.

3) 전자소송 동의자의 경우

전자소송에서 전자소송 동의자가 서증 등을 제출하는 방법도, 이를 원본을 전자화하여 제출하는 것 외에는 종이소송과 기본적으로 같다.

종이서류를 전자문서로 변환하여 증거로 법원에 제출하고자 할 경우, 종이서류의 해당 면 전부를 전자문서로 변환하여야 하고, 서류의 일부만을 전자문서로 변환하여 제출하는 경우에는 그와 같은 취지를 명시하여야 한다.[72]

위 경우, 종이서류의 뒷면에 문자 등 정보가 표시되어 있으면 뒷면 전부를 전자문서로 변환하여 제출하고 그와 같은 취지를 명시하여야 한다.[73]

다. 번 역 문

1) 원 칙

외국어로 작성된 문서에는 번역문을 붙여야 한다(법 제277조).[74][75]

더 나아가, **해당 서류가 외국으로 송달되어야 할 경우, 당사자는 수소법원에 제출하여야 할 외국으로의 촉탁관계서류에 번역문을 첨부하여야 하는바**(국제민사사법공조법 제7조 제2항),

---

70) 민사 등 증거목록에 관한 예규(재민2004-6) 제8조 제3항.

71) 서증번호가 뒤죽박죽일 경우 그 자체가 심리의 혼란과 불편을 심각하게(!) 야기한다.

72) 민전예규 제76조 제1항.

73) 민전예규 제76조 제2항.

74) 채무자 회생 및 파산에 관한 규칙 제3조도, 도산절차에 관하여 주의적으로 같은 규정을 두고 있다.

75) cf. 이러한 번역문은 해당 서류와 함께 기록에 편철하게 된다.
전자기록사건에서도, 각종 소송서류의 번역문은 해당 서류와 함께 전산등재하여야 한다(민전예규 제52조).

이 경우에는 첨부서류뿐만 아니라 소송서류 자체의 번역문까지 필요하다는 점에서, 성질상 후술하는 부본과 유사하다. 다만, 송달용 번역문의 첨부는 법원의 보정명령에 따라 하면 되므로, 상세한 설명은 생략하겠다.

2) 서증의 경우

서증이 국어 아닌 문자 또는 부호로 되어 있는 때에는 그 문서의 번역문을 붙여야 한다(규칙 제106조 제2항 본문).

다만, 문서의 일부를 증거로 하는 때에는 재판장의 허가를 받아 그 부분의 번역문만을 붙일 수 있다(같은 항 단서). 따라서, 원칙적으로는 서증 전체의 번역문을 붙이되, 부득이한 경우에는 일부만의 번역문을 그 취지를 밝혀서 붙이면 될 것이다.

서증의 번역문은 그 자체를 서증으로서 제출할 것은 아니며, 어느 서증의 번역인지를 명시하되, 해당 서증(사본) 다음에 편철하여 제출하면 될 것이다. 다만, 그 통수는 서증(사본)의 통수와 같다.

3) 특 칙

외국어 변론 허가가 있은 경우에는, 외국어로 작성된 문서라도 번역문을 붙일 필요가 없다(법원조직법 제62조의2 제1항 후문에서 법 제143조 제1항의 부적용).

따라서, 국제사건에서 허가된 외국어로 작성된 문서에는 번역문을 붙이지 아니할 수 있다(국제재판부의 설치 및 운영에 관한 규칙 제12조 제1항 본문).

주의할 것은, 당사자는 허가된 외국어가 아닌 외국어로 작성된 문서에 대하여는 국어 또는 허가된 외국어 번역문을 붙여야 한다(같은 조 제2항).

더 나아가, 허가된 외국어로 작성된 문서라고 하더라도, 법원은 소송절차의 원활한 진행을 위해 현저히 필요한 경우 번역문 제출을 명할 수 있다(같은 조 제1항 단서).

라. 참고자료

입증방법과 참고자료의 구분기준이 반드시 명확한 것은 아니다.[76] 그러나 일반적으로는, 사실(법률적 삼단논법의 소전제)을 입증할 자료는 입증방법으로서 제출함이 상당하고, 법리(법률적 삼단논법의 대전제)를 입증할 자료(국내외의 법령, 참조판례, 법률문헌)는 참고자료로서 제출함이 상당하다고 하겠으며, 그 통수 역시 서증(사본)의 통수와 같다.

---

76) 가령, 경험칙이나 관습법에 관한 자료는 입증방법인가, 참고자료인가?

마. 납 부 서

1) 개 관

이 책 본문의 '당사자의 소송행위' 부분에서 기술한 바와 같이, 기본적 신청의 경우에는 원칙적으로 인지대와 송달료를 납부하여야 하므로, 전자소송에서 전자적 납부를 하는 경우가 아니라면, 신청서에 납부서를 첨부하여야 한다.[77]

그리고, 납부서를 첨부할 때에는 대지(臺紙)를 이용함이 적절한 경우가 많다(민사소송 등 인지규칙 제2조 제2항 참조). 즉, 흔히, 신청서의 표지를 만들어 그 뒷면을 이용한다.

인지대 및 송달료에 관하여서는 이미 이 책 본문의 '당사자의 소송행위' 부분에서 상론하였으므로, 여기서는 납부서에 관하여만 본다.

2) 인지대의 경우 : 인지 또는 영수필확인서

이 책 본문의 '당사자의 소송행위' 부분에서 기술하였듯이, 현금납부[78] 외의 경우에는 인지는 신청서에 직접 첩부하면 되나, 현금납부를 할 때에는 영수필확인서를 신청서에 첨부하여야 한다(민사소송 등 인지규칙 제29조 제2항).

3) 송달료의 경우 : 송달료납부서

이 책 본문의 '당사자의 소송행위' 부분에서 기술하였듯이, 송달료를 납부한 때에는 송달료납부서 1통을 신청서에 첨부하여야 한다(송달료규칙 제3조 제2항).

바. 그 밖의 첨부서류

1) 대리권 등의 증명서류

당사자가 소송능력 없는 사람인 때에는 법정대리인, 법인인 때에는 대표자, 법인이 아닌 사단이나 재단인 때에는 대표자 또는 관리인의 자격을 증명하는 서면을 신청서에 붙여야 한다(규칙 제63조 제1항).[79]

그밖에도, 원고(선정당사자)가 소를 제기하는 경우나(and/or), 원고의 법정대리인이 있는 경우, 또는(and/or) 소송대리인이 있는 경우에는, 각각 이를 증명할 서면을 소장에 첨부하여야

---

77) 다만, 경우에 따라서는 신청서와 별도로 납부서를 제출하여야 할 수도 있고, 전자소송의 경우에도 납부서에 의한 납부가 불가능한 것은 아니다.

78) 인지대·송달료 납부에서 말하는 '현금납부'란 신용카드·직불카드 등에 의한 납부도 포함하는 개념임을 상기하여야 한다.

79) 법문에는 "피고가 …"라고만 되어 있으나, 원고의 경우에도 사정은 같다.

한다.

이러한 증명서류들로서 구체적으로 어떠한 것들이 있는지는 이 책 본문의 '소송능력과 법정대리인 및 특별대리인', '소송대리인', '선정당사자' 부분에서 각각 기술하였거니와, 이러한 증명서류는 그 성질상, 서증과 달리, 상대방용 사본을 첨부(·제출)할 필요가 없다.

특기할 것은, 소송위임장은 신청서나 주장서면에 첨부하여 제출하더라도, 어차피 법원에서 전산입력을 할 때 별개의 문건으로 입력한다. 그러나, 소송대리인이 기본적 신청서를 제출할 때에는 소송위임장을 첨부하는 것이 옳다.

2) 소가의 산정을 위한 자료

이에 관하여서는 이 책 본문의 '소의 제기' 부분에서 기술하였다.

이러한 자료 역시 그 성질상, 상대방용 사본을 첨부(제출)할 필요가 없다.

소송 중의 소에서도 마찬가지로 자료를 첨부할 필요가 있음은 물론이다.

사. 부 본

1) 개 관

송달을 하여야 하는 서면을 제출하는 때에는 특별한 규정이 없으면 송달에 필요한 수의 부본을 함께 제출하여야 한다(규칙 제48조 제1항).

부본에도 원본(즉, 법원용 서면)과 마찬가지로 기명날인 또는 서명을 한다.

이는 실무상 '첨부서류'로서 표시하기는 하지만, 실제로는 첨부를 하는 것은 아니고 원본과 함께 제출할 뿐이다.

2) 부본을 첨부하여야 하는 서면

법령이 명시적으로 부본 송달을 운위하는 경우에[80] 부본의 제출이 필요함은 물론이다.

그러나, 법령이 해당 서면을 송달하도록 정하고 있는 경우에는 일반적으로 그 서면을 제출하는 자가 부본까지도 제출하여야 한다. 왜냐하면 송달되는 서류가 다름 아닌 그 부본이기 때문이다(법 제178조 제1항 참조). 예컨대, 보조참가신청서는 양쪽 당사자에게 송달되므로(법 제72조 제2항), 보조참가인은 그 신청서를 제출할 때에 부본도 첨부하여야 한다.

주의할 것은, 법령이 서면의 송달을 운위하고 있지 아니한데도 해석상 내지 실무상 그 부본의 제출 및 송달이 문제되는 경우가 있다. 예컨대, 가사소송법상 이행명령은 상대방에 대

80) 예컨대, 법원은 소장의 부본을 피고에게 송달하여야 한다(법 제255조 제1항).

한 심문 및 의무이행의 권고가 필수적이기 때문에(가사소송법 제64조 제2항), 심문기일의 실시에 앞서 먼저 신청서 부본을 송달하게 된다.

3) 송달에 필요한 수

"송달에 필요한 수"는 원칙적으로 상대방의 수이겠으나, 이에는 몇 가지 주의할 점이 있다.

첫째, 상대방 수명이 공동으로 소송대리인을 선임한 때에는 그 소송대리인에게 송달할 1통만 필요함은 물론이다.[81)]

둘째, 상대방의 보조참가인이 있을 때에는 그에게 송달할 부본도 필요하다.

셋째, 송달장소가 외국인 때에는 부본이 추가로 필요할 수도 있다. 다만, 이에 관한 설명은 생략하겠다.[82)]

넷째, 전자기록사건에서 '전자소송 동의를 한 당사자에 관하여서는' 송달할 서류의 부본을 제출하지 아니할 수 있다.[83)]

4. 민사 서면 일반의 작성상 유의점[84)]

가. 무엇보다도 유의할 점

이른바 서면을 '잘' 쓰는 것도 중요하지만, 그보다도 훨씬 더 중요한 것들이 있음을 항상 유념하여야 한다.

---

81) 공동대리의 경우에도 1통만 필요함은 물론이다(법 제180조 참조).

82) 실제로는 법원의 보정명령에 따라 부본을 제출하면 된다.

83) 민전예규 제23조 제3항.
그러나, 위 규정은 이론적으로는 부당하다. 왜냐하면, 전자기록사건에서는 전자소송 동의를 하지 아니한 당사자에게도 어차피 부본이 아니라 출력서면을 송달함이 원칙이기 때문이다(민소전자문서법 제12조). 따라서, 전자기록사건에서는 부본의 제출 자체가 필요 없다고 규정하는 것이 옳다(대법원에서의변론에 관한규칙 제3조 제2항 단서 참조).
cf. 과거에 특허법원의 실무는 특허·실용신안사건의 경우에 기술심리관의 심리를 위하여 '법원용 부본'을 1부 더 제출할 것을 요구하고 있었으나, 현재 위 사건들은 모두 전자기록사건으로 되어 있으므로(같은 예규 제27조 제2항), 위 실무관행이 더 이상 유지될 필요가 없게 되었다.

84) '보기 좋은 떡이 먹기에도 좋다'는 속설과는 달리, 서면이 읽기 쉽고 이해하기 쉽다고 해서 승소가능성이 높아지는 것은 아니다. 이에 대하여, 심지어 현직 판사들 중에서도 반대로 주장하는 이들이 있으나, 그런 주장은 곧이듣지 않는 편이 현명하다. 그도 그럴 것이, 당사자가 '개떡같이 말해도 찰떡같이 알아듣는' 일이야말로 법관의 직무이고, 사건의 결론이 서면의 명료성 여하에 좌지우지된다면 그것은 그 자체로서 부적정한 재판이기 때문이다.
그러나, 서면의 간결명료함은 오히려 이를 작성한 당사자 또는 대리인의 소송수행에 - 분명히! - 도움이 된다. 자신이 쓴 서면을 자신이 다시 읽어 보아야 할 일이 많기 때문이다. 사실, 의외일 정도로 많은 경우, 법원을 도와주는 것이 당사자나 대리인 스스로를 돕는 일이 된다.

첫째, 특히 신청의 경우 무슨 신청을 하여야 하는지를 판단하는 것 자체가 무엇보다도 중요하다.[85)]

그 다음으로 중요한 것은, 신청 자체를 제때 하는 것이다(각종의 불변기간을 상기하여 보라).

그 다음으로 중요한 것은, 신청취지를 정확히 쓰는 것이다.

그 다음으로 중요한 것은, 당사자를 정확히 표기하는 것이다.

다소 과장해서 말하자면, 서면을 '잘' 쓰는 것은 그 다음 문제이다.

둘째, 세상 많은 일들이 그렇지만, 특히 법률사무는 기한과의 싸움이다. 많은 경우, 잘 쓰지 못한 서면을 제때 내는 것이, 잘 쓴 서면을 뒤늦게 내는 것보다 낫다. 따라서, 업무관리상 시간과 노력의 안배를 잘하여야 한다.

나. 내용상의 유의점

법령이 해당 서면에 관하여 일정한 사항의 기재를 요구하고 있는 경우 해당 사항을 기재하여야 함은 물론이다.[86)]

어떠한 법률효과를 주장하는 경우 해당 요건사실을 빠짐없이 진술하여야 한다(사실의 주장책임).

서증 내지 참고자료를 굳이 열람하지 않더라도 주장 자체만으로 내용을 파악할 수 있도록 사실관계를 서술할 필요가 있다. 본문의 내용이 서증 등 첨부서류까지 열람하여야만 비로소 파악 가능하다면, 그 서면은 사실상 또는 법률상 주장 자체를 '하다가 만' 것이다(사실과 증거의 준별).[87)] 첨부서류는 어디까지나 본문의 내용을 인증하기 위한 것이지 본문 자체를 대신하는 것이 아니기 때문이다.[88)]

비단 서면뿐만 아니라, 법률가의 일은 소여(所與)(data)에 입각하여 이루어져야 한다. 공문서에 의하여 파악가능한 사실, 공부(公簿)상의 문언, 법령의 법문(법문) 등은 특별한 사정이 없는

---

85) 신청과 관련하여 또 한 가지 주의할 것은, 아무리 법원의 직권에 속하는 사항이라 하더라도, 법원의 적정한 직권발동을 촉구하는 것 역시 변호사의 중요한 역할 중 하나라는 것이다.
청구취지에서 소송비용의 부담 등의 재판을 구하는 것은 그 대표적인 예이며, 가령, 관할위반을 이유로 한 소송이송결정이 예상되는 경우에 재판적이 경합하는 경우라면 자신에게 유리한 재판적 소재지 관할 법원으로의 소송이송을 신청할 필요가 있는 것이다.

86) 이는 너무나 당연한 사항처럼 들리겠지만, 실제로는 이것이 제대로 지켜지지 아니한 서식례들과 실제 서면들을 오히려 더 흔히 볼 수 있다.

87) 극단적인 예를 들자면, 필자는 사법연수생 시절 변호사실무수습 때 "피고가 첨부와 같이 제출하는 증거들을 보면 원고의 주장이 이유 없음이 너무나 명백하지 않습니까?"라는 취지만 달랑 기재된 한 장짜리 답변서(일반인이 아니라 변호사가 작성한 것이었다!)을 보고서 기겁을 한 적이 있다.

88) cf. 별지는 본문의 일부를 이루는 것이므로 첨부서류와는 경우가 다름은 물론이다.

한 이를 직접 열람하여 그대로 전재하여야 하고 임의로 변개하거나 간접적인 출처(예 : 면담일지)만을 열람하여 인용하여서는 아니 된다. 판례가 설시한 내용 역시 가급적 변형하지 말고 그대로 사용하는 것이 좋다. 더 나아가, 별 다른 문제가 없다면 서증에 기재된 내용과 서면의 주장사실을 가급적 일치시켜야 하고, 만일 양자(兩者)에 불일치가 있다면 당사자에게 그 까닭 내지 경위를 확인하여 해당 사실(그것이 왜 그렇게 다른 것인지)의 주장과 입증을 보완하여야 한다.

법정보를 인용할 경우에는, 그것이 너무나 빤한 법정보가 아니라면, 그 출처를 표기하여야 한다.[89)]

재판도 사람이 하는 일이므로 읽는 이의 감정(感情)의 문제 내지 연술(rhetoric)의 문제를 도외시할 수 없다. 그러나, 진술인 자신의 감정을 발산하는 것은 무익하며, 이는 법관의 감정을 움직이는 것과는 차원이 다른 문제임을 알아야 한다.[90)]

그러나, 특히 주장서면의 경우가 그러하거니와, 서면은 어디까지나 법원을 설득하기 위하여 하는 것이지 상대방을 설득하기 위하여 하는 것이 아님을 알아야 한다.[91)]

다. 구성·표현상의 유의점

1) 구성·표현상의 유의점 일반

서면은 간결한 문장으로 분명하게 작성하여야 한다(규칙 제4조 제1항).

또한, 서면의 구성과 표현은 적어도 한 서면 내에서는 일관되어 있어야 한다.

2) 구성상의 유의점

가) 전체적 구성

서면의 전체적 구성은 논리적 구성, 시간적 구성을 원칙으로 하나, 경우에 따라서는 쟁점별 구성에 의할 수도 있다. 다만, 이러한 구성은 복합적으로 사용될 수 있다.

논리적 구성은 해당 소송물, 입증책임·요건사실 등의 논리적 선후관계에 따라 진술을 하는 것을 말한다. 가령, 대여금 청구에 대한 답변서에서, 차용사실을 부인함과 동시에 소멸시

---

89) 필자는 검찰청 국가소송수행반에서 근무하던 때에 어느 (단기)군법무관이 서면에 "이 법리는 로마법과 독일법에서도 인정된 것입니다."라는 표현을 사용한 것을 보고서 아연실색한 일이 있다. 그런 식의 표현은 이른바 "우리 집에 금송아지 있다"와 같은 것이기 때문이다.

90) 이는 우리가 흔히 남이 싸우는 것을 구경하는 경우를 상기하면 쉽게 이해할 수 있다. 그 경우 당사자들은 심각하여 하지만, 정작 남이 보기에는 우스꽝스러울 따름이다.

91) 상대방을 설득시키는 것은 일반적으로 별로 가능하지도 아니할뿐더러, 그런 일은 오히려 재판장의 몫이다.

효 항변을 하는 경우에, 후자를 전자보다 먼저 주장하면 비논리적인 구성이 되므로, 전자를 후자보다 먼저 주장하여야 한다.

그 밖에 논리적 구성의 전형적인 예로는, 손해배상의 청구원인을 ① 손해배상책임의 발생 ② 손해배상의 범위의 순서로 진술하는 것, 취소소송의 청구원인을 ① 처분의 경위 ② 처분의 위법성의 순서로 진술하는 것 등을 들 수 있다.

시간적 구성은 사건의 시간적 순서에 따라 진술을 하는 것으로서, 재판상 이혼의청구원인인 혼인파탄사유를 그 발생순서대로 주장하는 것이 그 대표적인 예이다.

그러나, 쟁점별로 진술을 하여야 하는 경우도 있는바, 가령 준비서면에서 구석명에 대한 답변을 할 때에 각 구석명사항별로 이를 하는 것이 그 한 가지 예이다.

논리적 구성과 관련하여 주의할 점은 주장·입증책임의 문제이다. 일반적으로는 자신이 주장책임이 있는 사항만 주장하면 그만이지만, 상대방이 주장할 것이 명백한 항변에 대하여서는 미리 구체적인 진술을 하여야 한다(규칙 제62조 제2호 참조). 예컨대, 임대차보증금반환 청구의 소를 제기할 때에는 청구취지에 동시이행 조건(목적물의 반환)을 붙일 필요가 없으나,[92] 대여금 청구의 소를 제기할 때에 상대방이 이미 일부 변제를 하였다면 그 사실의 자인진술을 하여야 한다.

나) 항목의 구성·구분

서면의 분량이 짧지 아니한 경우에는, 항목별로 번호를, 더 나아가 제목을 적절히 붙여 작성한다.[93]

항목의 구분 표시는 다음과 같이 하는 것이 무난하다.[94]

① 첫째항목의 구분은 1., 2., 3., 4.······로 나누어 표시한다.

② 둘째항목의 구분은 가., 나., 다., 라.······로 나누어 표시한다.

③ 셋째항목의 구분은 1), 2), 3), 4)······로 나누어 표시한다.

④ 넷째항목의 구분은 가), 나), 다), 라),······로 나누어 표시한다.

⑤ 다섯째항목의 구분은 (1), (2), (3), (4)······로 나누어 표시한다.

⑥ 여섯째항목의 구분은 (가), (나), (다), (라)······로 나누어 표시한다.

⑦ 일곱째 항목의 구분은 ①,②,③,④······로 나누어 표시한다.

---

92) 실제로, 피고(임대인)가 동시이행의 항변을 제출하지 아니하는 경우가 의외로 많다.

93) 판결서 작성방식에 관한 권장사항 제3조 제2항.

94) 법원사무관리규칙 시행내규 제10조 본문, 행정업무의 효율적 운영에 관한 규정 시행규칙 제2조 제1항.

⑧ 여덟째 항목의 구분은 ㉮,㉯,㉰,㉱……로 나누어 표시한다.

⑨ 제2호, 제4호, 제6호 및 제8호의 경우에 하., 하), (하), ㊭이상 더 계속되는 때에는 거., 거), (거), 〈거〉, 너., 너), (너), 〈너〉……로 이어 표시한다.

다만, 필요한 경우에는 부분적으로 ㅁ, ○, -, ·, 등과 같은 특수한 기호로 표시할 수 있다.[95]

다) 단락의 구분 및 문장의 구성

한 항목은 한 개의 단락으로만 구성할 수도 있지만, 해당 항목 자체가 길다면 이를 다시 몇 개의 단락으로 나누어 서술하는 편이 가독성을 높인다.[96]

항목이든 단락이든 의미 단위별로 그 구분을 하여야 함은 물론이며, 이 이치는 단락을 이루는 개별 문장에 대하여서도 같다.

3) 표현 및 문장상의 유의점

서면 역시 어문규범에 맞추어 작성하여야 함은 물론이나(국어기본법 제3조 제3호, 제14조, 행정업무의 효율적 운영에 관한 규정 제7조 제1항 참조), 뜻을 정확하게 전달하기 위하여 필요한 경우에는 (괄호 안에) 한자나 그 밖의 외국어를 함께 적을 수 있으며, 특별한 사유가 없으면 가로로 쓴다(같은 항 참조).

또한, 특별한 사유가 없으면, 서면에 쓰는 숫자도 아라비아 숫자를 쓰고(같은 조 제4항), 날짜도 숫자로 표기하되 연·월·일의 글자는 생략하고 그 자리에 온점을 찍어 표시하며(예: "2009. 4. 1."), 시·분은 24시각제에 따라 숫자로 표기하되, 시·분의 글자는 생략하여 그 사이에 쌍점을 찍어 구분함이 무난하다(예: "13:00")(같은 조 제5항).

다만, 연월을 표기할 때에는 "2009. 4."보다는 "2009. 4월"로 쓰는 편이 혼동의 소지가 적으며, 숫자 표기시에 필요한 경우에는 한글을 혼용할 수 있다(예: "금 4,000,000,000원" 대신 "금 40억 원"으로 쓰는 등).[97]

km·㎡·kg·% 등의 단위는 부호 그대로 표기하되 필요한 경우에는 한글로 표기할 수 있다.[98]

서면에서의 진술은 법관 내지 법원직원에게 말하는 것과 본질적으로 다를 바 없으므로,

---

95) 법원사무관리규칙 시행내규 제10조 단서.

96) 이는 큰 음식을 그대로 먹는 대신 먹기 좋은 크기로 썰어서 먹는 것에 비견할 수 있다.

97) 판결서 작성방식에 관한 권장사항 제3조 제3항.

98) 판결서 작성방식에 관한 권장사항 제3조 제4항.

경어체를 사용한다(환언하면, 개조식으로는 작성하지 아니한다). 다만, 부분적으로 필요한 항목에 따라 정형화된 양식,[99] 나열식, 기타 효율적인 방식을 혼용할 수는 있다.[100]

문장에서 주어('누가'), 목적어('누구를' 또는 '무엇을'), 보어·부사어('누구에게', '누구와', '누구로부터' 등)를 명확히 하여야 한다. 일상회화에서는 흔히 말하는 사람과 듣는 사람이 발화의 맥락을 함께 알고 있는 관계로 주어, 목적어, 보어·부사어 중 하나 이상을 생략하는 경우가 많으나, 서면에서 그러한 문법성분을 함부로 생략하면 주장하는 사실관계가 모호하여질 우려가 매우 높다. 서면 역시 '사안의 전후맥락을 모르는 제3자인' 법관 또는 법원직원에게 설명을 하기 위한 문서임을 상기할 것이다. 어휘의 선택을 신중하게 하여 가급적 가장 적확한 어휘를 사용하도록 노력하여야 한다. 법의 세계는 '아 다르고 어 다르다'의 세계이고, 문학보다도 더욱 '일물일어설'에 걸맞는 세계이기 때문이다.

특히, 법령이나 공문서가 명문으로 사용하고 있는 용어 내지 표현이 있으면 그것이 부적절한 것이 아닌 한 이를 그대로 (그러니까 임의로 그 표현을 변개하지 말고) 쓰는 것이 바람직하며, 대법원판례가 설시한 사항에 관하여서도 그러하다. 왜냐하면 그러한 용어 내지 표현들은 그 의미에 맞게 매우 신중히 선택된 경우가 대부분이기 때문, 다시 말해 그러한 용어 내지 표현들이야말로 가장 적절한 것인 경우가 많기 때문이다.

가급적, 쉬운 단어와 짧은 문장을 사용하고, 형식적 기재·중복기재·무익한 기재등을 생략하여 간략하게 작성한다.[101] 법률문장의 특성상,[102] 그저 '붓 가는 대로' 서면을 쓰면 문장이 저절로 한량없이 길어진다. 따라서, 지나치게 긴 문장을 쓰지 아니하기 위하여서는, 문장을 적당한 길이로 '끊어서' 쓰려는 노력을 의식적으로 하여야 한다.

라. 조판(typography) 및 배치(layout)에 관한 유의점

필요한 부분에는 다른 글꼴이나 진한 글자를 사용하거나, 밑줄을 그을 수 있다.[103] 특히,

---

99) 예컨대, 사안에 따라 도표 같은 것을 적절히 활용하면 일목요연하다.
특히, 여러 숫자를 도표에 기재하면서 블록 계산식을 사용하면, 오타를 예방하는 효과도 거둘 수 있다.

100) 판결서 작성방식에 관한 권장사항 제13조 제2항.

101) 판결서 작성방식에 관한 권장사항 제3조 제1항.
논증과 연술을 하여야 하는 서면의 특성상, 판단을 하기만 하면 되는 판결서만큼 간결하게 서술하는 것은 바람직하지도 아니하고 가능하지도 아니하다. 그렇지만 서면 역시, 가능하고도 필요한 한도에서는 간결하게 작성하는 편이 좋다는 것은 두말할 나위 없다.

102) '일본의 영향으로', '법률가들이' 법률문장을 만연체로 쓴다는 미신이 널리 퍼져 있으나, 어느 나라나 판결문은 문장이 길고 독해가 쉽지 않다.
또한, 비법률가들의 서면을 보더라도 역시 만연체가 일반적인 것을 볼 수 있다.

103) 재판서 양식에 관한 예규(재일 2003-12) 제16조 제2항.

제목과 목차에는 다른 글꼴을 쓰거나 진한 글자를 사용하는 것이 좋고(경우에 따라 글자 크기도 달리할 필요가 있다), 특별히 강조할 부분에도 밑줄 등의 표시를 하는 것이 좋다.[104)]

그러나, 각주는[105)] 달지 않는 것이 옳다. 각주란 물건은, 이를 굳이 읽지 아니하더라도(즉, 각주를 빼고 본문만 읽더라도) 그 글의 논지가 성립됨을 개념필연적으로 전제하기 때문이다. 따라서, 서면에 각주를 사용하였다면, 이는 서면의 간결성에 어긋나는 사족이든지, 아니면 정작 본문에 기재하여야 할 중요사항을 각주에 기재한 것이든지, 둘 중의 하나로 볼 수밖에 없다.[106)] 더욱이 서면의 각주는 서면의 가독성을 상당히 저해한다.

또한, 필요한 경우에는, 들여쓰기를 할 수 있고,[107)] 또 그렇게 하는 것이 좋다.

일반적으로, 똑같은 내용을 쓰더라도 여백을 적절히 넣고 내용의 정렬을 적절히 하면 가독성이 높아진다(이는 스페이스바, 탭, 들여쓰기, 정렬 방식 등을 적절히 사용하여야 함을 의미한다).

마. 작성준비 및 퇴고의 문제

1) 작성준비

주기록이 편성되는 신청서 외의 서면은, 그 작성을 시작하기 전에 먼저 대법원 사이트 '나의 사건검색'을 통해 사건번호, 사건명, 당사자, 재판부, 지난 기일 이후의 변동사항, 다음 기일 등을 다시 한 번 확인하는 것이 바람직하다.

2) 퇴 고

여느 글과 마찬가지로 서면 역시, 이상적으로는, 입으로도 읽어 보고(and/or), 거듭 고치고(and/or), '냉각기간'을 두고 고치며(이른바, 'cool down')(and/or), 남이 읽어 보고서 틀리거나 이상한 부분을 지적하여 준다면, 더 나은 서면이 될 수 있겠지만, 실제로는 제출기한 등의 제약 때문에 그렇게까지 하기는 매우 어렵다.[108)]

이 점이 서면과 논문의 차이 중 하나이다.

104) 다만, 강조할 부분의 표시는 아껴서 사용하여야 한다. 그러하지 아니하면 그것은 이미 강조를 하는 것이 아니다.

105) 물론 미주도 마찬가지이다.

106) 서면에서 인용하는 법정보 역시, 하나의 권위로서 인용하는 것이므로, 그 출처표기 역시 본문에서 행하여져야 한다.
cf. 서면뿐만 아니라 재판서에서도 가면 갈수록 각주가 오히려 더욱 더 많이 사용되어 가는 경향이 있는데(필자는 심지어 공소장의 공소사실과 판결서의 주문에까지 각주가 달린 예를 실제로 보았다), 이는 매우 우려스러운 현상이다.

107) 재판서 양식에 관한 예규(재일 2003-12) 제16조 제1항 전단.

108) cf. 논문이나 책이라면, 정작 고치는 데 걸리는 시간이 초고를 완성하는 데 걸리는 시간만큼이나 걸리게

그렇다 하더라도, 적어도 컴퓨터 모니터 상에서(즉, soft copy 상태에서) 한 번 훑어 읽고, 또한 출력 후에(즉, hard copy 상태에서, 날인하거나 부본을 출력하기 전에) 한 번 훑어 읽는 정도의 수고는 하는 것이 바람직하다.

오탈자가 있다고 하여 반드시 결과에 영향이 있는 것은 아니지만, 그래도 오탈자가 있으면 법원이 보기에 공연히 우스워 보일 수 있다.

Ⅲ. 신청서와 주장서면의 작성요령

1. 신청서 일반의 작성요령

가. 신청서의 종류 문제

성질이 상이한 신청서를 한 서면으로 쓰는 것은 좋지 않으며, 그 경우에는 신청서를 각별로 쓰는 것이 낫다.[109)]

나. 사건명의 표시

소송상의 신청이나 보전처분의 신청 등은 일반적으로 신청의 명칭 자체가 사건명이 되나(예 : "판결경정신청", "채권 가압류 신청"), 본안의 신청(소나 반소의 제기, 독립당사자참가신청, 지급명령신청, 민사조정신청 등)의 경우에는 별도의 사건명을 기재하여야 한다.

소장의 경우에는 "○○○ 청구의 소", 지급명령신청의 경우에는 "○○○ 청구의 독촉" 식으로 기재함이 실무관행이다. 여타의 본안의 신청도 이에 준하여 기재할 것이다(예 : "○○○ 청구의 반소"). 다만, 가사비송사건의 심판청구의 경우에는 아예 제목 자체를 "○○○ 심판청구서" 식으로 쓰는 것이 더 일반적인 것 같다.

사건명의 표시와 관련하여서는 몇 가지 주의할 점이 있다.

첫째, 손해배상 사건과 특허소송 사건은 「손해배상 사건에 대한 사건명 표시의 구분(재민 86-5)」과 「특허법원의 사건명 표시(재특 98-2)」가 각각 사건명 표시를 세분하고 있으며, 따라서 소장에서 사건명을 기재할 때에도 이에 따르는 것이 실무이다. 예컨대, 일반적인 손해배상

마련이다.

109) cf. 물론, '권리행사최고 및 담보취소 신청서'나 '채권압류 및 추심명령 신청서'처럼 여러 신청을 한꺼번에 하여야만 하는 경우도 있다.

청구는 "손해배상(기) 청구의 소"라고 기재하지만, 의료과오로 인한 손해배상 청구는 "손해배상(의) 청구의 소"라고 기재한다.

둘째, 청구가 복수(複數)인 때에는 청구취지 제1항의 청구의 명칭에 따라 "○○○ 등 청구의 소" 식으로 씀이 일반이다.

셋째, 그러나 가사사건의 경우, "이혼 및 위자료 청구의 소", "이혼 및 재산분할 등 청구의 소" 식으로 조금 더 세분하여 사건명을 기재함이 실무이다.

다. 신청취지 일반[110)]

1) 별도의 항목을 두는 신청취지

신청 중에는 법원이 주문(主文) 있는 재판으로써 응답하여야 하는 성질의 것들이 있는바, 그러한 신청은 결국 그러한 재판을 구하는 것에 다름 아니다.

따라서, 그러한 신청의 신청취지 기재례는 원칙적으로 해당 재판의 주문 기재례와 일치하게 된다.

예컨대, 원칙적으로, 청구취지의 기재례는 원고 승소 판결의 주문 기재례와 같다.

2) 별도의 항목이 없는 신청취지

그러나 그 밖의 신청은 단순히 "…을 (하여 줄 것을) 신청합니다", "…하여 주시기 바랍니다." 식으로만 기재하면(즉, 말 그대로 그러한 신청을 하는 뜻을 진술하는 것만으로) 족하다.

예컨대, 당사자표시정정신청은, 법원이 이를 인용할 경우 사건관리시스템상의 당사자 표시를 정정하고서 신청서 부본을 송달하는 등 절차를 속행할 뿐, 별도로 인용결정을 하는 신청이 아니므로, 위와 같은 식으로 신청취지를 기재하면 된다.

라. 신청이유 일반[111)]

신청이유란, 법원이 신청취지와 같은 재판으로써 응답하여 주어야 하는 사실상·법률상의 이유를 말한다고 할 수 있다. 이러한 설명은 너무나 당연한 것으로 들리겠지만, 그렇기 때문

---

110) 본안의 신청에서는 대개 '청구취지'를 기재하게 된다(법 제249조 제1항, 제385조 제1항, 제464조, 가사소송법 제36조 제3항 제2호).

111) 본안의 신청에서는 대개 '청구원인'을 기재하게 된다(법 제249조 제1항, 제385조 제1항, 제464조, 가사소송법 제36조 제3항 제2호).
비송사건절차, 도산절차 또는 선박·유류 등 책임제한절차에서는 '신청원인'을 기재하게 된다(비송사건절차법 제9조 제1항 제3호, 채무자회생법 제302조 제1항 제4호, 선박소유자 등의 책임제한절차에 관한 법률 제9조 제2항 제2호, 유류오염손해배상 보장법 제41조).

에 오히려 이를 염두에 두고 있는 것이 무엇보다도 중요하다.

신청이유에는 우선 신청을 뒷받침하는 구체적 사실을 적어야 한다(민사소송규칙 제62조 제1호 참조).

특히 기본적 신청의 신청서의 경우에는, 그 신청이유 자체가 하나의 사건이므로, 그것이 하나의 사건으로서 '이야기가 되도록' 사실관계를 진술할 필요가 있다. 이혼 소장 청구원인에서 당사자가 혼인을 한 후 혼인이 파탄에 이른 경위를 시간순서에 따라 진술하는 것은 그 대표적인 예이며, 사안에 따라서는 간접사실에 대한 진술까지도 적절히 이루어져야 제3자가 사건의 전후맥락을 이해할 수 있는 경우가 있음을 알아야 한다.

신청이유의 모두(冒頭) 항목을 "당사자의 관계"로 하여 진술을 시작하면 좋은 경우가 매우 많으며, 이는 사건의 내용이 복잡하거나(and/or) 당사자가 다수인 때에는 특히 그러하다. 그러한 진술은 사건 전체를 개관할 수 있도록 하여 주는 역할도 한다. 그러나, 구체적인 사건내용은 이후의 항목에서 진술하게 되므로, '당사자의 관계'는 매우 간단하게 진술하는 것으로 족하다.

특별재판적이 문제될 수 있는 사건에서는 해당 특별재판적(예 : 사무소·영업소·군사용 청사·재산의 각 소재지, 선적지, 불법행위지 등)도 기재함이 무난하다.

신청이유의 결론 항목은, 앞서 개진한 신청이유를 요약하는 것으로서, 신청취지와 상응하여야 하는데, 이때 다소간 특수한 또는 특이한 신청이라면 그 근거조항까지 적시하여 주는 것이 바람직하다. 예컨대, 소송이송신청은 그 종류와 근거조문이 여러 가지이므로, 근거조문을 적시하지 아니하면 혼란이 생길 수 있다.

"…는 이유 있으므로…"와 같은 표현은, 재판서의 문투이지 서면의 문투가 아닐뿐더러,[112] 군더더기 표현이므로,[113] 삼가도록 한다(주장의 방법에 관하여 더 상세한 것은 바로 후술하는 서술을 참고하라).

2. 주장서면 일반의 작성요령

가. (협의의) 공격방어방법

1) 개 관

주장서면 역시 그 성질상, 법률적 삼단논법이 적용되므로, 쟁점별로 ① 사실(소전제)의 진

112) 역지사지하여 보라. 법관 입장에서 그런 표현을 접하였다면 반사적으로 '이유 있는지 없는지를 내가 판단하지 당신이 판단하나?'라고 생각하지 않겠는가?

113) 신청이 이유 있으니까 신청한 것 아닌가? 이유 없으면 신청 자체를 하지 말았어야 할 것 아닌가?

술, ② 적용될 법리(대전제)의 개진 및 적용, ③ 그에 따른 법효과(결론)의 주장의 구도, 또는 ②, ①, ③ 식의 구도를 갖게 되는 경우가 많다.

이 중에서도 서면 작성에서 단연 중요한 것은 ①이지만("Da mihi factum, dabo tibi ius."), 그것이 정작 중요한 까닭은 오히려 ②, ③ 때문임은 물론이다(요건사실의 개념을 상기하여 보라).

2) 사실의 진술

당사자에게는 진실의무가 있으므로, 진실이 아닌 것으로 알고 있는 사실은 주장하지 말아야 한다. 그러나, 진실일 수도 있는 사실은(증거가 불충분한 등 확신이 없더라도) 주장할 수 있다.

사실의 진술은 '① 주체 ② 시기 ③ 상대방 ④ 목적물 ⑤ 행위의 종류 및 내용' 식으로 함이 일반이며(예 : "원고는 2014. 2. 7. 피고에게 금 1,000,000원을 이자 연 10%로 정하여 대여하였습니다."), 형사사건의 경우와 달리, 장소나 시각(時刻)의 진술은 불필요한 경우가 대부분이다.

3) 법리의 개진 및 적용

판결이유상의 법리판단이 "주문이 정당하다는 것을 인정할 수 있을 정도"면 족한 것과 마찬가지로, 주장서면상의 법리주장 역시 해당 공격방어방법이 법리상 정당하다고 법원을 설득할 수 있을 정도면 족한 것이다.[114)]

따라서, 특수한 법률문제가 아닌 한 법리의 개진 및 적용은 생략하여도 되는 경우가 많다. 예컨대, 금 ○○○원을 대여하였으면, 곧바로 "따라서 상대방에게 위 차용금의 변제의무가 있다"라고 하면 그만이지, 민법 제598조(소비대차의 의의)를 굳이 거시하거나 심지어 그 조문 내용을 일일이 전재하거나 할 필요가 없다.

근년에 법관들을 상대로 실시된 설문조사에서,[115)] "로펌이나 변호사의 변론(변호) 활동에서 가장 보기 좋지 않은 모습은 어떤 것입니까?"라는 질문에 가장 많이 나온 답변이 "직접적인 관련도 없는 교과서식 주장을 장황하게 늘어놓는 경우"이었음은,[116)] 이 점에서 매우 시사적이다.

문제는 특수한 법률문제의 경우이다. 어느 경우가 그것에 해당하는지, 또한 그 경우에 어

---

114) 로마법 수업을 듣거나 사료를 접하여 본 사람이라면, 이것이 무슨 말인지 피부에 와 닿을 것이다. 특기할 만한 사실은, 단 한 마디의 군더더기도 없는 로마법학자들의 서술태도는, 로마법학이 법교의학에 터 잡은 실무법학이었다는 사실과 결코 무관하지 아니하다는 것이다.

115) "현직 판사 120명이 본 국내 로펌", **법률신문**, 2014. 4. 29., 5면.

116) cf. 그런데, 돌이켜 보면, 이것은 이른바 '마치 사법시험 2차시험 답안을 쓰듯이' 서면을 쓴 것에 다름 아니며, 종래의 '사례풀이 연습'이 그런 면에서도 '비실무적' 폐단이 없지 아니함을 알 수 있다.

느 정도까지 구체적으로 법리 주장을 하여야 하는가는 일률적으로 말할 수 없다.117)

일반적으로는, 소송대리인 자신도 잘 몰라서 조사를 하여 본 법정보가 있다면 이를 적시하여 주는 것이 무난하다. 왜냐하면, 법을 아는 것이 법관의 직무라고는 하지만, 특히 변호사도 잘 모를 정도의 법정보라면 그러한 사항을 법관 역시 잘 모르고 있을 수도 있기 때문이다.

적시의 정도는, 가령 해당 법령 조문이 무슨 법령 몇 조 몇 항인지, 판례 번호가 어떻게 되는지만을 명시하는 것으로 족할 경우도 있고, 해당 조문이나 판시사항의 문언을 일부 또는 전부 전재하는 것이 필요한 경우도 있다. 학설의 경우에는 통설이라면 굳이 출처를 명시할 필요가 별로 없겠으나, 소수설 또는 교과서 수준을 넘는 쟁점에 관한 학설이라면 문헌의 인용방법에 따른 인용이 필요할 것이다.

그리고 특이성이 높은 법리라면 이를 사실 주장보다 먼저 개진하는 것이, 특이성이 낮은 법리라면 사실 주장을 먼저 한 후에 개진하는 것이, 자연스러울 것이다.

나. 의사표시 등의 진술

주장서면의 송달을 통하여 실체법상의 의사표시나 의사의 통지, 관념의 통지 등을 행할 수도 있음을 상기하여야 한다.

임대차보증금반환 청구의 소장에서 갱신거절의 통지가 소제기 전에 상대방(피고)에게 도달하지 아니한 경우에 대비하여 소장 부본의 송달로써 계약해지의 의사표시를 한다는 진술을 하는 것 등은 그 대표적인 예이다.

다. 증거방법

사실상 주장을 함에는, 이를 증명하기 위한 증거방법을 함께 적어야 함이 원칙인바(법 제274조 제2항), 이는 구체적으로 다음과 같다.

특히 서증이 여러 개인 때에는, 그 중 어느 서증이(더 나아가, 서증 자체의 분량이 많거나 복잡한 경우에는 해당 서증의 어느 부분이) 해당 사실을 증명할 증거인지 적당한 방법으로 표시하는 것이 좋다.118)

---

117) 그것은 심지어 법사회학적인 문제이기도 하다. 가령, 근로기준법상 소위 특별지연손해금 제도가 막 시행되고서 한동안은, 이 제도 자체가 실무가들에게도 생소하다 보니 청구원인 자체에 그 법적 근거를 하위법령 조문까지 소상히 기재할 필요가 있었다. 그러나, 지금은 위 제도가 실무계에 널리 알려져 있으므로, 청구원인에서도 단순히 "근로기준법이 정한" 운운하는 것으로 족하게 되었다.

118) 이는, 본문에 표시하는 것이 더 나을 경우도 있고, 입증방법의 표시 부분에 표시하는 것이 더 나을 경우도 있다.

경우에 따라서는 아예 증거설명서를 별도로 만들어 제출하는 것도 좋다(규칙 제106조 제1항). 이는 원론적으로, 서증의 내용을 이해하기 어렵거나 서증의 수가 방대한 경우, 서증의 입증취지가 불명확한 경우에 필요한 것이지만(같은 항), 그 밖에도 (특히 당사자 본인이 진행하다가 소송을 위임한 경우에) 기존에 제출된 서증의 순서가 뒤죽박죽인 경우에도 필요하다.

상대방이 제출한 증거를 이익으로 원용할 필요가 있을 때에는 그러한 취지의 진술을 할 필요가 있다(증거공통의 원칙).[119]

기일 외에서 한 증거조사의 결과를 이익으로 원용할 필요가 있을 때에도 주의적으로 그러한 취지의 진술을 할 필요가 있다.

Ⅳ. 서면의 종류별 착안사항[120]

1. 행정소송의 소장

일반적으로, 행정소송의 소제기시에는 '근거법령'을 별지에 정리하여 소장의 일부로 하는 것이 바람직하다.

2. 반박주장서면

가. 의 의

상대방의 주장에 대하여 반박하는 내용의 진술을 하는 주장서면을 널리 반박주장서면이라고 일컬을 수 있는바, 답변서 역시 반박주장서면의 일종이라고 할 수 있다.

준비서면에 상대방의 신청과 공격 또는 방어의 방법에 대한 진술(법 제274조 제1항 제5호) 내지 이에 대하여 사실상 주장을 증명하기 위한 증거방법과 상대방의 증거방법에 대한 의견(같은 조 제2항)을 적는 것은, 결국 반박준비서면의 경우에 문제되는 것이다.

이러한 반박주장서면의 성질상 그 작성시에 특기할 점은 다음과 같다.

---

119) 당사자 일방이 상대방으로부터 제출된 증거를 자기의 이익으로 원용하지 아니한 이상 법원이 그 증거를 판단하지 아니하였다고 하여도 판단누락은 아니기 때문이다. 대법원 1982. 12. 28. 선고 82누461 판결 등.

120) 각종 서면에 관하여 법령이 정한 기재사항에 관하여서는 이 책 본문의 해당 부분에서 각각 상술하였다. 여기서는 특히 중요한 서면들의 몇 가지 특기할 작성요령만 간단히 언급하겠다.

나. 상대방의 신청에 대한 진술 : 신청취지에 대한 답변

답변서 외의 경우에도 '상대방의 청구에 대한 진술'을 하여야 할 경우가 있다(법 제274조 제1항 제5호). 반소 청구취지에 대한 답변이 그 예이며, 그 작성요령은 답변서의 '청구취지에 대한 답변'의 작성요령과 다를 바 없다.

따라서, 그러한 진술(신청취지에 대한 답변)의 기재례는 원칙적으로 해당 신청을 배척하는 재판의 주문 기재례와 일치하게 된다.

다. 상대방의 공격방어방법에 대한 진술

반박준비서면은 그 본문에 모두(冒頭) 항목을 두어 상대방의 주장의 요지를 먼저 서술하고 나서 본론으로 들어가면 서술이 자연스럽고 읽기도 편하게 된다.

상대방이 공격방어방법을 제출한 경우 이에 대한 진술을 하여야 할 필요가 있게 되는바(법 제274조 제1항 제5호), 이는 상대방이 주장한 사실에 대하여 부인, 자백, 또는 부지의 진술을 하거나, 항변을 제출하거나, 법리적 주장에 대하여 수긍 또는 논박을 하는 것을 의미한다.

당사자의 주장사실을 상대방이 자백 또는 자인한 경우, 이를 이익으로 원용하는 진술을 할 필요가 있다.

이론적으로는, 상대방이 주장한 개개의 사실에 대한 인정 여부를 적어야 하나(규칙 제65조 제1항 제1호 참조), 자백은 진실에 어긋나고 착오로 말미암은 것임을 증명하여야만 취소할 수 있으므로(법 제288조 단서), 정말로 확실한 사실 외에는 함부로 자백을 하지 말고 그냥 증거에 의하여 입증되도록 놓아두는 편이 무난하다.

상대방의 주장 사실을 자백할 경우에 제출할 항변이 있다면, 항변과 이를 뒷받침하는 구체적 사실도 적어야 한다(규칙 제65조 제1항 제2호 참조).

그런데, 상대방의 주장사실에 대하여 침묵할 경우, 자칫 자백간주(법 제150조 제1항 본문)의 우려가 있으므로, 특히 상대방이 주장한 바가 사실과 다를 경우에는 이를 명백히 다툼이 바람직하다. 즉, (설령 거짓이라는 확신까지는 없더라도) 거짓일 수도 있는 상대방의 주장사실은 다투어야 한다.

그러나, 당사자에게는 진실의무가 있으므로, 진실인 것으로 알고 있는 상대방의 주장은 (적어도 명시적으로는) 다투지 말아야 한다.

당사자가 모르는 사실은 명시적으로 부지로 인부하여야 함은 물론이다.

라. 상대방의 증거방법에 대한 진술

상대방의 청구와 공격방어방법에 대한 진술에 대하여서는, 상대방의 증거방법에 대한 의견을 함께 적어야 하는바(법 제274조 제2항 후단), 이는 구체적으로 다음과 같다.

상대방이 제출한 서증에 대하여서는 성립인부의 진술을 할 필요가 있다.

상대방이 제출한 증거방법 또는 증거조사결과의 채용이 상당하지 아니할 때에는 증거항변을 제출하여야 한다. 즉, 사안에 따라 상대방이 제출한 증거가 쟁점과 무관하다는 주장, 증거가치가 없다는 주장, 실기한 공격방어방법이라는 주장 등을 적절히 개진할 것이다.

3. 각종의 변경·정정신청서

가령, 청구취지 및 원인 변경신청서를 작성함에는 다음과 같이 함이 상당하다.

첫째, (변경전 청구취지를 주의적으로 기재하는 것이 좋기는 하나, 그 기재를 생략할지언정) 변경한 청구취지를 변경전 청구취지보다 먼저 기재하는 것이 좋다. 왜냐하면, 어디까지나 중요한 것은 변경한 청구취지이지 변경전 청구취지가 아니기 때문이다.

둘째, 원칙적으로, 변경한 청구원인은 순수하게 변경한 부분만을 기재할 것이 아니라 변경하지 아니한 부분까지 모두 다 기재하는 것이 바람직하다. 왜냐하면, 그렇게 하지 아니하면 청구원인 전체의 파악을 위하여 이전의 소장 등까지 일일이 들추어 보아야 하기 때문이다. 특히 청구의 변경이 여러 차례 있었는데도 '변경한 부분만 달랑' 기재되어 있을 경우 청구원인 전체의 파악에 혼란이 생길 수 있다.

다만, 소액사건 등의 경우에는 변경한 부분만 기재하는 것이 오히려 간명할 수도 있다.

위와 같은 이치는 당사자표시정정신청서 등 여타의 변경·정정신청에서도 마찬가지이다.

4. 증인신문사항[121)]

증인신문사항을 작성하는, 비록 최선은 아니지만 가장 무난한 요령은, 기존의 주장과 증거에 비추어 의문 나는 부분들을 증인에게 물어 본다는 생각으로 신문사항을 작성하는 것이다. 이 요령 아닌 요령이 성립할 수 있는 까닭은, 세상에 참만을 말하는 사람이나 거짓만을 말하는 사람은 없기 때문이다.

증인신문사항은 가급적 그대로 읽기만 하면 신문이 가능하도록 작성하여야 한다. 특히 법

---

121) 당사자신문사항 등도 그 작성요령은 다를 바 없다.

률가는 문어체에 익숙하기 때문에, 구어체를 쓰려고 의식적으로 노력하지 않으면, 자칫 신문에 사용하기에는 걸맞지 않는 문투로 증인신문사항을 작성할 우려가 있다.

당사자는 재판장의 허가를 받아 문서·도면·사진·모형·장치, 그 밖의 물건을 이용하여 신문할 수 있으므로(규칙 제96조 제1항),[122] 문서등을 제시하고 신문하고자 할 때에는 증인신문사항에도 그 취지를 기재하여야 한다.

반대신문은 주신문에 나타난 사항과 이에 관련된 사항에 관하여 하므로(규칙 제92조 제1항), 반대신문사항을 작성할 때에는 그 사항이 어느 주신문사항과 관련된 것인지도 표시할 필요가 있다.

반대신문을 잘 하여서 득을 보기란 참으로 어려운 일이나, 반대신문에서는 유도신문이 가능하다는 것(규칙 제92조 제2항)을 최대한 활용할 필요가 있다.[123]

그런데, 특히 적대적 증인을 신문하는 경우에, 준비하여 간 신문사항을 무턱대고 다 신문하는 것은 어리석으며, 신문을 계속하였다가는 도리어 불리한 증언이 이어질 것으로 보이는 경우에는 신문을 과감히 생략하는 융통성이 필요하다.

5. 상고이유서

상고이유서 본문은 쟁점에 따라 "상고이유 제○점" 식으로 목차 구분을 하여 작성함이 실무이다.[124]

---

122) 다만, 그 문서등은 증거조사를 한 것이어야 함이 원칙임에 주의하여야 한다(규칙 제96조 제2항).

123) 사람의 심리상, 빤한 사실에 대하여 대어놓고 "아니요"라고 하기는 어렵기 때문이다. 따라서 반대신문시에는 주신문에 비하여 장문단답식질문의 사용빈도가 높아질 수밖에 없다.
cf. 그러나, 아마도 우리나라 특유의 염가사법(廉價司法) 때문에, 주신문시에 유도신문을 하여서는 아니된다는 원칙이 흔히 몰각되고 있는 실정이다(모르기는 하여도, 주신문시의 유도신문을 엄격하게 금지하였다가는 한국 민사사법의 상당 부분이 마비되고 말 것이다).

124) cf. 상고이유서의 실례는, 법원도서관에서 간행하는 **대법원판례집**에 수록된 것들을 참고하기 바란다(법고을LX에서도 볼 수 있다).

전자소송에서 소송서류 제출·접수, 편철 및 송달의 특칙들

1. 전자소송의 소송서류 제출 등의 기본구도 개관

'전자소송법'이 소송서류의 제출 등에 관하여 기본적으로 예정하고 있는 구도를 정리하여 보면 다음과 같다.

첫째, 제출수단의 측면에서, 전자소송 동의자는 소송서류를 전자문서로 제출하여야 하나(민소전자문서법 제8조 본문), 전자소송 비동의자는 그러한 의무를 부담하지 아니하므로 종이서류를 제출하게 된다.

둘째, 제출·접수방법의 측면에서, 전자소송 동의자는 전자소송시스템을 이용하여 소송서류를 제출하여야 하고(같은 본문), 따라서, 해당 서류가 전자소송시스템에 전자적으로 기록된 때에 접수간주되나(같은 법 제9조 제1항), 전자소송 비동의자는 종합접수실에(예외적으로, 법정에서) 소송서류를 제출하여야 하고 또 그곳에서 접수담당자(또는 사건담임자)가 이를 접수한다.

셋째, 기록편철의 측면에서, 전자소송 동의자가 제출한 서류는 위와 같은 전자적 제출에 따라 전자소송시스템에 등재됨으로써 전자기록화되나, 전자소송 비동의자가 제출한 서류는 법원사무관등이 이를 전자화하고 사법전자서명을 하여 전자소송시스템에 등재하여야 한다(같은 법 제10조 제2항).

넷째, 송달의 측면에서, 위와 같이 전자기록화된 소송서류가, 전자소송 동의자에게는 전자적으로(같은 법 제11조 제1항), 전자소송 비동의자에게는 출력서면으로써(다만, 해당 송달서류가 멀티미디어 방식인 때에는 상당한 방법으로) 각각 송달된다(같은 법 제12조 제1항 제2호, 제13조 제3항 전문).

예외적으로, 전자소송 동의자에게 법정에서 송달하여야 할 때에는, 출력서면 교부(민소전자문서규칙 제29조 제1항 제3호) 또는 이른바 화면열람(같은 규칙 제27조)에 의하게 된다.

문제는 이상과 같은 일반원칙이 관철될 수 없는 여러 경우들이 있다는 것인바, 이를 일목요연하게 살펴보면 다음과 같다.

2. 전자소송에서 소송서류 제출수단의 특칙

가. 전자소송 동의자의 전자문서 아닌 형태의 소송서류 제출

1) 전자소송 동의자가 전자문서 아닌 형태의 소송서류를 제출할 수 있는 경우

가) 개 관

첫째, 전자소송시스템을 이용할 수 없는 경우에는, (전자소송 동의를 한) 등록사용자는 법원에 제출할 서류를 전자문서가 아닌 형태로 제출할 수 있다(민소전자문서법 제8조 제1호, 민소전자문서규칙 제14조 제1항). 주의할 것은, 후술하듯이, 이 경우에는 (자기디스크 등을 이용하여) 전자문서의 형태로 제출하는 것 역시 가능하다는 점이다.

둘째, 전자문서화가 곤란하거나 전자문서로 제출하는 것이 적합하지 아니한 경우에 해당하면, (전자소송 동의를 한) 등록사용자는 법원에 제출할 서류를 전자문서가 아닌 형태로 제출할 수 있다(민소전자문서법 제8조 제2호, 민소전자문서규칙 제15조 제1항).

한편, 민소전자문서규칙 제14조 제1항 및 제15조 제1항의 법문에는 "전자소송 동의를 한"이라는 문언이 없으나, 이는 입법의 착오임이 분명하다(민소전자문서법 제8조 본문, 민소전자문서규칙 제16조 전문 참조).

나) 전자문서로 제출하는 것이 적합하지 아니한 경우

그런데, '전자문서로 제출하는 것이 적합하지 아니한 경우'와 관련하여서는 몇 가지 주의할 점이 있다.

첫째, '전자문서로 제출하는 것이 적합하지 아니한 경우'란 '재판장이 필요하다고 인정하여 허가한 경우'도 포함한다(민소전자문서규칙 규칙 제15조 제1항 제4호 후단).

따라서, 전자소송 동의자는 변론기일 또는 변론준비기일에 재판장의 허가가 있는 경우에만 종이서류를 제출할 수 있고,[125] 역으로 재판장은 필요하다고 인정하면 전자소송 동의자의 종이서류 법정제출(法廷提出)을 허가할 수 있다.

둘째, '전자문서로 제출하는 것이 적합하지 아니한 경우'란, 해당 서류가 종이서류인 경우가 일반적이겠으나, 아예 해당 서류가 전자문서인 경우도 있을 수 있으며(같은 규칙 제15조 제2항, 제31조 제2항 제3호 참조), 그 점에서, 해당 서류가 종이서류일 수밖에 없는 '전자문서로 제출하는 것이 현저히 곤란한 경우'와 차이가 있다.

한편, 전자문서로 제출하는 것이 적합하지 아니한 경우(민소전자문서규칙 제15조 제1항 제3호

---

125) 민전예규 제54조 제1항 전문.

및 제4호)와 관련하여서는 입법론적으로 한 가지 중대한 의문이 있다. '영업비밀'과 '사생활보호'의 경우에는 비밀보호를 위하여 열람 등이 제한되어야 마땅하건만, 그러한 소기의 목적을 달성하기 위하여서는 당사자가 해당 종이서류에 관하여 별도로 비밀보호를 위한 열람 등의 제한 신청(법 제163조 제1항)을 하여야 한다는 불합리가 있다.[126] 따라서, 입법론으로는 이 경우에는 법률상 당연히 제3자의 열람 등이 불허되는 것으로 규정할 필요가 있다고 본다.

2) 전자문서 아닌 형태의 소송서류

가) 개 관

여기서 '전자문서 아닌 형태의 소송서류'라 함은 일견 통상의 종이서류(전자화하지 아니한 해당 서류 자체)를 지칭하는 것처럼 보이며, 전자소송실무도 그러한 입장인 것으로 보인다.[127] 그러나, 일반적으로는 위 견해는 엄밀한 것이 못되는바, 그 까닭은 아래에서 논하는 바와 같다.

나) 종이서류(출력서면 제외)를 제출할 수 있는 경우

(1) 전자문서화가 곤란한 경우

전자문서화가 곤란한 경우에는, 해당 (종이)서류 자체를 제출할 수밖에 없다.

다만, 서적을 제출하는 경우, 서적의 내용 가운데 중요한 부분을 전자문서로 변환하여 그 서적과 함께 제출하여야 한다(민소전자문서규칙 제15조 제1항 제1호). 그리고, 이러한 전자문서는 일반원칙에 따라 전자적으로 제출하여야 할 것이다.

(2) 전자문서로 제출하는 것이 적합하지 아니한 경우(원본이 종이서류인 때)

전자문서로 제출하는 것이 적합하지 아니하고, 그 원본이 종이서류인 때에도 해당 서류 자체를 제출하여야 하겠다.

다) 출력서면을 제출할 수 있거나 제출하여야 하는 경우

(1) 전자소송시스템을 이용할 수 없는 경우

'전자소송시스템을 이용할 수 없는 경우'(민소전자문서법 제8조 제1호, 민소전자문서규칙 제14조 제1항)에 제출할 수 있는 '전자문서 아닌 형태의 소송서류'란 (해당 전자문서의) 출력서면으로 이해하여야 한다.

---

126) 유사취지: 유병현, "전자소송의 내용과 규율방향", **고려법학**, 제62호(2011), 206면.

127) 민전예규 제28조 제1항 제2호, 제19조 제2항 제1호 가목, 제55조 제1항.

민소전자문서규칙 제19조 제2항은 "전자문서를 출력한 서면(의 제출)"을 운위하고 있는바, 멀티미디어 주장자료(또는 음성·영상등 정보)의 경우를 논외로 하면, '민전예규'대로라면 위 규정은 전혀 무의미한 것이 되고 만다. 그러나 오히려, '전자소송시스템을 이용할 수 없는 경우'의 성질을 염두에 둔다면, 위 규정을 체계적으로 이해할 수 있다. 즉, 그 경우에는 제출자의 전자화 의무(같은 규칙 제12조 제1항)가 면제되지 아니하며, 따라서 전자화의 대상인 종이서류 자체를 제출함이 허용되지 아니하는 것이다. 이것 외에는, 같은 규칙 제19조 제2항이 적용될 수 있는 경우는 없다.

또한, 위와 같이 전자화 의무가 면제되지 아니하는 이상, 제출자는 그 원본을 해당 소송절차가 확정될 때까지 보관하여야 한다고 본다(같은 규칙 제12조 제3항의 확장해석).

다만, 전자소송시스템을 이용할 수 없는 경우에 제출하는 출력서면은, 법원사무관등의 제출요구에 따라 제출하는 경우(민소전자문서법 제12조 제1항 후문, 민소전자문서규칙 제29조 제2항)와 달리, '전자소송시스템을 통하여' 출력할 필요가 없다고 할 것이다(출력서면 개념의 이중성). 사실 이 경우 전자소송시스템을 통한 출력 자체가 가능하지 아니하기도 하다.

또한, 후술하는 '자기디스크 등을 이용하여 제출하는 경우'와 달리, 작성자의 의사에 따라 작성한 것이라는 취지를 추가로 밝힐 필요가 없다(민소전자문서규칙 제14조 제3항의 반대해석). 왜냐하면, 후술하듯이, 사후적으로, 해당 문서를 자기디스크 등에 담아 제출하면서 그러한 취지를 밝히거나, 전자적으로 제출하면서 전자서명을 하게 되기 때문이다.

(2) 전자문서로 제출하는 것이 적합하지 아니한 경우(원본이 전자문서인 때)

전자문서인 소송서류를 전자문서로 제출하는 것이 적합하지 아니한 경우에는, 과연 어떤 형태로 해당 서류를 제출하여야 하는지 문제된다. 이 문제에 관하여 현행법은 침묵하고 있으나, 이 경우에도 결국 출력서면을 제출하는 수밖에 없다고 본다. 그리고, 이때 출력서면의 개념은 상술한 경우의 그것과 같다.

다만, 이때에는, 상술한 경우와 달리, 작성자의 의사에 따라 작성한 것이라는 취지를 추가로 밝혀야 할 것이다(민소전자문서규칙 제14조 제3항의 유추해석). 왜냐하면, 이때에는 사후적으로 전자서명 등을 하지 아니하기 때문이다.

나. 전자소송 비동의자의 전자문서 제출 : 멀티미디어 주장자료 또는 전자문서인 증거

이 책 본문의 '준비서면' 부분에서 기술한 바와 같이, 관견으로는, 전자소송 비동의자도 멀티미디어 주장자료를 제출할 수 있다고 본다.

한편, 전자소송 비동의자도 전자문서인 증거를 제출할 수 있는바(민소전자문서규칙 제31조 제2항 제1호), 이에 관하여 상세한 것은 '전자문서에 대한 증거조사' 부분에서 후술한다.

3. 전자소송에서 소송서류 제출·접수방법의 특칙

가. 자기디스크 등을 이용한 전자문서의 제출·접수방법

1) 자기디스크 등을 이용하여 전자문서를 제출할 수 있는 경우

가) 전자소송 동의자 : 전자소송시스템을 이용할 수 없는 경우, 재판장의 허가가 있은 경우

첫째, 전자소송시스템을 이용할 수 없는 경우에는, 전자소송 동의자는 법원에 제출할 서류를 자기디스크 등에 전자문서의 형태로 담아 제출할 수 있다(민소전자문서규칙 제14조 제1항).

둘째, 전자소송 동의를 한 등록사용자는 변론기일 또는 변론준비기일에 재판장의 허가가 있는 경우에만 전자문서인 소송서류를 자기디스크 등을 이용하여 제출할 수 있다(같은 규칙 제16조 전문).[128]

나) 전자소송 비동의자 : 멀티미디어 주장자료 또는 전자문서인 증거

전자소송 비동의자도, 멀티미디어 주장자료(관견),[129] 또는 전자문서인 증거(민소전자문서규칙 제31조 제2항 제1호)를 자기디스크 등에 담아 제출할 수 있다.

2) 자기디스크 등을 이용한 제출방법

가) 제출시 일반적으로 밝힐 사항

전자소송시스템을 이용할 수 없어 전자문서를 자기디스크 등에 담아 제출할 때에는 - 해당 문서를 즉석에서 확인할 수 없는 관계로 - [130] 다음 각 호의 사항을 밝혀야 한다(민소전자문서규칙 제14조 제2항).

① 사건의 표시, 자기디스크 등을 제출하는 당사자와 대리인의 이름·주소와 연락처, 자기디스크 등에 담긴 전자문서의 표시,[131] 작성자의 이름과 작성한 날짜,[132] 작성자와 제출자와

---

128) cf. 민전예규 제53조 제1항 전문은 "… 자기디스크 등 전자적 저장매체에 담아 …"라고 규정하고 있으나, '전자적 저장매체'라는 표현은 사족이라고 하겠다.

129) 이 문제에 관하여서는 이 책 본문의 '준비서면' 부분에서 논하였다.

130) 민사전자소송실무편람, 82면.

131) 전자문서의 명칭을 말한다. 민소전자문서규칙 제31조 제3항 제1호 참조.

132) 전자문서로 변환하여 제출된 경우에는 원본의 작성자와 작성일을 말한다. 민소전자문서규칙 제31조 제

의 관계, 법원의 표시

② 전자문서를 자기디스크 등에 담아 제출하여야 하는 사유

기술적으로는, 위와 같은 사항들을 기재한 서면에 해당 자기디스크 등을 첨부하여 제출하게 될 것이다.[133)]

다만, 기일에 재판장의 허가를 얻어 자기디스크 등을 제출할 때에는 위와 같은 사항을 밝힐 필요가 없다(같은 규칙 제16호 후단에서 같은 조 제14조 제2항의 부준용).

그런데, 증거를 제출할 때에는 추가로 밝혀야 하는 사항이 있으나, 이에 관하여서는 '전자문서에 대한 증거조사' 부분에서 후술한다.

나) 진정성립의 증명의 문제

전자문서를 자기디스크 등에 담아 제출하는 경우에, 전자서명 방식으로 작성된 전자문서라면 이를 그대로 담는 것으로 족하겠으나, 전자서명 방식으로 작성되지 아니한 전자문서를 자기디스크 등에 담아 제출하는 경우에는 작성자의 의사에 따라 작성한 것이라는 취지를 추가로 밝혀야 한다(민소전자문서규칙 제14조 제3항, 제16조 후문, 제31조 제2항 후문).

문제는 그 구체적인 방법인바, 관견으로는, 본시 전자소송의 전자서명은 종이소송의 기명날인 또는 서명(규칙 제2조 제1항 제5호)에 갈음하는 것이므로(민소전자문서법 제7조 제3항), 이를 역으로 생각하여 보면 결국, 기명날인 또는 서명이 있는 서류를 스캔하여 나머지 서류와 하나의 PDF 형식 문서로 병합·변환하여 제출하면 될 것이 아닌가 한다(민소전자문서규칙 제11조 제2항 제3호 참조).

그러나, 작성자가 기일에 성립인정의 진술을 하거나, 작성자로부터 받은 별도의 확인서를 제출자가 해당 전자문서와 함께 제출하여도 무방할 것이다.

다) 부본의 불요(不要)

후술하듯이, 이때에는 일반원칙에 따른 송달을 하게 되므로, 원칙적으로는 부본이 필요없다.

다만, 멀티미디어 주장자료나 음성·영상 등 정보의 경우에는, 법원의 요청에 따라 사실상의 부본을 제출하여야 할 경우가 있을 수도 있다(민소전자문서규칙 제13조 제3항 후문).

3항 제1호 참조.

133) 동지 : 민사전자소송실무편람, 445면.

3) 조서에의 기재

기일에 재판장의 허가를 받아 전자문서를 자기디스크 등에 담아 제출하는 경우, 후술하듯이 전자소송시스템에 등재한 후, 이를 조서에 기재한다.[134]

문제는 여기서 조서에 기재할 사항이 무엇이냐는 것인데, 당사자가 이를 법정에서 (자기디스크 등을 이용하여) 제출한 사실 및 재판장이 이를 허가한 사실을 기재하여야 한다고 할 것이다.

나. 전자소송 동의자가 적법하게 제출한 종이서류(출력서면 포함)의 제출·접수방법

1) 부본의 요부(要否)

가) 종이서류(출력서면 제외)을 제출하는 경우

이론적으로, 종이서류(출력서면 제외)를 제출하는 경우의 부본 첨부 여부는 경우를 나누어 보아야 한다.

첫째, 전자화가 곤란하거나 전자문서로 제출하는 것이 적합하지 아니한 경우에는, 부본을 첨부하여야 한다.

둘째, 다만, 전자화 불가문서가 아닌 서류를 재판장의 허가를 받아 법정에서 제출할 때에는, 관견으로는 부본 첨부가 필요 없으나, 실무는 부본 첨부를 요구한다.

나) 출력서면을 제출하는 경우

출력서면을 제출하는 경우의 부본 첨부 여부도 경우를 나누어 보아야 한다.

첫째, 전자소송시스템을 이용할 수 없는 경우에는, 부본 첨부를 요하지 아니한다.

다만, 멀티미디어 주장자료나 음성·영상 등 정보의 경우에 특칙이 있음은, 이 책 본문의 '준비서면' 부분에서 기술한 바와 같다.

둘째, 전자문서로 제출하는 것이 적합하지 아니한 전자문서의 출력서면을 제출하는 경우에는, 부본을 첨부하여야 한다.

2) 전자소송 동의자가 법정에서 제출한 종이서류의 경우

전자화 불가문서의 접수 일반에 관하여서는 이 책 본문의 '법원의 소송행위 : 재판 및 재판사무' 부분에서 논하였으나, 일반적으로 전자소송 동의자가 종이서류를 법정에서(재판장의 허

134) 민전예규 제53조 제1항 후문.

가를 받아) 제출한 경우에는 접수사무를 어떤 식으로 할 것인지 문제된다.

이 경우에도, 해당 서류를 그 성질에 따라 별도기록에 편철하거나(전자화 불가문서인 경우) 전자소송시스템에 등재한 후, 이를 조서에 기재하여야 한다.[135] 이때 표지 전자화 및 전자화 불가 처리 등도 담당재판부 법원사무관 등이 행함은, 이 책 본문의 '법원의 소송행위: 재판 및 재판사무' 부분에서 기술하였다.

문제는 여기서 조서에 기재할 사항이 무엇이냐는 것인데, 당사자가 이를 법정에서 (종이서류로써) 제출한 사실, 재판장이 이를 허가한 사실 및 허가사유, 재판장이 전자문서화를 지시한 경우에는 그 사실을 기재하여야 한다고 할 것이다.

4. 전자문서 아닌 형태로써 또는 자기디스크 등을 이용하여 제출된 소송서류의 전자기록화 여부 등

가. 자기디스크 등을 이용하여 제출된 서류의 등재방법: 사법전자서명 후 전산등재

전자소송시스템을 이용할 수 없어 (전자문서인 소송서류를) 자기디스크 등에 담아 제출하는 경우, 법원사무관등이 사법전자서명을 하여 전산등재하고 공용부전지에 이러한 취지를 입력한다(민소전자문서규칙 제19조 제2항 전문의 물론해석).[136]

전자소송 비동의자가 멀티미디어 주장자료나 전자문서인 증거를 자기디스크 등을 이용하여 제출한 경우에도 위와 같은 방법에 의하여야 할 것이다.

전자소송 동의자가 기일에 재판장의 허가를 받아 전자문서인 소송서류를 자기디스크 등에 담아 제출하는 경우에도, 법원사무관등이 대신 사법전자서명을 하고 전자소송시스템에 등재한다.[137] 그런데, 이때에는 기술한 바와 같이 조서에 기재를 하므로, 공용부전지에의 입력은 필요 없다고 할 것이다.

---

135) 민전예규 제54조 제1항 후문.
그런데, 법문에는 마치 별도기록 편철시에는 조서에 기재하지 아니하는 것처럼 되어 있으나, 그렇게 새겨서는 아니 될 것이다.

136) 민전예규 제55조 제2항.
위 예규는 "자기디스크 등 전자적 저장매체"라는 표현을 사용하고 있으나 '전자적 저장매체'라는 표현은 사족으로 보인다.

137) 민전예규 제53조 제1항 후문.
위 예규는 "자기디스크 등 전자적 저장매체"라는 표현을 사용하고 있으나 '전자적 저장매체'라는 표현은 蛇足으로 보인다.

나. 종이서류(출력서면 제외)로써 제출된 서류의 전자기록화 여부

이 문제에 관하여서는 이 책 본문의 '법원의 소송행위: 재판 및 재판사무' 부분에서 상론하였다.

다. 출력서면이 제출된 경우의 전자기록화 여부

1) 전자소송시스템을 이용할 수 없는 경우의 전자기록화

가) 등재방법의 이원성

전자소송시스템을 이용할 수 없어 소송서류를 출력하여 제출한 때에도, 전자적 제출의무가 면제되는 것은 아니며 따라서, 사후적으로 전자기록화를 하여야 한다.

그런데, 현행법상 그 방법은, 재판장의 명령에 따라 당사자가 전자소송시스템을 이용하여 사후적으로 제출하는 방법과 법원사무관등이 당사자로부터 자기디스크 등의 제출 또는 전자우편의 전송을 받아 등재하는 방법으로, 이원화되어 있다.

다만, 일반적으로는, 제출자 측의 장애가 곧바로 해소된 때에는 전자소송시스템을 이용하여 사후적으로 제출하도록 재판장이 명령함이 적절할 것이고, 제출자 측의 장애가 곧바로 해소되기 어려운 경우에는 법원사무관등이 등재함이 적절할 것인바,[138] 대개는 전자에 의하게 될 것으로 보인다.[139]

나) 전자소송시스템을 통한 사후적 제출

(1) 전자적 제출명령 및 이에 따른 제출의 효과

재판장은, 전자소송시스템에 장애가 있어 전자소송시스템에 의하지 아니하고 서류를 제출한 등록사용자에게 장애가 해소된 뒤에 해당 서류를 전자적 방법으로 제출할 것을 명할 수 있다(민소전자문서규칙 제14조 제4항 전문).

법문상으로는, 자기디스크 등을 이용한 제출의 경우에도 위와 같은 명령을 할 수 있는 것처럼 되어 있으나, 그 경우에는 전술한 바와 같이 법원사무관등이 곧바로 전산등재를 하는 것으로 족하므로, 결국 위 규정의 '전자소송시스템에 의하지 아니하고 제출한 서류'를 출력서면으로 한정해석하더라도 무리가 없다.

이러한 전자적 제출명령은 보정명령의 일종이므로 이를 함에는 제출기간을 정하여야 할

---

138) 유사취지: 민사전자소송실무편람, 83, 189면.

139) 민전예규 제55조 제1항이 전자문서가 아닌 형태의 서류의 법원사무관등에 의한 등재에 관하여 침묵하고 있는 것도, 이러한 취지에서 선해할 수 있다.

것이다.[140)]

전자적 제출명령에 따른 경우에는 최초에 제출한 때에 제출한 것으로 본다(같은 항 후문). 그리고, 이때에도 당초 제출된 출력서면은 그 제출자에게 반환하거나 폐기하여야 할 것이다(같은 규칙 제20조 제2항 전문 유추해석).

(2) 전자적 제출명령에 불응한 경우의 처리

그렇다면, 전자적 제출명령에 불응한 경우의 처리 내지 효과는 어떻게 되는가. 이에 대하여 전자소송실무는, 명령을 내린 후 상당한 기간이 경과하였는데도 등록사용자가 전자적으로 제출하지 않을 경우에는 법원사무관등은 제출된 종이서류를 전자문서로 변환하여 전산등재하고 공용부전지에 이러한 취지를 입력하는 것으로 하고 있다.[141)]

그러나, 위와 같은 실무의 태도는 타당하다고 할 수 없다. 위 경우에 해당 서류를 전자기록화할 법적 근거가 없기 때문이다. 더욱이, '민전예규'에 의하면 법원사무관등이 전산등재를 한 때에야 비로소 서류가 제출한 것이 되는데(민소전자문서규칙 제14조 제4항 후문의 반대해석), 이는 절차의 명확성을 해하고 당사자에게 불측의 손해를 끼칠 수 있는 처사이다.

관견으로는, 이 문제에 대한 간명한 해결책은, 전자적 제출명령에 따르지 아니한 때에는 해당 서류는 제출되지 아니한 것으로 보는 것이다(민소전자문서규칙 제12조 제2항의 유추해석).

다) 법원사무관등에 의한 등재

전자기록사건에서 법원사무관등은 전자문서를 출력한 서면을 제출한 자에게 해당 전자문서를 자기디스크 등에 담아 제출하게 하거나 지정된 전자우편주소로 전송하게 한 후 그 전자문서에 사법전자서명을 하고 전자소송시스템에 등재할 수 있다(민소전자문서규칙 제19조 제2항 전문).

자기디스크 등에 담아 제출할 때에 일정한 사항을 밝혀야 함은 기술한 내용과 같다(같은 규칙 제19조 제3항에서 제14조 제2항의 준용). 이 경우에도 작성자의 의사에 따라 작성한 것이라는 취지를 밝혀야 하는바(같은 규칙 제19조 제3항에서 제14조 제3항의 준용), 그 방법은 역시 기술한 바와 같다.[142)]

이러한 방식으로 제출한 전자문서는 이를 출력하여 제출한 서면을 갈음하는 것으로 보며

---

140) 그러나, 민소전자문서규칙 제55조 제1항은 보정기간의 정함 없이 명령을 할 수 있는 것처럼 규정하고 있으나, 이러한 태도는 타당하다고 할 수 없다.

141) 민소전자문서규칙 제55조 제1항.

142) 그런데, 전자우편주소로 전송하는 방식에 의할 때에도 위와 같은 사항들을 밝혀야 하는 것이 아닌지, 해석론적·입법론적으로 의문이 없지는 아니하다.

(같은 규칙 제19조 제2항 후문), 이에 따라, 당초 제출된 출력서면은 그 제출자에게 반환하거나 폐기한다(같은 규칙 제20조 제2항 전문).

라) 종이서류의 전자화

한편 전자소송실무는, 전자소송시스템 또는 정보통신망의 장애를 이유로 제출하는 소송서류(민소전자문서법 제8조 제1호, 민소전자문서규칙 제14조 제1항)도, 그것이 종이 형태로 제출된 때에는 전자화 작업을 한 다음 전자소송시스템에 전산등재한다고 하고 있다.[143)]

그러나 이러한 실무는 해석론의 한계를 넘는 것이다. 이 경우에 전자화를 할 법적 근거가 없기 때문이다(민소전자문서규칙 제19조 제2항 참조).[144)]

2) 전자문서로 제출하는 것이 적합하지 아니한 경우(원본이 전자문서인 때)의 별도기록에의 편철

전자문서인 소송서류가 전자문서로 제출하는 것이 적합하지 아니하여 그 출력서면을 제출한 경우에는, 전자화 불가문서의 경우에 준하여 처리하되, 해당 출력서면 자체를 별도기록에 편철하여야 할 것이다.

5. 전자문서 아닌 형태로써 또는 자기디스크 등을 이용하여 제출된 소송서류의 송달방법

가. 자기디스크 등 제출시의 송달방법 : 전자소송의 일반적 송달방법

자기디스크 등을 이용하여 제출된 서류는 전자기록화를 하는 서류이므로, 그 송달방법 역시 전자소송 송달방법의 일반원칙에 의한다.

다만, 멀티미디어 주장자료나 음성·영상 등 정보의 경우에 특칙이 있음은, 이 책 본문의 '준비서면' 부분에서 기술한 바와 같다.

나. 종이서류(출력서면 제외) 제출시의 송달방법

1) 전자화 불가문서의 송달방법(원칙) : 부본 송달

원칙적으로, 전자화 불가문서는 종이기록사건의 경우처럼 부본을 송달할 수밖에 없다.

---

143) 민전예규 제28조 제1항 제2호.

144) 다른 한편, 민전예규 제19조 제2항 제1호 가목, 제55조 제1항은, 그와 같이 종이서류가 제출된 후에, 재판장이 전자적 제출명령(민소전자문서규칙 제14조 제4항 전문)을 하고, 이에 불응한 때에야 비로소 전산등재를 한다는 취지로 규정하고 있는바, 이는 상술한 같은 예규 제28조 제1항 제2호와 상호 모순된다.

다만, 서적의 제출시에 전자적으로 제출된 부분(민소전자문서규칙 제15조 제1항 제1호)은, 서적 자체의 부본 송달과 아울러, 전자소송 송달방법에 의하여 송달될 것임은 물론이다.

2) 법정에서 제출한 종이서류(전자화 불가문서가 아닌 경우)의 송달방법 : 전자소송의 일반적 송달방법(관견. 실무는 부본 송달)

전자소송실무는, 법원사무관등은 제출된 종이서류의 부본을 상대방 당사자에게 교부한다고 하는바,[145] 이는 그 문맥상,[146] 전자소송 동의자가 재판장의 허가를 받아 법정에서 제출한 종이서류를 - 마치 종이기록사건의 경우에 그리하듯이 - 그대로 상대방에게 교부하여 송달한다는 취지로 이해되며, 또한 이를 유추해석하면 전자소송 비동의자가 법정에서 종이서류를 제출한 경우에도 마찬가지로 처리하는 것으로 풀이된다.

문제는, 이것이 매우 단순명쾌한 처리이기는 하지만, 현행법에 정면으로 반하는 송달방법이라는 점이다(입법론적 당부는 별론). 모두에서도 언급하였듯이, 현행법상 전자기록사건의 송달방법의 대원칙은 전자기록화가 송달(그 방법이 전자적 송달이든, 출력서면 송달이든, 화면열람이든)에 선행한다는 것이기 때문이다.

따라서, 해당 종이서류가 전자화 불가문서가 아닌 이상, 법정송달은 현행법상 불가능하며, 결국 기일을 속행하고 그 사이에 (전자기록화를 한 후) 일반원칙에 따른 송달을 하여야 한다. 주의할 것은, 이 이치는 제출자가 전자소송 동의자이건 비동의자이건 동일하다는 점이다.

다만, 법정에서 제출된 종이서류 자체가 전자화 불가문서인 경우에는 상술한 전자화 불가문서 송달방법의 일반원칙에 따라 부본 송달을 하게 된다.

다. 출력서면의 송달방법

1) 전자소송시스템을 이용할 수 없었던 경우의 송달방법 : 전자소송의 일반적 송달방법

전자소송시스템을 이용할 수 없는 경우에 출력서면이 제출되었다 하더라도, 그 출력의 대상이 된 전자문서가 결국 전자소송시스템에 등재되어야 하므로, 그 송달방법 역시 전자소송 송달방법의 일반원칙에 의한다.

다만, 멀티미디어 주장자료나 음성·영상 등 정보의 경우에 특칙이 있음은, 이 책 본문의 '준비서면' 부분에서 기술한 바와 같다.

145) 민전예규 제54조 제2항.

146) 민전예규 제54조 제1항은, 전자소송 동의자의 종이서류 법정제출에 관한 규정이다.

2) 전자문서로 제출하는 것이 적합하지 아니한 경우(원본이 전자문서인 때)의 송달 방법 : 부본 송달

전자문서로 제출하는 것이 적합하지 아니한 전자문서의 출력서면이 제출된 경우에는, 해당 출력서면의 부본을 송달할 수밖에 없다.[147]

라. 민소전자문서규칙상의 입법의 착오(민소전자문서규칙 제29조 제1항 제1호)

그런데, 민소전자문서규칙 제29조 제1항 제1호는 제출자가 전자소송시스템 등을 이용할 수 없는 경우 또는 전자적 제출이 곤란하거나 부적합한 경우에도 출력서면을 송달한다고 규정하나, 이는 입법의 착오라고 할 것이다.

첫째, 제출자가 전자소송시스템을 이용할 수 없는 경우에는, 그럼에도 불구하고 기술한 바와 같이 전자기록화가 행하여지므로, 굳이 (전자소송 동의자에게) 출력서면을 송달할 이유가 없다.

둘째, 전자적 제출이 곤란하거나 부적합한 경우에는 일반적으로 전자화를 하지 아니하므로, 역시 출력서면의 송달이라는 것 자체를 상정할 수 없다.

예외적으로 전자화를 하는 경우(종이서류의 법정 제출)라 하더라도, 전술한 '전자소송시스템을 이용할 수 없는 경우'와 동일한 모순이 발생한다.

아마도 입법자의 의도는, 제출자가 전자문서의 출력서면을 제출한 경우에는 그 부본을 송달한다는 취지였던 것으로 추측된다. 그러나, 제출자가 전자소송시스템을 이용할 수 없어 출력서면을 제출한 경우에는 그런 식으로 송달할 필요가 없고(더욱이, 송달용 출력서면은 제출용 출력서면과 달리 원본과 상위 없다는 취지가 인쇄되어야 하므로(민소전자문서규칙 제29조 제3항), 같은 조 제1항 제1호는 출력서면 개념의 이중성을 간과한 것으로서 앞뒤가 맞지 않는 규정이기도 하다), 전자적 제출이 부적합한 전자문서의 출력서면을 제출한 경우에 부본 송달을 함은, 종이서류의 일반원칙상 당연한 규정이므로, 어느 모로 보나 위 규정은 무의미하다.

6. 전자소송에서 소송서류 제출·접수, 편철 및 송달의 특칙들의 정리

이상에서 살펴 본 내용들 중 핵심 부분을 표로 정리하여 보면 다음과 같다.

---

147) 이때는 멀티미디어 주장자료나 음성·영상 등 정보라 하더라도 다른 송달방법에 의할 수 없음은, 이 책 본문의 '준비서면' 부분에서 기술하였다.

<table>
<tr><th rowspan="2">제출방법</th><th rowspan="2" colspan="2">자기디스크 등</th><th colspan="5">종이서류(광의)</th></tr>
<tr><th colspan="3">종이서류(협의)</th><th colspan="2">출력서면</th></tr>
<tr><td>사유</td><td>A</td><td>D</td><td>B</td><td colspan="2">C1
(D)</td><td>A</td><td>C2</td></tr>
<tr><td>전자기록화</td><td colspan="2">○</td><td colspan="2">×</td><td>△</td><td>○</td><td>×</td></tr>
<tr><td>송달방법</td><td colspan="2">일반원칙</td><td colspan="2">부본</td><td>*</td><td>일반원칙</td><td>부본</td></tr>
</table>

A : 전자소송시스템 이용불가

B : 전자화 곤란

C1 : 전자문서 제출 부적합(원본이 종이서류)

C2 : 전자문서 제출 부적합(원본이 전자문서)

D : 재판장의 허가

* : 전자화 불가문서가 아닌 경우, 관견으로는 전자소송 일반원칙(실무는 부본)
전자화 불가문서인 경우, C1과 동일

신체/진료기록감정의 감정과목148)

전문과목149)	세부과목
내과	감염내과(바이러스), 감염내과(혈액), 감염내과(바이러스), 내분비내과(갑상선), 내분비내과(당뇨), 내분비내과(기타), 류마티스내과, 소화기내과(간장), 소화기내과(담도), 소화기내과(대장), 소화기내과(위장), 소화기내과(기타), 순환기내과(고혈압), 순환기내과(동맥경화), 순환기내과(심장), 순환기내과(협심증), 순환기내과(기타), 신장내과, 심혈관내과, 알레르기내과(알레르기), 알레르기내과(천식), 알레르기내과(기타), 혈액내과, 혈액종양내과, 호흡기내과(알레르기), 호흡기내과(폐질환), 호흡기내과(폐결핵), 호흡기내과(폐질환), 호흡기내과(기타), 내과(기타)
외과150)	외과(간담췌), 외과(갑상선), 뇌과(내분비), 외과(대장), 외과(동맥), 외과(소화기), 외과(위장관), 외과(이식혈관), 외과(정맥), 외과(기타),
	내분비외과, 두경부외과, 이식외과, 항장외과,
신경외과	신경외과(경추), 신경외과(뇌전증), 신경외과(뇌종양), 신경외과(뇌혈관), 신경외과(두부외상), 신경외과(수두증), 신경외과(외부외상), 신경외과(척추), 신경외과(파킨슨), 신경외과(기타),
정형외과	정경외과(경추), 정형외과(고관절), 정형외과(골다공증), 정경외과(골절), 정형외과(말초신경), 정형외과(무릎(슬)관절), 정형외과(발목관절), 정형외과(손), 정형외과(어깨), 정형외과(척추), 형외과(팔), 정형외과(기타),
성형외과	

148) 대법원 온라인감정인신청(https://gamjung.scourt.go.kr/) 사이트에 있는 내용(최종확인일 : 2020. 9. 1.)을 알아보기 좋게 다시 정리한 것이다.

전문과목[149]	세부과목
흉부외과	흉부외과(관상동맥), 흉부외과(다한증), 흉부외과(부정맥), 흉부외과(식도외과), 흉부외과(심장), 흉부외과(종격동), 흉부외과(폐), 흉부외과(하지정맥), 흉부외과(기타),
소아청소년과[151]	소아비뇨의학과, 소아신경외과(뇌전증), 소아신경외과(두부외상), 소아신경외과(수두증), 소아신경외과(외부외상), 소아신경외과(기타), 소아신장과, 소아심장과, 소아암과, 소아외과, 소아정형, 소아흉부외과, 소아청소년과(기타),
신경과[152]	신경과(간질), 신경과(근육), 신경과(기억장애), 신경과(뇌졸중), 신경과(뇌혈관), 신경과(말초신경), 신경과(수면장애), 신경과(신경), 신경과(신경감염), 신경과(의식소실), 신경과(척추), 신경과(치매), 신경과(파킨슨), 신경과(기타),
정신건강의학과	정신건강의학과(기억장애), 정신건강의학과(만성통증), 정신건강의학과(불안장애), 정신건강의학과(수면), 정신건강의학과(알코올), 정정신건강의학과(우울증), 정신건강의학과(인지기능장애), 정신건강의학과(정신분열), 정신건강의학과(조울증), 정신건강의학과(기타),
재활의학과	재활의학과(경부통), 재활의학과(근골격계), 재활의학과(뇌질환), 재활의학과(림프부종), 재활의학과(말초신경), 재활의학과(신경근육), 재활의학과(요통), 재활의학과(척추통증), 재활의학과(기타),
산부인과	산부인과(복강경), 산부인과(부인암), 산부인과(불임내분비), 산부인과(산과), 산부인과(월경이상), 산부인과(유방), 산부인과(임신중독증), 산부인과(자궁), 산부인과(폐경기질환), 산부인과(기타),
비뇨의학과[153]	비뇨의학과(배뇨장애), 비뇨의학과(성의학), 비뇨의학과(전립선), 비뇨의학과(종양), 비뇨의학과(기타),
안과	안과(각막), 안과(갑상선), 안과(공막), 안과(녹내장), 안과(망막), 안과(백내장), 안과(사시), 안과(신경), 안과(안성형), 안과(안와), 안과(외안부), 안과(유리체질환), 안과(기타),
이비인후과	이비인후과(갑상선), 이비인후과(두경부), 이비인후과(비과-코), 이비인후과(알레르기), 이비인후과(음성장애), 이비인후과(이과-귀), 이비인후과(후두과-목), 이비인후과(기타),
피부과	피부과(건선), 피부과(류마티스성), 피부과(모발질환), 피부과(색소성질환), 피부과(수포성), 피부과(직업피부병), 피부과(피부종양), 피부과(기타),
방사선종양학과[154]	
응급의학과	
가정의학과	

전문과목[149]	세부과목
핵의학과	
직업환경 의학과[155]	
예방의학과	
진단검사 의학과[156]	진단검사의학과(소변검사), 진단검사의학과(혈액검사), 진단검사의학과(기타),
마취통증 의학과[157]	
영상의학과[158]	영상의학과(갑상선), 영상의학과(근골격), 영상의학과(근관절), 영상의학과(복부), 영상의학과(비뇨기), 영상의학과(소화기), 영상의학과(신경), 영상의학과(신경두경부), 영상의학과(혈관), 영상의학과(흉부), 영상의학과(기타),
병리과[159]	
결핵과	
치과[160]	치과(교정과), 치과(구강내과), 치과(구강외과), 치과(보전과), 치과(보철과), 치과(소아치과), 치과(치주과), 치과(기타),

149) 이는 전문의의 수련 및 자격 인정 등에 관한 규정 제3조에 규정되어 있다.

150) cf. 2003. 3. 18. 이전에는 "일반외과"라 하였다.

151) cf. 2008. 11. 10. 이전에는 "소아과"라 하였다.

152) cf. 1982. 10. 24.부터는 종전의 "신경정신과"가 "신경과"와 "정신건강의학과"(2011. 11. 22. 이전에는 "정신과")로 분리되었다.

153) cf. 2017. 11. 20. 이전에는 "비뇨기과"라 하였다.

154) cf. 2013. 3. 18. 이전에는 "치료방사선과"라 하였다.

155) cf. 2011. 11. 22. 이전에는 "산업의학과"라 하였다.

156) cf. 2003. 3. 18. 이전에는 "임상병리과"라 하였다.

157) cf. 2003. 3. 18. 이전에는 "마취과"라 하였다.

158) cf. 2008. 11. 10. 이전에는 "진단방사선과"라 하였다.

159) cf. 2003. 3. 18. 이전에는 "해부병리과"라 하였다.

160) cf. 치과의사전문의의 전문과목은 구강악안면외과, 치과보철과, 치과교정과, 소아치과, 치주과, 치과보존과, 구강내과, 구강악안면방사선과, 구강병리과 및 예방치과로 한다(치과의사전문의의 수련 및 자격 인정 등에 관한 규정 제3조).

문서제출 또는 송부의 대상으로 개별법상 규정된 서류 등

1. 등기신청서 및 그 부속서류 등

등기부(또는 후견등기부)**의 부속서류는 전쟁·천재지변이나 그 밖에 이에 준하는 사태를 피하기 위한 경우 외에는 등기소 밖으로 옮기지 못한다**(부동산등기법 제14조 제4항 본문, 공장 및 광업재단 저당법 제51조, 제54조, 입목에 관한 법률 제23조, 선박등기법 제5조, 동산·채권 등의 담보에 관한 법률 제57조, 제61조. 상업등기법 제11조 제3항 본문, 비송사건절차법 제66조 제1항 본문, 제67조 제1항. 후견등기에 관한 법률 제11조 제4항 본문).

다만, 신청서나 그 밖의 부속서류에 대하여는 법원의 명령 또는 촉탁(囑託)**이 있거나 법관이 발부한 영장에 의하여 압수하는 경우에는 그러하지 아니하다**(부동산등기법 제14조 제4항 단서, 공장 및 광업재단 저당법 제51조, 제54조, 입목에 관한 법률 제23조, 선박등기법 제5조, 동산·채권 등의 담보에 관한 법률 제57조, 제61조. 상업등기법 제11조 제3항 단서, 비송사건절차법 제66조 제1항 본문, 제67조 제1항. 후견등기에 관한 법률 제11조 제4항 단서).

등기관(또는 후견등기부)이 법원으로부터 신청서나 그 밖의 부속서류의 송부명령 또는 촉탁을 받았을 때에는 그 명령 또는 촉탁과 관계가 있는 부분만 법원에 송부하여야 한다(부동산등기규칙 제12조 제2항, 공장 및 광업재단 저당등기 규칙 제34조, 제41조, 입목등기규칙 제9조, 선박등기규칙 제3조, 동산·채권의 담보등기 등에 관한 규칙 제9조 제2항, 부부재산약정등기규칙 제6조. 상업등기규칙 제20조 제1항, 민법법인 및 특수법인 등기규칙 제6조 제1항 전문. 후견등기에 관한 규칙 제15조 제2항).

그리고, 이러한 서류가 전자문서로 작성된 경우에는 해당 문서를 출력한 후 인증하여 송부하거나 전자문서로 송부한다(부동산등기규칙 제12조 제3항, 공장 및 광업재단 저당등기 규칙 제34조, 제41조, 입목등기규칙 제9조, 선박등기규칙 제3조, 동산·채권의 담보등기 등에 관한 규칙 제9조 제3항, 부부재산약정등기규칙 제6조. 상업등기규칙 제20조 제2항, 민법법인 및 특수법인 등기규칙 제6조 제1항 전문. 후견등기에 관한 규칙 제15조 제3항).

이에 따라, 등기신청서 및 등기신청서의 부속서류 또는 이와 동일시할 수 있는 등기신청취하서 등은 법원의 명령 또는 촉탁에 의하여 법원에 송부할 수 있으나, 등기부의 일부로 보는 도면, 신탁원부, 공동담보(전세)목록, 기계기구목록, 공장(광업)재단목록은 그러하지 아니하다.[161]

161) 「법원의 명령 등에 의한 신청서나 그 밖의 부속서류의 송부 등에 관한 업무처리지침」.

2. 상업장부

법원은 신청에 의하여 또는 직권으로 소송당사자에게 상업장부 또는 그 일부분의 제출을 명할 수 있다(상법 제32조).

상업장부란 회계장부(즉, 거래와 기타 영업상의 재산에 영향이 있는 사항을 기재하는 장부)(예 : 분개장, 원장, 전표, 현금출납장, 어음수표대장 등)[162] 및 재무상태표를[163] 말한다(상법 제29조 제1항, 제30조 제1항).

즉, 당사자가 가지고 있는 상업장부에 관하여서는 일반적인 문서제출의무의 유무에 불구하고 문서제출명령을 할 수 있다.[164][165]

그러나, **소상인**(즉, 자본금액이 1천만원에 미치지 못하는 상인으로서 회사가 아닌 자. 상법 시행령 제2조)**의 경우에는,「상법」중 상업장부에 관한 규정을 적용하지 아니하므로**(상법 제9조), 문서제출명령의 일반원칙에 의하게 된다.[166]

3. 보험정보

가. 개 관

보험회사는 보험요율 산출기관을 설립할 수 있는바(보험업법 제176조 제1항), 현재 보험요율 산출기관으로서 사단법인 보험개발원이 설립되어 있다.

그런데, 보험요율 산출기관은「보험업법」또는 다른 법률에 따라 제공받아 보유하는 개인정보를 법원의 제출명령에 따라(신용정보의 이용 및 보호에 관한 법률 제33조 제4호, 제32조 제6항 제5호) 제공할 수 있다(보험업법 제176조 제12항 제2호의 반대해석).

그러나, 위와 같이 문서제출명령에 따라 보험정보를 제공하되, 실무상으로는, 정보주체의 동의 여부의 표시(동의가 있는 경우에는 동의서 첨부)를 요구하고, 제공하는 정보 또한 자동차보험 가입내역(보험사, 보험종목, 차량번호, 보험시기/종기)과 보험금지급내역(보험사, 사고발생일, 지급

---

162) 이철송, **상법총칙·상행위**, 제15판 (서울 : 박영사, 2018), 226~7면 ; 정동윤 (편), **주석 상법 : 총칙·상행위** (1), 제4판 (서울 : 사법행정학회, 2013), 225~6면(정경영 집필부분).

163) 상법 제29조 제1항은 "대차대조표"라고 하고 있으나, 주식회사의 외부감사에 관한 법률(2009. 2. 3. 법률 제9408호로 개정된 것) 제1조의2 제1호 가목 등은 종래의 "대차대조표"를 "재무상태표"로 개칭하였다.

164) 이철송, 앞의 책, 233면.

165) cf. 대법원 2015. 12. 21.자 2015마4174 결정은, 매입·매출 회계처리원장이 자기이용문서(법 제344조 제2항 제2호)에 해당하지 아니한다고 보았다.

166) 위의 책, 91면.

일, 사고유형, 지급보험금)에 국한되어 있는 듯하다.

나. 보험정보의 내용

1) 교통법규 위반 또는 운전면허(또는 건설기계조종사면허)의 효력에 관한 개인정보

보험요율 산출기관은 순보험요율을 산출하기 위하여 필요한 경우 또는 보험회사의 보험금 지급업무에 필요한 경우에는 음주운전 등 교통법규 위반 또는 운전면허(건설기계조종사면허 포함)**의 효력에 관한 개인정보를 보유하고 있는 기관의 장으로부터 그 정보를 제공받아 보험회사가 보험계약자에게 적용할 순보험료의 산출 또는 보험금 지급업무에 이용하게 할 수 있다**(보험업법 제176조 제10항).

이에 따라 제공받을 수 있는 개인정보는 다음과 같다(같은 조 제13항, 같은 법 시행령 제89조 제1항).

① 교통법규 위반자의 성명·주민등록번호 및 운전면허번호

② 교통법규의 위반일시 및 위반 항목

③ 운전면허 취득자의 성명, 주민등록번호 및 운전면허번호

④ 운전면허의 범위, 정지·취소 여부 및 정지기간·취소일

2) 자동차 의무보험 가입관리에 관한 정보

또한, (자동차) **의무보험 가입관리전산망의 구성·운영에 관한 업무가입**(가입관리전산망운영지침 작성에 관한 업무는 제외) **역시 보험요율 산출기관에게 위탁되어 있고**(자동차손해배상 보장법 제45조 제3항, 같은 법 시행령 제35조 제4항), 이를 위하여서도 정보를 제공받을 수 있다(같은 법 제7조 제2항).

이에 따라 제공받을 수 있는 정보는 다음과 같다(같은 법 시행령 제6조 제3항).

① 자동차등록원부(이륜자동차의 경우에는 사용신고정보)

〈1의2〉 건설기계등록원부

〈1의3〉 임시운행허가 정보

② 자동차나 건설기계에 관한 보험 또는 공제에의 가입 현황 및 변동 내용

③ 의무보험 미가입자에 대한 서류제출명령의 현황

④ 자동차 등록번호판 영치 또는 보관 관련 정보

⑤ 자동차손해배상 보장사업에 따른 보상청구의 현황 및 보상금 지급 현황

〈5의2〉 자동차사고 피해지원기금의 관리·운용에 관한 업무를 위탁받은 자의 기금의 관

리·운용 내용

⑥ 자동차손해배상 보장사업 분담금의 수납·관리·운용에 관한 업무를 위탁받은 자의 분담금의 수납·관리·운용 내용

⑦ 의무보험 가입관리전산망의 구성·운영 내용

⑧ 의무보험 가입자에 대한 과태료처분의 현황

⑨ 그 밖에 가입관리전산망의 구성·운영에 필요하다고 인정하여 요청하는 정보

다. 보험정보의 제공내용의 기록·관리

보험요율 산출기관은 보유하고 있는 개인정보를 타인에게 제공한 경우에는 제공대상자, 제공정보, 제공 목적, 그 밖에 금융위원회가 정하여 고시하는 사항을[167] 기록·관리하여야 한다(보험업법 제176조 제14항, 같은 법 시행령 제91조 제1항).

라. 보험정보의 이용

보험요율 산출기관으로부터 개인정보를 제공받은 자도 개인정보를 제공받은 목적으로만 이용하여야 한다.[168]

4. 공정거래위원회의 사건기록[169]

「독점규제 및 공정거래에 관한 법률」에 의한 손해배상청구의[170] 소가 제기된 때에는 법원은 필요한 경우 공정거래위원회에 대하여 해당사건의 기록(사건관계인, 참고인 또는 감정인에 대한 심문조서 및 속기록 기타 재판상 증거가 되는 일체의 것을 포함한다)**의 송부를 요구할 수 있다**(독점규제 및 공정거래에 관한 법률 제56조의2).

이는, 「가맹사업거래의 공정화에 관한 법률」에 의한 손해배상청구소송(가맹사업거래의 공정

167) 구체적으로는, '제공방법'이 이에 해당한다. 보험업감독규정(금융위원회고시 제2018-5호) 제9-5조 제4항 제4호.

168) 보험업감독규정(금융위원회고시 제2018-5호) 제9-5조 제3항 본문.

169) 2021. 12. 30.부터는, 불공정거래행위에 따른 손해배상소송의 자료제출명령 제도가 시행된다(독점규제 및 공정거래에 관한 법률(2020. 12. 29. 법률 제17799호로 전부개정된 것) 제111조). 문서제출명령과 유사하지만, 문서 외의 자료도 대상이 되고 영업비밀일지라도 필요시에는 제출명령을 할 수 있는 것이 특징이다.

170) **사업자 또는 사업자단체는 「독점규제 및 공정거래에 관한 법률」의 규정을 위반함으로써 피해를 입은 자가 있는 경우에는 해당피해자에 대하여 손해배상의 책임을 진다. 다만, 사업자 또는 사업자단체가 고의 또는 과실이 없음을 입증한 경우에는 그러하지 아니하다**(독점규제 및 공정거래에 관한 법률 제56조).

화에 관한 법률 제37조 제3항), **대규모유통업자가 「대규모유통업에서의 거래 공정화에 관한 법률」을 위반함으로써 납품업자등이 피해를 입은 경우의 손해배상청구소송**(대규모유통업에서의 거래 공정화에 관한 법률 제38조 제4항), **「하도급거래 공정화에 관한 법률」에 따른 손해배상청구소송**(하도급거래 공정화에 관한 법률 제35조 제4항), **「대리점거래의 공정화에 관한 법률」에 따른 손해배상청구소송**(대리점거래의 공정화에 관한 법률 제34조 제4항)**에서도, 각각 마찬가지이다.**

5. 학교생활기록 및 건강검사자료

가. 유치원생활기록 및 건강검진자료

유치원의 장(이하 "원장"이라 한다)**은, 유아의 생활지도 및 초등학교 교육과의 연계지도에 활용할 수 있도록 유아의 발달 등을 종합적으로 관찰하고 평가하여 생활기록부를 작성·관리하여야 하며**(유아교육법 제14조), **교육하고 있는 유아에 대하여 건강검진을 실시하여야 한다**(같은 법 제17조 전단).

원장은 이러한 유치원생활기록 및 건강검진에 관한 자료를 해당 유아의 보호자의 동의 없이 제3자에게 제공하여서는 아니 되나(같은 법 제17조의2 제1항),[171] **법원의 재판업무 수행을 위하여 필요한 경우에는 그러하지 아니하다**(같은 항 제4호).

원장은 이에 따라 제3자에게 자료를 제공하는 때에는 해당 자료를 제공받은 자에 대하여 사용목적·사용방법, 그 밖에 필요한 사항에 대하여 제한을 하거나 해당 자료의 안전성 확보를 위하여 필요한 조치를 마련하도록 요청할 수 있다(같은 조 제2항).

이에 따라 자료를 제공받은 자는 그 본래의 목적 외의 용도로 이를 이용하여서는 아니 된다(같은 조 제3항).[172]

나. 초·중등학교의 학교생활기록 및 건강검사자료

초·중등학교의 장은, 학생지도 및 상급학교의 학생선발에 활용할 수 있도록 학교생활기록을 작성·관리하여야 하며(초·중등교육법 제25조 제1항), **학생에 대하여 건강검사를 하여야 한다**(학교보건법 제7조 제1항 본문).

학교의 장은 이러한 학생의 학교생활기록 및 건강검사에 관한 자료를 해당 학생(학생이 미성년자인 경우에는 학생 및 학생의 부모 등 보호자)**의 동의 없이 제3자에게 제공하여서는 아니 되**

171) 이에 위반한 자는 처벌을 받는다(유아교육법 제34조 제2항 제4호).
172) 이에 위반한 자는 처벌을 받는다(유아교육법 제34조 제2항 제4호).

나(초·중등교육법 제30조의6 제1항 본문),[173] **법원의 재판업무수행을 위하여 필요한 경우에는 그러하지 아니하다**(같은 조 제5호).

이에 따라 자료를 받은 자는 자료를 받은 본래 목적 외의 용도로 자료를 이용하여서는 아니 된다(같은 조 제3항).[174]

6. 가족관계등록신고서류와 그 첨부서면

① 시(구)·읍·면에 비치된 특종신고서류편철장, 불수리신고서류편철장에 편철되어 있는 가족관계등록신고서류(호적신고서류 포함. 이하 같다)와 그에 첨부된 공·사문서 또는 협의이혼의 사철회서편철장에 편철되어 있는 이혼의사철회서와 그에 첨부된 이혼의사확인서등본 ② 감독법원에 비치된 가족관계등록신고서류편철부에 편철되어 있는 가족관계등록신고서류와 그에 첨부된 공·사문서는, 문서제출명령 또는 문서송부촉탁의 대상이 되는 신고서류이다.[175]

7. 접견기록물[176]

교정시설의 장은 수용자의 접견내용을 청취·녹음·녹화한 경우에 법원의 재판업무 수행을 위하여 필요한 때에 접견기록물의 제출을 요청받은 경우에는 기록물을 제공할 수 있다(형의 집행 및 수용자의 처우에 관한 법률 제41조 제4항, 같은 법 시행령 제62조 제4항 제1호).

교정시설의 장은 이에 따라 녹음·녹화 기록물을 제공할 경우에는 접견정보 취급자로 하여금 녹음·녹화기록물을 요청한 기관의 명칭, 제공받는 목적, 제공 근거, 제공을 요청한 범위, 그 밖에 필요한 사항을 녹음·녹화기록물 관리프로그램에 입력하게 하고, 따로 이동식 저장매체에 옮겨 담아 제공한다(같은 조 제5항).

8. 의무기록

의료인이나 의료기관 종사자는 환자가 아닌 다른 사람에게 환자에 관한 기록을 열람하

---

173) 이에 위반한 자는 처벌을 받는다(초·중등교육법 제67조 제2항 제4호).

174) 이에 위반한 자는 처벌을 받는다(초·중등교육법 제67조 제2항 제4호).

175) 가족관계등록신고서류 등 송부에관한 사무처리지침 제2조.
cf. 어떤 이유에서인지 위 가족관계등록예규의 제명이 띄어쓰기가 위와 같이 "송부에관한"으로 되어 있다.

176) cf. 군교정시설의 경우에도 유사한 규정이 있으나, 이 경우에는 '군사법원의 재판업무 수행을 위하여 필요한 경우'에 접견기록물을 제공할 수 있다고 규정되어 있다(군에서의 형의 집행 및 군수용자의 처우에 관한 법률 시행령 제57조 제3항 제1호).

게 하거나 그 사본을 내주는 등 내용을 확인할 수 있게 하여서는 아니 된다(의료법 제21조 제1항).[177]

그러나, **위 원칙에 불구하고, 의료인이나 의료기관 종사자는 법원이 문서제출을 명한 경우**(법 제347조)**에는 그 기록을 열람하게 하거나 그 사본을 교부하는 등 그 내용을 확인할 수 있게 하여야 한다. 다만, 의사·치과의사 또는 한의사가 환자의 진료를 위하여 불가피하다고 인정한 경우에는 그러하지 아니하다**(의료법 제21조 제2항 제7호).

그런데, 환자 본인이나, 경우에 따라서는 그 가족이나 대리인(의료법 제21조 제항 제1호 내지 제3호)이 의무기록사본의 교부를 요청할 수 있는 경우에는 굳이 문서제출명령에 의할 필요가 없으나, 그 밖의 경우에 의무기록을 서증으로 제출하려면 문서제출명령에 의할 수밖에 없다는 것이 된다.[178]

다만, 의료인이나 의료기관 종사자는 환자가 지정하는 대리인이 환자 본인의 「진료기록 열람 및 사본발급 동의서」(의료법 시행규칙 별지 제9호의2 서식)를 갖추어 요청한 경우에도 의무기록 사본을 내어 줄 수 있으므로(의료법 제21조 제2항 제2호), 실무상 오히려 위 동의서를 갖추어 문서송부촉탁을 하기도 한다.[179]

주의할 것은, 진료기록부 등은 다음과 같이 보존기간(1회 연장 가능)이 있다(의료법 제22조 제2항, 의료법 시행규칙 제15조 제1항).

① 환자 명부 : 5년

② 진료기록부 : 10년

③ 처방전 : 2년

④ 수술기록 : 10년

⑤ 검사내용 및 검사소견기록 : 5년

⑥ 방사선 사진(영상물 포함) 및 그 소견서 : 5년

⑦ 간호기록부 : 5년

⑧ 조산기록부 : 5년

⑨ 진단서 등의 부본(진단서·사망진단서 및 시체검안서 등을 따로 구분하여 보존) : 3년

한편, **의료기관 개설자는 폐업 또는 휴업 신고를 할 때 진료기록부등을 관할 보건소장에게**

---

177) 이에 위반하면 처벌을 받는다(의료법 제88조. 양벌규정 있음).

178) 구 「의료법」(2009. 1. 30. 법률 제9386호로 개정되기 전의 것)에는 현행 제21조 제2항과 같은 규정이 없었으므로, 문서송부촉탁에 의하여서도 의무기록이 법원에 제출될 수 있었는 것으로 해석되었으나, 개인정보 보호 차원에서, 2010. 1. 31.부터는 위와 같이 문서제출명령을 요하도록 하였다.

179) 이는 문서제출명령에 따라 해당 의료인을 심문하여야 하는 번거로움을 피하기 위하여서이다.

넘겨야 한다. 다만, 의료기관 개설자가 보건복지부령으로 정하는 바에 따라 진료기록부등의 보관계획서를 제출하여 관할 보건소장의 허가를 받은 경우에는 직접 보관할 수 있다(의료법 제40조 제2항).

9. 도시철도차량 폐쇄회로 텔레비전 영상기록

도시철도운영자는 **범죄 예방 및 교통사고 상황 파악을 위하여 도시철도차량에 폐쇄회로 텔레비전을 설치하여야 하는바**(도시철도법 제41조 제1항), **도시철도운영자는 폐쇄회로 텔레비전으로 촬영한 영상기록을 이용하거나 다른 자에게 제공하여서는 아니 되나**(같은 조 제4항),[180)]**법원의 재판업무수행을 위하여 필요한 경우에는 그러하지 아니하다**(같은 항 제3호).

10. 조제기록부

약사는 **환자가 아닌 다른 사람에게 환자에 관한 조제기록부를 열람하게 하거나 그 사본을 내주는 등 내용을 확인할 수 있게 하여서는 아니 된다**(약사법 제30조 제3항 본문).

그러나, **문서제출을 명한 경우**(법 제347조)**에는 그 내용을 확인하게 할 수 있다**(약사법 제30조 제3항 제8호). 주의할 것은, 조제기록부의 보존기간은 5년이다(같은 조 제1항).

11. 지식재산권침해 관련소송 등에서의 정보제공 내지 자료제출 명령

가. 정보제공명령 : 저작권침해소송

1) 정보제공명령

법원은 저작권, 그 밖에 「저작권법」에 따라 보호되는 권리의 침해에 관한 소송에서 당사자의 신청에 따라 증거를 수집하기 위하여 필요하다고 인정되는 경우에는 다른 당사자에 대하여 그가 보유하고 있거나 알고 있는 다음 각 호의 정보를 제공하도록 명할 수 있다(저작권법 제129조의2 제1항).

① 침해 행위나 불법복제물의 생산 및 유통에 관련된 자를 특정할 수 있는 정보

② 불법복제물의 생산 및 유통 경로에 관한 정보

180) 이에 위반한 자는 처벌을 받는다(도시철도법 제47조 제2항 제2호. 양벌규정 있음).

2) 정보제공거부권

다만, **법원의 정보제공명령에 불구하고, 다른 당사자는 다음 각 호의 어느 하나에 해당하는 경우에는 정보의 제공을 거부할 수 있다**(저작권법 제129조의2 제2항).

① (가) **다른 당사자** (나) **다른 당사자의 친족이거나 친족 관계가 있었던 자** (다) **다른 당사자의 후견인의 어느 하나에 해당하는 자가 공소 제기되거나 유죄판결을 받을 우려가 있는 경우**

② **영업비밀**(부정경쟁방지 및 영업비밀 보호에 관한 법률 제2조 제2호의 영업비밀) **또는 사생활을 보호하기 위한 경우이거나 그 밖에 정보의 제공을 거부할 수 있는 정당한 사유가 있는 경우**

3) 심리대상 정보에 대한 제공명령(비밀심리를 위한 제공명령)

법원은 영업비밀 또는 사생활을 보호하기 위한 경우이거나 그 밖에 정보의 제공을 거부할 수 있는 정당한 사유(저작권법 제129조의2 제2항 제2호)**가 있는지를 판단하기 위하여 필요하다고 인정되는 경우에는 다른 당사자에게 정보를 제공하도록 요구할 수 있다**(저작권법 제129조의2 제4항 전문).

이 경우 정당한 사유가 있는지를 판단하기 위하여 정보제공을 신청한 당사자 또는 그의 대리인의 의견을 특별히 들을 필요가 있는 경우 외에는 누구에게도 그 제공된 정보를 공개하여서는 아니 된다(같은 항 후문).

4) 정보제공명령 위반의 효과

다른 당사자가 정당한 이유 없이 정보제공 명령에 따르지 아니한 경우에는 법원은 정보에 관한 당사자의 주장을 진실한 것으로 인정할 수 있다(저작권법 제129조의2 제3항).

나. 자료제출명령

1) 개 관

관견으로는, 이러한 자료제출명령은 자료의 종류에 따라 문서제출명령 또는 검증목적물제출명령의 일종이라고 할 것이므로, 문서제출명령 또는 검증목적물제출명령의 법리가 보충적으로 적용된다고 본다.

이는 별항으로 후술하는 가습기살균제 건강피해로 인한 손해배상의 소송에서의 자료제출명령에 관하여서도 마찬가지이다.

2) 특허권 등의 침해소송의 경우[181)]

가) 개 관

법원은 특허권, 실용신안권, 상표권, 디자인권, 품종보호권 또는 그 전용실시권(상표의 경우에는 전용사용권) **침해소송에서 당사자의 신청에 의하여 상대방 당사자에게 해당 침해의 증명 또는 침해로 인한 손해액의 산정에 필요한 자료의 제출을 명할 수 있다**(특허법 제132조 제1항 본문, 실용신안법 제30조, 식물신품종 보호법 제85조 제2항. 상표법 제114조 본문. 디자인보호법 제118조 본문).

더 나아가, 특허권 또는 그 전용실시권 침해소송의 경우에는, **법원은 특허권자 또는 전용실시권자가 주장하는 침해행위의 구체적 행위태양을 부인하는 당사자**(특허법 제126조의2 제1항)**가 자기의 구체적 행위태양을 제시할 수 없는 정당한 이유가 있다고 주장하는 경우에는 그 주장의 당부를 판단하기 위하여**(서도) **그 당사자에게 자료의 제출을 명할 수 있다**(특허법 제126조의2 제2항 본문).

다만, 그 자료의 소지자가 그 자료의 제출을 거절할 정당한 이유가 있으면 그러하지 아니하다(특허법 제132조 제1항 단서, 실용신안법 제30조, 식물신품종 보호법 제85조 제2항. 상표법 제114조 단서. 디자인보호법 제118조 단서. 특허법 제126조의2 제2항 단서).

나) 심리대상 정보에 대한 제공명령(비밀심리를 위한 제공명령)

법원은 자료의 소지자가 위와 같이 자료의 제출을 거부할 정당한 이유가 있다고 주장하는 경우에는 그 주장의 당부를 판단하기 위하여 자료의 제시를 명할 수 있다(특허법 제132조 제2항 전문, 제126조의2 제3항 전문, 실용신안법 제30조, 식물신품종 보호법 제85조 제2항).

이 경우 법원은 그 자료를 다른 사람이 보게 하여서는 아니 된다(특허법 제132조 제2항 후문, 제126조의2 제3항 전문, 실용신안법 제30조, 식물신품종 보호법 제85조 제2항).

다) 심리 및 재판

그러나, **특허권 또는 전용실시권 침해의 증명 또는 침해로 인한 손해액의 산정을 위하여 제출되어야 할 자료**(특허법 제132조 제1항, 실용신안법 제30조, 식물신품종 보호법 제85조 제2항)**가 영업비밀**(부정경쟁방지 및 영업비밀보호에 관한 법률 제2조 제2호)**에 해당하나 침해의 증명 또는 손해액의 산정**(또는 구체적 행위태양을 제시할 수 없는 정당한 이유의 유무 판단)**에 반드시 필요한 때에**

---

181) 상표법 제114조, 디자인보호법 제118조는 "서류"라고 표현하나, 그 의미내용은 「특허법」 등의 경우와 다를 바 없다고 생각된다.

는 그 제출을 거절할 정당한 이유(특허법 제132조 제1항 단서, 실용신안법 제30조, 식물신품종 보호법 제85조 제2항)**로 보지 아니한다**(특허법 제132조 제3항 전문, 제126조의2 제3항, 실용신안법 제30조, 식물신품종 보호법 제85조 제2항).

이 경우 법원은 제출명령의 목적 내에서 열람할 수 있는 범위 또는 열람할 수 있는 사람을 지정하여야 한다(특허법 제132조 제3항 후문, 제126조의2 제3항 전문, 실용신안법 제30조, 식물신품종 보호법 제85조 제2항).

라) 자료제출명령 위반의 효과

당사자가 정당한 이유 없이 자료제출명령에 따르지 아니한 때에는 법원은 자료의 기재에 대한 상대방의 주장을 진실한 것으로 인정할 수 있다(특허법 제132조 제4항, 실용신안법 제30조, 식물신품종 보호법 제85조 제2항).[182)]

그런데, 문서제출명령을 위반한 경우와 달리, 더 나아가, **이 경우 자료의 제출을 신청한 당사자가 자료의 기재에 관하여 구체적으로 주장하기에 현저히 곤란한 사정이 있고 자료로 증명할 사실을 다른 증거로 증명하는 것을 기대하기도 어려운 때에는 법원은 그 당사자가 자료의 기재에 의하여 증명하고자 하는 사실에 관한 주장을 진실한 것으로 인정할 수 있다**(특허법 제132조 제5항, 실용신안법 제30조, 식물신품종 보호법 제85조 제2항).

3) 부정경쟁행위 등으로 인한 영업상 이익의 침해에 관한 소송의 경우

부정경쟁행위 등으로 인한 영업상 이익의 침해에 관한 소송에서, 법원은 당사자의 신청에 의하여 상대방 당사자에 대하여 해당 침해행위로 인한 손해액을 산정하는 데에 필요한 자료의 제출을 명할 수 있다(부정경쟁방지 및 영업비밀보호에 관한 법률 제14조의3 본문).

다만, 그 자료의 소지자가 자료의 제출을 거절할 정당한 이유가 있는 경우에는 제출명령을 할 수 없다(같은 조 단서).

4) 산업기술의 유출 및 침해에 관한 소송의 경우

법원은 산업기술의 유출 및 침해에 관한 소송에서 당사자의 신청에 의하여 상대방 당사자에게 해당 침해의 증명 또는 침해로 인한 손해액의 산정에 필요한 자료의 제출을 명할 수 있다(산업기술의 유출방지 및 보호에 관한 법률 제22조의3 본문).

다만, 그 자료의 소지자가 그 자료의 제출을 거절할 정당한 이유가 있으면 그러하지 아니

182) 특허법 제126조의2 제4항은 정당한 이유 없이 자기의 구체적 행위태양을 제시하지 않는 경우만을 거론하고 있으나, 자료제출명령에 따르지 아니한 때에도 마찬가지로 새길 것이다.

하다(같은 항 단서).

12. 가습기살균제 건강피해로 인한 손해배상의 소송에서의 자료제출명령

가. 개 관

법원은 가습기살균제 건강피해로 인한 손해배상의 소송에서 당사자의 신청에 의하여 상대방 당사자에게 해당 피해의 증명 또는 피해로 인한 손해액의 산정에 필요한 자료의 제출을 명할 수 있다(가습기살균제 피해구제를 위한 특별법 제6조의2 제1항 본문).

다만, 그 자료의 소지자가 그 자료의 제출을 거절할 정당한 이유가 있으면 그러하지 아니하다(같은 항 단서).

나. 심리대상 자료에 대한 제시명령(비밀심리를 위한 제공명령)

법원은 자료의 소지자가 그 자료의 제출을 거부할 정당한 이유가 있다고 주장하는 경우에는 그 주장의 당부를 판단하기 위하여 자료의 제시를 명할 수 있다(가습기살균제 피해구제를 위한 특별법 제6조의2 제2항 전문).

이 경우 법원은 그 자료를 다른 사람이 보게 하여서는 아니 된다(같은 항 후문).

다. 심리 및 재판

그러나, **가습기살균제 건강피해로 인한 피해로 인한 손해액의 산정을 위하여 제출되어야 할 자료**(가습기살균제 피해구제를 위한 특별법 제6조의2 제1항)가 영업비밀(부정경쟁방지 및 영업비밀 보호에 관한 법률 제2조 제2호) **또는 개인정보**(개인정보 보호법 제2조 제1호)**에 해당하나 피해의 증명 또는 손해액의 산정에 반드시 필요한 때에는 그 제출을 거절할 정당한 이유**(가습기살균제 피해구제를 위한 특별법 제6조의2 제1항 단서)**로 보지 아니한다**(가습기살균제 피해구제를 위한 특별법 제6조의2 제3항 전문).

이 경우 법원은 제출명령의 목적 내에서 열람할 수 있는 범위 또는 열람할 수 있는 사람을 지정하여야 한다(같은 항 후문).

라. 자료제출명령 위반의 효과

당사자가 정당한 이유 없이 자료제출명령에 따르지 아니한 때에는 법원은 자료의 기재에 대한 상대방의 주장을 진실한 것으로 인정할 수 있다(가습기살균제 피해구제를 위한 특별법 제6조의2 제4항).

그런데, 문서제출명령을 위반한 경우와 달리, 더 나아가, **이 경우 자료의 제출을 신청한 당사자가 자료의 기재에 관하여 구체적으로 주장하기에 현저히 곤란한 사정이 있고 자료로 증명할 사실을 다른 증거로 증명하는 것을 기대하기도 어려운 때에는 법원은 그 당사자가 자료의 기재에 의하여 증명하고자 하는 사실에 관한 주장까지도 진실한 것으로 인정할 수 있다**(같은 조 제5항).

마. 자료를 제공받거나 열람한 자의 의무

이러한 자료제출명령(가습기살균제 피해구제를 위한 특별법 제6조 제1항부터 제3항까지)**에 따라 자료를 제공받거나 열람한 자는 그 자료를 제출명령의 목적과 다르게 사용하거나 다른 자에게 제공하는 등 부당한 목적으로 사용하여서는 아니 된다**(가습기살균제 피해구제를 위한 특별법 제6조의2 제6항).

13. 자동차 결함으로 인한 손해배상소송에서의 문서송부촉탁

자동차 또는 자동차부품의 결함을 원인으로 한 손해배상청구의 소(자동차관리법 제74조의2 제1항 또는 제2항)**가 제기된 때에는 법원은 필요한 경우 성능시험대행자에 대하여, 제작 또는 판매 등의 중지 등의 대상 여부에 관한 조사 결과**(같은 법 제30조의3 제2항), **결함 여부에 관한 조사 결과**(같은 법 제31조 제4항) **및 사고의 원인을 규명하기 위한 조사 결과**(같은 법 제31조의3 제1항)**의 송부를 요구할 수 있다**(자동차관리법 제74조의2 제6항).[183)]

14. 기타 제출명령 등의 대상이 되는 자료들

가. 전자무역문서 및 무역정보

전자무역기반사업자는 컴퓨터파일에 기록된 전자무역문서 및 데이터베이스에 입력된 무역정보를 공개하여서는 아니 된다(전자무역 촉진에 관한 법률 제21조 제1항 본문).[184)]

---

183) 다른 한편, **이러한 소를 제기한 자도 성능시험대행자에게 이러한 조사에 대한 정보를 제공하여 줄 것을 요청할 수 있고**(자동차관리법 제74조의2 제5항 전문), **이 경우 성능시험대행자는 정당한 사유가 없으면 이에 응하여야 한다**(같은 항 후문).

184) 산업통상자원부장관은 전자무역기반사업자가 이에 위반하여 전자무역문서 및 무역정보를 공개한 경우 영업정지를 명할 수 있다(전자무역 촉진에 관한 법률 제11조 제1항 제4호, 같은 법 시행규칙 제5조 제1항, 별표).

그러나, **국가의 안전보장에 위해(危害)가 없고 기업의 영업비밀을 침해하지 아니하는 경우로서 법원의 제출명령이 있는 경우에는 공개할 수 있다**(같은 항 제4호).

다만, **전자무역기반사업자가 이에 따라 전자무역문서 및 무역정보를 공개하려는 경우에는 정보공개의 신청을 받은 날부터 20일 이내에 서면 또는 전자문서로 이해관계인의 의견을 들은 후 그 공개 여부를 산업통상자원부장관과 협의하여야 한다**(같은 조 제2항).

나. 공공기관이 처리하는 개인정보

1) 개인정보의 목적 외 이용·제공 제한의 원칙 및 그 예외

원칙적으로(개인정보 보호법 제58조 제1항 참조), **개인정보처리자는 개인정보를 수집·이용 가능범위**(같은 법 제15조 제1항 및 제39조의3 제1항 및 제2항)**를 초과하여 이용하거나 제공 가능범위**(같은 법 제17조 제1항 및 제3항)**를 초과하여 제3자에게 제공하여서는 아니 된다**(개인정보 보호법 제18조 제1항).[185)]

그러나, **위 원칙에 불구하고, 공공기관인 개인정보처리자는 법원의 재판업무 수행을 위하여 필요한 경우에는 정보주체의 이익을 부당하게 침해할 우려가 있을 때를 제외하고는 개인정보를 제3자에게 제공할 수 있다**(같은 법 제18조 제2항 제8호).

그리고, **여기서 "공공기관"이란 다음 각 목의 기관을 말한다**(같은 법 제2조 제6호).

(가) 국회, 법원, 헌법재판소, 중앙선거관리위원회의 행정사무를 처리하는 기관, 중앙행정기관(대통령 소속 기관과 국무총리 소속 기관을 포함한다) 및 그 소속 기관, 지방자치단체

(나) 그 밖의 국가기관 및 공공단체 중 대통령령으로 정하는 기관. 구체적으로는, 국가인권위원회, 공공기관(공공기관의 운영에 관한 법률), 지방공사와 지방공단, 특별법에 따라 설립된 특수법인, 각급 학교(같은 법 시행령 제2조)

특기할 것은, 민감정보(개인정보 보호법 제23조)도 개인정보에 포함된다는 것인바,[186)] 이에 따라,「개인정보 보호법」의 시행후, 국민건강보험공단은 국민건강보험급여내역이 민감정보에 해당한다는 이유로 이에 대한 법원의 사실조회에는 응하지 아니하고 있으며, 법원의 문서제출명령이 있어야만 비로소 그러한 내역을 제출하고 있으며, 상병의 범위를 특정할 것을 요구

185) 이를 위반하여 개인정보를 이용하거나 제3자에게 제공한 자 및 그 사정을 알면서도 영리 또는 부정한 목적으로 개인정보를 제공받은 자는 처벌을 받는다(개인정보 보호법 제71조 제2호. 양벌규정 있음).

186) 민감정보의 개념에 관하여서는 이 책 본문의 '법원의 소송행위 : 재판 및 재판사무' 부분에서 기술하였다.

하고 있다. 더 나아가, 건강보험자격득실확인서나 건강보험료 납부확인서 역시 개인정보라는 이유로 사실조회에는 응하지 아니하고 있다.

한편, 개인정보처리자가 공공기관이 아닌 경우에도, **다른 법률에 특별한 규정이 있는 경우에는 개인정보를 제3자에게 제공할 수 있으므**로(개인정보 보호법 제18조 제2항 제2호), 법 제344조에 근거한 문서제출명령은 가능하다.[187)]

2) 제공방법

개인정보처리자는 법원의 재판업무 수행을 위하여 개인정보를 목적 외의 용도로 제3자에게 제공하는 경우에는 개인정보를 제공받는 자에게 이용 목적, 이용 방법, 그 밖에 필요한 사항에 대하여 제한을 하거나, 개인정보의 안전성 확보를 위하여 필요한 조치를 마련하도록 요청하여야 한다(개인정보 보호법 제18조 제5항 전문).

그런데 이는, 공공기관이 아닌 개인정보처리자가 문서제출명령에 따라 개인정보를 제공하는 경우에도 마찬가지이다.

3) 공공기관에 의한 개인정보의 제3자 제공의 공고

공공기관은 법원의 재판업무 수행을 위하여 필요한 경우에 해당하여 개인정보를 제3자에게 제공하는 경우에는 그 이용 또는 제공의 법적 근거, 목적 및 범위 등에 관하여 필요한 사항을 개인정보보호위원회가 고시로 정하는 바에 따라[188)] 관보 또는 인터넷 홈페이지 등에 게재하여야 한다(개인정보 보호법 제18조 제4항).

이에 따라, 공공기관은 이와 같이 개인정보의 목적외이용등을 한 날부터 30일 이내에 다음 각 호의 사항을 관보 또는 인터넷 홈페이지에 게재하여야 한다.[189)]

① 목적외이용등을 한 날짜

② 목적외이용등의 법적 근거

③ 목적외이용등의 목적

④ 목적외이용등을 한 개인정보의 항목(구성)

이 경우 인터넷 홈페이지에 게재할 때에는 10일 이상 계속 게재하되, 게재를 시작하는 날

---

187) 따라서, 예컨대, 주식회사 임직원의 급여 및 상여금 내역 등이 개인정보에 해당하더라도 이를 이유로 문서소지인이 문서의 제출을 거부할 수 있는 것은 아니다. 대법원 2016. 7. 1.자 2014마2239 결정.

188) cf. 2020. 8. 4. 이전에는 행정자치부령으로 정하였다(구 개인정보 보호법(2020. 2. 4. 법률 제16930호로 개정되기 전의 것) 제18조 제4항).

189) 개인정보 처리 방법에 관한 고시 제2조 전문.
cf. 이는 구 개인정보 보호법 시행규칙(2021. 1. 15. 행정안전부령 제235호로 폐지) 제2조 전문과 같다.

은 목적외이용등을 한 날부터 30일 이내여야 한다.[190]

4) 개인정보의 제3자 제공의 관리

공공기관은 개인정보를 제3자에게 제공하는 경우에는 다음 각 호의 사항을 「개인정보의 목적 외 이용 및 제3자 제공 대장」(개인정보 처리 방법에 관한 고시 별지 제1호서식)에 기록하고 관리하여야 한다(개인정보 보호법 시행령 제15조).[191]

① 이용하거나 제공하는 개인정보 또는 개인정보파일의 명칭
② 이용기관 또는 제공받는 기관의 명칭
③ 이용 목적 또는 제공받는 목적
④ 이용 또는 제공의 법적 근거
⑤ 이용하거나 제공하는 개인정보의 항목
⑥ 이용 또는 제공의 날짜, 주기 또는 기간
⑦ 이용하거나 제공하는 형태
⑧ 개인정보를 제공받는 자에게 필요한 사항에 대한 제한을 하거나 필요한 조치를 마련할 것을 요청한 경우에는 그 내용

5) 개인정보를 제공받은 자의 조치

개인정보처리자로부터 개인정보를 제공받으면서 개인정보의 안전성 확보를 위여 필요한 조치를 마련하도록 요청을 받은 자는 그와 같은 조치를 하여야 한다(개인정보 보호법 제18조 제5항 후문).

다. 물류업무관련 전자문서 및 물류정보

국가물류통합정보센터운영자 또는 단위물류정보망 전담기관은 전자문서 또는 물류정보를 공개하여서는 아니 되나(물류정책기본법 제34조 제1항),[192] 국가의 안전보장에 위해가 없고 기업의 영업비밀을 침해하지 아니하는 경우로서 법원의 제출명령에 따른 경우에는 그러하지 아니하다(같은 법 시행령 제26조 제1항 제3호).

그러나, **국가물류통합정보센터운영자 또는 단위물류정보망 전담기관이 이에 따라 전자문**

190) 개인정보 처리 방법에 관한 고시 제2조.
cf. 이는 구 개인정보 보호법 시행규칙(2021. 1. 15. 행정안전부령 제235호로 폐지) 제2조 후문과 같다.

191) 개인정보 처리 방법에 관한 고시 제3조 제1항.

192) 이를 위반하여 전자문서 또는 물류정보를 공개한 자는 처벌을 받는다(물류정책기본법 제71조 제6항. 양벌규정 있음).

서 또는 물류정보를 공개하려는 때에는 미리 이해관계인(공개하려는 전자문서 또는 물류정보에 대하여 직접적인 이해관계를 가진 자. 같은 영 제26조 제3항)**의 동의를 받아야 하는바**(같은 법 제34조 제2항), 국가물류통합정보센터운영자 또는 단위물류정보망 전담기관은 위와 같이 전자문서 또는 물류정보를 공개하려는 때에는 제출명령이 있은 날부터 60일 이내에 서면(전자문서를 포함한다)으로 이해관계인의 동의를 받아야 한다(같은 영 제26조 제2항).

라. 장기등 이식 관련사항

국립장기이식관리기관·등록기관·뇌사판정기관·이식의료기관·뇌사판정대상자관리전문기관·장기구득기관에 종사하는 사람으로서 대통령령으로 정하는 사람은 「장기등 이식에 관한 법률」에서 특별히 규정한 경우 외에는 해당 장기등기증자 등의 등록, 뇌사판정대상자 관리, 장기구득 또는 장기등의 적출·이식과 관련된 업무를 담당하는 사람 외의 사람에게 다음 각 호의 어느 하나에 해당하는 행위를 하여서는 아니 된다(장기등 이식에 관한 법률 제31조 제1항).

① 장기등기증자와 적출한 장기등에 관한 사항을 알려주는 행위

② 이식대상자와 이식한 장기등에 관한 사항을 알려주는 행위

③ 장기등기증희망자 및 장기등이식대기자에 관한 사항을 알려주는 행위

그러나, **재판과 관련하여 법관이 장기등의 적출 또는 이식과 관련된 자료의 제출명령을 한 경우에는 위와 같은 행위를 할 수 있다**(같은 조 제2항 제2호).

마. 자유무역협정 관련 비밀취급자료

1) 자유무역협정 관련 비밀취급자료의 의의

자유무역협정과 관련하여, 세관공무원과 대통령령으로 정하는 원산지증빙서류 발급자는 수입자·수출자·생산자(체약상대국에 거주하는 수출자·생산자와 그 밖의 이해관계인 포함) **또는 체약상대국의 권한 있는 기관이 자유무역협정 및 「자유무역협정의 이행을 위한 관세법의 특례에 관한 법률」에서 정한 바에 따라 원산지의 결정, 관세의 부과·징수 또는 통관을 목적으로 제출한 자료로서 비밀취급자료로 지정된 자료를 자료제출자의 동의 없이 타인**(체약상대국의 관세당국 포함)**에게 제공 또는 누설하거나 사용 목적 외의 용도로 사용해서는 아니 된다**(자유무역협정의 이행을 위한 관세법의 특례에 관한 법률 제38조 제1항 본문).

다만, 법원의 제출명령에 따라 비밀취급자료를 요구하는 경우에는 그 사용 목적에 맞는 범위에서 비밀취급자료를 제공할 수 있다(같은 항 제2호).

2) 비밀취급자료의 보관 및 폐기

한편, 위와 같이 제공받은 비밀취급자료는 특별한 사정이 없는 한 제출받은 날부터 5년간 보관하여야 하며, 보관기간이 지나면 소각 또는 파쇄 등의 방법으로 폐기하여야 한다(자유무역협정의 이행을 위한 관세법의 특례에 관한 법률 제20조 제2항, 같은 법 시행령 제50조 제5항).

바. 복권 당첨자의 개인정보

복권사업자 및 복권사업자의 대리인, 사용인, 그 밖의 종업원은 당첨자 본인의 동의를 받지 아니하고는 당첨자를 식별할 수 있는 개인정보를 공개하거나 제공하여서는 아니 된다(복권 및 복권기금법 제10조 본문).[193)]

그러나, **법원의 제출명령에[194)] 따라 그 사용 목적에 필요한 최소한의 범위에서 개인정보를 제공하는 경우에는 그러하지 아니하다**(같은 조 제4호).

사. 신용평가를 요청한 자의 정보

신용평가회사의 임직원이나 임직원이었던 자는 직무상 알게 된 요청인(신용평가를 요청한 자)**의 비밀을 누설하거나 이용하여서는 아니 된다**(자본시장과 금융투자업에 관한 법률 제335조의11 제6항).[195)]

그러나, **법원의 제출명령에 따라 제공하는[196)] 경우에는 그러하지 아니하다**(같은 조 제2호).

아. 클라우드컴퓨팅서비스 이용자 정보

1) 이용자 정보의 의의

클라우드컴퓨팅서비스에서, "이용자 정보"란 클라우드컴퓨팅서비스 이용자가 클라우드컴퓨팅서비스를 이용하여 클라우드컴퓨팅서비스를 제공하는 자의 정보통신자원에 저장하는 정보(국가정보화 기본법 제3조 제1호)**로서 이용자가 소유 또는 관리하는 정보를 말한다**(클라우드컴퓨팅 발전 및 이용자 보호에 관한 법률 제2조 제4호).

---

193) 이를 위반하여 당첨자를 식별할 수 있는 개인정보를 공개하거나 제공한 자는 처벌을 받는다(복권 및 복권기금법 제34조 제2항 제6호. 양벌규정 있음).

194) 법문에는 "법원의 제출 명령에 …"라고 되어 있으나, 왜 그렇게 띄어쓰기를 하였는지 의문이다.

195) 이를 위반하여 직무상 알게 된 요청인의 비밀을 누설하거나 이용한 자는 처벌을 받는다(자본시장과 금융투자업에 관한 법률 제445조 제37호의2. 양벌규정 있음).

196) 법문에는 "제공되는"으로 되어 있으나, 우리말 어법에 맞지 아니하는 표현이다.

2) 이용자 정보의 보호

클라우드컴퓨팅서비스 제공자는 법원의 제출명령이나 법관이 발부한 영장에 의하지 아니하고는 클라우드컴퓨팅서비스 이용자의 동의 없이 이용자 정보를 제3자에게 제공하거나 서비스 제공 목적 외의 용도로 이용할 수 없다(클라우드컴퓨팅 발전 및 이용자 보호에 관한 법률 제27조 제1항 전문).[197)]

클라우드컴퓨팅서비스 제공자로부터 이용자 정보를 제공받은 제3자도 또한 같다(같은 항 후문).[198)]

자. 보조금관리정보

1) 보조금관리정보의 의의

"보조금관리정보"란, 다음 각 호의 사항에 대한 자료 또는 정보를 말한다(보조금 관리에 관한 법률 제26조의2 제3항).

① **보조사업자, 간접보조사업자 또는 보조금수령자의 선정 및 자격확인 등 보조금 또는 간접보조금 수급자격의 적격 여부에 관한 사항**

② **보조금 또는 간접보조금의 지출과 관련된 증빙자료 등 보조금 또는 간접보조금 집행의 적절성 확인에 관한 사항**

③ **보조금 또는 간접보조금의 수급 이력 또는 개별 법령에 따른 급부금 중 보조금 또는 간접보조금과 통합적인 관리가 필요한 급부금의 수급 이력의 관리에 관한 사항**

④ **보조사업에 대한 성과보고서**(국가재정법 제8조)

⑤ **국고보조금의 교부실적과 보조금 집행실적**(국가재정법 제54조)

⑥ **보조사업 운용 평가 결과**(보조금 관리에 관한 법률 제15조)

⑦ **그 밖에 보조사업의 효과적인 통합관리를 위하여 대통령령으로 정하는 사항**. 이는 다음 각 호의 사항을 말한다(같은 법 시행령 제10조의4).

㉮ 보조금을 교부, 집행 및 정산하는 사업의 단위에 관한 사항

㉯ 보조사업의 유사·중복 여부의 검증 및 대국민 맞춤형 서비스 제공 등을 위하여 기획재정부장관이 정하는 사업의 단위별 보조사업의 정보에 관한 사항

---

197) 이를 위반하여 이용자의 동의 없이 이용자 정보를 이용하거나 제3자에게 제공한 자는 처벌을 받는다(클라우드컴퓨팅 발전 및 이용자 보호에 관한 법률 제34조. 양벌규정 있음).

198) 이를 위반하여 이용자의 동의 없음을 알면서도 '영리 또는 부정한 목적으로' 이용자 정보를 제공받은 자도 처벌을 받는다(클라우드컴퓨팅 발전 및 이용자 보호에 관한 법률 제34조. 양벌규정 있음).

2) 보조금관리정보의 보호

기획재정부장관은 보조금관리정보를 목적 외의 용도로 타인에게 제공 또는 누설되지 아니하도록 하여야 한다(보조금 관리에 관한 법률 제26조의6 제2항 후단).[199]

그러나, **법원의 제출명령에 의하여 보조금관리정보를 요구받은[200] 경우에는 그러하지 아니하다**(같은 항 제2호).

다만, **위와 같이 목적 외의 용도로 보조금관리정보를 이용하려는 자는 기획재정부장관이 정하는 바에 따라 기획재정부장관의 승인을 받아야 한다**(같은 조 제3항).

3) 보조금관리정보의 파기

보조금관리정보를 보유한 자는 그 정보를 보유한 날부터 5년이 지나면 즉시 파기하여야 한다(보조금 관리에 관한 법률 제26조의5 제1항 본문).

다만, 보조금의 중복·부정 수급 방지를 위하여 보유할 필요가 있다고 인정되는 경우로서 대통령령으로 정하는 자료 또는 정보는 5년을 초과하여 필요성이 인정되는 때까지 보유할 수 있는바(같은 항 단서), 이는 다음 각 호의 자료 또는 정보를 말한다(같은 법 시행령 제10조의7).

① 보조금 중복·부정 수급 여부 확인에 관한 자료 또는 정보

② 보조금 교부 결정의 취소에 관한 자료 또는 정보

③ 보조사업 또는 간접보조사업의 수행대상 배제와 보조금 또는 간접보조금의 교부 제한에 관한 자료 또는 정보

④ 보조금의 환수에 관한 자료 또는 정보

⑤ 제재부가금 및 가산금의 부과·징수에 관한 자료 또는 정보

⑥ 중요재산의 처분 제한에 관한 자료 또는 정보

⑦ 보조금 부정수급자 명단 공표에 관한 자료 또는 정보

---

199) 업무상 알게 된 보조금관리정보를 목적 외의 다른 용도로 다른 사람 또는 기관에 제공·누설하는 행위를 한 자는 처벌을 받는다(보조금 관리에 관한 법률 제41조 제2호, 제26조의6 제1항 제2호. 양벌규정 있음).

200) 법문에는 "요구하는"으로 되어 있으나, 이는 우리말 어법에 맞지 아니하는 표현이다.

전자문서에 대한 증거조사

1. 증거로서의 전자문서의 종류 및 법적 성질

가. 증거로서의 전자문서의 종류

이 책 본문의 '그 밖의 증거 및 전자문서 증거' 부분에서 언급하였듯이, 증거로서의 전자문서는 문자등 정보와 음성·영상등 정보로 구분되며, 양자는 증거조사신청시 밝힐 사항과 증거조사방법에서 차이가 있다.

"문자등 정보"란, 문자, 그 밖의 기호, 도면, 사진 등에 관한 정보를 말한다(민소전자문서규칙 제31조 제3항 제1호).

"음성·영상등 정보"란, 음성·음향이나 영상정보를 말한다(민소전자문서규칙 제31조 제3항 제2호).

나. 증거로서의 전자문서의 법적 성질

그런데, 현행법은 '문자등 정보'의 원칙적 조사방법을 '열람'으로 규정하고 있는바(민소전자문서법 제13조 제1항 제1호), 이는 뒤집어 말하면, '문자등 정보'를 서증의 일종으로 파악하는 입장인 셈이다.

또한, 현행법은 '음성·영상등 정보'의 원칙적 조사방법을 '청취 또는 시청'으로 규정하고 있는바(같은 항 제2호), 이는 성질상 검증의 일종으로서, 민소전자문서규칙 제33조 제1항이 '… 법 제13조 제1항 제2호의 방법 이외의 다른 방법에 의한 검증'을 운위하고 있는 까닭도 그 때문이라고 할 수 있다.

그러나, 후술하듯이, '민소전자문서규칙'은 증거조사신청방법의 측면에서는 문자등 정보와 음성·영상등 정보를 구분하지 아니하면서 그 신청방식 자체를 서증조사에 준하여 규정하고 있다.

그러므로, 증거로서의 전자문서의 법적 성질은, 그것이 문자등 정보인지 아니면 음성·등 정보인지를 불문하고, 서증에 준하여 이해함이 타당하다고 본다.[201]

---

201) 유사취지 : 오민석, "전자문서를 이용한 소송절차에 대한 고찰 :「민사소송 등에서의 전자문서 이용 등에 관한 법률」의 시행에 즈음하여", **법조**, 2010. 6., 118면 ; 유병현, "전자소송의 내용과 규율방향", **고려법학**, 제62호(2011. 9.), 202면 ; 민사전자소송실무편람, 450면.

따라서, 예컨대, 소장을 전자적으로 제출하면서 멀티미디어 자료(구체적으로는, AVI, WMV, MPG, MPEG, MP4, ASF, MOV, WMA, MP3, PPT, PPTX 형식의 파일)를 증거로 첨부할 때라도, 원칙적으로는 이를 '갑호증'으로 할 것이지, '검갑호증'으로 할 것은 아니다.[202]

2. 전자화된 서증의 법적 성질

그렇다면, 역으로, 전자화된 서증도 '문자등 정보'에 해당하는가. 즉, 전자기록사건에서는, 특히 전자소송 동의자의 경우에는, 서증신청시에 제출할 서증 사본 대신 해당 서증을 전자화한 전자문서를 제출하게 되고, 법정에서는 사실상 이 전자문서를 열람하게 된다. 그렇다면 이러한 서류의 조사에는, 「민사소송법」의 서증에 관한 규정이 직접적용되는 것인가, 아니면 직접적으로는 '전자소송법'의 전자문서에 대한 증거조사에 관한 규정이 적용되는 것인가.

이론적으로는, '문자 등 정보'란 해당 증거 원본 자체가 전자문서인 경우를 지칭하는 것이지, 종이문서인 원본을 전자화한 것까지 포함하는 것은 아니라고 보아야 옳을 것이다.[203] 서증조사의 원칙이 서증 원본을 기일에 현실로 제출하고 이를 열람하는 것이라는 점을 상기한다면, 이 점을 쉽게 이해할 수 있다.

그러나, 오히려 현행법은, 전자화된 서증도 그 자체로서 '문자 등 정보'에 해당한다는 입장인 것으로 보인다(민소전자문서법 제10조 제3항, 민소전자문서규칙 제31조 제3항 제1호, 제32조 제2항).[204] 결국, 전자소송에서는 – 전자소송의 실시를 빌미로 – 서증조사의 원칙과 예외가 전도되어 있다는 것이 되는바, 상세한 것은 후술하는 바와 같다.

다만, 전자화된 서증은 형식적 증거력에 관하여서는 서증 '사본'과 동일하게 보아야 한다. 즉, 상대방이 그 원본의 존재나 진정성립을 다툴 수 있다(같은 규칙 제32조 제2항 참조).[205]

반대 : 임상혁, "이른바 전자소송법에 대한 비판적 검토 : 문서와 서증의 의미를 중심으로", **민사소송**, 제16권 제1호(2012. 5.), 479면은, 증거로서의 전자문서는 서증보다는 오히려 '그 밖의 증거'의 일종으로서, 민소전자문서법 제13조는 규칙 제120조, 제121조의 보충적 규정에 지나지 아니한다고 본다. 그러나, 위 소수설의 소론(기타증거설)에 의하더라도, 민소전자문서법 제13조는 도리어 규칙 제120조, 제121조에 (그 특별법으로서) 우선하여 적용된다고 할 것이므로, 위 소수설은 본말전도의 의심이 있다.

202) 다만, 청취·시청 외의 방법으로 검증할 때에는 검갑호증이 될 것이나, 그 때에는 후술하는 바와 같이 별도의 검증신청을 요한다고 할 것이다.

203) 동지 : 오민석, 앞의 논문, 120면.

204) cf. 오민석, 위의 논문은 민소전자문서법 제10조 제3항은 사건기록의 조제, 관리 및 보존의 측면에서만 그 적용이 있고 증거조사에 대하여는 그 적용이 없다고 한정해석한다. 동지 : 유병현, 앞의 논문, 217~8면.

205) 유병현, 위의 논문.

3. 전자문서에 대한 증거조사의 신청 등

가. 개 관

증거조사신청방법의 측면에서, 서증은 제출 자체가 원칙적인 신청방법이고 별도의 증거조사신청을 요하지 아니하지만, 검증은 별도의 검증신청을 하여야 하며, 검증목적물의 제출은 그러한 신청에 부수하는 소송행위이지 서증제출처럼 독자적 증거조사신청방법이 아니다.

그런데, 후술하는 바와 같이, 증거로서의 전자문서의 증거조사신청방법은 오히려 서증의 그것에 의하고 있다. 따라서, 이에는 서증에 관한 규정이 보충적으로 적용된다고 새겨야 옳다.

한편, 증거조사방법 면에서, '전자소송법'이 예정하고 있는 본래의 방법(모니터·스크린 등을 이용한 열람 또는 청취·시청) 외의 방법으로 검증을 하거나 감정을 하는 것도 가능함은 역시 후술하는 바와 같은바, 이는 전자문서를 그러한 방법으로 조사하고자 할 때에는 해당 증거신청(감정신청, 검증신청)을 별도로 하여야 한다는 것을 의미한다.

그러나, 그러한 별도의 증거신청이 없더라도 법원이 직권으로 '전자소송법'이 정한 방법 외의 방법에 의한 검증을 하거나 감정을 하는 것도 가능하다(민소전자문서규칙 제32조 제1항, 제33조 제1항 참조).

다만, 출력문서조사신청(규칙 제120조)은, 전자문서 형태의 증거에 관하여서는 성질상 그 적용이 없다고 보아야 한다. 왜냐하면, 전자문서 형태의 증거는, 그 자체의 증거조사신청에 따른 출력문서조사를 하는 것으로 족하기 때문이다(민소전자문서규칙 제32조 제3항).

나. 전자문서에 대한 증거조사신청시 밝힐 사항

전자문서에 대한 증거조사를 신청하는 때에는 전자문서의 내용에 따라 다음 각 호의 사항을 밝혀야 한다. 다만, 전자문서의 내용에 비추어 명백한 경우에는 그러하지 아니하다(민소전자문서규칙 제31조 제3항).

① 전자문서가 문자등 정보인 경우에는, 전자문서의 명칭과 작성자 및 작성일(전자문서로 변환하여 제출된 경우에는 원본의 작성자와 작성일을 말한다)

② 전자문서가 음성·영상등 정보인 경우에는, 음성이나 영상이 녹음 또는 녹화된 사람, 녹음 또는 녹화를 한 사람 및 그 일시·장소, 주요내용과 용량, 입증할 사항과 사이의 적합한 관련성[206)]

---

206) 이는, '민사소송법상 '그 밖의 증거 및 전자문서 증거' 부분에서 기술한, 녹음테이프등의 일반적인 증거

주의할 것은, 전자문서에 대한 검증 또는 감정을 신청할 때에도 역시 위와 같은 사항을 밝혀야 하는 것으로 해석된다.

다. 전자문서에 대한 원칙적인 증거조사신청방법

1) 개 관

전자문서에 대한 증거조사의 신청은 다음 각 호의 구분에 의한다(민소전자문서규칙 제31조 제1항).

① 전자문서가 전자소송시스템에 등재되어 있는 경우에는 그 취지를 진술한다.

② 전자문서가 자기디스크 등에 담긴 경우에는 이를 제출한다.

③ 다른 사람이 전자문서를 가지고 있을 경우에는 그것을 제출하도록 명할 것을 신청한다.

그런데, 위 각각의 사유의 의미가 명확한 것이 아니어서 문제인바, 이에 관한 관견은 다음과 같다.

2) 등재된 전자문서를 제출한다는 취지의 진술(민소전자문서규칙 제31조 제1항 제1호)

전자문서가 등재된 경우에 그 취지를 진술한다고 함은, 종래 종이기록사건의 서증제출 실무, 즉 기일전에 서증 사본을 제출하고서 기일에는 해당 서증을 제출한다는 취지를 말로 진술하는 관행을 입법화한 것으로 풀이된다.

즉, 법문의 "그 취지"는 입법의 착오로 보이며, 오히려 "이를 제출한다는 취지"로 새겨야 한다(민소전자문서규칙 제31조 제2호, 제3호 참조).

따라서, 역으로, 기일에 이를 제출하지 아니한다는 취지를 진술할 수도 있다고 하겠다(같은 규칙 제22조 참조).

특기할 것은, 음성·영상등 정보도, 위 방식에 의하여 증거조사신청을 할 수 있으므로, 특별한 사정이 없는 한 굳이 검증신청을 할 필요가 없다는 것이다.

또한 주의할 점은, 가령 전자소송 비동의자도 같은 방법으로 증거조사신청을 하게 된다는 점이다. 왜냐하면, 기일에 서증을 제출하여 즉석에서 이를 열람하는 경우를 별론으로 하면, 그가 제출한 서증 사본 역시 전자화되어 전자소송시스템에 등재되어 있을 뿐더러(민소전자문서규칙 제34조 제3항 참조), 구술주의의 원칙상 서증을 제출한다는 취지를 진술하여야 한다는 점은 전자소송 비동의자와 다르지 아니하기 때문이다.

신청방식(규칙 제121조 제1항, 제3항)과 궤를 같이 하는 것이다.

3) 전자문서가 담긴 자기디스크 등의 제출(민소전자문서규칙 제31조 제1항 제2호)

가) 자기디스크 등 제출방식을 이용할 수 있는 경우

(1) 원칙 : 전자소송 비동의자

전자문서에 대한 증거조사를 신청하는 자가 전자소송시스템을 이용한 소송의 진행에 동의하지 아니한 경우에는, 증거신청을 하는 전자문서를 자기디스크 등에 담아 제출할 수 있다(민소전자문서규칙 제31조 제2항 제1호).

그런데, 해당 증거의 원본 자체가 전자문서인 경우에는 별 의문이 없으나, 원본이 종이문서인 때에도 전자소송 비동의자가 이를 전자화하여 자기디스크 등에 담아 제출할 수 있는지에 관하여서는 이론적으로 논란이 있을 수 있다.

다만, 원본이 종이문서인 때에는 오히려 종이소송에서의 일반원칙에 따라 서증 사본을 제출하는 것이 전자소송 비동의자의 입장에서 더 편리할뿐더러, 이는 주장서면을 자기디스크 등에 함께 담아 제출할 법적 근거가 없다는 점에서 더욱 그러하므로, 논의의 실익은 그리 크지 않다.

즉, 위 규정의 취지는 결국, 전자소송 비동의자가 소지하고 있는 전자문서인 증거의 제출방법을 마련한 데에 있다고 하겠다. 그 경우에는 전자소송 동의자와 달리 해당 증거를 전자적으로 제출할 수가 없기 때문이다.

(2) 예외 : 전자소송시스템을 이용할 수 없는 사유가 있을 경우

전자소송 동의자가, 전자소송시스템을 이용할 수 없는 사유가 있을 경우(민소전자문서규칙 제14조 제1항 각 호)에는, 증거신청을 하는 전자문서를 자기디스크 등에 담아 제출할 수 있다(민소전자문서규칙 제31조 제2항 제2호).

그런데, 전자소송시스템을 이용할 수 없는 경우의 소송서류 제출방법의 일반원칙(민소전자문서규칙 제14조 제1항)에 의하더라도 어차피 같은 방식으로 전자문서를 제출할 수 있는 터인데, 그럼에도 불구하고 '민소전자문서규칙'이 증거에 관하여 위와 같은 별도의 규정을 둔 입법취지는 명확하지 아니하나, 아마 주의적 규정인 것으로 보인다.

(3) 영업비밀 또는 사생활과 관련된 전자문서

한편, '민소전자문서규칙'은, 영업비밀에 관한 정보가 담겨 있거나 사생활 보호와 관련된 서류가 전자문서로 작성되어 있을 경우(민소전자문서규칙 제15조 제1항 제3호 또는 제4호)에도, 전자소송 동의자가 증거신청을 하는 전자문서를 자기디스크 등에 담아 제출할 수 있다고 규정하나(민소전자문서규칙 제31조 제2항 제3호), 이는 입법의 착오라고 하지 않을 수 없다. 왜냐하면, '전자소송에서 소송서류 제출·접수, 편철 및 송달의 특칙들' 부분에서 기술하였듯이, 그러한 전자문서는 오히려 출력서면으로써 제출되어야 하기 때문이다.

그리고, 이는 전자소송 비동의자의 경우에 관하여서도 같은 문제가 있으며, 이 점 입법론적으로 재고를 요한다.

나) 자기디스크 등 제출방식에서 전자서명의 문제

'전자소송에서 소송서류 제출·접수, 편철 및 송달의 특칙들' 부분'에서 기술한 바와 같이, 전자서명 방식으로 작성되지 아니한 (증거인) 전자문서를 자기디스크 등에 담아 제출하는 경우에는 작성자의 의사에 따라 작성한 것이라는 취지를 추가로 밝혀야 한다(민소전자문서규칙 제31조 제2항 후문, 제14조 제3항).

문제는 그 방법인바, 가령 원본 자체에 기명날인 또는 서명이 되어 있는 경우(즉, 서증을 전자화한 경우)라면 이를 그대로 전자화하면 족할 것이고, 그 밖의 경우에는 결국 작성자가 자신의 의사에 따라 작성한 것이라는 취지를 상당한 방법(기일에서의 진술, 별도의 진술서 첨부 등)으로 밝히는 수밖에 없을 것이다.

다) 전자소송시스템에의 등재

자기디스크 등에 담겨 제출된 전자문서는, 주장서면 등의 법정제출의 경우와 마찬가지로, 법원사무관등이 대신 사법전자서명을 하고 전자소송시스템에 등재하여야 할 것이다.[207] 그 증거조사에 관한 사항 역시 조서에 기재하게 됨은 물론이다.

4) 전자문서제출명령신청(민소전자문서규칙 제31조 제1항 제3호)

다른 사람이 증거가 될 전자문서를 가지고 있을 경우에는 그 제출명령이 문제된다.

문제는 그 요건 및 방식인바, 이는 전자문서에 대한 증거조사방법에 따른다고 할 것이므로, 열람이나 청취·시청에 의하여야 할 때에는 문서제출명령의 규정이 준용된다고 할 것이다.[208]

다만, '전자소송법'이 예정한 방법 외의 검증이나 감정에 의하여야 할 때에는 검증목적물제출명령신청을 하여야 할 것이나, 이는 민사소송법상 해당 규정이 직접 적용될 경우이지, 민소전자문서규칙 제31조 제1항 제3호의 문제가 아니다.

---

207) 민전예규 제53조 제1항 후문의 유추해석.

208) 동지 : 오민석, 앞의 논문, 119면.

4. 전자문서에 대한 증거조사 방법

가. 전자문서에 대한 증거조사 방법 일반

1) 원칙 : 열람(문자등 정보의 경우), 청취·시청(음성·영상등 정보의 경우)

문자등 정보는 이를 모니터, 스크린 등을 이용하여 열람하는 방법으로 조사함이 원칙이다(민소전자문서법 제13조 제1항 제1호. 민소전자문서규칙 제32조 제1항의 반대해석).

음성·영상등 정보는 이를 (모니터, 스크린 등을 이용하여) 청취하거나 시청하는 방법으로 조사함이 원칙이다(민소전자문서법 제13조 제1항 제2호. 민소전자문서규칙 제33조 제1항의 반대해석).

2) 예외 1 : 문자등 정보의 열람의 연장선상에 있는 조사방법

가) 문자등 정보의 출력문서조사

문자등 정보는, 컴퓨터 등 정보처리능력을 갖춘 장치를 이용하여 증거조사를 하기 곤란한 사유가 있을 때에는 그 출력문서로 증거조사를 할 수 있다(민소전자문서규칙 제32조 제3항 전문).

이에 따라 전자소송실무는, 법정이나 준비절차실, 조정실에 컴퓨터 등 전산장비가 없거나 장애가 생긴 경우 등에는 출력문서로 증거조사를 한다.[209]

주의할 것은, 이는 민사소송규칙상 출력문서조사(규칙 제120조 제1항)와 달리 별도의 증거'신청'방법은 아니라는 것이다.

한편, 그 출력방법은 전자소송시스템에 의할 필요도 없으며 신청인이 출력하여 오든 법원의 공유프린터로써 출력하든 무방하다고 본다.

다만, 신청인이 출력하여 온 경우에는, 증거조사를 신청한 당사자는 법원이 명하거나 상대방이 요구한 때에는 출력한 사람과 출력한 일시를 밝혀야 하므로(민소전자문서규칙 제32조 제3항 후문, 규칙 제120조 제2항), 가급적 전자소송시스템에 의하여 출력함이 바람직할 것이다.

나) 문자등 정보의 원본인 서증의 조사

전자문서로 변환하여 제출된 증거(서증)에 대하여 원본의 존재나 내용에 대하여 이의가 있는 때에는 원본을 열람하는 방법에 의한다(민소전자문서규칙 제32조 제2항).

따라서, 전자기록사건에서는 전자화된 서증의 원본의 존재나 내용에 대하여 이의가 있는 당사자는 반드시 이의를 진술하여야 한다는 것이 된다.

결국, 전자소송에서는, 종이소송의 서증조사방법의 원칙과 예외(원칙적으로 원본 열람, 다만

---

209) 민전예규 제83조.

상대방의 이의가 없으면 사본으로 대체 가능)가 전도되어 있는 셈이다.

3) 예외 2 : 감정·검증

문자등 정보에 해당하는 전자문서에 대한 증거조사는 원칙적 방법(열람)(민소전자문서법 제13조 제1항 제1호) 이외에 필요한 경우 직권 또는 당사자의 신청에 따라 검증 또는 감정의 방법으로 할 수 있다(민소전자문서규칙 제32조 제1항).

음성·영상등 정보에 해당하는 전자문서에 대한 증거조사도 원칙적 방법(청취·시청)(같은 법 제13조 제1항 제2호) 이외에 필요한 경우 직권 또는 당사자의 신청에 따라 (청취·시청 외의) 다른 방법으로 검증하거나 감정의 방법으로 할 수 있다(같은 규칙 제33조 제1항).

4) 보칙 : 음성·영상등 정보의 녹취서 등

음성·영상등 정보에 대한 증거조사를 신청한 당사자는 법원이 명하거나 상대방이 요구한 경우에는 녹취서, 그 밖에 그 내용을 설명하는 문서를 전자문서로 제출하여야 한다(민소전자문서규칙 제33조 제2항).

이에 따라, 법원사무관등이 증거조사 결과에 따라 조서를 작성하는 때에는 재판장등의 허가를 받아 위와 같이 제출된 전자문서로 제출된 녹취서 등 가운데 필요한 부분을 그 조서에 인용할 수 있다(같은 조 제3항).

나. 전자기록사건에서 증거조사절차의 특칙

1) 증거조사 절차의 생략

증거신청인의 상대방이 사전에 증거인 전자문서를 열람·청취·시청할 수 있었던 경우에는, 증거신청인과 상대방에게 그에 관한 의견을 진술하게 하고 전자문서의 열람·청취·시청 절차(민소전자문서법 제13조)의 전부 또는 일부를 생략할 수 있다(민소전자문서규칙 제34조 제3항 전단).

또한, 법원이나 증거신청인이 기일에서 전자문서의 주요내용을 설명한 경우에도, 마찬가지로 증거조사 절차의 전부 또는 일부를 생략할 수 있다(민소전자문서규칙 제34조 제3항 후단).

실무상으로는 이 방식이 오히려 원칙으로 되어 있는 것으로 보인다.

그런데, 민소전자문서규칙 제34조 제3항의 법문은 "… 법 제13조 및 이 규칙 제32조, 제33조가 규정하는 절차의 전부 또는 일부를 생략할 수 있다."라고 되어 있으나, 관견으로는, '이 규칙 제32조, 제33조' 부분은 입법의 착오로 보인다. 전자문서에 대한 검증('전자소송법'이 예정한 방법 외의 방법에 의할 경우)·감정은, 이를 채택하거나 채택하지 않든지 양자택일을 하면 그만이지, 기왕 채택을 해 놓고서 정작 실시는 생략한다는 것은 전혀 앞뒤가 맞지 않기 때문이다.

2) 증거조사 범위의 한정

증거조사 절차의 전부 또는 일부를 생략하지 아니한다 하더라도, 전술한 전자문서의 증거조사 절차(민소전자문서법 제13조 및 민소전자문서규칙 제32조, 제33조)는 주요 변론내용과 관련된 부분에 한정하여 할 수 있다(민소전자문서규칙 제34조 제1항).

이에 따라, 재판장등은 증거인 전자문서 중 주요 변론내용과 관련된 부분을 특정할 것을 명할 수 있다(같은 조 제2항).

소송비용재판의 누락

1. 소송비용재판의 누락 개관

소송비용의 재판을 누락한 경우에는 법원은 직권으로 또는 당사자의 신청에 따라 그 소송비용에 대한 재판을 한다(법 제212조 제2항 전문).

그런데, **이 경우, 소송이 재판에 의하지 아니하고 끝난 경우의 소송비용의 부담의 규정**(법 제114조)**을 준용한다**(같은 항 후문).

또한, **법 제212조 제2항에 따른 소송비용의 재판은 본안판결에 대하여 적법한 항소가 있는 때에는 그 효력을 잃는다. 이 경우 항소법원은 소송의 총비용에 대하여 재판을 한다**(같은 조 제3항).

위 규정들의 해석에 관하여서는 교과서에서는 별 다른 언급이 없고, 주석서나 실무서에서만 약간의 언급이 있으나, 이에 관한 관견은 아래와 같다.

2. 직권으로 재판하는 경우 : 소송비용 부담의 재판

가. 일반원칙 : 해당 법원의 추가판결

법원이 소송비용의 재판을 누락한 경우에는 해당 법원이 직권으로 그 소송비용에 대한 추가재판을 함이 원칙이다(법 제212조 제2항 전문).[210)]

주의할 것은, 이 경우에는 소송비용의 부담에 관한 재판만 하는 것이지 액수까지 정하는 것은 아니라는 점이다(반대설 있음). 왜냐하면, 제3자의 비용상환(법 제107조)을 별론으로 하면, 소송비용의 액수를 정하는 것은 신청에 의하여서만 가능하다는 것이 현행법의 대원칙이기 때문이다. 사실, 기술적으로도, 당사자의 비용계산서 및 소명방법 제출 없이 직권으로 소송비용의 액수를 확정한다는 것 자체가 불가능하기도 하다.

즉, 법 제212조 제2항 후문은 법원이 직권으로 재판하는 경우에는 적용이 없다고 새겨야 한다. 그리고, 그 재판의 형식도 결정이 아니라 판결이 되어야 한다.[211)]

---

210) 직권으로 소송비용에 대한 추가재판을 한 실례로는, 서울고등법원 2007. 5. 1.자 2005나74865 결정.

211) 반대 : 서울고등법원 2007. 5. 1.자 2005나74865 결정(다만, 이 판례는 소송비용액의 재판은 하지 아니하였다).
cf. 일본법은, 이 경우 재판의 형식이 결정이라고 명문으로 규정하고 있을 뿐 아니라, 즉시항고에 의한

나. 예외 : 제1심의 본안판결에 대하여 적법한 항소가 제기된 경우

1) 원칙적인 경우 : 항소법원의 소송총비용 재판

제1심 법원이 본안판결을 하면서 소송비용의 재판을 누락하였는데, 해당 제1심 판결에 대하여 적법한 항소가 제기된 경우에는, 제1심 법원은 누락된 소송비용에 대한 추가판결을 하지 못하며, 만일 추가판결을 하더라도 효력이 없다고 새겨야 할 것이다(법 제212조 제3항 전문 참조).

위와 같이 해석하여야 하는 까닭은, 항소법원이 소송총비용의 재판으로써 누락된 부분을 정리하기 때문이다(같은 항 후문 참조).

2) 예외적인 경우 : 일반원칙으로 돌아가는 경우

가) 제1심의 소송판결에 대하여 적법한 항소가 제기된 경우

제1심 판결이 소송판결인 경우에는, 일반원칙에 따라 제1심 법원이 추가판결을 하여야 한다고 할 것이다(법 제212조 제3항 전문의 반대해석). 그리고, 이 추가판결에 대하여서는 독립하여 항소하지 못한다고 할 것이다(법 제391조).

다만, 만일 항소법원이 소송판결인 제1심 판결에 대한 항소를 인용할 때에는 취소환송판결을 하게 되므로, 설령 환송전 제1심 법원이 추가판결을 하였더라도, 항소심 판결의 효력에 따라 추가판결도 함께 취소되고, 환송후 제1심 법원이 다시 소송비용의 재판을 하여야 한다는 것이 된다.

나) 항소가 각하 또는 취하된 경우

항소가 부적법 각하된 경우에도, 항소법원이 소송총비용의 재판을 하지 못하므로(법 제212조 제3항 전문의 반대해석), 역시 제1심 법원이 추가판결을 하여야 한다. 항소각하판결에 대하여 상고가 제기된 경우에 관하여서는 바로 다음 항의 서술을 참조하라.

또한, 항소가 취하된 경우에는, 항소가 없었던 상태로 돌아가므로, 일반원칙에 따라 제1심 법원이 추가판결을 하여야 하겠다. 이에 반하여, 항소의 취하에 불구하고 항소법원이 소송총비용의 재판을 할 수 있다고 새기는 견해도 있으나, 관견으로는 매우 의문이다.

다) 상고가 제기된 경우

법 제212조 제3항은 상고의 경우에도 준용되는가. 부정적으로 새기는 것이 옳다. 왜냐하

불복을 허용하고 있다.

면, 상고법원은 상고기각판결을 하면서 상고비용에 대한 재판을 하거나, 소송비용에 대한 재판 없이 파기환송판결을 할 뿐, 소송총비용의 재판을 하지 아니하기 때문이다.

물론 상고법원이 파기자판을 할 때에는 소송총비용의 재판이 문제될 수 있으나, 이는 일반원칙(법 제105조 전단)의 적용 문제이지, 법 제212조 제3항의 준용 문제가 아니다.

요컨대, 설령 항소법원이 본안판결을 하면서 소송비용의 재판을 누락하였고 이에 대하여 적법한 상고가 제기되었더라도, 일반원칙에 따라 항소법원이 그 소송비용에 대한 추가판결을 하여야 한다. 그리고, 이 추가판결에 대하여서는 독립하여 상고하지 못한다고 할 것이다(법 제425조, 제391조).

다만, 만일 상고법원이 파기환송판결을 하였다면, 항소법원이 한 소송비용에 관한 추가판결 역시 함께 파기된다고 할 것이다.

3. 신청에 의하여 재판하는 경우 : 소송비용 부담 및 액수의 재판(원칙) 또는 소송비용 부담의 재판(예외)

법 제114조의 준용을 운위하는 법 제212조 제2항 후문은, 그 의미가 반드시 분명한 것은 아니나, 그 기본취지는, 추가재판신청과 소송비용액확정신청을 번거롭게도 각각 순차로 하는 대신, 양자를 소송비용부담 및 확정신청의 형태로 한꺼번에 신청할 수 있도록 하는 데에 있는 것으로 보인다.

환언하면, 법 제212조 제2항 후문은 신청에 의하여 재판을 할 경우에 그 적용이 있다고 새겨야 하며, 따라서 그 절차는 이 책 본문에서 서술한 소송비용액확정 절차와 대체로 같다.[212)]

그러나, 여기에서 염두에 두어야 할 것은, 소송비용부담 및 확정 신청(법 제114조)은 본래 '소송이 끝난 경우'를 전제로 한다는 점이다.

따라서, 관견으로는, 소송비용의 재판이 누락된 경우에 법원이 당사자의 신청에 따라 그 소송비용에 대한 재판을 할 수 있으되, 원칙적으로, 이때에는 당사자가 사건의 완결을 기다려 소송비용부담 및 확정신청을 하여야 하며, 추가재판신청을 할 것은 아니라는 취지로 사료된다.[213)]

당사자가 법원의 직권발동을 촉구하는 의미에서 소송비용부담에 관한 추가재판신청을 하

---

212) 따라서, 일본법의 경우와 마찬가지로, 즉시항고에 의한 불복도 가능하다.

213) 반대 : 소송비용실무, 86면은, 추가재판신청을 한 연후에 소송비용액확정신청을 하여야 한다고 한다. 그러나 위 견해는, 법 제212조 제2항 후문을 무시한 해석이다.

는 것이 불가능한 것은 아니나, 그러한 신청은 전술한 이치에 비추어 그 실익이 적다.

다만, 이 경우에 그 관할법원은 소송비용의 재판을 누락한 법원이 되는바,[214] 이에 관하여서는 소송이 재판에 의하지 아니하고 완결된 경우(법 제114조 제1항 전단)와 마찬가지의 입법론적 문제점이 있다.

그러나, 예외적으로, 상대방에게 소송비용의 상환청구를 할 수 없는 당사자는 추가재판신청을 할 수 있다고 본다. 왜냐하면, 그러한 당사자는, 소송비용액확정신청의 이익이 없으므로, 소송비용부담 및 확정신청을 할 수는 없으되, 법원의 직권발동을 촉구하는 의미에서 추가재판신청을 할 수는 있기 때문이다.

---

214) cf. 이는 일본법도 마찬가지인 듯하다.

공유물분할소송의 제문제

1. 공유물분할소송 개관

가. 공유물의 분할청구 일반[215)]

1) 공유물분할청구권 및 분할금지약정

원칙적으로, **공유자는 공유물의 분할을 청구할 수 있다**(민법 제268조 제1항 본문). 다만, **5년 내의 기간으로 분할하지 아니할 것을 약정할 수 있고**(같은 항 단서), **이 약정은 갱신할 수 있으나, 이 계약**(약정)**을 갱신한 때에는 그 기간은 갱신한 날로부터 5년을 넘지 못한다**(같은 조 제2항).

2) 분할청구의 금지

가) 경계표 등

그러나, **경계에 설치된 경계표, 담, 구거 등**(민법 제239조)**은** – 상린자의 공유이더라도 – **분할을 청구할 수 없다**(민법 제268조 제3항).

나) 구분소유의 목적물 등

또한, **구분소유의 목적인 공유물**(민법 제215조)**도 분할을 청구할 수 없다**(민법 제268조 제3항).

그리고, **대지 위에 구분소유권의 목적인 건물이 속하는 1동의 건물이 있을 때에는 그 대지의 공유자는 '그 건물 사용에 필요한 범위의 대지'에 대하여는 분할을 청구하지 못한다**(집합건물의 소유 및 관리에 관한 법률 제8조).

위 규정의 입법 취지는 1동의 건물로서 개개의 구성부분이 독립한 구분소유권의 대상이 되는 집합건물의 존립 기초를 확보하려는 데 있는바, 집합건물의 대지는 그 지상의 구분소유권과 일체성 내지 불가분성을 가지는데 일반의 공유와 같이 공유지분권에 기한 공유물 분할을 인정한다면 그 집합건물의 대지사용관계는 파탄에 이르게 되므로 집합건물의 공동생활관계의 보호를 위하여 분할청구가 금지된다.[216)]

---

215) cf. 공유물이 토지인 경우에 그 분할에 관한 특례를 규정한 한시법으로서 「공유토지분할에 관한 특례법」이 제정되어 시행된 바 있다. 이 법에 따른 분할이 일반적 공유물분할과 방법상 크게 다른 점은, 경매분할이 허용되지 아니하는 대신, 공법상 토지분할제한에 관한 여러 규정의 적용이 배제된다는 것이다

216) 대법원 2007. 12. 27. 선고 2005다66374 판결.

따라서 집합건물 대지의 공유자가 분할을 청구하는 부분이 "건물의 사용에 필요한 범위 내의 대지"에 해당하는지 여부를 판단함에는 위 입법 취지가 우선 고려되어야 하고, 나아가 집합건물법상 '건물의 대지'에 관한 정의, 그리고 분할청구 부분 및 집합건물, 전체 대지와의 상호 이용관계 등이 유기적으로 함께 고려될 수 있을 것이다.[217)]

한편, '건물의 사용'이라는 개념과 관련하여, 집합건물과 분할청구 토지 부분 및 전체 대지 등의 분할청구 당시 현황은 물론 이들의 과거 이용관계와 장래 예상되는 상호관계, 또한 대지의 분할이 이루어질 경우 집합건물의 사용자들이나 그 분할된 토지 부분 및 나머지 토지 부분 등에 미치는 영향, 그 분할이 향후 전체 대지의 이용가치 내지 경제적 가치에 미치는 효과 등도 그 판단 기준이 될 수 있다고 본다.[218)]

이러한 점에 기초하여 볼 때 집합건물의 사용에 필요한 범위 내의 대지에 해당하는지 여부에 관하여는, 대지 전체 및 분할청구 부분의 각 위치, 형상, 면적 및 물리적·공간적 현황, 집합건물의 용도 및 이용 형태, 분할청구 부분 및 그 지상에 설치된 시설물의 이용관계, 분할청구 부분과 전체 대지의 법률적·사실적 상호관계, 분할이 향후 전체 대지의 이용관계 및 대지 공유자들의 재산권에 미치는 영향 등을 종합하여 판단하여야 한다.[219)]

다) 공동명의수탁자의 경우

(명의신탁이 유효한 경우에) 부동산의 명의수탁자는 대외적으로 신탁자 이외의 사람과의 관계에서는 소유자로서 그 권리를 행사할 수 있다고 할 것이나, 공동으로 명의수탁을 받은 경우에 그 수탁자들이 수탁받은 부동산에 대하여 공유물분할을 하는 것은 명의신탁의 목적에 반하고 신탁자가 명의신탁을 한 취지에도 어긋나는 것이고, 특히 종중의 재산을 보존하고 함부로 처분하지 못하게 하기 위하여 다수의 종중원에게 공동으로 명의신탁한 경우에는 더욱 그 취지에 반하는 것으로서, 허용되지 않는다고 보는 것이 상당하다.[220)]

다만, 부동산의 공동명의수탁자가 그 부동산에 대하여 공유물분할을 하고 각 그 지분을 서로 이전하여 단독소유로 하는 것은, 수탁자들이 대외적인 소유형태를 변경하는 것일 뿐, 이를 들어 명의신탁관계를 소멸시키는 수탁부동산의 처분행위라고는 볼 수 없다 할 것이므로, 비록 그 공유물분할이 신탁자의 의사에 반하여 이루어진 것이라 하더라도 그것이 신탁자

---

217) 대법원 2007. 12. 27. 선고 2005다66374 판결.

218) 대법원 2007. 12. 27. 선고 2005다66374 판결.

219) 대법원 2007. 12. 27. 선고 2005다66374 판결.

220) 대법원 1993. 2. 9. 선고 92다37482 판결(공유물분할청구를 인용한 원심판결을 파기한 사안). cf. 판례는 "소유권자"라는 표현을 쓰고 있으나, 이는 부적절한 표현이다.

에 대한 반사회적인 배임행위가 된다거나 이를 바탕으로 한 지분이전등기가 원인없는 무효의 등기라고는 할 수 없다 할 것이다.221)

3) 공유물분할청구소송의 필요성

그런데, **분할의 방법에 관하여 협의가 성립되지 아니한 때에는 공유자는 법원에 그 분할을 청구할 수 있다**(민법 제269조 제1항).

4) 구분개념

가) 구분소유적 공유관계의 해소(상호명의신탁의 해지)

공유물분할청구는 공유자의 일방이 그 공유지분권에 터잡아서 하는 것이므로, 공유지분권을 주장하지 아니하고 목적물의 특정 부분을 소유한다고 주장하는 자는 그 부분에 대하여 신탁적으로 지분등기를 가지고 있는 자를 상대로 하여 그 특정 부분에 대한 명의신탁 해지를 원인으로 한 지분이전등기 절차의 이행을 구하면 될 것이고, 이에 갈음하여 공유물분할청구를 할 수는 없다.222)223)

참고로, 건물의 경우, 건물 각 층의 구분소유자들은 다른 층 소유자들과 사이에 상호명의신탁을 해지하는 한편으로, 해당 건물에 대하여 구분건물로 건축물대장의 전환등록절차 및 등기부의 구분등기절차를 마치고 각 층별로 상호간에 자기가 신탁받은 공유지분 전부를 이전하는 방식으로 이 사건 건물에 대한 구분소유적 공유관계를 해소할 수 있다.224)

---

221) 대법원 1987. 2. 24. 선고 86다215 판결.

222) 대법원 1996. 2. 23. 선고 95다8430 판결. 동지 : 대법원 1985. 9. 24. 선고 85다카451 판결 ; 대법원 1989. 9. 12. 선고 88다카10517 판결 ; 대법원 1992. 12. 8. 선고 91다44216 판결 ; 대법원 2010. 5. 27. 선고 2006다84171 판결(사안은 건물의 특정 부분의 구분소유) ; 대법원 2011. 10. 13. 선고 2010다52362 판결.

223) 그러나, 구분소유적 공유관계의 해소를 위하여 명의신탁 해지를 원인으로 한 지분이전등기청구를 하였는데, 오히려 공유물분할의 조정이 성립된 경우, 그 등기가 가능한가.
위 사례는 저자가 실제로 겪었던 사건이었는데, 그 경과는 다음과 같았다.
위와 같은 사건에서 위와 같은 결정이 확정된 후에 의뢰자가 이로써 등기신청을 하려고 하자 등기관이 위 판례법리를 들어 등기를 할 수 없다고 하면서 의뢰자더러 명의신탁 해지를 원인으로 한 지분이전등기의 취지로 결정경정을 받아 올 것을 요구하였다.
이에 저자가 결정경정신청을 하였으나, 재판장이 저자에게 전화를 하여 와서는 - 저자가 위와 같은 사정을 신청이유에 구구하게 적었는데도 이에 아랑곳하지 아니하고 - "결정사항이 공유물분할로 되어 있더라도 등기가 가능한데 왜 신청을 하였느냐."라고 반문하면서 신청을 기각하겠다고 하였고, 실제로 - 정작 저자에게 전화로 고지한 이유는 기재하지 아니한 채 "이 사건 신청은 이유 없으므로 기각한다."라는 이유만 달랑 기재한 - 기각결정을 하였다.
위 사건은 저자가 처음 변호사 업무를 시작하였을 때에 접한 사건이지만, 변호사 업무를 한 지 10여년이 지난 지금까지도 위 등기관의 말과 위 판사의 말 중 어느 쪽이 맞는 것인지 잘 모르겠다. 독자 중에 혹시 정답을 아는 분이 있으면 저자에게 가르쳐 주시면 감사하겠다.

나) 상속재산의 분할

상속인이 수인인 때에는 상속재산은 그 공유로 하고(민법 제1006조), **분할의 방법에 관하여 협의가 성립되지 아니한 때에는 공동상속인은 법원에 그 분할을 청구할 수 있지만**(민법 제1013조 제2항, 제269조 제1항), **상속재산의 분할에 관한 처분은 마류 가사비송사건으로서 가정법원의 전속관할에 속한다**(가사소송법 제2조 제1항 제2호 나목 10)).

따라서, 공동상속인은 상속재산의 분할에 관하여 공동상속인 사이에 협의가 성립되지 아니하거나 협의할 수 없는 경우에 가정법원에 상속재산분할심판(가사소송법)을 청구할 수 있을 뿐이고, 그 상속재산에 속하는 개별 재산에 관하여 공유물분할청구의 소(민법 제268조)를 제기하는 것은 허용되지 아니한다.[225]

상속재산분할도, 분할방법 자체는 공유물분할과 같지만(민법 제1013조 제2항, 제269조 제2항), 다음과 같은 결정적인 차이가 있다.

첫째, 공유물분할의 대상이 개별 공유물인 반면, 상속재산분할의 대상은 상속재산 일체이다.[226]

둘째, 상속재산분할에서는 그 선결문제로서 기여분의 결정이 문제될 수 있으며(민법 제1008조의2 제1항), 공동상속인이 이에 관하여 협의가 되지 아니하거나 협의할 수 없는 때에는 기여분 심판까지 상속재산분할심판과 동시에 하여야만 한다(같은 조 제4항, 가사소송규칙 제112조 제2항).

그러나 물론, 공동상속인 사이에 상속재산분할절차가 마쳐졌다면, 이후의 공유관계에 관하여서는 공유물분할을 청구할 수 있다.[227]

나. 합유의 종료와 합유물의 분할청구

합유자는 합유물의 분할을 청구하지 못하나(민법 제273조 제2항), **합유가 조합체의 해산으로 인하여[228] 종료하는 경우에 합유물의 분할에 관하여는 공유물의 분할에 관한 규정을 준용한**

---

224) 대법원 2010. 5. 27. 선고 2006다84171 판결의 방론.

225) 대법원 2015. 8. 13. 선고 2015다18367 판결(사안은 공동상속인의 채권자가 채권자대위권의 행사로서 공유물분할을 청구한 데 대하여 원심이 석명의무를 다하지 아니하였다고 본 사안).
동지 : 대구지법 2008. 12. 9. 선고 2008나11946 판결(상속재산에 관하여 공유물분할 판결을 한 제1심 판결을 파기하고 가정법원으로 이송한 사안).

226) **법원실무제요 가사[Ⅱ]** (서울 : 법원행정처, 2010), 603~4, 611면.

227) 대법원 2015. 8. 13. 선고 2015다18367 판결의 방론.

228) 민법 제274조 제2항의 법문에는 "전항의 경우(즉, 합유가 종료하는 경우)에 …"라고 되어 있으나, 합유물의 양도로 합유가 종료하는 경우에는 합유물의 분할이 문제될 소지가 없다. 동지 : 지원림, **민법강의**, 제17판 (서울 : 홍문사, 2020), 656면 ; 양형우, **민법의 세계 : 이론과 판례**, 제11판 (서울 : 피앤씨미디어, 2019), 576면.

다(민법 제274조 제2항).

즉, 조합체가 해산하는 경우에는 합유자는 합유물의 분할을 청구할 수 있고(민법 제268조 제1항 본문의 준용), 분할의 방법에 관하여 협의가 성립되지 아니한 때에는 법원에 그 분할을 청구할 수 있다고 할 것이다(민법 제269조 제1항의 준용).

따라서, 이하의 서술에서 '공유물분할'이라고 하면, (조합체의 해산시의) 합유물분할의 경우에도 마찬가지인 것으로 이해하기 바란다.

다. 준공유와 분할청구

1) 공유 주식의 분할

주식의 공유자들 사이에 공유 주식을 분할하는 판결이 확정되면 그 공유자들 사이에서는 별도의 법률행위를 할 필요 없이 자신에게 귀속된 주식에 대하여 주주로서의 권리를 취득하는 것이고, 이와 같이 공유물 분할의 방법에 의하여 주식을 취득한 자는 회사에 대하여 주주로서의 자격을 보유하기 위하여 자기가 그 주식의 실질상의 소유자라는 것을 증명하여 단독으로 명의개서를 청구할 수 있다. 그러므로 주식의 공유자로서는 공유물 분할의 판결의 효력이 회사에 미치는지 여부와 관계없이 공유 주식을 분할하여 공유관계를 해소함으로써 분할된 주식에 대한 단독소유권을 취득하기 위하여 공유물 분할의 소를 제기할 이익이 있다.[229]

2) 공유 지식재산권의 분할

가령, 특허권이나 디자인권의 공유관계에도 민법상 공유물분할청구에 관한 규정이 준용될 수 있다.[230] 다만 특허권이나 디자인권의 성질상 각 공유자에게 특허권을 부여하는 방식의 현물분할은 허용되지 아니한다.[231]

라. 공유물분할의 소의 성질 및 소의 이익

1) 공유물분할의 소의 성질

공유물분할의 소는 형성의 소이다.[232]

---

229) 대법원 2000. 1. 28. 선고 98다17183 판결.

230) 대법원 2014. 8. 20. 선고 2013다41578 판결.

231) 해당 권리의 대상이 형체가 없을 뿐 아니라, 만일 위와 같은 방식의 현물분할을 인정하면 하나의 권리가 사실상 내용이 동일한 복수의 권리로 증가하는 부당한 결과를 초래하기 때문이다. 대법원 2014. 8. 20. 선고 2013다41578 판결.

232) 대법원 1991. 11. 12. 선고 91다27228 판결. 동지 : 대법원 2010. 2. 25. 선고 2009다79811 판결 ; 대법원 2011. 3. 10. 선고 2010다92506 판결 ; 대법원 2011. 8. 18. 선고 2011다24104 판결.

2) 공유물분할의 소의 이익

가) 협의가 성립된 경우

공유물분할은 협의분할을 원칙으로 하고 협의가 성립되지 아니한 때에는 재판상 분할을 청구할 수 있으므로(민법 제269조 제1항), 공유자 사이에 이미 분할에 관한 협의가 성립된 경우에는, 일부 공유자가 분할에 따른 이전등기에 협조하지 않거나 분할에 관하여 다툼이 있더라도 그 분할된 부분에 대한 소유권이전등기를 청구하든가 소유권확인을 구함은 별문제이나, 또다시 소로써 그 분할을 청구하거나 이미 제기한 공유물분할의 소를 유지함은 허용되지 않는다.[233)]

따라서, 공유물분할의 소가 제기되어 소송 계속 중에 당사자들 사이에 공유물분할의 협의가 성립한 경우에, 재판에 의한 공유물분할을 구하는 공유물분할의 소는 소의 이익을 잃게 되는 것이다.[234)]

다만, 공유물분할의 소와 관계된 실체법상의 권리관계, 즉 지분에 관한 권리관계는 당사자가 자유롭게 처분할 수 있는 것이므로, 공유물분할의 소송 계속 중 당사자들 사이에 공유물분할의 협의가 성립할 가능성이 있는 경우에는 수소법원이 조정회부결정을 하고 직접 또는 조정전담판사나 조정위원회로 하여금 당사자들 사이에 조정이 성립하게 함으로써 해당 분쟁을 종결지을 수 있음은 물론이다.[235)]

나) 공유토지분할특례에 따른 분할개시결정이 확정된 경우

관견으로는, '공유토지분할법'에 따른 분할개시의 결정이 - 공유물분할 청구의 소제기에 불구하고 기간 내에 분할개시 결정에 대한 이의신청을 하지 아니하여 - 확정된 경우에도, 공유물분할소송은 소의 이익이 없게 된다고 본다(공유토지분할법 제21조 본문).[236)]

2. 공유물분할청구의 소의 제기

가. 당 사 자

공유물분할청구의 소는 분할을 청구하는 공유자가 원고가 되어 다른 공유자 전부를 공동

---

233) 즉, 이미 협의가 성립하였다면 공유물분할 청구의 소는 권리보호의 이익이 없다고 할 것이다. 대법원 1995. 1. 12. 선고 94다30348,30355(반소) 판결.

234) 대법원 2013. 11. 21. 선고 2011두1917 전원합의체 판결.

235) 대법원 2013. 11. 21. 선고 2011두1917 전원합의체 판결.

236) cf. 명의신탁 해지를 원인으로 한 소유권이전등기소송에 관하여서도 같은 논리가 성립한다.

피고로 하여야 하는 고유필수적 공동소송이다.[237)]

따라서, 공유물분할청구소송은 공동소송인 중 1인에 소송요건의 흠이 있으면 전 소송이 부적법하게 된다.[238)]

한편, 공유물분할 청구사건의 경우에는 소장에 당사자를 표시할 때에 고유식별번호를 기재함은 기술하였다.[239)]

나. 청구취지

당사자는 분할의 방법이나 내용을 구체적으로 특정하여 공유물분할을 청구할 필요 없이 단순히 공유물분할을 구하는 취지를 청구하면 충분하다.[240)]

공유물분할청구의 소는 이른바 형식적 형성의 소이기 때문이다.

다. 소가 등

공유물분할 청구의 소의 소가는 목적물건의 가액에 원고의 공유지분 비율을 곱하여 산출한 가액의 3분의 1이다(민사소송 등 인지규칙 제12조 제7호).

3. 공유물청구소송의 소송참가 및 반소 등

가. 소송참가 또는 제3자의 소송인입

1) 공유자를 누락한 경우

공유물분할소송에서 공유자 중 일부가 누락된 경우에는 필수적 공동소송인의 추가(법 제68조)에 의하여 이를 추가할 수 있으며, 해당 공유자 역시 스스로 공동소송참가(법 제83조)를 할 수도 있다.

다만, 후자는 사실심 변론종결시까지 할 수 있으되, 전자는 제1심 변론종결시까지만 할 수 있다.

---

237) 대법원 2003. 12. 12. 선고 2003다44615,44622 판결. 동지 : 대법원 2014. 1. 29. 선고 2013다78556 판결.

238) 대법원 2012. 6. 14. 선고 2010다105310 판결(사안은 피고 중 1인이 소제기 전에 사망하였는데도 제1심 법원이 판결을 선고한 것).

239) 재판서 양식에 관한 예규(재일 2003-12) 제9조 제1항 제3호, 제2항 전문.

240) 대법원 2013. 11. 21. 선고 2011두1917 전원합의체 판결.

2) 소송계속 중 지분이 이전된 경우

공유물분할소송에 앞서 처분금지가처분을[241] 하여 둔 경우가 아니라면, 공유물분할소송 중에라도 공유지분의 처분이 일어날 수 있는바, 그 경우의 처리가 문제된다.

공유물분할소송의 사실심 변론종결일 전에 공유지분이 이전되었다면, 사실심 변론종결시까지 승계참가(법 제81조)나 인수참가(법 제82조) 등의 방식으로 그 지분권을 이전받은 자가 해당 소송의 당사자가 되어야 한다.[242]

즉, 그 새 공유자가 스스로 소송승계참가신청을 하든지, 원고나 종전 공유자(피고)가 그 새 공유자를 상대로 소송인수참가신청을 하든지 하여야 한다.

나. 반 소

공유물분할소송의 피고가 원고를 상대로 공유물분할청구의 반소를 제기하는 것도 가능한 것으로 해석된다.

그러나, 피고들 중 일부만 반소를 제기하는 경우에는, 원고(들)뿐만 아니라 나머지 피고들도 반소피고로 삼아야 하며, '피고(반소피고)'에 관하여서는 해당 반소는 제3자반소의 성질을 지니게 된다.[243]

4. 공유물분할소송의 심리

공유물이 토지인 경우의 측량감정에 관하여 주의할 점이 있음은, 이 책 본문의 '감정' 부분에서 기술하였다.

그리고, 후술하듯이, 재판에 의하여 공유물을 분할하는 경우에 법원은 현물로 분할하는 것이 원칙이므로, 불가피하게 대금분할을 할 수밖에 없는 요건에 관한 객관적·구체적인 심리 없이 단순히 공유자들 사이에 분할의 방법에 관하여 의사가 합치하고 있지 않다는 등의 주관적·추상적인 사정에 터 잡아 함부로 대금분할을 명하는 것은 허용될 수 없다.[244]

---

241) 이 가처분에 관하여서는 후술하겠다.

242) 대법원 2014. 1. 29. 선고 2013다78556 판결.

243) 대법원 2015. 5. 29. 선고 2014다235042 판결 참조.

244) 대법원 2009. 9. 10. 선고 2009다40219 판결

5. 공유물분할판결

가. 개 관

법원은 공유물분할을 청구하는 원고가 구하는 방법에 구애받지 아니하고 자유로운 재량에 따라 합리적인 방법으로 공유물을 분할할 수 있다.245)

구체적으로는, 분할의 방법은 법원의 자유재량에 따라 공유관계나 그 객체인 물건의 제반 상황에 따라 공유자의 지분비율에 따라 합리적으로 분할하면 되는 것이다.246)

다만, 여기에서 지분비율이란 원칙적으로 지분에 따른 가액(교환가치)의 비율을 말하는 것이다.247)

특기할 것은, 공유물분할청구소송에서 원래의 공유자들이 각 그 지분의 일부 또는 전부를 제3자에게 양도하고 그 지분이전등기까지 마쳤다면, 새로운 이해관계가 형성된 그 제3자에 대한 관계에서는 달리 특별한 사정이 없는 한 일단 등기부상의 지분을 기준으로 할 수밖에 없을 것이나, 원래의 공유자들 사이에서는 등기부상 지분과 실제의 지분이 다르다는 사실이 인정된다면 여전히 실제의 지분을 기준으로 삼아야 할 것이고 등기부상 지분을 기준으로 하여 그 실제의 지분을 초과하거나 적게 인정할 수는 없다.248)

그러나, 분할방법에 관한 법원의 재량에는 다음과 같은 한계가 있다.

첫째, 후술하는 바와 같이, 현물분할이 원칙이고, 대금분할은 예외적으로 허용된다.

둘째, 공유물분할을 청구한 공유자의 지분한도 안에서는 공유물을 현물 또는 경매·분할함으로써 공유관계를 해소하고 단독소유권을 인정하여야지, 그 분할청구자 지분의 일부에 대하여만 공유물 분할을 명하고 일부 지분에 대하여는 이를 분할하지 아니한 채 공유관계를

---

245) 대법원 1991. 11. 12. 선고 91다27228 판결. 동지 : 대법원 1993. 12. 7. 선고 93다27819 판결 ; 대법원 1997. 9. 9. 선고 97다18219 판결 ; 대법원 2004. 7. 22. 선고 2004다10183 판결 ; 대법원 2004. 10. 14. 선고 2004다30583 판결 ; 대법원 2010. 1. 14. 선고 2009다69708 판결 ; 대법원 2010. 2. 25. 선고 2009다79811 판결 ; 대법원 2011. 3. 10. 선고 2010다92506 판결 ; 대법원 2011. 8. 18. 선고 2011다24104 판결; 대법원 2015. 7. 23. 선고 2014다88888 판결 ; 대법원 2020. 8. 20. 선고 2018다241410,241427 판결.

246) 대법원 1991. 11. 12. 선고 91다27228 판결. 동지 : 대법원 1992. 11. 10. 선고 92다39105 판결 ; 대법원 1993. 8. 27. 선고 93다13445 판결 ; 대법원 1993. 12. 7. 선고 93다27819 판결 ; 대법원 1997. 9. 9. 선고 97다18219 판결 ; 대법원 1999. 6. 11. 선고 99다6746 판결 ; 대법원 2003. 11. 14. 선고 2003다2024 판결; 대법원 2004. 7. 22. 선고 2004다10183 판결 ; 대법원 2010. 1. 14. 선고 2009다69708 판결 ; 대법원 2015. 3. 26. 선고 2014다233428 판결 ; 대법원 2011. 8. 18. 선고 2011다24104 판결.

247) 대법원 1999. 6. 11. 선고 99다6746 판결. 동지 : 대법원 1991. 11. 12. 선고 91다27228 판결 ; 대법원 1992. 11. 10. 선고 92다39105 판결 ; 대법원 1993. 8. 27. 선고 93다13445 판결 ; 대법원 1993. 12. 7. 선고 93다27819 판결 ; 대법원 2003. 11. 14. 선고 2003다2024 판결.

248) 대법원 2001. 3. 9. 선고 98다51169 판결.

유지하도록 하는 것은 허용될 수 없다.[249)]

같은 이치에서, 공유물의 지분비율만을 조정하는 등의 방법으로 공유관계를 유지하도록 하는 것 역시 허용될 수 없다.[250)]

셋째, 법원은 등기의무자, 즉 등기부상의 형식상 그 등기에 의하여 권리를 상실하거나 기타 불이익을 받을 자(등기명의인이거나 그 포괄승계인)가 아닌 자를 상대로 등기의 말소절차 이행을 명할 수는 없다.[251)]

나. 구체적인 분할방법

1) 개 관

재판에 의하여 공유물을 분할하는 경우에는 법원은 현물로 분할하는 것이 원칙이다(민법 제269조 제2항의 반대해석).[252)]

그러나, **현물로 분할할 수 없거나 분할로 인하여 현저히 그 가액이 감손될 염려가 있는 때에는 법원은 물건의 경매를 명할 수 있다**(민법 제269조 제2항. 대금분할).

그런데, 현물로 분할할 수 없다는 요건은, 이를 물리적으로 엄격하게 해석할 것은 아니고, 공유물의 성질, 위치나 면적, 이용상황, 분할 후의 사용가치 등에 비추어 보아 현물분할을 하는 것이 곤란하거나 부적당한 경우를 포함한다 할 것이다.[253)]

---

249) 대법원 2010. 2. 25. 선고 2009다79811 판결.

250) 대법원 2010. 2. 25. 선고 2009다79811 판결. 동지 : 대법원 2011. 3. 10. 선고 2010다92506 판결

251) 대법원 2020. 8. 20. 선고 2018다241410,241427 판결.
위 판례의 사안은, 원고가 공유물인 토지 중 자기 지분과 그 지상 건물에 관하여 근저당권을 설정하였던 것이다. 원심판결은, 건물이 위치한 토지 부분을 원고 소유로, 나머지 토지 부분을 피고 소유로 각 분할하면서, 원고에게는 피고에 대한 근저당권설정등기의 말소를 명하였으나, 대법원은 원고가 등기의무자가 아니므로 원심판결에는 등기의무자에 관한 법리오해의 위법이 있다고 하였다.

252) 대법원 1991. 11. 12. 선고 91다27228 판결. 동지 : 대법원 1980. 9. 9. 선고 79다1131 판결 ; 대법원 1985. 2. 26. 선고 84다카1194 판결 ; 대법원 1990. 8. 28. 선고 90다카7620 판결 ; 대법원 1993. 1. 19. 선고 92다30603 판결 ; 대법원 1993. 12. 7. 선고 93다27819 판결 ; 대법원 1997. 4. 22. 선고 95다32662 판결(토지의 형상 또는 위치와 면적, 당사자 간의 지분 비율 등에 비추어 토지를 현물로 분할하는 것이 가능하다고 하면서도, 당사자 사이에 토지 전체를 한꺼번에 매각하여 그 매각대금을 지분 비율에 따라 나누기로 하는 토지의 처분 등에 관한 약정을 이유로 현물로 분할하는 것이 적당하지 않다고 하여 경매를 명한 원심판결을, 위 약정이 토지를 함께 취득하여 처분해서 비용을 공제하고 나누자는 정도의 약정에 불과하고, 그것이 토지의 분할 방법을 약정하였던 것으로 보이지 않는다고 하여, 공유물의 분할 방법에 관한 법리의 오해를 이유로 파기한 사례) ; 대법원 1997. 9. 9. 선고 97다18219 판결 ; 대법원 1999. 6. 11. 선고 99다6746 판결 ; 대법원 2001. 3. 9. 선고 98다51169 판결 ; 대법원 2004. 7. 22. 선고 2004다10183 판결 ; 대법원 2009. 9. 10. 선고 2009다40219 판결 ; 대법원 2010. 1. 14. 선고 2009다69708 판결 ; 대법원 2010. 2. 25. 선고 2009다79811 판결 ; 대법원 2011. 3. 10. 선고 2010다92506 판결 ; 대법원 2015. 3. 26. 선고 2014다233428 판결 ; 대법원 2015. 7. 23. 선고 2014다88888 판결.

또한, 현물로 분할을 하게 되면 현저히 그 가액이 감손될 염려가 있는 경우라는 것도, 그 공유물 전체의 교환가치가 현물분할로 인하여 현저하게 감손될 경우뿐만 아니라,[254] 공유자의 한 사람이라도 현물분할에 의하여 단독으로 소유하게 될 부분의 가액이 분할 전의 소유지분 가액보다 현저하게 감손될 염려가 있는 경우도 포함한다고 할 것이다.[255]

따라서, 비록 형식적으로는 현물분할이 가능하다 하더라도 공유물의 위치, 면적과 주변도로상황, 사용가치, 가격, 각 공유자의 소유지분 비율에 따른 공평한 분할이 이루어질 수 없는 경우에는, 현물 분할방법에 의할 것이 아니라 대금분할방법으로 그 공유물을 분할하여야 할 것이다.[256]

그러나, 그렇다고 하더라도, 재판에 의한 공유물분할은 각 공유자의 지분에 따른 합리적인 분할을 할 수 있는 한 현물분할을 하는 것이 원칙이다.[257]

주의할 것은, 원고가 바라는 방법에 따른 현물분할을 하는 것이 부적당하거나 이 방법에 따르면 그 가액이 현저히 감손될 염려가 있다고 하여 이를 이유로 막바로 대금분할을 명할 것은 아니고, 다른 방법에 의한 합리적인 현물분할이 가능하면 법원은 그 방법에 따른 현물분할을 명하는 것도 가능하다.[258]

2) 현물분할

가) 원 칙

원칙적으로는, 법원은 각 공유자의 지분비율에 따라 공유물을 현물 그대로 수개의 물건으로 분할하고 분할된 물건에 대하여 각 공유자의 단독소유권을 인정하는 판결을 하여야 하는 것이다.[259]

---

253) 대법원 1990. 8. 28. 선고 90다카7620 판결, 동지 : 대법원 2001. 3. 9. 선고 98다51169 판결 ; 대법원 2009. 9. 10. 선고 2009다40219 판결 ; 대법원 1991. 11. 12. 선고 91다27228 판결.

254) 대법원 1985. 2. 26. 선고 84다카1194 판결, 동지 : 대법원 1993. 1. 19. 선고 92다30603 판결 ; 대법원 1999. 6. 11. 선고 99다6746 판결.

255) 대법원 1990. 8. 28. 선고 90다카7620 판결, 동지 : 대법원 1985. 2. 26. 선고 84다카1194 판결 ; 대법원 1993. 1. 19. 선고 92다30603 판결 ; 대법원 1991. 11. 12. 선고 91다27228 판결 ; 대법원 1999. 6. 11. 선고 99다6746 판결 ; 대법원 2001. 3. 9. 선고 98다51169 판결 ; 대법원 2009. 9. 10. 선고 2009다40219 판결.

256) 대법원 1985. 2. 26. 선고 84다카1194 판결. 동지 : 대법원 1993. 1. 19. 선고 92다30603 판결(공유토지를 공유지분비율에 따라 현물분할할 경우 공유자 1인이 소유할 부분이 너무 작아서 지상에 건축이 불가능하게 된다면 그 대지부분의 가액은 분할 전 건축이 가능한 대지의 지분가액보다 현저하게 감손될 것이 명백하여 공정한 분할이라고 보기 어렵다고 한 사례).

257) 대법원 1991. 11. 12. 선고 91다27228 판결.

258) 대법원 1991. 11. 12. 선고 91다27228 판결.

259) 대법원 1993. 12. 7. 선고 93다27819 판결, 동지 : 대법원 2004. 7. 22. 선고 2004다10183 판결 ; 대법원

물론, 공유물을 현물분할하는 경우에, 반드시 공유지분의 비율대로 토지면적을 분할해야 하는 것은 아니고, 토지의 형상이나 위치, 그 이용상황이나 경제적 가치 등 제반 사정을 고려하여 경제적 가치가 지분비율에 상응하도록 분할할 수 있다.260)

즉, 토지를 분할하는 경우에는 원칙적으로는 각 공유자가 취득하는 토지의 면적이 그 공유지분의 비율과 같아야 할 것이나, 반드시 그렇게 하지 아니하면 안되는 것은 아니고 토지의 형상이나 위치, 그 이용상황이나 경제적 가치가 균등하지 아니할 때에는 이와 같은 제반 사정을 고려하여 경제적 가치가 지분비율에 상응되도록 분할하는 것도 허용되는 것으로 해석할 것이다.261)

환언하면, 법원은 분할대상 목적물의 형상이나 위치, 이용상황이나 경제적 가치가 균등하지 아니할 때에는 원칙적으로 - 분할부분의 면적을 조정하거나 금전으로 경제적 가치의 과부족을 조정하게 하는 방법으로 - 경제적 가치가 지분비율에 상응하도록 조정하여 분할을 명하여야 한다.262)

나) 특칙 : 가액보상에 의한 현물분할 등

다만, 현물분할이 가능하고 또 그 필요도 있으며 분할로 인하여 현저히 그 가액이 감손될 염려도 없고 다만 각 공유자가 취득하는 현물의 가격과 지분의 가액에 과부족이 생기지 않도록 하는 합리적인 현물분할 방법이 없고 그렇다고 하여 경매를 명하여 대금분할을 하는 것은 더욱 불합리한 경우와 같은 특별한 사정이 있을 때에는, 공유지분의 가액 이상의 현물을 취득하는 공유자는 그 초과부분의 대가를 지급하여 과부족을 조정하게 하여 분할을 하는 것도 현물분할의 한 형태로서 허용된다고 해석하는 것이 상당하다 할 것이다.263)

같은 이치에서, 여러 사람이 공유하는 물건을 현물분할하는 경우에는 분할청구자의 지분 한도 안에서 현물분할을 하고 분할을 원하지 않는 나머지 공유자는 공유로 남는 방법도 허용될 수 있다고 보아야 한다.264)

2010. 1. 14. 선고 2009다69708 판결 ; 대법원 2010. 2. 25. 선고 2009다79811 판결 ; 대법원 2011. 3. 10. 선고 2010다92506 판결 ; 대법원 2015. 3. 26. 선고 2014다233428 판결.

260) 대법원 1993. 1. 19. 선고 92다30603 판결.

261) 대법원 1991. 11. 12. 선고 91다27228 판결, 동지 : 대법원 2004. 7. 22. 선고 2004다10183 판결 ; 대법원 2010. 1. 14. 선고 2009다69708 판결 ; 대법원 2011. 8. 18. 선고 2011다24104 판결.

262) 대법원 2003. 11. 14. 선고 2003다2024 판결, 동지 : 대법원 1992. 11. 10. 선고 92다39105 판결 ; 대법원 1993. 8. 27. 선고 93다13445 판결 ; 대법원 1999. 6. 11. 선고 99다6746 판결.

263) 대법원 1990. 8. 28. 선고 90다카7620 판결, 동지 : 대법원 1992. 11. 10. 선고 92다39105 판결 ; 대법원 1997. 9. 9. 선고 97다18219 판결 ; 대법원 2004. 7. 22. 선고 2004다10183 판결 ; 대법원 2010. 1. 14. 선고 2009다69708 판결 ; 대법원 2011. 8. 18. 선고 2011다24104 판결.

요컨대, 공유관계의 발생원인과 공유지분의 비율 및 분할된 경우의 경제적 가치, 분할 방법에 관한 공유자의 희망 등의 사정을 종합적으로 고려하여 해당 공유물을 특정한 자에게 취득시키는 것이 상당하다고 인정되고, 다른 공유자에게는 그 지분의 가격을 취득시키는 것이 공유자 간의 실질적인 공평을 해치지 않는다고 인정되는 특별한 사정이 있는 때에는, 공유물을 공유자 중의 1인의 단독소유 또는 수인의 공유로 하되 현물을 소유하게 되는 공유자로 하여금 다른 공유자에 대하여 그 지분의 적정하고도 합리적인 가격을 배상시키는 방법에 의한 분할도 현물분할의 하나로 허용된다.[265)]

그러나, 이와 관련하여 주의할 것은, 분할청구자가 상대방들을 공유로 남기는 방식의 현물분할을 청구하고 있다고 하여 상대방들이 그들 사이만의 공유관계의 유지를 원하고 있지 아니한데도 상대방들을 여전히 공유로 남기는 방식으로 현물분할을 하여서는 아니 된다.[266)] 즉, 공유물분할을 청구한 공유자의 지분 한도 안에서는 공유물을 현물 또는 경매·분할함으로써 공유관계를 해소하고 단독소유권을 인정하여야 한다.[267)]

3) 대금분할

대금분할과 관련하여 주의할 것은, 건축허가나 신고 없이 건축된 미등기 건물에 대하여는 경매에 의한 공유물분할이 허용되지 않는다(민사집행법 제274조 제1항, 제268조, 제81조 제1항 제2호 단서 참조).[268)]

공유물을 경매에 부쳐 그 매득금을 분배할 것을 명한 판결은, 경매를 조건으로 하는 특수한 형성판결로서 공유자 전원에 대하여 획일적으로 공유관계의 해소를 목적으로 하는 것이다.[269)]

따라서, 가처분채권자가 가처분채무자의 공유 지분에 관하여 처분금지가처분등기를 마친

---

264) 대법원 1991. 11. 12. 선고 91다27228 판결, 동지 : 대법원 1993. 12. 7. 선고 93다27819 판결 ; 대법원 1997. 9. 9. 선고 97다18219 판결 ; 대법원 2010. 2. 25. 선고 2009다79811 판결 ; 대법원 2011. 3. 10. 선고 2010다92506 판결 ; 대법원 2015. 3. 26. 선고 2014다233428 판결 ; 대법원 2015. 7. 23. 선고 2014다88888 판결.

265) 대법원 2004. 10. 14. 선고 2004다30583 판결, 동지 : 대법원 2013. 9. 13. 선고 2011다69190 판결.

266) 대법원 2015. 3. 26. 선고 2014다233428 판결, 동지 : 대법원 2015. 7. 23. 선고 2014다88888 판결.

267) 대법원 2015. 7. 23. 선고 2014다88888 판결.
사안은, 피고들이 토지 중 Z부분은 원고들의 공유로 Y부분은 피고들의 공유로 분할하는 방법을 희망한데 대하여 원고들은 이에 반대하면서 원고들 사이에서도 분할을 하여야 한다고 주장한 것이다. 원심판결은 피고들이 원하는 방법대로 판결을 하였으나, 대법원은 이러한 원심의 조처에 공유물분할에 관한 법리를 오해한 위법이 있다고 보았다.

268) 대법원 2013. 9. 13. 선고 2011다69190 판결.

269) 대법원 1979. 3. 8.자 79마5 결정, 동지 : 대법원 2017. 5. 31. 선고 2017다216981 판결.

후에 가처분채무자가 나머지 공유자와 사이에 위와 같이 경매를 통한 공유물분할을 내용으로 하는 화해권고결정을 받아 이를 확정시켰다면, 다른 특별한 사정이 없는 한 이는 처분금지가처분에서 금하는 처분행위에 해당한다고 할 것이다.[270)]

6. 공유물분할판결의 효력 내지 후속조치

가. 공유물분할조정의 효력

판결이 아니라 조정에 의하여 공유물분할을 할 경우에는, 주의할 점이 있다.

공유물분할의 조정은, 공유물분할의 소의 소송물 자체를 대상으로 하여 그 소송에서의 법원의 판단을 갈음하는 것이 아니어서, 본질적으로 당사자들 사이에 협의에 의한 공유물분할이 있는 것과 다를 바 없다. 따라서 그 조정이 재판에 의한 공유물분할의 효력, 즉 법원이 해당 사건에 관한 일체의 사정들을 고려하여 정한 현물분할 판결이 확정됨에 따라 바로 기존의 공유관계가 폐기되고 새로운 소유관계가 창설되는 것과 같은 형성적 효력을 가진다고는 볼 수 없다.[271)]

따라서, 공유물분할의 소송절차 또는 조정절차에서 공유자 사이에 공유토지에 관한 현물분할의 협의가 성립하여 그 합의사항을 조서에 기재함으로써 조정이 성립하였다고 하더라도, 공유자들이 협의한 바에 따라 토지의 분필절차를 마친 후 각 단독소유로 하기로 한 부분에 관하여 다른 공유자의 공유지분을 이전받아 등기를 마침으로써 비로소 그 부분에 대한 대세적 권리로서의 소유권을 취득하게 된다고 보아야 한다.[272)]

---

270) 대법원 2017. 5. 31. 선고 2017다216981 판결(사안은 해당 가처분채권자가 해당 지분에 관하여 소유권이전등기를 마치자 가처분채무자가 가처분채권자에 대한 승계집행문을 부여받았고, 이에 가처분채권자가 집행문부여에 대한 이의의 소를 제기한 것이다. 원심법원은 그러한 화해권고결정을 받아 확정시킨 것이 가처분에서 금지한 처분행위에 해당하지 않아 해당 가처분채권자가 화해권고결정의 기판력이 미치는 승계인에 해당한다고 보았으나, 대법원은 이러한 원심법원의 판단이 위법하다고 본 것이다)

271) 대법원 1993. 12. 7. 선고 93다27819 판결.

272) 대법원 2013. 11. 21. 선고 2011두1917 전원합의체 판결.
위 판례의 사안은 이러하다. 원고 외 7인의 공유이던 A, B 토지에 관하여 원고 외 2인이 B토지를 공유하고 나머지 5인이 A토지를 공유하기로 현물분할의 조정이 성립하였는데, 소유권이전등기가 이루어지지 아니하고 있던 중에 A토지에 관한 원고 명의 지분이 강제경매되어 버렸고, 이에 관하여 피고 세무서가 원고에게 양도소득세를 부과하였다. 원고는 위 조정으로 인하여 자신이 A토지에 관하여 아무 권리가 없는데도 양도소득세를 부과한 것은 위법하다고 다투었으나, 원심은 위 주장을 배척하였고, 대법원의 다수의견 역시 그러한 판단을 수긍한 것이다.

나. 공유물분할 등기의 신청

공유물을 분할하는 판결에 의한 등기는 등기권리자 또는 등기의무자가 단독으로 신청한다 (부동산등기법 제23조 제4항 후단).

다. 판결 등의 경정의 문제

공유토지에 대한 판결경정신청인들의 각 점유 부위 및 면적의 표시가 측량감정인의 잘못으로 신청인들 각자의 실제 점유 부위 및 면적과 다르게 감정되었음에도 불구하고 신청인들이나 법원이 이를 간과하고 그 감정결과에 따라 구한 청구취지 그대로 판결이 된 것이라고 하더라도, 소송의 전과정에 나타난 자료상 그와 같은 오류가 명백하다고 볼 수도 없을 뿐만 아니라, 신청인들이 결정을 구하는 취지대로 판결경정에 의하여 신청인들 각자의 점유 면적을 증가 또는 감소시키는 등으로 그 점유 부위와 면적의 표시를 고치는 것은 판결주문의 내용을 실질적으로 변경하는 경우에 해당하여 허용될 수 없다.[273)]

그러나 가령, 조정조서에 「공간정보의 구축 및 관리 등에 관한 법률」 규정에 반하여 ㎡ 미만의 단수를 표시하여 위치와 면적을 표시하였다면, 당사자 일방이 그 소유로 될 토지의 지적에 표시된 ㎡ 미만의 단수를 포기하고 그 포기한 부분을 상대방의 소유로 될 토지의 지적에 표시된 단수와 합산하여 단수 이하를 없앰으로써 조정조서의 실질적 내용을 변경하지 아니하면서 조정조서의 집행을 가능하게 하는 취지의 경정을 할 수 있다.[274)]

또한, 조정이 성립한 후에 조정조서에 기하여 토지분할 신청을 하였으나 조정조서에 첨부된 도면이 한국국토정보공사에서 측량한 측량성과도가 아니라는 이유로 수리가 거부됨으로써 조정조서의 집행이 곤란하게 되는 결과가 발생한 경우, 당사자 일방이 한국국토정보공사에 조정조서에 첨부된 도면과 동일한 내용으로 지적현황측량을 의뢰하여 그 측량성과도로 별지 도면을 작성한 후 조정조서 경정 신청을 하는 경우에도 조정조서의 경정을 할 수 있다.[275)]

라. 대금분할을 위한 경매신청

공유물을 경매에 부쳐 그 매득금을 분배할 것을 명한 판결의 당사자는 원고·피고의 구별 없이 동 판결에 기한 그 공유물의 경매를 신청할 권리가 있다.[276)]

---

273) 대법원 1995. 7. 12.자 95마531 결정.

274) 대법원 2012. 2. 10.자 2011마2177 결정.

275) 대법원 2012. 2. 10.자 2011마2177 결정. 동지 : 대법원 2006. 2. 14.자 2004마918 결정.

7. 공유물분할에 관한 보전처분

부동산의 공유자는, 공유물분할청구의 소를 본안으로 제기하기에 앞서, 장래에 그 판결이 확정됨으로써 취득할 부동산의 전부 또는 특정 부분에 대한 소유권 등의 권리를 피보전권리로 하여, 다른 공유자의 공유지분에 대한 처분금지가처분도 할 수 있다.[277]

8. 보론(補論) : 공법상의 토지분할제한 문제

가. 개 관

공유물인 토지를 현물분할하고자 하는 경우에는 공법상의 제한에도 유의하여야 한다. 그리하지 아니하면 설령 분할판결이 확정되었더라도 그 집행이 불능에 빠질 우려가 있다.[278]

첫째, 공유물의 현물분할시에도 「공간정보의 구축 및 관리 등에 관한 법률」이 정한 토지의 면적의 단위 및 결정방법에 따라야 한다.

둘째, **지적법에서 말하는 "분할"이란 지적공부에 등록된 1필지를 2필지 이상으로 나누어 등록하는 것을 말하는바**(공간정보의 구축 및 관리 등에 관한 법률 제2조 제31호),[279] 토지에 따라서는 일정한 제한 하에서만 분할할 수 있거나 분할이 (전면적으로 또는 원칙적으로) 금지되는 경우가 있다.[280]

이러한 사항의 구체적인 내용을 차례로 살펴보면 다음과 같다.

---

276) 대법원 1979. 3. 8.자 79마5 결정.

277) 대법원 2013. 6. 14.자 2013마396 결정. 동지 : 대법원 2002. 9. 27.자 2000마6135 결정.

278) cf. 1필지의 토지 중 일부를 특정하여 매매계약이 체결되었으나 그 부분의 면적이 위 법령에 따라 분할이 제한되는 경우에 해당한다면, 매도인으로서는 그 부분을 분할하여 소유권이전등기절차를 이행할 수 없다. 따라서 매도인이 위 매매계약에 따라 매수인에게 부담하는 소유권이전등기절차 이행의무는 이행이 불가능하다고 보아야 한다. 이는 교환계약에서도 마찬가지이다. 대법원 2017. 8. 29. 선고 2016다212524 판결(사안은 건축법 제57조 제1항의 분할제한면적에 해당한 경우).

279) 이는 공유문분할, 즉 공유관계의 해소와는 개념상 구분됨에 주의하여야 한다. 김우종, 앞의 논문, 107면.

280) cf. **개발사업을 시행하기 위한 지역·지구등을 규정하는 법령 또는 자치법규는 해당 사업지구에서 개발사업에 지장을 초래할 수 있는 토지분할로서 관계 행정기관의 장의 허가 또는 변경허가를 받아야 하는 사항을 구체적으로 정하여야 한다**(토지이용규제 기본법 제7조 제1항 제5호).
한편, **중앙행정기관의 장이 지역·지구등을 지정하는 경우에는 지적(地籍)이 표시된 지형도에 지역·지구등을 명시한 도면(이하 "지형도면"이라 한다)을 작성하여 관보에 고시하고, 지방자치단체의 장이 지역·지구등을 지정하는 경우에는 지형도면을 작성하여 그 지방자치단체의 공보에 고시하여야 한다. 다만, 대통령령으로 정하는 경우에는 지형도면을 작성·고시하지 아니하거나 지적도 등에 지역·지구등을 명시한 도면을 작성하여 고시할 수 있다**(같은 법 제8조 제2항).

나. 면적의 결정

우선, **면적의 단위는 ㎡로 한다**(공간정보의 구축 및 관리 등에 관한 법률 제68조 제1항).

그리고, **면적의 결정방법 등에 필요한 사항은 대통령령으로 정하는바**(같은 조 제2항), 이는 다음과 같이 정하여져 있다.

면적의 결정은 원칙적으로 1㎡ 단위로 하고 있고(같은 법 시행령 제60조 제1항 제1호), 다만, 지적도의 축척이 1/600인 지역과 경계점좌표등록부에 등록하는 지역의 토지 면적은 ㎡ 이하 한 자리 단위로 하고 있다(같은 조 제2호).

즉, 전자의 경우, 토지의 면적에 1㎡ 미만의 끝수가 있는 경우 0.5제㎡ 미만일 때에는 버리고 0.5㎡를 초과하는 때에는 올리며, 0.5㎡일 때에는 구하려는 끝자리의 숫자가 0 또는 짝수이면 버리고 홀수이면 올리되(같은 조 제1호 본문), 1필지의 면적이 1㎡ 미만일 때에는 1㎡로 한다(같은 호 단서).

후자의 경우, 0.1㎡ 미만의 끝수가 있는 경우 0.05㎡ 미만일 때에는 버리고 0.05㎡를 초과할 때에는 올리며, 0.05㎡일 때에는 구하려는 끝자리의 숫자가 0 또는 짝수이면 버리고 홀수이면 올리되(같은 조 제2호 본문), 1필지의 면적이 0.1㎡ 미만일 때에는 0.1㎡로 한다(같은 호 단서).

다. 토지 분할의 제한 : 건축물 있는 대지

1) 개 관

건축물이 있는 대지는, 그 분할면적이 일정 규모 이상이어야 하고(건축법 제57조 제1항), **건축법 제44조**(대지와 도로의 관계), **제55조**(건축물의 건폐율), **제56조**(건축물의 용적률), **제58조**(대지 안의 공지), **제60조**(건축물의 높이 제한) **및 제61조**(일조 등의 확보를 위한 건축물의 높이 제한)**에 따른 기준에 못 미치게 분할할 수 없다**(건축법 제57조 제2항).

다만, **건축협정**(건축법 제77조의6)**이 인가된 경우 그 건축협정의 대상이 되는 대지는 위와 같은 기준에 미치지 못하더라도 분할할 수 있다**(건축법 제57조 제3항).

그러나, 그 상세한 기준을 살펴보는 것은 이 책이 다룰 범위를 벗어나므로, 여기서는 대략적인 내용 내지 특기할 내용만 짚고 넘어가겠다.

2) 분할제한면적

건축물이 있는 대지는 대통령령으로 정하는 범위에서 해당 지방자치단체의 조례로 정하는 면적에 못 미치게 분할할 수 없다(건축법 제57조 제1항).

여기서 “대통령령으로 정하는 범위”란 다음 각 호의 어느 하나에 해당하는 규모 이상을 말한다(건축법 시행령 제80조).

① 주거지역 : 60㎡

② 상업지역 : 150㎡

③ 공업지역 : 150㎡

④ 녹지지역 : 200㎡

⑤ 이상에 해당하지 아니하는 지역 :[281] 60㎡

특기할 것은, 후술하듯이, 건축물이 있는 대지가 아니라 하더라도 위 면적 이하로 토지 분할을 하려면 허가를 받아야 한다(국토의 계획 및 이용에 관한 법률 제56조 제1항 제4호, 같은 법 시행령 제51조 제1항 제5호 나목).

3) 건축물 있는 대지의 기준

가) 대지와 도로의 관계

건축물의 대지는 2m 이상이 도로(자동차만의 통행에 사용되는 도로는 제외한다)**에 접하여야 한다**(건축법 제44조 제1항 본문).

다만, 다음 각 호의 어느 하나에 해당하면 그러하지 아니하다.

① 해당 건축물의 출입에 지장이 없다고 인정되는 경우

② 건축물의 주변에 대통령령으로 정하는 공지가 있는 경우

또한, **건축물의 대지가 접하는 도로의 너비, 대지가 도로에 접하는 부분의 길이, 그 밖에 대지와 도로의 관계에 관하여 필요한 사항은 대통령령으로 정하는 바에 따른다**(같은 조 제2항).

나) 건 폐 율

건축물은 건폐율(= 건축면적/대지면적)의 최대한도에 제한이 있을 수 있다(건축법 제55조).

다) 용 적 률

건축물은 용적률(=연면적/대지면적)의 최대한도에도 제한이 있을 수 있다(건축법 제56조).

---

281) 건축법 시행령 제80조 제1호부터 제4호까지의 규정에 해당하는 지역은 도시지역이다(국토의 계획 및 이용에 관한 법률 제36조 제1항 제1호)
따라서, 나머지 지역이란 결국, 관리지역, 농림지역, 자연환경보전지역을 지칭한다(같은 항 제2호 내지 제4호).

라) 대지 안의 공지

건축물을 건축하는 경우에는 용도지역·용도지구, 건축물의 용도 및 규모 등에 따라 건축선 및 인접 대지경계선으로부터 6m 이내의 범위에서 대통령령으로 정하는 바에 따라 해당 지방자치단체의 조례로 정하는 거리 이상을 띄워야 한다(건축법 제58조).

마) 건축물의 높이 제한

건축물의 높이는 가로구역((街路區域) : 도로로 둘러싸인 일단(一團)의 지역을 말한다)별로 또는 일조나 채광 등의 확보를 위하여 제한될 수 있다(건축법 제60조, 제61조).

라. 토지 분할의 금지

1) 개 관

토지 중에는 아예 분할이 (원칙적으로) 금지되거나 허가를 받아야만 분할을 할 수 있는 것들이 있으며, 후자는 대부분 그러한 지역·지구임이 관보나 공보에 고시되고 토지 분할에 관할 지방자치단체의 장의 허가를 받도록 되어 있다.[282]

따라서, 공유물분할의 대상이 토지인 때에는, '토지이용규제서비스'를 이용하거나 아예 토지이용계획확인서(토지이용규제 기본법 제10조)을 발급받아 보는 등으로 해당 토지의 이용계획을 열람하여 볼 필요가 있다.[283]

다만, 개중에서 공유물분할과 관련하여 가장 흔히 문제되는 것은, 개발행위허가의 대상인 토지(국토의 이용 및 계획에 관한 법률 제56조 제1항 제4호) 및 농업생산기반정비사업이 시행된 농지(농지법 제22조 제2항)이다.

2) 분할이(원칙적으로) 금지되는 토지

가) 특정도서의 토지

누구든지 특정도서에서 토지의 분할을 하거나 이를 허가하여서는 아니 된다(독도 등 도서지역의 생태계 보전에 관한 특별법 제8조 제1항 제3호).

다만, **그럼에도 불구하고 다음 각 호의 어느 하나에 해당하는 경우에는 위 제1항을 적용하**

282) cf. 토지 분할에 허가를 요하는 토지의 범위는, 형질변경에 허가를 요하는 토지의 범위와 비슷하나, 전자가 후자보다 범위가 조금 좁다.
그 밖에, 특정 사업의 허가를 받으면 토지 분할의 허가도 받은 것으로 간주되는 경우도 있으나, 이에 관한 상론은 이 책이 다룰 범위를 벗어난다.

283) cf. 후술하는 토지들은 대부분 토지이용규제 기본법 별표에 거시된 지역·지구이지만, 농업생산기반사업이 시행된 토지, 도시공원구역, 도시재생활성화구역은 예외이다.

지 아니한다(같은 법 제8조 제2항).

① **군사·항해·조난구호**(遭難救護) **행위**

② **천재지변 등 재해의 발생 방지 및 대응을 위하여 필요한 행위**

③ **국가가 시행하는 해양자원개발 행위**

④ **도서개발 사업계획**(도서개발 촉진법 제6조 제3항)**에 따른 개발 행위**

⑤ **「문화재보호법」에 따라 문화재청장 또는 시·도지사가 필요하다고 인정하는 행위**

나) 농업생산기반정비사업이 시행된 농지

농업생산기반정비사업이 시행된 농지는 다음 각 호의 어느 하나에 해당하는 경우 외에는 분할할 수 없다(농지법 제22조 제2항).[284][285]

① **도시지역의 주거지역·상업지역·공업지역 또는 도시·군계획시설부지에 포함되어 있는 농지를 분할하는 경우**

② **농지전용허가**(농지법 제34조 제1항)(다른 법률에 따라 농지전용허가가 의제되는 인가·허가·승인 등을 포함한다)**를 받거나 농지전용신고**(농지법 제35조 또는 제43조)**를 하고 전용한 농지를 분할하는 경우**

③ **분할 후의 각 필지의 면적이 2,000㎡를 넘도록 분할하는 경우**

④ **농지의 개량, 농지의 교환·분합 등 대통령령으로 정하는 사유로 분할하는 경우**

다) 도시자연공원구역인 토지

도시자연공원구역에서는 토지의 분할을 할 수 없다(도시공원 및 녹지 등에 관한 법률 제27조 제1항 본문).

라) 제주특별자치도의 절대보전지역 안의 토지

제주특별자치도의 절대보전지역 안에서는 그 지역 지정의 목적에 위배되는 토지의 분할을 할 수 없다(제주특별자치도 설치 및 국제자유도시 조성을 위한 특별법 제292조 제3항 본문).

다만, 다음 각 호의 어느 하나에 해당하는 행위로서 도지사의 허가를 받은 경우에는 그러하지 아니하다(같은 항 단서).

---

284) cf. **농업생산기반 정비사업 시행자는 농업경영을 합리화하기 위하여 농지 규모를 확대하고 농지를 집단화할 수 있도록 농업생산기반 정비사업을 시행하고, 농지가 세분화되는 것을 막을 수 있도록 사업을 추진하여야 한다**(농어촌정비법 제12조 제1항).

285) cf. 공유 농지의 분할을 원인으로 농지를 취득하는 경우에는 농지취득자격증명을 발급받지 아니하여도 된다(농지법 제8조 제1항 제3호).

① **국가 또는 제주자치도가 시행하는 등산로, 산책로, 임도, 도로, 공중화장실, 정자, 기상 관측시설과 자연공원 공원시설의 설치**

② **산림경영계획**(산림자원의 조성 및 관리에 관한 법률 제13조)**으로 시행하는 사업으로서 모두 베기나 토지의 형질변경을 수반하지 아니하는 산림사업**

③ **학술적 조사·연구를 목적으로 하는 행위**

④ **절대보전지역 지정 전에 건축된 기존 종교시설의 경내에서의 건축물의 증·개축행위**

⑤ **그 밖에 자연자원의 원형을 훼손하거나 변형시키지 아니하는 범위 안에서의 도조례로 정하는 행위**

3) 분할에 허가를 요하는 토지

가) 개발행위허가의 대상인 토지

토지 분할(건축물이 있는 대지의 분할은 제외한다)[286] **중에는 개발행위에 해당하여－도시·군계획사업**(다른 법률에 따라 도시·군계획사업을 의제한 사업 포함)**에 의한 행위가 아닌 한－특별시장·광역시장·특별자치시장·특별자치도지사·시장 또는 군수의 허가를 받아야 하는 경우가 있다**(국토의 계획 및 이용에 관한 법률 제56조 제1항 제4호).

구체적으로는, 다음 각 목의 어느 하나에 해당하는 토지의 분할(건축물이 있는 대지는 제외한다)이 이에 해당한다(같은 법 시행령 제51조 제1항 제5호).

(가) 녹지지역·관리지역·농림지역 및 자연환경보전지역 안에서 관계법령에 따른 허가·인가 등을 받지 아니하고 행하는 토지의 분할[287]

(나) 건축물 있는 대지의 분할제한면적(건축법 제57조 제1항) 미만으로의 토지의 분할

(다) 관계 법령에 의한 허가·인가 등을 받지 아니하고 행하는 너비 5㎡ 이하로의 토지의 분할

주의할 것은, 국토계획법상 토지분할 허가제도의 취지·목적, 개발행위허가권자의 재량권의 범위, 지적에 관한 법률 규정의 취지 등에 비추어 볼 때, 개발행위허가권자는 신청인이 토지분할 허가신청을 하면서 공유물분할 판결 등의 확정판결을 제출하더라도 국토계획법에서 정한 개발행위 허가 기준 등을 고려하여 거부처분을 할 수 있으며, 이러한 처분이 공유물분할 판결의 효력에 반하는 것은 아니다.[288]

---

286) 건축물이 있는 대지는 건축법상의 분할 제한이 문제됨은 기술한 바와 같다.

287) 환언하면, 주거지역, 상업지역, 공업지역은 허가 등을 받아야만 토지를 분할할 수 있다는 제약이 없다.

288) 대법원 2013. 7. 11. 선고 2013두1621 판결. 동지 : 대법원 2013. 7. 12. 선고 2012두28582 판결.

나) 개발행위허가에 준하는 허가의 대상인 지역·지구

(1) 택지개발지구 등

택지개발지구의 지정에 관한 주민 등의 의견청취를 위한 공고(택지개발촉진법 제3조의3)**가 있는 지역 및 택지개발지구에서 토지분할을 하려는 자는 특별자치도지사·시장·군수 또는 자치구의 구청장의 허가를 받아야 한다**(택지개발촉진법 제6조 제1항 본문, 같은 법 시행령 제6조 제1항 제5호).

그리고, **위 허가를 받은 경우에는 개발행위허가**(국토의 계획 및 이용에 관한 법률 제56조)**를 받은 것으로 본다**(택지개발촉진법 제6조 제6항).

(2) 마을정비구역 등

농업생산기반 정비사업 시행계획이 승인된 지역, 농어촌 관광휴양단지, 한계농지등 정비지구, 마을정비구역(농어촌정비법 제105조)**에서 토지분할을 하려는 자는 시장·군수·구청장의 허가를 받아야 한다**(농어촌정비법 제111조 제1항 전문, 같은 법 시행령 제87조 제1항 제5호).

그리고, **위 허가를 받은 경우에는 개발행위허가**(국토의 계획 및 이용에 관한 법률 제56조)**를 받은 것으로 본다**(농어촌정비법 제111조 제6항).

(3) 항만재개발사업구역 등

항만배후단지 또는 항만재개발사업구역(항만법 제56조 제1항)**으로 지정·고시된 지역에서 토지분할을 하려는 자는 해양수산부장관**(해양수산부장관이 관리하는 공유수면에서의 행위로 한정한다)**이나 특별자치도지사·시장·군수·구청장의 허가를 받아야 한다**(항만법 제84조 제1항 전문, 같은 법 시행령 제83조 제1항 제6호).

그리고, **위 허가를 받은 경우에는 개발행위허가**(국토의 계획 및 이용에 관한 법률 제56조)**를 받은 것으로 본다**(항만법 제84조 제6항).

(4) 도시정비법상 정비구역

「도시 및 주거환경정비법」 소정의 정비구역 안에서 토지분할을 하고자 하는 자는 시장·군수의 허가를 받아야 한다(도시 및 주거환경정비법 제19조 제1항 전문, 같은 법 시행령 제13조의4 제1항 제5호).

그리고, **위 허가를 받은 경우에는 개발행위허가**(국토의 계획 및 이용에 관한 법률 제56조)**를 받은 것으로 본다**(도시 및 주거환경정비법 제19조 제6항).

또한, **국토교통부장관, 시·도지사, 시장, 군수 또는 구청장은 비경제적인 건축행위 및 투기**

수요의 유입 방지를 위하여 기본계획을 공람 중인 정비예정구역 또는 정비계획을 수립 중인 지역에 대하여 3년 이내의 기간(1회에 한하여 1년의 범위 안에서 연장할 수 있다)**을 정하여 대통령령으로 정하는 방법과 절차에 따라 토지의 분할을 제한할 수 있으므로**(같은 조 제7항 제2호), 그러한 지역에서 토지의 분할을 하려는 자는 시장·군수의 허가를 받아야 한다(같은 법 시행령 제13조의5 제5항).

(5) 도시개발구역 등

도시개발구역지정에 관한 주민 등의 의견청취를 위한 공고가 있는 지역 및 도시개발구역에서 토지 분할을 하려는 자는 특별시장·광역시장·특별자치도지사·시장 또는 군수의 허가를 받아야 한다(도시개발법 제9조 제5항 전문).

그리고, **위 허가를 받으면 개발행위허가**(국토의 계획 및 이용에 관한 법률 제56조)**를 받은 것으로 본다**(도시개발법 제9조 제10항).

(6) 물류단지

물류단지 안에서 토지분할을 하려는 자는 시장·군수·구청장의 허가를 받아야 한다(물류시설의 개발 및 운영에 관한 법률 제25조 제1항 전문, 같은 법 시행령 제18조 제1항 제5호).

그리고, **위 허가를 받은 경우에는 개발행위허가**(국토의 계획 및 이용에 관한 법률 제56조)**를 받은 것으로 본다**(물류시설의 개발 및 운영에 관한 법률 제25조 제6항).

(7) 산업단지 등

산업단지의 지정 또는 변경에 관한 주민 등의 의견청취를 위한 공고(산업입지 및 개발에 관한 법률 제10조 제1항)**가 있는 지역 및 산업단지 안에서 토지분할을 하려는 자는 특별시장·광역시장·특별자치시장·특별자치도지사·시장 또는 군수의 허가를 받아야 한다**(산업입지 및 개발에 관한 법률 제12조 제1항 전문, 같은 법 시행령 제14조 제1항 제5호).

그리고, **위 허가를 받은 경우에는 개발행위허가**(국토의 계획 및 이용에 관한 법률 제56조)**를 받은 것으로 본다**(산업입지 및 개발에 관한 법률 제12조 제6항).

(8) 혁신도시개발예정지구

혁신도시개발예정지구 안에서 토지분할을 하려는 자는 특별자치도지사, 시장·군수 또는 구청장의 허가를 받아야 한다(혁신도시 조성 및 발전에 관한 특별법 제9조 제1항 전문, 같은 법 시행령 제8조 제1항 제5호).

그리고, **위 허가를 받은 경우에는 개발행위허가**(국토의 계획 및 이용에 관한 법률 제56조)**를 받**

은 것으로 본다(혁신도시 조성 및 발전에 관한 특별법 제9조 제6항).

(9) 재해위험 개선사업지구

재해위험 개선사업지구 안에서 토지분할을 하고자 하는 자는 관할 시장·군수의 허가를 받아야 한다(재해위험 개선사업 및 이주대책에 관한 특별법 제7조 제1항 전문, 같은 법 시행령 제8조 제1항 제2호).

그리고, **위 허가를 받은 경우에는 개발행위허가**(국토의 계획 및 이용에 관한 법률 제56조)**를 받은 것으로 본다**(재해위험 개선사업 및 이주대책에 관한 특별법 제7조 제6항).

(10) 도청이전신도시 개발예정지구

도청이전신도시 개발예정지구 안에서 토지분할을 하고자 하는 자는 관할 지방자치단체의 장의 허가를 받아야 한다(도청이전을 위한 도시건설 및 지원에 관한 특별법 제10조 제1항 전문).

그리고, **위 허가를 받은 경우에는 개발행위허가**(국토의 계획 및 이용에 관한 법률 제56조)**를 받은 것으로 본다**(도청이전을 위한 도시건설 및 지원에 관한 특별법 제10조 제6항).

(11) 농업생산기반시설 및 주변지역 활용구역

농업생산기반시설 및 주변지역 활용구역(약칭, "농업생산기반시설등활용구역" 농업생산기반시설 및 주변지역 활용에 관한 특별법 제7조 제1항) **안에서 토지분할을 하고자 하는 자는 시·도지사 또는 시장·군수·구청장의 허가를 받아야 한다**(같은 법 제9조 제1항 전문, 같은 법 시행령 제9조 제1항 제5호).

그리고, **위 허가를 받은 경우에는 개발행위허가**(국토의 계획 및 이용에 관한 법률 제56조)**를 받은 것으로 본다**(농업생산기반시설 및 주변지역 활용에 관한 특별법 제9조 제7항).

(12) 마리나항만구역

마리나항만구역으로 지정·고시된 구역에서 토지분할을 하려는 자는 해양수산부장관(해양수산부장관이 관리하는 공유수면에서의 행위로 한정한다)**이나 관할 특별자치시장·특별자치도지사·시장·군수·구청장의 허가를 받아야 한다**(마리나항만의 조성 및 관리 등에 관한 법률 제12조 제1항 전문, 같은 법 시행령 제13조 제1항 제5호).

그리고, **위 허가를 받은 경우에는 개발행위허가**(국토의 계획 및 이용에 관한 법률 제56조)**를 받은 것으로 본다**(마리나항만의 조성 및 관리 등에 관한 법률 제12조 제5항).

(13) 역세권개발구역

지정·고시된 역세권개발구역(역세권의 개발 및 이용에 관한 법률 제4조 및 제9조) **안에서 토지분할을 하려는 자는 관할 시·도지사 또는 시장·군수·구청장의 허가를 받아야 한다**(역세권의 개발 및 이용에 관한 법률 제11조 제1항 전문).

그리고, **위 허가를 받은 경우에는 개발행위허가**(국토의 계획 및 이용에 관한 법률 제56조)**를 받은 것으로 본다**(역세권의 개발 및 이용에 관한 법률 제11조 제7항).

(14) 친수구역

친수구역의 지정·변경에 관한 주민 등의 의견청취의 공고가 있는 지역 안에서 토지의 분할을 하고자 하는 자는 시장·군수 또는 구청장의 허가를 받아야 한다(친수구역 활용에 관한 특별법 제9조 제1항 전문, 같은 법 시행령 제9조 제1항 제5호).

"친수구역"이란 국가하천의 하천구역 경계로부터 양안 2㎞ 범위 내의 지역을 대통령령으로 정한 비율 이상 포함하여 지정된 구역을 말한다(같은 법 제2조 제2호).

그리고, **위 허가를 받은 경우에는 개발행위허가**(국토의 계획 및 이용에 관한 법률 제56조)**를 받은 것으로 본다**(친수구역 활용에 관한 특별법 제9조 제5항).

(15) 도로구역

도로구역 및 도로구역 결정·변경 또는 폐지 예정지에서 토지의 분할을 하려는 자는 특별자치시장, 특별자치도지사, 시장·군수 또는 구청장의 허가를 받아야 한다(도로법 제27조 제1항 전문, 도로법 시행령 제26조 제1항 제5호).

그리고, **위 허가를 받은 경우에는 개발행위허가**(국토의 계획 및 이용에 관한 법률 제56조)**를 받은 것으로 본다**(도로법 제27조 제5항 본문).

(16) 새만금사업지역

새만금사업지역(공유수면 매립면허를 받은 지역으로서 준공검사를 받지 아니한 지역은 제외한다)**에서 토지의 형질변경을 하려는 자는 새만금개발청장의 허가를 받아야 한다**(새만금사업 추진 및 지원에 관한 특별법 제13조 제1항 전문, 같은 법 시행령 제12조 제1항 제5호).

그리고, **위 허가를 받은 경우에는 개발행위허가**(국토의 계획 및 이용에 관한 법률 제56조)**를 받은 것으로 본다**(새만금사업 추진 및 지원에 관한 특별법 제13조 제6항).

(17) 농어촌리모델링법상 정비구역

「농어촌마을 주거환경 개선 및 리모델링 촉진을 위한 특별법」 소정의 정비구역에서 토지

분할을 하고자 하는 자는 시장·군수·구청장의 허가를 받아야 한다(농어촌마을 주거환경 개선 및 리모델링 촉진을 위한 특별법 제10조 제1항 전문, 같은 법 시행령 제7조 제1항 제4호).

그리고, **위 허가를 받은 경우에는 개발행위허가**(국토의 계획 및 이용에 관한 법률 제56조)**를 받은 것으로 본다**(농어촌마을 주거환경 개선 및 리모델링 촉진을 위한 특별법 제10조 제6항).

(18) 지역개발사업구역

지역개발사업구역에서 토지 분할을 하려는 자는 특별자치시장·시장·군수·구청장의 허가를 받아야 한다(지역 개발 및 지원에 관한 법률 제17조 제1항 전문, 같은 법 시행령 제19조 제1항 제5호). 그리고, **위 허가를 받으면 개발행위허가**(국토의 계획 및 이용에 관한 법률 제56조)**를 받은 것으로 본다**(지역 개발 및 지원에 관한 법률 제17조 제6항).

(19) 간척지활용사업구역

간척지활용사업구역에서 토지분할을 하고자 하는 자는 시장·군수·구청장(자치구의 구청장을 말한다)**의 허가를 받아야 한다**(간척지의 농어업적 이용 및 관리에 관한 법률 제13조 제1항 전문, 같은 법 시행령 제15조 제1항 제5호).

그리고, **위 허가를 받으면 개발행위허가**(국토의 계획 및 이용에 관한 법률 제56조)**를 받은 것으로 본다**(간척지의 농어업적 이용 및 관리에 관한 법률 제13조 제7항).

(20) 공항·비행장개발예정지역 등

공항·비행장개발예정지역으로 지정·고시된 지역 또는 공항개발사업 또는 비행장개발사업 실시계획이 고시된 지역에서 토지분할을 하려는 자는 지방항공청장(다만, 국토교통부장관이 직접 시행하는 것으로 정하여 고시하는 개발사업은 국토교통부장관, 해양수산부장관이 관리하는 공유수면에서의 행위에 대한 것으로 한정한다) 또는 시장·군수·구청장의 허가를 받아야 한다(공항시설법 제10조 제1항 전문, 같은 법 시행령 제55조 제1항, 제20조 제1항 제5호).

그리고, **위 허가를 받으면 개발행위허가**(국토의 계획 및 이용에 관한 법률 제56조)**를 받은 것으로 본다**(공항시설법 제10조 제6항).

(21) 댐 친환경 활용 구역

댐 친환경 활용 구역 안에서 토지분할을 하려는 자는 시·도지사 또는 시장·군수·구청장의 허가를 받아야 한다(댐 주변지역 친환경 보전 및 활용에 관한 특별법 제8조 제1항 전문).[289]

그리고, **위 허가를 받으면 개발행위허가**(국토의 계획 및 이용에 관한 법률 제56조)**를 받은 것으**

289) cf. 이 법률은 2027. 12. 31.까지 시행된다.

로 본다(댐 주변지역 친환경 보전 및 활용에 관한 특별법 제8조 제7항).

다) 그 밖의 허가의 대상인 지역·지구

(1) 폐기물처리시설 입지

폐기물처리시설의 입지 안에서 대통령령으로 정하는 토지의 분할을 하려는 자는 특별자치시장·특별자치도지사·시장·군수·구청장의 허가를 받아야 한다(폐기물처리시설 설치촉진 및 주변지역지원 등에 관한 법률 제11조의2 제1항 제5호).

그리고, 여기서 "대통령령으로 정하는 토지의 분할"이란 대지면적 최소한도(건축법 제57조) 미만의 토지의 분할을 말한다(같은 법 시행령 제11조의4 제2항).

(2) 개발제한구역

개발제한구역에서는 토지의 분할을 할 수 없다(개발제한구역의 지정 및 관리에 관한 특별조치법 제12조 제1항 본문).

다만, 대통령령으로 정하는 범위의 토지 분할을 하려는 자는 특별자치시장·특별자치도지사·시장·군수 또는 구청장의 허가를 받아 그 행위를 할 수 있는바(같은 항 제6호), 여기서 "대통령령으로 정하는 범위"란 분할된 후 각 필지의 면적이 200㎡ 이상(지목이 대인 토지를 주택 또는 근린생활시설을 건축하기 위하여 분할하는 경우에는 330㎡ 이상)인 경우를 말한다(같은 법 시행령 제16조 본문).

다만, 다음 각 호의 어느 하나에 해당하는 경우에는 그 미만으로도 분할할 수 있다(같은 조 단서).

① 국방·군사에 관한 사업(공익사업을 위한 토지 등의 취득 및 보상에 관한 법률 제4조 제1호) 및 관계 법률에 따라 허가·인가·승인·지정 등을 받아 공익을 목적으로 시행하는 철도·도로·공항·항만·주차장·공영차고지·화물터미널·궤도(軌道)·하천·제방·댐·운하·수도·하수도·하수종말처리·폐수처리·사방(砂防)·방풍(防風)·방화(防火)·방조(防潮)·방수(防水)·저수지·용수로·배수로·석유비축·송유·폐기물처리·전기·전기통신·방송·가스 및 기상 관측에 관한 사업(같은 조 제2호)을 시행하기 위한 경우

② 인접 토지와 합병하기 위한 경우

③ 사도(私道), 농로, 임도, 그 밖에 건축물 부지의 진입로를 설치하기 위한 경우

④ 토지의 형질변경(같은 영 별표 2 제3호 가목)을 위한 경우. 다만, 분할 후 형질변경을 하지 아니하는 다른 필지의 면적이 60㎡ 미만인 경우는 제외한다.

(3) 특별관리지역

특별관리지역 안에서는 토지의 분할을 할 수 없다(공공주택건설 등에 관한 특별법 제6조의3 제1항 본문).

다만, 특별관리지역의 취지에 부합하는 범위에서 대통령령으로 정하는 행위에 한정하여 시장, 군수 또는 구청장의 허가를 받아 할 수 있다(같은 법 제6조의3 제1항 단서 전단).

구체적으로는, 토지의 분할의 경우 다음 각목의 경우에는 허가를 받아 할 수 있다(같은 법 시행령 제4조의2 제1항, 별표 1).

(가) 분할된 후 각 필지의 면적이 330㎡ 이상인 경우. 다만, 다음의 어느 하나에 해당하는 경우에는 그 미만으로도 분할할 수 있다.

(1) ① 국방·군사에 관한 사업 ② 관계 법률에 따라 허가·인가·승인·지정 등을 받아 공익을 목적으로 시행하는 철도·도로·공항·항만·주차장·공영차고지·화물터미널·궤도(軌道)·하천·제방·댐·운하·수도·하수도·하수종말처리·폐수처리·사방(砂防)·방풍(防風)·방화(防火)·방조(防潮)·방수(防水)·저수지·용수로·배수로·석유비축·송유·폐기물처리·전기·전기통신·방송·가스 및 기상 관측에 관한 사업(공익사업을 위한 토지 등의 취득 및 보상에 관한 법률 제4조 제1호 및 제2호)을 시행하기 위한 경우

(2) 인접 토지와 합병하기 위한 경우

(3) 농로, 임도, 사도(私道), 그 밖에 건축물 부지의 진입로를 설치하기 위한 경우

(4) 농림수산업을 위한 개간 또는 초지 조성을 위한 경우. 다만, 분할 후 형질변경을 하지 아니하는 다른 필지의 면적이 60㎡ 미만인 경우는 제외한다.

(나) 가목에도 불구하고 「농지법」 제22조 제2항 제3호 등 다른 법령에서 분할 최소면적을 달리 정한 경우(분할 최소면적이 330㎡ 미만인 경우는 제외한다)에는 그 분할 최소면적 이상인 경우로 한다.

(4) 해안권 및 내륙권 개발구역

해안권 및 내륙권 개발구역 안에서 토지분할을 하고자 하는 자는 관할 시장·군수·구청장의 허가를 받아야 한다(동·서·남해안 및 내륙권 발전 특별법 제10조 제1항 전문, 같은 법 시행령 제16조 제1항 제5호).

다만, **재해복구 또는 재난수습에 필요한 응급조치를 위하여 하는 행위는 그럼에도 불구하고 허가를 받지 아니하고 이를 할 수 있다**(같은 법 제10조 제2항 제1호).

(5) 어촌특화발전계획 구역

어촌특화발전계획 구역이 지정·고시된 지역에서 토지의 분할을 하려는 자는 시장·군수 또는 구청장의 허가를 받아야 한다(어촌특화발전 지원 특별법 제18조 제1항 전문, 같은 법 시행령 제10조 제1항 제5호).

(6) 해양박람회특구

지정·고시된 해양박람회특구에서 토지의 형질변경을 하려는 자는 관할 도지사 또는 시장의 허가를 받아야 한다(여수세계박람회 기념 및 사후활용에 관한 특별법 제16조 제1항 전문, 같은 법 시행령 제16조 제2항 제6호).

(7) 도시재생활성화지역 중 행위제한이 적용되는 지역

도시재생활성화계획이 고시된 날부터 도시재생활성화계획상 행위제한이 적용되는 지역(제19조 제3항 제7호)**에서 토지분할을 하고자 하는 때에는 전략계획수립권자 또는 도지사와 자치구의 구청장 및 광역시 관할구역에 있는 군의 군수의 허가를 받아야 한다**(도시재생 활성화 및 지원에 관한 특별법 제23조 전문, 같은 법 시행령 제30조 제5호).

채권자대위소송의 제문제

1. 채권자대위소송 개관

채권자는 자기의 채권을 보전하기 위하여 채무자의 - 일신전속권이 아닌 - **권리를 행사할 수 있으므로**(민법 제404조 제1항), 채권자가 채무자를 대위하여 채무자의 권리를 재판상 행사할 수도 있다.

특기할 것은, 채권자대위의 대상이 된 채무자의 권리가 제3자로부터 방해를 받아 그에 관해서 제3자와 채무자간에 분쟁이 생긴 경우에는, 채권자의 채무자에 대한 채권도 그 내용에 실질적인 영향을 받아 불안정한 상태에 놓이게 되므로 채권자는 그의 불안정상태를 제거하고 그를 보전하기 위하여 채무자를 대위해서 제3자에 대하여 채무자의 권리의 확인과 그 방해의 제거를 구할 수 있고 필요하다면 그 권리관계의 확인을 위하여 제3자를 상대로 소를 제기할 수 있다.[290)]

주의할 것은, 채권을 보전하기 위하여 대위행사가 필요한 경우는 실체법상 권리뿐만 아니라 소송법상 권리에 대하여서도 대위가 허용되나, 채무자와 제3채무자 사이의 소송이 계속된 이후의 소송수행과 관련한 개개의 소송상 행위는 그 권리의 행사를 소송당사자인 채무자의 의사에 맡기는 것이 타당하므로 채권자대위가 허용될 수 없다. 같은 취지에서 볼 때 상소의 제기와 마찬가지로 종전 재심대상판결에 대하여 불복하여 종전 소송절차의 재개, 속행 및 재심판을 구하는 재심의 소 제기는 채권자대위권의 목적이 될 수 없다.[291)]

한편, 채권자대위권에 관하여서는 - 이를 소송상 행사하건 소송외에서 행사하건 - 채권자대위권행사의 통지(민법 제405조), 제3채무자의 (실체법상) 항변(어떠한 항변을 제출할 수 있는지) 등도 문제되나, 이는 실체법의 문제이므로, 상세한 것은 민법학 문헌을 참조하기 바란다.

2. 채권자대위소송의 당사자적격[292)]

가. 개 관

그런데, 이러한 채권자대위소송을 하기 위하여서는, ① 채권자에게 ㉮ 피보전채권이 존재

290) 대법원 1976. 4. 27. 선고 73다1306 판결(사안은 소유권확인청구).

291) 대법원 2012. 12. 27. 선고 2012다75239 판결

292) cf. 각 채권자대위권에 기하여 공동하여 채무자의 권리를 행사하는 다수의 채권자들이 유사필수적 공동소송관계에 있음은, '소의 제기' 부분에서 기술하였다.

하여야 함은 물론, - **채권자는 그 채권의 기한이 도래하기 전에는 법원의 허가**[293] **없이 채권자대위권을 행사하지 못하나**(민법 제404조 제2항 본문), **보전행위는 그러하지 아니하므로**(같은 항 단서) - 원칙적으로 그 이행기가 도래하였어야 하며, ㉯ 그 보전의 필요성이 있어야 할 뿐 아니라, ② 채무자가 그 (자신의) 권리를 재판상 행사하지 아니하였어야 한다.

그리고, 대위권행사의 요건의 존재사실은 채권자가 주장·입증하여야 하며,[294] 뒤에서 재론하듯이, 만일 위 요건 중 하나라도 결여되었다면 그 채권자대위소송은 당사자적격이 없어 부적법하다.

그러나 이와 달리, 어떤 권리가 채권자대위권의 객체가 될 수 있는지 여부의 문제는 실체법의 문제이며, 이에 관하여 상세한 것은 민법학 문헌을 참조하기 바란다.

나. 적극적 요건 : 피보전채권에 관한 요건

1) 적극적 요건 일반

가) 피보전채권 일반

채권자대위권으로써 보전되는 채권은, 보전의 필요성이 인정되고 이행기가 도래한 것이면 족하고, 그 채권의 발생원인이 어떠하든 대위권을 행사함에는 아무런 방해가 되지 아니하며, 또한 채무자에 대한 채권이 제3채무자에게까지 대항할 수 있는 것임을 요하는 것도 아니다.[295]

다만, 채무자가 파산절차에서 면책결정을 받은 때에는 파산채권을 피보전채권으로 하여 채권자대위권을 행사하는 것은 그 채권이 비면책채권(채무자 회생법 제566조 단서)에 해당하지 않는 한 허용되지 않는다.[296]

나) 입증책임 일반

채권자대위권을 재판상 행사할 때에는 채권자인 원고는 그 채권의 존재와 보전의 필요성, 기한의 도래 등을 입증하면 족하다.[297]

---

293) cf. 재판상의 대위에 관한 사건은 민사비송사건이다(비송사건절차법 제2편 제3장).

294) 대법원 1963. 4. 25. 선고 63다122 판결(사안은 보전의 필요성(채무자의 무자력)의 입증책임이 누구에게 있는지 문제된 것).

295) 대법원 2000. 6. 9. 선고 98다18155 판결. 동지 : 대법원 2003. 4. 11. 선고 2003다1250 판결 ; 대법원 2010. 11. 11. 선고 2010다43597 판결.

296) 대법원 2009. 6. 23. 선고 2009다13156 판결.

297) 대법원 2000. 6. 9. 선고 98다18155 판결. 동지 : 대법원 2003. 4. 11. 선고 2003다1250 판결 ; 대법원 2010. 11. 11. 선고 2010다43597 판결.

다시 말해, 채권자인 원고가, 채권의 발생원인사실 또는 그 채권이 제3채무자인 피고에게 대항할 수 있는 채권이라는 사실까지 입증할 필요는 없다.[298)]

2) 피보전채권의 존재 및 이행기 도래

가) 피보전채권의 존재 일반

채권자대위소송에서 대위에 의하여 보전될 채권자의 채무자에 대한 권리(피보전채권)가 인정되지 아니할 경우에는, 채권자가 스스로 원고가 되어 채무자의 제3채무자에 대한 권리를 행사할 당사자적격이 없게 되므로 그 대위소송은 부적법하여 각하할 수밖에 없다.[299)]

따라서, 피보전채권이 (소송계속 중에) 소멸함으로써 채권자가 스스로 원고가 되어 채무자의 제3채무자에 대한 권리를 행사할 소송수행권능을 상실하게 된 경우에도, 채권자대위소송은 부적법하므로 이를 각하할 수밖에 없다.[300)]

그러므로, 채권자대위소송에서 피보전채권이 존재하는지 여부(즉, 당사자적격의 존부)는 소송요건으로서 법원의 직권조사사항이다.[301)]

따라서, 법원으로서는 그 판단의 기초자료인 사실과 증거를 직권으로 탐지할 의무까지는 없다 하더라도, 법원에 현출된 모든 소송자료를 통하여 살펴보아 피보전채권의 존부에 관하여 의심할 만한 사정이 발견되면 직권으로 추가적인 심리·조사를 통하여 그 존재 여부를 확인하여야 할 의무가 있다.[302)]

나) 주장·입증책임

(1) 일반적인 주장·입증책임

피보전채권에 대한 주장·증명책임은 채권자대위권을 행사하려는 자에게 있다.[303)]

---

298) 대법원 2000. 6. 9. 선고 98다18155 판결. 동지 : 대법원 2003. 4. 11. 선고 2003다1250 판결 ; 대법원 2010. 11. 11. 선고 2010다43597 판결.

299) 대법원 1988. 6. 14. 선고 87다카2753 판결. 동지 : 대법원 1990. 12. 11. 선고 88다카4727 판결 ; 대법원 1991. 6. 11. 선고 91다10008 판결 ; 대법원 1991. 8. 27. 선고 91다13243 판결 ; 대법원 1992. 7. 28. 선고 92다8996 판결 ; 대법원 1993. 7. 13. 선고 92다48857 판결 ; 대법원 1994. 6. 24. 선고 94다14339 판결 ; 대법원 1994. 11. 8. 선고 94다31549 판결 ; 대법원 1991. 8. 27. 선고 91다13243 판결 ; 대법원 2003. 5. 13. 선고 2002다64148 판결 ; 대법원 2005. 9. 29. 선고 2005다27188 판결 ; 대법원 2014. 3. 27. 선고 2009다104960 판결 ; 대법원 2014. 10. 27. 선고 2013다25217 판결 ; 대법원 2015. 9. 10. 선고 2013다55300 판결.

300) 대법원 2008. 10. 23. 선고 2008다37223 판결(사안은 상고심 계속 중에 피보전채권이 변제로써 소멸한 것).

301) 대법원 2009. 4. 23. 선고 2009다3234 판결. 동지 : 대법원 2014. 10. 27. 선고 2013다25217 판결.

302) 대법원 2009. 4. 23. 선고 2009다3234 판결. 동지 : 대법원 2014. 10. 27. 선고 2013다25217 판결.

그리고, 사실심 법원은 원고가 피보전채권으로 주장하지 아니한 권리에 대하여서까지 피보전채권이 될 수 있는지 여부를 판단할 필요가 없다.[304]

(2) 채무자의 생존 여부가 문제되는 경우

그런데, 피대위자(채무자)가 – 허무인이 아닌 – [305] 실존인물임은 인정되지만, 가족관계등록부나 주민등록표상 그 생존 여부가 불명인 경우가 있다.

일반적으로 원고가 내세우는 피대위자가 실존인물임이 인정되고 그러한 연령의 사람이 생존한다는 것이 매우 이례적이라고 보여지는 고령에 해당되지 않는 이상 특별한 사정이 없는 한 그들은 생존한 것으로 추정함이 상당하므로,[306] 채권자대위소송에서 원고가 내세우는 피대위자가 실존인물이고, 오늘날 그 나이가 될 때까지 생존한다는 것이 매우 희귀한 예에 속한다고도 할 수 없는 것이어서 생존하였을 가능성이 극히 희박하다고 할 정도는 아닌 것으로 인정되는 이상 특별한 사정이 없는 한 그 피대위자는 현재 생존하고 있는 것으로 (사실상) 추정되고, 오히려 그가 사망하였다는 점을 피고가 적극적으로 입증하여야 한다.[307]

그런데 이에 관하여 판례는, 오늘날 사람이 95세까지 생존한다는 것이 매우 희귀한 예에 속한다고 할 수 없다고 하는 한편,[308] 사람이 110세까지 생존한다는 것은 매우 희귀한 예에 속하므로 위와 같은 사실에 제반 사정을 종합하여 피대위자 또는 피고가 소 제기 이전에 이미 사망하였을 것으로 쉽게 짐작되는 경우에는 그 사망 사실을 추인할 수 있다고 하였다.[309]

물론, 앞으로 의학의 발전 등으로 인하여 인간의 평균수명이 더 늘어난다면, 그 때에는 위와 같은 판례들은 더 이상 유지될 수 없을지도 모른다.

다) 제3채무자의 피보전채권의 부존재 항변

채권자가 채권자대위소송을 제기한 경우, 제3채무자는 채권자의 채무자에 대한 권리의 발

---

303) 대법원 2014. 10. 27. 선고 2013다25217 판결.

304) 대법원 2014. 10. 27. 선고 2013다25217 판결.

305) 대법원 1995. 7. 28. 선고 94다42679 판결.

306) 대법원 1994. 10. 25. 선고 94다18683 판결. 동지 : 대법원 2002. 4. 26. 선고 2002다5873 판결.

307) 대법원 2002. 4. 26. 선고 2002다5873 판결. 동지 : 대법원 1994. 10. 25. 선고 94다18683 판결.

308) 대법원 1995. 7. 28. 선고 94다42679 판결.

309) 대법원 2002. 4. 26. 선고 2002다5873 판결(사안은 1891.생으로서 1926. 이후의 생존 여부가 불명인 피대위자에 대한 소유권이전등기청구권을 보전하기 위하여 대한민국을 상대로 소유권확인을 청구한 것이다. 원심법원은 피대위자가 사망하였음이 추인되므로 피보전채권을 인정할 수 없다고 보아 소를 각하하였는데, 대법원은 이러한 원심의 판단이 정당하다고 보았다).
cf, 대법원 1978. 7. 25. 선고 77다1555,1556 판결은, 채권자대위소송의 사안은 아니지만, 사람이 109세까지 생존한다는 것은 매우 희유한 예에 속한다고 판시한 바 있다.

생원인이 된 법률행위가 무효라거나 위 권리가 변제 등으로 소멸하였다는 등의 사실을 주장하여 채권자의 채무자에 대한 권리가 인정되는지 여부를 다투는 것은 가능하고, 이 경우 법원은 제3채무자의 위와 같은 주장을 고려하여 채권자의 채무자에 대한 권리가 인정되는지 여부에 관하여 직권으로 심리·판단하여야 한다.[310)]

그러나 이에 관하여서는 주의할 점이 여러 가지 있다.

첫째, 제3채무자는 '채무자가 채권자에 대하여 가지는 항변권이나 형성권 등과 같이 그 권리자에 의한 행사를 필요로 하는 사유를 들어' 채권자의 채무자에 대한 권리가 인정되는지 여부를 다툴 수는 없다.[311)]

둘째, 채권자가 채권자대위권을 행사하여 제3자에 대하여 하는 청구에서 제3채무자는 채무자가 채권자에 대하여 가지는 항변으로는 대항할 수 없고, 채권의 소멸시효가 완성된 경우 이를 원용할 수 있는 자도 원칙적으로는 시효이익을 직접 받는 자뿐이고 (따라서) 채권자대위소송의 제3채무자가 이를 행사할 수는 없다.[312)]

다만, 채권자가 채무자에 대한 채권을 보전하기 위하여 제3채무자를 상대로 채무자의 제3채무자에 대한 채권에 기한 이행청구의 소를 제기하는 한편, 채무자를 상대로 피보전채권에 기한 이행청구의 소를 제기한 경우, 채무자가 그 소송절차에서 소멸시효를 원용하는 항변을 하였고, 그러한 사유가 현출된 채권자대위소송에서 심리를 한 결과, 실제로 피보전채권의 소멸시효가 적법하게 완성된 것으로 판단되면, 채권자는 더 이상 채무자를 대위할 권한이 없게 된다고 할 것이다.[313)]

셋째, 채권자대위권을 행사함에 채권자가 채무자를 상대로 하여 그 보전되는 청구권에 기한 이행청구의 소를 제기하여 승소판결을 선고받고 그 판결이 확정되(었다)면 제3채무자는 그 청구권의 존재를 다툴 수 없다.[314)]

---

310) 대법원 2015. 9. 10. 선고 2013다55300 판결.

311) 대법원 2015. 9. 10. 선고 2013다55300 판결.

312) 대법원 1997. 7. 22. 선고 97다5749 판결. 동지 : 대법원 1992. 11. 10. 선고 92다35899 판결 ; 대법원 1993. 3. 26. 선고 92다25472 판결 ; 대법원 1992. 11. 10. 선고 92다35899 판결 ; 대법원 1998. 12. 8. 선고 97다31472 판결 ; 대법원 2004. 2. 12. 선고 2001다10151 판결 ; 대법원 2009. 9. 10. 선고 2009다34160 판결.

313) 대법원 2008. 1. 31. 선고 2007다64471 판결(두 소송이 별소로서 진행중이던 사안이다).

314) 대법원 2000. 6. 9. 선고 98다18155 판결, 동지 : 대법원 1998. 3. 27. 선고 96다10522 판결(사안은, A가 B에 대한 소유권이전등기 청구소송에서 승소판결을 받아 확정되었는데도, 원심법원이 A가 B를 대위하여 C를 상대로 제기한 말소등기청구소송에서 원심법원이 A의 B에 대한 소유권이전등기청구권을 부정하고 소각하판결을 한 것이다. 대법원은 원심법원의 이러한 판단에 채권자대위소송의 대위의 요건에 관한 법리오해의 위법이 있다고 보았다) ; 대법원 2003. 4. 11. 선고 2003다1250 판결 ; 대법원 2007. 5. 10. 선고 2006다82700 판결 ; 대법원 2010. 11. 11. 선고 2010다43597 판결 ; 대법원 2014. 7. 10. 선고

다만, 그 청구권의 취득이 소송행위를 하게 하는 것을 주목적으로 이루어진 것으로서 신탁법 제6조가 유추적용되어 무효인 경우 등에는 제3채무자는 그 존재를 다툴 수 있다고 보아야 할 것이다.[315)]

이는 채권자와 채권자 사이의 확정판결 또는 그와 같은 효력이 있는 재판상 화해조서 등이 재심이나 준재심으로 취소되지 아니하여 채권자와 채무자 사이에서는 그 판결이나 화해가 무효라는 주장을 할 수 없는 경우라 하더라도 마찬가지이다.[316)]

3) 보전의 필요성(채무자의 무자력 등)

채권자가 채권자대위권의 법리에 의하여 채무자의 제3자에 대한 권리를 대위행사하기 위하여는 채무자에 대한 채권을 보전할 필요가 있어야 할 것이고, 그러한 보전의 필요가 인정되지 아니하는 경우에는 소가 부적법하므로 법원으로서는 이를 각하하여야 할 것이다.[317)]

채권자대위권의 행사로서 채권자가 채권을 보전하기에 필요한 여부는 변론종결당시를 표준으로 판단되어야 할 것임은 물론이다.[318)]

그러나, 이 요건의 의미에 관하여서는 민법학 교과서들에서 상세히 다루고 있으므로, 이 책에서는 설명을 생략하겠다.

다. 소극적 요건 : 채무자의 재판상 권리 불행사

일반적으로, 채권자대위권 행사의 요건인 '채무자가 스스로 그 권리를 행사하지 않을 것'이라 함은, 채무자의 제3채무자에 대한 권리가 존재하고 채무자가 그 권리를 행사할 수 있는 상태에 있으나 스스로 그 권리를 행사하고 있지 아니하는 것을 의미하고, 여기서 권리를 행사할 수 있는 상태에 있다는 뜻은 권리 행사를 할 수 없게 하는 법률적 장애가 없어야 한다

2013다74769 판결.

315) 대법원 2015. 9. 24. 선고 2014다74919 판결(사안은, A가 B를 대신하여 소송을 할 목적으로 B로부터 부동산을 매수한 다음 B를 상대로 한 소유권이전등기를 청구함과 동시에 B를 대위하여 C에게 소유권이전등기를 청구하였고, 이에 B에 대해서는 자백간주로 승소확정되었으나, C가 A의 B에 대한 소유권이전등기 청구권을 다툰 것이다. 원심법원은 A와 B의 매매계약이 무효이고 따라서 C에 대한 소가 부적법하다고 하였고, 대법원 역시 이러한 원심법원의 판단이 정당하다고 보았다).

316) 대법원 2019. 1. 31. 선고 2017다228618 판결(사안은, 해당 채권자대위소송이 토지거래계약 허가구역 내 토지에 관하여 허가 없이 매매를 하는 내용의 임의조정에 터 잡은 것인데도 피고의 본안전항변을 받아들이지 아니한 원심판결이 위법하다고 본 것이다).

317) 대법원 2002. 5. 10. 선고 2000다55171 판결. 동지 : 대법원 1993. 2. 12. 선고 92다25151 판결 ; 대법원 2012. 8. 30. 선고 2010다39918 판결.

318) 대법원 1976. 7. 13. 선고 75다1086 판결.

는 뜻이며 채무자 자신에 관한 현실적인 장애까지 없어야 한다는 뜻은 아니다.[319]

채권자대위권은 채무자가 제3채무자에 대한 권리를 행사하지 아니하는 경우에 한하여 채권자가 자기의 채권을 보전하기 위하여 행사할 수 있는 것이어서, 채권자가 대위권을 행사할 당시는 이미 채무자가 권리를 재판상 행사하였을 때에는, 설사 (채무자가) 패소의 본안판결을 받았더라도, 채권자는 채무자를 대위하여 채무자의 권리를 행사할 당사자적격이 없다.[320]

반면에, 채무자가 일견 권리를 재판상 행사하였더라도 소각하판결을 받고 그 판결이 확정된 경우에는, 채무자가 스스로 제3채무자에 대한 권리를 행사한 것으로 볼 수 없으므로,[321] 채권자에게 당사자적격이 인정된다고 할 것이다.

그런데, 판례에 따라서는 이 문제를, 채권자대위권을 행사할 보전의 필요성의 문제로 파악하거나,[322] 채무자가 받은 전소판결이 채권자가 제기한 후소에 대하여 미치는 기판력의 문제로 파악한 예도 있으나,[323] 관견으로는 의문이다.

한편, 채무자가 확정판결을 받은 전소와 채권자가 채무자를 대위하여 제기하여 제기한 후소의 소송물이 동일하지 아니하다 하더라도, 전소판결의 기판력이 후소에 미치는 경우가 있음은 아래에서 후술하는 바와 같다.

또한 특기할 것은, 비법인사단의 채권자가 채권자대위권에 기하여 비법인사단의 총유재산에 관한 권리를 대위행사하는 경우에는, 사원총회의 결의 등 비법인사단의 내부적인 의사결정절차를 거칠 필요가 없다.[324]

라. 채무자에 대한 파산선고와 소송수계

파산채권자가 제기한 채권자대위소송이 채무자에 대한 파산선고 당시 법원에 계속되어 있는 때에는(즉, 채권자대위소송의 계속중에 채무자가 파산선고를 받은 때에는), 다른 특별한 사정이 없는 한 그 소송절차는 중단되고 파산관재인이 이를 수계할 수 있다(법 제239조, 채무자회생법

319) 대법원 1992. 2. 25. 선고 91다9312 판결.

320) 대법원 1992. 11. 10. 선고 92다30016 판결(사안은 말소등기청구권). 동지 : 대법원 1993. 3. 26. 선고 92다32876 판결(사안은 말소등기청구권).

321) 대법원 2018. 10. 25. 선고 2018다210539 판결.
위 판례는, 비법인사단인 채무자 명의로 제3채무자를 상대로 한 소가 제기되었으나 사원총회의 결의 없이 총유재산에 관한 소가 제기되었다는 이유로 각하판결을 받아 확정된 경우에 관한 것이나, 그 밖의 사유로 소각하판결이 확정된 경우에도 달리 새길 이유가 없다.

322) 대법원 1993. 2. 12. 선고 92다25151 판결 ; 대법원 2002. 5. 10. 선고 2000다55171 판결.

323) 대법원 1979. 3. 13. 선고 76다688 판결 ; 대법원 1986. 2. 11. 선고 85다534 판결.

324) 대법원 2014. 9. 25. 선고 2014다211336 판결.

제406조, 제347조 제1항의 유추해석).[325]

그 이유는 파산선고로 파산재단에 관한 관리·처분권은 파산관재인에게 속하고, 파산채권자가 제기한 채권자취소소송과 채권자대위소송의 목적이 모두 채무자의 책임재산 보전에 있기 때문이다.[326]

3. 채권자대위소송의 청구취지

채권자가 자기의 금전채권을 보전하기 위하여 채무자의 금전채권을 대위행사하는 경우, 제3채무자로 하여금 채무자에게 그 지급의무를 이행하도록 청구할 수도 있지만, 직접 대위채권자 자신에게 이행하도록 청구할 수도 있다.[327]

이와 같이 채권자대위권을 행사하는 채권자에게 변제수령의 권한을 인정하더라도 그것이 채권자 평등의 원칙에 어긋난다거나 제3채무자를 이중 변제의 위험에 빠뜨리게 하는 것이라고 할 수 없다.[328]

4. 채무자의 파산이 채권자대위소송에 미치는 영향

파산채권자가 제기한 채권자대위소송(민법 제404조)이 채무자에 대한 파산선고 당시 법원에 계속되어 있는 때에는 다른 특별한 사정이 없는 한 소송절차는 중단되고 파산관재인이 이를 수계할 수 있다고 볼 것이다(법 제239조, 채무자회생법 제406조, 제347조 제1항의 유추해석).[329]

5. 채권자대위소송의 소제기의 효과

가. 국가채권의 소멸시효 중단

1) 개 관

금전의 급부를 목적으로 하는 국가의 권리는 채권자대위 소송(민법 제404조)**을 제기하여 그**

---

325) 대법원 2013. 3. 28. 선고 2012다100746 판결.
cf. 채무자회생법 제406조, 제347조 제1항은, 채권자취소소송에 관하여, 그 계속 중에 소송의 당사자가 아닌 채무자가 파산선고를 받은 때에는 소송절차는 중단되고 파산관재인이 이를 수계할 수 있다고 명문으로 규정하고 있다.

326) 대법원 2019. 3. 6.자 2017마5292 결정의 방론.

327) 대법원 2016. 8. 29. 선고 2015다236547 판결. 동지: 대법원 2016. 9. 28. 선고 2016다205915 판결.

328) 대법원 2005. 4. 15. 선고 2004다70024 판결(사안은 전부명령).

329) 대법원 2013. 3. 28. 선고 2012다100746 판결.

소송이 진행 중인 기간에는 진행되지 아니한다(국유재산법 제73조의3 제4항 제3호).

그러나, **소송이 각하·기각 또는 취소된 경우에는 시효정지의 효력이 없다**(같은 호).

2) 내국세징수권의 경우[330)]

(내)**국세징수권의 소멸시효**(국세기본법 제27조)**는 세무공무원이 채권자대위 소송**(민법 제404조)**을 제기하여 그 소송이 진행 중인 기간에는 진행되지 아니한다**(국세기본법 제28조 제3항 제5호).

그러나, **이러한 사해행위 취소소송의 제기로 인한 시효정지는**[331)] **소가 각하·취하되거나 청구가 기각된 경우에는 효력이 없다**(같은 조 제4항).

나. 지방세징수권의 소멸시효 중단

지방세징수권의 소멸시효는 지방자치단체의 장이 채권자대위 소송(민법 제404조)**을 제기하여 그 소송이 진행 중인 기간에는 진행되지 아니한다**(지방세기본법 제40조 제3항 제6호).

그러나, **이러한 채권자대위 소송의 제기로 인한 시효정지는 소송이 각하·기각되거나 취하된 경우에는 효력이 없다**(같은 조 제4항).

6. 채권자대위소송의 중복제소, 재소금지 및 기판력

가. 개 관

채권자대위소송의 특성상, 동일한 소송물을 두고서 채권자, 채무자, 또 다른 채권자 사이에 중복제소금지, 재소금지 및 기판력의 문제가 발생할 수 있다.

구체적으로, 전소(前訴)가 소송계속 중이면 중복제소가 문제되고, 전소가 본안에 관한 종국판결 선고 후 취하되었다면 재소금지가 문제되며, 전소의 판결이 확정되었다면 기판력이 문제된다.[332)]

그러므로, 삼자간(三者間)의 이러한 구분(특히 중복제소가 문제되는 상황과 기판력이 문제되는 상황의 구분)을 염두에 두고서 아래 서술을 읽기 바란다.

---

330) cf. 관세징수권에 관하여서는 이에 대응하는 명문의 규정이 「관세법」에 없다. 이는, 사해행위 취소소송이 (내)국세징수권의 경우와 마찬가지로 소멸시효 중단 사유로 명문으로 규정되어 있는 것(관세법 제23조 제3항, 제4항)과는 대조적이다.

331) 법문에는 "… 시효정지의 효력은 …"으로 되어 있으나, 이는 군더더기 표현이다(지방세기본법 제40조 제4항 참조).

332) 대법원 1994. 8. 12. 선고 93다52808 판결 참조.

나. 중복제소의 문제[333)]

1) 채권자대위소송의 계속중 채무자의 소제기

채권자가 채무자를 대위하여 제3채무자를 상대로 제기한 채권자대위소송이 법원에 계속 중 채무자와 제3채무자 사이에 채권자대위소송과 소송물을 같이하는 내용의 소송이 제기된 경우, 양 소송은 동일소송이므로 후소는 중복제소금지원칙에 위배되어 제기된 부적법한 소송이라 할 것이다.[334)]

2) 채무자가 제기한 소송의 계속중 채권자대위소송의 제기

채무자가 제3채무자를 상대로 제기한 소송이 계속 중 채권자가 채무자를 대위하여 같은 제3채무자를 상대로 청구취지 및 원인을 같이하는 내용의 소송을 제기한 경우에는, 양 소송은 동일소송이므로 후소는 중복제소금지규정에 저촉된다.[335)]

3) 채권자대위소송의 계속중 다른 채권자의 채권자대위소송의 제기

채무자를 대위하여 제3채무자를 상대로 제기한 소송이 계속중인데 다른 채권자가 채무자를 대위하여 같은 제3채무자를 상대로 청구취지 및 청구원인을 같이하는 내용의 소송을 제기하였다면, 위 두 소송은 비록 당사자는 다를지라도 실질상으로는 동일소송이라 할 것이므로 후소는 중복제소금지규정에 저촉된다.[336)]

다. 소송참가의 문제

1) 채무자의 (공동소송적) 보조참가

채권자대위소송의 계속 중에 채무자가 별소를 제기할 수 없음은 전술한 바와 같으나, 이 책 본문의 '보조참가 : 통상의 보조참가와 공동소송적 보조참가' 부분에서 기술하였듯이, 그 대신 채무자로서는 (공동소송적) 보조참가를 할 수 있다.

2) 채권자의 (공동소송적) 보조참가

생각건대, 채무자가 제3채무자를 상대로 한 소송이 계속 중인 때에, 채권자가 이에 (공동소

333) 한편, 이 문제가 공동소송적 보조참가의 문제와도 결부되는 문제임은, 이 책 본문의 '보조참가 : 통상의 보조참가와 공동소송적 보조참가' 부분에서 기술하였다.

334) 대법원 1992. 5. 22. 선고 91다41187 판결. 동지 : 대법원 1974. 1. 29. 선고 73다351 판결 ; 대법원 1995. 4. 14. 선고 94다29256 판결.

335) 대법원 1981. 7. 7. 선고 80다2751 판결.

336) 대법원 1988. 9. 27. 선고 87다카1618 판결. 동지 : 대법원 1989. 4. 11. 선고 87다카3155 판결 ; 대법원 1990. 4. 27. 선고 88다카25274,25281(참가) 판결 ; 대법원 1994. 2. 8. 선고 93다53092 판결.

송적) 보조참가를 할 수도 있다고 하겠다.

3) 다른 채권자의 공동소송참가

위 두 경우와 달리, 판례는 '다른 채권자가' 참가할 경우에는 보조참가가 아니라 공동소송참가를 하게 된다고 보는바, 그 구체적인 내용은 아래와 같다.

채권자대위소송이 계속 중인 상황에서 다른 채권자가 동일한 채무자를 대위하여 채권자대위권을 행사하면서 공동소송참가신청을 할 경우, 양 청구의 소송물이 동일하다면, "소송목적이 한쪽 당사자와 제3자에게 합일적으로 확정되어야 할 경우"(법 제83조 제1항)에 해당하므로, 그 참가신청은 적법하다.[337]

이때 양 청구의 소송물이 동일한지는 채권자들이 각기 대위행사하는 피대위채권이 동일한지에 따라 결정되나,[338] 이와 관련하여서는 다음 사항에 주의하여야 한다.

첫째, 채권자들이 각기 자신을 이행 상대방으로 하여 금전의 지급을 청구하였더라도 채권자들이 채무자를 대위하여 변제를 수령하게 될 뿐 자신의 채권에 대한 변제로서 수령하게 되는 것이 아니므로 이러한 채권자들의 청구가 서로 소송물이 다르다고 할 수 없다.[339]

둘째, 여기서 '원고가 일부 청구임을 명시하여 피대위채권의 일부만을 청구한 것으로 볼 수 있는 경우에는' '참가인의 청구금액이 원고의 청구금액을 초과하지 아니하는 한' 참가인의 청구가 원고의 청구와 소송물이 동일하여 중복된다고 할 수 있으므로 소송목적이 원고와 참가인에게 합일적으로 확정되어야 할 필요성을 인정할 수 있어 참가인의 공동소송참가신청을 적법한 것으로 보아야 할 것이다.[340]

그러나, 판례의 태도는 매우 의문인바, 위와 같은 판례는 채권자대위소송의 계속중 다른 채권자의 채권자대위소송의 제기는 중복제소라는 법리와 모순되기 때문이다. 즉, 다른 채권자가 기존의 채권자대위소송에 참가할 때에도 오히려 공동소송적 보조참가를 하여야 한다고 할 것이다.

라. 재소금지의 문제

채권자대위권에 의한 소송이 제기된 사실을 피대위자(채무자)가 알게 된 이상, 그 종국판결선고후 소가 취하된 때에는 피대위자(채무자)도 위 대위소송과 동일한 소를 제기할 수 없

337) 대법원 2015. 7. 23. 선고 2013다30301 판결.
338) 대법원 2015. 7. 23. 선고 2013다30301 판결.
339) 대법원 2015. 7. 23. 선고 2013다30301 판결.
340) 대법원 2015. 7. 23. 선고 2013다30301 판결.

다.[341)]

주의할 것은, 채권자가 채무자와 제3채무자를 공동피고로 하여 전자에 대하여서는 대위채권(피보전채권)을, 후자에 대하여서는 채무자를 대위하여 채무자의 채권을 각각 재판상 행사하였는데, 채무자는 채권자의 청구를 인낙하였고 제3채무자에 관하여서는 본안판결이 선고되었으나, 항소심에서 채권자가 소를 취하한 경우, 설령 나중에 대위채권(피보전채권)이 없음이 밝혀졌다 하더라도, 채무자가 청구인낙으로써 채권자에게 대위적격을 부여한 이상, 채무자는 재소금지의 원칙상 제3채무자를 상대로 동일한 소송을 제기할 수 없다.[342)]

마. 기판력의 문제

1) 채무자가 받은 전소판결의 기판력(특히, 모순관계)

채권자가 채무자를 대위하여 제3채무자를 상대로 제기한 소송과 이미 확정판결이 되어 있는 채무자와 제3채무자간의 기존소송이 실질적으로 동일내용의 소송이라면, 위 확정판결의 효력은 채권자대위권행사에 의한 소송에도 미친다.[343)]

예컨대, 부동산의 소유자에 대하여 소유권이전등기를 청구할 지위에 있기는 하지만 아직 그 소유권이전등기를 경료하지 않은 상태에서, 제3자가 부동산의 소유자를 상대로 그 부동산에 관한 소유권이전등기절차 이행의 확정판결을 받아 소유권이전등기를 경료한 경우에는, 종전의 소유권이전등기청구권을 가지는 자는 그 확정판결이 당연무효이거나 재심의 소에 의하여 취소되지 않는 한, 부동산의 소유자에 대한 소유권이전등기청구권을 보전하기 위하여 부동산의 소유자를 대위하여 제3자 명의의 소유권이전등기가 원인무효임을 내세워 그 등기의 말소를 구하는 것은 확정판결의 기판력에 저촉된다.[344)][345)]

---

341) 대법원 1981. 1. 27. 선고 79다1618,1619 판결. 동지 : 대법원 1996. 9. 20. 선고 93다20177,20184 판결.

342) 대법원 1995. 7. 28. 선고 95다18406 판결.

343) 대법원 1979. 3. 13. 선고 76다688 판결, 동지 : 대법원 1981. 7. 7. 선고 80다2751 판결.

344) 대법원 1996. 6. 25. 선고 96다8666 판결, 동지 : 대법원 1975. 8. 19. 선고 74다2229 판결(부동산 매수인에 관하여) ; 대법원 1980. 12. 9. 선고 80다1836,1837 판결(부동산 매수인에 관하여) ; 대법원 1981. 2. 24. 선고 80다1838 판결(부동산 매수인) ; 대법원 1988. 2. 23. 선고 87다카777 판결(부동산 매수인에 관하여) ; 대법원 1992. 5. 22. 선고 92다3892 판결(취득시효가 완성된 부동산 점유자에 관하여) ; 대법원 1999. 2. 24. 선고 97다46955 판결 ; 대법원 2014. 3. 27. 선고 2013다91146 판결(사안은 채무자가 명의수탁자인 경우).
cf. 이 경우 매도인의 매수인에 대한 소유권이전등기의무는 이행불능이다. 대법원 1975. 8. 19. 선고 74다2229 판결.

345) 그러나, 여기서 기판력에 저촉된다는 의미가, 소의 이익이 없어 소가 부적법하다는 취지는 아님은 물론이다. 대법원 1977. 6. 28. 선고 76다1121 판결.

나아가 그 제3자 명의의 소유권이전등기 이후에 그 등기를 바탕으로 하여 경료된 또 다른 소유권이전등기의 말소를 구하는 것도 역시 위 확정판결의 기판력에 저촉된다.[346]

이러한 이치는, 소유권이전등기말소등기청구권을 가지는 자의 경우에도 마찬가지이다.[347]

그러나, 주의할 것은, 예컨대, 위와 같은 법리는 매수인이 위 확정판결의 기판력이 미치는 매도인의 권리를 행사하는 경우에 그 기판력에 저촉되는 주장을 할 수 없다는 취지에 불과하고, 매수인이 위 확정판결의 기판력에 미치는 매도인을 대위하지 아니한 경우에까지 확정판결에 저촉되는 주장을 할 수 없다는 취지는 아니다.[348]

역으로, 제3채무자가 채무자를 상대로 소유권이전등기 청구의 소를 제기하여 승소확정되었는데도 채권자가 이전등기가 원인무효라고 주장하면서 채무자를 대위하여 제3채무자를 상대로 소유권이전등기말소 청구의 소를 제기하는 것 역시 전소의 기판력에 저촉된다.[349]

2) 채권자대위소송 판결의 기판력

가) 채권자에 대한 기판력

채권자대위소송에서 소를 각하한 판결의 기판력은 소송요건의 존부에 미치므로, 가령, 피보전채권의 부존재를 이유로 전소가 각하된 경우, 채권자는 후소에서 피보전채권의 존재를 주장할 수 없다는 것이 된다.

예컨대, A(채권자)가 B(채무자)를 대위하여 제3채무자(C)를 상대로, "B가 계쟁물인 토지를 시효취득하였고 A가 위 토지를 매수하였다"라고 주장하면서 시효취득을 원인으로 한 소유권이전등기 청구의 소를 제기하였으나, 이러한 전소가 A에게 피보전채권이 없어 당사자적격이 없다는 이유로 각하된 경우, 그 후 C가 A를 상대로 건물철거 및 토지인도 청구의 소를 제기한 데 대하여, 이 후소에서 A가 전소에서 주장한 청구권(B를 대위하여 C에게 시효취득을 원인으로 한 소유권이전등기절차 이행을 구할 권리)을 항변으로 제출하는 것은, 기판력에 저촉되므로(모순관계) 허용될 수 없다.[350]

---

346) 대법원 1996. 6. 25. 선고 96다8666 판결.

347) 대법원 2000. 7. 6. 선고 2000다11584 판결(사안은 명의신탁자가 소유권이전등기 또는 소유권이전등기의 말소등기를 마치기 전에 제3자가 채무자와 제소전화해를 하여 소유권이전등기를 마친 경우).

348) 대법원 1988. 2. 23. 선고 87다카777 판결(사안은 C의 소유인 토지가 D, E에게 순차로 매도되었다가 B에게 증여되었으되 소유권이전등기는 마쳐지지 아니한 상태에서 A가 C의 상속인들과 통모하여 소유권이전등기 판결을 받아 등기를 마쳤다가 배임죄로 유죄판결을 받아 확정된 것이다. A가 B를 상대로 건물철거를 청구하였으나, B는 A 명의의 소유권이전등기가 무효라고 항변하였고, 원심법원은 이 항변은 C의 상속인들을 대위하여 하는 것이 아니라 제3자의 지위에서 하는 것이므로 전소판결의 기판력에 저촉되지 아니한다고 하였고, 대법원은 이러한 원심의 판단이 정당하다고 보았다).

349) 대법원 1981. 3. 24. 선고 80다2822 판결.

나) 채무자에 대한 기판력

채권자가 채권자대위권을 행사하는 방법으로 제3채무자를 상대로 소송을 제기하고 판결을 받은 경우에는, - 채권자가 채무자에 대하여 보존행위 이외의 권리행사의 통지(민법 제405조 제1항) 또는 소송고지(법 제84조) 혹은 재판상대위의 허가(비송사건절차법 제45조)를 고지하는 방법 등을 위시하여[351] - 어떠한 사유로 인하였든 적어도 채무자가 채권자 대위권에 의한 소송이 제기된 사실을 알았을 경우에는, 그 판결의 효력은 채무자에게 미친다.[352]

그런데, 이때 채무자에게도 기판력이 미친다는 의미는 채권자대위소송의 소송물인 '피대위채권'의 존부에 관하여 채무자에게도 기판력이 인정된다는 것이고, 채권자대위소송의 소송요건인 '피보전채권'의 존부에 관하여 해당 소송의 당사자가 아닌 채무자에게 기판력이 인정된다는 것은 아니다.[353]

따라서 채권자가 채권자대위권을 행사하는 방법으로 제3채무자를 상대로 소송을 제기하였다가 채무자를 대위할 피보전채권이 인정되지 않는다는 이유로 소각하 판결을 받아 확정된 경우 그 판결의 기판력이 채권자가 채무자를 상대로 피보전채권의 이행을 구하는 소송에 미치는 것은 아니다.[354]

그리고, 채권자대위권을 행사함에 채권자가 제3채무자에 대하여 자기에게 직접 급부를 요구하여도 어차피 그 효과는 채무자에게 귀속되는 것이므로, 채권자대위권을 행사하여 채권자가 제3채무자에게 그 소유권이전등기의 말소절차를 직접 자기에게 이행할 것을 청구하여 승소하였다고 하여도 그 판결에 기한 말소등기에 따른 등기상태는 채무자 명의로 돌아가는 것이니, 채권자대위권을 행사하는 채권자에게 직접 말소등기절차를 이행할 것을 명한 판결에 위법이 있다고 할 수 없다.[355]

다) 다른 채권자에 대한 기판력

어느 채권자가 채권자대위권을 행사하는 방법으로 제3채무자를 상대로 소송을 제기하여 판결을 받은 경우, 어떠한 사유로든 '채무자가' 채권자대위소송이 제기된 사실을 알았을 경우

---

350) 대법원 2001. 1. 16. 선고 2000다41349 판결.

351) 대법원 1988. 2. 23. 선고 87다카1108 판결. 동지 : 대법원 2014. 1. 23. 선고 2011다108095 판결.

352) 대법원 1975. 5. 13. 선고 74다1664 전원합의체 판결. 동지 : 대법원 1991. 12. 27. 선고 91다23486 판결; 대법원 1995. 7. 11. 선고 95다9945 판결 ; 대법원 2014. 1. 23. 선고 2011다108095 판결.

353) 대법원 2014. 1. 23. 선고 2011다108095 판결.

354) 대법원 2014. 1. 23. 선고 2011다108095 판결.

355) 대법원 1995. 4. 14. 선고 94다58148 판결. 동지 : 대법원 1966. 6. 21. 선고 66다417 판결 ; 대법원 1996. 2. 9. 선고 95다27998 판결.

에는 그 후 다른 채권자가 동일한 소송물에 대하여 채권자대위권에 기한 소를 제기하면 전소의 기판력을 받게 된다고 할 것이지만, '채무자가' 전소인 채권자대위소송이 제기된 사실을 알지 못하였을 경우에는 전소의 기판력이 다른 채권자가 제기한 후소인 채권자대위소송에 미치지 아니한다.356)

7. 제3채무자로 하여금 직접 대위채권자에게 금전의 지급을 명하는 판결이 확정된 경우의 법률관계

채권자대위소송에서 제3채무자로 하여금 직접 대위채권자에게 금전의 지급을 명하는 판결이 확정되면, 대위채권자는 제3채무자로부터 그 변제를 수령할 수 있다.357)

그러나, 이로 인하여 채무자의 제3채무자에 대한 피대위채권이 대위채권자에게 이전되거나 귀속되는 것이 아니다.358)

또한 위와 같은 경우에도, 대위의 목적인 권리, 즉 채무자의 제3채무자에 대한 피대위채권이 그 판결의 집행채권으로서 존재하는 것이고 대위채권자는 채무자를 대위하여 피대위채권에 대한 변제를 수령하게 될 뿐 자신의 채권에 대한 변제로서 수령하게 되는 것이 아니다.359)

그러므로, 그 피대위채권이 변제 등으로 소멸하기 전이라면 채무자의 다른 채권자는 이에 대하여 압류 또는 가압류, 처분금지가처분을 할 수 있다.360)

그러나, 채권자대위소송이 제기되고 대위채권자가 채무자에게 대위권 행사사실을 통지하거나 채무자가 이를 알게 된 이후에는, 피대위채권에 대한 전부명령은, 우선권 있는 채권에 기초한 것이라는 등의 특별한 사정이 없는 한, 무효라고 보는 것이 타당하다(민사집행법 제229조 제5항의 유추해석).361)

356) 대법원 1994. 8. 12. 선고 93다52808 판결.

357) 대법원 2016. 8. 29. 선고 2015다236547 판결.

358) 대법원 2016. 8. 29. 선고 2015다236547 판결.
그러므로, 대위채권자의 제3채무자에 대한 위와 같은 추심권능 내지 변제수령권능은 그 자체로서 독립적으로 처분하여 환가할 수 있는 것이 아니어서 압류할 수 없는 성질의 것이고, 따라서 이러한 추심권능 내지 변제수령권능에 대한 압류명령 등은 무효이다. 그리고 채권자대위소송에서 제3채무자로 하여금 직접 대위채권자에게 금전의 지급을 명하는 판결이 확정되었더라도 그 판결에 기초하여 금전을 지급받는 것 역시 대위채권자의 제3채무자에 대한 추심권능 내지 변제수령권능에 속하는 것이므로, 채권자대위소송에서 확정된 판결에 따라 대위채권자가 제3채무자로부터 지급받을 채권에 대한 압류명령 등도 무효라고 보아야 한다. 같은 판결.

359) 대법원 2016. 8. 29. 선고 2015다236547 판결, 동지 : 대법원 2016. 9. 28. 선고 2016다205915 판결.

360) 대법원 2016. 9. 28. 선고 2016다205915 판결, 동지 : 대법원 2016. 8. 29. 선고 2015다236547 판결.

위와 같이 해석하지 아니하면, 채권자대위소송의 제기가 채권자의 적법한 권리행사방법 중 하나이고 채무자에게 속한 채권을 추심한다는 점에서 추심소송과 공통점도 있는데도 그것이 무익한 절차에 불과하게 될 뿐만 아니라, 대위채권자가 압류·가압류나 배당요구의 방법을 통하여 채권배당절차에 참여할 기회조차 가지지 못하게 한 채 전부명령을 받은 채권자가 대위채권자를 배제하고 전속적인 만족을 얻는 결과가 되어, 채권자대위권의 실질적 효과를 확보하고자 하는 민법 제405조 제2항의 취지에 반하게 되기 때문이다.[362]

361) 대법원 2016. 8. 29. 선고 2015다236547 판결.
362) 대법원 2016. 8. 29. 선고 2015다236547 판결.

국가소송에서의 집행권원의 이첩 및 임의변제

1. 국가소송에서의 집행권원의 이첩

제1심 해당 고등검찰청 또는 지방검찰청 검사장은 국가소송에 관하여 집행권원을 받은 때에는 지체없이 이를 소관행정청의 장에게 이첩하여야 한다(국가소송법 시행령 제11조 제1항).

따라서, 고등검찰청 검사장이 법원으로부터 지방검찰청에서 제1심소송을 수행한 사건에 대하여 가집행선고부판결을 받은 때에는 즉시 제1심 관할지방검찰청 검사장에게 집행문이 있는 판결문 정본을 송부한다(같은 법 시행규칙 제25조).

한편, 국가승소판결의 확정으로 패소자로부터 회수할 소송비용은 제1심 해당 고등검찰청 또는 지방검찰청 검사장이 법원의 소송비용 확정결정을 받아 소관 행정청의 장으로 하여금 회수하게 하여야 한다(같은 법 시행령 제12조 제3항).

2. 국가소송에서의 임의변제

가. 개 관

국가에 대한 (금전채권의) **강제집행은 국고금을 압류함으로써 하나**(민사집행법 제192조), 후술하는 바와 같이, 국가는 금전의 지급을 명하는 판결을 받은 경우 채권자의 청구에 따라 임의변제를 하므로, 특별한 사정이 없는 한, 실제로는 국가에 대한 채권자가 국고금을 압류를 할 필요가 없다.

국가소송에서 금전 지급을 목적으로 하는 사건이 국가의 패소로 확정되어 국가에서 임의변제를 하려는 경우 그 지급기관, 지급절차, 지급방법, 그 밖에 필요한 사항은 대통령령으로 정한다(국가소송법 제10조).

한편, 국가패소판결의 확정으로 승소자에게 지급할 소송비용은 제1심 해당 고등검찰청 또는 지방검찰청 검사장이 법원의 소송비용 확정결정서 정본에 의하여 지급한다(같은 법 시행령 제12조 제2항).

그러나 특기할 것은, 가집행선고를 받은 자가 가집행선고금을 지급청구하는 경우에도 특별한 사정이 없는 한 가집행을 면하기 위하여 이를 지급함이 실무이다.[363)]

363) 국가를당사자로하는소송업무처리지침 제7조의2 제1항.

나. 임의변제청구

1) 개 관

임의변제를 받고자 하는 자는 「임의변제청구서」(국가소송법 시행규칙 별지 제36호 서식)에 법무부령이 정하는 서류를 첨부하여 후술하는 지급기관에 제출하여야 하며(국가소송법 시행령 제13조 제2항, 같은 법 시행규칙 제27조 제1항), 2부를 제출하여야 한다(같은 항).

2) 첨부서류

임의변제청구서에는 다음 각 호의 서류를 첨부하여야 한다(국가소송법 시행규칙 제27조 제2항).

① 판결문(전심급) 정본 1부, 등본 2부

② 판결확정증명서 2부(판결확정 전에 임의변제를 청구하는 경우는 제외)

③ 청구인과 대리인의 신분증 사본 각 2부(대리인이 청구하는 경우에만 첨부한다)

④ 위임장(국가소송법 시행규칙 별지 제37호 서식) 2부(대리인이 청구하는 경우에 한한다)

⑤ 청구인의 예금통장 사본(변제수령권한이 있는 대리인이 청구하는 경우에는 대리인의 예금통장 사본) 2부

3) 지급기관

임의변제의 지급기관은 다음과 같다(국가소송법 시행령 제13조 제1항).

사건의 종류		지급기관
① 국가배상법에 의한 손해배상청구사건	원칙	제1심 해당 고등검찰청 또는 지방검찰청 검사장
	특별배상심의회 및 그 소속 지구배상심의회 소관사건	국방부장관
	각 특별회계 소관사건	각 특별회계 해당 행정청의 장[364)]
② ① 외의 금전지급을 목적으로 하는 사건		소관행정청의 장

특별배상심의회 및 그 소속 지구배상심의회 소관사건(같은 항 제1호 단서 전단)이란, 군인이

364) 다만, **등기특별회계에 속하는 등기업무에 관하여 「국가배상법」에 의한 배상책임이 발생한 경우에 지급하는 배상금은 등기특별회계에서 부담하지 아니하고 국가의 일반회계에서 부담한다**(등기특별회계법 제6조의2).

나 군무원이 타인에게 입힌 손해에 대한 사건을 말한다(국가배상법 제10조 제1항 단서).

한편, 특별회계설치 근거법률은, 국가재정법 별표 1에 열거되어 있다(국가재정법 제4조 제3항).

다. 임의변제의 지급방법

임의변제청구서를 받은 지급기관은 접수일로부터 1주일 이내에(특별회계 소관사건에 관하여는 2주일 이내에) 그 금액을 지급하여야 한다(국가소송법 시행령 제13조 제3항).

실무상, 임의변제청구서를 접수한 해당검찰청의 송무담당검사 또는 행정청의 주무부서가 상술한 구비서류를 첨부하여 재무관에게 임의변제지급의뢰를 하면, 재무관이 접수순위에 따라 임의변제한다.[365]

365) 국가를당사자로하는소송업무처리지침 제7조, 제7조의2 제2항.

항소취지 기재례[366)]

1. 항소취지 기본형: 전부패소한 (모든) 당사자의 전부불복

가. 전부패소한 원고의 전부불복

1) 일반적인 경우[367)]

1. 제1심 판결을 취소한다.
2. 피고는 원고에게 83,452,840원 및 이에 대한 2015. 5. 8.부터 2017. 8. 22.까지는 연 5%의, 그 다음날부터 다 갚는 날까지는 연 15%의 각 비율로 계산한 금원을 지급하라.
3. 소송 총비용은 피고가 부담한다.
4. 제2항은 가집행할 수 있다.

2) 소송판결에 대하여 취소환송을 구하는 경우[368)]

1. 제1심 판결을 취소한다.
2. 이 사건을 서울중앙지방법원에 환송한다.

나. 전부패소한 피고의 전부불복

1) 일반적인 경우[369)]

1. 제1심 판결을 취소한다.
2. 원고의 청구를 기각한다.
3. 소송 총비용은 원고가 부담한다.

2) 본안판결에 대하여 소각하판결을 구하는 경우[370)][371)]

1. 제1심 판결을 취소한다.

---

366) 밑줄 친 부분은 특히 주의할 문구이다.

367) 서울동부지법 2019. 1. 30. 선고 2018나24389 판결 등의 주문 참조.

368) 서울고법 2016. 8. 26. 선고 2016나2010955 판결 등의 주문 참조.

369) 부산고법(창원) 2019. 8. 29. 선고 2019나11404 판결 등의 주문 참조.

370) 다만, 이는 원고의 청구가 전부인용된 경우뿐만 아니라 일부인용된 경우에도 문제될 수 있다.

371) 서울고법 2018. 12. 21. 선고 2018나2043461 판결 등의 주문 참조.

2. 이 사건 소를 각하한다.
3. 소송 총비용은 원고가 부담한다.

3) 전속관할 위반을 주장하는 경우[372)]

1. 제1심판결을 취소한다.
2. 이 사건을 서울행정법원으로 이송한다.

2. 항소취지 응용형

가. 항소취지 응용형 1 : 일부패소한 당사자의 전부불복

1) 일부패소한 원고의 전부불복

가령, 원고가 제1심에서 70,000,000원의 지급을 청구하였는데 20,000,000원의 청구만 인용된 데에 대하여 전부불복하는 경우의 항소취지는 다음과 같이 된다.

1. 제1심 <u>판결 중 원고 패소부분</u>을 취소한다.
2. 피고는 원고에게 <u>금 50,000,000원</u>을 지급하라.
3. 소송 총비용은 피고가 부담한다.
4. 제2항은 가집행할 수 있다.

2) 일부패소한 피고의 전부불복

1. 제1심 판결 중 피고 패소부분을 취소하고, 그 취소부분에 해당하는 원고의 청구를 기각한다.
2. 소송 총비용은 원고가 부담한다.[373)]

나. 항소취지 응용형 2 : 공동소송인 중 일부의 전부불복

1. 제1심 <u>판결 중 원고 ○○○에 대한 부분</u>을 취소한다.
2. 피고는 원고 ○○○에게 금 50,000,000원을 지급하라.
3. 원고 ○○○와 피고 사이에 생긴 소송 총비용은 피고가 부담한다.[374)]

---

372) 서울고법 2014. 12. 18. 선고 2014나2024684 판결 등의 주문 참조.

373) 부산고법(창원) 2020. 5. 28. 선고 2019나13608 판결 등의 주문 참조.
"1. 제1심 판결 중 피고 패소부분을 취소한다. 2. 위 취소부분에 대한 원고의 청구를 기각한다. 3. 소송총비용은 원고가 부담한다." 식으로 쓰기도 한다.

374) "소송총비용 중 원고 ○○○와 피고 사이에 생긴 부분은 …" 식으로 쓰기도 한다.

4. 제2항은 가집행할 수 있다.

1. 제1심 판결 중 피고 ◇◇◇에 대한 부분을 취소한다.
2. 원고의 피고 ◇◇◇에 대한 청구를 기각한다.[375]
3. 원고와 피고 ◇◇◇ 사이에 생긴 소송 총비용은 원고가 부담한다.

다. 항소취지 응용형 3 : 일부불복

1) 원고의 일부불복

가) 전부패소한 원고의 일부불복

1. 제1심 판결 중 아래에서[376] 지급을 명하는 부분에 해당하는 원고 패소부분을 취소한다.
2. 피고는 원고에게 금 50,000,000원을 지급하라.[377]
3. 소송 총비용은 피고가 부담한다.
4. 제2항은 가집행할 수 있다.

인도청구의 경우에는 "… 아래에서 인도를 명하는 부분에 해당하는 …", 의사의 진술을 구하는 청구의 경우에는 "… 아래에서 이행을 명하는 부분에 해당하는 …" 식으로 씀이 실무이다.

나) 일부패소한 원고의 일부불복

1. 제1심 판결 중 아래에서 추가로 지급을 명하는 부분에 해당하는 원고 패소부분을 취소한다.
2. 피고는 원고에게 금 50,000,000원을 지급하라.
3. 소송 총비용은 피고가 부담한다.
4. 제2항은 가집행할 수 있다.

---

375) "제1심 판결 중 피고 ◇◇◇에 대한 부분을 취소하고, 그 취소 부분에 해당하는 원고의 청구를 기각한다." 식으로 쓰기도 한다.

376) "… 다음에서 …"라고 쓰기도 한다.

377) 취소 부분과 지급 부분을 제1항에 두 문장으로 함께 기재하면서 두 문장을 사용하는 대신 마지막 항에서 "제1항의 금전지급 부분은 가집행할 수 있다." 식으로 가집행의 범위를 특정하는 방식으로 기재하기도 하나(서울중앙지법 2018. 2. 9. 선고 2017나9229 판결 참조), 차라리 취소 부분과 지급 부분을 각각 제1항, 제2항으로 나누는 편이 간명하다.

2) 피고의 일부불복

1. 제1심 판결 중 피고에 대하여 원고에게 금 20,000,000원을 초과하여 지급을 명한 피고 패소부분을 취소하고, 위[378] 취소부분에 해당하는 원고의 청구를 기각한다.
2. 소송 총비용은 원고가 부담한다.

지급청구 외의 경우에는 "··· 아래에서 인정하는 부분을 초과하는 피고 패소부분을 ···" 식으로 씀이 실무이다.

3. 특수한 항소취지 : 변경주문에 의하는 경우

1. 제1심 판결을 다음과 같이 변경한다.

별지 목록 기재 부동산을 경매에 부쳐 그 대금에서 경매비용을 뺀 나머지 금액을 원고와 피고에게 균등하게 분배한다.

2. 소송 총비용은 피고가 부담한다.[379]

형식적 형성소송에 대한 항소에서는 취소주문을 사용하는 것이 기술적으로 곤란하므로, 항소취지에서도 변경주문의 예에 의하여야 할 것이다.

---

378) "··· 그 ···"라고 쓰기도 한다.

379) 민사항소심, 159면.

상고취지 기재례[380]

1. 상고취지 기본형 : 전부패소한 (모든) 당사자의 전부불복

원심판결을 파기하고, 사건을 서울고등법원에 환송한다.[381]

원심판결을 파기하고, 사건을 수원지방법원 본원 합의부에 환송한다.[382]

원심판결을 파기하고, 사건을 춘천지방법원 강릉지원 합의부에 환송한다.[383]

원심판결을 파기하고, 사건을 서울중앙지방법원 합의부에 환송한다.[384]

원심판결을 파기하고, 사건을 서울가정법원 합의부에 환송한다.[385]

2. 상고취지 응용형

가. 상고취지 응용형 1 : 일부패소한 당사자의 전부불복

원심판결 중 원고 패소 부분을 파기하고, 이 부분 사건을 서울고등법원에 환송한다.[386]

나. 상고취지 응용형 2 : 공동소송인 중 일부의 전부불복

원심판결 중 피고 ○○○ 패소 부분을 파기하고, 이 부분 사건을 서울중앙지방법원 합의부에 환송한다.[387]

---

380) 밑줄 친 부분은 특히 주의할 문구이다.

381) 대법원 2021. 2. 10. 선고 2020두47564 판결 등의 주문 참조. 원외재판부라 하더라도 그냥 고등법원의 표시만 하는 것이 오늘날 실무의 주류이다.

382) 대법원 2020. 2. 13. 선고 2019다271012 판결 등의 주문 참조.

383) 대법원 2017. 9. 12. 선고 2015다248199 판결 등의 주문 참조.

384) 대법원 2020. 5. 14. 선고 2018다269739 판결 등의 주문 참조.

385) 대법원 2016. 1. 14. 선고 2015므3455 판결 등의 주문 참조.

386) 대법원 2020. 12. 24. 선고 2019다293098 판결 등의 주문 참조.

387) 대법원 2015. 1. 29. 선고 2013다214529 판결 등의 주문 참조. "원심판결 중 피고 ○○○에 대한 부분을 …"이라고 쓴 예(대법원 2020. 7. 9. 선고 2019다212594 판결)도 있다.

다. 상고취지 응용형 3 : 일부불복

(기본형)

원심판결 중 재산분할 청구 부분을 파기하고, 이 부분 사건을 수원지방법원 본원 합의부에 환송한다.[388)]

원심판결 중 2011. 7. 18.자 과징금 감경처분에 관한 부분을 파기하고, 이 부분 사건을 서울고등법원에 환송한다.[389)]

(일부패소한 당사자의 일부불복)

원심판결의 피고 패소 부분 중 손해배상 부분을 파기하고, 이 부분 사건을 서울고등법원에 환송한다.[390)]

라. 상고취지 응용형 4 : 본소에서 전부패소, 반소에서 일부패소한 원고(반소피고)가 전부불복하는 경우 ; 본소에서 일부패소, 반소에서 전부패소한 피고(반소원고)가 전부불복하는 경우

원심판결 중 본소에 관한 부분 및 반소에 관한 부분 중 원고(반소피고)패소 부분을 모두 파기하고, 이 부분 사건을 서울고등법원에 환송한다.[391)]

원심판결 중 본소청구에 관한 피고(반소원고) 패소 부분과 반소청구 부분을 파기하고, 이 부분 사건을 서울고등법원에 환송한다.[392)]

3. 특수한 상고취지

가. 특수한 상고취지 1 : 행정소송사항이나 가사소송사항인데도 민사소송절차에 의하여 재판이 이루어진 경우

1. 원심판결을 파기하고, 제1심판결을 취소한다.
2. 사건을 서울행정법원으로 이송한다.[393)]

1. 원심판결을 파기하고, 제1심판결을 취소한다.

388) 대법원 2014. 7. 16. 선고 2012므2888 전원합의체 판결 등의 주문 참조.
389) 대법원 2015. 2. 12. 선고 2013두987 판결 등의 주문 참조.
390) 대법원 2015. 1. 29. 선고 2013다100750 판결 등의 주문 참조.
391) 대법원 2006. 2. 24. 선고 2005다66329 판결 등의 주문 참조.
392) 대법원 2004. 3. 26. 선고 2003다21834 판결 등의 주문 참조.
393) 대법원 2009. 10. 15. 선고 2009다10638 판결 등의 주문 참조.

2. 사건을 서울가정법원에 이송한다.[394]

나. 특수한 상고취지 2 : 소송요건이 결여되었는데도 청구가 전부 또는 일부 인용되어 피고가 불복하는 경우(사건 전부가 부적법한 소인 경우)

1. 원심판결을 파기한다.
2. 제1심판결을 취소하고, 이 사건 소를 각하한다.
3. 소송 총비용은 원고가 부담한다.[395]

다. 특수한 상고취지 3 : 항소요건이 결여되었는데도 항소가 전부 또는 일부 인용되어 피항소인이 불복하는 경우(항소 전부가 부적법한 경우)

1. 원심판결을 파기한다.
2. 원고의 항소를 각하한다.
3. 항소 이후의 소송비용은 원고가 부담한다.[396]

라. 특수한 상고취지 4 : 소송종료를 간과하고 청구를 전부 또는 일부 인용한 판결에 대하여 피고가 불복하는 경우

1. 원심판결을 파기한다.
2. 이 사건 청구 중, 기왕치료비 및 기왕개호비 청구부분에 관한 소송은 당원의 1994. 1. 25. 선고 93다51874 판결로써, 향후치료비 및 향후개호비 청구부분에 관한 소송은 제1심 판결인 청주지방법원 1993. 3. 5. 선고 92가합 2995 판결에 대하여 피고가 1994. 7. 4. 항소를 취하함으로써 각 종료되었다.[397]

4. 재항고취지, 특별항고취지

가. 기 본 형

원심결정을 파기하고, 사건을 서울고등법원에 환송한다.[398]

---

394) 대법원 2010. 3. 25. 선고 2009다102964 판결 등의 주문 참조.
395) 대법원 2020. 2. 27. 선고 2018두67152 판결 등의 주문 참조.
396) 대법원 2007. 12. 13. 선고 2007다53822 판결 등의 주문 참조.
397) 대법원 1995. 3. 10. 선고 94다51543 판결 등의 주문 참조.
398) 대법원 2014. 6. 12.자 2014마145 결정 등의 주문 참조.

원심결정을 파기하고, 사건을 서울회생법원 합의부에 환송한다.[399]

원심명령을 파기하고, 사건을 수원지방법원 본원 합의부에 환송한다.[400]

나. 응 용 형

1) 항고요건이 결여되었는데도 항고가 인용되어 불복하는 경우

1. 원심결정을 파기한다.
2. 이 사건 항고를 각하한다.[401]

2) 신청이 부적법한데도 신청이 인용되어 불복하는 경우

1. 원심결정을 파기한다.
2. 제1심결정을 취소하고, 이 사건 채권압류 및 추심명령 신청을 각하한다.[402]

원심결정을 파기한다. 이 사건 임시이사회 소집 허가 신청을 각하한다.[403]

3) 환송이나 이송 또는 자판이 필요 없는 경우

원심결정을 파기한다.[404]

원심명령을 파기한다.[405]

원심결정이나 원심명령을 파기하는 것만으로 족한 사안의 경우에는, 환송이나 이송 또는 자판의 재판 없이 파기의 재판만을 하게 된다.

다만, 상고장각하명령을 파기하는 경우에 환송결정까지도 하여야 하는지에 관하여서는 혼선이 있다.[406]

---

399) 대법원 2017. 7. 25.자 2017마280 결정의 주문 참조.

400) 대법원 2014. 4. 30.자 2014마76 결정 등의 주문 참조.

401) 대법원 2019. 3. 6.자 2017마5292 결정 등의 주문 참조. 다만, 위 결정은 항고를 기각한 결정에 항고인이 불복한 데 대하여, 항고 자체가 부적법하였다고 본 사안이다.

402) 대법원 2017. 5. 23.자 2016마1256 결정.

403) 대법원 2017. 12. 1.자 2017그661 결정 등의 주문 참조.

404) 대법원 2017. 3. 28.자 2016마1844 결정 등의 주문 참조. 위 결정의 사안은, 본안판결이 확정되어 소송기록이 제1심법원에 반환되었는데도, 항소법원이 위법하게도 직권으로 소송구조결정을 취소한 것이다.

405) 대법원 2014. 5. 16.자 2014마588 결정의 주문 참조. 사안은, 항소법원이 위법한 상고장각하명령을 한 것이다.

406) 파기 주문은 내지 아니한 예로는, 대법원 2014. 5. 16.자 2014마588 결정 등.
파기 주문까지 낸 예로는, 대법원 2014. 4. 30.자 2014마76 결정 등.

판 례 색 인

〖 대법원 결정 〗

〖 대법원 판결 〗

〖 헌법재판소 〗

조 문 색 인

〖대한민국헌법〗

〖디자인보호법〗

〖민법〗

〖민사 및 가사소송의 사물관할에 관한 규칙〗

〖민사 판결서 열람 및 복사에 관한 규칙〗

〖민사소송 등 인지규칙〗

〖민사소송 등 인지법〗

〖민사소송규칙〗

〖민사소송등 인지규칙〗

〖민사소송등비용법〗

〖민사소송법〗

【민사소송비용규칙】

【민사소송비용법】

【민사조정규칙】

【민사조정법】

〖민사집행법〗

〖민사판결서 열람 및 복사에 관한 규칙〗

〖민소전자문서규칙〗

〖민소전자문서법〗

〖반도체집적회로의 배치설계에 관한 법률〗

〖방문판매 등에 관한 법률〗

〖법률구조법〗

〖법원공무원 정원에 관한 규칙〗

〖법원보관금취급규칙〗

〖법원보안관리대의 설치, 조직 및 분장사무 등에 관한 규칙〗

〖법원설치법〗

〖법원재난법〗

〖법원재판사무 처리규칙〗

〖법원조사관 등 규칙〗

〖법원조직법〗

〖법정 방청 및 촬영 등에 관한 규칙〗

〖법정등의질서유지를위한재판에관한규칙〗

〖변리사법〗

〖변호사법 시행령〗

〖변호사법〗

〖변호사보수의 소송비용 산입에 관한 규칙〗

〖부정경쟁방지 및 영업비밀보호에 관한 법률〗

〖사법보좌관규칙〗

〖산업기술의 유출방지 및 보호에 관한 법률 시행령〗

〖산업기술의 유출방지 및 보호에 관한 법률〗

〖상가건물 임대차보호법〗

〖상고심법〗

〖상표법〗

〖세종특별자치시 설치 등에 관한 특별법〗

『소송촉진 등에 관한 특례규칙』

『소송촉진 등에 관한 특례법』

『소송촉진법』

『소액사건심판규칙』

『소액사건심판법』

『송달료규칙』

『식물신품종 보호법』

『신용정보법 시행령』

『신용정보법』

『신탁법』

〖정정보도청구 등 사건 심판규칙〗

〖제주특별자치도 설치 및 국제자유도시 조성을 위한 특별법〗

〖주택임대차보호법〗

〖중재법〗

〖지방교육자치에 관한 법률〗

〖지방세기본법〗

〖지방자치법〗

〖집행관법〗

〖채무자 회생 및 파산에 관한 규칙〗

〖채무자회생법〗

〖통신비밀보호법 시행령〗

〖통신비밀보호법〗

〖특허법〗

〖판사가 아닌 재판연구관에 관한 규칙〗

〖행정소송법〗

〖헌법재판소법〗

〖환경분쟁 조정법〗

사 항 색 인

〖ㄱ〗

〖ㄴ〗

〖ㄷ〗

〖ㅅ〗

〖ㅊ〗

〖ㅌ〗

〖ㅍ〗

〖ㅎ〗

저자약력

■ **임 대 윤**

서울대학교 법과대학 사법학과 졸업
제45회 사법시험 합격(사법연수원 제35기 수료)
서울대학교 대학원 졸업(법학석사)
공익법무관

현, 대한법률구조공단 소속변호사

〈주요 논문〉

『폭군토벌론』의 로마법사료 원용 양상(석사학위논문)
형의 선고의 효력과 형의 실효
미혼부의 자녀 출생신고에 대하여
'보호시설에 있는 미성년자의 후견 직무에 관한 법률'에 관하여

[제2판] **민사소송실무**

저 자 임 대 윤
발 행 인 양 진 수
발 행 처 진 원 사

2012년 10월 10일 초 판 발행
2021년 9월 6일 제2판 인쇄
2021년 9월 17일 제2판 발행

서울시 송파구 법원로9길 26, C동 1107호 (문정동, H비즈니스파크)
전화 : 02) 916-1850 / 팩스 : 02) 916-3442
신고번호 제2018-000026호
http://www.jinwonsa.co.kr
http://www.lawbookstore.co.kr
e-mail : hhansin@hanmail.net

ISBN : 978-89-6346-594-4 93360

정가 70,000원